Ingerl/Rohnke
Markengesetz

Markengesetz

Gesetz über den Schutz von Marken
und sonstigen Kennzeichen

Erläutert von

Dr. Reinhard Ingerl
LL.M. (Harvard)
Rechtsanwalt in München
Lehrbeauftragter an der
Friedrich-Schiller-Universität Jena

und

Dr. Christian Rohnke
M.C.J. (Texas)
Rechtsanwalt in Hamburg
Attorney at Law (New York)
Lehrbeauftragter an der
Technischen Universität Hamburg-Harburg

**C. H. Beck'sche Verlagsbuchhandlung
München 1998**

ISBN 3 406 41183 5

© 1998 C. H. Beck'sche Verlagsbuchhandlung (Oscar Beck),
München
Satz und Druck der C. H. Beck'schen Buchdruckerei Nördlingen
Gedruckt auf säurefreiem, alterungsbeständigem Papier
(hergestellt aus chlorfrei gebleichtem Zellstoff)

Vorwort

Ziel der Kommentierung ist eine **praxisnahe** Darstellung des aktuellen Standes des Kennzeichenrechts nach knapp drei Jahren Erfahrung mit dem Markengesetz, der ersten umfassenden und europäisch ausgerichteten Kodifizierung des Schutzes der Marken, Unternehmenskennzeichen, Werktitel und geographischen Herkunftsangaben in Deutschland.

Dieser Zielsetzung entsprechend haben wir die systematische Darstellung und kritische Auseinandersetzung mit der bereits in beachtlicher Fülle vorliegenden **Rechtsprechung** zum neuen Recht in den Vordergrund gestellt. Auch die frühere Rechtsprechung zu dem durch das Markengesetz abgelösten Warenzeichengesetz und zu § 16 UWG a. F. war an vielen Stellen noch detailliert zu berücksichtigen. Denn die anläßlich der Umsetzung der Markenrechtsrichtlinie und der Errichtung des Gemeinschaftsmarkensystems vom deutschen Gesetzgeber vorgenommene Kennzeichenrechtsreform ist von den Gerichten bislang nur zurückhaltend zu einer Neuorientierung genutzt worden. Für den Praktiker ist der Rückgriff auf die Rechtsprechung aus der Zeit vor dem Inkrafttreten des Markengesetzes am 1. 1. 1995 daher weiterhin in vielen Fällen unerläßlich.

Inhaltlich haben wir vor allem zwei Schwerpunkte gesetzt: Verletzungstatbestände und Schutzschranken zum einen, wirtschaftliche Verwertung durch Lizenzvergabe zum anderen. Der breit angelegten Kommentierung der **Verletzungstatbestände** der §§ 14, 15 ist eine übergreifende Darstellung der kennzeichenrechtlichen **Verletzungsansprüche** einschließlich prozessualer Besonderheiten vorangestellt (Vor §§ 14–19). **Erschöpfung** und **Benutzungszwang** stehen im Mittelpunkt der Anmerkungen zu den Verteidigungsmöglichkeiten der §§ 20–26. Die **Markenlizenz** ist im Rahmen der Erläuterungen zu § 30 eingehend behandelt.

Das Schrifttum zum neuen Recht konnte bis Juni 1997 berücksichtigt werden, während wir die uns zugängliche Rechtsprechung bis zum **1. Oktober 1997** eingearbeitet haben.

Korrekturhinweise und Ergänzungsvorschläge nehmen wir gerne entgegen: R. Ingerl, Widenmayerstr. 23, 80538 München; C. Rohnke, Jungfernstieg 51, 20354 Hamburg.

München/Hamburg im November 1997   Die Verfasser

Inhaltsverzeichnis

	Seiten
Abkürzungsverzeichnis	XV
Literaturverzeichnis	XXI

Kommentar

Einleitung 1

Teil 1. Anwendungsbereich

§ 1 Geschützte Marken und sonstige Kennzeichen	25
§ 2 Anwendung anderer Vorschriften	28

Teil 2. Voraussetzungen, Inhalt und Schranken des Schutzes von Marken und geschäftlichen Bezeichnungen; Übertragung und Lizenz

Abschnitt 1. Marken und geschäftliche Bezeichnungen; Vorrang und Zeitrang

§ 3 Als Marke schutzfähige Zeichen	34
§ 4 Entstehung des Markenschutzes	57
§ 5 Geschäftliche Bezeichnungen	72
§ 6 Vorrang und Zeitrang	109

Abschnitt 2. Voraussetzungen für den Schutz von Marken durch Eintragung

§ 7 Inhaberschaft	120
§ 8 Absolute Schutzhindernisse	125
Vorbemerkung zu §§ 9–13	216
§ 9 Angemeldete oder eingetragene Marken als relative Schutzhindernisse	218
§ 10 Notorisch bekannte Marken	224
§ 11 Agentenmarken	226
§ 12 Durch Benutzung erworbene Marken und geschäftliche Bezeichnungen mit älterem Zeitrang	237
§ 13 Sonstige ältere Rechte	239

Abschnitt 3. Schutzinhalt; Rechtsverletzungen

Vorbemerkung zu §§ 14–19: Ansprüche bei Kennzeichenverletzung (Marken und geschäftliche Bezeichnungen)	245

Inhalt

§ 14	Ausschließliches Recht des Inhabers einer Marke; Unterlassungsanspruch; Schadensersatzanspruch	299
§ 15	Ausschließliches Recht des Inhabers einer geschäftlichen Bezeichnung; Unterlassungsanspruch; Schadensersatzanspruch	537
Nach § 15:	A. Namensrechtlicher Schutz (§ 12 BGB)	587
	B. Handelsrechtlicher Schutz (§ 37 Abs. 2 HGB)	598
§ 16	Wiedergabe einer eingetragenen Marke in Nachschlagewerken	603
§ 17	Ansprüche gegen Agenten oder Vertreter	611
§ 18	Vernichtungsanspruch	619
§ 19	Auskunftsanspruch	631

Abschnitt 4. Schranken des Schutzes

§ 20	Verjährung	645
§ 21	Verwirkung von Ansprüchen	655
§ 22	Ausschluß von Ansprüchen bei Bestandskraft der Eintragung einer Marke mit jüngerem Zeitrang	671
§ 23	Benutzung von Namen und beschreibenden Angaben; Ersatzteilgeschäft	679
§ 24	Erschöpfung	704
§ 25	Ausschluß von Ansprüchen bei mangelnder Benutzung	726
§ 26	Benutzung der Marke	744

Abschnitt 5. Marken als Gegenstand des Vermögens

Vorbemerkung zu §§ 27–31		795
§ 27	Rechtsübergang	802
§ 28	Vermutung der Rechtsinhaberschaft; Zustellungen an den Inhaber	814
§ 29	Dingliche Rechte; Zwangsvollstreckung; Konkursverfahren	819
§ 30	Lizenzen	826
§ 31	Angemeldete Marken	867

Teil 3. Verfahren in Markenangelegenheiten

Abschnitt 1. Eintragungsverfahren

Vorbemerkung zu §§ 32–44: Eintragungsverfahren		868
§ 32	Erfordernisse der Anmeldung	871
§ 33	Anmeldetag; Anspruch auf Eintragung	882
§ 34	Ausländische Priorität	884
§ 35	Ausstellungspriorität	891
§ 36	Prüfung der Anmeldungserfordernisse	893
§ 37	Prüfung auf absolute Schutzhindernisse	897
§ 38	Beschleunigte Prüfung	903
§ 39	Zurücknahme, Einschränkung und Berichtigung der Anmeldung	904

Inhalt

§ 40	Teilung der Anmeldung	906
§ 41	Eintragung	911
§ 42	Widerspruch	912
§ 43	Einrede mangelnder Benutzung; Entscheidung über den Widerspruch	931
§ 44	Eintragungsbewilligungsklage	949

Abschnitt 2. Berichtigung;
Teilung; Schutzdauer und Verlängerung

§ 45	Berichtigung des Registers und von Veröffentlichungen	963
§ 46	Teilung der Eintragung	964
§ 47	Schutzdauer und Verlängerung	968

Abschnitt 3. Verzicht,
Verfall und Nichtigkeit; Löschungsverfahren

§ 48	Verzicht	973
§ 49	Verfall	977
§ 50	Nichtigkeit wegen absoluter Schutzhindernisse	997
§ 51	Nichtigkeit wegen des Bestehens älterer Rechte	1009
§ 52	Wirkungen der Löschung wegen Verfalls oder Nichtigkeit	1015
§ 53	Löschung durch das Patentamt wegen Verfalls	1022
§ 54	Löschungsverfahren vor dem Patentamt wegen absoluter Schutzhindernisse	1026
§ 55	Löschungsverfahren vor den ordentlichen Gerichten	1030

Abschnitt 4. Allgemeine
Vorschriften für das Verfahren vor dem Patentamt

§ 56	Zuständigkeiten im Patentamt	1049
§ 57	Ausschließung und Ablehnung	1053
§ 58	Gutachten	1055
§ 59	Ermittlung des Sachverhalts; rechtliches Gehör	1056
§ 60	Ermittlungen; Anhörungen; Niederschrift	1061
§ 61	Beschlüsse; Rechtsmittelbelehrung	1065
§ 62	Akteneinsicht; Registereinsicht	1068
§ 63	Kosten der Verfahren	1071
§ 64	Erinnerung	1075
§ 65	Rechtsverordnungsermächtigung	1077

Abschnitt 5. Verfahren vor dem Patentgericht

§ 66	Beschwerde	1081
§ 65	Beschwerdesenate; Öffentlichkeit der Verhandlung	1102
§ 68	Beteiligung des Präsidenten des Patentamts	1105
§ 69	Mündliche Verhandlung	1107
§ 70	Entscheidung über die Beschwerde	1110

Inhalt

§ 71	Kosten des Beschwerdeverfahrens	1118
§ 72	Ausschließung und Ablehnung	1133
§ 73	Ermittlung des Sachverhalts; Vorbereitung der mündlichen Verhandlung	1136
§ 74	Beweiserhebung	1139
§ 75	Ladungen	1140
§ 76	Gang der Verhandlung	1141
§ 77	Niederschrift	1142
§ 78	Beweiswürdigung; rechtliches Gehör	1143
§ 79	Verkündung; Zustellung; Begründung	1146
§ 80	Berichtigungen	1148
§ 81	Vertretung; Vollmacht	1151
§ 82	Anwendung weiterer Vorschriften; Anfechtbarkeit; Akteneinsicht	1153

Abschnitt 6. Verfahren vor dem Bundesgerichtshof

§ 83	Zugelassene und zulassungsfreie Rechtsbeschwerde	1158
§ 84	Beschwerdeberechtigung; Beschwerdegründe	1172
§ 85	Förmliche Voraussetzungen	1174
§ 86	Prüfung der Zulässigkeit	1177
§ 87	Mehrere Beteiligte	1177
§ 88	Anwendung weiterer Vorschriften	1179
§ 89	Entscheidung über die Rechtsbeschwerde	1181
§ 90	Kostenentscheidung	1184

Abschnitt 7. Gemeinsame Vorschriften

§ 91	Wiedereinsetzung	1186
§ 92	Wahrheitspflicht	1201
§ 93	Amtssprache und Gerichtssprache	1201
§ 94	Zustellungen	1203
§ 95	Rechtshilfe	1208
§ 96	Inlandsvertreter	1209

Teil 4. Kollektivmarken

	Vorbemerkung zu §§ 97–106	1216
§ 97	Kollektivmarken	1218
§ 98	Inhaberschaft	1225
§ 99	Eintragbarkeit von geographischen Herkunftsangaben als Kollektivmarken	1231
§ 100	Schranken des Schutzes; Benutzung	1232
§ 101	Klagebefugnis; Schadensersatz	1236
§ 102	Markensatzung	1239
§ 103	Prüfung der Anmeldung	1246
§ 104	Änderung der Markensatzung	1248

Inhalt

§ 105 Verfall.. 1248
§ 106 Nichtigkeit wegen absoluter Schutzhindernisse....................... 1252

Teil 5. Schutz von Marken nach dem Madrider Markenabkommen und nach dem Protokoll zum Madrider Markenabkommen; Gemeinschaftsmarken

Abschnitt 1. Schutz von Marken nach dem Madrider Markenabkommen

Vorbemerkungen zu §§ 107–118 1254
§ 107 Anwendung der Vorschriften dieses Gesetzes......................... 1254
§ 108 Antrag auf internationale Registrierung 1255
§ 109 Gebühren 1258
§ 110 Eintragung im Register 1258
§ 111 Nachträgliche Schutzerstreckung... 1259
§ 112 Wirkung der internationalen Registrierung............................ 1259
§ 113 Prüfung auf absolute Schutzhindernisse 1260
§ 114 Widerspruch 1262
§ 115 Nachträgliche Schutzentziehung.. 1266
§ 116 Widerspruch und Antrag auf Löschung aufgrund einer international registrierten Marke... 1269
§ 117 Ausschluß von Ansprüchen wegen mangelnder Benutzung...... 1270
§ 118 Zustimmung bei Übertragungen international registrierter Marken... 1270

Abschnitt 2. Schutz von Marken nach dem Protokoll zum Madrider Markenabkommen

Vorbemerkung zu §§ 119–125 1271
§ 119 Anwendung der Vorschriften dieses Gesetzes......................... 1271
§ 120 Antrag auf internationale Registrierung 1272
§ 121 Gebühren 1272
§ 122 Vermerk in den Akten; Eintragung im Register....................... 1273
§ 123 Nachträgliche Schutzerstreckung... 1273
§ 124 Entsprechende Anwendung der Vorschriften über die Wirkung der nach dem Madrider Markenabkommen international registrierten Marken.. 1274
§ 125 Umwandlung einer internationalen Registrierung................... 1274

Abschnitt 3. Gemeinschaftsmarken

§ 125 a Anmeldung von Gemeinschaftsmarken beim Patentamt 1276
§ 125 b Anwendung der Vorschriften dieses Gesetzes 1279
§ 125 c Nachträgliche Feststellung der Ungültigkeit einer Marke....... 1285
§ 125 d Umwandlung von Gemeinschaftsmarken 1291
§ 125 e Gemeinschaftsmarkengerichte; Gemeinschaftsmarkenstreitsachen... 1297

Inhalt

§ 125 f Unterrichtung der Kommission 1309
§ 125 g Örtliche Zuständigkeit der Gemeinschaftsgerichte 1309
§ 125 h Insolvenzverfahren 1310

Teil 6. Geographische Herkunftsangaben

Abschnitt 1. Schutz geographischer Herkunftsangaben

Vorbemerkung zu §§ 126–139 1312
§ 126 Als geographische Herkunftsangaben geschützte Namen, Angaben oder Zeichen 1316
§ 127 Schutzinhalt 1326
§ 128 Unterlassungsanspruch; Schadensersatzanspruch 1335
§ 129 Verjährung 1344

Abschnitt 2. Schutz von geographischen Angaben und Ursprungsbezeichnungen gemäß der Verordnung EWG) Nr..2081/92

Vorbemerkung zu §§ 130–136 1344
§ 130 Antrag auf Eintragung einer geographischen Angabe oder Ursprungsbezeichnung 1348
§ 131 Antrag auf Änderung der Spezifikation 1353
§ 132 Einspruchsverfahren 1354
§ 133 Zuständigkeiten im Patentamt; Rechtsmittel 1357
§ 134 Überwachung 1358
§ 135 Unterlassungsanspruch; Schadensersatzanspruch 1367
§ 136 Verjährung 1372

Abschnitt 3. Ermächtigungen zum Erlaß von Rechtsverordnungen

Vorbemerkung zu §§ 137–139 1372
§ 137 Nähere Bestimmungen zum Schutz einzelner geographischer Herkunftsangaben 1372
§ 138 Sonstige Vorschriften für das Verfahren bei Anträgen und Einsprüchen nach der Verordnung (EWG) Nr. 2081/92 1375
§ 139 Durchführungsbestimmungen zur Verordnung (EWG) Nr. 2081/92 1377

Teil 7. Verfahren in Kennzeichenstreitsachen

§ 140 Kennzeichenstreitsachen 1380
§ 141 Gerichtsstand bei Ansprüchen nach diesem Gesetz und dem Gesetz gegen den unlauteren Wettbewerb 1406
§ 142 Streitwertbegünstigung 1408

Inhalt

Teil 8. Straf- und Bußgeldvorschriften; Beschlagnahme bei der Einfuhr und Ausfuhr

Abschnitt 1. Straf- und Bußgeldvorschriften

§ 143 Strafbare Kennzeichenverletzung...	1421
§ 144 Strafbare Benutzung geographischer Herkunftsangaben............	1427
§ 145 Bußgeldvorschriften.	1429

Abschnitt 2. Beschlagnahme von Waren bei der Einfuhr und Ausfuhr

Vorbemerkung zu §§ 146–151	1430
§ 146 Beschlagnahme bei der Verletzung von Kennzeichenrechten ...	1431
§ 147 Einziehung; Widerspruch; Aufhebung der Beschlagnahme.......	1435
§ 148 Zuständigkeiten; Rechtsmittel...	1436
§ 149 Schadensersatz bei ungerechtfertigter Beschlagnahme.............	1438
§ 150 Beschlagnahme nach der Verordnung (EWG) Nr. 3295/86	1439
§ 151 Beschlagnahme bei widerrechtlicher Kennzeichnung mit geographischen Herkunftsangaben	1439

Teil 9. Übergangsvorschriften

§ 152 Anwendung dieses Gesetzes...	1440
§ 153 Schranken für die Geltendmachung von Verletzungsansprüchen..	1447
§ 154 Dingliche Rechte; Zwangsvollstreckung; Konkursverfahren	1457
§ 155 Lizenzen	1458
§ 156 Prüfung angemeldeter Marken auf absolute Schutzhindernisse..	1460
§ 157 Bekanntmachung und Eintragung..	1462
§ 158 Widerspruchsverfahren	1463
§ 159 Teilung einer Anmeldung	1469
§ 160 Schutzdauer und Verlängerung...	1471
§ 161 Löschung einer eingetragenen Marke wegen Verfalls	1472
§ 162 Löschung einer eingetragenen Marke wegen absoluter Schutzhindernisse	1474
§ 163 Löschung einer eingetragenen Marke wegen des Bestehens älterer Rechte	1476
§ 164 Erinnerung und Durchgriffsbeschwerde...................................	1478
§ 165 Übergangsvorschrift aus Anlaß der Insolvenzrechtsreform	1479

Anhang

1. Verordnung zur Ausführung des Markengesetzes (Markenverordnung – **MarkenV**)	1481
2. Verordnung über die Wahrnehmung einzelner den Prüfstellen, der Gebrauchsmusterstelle, den Markenstellen und den Abteilungen des Patentamts obliegender Geschäfte (Wahrnehmungsverordnung – **WahrnV**)	1515

Inhalt

3. Gesetz über die Gebühren des Patentamts und des Patentgerichts (Patentgebührengesetz – **PatGebG**) 1522
4. Klasseneinteilung der internationalen Klassifikation von Waren und Dienstleistungen für Fabrik- und Handelsmarken gemäß dem Abkommen von Nizza vom 15. Juni 1957 (**NKA**) 1527
5. Erste Richtlinie 89/104/EG zur Angleichung der Rechtsvorschriften der Mitgliedstaaten über die Marken (**RL 89/104/EG**) 1549
6. Verordnung (EWG) Nr. 2081/92 des Rates zum Schutz von geographischen Angaben und Ursprungsbezeichnungen für Agrarerzeugnisse und Lebensmittel (**VO (EWG) Nr. 2081/92**) 1560
7. Verordnung (EWG) Nr. 2037/93 der Kommission mit Durchführungsbestimmungen zur Verordnung (EWG) Nr. 2081/92 des Rates zum Schutz von geographischen Angaben und Ursprungsbezeichnungen für Argrarerzeugnisse und Lebensmittel (**VO (EWG) Nr. 2037/93**) 1573
8. Verordnung (EG) Nr. 3295/94 des Rates über Maßnahmen zum Verbot der Überführung nachgeahmter Waren und unerlaubt hergestellter Vervielfältigungsstücke und Nachbildungen in den zollrechtlich freien Verkehr oder in ein Nichterhebungsverfahren sowie zum Verbot ihrer Ausfuhr und Wiederausfuhr (Zoll-BeschlagnahmeVO – **ProduktpiraterieVO**) 1576
9. Pariser Verbandsübereinkunft zum Schutz des gewerblichen Eigentums (**PVÜ**) 1587
10. Madrider Abkommen über die internationale Registrierung von Marken (Madrider Markenabkommen – **MMA**) 1600
11. Protokoll zum Madrider Markenabkommen über die internationale Registrierung von Marken (**MMP**) 1616

Fälleverzeichnis (nach Stichworten) 1633
Sachverzeichnis 1715

Abkürzungsverzeichnis

aA	anderer Ansicht
aaO	am angegebenen Ort
Abs.	Absatz
abw.	abweichend
aF	alte Fassung
AfP	Archiv für Presserecht (Jahrgang, Seite)
AH	Althammer, Warenzeichengesetz, 4. Auflage 1989
ähnl.	ähnlich
allg.	allgemein
Alt.	alternativ
aM	anderer Meinung
amtl.	amtlich
Amtl. Begr.	amtliche Begründung
Anm.	Anmerkung
Aufl.	Auflage
ausdr.	ausdrücklich
ausf.	ausführlich
Bauer	Bauer, Die Agentenmarke, 1972
B/H, WZG	Baumbach/Hefermehl, Warenzeichenrecht und Internationales Wettbewerbs- und Zeichenrecht, 12. Aufl. 1985
B/H, UWG	Baumbach/Hefermehl, Gesetz gegen den unlauteren Wettbewerb, 19. Auflage 1997: soweit § 16 UWG: 17. Auflage 1992
Baumbach/Hopt	Baumbach/Hopt, HGB, 29. Aufl. 1995
BayOblZ	Entscheidungen des Bayerischen Oberlandesgerichts in Zivilsachen
BB	Betriebs-Berater (Jahrgang, Seite)
Begr.	Begründung
Benkard/Bearbeiter	Benkard, Kommentar zum Patentgesetz und Gebrauchsmustergesetz, 9. Aufl. 1993
betr.	betreffend
BGB	Bürgerliches Gesetzbuch
BGH	Bundesgerichtshof
BGH LM	Lindenmaier/Möhring, Nachschlagewerk des Bundesgerichtshofs
BGHZ	Entscheidungen des Bundesgerichtshofs in Zivilsachen (Band, Seite)
Bl.	Blatt für Patent-, Muster- und Zeichenwesen (Jahrgang, Seite)
BMJ	Bundesministerium der Justiz

Abkürzungen

BPatG	Bundespatentgericht
BPatGE	Entscheidungen des Bundespatentgerichts (Band, Seite)
BRAGO	Bundesgebührenordnung für Rechtsanwälte
Bsp.	Beispiel
BT	Besonderer Teil
B/S	Busse/Starck, Warenzeichengesetz, 6. Auflage 1990
ButterV	Butterverordnung vom 16. 12. 1988
BVerfG	Bundesverfassungsgericht
BVerfGE	Entscheidungen des Bundesverfassungsgerichts (Band, Seite)
bzgl.	bezüglich
bzw.	beziehungsweise
cic.	culpa in contrahendo
CR	Computer und Recht (Jahr, Seite)
DB	Der Betrieb (Jahrgang, Seite)
ders.	derselbe
dies.	dieselbe
DNA	Deutscher Normenausschuß
DPA	Deutsches Patentamt
DPA VwKostV	Verordnung über die Verwaltungskosten beim Deutschen Patentamt vom 15. 10. 1991
DZWir	Deutsche Zeitschrift für Wirtschaftsrecht (Jahrgang, Seite)
EDV	Elektronische Datenverarbeitung
EG	Europäische Gemeinschaften
EGZPO	Einführungsgesetz zur Zivilprozeßordnung
Einl.	Einleitung
EPA	Europäisches Parlament
Erg.	Ergebnis
ErstrG	Gesetz über die Erstreckung von gewerblichen Schutzrechten vom 23. 4. 1992
ErwGr	Erwägungsgründe
etc.	etcetera
EU	Europäische Union
EuGH	Gerichtshof der Europäischen Gemeinschaften
EuGVÜ	Übereinkommen der Europäischen Gemeinschaft über die gerichtliche Zuständigkeit und die Vollstreckung gerichtlicher Entscheidungen in Zivil- und Handelssachen
EuZW	Europäische Zeitschrift für Wirtschaftsrecht (Jahrgang, Seite)
EWG	Europäische Wirtschaftsgemeinschaft
EWR	Europäischer Wirtschaftsraum
f., ff.	folgende, fortfolgende
Fezer	Fezer, Markenrecht – Kommentar zum Markengesetz, zur Pariser Verbandsübereinkunft und zum Madrider Markenabkommen, 1997

Abkürzungen

Fezer, Benutzungszwang	Fezer, Der Benutzungszwang im Markenrecht, 1974
FG	Festgabe
Fn.	Fußnote
FS	Festschrift
GAusfO	Gemeinsame Ausführungsordnung zum Madrider Abkommen über die internationale Registrierung von Marken und zum Protokoll zu diesem Abkommen vom 18. 1. 1996
GATT	General Agreement for Tariffs and Trade
GG	Grundgesetz
GebrMG	Gebrauchsmustergesetz i. d. F. vom 28. 8. 1986
GebVen	Gebührenverordnungen
GebVerz	Gebührenverzeichnis
GeschmMG	Geschmacksmustergesetz
ggf.	gegebenenfalls
ggü.	gegenüber
gH	geographische Herkunftsangaben
GK/Bearbeiter	Großkommentar zum UWG/Bearbeiter
GKG	Gerichtskostengesetz i. d. F. vom 15. 12. 1975
GM-DV	Verordnung (EG) Nr. 2868/95 der Kommission zur Durchführung der Verordnung (EG) Nr. 4094 des Rates über die Gemeinschaftsmarke vom 13. 12. 1995
GemS	Gemeinsamer Senat
GMVO	Verordnung (EG) Nr. 40/94 des Rates über die Gemeinschaftsmarke vom 20. 12. 1993
grdl.	grundlegend
grdsl.	grundsätzlich
GRUR	Gewerblicher Rechtsschutz und Urheberrecht (Jahrgang, Seite)
GRUR Int	Gewerblicher Rechtsschutz und Urheberrecht Internationaler Teil (Jahrgang, Seite)
GVG	Gerichtsverfassungsgesetz
GWB	Gesetz gegen Wettbewerbsbeschränkungen i. d. F. vom 24. 9. 1980
HABM	Harmonisierung für den Binnenmarkt (Marken, Muster und Modelle)
Hackbarth	Hackbarth, Grundfragen des Benutzungszwangs im Gemeinschaftsmarkenrecht, 1993
HandwO	Handwerksordnung
HGB	Handelsgesetzbuch
hM	herrschende Meinung
Hs.	Halbsatz
idR	in der Regel
IHK	Industrie- und Handelskammer
INN	Recommended International Nonproprietary Names

Abkürzungen

insbes.	insbesondere
IntPatÜG	Gesetz zu den Übereinkommen vom 27. 11. 1964 zur Vereinheitlichung gewisser Begriffe des materiellen Rechts der Erfindungspatente, dem Vertrag vom 19. 6. 1970 über die internationale Zusammenarbeit auf dem Gebiet des Patentwesens und dem Übereinkommen vom 5. 10. 1973 über die Erteilung europäischer Patente vom 21. 6. 1976
IntRegVO	Verordnung über die internationale Registrierung von Fabrik- oder Handelsmarken vom 5. 9. 1968
IR-Marke	International registrierte Marke
iSd	im Sinne des/der
iSv	im Sinne von
iVm	in Verbindung mit
Jackermeier	Jackermeier, Die Löschungsklage im Markenrecht, 1983
JB	Juristische Blätter (Jahrgang, Seite)
Kap.	Kapitel
Keller	Keller, Der Schutz eingetragener Marken gegen Rufausnutzung, 1994
KG	Kammergericht
Köhler/Piper	Köhler/Piper, Gesetz gegen den unlauteren Wettbewerb, 1995
krit.	kritisch
KunstUrhG	Gesetz betreffend das Urheberrecht an Werken der bildenden Künste und der Photographie vom 9. 1. 1907
LG	Landgericht
LGVÜ	Lugano-Übereinkommen über die gerichtliche Zuständigkeit und Vollstreckung gerichtlicher Entscheidungen in Zivil- und Handelssachen vom 16. 9. 1988
lit.	litera
Ls.	Leitsatz
m.	mit
MA	Markenartikel (Band, Seite)
MarkenG	Gesetz über den Schutz von Marken und sonstigen Kennzeichen (Markengesetz – MarkenG) vom 25. 10. 1994
MarkenV	Verordnung zur Ausführung des Markengesetzes (Markenverordnung – MarkenV) vom 30. 11. 1994
MD	Magazin Dienst (Jahrgang, Seite)
MDR	Monatsschrift für Deutsches Recht (Jahrgang, Seite)
Mitt.	Mitteilungen der deutschen Patentanwälte (Jahrgang, Seite)
MMA	Madrider Markenabkommen vom 14. 4. 1891 über die internationale Registrierung von Fabrik- und Handelsmarken

Abkürzungen

MMP	Protokoll zum Madrider Abkommen über die internationale Registrierung von Marken vom 27. 6. 1989
MRÄndG	Markenrechtsänderungsgesetz 1996 vom 19. 7. 1996
MRReformG	Gesetz zur Reform des Markenrechts und zur Umsetzung der Ersten Richtlinie 89/104/EWG des Rates vom 21.12. 1988 zur Angleichung der Rechtsvorschriften der Mitgliedstaaten über die Marken (Markenrechtsreformgesetz vom 25. 10. 1994)
MRRL	Erste Richtlinie des Rates zur Angleichung der Rechtsvorschriften der Mitgliedstaaten über die Marken (89/104/EWG) vom 21. 12. 1988
MünchKomm	Münchener Kommentar, 3. Aufl.
MuW	Markenschutz und Wettbewerb (Jahrgang, Seite)
Nachw.	Nachweis
NJW	Neue Juristische Wochenschrift (Jahrgang, Seite)
NJW-RR	NJW-Rechtssprechungsreport Zivilrecht (Jahrgang, Seite)
Nr.	Nummer
o.	ohne, oben
OLG	Oberlandesgericht
OWiG	Gesetz über Ordnungswidrigkeiten
PatAnwO	Patentanwaltsordnung vom 7. 9. 1966
PatG	Patentgesetz
PrPG	Gesetz zur Stärkung des geistigen Eigentums und zur Bekämpfung der Produktpiraterie vom 7. 3. 1990
PVÜ	Pariser Verbandsübereinkunft vom 20. 3. 1883 zum Schutz des gewerblichen Eigentums
Rdn.	Randnummer
RGSt	Entscheidungen des Reichsgerichts in Strafsachen (Band, Seite)
RGZ	Entscheidungen des Reichsgerichts in Zivilsachen (Band, Seite)
RIW	Recht der Internationalen Wirtschaft (Jahrgang, Seite)
RPA	Reichspatentamt
RPfl	Der Rechtspfleger (Jahrgang, Seite)
Rspr.	Rechtsprechung
s.	siehe
S.	Seite
Schlosser	Schlosser, EUGVÜ, Kommentar, 1996
Schönfeld	Schönfeld, Die Gemeinschaftsmarke als selbständiger Vermögensgegenstand eines Unternehmens, 1994
Schweer	Schweer, Die Erste Markenrechtsrichtlinie der Europäischen Gemeinschaft und der Rechtsschutz bekannter Marken, 1992
SchweizBG	Schweizerisches Bundesgericht
SortSchG	Sortenschutzgesetz vom 11. 12. 1985
Spstr	Spiegelstrich

Abkürzungen

st.	ständige
str	streitig
StPO	Strafprozeßordnung
Teplitzky	Teplitzky, Wettbewerbsrechtliche Ansprüche, 6. Auflage 1992
tlw.	teilweise
TRIPS	Übereinkommen zur Errichtung der Welthandelsorganisation vom 15. 4. 1994, Übereinkommen über handelsbezogene Aspekte der Rechte des geistigen Eigentums
u. ä.	und ähnliches
Ufita	Archiv für Urheber-, Film-, Funk- und Theaterrecht (Band, Seite)
unzutr.	unzutreffend
UrhG	Gesetz über das Urheberrecht und verwandte Schutzrecht (Urheberrechtsgesetz vom 9. 7. 1965)
UWG	Gesetz gegen den unlauteren Wettbewerb vom 7. 6. 1909
VEB	volkseigener Betrieb
vgl.	vergleiche
VO	Verordnung
WRP	Wettbewerb in Recht und Praxis (Jahrgang, Seite)
WZG	Warenzeichengesetz
zB	zum Beispiel
zit	zitiert bei
ZPO	Zivilprozeßordnung
ZRP	Zeitschrift für Rechtspolitik (Jahrgang, Seite)
zT	zum Teil
ZUM	Zeitschrift für Urheber- und Medienrecht/Film und Recht (Jahrgang, Seite)
zutr.	zutreffend
zw.	zweifelhaft

Literaturverzeichnis

Althammer, Warenzeichengesetz, 4. Aufl., Köln, Berlin, Bonn, München, 1989;
Baumbach/Hefermehl, Warenzeichenrecht und Internationales Wettbewerbs- und Zeichenrecht, 12. Aufl., München 1985;
dies., Wettbewerbsrecht, Gesetz gegen den unlauteren Wettbewerb, Zugabeverordnung, Rabattgesetz und Nebengesetze, 17. Aufl., München 1993;
dies., Wettbewerbsrecht, Gesetz gegen den unlauteren Wettbewerb, Zugabeverordnung, Rabattgesetz und Nebengesetze, 19. Aufl., München 1996;
Benkard, Patentgesetz, Gebrauchsmustergesetz, 9. Aufl., München 1993;
Berlit, Das neue Markenrecht, 2. Aufl., München 1997;
Busse/Starck, Warenzeichengesetz nebst Pariser Verbandsübereinkunft und Madrider Abkommen, Kommentar, 6. Aufl., Berlin, New York, 1990;
Dreiss/Klaka, Das neue Markengesetz: Entstehung und Erlöschen, Verfahren, Kollision und gerichtliche Durchsetzung, Bonn, 1995;
Fezer, Markenrecht, 1997;
Giefers, Markenschutz, Waren- und Dienstleistungsmarken in der Unternehmenspraxis, 4. Aufl., Freiburg, 1995;
Gross, Marken-Lizenzvertrag, Heidelberg 1995;
Hackbarth, Grundfragen des Benutzungszwangs im Gemeinschaftsmarkenrecht, Köln, Berlin, Bonn, München 1993;
Hefermehl/Ipsen/Schluep/Sieben, Nationaler Markenschutz und freier Warenverkehr in der Europäischen Gemeinschaft, München, 1979;
Ilzhöfer, Patent-, Marken- und Urheberrecht, München 1995;
Ingerl, Die Gemeinschaftsmarke, Stuttgart, Dresden, 1996;
Jacobs/Lindacher/Teplitzky, UWG, Großkommentar, Berlin, New York, 1991;
Keller, Der Schutz eingetragener Marken gegen Rufausnutzung, Baden-Baden, 1994;
Klaka/Schulz, Die europäische Gemeinschaftsmarke, Bonn 1996;
Köhler/Piper, Gesetz gegen den unlauteren Wettbewerb mit Zugabeverordnung, Rabattgesetz und Preisangabenverordnung, München, 1995;
Kucsko, Die Gemeinschaftsmarke: Einführung und Textsammlung, Wien 1996;
Löffler, Presserecht, 4. Aufl., München, 1997;
Loschelder/Schnapp, Deutsche geographische Herkunftsangaben, Köln, Berlin, Bonn, München, 1992;
Marx, Deutsches und Europäisches Markenrecht, Handbuch für die Praxis, Neuwied, 1996;
Meister, Marke und Recht, 3. Aufl., Wiesbaden, 1997;
Michalsky, Die Marke in der Wettbewerbsordnung nach dem Inkrafttreten des Markengesetzes, Baden-Baden 1996;

Literaturverzeichnis

Mittas, Der Schutz des Werktitels nach UWG, WZG und MarkenG, Berlin, 1995;

von Mühlendahl, Deutsches Markenrecht, Texte und Materialien: Markengesetz mit amtlicher Begründung, Markenverordnung, 1. Markenrechtsrichtlinie (EG), Verordnung (EWG) Nr. 2081/92, Gesetzgebungsmaterialien, München, 1995;

Münchner Kommentar zum BGB;

Nordemann W./Nordemann A./Nordemann J. B., Wettbewerbs- und Markenrecht, 8. Aufl., Baden-Baden, 1996;

Pagenberg/Munzinger, Leitfaden Gemeinschaftsmarke, Köln, 1996;

Richter/Stoppel, Die Ähnlichkeit von Waren und Dienstleistungen (vormals: Richter, Warengleichartigkeit einschließlich Dienstleistungsgleichartigkeit): Sammlung der Spruchpraxis des Reichspatentamts, des Deutschen Patentamtes, des Bundespatentgerichts und des Bundesgerichtshofes sowie weiterer Gerichte, 10. Aufl., München, Köln, Berlin, Bonn, 1996;

Schönfeld, Die Gemeinschaftsmarke als selbständiger Vermögensgegenstand eines Unternehmens: Eine rechtsdogmatische und ökonomische Analyse zur Property-Rights-Theorie, Baden-Baden, 1994;

Schulte, Patentgesetz, 5. Auflage, Köln, Berlin, Bonn, München, 1994;

Schweer, Die erste Markenrechts-Richtlinie der Europäischen Gemeinschaft und der Rechtsschutz bekannter Marken, Baden-Baden, 1992;

Teplitzky, Wettbewerbsrechtliche Ansprüche: Unterlassung – Beseitigung – Schadensersatz: Anspruchsdurchsetzung und Anspruchsabwehr, 6. Aufl., Köln, Berlin, Bonn, München, 1992;

Einleitung zum MarkenG

Inhaltsübersicht

	Rdn.
I. Stellung des MarkenG in der Rechtsordnung	1–4
II. Markenrecht als Teil des gewerblichen Rechtsschutzes	5, 6
III. System des Kennzeichenschutzes	7–13
1. Begriffsbildung und Aufbau des MarkenG	7–11
a) Kennzeichen	7
b) Marken	8
c) Geschäftliche Bezeichnungen	9
d) Geographische Herkunftsangaben	10
e) Differenzierende gesetzliche Regelung	11, 12
2. Kennzeichenschutz außerhalb des MarkenG	13
IV. Internationaler Kennzeichenschutz	14–24
1. Territorialitätsprinzip	14
2. Internationale Abkommen (Überblick)	15–21
a) Die Pariser Verbandsübereinkunft (PVÜ)	16, 17
b) Madrider Abkommen über die internationale Registrierung von Marken (MMA)	18
c) Protokoll zum MMA (MMP)	19
d) Nizzer Klassifikationsabkommen (NKA)	20
e) Madrider Herkunftsabkommen (MHA)	21
3. TRIPS-Abkommen	22
4. Zweiseitige Abkommen	23
5. Gemeinschaftsrecht	24
V. DDR-Marke und Erstreckungsgesetz	25–32
1. Einigungsvertrag	25
2. Erstreckungsgesetz	26
a) Grundsatz der Erstreckung	27
b) Wirkung der Erstreckung	28–30
aa) Marken	28
bb) Geschäftliche Bezeichnungen	29
cc) Geographische Herkunftsangaben	30
c) Kollisionsregeln	31, 32
VI. Markenfunktionen	33–36
1. Traditionelle Lehre	33
2. Gesetzlich geschützte Markenfunktionen	34
3. Kritik an der Funktionenlehre	35
4. Einfluß des Gemeinschaftsrechtes	36

I. Stellung des MarkenG in der Rechtsordnung

1   Die Marken des § 4 ebenso wie die geschäftlichen Bezeichnungen des § 5, sind als **zivilrechtliche Ausschließlichkeitsrechte** ausgestaltet. Sie stehen einem genau bestimmbaren Berechtigten zu (für eingetragene Marken vgl. § 7). Für die Bestimmung des Berechtigten ist insbesondere das Prioritätsprinzip, § 6, maßgebend. Prioritätsjüngere, nichtberechtigte Dritte sind von der Benutzung der Marke und Geschäftsbezeichnung ausgeschlossen, § 14 Abs. 1, § 15 Abs. 1. Abweichend davon ist die geographische Herkunftsangabe einem wettbewerbsrechtlich ausgestalteten Irreführungstatbestand angenähert, der Kreis der Benutzungsberechtigten ist nicht abschließend festgelegt, sondern hängt von der Erfüllung der inhaltlichen Kriterien ab. Auch die geographische Herkunftsangabe kann aber einem Ausschließlichkeitsrecht weitgehend angenähert werden durch Anmeldung einer Kollektivmarke, § 99. Das ausschließliche Recht des Inhabers eines Kennzeichenrechts ist schon von der Gesetzestechnik her weitgehend dem sachenrechtlichen **Eigentum** angenähert, wobei gegenüber der früheren Rechtslage diese Ähnlichkeit noch durch die freie Übertragbarkeit der Marke sowie die Möglichkeit, an ihr beschränkte dingliche Rechte zu erwerben (§§ 27, 29), gesteigert ist. Wirtschaftlich betrachtet können Marken einen erheblichen Wert haben (Vor §§ 27–31 Rdn. 1). Die Kennzeichenrechte sind auch deshalb dem sachenrechtlichen Eigentum hinsichtlich des verfassungsrechtlichen Schutzes nach Artikel 14 Abs. 1 GG gleichzustellen (vgl. im einzelnen § 14 Rdn. 10, § 15 Rdn. 6). Sachenrechtliche Grundsätze können insbesondere bei der Veräußerung (§ 27) und der Belastung (§ 29) analog auf Marken angewendet werden. Für geschäftliche Beziechnungen gilt dies allerdings nur mit Einschränkungen (Vor §§ 27–31 Rdn. 4–8).

2   Die aus den Kennzeichen fließenden Rechte des Inhabers sind primär **deliktsrechtlich** ausgestaltet, insbesondere durch Ansprüche gegen den Verletzer auf Unterlassung, Schadenersatz, Auskunft, Vernichtung (§§ 14 ff.). Im Anmeldeverfahren berücksichtigt das DPA die Interessen des Markeninhabers gegenüber prioritätsjüngeren Dritten nur im Ausnahmefall der notorisch bekannten Marke (§ 4 Nr. 3, 10) von Amts wegen. Im übrigen hat der Markeninhaber auch dort selbst für ihre Durchsetzung Rechnung zu tragen, insbesondere im Rahmen des Widerspruchsverfahrens, §§ 9, 42 f. und des Löschungsverfahrens, § 55. Das Verhältnis zwischen dem Markeninhaber und dem Verletzer ist somit zivilrechtlicher Natur,

Einleitung zum Markengesetz **Einl**

wobei der Rechtsweg zu den Zivilgerichten durch § 140 ohnehin ausdrücklich angeordnet wird. Mit markenrechtlichen Ansprüchen können weitere zivilrechtliche Anspruchsgrundlagen **konkurrieren,** zB aus §§ 12, 812, 823, 826 BGB, sowie §§ 1 und 3 UWG (vgl. im einzelnen zu konkurrierenden Ansprüchen § 2 Rdn. 9–16). Auch sonst kann auf zivilrechtliche Rechtsinstitute und Argumente in vollem Umfang zurückgegriffen werden, zB bei der Frage des Verschuldens, der Bestimmung der Höhe des Schadenersatzes, Einreden usw. Markenrechtliche Besonderheiten, die die Rechtsprechung dazu entwickelt hat (etwa zum strengen Maßstab des Verschuldens, dazu Vor §§ 14–19 Rdn. 59 ff. oder zu besonderen Möglichkeiten der Berechnung des Schadenersatzes, dazu Vor §§ 14–19 Rdn. 63 ff.) sind zu berücksichtigen. Von besonderer Bedeutung ist die ergänzende Heranziehung der Grundsätze des allgemeinen Schuldrechts des BGB im Hinblick auf Lizenzverträge, die in § 30 nur eine rudimentäre Regelung erfahren haben (dazu § 30 Rdn. 16).

Das MarkenG enthält auch **öffentlich-rechtliche Komponenten,** insbesondere bei der Regelung des Verfahrens vor dem DPA. Soweit die relativ detaillierte Regelung in diesem Bereich Lücken aufweist, können diese unter Rückgriff auf Grundsätze geschlossen werden, die im allgemeinen Verwaltungsverfahrensrecht entwickelt wurden. Das gilt etwa für die nähere Ausgestaltung des Amtsermittlungsgrundsatzes und der Gewährung des rechtlichen Gehörs (§ 59 Abs. 1 und 2). 3

Das MarkenG enthält in §§ 143–145 auch **Straf- und Ordnungswidrigkeitentatbestände.** Insoweit sind die Regeln von StGB, OWiG und StPO anwendbar. Zu beachten ist aber, daß die Tatbestände von zivilrechtlichen Vorfragen, insbesondere der widerrechtlichen Benutzung der Zeichen, abhängig sind. 4

II. Kennzeichenrecht als Teil des gewerblichen Rechtsschutzes

Die Kennzeichen gehören wie Patent, Gebrauchsmuster und Geschmacksmuster zu den **gewerblichen Schutzrechten.** Eng benachbart ist darüber hinaus das Urheberrecht. Die verschiedenen Schutzrechte schützen jeweils unterschiedliche Gegenstände (technische Erfindung, ästhetische Schöpfung usw.), stellen materiellrechtlich und verfahrensrechtlich unterschiedliche Schutzvoraussetzungen auf und unterscheiden sich teilweise auch im Rechtsfol- 5 genbereich, insbesondere hinsichtlich der Schutzdauer. Trotz der genannten Unterschiede weisen alle Schutzrechte Parallelen auf. Es handelt sich jeweils um eigentumsartig ausgestaltete Ausschließlichkeitsrechte, die dem Inhaber Schutz gegen bestimmte Klassen von Beeinträchtigungen, insbesondere Herstellung und Inverkehrbringen schutzrechtsverletzender (d. h. in der Regel identische oder ähnliche) Produkte Ansprüche gewähren. Die Ansprüche sind ebenfalls weitgehend parallel ausgestaltet. Allen Schutzrechten gemeinsam ist die grundlegende Bedeutung der Priorität für die Bestimmung des Berechtigten (§ 6 Rdn. 7 ff.).

6 Die verschiedenen Schutzrechte stehen grundsätzlich **unabhängig nebeneinander.** Damit ist es einerseits denkbar, daß an einem bestimmten Produkt gleichzeitig oder nacheinander unterschiedliche Schutzrechte bestehen. Liegen die Voraussetzungen eines Schutzrechtes vor, kann der Schutz nicht mit der Begründung abgelehnt werden, der Gegenstand sei auch durch ein anderes Schutzrecht schutzfähig gewesen, dessen Voraussetzungen würden aber nicht (mehr) vorliegen. So würde etwa der Widerruf eines Patents für eine bestimmte dreidimensionale Gestaltung nicht den Markenschutz berühren, sofern dieser daneben besteht (Markenschutz für Ausgestaltung eines Plastikklemmbausteins, dessen Patentschutz bereits abgelaufen war: BGH GRUR 1964, 621 – *Klemmbausteine I*). Da das Markenrecht grundsätzlich zeitlich unbegrenzten Schutz zur Verfügung stellt (§ 47), ist es als „Auffangschutzrecht" von besonderem Interesse. Nur im Ausnahmefall kann gegen den Markenschutz eines im übrigen gemeinfrei gewordenen Gegenstandes ein Eintragungshindernis nach § 8 Abs. 2 eingreifen, zB mangelnde Unterscheidungskraft oder sogar ein Verstoß gegen die öffentliche Ordnung (weitergehend für gemeinfreie gewordene Werke iSd UrhG *Osenberg* GRUR 1996, 101; *Nordemann* GRUR 1997, 389). Aus der Unabhängigkeit der Schutzrechte ergibt sich weiter, daß Voraussetzungen und Rechtsfolgen der einzelnen Rechte auch dann unabhängig voneinander zu beurteilen sind, wenn an einem Gegenstand gleichzeitig mehrere Schutzrechte bestehen. Am gleichen Gegenstand können hinsichtlich unterschiedlicher Aspekte verschiedene gewerbliche Schutzrechte bestehen, so kann etwa die technische Wirkungsweise patentrechtlich, die konkrete äußere Gestaltung geschmacksmusterrechtlich und wiederum ein Teil dieser Gestaltung als Marke geschützt sein. Gewerbliche Schutzrechte an demselben Gegenstand können auch **unterschiedlichen Inhabern** zustehen (zB Urheberrechte an der Gestaltung einer Bildmarke). Für Kollisionen zwischen Marken und anderen Schutzrechten

Einleitung zum Markengesetz **Einl**

erklärt § 13 wiederum das Prioritätsprinzip für maßgebend. Die Übereinstimmung der verschiedenen Schutzrechte insbesondere im Rechtsfolgenbereich ermöglicht es, **Rechtsgrundsätze,** die für ein Schutzrecht entwickelt worden sind, **analog** auf andere Schutzrechte zu übertragen. Allerdings ist das nicht pauschal möglich, sondern nur nach einer Prüfung im Einzelfall, ob gerade im Hinblick auf den fraglichen Regelungsgegenstand eine hinreichende Übereinstimmung zwischen den verschiedenen Schutzrechten besteht. Ein praktisch wichtiges Beispiel für eine derartige Analogie ist etwa die Anwendung des nur in § 31 Abs. 5 UrhG gesetzlich geregelten Zweckübertragungsgrundsatzes, der aber auch bei der Auslegung von Lizenzverträgen für andere Schutzrechte entsprechende Anwendung findet (vgl. § 30 Rdn. 12).

III. System des Kennzeichenschutzes 7

1. Begriffsbildung und Aufbau des MarkenG

a) Kennzeichen. Die gesetzliche Terminologie des MarkenG unterscheidet zunächst Marken von den sonstigen Kennzeichen (vgl. Titel des Gesetzes sowie amtliche Überschrift zu § 1). Der Oberbegriff ist somit das Kennzeichen.

b) Marken. Den früheren Begriff des Warenzeichens verwendet das MarkenG nicht mehr. Die Marke unterscheidet sich von den sonstigen Kennzeichen zunächst formal durch die Art ihrer Entstehung. In § 4 sind die drei möglichen Entstehungstatbestände enumerativ aufgezählt: Eintragung in das beim DPA geführte Register (Nr. 1), Erwerb von Verkehrsgeltung und Benutzung im geschäftlichen Verkehr als Marke (Nr. 2), sowie notorische Bekanntheit einer Marke im Inland (Nr. 3). Die Marke unterscheidet sich von den sonstigen Kennzeichen weiter inhaltlich dadurch, daß sie Waren oder Dienstleistungen eines Unternehmens von denen eines anderen Unternehmens unterscheidet (§ 3 Abs. 1). Sie dient damit grundsätzlich nicht der Unterscheidung eines Unternehmens oder Unternehmensteils von einem anderen Unternehmen (diese Funktion übernehmen die geschäftlichen Bezeichnungen des § 5 Abs. 2) und nicht dem Hinweis auf eine bestimmte geographische Herkunft. Anders als die Abgrenzung nach dem formalen Entstehungstatbestand ist diese inhaltliche Definition aber nicht eindeutig, da Überschneidungen häufig sind. So kann das gleiche Zeichen sowohl eingetragene Marke als auch gleichzeitig Firma oder beson- 8 dere Geschäftsbezeichnung sein (§ 5 Rdn. 6). Auch eine geographische Herkunftsangabe kann als Kollektivmarke eingetragen sein, § 99. Praktische Bedeutung hat die inhaltliche Abgrenzung vor allem im Hinblick auf den Schutz bloßer Produktbezeichnungen, die nicht als Marke eingetragen sind. Anders als Unternehmenskennzeichen können sie nur unter den Voraussetzungen der §§ 4 Nr. 2 und 3 Schutz genießen, also im Fall der Verkehrsgeltung oder der notorischen Bekanntheit. Produktbezeichnungen, die weder eingetragen sind, noch diesen Bekanntheitsgrad aufweisen, sind nicht gegen Angriffe aus Marken geschützt, die erst nach der Benutzungsaufnahme angemeldet werden (zur Problematik des „Vorbenutzungsrechts" vgl. näher Vor §§ 14–19 Rdn. 101 ff.).

9   **c) Geschäftliche Bezeichnungen.** Die geschäftlichen Bezeichnungen (§ 5) zerfallen in zwei Untergruppen, nämlich die Unternehmenskennzeichen (§ 5 Abs. 2) und die Werktitel (§ 5 Abs. 3). Beiden ist gemeinsam, daß sie ohne Eintragung oder Verkehrsgeltung Schutz genießen, soweit sie hinreichend unterscheidungskräftig sind (im einzelnen zu den Voraussetzungen § 5 Rdn. 21–34 und 52–58). Hinsichtlich der Unternehmenskennzeichen unterscheidet § 5 Abs. 2 wiederum zwischen den namensmäßigen Kennzeichen wie der Firma oder der sonstigen besonderen Bezeichnung eines Geschäftsbetriebes einerseits und anderen Zeichen (nicht namensmäßiger Art) andererseits, ohne daß für diese Untergruppen eigene Begriffe gebildet werden. Nicht namensmäßige Zeichen genießen Schutz nur dann, wenn sie Verkehrsgeltung als Hinweis auf den Geschäftsbetrieb erlangt haben (§ 5 Rdn. 15). Für eine bestimmte Gruppe von Produkten, die den Charakter von geistig geprägten Werken haben, gewährt § 5 Abs. 3 Titelschutz durch bloße Benutzung. § 5 Abs. 3 ist somit die Ausnahme von dem Grundsatz, daß Produktbezeichnungen nur bei Hinzutreten der weiteren Voraussetzungen des § 4 Schutz genießen.

10   **d) Geographische Herkunftsangaben.** Eine Sonderstellung nehmen die geographischen Herkunftsangaben (§§ 126–139) ein. Ihr Schutz kann auf zwei unterschiedlichen Rechtsgrundlagen beruhen, nämlich einerseits auf den Vorschriften des nationalen Markenrechts (§§ 126–129), andererseits auf einer Eintragung gemäß der Verordnung (EWG) Nr. 2081/92 (§§ 130–136). (Zum Verhältnis dieser beiden Entstehungstatbestände zueinander Vor §§ 126–139 Rdn. 2). Geographische Herkunftsangaben können grundsätzlich nicht für einen einzelnen Inhaber monopolisiert werden (zu Ausnahmen siehe Vor §§ 126–139 Rdn. 2). Vielmehr hängt die

Zulässigkeit der Benutzung im Ergebnis davon ab, ob sie in einer Weise erfolgt, die den Verkehrserwartungen entspricht, also nicht irreführend ist (vgl. §§ 127, 100 Abs. 1). Dementsprechend ist bei der Verletzung geographischer Herkunftsangaben auch die Verbandsklage nach § 13 Abs. 2 UWG vorgesehen (§ 128 Abs. 1). Die geographischen Herkunftsangaben stellen somit im System des Kennzeichenschutzes einen gewissen Fremdkörper dar. Soweit die gesetzliche Regelung hier Lücken enthält, ist deshalb weniger auf sonstige markenrechtliche Regelungen, sondern primär auf die Rechtsprechung zu § 3 UWG abzustellen, der bislang die Basis für den Schutz der geographischen Herkunftsangaben bildete (zur Rechtsprechung vgl. § 126 Rdn. 4 ff.).

e) Differenzierte gesetzliche Regelung. Die vom MarkenG **11** von Anfang an vorgenommene begriffliche Unterscheidung ist bei der Anwendung des Gesetzes immer im Auge zu behalten. Die verschiedenen Kennzeichen haben nicht nur unterschiedliche Schutzvoraussetzungen, sondern können sich auch in den Rechtsfolgen unterscheiden. Das Gesetz unterscheidet zB hinsichtlich des Unterlassungs- und Schadensersatzanspruchs Marken (§ 14) und geschäftliche Bezeichnungen (§ 15). § 16 ist auf den Schutz eingetragener Marken beschränkt, §§ 18 und 19 gelten dagegen unterschiedslos für Marken und geschäftliche Bezeichnungen. Die Schutzschranken der §§ 20–24 gelten für Marken und geschäftliche Bezeichnungen, der Benutzungszwang der §§ 25, 26 dagegen nur für eingetragene Marken, da bei geschäftlichen Bezeichnungen durch Nichtbenutzung das Recht ohnehin erlischt. Die §§ 27–31 beziehen sich nach dem Gesetzeswortlaut nur auf Marken. Ansprüche aus geographischen Herkunftsangaben sind in §§ 128, 135 geregelt, wobei hinsichtlich der Schutzschranken nur auf die Verjährung verwiesen wird (§ 129). Ob gesetzliche Regelungen, die nach ihrem Wortlaut nur auf eine Kennzeichenart bezogen sind, **analog** auf andere Kennzeichenarten anwendbar sind, ist jeweils im Einzelfall zu prüfen. Von praktischer Bedeutung ist diese Frage insbesondere im Hinblick auf die Anwendbarkeit der §§ 27–31 auf geschäftliche Bezeichnungen (dazu vor § 27 Rdn. 4–8). Ebenfalls zweifelhaft ist, ob die Eintragungshindernisse des § 8 Abs. 2 auch dem Schutz nicht eingetragener Kennzeichen (Marken der §§ 4 Nr. 2 und 3, geschäftliche Bezeichnung des § 5) entgegenstehen können (dazu § 4 Rdn. 7, § 5 Rdn. 29). Als allgemeine Richtschnur kann gelten, daß der Gesetzgeber eine Vereinheitlichung der Kennzeichenrechte angestrebt hat (Amtl. Begr. A.III.2.). Allerdings darf nicht verkannt

Einl   Einleitung zum Markengesetz

werden, daß sowohl im Hinblick auf die geschäftlichen Bezeichnungen als auch die geographischen Herkunftsangaben umfangreiche Rechtsprechung auf der Grundlage von § 16 UWG a. F. bzw. §§ 1, 3 UWG vorlag, als diese Kennzeichenarten in das Markenrecht integriert wurden. Der Gesetzgeber wollte diese Judikatur nicht obsolet machen, sondern der Rechtsprechung die Möglichkeit geben, die bisherigen Grundsätze behutsam an das vereinheitlichte Recht anzupassen (Amtl. Begr. A.IV.).

12   Weiter ist zu berücksichtigen, daß die Vorgaben der Markenrechtsrichtlinie (MRRL) nur für eingetragene Marken gelten, also hinsichtlich der anderen Kennzeichenarten auch deshalb kein zwingender Grund bestand, von bisherigen Rechtsgrundsätzen abzuweichen. Im Hinblick auf diese nicht eindeutige Ausgangssituation empfiehlt sich eine **Regel-Ausnahme-Betrachtung**: In der Regel wird es sinnvoll sein, die unterschiedlichen Kennzeichenarten gleich zu behandeln, so daß die analoge Anwendung von Rechtsgrundsätzen, die für eine Kennzeichenart entwickelt wurden, auf andere Kennzeichenarten gerechtfertigt ist. Aus Besonderheiten der einzelnen Kennzeichenarten kann sich aber im Einzelfall ergeben, daß eine unterschiedliche Behandlung gerechtfertigt ist. Diese Ausnahmen sind jeweils im einzelnen zu begründen.

2. Kennzeichenschutz außerhalb des MarkenG

13   Kennzeichenschutz kann auch aufgrund von Vorschriften außerhalb des MarkenG bestehen, zB durch das Namensrecht des § 12 BGB, das Recht am eingerichteten und ausgeübten Gewerbebetrieb, § 823 Abs. 1 BGB, indirekt auf wettbewerbsrechtlicher (§ 1, 3 UWG) oder sonst auf spezialgesetzlicher Grundlage. Kennzeichenschutz außerhalb des MarkenG besteht in Anspruchskonkurrenz unabhängig von markenrechtlichen Anspruchsgrundlagen, § 2. Eine Ausnahme gilt für den nur subsidiär eingreifenden Schutz der Kennzeichnung als Teil des eingerichteten und ausgeübten Gewerbebetriebs nach § 823 Abs. 1 BGB (im einzelnen zu konkurrierenden Anspruchsgrundlagen Kommentierung zu § 2).

IV. Internationaler Kennzeichenschutz

1. Territorialitätsprinzip

14   Wie für alle gewerblichen Schutzrechte gilt für Marken und geschäftliche Bezeichnungen das Territorialitätsprinzip. Danach genießen Kennzeichen aufgrund deutschen Rechts nur in Deutsch-

Einleitung zum Markengesetz **Einl**

land Schutz, umgekehrt genießen ausländische Marken in Deutschland nur aufgrund von Sonderregelungen Schutz (insbesondere als notorische Marken, § 4 Nr. 3, als IR-Marken, §§ 107–125 und als Gemeinschaftsmarken, §§ 125a–125h). Inhaber deutscher Kennzeichenrechte können auch ausländische natürliche und juristische Personen sein (§ 7 Rdn. 10) und zwar unabhängig davon, ob sie im Inland einen Sitz haben. Das Territorialitätsprinzip gilt nicht nur in Deutschland, sondern ist in allen Rechtsordnungen anerkannt. Daraus folgt gleichzeitig, daß die identische Marke für die identischen Waren oder Dienstleistungen in verschiedenen Ländern für verschiedene Inhaber geschützt sein kann. Die Verletzungsansprüche knüpfen jeweils an ein Benutzungshandlung im Inland an (dazu § 14 Rdn. 28 ff. und § 15 Rdn. 19 f.). Auch wenn es sich um zwei Mitgliedstaaten der EU handelt, ist es hinzunehmen, daß durch die Verbotsrechte des jeweils anderen Markeninhabers der freie Warenverkehr zwischen den Mitgliedsstaaten beeinträchtigt werden kann (EuGH GRUR Int. 1994, 231 – *Ideal Standard II*). Der Territorialitätsgrundsatz wird ergänzt durch die zivilprozessualen Zuständigkeitsregelungen (dazu § 140 Rdn. 15 ff.).

2. Internationale Abkommen (Überblick)

Literatur: *Ackermann,* Entscheidung über Widersprüche gegen international registrierte ausländische Marken, GRUG 1995, 378; *Baeumer,* Das Deutsche Patentamt und die internationale Markenregistrierung, FS DPA 100 Jahre Marken-Amt, 1994, 17; *Bock,* Ausgewählte Aspekte des Protokolls zum Madrider Markenabkommen und der Gemeinsamen Ausführungsordnung, GRUR Int. 1996, 991; *Kunze,* Die Verzahnung der Gemeinschaftsmarke mit dem System der internationalen Registrierung von Marken unter der gemeinsamen Ausführungsordnung zum Madrider Markenabkommen und dem Madrider Protokoll, GRUR 1996, 627; *Kunze,* Die internationale Registrierung von Marken unter der gemeinsamen Ausführungsordnung zum Madrider Markenabkommen und zum Protokoll, Mitt. 1996, 190; *Kur,* Die notorisch bekannte Marke im Sinne von 6bis PVÜ und die bekannte Marke im Sinne der Markenrechtslinie GRUR 1994, 330; *Schöndeling,* Entscheidung über Widersprüche gegen international registrierte ausländische Marken, GRUR 1996, 106.

Der Territorialitätsgrundsatz bringt für den international tätigen **15** Markeninhaber eine Reihe von Nachteilen mit sich. Um einen flächendeckenden Schutz durch eingetragene Marken zu erreichen, müßte er grundsätzlich in jedem einzelnen Staat das Anmeldeverfahren durchlaufen und dabei jeweils die einzelstaatlichen Anforderungen in formaler und materieller Hinsicht in vollem Umfang

Einl Einleitung zum Markengesetz

erfüllen, zB im Hinblick auf die Sprache des Verzeichnisses der Waren und Dienstleistungen, einzureichende Belege, Gebühren und Vertretungserfordernisse. Die Marken würden in unterschiedlichen Ländern mit unterschiedlichen Prioritätstagen entstehen, einen unterschiedlichen Schutzumfang haben usw. Darüber hinaus könnten einzelne Staaten Markenanmeldungen Inländern vorbehalten oder zusätzliche Erfordernisse für ausländische Anmelder aufstellen. Diese Probleme haben zum Abschluß internationaler Abkommen geführt, die zumindest in Teilbereichen Harmonisierungen und Erleichterungen für die Markeninhaber bewirken. Zum aktuellen Geltungsbereich der Abkommen s. die alljährlichen Übersichten in Bl. und GRUR Int.

16 a) **Die Pariser Verbandsübereinkunft (PVÜ).** Das wichtigste mehrseitige Abkommen auf dem Gebiet des gewerblichen Rechtsschutzes ist die Pariser Verbandsübereinkunft zum Schutz des gewerblichen Eigentums vom 20. März 1883 (PVÜ; Anhang 9). Die PVÜ regelt nicht nur markenrechtliche Fragen sondern insbesondere auch patentrechtliche. Die PVÜ ist mehrfach revidiert worden und besteht deshalb in unterschiedlichen Fassungen. Im Verhältnis zu den jeweiligen einzelnen Verbandsstaaten gilt die PVÜ in der jeweils jüngsten Fassung, die der Verbandsstaat ratifiziert hat. Zur PVÜ gehören mehrere Nebenabkommen, insbesondere das Madrider Markenabkommen (MMA) (unten Rdn. 18), das Protokoll zum Madrider Markenabkommen (MMP) (unten Rdn. 19), das NKA (unten Rdn. 20) und das MHA (unten Rdn. 21). Auch im Hinblick auf diese Nebenabkommen ist der Ratifikationsstand jeweils unterschiedlich.

17 Die Geltung der PVÜ im Inland wird durch entsprechende Transformationsgesetze herbeigeführt (BGHZ 11, 135, 138 – *Schallplatte*). Da die Rechtssätze der PVÜ inhaltlich bestimmt genug sind, können sie im Verhältnis zwischen Inländern und Ausländern unmittelbar angewandt werden, eine ausdrückliche Aufnahme in deutsches nationales Recht ist – über die Transformation hinaus – nicht erforderlich. Markenrechtlich bedeutsam sind in der PVÜ insbesondere folgende Regelungen: Artikel 1 Abs. 1 und 2 PVÜ regelt den Grundsatz der **Inländerbehandlung,** d. h. ausländische Schutzrechtsinhaber müssen unter den gleichen Voraussetzungen und mit den gleichen Rechtsfolgen Schutzrechte erwerben können wie Inländer. Ausgenommen davon sind insbesondere das Erfordernis der Bestellung eines Inlandsvertreters (Art. 2 Abs. 3 PVÜ; § 96) sowie prozeßrechtliche Sonderregelungen. Artikel 4 PVÜ

Einleitung zum Markengesetz **Einl**

enthält den Grundsatz der **Unionspriorität** wonach eine innerhalb von sechs Monaten (Artikel 4 C Abs. 1) nach der in einem Unionsstaat vorgenommenen Erstanmeldung erfolgende Zweitanmeldung die Priorität der Erstanmeldung erhält (im einzelnen Kommentierung zu § 34). Artikel 5 PVÜ enthält Regelungen zum **Benutzungszwang,** die durch §§ 25, 26 MarkenG zulässigerweise konkretisiert sind. Artikel 6 PVÜ enthält den Grundsatz der **Unabhängigkeit der Marke,** d. h. die Eintragbarkeit oder Bestandskraft einer Marke in einem Unionsland darf nicht von dem Bestand einer Eintragung in einem anderen Land abhängig gemacht werden. Artikel 6bis PVÜ enthält den Grundsatz des Schutzes ausländischer **notorisch bekannter Marken,** den der deutsche Gesetzgeber insbesondere in §§ 4 Nr. 3 und 10 MarkenG umgesetzt hat, wobei diese Normen hinsichtlich des Begriffs der notorischen Bekanntheit auf Artikel 6bis PVÜ verweisen. Artikel 6ter PVÜ enthält ein Eintragungshindernis für bestimmte staatliche **Hoheitszeichen** sowie amtliche Prüf- und Gewährzeichen. Artikel 6^{quinquies} PVÜ enthält den Grundsatz des sog. **telle-quelle-Schutzes,** daß nämlich im Ursprungsland eingetragene Marken in den anderen Verbandsländern grundsätzlich im gleichen Umfang geschützt werden müssen, sofern nicht die in Artikel 6^{quinquies} PVÜ ausdrücklich vorgesehenen Ausnahmefälle vorliegen. Die Vorschrift modifiziert damit für im Ausland eingetragene Marken in gewissem Umfang die Eintragungshindernisse des nationalen Rechts, in Deutschland also von § 8 MarkenG. Die – auch praktisch wichtige – Vorschrift ermöglicht es somit dem Markeninhaber, für eine im Heimatstaat eingetragene Marke Schutz in anderen Verbandsländern unabhängig davon zu erreichen, ob in diesen unterschiedliche Schutzvoraussetzungen bestehen. Beruft sich der Anmelder auf Artikel 6^{quinquies} PVÜ, findet eine Prüfung nur noch nach dieser Vorschrift statt, nicht nach den Regeln des nationalen Rechts (BGHZ 20, 1, 16 – *Flava-Erdgold*; BGHZ 100, 26, 27 – *Litaflex*; BGH GRUR 1995, 732, 733 – *Füllkörper*, wobei eine Berufung auf Artikel 6^{quinquies} PVÜ auch während des laufenden Verfahrens jeder Zeit erfolgen kann, BGH GRUR 1991, 839, 840 – *Z-TECH*). Die **Schutzversagungsgründe** sind in Artikel 6^{quinquies} B Nr. 1–3 abschließend aufgezählt. Nach Nr. 1 scheidet eine Eintragung aus, wenn Rechte Dritter verletzt würden (insbesondere also ältere Markenrechte, die im Inland Geltung haben). Nr. 2 schließt Marken mit mangelnder Unterscheidungskraft, beschreibende Angaben und allgemein sprachgebräuchliche Angaben aus und entspricht damit § 8 Abs. 2 Nr. 1 bis 3 MarkenG. Nach dem gegenüber dem WZG abweichenden Wortlaut von § 8 Abs. 2 MarkenG besteht zwischen den Versagungsgründen des MarkenG und der PVÜ kein Unterschied mehr. Nach Nr. 3 ist die Eintragung ausgeschlossen, wenn sie gegen die guten Sitten oder die öffentliche Ordnung verstößt. Dem entspricht § 8 Abs. 2 Nr. 5. Entgegen *Fezer* Art. 6^{quinquies} PVÜ Rz. 13 wird man aber nicht jeden Fall der Eintragungshindernisse von § 8 Abs. 2 Nr. 4–9 automatisch als Verstoß gegen die öffentliche Ordnung ansehen können. Dagegen spricht nicht nur die Systematik von § 8 Abs. 2 selbst, sondern auch, daß es um schwerwiegende und grundlegende Verstöße gehen muß, ein einfacher Gesetzesverstoß also nicht ausreichend ist. Damit ist insbesondere nicht jeder Fall der irreführenden Marke (§ 8 Abs. 2 Nr. 4) erfaßt. Artikel 8 PVÜ enthält die Verpflichtung der Verbandsmitglieder zum Schutz des **Handelsnamens** auch ohne Eintragung, wofür allerdings die Ingebrauchnahme im Inland erforderlich ist (§ 5 Rdn. 34; BGH GRUR 1971, 516 – *SWOPS*; BGH GRUR 1980, 114 – *Concordia*).

18 b) Madrider Abkommen über die internationale Registrierung von Marken (MMA). Das MMA ist ein Nebenabkommen zum PVÜ. Die Mitgliedschaft im MMA setzt die in der PVÜ voraus. Zweck des MMA ist die Erleichterung der parallelen Markenanmeldung in mehreren Mitgliedsländern durch die Möglichkeit einer einheitlichen internationalen Registrierung beim Internationalen Büro in Genf. Dadurch entsteht allerdings kein supranationales Schutzrecht (wie im Fall der Gemeinschaftsmarke), sondern lediglich ein Bündel nationaler Marken (BGHZ 18, 1, 13 – *Hückel*; BGHZ 39, 220, 228 – *Waldes-Koh-i-noor*). Wie bei der PVÜ gibt es von dem MMA mehrere Fassungen. Die Gelenknormen zwischen MMA und MarkenG sind in Teil 5 enthalten, in Abschnitt 1 (§ 107 bis § 118), zunächst das Anmeldeverfahren unter Vermittlung des DPA, sodann die Wirkung der internationalen Registrierung in der Bundesrepublik. Art. 1 MMA enthält den Grundsatz, daß Angehörige eines Vertragsstaates durch Hinterlegung beim internationalen Büro Schutz für ihre im Heimatland eingetragene Marke in allen anderen Mitgliedsstaaten beantragen können. Art. 3 MMA enthält in Abs. 1–3 die Erfordernisse des Registrierungsgesuches, in Art. 4 und 5 die Regelung des Registrierungsverfahrens durch das internationale Büro. Art. 4 MMA enthält den Grundsatz, daß die internationale Registrierung Schutz entsprechend dem nationalen Recht bewirkt. Art. 5 MMA regelt die Möglichkeiten der nationalen Behörde, der internationalen Regi-

Einleitung zum Markengesetz **Einl**

strierung Schutz im Inland zu verweigern, wenn einer nationalen Markenanmeldung Schutzhindernisse entgegenstehen würden. Art. 6 MMA sieht in Abs. 1 zunächst die zwanzigjährige Schutzdauer und die Verlängerung um jeweils weitere 20 Jahre vor, die Marke muß also nicht in den jeweiligen weiteren Staaten einzeln verlängert werden. Abs. 2 bestimmt, daß die internationale Registrierung während der ersten fünf Jahre vom Bestand der Ursprungsmarke abhängig sind, erlischt dieses Recht also während dieses Zeitraumes, verfallen gleichzeitig die Schutzrechte aufgrund der internationalen Registrierung. Zum sonstigen Inhalt des MMA vgl. Anhang 10.

c) Protokoll zum MMA (MMP). Das MMP ist in der Absicht 19 geschaffen worden, Ländern, die dem MMA aus grundsätzlichen Erwägungen nicht beigetreten sind, die Einbeziehung in das System des MMA zu ermöglichen, an dem gewissen Umfang Veränderungen vorgenommen worden sind. Das MMP ist gegenüber dem MMA insofern nachrangig, als es keine Anwendung findet, soweit die betroffenen Länder auch Mitglied des MMA sind (Artikel 10). Praktische Bedeutung für Anmelder aus der Bundesrepublik Deutschland hat das MMA im Hinblick auf Anmeldungen im Vereinigten Königreich, Dänemark, Griechenland, Irland und Finnland, die nicht Mitglied des MMA, wohl aber des MMP, sind. Bedeutsame Unterschiede liegen vor allem in der Möglichkeit, die internationale Registrierung schon auf der Basis bloßer Anmeldungen, nicht nur eingetragener Marken, vorzunehmen (Art. 2 MMP), sowie in der Schutzdauer, die nicht 20, sondern nur 10 Jahre beträgt (Artikel 6 MMP). Darüber hinaus enthält das Abkommen Änderungen für das Beanstandungsverfahren vor den nationalen Patentämtern, auch hinsichtlich der Gebühren. Zum sonstigen Inhalt des MMP vgl. Anhang 11.

d) Nizzaer Klassifikationsabkommen (NKA). Durch das 20 NKA werden die Vertragsstaaten verpflichtet, die in dem Abkommen festgelegte Klassifikation einheitlich entweder als Haupt- oder als Nebenklassifikation einzuführen. Diese richtet sich nach der alphabetischen Liste der Waren und Dienstleistungen, die von der WIPO herausgegeben wird (Veröffentlichungen Nr. 500.1/2 (GF)). Nach Artikel 3 Abs. 2 MMA ist bei der Registrierung der IR-Marke die internationale Klassifikation zu verwenden. Für deutsche Markenanmeldungen legt die im Anhang zur MarkenV enthaltene Klasseneinteilung von Waren und Dienstleistungen die Klassifikation fest, § 15 Abs. 1 MarkenV. Die alphabetische Liste nach dem

NKA kann nach § 15 Abs. 2 MarkenV ergänzend herangezogen werden.

21 **e) Madrider Herkunftsabkommen (MHA).** Nach diesem Abkommen sind die Staaten verpflichtet, Herkunftsangaben aus anderen Mitgliedsstaaten in bestimmten Umfang zu schützen. In der Bundesrepublik Deutschland ist durch §§ 126 ff. den Vorgaben des MHA entsprochen worden. Eines direkten Rückgriffs auf das MHA bedarf es deshalb nicht. Für geographische Herkunftsangaben, die in ihrem Heimatland als Ursprungsangaben registriert sind, sieht das Lissaboner Ursprungsabkommen (LUA) weitergehenden Schutz vor. Die Bundesrepublik Deutschland ist nicht Vertragsstaat dieses Abkommens.

3. TRIPS-Abkommen

Literatur: Dreier, TRIPS und die Durchsetzung von Rechten des geistigen Eigentums, GRUR Int. 1996, 205; *Knaak,* Der Schutz geographischer Angaben nach dem TRIPS-Abkommen, GRUR Int. 1995, 642; *Krieger,* Durchsetzung gewerblicher Schutzrechte in Deutschland und die TRIPS-Standards, WRP 1997, 421; *Kur,* TRIPS und das Markenrecht, GRUR Int. 1994, 987; *von Zumbusch,* Verletzung und Haftung bei Marken (TRIPS und das deutsche Recht), GRUR Int. 1997, 134.

22 Als Nachfolger des Freihandelsabkommens GATT ist das am 1. Januar 1995 für die Bundesrepublik Deutschland wirksam gewordene TRIPS-Abkommen primär ein Freihandelsabkommen, mit dem also Verzerrungen des internationalen Wettbewerbs durch Zölle und andere einzelstaatliche Regelungen abgebaut werden sollen. Anders als das GATT bezieht das TRIPS die gewerblichen Schutzrechte ein. In Teil II Abschnitt 2 (Art. 15–21) enthält das TRIPS-Abkommen die das Markenrecht betreffenden Vorgaben an die Mitgliedsstaaten. Alle diese Vorgaben werden vom MarkenG erfüllt. Für die Rechtsanwendung in Deutschland kommt dem TRIPS in diesem Bereich damit keine praktische Bedeutung zu. Das TRIPS stellt keine Grundlage für Individualansprüche dar (BPatG GRUR 1997, 53, 54 – *Chinesische Schriftzeichen*).

4. Zweiseitige Abkommen

23 Die Bundesrepublik Deutschland hat mit einer Reihe von Staaten zweiseitige Abkommen geschlossen, die den Schutz von betrieblichen oder geographischen Kennzeichen betreffen. Eine Fundstellenliste findet sich im Anhang. Zweiseitige Abkommen gehen den mehrseitigen Abkommen vor (*Fezer* Int. MarkenR Anm. 32).

Einleitung zum Markengesetz **Einl**

5. Gemeinschaftsrecht

Das Recht der Europäischen Gemeinschaft beeinflußt das deutsche Markenrecht in mehrfacher Weise. Zunächst ist die **Markenrechtsrichtlinie** (MRRL, Anh. 5), als verbindliches Gemeinschaftsrecht vom deutschen Gesetzgeber zu beachten. Das MarkenG folgt den Vorgaben der MRRL (vgl. Hinweise bei den jeweiligen Einzelvorschriften). Jedenfalls für IR-Marken kann eine unmittelbare Wirkung der MRRL in Betracht kommen, die eine Schutzgewährung zB für IR-Formmarken auch mit Priorität vor dem 1. Januar 1995 zur Folge hat (§ 113 Rdn. 1; zur Vorwirkung für deutsche Marken § 156 Rdn. 4). Soweit das MarkenG zwingende Vorgaben der MRRL umsetzt, ist seine Anwendung auf Vorlage eines deutschen Gerichts vom EuGH gem. Art. 177 EUV zu überprüfen. Regelungen des MarkenG in Umsetzung der MRRL sind gemeinschaftsrechtskonform auszulegen. Auch unabhängig von der MRRL sind die – gegenüber nationalem Recht vorrangigen – Regelungen des EG-Vertrag bei der Anwendung nationalen Rechts zu berücksichtigen. Dabei kommt insbesondere in Betracht, daß die Ausübung markenrechtlicher Befugnisse als Maßnahme gleicher Wirkung wie eine Zollschranke und damit als unzulässige Beschränkung des freien Warenverkehrs im Sinne von Art. 30, 36 EG-Vertrag zu werten sein kann. Der EuGH hat aber (EuGH GRUR Int. 1994, 231 – *Ideal Standard II)* die Ausübung gewerblicher Schutzrechte in weitem Umfang als vorrangig gegenüber dem Ziel des freien Warenverkehrs angesehen. Von praktischer Bedeutung bleibt die Diskussion vor allem im Zusammenhang mit der Erschöpfung (§ 24 Rdn. 16 ff.), nämlich der Frage, unter welchen Bedingungen der Markeninhaber Reimporte aus anderen Mitgliedsstaaten zulassen muß, insbesondere wenn diese umverpackt oder sonst in ihrer Aufmachung verändert worden sind. 24

Ein übernationales Schutzrecht ist durch die **Gemeinschaftsmarkenverordnung** geschaffen worden. Die Gemeinschaftsmarke unterscheidet sich von der international registrierten Marke nach dem MMA also dadurch, daß es sich nicht um ein Bündel nationaler Rechte handelt, die jeweils unterschiedlichen Regelungen unterliegen, sondern um ein einheitliches Schutzrecht, das aufgrund einer einheitlichen Anmeldung mit Wirkung für alle Mitgliedsstaaten entsteht. Die Gemeinschaftsmarke besteht grdsl. unabhängig von eventuellen parallelen nationalen Schutzrechten desselben Inhabers. Die GMVO schützt nur eingetragene Marken. Die §§ 125 a–125 h bilden die Gelenknormen zum nationalen Recht soweit für die Anmeldung oder Durchsetzung die Mitwirkung deutscher Behörden und Gerichte erforderlich ist. Die Parallelen und Unterschiede zwischen MarkenG und GMVO werden bei den jeweiligen Vorschriften dargestellt. Zu Einzelheiten des Gemeinschaftsmarkenrechts s. *Ingerl*, Die Gemeinschaftsmarke, sowie die Literaturhinweise vor § 125 a Rdn. 1.

V. DDR-Kennzeichen und Erstreckungsgesetz

Literatur: *Adrian/Nordemann/Wandtke*, Erstreckungsgesetz und Schutz des geistigen Eigentums, 1992; *Berg*, Parallele Benutzung verwechslungsfähiger Marken auf Grund der Erstreckung nach der deutschen Vereinigung aus Billigkeitsgründen – Ausnahmeregel oder Modellfall?, WRP 1993, 297; *Berg*, Die Zeichenrechte von Unternehmen und Verbänden der neuen Bundesländer im Rahmen des deutschen Einigungsprozesses, FS 100 Jahre Marken-Amt, 1994, 43; *Eisenführ*, Die bevorstehende Erstreckung gewerblicher Schutzrechte im Zuge der deutschen Vereinigung, Mitt. 1991, 50; *Eisenführ*, Der Referentenentwurf des Erstreckungsgesetzes, Mitt. 1991, 185; *Engels*, Vertragliche Schutzrechte nach und neben dem Erstreckungsgesetz, DZWir 1994, 449; *Faupel*, Deutsche Einheit und Schutz des geistigen Eigentums, Mitt. 1990, 202; *Gaul/Burgmer*, Das Erstreckungsgesetz für den gewerblichen Rechtsschutz, GRUR 1992, 283; *Knaak*, Der Schutz der nichteingetragenen Kennzeichenrechte im vereinigten Deutschland, GRUR 1991, 891; *v. Mühlendahl*, Gewerblicher Rechtsschutz im vereinigten Deutschland – eine Zwischenbilanz, GRUR 1990, 719; *v. Mühlendahl/Mühlens*, Gewerblicher Rechtsschutz im vereinigten Deutschland, GRUR 1992, 725; *Niederleithinger*, Die Erstreckung von gewerblichen Schutzrechten auf das Gesamtgebiet Deutschlands, Mitt. 1991, 125; *Papier*, Rechtsfragen zum Erstreckungsgesetz, MA 1993, 134; *Schultz-Süchting*, Kennzeichnungsrecht im vereinigten Deutschland, GRUR 1992, 481; *Tilmann*, Die Erstreckung von DDR-Marken und der Wegfall des Löschungsgrundes der Nichtfortsetzung der Wirtschaftstätigkeit des DDR-Markenrechts, GRUR Int. 1996, 491; *Vogel*, Zur Auswirkung des Vertrages über die Herstellung der Einheit Deutschlands auf die Verfahren vor dem Deutschen Patentamt und dem Bundespatentgericht, GRUR 1991, 83.

1. Einigungsvertrag

25 Mit der staatlichen Wiedervereinigung Deutschlands am 3. Oktober 1990 wurden zwei Gebiete zusammengeführt, auf denen bis dahin territorial beschränkte Kennzeichen-Rechte bestanden hatten. Der Einigungsvertrag (BGBl. 1990 II S. 889; Bl. 1990, 378 ff.) vom 31. August 1990 sah zunächst in § 3 Abs. 1 der Besonderen Bestimmungen zum gewerblichen Rechtsschutz vor, daß die

Altrechte auf das bisherige Schutzgebiet beschränkt bleiben und weiterhin den für sie geltenden Rechtsvorschriften unterlagen. Allerdings war es schon mit Wirkung ab dem 3. Oktober 1990 möglich, durch Neuanmeldungen von Marken im jeweils anderen Territorium Rechte zu begründen (BGH GRUR 1995, 117, 121 – *NEUTREX*). Darüber hinaus fand mit der staatlichen Vereinigung Deutschlands auch bereits am 3. Oktober 1990 eine Ausdehnung der zu diesem Zeitpunkt bestehenden geschäftlichen Bezeichnungen (damals noch gem. § 16 UWG) auf das gesamte Schutzgebiet statt, soweit das Unternehmen nach seinem Zuschnitt auf eine bundesweite Tätigkeit ausgerichtet war (BGH GRUR 1995, 117, 121 – *NEUTREX*; BGH GRUR 1995, 754, 756 – *Altenburger Spielkartenfabrik*).

2. Erstreckungsgesetz

Die vollständige Regelung der entstandene Konfliktlage blieb dem Erstreckungsgesetz vom 23. April 1992 (BGBl. I S. 938; Bl. 1992, 202) vorbehalten, das mit Wirkung zum 1. Mai 1992 in Kraft trat. Es enthält neben allgemeinen Vorschriften unterschiedliche Regelungen für die einzelnen Arten gewerblicher Schutzrechte. Daneben enthält es Verfahrensvorschriften und die praktisch außerordentlich bedeutsame Abschaffung der Bindung des Warenzeichens an den Geschäftsbetrieb (§ 47 ErstrG). An dieser Stelle sind nur die Kennzeichen betreffenden Vorschriften darzustellen. **26**

a) Grundsatz der Erstreckung. In § 1 ErstrG (für beim DPA eingetragene und IR-Marken mit Wirkung in der alten Bundesrepublik) sowie § 4 ErstrG (DDR-Marken und IR-Marken mit Schutz in der DDR) ordnet das Gesetz zunächst die Erstreckung auf den jeweils anderen Teil des vereinigten Deutschland an, d. h. die Schutzwirkungen der Marke, insbesondere die Verletzungsansprüche (jetzt §§ 14–19), können im gesamten Gebiet des vereinigten Deutschlands in gleicher Weise geltend gemacht werden. Dabei ist zu beachten, daß hinsichtlich der Verletzungsansprüche keine Rückwirkung gegeben ist, d. h. insbesondere keine Schadenersatzansprüche für Benutzungshandlungen vor dem 1. Mai 1992 im jeweils anderen Teil des vereinigten Deutschlands (BGH GRUR 1995, 117, 121 – *NEUTREX*). Die Ansprüche aus allen erstreckten Marken richten sich einheitlich nach Bundesrecht, jetzt also nach dem MarkenG (§ 5 ErstrG). Ausnahmen davon gelten nur, soweit es sich um die Voraussetzungen der Schutzfähigkeit und die Schutzdauer handelt. Dabei hat der BGH allerdings zutref- **27**

Einl   Einleitung zum Markengesetz

fend klargestellt, daß bei einer Löschungsklage die Frage des Fortbestandes trotz entgegenstehender Rechte Dritter nach dem Zeitpunkt der letzten mündlichen Verhandlung und somit ebenfalls nach dem MarkenG zu beurteilen ist (BGH WRP 1995, 809 – *f6/R6*). Die Rechtslage nach dem früheren DDR-Recht ist nur noch bei der Frage bedeutsam, ob die Marke zum Zeitpunkt ihrer Eintragung schutzfähig war, wobei aber für die Löschung weiter vorausgesetzt ist, daß sie auch nach dem geltenden MarkenG schutzunfähig sein muß. Das ergibt sich nicht nur aus § 20 ErstrG, sondern schon aus §§ 50 Abs. 1, 2 MarkenG. Nicht ausdrücklich geregelt ist die Erstreckung der durch Benutzung erworbenen Kennzeichenrechte (Ausstattung, § 25 WZG; geschäftliche Bezeichnungen).

b) Wirkung der Erstreckung

28   **aa) Marken.** Mit der Erstreckung wird das Recht jeweils mit dem gleichen Schutzumfang, den es auf seinem bisherigen Territorium genossen hat, auf den anderen Teil Deutschlands erstreckt. Bestand im bisherigen Territorium eine Koexistenzlage mit einer verwechslungsfähigen Bezeichnung, gegen die zB wegen eingetretener Verwirkung, nicht mehr vorgegangen werden konnte, so wirkt diese Koexistenzlage auch im erweiterten Gebiet fort (BGH GRUR 1997, 224, 226 – GERMED). Ob das auch hinsichtlich des Einflusses der Verkehrsgeltung auf den Schutzumfang von Hause aus nicht kennzeichnungskräftiger oder kennzeichnungsschwacher Zeichen gilt, hat der BGH in der Entscheidung *Altenburger Spielkartenfabrik* (GRUR 1995, 754, 758) noch offen gelassen. Im Ergebnis ist diese Frage aber zu bejahen, da durch die Erstreckung gerade beabsichtigt war, keine unterschiedlichen Rechtszustände in den verschiedenen Teile Deutschlands zu schaffen. Dem würde es widersprechen, wenn aufgrund einer zunächst nur in einem Teil Deutschlands Verkehrsgeltung genießenden Marke nur in diesem Teil erfolgreich gegen die Benutzung einer anderen Marke vorgegangen werden könnte. Diese Grundsätze sind auch für Ausstattungsrechte maßgebend.

29   **bb) Geschäftliche Bezeichnungen.** Das ErstrG enthält keine ausdrückliche Regelung für die Erstreckung der geschäftlichen Bezeichnungen. Diese konnten in der Bundesrepublik nach § 16 UWG, aber auch aufgrund der gleichen (dort fortgeltenden) Rechtsgrundlage in der ehemaligen DDR geschützt sein (BGH GRUR 1995, 754, 758 – *Altenburger Spielkartenfabrik*; BGH WRP 1997, 952, 954 – *L'Orange*). Sie werden nach den gleichen Grundsätzen erstreckt wie Marken (BGH aaO – *Altenburger Spielkartenfabrik*). Dabei ist jeweils im Einzelfall festzustellen (wie auch sonst bei den geschäftlichen Bezeichnungen des § 5, dazu § 5 Rdn. 20), ob der Geschäftsbetrieb, den sie bezeichnen, seiner Natur nach regional begrenzt ist (etwa auf einen Teil des Beitrittsgebietes), oder ob das nicht der Fall ist. Konkrete Benutzungshandlungen sind für die Annahme eines auf Gesamtdeutschland zugeschnittenen Geschäftsbetriebes nicht erforderlich, vielmehr kommt auf die Umstände des Einzelfalles an (BGH aaO – *Altenburger Spielkartenfabrik*).

cc) Geographische Herkunftsangaben. Das DDR-Recht 30 sah vor, daß geografische Herkunftsangaben als Marken geschützt werden konnten. Derartige eingetragene geographische Herkunftsangaben konnten nach § 34 ErstrG durch Antrag in Verbandszeichen (§ 17 ff. WZG) umgewandelt werden. Entsprechende Anträge waren bis zum 30. April 1993 zu stellen (§ 34 ErstrG) anschließend drohte die Löschung. Hatte sich die geographische Herkunftsangabe in einem Teil des Bundesgebiets in eine Gattungsbezeichnung umgewandelt (zB „Dresdner Stollen", vgl. BGH GRUR 1990, 461 – *Dresdner Stollen I*), so konnte die Umwandlung in ein Verbandszeichen trotzdem erfolgen, wenn sie jedenfalls im anderen Teil Deutschlands noch als geographische Herkunftsangabe verstanden wurde, § 37 ErstrG; im restlichen Gebiet kam dann die Aufbrauchfrist des § 38 ErstrG zur Anwendung. Aus diesem Grund ist heute „Dresdner Stollen" wieder markenrechtlich für die Mitglieder des Verbandes geschützt (vgl. auch LG Leipzig GRUR 1994, 379 – *Dresdner Butterstollen*).

c) Kollisionsregeln. Das ErstrG unterscheidet bei **Marken** 31 zwei grundlegende Fälle der Kollision, nämlich einmal die Kollision zwischen zwei Marken, die jeweils Bestandsschutz genießen (§ 30), was den Regelfall betrifft, andererseits aber auch eine Sonderregelung für Marken, die in der Zeit vom 1. Juli 1990 bis zum 2. Oktober 1990 beim jeweils anderen Patentamt angemeldet sind. Gegenüber diesen Marken bestehen besondere Löschungsansprüche des Inhabers einer älteren Kennzeichnung im jeweils anderen Gebiet (§§ 2, 3, 21, 23 Abs. 2 ErstrG). Diese Sonderfälle dürften mittlerweile weitgehend erledigt sein und sind hier nicht mehr darzustellen. Hinsichtlich aller anderen Marken gilt § 30 ErstrG. Danach kommt es nicht auf die „absolute" Priorität an, d. h. auf die Frage, welche der beiden Marken bezogen auf Gesamtdeutschland die frühere Priorität hatte. Vielmehr kommt es auf die Priorität

Einl   Einleitung zum Markengesetz

im jeweiligen Gebiet an („territoriale Ausschließlichkeit"), § 30 Abs. 1 ErstrG. Der Prioritätsjüngere kann danach seine Marke jeweils nur dann im anderen Teil Deutschlands benutzen, wenn der in diesem Teil Prioritätsältere zustimmt. Dieser Grundsatz erfährt Einschränkungen nach § 30 Abs. 2 für die „grenzüberschreitende" Werbung (Nr. 1), für Zeicheninhaber, denen Rückübertragungsansprüche hinsichtlich des prioritätsälteren Zeichens aufgrund des Vermögensgesetzes zustehen (Nr. 2) oder wenn aufgrund einer allgemeinen Interessenabwägung das Verbot der Benutzung sich als unbillig erweisen würde (Nr. 3). Liegen die Voraussetzungen von § 30 Abs. 2 Nr. 1–3 vor, ist nach § 30 Abs. 3 ErstrG eine angemessene Entschädigung zu gewähren. Ein Weiterbenutzungsrecht sieht das ErstrG somit nicht allgemein vor, sondern nur in bestimmten Ausnahmefällen. § 32 ErstrG ergänzt dies für die besondere Situation, daß ein Benutzer in der alten Bundesrepublik aufgrund der restriktiveren Vorschriften des WZG keine Markeneintragung für das von ihm verwendete Zeichen erlangen konnte, dies aber in der DDR möglich gewesen wäre. Gegenüber dem dann erstreckten DDR-Recht kann er das Weiterbenutzungsrecht geltend machen.

32   Besonderheiten bestehen bei der gesetzlich nicht ausdrücklich geregelten Kollision von **geschäftlichen Bezeichnungen.** Diese werden mit Wirkung vom 3. Oktober 1990 mit ihrer jeweiligen Teilpriorität auf das gesamte Vereinigungsgebiet erstreckt, d. h. es kommt nicht die Regelung des § 30 ErstrG zur Anwendung, sondern es steht jedem Gewerbetreibenden aus einem Teil Deutschlands frei, sich seiner in lauterer Weise erworbenen Firma auch nach der Vereinigung der beiden deutschen Staaten zu bedienen. Das gilt für Unternehmenskennzeichen (BGH GRUR 1995, 754, 759 – *Altenburger Spielkartenfabrik*) ebenso wie für Titelrechte (BGH GRUR 1997, 661, 662 – *B. Z./Berliner Zeitung*). Damit kommen die Grundsätze des Rechts der Gleichnamigen zur Anwendung (BGH GRUR 1995, 754, 759 – *Altenburger Spielkartenfabrik*) und es ist Frage des Einzelfalles, welchem der beiden Unternehmen die Aufnahme von unterscheidenden Zusätzen zuzumuten ist (BGH GRUR 1995, 754, 759 – *Altenburger Spielkartenfabrik*; BGH GRUR 1997, 661, 663 – *B. Z./Berliner Zeitung),* das kann sich zB aus dem Zeitpunkt der Änderung der Unternehmenskennzeichnung in eine verwechslungsfähige Form ergeben. Die Anwendung dieser Grundsätze setzt aber immer voraus, daß der Betrieb nicht zwischenzeitlich untergegangen war (BGH WRP 1997, 952 – *L'Orange).*

Einleitung zum Markengesetz **Einl**

VI. Markenfunktionen

Literatur: *Kaltner,* die Verbraucherfunktion – eine neue EG-Markenfunktion? EWS 1995, 12; *Kunz-Hallstein,* Die Funktion der Marke nach europäischem und künftigem deutschen Markenrecht, FS 100 Jahre Marken-Amt, 1994, 147; *Mangini,* Die Marke: Niedergang der Herkunftsfunktion? GRUR Int. 1996, 462; *Tilmann,* Das neue Markenrecht und die Herkunftsfunktion, ZHR 158 (1994), 371.

1. Traditionelle Lehre

Rspr. und Lehre zum WZG unterschieden die vielfältigen wirt- 33
schaftlichen Funktionen der Marke einerseits von den rechtlich geschützten Funktionen andererseits. Nach traditioneller Auffassung war geschützt vor allen Dingen die **Herkunftsfunktion**, d.h. die Funktion der Marke, auf die Herkunft der Waren oder Dienstleistung aus einem bestimmten Betrieb hinzuweisen. Demgegenüber wurde die **Garantiefunktion** im Hinblick auf bestimmte Eigenschaften der Waren ebenso wenig als rechtlich geschützt angesehen wie die **Werbefunktion** oder die **Kommunikationsfunktion** (zur Funktionlehre vgl. *Fezer* Einl. Rdn. 30–34 mwN, auch BVerfG WRP 1997, 424, 428 – *Rauchen schadet der Gesundheit* erwähnt verschiedene Funktionen). Aus der Dominanz der Herkunftsfunktion folgten Konsequenzen für die Rechtsanwendung (*Kunz-Hallstein* FS 100 Jahre Markenamt, 147, 155). So wurde der Begriff der Gleichartigkeit der Waren und Dienstleistungen maßgeblich davon bestimmt, ob die sich gegenüberstehenden Produkte aus dem gleichen Herstellungsbetrieb stammen konnten (zB. BGH GRUR 1992, 108, 109 – *Oxygenol I*), auch hinsichtlich der Zeichenähnlichkeit war die Irreführung über betriebliche Zusammenhänge maßgebend (zB BGH GRUR 1990, 453, 455 – *L-Thyroxin*). Der Grundsatz der internationalen Erschöpfung (dazu § 24 Rdn. 5) wurde ebenfalls wesentlich damit begründet, daß dem Markeninhaber Verbietungsrechte nicht zustehen müßten, da die Waren aus seinem Geschäftsbetrieb stammten. „Funktionsgerecht" mußte die Marke auch eingesetzt werden, damit eine Benutzung rechtserhaltend wirkte (vgl. § 26 Rdn. 16 ff.). Die Herkunftsfunktion wurde nicht zuletzt auch zur Begründung des Erfordernisses eines Geschäftsbetriebs und Bindung der Marke an diesen Geschäftsbetrieb herangezogen. Schließlich wurde eine funktionsgerechte Benutzung der Marke in den Sonderfällen der

Defensiv- und Vorratszeichen verneint (so noch immer *Fezer* § 3 Rdn. 95).

2. Gesetzlich geschützte Markenfunktionen

34   Ebenso wenig wie das WZG enthält das MarkenG ausdrückliche Hinweise auf die Markenfunktionen. Zwar muß die Marke geeignet sein, Waren oder Dienstleistungen eines Unternehmens von denjenigen anderer Unternehmen zu unterscheiden (§ 3 Abs. 1). Nicht erforderlich ist allerdings, daß sie dafür auch konkret benutzt wird oder eine derartige Benutzung zur Unterscheidung überhaupt beabsichtigt ist. Insbesondere ist auch aus nichtbenutzten, aber eingetragenen Zeichen die Geltendmachung der markenrechtlichen Ansprüche jedenfalls während der Benutzungsschonfrist in vollem Umfang möglich. Daß die Herkunftsfunktion im MarkenG nicht uneingeschränkt maßgebend ist, zeigt sich zB auch an der Einschränkung des geographisch maßgebenden Territoriums bei der Erschöpfung (§ 24 Rdn. 8), an der freien Übertragbarkeit ohne Geschäftsbetrieb (§ 27) und am Markenschutz für Waren und Dienstleistungen außerhalb des Ähnlichkeitsbereichs (§ 14 Abs. 2 Nr. 3, § 15 Abs. 3). Für eine Garantiefunktion gibt es im MarkenG nur hinsichtlich der geographischen Herkunftsangaben Ansatzpunkte (§ 127 Abs. 2), die aber aufgrund des wettbewerbsrechtlich ausgestalteten Schutzes der geographischen Herkunftsangaben nicht auf andere Kennzeichenarten übertragbar sind. Auch die Werbefunktion (vgl. § 14 Abs. 3 Nr. 5) ist vom Gesetz nicht uneingeschränkt geschützt, zB hinsichtlich der Verwendung in der vergleichenden Werbung Dritter (dazu § 14 Rdn. 89). Statt dessen ist zu konstatieren, daß das MarkenG gegenüber dem WZG zwar in einigen wichtigen Punkten der wirtschaftlichen Realität näherkommt, indem zB die Bindung der Marke an den Geschäftsbetrieb aufgegeben und unter bestimmten Voraussetzungen ein Schutz außerhalb des Gleichartigkeitsbereiches bejaht wird. Daraus kann aber keine übergreifende Funktionslehre für das MarkenG abgeleitet werden. Vielmehr ist davon auszugehen, daß dem Markeninhaber zunächst umfassende Befugnisse zustehen (§ 14 Abs. 1), wobei sich sowohl seine Rechte gegenüber Dritten als auch die Schranken dieser Rechte anhand der gesetzlichen Tatbestände bestimmt werden müssen. Weder besteht ein Bedürfnis, dem Markeninhaber über den Gesetzeswortlaut hinaus, etwa im Rahmen von § 30, zusätzliche Befugnisse einzuräumen, noch ist es umgekehrt erforderlich, über die gesetzlichen Schranken hinaus die Befugnisse zu begrenzen.

Einleitung zum Markengesetz **Einl**

3. Kritik an der Funktionenlehre

Bei keinem anderen gewerblichen Schutzrecht wird die Auslegung gesetzlicher Regelungen von einer vorgelagerten Funktionslehre bestimmt. So ist zB nie bestritten worden, daß der Patentinhaber sein Schutzrecht in jeder Weise einsetzen kann, die ihm sinnvoll erscheint, zB auch lediglich um Wettbewerber zu sperren, selbst wenn er kein eigenes Interesse an der Nutzung der Erfindung hat. Gerade der Vergleich mit dem Patent- und Urheberrecht zeigt, daß die Funktionslehre letztlich auf Zweifel daran zurückgeht, ob das vom Markenrecht gewährte Ausschließlichkeitsrecht des Inhabers wirklich in vollem Umfang gerechtfertigt ist, oder ob es der Einschränkung (über den Gesetzeswortlaut hinaus) bedarf. Dabei mag einerseits eine Geringschätzung des ohne besondere schöpferische Leistung erworbenen Registerrechts eine Rolle gespielt haben, vielleicht auch noch ein Verhaftetsein in eher wettbewerbsrechtlichen Vorstellungen von der Marke als Schutz gegen die Irreführung über die betriebliche Herkunft. Diese Vorstellungen sind überholt, es ist an der Zeit, die Marke von den Beschränkungen einer „funktionsgerechten" Benutzung zu befreien. Statt dessen ist anzuerkennen, daß die Marke ein vollwertiges gewerbliches Schutzrecht darstellt, das vom Inhaber in unterschiedlichster Weise genutzt werden kann. Nachdem das Geschäftsbetriebserfordernis aufgegeben wurde (vgl. dazu auch § 3 Rdn. 10), und die Marke frei übertragbar ist (vgl. § 27), ist nicht nur die Herkunftsfunktion schon gesetzlich stark abgeschwächt, sondern es ergibt sich gleichzeitig, daß die gleiche Marke im Lauf der Zeit von verschiedenen Inhabern zu ganz unterschiedlichen Zwecken verwendet werden kann. So kann sie zunächst von einer Werbeagentur auf „Vorrat" angemeldet werden, um anschließend an einen Kunden übertragen zu werden, der sie zunächst für ein bestimmtes Produkt einsetzt, später daran Lizenzen erteilt, sich der Markenrechte innerhalb der rechtlich zulässigen Grenzen zur Steuerung seines Vertriebssystems bedient (§ 24 Rdn. 14). Die Marke ist somit ein Instrument des unternehmerischen Handelns, das nicht nur die Kommunikation des Unternehmens mit dem Kunden erleichtert (dazu *Fezer* Einl. Rdn. 39), sondern auch in anderer Hinsicht den Handlungsspielraum des Unternehmens erhöht. Diese Möglichkeiten sind vom Gesetz zugelassen, einer besonderen Rechtfertigung bedarf es dafür nicht. Gegenüber diesem Handlungsspielraum des Markeninhabers werden die berechtigten Interessen Dritter durch die gesetzlichen Schutzhindernisse (insbesondere § 3 Abs. 2, § 8) und Schutzschran-

35

ken (insbesondere §§ 23, 24) sichergestellt. Zentrale Bedeutungen kommt dabei nicht zuletzt dem Benutzungszwang (§§ 25, 26) zu. Durch den Benutzungszwang wird insbesondere die Möglichkeit des Markeninhabers, aus unbenutzten Marken gegen Dritte vorzugehen, im Interesse der Wettbewerber beschränkt. Eine darüber hinausgehende Beschränkung schon während der Benutzungsschonfrist ist nicht nur unnötig, sondern widerspricht dem Gesetz. Die Funktionslehre ist auch nicht zur Bestimmung der rechtserhaltenden Benutzung oder des Schutzbereiches der Marke erforderlich. In beiden Fällen kann der Tatbestand ohne die Hilfskonstruktion einer fiktiven Funktionslehre ausgefüllt werden (vgl. § 26 Rdn. 18 ff.; § 14 Rdn. 45 ff., 148 ff.).

4. Einfluß des Gemeinschaftsrechts

36 Auch der EuGH hat bisher keine abschließende Funktionslehre entwickelt (vgl. die Darstellung bei *Fezer* Rz. 36). Allerdings hat er die Herkunftsfunktion eher noch stärker betont, als dies die deutsche Rechtsprechung getan hat, da in dieser Herkunftsfunktion die „Hauptfunktion" liege (EuGH GRUR Int. 1990, 960, 961 – *HAG II*). Mit *Kunz/Hallstein* FS 100 Jahre Markenamt, 147, 166 ist allerdings anzunehmen, daß auch der EuGH im Hinblick auf die MRRL und die geänderte Gesetzeslage in den Mitgliedsstaaten diese starke Betonung der Herkunftsfunktion aufgeben wird. Unabhängig davon kann *Fezer* (Einl. Rdn. 38) nicht darin gefolgt werden, daß die vom EuGH nur als Argumentationshilfe herangezogene Funktionslehre für das nationale deutsche Recht verbindlichen Charakter hätte und über die MRRL in das MarkenG einfließen würde. Ebensowenig wie das MarkenG gibt die MRRL bestimmte Markenfunktionen vor. Einen über das MarkenG hinausgehenden Regelungsgehalt weist die MRRL insofern nicht auf. Soweit der EuGH im Rahmen von Vorlageentscheidungen über Fragen des nationalen Rechtes, wie zB die Ähnlichkeit oder die Erschöpfung auf der Grundlage der MRRL entscheidet, können Überlegungen zur Markenfunktion bei der Begründung mit einfließen. An diese Begründung wären deutsche Gerichte aber nicht gebunden. Damit ist entgegen *Fezer* aaO die Funktionslehre auch nicht gemeinschaftsrechtlich vorgegeben.

Teil 1. Anwendungsbereich

§ 1 Geschützte Marken und sonstige Kennzeichen

Nach diesem Gesetz werden geschützt:
1. Marken,
2. geschäftliche Bezeichnungen,
3. geographische Herkunftsangaben.

I. Allgemeines

1. Überblick, Verhältnis zum früheren Recht

§ 1 regelt programmatisch den sachlichen Anwendungsbereich 1 des MarkenG. Im Gegensatz zum WZG werden nicht nur Marken, sondern auch geschäftliche Bezeichnungen und geographische Herkunftsangaben geschützt. Der Gesetzgeber wollte damit die Einheit des Kennzeichenrechts betonen (Amtl. Begr. A.III.2) und die Rechtsanwendung durch Zusammenführung verwandter Vorschriften erleichtern. Bei den geschäftlichen Bezeichnungen bedeutet dies, daß der bisherige Schutz nach § 16 UWG durch den nach §§ 5, 15 ersetzt wird. Die geographischen Herkunftsangaben waren bisher gar nicht in allgemeiner Form gesetzlich geschützt, sondern – abgesehen von einzelnen Spezialgesetzen – nur durch den Irreführungstatbestand von § 3 UWG. Die Zusammenfassung der verschiedenen Kennzeichenarten führt allerdings nicht dazu, daß für sie durchgehend dieselben Regeln gelten. Vielmehr differenziert das Gesetz häufig dadurch, daß nur auf einzelne Kennzeichenarten Bezug genommen wird (vgl. Einl. Rdn. 11). Bei jeder Vorschrift ist somit gesondert zu prüfen, ob sie auf alle oder nur einzelne Kennzeichenarten anwendbar ist. Sowohl im Bereich der geschäftlichen Bezeichnungen als auch der geographischen Herkunftsangaben war eine Abkehr von der bisherigen Rechtsprechung nicht beabsichtigt. Grundsätzlich ist daher von der Fortgeltung der bisher in diesen Bereichen entwickelten Rechtssätze auszugehen. Trotzdem kann die verstärkte Betonung der Einheit des Kennzeichenschutzes in einzelnen Fällen dafür sprechen, bisher bestehende Unterschiede zwischen den Kennzeichenarten aufzugeben.

§ 1 Geschützte Marken und sonstige Kennzeichen

2. MRRL

2   Die MRRL macht verbindliche Vorgaben nur im Hinblick auf eingetragene Marken. Der deutsche Gesetzgeber und die deutschen Gerichte sind somit nicht an gemeinschaftsrechtliche Vorgaben gebunden, soweit sie geschäftliche Bezeichnungen betreffen. Ob die gemeinschaftsrechtliche Regelung der geographischen Herkunftsangaben abschließenden Charakter hat, oder ob ein (darüber hinausgehender) Schutz nach nationalem Recht möglich ist, ist umstritten (vgl. Vor §§ 130–138 Rdn. 2).

3. Gemeinschaftsmarke

3   Die GMVO regelt nur den Schutz eingetragener Marken. Das MarkenG enthält Regelungen über Gemeinschaftsmarken in §§ 125a–125h. Diese Vorschriften regeln die Behandlung der Gemeinschaftsmarke im Rahmen des nationalen Rechts, wobei insbesondere durch die Gelenkvorschrift des § 125b die Gemeinschaftsmarken nationalen Marken im Hinblick auf die Rechtsfolgen gleichgestellt werden, die in der GMVO nicht enthalten sind, zB für die Widerspruchsberechtigung gegen nationale Anmeldungen (§ 125b Nr. 1 iVm § 9) und den Ansprüchen des Inhabers der Gemeinschaftsmarke (§ 125b Nr. 2 iVm §§ 14, 18, 19). Die Gemeinschaftsmarke ist ein selbständiges Schutzrecht, das aufgrund von Anmeldung und Registrierung gemäß der GMVO entsteht. Es ist gegenüber nationalen Kennzeichenrechten nicht allgemein vorrangig, sondern nur im Rahmen der besseren Priorität, vgl. § 125b. Zwischen Ansprüchen aus einer nationalen Marke und einer Gemeinschaftsmarke desselben Inhabers besteht Anspruchskonkurrenz, beide Rechte können also unabhängig voneinander geltend gemacht werden.

II. Geschützte Kennzeichen

1. Begriffsbildung

4   Das Gesetz unterscheidet, wie sich aus der Überschrift zu § 1 ergibt, zwischen Marken und sonstigen Kennzeichen. Damit ist das „Kennzeichen" der Oberbegriff, der die drei enumerativ aufgeführten Untergruppen der Marken, geschäftlichen Bezeichnungen und geographischen Herkunftsangaben umfaßt (vgl. Einl. Rdn. 7–11). Daneben verwendet das Gesetz den Begriff des „Zeichens",

Geschützte Marken und sonstige Kennzeichen § 1

so in § 3. Ohne daß mit dieser begrifflichen Differenzierung ein zusätzlicher Erkenntnisgewinn verbunden wäre, wird man als „Zeichen" das real verwendete Kennzeichnungsmittel, als „Kennzeichen" aber das rechtlich geschützte Kennzeichnungsmittel verstehen können. Das Gesetz verwendet nicht mehr den Begriff des Warenzeichens, der schon seit der Einführung der Dienstleistungsmarke zumindest unpräzis geworden war.

2. Marken

Das MarkenG enthält keine einheitliche und umfassende Definition der Marke. § 3 umschreibt die grundsätzlich denkbaren (äußeren) Erscheinungsformen von Marken, § 4 enthält die zugelassenen Entstehungstatbestände. Der Begriff der Marke im MarkenG umfaßt die bisherigen Kategorien des Warenzeichens und der Dienstleistungsmarke (§ 1 Abs. 1 und 2 WZG) und schließt Kollektivmarken ein (§§ 97 ff.), ebenso wie aufgrund von MMA/MMP registrierten internationale Marken (§§ 107–125). Auf Gemeinschaftsmarken ist das MarkenG durch ausdrückliche Verweisung teilweise anwendbar, vgl. §§ 125a–125h, sie sind aber keine „Marke" iSd MarkenG. Marken sind auch die nicht eingetragenen Kennzeichen, die aufgrund Benutzung im geschäftlichen Verkehr innerhalb beteiligter Verkehrskreise als Marke Verkehrsgeltung erworben haben (§ 4 Nr. 2), der hierfür vom WZG verwendete Begriff der „Ausstattung" (§ 25 WZG) wird im MarkenG nicht mehr verwendet. § 4 Nr. 3 bezieht auch die notorisch bekannten ausländischen Marken ein. Eine **allgemeine Markendefinition** hat aufgrund der großen Bandbreite des Begriffs schon im Gesetz wenig Sinn. Darauf abzustellen, daß die Marke im Gegensatz zur geschäftlichen Bezeichnung vornehmlich ein Produktname sei (*Fezer* § 1 Rdn. 6) entspricht zwar der traditionellen Auffassung und auch dem Wortlaut von § 3, nach dem die Marke dazu dient, Waren oder Dienstleistungen eines Unternehmens von denen eines anderen zu unterscheiden (nicht aber zwei Unternehmen voneinander). Gerade im Bereich von Dienstleistungsmarken ist diese Unterscheidung aber rein theoretisch, die dort allein mögliche Verwendung auf Geschäftspapieren und Werbematerialien (vgl. § 14 Abs. 3 Nr. 5) wird in aller Regel primär als Hinweis auf das Unternehmen, nicht auf seine Dienstleistungen, verstanden werden. Darüber hinaus sind zahlreiche der bekanntesten Marken gleichzeitig geschäftliche Bezeichnungen, da sie den Kern der Firma oder sonstigen geschäftlichen Bezeichnung wiedergeben. Liegen die Voraussetzungen von § 4 vor,

5

handelt es sich um eine Marke. Sind daneben auch noch die Voraussetzungen von § 5 erfüllt, besteht zusätzlich eine geschäftliche Bezeichnung mit gegebenenfalls unterschiedlichen Rechtsfolgen.

3. Geschäftliche Bezeichnungen

6   Das MarkenG enthält in § 5 eine Definition der geschützten geschäftlichen Bezeichnungen. Die nach § 5 Abs. 2 geschützten Unternehmenskennzeichen zerfallen wiederum in die beiden Gruppen der namensartigen Bezeichnungen des § 5 Abs. 2 Satz 1 und der sonstigen Geschäftsabzeichen des § 5 Abs. 2 Satz 2. Die zweite Hauptgruppe der geschäftlichen Bezeichnungen stellen die Werktitel des § 5 Abs. 3 dar.

4. Geographische Herkunftsangaben

7   Geographische Herkunftsangaben sind ohne weitere formelle Voraussetzungen nach §§ 126–129 geschützt. Die dortigen Vorschriften setzen im wesentlichen die bisherige wettbewerbsrechtliche Rechtsprechung zum Schutz dieser Angaben um. Unter den zusätzlichen Voraussetzungen der Verordnung (EWG) Nr. 2081/92 sind darüber hinaus eingetragene geographische Angaben oder Ursprungsbezeichnungen nach §§ 130–136 geschützt. Geographische Herkunftsangaben können Markenschutz durch Kollektivmarken (§ 99) und im Ausnahmefall durch Individualmarken erhalten. Dieser Schutz ist unabhängig von dem Schutz vor Irreführung nach §§ 126–129.

§ 2 Anwendung anderer Vorschriften

Der Schutz von Marken, geschäftlichen Bezeichnungen und geographischen Herkunftsangaben nach diesem Gesetz schließt die Anwendung anderer Vorschriften zum Schutz dieser Kennzeichen nicht aus.

Literatur: *Starck*, Die Auswirkungen des Markengesetzes auf das Gesetz gegen den unlauteren Wettbewerb, DZWir 1996, 313.

I. Allgemeines

1   § 2 stellt klar, daß das MarkenG keine abschließende Regelung des Kennzeichenschutzes darstellt. Dieser Grundsatz war auch im früheren Recht schon anerkannt, zB hinsichtlich des Schutzes der

Anwendung anderer Vorschriften   § 2

berühmten Marke auf der Basis von § 823 Abs. 1 BGB (grundlegend RGZ 170, 137 – *Bayer-Kreuz*, siehe § 14 Rdn. 461). § 2 regelt ausdrücklich nur die Anwendbarkeit von Vorschriften außerhalb des MarkenG zum ergänzenden Schutz der Kennzeichen, also als **weitere Anspruchsgrundlagen.** Zweifelhaft ist aber, ob damit auch sonstige Ansprüche gegen die unberechtigte Verwendung des Kennzeichens durch Dritte umfaßt sind, ob also neben markenrechtlichen Ansprüchen in jedem Fall auch noch wettbewerbsrechtlicher Schutz gewährt werden kann (für vollständige Anspruchskonkurrenz *Fezer*, § 2 Rdn. 4). Dagegen spricht, daß die gesetzlich definierten Tatbestandsmerkmale der markenrechtlichen Ansprüche nicht durch weitgehend offene wettbewerbsrechtliche Ansprüche ausgehöhlt werden dürfen. Praktische Bedeutung hat diese Frage insbesondere im Rahmen des Schutzes bekannter Marken außerhalb des Gleichartigkeitsbereiches nach § 14 Abs. 3 Nr. 2, der vor Inkrafttreten des MarkenG über § 1 UWG begründet worden war. Hier ist zum jetzigen Zeitpunkt keine Anspruchskonkurrenz zwischen MarkenG und UWG mehr angezeigt (§ 14 Rdn. 521 ff.). Die Notwendigkeit der vollständigen Anspruchskonkurrenz kann insbesondere nicht mit der erweiterten Prozeßführungsbefugnis des § 13 UWG begründet werden (so aber *Fezer* § 2 Rdn. 2). Geht es nur um die unberechtigte Verwendung der Marke eines Dritten, ist es nicht sachgerecht, die Klagebefugnis auf alle Wettbewerber auszudehnen. Das ergibt sich nicht nur aus der eigentumsähnlichen Ausgestaltung der Kennzeichenrechte als Individualrechte, sondern auch praktisch gesehen daraus, daß der Kennzeicheninhaber die unterschiedlichsten Gründe haben kann, die Benutzung durch den Dritten zu dulden, die einem außenstehenden Dritten nicht bekannt sein können. Dementsprechend ist auch für den ergänzenden wettbewerbsrechtlichen Leistungsschutz der Kreis der Klagebefugten beschränkt (BGH GRUR 1991, 223 – *Finnischer Schmuck*). Damit ist § 2 zunächst insoweit einschränkend auszulegen, als ein ergänzender Schutz nach § 1 UWG nicht in Betracht kommt, soweit die Wettbewerbswidrigkeit sich gerade aus Handlungen ergibt, für die das MarkenG spezielle Regelungen getroffen hat. Ebenso verhält es sich mit § 3 UWG, wenn sich die Irreführung lediglich auf die betriebliche Herkunft bezieht. Etwas anderes kann dann gelten, wenn mit der betrieblichen Herkunft bestimmte Qualitätsvorstellungen verbunden werden (st. Rspr. zB BGH GRUR 1970, 461, 463 – *Euro-Spirituosen*; BGH GRUR 1979, 716, 718 – *Continent-Möbel*; BGH GRUR 1990, 68, 69 – *VOGUE-Ski*; BGH WRP 1997, 748, 749 – *grau/magenta*).

II. Anwendbare Vorschriften

2   Vom MarkenG nicht verdrängt werden alle Anspruchsgrundlagen, die andere Tatbestandsvoraussetzungen oder Rechtsfolgen haben. Ausgeschlossen ist dagegen die Berufung auf Generalklauseln, wenn in der Sache kennzeichenrechtliche Gesichtspunkte maßgebend sind (oben Rdn. 1). Anwendbar sind damit insbesondere die folgenden Anspruchsgrundlagen:

1. Andere gewerbliche Schutzrechte

3   Ein markengesetzlich geschütztes Kennzeichen kann gleichzeitig nach anderen Vorschriften geschützt sein, zB die graphische Gestaltung eines Bildzeichens nach dem UrhG oder GeschmMG (vgl. Einl. Rdn. 6). Ansprüche aus diesen Schutzrechten werden vom MarkenG nie verdrängt.

2. Sondergesetze und internationale Abkommen

4   Sowohl geographische Herkunftsangaben als auch Beschaffenheitsangaben (insbesondere im Lebensmittelrecht) sind häufig sondergesetzlich oder durch bilaterale oder multiletarale Abkommen geschützt. Soweit diese Gesetze oder Abkommen selbst Anspruchsgrundlagen bereitstellen, besteht Konkurrenz zu markenrechtlichen Ansprüchen. Sind nur Verbotsnormen, keine zivilrechtlichen Ansprüche vorgesehen, können sich Unterlassungsansprüche unter dem Gesichtspunkt des Vorsprungs durch Rechtsbruch auf der Grundlage von § 1 UWG ergeben (zB „Butter": §§ 7 f., 12 f. ButterV; „Kaffee": §§ 1, 3, 5 KaffeeV).

3. Bürgerlich-rechtliche Ansprüche

5   Der bürgerlich-rechtliche **Namensschutz** ist bei Nach § 15 Rdn. 1 ff. dargestellt. Im Hinblick auf die Schutzwirkungen von § 12 BGB auch außerhalb der kennzeichenmäßigen Benutzung kommt ihm eine eigenständige Bedeutung zu. Zu Ansprüchen aufgrund § 823 Abs. 1 BGB zum Schutz bekannnter Kennzeichen s. § 14 Rdn. 461, 524 ff.

4. Unbefugter Firmengebrauch (§ 37 Abs. 2 HGB)

6   Auch diese Vorschrift kann neben kennzeichenrechtlichen Vorschriften zur Anwendung kommen (Nach § 15 Rdn. 26 ff.).

Anwendung anderer Vorschriften § 2

5. Wettbewerbsrecht

Beeinträchtigungen des Kennzeichens, die nicht durch kennzei- 7
chenrechtliche Ansprüche des Inhabers sanktioniert sind, können
wettbewerbsrechtliche Ansprüche auslösen. Das kommt insbesondere in Betracht, wenn die kennzeichenmäßige Benutzung fehlt
(zur Abgrenzung § 14 Rdn. 45 ff.). Dazu gehören etwa das Entfernen fremder Kennzeichen (§ 14 Rdn. 100; die **rufschädigende
oder verunglimpfende Benutzung** bei Marken, die nicht den
Bekanntheitsschutz des § 14 Abs. 2 Nr. 3 genießen (dazu § 14
Rdn. 524). Eine Beträchtigung kann auch vorliegen, wenn die
Marke in **beschreibender** Weise genutzt wird und so beim Verkehr der Eindruck entsteht, es handele sich nicht um eine geschützte Kennzeichnung. Da dieser Fall gesetzlich in § 16 nur für
Nachschlagewerke geregelt ist, bleibt im übrigen § 1 UWG unter
dem Gesichtspunkt des Behinderungswettbewerbes anwendbar
(RG GRUR 1938, 715 – *Ly-Redis-Federn*; BGH GRUR 1964, 82
– *Lesering.*, OLG Hamburg WRP 1996, 215, 217 – *Kinder-Schoko-Bons*; weitere Bsp. bei § 23 Rdn. 47; *B/H* § 1 UWG Rdn. 228).
Auch sind weiterhin Fälle denkbar, bei denen eine **Rufausbeutung** durch Anlehnung an ein markenrechtlich nicht geschütztes
Kennzeichen erfolgt (BGH WRP 1997, 748, 750 – *grau/magenta*).
Zur Rufausbeutung durch Anlehnung an ein geschütztes Zeichen s.
schon oben Rdn. 1 ff. und § 14 Rdn. 521 ff.

Der wettbewerbsrechtliche Irreführungsschutz nach § 3 UWG 8
wird grundsätzlich durch das MarkenG nicht tangiert. Da er wesentlich auch dem Schutz der Marktgegenseite dient, muß er in jedem Fall unabhängig von eventuellen kennzeichenrechtlichen Anspruchsgrundlagen durchsetzbar sein. Relevante Irreführungen
können sich zB auf die Beschaffenheit der Ware beziehen, etwa
wenn sie mit einer Kollektivmarke als Gütezeichen (dazu § 97
Rdn. 6) versehen ist (KG WRP 1979, 858 – *Wollsiegel*) oder wenn
ein Mißbrauch einer geographischen Herkunftsangabe vorliegt
(§ 127 Rdn. 12). In der Kennzeichenverletzung kann grundsätzlich
auch eine **Irreführung über die betriebliche Herkunft** liegen.
Das ist allerdings nur dann der Fall, wenn mit der Kennzeichnung
eine qualifizierte Herkunftsvorstellung verbunden ist, insbesondere
also über besondere betriebliche Verhältnisse, die Qualität der Produkte usw. (BGH WRP 1997, 748, 749 – *grau/magenta*; BGH
GRUR 1966, 267 – *White Horse*). Das wird in der Regel bei identisch
übernommenen bekannten Marken aber der Fall sein. Allerdings
kann § 3 UWG nur dann eingreifen, wenn die verwendete Her-

§ 2 Anwendung anderer Vorschriften

kunftsangabe kennzeichenrechtlichen Schutz genießt (BGH WRP 1997, 748, 749 – *grau/magenta*). Irreführend (und gleichzeitig markenverletzend) kann auch eine **Produktveränderung** durch den Händler sein (BGH GRUR 1972, 558 – *Teerspritzmaschinen*).

9 Besondere Bedeutung im Zusammenhang mit Marken hat dabei insbesondere der **irreführende Schutzrechtshinweis**, auch durch das Symbol des „®" bzw. des in angelsächsischen Ländern häufigen „TM". Besteht kein Markenschutz, ist dieser Hinweis irreführend (BGH GRUR 1990, 364 – *Baelz;* OLG Stuttgart WRP 1994, 126; OLG Hamburg WRP 1986, 290; *Köhler/Piper* § 3 Rdn. 180). Allerdings soll es innerhalb der Europäischen Union ausreichen, wenn ein ausländisches Schutzrecht besteht (EuGH GRUR Int. 1991, 215 – *Pall Corp/Dahlhausen*). Nach BGH GRUR 1957, 358 soll der Hinweis „gesch" unzulässig sein, wenn nur Ausstattungsschutz (jetzt § 4 Nr. 2) besteht. Diese Auffassung kann jedenfalls heute nicht mehr überzeugen, da der Gleichlauf der verschiedenen Markenarten auch bei durch Benutzung entstandenen Marken zu diesem Hinweis berechtigt. Ist die Marke bereits angemeldet und mit ihrer kurzfristigen Eintragung zu rechnen, wäre der Hinweis auf bestehenden Markenschutz zwar irreführend, ihm wird aber in der Regel die wettbewerbliche Relevanz fehlen (OLG München MD 1997, 625, 628).

6. Schranken der Kennzeichenbenutzung durch den Inhaber

10 § 2 betrifft nur den Fall des ergänzenden Kennzeichenschutzes, also zusätzliche Anspruchsgrundlagen zugunsten des Markeninhabers. Daneben kommen außermarkenrechtliche Vorschriften aber auch als Begrenzung der Ansprüche des Markeninhabers oder seiner Berechtigung zur Benutzung der Marke in Betracht. Anwendbar bleiben zunächst alle Einreden, die sich aufgrund des sonstigen Zivilrechtes ergeben, zB der Verwirkung auf der Basis von § 242 BGB (unabhängig von § 21, vgl. § 21 Rdn. 16 ff.), der unzulässigen Rechtsausübung (dazu Vor §§ 14–19 Rdn. 99 ff.). Auch ein Zeichenerwerb, der markenrechtlich formell zulässig ist, kann rechtswidrig sein, insbesondere unter dem Gesichtspunkt des Behinderungswettbewerbs gegenüber einem ausländischen Inhaber einer übereinstimmenden Marke oder einem inländischen Vorbenutzer, der bereits einen wertvollen Besitzstand erworben hat (im einzelnen Vor §§ 14–19 Rdn. 101 ff.). Vor allem sagt die Markeneintragung aber nichts darüber aus, ob die Benutzung der Marke durch den Inhaber selbst aus außermarkenrechtlichen Gründen un-

zulässig ist. Das Benutzungsrecht des Kennzeicheninhabers findet seine Grenzen in den allgemeinen Gesetzen, insbesondere im Irreführungsverbot des § 3 UWG. Eine Marke, die wie eine Beschaffenheitsangabe wirkt, kann irreführen, wenn die Waren nicht die erwartete Beschaffenheit haben (BGH GRUR 1955, 251 – *Silberal*), wobei die Regel sein dürfte, daß die Verwendung der Marke nur für bestimmte Produktkategorien irreführt, weshalb das Eintragungsverbot des § 8 Abs. 2 Nr. 4 nicht eingreift (vgl. § 8 Rdn. 102). Eine Irreführung trotz markenrechtlich zulässiger Kennzeichnung kann auch durch eine wesentliche Änderung der unter der Marke verkauften Produkte eintreten (BGH GRUR 1965, 676 – *Nevada-Skibindung*; OLG Hamburg WRP 1992, 218 – *Davidoff*). Irreführend kann auch die weitere Benutzung einer Konzernmarke durch ein aus dem Konzern ausgeschiedenes Teilunternehmen sein (BGHZ 10, 196 – *DUN*).

Teil 2. Voraussetzungen, Inhalt und Schranken des Schutzes von Marken und geschäftlichen Bezeichnungen; Übertragung und Lizenz

Abschnitt 1. Marken und geschäftliche Bezeichnungen; Vorrang und Zeitrang

§ 3 Als Marke schutzfähige Zeichen

(1) **Als Marke können alle Zeichen, insbesondere Wörter einschließlich Personennamen, Abbildungen, Buchstaben, Zahlen, Hörzeichen, dreidimensionale Gestaltungen einschließlich der Form einer Ware oder ihrer Verpackung sowie sonstige Aufmachungen einschließlich Farben und Farbzusammenstellungen geschützt werden, die geeignet sind, Waren oder Dienstleistungen eines Unternehmens von denjenigen anderer Unternehmen zu unterscheiden.**

(2) **Dem Schutz als Marke nicht zugänglich sind Zeichen, die ausschließlich aus einer Form bestehen,**
1. **die durch die Art der Ware selbst bedingt ist,**
2. **die zur Erreichung einer technischen Wirkung erforderlich ist oder**
3. **die der Ware einen wesentlichen Wert verleiht.**

Inhaltsübersicht

	Rdn.
I. Allgemeines	1–4
1. Überblick	1
2. Früheres Recht	2
3. MRRL	3
4. Gemeinschaftsmarkenrecht	4
II. Anwendungsbereich	5
III. Schutzfähiges Zeichen (Abs. 1)	6–33
1. Zeichen	6–9
a) Grundsatz	6
b) Einheitlichkeit?	7
c) Alle Zeichenformen	8, 9
2. Nichtakzessorität	10
3. Benutzungsabsicht	11
4. Sonstige Ausschlußgründe	12–15
a) Grundsatz	12
b) Defensivzeichen	13

	Rdn.
c) Vorratszeichen	14
d) Rechte Dritter	15
5. Eignung zur Unterscheidung	16
6. Waren oder Dienstleistungen eines Unternehmens	17–20
7. Zeichenformen	21–33
a) Allgemeines	21
b) Wörter	22
c) Personennamen	23
d) Buchstaben	24
e) Zahlen	25
f) Abbildungen	26
g) Hörzeichen	27
h) Dreidimensionale Gestaltungen	28
i) Form der Ware	29
j) Verpackung der Ware	30
k) Sonstige Aufmachungen	31
l) Farben und Farbzusammenstellungen	32
m) Sonstige Markenformen	33
IV. Ausgeschlossene Formen (Abs. 2)	34–42
1. Allgemeines	34
2. Zweck	35
3. Auslegungsgrundsätze	36
4. Ausschließlich aus einer nicht markenfähigen Form bestehend	37
5. Verpackung	38
6. Durch die Art der Waren selbst bedingt (Nr. 1)	39, 40
7. Zur Erreichung einer technischen Wirkung erforderlich (Nr. 2)	41
8. Form, die der Ware einen wesentlichen Wert verleiht (Nr. 3)	42

Literatur: *Eichmann,* Die dreidimensionale Marke im Verfahren vor dem DPA und dem BPat, GRUR 1995, 184; *ders.,* Die dreidimensionale Marke, FS Vieregge 1995, 125; *Eisenführ,* Schutzfähigkeit und Schutzumfang nach dem neuen Markenrecht, FS 100 Jahre Markenamt 1994, 69; *Bauer,* Die Ware als Marke – Gedanken zur BGH-Entscheidung "Füllkörper", GRUR 1996, 319; *Fezer,* Die Nichtakzessorietät der Marke und ihre rechtliche Konnexität zu einem Unternehmen, FS für *Vieregge,* 1995, 229; *ders,* Die Markenfähigkeit nach § 3 MarkenG, FS für *Piper,* 1996, 525; *ders.,* Markenrechtliche Produktabgrenzung zwischen Ware und Dienstleistung – Zur markenrechtlichen Produkteigenschaft von Leasing, Computersoftware und Franchising, GRUR Int. 1996, 445; *Füllkrug,* Spekulationsmarken, GRUR 1994, 679; *Klaka,* Die Schutzfähigkeit der dreidimensionalen Benutzungsmarke, GRUR 1996, 613; *Kur,* Formalschutz dreidimensionaler Marken – neue Aufgaben für die Markenabteilung des Deutschen Patentamts, FS

§ 3 Als Marke schutzfähige Zeichen

100 Jahre Marken-Amt, 1994, 175; *Wittenzellner*, Schutzfähigkeit von Farben nach dem neuen MarkenG, FG *Beier* 1996, 333.

I. Allgemeines

1. Überblick

1 § 3 enthält die grundlegende Bestimmung der Markenfähigkeit. Dabei wird ein gegenüber dem WZG erheblich erweiterter Spielraum eröffnet. Entscheidend ist, daß ein Zeichen (unten Rdn. 6–9) vorliegt, das geeignet ist, Waren oder Dienstleistungen verschiedener Unternehmen voneinander zu unterscheiden (unten Rdn. 16). Zahlreiche Einschränkungen, die im WZG galten, finden sich im neuen Recht nicht wieder. Das von § 3 Abs. 1 abstrakt eröffnete Spektrum zulässiger Zeichenformen wird durch Abs. 2 hinsichtlich dreidimensionaler Formen und durch § 8 für die eingetragenen Marken hinsichtlich aller Zeichenformen eingeschränkt. § 3 Abs. 1 betrifft somit die vorgelagerte Frage der abstrakten Markenfähigkeit eines Zeichens (unten Rdn. 6 ff.). Sie ist zu unterscheiden von der Frage der konkreten Schutzfähigkeit für bestimmte Waren oder Dienstleistungen, die auch dann fehlen kann, wenn das Zeichen allgemein unterscheidungskräftig wäre. § 3 Abs. 2 betrifft für die dreidimensionalen Marken allerdings einen Fall der konkreten Schutzfähigkeit, da es wiederum darauf ankommt, ob gerade für bestimmte Waren die dort genannten Ausschlußgründe vorliegen. § 3 Abs. 2 ist somit systematisch mit den Schutzhindernissen des § 8 zu vergleichen, gilt aber auch für die dreidimensionalen Marken, die nicht aufgrund Eintragung, sondern Verkehrsgeltung oder Notorität entstehen (§ 4 Nr. 2, 3). Das Schutzhindernis ist aus Gründen der Übereinstimmung mit der MRRL des § 3 Abs. 2 vorgezogen worden (unten Rdn. 3).

2. Früheres Recht

2 Das WZG enthielt eine Begriffsbestimmung der Registermarke in § 1. Diese war allerdings lückenhaft und enthielt keine nähere Regelung der zulässigen Zeichenformen. Die Grenzen waren vielmehr von der Rechtsprechung entwickelt worden, die insbesondere plastische Zeichen nicht zur Eintragung zugelassen hatte (zB BGHZ 41, 187, 189 – *Palmolive*; vgl. allgemein zu den Voraussetzungen der Zeichenfähigkeit und den zulässigen Zeichenarten nach WZG *B/H* WZG § 1 Rdn. 55 ff.). Die jetzt in § 4 Abs. 2 geregelte

Problematik der dreidimensionalen Zeichen konnte im WZG deshalb nur im Bereich der Ausstattung (§ 25 WZG) relevant werden. Die Rechtsprechung zu nicht markenfähigen Zeichenformen ist damit nicht mehr relevant. Demgegenüber sind Gesichtspunkte, die beim Schutz dreidimensionaler Formen im Rahmen von § 25 WZG erörtert wurden, auch bei § 3 Abs. 2 zumindest noch als Argumentationshilfen nutzbar. Auch in anderen Bereichen unterscheidet sich das frühere Recht deutlich von der Rechtslage nach dem MarkenG zB, hinsichtlich der nunmehr vollständigen Nichtakzessorität des Zeichens (unten Rdn. 10) und der nicht mehr erforderlichen Benutzungsabsicht (unten Rdn. 11). Auch insoweit ist die frühere Rechtsprechung nicht mehr relevant.

3. MRRL

Die MRRL regelt die zulässigen Markenformen in Art. 2, der 3 von §§ 3 Abs. 1 und 8 Abs. 1 umgesetzt wird. § 3 Abs. 2 geht zurück auf das Eintragungshindernis von Art. 3 Abs. 1 lit. e) MRRL. Die andere systematische Stellung beruht darauf, daß die MRRL nur den Markenschutz aufgrund Eintragung (§ 4 Nr. 1) regelt. Der deutsche Gesetzgeber wollte die Voraussetzungen der Markenfähigkeit, vor die Klammer ziehen (Amtl. Begr. Abs. 2 zu § 43). Die Eintragungshindernisse des § 8 beziehen sich dagegen nur auf eingetragene Marken. Daraus ergibt sich gleichzeitig, daß Gemeinschaftsrecht nur im Hinblick auf die Voraussetzungen der Markenfähigkeit bei eingetragenen Marken maßgebend ist. Nur insoweit wäre gegebenenfalls eine Letztentscheidungskompetenz des EuGH gegeben. Hinsichtlich des Markenschutzes aufgrund von Verkehrsgeltung, insbesondere auch für die dreidimensionalen „Ausstattungen", bleibt es bei der alleinigen Maßgeblichkeit des deutschen Rechts. Da im Grundsatz alle Markenformen sowohl durch Eintragung als auch aufgrund von Verkehrsgeltung schützbar sind, wäre es allerdings wenig sinnvoll, hier unterschiedliche Maßstäbe postulieren zu wollen. Auch im Bereich des Markenschutzes aufgrund von Verkehrsgeltung sind deshalb die Vorgaben des Gemeinschaftsrechts zu beachten.

4. Gemeinschaftsmarkenrecht

Die GMVO regelt die zulässigen Markenformen in Art. 4, der 4 mit § 3 Abs. 1 fast wörtlich übereinstimmt. Die Grenzen der Markenfähigkeit für dreidimensionale Marken sind in Art. 7 Abs. 1 lit. e) enthalten (näher *Ingerl*, Die Gemeinschaftsmarke, S. 53).

II. Anwendungsbereich

5 § 3 gilt für die Marken des § 4, also eingetragene, durch Benutzung erworbene und notorisch bekannte. § 3 erfaßt damit auch die frühere „Ausstattung" des § 25 WZG, der nun § 4 Nr. 2 entspricht, der diesen Begriff allerdings nicht mehr verwendet. Für geschäftliche Bezeichnungen (§ 5) und geographische Herkunftsangaben (§ 126) gelten selbständige Voraussetzungen.

III. Schutzfähiges Zeichen (Abs. 1)

1. Zeichen

6 a) **Grundsatz.** Der Begriff des Zeichens wird in § 3 Abs. 1 nicht definiert, sondern nur durch Bespiele illustriert und im übrigen vorausgesetzt. Das Zeichen steht für das damit Bezeichnete. Sinnlich oder mit Hilfsmitteln wahrnehmbar unterscheidet es sich begrifflich von den Waren oder Dienstleistungen, die es repräsentiert. Diese **begriffliche Unterscheidbarkeit** entspricht dem im WZG verwendeten Begriff der „Selbständigkeit" des Zeichens (dazu zB BGHZ 35, 341, 345 – *Buntstreifensatin I*, BGH GRUR 1970, 141 – *Europharma*; BGH GRUR 1975, 550, 551 – *Drahtbewehrter Gummischlauch*). Es enthält also einen geistigen Überschuß über die bloße eigene Existenz: zB kann eine bestimmte Flaschenform nicht nur ausdrücken, daß es sich um eine Flasche handelt, sondern auch Informationen über die Art des enthaltenen Getränks und eventuell seine Hersteller geben. Wo immer sich so ein geistiger Überschuß findet, kann grundsätzlich ein Zeichen im Sinne von § 3 vorliegen, wenn die weiteren Voraussetzungen gegeben sind. Damit ist es begriffsnotwendig, daß das Zeichen gedanklich abstrahierbar von der Ware oder Dienstleistung selbst ist, es muß also in diesem Sinne „selbständig" sein. Diese Anforderung darf nicht so verstanden werden, daß das Zeichen nicht Teil der Ware sein dürfe oder daß es in irgend einem physikalischen Sinn von der Ware unterscheidbar sein müsse. In diesem Sinne darf auch nicht die zu Artikel 6^{quinquies} Abschnitt d, f PVÜ ergangene Entscheidung BGH GRUR 1995, 732 – *Füllkörper* mißverstanden werden. Dort hat der BGH zwar ausgeführt, daß die Abbildung der Ware selbst nicht zur Herkunftskennzeichnung geeignet und damit auch nicht zeichenfähig sei. Er stellt aber (aaO S. 734) bei genauerer Betrachtung darauf

ab, ob die Form des Zeichens durch die Art der Ware selbst bedingt ist (dazu unten Rdn. 39 sowie § 8 Rdn. 49). Es kommt also auch nach dieser Entscheidung darauf an, ob die Marke über die technische Gestaltung der Ware hinausreichende Elemente aufweist. Nicht jede Warenform ist aber in dieser Weise technisch bedingt, in der Regel ist vielmehr eine „generische" Grundform einerseits von frei wählbaren Gestaltungselementen andererseits zu unterscheiden. Diese Gestaltungselemente, die gedanklich – wenn auch nicht physisch – von der Ware trennbar sind, können dann als Zeichen fungieren.

b) Einheitlichkeit? Das von der früheren Rechtsprechung zu § 1 WZG weiter geforderte Merkmal der Einheitlichkeit (vgl. zB BPatGE 18, 65) ist für die Abgrenzung der Zeichenfähigkeit nicht gewinnbringend. Daß mehrgliedrige Zeichen zulässig sind, ist ohnehin selbstverständlich. Im übrigen kommt es nur darauf an, ob der Verkehr die Kennzeichnung noch als geeignet ansieht, um die Herkunft der Waren oder Dienstleistungen aus einem bestimmten Betrieb zu kennzeichnen. Das wird naturgemäß voraussetzen, daß der Verkehr die verschiedenen Zeichenelemente überhaupt in Beziehung zueinander und zu den Waren oder Dienstleistungen setzt. Tut er dies, ist eine weitere Einschränkung aufgrund von im Gesetz nicht enthaltenen Kriterien aber weder erforderlich noch zulässig.

c) Alle Zeichenformen. § 3 eröffnet die Möglichkeit des Markenschutzes für jede denkbare Form von Zeichen und zählt nur die praktisch bedeutsamsten Fälle beispielhaft auf. Weitere Fälle können insbesondere durch zukünftige technische Entwicklungen möglich werden, zB kennzeichnende Programmbestandteile in Software, chemische oder biologische Zeichen, die durch Geruch oder Geschmack wahrnehmbar sind, Tastzeichen usw. Das Zeichen muß nicht unmittelbar (ohne technische Hilfsmittel) wahrnehmbar sein. Allerdings muß es graphisch darstellbar sein, § 8 Abs. 1, wobei dieses Erfordernis nicht mit einer optischen Wahrnehmbarkeit gleichgesetzt werden darf, (§ 8 Rdn. 12 und MarkenV §§ 9–12). Die graphische Darstellbarkeit ist nach der eindeutigen Systematik des Gesetzes nur ein Erfordernis der durch Anmeldung und Eintragung geschützten Marken des § 4 Nr. 1 nicht der Markenfähigkeit allgemein. Auch wenn man *Fezer* (§ 3 Rdn. 219) darin zustimmen kann, daß Zeichen, die nicht graphisch darstellbar sind, „kaum denkbar" sein mögen, kann daraus nicht ein ungeschriebenes Erfordernis der Markenfähigkeit hergeleitet werden. Vielmehr bleibt im Einzelfall abzuwarten, ob im Verkehr Zeichen Verkehrsgeltung erlangen können, die nicht graphisch darstellbar sind. Grundsätzlich ausgeschlossen ist das jedenfalls nicht.

9 § 3 eröffnet den Zeichenschutz für „alle" Zeichen. Von dieser Regel enthält das Gesetz zwar Ausnahmen, insbesondere in § 3 Abs. 2 und § 8. Der Wortlaut und der Anspruch des Anmelders auf Eintragung (§ 41 Satz 1) zeigen aber, daß andere Einschränkungen, die sich nicht aus dem Gesetz ergeben, abzulehnen sind. Wird also die Frage, ob überhaupt ein Zeichen vorliegt (oben Rdn. 6) bejaht, kann die Eintragung nur noch in den gesetzlich vorgesehenen Versagungsfällen abgelehnt werden. Damit sind insbesondere die von der Rechtsprechung zum WZG als weitere Voraussetzungen der Anmeldung angesehene Akzessorität und Benutzungsabsicht nicht mehr beachtlich.

2. Nichtakzessorität

10 Ein Geschäftsbetrieb des Anmelders ist nicht mehr erforderlich, wie sich bereits aus dem klaren Wortlaut von § 7 Nr. 1 ergibt. Das Erfordernis kann auch nicht in das Tatbestandsmerkmal der „Eignung zur Unterscheidung" (unten Rdn. 16) hineininterpretiert werden. Ob ein Zeichen zur Unterscheidung der Waren eines Unternehmens von denen eines anderen Unternehmens geeignet ist, ist eine ganz andere Frage als die, ob es auch von einem Unternehmen zur Unterscheidung eingesetzt wird. Letzteres ist nicht erforderlich. Daß die Akzessorität der Marke nicht mehr besteht, ergibt sich nicht zuletzt auch aus den Regelungen zur Marke als Gegenstand des Vermögens, § 27 ff., insbesondere aus dem Umkehrschluß aus § 27 Abs. 2: Zwar geht mit dem Geschäftsbetrieb in der Regel die dazu gehörige Marke über, eine andere Regelung kann aber ohne weiteres im Vertrag getroffen werden. Auch bei der Anmeldung ist kein Geschäftsbetrieb des Anmelders erforderlich, wie sich nicht nur aus § 7 ergibt, sondern auch daraus, daß § 3 gerade nicht mehr voraussetzt, daß die Marke zur Kennzeichnung von Waren oder Dienstleistungen aus dem Betrieb des Anmelders Verwendung finden muß. Abzulehnen ist auch eine „Konnexität" als abgemilderte Form der Akzessorität (so aber *Fezer* § 3 Rdn. 81 ff.). Die Marke kann zu beliebigen Zwecken angemeldet werden, insbesondere auch von Anfang an mit der Absicht, sie durch Lizensierung oder Verkauf durch Dritte nutzen zu lassen (etwa im Fall einer Werbeagentur oder Unternehmensberatung). Eine unternehmerischer Betätigung ist ebenfalls nicht erforderlich, vielmehr kann sich jeder Privatmann entschließen, Marken anzumelden und in ihm geeignet erscheinender Weise zu verwerten (unklar LG Frank-

Als Marke schutzfähige Zeichen **§ 3**

furt MA 1996, 439 – *E-Klasse*). Davon unabhängig ist die Frage, welche Anforderungen an die rechtserhaltende Benutzung eingetragener Marken gestellt werden. Auch eine nicht benutzte Marke ist trotzdem markenfähig und kann – etwa nach Veräußerung an einen Dritten – prioritätserhaltend in Benutzung genommen werden. Im übrigen kann auch aus einer unbenutzten Marke innerhalb der Benutzungsschonfrist das volle Spektrum der markenrechtlichen Ansprüche geltend gemacht werden. Hinsichtlich der Anforderung an die rechtserhaltende Benutzung eingetragener Marken siehe Kommentierung zu § 26.

3. Benutzungsabsicht

Wie beim WZG gilt auch im MarkenG eine fünfjährige Benutzungsschonfrist. Das Zeichen ist also dann wegen Verfalls löschungsreif, wenn es fünf Jahre nach der Eintragung nicht benutzt ist, § 49 Abs. 1. Daraus kann aber nicht abgeleitet werden, daß schon bei der Eintragung eine Benutzungsabsicht vorliegen muß. Es verhält sich hier ähnlich wie mit den irreführenden Marken (§ 8 Abs. 2 Nr. 4, vgl. Kommentierung zu § 8 Rdn. 97 ff.): Es ist nicht Sache des DPA, die Absichten des Anmelders zu erforschen oder auch nur über sie zu spekulieren. Vielmehr knüpft das Gesetz Rechtsfolgen an klar dokumentierbare äußere Tatbestände, insbesondere die Löschung an die Nichtbenutzung. Die ältere Rechtsprechung, die Benutzungsabsicht forderte (BGH GRUR 1964, 454, 456 – *Palmolive*, BGH GRUR 1973, 523, 524 – *Fleischer-Fachgeschäft*; BGH GRUR 1975, 487, 488 – *WMF-Mondmännchen*, sowie BPatGE 18, 65, 68, aufgehoben durch BGH GRUR 1988, 820 – *Oil of...*) ist schon mit dem Wortlaut von § 3 nicht mehr vereinbar. Anders als bei § 1 WZG kommt es gerade nicht darauf an, daß der Anmelder sich der Marke zur Unterscheidung seiner Waren oder Dienstleistungen bedienen will, sondern nur auf die abstrakte Eignung zu dieser Unterscheidung.

11

4. Sonstige Ausschlußgründe

a) Grundsatz. Das MarkenG enthält eine klar gegliederte Systematik der Markenfähigkeit (§ 3) sowie der Ausschlußgründe für die Eintragung von Marken (§ 8). Es widerspräche schon dieser gesetzlichen Systematik, weitere „außergesetzliche" Hinderungsgründe für die Markenfähigkeit einzuführen. Das ist auch nicht erforderlich, da die Interessen des Verkehrs einerseits durch den Benutzungszwang der (dazu allg. § 25 Rdn. 1), andererseits in besonderen

12

Konstellationen durch den Rückgriff auf Grundsätze des UWG gewahrt werden können. Da die Marke als vollwertiges gewerbliches Schutzrecht ebensowenig von einer bestimmten „funktionsgemäßen Benutzung" abhängig ist, wie andere gewerbliche Schutzrechte (Einl. Rdn. 35), sind an Absichten oder Benutzungsarten der Marke keine weiteren Konsequenzen zu knüpfen, soweit keine wettbewerbswidrige Behinderung oder ein bösgläubiger Erwerb iSv § 50 Abs. 1 Nr. 4 (unten Rdn. 15) vorliegt.

13 **b) Defensivzeichen.** Deshalb ist die Anmeldung von bloßen Defensivzeichen ohne weiteres zulässig. Darunter versteht man Zeichen, deren Zweck darin besteht, den Schutzbereich der tatsächlich benutzten „Hauptmarke" dadurch zu erweitern, daß sie im Ähnlichkeitsbereich dieser Marke angemeldet werden und somit das Vorgehen noch gegen Benutzungsformen ermöglichen, die vom Schutz der Hauptmarke nicht erfaßt werden. Typischerweise handelt es sich bei Defensivzeichen also um Abwandlungen der Hauptmarke. Entgegen der früheren Rechtsprechung (zB BGH GRUR 1964, 454, 456 – *Palmolive*; ausführlich zur früheren Rechtslage *Fezer* Rdn. 178 ff.) sind Defensivmarken zulässig. Die Bedürfnisse des lauteren Verkehrs werden einerseits durch den Benutzungszwang, andererseits durch die sachgerechte Handhabung der Regeln über das Freihaltebedürfnis (§ 8 Rdn. 52 ff.) und die Verwechslungsgefahr, insbesondere im Hinblick auf die Verwechslung von Zeichen mit beschreibenden Bestandteilen (dazu § 14 Rdn. 199 ff.) gewahrt. Demgegenüber ist kein Grund ersichtlich, warum der Verkehr die Möglichkeit haben soll, sich an ein normal kennzeichnungskräftiges, nicht freihaltebedürftiges, Zeichen anzunähern. Insoweit muß dem Markeninhaber vielmehr die Möglichkeit gegeben sein, auch durch Defensivzeichen den Schutzbereich noch zu erweitern (aA *Fezer* § 3 Rdn. 182).

14 **c) Vorratszeichen.** Dementsprechend gelten auch keine Einschränkungen für Vorratszeichen, also solche Zeichen, für die gegenwärtig keine konkrete Benutzungsabsicht besteht, die aber zu einem zukünftigen Zeitpunkt benutzt werden sollen. Auch hier findet die Korrektur über den Benutzungszwang statt. Unberührt davon bleibt allerdings, daß die fünfjährige Benutzungsschonfrist nicht durch wiederholte Anmeldung derselben Marke umgangen werden darf **(Wiederholungsmarken)**, dazu § 25 Rdn. 31 ff. Auch im übrigen sieht das MarkenG keine Schranken für eine offensive Eintragungspolitik vor, eine „unmäßige Hortung von Marken" ist nach dem MarkenG nicht verboten (aA *Fezer* § 3 Rdn. 195).

Als Marke schutzfähige Zeichen § 3

d) Rechte Dritter. Ebensowenig können der Markenfähigkeit 15
Rechte Dritter entgegenstehen. Rechte aus der früheren Anmeldung muß der Inhaber des prioritätsälteren Zeichens selbst geltend machen, §§ 9, 42. Eine Ausnahme stellen die notorisch bekannten Marken dar, die ein von Amts wegen zu beachtendes Eintragungshindernis bilden, § 10. Etwas anderes gilt nur dann, wenn die Marke zu Behinderungszwecken angemeldet wird, zB die im Inland noch nicht geschützte, aber schon benutzte Kennzeichnung des ausländischen Wettbewerbers. Dann kann der Löschungsgrund der Bösgläubigkeit, § 50 Abs. 1 Nr. 4, vorliegen. Im übrigen können Ansprüche gem. §§ 1 UWG, 823, 826 BGB bestehen, im einzelnen dazu Vor §§ 14–19 Rdn. 100.

5. Eignung zur Unterscheidung

§ 3 Abs. 1 erfordert eine abstrakte Eignung zur Unterscheidung 16
(irgendwelcher) Waren und Dienstleistungen zweier (beliebiger) Unternehmen voneinander. Um im Sinne von § 3 Abs. 1 grundsätzlich als Marke schutzfähig zu sein, genügt es, als ob das Zeichen in einem beliebigen, theoretisch vorstellbaren Fall zur Unterscheidung geeignet wäre. Erst in einem zweiten Prüfungsschritt ist festzustellen, ob in Bezug auf die konkreten Waren oder Dienstleistungen die Unterscheidungskraft fehlt (§ 3 Abs. 2 und § 8). Eine Verneinung der abstrakten Zeichenfähigkeit iSv § 3 Abs. 1 schließt auch den Schutz nach § 4 Nr. 2 aufgrund von Verkehrsgeltung aus. Praktisch wichtig ist dies vor allem im Zusammenhang mit § 3 Abs. 2: Ordnet der Verkehr etwa eine technische Gestaltung nur deswegen ausschließlich dem Anmelder zu, weil er der erste war, der ein Produkt dieser Art auf den Markt gebracht hat, kann dadurch das Schutzhindernis von § 3 Abs. 2 nicht überwunden werden. Vielmehr müssen auch später auftretende Wettbewerber die Möglichkeit haben, die technisch vorgegebene Gestaltung zu benutzen, soweit nicht Patent- oder Gebrauchsmusterschutz besteht, oder § 1 UWG eingreift.

6. Waren oder Dienstleistungen eines Unternehmens

Das MarkenG unterscheidet nicht zwischen Warenzeichen und 17
Dienstleistungsmarken. Die Formulierung des MarkenG ist so zu verstehen, daß **für jede wirtschaftliche Tätigkeit** Marken angemeldet werden können. Der Sammelbegriff „Waren oder Dienstleistungen" umfaßt das gesamte Angebotsspektrum sämtlicher denkbarer Leistungen. Die Unterscheidung zwischen Waren und

§ 3 Als Marke schutzfähige Zeichen

Dienstleistungen hat Bedeutung zum einen im Rahmen der Erschöpfung von § 24, die nur hinsichtlich von Waren eintreten kann (§ 24 Rdn. 6), wobei schon logisch-begrifflich bei Dienstleistungen keine Erschöpfung vorliegen kann, da Dienstleistungen auch nicht „in Verkehr gebracht" werden können. Darüber hinaus ist sowohl bei der Abfassung des Verzeichnisses der Waren und Dienstleistungen (§ 32 Rdn. 11 ff.) als auch bei der Bestimmung des Schutzbereiches (§ 14 Rdn. 241 ff.) eine Bestimmung der Waren oder Dienstleistungen erforderlich, für die die Marke Schutz begehrt. Auch dabei kommt es allerdings nicht zentral auf die Abgrenzung zwischen Waren und Dienstleistungen an, da längst anerkannt ist, daß auch Waren und Dienstleistungen einander ähnlich sein können (§ 14 Rdn. 301 ff.). Die Abgrenzung zwischen Waren und Dienstleistungen ist damit nicht fundamental oder begrifflich vorgelagert gegenüber der Abgrenzung zwischen verschiedenen Arten von Waren oder verschiedenen Arten von Dienstleistungen. Vielmehr ist immer die entscheidende Frage, ob die Waren oder Dienstleistungen ähnlich mit anderen Waren oder Dienstleistungen sind. Daß es im Einzelfall näher liegen mag, die Ähnlichkeit zwischen verschiedenen Waren als zwischen Waren und Dienstleistungen zu bejahen, ändert daran nichts. Die differenzierte Rechtsprechung zur Abgrenzung von Waren oder Dienstleistung (dazu insbesondere *Fezer* § 3, 129 ff.) ist deshalb obsolet. Es ist nicht erforderlich, einen bestimmten Begriff der Ware (zB der beweglichen körperlichen Sache des § 2 Abs. 2 Nr. 1 HGB) zugrundezulegen, (aA für das frühere Recht BGH GRUR 1974, 657, 658 – *concenta*) oder Dienstleistungen davon im einzelnen abzugrenzen. Für die frühere einschränkende Kasuistik war die ursprüngliche Beschränkung von Warenzeichen auf die Kennzeichnung beweglicher Gegenstände verantwortlich. Sie wirkte nach der Einführung der Dienstleistungsmarke nach. Demgegenüber ist weder ein sachlicher Differenzierunggrund noch ein klares Abgrenzungskriterium zwischen markenfähigen und nichtmarkenfähigen wirtschaftlichen Leistungen ersichtlich. Es kommt hinzu, daß auch bei den scheinbaren Problemfällen (zB unbewegliche Gegenstände, Rechte) fast immer eine Dienstleistung definierbar ist, die dann den Markenschutz eröffnet (zB Baugewerbe, Lizenzverwaltung).

18 Im Hinblick auf das gleichgelagerte Bedürfnis des Verkehrs hinsichtlich von Waren unterschiedlicher Art sind auch die **Beschränkungen** der früheren Rechtsprechung hinsichtlich bestimmter Gegenstände nicht mehr aufrechtzuerhalten. Vielmehr sind insbesondere auch Immobilien dem Markenschutz als Waren zu-

Als Marke schutzfähige Zeichen § 3

gänglich (ebenso *Fezer* 3 Rdn. 112 gegen BGH GRUR 1974, 657, 658 – *Concentra*).

Ebenso spielt es keine Rolle mehr, ob die Ware oder Dienstleistung einen „Marktbezug" aufweist, also unmittelbar Dritten gegenüber verwendet wird, oder nur **unternehmensintern** (aA BPatGE 15, 206 – *Auto-Hobby* sowie *Fezer* § 121 f.). Wie aus dem klaren Wortlaut von § 3 ersichtlich ist, kommt es nicht auf die tatsächliche Benutzung im geschäftlichen Verkehr an, sondern nur auf die Eignung zur Unterscheidung von Waren oder Dienstleistungen. Alles andere ist eine Frage der rechtserhaltenden Benutzung im Sinne von § 26. 19

Ebenso abzulehnen ist die frühere Rechtsprechung zu Hauptleistungen und **Nebenleistungen**, nach der etwa begleitende Marketingleistungen nicht als Dienstleistung anerkannt wurden, sondern der angeblichen Hauptsache, nämlich der zu handelnden Ware, zugerechnet wurden (zB BPatG GRUR 1985, 50 – *Loden-Frey*). Es liegt ausschließlich im Ermessen des Anmelders, die Waren und Dienstleistungen zu benennen, für die er Schutz beansprucht. Wiederum ist es eine Frage der rechtserhaltenden Benutzung, ob die von ihm dann tatsächlich angebotenen Waren oder Dienstleistungen von der Marke Gebrauch machen. 20

7. Zeichenformen

a) Allgemeines. Das Gesetz läßt grundsätzlich jede Zeichenform zu, oben Rdn. 8. Die Aufzählung im Gesetzestext ist nur beispielhaft. Neben den dort aufgeführten und eventuell weiteren neuen Formen sind auch alle Mischformen zugelassen, insbesondere die praktisch wichtige Verbindung von Wörtern mit Abbildungen („Wort-Bild-Marken"). Das MarkenG geht deutlich über das WZG hinaus, das nur Wörter und zweidimensionale Gestaltungen zur Eintragung zuließ, allerdings ein breiteres Spektrum, insbesondere dreidimensionale Formen, dem Ausstattungsschutz zugänglich machte, § 25 WZG. Die Erweiterung der dem Markenschutz zugänglichen Zeichenformen ist nicht schrankenlos, wie besonders § 3 Abs. 2 und § 8 zeigen, die Schranken sind aber im Hinblick auf den konkreten Einzelfall zu bestimmen, also mit Bezug auf die Marke, die beanspruchten Waren und Dienstleistungen und das Freihaltebedürfnis der anderen Marktteilnehmer. Je nach Zeichenform können in unterschiedlicher Weise mangelnde der Unterscheidungskraft oder andere Eintragungshindernisse vorliegen, vgl. im einzelnen Kommentierung zu § 8. Nur im Ausnahmefall wird aber schon 21 die (abstrakte, siehe oben Rdn. 16) Markenfähigkeit nach § 3 fehlen. In der Praxis wird dies am ehesten im Hinblick auf das Schutzhindernis des § 3 Abs. 2 für Formmarken in Betracht kommen.

22 **b) Wörter.** Grundsätzlich kann jedes Wort eine Marke bilden, sofern es überhaupt für irgendeine Ware oder Dienstleistung Unterscheidungskraft hat. So hat zB das Wort „Auto" Unterscheidungskraft für alle Waren, die nichts mit Kraftfahrzeugen zu tun haben. Das Wort kann der deutschen oder einer fremden Sprache angehören. Wird es in fremden Schriftzeichen dargestellt, ist es Frage des Einzelfalles, ob nicht ein Bildzeichen vorliegt. Die Marke kann auch aus mehreren Wörtern, auch aus einem oder mehreren ganzen Sätzen bestehen. Markenschutz kann also im Grundsatz auch für Werbeslogans erlangt werden. Allerdings sind nichtssagende und auswechselbare Slogans („Wir sind die Besten") in der Regel nicht geeignet, Waren oder Dienstleistungen zu unterscheiden (§ 8 Rdn. 36 ff.). Als Wortzeichen kann auch der Titel einer Druckschrift in Frage kommen, der dann gegebenenfalls zusätzlich nach § 5 Abs. 3 geschützt ist (§ 5 Rdn. 63). Wortzeichen sind grundsätzlich in jeder Schriftart geschützt, die Anmeldung des Wortes in einem bestimmten Schriftzug ist zulässig (Wort-Bild-Zeichen). Das kann sich besonders dann empfehlen, wenn dem Wort selbst die Unterscheidungskraft (möglicherweise) mangelt (vgl. zB BGH GRUR 1991, 135 – *NEW MAN* und § 8 Rdn. 42). Sollte das der Fall sein, beschränkt sich auch der Schutz auf die konkrete schriftbildliche Ausgestaltung.

23 **c) Personennamen.** Personennamen sind durch § 12 BGB (dazu Nach § 15 Rdn. 1 ff.), häufig auch als Unternehmenskennzeichen nach § 5 Abs. 2 geschützt, außerdem aber auch als Marke schutzfähig. Das MarkenG sieht auch keine Beschränkung hinsichtlich der Verwendung von Namen dritter Personen oder Phantasienamen vor (§ 8 Rdn. 109). Anders als in einigen ausländischen Rechtsordnungen muß der Anmelder keine Berechtigung zur Führung des angemeldeten Namens nachweisen. Gegebenenfalls hat der Namensträger die Möglichkeit, nach § 13 Abs. 2 Nr. 1 i. V. m. § 51 Abs. 1 die Löschung zu verlangen. Das DPA kann die Eintragung fremder Namen als Zeichen nur unter den allgemeinen Voraussetzungen untersagen, so zB im Fall der Irreführung nach § 8 Abs. 2 Nr. 4 (vgl. § 8 Rdn. 109) oder der notorisch bekannten Marke nach § 10.

24 **d) Buchstaben.** Die Rechtsprechung des BGH hatte unter der Geltung des WZG Buchstaben den Zeichenschutz bis zuletzt

grundsätzlich versagt (BGH GRUR 1996, 202 – *UHQ I*) soweit keine Verkehrsdurchsetzung festgestellt werden konnte. Demgegenüber läßt das MarkenG in § 3 Abs. 1 Buchstaben grundsätzlich als Marken zu, wobei aber durch § 8 Abs. 2, insbesondere Nr. 1, 2 und 3 die Möglichkeit bestehen bleibt, Buchstaben von der Eintragung auszuschließen. Das generelle (abstrakte) Freihaltebedürfnis ist somit durch die Prüfung eines konkreten Freihaltebedürfnisses ersetzt worden. Grundsätzlich sind sowohl Einzelbuchstaben als auch Buchstabenkombinationen eintragbar. Ob die Buchstabenkombination aussprechbar ist, oder einen erkennbaren Sinngehalt (etwa als Abkürzung) hat, spielt für § 3 keine Rolle.

e) Zahlen. Wie Buchstaben sind Zahlen im Grundsatz unbeschränkt eintragungsfähig. Dem Freihaltebedürfnis ist bei eingetragenen Marken durch die konkrete Prüfung nach § 8 Rechnung zu tragen. Jede Zahl kann Marke sein, auch ein Bruch, eine Wurzel, eine Gleichung oder eine andere mathematische Anweisung. Das geschriebene Zahlwort ist als Wortzeichen zu betrachten, ohne daß dieser Unterscheidung praktische Bedeutung zukäme. Auch einfache (einstellige) Zahlen sind der Eintragung grds. zugänglich (BGH GRUR 1997, 366 – *quattro II*).

f) Abbildungen. Abbildungen aller Art kommen als Zeichen in Betracht. Sie können schwarz-weiß, ein- oder mehrfarbig sein, gegenständlich oder abstrakt. Neben Logos sind markenfähig zB Etiketten, graphisch gestaltete Schriftzüge, die Abbildung der Ware oder ihrer Verpackung, aber auch komplizierte Bilder, Abbildungen von Menschen usw. Die Unterscheidungskraft kann einer Abbildung der Ware selbst mangeln (BGH GRUR 1995, 732 – *Füllkörper* BGH GRUR 1997, 527 – *Autofelge*). Das ist allerdings keine Frage der grundsätzlichen Markenfähigkeit (die Abbildung dieser Ware kann für eine andere Ware kennzeichnend wirken), sondern eine Frage der im Rahmen von § 8 Abs. 2 Nr. 1 konkret zu prüfenden Kennzeichnungskraft des Zeichens für bestimmte Waren (im einzelnen § 8 Rdn. 46).

g) Hörzeichen. Das WZG hatte akustische Zeichen nicht anerkannt. Das MarkenG trägt demgegenüber der Tatsache Rechnung, daß akustische Erkennungsmittel im Zeitalter von Radio- und Fernsehwerbung erhebliche Bedeutung erlangt haben. Das gilt insbesondere für die kurzen musikalischen Erkennungsmelodien („Jingles", vgl. BPatG GRUR 1997, 60 *SWF-3-Nachrichten*). Das Hörzeichen muß aber nicht zwingend musikalischer Art sein. Auch ein gesprochener Slogan oder Naturtöne (zB ein rauschender

§ 3 Als Marke schutzfähige Zeichen

Wasserfall) kommen in Betracht. Die Anmeldung des Hörzeichens muß in graphisch festgelegter Form erfolgen, § 8 Abs. 1. Dabei ist entweder Notenschrift oder ein Sonogramm zulässig, § 11 Abs. 2 MarkenV. Außerdem ist ein Tonträger mit einer klanglichen Wiedergabe beizufügen, § 4 Abs. 3 MarkenV. Der deutschen Rechtsprechung fehlt Erfahrung mit Hörzeichen (erstmals BPatG 1997, 60 – *SWF-3-Nachrichten*; zu ausländischen Regelungen *Fezer* § 3 Rdn. 271). Es wird deshalb notwendig sein, insbesondere bei der Frage der Verletzung neue Grundsätze zu entwickeln. Dabei könnte sich zB bei der Bestimmung der Ähnlichkeit (§ 14 Abs. 2 Nr. 2) anbieten, Erfahrungen aus dem Urheberrecht beim Schutz einfacher Melodien fruchtbar zu machen.

28 **h) Dreidimensionale Gestaltungen.** Unter der Geltung des WZG war der Schutz dreidimensionaler Gestaltungen im einzelnen umstritten. Zwar war anerkannt, daß insoweit Ausstattungsschutz, § 25 WZG, erlangt werden konnte, doch sollte die Eintragung eines dreidimensionalen Zeichens unzulässig sein (BGHZ 41, 187, 189 – *Palmolive*; st. Rspr.), was in der Literatur zum Teil bestritten wurde, (zB *B/H* WZG § 1 Rdn. 66 mwN). Allerdings kann auch eine Raumform mit Hilfe der Perspektive in zwei Dimensionen dargestellt werden. Diese (zulässigen) Flächenzeichen konnten dann ihrerseits von dreidimensionalen Gestaltungen verletzt werden. (BGH GRUR 1956, 159 – *Ettaler Klosterliqueur*; BGH GRUR 1982, 111 – *Original-Maraschino*). Diese Möglichkeit besteht auch nach dem MarkenG weiterhin. Allerdings kann nunmehr die dreidimensionale Form (graphisch dargestellt, vgl. § 12 MarkenV) auch direkt geschützt werden. Schutzfähig sind nicht nur Phantasieformen (zB die Kühlerfigur „Emily" der Firma Rolls-Royce), sondern auch die Form der Ware oder ihrer Verpackung selbst (siehe unten Rdn. 29, 30). Daneben sind insbesondere auch Teile der Ware schutzfähig, und zwar auch dann, wenn sie gleichzeitig funktional sind, zB der besonders geformte Clip eines Kugelschreibers. Nur auf dreidimensionale Marken bezogen sind die drei Ausnahmen des § 3 Abs. 2 (unten Rdn. 34 ff.).

29 **i) Form der Ware.** § 3 Abs. 1 läßt die Form der Ware ausdrücklich zur Eintragung zu. Dabei kann die Form der Ware in einem Bildzeichen wiedergegeben werden oder als dreidimensionale Formmarke. Nur für die dreidimensionale Marke gelten die besonderen Ausschlußgründe von § 3 Abs. 2. Bei der zweidimensionalen Abbildung der Ware greift § 3 Abs. 2 zwar nicht unmittelbar ein. Wäre die Ware selbst nach § 3 Abs. 2 aber nicht schutzfähig, kann

Als Marke schutzfähige Zeichen **§ 3**

für die Abbildung aber ein Ausschlußgrund des § 8 Abs. 2 Nr. 1, eventuell auch Nr. 2 oder 3, vorliegen (dazu § 8 Rdn. 46). Es kann aber nicht verallgemeinert werden, daß eine einfache Abbildung der Ware selbst grundsätzlich nicht als Marke eintragbar ist, wenn die Ware ihrerseits nur aus technischen Elementen besteht (unklar insoweit aber BGH GRUR 1995, 732 – *Füllkörper*). Vielmehr kommt es auch dann darauf an, ob die Form der technischen Merkmale zur Erreichung der technischen Wirkung erforderlich ist (§ 3 Abs. 2 Nr. 2 analog). Kann eine technische Wirkung mit einer großen Vielzahl unterschiedlicher Gestaltungen erreicht werden, kann nicht davon gesprochen werden, daß eine bestimmte Form zur Erreichung der Wirkung erforderlich sei. Gibt es nur eine einzige Form, ist § 3 Abs. 2 Nr. 2 erfüllt, bei einer Abbildung jedenfalls das Eintragungshindernis der fehlenden Unterscheidungskraft des § 8 Abs. 2 Nr. 1 zu bejahen. Entsprechendes gilt nach BGH GRUR 1997, 527 – *Autofelge* auch für allgemein übliche Designelemente, die vom Verkehr nicht als Herkunftshinweis verstanden werden. Gibt es nur eine begrenzte Zahl von möglichen Formen, ist noch immer ein Freihaltebedürfnis zu bejahen. Das kann entweder dazu führen, daß auch bei Bestehen (weniger) Ausweichmöglichkeiten § 8 Abs. 2 Nr. 1 noch immer zu bejahen ist, oder in Analogie von § 8 Abs. 2 Nr. 2 ein Freihaltebedürfnis nicht nur für Bezeichnungen, sondern auch für Abbildungen anzunehmen ist.

j) Verpackung der Ware. Das Zeichen muß nicht dauerhaft und fest mit der Ware verbunden sein. Es kann auch die Verpackung selbst (zB ein bestimmtes Papiermuster) oder ein Behälter sein, (zB eine besondere Flaschenform). Das war auch unter Geltung des WZG im Prinzip bereits anerkannt, wobei allerdings das Erfordernis der flächenhaften Darstellung für dreidimensionale Verpackungen nur Ausstattungsschutz ermöglichte, BGH GRUR 1964, 545 – *Palmolive*. Demgegenüber sind Verpackungen nunmehr grundsätzlich unbeschränkt markenfähig, wobei natürlich die weiteren Voraussetzungen, insbesondere die Eignung zur Unterscheidung, erfüllt sein müssen. Darüber hinaus ist zu beachten, daß bestimmte originelle Gestaltungen auch technisch bedingt sein können, zB der „Schnabel" der Tetra-Pack-Tüte. Sie sind dann eventuell patent-, aber nicht markenfähig, da – ebenso wie bei technisch bedingten Gestaltungen der Ware selbst – die Unterscheidungskraft fehlt, § 8 Abs. 2 Nr. 1 und ein Freihaltebedürfnis analog § 8 Abs. Nr. 2 zu bejahen ist. Die Verpackung kann ganz oder teilweise geschützt sein, zB die Form einer Flasche, ihr Etikett, usw. **30**

31 **k) Sonstige Aufmachungen.** Die „Aufmachung" ist jedes andere Produktbeiwerk, zB einzelne wiederkehrende Gestaltungselemente in den Geschäftsdrucksachen, Aufsteller in Geschäften, unter Umständen die Ausstattung des Geschäftslokals. Es kann von der Ware völlig losgelöst sein.

32 **l) Farben und Farbzusammenstellungen.** Die „isolierte" Farbe und die Farbkombination war im WZG als ausstattungsfähig anerkannt (vgl. *B/H* § 25 WZG Rdn. 53 mwN). Sie ist nunmehr auch eintragbar. Sie ist zu unterscheiden von dem bloßen Wortzeichen, das aus einem Farbnamen besteht, und von der farbigen Abbildung. Ist als Zeichen ein roter Schmetterling geschützt, ist damit nicht automatisch der Schutz gegen andere rote Gestaltungen verbunden. Beim Schutz von Farben oder Farbkombinationen ist in besonderem Maße Zurückhaltung geboten, da gerade hinsichtlich der werbewirksamen Grundfarben und ihrer naheliegenden oder modischen Abwandlungen ein erhebliches Freihaltebedürfnis besteht. Diese Prüfung ist im Rahmen von § 8 Abs. 2 Nr. 1 und 2 vorzunehmen. In diesen Fällen kommt immer auch Verkehrsdurchsetzung, § 8 Abs. 3, in Frage, (vgl. zB BGH GRUR 1992, 48 – *frei öl*). Fraglich ist, ob eine Farbe nur mit einer graphischen Begrenzung eintragbar ist (so BPatG GRUR 1996, 881 – *Farbmarke*). Das ist aus dem Gesetz nicht ableitbar und abzulehnen (vgl. § 8 Rdn. 48).

33 **m) Sonstige Markenformen.** Da die Aufzählung in § 3 nicht abschließend ist, ist auch jede andere Kennzeichenform zulässig. In Betracht kommen zB Geruchsmarken, Geschmacksmarken, Tastmarken und bewegliche Marken. In jedem Fall wird sich zunächst die Frage stellen, ob der Verkehr derartige Zeichen als Herkunftshinweise versteht, was aber zumindest grundsätzlich denkbar erscheint. Darüber hinaus wird die graphische Darstellbarkeit im Rahmen von § 8 Abs. 1 ebenso sorgfältig zu prüfen sein wie die Kennzeichnungskraft für die konkreten Waren oder Dienstleistungen im Rahmen von § 8 Abs. 2 Nr. 1. Grundsätzliche Bedenken gegen die Eintragung derartiger Zeichen bestehen aber nicht.

IV. Ausgeschlossene Formen (Abs. 2)

1. Allgemeines

34 § 3 Abs. 2 enthält Schranken der Markenfähigkeit für dreidimensionale Marken. Wie sich aus dem klaren Wortlaut des Gesetzes ergibt, gilt diese Ausnahmevorschrift nur für Formmarken,

Als Marke schutzfähige Zeichen § 3

nicht für zweidimensionale Abbildungen körperlicher Gegenstände (zur Abbildung von nichtmarkenfähigen Gegenständen siehe oben Rdn. 29). § 3 Abs. 2 gilt für alle Markenformen des § 4. Anders als bei den absoluten Schutzhindernissen für eingetragene Marken, die in § 8 geregelt sind, kann bei Vorliegen von § 3 Abs. 2 Markenschutz auch dann nicht gewährt werden, wenn das Zeichen Verkehrsgeltung erlangt haben sollte, wie sich nicht nur aus dem systematischen Zusammenhang im MarkenG, sondern auch aus der Vorgabe in Art. 3 Abs. 3 MRRL ergibt.

2. Zweck

§ 3 Abs. 2 schließt bestimmte Markenformen generell vom Markenschutz aus. Es wird insoweit ein absolutes Freihaltebedürfnis angenommen, das keiner konkreten Feststellung bedarf, aber auch nicht konkret widerlegt werden kann. Der Grund für diese Beschränkung liegt in dem Umstand, daß anderenfalls durch die Anmeldung von Formmarken ein zeitlich theoretisch unbegrenzter Schutz für Merkmale erlangt werden könnte, die nicht in erster Linie der Kennzeichnung von Produkten dienen, sondern ihre physische Beschaffenheit ausmachen. Damit könnte ein Herstellungs- und Verbreitungsmonopol für bestimmte Arten von Waren erreicht werden, obwohl diese Herstellungs- und Vertriebsrechte Gegenstand zeitlich begrenzter anderer Schutzrechte sind. Dieser Gesetzeszweck darf aber nicht dahin mißverstanden werden, daß die Möglichkeit oder das tatsächliche Bestehen früheren oder gegenwärtigen Sonderschutzes den Markenschutz generell ausschließen würde (dazu Einl. Rdn. 6). Vielmehr ist es im Grundsatz gleichgültig, ob für eine Ware zB auch Patentschutz bestanden hat, allenfalls kann daraus ein Indiz für die technische Bedingtheit gewonnen werden (vgl. BGH GRUR 1962, 299 – *form-strip*). 35

3. Auslegungsgrundsätze

§ 3 Abs. 2 knüpft an die Rechtsprechung des RG und BGH zur Ausstattungsfähigkeit (§ 25 WZG, ausführlich *Eichmann* FS Vieregge 1995, 125) an. Es werden aber andere Begriffe verwendet, insbesondere wird nicht mehr auf das „Wesen der Ware" als entscheidendes Abgrenzungskriterium abgestellt. Die Rechtsprechung zu § 25 WZG ist deshalb bei der Auslegung von § 3 Abs. 2 nur vorsichtig heranzuziehen. Da § 3 Abs. 2 jedenfalls hinsichtlich seiner Geltung für eingetragene Marken im Sinne von § 4 Nr. 1 auf die 36

MRRL zurückgeht, ist für seine Auslegung in letzter Instanz der EuGH zuständig. Es erscheint denkbar, daß dabei auch die Erfahrungen aus anderen Mitgliedsstaaten Berücksichtigung finden werden. Das gilt besonders für Rechtsprechung zu Artikel 1 Abs. 2 des einheitlichen Beneluxmarkenrechts, der offensichtlich als Vorbild für die Regelung der MRRL gedient hat (*Kur* FS 100 Jahre Marken-Amt, 175, 184; ablehnend zur Berücksichtigung von Erfahrungen in anderen Mitgliedsstaaten jetzt aber BPatG GRUR 1997, 133, 134 – *ErgoPanel*). Generell wird zu berücksichtigen sein, daß § 3 Abs. 2 als Ausnahmevorschrift eng (also anmelderfreundlich) auszulegen ist. Das gilt umso mehr, als im Anwendungsbereich dieser Vorschrift selbst Verkehrsdurchsetzung nicht zur Schutzfähigkeit der Formmarke führt.

4. Ausschließlich aus einer nichtmarkenfähigen Form bestehend

37   Für alle Ausschlußgründe des § 3 Abs. 2 gilt, daß sie sich nur auf Formen beziehen, die vollständig unter eines oder mehrere der gesetzlichen Verbote fallen. Damit sind schutzfähig alle Formen, die ein zusätzliches (nicht ausgeschlossenes) Element enthalten. Es gelten die gleichen Grundsätze wie bei den Eintragungshindernissen von § 8 Abs. 2 Nr. 2 und 3 (§ 8 Rdn. 21 und Rdn. 57). Der Schutzbereich solcher Marken kann dann auf die konkret eingetragene Form beschränkt sein, § 14 Rdn. 219).

5. Verpackung

38   § 3 Abs. 2 stellt nicht auf die „Form der Ware" ab, sondern auf die Form der Marke. Diese Form der Marke ist vom Schutz u. a. ausgeschlossen, wenn sie zur Erreichung einer technischen Wirkung erforderlich ist (Nr. 2) oder der Ware einen wesentlichen Wert verleiht (Nr. 3). Eine technische Wirkung erzielen kann auch eine besondere Verpackungsform, ebenso kann sie möglicherweise der Ware (zB Parfum) einen wesentlichen Wert verleihen (zB ein origineller Flakon). Diese Überlegungen zeigen, daß § 3 Abs. 2 nicht zwischen der Ware einerseits und der Verpackung andererseits unterscheidet. Vielmehr geht es generell um die Begrenzung des Schutzes für Formmarken, unabhängig davon, welche Funktion diese Form im einzelnen erfüllt. Nicht vom Eintragungsverbot des § 3 Abs. 2 erfaßt sind aber zweidimensionale Verpackungselemente, zB Farben. Hier kann eine Begrenzung des Schutzes nur nach § 8 Abs. 2 Nr. 1 in Betracht kommen. Daraus ergibt sich

Als Marke schutzfähige Zeichen § 3

gleichzeitig, daß § 3 Abs. 2 nur zur Anwendung kommt, wenn Markenschutz für das ganze räumliche Gebilde begehrt wird, aber nicht, wenn es nur um zweidimensionale Elemente auf einem dreidimensionalen Gegenstand geht, zB die Streifen auf Sportschuhen, (vgl. BGH GRUR 1986, 252 – *Sportschuhe*) oder die orange Farbgebung von Schriftschablonen (vgl. BGH GRUR 1972, 122 – *Schablonen*). Schon aus diesem Grund sind viele der zu § 25 WZG ergangenen Entscheidungen im Rahmen von § 3 Abs. 2 nicht einschlägig.

6. Durch die Art der Waren selbst bedingt (Nr. 1)

Mit der „Art" der Ware ist ihre Gattung gemeint. Durch die Art 39 der Ware selbst bedingt sind also **Merkmale, die ein generisches Produkt dieser Gattung aufweist**, zB Griff und Klinge bei einem Messer (*Kur* FS 100 Jahre Markenamt 175, 186). Die „Art" der Ware ist nicht zu verwechseln mit der in der früheren Rechtsprechung zu § 25 WZG vom BGH getroffenen Abgrenzung anhand des „Wesens" der Ware. Zum Wesen der Ware konnten nach Auffassung des BGH auch ästhetische Elemente gehören, die bei anderen Produkten derselben Art ganz anders aussahen, zB die Form einer asymmetrischen Blumenvase (BGHZ 29, 62 – *Rosenthal-Vase*). Demgegenüber ist durch die Art der Ware „Vase" nur bedingt, daß es sich um ein oben offenes Gefäß zur Aufnahme von Wasser handelt, das eine gewisse Mindeststandfestigkeit aufweist. Demgegenüber sind alle ästhetischen Ausprägungen dieser Grundelemente nicht durch die Art der Ware bedingt (möglicherweise verleihen sie der Ware aber wesentlichen Wert, Nr. 3, vgl. unten Rdn. 42). Bei den allermeisten Waren wird die konkrete Gestaltung des Produktes daher nicht durch § 3 Abs. 2 Nr. 1 ausgeschlossen sein, denn in vielen (aber nicht allen) Fällen wird die Art der Ware eine bestimmte Gestaltung nicht vorgeben. Die Bedenken von *Kur* (FS 100 Jahre Markenamt S. 187 f.), daß bei dieser Auslegung die Interessen des Verkehrs nicht hinreichend berücksichtigt würden, treffen nicht zu. Gestaltungen, die von der „generischen Grundform" einer Ware nur verhältnismäßig geringfügig abweichen, sind zwar nicht nach § 3 Abs. 2 vom Markenschutz ausgeschlossen, ebenso wie bei anderen Marken, die stark an nicht unterscheidungskräftige oder freihaltebedürftige Angaben angenähert sind, genießen solche Marken aber nur einen ganz engen Schutzbereich. Demgegenüber ist nicht erkennbar, warum hinsichtlich von dreidimensionalen Gestaltungen andere Maßstäbe für Freihaltebedürfnis und Unterscheidungskraft gelten sollen, als dies etwa für Wortmarken der Fall ist. Ebenso wie dort verhältnismäßig geringfügige Abweichungen von freihaltebedürftigen Angaben die Schutzfähigkeit begründen können (vgl. § 8 Rdn. 59), kann bei der Formmarke durch eine verhältnismäßig geringfügige Abweichung im äußeren Erscheinungsbild Markenfähigkeit erreicht werden.

40 Der **Maßstab** für die Frage, ob eine bestimmte Gestaltung durch die Art der Ware selbst bedingt ist, ist im Gesetz nicht geregelt. Bei § 25 WZG schwankte die Rechtsprechung im Hinblick auf die Bestimmung des „Wesens" zwischen der Betonung der Verkehrsauffassung (*B/H* WZG § 25 Rdn. 20 mwN) und objektiven Gesichtspunkten (BGH GRUR 1962, 299 – *form-strip*). Richtig erscheint es, grundsätzlich auf objektive Kriterien abzustellen (welche Merkmale gehören abstrakt zu einem Gegenstand dieser Gattung), dabei aber bloß theoretische Möglichkeiten außer Acht zu lassen, wenn sie der Verkehrsauffassung widersprechen (es mag der Produktgattung „Tasse" nicht widersprechen, wenn diese zwei Henkel aufweist; nach der Verkehrsauffassung hat eine Tee- oder Kaffeetasse aber nur einen Henkel, da sie auch nur mit einer Hand zum Mund geführt wird; anders ist es bei einer Suppentasse. Bei einer Teetasse gehört ein zweiter Henkel also nicht zur „Art der Ware", bei einer Suppentasse dagegen schon).

7. Zur Erreichung einer technischen Wirkung erforderlich (Nr. 2)

41 Gestaltungen, mit denen technische Wirkungen erzielt werden, stehen insbesondere dem Patent- und Gebrauchsmusterschutz offen. Es liegt im Interesse der Allgemeinheit, daß technische Fortschritte nicht auf unabsehbare Zeit von einem Mitbewerber monopolisiert werden können. Derartige Gestaltungen sind deshalb dem Markenschutz dann nicht zugänglich, wenn es keine gleichwertigen Alternativen gibt, die angestrebte technische Wirkung also nur auf diese Weise erzielbar ist. Die technische Wirkung kann beliebiger Art sein, insbesondere genügt auch eine – gegebenenfalls nur geringfügige – Verbesserung gegenüber dem vorbekannten Stand der Technik. Das Gegenteil der technischen Bedingtheit ist die willkürliche Wählbarkeit (aus der Rechtsprechung zu § 25 WZG zB BGHZ 11, 129 – *Zählkassetten*; BGH GRUR 1957, 603 – *Taschenstreifen*; BGH GRUR 1960, 233 – *Feuerzeug-Ausstattung*; BGH GRUR 1962, 299 – *form-strip*; BGH GRUR 1962, 409 – *Wand-*

Als Marke schutzfähige Zeichen § 3

steckdose; BGH GRUR 1964, 621 – *Klemmbausteine*; BGH GRUR 1972, 122 – *Schablonen*, BGH GRUR 1976, 434 – *Merkmalklötze*; BGH GRUR 1981, 517 – *Rollhocker*). Der **Maßstab** dafür, ob eine bestimmte Gestaltung zur Erreichung technischer Vorteile erforderlich ist, ist ein objektiver. Der Verkehr wird in vielen Fällen nicht beurteilen können, ob eine bestimmte äußere Gestaltung für die Erreichung eines technischen Zweckes erforderlich ist. Keine technische Bedingtheit im Sinne von § 3 Abs. 2 Nr. 2 liegt dann vor, wenn der Verkehr lediglich aus subjektiven (objektiv nicht begründeten) Präferenzen eine bestimmte Gestaltung bevorzugt (anders für § 25 WZG noch BGH GRUR 1972, 122 – *Schablone*). Eine derartige Präferenz wird häufig dadurch entstanden sein, daß der Verkehr nur die besonders gestalteten Waren des ersten Anbieters kennt. Später auf den Markt kommenden Wettbewerbern ist es dann aber zumutbar, technisch gleichwertige (wenn auch für den Verkehr ungewöhnliche) Gestaltungen zu wählen. Technische Bedingtheit liegt immer dann vor, wenn mit jeder anderen Gestaltung irgend welche Nachteile verbunden sind. Fraglich ist aber, wieviele (verschiedene) Ausweichmöglichkeiten zur Verfügung stehen müssen. Ein Markenschutz kommt jedenfalls dann nicht in Betracht, wenn von mehreren grundsätzlich vorhandenen technischen Möglichkeiten alle bis auf die jetzt angemeldete bereits für Mitbewerber geschützt sind, so daß es sich um die letzte freie Gestaltung handelt, die die technischen Effekte erzielt (vgl. auch BGH GRUR 1969, 541, 543 – *Grüne Vierkantflasche*). Ebenso ist eindeutig, daß ein Schutz dann in Betracht kommt, wenn noch eine größere Zahl von gleichwertigen Gestaltungsmöglichkeiten offensteht, (BGH GRUR 1962, 459, 460 – *Lichtkuppeln*, zu den seitlichen Riemen an Sportschuhen BGH GRUR 1959, 423 – *Fußballstiefel* und BGH GRUR 1980, 252, 253 – *Sportschuhe*). Fraglich ist aber, ob ein Eintragungshindernis auch dann besteht, wenn bei Schutzgewährung für das angemeldete Zeichen an gleichwertigen technischen Gestaltungen nur noch eine oder ganz wenige freie Formen verbleiben würden. Steht fest, daß die verbleibenden Formen technisch gleichwertig sind, ist mit ihrer Freihaltung aber den Bedürfnissen des Verkehrs Genüge getan. Es ist nicht Aufgabe des DPA, dem Verkehr die Auswahl unter verschiedenen gleichwertigen technischen Gestaltungen zu sichern (so auch *B/H* WZG § 25 Rdn. 25; aA *Eichmann* FS *Vieregge* 1995, 125, 150) auch die Rechtsprechung des BGH zu § 25 WZG hat es nicht für erforderlich gehalten, eine größere Anzahl gleichwirkender Formenelemente für die Wettbewerber freizuhalten (vgl. zB für die LEGO-

Klemmbausteine BGH GRUR 1964, 621, 623 – *Klemmbausteine I*). In der Praxis wird sich diese Beschränkung der Auswahl zwischen gleichwirkenden technischen Merkmalen für die Wettbewerber ohnehin weniger gravierend auswirken, da gerade im Bereich der technischen Gestaltungen kontinuierliche Fortentwicklungen stattfinden. Nachdem in vielen Fällen schon die Maximallaufzeit des Patentschutzes nicht ausgenutzt wird, steht nicht zu befürchten, daß eine wesentliche Behinderung des technischen Fortschrittes eintritt, wenn die Wettbewerber von bestimmten gleichwirkenden technischen Gestaltungen ausgeschlossen werden.

8. Form, die der Ware einen wesentlichen Wert verleiht (Nr. 3)

42   Das Schutzhindernis der Nr. 3 geht über die bisherige Rechtsprechung des BGH zu § 25 WZG deutlich hinaus. Wollte man darunter alle Gestaltungsmerkmale subsumieren, die irgendwie nennenswert zur Verkäuflichkeit der Ware beitragen, wäre praktisch jedes ästhetische oder sonst originelle Element von der Schutzfähigkeit ausgeschlossen. Um hier zu einer sachgerechten Anwendung zu kommen, ist eine besonders **einschränkende Auslegung** dieses Ausschlußgrunde erforderlich. Zunächst sind alle funktionalen Bestandteile auszunehmen, da sich deren Schutzfähigkeit ausschließlich nach Nr. 2 richtet. Hier kommt es also lediglich darauf an, ob für den Verkehr noch (mindestens eine) zumutbare Ausweichmöglichkeit zur Verfügung steht. Von den dann noch verbleibenden ästhetischen Formgebungen sind nur solche vom Markenschutz ausgeschlossen, für die ein vergleichbares Freihaltebedürfnis besteht, wie für die technisch bedingten Gestaltungen. Dabei wird es sich in der Regel um solche Gestaltungen handeln, die aufgrund langjähriger Gewöhnung des Verkehrs an bestimmte Formen vom Verkehr bei Waren dieser Art erwartet werden (zB die typische Form eines Herrenhutes, die Grundform eines besonderen Glases für ein bestimmtes Getränk, etwa eines Cognac-Schwenkers usw.). Demgegenüber ist dieser Ausschlußgrund nicht erfüllt, wenn die besondere Wertschätzung, die das Publikum mit der Form verbindet, gerade durch die Leistungen des diese Form einsetzenden Anmelders bedingt ist. Es gibt viele individuell gestaltete Produkte, mit denen der Verkehr eine besondere Wertschätzung verbindet, in der Regel aber gerade deshalb, weil er damit auch die Herkunft aus einem bestimmten Unternehmen verbindet (etwa die besondere Gestaltung einer Armbanduhr, eines

Füllfederhalters oder eines Automobils). In diesen Fällen steht die Wertschätzung, die dem so gestalteten Produkt entgegengebracht wird, einer Eintragung nicht nur nicht entgegen, sondern sie spricht im Gegenteil gerade für die Schutzfähigkeit. Es ist keinerlei schutzwürdiges Bedürfnis der Wettbewerber erkennbar, gerade eine derartige Form, die mit einem bestimmten Hersteller in Beziehung gesetzt wird, nutzen zu dürfen. Wird das Erfordernis des Freihaltebedürfnisses an der konkreten ästhetischen Gestaltung hinreichend berücksichtigt, ist auch sichergestellt, daß die verfehlte Vorschrift (*Kur* FS 100 Jahre Marken-Amt 175, 192) keinen zu großen Anwendungsbereich erhält. Dementsprechend ist bei der Feststellung, ob es sich um ein ästhetisches Element handelt, das nicht nur für die Wertschätzung der Ware von erheblicher Bedeutung, sondern auch freizuhalten ist, ein besonders strenger Maßstab anzulegen. Insbesondere wird die Bejahung dieses Eintragungshindernisses regelmäßig dann ausscheiden, wenn ein erheblicher Teil der angesprochenen Verkehrskreise die konkrete Gestaltung einem bestimmten Unternehmen zuordnet. Auch ohne eine solche Zuordnung sind ästhetische Gestaltungen nicht erfaßt, wenn sie vom Verkehr als **originelle oder individuelle** Gestaltung aufgefaßt werden. Schutzunfähig sind damit im wesentlichen solche ästhetischen Gestaltungen, die zB als Ausdruck von Modeströmungen für die Allgemeinheit freizuhalten sind. Die frühere Rechtsprechung, die gerade aus der hochwertigen ästhetischen Gestaltung den Ausschlußgrund ableitete (zB BGHZ 5, 1 – *Hummel-Figuren I*; BGH GRUR 1961, 581 – *Hummel-Figuren II*; BGHZ 29, 62 – *Rosenthal-Vase*; BGHZ 35, 341 – *Buntstreifensatin I*; BGH GRUR 1967, 315 – *skai-cubana*; BGH GRUR 1972, 546 – *Trainingsanzug*) ist daher abzulehnen.

§ 4 Entstehung des Markenschutzes

Der Markenschutz entsteht
1. **durch die Eintragung eines Zeichens als Marke in das vom Patentamt geführte Register,**
2. **durch die Benutzung eines Zeichens im geschäftlichen Verkehr,** soweit das Zeichen innerhalb beteiligter Verkehrskreise als Marke Verkehrsgeltung erworben hat, oder
3. **durch die im Sinne des Artikels 6bis der Pariser Verbandsübereinkunft zum Schutz des gewerblichen Eigentums (Pariser Verbandsübereinkunft) notorische Bekanntheit einer Marke.**

§ 4 Entstehung des Markenschutzes

Inhaltsübersicht

	Rdn.
I. Allgemeines	1–4
1. Überblick	1
2. Früheres Recht	2
3. MRRL	3
4. Gemeinschaftsmarkenrecht	4
II. Eintragung (Nr. 1)	5, 6
1. Anmeldung	5
2. Eintragung	6
III. Verkehrsgeltung (Nr. 2)	7–22
1. Allgemeines	7
2. Markenschutz	8
3. Begriff der Verkehrsgeltung	9, 10
a) Verkehrsgeltung und Ausstattung	9
b) Verkehrsgeltung und Verkehrsdurchsetzung	10
4. Gegenstand des Schutzes	11, 12
a) Konkretes Zeichen	11
b) Konkrete Waren oder Dienstleistungen	12
5. Zuordnung	13
6. Verkehrsgeltung innerhalb beteiligter Verkehrskreise	14, 15
a) Allgemeines	14
b) Maßgebliche Verkehrskreise	15
7. Prozentsätze	16, 17
a) Allgemeines	16
b) Beispiele	17
8. Geographisches Gebiet	18
9. Entstehungs- und Beendigungszeitpunkt	19, 20
a) Entstehung	19
b) Ende des Markenschutzes	20
10. Inhaberschaft	21
11. Feststellung im Prozeß	22
IV. Markenschutz aufgrund notorische Bekanntheit (Nr. 3)	23, 24
1. Allgemeines	23
2. Notwendiger Bekanntheitsgrad	24

Literatur: *Erdmann*, Schutz von Werbeslogans, GRUR 1996, 550; *Klaka*, Schutzfähigkeit der dreidimensionalen Benutzungsmarke nach § 4 Nr. 2 MarkenG, GRUR 1996, 613; *Munz*, Die Zuordnung einer Marke durch Verkehrsgeltung des Zeichens im Verhältnis zwischen Hersteller nach Beendigung des Vertragsverhältnisses (§ 4 Nr. 2 MarkenG), GRUR 1995, 474.

Entstehung des Markenschutzes § 4

I. Allgemeines

1. Überblick

§ 4 regelt die Entstehungstatbestände der Marken. Marken können 1
danach durch Eintragung (Nr. 1), Verkehrsgeltung (Nr. 2) und aufgrund notorischer Bekanntheit (Nr. 3) geschützt sein. Für geschäftlich Bezeichnungen gilt § 5, für geographische Herkunftsangaben §§ 126, 130. § 4 regelt die Entstehungstatbestände nur im Grundsatz. Ob ein bestimmtes Zeichen markenfähig ist, richtet sich nach § 3, ob Eintragungshindernisse entgegenstehen, nach §§ 8 und 10. Die drei Erwerbstatbestände des § 4 können nebeneinander vorliegen.

2. Früheres Recht

Gegenüber dem WZG unterscheidet sich § 4 einmal in systema- 2
tischer Hinsicht, da die beiden Erwerbstatbestände der Eintragung und der Erlangung von Verkehrsgeltung (entsprechend der „Ausstattung" des § 25 Abs. 1 WZG) in derselben Vorschrift zusammengefaßt werden. Darüber hinaus findet eine völlige Gleichstellung auch für die notorisch bekannten Marken des § 6bis PVÜ statt, die im WZG nur als von Amts wegen zu berücksichtigende Eintragungshindernisse (§ 4 Abs. 2 Nr. 5 WZG) bzw. Löschungsgründe (§§ 10 Abs. 2 Nr. 2 und 11 Abs. 1 Nr. 2 WZG) aufgeführt waren.

3. MRRL

Die MRRL gilt nach Art. 1 nur für Marken, die „in einem Mit- 3
gliedsstaat oder beim Benelux-Markenamt eingetragen oder angemeldet oder mit Wirkung für einen Mitgliedsstaat international registriert" worden sind. Im Gegensatz zu § 4 umfaßt sie somit insbesondere nicht die aufgrund von Verkehrsgeltung geschützten nichteingetragenen Kennzeichen. Damit unterliegen auch die Voraussetzungen des Schutzes aufgrund von Verkehrsgeltung nicht der Überprüfung durch den EuGH. Das deutsche Recht wird allerdings in diesem Zusammenhang sinnvollerweise Entwicklungen aus dem Bereich des gemeinschaftsrechtlich durch Art. 3 Abs. 3 MRRL vorgegebenen Begriffs der Verkehrsdurchsetzung (§ 8, Art. 7) aufnehmen.

4. Gemeinschaftsmarkenrecht

Art. 6 der GMVO bestimmt, daß die Gemeinschaftsmarke (nur) 4
durch Eintragung erworben wird. Einen gemeinschaftsrechtlichen

Schutz aufgrund von Verkehrsgeltung oder Notorität sieht die GMVO nicht vor.

II. Eintragung (Nr. 1)

1. Anmeldung

5 **Markenschutz** nach § 4 Nr. 1 entsteht durch Anmeldung und Eintragung. Es handelt sich um ein förmliches Recht, das von der tatsächlichen Benutzung grundsätzlich unabhängig ist, zumindest solange die fünfjährige Benutzungsschonfrist (näher § 25 Rdn. 5 ff.) noch nicht abgelaufen ist. Die Anmeldung begründet die **Priorität**, § 6, unabhängig vom Zeitpunkt der Eintragung, der unter Umständen erst Jahre später liegen kann. Durch die Anmeldung entstehen allerdings noch nicht Verbietungsrechte gegen Dritte. Die Anmeldung verschafft dem Anmelder aber bereits eine Rechtsposition, die mit der Anwartschaft des bürgerlichen Rechts vergleichbar ist. Durch die Anmeldung entsteht ein Anspruch auf Eintragung, § 33 Abs. 2, allerdings nur unter der Voraussetzung, daß alle (materiellen und formellen) Eintragungserfordernisse erfüllt sind. Die Anmeldung ist auch bereits als selbständiger Gegenstand des Vermögens ausgestaltet, auf den die §§ 27 ff. analog anwendbar sind, § 31. Damit kann bereits die Anmeldung selbständig veräußert werden oder Gegenstand einer Lizenzerteilung sein. Die Anmeldung kann auch Basis für Widersprüche gegen andere Anmeldungen sein, §§ 9, 42.

2. Eintragung

6 **Ansprüche** aus der Marke, insbesondere die Ansprüche gegen Verletzer aus §§ 14, 18, 19, entstehen erst mit der Eintragung der Marke. Einen Entschädigungsanspruch für Benutzungshandlungen zwischen Anmeldung und Eintragung (wie ihn Art. 9 Abs. 3 GMVO für Gemeinschaftsmarken und im Patentrecht § 33 PatG enthält), kennt das MarkenG nicht. Die Voraussetzungen für die Eintragung regelt das Gesetz insbesondere in § 3 (Markenfähigkeit) sowie in §§ 7–13 hinsichtlich der absoluten und relativen Schutzhindernisse. Das Eintragungsverfahren ist in §§ 32–44 geregelt, die durch MarkenV weiter konkretisiert werden. Die angemeldete und eingetragene Marke als förmliches Recht wird hinsichtlich ihres **Schutzumfanges** wesentlich von der Eintragung bestimmt. Das gilt zunächst für den Grundsatz, daß bei der Prüfung der Ver-

Entstehung des Markenschutzes § 4

wechslungsgefahr von der Marke in ihrer eingetragenen Form auszugehen ist (dazu § 14 Rdn. 315 ff.). Gleiches gilt für die geschützten Waren oder Dienstleistungen, die sich aus dem Verzeichnis der Waren oder Dienstleistungen ergeben (dazu § 32 Rdn. 11). Auch der Schutzumfang der eingetragenen Marke liegt aber nicht für alle Zeiten fest, sondern kann zB durch einen hohen Bekanntheitsgrad weiter gesteigert werden (§ 14 Rdn. 221 ff.), andererseits aber im Einzelfall aber auch durch die Existenz zahlreicher ähnlicher Drittzeichen geschwächt sein (dazu § 14 Rdn. 226 ff.).

III. Verkehrsgeltung (Nr. 2)

1. Allgemeines

Ohne Anmeldung und Eintragung entsteht Markenschutz nach 7 § 4 Nr. 2 aufgrund von Verkehrsgeltung. Die Erlangung der Verkehrsgeltung ist zu unterscheiden von der **Benutzungsaufnahme,** der sie mit mehr oder weniger großem zeitlichen Abstand nachfolgt (unten Rdn. 19). Durch bloße Benutzungsaufnahme (ohne Erlangung der erforderlichen Verkehrsgeltung) entsteht Markenschutz nicht. Im Rahmen der geschäftlichen Bezeichnungen des § 5 entsteht der Schutz dagegen durch bloße Benutzungsaufnahme; der Erlangung eines bestimmten Zuordnungsgrades (in diesem Fall der Verkehrsdurchsetzung, dazu unten 10) bedarf es nur im Fall originär nicht kennzeichnungskräftiger Zeichen, dazu § 5 Rdn. 21. Wie auch sonst im Kennzeichenrecht sind Überschneidungen denkbar, etwa wenn das gleiche Zeichen sowohl als geschäftliche Bezeichnung wie als Produktbezeichnung benutzt wird. In jedem Fall sind die Schutzvoraussetzungen der einzelnen Rechte unabhängig voneinander zu prüfen. Auch für Markenschutz aufgrund von Verkehrsgeltung gelten die allgemeinen Voraussetzungen der **Markenfähigkeit** in § 3. Dabei ist insbesondere die gedankliche Unterscheidbarkeit zwischen dem zu schützenden Zeichen einerseits und der damit bezeichneten Ware oder Dienstleistung erforderlich (die „Selbständigkeit", § 3 Rdn. 6). Bei Formmarken sind darüber hinaus die besonderen Schutzhindernisse des § 3 Abs. 2 zu beachten. Die **Eintragungshindernisse** des § 8 gelten für Marken, die aufgrund Verkehrsgeltung geschützt sind, nicht unmittelbar. Hinsichtlich der Eintragungshindernisse von § 8 Abs. 2 Nr. 1–3, die auch hinsichtlich eingetragener Marken durch Verkehrsdurchsetzung überwindbar sind (§ 8 Rdn. 132 ff.), wirkt sich die Schwäche des Zeichens allerdings dahingehend aus, daß sich der Maßstab für die Verkehrsgeltung verändert und dem der Verkehrsdurchsetzung anzugleichen ist (unten Rdn. 16). Hinsichtlich der durch Verkehrsdurchsetzung nicht überwindbaren Ausschlußgründe von § 8 Abs. 2 Nr. 4–9 besteht eine gesetzliche Regelungslücke, es ist nicht eindeutig, ob insoweit auch der Schutz durch Verkehrsgeltung ausgeschlossen ist. Diese Frage ist aber zu bejahen (ebenso *Fezer* § 4 Rdn. 100–102). Es wäre nicht einzusehen, warum unabhängig von der Höhe des Zuordnungsgrades eine Eintragung des Zeichens nach § 8 Abs. 3 ausgeschlossen sein, demgegenüber aber ein gleichwertiges Schutzrecht aufgrund von § 4 Nr. 2 entstehen können soll.

2. Markenschutz

8 Die Marken des § 4 Nr. 2 unterscheiden sich nur hinsichtlich des Entstehungstatbestandes (sowie dementsprechend hinsichtlich des Erlöschens des Schutzes, unten Rdn. 20), nicht aber hinsichtlich der Rechtsfolgen, insbesondere im Hinblick auf die Ansprüche gegen Verletzer, §§ 14, 18, 19. Auch die durch Verkehrsgeltung erworbenen Marken sind Gegenstand des Vermögens und können frei übertragen werden (§ 27 Abs. 1). Sie sind genausowenig akzessorisch wie die eingetragenen Marken (§ 3 Rdn. 10).

3. Begriff der Verkehrsgeltung

9 **a) Verkehrsgeltung und Ausstattung.** Das MarkenG enthält keine Definition des Begriffs der Verkehrsgeltung, sondern setzt diesen voraus. Da der Schutz nicht eingetragener Marken von der MRRL nicht vorgegeben wird (oben Rdn. 3), kann bei der Bestimmung des Begriffs der Verkehrsgeltung auf die bisherige Rechtsprechung zu § 25 WZG im Grundsatz zurückgegriffen werden. Dabei ist allerdings immer zu berücksichtigen, daß der Markenschutz aufgrund von Verkehrsgeltung gemäß § 4 Nr. 2 nicht mehr seinen hauptsächlichen Anwendungsbereich bei Kennzeichenformen finden wird, die nicht als Marke eintragbar im Sinne von § 4 Nr. 1 sind. Im Gegensatz zur Rechtslage im WZG sind die Voraussetzungen der Markenfähigkeit nunmehr für alle Markenarten des § 4 einheitlich nach § 3 zu bestimmen.

10 **b) Verkehrsgeltung und Verkehrsdurchsetzung.** Die Verkehrsgeltung ist zu unterscheiden von der Verkehrsdurchsetzung des § 8 Abs. 3. Die Verkehrsdurchsetzung bezeichnet eine Ver-

Entstehung des Markenschutzes § 4

kehrsauffassung, die es erlaubt, die Eintragungshindernisse des § 8 Abs. 2 Nr. 1–3 zu überwinden. Im Interesse der Allgemeinheit bzw. der Mitbewerber (§ 8 Rdn. 134) bestehende Schutzhindernisse werden zugunsten des Anmelders außer Kraft gesetzt. Dementsprechend ist ein Zuordnungsgrad erforderlich, der in der Regel über demjenigen der Verkehrsgeltung für solche Zeichen liegt, die im Fall der Anmeldung nicht den Schutzhindernissen der §§ 8 Abs. 2 Nr. 1–3 ausgesetzt wären. Die Anforderungen an die Verkehrsdurchsetzung sind also in der Regel deutlich höher als an die Verkehrsgeltung (st. Rspr., zB BGHZ 30, 357, 371 – *Nährbier*; siehe unten Rdn. 16). Dabei ist allerdings zu berücksichtigen, daß weder bei der Verkehrsgeltung (unten Rdn. 16) noch bei der Verkehrsdurchsetzung (§ 8 Rdn. 143) ein einheitlicher Prozentsatz, der für jedes Zeichen und alle damit bezeichneten Marken oder Dienstleistungen gültig wäre, angegeben werden kann. Weiter unterscheidet sich die Verkehrsgeltung von der Verkehrsdurchsetzung darin, daß für die Verkehrsgeltung eine hinreichende Bekanntheit in einem abgegrenzten Teilbereich in der Bundesrepublik genügen kann, wenn die Verkehrsdurchsetzung auf das ganze Bundesgebiet bezogen vorliegen muß (§ 8 Rdn. 140).

4. Gegenstand des Schutzes

a) Konkretes Zeichen. Markenschutz kann immer nur erlangt 11 werden für ein konkretes Zeichen im Hinblick auf konkrete Waren oder Dienstleistungen. Da der Schutzgegenstand bei den Marken des § 4 Nr. 2 nicht durch die Anmeldung konkretisiert werden kann, bedarf es der Bestimmung aufgrund rein tatsächlicher Feststellungen. Dabei ist zunächst von der **konkreten Gestaltung** auszugehen, in der das Zeichen, bzw. die mit ihm versehene Ware, dem Publikum entgegentritt (BGH GRUR 1953, 40, 41 – *Gold-Zack*; BGH GRUR 1968, 371, 373 f. – *Maggi*; BGH GRUR 1982, 51, 52 – *Rote-Punkt-Garantie*; BGH GRUR 1982, 672, 674 – *Aufmachung von Qualitätsseifen*). Dabei ist allerdings zu berücksichtigen, daß unter Umständen auch eine **Zeichenserie** in Betracht kommen kann, also zB für unterschiedliche Verpackungen, die gewisse gemeinsame Merkmale aufweisen, Zeichenschutz bestehen kann, wenn die gemeinsamen Merkmale für den Verkehr als Hinweis auf eine gemeinsame Herkunft der so verpackten Produkte dienen können (BGH GRUR 1982, 672, 674 – *Aufmachung von Qualitätsseifen*). Ebenso ist es denkbar, daß trotz wiederholter **Abwandlung** eines Bildzeichens ein aus Sicht des Verkehrs wesentlicher Bestandteil gleich bleibt, der dann Markenschutz nach § 4 Nr. 2 genießen kann (zum WZG BGH GRUR 1957, 88 – *Ihr Funkberater*; BGH GRUR 1959, 599 – *Teekanne*; BGH GRUR 1969, 686, 687 – *Roth-Haendle*).

12 **b) Konkrete Waren oder Dienstleistungen.** Das Zeichen kann Verkehrsgeltung nur für Waren oder Dienstleistungen erlangen, für die es tatsächlich benutzt wurde, sie muß aber nicht für alle diese Waren erreicht werden. Es ist denkbar, daß der gleiche Inhaber für das gleiche Zeichen hinsichtlich bestimmter Waren Verkehrsgeltung erlangt hat, hinsichtlich anderer nicht. Hinsichtlich welcher Waren oder Dienstleistungen Verbotsrechte aus der Marke bestehen, ist eine andere Frage, die sich nach den gleichen Grundsätzen bestimmt wie bei der eingetragenen Marke (vgl. § 14 Rdn. 235 ff.). Werden entsprechend hohe Zuordnungsgrade erreicht, genießt die bekannte Marke nach § 14 Abs. 3 Nr. 2 auch Schutz außerhalb des Gleichartigkeitsbereichs. Verkehrsgeltung ist aber nicht immer gleichzusetzen mit Bekanntheit, vielmehr wird der gesteigerte Bekanntheitsschutz in der Regel erst oberhalb der für die Verkehrsgeltung erforderlichen Prozentsätze beginnen (§ 14 Rdn. 470).

5. Zuordnung

13 Da das Zeichen „als Marke" Verkehrsgeltung erworben haben muß, ist also erforderlich, daß es der Verkehr als Hinweis auf die betriebliche Herkunft versteht. Der Hinweis kann dabei auch so verstanden werden, daß der Verkehr annimmt, daß unterschiedliche Betriebe, die miteinander aber in Verbindung stehen, das Zeichen verwenden (BGHZ 34, 299, 307 – *Almglocke*). Dabei darf aber nicht verlangt werden, daß der Verkehr wissen müßte, welches (namentlich bezeichnete) Unternehmen das Zeichen verwendet. Ausreichend ist vielmehr, daß der Verkehr davon ausgeht, jedenfalls würde das fragliche Zeichen nicht von mehreren unabhängigen Unternehmen – etwa als bloße Verzierung – verwendet. Zu beachten ist, daß der Verkehr dazu neigt, solchen Merkmalen, die nur von einem Hersteller verwendet werden, Hinweisfunktion zuzumessen, auch wenn es sich zB um technisch bedingte Merkmale handelt oder bloß beschreibende Bezeichnungen neuartiger Produkte. Würde auch in diesen Fällen Markenschutz aufgrund von Verkehrsgeltung gewährt, würde der Marktpionier einen zeitlich unbegrenzten Schutz zwar nicht für das Produkt selbst erhalten können (dem stünde § 3 Abs. 2 entgegen), wohl aber für die be-

Entstehung des Markenschutzes § 4

schreibende Bezeichnung des Produkts, die für den nachstoßenden Wettbewerb ebenfalls freizuhalten ist. In diesen Fällen ist der Schutz nach § 4 Nr. 2 daher zu versagen (BGHZ 30, 357, 371 – *Nährbier*; BGHZ 42, 151, 155 – *Rippenstreckmetall II*; BGH GRUR 1964, 621, 623 – *Klemmbausteine I*; OLG Hamburg GRUR 1973, 83, 84 – *Kunststoffkästen*; BPatG GRUR 1972, 674, 675 – *Club-Pilsener*). Eine Zuordnung zu einem bestimmten Inhaber muß ohne Hilfsmittel erfolgen können, d.h. das Produkt darf nicht erst auf dem Umweg über Bestimmungsbücher, Kataloge o.ä. einem bestimmten Hersteller zugeordnet werden können. Sind solche Umwege erforderlich, versteht der Verkehr die jeweilige Gestaltung nicht als Herkunftshinweis (BGHZ 21, 266 – *Uhrenrohwerke*).

6. Verkehrsgeltung innerhalb beteiligter Verkehrskreise

a) Allgemeines. Die Verkehrsgeltung ist (tatsächlich) ein bestimmter Zuordnungsgrad eines bestimmten Zeichens für bestimmte Waren oder Dienstleistungen zu einem bestimmten Unternehmen. Welcher Zuordnungsgrad erreicht werden muß, wird im Gesetz nicht festgelegt. Dort heißt es lediglich, die Verkehrsgeltung müsse „innerhalb beteiligter Verkehrskreise" erreicht werden, was wörtlich der Formulierung von § 25 Abs. 1 WZG entspricht. Damit wird ein anderer Maßstab angelegt als bei § 8 Abs. 3, wo die Durchsetzung „in den beteiligten Verkehrskreisen" (also „in allen") erfolgt sein muß. Der Maßstab von § 4 Nr. 2 ist somit zunächst weniger streng als der von § 8 Abs. 3. Das ist aber nur mit der Einschränkung richtig, daß bei Zeichen, denen im Fall der Anmeldung ein Eintragungshindernis nach § 8 Abs. 2 entgegenstehen würde, auch der Schutz aufgrund von § 4 Nr. 2 nur bei Erreichen eines Zuordnungsgrades gewährt werden kann, der der Verkehrsdurchsetzung entspricht (im einzelnen unten Rdn. 16). Die Verkehrsauffassung kann sich auf unterschiedliche Merkmale beziehen. Ein Unterscheidungsmittel kann vom Verkehr in allen Aufmachungselementen einer Ware oder Dienstleistung gesehen werden, also insbesondere dem ganzen Spektrum des nach § 3 dem Markenschutz zugänglichen Formenschatzes. Fehlt dem Element allerdings die Markenfähigkeit nach § 3 Abs. 2, kann Verkehrsgeltung unabhängig von der Verkehrsauffassung nicht erlangt werden. 14

b) Maßgebliche Verkehrskreise. Zu den beteiligten Verkehrskreisen, auf deren Auffassung es ankommt, zählen grundsätzlich alle, für deren wirtschaftliches Verhalten das Unterscheidungsmittel Bedeutung hat. Dazu gehören nicht nur die Endabnehmer, sondern 15

65

auch Händler und Wiederverkäufer (BGH GRUR 1969, 681, 682 – *Kochendwassergerät*). Dabei kommt es nicht darauf an, ob sie tatsächlich die Produkte des Zeicheninhabers erwerben, vielmehr reicht es aus, daß sie als Käufer und Verwender konkurrierender Erzeugnisse der gleichen Qualitäts- und Preisklasse in Betracht kommen, also die Erzeugnisse des Verwenders in ihre Kaufüberlegungen mit einbeziehen (BGH GRUR 1982, 672, 674 – *Aufmachung von Qualitätsseifen*). Neben denjenigen, die die Waren oder Dienstleistungen selbst zu verwenden beabsichtigen, kommen auch diejenigen in Betracht, die sie etwa als Geschenk für Dritte erwerben wollen (BGH aaO). Handelt es sich um Waren des täglichen Bedarf und des Massenkonsums, kommen grundsätzlich alle Verbraucher in Betracht (BGH GRUR 1971, 305 – *Konservenzeichen II*; BGH GRUR 1960, 130, 132 – *Sunpearl II*). Gerade bei Gegenständen des täglichen Bedarfs kann auch eine Prognoseentscheidung erforderlich sein, wenn es sich um verhältnismäßig neuartige Produkte handelt, deren allgemeine Verwendung sich noch nicht auf dem Markt durchgesetzt hat (BGH GRUR 1971, 305, 307 – *Konservenzeichen II*). Demgegenüber kann zB bei Zigaretten nicht ohne weiteres unterstellt werden, daß jeder Verbraucher als potentieller Raucher in Betracht kommt, vielmehr ist auf die konkreten Genußgewohnheiten abzustellen (BGH GRUR 1969, 683, 685 – *Isolierte Hand*). Wenn der BGH dies im Hinblick auf Bier anders sehen will (BGH GRUR 1974, 220, 222 – *Club-Pilsener* gegen BPatG GRUR 1972, 654) geht das zu weit. Jedenfalls wenn bestimmte Produkte von bestimmten Bevölkerungskreisen, zB aus gesundheitlichen Gründen, grundsätzlich abgelehnt werden, besteht kein Anlaß, diese Teile der Bevölkerung in die maßgebenden Verkehrskreise einzubeziehen. Ohnehin geht die Rechtsprechung bei der Bestimmung der relevanten Verkehrskreise durch Einbeziehung auch der nur potentiellen Abnehmer und der Käufer zu Geschenkzwecken zu weit. Im Hinblick auf die fast unüberschaubare Vielfalt der auf dem Markt angebotenen Waren und Dienstleistungen, die jeweils mit unterschiedlichen Kennzeichnungen versehen sind, kann nicht erwartet werden, daß Verbraucher auch auf die Zeichen solcher Warenarten achten, die sie nicht kurzfristig zu erwerben gedenken.

7. Prozentsätze

16 **a) Allgemeines.** Eine Durchsetzung „innerhalb beteiligter Verkehrskreise" erfordert nicht eine einhellige Durchsetzung bei allen

Entstehung des Markenschutzes **§ 4**

Mitgliedern dieser Verkehrskreise. Es ist ausreichend, wenn „ein nicht unerheblicher Teil" des Verkehrs einen Herkunftshinweis annimmt (BGHZ 19, 367, 376 – *W 5*; BGH GRUR 1969, 681, 682 – *Kochendwassergerät*; BGH GRUR 1960, 130, 133 – *Sunpearl II*). Wann ein Prozentsatz nicht mehr unerheblich ist, ist Frage des Einzelfalls. Dabei kommt es entscheidend auf das in Frage stehende Zeichen und die Ware oder Dienstleitung an. Die Wertungen von § 8 Abs. 2 Nr. 1–3 sind hierbei zu berücksichtigen. Hat das Zeichen nur einen niedrigen Grad von Unterscheidungskraft (§ 8 Abs. 2 Nr. 1, siehe § 8 Rdn. 15ff.), besteht es aus einer freihaltebedürftigen Angabe (§ 8 Abs. 2 Nr. 2, siehe § 8 Rdn. 52ff.) oder handelt es sich um eine übliche Bezeichnung (§ 8 Abs. 2 Nr. 3, siehe § 8 Rdn. 89ff.), ist der erforderliche Zuordnungsgrad höher. Bei der Heranziehung der älteren Rechtsprechung ist immer zu prüfen, ob sich ein für erforderlich gehaltener höherer Grad der Verkehrsgeltung daraus ergab, daß es sich um Zeichenformen handelte, die von der Eintragung ausgeschlossen waren, zB Buchstaben, Zahlen, Farben oder dreidimensionale Formen. Da diese Markenformen nunmehr gem. § 3 Abs. 1 der Eintragung ohne weitere Erfordernisse zugänglich sind, können diese Entscheidungen nicht mehr unverändert Gültigkeit beanspruchen. Ein erhöhter Verkehrsgeltungsgrad kann in diesen Fällen nur noch gefordert werden, wenn im Hinblick auf das konkrete Zeichen ein Freihaltebedürfnis festgestellt wird (BGH GRUR 1997, 366, 367 – *quattro II*, anders zur Rechtslage unter der WZG noch BGH GRUR 1992, 72, 73 – *quattro I*; unklar BGH WRP 1997, 748, 750 – *grau/magenta*).

b) Beispiele. Handelt es sich um ein normal kennzeichnungs- 17
kräftiges Zeichen, an dem auch kein besonderes Freihaltebedürfnis der Mitbewerber besteht, kann es schon genügen, wenn ca. 20% der angesprochenen Verkehrskreise in dem Zeichen eine Herkunftskennzeichnung sehen (BGH GRUR 1960, 130, 133 – *Sunpearl II;* BGH GRUR 1963, 622, 623 – *Sunkist*; jeweils obiter dicta). Dagegen ist bei freihaltebedürftigen Angaben der erforderliche Prozentsatz wesentlich höher anzusetzen, zB bei einer in der wissenschaftlichen Literatur verwendeten Sachbezeichnung für ein Arzneimittel 51,1% nicht ausreichend (BGH GRUR 1990, 453, 455 – *L-Thyroxin*), bei einer Gattungsbezeichnung für einen bestimmten Tabak ist eine „wesentlich höhere Verkehrsdurchsetzung als 52,1%" erforderlich (BGH GRUR 1990, 681, 683 – *Schwarzer Krauser*), für eine Beschaffenheitsangabe im Lebensmittelbereich sind 36% nicht ausreichend (BGHZ 30, 357, 365 – *Nährbier*). Bei

geographischen Herkunftsangaben oder beschreibenden Angaben, die unmittelbar auf die Beschaffenheit des Produktes, zB seine Rezeptur hinweisen, kann erforderlich sein, daß die Zuordnung der Bezeichnung zu einem einzelnen Wettbewerber in der Verkehrsauffassung praktisch einhellig ist (BGH GRUR 1968, 419, 423 – *feuerfest I*). Deshalb genügte eine 70%ige Verkehrsgeltung für die Gattungsbezeichnung eines Kräuterlikörs nicht (BGH GRUR 1974, 337, 338 – *Stonsdorfer*), ebensowenig 58,6% für die volkstümliche Bezeichnung (BGH GRUR 1975, 67, 69 – *Kroatzbeere*). Gesteigerte Anforderungen gelten auch für nicht unterscheidungskräftige Zeichen. Ebenso wie bei der Verkehrsdurchsetzung nach § 8 Abs. 3 wird hier in der Regel ein über 50% liegender Zuordnungsgrad erforderlich sein (zur Verkehrsdurchsetzung zB BGH GRUR 1990, 360, 361 – *Apropos Film II*). Die frühere Rechtsprechung zu den Anforderungen an die Anforderungen der Verkehrsgeltung bei Zahlen und Buchstaben (zB BGHZ 19, 367, 376 – W 5; BGH GRUR 1992, 72, 73 – *quattro II*: 51,2% nicht ausreichend) können nach der Erweiterung des Spektrums der Markenfähigkeit durch § 3 Abs. 1 nicht fortgelten (BGH GRUR 1997, 366, 367 – *quattro II*). Gleiches gilt für die strenge Rechtsprechung zum Schutz von Farben (BGH GRUR 1992, 48, 51 – *frei öl*: 47% nicht ausreichend für Schutz einer Farbkombination im Kosmetikbereich; aber bejaht zB in GRUR 1968, 371, 374 – *Maggi II*). Nachdem Farben grundsätzlich schutzfähig sind (§ 3 Rdn. 32), können die Anforderungen dieser Rechtsprechung nicht aufrecht erhalten werden. Es ist vielmehr jeweils im konkreten Einzelfall zu prüfen, inwieweit an der jeweiligen Farbe oder Farbkombination ein Freihaltebedürfnis besteht. Gleiches gilt für die frühere restriktive Rechtsprechung zum Schutz der Form der Ware oder Verpackung (dazu BGH GRUR 1969, 541, 542 – *Grüne Vierkantflasche*).

8. Geographisches Gebiet

18   Maßgebend ist der inländische Verkehr, die Verkehrsgeltung im Ausland ist nicht ausreichend. Sie kann allenfalls bei der Beurteilung der Unterscheidungskraft – und damit der erforderlichen Höhe der Verkehrsgeltung – mit berücksichtigt werden (BGH GRUR 1974, 777 – *LEMONSODA*). Auch im Rahmen der notorischen Bekanntheit (dazu unten Rdn. 23) des § 4 Nr. 3 reicht die bloße Bekanntheit im Ausland nicht aus. Die Verkehrsgeltung muß allerdings nicht im gesamten Bundesgebiet bestehen. Anders als bei der Verkehrsdurchsetzung, die den Schutz der eingetragenen Marke für

Entstehung des Markenschutzes **§ 4**

das ganze Bundesgebiet begründet (vgl. § 8 Rdn. 140) kann der Verkehrsgeltungsschutz auf Teilgebiete beschränkt sein (BGHZ 21, 182, 196 – *Ihr Funkberater*). Davon zu unterscheiden, aber ähnlich gelagert ist die Frage des geographisch begrenzten Schutzes eines Unternehmenskennzeichens (BGH GRUR 1979, 470, 471 – *RBB/RBT*; § 5 Rdn. 30). Erforderlich für die Annahme einer territorial begrenzten Verkehrsgeltung ist insbesondere, daß es sich bei dem Territorium um einen „einheitlichen Wirtschaftsraum" in dem Sinne handelt, daß sich Abnehmer gerade auch regional bei der Kaufentscheidung orientieren. Das ist bei typisch ortsgebundenen Angeboten, zB Dienstleistungen, eher anzunehmen, als bei Waren, kommt aber auch dort in Betracht, zB bei dem Bier einer lokalen Brauerei. Besteht die Verkehrsgeltung aufgrund hinreichender Durchschnittswerte für das gesamte Bundesgebiet, ist es unerheblich, daß sie in einzelnen Bereichen nicht erreicht wird, Exklaven werden nicht gebildet (BGH GRUR 1967, 482, 485 – *WKS-Möbel II*).

9. Entstehungs- und Beendigungszeitpunkt

a) Entstehung. Die Verkehrsgeltung kann naturgemäß erst nach der Benutzungsaufnahme entstehen, wobei kein Mindestzeitraum erforderlich ist. Bei entsprechendem werblichen Vorlauf kann ein Produkt schon bei der Markteinführung den erforderlichen Verkehrsgeltungsgrad erreichen, etwa die Bezeichnung eines neuen Typs eines bekannten Automobilherstellers. Der genaue Zeitpunkt der Entstehung der Verkehrsgeltung kann für die Priorität, § 6, von Bedeutung sein. Er ist ggf. wiederum empirisch zu ermitteln, wobei die Feststellung der Verkehrsauffassung für zurückliegende Zeiträume naturgemäß mit besonderen Schwierigkeiten behaftet ist (§ 6 Rdn. 19). 19

b) Ende des Markenschutzes. Wie die Verkehrsgeltung entsteht, kann sie auch wieder verloren gehen. Auch dies ist ein rein tatsächlicher Vorgang, der zB durch nachlassende Benutzungsintensität oder geringere Werbung ausgelöst sein kann (vgl. zB BGHZ 21, 66, 76 – *Hausbücherei*). Allerdings ist die Nichtbenutzung als solche noch kein Grund für das Erlöschen des Zeichenrechts. Vielmehr kommt es nur darauf an, ob nach Auffassung des Verkehrs eine bestimmte Bezeichnung noch immer auf Waren oder Dienstleistungen eines bestimmten Betriebes hindeuten. Auch die fünfjährige Benutzungsschonfrist gilt für die Marken des § 4 Nr. 2 nicht, da sie einen anderen Zweck verfolgt, nämlich die Be- 20 grenzung der nur formellen zeitlichen Rechte im Interesse des Wettbewerbs.

10. Inhaberschaft

21   Das MarkenG enthält in § 7 nur eine Regelung der Inhaberschaft für die eingetragenen Marken. Demgegenüber ist die Inhaberschaft einer Marke nach § 4 Nr. 2 nicht gesetzlich geregelt, sondern richtet sich nach der Verkehrsauffassung, maßgebend ist also, wer vom Verkehr als Inhaber der Herkunftsstätte aufgefaßt wird (BGHZ 34, 299, 309 – *Almglocke* für den wirtschaftlichen Zusammenhang mehrerer Benutzer). Im Verhältnis zwischen Lizenznehmer und Lizenzgeber steht die Marke auch dann dem Lizenzgeber zu, wenn der Verkehr irrtümlich annimmt, die Waren oder Dienstleistungen stammten aus dem Betrieb des Lizenznehmers (BGH GRUR 1963, 485, 488 – *Micky-Maus-Orangen*; OLG München WRP 1955, 223 – *Elastic*). Das gleiche gilt für den Importeur (umfassend zu dieser Problematik *Munz*, GRUR 1995, 474). Denkbar ist, daß unterschiedliche Inhaber selbständige Rechte an der gleichen Marke aufgrund von Verkehrsgeltung haben, wenn sie jeweils in getrennten geographischen Gebieten tätig sind (BGHZ 16, 82, 91 – *Wickelsterne*). In der Regel ist aber für die Verkehrsgeltung erforderlich, daß sie entweder auf ein einheitliches Unternehmen oder zumindest auf eine zusammengehörige Gruppe von Unternehmen hinweist, etwa Gesellschaften desselben Konzerns (BGHZ 34, 299, 308 f. – *Almglocke*).

11. Feststellung im Prozeß

22   Zwar ist das erforderliche Maß der Verkehrsgeltung zumindest insoweit eine Rechtsfrage, als sie nicht wiederum von vorgelagerten Tatsachenfragen (insbesondere soweit diese Unterscheidungskraft und Freihaltebedürfnis bestimmen) abhängig ist, die konkrete Feststellung des Grades der Verkehrsgeltung ist aber immer eine Tatsachenfrage. Im Hinblick auf die differenzierten Anforderungen der Rechtsprechung wird es kaum einen Fall geben, in dem das Gericht die Verkehrsgeltung aufgrund eigener Sachkunde feststellen kann. Ebenso können Werbeaufwendungen, Presseberichte usw. nur als Indizien gewertet werden. Eine Feststellung der Verkehrsgeltung kommt im Ergebnis nur durch Umfragegutachten in Betracht. Ob dieses lege artis des erstellt worden ist und wie die Ergebnisse zu bewerten sind, stellt wieder eine Rechtsfrage dar.

Entstehung des Markenschutzes § 4

IV. Markenschutz aufgrund notorischer Bekanntheit (Nr. 3)

1. Allgemeines

Das MarkenG erkennt die notorische Bekanntheit als selbständigen Entstehungstatbestand an. Die Bedeutung liegt allerdings eher in der Umsetzung der MRRL, als in der praktischen Rechtsanwendung. Soweit die Marke im Inland benutzt ist, wird die notorische Marke in der Regel auch Verkehrsgeltung (Nr. 2) genießen, daneben kann Nr. 3 gegebenenfalls kumulativ vorliegen. Die selbständige Bedeutung des Nr. 3 beschränkt sich somit auf ausländische Marken, die im Inland nicht benutzt werden (vgl. BGH GRUR Int. 1969, 257 – *Recrin*). Auch insoweit ist allerdings erforderlich, daß sie gerade im Inland die erforderliche notorische Bekanntheit aufweisen. Solche Fälle unbenutzter, aber bekannter Marken werden selten sein. § 4 Nr. 3 stellt keine Verweisung auf den gesamten Tatbestand von Art. 6bis PVÜ dar, sondern nur auf den Begriff der notorischen Bekanntheit. Die Tatbestandsvoraussetzungen der PVÜ, wie das Vorliegen einer Marke oder die Beschränkung auf Waren, unter Ausschluß von Dienstleistungen, sind somit nicht anwendbar. Zukünftige Änderungen von Art. 6bis PVÜ wären im Rahmen von § 4 Nr. 3 ohne weiteres zu beachten (Amtl. Begr. Abs. 8 zu § 4).

23

2. Notwendiger Bekanntheitsgrad

Eine „notorische" Bekanntheit geht über die bloße Bekanntheit des § 14 Abs. 2 Nr. 3 (§ 14 Rdn. 468) ebenso hinaus wie über die Anforderungen der Verkehrsgeltung (§ 4 Rdn. 16). Das ergibt sich schon daraus, daß der Schutz weder von einer Eintragung noch von der Benutzung im Inland abhängig ist, also auf sonst erforderliche Tatbestandsmerkmale verzichtet wird. Der erforderliche Bekanntheitsgrad wird sich wieder an den Umständen des Einzelfalles orientieren müssen, zB auch am Freihaltebedürfnis. Als Anhaltspunkt mag ein Bekanntheitsgrad zwischen dem der bekannten und dem der berühmten Marke liegen, also bei ca. 70%. Die notorische Bekanntheit muß im allgemeinen Verkehr erreicht werden, bloße Amtsbekanntheit reicht nicht aus. Damit wird eine Feststellung ohne demoskopisches Gutachten in aller Regel ausscheiden.

24

§ 5 Geschäftliche Bezeichnungen

(1) Als geschäftliche Bezeichnungen werden Unternehmenskennzeichen und Werktitel geschützt.

(2) Unternehmenskennzeichen sind Zeichen, die im geschäftlichen Verkehr als Name, als Firma oder als besondere Bezeichnung eines Geschäftsbetriebs oder eines Unternehmens benutzt werden. Der besonderen Bezeichnung eines Geschäftsbetriebs stehen solche Geschäftsabzeichen und sonstige zur Unterscheidung des Geschäftsbetriebs von anderen Geschäftsbetrieben bestimmte Zeichen gleich, die innerhalb beteiligter Verkehrskreise als Kennzeichen des Geschäftsbetriebs gelten.

(3) Werktitel sind die Namen oder besonderen Bezeichnungen von Druckschriften, Filmwerken, Tonwerken, Bühnenwerken oder sonstigen vergleichbaren Werken.

Inhaltsübersicht

	Rdn.
I. Allgemeines	1–5
1. Überblick	1, 2
2. Früheres Recht	3
3. MRRL	4
4. Gemeinschaftsmarkenrecht	5
II. Anspruchsgrundlagen	6–9
1. Allgemeines	6
2. Bürgerlich-rechtlicher Namensschutz, § 12 BGB	7
3. §§ 823 Abs. 1, 826 BGB	8
4. Formeller Firmenschutz gem. § 37 Abs. 2 HGB	9
III. Aufbau der Kommentierung	10
IV. Grundsatz (Abs. 1)	11
V. Unternehmenskennzeichen (Abs. 2)	12–40
1. Überblick	12
2. Räumlicher Schutzbereich	13
3. Schutzobjekte	14–20
a) Name und Firma	14–18
aa) Begriff des Namens	15, 16
bb) Firma	17
cc) Namens- und Firmenbestandteile	18
b) Besondere Bezeichnung des Unternehmens oder Geschäftsbetriebes	19
c) Geschäftsabzeichen	20
4. Entstehung des Kennzeichenschutzes	21–34
a) Grundsatz	21
b) Kennzeichnungskraft	22–31
aa) Originäre Kennzeichnungskraft	23–26

	Rdn.
bb) Kennzeichnungskraft durch Verkehrsgeltung	27–30
(1) Ermittlung der Verkehrsgeltung	28
(2) Ausschluß des Kennzeichenschutzes durch „absolutes Schutzhindernis"?	29
(3) Regional begrenzte Verkehrsgeltung	30
cc) Verlust der Verkehrsgeltung	31
c) Ingebrauchnahme im geschäftlichen Verkehr	32–34
aa) Allgemeines	32
bb) Arten der Benutzungsaufnahme	33
cc) Entstehung inländischen Kennzeichenschutzes für ausländische Inhaber	34
5. Erlöschen des Kennzeichenschutzes	35–40
a) Allgemeines	35
b) Wegfall des Rechtsträgers	36
c) Erlöschen durch Benutzungsaufgabe	37, 38
d) Wegfall der Kennzeichnungskraft oder Verkehrsgeltung	39
e) Trennung des Kennzeichens vom Geschäftsbetrieb	40
VI. Werktitel	41–64
1. Allgemeines	41
2. Schutzobjekte	42–47
a) Druckschriften	43
b) Filmwerke	44
c) Tonwerke	45
d) Bühnenwerke	46
e) Sonstige vergleichbare Werke	47
3. Entstehung des Titelschutzes	48–58
a) Allgemeines	48
b) Benutzungsaufnahme	49–51
c) Kennzeichnungskraft	52–58
aa) Originäre Kennzeichnungskraft	53–57
bb) Kennzeichnungskraft durch Verkehrsgeltung	58
4. Ende des Titelschutzes	59–62
a) Aufgabe des Gebrauchs	59
b) Wegfall der Verkehrsgeltung	60
c) Akzessorietät des Titels?	61, 62
5. Sonstige Rechtsgrundlagen für den Titelschutz	63, 64
a) Markenrecht	63
b) Urheberrecht	64

Literatur: *Ahrens*, Die Notwendigkeit eines Geschäftsbetriebserfordernisses für Geschäftsbezeichnungen nach dem neuen Markengesetz, GRUR 1995, 635; *Bär-Bouyssiere*, „Altenburger Spielkarten" – Deutsch-deutscher

Firmenrechtsschutz, DtZ 1996, 69; *Bayreuther,* Gewerblicher und bürgerlicher Rechtsschutz des Vereinssymbols, WRP 1997, 820., *Betten,* Titelschutz von Computerprogrammen, GRUR 1995, 5; *ders.,* Titelschutz von Computerprogrammen? CR 1995, 383; *Brücking,* Internet-Domains – Neue Wege und Grenzen des bürgerlich-rechtlichen Namensschutzes, NJW 1997, 1886; *v. Gamm,* Rufausnutzung und Beeinträchtigung bekannter Marken und geschäftlicher Bezeichnungen, FS für Piper, 1996, 537; *Honig,* Ortsnamen in Warenbezeichnungen, WRP 1996, 399; *Jacobs,* Werktitelschutz für Computerspiele und Computerprogramme, GRUR 1996, 601; *Knaak,* Zur Einbeziehung des Schutzes der Unternehmenskennzeichen in das neue Markengesetz, FG Beier 1996, 243; *Kur,* Internet Domain Namen, CR 1996, 325; *dies.,* Namens- und Kennzeichenschutz im Cyberspace, CR 1996, 590; *Lehmann,* Neuer Titelschutz von Software im Markengesetz, CR 1995, 129; *ders.,* Titelschutz von Computerprogrammen, GRUR 1995, 250; *ders.,* Der Titelschutz als besonderes Kennzeichnungsrecht, FS für Vieregge, 1995, 585; *Meyer,* § 5 MarkenG, eine kurze Betrachtung anhand eines Fallbeispiels, WRP 1995, 799; *Michalski,* DZWir 1996, 29; *Mittas,* Der Schutz des Werktitels nach UWG, WZG und MarkenG, 1995; *Rupprecht,* Achtung Falle! – Titelschutz für Softwaremarken, WRP 1996, 385; *Schricker,* Der Schutz des Werktitels im neuen Kennzeichenrecht, FS für Vieregge, 1995, 775; *Starck,* Zur Vereinheitlichung des Rechts der Kennzeichen im geschäftlichen Verkehr durch das neue Markengesetz, FS 100 Jahre Markenamt, 1994, 291; *ders.,* Rechtsprechung des Bundesgerichtshofes zum neuen Markenrecht, WRP 1996, 269; *ders.,* Die Auswirkungen des Markengesetzes auf das Gesetz gegen den unlauteren Wettbewerb, DZWir 1996, 313; *Stratmann,* Titelschutz für Software nach dem neuen deutschen Markengesetz, Mitt. 1995, 366; *Teplitzky,* Aktuelle Fragen beim Titelschutz, AfP 1997, 450; *Ubber,* Rechtsschutz bei Mißbrauch von Internet Domaines, WRP 1997, 497; *Ullmann,* Die Verwendung von Marke, Geschäftsbezeichnung und Firma im geschäftlichen Verkehr, insbesondere Franchising, NJW 1994, 1255; *Völker/Weidert,* Domain-Namen im Internet, WRP 1997, 652; *v. Wahlert,* Markenartikel und Kennzeichenschutz, MA 1994, 568; *Zahrnt,* Titelschutz für Software-Produkte – ein Irrtum?!, BB 1996, 1570.

I. Allgemeines

1. Überblick

1 § 5 regelt den Schutz der geschäftlichen Bezeichnungen als zweiter Kennzeichenkategorie nach den Marken (§ 1 Nr. 2). Dabei enthält Abs. 1 nur den Grundsatz des Schutzes, Abs. 2 eine Definition des Begriffes der Unternehmenskennzeichen und Abs. 3 eine Definition der Werktitel. Die Voraussetzungen des Schutzes sind in § 5 allerdings nur teilweise geregelt. Der Schutzinhalt, also die Ansprüche des Inhabers einer geschäftlichen Bezeichnung, sind in §§ 15, 18, 19 geregelt. § 5 integriert somit den Schutz der geschäft-

Geschäftliche Bezeichnungen **§ 5**

lichen Bezeichnung in die Systematik des Markengesetzes, erlaubt damit eine Parallelisierung des Schutzes der geschäftlichen Bezeichnungen zu dem der Marken hinsichtlich der Ansprüche des Zeicheninhabers (§ 14 und § 15, zu ihrem Verhältnis § 15 Rdn. 32), hinsichtlich der Schutzschranken (§§ 20 ff.), sowie bei den straf- und zollrechtlichen Vorschriften (§ 146 ff.). Die Parallelisierung ist allerdings nicht konsequent durchgeführt, da insbesondere eine Regelung der geschäftlichen Bezeichnungen als Gegenstand des Vermögens entsprechend den für Marken geltenden § 27 ff. unterblieben ist (dazu unten Rdn. 40; sowie Vor §§ 27–31 Rdn. 4 ff.).

§ 5 unterscheidet einerseits Unternehmenskennzeichen (Abs. 2) 2 und andererseits Werktitel (Abs. 3). In Abs. 2 werden von Hause aus schutzfähige namensmäßige Kennzeichen (Name, Firma, besondere Bezeichnung eines Geschäftsbetriebs, § 5 Abs. 2 Satz 1) und sonstige Kennzeichen, die nur aufgrund von Verkehrsgeltung Schutz genießen (§ 5 Abs. 2 Satz 2) andererseits unterschieden. Die Abgrenzung ist fließend und im Einzelfall schwierig.

2. Früheres Recht

Das WZG regelte den Schutz der geschäftlichen Bezeichnungen 3 nicht. Dieser fand seine Grundlage vielmehr in § 16 UWG. Diese Regelung – samt der umfangreichen dazu ergangenen Rechtsprechung – sollte durch §§ 5, 15 in das MarkenG integriert werden, ohne daß eine inhaltliche Änderung eintreten sollte (Amtl. Begr. Abs. 3 zu § 5). Davon geht auch die Rspr. aus (zB BGH GRUR 1996, 68, 69 – *COTTON LINE;* BGH GRUR 1995, 754 – *Altenburger Spielkartenfabrik*; BGH GRUR 1995, 825, 826 – *Torres*). Auf Rspr. zum § 16 UWG kann daher in vollem Umfang zurückgegriffen werden. Der Name, aber auch die Firma, wurden daneben nach früherem Recht durch § 12 BGB geschützt. Bei der Einführung des MarkenG wurde § 12 BGB nicht geändert, so daß davon auszugehen ist, daß er weiterhin neben §§ 5, 15 anwendbar bleibt (Nach § 15 Rdn. 1 ff.). Dasselbe gilt für § 37 Abs. 2 HGB, der den materiellen Firmenschutz registerrechtlich ergänzt (Nach § 15 Rdn. 26 ff.). Auch insoweit bleibt die bisherige Rechtslage also unverändert. Eine Änderung zur bisherigen Rechtslage liegt insbesondere in der Stärkung des Kennzeichenschutzes durch § 15 Abs. 3 (§ 15 Rdn. 62 ff.).

3. MRRL

Der Anwendungsbereich der MRRL ist ausdrücklich auf eingetragene Marken beschränkt (Art. 1 MRRL). Der Schutz der ge- 4 schäftlichen Bezeichnungen des § 5 wird somit ausschließlich vom deutschen Recht bestimmt. Im Hinblick auf die zahlreichen Übereinstimmungen zum Schutz der eingetragenen Marken des § 4 sowohl hinsichtlich der Voraussetzungen (zB Unterscheidungskraft, Schutzkraft Verkehrsgeltung) wie auch bei den Rechtsfolgen (vgl. § 15 Rdn. 33, 63) werden gemeinschaftsrechtlich determinierte Auslegungsergebnisse, die für die eingetragenen Marken entwickelt werden, auch im Bereich der geschäftlichen Bezeichnungen zu berücksichtigen sein. Anderenfalls würde eine divergierende Entwicklung zwischen den beiden Kennzeichenarten zu befürchten sein, die gerade der vom Gesetzgeber durch die Integration der geschäftlichen Bezeichnungen in das MarkenG beabsichtigten stärkeren Vereinheitlichung des Kennzeichenschutzes zuwiderliefe.

4. Gemeinschaftsmarkenrecht

5   Die GMVO begründet nur Schutz für eingetragene Gemeinschaftsmarken, eine Entsprechung zu § 5 findet sich dort nicht. Der Schutz von geschäftlichen Bezeichnungen richtet sich somit ausschließlich nach dem jeweiligen nationalen Recht.

II. Anspruchsgrundlagen

1. Allgemeines

6   Die geschäftlichen Bezeichnungen schützen einerseits die Kennzeichen von Unternehmen (§ 5 Abs. 2), andererseits bestimmte Produktbezeichnungen (§ 5 Abs. 3). In beiden Fällen unterscheidet sich die Funktion des Kennzeichens von der markenspezifischen des Herkunftshinweises. Unabhängig davon können die geschäftlichen Bezeichnungen gleichzeitig als Marken im Sinne von § 4 geschützt sein. Das ist bei Unternehmenskennzeichen häufig, bei Werktiteln zunehmend der Fall. Daß der Werktitel in der Wahrnehmung des Verkehrs nicht auf die Herkunft des Werkes aus einem bestimmten Unternehmen (zB Verlag oder Rundfunksender) hinweisen muß (BGHZ 26, 52, 60 – *Sherlock Holmes*; BGHZ 102, 88, 91 – *Apropos Film*; siehe auch unten Rdn. 52) spielt dafür keine Rolle, da durch die Eintragung als Marke diese Verbindung jedenfalls geschaffen wird. Liegt der Doppelschutz vor, bestimmen sich Voraussetzungen und Rechtsfolgen jeweils unabhängig voneinander nach den anwendbaren Vorschriften. Daneben gilt wie immer, daß

Geschäftliche Bezeichnungen § 5

der Schutz der geschäftlichen Bezeichnung nach anderen Vorschriften unberührt bleibt (vgl. § 2 Rdn. 2).

2. Bürgerlich-rechtlicher Namensschutz, § 12 BGB

Nach hM gilt der bürgerlich-rechtliche Namensschutz des § 12 **7** BGB auch für die Bezeichnung von Personenvereinigungen mit und ohne Rechtsfähigkeit (zB BGH GRUR 1953, 446 – *Verein der Steuerberater*), auch für jede Firma juristischer Personen (BGHZ 11, 214 – KfA; BGHZ 14, 155 – *Farina II*) sowie für geschäftliche Bezeichnungen, sofern diesen nach Auffassung des Verkehrs Namensfunktion zukommt (BGHZ 4, 167 – DUZ; BGHZ 8, 387 – *Fernsprechnummer*, BGH GRUR 1957, 550 – *tabu II*). Soweit es um die Benutzung im geschäftlichen Verkehr geht, stimmt der Schutzumfang von § 12 BGB mit §§ 5, 15 überein (zu § 16 UWG zB BGH GRUR 1977, 503, 504 – *Datenzentrale*; BGH GRUR 1993, 404 – *Columbus*). Gegen diese Ausdehnung, die vom Wortlaut und der systematischen Stellung des § 12 BGB nicht gedeckt ist, werden mit Recht Bedenken geltend gemacht (*MünchKomm/Schwerdtner* § 12 Rdn. 62; zweifelnd auch GK-*Teplitzky* § 16 Rdn. 19). Im Hinblick auf die geschäftlichen Bezeichnungen des § 5 erscheint allerdings ohnehin zweifelhaft, ob der Schutz von § 12 BGB über den von §§ 5, 15 gewährten hinausgehen kann. Das gilt zum einen für den Verwässerungsschutz, der früher teilweise bei § 12 BGB angesiedelt wurde (zB BGHZ 28, 320, 328 – *Quick*; BGH GRUR 1966, 623, 624 – *Kupferberg*; GK-*Teplitzky* § 16 Rdn. 29 mit Darstellung der daran geübten Kritik). Dieser Verwässerungsschutz ist heute bei § 15 Abs. 3 angesiedelt. Die praktische Bedeutung von § 12 BGB gegenüber §§ 5, 15 ist somit beschränkt.

3. §§ 823 Abs. 1, 826 BGB

Das Namensrecht ist ein „sonstiges Recht" im Sinne von § 823 **8** Abs. 1 BGB, was aber nur im Zusammenhang mit dem Schadensersatzanspruch, für den § 12 BGB keine eigene Grundlage bietet, praktisch relevant wird (*MünchKomm/Schwerdtner* § 12 Rdn. 157). Das Recht am eingerichteten und ausgeübten Gewerbebetrieb als nur subsidiäres Recht hat neben §§ 5, 15 nur noch einen eingeschränkten Anwendungsbereich, zumal auch der Verwässerungsschutz heute bei § 15 Abs. 3 angesiedelt ist. Allerdings bleibt § 823 Abs. 1 als Grundlage von Ansprüchen wegen der Verwendung des Namens in der Werbung durch Dritte wichtig (Nach § 15 Rdn. 17; GK-*Teplitzky* § 16 Rdn. 24). Nicht subsidiär wie § 823

§ 5 Geschäftliche Bezeichnungen

Abs. 1 BGB ist der Tatbestand der vorsätzlichen sittenwidrigen Schädigung, § 826 BGB. Fälle, die zwar unter § 826 BGB, aber nicht auch unter §§ 5, 15 oder § 1 UWG fallen, sind aber kaum konstruierbar. Auch dieser Vorschrift kommt somit keine eigenständige Bedeutung zu.

4. Formeller Firmenschutz gem. § 37 Abs. 2 HGB

9 § 37 Abs. 2 HGB gewährt privatrechtliche Unterlassungsansprüche gegen formell unzulässige Firmen. Geschützt wird also nicht das eigene subjektive Recht des Kennzeicheninhabers, sondern das Interesse der Allgemeinheit daran, daß unzulässige – insbesondere irreführende – Firmierungen unterbleiben. Mit dem Kennzeichenschutz der §§ 5, 15 hat § 37 Abs. 2 HGB deshalb grundsätzlich nichts zu tun. Voraussetzungen und Rechtsfolgen sind dargestellt bei Nach § 15 Rdn. 26 ff.

III. Aufbau der Kommentierung

10 Entsprechend der gesetzlichen Systematik wird im Rahmen von § 5 nur Entstehung und Erlöschen des Schutzes der geschäftlichen Bezeichnungen behandelt, während die sich daraus ergebenden Verletzungsansprüche bei § 15 und die Übertragung dieser Rechte Vor §§ 27–31 Rdn. 4–8 behandelt werden. Die mit § 5 weitgehend übereinstimmenden Schutzvoraussetzungen von § 12 BGB werden Nach § 15 Rdn. 1 ff. dargestellt, die Rechtsfolgen der Verletzung des Namensrechts Nach § 15 Rdn. 24 ff. Trotz vieler Parallelen im einzelnen unterscheiden sich die Unternehmenskennzeichen des Abs. 2 von den Werktiteln des Abs. 3 und sind gesondert zu betrachten. Bei den Unternehmenskennzeichen des Abs. 2 sind zunächst die unterschiedlichen Erscheinungsformen der namensmäßigen Kennzeichen zu betrachten, anschließend die Besonderheiten der nicht namensmäßigen Kennzeichnungen.

IV. Grundsatz (Abs. 1)

11 Nachdem schon § 1 Nr. 2 den Schutz geschäftlicher Bezeichnungen postuliert, präzisiert § 5 Abs. 1 dies nur dadurch, daß die schutzfähigen geschäftlichen Bezeichnungen in Unternehmenskennzeichen und Werktitel aufgegliedert werden. Da die jeweiligen nä-

heren Definitionen dieser Kennzeichen durch Abs. 2 und 3 erfolgen, hat Abs. 1 keinen eigenen Regelungsgehalt.

V. Unternehmenskennzeichen (Abs. 2)

1. Überblick

§ 5 Abs. 2 Satz 1 eröffnet den Schutz als Unternehmenskennzeichen zunächst für Name, Firma und besondere Bezeichnung von Geschäftsbetrieben oder Unternehmen. Dabei ist der Begriff der Firma durch § Abs. 1 HGB gesetzlich definiert. Der Begriff des Namens ist gegenüber dem der Firma umfassender und offener. Der „Name" eines Unternehmens wird im Fall einer Personenhandelsgesellschaft oder einer juristischen Person häufig mit der Firma identisch sein (unten Rdn. 17). Hinsichtlich Voraussetzungen und Rechtsfolgen differenziert das Gesetz nicht, so daß eine genaue Abgrenzung entbehrlich ist. Die „besondere Bezeichnung" ist gesetzlich überhaupt nicht definiert. Sie hat subsidiären Charakter und umfaßt namensmäßige Kennzeichen des Unternehmens, die nicht gleichzeitig Name oder Firma sind. Die „Geschäftsabzeichen" des § 5 Abs. 2 Satz 2 stellen alle Unterscheidungsmerkmale dar, die, ohne Namenscharakter zu haben, aufgrund von Verkehrsgeltung Hinweisfunktion gewonnen haben. Gemeinsam ist den Unternehmenskennzeichen, daß sie nicht die Herkunft von Waren oder Dienstleistungen aus einem bestimmten Unternehmen kennzeichnen, sondern das Unternehmen selbst. Der Schutz als Unternehmenskennzeichen entsteht erst durch die Benutzung des Zeichens im **geschäftlichen Verkehr** (BGHZ 10, 196, 204 – *DUN*; BGH WRP 1997, 952, 954 – *L'Orange*). Die Formulierung von § 5, der auf den Berechtigten abstellt, unterscheidet sich dabei vom früheren § 16 UWG, der hinsichtlich der Unterlassungsansprüche darauf abstellte, daß der Verletzer die Bezeichnung im geschäftlichen Verkehr verwendete (zu diesem Tatbestandsmerkmal § 15 Rdn. 21). Bei der Entstehung des Schutzes kommt dem Merkmal der Benutzung im geschäftlichen Verkehr nur insoweit Bedeutung zu, als rein interne Vorbereitungshandlungen, die noch keine Außenwirkung gehabt haben, den Schutz nicht begründen können. So entsteht etwa der Firmenschutz noch nicht durch den bloßen Abschluß des Gesellschaftsvertrages, sondern erst mit der Benutzung der der Firma gegenüber Dritten (unten Rdn. 32 ff.). Der Name einer natürlichen Person genießt Schutz nach § 5 nur dann, wenn der Na-

§ 5   Geschäftliche Bezeichnungen

mensträger im geschäftlichen Verkehr handelt. Im Privatbereich besteht Namensschutz aber nach § 12 BGB.

13   Grundsätzlich sind Unternehmenskennzeichen **im ganzen Bundesgebiet** geschützt (BGH GRUR 1957, 550, 551 – *Tabu II*; BGH GRUR 1961, 535, 537 – *arko*; BGH GRUR 1983, 182, 183 – *Concordia-Uhren*; BGH GRUR 1995, 754, 757 – *Altenburger Spielkarten*). Etwas anderes gilt dann, wenn der Tätigkeitsbereich eines Unternehmens nur ortsgebunden ist, zB bei Restaurants (BGH GRUR 1957, 550, 552 – *Tabu II*; BGH GRUR 1970, 479, 480 – *Treppchen*; BGH GRUR 1991, 155, 156 – *Rialto*; BGH GRUR 1993, 923, 924 – *Pic Nic*; OLG Hamm GRUR 1990, 634 – *Zur feurigen Bratwurst*), Hotels (BGH GRUR 1977, 165, 166 – *Parkhotel*; BGH GRUR 1984, 378, 379 – *Hotel Krone*; BGH GRUR 1995, 507, 508 – *City Hotel*), aber auch Apotheken (OLG Nürnberg WRP 1971, 334, 335 – *Maximiliansapotheke*; OLG Karlsruhe WRP 1974, 422 – *Stadtapotheke*) oder typischerweise nur regional tätigen Dienstleistern (BGH GRUR 1977, 226 – *Wach- und Schließ*; OLG Hamburg GRUR 1986, 475 – *Blitz-Blank*) oder einer Regionalbrauerei (OLG München WRP 1994, 326, 329). Es ist eine von den Umständen des Einzelfalls abhängige Frage, wann der Zuschnitt des Unternehmens eine überörtliche Geschäftstätigkeit, zB durch Errichtung von Filialen (BGH GRUR 1957, 547, 549 – *Tabu I*) oder sonstige Kundenbeziehungen (BGH GRUR 1985, 72, 73 – *Consilia*) anzunehmen ist. Fehlt es der Bezeichnung an originärer Kennzeichnungskraft, entsteht der Schutz nur dort, wo Verkehrsgeltung erlangt ist (unten Rdn. 30).

3. Schutzobjekte

14   **a) Name und Firma.** Da der Name Schutz nach § 5 nur bei Handeln im geschäftlichen Verkehr genießt (oben Rdn. 13), andererseits die Firma aber der Name des Vollkaufmanns ist (§ 17 HGB), erscheint eine Differenzierung zwischen diesen beiden Kennzeichen nicht angebracht (ebenso GK-*Teplitzky*, § 16 Rdn. 28; anders *Fezer* § 15 Rdn. 21, 106).

15   **aa) Begriff des Namens.** Der Namensbegriff in § 5 entspricht dem das § 12 BGB. Der Name bezeichnet ursprünglich eine natürliche oder juristische Person. Er muß nach herkömmlicher Auffassung aussprechbar sein (BGHZ 11, 214, 218 – *KfA*; BGHZ 14, 155, 160 – *Farina II*; ebenso *Fezer*, § 15 Rdn. 21, GK-*Teplitzky* § 16 UWG Rdn. 28). Auch wenn es an der Aussprechbarkeit fehlt, kann aber eine analoge Anwendung auf **Bildzeichen** in Betracht

Geschäftliche Bezeichnungen § 5

kommen, jedenfalls für **Wappen** und Wahrzeichen die traditionell Namensfunktion haben (BGH GRUR 1976, 644 – *Kyffhäuser*; BGH GRUR 1993, 151 – *Universitätsemblem*; BGH GRUR 1994, 844, 845 – *Rotes Kreuz*). Fehlt es an der Namensfunktion, soll das Bildelement aber nur als Geschäftsabzeichen bei entsprechender Verkehrsgeltung schutzfähig sein. Diese begriffliche Unterscheidung zwischen aussprechbaren Namen einerseits und sonstigen Unternehmenskennzeichen andererseits überzeugt ebensowenig wie bei Bildzeichen die Anknüpfung an die traditionellen Wappen und Wahrzeichen, zumal das Gesetz nicht zwischen Namen und besonderen Geschäftsbezeichnungen differenziert. Im Hinblick auf die außerordentlich hohe Bekanntheit einiger Bildzeichen auch als Kennzeichen von Unternehmen (zB Mercedes-Stern) scheint es auch terminologisch an der Zeit, Bildzeichen als Namen zu betrachten.

Geschützt ist zunächst der **bürgerliche Name** der natürlichen 16
Person, der aus Vor- und Nachnamen besteht. Da die Individualisierung in der Regel über den Nachnamen erfolgt, ist dieser auch in Alleinstellung geschützt. Wird eine – entsprechend bekannte – Person bereits durch den **Vornamen** hinreichend individualisiert, ist dieser auch in Alleinstellung geschützt (OLG München GRUR 1960, 394 – *Romy*; BGH GRUR 1989, 262, 263 – *Uwe*). Ebenso geschützt ist das Pseudonym bzw. der **Künstlername** (schon RGZ 101, 226 – *Uessems Meisterakrobaten*; BGHZ 30, 7, 9 – *Caterina Valente*; LG Düsseldorf NJW 1987, 1413 – *Heino*). Hat ein Verlag ein Pseudonym für eine Reihe von Autoren erfunden, bezeichnet dieses nicht eine einzelne Person, es ist daher nicht als Name, sondern als Werktitel geschützt (OLG Hamm GRUR 1967, 260, 261 – *Irene v. Felden*). Schutz genießen auch die Namen **juristischer Personen** des öffentlichen oder privaten Rechts, zB eingetragener Vereine (RGZ 74, 114 – *Verein für Deutsche Schäferhunde*; BGH GRUR 1970, 481, 482 – *Weserklause*; BGH GRUR 1976, 644, 645 – *Kyffhäuser*, BGH GRUR 1994, 844, 845 – *Rotes Kreuz*). Das gilt auch für politische Parteien (BGHZ 1979, 265 – *Aktionsgemeinschaft Vierte Partei*; OLG Frankfurt NJW 1952, 794 – *SPD*; OLG Karlsruhe NJW 1972, 1810 – *CDU*) und Gewerkschaften (BGHZ 43, 245, 252 – *GdP*). Auf die **Rechtsfähigkeit des Namensträgers** kommt es nicht an (RGZ 78, 101, 102 – *Gesangverein Germania*; BGH GRUR 1970, 481, 482 – *Weserklause*; BGH GRUR 1976, 311, 312 – *Sternhaus*; BGH GRUR 1988, 560, 566 – *Christophorus-Stiftung*; BGH GRUR 1993, 404 – *Columbus*). Der Name von Gemeinden oder anderen **Gebietskörperschaften** ist ebenso ge-

§ 5 Geschäftliche Bezeichnungen

schützt (BGH GRUR 1964, 38, 39 – *Dortmund grüßt...*; LG Mannheim NJW 1996, 2736 – *heidelberg.de*), wie der einer Universität (BGH GRUR 1993, 151 – *Universitätsemblem*).

17 **bb) Firma.** Die Firma ist der Name des Vollkaufmanns, unter dem er im Handel auftritt (§ 17 Abs. 1 HGB). Firmenträger kann der Einzelkaufmann sein (§ 18 HGB), wobei seine Firma wiederum von einem Rechtsvorgänger abgeleitet sein kann (§ 23 HGB; BGHZ 14, 155 – *Farina II*). Ebenso geschützt ist die Firma der Personenhandelsgesellschaft und der Kapitalgesellschaft (BGH GRUR 1960, 530 – *Promonta*). Schutz nach § 5 genießt auch die Firma der noch nicht eingetragenen **Vorgesellschaft** (BGH GRUR 1993, 404 – *Columbus*), soweit sie bereits nach außen tätig geworden ist (BGH WRP 1997, 952, 954 – *L'Orange*). Zwar liegt eine Firma im Sinne von § 17 HGB nur dann vor, wenn die Vorgesellschaft ein Grundhandelsgewerbe betreibt (GK-*Teplitzky* § 16 Rdn. 43), anderenfalls ergibt sich der Schutz aber aus dem Namensrecht der Personengesellschaft „sui genenis". Mit Eintragung der Gesellschaft gehen die von der Vorgesellschaft erworbenen Namensrechte unter Beibehaltung der Priorität auf sie über (BGH GRUR 1993, 404 – *Columbus*).

18 **cc) Namens- und Firmenbestandteile.** Praktisch häufig ist die Verkürzung längerer Namen (zB bei natürlichen Personen auf den Nachnamen) oder Firmen (vor allem bei längeren Sachfirmen von Kapitalgesellschaften). Im Rahmen von § 5 Abs. 2 kann der Schutz der Abkürzung nach jeder der drei Tatbestandsalternativen in Betracht kommen. Zunächst ist anerkannt, daß sich der Namens- und Firmenschutz jedenfalls dann auf **Bestandteile** erstreckt, wenn diese **selbst kennzeichnungskräftig** sind (BGH GRUR 1997, 468, 469 – *NetCom*; BGH GRUR 1996, 68, 69 – *COTTON LINE*; BGH GRUR 1991, 475, 477 – *Caren Pfleger*; BGH GRUR 1985, 389 – *Familienname*; BGH GRUR 1979, 642 – *Billich*; BGHZ 14, 155, 159 – *Farina II*). Die Unterscheidungskraft des Bestandteils setzt dabei voraus, daß gerade der Bestandteil geeignet ist, bei der Verwendung im Verkehr ohne weiteres als Name des Unternehmens zu wirken (BGH GRUR 1997, 468, 469 – *NetCom*; BGH GRUR 1996, 68, 69 – *COTTON LINE*; BGH GRUR 1992, 550, 551 – *ac-pharma*; BGH GRUR 1991, 556, 557 – *Leasing Partner*; BGH GRUR 1988, 319, 320 – *VIDEO-RENT*). Demgegenüber kommt es nicht darauf an, ob der Bestandteil auch tatsächlich als Firmenschlagwort in Alleinstellung verwendet worden ist (BGH GRUR 1997, 468, 469 – *NetCom*; BGH GRUR 1991,

556, 557 – *Leasing Partner*). Damit ist insbesondere auch ein Schutz gegen die Verwendung der abgekürzten Bezeichnung durch Dritte gegeben (dazu § 15 Rdn. 37 ff.). Das gilt auch für **Abkürzungen** (BGH GRUR 1985, 461 – *GEFA/GEWA*), selbst dann, wenn sich der Inhaber der Abkürzung nicht bedient (BGH GRUR 1988, 635, 636 – *Grundcommerz*). Anders kann es mit Bestandteilen oder Abkürzungen sein, denen namensmäßige **Kennzeichnungskraft** von Hause aus **fehlt**. Auch wenn die unverkürzte Firma schutzfähig ist, kann die Abkürzung nur bei Verkehrsgeltung Schutz genießen (BGH GRUR 1976, 379 – *KSB*; BGHZ 74, 1 – *RBB/RBT*). Sind die Abkürzungen oder Schlagworte nicht selbst als Teil von Name oder Firma geschützt, können sie als **besondere Geschäftsbezeichnung** (unten Rdn. 19) Schutz genießen, wenn sie zur Kennzeichnung des Geschäftsbetriebes verwendet werden (BGH GRUR 1992, 329 – *AjS-Schriftenreihe*; BGH GRUR 1957, 87, 89 – *Meisterbrand*; BGHZ 15, 107, 108 – *Koma*; OLG Hamburg WRP 1978, 304 – *Spar*). Schließlich kann bei Verkehrsgeltung auch ein Schutz als **Geschäftsabzeichen** (unten Rdn. 20) in Betracht kommen, wenn der abgekürzte Firmenbestandteil selbst nicht als Kennzeichnung verstanden würde. Eine genaue Abgrenzung dieser verschiedenen Schutzmöglichkeiten voneinander ist der Praxis irrelevant (GK-*Teplitzky* § 16 Rdn. 50).

b) Besondere Bezeichnung des Unternehmens oder Geschäftsbetriebes. Besondere Geschäftsbezeichnungen können **unabhängig** von der Firma geführt werden. Sie können zusätzlich zur Firma des Unternehmens entweder das Unternehmen als Ganzes oder einen bestimmten Geschäftsbetrieb charakterisieren. Anders als Name und Firma weisen die Unternehmenskennzeichen nicht auf den Unternehmensträger hin, sondern auf das Objekt als organisatorische Einheit (GK-*Teplitzky* § 16 Rdn. 52). Dementsprechend kann ein einzelnes Unternehmen für mehrere Betriebe jeweils eigene besondere Bezeichnungen verwenden, zB für verschiedene Hotels der gleichen Kette („Etablissementbezeichnung", vgl. zB BGH GRUR 1996, 109, 110 – *Grand Hotel*). Nicht mehr in den Bereich der besonderen Geschäftsbezeichnung fällt der Werktitel (anders noch der Wortlaut von § 16 UWG). Dieser, ebenfalls objektbezogene, Schutz hat nun in § 15 Abs. 3 eine eigene Regelung gefunden. **Gegenstand** der besonderen Bezeichnung muß ein Unternehmen oder ein abgegrenzter Teil des Unternehmens sein. Auf die Rechtsfähigkeit des Unternehmensteils kommt es nicht an, wohl aber auf seine organisatorische Selbständigkeit.

§ 5 Geschäftliche Bezeichnungen

Dies kann etwa ein bestimmter Geschäftszweig sein (OLG München GRUR 1980, 1004 – *Arena*). Ausreichend kann es sein, daß ein bestimmter Personenkreis bestimmte Tätigkeiten auf einer kontinuierlichen Basis wahrnimmt, zB die Vergabe eines Preises für Verkehrssicherung durch einen Wirtschaftsverband (BGH GRUR 1988, 560 – *Christophorus-Stiftung*). Wird mit gleichem Personal und ohne organisatorische Abgrenzung nur eine besondere Dienstleistung erbracht, zB der Intercity-Dienst der Deutschen Bahn AG, stellt dies keinen hinreichend verselbständigten Geschäftsbetrieb dar (KG WRP 1980, 409 – *Intercity*). Zur Kennzeichnung des Objektes kommen zunächst solche **Bezeichnungen** in Betracht, die nach der Auffassung des Verkehrs Namensfunktion haben. Fehlt es daran, kann allenfalls ein Geschäftsabzeichen im Sinne von Satz 2 vorliegen. Die besondere Bezeichnung kann zB eine als Produktkennzeichnung verwendete Marke sein (BGH GRUR 1957, 87, 88 – *Meisterbrand*), ein Eigenname (BGH GRUR 1960, 93, 94 – *Martinsberg*) oder ein Firmenbestandteil (oben Rdn. 18; BGH GRUR 1970, 479 – *Treppchen*; OLG Frankfurt GRUR 1984, 891 – *Rothschild*). Auch die **Internet Domain** kann als besondere Bezeichnung fungieren, wenn sie vom Verkehr nicht als bloße Adresse verstanden wird. Der Verkehr wird eine besondere Bezeichnung vor allem dann annehmen, wenn Marke, Firmenbestandteile oder erkennbare Abkürzungen in der Domain auftauchen (LG Düsseldorf Mitt. 1997, 225, 227 – *epson.de*; *Ubber* WRP 1997, 505, 506; § 14 Rdn. 65 mwN). Ebenso verhält es sich mit **Telegrammadressen** und **Fernschreibkennungen** (BGH GRUR 1986, 475, 476 – *Fernschreibkennung*). Anders als bei Name und Firma sollen **bildliche Darstellungen** als besondere Bezeichnung auch dann in Betracht kommen, wenn sie keine Namensfunktion haben (BGH GRUR 1956, 172 – *Magirus*; BGH GRUR 1964, 71 – *Personifizierte Kaffeekanne*), sollen aber dann nur durch Erwerb von Verkehrsgeltung schutzfähig werden können (*Fezer* § 15 Rdn. 125; ähnlich GK-*Teplitzky* § 16 Rdn. 57). Es ist aber kein Grund ersichtlich, warum hier andere Maßstäbe gelten sollen als bei den im Bereich des Namensschutzes zugelassenen bildlichen Hinweisen durch Wappen oder ähnliche Embleme. Auch auf einen einzelnen Geschäftsbetrieb – nicht nur das Unternehmen als Ganzes – kann ein Emblem namensmäßig hinweisen, etwa die Abbildung eines markanten Gebäudes auf das darin betriebene Hotel, oder Bildzeichen, die dem Namen entsprechen (Pferdebild für Gaststätte „Zum Weißen Rössl"). Wie Name und Firma ist auch die besondere Geschäftsbezeichnung nur schutzfähig, wenn sie entweder von

Hause aus **unterscheidungskräftig** ist oder Verkehrsgeltung erlangt hat (unten Rdn. 27). Dabei sind die Besonderheiten der jeweiligen Branche zu berücksichtigen, zB die Erwartung des Verkehrs, daß auch ein Hotel mit einer geographischen oder beschreibenden Bezeichnung jedenfalls am jeweiligen Ort das einzige Haus mit diesem Namen ist (BGH GRUR 1995, 507 – *City-Hotel*; siehe auch BGH WRP 1996, 109 – *Grand Hotel*; OLG Nürnberg WRP 1996, 242 – *Am Stadtpark*).

c) **Geschäftsabzeichen.** Fehlt dem Kennzeichen ursprünglich 20 die Namensfunktion, kann Schutz nach § 5 Abs. 2 S. 2 dann entstehen, wenn der Verkehr darin trotzdem einen Hinweis auf den Verwender sieht, wenn also Verkehrsgeltung besteht. Dafür kommen zB reine Bildelemente (Logos) in Betracht (BGH GRUR 1957, 281 – *Karo-as*), aber auch Telefonnummern (BGH GRUR 1953, 290 – *Fernsprechnummer*), Fernschreibkennungen, soweit sie nicht ohnehin Namensfunktion haben (BGH GRUR 1986, 475 – *Fernschreibkennung*), Werbesprüche (KG WRP 1980, 623 – *Jägernummer*; OLG Köln WRP 1967, 29, 30; OLG Hamburg WRP 1958, 340 – *Blumen in alle Welt*), „Hausfarben" eines Unternehmens, aber sogar eine charakteristische Architektur des Geschäftslokals (BGH GRUR 1977, 615 – *Gebäudefassade*, dort zu § 1 UWG). Ob Verkehrsgeltung vorliegt, ist nach den gleichen Grundsätzen zu ermitteln wie für sonstige Kennzeichen (unten Rdn. 27 ff.).

4. Entstehung des Kennzeichenschutzes

a) **Grundsatz.** Die Unternehmenskennzeichen entstehen durch 21 **tatsächliche Handlungen,** nicht formale Akte. Sie unterscheiden sich damit insbesondere vom Registerrecht der eingetragenen Marken, § 4 Nr. 1. Verwandtschaft weisen sie mit den durch Benutzung erworbenen Marken des § 4 Nr. 2 auf. Anders als die Marken des § 4 Nr. 2 bedarf das Unternehmenskennzeichen aber nur dann der Verkehrsgeltung, wenn es an der ursprünglichen Kennzeichnungskraft fehlt, anderenfalls genügt die bloße Benutzungsaufnahme. Die **Eintragung** ins Handelsregister ist für den Schutz nach § 5 nicht von wesentlicher, sondern allenfalls indizieller Bedeutung. Vor der Eintragung kann bereits Namensschutz bestehen (oben Rdn. 17), umgekehrt rechtfertigt der Fortbestand der Eintragung den Schutz nach § 5 dann nicht mehr, wenn der Geschäftsbetrieb aufgegeben wurde (BGH GRUR 1962, 419, 422 – *Leona*). Fehlt die orginäre Kennzeichnungskraft, entsteht der Schutz des Unternehmenskennzeichens erst mit Eintritt der **Verkehrsgeltung** und

§ 5   Geschäftliche Bezeichnungen

gegebenenfalls geographisch beschränkt (unten 27). Ebenso kann die Verkehrsgeltung auch nachträglich wieder entfallen und somit der Schutz enden (unten Rdn. 39). Vorfrage für die Entstehung und Beendigung des Schutzes nach § 5 ist daher immer die **Kennzeichnungskraft,** und zwar auch dann, wenn es sich um eine im Handelsregister eingetragene Firma handelt, da die registerrechtliche Zulässigkeit nicht mit der kennzeichenrechtlichen Kennzeichnungskraft übereinstimmen muß.

22   **b) Kennzeichnungskraft.** Der **Begriff** der „Kennzeichnungskraft" findet sich im Gesetz nicht. § 8 Abs. 2 Nr. 1 zeigt, daß bei eingetragenen Marken „Unterscheidungskraft" Voraussetzung des Schutzes ist. Die Unterscheidungskraft ist begrifflich klar vom Freihaltebedürfnis zu trennen (§ 8 Rdn. 18). Andererseits erscheint es zweifelhaft, ob es einen inhaltlichen Unterschied zwischen Unterscheidungskraft und Kennzeichnungskraft gibt (bejahend GK-*Teplitzky* § 16 Rdn. 194, der in der Kennzeichnungskraft einen engeren Begriff sieht, nämlich „eine Unterscheidungskraft mit individualisierender Wirkung"). Da aber auch die Unterscheidungskraft beinhaltet, daß die Kennzeichnung geeignet ist, Waren oder Dienstleistungen hinsichtlich ihrer Herkunft aus einem bestimmten Betrieb zu unterscheiden, spricht mehr für eine synonyme Verwendung des Begriffs (so im Ergebnis auch *Fezer* § 15 Rdn. 40, der den Begriff der Kennzeichnungskraft vermeidet). Auch der BGH verwendet die Begriffe austauschbar (zB BGH GRUR 1995, 507, 508 – *City-Hotel* innerhalb eines Absatzes). Entscheidungen zur Unterscheidungskraft bei eingetragenen Marken sind damit jedenfalls grundsätzlich bei der Beurteilung der Kennzeichnungskraft von geschäftlichen Bezeichnungen mit heranzuziehen (was auch der BGH regelmäßig tut, zB BGH GRUR 1997, 468, 469 – *NetCom*). Beim Schutz von Werktiteln gelten allerdings andere Maßstäbe (unten Rdn. 52 ff.). Die Kennzeichnungskraft ist einerseits **konkret** im Hinblick auf die Art des so bezeichneten Unternehmens zu bestimmen (zB kann „Die Fabrik" für einen herstellenden Betrieb keine Unterscheidungskraft aufweisen, wohl aber für eine Diskothek), zum anderen ist sie abhängig von der **Verkehrsauffassung** (st. Rspr., zB BGH GRUR 1995, 507, 508 – *City-Hotel*), die sich im Laufe der Zeit auch wandeln kann (GK-*Teplitzky* § 16 UWG Rdn. 197). Da die Verkehrsauffassung **Tatsachenfrage** ist, gilt dies im Ergebnis auch für die Kennzeichnungskraft (BGH GRUR 1986, 245, 246 – *India-Gewürze*), die auch durch Verkehrsbefragung feststellbar sein kann (GK-*Teplitzky* § 16 Rdn. 199; BGH

Geschäftliche Bezeichnungen **§ 5**

GRUR 1955, 481, 483 – *Hamburger Kinderstube*; BGH GRUR 1966, 495, 497 – *Uniplast*). In der Praxis werden solche Beweise aber kaum je erhoben.

aa) Originäre Kennzeichnungskraft. Erforderlich ist eine zur 23 Unterscheidung des Unternehmens von anderen hinreichende **Eigenart**, die Bezeichnung muß vom Verkehr als individueller Herkunftshinweis aufgefaßt werden (BGH GRUR 1996, 68, 69 – *COTTON LINE*). Kennzeichnungskraft kommt insbesondere allen **Familiennamen** zu. In der Lit. wird zwar immer wieder die Auffassung vertreten, sogenannte „Allerweltsnamen" wie Meyer, Schmidt und Schulze, seien nicht unterscheidungskräftig, da es eine zu große Anzahl von Namensträgern gebe (GK-*Teplitzky* § 16 UWG Rdn. 202; *Fezer* § 15 Rdn. 40). Diese Auffassung, die bisher in der Rechtsprechung des BGH noch nie entscheidungserheblich wurde (insbesondere auch nicht in der meist zitierten Entscheidung BGH GRUR 1979, 642 – *Billich*), und auch in der instanzgerichtlichen Rspr. vereinzelt blieb (zB OLG Hamburg WRP 1955, 183) ist abzulehnen. Die Familiennamen natürlicher Personen sind gewissermaßen der Grundfall der Unterscheidungskraft. Sie dienen seit unvordenklichen Zeiten zur Unterscheidung von Personen und ihren jeweiligen geschäftlichen Betätigungen. Auch häufige Namen führen nicht dazu, daß die Namensträger nicht mehr unterscheidbar wären, schon weil sie in aller Regel nicht sämtlich in der gleichen Branche tätig sind. Im übrigen zeigt selbst für diesen Fall das Recht der Gleichnamigen (§ 23 Rdn. 15ff.), daß die Geltendmachung der Namensrechte zwar Schranken unterliegen kann, nicht aber grundsätzlich in Frage zu stellen ist. Ganz abgesehen davon wäre es mit der Anforderungen der Rechtssicherheit unvereinbar, häufige Namen vom Schutz auszuschließen; denn es fehlt schon jedes eindeutige Kriterium zur Bestimmung einer zu großen Häufigkeit. Darüber hinaus wäre eine unterschiedliche Behandlung verschiedener Familiennamen auch kaum mit dem Gleichheitsgrundsatz, Art. 3 GG, vereinbar. Kennzeichnungskräftig sind weiter natürlich alle **Phantasiebezeichnungen,** aber auch alle Zusammensetzungen mit Phantasiebezeichnungen (BGH GRUR 1959, 484 – *Condux*; BGH GRUR 1960, 296, 297 – *Reiherstieg*; BGH GRUR 1986, 253, 255 – *Zentis*).

Wie im Rahmen von § 8 (dort Rdn. 21) dürfen die **Anforde-** 24 **rungen** an die Kennzeichnungskraft nicht zu hoch geschraubt werden. Ausreichend ist, daß es sich jedenfalls nicht um eine glatt beschreibende Angabe handelt. Dementsprechend sind auch bloße

§ 5   Geschäftliche Bezeichnungen

Anlehnungen an beschreibende Angaben in der Regel kennzeichnungskräftig (für Marken BGHZ 91, 262, 268 – *Indorektal*, siehe § 8 Rdn. 59 und die dort zitierte weitere Rspr.). So sind zB mehrdeutige Angaben meist kennzeichnungskräftig (BGH GRUR 1976, 643, 644 – *Interglas*; BGH GRUR 1989, 856, 857 – *Commerzbau*), auch mehrdeutige Abkürzungen (BGH GRUR 1997, 468, 469 – *NetCom*). **Beispiele für Bejahung der Kennzeichnungskraft:** BGH GRUR 1957, 561 – *REI-Chemie*; BGH GRUR 1960, 434, 435 – *Volks-Feuerbestattung*; BGH GRUR 1973, 265, 266 – *Charme & Chic*; BGH GRUR 1976, 643 – *Interglas*; BGH GRUR 1977, 226, 227 – *Wach- und Schließ*; BGH GRUR 1989, 856 – *Commerzbau*; BGH GRUR 1990, 1042, 1043 – *Datacolor*; BGH GRUR 1995, 507, – *City-Hotel*; BGH GRUR 1997, 468 – *NetCom*; BGH WRP 1997, 1091 – *Immo Data*; OLG Köln WRP 1977, 733 – *Transcommerce*; OLG Oldenburg WRP 1986, 508 – *Video-Land* (zweifelhaft); OLG Hamburg GRUR 1986, 475 – *Blitz-Blank*; OLG Frankfurt WRP 1982, 420 – *Multicolour*.

25   **Die Kennzeichnungskraft kann fehlen** insbesondere bei den auch in § 8 Abs. 2 Nr. 2 vom Schutz ausgeschlossenen Angaben (Art, Beschaffenheit, Menge, Bestimmung, Wert, geographische Herkunft, Zeit der Herstellung, sonstige beschreibende Angaben). Beschreibende Angaben ohne Kennzeichnungskraft liegen insbesondere bei Sachfirmen häufig vor. Geht es um die Kennzeichnungskraft zusammengesetzter Bezeichnungen, reicht es aus, wenn nur einer der Bestandteile kennzeichnungskräftig ist. Ist jeder der Bestandteile für sich nicht kennzeichnungskräftig, kommt es darauf an, ob gerade die Zusammenstellung eigenartig und phantasievoll ist, und so vom Verkehr als individueller Herkunftshinweis aufgefaßt werden könnte (BGH GRUR 1996, 68, 69 – *COTTON LINE*; BGH WRP 1995, 307, 309 – *Garant-Möbel*; BGH GRUR 1988, 319 – *VIDEO-RENT*). Dabei kommt es insbesondere darauf an, ob die Zusammensetzung ihrerseits wiederum eine rein beschreibende Sachaussage ist (BGH GRUR 1996, 68, 69 – *COTTON LINE*). Für **fremdsprachige Angaben**, die vom inländischen Verkehr ohne weiteres verstanden werden, insbesondere geläufige Bezeichnungen der englischen Sprache, gilt das gleiche wie für deutschsprachige Bezeichnungen (BGH GRUR 1996, 68, 69 – *COTTON LINE*; BGH GRUR 1980, 319 – *VIDEO-RENT*; siehe auch § 8 Rdn. 67). Ob die Bezeichnung kennzeichnungskräftig ist, kann bei einzelnen Branchen unterschiedlich zu beurteilen sein, zB ist der Verkehr gerade bei Hotels gewöhnt, daß sich der Name aus gängigen Begriffen der Umgangssprache zusammensetzt, zB mit

Hinweisen auf die Lage des Hotels (BGH GRUR 1995, 507, 508 – *City Hotel*; BGH GRUR 1993, 923 – *Pic Nic*; BGH GRUR 1977, 165, 166 – *Parkhotel*). **Beispiele für fehlende Kennzeichnungskraft:** RG GRUR 1929, 938 – *Deutsche Asbest-Gesellschaft*; RG GRUR 1930, 623, 624 – *Deutscher Automobil-Club*; RG GRUR 1931, 773 – *Bauhütte*; RG GRUR 1932, 1052, 1053 – *Markenschutzverband*; RG GRUR 1933, 160, 161 – *Jungborn*; RG GRUR 1933, 242 – *Funkdienst*; RGZ 163, 233, 238 – *Hydraulik*; RGZ 172, 129, 131 – *Fettchemie*; BGH GRUR 1953, 446, 447 – *Verein der Steuerberater*; BGH GRUR 1954, 70, 71 – *Rohrbogenwerk*, BGHZ 11, 214, 217 – *KfA (Kaufstätten für Alle)*; BGHZ 21, 66, 73 – *Deutsche Hausbücherei*; BGHZ 21, 182, 186 – *Funkberater*; BGH GRUR 1957, 426, 427 – *Getränke-Industrie*; BGH GRUR 1957, 428, 429 – *Bücherdienst*; BGH GRUR 1966, 495, 497 – *Uniplast*; BGH GRUR 1976, 254, 255 – *Management Seminare*; BGH GRUR 1988, 319, 320 – *VIDEO-RENT*; BGH GRUR 1991, 556 – *Leasing Partner*; BGH GRUR 1992, 865 – *Volksbank*; BGH GRUR 1996, 68, 69 – *COTTON LINE*; OLG Hamburg GRUR 1955, 48 – *Warenkredit*; OLG Köln WRP 1974, 503 – *Areal* (Bauträger- und Immobiliengesellschaft); OLG Hamm GRUR 1979, 67 – *Chemotechnik*; OLG Hamm GRUR 1979, 862, 863 – *Flocktechnik*; OLG Stuttgart DB 1981, 2428 – *Informatik*; OLG Frankfurt MDR 1984, 148 – *Fair Play* (Sportartikelunternehmen); OLG Hamburg GRUR 1987, 184 – *Sicherheit + Technik* (Einbruchssicherung).

Die Kennzeichnungskraft kann durch den Wechsel der Verkehrsauffassung auch nachträglich **wegfallen,** dabei sind aber strenge Maßstäbe anzulegen. Solange noch ein rechtlich beachtlicher Teil der Verkehrskreise in der Angabe einen Herkunftshinweis sieht, ist die Umwandlung abzulehnen (*Fezer* § 15 Rdn. 43). Nachträglicher Wegfall der Unterscheidungskraft wurde bejaht von BGH GRUR 1959, 38 – *Buchgemeinschaft II*, verneint in BGH GRUR 1977, 226, 228 – *Wach- und Schließ*. **26**

bb) Kennzeichnungskraft durch Verkehrsgeltung. Fehlt es **27** dem Kennzeichen nach diesen Grundsätzen an ursprünglicher Kennzeichnungskraft, kann diese durch Verkehrsgeltung erworben werden.

(1) *Ermittlung der Verkehrsgeltung.* Der für die Verkehrsgeltung **28** erforderliche Bekanntheits- und Zuordnungsgrad ist einzelfallbezogen zu bestimmen und steht nach hM insbesondere mit dem Freihaltebedürfnis der Allgemeinheit in Wechselwirkung (BGHZ 74, 1,

§ 5 Geschäftliche Bezeichnungen

4 – *RBB/RBT*; zu den Bedenken gegen die Wechselwirkungslehre siehe § 8 Rdn. 19). Geht man davon aus, daß bereits ein geringer Grad an Kennzeichnungskraft genügt, um die orginäre Kennzeichnungskraft zu begründen (oben Rdn. 25), wird man zwar nicht mehr sinnvoll danach differenzieren können, ob eine Kennzeichnung mehr oder weniger beschreibend ist (so noch GK-*Teplitzky* § 16 Rdn. 218 mit Hinweis auf BGHZ 21, 182, 193 – *Funkberater*), da sich nur bei glatt beschreibenden Angaben überhaupt die Frage stellt, ob sie aufgrund von Verkehrsgeltung Schutz genießen. Wohl aber ist zu berücksichtigen, daß auch an beschreibenden Angaben ein unterschiedlicher Grad des Freihaltebedürfnisses bestehen kann, abhängig zB davon, ob die beschreibende Angabe als solche im Verkehr üblich ist, welche Ausweichmöglichkeiten bestehen usw. Hier bleibt es bei der differenzierenden Betrachtungsweise der Rspr. (BGHZ 34, 299, 305 – *Almglocke/Almquell*; BGHZ 74, 1, 5 – *RBB/RBT*; BGH GRUR 1990, 681, 683 – *Schwarzer Krauser*; BGH GRUR 1992, 48, 50 – *frei öl*; BGH GRUR 1994, 905 – *Schwarzwald-Sprudel*). Ein allgemeiner Schutz vor Monopolisierung dergestalt, daß bestimmte freihaltebedürftige Angaben niemals Kennzeichnungskraft erwerben können, unabhängig vom Grad der Zuordnung, ist nicht mehr anzuerkennen (zutreffend *Fezer* § 15 Rdn. 50; anders früher BGHZ 8, 387, 389 – *Fernsprechnummer*; BGHZ 24, 238, 242 – *tabu I*). Wird die Unterscheidungskraft – sei es auch erst aufgrund von Verkehrsgeltung – bejaht, kann nach der Wechselwirkungslehre nicht nachträglich auf einer weiteren Prüfungsstufe aufgrund eines abstrakt unterstellten Freihaltebedürfnisses die Schutzfähigkeit verneint werden (BGH GRUR 1985, 461, 462 – *Gefa/Gewa*; BGH GRUR 1989, 449, 450 – *Maritim*).

29 (2) *Ausschluß des Kennzeichenschutzes durch „absolutes Schutzhindernis"?* Für die eingetragenen Marken ist in § 8 Abs. 3 ausdrücklich festgelegt, daß nur die Eintragungshindernisse von § 8 Abs. 2 Nr. 1–3 durch Verkehrsdurchsetzung überwunden werden können. Unabhängig vom Grad der Verkehrsdurchsetzung sind die anderen Eintragungshindernisse (§ 8 Abs. 2 Nr. 4–9) immer zu beachten. Eine entsprechende Regelung fehlt bei den nicht eintragenen Kennzeichen der § 4 Nr. 3 und § 5. Im Hinblick auf irreführende Bezeichnungen (analog § 8 Abs. 2 Nr. 4) bzw. sonstige Verstöße gegen materielles Recht (analog § 8 Abs. 2 Nr. 5 und 9) ist diese Frage unter dem Gesichtspunkt der „befugten Benutzung" erörtert worden. Die Rechtsprechung ist in diesen Fällen davon ausgegangen, daß ein Erwerb der Kennzeichnung nicht in Betracht kommt (zB

Geschäftliche Bezeichnungen **§ 5**

BGHZ 10, 196, 200 – *Dun*; BGH GRUR 1958, 90, 93 – *Hähnel*; BGH GRUR 1958, 185, 187 – *Wyeth*; BGH GRUR 1960, 434, 435 – *Volks-Feuerbestattung*; BGH GRUR 1965, 485, 486 – *Versehrtenbetrieb*; diese Entscheidungen befassen sich allerdings nicht mit der Frage, ob Gesetzesverstöße gegebenenfalls durch Verkehrsgeltung überwindbar sind). Eine Gleichbehandlung dieser Fälle mit Registermarken erscheint im Ergebnis nicht nur wegen der Harmonisierung zu § 8 Abs. 3 sinnvoll, sondern auch deshalb, weil hier höherrangige Interessen der Allgemeinheit tangiert werden als beim Freihaltebedürfnis. Während im Hinblick auf das Freihaltebedürfnis ein hoher Grad an Verkehrsdurchsetzung für ein einzelnes Unternehmen ein erhebliches Indiz dafür ist, daß sich die Wettbewerber auch mit anderen Kennzeichnungen behelfen können, spricht der hohe Zuordnungsgrad einer irreführenden Bezeichnung keineswegs notwendigerweise dafür, daß der Verkehr nicht irregeführt wird, vielmehr kann die Irreführung gerade besonders weit verbreitet sein. Zum „befugten Gebrauch" im übrigen, insbesondere im Verhältnis zwischen Kennzeicheninhaber und Dritten vgl. § 15 Rdn. 16 ff.

(3) *Regional begrenzte Verkehrsgeltung*. Anders als im Bereich der **30** Verkehrsdurchsetzung eingetragener Marken (§ 8 Rdn. 140), kommt bei geschäftlichen Bezeichnungen ein Schutz aufgrund regional begrenzter Verkehrsgeltung in Betracht. Zwar ist zunächst immer zu prüfen, ob nicht bundesweite Verkehrsgeltung besteht, wobei ein geringerer Durchsetzungsgrad in einzelnen Regionen nicht schaden muß, wenn insgesamt ein ausreichend hoher Bekanntheitsgrad nachweisbar ist (BGHZ 21, 182, 194 – *Funkberater*), allerdings reicht die Aussicht auf eine spätere Ausdehnung auf das gesamte Bundesgebiet bei einer bloß regionalen Verkehrsgeltung für die Zuerkennung bundesweiten Schutzes nicht aus (BGHZ 74, 1, 5 – *RBB/RBT*). Eine nur regionale Verkehrsgeltung kann aber ausreichen, um regionalen Schutz zu gewähren, vorausgesetzt, die Verkehrsgeltung besteht in einem hinreichend abgegrenzten Wirtschaftsraum, zB im Bereich einer Stadt (typischerweise bei Hotels, Gaststätten und nicht filialisierten Einzelhandelsgeschäften) oder im Bereich eines Bundeslandes (zB bei einer regionalen Brauerei). Ob ein hinreichend abgegrenztes Wirtschaftsgebiet vorliegt, ist Frage des Einzelfalles. Der bloße Sitz des Unternehmens in einem bestimmten geographischen Gebiet ist noch nicht ausreichend, wenn nicht beispielsweise durch die Vertriebsstruktur oder andere Eigenarten der regionale Bezug hergestellt wird (BGHZ 74, 1, 7 f. – *RBB/RBT*).

§ 5 Geschäftliche Bezeichnungen

31 **cc) Verlust der Verkehrsgeltung.** Geht die Verkehrsgeltung nachträglich wieder verloren, entfällt damit auch der Schutz des Zeichens, es verhält sich insoweit ähnlich wie beim nachträglichen Verlust der Kennzeichnungskraft (oben Rdn. 26). Ob die Verkehrsgeltung verloren geht, ist wiederum durch Ermittlung der Verkehrsauffassung festzustellen, weder eine (vorübergehende) Unterbrechung der Geschäftstätigkeit (BGHZ 21, 66, 55 – *Hausbücherei*) noch eine Veränderung der Kennzeichnung (BGH GRUR 1969, 686, 687 – *Roth-Händle*; BGH GRUR 1973, 661, 663 – *Metrix*) muß automatisch zu einem Verlust der Verkehrsgeltung führen. Dies ist vielmehr eine Frage des Einzelfalles.

c) Ingebrauchnahme im geschäftlichen Verkehr

32 **aa) Allgemeines.** Der Schutz der Unternehmenskennzeichen des § 5 Abs. 2 ist nicht von einem formellen Entstehungstatbestand abhängig. Es kommt vielmehr auf die Benutzung im geschäftlichen Verkehr an. Diese kann, etwa bei der Vorgesellschaft, auch schon vor der Eintragung im Handelsregister stattfinden (BGH GRUR 1993, 404 – *Columbus*). Besteht originäre Kennzeichnungskraft (oben Rdn. 23 ff.), kommt es auf die Benutzungsaufnahme (unten Rdn. 33) an. Wird die Kennzeichnungskraft erst durch Verkehrsgeltung erlangt (oben Rdn. 27 ff.) beginnt der Schutz erst dann, wenn der notwendige Durchsetzungsgrad erreicht ist.

33 **bb) Arten der Benutzungsaufnahme.** Grundsätzlich genügt jede Art der nach außen gerichteten geschäftlichen Tätigkeit, sofern sie auf eine dauernde wirtschaftliche Betätigung schließen lassen (BGH GRUR 1969, 357, 359 – *Sihl*). Ausreichende Vorbereitungshandlungen sind zB die Anmietung des Ladenlokals, Schaltung eines Telefonanschlusses, Eintragung im Handelsregister usw. (zur vergleichbaren Frage bei der rechtsverletzenden Benutzung vgl. § 15 Rdn. 28 f. sowie BGH GRUR 1957, 426, 428 – *Getränke-Industrie*; BGH GRUR 1966, 38, 41 – *Centra*). Nicht ausreichend sind nur interne Vorbereitungshandlungen, zB Abschluß eines Gesellschaftsvertrages, Ausarbeitung einer geschäftlichen Konzeption usw.

34 **cc) Entstehung inländischen Kennzeichenschutzes für ausländische Inhaber.** Auch ausländische Unternehmen können Inhaber inländischer geschäftlicher Bezeichnungen sein. Das war für den Namensschutz des § 12 BGB schon immer anerkannt (RGZ 117, 215 – *Eskimo*; BGH GRUR 1971, 517, 518 – *Swops*), bei § 16 UWG allerdings nur unter der Voraussetzung, daß entwe-

Geschäftliche Bezeichnungen **§ 5**

der die Gegenseitigkeit verbürgt war (§ 28 UWG) oder der Schutz der PVÜ eingriff (Art. 2, 8 PVÜ). Nach der Abschaffung von § 28 UWG ist an diesem Erfordernis nicht mehr festzuhalten (ebenso *Fezer* § 15 Rdn. 49). Bezeichnungsschutz im Inland besteht für den ausländischen Kennzeicheninhaber aber nur unter den gleichen Voraussetzungen wie für inländische Inhaber, insbesondere durch Benutzungsaufnahme im Inland und – falls aufgrund mangelnder Unterscheidungskraft erforderlich – Erwerb der Verkehrsgeltung im Inland (BGH WRP 1997, 1081, 1083 – GARONOR); BGH GRUR 1987, 292, 294 – *KLINT*; BGH GRUR 1969, 357, 359 – *Sihl*; BGHZ 75, 172, 176 – *Concordia I*; BGH GRUR 1966, 267, 269 – *White Horse*; BGH GRUR 1967, 199, 202 – *Napoleon I*; BGH GRUR 1971, 517, 519 – *Swops*; OLG Hamm GRUR 1994, 742 – *Planex*). Die Benutzung im Inland muß nicht durch den ausländischen Kennzeicheninhaber selbst erfolgen, sondern kann mit seiner Zustimmung durch Beauftragte, Lizenznehmer, Franchisenehmer, verbundene Unternehmen usw. erfolgen (BGH GRUR 1973, 661, 662 – *Metrix*; BGH GRUR 1994, 652, 654 – VIRION; OLG Karlsruhe GRUR 1992, 460 – *McChinese*; OLG München GRUR 1980, 1003, 1004 – *Arena*). Die umstrittene Frage (dazu GK-*Teplitzky* § 16 Rdn. 86 f.), ob auch ohne Benutzung im Inland bei entsprechendem Bekanntheitsgrad bereits inländischer Kennzeichenschutz zu gewähren ist, ist grundsätzlich zu verneinen. Der Gesetzgeber hat die vergleichbare Situation bei der notorischen Marke in § 4 Nr. 3 geregelt, wobei der Bekanntheitsgrad deutlich über dem der bloßen Verkehrsgeltung des § 4 Nr. 2 liegt (§ 4 Rdn. 16). Dementsprechend ist bei § 5 Schutz nur dann zu gewähren, wenn die Geschäftsbezeichnung im Inland nicht lediglich Verkehrsgeltung genießt, sondern notorisch bekannt ist.

5. Erlöschen des Kennzeichenschutzes

a) Allgemeines. Da der Schutz der geschäftlichen Bezeichnungen von tatsächlichen Voraussetzungen – Benutzung, gegebenenfalls Verkehrsgeltung – abhängig ist, erlischt er mit dem Wegfall dieser tatsächlichen Voraussetzungen. 35

b) Wegfall des Rechtsträgers. Das Namensrecht der natürlichen Person erlischt mit ihrem Tod nur teilweise, nämlich lediglich im Hinblick auf die Möglichkeit, damit namensmäßige Benutzungen durch Dritte zu verhindern. Es bleibt aber ein postmortaler Persönlichkeitsschutz erhalten, der gegen Beeinträchtigungen auch nach dem Tod schützt, zB durch ehrverletzende Äußerungen über 36

§ 5 Geschäftliche Bezeichnungen

den Verstorbenen (BGHZ 50, 133, 136 – *Mephisto*; BGH GRUR 1984, 907, 908 – *Frischzellenkosmetik*) oder gegen die fälschliche Zuschreibung eines Werkes zu dem Verstorbenen, etwa durch Fälschung der Signatur (BGHZ 107, 384, 391 – *Emil Nolde*). Ein solcher nachwirkender Persönlichkeitsschutz ist bei juristischen Personen grundsätzlich ebenfalls denkbar, da sie ebenso wie natürliche Personen Anspruch auf Schutz ihrer (Geschäfts-)Ehre haben (einschränkend BGHZ 81, 75, 78 – *Carrera*). Praktisch werden könnte dies etwa im Fall des Untergangs durch Fusion. Zu Einzelheiten des postmortalen Persönlichkeitsschutzes siehe insbesondere das presserechtliche Schrifttum (zB *Wenzel*, Das Recht der Wort- und Bilderstattung, 4. Auflage 1994, Rdn. 5.102 f.).

37 **c) Erlöschen durch Benutzungsaufgabe.** Wird die Firma oder sonstige geschäftliche Bezeichnung nicht mehr verwendet, erlöschen die Kennzeichenrechte des § 5 (zB BGH GRUR 1962, 419 – *Leona*). Der Aufgabe des Geschäftsbetriebs kann eine wesentliche **Änderung** gleichzusetzen sein, die sich entweder auf den Geschäftsbetrieb selbst bezieht (BGH GRUR 1957, 550 – *tabu II*) oder auf die verwendete Bezeichnung (BGH GRUR 1973, 661 – *Metrix*; BGH GRUR 1995, 505 – *Apiserum*). Demgegenüber sind bloß gesellschaftsrechtliche Umwandlungen, die den tatsächlichen Charakter des Unternehmens nicht berühren, in der Regel unschädlich (BGH GRUR 1961, 294, 298 – *ESDE*; BGH GRUR 1983, 182 – *Concordia-Uhren*; BGH GRUR 1990, 1042, 1044 – *Datacolor*; BGH GRUR 1993, 404, 405 – *Columbus*).

38 Problematisch kann die bloß vorübergehende **Unterbrechung** der Benutzung sein. Zwar entsteht durch die erneute Benutzung das Kennzeichenrecht orginär neu, doch mit einer späteren Priorität. Falls Dritte während des Unterbrechungszeitraums selbst Rechte erworben haben, kommt es auf die Frage an, ob ein Rückbezug auf die Priorität der erstmaligen Benutzung möglich ist. Diese Frage kann nur anhand aller Umstände des Einzelfalles beurteilt werden. Entscheidend kommt es darauf an, ob der Verkehr davon ausgehen konnte, daß die Unterbrechung nur vorübergehend sein würde. Das ist einmal von der Dauer der Unterbrechung abhängig (Problematisch bei mehreren Jahren, zB OLG Frankfurt WRP 1972, 386), davon, wie bekannt und damit wertvoll die Bezeichnung vor der Einstellung der Benutzung war (BGH GRUR 1967, 199 – *Napoleon II*; BGH GRUR 1959, 45, 47 – *Deutsche Illustrierte*), aber auch, welche Umstände für die Unterbrechung des Geschäftsbetriebes maßgebend waren, zB Zerstörung durch Kriegseinwirkungen (OLG Köln GRUR 1950, 238 – *Filmtheater*) oder durch Enteignung (BGHZ 21, 66, 69 – *Hausbücherei*; BGH GRUR 1960, 137, 140 – *Astra*; BGH GRUR 1961, 420, 422 – *Cuypers*; ausführlich GK-*Teplitzky* § 16 Rdn. 124–130). War die Unterbrechung unfreiwillig und stehen erhebliche Schwierigkeiten dem Neuanfang entgegen, wird der Verkehr eher davon ausgehen, daß auch eine längere Unterbrechung nur vorübergehend sein kann. Ähnliches gilt dann, wenn die Auflösung der Gesellschaft von Minderheitsgesellschaftern gerichtlich bekämpft wird (BGH GRUR 1985, 566 – *Hydair*). Demgegenüber kann die spätere Restitution nach dem VermG die Unterbrechung nicht heilen (BGH WRP 1997, 952 – *L'Orange*).

d) Wegfall der Kennzeichnungskraft oder Verkehrsgeltung. Auch durch Wegfall der Kennzeichnungskraft (oben Rdn. 26) oder der Verkehrsgeltung (oben Rdn. 31) kann der Schutz entfallen. 39

e) Trennung des Kennzeichens vom Geschäftsbetrieb. Zu § 16 UWG war anerkannt, daß der Kennzeichenschutz nur zusammen mit dem Geschäftsbetrieb übertragen werden konnte. Davon zu unterscheiden ist die Frage der Wirkung einer Nutzungseinräumung, Vor §§ 27–31 Rdn. 6. Der Erwerber konnte die Kennzeichenrechte nicht unter Beibehaltung der ursprünglichen Priorität erwerben, wenn er nicht gleichzeitig den Geschäftsbetrieb miterwarb (st. Rspr. zB BGH GRUR 1973, 363 – *Baader*; BGH GRUR 1986, 325 – *Peters*; BGHZ 109, 364 – *Benner*). Im Hinblick auf die Abschaffung des Geschäftsbetriebserfordernisses bei eingetragenen Marken und die vom Gesetzgeber befürwortete stärkere Angleichung der unterschiedlichen Kennzeichenrechte erscheint zumindest nicht unzweifelhaft, ob die Bindung der geschäftlichen Bezeichnungen an den Geschäftsbetrieb weiter bestehen bleiben soll. Auch im Rahmen von § 27 fehlt es an einer entsprechenden Regelung (Vor §§ 27–31, Rdn. 4–8). Im Hinblick darauf, daß die geschäftlichen Bezeichnungen durch konkrete tatsächliche Benutzungshandlungen entstehen, die wiederum jeweils nur in einem konkreten Geschäftsbetriebe erfolgen, andererseits auch der Untergang dieses Geschäftsbetriebes zum Untergang des Kennzeichenrechtes führt (oben Rdn. 36), spricht viel dafür, auch weiterhin eine Bindung der geschäftlichen Bezeichnung an den Geschäftsbetrieb anzunehmen. Gegen diese Betrachtung spricht zwar insbesondere die Parallele zu § 4 Nr. 2, da die aufgrund von Verkehrsgeltung erworbenen Marken ebenso wie eingetragene Marken nicht mehr an den Geschäftsbetrieb gebunden sind. Von diesen Marken unter- 40

§ 5   Geschäftliche Bezeichnungen

scheiden sich die geschäftlichen Bezeichnungen aber durch den Schutzgegenstand, da sie anders als die Marken nicht auf bestimmte Waren oder Dienstleistungen bezogen sind, sondern gerade auf ein bestimmtes Unternehmen bzw. dessen Inhaber hinweisen. Es erscheint dann sachgerecht, sie auch nicht ohne dieses Unternehmen übertragbar zu machen (im Ergebnis ebenso *Fezer* § 27 Rdn. 12). Somit führt die Trennung des Kennzeichens von dem zugrundeliegenden Unternehmen oder Unternehmensteil zum Erlöschen des Kennzeichenrechtes. Das gilt insbesondere in solchen Fällen, in denen der Veräußerer des Kennzeichenrechtes den maßgeblichen Unternehmensteil selbst (unter anderer Kennzeichnung) weiterbetreibt.

VI. Werktitel

1. Allgemeines

41 § 5 Abs. 3 definiert den Werktitel unabhängig von der Definition der Unternehmenskennzeichen in § 5 Abs. 2. Schon gesetzessystematisch unterscheidet sich § 5 darin von § 16 UWG, wo die „Bezeichnung einer Druckschrift" in § 16 Abs. 1 Satz 1 UWG in unmittelbarem Zusammenhang zu den Unternehmenskennzeichen geregelt war. Die ausdrückliche Herauslösung der Werktitel aus dem Regelungszusammenhang der Unternehmenskennzeichen ist schon durch den unterschiedlichen Schutzgegenstand gerechtfertigt. Anders als die Unternehmenskennzeichen bezeichnet der Werktitel eine Ware, ein Produkt bestimmter Art. Er steht damit der Marke, insbesondere der durch die bloße Benutzung aufgrund Verkehrsgeltung erworbenen Marke des § 4 Nr. 2, systematisch näher als dem Unternehmenskennzeichen. Mit dem Unternehmenskennzeichen gemeinsam hat der Werktitel allerdings, daß der Schutz (bei originärer Kennzeichnungskraft) auch ohne Verkehrsgeltung durch bloße Benutzung entsteht. Neben dem unterschiedlichen Schutzgegenstand weichen auch die Anforderungen an die Kennzeichnungskraft (dazu unten Rdn. 52 ff.) und hinsichtlich der für den Schutzbeginn relevanten Vorbereitungshandlungen (dazu unten Rdn. 49 ff.) erheblich von den Unternehmenskennzeichen ab. Diese Unterschiede setzen sich fort bei der Bestimmung des Schutzumfangs (dazu § 15 Rdn. 84 ff.). Auch diese Abweichungen rechtfertigen die gesonderte Behandlung der Werktitel. Die folgende Darstellung konzentriert sich auf die Abweichungen des Werktitelschutzes ge-

Geschäftliche Bezeichnungen **§ 5**

genüber dem Schutz der Unternehmenskennzeichen. Soweit solche Abweichungen nicht vorliegen, sind die Grundsätze des Schutzes der Unternehmenskennzeichen ohne weiteres anwendbar.

2. Schutzobjekte

Als Werktitel geschützt werden die Bezeichnungen von „Druckschriften, Filmwerken, Tonwerken, Bühnenwerke oder sonstigen vergleichbaren Werken". Der Wortlaut von § 5 Abs. 3 geht somit deutlich über den von § 16 Abs. 1 UWG hinaus, der nur „Druckschriften" schützte. Schon unter der Geltung von § 16 UWG hatte der BGH aber in Analogie dazu einen allgemeinen Werktitelschutz entwickelt, der insbesondere schon Filmwerke (BGHZ 26, 52 – *Sherlock Holmes*), Fernsehsendungen (BGHZ 68, 132 – *Der 7. Sinn*) und Hörfunksendungen (BGH GRUR 1982, 431 – *Point*) erfaßte. In einer der letzten Entscheidung zu § 16 UWG hat der BGH auch Titelschutz für Namen von Spielen unter bestimmten Voraussetzungen für möglich gehalten (BGH GRUR 1993, 767 – *Zappel-Fisch*), für den konkreten Fall aber verneint. Die Formulierung von § 5 Abs. 3 knüpft zunächst an die von der bisherigen Rechtsprechung entwickelten Fallgruppen an, enthebt den Richter also der Notwendigkeit, eine analoge Anwendung vorzunehmen. Weiterhin ist aber nicht abschließend bestimmt, welche Werke Titelschutz genießen können, dieser wird vielmehr generell „sonstigen vergleichbaren Werken" eröffnet. Während eine abschließende Bestimmung des Kreises schutzfähiger Werke somit weiterhin weder möglich noch erforderlich ist, können Anhaltspunkte für die Auslegung dieses Begriffes einerseits aus der bisherigen Rechtsprechung gewonnen werden (unten Rdn. 43 ff.), darüber hinaus kann versucht werden, das wesentliche gemeinsame Merkmal der geschützten Werkgruppen zumindest einzugrenzen (dazu unten Rdn. 47). 42

a) Druckschriften. Alle Printmedien sind unproblematisch unter diesen Begriff zu subsumieren, unabhängig davon, ob eine Druckschrift im Sinne des presserechtlichen Druckwerkbegriffs vorliegt (§§ 6 und 7 der Landespressegesetze). Unter den Begriff der Druckschriften fallen etwa **Bücher** (BGH GRUR 1991, 153 – *Pizza & Pasta*), und zwar auch als Buchreihe oder Serie (BGH GRUR 1960, 346 – *Naher Osten*; BGH GRUR 1980, 227 – *Monumenta Germaniae Historica*; BGH GRUR 1990, 218 – *Verschenktexte I*), **Zeitungen** und **Zeitschriften** (zB BGH GRUR 1956, 376 – *Berliner Illustrierte Zeitung*; BGH GRUR 1957, 29 – *Spiegel*; BGH GRUR 1957, 275 – *Star-Revue*; BGH GRUR 1958, 141 – 43

§ 5 Geschäftliche Bezeichnungen

Spiegel der Woche; BGH GRUR 1959, 45 – *Deutsche Illustrierte*; BGH GRUR 1961, 232 – *Hobby*; BGH GRUR 1963, 378 – *Deutsche Zeitung*; BGH GRUR 1974, 661 – *St. Pauli-Nachrichten*; BGH GRUR 1988, 638 – *Hauers Auto-Zeitung*). Druckschriften sind auch die **Partitur** oder sonstige Musikalien (OLG Frankfurt WRP 1978, 892 – *Das bißchen Haushalt*), und zwar unabhängig davon, ob neben den Noten noch Text enthalten ist (überholt OLG Dresden JW 1932, 898). Druckwerk ist auch der **Kalender** (OLG München GRUR 1992, 327, 328 – *Osterkalender*). Titelschutz können bei Druckschriften auch **Untertitel, Beilagen** und **Supplements** genießen (RGZ 133, 189, 192 – *Kunstseidenkurier*, OLG Hamburg WRP 1977, 649; OLG Hamburg Schulze OLGZ 85, 8 – *Amadeus geht durchs Land*; LG Köln AfP 1997, 655 – *Karriere*).

44 b) **Filmwerke.** Schon die frühere Rechtsprechung hatte § 16 UWG analog auf **Filmwerke** angewandt (BGH GRUR 1958, 354 – *Sherlock Holmes*; BGH GRUR 1993, 767, 768 – *Zappel-Fisch*). Darunter fällt auch die **Fernsehsendung** (BGH GRUR 1977, 543, 545 – *Der 7. Sinn*; BGH GRUR 1988, 377 – *Apropos Film I*; BGH GRUR 1993, 769 – *Radio Stuttgart*; BGH GRUR 1993, 692 – *Guldenburg*). Ob das entsprechende Filmwerk bzw. die Fernsehsendung urheberrechtliche Werkqualität (§ 2 Abs. 1 Nr. 6 UrhG) oder ggf. (nur) Laufbildschutz nach § 95 UrhG genießt, hat – ebenso wie bei anderen Werkarten – nur indizielle Bedeutung (dazu unten Rdn. 47). Ebenso wie der Reihentitel eines Druckwerkes schutzfähig sein kann (BGH GRUR 1990, 218 – *Verschenktexte I*), ohne daß es dabei auf den Eindruck einer „Werkeinheit" im Sinne eines mehrteiligen aber einheitlichen Werkes ankommt, ist dies auch im Bereich des Rundfunks möglich (BGH GRUR 1993, 769 – *Radio Stuttgart*), auch wenn ein einheitlicher inhaltlicher Zusammenhang zwischen den Folgen nicht besteht, wie zB bei einem Nachrichtenmagazin (BGH GRUR 1993, 769, 770 – *Radio Stuttgart*).

45 c) **Tonwerke.** Tonwerke sind unabhängig von der Art ihrer körperlichen Festlegung (etwa als Partitur, oben Rdn. 43, oder auf Tonträgern) geschützt. Der Schutz erstreckt sich auch auf Hörfunksendungen (BGH GRUR 1982, 431 – *Point*, BGH GRUR 1993, 769 – *Radio Stuttgart*; OLG Frankfurt AfP 1991, 752 – *Hessen-Report*). Wiederum kommt es auf die Frage der Urheberrechtsfähigkeit nicht entscheidend an.

46 d) **Bühnenwerke.** Bühnenwerke sind insbesondere **Theaterstücke,** die schon früher als Schriftwerke geschützt waren (RGZ

Geschäftliche Bezeichnungen § 5

135, 209, 210 – *Der Brand im Opernhaus*), jedenfalls aufgrund einer analogen Anwendung von § 16 UWG (BGHZ 26, 52, 60 – *Sherlock Holmes*). Dazu gehören auch **Operetten** (RG GRUR 1937, 953 – *Leichte Kavallerie*), **Musicals** (LG München Ufita 43 (1964), 370, 371 – *Annie get your gun*). **Messen** (LG Düsseldorf WRP 1996, 156 – *Paracelsus-Messe*). Ein **Musikfestival,** das aus einer Reihe von Aufführungen besteht, ist als solches aber kein Werk, sondern eine Form der Dienstleistung (BGH GRUR 1989, 626 – *Festival europäischer Musik*) weswegen nicht Titelschutz, sondern allenfalls der Schutz als Unternehmenskennzeichen in Betracht kommen soll, soweit die genügende organisatorische Abgrenzung gegeben ist (vgl. oben Rdn. 19 sowie KG WRP 1980, 409 – *Intercity*). Daß diese Abgrenzung der Liveveranstaltungen von der Veranstaltung eines Rundfunkprogramms mit ebenfalls wechselndem Inhalt (BGH GRUR 1993, 769 – *Radio Stuttgart*) nicht überzeugt, wird von *Löffler/Sedelmaier* (Presserecht, 4. Auflage 1997 BT Titelschutz Rdn. 34) zu Recht bemerkt. Richtigerweise wird man weniger auf die Frage abstellen, ob es sich um eine Dienstleistung oder ein Werk handelt, sondern auf die Frage, ob die verschiedenen Bestandteile (Einzelkonzerte) vom Verkehr noch als zusammengehörig empfunden werden. Das kann bei Druckschriften oder Rundfunksendungen, wo der Verkehr an Reihen gewöhnt ist, möglicherweise leichter zu bejahen sein als bei Veranstaltungen anderer Art. Grundsätzlich sollte aber auch für Kulturfestivals, die ihrerseits titelschutzfähige Werke (zB Musikwerke und Bühnenwerke) vereinen, ein Gesamttitelschutz für das Festival als solches ebenso bejaht werden wie für Fernsehsendungen unterschiedlichen Inhalts oder Buchreihen.

e) Sonstige vergleichbare Werke. Schon die frühere Rechtsprechung hat außerhalb der oben Rdn. 43–46 aufgeführten Werkgattungen andere Werke für grundsätzlich schutzfähig gehalten. In der Entscheidung GRUR 1993, 767 – *Zappel-Fisch* hat der BGH den Bereich der analogen Anwendung des damals noch maßgebenden Begriffs der „Druckschrift" dahingehend bestimmt, daß solche Werke umfaßt seien, die „ihrem Wesen nach ein **Kommunikationsmittel**" sind, „dessen gedanklicher Inhalt für andere erst durch geistige Umsetzung beim angesprochenen Leser oder Betrachter existent wird und deshalb als etwas **Immaterielles,** in der gegenständlichen Welt nicht Faßbares" einen Bezeichnungsschutz erfordert. Er hat dann im Hinblick auf das streitgegenständliche Spiel den Schutz allerdings verneint, da in diesem Fall der „Waren- 47 charakter", nicht der geistige Inhalt (die Spielidee), im Vordergrund gestanden hätte. Trotz der Schwierigkeiten, die die Abgrenzung gerade im Hinblick auf Spiele bietet (zu Recht kritisch *Deutsch* GRUR 1994, 673, 675, der für die Praxis brauchbare Leitlinien vermißt) ist der Ansatz des BGH im Grundsatz doch zu teilen und wird auch durch den Wortlaut von § 5 Abs. 3 bestätigt. Bei der Bestimmung des durch § 5 Abs. 3 geschützten Kreises von Produkten muß zunächst erkannt werden, daß es sich um den **Ausnahmefall** eines produktbezogenen Schutzes ohne Eintragung und ohne Verkehrsgeltung handelt. Das System des Kennzeichenrechtes, nach dem Produkte nur Markenschutz, nicht aber von einer bloßen Benutzung abhängigen Namensschutz genießen können, wird hier zugunsten einer bestimmten Gruppe von Produkten durchbrochen. Zur Rechtfertigung ist zunächst darauf zu verweisen, daß bestimmte **geistige Werke** immer schon durch Titel individualisiert wurden. Bei geistigen Werken kommt der Individualisierung der Bezeichnung durch den Titel noch größere Bedeutung zu als bei sonstigen Waren: In aller Regel will der Käufer nicht irgendein Buch erwerben, sondern das bestimmte Buch eines bestimmten Autors. Er weiß auch, daß sich jedes Buch (zumindest graduell) von anderen Büchern unterscheidet. Bei geistigen Werken steht die individualisierende Produktbezeichnung deshalb stärker im Vordergrund als bei sonstigen Waren, die vielfach durch generischen Merkmalen bestimmt werden (1 Liter Milch unabhängig von der angebrachten Marke). Dementsprechend achtet der Verkehr auf die Bezeichnung der geistigen Werke in besonders hohem Maße. Darüber hinaus ist der genaue Inhalt des geistigen Werkes bei der Kaufentscheidung häufig nicht wahrnehmbar (das Buch muß erst gelesen werden, die CD gehört werden usw.). Dementsprechend ist der Verkehr wiederum besonders darauf angewiesen, daß eine eindeutige Zuordnung von Titel und Inhalt erfolgt. Auf eine unmittelbare Wahrnehmbarkeit kommt es auch nicht entscheidend an, vielmehr verdient jede unterscheidbare geistige Leistung auch Kennzeichenschutz (BGH WRP 1997, 1184 – *Power-Point*). Daraus ergibt sich für die Bestimmung der „sonstigen vergleichbaren Werke", daß ein geistiger Inhalt dominieren muß, die Kaufentscheidung also wesentlich von dem geistigen Inhalt und erst nachrangig von körperlichen Produktmerkmalen bestimmt wird. Indizwirkung kann die urheberrechtliche Schutzfähigkeit haben, auf die auch schon die gesetzliche Terminologie verweist. Ob eine solche vorwiegend geistige Prägung vorliegt, kann für bestimmte Werkkategorien u.U. nicht immer einheitlich bestimmt werden, zB können bei Spielen beide Fallgestaltungen möglich sein (zutreffend BGH GRUR 1993, 767 – *Zappel-Fisch*). Regelmäßig wird dieses Kriterium auch erfüllt sein bei **Computer-Software** (dazu BGH WRP 1997, 1184 – *PowerPoint* und WRP 1997, 1181 – *FTOS*), was in der Literatur zunächst umstritten war (bejahend zB *Lehmann* CR 1986, 373, 374; *Teplitzky* AfP 1997, 450, 451; *Deutsch* GRUR 1994, 673, 675; verneinend zB *Betten* GRUR 1995, 5, 7; *Zahrnt* BB 1996, 1570). Problematisch kann ein in Hardware integriertes Programm sein, zB ein auf einer „Playstation" fest installiertes Computerspiel. Hier ist wieder Frage des Einzelfalles, ob die **Hardware** mit ihren körperlichen Merkmalen dominiert, oder ob es dem Käufer auf das Spiel als geistiges Werk ankommt. Andere Fälle vergleichbarer Werke sind sowohl durch die Weiterentwicklung der elektronischen Medien denkbar, etwa **Datenbanken,** aber auch in traditionellen Bereichen, zB **Koch- oder Barrezepturen.**

3. Entstehung des Titelschutzes

a) Allgemeines. Wie bei den Unternehmenskennzeichen entsteht der Schutz des Werktitels durch Benutzungsaufnahme, sofern die notwendige originäre Kennzeichnungskraft vorliegt, wenn diese fehlt, erst mit Entstehung der Kennzeichnungskraft. Besonderheiten gelten allerdings sowohl hinsichtlich des relevanten Zeitpunkts der Benutzungsaufnahme, insbesondere durch Vorbereitungshandlungen (dazu unten Rdn. 49), andererseits aber auch hinsichtlich der Anforderungen an die Kennzeichnungskraft (dazu unten Rdn. 52 ff.). **48**

b) Benutzungsaufnahme. Liegt originäre Kennzeichnungskraft vor, beginnt der Werktitelschutz immer dann, wenn er für ein bestehendes Werk im geschäftlichen Verkehr benutzt wird, insbesondere also dann, wenn Werkstücke unter dem Titel in Verkehr gebracht werden (zB bei Druckschriften, Software), wenn das Filmwerk gezeigt oder das Musikwerk hörbar gemacht wird (vgl. BGHZ 108, 89, 92 – *Titelschutzanzeige*). Daneben ist der Titelschutz ohne weiteres zu bejahen, wenn das Werk bereits **fertiggestellt,** aber noch nicht in Verkehr gebracht worden ist (OLG Düsseldorf WRP 1985, 638 – *Mädchen hinter Gittern*). Unklar und umstritten ist allerdings, welche Vorbereitungshandlungen ausreichend sind, die vor der Fertigstellung des Werkes liegen. *Teplitzky* (GRUR 1993, 645, 647 und AfP 1997, 450, 452) will dies nur in einem sehr weit fortgeschrittenen Bearbeitungsstadium erlauben, da es anderenfalls an **49**

einem geeigneten Schutzobjekt fehle (ohne Werk kein Werktitelschutz). Für Software hat der BGH allenfalls die Vorverlegung auf „eine der Auslieferung des fertigen Produkts unmittelbar vorausgehende werbende Ankündigung" für zulässig gehalten eine Pilotversion genüge nicht (BGH WRP 1997, 1181 – *FTOS*; WRP 1997, 1184 – *PowerPoint*). Damit würde allerdings im Werktitelschutz ein strengerer Maßstab angelegt, als bei den Unternehmenskennzeichen, wo in Vorbereitungshandlungen zugelassen sind, ohne daß darauf abgestellt wird, ob das Unternehmen als solches sich bereits konstituiert hat. Mit *Deutsch* (GRUR 1994, 673, 678) sind deshalb auch weiterhin Vorbereitungsmaßnahmen als ausreichend anzusehen, sofern sie sich auf ein bestimmtes Werk beziehen (zB das Engagement eine Regisseurs zur Verfilmung eines Stoffes). Nicht ausreichend ist allerdings die bloße Idee oder Absicht, ein bestimmtes Werk zu schaffen, die sich noch nicht in konkreten Vorbereitungsmaßnahmen niedergeschlagen hat.

50   Eine weitere Vorverlegung des Titelschutzes (vor die Phase der Vorbereitungsarbeiten und damit auch vor die Existenz des Werkes selbst) findet durch die **Titelschutzanzeige** statt. Danach kann durch die öffentliche Ankündigung in branchenüblicher Weise (nämlich in einem der für Titelschutzanzeigen üblicherweise benutzten Medien) ein früherer Prioritätszeitpunkt für ein noch zu schaffendes Werk erlangt werden, vorausgesetzt das Werk erscheint innerhalb angemessener Frist unter dem Titel (BGHZ 108, 89, 96 – *Titelschutzanzeige*; OLG Köln GRUR 1989, 690, 693 – *High Tech*; OLG Hamburg AfP 1989, 680 – *Snow*; OLG München NJW-RR 1994, 556 – *Die da*). Allerdings muß auch das tatsächlich konkret vorbereitete Werk später veröffentlicht werden, ein anderes Werk gleichen Titels nach Ablauf der Titelschutzanzeige ist dafür nicht ausreichend (OLG Hamburg WRP 1996, 322 – *Titelschutzanzeige*). Der angemessene **Zeitraum** bestimmt sich nach der üblichen Vorbereitungsdauer für die Realisierung von entsprechenden Projekten, der unter Umständen auch deutlich über ein Jahr hinausgehen kann (zB bei wissenschaftlichen Buchveröffentlichungen), in der Regel aber nicht mehr als 6 Monate betragen wird (5 Monate bei Frauenzeitschrift noch angemessen: OLG Hamburg WRP 1981, 30, 31; 10 Monate unangemessen: OLG Hamburg AfP 1997, 815; 12 Monate unangemessen: OLG Köln GRUR 1989, 690, 692 – *High Tech*). Die Ankündigung kann zur Wahrung der Anonymität durch einen **Vertreter** erfolgen (BGHZ 108, 89, 96 – *Titelschutzanzeige*), sie kann auch gleichzeitig für mehrere Titel erfolgen, wenn noch nicht feststeht, welche Titel genau Verwendung finden

Geschäftliche Bezeichnungen **§ 5**

sollen (BGHZ 108, 89, 93 – *Titelschutzanzeige*). Im Hinblick auf die große Zahl denkbarer Titel, wird eine Titelblockade durch solche Mehrfachanzeigen nur in Ausnahmefällen zu befürchten sein.

Umstritten ist, ob neben der förmlichen Titelschutzanzeige auch **51 andere Verlautbarungen** an die Öffentlichkeit ausreichen können, wenn das Werk noch nicht das Stadium der Vorbereitungshandlungen erreicht hat. Das wird nur dann allgemein für zulässig gehalten, wenn für die entsprechende Werkart kein anerkanntes Titelschutzmedium zur Verfügung steht (was mittlerweile aber selbst für Software der Fall ist). Anderenfalls will *Teplitzky* (GRUR 1993, 645, 646) die „Fiktion" des vorwirkenden Titelschutzes nicht gewähren, dem ist mit *Deutsch* GRUR 1994, 673, 677 aber zu widersprechen: Wäre eine rechtserhebliche Unterrichtung der Öffentlichkeit von einer konkreten Benutzungsabsicht nur in bestimmten Medien möglich, würde dies zu einem sachlich nicht gerechtfertigten Monopol dieser Medien führen. Allenfalls wird man dem Ankündigenden die Darlegungs- und Beweislast dafür auferlegen müssen, daß seine Ankündigung von den beteiligten Verkehrskreisen auch zutreffend verstanden wurde.

c) Kennzeichnungskraft. Der Titel muß kennzeichnungskräf- **52** tig in dem Sinne sein, daß er geeignet ist, ein Werk von einem anderen zu unterscheiden. Auf die Herkunft aus einem bestimmten Unternehmen muß er nicht hinweisen, da dem Verkehr bekannt ist, daß zB Druckwerke in verschiedenen Auflagen auch in verschiedenen Verlagen erscheinen können. Das schließt nicht aus, daß im Einzelfall ein Titel auch einen betrieblichen Herkunftshinweis enthalten kann (BGH GRUR 1970, 141 – *Europharma*; BGH GRUR 1974, 661, 662 – *St. Pauli-Nachrichten*; BGHZ 102, 88, 91 – *Apropos Film*; BGH GRUR 1993, 692, 693 – *Guldenburg*). Zum erweiterten Schutzumfang in diesem Fall vgl. § 15 Rdn. 82.

aa) Originäre Kennzeichnungskraft. Gegenüber dem für **53** Unternehmenkennzeichen erforderlichen Grad an Originalität und Kennzeichnungskraft hat die Rechtsprechung im Bereich des Werktitelschutzes für bestimmte Kategorien von Werken die Anforderungen deutlich **vermindert.** Der Grund liegt darin, daß es häufig erforderlich ist, den Inhalt des Werkes (zB bei einem Sachbuch oder einer Fachzeitschrift) kurz und prägnant zu beschreiben, was häufig nur durch Bezeichnungen möglich ist, die jedenfalls an beschreibende Angaben eng angelehnt sind.

Darüber hinaus ist insbesondere im Bereich der **Zeitung** durch **54** die Bedeutung **geographischer Bestandteile** eine Gewöhnung

§ 5 Geschäftliche Bezeichnungen

des Verkehrs an weniger unterscheidungskräftige Titel eingetreten (zB „Berliner Zeitung", „Hamburger Abendblatt"). Ein Mindestmaß an Unterscheidungskraft ist allerdings weiter erforderlich. Bejaht wurde Unterscheidungskraft von BGH NJW-RR 1992, 11, 28 – *Berliner Morgenpost*; BGH GRUR 1963, 378, 379 – *Deutsche Zeitung*; OLG Freiburg GRUR 1951, 78 – *Offenburger Zeitung*; OLG Stuttgart GRUR 1951, 517 – *Cannstadter Zeitung*; OLG Düsseldorf GRUR 1983, 783, 794 – *Rheinische Post*; OLG Hamm GRUR 1988, 477 – *WAZ/WAS*.

55 Die großzügigen Maßstäbe werden auch angewandt auf **Zeitschriftentitel** (zunächst noch strenger BGH GRUR 1959, 45 – *Deutsche Illustrierte*; aber ohne Unterscheidung zwischen Zeitungs- und Zeitschriftentiteln in diesem Punkt BGH GRUR 1991, 153 – *Pizza & Pasta*) in der instanzgerichtlichen Rechtsprechung **bejaht** zB OLG Hamburg AfP 1997, 816 – *Szene Hamburg*; OLG Köln GRUR 1997, 663 – *FAMILY*; OLG Köln GRUR 1997, 63 – *PC-Welt*; OLG Köln GRUR 1995, 508 – *Sports Live*; OLG Köln GRUR 1989, 690 – *High Tech*; OLG Köln GRUR 1984, 751 – *Express*; OLG Köln GRUR 1980, 247 – *Capitol-Service*; OLG Köln GRUR 1994, 346 – *Die Geschäftsidee*; OLG München AfP 1986, 250 – *Logistik heute*; OLG Frankfurt AfP 1994, 238 – *Trans Aktuell*; OLG Hamburg NJW-RR 1996, 1004 – *Max*; OLG Hamburg AfP 1989, 680 – *Snow;* LG Hamburg AfP 1989, 677 – *Meine Masche*; LG Köln AfP 1990, 330 – *Karriere*; LG Hamburg AfP 1993, 670 – *TV Spielfilm*. Auch ohne Anlegung milderer Maßstäbe kennzeichnend sind wohl Bezeichnungen wie „Der Spiegel" (BGHZ 21, 85) oder „Spiegel der Woche" (BGH GRUR 1958, 141), „Der Nußknacker" (BGH GRUR 1959, 541) oder „Hobby" (BGH GRUR 1961, 232). Trotz der großzügigen Maßstäbe ist die Kennzeichnungskraft bei Zeitschriftentiteln gelegentlich **verneint** worden (BGH GRUR 1959, 45 – *Deutsche Illustrierte*; BGH GRUR 1957, 276 – *Star-Revue*; OLG Stuttgart GRUR 1951, 38 – *Das Auto*; OLG Hamburg AfP 1992, 160 – *Snow-Board*).

56 Seit der *Pizza & Pasta*-Entscheidung des BGH (GRUR 1991, 153) wird man auch bei **Sachbuchtiteln** von ähnlichen Maßstäben ausgehen müssen (**bejaht zB** OLG Karlsruhe GRUR 1986, 554 – *Abenteuer heute*; OLG München GRUR 1993, 991 – *Deutsch im Alltag*; OLG München CR 1995, 394 – *Multimedia*); **einschränkend** für **Untertitel** einer Buchreihe BGH NJW 1993, 488 – *Verschenktexte II*. Warum bei Sachbüchern, die ihrerseits in prägnanter Form über den Inhalt informieren müssen, ein anderer Maßstab als bei Zeitschriften gelten soll, (so aber *Löffler*, Presserecht, BT Titel-

Geschäftliche Bezeichnungen **§ 5**

schutz Rdn. 37) ist nicht verständlich. Vielmehr wird auch hier zu fragen sein, ob der Verkehr gewöhnt ist, aufgrund der tatsächlichen Handhabung auf geringe Unterschiede zu achten. Das ist bei Sachbüchern regelmäßig der Fall. **Verneint** wurde die Kennzeichnungskraft etwa hinsichtlich der Buchtitel „Geschichte der arabischen Völker" (LG Hamburg AfP 1993, 775) und „Wellness" (LG München I GRUR 1991, 931).

Auch bei **Rundfunkprogrammen** sind die Anforderungen an 57 die Kennzeichnungskraft gering (BGH GRUR 1993, 769 – *Radio Stuttgart*; BGH NJW 1988, 16, 72 – *Apropos Film*). In welchem Umfang die genannten Erleichterungen auch bei **anderen Werken** in Betracht kommen, ist noch nicht abschließend geklärt. Immer wird danach zu fragen sein, ob es für das Publikum darauf ankommt, eine schlagwortartige Information über den Inhalt zu bekommen und ob der Verkehr sich darüber klar ist, daß er deshalb auf Unterschiede stärker achten muß. Im Software-Bereich stehen reine Phantasiebezeichnungen (zB JAVA), neben assoziativen Bezeichnungen (WINDOWS) und beschreibenden Titeln (WORD). Das spricht gegen eine Übertragung der oben genannten Grundsätze.

bb) Kennzeichnungskraft durch Verkehrsgeltung. Wie 58 hinsichtlich der Unternehmenskennzeichen kann auch der Werktitel Schutz durch Verkehrsgeltung erlangen (schon BGH GRUR 1959, 45 – *Deutsche Illustrierte*). Es gilt das oben zu den Unternehmenskennzeichen Ausgeführte (Rdn. 27 ff.), allerdings mit der Besonderheit, daß es nicht auf die Zuordnung zu einem bestimmten Inhaber ankommt, vielmehr ist ausreichend, daß der Verkehr der Auffassung ist, daß der (eigentlich nicht kennzeichnungskräftige) Titel ein bestimmtes Werk bezeichne, nicht etwa eine Werkkategorie.

4. Ende des Titelschutzes

a) Aufgabe des Gebrauchs. Wie bei den Unternehmens- 59 kennzeichen endet auch beim Werktitel der Schutz mit der Aufgabe des Gebrauchs. Wann das vorliegt, ist nach den Umständen des Einzelfalles zu beurteilen. Erscheint eine periodische Druckschrift nicht mehr, stellt sich die Frage, ob der Verkehr aus dem gesamten Verhalten des Titelinhabers (in der Regel des Verlags) erkennen kann, daß sie nicht zu einem späteren Zeitpunkt wieder fortgeführt werden soll (BGH GRUR 1959, 45 – *Deutsche Illustrierte*; BGH GRUR 1959, 541 – *Nußknacker*). Wiederum kann bei erzwungener Einstellung, etwa durch Kriegseinwirkung, eine großzügigere Betrachtung geboten sein. Bei den heute normalerweise geltenden Wirtschaftsverhältnissen ist jedenfalls eine Unterbrechung von vier Jahren als zu lang anzusehen (OLG Köln GRUR 1997, 63 – *PC-Welt*). Bei Büchern erlischt das Titelrecht nicht schon damit, daß das Buch vergriffen ist, da der Verkehr weiß, daß Autoren häufig erst nach längerer Zeit „wiederentdeckt" werden und größere Abstände zwischen einzelnen Auflagen keine Seltenheit sind (BGH GRUR 1960, 346 – *Naher Osten*). Bei Sachbüchern, die inhaltlich völlig überholt sind, so daß der Verkehr nicht mit einer Neuauflage rechnet, mag dies anders sein (KG GRUR 1988, 158 – *Who's who*), wobei sorgfältig zu prüfen ist, ob nicht ggf. eine wesentlich überarbeitete oder aktualisierte Neuauflage in Betracht kommen kann, die vom Verkehr noch immer als Fortsetzung des ursprünglichen Werks angesehen wird. Da der Titelschutz ohnehin vom Urheberrechtsschutz des zugrundeliegenden Werks nicht abhängig ist (oben Rdn. 47), spielt es auch keine Rolle, ob das zugrundeliegende Werk gemeinfrei geworden ist. Der Titelschutz besteht fort, solange der Verkehr mit Neuauflagen des Werkes rechnet. Allerdings wird der Titel in dem Sinne gemeinfrei, daß er von jedem für das damit bezeichnete Werk verwendet werden kann (vgl. § 15 Rdn. 78). Die Ansprüche bestehen dann jeweils zugunsten des Benutzers gegen Dritte, die den Titel für andere Zwecke verwenden.

60 **b) Wegfall der Verkehrsgeltung.** Ist der Titel nur aufgrund von Verkehrsgeltung geschützt, da es an ursprünglicher Unterscheidungskraft mangelt, kann der Schutz entfallen, wenn die Verkehrsgeltung entfällt. Praktisch kommt das vor allem dann in Betracht, wenn ein ursprünglich nur aufgrund von Verkehrsgeltung geschützter Titel längere Zeit nicht benutzt worden ist (etwa durch Kriegseinwirkung, vgl. BGH GRUR 1959, 45 – *Deutsche Illustrierte*).

61 **c) Akzessorietät des Titels?** Der Titel ist hinsichtlich seiner **Entstehung** mit einem bestimmten Werk verknüpft (oben Rdn. 48), einen isolierten Titelschutz, ohne Werk, auf das er sich beziehen könnte, gibt es nicht. Die Titelschutzrechte stehen dementsprechend zunächst dem Autor zu (BGH GRUR 1990, 218 – *Verschenktexte I*). Das kann im Einzelfall anders sein, wenn der Verlag für eine von verschiedenen Verfassern herausgegebene Buchreihe den Titel gewählt hat, die Rechte daran stehen dann dem Verlag zu (BGH GRUR 1980, 227, 232 – *Monumenta Germaniae Historica*).

Die Rechte an dem Werktitel können vom Autor an den Verlag **übertragen** werden, ggf. auch mit Wirkung gegen Dritte, jedenfalls dann, wenn auch die Nutzungsrechte an dem zugrundeliegenden Werk übertragen werden (einschränkend OLG München ZUM 1994, 651, 652: Übergang der Titelrechte nur bei Einräumung umfassender Nutzungsrechte). Fehlt es an einer ausdrücklichen vertraglichen Regelung, kann in Analogie zu § 27 Abs. 2 davon ausgegangen werden, daß die Titelrechte zusammen mit den Rechten am Werk übergehen (vgl. auch § 27 Rdn. 4). Ob aus der engen Bindung des Titels an das Werk bei der Entstehung auch zu schließen ist, daß der Titel ohne daß Werk nicht übertragen werden kann, war schon zu § 16 UWG nicht eindeutig geklärt (so scheint BGH GRUR 1990, 218, 220 – *Verschenktexte I* von der Möglichkeit auszugehen, daß Rechte am Werktitel und am zugrundeliegenden Werk auseinanderfallen können, wobei nicht klar ist, ob insoweit nur eine schuldrechtliche oder dingliche Rechtseinräumung gemeint ist). Eine strenge Akzessorietät ist aber schon deshalb nicht gerechtfertigt, weil bei vielen Werkgattungen das zugrundeliegende Werk sich ständig ändert (auch wenn der Grundcharakter vielleicht gleich bleibt), etwa bei Zeitungen und Zeitschriften, die für jede Nummer neu zu erstellen sind. Darüber hinaus spricht gerade auch in diesem Bereich ein praktisches Bedürfnis für die freie Übertragbarkeit: Werden Rechte an einer Zeitschrift von einem Verlag an einen anderen Verlag veräußert, wird dieser häufig ein erhebliches Interesse daran haben, eigene inhaltliche Vorstellungen umzusetzen. Der Erwerber wird den Titel vor allem als Zugang zur Leserschaft sehen, vielleicht auch als Aussage über die allgemeine Ausrichtung des Werkes. Die konkrete inhaltliche Gestaltung kann sich aber – wie auch der Verkehr weiß – jederzeit auch erheblich ändern. Mit *Schricker* (FS Vieregge 775, 786 ff.) ist daher die freie Übertragbarkeit des Titelrechts unabhängig vom Übergang des zugrundeliegenden Werkes – und zwar mit dinglicher Wirkung d.h. in prioritätserhaltener Weise – zu bejahen (aA *Fezer* § 15 Rdn. 170).

5. Sonstige Rechtsgrundlagen für den Titelschutz

Der Titel kann aufgrund anderer Vorschriften geschützt sein, soweit deren Voraussetzungen vorliegen, vgl. auch § 2.

a) Markenrecht. Zunächst kommt die Eintragung des Titels als Marke in Betracht. Daß der Verkehr den Titel nicht (primär) als Hinweis auf die Herkunft aus einem bestimmten Geschäftsbetrieb verstehen mag, ist unerheblich. Ausreichend ist, daß der Titel Unterscheidungskraft aufweist. Allerdings gelten hinsichtlich der absoluten Schutzhindernisse des § 8 Abs. 2 die allgemeinen Regeln. Die im Titelschutz angelegten großzügigeren Maßstäbe kommen nicht zur Anwendung (BPatG Mitt. 1997, 224 – *GOURMET*). Praktische Bedeutung hat der Markenschutz vor allem deshalb erlangt, weil er die Verwertung des Titels in anderen Produktkategorien im Wege des Merchandising erleichtert (BGH NJW 1988, 672 – *Apropos Film I*; BGH GRUR 1988, 211 – *Wie hammas denn?*; BGH GRUR 1980, 227, 232 – *Monumenta Germaniae Historica*). Die früher teilweise engere Rechtsprechung (zB BGH GRUR 1958, 500, 502 – *Mecki-Igel*) ist überholt (differenzierend zum WZG auch noch BGH GRUR 1993, 692, 693 – *Guldenburg*). Dementsprechend kommt bei hinreichender Verkehrsgeltung auch Schutz nach § 4 Nr. 2 in Betracht, ebenso wie als Unternehmenskennzeichnung gem. § 5 Abs. 2.

64   **b) Urheberrecht.** Titel sind nur im Ausnahmefall urheberrechtlich geschützt. Wiederum gelten keine Besonderheiten gegenüber den Anforderungen für den Urheberrechtsschutz im Allgemeinen. Der bloße Umstand, daß der Titel ein urheberrechtsfähiges Werk bezeichnet, macht den isolierten Titel noch nicht schutzfähig. Ob der isolierte Titel Urheberrechtsschutz genießt, bestimmt sich somit danach, ob er die notwendige Originalität und Schöpfungshöhe aufweist, um die Schutzfähigkeit als Sprachwerk, (§ 2 Abs. 1 Nr. 1 UrhG) zu begründen. In aller Regel werden die kurzen und häufig beschreibenden Titel diesen Anforderungen nicht genügen können (BGHZ 26, 53, 59 f. – *Sherlock Holmes*; BGH GRUR 1960, 346 – *Naher Osten*; BGH GRUR 1977, 543, 544 – *Der 7. Sinn*; BGH GRUR 1990, 218, 219 – *Verschenktexte I*). Entgegen der früher zum Teil großzügigeren Rechtsprechung (zB OLG München Ufita 23 (1957), 217 – *Bis das der Tod Euch scheidet*; OLG Köln GRUR 1962, 534 – *Der Mensch lebt nicht vom Lohn allein*) ist hier eine Ausweitung des Schutzes nicht angezeigt. Zum einen besteht im Hinblick auf § 5 Abs. 3 sowie die Möglichkeit, Markenschutz nach § 4 zu erlangen, weder eine Schutzlücke noch ein ersichtliches wirtschaftliches Bedürfnis. Zum anderen würde eine Ausweitung des Urheberschutzes in diesem Bereich zu Wertungswidersprüchen mit den Anforderungen an Sprachwerke in anderen Bereichen, zB bei Werbeslogans, vgl. § 8 Rdn. 36, führen.

§ 6 Vorrang und Zeitrang

(1) Ist im Falle des Zusammentreffens von Rechten im Sinne der §§ 4, 5 und 13 nach diesem Gesetz für die Bestimmung des Vorrangs der Rechte ihr Zeitrang maßgeblich, wird der Zeitrang nach den Absätzen 2 und 3 bestimmt.

(2) Für die Bestimmung des Zeitrangs von angemeldeten oder eingetragenen Marken ist der Anmeldetag (§ 33 Abs. 1) oder, falls eine Priorität nach § 34 oder nach § 35 in Anspruch genommen wird, der Prioritätstag maßgeblich.

(3) Für die Bestimmung des Zeitrangs von Rechten im Sinne des § 4 Nr. 2 und 3 und der §§ 5 und 13 ist der Zeitpunkt maßgeblich, zu dem das Recht erworben wurde.

(4) Kommt Rechten nach den Absätzen 2 und 3 derselbe Tag als ihr Zeitrang zu, so sind die Rechte gleichrangig und begründen gegeneinander keine Ansprüche.

Inhaltsübersicht

	Rdn.
I. Allgemeines	1–6
1. Überblick	1–3
a) Bedeutung der Priorität	1, 2
b) Aufbau der Vorschrift	3
2. Früheres Recht	4
3. MRRL	5
4. Gemeinschaftsmarkenrecht	6
II. Prioritätsgrundsatz (Abs. 1)	7–15
1. Ausgangspunkt	7
2. Zusammentreffen von Kennzeichenrechten	8–10
a) Kennzeichenrechte unterschiedlicher Inhaber	8
b) Gegenüberstehende Rechte	9
c) Zusammentreffen	10
3. Maßgeblichkeit des Zeitranges	11
4. Inhaber der Priorität	12
5. Priorität bei Veränderung des Schutzumfanges	13
6. Zwischenrechte	14
7. Änderung der Form des Kennzeichens	15
III. Zeitrang von eingetragenen Marken des § 4 Nr. 1 (Abs. 2)	16–20
1. Anmeldetag bei inländischen Marken	16
2. Inanspruchnahme einer ausländischen Priorität	17
3. Ausstellungspriorität	18
4. Anmeldepriorität verkehrsdurchgesetzter Zeichen	19
5. Verschiebung des Zeitrangs bei Mängeln der Anmeldung	20

§ 6 Vorrang und Zeitrang

	Rdn.
IV. Nichteingetragene Kennzeichen (Abs. 3)	21–26
V. Kennzeichen mit gleicher Priorität	27–29
1. Maßgeblichkeit des Prioritätstages	27
2. Koexistenz	28, 29
VI. Sonderregelungen aufgrund von Übergangsvorschriften	30–32
1. Nach dem WZG nicht schutzfähige Marken	30
2. Dienstleistungsmarken	31
3. Erstreckungsgesetz	32

Literatur: *Schöne/Wüllrich*, Das Prioritätsprinzip im Markenrecht am Beispiel der Kollision von älterer Marke und jüngerer geschäftlicher Bezeichnung, WRP 1997, 514

I. Allgemeines

1. Überblick

1 **a) Bedeutung der Priorität.** Das Kennzeichenrecht wird vom Grundsatz der Priorität beherrscht. Wer sein Kennzeichenrecht früher erworben hat, kann sich grundsätzlich gegenüber demjenigen durchsetzen, der sein Kennzeichenrecht erst später erworben hat, soweit keine Ausnahmetatbestände, wie zB Verwirkung (§ 21), eingreifen. Das Prioritätsprinzip ist somit grundlegend für die Berechtigung sowohl im Widerspruchs- und Löschungsverfahren, als auch für das Verletzungsverfahren vor den ordentlichen Gerichten.

2 § 6 begründet das Prioritätsprinzip nicht, sondern setzt es voraus und trifft nähere Regelungen hinsichtlich der Bestimmung des maßgebenden Prioritätstages. Die Geltung des Prioritätsprinzips ergibt sich insbesondere aus dem Vorrang der älteren Rechte in §§ 9–13 und 42. Der Prioritätsgrundsatz gilt zwischen allen Kennzeichenarten. Wie der Verweis auf § 13 zeigt, sind eingetragene Marken zB auch gegen Ansprüche aus geographischen Herkunftsangaben geschützt, wenn diese erst zu einem späteren Zeitpunkt entwickelt haben. Die Wirkung des Prioritätsgrundsatzes kann in besonderen Fällen eingeschränkt sein. Im Fall der Gleichnamigkeit kann dem Prioritätsjüngeren die Verwendung seines Namens zwar nicht untersagt werden, ihn trifft aber die primäre Verpflichtung, die Verwechslungsgefahr durch Hinzufügen unterscheidungskräftiger Zusätze möglichst herabzusetzen (siehe § 23 Rdn. 15 ff.). In besonders begründeten Ausnahmefällen kann auch

§ 1 UWG zu einer anderen Beurteilung führen, so zB wenn die Anmeldung des prioritätsälteren Zeichens in Kenntnis einer bevorstehenden Zeichenanmeldung eines Konkurrenten in Behinderungsabsicht erfolgt ist (Vor §§ 14–19 Rdn. 100 ff.). Da der Prioritätsgrundsatz als wesentliches Instrument der Rechtssicherheit selbst einen hohen Gerechtigkeitsgehalt aufweist, sind Durchbrechungen nur in klaren und eindeutigen Fällen angebracht. Der Prioritätsgrundsatz gilt in gleicher Weise für die im Verletzungsprozeß geltend zu machenden Ansprüche (§§ 14 ff.) für das Widerspruchsverfahren (§ 42) und die Löschungsklage (§ 51).

b) Aufbau der Vorschrift. Absatz 1 regelt zunächst den Grundsatz der Priorität und die Rechte, auf die er anwendbar ist. Absatz 2 erklärt den Anmeldetag oder die in Anspruch genommene sonstige Priorität im Fall der angemeldeten und eingetragenen Marken für maßgebend. Absatz 3 regelt den Prioritätszeitpunkt bei den ohne Eintragung durch bloße Benutzung erworbenen Rechten. Absatz 4 regelt den Fall des Zusammentreffens von Rechten mit gleichem Prioritätstag. 3

2. Früheres Recht

Das WZG regelte den Prioritätsgrundsatz nicht in einer eigenen Vorschrift, doch zeigte § 5 Abs. 4 WZG für das Widerspruchsverfahren, daß das ältere Zeichen Vorrang genoß. Dementsprechend enthielt auch § 11 Abs. 1 Nr. 1 WZG für die Löschungsklage einen Anspruch des Inhabers der älteren Anmeldung. § 16 UWG enthielt den Prioritätsgrundsatz ebenfalls nicht ausdrücklich, er war dort aber in gleicher Weise maßgebend (für Titelrechte zB BGHZ 21, 85, 95 – *Spiegel*; für Unternehmenskennzeichen zB BGH GRUR 1957, 426, 428 – *Getränke-Industrie*; BGH GRUR 1977, 505 – *Datenzentrale*; BGH GRUR 1989, 856, 858 – *Commerzbau*). 4

3. MRRL

Die MRRL regelt das Prioritätsprinzip in Art. 4, wo der Vorrang der älteren Rechte für das Eintragungs- und Löschungsverfahren angeordnet wird. 5

4. Gemeinschaftsmarkenrecht

Die Artikel 29–33 GMVO regeln das Prioritätsrecht an Gemeinschaftsmarken sowie die Inanspruchnahme der Priorität nationaler Marken, sie entsprechen damit eher §§ 33, 34 als § 6. 6

II. Prioritätsgrundsatz (Abs. 1)

1. Ausgangspunkt

7 § 6 Abs. 1 regelt einen Teilbereich der primär von §§ 9–13 geregelten Kollision von Kennzeichenrechten (unten 2.). Die Priorität ist ein Tatbestandsmerkmal anderer Vorschriften, so insbesondere der relativen Schutzhindernisse des § 9 und (ungeschrieben) der Verletzungsansprüche der §§ 14 ff. Dementsprechend enthält § 6 keine eigene Rechtsfolge. Ob Konsequenzen aus der Prioritätslage entstehen, ist vielmehr – mit Ausnahme der notorischen Marken des § 10 – der Entscheidung des Inhabers der prioritätsälteren Marke überlassen.

2. Zusammentreffen von Kennzeichenrechten

8 **a) Kennzeichenrechte unterschiedlicher Inhaber.** Die Frage der Priorität spielt nur dann eine Rolle, wenn Kennzeichenrechte unterschiedlicher Inhaber zusammentreffen. Hat etwa im Fall von § 14 der Verletzer kein eigenes Kennzeichenrecht erlangt, spielt die Priorität keine Rolle. Ebenso kommt es auf die Priorität der bloßen Benutzung der Kennzeichnung nicht an, wenn eine nicht verkehrsdurchgesetzte bloße Produktbezeichnung vorliegt oder wenn an der Unternehmensbezeichnung mangels Kennzeichnungskraft und Verkehrsgeltung noch kein Recht im Sinne von § 5 entstanden ist. Ein Vorbenutzungsrecht kennt das MarkenG nicht.

9 **b) Gegenüberstehende Rechte.** § 6 gilt nicht nur für die Kollision mit den Marken des § 4 und den geschäftlichen Bezeichnungen des § 5, sondern gilt – wie der Hinweis auf § 13 zeigt – auch für alle sonstigen Rechte, sofern Kollisionen zwischen ihnen vorliegen können. § 6 Abs. 1 nimmt damit die in § 12 geregelte Gleichwertigkeit aller Kennzeichenrechte auf, bezieht aber auch die in § 13 genannten sonstigen Rechte ein.

10 **c) Zusammentreffen.** § 6 regelt nicht, unter welchen Voraussetzungen ein „Zusammentreffen" im Sinne einer Kollision vorliegt. Dies richtet sich vielmehr nach der für den jeweils älteren Rechte geltenden Kollisionsnorm, also im Widerspruchsverfahren nach §§ 9 ff., im Verletzungsprozeß nach §§ 14, 15 usw. Ist das ältere Recht eines der sonstigen Rechte des § 13, kommt es wiederum darauf an, ob das jüngere Kennzeichenrecht gerade den Verletzungstatbestand dieses Rechts erfüllt, ob also zB durch

Vorrang und Zeitrang **§ 6**

die kennzeichenmäßige Benutzung Urheberrechte verletzt werden (§ 13 Rdn. 10). Ob ein Zusammentreffen von Kennzeichen vorliegt, wird durch § 6 also nicht geregelt, diese Frage richtet sich vielmehr nach den jeweilig maßgebenden Anspruchsgrundlagen, insbesondere des §§ 9 ff. zu beurteilen.

3. Maßgeblichkeit des Zeitranges

§ 6 Abs. 1 ordnet nicht an, daß beim Zusammentreffen von 11 Rechten immer der Zeitrang maßgeblich ist. Vielmehr verweist § 6 Abs. 1 („soweit nach diesem Gesetz ... maßgeblich") auf die Gesamtheit der übrigen Regelungen. Dabei ist zum einen zu berücksichtigen, daß der Vorrang nicht immer ausdrücklich als Tatbestandsmerkmal aufgeführt wird (zB nicht in §§ 14 und 15), sondern stillschweigend vorausgesetzt wird (vgl. § 14 Rdn. 19 ff. und § 15 Rdn. 11 ff.). Darüber hinaus gibt es eine Reihe von Konstellationen, in denen es nicht auf den Prioritätstag ankommt, zB beim Recht der Gleichnamigen (dazu § 23 Rdn. 15 ff.), aber auch in sonstigen Fällen, bei denen Einreden entgegenstehen, besonders die Verwirkung, § 21. § 22 regelt Ausnahmen vom Prioritätsgrundsatz für sog. „Zwischenrechte", die zwar prioritätsjünger sind, gegen die aber ein Löschungsantrag keinen Erfolg hätte.

4. Inhaber der Priorität

§ 6 regelt nicht ausdrücklich, wer sich auf die Priorität berufen 12 kann. Im Regelfall ist dies der Inhaber des jeweiligen Rechts, wobei sich die Inhaberstellung wiederum nach der Art des Rechts richtet (bei eingetragenen Marken zB § 7, bei Unternehmenskennzeichen der Inhaber des Unternehmens), zu den Benutzungsmarken des § 4 Nr. 2 vgl. § 4 Rdn. 21. Weniger eindeutig ist, ob sich auch der Lizenznehmer auf die Priorität des lizensierten Zeichens berufen kann. Das ist dann möglich, wenn die Lizenzeinräumung mit dinglicher Wirkung erfolgt ist, darüber hinausgehend aber auch bei einer nur schuldrechtlichen Nutzungseinräumung dann, wenn der Lizenzgeber seinerseits gegen den Angreifer aufgrund einer besseren Priorität vorgehen könnte (BGH GRUR 1993, 574, 575 – *Decker*; sowie § 30 Rdn. 7; Vor §§ 27–31 Rdn. 8). Diese Analogie zu § 986 BGB ist auch im Aktivprozeß des Lizenznehmers gegen den Dritten dann zu berücksichtigen, wenn er vom Lizenzgeber das Recht zur selbständigen Geltendmachung der Unterlassungsansprüche eingeräumt erhalten hat (§ 30 Abs. 3), zumindest muß anzunehmen sein, daß der Lizenzgeber mit dem Vorgehen ein-

§ 6 Vorrang und Zeitrang

verstanden ist (vgl. BGH GRUR 1995, 117, 120 – *NEUTREX*). Im einzelnen zur Einrede aus fremden Rechten § 14 Rdn. 22 f.

5. Priorität bei Veränderung des Schutzumfanges

13 Im Laufe der Zeit kann sich der Schutzumfang eines gewerblichen Schutzrechts verändern. Das kann schon hinsichtlich der Frage der Entstehung des Kennzeichenrechts gelten, wenn es um ein aufgrund von Verkehrsgeltung entstehendes Zeichen des § 4 Nr. 2 oder eine von Hause aus nicht unterscheidungskräftige Unternehmensbezeichnung im Sinne des § 5 handelt. Entsteht der Schutz nur regional begrenzt, was wiederum sowohl bei § 4 Nr. 2 (§ 4 Rdn. 18) als auch bei § 5 (§ 5 Rdn. 30) in Frage kommt, ist es denkbar, daß sich der Schutz im Laufe der Zeit auf ein größeres geographisches Gebiet ausdehnt. Ebenso ist denkbar, daß in unterschiedlichen geographischen Gebieten Rechte für verschiedene Inhaber entstehen, die kollidieren, wenn eine Ausdehnung des geographischen Schutzbereiches stattfindet (dazu zB BGH GRUR 1958, 90 – *Hähnel*; BGH GRUR 1985, 72 – *Consilia*; BGH GRUR 1991, 155 – *Rialto*). Denkbar ist auch, daß der Schutzbereich einer Marke oder geschäftlichen Bezeichnung sich dadurch verändert, daß sie zur bekannten Kennzeichnung wird (§ 14 Abs. 2 Nr. 3, § 15 Abs. 3). Der dann auch auf nicht ähnliche Waren oder Dienstleistungen ausgedehnte Schutzbereich, genießt nicht die Priorität des „Kernbereichs", sondern gilt erst ab dem Zeitpunkt, in dem der erforderliche Bekanntheitsgrad erlangt worden ist (dazu § 22 Rdn. 5 ff.). Unterlassungsansprüche sind gegen solche Kennzeichen nicht gegeben, die erst nach ihrer Entstehung von einer Erweiterung des Schutzbereiches durch die später entstehende Bekanntheit der Marke betroffen werden, §§ 22 Abs. 1 Nr. 1, 51 Abs. 3. Zum Sonderfall der Vorwirkung der MRRL vgl. § 156 Rdn. 4.

6. Zwischenrechte

14 Einen Sonderfall der diskutierten Veränderung des Schutzumfanges betrifft die Situation, daß die prioritätsältere Marke wegen Verfalls oder absoluter Schutzhindernisse ganz oder teilweise löschungsreif war oder ist. Der praktisch wichtigste Fall ist die Löschungsreife wegen mehr als fünfjähriger Nichtbenutzung, §§ 49 Abs. 1 S. 1, 26 MarkenG. Dabei kann die Löschungsreife auch hinsichtlich nur eines Teiles der Waren oder Dienstleistungen des Verzeichnisses eintreten, wenn sie im übrigen benutzt ist (dazu § 49 Rdn. 22). Die

Benutzung kann zwar auch nach Eintritt der Löschungsreife grundsätzlich – soweit nicht bereits die Einrede der Nichtbenutzung erhoben ist, bzw. Löschungsantrag gestellt wurde, vgl. § 49 Rdn. 13 ff. – jederzeit wieder aufgenommen werden, womit die Marke Schutz mit der Priorität der Anmeldung erhält (BGH GRUR 1987, 825, 826 – *Helopyrin*; BGH GRUR 1983, 764, 767 – *Haller II*). Im Zeitraum zwischen Eintritt der Löschungsreife (also fünf Jahre nach Eintragung) und der Wiederaufnahme der Benutzung können aber Rechte entstanden sein, gegen die der Markeninhaber zum Zeitpunkt ihrer Anmeldung nicht hätte vorgehen können, da zB einem Widerspruch die Einrede der Nichtbenutzung entgegengestanden wäre, § 43 Abs. 1. Unter diese sogenannten „Zwischenrechte" fallen weiter alle diejenigen Rechte, die bereits vor Eintritt der Löschungsreife angemeldet waren, gegen die der Markeninhaber aber während der Benutzungsschonfrist nicht vorgegangen ist (BGH GRUR 1974, 276, 278 – *King*). Die spätere Aufnahme der Benutzung kann die Löschungsreife dann nicht heilen. Gegenüber solchen Zwischenrechten wirkt deswegen die Heilung durch die Benutzungsaufnahme erst mit der Priorität der Benutzungsaufnahme. Damit kann der Markeninhaber gegen sie nicht mehr vorgehen (§§ 22 Abs. 1 Nr. 2, 55 Abs. 3 S. 3). Umgekehrt kann auch der Inhaber des Zwischenrechts nicht die Löschung des älteren Zeichens fordern (BGH GRUR 1978, 642, 644 – *Silva*; BGH GRUR 1983, 764, 767 – *Haller II*) und auch nicht gegen die Benutzung durch den Inhaber des älteren Zeichens vorgehen, was jetzt ausdrücklich in § 22 Abs. 2 geregelt ist, aber auch schon in der früheren Rechtsprechung anerkannt war (BGH GRUR 1987, 825, 826 – *Helopyrin*).

7. Änderung der Form des Kennzeichens

Wird die Marke gegenüber der eingetragenen Form mehr als nur unwesentlich verändert, wird das ältere Kennzeichen nicht mehr rechtserhaltend benutzt (§ 26 Rdn. 76 ff.). Ob das tatsächlich benutzte Kennzeichen überhaupt Schutz genießt, richtet sich danach, ob ein Entstehungstatbestand auch ohne Eintragung vorliegt, zB als Unternehmenskennzeichen des § 5. Auch in diesem Fall entsteht aber durch die Benutzungsaufnahme des veränderten Zeichens ein neues Kennzeichenrecht mit neuer Priorität, die nicht auf diejenige des früheren Kennzeichens zurückbezogen werden kann (BGH GRUR 1973, 661 – *Metrix*, BGH GRUR 1995, 505 – *APISERUM*).

III. Zeitrang von eingetragenen Marken des § 4 Nr. 1 (Abs. 2)

1. Anmeldetag bei inländischen Marken

16 Markenschutz entsteht erst mit der Eintragung, § 4 Rdn. 6, nicht mit der Benutzungsaufnahme oder der Anmeldung. Trotzdem stellt § 6 Abs. 2 auf den Anmeldetag ab, um Unbilligkeiten durch möglicherweise unterschiedliche Verfahrensdauer in unterschiedlichen Abteilungen und interne Verwaltungsabläufe beim DPA zu vermeiden. Der Anmeldetag bestimmt sich nach § 33 Abs. 1, er ist im Register zu vermerken, § 18 Nr. 12 MarkenV. Demgegenüber ist der Eintragungstag für den Zeitrang unerheblich. Erforderlich ist allerdings, daß die Anmeldung auch zur Eintragung führt. Wird die Anmeldung zurückgenommen oder der Antrag endgültig zurückgewiesen, kann bei einer später wiederholten Anmeldung nur der Zeitrang der zweiten Anmeldung in Anspruch genommen werden.

2. Inanspruchnahme einer ausländischen Priorität

17 § 6 Abs. 2 verweist auf § 34. Dort ist geregelt, in welcher Weise die ausländische Priorität wirksam in Anspruch genommen werden kann, während § 6 Abs. 2 die ausdrückliche Regelung enthält, daß die ausländische Priorität auch im Inland wie die inländische Priorität zu behandeln ist. Hinsichtlich der Einzelheiten vgl. die Kommentierung zu § 34. Nicht ausdrücklich erwähnt ist in § 6, daß für **IR-Marken** ebenfalls eine Sonderregelung der Priorität gilt, nämlich der Tag der Anmeldung der in Anspruch genommenen ausländischen Basismarke, wenn die Voraussetzungen von Art. 3 Abs. 4 MMA bzw. Art. 3 Abs. 4 MMP vorliegen, unabhängig vom Zeitpunkt der Schutzerstreckung auf die Bundesrepublik Deutschland (§ 112 Abs. 1).

3. Ausstellungspriorität

18 § 35 regelt die Voraussetzungen der bisher nicht sondergesetzlich geregelten Rückbeziehung der Priorität auf den Zeitpunkt der Zurschaustellung auf einer Ausstellung (dazu auch § 12 Nr. 15 MarkenV). Wiederum gilt, daß § 6 Abs. 2 die Rechtsfolge (Beachtlichkeit) der in Anspruch genommenen Priorität regelt, während § 35 die Voraussetzungen für die Inanspruchnahme enthalten. Im einzelnen wird auf die Kommentierung zu § 35 verwiesen.

4. Anmeldepriorität verkehrsdurchgesetzter Zeichen

§ 6 Abs. 2 differenziert hinsichtlich der Marken von § 4 Nr. 2 **19** nicht zwischen solchen, die ohne weiteres eintragungsfähig sind, und solchen, die wegen entgegenstehender Schutzhindernisse nach § 8 Abs. 2 Nr. 1–3 nur aufgrund von Verkehrsdurchsetzung gemäß § 8 Abs. 3 eingetragen werden können. Hinsichtlich dieser Marken wird § 6 durch § 37 Abs. 2 und § 25 MarkenV ergänzt, wonach der Anmeldung nur der Zeitrang zuerkannt wird, zu dem die Verkehrsgeltung erreicht wurde. Bei länger laufenden Eintragungsverfahren ist es schon aus praktischen Gründen kaum möglich, die Verkehrsgeltung für den Zeitpunkt des Anmeldetages festzustellen, da die Verkehrsauffassung hinsichtlich eines länger zurückliegenden Zeitpunktes nicht mit hinreichender Sicherheit feststellbar ist (BGH GRUR 1968, 371, 376 – *Maggi*; BPatGE 18, 229, 234 – *Interglas*; BPatG Mitt. 1985, 74 – *Zürich*).

5. Verschiebung des Zeitrangs bei Mängeln der Anmeldung

Nach § 36 Abs. 2 S. 2 führen Mängel bei den Anmeldeerfordernissen des § 36 Abs. 1 zu Beanstandungen des Patentamtes, was eine Verschiebung des Anmeldetages auf den Zeitpunkt begründet, in dem die Mängel abgestellt werden. **20**

IV. Nichteingetragene Kennzeichen (Abs. 3)

Bei allen anderen kennzeichenrechtlich relevanten Rechtspositionen bestimmt sich die Priorität nach dem Zeitpunkt der Entstehung des Rechtes. Wann das Recht entsteht, ist wiederum unterschiedlich. Es gilt: **21**

Bei § 4 Nr. 2 entsteht der Schutz mit der Verkehrsgeltung. Gegebenenfalls ist durch ein demoskopisches Gutachten der Versuch zu unternehmen, diesen Zeitpunkt in der Vergangenheit zu ermitteln, was allerdings von erheblichen praktischen Schwierigkeiten begleitet ist. Die bloße Benutzungsaufnahme ist irrelevant, soweit sie nicht nach anderen Vorschriften (zB § 5) ein Kennzeichenrecht begründet. **22**

Bei § 4 Nr. 3 kommt es entsprechend auf den Zeitpunkt an, zu dem erstmals die notorische Bekanntheit bestand. **23**

Bei § 5 Abs. 2 Satz 1 kommt es auf den Zeitpunkt der Benutzungsaufnahme an, sofern die Kennzeichnung unterscheidungskräf- **24** tig ist. Ist sie das nicht, ist wiederum Verkehrsgeltung erforderlich. Auf den Zeitpunkt der Erlangung der Verkehrsgeltung kommt es auch bei den **Geschäftsabzeichen** des § 5 Abs. 2 Satz 2 an.

25 Die **Werktitel** des § 5 Abs. 3 sind bei hinreichender Unterscheidungskraft mit Benutzungsaufnahme, sonst mit Erlangung von Verkehrsgeltung geschützt.

26 Von den Rechten des § 13 entsteht das Namensrecht mit der Benennung der Person, das Recht an der eigenen Abbildung mit der Entstehung dieser Abbildung, Urheberrechte mit der Schöpfung des Werkes, Sortenbezeichnungen mit der Erteilung in das Register, geographische Herkunftsangaben mit ihrer Verwendung zur Bezeichnung der geographischen Herkunft, unabhängig von der Verkehrsgeltung (vgl. § 126) oder mit ihrem Eintrag in das Verzeichnis von § 130. Von den „sonstigen gewerblichen Schutzrechten" sind insbesondere Patent und Gebrauchsmuster zu nennen, die erst mit Eintragung bzw. Registrierung entstehen. Im Verhältnis zum Kennzeichenschutz ist dieser Zeitpunkt maßgebend, auch wenn für verschiedene Patentanmeldungen untereinander der Anmeldetag maßgebend ist.

V. Kennzeichen mit gleicher Priorität

1. Maßgeblichkeit des Prioritätstages

27 Innerhalb desselben Kalendertages begründen zeitliche Unterschiede keine weitere Differenzierung der Priorität. Werden zwei Anmeldungen am gleichen Tag zu verschiedenen Uhrzeiten eingereicht, kann die relative Priorität (die sich zB aus den vergebenden Anmeldenummern ergeben könnte) keine unterschiedliche Priorität begründen.

2. Koexistenz

28 Rechte gleicher Priorität begründen gegen den Inhaber des jeweils anderen Rechtes keine Ansprüche, können also nicht im Widerspruchs-, Löschungs- oder Verletzungsverfahren geltend gemacht werden. Gegen Dritte können diese Rechte zwar ohne Einschränkung geltend gemacht werden, doch kann sich auch ein dritter Lizenznehmer nach den allgemeinen Grundsätzen (oben Rdn. 12) auf die Koexistenz berufen, d. h. der Inhaber des gleichrangigen Rechtes kann gegen die Lizenznehmer des anderen keine Rechte geltend machen.

Vorrang und Zeitrang § 6

Die Grundsätze des Gleichnamigkeitsrechtes (§ 23 Rdn. 15 ff.) 29
gelten zwischen koexistierenden Rechten nicht. Insbesondere sind
keine Einschränkungen der Benutzung im Sinne eines Verbotes der
Annäherung eines jeweils anderen Kennzeichens anzunehmen.
Vielmehr gilt, daß die Rechte des einen Zeicheninhabers durch die
des anderen in keiner Weise eingeschränkt werden.

VI. Sonderregelungen aufgrund von Übergangsvorschriften

1. Nach dem WZG nicht schutzfähige Marken

Da das MarkenG in § 3 den Bereich der markenfähigen Mar- 30
kenformen wesentlich erweitert hat (insbesondere auf Zahlen,
Buchstaben, Formmarken, Farbmarken und Hörmarken) kann der
Fall eintreten, daß vor Inkrafttreten des Markengesetzes angemeldete Marken zum Zeitpunkt ihres Anmeldetages nicht schutzfähig
gewesen wären, wohl aber mit Inkrafttreten des Markengesetzes.
§ 156 Abs. 1 sieht für diese Fälle eine Verschiebung des Prioritätstages auf den 1. Januar 1995 vor. Zu den Einzelheiten siehe Kommentierung zu § 156.

2. Dienstleistungsmarken

Eine ähnliche Problematik ergab sich im Hinblick auf die Dienst- 31
leistungsmarken, die vor dem 1. April 1979 angemeldet waren.
Auch hier war nach dem früheren Recht eine Eintragung nicht
möglich, was sich mit dem Inkrafttreten des Gesetzes über die Eintragung von Dienstleistungsmarken von 29. Januar 1979 (BGBl. I
S. 125 f.) änderte (dazu *Fezer* Rdn. 28, 29).

3. Erstreckungsgesetz

Das Erstreckungsgesetz sieht eine Regelung vor, die in erster Li- 32
nie auf die Priorität im jeweiligen Teilgebiet Deutschlands abstellt,
also nicht darauf, ob die ost- oder westdeutsche Marke überhaupt
die bessere Priorität hat. Daraus ergibt sich, daß unterschiedliche
Vorränge in den beiden Teilgebieten Deutschlands bestehen können (im einzelnen Kommentierung zum Erstreckungsgesetz Einleitung Rdn. 31).

Abschnitt 2. Voraussetzungen für den Schutz von Marken durch Eintragung

§ 7 Inhaberschaft

Inhaber von eingetragenen und angemeldeten Marken können sein:
1. natürliche Personen,
2. juristische Personen oder
3. Personengesellschaften, sofern sie mit der Fähigkeit ausgestattet sind, Rechte zu erwerben und Verbindlichkeiten einzugehen.

Inhaltsübersicht

	Rdn.
I. Allgemeines	1–4
1. Überblick	1
2. Früheres Recht	2
3. MRRL	3
4. Gemeinschaftsmarkenrecht	4
II. Markenrechtsfähigkeit	5, 6
III. Natürliche Personen (Nr. 1)	7
IV. Juristische Personen (Nr. 2)	8
V. Personengesellschaften (Nr. 3)	9
VI. Keine weiteren Erfordernisse	10, 11
1. Kein Gegenseitigkeitserfordernis	10
2. Kein Erfordernis eines Geschäftsbetriebes	11

Literatur: *Fezer*, Die Markenrechtsfähigkeit der Gesellschaft bürgerlichen Rechts, FS für Boujong, 1996, 123.

I. Allgemeines

1. Überblick

1 § 7 regelt die Markenrechtsfähigkeit in Übereinstimmung mit der Rechtsfähigkeit des bürgerlichen Rechts. Er stellt keine qualifizierten Anforderungen an die Markenrechtsfähigkeit gegenüber der Fähigkeit, Inhaber von sonstigen Rechten zu sein.

2. Früheres Recht

2 Das WZG enthielt keine ausdrückliche Regelung der Markenrechtsfähigkeit, sondern setzte diese voraus. Sie wurde (im Ergebnis

Inhaberschaft **§ 7**

übereinstimmend mit § 7) aus allgemeinen Grundsätzen abgeleitet. Bis zum Inkrafttreten des Erstreckungsgesetzes am 1. Mai 1992 war allerdings erforderlich, daß der Inhaber einen Geschäftsbetrieb unterhielt.

3. MRRL

Die MRRL regelt die Markenrechtsfähigkeit nicht. 3

4. Gemeinschaftsmarkenrecht

Nach Art. 5 Abs. 1 GMVO können Inhaber von Gemein- 4 schaftsmarken natürliche oder juristische Personen einschließlich der Körperschaften des öffentlichen Rechts sein. Gesellschaften und andere juristische Einheiten, die nach ihrem Heimatrecht die Fähigkeit haben, im eigenen Namen Träger von Rechten und Pflichten jeder Art zu sein, Verträge zu schließen oder andere Rechtshandlungen vorzunehmen und vor Gericht zu stehen, stehen den juristischen Personen gleich (Art. 3 GMVO). Art. 5 GMVO regelt ausdrücklich die Markenrechtsfähigkeit von (Gemeinschafts-) Ausländern (im einzelnen *Ingerl*, Die Gemeinschaftsmarke S. 42 ff.).

II. Markenrechtsfähigkeit

§ 7 regelt entsprechend der **Rechtsfähigkeit** bürgerlichen 5 Rechts (§§ 1, 21 BGB) allgemein, wer Inhaber eines Markenrechtes sein kann. § 7 betrifft nicht die Frage, wer tatsächlich Inhaber der Marke ist. Das richtet sich nach den jeweiligen materiellrechtlichen Regelungen. § 7 betrifft nach seiner systematischen Stellung nur die durch Anmeldung und Eintragung entstehenden Marken des § 4 Nr. 1, es ist aber kein sachlicher Grund erkennbar, warum hinsichtlich der Marken des § 4 Nr. 2 und 3 etwas anderes gelten sollte. Gerade der Gleichlauf mit den allgemeinen zivilrechtlichen Vorschriften der Rechtsfähigkeit spricht entscheidend dafür, auch bei den durch Benutzung erworbenen Marken keine anderen Kriterien anzuwenden. Gleiches gilt für die geschäftlichen Bezeichnungen des § 5. Geographische Herkunftsangaben stehen – wenn sie nicht gleichzeitig Kollektivmarken sind – in der Regel keinem bestimmten Inhaber zu. Für Kollektivmarken trifft § 98 eine Sonderregelung der Inhaberschaft.

Wie im bürgerlichen Recht ist die (Marken-) Rechtsfähigkeit 6 von der **Geschäftsfähigkeit** zu unterscheiden. Diese hat Bedeu-

§ 7 Inhaberschaft

tung nicht nur für die Verfügungen der §§ 27 und 30, sondern auch für Verfahrenshandlungen, bei denen ebenfalls die Beteiligtenfähigkeit von der Verfahrensfähigkeit zu unterscheiden ist (vgl. §§ 50, 52 ZPO).

III. Natürliche Personen (Nr. 1)

7   Die Markenrechtsfähigkeit beginnt mit der Geburt, § 1 BGB. Auf Minderjährige können Marken zB durch Erbfolge übergehen, § 1922 BGB. Zum Erwerb der Marke durch Anmeldung oder Rechtsgeschäft bedarf der Minderjährige der Zustimmung seines gesetzlichen Vertreters, § 106 BGB, da die Inhaberschaft der Marke nicht nur rechtliche Vorteile bringt. Das ist nicht erforderlich, soweit die Anmeldung zu einem Geschäftsbetrieb gehört, zu dessen selbständigen Betrieb der Minderjährige ermächtigt ist, § 112 BGB. Inhaber der Marke können auch mehrere (einzelne) natürliche (oder juristische) Personen sein, allerdings nicht als Gesellschaft bürgerlichen Rechts (unten Rdn. 9). Die Rechtsbeziehungen zwischen den Mitinhabern einer Marke können durch Vertrag frei geregelt werden. Ergänzend kommt das Recht der Gemeinschaft (§§ 741 ff. BGB) zur Anwendung. Gegenüber dem DPA und Dritten sind mehrere Inhaber Gesamtschuldner und Gläubiger, §§ 421, 428 BGB. Ebenso wie die Rechtsfähigkeit endet die Markenrechtsfähigkeit mit dem Tod des Inhabers, an seine Stelle treten die Erben, die Marke wird also nicht „inhaberlos".

IV. Juristische Personen (Nr. 2)

8   Inhaber von Marken können zunächst alle juristischen Personen des Privatrechts sein, insbesondere der rechtsfähige Verein (§§ 21, 22, 23 BGB), die Stiftung (§ 80 BGB), die Gesellschaft mit beschränkter Haftung (§ 13 Abs. 1 GmbHG), die Aktiengesellschaft (§ 1 Abs. 1 AktG), die Kommanditgesellschaft auf Aktien (§ 278 Abs. 1 AktG), die Genossenschaft (§ 17 Abs. 1 GenG), die Kapitalanlagegesellschaft (§ 1 Abs. 3 KAGG), der Versicherungsverein auf Gegenseitigkeit (§§ 15, 16 VAG). Die Rechtsfähigkeit (und damit auch die Markenrechtsfähigkeit) der juristischen Person entsteht nach Maßgabe der jeweiligen spezialgesetzlichen Regelungen, meist mit der Eintragung. Zu beachten ist aber, daß schon vor der Eintragung eine Vorgesellschaft bestehen kann, die ihrerseits rechtsfä-

Inhaberschaft **§ 7**

hig, zB auch Inhaberin eines Firmenrechtes (BGH GRUR 1993, 404 – *Columbus*) sein kann. Auch das Ende der juristischen Person bestimmt sich nach den jeweiligen spezialgesetzlichen Regelungen. Im Liquidationsverfahren ist das Vermögen der Gesellschaft – soweit die Gläubiger befriedigt sind – an die Gesellschafter zu verteilen (zB § 72 GmbHG). Wird übersehen, daß die Gesellschaft auch Inhaberin einer Marke war, kommt eine Nachtragsliquidation in Betracht (im einzelnen zB *Scholz/K. Schmidt* § 74 GmbHG Rdn. 19 ff.). Eine Löschung der Marke wegen Wegfall des Inhabers kommt bei den Individualmarken des § 4 Nr. 1 – anders als bei den Kollektivmarken, § 105 Abs. 1 Nr. 1 – nicht in Betracht, wohl aber die Löschung wegen Wegfalls der Markenfähigkeit, § 49 Abs. 2 Nr. 3. Nach § 7 Nr. 1 markenrechtsfähig sind auch juristische Personen des öffentlichen Rechts, nämlich rechtsfähige Körperschaften, Anstalten und Stiftungen. Von besonderer Bedeutung sind die Gebietskörperschaften, nämlich Bund, Länder und Gemeinden.

V. Personengesellschaften (Nr. 3)

Personengesellschaften, die mit der Fähigkeit ausgestattet sind, Rechte zu erwerben und Verbindlichkeiten einzugehen, sind zunächst die Personenhandelsgesellschaften, nämlich die oHG (§§ 105 ff. HGB) und die KG (§§ 161 ff. HGB). Durch Verweisung auf § 124 HGB gilt dies auch für die PartG (§ 7 Abs. 2 PartGG). Die stille Gesellschaft ist keine Außengesellschaft, Inhaber der Marke ist daher nur der Einzelkaufmann nach § 7 Abs. 1. Nach dem klaren Wortlaut des Gesetzes gehört die Gesellschaft bürgerlichen Rechts (GbR) nicht zu den markenrechtsfähigen Personengesellschaften. Das war auch die Absicht des Gesetzgebers (Amtl. Begr. Abs. 1 zu § 7). Die aus der angeblichen europäischen Rechtsentwicklung abgeleitete aA von *Fezer* (Rdn. 36) überzeugt nicht. Insbesondere geben weder die GMVO noch MRRL die Markenrechtsfähigkeit der GbR vor. Auch die anderen gewerblichen Schutzrechte können nicht von einer GbR gehalten werden (zum PatG zB *Benkard/Bruchhausen* § 7 PatG Rdn. 5). Ein praktisches Bedürfnis ist auch nicht erkennbar, da zum einen mehrere natürliche Personen die Marke gemeinschaftlich halten können, zum anderen auch in Betracht kommt, daß ein Anmelder treuhänderisch für weitere Inhaber der Marke wird. Die Eintragung einer **Konzernmarke** kommt ebensowenig in Betracht (aA *Fezer* Rdn. 39). Damit wären für die Rechtssicherheit erhebliche Nachteile verbunden, da die Zugehörigkeit eines Unternehmens zum Konzern jeweils im einzelnen festzustellen wäre, wenn dieses Unternehmen Ansprüche geltend macht. Gleiches gilt für Zustellungen des DPA. Die Regelung des § 7 dient auch der Rechtssicherheit und Klarheit. Eine analoge Anwendung scheidet auch deshalb aus (aA *Fezer* aaO). Folgt man der hier vertretenen Auffassung, können auch der nicht rechtsfähige Verein (§ 54 BGB) und die Erbengemeinschaft (§ 2032 BGB) nicht als solche Inhaber einer Marke sein. Das gilt erst recht für die Bruchteilsgemeinschaft des § 741 BGB (aA *Fezer* Rdn. 43), die nicht nur keine eigene Rechtspersönlichkeit hat, sondern noch nicht einmal ein Schuldverhältnis darstellt (BGHZ 62, 243). Vielmehr verhält es sich umgekehrt so, daß die §§ 741 ff. BGB eine (teilweise) Regelung der Rechtsverhältnisse zwischen mehreren (unabhängigen) Mitinhabern an der Marke regeln.

VI. Keine weiteren Erfordernisse

1. Kein Gegenseitigkeitserfordernis

10 § 35 WZG, der das Erfordernis der Gegenseitigkeit im Hinblick auf die Markenrechtsfähigkeit ausländischer Anmelder vorsah, hat im MarkenG keine Entsprechung mehr. Im Hinblick auf den Grundsatz der Inländerbehandlung der PVÜ war die Vorschrift ohnehin nur noch von minimaler Bedeutung.

2. Kein Erfordernis eines Geschäftsbetriebes

11 Der Markeninhaber muß weder einen Geschäftsbetrieb für die anmeldeten Waren oder Dienstleistungen, noch überhaupt einen Geschäftsbetrieb (für andere Waren oder Dienstleistungen) haben. Er kann die Marke im Hinblick auf eine zukünftige Eröffnung eines Geschäftsbetriebes oder auch völlig ohne eine derartige Absicht, etwa nur zum Zwecke der Weiterveräußerung oder Lizenzvergabe, anmelden. Der Wegfall des Geschäftsbetriebserfordernis durch das ErstrG zum 1. Mai 1992 wirkt allerdings nicht zurück, vor diesem Zeitpunkt durchgeführte Leerübertragungen sind unwirksam (BGH GRUR 1995, 117, 119 - *NEUTREX*; BGH GRUR 1994, 288, 289 – *Malibu*; LG Frankfurt a.M. GRUR 1997, 62 – *Leerübertragungen*). Davon zu unterscheiden ist die Frage, ob Anmeldungen, die vor diesem Stichtag von Anmeldern ohne Geschäftsbetrieb getätigt wurden, nun heilbar sind. Das ist zu bejahen, da bei einem

Absolute Schutzhindernisse   § 8

Verstoß gegen § 7 eine Löschung nur in Betracht kommt, wenn das Schutzhindernis noch zum Zeitpunkt der Entscheidung über den Antrag auf Löschung besteht (§ 50 Abs. 2 Satz 1). Allerdings kann in diesen Fällen während des vor dem 1. Mai 1992 liegenden Zeitraums der Löschungsreife ein Zwischenrecht eingetragen worden sein, das dann ggf. mit der älteren Marken koexistiert.

§ 8 Absolute Schutzhindernisse

(1) **Von der Eintragung als Marke schutzfähige Zeichen im Sinne des § 3 ausgeschlossen, die sich nicht graphisch darstellen lassen.**

(2) **Von der Eintragung ausgeschlossen sind Marken,**
1. **denen für die Waren oder Dienstleistungen jegliche Unterscheidungskraft fehlt,**
2. **die ausschließlich aus Zeichen oder Angaben bestehen, die im Verkehr zur Bezeichnung der Art, der Beschaffenheit, der Menge, der Bestimmung, des Wertes, der geographischen Herkunft, der Zeit der Herstellung der Waren oder der Erbringung der Dienstleistungen oder zur Bezeichnung sonstiger Merkmale der Waren oder Dienstleistungen dienen können,**
3. **die ausschließlich aus Zeichen oder Angaben bestehen, die im allgemeinen Sprachgebrauch oder in den redlichen und ständigen Verkehrsgepflogenheiten zur Bezeichnung der Waren oder Dienstleistungen üblich geworden sind,**
4. **die geeignet sind, das Publikum insbesondere über die Art, die Beschaffenheit oder die geographische Herkunft der Waren oder Dienstleistungen zu täuschen,**
5. **die gegen die öffentliche Ordnung oder die gegen die guten Sitten verstoßen,**
6. **die Staatswappen, Staatsflaggen oder andere staatliche Hoheitszeichen oder Wappen eines inländischen Ortes oder eines inländischen Gemeinde- oder weiteren Kommunalverbandes enthalten,**
7. **die amtliche Prüf- oder Gewährzeichen enthalten, die nach einer Bekanntmachung des Bundesministeriums der Justiz im Bundesgesetzblatt von der Eintragung als Marke ausgeschlossen sind,**
8. **die Wappen, Flaggen oder andere Kennzeichen, Siegel oder Bezeichnungen internationaler zwischenstaatlicher Organisationen enthalten, die nach einer Bekanntmachung des Bundesministeriums der Justiz im Bundesgesetzblatt von der Eintragung als Marke ausgeschlossen sind, oder**
9. **deren Benutzung ersichtlich nach sonstigen Vorschriften im öffentlichen Interesse untersagt werden kann.**

§ 8 Absolute Schutzhindernisse

(3) Absatz 2 Nr. 1, 2 und 3 findet keine Anwendung, wenn die Marke sich vor dem Zeitpunkt der Entscheidung über die Eintragung infolge ihrer Benutzung für die Waren oder Dienstleistungen, für die sie angemeldet worden ist, in den beteiligten Verkehrskreisen durchgesetzt hat.

(4) Absatz 2 Nr. 6, 7 und 8 ist auch anzuwenden, wenn die Marke die Nachahmung eines dort aufgeführten Zeichens enthält. Absatz 2 Nr. 6, 7 und 8 ist nicht anzuwenden, wenn der Anmelder befugt ist, in der Marke eines der dort aufgeführten Zeichen zu führen, selbst wenn es mit einem anderen der dort aufgeführten Zeichen verwechselt werden kann. Absatz 2 Nr. 7 ist ferner nicht anzuwenden, wenn die Waren oder Dienstleistungen, für die die Marke angemeldet worden ist, mit denen, für die das Prüf- oder Gewährzeichen eingeführt ist, weder identisch noch diesen ähnlich sind. Absatz 2 Nr. 8 ist ferner nicht anzuwenden, wenn die angemeldete Marke nicht geeignet ist, beim Publikum den unzutreffenden Eindruck einer Verbindung mit der internationalen zwischenstaatlichen Organisation hervorzurufen.

Inhaltsübersicht

	Rdn.
I. Allgemeines	1–8
1. Überblick	1, 2
a) Absolute und relative Schutzhindernisse	1
b) Aufbau der Vorschrift	2
2. Früheres Recht	3–6
a) Überblick	3
b) Frühere Rechtsprechung	4–6
3. MRRL	7
4. Gemeinschaftsmarkenrecht	8
II. Anwendungsbereich	9
III. Verfahren und Bindungswirkung	10, 11
IV. Nicht graphisch darstellbare Zeichen (§ 8 Abs. 1)	12–14
1. Grundsatz	12
1. Beispiele	13, 14
V. Fehlende Unterscheidungskraft (§ 8 Abs. 2 Nr. 1)	15–51
1. Begriff	15–20
a) Ausgangspunkt	15, 16
b) Bedeutung	17
c) Verhältnis zum Freihaltebedürfnis	18, 19
d) Verhältnis zu den üblichen Bezeichnungen	20
2. Bestimmung der Unterscheidungskraft	21–27
a) Fehlen jeglicher Unterscheidungskraft	21
b) Ganzes Zeichen	22
c) Anlehnungen und Abwandlungen	23

	Rdn.
d) Bezug auf die konkrete Ware oder Dienstleistung	24
e) Verkehrsauffassung als Maßstab	25–27
3. Fehlende Unterscheidungskraft – Fallgruppen	28–51
a) Offenes Tatbestandsmerkmal	28
b) Wortmarken	29–40
aa) Allgemeines	29
bb) Phantasiewörter	30
cc) Mehrwortzeichen	31
dd) Orthographische Abwandlungen, Sprachregelwidrigkeit	32
ee) Fremdsprachige Angaben	33
ff) „Phantasielose" Zeichen	34
gg) Inhaltsleere Angaben	35
hh) Werbeanpreisungen, Slogans, Aufforderungen	36–40
ii) Ortsangaben	41
c) Wort-Bild-Marken	42
d) Bildmarken	43–48
aa) Einfachste geometrische Formen	44
bb) Beschreibende Bildzeichen, Piktogramme	45
cc) Abbildung der Ware	46
dd) Verpackung der Ware	47
ee) Farben	48
e) Sonstige Markenformen	49–51
aa) Formmarken	49
bb) Zahlen und Buchstaben	50
cc) Hörzeichen oder sonstige Zeichenformen	51
VI. Freihaltebedürfnis (§ 8 Abs. 2 Nr. 2)	52–88
1. Begriff	52–54
a) Ausgangspunkt	52
b) Verhältnis zu § 23 Nr. 2	53
c) Funktionen des Freihaltebedürfnisses	54
2. Konkretes Freihaltebedürfnis	55–60
a) Ausgangspunkt	55
b) Konkrete Waren oder Dienstleistung	56
c) Konkretes Zeichen	57
aa) Ausschließlich aus beschreibenden Angaben bestehend	57, 58
bb) Abwandlungen beschreibender Angaben	59
d) Gegenwärtiges Freihaltebedürfnis	60
3. Bestimmung des Freihaltebedürfnisses	61–68
a) Verkehrsauffassung und Bedürfnis der Allgemeinheit	61

	Rdn.
b) Maßgebende Verkehrskreise	62
c) Maßstab	63
d) Bedürfnisse des inländischen Verkehrs	64–68
aa) Grundsatz	64
bb) Verständnis der inländischen Verbraucher	65
cc) Ausländische Paralleleintragungen	66
dd) Leicht verständliche fremdsprachige Ausdrücke	67
ee) Abwandlungen fremdsprachige Bezeichnungen	68
4. Arten freihaltebedürftiger Zeichen	69
5. Freihaltebedürftige Zeichen – Fallgruppen	70–88
a) Beschreibend für die Waren oder Dienstleistungen	70–73
b) Art der Ware	74
c) Beschaffenheit der Ware	75
d) Menge	76
e) Bestimmungsangaben	77
f) Wert	78
g) Angaben über die geographische Herkunft	79
aa) Grundsatz	79
bb) Unmittelbare Herkunftsangabe	80
cc) Feststellung des aktuellen Freihaltebedürfnisses	81–83
dd) Fremdsprachige Formen und Abwandlungen	84, 85
ee) Lagenamen	86
h) Zeitangaben	87
i) Angaben über sonstige Merkmale	88
VII. Üblich gewordene Bezeichnungen (§ 8 Abs. 2 Nr. 3)	89–93
1. Begriff	89
2. Verhältnis zu Nr. 1 und Nr. 2	90, 91
3. Konkrete Üblichkeit	92
4. Verkehrsauffassung	93
VIII. Entscheidungspraxis des Bundespatentgerichts zu Unterscheidungskraft und Freihaltebedürfnis	94–96
1. Allgemeines	94
2. Schutzfähigkeit bejaht	95
3. Schutzfähigkeit verneint	96
IX. Täuschende Zeichen (§ 8 Abs. 2 Nr. 4)	97–110
1. Allgemeines	97
2. Prüfungsmaßstab im Eintragungsverfahren	98, 99
a) Summarische Prüfung	98
b) Ersichtlich zur Täuschung geeignet	99

Absolute Schutzhindernisse **§ 8**

	Rdn.
3. Verhältnis zum Löschungsverfahren	100
4. Maßgebliche Verkehrskreise	101
5. Bedeutung des Verzeichnisses der Waren und Dienstleistungen	102
6. Irreführungsverbote in sonstigen Vorschriften	103
7. Fallgruppen	104–110
a) Allgemeines	104
b) Beschaffenheitsangaben	105
c) Geographische Herkunft	106–108
aa) Allgemeines	106
bb) Formen geographischer Herkunftsangaben	107
cc) Lagenamen	108
d) Name und Firma	109
e) Angaben zum Markenschutz	110
X. Verstoß gegen die öffentliche Ordnung oder gegen die guten Sitten (§ 8 Abs. 2 Nr. 5)	111–117
1. Allgemeines	111
2. Verstoß gegen die öffentliche Ordnung	112
3. Verstoß gegen die guten Sitten	113–117
a) Zeichen in Beziehung zu den Waren oder Dienstleistungen	113
b) Maßstab	114
c) Fallgruppen	115–117
aa) Verletzung des Schamgefühls	115
bb) Verletzung religiöser Gefühle	116
cc) Negativwerbung	117
XI. Hoheitszeichen (§ 8 Abs. 2 Nr. 6)	118–123
1. Begriff	118
2. Abwandlungen und Teile von Hoheitszeichen	119
3. Kein Bezug auf Waren oder Dienstleistungen	120
4. In der Marke enthalten	121
5. Befugte Benutzung	122
6. Ordnungswidrigkeit	123
XII. Amtliche Prüf- und Gewährzeichen (§ 8 Abs. 2 Nr. 7)	124
XIII. Kennzeichen zwischenstaatlicher Organisationen (§ 8 Abs. 2 Nr. 8)	125–128
XIV. Zeichen, deren Benutzung im öffentlichen Interesse untersagt werden kann, (§ 8 Abs. 2 Nr. 9)	129–131
1. Allgemeines	129
2. Feststellung des Gesetzesverstoßes	130
3. Gesetzliche Verbote	131

§ 8 Absolute Schutzhindernisse

	Rdn.
XV. Eintragung aufgrund Verkehrsdurchsetzung, § 8 Abs. 3	132–150
1. Grundsatz	132
2. Verkehrsdurchsetzung und Verkehrsgeltung	133
3. Anwendungsbereich	134, 135
a) Eintragungshindernisse	134
b) Markenformen	135
4. Durchgesetztes Zeichen	136
5. Durchsetzung für bestimmte Waren und Dienstleistungen	137
6. Durchsetzung für den Anmelder	138
7. Durchsetzung in den beteiligten Verkehrskreisen	139–150
a) Ausgangspunkt	139
b) Gebiet der Verkehrsdurchsetzung	140
c) Maßgebliche Verkehrskreise	141
d) Dauer	142
e) Durchsetzungsgrad	143
f) Fallgruppen	144
aa) Zahlen und Buchstaben	144
bb) Farben	145
cc) Geographische Herkunftsangaben	146
dd) Beschaffenheitsangaben	147
ee) Verpackungsformen und Dekorationen	148
8. Verfahren	149
9. Wirkung	150
XVI. Ausnahmen und Erweiterungen (§ 8 Abs. 4)	151, 152
1. Erweiterungen (S. 1)	151
2. Einschränkungen (§ 2)	152

Literatur: *Erdmann*, Schutz von Werbeslogans, GRUR 1996, 550; *v. Gamm*, Schwerpunkte des neuen Markenrechts, GRUR 1994, 775; *Jordan*, Die Eintragungsfähigkeit fremdsprachiger Bezeichnungen als Marke unter besonderer Berücksichtigung der Rechtsprechung des Bundesgerichtshofs als Rechtsbeschwerdeinstanz in Warenzeichen-Eintragungsverfahren, FS für Brandner, 1996, 387; *Bauer*, Die Ware als Marke, GRUR 1996, 319; *Eisenführ*, Schutzfähigkeit und Schutzumfang nach dem neuen Markenrecht, FS 100 Jahre Marken-Amt 1994, 71; *ders.*, Schutz von fremdsprachigen Ausdrücken als Marke, GRUR Int. 1997, 140; *Sambuc*, Das Freihaltebedürfnis an beschreibenden Angaben und der Ware selbst nach dem Markengesetz, GRUR 1997, 403; *Osenberg*, Markenschutz für urheberrechtlich gemeinfreie Werkteile, GRUR 1996, 101; *Starck*, Rechtsprechung des Bundesgerichtshofes zum neuen Markenrecht, WRP 1996, 269; *Nordemann*, Mona Lisa als Marke, GRUR 1997, 389.

Absolute Schutzhindernisse **§ 8**

I. Allgemeines

1. Überblick

a) Absolute und relative Schutzhindernisse. § 8 regelt die 1
absoluten Schutzhindernisse. Er ergänzt damit für den Bereich der
eingetragenen Marken (§ 4 Nr. 1) die in § 3 für alle Markenarten
geregelten Schutzvoraussetzungen. Während § 3 Abs. 1 die Markenfähigkeit allgemein (ohne Bezug zu konkreten Waren oder Dienstleistungen) danach bestimmt, ob die Eignung zur Unterscheidung
von Waren oder Dienstleistungen eines Unternehmens von denen
anderer Unternehmen besteht, ist bei § 8 Abs. 2 das konkrete Zeichen im Hinblick auf die konkreten Waren oder Dienstleistungen
auf seine Eintragbarkeit zu überprüfen. § 3 Abs. 2 betrifft ebenfalls
das konkrete Verhältnis eines (dreidimensionalen) Zeichens zu einer konkreten Ware und ist somit eng mit § 8 Abs. 2 verwandt.
Die Vorschrift ist nur deshalb bei § 3 angesiedelt, weil sie auch für
die nicht eingetragenen Marken des § 4 Nr. 2 und Nr. 3 gelten
muß. Die absoluten Schutzhindernisse des § 8 sind vom DPA von
Amts wegen zu prüfen, § 37. Liegen sie vor, wird die Anmeldung
zurückgewiesen, § 37 Abs. 1. Ein weiteres von Amts wegen zu beachtendes Eintragungshindernis enthält § 10 für Marken, die mit
einer notorisch bekannten Marke mit älterem Zeitrang identisch
oder dieser ähnlich sind, wobei die zusätzlichen Voraussetzungen
des § 37 Abs. 4 vorliegen müssen. Es handelt sich nach der Systematik des Gesetzes aber nicht um ein „absolutes" Schutzhindernis,
da das Eintragungshindernis des § 10 im Interesse des Inhabers des
älteren notorisch bekannten Kennzeichens besteht. Demgegenüber
bestehen die absoluten Schutzhindernisse des § 8 im Allgemeininteresse. Kollisionen mit älteren Marken werden außerhalb von § 10
nicht von Amts wegen berücksichtigt. Diese älteren Marken stellen
nach §§ 9, 12, 13 lediglich „relative" Schutzhindernisse dar und
müssen deshalb von den Rechtsinhabern im Widerspruchsverfahren
(§ 42) oder durch Nichtigkeitsklage (§ 51) geltend gemacht werden. Ist die Marke trotz Bestehens von absoluten Schutzhindernissen eingetragen worden, kann sie auf Antrag gelöscht werden, § 50
Abs. 1 Nr. 3, soweit die weiteren Voraussetzungen von § 50 Abs. 2
vorliegen (vgl. § 50 Rdn. 5 ff.). Daneben kann in den Fällen des § 8
Abs. 2 Nr. 4–9 auch eine Löschung von Amts wegen vorgenommen werden, § 50 Abs. 3. Im Verletzungsprozeß kann das Vorliegen eines absoluten Schutzhindernisses unter den Voraussetzungen
des § 22 Abs. 1 Nr. 2 einredeweise geltend gemacht werden.

§ 8 Absolute Schutzhindernisse

2 b) **Aufbau der Vorschrift.** § 8 Abs. 1 schließt von der Eintragung zunächst alle Zeichen aus, die sich nicht graphisch darstellen lassen. In Abs. 2 Nr. 1–8 werden sodann spezifische Eintragungsverbote aufgezählt, die in Abs. 2 Nr. 9 durch eine allgemeine Verweisung auf im öffentlichen Interesse bestehende Verbotsvorschriften ergänzt werden. Liegt auch nur eines der Eintragungshindernisse vor, ist die Eintragung zu versagen, doch können in bezug auf die gleiche Anmeldung mehrere Eintragungshindernisse verwirklicht sein. Die verschiedenen Schutzhindernisse überschneiden sich, insbesondere Nr. 1 (Fehlen jeglicher Unterscheidungskraft) mit Nr. 2 (Freihaltebedürfnis), und nach hM auch mit Nr. 3 (übliche Bezeichnungen), dazu unten Rdn. 90 f. Abs. 3 sieht hinsichtlich der Eintragungshindernisse von Abs. 2 Nr. 1–3 die Möglichkeit der Eintragung aufgrund der Verkehrsdurchsetzung vor. Abs. 4 enthält Konkretisierungen (Begrenzungen und Erweiterungen) hinsichtlich der Eintragungshindernisse von Abs. 2 Nr. 6–8.

2. Früheres Recht

3 a) **Überblick.** Das WZG enthielt die absoluten Schutzhindernisse als sog. „unbedingte Versagungsgründe" in § 4. Eine § 8 Abs. 1 entsprechende Vorschrift war im WZG nicht enthalten, was im Hinblick auf die Beschränkung der zulässigen Zeichenformen auch unnötig war. In der Rechtsprechung zu § 4 Abs. 2 Nr. 1 WZG spielte das Eintragungsverbot von Zahlen und Buchstaben eine wichtige Rolle. Diese Rechtsprechung ist nicht nur hinsichtlich des konkreten Eintragungsverbotes überholt, sondern kann auch hinsichtlich anderer Gesichtspunkte – etwa der Begründung der Unterscheidungskraft durch besondere graphische Darstellungen dieser Zahlen und Buchstaben – nur noch vorsichtig herangezogen werden. Im übrigen finden sich die Eintragungshindernisse von § 4 WZG aber in § 8 überwiegend wieder. § 8 Abs. 2 Nr. 1 und Nr. 2 entsprach § 4 Abs. 2 Nr. 1 WZG, § 8 Abs. 2 Nr. 3 entsprach im wesentlichen § 4 Abs. 1 WZG, § 8 Abs. 2 Nr. 4 und 5 entsprach § 4 Abs. 2 Nr. 4 WZG, § 8 Abs. 2 Nr. 6, entsprach § 4 Abs. 2 Nr: 2 WZG, § 8 Abs. 2 Nr. 7 entsprach § 4 Abs. 2 Nr. 3 WZG, § 8 Abs. 2 Nr. 8 entsprach § 4 Abs. 2 Nr. 3a WZG. Eine ausdrückliche Entsprechung zu § 8 Abs. 2 Nr. 9 war im WZG nicht enthalten, doch kam insoweit ein „außerzeichenrechtliches Eintragungshindernis" in Betracht. Die notorischen Marken (jetzt § 10) waren in § 4 Abs. 2 Nr. 5 WZG aufgeführt. Auch das WZG kannte die Eintragung aufgrund von Verkehrsdurchsetzung (§ 4

Absolute Schutzhindernisse **§ 8**

Abs. 3 WZG). Zwischen MarkenG und WZG gibt es somit im Bereich der absoluten Schutzhindernisse erhebliche Übereinstimmungen.

b) Frühere Rechtsprechung. Zu den absoluten Schutzhindernissen des § 4 WZG existiert Rechtsprechung, deren Umfang nur noch von derjenigen zur Verwechslungsgefahr übertroffen wird. Bei der Berücksichtigung älterer Rechtsprechung im Rahmen der Auslegung von § 8 MarkenG sind mehrere unterschiedliche Problemkreise zu unterscheiden. Zunächst ist festzustellen, daß sich die Rechtsprechung des BGH und BPatG schon während der Geltung des WZG ständig weiterentwickelt hat. Aus den zahlreichen Beispielen für wesentliche Änderungen im Bereich des § 4 WZG seien nur genannt die Aufgabe der strengen Handhabung hinsichtlich von Abwandlungen beschreibender Angaben (auf der Grundlage von BGHZ 50, 219 – *Polyestra*) durch BGHZ 91, 262 – *Indorektal I* und BGH GRUR 1985, 1059 – *ROAL*, die Aufgabe des strengen Maßstabs beim Freihaltebedürfnis für geographische Herkunftsangaben (zB BGH GRUR 1963, 469 – *Nola*) durch BGH GRUR 1983, 783 – *Capri-Sonne*, das Abstellen auf die Irreführung durch den Zeicheninhalt als solchen, nicht der möglichen Verwendung der Marke im Rahmen von § 4 Abs. 2 Nr. 4 WZG (BPatG GRUR 1989, 593 – *Molino*). Änderungen ergeben sich aber nicht nur durch einen Wandel der rechtlichen Beurteilung, sondern insbesondere auch durch die sich ändernde Verkehrsauffassung, zB beim Verständnis von Fremdwörtern (zB BGH GRUR 1976, 587 – *Happy*), auch bei der Verwendung von Modewörtern (BGH GRUR 1995, 410 – *Turbo*). Da nach § 8 Abs. 2 die Eintragungsfähigkeit eines bestimmten Zeichens für bestimmte Waren oder Dienstleistungen zu prüfen ist, handelt es sich notwendigerweise immer um Einzelfallentscheidungen, die nur begrenzt auf andere Fälle übertragbar sind. Im Hinblick auf den Wandel der Verkehrsauffassung ist dabei besondere Vorsicht bei der Heranziehung älterer Rechtsprechung geboten. Im folgenden wird generell auf den Nachweis von Rechtsprechung aus der Vorkriegszeit verzichtet, ebenso auf die detaillierte Auseinandersetzung mit Grundsätzen, die durch neuere Rechtsprechung überholt sind.

Zu unterscheiden von der Frage, inwieweit ältere Rechtsprechung zum WZG durch jüngere Entscheidungen überholt worden ist, ist die weitere Frage ob (neuere) Rechtsprechung zum WZG unter Geltung des MarkenG überhaupt noch herangezogen werden kann, oder ob eine völlige Neubewertung der absoluten Schutzhin-

4

5

dernisse erforderlich ist. Die Rechtsprechung geht von einer Kontinuität aus (hinsichtlich § 8 Abs. 2 Nr. 1 zB BGH GRUR 1995, 408 – *PROTECH*; BGH GRUR 1995, 410 – *Turbo*; BPatG GRUR 1997, 467 – *ULTIMATE*; BPatG Mitt. 1995, 288; zu § 8 Abs. 2 Nr. 2 zB BGH GRUR 1996, 771 – *The Home Depot*; BPatG GRUR 1995, 737 – *BONUS*; BPatG GRUR 1997, 133, 134 – *ErgoPanel*). Für die Kontinuität spricht zunächst, daß die Unterschiede im Wortlaut von § 4 WZG und § 8 MarkenG geringfügig sind und keinen eindeutigen Hinweis darauf geben, daß eine Änderung in bestimmter Richtung vorgesehen war. Auch die Begründung gibt keinen Anhaltspunkt dafür, daß – jedenfalls gegenüber der jüngeren WZG-Rechtsprechung – eine Änderung erfolgen sollte. Eine generelle Neubewertung der absoluten Schutzhindernisse, insbesondere im Hinblick auf eine allgemeine Erleichterung der Eintragung, ist auch im Hinblick auf die angestrebte Harmonisierung der europäischen Markenrechte nicht geboten (zu weitgehend aber BPatG GRUR 1997, 133, 134 – *ErgoPanel*, dazu § 14 Rdn. 158), zumal Maßstäbe für eine derartige Neubewertung fehlen würden.

6   Obwohl somit grundsätzlich eine Kontinuität von der jüngeren WZG-Rechtsprechung zum MarkenG bejaht werden kann, ist vor dem Hintergrund der sich ständig ändernden Verkehrsauffassung immer eine Überprüfung im Einzelfall erforderlich. Keinen Maßstab für die jetzige Rechtsanwendung kann die WZG-Rechtsprechung hinsichtlich bisher nicht eintragungsfähiger Markenformen liefern. Das gilt zB für Buchstaben (dazu: BPatG Mitt. 1997, 70 – *UHQ II*) oder Farben (dazu zweifelhaft: BPatG GRUR 1996, 881 – *Farbmarke*, unten Rdn. 48).

3. MRRL

7   Die Richtlinie enthält die absoluten Schutzhindernisse in Art. 3, wobei Art. 3 Abs. 1 die zwingend vorzusehenden Versagungsgründe aufzählt. Dabei ist das Eintragungshindernis des Art. 3 Abs. 1 lit. e MRRL) im MarkenG durch § 3 Abs. 2 umgesetzt, die übrigen in § 8. Art. 3 Abs. 2 MRRL enthält darüberhinaus fakultative Eintragungshindernisse, von denen § 8 nur lit. a) in § 8 Abs. 2 Nr. 9 umsetzt. Art. 3 Abs. 3 MRRL sieht die Möglichkeit der Überwindung bestimmter Eintragungshindernisse vor, soweit die Marke „infolge ihrer Benutzung Unterscheidungskraft erworben hat". Damit wird – trotz abweichender Terminologie – die Verkehrsdurchsetzung angesprochen, die in § 8 Abs. 3 geregelt ist. Da

§ 8 Art. 3 MRRL umsetzt, ist jedenfalls im Hinblick auf die zwingenden Eintragungshindernisse des Art. 3 Abs. 1 MRRL Gemeinschaftsrecht vorrangig. Die Tatbestandsmerkmale von § 8 sind also richtlinienkonform auszulegen. Damit ist in letzter Konsequenz der EuGH für die bindende Interpretation zuständig, an den der BGH gem. Art. 177 EUV Rechtsfragen zur Entscheidung vorzulegen hat, soweit der BGH der Auffassung ist, daß diese nicht bereits durch frühere Entscheidungen des EuGH hinreichend eindeutig entschieden sind, oder die Richtlinie so klar ist, daß ihre Auslegung zweifelsfrei erscheint (BGH GRUR 1997, 366 – *quattro II*). Die Erforderlichkeit der gemeinschaftskonformen Auslegung bedeutet nicht gleichzeitig das Erfordernis einer Rücksichtnahme auf die Handhabung in anderen Mitgliedsstaaten. Weder ist ersichtlich, daß die dortige Rechtsprechung in größerem Maße als die deutsche in die Formulierung der MRRL eingeflossen wäre, noch ist sie im übrigen allgemein sachgerechter. Auch praktisch wären die deutschen Behörden und Gerichte überfordert, wenn sie bei der ohnehin einzelfallbezogenen Prüfung auch noch Präzedenzfälle aus anderen Mitgliedsstaaten berücksichtigen müßten. Allerdings können ausländische Entscheidungen im Einzelfall Argumentationshilfen liefern. Eine Berücksichtigung ist zB hinsichtlich der ausländischen Voreintragungen als Indiz für mangelndes Freihaltebedürfnis bei fremdsprachigen Zeichen üblich (unten Rdn. 66).

4. Gemeinschaftsmarkenrecht

Die GMVO enthält die absoluten Eintragungshindernisse in Art. 7, der in Abs. 1 zunächst die in Art. 3 Abs. 1 MRRL genannten Hindernisse wörtlich umsetzt und zusätzlich in Art. 7 Abs. 1 lit. i) das fakultative Eintragungshindernis von Art. 1 Abs. 2 lit. c) MRRL enthält. Dabei ist es nach Art. 7 Abs. 2 ausreichend, daß eines der Eintragungshindernisse in auch nur einem Mitgliedsstaat vorliegt (*Ingerl*, Gemeinschaftsmarke, S. 51 f.).

8

II. Anwendungsbereich

Die Eintragungshindernisse des § 8 gelten unmittelbar nur für die eingetragenen Marken. Hinsichtlich der aufgrund von **Verkehrsgeltung** geschützten Zeichen des § 4 Nr. 2 fehlt es zwar an einer ausdrücklichen gesetzlichen Regelung. § 8 Abs. 3 zeigt für den ähnlichen Fall der Eintragung aufgrund von Verkehrsdurchsetzung aber, daß der Gesetzgeber der Verkehrsauffassung nicht gegenüber

9

allen Eintragungshindernissen den Vorrang einräumen wollte. Die Schutzhindernisse von § 8 Abs. 2 Nr. 4–9 sind deshalb analog auch bei den Marken des § 4 Nr. 2 zu beachten. Liegen diese Schutzhindernisse vor, kommt auch kein Markenschutz aufgrund von Verkehrsgeltung in Betracht (so auch *Fezer* § 4 Rdn. 101, der von „Verkehrsgeltungshindernissen" spricht, und die einhellige Meinung zu § 25 WZG, vgl. *Busse/Starck*, § 25 Rdn. 4 lit. f; *B/H, WZG*, § 25 Rdn. 33). Bei den geschäftlichen Bezeichnungen des § 5 ist schon tatbestandlich Entstehungsvoraussetzung, daß sie kennzeichnungskräftig sind (§ 5 Rdn. 22 ff.). Die bei § 8 Abs. 2 Nr. 1–3 aufgeführten Eintragungshindernisse werden häufig auch einen Mangel der Kennzeichnungskraft begründen, wobei der Maßstab für die Annahme der Kennzeichnungskraft insbesondere bei Titelrechten von § 8 abweichen kann (§ 5 Rdn. 52 ff.). Wie bei § 8 Abs. 3 können solche Mängel durch Erlangen von Verkehrsgeltung überwunden werden (§ 5 Rdn. 27 ff.).

III. Verfahren und Bindungswirkung

10   Das DPA prüft das Vorliegen absoluter Eintragungshindernisse **von Amts wegen**, § 37 (im einzelnen RiL Markenanmeldung, Bl. 1995, 378, 383 ff.). Ist die Marke entgegen § 8 eingetragen worden, besteht zunächst die Möglichkeit eines **Löschungsantrages** nach § 50, der wiederum beim Patentamt zu stellen ist (§ 54 Abs. 1). Bei den absoluten Schutzhindernissen ist ein Löschungsverfahren vor den ordentlichen Gerichten nach §§ 49 Abs. 2, 55 Abs. 1 nur dann statthaft, wenn die Marke zur gebräuchlichen Bezeichnung geworden ist (§ 8 Abs. 2 Nr. 3) oder wenn die Art der Benutzung durch den Inhaber geeignet ist, den Verkehr zu täuschen (§ 49 Abs. 2 Nr. 2 iVm § 8 Abs. 2 Nr. 4). In beiden Fällen handelt es sich um Verfallsgründe, die erst nach der Eintragung eintreten (§ 49 Abs. 2 Nr. 1: „in Folge des Verhaltens oder der Untätigkeit ihres Inhabers"; § 49 Abs. 2 Nr. 2: „in Folge ihrer Benutzung durch den Inhaber"). Auch diese Regelung entspricht also der systematischen Grundentscheidung, daß ausschließlich das DPA für die Prüfung der Frage zuständig ist, ob zum Zeitpunkt der Entscheidung über die Anmeldung ein absolutes Eintragungshindernis vorliegt. Im Verletzungsprozeß vor den ordentlichen Gerichten (§ 140) sind diese an die Entscheidung des DPA grundsätzlich **gebunden** (zum WZG vgl. BGH GRUR 1973, 467, 468 – *Praemix*; 1966, 495, 497 – *UNIPLAST*). Gemäß § 22 Abs. 1 Nr. 2 kann sich allerdings der

Inhaber einer eigenen (prioritätsjüngeren) Marke einredeweise darauf berufen, daß die ältere Marke zum Zeitpunkt der Eintragung der jüngeren Marke u. a. wegen Vorliegens eines absoluten Schutzhindernisses hätte gelöscht werden können. In dieser Konstellation entscheidet der Verletzungsrichter inzident über die Schutzfähigkeit der älteren Marke (näher § 22 Rdn. 9 ff.).

Die ordentlichen Gerichte sind allerdings nicht gehindert, bei der **11** Feststellung des **Schutzumfanges** des Zeichens, die im Rahmen der Prüfung der Verwechslungsgefahr erforderlich ist, implizit auch zu berücksichtigen, ob das Zeichen im Hinblick auf die Eintragungshindernisse des § 8 Abs. 2 geschwächt ist, zB weil es keine oder nur geringe Unterscheidungskraft aufweist, beschreibend ist usw. Dabei kann allerdings nie eine Reduktion des Schutzumfangs des Klagezeichens auf Null stattfinden, selbst wenn das Verletzungsgericht der Auffassung sein sollte, daß die Klagemarke zu Unrecht eingetragen wurde (dazu § 14 Rdn. 197). Da das DPA auch die Markenfähigkeit (§ 3) zu prüfen hat (§ 37 Abs. 1), kann hinsichtlich einer eingetragenen Marke auch dieses Tatbestandsmerkmal von den ordentlichen Gerichten nicht mehr in Zweifel gezogen werden. Das ergibt sich auch daraus, daß § 50 Abs. 1 den Verstoß gegen § 3 mit dem Verstoß gegen § 8 gleichbehandelt und dafür jeweils das Löschungsverfahren vor dem Patentamt vorsieht (§ 54 Abs. 1), was die aA von *Fezer* (§ 41 Rdn. 13) verkennt. Hat das DPA oder das BPatG die Täuschungsgefahr für eine Marke verneint (§ 8 Abs. 2 Nr. 4), ist damit nicht präjudiziert, daß die Marke nicht für bestimmte Verwendungen trotzdem irreführend sein kann, da diese mögliche zukünftige Irreführung im Eintragungsverfahren gerade nicht zu berücksichtigen ist (BPatG GRUR 1989, 593 – *Molino*; unten Rdn. 99).

IV. Nicht graphisch darstellbare Zeichen (§ 8 Abs. 1)

1. Grundsatz

§ 3 Abs. 1 läßt grundsätzlich jede Zeichenform zu. Die dortige **12** Aufzählung ist bewußt nicht abschließend (§ 3 Rdn. 21). Die Marke muß aber im Eintragungsverfahren in einer fixierten Form vorliegen, die ihre Beurteilung durch den Prüfer erlaubt. Eine zweidimensionale Darstellung ist dabei schon aus Zweckmäßigkeitsgründen (Aktenführung) erforderlich. Darüber hinaus kann auch bei der Veröffentlichung (§ 41 S. 2) im Markenblatt (§ 20 Abs 1 MarkenV) nur eine zweidimensionale Wiedergabe erfolgen. Das Erfordernis der graphischen Darstellbarkeit besteht somit einerseits im Interesse des DPA zur Erleichterung der administrativen Handhabung, zum anderen aber auch im Interesse der Allgemeinheit, durch die Veröffentlichung eindeutig über die in Kraft stehenden Marken und ihren Schutzbereich informiert zu werden. Andererseits ist die Grundentscheidung des Gesetzgebers zu berücksichtigen, die Markenformen nicht zu beschränken. Dieser Widerspruch löst sich auf, wenn klar erkannt wird, daß „graphische Darstellbarkeit" nicht bedeutet, daß das Zeichen selbst abgebildet werden muß, sondern daß nur erforderlich ist, daß es zweidimensional eindeutig definierbar ist. Das DPA sollte dabei großzügig zugunsten der Anmelder sein und auch ungewöhnliche graphische Darstellungen dann zulassen, wenn sie hinreichend eindeutig sind, um den Schutzumfang für den Verkehr klar zu definieren.

2. Beispiele

13   Für eine Reihe der im MarkenG neu vorgesehenen Markenformen enthält die MarkenV bereits Konkretisierungen. Nach § 9 MarkenV sind bei **dreidimensionalen Marken** zweidimensionale Abbildungen der Marke beizufügen, die entweder Lichtbilder oder graphische Strichzeichnungen sein können (§ 9 Abs. 2 MarkenV). Diese Regelung gilt auch für Kennfadenmarken (§ 10 MarkenV). Hinsichtlich der **Hörmarken** sieht § 11 Abs. 2 MarkenV vor, daß die graphische Darstellung entweder durch eine übliche Notenschrift oder ein Sonagramm vorgenommen werden kann. Dabei ist nicht erforderlich, daß beide Darstellungsformen zusammen eingereicht werden, allerdings muß insbesondere das Notenbild ein bestimmtes Klangbild konkret festlegen, zB durch Angaben zu Tempo, Dynamik, Instrumentation und Ausdruck (BPatG GRUR 1997, 60, 61 – *SWF-3 Nachrichten*). Daß auch bei Vorgabe dieser Merkmale der verbleibende Interpretationsspielraum für die Musiker die Bestimmtheit in Frage stellen könnte, ist nicht anzunehmen (offengelassen von BPatG aaO). Hinsichtlich von **Farbmarken** enthält die MarkenV in § 8 gegenüber sonstigen Bildmarken keine Sondervorschriften. Das BPatG ist der Auffassung, daß Farbmarken nur in einer bestimmten konkreten flächenmäßigen oder sonstigen graphischen Begrenzung und Aufteilung Schutz genießen können (BPatG GRUR 1996, 881, 882 – *Farbmarke*), wobei das BPatG dieses Erfordernis nicht aus § 8 Abs. 1, sondern aus der Markenfähigkeit des § 3 Abs. 1 hergeleitet hat. Soweit das BPatG insoweit allerdings Parallelen zum Ausstattungsschutz zieht, der jeweils nur

Absolute Schutzhindernisse **§ 8**

die Aufmachung einer ganz konkreten Ware schützen konnte, erscheinen diese zweifelhaft. Farbmarken werden im Rahmen von § 8 nicht nur insoweit geschützt, als sie für bestimmte Waren verwendet werden, sondern genießen (jedenfalls innerhalb der Benutzungsschonfrist) Schutz für alle Waren und Dienstleistungen des Verzeichnisses. Auch der Wortlaut von § 3 trägt die Auffassung des BPatG nicht, da dort „Aufmachungen einschließlich Farben" lediglich beispielhaft erwähnt sind, während als Grundsatz gilt, daß „alle Zeichen" eintragungsfähig sind. Wie schon die zahlreichen Ausstattungsfälle zeigen, sind sowohl Farben als auch Farbkombinationen im Grundsatz ohne weiteres geeignet, als Herkunftshinweise zu dienen. Eine Farbe kann auch in eindeutiger Weise graphisch dargestellt werden, nämlich durch flächenhafte Wiedergabe des entsprechenden Farbtons und ggf. im Wege der Beschreibung durch Bezugnahme auf eines der Farbklassifikationssysteme (zB RAL oder Pantone). Aus Gründen des Freihaltebedürfnisses erforderliche Einschränkungen der Monopolisierung – vor allem einzelner – Farben kann im Rahmen der Prüfung nach § 8 Abs. 2 hinreichend Rechnung getragen werden. Dabei kommt zum einen das Fehlen der Unterscheidungskraft (Nr. 1) dann in Betracht, wenn die angemeldete (neben anderen) Farbe für Waren und Dienstleistungen des Verzeichnisses weithin üblich ist, deshalb also nicht als Herkunftshinweis verstanden wird, oder die üblichen Bezeichnungen (Nr. 3), wenn mit Farben Gegenstände bestimmter Art bezeichnet werden (zB rot für Feuerlöscher). Graphisch darstellbar sind auch **Tastmarken** (ggf. durch vergrößerte Wiedergabe der Oberflächenstruktur). Hinsichtlich von **Geruchs-** oder **Geschmacksmarken** kommt es darauf an, ob eine eindeutige Definition möglich ist, zB durch Angabe einer chemischen Struktur- oder Summenformel, einer Rezeptur oder einer Verfahrensbeschreibung. Rein qualitative Beschreibungen („holziger Grundton mit frischer Kopfnote") reichen nicht aus. Ist eine eindeutige graphische Darstellung der Marke möglich, ist den Praktikabilitätsinteressen des DPA und dem Rechtssicherheitsinteresse der Allgemeinheit Genüge getan. Der Eintragungsanspruch des Anmelders (§ 33 Abs. 2 S. 2) ist dann vorrangig.

Die graphische Darstellung ist mit der Anmeldung einzureichen, **14** sie stellt eines der zwingenden Mindesterfordernisse der Anmeldung dar (§ 32 Abs. 2 Nr. 2), die für die Zuerkennung des Prioritätstages erforderlich sind (§ 33 Abs. 1). Die (zusätzliche) klangliche Wiedergabe ist dafür bei der Anmeldung einer Hörmarke nicht erforderlich (BPatG GRUR 1997, 60, 61 – *SWF-3 Nachrichten*).

V. Fehlende Unterscheidungskraft (§ 8 Abs. 2 Nr. 1)

1. Begriff

15 **a) Ausgangspunkt.** Unterscheidungskraft kommt einer Marke dann zu, wenn sie geeignet ist, vom Verkehr als Unterscheidungsmittel für Waren oder Dienstleistungen eines Unternehmens von denen anderer Unternehmen aufgefaßt zu werden (BGH GRUR 1995, 408, 409 – *PROTECH*). Ob die Marke tatsächlich zu diesem Zweck genutzt wird, ist nach dem eindeutigen Wortlaut des Gesetzes irrelevant und könnte vom DPA im Eintragungsverfahren auch gar nicht festgestellt werden. Auch unternehmensinterne Bestellzeichen, Kontrollzeichen usw. sind daher unterscheidungskräftig. Allenfalls kann nach Ablauf der Schonfrist die rechtserhaltende Benutzung fraglich sein (a A *Fezer*, Rdn. 92 f.). Ein über die Eignung zur Unterscheidung hinausgehendes Erfordernis der „Merkfähigkeit" ist nicht anzuerkennen, gerade im Hinblick auf die im internationalen Geschäftsverkehr zunehmenden Marken, die fremde Schriftarten verwenden (BPatG GRUR 1997, 53, 54 – *Chinesische Schriftzeichen*, in Weiterführung von BPatG GRUR 1986, 696 – *Jin Shin Do*).

16 Von der Markenfähigkeit des § 3 Abs. 1 unterscheidet sich die Unterscheidungskraft des § 8 Abs. 2 Nr. 1 durch ihren konkreten Bezug auf die jeweiligen Waren oder Dienstleistungen. Während als nicht markenfähig nach § 3 vom Schutz nur solche Zeichen ausgeschlossen sind, die für keine denkbaren Waren oder Dienstleistungen Hinweischarakter haben könnten, ist bei § 8 festzustellen, ob die Unterscheidungskraft gerade für die Waren und Dienstleistungen des Verzeichnisses gegeben ist (BGH GRUR 1995, 408, 409 – *PROTECH*). Dieses Erfordernis der konkreten Unterscheidungskraft ergibt sich nicht nur aus dem eindeutigen Wortlaut („für die Waren oder Dienstleistungen"), sondern ist auch sachlich geboten, da die gleiche Marke für unterschiedliche Waren oder Dienstleistungen mehr oder weniger unterscheidungskräftig sein kann.

17 **b) Bedeutung.** Ein gewisses Mindestmaß an Unterscheidungskraft (Rdn. 21) ist erforderlich, damit die Marke eintragungsfähig ist. Die fehlende Unterscheidungskraft kann allerdings nach § 8 Abs. 3 durch Verkehrsdurchsetzung überwunden werden. Die Unterscheidungskraft kann vollständig fehlen, sie kann aber auch in unterschiedlich hohem Maße vorliegen, eine Marke kann also mehr oder weniger unterscheidungskräftig sein. Im Eintragungsverfahren kann das denkbare unterschiedliche Maß der Unterschei-

Absolute Schutzhindernisse **§ 8**

dungskraft nach Auffassung der Rspr. im Hinblick auf die Wechselwirkung mit dem Freihaltebedürfnis (dazu unten Rdn. 19) eine Rolle spielen (BGH GRUR 1991, 936, 937 – *NEW MAN*; BPatG GRUR 1997, 283, 284 – *TAX FREE*). Darüberhinaus spielt der Grad der Unterscheidungskraft auch im Rahmen der Prüfung der Verwechslungsgefahr eine Rolle, da weniger unterscheidungskräftigen Marken ein geringerer Schutzumfang zukommt, die Verwechslungsgefahr also schon durch geringere Abweichungen ausgeschlossen werden kann (ausführlich dazu § 14 Rdn. 195 ff.).

c) Verhältnis zum Freihaltebedürfnis. Die fehlende Unterscheidungskraft ist begrifflich vom Freihaltebedürfnis (Nr. 2) zu trennen (st. Rspr. zB BGH GRUR 1993, 825, 826 – *Dos*). Ob Unterscheidungskraft vorliegt, bestimmt sich nach der Auffassung der beteiligten Verkehrskreise (dazu unten Rdn. 25 ff.). Sie müssen der Auffassung sein, daß die Marke als Herkunftshinweis dienen kann. Demgegenüber liegt Freihaltebedürfnis nach Nr. 2 vor, wenn im Interesse der Mitbewerber einer Monopolisierung des Zeichens entgegengetreten werden muß (st. Rspr. zB BPatG GRUR 1997, 530, 531 – *Rohrreiniger*; BPatG Mitt. 1997, 70 – *UHQ II*). Das führt zu einem unterschiedlichen Prüfungsmaßstab, da einerseits das Freihaltebedürfnis schon dann zu bejahen sein kann, wenn nur innerhalb eng begrenzter Fachkreise die Marke als beschreibende Angabe benötigt wird (zB BGH GRUR 1994, 805 – *Alphaferon*; siehe auch unten Rdn. 62), umgekehrt kann auch bei einer beschreibende Angabe iSd Nr. 2 das Freihaltebedürfnis fehlen, wenn nicht absehbar ist, daß ein konkretes Bedürfnis des Verkehrs bestehen könnte, zB hinsichtlich der Verwendung bestimmter geographischer Herkunftsangaben für einzelne Produktgruppen (BGH GRUR 1983, 783 – *Capri-Sonne*; unten Rdn. 60). Es ist denkbar, daß eine Marke unterscheidungskräftig ist, ihr aber ein Freihaltebedürfnis entgegensteht. So eine Konstellation kommt vor allem in Betracht, wenn dem Verkehr eine eigentlich beschreibende Angabe als Phantasiename erscheint (zB BGH GRUR 1993, 43 – *Römigberg*). Umgekehrt kann aber die Unterscheidungskraft auch fehlen, ohne daß ein Freihaltebedürfnis entgegensteht (BPatG GRUR 1997, 530, 531 – *Rohrreiniger*), zB bei Wörtern, die als Werbehinweis oder unspezifische Aufforderung verstanden werden (BGH GRUR 1976, 587 – *Happy*), ganz farblosen Wortzeichen (BPatGE 26, 258 – *UND*) oder Zeichen, die gerade als warenbeschreibender Hinweis häufig sind (BPatG GRUR 1993, 670, 671 – *Diva*; geht bedenklich weit). Trotz dieser Unterschiede gibt es viele

18

Fälle, bei denen ein absolutes Schutzhindernis sowohl nach Nr. 1 als auch nach Nr. 2 besteht. Zahlreiche beschreibende Angaben sind nicht nur freihaltebedürftig, sondern werden vom Verkehr auch nicht als Hinweis auf die Herkunft aus einem bestimmten Betrieb verstanden. Da es zur Verneinung der Eintragbarkeit ausreichend ist, wenn auch nur ein Schutzhindernis vorliegt, prüft das DPA teilweise zunächst das Freihaltebedürfnis, da dieser leichtes feststellbar sein kann (RL Markenanmeldung, Bl. 1995, 378, 383).

19 Darüber hinaus wird angenommen, daß eine **Wechselwirkung** zwischen Unterscheidungskraft und Freihaltebedürfnis besteht, bei fehlendem Freihaltebedürfnis also auch ein geringerer Grad der Unterscheidungskraft ausreichend sein kann (zB BGH GRUR 1991, 136, 137 – *NEW MAN*; BPatG GRUR 1997, 283, 284 – *TAX FREE*). Diese Vermengung ist allerdings fragwürdig, nicht nur wegen der unterschiedlichen Zielsetzungen und Prüfungsmaßstäbe, sondern schon im Hinblick auf den Wortlaut des Gesetzes. Der minimale erforderliche Grad der Unterscheidungskraft (es darf nicht „jegliche" fehlen) verträgt sich nicht damit, daß weitere Faktoren berücksichtigt werden, schon gar nicht zu Lasten des Anmelders. Liegt also die mindestens erforderliche Unterscheidungskraft vor, ist der Ausschlußgrund der Nr. 1 nicht mehr anwendbar. Dem Zeichen kann die Eintragung dann nur noch versagt werden, wenn ein hinreichend großes Freihaltebedürfnis (Nr. 2) festgestellt wird oder ein sonstiger Ausschlußgrund vorliegt. Ferner darf nicht im zweiten Prüfungsschritt ein Freihaltebedürfnis, das eigentlich zu gering wäre, um die Versagung der Eintragung zu rechtfertigen, nun mit Gesichtspunkten aus der bereits überwundenen Eintragungsschranke der Nr. 1 angereichert werden. Anderenfalls könnte einer Marke die Eintragung versagt werden, obwohl sie die mindestens erforderliche Unterscheidungskraft aufweist und das Freihaltebedürfnis zu gering ist, um die Eintragung zu verhindern. Letztlich hat die begriffliche Unschärfe ihren Grund darin, daß über das konkrete Verkehrsverständnis meist nur Vermutungen vorliegen und somit eine schwer begründbare Wertungsentscheidung zu treffen ist.

20 **d) Verhältnis zu den üblichen Bezeichnungen.** Ebenso wie mit den freihaltebedürftigen Angaben der Nr. 2 gibt es Überschneidungen der Nr. 1 mit den üblichen Bezeichnungen der Nr. 3, da der Verkehr häufig gerade dann, wenn eine Bezeichnung für bestimmte Waren üblich ist, ihr keine herkunftshinweisende Funktion zubilligen wird. Dieser Überschneidungsbereich wird um so größer, wenn man mit dem BPatG (zB GRUR 1996, 355, 356 –

Absolute Schutzhindernisse **§ 8**

Benvenuto) auch Werbewörter und allgemeine Kaufaufforderungen unter Nr. 3 zieht. Nach der hier vertretenen Auffassung (unten Rdn. 89) deckt Nr. 3 im wesentlichen den Bereich der früheren Freizeichen ab, insbesondere den Fall des nachträglichen Verlusts der Unterscheidungskraft. Schlagworte und Werbewörter, die sich nicht auf die Ware selbst beziehen, können schon nach dem Wortlaut nicht unter Nr. 3 fallen. Ihnen wird aber häufig die notwendige Unterscheidungskraft mangeln, wenn der Verkehr sie nicht als Herkunftshinweise, sondern als allgemeine Aufforderungen versteht (zB BPatG GRUR 1996, 978 – *CIAO*, wo Nr. 1 und Nr. 3 bejaht werden).

2. Bestimmung der Unterscheidungskraft

a) Fehlen jeglicher Unterscheidungskraft. Schon der Wortlaut von § 8 Abs. 2 Nr. 1 verweist auf einen großzügigen Prüfungsmaßstab: Das Eintragungshindernis liegt nur dann vor, wenn die angemeldete Marke nicht einmal einen Rest von Unterscheidungskraft aufweist. Nach der amtlichen Begründung (§ 8 Abs. 4) sollte damit ausgedrückt werden, daß „jede, wenn auch noch so geringe Unterscheidungskraft ausreicht, um dieses Schutzhindernis zu überwinden". Danach kann eine Zurückweisung wegen fehlender Unterscheidungskraft „nur in eindeutigen Fällen in Betracht kommen". Diese strengen Voraussetzungen hat die Rspr. übernommen (BGH GRUR 1997, 366, 367 – *quattro II*), wobei bereits an die jüngere Rechtsprechung zum WZG angeknüpft werden konnte (BGH GRUR 1991, 136, 137 – *NEW MAN*; BGH GRUR 1993, 832, 833 – *Piesporter Goldtröpfchen*). Dieser großzügige Maßstab hat Auswirkungen zum einen im Hinblick auf bestimmte Markenarten, etwa die jetzt zulässigen Zahlen und Buchstaben (BPatG Mitt. 1997, 70, 71 – *UHQ II*), aber auch im Hinblick auf den erforderlichen Grad an phantasievoller Verfremdung von Wortzeichen (Rdn. 29 ff.) oder den Grad der Originalität bei Bildzeichen (unten Rdn. 43 ff.). 21

b) Ganzes Zeichen. Ob ein angemeldetes Zeichen die erforderliche Unterscheidungskraft aufweist, ist immer anhand des Zeichens als Ganzem zu ermitteln (BGH GRUR 1992, 515, 516 – *Vamos*; BGH GRUR 1994, 730, 731 – *Value*; BGH GRUR 1995, 269, 270 – *U-Key*; BGH GRUR 1995, 408, 409 – *PROTECH*; BGH GRUR 1996, 771, 772 – *THE HOME DEPOT*). Der Verkehr nimmt die Marke so auf, wie sie ihm entgegentritt, und unterzieht sie keiner zergliedernden Betrachtung. Die Marke muß ge- 22 wissermaßen „auf den ersten Blick" unterscheidungskräftig oder nicht unterscheidungskräftig sein. Das bedeutet bei Zeichen, die aus mehreren Bestandteilen zusammengesetzt sind, daß bereits die Originalität eines Bestandteils die Schutzfähigkeit begründen kann, zB eine besondere Typographie (BGH GRUR 1991, 136 – *NEW MAN*), wobei im Einzelfall auch denkbar ist, daß ein lediglich aus schutzunfähigen Bestandteilen bestehendes Kombinationszeichen Schutz genießen kann (BPatG Mitt. 1993, 368), auch bei jeweils selbständig schutzunfähigen Bestandteilen kann sich gerade aus der ungewöhnlichen Zusammenfügung ein neuer Gesamteindruck ergeben, der die Schutzfähigkeit begründet (BGH GRUR 1995, 408 – *PROTECH*).

23 **c) Anlehnungen und Abwandlungen.** Aus dem großzügigen Prüfungsmaßstab (oben Rdn. 21) und der Maßgeblichkeit des Zeichens als Ganzem (oben Rdn. 22) ergibt sich bereits, daß Abwandlungen von nicht unterscheidungskräftigen Angaben ebenso wie Annäherungen an freihaltebedürftige Angaben großzügig zur Eintragung zuzulassen sind. So kann bei zusammengesetzten Wortzeichen schon die Sprachunüblichkeit der Kombination trotz des leicht verständlichen Sinngehalts die Unterscheidungskraft begründen (BGH GRUR 1989, 666 – *Sleepover*; BPatG Mitt. 1994, 317 – *Multistar*), was zB auch bei unüblichen Verkürzungen oder Verschmelzungen gilt (BPatG Mitt. 1994, 165 – *eurAuPair*; BGH GRUR 1995, 408 – *PROTECH*). Praktische Bedeutung hat die großzügige Handhabung der Abwandlungen vor allem im Bereich beschreibender Angaben, dazu unten Rdn. 59.

24 **d) Bezug auf die konkrete Ware oder Dienstleistung.** Das Zeichen ist nicht nur als Ganzes zu betrachten, sondern auch immer in bezug auf die konkrete Ware oder Dienstleistung. Es ist ohne weiteres möglich, daß ein Zeichen für bestimmte Waren unterscheidungskräftig ist (einfaches Bild eines Apfels für Computer), nicht aber für andere (Bild eines Apfels für Obst). Dieser konkrete Bezug ergibt sich sowohl aus dem Wortlaut als auch aus der Funktion der Unterscheidungskraft gerade im Unterschied zur Markenfähigkeit des § 3 Abs. 1 (siehe oben, Rdn. 16). Maßgebend sind dabei die Waren und Dienstleistungen, die im Verzeichnis der Anmeldung aufgeführt sind (BGH GRUR 1995, 408, 409 – *PROTECH*). Auch das Freihaltebedürfnis des § 8 Abs. 2 Nr. 2 muß jeweils für konkrete Waren oder Dienstleistungen festgestellt werden (zB BGH GRUR 1997, 367 f. – *quattro II* und BPatG GRUR 1995, 737, 738 – *BONUS*). Immer ist dabei zu prüfen, ob das angemeldete Zeichen gerade im Hinblick auf die angemeldeten Waren oder Dienstleistungen eine konkrete Bedeutung haben kann (BPatG Mitt. 1994, 939 – *MISTER X*), was gerade bei wenig bestimmten Begriffen der Werbesprache mit Anwendbarkeit auf unterschiedlichste Waren und Dienstleistungen aber nur zurückhaltend angenommen werden sollte (zu streng daher wohl BGH GRUR 1995, 407 – *Turbo*). Dementsprechend kann das Eintragungshindernis auch nur für einzelne Waren oder Dienstleistungen des Verzeichnisses vorliegen. Dann ist die Anmeldung nur für diese zurückzuweisen (§ 37 Abs. 5). Bedenklich ist es auch, bloß assoziative Verbindungen zwischen bestimmten Produkten und Begriffen, etwa Damenwäsche und kapriziösen Opernsängerinnen, ausreichen zu lassen (zweifelhaft daher BPatG GRUR 1993, 670 – *Diva*).

e) Verkehrsauffassung als Maßstab. Ob einem Zeichen Unterscheidungskraft zukommt, richtet sich ausschließlich nach der Verkehrsauffassung (BGH GRUR 1969, 345 – *red-white*; BGH GRUR 1994, 803, 804 – *TRILOPIROX*). Die Verkehrsauffassung ist – wie auch sonst – eine Tatsachenfrage (BGH GRUR 1976, 587 – *Happy*). Bei seiner Tatsachenfeststellung kann das DPA und das BPatG auf allgemeinkundige Tatsachen und Erfahrungssätze zurückgreifen (BGH GRUR 1973, 314 – *Gentry*; BGH GRUR 1976, 587, 588 – *Happy*), eine Verkehrsbefragung ist deshalb nicht erforderlich, wenn hinreichende andere Anhaltspunkte für die Verkehrsauffassung vorliegen, zB durch druckschriftliche Belege einer nicht kennzeichnenden Verwendung des angemeldeten Wortzeichens usw. Umgekehrt kann die Unterscheidungskraft fehlen, obwohl sich eine Wortkombination lexikalisch nicht nachweisen läßt (BPatGE 36, 229, 232 – *SWEATER TOPS*) Rechtsfehlerhaft ist es allerdings, eine vom Anmelder vorgelegte Verkehrsbefragung zur Kennzeichnungskraft zu ignorieren und stattdessen auf angeblich bessere Erkenntnisse des Gerichts zur Verkehrsauffassung zurückzugreifen (falsch daher insoweit BPatG GRUR 1996, 489, 490 – *Hautactiv*). Ist die Verkehrsauffassung (wie in der Regel) geteilt, mangelt die Unterscheidungskraft jedenfalls dann, wenn ein beachtlicher Teil der angesprochenen Verkehrskreise die Unterscheidungskraft verneint, in dem Zeichen also keine Aussage zur Herkunft aus einem bestimmten Unternehmen erkennt (BGH GRUR 1994, 805, 807 – *Alphaferon*; BPatG GRUR 1995, 734, 736 – *While You Wait*; BPatG GRUR 1996, 131, 133 – *Fernettchen*; BPatG GRUR 1996, 978, 979 – *CIAO*; schon früher BPatGE 11, 120, 123 – *Bratwursthäusle*). Es ist also nicht etwa (umgekehrt) ausreichend, daß nur ein geringer Teil der angesprochenen Verkehrskreise in dem eigentlich nicht unterscheidungskräftigen Zeichen einen Herkunftshinweis sieht (BPatG GRUR 1995, 734, 736 – *While You Wait*). Welcher **Prozentsatz** im einzelnen erforderlich ist, läßt sich nicht abschließend festlegen. Wenn 50% der angesprochenen Verkehrskreise die Angabe für einen Hinweis auf die Herkunft halten, ist dies nach Auffassung des BGH jedenfalls ausreichend (BGH GRUR 1994, 803, 804 – *TRILOPIROX*). Viel spricht für die Auffassung des BPatG (GRUR 1996, 489, 490 – *Hautactiv*), daß zur Vermeidung eines Wertungswiderspruchs mit § 8 Abs. 3 der gleiche Maßstab anzulegen ist wie bei der Feststellung der Verkehrsdurchsetzung. Anderenfalls bestünde die Gefahr, daß je nach der Art des vom Anmelder gewählten Verfahrens unterschiedliche Anforderungen an die Kennzeichnungskraft gestellt würden. Allerdings kann die Fragestellung unterschiedlich sein, da für die Bejahung der Kennzeichnungskraft nur die Feststellung erforderlich ist, daß die betroffenen Verkehrskreise der Auffassung sind, die angemeldete Bezeichnung sei (grundsätzlich und abstrakt) zur Herkunftskennzeichnung der fraglichen Waren oder Dienstleistungen geeignet. Sie müssen nicht bestätigen, daß es sich um die Kennzeichnung eines ganz bestimmten Unternehmens handele. Das ist deswegen von Bedeutung, weil anderenfalls schon bei der Prüfung der Kennzeichnungskraft eine umfangreiche vorherige Benutzung erforderlich wäre, wie sie erst bei der Verkehrsdurchsetzung des Abs. 3 gefordert werden kann. Folgt man der (abzulehnenden, oben Rdn. 19) Auffassung der Rspr. zur Wechselwirkung zur Freihaltebedürfnis und Unterscheidungskraft, hat dies zur Folge, daß bei Angaben, deren Unterscheidungskraft zweifelhaft ist und die gleichzeitig an beschreibende Angaben angelehnt sind, ein höherer Prozentsatz erforderlich sein kann (so auch BPatG GRUR 1996, 489, 490 – *Hautactiv*). Daß Verkehrsdurchsetzung regelmäßig einen Zuordnungsgrad von mindestens 50% erfordere (so BPatG GRUR 1996, 489, 490 – *Hautactiv* unter Hinweis auf BGH GRUR 1990, 360, 361 – *Apropos Film II*), muß in dieser Allgemeinheit allerdings bezweifelt werden (dazu noch unten Rdn. 143). Ist das Freihaltebedürfnis aber konkret feststellbar, können auch noch viel höhere Zuordnungsgrade erforderlich sein (zur Wechselwirkung auch BGH GRUR 1992, 515 – *Vamos*).

26 Maßgebend sind immer die **inländischen** Verkehrskreise, auch wenn es sich um ein fremdsprachiges Zeichen handelt (BGH GRUR 1995, 408 – *PROTECH*; BGH GRUR 1994, 730, 731 – *Value*; BGH GRUR 1995, 269, 270 – *U-Key*; schon früher BGH

Absolute Schutzhindernisse . **§ 8**

GRUR 1989, 666, 667 – *Sleepover*; BGH GRUR 1992, 514 – *Olé*). Der ausländische Gebrauch, zB im Fall einer IR-Marke spielt dabei keine Rolle (BPatG GRUR 1974, 777 – *LEMONSODA*). Auch darin unterscheidet sich die Prüfung der Unterscheidungskraft von der des Freihaltebedürfnisses (dazu unten Rdn. 66). Für IR-Marken gelten insoweit keine Besonderheiten, zumal § 8 Abs. 2 Nr. 1 mit Art. 6^{quinquies} B Nr. 2 PVÜ fast wörtlich übereinstimmt (schon BGHZ 11, 34 – IR-Marke FE; BGH GRUR 1991, 336 – NEW MAN; BGH GRUR 1995, 269 – *U-Key*; BGHZ 130, 188 – *Füllkörper*).

Die Verkehrsauffassung ist immer bei den Verkehrskreisen festzustellen, **an die sich die Waren oder Dienstleistungen wenden**, für die das Verzeichnis Schutz begehrt. Im Einzelfall können dies auch eng begrenzte Fachkreise sein (BGH GRUR 1994, 805, 807 – *Alphaferon*). Dabei kann die Unterscheidungskraft in Fachkreisen möglicherweise auch bei Begriffen fehlen, die vom Verkehr (fälschlich) als Phantasieangaben aufgefaßt werden (BGH GRUR 1994, 803, 804 – *TRILOPIROX*). Andererseits ist aber zu berücksichtigen, daß Fachleute häufig die beschreibenden Angaben (zB INN-Begriffe, dazu unten Rdn. 59) genau kennen und somit bei relativ geringfügigen Abweichungen erkennen, daß es sich um eine frei gewählte Marke handelt. Soweit die Mitglieder des DPA oder BPatG selbst nicht zu den angesprochenen Fachkreisen gehören (zB als Techniker oder Juristen), kommt eine Feststellung der maßgebenden Verkehrsauffassung aufgrund eigener Kenntnisse noch weniger als sonst in Betracht. 27

3. Fehlende Unterscheidungskraft – Fallgruppen

a) Offenes Tatbestandsmerkmal. Wie (oben Rdn. 21, 24) dargestellt, ist die Kennzeichnungskraft einzelfallbezogen im Hinblick auf das konkete angemeldete Zeichen und die Waren oder Dienstleistungen des Verzeichnisses zu bestimmen. Die Entscheidung über die Kennzeichnungskraft ist somit notwendigerweise immer eine Einzelfallentscheidung. Trotzdem lassen sich eine Reihe von Fallgruppen bilden, bei denen Kennzeichnungskraft typischerweise fraglich sein kann. Die maßgeblichen Gesichtspunkte unterscheiden sich dabei nach der Art des Zeichens, und zwar auch im Hinblick auf die schon bisher grundsätzlich markenfähigen Wort-, Bild- und Wort-Bild-Kombinationszeichen. Hinsichtlich anderer Markenformen ist die frühere Rechtsprechung nur vorsichtig übertragbar, soweit diese grundsätzlich nicht eintragungsfähig wa- 28 ren, wie zB Zahlen, Buchstaben und dreidimensionale Formen. Da insoweit kein Eintragungshindernis mehr vorliegt, bedarf die Unterscheidungskraft einer Neubestimmung, die von der Rechtsprechung erst nach und nach geleistet werden kann (zB BPatG Mitt. 1997, 70 – *UHQ II*).

b) **Wortmarken**

29 aa) **Allgemeines.** Tritt dem Verkehr in Verbindung mit bestimmten Waren oder Dienstleistungen ein Wort entgegen, kann er dies in unterschiedlicher Weise verstehen. Er kann darin eine Sachaussage im Hinblick auf das Produkt sehen, zB im Hinblick auf dessen Eigenschaften, Verwendungszweck usw. Er kann eine entweder produktbezogene oder allgemeine Werbeaussage darin sehen und er kann schließlich einen Hinweis auf die Herkunft aus einem bestimmten Unternehmen vermuten. Nur in der letzteren Konstellation liegt Kennzeichnungskraft vor. Einen Unternehmenshinweis wird der Verkehr umso eher annehmen, je weniger die anderen Möglichkeiten in Betracht kommen. Dabei wird der Verkehr vor allem in Betracht ziehen, ob das Zeichen ohne weiteres erkennbar eine Sach- oder Werbeaussage in gewissermaßen „ungefilterter Form" enthält, oder ob die Aussage durch sprachregelwidrige Bildung, Verwendung von Begriffen im übertragenen Sinn, ironische Verfremdung oder generell dem Erfordernis gedanklicher Schritte zur Feststellung des Inhalts Abstand zu einfachen Beschreibungen gewinnt. Dabei dürfen die Anforderungen nicht zu hoch geschraubt werden, ein geringer Abstand genügt, um zumindest das Fehlen „jeglicher" Unterscheidungskraft zu verneinen (oben Rdn. 21). Für die in jedem Einzelfall zu treffende Entscheidung können die im folgenden aufgeführten Fallgruppen nur Orientierungshilfen bieten.

30 bb) **Phantasiewörter.** Kennzeichnungskräftig sind Phantasiewörter, also zunächst alle sprachlichen Neubildungen, die im deutschen oder einer bekannten Fremdsprache nicht existieren (zB „Maggi" für Suppenwürze). Allerdings ist es für die Annahme der Kennzeichnungskraft nicht erforderlich, daß es sich um eine völlige sprachliche Neubildung im dem Sinne handeln muß, daß die konkrete Buchstabenkombination lexikalisch nicht nachweisbar wäre. Ausreichend ist vielmehr, daß der Marke für die konkreten Waren oder Dienstleistungen kein „im Vordergrund stehender beschreibender Begriffsinhalt zugeordnet werden" kann und es sich nicht um ein gebräuchliches Wort handelt, das „nur als solches und nicht als Kennzeichnungsmittel verstanden wird" (BGH GRUR 1995,

408, 409 – *PROTECH*). Damit ist auch klargestellt, daß ein sich aufdrängender Bedeutungsgehalt gerade aus der Zusammenschau mit den Waren und Dienstleistungen des Verzeichnisses erfolgen muß (siehe schon oben Rdn. 24), wobei im Einzelfall denkbar ist, daß zB bei häufig verwendeten Eigenschaftswörtern dieser beschreibende Zusammenhang bei zahlreichen Waren oder Dienstleistungen besteht (BGH GRUR 1995, 410, 411 – *TURBO*). Auch Wörter, die mit Bezug auf die Waren oder Dienstleistungen einen beschreibenden Bezug haben, können dann kennzeichnungskräftig sein, wenn dieser beschreibender Bezug jedenfalls bei der Verwendung in Alleinstellung nicht klar ist (BPatG Mitt. 1991, 165, 166 – *Pro*), so daß unklar bleibt, worauf sich das Wort in dem konkreten Zusammenhang bezieht (BPatG Mitt. 1994, 217 – *Multi Star*). Ob ein einzelnes Wort, das üblicherweise oder häufig in Zusammensetzung verwendet wird, in Alleinstellung Unterscheidungskraft besitzt, ist Frage des Einzelfalls. Wird das Wort in den verschiedenen Kombinationen immer in der gleichen Bedeutung verwendet, kann dies dafür sprechen, daß es vom Verkehr als Eigenschaftshinweis verstanden wird (BGH GRUR 1996, 770 – *MEGA*). Gerade bei Substantiven wird der Verkehr eine glatt beschreibende Angabe meist nicht annehmen, vor allem wenn ihm das Substantiv als Teil einer beschreibenden Aussage sonst nur in Kombination bekannt ist (BPatG GRUR 1996, 499, 500 – *Paradise*). Deshalb fehlt die Unterscheidungskraft nicht immer schon dann, wenn das Zeichen einen Sinngehalt aufweist, sondern nur dann, wenn der konkrete Sinngehalt in Bezug auf die konkreten Waren und Dienstleistungen nach der Verkehrsauffassung dazu führt, daß eine Sachangabe über die Waren oder Dienstleistungen angenommen wird (BGH GRUR 1997, 627, 628 – *à la carte*; siehe auch BPatG Mitt. 1994, 139 – *MR*. X: Erforderlich ist, daß dem angemeldeten Wort „eine wirklich konkrete Aussage" über die gekennzeichnete Ware entnommen werden könne; zur parallelen Fragestellung im Firmenrecht BGH GRUR 1996, 68, 69 – *Cotton Line* m.w.N.). Ist offenkundig, daß das Zeichenwort nicht im Sinne einer glatten Beschreibung gemeint ist, sondern allenfalls Assoziationen wecken will, ist es kennzeichnungskräftig (zB OLG Hamburg GRUR 1990, 456 – *Opium*).

cc) Mehrwortzeichen. Für Mehrwertzeichen gelten im Grundsatz die gleichen Regeln wie für Einzelwortzeichen. Wiederum ist zu fragen, ob der Verkehr das gesamte Zeichen als glatte Sachangabe, Werbeanpreisung, Aufforderung usw. versteht. Das richtet sich wiederum danach, ob die Aussage hinreichend eindeutig ist und ohne gedankliche Schritte verstanden wird. Kennzeichnungskräftig sind somit etwa Sätze, die vom Verkehr nicht eindeutig verstanden werden (BGH GRUR 1996, 771 – *THE HOME DEPOT*) oder noch zu vervollständigen sind (BPatG GRUR 1997, 167 – *Du darfst*), wobei davon werbeübliche Aufforderungen und Slogans zu unterscheiden sind (unten Rdn. 36 f.). Bei Mehrwortzeichen von besonderer Bedeutung ist der Grundsatz, daß schon die Unterscheidungskraft in nur einem Wort die Eintragungsfähigkeit des ganzen Zeichens begründen kann, wenn dieses Wort hinreichend unterscheidungskräftig ist (oben Rdn. 22). Ob der die Unterscheidungskraft begründende Bestandteil nach- oder untergeordnet ist, muß nicht entscheidend sein, da bei Zeichen mit teilweise beschreibendem Inhalt stärker auf individualisierende Zusätze geachtet wird (BGH GRUR 1986, 72, 74 – *Tabacco d'Harar*, dort zur Verwechslungsgefahr). Der individualisierende Bestandteil kann auch graphisch untergeordnet sein (BGH GRUR 1992, 203, 205 – *Roter mit Genever*; BGH GRUR 1992, 607 – *Fleur charme*; BPatGE 33, 167, 170 – *Kamill*). Schon die Verbindung eigentlich schutzunfähiger Worte mit einem sprachunüblichen Bindestrich kann zur Begründung der Eintragungsfähigkeit ausreichend sein, wenn der Verkehr dadurch nur noch die (insgesamt ungewöhnliche) Gesamtbezeichnung sieht (BPatG Mitt. 1994, 215, 216 – *I-Stat*). Die Aneinanderreihung zweier gebräuchlicher Sachbezeichnungen die wiederum einen (zusammengesetzten) Sachbegriff ergeben, ist aber nicht unterscheidungskräftig (BPatGE 36, 229, 232 – *SWEATER TOPS*).

32 **dd) Orthographische Abwandlungen, Sprachregelwidrigkeit.** Die Kennzeichnungskraft kann sich auch daraus ergeben, daß nicht kennzeichnungskräftige Angaben orthographisch verändert werden, mehrere Wortbestandteile sprachregelwidrig zusammengesetzt werden usw., vorausgesetzt die Abwandlung ist stark genug, um im Verkehr bemerkt zu werden. Bei bekannten Wörtern kann dies bereits durch eine geringfügige Änderung erfolgen (BPatG Mitt. 1991, 83 – *Natua*). Auch bei klanglicher Ähnlichkeit kann die schriftbildliche Abweichung ausreichend sein (BPatG aaO; BPatG GRUR 1987, 236, 237 – *Balfast*). Auch Fachkreise achten auf geringfügige Änderungen (BGH GRUR 1994, 805, 807 – *Alphaferon*). Hinsichtlich der Anlehnung an beschreibende Angaben gilt dasselbe wie bei der Prüfung des Freihaltebedürfnisses nach Nr. 2 (dazu unten Rdn. 59). Danach sind von der Eintragung solche Ab-

Absolute Schutzhindernisse **§ 8**

wandlungen beschreibende Angaben auszuschließen, in denen der Verkehr das Fachwort unmittelbar erkennt, also nicht nur eine gedankliche Assoziation ausgelöst wird (BGHZ 91, 262, 271 – *Indorektal I*; BGH GRUR 1985, 1053, 1054 – *Roal*; BGH GRUR 1994, 805, 806 – *Alphaferon*). Bei Wortkombinationen kann sich die Kennzeichnungskraft insbesondere aus einer sprachregelwidrigen oder jedenfalls so bisher nicht üblichen Zusammenziehung ergeben, selbst wenn die einzelnen Bestandteile jeweils für sich betrachtet nicht unterscheidungskräftig wären (BGH GRUR 1995, 408, 409 – *PROTECH*; BGH GRUR 1989, 666, 667 – *Sleepover*; BPatG Mitt. 1994, 217 – *Multi Star*. Sprachunüblich sind insbesondere auch Verkürzungen und Verschmelzungen (BPatG Mitt. 1994, 165 – *eurAuPair*). Wie auch sonst im Rahmen der Prüfung der Unterscheidungskraft ist bei der Frage, ob sprachunübliche Abwandlungen anderenfalls nicht unterscheidungskräftiger Bezeichnungen diese begründen können, ein anmelderfreundlicher Maßstab anzulegen. Es ist davon auszugehen, daß jedenfalls solche orthographischen Änderungen, die vom Verkehr ohne weiteres bemerkt werden, in der Regel die Unterscheidungskraft begründen. Nicht ausreichend sind insbesondere solche Auswechslungen einzelner Buchstaben, die sowohl klanglich äquivalent sind als auch – etwa im fremdsprachlichen Bereich – üblich, zB „C" für „K" oder „F" für „Ph". Die strengere frühere Rechtsprechung, insbesondere des BPatG zu orthographischen Abweichungen (zB BPatGE 17, 261, 265 – *xpert*), kann heute nicht mehr aufrechterhalten werden. Von sprachregelwidrigen Abwandlungen zu unterscheiden sind sprachregelmäßig gebildete, die vom Verkehr ohne weiteres als glatte Abwandlung einer Sachangabe verstanden werden, zB Verkleinerungen mit „-chen" (BPatG GRUR 1996, 131 – *Fernettchen*).

ee) Fremdsprachige Angaben. Für fremdsprachige Angaben 33 gilt im Grundsatz nichts anderes als für deutsche. Wiederum kommt es darauf an, ob der insoweit maßgebende inländische Geschäftsverkehr (BGH GRUR 1989, 666, 667 – *Sleepover*) in der fremdsprachigen Bezeichnung eine Angabe sieht, die aufgrund einer irgendwie gearteten Abweichung gegenüber dem rein Beschreibenden oder Anpreisenden zur Herkunftskennzeichnung geeignet erscheint. Gegenüber der Prüfung deutschsprachiger Wortzeichen ist hier also lediglich ein weiterer Prüfungsschritt vorgeschaltet, nämlich die Feststellung, ob der inländische Verkehr die fremdsprachige Angabe überhaupt ihrem Sinngehalt nach erfaßt. Versteht der inländische Verkehr die Angabe nicht, zB weil es sich um eine Sprache handelt, deren Kenntnisse nur bei einem kleinen Teil der Bevölkerung vorhanden sind, wird die Angabe wie eine Phantasieangabe behandelt, die Unterscheidungskraft ist dann zu bejahen. Das kann auch dann gelten, wenn zwar ein gewisser Teil der Bevölkerung das fremdsprachige Wort kennt, jedoch bei der Begegnung mit der zeichenmäßig verwendeten Angabe nicht annimmt, es handele sich um das Fremdwort, sondern an eine Phantasiebezeichnung denkt (BGH GRUR 1992, 515, 516 – *Vamos*; für japanische Angabe zB BPatG GRUR 1988, 696, 697 – *JIN SHIN DO*). Da es insoweit auf das Verständnis des inländischen Verkehrs, nicht auf Bedürfnisse des ausländischen Verkehrs oder zukünftige Entwicklungen ankommt, kann die Beurteilung der Unterscheidungskraft bei fremdsprachigen Zeichen von derjenigen des Freihaltebedürfnisse abweichen (unten Rdn. 66 ff.). Freihaltebedürftig können insbesondere auch fremdsprachige Angaben sein, die zwar vom inländischen Geschäftsverkehr nicht als beschreibend erkannt werden, aber im Hinblick auf die zukünftige Entwicklungen vom Verkehrsverkehr benötigt werden können (zB BPatG GRUR 1997, 286, 287 – *VODNI STAVBY*, BPatG Bl. 1985, 370 – *Fläkt*). Ob und wie fremdsprachige Angaben vom Verkehr verstanden werden, ist Frage des Einzelfalles. Die englische Sprache ist weiten Teilen des Verkehrs zumindest in ihren Grundzügen vertraut, so daß er nicht nur einfache Wörter mit leicht verständlichen Sinngehalt (zB BGH GRUR 1976, 587 – *Happy*; BPatG GRUR 1997, 642 – *YES*) versteht, sondern zunehmend auch werbeübliche Sätze (BPatG GRUR 1995, 734, 735 – *While You Wait*; BPatG GRUR 1997, 279 – *For You*). Auch leicht verständliche fremdsprachige Angaben können aber – genauso wie deutschsprachige Angaben – dann unterscheidungskräftig sein, wenn ein klar verständlicher Bezug zu den konkreten Waren oder Dienstleistungen fehlt (BGH GRUR 1994, 730 – *VALUE*; BGH GRUR 1996, 771, 772 – *THE HOMEN DEPOT*; BGH GRUR 1997, 627, 628 – *à la carte*) oder wenn das Zeichen jedenfalls in seiner Gesamtkombination keinen eindeutigen Sinngehalt aufweist (BGH GRUR 1995, 408, 409 – *PROTECH*; BGH GRUR 1995, 269 – *U-KEY*). Welche Einzelwörter der englischen Sprache von den maßgebenden Verkehrskreisen nicht mehr nach ihrem Sinngehalt verstanden werden, ist Frage des Einzelfalls und kann schwierig zu beurteilen sein (verneint zB in BPatG GRUR 1990, 195 – *Marvel*). Bei anderen Fremdsprachen als dem Englischen ist besonders sorgfältig zu prüfen, ob bei hinreichenden Teilen des Verkehrs überhaupt Sprachkenntnisse vorhanden sind (BGH GRUR 1992, 515 – *Vamos*). Al-

Absolute Schutzhindernisse **§ 8**

lerdings ist es denkbar, daß einzelne Wörter auch aus weniger bekannten Sprachen ihrem Sinngehalt nach von breiteren Verkehrskreisen verstanden werden (BGH GRUR 1992, 514 – *Olé*).

ff) "Phantasielose" Zeichen. Ob Unterscheidungskraft vorliegt, bestimmt sich nach den oben Rdn. 21–27 genannten Voraussetzungen. Liegen diese Voraussetzungen nicht vor, ist das Zeichen nicht eintragungsfähig. Für die nichteintragungsfähigen Zeichen einen eigenen Oberbegriff der „phantasielosen" Zeichen zu bilden (so *Fezer* Rdn. 56 ff.), verspricht keinen zusätzlichen Erkenntnisgewinn. Allgemein läßt sich – in Umkehrung der obigen Grundsätze – konstatieren, daß jedenfalls Zeichen, die sich auf eine für die Waren und Dienstleistungen unmittelbar erkennbare Sachangabe beschränken, nicht unterscheidungskräftig sind (zB BPatG GRUR 1996, 489 – *Hautactiv*, dort Unterscheidungskraft verneint für Kosmetikprodukte). Das gilt wiederum auch für leicht verständliche fremdsprachige Angaben (BPatG GRUR 1997, 133, 134 – *ErgoPanel*; BPatG GRUR 1997, 467 – *ULTIMATE*: Hinweis auf Spitzenqualität; BPatG Mitt. 1994, 20 – *COMPUTER ASSOCIATES*). Die Kombination jeweils für sich betrachtet nicht unterscheidungsfähiger Bestandteile kann im Einzelfall unterscheidungskräftig sein (oben Rdn. 31), aber auch Kombinationszeichen kann die Unterscheidungskraft fehlen, wenn auch die Zusammensetzung einen leicht verständlichen Sinngehalt hat, zB BPatG Mitt. 1993, 369 – *COTTON CLUB*; BPatG Mitt. 1995, 288 – *Selective Control System*). Nachdem das Eintragungshindernis für Zahlen und Buchstaben nicht mehr besteht (auch noch unten Rdn. 50), kann Zahlwörtern in der Regel die Unterscheidungskraft nicht abgesprochen werden (BGH GRUR 1997, 366, 367 – *quattro II*; unzutreffend daher BPatG Mitt. 1996, 250 – *Trio*). **34**

gg) Inhaltsleere Angaben. Nach der älteren Rechtsprechung des BPatG (besonders BPatGE 26, 258, 261 – *UND*) sollen auch blasse und inhaltsleere Angaben nicht unterscheidungskräftig sein. Diese Auffassung ist abzulehnen. Während ein klarer Sinngehalt, der auf Waren und Dienstleistungen des Verzeichnisses bezogen ist, die Unterscheidungskraft ausschließen kann, da er nicht als Herkunftskennzeichnung verstanden wird, ist dies bei inhaltsleeren Zeichen gerade umgekehrt. Der Verkehr wird nicht annehmen, daß eine markenmäßig verwendete Bezeichnung „und" eine irgendwie geartete Sachangabe enthält. Vielmehr wird er die Bezeichnung als mehrdeutig und nicht klar zuzuordnen tendenziell als herkunftskennzeichnend verstehen (vgl. oben Rdn. 30). **35**

§ 8 Absolute Schutzhindernisse

36   **hh) Werbeanpreisungen, Slogans, Aufforderungen.** Dem Verkehr ist geläufig, daß in vielen Fällen die Marke einer Ware oder Dienstleistung, die häufig nur aus einem Wort oder einer kurzen Wortkombination besteht, neben einem Werbespruch oder einer allgemeinen Anpreisung verwendet wird. Bei Mehrwortzeichen, die einen bestimmten auf die Ware bezogenen Sinngehalt haben, wird der Verkehr deshalb häufig nicht eine Marke annehmen, sondern eine Werbeaussage, die nicht zur Identifikation der Herkunft des Produktes dient, sondern das Produkt beschreiben soll. Ohne daß eine Abgrenzung immer klar möglich ist oder notwendig wäre, kann man Werbeslogans, umgangssprachliche Redewendungen und Aufforderungen unterscheiden. In allen Kategorien kann die Unterscheidungskraft fehlen.

37   **Werbeslogans** sind traditionell sehr streng beurteilt worden (zur älteren Rechtsprechung *Fezer* Rdn. 95, 96; zum Schutz von Werbeslogans allgemein *Erdmann* GRUR 1996, 550; zum UWG-Schutz BGH WRP 1997, 306 – *Wärme fürs Leben*); woran das BPatG weiterhin festhält (BPatG GRUR 1997, 643 – *SOMETHING SPECIAL IN THE AIR*; BPatG GRUR 1997, 644 – *Partner with the Best*; BPatG GRUR 1994, 217 – *Made in Paradise*, dort für leicht verständliche englische Angabe). Die griffige Gestaltung des Slogans soll allein nicht ausreichend sein (BPatG GRUR 1997, 282, 283 – *Radio von hier, Radio wie wir*, für Reimform). Da die Werbung ohne Originalität nicht denkbar sei, wird eine „besondere Originalität" und ein „erheblicher phantasievoller Überschuß" für nötig gehalten (BPatG GRUR 1997, 643, 644 – *SOMETHING SPECIAL IN THE AIR*). Demgegenüber wird die Schutzfähigkeit des Slogans regelmäßig dann bejaht, wenn er Firmennamen oder schutzfähige Marke des Verwenders enthält (BPatGE 5, 88: *Genießer trinken Doornkaat*; BPatGE 9, 240 – *Stets mobil mit fortil*). Diese Rechtsprechungslinie scheint zu streng. Vielmehr sind Werbeslogans nicht anders zu behandeln als sonstige Mehrwortzeichen: Sie können dann unterscheidungskräftig sein, wenn ihnen ein hinreichender großer Originalitätsgrad jedenfalls im Hinblick auf die konkrete Waren oder Dienstleistungen zukommt und nicht lediglich Aussagen gemacht werden, die gerade im Hinblick auf diese Waren oder Dienstleistungen als beschreibend oder anpreisend verstanden werden. Allerweltwerbesprüche („Deutschlands größtes Möbelhaus") sind dann weiterhin von der Eintragung auszuschließen, während originellen und ungewöhnlichen Kombinationen Unterscheidungskraft zuzubilligen ist (ebenso *Fezer* Rdn. 97 mit Hinweis auf „Pack den Tiger in den Tank").

Ebenso wie Werbeslogans kann auch sonst einfachen **um-** 38
gangssprachlichen Redewendungen Kennzeichnungskraft mangeln (zB BGH GRUR 1988, 211 – *Wie hammas denn*). Auch hier ist aber jeweils die Frage zu stellen, ob die Redewendung nicht im Hinblick auf die konkrete Waren oder Dienstleistungen vom Verkehr doch als phantasievoll, verfremdet oder aus anderen Gründen kennzeichnend verstanden wird. Wie auch sonst bei Wortzeichen kann das zB dann zu bejahen sein, wenn der Zusammenhang mit den so bezeichneten Waren oder Dienstleistungen bzw. die Bedeutung, die das Zeichen konkret in diesem Zusammenhang haben soll, unklar ist (dazu oben Rdn. 30). In diese Richtung tendiert auch die jüngere Rechtsprechung des BPatG (Mitt. 1997, 167 – *Du darfst*), wo zutreffend darauf hingewiesen wird, daß gerade die Notwendigkeit des Nachdenkens über die konkrete Bedeutung des Zeichens für die bezeichneten Waren oder Dienstleistungen ein Zeichen für die Unterscheidungskraft ist.

Ebenfalls nicht unterscheidungskräftig sollen einfache **Auffor-** 39
derungen und **Grußformeln** sein (BPatG GRUR 1997, 642 – *YES*; BPatG GRUR 1997, 279 – *For You*; BPatG GRUR 1996, 978 – *Ciao*; BPatG GRUR 1996, 355 *Benvenuto*, dort als übliche Bezeichnung im Sinne von Nr. 3 gewertet). An dieser Rechtsprechung ist richtig, daß in der Werbung auch die direkte, scheinbar persönliche Ansprache des Kunden häufig ist und nicht ohne weiteres als Herkunftshinweis verstanden wird. Das kann auch für Grußformeln gelten, soweit der Verkehr damit rechnet, in dieser Weise angesprochen zu werden. Gerade bei fremdsprachigen Grußformeln („Benvenuto") erscheint das aber zweifelhaft. Darüber hinaus ist eine konkrete Prüfung im Hinblick auf die jeweils fraglichen Waren und Dienstleistungen unverzichtbar. Für unterschiedliche Produkte bestehen unterschiedliche werbliche Gewohnheiten, weshalb auch die maßgebende Verkehrsauffassung (oben Rdn. 25) unterschiedlich sein wird. Anders liegt es bei einer noch ergänzungsbedürftigen, nicht aus sich heraus verständlichen Aufforderung (BPatG GRUR 1997, 532 – *Du darfst*).

Von Anpreisungen und Aufforderung, die in der Regel aus meh- 40
reren Wörtern bestehen, sind unspezifische **Werbeangaben** zu unterscheiden, die im Hinblick auf das betroffene Produkt keine konkrete Aussage enthalten (zB BPatG Mitt. 1997, 29: „*ABSOLUT*" für Wodka, dort konkrete Sachaussage bejaht, bedenklich; „*Paradise*" für Likör: BPatG GRUR 1996, 499, 500). In der mangelnden Konkretheit der Aussage unterscheiden sich diese anpreisenden Einzelwörter auch von solchen Wörtern, die eine Sachaussage ma-

§ 8   Absolute Schutzhindernissse

chen, die für mehrere Produkte Geltung beanspruchen kann (BGH GRUR 1996, 770 – *MEGA*; BGH GRUR 1995, 410 – *TURBO*).

41 ii) **Ortsangaben.** Geographischen Hinweisen kann die Unterscheidungskraft fehlen, wenn sie unverändert benutzt und vom Verkehr auch so aufgefaßt werden. Die Frage kann in der Regel dahinstehen, da glatte Herkunftsangaben ohnehin nach Nummer 2 freihaltebedürftig sind (unten Rdn. 79 ff.). Daneben kann gegebenenfalls auch eine Täuschung in Betracht kommen (Nr. 4, dazu unten Rdn. 100 ff.). Die Unterscheidungskraft kann aber auch Phantasiebezeichnungen fehlen, wenn der Verkehr sie irrtümlich für geographische Herkunftsangaben hält und deshalb nicht als Hinweis auf einen bestimmten Betrieb versteht (BGH GRUR 1988, 216 – *Original Allgäuzeller*). Umgekehrt kann der Verkehr irrtümlich einen Phantasienamen annehmen, obwohl eine geographische Angabe vorliegt, dann ist die Unterscheidungskraft zu bejahen (BPatG Mitt. 1993, 349 – *Jackson*), es kann aber ein Freihaltebedürfnis vorliegen, was jeweils im konkreten Einzelfall festzustellen ist (BGH GRUR 1993, 43 – *Römigberg*). Die Unterscheidungskraft ist in der Regel zu bejahen, wenn die Ortsangabe verändert wird, zB durch Verkürzung (BPatG Mitt. 1991, 98 – *Santiago*).

42 c) **Wort-Bild-Marken.** Für Wort-Bild-Marken gilt im Grundsatz dasselbe wie für Mehrwortmarken (oben Rdn. 31). Ist auch nur ein Bestandteil, etwa die graphische Gestaltung, kennzeichnungskräftig, ist das ganze Zeichen eintragbar (BGH GRUR 1991, 636 – *NEW MAN*; BPatG GRUR 1992, 397 – *rdc-group*). Auch ein Wort-Bildzeichen, das lediglich aus schutzunfähigen Bestandteilen besteht, kann in seiner Gesamtheit Unterscheidungskraft besitzen (BPatG Mitt. 1993, 368), eine analysierende Einzelbetrachtung der Komponenten ist unzulässig (deshalb nach heutigen Maßstäben zu streng BGH GRUR 1988, 420 – *K-SÜD*). Auch wenn der Wortbestandteil selbst nicht unterscheidungskräftig ist, kann das durch eine ornamentale Gestaltung mit einer eigenständigen bildhaften Wirkung überwunden werden (BGH GRUR 1981, 136, 137 – *NEW MAN*; BPatG GRUR 1997, 283, 284 – *TAX FREE*). Ähnlich wie auch bei der sonst von der Rechtsprechung angenommenen Wechselwirkung zwischen Unterscheidungskraft und Freihaltebedürfnis soll auch hier die Anforderung an die Originalität des Bildbestandteils um so höher sein, je größer das Freihaltebedürfnis am Wortbestandteil ist (BPatG GRUR 1996, 410, 411 – *Color COLLECTION*). Das ist aus den schon oben Rdn. 19 erwähnten Gründen bereits grundsätzlich abzulehnen, darüberhinaus aber auch im Hinblick auf die Begrenzung des Schutzes auf die konkrete graphische Gestaltung und die deshalb fehlende Gefahr einer Monopolisierung des freizuhaltenden Wortbestandteils (BGH GRUR 1991, 136, 137 – *NEW MAN*, BPatG GRUR 1997, 283, 284 – *TAX FREE*) abzulehnen. Die großzügige Haltung der Rechtsprechung ist in der Sache auch deshalb gerechtfertigt, weil der Verkehr in der Regel schon an einer besonderen schriftbildlichen Gestaltung erkennen kann, daß es sich nicht um eine beschreibende Verwendung der Sachangabe handelt, sondern eine markenmäßigen Verwendung beabsichtigt ist. Da sich der Schutzumfang derartiger Zeichen ggf. auf den allerengsten Ähnlichkeitsbereich verkleinern kann (dazu § 14 Rdn. 199 ff.), ist eine Behinderung des Verkehrs nicht zu befürchten.

d) Bildmarken. Ebenso wie Wörtern kann auch Bildmarken die Unterscheidungskraft fehlen. Wiederum ist entscheidend, ob der inländische Verkehr das Bild im Hinblick auf die konkreten Waren oder Dienstleistungen als Herkunftshinweis versteht. Auf ausländische Eintragungen kommt es bei Bildmarken (anders bei Wortmarken, unten Rdn. 66) nicht an (BGH GRUR 1997, 527, 529 – *Autofelge*). 43

aa) Einfachste geometrische Formen. Der Verkehr weiß, daß es in der Werbung, aber auch auf Produktverpackungen und sogar Geschäftspapieren üblich ist, einfache graphische Gestaltungselemente zu verwenden. Diese sind althergebracht, allgegenwärtig und weisen deshalb nicht auf ein bestimmtes Unternehmen hin. Dazu gehören zB einfache Umrandungen (BGH GRUR 1973, 467 – *PRAEMIX*; BGH GRUR 1970, 75 – *Streifenmuster*; BPatGE 1, 187, 190). Einfache graphische Gestaltungselemente wie Punkte oder Sterne (sog. „Eye-Catcher") werden ebenfalls in der Regel nicht als Herkunftshinweis verstanden (BPatG GRUR 1987, 827 – *Einfache geometrische Form*; im konkreten Fall aber wohl zu streng). Wie bei Wort-Bild-Marken (oben Rdn. 42), kann auch bei reinen Bildzeichen durch die Kombination verschiedener einfacher graphischer Elemente, die für sich betrachtet nicht unterscheidungskräftig wären, ein unterscheidungskräftiges (Bild)Kombinationszeichen entstehen. 44

bb) Beschreibende Bildzeichen, Piktogramme. Ganz einfache Darstellungen, die zB auf den Gebrauchszweck oder sonstige Charakteristika der Ware hinweisen, sind nicht unterscheidungskräftig, sie werden vom Verkehr nicht im Sinne eines Herkunftshinweises, sondern als Anweisung verstanden (BPatG GRUR 45

1997, 530 – *Rohrreiniger*; BPatG Mitt. 1992, 320 – *Bierglashaltende Hand*, dort Unterscheidungskraft bejaht; BPatGE 14, 157, 162). Allerdings dürfen – ebenso wie bei Wortmarken (oben Rdn. 30) nicht mehrere Gedankenschritte erforderlich sein, um von der Abbildung zu ihrem angeblichen Sinngehalt vorzudringen (deswegen unzutreffend BPatGE 18, 90: Wassertropfen als Hinweis auf Wasseraufbereitungsgeräte). Wenn die graphische Darstellung des im weitesten Sinne produktbezogenen Bildzeichens eine gewisse Gestaltungshöhe aufweist, kann das die Unterscheidungskraft begründen (BGH GRUR 1989, 425, 427 – *HERZSYMBOL*; BGH GRUR 1964, 71, 74 – *Personifizierte Kaffeekanne*; BGH GRUR 1984, 872, 873 – *Wurstmühle*, jeweils zur Verwechslungsgefahr). Die bloße farbige Gestaltung allein begründet die Unterscheidungskraft noch nicht (BPatG GRUR 1997, 530 – *Rohrreiniger*). Von „sprechenden" Bildzeichen, die im übertragenen Sinne Aussagen über Verwendungszweck oder Produkteigenschaften machen, sind Bildzeichen zu unterscheiden, die die Ware selbst oder ihre Verpackung abbilden (dazu unten Rdn. 46 ff.).

46   **cc) Abbildung der Ware.** Kennzeichnungskräftig sind zunächst Abbildungen der Ware, die vom Verkehr nicht als solche erkannt werden oder zumindest mehrdeutig sind, zB ebensogut einen Kühlergrill wie zwei Lautsprecherboxen darstellen können (BGH GRUR 1985, 383, 384 – *BMW-Niere*). Das gilt natürlich erst recht hinsichtlich verfremdeter oder symbolhaft wiedergegebener Produkte (BPatG Bl. 1995, 373 – *Kraftfahrzeug-Leichtmetallfelge*). Fraglich ist allerdings, inwieweit die nichtstilisierte, naturgetreue Abbildung der Ware selbst als Bildmarke eintragbar ist, was die Rspr. verneint (BGH GRUR 1997, 527, 529 – *Autofelge*; BGH GRUR 1995, 732 – *Füllkörper*; BGH GRUR 1972, 122, 123 – *Schablonen;* BPatG GRUR 1993, 392 – *Motorrad-Motor*). In der Entscheidung GRUR 1995, 732 – *Füllkörper* hat der BGH dazu ausgeführt, daß nach dem MarkenG zwar die Abbildung der Ware selbst im Grundsatz markenfähig sei, ihr fehle aber dann die Unterscheidungskraft, wenn es sich um eine „naturgetreue, wenn auch nicht photographische genaue oder maßstabgerechte Wiedergabe der im Warenverzeichnis genannten Ware" handele. Er fährt dann allerdings fort, daß der Marke deshalb die Eignung fehle, die Ware einem bestimmten Betrieb zuzuordnen, weil sie „keine über die technische Gestaltung der Ware hinausreichenden Elemente aufweist". Mit diesen Formulierungen bleibt letztlich unklar, ob die Unterscheidungskraft deshalb zu verneinen ist, weil es sich um die naturgetreue Abbildung der Ware handelt, oder deshalb, weil die Ware ihrerseits nur technisch bedingte Elemente aufweist. Nur der zweite Aspekt kann maßgebend sein, da anderenfalls Markenschutz auch für die Form der Ware selbst in Betracht käme (so auch BPatG GRUR 1995, 814 – *Absperrpoller*). Auch die naturgetreue Abbildung der Ware ist also dann eintragbar, wenn es die Marke selbst als Formmarke wäre, ihr also nicht § 3 Abs. 2 entgegenstehen würden. Unabhängig davon ist die Frage zu prüfen, ob der Eintragung ein Freihaltebedürfnis entgegenstehen kann, insbesondere wenn nur wenige Formen für die Ware zur Verfügung stehen (§ 3 Rdn. 29; auch BGH GRUR 1995, 732, 734 – *Füllkörper*). Weitergehend soll nach BGH GRUR 1997, 527, 528 – *Autofelge* die Unterscheidungskraft auch dann fehlen, wenn es sich bei den technischen Gestaltungselementen um beliebige, übliche Formen handelt. Damit wird an die Rspr. zu einfachen Ornamenten (oben Rdn. 44) angeknüpft. Unproblematisch ist natürlich der Fall, daß eine Ware abgebildet wird, für die im Verzeichnis kein Schutz beansprucht wird.

dd) Verpackung der Ware. Für die Verpackung der Ware, 47 die selbst als Formmarke eintragbar wäre, gilt nichts anderes. Sie kann deswegen schutzunfähig sein, weil sie nur allgemein übliche einfachste Gestaltungselemente aufweist (BGHZ 41, 187 – *PALMOLIVE*) oder weil es sich um eine technisch bedingte Form handelt). Demgegenüber kann schutzfähig insbesondere die Abbildung einer Verpackung sein, die selbst hinreichend originell ist, zB eine besonders gestaltete Flasche (noch anders zur früheren Rechtslage BPatGE 5, 44 bezüglich der Dimple-Flasche).

ee) Farben. Farben werden vom Gesetz als Bildzeichen behan- 48 delt. Auch der einfachen Farbe kann (entgegen BPatG GRUR 1996, 881, 882 – *Farbmarke*) auch ohne jede weitere graphische Gestaltung nicht die Unterscheidungskraft abgesprochen werden. Allenfalls stellt sich die Frage des Freihaltebedürfnisses (unten Rdn. 69). Erst recht werden in der Regel Farbkombinationen, zB verschiedenfarbige Streifen unterscheidungskräftig sein (zB BPatG GRUR 1997, 285, 286 – *VISA-Streifenbild*).

e) Sonstige Markenformen

aa) Formmarken. Die Unterscheidungskraft bei Formmarken 49 ist insbesondere an Hand von § 3 Abs. 2 zu beurteilen. Liegen die dortigen Eintragungshindernisse nicht vor, ist in der Regel von Unterscheidungskraft und Fehlen eines Freihaltebedürfnisses auszu-

§ 8 Absolute Schutzhindernisse

gehen. Allerdings ist auch bei Formmarken – wie allen anderen Markenformen – die Verkehrsauffassung maßgebend. Ist dem Verkehr nicht bekannt, daß eine bestimmte Form nicht technisch bedingt ist, kann der Formmarke die Unterschedungskraft fehlen, weil der Verkehr in der charakteristischen Form gerade keinen Hinweis auf die Herkunft aus einem bestimmten Betrieb sieht.

50 **bb) Zahlen und Buchstaben.** Zahlen und Buchstaben sind nach dem MarkenG nicht mehr generell von der Eintragung ausgeschlossen, sondern unterliegen den gleichen Regeln wie die anderen Markenformen. Die umfangreiche frühere Rechtsprechung zu der Frage, unter welchen Voraussetzungen Zahlen und Buchstaben doch eintragbar sein können, ist damit überholt (Wiedergabe bei *Fezer* Rdn. 113 ff.). Vorsichtig analog angewendet werden können allerdings noch Gedanken, die zur Schutzfähigkeit von Kombinationsmarken entwickelt worden sind, insbesondere zu der Frage, welche Anforderungen an die grafische Gestaltung zu stellen sind, um die Schutzunfähigkeit des Wortbestandteils zu überwinden (zB BPatG GRUR 1995, 395, 396 – *GG*; BPatG GRUR 1992, 397 – *rdc-group*). Im Hinblick auf Buchstaben und Zahlen ist somit nach den allgemeinen Regeln festzustellen, ob nach Auffassung des Verkehrs für die konkreten Waren und Dienstleistungen des Verzeichnisses die Unterscheidungskraft fehlt oder ein konkretes Freihaltebedürfnis besteht. Dafür sind wiederum konkrete Anhaltspunkte erforderlich, die insbesondere dann fehlen werden, wenn dem Verkehr die Bedeutung der Zahl oder des Buchstabens für das konkrete Produkt nicht unmittelbar einleuchtet (BGH GRUR 1997, 366, 367 – *quattro II*). Daran kann es vorallem dann fehlen, wenn das Zeichen mehrdeutig ist (für Wortzeichen oben Rdn. 30), zB bei der Zahl „4" für Automobile, die unterschiedlichsten Auslegungen zuläßt (BGH aaO S. 367 f.). Ist die Zuordnung dagegen klarer (zB „1.8" als Hinweis auf einen Motor mit 1800 cm^3 Hubraum), kann die Unterscheidungskraft fehlen oder das Freihaltebedürfnis zu bejahen sein. Deshalb zB nicht schutzfähig „Fünfer" für häufig in Fünferpackungen angebotenen Traubenzucker (BPatG, Beschl. v. 5. 2. 1997 (Az. 32 W pat 67/96)).

51 **cc) Hörzeichen oder sonstige Zeichenformen.** Die Rechtsprechung hat mit diesen neuartigen Zeichenformen bisher noch kaum Erfahrung sammeln können. Die Bildung von Fallgruppen und Kriterien, die spezifisch diese Markenformen betreffen, wird noch längere Zeit in Anspruch nehmen. Auch hier können aber die gleichen Grundsätze wie für andere Markenformen Anwendung

Absolute Schutzhindernisse **§ 8**

finden. So wird einer Hörmarke die Unterscheidungskraft dann fehlen, wenn es sich um ein Tonsignal handelt, das dem Verkehr als Signal für bestimmte inhaltliche Aussagen erscheint, zB ähnlich klingt wie ein Zeitzeichen, eine Polizeisirene usw.. Auch hier wird aber jedesmal zu prüfen sein, ob gerade für die jeweiligen Waren und Dienstleistungen dieser Bezug festzustellen ist. So mag für eine Nachrichtensendung das Zeitzeichen nicht unterscheidungskräftig sein, die Polizeisirene aber möglicherweise doch.

VI. Freihaltebedürfnis (§ 8 Abs. 2 Nr. 2)

1. Begriff

a) Ausgangspunkt. § 8 Abs. 2 Nr. 2 schließt von der Eintragung solche Zeichen oder Angaben aus, die im weitesten Sinne Merkmale der Waren beschreiben, wozu auch deren Bestimmung (also beabsichtigte Verwendung) gehört. Im Interesse des Wirtschaftsverkehrs, insbesondere der Wettbewerber des Anmelders, sind diese Angaben freizuhalten. Der Verkehr würde behindert, wenn an produktbezogenen Angaben Ausschließlichkeitsrechte möglich wären. Diese Zielsetzung führt dazu, daß das Freihaltebedürfnis jeweils konkret für die Waren und Dienstleistungen des Verzeichnisses zu prüfen ist (unten Rdn. 56), daß es darüber hinaus aber auch einer konkreten Feststellung bedarf, daß der Verkehr, insbesondere die Wettbewerber, gerade das angemeldete Zeichen als beschreibende Angabe ihrer Waren oder Dienstleistung benötigen oder aller Voraussicht nach künftig benötigen werden (dazu unten Rdn. 57ff.). Maßgebend ist zwar wieder die Verkehrsauffassung, diese ist aber im Hinblick auf die Möglichkeit, daß das Freihaltebedürfnis nur in bestimmten Fachkreisen bestehen kann, anders zu definieren als bei der Prüfung der Unterscheidungskraft (unten Rdn. 62). Überschneidungen zu Nr. 1 sind häufig (oben Rdn. 18), wenn auch denkbar ist, daß ein Freihaltebedürfnis besteht, obwohl die Marke unterscheidungskräftig ist (oben Rdn. 18). 52

b) Verhältnis zu § 23 Nr. 2. Nach § 23 Nr. 2 ist es zulässig, ein der Marke ähnliches oder mit ihr identisches Zeichen in beschreibender Weise zu benutzen (im einzelnen § 23 Rdn. 33ff.). Die Vorschrift ergänzt § 8 Abs. 2 Nr. 2 für den Fall, daß trotz des Eintragungshindernisses von § 8 Abs. 2 Nr. 2 ein beschreibendes Zeichen eingetragen worden ist. Das kann nicht nur durch einen Fehler des DPA geschehen sein, sondern zB auch durch eine 53

§ 8   Absolute Schutzhindernisse

Weiterentwicklung der tatsächlichen Verhältnisse, etwa durch Verkehrsdurchsetzung, oder weil eine fremdsprachige Angabe, die zunächst im Inland nicht als beschreibend erkannt wurde, dies später wird. Theoretisch wäre es zwar ausreichend, den Bedürfnissen des Verkehrs durch § 23 Nr. 2 Rechnung zu tragen, so daß auf das Eintragungshindernis des § 8 Abs. 2 Nr. 2 verzichtet werden könnte. Damit wäre allerdings eine deutliche Steigerung des Risikos für die Benutzer der beschreibenden Bezeichnung verbunden, da immer erst im Verletzungsprozeß zu prüfen wäre, ob die Voraussetzungen von § 23 Nr. 2 vorlägen, auch im Hinblick auf die Einschränkung durch die „guten Sitten" (dazu § 23 Rdn. 9, 46). Es wäre zu befürchten, daß sich Wettbewerber auch von einem lauteren Gebrauch der beschreibenden Bezeichnung durch die Existenz des formalen Markenrechts eines Dritten abhalten lassen würden. Darüber hinaus ergänzt § 23 Nr. 2 die Vorschrift des § 8 Abs. 2 Nr. 2 dadurch, daß die vom Eintragungshindernis des § 8 Abs. 2 Nr. 2 nicht umfaßten Abwandlungen beschreibender Angaben nicht dazu führen, daß die Benutzung der (nicht abgewandelten) glatten beschreibenden Angabe selbst verboten werden kann. § 23 Nr. 2 konkretisiert somit gleichzeitig den (engen) Schutzumfang von Marken, die als abgewandelte beschreibende Angaben anzusehen sind und trägt damit auch der neueren Rechtsentwicklung seit BGH GRUR 1984, 815 – *Indorektal* und GRUR 1985, 1053 – *ROAL* Rechnung (dazu unten Rdn. 59). Daraus ergibt sich gleichzeitig, daß im Eintragungsverfahren nicht jede denkbare Konfliktsituation berücksichtigt werden kann, sondern daß fernerliegende Entwicklungen im Rahmen von § 23 Nr. 2 und der sachgerechten Prüfung der Verwechslungsgefahr zu berücksichtigen sind (BGH GRUR 1994, 730, 731 – *VALUE*; BGH GRUR 1997, 627, 628 – *à la carte*).

54   c) **Funktionen des Freihaltebedürfnisses.** Die Hauptfunktion des Freihaltebedürfnisses liegt zunächst darin, für den Verkehr die als beschreibende Angaben benötigten Begriffe von der Monopolisierung durch den Zeichenschutz einzelner freizuhalten (oben Rdn. 52). Dabei ist auch von Bedeutung, welches Maß an Freihaltebedürfnis vorliegt. So ist nach Auffassung der Rechtsprechung das Freihaltebedürfnis auch in Wechselwirkung der Unterscheidungskraft zu betrachten: Je größer das Freihaltebedürfnis ist, desto höher müsse auch die Unterscheidungskraft sein (BGH GRUR 1991, 136, 137 – *NEW MAN*; BGH GRUR 1992, 515, 516 – *Vamos*; BGH GRUR 1994, 803 – *TRILOPIROX*; BPatG GRUR 1996,

Absolute Schutzhindernisse **§ 8**

131, 133 – *Fernettchen*). Das Maß des Freihaltebedürfnisses ist weiter von Bedeutung für den Grad der erforderlichen Verkehrsdurchsetzung nach § 8 Abs. 3 (vgl. unten Rdn. 143). Je höher das Freihaltebedürfnis ist, desto höher ist der erforderliche Durchsetzungsgrad (BGH GRUR 1989, 510, 512 – *Teekanne II*; BGH GRUR 1994, 905, 907 – *Schwarzwald-Sprudel*). Das Freihaltebedürfnis hat auch Bedeutung für die Bestimmung des Schutzumfangs im Verletzungsprozeß und Widerspruchsverfahren. Je größer das Freihaltebedürfnis an einer Angabe ist, desto geringer ist ihre Kennzeichnungskraft und damit der Schutzumfang (§ 14 Rdn. 199 ff.). Dieser begrenzte Schutzumfang wirkt sich im Eintragungsverfahren allerdings nicht zu Lasten des Anmelders aus, im Gegenteil wird ein Zeichen, das nicht nur aus freihaltebedürftigen Angaben besteht, gerade im Hinblick auf diese Beschränkung des Schutzumfanges eintragbar bleiben (BPatG GRUR 1997, 283, 284 – *TAX FREE*; BPatG GRUR 1997, 285 – *VISA-Streifenbild*; BGH GRUR 1991, 136, 137 – *NEW MAN*). Von Bedeutung ist dies insbesondere für mehrteilige Zeichen, bei denen einzelne Zeichenbestandteile das Freihaltebedürfnis beseitigen können, andererseits aber bei der Prüfung der Verwechslungsgefahr die beschreibenden Bestandteile zurücktreten (§ 14 Rdn. 399 ff.). Das Freihaltebedürfnis spielt weiter eine Rolle bei der Frage der rechtsverletzenden Benutzung. Wird eine freihaltebedürftige Angabe durch einen Dritten verwendet, bedarf es besonders eingehender Feststellungen dazu, daß dies vom Verkehr als Herkunftshinweis verstanden wird (§ 14 Rdn. 74 ff.).

2. Konkretes Freihaltebedürfnis

a) Ausgangspunkt. Ebenso wie die Unterscheidungskraft im 55 Rahmen von § 8 (anders bei § 3 Abs. 1) immer nur konkret, aber nicht abstrakt festzustellen ist (oben Rdn. 24), besteht auch das Freihaltebedürfnis immer nur konkret hinsichtlich eines bestimmten Zeichens, bestimmter Waren oder Dienstleistungen und in einer bestimmten Marktsituation, d.h. zu einem bestimmten konkreten Zeitpunkt. Es ist dementsprechend jeweils an Hand der Umstände des Einzelfalls zu bestimmen.

b) Konkrete Waren oder Dienstleistungen. Schon aus dem 56 Wortlaut des Gesetzes („zur Bezeichnung ... der Waren oder Dienstleistung") ergibt sich eindeutig, daß das Freihaltebedürfnis immer nur im Hinblick auf die konkreten Waren oder Dienstleistungen bestimmt werden kann. Dabei hat die Prüfung nur die im Verzeichnis enthaltenen Waren oder Dienstleistungen zu berücksichtigen (BGH GRUR 1997, 634, 636 – *quattro II*; BGH GRUR 1996, 770 – *MEGA*; BGH GRUR 1997, 627 – *à la carte*; BGH GRUR 1990, 517 – *SMARTWARE*; grundlegend BGH GRUR 1977, 717 – *cokies*). Das Zeichen ist also auch dann eintragungsfähig, wenn für ähnliche Waren oder Dienstleistungen (dazu § 14 Rdn. 235 ff.) das Freihaltebedürfnis besteht, aber nicht für die konkret im Verzeichnis aufgeführten. Das hinsichtlich der ähnlichen Waren bestehende Bedürfnis des Verkehrs zur freien Benutzung kann erst im Verletzungsverfahren berücksichtigt werden (BGH GRUR 1997, 634, 636 – *quattro II*), zum einen im Rahmen der Prüfung der verletzenden Benutzung (§ 14 Rdn. 74 ff.), zum anderen im Rahmen von § 23 Nr. 2. Verfolgt der Anmelder die Eintragung unverändert weiter, kommt eine Teilzurückweisung in Frage (§ 37 Abs. 5). Ebenso wie Waren im Ähnlichkeitsbereich außer Betracht zu bleiben haben, spielt es auch keine Rolle, ob ein Freihaltebedürfnis für lediglich im Zusammenhang damit bestehende Angebote bestehen kann, zB bei Warenverkaufsautomaten für die in ihnen angebotenen Waren (BPatG Mitt. 1986, 236 – *CONNOISSEUR*). Davon zu unterscheiden ist die Konstellation, daß ein Wort für unterschiedliche Waren und Dienstleistungen, gegebenenfalls sogar sehr weite Bereiche der denkbaren Waren, beschreibend sein kann, zB „Mega" als Synonym für groß (BGH GRUR 1996, 770 – *MEGA*) oder ein Modewort, das im Hinblick auf viele Waren oder Dienstleistungen eingesetzt wird (BGH GRUR 1995, 410 – *TURBO*). Denkbar ist auch, daß das Zeichen nur hinsichtlich einzelner Waren oder Dienstleistungen des Verzeichnissses freihaltebedürftig ist. Es kommt dann entweder eine Einschränkung des Verzeichnisses in Betracht oder eine Teilung der Anmeldung, die es dem Anmelder erlaubt, hinsichtlich der unproblematischen Waren oder Dienstleistungen schnell die Eintragung zu erreichen, hinsichtlich der übrigen den Instanzenweg zu beschreiten. Die Angabe muß allerdings immer im Hinblick auf Merkmale der Waren oder Dienstleistung freihaltebedürftig sein. Deswegen können etwa allgemeine werbliche Aufforderungen zum Kauf des Produktes nicht unter das Freihaltebedürfnis gezogen werden (BPatG GRUR 1996, 355, 356 – *Benvenuto*).

c) Konkretes Zeichen

57 **aa) Ausschließlich aus beschreibenden Angaben bestehend.** Freihaltebedürftig sind Angaben, die von Verkehr (unten Rdn. 61) eindeutig als beschreibend verstanden werden (BGH GRUR 1997, 627, 628 – *à la carte*). Schon nach dem Gesetzes-

Absolute Schutzhindernisse §8

wortlaut greift das Eintragungshindernis nur dann ein, wenn das Zeichen „ausschließlich" aus freihaltebedürftigen Angaben besteht. Maßstab ist immer das Zeichen als Ganzes (BGH GRUR 1995, 269, 270 – *U-Key*; BGH GRUR 1995, 408 – *PROTECH*). Damit sind zunächst alle mehrgliedrigen Zeichen zur Eintragung zugelassen, bei denen zumindest ein Bestandteil selbständig eintragungsfähig ist, bei Wortzeichen also zB eines von mehreren Wörtern (zB BGH GRUR 1986, 72 – *Tabacco d'Harar*). Der nicht beschreibende Bestandteil, der zur Eintragungsfähigkeit des Gesamtzeichens führt, kann insbesondere auch eine grafische Gestaltung sein, zB eine schriftbildliche (BGH GRUR 1991, 136 – *NEW MAN*, dort betreffend eine spiegelbildliche Gestaltung), wobei allerdings gerade bei unmittelbar warenbeschreibenden Angaben keine zu geringen Anforderungen an die Gestaltungshöhe der grafischen Gestaltung gestellt werden dürfen, weshalb zB eine normale Schreibschrift nicht ausreichend ist (zB BPatG GRUR 1996, 410 – *Color COLLECTION*). Die Eintragungsfähigkeit kann auch durch sonstige grafische Elemente herbeigeführt werden, sofern diese nicht ihrerseits mangels Kennzeichnungskraft (oben Rdn. 44 ff.) unbeachtlich sind, zB BPatG GRUR 1997, 283 – *TAX FREE*. Der Schutzumfang der Marke reduziert sich in diesen Fällen allerdings entsprechend, dazu § 14 Rdn. 199 ff. Umgekehrt kann das Freihaltebedürfnis nicht aus hinzugedachten weiteren Bestandteilen abgeleitet werden, wenn diese im Zeichen nicht enthalten sind (BGH GRUR 1997, 366 – *quattro II*; BGH GRUR 1997, 627, 628 – *à la carte*).

Auch Zeichen, die ausschließlich aus **Bestandteilen** zusammengesetzt sind, die jeweils für sich betrachtet beschreibend sind, können dann insgesamt eintragungsfähig sein, wenn der **Gesamteindruck** des Zeichens nicht beschreibend ist. Wie bei der Feststellung der Unterscheidungskraft (oben Rdn. 22) gilt, daß keine komplizierten gedanklichen Operationen notwendig sein dürfen (BGH GRUR 1989, 666, 667 – *Sleepover*). Eine zergliedernde analytische Betrachtungsweise ist zu vermeiden (BGH GRUR 1996, 771, 772 – *THE HOME DEPOT*). Ist die Wortfolge nicht eindeutig, regt sie erst zum Nachdenken an, besteht kein Freihaltebedürfnis (BPatG GRUR 1997, 532 – *Du darfst*). Bei aus mehreren schutzunfähigen Bestandteilen zusammengesetzten Zeichen kommt es nicht entscheidend darauf an, ob sie wiederum einen sinnvollen Gesamtbegriff bilden. Vielmehr ist die Frage umgekehrt zu stellen: Besteht an dem Zeichen insgesamt ein Freihaltebedürfnis oder nicht? Nur in letzterem Fall ist das Zeichen von der Eintragung 58 ausgeschlossen. Gerade wenn die Zusammensetzung neuartig und sprachunüblich ist, wird das Freihaltebedürfnis in der Regel zu verneinen sein (BPatG GRUR 1997, 639 – *FERROBRAUSE*). Das ergibt sich daraus, daß ein Freihaltebedürfnis nur insoweit besteht, wie der Verbotsbereich des Zeichens nach seiner Eintragung reichen würde. Dieser Verbotsbereich ist einem Zeichen, das aus – jeweils für sich betrachtet – schutzunfähigen Bestandteilen besteht, aber auf die konkrete Zusammensetzung beschränkt (BPatG GRUR 1992, 607, 609 – *FLEUR charme*; BPatG Mitt. 1996, 215, 216 – *MOD'elle*). Damit ist die ältere Rechtsprechung (zB BPatG GRUR 1984, 445 – *van Linnen Primeur*) überholt. Nicht entscheidend ist aber, ob der zusammengesetzte Begriff **lexikalisch nachweisbar** ist, wenn es sich eindeutig um eine Sachangabe handelt (BPatG GRUR 1997, 640, 641 – *ASTHMA-BRAUSE*).

59   bb) **Abwandlungen beschreibender Angaben.** Ebenso wie es hinsichtlich des konkreten Produktzuges des Freihaltebedürfnisses nicht ausreichend ist, wenn lediglich hinsichtlich ähnlicher Waren oder Dienstleistungen Freihaltebedürfnis besteht, liegt hinsichtlich der Gestaltung des Zeichens Freihaltebedürfnis nur dann vor, wenn das Zeichen selbst freihaltebedürftig ist. Damit sind zunächst unproblematisch alle Zeichen eintragungsfähig, die nach der maßgebenden Verkehrsauffassung (unten Rdn. 61 ff.) gar nicht als Beschaffenheitsangabe erkannt werden, da sie insgesamt als phantasievolle Bezeichnung wirken. Die ältere Rechtsprechung hat darauf abgestellt, ob dem Verkehr das veränderte Wort noch als Beschaffenheitsangabe geläufig ist (zB BGH GRUR 1967, 436, 437 – *VITA-MALZ*). Dabei hatte der BGH angenommen, daß Abwandlungen, die ohne weiteres mit der freizuhaltenen Angabe verwechselbar wären, ebenfalls dem Freihaltebedürfnis unterlägen (BGHZ 50, 219 – *Polyestra*). Diese Auffassung ist jedenfalls seit BGH GRUR 1984, 815, 817 – *Indorektal* überholt. Danach sind nur noch solche Abwandlungen freihaltebedürftiger Begriffe selbst von der Eintragung ausgeschlossen, die unmittelbar und hochgradig verwechselbar sind, in denen der Verkehr „soweit diesem das Fachwort bekannt ist, ohne weiteres Nachdenken die Sachbezeichnung als solche erkennt" (BGH aaO; auch BGH GRUR 1985, 1053, 1054 – *ROAL*: „ohne weiteres erkennbare eng angelehnte Abwandlung"; BGH GRUR 1988, 379, 380 – *RIGIDITE I*; BGH GRUR 1989, 421, 422 – *Conductor*; BGH GRUR 1989, 666, 667 – *Sleepover*). Nichts anderes gilt für die **International Nonproprietary Names (INN),** die allgemeinen chemischen Kurzbezeichnungen für Sub-

Absolute Schutzhindernisse **§ 8**

stanzen, die für pharmazeutische Zwecke verwendet wurden. Sie finden sich in einer Liste der WHO (Bekanntmachung vom 22. 12. 1981, BAnz. vom 10. 1. 1982, Nr. 8 S. 10). Ob die Abweichung erkennbar ist, richtet sich nach der Auffassung der Fachkreise (Beispiele: BGH GRUR 1994, 803 – *TRILOPIROX*; BGH GRUR 1994, 805 – *Alphaferon*; BGH GRUR 1995, 48 – *Metoproloc*; BPatG GRUR 1992, 700 – *Luxabendol*; BPatGE 32, 44 – *FELOPIN*; BPatG Mitt. 1995, 522 – *CYCLOPHAMID*).

d) Gegenwärtiges Freihaltebedürfnis. Das Freihaltebedürfnis 60 muß gegenwärtig bestehen, „aktuell" sein. So ist im Hinblick auf geographische Angaben zu prüfen, ob gegenwärtig oder in naher Zukunft damit zu rechnen ist, daß Waren der angemeldeten Art in dem Gebiet hergestellt werden könnten (BGH GRUR 1983, 768, 770 – *Capri-Sonne;* s. auch unten Rdn. 81). Bei abgewandelten Sachangaben (s. oben Rdn. 59) reicht die bloße Möglichkeit einer zukünftigen Entwicklung ebenfalls nicht aus, bei der der Verkehr etwa die Abwandlung nicht mehr als solche erkennen würde (BGH GRUR 1985, 1053, 1054 – *ROAL*; BGH GRUR 1989, 349, 350 – *Rothändle-Kentucky/Cenduggy*; BGH GRUR 1989, 264, 265 – *Reynolds R 1/EREINTZ*). Auch bei fremdsprachigen Bezeichnungen kommt es darauf an, ob zu erwarten ist, daß sich der inländische Verkehr (dazu unten Rdn. 64 ff.) gerade auch der fremdsprachigen Bezeichnung bedient oder absehbar ist, daß er sich ihrer zukünftig bedienen wird (zB BGH GRUR 1992, 515, 516 – *Vamos*; BGH GRUR 1995, 269, 270 – *U-KEY*; BGH GRUR 1995, 408, 410 – *PROTECH*). Je unspezifischer die Wortfolge ist, desto weniger wird ein zukünftiges Freihaltebedürfnisa anzunehmen sein (BGH GRUR 1996, 771, 772 – *THE HOME DEPOT*). Grundsätzlich ist ein zukünftiges Freihaltebedürfnis nur nach konkreter Prüfung der dafür sprechenden Gesichtspunkte und sehr zurückhaltend anzunehmen (BGH GRUR 1992, 515, 516 – *Vamos*; BPatG GRUR 1996, 499, 500 – *Paradise*).

3. Bestimmung des Freihaltebedürfnisses

a) Verkehrsauffassung und Bedürfnis der Allgemeinheit. 61 In der Rechtsprechung wird immer wieder betont, daß die Verkehrsauffassung für das Freihaltebedürfnis maßgebend ist (BGH GRUR 1996, 771, 772 – *THE HOME DEPOT*; BGH GRUR 1995, 408, 409 – *PROTECH*; BGH GRUR 1994, 730, 731 – *Value*). Dabei ist das Verkehrsverständnis zunächst in dem Sinne wesentlich, als der Verkehr das Zeichen als beschreibende Angabe ansehen muß, an der ein Freihaltebedürfnis bestehen kann (BGH GRUR 1995, 269, 270 – *U-KEY*; BGH GRUR 1997, 627, 628 – *à la carte*). Kann festgestellt werden, daß der Verkehr das konkrete Zeichen in seiner Gesamtheit für die angemeldeten Waren oder Dienstleistungen als beschreibende Angabe ansieht, so ist ein Freihaltebedürfnis jedenfalls zu bejahen. Verneinendenfalls kann die Prüfung damit aber nicht abgeschlossen werden, da insbesondere denkbar ist, daß ein zukünftiges Freihaltebedürfnis bestehen kann, auch wenn dessen Annahme wiederum tatsächliche Feststellungen voraussetzt. Auch funktional unterscheidet sich die Prüfung der Verkehrsauffassung im Rahmen des Freihaltebedürfnisses von derjenigen im Rahmen der Unterscheidungskraft (oben Rdn. 25–27). Während es bei der Unterscheidungskraft ausschließlich auf das subjektive Verständnis des Verkehrs dazu ankommt, ob das Zeichen auf die Herkunft der Waren oder Dienstleistung aus einem bestimmten Betrieb hinweisen kann, besteht das Freihaltebedürfnis aus Gründen der objektiven Notwendigkeit. Vorzuziehen wäre es daher, auch bei der Prüfung der tatsächlichen Grundlagen des Freihaltebedürfnisses von einem anderen Begriff auszugehen, nämlich einem „Verkehrsbedürfnis", das aufgrund unterschiedlicher Anhaltspunkte festgestellt werden kann, zB der tatsächlichen Verwendung des angemeldeten Zeichens in Wörterbüchern und Nachschlagewerken (zB BGH GRUR 1994, 805, 806 – *Alphaferon*) oder der Verwendung in der Werbung (BPatG GRUR 1996, 883, 884 – *BLUE LINE*). Aus diesen Anhaltspunkten sind insbesondere auch dafür Aufschlüsse zu gewinnen, ob in Zukunft ein Freihaltebedürfnis zu erwarten ist. Somit kommt es weniger auf die bloße Meinung der beteiligten Verkehrskreise an, ob es sich um eine beschreibende Angabe handelt, als primär auf den tatsächlichen Gebrauch und damit auf objektive Umstände. Gerade bei fremdsprachigen Angaben ist es sogar denkbar, daß der inländische Verkehr die Bezeichnung überhaupt nicht kennt (also auch nicht verwendet), aber eine Verwendung in der Zukunft möglich erscheint (BGH GRUR 1989, 421, 422 – *Conductor*; BGH GRUR 1992, 515, 516 – *Vamos*; BPatG GRUR 1997, 286, 287 – *Vodni Stavby*; BPatG Bl. 1985, 370 – *Fläkt*).

62 **b) Maßgebende Verkehrskreise.** Maßgebend ist die Auffassung derjenigen Teile des Verkehrs, die selbst mit den Waren und Dienstleistungen in Kontakt kommen, insbesondere diese selbst kaufen und verkaufen. Wird ein Produkt nur innerhalb bestimmter Berufsgruppen oder Fachkreise verwendet, ist deren Auffassung

Absolute Schutzhindernisse **§ 8**

entscheidend (BGH GRUR 1990, 517, 518 – *SMARTWARE*; BGH GRUR 1975, 369 – *Elzym*; BGH GRUR 1968, 694, 695 – *Polyestra*, nur insoweit nicht überholt durch BGH GRUR 1985, 1085 – *ROAL*).

c) Maßstab. Ebenso wie die Unterscheidungskraft (oben Rdn. 17) kann das Freihaltebedürfnis in mehr oder weniger großem Maße vorliegen. So ist das Freihaltebedürfnis in der Regel geringer, wenn es sich nicht um eine glatt beschreibende Angabe handelt, sondern lediglich auf eine Abwandlung (BGH GRUR 1994, 805, 807 – *Alphaferon*), wenn eine geographische Angabe allenfalls in Zukunft und somit geringer Wahrscheinlichkeit als Produktionsort der angemeldeten Waren und Dienstleistungen in Betracht kommt (BGH GRUR 1983, 768 – *Capri-Sonne*). Dieses Maß des Freihaltebedürfnisses ist in erster Linie objektiv zu bestimmen (oben Rdn. 61). Dieses objektive Freihaltebedürfnis kann insbesondere in Wechselwirkung mit der Verkehrsdurchsetzung (Abs. 3, unten Rdn. 132 ff.) treten. Je größer das (objektiv feststellbare) Freihaltebedürfnis ist, desto höhere Anforderungen sind an die Bejahung der Verkehrsdurchsetzung für den Anmelder zu stellen (unten Rdn. 143). Demgegenüber kommt es – anders als bei der Unterscheidungskraft – (oben Rdn. 25) im Fall eines objektiv festgestellten Freihaltebedürfnisses nicht darauf an, ob ein Teil des Verkehrs die Angabe als Phantasiebezeichnung versteht. Handelt es sich umgekehrt um eine Phantasieangabe, die aber von beachtlichen Teilen des Verkehrs (irrtümlich) für eine beschreibende Angabe gehalten wird, steht nicht das Eintragungshindernis der Nr. 2 entgegen, sondern es fehlt an der notwendigen Unterscheidungskraft (oben Rdn. 18). 63

d) Bedürfnisse des inländischen Verkehrs

aa) Grundsatz. Das Freihaltebedürfnis kann im In- und Ausland unterschiedlich sein. Das kommt vor allem dann in Betracht, wenn es sich um eine fremdsprachige Bezeichnung handelt, die im Inland nicht verstanden wird, aber zB auch hinsichtlich geographischer Herkunftsangaben, die der inländische Verkehr mangels Vertrautheit mit dem Ortsnamen nicht als solche erkennt (zB BPatG 15, 214 – *Apia*). In diesen Fällen kommt es immer auf das Verständnis des inländischen Verkehrs an (st. Rspr., zB BGH GRUR 1989, 666, 667 – *Sleepover*; BGH GRUR 1992, 515, 516 – *Vamos*; BGH GRUR 1995, 269, 270 – *U-Key*; BGH GRUR 1995, 408, 410 – *PROTECH*; BGH GRUR 1996, 771, 772 – *THE HOME DEPOT*). Dabei ist konkret zu prüfen, ob gerade die 64 inländischen Mitbewerber des Anmelders zur Bezeichnung ihrer Waren oder Dienstleistungen das Zeichen aktuell benötigen, und zwar beim inländischen Absatz ihrer Waren oder Dienstleistungen, nicht nur im Hinblick auf den Export ins Ausland (BGH GRUR 1988, 379, 378 – *Rigidite I*; BGH GRUR 1989, 421, 422 – *Conductor*; BGH GRUR 1992, 515, 516 – *Vamos*).

65 **bb) Verständnis der inländischen Verbraucher.** In der Regel setzt Freihaltebedürfnis an einem fremdsprachigen Wort voraus, daß der fremdsprachige Ausdruck vom inländischen Verkehr ohne weiteres als Angabe über die Beschaffenheit oder Bestimmung der Ware verstanden wird (BGH GRUR 1988, 379 – *RIGIDITE I*, BGH GRUR 1989, 421, 422 – *Conductor*). Da es auf das objektive Bedürfnis des Verkehrs ankommt, das auch ein zukünftiges sein kann (oben Rdn. 61), ist es grundsätzlich denkbar, daß ein Freihaltebedürfnis an einer fremdsprachigen Angabe auch dann besteht, wenn der inländische Verkehr diese Angaben (gegenwärtig) nicht versteht. Deshalb ist auch, anders bei der Prüfung der Unterscheidungskraft (oben Rdn. 33) nicht entscheidend, ob es sich um eine Welthandelssprache handelt oder entsprechende Sprachkenntnisse in den angesprochenen Verkehrskreisen konkret feststellbar sind (für schwedisches Wort: BPatG 1985, 370 – *Fläkt*; tschechisches Wort: BPatG GRUR 1977, 286 – *VODNI STAVBY*). Allerdings ist das erforderliche konkrete und aktuelle Freihaltebedürfnis in solchen Fällen besonders sorgfältig zu prüfen, die beschreibende Verwendung dieser Angaben im Inland muß möglich und wahrscheinlich sein (BGH GRUR 1989, 421, 422 – *Conductor*). Bei dieser konkreten Prüfung ist einerseits Voraussetzung, daß durch Handelsbeziehungen zu dem jeweiligen Land eine hinreichende Wahrscheinlichkeit besteht, daß der Verkehr mit der fremdsprachigen beschreibenden Bezeichnung in Kontakt kommen wird. Darüber hinaus ist zu prüfen, ob das Wort in der jeweiligen Fremdsprache überhaupt selbst beschreibend gebraucht wird, zB durch Prüfung an Hand von Lexika (BGH GRUR 1989, 421, 422 – *Conductor*).

66 **cc) Ausländische Paralleleintragungen.** Zwar sind die deutschen Behörden und Gerichte grundsätzlich nicht verpflichtet, die Entscheidungen ausländischer Stellen zu berücksichtigen, und zwar nach Auffassung des BPatG auch nicht wenn es um Rechtsvorschriften geht, die ebenfalls aufgrund der MRLL erlassen worden sind (BPatG GRUR 1997, 133 – *ErgoPanel*; zweifelhaft, siehe § 14 Rdn. 158). Davon zu unterscheiden ist aber die Frage, ob eine ausländische Eintragung Indizwirkung für die Beurteilung des Freihal-

Absolute Schutzhindernisse **§ 8**

tebedürfnisses haben kann. Das ist in der Regel dann zu bejahen, wenn es sich um Eintragungen in dem Land handelt, in dem die fragliche Sprache Amtssprache ist und wenn die Eintragung für die gleichen Waren und Dienstleistungen und für die gleiche Markenform erfolgt ist, die in der Bundesrepublik angemeldet ist (BGH GRUR 1988, 379, 380 – *RIGIDITE I*; BGH GRUR 1989, 421, 422 – *Conductor*; BGH GRUR 1990, 517 – *SMARTWARE*; BGH GRUR 1991, 136, 137 – *NEW MAN*; BGH GRUR 1996, 771, 772 – *THE HOME DEPOT*). Dieses Indiz wiegt besonders schwer, wenn das Zeichen bereits seit Jahren oder gar Jahrzehnten im Ausland eingetragen ist, ohne daß es dadurch zu erkennbaren Unzuträglichkeiten für den Verkehr gekommen wäre (BGH GRUR 1994, 366, 369 – *RIGIDITE II*). Gerade im Zusammenhang mit solchen Marken ist auch zu prüfen, ob das Bedürfnis des inländischen Verkehrs auch dahin geht, die Bezeichnung in Alleinstellung oder hervorgehobener Weise zu verwenden, und ob den Bedürfnissen des Verkehrs nicht durch die zulässige Benutzung nach § 23 Nr. 2 Rechnung getragen werden kann (zu dem entsprechenden Gesichtspunkt des „markenmäßigen Gebrauchs" im Sinne von § 16 WZG auch BGH GRUR 1994, 366, 367 – *RIGIDITE II*; BGH GRUR 1994, 370, 371f. – *RIGIDITE III*). Eine Berücksichtigung von Eintragungen im Herkunftsland kann nicht nur bei beschreibenden Sachangaben in Betracht kommen, sondern zB auch bei geographischen Herkunftsangaben: So spricht die Eintragung des Wortzeichens ENFIELD für Waffen in England dafür, daß auch in Deutschland kein Freihaltebedürfnis hinsichtlich dieses englischen Ortsnamens besteht (BPatG GRUR 1993, 122 – *ENFIELD*). Ausnahmsweise hat die Auslandseintragung dann keine Indizwirkung gegen das Freihaltebedürfnis, wenn das (seiner Herkunft nach fremdsprachige) Wort als gebräuchliches Fremdwort in die deutsche Sprache eingegangen ist und es im Deutschen beschreibend für die Waren und Dienstleistungen des Verzeichnisses ist (BGH GRUR 1993, 746 – *Premiere I*). Das Wort wird dann wie ein Wort der deutschen Sprache behandelt.

dd) Leicht verständliche fremdsprachige Ausdrücke. Insbesondere geläufige Wörte der englischen Sprache werden von großen Teilen des inländischen Verkehrs ohne weiteres verstanden und sind mit deutschen Begriffen austauschbar. Für diese Begriffe gelten dann ohne weiteres die Regeln für deutschsprachige Zeichen (zB BPatG GRUR 1997, 467 – *ULTIMATE*, siehe auch Rdn. 33 zur parallelen Frage bei Nr. 1). 67

68 **ee) Abwandlungen fremdsprachige Bezeichnungen.** Für die Abwandlung fremdsprachiger beschreibender Bezeichnungen gilt grundsätzlich nichts anderes als für die Abwandlung freihaltebedürftiger Angaben im übrigen. Auszugehen ist zunächst von der Frage, ob es sich bei dem Zeichen um eine sprachübliche Bildung handelt (zB GRUR 1989, 666, 667 – *Sleepover*). Ist festzustellen, daß es sich um eine Abwandlung handelt, kommt es darauf an, inwieweit der Verkehr die Abwandlung kennt bzw. die Abwandlung für völlig unbedeutend hält (BGH GRUR 1989, 666, 667 – *Sleepover*). Ebenso wie bei deutschsprachigen Angaben gibt es auch bei fremdsprachigen Angaben ein skaliertes Freihaltebedürfnis, das mit der Deutlichkeit der Abwandlung ebenso wachsen kann wie mit dem inhaltlichen Bezug. So sind etwa fremdsprachige Angaben, die nur als Werbehinweis verstanden werden, weniger freihaltebedürftig als unmittelbar produktbeschreibende Angaben und deshalb regelmäßig einzutragen, wenn sich ein direkt beschreibender Gebrauch im Ausland nicht nachweisen läßt (BPatGE 30, 94 – *CELA*; BPatG Bl. 1990, 373 – *La Amistad*; BPatG Mitt. 1996, 215 – *MOD'elle*).

4. Arten freihaltebedürftiger Zeichen

69 Wie alle Eintragungshindernisse des § 8 Abs. 2 kann das Freihaltebedürfnis grundsätzlich jeder Zeichenart entgegenstehen. Die Rechtsprechung hat sich ganz überwiegend mit freihaltebedürftigen **Wörtern** befaßt, wobei diese als Einzel- und Mehrwortzeichen oder als Bestandteil von **Wortbild-Zeichen** angemeldet wurden. Bei mehrgliedrigen Zeichen sind dabei immer die oben Rdn. 58 dargestellten Grundsätze zu beachten, d. h. das Freihaltebedürfnis muß gerade an dem Zeichen in der angemeldeten Form bestehen. Daneben kommen auch beschreibende **Bildzeichen** in Betracht, wobei hier Zurückhaltung geboten ist. Beschreibend kann insbesondere eine nur leicht stilisierte Abbildung der Ware sein (BGH GRUR 1997, 527, 529 – *Autofelge*; BGH GRUR 1995, 732 – *Füllkörper*; BGH GRUR 1989, 510, 512 – *Teekanne II*, dort vorwiegend zur Verwechslungsgefahr, dazu auch § 14 Rdn. 213 ff.; sowie ebenfalls zur Verwechslungsgefahr BPatG GRUR 1979, 242 – *Visuelles Gesamtbild*). Diese Rechtsprechung erscheint – jedenfalls im Hinblick auf die konkreten Sachverhalte – als zu streng. Ist schon bei reinen Wortzeichen das Freihaltebedürfnis konkret zu prüfen (oben Rdn. 57) und sind insbesondere Abwandlungen von beschreibenden Angaben großzügig zur Eintragung zuzulassen (oben Rdn. 59), so gilt dies erst recht für Bildzeichen. Diesen mag zwar im Falle ganz einfacher Formen die Unterscheidungskraft fehlen (BPatGE 18, 90; oben Rdn. 44), eine ausschließlich beschreibende Funktion, werden sie nur im Ausnahmefall haben. Dafür wird in der Regel vorausgesetzt sein, daß sie keinerlei eigenschöpferische Komponenten aufweisen (zB Abbildung einer aufgeschnittenen Orange für Orangensaft). Besteht dagegen eine (wenn auch nur geringe) eigenschöpferische Prägung, gelten für Bildzeichen keine anderen Regeln als für Wortzeichen. Dem Freihaltebedürfnis ist dann dadurch Rechnung zu tragen, daß der Schutzbereich des Bildzeichens auf die konkret eingetragene Gestaltung begrenzt ist (BPatG GRUR 1997, 285, 286 – *VISA-Streifenbild*: dort vor allem zur Unterscheidungskraft).

5. Freihaltebedürftige Zeichen – Fallgruppen

a) Beschreibend für die Waren oder Dienstleistungen. § 8 Abs. 2 Nr. 2 zählt nicht abschließend auf, hinsichtlich welcher Merkmale der Waren oder Dienstleistungen das Zeichen beschreibend sein kann („... oder zur Bezeichnung sonstiger Merkmale der Waren oder Dienstleistungen..."). Freihaltebedürftig können auch Zeichen sein, die andere Umstände als Merkmale der Waren selbst, aber mit Bezug auf die Waren beschreiben (BGH GRUR 1992, 514 – *Ole*, im konkreten Fall aber zweifelhaft; BGH GRUR 1992, 515, 516 – *Vamos*; BGH GRUR 1993, 546 – *Premiere I*, BGH GRUR 1994, 730 – *VALUE*, dort Freihaltebedürfnis zu Recht verneint). Dieser Grundsatz gilt auch für das MarkenG fort (BGH GRUR 1996, 770 – MEGA; BPatG GRUR 1997, 279, 278 – FOR YOU). **70**

Dieser Rechtsprechung ist nur im Ausgangspunkt zuzustimmen. Zwar ergibt sich schon aus dem eindeutigen Wortlaut des Gesetzes, daß die dort genannten Merkmale der Waren und Dienstleistungen, auf die sich die beschreibende Angabe beziehen kann, nicht abschließend sind. Eine abschließende Regelung wäre auch wenig sinnvoll, da je nach den Waren oder Dienstleistungen ganz unterschiedliche beschreibende Angaben in Betracht kommen. Ein Zeichen, das aber keinen konkreten Bezug zu den Waren oder Dienstleistungen selbst mehr erkennen läßt, sondern nur eine werbliche Aufforderung (BPatG GRUR 1997, 279 – *FOR YOU*, BGH GRUR 1992, 514 – *Ole*) allgemeinster Art ist, kann keine Eigenschaft der Ware oder Dienstleistung bezeichnen (insoweit zutreffend BPatG GRUR 1996, 355, 356 – *Benvenuto*). Der neueren **71**

Rechtsprechung des BPatG, wonach in diesem Fall (gegebenenfalls zusätzlich) das Eintragungshindernis des Nr. 3 eingreifen soll (BPatG GRUR 1997, 279 – *FOR YOU* sowie unten Rdn. 90), kann ebenfalls nicht gefolgt werden. Vielmehr handelt es sich um eine Frage der Unterscheidungskraft (oben Rdn. 18), es ist also festzustellen, ob der Verkehr gerade im Hinblick auf die beanspruchten Waren und Dienstleistungen das Zeichen als Unterscheidungsmittel für die Waren oder Dienstleistungen versteht.

72 Davon zu unterscheiden ist die Konstellation, daß eine beschreibende Angabe für viele Waren oder Dienstleistungen gleichermaßen beschreibend sein kann (zB BGH GRUR 1996, 770 – *MEGA*). Entscheidend ist, daß der Verkehr die Angabe in konkreten Bezug zu den jeweiligen Waren oder Dienstleistungen setzt und ihn nicht primär in anderer Weise verwendet, BGH GRUR 1994, 730, 731 – *VALUE*). Dafür ist es nicht ausreichend, daß das Wort allgemein in der Wirtschaftssprache benötigt wird, etwa bei Rechnungen (BGH GRUR 1994, 730, 731 – *VALUE*), sondern es muß gerade zur Beschreibung von Eigenschaften der Waren oder Dienstleistungen erforderlich sein. Daran fehlt es bei nicht unmittelbar auf die Waren oder Dienstleistungen bezogenen Werbeangaben.

73 Zu den einzelnen im Gesetz genannten Begriffen wird im folgenden zunächst eine exemplarische Darstellung Rechtsprechungsbeispielen gegeben. Ein vollständigerer Überblick über die jüngere Entscheidungspraxis des BPatG folgt zusammenfassend für § 8, Abs. 2 Nr. 1–3 unten Rdn. 94.

74 **b) Art der Ware.** Die Art der Ware oder Dienstleistung betrifft die Gattung, also ihren Oberbegriff. So weist die Abbildung einer Teekanne auf die Art der angebotenen Ware, nämlich Tee, hin (vgl. BGH GRUR 1989, 410 – *Teekanne II*).

75 **c) Beschaffenheit der Ware.** Beschaffenheit ist jede Eigenschaft der Ware oder Dienstleistung, nicht nur eine physische. Auch die (Spitzen-)Qualität gehört dazu (BPatG GRUR 1997, 467 – *ULTIMATE*). Die Beschaffenheitsangabe muß nach den oben dargestellten Grundsätzen konkret für die Waren oder Dienstleistungen (oben Rdn. 56), aktuell (oben Rdn. 59) und unmittelbar (oben Rdn. 60) vorliegen. Ob der Verkehr in der Angabe einer Beschaffenheitsangabe sieht, ist nicht allein ausschlaggebend (oben Rdn. 61), da auch zukünftige Entwicklungen sowie die Interessen der Fachkreise zu berücksichtigen sind (unklar *Fezer* Rdn. 159 f.). Beschaffenheitsangaben können auch in Bildzeichen enthalten sein

(BGH GRUR 1989, 510 – *Teekanne II;* BGH GRUR 1957, 421 – *Forellenzeichen*). Grundsätzlich kann eine Beschaffenheitsangabe auch bei anderen Markenformen vorliegen, zB der Bocksbeutelflaschenform oder der roten Farbe für Feuerlöscher. Praktisch wichtig sind die oben Rdn. 59 erörterten Grundsätze zur Schutzfähigkeit von Abwandlungen sowie die oben Rdn. 57 f. erörterten Grundsätze zur Zusammensetzung von Marken. Ist das angemeldete Zeichen mehrdeutig, spricht dies gegen das Freihaltebedürfnis (BPatG Mitt. 1990, 23 – *Cela*). Ist eine der denkbaren Bedeutung allerdings eine glatt beschreibende Angabe und wird das Zeichen gerade in dieser Bedeutung von wesentlichen Teilen des Verkehrs verstanden, steht dies der Eintragung entgegen (BPatGE 32, 5 – *„Creation Gross"* für Bekleidungsstücke), anders aber, wenn die beschreibende Angabe gegenüber der anderen Bedeutung zurücktritt (BPatG Mitt. 1990, 105 – *TINY* für Zigaretten wird vorwiegend als Frauenname, nicht als Hinweis auf kleines Format verstanden).

d) Menge. Mengenangaben können einmal in dem Verweis auf die Maßeinheit liegen („Liter"), zum anderen aber auch in an sich eintragbaren Zahlen. Voraussetzung für die Eintragbarkeit ist immer, daß die jeweilige Zahl nicht bereits für sich als Mengenangabe verstanden wird (BGH GRUR 97, 366, 367 – *quattro II,* unzutreffend BPatG Mitt. 1996, 250 – *TRIO*). Die Mengenangabe kann sich zB auf eine in der Packung enthaltene Stückzahl beziehen (BPatG Beschl. v. 5. 2. 1997 (Az. 32 W pat 67/96) – *Fünfer*). Ebenso wie Mengenangaben sind auch die offiziellen Maß- und Gewichtseinheiten zu behandeln. Abzulehnen ist dagegen die Auffassung (*Fezer* Rdn. 183, 185, 187), Freihaltebedürfnis bestünde auch für veraltete Maßeinheiten wie Scheffel oder Elle. Das Freihaltebedürfnis muß konkret zum gegenwärtigen Zeitpunkt bestehen oder zumindest mit hinreichender Klarheit für die Zukunft zu erwarten sei. Das ist bei veralteten Mengenangaben nicht der Fall, da sich der Verkehr der offiziellen Maßeinheit nicht nur bedienen kann, sondern sogar muß. 76

e) Bestimmungsangaben. Eine Bestimmungsangabe beschreibt typischerweise die vorgesehene Benutzung der Ware oder Dienstleistung (zB BPatG GRUR 1997, 640 – *ASTHMA-BRAUSE;* BPatGE 33, 12 – *IRONMAN TRIATHLON* als Hinweis auf die Bestimmung der Waren für einen besonders harten Wettkampf, zweifelhaft). Gelegentlich bezieht sich die Bestimmungsangabe aber auch auf die für die Waren oder Dienstleistung vorgesehener Benutzergruppe (zB BPatG Mitt. 1994, 20 – 77

COMPUTER ASSOCIATES als Bezeichnung der Benutzer von Software, zweifelhaft). Nicht ausreichend ist aber ein nur assoziativer Zusammenhang, der nicht als echte Bestimmungsangabe verstanden wird (zB wäre die Bezeichnung „Grand Prix" für ein Serienautomobil keine Bestimmungsangabe, da dem Verkehr klar ist, daß dieses Fahrzeug nicht nur zur Teilnahme an Rennen bestimmt ist).

78 **f) Wert.** Grundsätzlich kann jede Beschaffenheitsangabe gleichzeitig auch als Wertangabe angesehen werden, da sich die Beschaffenheit der Ware oder Dienstleistung auch auf ihren Wert auswirken wird. Auch wenn es für den Eintritt der Rechtsfolge unerheblich ist, welcher Einzelfallgruppe von § 8 Abs. 2 Nr. 2 ein beschreibendes Zeichen zugeordnet wird, scheint es im Sinne der terminologischen Klarheit vorzuziehen, den Begriff der wertbezogenen Angabe auf solche Aussagen zu beschränken, die im engeren Sinne wertbezogen sind, insbesondere durch qualitativ beschreibende Aussagen („wertvoll", „billig", „preiswert"). Daneben sind Währungsbezeichnungen sowohl in ausgeschriebener Form („Deutsche Mark"), wie auch als Abkürzungen („DM") als wertbezogene Angaben ausgeschlossen (DPA Bl. 1992, 111). Hinsichtlich ausländischer Währungen ist ebenso wie sonst bei fremdsprachigen Zeichen zu prüfen, ob für den Wirtschaftsverkehr, insbesondere im Hinblick auf die jeweils relevanten Waren oder Dienstleistungen, die Währung Verwendung finden kann. Das ist im Hinblick auf die weltweite Verflechtung des Wirtschaftsverkehrs nicht nur bei den Währungen der Haupthandelspartner der Bundesrepublik anzunehmen, sondern bei grundsätzlich allen konvertiblen Währungen. Veraltete Währungsbezeichnungen (zB Taler) sind ebensowenig freihaltebedürftig wie veraltete Maße und Gewichtsangaben (oben Rdn. 76; aA *Fezer* Rdn. 200). Umgekehrt kann sogar eine Münze, die noch gültiges Zahlungsmittel ist, aber nicht mehr umläuft, vom Verkehr nicht mehr als Wertangabe verstanden werden (BPatG GRUR 1993, 48 – *Vreneli*). Ein Sachbegriff des kaufmännischen Handels wie „Wert" oder „Preis" stellt keine Angabe über den Wert dar, diese müßte darauf vielmehr erst folgen (vgl. BGH GRUR 1994, 730 – *VALUE*).

g) Angaben über die geographische Herkunft

79 **aa) Grundsatz.** Geographische Herkunftsangaben kennzeichnen eine Eigenschaft der Waren oder Dienstleitungen, die für den Verkehr häufig von erheblicher Bedeutung ist. Oft wird mit der Herkunft aus einem bestimmten Gebiet eine gesteigerte Quali-

Absolute Schutzhindernisse **§ 8**

tätserwartung verbunden. Dementsprechend sind geographische Herkunftsangaben als eigenständiges Kennzeichenrecht sowohl im MarkenG (§§ 126 ff.) als auch durch die vom MarkenG ergänzte VO EWG Nr. 2081/92 (§§ 130 ff.) geschützt. Dabei ist jeweils sichergestellt, daß die Benutzung der Bezeichnung durch andere Unternehmen, die ihren Sitz in dem jeweiligen geographischen Gebiet haben, nicht untersagt werden kann (§ 100). Das absolute Eintragungshindernis des § 8 Abs. 2 Nr. 2 stellt sicher, daß keine Monopolisierung der geographischen Angabe durch den Anmelder erfolgt. Die Vorschrift wird ergänzt durch § 8 Abs. 2 Nr. 4 (Verbot der Eintragung irreführender Angaben), soweit die Eignung zur Täuschung bereits im Anmeldeverfahren ersichtlich ist (dazu unten Rdn. 99). Davon unberührt bleibt der Sonderfall des Lagenamens für Weine und andere Herkunftsbezeichnungen von Naturprodukten, wenn sich der gesamte Bezirk, auf den die Bezeichnung hinweist, im Eigentum des Anmelders befindet (dazu unten Rdn. 108). Geographische Herkunftsangaben sind aber als Kollektivmarken eintragungsfähig (§ 99). Enthält die Marke darüber hinaus noch (indirekt) eine Beschaffenheitsangabe, ist die Eintragbarkeit eine Frage des Einzelfalles. Sie ist jedenfalls dann zu bejahen, wenn die Markensatzung gerade die nach Ansicht des Verkehrs maßgebenden Voraussetzungen im Hinblick auf die geographische Herkunft und die Beschaffenheit enthält, insbesondere wenn die Beschaffenheit im Zusammenhang mit der geographischen Herkunft steht (BGH GRUR 1996, 270 – *MADEIRA*). Im übrigen gelten für die Bestimmung des Freihaltebedürfnisses bei geographischen Herkunftsangaben grundsätzlich die gleichen Regeln wie bei anderen beschreibenden Angaben, insbesondere ist jeweils zu prüfen, ob für die konkreten Waren und Dienstleistungen und aktuell das Freihaltebedürfnis zu bejahen ist.

bb) Unmittelbare Herkunftsangabe. Solche Zeichen sind 80 von der Eintragung ausgeschlossen, die nach Auffassung des Verkehrs die geographische Herkunft unmittelbar beschreiben, also Namen von Orten, Ländern, Gegenden usw. Nicht ausreichend ist, daß aus den Worten nur mittelbar ein Hinweis auf eine geographische Herkunft entnommen wird, zB durch die Verwendung einer fremdsprachigen Bezeichnung dieses Land assoziert wird (in diese Richtung schon BPatG Mitt. 1977, 50 – *Hamilton Beach*; ausdrücklich jetzt BPatGE 27, 133 – *Relays*). Eine ausreichende direkte Angabe über die geographische Herkunft kann auch bei solchen ausländischen Bezeichnungen fehlen, die eine verwaltungstechnische Bedeutung haben, aber nicht der Adressierung dienen, etwa die amerikanische Counties, vgl. Nachweise bei *Pösentrop/Schade/ Ströbele* GRUR 1994, 399, 405). Im Einzelfall kann eine fremdsprachige Bezeichnung aber als irreführend über die Herkunft von der Eintragung ausgeschlossen sein (§ 8 Abs. 2 Nr. 4). Im Hinblick auf das Erfordernis der Ersichtlichkeit (unten Rdn. 99) kommt das allerdings praktisch kaum in Frage.

81 cc) **Feststellung des aktuellen Freihaltebedürfnisses.** Wie bei anderen beschreibenden Angaben auch (oben Rdn. 65) ist das Freihaltebedürfnis grundsätzlich unabhängig davon, ob der Verkehr die geographische Angabe kennt, bzw. als solche erkennt. Allerdings bedarf es bei unbekannten geographischen Herkunftsangaben der besonderen Feststellung eines konkreten Freihaltebedürfnisses (BPatGE, 15, 214 – *Apia*).

82 Das Freihaltebedürfnis muß, wie auch sonst (oben Rdn. 56) gerade im Hinblick auf die konkreten Waren oder Dienstleistungen bestehen. Im Hinblick auf die geographische Herkunftsangabe bedeutet dies, daß Waren oder Dienstleistungen dieser Art aus dem fraglichen Gebiet stammen können müssen. Werden gegenwärtig dort derartige Waren hergestellt und ist nicht nur theoretisch damit zu rechnen, daß sie auch in den inländischen Verkehr gelangen können, ist das Freihaltebedürfnis jedenfalls zu bejahen. Fehlt es demgegenüber an einer derartigen gegenwärtigen Nutzung für die fraglichen Waren und Dienstleistungen, kann ein Freihaltebedürfnis nicht einfach unterstellt werden. Die frühere sehr strenge Rechtsprechung (zB BGH GRUR 1963, 469 – *NOLA*), die das Freihaltebedürfnis gegebenenfalls sogar vermutet hat (BGH GRUR 1970, 311 – *Samos*) ist später nicht mehr aufrechterhalten worden. Schon in der Entscheidung BGH GRUR 1983, 783 – *Capri-Sonne* hat der BGH eine konkrete Prüfung danach vorgenommen, ob anzunehmen ist, daß jedenfalls in näherer Zukunft die fraglichen Waren (dort Fruchtsaft) an dem genannten Ort produziert würden, und dies im konkreten Fall verneint.

83 Gegen das Freihaltebedürfnis kann – wie auch sonst (oben Rdn. 64) – sprechen, daß die Bezeichnung **mehrdeutig** ist und im Verkehr überwiegend in einem anderen Sinn verstanden wird, zB als Vorname (BPatGE 8, 71 – *Paola*) oder Nachname (BPatG Mitt. 1993, 349 – *Jackson*). Ist die geographische Herkunftsangabe in dem betreffenden Land selbst als Marke für einen einzelnen Anmelder geschützt, ist dies ein starkes Indiz gegen das Freihaltebedürfnis (BPatG GRUR 1993, 122 – *Enfield*). Weiter spricht gegen das

Freihaltebedürfnis, wenn nicht festgestellt werden kann, daß die betreffenden Waren gegenwärtig oder in naher Zukunft dort hergestellt werden können (BPatGE 27, 219 – *Augusta*).

dd) Fremdsprachige Formen und Abwandlungen. Das 84 Freihaltebedürfnis kann nicht nur hinsichtlich der in Deutschland gebräuchlichen geographischen Angabe bestehen, sondern auch hinsichtlich der im jeweiligen Land verwendeten sprachlichen Form (zB „Eire" für Irland). Umgekehrt liegt ein Eintragungshindernis dagegen nicht vor, wenn die geographische Herkunftsangabe in der Sprache eines dritten Landes verwendet wird (also weder auf Deutsch noch in der am betreffenden Ort gesprochenen Sprache, zB BPatGE 32, 82 – *Gironda*; BPatG Mitt. 1993, 351 – *JUTLANDIA*).

Ansonsten gelten hinsichtlich der Abwandlungen geographischer 85 Herkunftsangaben die üblichen Grundsätze (vgl. oben Rdn. 59). Damit sind nur solche Marken von der Eintragung ausgeschlossen, bei denen die Abwandlung der geographischen Herkunftsangabe so geringfügig ist, daß der Verkehr sofort die Herkunftsangabe erkennt (zB durch geringfügige andere Schreibweise, insbesondere wenn diese keinen Einfluß auf die Betonung hat.). Nicht ausreichende Abwandlungen sind zusätzliche Wortbestandteile, die den Herkunftshinweis nicht abschwächen, zB „alt-" oder sogar verstärken („original"). Hinreichende Abwandlung wurde zu Recht bejaht bei der Bezeichnung „Balfast" gegenüber Belfast (BPatG GRUR 1987, 238) sowie bei „Merrilund" gegenüber „Maryland" (BPatG GRUR 1989, 825, 826).

ee) Lagenamen. Geographische Herkunftsangaben sind auch 86 die weinrechtlichen Lagenamen, die in der Weinbergsrolle eingetragen werden können (§ 29 Abs. 3 WeinG, § 29 Abs. 2 WeinV). Gegenüber sonstigen geographischen Herkunftsangaben besteht die Besonderheit, daß Weinlagen auch als Individualmarken eintragbar sind, wenn sie sich im Alleinbesitz des Anmelders befinden, also kein Freihaltebedürfnis besteht (BGH GRUR 1983, 440 – *Burkheimer Schloßberg*; BGH GRUR 1993, 43 – *Römigberg I*; BPatG GRUR 1993, 395 – *Römigberg II*; BPatG GRUR 1991, 210 – *Drachenblut*). Entsprechendes gilt für Mineralwasserquellen (BPatG GRUR Int. 1992, 62 – *Vittel*) und ähnliche Naturprodukte. Wie auch sonst bei der Prüfung des Freihaltebedürfnisses kommt es auch in diesen Fällen auf die Aktualität an, d.h. es ist für die Annahme des Freihaltebedürfnisses nicht ausreichend, daß die bloß theoretische Möglichkeit besteht, daß Teile der Lage in Zukunft an Dritte verkauft werden könnten, die dann ihrerseits das Bedürfnis haben könnten, den Lagenamen zu verwenden. Vielmehr müssen konkrete Anhaltspunkte dafür bestehen, daß eine derartige Aufspaltung des Eigentums in absehbarer Zeit bevorsteht. Umgekehrt kann ein Quellenname, der als geographische Angabe ein großes Gebiet benennt, auf dem sich zahlreiche Quellen befinden, nur unter den Voraussetzungen der (im wesentlichen einheitlichen) Verkehrsdurchsetzung eingetragen werden (BGH GRUR 1994, 905 – *Schwarzwald-Sprudel*).

87 **h) Zeitangaben.** Es kommen zum einen Jahreszahlen in Betracht, vor allem aber Hinweise auf saisonale Produkte, zB „Märzen" für Bier (BPatGE 10, 120). Es ist jeweils konkret zu prüfen, ob der Verkehr in einer zeitlichen Angabe tatsächlich einen produktbezogenen Hinweis sieht. Daran wird es in der Regel fehlen, wenn der Verkehr weiß, daß das Produkt kontinuierlich hergestellt wird, wie das meist der Fall ist.

88 **i) Angaben über sonstige Merkmale.** Wie bereits oben (Rdn. 70) ausgeführt, ist der Tatbestand des § 8 Abs. 2 Nr. 2 grundsätzlich offen, dabei ist aber ein hinreichend deutlicher Bezug der Angabe zu den Waren oder Dienstleistungen und ihren Eigenschaften erforderlich. Nicht ausreichend ist deshalb, daß eine allgemeine Werbeangabe vorliegt (oben Rdn. 72).

VII. Üblich gewordene Bezeichnungen (§ 8 Abs. 2 Nr. 3)

1. Begriff

89 Nach § 8 Abs. 2 Nr. 3 sind solche Zeichen nicht eintragbar, die im allgemeinen Sprachgebrauch oder in den redlichen und ständigen Verkehrsgepflogenheiten zur Bezeichnung der Waren oder Dienstleistungen üblich geworden sind. Auf den ersten Blick scheint das Gesetz damit zwei unterschiedliche Fälle zu beschreiben, nämlich das Üblichwerden der Bezeichnung im allgemeinen Sprachgebrauch einerseits und in den „redlichen und ständigen Verkehrsgepflogenheiten" andererseits, was nahelegen könnte, daß auf der einen Seite der allgemeine Gebrauch, auf der anderen Seite der Gebrauch in Fachkreisen gemeint sein könnte. Schon diese Unterscheidung kann aber nicht zutreffend sein, da es in jedem Fall auf die Auffassung der Verkehrskreise ankommt, für die die Waren oder Dienstleistungen bestimmt sein können (dazu unten Rdn. 93).

Absolute Schutzhindernisse **§ 8**

Weiter ist nicht völlig klar, ob die Formulierung „üblich geworden" bedeutet, daß es sich um Zeichen handeln muß, die ursprünglich nicht üblich (also wohl eintragungsfähig) waren. Damit würde sich das Eintragungshindernis von § 8 Abs. 2 Nr. 3 im wesentlichen mit dem Begriff der „Freizeichen" des früheren § 4 Abs. 1 WZG decken. Für diese Auffassung spricht deshalb viel, weil es sonst zu weitgehenden Überschneidungen mit § 8 Abs. 2 Nr. 1 und Nr. 2 kommt (dazu unten Rdn. 90). Deshalb ist auch die von *Fezer* (Rdn. 257–293) gewählte Terminologie der „Gattungsbezeichnungen" nicht scharf. Gattungsbezeichnungen finden sich insbesondere auch in Nr. 2 („Bezeichnung der Art", oben Rdn. 74). Es erscheint deshalb sinnvoll, sich eng an die Terminologie des Gesetzes zu halten und von „üblich gewordenen Bezeichnungen" zu sprechen.

2. Verhältnis zu Nr. 1 und Nr. 2

Wenn eine Bezeichnung für die konkreten Waren oder Dienstleistungen vom Verkehr nicht als Herkunftshinweis verstanden wird, fehlt ihr bereits die Unterscheidungskraft nach Nr. 1 (oben Rdn. 15, 25). Dieser Fall wird bei den Zeichen des Nr. 3 immer vorliegen, da es sich um Zeichen handelt, die zur Bezeichnung der Beschaffenheit üblich (geworden) sind, wenn das der Fall ist, kann der Verkehr in ihnen keinen Herkunftshinweis mehr erblicken. Dasselbe gilt im Verhältnis zu Nr. 2, da in der üblichen Bezeichnung der Ware oder Dienstleistung immer auch eine Angabe über die „Art" liegen wird. Im Hinblick auf die reichhaltige Kasuistik zu den Eintragungshindernissen der mangelnden Unterscheidungskraft und des Freihaltebedürfnisses wird der Rückgriff auf Nr. 3 damit in aller Regel entbehrlich sein. Als eigenständiger Anwendungsbereich von Nr. 3 kommt damit zum einen die Konstellation in Betracht, daß ein Zeichen ursprünglich unterscheidungskräftig ist, aber zu einem späteren Zeitpunkt diese Unterscheidungskraft verlorengeht. Dafür spricht der Wortlaut des Gesetzes („geworden"). Allerdings ist bei genauer Betrachtung auch hiermit kein eigenständiger Anwendungsbereich eröffnet, da auch in diesem Fall die Unterscheidungskraft fehlt. Die Unterscheidungskraft ist jeweils im Hinblick auf den konkret anstehenden Verfahrensschritt zu prüfen: Wird die Marke angemeldet, muß die Unterscheidungskraft zum Zeitpunkt der Eintragung vorliegen, was nach der Verkehrsauffassung zu entscheiden ist. Entwickelt sich die Marke erst später (nach der Eintragung) zu einer Gattungsbezeichnung, ist zwar keine

90

Löschung nach § 50 Abs. 1 möglich, da dort auf den Zeitpunkt der Eintragung abgestellt wird. Wohl aber kommt dann eine Löschung wegen Verfalls nach § 49 Abs. 2 Nr. 1 in Frage. Dabei werden allerdings zusätzliche tatbestandliche Anforderungen („infolge des Verhaltens oder der Untätigkeit ihres Inhabers ... zur gebräuchlichen Bezeichnung ... geworden...") aufgestellt. Auf den Tatbestand des § 8 Abs. 2 Nr. 3 wird jedenfalls nicht unmittelbar zurückgegriffen. Damit scheint § 8 Abs. 2 Nr. 3 im Ergebnis überflüssig zu sein. Für die Zwecke des Eintragungsverfahrens sind die Eintragungshindernisse des § 8 Abs. 2 Nr. 1 und 2 ausreichend, da sie alle denkbaren Fälle des Schutzhindernisses nach Nr. 3 abdecken. Für das Löschungsverfahren gilt grundsätzlich dasselbe, wobei der später eintretende Verlust der herkunftskennzeichnenden Wirkung durch die spezielle Vorschrift des § 49 Abs. 2 Nr. 1 aufgefangen wird. Dieses Ergebnis wird indirekt bestätigt durch die außerordentlich geringe praktische Bedeutung, die § 4 Abs. 1 WZG – zumindest in der Nachkriegszeit – hatte. Soweit ersichtlich, hat keine nach 1945 veröffentlichte Entscheidung die Freizeicheneigenschaft bejaht (offengeblieben in BPatGE 18, 239, 243 – *Apollo* und BPatGE 18, 137, 143 – *Vieneta*). Ob die ausdrückliche Neuregelung des späteren Wegfalls der Unterscheidungskraft durch § 49 Abs. 2 Nr. 1 zu einer Belebung dieses Rechtsgedankens führen wird, bleibt abzuwarten.

91 Auch die neuere Rechtsprechung des BPatG (unten Rdn. 94), die für Werbeaussagen, Aufforderungen u. ä. das Eintragungshindernis des § 8 Abs. 2 Nr. 3 bejaht, eröffnet Nr. 3 keinen eigenen Anwendungsbereich. Zum einen ist sie schon mit dem Wortlaut der Vorschrift nicht vereinbar, da Begrüßungen wie „Benvinuto", Aufforderungen wie „For You" usw. nicht im allgemeinen Sprachgebrauch zur Bezeichnung der Waren oder Dienstleistungen üblich geworden sind. Wenn überhaupt, sind sie allenfalls zur Anpreisung der Waren oder Dienstleistungen üblich, was aber gerade nicht ausreicht. Tatsächlich geht der Verkehr bei diesen Angaben gerade nicht davon aus, daß sie bestimmte Waren oder Dienstleistungen der Beschaffenheit nach charakterisieren sollen. Allerdings geht er auch nicht davon aus, daß damit eine Aussage über betriebliche Herkunft verbunden ist. Deshalb liegt das Eintragungshindernis der fehlenden Unterscheidungskraft nach § 8 Abs. 2 Nr. 1 vor, ähnlich wie es von der früheren Rechtsprechung im Hinblick auf Werbeslogans (oben Rdn. 36 f.) angenommen wurde. Ein eigener Anwendungsbereich für § 8 Abs. 2 Nr. 3 ist somit weder begrifflich-definitorisch eröffnet noch praktisch erforderlich.

Absolute Schutzhindernisse **§ 8**

3. Konkrete Üblichkeit

Ebenso wie im Hinblick auf die Unterscheidungskraft (oben 92
Rdn. 22) und das Freihaltebedürfnis (oben Rdn. 57) bedarf die Feststellung der Üblichkeit einer konkreten Betrachtung sowohl hinsichtlich des Zeichens selbst als auch der damit bezeichneten Waren oder Dienstleistungen. Dabei ist zwar denkbar, daß bei entsprechend allgemeinen Adjektiven diese Üblichkeit einer Anzahl verschiedener Waren oder Dienstleistungen zukommen kann, obwohl der Wortlaut von Nr. 3 darauf hinzudeuten scheint, daß nicht einzelne Eigenschaften der Waren oder Dienstleistung, sondern ihre Beschaffenheit insgesamt zu charakterisieren wären. Jedenfalls nicht ausreichend ist es aber, wenn jeglicher Warenbezug fehlt. Zumindest muß denkbar sein, daß eine konkrete Aussage über die Waren oder Dienstleistungen gemacht wird. Unzutreffend ist deshalb die neuere Rechtsprechung, die auch Aufforderungen oder Begrüßungen unter Nr. 3 subsumiert (zB BPatG GRUR 1996, 355 – *Benvenuto*; BPatG GRUR 1996, 978 – *Ciao*; BPatG GRUR 1996, 411 – *Avanti*; BGH GRUR 1997, 279, 280 – *FOR YOU*; BPatG GRUR 1997, 642 – *YES*). Auch die allgemeinen Eigenschaftshinweise (BPatG GRUR 1995, 737 – *BONUS*) sollten besser unter Nr. 2 subsumiert werden (zutreffend daher BGH GRUR 1996, 770, 771 – *MEGA* der die Anwendbarkeit von § 8 Abs. 2 Nr. 3 ausdrücklich offenläßt).

4. Verkehrsauffassung

Ebenso wie bei der Unterscheidungskraft (oben Rdn. 25 ff.) ist 93
die Verkehrsauffassung maßgebend. Auf normative Gesichtspunkte wie bei der Feststellung des Freihaltebedürfnisses (oben Rdn. 61) kann es nicht ankommen. Vielmehr ist darauf abzustellen, ob das Zeichen nach Auffassung der beteiligten Verkehrskreise wirklich seine Individualisierungsfunktion verloren hat. Daran sind insbesondere dann strenge Maßstäbe anzulegen, wenn es um die Konstellation geht, daß ein noch eingetragenes Zeichen angeblich zur üblichen Bezeichnung geworden sein soll (BGH GRUR 1964, 280, 285 – *Lesering*; BGH GRUR 1964, 485 – *Düssel*). Das gilt insbesondere dann, wenn der Zeicheninhaber konsequent gegen Verletzer vorgegangen ist (BGH GRUR 1990, 274, 275 – *Klettverschluß*; LG Düsseldorf GRUR 1990, 278 – *INBUS*). Grundsätzlich sind eingerissene Verletzungen kein Anlaß, von einer Umwandlung in eine Gattungsbezeichnung auszugehen. Vielmehr ist eine solche

Anzahl unbeanstandeter Verletzungen erforderlich, daß in den beteiligten Verkehrskreisen der Eindruck entstehen kann, der Markeninhaber werde in Zukunft das Recht überhaupt nicht mehr verteidigen. Diese Annahme liegt insbesondere dann nahe, wenn der Markeninhaber das Zeichen selbst nicht mehr verwendet. Sie wird ferner wesentlich dadurch unterstützt, daß die Bezeichnung im Schrifttum, insbesondere in Nachschlagewerken oder sonstigen Veröffentlichungen Dritter, in warenbeschreibender Weise genutzt wird. Der Markeninhaber ist gehalten, gegen Schwächungen des Zeichens in Nachschlagewerken mit Hilfe von § 16 vorzugehen. Tut er das lange genug nicht, kann eine Umwandlung des Zeichens stattfinden. Auch wenn sich eine ursprünglich kennzeichnungskräftige Angabe in eine Waren- oder Dienstleistungsbezeichnung verwandelt hat, kann zu einem späteren Zeitpunkt wieder eine Rückbildung stattfinden. Das kann zB dann anzunehmen sein, wenn die Angabe im Verkehr nicht mehr in ihrer beschreibenden Funktion benutzt wird. Sie kann dann – nach einem gewissen zeitlichen Ablauf – wieder als originell und damit kennzeichnend empfunden werden (BPatGE 18, 144, 150 – *Lord*).

VIII. Entscheidungpraxis des Bundespatentgerichts zu Unterscheidungskraft und Freihaltebedürfnis

1. Allgemeines

94 Die Entscheidungspraxis des BPatG zu den absoluten Schutzhindernissen ist fast unüberschaubar. Das gilt selbst dann, wenn die große Zahl der unveröffentlichten Entscheidungen (dazu die jährlichen Berichte in GRUR, zuletzt von *Anders/Hacker* GRUR 1997, 487) zunächst unberücksichtigt bleiben. Die Entscheidungen sind durchweg Einzelfallentscheidungen aufgrund der vorzunehmenden konkreten Prüfung der Schutzhindernisse in bezug auf die angemeldeten Zeichen und die Waren und Dienstleistungen des Verzeichnisses. Ihre Übertragbarkeit auf andere Zeichen und Waren ist deshalb im Einzelfall an Hand der Entscheidungsgründe zu prüfen. Weiter ist zu berücksichtigen, daß sich die Rechtsprechung in ständiger Fortentwicklung befindet (oben Rdn. 4), zB sich die Beurteilung des Freihaltebedürfnisses seit Mitte der achtziger Jahre (BGH GRUR 1985, 1053 – *ROAL*, oben Rdn. 59) gegenüber der früheren Handhabung wesentlich verändert hat. Die folgende Aufstellung beschränkt sich daher auf Entscheidungen, die frühestens

Absolute Schutzhindernisse **§ 8**

1980 veröffentlich wurden. Nicht aufgenommen sind Entscheidungen, die sich mit Eintragungshindernissen befassen, die unter dem MarkenG nicht mehr gelten, insbesondere Zahlen, Buchstaben, Farben und dreidimensionale Formen. Entscheidungen, die in der obigen Kommentierung bereits im jeweiligen Sachzusammenhang aufgeführt sind, werden hier nur ausnahmsweise wiederholt. Die Entscheidungen behandeln häufig mehrere Eintragungshindernisse, insbesondere in der Regel sowohl die Unterscheidungskraft als auch das Freihaltebedürfnis. Schon wegen der Wechselwirkung läßt sich hier eine klare Trennung nicht vollziehen. Vor allem meist ältere Entscheidungen des BPatG finden sich in besonderer Vollständigkeit in (Mitt.). Sie werden deshalb im folgenden überwiegend nach dieser Zeitschrift zitiert. Im übrigen wird auf das Fundstellenverzeichnis im Anhang verwiesen.

2. Schutzfähigkeit bejaht

Beschl. v. 16. April 1997, 26 W (pat) 70/96 – *Goldener Zimt*: für **95** Spirituosen hinreichend phantasievoll; Beschl. v. 14. Mai 1997, 29 W (pat) 11/96 – *JURIS LIBRI*; als Wortfolge toter Sprache nur freihaltebedürftig, wenn Ausdrücke aus dieser Sprache für konkrete Waren zur Bildung neuer Fachausdrücke verwendet werden; Beschl. vom 21. April 1997, 30 W (pat) 2/94 – *Simply Red*: eintragbar, wenn Farbe für die Ware keine über die bloße Optik hinausgehende Bedeutung hat; GRUR 1997, 639 – *FERRO BRAUSE*: unterscheidungskräftige Umbildung, obwohl Sinngehalt entnommen werden kann; GRUR 1997, 280 – *INTERSHOP*: schutzfähig, da „inter" nicht mit „international" gleichzusetzen; CR 1997, 602 – *SMART STORE*: für Unternehmensberatung; GRUR 1997, 53 – *Chinesische Schriftzeichen*: heute unterscheidungskräftig; GRUR 1996, 980 – *Berliner Allgemeine*: für Zeitung schutzfähig; Mitt. 1997, 197 – *Treppenmeister*: für vorgefertigte Treppen eintragbar, da lexikalisch nicht nachweisbar und nicht eindeutig. Mitt. 1997, 71 – *UHQ II*: Buchstabenkombination nicht freihaltebedürftig unter anderem für foto- und phonografische Geräte; Mitt. 1997, 96 – *TOP STEEL* nicht freihaltebedürftig und unterscheidungskräftig für stahlverstärkte Autoreifen als Wortneubildung; GRUR 1997, 97 – *TAX FREE* mit grafischer Gestaltung insgesamt eintragbar trotz Freihaltebedürfnis am Wortbestandteil; Mitt. 1997, 98: JUMBOMOBIL eintragbar unter anderem für Fördertechnikgeräte, da phantasievolles Wortgebilde ohne eindeutigen Sinngehalt; Mitt. 1997, 167 – *Du darfst* hinreichend unterscheidungskräftig und schutzfähig u.a. für Halbfettmargarine; Mitt. 1996, 215 – *MOD'elle* für Textilien eintragbar, da allenfalls Freihaltebedürfnis der ausländischen Verkehrskreise; Mitt. 1996, 217 – *MASTER* eintragungsfähig u.a. für Schlösser, da in Alleinstellung im Englischen nicht beschreibend; Mitt. 1994, 165 – *eurAuPair* als sprachunüblich Neubildung für Ausbildungsförderung eintragbar; Mitt. 1994, 214 – *JOY* wegen des (allerdings wesentlich kleineren) schutzfähigen Hinweises „of Leonardo" eintragbar u.a. für Haushaltswaren; Mitt. 1994, 215 – *I-STAT* als Gesamtbegriff nicht freihaltebedürftig u.a. für medizinischen Diagnoseinstrumente; Mitt. 1994, 139 – *MISTER X* eintragbar, da keine konkrete Aussage im Hinblick auf angemeldete Waren (Spiele); Mitt. 1994, 217 – *MULTISTADA* für Beschichtungsmaschinen keine konkrete beschreibende Angabe; Mitt. 1993, 367 – *Wort-Bild-Zeichen „extreme"* mit Abbildung eines Freikletterers auch für Bergsportbekleidung nicht freihaltebedürftig, obwohl Kombinationen schutzunfähiger Bestandteile; Mitt. 1993, 349 – *Jackson* nicht freihaltebedürftig für Musikinstrumente, da Bedeutung als Familienname gegenüber Ortsnamen im Vordergrund steht; GRUR 1993, 351 – *JUTLANDIA* für Käse eintragungsfähig, da Verfremdung durch spanische Schreibweise; Mitt. 1992, 320 – *Bierglas haltende Hand*: Bild-Zeichen in stark stilisierter Form unterscheidungskräftig und nicht freihaltebedürftig für Bier; Mitt. 1992, 321 – *mono* in Alleinstellung u.a. für Schreibwaren eintragbar, da nur als Vorsilbe gebräuchlich; Mitt. 1992, 250: *Newtec* für Maschinen als sprachliche Neuschöpfung unklaren Begriffsgehalt eintragbar; Mitt. 1992, 213 – *FLEUR charme* als Kombinationszeichen für Kosmetik eintragbar trotz Freihaltebedürfnis an Bestandteilen; Mitt. 1991, 80 – *BATIDA* schutzfähig für Mineralwässer, aber freihaltebedürftig für Spirituosen; Mitt. 1992, 78 – *Drachenblut* als volkstümlicher Name nicht freihaltebedürftig für Wein; Mitt. 1992, 83 – *NATUA* als vom Verkehr bemerkte Abwandlung von „Natur" u.a. für Waschmittel eintragbar; Mitt. 1991, 165 – *Pro* in Alleinstellung ungewöhnlich, daher eintragbar zB für Papier; Mitt. 1991, 98 – *Santiago* in Alleinstellung nicht freihaltebedürftig u.a. für mexikanische Nahrungsmittel; Mitt. 1990, 22 – *Sensostick* für Spielwaren eintragbar, da hinreichende Abwandlung von „Sensorstick"; Mitt. 1990, 23 – *CELA* für chemische Erzeugnisse eintragbar, da nur allgemeine Werbeaussage ohne unmittelbaren Sachbezug; Mitt. 1990, 38 – *BETASEAL* hinreichend abgewandelt gegenüber „better seal" und eintragsfähig für Dichtungsmassen usw.; Mitt. 1990, 66 – *Wärmetriebwerk* als technisch sinnlose Bezeichnung für Ölbrenner

Absolute Schutzhindernisse § 8

eintragbar; Mitt. 1990, 103: *ROCKPAN* für feuerhemmende Produkte eintragbar, da Übersetzung keinen unmittelbaren Warenbezug erkennen läßt; Mitt. 1990, 103 – einfaches Bildzeichen mit nicht eindeutigem Inhalt nicht freihaltebedürftig; Mitt. 1990, 104 – *International Flagship-Service* für Reisedienstleistungen eintragbar, da kein eindeutiger Bedeutungsgehalt; Mitt. 1990, 121 – *TINY* als mehrdeutiges Zeichen für Zigarretten schutzfähig, da Hauptbedeutung als Vorname überwiegt; Mitt. 1990, 122 – *SERIEFORM* sprachregelwidrig und ohne klaren Begriffsinhalt, deshalb für Kunststoffolien eintragbar; Mitt. 1990, 156 – *magton* für Bild- und Tonempfangsgeräte sprachregelwidriger Gesamtbegriff; Mitt. 1990, 173 – *Conductor* für Computerprogramme nicht freihaltebedürftig; Mitt. 1990, 175 – *OXYDIVE* für Taucherausrüstung usw. sprachunüblich und hinreichend abgewandelt; Mitt. 1990, 177 – *LIDO* u. a. für Duschkabinen nicht freihaltebedürftig; Mitt. 1990, 193 – *LA AMISTAD* (span. „Die Freundschaft") nicht freihaltebedürftig, da keine unmittelbare Verbindung zu den Waren (Zigaretten); Mitt. 1990, 194 – *SNUGGELDOWN* für Möbel und Bettzeug nicht unmittelbar beschreibend und für inländische Verkehrskreise überwiegend nicht verständliche Werbeangabe; Mitt. 1990, 195 – *Receiver* für Abwasserrohre als Verkürzung nicht freihaltebedürftig; Mitt. 1990, 235 – *Dentacontrol* für elektrische Geräte zur Förderung der Oralhygiene als unklare Wortverbindung eintragbar; Mitt. 1989, 119 – *Aaloha* nicht beschreibend für u. a. Reisedienstleistungen; Mitt. 1989, 35 – *Pago* für Umweltschutzprodukte eintragbar, da Bedürfnisse nur der ausländischen Werbesprache im Inland nicht schutzhindernd sind; Mitt. 1989, 36 – *Micro-Aire* für Luftleitungsteile wegen unklarem Sinngehalt eintragbar; Mitt. 1989, 153 – *DOTTI* für Puppen eintragbar, da englische Bedeutung inländischem Verkehr nicht geläufig; Mitt. 1989, 154 – *adriatic* für Haushaltsschuhe aus Naturgummi eintragbar, da Assoziation zu Adria fernliegend; Mitt. 1989, 240 – *BiC* hinreichende Abwandlung von „big"; Mitt. 1989, 241 – *Westward* für Computer als bloße Richtungsangabe kein Hinweis auf geographische Herkunft; Mitt. 1989, 242: deshalb auch *Windward* eintragbar für Bekleidungsstücke; Mitt. 1989, 242 – *Snakers* wegen Veränderung des Sinngehalts hinreichende Abwandlung von „Sneakers"; Mitt. 1988, 19 – *Hydrojoint* für Abdichtungsmasse, da unklarer Bedeutungsgehalt; Mitt. 1988, 30 – *DEAD-LINE* nicht freihaltebedürftig für Schneckenköder; Mitt. 1988, 31 – *Alpharma* eintragbar für pharmazeutische und chemische Erzeugnisse; Mitt. 1988, 33 – *Mikropor* wegen sprachregelwidriger Wortform für Desinfektionsmittel;

Mitt. 1988, 34 – *SOFT MATE* für Kontaktlinsenreiniger eigenartig; Mitt. 1988, 35 – *belair* für Luftverbesserungsmittel wegen unklarem Bedeutungsgehalt; Mitt. 1988, 50 – *SERAPHARM* für Pharmazeutika phantasievoller Gesamtbegriff; Mitt. 1988, 53 – *Virugard* ungewöhnliche Neuschöpfung für Pharmazeutika; Mitt. 1988, 54 – *Biozon* ungewöhnlich Wortneuschöpfung für medizintechnische Geräte; Mitt. 1988, 55 – *adato* kein Hinweis auf „adatto" (ital. = passend); Mitt. 1988, 113 – *Minimag* verschwommene Angabe; Mitt. 1988, 113 – *TAPA* für chemische Verschlußmassen nicht freihaltebedürftig, zumal auch in Spanien registriert; Mitt. 1988, 176 – *Karex* da in Alleinstellung kein Freihaltebedürfnis für Pharmazeutika eintragbar; Mitt. 1988, 217 – *FOOTVAX* für Impfstoff gegen Fußkrankheiten bei Schafen; Mitt. 1988, 234 – *Zinnia* für Kosmetika, da kein konkretes Freihaltbedürfnis hinsichtlich der Pflanzen; BPatGE 27, 219 – *Augusta* für nicht alkoholische Getränke eintragbar, da kein aktuelles Freihaltebedürfnis bezüglich sizilianischer Kleinstadt; Mitt. 1987, 78 – *SELA* trotz südamerikanischem Staatenbund gleichen Namens eintragbar für Maschinen; Mitt. 1987, 94 – *Zoom away* für insektenvertreibende Mittel; Mitt. 1987, 114 – *Blaze Master* u. a. für Feuerlöschmittel da nicht eindeutige Bedeutung und Voreintragungen im englischprachigen Ausland; Mitt. 1987, 157 – *Compina* für Falttüren keine ohne weiteres erkennbare Abwandlung von „to combine"; Mitt. 1987, 220 – *Swensor* hinreichend verändert gegenüber „Sensor"; Mitt. 1987, 221 – „*Arthrodest*" hinreichend abgewandelt gegenüber „Arthrose"; Mitt. 1986, 75 – *Starfrost* auch für gefrostete Lebensmittel als Wortneuschöpfung; Mitt. 1986, 196 – *TAMBOURETTE* für Waschmaschinen; BPatG Mitt. 1986, 235 – *Connoisseur* schutzfähig für Warenautomaten, auf die aus den Automaten verkauften Waren kommt es nicht an; Mitt. 1985, 35 – *Tough-Man* für Erfrischungsgetränke, zumal in Großbritannien eingetragen; Mitt. 1985, 56 – *Bilax* als sprechendes Zeichen für Arzneimittel; Mitt. 1985, 72 – *Split Set* eintragbar für Felsanker, zumal in USA voreingetragen; Mitt. 1985, 73 – *BUBI* für Lebensmittel wegen mehrfacher Deutungsmöglichkeit eintragbar; Mitt. 1985, 156 – *Altura* (ital. und span.) für „Anhöhe" für Wein eintragbar; Mitt. 1984, 57 – *Schlemmerfrost* für tiefgefrorene Lebensmittel wegen ungewöhnlicher Wortneubildung; Mitt. 84, 76 *Staufen Gold* kein Hinweis auf Ortsnamen Staufen, sondern auf Berg bzw. Fürstengeschlecht, daher nicht freihaltebedürftig; Mitt. 84, 195 – *DESIGNA* für Textilmatten unterscheidungskräftig, da klanglicher Unterschied zu „Designer"; Mitt. 1984, 235 – *Fire-X glassbord* für faserverstärkte Kunststoffplatten;

Absolute Schutzhindernisse **§ 8**

Mitt. 1983, 35 – *Demoarchiv* u. a. für Projektoren, Ton- und Bildträger nicht sprachüblich beschreibend; Mitt. 1983, 115 – *LEGALITER* als weitgehend ungebräuchlicher lateinischer Ausdruck für Besorgung von Rechtsangelegenheiten nicht beschreibend; Mitt. 1983, 116 – *DENTAJET* schutzfähig für elektrische Mundpflegegeräte; Mitt. 1983, 237 – *EGG Mc MUFFIN* für bestimmte Lebensmittel, da in USA voreingetragen; Mitt. 1983, 238 – *TECHNOLAW* für Dienstleistungen des Patentanwaltes sprachregelwidrig; Mitt. 1982, 97 – *Baecker* fehlt auch als Allerweltsnamen nicht Unterscheidungskraft; Mitt. 1982, 98: Wort-Bild-Zeichen *Silver Horse* jedenfalls aufgrund des Bildbestandteils unterscheidungskräftig; Mitt. 1982, 193 – *Vapo* für Bügeleisen; Mitt. 1982, 194 – *Pehaplast* für Handschuhe für medizinische Zwecke in der Gesamtheit phantasievoll.

3. Schutzfähigkeit verneint

Beschl. v. 12. März 1997, 32 W (pat) 105/96 – *Ahornblatt*: Form **96** eines Ahornblattes für Extrudergebäck nicht unterscheidungskräftig, da der Verkehr an die Verwendung unterschiedlichster Formen gewöhnt ist; Beschl. v. 14. Mai 1997, 29 W (pat) 194/96 – *Bücher für eine bessere (bzw. humanere) Welt*: für Druckwerke und Tonträger inhaltsbeschreibend; Beschl. v. 7. Mai 1997, 29 W (pat) 122/96 – *Klassentreffen*: als inhaltsbeschreibender Werktitel für Dienstleistung Fernsehsendung freihaltebedürftig; Beschl. v. 7. Mai 1997, 29 W (pat) 120/96 – *Freunde für's Leben*: aus gleichem Grund freihaltebedürftig; Beschl. v. 18. April 1997, 33 W (pat) 180/96 – „*L*": entbehrt als Einzelbuchstabe in üblicher Schreibweise u. a. für Waren aus Leder jeglicher Unterscheidungskraft; GRUR 1997, 640 – *ASTHMA-BRAUSE*: sprachübliche Zusammensetzung; GRUR 1997, 643 – *YES*: allgemeinverständlicher, anpreisender Werbehinweis für Tabakwaren; GRUR 1997, 643 – *SOMETHING SPECIAL IN THE AIR*: schutzunfähiger Werbeslogan; BPatGE 37, 44 – *VHS*: schutzunfähig trotz früher ausschließlichen Gebrauchs durch Patentinhaber; GRUR 1997, 644 – *PARTNER WITH THE BEST*: schutzunfähiger Werbeslogan; GRUR 1997, 530 – *Rohrreiniger*: naheliegende bildliche Wiedergabe nicht unterscheidungskräftig; GRUR 1997, 467 – *ULTIMATE*: bereits im Inland als Superlativbezeichnung benutztes englisches Wort, nicht unterscheidungskräftig sowie freihaltebedürftig; Mitt. 1997, 224 – *Gourmet*: für Druckerzeugnisse beschreibend, da Hinweis auf Inhalt möglich; CR 1997, 602 – *SMART*: für Software gebräuchlich;

GRUR 1997, 282 – *Radio von hier, Radio wie wir*: schutzunfähiger Werbeslogan; BPatGE 36, dürftig; Mitt. 1996, 284 – Farbkombination gelb/schwarz ohne grafische Begrenzung nicht markenfähig im Sinne von § 3; Mitt. 1996, 205 – *Trio* u. a. für Geräte zum Herstellen von pharmazeutischen Produkten nicht eintragungsfähig, da als Zahlwort für den Warenbereich beschreibend; Mitt. 1995, 288 – *selectiv control system* für Skibindungen nicht unterscheidungskräftig; Mitt. 1995, 353 – *Bonus* für Pflanzenschutzmittel als Werbeangabe nach Nr. 3 von der Eintragung ausgeschlossen; Mitt. 1994, 162 – *Cyclophamid* wegen zu großer Nähe zu INN „Cyclophosmid" nicht unterscheidungskräftig; Mitt. 1994, 216 – *MADE IN PARADISE* als üblicher Werbeslogan freihaltebedürftig und nicht unterscheidungskräftig; Mitt. 1994, 245 – *Schweißring* beschreibend als Hinweis auf Unternehmenszusammenschluß auf dem Gebiet der Schweißtechnik; Mitt. 1994, 20 – *Computer Associates* Bestimmungsangabe für Software; Mitt. 93, 369 – *COTTON CLUB* auch als Zusammensetzung für Textilien nicht unterscheidungskräftig; Mitt. 1991, 80 – *BATIDA* für Spirituosen freihaltebedürftig, aber nicht für Mineralwässer; Mitt. 1991, 101: Wort-Bild-Zeichen *Select mit Wappen* für Zigarretten in der konkreten Gestaltung nicht unterscheidungskräftig; Mitt. 1990, 36 – *Spectacle* für Bekleidungsstücke als schlagwortartige Anpreisung freihaltebedürftig; Mitt. 1989, 94 – *Digiphone* für Geräte der Kommunikationstechnik beschreibend; Mitt. 1989, 97 – *BUSINESS WEEK* für Wirtschaftsmagazin beschreibend; Mitt. 1989, 217 – *VARIÉTÉ* als Angabe zur Vielfalt des Angebots; Mitt. 1989, 217 – *Provocation* für Bekleidungsstücke eigenschaftsbeschreibend; Mitt. 1988, 17 – *Landfrost* zwar Phantasiewort, aber beschreibend für tiefgekühlte Lebensmittel; Mitt. 1988, 51 – *DUOFILM* beschreibend für Warzenentfernungsmittel; Mitt. 1988, 92 – *WELLCARE* für Insektizide freihaltebedürftig, da Abwandlung von „well-care"; Mitt. 1988, 236 – *TRAIL BLAZER* für elektrische und elektronische Geräte als werbemäßige Beschaffenheitsangabe; Mitt. 1987, 33 – *Mozart-Stäbchen* für Schokolade Gattungsbezeichnung; Mitt. 1987, 55 – *PaperStar* als sachbezogene Angabe für Papier nicht eintragbar; Mitt. 1987, 78 – *ARS ELECTRONICA* beschreibende Angabe u. a. für Radiosendungen; Mitt. 1987, 77 – *Compucolor* für lichtempfindliche Papiere als naheliegende Abkürzung; Mitt. 1987, 241 – *Leben mit Tradition* u. a. für Buchführung und Marketing als übliche Werbeaussage nicht eintragbar; Mitt. 1986, 111 – *Fläkt* als beschreibende Angabe der schwedischen Sprache (offengelassen, ob Freihaltebedürfnis im Inland); Mitt. 1986, 112 – Abbildung eines Kerzen-

Absolute Schutzhindernisse § 8

filterabschlusses nicht unterscheidungskräftig, wenn Form des abgebildeten Gerätebestandteils allein durch technischen Zweck der Ware bedingt ist; Mitt. 1986, 113 – *Exceed* u. a. für Schreibwaren als warenbeschreibende Angabe freizuhalten; Mitt. 1986, 175 – *CA-SCHEDULER* trotz ausländischer Eintragung freihaltebedürftig für Computer-Software; BPatG E 26, 176 – *Vario* für Bodenverdichtungsgeräte mit variabel einstellbarer Frequenz nicht unterscheidungskräftig; Mitt. 1985, 57 – *Biopress* als bloße Angabe technisch funktioneller Eigenschaften für Müll- und Abfallpressen; Mitt. 1985, 118 – *PREGO* für Tomatensauce für Teigwarengerichte als allgemeine Aufforderung und Anpreisung nicht unterscheidungskräftig; Mitt. 1985, 115 – *Mozart* für Schokolade beschreibende Angabe (Rezeptur); Mitt. 1985, 155 – *After Eight* Bestimmungsangabe für Spirituosen; Mitt. 1985, 171 – *Finger* für Schokolade und Biskuits rein beschreibend; Mitt. 1984, 118 – *De trend* für Taschen usw. benutzunfähig, Bildbestandteil nicht hinreichend originell; Mitt. 1984, 234 – *van Linnen Primeur* wegen Freihaltebedürfnis jedes Einzelbestandteil schutzunfähig (heute überholt); BPatGE 24, 64 – *Pfeffer & Salz* für Bewirtung von Gästen nicht eintragbar, da Wörter bei Erbringung der Dienstleistung benötigt werden; Mitt. 1982, 18 *all* u. a. für Bekleidungsstücke als werbeübliche Eigenschaftsbezeichnung freihaltebedürftig; Mitt. 1982, 35 – *Kapitalsparbuch* für Bankdienstleistungen nicht unterscheidungskräftig; Mitt. 1982, 58 – *all sport* nicht unterscheidungskräftig für Textilien; Mitt. 1982, 178 – *Quelle* als Hinweis auf „günstige Bezugsquelle" nicht unterscheidungskräftig; Mitt. 1982, 215 – *Goldweizen Toast* für Brot nicht unterscheidungskräftig; Mitt. 81, 197 – *Interquartz* für elektrotechnische und elektronische Geräte nicht unterscheidungskräftig; Mitt. 1980, 56 – *Inter* auch in Alleinstellung nicht unterscheidungskräftig; GRUR 1980, 92 – *Contour* als Hinweis auf schöne Gestaltung freihaltebedürftig;

IX. Täuschende Zeichen (§ 8 Abs. 2 Nr. 4)

1. Allgemeines

Marken können irreführen, zB über die betriebliche oder geographische Herkunft eines Produktes, über Eigenschaften des Produktes oder des Herstellbetriebes. Obwohl die Marke in erster Linie die Funktion eines Herkunftshinweises hat, entnimmt der Verkehr auch markenmäßig verwendeten Angaben Informationen über solche weiteren Umstände. Die Verwendung einer eintragenen Marke in einer Weise, die Irreführungen des Verkehrs hervorrufen kann, ist deshalb nach den allgemeinen Regeln von § 3 UWG zu beurteilen. Daß die Marke eingetragen wurde, spielt bei der wettbewerbsrechtlichen Beurteilung keine Rolle und ist insbesondere kein Indiz dafür, daß die Marke im konkreten Fall nicht täuschend benutzt wird (st.Rspr., zB BGH GRUR 1955, 251 – *Silberal*; BGH GRUR 1984, 737, 738 – *Ziegelfertigstütze*). Wie immer bei § 3 UWG ist allerdings an den konkreten Umständen des Einzelfalles zu prüfen, wie die Irreführung hervorgerufen wird, zB ob sie nur bei einer bestimmten Benutzungsform, durch das Fehlen bestimmter Hinweise, nur im Hinblick auf bestimmte Waren usw. vorliegt (zB BGH GRUR 1981, 657 – *Schlangenzeichen*). Der Irreführungsschutz von § 8 Abs. 2 Nr. 4 ist demgegenüber vorgelagert. Schon beim Eintragungsverfahren soll aufgrund dieses Schutzhindernisses verhindert werden, daß Marken, deren Täuschungseignung bereits jetzt ersichtlich (unten Rdn. 99) ist, eingetragen werden. Obwohl das DPA dabei auf Regeln des UWG zurückgreifen kann, etwa hinsichtlich des Maßstabs der Irreführung (dazu unten Rdn. 98), unterscheidet sich die Prüfung doch hinsichtlich des Prüfungsgegenstandes entscheidend, da im Eintragungsverfahren nur das Zeichen im Hinblick auf das Warenverzeichnis und den Anmelder, nicht aber im Hinblick auf konkrete Verwendungsformen, Produkteigenschaften usw. geprüft werden kann.

2. Prüfungsmaßstab im Eintragungsverfahren

98 **a) Summarische Prüfung.** Das DPA ist im Eintragungsverfahren nur zu einer kursorischen Prüfung in der Lage (BPatG GRUR 1996, 885, 886 – *Schloß Wachenheim*). Für schwierige und umfangreiche Nachforschungen oder Beweiserhebungen ist kein Raum (BGHZ 53, 339, 342 – *Euro-Spirituosen*; BPatG GRUR 1992, 516, 517 – *EGGER Natur-Bräu*). Schon aus diesem Grund können DPA und BPatG – anders als das ordentliche Gericht im Wettbewerbsprozeß – nicht im einzelnen überprüfen, ob Waren des Verzeichnisses technisch tatsächlich in einer bestimmten Weise hergestellt werden können (BPatG GRUR 1992, 516, 517 – *EGGER Natur-Bräu*), ob ihnen bestimmte ernährungsphysiologische Eigenschaften zukommen (BPatGE 30, 97, 99 – *Leichte Linie*) usw. Im Eintragungsverfahren müssen die tatsächlichen Grundlagen, die eine Täuschungseignung begründen sollen, also offen zutage treten und nicht erst aufgrund von Gutachten oder schwierigen Nachforschungen belegbar sein.

Absolute Schutzhindernisse §8

b) Ersichtlich zur Täuschung geeignet. Das angemeldete 99
Zeichen muß „ersichtlich" zur Täuschung geeignet sein, wenn das
Eintragungshindernis vorliegen soll (§ 37 Abs. 3). Diese Ersichtlichkeit ist nur dann gegeben, wenn im Hinblick auf die konkreten
Waren und Dienstleistungen des Verzeichnisses sowie auf den Anmelder keine Benutzungsform denkbar ist, in der das Zeichen ohne
Täuschung verwendet werden könnte (BPatG GRUR 1989, 593 –
Molino). Diese zentrale Regel ist in mehrfacher Hinsicht zu konkretisieren. Zunächst ist klarzustellen, daß das Zeichen als solches,
nicht eine bestimmte Art der Verwendung (zB im Zusammenhang
mit weiteren Elementen usw.) irreführend sein muß (BGH GRUR
1994, 120, 121 – *EUROCONSULT*). Sodann ist der konkrete Bedeutungsinhalt des Zeichens nach dem maßgebenden Verständnis
des Verkehrs (unten Rdn. 101) zu bestimmen und in Beziehung zu
den Waren und Dienstleistungen des Verzeichnisses zu setzen. Sind
im Verzeichnis Waren oder Dienstleistungen enthalten, für die der
Begriff nicht irreführen würde, kann dem Zeichen die Eintragung
nicht versagt werden (BPatG GRUR 1989, 593 – *Molino*; BPatG
GRUR 1991, 145 f. – *Mascasano*). Enthält das Zeichen Angaben,
die sich auf den Anmelder bzw. Inhaber beziehen, ist wiederum zu
prüfen, ob gerade im Hinblick auf dieses Unternehmen die Angaben zutreffend sind (BPatG GRUR 1995, 411 – *SEIT 1895*).
Handelt es sich um eine Angabe, die unabhängig von der Art des
Produktes oder der Dienstleistung nur entweder richtig oder falsch
sein kann (zB unternehmensbezogene Angaben), kann das BPatG
aufgrund der ihm vorliegenden Information die Täuschungseignung bejahen, zB wenn das Unternehmen keine nachvollziehbaren
Angaben zu seinem Gründungsdatum macht (BPatG GRUR 1995,
411 – *SEIT 1895*).

3. Verhältnis zum Löschungsverfahren

Nach § 49 Abs. 2 Nr. 2 kann eine Marke dann gelöscht werden, 100
wenn sie „in Folge ihrer Benutzung durch den Inhaber oder mit
seiner Zustimmung" für die eingetragenen Waren oder Dienstleistungen zu Täuschungen führen kann. Zu diesem späteren Zeitpunkt wird also auf die konkrete Benutzung des Zeichens für die
Waren oder Dienstleistungen abgestellt. Damit ist es denkbar, daß
ein Zeichen, das nach den genannten Grundsätzen (oben Rdn. 98 f.)
einzutragen war, zu einem späteren Zeitpunkt wieder gelöscht
werden kann, wenn eine irreführende Benutzung festgestellt wird.
Dabei kann im Löschungsverfahren der gleiche Maßstab angelegt

werden, wie im Zusammenhang mit § 3 UWG (§ 49 Rdn. 38). Demgegenüber ist im Eintragungsverfahren grundsätzlich keine Prüfung der Eigenschaften der Waren oder Dienstleistungen möglich, die vielfach ohnehin noch nicht unter der Kennzeichnung angeboten werden. Selbst wenn dies der Fall sein sollte, findet eine derartige Prüfung nicht statt (BPatGE 22, 240 – *Finest*).

4. Maßgebliche Verkehrskreise

101 Welches Verständnis des Zeichens zugrunde zu legen ist, richtet sich wiederum nach den Verkehrskreisen, für die die Waren und Dienstleistungen des Verzeichnisses bestimmt sind, wobei allerdings – entsprechend den zu § 3 UWG entwickelten Grundsätzen – bereits ein relativ geringer Irreführungsgrad ausreichen kann (relevant jedenfalls größere Anteile als 10%: BPatG GRUR 1996, 885 – *Schloß Wachenheim*). Wie auch sonst bei irreführenden Angaben ist es grundsätzlich denkbar, daß die Angabe zwar richtig ist, aber vom Verkehr falsch verstanden wird (BPatGE 2, 215). Im Hinblick darauf, daß es ausreichend ist, wenn überhaupt Waren oder Dienstleistungen unter das Verzeichnis subsumierbar sind, für die die Angabe nicht irreführend ist (oben Rdn. 99) ist das allerdings eine eher theoretische Möglichkeit. Mehrteilige Zeichen, zB Flaschenetiketten mit einem Phantasienamen, einem Bildelement und einem Sachhinweis sind in ihrer Gesamtheit zu beurteilen. Ob ein kleingeschriebener Hinweis klarstellend wirken kann, ist Frage des Einzelfalles (BGH GRUR 1975, 658, 660 – *Sonnenhof*, zu § 3 UWG). Denkbar ist aber auch, daß bei offensichtlichen Widersprüchen zwischen Phantasiewort und unauffälligem Sachhinweis gerade dieser Widerspruch die Ersichtlichkeit der Täuschungseignung begründet (BPatG Bl. 1995, 197, 198 – *Klosterpforte*).

5. Bedeutung des Verzeichnisses der Waren und Dienstleistungen

102 Das Verzeichnis der Waren und Dienstleistungen ist für die Irreführungseignung zwar insoweit von Bedeutung, als für die Eintragbarkeit Waren oder Dienstleistungen darin enthalten sein müssen, für die die Marke nicht täuschend ist (oben Rdn. 99). Umgekehrt kann das Warenverzeichnis selbst aber die Täuschungseignung nicht begründen, täuschend kann immer nur das Zeichen sein (BPatG GRUR 1992, 516, 517 – *EGGER Natur-Bräu*). Deshalb kommt auch einer entsprechenden Angabe im Warenverzeichnis (zB „naturreine" Lebensmittel) keine Bedeutung zu.

Umfaßt das Warenverzeichnis auch Waren oder Dienstleistungen, für die die Verwendung des Zeichens nicht täuschend wäre, kann das DPA trotzdem keine Einschränkung des Verzeichnisses fordern (BPatG GRUR 1989, 593, 594 – *Molino*; BPatG Mitt. 1982, 99 – *Silver Horse*). Beschränkende Vermerke sind im Warenverzeichnis nicht anzubringen. Zwar war die ältere Rechtsprechung davon ausgegangen, daß fremdsprachige Zeichen – aufgrund ihrer damals angenommenen mittelbaren Herkunftshinweisfunktion (dazu unten Rdn. 107) mit einem Import- bzw. Exportvermerk zu versehen wären, so daß Inlandswaren in dieser Weise nicht hätten gekennzeichnet werden können (dazu noch *Fezer* Rdn. 319), doch können solche Vermerke ebenso wenig gefordert werden, wie Einschränkungen des Warenverzeichnisses allgemein (BPatG GRUR 1989, 593, 594 – *Molino*).

6. Irreführungsverbote in sonstigen Vorschriften

Verbote irreführender Kennzeichnungen finden sich auch in Spezialgesetzen, zB im Lebensmittelrecht (§ 17 Abs. 1 Nr. 5 LMBG), im Weinrecht (§ 25 Abs. 3 WeinG) und in bilateralen Herkunftsabkommen (dazu zB BPatG GRUR 1991, 145 – *Mascasano*). Das DPA prüft einen Verstoß gegen diese Vorschriften aber nur kursorisch (BPatG GRUR 1992, 516, 517 – *EGGER Naturbräu*; oben Rdn. 98). Da § 8 Abs. 2 Nr. 4 ohnehin ein allgemeines Irreführungsverbot enthält, sind diese Vorschriften, die darüber hinaus im Rahmen von § 8 Abs. 2 Nr. 9 beachtlich sein können, im Grundsatz nur dann von Bedeutung, wenn sie weitergehende Irreführungsverbote als § 8 Abs. 2 Nr. 1 enthalten (BPatG GRUR 1989, 593, 595 – *Molino*). Das wird regelmäßig nicht der Fall sein.

7. Fallgruppen

a) Allgemeines. Ebenso wie bei den anderen absoluten Eintragungshindernissen des § 8 Abs. 2 ist auch beim Irreführungsverbot des § 8 Abs. 2 Nr. 4 die ältere Rechtsprechung nur mit großer Vorsicht anzuwenden. Zum einen ist die Kasuistik aus der Zeit vor dem *Molino*-Urteil des BPatG (GRUR 1989, 593) nur mit großer Vorsicht anwendbar. Insbesondere bei Fällen, die die Irreführung offenkundig im Hinblick nur auf bestimmte Waren eines umfassenderen Verzeichnisses angenommen haben, müßte die Entscheidung heute anders ausfallen. Daneben ist zu berücksichtigen, daß insbesondere im Hinblick auf mittelbare Angaben der Verkehr heute kritischer geworden ist. So sind ihm aufgrund geänderter Werbegepflogenheiten zahlreiche fremdsprachige Marke für inländische Waren oder Dienstleistungen bekannt, außerdem unterscheidet er klarer zwischen Sachangaben und ihren erkennbaren Abwandlungen. Die im folgenden aufgeführten Entscheidungen können somit nur beispielhaften Charakter haben.

105   b) **Beschaffenheitsangaben.** Beschaffenheitsangaben als solche sind zwar bereits nach § 8 Abs. 2 Nr. 2 und 3 von der Eintragung ausgeschlossen. Nr. 4 hat Bedeutung für den Fall, daß es sich nur um einen Teil eines mehrteiligen Zeichens handelt, das aufgrund anderer Bestandteile nicht als rein beschreibend im Sinne von Nr. 2 anzusehen ist. Hinsichtlich dieser Beschaffenheitsangaben ist zunächst zu fragen, in welcher Richtung sie der Verkehr versteht, etwa als Alleinstellungs- oder lediglich als Spitzengruppenwerbung (BPatGE 22, 240 – *Finest*). Erkennt er eine Sachangabe, zB einen Hinweis auf Diätwirkung (BPatG Mitt. 1990, 222 – *Leichte Linie*), ist nach den Grundsätzen der Ersichtlichkeits-Rechtsprechung zu prüfen, ob es Waren oder Dienstleistungen gibt, für die die Angabe zutreffend sein kann. Ist das Warenverzeichnis eindeutig auf bestimmte Waren beschränkt, für die eine entsprechende Beschaffenheit oder Wirkung ausscheidet, ist das Zeichen von der Eintragung ausgeschlossen, zB wenn das Warenverzeichnis nur Verbandsmaterial umfaßt, aber eine medikamentöse Wirkung auf Organe suggeriert wird (BPatG Mitt. 1993, 58 – *Kardiakon*). Eine Irreführung kommt vor allem dann in Betracht, wenn es sich um eine Angabe handelt, die auf das Unternehmen, nicht die Waren oder Dienstleistungen bezogen ist und als solches für alle denkbaren Waren nur falsch oder richtig sein kann, zB eine Alte•sangabe (BPatG GRUR 1995, 411 – *SEIT 1895*).

c) Geographische Herkunft

106   **aa) Allgemeines.** Erkennt der Verkehr in dem Zeichen eine geographische Herkunftsangabe, liegt in der Regel ein Eintragungshindernis nach § 8 Abs. 2 Nr. 2 vor. Wenn denkbar ist, daß auf diese Weise Waren bezeichnet werden, die aus dem jeweiligen geographischen Gebiet stammen, kann nach den Grundsätzen der *Molino*-Rechtsprechung eine ersichtliche Täuschungseignung nicht bejaht werden. Denkbar ist aber, daß die Verwendung des Zeichens für Waren oder Dienstleistungen, die aus einem anderen geographischen Gebiet stammen, irreführend ist und die Löschungsklage begründen kann (§ 49 Rdn. 33 ff.).

Absolute Schutzhindernisse **§ 8**

bb) Formen geographischer Herkunftsangaben. Die geographische Herkunftsangabe kann unmittelbar in der Marke vorliegen, wird aber – wegen des Eintragungshindernisse von § 8 Abs. 2 Nr. 2 – häufiger nur in abgewandelter Form vorliegen, insbesondere als mittelbare Herkunftsangabe. Darunter sind alle Angaben zu verstehen, die eine Herkunft aus einem bestimmten Gebiet nur assoziieren, ohne dieses Gebiet direkt zu benennen. Das kann theoretisch schon durch eine fremdsprachige Kennzeichnung erfolgen (grundsätzlich bei Wein für möglich gehalten von BPatG GRUR 1989, 593, 594 – *Molino*; nach Warengruppen differenzierend auch BGH GRUR 1973, 361 – *SanRemo*). Hinsichtlich der meisten Produkte kann das aber heute nicht mehr angenommen werden (schon BGH GRUR 1976, 587 – *Happy*) oder zumindest kann eine entsprechende Vorstellung leicht durch andere Hinweise aufgehoben werden (BGH GRUR 1971, 29 – *Deutscher Sekt*). Noch deutlicher als von der bisherigen Rechtsprechung angenommen sollte dem Begriff der „mittelbaren geographischen Herkunftsangabe" bei § 8 Abs. 2 Nr. 4 eine Absage erteilt werden. Das gilt auch für den Bereich der Lebensmittel, da dem Verkehr bekannt ist, daß Lebensmittel ausländischer Rezeptur (zB Pizza, Käse bestimmter Geschmacksrichtungen usw.) nicht selten mit Bezeichnungen angeboten wird, die die Herkunft aus dem Ursprungsgebiet assoziieren. Die Verwendung einer derartigen fremdsprachigen Angabe ist aber nicht für sich betrachtet irreführend, da der Verkehr gewohnt ist, auf weitere Hinweise zu achten. Allerdings kann eine konkrete Warenaufmachung im Einzelfall die Irreführungsgefahr nach § 3 UWG begründen. Ein Eintragungshindernis nach § 8 Abs. 2 Nr. 2, hinsichtlich der Marke allein liegt aber nicht vor.

cc) Lagenamen. Weinrechtliche Besonderheiten gelten für die Lagenamen der Weingüter (ausführlich *Fezer* Rdn. 322 ff.). Die Rechtsprechung haben besonders Fälle beschäftigt, in denen zwar kein echter Lagenamen verwendet worden ist (sonst Verstoß gegen § 8 Abs. 2 Nr. 2, oben Rdn. 86), wohl aber der Eindruck erweckt wurde, bei der Phantasiebezeichnung handele sich um einen Lagenamen, womit gegebenenfalls gesteigerte Qualitätserwartungen verbunden sein konnten. Nachdem die Rechtsprechung insoweit zunächst zu einer großzügigeren Linie tendiert hatte (BGH GRUR 1980, 72 – *Fürstentaler*), zwischenzeitlich zu einer schnelleren Bejahung der Irreführung geneigt hatte (BPatG GRUR 1992, 170 – *Schloß Caestrich*) gilt nun auch insoweit das Erfordernis der Ersichtlichkeit der Täuschungseignung (BPatG GRUR 1996, 885 – *Schloß*

107

108

Wachenheim). Ob der Verkehr (zB bei Schaumweinen) tatsächlich von einem Lagenamen ausgeht, wird im Eintragungsverfahren in der Regel kaum mit der erforderlichen Sicherheit festzustellen sein, zumal das Verfahren nur summarischen Charakter hat (oben Rdn. 98). Auch hinsichtlich der „Phantasielagenamen" wird er somit nur im Ausnahmefall eine ersichtliche Eignung zur Irreführung zu bejahen sein.

109   d) **Name und Firma.** Fremde Namen oder Kennzeichen sind grundsätzlich keine absoluten Schutzhindernisse. Sie sind vielmehr als relative Schutzhindernisse im Wege des Widerspruchs oder der Löschungsklage einzuführen. Nur im Fall der notorisch bekannten Marken werden sie von Amts wegen berücksichtigt (§ 10). Dieser Grundsatz kann nicht dadurch umgangen werden, daß in der Eintragung des Zeichens oder Namens eines Dritten ein absolutes Schutzhindernis aufgrund der Irreführungseignung gesehen wird. Phantasienamen und -firmen ebenso wie die Namen und Firmen Dritter oder die Zeichen Dritter sind somit außerhalb der Notorität des § 10 nicht vom DPA als Eintragungshindernisse zu beachten. Das gilt zB für den Vornamen eines bekannten Sportlers, für dessen Eintragung das DPA keine Zustimmungserklärung des Sportlers verlangen kann (BPatGE 29, 89 – *Boris*), zumal die unterschiedlichsten geschäftlichen Verbindungen zwischen dem Anmelder und dem Namensträger denkbar sind. Die oft zitierte Entscheidung KPA Bl. 1901, 46 – *Weber & Fields* (dazu *Fezer* Rdn. 330) ist nach der heutigen Gesetzessystematik nur unter den Voraussetzungen des § 10 haltbar. Phantasienamen sind auch dann als Marke eintragbar, wenn keinerlei Bezug zu dem Anmelder festzustellen ist, auch Marken, die eine Personenhandelsgesellschaft suggerieren, wenn der Anmelder keine solche Gesellschaft ist (BPatG Mitt. 1990, 157 – *BARTELS & JAYMES*). Der Name eines existierenden **Adligen** kann als Hinweis auf ein Weingut dieses Adligen verstanden werden (BPatGE 22, 235 – *DUC DE SANDRY*). In der Regel nimmt der Verkehr solche Assoziationen aber nicht vor, Wein ist insoweit eine Ausnahme (für andere alkoholische Getränke BPatGE 36, 190 – *Marquis de Montesquiou*). **Doktortitel** in der Marke sind in der Regel nicht irreführend, der Verkehr meist nicht davon ausgehen wird, daß die Güte der Produkte von der Überwachung des Inhabers abhängt (für veterinärmedizinischen Doktortitel bei pharmazeutischen Produkten zB BPatG GRUR 1991, 144 – *Dr. Schocks*; auch BGH GRUR 1959, 375 – *Doktortitel*; BGH GRUR 1970, 320 – *Doktorfirma*).

Absolute Schutzhindernisse **§ 8**

e) Angaben zum Markenschutz. Die Marke darf grundsätz- 110
lich mit dem „R im Kreis" verbunden werden, dem Hinweis auf
bestehenden Markenschutz. Allerdings kann die konkrete Plazierung dieses Symbols irreführend sein, wenn es in unmittelbarer
räumlichen Nähe zu einem nicht schutzfähigen Bestandteil plaziert
wird, somit also suggeriert wird, gerade dieser Bestandteil genieße
Markenschutz (BPatG GRUR 1992, 704 – *Royals*).

X. Verstoß gegen die öffentliche Ordnung oder gegen die guten Sitten (§ 8 Abs. 2 Nr. 5)

1. Allgemeines

Anders als das WZG, das in § 4 Abs. 2 Nr. 4 I. Alt. WZG nur 111
ärgerniserregende Darstellungen verbot, aber nicht jeden Verstoß
gegen die öffentliche Ordnung als Eintragungshindernis betrachtete
(BGH GRUR 1964, 136 – *Schweizer*) eröffnet die Generalklausel
des Nr. 5 die Möglichkeit einer weitreichenden Berücksichtigung
sowohl gesetzlicher Regelungen als auch außergesetzlicher Wertungen. Im Hinblick auf die Konturlosigkeit der Vorschrift ist bei
ihrer Anwendung Zurückhaltung geboten. Weite Überschneidungen gibt es insbesondere mit § 8 Abs. 2 Nr. 9, nach dem gesetzwidrige Zeichen von der Eintragung ausgeschlossen sind. Selbst wenn
man annimmt, daß nicht jeder Gesetzverstoß gleichzeitig ein Verstoß gegen die öffentliche Ordnung ist, ist kaum ein Verstoß gegen
die öffentliche Ordnung denkbar, der nicht gleichzeitig ein Gesetzesverstoß ist. Die wesentliche Bedeutung von § 8 Abs. 2 Nr. 5
liegt somit vor allem im Bereich des Verstoßes gegen die guten
Sitten (unten Rdn. 113 ff.).

2. Verstoß gegen die öffentliche Ordnung

Das Eintragungshindernis des § 8 Abs. 2 Nr. 5 gilt direkt nur für 112
nationale Markenanmeldungen (für die parallele Situation bei der
IR-Anmeldung BPatG GRUR 1996, 408 – *COSA NOSTRA*).
Damit ist der Begriff der „öffentlichen Ordnung" so auszulegen wie
auch sonst im deutschen Recht, wenn nationale Sachverhalte betroffen sind, zB im Polizeirecht (grdl. PrOVGE 91, 139, 140 –
Damenboxkämpfe). Der Begriff ist nicht zu verwechseln mit dem im
internationalen Privatrecht gängigen Begriff des „ordre public", der
nur die grundlegenden Prinzipien des nationalen Rechts umfaßt
(dazu zB BGH GRUR 1987, 525 – *LITAFLEX*; aA *Fezer*

Rdn. 345 f.). Zur öffentlichen Ordnung gehören somit grundsätzlich alle gesetzlichen Verbote des nationalen deutschen Rechts. Allerdings muß sich das Verbot auf die Benutzung der Kennzeichnung für die betreffenden Waren oder Dienstleistungen und die Form der Marke selbst beziehen. Derartige Verbote sind selten (siehe dazu auch Kommentierung zu § 8 Abs. 2 Nr. 9, unten Rdn. 129 ff.).

3. Verstoß gegen die guten Sitten

113 **a) Zeichen in Beziehung zu den Waren oder Dienstleistungen.** Ob ein Verstoß gegen die guten Sitten vorliegt, ist im Hinblick auf die konkreten Waren und Dienstleistungen zu beurteilen, für die das Zeichen angemeldet ist. Ein Zeichen mit religiösem Inhalt mag für alltägliche Gebrauchsgegenstände anstößig wirken (BPatG GRUR 1994, 377: „Messias" für Textilien), der Verkehr mag aber zB im Bereich der Weine oder Liköre an solche Bezüge gewöhnt sein („Liebfrauenmilch"; vgl. auch BPatGE 15, 230: „*Marie Celeste*" für Liköre). Gerade die Art der Ware kann die Sittenwidrigkeit begründen (so zB für ein alkoholisches Getränk, das als „Schlüpferstürmer" gekennzeichnet ist und so den Eindruck erwecke, seine enthemmende Wirkung mache Frauen zu verfügbaren Sexualobjekten, BPatG Mitt. 1985, 215; wohl zu streng). Eintragung und Benutzung im Ausland kann Indizwirkung haben, vor allem, wenn zu erwarten wäre, daß der ausländische Verkehr die Sittenwidrigkeit ähnlich oder stärker als der inländische Verkehr empfindet (zB religiöse Marke in katholischen Ländern, BPatG Mitt. 1988, 75 – *Espirito Santo*).

114 **b) Maßstab.** Ob ein Verstoß gegen die guten Sitten vorliegt, beurteilt sich nach der Auffassung des Verkehrs, wobei es nicht auf eine Mehrheit im rechnerischen Sinne ankommt, sondern darauf, daß ein insgesamt erheblicher Teil der angesprochenen Verkehrskreise die Verwendung des Zeichens für die fraglichen Waren oder Dienstleistungen als anstößig empfindet (BPatGE 28, 41, 43 – *CORAN*). Dabei ist insbesondere die Frage zu stellen, ob der Verkehr sich daran stören würde, daß das Zeichen zu Werbezwecken Verwendung findet und daß es durch die Eintragung den Anschein einer amtlichen Bestätigung erhält. Es ist deshalb grundsätzlich denkbar, daß eine Bezeichnung, deren Verwendung wettbewerbsrechtlich (noch) zulässig wäre, jedenfalls nicht eingetragen werden kann, da der Anschein einer staatlichen Zustimmung zu vermeiden ist. Häufiger wird aber der Gleichlauf zwischen Markenrecht und UWG sein (vgl. schon BPatG Mitt. 1985, 215 – *Schlüpferstürmer* sowie BGH GRUR 1995, 592 – *Busengrapscher* zum UWG). Wesentliche Verkehrskreise in diesem Sinne können nur solche sein, die nicht übertrieben empfindlich sind, wie zB religiöse Fanatiker. Vielmehr ist auf die Maßstäbe des Durchschnittsbetrachter abzustellen (BPatG GRUR 1994, 377 – *Messias*).

c) Fallgruppen

aa) Verletzung des Schamgefühls. Ein Verstoß gegen die guten Sitten kann bei obszönen Marken, grob sexuellen Motiven, Verletzung des Schamgefühls usw. vorliegen. Dabei ist jeweils zu prüfen, ob die Art der Ware eine großzügigere Betrachtung rechtfertigt (zB bei Kondomen oder Unterwäsche). Zu berücksichtigen ist insbesondere auch, ob die sexuellen Bezüge für Frauen diskriminierend sind, zB diese als verfügbares Sexualobjekt darstellen (BPatG Mitt. 1985, 215 – *Schlüpferstürmer*). Ist die Bezeichnung mehrdeutig, kann sie trotzdem gegen die guten Sitten verstoßen, wenn jedenfalls eine (nicht fernliegende) Bedeutung anstößig ist (BPatG Mitt. 1983, 138 – *Schoasdreiber*). 115

bb) Verletzung religiöser Gefühle. Die Verwendung religiöser Begriffe als Kennzeichnung von Waren und damit ihr Einsatz in der Werbung ist für erhebliche Teile der Bevölkerung weiterhin anstößig. Das gilt in besonderem Maße, wenn es sich um Hinweise auf Gott (BPatG GRUR 1994, 377 – *Messias*) oder Gottesworte (BPatGE 28, 41 – *CORAN*) handelt. Hinweise auf Heilige, Mönche usw. können anders zu beurteilen sein, insbesondere bei Waren, die traditionell Bezug zu diesen Gruppen haben, zB Bier oder Wein. Die religiösen Vorstellungen auch von Minderheiten genießen Schutz (BPatGE 28, 41 – *CORAN*), zumal die Religionsfreiheit Verfassungsrang genießt und Toleranz ein wichtiger Gemeinschaftswert ist. Gerade im Hinblick auf religiöse Bezeichnungen ist immer im Einzelfall zu prüfen, ob für die jeweiligen Waren und Dienstleistungen aufgrund historischer Bezüge oder langjährige unbeanstandete Benutzung, ggf. auch im Ausland (BPatG Mitt. 1988, 75 – *Espirito Santo*) eine andere Auffassung des Verkehrs nahegelegt ist. 116

cc) Negativwerbung. Zurückhaltung ist bei der Annahme von Sittenwidrigkeit geboten, wenn es sich nur um allgemein negative Bezüge oder Provokationen handelt, etwa den Namen einer Verbrecherorganisation (BPatG GRUR 1996, 408 – *COSA NOSTRA*). Der Verkehr wird in der Regel nicht annehmen, daß eine Verbindung zu dieser Organisation bestehe oder diese verherrlicht 117 werden solle. Auch sonst sind dem Verkehr „Antimarken" bekannt, die (scheinbar) provozieren wollen. Gegen die guten Sitten verstoßen sie nur im Ausnahmefall.

XI. Hoheitszeichen (§ 8 Abs. 2 Nr. 6)

1. Begriff

118 Die in § 8 Abs. 2 Nr. 6 genannten Hoheitszeichen versinnbildlichen die Gebietskörperschaften. Es handelt sich um Flaggen, Wappen, Orden, Zahlungsmittel, die nationale Hymne usw. Sie sind geschützt, ohne daß es einer besonderen Bekanntmachung oder eines Gesetzes bedarf (anders als die Prüf- und Gewährzeichen nach § 8 Abs. 2 Nr. 7 und die Kennzeichen der internationalen Organisation nach § 8 Abs. 2 Nr. 8). Die Hoheitszeichen können auch solche eines ausländischen Staates sein, die nach Artikel 6ter Abs. 3 PVÜ in ein Verzeichnis aufgenommen und von der WIPO vermittelt werden. Hinsichtlich des inländischen Schutzes ausländischer Hoheitszeichen ist dieses Verzeichnis maßgebend (BPatG GRUR 1993, 47 – *Shamrock*). Nicht geschützt sind die Kennzeichen **ausländischer** Gebietskörperschaften oder Städte. Bei ihnen ist aber zu prüfen, ob sie nicht als Hinweis auf die geographische Herkunft verstanden werden können (§ 8 Abs. 2 Nr. 2) oder gegebenenfalls irreführend sind (§ 8 Abs. 2 Nr. 4). Es muß sich um Hoheitszeichen oder Wappen handeln, die gegenwärtig benutzt werden. **Historische** Kennzeichen sind eintragbar, soweit nicht andere Eintragungshindernisse entgegenstehen (zB ein Verstoß gegen § 8 Abs. 2 Nr. 5 bei der Kriegsflagge des Deutschen Reiches). Nicht unter das Eintragungsverbot fallen Beschreibungen der Wappen (zB „Adler" hinsichtlich des Bundesadlers; für ausländisches Hoheitszeichen vgl. BPatG GRUR 1993, 47 – *Shamrock*). Keine Hoheitszeichen sind die bloßen Landesfarben, die Teil von Bild- oder Wort-Bild-Marken sein können. Eine Flagge liegt aber vor, wenn die Landesfarben in der typischen rechteckigen Flaggenform angeordnet sind (LG Hamburg GRUR 1990, 196 – *BP-Card*).

2. Abwandlungen und Teile von Hoheitszeichen

119 Das Eintragungsverbot des § 8 Abs. 2 Nr. 6 erstreckt sich auch auf solche Abwandlungen des Hoheitszeichens, die noch verwechslungsfähig mit dem Hoheitszeichen sind (§ 8 Abs. 4 S. 1; vgl. BPatG Mitt. 1981, 122 – *Posthorn*). Gerade bei heraldischen Elementen wird die bloße Übernahme eines Teils des Wappens in der Regel die Verwechslungsgefahr nicht begründen, da der Verkehr darin keinen Hinweis auf das Hoheitszeichen sieht (zB Berliner Bär oder Bayerischer Löwe).

3. Kein Bezug auf Waren oder Dienstleistungen

Das Eintragungsverbot des § 8 Abs. 2 Nr. 6 gilt unabhängig von den konkreten Waren oder Dienstleistungen, für die das Zeichen angemeldet ist. Es kommt selbst dann zum Tragen, wenn diese denkbar weit von dem originären Anwendungsbereich des Hoheitszeichens entfernt sind (zB Posthorn für Sensen, BPatG Mitt. 1981, 122). 120

4. In der Marke enthalten

Im Gegensatz zu § 8 Abs. 2 Nr. 1 bis 3 kommt es nicht darauf an, ob die Hoheitszeichen den einzigen Inhalt der angemeldeten Marke bilden. Es ist vielmehr ausreichend, daß sie in dem Zeichen enthalten sind. Schon dadurch wird der Eindruck erweckt, die gekennzeichneten Waren oder Dienstleistungen hätten einen irgendwie gearteten Bezug zur staatlichen Gewalt. 121

5. Befugte Benutzung

Die Eintragung kann nach § 8 Abs. 4 S. 2 zulässig sein, wenn der Anmelder zur Führung des fraglichen Zeichens befugt ist. Das gilt zunächst für die Markenanmeldungen durch den Hoheitsträger selbst, zB zum Zwecke der Lizenzvergabe an einheimische Unternehmen. Darüber hinaus kann sich aber auch jeder Dritte auf die Gestattung durch den Hoheitsträger berufen, vgl. § 8 Abs. 4 S. 2. 122

6. Ordnungswidrigkeit

Die Benutzung der Hoheitszeichen durch Unbefugte stellt – unabhängig von der Eintragung – eine Ordnungswidrigkeit dar, § 145 Abs. 1 Nr. 1 OWiG, § 124; vgl. dazu auch LG Hamburg GRUR 1990, 196 – *BP-Card*). 123

XII. Amtliche Prüf- und Gewährzeichen (§ 8 Abs. 2 Nr. 7)

Diese Zeichen bedürfen der Bekanntmachung durch Veröffentlichung im Bundesgesetzblatt. Auch bei den Prüfzeichen gilt, daß für 124 den Berechtigten die Marke eintragbar ist (§ 8 Abs. 4 S. 2). Daneben bleibt das Zeichen eintragbar, wenn die Waren oder Dienstleistung, für die es angemeldet ist, nicht mit denjenigen identisch oder ähnlich sind, für die das Prüfzeichen eingetragen ist, § 8 Abs. 4 S. 3. Die unbefugte Benutzung stellt eine Ordnungswidrigkeit dar, § 145 Abs. 1 Nr. 2. Eine Auflistung der bisher bekanntgemachten amtlichen Prüf- und Gewährzeichen findet sich bei *Fezer* Rdn. 388.

XIII. Kennzeichen zwischenstaatlicher Organisationen (§ 8 Abs. 2 Nr. 8)

125 Auch die Kennzeichen der internationalen zwischenstaatlichen Organisation sind nicht eintragbar, anders als bei staatlichen Symbolen ist aber die **Bekanntmachung** im Bundesgesetzblatt Voraussetzung.

126 Ein Eintragungshindernis besteht dann nicht, wenn der Anmelder zur Eintragung **befugt** ist, § 8 Abs. 4 Satz 2, ferner dann nicht, wenn die angemeldete Marke nicht geeignet ist, beim Publikum den unzutreffenden Eindruck einer Verbindung mit der internationalen zwischenstaatlichen Organisation hervorzurufen, § 8 Abs. 4 Satz 4. Im Hinblick auf den geringen Bekanntheitsgrad vieler internationaler Organisationen und ihrer Kennzeichen beim inländischen Verkehr wird das jedenfalls in solchen Fällen häufig in Betracht kommen, bei denen die Waren oder Dienstleistungen die Assoziation zu der Organisation nicht nahelegen.

127 Die unbefugte Verwendung stellt eine Ordnungswidrigkeit dar, § 145 Abs. 1 Nr. 3.

128 Eine Liste der bisher bekanntgemachten Bezeichnungen internationaler zwischenstaatlicher Organisationen finden sich bei *Fezer* Rdn. 399.

XIV. Zeichen, deren Benutzung im öffentlichen Interesse untersagt werden kann, (§ 8 Abs. 2 Nr. 9)

1. Allgemeines

129 Zahlreiche spezialgesetzliche Vorschriften regeln die Benutzung bestimmter Bezeichnungen für bestimmte Waren oder Dienstleistungen. Diese Vorschriften, zB im Lebensmittelrecht, enthalten in der Regel keine besonderen Verbote der Eintragung der Zeichen,

Absolute Schutzhindernisse § 8

deren Benutzung sie untersagen. Für diesen Fall stellt § 8 Abs. 2 Nr. 9 eine Gelenkvorschrift dar, die die Benutzungsverbote durch ein Eintragungsverbot ergänzt. Das Benutzungsverbot muß im öffentlichen Interesse bestehen, deswegen werden insbesondere zivilrechtliche Unterlassungsansprüche, die nur im Interesse des Berechtigten bestehen (zB aus §§ 14, 15) nicht berücksichtigt. Hierfür ist das Widerspruchs- bzw. Löschungsverfahren nach § 9 vorgesehen.

2. Feststellung des Gesetzesverstoßes

In der Regel ist die Benutzung eines Zeichens nicht generell untersagt (eine Ausnahme stellt zB § 86 a StGB für die Verwendung der Kennzeichen verfassungswidriger Organisationen dar). Vielmehr ist die Frage der Zulässigkeit der Verwendung in der Regel von bestimmten weiteren Umständen abhängig, etwa den Eigenschaften des so gekennzeichneten Produkts im Lebensmittelrecht. Hier gelten die gleichen Prüfungsgrundsätze wie bei § 8 Abs. 2 Nr. 4 (oben Rdn. 99). Insbesondere ist erforderlich, daß sich aus dem Verzeichnis der Waren und Dienstleistungen ergibt, daß keine Verwendung der Kennzeichnung denkbar ist, die nicht gegen das gesetzliche Verbot verstößt (BPatG GRUR 1992, 516 – *EGGER NATUR-BRÄU*; BPatG Mitt. 1990, 122 – *Leichte Linie*). Das kann zB dann der Fall sein, wenn das Warenverzeichnis ausschließlich „Margarine" enthält, das Zeichen aber das Wort „Butter" umfaßt, vgl. §§ 7, 8 ButterV. Anders würde dieser Fall zu beurteilen sein, wenn die geschützte Bezeichnung vom Warenverzeichnis umfaßt wäre („Butter" für Brotaufstrich allgemein). 130

3. Gesetzliche Verbote

Dafür kommen alle spezialgesetzlichen Regelungen des deutschen Rechts in Frage, aber auch sonstige Vorschriften, die in Deutschland unmittelbar Geltung beanspruchen, zB aufgrund bilateraler oder multinationaler Verträge oder Rechtsakten der europäischen Gemeinschaften, die nicht mehr der Transformation durch nationale Gesetze bedürfen. Von Bedeutung sind insbesondere die jeweils in den lebensmittelrechtlichen Spezialgesetzen geregelten Bezeichnungsvorschriften für bestimmte Produktgruppen (Beispiele bei *Fezer* Rdn. 412) sowie die spezialgesetzlichen Kennzeichnungsvorschriften für geographische Herkunftsangaben (dazu Vor §§ 126–139 Rdn. 2). 131

XV. Eintragung aufgrund Verkehrsdurchsetzung, § 8 Abs. 3

1. Grundsatz

132 Unter bestimmten Voraussetzungen kann eine von Hause aus nicht monopolisierbare und deshalb nicht eintragungsfähige Kennzeichnung eintragbar werden, wenn sie im Verkehr als Kennzeichnung eines bestimmten Unternehmens angesehen wird. Durch Nachweis der Verkehrdurchsetzung überwindet der Anmelder die Eintragungshindernisse der § 8 Abs. 2 Nr. 1–3 und erlangt ein förmliches Markenrecht iSv § 4 Nr. 1. Ist die Eintragung erfolgt, wird die aufgrund Verkehrsdurchsetzung eingetragene Marke nach den gleichen Grundsätzen geschützt wie jede andere. Verkehrsdurchsetzung ist somit ein Tatbestand, der ein Eintragungshindernis überwindet und nach Durchlaufen des entsprechenden Verfahrens zu einem förmlichen Markenrecht führt. Die Eintragung aufgrund von Verkehrsdurchsetzung ist in Artikel 3 Abs. 3 der Markenrechtslinie vorgesehen. Der abweichende Wortlaut (statt auf „Verkehrsgeltung" wird auf „Unterscheidungskraft" abgestellt), ist inhaltlich ohne Belang. Die Formulierung in § 8 Abs. 3 soll die Kontinuität zur bisheriger Rechtsprechung, insbesondere zu § 4 Abs. 3 WZG herstellen, die bei der Auslegung des Begriffes weiterhin Gültigkeit hat. Da es sich um einen von der MRRL vorgegebenen Begriff handelt, ist im Zweifelsfall an den EuGH vorzulegen. IR-Marken unterliegen denselben Maßstäben wie inländische, aus Artikel 6^{quinquies} C 1 PVÜ ergibt sich nichts anderes (BGH GRUR 1991, 136 – *NEW MAN*; siehe auch BPatG GRUR 1996, 492, 493 – *Premiere II*).

2. Verkehrsdurchsetzung und Verkehrsgeltung

133 Die Verkehrsdurchsetzung ist zu unterscheiden von der Verkehrsgeltung des § 4 Nr. 2. Aufgrund von Verkehrsgeltung entsteht Markenschutz für nicht eingetragene Bezeichnungen. Damit sind insbesondere auch solche Kennzeichen erfaßt, die von Hause aus eintragungsfähig wären, deren förmliche Anmeldung aber unterblieben ist. Unabhängig davon kann ein Schutz aufgrund von Verkehrsgeltung auch für nicht eingetragene Zeichen in Betracht kommen, denen Eintragungshindernisse entgegenstehen würden (zu den Unterschieden zwischen Verkehrsdurchsetzung und Verkehrsgeltung siehe auch § 4 Rdn. 10, § 4 Nr. 2 weist Parallelen auf zu

§ 5, wo mangelnde ursprüngliche Schutzfähigkeit der geschäftlichen Bezeichnung ebenfalls durch Erlangen von Verkehrsgeltung überwunden werden kann (§ 5 Rdn. 27 ff.). Einen Sonderfall des Schutzes aufgrund von Verkehrsgeltung regelt § 5 Abs. 2 Satz 2 für die Geschäftsabzeichen (§ 5 Rdn. 20). Die schutzbegründenden Tatbestände von Verkehrsdurchsetzung und Verkehrsgeltung sind weiter zu unterscheiden von dem Qualifikationstatbestand der Bekanntheit (§ 14 Abs. 2 Nr. 3). Der bekannten Marke kommt ein erweiterter Schutz gegen Beeinträchtigung auch außerhalb des Bereichs der Waren- oder Dienstleistungsähnlichkeit zu. Eine durchgesetzte Marke muß nicht in jedem Fall auch bekannt im Sinne von § 14 Abs. 2 Nr. 3 sein (dazu § 14 Rdn. 469).

3. Anwendungsbereich

a) Eintragungshindernisse. Aufgrund von Verkehrsdurchsetzung können die Eintragungshindernisse von § 8 Abs. 2 Nr. 1 (fehlende Unterscheidungskraft), Nr. 2 (freihaltebedürftige Angaben) und Nr. 3 (üblich gewordene Bezeichnungen) überwunden werden. Die Eintragungshindernisse von Nr. 4 – Nr. 9 bestehen auch bei Nachweis von Verkehrsdurchsetzung fort. Hier überwiegt das öffentliche Interesse, insbesondere am Schutz vor Irreführungen. Verkehrsdurchsetzung führt auch nicht zur Eintragbarkeit, wenn es schon an der Markenfähigkeit im Sinn von § 3 fehlt. Praktische Bedeutung erlangt dies vor allem im Zusammenhang mit § 3 Abs. 2, der die Eintragbarkeit von Formmarken begrenzt. Dem entsprach schon die frühere Rechtsprechung zu § 4 Abs. 3 WZG (zB BGH GRUR 1964, 454 – *Palmolive*). In diesem Zusammenhang ist aber besonders genau zu überprüfen, ob die Formmarke wirklich „ausschließlich" aus einer nach § 3 Abs. 2 nicht eintragungsfähigen Form besteht (dazu § 3 Rdn. 37). Da die Verkehrsdurchsetzung Vorstufe zur Eintragung ist, kann sie definitionsgemäß nicht bei Rechten in Betracht kommen, die ohne Eintragung entstehen, zB nach § 4 Nr. 2 oder § 5. 134

b) Markenformen. Aufgrund von Verkehrsdurchsetzung sind Marken aller Formen (vgl. § 3 Abs. 1) eintragbar. Die früheren Eintragungshindernisse für Zahlen, Buchstaben, Farben und dreidimensionale Formen sind weggefallen, womit gleichzeitig die dazu ergangene umfangreiche Rechtsprechung zur Verkehrsdurchsetzung für diese Fallgruppen obsolet geworden ist. Die Eintragungshindernisse des § 8 Abs. 2 Nr. 1–3 können aber bei allen Markenformen vorliegen, so kann zB eine isolierte Zahl für bestimmte 135

Waren oder Dienstleistungen beschreibend sein, § 8 Abs. 2 Nr. 2 (oben Rdn. 50).

4. Durchgesetztes Zeichen

136 Auf welches Zeichen sich die Verkehrsdurchsetzung bezieht, ist jeweils im einzelnen konkret festzustellen. Bei Kombinationszeichen ist zunächst zu prüfen, ob eine Eintragung des mehrteiligen Zeichens nicht schon deshalb in Betracht kommt, weil jedenfalls einer der Zeichenbestandteile nicht nach § 8 Abs. 2 Nr. 1–3 von der Eintragung ausgeschlossen ist. Nur wenn alle Bestandteile des Kombinationszeichens für sich betrachtet und in ihrer Kombination (siehe oben Rdn. 22) schutzunfähig sind, ist zur Eintragung Verkehrsdurchsetzung nötig. Da das Eintragungshindernis schon wegfällt, wenn das angemeldete Zeichen lediglich einen schutzfähigen Bestandteil aufweist, ist es für die Eintragbarkeit des Kombinationszeichens auch hinreichend, wenn lediglich hinsichtlich eines (eigentlich schutzunfähigen) Bestandteiles die Verkehrsdurchsetzung nachgewiesen wird (so schon die frühere Rechtsprechung, zB BGH GRUR 1983, 243, 245 – *BEKA ROBUSTA*) Davon zu unterscheiden ist die Situation, daß ein Zeichenteil als solcher isoliert Verkehrsdurchsetzung erlangt und dadurch in Alleinstellung eintragbar wird. Ob das der Fall ist, ist jeweils im Einzelfall konkret festzustellen (vgl. BGH GRUR 1970, 75 – *Streifenmuster*; BGH GRUR 1970, 77 – *Ovalumrandung*). Bezieht sich im umgekehrten Fall die Verkehrsdurchsetzung auf das gesamte Zeichen, ist diese Feststellung nicht ausreichend, um auch einzelne Bestandteile isoliert eintragen zu lassen. Vielmehr ist es dann erforderlich, daß die Verkehrsgeltung gerade hinsichtlich der einzutragenden Bestandteile nachgewiesen wird. Dabei soll eine Eintragung ausscheiden, wenn sich aus den Umständen ergibt, daß die isolierte Benutzung des Bestandteiles nicht beabsichtigt ist, (BGH GRUR 1988, 820 – *Oil of...*). Das ist nach jetziger Rechtslage zweifelhaft, da das Erfordernis der (subjektiven) Benutzungsabsicht im Hinblick auf die Aufgabe des Geschäftsbetriebserfordernisses und die freie Lizensierbarkeit nicht mehr erforderlich ist (dazu oben § 3 Rdn. 11). Es erscheint sachgerechter, eventuelle Mißbrauchsfälle über das Erfordernis der (tatsächlichen) Benutzung, § 26, zu regeln. Damit verbleibt insbesondere die Möglichkeit, im Einzelfall zu entscheiden, ob die Hinzufügung weiterer Bestandteile zu der allein durchgesetzten Marke noch als Benutzung dieser Marke aufzufassen ist. Anderenfalls steht die Möglichkeit der Löschung wegen Nichtbenutzung zur Verfügung, § 49 Abs. 1.

Absolute Schutzhindernisse **§ 8**

5. Durchsetzung für bestimmte Waren und Dienstleistungen

Für welche Waren oder Dienstleistungen das Zeichen Verkehrsdurchsetzung genießt, ist konkret festzustellen. Besteht das Eintragungshindernis hinsichtlich sämtlicher angemeldeter Waren oder Dienstleistungen des Verzeichnisses, muß der Anmelder auch hinsichtlich aller dieser Waren oder Dienstleistungen die Verkehrsdurchsetzung nachweisen. Dafür können Verkehrsbefragungen (unten Rdn. 149) in unterschiedlichen Verkehrskreisen erforderlich sein. Aus der Verkehrsdurchsetzung für bestimmte Waren kann man nicht schließen, daß der Verkehr das Zeichen auch für andere Waren als Herkunftshinweis auffaßt, auch nicht wenn diese Waren eine gewisse Ähnlichkeit zu denjenigen aufweisen, für die Verkehrsdurchsetzung besteht (BGH GRUR 1990, 37 – *Quelle*). Die Durchsetzung muß für die konkreten Waren oder Dienstleistungen des Verzeichnisses festzustellen sein. Die Durchsetzung für bloß ähnliche Waren reicht nicht aus (BPatG GRUR 1996, 490, 491 – *PREMIERE I*). **137**

6. Durchsetzung für den Anmelder

Der Verkehr muß das Zeichen als Herkunftshinweis auffassen. Er muß also davon ausgehen, daß so gekennzeichnete Waren oder Dienstleistungen aus einem bestimmten Unternehmen stammen. Die Namen des Unternehmens braucht der Befragte dagegen nicht zu kennen (*Ströbele* GRUR 1987, 75, 78). Schädlich sind aber alle Nennungen, die (wenn auch vielleicht irrtümlich) auf dritte Unternehmen verweisen. Sie deuten darauf hin, daß der Verkehr doch nicht die erforderliche Zuordnung zu einem Unternehmen vornimmt. Zurechenbar sind aber Nennungen von verbundenen Unternehmen und von solchen Unternehmen, die die Bezeichnung aufgrund einer Lizenz des Anmelders benutzen. **138**

7. Durchsetzung in den beteiligten Verkehrskreisen

a) Ausgangspunkt. Die Durchsetzung muß „in den beteiligten Verkehrskreisen" erfolgt sein. Damit deutet schon der Wortlaut von § 8 Abs. 3 auf das Erfordernis eines höheren Durchsetzungsgrades hin, als dies bei der Verkehrsgeltung in § 4 Nr. 2 („innerhalb beteiligter Verkehrskreise") der Fall ist. Damit ist insbesondere die Durchsetzung nur in Teilen der angesprochenen Verkehrskreise (zB gewerbliche Abnehmer) nicht ausreichend. **139**

140 b) Gebiet der Verkehrsdurchsetzung. Maßgebend ist der inländische Verkehr, eine Verkehrsdurchsetzung im Ausland kann allenfalls als unterstützendes Indiz herangezogen werden. Das gilt auch für IR-Marken, die den Telle-Quelle-Schutz nach Artikel 6^{quinquies} C I PVÜ in Anspruch nehmen, da sich auch dann die Schutzvoraussetzungen nach dem Anmeldeland richten (BGH GRUR 1974, 777 – *LEMONSODA*, BPatGE 5, 44, 47 – *Whiskyflasche*; siehe auch OLG Stuttgart GRUR Int. 1989, 783, 785 – *MSU*). Die Verkehrsdurchsetzung muß im gesamten Bundesgebiet erreicht sein, eine lediglich regionale Durchsetzung genügt nicht. Darin liegt ein wesentlicher Unterschied zur Verkehrsgeltung, wo regionaler Schutz genügen kann. Dieses Erfordernis ergibt sich schon darauf, daß mit der Eintragung der Marke ein Schutzrecht entstehen, das im gesamten Gebiet der Bundesrepublik in gleicher Weise geschützt ist. Das Erfordernis gilt auch für Dienstleistungsmarken, obwohl diese häufig nur regional genutzt werden (für Restaurant BPatGE 24, 64 – *Pfeffer & Salz*). Es ist aber unschädlich, wenn die Verkehrsdurchsetzung nicht gleichmäßig in allen Regionen erreicht wird. Gewisse Unterschreitungen des erforderlichen Durchsetzungsgrades in einzelnen Regionen sind zumindest dann unschädlich, wenn sie auf die Natur der Waren zurückzuführen sind, die nicht im ganzen Bundesgebiet in gleicher Weise verbreitet sind.

141 c) Maßgebliche Verkehrskreise. Die Verkehrsdurchsetzung muß bei allen beteiligten Verkehrskreisen nachgewiesen werden. Welche das sind, richtet sich nach der Art der Waren oder Dienstleistungen. Die Formulierung des Warenverzeichnisses durch den Anmelder hat somit Einfluß auf die erforderliche Breite der Verkehrsdurchsetzung. Beschränkt sich der Anmelder auf Waren, die nur von eng begrenzten Kreisen verwendet werden, kann sich der Personenkreis, in dem das Zeichen durchgesetzt sein muß, entsprechend verkleinern. Dabei ist aber zunächst zu beachten, daß Beschreibungen der Waren oder Dienstleistungen nur insoweit zu einer Einschränkung führen, als sie Eigenschaften der Waren benennen, die ihre Nutzung in anderen Verkehrskreisen ausschließen. Ein bloßer Bestimmungshinweis (zB „Bohrmaschinen für das Handwerk") genügt nicht, soweit die Waren auch von anderen Kreisen verwendet werden können (zB von Heimwerkern). So kann es etwa bei Gewürzen darauf ankommen, ob diese ihre Art nach nur in Metzgereien oder auch in der normalen Küche Verwendung finden (BPatGE 24, 67 – *India*; siehe auch BPatGE 23,

Absolute Schutzhindernisse **§ 8**

78 – *HP*, sowie BGH GRUR 1974, 220 – *Club Pilsener*). Weiter ist aber in jedem Fall zu prüfen, ob das Zeichen noch von weiteren Kreisen der Endabnehmer wahrgenommen wird, auch wenn diese nicht als Käufer der so bezeichneten Waren auftreten. So wird eine für Teppiche verwendete Kennzeichnung auch gegenüber den privaten Endverbrauchern in Erscheinung treten, selbst wenn nur auf der Handelsebene die Bezeichnung der Teppiche mit der Marke üblich ist (vgl. BGH GRUR 1986, 894 – *OCM*). In diesen Fällen kommt es darauf an, in welchen Kreisen das Zeichen Verwendung finden wird und Auswirkungen zeitigen soll (BGH aaO). Das ist regelmäßig der Endverbraucher, wenn das Produkt am Ende der Vertriebsschiene zu ihm gelangen soll. Demgegenüber kommt es nicht darauf an, ob der Zeicheninhaber selbst nur an bestimmte Verkehrskreise, zB Industrieunternehmen, verkauft (BPatGE 23, 78 – *HP*).

d) Dauer. Eine bestimmte Benutzungsdauer ist für die Verkehrsdurchsetzung nicht vorausgesetzt, auch wenn eine langjährige Benutzung ein Indiz für die Verkehrsdurchsetzung sein und bei der Glaubhaftmachung (dazu unten Rdn. 149) Berücksichtigung finden kann. Bei entsprechendem Werbeaufwand oder einem neuen, attraktiven Produkt, kann die Verkehrsdurchsetzung auch in kurzer Zeit erreichbar sein. Davon zu unterscheiden ist die Frage, zu welchem Zeitpunkt die Verkehrsdurchsetzung nachgewiesen sein muß. In der Regel wird das für den Nachweis entscheidende demoskopische Gutachten erst im Laufe des Verfahrens, unter Umständen mehrere Jahre nach dem Anmeldezeitpunkt, vorliegen. Eine Feststellung der in der Vergangenheit liegenden Verkehrsauffassung ist zuverlässig nicht möglich (BPatG Mitt. 1985, 74 – *Zürich*; § 6 Rdn. 19), auch wenn im Einzelfall eine Rückrechnung dergestalt möglich sein kann, daß aus einem Durchsetzungsgrad, der wesentlich über den erforderlichen Mindestgrad hinausgeht, geschlossen werden kann, daß schon zu einem früheren Zeitpunkt die Mindesterfordernisse erfüllt waren. Ist dieser Nachweis nicht möglich, kann mit Zustimmung des Anmelders eine Verschiebung des Prioritätszeitpunktes auf den Zeitpunkt der nachgewiesenen Verkehrsgeltung erfolgen, § 37 Abs. 2, (was bei IR-Marken aber ausgeschlossen ist, § 113 Abs. 1, 52, vgl. BPatG GRUR 96, 493, 494 – *PREMIERE II*). Der spätere Zeitpunkt ist dann für die Priorität im Sinne von § 6 Abs. 2 maßgebend.

142

e) Durchsetzungsgrad. Einen einheitlichen Mindestprozentsatz für die Verkehrsdurchsetzung gibt es nicht, dieser ist vielmehr

143

abhängig von dem Maß des Freihaltebedürfnisses (st. Rspr. seit BGH GRUR 1960, 83 – *Nährbier*; siehe auch BGH GRUR 1989, 510 – *Teekanne II*; BGH GRUR 1992, 48 – *frei öl*). Als Untergrenze sieht das DPA einen Durchsetzungsgrad von 50% an (Richtlinie Markenanmeldungen III 9 a). Das BPatG geht ebenfalls von diesem Durchsetzungsgrad aus (GRUR 1996, 489, 490 – *Hautaktiv*; siehe auch BPatGE 17, 127, 130 – *CFC*; BPatGE 28, 44, 49 – *Business Week*). Der BGH hat diesen Ansatzpunkt im Grundsatz gebilligt (GRUR 1990, 360, 361 – *Apropos Film II*), dies allerdings in einer weiteren Entscheidung als Mindestdurchsetzungsgrad in Fällen gesteigerten Freihaltebedürfnisses bezeichnet (BGH GRUR 1991, 609, 610 – *SL*), so daß in Fällen „normalen" Freihaltebedürfnisses und insbesondere bei lediglich fehlender Kennzeichnungskraft auch geringere Verkehrsdurchsetzungswerte möglich erscheinen. Auch in einer weiteren Entscheidung (BGH GRUR 1992, 428 – *frei öl*) hat der BGH offengelassen, ob trotz gesteigertem Freihaltebedürfnis ein Durchsetzungsgrad von 47% nicht doch ausreichend sein könnte. Daraus kann geschlossen werden, daß jedenfalls bei Zeichen, an denen kein nennenswertes Freihaltebedürfnis besteht, auch Werte um 40%, im Einzelfall noch darunter, ausreichend sein können. Das kommt insbesondere bei Zeichen in Betracht, die wegen mangelnder Kennzeichnungskraft zurückgewiesen wurden (§ 8 Abs. 2 Nr. 1), weniger bei den von Natur aus freihaltebedürftigen Angaben der §§ 8 Abs. 2 Nr. 2 und Nr. 3. Ist das Freihaltebedürfnis hoch, kann eine nahezu einheitliche Verkehrsdurchsetzung erforderlich sein. In solchen Fällen können selbst Zuordnungswerte von 80% noch zu gering sein.

f) Fallgruppen

144 **aa) Zahlen und Buchstaben.** Diese sind nunmehr eintragbar, § 3 Abs. 1. Ein Freihaltebedürfnis kann deswegen nicht generell bejaht werden, sondern muß sich im Einzelfall aus den konkreten Zahlen und Buchstaben in Verbindung mit den Waren oder Dienstleistungen ergeben (BGH GRUR 1997, 366, 367 – *quattro II*). Die Grundentscheidung des Gesetzgebers, Zahlen und Buchstaben zur Eintragung zuzulassen, spricht auch dafür, die Anforderungen an die Verkehrsdurchsetzung niedriger anzusetzen, als es die frühere Rechtsprechung getan hat (vgl. zB BPatG GRUR 1986, 671 – *GfK*: 60% ausreichend, ebenso BPatGE 17, 127, 130 ff. – *CFC*). Das Freihaltebedürfnis kann nicht mehr aufgrund der gesetzlichen Regelung unterstellt werden (so die frühere Rechtsprechung, zB BGHZ 19, 367, 375 – *W 5*).

Absolute Schutzhindernisse **§ 8**

bb) Farben. Der BGH geht offenbar weiterhin davon aus, daß 145
Farben und Farbkombinationen von Haus aus keine Kennzeichnungskraft zukommt und sie nur bei Vorlage Verkehrsdurchsetzung geschützt werden können (so jedenfalls BGH WRP 1997, 748, 750 – *grau/magenta*, der aber bei genauer Betrachtung nur § 4 Nr. 2 (Verkehrsgeltung) und § 5 Abs. 2 S. 2 betrifft). Eine Anwendung auf den Bereich der Marken des § 4 Nr. 1 scheidet schon nach dem klaren Gesetzeswortlaut aus. Auch hier gilt, daß das Freihaltebedürfnis konkret festzustellen ist. Nur wenn es festgestellt ist, können die strengen Maßstäbe der früheren Rechtsprechung (zB BGH GRUR 1957, 369 – *Rosa-Weiß-Packung*; BGH GRUR 1962, 299, 302 – *Form-Strip*, BGH GRUR 1992, 48 – *frei öl*) weiter zugrundegelegt werden.

cc) Geographische Herkunftsangaben. Diese sind weiterhin 146
auch gesetzlich von der Eintragung ausgeschlossen. Der schon bisher strenge Maßstab der Rechtsprechung (zB BGH GRUR 1994, 905, 907 – *Schwarzwaldsprudel*) ist weiterhin aufrechtzuerhalten. Im Hinblick auf den nunmehr ebenfalls im Markengesetz geregelten Schutz der geographischen Herkunftsangaben (§ 126ff.) ist Voraussetzung einer Verkehrsdurchsetzung zugunsten des Anmelders, daß die Angabe zunächst entlokalisiert ist (dazu § 126 Rdn. 14). So hat der BGH in der Entscheidung GRUR 1981, 57 – *Jena* die Umwandlung einer geographischen in eine betriebliche Herkunftsangabe verneint, wenn noch 32% der angesprochenen Verkehrskreise den Ortsnamen als geographische Herkunftsbezeichnung auffaßten.

dd) Beschaffenheitsangaben. Auch für Beschaffenheitsangaben 147
wird ebenfalls weiterhin ein Freihaltebedürfnis gesetzlich vermutet, § 8 Abs. 2 Nr. 2 und 3. Für die Umwandlung einer Beschaffenheitsangabe in eine betriebliche Herkunftsangabe hat der BGH zB in der Entscheidung GRUR 1974, 337 – *Stonsdorfer* einen Durchsetzungsgrad von 74% für nicht ausreichend gehalten.

ee) Verpackungsformen und Dekorationen. An üblichen 148
Verpackungsformen und Dekorationen besteht kein Freihaltebedürfnis, soweit Ausweichmöglichkeiten gegeben sind und die Verpackung nicht eine bestimmte Angabe über den Inhalt macht (zB Bocksbeutelflasche). Allerdings fehlt üblichen Formen in der Regel die Kennzeichnungskraft. Da aber keine Steigerung des erforderlichen Verkehrsdurchsetzungsgrades durch Hinzutreten des Freihaltebedürfnisses erfolgt, sollten die Anforderungen insoweit an der unteren Grenze der des Spektrums angesetzt werden, also im Be-

reich von knapp 50% (strenger insoweit BGH GRUR 1969, 541 – *Grüne Vierkantflasche*; BGH GRUR 1969, 745 – *red white*).

8. Verfahren

149 Der Anmelder kann sich während des laufenden Eintragungsverfahrens auf die Verkehrsdurchsetzung berufen, und zwar zu jedem Zeitpunkt, auch noch im Beschwerdeverfahren vor dem BPatG, das die Voraussetzungen der Verkehrsdurchsetzung gegebenenfalls selbst zu prüfen hat. Im Eintragungsverfahren vor dem DPA ist die Verkehrsdurchsetzung als Eintragungsvoraussetzung von Amts wegen zu prüfen, § 59 Abs. 1. In die Amtsermittlungen muß das DPA aber nicht eintreten, ohne daß der Anmelder zunächst glaubhaft gemacht hat, daß eine Verkehrsdurchsetzung überhaupt in Betracht kommt. Das ergibt sich schon daraus, daß der Amtsermittlungsgrundsatz durch das Interesse der Allgemeinheit, Kosten und Arbeitsaufwand des DPA in einem vertretbaren Verhältnis zu angestrebten Erfolg zu halten, einzuschränken ist, zumal die Feststellung der Verkehrsdurchsetzung nicht im Allgemeininteresse, sondern lediglich im Individualinteresse des Anmelders liegt (BPatGE 7, 154). Dieser Glaubhaftmachungslast kommt der Anmelder insbesondere durch Vorlage von Benutzungsunterlagen nach, mit denen er Umsätze, Werbeaufwendungen und ähnliches belegt. Auf der Grundlage dieser Glaubhaftmachung entscheidet das DPA, welche weiteren Unterlagen für die Führung des vollständigen Nachweises der Verkehrsdurchsetzung erforderlich sind. Sind private Letztverbraucher Teil der angesprochenen Verkehrskreise, wird die Einholung eines demoskopischen Gutachtens in der Regel unumgänglich sein (Richtlinie Markenanmeldung III 9 a). Sind die Verkehrskreise enger beschränkt auf bestimmte Fach- oder Wirtschaftskreise, kann unter Umständen eine Befragung von Verbänden oder individuellen Unternehmen in Betracht kommen. Je nach dem Aufwand dieser weiteren Nachforschungen werden diese vom DPA selbst durchgeführt oder dem Anmelder auferlegt. Bei der Durchführung der demoskopischen Gutachten ist nicht nur auf die richtigen Auswahl der Verkehrskreise zu achten, sondern auch darauf, daß die möglichen Verkehrsvorstellungen umfassend abgefragt werden, zB festgestellt wird, ob eine Sachangabe nur deshalb als Hinweis auf ein bestimmtes Unternehmen verstanden wird, weil lediglich dieses Unternehmen bisher solche Produkte herstellt (vgl. zB BGH GRUR 1960, 83 – *Nährbier*).

9. Wirkung

Ist das Zeichen aufgrund von Verkehrsdurchsetzung eingetragen, kommt ihm grundsätzlich normale Kennzeichnungskraft zu (BGH GRUR 1986, 72 – *Tabacco d'Harar*; BGH GRUR 1991, 609 – *SL*; BGH NJW-RR 1993, 553 – *Apetito/Apitta*). Mit einem entsprechend hohen Durchsetzungsgrad kann auch die Kennzeichnungskraft überdurchschnittlich werden und damit den Schutzbereich des Zeichens vergrößern (BGH GRUR 1990, 367 – *alpi/alba moda*; BGH GRUR 1992, 130 – *Bally/Ball*). Zu den Auswirkungen auf den Schutzbereich im einzelnen vgl. § 14 Rdn. 221 ff. Im Verletzungsprozeß sind die Gerichte an die Feststellung der Verkehrsdurchsetzung durch das DPA gebunden, sie können die Schutzfähigkeit des Zeichens also nicht verneinen (BGH GRUR 1966, 495 – *UNIPLAST*; BGH GRUR 1979, 853, 854 – *Lila*). Wie kennzeichnungskräftig das Zeichen ist und welcher Schutzbereich ihm deshalb zukommt, ist von den ordentlichen Gerichten aber selbständig zu prüfen (st.Rspr. seit BGH GRUR 1964, 381 – *WKS-Möbel*).

150

XVI. Ausnahmen und Erweiterungen (§ 8 Abs. 4)

1. Erweiterungen (S. 1)

Nach § 8 Abs. 4 Satz 1 bestehen die Eintragungshindernisse der Nr. 6, 7 und 8 auch dann, wenn die Marke nur eine „Nachahmung" eines dort aufgeführten Zeichens enthält. Der Begriff der „Nachahmung" ist der sonstigen Terminologie des MarkenG fremd. Schutzzweck der Vorschrift ist es, den Verkehr vor Zeichen zu schützen, die den Eindruck der Amtlichkeit vermitteln, was auch bei solchen Zeichen der Fall sein kann, die nicht exakt dem offiziellen Zeichen entsprechen. Die „Nachahmung" ist also eine Abwandlung, die soweit an das nicht eintragbare Kennzeichen angenähert ist, daß sie bei nicht unerheblichen Teilen des Verkehrs die irrtümliche Vorstellung auslöst, es handele sich um das amtliche Zeichen. Wie groß die Ähnlichkeit sein muß, ist Frage des Einzelfalles, zumal viele amtliche Zeichen (zB heraldische Tiere) in ähnlicher Form auch von Privaten verwendet werden.

151

2. Einschränkungen (S. 2)

In den Fällen des § 8 Abs. 2 Nr. 6, 7 und 8 kann sich der Anmelder darauf berufen, daß er zur Eintragung des Zeichens berech-

152

tigt ist, entweder originär oder aufgrund einer wirksamen Gestattung durch den Berechtigten. Ist dies der Fall, spielt es keine Rolle, ob es andere nicht eintragbare Zeichen gibt, die nach den Grundsätzen von § 14 als verwechslungsfähig ähnlich anzusehen wären. Die Notwendigkeit dieser Regelung ergibt sich daraus, daß es aufgrund der historischen Entwicklung der Heraldik zahlreiche amtliche Zeichen gibt, die sich nur in verhältnismäßig untergeordneten Einzelheiten unterscheiden. Neben dieser auf die Zeichenform bezogenen Einschränkung des Eintragungsverbotes enthält Abs. 4 Satz 3 für die Prüf- und Gewährzeichen des Abs. 2 Nr. 7 die weitere Einschränkung, daß diese Schutz nur für Waren oder Dienstleistungen genießen, für die sie „eingeführt" sind. Das sind also nur solche, die überhaupt mit dem Zeichen versehen werden können, also zu der Gruppe von Waren oder Dienstleistungen gehören, die nach den maßgebenden Prüfverfahren beurteilt werden können. Noch weiter geht die Einschränkung hinsichtlich der Kennzeichen internationaler Organisationen von § 8 Abs. 2 Nr. 8. Dort greift das Eintragungshindernis generell dann nicht ein, wenn die Verwechslungsgefahr ausgeschlossen ist. Das kann einerseits durch die weiteren Bestandteile des Zeichens sichergestellt sein, da das Eintragungshindernis des Abs. 2 Nr. 8 grundsätzlich schon dann eingreifen würde, wenn ein mehrgliedriges Zeichen das Zeichen der internationalen Organisation lediglich enthält. Es kann aber auch durch die abweichende Gestaltung des Zeichens selbst geschehen und schränkt damit die in Abs. 4 Satz 1 enthaltene Erweiterung auf „Nachahmungen" wiederum ein.

Vorbemerkungen zu §§ 9–13

I. Überblick zu §§ 9–13

1   §§ 9–13 enthalten die auf **älteren Rechten Dritter** beruhenden Schutzhindernisse für eingetragene Marken. Sie werden im Gegensatz zu den „absoluten" Schutzhindernissen (§ 8) im MarkenG als „relative" Schutzhindernisse bezeichnet. Regelungsgegenstand ist die Kollision eingetragener Marken mit älteren Kennzeichenrechten oder sonstigen Rechten. Ausgehend vom Prioritätsprinzip (§ 6 Rdn. 1 ff.) bestimmen die Kollisionstatbestände der §§ 9–13, unter welchen Voraussetzungen eine eingetragene Marke wegen eines älteren Rechts gelöscht werden kann. Welche Kollisionsregel aus den §§ 9–13 im konkreten Fall anzuwenden ist, richtet sich

nach der Art des **älteren** Rechts: angemeldete oder eingetragene Marke: § 9; notorisch bekannte Marke: § 10; Marke kraft Verkehrsgeltung oder geschäftliche Bezeichnung: § 12; und sonstige ältere Rechte: § 13. Den besonderen Kollisionstatbestand der sogenannten Agentenmarke regelt § 11.

II. Geltendmachung relativer Schutzhindernisse

§§ 9–13 ordnen für sich gesehen nur die materiellrechtliche Löschungsreife der jüngeren Marke an. Die weiteren Rechtsfolgen und die Verfahren zur Durchsetzung der Löschung ergeben sich erst aus anderen Bestimmungen des MarkenG, die auf die §§ 9–13 Bezug nehmen. Danach ist eine Berücksichtigung älterer Rechte Dritter **von Amts wegen** im Eintragungsverfahren nur in dem Ausnahmefall der amtsbekannten älteren notorischen Marke vorgesehen (§§ 10, 37 Abs. 1 und 4). In allen anderen Kollisionsfällen ist die Geltendmachung der Löschungsreife der Initiative des Inhabers des älteren Rechts überlassen. Bei rechtzeitiger Kenntniserlangung kann er die Identität oder Verwechslungsgefahr mit einer älteren angemeldeten, eingetragenen oder notorischen Marke (§§ 9 Abs. 1 Nr. 1 und 2, 10) sowie den Fall der Agentenmarke durch fristgebundenen **Widerspruch** in einem summarischen patentamtlichen Verfahren geltend machen (§§ 42, 43), nicht aber den erweiterten Schutz bekannter Marken nach § 9 Abs. 1 Nr. 3 oder die Löschungsreife wegen nicht eingetragener älterer Rechte (§§ 12, 13). Unabhängig hiervon können alle relativen Schutzhindernisse von dem Inhaber des älteren Rechts durch **Löschungsbewilligungsklage** verfolgt werden (§§ 51, 55), und zwar auch schon vor der Eintragung der jüngeren Marke durch Klage auf Rücknahme der Anmeldung (§ 55 Rdn. 45). Gesetzlich nicht ausdrücklich geregelt, aber unabhängig von Widerspruch oder Löschungsklage möglich ist die Geltendmachung der Löschungsreife der Klagemarke als **Einwand** des Verletzers gegen eine Verletzungsklage (§ 14 Rdn. 20) oder Löschungsklage (§ 55 Rdn. 32).

III. Weitere Kollisionsfolgen

§§ 9–13 regeln mit der Löschungsreife nur einen Ausschnitt der Rechtsfolgen einer Kollision eingetragener Marken mit einem älteren Recht. Alle anderen, nicht die Löschung der jüngeren Marke

§ 9   Angemeldete oder eingetragene Marken

betreffenden Ansprüche aufgrund eines solchen Kollisionsfalles (Unterlassung der Benutzung der jüngeren Marke, Schadensersatz etc.), richten sich nach den für das jeweilige ältere Recht geltenden **Verletzungstatbeständen**; d. h. nach §§ 14–19, soweit es sich um eine Marke oder geschäftliche Bezeichnung handelt, andernfalls nach den Bestimmungen für das jeweilige sonstige Recht (§ 13 Rdn. 1).

IV. Abgrenzung zu anderen Kollisionskonstellationen

4   §§ 9–13 regeln nur Kollisionen, bei denen das **jüngere** Recht eine **eingetragene** Marke ist. In Kollisionsfällen, in denen das jüngere Recht ein anderes Kennzeichenrecht des MarkenG ist (Beispiel: ältere eingetragene Marke gegen jüngeren Firmennamen), finden dagegen die für das jeweilige ältere Recht geltenden Verletzungsvorschriften Anwendung (im Beispielsfall also § 14).

§ 9 Angemeldete oder eingetragene Marken als relative Schutzhindernisse.

(1) Die Eintragung einer Marke kann gelöscht werden,

1. wenn sie mit einer angemeldeten oder eingetragenen Marke mit älterem Zeitrang identisch ist und die Waren oder Dienstleistungen, für die sie eingetragen worden ist, mit den Waren oder Dienstleistungen identisch sind, für die die Marke mit älterem Zeitrang angemeldet oder eingetragen worden ist,

2. wenn wegen ihrer Identität oder Ähnlichkeit mit einer angemeldeten oder eingetragenen Marke mit älterem Zeitrang und der Identität oder der Ähnlichkeit der durch die beiden Marken erfaßten Waren oder Dienstleistungen für das Publikum die Gefahr von Verwechslungen besteht, einschließlich der Gefahr, daß die Marken gedanklich miteinander in Verbindung gebracht werden, oder

3. wenn sie mit einer angemeldeten oder eingetragenen Marke mit älterem Zeitrang identisch oder dieser ähnlich ist und für Waren oder Dienstleistungen eingetragen worden ist, die nicht denen ähnlich sind, für die die Marke mit älterem Zeitrang angemeldet oder eingetragen worden ist, falls es sich bei der Marke mit älterem Zeitrang um eine im Inland bekannte Marke handelt und die Benutzung der eingetragenen Marke die Unterscheidungskraft oder die Wertschätzung der bekannten Marke ohne rechtfertigenden Grund in unlauterer Weise ausnutzen oder beeinträchtigen würde.

(2) **Anmeldungen von Marken stellen ein Eintragungshindernis im Sinne des Absatzes 1 nur dar, wenn sie eingetragen werden.**

Inhaltsübersicht

	Rdn.
I. Allgemeines	1–4
1. Überblick	1
2. Früheres Recht	2
3. MRRL	3
4. Gemeinschaftsmarkenrecht	4
II. Anwendungsbereich	5–8
1. Zu löschende Marke	5
2. Entgegenstehendes Recht	6
3. Älterer Zeitrang	7, 8
III. Kollisionstatbestände (Verweisung)	9
IV. Rechtsfolgen	10–14
1. Löschung der jüngeren Eintragung	10
2. Teillöschung	11
3. Einrede der Löschungsreife	12
4. Aussetzung bis zur Eintragung älterer Markenanmeldung	13
5. Anspruch auf Rücknahme/Unterlassung einer Markenanmeldung	14

Literatur: S. die Nachweise zu § 14.

I. Allgemeines

1. Überblick

§ 9 betrifft den häufigen Kollisionsfall des Zusammentreffens einer eingetragenen Marke mit einer älteren eingetragenen oder angemeldeten Marke. § 9 Abs. 1 normiert drei Löschungstatbestände: Identität der Marken hinsichtlich Zeichen und Waren/Dienstleistungen (Nr. 1), Verwechslungsgefahr wegen Ähnlichkeit der Zeichen und Waren/Dienstleistungen (Nr. 2), unlautere Ausnutzung oder Beeinträchtigung einer „bekannten" Marke durch eine für nicht ähnliche Waren/Dienstleistungen bestimmte identische/ähnliche Marke (Nr. 3). § 9 Abs. 2 stellt klar, daß eine noch nicht zur Eintragung gelangte ältere Markenanmeldung nur unter dem Vorbehalt ihrer späteren Eintragung einen Löschungsgrund darstellt. Als rein registerrechtliche Regelung erfaßt § 9 nur die Auswirkungen der Kollision auf die Eintragung der jüngeren Marke, während Grundlage für alle weiteren durch den Kollisionsfall begründeten

Ansprüche des Inhabers der älteren Marke der Verletzungstatbestand des § 14 ist, der in seinem Abs. 2 auf dieselben drei Kollisionstatbestände abstellt wie § 9 Abs. 1. Die Anmeldung einer kollidierenden jüngeren Marke begründet stets auch einen Anspruch auf Unterlassung ihrer Benutzung (Vor §§ 14–29 Rdn. 26).

2. Früheres Recht

2   Im Vergleich zu den Löschungs- und Widerspruchsgründen des WZG wegen älterer Rechte (§§ 11 Abs. 1 Nr. 1, 5 Abs. 4 Nr. 1 iVm § 31 WZG) enthält § 9 ebenso wie § 14 zwei wesentliche Änderungen der Markenrechtsreform: den neu definierten Verwechslungstatbestand und die markenrechtliche Kodifikation des früher nur außerkennzeichenrechtlich möglichen Schutzes bekannter Marken auch jenseits der Waren/Dienstleistungsähnlichkeit. Beide Änderungen sind zu § 14 erläutert.

3. MRRL

3   § 9 Abs. 1 Nr. 1 und 2 sowie Abs. 2 setzen die obligatorischen Vorgaben des Art. 4 Abs. 1, Abs. 2 lit. a ii, lit. c MRRL in der Alternative der Ungültigerklärbarkeit so gut wie wörtlich um (hierzu § 14). § 9 Abs. 1 Nr. 3 macht von der Option des Art. 4 Abs. 4 lit. a MRRL Gebrauch.

4. Gemeinschaftsmarkenrecht

4   Die § 9 inhaltlich entsprechende Kollisionsregelung für das Verhältnis älterer Gemeinschaftsmarken zu jüngeren Gemeinschaftsmarkenanmeldungen und jüngeren nationalen Markenanmeldungen findet sich in Art. 8 Abs. 1, Abs. 2 lit. a, b, Abs. 5 GMVO.

II. Anwendungsbereich

1. Zu löschende Marke

5   Die Löschungsgründe des § 9 gelten für alle eingetragenen deutschen Marken sowie als Schutzverweigerungs- bzw. Schutzentziehungsgründe auch für IR-Marken mit Schutz in Deutschland (§§ 107, 119, 124). Bei vor dem 1. 1. 1995 eingetragenen Warenzeichen und Dienstleistungsmarken sowie bereits vor dem 1. 1. 1995 für Deutschland registrierten IR-Marken muß nach der Meistbegünstigungsregel des § 163 Abs. 1 zusätzlich auch der Löschungs-

Angemeldete oder eingetragene Marken § 9

tatbestand nach altem Recht (§ 11 Abs. 1 Nr. 1 WZG) verwirklicht sein. In Widerspruchsverfahren gegen solche Altmarken ist die Übergangsregelung des § 158 zu beachten.

2. Entgegenstehendes Recht

Als ältere Rechte kommen neben eingetragenen deutschen Marken auch die in Deutschland Schutz genießenden IR-Marken (§§ 112, 116, 124) in Betracht. Auch ältere Anmeldungen deutscher Marken können bereits die Löschungsreife begründen, gemäß § 9 Abs. 2 allerdings nur unter dem Vorbehalt ihrer eigenen späteren Eintragung. Dies gilt auch für bereits vor dem 1. 1. 1995 begründete ältere Rechte dieser Art (§ 152). Angemeldete oder eingetragene Gemeinschaftsmarken sind über § 125b Nr. 1 gleichgestellt.   6

3. Älterer Zeitrang

Der Zeitrang richtet sich gem. § 6 Abs. 2 grundsätzlich nach dem **Anmeldetag** (§ 33) oder gegebenenfalls einem früheren **Prioritätstag** (§§ 34, 35). Bei gleichem Zeitrang ist keines der Zeichen löschungsreif (§ 6 Abs. 3). Bei IR-Marken (und bei aus IR-Marken umgewandelten deutschen Marken: § 125) ist der **Tag der internationalen Registrierung** (Art. 3 Abs. 4 MMA, Art. 3 Abs. 4 MMP) bzw. der nachträglichen Schutzerstreckung (Art. 3ter Abs. 2 MMA, Art. 3ter Abs. 2 MMP) maßgeblich (§§ 112, 124), gegebenenfalls ein früherer Prioritätstag (Art. 4 Abs. 2 MMA, Art. 4 Abs. 2 MMP, iVm Art. 4 PVÜ). Zum Zeitrang von Gemeinschaftsmarken s. Art. 27, 29–35 GMVO und hierzu *Ingerl*, Die Gemeinschaftsmarke, S. 45 ff.   7

Der Inhaber einer IR-Marke kann außerdem berechtigt sein, sich auf die **Priorität einer älteren identischen deutschen Paralleleintragung** zu berufen, denn so wird **Art. 4bis MMA** in ständiger Praxis des DPA angewendet. Bedeutung hat dies insbesondere dann, wenn die deutsche Markeneintragung zwischenzeitlich gelöscht worden ist. Auch dann gilt ihre Priorität für die IR-Marke weiter. Normzweck des Art. 4bis MMA war ursprünglich allein die Vermeidung von Nachteilen in Verbandsstaaten, in denen Doppelregistrierungen unzulässig sind. Das deutsche Recht läßt aber Doppelregistrierungen uneingeschränkt zu, so daß für eine Anwendung des Art. 4bis MMA eigentlich keine Notwendigkeit bestand (ebenso zum WZG B/S Art. 4bis MMA Rdn. 4 mwN). In Art. 4bis MMP findet sich dieselbe Regelung in präzisierter Fassung. Der   8

Inhaber soll davon entbunden werden, auch die nationale Markeneintragung aufrechterhalten zu müssen, um sich auf ihre Priorität berufen zu können (vgl. zur selben Problematik bei Gemeinschaftsmarken § 125c). Gefährlich ist daran, daß der Registereintragung der IR-Marke die Möglichkeit der Inanspruchnahme einer früheren nationalen Priorität nicht zu entnehmen ist. Ist das nationale Recht untergangen, entzieht sich die frühere Priorität der IR-Marke den herkömmlichen Recherchemöglichkeiten, da die gelöschte Eintragung als nicht mehr relevant erscheint.

III. Kollisionstatbestände (Verweisung)

9   Die drei Kollisionstatbestände des § 9 Abs. 1 entsprechen den für alle Markenarten geltenden drei Verletzungstatbeständen des § 14 Abs. 2. Die für das gesamte Markenrecht zentralen Schutztatbestände „**Identität**", „**Verwechslungsgefahr**" und „**Ausnutzung/Beeinträchtigung bekannter Marke**" sind einheitlich auszulegen und bei der weiterreichenden Norm des § 14 auch im Hinblick auf § 9 kommentiert. Bei der Anwendung des § 9 Abs. 1 Nr. 1 und 2 im Widerspruchsverfahren sind allerdings die bei § 42 Rdn. 42 ff. dargestellten verfahrensrechtlichen Besonderheiten zu beachten, die ggf. auch zu einer abweichenden Entscheidung des Widerspruchsverfahrens im Vergleich zu einer dieselbe Kollision betreffenden Löschungsklage oder Verletzungsklage führen können. Die materiellrechtliche Übereinstimmung der Löschungs- und Verletzungstatbestände läßt dies unberührt.

IV. Rechtsfolgen

1. Löschung der jüngeren Eintragung

10   Unmittelbare Rechtsfolge nach § 9 ist zunächst nur die traditionell als „Löschungsreife" bezeichnete bloße Möglichkeit der Löschung. Diese haftet der Marke an, entfaltet aber erst bei Geltendmachung durch den Inhaber der älteren Marke Wirkungen. Eine **von Amts wegen** erfolgende Berücksichtigung älterer Marken vor der Eintragung des jüngeren Zeichens oder eine nachträgliche Löschung von Amts wegen kennt das MarkenG in den Fällen des § 9 nicht. Der korrespondierende individuelle **Löschungsanspruch** des Inhabers des älteren Rechts und das gerichtliche Klageverfahren

zu seiner Durchsetzung ergeben sich aus §§ 51 und 55. In den Kollisionsfällen nach § 9 Abs. 1 Nr. 1 und 2 kann der Inhaber der älteren Marke die Löschung auch im **Widerspruchsverfahren** (§ 42 Abs. 2 Nr. 1) erreichen, in dem in der Praxis die weitaus größte Zahl von Kollisionsfällen entschieden wird. Dagegen ist der Löschungsgrund des § 9 Abs. 1 Nr. 3 wegen seiner mit dem summarischen Charakter des Widerspruchsverfahrens vermeintlich unvereinbaren Komplexität vom deutschen Gesetzgeber nicht als Widerspruchsgrund zugelassen worden (vgl. § 42 Abs. 2 Nr. 1; Amtl. Begr. 2. Abs. zu § 42) und kann daher nur mit der Löschungsklage nach §§ 51, 55 geltend gemacht werden. Handelt es sich bei der jüngeren Marke um eine IR-Marke, so tritt an die Stelle der Löschung im Widerspruchsverfahren die auf Deutschland beschränkte Schutzverweigerung (§ 114 Abs. 3) und im Klageverfahren die Schutzentziehung (§ 115 Abs. 1).

2. Teillöschung

Betrifft die Kollision nur einen Teil der Waren/Dienstleistungen der jüngeren Marke, so beschränkt sich auch die Löschungsreife hierauf (§§ 43 Abs. 2, 51 Abs. 5). **11**

3. Einrede der Löschungsreife

Im Verletzungs- und Löschungsprozeß kann die Löschungsreife der Klagemarke einredeweise (§ 14 Rdn. 20, § 55 Rdn. 32) oder durch Widerklage auf Löschung geltend gemacht werden. Demgegenüber kann die Löschungsreife des Widerspruchszeichens im Widerspruchsverfahren nicht eingewendet werden, sondern muß durch Widerspruchsrücknahme-, Eintragungsbewilligungs- oder Löschungsklage gegen die Widerspruchsmarke vorgegangen werden (§ 43 Rdn. 32). **12**

4. Aussetzung bis zur Eintragung älterer Markenanmeldung

Über ein Löschungsbegehren, das auf eine kollidierende ältere Markenanmeldung gestützt ist, darf nach § 9 Abs. 2 nicht abschließend entschieden werden, solange die Anmeldung noch nicht zur Eintragung geführt hat. Das Widerspruchs-/Löschungsverfahren ist auszusetzen, bis die Eintragung erfolgt oder rechtskräftig zurückgewiesen ist (§§ 43 Rdn. 45). **13**

5. Anspruch auf Rücknahme/Unterlassung einer Markenanmeldung

14 Die Ausgestaltung des § 9 als nachträglicher Löschungstatbestand steht einer noch vor der Eintragung des jüngeren Zeichens erhobenen Klage des Inhabers der älteren Marke auf Rücknahme der Markenanmeldung nicht entgegen (§ 55 Rdn. 45). Bei rechtzeitiger Kenntniserlangung von einer bevorstehenden Anmeldung kann er sogar schon vor ihrer Einreichung Unterlassungsklage erheben (§ 55 Rdn. 46).

§ 10 Notorisch bekannte Marken

(1) **Von der Eintragung ausgeschlossen ist eine Marke, wenn sie mit einer im Inland im Sinne des Artikels 6bis der Pariser Verbandsübereinkunft notorisch bekannten Marke mit älterem Zeitrang identisch oder dieser ähnlich ist und die weiteren Voraussetzungen des § 9 Abs. 1 Nr. 1, 2 oder 3 gegeben sind.**

(2) **Absatz 1 findet keine Anwendung, wenn der Anmelder von dem Inhaber der notorisch bekannten Marke zur Anmeldung ermächtigt worden ist.**

Literatur: S. die Nachweise zu § 14 Rdn. 453.

I. Allgemeines

1. Überblick

1 § 10 verleiht den in Deutschland iSd Art. 6bis PVÜ notorisch bekannten Marken (§ 4 Nr. 3) unabhängig davon, ob sie selbst eingetragen sind, die Wirkung eines Schutzhindernisses gegenüber jüngeren Marken, wenn einer der drei entsprechend anwendbaren Kollisionstatbestände des § 9 gegeben ist. § 10 ist schon im Eintragungsverfahren von Amts wegen zu beachten, wenn die Notorietät amtsbekannt ist und ein Fall der Kollision wegen Identität oder Verwechslungsgefahr vorliegt (§ 37 Abs. 1, 4).

2. Früheres Recht

2 Im WZG war die ältere notorische Marke als von Amts wegen zu berücksichtigendes absolutes Eintragungshindernis anerkannt (§ 4 Abs. 2 Nr. 5, Abs. 5 WZG), das als Löschungsgrund von Amts wegen (§ 10 Abs. 2 Nr. 2 WZG) oder auf Klage (§ 11 Abs. 1 Nr. 3

WZG), nicht jedoch durch Widerspruch geltend gemacht werden konnte.

3. MRRL

§ 10 Abs. 1 setzt Art. 4 Abs. 2 lit. d MRRL um und trägt damit gleichzeitig Art. 6bis PVÜ Rechnung. § 10 Abs. 2 macht von der Option nach Art. 4 Abs. 5 MRRL Gebrauch. 3

4. Gemeinschaftsmarkenrecht

Die in einem Mitgliedstaat notorisch bekannte Marke ist gegenüber jüngeren Gemeinschaftsmarkenanmeldungen ein relatives Eintragungshindernis gem. Art. 8 Abs. 1, 2 lit. c GMVO. 4

II. Voraussetzungen

Die notorisch bekannte Marke genießt Markenschutz gemäß § 4 Nr. 3, siehe dort Rdn. 23 f. zu den Schutzvoraussetzungen im einzelnen. Die Bezugnahme auf die PVÜ gilt nur für den Begriff der Notorietät, nicht auch für die weiteren Voraussetzungen des Art. 6bis Abs. 1 PVÜ (*Piper* GRUR 1996, 432; *Sack* GRUR 1995, 92; *Kur* GRUR 1994, 330, 335). § 10 Abs. 2 beseitigt das Eintragungshindernis wenn der Inhaber der notorischen Marke den Anmelder ermächtigt hat. Die Ermächtigung kann auch noch nach Einreichung der Anmeldung bis zur rechtskräftigen Zurückweisung erteilt werden. Bei Beanstandung von Amts wegen (§ 37 Abs. 4) ist die Ermächtigung dem DPA nachzuweisen. Als Löschungstatbestand richtet sich § 10 nur gegen eingetragene Marken. Ist die Eintragung noch nicht erfolgt, kann der Inhaber der älteren notorisch bekannten Marke Rücknahmeklage erheben (§ 55 Rdn. 45). Der umgekehrte Kollisionsfall – ältere eingetragene Marke gegen jüngere notorisch bekannte Marke – ist im MarkenG nicht ausdrücklich geregelt; dem Inhaber der älteren Marke steht in diesem Falle gegen die Benutzung der notorischen Marke das Untersagungsrecht des § 14 iVm dem Prioritätsprinzip zu. 5

III. Rechtsfolgen

Rechtsfolge des § 10 ist zunächst nur die materiellrechtliche, unter den Voraussetzungen des § 37 Abs. 1, 4 im Eintragungsverfahren **von Amts wegen** zu beachtende Löschungsreife. Die Gel- 6 tendmachung durch **Widerspruch** ist bei Identität oder Verwechslungsgefahr eröffnet (§ 42 Abs. 2 Nr. 2). Der alle drei Kollisionstatbestände umfassende **Löschungsanspruch** und seine Durchsetzung durch Klage ergeben sich aus §§ 51 und 55. Die in Art. 6bis Abs. 2/3 PVÜ fakultativ vorgesehene Frist zur Geltendmachung hat der deutsche Gesetzgeber nicht eingeführt. Dies schließt eine zeitliche Begrenzung nach Verwirkungsgrundsätzen nicht aus. Im Verletzungsprozeß ist auch die einredeweise Geltendmachung möglich (§ 14 Rdn. 20). Weitergehende Ansprüche, insbesondere auf Unterlassung der Benutzung der jüngeren Marke, richten sich nach den allgemeinen Verletzungsvorschriften der §§ 14, 18, 19, die auch für die notorische Marke gelten.

IV. Verhältnis zu § 8 Abs. 2 Nr. 4

7 §§ 37 Abs. 1, 4 iVm 10 haben als speziellere Regelung Vorrang gegenüber dem absoluten Eintragungshindernis der Täuschungseignung. Die Kollision mit einer älteren notorischen Marke als solche ist daher kein absolutes Eintragungshindernis (*Fezer* § 10 Rdn. 6) und damit auch kein Grund für das patentamtliche Löschungsverfahren nach §§ 50, 54.

§ 11 Agentenmarken

Die Eintragung einer Marke kann gelöscht werden, wenn die Marke ohne die Zustimmung des Inhabers der Marke für dessen Agenten oder Vertreter eingetragen worden ist.

Inhaltsübersicht

		Rdn.
I.	Allgemeines	1–4
	1. Überblick	1
	2. Früheres Recht	2
	3. MRRL	3
	4. Gemeinschaftsmarkenrecht	4
II.	Normzweck	5, 6
III.	Voraussetzungen	7–21
	1. Agent oder Vertreter	7
	2. Maßgeblicher Zeitpunkt	8–11
	3. Eingetragene Agentenmarke	12

Agentenmarken **§ 11**

	Rdn.
4. Ältere Marke des Geschäftsherrn	13–18
a) Markenrecht	14
b) Priorität	15
c) Schutzgebiet	16
d) Übereinstimmung der Marken	17
e) Kenntnis des Agenten	18
5. Ohne Zustimmung	19, 20
6. Rechtfertigung	21
IV. Löschungsreife	22
V. Rechtsnachfolge	23, 24
1. Agent	23
2. Geschäftsherr	24
VI. Verhältnis zu anderen Bestimmungen	25–27
1. § 50 Abs. 1 Nr. 4	25
2. § 1 UWG	26
3. Vertragliche Ansprüche	27

I. Allgemeines

1. Überblick

§ 11 schützt den Inhaber einer inländischen oder ausländischen **1** Marke zusammen mit § 17 vor Markeneintragungen, die eigenmächtig von einem seiner Agenten oder Vertreter für Deutschland veranlaßt wurden. §§ 11, 17 erfüllen die Verpflichtung nach **Art. 6^{septies} PVÜ**, gelten aber darüber hinaus auch für reine Inlandsfälle, sind also anders als die Konventionsregelung nicht auf Fälle beschränkt, in denen mindestens zwei Verbandsländer betroffen sind (Amtl. Begr. zu § 11). § 11 selbst ordnet nur die Löschungsreife einer derartigen „Agentenmarke" an. Der korrespondierende Löschungsanspruch folgt aus §§ 51 und 55. Eine amtsseitige Berücksichtigung im Eintragungsverfahren kennt das MarkenG nicht. Der Geschäftsherr kann aber bei rechtzeitiger Kenntniserlangung Widerspruch gegen die Eintragung der Agentenmarke erheben (§ 42 Abs. 2 Nr. 3). Ansprüche auf Unterlassung, Schadensersatz, Vernichtung und Auskunft sowie vor allem Übertragung der Agentenmarke begründen §§ 17 iVm 18, 19.

2. Früheres Recht

Der Löschungsgrund nach §§ 5 Abs. 4 Nr. 2, 11 Abs. 1 Nr. 1a **2** WZG beschränkte sich entsprechend der Konventionsverpflichtung nach Art. 6^{septies} PVÜ auf den Schutz der Inhaber ausländischer Zeichenrechte, enthielt eine eigene Definition des Agenturverhältnisses und setzte Warengleichartigkeit voraus.

3. MRRL

3 Die MRRL enthält keine Regelung der Agentenmarke. Soweit § 11 der Erfüllung von PVÜ-Verpflichtungen dient, bleibt die Bestimmung von der MRRL unberührt (12. ErwGr), soweit sie darüber hinausgeht, ist sie als nicht harmonisierter Ungültigkeitsgrund zulässig (7. ErwGr).

4. Gemeinschaftsmarkenrecht

4 Auch im Gemeinschaftsmarkenrecht ist der Schutz des Geschäftsherrn gemäß den Vorgaben des Art. 6^{septies} PVÜ ausgestaltet. Dem § 11 entspricht das relative Eintragungshindernis nach Art. 8 Abs. 3 GMVO, wobei dort die in Art. 6^{septies} Abs. 1 PVÜ vorgesehene Möglichkeit einer Rechtfertigung des Agentenverhaltens ausdrücklich erwähnt ist.

II. Normzweck

5 Der besondere Schutz des Markeninhabers vor dem „agent illoyal" beruht auf der Vorstellung einer auch ohne ausdrückliche Vereinbarung geltenden, **statusimmanenten Verpflichtung** des Agenten/Vertreters (im folgenden „Agent") **zur Wahrnehmung der Interessen des Geschäftsherrn**. Der Agent soll sich nicht eigenmächtig ein Kennzeichenrecht aneignen, das der Geschäftsherr zumindest in einem anderen Land früher für sich in Anspruch genommen hat und das typischerweise gerade erst durch die Vertretungsübernahme für den Agenten von Interesse ist. Den klassischen Anwendungsbereich werden auch weiterhin Auseinandersetzungen anläßlich der Beendigung von Vertriebsverträgen zwischen ausländischen Herstellern/Lieferanten und inländischen Vertriebspartnern bilden, bei denen eine nicht selten heimlich angemeldete Inlandsmarke entweder als bloßes Druckmittel im Streit um die Vertragsbeendigung eingesetzt wird oder aber zur Kennzeichnung von Produkten dienen soll, die nicht mehr vom Geschäftsherrn stammen, sondern vom Agenten in eigener Regie unter Überleitung der erlangten Marktstellung vertrieben werden.

Trotz der nicht zu verkennenden Mißbrauchsgefahren bei Agentenverhältnissen ist die heutige **Berechtigung eines derartigen gesetzlichen Sonderschutzes fraglich.** Der Geschäftsherr hat es ohne weiteres in der Hand, seine Interessen entweder durch rechtzeitige eigene Markenanmeldungen oder durch vertragliche Regelung mit seinem Agenten eigenverantwortlich zu wahren. Unterläßt er dies, verdient er keine Privilegierung gegenüber anderen ausländischen Herstellern, die ihre Geschäftstätigkeit ohne Markenschutz auf das Inland ausdehnen und sich gegen Anmeldungen ihrer eigenen Marken durch Dritte nur nach den allgemeinen Vorschriften, insbesondere des Wettbewerbsrechts, wehren können (Vor §§ 14–19 Rdn. 100 ff.). Erst recht fragwürdig ist daher die in der Amtl. Begr. nicht weiter gerechtfertigte gesetzliche Erweiterung auf Inlandskollisionen. Sie ist allerdings mit dem allgemeinen Bedürfnis begründbar, den Gleichlauf mit dem Gemeinschaftsmarkenrecht herzustellen.

III. Voraussetzungen

1. Agent oder Vertreter

Eine Definition des Agenten oder Vertreters enthält das MarkenG nicht mehr, sondern kehrt zur Terminologie des Art. 6^{septies} PVÜ zurück, die wirtschaftlich, nicht rechtlich zu verstehen ist (*Bauer* GRUR 1971, 499). Eine inhaltliche Änderung gegenüber der früheren Legaldefinition gem. §§ 5 Abs. 4 Nr. 2, 11 Abs. 1 Nr. 1a WZG ist damit nicht verbunden. Ausreichend ist nach wie vor **jedes Vertragsverhältnis, das zur Wahrnehmung der Interessen des Geschäftsherrn im geschäftlichen Verkehr verpflichtet.** Den früher beispielhaft im WZG genannten Arbeitsverhältnissen kam bisher praktisch keine Bedeutung zu. Typische Anwendungsbeispiele sind vielmehr Handelsvertreter und Vertragshändler. Bei letzteren kann der Übergang zu den – bewußt nicht in Art. 6^{septies} PVÜ einbezogenen (vgl. *Moser v. Filseck* GRUR 1959, 86) – bloßen Kunden fließend sein. Erforderlich ist eine **über den bloßen Güteraustausch hinausgehende Geschäftsbeziehung,** die dem Händler beim Weitervertrieb Bindungen im Interesse des Lieferanten auferlegt, ohne daß er Alleinvertreter sein müßte. Auch Lizenzhersteller unterliegen regelmäßig derartigen Interessenbindungen, so daß ihre Einbeziehung geboten ist, mögen sie auch üblicherweise nicht als Agenten oder Vertreter im engeren Sinne bezeichnet werden (ebenso *Bauer* GRUR Int. 1971, 500). Die Verpflichtung zur Interessenwahrnehmung muß nicht im Mittelpunkt der vertraglichen Beziehungen stehen. Es genügt eine entsprechende Nebenpflicht (aA DPA Mitt. 1985, 239).

2. Maßgeblicher Zeitpunkt

8   Entgegen dem irrigerweise auf die Eintragung abstellenden Wortlaut des § 11 muß für das Vorliegen des Agentenverhältnisses grdsl der **Zeitpunkt der Anmeldung** der Marke maßgeblich sein (ebenso *Sack* GRUR 1995, 97), wie dies auch Art. 6^{septies} PVÜ verlangt. Die Neufassung verkennt, daß die Pflichtverletzung des Agenten in der Anmeldung besteht, während die Eintragung ein behördlicher Vorgang mit eher zufälligem Zeitpunkt ist.

9   Ihrem Wortlaut nach erfassen §§ 11 und 17 auch **vor Beginn des Agentenverhältnisses** beantragte Marken, wenn die Eintragung nach Begründung des Agentenverhältnisses erfolgt. Richtigerweise ist jedoch zu differenzieren. Gerechtfertigt ist dies nur dann, wenn das spätere Agentenverhältnis zur Zeit der Anmeldung bereits angebahnt war, so daß eine heimliche Anmeldung letztlich vorvertragliche Pflichten verletzte. Demgegenüber sollte eine im Zeitpunkt der Einreichung vollständig makellose Anmeldung nicht nachträglich der Löschungsreife unterworfen werden. Dagegen spricht schon, daß sie bei zufällig früherer Eintragung keinem Löschungsanspruch ausgesetzt gewesen wäre. Vor allem aber würde dadurch der aus dem Prioritätsprinzip folgende, für §§ 9, 10, 12, 13 durchgängig geltende Grundsatz durchbrochen, daß relative Hindernisse der Eintragung nur entgegenstehen können, wenn sie bereits im Anmeldezeitpunkt vorlagen. Der Geschäftsherr würde entgegen der eigentlichen Schutzfunktion des § 11 in die Lage versetzt, sich durch Vertragsabschlüsse mit Handelspartnern ungerechtfertigt deren Zeichen anzueignen (vgl. *Bauer* GRUR Int. 1971, 502). Es muß daher genügen, den Geschäftsherrn in derartigen Fällen über das Vertragsrecht (zB Verschweigen der anhängigen Anmeldung bei Vertragsschluß als cic) und Wettbewerbsrecht vor Fällen des echten Mißbrauchs der so vom Agenten erlangten Marke zu schützen. Auch die Diskrepanz zum Wortlaut des Art. 8 Abs. 3 GMVO spricht insoweit für eine Korrektur des § 11.

10 **Nach Beendigung des Agentenverhältnisses** eingereichte Anmeldungen sollen nach der Amtl. Begr. zu § 11 erfaßt sein, „soweit dies noch als Verstoß gegen fortwirkende Verpflichtungen aus

dem früheren Vertragsverhältnis angesehen werden kann". Der Gesetzeswortlaut zwingt nicht zu dieser Auslegung (krit. *Ingerl/Rohnke* NJW 1994, 1252; ebenso zum WZG BPatG Bl. 1992, 111 Ls.), die letztlich nur mit pragmatischen Erwägungen (häufige Anmeldung unmittelbar nach Vertragskündigung) zu rechtfertigen ist (zB *Bauer* S. 248 und *Bauer* GRUR Int. 1971, 501 zur PVÜ).

§ 11 gilt auch bei Anmeldung der Marke im Namen eines auf Veranlassung des Agenten nach dessen Weisungen handelnden **Strohmanns**. Dazu gehören auch die Fälle der Anmeldung auf Personen aus dem Umfeld des Agenten, wie zB Gesellschafter, Geschäftsführer (ebenso *Fezer* § 11 Rdn. 11) und vor allem verbundene Unternehmen.

3. Eingetragene Agentenmarke

Als Löschungstatbestand richtet sich § 11 nur gegen eingetragene Marken. Ist die Eintragung noch nicht erfolgt, kann der Geschäftsherr den Agenten auf Rücknahme der Anmeldung in Anspruch nehmen (s. § 17 Rdn. 17). Zum Schutz des Geschäftsherrn gegen durch Benutzung erlangte Marken eines Agenten s. § 17 Rdn. 21 ff.

4. Ältere Marke des Geschäftsherrn

§ 11 setzt voraus, daß der Geschäftsherr „Inhaber **der** Marke" ist. Diese Formulierung ist mißglückt. Nachdem Inhaberschaft nicht an Marken iSv Zeichen möglich ist, sondern sich nur auf ein Marken**recht** beziehen kann, erweckt der Wortlaut den widersinnigen Eindruck, als ob die Inhaberschaft an demjenigen Markenrecht bestehen müsse, das der Agent erlangt hat. In Wirklichkeit geht es aber um zwei verschiedene Marken(rechte). Wesentlich treffender war daher die frühere Formulierung in § 5 Abs. 4 Nr. 2 WZG „... Rechte an einem mit dem angemeldeten Zeichen übereinstimmenden Zeichen ...".

a) Markenrecht. Der Geschäftsherr muß Inhaber einer Marke, nicht nur eines andersartigen Kennzeichenrechts sein. Durch Benutzung oder Notorietät nach dem jeweils anwendbaren Recht erlangter Markenschutz genügt (vgl. Amtl. Begr. 2. Abs. zu § 11). Der eindeutige Wortlaut läßt keine Ausdehnung auf den häufigen Fall zu, daß der Agent den nirgendwo als Marke eingetragenen Firmennamen des ausländischen Geschäftsherrn für sich als Marke eintragen läßt. In der Regel wird sich der Geschäftsherr gegenüber einer solchen Marke aber auf ein eigenes älteres, weil spätestens zB durch die Geschäftskorrespondenz mit dem Agenten (BGH GRUR 1980, 114, 115 – *Concordia* mwN) oder sogar durch den Agenten selbst als seinem Repräsentanten (BGH GRUR 1994, 652 – *Virion* mwN) begründetes inländisches Unternehmenskennzeichen berufen können (s. allg. § 5 Rdn. 34).

15 **b) Priorität.** Die Marke des Geschäftsherrn muß über einen **besseren Zeitrang** verfügen als die für den Agenten eingetragene Marke. Bei Art. 6^{septies} Abs. 1 PVÜ ergibt sich dies daraus, daß der Geschäftsherr bereits im Zeitpunkt der Beantragung der Agentenmarke „Inhaber einer Marke" sein muß (aA o. Begr. *Bauer* GRUR Int. 1971, 500: im Zeitpunkt der Eintragung oder Benutzung). Der anders als Art. 8 Abs. 3 GMVO fehlerhaft auf die Zustimmung zur Eintragung abstellende § 11 (vgl. unten Rdn. 19) bringt dies nicht zum Ausdruck. Jedoch verdient ein Geschäftsherr, der sich erst nach seinem Agenten um die Erlangung von Markenschutz kümmert, nicht den besonderen markenrechtlichen Schutz der §§ 11, 17. Er ist auf die allgemeinen Regeln des Vertrags- und Wettbewerbsrechts zu verweisen. Der Wortlaut des Art. 6^{septies} Abs. 1 PVÜ darf allerdings nicht zu eng verstanden werden. Beruft sich der Geschäftsherr auf eine eingetragene Marke, so genügt es, wenn er im Zeitpunkt der Agentenanmeldung **Inhaber einer Anmeldung** war, die dann spätestens im Zeitpunkt der Geltendmachung des § 11 zur Eintragung geführt hat. Die kaum beeinflußbare Bearbeitungsdauer bis zur Eintragung darf nicht zu Lasten des Geschäftsherrn gehen.

16 **c) Schutzgebiet.** Wo und in welchem **geographischen Umfang** der Markenschutz des Geschäftsherrn besteht, ist **bedeutungslos**. Der Schutz nur im Ausland ist gerade der typische Anwendungsfall nach Art. 6^{septies} PVÜ. Es muß sich nicht um das Heimatland des Geschäftsherrn handeln. Als Beispiel für einen **reinen Inlandssachverhalt** nennt die Amtl. Begr. den Fall, daß der Geschäftsherr im Inland über eine durch Benutzung erlangte Marke verfügt. Löschung, Unterlassung und Schadensersatz kann der Geschäftsherr in diesem Falle aber regelmäßig schon kraft seiner älteren Marke unabhängig von §§ 11, 17 verlangen. § 11 erweitert die Rechtsstellung des Geschäftsherrn in diesem Fall nur um die Widerspruchsmöglichkeit nach 42 Abs. 2 Nr. 3 (und iVm § 17 Abs. 1 um den Übertragungsanspruch). Größere Bedeutung kommt § 11 zu, wenn der durch Verkehrsgeltung erworbene inländische Markenschutz des Geschäftsherrn regional beschränkt ist (s. § 4 Rdn. 18) und damit nach § 12 keinen Löschungsanspruch verschafft, so daß

Agentenmarken **§ 11**

erst § 11 die Löschung der Agentenmarke gem. §§ 51, 55 ermöglicht (und § 17 Abs. 2 einen bundesweiten Untersagungs- und Schadensersatzanspruch begründet).

d) Übereinstimmung der Marken. § 11 scheint ähnlich wie 17 Art. 6^{septies} Abs. 1 PVÜ nur von identischen Marken zu sprechen. Schon das WZG erstreckte den Schutz auf nicht identische, aber verwechselbare Agentenmarken und den gesamten Bereich der Warengleichartigkeit (§§ 5 Abs. 4 Nr. 2, 11 Abs. 1 Nr. 1a iVm 31 WZG; vgl. *Bauer* GRUR Int. 1971, 501; *B/S* Art. 6^{septies} Abs. 1 PVÜ Rdn. 1, § 5 WZG Rdn. 43). Im MarkenG verweist nun § 17 Abs. 2 für den Unterlassungsanspruch des Geschäftsherrn auf „eine Benutzung im Sinne des § 14", wodurch nicht nur verwechselbare, sondern sogar nur in den erweiterten Schutzbereich des § 14 Abs. 2 Nr. 3 fallende Agentenmarken erfaßt sein sollen (so Amtl. Begr. zu § 17). Aus dieser Verweisung Rückschlüsse für den Geltungsbereich des § 11 abzuleiten, könnte aber insoweit ein Zirkelschluß sein, als § 17 Abs. 2 seinerseits zunächst auf die Voraussetzungen des § 11 verweist. In § 11 selbst fehlt aber anders als etwa bei § 10 gerade die Verweisung auf die Kollisionstatbestände des § 9. Andererseits würde eine Beschränkung des § 11 auf identische Agentenmarken den Schutz entgegen der Absicht des Gesetzgebers weitgehend entwerten und dürfte ungeachtet des ebenfalls auslegungsbedürftigen Wortlautes der PVÜ nicht mehr konventionskonform sein. Für eine „Zwischenlösung", d. h. Anwendung auf identische und geringfügig abgewandelte Zeichen, fehlen jegliche aus dem Gesetz ableitbare Kriterien. Die Regelungslücke kann daher letztlich sinnvoll doch nur durch **entsprechende Anwendung der Kollisionstatbestände des § 9 Abs. 1** geschlossen werden. Andernfalls könnte der Geschäftsherr durch eine nur ähnliche Agentenmarke dauerhaft daran gehindert werden, inländischen Markenschutz zu erlangen. Damit hat auch der Sonderschutz gegen den illoyalen Agenten an der allgemeinen Schutzausweitung durch das MarkenG teil. Vorzunehmen ist eine **hypothetische Kollisionsprüfung**, bei der die Marke des Geschäftsherrn wie eine im Inland eingetragene Marke der Agentenmarke gegenüber gestellt wird. Dabei muß allerdings eine systemwidrige Berücksichtigung des Sonderschutzes bekannter Marken als Widerspruchsgrund dadurch vermieden werden, daß §§ 42 Abs. 2 Nr. 3 genauso wie Nr. 1 und 2 auf iSd § 9 Abs. 1 Nr. 1/2 identische oder verwechselbare Agentenmarken reduziert wird (§ 42 Rdn. 14).

18 **e) Kenntnis des Agenten.** Bösgläubigkeit des Agenten ist anders als zB bei § 50 Abs. 1 Nr. 4 nicht Voraussetzung für die Löschungsreife nach § 11. Allein die objektive Sachlage ist maßgeblich.

5. Ohne Zustimmung

19 Die Zustimmung des Geschäftsherrn kann **konkludent** erteilt werden und unterliegt keinen Formvorschriften. Bloße Duldung allein bewirkt noch keine konkludente Zustimmung (aA *Bauer* GRUR Int. 1971, 500), kann aber zur Verwirkung führen. Maßgeblicher Zeitpunkt für das Vorliegen der Zustimmung des Geschäftsherrn ist nach der oben Rdn. 8 vertretenen Auffassung zunächst der **Anmeldetag**, wobei spätere Zustimmungen den ursprünglichen Mangel jederzeit auch nach der Eintragung noch heilen können. § 11 stellt demgegenüber auf die Eintragung ab. Die Neufassung verkennt insoweit, daß die Eintragung als Amtsakt einer Zustimmung des Geschäftsherrn gar nicht zugänglich ist.

20 Nach der Amtl. Begr. zu § 11 soll der **Widerruf der Zustimmung** durch den Geschäftsherrn zur Löschungsreife führen, und zwar offensichtlich sogar bei Widerruf erst nach Eintragung. Der Gesetzeswortlaut zwingt nicht zu dieser Auslegung (krit. *Ingerl/Rohnke* NJW 1994, 1252). Der Geschäftsherr hat bei der Erteilung der Zustimmung die Möglichkeit, die Folgen eines Widerrufs der Zustimmung oder der Beendigung des Agentenverhältnisses vertraglich zu regeln, insbesondere den Agenten zur Übertragung der Marke zu verpflichten. Dementsprechend ist die Entziehung der Genehmigung bewußt nicht in Art. 6[septies] PVÜ aufgenommen worden (*Moser v. Filseck* GRUR 1959, 86).

6. Rechtfertigung

21 Die in Art. 6[septies] Abs. 1 PVÜ ausdrücklich vorgesehene Möglichkeit, daß der Agent „seine Handlungsweise rechtfertigt", fehlt in § 11 nur deshalb, weil sie vom deutschen Gesetzgeber als selbstverständlich angesehen wurde (Amtl. Begr. zu § 11). Der Anwendungsbereich ist unklar. Genannt wird „der Erwerb eines eigenen good will seitens des Agenten auf eigene Kosten und eigene Leistung" (*Bauer* GRUR Int. 1971, 502). Jedoch ist der Erhalt oder Ausgleich von Investitionen eines Agenten nicht Aufgabe des Markenrechts, sondern des Vertragsrechts, zB in Form von Kündigungsbeschränkungen oder über Ausgleichsansprüche nach § 89b HGB. Zur Zuordnung von kraft Verkehrsgeltung erlangten Mar-

ken s. § 17 Rdn. 21 f. Denkbar ist eine Rechtfertigung bei **Wegfall des Interesses des Geschäftsherrn an der Marke**, etwa bei entgültiger Aufgabe der Markenbenutzung wegen Produktionseinstellung (Bsp. bei *Bauer* GRUR Int. 1971, 502). Dem Wortlaut nach bezieht sich die Rechtfertigungsmöglichkeit auf die Handlungsweise des Agenten bei der Anmeldung. Jedoch können später eintretende Rechtfertigungsgründe den Ansprüchen aus §§ 11, 17 nach den allgemeinen Regeln, insbesondere als Rechtsmißbrauchseinwand entgegenstehen und den Agenten ausnahmsweise zum Behalten der Marke berechtigen.

IV. Löschungsreife

Rechtsfolge des § 11 ist die materiell-rechtliche Löschungsreife, deren Geltendmachung durch Widerspruch (§ 42 Abs. 2 Nr. 3; mit der Einschränkung oben Rdn. 17) oder Löschungsklage (§§ 51, 55), aber auch einredeweise im Verletzungsprozeß (s. § 14 Rdn. 20) möglich ist. Die in Art. 6^{septies} Abs. 3 PVÜ fakultativ vorgesehene Frist zur Geltendmachung hat der deutsche Gesetzgeber nicht eingeführt. Dies schließt eine zeitliche Begrenzung nach Verwirkungsgrundsätzen nicht aus. 22

V. Rechtsnachfolge

1. Agent

Die Löschungsreife kann auch gegenüber einem Rechtsnachfolger des zunächst anmeldenden bzw. eingetragenen Agenten geltend gemacht werden (vgl. § 55 Abs. 1). Das Schutzhindernis des § 11 **haftet der Agentenmarke als solcher an** und kann nicht etwa durch Übertragung auf der Pflichtbindung nicht unterliegende Personen „geheilt" werden (aA *Bauer* S. 253/254). Der Agent ist im Verhältnis zum Geschäftsherrn Nichtberechtigter. Ein gutgläubiger lastenfreier Erwerb ist dem Markenrecht generell fremd (§ 30 Rdn. 43 ff.). Dies muß entgegen der – mißverständlichen (Rdn. 8) – Wortwahl des § 11 auch dann gelten, wenn die Rechtsnachfolge noch vor der Eintragung eintritt. Hiervon zu unterscheiden ist die in § 55 Abs. 4 geregelte Frage der Wirkung des Löschungsurteils gegenüber Rechtsnachfolgern. Zum Strohmann oben Rdn. 11. 23

2. Geschäftsherr

24 Der Löschungsanspruch kann nur zusammen mit der Marke des Geschäftsherrn und der aufgrund des Agentenverhältnisses bestehenden Geschäftsherrenstellung, dh. sofern es noch besteht, mit dem zugrundeliegenden Vertragsverhältnis, auf einen Dritten übergehen.

VI. Verhältnis zu anderen Bestimmungen

1. § 50 Abs. 1 Nr. 4

25 Von dem absoluten Schutzhindernis und Nichtigkeitsgrund des § 50 Abs. 1 Nr. 4 (bösgläubige Anmeldung) unterscheidet sich § 11 vor allem durch die fehlende subjektive Tatbestandskomponente. Handelte der Agent bereits bei der Anmeldung in Behinderungs- oder Erpressungsabsicht, so können beide Vorschriften gleichzeitig zur Anwendung kommen, müssen aber in getrennten Verfahren (§§ 54/55) geltend gemacht werden.

2. § 1 UWG

26 In Behinderungsabsicht vorgenommene Anmeldungen von Marken, die im Ausland für einen anderen geschützt sind, können unter besonderen Umständen gegen § 1 UWG verstoßen. Auf die hierzu Vor §§ 14–19 Rdn. 100 ff. dargestellten Rechtsprechungsgrundsätze kann sich gegebenenfalls auch ein Geschäftsherr gegenüber seinem Agenten ergänzend zu §§ 11, 17 berufen.

3. Vertragliche Ansprüche

27 §§ 11, 17 lassen aus dem Vertragsverhältnis zum Agenten ableitbare Ansprüche unberührt. Die vom Agenten heimlich vorgenommene Markenanmeldung wird regelmäßig eine Vertragsverletzung darstellen und mit §§ 11, 17 vergleichbare vertragliche Schadensersatzansprüche auslösen. In jedem Falle empfiehlt es sich, in einschlägigen Vertriebsverträgen nicht nur die Berechtigung zu Markenanmeldungen und eventuelle Rückübertragungen zu regeln, sondern auch die Berechtigung an durch Benutzung entstehenden Marken und geschäftlichen Bezeichnungen (vgl. § 17 Rdn. 21 ff.).

§ 12 Durch Benutzung erworbene Marken und geschäftliche Bezeichnungen mit älterem Zeitrang

Die Eintragung einer Marke kann gelöscht werden, wenn ein anderer vor dem für den Zeitrang der eingetragenen Marke maßgeblichen Tag Rechte an einer Marke im Sinne des § 4 Nr. 2 oder an einer geschäftlichen Bezeichnung im Sinne des § 5 erworben hat und diese ihn berechtigen, die Benutzung der eingetragenen Marke im gesamten Gebiet der Bundesrepublik Deutschland zu untersagen.

I. Allgemeines

1. Überblick

§ 12 behandelt die nach § 9 zweitwichtigsten Fallgruppen relativer Schutzhindernisse für eingetragene Marken: ältere durch Benutzung erworbene Marken (§ 4 Nr. 2) und ältere geschäftliche Bezeichnungen (§ 5). Die Löschungsreife der jüngeren Marke hängt in diesen Fällen davon ab, ob ihrer Benutzung, die noch gar nicht aufgenommen sein muß, ein bundesweiter Unterlassungsanspruch des Inhabers des älteren, nicht eingetragenen Rechts gem. §§ 14 bzw. 15 entgegenstehen würde. In Verbindung mit § 51 ergänzt § 12 die Verletzungsansprüche der §§ 14, 15 um einen Löschungsanspruch, der durch Klage geltend zu machen ist (§§ 51, 55). Eine Berücksichtigung nicht eingetragener älterer Rechte von Amts wegen bereits im Eintragungsverfahren sieht das MarkenG ebensowenig vor wie ihre Geltendmachung durch Widerspruch. Weitergehende Ansprüche insbesondere auf Schadensersatz richten sich nach den Verletzungsvorschriften der §§ 14 ff.

2. Früheres Recht

Das WZG enthielt keine geschriebenen Regelungen für Kollisionen von Warenzeichen mit andersartigen Kennzeichenrechten wie Ausstattungen gem. § 25 WZG oder den Rechten gem. § 16 UWG aF. Die Löschungsreife eines Warenzeichens im Verhältnis zu älteren Rechten dieser Art war aber als Folge des Prioritätsprinzips anerkannt.

3. MRRL

Mit § 12 wurde von der fakultativen Bestimmung des Art. 4 Abs. 4 lit. b MRRL Gebrauch gemacht.

4. Gemeinschaftsmarkenrecht

4 § 12 entspricht dem relativen Eintragungshindernis nach Art. 8 Abs. 4 GMVO iVm dem Nichtigkeitsgrund gem. Art. 52 Abs. 1 lit. c GMVO. Zur Auslegung des dortigen Begriffs der „lediglich örtlichen Bedeutung" s. *Ingerl*, Die Gemeinschaftsmarke, S. 71/72. Das Verhältnis zwischen älterem örtlich beschränktem Recht und jüngerer Gemeinschaftsmarke hinsichtlich der Benutzung regelt Art. 107 GMVO.

II. Normzweck

5 § 12 verwirklicht zwei zentrale Grundsätze des Kennzeichenrechts. Er verschafft den nicht eingetragen, „sachlichen" Kennzeichenrechten grundsätzliche **Gleichwertigkeit der Art nach** gegenüber den eingetragenen Marken und ordnet in ihrem Verhältnis zueinander die Maßgeblichkeit des **Prioritätsprinzips** an. Die Gleichwertigkeit der Art nach erfährt dabei eine Durchbrechung im Hinblick auf Kennzeichenrechte, die nicht im gesamten Bundesgebiet Schutz genießen (vgl. § 4 Rdn. 18, § 5 Rdn. 30). In solchen Fällen ist die - mangels geographischer Teilbarkeit eingetragener Marken nur für das Bundesgebiet insgesamt mögliche - Löschung unverhältnismäßig. Im übrigen integriert § 12 über die Bezugnahme auf den Unterlassungsanspruch alle Voraussetzungen und Schranken der Unterlassungsansprüche nach §§ 14 bzw. 15 in den Löschungstatbestand.

III. Voraussetzungen

6 Der „für den Zeitrang der eingetragenen Marke maßgebliche Tag" ist nach § 6 der Anmeldetag, ggf. ein früherer Prioritätstag, vgl. § 9 Rdn. 7f. Als Löschungstatbestand richtet sich § 12 nur gegen **eingetragene** Marken. Ist die Eintragung noch nicht erfolgt, kann der Inhaber des älteren Rechts den Anmelder durch Klage auf Rücknahme der Anmeldung in Anspruch nehmen (s. § 55 Rdn. 45). Der umgekehrte Kollisionsfall − ältere eingetragene Marken gegen jüngeres nicht eingetragenes Kennzeichen − ist im MarkenG nicht ausdrücklich geregelt. Ein Löschungsanspruch kommt hier insbesondere hinsichtlich der handelsregisterlichen Eintragung eines Firmennamens in Betracht und muß als Beseitigungsanspruch des Markeninhabers aus § 14 iVm dem Prioritätsprinzip konstruiert werden (Vor §§ 14–19 Rdn. 57).

IV. Löschungsreife

Rechtsfolge des § 12 ist die materiell-rechtliche Löschungsreife. Die Geltendmachung ist durch Löschungsklage (§§ 51, 55) und einredeweise im Verletzungsprozeß (§ 14 Rdn. 20) möglich, nicht aber durch Widerspruch. 7

V. Geographisch beschränkte Rechte

Der Ausschluß der Löschung bei älteren geographisch begrenzten Kennzeichenrechten läßt das aus solchen Rechten bestehende territorial begrenzte Benutzungsverbot unberührt (Amtl. Begr. zu § 12). Der Inhaber der eingetragenen jüngeren Marke darf diese im Schutzgebiet des älteren örtlichen Rechts grdsl nur mit Zustimmung des dort besser Berechtigten benutzen und kann diesem die Benutzung des älteren Rechts in diesem Bereich nicht untersagen (anschaulich Art. 102 Abs. 1, 3 GMVO). Er kann jedoch auch dort ohne Zustimmung des örtlich Berechtigten gegen alle Dritten vorgehen, die sich nicht ihrerseits (zB als Lizenznehmer) auf das ältere örtliche Recht berufen können. Zu Einschränkungen des Unterlassungsanspruchs gegenüber bundesweiter Benutzung s. § 15 Rdn. 20. 8

§ 13 Sonstige ältere Rechte

(1) **Die Eintragung einer Marke kann gelöscht werden, wenn ein anderer vor dem für den Zeitrang der eingetragenen Marke maßgeblichen Tag ein sonstiges, nicht in den §§ 9 bis 12 aufgeführtes Recht erworben hat und dieses ihn berechtigt, die Benutzung der eingetragenen Marke im gesamten Gebiet der Bundesrepublik Deutschland zu untersagen.**

(2) **Zu den sonstigen Rechten im Sinne des Absatzes 1 gehören insbesondere:**
1. Namensrechte,
2. das Recht an der eigenen Abbildung,
3. Urheberrechte,

§ 13

4. Sortenbezeichnungen,
5. geographische Herkunftsangaben,
6. sonstige gewerbliche Schutzrechte.

I. Allgemeines

1. Überblick

1 § 13 unterwirft eingetragene Marken auch bei Kollisionen mit anderen als den in §§ 9–12 genannten älteren Rechten der Löschung, sofern deren Inhaber ein bundesweiter Unterlassungsanspruch gegen ihre Benutzung zusteht. Nur im Fall der Kollision mit einer aufgrund des MarkenG Schutz genießenden geographischen Herkunftsangabe (§ 13 Abs. 2 Nr. 5) finden sich die maßgeblichen Bestimmungen im MarkenG selbst. In allen anderen Fällen beantwortet sich die Frage, ob ein solches Verbietungsrecht besteht, nach den Verletzungsvorschriften des jeweiligen anderen Rechtsgebiets. Der Katalog der „sonstigen Rechte" in § 13 Abs. 2 ist nicht abschließend. Der korrespondierende Löschungsanspruch und das Klageverfahren zu seiner Durchsetzung ergeben sich aus §§ 51 und 55. Eine Berücksichtigung solcher Drittrechte von Amts wegen bereits im Eintragungsverfahren läßt das MarkenG ebensowenig zu wie ihre Geltendmachung durch Widerspruch.

2. Früheres Recht

2 Das WZG regelte lediglich den Löschungsanspruch des Inhabers einer älteren übereinstimmenden Sortenbezeichnung ausdrücklich (§§ 11 Abs. 1 Nr. 1b iVm 5 Abs. 4 Nr. 3 WZG). In den übrigen Fällen richtete sich die Frage eines Löschungsanspruchs ausschließlich nach den Regeln des jeweils verletzten Rechts und wurde von der Rechtsprechung daraus häufig als Beseitigungsanspruch abgeleitet.

3. MRRL

3 Durch § 13 wird von der in Art. 4 Abs. 4 lit. c MRRL eröffneten Möglichkeit Gebrauch gemacht.

4. Gemeinschaftsmarkenrecht

4 § 13 entspricht dem relativen Nichtigkeitsgrund gem. Art. 52 Abs. 2 GMVO.

Sonstige ältere Rechte § 13

II. Normzweck

§ 13 trifft zwei grundlegende Regelungen. Zum einen erstreckt 5
§ 13 das Prioritätsprinzip über die geschäftlichen Kennzeichen hinaus auf das Verhältnis von jüngeren eingetragenen Marken zu älteren nicht im MarkenG geregelten Rechten. Die Vorschrift koppelt den Löschungsanspruch an die Voraussetzungen des Untersagungsanspruchs aus dem älteren sonstigen Recht, beschränkt sich also insoweit auf eine **Rechtsfolgenergänzung**. Diese Ergänzung ist insoweit geboten, als die Gesetze, denen das ältere sonstige Recht angehört, zwar Unterlassungsansprüche vorsehen, jedoch keine Löschungsgründe für Marken enthalten. § 13 entbindet davon, einen Löschungsanspruch aus dem allgemeinen Beseitigungsanspruch des jeweiligen Rechtsgebiets ableiten zu müssen.

Zum anderen verleiht § 13 einer eingetragenen Marke **Be-** 6
standskraft gegenüber älteren sonstigen Rechten, wenn deren Inhaber nur ein regional beschränktes Untersagungsrecht zusteht. Die Löschung wäre in diesen Fällen unverhältnismäßig. Sie würde die Erlangung von Markenschutz kraft Eintragung auch für den Teil des Bundesgebiets unmöglich machen, in dem das sonstige Recht der Verwendung gar nicht entgegensteht.

III. Anwendungsbereich

Als Löschungstatbestand richtet sich § 13 nur gegen eingetragene 7
Marken. Ist die Eintragung noch nicht erfolgt, kann der Inhaber des älteren Rechts Klage auf Rücknahme der Anmeldung erheben, sofern nicht Besonderheiten des Rechtsgebiets, dem das ältere Recht angehört, einem solchen Beseitigungsanspruch (vgl. § 55 Rdn. 45) entgegenstehen. Der umgekehrte Kollisionsfall – ältere eingetragene Marken gegen jüngeres sonstiges Recht – ist im MarkenG nicht ausdrücklich geregelt. Dem Inhaber der älteren Marke steht das Untersagungsrecht des § 14 nur zu, soweit Handlungen des Inhabers eines solchen sonstigen Rechts überhaupt eine Verletzungshandlung iSv § 14 darstellen; also zB nicht wenn ein Namensrecht außerhalb des geschäftlichen Verkehrs oder ein urheberrechtlich geschütztes Werk in nicht kennzeichenverletzender Weise (§ 14 Rdn. 91 ff.) benutzt werden.

IV. Sonstige Rechte

1. Namensrecht (Nr. 1)

8 Zu dem nach § 12 BGB geschützten Namensrecht ist auf die Darstellung Nach § 15 Rdn. 1 ff. zu verweisen.

2. Recht an der eigenen Abbildung (Nr. 2)

9 Gegen die Benutzung von Bildzeichen, die zeichnerische oder fotografische Personenabbildungen enthalten, können dem Abgebildeten und nach seinem Tode ggf. auch seinen Angehörigen Unterlassungsansprüche nach §§ 22 ff. KunstUrhG oder aus dem allgemeinen Persönlichkeitsrecht (§ 823 Abs. 1 BGB) zustehen.

3. Urheberrechte (Nr. 3)

10 Während Zeichen, die nur aus einzelnen, graphisch nicht verfremdeten Wörtern, Buchstaben oder Zahlen gebildet sind, nach hM keinen urheberrechtlichen Schutz genießen, können Werbeverse und – noch seltener – Werbeslogans im Einzelfall als Sprachwerke schutzfähig sein (*Erdmann* GRUR 1996, 551 ff.). Mit der Zulassung von Hörzeichen (§ 3 Abs. 1) sind nunmehr auch Kollisionen mit urheberrechtlich geschützten Werken der Musik denkbar. Am häufigsten sind Kollisionen mit Urheberrechten aber naturgemäß bei Bildzeichen und dreidimensionalen Zeichen, wobei die Bejahung der kennzeichenrechtlichen Unterscheidungskraft einer Darstellung in keiner Weise die erforderliche Gestaltungshöhe iSv § 2 Abs. 2 UrhG indiziert, da es sich um grundlegend unterschiedliche Schutzvoraussetzungen handelt. Beispiele aus der früheren Rspr.: BGH GRUR 1990, 218, 220 – *Verschenktexte* zu § 16 UWG aF; BGH GRUR 1966, 681 – *Laternenflasche;* BGH GRUR 1963, 485 – *Micky Maus;* BGH GRUR 1960, 144 – *Bambi;* RGZ 87, 274 – *Salamanderzeichen.*

4. Sortenbezeichnungen (Nr. 4)

11 Der Schutz der Sortenbezeichnungen ist in §§ 7, 14, 30, 37 ff. SortSchG geregelt. Die Kollision mit Sortenbezeichnungen war nach der bis zum ÄndG vom 11. 12. 1985 (Bl. 1986, 129) geltenden Fassung des § 4 Abs. 2 Nr. 6 WZG von Amts wegen zu berücksichtigen. Hierauf ist der Gesetzgeber zu Recht nicht zurück-

Sonstige ältere Rechte **§ 13**

gekommen. Zur gemeinschaftsrechtlichen Sortenbezeichnung s. Art. 63 (Genehmigung) und Art. 17, 18 (Verwendung) der Verordnung (EG) Nr. 2100/94 des Rates über den gemeinschaftsrechtlichen Sortenschutz vom 27. 7. 1994 (ABl. EG Nr. L 227 vom 1. 9. 1994, S. 1 = Bl. 1995, 399).

5. Geographische Herkunftsangaben (Nr. 5)

Die generelle Einbeziehung geographischer Herkunftsangaben in den Katalog des § 13 ist insoweit systemwidrig als die geographischen Herkunftsangaben iSv §§ 126 ff. als solche keine individuellen Kennzeichenrechte sind, die ein anderer mit besserer Priorität gegenüber einer eingetragenen Marke erwerben könnte. Insoweit ist die erste der beiden Voraussetzungen des § 13 Abs. 1 („ein Recht erworben hat") eigentlich gar nicht erfüllbar. Der Unterlassungsanspruch nach §§ 128, 135 beruht nicht auf früherem Rechtserwerb, sondern ist wettbewerbsrechtlicher Natur und steht den nach § 13 Abs. 2 UWG Klageberechtigten unabhängig davon zu, ob und wann sie selbst ein Recht erworben haben. § 13 Abs. 2 Nr. 5 ist nicht etwa dahingehend auszulegen, daß nur Fälle erfaßt sein sollen, in denen die betroffene Herkunftsangabe zusätzlich als Individualkennzeichen geschützt ist. Denn dann greifen schon §§ 9 oder 12 ein. Wie sich vielmehr aus § 55 Abs. 2 Nr. 3 ergibt, wollte der Gesetzgeber in der Tat allen nach 13 Abs. 2 UWG Klageberechtigten einen Löschungsanspruch verschaffen, wenn die Benutzung der Marke gegen §§ 128, 135 MarkenG verstößt. Für die Einordnung als „älteres Recht" kann dann nur auf die **Aufnahme der Benutzung** der geographischen Herkunftsangabe iSv § 126 bzw. die Eintragung in das Verzeichnis gemäß der VO Nr. 2081/92 abzustellen sein (obwohl zu diesen Zeitpunkten gar kein Rechtserwerb iSv § 13 Abs. 1 und § 6 Abs. 3 stattfindet), nicht aber auf den Erwerb des Unterlassungsanspruchs des einzelnen Klageberechtigten. Denn dieser kann auch erst nach der Anmeldung der zu löschenden Marke erfolgen (zB neu hinzugekommener Wettbewerber) und ist unabhängig davon, ob der Klageberechtigte selbst die Herkunftsangabe für seine Produkte einsetzt.

6. Sonstige gewerbliche Schutzrechte (Nr. 6)

Als sonstige gewerbliche Schutzrechte kommen namentlich Geschmacksmuster in Bezug auf Bildzeichen und dreidimensionale Zeichen (Amtl. Begr. zu § 13; zu Kollision von Marke und Geschmacksmuster zB BGH GRUR 1966, 681 – *Laternenflasche;* OLG Karlsruhe GRUR 1986, 313, 314 – *Hufeisenuhr*) sowie ferner Patente und Gebrauchsmuster für dreidimensionale Marken, die patentgeschützte Verpackungen oder Waren zeigen bzw. darstellen, in Betracht.

7. Weitere sonstige Rechte

14 Nur in Ausnahmefällen kommt das Recht am Unternehmen in seiner Ausprägung als durch § 823 Abs. 1 BGB geschütztes **Recht am eingerichteten und ausgeübten Gewerbebetrieb** als sonstiges Recht iSv § 13 in Betracht. Bejaht worden ist dies vor Inkrafttreten des MarkenG zur Ermöglichung eines besonderen Schutzes berühmter Kennzeichen (vgl. jetzt § 14 Rdn. 461). Zu beachten ist dabei der grundsätzlich subsidiäre Charakter dieses Auffangtatbestandes, der eine Anwendung im Bereich der durch das MarkenG umfassend geregelten geschäftlichen Kennzeichen nur bei eindeutigen Regelungslücken gestattet. Abzulehnen ist eine Ausdehnung des § 13 auf **wettbewerbsrechtliche** Unterlassungsansprüche (aA *Fezer* § 13 Rdn. 2). § 13 setzt nicht nur irgendeinen Unterlassungsanspruch voraus, sondern ein „Recht", das mit einem bestimmten Zeitrang erworben worden ist. Das sind nur absolute Rechte. Die Ausnahme hiervon in Abs. 2 Nr. 5 für die geographischen Herkunftsangaben als Kennzeichen besonderer Art (§ 1 Nr. 3) ist nicht verallgemeinerungsfähig.

V. Rechtsfolgen

15 Rechtsfolge des § 13 ist die materiell-rechtliche Löschungsreife. Ihre Geltendmachung ist durch Löschungsklage (§§ 51, 55) und einredeweise im Verletzungsprozeß (s. § 14 Rdn. 20) möglich, nicht aber durch Widerspruch (vgl. § 42; Amtl. Begr. zu § 13).

Abschnitt 3
Schutzinhalt und Rechtsverletzungen

Vor §§ 14–19
Ansprüche bei Kennzeichenverletzung
(Marken und geschäftliche Bezeichnungen)

Inhaltsübersicht

	Rdn.
A. Überblick	1–6
I. Materielles Verletzungsrecht	1–4
II. Verletzungsverfahrensrecht	5
III. Gang der Darstellung	6
B. Aktivlegitimation	7–9
I. Grundlagen	7
II. Prozeßstandschaft	8
III. Abtretung	9
C. Passivlegitimation	10–18
I. Grundlagen	10–12
II. Haftung als Betriebsinhaber (§§ 14 Abs. 7, 15 Abs. 6)	13–16
III. Rechtsnachfolge auf Verletzerseite	17
IV. Passive Prozeßstandschaft	18
D. Unterlassungsanspruch (§§ 14 Abs. 5, 15 Abs. 4)	19–54
I. Grundlagen	19
II. Wiederholungsgefahr	20–24
III. Erstbegehungsgefahr	25–33
IV. Unterlassungsklage	34–47
1. Zuständigkeit	34
2. Klageantrag	35–45
a) Bestimmtheit	36
b) Konkrete Verletzungsform	37–44
c) Hinweispflicht des Gerichts	45
3. Reichweite des Verbots	46
4. Streitwert	47
V. Einstweilige Verfügung	48
1. Zulässigkeit einstweiligen Rechtsschutzes	48
2. Dringlichkeit	49–53

	Rdn.
3. Glaubhaftmachung des Verfügungsanspruchs	54
E. Beseitigungsanspruch	55–58
F. Schadensersatzanspruch (§§ 14 Abs. 6, 15 Abs. 5)	59–72
I. Verschulden	59–62
II. Dreifache Schadensberechnung	63–70
1. Wahlrecht	63
2. Entgangener Gewinn	64
3. Verletzergewinn	65
4. Lizenzanalogie	66–69
5. Marktverwirrungsschaden	70
III. Feststellungsklage	71, 72
G. Bereicherungsanspruch	73
H. Hilfsanspruch auf Auskunft	74–92
I. Allgemeines	74
II. Geltungsgrund	75
III. Voraussetzungen	76–81
1. Akzessorietät	77
2. Erforderlichkeit	78
3. Zumutbarkeit	79–81
IV. Auskunftserteilung	82
V. Umfang und Inhalt der Auskunft	83–86
1. Konkrete Verletzungsform	83
2. Erforderliche Angaben	84, 85
3. Auskunftszeitraum	86
VI. Auskunftsmängel, Eidesstattliche Versicherung	87
VII. Auskunftsklage	88–91
1. Klageantrag	89
2. Streitwert	90
3. Zwangsvollstreckung	91
VIII. Einstweilige Verfügung	92
I. Kennzeichenrechtlicher Besichtigungsanspruch?	93
J. Kostenerstattungsanspruch	94, 95
I. Grundlagen	94
II. Anwaltskosten	95
K. Kennzeichenvindikation	96, 97

A. Verletzungsansprüche (Überblick) **Vor §§ 14–19**

	Rdn.
L. Einwendungen und Einreden	98–113
I. Einwendungen und Einreden des Verletzers (Verweisungen)	98
II. Rechtsmißbrauch und Sittenwidrigkeit	99
1. Grundlagen	99
2. Mißbräuchlicher Rechtserwerb	100–104
a) Vorbenutzung im Inland	101
b) Vorbenutzung im Ausland	102
c) Erwerb zu Behinderungszwecken	103
d) Erwerb erst anläßlich kennzeichenrechtlicher Streitigkeit	104
3. Widersprüchliches Verhalten	105–107
III. Unverhältnismäßigkeit	108–113
1. Grundlagen	108
2. Aufbrauchsfrist	109–112
3. Weitere Ausnahmefälle	113
M. Negative Feststellungsklage	114–117

Literatur: S. zur Kennzeichenverletzung die Literaturhinweise zu §§ 14 und 15. Speziell zu übergreifenden Anspruchsfragen: *Beuthien/Wasmann*, Zur Herausgabe des Verletzergewinns bei Verstößen gegen das MarkenG, GRUR 1997, 255; *Jordan*, Zum Rechtsmißbrauchseinwand im MarkenG, FS Piper 1996, 563; *Kiethe/Groeschke*, Die sittenwidrige Markenanmeldung und die Rechtsschutzmöglichkeiten des § 1 UWG, WRP 1997, 269; *Köhler*, Die Begrenzung wettbewerbsrechtlicher Ansprüche durch den Grundsatz der Verhältnismäßigkeit, GRUR 1996, 82.

A. Verletzungsansprüche (Überblick)

I. Materielles Verletzungsrecht

§§ 14 bis 19 enthalten den Hauptteil der materiellrechtlichen 1 Vorschriften des MarkenG über die zivilrechtlichen Ansprüche bei Verletzung von Marken oder geschäftlichen Bezeichnungen. Die Bestimmungen gelten nicht auch für die geographischen Herkunftsangaben, deren Mißbrauch in den §§ 127 ff. weitgehend eigenständig sanktioniert ist. Neben die zivilrechtliche Inanspruchnahme gem. §§ 14 ff. können Strafverfolgung (§ 143) und Grenzbeschlagnahme (§§ 146 ff.) als weitere Verletzungssanktionen treten.

Im Anschluß an die **Rechtsnatur** der Marken und geschäftlichen Bezeichnungen als subjektive Ausschließlichkeitsrechte (§§ 14 2

Vor §§ 14–19 Ansprüche bei Kennzeichenverletzung

Abs. 1, 15 Abs. 1) sind in diesem Abschnitt des MarkenG die **Verletzungstatbestände** der Identität, Verwechslungsgefahr und des erweiterten Schutzes bekannter Kennzeichen (§§ 14 Abs. 2 bis 4, 15 Abs. 2 und 3) sowie die zugehörigen **Anspruchsgrundlagen** für Unterlassung (§§ 14 Abs. 5, 15 Abs. 4), Schadensersatz (§§ 14 Abs. 6, 15 Abs. 5), die Haftung für Angestellte und Beauftragte (§§ 14 Abs. 7, 15 Abs. 6), sowie Vernichtung (§ 18) und Auskunft (§ 19) geregelt. § 17 ergänzt den Löschungstatbestand des sog. illoyalen Agenten (§ 11) um Anspruchsgrundlagen zugunsten des Geschäftsherrn einschließlich eines Übertragungsanspruchs, regelt also einen Verletzungstatbestand besonderer Art. Kein Verletzungsanspruch ieS ist der in § 16 gewährte Anspruch des Inhabers einer eingetragenen Marke gegen Herausgeber von Nachschlagewerken auf einen aufklärenden Hinweises zur Beseitigung des Eindrucks, es handele sich bei einer dort wiedergegebenen Marke um eine Gattungsbezeichnung.

3 Den zweiten Teil des materiellen Verletzungsrechts bilden die §§ 20 bis 26, in denen mit Verjährung (§ 20), Verwirkung (§ 21), bestimmten bestandskräftigen Zwischenrechten (§ 22), dem freien Gebrauch von Name, Adresse, beschreibenden Angaben und Bestimmungshinweisen (§ 23), der Erschöpfung (§ 24) und dem Benutzungszwang für eingetragene Marken (§§ 25, 26) wichtige **Schranken** kennzeichenrechtlicher Verletzungsansprüche kodifiziert sind.

4 Trotz dieser wesentlich umfassenderen Kodifizierung als im WZG ist die **kennzeichenrechtliche Anspruchslehre** auch heute noch durch eine Fülle ungeschriebener Regeln zu ergänzen. Dazu kann weitgehend, vielfach sogar uneingeschränkt auf die von Rspr. und Schrifttum zur Anspruchslehre im Rahmen des WZG und des § 16 UWG aF entwickelten Grundsätze zurückgegriffen werden. Hinsichtlich des wirtschaftlich bei Kennzeichenverletzungen idR im Vordergrund stehenden Unterlassungsanspruchs ist das Kennzeichenrecht durch die umfangreichere wettbewerbsrechtliche Rspr. geprägt, während die kennzeichenrechtlichen Ersatzansprüche, Auskunftsansprüche und Vernichtungsansprüche stärker von den Entwicklungen im Patent-, Gebrauchsmuster- und Urheberrecht beeinflußt sind. Die größte Eigenständigkeit weist die kennzeichenrechtliche Anspruchslehre bei den Beseitigungsansprüchen auf, insbesondere in Gestalt der gesetzlich ausdrücklich geregelten Ansprüche auf Löschung eingetragener Marken wegen älterer Rechte Dritter (§§ 51, 52, 55) und als Anspruch auf Firmenlöschung (unten Rdn. 57). Im hiesigen Rahmen kann nur ein knap-

A. Verletzungsansprüche (Überblick) **Vor §§ 14–19**

per Überblick zu ausgewählten praxisrelevanten Fragen der kennzeichenrechtlichen Verletzungsansprüche gegeben werden, der von der Heranziehung der Darstellungen in den aktuellen Standardwerken zum Wettbewerbsrecht nicht entbindet: *Köhler/Piper* Vor § 13 Rdn. 1 ff.; *B/H* Einl. UWG Rdn. 250 ff.; GK/*Köhler* Vor § 13 B; *Teplitzky*, Wettbewerbsrechtliche Ansprüche, passim.

II. Verletzungsverfahrensrecht

Das Verfahren zur Durchsetzung der Verletzungsansprüche der 5
§§ 14 ff. vor den ordentlichen Gerichten regelt das MarkenG nur insoweit, als §§ 140–142 Bestimmungen über Zuständigkeit, Vertretung und Streitwertbegünstigung in „Kennzeichenstreitsachen" enthalten, zu denen gerade auch die Verletzungsprozesse gehören. Ansonsten enthalten nur § 19 Abs. 3 (einstweilige Verfügung auf Auskunft), § 30 Abs. 3 und 4 (Klagebefugnis des Lizenznehmers) und § 96 Abs. 2 (Gerichtsstand am Sitz des Inlandsvertreters) sowie § 100 (Klagebefugnis bei Kollektivmarke) unmittelbar den Verletzungsprozeß betreffende Einzelregelungen (vgl. ferner §§ 125 e, 125 f zum Gemeinschaftsmarkenprozeß). Im übrigen gelten die allgemeinen Vorschriften über den Zivilprozeß, also insbesondere ZPO und GVG sowie die zivilprozessualen Nebengesetze. Diese Regelungsstruktur entspricht dem Verletzungsrecht des PatG, GebrMG, UrhG, GeschmMG und der weiteren gewerblichen Schutzrechte. Aufgrund der Gemeinsamkeiten dieser Schutzrechte und vielfältiger Parallelen insbesondere zum Wettbewerbsrecht haben sich eine **Fülle besonderer Regeln der gerichtlichen, aber auch der vorprozessualen Geltendmachung** wettbewerbsrechtlicher und schutzrechtlicher Verletzungsansprüche entwickelt, denen auch für die Durchsetzung des Kennzeichenschutzes nach dem MarkenG große praktische Bedeutung zukommt. Dennoch muß sich die vorliegende Darstellung als Kommentierung des Markengesetzes dazu im folgenden auf einige ausgewählte, kennzeichenspezifische prozessuale Fragen beschränken, während im übrigen – insbesondere auch zur Streitbeilegung durch Abmahnung und Unterlassungserklärung – auf die aktuellen einschlägigen Werke zum Wettbewerbsrecht zu verweisen ist: *Ahrens/Spätgens*, Einstweiliger Rechtsschutz und Vollstreckung in UWG-Sachen; *Ahrens/Spätgens,* Die gütliche Streiterledigung in UWG-Sachen; *Baumbach/Hefermehl*, Wettbewerbsrecht, insbes Einl. UWG Rdn. 452–605 und zu § 25 UWG; Großkommentar/*Jacobs* Vor § 13 D;

Vor §§ 14–19 Ansprüche bei Kennzeichenverletzung

GK/*Schultz-Süchting* § 25; *Köhler/Piper,* insbes. Vor § 13 UWG Rdn. 188–336 und zu § 25; *Melullis,* Handbuch des Wettbewerbsprozesses; *Pastor,* Die Unterlassungsvollstreckung nach § 890 ZPO; *Teplitzky,* Wettbewerbsrechtliche Ansprüche, Kap. 44 ff.

III. Gang der Darstellung

6   Wegen der vielfältigen Übereinstimmungen von Marken und geschäftlichen Bezeichnungen verlief die Entwicklung kennzeichenspezifischer Regeln der Anspruchslehre und des Verletzungsprozesses durch Rspr. und Schrifttum schon vor der MRReform für beide Kennzeichenarten weitgehend parallel. Das MarkenG trägt dem durch die weitgehend übereinstimmende Struktur der Verletzungstatbestände der §§ 14 und 15 und die einheitliche Geltung der §§ 18, 19, 20, 21, 23, 24 für Marken und geschäftliche Bezeichnungen nicht nur Rechnung, sondern verdeutlicht und verstärkt diesen Zusammenhang noch weiter. Es ist daher unerläßlich, die Darstellung der Verletzungsansprüche einschließlich ihrer prozessualen Besonderheiten gewissermaßen „vor die Klammer" zu ziehen und für Marken und geschäftliche Bezeichnungen zusammenhängend zu behandeln. Dabei wird auf die Kommentierung von Einzelvorschriften des MarkenG verwiesen, soweit diese einen Ausschnitt der Verletzungsfolgen eingehender regeln, wie zB §§ 18, 19 oder die Schutzschranken der §§ 20 ff. als kodifizierte Verletzereinwände. Die Ansprüche bei Mißbrauch geographischer Herkunftsangaben sind dagegen im Rahmen der §§ 126 ff. gesondert behandelt.

B. Aktivlegitimation

I. Grundlagen

7   Die Verletzungsansprüche stehen dem Inhaber des verletzten Kennzeichenrechts zu. Dies ist auch bei eingetragenen Marken stets der **materiellrechtliche Inhaber** unabhängig von seiner Eintragung im Markenregister. § 28 Abs. 1 begründet nur eine widerlegbare Vermutung zugunsten des eingetragenen Inhabers. Auf die Beantragung der Umschreibung nach § 28 Abs. 2 kommt es für die Geltendmachung von Verletzungsansprüchen nicht an. Zur Rechtsstellung der Inhaber dinglicher Rechte an einer Marke s. § 29. Der

B. Aktivlegitimation   **Vor §§ 14–19**

Lizenznehmer an einer Marke ist nach § 30 Abs. 3 bei Zustimmung des Markeninhabers aus eigenem Recht unabhängig davon klagebefugt, ob ihm eine einfache oder eine ausschließliche Lizenz erteilt ist (§ 30 Rdn. 40). Der Schadensersatzklage des Markeninhabers kann jeder Lizenznehmer als Streitgenosse beitreten (§ 30 Abs. 4, näher § 30 Rdn. 41).

II. Prozeßstandschaft

Die Geltendmachung kennzeichenrechtlicher Verletzungsansprüche in gewillkürter Prozeßstandschaft ist nach den allgemeinen Regeln bei **wirksamer Ermächtigung** und **eigenem schutzwürdigen Interesse des Prozeßstandschafters** an der Rechtsverfolgung zulässig (zB BGH GRUR 1995, 54, 57 – *Nicoline:* Konzernmuttergesellschaft für Kennzeichenrechte einer Tochtergesellschaft; BGH GRUR 1993, 151, 152 – *Universitätsemblem:* ausschließlich Nutzungsberechtigter; BGH GRUR 1993, 574, 476 – *Decker:* Gestattungsempfänger; BGH GRUR 1992, 314 – *Opium;* BGH GRUR 1992, 108, 109 – *Oxygenol I;* BGH GRUR 1990, 361, 362 – *Kronenthaler;* BGH GRUR 1964, 372, 373 – *Maja;* BGH GRUR 1961, 628, 629 – *Umberto Rosso;* BGH GRUR 1940, 366, 367 – *Sauerbruch;* RGZ 87, 147, 150 – *Lanolin).* Macht der Rechtsinhaber seine Ansprüche jedoch selbst geltend, kommt gewillkürte Prozeßstandschaft zugunsten eines weiteren Klägers nicht in Betracht (BGH GRUR 1989, 350, 353 – *Abbo/Abo;* vgl. auch BGH GRUR 1992, 130, 131 – *Bally/BALL).* Die Prozeßstandschaft ist eine in jedem Stadium des Verfahrens von Amts wegen zu prüfende Prozeßvoraussetzung (zB BGH GRUR 1993, 151, 152 – *Universitätsemblem).* Zur „passiven" Prozeßstandschaft s. unten Rdn. 18. 8

III. Abtretung

Während der Unterlassungsanspruch nicht isoliert von dem zugrundeliegenden Kennzeichenrecht abtretbar ist (BGH GRUR 1983, 151, 152 – *Universitätsemblem* zum Namensrecht unter Berufung auf § 399 BGB; *Teplitzky* 15. Kap. Rdn. 2 ff.; GK/*Köhler* vor § 13 UWG B Rdn. 234), können die Ansprüche auf Ersatz entstandener Schäden (unten Rdn. 59 ff.) oder erlangter Bereicherung (unten Rdn. 73) uneingeschränkt abgetreten werden. 9

C. Passivlegitimation

I. Grundlagen

10 Schuldner der kennzeichenrechtlichen Verletzungsansprüche ist der Verletzer, dh jeder **Täter, Mittäter, Anstifter** oder **Gehilfe** der Kennzeichenverletzung entsprechend den allgemeinen deliktsrechtlichen Bestimmungen (§ 830 BGB). Juristische Personen haften für ihre **Organe** bzw. Handelsgesellschaften für ihre Vertreter gem. §§ 31, 89 BGB (zB OLG Bremen WRP 1997, 331, 337 – *Comtes*). Umgekehrt haftet der gesetzliche Vertreter für die in seinem Unternehmen begangenen Kennzeichenverletzungen persönlich, wenn er entweder an der Verletzungshandlung teilgenommen hat oder zumindest **Störer** ist, weil er von ihr Kenntnis und die Möglichkeit hatte, sie zu verhindern (BGH GRUR 1986, 248, 250/251 – *Sporthosen* mwN; LG München I WRP 1997, 124 – *Maglite;* OLG Bremen WRP 1997, 331, 337 – *Comtes; Baumbach/Hefermehl* Einl. UWG Rdn. 329). Der Komplementär einer **KG** haftet für die kennzeichenrechtlichen Ersatzansprüche stets gem. § 128 HGB auch persönlich. Für Unterlassungsansprüche gilt § 128 HGB dagegen nicht, da der Anspruch auf Unterlassung durch die KG nicht mit dem Anspruch auf Unterlassung durch den Geschäftsführer persönlich gleichgesetzt werden kann (OLG Nürnberg GRUR 1996, 206, 208 – *Alpex;* aA *Köhler/Piper* Vor § 13 UWG Rdn. 38). Ein **Verlag** kann im Rahmen des Möglichen und Zumutbaren jedenfalls wettbewerbsrechtlich für kennzeichenverletzende Verwendung eines bekannten Firmennamens in Einträgen eines von ihm herausgegebenen Nachschlagewerks haften (BGH GRUR 1994, 841, 842 – *Suchwort:* Abdruck von „Bosch" als dem Firmennamen des Inserenten vorangestelltes Suchwort in Telefonbucheintrag nicht autorisierter Händler). Bei Kennzeichenverletzung durch **Internet Domain Namen** sind nicht nur der Verwender selbst sondern auch der zugehörige Service Provider und die Vergabestelle als Störer passivlegitimiert (zB *Nordemann A.*, NJW 1997, 1896; *Völker/Weidert*, WRP 1997, 661; aA LG Mannheim NJW 1997, 2736).

11 Mehrere **gemeinsam** handelnde Verletzer haften hinsichtlich des Unterlassungsanspruchs selbständig nach Maßgabe ihres Tatbeitrags (*Baumbach/Hefermehl* UWG Einl. Rdn. 327 c), während sie hinsichtlich des Schadensersatzanspruchs nach § 840 BGB Gesamtschuldner sind.

C. Passivlegitimation Vor §§ 14–19

Wer eine **Titelschutzanzeige** für nicht genannte Auftraggeber 12
veröffentlicht, kann selbst auf Unterlassung in Anspruch genommen
werden (OLG Köln AfP 1991, 440 – *Sex Press*). Das gleiche gilt für
die Eintragung im **Filmtitelregister** (KG GRUR 1976, 253, 254
– *Ich hab mein Hos in Heidelberg verloren*) und für die für einen Dritten
vorgenommene Inanspruchnahme eines **Internet Domain
Namens** (LG Düsseldorf Mitt. 1997, 225, 229 – *epson.de*).

II. Haftung als Betriebsinhaber (§§ 14 Abs. 7, 15 Abs. 6)

Nach §§ 14 Abs. 7, 15 Abs. 6 haftet der Betriebsinhaber für 13
Verletzungshandlungen, die in einem geschäftlichen Betrieb von
einem Angestellten oder Beauftragten begangen werden, und zwar
anders als nach § 831 BGB **ohne Exkulpationsmöglichkeit**. Angestellter ist, wer **abhängige Dienste** erbringt, also insbesondere
Arbeitnehmer, Beamte, freie Mitarbeiter (*Köhler* GRUR 1991,
346). Die Begriffe „Beauftragter" und „geschäftlicher Betrieb"
werden von der Rspr. zur Parallelnorm des § 13 Abs. 4 UWG weit
ausgelegt, da dem Betriebsinhaber die durch die Einschaltung von
Beauftragten ermöglichte Erweiterung seines Geschäftsbereichs zugute kommt und die Verletzungshandlungen zu dem von ihm zu
beherrschenden Risikobereich gehören (zB BGH GRUR 1995,
605, 607 – *Franchise-Nehmer*; *Köhler* GRUR 1991, 346 ff.). Der
Stand dieser Rspr. ist in BGH aaO – *Franchise-Nehmer* wie folgt
zusammengefaßt: Die Handlung, deren Unterlassung verlangt wird,
muß **innerhalb des Betriebsorganismus** des Betriebsinhabers
begangen worden sein, wozu namentlich die Vertriebsorganisation
gehört. Der Handelnde muß kraft eines Rechtsverhältnisses in den
Betriebsorganismus so **eingegliedert** sein, daß einerseits der Erfolg
seiner Handlung zumindest auch dem Betriebsinhaber zugute
kommt und andererseits dem Betriebsinhaber ein bestimmender
Einfluß jedenfalls auf diejenige Tätigkeit eingeräumt ist, in deren
Bereich das beanstandete Verhalten fällt. Dabei kommt es nicht
darauf an, welchen Einfluß sich der Betriebsinhaber gesichert hat,
sondern welchen Einfluß er sich sichern konnte und mußte.

Auch **selbständige Unternehmen** kommen als Beauftragte in 14
Betracht. Beispiele: Lieferant und Zwischenhändler (RGZ 151,
287, 294 – *Alpina*), für einen Großhändler werbende Einzelhändler
im Unterkundengeschäft (BGH GRUR 1964, 263, 266 – *Unterkur.de*), selbständige Handelsvertreter (BGH GRUR 1971, 119, 120
– *Branchenverzeichnis*), Werbeagenturen (BGH GRUR 1991, 772,

Vor §§ 14–19   Ansprüche bei Kennzeichenverletzung

774 – *Anzeigenrubrik I;* BGH GRUR 1973, 208, 209 – *Neues aus der Medizin),* Zeitungsverleger für Anzeigenkunden nur bei Übernahme zusätzlicher Geschäftsbesorgungsaufgaben ähnlich einer Werbeagentur (BGH GRUR 1990, 1039, 1040/1041 – *Anzeigenauftrag;* aA *Köhler* GRUR 1991, 351), Franchisenehmer (BGH GRUR 1995, 605, 607/608); weitere Anwendungsfälle bei *Köhler* GRUR 1991, 347 ff.

15   Die Haftung besteht auch dann, wenn der Angestellte oder Beauftragte ohne Wissen oder **gegen eine Weisung** des Betriebsinhabers handelt (OLG München WRP 1989, 755, 756; *Köhler/Piper* § 13 UWG Rdn. 38). Von einer Begehung „in einem geschäftlichen Betrieb" kann nur dann nicht mehr gesprochen werden, wenn der Angestellte bzw. Beauftragte gelegentlich seiner Tätigkeit betriebliche Einrichtungen für außerhalb seines Aufgabenbereichs liegende Zwecke vertragswidrig mißbraucht zB Privatgeschäfte abwickelt (vgl. BGH GRUR 1963, 438, 439 – *Fotorabatt;* BGH GRUR 1963, 435 – *Reiseverkäufer).*

16   §§ 14 Abs. 7, 15 Abs. 6 begründen einen **eigenständigen Unterlassungsanspruch** und – bei Verschulden der Hilfsperson – auch Schadensersatzanspruch gegen den Betriebsinhaber, so daß zB zur Ausräumung der Begehungsgefahr eine eigene vertragsstrafenbewehrte Unterlassungserklärung des Betriebsinhabers erforderlich ist *(Köhler/Piper* § 13 UWG Rdn. 42). Eine besondere Kennzeichnung der Haftung im Tenor des Unterlassungsurteils gegen den Betriebsinhaber ist nicht zu empfehlen, da sie eine unnötige Beschränkung des Verbotsumfangs bedeuten würde (aA *Baumbach/Hefermehl* § 13 UWG Rdn. 72, der eine Kennzeichnung der Fremdhaftung im Tenor allerdings nur empfiehlt und ebensowenig für zwingend notwendig hält wie zB *Köhler/Piper* § 13 UWG Rdn. 43). Die Haftung nach §§ 14 Abs. 7, 15 Abs. 6 besteht auch für Beseitigungsansprüche (BGH GRUR 1995, 427, 428 – *Schwarze Liste).*

III. Rechtsnachfolge auf Verletzerseite

17   Bei Rechtsnachfolge auf Verletzerseite, zB bei Unternehmensverkauf, haftet der Erwerber für vor dem Übergang begründete Ersatzansprüche nach den allgemeinen Haftungsvorschriften (zB §§ 25 HGB, 419 BGB). Das gilt auch für die Verpflichtung aus betriebsbezogenen vertragsstrafenbewehrten Unterlassungserklärungen des Veräußerers (BGH GRUR 1996, 995 – *Übergang des Vertragsstrafenversprechens,* zu § 25 HGB). Ob der gesetzliche Unterlassungs-

D. Unterlassungsanspruch **Vor §§ 14–19**

anspruch gegenüber dem Erwerber geltend gemacht werden kann, hängt außerhalb der §§ 14 Abs. 7, 15 Abs. 6 davon ab, ob auch nach dem Übergang weiterhin Begehungsgefahr besteht, die dann nicht ohne weiteres unterstellt werden darf, wenn sie ursprünglich gerade durch die Person des früheren Inhabers begründet worden war. In allen anderen Fällen und im Anwendungsbereich der rein unternehmensbezogenen Haftung nach §§ 14 Abs. 7, 15 Abs. 6 kann auch der Erwerber die fortbestehende Begehungsgefahr nur durch strafbewehrte Unterlassungserklärung ausräumen. Zu den prozessualen Folgen des Wechsels der Passivlegitimation nach Klageerhebung s. *Ahrens* GRUR 1996, 520 ff.

IV. Passive Prozeßstandschaft

Von der Frage der Passivlegitimation zu unterscheiden ist die bisweilen als „passive Prozeßstandschaft" (BGH GRUR 1995, 505, 506 – *APISERUM*) bezeichnete Berechtigung eines Beklagten, sich zur Verteidigung einredeweise auf ältere Rechte eines Dritten zu berufen. Dazu § 14 Rdn. 22 f. und § 15 Rdn. 12. **18**

D. Unterlassungsanspruch (§§ 14 Abs. 5, 15 Abs. 4)

I. Grundlagen

Der in §§ 14 Abs. 5, 15 Abs. 4 verankerte Unterlassungsanspruch dient der Abwehr künftiger Kennzeichenverletzungen. Der Unterlassungsanspruch besteht **verschuldensunabhängig**, also insbesondere auch unabhängig davon, ob dem Verletzer das verletzte Kennzeichenrecht bekannt war oder auch nur bekannt sein hätte können. Seine Durchsetzung im Wege der Unterlassungsklage und ggf. einstweiligen Verfügung (unten Rdn. 48 ff.) oder außergerichtlich durch Abmahnung und Unterlassungserklärung aktualisiert und konkretisiert das gesetzliche Verbot nach §§ 14 Abs. 2–4, 15 Abs. 2–3 und sichert dessen künftige Beachtung durch über die gesetzlichen Rechtsfolgen (Schadensersatz, ggf. strafrechtliche Verfolgung) hinausgehende Sanktionsdrohungen (Ordnungsmittel gem. § 890 ZPO, Vertragsstrafe). Gerechtfertigt ist diese der Abschreckung dienende Sanktionsverschärfung entsprechend den zu § 1004 BGB und den wettbewerbsrechtlichen Unterlassungsansprüchen entwickelten Grundsätzen erst, wenn die Gefahr besteht, **19** daß eine entweder bereits begangene Verletzungshandlung zukünftig wiederholt wird (Rdn. 20 ff.) oder ihre erstmalige Begehung droht (vorbeugender Unterlassungsanspruch, Rdn. 25 ff.).

II. Wiederholungsgefahr

20 Wiederholungsgefahr ist gegeben, wenn eine in der Vergangenheit begangene Kennzeichenverletzung die Besorgnis begründet, daß zukünftig dieselbe – oder eine im Kern gleichartige (BGH GRUR 1996, 781, 783 – *Verbrauchsmaterialien;* BGH WRP 1996, 284, 285 – *Wegfall der Wiederholungsgefahr II*) – Verletzungshandlung begangen wird. Im Wettbewerbsrecht ist eine widerlegbare Vermutung der Wiederholungsgefahr bei Handeln zu Wettbewerbszwecken anerkannt (*Köhler/Piper* Vor § 13 UWG Rdn. 3 mwN). Im Kennzeichenrecht sollte diese Vermutung bereits an das Handeln im geschäftlichen Verkehr geknüpft werden, unabhängig von einer Wettbewerbsabsicht, die im Kennzeichenrecht keine Anspruchsvoraussetzung ist (§ 14 Rdn. 34 ff.) und im Wettbewerbsrecht ohnehin bei einem Handeln von Unternehmen im geschäftlichen Verkehr vermutet wird (*Köhler/Piper* Einf. Rdn. 168 mwN). Dementsprechend wird die **Vermutung der Wiederholungsgefahr** auch von der Rspr. ausdrücklich anerkannt (zum MarkenG: OLG Hamburg WRP 1997, 106, 108 – *Gucci*), meist aber als Selbstverständlichkeit gar nicht erwähnt. Die Widerlegung dieser Vermutung durch den Verletzer spielt in der kennzeichenrechtlichen Praxis anders als die Widerlegung der Vermutung einer Wettbewerbsabsicht in Randbereichen des Wettbewerbsrechts (*Köhler/Piper* Einf. Rdn. 169) so gut wie keine Rolle. Die Zeichenverwendung für Waren, Dienstleistungen, Unternehmen oder Werke ist noch deutlicher auf Wiederholung ausgerichtet als andere Wettbewerbshandlungen.

21 Daraus folgt zugleich, daß im gesamten Kennzeichenrecht eine Ausräumung der Wiederholungsgefahr praktisch nur durch Abgabe einer ernstgemeinten, den Anspruchsgegenstand uneingeschränkt abdeckenden, eindeutigen und unwiderruflichen **Unterlassungserklärung** unter Übernahme einer angemessenen Vertragsstrafe für den Fall zukünftiger Zuwiderhandlung möglich ist (vgl. zu § 16 UWG: BGH GRUR 1993, 579, 581 – *Römer GmbH;* vgl. zum UWG: BGH GRUR 1994, 443, 445 – *Versicherungsvermittlung im öffentlichen Dienst;* BGH GRUR 1994, 304, 306 – *Zigarettenwerbung in Jugendzeitschriften;* BGH GRUR 1990, 535, 532 – *Unterwerfung*

D. Unterlassungsanspruch   Vor §§ 14–19

durch Fernschreiben; Köhler/Piper Vor § 13 UWG Rdn. 4). Die bloße Einstellung der Verletzungshandlung oder die Abgabe nicht vertragsstrafengesicherter Erklärungen genügt nicht.

Die Unterlassungserklärung ist grdsl. **unbedingt** abzugeben, nur der Verpflichtung eigentlich immanente rechtliche Bedingungen sind unschädlich (zB auflösende Bedingung der Löschung der verletzten Marke). Nicht empfehlenswert ist die idR doch zu Unklarheiten führende und für den Verletzer kaum hilfreiche auflösende Bedingung allgemeinverbindlicher anderweitiger Klärung der Rechtmäßigkeit der Verletzungshandlung. Ihre Zulassung durch BGH GRUR 1993, 677, 679 – *Bedingte Unterwerfung* ist angesichts der Unzumutbarkeit der Verzögerung der endgültigen Klärung und ihrer Verlagerung auf Prozesse, an denen der Verletzte nicht beteiligt ist, abzulehnen. 22

Wer nicht selbst Haupttäter ist, sondern nur als **Störer** in Anspruch genommen wird, soll die Unterlassungserklärung unter der auflösenden Bedingung des Ausgangs eines parallelen Verletzungsprozesses desselben Verletzten gegen den Haupttäter wegen derselben Verletzungshandlung abgeben können (zB BGH GRUR 1986, 248, 251 – *Sporthosen:* Geschäftsführer der verletzenden GmbH; BGH GRUR 1973, 208, 210 – *Neues aus der Medizin:* Werbeagentur des Verletzers). Gegenüber einem nach der Verletzungshandlung ausgeschiedenen Geschäftsführer besteht die Wiederholungsgefahr jedenfalls dann fort, wenn er sich im Prozeß weiterhin berühmt (OLG Bremen WRP 1997, 331, 336 – *Comtes*). 23

Die Wiederholungsgefahr ist **materiellrechtliche Tatbestandsvoraussetzung** des Unterlassungsanspruchs (zB zum UWG: BGH GRUR 1994, 443, 445 – *Versicherungsvermittlung im öffentlichen Dienst;* BGH GRUR 1992, 318, 319 – *Jubiläumsverkauf*). Die durch eine Verletzungshandlung begründete Vermutung der Wiederholungsgefahr erstreckt sich auch auf leicht **abgewandelte, im Kern aber gleichartige Verletzungsformen**, die das für die angegriffene Verletzungsform Charakteristische aufweisen (zB BGH GRUR 1994, 844, 845 – *Rotes Kreuz* zu § 12 BGB; BGH GRUR 1993, 579, 581 – *Römer GmbH* zu § 16 UWG). Obwohl hinsichtlich abweichender, im Kern gleichartiger Handlungen genau gesehen nur Erstbegehungsgefahr vorliegt, stellt die Rspr. zu Recht dieselben Anforderungen wie bei Ausräumung der Wiederholungsgefahr, da die Begehung in leicht abgewandelter Form erfahrungsgemäß annähernd genauso wahrscheinlich und naheliegend ist und sich andernfalls zur Umgehung von Unterlassungserklärung oder Unterlassungsurteil geradezu anbieten würde. Eine Unterlassungs- 24 erklärung, im Vergleich zu der Reichweite eines entsprechenden Unterlassungsurteils (unten Rdn. 46) **zu eng gefaßt** ist, räumt die Wiederholungsgefahr zumindest für den nicht abgedeckten Bereich nicht aus, so daß insoweit der Unterlassungsanspruch fortbesteht. Einschränkungen des Unterlassungsversprechens, die zweifelsfrei darauf abzielen, nur geringfügig modifizierte Verletzungshandlungen offenzuhalten, können darüber hinaus Zweifel an der Ernsthaftigkeit des Unterlassungswillens insgesamt begründen und die gerichtliche Geltendmachung des Unterlassungsanspruchs ohne Einschränkung rechtfertigen. Zur Reichweite der Wiederholungsgefahr im einzelnen und der sich daraus ergebenden Anforderungen an die Formulierung von Unterlassungserklärungen s. die unten bei Rdn. 37 ff. dargestellten Konsequenzen der Lehre von der konkreten Verletzungsform für die Antragsfassung bei der Unterlassungsklage.

III. Erstbegehungsgefahr

25 Für den vorbeugenden Unterlassungsanspruch genügt es, daß die erstmalige **Begehung der Kennzeichenverletzung ernstlich und unmittelbar zu besorgen** ist (BGH GRUR 1994, 530, 532 – *Beta*). Im Interesse eines effektiven, rechtzeitigen Kennzeichenschutzes sind insoweit keine hohen Anforderungen zu stellen. Es genügen sowohl typische **Vorbereitungshandlungen** (Rdn. 26 ff.) als auch die **Berührung** (Rdn. 32), zur Zeichenbenutzung berechtigt zu sein.

26 Die Einreichung einer **Markenanmeldung** beim DPA begründet stets Erstbegehungsgefahr hinsichtlich der Benutzung des angemeldeten Zeichens im geschäftlichen Verkehr (OLG München WRP 1997, 116, 117 – *Deutsche Telekom;* OLG München MD 1996, 1017; OLG Köln WRP 1997, 872 – *Spring/Swing; Fezer* § 14 Rdn. 510; zum WZG BGH GRUR 1985, 550, 553 – *Dimple;* OLG Köln GRUR 1993, 688 – *BAILEY'S* für „Probeanmeldung"; OLG Karlsruhe WRP 1976, 384 – *Märklin-Unitechnik;* OLG Celle Mitt. 1988, 57 – *Heidejäger*). Dies gilt auch für die Beantragung der Schutzerstreckung einer IR-Marke auf Deutschland (BGH GRUR 1990, 361, 363 – *KRONENTHALER*). Die Erstbegehungsgefahr erstreckt sich auf alle angemeldeten Waren/Dienstleistungen. Eine Differenzierung danach, ob das Verzeichnis konkrete Spezialwaren nennt, sich an Oberbegriffen der amtlichen Klasseneinteilung orientiert oder sehr umfangreich ist, ist nicht ver-

D. Unterlassungsanspruch **Vor §§ 14–19**

anlaßt. Andererseits würde gerade derjenige Anmelder durch Verneinung der Erstbegehungsgefahr privilegiert, dessen Verzeichnis besonders weit gefaßt, also sogar noch weitergehenden Schutz beansprucht (verfehlt daher insoweit BGH GRUR 1985, 550, 553 – *Dimple;* richtiger OLG München MD 1996, 1017, 1018: „Der Klägerin ist nicht zuzumuten, abzuwarten, für welche Waren und Dienstleistungen die Beklagte die Benutzung tatsächlich aufnimmt, um dann jeweils Unterlassungsklage zu erheben"). Es ist auch nicht nach den angeblichen subjektiven Verwendungsabsichten des Anmelders zu differenzieren. Bei sogenannten „Vorratszeichen" liegt die Benutzungsgefahr ohnehin auf der Hand. Behauptet der Anmelder, es handele sich um ein bloßes „Defensivzeichen", so kann ihm die Abgabe einer strafbewehrten Unterlassungserklärung schon nach seiner eigenen Argumentation erst recht zugemutet werden. Vor allem aber sind die Verwendungsabsichten des Anmelders spätestens seit Einführung der geschäftsbetriebsunabhängigen Übertragung von Marken schon deshalb nicht mehr allein maßgeblich, weil die jederzeitige Übertragung der Marke an einen Erwerber mit Benutzungsabsicht möglich ist. Auch die Anmeldung ausschließlich zu Behinderungs- und Erpressungszwecken – auch durch Privatpersonen – begründet Erstbegehungsgefahr (OLG München WRP 1997, 116, 117 – *Deutsche Telekom:* „Schon die Drohung mit der Berühmung eines Rechts zur Benutzung der Bezeichnung rechtfertigt es, die Benutzung der Marke zu untersagen"). Die Begehungsgefahr aufgrund Markenanmeldung besteht bundesweit (§ 140 Rdn. 49).

Zu differenzieren ist allerdings hinsichtlich der Begehungsgefahr **27** durch **Anmeldung einer Gemeinschaftsmarke**. Soweit es um die drohende Verletzung einer älteren Gemeinschaftsmarke geht und das hierfür nach der Verweisung des Art. 92 lit. a GMVO maßgebliche nationale Recht deutsches Recht ist, kann eine Begehungsgefahr für die Gemeinschaft insgesamt bejaht werden, ohne daß es einer genaueren Lokalisierung bedarf. Dagegen reicht die Anmeldung einer Gemeinschaftsmarke allein nicht aus, um automatisch in jedem einzelnen Mitgliedstaat eine Gefahr drohender Verletzung bezüglich der dort geschützten älteren nationalen Rechte zu begründen. Bei augenblicklich 15 Mitgliedstaaten kann nicht jedem Anmelder einer Gemeinschaftsmarke eine tatsächliche Benutzungsabsicht für alle Mitgliedstaaten unterstellt werden, wozu nicht einmal der gemeinschaftsmarkenrechtliche Benutzungszwang nach Ablauf von fünf Jahren veranlaßt (§ 125b Rdn. 10). Die Verneinung einer Begehungsgefahr in automatisch jedem einzelnen

Vor §§ 14–19 Ansprüche bei Kennzeichenverletzung

Mitgliedstaat schließt jedoch nicht aus, daß aufgrund zusätzlicher Umstände des Einzelfalls (Vorbereitungshandlungen, Berührungen) eine Konkretisierung der Benutzungsgefahr auf Deutschland zu bejahen ist.

28   Die bis 1997 mögliche Reservierung eines **Internet Domain Namens** begründete ohne weiteres Erstbegehungsgefahr seiner tatsächlichen Benutzung (zB LG Lüneburg CR 1997, 288 – *celle.de;* Unnötig auf konkrete Absichten abstellend LG Düsseldorf Mitt. 1997, 225, 227 – *epson.de*; aA mit abwegigen Argumenten *Strömer* CR 1997, 290: es gebe mehr reservierte als delegierte Domain Namen, was DENIC schon 50 000 Mal getan habe, dürfe nicht rechtswidrig sein usw.; ähnl. verfehlt *Ubber* WRP 1997, 505).

29   Weitere Vorbereitungshandlungen: **Titelschutzanzeige und Eintragung im Filmtitelregister** (§ 15 Rdn. 79); Anmeldung als **Geschmacksmuster** (§ 14 Rdn. 69; *Fezer* § 14 Rdn. 510); nicht aber **Verpackungsentwurf**, der nur Verhandlungsgrundlage in Vergleichsgesprächen ist (OLG Köln MD 1997, 246, 250 – *Picasso*, zur Frage der Verletzung durch Anbringung s. § 14 Rdn. 108); noch keine Begehungsgefahr der Verwendung eines Firmennamens im Inland bei Angabe des Firmennamens zur Bezeichnung der Antragstellerin in einem Gesuch auf internationale Registrierung von einer ausländischen Marke auch für Deutschland einschließlich Inlandsvertreterbestellung (BGH GRUR 1994, 530, 531/532 – *Beta*).

30   Die Begehung einer bestimmten Art der in § 14 Abs. 3 aufgezählten Verletzungshandlungen wird häufig **Begehungsgefahr hinsichtlich weiterer Handlungsarten des § 14 Abs. 3** begründen. Beispiele: der Vertrieb kennzeichenverletzender Ware begründet Begehungsgefahr auch bezüglich Verwendung in Geschäftspapieren und Werbung (OLG Köln MD 1996, 1114, 1116 – *SALZIGE HERINGE*); das Anbieten auf einer internationalen Messe im Inland begründet Erstbegehungsgefahr auch für das „Inverkehrbringen" (BGH GRUR 1990, 361, 363 – *KRONENTHALER*). Vgl. zu § 9 PatG BGH GRUR 1960, 423, 425 – *Kreuzbodenventilsäcke I* für Einbeziehung aller Benutzungsarten, solange nicht gerade die rechtliche Einordnung der vorgenommenen Handlungen der Art nach als Verletzungshandlung streitig ist.

31   Die Erstbegehungsgefahr ist nicht auf den möglichen Hauptverantwortlichen zukünftiger Verletzungshandlungen beschränkt, sondern erstreckt sich auch auf Mittäter, Anstifter und Gehilfen, soweit diese bei Vornahme der drohenden Handlung passivlegitimiert wären (oben Rdn. 10) und ihre Beteiligung droht (OLG München WRP 1997, 116, 118 – *Deutsche Telekom*).

D. Unterlassungsanspruch **Vor §§ 14–19**

An die **Ausräumung der Erstbegehungsgefahr** stellt die wett- 32
bewerbsrechtliche Rspr. grdsl. weniger strenge Anforderungen als
an den Wegfall der Wiederholungsgefahr (zB BGH GRUR 1993,
53, 55 – *Ausländischer Inserent;* BGH GRUR 1992, 116, 117 –
Topfgucker-Scheck; BGH GRUR 1987, 125, 126 – *Berühmung*).
Insbesondere bedarf es nicht in allen Fällen der Abgabe einer vertragsstrafenbewehrten Unterlassungserklärung. Dem ist für das
Kennzeichenrecht jedoch nur mit Einschränkungen zu folgen. Keine Besonderheiten gelten bei bloßen **Berühmungen**. Ausgelöst
wird die Erstbegehungsgefahr hier durch die Behauptung, zur Vornahme der streitgegenständlichen Zeichenbenutzung berechtigt zu
sein, wobei dies grdsl. auch dann gilt, wenn eine solche Berühmung im Rahmen der Rechtsverteidigung in einem Prozeß
erfolgt (zB zum WZG BGH GRUR 1990, 678, 679 – *Herstellerkennzeichen auf Unfallwagen;* BGH GRUR 1957, 342, 345 – *Underberg;* zum UWG BGH GRUR 1995, 595, 598 – *Kinderarbeit;* grdl.
BGH GRUR 1987, 125, 126 – *Berühmung*), während an Äußerungen im Rahmen von Vergleichsgesprächen strengere Anforderungen zu stellen sind (BGH GRUR 1992, 627, 630 – *Pajero;* OLG
Köln MD 1997, 250 – *Picasso*). Die durch eine solche Berühmung
begründete Erstbegehungsgefahr kann durch ihre eindeutige und
unmißverständliche Aufgabe beseitigt werden, wozu es im Prozeß
Sache des Verletzers ist, durch ausdrückliche Erklärung zweifelsfrei
deutlich zu machen, daß eine Verteidigung früheren Verhaltens als
rechtmäßig ausschließlich der Rechtsverteidigung zum Zweck des
Obsiegens im laufenden Prozeß dient und nicht der beabsichtigten
künftigen Fortsetzung (zB BGH GRUR 1995, 595, 598 – *Kinderarbeit;* BGH GRUR 1992, 404, 405 – *Systemunterschiede; Köhler/
Piper* Vor § 13 UWG Rdn. 11, 12).

Beruht die Erstbegehungsgefahr auf **Vorbereitungshandlun-** 33
gen, so soll zur Beseitigung der Erstbegehungsgefahr die Rückgängigmachung oder Einstellung idR genügen (*Köhler/Piper* vor § 13
Rdn. 12; BGH GRUR 1992, 116, 117 – *Topfgucker-Scheck* für
Sonderfall). Nicht zu folgen ist dem jedenfalls für solche Vorbereitungshandlungen einer Kennzeichenverletzung, die sich nicht auf
rein tatsächliche Handlungen beschränken, sondern darüber hinaus
dem **Erwerb eines eigenen kollidierenden Kennzeichenrechts**
dienen, wie insbesondere die **Anmeldung als Marke** (oben
Rdn. 26; § 14 Rdn. 83). Es ist schon generell fraglich, warum der
Verletzte ausgerechnet dann auf die Sicherung durch Unterlassungserklärung oder Unterlassungstitel verzichten müssen soll, wenn er
aufgrund sorgfältiger Wahrung seiner Rechte die bevorstehende

Verletzungshandlung im Vorbereitungsstadium frühzeitig entdeckt und – auch im Interesse des Verletzers – unverzüglich dagegen vorgeht. Nicht mehr zu rechtfertigen ist die Differenzierung zwischen Wiederholungsgefahr und Erstbegehungsgefahr jedenfalls dann, wenn das ohnehin kaum noch als „Vorbereitung" zu bezeichnende Verletzerverhalten so weit geht, daß versucht wird, an dem verletzenden Zeichen ein eigenes Kennzeichenrecht zu erlangen. Hier ist entgegen der herkömmlichen Auffassung eine entsprechende Anwendung der strengeren Regeln über die Ausräumung der Wiederholungsgefahr geboten. Die bloße Rücknahme der Markenanmeldung bzw. Löschung einer schon erfolgten Eintragung läßt nur den Löschungsanspruch bzw. Beseitigungsanspruch auf Anmeldungsrücknahme entfallen, nicht aber den vorbeugenden Unterlassungsanspruch (aA GK/*Köhler* Vor § 13 UWG B Rdn. 84; *Teplitzky* 10. Kap. Rdn. 20; *Teplitzky* AfP 1997, 453 zur Titelschutzanzeige). Gerade der aufmerksame – zB Neueintragungen systematisch überwachende – und den Verletzer durch rechtzeitige Geltendmachung vor weiteren Vorbereitungsinvestitionen bewahrende Kennzeicheninhaber darf nicht dazu verleitet werden, tatsächliche Verletzungshandlungen erst abzuwarten. Dazu kann er sich aber veranlaßt sehen, wenn ihm nur auf diesem Wege endgültige Sicherung durch Unterlassungserklärung oder Unterlassungstitel zugebilligt würde. Es ist daher auch nicht im Interesse der Prozeßökonomie, ausgerechnet bei verletzenden Markenanmeldungen auf das verläßlich zu endgültiger Streiterledigung führende Instrumentarium von Abmahnung und strafbewehrter Unterlassungserklärung zu verzichten. Betrachtet man die Markenanmeldung entgegen der bisher hM nicht nur als Vorbereitungshandlung, sondern als Rechtsverletzung (dazu § 14 Rdn. 83), so gilt dies erst recht, da die Anmeldung dann nicht nur Erstbegehungsgefahr, sondern Wiederholungsgefahr begründet.

IV. Unterlassungsklage

1. Zuständigkeit

34 Die Zuständigkeitsvorschriften für Kennzeichenstreitsachen sind bei § 140 Rdn. 15 ff. erläutert.

2. Klageantrag

35 Der Klageantrag und auch die – zweckmäßigerweise auf den Unterlassungsantrag rückbezogenen sonstigen Anträge zB auf Scha-

D. Unterlassungsanspruch Vor §§ 14–19

densersatz und Auskunft – müssen hinsichtlich der Beschreibung der Verletzungshandlung vor allem zwei grundlegenden Anforderungen genügen:

a) Bestimmtheit. Prozessualer Natur ist das Bestimmtheitsgebot 36 nach § 253 Abs. 2 Nr. 2 ZPO für den Antrag und § 313 Abs. 1 Nr. 4 ZPO für den Urteilsausspruch. Unzulässig sind Unterlassungsanträge, die derart undeutlich gefaßt sind, daß sich der Beklagte nicht erschöpfend verteidigen kann und es im Falle der Zwangsvollstreckung dem Vollstreckungsgericht überlassen wäre, über die Reichweite des Verbotsausspruchs zu entscheiden (BGH GRUR 1994, 844, 845 – *Rotes Kreuz;* zu der überwiegend zum UWG ergangenen Rspr. s. *Köhler/Piper* vor § 13 UWG Rdn. 219ff.). Allgemeinere Begriffe dürfen verwendet werden, wenn im konkreten Fall der Sinngehalt nicht zweifelhaft und zwischen den Parteien nicht streitig ist (BGH GRUR 1996, 796, 797 – *Setpreis;* BGH GRUR 1992, 561, 562 – *Unbestimmter Unterlassungsantrag II*). Die Bestimmtheitsanforderungen gelten auch für die durch zulässige Verallgemeinerung (unten Rdn. 37) einbezogenen abweichenden Handlungsformen, für die es ebenfalls einer verläßlichen Vollstreckungsgrundlage bedarf (BGH GRUR 1994, 844, 846 – *Rotes Kreuz*). Dabei ist zu beachten, daß zur Auslegung des Unterlassungsantrags das Parteivorbringen und zur Auslegung des Urteilstenors die Entscheidungsgründe und der Tatbestand heranzuziehen sind (BGH aaO – *Unbestimmer Unterlassungsantrag II*). In Antrag bzw. Urteilsfomel darf auf Anlagen Bezug genommen werden, welche die konkrete Verletzungsform (unten Rdn. 37) wiedergeben (BGH WRP 1997, 748, 749 – *grau/magenta*). Als **noch hinreichend bestimmt** angesehen worden sind zB: das Verbot, anderen Unternehmen eine Kennzeichenbenutzung zu „gestatten" (BGH GRUR 1993, 556, 557 – *TRIANGLE*); „markenmäßig", „marken- und firmenmäßig" (BGH GRUR 1991, 138/139 – *Flacon*); „warenzeichenmäßige Verwendung" (BGH GRUR 1991, 139, 140 – *Duft-Flacon*); „warenzeichenmäßig" (BGH GRUR 1988, 776, 777 – *PPC*); „im geschäftlichen Verkehr" (BGH GRUR 1962, 310, 313 – *Gründerbildnis*). Unbedenklich ist die Verwendung von Gattungsbegriffen zur Bezeichnung der erfaßten Waren/Dienstleistungen, etwa entsprechend den Waren/Dienstleistungsverzeichnissen für eingetragene Marken, soweit nicht gerade die Abgrenzung bestimmter Warenarten zueinander streitig ist zB „Geräte der Unterhaltungselektronik" (BGH GRUR 1996, 796, 797); „Jugendzeitschriften" (BGH GRUR 1994, 304 – *Ziga-*

rettenwerbung in Jugendzeitschriften); „soweit für weibliche Personen bestimmt" (BGH GRUR 1986, 402, 403 − *Fürstenberg*); „Sportartikel" (BGH GRUR 1984, 593, 594 − *adidas-Sportartikel*). **Zu unbestimmt** dagegen zB: „zum verwechseln ähnlich" (BGH GRUR 1994, 844, 845 − *Rotes Kreuz*); „ähnlich verwechslungsfähig" (BGH GRUR 1963, 430, 431 − *Erdener Treppchen*); „sonst im geschäftlichen Verkehr und in der Werbung zu benutzen", wenn bestimmte Verwendungsformen zulässig (BGH GRUR 1981, 60, 64 − *Sitex;* „wie in..." BGH WRP 1994, 862, 865 − *Bio-Tabletten*). Solange nicht gerade die Zulässigkeit einzelner Handlungsformen umstritten ist, genügen die abstrakten Benutzungsarten nach § 14 Abs. 3 dem Bestimmtheitsgebot und zwar einschließlich Nr. 5 („in Geschäftspapieren oder in der Werbung zu benutzen"), da der Begriff der Werbung hier im weitesten Sinne gemeint ist (unten § 14 Rdn. 128), so daß die in anderem rechtlichen Zusammenhang gegebenenfalls notwendige Konkretisierung des Begriffs der Werbung nicht erforderlich ist (vgl. zu Fällen redaktioneller Werbung BGH GRUR 1996, 502 − *Energiekosten-Preisvergleich;* BGH GRUR 1993, 565 − *Faltenglätter*).

37   **b) Konkrete Verletzungsform.** Materiellrechtlichen Ursprungs ist dagegen das Erfordernis der Beschränkung des Unterlassungsantrags und Urteilstenors auf die „konkrete Verletzungsform" einschließlich einer das Charakteristische des konkreten Verletzungstatbestandes erfassenden Abstrahierung und Verallgemeinerung. Denn der Antrag darf nicht weiter gehen als die im konkreten Fall bestehende Wiederholungs- oder Erstbegehungsgefahr als materiellrechtlicher Anspruchsvoraussetzung des Unterlassungsanspruchs (vgl. BGH GRUR 1995, 825, 828 − *Torres;* BGH GRUR 1993, 579, 581 − *Römer GmbH;* BGH GRUR 1990, 450, 452 − *St. Petersquelle* (Weglassen von Zusätzen); BGH GRUR 1989, 425, 427/428 − *Herzsymbol* (keine Untersagung nur des Bildbestandteils bei Verwendung als Wort/Bildmarke); BGH GRUR 1981, 277, 278/279 − *Biene Maja* zu Klage gegen Abnehmerverwarnung; BGH GRUR 1977, 260, 261 − *Friedrich Karl Sprudel;* vgl. allg. *Köhler/Piper* vor § 13 UWG Rdn. 227 ff.; *Teplitzky* 51. Kap. Rdn. 13 ff.).

38   Generell gilt, daß der Detailgrad der Beschreibung der Verletzungshandlung sowohl hinsichtlich der Zeichengestaltung als solcher als auch hinsichtlich der Verwendungsweise ganz von den Umständen des Einzelfalls abhängt. Wird die Verwechslungsgefahr nur durch einen **Bestandteil** der verwendeten Kennzeichnung

D. Unterlassungsanspruch Vor §§ 14–19

hervorgerufen, ist dennoch die konkrete Verletzungsform in ihrer Gesamtheit zu verbieten und ist es nicht Aufgabe des Klägers oder des Gerichts, die hypothetische Verwendung in anderen Kombinationen oder mit unterscheidungskräftigen Zusätzen, die die Verwechslungsgefahr ausräumen könnten, im Vorgriff zu berücksichtigen (BGH GRUR 1995, 825, 828 – *Torres;* st. Rspr. zum WZG: BGH GRUR 1981, 277 – *Biene Maja*). Dies gilt auch für Unterlassungsansprüche gegen **Unternehmenskennzeichen**, bei denen nur ein Bestandteil kollisionsbegründend ist (BGH GRUR 1997, 468, 470 *NetCom*; BGH WRP 1997, 1093 – *Immo*-Data; zum früheren Recht: BGH GRUR 1991, 401, 402 – *Erneute Vernehmung*; BGH GRUR 1991, 331 – *Ärztliche Allgemeine*; BGH GRUR 1981, 60, 64 – *Sitex*; BGH GRUR 1968, 212, 213 – *Hellige*; insoweit zutr. BGH GRUR 1960, 296, 298 – *Reiherstieg*; BGH GRUR 1957, 561, 563 – *REI-Chemie* und für Ansprüche gegen Werktitel mit einem kollisionsbegründenden Bestandteil (zB BGH GRUR 1994, 191, 201 – *Asterix-Persiflagen*). Nur für den Ausnahmefall, daß eine Verwendung des kollisionsbegründenden Bestandteils in keiner denkbaren Weise zulässig ist, hat die Rspr. ein auf den Bestandteil bezogenes **Schlechthin-Verbot** erwogen (nur mehr sehr zurückhaltend erwähnt in BGH WRP 1997, 1081 – *GARONOR*; BGH GRUR 1991, 401, 402 – *Erneute Vernehmung;* BGH GRUR 1989, 425, 427 – *Herzsymbol;* bejaht in BGH GRUR 1960, 372, 376 – *Kodak* wegen treuhänderischer Bindung; unzutr. OLG Frankfurt aM WRP 1982, 420, 421 – *Multicolor*, krit. dazu auch GK/*Teplitzky* § 16 UWG Rdn. 539 Fn. 816), wofür Berühmtheit des Klagezeichens allein jedenfalls noch nicht genügt (BGH GRUR 1958, 189, 195/196 – *Zeiss*). Verfehlt sind ältere Entscheidungen, in denen die Gesinnung des Beklagten zum Anlaß für ein weitergehendes Verbot genommen wurde (BGH GRUR 1962, 91, 94 – *Jenaer Glas;* BGH GRUR 1954, 457, 459 – *Irus/Urus*).

Demgegenüber ist der **Löschungsanspruch** gegen eine im Handelsregister eingetragene **Firma** auf den kollisionsbegründenden Firmenbestandteil zu beschränken, da sich die Löschung ohnehin nur auf die konkret eingetragene Bezeichnung in ihrer Gesamtheit bezieht, nicht aber auf Verwendung des Bestandteils in anderen Kombinationen (BGH GRUR 1981, 60, 64 – *Sitex;* BGH GRUR 1974, 162, 164 – *etirex;* anders noch BGH GRUR 1966, 35, 38 – *multikord;* insoweit überholt zB auch BGH GRUR 1960, 296, 298 – *Reiherstieg*). **39**

Hiervon zu unterscheiden ist die zulässige und notwendige Beschränkung auf bestimmte **Zeichenverwendungsarten**, wenn nur **40**

Vor §§ 14–19   Ansprüche bei Kennzeichenverletzung

sie die Verletzung begründen (zB BGH GRUR 1992, 550, 551 – *ac pharma*: „in Alleinstellung oder in einer Ab- oder Hervorhebung gegenüber den übrigen Firmenbestandteilen").

41   Eine vergleichsweise enge Fassung des Unterlassungsantrags kann notwendig sein, wenn eine **Abgrenzung zu dem nach § 23 zulässigen Gebrauch** erforderlich ist (OLG Hamburg WRP 1997, 106, 107 – *Gucci;* OLG Hamburg WRP 1997, 103, 104 – *Cotto*), wie dies bereits früher hinsichtlich der Abgrenzung des warenzeichenmäßigen Gebrauchs anerkannt war (zB BGH GRUR 1981, 277, 278 – *Biene Maja;* BGH GRUR 1974, 84, 88 – *Trumpf;* vgl. auch BGH GRUR 1994, 808, 809 – *Markenverunglimpfung I (MARS)* zu „als Verpackungsaufdruck"). Ist ein Kennzeichen nur aufgrund **besonderer graphischer Ausgestaltung** verletzend, muß die verletzende Gestaltung im Verbotstenor oder durch Bezugnahme auf Anlagen wiedergegeben werden (zB OLG München WRP 1996, 238, 239 – *Paris Tours*).

42   Die Verwendung der in der Praxis beliebten **„insbesondere"-Zusätze** ist auch bei Kennzeichenverletzungen zulässig, um konkrete Verwendungsformen eines verletzenden Zeichens in den Antrag einzubeziehen (vgl. zum UWG BGH GRUR 1996, 793 – *Fertiglesebrillen;* BGH GRUR 1996, 720 – *Effektivzins;* BGH GRUR 1996, 502 – *Energiekosten-Preisvergleich;* BGH GRUR 1993, 565 – *Faltenglätter;* BGH GRUR 1993, 834 – *Haftungsbeschränkung bei Anwälten;* BGH GRUR 1991, 772, 773 – *Anzeigenrubrik I; Köhler/Piper* vor § 13 UWG Rdn. 230; *Teplitzky* 51. Kap. Rdn. 36 ff.; zur Aufnahme des insbesondere-Zusatzes seitens des Gerichts s. BGH GRUR 1957, 281, 285 – *karo as*). Dennoch bergen die „insbesondere"-Zusätze gerade auch bei Kennzeichenverletzungen Probleme in sich. Zum einen können sie wegen ihres nur beispielhaft konkretisierenden Charakters einen hinsichtlich der vorangestellten abstrakten Beschreibung zu unbestimmten Klageantrag nicht zulässig machen (BGH GRUR 1993, 564, 565 – *Faltenglätter*), sondern wäre hierfür ein auf die konkrete Verletzungshandlung beschränkter Hilfsantrag erforderlich (*Köhler/Piper* vor § 13 UWG Rdn. 232). Zum anderen kann der „insbesondere"-Zusatz zu Auslegungsschwierigkeiten führen, wenn unklar ist, welche der dadurch einbezogenen Gestaltungs- und Handlungsmerkmale charakteristische Bedeutung haben soll. Im Normalfall einer Kennzeichenverletzung, bei der es nur auf das verwendete Zeichen selbst und die betroffenen Waren/Dienstleistungen bzw. Branchen ankommt, sollten „insbesondere"-Zusätze in Form von Bezugnahme auf Werbe- oder

Verpackungsbeispiele daher jedenfalls im Hauptantrag vermieden werden.

In **räumlicher** Hinsicht beziehen sich uneingeschränkt gestellte 43 Klageanträge auf den Geltungsbereich des MarkenG, ohne daß es diesbezüglich einer ausdrücklichen Angabe bedarf (vgl. BGH GRUR 1997, 224, 226 – *Germed* zum ErstrG).

Zur Beschreibung der konkreten Verletzungsform gehört auch 44 die in den Antrag aufzunehmende Einschränkung „**im geschäftlichen Verkehr**". Wird sie vergessen, kann sie vom Gericht ohne Kostenfolgen ergänzt werden (BGH GRUR 1960, 372, 376 – *Kodak*).

c) **Hinweispflicht des Gerichts.** Auf Antragsmängel der obi- 45 gen Art muß das Gericht den Kläger gem. § 139 ZPO ausdrücklich hinweisen und ihm Gelegenheit zur Korrektur oder Stellung eines Hilfsantrags geben (zB BGH GRUR 1996, 796, 797 – *Setpreis*), grdsl. aber nicht selbst umformulieren (BGH GRUR 1991, 254, 257 – *Unbestimmter Unterlassungsantrag I*). Ein inhaltlich bestimmter, aber zu weit gefaßter Antrag kann jedenfalls dahingehend ausgelegt werden, daß die konkrete Verletzungsform verboten werden soll, und ist insoweit in konkretisierter Fassung zuzusprechen (BGH GRUR 1994, 844, 846 – *Rotes Kreuz*).

3. Reichweite des Verbots

Das gerichtliche Verbotsausspruch umfaßt nach st. Rspr. nicht 46 nur Handlungen, die mit der im Tenor aufgenommenen konkreten Verletzungsform identisch sind, sondern auch **Abwandlungen, die den Kern der Verbotsform unberührt lassen** und deswegen als schon im Erkenntnisverfahren mitgeprüft gelten können (zB BGH GRUR 1994, 844, 846 – *Rotes Kreuz;* BGH GRUR 1954, 70, 72 – *Rohrbogen;* BGH GRUR 1952, 577, 580 – *Zwillinge*). Der strafähnliche Charakter der Ordnungsmittelsanktion nach § 890 ZPO setzt dieser Betrachtungsweise aber Grenzen (vgl. BGH WRP 1989, 572, 574 – *Bioäquivalenzwerbung; Teplitzky* 57. Kap. Rdn. 12 ff. mwN auch zur Kritik an der Kerntheorie). Besondere Zurückhaltung ist bei der Anwendung der Kerntheorie geboten, wenn sich die Abweichung auf das im Tenor genannte Zeichen selbst bezieht. Das Verbot umfaßt keinesfalls alle mit dem geschützten Kennzeichen verwechselbaren Abwandlungen (so aber BGH GRUR 1954, 70, 72 – *Rohrbogen*), denn hierdurch würde die Prüfung der Verwechslungsgefahr zu weitgehend in das Vollstreckungsverfahren verlagert. Andererseits darf sich der Verletzer nicht schon durch bloße Zusätze zu dem verbotenen Zeichen oder die Weglassung zweifesfrei unbedeutender Bestandteile dem Verbotsbereich entziehen können. Der Verbotsumfang ist im Vollstreckungsverfahren ausgehend vom Tenor anhand der Entscheidungsgründe und des Tatbestands einschließlich des dort in Bezug genommenen Parteivorbringens auszulegen (vgl. BGH GRUR 1987, 172, 173 – *Unternehmensberatungsgesellschaft I*). Die im Schrifttum geforderte Vermeidung der Anwendung der Kerntheorie durch hinreichende Verallgemeinerung des Antrags (*Teplitzky* 57. Kap. Rdn. 16 mwN; *Köhler/Piper* Vor § 13 UWG Rdn. 318) hilft im Kennzeichenrecht nicht immer weiter, da die denkbaren Abwandlungen einer Zeichengestaltung häufig zu vielfältig sind, um bereits im Erkenntnisverfahren im Vorgriff auf Umgehungsversuche des Verletzers berücksichtigt werden zu können.

4. Streitwert

47 Die Streitwertbemessung in Kennzeichenstreitsachen ist bei § 142 erläutert.

V. Einstweilige Verfügung

1. Zulässigkeit einstweiligen Rechtsschutzes

48 Vorläufiger Rechtsschutz durch einstweilige Verfügung gem. §§ 935, 940 ZPO kommt im Kennzeichenrecht in erster Linie zur Sicherung und damit Teilverwirklichung des Unterlassungsanspruchs aufgrund Wiederholungsgefahr oder gleichermaßen auch des vorbeugenden Unterlassungsanspruchs aufgrund Erstbegehungsgefahr in Betracht. Besonderheiten des einstweiligen Rechtsschutzes für andere Anspruchsarten sind im Rahmen der Erläuterungen zum Hilfsanspruch auf Auskunft (unten Rdn. 92), selbständigen Auskunftsanspruch (§ 19 Rdn. 34), Vernichtungs- bzw. Beseitigungsanspruch (§ 18 Rdn. 28) und Übertragungsanspruch (§ 17 Rdn. 11) dargestellt. Zum Verbot des Erwerbs kennzeichenverletzender Ware durch einstweilige Verfügung § 14 Rdn. 118. Für die bei Patentverletzungen vor allem wegen der zusätzlichen technischen Komplexität praktizierte generelle Zurückhaltung beim Erlaß von Unterlassungsverfügungen (vgl. *Benkard/Rogge* § 139 PatG Rdn. 151) besteht im Kennzeichenrecht keine Veranlassung. Das Verletzungsgericht ist in vielen Fällen ohne weiteres in der Lage, die Verletzungsfrage und – soweit relevant – die Schutzfähigkeit

D. Unterlassungsanspruch   Vor §§ 14–19

des Kennzeichens des Antragstellers zu beurteilen, ohne hierzu Sachverständigenhilfe zu benötigen. Wird Verkehrsgeltung oder Bekanntheit geltend gemacht, so ist einstweiliger Rechtsschutz nicht pauschal zu versagen, sondern sind geeignete Anforderungen an die Glaubhaftmachung zu stellen.

2. Dringlichkeit

Die Dringlichkeitsvermutung des **§ 25 UWG** findet in Verfü- 49 gungsverfahren wegen Kennzeichenverletzung jedenfalls auf Unterlassungsansprüche **entsprechende Anwendung** (zum MarkenG: OLG Hamburg MD 1997, 602, 603 – *Brinckmann*; OLG München MD 1996, 1027, 1029 – *T. Golf;* OLG Stuttgart WRP 1997, 118, 121 – *Basics;* OLG Hamburg WRP 1997, 106, 112 – *Gucci; B/H* § 25 UWG Rdn. 5; *Köhler/Piper* § 25 Rdn. 14. Zum WZG: OLG Hamburg WRP 1992, 493, 494; OLG Hamburg WRP 1992, 117, 118 – *Hessen-Report*; OLG Hamburg WRP 1976, 483, 486; OLG Frankfurt aM NJW 1989, 1489; aA *Fezer* § 19 Rdn. 18; *Teplitzky* 54. Kap. Rdn. 20, Rdn. 21 Fn. 64). Zur str. Anwendung auf den Auskunftsanspruch s. § 19 Rdn. 36. Zu den nach OLG-Bezirk unterschiedlichen Dringlichkeitsfristen ab erstmaliger Erlangung der Kenntnis von Tat und Täter s. *Traub*, Wettbewerbsrechtliche Verfahrenspraxis; *Köhler/Piper* § 25 Rdn. 15 ff.

Gerade bei Kennzeichenverletzungen beginnt die Dringlich- 50 keitsfrist nicht schon bei Feststellung der Verletzung durch Mitarbeiter des Kennzeicheninhabers, sondern erst mit Kenntniserlangung durch Personen, die **befugt und befähigt** sind, die im Vergleich zu durchschnittlichen Wettbewerbsverstößen weitreichendere und risikobehaftetere Entscheidung der Einleitung einer kennzeichenrechtlichen Auseinandersetzung zu treffen, dh. bei kleineren und mittleren Unternehmen regelmäßig der Geschäftsleitung, nicht aber schon bei Kenntniserlangung durch Außendienstmitarbeiter, Vertragshändler uä. (zB LG München I WRP 1997, 124, 126 – *Maglite*).

Die Frist beginnt erst mit hinreichend verläßlicher **Kenntnis** 51 **von der konkreten Verletzungsform** in ihren relevanten Gestaltungsmerkmalen, zB bei einer dem Gesamteindruck nach maßgeblichen Produktaufmachung nicht schon mit telefonischer Beschreibung, sondern erst mit Erhalt eines Musters oder von Abbildungen (zB OLG Köln GRUR 1995, 520 Ls.).

Hat ein Verfügungsantrag von vornherein nur mit **Glaubhaft-** 52 **machungsmitteln** zur Verkehrsgeltung des verletzten Zeichens

Aussicht auf Erfolg (zB Marke gem. § 4 Nr. 2 oder nicht unterscheidungskräftige geschäftliche Bezeichnung), darf die Dringlichkeitsfrist erst ab Erlangung dieser Unterlagen berechnet werden, vorausgesetzt, die erforderlichen Bemühungen zur Verschaffung werden unverzüglich unternommen (zB OLG München ZUM 1994, 651, 652 – *Die da*). Gleiches gilt bei Erforderlichkeit anderweitiger besonderer Nachweise (zB Fälschungsgutachten bei Totalfälschung des Produkts, Nachweis von Zustandsveränderungen iSv § 24 Abs. 2, unerläßliche Informationen aus Einsicht in Ermittlungsakten bei Produktpiraterie).

53 Mit Kenntniserlangung von einer verletzenden **Markenanmeldung** (zB aus Berührung des Gegners oder Veröffentlichung der Eintragung) beginnt die Dringlichkeitsfrist für die Geltendmachung des vorbeugenden Unterlassungsanspruchs wegen Erstbegehungsgefahr (oben Rdn. 26) zu laufen, jedoch setzt eine erst spätere Kenntniserlangung von der **Aufnahme der tatsächlichen Benutzung** eine **neue Dringlichkeitsfrist** zu diesem Eingriff von grdl. anderer Art und Intensität (vgl. *Teplitzky* 54. Kap. Rdn. 37 mwN) in Lauf, und zwar auch dann, wenn anläßlich der Kenntniserlangung von der Anmeldung zunächst nur Klage oder Widerspruch erhoben wurde und anhängig ist (aA OLG Köln WRP 1997, 872 – *Spring/Swing*). Denn wer nur von der Anmeldung bzw. Eintragung Kenntnis erlangt, muß nicht in jedem Falle auch mit der sofortigen Benutzungsaufnahme rechnen. Eine neue Dringlichkeitsfrist kann auch dadurch in Lauf gesetzt werden, daß die Verletzungshandlung durch Ausdehnung auf weitere, neue Produktarten oder dem geschützten Kennzeichen noch wesentlich näher kommende Zeichengestaltungen **deutlich intensiviert** wird. Abzulehnen ist dagegen das in OLG Köln GRUR 1977, 220 – *Charlie* bejahte Wiederaufleben der Dringlichkeit bei Aussetzung des Verletzungsprozesses (dort in zweiter Instanz nach § 96 Abs. 2 GWB). Wer sich in Kenntnis aktueller Verletzung zunächst auf das stets vielmonatige Klageverfahren beschränkt, nimmt damit auch Aussetzungen und andere Verfahrensverzögerungen (zB Vorlage an den EuGH) in Kauf.

3. Glaubhaftmachung des Verfügungsanspruchs

54 Die Glaubhaftmachungslast gem. §§ 920 Abs. 2, 936, 294 ZPO erstreckt sich auf alle vom Antragsteller darzulegenden Anspruchsvoraussetzungen. Der Antragsteller hat insbesondere alle Voraussetzungen der Entstehung des Kennzeichenschutzes nach § 4 glaubhaft

E. Beseitigungsanspruch Vor §§ 14–19

zu machen. Im Falle eingetragener Marken gehört dazu neben Eintragung und Inhaberschaft ggf. eine in Anspruch genommene Priorität und die Verlängerung, nicht aber nach Schonfristablauf die rechtserhaltende Benutzung, solange vom Gegner kein Nichtbenutzungseinwand – zB in einer Schutzschrift – erhoben ist (§ 25 Rdn. 29). Bei nicht eingetragenen Kennzeichenrechten muß nicht nur die Entstehung durch Benutzungsaufnahme in der Vergangenheit, sondern – falls diese länger zurückliegt – auch die Fortdauer der Benutzung und ggf. auch der weiteren Schutzvoraussetzungen, also zB Verkehrsgeltung, glaubhaft gemacht werden. Letzteres gilt entsprechend für Ansprüche, die mit gesteigerter Verkehrsgeltung oder Bekanntheit begründet werden.

E. Beseitigungsanspruch

§ 18 Abs. 3 läßt „weitergehende Ansprüche auf Beseitigung" neben dem Vernichtungsanspruch ausdrücklich unberührt. Anspruchsgrundlage ist wie im Wettbewerbsrecht die gewohnheitsrechtliche Verankerung als Ergänzung des Unterlassungsanspruchs nach §§ 14 Abs. 5, 15 Abs. 4 (vgl. *Köhler/Piper* vor § 13 Rdn. 17; GK/*Köhler* vor § 13 UWG B Rdn. 125 ff.; *Teplitzky,* Kap. 22 Rdn. 11), so daß es des Rückgriffs auf eine Analogie zu § 1004 BGB nicht mehr bedarf (in diesem Sinne auch BGH GRUR 1993, 556, 558 – *TRIANGLE*). Dies gilt insbesondere in Fällen, in denen der Unterlassungsanspruch nur durch aktives Tun erfüllt werden kann, wie zB Entfernung kennzeichenverletzender Plakate, Fassadengestaltungen etc. Diese Fälle körperlicher Störungszustände dürften aber weitgehend durch die Spezialregelung in § 18 abgedeckt sein. 55

Der kennzeichenrechtliche Beseitigungsanspruch ist in seiner Ausprägung als Anspruch auf Löschung einer Markeneintragung ausdrücklich geregelt (§ 55) und parallel hierzu auch als Anspruch auf Rücknahme einer Markenanmeldung anerkannt (§ 55 Rdn. 45). Ein weiterer Anwendungsfall ist der Anspruch auf Rücknahme eines unberechtigten Widerspruchs aufgrund älterer Rechte des Widerspruchsgegners (§ 44 Rdn. 30). 56

Eine dem markenrechtlichen Löschungsanspruch besonders ähnliche Ausprägung des Beseitigungsanspruchs ist der Anspruch auf Löschung eines verletzenden **Firmennamens** aus dem Handelsregister. Zu den hier gegenüber dem Unterlassungsanspruch zu 57 beachtenden Besonderheiten der Antragsfassung bei Verletzung durch Bestandteile der Firma s. Rdn. 39. Verletzt nur die Verwendung eines Bestandteils in Alleinstellung, nicht aber die Verwendung im Rahmen der vollständigen Firmenbezeichnung, ist kein Löschungsanspruch gegeben (BGH GRUR 1982, 420, 422 – *BBC/DDC*). Als Beseitigung verlangt werden kann auch der Verzicht auf einen verletzenden **Internet Domain Namen** gegenüber der Vergabestelle (LG Düsseldorf Mitt. 1997, 225, 229 – *epson.de*; sogar für Freigabeanspruch im Verfügungsverfahren LG Braunschweig NJW 1997, 2687 – *braunschweig.de*; Nach § 15 Rdn. 24). Zum **Widerruf von Titelschutzanzeigen** vgl. *Teplitzky* AfP 1997, 453 FN 35.

58 Ein Anspruch auf **Rückruf** kennzeichenverletzender Gegenstände, die sich nicht mehr in der Verfügungsgewalt des Verletzers befinden (zB an den Handel gelieferte Ware), ist bislang nicht anerkannt (vgl. zum UWG: BGH GRUR 1974, 666, 669 – *Reparaturversicherung* mit Klarstellung zu BGH GRUR 1963, 539, 542 – *echt skai*). Der Gesetzgeber hat einen solchen Anspruch nicht einmal für Fälle der Produktpiraterie eingeführt, sondern stattdessen über den selbständigen Auskunftsanspruch (§ 19) den direkten Zugriff auf die gewerblichen Abnehmer erleichtert.

F. Schadensersatzanspruch (§§ 14 Abs. 6, 15 Abs. 5)

59 Der kennzeichenrechtliche Schadensersatzanspruch nach §§ 14 Abs. 6, 15 Abs. 5 ist eng mit den Schadensersatzansprüchen bei Verletzung anderer gewerblicher Schutzrechte oder Urheberrechte verwandt, während die Schadensersatzansprüche wegen Mißbrauchs geographischer Herkunftsangaben nach §§ 128 Abs. 2, 135 Abs. 2 dem nicht auf einem Eingriff in ein absolutes Recht beruhenden wettbewerbsrechtlichen Schadensersatzanspruch näher stehen. Soweit nicht bereits vorprozessual anerkannt, erfolgt die gerichtliche Durchsetzung in der Praxis regelmäßig nicht mit der Stufenklage, sondern durch eine idR mit der Auskunftsklage verbundene Feststellungsklage (unten Rdn. 71), nach deren Anerkennung oder rechtskräftigen Entscheidung der bezifferte Schadensersatzanspruch im Wege der Zahlungsklage geltend gemacht werden kann. Einen Entschädigungsanspruch für die Benutzung eines Zeichens vor Eintragung als Marke kennt das MarkenG anders als das Gemeinschaftsmarkenrecht (Art. 9 Abs. 3 GMVO) nicht.

F. Schadensersatzanspruch　　　　　　　　　　Vor §§ 14–19

I. Verschulden

Der Schadensersatzanspruch nach §§ 14 Abs. 6, 15 Abs. 5 setzt **60** als einziger der Verletzungsansprüche Vorsatz oder Fahrlässigkeit voraus. Die in der Praxis häufigsten Verletzereinwände – ursprüngliche Unkenntnis des älteren Rechts und unverschuldet abweichende Beurteilung der Verwechslungsgefahr – erweisen sich regelmäßig als im Ergebnis erfolglos. Das beruht zum einen darauf, daß gerade die am häufigsten geltend gemachte Schadensersatzberechnung nach Lizenzanalogie (unten Rdn. 66) auch über den Bereicherungsanspruch erreichbar ist (unten Rdn. 73), so daß die Verschuldensfrage dahingestellt bleiben kann. Zum anderen stellt die Rspr. seit jeher ähnlich wie auf den anderen Gebieten des gewerblichen Rechtsschutzes strengste Anforderungen an die Sorgfaltspflichten vor Anmeldung oder Benutzungsaufnahme.

In jedem Falle fahrlässig handelt, wer nicht einmal die Möglich- **61** keit der **Recherche** nach eingetragenen Marken und in den Handelsregistern verzeichneten Firmennamen professionell durchführen und auswerten läßt (BGH GRUR 1970, 87, 88 – *Muschi-Blix;* BGH GRUR 1960, 186, 188/189 – *Arctos; Fezer* § 14 Rdn. 515 ff.). Bei Verletzung durch **nicht eingetragene** Kennzeichen können die im Vergleich zu den eingetragenen Marken beschränkteren Recherchemöglichkeiten zu berücksichtigen sein. Dennoch sind die Sorgfaltsanforderungen der Rspr. auch insoweit streng (zB BGH GRUR 1995, 825, 829 – *Torres:* Kenntnis des Beklagten von Rechtsstreiten der eigenen Lieferantin mit dem Kläger in anderen Ländern). Benachbarte Branchen sind in die Nachforschungen miteinzubeziehen (GK/*Teplitzky* § 16 UWG Rdn. 509). Fahrlässig handelt, wer sich auf die Prüfung der Registerlage beschränkt und nicht auch die in der jeweiligen Branche zur Verfügung stehenden Möglichkeiten der Ermittlung nicht eingetragener Kennzeichenrechte nutzt (BGH GRUR 1970, 87, 89 – *Muschi-Blix;* BGH GRUR 1960, 186, 189 – *Arctos*). Identitätsrecherche ohne Einbeziehung ähnlicher Zeichen genügt der Erkundigungspflicht nie (BGH GRUR 1960, 186, 189 – *Arctos*). Unverschuldet ist damit praktisch nur die Unkenntnis von unbenutzten Marken, die im Zeitpunkt der eigenen Anmeldung bzw. Benutzungsaufnahme zwar schon angemeldet, jedoch noch nicht veröffentlicht waren. Eine Verpflichtung zu laufender **Recherchenaktualisierung** besteht nur bis zur eigenen Benutzungsaufnahme, danach nur bei besonderem Anlaß (BGH GRUR 1971, 251, 253 – *Oldtimer*).

Sind die erforderlichen Nachforschungen unterblieben, so ist der Schadensersatzanspruch ab dem frühestmöglichen Zeitpunkt der Kenntniserlangung bei sorgfältigem Handeln zuzusprechen, wobei die kennzeichenrechtliche Rspr. zu Unrecht nicht generell die im Patentrecht anerkannte einmonatige Ermittlungs- und Prüfungsfrist (BGH GRUR 1986, 803, 806 – *Formstein*) gewährt (überzogen zB BGH GRUR 1957, 430, 433 – *Havana:* Bei Veröffentlichung des Warenzeichenblatts am 30. August Verschulden bereits ab 1. September bejaht).

62 Die strengen Anforderungen an einen das Verschulden ausschließenden **Rechtsirrtum** hat der BGH in GRUR 1996, 271, 275 – *Gefärbte Jeans* unter Bezugnahme auf seine wettbewerbsrechtliche Rechtsprechung wie folgt zusammengefaßt: Ein Rechtsirrtum ist nur dann entschuldigt, wenn der Irrende bei Anwendung der im Verkehr erforderlichen Sorgfalt **mit einer anderen Beurteilung durch die Gerichte nicht zu rechnen brauchte.** Bei einer zweifelhaften Rechtsfrage, zu welcher der rechtsirrig Handelnde keine einheitliche Rechtsprechung zu finden scheint, braucht dies aber nicht zu bedeuten, daß für den Handelnden die Möglichkeit einer ihm ungünstigen gerichtlichen Entscheidung ausgeschlossen erscheinen mußte. Fahrlässig handelt vielmehr, wer sich erkennbar in einem Grenzbereich des rechtlich Zulässigen bewegt, in welchem er eine von der eigenen Einschätzung abweichende Beurteilung der markenrechtlichen Zulässigkeit in Betracht ziehen muß. Ein Verstoß des Handelnden gegen die ihm obliegende Sorgfaltspflicht ist bei einem Rechtsirrtum nur dann zu verneinen, wenn es sich um die Beurteilung eines rechtlich schwierigen Sachverhalts handelt, für den die Rechtsprechung im Zeitpunkt der Zuwiderhandlung noch keine festen Grundsätze entwickelt hatte, und der Handelnde sich für seine Auffassung auf namhafte Vertreter im Schrifttum und/oder auf gerichtliche Entscheidungen berufen konnte, wofür das Vorliegen auch anderslautender Instanzentscheidungen regelmäßig jedoch nicht ausreicht. Dieser strenge Maßstab macht den **Einwand des Rechtsirrtums auch bei noch so sorgfältiger Beiziehung anwaltlichen oder gar gutachterlichen Rates praktisch aussichtslos.** Nach BGH GRUR 1995, 825, 829 – *Torres* trägt bei unsicherer Rechtslage generell der Verletzer das „Fahrlässigkeitsrisiko". Wie schon BGH GRUR 1996, 271 – *Gefärbte Jeans* belegt, dürfte der Einwand der Rechtsirrtums auch in Zusammenhang mit dem Inkrafttreten des neuen Markenrechts und den dadurch aufgeworfenen Zweifelsfragen keine nennenswerte Bedeutung erlangen. Die strengen Anforderungen gelten

F. Schadensersatzanspruch Vor §§ 14–19

auch für das rechtsirrige Vertrauen auf die Schutzunfähigkeit oder sonstige Löschungsreife eines Klagezeichens (BGH GRUR 1995, 50, 53 – *Indorektal/Indohexal;* BGH GRUR 1993, 556, 559 – *TRIANGLE*). Ebensowenig wie günstige Entscheidungen der Vorinstanzen im Verletzungsprozeß entlastet eine die Schutzunfähigkeit annehmende Entscheidung des DPA (BGH GRUR 1993, 556, 559 – *TRIANGLE*). Geringere Sorgfaltsanforderungen läßt die Rspr. praktisch nur in Fällen gelten, in denen dem Verletzer eine vollständige eigene Überprüfung aufgrund seiner Art der Mitwirkung an der Verletzungshandlung nicht zugemutet werden kann (zB OLG Hamburg GRUR 1989, 916 – *Verschiffungsmarkierung:* Spediteur im Auftrag des Herstellers).

In der Spezialmaterie des Kennzeichenrechts verstößt die Einschaltung von Rechts- und Patentanwälten nie gegen die Schadensminderungsobliegenheit des Verletzers nach **§ 254 BGB**, (zB LG München I CR 1997, 350, 351 – *TRICON/Triton*), auch nicht bei Unternehmen mit eigener Rechtsabteilung (unten Rdn. 95).

II. Dreifache Schadensberechnung

1. Wahlrecht

Wie bei allen gewerblichen Schutzrechten und im Urheberrecht 63 ist auch für das Kennzeichenrecht anerkannt, daß der Verletzte nicht auf die Geltendmachung des tatsächlich erlittenen konkreten Vermögensnachteils einschließlich entgangenen Gewinns gem. §§ 249, 252 BGB beschränkt ist, sondern wahlweise auch Herausgabe des **Verletzergewinns** (seit BGH GRUR 1961, 354 – *Vitasulfal* aufgrund §§ 687 Abs. 2, 681, 667 BGB; aA *Beuthien/Wasmann* GRUR 1997, 255: analog §§ 97 Abs. 1 S. 2 UrhG, 14a Abs. 1 S. 2 GeschmMG) oder Schadensersatz nach **Lizenzanalogie** (seit BGH GRUR 1966, 375 – *Meßmer-Tee II* für Warenzeichen; BGH GRUR 1973, 375, 377 – *Miss Petite* für Namens- und Firmenrechte) verlangen kann. Die drei Schadensberechnungsarten können zwar **nicht additiv**, jedoch nebeneinander hilfsweise geltend gemacht werden. Das Wahlrecht des Gläubigers, auch noch während des laufenden Zahlungsklageverfahrens von der einen zur anderen Berechnungsart überzugehen, erlischt erst dann, wenn der nach einer bestimmten Berechnungsweise geltend gemachte Anspruch entweder erfüllt oder rechtskräftig zuerkannt worden ist (BGH GRUR 1993, 757, 758 – *Kollektion Holiday;* BGH GRUR 1993, 55, 57 – *Tchibo/Rolex II;* BGH GRUR 1966, 375, 379 –

Meßmer-Tee II). Das Wahlrecht ist allerdings in den meisten Kennzeichenstreitsachen deshalb ohne praktische Bedeutung, weil die beiden erstgenannten Schadensberechnungsarten versagen (unten Rdn. 64 und 65). Von vornherein scheidet die abstrakte Berechnung nach Verletzergewinn oder Lizenzanalogie aus, wenn der hierfür unterstellte grdsl. Zusammenhang zwischen Umsatz des Verletzers und Schaden des Verletzten ausgeschlossen ist, weil zB überhaupt keine Umsätze erzielt wurden (BGH GRUR 1987, 364, 365 – *Vier-Streifen-Schuh:* nur Marktverwirrungsschaden) oder Umsätze des Verletzers nicht zu einem Schaden, sondern zu Gewinnen bei dem ihn beliefernden Verletzten führen (BGH GRUR 1995, 349, 351 – *Objektive Schadensberechnung:* nur Lizenzanalogie).

2. Entgangener Gewinn

64 Der durch die Kennzeichenverletzung entgangene Gewinn kann in aller Regel schon deshalb nicht nachgewiesen werden, weil tatsächliche Anhaltspunkte dafür fehlen, welchen zusätzlichen Absatz der Verletzte hypothetisch ohne die Kennzeichenverletzung erzielen hätte können. Es verbietet sich nämlich regelmäßig die Annahme, daß die von dem Verletzer erzielten Umsätze ohne die Verwendung des geschützten Kennzeichens vollständig von dem Verletzten gemacht werden hätten können. Der **Nachweis der Kausalität** zwischen Rechtsverletzung und Gewinnausfall ist bei dieser Schadensberechnungsart aber grdsl. erforderlich. Sie scheitert häufig selbst in Fällen der Produktpiraterie bzgl Waren, die erfahrungsgemäß ohne die verletzende Kennzeichnung nicht gekauft worden wären, da andere Faktoren die Kaufentscheidung mitbeeinflussen (zB niedrigerer Preis, besonderer Absatzweg). Allerdings hat der BGH jetzt auch für die Schätzung entgangenen Gewinns Erleichterungen zugelassen. Der Verletzte muß danach nur noch darlegen, daß ohne die Verletzung eine entsprechende Benutzung durch ihn oder berechtigte Dritte erfolgt wäre. Es ist dann Sache des Verletzers, den zu vermutenden Ursachenzusammenhang zwischen Verletzung und behaupteter Einbuße zu widerlegen, und Aufgabe des Gerichts, nach § 287 ZPO den Anteil entgangener Geschäfte zu schätzen, notfalls mit sachverständiger Hilfe (BGH GRUR 1993, 757, 758/759 – *Kollektion Holiday*).

3. Verletzergewinn

65 Der Anspruch auf den Verletzergewinn hat zwar den Vorteil, daß er unabhängig davon besteht, ob der Verletzte seinerseits den

F. Schadensersatzanspruch　　　　　　　　Vor §§ 14–19

Gewinn hätte machen können, erfordert jedoch andererseits eine Berechnung desjenigen Gewinnanteils, der gerade auf die Kennzeichenbenutzung und nicht andere Absatzfaktoren zurückgeht (BGH GRUR 1961, 354, 355/356 – *Vitasulfal*). Allerdings hat der BGH den Instanzgerichten bei der Schätzung des herauszugebenden Anteils des Verletzergewinns ausdrücklich einen „großen Spielraum" zugebilligt, an Art und Umfang der vom Verletzten beizubringenden Schätzungsgrundlagen „nur geringe Anforderungen" gestellt und gerade wegen der großen Beweisschwierigkeiten die Verpflichtung zur Ermittlung jedenfalls eines **Mindestschadens** in Form einer gewissen Quote des Verletzergewinnes betont, die nicht genau der Wirklichkeit entsprechen muß und nur dann verneint werden darf, wenn „ausnahmsweise auch für dessen Schätzung jeglicher Anhaltspunkt fehlt" (grdl. BGH GRUR 1993, 55, 59 – *Tchibo/Rolex II* zum ergänzenden wettbewerbsrechtlichen Leistungsschutz). Diese deutliche Ermunterung der Instanzgerichte zu mutigerer Schätzung sollte auch im Kennzeichenrecht Beachtung finden. Eine andere Frage ist jedoch, ob das Ergebnis derartiger Mindestschätzungen praktische Relevanz erlangt, was voraussetzen würde, daß sie über den nach Lizenzanalogie berechneten Betrag hinausgehen. Unabhängig hiervon stößt die Berechnung des Verletzergewinns erfahrungsgemäß auch deshalb auf Schwierigkeiten, weil von den Verletzern nicht selten Kosten- und Gewinnkalkulationen präsentiert werden, nach denen keine nennenswerten Gewinne oder sogar Verluste erzielt wurden.

4. Lizenzanalogie

Die Schadensberechnung nach Lizenzanalogie soll den Verletzten wenigstens so stellen, als hätte er dem Verletzer die Benutzung des Kennzeichenrechts gegen Zahlung einer **marktüblichen Lizenz** gestattet, wodurch gleichzeitig verhindert werden soll, daß der Verletzte seinerseits durch sein rechtswidriges Verhalten besser gestellt ist, als bei erlaubtem Handeln aufgrund Lizenzierung, ohne daß es darauf ankommt, ob der Verletzte lizenzbereit gewesen wäre (BGH GRUR 1966, 375, 377 – *Meßmer-Tee II;* BGH GRUR 1973, 375, 377 – *Miss Petite;* vgl. auch BGH GRUR 1993, 55, 58 – *Tchibo/Rolex II*). Der Ersatzanspruch nach Lizenzanalogie ist der Höhe nach nicht auf den Verletzergewinn beschränkt. Er wird durch Entwicklungen des Vertragsrisikos zum Nachteil des Verletzers, die nach dem Zeitpunkt des Abschlusses des fiktiven Lizenzvertrages entgegen der auf diesen Zeitpunkt zu beziehenden Pro-

66

gnose eintreten nicht gekürzt (BGH GRUR 1993, 55, 58 – *Tchibo/Rolex II;* krit. *Benkard/Rogge* § 139 PatG Rdn. 64). Abzustellen ist darauf, welche Lizenzgebühr vernünftige Vertragsparteien bei Berücksichtigung aller objektiven lizenzrelevanten Umstände des Einzelfalles vereinbart hätten. Wesentliche **Lizenzfaktoren** hierfür sind der Bekanntheitsgrad und Ruf des verletzten Kennzeichens (BGH GRUR 1975, 85, 87 – *Clarissa;* BGH GRUR 1966, 375, 378 – *Meßmer Tee II*), Grad der Verwechslungsgefahr (BGH GRUR 1971, 221, 222 – *Pudelzeichen II*) bzw. Beeinträchtigung oder Ausbeutung, Bedeutung der Kennzeichnung für die Abnehmer, Dauer und Umfang der Kennzeichenbenutzung.

67 Üblich ist die Berechnung als **Stücklizenz mit einem prozentualen Lizenzsatz** auf den Bruttoerlös (BGH GRUR 1971, 221, 222 – *PudelzeichenII;* GRUR 1966, 375, 378 – *Meßmer Tee II*). Die bisher in der Rechtsprechung gebilligten Lizenzsätze ergeben kaum verläßliche Anhaltspunkte, da einzelfallbezogen und hinsichtlich der älteren Entscheidungen durch die heute in vielen Branchen größere Bedeutung von Produktkennzeichnungen überholt (zB BGH GRUR 1966, 375, 378 – *Meßmer-Tee II*: 1% „nicht zu hoch gegriffen"; aus neuerer Zeit zB OLG München OLG-Report 1995, 162 – *Lancome/Flacon*: bei Identität 3–10% und im Einzelfall noch höhere Sätze, im konkreten Fall wegen besonderer Umstände und Ähnlichkeit 1%). Große Vorsicht ist daher auch gegenüber nicht weiter begründeten Behauptungen über „Mindestlizenzen" geboten (zB *Fezer* § 14 Rdn. 522: 0,33%). Ebenfalls nicht mehr zu folgen ist der pauschalen Annahme der älteren Rspr., eine Markenlizenz sei im allgemeinen niedriger als eine Urheber- oder Patentlizenz (BGH GRUR 1966, 375, 378 – *Meßmer Tee II*) oder Geschmacksmusterlizenz (BGH GRUR 1975, 85, 87 – *Clarissa*). Der typische Bereich der heutigen Lizenzpraxis dürfte **zwischen 1% und bis zu 5%** anzusiedeln sein, höher nur bei sehr bekannten Marken mit überragender Bedeutung für die Absatzchancen wie zB bestimmte Merchandisingartikel.

68 Die fiktive Verletzerlizenz ist verzugsunabhängig um einen **Zinsanteil** zu erhöhen, da der Verletzte so zu stellen ist, als hätte er die Lizenzzahlungen in lizenzvertraglich üblicher Weise aufgrund laufender Abrechnung erhalten, wobei als Zinssatz mindestens der kaufmännische Fälligkeitszins von 5% (§§ 352, 353 HGB), idR jedoch der üblicherweise für verspätete Lizenzzahlungen vereinbarte Prozentsatz über dem Diskontsatz der Deutschen Bundesbank anzusetzen ist. Insoweit können die zur Patentverletzung entwickelten Grundsätze ohne weiteres übernommen werden

F. Schadensersatzanspruch   Vor §§ 14–19

(BGH GRUR 1982, 301, 303f. – *Kunststoffhohlprofil II;* BGH GRUR 1982, 286, 288f. – *Fersenabstützvorrichtung;* LG Düsseldorf Mitt. 1990, 101; *Benkard/Rogge* § 139 PatG Rdn. 71).

Kosten der Abmahnung oder anderer Maßnahmen zur 69 Rechtsverfolgung können auch neben der Lizenzanalogie geltend gemacht werden, da sie wesensmäßig davon nicht abgedeckt werden, so daß das Verquickungsverbot nicht eingreift (GK/*Teplitzky* § 16 UWG Rdn. 507 gegen BGH GRUR 1977, 539, 543 – *Prozeßrechner*).

5. Marktverwirrungsschaden

Als grdsl. zusätzliche Schadensposition neben den drei Schadens- 70 berechnungsarten anerkannt ist der durch Zuordnungsverwirrung und Rufschädigung verursachte Marktverwirrungsschaden (BGH GRUR 1988, 776, 779 – *PPC;* BGH GRUR 1987, 364, 365 – *Vier-Streifen-Schuh;* BGH GRUR 1975, 434, 437/438 – *Bouchet;* BGH GRUR 1974, 735, 736 – *Pharmamedan;* BGH GRUR 1974, 84, 88 – *Trumpf;* BGH GRUR 1973, 375, 378 – *Miss Petite;* BGH GRUR 1972, 180, 183 – *Cheri;* BGH GRUR 1968, 367 – *Corrida;* BGH GRUR 1961, 535, 538 – *arko;* BGH GRUR 1957, 222, 223 – *Sultan;* BGH GRUR 1954, 457, 459 – *Irus/Urus*), auch bei unbenutzten Klagezeichen (zB BGH aaO – *Cheri,* – *Corrida,* – *Irus/Urus;* – *Sultan*), stets vorausgesetzt, er ist nicht bereits im Rahmen der Lizenzanalogie mitberücksichtigt worden (GK/*Teplitzky* § 16 UWG Rdn. 505ff.). Eine Berechnung aufgrund fiktiver Kosten von Werbemaßnahmen zur Beseitigung der Marktverwirrung lehnt die Rspr. allerdings ab (BGH GRUR 1982, 489, 491 – *Korrekturflüssigkeit*).

III. Feststellungsklage

Wie in allen Schutzrechtssachen bejaht die Rspr. auch bei Kenn- 71 zeichenverletzungen das für eine Klage auf Feststellung der Schadensersatzpflicht dem Grunde nach erforderliche **Feststellungsinteresse** (§ 256 ZPO) schon bei entfernter Möglichkeit eines noch so ungewissen Schadenseintritts (BGH GRUR 1972, 180, 183 – *Cheri;* vgl. auch BGH GRUR 1992, 559 – *Mikrofilmanlage*). Es folgt aus den Schadensberechnungsschwierigkeiten einerseits und dem Verjährungsunterbrechungsinteresse andererseits. Dies gilt unabhängig davon, daß auch Stufenklage erhoben werden könnte (so ausdr BGH aaO – *Cheri*). Der Kläger ist auch nicht verpflichtet, bei Auskunftserteilung während des Verfahrens auf Zahlungsklage umzustellen (BGH GRUR 1987, 524, 525 – *Chanel No. 5 II;* BGH GRUR 1975, 434, 438 – *BOUCHET*; vgl. BGH GRUR 1978, 187, 188 – *Alkoholtest*; aA für erste Instanz bei Ausschluß von Verzögerungen BGH LM § 256 ZPO Nr. 5; *Teplitzky* 52. Kap. Rdn. 18).

72 Von dieser Zulässigkeitsfrage zu unterscheiden ist die als Begründetheitsvoraussetzung für den Feststellungsausspruch erforderliche **gewisse Wahrscheinlichkeit eines Schadenseintritts** (BGH GRUR 1975, 434, 437/438 – *BOUCHET* klarstellend zu BGH GRUR 1972, 180, 183 – *Cheri* mwN), die jedenfalls bei Verletzung benutzter Kennzeichen praktisch immer gegeben ist, sei es auch nur als Marktverwirrungsschaden (BGH aaO – *BOUCHET*), und zwar unabhängig von besonderer Dauer oder Umfang der Verletzung (zu eng daher *Fezer* § 15 Rdn. 524; Darlegungen verlangend BGH GRUR 1997, 468, 470 – *NetCom*).

G. Bereicherungsanspruch

73 Der Bereicherungsanspruch bei Verletzung von Marken aufgrund § 812 Abs. 1 S. 1 2. Alt. BGB ist erst seit BGH GRUR 1987, 520, 523 – *Chanel No. 5 I* in Übereinstimmung mit den anderen gewerblichen Schutzrechten anerkannt. Das MarkenG hat hieran nichts geändert (BGH GRUR 1996, 271, 275 – *Gefärbte Jeans*). Der Bereicherungsanspruch wurde schon nach früherem Recht auch bei Eingriffen in geschäftliche Bezeichnungen bejaht (GK/*Teplitzky* § 16 UWG Rdn. 486), woran heute angesichts der Gleichstellung mit den Marken als Ausschließlichkeitsrechte nach § 15 Abs. 1 kein Zweifel mehr bestehen kann. Es handelt sich um einen Fall der Eingriffskondiktion, bei der für den erlangten Kennzeichengebrauch eine angemessene und übliche Lizenzgebühr als Wertersatz (§ 818 Abs. 2 BGB) zu bezahlen ist (BGH GRUR 1987, 520, 523 – *Chanel No. 5 I*). Damit liegt die Bedeutung der kennzeichenrechtlichen Bereicherungshaftung im wesentlichen darin, ohne Verschuldenserfordernis und mit längerer Verjährungsfrist (§ 20 Rdn. 6) betragsmäßig zum selben Ergebnis wie die Schadensberechnung nach Lizenzanalogie zu führen. Für die Geltendmachung durch Feststellungsklage gelten die Grundsätze zum Schadensersatzanspruch entsprechend (oben Rdn. 71 f.). Der Bereicherungsanspruch ist zu unterscheiden von dem jetzt in § 20 Abs. 3 gesetzlich geregelten Rest-Schadensersatzanspruch nach Verjährung (§ 20 Rdn. 23).

H. Hilfsanspruch auf Auskunft

I. Allgemeines

Neben dem jetzt in § 19 geregelten selbständigen Anspruch auf Drittauskunft gewährt die Rspr. dem Verletzten einen **unselbständigen** Auskunftsanspruch als Hilfsanspruch zur Durchsetzung seiner kennzeichenrechtlichen Ersatzansprüche. Die MRReform hat insoweit keine Änderungen gebracht, so daß auf die Rspr. zum WZG uneingeschränkt zurückgegriffen werden kann, soweit nicht schon früher durch § 25 b WZG und jetzt § 19 überholt. Entsprechend der einheitlichen Geltung des § 19 für Marken und geschäftliche Bezeichnungen ist heute auch bei dem unselbständigen Auskunftsanspruch von einem einheitlichen Rechtsinstitut auszugehen (vgl. schon zu § 16 UWG grdl. BGH GRUR 1973, 375, 377/378 – *Miss Petite*).

74

II. Geltungsgrund

Der Hilfsanspruch ist heute **gewohnheitsrechtlich anerkannt** und beruht auf **§ 242 BGB** (BGH GRUR 1995, 50, 53 – *Indorektal/Indohexal;* BGH GRUR 1991, 153, 155 – *Pizza & Pasta;* BGH GRUR 1988, 307, 308 – *Gaby;* BGH GRUR 1980, 227, 232 f. – *Monumenta Germaniae Historica;* vgl. auch BGH GRUR 1987, 364 – *Vier-Streifen-Schuh;* BGH GRUR 1982, 420, 423 – *BBC/DDC;* BGH GRUR 1977, 491, 493 – *ALLSTAR;* BGH GRUR 1973, 375, 377/378 – *Miss Petite*). Er ist nicht auf das Kennzeichenrecht beschränkt, sondern für alle gewerblichen Schutzrechte, im Urheberrecht und im Wettbewerbsrecht anerkannt (vgl. nur *Teplitzky* 38. Kap.; GK/*Köhler* vor § 13 B Rdn. 403 ff.), so daß auf die dortige Rspr. und Lit. zurückgegriffen werden kann, soweit nicht Besonderheiten der jeweiligen Ersatzansprüche Differenzierungen gebieten.

75

III. Voraussetzungen

Der Verletzer schuldet Auskunft, wenn und soweit erforderlich, um dem Verletzten die Prüfung zu ermöglichen, ob und in welcher Höhe ein Ersatzanspruch besteht, es sei denn, die Auskunftserteilung ist ausnahmsweise unzumutbar.

76

1. Akzessorietät

77 Der Hilfsanspruch setzt voraus, daß die Voraussetzungen eines Schadensersatz- oder Bereicherungsanspruchs dem Grunde nach gegeben sind (BGH GRUR 1988, 307, 308 – *Gaby*) und ein ersatzfähiger Schaden bzw. eine Bereicherung zumindest wahrscheinlich ist. Die Wahrscheinlichkeitsanforderungen entsprechen den von der Rspr. für die Schadensersatzfeststellung geforderten (Rdn. 72). Der Auskunftsanspruch ist insoweit zum Ersatzanspruch akzessorisch (vgl. allg. *Teplitzky* 38. Kap. Rdn. 5 ff.). Soweit zur Berechnung von Schadensersatzansprüchen geltend gemacht, ist er demgemäß verschuldensabhängig. Jedoch spielt dies idR deshalb keine Rolle, weil der Verletzte die Auskunft jedenfalls zur Berechnung seines Bereicherungsanspruchs verschuldensunabhängig verlangen kann (BGH GRUR 1996, 271, 275 – *Gefärbte Jeans*). Geht der Ersatzanspruch unter oder wird er undurchsetzbar, so schlägt dies stets auch auf den Hilfsanspruch durch. Der Hilfsanspruch verjährt mit dem Hauptanspruch (BGH GRUR 1972, 558, 560 – *Teerspritzmaschinen;* BGH GRUR 1974, 99, 101 – Brünova), nach anderer Auffassung verjährt er zwar selbständig in 30 Jahren, wird jedoch mit Verjährung des Hauptanspruchs wegen Wegfalls des Informationsinteresses undurchsetzbar (BGHZ 108, 393, 399 zum Erbrecht; BGH GRUR 1988, 533, 536 – *Vorentwurf II*), was zum selben Ergebnis führt.

2. Erforderlichkeit

78 Die Auskunftserteilung ist immer dann erforderlich, wenn der Verletzte über die verlangten Informationen noch nicht verfügt und sie sich auch nicht ohne besonderen Aufwand selbst aus allgemein zugänglichen, verläßlichen Quellen besorgen kann. Letzteres scheidet bei Kennzeichenverletzungen regelmäßig aus, da nur der Verletzer den Umfang der Verletzungshandlungen genau kennt. Keinesfalls muß sich der Verletzte auf Anfragen bei Dritten oder eigene Marktrecherchen verweisen lassen.

3. Zumutbarkeit

79 Angesichts der begangenen Rechtsverletzung ist dem Verletzer die Auskunftserteilung grdsl. unabhängig von Aufwand und nachteiligen Folgen zuzumuten, da das Interesse des Verletzten an der Durchsetzung des Ersatzanspruchs Vorrang genießt. Nur unter besonderen Umständen kann eine Beschränkung wegen Unzumutbarkeit in Betracht kommen.

H. Hilfsanspruch auf Auskunft Vor §§ 14–19

Unzumutbarkeit aus tatsächlichen Gründen ist zB denkbar 80
bei einem zur Bedeutung der Information in keinem Verhältnis
mehr stehenden Ermittlungsaufwand (zB Heraussuchen aller Geschäftsbriefe, auf denen ein verletzendes Firmenlogo verwendet
wurde), sofern dadurch lediglich die Genauigkeit der Schätzung/
Berechnung in Randbereichen beeinträchtigt, nicht aber die Durchsetzung als solche vereitelt wird. Die Gefahr einer Verwertung der
Auskunft zu Wettbewerbszwecken rechtfertigt keine generelle Einschränkung. Sie kann bei Kennzeichenverletzungen in Anbetracht
der heute die wettbewerblich wichtigsten Informationen ohnehin
erfassenden Auskunftspflicht nach § 19 einerseits und der traditionellen Beschränkung des Auskunftsumfangs (unten Rdn. 84 ff.) andererseits keine große Rolle mehr spielen. Dementsprechend
kommt auch für den unselbständigen Auskunftsanspruch ein Wirtschaftsprüfervorbehalt kaum mehr in Betracht (vgl. § 19 Rdn. 15).

Unzumutbarkeit aus rechtlichen Gründen liegt nicht deswegen vor, weil die Auskunft – bei vorsätzlichem Handeln (§ 143) 81
– zu strafrechtlicher Verfolgung des Verletzers oder Dritter führen
kann (vgl. BGHZ 41, 318, 327). Es wäre unerträglich, wenn ausgerechnet der vorsätzliche Verletzer so den Ersatzanspruch vereiteln
könnte. Dem verfassungsrechtlich (BVerfGE 56, 37) gebotenen
Schutz vor erzwungener Selbstbezichtigung ist vielmehr auch hinsichtlich des unselbständigen Hilfsanspruchs durch ein den Verletzten selbst (und die unter § 52 Abs. 1 StPO fallenden Angehörigen)
schützendes **Verwertungsverbot** analog § 19 Abs. 4 Rechnung zu
tragen (vgl. *Benkard/Rogge* § 140b PatG Rdn. 13). Es ist auf Straf-
und OWiG-Verfahren beschränkt, gilt also nicht für Ordnungsmittel oder Vertragsstrafen wegen der offenbarten Verletzungshandlungen (*Eichmann* GRUR 1990, 578/579; GK/*Köhler* vor § 13
UWG B Rdn. 414; *Teplitzky* 38. Kap. Fn. 58; aA von *Ungern-Sternberg* WRP 1984, 56). In Übereinstimmung mit der Regelung
des § 19 abzulehnen ist der von BGH GRUR 1976, 367 – *Ausschreibungsunterlagen* mit grdl. verfehlter Begründung befürwortete
Schutz vor Drittbezichtigung (zutr. krit. *Fritze* GRUR 1976, 369
und GK/*Köhler* vor 13 B Rdn. 438).

IV. Auskunftserteilung

Der Hilfsanspruch ist grdsl. nur auf Auskunft, d. h. wie bei § 19 82
auf Abgabe einer **Wissenserklärung** (BGH GRUR 1994, 630,
632 – *Cartier-Armreif*) gerichtet, nicht aber auf Vorlage von Belegen

oder Gewährung von Einsicht in Geschäftsunterlagen oder EDV (zur Vollstreckung durch Einsichtnahme § 19 Rdn. 33). Die Auskunftspflicht ist jedoch nicht etwa nur auf präsentes Wissen des Verletzers oder seiner gesetzlichen Vertreter beschränkt, sondern schließt die Verpflichtung ein, alle eigenen Quellen (Geschäftsbücher, EDV, Kenntnisse von Mitarbeitern und Beauftragten etc.) zu nutzen. Zu den Anforderungen an die Erteilung einer Auskunft im Rechtssinne, insbesondere auch im Prozeß s. § 19 Rdn. 17f., zu den in Betracht kommenden Auskunftspersonen s. § 19 Rdn. 19 sowie zur Form der Auskunft § 19 Rdn. 21.

V. Umfang und Inhalt der Auskunft

1. Konkrete Verletzungsform

83 Unter den Auskunftsanspruch fallen zunächst alle Handlungen, die noch der von dem Ersatzanspruch erfaßten konkreten Verletzungsform zugeordnet werden können (vgl. § 19 Rdn. 23). Soweit bei der Auskunft nicht nach verletzenden und anderen Handlungen differenziert werden kann, ist die nächstkommende Angabe geschuldet und die Unschärfe sodann bei der Schätzung zu berücksichtigen; ist zB die Verwendung eines Unternehmenskennzeichens nicht generell, sondern nur in bestimmten Erscheinungsformen unzulässig, so ist dennoch zunächst Auskunft über den nicht auftrennbaren Gesamtumsatz zu erteilen (BGH GRUR 1982, 420, 422 – *BBC/DDC*).

2. Erforderliche Angaben

84 Die geschuldete Auskunft umfaßt nur diejenigen Angaben, die zur Prüfung und Berechnung des jeweiligen Ersatzanspruchs erforderlich sind, und zwar **für alle Berechnungsalternativen** (oben Rdn. 64ff.), es sei denn eine Berechnungsmethode ist im Einzelfall aus tatsächlichen oder rechtlichen Gründen von vornherein ausgeschlossen (zB BGH GRUR 1987, 364, 365 – *Vier-Streifen-Schuh*: nur Marktverwirrungsschaden; BGH GRUR 1995, 349, 352 – *Objektive Schadensberechnung* zum UWG). Jedoch legt der BGH der Bestimmung des Auskunftsumfangs zugrunde, daß die Schadensberechnung bei Kennzeichenverletzungen idR nur durch Schätzung möglich sei und deshalb genaue Informationen über Zeitpunkte und Kosten nur im Ausnahmefall einer Stücklizenz oder eines ausschließlich auf der Rechtsverletzung beruhenden Ver-

letzergewinns benötigt würden (zB BGH GRUR 1995, 50, 54 – *Indorektal/Indohexal;* BGH GRUR 1980, 227, 233 – *Monumenta Germaniae Historica; Teplitzky* 38. Kap. Rdn. 14).

Nach der bisherigen Rspr. kann daher idR nur Auskunft über die allenfalls nach Zeitabschnitten und örtlichen Bereichen aufzugliedernden **Verletzerumsätze** und über Art und Umfang der getätigten **Werbung** verlangt werden, nicht jedoch über die – aufgrund § 19 erhältlichen – Namen und Adressen der Kunden oder Lieferdaten, Lieferpreise, interne Aufschlüsselung der Unkosten des Verletzers (BGH GRUR 1995, 50, 54 *Indorektal/Indohexal;* BGH GRUR 1991, 153, 155 – *Pizza & Pasta;* BGH GRUR 1981, 592, 594 – *Championne du Monde;* BGH GRUR 1980, 227, 233 – *Monumenta Germaniae Historica;* BGH GRUR 1977, 491, 494 – *ALLSTAR;* BGH GRUR 1973, 375, 377/378 – *Miss Petite*). Aus diesen Gründen besteht bei Kennzeichenverletzungen anders als insbesondere im Patentrecht oder Urheberrecht idR auch **kein Anspruch auf Rechnungslegung** (so ausdr. BGH GRUR 1991, 153, 155 – *Pizza & Pasta;* BGH GRUR 1980, 227, 233 – *Monumenta Germaniae Historica;* GK/*Teplitzky* § 16 UWG Rdn. 515). Ein Anspruch auf Auskunft über die **Kosten einer Werbung** besteht nur, wenn zur Bestimmung des Umfangs der Werbung erforderlich, nicht jedoch wenn die Werbung nach Art, Inhalt, Zeitpunkt und Dauer hinreichend bestimmbar ist (BGH GRUR 1987, 364, 365 – *Vier-Streifen-Schuh* zu Marktverwirrungsschaden).

3. Auskunftszeitraum

Der I. Senat des BGH beschränkt den Auskunftsanspruch in st. Rspr. auf den **Zeitraum ab der ersten konkret nachgewiesenen Verletzungshandlung** (BGH GRUR 1988, 306, 307 – *Gaby* bestätigt in BGH GRUR 1995, 50, 54 – *Indorektal/Indohexal,* ferner BGH GRUR 1992, 523 – *Betonsteinelemente* zum UWG; anders bei Verletzung einer Unterlassungserklärung BGH GRUR 1992, 61, 64 – *Preisvergleichsliste;* abmildernd für Fälle fortlaufender Verletzung *Teplitzky* GRUR 1991, 711; *Teplitzky* 38. Kap. Rdn. 7; dem BGH folgend *Köhler/Piper* vor § 13 UWG Rdn. 79, GK/*Köhler* vor § 13 UWG B Rdn. 416). Dieser Auffassung ist mit dem X. Senat des BGH (GRUR 1992, 612, 616 – Nicola) aus den im Schrifttum dargelegten Gründen **nicht zu folgen** (vgl. nur *Krieger* GRUR 1989, 802; *Tilmann* GRUR 1990, 160; GK/*Jacobs* Vor § 13 UWG D Rdn. 229, 233; *Jestaedt* GRUR 1993, 222f.). Der Umfang der Auskunftspflicht darf nicht von dem ggf. zufälligen

Vor §§ 14–19 Ansprüche bei Kennzeichenverletzung

Umstand abhängen, ob die festgestellte Verletzungshandlung zu Beginn oder Ende des Verletzungszeitraums lag. Der die Verletzung zunächst geschickt verschleiernde Verletzer verdient keine Privilegierung dadurch, daß er nur eingeschränkt zur Auskunft herangezogen wird.

VI. Auskunftsmängel, Eidesstattliche Versicherung

87   Zu den Folgen unvollständiger oder unrichtiger Auskunft und zum Anspruch auf eidesstattliche Versicherung s. § 19 Rdn. 38 ff.

VII. Auskunftsklage

88   Mit der Auskunftsklage können der selbständige Auskunftsanspruch nach § 19 und der Hilfsanspruch zur Ersatzberechnung gleichzeitig geltend gemacht werden. Die prozessualen Besonderheiten der Geltendmachung des Anspruchs nach § 19 sind bei § 19 Rdn. 30 ff. dargestellt.

1. Klageantrag

89   Der Klageantrag ist auf Verurteilung zur Auskunftserteilung zu richten, wobei Umfang und Inhalt der Auskunft entsprechend oben Rdn. 83 ff. zu präzisieren sind, da sonst Teilabweisung droht. Bei Verbindung mit Unterlassungs- oder Ersatzanspruch kann hinsichtlich der konkreten Verletzungsform auf diese Bezug genommen werden. Werden selbständiger Auskunftsanspruch und Hilfsanspruch gleichzeitig geltendgemacht, so müssen hierfür nicht zwei getrennte Anträge gestellt werden. Der Hilfsanspruch überschneidet sich vielmehr idR partiell mit dem Anspruch nach § 19 (zB Stückzahl vertriebener Ware), so daß eine klarstellende Trennung in zwei Anträge nicht der Anspruchsgrundlage nach erfolgen könnte, sondern nur dem Auskunftsinhalt nach.

2. Streitwert

90   Der Streitwert der Auskunftsklage hängt vom wirtschaftlichen Interesse des Klägers an der Erfüllung der Auskunftspflicht im jeweiligen Einzelfall ab. Bemessungsgrundlage ist entweder der zugrundeliegende Ersatzanspruch (von dem bis ein Drittel angemessen erscheint, vgl. *Teplitzky,* 49. Kap. Rdn. 37 mwN) oder notfalls der

I. Kennzeichenrechtlicher Besichtigungsanspruch **Vor §§ 14–19**

Unterlassungsanspruch (hiervon 10%, *Teplitzky* aaO). Zur Problematik der Differenz zwischen zunächst vermutetem und tatsächlichem Verletzungsumfang vgl. KG GRUR 1992, 611 – *Hard Rock Cafe* zu § 25b WZG mwN. Zur abweichenden Streitwertbemessung in einem vom Auskunftsschuldner angestrengten Rechtsbehelfsverfahren s. § 19 Rdn. 32.

3. Zwangsvollstreckung

Die Zwangsvollstreckung erfolgt gem. § 888 ZPO und nur ausnahmsweise nach §§ 887, 892 ZPO (näher § 19 Rdn. 33). **91**

VIII. Einstweilige Verfügung

Anders als im Falle des § 19 Abs. 3 kann der Hilfsanspruch auf Auskunft wegen Vorwegnahme der Hauptsache grdsl. nicht im Eilverfahren geltend gemacht werden (KG GRUR 1988, 403). Vorstellbar wäre allenfalls eine Sequestration von Auskunftsunterlagen (zB über den Werbeumfang), zu deren Vernichtung oder Beiseiteschaffung sich der Verletzer anschickt, um sich selbst die Auskunft unmöglich zu machen. In der Praxis dürfte es jedoch schwerfallen, diese Gefahr rechtzeitig glaubhaft zu machen. **92**

I. Kennzeichenrechtlicher Besichtigungsanspruch?

Der im Patentrecht von Rspr. (BGH GRUR 1985, 512 – *Druckbalken;* OLG Düsseldorf GRUR 1983, 741 und 745) und Literatur (Nachw. bei *Benkard/Rogge* § 139 PatG Rdn. 177) jedenfalls im Grundsatz anerkannte Besichtigungsanspruch entsprechend § 809 BGB zur Ermöglichung des Verletzungsnachweises wird bei Kennzeichenverletzungen idR schon deshalb nicht benötigt, weil die Beurteilung des Verletzungstatbestands erforderlichen Tatsachen im geschäftlichen Verkehr ohne weiteres hervortreten. Vorstellbar ist ein Besichtigungsanspruch aber in den Fällen, in denen zur Bejahung der Verletzung die Beschaffenheit der Ware selbst näherer Untersuchung bedarf (zB bei Totalfälschungen zur Unterscheidung vom Original oder zur Feststellung von Veränderungen bzw. der Herkunft unter Erschöpfungsgesichtspunkten) und die Ware nicht einfach durch Testkäufe erlangt werden kann. Für den Erlaß entsprechender einstweiliger Verfügungen sind allerdings ho- **93** he Anforderungen an die Wahrscheinlichkeit der Rechtsverletzung zu stellen (vgl. zum Patentrecht OLG Düsseldorf GRUR 1983, 741 und 745; *Leppin* GRUR 1984, 703 ff.).

J. Kostenerstattungsanspruch

I. Grundlagen

94 Durch die in Kennzeichenstreitsachen übliche Abmahnung und ferner durch Abschlußschreiben nach einstweiliger Verfügung entstehen dem Verletzten häufig außergerichtliche Kosten, meist in Form von Rechtsanwalts- und/oder Patentanwaltsgebühren sowie Recherche- und Testkaufkosten. Materiellrechtliche Anspruchsgrundlage für ihre Erstattung ist zum einen der Schadensersatzanspruch nach §§ 14 Abs. 6, 15 Abs. 5, der auch die notwendigen Kosten der Rechtsverfolgung umfaßt. Im Ausnahmefall schuldloser Kennzeichenverletzung können die vorprozessualen Kosten im gleichen Umfang nach den von der Rspr. zunächst im Wettbewerbsrecht entwickelten Grundsätzen der Kostenerstattung aufgrund Geschäftsführung ohne Auftrag (§§ 683 S. 1, 677, 670 BGB) ersetzt verlangt werden (grdl. BGH GRUR 1970, 189 – *Fotowettbewerb;* BGH GRUR 1973, 384/385 – *Goldene Armbänder;* BGH GRUR 1984, 129, 131 – *shop-in-the-shop I;* BGH GRUR 1984, 691, 692 – *Anwaltsabmahnung;* BGH GRUR 1991, 550 – *Zaunlasur;* BGH GRUR 1991, 679, 680 – *Fundstellenangabe;* alle zum UWG; näher *Köhler/Piper* Vor § 13 UWG Rdn. 142 ff.).

II. Anwaltskosten

95 Bei Kennzeichenstreitsachen handelt es sich um eine rechtliche Spezialmaterie, bei der die Einschaltung eines Rechtsanwalts und/oder Patentanwalts stets zur zweckentsprechenden Rechtsverfolgung notwendig ist. Dies gilt ausnahmslos, und zwar auch in Fällen identischer Verletzung, bei denen die anwaltliche Beratung bzgl. der Gestaltung der Abmahnung und der begleitenden Prozeßvorbereitung für eine effektive Unterbindung besonders wichtig ist (verfehlt daher *Arras* GRUR 1988, 359/360 zur identischen Titelverletzung). Bei Mitwirkung eines Patentanwalts neben einem Rechtsanwalt gilt für das vorprozessuale Stadium § 140 Abs. 5

K. Kennzeichenvindikation **Vor §§ 14–19**

analog (§ 140 Rdn. 60). Für die **Abmahnung** in Wettbewerbs- und Schutzrechtssachen ist eine Geschäftsgebühr gem. § 118 Abs. 1 Nr. 1 BRAGO in Höhe der Mittelgebühr von 7,5/10 einer vollen Gebühr als angemessen anerkannt (zB zum MarkenG LG München I CR 1997, 350, 351 – *TRICON/Triton*; vgl. allg. BGH GRUR 1973, 384 – *Goldene Armbänder; Baumbach/Hefermehl* UWG Einl. Rdn. 557), soweit nicht über das Abmahnschreiben hinaus erforderlich werdende Korrespondenz eine höhere Gebühr rechtfertigen oder zusätzlich eine Besprechungsgebühr (§ 118 Abs. 1 Nr. 2 BRAGO) anfällt. Für ein notwendiges **Abschlußschreiben** nach Erlaß einer einstweiligen Verfügung (näher *Köhler/Piper* § 25 UWG Rdn. 69 ff.; GK/*Schultz-Süchting;* § 25 Rdn. 285 ff.) fällt bei bereits erteiltem Klageauftrag eine 5/10-Prozeßgebühr nach § 32 BRAGO (BGH GRUR 1973, 384 – *Goldene Armbänder*), andernfalls eine 5/10 Geschäftsgebühr nach § 118 Abs. 1 Nr. 1 BRAGO an (aA GK/*Schultz-Süchting,* § 25 UWG Rdn. 313 mwN auch zur hier vertretenen Auffassung). Soweit es trotz Abmahnung bzw. Abschlußschreiben zum Verletzungsprozeß kommt, ist die vorprozessuale Geschäftsgebühr auf die korrespondierende Prozeßgebühr anzurechnen (§ 118 Abs. 2 BRAGO).

K. Kennzeichenvindikation

Einen Anspruch auf Übertragung eines Kennzeichenrechts sieht das MarkenG nur im Falle des ungetreuen Agenten vor (§ 17 Abs. 1). In welchen Fällen und unter welchen Voraussetzungen sich daraus im Wege der Analogie (ablehnend *Fezer* § 17 Rdn. 2) oder als Schadensersatzanspruch (bejahend *Fezer* § 17 Rdn. 2 für Fälle der „Markenanmaßung") auch sonst ein Übertragungsanspruch begründen läßt, ist noch völlig ungeklärt. Vorab stellt sich die Frage nach der hierdurch zu schließenden Lücke im Schutzsystem des MarkenG. Im Falle von Markeneintragungen muß es sich um Fallgestaltungen handeln, bei denen die **bloße Löschung nicht ausreicht**. Das ist immer dann der Fall, wenn der Verletzte davon abgehalten wurde, selbst rechtzeitig eine entsprechende Markenanmeldung vorzunehmen. Diese Situation kann auch außerhalb des Anwendungsbereichs des § 17 gegeben sein, **wenn der Verletzte darauf vertrauen durfte, daß der Markenschutz für ihn beantragt werden würde**, so daß es einer eigenen Anmeldung nicht bedurfte. In diesen Fällen werden idR vertragliche

Beziehungen bestehen, so daß als Anspruchsgrundlage neben einer Analogie zu § 17 Abs. 1 ein Schadensersatzanspruch wegen positiver Vertragsverletzung oder ein Herausgabeanspruch nach Geschäftsbesorgungsrecht in Betracht kommen. Zum Übertragungsanspruch bei kraft Verkehrsgeltung erworbenen Marken eines Händlers s. *Munz* GRUR 1995, 474, 476/477.

97 Ohne vertragliche Beziehung kommt als Grundlage ein Herausgabeanspruch nach den Grundsätzen der **Geschäftsführung ohne Auftrag** (§§ 667, 681, 687 Abs. 2 BGB) in Frage, soweit sich die Markenanmeldung als (auch) fremdes Geschäft betrachten läßt. In allen anderen Fällen verbleibt nur der Schadensersatzanspruch nach §§ 14 Abs. 6, 15 Abs. 5, der jedoch insoweit problematisch ist, als er nicht zu einer Besserstellung des Verletzten gegenüber dem Zustand führen darf, der bestünde, wenn die rechtswidrige Markenanmeldung ganz unterblieben wäre. Diesen Zustand wird regelmäßig bereits der Löschungsanspruch herbeiführen. Ein Anwendungsfall für einen solchen Anspruch auf Kennzeichenvindikation ergab sich aber in Bezug auf die in Deutschland bis Anfang 1997 mögliche **Reservierung von Internet Domain Namen** (LG München I CR 1997, 479, 481 – *juris.de*). Die Reservierung eines identischen Namens durch einen Nichtberechtigten hinderte den Berechtigten bis zur Aufgabe der Reservierung an der Anmeldung eines eigenen Domain Namens, so daß die Gefahr von Zwischeneintragungen entstehen konnte, wenn nur die Löschung, nicht aber auch die Übertragung der widerrechtlichen Ersteintragung erreicht wurde.

L. Einwendungen und Einreden

I. Einwendungen und Einreden des Verletzers (Verweisungen)

98 Einige Einreden bzw. Einwendungen des Verletzers gegenüber Verletzungsansprüchen regelt das MarkenG ausdrücklich als **Schutzschranken**: Verjährung (§ 20), Verwirkung (§ 21), lautere Benutzung als Name, Adresse, beschreibende Angabe oder Bestimmungsangabe (§ 23), Erschöpfung (§ 24) und Nichtbenutzung (§ 25). Die §§ 20–26 sind jedoch keine abschließende Regelung der Verletzereinwände (Amtl. Begr. zu 2. Teil 4. Abschnitt aE). Die sich aus absoluten und relativen Schutzhindernissen der geltend

L. Einwendungen und Einreden Vor §§ 14–19

gemachten Marke bzw. aus Mängeln der Schutzvoraussetzungen einer geschäftlichen Bezeichnung nach § 5 ergebenden Verteidigungsmöglichkeiten – insbesondere aufgrund prioritätsälterer eigener oder fremder Gegenrechte – sind bei § 14 Rdn. 15 ff. und § 15 Rdn. 12 ff. dargestellt. Zur Koexistenz nach den Grundsätzen des Gleichnamigkeitsrechts s. § 23 Rdn. 15 ff. Damit sind an dieser Stelle nur Rechtsmißbrauch und Sittenwidrigkeit sowie die Verhältnismäßigkeit näher zu behandeln.

II. Rechtsmißbrauch und Sittenwidrigkeit

1. Grundlagen

Das allgemeine Rechtsmißbrauchsverbot gilt im Kennzeichenrecht nicht nur in seinen kodifizierten Ausprägungen (vgl. insbes § 21) sondern als **Schranke jeglicher Rechtsausübung**. Als Einwand gegenüber kennzeichenrechtlichen Ansprüchen kommt ihm sogar noch größere Bedeutung zu als sonst im Wettbewerbsrecht (*Köhler/Piper* Vor § 13 Rdn. 117 ff.), insbesondere als Verbot des Mißbrauchs einer nur „formalen", dh. sachlich nicht gerechtfertigten oder mängelbehafteten Rechtsposition. Dies gilt auch bei einer iSv §§ 1 UWG, 826 BGB sittenwidrigen Geltendmachung kennzeichenrechtlicher Ansprüche. Der Verletzer kann sich analog § 986 I BGB sogar auf den einem **Dritten** zustehenden Rechtsmißbrauchseinwand berufen, wenn er seine Rechtsstellung von diesem ableitet, insbesondere als Lizenznehmer, Gestattungsempfänger oder Repräsentant (BGH GRUR 1994, 652, 653 – *Virion*). 99

2. Mißbräuchlicher Rechtserwerb

Bereits die Umstände des Erwerbs des geltend gemachten Kennzeichenrechts können den Rechtsmißbrauchseinwand begründen, wie dies für eingetragene Marken hinsichtlich der Löschbarkeit im Falle bösgläubiger Anmeldung in § 50 Abs. 1 Nr. 4 auch im MarkenG selbst verankert ist. Bereits zum WZG war anerkannt, daß der Angegriffene sich bei Sittenwidrigkeit der Anmeldung nicht nur mit dem Rechtsmißbrauchseinwand verteidigen, sondern aufgrund §§ 1 UWG, 826 BGB oder wegen Eingriffs in den Gewerbebetrieb gem. § 823 Abs. 1 BGB auch zum **Gegenangriff auf Löschung** übergehen kann (zB OLG Karlsruhe GRUR 1997, 373, 374 – *NeutralRed;* BGH GRUR 1986, 74, 77 – *Shamrock III;* BGH GRUR 1984, 210, 211 – *AROSTAR;* BGH GRUR 1967, 100

304, 305 – *Siroset;* OLG München GRUR 1990, 43 – *Donnerlippchen*), nicht aber auf Unterlassung der Verwendung (OLG Karlsruhe GRUR 1997, 373, 374 – *NeutralRed*). Soweit es auf eine von dem Kennzeicheninhaber verfolgte sittenwidrige Absicht ankommt, genügt es, daß sie wesentliches, dh nicht notwendig einziges Motiv war (BGH GRUR 1986, 74, 77 – *Shamrock III;* OLG Hamburg GRUR 1995, 816 – *Xtensions;* KG WRP 1995, 727, 729 – *Analgin*), und dürfen die Anforderungen an den Nachweis nicht überspannt werden (BGH aaO – *Shamrock III*). Die Mißbrauchsvoraussetzungen können nach der bisherigen Rspr. in fünf Fallgruppen eingeteilt werden, die sich im konkreten Fall auch überschneiden können.

101 **a) Vorbenutzung im Inland.** Die bloße Tatsache der Benutzung des Zeichens durch einen Dritten als ungeschütztes Kennzeichen im Zeitpunkt der Anmeldung als Marke bzw. des sonstigen Rechtserwerbs rechtfertigt den Rechtsmißbrauchsvorwurf auch bei Kenntnis von der Vorbenutzung noch nicht, sondern nur **bei Vorliegen weiterer**, meist subjektiver **Umstände**, die den Rechtserwerb als sittenwidrig iSv §§ 826 BGB, 1 UWG erscheinen lassen (OLG Hamburg MD 1996, 1088 – *NOBLESSE;* OLG Hamburg GRUR 1995, 816 – *Xtensions;* KG WRP 1995, 727, 729 – *Analgin;* st. Rspr. zum WZG: BGH GRUR 1986, 74, 76 – *Shamrock III;* BGH GRUR 1984, 210, 211 – *AROSTAR;* BGH GRUR 1980, 110, 111 – *TORCH;* BGH GRUR 1969, 607, 609 – *Recrin;* BGH GRUR 1967, 304, 305/306 – *Siroset;* BGH GRUR 1967, 298, 301 – *Modess;* BGH GRUR 1967, 490, 492 – *Pudelzeichen;* grdl. BGH GRUR 1961, 413, 416 – *Dolex*). Dies ist insbesondere dann der Fall, wenn die Vorbenutzung einen schutzwürdigen **inländischen Besitzstand** begründet hat, und der Kennzeicheninhaber in Kenntnis dieses Besitzstandes ohne rechtfertigenden Grund die Eintragung einer identischen oder ähnlichen Marke betreibt, um den Besitzstand zu stören oder in der Absicht den Gebrauch des Zeichens zu sperren (zB BGH aaO – *Shamrock III,* – *AROSTAR,* – *Pudelzeichen,* – *Dolex*). Maßgeblich für den ähnlich wie bei der Verwirkung (§ 21 Rdn. 25 ff.) zu bestimmenden Besitzstand ist der Zeitpunkt der Anmeldung (KG WRP 1995, 727, 729 – *Analgin*).

102 **b) Vorbenutzung im Ausland.** Als zweite Fallgruppe anerkannt ist die ohne eigenes schutzwürdiges Interesse erfolgende Anmeldung eines Zeichens, das von dem Dritten zwar im Inland noch nicht oder kaum benutzt ist, jedoch im Ausland überragende Verkehrsgeltung genießt, die auch inländischen Fachkreisen und

L. Einwendungen und Einreden Vor §§ 14–19

dem Anmelder selbst bekannt ist (grdl. BGH GRUR 1967, 298, 301 – *Modess*). Die bloße Kenntnis von der Verwendung im Ausland allein genügt nicht, wenn der Anmelder weder die Absicht der Benutzung im Inland kennt, noch damit rechnet und sich ihm dies auch nicht aufdrängt (BGH GRUR 1987, 292, 294 – *KLINT;* BGH GRUR 1969, 607, 609 – *Recrin*). Ist der inländische Gebrauch eines Zeichens aus dem Ausland zur Zeit der Anmeldung seit längerem ohne Anhaltspunkte für eine Wiederaufnahme eingestellt, kommt Rechtsmißbrauch nicht in Betracht (BGH GRUR 1987, 292, 294 – *KLINT*). Auch ist eine Verkehrsgeltung im Ausland allein noch kein Hindernis für die Durchsetzung älterer inländischer Kennzeichenrechte (BGH GRUR 1970, 138, 139 – *Alemite*), sondern müssen zusätzliche Umstände hinzutreten, um die Annahme von Rechtsmißbrauch zu rechtfertigen.

c) Erwerb zu Behinderungszwecken. Auch ohne inländischen Besitzstand oder ausländische Verkehrsgeltung rechtsmißbräuchlich kann die Anmeldung eines im Ausland benutzten Zeichens dann sein, wenn sie in der Absicht der **Erzwingung sachfremder Vorteile** geschieht, zB zur **systematischen Behinderung** durch Anmeldung einer ganzen Serie identischer oder ähnlicher Zeichen eines ausländischen Unternehmens, um dieses vom Inlandsmarkt fernzuhalten (OLG Karlsruhe GRUR 1997, 373, 374 – *NeutralRed*), zur **Erzwingung von Vertriebsrechten** (OLG Hamburg GRUR 1990, 694 – *Conrad Johnson*), zur Erlangung von Lizenzvorteilen bei der wirtschaftlichen Verwertung eines anderen Schutzrechts (BGH GRUR 1967, 304, 305/306 – *Siroset*), zur Verdrängung konkurrierender Importeure vom Inlandsmarkt durch serienweise Anmeldung der ausländischen Herstellerkennzeichen, wenn dem Anmelder selbst gerade kein ausschließliches Vertriebsrecht zusteht (BGH GRUR 1980, 110, 111/112 – *TORCH*), unter **Ausnutzung von Insiderwissen** von in die Wege geleiteter Verwendung als Titel (BGH GRUR 1993, 692, 695 – *Guldenburg;* OLG München GRUR 1990, 43 – *Donnerlippchen*), unter schwerem **Vertrauensbruch** nach Vorschlag der Bezeichnung durch Geschäftspartner (OLG Hamburg GRUR 1990, 53 – *Burggraf Mory*) und vor allem zur schlichten **Erpressung von Abstands- oder Kaufpreiszahlungen.** Nach OLG Hamburg GRUR 1995, 816 – *Xtensions* soll Rechtsmißbrauch auch dann anzunehmen sein, wenn der Kennzeichenerwerb auf die Behinderung einer nicht kennzeichenmäßigen, sondern beschreibenden Verwendung abzielt, die in der Branche eingeführt und vom Verkehr angenommen ist.

103

104   d) Erwerb erst anläßlich kennzeichenrechtlicher Streitigkeit. Unter besonderen Umständen kann der Rechtsmißbrauchseinwand auch gegenüber Kennzeichen durchgreifen, die von einer Partei zur Verbesserung ihrer Position erst nach Beginn einer kennzeichenrechtlichen Auseinandersetzung von einem unbeteiligten Dritten erworben werden. Die Herkunft von einem Dritten als solche ist jedoch noch nicht schädlich, da sie nur Folge der Übertragbarkeit ist und auch der Dritteinwand aufgrund Gestattung durch den Dritten grdsl. zulässig wäre (§ 14 Rdn. 27). Es bedarf **zusätzlicher Umstände**, um den Vorwurf eines **zweckfremden Einsatzes als Mittel des Wettbewerbskampfes** zu rechtfertigen, zB Erwerb eines **löschungsreifen** Zeichens und Wiederbelebung durch formale Benutzungshandlung (BGH GRUR 1995, 117, 120/121 – *NEUTREX*; vgl. KG BB 1997, 1966: Rechtserhaltung durch sittenwidrige Lizenz mit Vertragspartner des Gegners), Erwerb eines Zeichens, das zwar kennzeichenrechtlich mit dem Klagezeichen kollidiert, bei dem aber wegen der Art des Zeichens (zB ungeeignete beschreibende Zusätze) oder der Waren/Dienstleistungen (zB eingetragen für eine Spezialware, zu welcher der Erwerber keinerlei Bezug hat) eine **Benutzung durch den Erwerber nicht ernsthaft in Betracht kommt**. Nur im Ergebnis, nicht aber in der zu weitgehenden Begründung gefolgt werden kann OLG Stuttgart WRP 1997, 118, 121 – *Basics* (Erwerb von „Ultra-Basic" zwischen den Instanzen rechtsmißbräuchlich, weil dadurch Verletzungslage mit dem ungeschützt zunächst nur wettbewerbsrechtlich beanstandeten „Basics" erst gezielt hergestellt). Denn auch ein Zeichenerwerb in Kenntnis der Verletzungslage ist nicht per se mißbräuchlich. Es kommt vielmehr darauf an, ob das erworbene Zeichen prozeßunabhängigen Zielen der Erwerberin zu dienen geeignet ist (was hier deshalb zu verneinen war, weil die Klägerin die Verwendung des kollisionsbegründenden Bestandteils als irreführend iSv § 3 UWG beanstandet hatte und damit selbst die Verwendbarkeit verneinte; letztlich also widersprüchliches Verhalten).

3. Widersprüchliches Verhalten

105   Die Fallgruppe des Rechtsmißbrauchs wegen widersprüchlichen Verhaltens kann Fallgestaltungen, in denen zwar keine Gestattung (§ 14 Rdn. 26) erklärt worden ist, jedoch ein sonstiges **aktives, vertrauensbegründendes Verhalten** des Kennzeicheninhabers eine Geltendmachung mißbräuchlich erscheinen läßt, ohne daß die

L. Einwendungen und Einreden **Vor §§ 14–19**

besonderen Voraussetzungen des allgemeinen Verwirkungstatbestands (§ 21 Rdn. 16 ff.) vorliegen müßten. Beispiel: OLG München MD 1996, 1123: neue Firmierung des ausgeschiedenen Gesellschafters zunächst selbst Kunden mitgeteilt und geduldet. Auf den **Wegfall der Verkehrsgeltung** einer Marke kann sich nicht berufen, wer den Verlust der Verkehrsgeltung selbst durch widerrechtliche Zeichenbenutzung herbeigeführt hat (BGH GRUR 1957, 428, 430 – *Bücherdienst;* BGH GRUR 1957, 25, 27 – *Hausbücherei*).

Dagegen kann Ansprüchen wegen Kennzeichenverletzung grdsl. 106 nicht entgegengehalten werden, **der Kennzeicheninhaber müsse auch gegen andere Verletzer vorgehen** (zB OLG Bremen WRP 1997, 331, 337 – *Comtes*). Der Kennzeicheninhaber kann vielmehr frei entscheiden, welche Verletzungsfälle er angreift und welche er toleriert. Entgegengehalten werden kann ihm dies nur, soweit die Duldung der anderweitigen Benutzungen zu einer für den Schutzumfang im konkreten Fall relevanten Schwächung der Kennzeichnungskraft geführt hat (§ 14 Rdn. 226 ff.).

Der Einwand, der Kennzeicheninhaber **verletze seinerseits** 107 **Rechte Dritter**, ist nur insoweit beachtlich, als der Verletzer nach den zu § 14 Rdn. 22 dargestellten Grundsätzen berechtigt ist, das Recht des Dritten zur eigenen Verteidigung geltend zu machen.

III. Unverhältnismäßigkeit

1. Grundlagen

Die Zulassung des Einwands der Unverhältnismäßigkeit gegen- 108 über kennzeichenrechtlichen Unterlassungsansprüchen birgt die Gefahr einer Relativierung des Kennzeichenschutzes in sich. Die angebliche Unverhältnismäßigkeit insbesondere der Unterlassung könnte zum beliebtesten Verletzereinwand avancieren. Es kann aber dennoch kein Zweifel daran bestehen, daß der Grundsatz der Verhältnismäßigkeit, dh der Geeignetheit, Erforderlichkeit und Verhältnismäßigkeit im engeren Sinne nicht nur wettbewerbsrechtliche Ansprüche (grdl. *Köhler* GRUR 1996, 82 ff.), sondern auch kennzeichenrechtliche Ansprüche begrenzen kann. Dabei dürfen jedoch keinesfalls die im MarkenG getroffenen gesetzgeberischen Grundentscheidungen für einen effektiven Kennzeichenschutz ausgehebelt oder aufgeweicht werden. Es gibt aber **Einzelfälle**, in denen einem an sich gegebenen kennzeichenrechtlichen Verletzungsanspruch der Einwand der Unverhältnismäßigkeit entgegengesetzt

Vor §§ 14–19 Ansprüche bei Kennzeichenverletzung

werden kann. Hauptanwendungsfall ist die gerichtliche Gewährung einer Aufbrauchsfrist, die jedoch trotz der Anerkennung der Bedeutung der Verhältnismäßigkeit restriktiver als bisher gehandhabt werden sollte (unten Rdn. 109 ff.). Weitere Anwendungsfälle ergeben sich in den unterschiedlichsten Ausnahmekonstellationen (Rdn. 113) sowie zu § 18 Rdn. 16 ff., § 19 Rdn. 11 ff.

2. Aufbrauchsfrist

109 Die ältere Rspr. hat in Ausnahmefällen aus **§ 242 BGB** Aufbrauchs- oder Umstellungsfristen zugebilligt, wenn einerseits der unterlassungspflichtigen Partei für den Fall einer sofortigen Umstellung **unverhältnismäßige Nachteile** erwachsen und andererseits die befristete Weiterbenutzung der untersagten Bezeichnung für den Verletzten **keine unzumutbaren Beeinträchtigungen** mit sich bringt (bejaht in BGH GRUR 1969, 690, 693 – *Faber*; BGH GRUR 1957, 499, 504 – *Wipp*; im konkreten Fall verneint BGH GRUR 1982, 420, 423 – *BBC/DDC*; BGH GRUR 1967, 355, 359 – *Rabe*; BGH GRUR 1966, 495, 498 – *UNIPLAST*; BGH GRUR 1961, 283, 284 – *Mon Cheri II*; BGH GRUR 1957, 488, 491 – *MHZ*; OLG Düsseldorf WRP 1995, 330, 332 – *Ideal Standard*; OLG Frankfurt aM GRUR 1988, 850, 851/852 – *DBB Steuerberatungsgesellschaft*; OLG Köln GRUR 1984, 874, 875/876 – *Biovital/Revital*; zust. Fezer § 14 Rdn. 512; vgl. zum UWG: BGH GRUR 1990, 522, 528 – *HBV-Familien- und Wohnungsrechtsschutz*; *Köhler/Piper* vor § 13 Rdn. 16; *Teplitzky* Kap. 57 Rdn. 17 ff.; beide für materielle Anspruchsbeschränkung), wobei die Benutzung während einer solchen gerichtlich gewährten Aufbrauchsfrist **schadensersatzpflichtig** bleibt (BGH GRUR 1982, 420, 423 – *BBC/DDC*; BGH GRUR 1974, 735, 737 – *Pharmamedan*; vgl. BGH GRUR 1960, 563, 567 – *Sektwerbung*; zu alternativen Begründungen der Ersatzpflicht *Köhler* GRUR 1996, 90 f.).

110 Dieser Rspr. ist **für den Fall der Geltendmachung** einer Kennzeichenverletzung **im Hauptsacheverfahren nicht zu folgen**. Jeder Verletzer erlangt schon durch die Dauer des erstinstanzlichen Verfahrens eine faktische Aufbrauchsfrist von mehreren Monaten, über die hinaus weder Treu und Glauben noch der eigentlich einschlägige Grundsatz der Verhältnismäßigkeit eine Fortsetzung der Rechtsverletzung rechtfertigen können. Der Verletzer darf nicht durch die Hoffnung auf eine spätere Aufbrauchsfrist zur Fortsetzung oder gar Intensivierung der Verletzungshandlungen während des Prozesses verleitet werden, sondern handelt auf eigenes Risiko, wenn er diese Zeit nicht dafür nutzt, sich auf den Fall

L. Einwendungen und Einreden **Vor §§ 14–19**

des Unterliegens so vorzubereiten, daß ihm eine Fortsetzung der Geschäftstätigkeit auch ohne Weiterbenutzung möglich ist. Der zur technischen Bewältigung der Umstellung erforderlichen Zeitdauer kann im Rahmen der Zwangsvollstreckung Rechnung getragen werden (zB OLG Frankfurt aM WRP 1994, 118 – *Deutsche Direktbank*). Auch Beseitigungsfristen sind aber in der Rspr. anerkannt worden (zB BGH GRUR 1977, 614, 616 – *Gebäudefassade:* Elf Monate für Entfernung einer Fassadenkennzeichnung; *Köhler* GRUR 1996, 86).

Bei Geltendmachung des Unterlassungsanspruchs im **Verfügungsverfahren** kann im Einzelfall eine andere Interessenabwägung geboten sein, vorausgesetzt der Verletzer handelte nicht vorsätzlich (vgl. für Ausnahmefälle GK/Teplitzky § 16 UWG Rdn. 542; zutr. abgelehnt zB in OLG Frankfurt aM WRP 1994, 118 – *Deutsche Direktbank*). 111

Vertraglich vereinbarte Aufbrauchsfristen sind weithin üblich. Anders als bei einer gerichtlich gewährten Aufbrauchsfrist wird die Auslegung regelmäßig ergeben, daß Benutzungshandlungen während der zugebilligten Aufbrauchsfrist keine vertraglich nicht vereinbarten Schadensersatzansprüche begründen. 112

3. Weitere Ausnahmefälle

Die Untersagung der Verwendung einer kennzeichenverletzenden **Telefonnummer** darf nicht ausgesprochen werden, wenn keine andere erlangbar ist (BGH GRUR 1953, 290, 293 – *Fernsprechnummer*). In Einzelfällen kann die Weiterverbreitung eines umfangreichen **Versandkataloges** trotz Wiedergabe eines verletzenden Kennzeichens zuzulassen sein, wenn Schwärzung oder Überkleben mit vertretbarem Aufwand nicht möglich ist, aber in anderer Weise eine Berichtigung erfolgt, zB durch eine Beilage mit dem Hinweis, daß die angebotene Ware nicht geführt wird (*Köhler* GRUR 1996, 91). Bei der hier vorzunehmenden Abwägung ist aber im Gegensatz zu den meisten UWG-Verstößen zu berücksichtigen, daß die Weiterverbreitung auch dann einen erheblichen, schädigenden Eingriff in das verletzte Kennzeichenrecht darstellen kann, wenn keine Auslieferung der kennzeichenverletzend beworbenen oder gekennzeichneten Ware mehr erfolgt. Generell darf nicht vergessen werden, daß die aus der Geltendmachung von Kennzeichenrechten resultierenden **Behinderungswirkungen grdsl. schutzrechtsimmanent** und damit auch wettbewerbskonform sind, sofern sie nicht mißbräuchlich eingesetzt werden (BGH GRUR 1987, 438, 440 – *Handtuchspender* bzgl. § 26 Abs. 2 GWB). 113

M. Negative Feststellungsklage

114 Der wegen Kennzeichenverletzung Abgemahnte kann gerichtlich feststellen lassen, daß die Abmahnung zu Unrecht erfolgt ist und daß die geltend gemachten Ansprüche nicht bestehen (BGH GRUR 1995, 697, 699 – *FUNNY PAPER;* BGH GRUR 1954, 346, 347 – *Strahlenkranz*). Das **Feststellungsinteresse** gem. § 256 ZPO wird ohne weiteres durch die in der Abmahnung liegende Rechtsberühmung begründet, ohne daß ein weiteres Abwarten oder eine Gegenabmahnung (unten Rdn. 115) hierfür erforderlich wäre (*Teplitzky* 41. Kap. Rdn. 68 ff.; *Lindacher* FS von Gamm 1990, 86; offengelassen in BGH GRUR 1994, 846, 847 – *Parallelverfahren II*). Das Feststellungsinteresse entfällt, wenn der Abgemahnte nur Klärung einer Rechtsfrage eines abgeschlossenen Vorgangs erstrebt (BGH GRUR 1995, 697, 699 – *FUNNY PAPER*), was aber nur dann der Fall ist, wenn er eine Wiederholung der abgemahnten Handlung nach eigenem Vortrag nicht beabsichtigt und sich auch nicht vorbehalten will. Nicht zu folgen ist BGH aaO – *FUNNY PAPER,* soweit dort neben einer Berührung der wirtschaftlichen und rechtlichen Interessen des Abgemahnten auch noch verlangt wird, es dürfe „an der Ernsthaftigkeit des Verlangens des Abmahnenden kein Zweifel bestehen können". Wer Abmahnungen ausspricht, diese dann aber später selbst als nicht ernsthaft darstellt, verdient keinen Schutz vor einer negativen Feststellungsklage. Es kann dem Abgemahnten keinesfalls zugemutet werden, das Risiko einer Ernsthaftigkeitsprüfung auf sich zu nehmen. Er muß die gerichtliche Klärung vielmehr **auch dann** unverzüglich herbeiführen können, **wenn die Abmahnung** nur zu Behinderungszwecken **ohne ernsthafte Klageabsichten erfolgt ist**. Ein Feststellungsinteresse besteht auch dann, wenn der Abmahnende **Widerspruch** gegen die angegriffene Marke eingelegt hat und auf die dortige Klärung des Kollisionsfalles verweisen will (BGH GRUR 1954, 346, 347 – *Strahlenkranz*). Das Feststellungsinteresse entfällt nicht schon dadurch, daß der Abmahnende das **Verfügungsverfahren** betreibt (BGH GRUR 1985, 571, 572 – *Feststellungsinteresse*), sondern nur bei Erhebung der korrespondierenden Unterlassungsklage umgekehrten Rubrums, und zwar erst ab dem Zeitpunkt, ab dem die Leistungsklage nach § 269 Abs. 1 ZPO nicht mehr einseitig zurückgenommen werden kann (BGH GRUR 1994, 846, 847/848 – *Parallelverfahren II;* BGH GRUR 1987, 402 – *Parallelverfahren I;* BGH GRUR 1985, 41, 44 – *REHAB*).

Zur Vermeidung von Kostennachteilen gem § 93 ZPO ist eine 115
„**Gegenabmahnung**" vor Erhebung einer negativen Feststellungsklage allenfalls dann erforderlich, wenn die Abmahnung ohne weiteres erkennbar auf einem von dem Abmahnenden nicht zu vertretenden Irrtum in tatsächlicher Hinsicht beruht, während in allen anderen Fällen die Klageveranlassung iSv § 93 ZPO bereits in der Abmahnung zu sehen ist (str., ähnl. *Teplitzky* 41. Kap. Rdn. 72 ff. mwN zur uneinheitlichen OLG-Rspr.; *Lindacher* FS von Gamm 1990, 87; OLG München WRP 1997, 979; aA OLG München OLG-Report 1996, 252 für vorübergehend fehlendes Rechtsschutzbedürfnis, wenn Hauptsacheklage kurzfristig zu erwarten).

Der Verletzer kann die Unterlassungsklage nicht dadurch vereiteln, daß er negative Feststellungsklage erhebt und eine **Unterlassungserklärung unter der auflösenden Bedingung seines rechtskräftigen Obsiegens im Feststellungsverfahren** abgibt (BGH GRUR 1993, 677, 679 – *Bedingte Unterwerfung*). Eine solche Unterwerfung räumt die Begehungsgefahr nicht aus. 116

Besondere prozeßtaktische Bedeutung kommt der negativen 117
Feststellungsklage bei Anwendbarkeit des **EuGVÜ/LGVÜ** zu. Anders als nach deutschem Recht führt die zuerst erhobene Feststellungsklage nach Art. 21 EuGVÜ/LGVÜ zur internationalen Unzuständigkeit aller anderen zunächst zuständigen Gerichte (EuGH NJW 1995, 1881; BGH NJW 1997, 870; *Neuhaus* Mitt. 1996, 261/262; *Wolf* EuZW 1995, 365). Der Verletzer hat dadurch die Möglichkeit, sich das ihm genehmste Gericht aus den nach EuGVÜ/LGVÜ in Betracht kommenden internationalen Zuständigkeiten auszusuchen (zu diesen s. § 140 Rdn. 15).

§ 14 Ausschließliches Recht des Inhabers einer Marke; Unterlassungsanspruch; Schadensersatzanspruch

(1) Der Erwerb des Markenschutzes nach § 4 gewährt dem Inhaber der Marke ein ausschließliches Recht.

(2) Dritten ist es untersagt, ohne Zustimmung des Inhabers der Marke im geschäftlichen Verkehr

1. ein mit der Marke identisches Zeichen für Waren oder Dienstleistungen zu benutzen, die mit denjenigen identisch sind, für die sie Schutz genießt,

2. ein Zeichen zu benutzen, wenn wegen der Identität oder Ähnlichkeit des Zeichens mit der Marke und der Identität oder Ähnlichkeit der durch die Marke und das Zeichen erfaßten Waren oder Dienstleistungen für das Publikum die Gefahr von Ver-

wechslungen besteht, einschließlich der Gefahr, daß das Zeichen mit der Marke gedanklich in Verbindung gebracht wird, oder

3. ein mit der Marke identisches Zeichen oder ein ähnliches Zeichen für Waren oder Dienstleistungen zu benutzen, die nicht denen ähnlich sind, für die die Marke Schutz genießt, wenn es sich bei der Marke um eine im Inland bekannte Marke handelt und die Benutzung des Zeichens die Unterscheidungskraft oder die Wertschätzung der bekannten Marke ohne rechtfertigenden Grund in unlauterer Weise ausnutzt oder beeinträchtigt.

(3) Sind die Voraussetzungen des Absatzes 2 erfüllt, so ist es insbesondere untersagt,

1. das Zeichen auf Waren oder ihrer Aufmachung oder Verpackung anzubringen,
2. unter dem Zeichen Waren anzubieten, in den Verkehr zu bringen oder zu den genannten Zwecken zu besitzen,
3. unter dem Zeichen Dienstleistungen anzubieten oder zu erbringen,
4. unter dem Zeichen Waren einzuführen oder auszuführen,
5. das Zeichen in Geschäftspapieren oder in der Werbung zu benutzen.

(4) Dritten ist es ferner untersagt, ohne Zustimmung des Inhabers der Marke im geschäftlichen Verkehr

1. ein mit der Marke identisches Zeichen oder ein ähnliches Zeichen auf Aufmachungen oder Verpackungen oder auf Kennzeichnungsmitteln wie Etiketten, Anhängern, Aufnähern oder dergleichen anzubringen,
2. Aufmachungen, Verpackungen oder Kennzeichnungsmittel, die mit einem mit der Marke identischen Zeichen oder einem ähnlichen Zeichen versehen sind, anzubieten, in den Verkehr zu bringen oder zu den genannten Zwecken zu besitzen oder
3. Aufmachungen, Verpackungen oder Kennzeichnungsmittel, die mit einem mit der Marke identischen Zeichen oder einem ähnlichen Zeichen versehen sind, einzuführen oder auszuführen,

wenn die Gefahr besteht, daß die Aufmachungen oder Verpackungen zur Aufmachung oder Verpackung oder die Kennzeichnungsmittel zur Kennzeichnung von Waren oder Dienstleistungen benutzt werden, hinsichtlich deren Dritten die Benutzung des Zeichens nach den Absätzen 2 und 3 untersagt wäre.

(5) Wer ein Zeichen entgegen den Absätzen 2 bis 4 benutzt, kann von dem Inhaber der Marke auf Unterlassung in Anspruch genommen werden.

(6) Wer die Verletzungshandlung vorsätzlich oder fahrlässig begeht, ist dem Inhaber der Marke zum Ersatz des durch die Verletzungshandlung entstandenen Schadens verpflichtet.

(7) **Wird die Verletzungshandlung in einem geschäftlichen Betrieb von einem Angestellten oder Beauftragten begangen, so kann der Unterlassungsanspruch und, soweit der Angestellte oder Beauftragte vorsätzlich oder fahrlässig gehandelt hat, der Schadensersatzanspruch auch gegen den Inhaber des Betriebs geltend gemacht werden.**

Inhaltsübersicht

	Rdn.
A. Allgemeines	1–7
1. Überblick	1–4
2. Früheres Recht	5
3. MRRL	6
4. Gemeinschaftsmarkenrecht	7
B. Ausschließlichkeitsrecht (Abs. 1)	8–11
C. Markenverletzung – Allgemeine Voraussetzungen	12–44
I. Bestehender Markenschutz	12–18
1. Maßgeblicher Zeitpunkt	12–14
2. Bedeutung (ursprünglicher) absoluter Schutzhindernisse	15, 16
a) Eintragene Markten	15
b) Nicht eingetragene Marken	16
3. Bedeutung (nachträglicher) Verfallsgründe	17, 18
a) Eingetragene Marken	17
b) Nicht eingetragene Marken	18
II. Vorrang	19–24
1. Eigenes Gegenrecht des Verletzers	20, 21
2. Einrede aufgrund fremden Gegenrechts	22, 23
3. Koexistenz trotz besserer Zeitrang	24
III. Begehung durch „Dritten"	25
IV. Ohne Zustimmung des Markeninhabers	26, 27
V. Begehung im räumlichen Schutzbereich	28–33
1. Territorialer Geltungsbereich	28
2. Verletzungsort	29
3. Grenzüberschreitende Medien	30
4. Internet	31
5. Exterritoriale Verletzungshandlungen?	32
6. Erstbegehungsgefahr durch exterritoriale Handlungen	33
VI. Geschäftlicher Verkehr	34–44
1. Begriff	35–37
2. Eigengebrauch, betriebsinterne Handlungen	38–41

§ 14 — Rechte und Ansprüche des Markeninhabers

	Rdn.
3. Beispiele aus der Rspr. zum MarkenG	42
4. Beispiele aus der Rspr. zum WZG	43, 44

D. Rechtsverletzende Benutzung 45–136

  I. Grundlagen 45–56
    1. Begriff 46, 47
    2. Früheres Recht: Zeichenmäßiger Gebrauch .. 48, 49
    3. Rechtsverletzende Benutzung iSd MarkenG . 50–55
      a) Meinungsstand 50
      b) Richtlinienkonforme Auslegung 53–55
    4. Beschränkte Bedeutung der Streitfrage 56

  II. Rechtsprechungsgrundsätze zum kennzeichenmäßigen Gebrauch 57–63
    1. Rechtsfrage 58
    2. Maßgeblichkeit der Verkehrsauffassung 59, 60
    3. Weite Auslegung, objektive Möglichkeit 61
    4. Markentypische Wiedergabe 62
    5. Verkehrsgeltung 63

  III. Fallgruppen besonderer Verwendungsformen 64–84
    1. Verwendung als Unternehmenskennzeichen 64
    2. Verwendung als Internet Domain Name 65
    3. Verwendung als Titel 66, 67
    4. Verwendung als geographische Herkunftsangabe 68
    5. Geschmacksmusteranmeldung 69
    6. Zuordnung zur Ware/Dienstleistung 70
    7. Mündlicher Gebrauch 71
    8. Dreidimensionale Wiedergabe von Bildzeichen 72
    9. Dreidimensionale Marken 73
    10. Verwendung als beschreibende Angabe 74–78
    11. Verwendung in Werbeslogan 79
    12. Bestellzeichen, Sortenbezeichnung 80
    13. Verwendung als Zweitmarke 81
    14. Einbeziehung in mehrteiliges Zeichen 82
    15. Aufnahme in Markenanmeldung 83, 84
      a) Anmeldung in Alleinstellung 83
      b) Anmeldung als Bestandteil 84

  IV. Markennennung 85–90
    1. Abgrenzung von der Ankündigung fremder Produkte als eigenes Angebot 87
    2. Nennung als Bestimmungsangabe 88
    3. Vergleichende Nennung in der Werbung 89
    4. Redaktionelle Nennung 90

Rechte und Ansprüche des Markeninhabers **§ 14**

	Rdn.
V. Produktgestaltender Gebrauch	91–97
1. Dekorativer Gebrauch	92–94
2. Modelle	95
3. Replikas	96, 97
VI. Markenparodie	98, 99
VII. Veränderung gekennzeichneter Originalware	100–103
1. Beseitigung, Beschädigung des Zeichens	100, 101
2. Veränderung der Verpackung	102
3. Veränderung der Ware	103
VIII. Ausdrücklich geregelte Handlungsformen (§ 14 Abs. 3)	104–131
1. Anbringung auf Ware, Aufmachung, Verpackung (Nr. 1)	107–109
2. Anbieten von Ware (Nr. 2 1. Alt.)	110–113
3. Inverkehrbringen (Nr. 2 2. Alt.)	114–116
4. Qualifizierter Besitz (Nr. 2 3. Alt.)	117, 118
5. Angebot und Erbringung von Dienstleistungen (Nr. 3)	119
6. Einfuhr (Nr. 4 1. Alt.)	120
7. Ausfuhr (Nr. 4 2. Alt.)	121
8. Durchfuhr, Transit	122–125
9. Benutzung in Geschäftspapieren oder in der Werbung (Nr. 5)	126–131
a) Geschäftspapiere	127
b) Werbung	128
c) Benutzung	129–131
IX. Mittelbare Markenverletzung (§ 14 Abs. 4)	132–136
1. Allgemeines	132
2. Voraussetzungen	133–135
3. Nicht abschließende Regelung	136
E. Identität (§ 14 Abs. 2 Nr. 1, § 9 Abs. 1 Nr. 1)	137–147
I. Allgemeines	137–140
1. Überblick	137, 138
2. Bedeutung	139
3. Identität ohne Verwechslungsgefahr?	140
II. Zeichenidentität	141–143
III. Waren/Dienstleistungsidentität	144–147
F. Verwechslungsgefahr (§ 14 Abs. 2 Nr. 2, § 9 Abs. 1 Nr. 2)	148–452
I. Grundlagen	148–180
1. Systematik	148
2. Normzweck	149

§ 14 Rechte und Ansprüche des Markeninhabers

	Rdn.
3. Herkömmliche Arten der Verwechslungsgefahr	150
4. Richtlinienkonforme Auslegung	151–159
a) Keine enge Auslegung	152–155
b) Bedeutung der Herkunftsfunktion	156, 157
c) „Europäische" Verwechslungsgefahr	158
d) Berücksichtigung nationaler Besonderheiten	159
5. Rechtsnatur der Verwechslungsgefahr	160–167
a) Abstrakte Gefahr	160–162
b) Objektive Gefahr	163
c) Rechtsfrage	164
d) Tatsächliche Vorfragen	165
e) Revisibilität	166
f) Überprüfung durch den EuGH	167
6. Bedeutung der Verkehrsauffassung	168–178
a) Publikum	168–173
b) Uneinheitliche Verkehrsauffassung	174, 175
c) Wandel der Verkehrsauffassung	176
d) Feststellung der Verkehrsauffassung	177, 178
7. Fortwirkung vorausgegangener Verletzungen	179
8. Grundstruktur der Verwechslungsprüfung	180
II. Kennzeichnungskraft	181–234
1. Grundlagen	181–189
a) Begriff	181
b) Normative Grundlagen	182, 183
c) Maßgeblicher Zeitpunkt	184
d) Feststellung der Kennzeichnungskraft	185–188
e) Beweislast	189
2. Grundregeln für alle Zeichenarten	190–194
3. Originäre Kennzeichnungskraft	195–220
a) Grundsätze	195, 196
b) Schutzunfähige eingetragene Marken	197
c) Zeichenbestandteile	198
d) Wortzeichen	199–204
aa) Anlehnung an beschreibende oder freihaltebedürftige Angaben	199–203
bb) Sonstige Originalitätsschwächen	204
e) Buchstaben, Zahlen	205–212
f) Bildzeichen	213–217
aa) Anlehnung an beschreibende oder freihaltebedürftige Angaben	213, 214
bb) Sonstige Originalitätsschwächen	215–217
g) Farbmarken	218
h) Dreidimensionale Marken	219
i) Hörmarken	220
4. Stärkung durch Benutzung	221–225
5. Schwächung durch Drittzeichen	226–234

Rechte und Ansprüche des Markeninhabers § 14

	Rdn.
III. Waren/Dienstleistungsähnlichkeit	235–310
1. Grundlagen	235–240
a) Begriff	235–237
b) Normzweck	238
c) Rechtsnatur	239
d) Maßgeblicher Zeitpunkt	240
2. Maßgebliche Waren/Dienstleistungen	241–247
a) Allgemeine Regeln	241, 242
b) Besonderheiten bei eingetragenen Marken	243–247
aa) Maßgeblichkeit des Waren/Dienstleistungsverzeichnisses	243
bb) Auslegung des Waren/Dienstleistungsverzeichnisses	244, 245
cc) Berücksichtigung technischer Fortentwicklung	246
dd) Ausdrückliche Beschränkungen des Verzeichnisses	247
3. Besonderheiten gegenüber der Gleichartigkeit	248–272
a) Gleichartigkeitsbegriff des WZG	248
b) Meinungsstand	249, 250
c) Wechselwirkung	251–259
aa) Grundlagen	251
bb) Verhältnis zur Zeichenähnlichkeit	252
cc) Verhältnis zur Kennzeichnungskraft	254–259
d) Einzelfallbetrachtung	260
e) Einbeziehung von Unternehmensverbindungen	261
f) Handelsmarken	262
g) Maßgeblichkeit der Verkehrsauffassung	263–267
h) Berücksichtigung der Entscheidungspraxis	268–271
i) Wandel der Verkehrsauffassung	272
4. Einzelkriterien der Waren/Dienstleistungsähnlichkeit	273–286
a) Produktionsverhältnisse	274
b) Stofflich-technische Produkteigenschaften	275–277
c) Funktionelle Produkteigenschaften	278–280
d) Abnehmerkreise	281
e) Vertriebswege	282, 283
f) Werbung, Marketing	284–286
5. Irrelevante Kriterien	287
6. Einzelfragen der Warenähnlichkeit	288–297
a) Sachgesamtheiten	288
b) Verpackung	289
c) Zubehör	290
d) Waren verschiedener Fertigungsstufen	291

§ 14 Rechte und Ansprüche des Markeninhabers

	Rdn.
e) Beispiele aus der Rspr zum MarkenG	292–294
aa) Warenähnlichkeit bejaht	293
bb) Warenähnlichkeit verneint	294
f) Beispiele aus der Rspr zum WZG	295–297
aa) Warengleichartigkeit bejaht	296
bb) Warengleichartigkeit verneint	297
7. Begleitende Marke, Mittelbare Warenähnlichkeit	298–300
a) Grundsätze	298–299
b) Beispiele aus der Rspr zum WZG	300
8. Ähnlichkeit von Waren und Dienstleistungen	301–307
a) Grundsätze	301–304
b) Beispiele aus der Rspr zum MarkenG	305
c) Beispiele aus der Rspr zum WZG	306, 307
9. Dienstleistungsähnlichkeit	308–310
a) Grundsätze	308
b) Beispiele aus der Rspr zum MarkenG	309
c) Beispiele aus der Rspr zum WZG	309, 310
IV. Zeichenähnlichkeit	**311–424**
1. Grundlagen	311–314
a) Definition	311
b) Normzweck	312
c) Rechtsnatur	313
d) Maßgeblicher Zeitpunkt	314
2. Maßgebliche Zeichen	315–323
a) Grundsätze	315
b) Abweichende Benutzungsform eingetragener Marken	316–320
c) Hinzufügung von Gattungsnamen	321
d) Besondere Begleitumstände	322, 232
3. Grundregeln für alle Zeichenarten	324–327
a) Erscheinungsformen der Zeichenähnlichkeit	324
b) Erfahrungsregeln des BGH	325–327
4. Wortzeichen	328–364
a) Allgemeine Grundsätze	328, 329
b) Klangliche Zeichenähnlichkeit	330–342
aa) Relevanz	330, 331
bb) Maßgebliche Aussprache	322–337
cc) Klanglicher Gesamteindruck	338
dd) Phonetische Einzelkriterien	339–341
ee) Weitere Beispiele zum MarkenG	342
c) Schriftbildliche Zeichenähnlichkeit	343–348
aa) Wortzeichen ohne graphische Ausgestaltung	344–346

Rechte und Ansprüche des Markeninhabers   § 14

Rdn.

bb) Wortzeichen in graphischer Ausgestaltung 347, 348
d) Begriffliche Zeichenähnlichkeit 349–358
e) Komplexe Zeichenähnlichkeit 359
f) Kompensation von Übereinstimmungen durch Unterschiede 360–364
    aa) Ausschluß der Zeichenähnlichkeit durch Sinnunterschied 361–363
        (1) Grundsätze 361
        (2) Beispiele für Reduzierung/Ausschluß der Zeichenähnlichkeit durch Sinnunterschied 362
        (3) Beispiele für Zeichenähnlichkeit trotz Sinnunterschied 363
    bb) Ausschluß der Zeichenähnlichkeit durch Schriftbildunterschiede 364
5. Wort/Bildzeichen 365, 366
6. Bildzeichen 367–381
   a) Allgemeine Grundsätze 368
   b) Bedeutung der Farbe 369
   c) Begriffliche Ähnlichkeit (Motivschutz) 370–372
   d) Verletzung von Bildzeichen durch dreidimensionale Wiedergabe 373, 374
   e) Verletzung von Bildzeichen durch wörtliche Wiedergabe 375
   f) Verletzung von Wortzeichen durch Bildzeichen, Farben oder dreidimensionale Wiedergaben 376–381
7. Farbmarken 382
8. Dreidimensionale Marken 383
9. Hörmarken 384
10. Übereinstimmung in Zeichenbestandteilen – Prägetheorie des BGH 385–424
   a) Gesamteindruck 386, 387
   b) Grundregeln der Prägetheorie 388–394
   c) Prägender Zeichenbestandteil – Firmennamen, Serienzeichen 395–398
     aa) Grundsätze 395–396
     bb) Beispiele: Zeichenähnlichkeit verneint 397
     cc) Beispiele: Zeichenähnlichkeit bejaht ... 398
   d) Prägender Zeichenbestandteil – Originäre Kennzeichnungsschwäche 399–402
   e) Prägender Zeichenbestandteil – Nachträgliche Kennzeichnungsschwäche 403
   f) Prägender Zeichenbestandteil – Gesteigerte Kennzeichnungskraft 404

	Rdn.
g) Prägender Zeichenbestandteil – Fremdsprachige Bestandteile	405–407
h) Prägender Zeichenbestandteil – Vorname/Nachname	408–414
i) Prägender Zeichenbestandteil – Bildbestandteil	415
j) Weitere Prüfung bei bejahter Prägung durch Zeichenbestandteil	416
k) Prozessuales zur Prägetheorie	417
l) Weitere Beispiele zur Anwendung der Prägetheorie in der Rspr zum MarkenG	418, 419
m) Kritik an der Prägetheorie	420–424
V. Gedankliche Verbindung	**425–452**
1. Grundlagen	425–427
2. Vermutung einer Zeichenabwandlung desselben Unternehmens (mittelbare Verwechslungsgefahr)	428–437
a) Serienzeichen	428–432
aa) Grundsätze	428
bb) Stammbestandteil	429
(1) Faktoren für Stammcharakter	429
(2) Faktoren gegen Stammcharakter	430, 431
cc) Wesensgleichheit	432
b) Modernisierung	433
c) Abkürzung, Verkürzung	434
d) Verkleinerung	435
e) Schutz von Markenbildungsprinzipien?	436, 437
3. Vermutung von Unternehmensverbindungen (Verwechslungsgefahr im weiteren Sinne)	438–442
4. Assoziationsgefahren jenseits mittelbarer und weiterer Verwechslungsgefahr?	443–449
5. Beispiele aus der Rspr zum MarkenG	450
a) Gefahr gedanklicher Verbindungen bejaht	451
b) Gefahr gedanklicher Verbindungen verneint	452
G. Ausnutzung und Beeinträchtigung bekannter Marken (§§ 14 Abs. 2 Nr. 3, 9 Abs. 1 Nr. 3)	**453–531**
I. Grundlagen	453–466
1. Systematik	453–455
2. Gemeinschaftsrechtliche Vorgaben	456, 457
3. Normzweck	458
4. Verhältnis zur bisherigen Rechtsprechung	459–466
a) Überblick	459
b) Integration in das Kennzeichenrecht, Bestimmtheit	463
c) Zukünftige Bedeutung der bisherigen Rspr.	464

Rechte und Ansprüche des Markeninhabers § 14

	Rdn.
d) Bedeutungsverschiebung durch neuen Verwechslungstatbestand	465
II. Bekannte Marke	466–486
1. Abgrenzung	466–472
a) Abgrenzung zur berühmten Marke iSd Rspr zu §§ 823 Abs. 1, 1004 BGB	467
b) Abgrenzung zur notorischen Bekanntheit iSv PVÜ und TRIPS	468
c) Abgrenzung zur Verkehrsdurchsetzung schutzunfähiger Zeichen	469
d) Abgrenzung zur Verkehrsgeltung nicht eingetragener Zeichen	470
e) Abgrenzung zur bekannten Marke iSd Rspr. zu § 1 UWG	471
f) Abgrenzung zur gesteigerten Kennzeichnungskraft	472
2. Maßgebliche Verkehrskreise	473
3. Geographischer Bezug der Bekanntheit	474–476
4. Quantitative Anforderungen, absoluter/relativer Bekanntheitsgrad	477, 478
5. Qualitative Anforderungen	479, 480
6. Bekanntheit ohne Benutzung im Inland	481
7. Maßgeblicher Zeitpunkt	482
8. Feststellung der Bekanntheit	483–486
III. Zeichenidentität, Zeichenähnlichkeit	487
IV. Fehlende Waren/Dienstleistungsähnlichkeit, Analogie	488, 489
V. Benutzung des Zeichens	490–492
VI. Die vier Eingriffstatbestände	493–520
1. Grundlagen	494, 495
2. In unlauterer Weise	496
3. Ohne rechtfertigenden Grund	497
4. Ausnutzung/Beeinträchtigung der Wertschätzung	498–505
a) Wertschätzung	498
b) Ausnutzung der Wertschätzung (Rufausbeutung)	499–503
aa) Übertragbarkeit des Rufes	501
bb) Originalität des Zeichens	502
cc) Unlauterkeitskriterien	503
c) Beeinträchtigung der Wertschätzung (Rufschädigung)	504, 505
5. Ausnutzung/Beeinträchtigung der Unterscheidungskraft	506–520
a) Unterscheidungskraft	506, 507

	Rdn.
b) Beeinträchtigung der Unterscheidungskraft (Verwässerung)	508–519
aa) Branchenabstand	510–513
bb) Zeichen	514, 515
cc) Drittverwendung	516–518
dd) Verwässerung durch nicht kennzeichenmäßigen Gebrauch	519
c) Ausnutzung der Unterscheidungskraft (Aufmerksamkeitsausbeutung)	520
VII. Ergänzender außerkennzeichenrechtlicher Markenschutz	521–531
H. Rechtsfolgen bei Markenverletzung (Verweisung)	532

Literatur: S. die Literaturhinweise unten vor den einzelnen Abschnitten der Kommentierung des § 14.

A. Allgemeines

1. Überblick

1 § 14 ist die zentrale Bestimmung über die dem Inhaber einer Marke im Falle der Benutzung durch Dritte zustehenden Rechte. Die Vorschrift setzt die Entstehung des Markenschutzes gemäß der Grundnorm des § 4 voraus und knüpft an den dortigen Markenbegriff an, gilt also nicht nur für die eingetragenen, sondern **auch für die kraft Verkehrsgeltung geschützten, nicht eingetragenen Marken sowie die notorischen Marken.** Auf IR-Marken mit Schutz in Deutschland findet § 14 über §§ 112, 124 Anwendung. Die entsprechende Bestimmung für geschäftliche Bezeichnungen findet sich in § 15.

2 § 14 Abs. 1 beschreibt die Rechtsnatur des subjektiven Markenrechts als **Ausschließlichkeitsrecht**. Der Inhalt dieses Rechts besteht nach § 14 Abs. 2 darin, daß jedem ohne Zustimmung des Markeninhabers handelnden Dritten die Benutzung der Marke im geschäftlichen Verkehr untersagt ist. Die sachliche Reichweite des Verbietungsrechts ist in Form von **drei Verletzungstatbeständen** festgelegt: Identität (Nr. 1), Verwechslungsgefahr (Nr. 2), unlautere Ausnutzung oder Beeinträchtigung der Unterscheidungskraft oder Wertschätzung einer „bekannten" Marke (Nr. 3). Diese Struktur entspricht den Löschungstatbeständen des § 9 Abs. 1 für eingetragene Marken. § 14 Abs. 3 enthält eine nicht abschließende Aufzählung **verbotener Benutzungshandlungen**, vermeidet aber ei-

A. Allgemeines § 14

ne allgemeine Definition des Benutzungsbegriffs. § 14 Abs. 4 erstreckt das Verbietungsrecht in Form eines gesonderten Verletzungstatbestandes zusätzlich auf drei Fallgruppen von **Vorbereitungshandlungen**, die sich auf verletzend gekennzeichnete Aufmachungen, Verpackungen und Kennzeichnungsmittel beziehen. Als Rechtsfolge bei Markenverletzungen ist in § 14 Abs. 5 der **Unterlassungsanspruch** und in § 14 Abs. 6 der verschuldensunabhängige **Schadensersatzanspruch** des Markeninhabers normiert, während Vernichtungs- und Auskunftsansprüche in den §§ 18, 19 gesondert geregelt sind und weitere Verletzungsansprüche, insbesondere auf Beseitigung, weitergehende Auskunft und Bereicherungsherausgabe aufgrund allgemeiner Bestimmungen bestehen können (Vor §§ 14–19 Rdn. 55 ff., 73, 74). Nach § 14 Abs. 7 haftet für Verletzungshandlungen der Angestellten und Beauftragten eines geschäftlichen Betriebes auch dessen Inhaber auf Unterlassung und bei schuldhaftem Handeln dieser Hilfspersonen auch auf Schadensersatz, ohne daß es hierfür auf sein eigenes Handeln oder Verschulden ankommt (Vor §§ 14–19 Rdn. 13 ff.).

Anders als bei den Löschungstatbeständen der §§ 9 ff. fallen unter 3 § 14 nicht nur Kollisionen einer Marke mit ihrerseits geschützten Kennzeichenrechten Dritter, sondern **auch die Verletzung durch die Verwendung ungeschützter Zeichen**. Daher ist der ältere Zeitrang der Marke des Anspruchstellers anders als etwa in § 9 nicht als Tatbestandsmerkmal des § 14 Abs. 2 angegeben. Jedoch folgt daraus nicht, daß eigene Rechte des Dritten im Rahmen des § 14 nicht zu berücksichtigen wären. Vielmehr können prioritätsältere oder bestandskräftige Kennzeichenrechte des Dritten der Geltendmachung von Verletzungsansprüchen als Einreden entgegenstehen (unten Rdn. 20 f.).

Allgemeine Fragen der **Verletzungsansprüche** und ihrer 4 Durchsetzung sind in dem Abschnitt Vor §§ 14–19 übergreifend für Marken und geschäftliche Bezeichnungen kommentiert. Die drei Verletzungstatbestände des § 14 Abs. 2 entsprechen inhaltlich den in § 9 Abs. 1 geregelten **Löschungstatbeständen** bei Kollision einer eingetragenen Marke mit älteren eingetragenen bzw. in Fällen des § 10 notorischen Marken. Die §§ 9 und 14 werden daher im folgenden einheitlich zu § 14 kommentiert.

2. Früheres Recht

Der für alle Markenarten einheitlich geltende § 14 beseitigt die 5 bisherige Trennung der Anspruchsgrundlagen für eingetragene Warenzeichen und Ausstattungen in §§ 24 und 25 WZG. Mit der ausdrücklichen Einbeziehung notorischer Marken wird der Verpflichtung aus Art. 6 bis Abs. 1 PVÜ nachgekommen und der bisherige Umweg über den bei Notorietät regelmäßig gegebenen Ausstattungsschutz (vgl. *B/H* Art. 6 bis PVÜ, Rdn. 7) überflüssig. § 14 Abs. 2 enthält zusammen mit dem parallel strukturierten § 9 Abs. 1 zwei der wesentlichsten Änderungen der Markenrechtsreform gegenüber §§ 24, 25, 31 WZG: die Neuordnung des Begriffs der Verwechslungsgefahr unter Ersetzung des starren Gleichartigkeitsbegriffs durch die Waren-/Dienstleistungsähnlichkeit (§ 14 Abs. 2 Nr. 2) und die Verankerung eines zuvor nur mit Hilfe wettbewerbsrechtlicher oder bürgerlichrechtlicher Hilfskonstruktionen gewährbaren Schutzes bekannter Marken außerhalb des Verwechslungsbereichs (§ 14 Abs. 2 Nr. 3). Die beispielhafte Auflistung der Verletzungshandlungen des § 14 Abs. 3 geht teilweise über §§ 24, 25 WZG hinaus, vor allem aber erweitert § 14 Abs. 4 das Verbietungsrecht auf einige bislang nur mittelbar erfaßbare Vorbereitungshandlungen. § 14 Abs. 7 übernimmt die im WZG nicht enthaltene Regelung des § 13 Abs. 4 UWG und erweitert diese auf die Schadensersatzverpflichtung. Schließlich unterscheidet sich § 14 Abs. 1 dadurch vom früheren Recht, daß das Ausschließlichkeitsrecht anders als in § 15 Abs. 1 WZG nicht mehr positiv als Benutzungsrecht beschrieben wird (dazu unten Rdn. 9).

3. MRRL

6   Vorgaben für die Rechte aus der Marke enthält die MRRL ihrem beschränkten Geltungsbereich gemäß nur für eingetragene Marken (Art. 1 MRRL). Insoweit gibt § 14 Abs. 1 den Wortlaut des Art. 5 Abs. 1 S. 1 MRRL, die ersten beiden Verletzungstatbestände des § 14 Abs. 2 den ebenfalls bindenden Art. 5 Abs. 1 S. 2 lit. a und b MRRL und § 14 Abs. 3 den Art. 5 Abs. 3 MRRL fast wortgleich wieder. Der erweiterte Schutz bekannter eingetragener Marken gem. § 14 Abs. 2 Nr. 3 entspricht der Option des Art. 5 Abs. 2 MRRL. Der Unterlassungsanspruch des § 14 Abs. 5 entspricht Art. 5 Abs. 1 S. 2, Abs. 2 MRRL, wonach dem eingetragenen Markeninhaber gestattet wird, Dritten die Benutzung zu verbieten. Schadensersatzansprüche und die Haftung des Betriebsinhabers für Dritte sind dagegen in der MRRL nicht geregelt.

4. Gemeinschaftsmarkenrecht

7   Für Gemeinschaftsmarken enthält Art. 9 Abs. 1, 2 GMVO Regelungen, die § 14 Abs. 1 bis 3 entsprechen. Darüber hinaus sieht

B. Ausschließlichkeitsrecht **§ 14**

Art. 9 Abs. 3 GMVO eine dem deutschen Markenrecht fremde, allenfalls mit § 33 PatG vergleichbare **Entschädigung** für Benutzungshandlungen Dritter zwischen Veröffentlichung der Anmeldung und Veröffentlichung der Eintragung einer Gemeinschaftsmarke vor (vgl. *Ingerl,* Die Gemeinschaftsmarke, S. 92). Zu den einzelnen Ansprüchen bei Verletzung einer Gemeinschaftsmarke s. § 125 b Rdn. 5 f.

B. Ausschließlichkeitsrecht (Abs. 1)

Literatur: *Krieger,* Das Recht zur Benutzung der Marke, FS Rowedder 1994, 229; *Lehmann/Schönfeld,* Die neue europäische und deutsche Marke – Positive Handlungsrechte im Dienste der Informationsökonomie, GRUR 1994, 481.   8

§ 14 Abs. 1 ergänzt § 4, indem er den dort zunächst nicht weiter definierten „Markenschutz" als ein erstens **subjektives**, dem Inhaber der Marke zustehendes, und zweitens **ausschließliches**, also grdsl. gegenüber jedermann bestehendes, absolutes Recht beschreibt. § 14 Abs. 1 ist keine Anspruchsgrundlage. Der konkrete Inhalt des subjektiven Markenrechts ergibt sich erst aus den weiteren Regelungen des MarkenG. Kern dieses Rechts ist das vor allem in den weiteren Absätzen des § 14 geregelte Verbietungsrecht. Zum Markenrecht gehört aber auch die mit der Marke als Vermögensgegenstand zusammenhängende Rechtsposition des Markeninhabers (vgl. §§ 27 ff.). Wie sich insbesondere aus § 30 Abs. 3, 4 ergibt, steht das Ausschließlichkeitsrecht nicht ausnahmslos dem Markeninhaber zu, sondern kann unter bestimmten Voraussetzungen auch von einem Lizenznehmer als eigenes Recht gegenüber verletzenden Dritten geltend gemacht werden (näher § 30 Rdn. 40 f.).

Keine Antwort gibt § 14 Abs. 1 auf die im Schrifttum seit langem umstrittene Frage, ob dem Markeninhaber auch ein **positives Benutzungsrecht** zusteht. Die früher überwiegende Auffassung hat dies verneint (BGH GRUR 1961, 181, 183 – *Mon Chéri;* B/H WZG Einl. Rdn. 30), jedoch gewinnt die Gegenmeinung zunehmend an Befürwortern (zB *Lehmann/Schönfeld* GRUR 94, 481, 484 ff.; *Lehmann* FS Beier 1996, 280; *Krieger* FS Rowedder 1994, S. 229 ff.; *Fezer* § 14 Rdn. 12; *Eichmann* GRUR 1995, 194/195; *Starck* FS Markenamt 1994, 298 zu § 15 Abs. 1). Allerdings ist die praktische Bedeutung der Anerkennung eines positiven Benutzungsrechts bislang nicht klar erkennbar. Denkbar erscheint dies in   9

Fällen der bloßen **Markenleugnung**, die dann entsprechend der Namensleugnung (Nach § 15 Rdn. 12) als Rechtsverletzung behandelt werden könnte, obwohl sie keine Benutzung isd § 14 Abs. 2 darstellt (*Starck* FS Markenamt 1994, 299 zu § 15 Abs. 1, abl. BGH WRP 1997, 1078 – *Mecki-Igel III* zum UrhG). Damit könnte auch bereits die Anmeldung kollidierender Marken als Verletzung und nicht nur wie bisher (unten Rdn. 83) als ein die Begehungsgefahr auslösender Störungszustand behandelt werden. Die Betonung eines positiven Benutzungsrechts kann jedoch zu gefährlichen Fehldeutungen verleiten (zB *Eichmann* aaO, der daraus Bestandskraft der Formmarken gegenüber Wort- und Bildmarken mit Priorität vor dem 1. 1. 1995 herleiten will), denn die Erlangung des Markenschutzes nach § 4 schützt weder vor Ansprüchen aus älteren Rechten Dritter noch vor außerkennzeichenrechtlichen Benutzungsverboten (vgl. § 13). Ähnliche Verwirrung stiften kann die Aussage, das positive Benutzungsrecht beziehe sich anders als das Verbietungsrecht nur auf die eingetragenen Waren und Dienstleistungen (*Fezer* § 14 Rdn. 333). Es ist daher weiterhin zweifelhaft, ob mit der Bejahung eines positiven Nutzungsrechts nicht nur Mißverständnisse erzeugt werden, ohne daß ein konkreter Regelungsbedarf die Anerkennung rechtfertigen könnte.

10 Das Recht an der Marke ist ein **Immaterialgüterrecht** (BVerfG GRUR 1979, 773, 778 – *Weinbergsrolle*), dessen **vermögensrechtliche** Seite insbesondere §§ 27 ff. verdeutlichen (vgl. zum WZG BGH GRUR 1960, 490, 494 – *Vogeler*). Das Recht des Markeninhabers genießt **verfassungsrechtlichen Schutz** sowohl nach Art. 14 Abs. 1 GG (BVerfG WRP 1997, 424, 428 – *Rauchen schadet der Gesundheit*; BVerfG GRUR 1979, 773, 778 – *Weinbergsrolle,* zum Warenzeichen; BVerfG GRUR 1988, 610, 612 – *Esslinger Neckarhalde II,* zur Ausstattung) als auch auf Gemeinschaftsebene (vgl. *H. P. Ipsen,* H/I/S/S, S. 173 ff.).

11 Das Recht an der Marke hat grundsätzlich **keine persönlichkeitsrechtliche** Komponente (vgl. BVerfG GRUR 1979, 773, 778 – *Weinbergsrolle*). Jedoch kann eine Marke dann persönlichkeitsrechtliche Bezüge aufweisen, wenn sie aus dem Namen einer natürlichen Person oder personenbezogenen Darstellungen mit Namensfunktion (zB Wappen) besteht bzw. diese enthält (vgl. zur Übertragung durch den Konkursverwalter BGH GRUR 1990, 601, 603 – *Benner,* abrückend von dem Begründungsansatz in BGH GRUR 1960, 490, 494 – *Vogeler*), ferner wenn sie ein urheberrechtliches Werk oder sonst persönlichkeitsrechtlich geschützte (zB Personenabbildungen) Bestandteile umfaßt. Die rechtlichen Regeln

zum Schutz der in ihrem Persönlichkeitsrecht betroffenen Person sind in diesen Fällen nicht dem MarkenG, sondern dem Namens-, Urheber-, bzw. allgemeinen Deliktsrecht zu entnehmen. Der persönlichkeitsrechtliche Bezug ist bei der Marke aber wesentlich seltener von Bedeutung als bei Unternehmenskennzeichen (BGH GRUR 1990, 601, 603 – *Benner;* § 15 Rdn. 6). Der Erwerb einer Marke, die den Familiennamen des bisherigen Inhabers als Bestandteil neben anderen Wort-/Bildelementen enthält, verschafft nicht auch das Recht zur namensmäßigen Benutzung des Namens in Alleinstellung (BGH GRUR 1996, 422 – *J. C. Winter*).

C. Markenverletzung – Allgemeine Voraussetzungen

I. Bestehender Markenschutz

12 Grundvoraussetzung für Ansprüche wegen Markenverletzung ist der Bestand von Markenschutz nach einer der drei Kategorien des § 4 (bzw. aufgrund einer IR-Marke §§ 112, 124).

1. Maßgeblicher Zeitpunkt

Zu welchen Zeitpunkten die bei § 4 erläuterten Schutzvoraussetzungen Eintragung, Verkehrsgeltung oder Notorietät vorgelegen haben müssen, hängt von Art und Umfang des geltend gemachten Verletzungsanspruchs ab. Werden **in die Zukunft gerichtete Verletzungsansprüche**, also insbesondere auf Unterlassung oder Beseitigung geltend gemacht, müssen die tatsächlichen Schutzvoraussetzungen im Zeitpunkt der letzten mündlichen Tatsachenverhandlung gegeben sein. Die Klage hat auch dann Erfolg, wenn die tatsächlichen Voraussetzungen des § 4 erst während des Verfahrens erfüllt werden. Es fehlt aber die für den Unterlassungsanspruch erforderliche Begehungsgefahr (Vor §§ 14–19 Rdn. 20 ff.), wenn der Verletzungsvorwurf ausschließlich auf Handlungen beruht, die vor Entstehung des Kennzeichenschutzes vorgenommen wurden. In diesem Falle bleibt die Klage unbegründet. Es muß aber darauf geachtet werden, daß nicht durch eine fortdauernde Berührung nachträglich Erstbegehungsgefahr entsteht (Vor §§ 14–19 Rdn. 32). In allen anderen Fällen kann der Beklagte nur durch rechtzeitiges Anerkenntnis bzw. Unterlassungserklärung nach Schutzeintritt während des Verfahrens Kostennachteile vermeiden (§ 93 ZPO).

§ 14 Rechte und Ansprüche des Markeninhabers

13   Soweit dagegen Ersatz- und Auskunftsansprüche wegen **in der Vergangenheit abgeschlossener** Verletzungshandlungen geltend gemacht werden, müssen die Schutzvoraussetzungen im Zeitpunkt der Vornahme der jeweiligen Verletzungshandlung bestanden haben.

14   In allen Fällen ist zu beachten, daß zunächst gegebene **Schutzvoraussetzungen** bis zu dem maßgeblichen Zeitpunkt **wieder entfallen können**: Bei eingetragenen Marken setzt dies die vorherige Löschung der Eintragung im Markenregister voraus (§§ 48 ff.; zur Bedeutung der bloßen Löschungsreife unten Rdn. 15 ff.), der auch Rückwirkung auf vor dem Löschungszeitpunkt vorgenommene Handlungen zukommen kann (§ 52). Bei den nicht von förmlicher Eintragung abhängenden Marken kommt es auf den Verlust der Verkehrsgeltung (§ 4 Rdn. 7 ff.) bzw. Notorietät an (§ 4 Rdn. 23 f.). Ein solcher Untergang des Kennzeichenrechts während der Anhängigkeit der zunächst begründeten Verletzungsklage führt prozessual auch dann zur Erledigung der Hauptsache, wenn er vom Kläger willentlich herbeigeführt wurde (BGH GRUR 1993, 769, 770/771 – *Radio Stuttgart*).

Die Übergangsregelungen in Zusammenhang mit dem Inkrafttreten des MarkenG sind zu §§ 152 ff. dargestellt.

2. Bedeutung (ursprünglicher) absoluter Schutzhindernisse

15   **a) Eingetragene Marken.** Die Löschungsreife einer eingetragenen Klagemarke wegen absoluter Schutzhindernisse (§ 50 iVm §§ 3, 7, 8) kann im Verletzungsprozeß wegen der Bindung des Verletzungsrichters an die Eintragung nicht als Einwendung geltend gemacht werden, sondern nur zur Aussetzung bis zu einer Entscheidung im patentamtlichen Löschungsverfahren (§ 54) führen. Zulässig ist jedoch der Einwand der Bestandskraft eines jüngeren Rechts wegen einer auf absoluten Schutzhindernissen beruhenden Löschungsreife der älteren Marke zur Zeit des Erwerbs des jüngeren Rechts (§ 22 Rdn. 9 ff.). Zum Sonderfall der bösgläubigen Anmeldung nach § 50 Abs. 1 Nr. 4 s. § 50 Rdn. 8 ff.

16   **b) Nicht eingetragene Marken.** § 14 betrifft mit den Marken kraft Verkehrsgeltung und den notorischen Marken auch Kennzeichenrechte, deren Entstehung und Untergang nicht von Eintragungs- oder Löschungsakten, sondern von dem Vorliegen der materiellen Schutzvoraussetzungen abhängen. Bei diesen sachlichen Rechten kann von „absoluten Schutzhindernissen" nur in dem

C. Markenverletzung – Allgemeine Voraussetzungen § 14

Sinne gesprochen werden, daß es sich um Mängel der erforderlichen Schutzvoraussetzungen (Markenfähigkeit, Verkehrsgeltung bzw. Notorietät; besondere Schutzhindernisse analog §§ 3 Abs. 2 und 8 vgl. § 4 Rdn. 7) handelt, die nicht von Rechten Dritter abhängen. Diese Schutzhindernisse können im Verletzungsprozeß uneingeschränkt als rechtshindernde Einwendungen geltend gemacht werden. Dem für die eingetragenen Marken kodifizierten absoluten Schutzhindernis der bösgläubigen Anmeldung (§ 50 Abs. 1 Nr. 4) entspricht bei nicht eingetragenen Marken der rechtsvernichtende Einwand des Rechtsmißbrauchs (vgl. Vor §§ 14–19 Rdn. 99 ff.).

3. Bedeutung (nachträglicher) Verfallsgründe

a) Eingetragene Marken. Die Geltendmachung des Verfalls 17 wegen Nichtbenutzung (§ 49 Abs. 1) ist in § 25 ausdrücklich als Einrede gegen Verletzungsansprüche ausgestaltet. Zur Geltendmachung der übrigen drei Verfallsgründe des § 49 Abs. 2 im Verletzungsprozeß s. § 49 Rdn. 31, 36, 40.

b) Nicht eingetragene Marken. Bei den nicht eingetragenen 18 Marken gibt es keinen „Verfall" iSd Terminologie zu den eingetragenen Marken. Vergleichbar mit den Verfallsgründen des § 49 ist der nachträgliche Verlust ursprünglich gegebener Schutzvoraussetzungen bei Wegfall der Verkehrsgeltung (§ 4 Rdn. 20) oder Notorietät (§ 4 Rdn. 23 f.) und die nachträgliche Entstehung der Einrede des Rechtsmißbrauchs wegen Täuschungseignung.

II. Vorrang

Nach dem Prioritätsprinzip (§ 6 Rdn. 1 ff.) ist Voraussetzung für 19 Verletzungsansprüche, daß die Marke gegenüber eventuellen Rechten des Beklagten in bezug auf das angegriffene Zeichen den Vorrang hat. Das MarkenG regelt dies bei §§ 14 ff. nicht ausdrücklich, weil selbstverständlich (Amtl. Begr. 4. Abs. zu Abschnitt 4). Auf den Vorrang kommt es jedoch nur dann an, wenn sich der Beklagte überhaupt auf relevante eigene Rechte oder – unter den Voraussetzungen unten Rdn. 22 f. – auf Rechte Dritter stützen kann. Dagegen spielt der Vorrang keine Rolle, wenn ein Zeichen angegriffen ist, an welchem dem Beklagten – mangels eines generellen Vorbenutzungsrechts bei Produktkennzeichen (§ 4 Rdn. 7) – keine Gegenrechte zustehen.

1. Eigenes Gegenrecht des Verletzers

20 Ältere Gegenrechte des Verletzers begründen unter den Voraussetzungen der §§ 51 iVm 9 ff. die Löschungsreife einer jüngeren **eingetragenen** Marke. Die Löschungsreife kann auch ohne Widerklage auf Löschung im Verletzungsprozeß einredeweise geltend gemacht werden (näher § 55 Rdn. 44). Wie schon die Gleichstellung der Löschungsgründe in den §§ 9–13 und auch § 6 zeigt, gilt insoweit der Grundsatz der Gleichwertigkeit der Kennzeichenrechte und sonstigen Rechte iSd § 13 der Art nach (§ 6 Rdn. 9). Insbesondere kann ein prioritätsälteres Recht an einer geschäftlichen Bezeichnung auch einer Marke entgegengehalten werden (Amtl. Begr. Abs. 3 zu § 15; zB BGH GRUR 1983, 764, 765 – *Haller II*; BGH GRUR 1958, 547 – *Colonia*). Die Einrede eines älteren Rechts muß substantiiert begründet werden, daher keine Beweisaufnahme über angeblich durch Benutzung erlangte Marke des Beklagten nach § 4 Nr. 2, wenn keine genügenden Anhaltspunkte für Verkehrsgeltung vorgetragen sind (OLG Hamburg MD 1996, 1088 – *NOBLESSE*).

21 Im Falle **nicht eingetragener** Klagemarken gibt es naturgemäß keine Löschungsreife wegen Nichtigkeit, jedoch können Gegenrechte des Beklagten den Verletzungsansprüchen ebenso als Einrede entgegengesetzt werden wie bei den eingetragenen Marken. Dies kann entweder direkt aus dem Prioritätsprinzip abgeleitet werden oder als Rechtsmißbrauchseinwand wegen Geltendmachung von Rechten an einem Kennzeichen, dessen Benutzung einem selbst aufgrund des älteren Rechts untersagt werden kann.

2. Einrede aufgrund fremden Gegenrechts

22 Der wegen Markenverletzung in Anspruch genommene Verletzer kann dem Kläger **ältere Rechte Dritter** grdsl. nicht entgegenhalten, denn diese entfalten ihre Vorrangwirkung nur zugunsten ihrer Inhaber, wie auch die Regelung der Klagebefugnis in § 55 Abs. 2 Nr. 2 verdeutlicht. Die Rspr. läßt jedoch in entsprechender Anwendung des Rechtsgedankens aus **§ 986 Abs. 1 BGB** die Einrede aus einem prioritätsälteren Recht eines Dritten dann zu, wenn der Beklagte aufgrund schuldrechtlicher, insbes vertraglicher Gestattung zur Benutzung des älteren Rechts des Dritten berechtigt ist und das Recht des Dritten gegenüber dem Kläger durchsetzbar ist, dh der Dritte seinerseits vom Kläger Unterlassung verlangen könnte (BGH GRUR 1995, 117, 120 – *NEUTREX*; BGH GRUR 1994, 652, 653/654 – *Virion*; grdl. BGH GRUR 1993,

574, 575 – *Decker* zur Verallgemeinerung und gegen Kritik bei GK/*Teplitzky* § 16 UWG Rdn. 264; BGH GRUR 1985, 567, 568 – *Hydair*). Es gilt auch hier der Grundsatz der Gleichwertigkeit der Kennzeichenrechte ihrer Art nach (§ 6 Rdn. 9), so daß es insbesondere nicht darauf ankommt, ob das Recht des Dritten eine Marke oder eine geschäftliche Bezeichnungen ist. Zur verwandten Anwendung des Rechtsgedankens aus § 986 Abs. 1 BGB, wenn dem Dritten zwar kein prioritätsälteres Recht zusteht, er jedoch aufgrund **vertraglicher Gestattung** zur Benutzung und Weitergabe eines Benutzungsrechts an den Beklagten berechtigt ist, s. Rdn. 27 (BGH GRUR 1957, 34, 35 – *Hadef*; best. in BGH GRUR 1993, 574, 575 – *Decker*) oder dem Dritten gegenüber dem Kläger der **Rechtsmißbrauchseinwand** zustehen würde s. Vor §§ 14–19 Rdn. 99 (BGH GRUR 1994, 652, 653/654 – *Virion*).

Darüber hinaus ist die bisweilen als **„passive Prozeßstandschaft"** bezeichnete Berechtigung eines Beklagten, sich zur Verteidigung einredeweise auf ältere Rechte eines ihn dazu ermächtigenden Dritten zu berufen, jedenfalls für den Fall anerkannt worden, daß der Beklagte in entsprechender Anwendung der Voraussetzungen gewillkürter „aktiver" Prozeßstandschaft (Vor §§ 14–19 Rdn. 18) ein eigenes schutzwürdiges Interesse an der Geltendmachung des fremden Rechts hat (BGH GRUR 1995, 505, 506 – *APISERUM*: zur Vermeidung von Zwischenrechten gegenüber eigenen Rechten; BGH GRUR 1995, 117, 120 – *NEUTREX*). Sie kommt nicht in Betracht, wenn der Dritte sich ausdrücklich weigert oder sogar dagegen wehrt, daß seine Rechtsposition geltend gemacht wird (BGH GRUR 1995, 117, 120 – *NEUTREX*). 23

3. Koexistenz trotz besserem Zeitrang

Unter besonderen Voraussetzungen kann dem Vorrang der älteren eingetragenen Marke eine Verpflichtung zur Duldung der Koexistenz eines Zeichens und seiner Benutzung entgegenstehen. Hierzu gehören insbesondere: 24
– die gesetzlich geregelte Verwirkung nach § 21 und die Verwirkung nach allgemeinen Grundsätzen (§ 21 Rdn. 16);
– die Bestandskraft einer Markeneintragung gegenüber späteren Schutzerweiterungen zugunsten eines älteren Rechts als Sonderfall der Anwendung des Prioritätsprinzips gemäß § 22 Abs. 1 Nr. 1;
– die Entstehung von Zwischenrechten während eines Zeitraums der Löschungsreife der älteren Markeneintragung wegen Verfalls

oder Nichtigkeit wegen absoluter Schutzhindernisse gemäß § 22 Abs. 1 Nr. 2 (vgl. auch § 49 Rdn. 11).
– die Fälle der sog Gleichnamigkeit, die aber in erster Linie Unternehmenskennzeichen betreffen (§ 23 Rdn. 15 ff.);
– hierzu im weiteren Sinne gehörend die von der Rspr. entwickelten Regeln zur Bewältigung neu auftretender Kollisionen der Inhaber langjährig nebeneinander bestehender Kennzeichnungen (s. § 23 Rdn. 32);
– die unter bestimmten Voraussetzungen von der Rspr. angenommene Duldungspflicht der Inhaber territorial beschränkter älterer Kennzeichenrechte gegenüber jüngeren überregional benutzten Kennzeichenrechten (§ 15 Rdn. 20).

III. Begehung durch „Dritten"

25   Dritter iSd § 14 kann jede nicht mit dem Markeninhaber identische Person sein, einschließlich **Lizenznehmer** an der Marke (§ 30 Abs. 2) und gesellschaftsrechtlich oder konzernmäßig verbundene Unternehmen (vgl. aber zur Erschöpfung bei Konzernverhältnissen § 24 Rdn. 7). Der Markeninhaber, der selbst eine von ihm oder seinem Rechtsvorgänger vergebene **ausschließliche Lizenz verletzt**, begeht eine Vertragsverletzung, nicht aber eine Markenverletzung (§ 30 Rdn. 10). Aus einer gepfändeten Marke kann der **Pfändungspfandgläubiger** keine Verletzungsansprüche gegen den Markeninhaber und Schuldner selbst geltend machen (vgl. zum Patent BGH GRUR 1994, 602, 604 – *Rotationsbürstenwerkzeug*).

IV. Ohne Zustimmung des Markeninhabers

26   Hat der Markeninhaber der Zeichenbenutzung durch den Dritten zugestimmt, so entfällt bereits der Verletzungstatbestand, nicht erst die Rechtswidrigkeit (anders *B/S* § 24 WZG Rdn. 12; zur Einwilligung des Verletzten als Rechtfertigungsgrund vgl. *Palandt/Thomas* § 823 BGB Rdn. 42). Die Zustimmung ist eine **Willenserklärung** (Abgrenzung zur Lizenz: § 30 Rdn. 7) und von der rein faktischen Duldung mit Verwirkungsfolgen zu unterscheiden (vgl. § 21 Rdn. 10, 22). Ihr Inhalt ist der Verzicht auf das Verbietungsrecht (vgl. BGH GRUR 1993, 574, 575 – *Decker*; BGH GRUR 1991, 780, 781 – *TRANSATLANTISCHE*; BGH GRUR 1936, 659, 663 – *Iduna*). Sie kann auch konkludent erteilt werden. Beispiele: Verzicht auf Verbotsrecht durch stillschweigendes Ein-

C. Markenverletzung – Allgemeine Voraussetzungen § 14

verständnis mit Wiederbefüllung gekennzeichneter Feuerlöscher mit anderen Füllmitteln, wenn Abnehmern keine vertragliche Bezugspflicht auferlegt (BGH GRUR 1952, 521, 522 – *Minimax*). Geringfügige Veränderungen der gekennzeichneten Ware (RGZ 161, 29, 39 – *Elektrizitätszähler*). Wiederbefestigung abgefallenen Zeichens durch Händler (RG MuW 25, 230 – *Linotype;* RGZ 103, 359, 364 – *Singer*). Die bloße Gestattung als solche verschafft kein Mitspracherecht bei späteren Änderungen des geschützten Kennzeichens (BGH GRUR 1991, 780, 781 – *TRANSATLANTISCHE*). Eine ohne ausdrückliche oder sich zweifelsfrei aus den Umständen ergebende zeitliche Begrenzung erteilte Gestattung ist **nur aus wichtigem Grund kündbar** (OLG München Mitt. 1997, 30, 32 – *Aliseo;* BGH GRUR 1970, 528, 532 – *Migrol;* GK/*Teplitzky* § 16 UWG Rdn. 177 mwN). Aus langjähriger Gestattung können sich Duldungspflichten auch für die Zeit nach Beendigung des Gestattungsvertrages ergeben (zB erwogen in BGH GRUR 1994, 652, 653/654 – *Virion*: langjähriger inländischer Vertriebspartner, der Firmenschlagwort seines ausländischen Lieferanten führt, beanstandet nach Trennung Verwendung der Firma des ausländischen Herstellunternehmens durch dessen neue Inlandstochter; ähnl. BGH WRP 1997, 1081 – *GARONOR* zu Gestattung für Unternehmen mit Minderheitsbeteiligung) und zur **Anwendbarkeit des Rechts der Gleichnamigen** führen (BGH GRUR 1991, 780, 781 – *TRANSATLANTISCHE;* § 23 Rdn. 32).

Die Gestattung verschafft dem Gestattungsempfänger **kein** vom Kennzeicheninhaber abgeleitetes **eigenes Kennzeichenrecht** (BGH GRUR 1983, 151, 152 – *Universitätsemblem*). Auf die Zustimmung kann sich aber analog § 986 Abs. 1 BGB gegenüber dem Markeninhaber auch ein **Dritter** berufen, dem der Zustimmungsempfänger seinerseits die Zeichenbenutzung gestattet hat, vorausgesetzt, eine solche Weiterleitung ist von der Zustimmung seitens des Markeninhabers gedeckt (BGH GRUR 1957, 34, 35 – *Hadef,* best. zB in BGH GRUR 1993, 574, 575 – *Decker,* zur Einrede aus dem Rechtsmißbrauchseinwand eines Dritten s. BGH GRUR 1994, 652, 653/654 – *Virion* und Vor §§ 14–19 Rdn. 99). 27

V. Begehung im räumlichen Schutzbereich

Ansprüche nach § 14 kommen nur in Betracht, wenn eine Verletzungshandlung im territorialen Schutzbereich der Marke begangen worden ist oder droht. 28

1. Territorialer Geltungsbereich

Die kraft Eintragung oder Notorietät geschützten Marken genießen Schutz im gesamten Bundesgebiet, während das Schutzgebiet bei kraft Verkehrsgeltung geschützten nicht eingetragenen Marken von der geographischen Ausdehnung der Verkehrsgeltung abhängt und daher örtlich oder regional beschränkt sein kann (Amtl. Begr. 3. Abs. zu § 14, näher § 4 Rdn. 18). Zur Einschränkung des Verbietungsrechts aus solchen territorial beschränkten Kennzeichenrechten gegenüber bundesweit benutzten Kennzeichen aufgrund Interessenabwägung s. krit. § 15 Rdn. 20. Zur Erstreckung des Geltungsbereichs von DDR-Marken auf die alten Bundesländer und umgekehrt s. Einl. Rdn. 26 ff.

2. Verletzungsort

29 Für die territoriale Zuordnung ist der Ort maßgeblich, an dem die markenverletzende Benutzungshandlung vorgenommen worden ist oder – im Falle des vorbeugenden Unterlassungsanspruchs – an dem ihre Begehung droht. Zur Bestimmung kann auf Grundsätze des allgemeinen Deliktsrechts zurückgegriffen werden. Die Markenverletzung wird an allen Orten begangen, an denen ein **zur tatbestandsmäßigen Handlung gehörender Teilakt** vorgenommen oder der **Verletzungserfolg** eintritt, nicht aber am Ort bloßer Vorbereitungshandlungen, die noch nicht zum Verletzungstatbestand gehören (s. aber unten Rdn. 132 ff. zu § 14 Abs. 4) und nicht am Ort des bloßen Schadenseintritts. Einzelheiten, Beispiele und Nachweise s. § 140 Rdn. 44 ff. zur örtlichen Zuständigkeit für Verletzungsklagen. Unerheblich ist, ob auch die geschützte Marke am konkreten Verletzungsort verwendet wird und dort lokal Verwechslungsgefahr besteht (Amtl. Begr. 3. Abs. zu § 14). Beim „Anbieten" iSv § 14 Abs. 3 Nr. 2 kommt es nur auf den Ort der Angebotshandlungen, nicht aber auf den Aufenthaltsort der Ware und den geplanten Lieferort an. Das Anbieten findet entgegen *Fezer* § 14 Rdn. 469 nicht schon dann im Inland statt, wenn es „vom Inland aus gesteuert wird", wie zB bei einer sog „Kaffeefahrt" ins Ausland. Maßgeblich bleibt vielmehr die Verwirklichung der den kennzeichenrechtlichen Verletzungstatbestand darstellenden Handlung, also die Zeichenbenutzung, nicht deren bloße organisatorische Vorbereitung. Es genügt aber, wenn im Inland ein Angebot erfolgt, das sich auf kennzeichenverletzende Ware bezieht, ohne daß im Angebot selbst das Zeichen wiedergegeben sein müßte

C. Markenverletzung – Allgemeine Voraussetzungen § 14

(unten Rdn. 112). Zu Import, Export, Transit s. unten Rdn. 120 ff. zu § 14 Abs. 3 Nr. 4.

3. Grenzüberschreitende Medien

Einer normativen Einschränkung bedarf der Markenschutz hin- 30 sichtlich Zeichenbenutzungen in nach Deutschland gelangenden Veröffentlichungsmedien, die im Ausland herausgegeben, hergestellt, bzw. ausgestrahlt werden. Eine Beachtung der Kennzeichenrechte in sämtlichen möglichen Empfangsländern ist weder den Herausgebern bzw. Sendern noch den Inserenten etc zumutbar. Eine Verletzungshandlung im Inland liegt in diesen Fällen nur vor, wenn die Veröffentlichung einen über den bloßen tatsächlichen Empfang im Inland hinausgehenden **Inlandsbezug** aufweist. Die Anforderungen an Art und Intensität dieses Inlandsbezugs sind anhand einer Interessenabwägung zu bestimmen, die einerseits das konkrete Schutzbedürfnis des Kennzeicheninhabers, andererseits die Zumutbarkeit für die Veröffentlichenden berücksichtigt. Der Inlandsbezug wird sich in erster Linie aus einer besonderen inhaltlichen Verbindung der kennzeichenverletzenden Veröffentlichung zu inländischen Empfängern ergeben (zB Werbeanzeige mit Angabe inländischer Kontaktadresse). Allein die gezielte Versendung an Abonnenten in Deutschland ist bei Periodika dann noch kein hinreichender Inlandsbezug, wenn ein solcher inhaltlicher Bezug fehlt. Eine Zeichenverwendung in ausländischen oder internationalen Zeitschriften, die keine Inlandsausgabe und nur eine geringe Inlandsverbreitung haben, ist daher nur unter besonderen Umständen eine inländische Verletzungshandlung (zB LG Mannheim GRUR Int. 1968, 236 – *Tannenzeichen* unter Berufung auf das Territorialitätsprinzip).

4. Internet

Entsprechendes gilt bei von Deutschland aus abrufbaren, aber im 31 Ausland veranlaßten, dh eingegebenen, gespeicherten und bereitgehaltenen Online-, insbesondere Internet-Informationen. Weder dem Content-Provider noch dem Access-Provider ist eine Beachtung der Schutzrechtslage in allen Ländern der Welt zuzumuten. Hier kommt neben der sprachlichen oder inhaltlichen Ausrichtung (zB Angebot zur Lieferung ins Inland) der Internet-Information selbst ein **Inlandsbezug** vor allem auch dergestalt in Betracht, daß das Internet-Informationsangebot in anderer Weise gerade inländischen Nutzern nahegebracht wird, zB durch Hinweise in inländischer Werbung, die zwar selbst die Zeichenbenutzung nicht enthält, jedoch den Zugriff auf die verletzenden Darstellungen nahelegt (zB Nennung der Internet-Adresse). Bei einer Internet-Adresse mit der Top-Level-Domain „.de" ist der Inlandsbezug zu vermuten (*Ubber* WRP 1997, 503). Umgekehrt kann eine ausdrückliche Erklärung, das Angebot gelte nicht für Deutschland den Inlandsbezug ausschließen, wenn sie ernsthaft und unmißverständlich ist und auch befolgt wird, zB keine Lieferungen nach Deutschland ausgeführt werden (vgl. *Ubber* WRP 1997, 503).

5. Exterritoriale Verletzungshandlungen?

32   Der These von der Verletzung inländischer Kennzeichenrechte auch durch exterritoriale Benutzungshandlungen bei Feststellbarkeit von **Inlandsmarktauswirkungen** im Sinne des internationalprivatrechtlichen Auswirkungsprinzips (*Fezer* § 14 Rdn. 19) ist **nicht zu folgen**. § 14 verbietet – auch im Falle des erweiterten Schutzes bekannter Marken – nicht Auswirkungen, sondern konkrete Benutzungshandlungen. Deren Rechtmäßigkeit darf nicht von der Existenz deutscher Kennzeichenrechte abhängen können, gegen deren Bestand sich der Handelnde nicht einmal als Inhaber eines am Handlungsort geltenden älteren Rechts wehren könnte. Die These verkennt, daß das Prioritätsprinzip im Verhältnis zwischen Rechten mit unterschiedlichen territorialen Geltungsbereichen versagt. Jeder Zeichenbenutzer muß sich darauf verlassen können, daß von ihm in einem Land vorgenommene Benutzungshandlungen dann nicht kennzeichenrechtlich verboten oder sonst sanktioniert werden können, wenn er dort entweder selbst prioritätsälteren Kennzeichenschutz erlangt hat oder mangels Existenz geschützter Rechte auf die Zulässigkeit seiner Handlungen vertrauen darf. Die Konsequenz, daß zB ein Schweizer Unternehmer bei in der Schweiz zulässigen Zeichenbenutzungen die möglichen Auswirkungen auf alle in den umliegenden Staaten geschützten „Weltmarken" (*Fezer* aaO) berücksichtigen müßte, weil grenzüberschreitende Kommunikation und Reiseverkehr zur Wahrnehmbarkeit der Zeichenbenutzung auch dort führen könnten, wäre unerträglich. Gerade Weltmarken benötigen eine solche Privilegierung nicht, da für sie idR überall nationaler Markenschutz erlangt werden kann, ua aufgrund Notorietät, sofern eben vor Ort nicht ältere Rechte existieren. Auch umgekehrt erkennt das deutsche Kennzeichenrecht eine unmittelbare Bedeutung ausländischen Kennzeichenschutzes als Verletzungskriterium nur in dem Sonderfall des § 17

C. Markenverletzung – Allgemeine Voraussetzungen   § 14

an, dort aber nur als typisiertes Element eines eigentlich der Vertragsverletzung nahestehenden Tatbestandes.

6. Erstbegehungsgefahr durch exterritoriale Handlungen

Kein Fall exterritorialer Verletzungshandlung ist die ohne weiteres mögliche Auslösung inländischer Erstbegehungsgefahr durch Handlungen im Ausland, da Anknüpfungspunkt hier die im Inland drohende Verletzung ist. Auf den Ort der gefahrbegründenden Handlung, zB einer Androhung, kommt es insoweit nicht an. Die Beantragung der Schutzerstreckung einer IR-Marke auf Deutschland begründet Erstbegehungsgefahr ihrer Benutzung im Inland, auch wenn sie nur vom Ausland aus über das Internationale Büro in Genf veranlaßt wird (vgl. BGH GRUR 1990, 361, 363 – *Kronenthaler*), und kann sogar Erstbegehungsgefahr auch hinsichtlich der Verwendung des Firmennamens des Anmelders im Inland mitbegründen (BGH GRUR 1994, 530, 531/532 – *Beta*). Dies gilt ohne weitere Bezugspunkte zum Inland nicht auch für eine Gemeinschaftsmarkenanmeldung (Vor §§ 14–19 Rdn. 27).   33

VI. Geschäftlicher Verkehr

Kennzeichenschutz nach dem MarkenG besteht generell nur gegenüber „im geschäftlichen Verkehr" vorgenommenen Handlungen (vgl. §§ 14 Abs. 2 und 4, 15 Abs. 2 und 3, vgl. ferner §§ 127, 128, 135, 143, 144, 145). Einzige Ausnahme ist der nicht auf den geschäftlichen Verkehr abstellende § 16 zur Markennennung in Nachschlagewerken. Außerhalb des geschäftlichen Verkehrs kann Schutz nach §§ 12, 823 Abs. 1, 826 BGB bestehen (dazu § 2 Rdn. 9 ff., Nach § 15 Rdn. 1 ff.).   34

1. Begriff

Die Handlung muß einem beliebigen eigenen oder fremden Geschäftszweck dienen, wobei Gewinnabsicht, Entgeltlichkeit (BGH GRUR 1987, 438, 440 – *Handtuchspender*) oder ein Wettbewerbsverhältnis (vgl. zu § 16 UWG: BGH GRUR 1960, 550, 551 – *Promonta*; BGH GRUR 1959, 25, 28 – *Triumph*) nicht begriffsnotwendig sind. Abgesehen von bestimmten betriebsinternen Handlungen (unten Rdn. 38) stimmt der Begriff mit dem „geschäftlichen Verkehr" iSd UWG (*Köhler/Piper* Einf UWG Rdn. 156 ff.) überein. Bei Gewerbetreibenden kann wie im Wett-   35 bewerbsrecht von einer tatsächlichen **Vermutung** des Handelns im geschäftlichen Verkehr ausgegangen werden (vgl. *Köhler/Piper* Einf. UWG Rdn. 162 mwN).

36 Dem Kennzeichenschutz nach dem MarkenG sind dadurch folgende Lebensbereiche entzogen: rein **privates** Handeln einschließlich privater Ein- und Verkäufe (vgl. RGSt 43, 87: Einfüllen in privat mitgebrachte alte Maggiflasche; vgl. zum UWG: BGH GRUR 1993, 761, 762 – *Makler-Privatangebot*), privater Produkteingriffe (zB OLG Köln NJW 1995, 1759, 1760 – *Rolex*; unten Rdn. 38) sowie privater Einfuhren (LG Düsseldorf Mitt. 1996, 22 – *Windsurfing Chiemsee*); behördeninterne und **amtlich-hoheitliche** Handlungen (im Gegensatz zur Teilnahme der öffentlichen Hand am Wettbewerb, vgl. *Köhler/Piper* Einf UWG Rdn. 158, 221 ff.); Vereins- und Verbandstätigkeit mit ausschließlich **ideeller** Zielsetzung (BGH GRUR 1976, 379, 380 – *KSB*); rein **wissenschaftliche, politische** (LG München I ZUM 1985, 105, 107/108 – *Jetzt red'i: Wahlkampfveranstaltung*), **soziale, kirchliche, verbraucheraufklärende, sportliche** Aktivitäten (vgl. zur umfangr. Rspr. zum UWG *Köhler/Piper* Einf. UWG Rdn. 156 ff.), sozialpolitische Tätigkeit sowie Mitgliederwerbung und -betreuung durch **Gewerkschaften** und **Arbeitgeberverbände** (zum UWG: BGH GRUR 1990, 522, 524 – *HBV-Familien- und Wohnungsrechtsschutz*; BGH GRUR 1980, 309 – *Straßen- und Autolobby;* grdl. BGHZ 42, 210, 218 – *Gewerkschaft ÖTV*), immer vorausgesetzt, daß nicht gleichzeitig (auch) geschäftliche Interessen verfolgt werden.

37 Wer **Marken, Titel** oder **Internet Domain Namen** anmeldet, um sie sodann an Dritte zu lizenzieren oder zu veräußern, handelt ohne weiteres im geschäftlichen Verkehr und nicht etwa nur als Privatperson (zutr. *Kur* FS Beier 1996, 273/274; *Kur* CR 1996, 591; *Nordemann, A.* NJW 1997, 1893; unklar *Bettinger* GRUR Int. 1997, 408, 414; *Übber* WRP 1997, 504, da mit der Frage der rechtsverletzenden Benutzung verquickend).

2. Eigengebrauch, betriebsinterne Handlungen

38 Die frühere Rspr. zum Begriff des geschäftlichen Verkehrs iSv §§ 16, 24, 25 WZG hat zusätzlich darauf abgestellt, ob die gekennzeichnete oder unter dem Zeichen angekündigte Ware nicht nur zum Eigengebrauch, sondern **zum Inverkehrbringen** bestimmt war (BGH GRUR 1991, 607, 608 – *VISPER*), d. h. außerhalb des Privatbereichs einer unbestimmten Vielzahl von Personen zugänglich gemacht werden sollte (BGH GRUR 1987, 438, 440 – *Hand-*

C. Markenverletzung – Allgemeine Voraussetzungen § 14

tuchspender). Bedeutung erlangt hat diese Voraussetzung insbesondere in Fällen, in denen die mögliche Verletzungshandlung in Veränderungen an gekennzeichneter Originalware bestand, die nur zum Eigengebrauch bestimmt war (schon RGZ 161, 29, 40 – *Elektrizitätszähler;* offengel. in BGH GRUR 1952, 521, 522 – *Minimax;* allg. zu dieser Verletzungsart § 24 Rdn. 11 ff.), wobei eine tatsächliche Vermutung angenommen wurde, daß Gewerbetreibende jedenfalls die zu ihrer Branche gehörenden Waren zur Abgabe im geschäftlichen Verkehr erwerben (*B/H* § 15 WZG Rdn. 34).

Für das MarkenG ist dies übernommen worden (OLG Karlsruhe 39 GRUR 1995, 417, 419 – *Rolex-Uhren*). Jedoch können nach dem MarkenG abweichend vom UWG **auch rein betriebsinterne Maßnahmen Verletzungshandlungen** darstellen (anders noch BGH GRUR 1959, 240, 241 – *Nelkenstecklinge;* weiterhin anders *Fezer* § 14 Rdn. 42). Der in § 14 Abs. 3 Nr. 2 und Abs. 4 Nr. 2 ausdrücklich zur Verletzungshandlung erklärte **Besitz** ist bei der dort vorausgesetzten Zweckrichtung ein rein betriebsinterner, noch nicht im geschäftlichen Verkehr iSd UWG stattfindender Zustand. Zwar setzt § 14 Abs. 3 1. Hs. seinerseits Erfüllung der Voraussetzungen des Abs. 2 und damit eigentlich auch des Merkmals „im geschäftlichen Verkehr" voraus, jedoch darf diese Rückbezugnahme nicht so ausgelegt werden, daß der Besitztatbestand leerläuft. Daher müssen die Konkretisierungen der Abs. 3 und 4 eine Ausweitung des Begriffs des geschäftlichen Verkehrs bewirken können. Neben dem Besitz gilt dies auch für die Zeichenanbringung auf Waren, Aufmachung, Verpackung oder Kennzeichnungsmitteln nach § 14 Abs. 3 Nr. 1 und Abs. 4 Nr. 1, die bereits als betriebsinterne Handlung verletzt und nicht etwa erst bei Inverkehrbringen (zutr. Amtl. Begr. 6. Abs. zu § 15; näher dazu § 14 Rdn. 108).

Die Einbeziehung betriebsinterner Handlungen ist auch für die 40 Zeichenverwendung in **Geschäftspapieren und Werbung** iSd § 14 Abs. 3 Nr. 5 geboten (str., unten Rdn. 131). Näher zu den einzelnen Handlungen nach § 14 Abs. 3 und 4 unten Rdn. 104 ff.

Vereinzelt ist eine generelle Beschränkung des geschäftlichen 41 Verkehrs iSd Kennzeichenrechts auf den „Veräußerungsverkehr" gefordert worden, um den geschäftlichen Eigengebrauch kennzeichenverletzender Waren (zB Spediteur benutzt markenverletzend gekennzeichneten LKW) von Verletzungsansprüchen freizustellen, solange keine Weiterveräußerung bevorsteht (*Brandi-Dohrn* BB 1994, Beilage S. 11; vgl. LG Düsseldorf GRUR 1951, 321: geschäftlicher Einsatz markenverletzend gekennzeichneten Pkws nicht markenmäßig). Eine Beschränkung auf „Veräußerungen" ist jedoch schon deshalb eindeutig verfehlt, weil dies hinter dem wesentlich weiteren Begriff des Inverkehrbringens iSv § 14 Abs. 3 Nr. 2 (unten Rdn. 114) zurückbliebe; zB wäre die geschäftliche Vermietung/Verleihung kennzeichenverletzender Waren oder deren gewerblicher Einsatz zur Benutzung durch Dritte (zB aufgestellter Spielautomat) nicht mehr erfaßbar.

3. Beispiele aus der Rspr. zum MarkenG

42 Geschäftlicher Verkehr **verneint**: Einfuhr durch Privatmann (LG Düsseldorf Mitt. 1996, 22 – *Windsurfing Chiemsee*); Veränderungen an gekennzeichneter Uhr durch oder im Auftrag einer Privatperson (OLG Karlsruhe GRUR 1995, 417, 419 – *Rolex-Uhren*).

4. Beispiele aus der Rspr. zum WZG

43 Geschäftlicher Verkehr **bejaht**: Nachfüllen eines für Betriebs-/Behördenangehörige bestimmten Handtuchspenders (BGH GRUR 1987, 438, 440 – *Handtuchspender*); Verwendung einer Firmenbezeichnung bei der Anmeldung gewerblicher Schutzrechte beim DPA (BGH GRUR 1960, 372, 376 – *Kodak*); Abgabe von Arzneimitteln durch Krankenhausapotheke innerhalb gemeindeeigener Krankenhäuser (BGH GRUR 1948, 117, 118 – *Merck*).

44 Geschäftlicher Verkehr **verneint**: Öffentliche Messepräsentation eines angeblich nur für eigene Forschungszwecke entwickelten, nicht für den Handelsverkehr bestimmten Gerätes (BGH GRUR 1991, 607 – *VISPER*, zw.); Nennung des Firmennamens VEB Zeiss Jena in SPIEGEL-Artikel (BGH GRUR 1965, 547, 548 – *Zonenbericht*); Verwendung einer Firmenbezeichnung bei treuhänderischen Vermögensverwaltungsmaßnahmen (BGH GRUR 1960, 372, 376 – *Kodak;* Sonderfall).

D. Rechtsverletzende Benutzung

Literatur: *Eichmann*, Die dreidimensionale Marke im Verfahren vor dem DPA und dem BPatG, GRUR 1995, 184; *ders.*, Die dreidimensionale Marke, FS Vieregge 1995, 125; *Fezer*, Rechtsverletzende Benutzung einer Marke als Handeln im geschäftlichen Verkehr – Abschied von der markenmäßigen Benutzung im MarkenG, GRUR 1996, 566; *Keller*, Die zeichenmäßige Benutzung im Markenrecht, GRUR 1996, 607; *Litten* „Inverkehrbringen" und „Erschöpfung" im neuen Markenrecht, WRP 1997, 652; *Sack*, Export

D. Rechtsverletzende Benutzung § 14

und Transit im neuen Markenrecht, RIW 1995, 177; *Schultze/Schwenn,* Zur künftigen Behandlung der Markenparodie, WRP 1997, 536; *Starck,* Markenmäßiger Gebrauch – Besondere Voraussetzung für die Annahme einer Markenverletzung?, GRUR 1996, 688; *ders.,* Zur mittelbaren Verletzung von Kennzeichenrechten, FS Piper 1996, 627.

I. Grundlagen

§ 14 Abs. 2 verbietet dem Dritten, ein identisches oder ähnliches Zeichen „zu benutzen", und zwar „für Waren oder Dienstleistungen", wie in Nr. 1 und 3 ausdrücklich und in Nr. 2 sprachlich verunglückt (durch das Zeichen „erfaßten" Waren oder Dienstleistungen) formuliert wird. Der Begriff der „Benutzung für Waren oder Dienstleistungen" bezeichnet die Verletzungshandlung der Handlungsform nach. Das MarkenG enthält keine Definition dieses Begriffes. Er wird jedoch durch die Auflistung verletzungstypischer Handlungsformen in § 14 Abs. 3 exemplarisch konkretisiert und in § 14 Abs. 4 auf vorbereitende Handlungen erstreckt. 45

1. Begriff

Den drei Untersagungstatbeständen des § 14 Abs. 2 liegt ein **einheitlicher Benutzungsbegriff** zugrunde. Angesichts der einheitlichen Wortwahl und vor allem der einheitlichen Geltung des § 14 Abs. 3 für alle drei Fälle des § 14 Abs. 2 ist weder für die identische Verletzung nach § 14 Abs. 2 Nr. 1 (aA *von Gamm* WRP 1994, 780 und insoweit auch *Fezer* GRUR 1996, 570; hiergegen zutr. *Keller* GRUR 1996, 610 FN 40), noch für den erweiterten Schutz bekannter Marken nach § 14 Abs. 2 Nr. 3 ein gesonderter Benutzungsbegriff vertretbar. Dagegen sprechen auch die durchaus fließenden Übergänge zwischen den drei Tatbeständen. 46

Außerhalb von § 14 verwendet das MarkenG den Begriff der Benutzung eines Zeichens oder einer Marke dagegen uneinheitlich und in unterschiedlichen Regelungszusammenhängen. An einigen Stellen des MarkenG wird mit dem Begriff der „Benutzung der Marke" auf den gesamten Verletzungstatbestand des § 14 einschließlich dessen Abs. 4 Bezug genommen (so zB in §§ 14 Abs. 5, 17 Abs. 2, 21 Abs. 1 und 2, 22 Abs. 2, 24 Abs. 1 (BGH WRP 1997, 742, 746 – *Sermion II*), 153; vgl. dazu die jeweiligen Erläuterungen). Auch ist die Zeichenbenutzung iSd § 14 begrifflich nicht vollständig identisch mit der **rechtserhaltenden** Benutzung eingetragener Marken iSd Vorschriften über den Benutzungszwang 47

§ 14　　　　　Rechte und Ansprüche des Markeninhabers

(näher § 26 Rdn. 16 ff.). Zu dem weitgehend mit § 14 übereinstimmenden Begriff der rechtsverletzenden Benutzung von Unternehmenskennzeichen s. § 15 Rdn. 25 ff. und zu dem teilweise abweichenden Begriff der Benutzung von Werktiteln s. § 15 Rdn. 75 ff. Zur Benutzung geographischer Herkunftsangaben s. § 127.

2. Früheres Recht: Zeichenmäßiger Gebrauch

48　Die Rspr. zum WZG hat nur den sogenannten „(waren-) zeichenmäßigen" bzw. „markenmäßigen" oder allgemeiner „kennzeichenmäßigen" Gebrauch eines Zeichens als Verletzungshandlung angesehen. Eine Marken- oder Ausstattungsverletzung nach §§ 24, 25 WZG kam nur bei einer Verwendung im geschäftlichen Verkehr in Betracht, bei der zumindest ein nicht ganz unerheblicher Teil der angesprochenen Verkehrskreise annehmen konnte, **das Zeichen diene als Hinweis auf die betriebliche Herkunft** des gekennzeichneten Produkts (zB BGH GRUR 1995, 57, 60 – *Markenverunglimpfung II NIVEA* zu § 1 UWG; BGH GRUR 1994, 808, 812 – *Markenverunglimpfung I MARS;* BGH GRUR 1991, 609, 610 – *SL;* BGH GRUR 1991, 138, 139 – *Flacon;* BGH GRUR 1990, 274, 275 – *Klettverschluß;* BGH GRUR 1989, 508 – *Campione del Mondo;* BGH GRUR 1989, 510, 513 – *Teekanne II;* BGH GRUR 1981, 592, 593 – *Championne du Monde;* BGH GRUR 1984, 354, 357 – *Tina-Spezialversand II;* BGH GRUR 1984, 352, 354 – *Ceramix;* BGH GRUR 1981, 362, 364 – *Aus der Kurfürst-Quelle;* weitere Nachw. zur älteren Rspr. unten Rdn. 64 ff. zu den einzelnen Fallgruppen). Es genügte auch, wenn sich die Zeichenverwendung einem nicht unerheblichen Teil des Verkehrs als **Werbemaßnahme** des Kennzeicheninhabers darstellen konnte (BGH GRUR 1995, 57, 60 – *Markenverunglimpfung II NIVEA;* BGH GRUR 1994, 808, 812 – *Markenverunglimpfung I MARS*). Bei Verbandszeichen kam es auf die Annahme der Herkunft aus einem zur Verbandsgruppe gehörenden Unternehmen an (zB BGH GRUR 1985, 970, 972 – *Shamrock I*).

49　Begründet wurde das Erfordernis zeichenmäßigen Gebrauchs im wesentlichen mit der Beschränkung des rechtlichen Schutzes der Marke auf ihre **Herkunftsfunktion** (Einl. Rdn. 33 ff.), mit der als abschließend verstandenen Aufzählung möglicher Verletzungshandlungen in §§ 15, 24, 25 WZG und mit der ausdrücklichen Bezugnahme auf den warenzeichenmäßigen Gebrauch in § 16 WZG (zB BGH GRUR 1957, 433, 434 – *Hubertus*). Auf dieser Grundlage hat die Rspr. eine Reihe differenzierter Grundsätze und Erfah-

D. Rechtsverletzende Benutzung § 14

rungsregeln zur Abgrenzung nicht zeichenmäßiger und damit unabhängig von der Verwechslungsgefahr schon ihrer Art nach nicht markenverletzender Zeichenverwendungen entwickelt. Als nicht markenverletzend wurden insbesondere rein beschreibende, rein dekorative, nur mündliche Verwendungen eingestuft, sowie bloße Bestellzeichen und alle erkennbar nicht auf die Herkunft vom Zeichenverwender hinweisende, sondern das Originalprodukt bezeichende Wiedergaben, wie zB in redaktionellen Berichten, aber auch in vergleichender Werbung (Nachw. unten Rdn. 63 ff. zu den jeweiligen Fallgruppen).

3. Rechtsverletzende Benutzung iSd MarkenG

a) Meinungsstand. Ob auch die Markenverletzung nach § 14 50 kennzeichenmäßige Verwendung durch den Dritten voraussetzt, ist umstritten. Die bislang **überwiegende Rspr. und Literatur** will den Markenschutz weiterhin auf Handlungen beschränken, die iSd Rspr. zum WZG als „(waren-) zeichenmäßig" bzw. „markenmäßig" oder allgemeiner „kennzeichenmäßig" anzusehen sind (BGH GRUR 1996, 68, 70 – *COTTON LINE* (obiter dictum); BGH GRUR 1995, 354, 358 – *Rügenwalder Teewurst II* (obiter dictum); vgl. auch BGH GRUR 1997, 224, 226 – *Germed* (noch zum WZG); OLG Hamburg WRP 1997, 106, 110 – *Gucci*: aus der Verwechslungsgefahr abgeleitet; KG WRP 1997, 85 – *Alles wird Teurer;* OLG München Mitt. 1996, 174 – *FAT-TIRE;* OLG Hamburg MD 1996, 544 – *Les Paul Gitarren* (zw., s. unten Rdn. 96); *Piper* GRUR 1996, 434; *Keller* GRUR 1996, 608 ff; *Keller* S. 12; im Ergebnis *Rößler* GRUR 1994, 559, 567 ff.; ausf. *Sack* GRUR 1995, 93 ff.; *Kunz-Hallstein* GRUR Int. 1990, 757; *Ernst-Moll* GRUR 1993, 17; unklar *von Gamm* WRP 1993, 798; *ders.* GRUR 1994, 780).

Demgegenüber lehnte schon die **Amtl. Begr.** eine Beschrän- 51 kung auf kennzeichenmäßigen Gebrauch ausdrücklich ab (so bei A.III.5.: „Die Benutzung geschützter Marken im geschäftlichen Verkehr ist ohne Begrenzung auf bestimmte Benutzungsformen unzulässig" und 6. Abs. zu § 14: „Nach den Absätzen 2 und 3 ist jede Benutzung eines kollidierenden Zeichens im geschäftlichen Verkehr untersagt.") und betont den darin liegenden grundlegenden Unterschied zu § 15 WZG (aaO 6. Abs.). An anderer Stelle äußert sich die Amtl. Begr. zurückhaltender, jedoch nur bezogen auf die Reichweite der Erschöpfungseinschränkungen nach § 24 Abs. 2 (A. VIII. 6. Abs.: „ ... weil insbesondere Zweifel daran bestehen, ob es gerechtfertigt ist, einen markenrechtlichen Anspruch dann zu gewähren, wenn die Marke nicht zur Kennzeichnung von Waren oder Dienstleistungen oder in Zusmmenhang mit der Werbung für Waren oder Dienstleistungen verwendet wird ... würden sich schwierige Abgrenzungsfragen ergeben, wenn auch sonstige Fälle der Verwendung einer Marke vom Ausschlußrecht erfaßt werden sollten").

52 Der Amtl. Begr. hat sich ein **Teil des Schrifttums** angeschlossen und befürwortet einen von den Beschränkungen des WZG losgelösten, weiteren Benutzungsbegriff (vgl. mit Unterschieden im einzelnen zB *Starck* GRUR 1996, 690 f.; *Fezer* GRUR 1996, 568 ff.; *ders.* § 14 Rdn. 31 ff.; *Eichmann* FS Vieregge 1995, 169; *Meister* WRP 1995, 369; *Krüger* GRUR 1995, 529; *Schönfeld* S. 207, 239; *Ingerl/Rohnke* NJW 1994, 1251/1252; *Ingerl*, Die Gemeinschaftsmarke, S. 88 f), wie er bereits früher zum deutschen Recht vereinzelt vertreten wurde (zB *Fezer* GRUR 1977, 618 mwN; *Heydt* GRUR 1976, 7; *ders.* GRUR 1971, 253). Nach der weitestgehenden Auffassung soll jede Verwendung eines Zeichens im geschäftlichen Verkehr auch eine als rechtsverletzend in Betracht kommende Benutzung iSd § 14 Abs. 2 sein (zB *Fezer* § 14 Rdn. 39, 48; *Starck* GRUR 1996, 688, 691). Als Mittellösung ist vorgeschlagen worden, jedenfalls eine Ausdehnung des Begriffs des kennzeichenmäßigen Gebrauchs im bisherigen Sinne vorzunehmen (so zB die Hilfslösung bei *Fezer* § 14 Rdn. 48 f.).

53 **b) Richtlinienkonforme Auslegung.** Der Begriff der rechtsverletzenden Benutzung iSv § 14 ist durch Art. 5 MRRL gemeinschaftsrechtlich vorgegeben und gilt auch im Gemeinschaftsmarkenrecht (Art. 9 GMVO). Die unmittelbar nur eingetragene Marken erfassenden Harmonisierungsvorgaben schlagen auch auf die kraft Verkehrsgeltung oder Notorietät geschützten Marken durch, da § 14 einheitlich für alle Markenarten gilt (*Starck* FS Piper 1996, 633). Eine allgemeine Definition der Zeichenbenutzung iSd Verletzungstatbestands findet sich weder in der MRRL noch in der GMVO. Im Wortlaut des **Art. 5 Abs. 1 und 2 MRRL** und daher auch in § 14 Abs. 1 und 2 fehlt jeglicher Hinweis auf eine Beschränkung des Benutzungsbegriffes durch strengere Kriterien als den „geschäftlichen Verkehr" und die Verwendung „für Waren und Dienstleistungen". Der Benutzungsbegriff muß weit genug sein, um die ausdrücklich in der Konkretisierung durch **Art. 5 Abs. 3 MRRL** und entsprechend § 14 Abs. 3 genannten Handlungen zu umfassen. Bereits dies zwingt dazu, von dem Erfordernis

D. Rechtsverletzende Benutzung **§ 14**

eines kennzeichenmäßigen Gebrauchs iSd WZG abzurücken. Denn weder die von Art. 5 Abs. 3 lit. b, d MRRL (§ 14 Abs. 3 Nr. 2 1. Alt., 3, 5) unbestritten erfaßte mündliche Verwendung noch der qualifizierte Besitz nach Art. 5 Abs. 3 lit. b MRRL (§ 14 Abs. 3 Nr. 2 3. Alt.) waren nach bisherigem Verständnis Verletzungshandlungen (Amtl. Begr. zu § 14; unten Rdn. 71, 117). Das generelle Verbot der Verwendung „in der Werbung" nach Art. 5 Abs. 3 lit. d MRRL (§ 14 Abs. 3 Nr. 5) stellt nicht auf eine Verwendung gerade als Herkunftshinweis ab. Einem weiteren Verständnis des Benutzungsbegriffs steht auch **Art. 5 Abs. 5 MRRL** nicht entgegen. Danach bleiben einzelstaatliche Bestimmungen gegen unlautere Ausnutzung oder Beeinträchtigung der Unterscheidungskraft oder Wertschätzung einer Marke unberührt, sofern diese den Schutz gegenüber der Verwendung eines Zeichens „zu anderen Zwecken als zur Unterscheidung von Waren oder Dienstleistungen" betreffen. Zwar kann dieser Bestimmung nicht jede Bedeutung für den Benutzungsbegriff deshalb abgesprochen werden, weil die Vorschrift nur die außermarkenrechtliche Regelungskompetenz der Mitgliedstaaten wahren wolle und daher die Reichweite des Markenschutzes nicht beschränken könne (so aber *Fezer* GRUR 1996, 570/571; *ders.* § 14 Rdn. 38). Denn die Regelung will erkennbar eine Aushöhlung der harmonisierten markenrechtlichen Schutzvoraussetzungen durch außerkennzeichenrechtliche Ansprüche ausschließen (dazu § 2 Rdn. 1). Art. 5 Abs. 5 MRRL kann jedoch als Hinweis auf eine **Ausrichtung** des harmonisierten Markenschutzes auf Zeichenverwendungen „**zur Unterscheidung von Waren oder Dienstleistungen**" verstanden werden, wie dies auch in der Markendefinition nach Art. 2 MRRL (§ 3 Abs. 1) enthalten ist. Art. 5 Abs. 5 MRRL kann aber nicht die Übernahme des Erfordernisses kennzeichenmäßigen Gebrauchs ausgerechnet in dem engen Sinne der deutschen Rspr. zum WZG rechtfertigen (so aber zB KG WRP 1997, 85 – *Alles wird Teurer;* OLG München Mitt. 1996, 174 – *FAT-TIRE; Keller* GRUR 1996, 609; *Sack* GRUR 1995, 94; *Kunz-Hallstein* GRUR Int. 1990, 757). Denn die Abgrenzung nach der Verwendung als Unterscheidungsmittel ist wesentlich weiter als der herkunftskennzeichnende Gebrauch iSd herkömmlichen Auslegung des WZG. Ein Zeichen wird nur dann nicht mehr zur Unterscheidung in diesem Sinne verwendet, wenn die Zeichenwiedergabe überhaupt keinen Waren/Dienstleistungen mehr zugeordnet werden kann (unten Rdn. 70) oder der Zeichencharakter ausnahmsweise nicht mehr erkennbar ist, wie zB vorstellbar in Fällen des verschmelzenden dekorativen Gebrauchs (unten Rdn. 92 ff.), während zB bei Nennung in offener vergleichender Werbung (unten Rdn. 89) oder zu redaktionellen Zwecken (unten Rdn. 90) ohne weiteres eine Verwendung als Unterscheidungsmittel vorliegt, da die Nennung ja gerade die Identifikation des in Bezug genommenen Produkts ermöglichen soll. Dem Art. 5 Abs. 5 MRRL sollte im übrigen auch deshalb keine weitergehende Bedeutung beigelegt werden, weil in der GMVO eine vergleichbare Einschränkung für die Schutzwirkungen der Gemeinschaftsmarke fehlt, obwohl dort erkennbar derselbe Benutzungsbegriff zugrundeliegt (vgl. *Ingerl,* Die Gemeinschaftsmarke, S. 88). Eine Beschränkung des Markenschutzes auf zeichenmäßigen Gebrauch iSd Rspr. zum WZG wäre auch mit **Art. 6 Abs. 1 lit. b MRRL** nicht in Einklang zu bringen. Diese Schutzschranke stellt die Verwendung eines Zeichens als beschreibende Angabe und damit eine der wesentlichsten Fallgruppen nicht zeichenmäßigen Gebrauchs iSd WZG vom Markenschutz frei. Das würde keinen Sinn machen, wenn die beschreibende Verwendung mangels zeichenmäßigen Gebrauchs schon gar keine Markenverletzung wäre. Im MarkenG ist es der entsprechende **Normzusammenhang des § 14 mit § 23**, dessen Nr. 2 es ausschließt, die durch diese ausdrückliche Schrankenregelung vom Verbot freigestellten Verwendungsformen auf ungeschriebener Grundlage bereits bei der Definition des Begriffs der Zeichenbenutzung auszuklammern (vgl. *Starck* FS Piper 1996, 691 f.; *Fezer* § 14 Rdn. 35). § 23 deckt vielmehr einen Teil der früher über den Begriff des zeichenmäßigen Gebrauchs dem Markenschutz entzogenen Handlungsformen ab (näher unten ab Rdn. 74 und § 23 Rdn. 33 ff.).

54 Gegen das aus der früher dominierenden Herkunftsfunktion abgeleitete Erfordernis zeichenmäßigen Gebrauchs spricht auch, daß die MRRL die Herkunftsfunktion zwar berücksichtigt, aber den Markenschutz nicht mehr darauf beschränkt (Einl. Rdn. 33 ff. und § 14 Rdn. 156 ff.; *Fezer* GRUR 1996, 569/570; *ders.* § 14 Rdn. 36), so daß die Argumentation von *B/H* § 15 WZG Rdn. 22 gegen die schon zum früheren Recht von *Heydt* GRUR 1976, 7 ff. vorgebrachte Kritik am Erfordernis zeichenmäßigen Gebrauchs heute zu kurz greift.

55 Die **Umsetzung des Art. 5 MRRL in anderen Mitgliedstaaten** unter Verwendung von Zusätzen wie „durch Benutzung als Marke" ist schon wegen der – natürlich nicht notwendigerweise mit dem zeichenmäßigen Gebrauch iSd deutschen WZG übereinstimmenden – Auslegungsbedürftigkeit solcher Qualifizierungen, vor allem aber auch wegen ihrer gerade zweifelhaften Richtlinien-

D. Rechtsverletzende Benutzung **§ 14**

konformität kein verläßlicher Anhaltspunkt (vgl. pointiert zur britischen Regelung High Court GRUR Int. 1996, 1219, 1220 – *British Sugar v. James Robertson* – „Treat"). Solche Zusätze demonstrieren gerade, daß Art. 5 MRRL selbst die Einschränkung nicht eindeutig enthält. Im übrigen wird die Frage der kennzeichenmäßigen Benutzung in den anderen Mitgliedstaaten durchaus gegensätzlich beantwortet (näher *Kur* GRUR 1997, 250).

4. Beschränkte Bedeutung der Streitfrage

Obwohl somit viel für eine Aufgabe der Beschränkung auf kennzeichenmäßige Verwendung im traditionellen Sinne des WZG spricht, kann eine letztverbindliche Klärung des Benutzungsbegriffs und des Verhältnisses zu Art. 6 Abs. 1 lit. b MRRL (§ 23) nur durch den EuGH erfolgen. Wann dies der Fall sein wird, ist nicht absehbar. Damit stellt sich heute zunächst die Frage nach der praktischen Bedeutung des Meinungsstreits. Zwar ist der Begriff der rechtsverletzenden Zeichenbenutzung von grundlegender Bedeutung für die Reichweite des Markenschutzes und den Bedarf an ergänzendem wettbewerbsrechtlichen oder allgemein deliktischem Schutz. Es besteht jedoch bislang Einigkeit darüber, daß der Begriff der rechtsverletzenden Benutzung iSd MarkenG **jedenfalls nicht enger, sondern allenfalls weiter als die kennzeichenmäßige Verwendung im herkömmlichen Sinne zu verstehen ist.** Damit kann die Streitfrage immer dann dahingestellt bleiben, wenn die streitgegenständliche Zeichenverwendung als im Sinne der herkömmlichen Rspr. „kennzeichenmäßig" anzusehen ist. Das ist der bei weitem überwiegende Teil der in der Praxis streitig werdenden Fälle.

56

II. Rechtsprechungsgrundsätze zum kennzeichenmäßigen Gebrauch

Damit sind die von der bisherigen Rspr. aufgestellten allgemeinen Grundsätze und Erfahrungsregeln zum kennzeichenmäßigen Gebrauch weiterhin von großer Bedeutung für die Praxis. Diese sind im folgenden zunächst darzustellen, worauf sich ab Rdn. 64 ff. eine nach Fallgruppen geordnete Zusammenstellung derjenigen besonderen Verwendungsformen anschließt, bei denen sich die Benutzungsfrage typischerweise stellt. Auf Abweichungen, die sich aus der Sicht eines weiter verstandenen Benutzungsbegriffs ergeben würden, wird im jeweiligen Zusammenhang hingewiesen.

57

§ 14 Rechte und Ansprüche des Markeninhabers

1. Rechtsfrage

58 Ob eine Zeichenverwendung eine Benutzung iSd § 14 Abs. 2 darstellt, ist eine Rechtsfrage, die jedoch nach der bisherigen Rspr. zum kennzeichenmäßigen Gebrauch weitgehend von der tatsächlichen Vorfrage des Verkehrsverständnisses abhängt (unten Rdn. 59), das tatricherlich festzustellen ist (zB BGH GRUR 1984, 352, 354 – *Ceramix*). Dementsprechend ist die Frage der kennzeichenmäßigen Benutzung als solche zwar revisibel, jedoch hinsichtlich der Feststellung der Verkehrsauffassung beschränkt darauf, ob der Tatrichter den Benutzungsbegriff verkannt, Denkgesetze verletzt oder Erfahrungsregeln vernachlässigt hat. Der BGH hat die tatrichterliche Würdigung bisweilen durchaus auch im Detail überprüft (Beispiel: BGH GRUR 1991, 609, 610/611 – *SL*).

2. Maßgeblichkeit der Verkehrsauffassung

59 Die Einstufung als kennzeichenmäßiger Gebrauch setzt nach st. Rspr. keine einheitliche Verkehrsauffassung voraus. Es genügt bereits, wenn zumindest ein **nicht ganz unerheblicher Teil** der angesprochenen Verkehrskreise annehmen kann, das Zeichen diene als Hinweis auf die betriebliche Herkunft des gekennzeichneten Produkts oder werde in einer Werbemaßnahme des Zeicheninhabers verwendet (zB BGH GRUR 1995, 57, 60 – *Markenverunglimpfung II NIVEA* zu § 1 UWG; BGH GRUR 1994, 808, 812 – *Markenverunglimpfung I MARS;* BGH GRUR 1991, 609, 610 – *SL;* BGH GRUR 1990, 274, 275 – *Klettverschluß;* ausdr BGH GRUR 1981, 592, 593 – *Championne du Monde;* BGH GRUR 1981, 277, 278 – *Biene Maja;* BGH GRUR 1962, 647, 648 – *Strumpf-Zentrale;* BGH GRUR 1960, 126, 128 – *Sternbild*).

60 Bei der Ermittlung der Verkehrsauffassung geht die Rspr. von einer oft nur gedankenlos **flüchtigen Wahrnehmung von Marken** aus (zB BGH GRUR 1995, 57, 60 – *Markenverunglimpfung II NIVEA;* BGH GRUR 1961, 280, 281 – *Tosca*) und stellt auf einen **Durchschnittsbetrachter** ab (BGH GRUR 1991, 609, 611 – *SL;* BGH GRUR 1990, 711, 713 – *Telefonnummer 4711;* BGH GRUR 1984, 354, 356 – *Tina-Spezialversand II* mwN). Ebenso zum MarkenG KG WRP 1997, 85 – *Alles wird Teurer.* Zur Feststellung und zum Nachweis der Verkehrsauffassung im Prozeß allg. vgl. unten Rdn. 177.

D. Rechtsverletzende Benutzung § 14

3. Weite Auslegung, objektive Möglichkeit

Der Begriff des kennzeichenmäßigen Gebrauchs wird von der 61
Rspr. als im Interesse eines umfassenden Kennzeichenschutzes
grdsl. **weit zu fassend** bezeichnet (zum MarkenG: BGH GRUR
1996, 68, 70 – *COTTON LINE;* OLG München Mitt. 1996, 174,
175 – *FAT TIRE;* st. Rspr. zum WZG zB: BGH GRUR 1995,
57, 60 – *Markenverunglimpfung II NIVEA* mwN). Es genügt die
objektive, nicht völlig fernliegende **Möglichkeit**, daß der Verkehr
einen Herkunftshinweis annimmt (st Rspr. zum WZG: BGH
GRUR 1995, 57, 60 – *Markenverunglimpfung II NIVEA* zu § 1
UWG BGH GRUR 1991, 609, 610 – *SL;* BGH GRUR 1981,
592, 593 – *Championne du Monde).* Ob der Verwender subjektiv die
betriebliche Herkunft kennzeichnen wollte oder mit einem solchen
Verständnis rechnete, ist dagegen als bedeutungslos angesehen worden
(zB BGH GRUR 1974, 80, 86 – *Trumpf;* BGH GRUR 1960,
126, 128 – *Sternbild).* Nur wenn das Zeichen **zweifelsfrei** nicht in
diesem Sinne als betriebliches Herkuftszeichen aufgefaßt wird, ist
kennzeichenmäßiger Gerbauch zu verneinen (zB BGH GRUR
1991, 609, 610 – *SL;* BGH GRUR 1984, 352, 354 – *Ceramix).* Bei
Verwendung eines fremden Zeichens ohne sonstigen Bedeutungsgehalt
wird der kennzeichenmäßige Gebrauch bisweilen sogar **mit
Beweislastumkehr vermutet** (BGH GRUR 1995, 57, 60 – *Markenverunglimpfung II NIVEA* zu § 1 UWG; BGH GRUR 1961,
280, 281 – *Tosca).* Soweit heute § 23 anwendbar ist, ergibt sich
diese Beweislastverteilung schon aus dem Schrankencharakter dieser
Norm (§ 23 Rdn. 54).

4. Markentypische Wiedergabe

Anbringung unmittelbar auf der Ware oder **blickfangmä-** 62
ßige Herausstellung werden von der Rspr. grdsl. als für kennzeichenmäßigen
Gebrauch sprechend bewertet (zB BGH GRUR
1995, 57, 59/60 – *Markenverunglimpfung II NIVEA* zu § 1 UWG;
BGH GRUR 1991, 609, 610 – *SL;* BGH GRUR 1971, 251, 252
– *Oldtimer).* **Jedoch reicht blickfangmäßige Gestaltung allein
zur Bejahung nicht aus** (zB BGH GRUR 1970, 305, 306 –
Löscafe; BGH GRUR 1969, 683, 685 – *Isolierte Hand),* da zB auch
werbewirksame Gattungsbezeichnungen häufig herausgestellt werden
(zB OLG Hamburg WRP 1997, 106, 111 – *Gucci:* ansprechende
graphische Ausgestaltung allein veranlaßt Verkehr noch
nicht zur Annahme einer Marke; zum WZG zB BGH GRUR
1994, 905, 907 – *Schwarzwaldsprudel).* Dazu auch § 23 Rdn. 35.

Unter ganz besonderen Umständen kann auch das gesamte **werbliche Umfeld** zu berücksichtigen sein und einen kennzeichenmäßigen Gebrauch ausschließen (zB OLG Hamburg WRP 1997, 106, 111 – *Gucci*: Berücksichtigung einer im selben Blickfeld wahrnehmbaren Einbindung des Zeichens in Gesamtbezeichnung trotz Verwendung auch in Alleinstellung geboten, jedenfalls bei Werbung auf Fachmesse; zum WZG zB BGH GRUR 1986, 74, 78 – *Shamrock III*: Massierung des irischen Kleeblatt-Symbols in festsaalartiger Ausschmückung eines Ladenlokals für „irische Wochen" zusammen mit anderen Irlandhinweisen ohne Zuordnung zu einzelnen Waren; anders bei Verwendung des Kleeblatts in einer Reihe von Marken und Unternehmenskennzeichen BGH GRUR 1985, 970, 972 – *Shamrock I*). Heute zeigt § 14 Abs. 3 Nr. 5, daß nicht mehr nur die Anbringung auf der Ware, sondern auch die Verwendung auf Geschäftspapieren und in der Werbung markentypisch sein kann. Beispiel: OLG Köln MD 1997, 246, 251f – *Picasso*: Künstlersignatur in Faltblatt mit Portrait und Lebenslauf des Malers ist kennzeichenmäßig, wenn einem Parfum beigepackt, auch wenn auf Ware und Verpackung nicht verwendet.

5. Verkehrsgeltung

63   Besonders naheliegend ist ein kennzeichenmäßiges Verkehrsverständnis, wenn das fremde Zeichen dem Verkehr bereits **als Kennzeichen eines anderen bekannt** ist, zB aufgrund Verkehrsgeltung oder Berühmtheit (zum MarkenG BGH GRUR 1995, 354, 358 – *Rügenwalder Teewurst II*; st. Rspr. zum WZG zB BGH GRUR 1995, 57, 59/60 – *Markenverunglimpfung II NIVEA*; BGH GRUR 1994, 156 – *Garant-Möbel*; BGH GRUR 1991, 609, 610 – *SL*; BGH GRUR 1990, 711, 712 – *Telefonnummer 4711*; BGH GRUR 1990, 274, 275 – *Klettverschluß*; BGH GRUR 1989, 510, 513 – *Teekanne II*; BGH Mitt. 1983, 96, 97 – *Die gute Idee*; BGH GRUR 1970, 302, 304 – *Hoffmann's Katze*; BGH GRUR 1968, 148, 149 – *Zwillingsfrischbeutel*; BGH GRUR 1964, 385, 387 – *Kaffeetafelrunde*).

III. Fallgruppen besonderer Verwendungsformen

1. Verwendung als Unternehmenskennzeichen

64   Der Gebrauch eines Zeichens als Firma, Firmenbestandteil, besondere Geschäftsbezeichnung oder Geschäftsabzeichen iSd § 16 UWG aF ist von der Rspr. seit langem als (auch) zeichnmäßig

D. Rechtsverletzende Benutzung § 14

eingestuft worden, da die **firmenmäßige Verwendung zugleich die Produkte des Unternehmens ihrer betrieblichen Herkunft nach kennzeichne** (zum WZG zB BGH GRUR 1984, 354, 356 – *Tina-Spezialversand II;* BGH GRUR 1983, 764, 765 – *Haller II;* BGH GRUR 1977, 789, 791 – *Tina-Spezialversand I;* BGH GRUR 1977, 491, 493 – *ALLSTAR;* BGH GRUR 1975, 257, 258 – *Buddelei;* BGH GRUR 1974, 80, 86 – *Trumpf;* BGH GRUR 1962, 647, 648 – *Strumpf-Zentrale;* BGH GRUR 1955, 95 – *Buchgemeinschaft I* (Vereinsname); BGH GRUR 1954, 123, 125 – *NSU-Fox/Auto-Fox;* ausnahmsweise verneint in BGH GRUR 1957, 433, 434 – *Hubertus* (Etablissementbezeichnung), wegen Sinngehalts, dazu ausdr relativierend BGH GRUR 1977, 789, 791 – *Tina-Spezialversand I*). In der Praxis ist eine verläßliche Unterscheidung oft unmöglich und macht sich der Verkehr darüber auch idR keine weiteren Gedanken. Geht man von einem weiteren Benutzungsbegriff aus, ist die Verwendung als Unternehmenskennzeichen iSd § 5 Abs. 2 erst recht eine Zeichenbenutzung iSd § 14. Das gilt aber aus normativen Gründen nicht auch für den Benutzungszwang (§ 26 Rdn. 20 ff.).

2. Verwendung als Internet Domain Name

Internet Domain Namen haben zunächst **Adressenfunktion** 65 (näher zur technischen Bedeutung *Bettinger* GRUR Int. 1997, 403 ff.; *Ubber* WRP 1997, 497 ff.). Eine Adresse muß nicht zugleich für den Adressaten kennzeichnend sein, mag sie auch nur einmal an einen bestimmten Adressaten vergeben sein. Sie kann als bloßer Zugangscode verstanden werden, wie zB eine Telefon-, Postfach- oder Hausnummer. Internet Domain Namen aus nichtssagenden Zahlen-, Buchstaben- oder Zeichenfolgen können auf diese Funktion beschränkt sein. Das ist aber die Ausnahme. Internet Domain Namen haben heute idR **Sekundärfunktionen**. Bestehen sie aus beschreibenden Angaben, können sie **inhaltsbeschreibende** Funktion nach Art eines inhaltsbeschreibenden Werktitels haben (Beispiel: „wirtschaft-online.de" im Fall OLG Frankfurt aM WRP 1997, 341; zB auch bei den umstrittenen Städtenamen-Domains, da geographische Angabe; Nach § 15 Rdn. 14). Bestehen sie erkennbar aus Namen, Firmenbezeichnungen, Markenwörtern oder entsprechenden Abkürzungen so stellt ihre Wiedergabe auf Bildschirmen oder in schriftlicher Form einen **kennzeichenmäßigen Gebrauch** im herkömmlichen Sinne dar, da sie der Verkehr ohne weiteres als Bezeichnung des über die Internet Adresse erreichbaren

Unternehmens verstehen wird (LG Düsseldorf Mitt. 1997; 225, 227 – *epson.de*; *Völker/Weidert* WRP 1997, 658; *Bettinger* GRUR Int. 1997, 409; *Ubber* WRP 1997, 505/506; *Freitag* MA 1996, 496; *Kur* CR 1996, 592 Fn. 17). Ein Unterschied zu den in der Rspr. bereits in diesem Sinne behandelten Telegrammadressen ist in der Tat nicht erkennbar (BGH GRUR 1986, 475, 476 – *Fernschreibkennung*). Maßgeblich ist somit Art und Inhalt des konkreten Domain Namens und die dadurch hervorgerufene Verkehrsauffassung, nicht die stets auch gegebene Adressenfunktion. Herausgestellte Verwendung in der Werbung (vgl. dazu *Bettinger* GRUR Int. 1997, 409/410), ist nicht Voraussetzung für die Einordnung als kennzeichenmäßig, bestätigt diese aber natürlich. Auf die Streitfrage eines weiteren Benutzungsbegriff im Rahmen des § 14 kommt es nicht an, da schon nach dem engeren traditionellen Verständnis die Eigung als markenverletzende Handlung gegeben ist. Problematisch kann die Abgrenzung zum Gebrauch glatt (inhalts-)beschreibender Angaben sein, dessen Zulässigkeit sich auch bei Ansprüchen gegen Internet Domain Namen nach § 23 Nr. 2 richtet, während Internet Domain Namen nicht unter den freien Adressengebrauch gem. § 23 Nr. 1 2. Alt. fallen (§ 23 Rdn. 14). Zur Zeichenähnlichkeit zwischen Domain Namen s. § 15 Rdn. 48.

3. Verwendung als Titel

66 Die Verwendung als Werktitel (§ 5 Abs. 3) soll nach der Rspr. nur unter der besonderen Voraussetzung in den Schutzbereich von Marken (und Unternehmenskennzeichen) fallen, daß der Titel nicht nur – wie im Regelfall – zur Unterscheidung des Werkes von anderen Werken dient, sondern vom Verkehr als Hinweis auf ein Unternehmen oder die betriebliche Herkunft eines Produkts verstanden wird (BGH GRUR 1994, 908, 910 – *WIR IM SÜDWESTEN:* verneint bei Verwendung für Sendefolge trotz Berühmtheit des Klagezeichens „Südwestfunk"; vgl. allg. BGH GRUR 1993, 692, 693 – *Guldenburg*). Unter dieser Voraussetzung kommt grdsl. auch die Aufnahme eines Zeichens als Bestandteil in einen Titel als zeichenmäßig in Betracht (vgl. BGH GRUR 1961, 232, 233 – *Hobby*), es sei denn, er ist eindeutig **inhaltsbeschreibend**, wovon die Rspr. bisweilen sehr großzügig ausgeht (zB BGH GRUR 1958, 500, 502 – *Mecki-Igel*: bildlicher Buchtitel). Bei Buchtiteln soll dies jedoch fernliegend sein, da sie regelmäßig nicht als Hinweis auf einem bestimmten Verlag verstanden werden (zB BGH GRUR 1994, 191, 201 – *Asterix-Persiflagen*). Ein Titelbestandteil oder Un-

D. Rechtsverletzende Benutzung   § 14

tertitel kann im Einzelfall einem Verständnis als Herkunftshinweis inhaltlich entgegenwirken (zB BGH GRUR 1994, 191, 201 – *Asterix-Persiflagen:* Untertitel, der das Werk als Parodie erkennen läßt).

Der bisherigen Rspr. kann für das MarkenG nicht uneingeschränkt gefolgt werden. Die Verwendung als Titel ist zunächst in jedem Falle eine Zeichenbenutzung iSd § 14 für die jeweilige Ware (zB Buch, Spiel, Software) oder ggf. Dienstleistung, sofern nicht der Ausnahmefall zulässiger rein titelnennender Verwendung iSv Rdn. 85 ff. oder im Rahmen einer Parodie iSv Rdn. 98 vorliegt (zB BGH GRUR 1994, 191, 201 – *Asterix-Persiflagen*). Ob ein beschreibender Bedeutungsgehalt die Verwendung freistellt, ist heute vielmehr **nach § 23 Nr. 2 zu beurteilen.** Zum Gleichlauf mit dem Benutzungszwang vgl. § 26 Rdn. 24. 67

4. Verwendung als geographische Herkunftsangabe

Die Rspr. hält auch bei Zeichen, die als Hinweis auf die örtliche Herkunft verstanden werden können, eine zeichenmäßige Verwendungsweise nicht für schlechthin ausgeschlossen (zum MarkenG: BGH GRUR 1995, 354, 358 – *Rügenwalder Teewurst II*), hat sie aber häufig verneint, wobei die Grundsätze zu beschreibenden Angaben (Rdn. 74) herangezogen werden (zum WZG zB BGH GRUR 1994, 905, 907 – *Schwarzwald-Sprudel;* BGH GRUR 1986, 74, 78 – *Shamrock III*). Auch diese Frage ist richtig gesehen ausschließlich nach § 23 Nr. 2 zu beurteilen, der Angaben über die geographische Herkunft ausdrücklich erwähnt. Zum abweichenden Benutzungsbegriff iSd § 127 s. dort. 68

5. Geschmacksmusteranmeldung

Die Anmeldung eines Zeichens als Geschmacksmuster stellt noch keine Verletzungshandlung durch Benutzung iSd § 14 Abs. 2 dar (aA *B/H* § 24 WZG Rdn. 10), begründet aber Begehungsgefahr und stellt einen durch Klage auf Löschung zu beseitigenden Störungszustand dar (vgl. unten Rdn. 83 zur Markenanmeldung), es sei denn, die Verwendung des Musters bzw. Modells als Ware oder auf der Ware ist ausnahmsweise gem. Rdn. 91 ff. keine rechtverletzende Benutzung. 69

6. Zuordnung zur Ware/Dienstleistung

Kann die Verwendung eines Zeichens im geschäftlichen Verkehr überhaupt keiner Produktart zugeordnet werden, liegt keine Be- 70 nutzung „für Waren oder Dienstleistungen" iSv § 14 Abs. 2 vor. Für welche Ware/Dienstleistung die Benutzung eines Zeichens im geschäftlichen Verkehr stattfindet, richtet sich nach der **Verkehrsauffassung** (oben Rdn. 59). Auch insoweit besteht Gleichlauf mit dem Begriff der rechtserhaltenden Benutzung, so daß auf die dortigen Beispiele verwiesen werden kann (§ 26 Rdn. 32 ff.). Eine unmittelbare **körperliche Verbindung** des Zeichens mit der Ware war ist nach dem herkömmlichen Begriff des zeichenmäßigen Gebrauchs nicht erforderlich. Die **gedankliche Zuordnung** des Zeichens zur Ware genügt (zB BGH GRUR 1962, 647 – *Strumpf-Zentrale*). Heute ergibt sich dies schon aus dem alle Werbeformen unabhängig von einer körperlichen Verbindung zum Produkt erfassenden § 14 Abs. 3 Nr. 5 (unten Rdn. 126 ff.).

7. Mündlicher Gebrauch

71 Im Gegensatz zum früheren Recht (BGH GRUR 1959, 240, 241 – *Nelkenstecklinge*; BGH GRUR 1958, 343 – *Bohnergerät*) können die Verletzungshandlungen der § 14 Abs. 3 Nr. 2, 3 und 4 nicht nur bei Hörzeichen, sondern auch bei Wortzeichen durch mündliche Wiedergabe, zB in einem telefonischen Angebot oder in der Rundfunkwerbung, begangen werden (Amtl. Begr. 7. Abs. zu § 14, *Starck* GRUR 1996, 692; *Fezer* § 14 Rdn. 490).

8. Dreidimensionale Wiedergabe von Bildzeichen

72 Bereits zum WZG war anerkannt, daß die dreidimensionale Wiedergabe eines zweidimensionalen Bildzeichens als Verletzungshandlung in Betracht kommt (zB BGH GRUR 1986, 248, 249/250 – *Sporthosen*; BGH GRUR 1982, 111, 112 – *Original Maraschino*; BGH GRUR 1956, 179, 180 – *Ettaler Klosterlikör*; RGZ 155, 374, 376/377 – *Marke Kaffeemühle*; RGZ 149, 335, 346/347 – *Kaffeekanne*; RG Mitt. 1939, 237, 239 – *Dreiarmleuchter*; RGZ 115, 235, 239 – *Bandmaster*). Die frühere Rspr. hat einen zeichenmäßigen Gebrauch allerdings verneint, wenn die dreidimensionale Wiedergabe nicht nur Umhüllung oder Verpackung war, sondern die **handelbare Ware selbst** darstellte (zB BGH GRUR 1977, 602, 606 – *Trockenrasierer*; BGH GRUR 1966, 681, 685 – *Laternenflasche*; BGH GRUR 1962, 144, 148 – *Buntstreifensatin*; BGH GRUR 1954, 121 – *Zählkassette*; RG GRUR 1933, 719, 720f. – *Drei Glocken*). Demgegenüber kann die dreidimensionale Wiedergabe einer Bildmarke heute ohne weiteres eine rechtsverletzende Benutzung iSd § 14 Abs. 2 Nr. 2 und 3 sein (zB *Starck*

D. Rechtsverletzende Benutzung   § 14

GRUR 1996, 692). Denn nur bei der identischen Verletzung nach § 14 Abs. 2 Nr. 1 ist Dimensionsgleichheit erforderlich. Im übrigen ist die Bedeutung des Dimensionsunterschieds richtig gesehen eine Frage der Zeichenähnlichkeit (unten Rdn. 373), nicht der Benutzung iSd § 14. Dies gilt auch für die Frage, ob die Schutzhindernisse des § 3 Abs. 2 für dreidimensionale Marken als Schutzbegrenzung auch auf zweidimensionale Marken angewendet werden müssen, da andernfalls eine zweidimensionale Bildmarke (oder eine begrifflich übereinstimmende Wortmarke; unten Rdn. 380) einen weitergehenden Schutz erhalten könnte als eine entsprechende dreidimensionale Marke für dieselbe Gestaltung (vgl. *Eichmann* GRUR 1995, 194 und *Eichmann* FS Vieregge 1995, 168/169: genereller Ausschluß handelbarer Waren und Verpackungen aus dem Schutzumfang; *Fezer* § 14 Rdn. 65; aA *Winkler* Mitt. 1995, 47) s. dazu unten Rdn. 73 und zur verwandten Problematik bei der Schutzfähigkeit § 3 Rdn. 34 ff. und § 8 Rdn. 49.

9. Dreidimensionale Marken

Dreidimensionale Marken können ohne weiteres durch die Verwendung zweidimensionaler Zeichen iSd § 14 Abs. 2 Nr. 2 und 3 rechtsverletzend benutzt werden (*Starck* GRUR 1996, 692 f.). Dimensionsgleichheit ist nur bei der identischen Verletzung nach § 14 Abs. 2 Nr. 1 erforderlich. Im übrigen ist der Dimensionsunterschied eine Frage der Zeichenähnlichkeit (dazu unten Rdn. 383). Die Schutzhindernisse des § 3 Abs. 2 sind bei der dreidimensionalen Marke nicht nur ein Eintragungsverfahren zu berücksichtigen, sondern auch bei der Bestimmung des Schutzumfangs (ebenso *Fezer* § 14 Rdn. 47, 65). **73**

10. Verwendung als beschreibende Angabe

Im Mittelpunkt der Rspr. zum zeichenmäßigen Gebrauch steht seit jeher die zur Wahrung des Freihaltebedürfnisses (allg. § 8 Rdn. 52 ff.) erforderliche Abgrenzung zum beschreibenden Gebrauch. Ist das verwendete Zeichen beschreibenden Inhalts und wird es derart mit dem Produkt in Verbindung gebracht, daß der Verkehr hierin eine **Bezeichnung des Produkts seiner Gattung oder Eigenschaften nach** sieht, scheidet eine kennzeichenmäßige Benutzung idR aus (so jetzt auch zum MarkenG BGH GRUR 1996, 68, 70 – *COTTON LINE;* OLG Hamburg WRP 1997, 106, 110 – *Gucci;* zum WZG zB BGH GRUR 1994, 905, 907 – *Schwarzwald-Sprudel;* BGH GRUR 1991, 138, 139 – *Flacon;* BGH GRUR 1990, 274, **74**

§ 14 Rechte und Ansprüche des Markeninhabers

275 – *Klettverschluß;* BGH GRUR 1989, 508, 509 – *Campione del Mondo;* BGH GRUR 1985, 41, 43 – *REHAB;* BGH GRUR 1981, 362, 364 – *Aus der Kurfürst-Quelle;* BGH GRUR 1974, 220, 222 – *Club-Pilsener* („Pilsener"); BGH GRUR 1970, 178 – *Löscafe;* BGH GRUR 1969, 348 – *Anker-Export* („Export"); BGH GRUR 1969, 274 – *Mokka-Express;* BGH GRUR 1968, 365 – *praliné;* BGH GRUR 1959, 130 – *Vorrasur/Nachrasur,* dazu krit. *Starck* GRUR 1996, 690 Fn. 23; BGH GRUR 1955, 484, 485 – *Luxor* („Luxus"); vgl. § 26 Rdn. 45 ff.).

75 Strenge Anforderungen an die Annahme eines zeichenmäßigen Gebrauchs stellt die Rspr. auch bei der Verwendung von Zeichen, die ohne weiteres ersichtlich **an freihaltebedürftige Angaben angelehnt** sind (zB BGH GRUR 1989, 349, 350 – *ROTH-HÄNDLE-KENTUCKY/Cenduggy;* BGH GRUR 1989, 264, 265 – *REYNOLDS R 1/EREINTZ;* BGH GRUR 1985, 41, 43 – *REHAB;* BGH GRUR 1984, 815, 817 – *Indorektal I*), soweit nicht aufgrund Verkehrsgeltung Ausnahmen geboten erscheinen (BGH GRUR 1991, 609, 611 – *SL*). Diese Grundsätze wurden auch auf Dienstleistungsmarken angewendet (BGH GRUR 1985, 41, 43 – *REHAB*).

76 Bei Verwendung unter besonderen Umständen ist allerdings auch **bei inhaltlich beschreibenden Angaben zeichenmäßiger Gebrauch** für möglich gehalten worden (zB BGH GRUR 1990, 274, 275 – *Klettverschluß;* BGH GRUR 1989, 510, 513 – *Teekanne II;* BGH Mitt. 1983, 96, 97 – Die gute Idee; BGH GRUR 1970, 305 – *Löscafé;* BGH GRUR 1955, 484, 485 – *Luxor/Luxus*).

77 Im neuen harmonisierten Recht ist demgegenüber zu beachten, daß das MarkenG mit **§ 23 Nr. 2** eine **ausdrückliche Regelung** zur Verfügung stellt, die beschreibende Angaben im Interesse des daran bestehenden Freihaltebedürfnisses freistellt, und zwar unter einem markenrechtlichen Unlauterkeitsvorbehalt, der Interessenabwägungen erfordert, die gegenüber der früheren Rechtslage neu sind. Der beschreibende Gebrauch ist daher nicht schon aus dem Benutzungsbegriff iSd § 14 auszuklammern (oben Rdn. 53 aE). Einige der oben zitierten Entscheidungen sind außerdem deshalb überholt, weil sie auf einem zu weitgehenden Freihaltebedürfnis beruhen, so insbesondere in den Fällen, die Zahlen- und Buchstaben-Zeichen betreffen (vgl. dazu allg. § 8 Rdn. 50 mwN). Im übrigen ist auf die Kommentierung zu § 23 Nr. 2 zu verweisen.

78 Auf den ersten Blick scheint die Einordnung des beschreibenden Gebrauchs als Anwendungsfall einer Schutzschranke statt als Fehlen eines Tatbestandsmerkmals (kennzeichenmäßiger Gebrauch) eine

D. Rechtsverletzende Benutzung § 14

grundlegende Änderung der **Darlegungs- und Beweislastverteilung** gegenüber dem bisherigen Recht zu bedeuten (vgl. § 23 Rdn. 54). Berücksichtigt man jedoch die weite Auslegung des Begriffs des kennzeichenmäßigen Gebrauchs und die bisweilen angenommene Vermutung für kennzeichenmäßigen Gebrauch (oben Rdn. 61), wird die Verlagerung in eine Schutzschranke in den meisten Fällen im Ergebnis keine entscheidungserheblichen Auswirkungen haben.

11. Verwendung in Werbeslogan

Die Einbeziehung des Zeichens in einen Werbespruch schloß die Annahme zeichenmäßigen Gebrauchs schon nach früherem Recht nur in dem Ausnahmefall aus, daß das Wort ausschließlich in beschreibendem Sinne verstanden wurde (zB BGH Mitt. 1983, 96 – *Die gute Idee*: zeichenmäßiger Gebrauch von „Idee" wegen Verkehrsgeltung als Marke; BPatGE 9, 240, 243/244: „Stets mobil mit forbil" kein zeichenmäßiger Gebrauch von „mobil"; LG Mannheim GRUR 1955, 484: „Mein Tip, nimm Wipp" kein zeichenmäßiger Gebrauch von „Tip"; vgl. BPatGE 5, 188: „Genießer trinken DOORNKAAT" kein zeichenmäßiger Gebrauch von „Genießer"). Das gilt heute entsprechend nach § 23 Nr. 2. 79

12. Bestellzeichen, Sortenbezeichnung

Die Verwendung als Bestellzeichen oder Sortenbezeichnung ist von der Rspr. als nicht zeichenmäßig eingestuft worden, wenn sie eindeutig, insbesondere unter Verwendung eines Systems branchenüblicher Bestellzeichenarten (zB Vornamen), erfolgte (vgl. zum WZG: BGH GRUR 1994, 156 – *Garant-Möbel*; BGH GRUR 1988, 307 – *Gaby*; BGH GRUR 1974, 80, 86 – *Trumpf*; BGH GRUR 1970, 552 – *Felina-Britta*; BGH GRUR 1968, 367, 369 – *Corrida*; BGH GRUR 1961, 280, 282 – *Tosca*; OLG Hamm GRUR 1991, 212 – *Bochumer Stadtbarren* als Sortenbezeichnung für Münze). Diese Rspr. kann zum MarkenG nicht aufrechterhalten werden. Die Verwendung als Bestellzeichen dient zweifelsfrei zur Unterscheidung von Waren und stellt ohne weiteres eine Benutzung im geschäftlichen Verkehr jedenfalls in der Handlungsform des § 14 Abs. 3 Nr. 2 dar. Die Verwendung als Bestellzeichen ist daher **nach neuem Recht rechtsverletzend**, sofern nicht aus anderen Gründen als beschreibende Angabe nach § 23 freigestellt ist, wie zB bei gleichzeitig als Bestellzeichen dienenden beschreibenden Farbangaben. Zum Gleichlauf mit dem Benutzungszwang s. § 26 Rdn. 50. 80

13. Verwendung als Zweitmarke

81 Ohne weiteres kennzeichenmäßig auch im traditionellen Sinne ist die Verwendung eines Zeichens als eine dem Verkehr erkennbare Zweit- oder Mehrfachkennzeichnung (zB OLG Köln MD 1997, 246, 252 – *Picasso;* zum WZG: BGH GRUR 1993, 972, 973 – *Sana/Schosana;* BGH GRUR 1991, 609 – *SL;* BGH GRUR 1990, 274, 275 – *Klettverschluß;* BGH GRUR 1984, 354, 356 – *Tina-Spezialversand II;* BGH GRUR 1981, 592, 593 – *Championne du Monde;* BGH GRUR 1968, 367, 369 – *Corrida;* BGH GRUR 1960, 280, 281 – *Tosca*), wobei diese Interpretation bei einer beschreibenden Angabe fernliegend ist (zB BGH GRUR 1989, 508, 509 – *Campione del Mondo;* BGH GRUR 1969, 348, 351 – *Anker Export*). Zum Gleichlauf mit dem Benutzungszwang s. § 26 Rdn. 51.

14. Einbeziehung in mehrteiliges Zeichen

82 Wird das identische oder ähnliche Zeichen nicht in Alleinstellung, sondern als Element eines Gesamtzeichens verwendet, so kann nach der Rspr. zu prüfen sein, ob unabhängig von der Frage der Zeichenähnlichkeit (unten Rdn. 385 ff.) eine Markenverletzung etwa schon deshalb ausscheidet, weil der übernommene Zeichenbestandteil aufgrund besonderer Umstände und unter Berücksichtigung der Verbindung mit kennzeichenmäßig gebrauchten Elementen dennoch seinerseits nicht kennzeichenmäßig verwendet ist. Beispiele: **kennzeichenmäßiger Gebrauch verneint:** BGH GRUR 1989, 510, 513 – *Teekanne II:* für Teekannen-Darstellung in Etikett; BGH GRUR 1981, 592, 593 – *Championne du Monde:* für „Campione del Mondo" wegen Einbeziehung in Emblem, nicht aber „Championne du Monde" bei Alleinstellung; BGH GRUR 1967, 292 – Zwillingspackung: als seitliche Aufschrift auf als Marke eingetragener Verpackungsabbildung. Dagegen **zeichenmäßiger Gebrauch bejaht:** BGH GRUR 1982, 229, 230 – *Klix/Klick:* „Klick" in „Klick Automatik" für Schirme; BGH GRUR 1981, 277, 278 – *Biene Maja:* „Maja" wegen Hervorhebung in „Die Biene Maja"; BGH GRUR 1970, 305, 306 – *Löscafé:* hervorgehoben in Wort-/Bildzeichen; BGH GRUR 1968, 148, 149f. – *Zwillingsfrischbeutel:* in „Grandos-Zwillingsfrischbeutel". Heute können diese Fälle **sachgerechter über § 23 Nr. 2** gelöst werden, der auch bei Einbindung der beschreibenden Angabe in ein Gesamtzeichen gilt (§ 23 Rdn. 41).

D. Rechtsverletzende Benutzung § 14

15. Aufnahme in Markenanmeldung

a) Anmeldung in Alleinstellung. Die Anmeldung eines Zeichens zur Eintragung als Marke soll nach bisher überwiegender Meinung entgegen RG GRUR 1942, 432, 437 – *Liebig* („liegt auch in der bloßen Anmeldung eines verwechslungsfähigen Warenzeichens eine Verletzungshandlung, gegen die der Abwehranspruch begründet ist") noch **keine Markenverletzung** sein (offengel. in BGH GRUR 1993, 556, 558 – *TRIANGLE,* aber ausdrücklich an der Liebig-Entscheidung zweifelnd; gegen Markenverletzung zB *Kurt Bauer* GRUR 1965, 351/352: für Anwendung des § 823 Abs. 1 BGB; für Eingriff in Gewerbebetrieb bei Mutwilligkeit: LG Köln GRUR 1966, 91 und LG München I GRUR 1959, 609; für Markenverletzung dagegen *B/H* § 24 WZG Rdn. 10: „Beeinträchtigung"; unklar OLG Celle Mitt. 1988, 56, 57 – *Heidejäger*). Eine Verletzungshandlung durch Benutzung iSd § 14 Abs. 2 stellt die Anmeldung als solche richtigerweise nicht dar, da sich die Wiedergabe des Zeichens gegenüber dem DPA in einem reinen Aktenvorgang erschöpft, der nicht zur Unterscheidung von Waren/Dienstleistungen im Sinne des Benutzungsbegriffs zu § 14 erfolgt. Billigt man dem Markeninhaber allerdings auch Schutz gegen **Markenleugnung** zu (vgl. oben Rdn. 9), so kann die Anmeldung unabhängig vom Benutzungsbegriff als Verletzung des auschließlichen Rechts des Markeninhabers durch Inanspruchnahme einer nach § 9 kollidierenden Rechtsposition angesehen werden. Dafür spricht auch, daß nach herkömmlicher Auffassung (aA unten Rdn. 233) bereits bloße Markeneintragungen unabhängig von ihrer Benutzung eine schwächende Wirkung haben können (*Teplitzky* 25. Kap. Fn. 2). Die Frage der Verletzung durch die Anmeldung als solche ist aber deshalb idR bedeutungslos, weil die Anmeldung in jedem Falle eine gerade **kennzeichenmäßige Gebrauchsabsicht** belegt und daher auch nach traditioneller Auffassung immer eine den vorbeugenden Unterlassungsanspruch nach § 14 Abs. 5 begründende **Begehungsgefahr** auslöst (näher Vor §§ 14–19 Rdn. 26).

83

b) Anmeldung als Bestandteil. Wird das Zeichen nicht in Alleinstellung, sondern als Bestandteil eines **Gesamtzeichens** angemeldet, hängt die Bedeutung der Anmeldung für die Annahme der Gefahr kennzeichenmäßigen Gebrauchs gerade des Bestandteils ähnlich oben Rdn. 82 von Art und Inhalt der weiteren Bestandteile sowie dem Gesamteindruck ab. Die Rspr. hat einerseits betont, daß

84

die Herausstellung als Bestandteil einer kombinierten Markenanmeldung nicht automatisch kennzeichenmäßigen Gebrauch bedeuten müsse (BGH GRUR 1970, 305, 306 – *Löscafe* mwN). Andererseits ist zutr. auch betont worden, daß sich auf ein Freihaltebedürfnis nicht berufen kann, wer das Zeichen selbst als Marke anmeldet, insbesondere versucht, es als Bestandteil einer Kombinationsmarke für sich zu monopolisieren (BGH GRUR 1988, 542, 543 – *ROYALE,* zurückgehend auf BGH GRUR 1970, 305, 307 – *Löscafe* und den Einwand widersprüchlichen Verhaltens; ebenso BPatG GRUR 1997, 649, 650 – *Microtrec Research/Microtek*). Richtig gesehen ist jedoch nicht danach zu fragen, ob der kollisionsbegründende Bestandteil in dem Gesamtzeichen im herkömmlichen Sinne kennzeichenmäßig verwendet wird. Anzuwenden ist vielmehr § 23 **Nr. 2.** Danach ist entscheidend, ob die Verwendung des kollisionsbegründenden Bestandteils nicht nur in Alleinstellung, sondern auch als Teil des Gesamtzeichens als lauterer Gebrauch einer beschreibenden Angabe freigestellt ist (§ 23 Rdn. 41).

IV. Markennennung

85 Ein Zeichen kann von einem Unternehmen nicht nur als Kennzeichen für das eigene Produktangebot verwendet werden, sondern auch zur Benennung **fremder Originalprodukte** eines anderen Unternehmens mittels der hierfür von diesem Unternehmen selbst verwendeten Originalkennzeichen. Typische Fallgruppen sind: die Verwendung der fremden Kennzeichen im Rahmen einer **Bestimmungsangabe** für ein eigenes Produkt, das zur Verwendung mit den fremden Originalwaren bestimmt ist (Rdn. 88); die **vergleichende Werbung**, dh die Bezugnahme auf einen Wettbewerber bzw. dessen Produkte durch ausdrückliche Nennung seiner geschäftlichen Bezeichnungen oder Marken (unten Rdn. 89): die sonstige Erwähnung fremder Unternehmen oder Produkte mit deren geschäftlichen Bezeichnungen oder Marken zu anderen, nicht vergleichenden Werbezwecken oder außerhalb von Werbemaßnahmen insbesondere zu **redaktionellen Zwecken** iwS (Rdn. 90). Hiervon zu unterscheiden ist der **produktgestaltende Gebrauch** (Rdn. 91ff.), insbesondere als **Dekor** einer Ware (unten Rdn. 92ff.), auf **Modellen** (Rdn. 95) oder **Replikas** (Rdn. 96).

86 In den erstgenannten Fällen dient das Zeichen zur Unterscheidung von Waren/Dienstleistungen (oben Rdn. 53), jedoch nicht als Bezeichnung für ein dem Zeichenverwender – sei es auch nur

D. Rechtsverletzende Benutzung **§ 14**

als Händler oder sonstiger Vertriebsmittler – zurechenbares **eigenes** Produktangebot, sondern offen als Kennzeichen eines fremden Dritten. Es geht um die Benennung des richtigen Produkts mit der richtigen Marke. Zu § 12 BGB ist anerkannt, daß die bloße „Namensnennung" unabhängig von allen weiteren Umständen und trotz des weiten namensrechtlichen Verletzungsbegriffs keinen als Verletzung in Betracht kommenden Namensgebrauch darstellt (Nach § 15 Rdn. 17). Hieran angelehnt können die obigen Verwendungsfälle für das Markenrecht als „Markennennung" bezeichnet werden, ohne daß diese Begriffsbildung die markenrechtliche Bewertung im Einzelfall vorwegnehmen oder eine vollständige Gleichbehandlung mit dem Namensrecht bedeuten soll.

1. Abgrenzung von der Ankündigung fremder Produkte als eigenes Angebot

Dient das Zeichen zur Benennung des dem Zeichenverwender als **Händler** oder sonstigem Vertriebsmittler zuzurechnenden eigenen Angebots an Originalwaren oder wird es zumindest von einem nicht unerheblichen Teil des Verkehrs (oben Rdn. 59) so verstanden, so liegt auch dann keine bloße Markennennung vor, wenn das Zeichen erkennbar nicht als eigenes, sondern als fremdes, zB des Herstellers verwendet wird. Es handelt sich dann zunächst um eine als rechtsverletzend in Betracht kommende Benutzung iSv § 14 Abs. 2. Jedoch greift die Schutzschranke der **Erschöpfung** (§ 24) ein, wenn die rechtmäßig gekennzeichneten Waren von dem Kennzeicheninhaber oder mit seiner Zustimmung innerhalb der EU/EWR in Verkehr gebracht worden sind und dieser sich der Zeichenbenutzung nicht gem § 24 Abs. 2 aus berechtigten Gründen, insbesondere wegen die Eigenart der Ware berührenden Veränderungen oder rufschädigender Präsentation (s. im einzelnen § 24). Auch die Verwendung eines Zeichens für zwar vom Markeninhaber stammende, von ihm aber gerade nicht gekennzeichnete, sondern **ungekennzeichnet in den Verkehr gebrachte Waren** (zB zweigleisiger Vertrieb mit Preisspaltung; vgl. *Fezer* § 14 Rdn. 493 ff.) ist kein Fall der bloßen Markennennung, sondern verletzende Benutzung, da das Zeichen das eigene Angebot des Zeichenverwenders bezeichnet und auch keine Erschöpfung eingreift. 87

2. Nennung als Bestimmungsangabe

Die Nennung eines fremden Kennzeichens als Bestimmungsangabe für ein eigenes Produktangebot ist in **§ 23 Nr. 3** in Umset- 88

§ 14   Rechte und Ansprüche des Markeninhabers

zung von Art. 6 lit. c MRRL als Schutzschranke mit Unlauterkeitsvorbehalt geregelt. Grund für die ausdrückliche Regelung in der MRRL sind die besonderen Mißbrauchsgefahren bei der Verwendung solcher Bestimmungsangaben, aber auch bei übermäßigen Unterbindungsversuchen der Kennzeicheninhaber. Diese Spezialregelung schließt eine Verneinung der Anwendbarkeit des § 14 schon wegen fehlender „Benutzung" aus, da sie sonst leerliefen. Demgegenüber wurde nach herkömmlicher Auffassung zum WZG bei eindeutigen Bestimmungsangaben der kennzeichenmäßige Gebrauch verneint (Nachw. § 23 Rdn. 50).

3. Vergleichende Nennung in der Werbung

89   Die Nennung einer fremden Marke im Rahmen offener vergleichender Werbung für das eigene Produktangebot des Werbenden ist solange **kennzeichenrechtlich irrelevant** und unterliegt nur den sachgerechteren wettbewerbsrechtlichen Schranken (dazu *Köhler/Piper* § 1 UWG Rdn. 129 ff., 308 ff.; *B/H* § 1 UWG Rdn. 329 ff.), als aus der Sicht des Verkehrs nicht der Eindruck entsteht, mit dem fremden Zeichen werde (auch) das **eigene Produktangebot des Werbenden** bezeichnet (so im Erg. Amtl. Begr. 7. Abs. zu § 14; *Lehmann/Schönfeld* GRUR 1994, 489; zum WZG OLG Hamburg MD 1993, 126, 132 – *Chanel:* für Duftvergleichslisten, sofern erkennbar nur Vergleich; ebenso OLG München WRP 1987, 299 – *OPTIMUM/OPIUM:* „riecht wie Opium"). Bei Einordnung als bloße Markennennung erübrigt sich die zweifelhafte Qualifikation als „beschreibende Angabe" iSd § 23 Nr. 2 (aA *Fezer* § 14 Rdn. 496; krit. dazu *Kur* GRUR 1997, 250 Fn 109). Die Nennung in vergleichender Werbung fällt entgegen *Kur* GRUR 1997, 250 auch nicht unter die Schutzschranke der Erschöpfung, da der erforderliche Bezug zu konkreten Original-Warenstücken keineswegs gegeben sein muß (unzutr. daher auch die Erörterung als Erschöpfungsfrage in BGH GRUR 1994, 808, 809 – *Markenverunglimpfung I (MARS)*). Zur vergleichenden Werbung als Fall der Markennennung s. auch brit High Court, Chancery Division, GRUR Int. 1997, 478 – *Kreditkarten.* Die vergleichende Nennung kann nicht nur verbal erfolgen, sondern auch durch Wiedergabe von Bildzeichen und dreidimensionalen Zeichen. Auch nach neuem Recht ist daher eine Whisky-Anzeige aus einer gestellten Szene mit Rolls-Royce-Frontansicht im Vordergrund keine Benutzung der auf dem Kühler angebrachten Rolls-Royce-Bildzeichen, kann aber gegen § 1 UWG verstoßen (so zum WZG wegen fehlenden

D. Rechtsverletzende Benutzung § 14

zeichenmäßigen Gebrauchs: BGH GRUR 1983, 247, 249 – *Rolls-Royce*). Zu beachten ist aber die Abgrenzung zum nicht mehr nur nennenden, sondern produktgestaltenden Gebrauch (unten Rdn. 91 ff.).

4. Redaktionelle Nennung

Neben der Nennung in vergleichender Werbung werden Marken auch in vielfältigsten anderen Zusammenhängen offen als fremde Kennzeichen und zur Benennung der unter ihnen auf dem Markt angebotene fremde Originalware wiedergegeben, ohne daß darin eine Benutzung iSd § 14 Abs. 2 liegt. Dazu gehören zum einen ohne unmittelbare Wettbewerbsabsicht erfolgende Nennungen, wie zB die von § 16 erfaßte Wiedergabe in zB wissenschaftlichen oder anderen **Nachschlagewerken**, die Nennung in der **Medienberichterstattung** (zB in einem Warentest) oder im Rahmen **politischer Auseinandersetzung**, soweit nicht ohnehin schon das Tatbestandsmerkmal des geschäftlichen Verkehrs (oben Rdn. 34 ff.) fehlt (zB BGH GRUR 1979, 564, 565 – *Metall-Zeitung*: Wiedergabe des Titellogos der Bild-Zeitung in Kopfleiste der Innenseite einer Gewerkschaftszeitung nicht herkunftshinweisend, offengel ob im geschäftlichen Verkehr). Es kann sich aber auch um geschäftliche Veröffentlichungen außerhalb vergleichender Werbung handeln (zB BGH GRUR 1983, 467 – *Photokina*: Protestanzeige eines Messeausstellers „Suchen Sie uns nicht auf der Photokina ... ", nicht zeichenmäßig).

90

V. Produktgestaltender Gebrauch

Keine bloße Markennennung im obigen Sinne ist die Verwendung einer fremden Marke zur Gestaltung des eigenen Produkts. Typische Erscheinungsformen sind die Verwendung als Dekor einer Ware (unten Rdn. 92 ff.) oder auf Modellen (Rdn. 95) und Repliken von Originalwaren (Rdn. 96). Zwar haben sie nennenden Charakter, soweit der Verkehr die gewollte Bezugnahme auf den Originalhersteller erkennt. Jedoch ist die Zeichenverwendung nicht mehr auf die Benennung fremder Produkte oder Unternehmen beschränkt, sondern **wird das fremde Zeichen selbst zum Gegenstand des eigenen Angebots** gemacht. So gesehen handelt es sich sogar um eine intensivere Benutzungsform als die Verwendung eines Zeichens „nur" als Herkunftshinweis im herkömmlichen Sin-

91

§ 14   Rechte und Ansprüche des Markeninhabers

ne. Diese Verwendungsarten dürfen dem unstreitig nicht mehr auf die Herkunftsfunktion beschränkten markengesetzlichen Schutz nicht entzogen und der Markeninhaber auf das Wettbewerbsrecht verwiesen werden. Das MarkenG enthält hierfür die sachnäheren, gegenüber § 1 UWG konkreter ausgestalteten Verletzungsnormen. Diese Verwendungsformen sind daher als Benutzung im Sinne eines nicht auf den traditionellen kennzeichenmäßigen Gebrauch beschränkten Benutzungsbegriffs gem § 14 Abs. 2 anzusehen (aA *Sack* GRUR 1995, 96: fremde Marken als „funktionale Warenelemente" von § 14 nicht erfaßt; unklar *Fezer* § 14 Rdn. 438: Analogie zu § 14 Abs. 2 Nr. 3). Im einzelnen ist nach den genannten drei Fallgruppen zu unterscheiden:

1. Dekorativer Gebrauch

92   Der dekorative, ornamentale Gebrauch eines Zeichens ist **nach bisheriger Rspr. keine Markenverletzung**, es sei denn ein noch relevanter Teil des Verkehrs sieht darin einen betrieblichen Herkunftshinweis (zB BGH GRUR 1994, 635, 636 – *Pulloverbeschriftung*: Pullovervorderseite mit Uhrendarstellungen und Ansammlung von Schriftzügen wie „Cartier", „Piaget", „Rolex" etc nicht zeichenmäßig; BGH GRUR 1977, 614, 615 – *Gebäudefassade*: fortlaufendes Bildmuster als Fassadenbemalung eines Geschäftsgebäudes nicht zeichenmäßig, mit zutr. krit. Anm. *Fezer*; BGH GRUR 1969, 601, 602 – *Candahar*: Verpackungsumriß als ästhetisch ansprechende Form offengel.; BGH GRUR 1960, 126, 128 – *Sternbild*: Sterne auf Weihnachtsplakat nicht zeichenmäßig; OLG München GRUR 1991, 218 – *Wiesenausschnitt*: Blumenwiese auf Käseverpackung nicht zeichenmäßig; LG Düsseldorf GRUR 1987, 443, 444/445 – *Shell-Farben*: Farbgestaltung eines Tanklasters zeichenmäßig; vgl. aber auch BGH GRUR 1981, 277, 278 – *Biene Maja*: Aufdruck „Die Biene Maja" mit Abbildung dieser Fernsehfigur auf Süßwaren zeichenmäßig).

93   Dem ist für das MarkenG aus den oben Rdn. 91 dargelegten Gründen nicht zu folgen, sondern grdsl. auch die **dekorative Verwendung als eine zur Rechtsverletzung geeignete Handlungsart anzusehen** (vgl. schon *Ingerl*, Die Gemeinschaftsmarke, S. 89; im Erg. wie hier *Fezer* § 14 Rdn. 68, der jedoch auf den zu weiten Begriff „zum Zwecke des Produktabsatzes" abstellen will; aA *Schönfeld* S. 239). Es ist kein schutzwürdiges Bedürfnis erkennbar, ausgerechnet fremde Marken (oder fremde geschäftliche Bezeichnungen) zur Ausschmückung des eigenen Produkts ver-

D. Rechtsverletzende Benutzung **§ 14**

wenden zu können. Vielmehr kann gerade auch die Verwendung einer Marke als Teil dekorativer Produktgestaltung ohne weiteres die spezifisch markenrechtlich anerkannten Interessen des Kennzeicheninhabers verletzen, insbesondere wegen Verwässerungswirkungen und in Form der weit verbreiteten Ausbeutung des Aufmerksamkeitseffekts bekannter Marken (unten Rdn. 520 zu § 14 Abs. 2 Nr. 3), zB durch Bekleidungsstücke mit aufmerksamkeitsheischenden Abbildungen bekannter Wort/Bildmarken, im Original oder parodierend entstellt (zur Parodie unten Rdn. 98). Die Verwendung des Zeichens erfolgt auch in diesen Fällen zur Unterscheidung von Waren/Dienstleistungen iSv oben Rdn. 53. Denn gerade erst durch die Marke wird eine „Individualisierung der Ware" (vgl. BGH GRUR 1994, 635, 636 – *Pulloverbeschriftung*) gegenüber anderen Bekleidungsstücken erreicht. Die Schutzschranke des § 23 spielt bei dieser Fallgruppe keine Rolle, da § 23 Nr. 2 nicht für bloßes Dekor gilt (im Erg ebenso *Fezer* § 23 Rdn. 47).

Nur wenn die **Zeichenwiedergabe in einem Gesamtdekor untergeht**, so daß der Verkehr den Zeichencharakter nicht mehr erkennt, scheidet eine rechtsverletzende Benutzung von vornherein aus. Es erscheint richtiger, dies nicht erst als Frage der Zeichenähnlichkeit zu sehen. Vorstellbar ist dies erstens bei Bildzeichen, die in ein Flächenmuster so einbezogen sind, daß eine gedankliche Herauslösung des Zeichens bei der unbefangenen Wahrnehmung und im Erinnerungsbild des Musters zweifelsfrei ausgeschlossen ist (vgl. BGH GRUR 1977, 614, 615 – *Gebäudefassade*: als Fassadenbemalung verwendetes fortlaufendes Bildmuster, in dem das geschützte Kennzeichen aber noch erkennbar geblieben war; BGH GRUR 1960, 126, 128 – *Sternbild*: Sterne auf Weihnachtsplakat). Ein weiterer, allerdings besonders schwierig abzugrenzender Anwendungsbereich sind dreidimensionale Zeichen, die in einer rein dekorativen Gesamtgestaltung untergehen. Dagegen ist die weiterhin erkennbar bleibende Einbindung eines Bildzeichens in ein vom Verkehr nicht als Dekor verstandenes Gesamtkennzeichen nach den allg. Regeln zur Zeichenähnlichkeit zu beurteilen (vgl. Rdn. 415). 94

2. Modelle

Die Markenwiedergabe auf realitätsnah gestalteten, verkleinerten Modellen des Originalprodukts soll nach der bisherigen Rspr. idR keine kennzeichenmäßige Benutzung sein (zB OLG München OLG-Report 1997, 138 – *BMW-Carrera-Modelle*; OLG München 95

OLG-Report 1994, 14 – *BMW/Carrera;* vgl. zu § 12 BGB: BGH GRUR 1994, 732, 735 – *McLaren;* BGH GRUR 1981, 846, 847 – *Carrera:* zur modellbegleitenden Werbung; Nach § 15 Rdn. 16 f.). Dem ist nicht zu folgen, sondern von einer Benutzung iSd § 14 Abs. 2 für die Modellware, also zB Spielzeug auszugehen. Ohnehin dürfte einem Teil des Verkehrs bekannt sein, daß Modelle heute als Teil des Merchandising aufgrund Lizenzerteilung durch den Inhaber der Marke für das Originalprodukt vertrieben werden, ferner auch als Werbeartikel des Originalherstellers. Die verkleinerte Wiedergabe der Originalkennzeichnung auf dem Modell wird daher entgegen der bisherigen Rspr. häufig als sogar **kennzeichenmäßig im herkömmlichen Sinne** verstanden werden. Aus der Sicht des hier vertretenen weiteren Benutzungsbegriffs handelt es sich um eine Variante des produktgestaltenden Gebrauchs iSv Rdn. 91. Der Markeninhaber kann zB aus Gründen des einheitlichen Erscheinungsbildes ein schutzwürdiges Interesse daran haben, daß seine Marke auch auf Modellen nur mit seiner Zustimmung und gemäß seinen gestalterischen Vorgaben angebracht wird. Die Gewährung kennzeichenrechtlichen Schutzes kann umso notwendiger sein, als wettbewerbsrechtlicher Schutz idR nicht zur Verfügung steht, da § 1 UWG nur bei „deutlicher Herausstellung" des Rufs oder Originalprodukts oder bei Herstellung „anderer, zusätzlicher Bezüge" verletzt sein soll (BGH GRUR 1994, 732, 735 – *McLaren*). Gerade bei dieser Fallgruppe ist aber zu beachten, daß die Einstufung als Benutzung iSd § 14 Abs. 2 noch nicht der Bejahung einer Markenverletzung gleichkommt. Vielmehr wird bei Modellen idR die Warenähnlichkeit zum Originalprodukt fehlen, so daß nur § 14 Abs. 2 Nr. 3 in Betracht kommt, in dessen Rahmen auch der Gesichtspunkt des **Angewiesenseins auf die Markenverwendung zur realitätsnahen Abbildung der Wirklichkeit** in die Gesamtbewertung eingestellt werden kann (vgl. BGH aaO – *McLaren* zu § 1 UWG). Zum Gleichlauf mit dem Benutzungszwang s. § 26 Rdn. 53.

3. Replikas

96   Am zeichenmäßigen Gebrauch soll es nach Auffassung des OLG Hamburg auch fehlen, wenn ein erkennbar einem bekannten Original nachgestaltetes Produkt mit den Marken des Originals versehen wird, sofern der Verkehr aufgrund jahrelanger Gewöhnung mit dem Vorhandensein von Kopien auf dem Markt rechnet (OLG Hamburg MD 1996, 544, 549 – *Les Paul-Gitarren:* seit 1976 syste-

D. Rechtsverletzende Benutzung § 14

matisch von verschiedenen Herstellern nachgebaute Gitarren, von denen 15 mal mehr Nachbauten als Originale im Verkehr sind). Denn wenn der Verkehr wisse, daß es sich um eine Produktkopie handele, erkenne er auch sofort, daß die Originalmarken „lediglich die Aufgabe hätten, eine möglichst große Nähe zum Original zu vermitteln" und nur die Bedeutung hätten, ein „Sachhinweis" zu sein, der die Ähnlichkeit mit dem Original verdeutliche, ohne zu „Identitätstäuschungen" führen zu können. Dies gelte „erst recht" (also nicht etwa nur), wenn auch die Marke des wirklichen Herstellers angebracht sei. Der Verkehr sei dadurch gerade aufgerufen, die Kopien mit dem Original zu vergleichen, so daß ihm die Unterschiede nicht verborgen bleiben könnten, selbst wenn er von der „völlig fernliegenden" Annahme zeichenmäßigen Gebrauchs ausgehen würde.

Dem ist auch unter Berücksichtigung des besonderen Sachverhalts der Entscheidung **nicht zu folgen**. Anders als die äußere Produktform selbst, deren wettbewerbliche Eigenart bei Verwässerung durch langjährig hingenommene Nachbauten zu verneinen sein kann, ist eine eingetragene Marken solange kein „Allgemeingut", wie nicht der Verfall gem § 49 Abs. 2 Nr. 1 eingetreten ist. Die Marke wird in Fällen dieser Art identisch verletzt, so daß es auf eine Schwächung der Kennzeichnungskraft durch Duldung von Nachbauten nicht ankommt. Wenn das Originalprodukt sein Ansehen sogar trotz massiver Nachahmung nicht verloren hat (OLG Hamburg aaO, 549), so verdeutlicht dies erst recht die Schutzwürdigkeit auch der hierauf hinweisenden Kennzeichen. Die Berücksichtigung nur von Identitätstäuschungen greift gerade nach neuem Recht zu kurz, nachdem jedenfalls eine Verwechslungsgefahr im weiteren Sinne und ein gedankliches Inverbindungbringen iSv unten Rdn. 425 ff. auch bei Kenntnis von anderen Nachahmungen und Verwendung weiterer Herkunftshinweise ohne weiteres naheliegt. Ferner ist auch das Zeichenverständnis desjenigen Teils des Verkehrs zu berücksichtigen, der das Produkt nicht selbst für sich erworben hat, von ihm jedoch anläßlich der Verwendung durch andere Kenntnis erlangt, ohne die besonderen Verkaufsmodalitäten (zB niedrigerer Preis) zu kennen (BGH GRUR 1994, 808, 812 – *Markenverunglimpfung I MARS;* OLG Hamburg GRUR 1992, 58 – *adihash*), und zwar im Rahmen der Verwechslungsgefahr, soweit es sich um potentielle Abnehmer handelt (unten Rdn. 168), im Rahmen des erweiterten Schutzes bekannter Marken auch darüber hinaus. Die Gefährlichkeit einer solchen Privilegierung von Replikas, zeigt auch der Abgrenzungsversuch des OLG Hamburg aaO, 549 zu § 1 UWG, wonach bei „plötzlicher Überschwemmung des Marktes" mit Nachahmungen andere Regeln gelten sollen, obwohl der Nachahmungsschutz nicht von solchen zeitlichen und quantitativen Kriterien abhängen darf und dadurch unnötig Schutzbehauptungen für den Vertrieb von Markenpiratierieware als möglichst originalnahe Replikas geliefert werden.

VI. Markenparodie

98 Die Markenparodie, -satire oder -persiflage ist keine eigenständige Handlungsart (zur Terminologie *Grünberger* S. 36 ff. mit vielen Beispielen). Die Wiedergabe einer Marke in entfremdeter Form oder in einem entfremdenden Zusammenhang kann kennzeichenmäßiger Gebrauch im herkömmlichen Sinne, produktgestaltender Gebrauch (oben Rdn. 91 ff.) oder aber bloße Markennennung sein (oben Rdn. 90). Maßgeblich ist die Verkehrsauffassung und damit die konkreten Einzelfallumstände. Ein **Unterfall der redaktionellen Nennung** ist eine Markenparodie nur dann, wenn kein erheblicher Teil des Verkehrs mehr annimmt, die Wiedergabe erfolge zur Bezeichnung eines **eigenen** Produktangebots des Nennenden. Die Verkehrsauffassung kann dabei auch von Zielrichtung und Aussage der inhaltlichen Auseinandersetzung mit der Marke bzw. dem zugehörigen Produkt oder Unternehmen beeinflußt sein, soweit sich diese bei der Wahrnehmung der Kennzeichnung sofort erschließt und für jedermann ohne weiteres ergibt, daß eine Aussage über ein Angebot eines Dritten getroffen wird und nicht das eigene Produktangebot bezeichnet wird. Beispiel: BGH GRUR 1984, 684, 685 – *Mordoro*: satirisch verfremdete Wiedergabe eines Marlboro-Plakates in Nichtraucher-Kalender nicht kennzeichenmäßig. Hierzu gehören auch die **Titelparodien**. Beispiel: BGH GRUR 1994, 191, 201 – *Asterix-Persiflagen*: Untertitel „Die hysterischen Abenteuer des Isterix" für Parodiensammlung nicht kennzeichenmäßig. Hier steht die Auseinandersetzung mit dem Original so im Vordergrund, daß der an sich auch gegebene produktgestaltende Charakter der Verwendung zurücktritt.

99 Dagegen stellen Markenparodien als **Produktdekor** wie zB Bekleidungsaufdruck, Aufkleber, Geschirrdekor, Bildpostkarten usw eine Benutzung iSd § 14 Abs. 2 dar und rechtfertigen auch sonst keine Privilegierung im Rahmen der weiteren Merkmale der Verletzungstatbestände. Es handelt sich um eine idR rufausbeutende, jedenfalls aber aufmerksamkeitsausbeutende Benutzung, die unter

D. Rechtsverletzende Benutzung **§ 14**

den weiteren Voraussetzungen des § 14 Abs. 2 Nr. 3 unzulässig ist (unten Rdn. 453 ff.). Dabei ist zu beachten, daß der Verkehr nicht selten auch entfremdete Wiedergaben des Originalkennzeichens ohne weiteres dem Markeninhaber zurechnen wird, zB als **eigener Werbegag**, so daß sogar kennzeichenmäßiger Gebrauch auch im herkömmlichen Sinne gegeben ist. Beispiel zum MarkenG: KG GRUR 1997, 295 – *Alles wird Teurer:* Verwendung des „T" in der Schreibweise der Telekom im Wort „Teurer" auf Postkarten mit Preiskritik soll kein unter § 14 fallender Gebrauch sein, jedenfalls durch Art. 5 Abs. 1 GG gerechtfertigt. Beispiele zum früheren Recht: BGH GRUR 1995, 57 – *Markenverunglimpfung II NIVEA:* „es tut Nivea als beim ersten Mal" als Aufdruck auf Kondompäckchen, zeichenmäßiger Gebrauch offengel, dagegen bejaht für gleichartigen Aufdruck „Mars macht mobil bei Sex-Sport und Spiel" in BGH GRUR 1994, 808, 809/810 – *Markenverunglimpfung I MARS,* weil als Werbung des Markeninhabers verstehbar; unzutr. BGH GRUR 1986, 759, 760 – *BMW:* Aufkleber mit BMW-Emblem und Inschrift „Bumms Mal Wieder" nicht kennzeichenmäßig, hierzu krit. Nachw. unten Rdn. 504; OLG Hamburg GRUR 1992, 58 – „adihash gives you speed" als T-Shirt-Aufdruck mit hanfblattartig verändertem adidas-Dreiblatt kennzeichenmäßig; OLG Frankfurt aM NJW 1982, 648 – *Lusthansa:* Scherzartikel-Aufkleber nicht kennzeichenmäßig).

VII. Veränderung gekennzeichneter Originalware

1. Beseitigung, Beschädigung des Zeichens

Die **Beseitigung** fremder Kennzeichen ist keine Markenverletzung (RG MuW 1931, 617 – *Rhenania-Benzin*), auch nicht als Beeinträchtigung nach § 14 Abs. 2 Nr. 3. Die Beseitigung ist das Gegenteil einer Benutzung. Sie kann jedoch insbesondere bei zum Weitervertrieb bestimmter Ware als Werbebehinderung wettbewerbswidrig sein (BGH GRUR 1972, 558, 559 – *Teerspritzmaschinen:* Entfernung durch Wettbewerber anläßlich Reparatur; OLG München MD 1995, 478 – *bulthaup Systemhülle; B/H § 1 UWG* Rdn. 231 dort auch zur Irreführung), einen Eingriff in den Gewerbebetrieb nach § 823 Abs. 1 BGB darstellen, wenn eine weiterzuvertreibende Ware betroffen ist (*B/H § 15 WZG* Rdn. 21), oder unter § 826 BGB fallen, wenn in vorsätzlicher Schädigungsabsicht vorgenommen. Die Markenentfernung kann ausnahmsweise als

100

Abwehrmaßnahme gerechtfertigt sein, wenn die Markenanbringung in Verbindung mit Kontrollcodierungen zu rechtswidrigen Kontrollzwecken mißbraucht wird (dazu § 24 Rdn. 14).

101 Die **Beschädigung** steht der Beseitigung gleich, wenn das Zeichen nicht mehr erkennbar ist. Andernfalls kann eine Markenverletzung nach § 14 Abs. 2 Nr. 2 und 3 gegeben sein. Andernfalls kann jedenfalls ein Wettbewerbsverstoß bzw. Eingriff in den Gewerbebetrieb vorliegen, da ein beschädigtes, aber wiedererkennbares Zeichen erhebliche rufschädigende Wirkung entfalten kann. Auch eine Markenbeschädigung kann ausnahmsweise als Abwehrmaßnahme zur Vereitelung mißbräuchlicher Kontrollzwecke gerechtfertigt sein (dazu § 24 Rdn. 14).

2. Veränderung der Verpackung

102 Direkt unter § 14 Abs. 3 Nr. 1 fällt das Anbringen des Zeichens auf neuer Verpackung nach Umpacken der Originalware, und zwar auch bei Hinweis auf den Umpackvorgang (vgl. BGH GRUR 1984, 352, 354 – *Ceramix*). Eine (Neu-)Kennzeichnung liegt auch dann vor, wenn die hinzugefügte äußere Gesamtverpackung eine Öffnung aufweist, die eine auf der Ware selbst angebrachte Kennzeichnung sichtbar läßt, und diese vom Verkehr auf die Gesamtpackung bezogen wird (BGH WRP 1997, 742, 745 – *Sermion II*; § 24 Rdn. 21. Auch bloße Veränderungen der Produktverpackung einschließlich Öffnen und Schließen der Verpackung können Verletzungsansprüche auslösen. Dazu im einzelnen § 24 Rdn. 12, 19 ff., vor allem zum Umpacken von Reimportware, insbesondere Arzneimittel.

3. Veränderung der Ware

103 Markenverletzungen können auch dadurch begangen werden, daß Änderungen an der zunächst rechtmäßig gekennzeichneten Ware vorgenommen werden. Verletzungshandlung ist hier weniger die Veränderung der Ware selbst, als das Inverkehrbringen der Ware in veränderter Form wegen des Wegfalls der Schutzschranke der Erschöpfung. Die hierzu heute geltenden Grundsätze sind bei § 24 Rdn. 11 ff. erläutert. Auch die Verbindung der gekennzeichneten Originalware mit weiteren Waren zu einer Gesamtware ist verletzend, wenn der Verkehr die auf der Originalware verbliebene Marke auf die Gesamtware insgesamt bezieht (zB RGZ 130, 242, 246 – *Heizkissen*).

D. Rechtsverletzende Benutzung § 14

VIII. Ausdrücklich geregelte Handlungsformen (§ 14 Abs. 3)

Die nicht abschließende Aufzählung untersagter Handlungsformen in § 14 Abs. 3 setzt Art. 5 Abs. 3 MRRL um und konkretisiert den Begriff der rechtsverletzenden Benutzung iSd § 14 Abs. 2. Auf die Unterscheidung von **Kennzeichnungsrecht, Erstvertriebsrecht und Ankündigungsrecht** (zB *B/H* § 15 WZG Rdn. 1) braucht im Rahmen des § 14 nicht mehr zurückgegriffen werden (zu § 24 s. dort Rdn. 6). 104

Die äußere Verwirklichung einer der Handlungsformen des § 14 Abs. 3 schließt nicht aus, daß in den oben Rdn. 85 ff. erläuterten Fallkonstellationen eine rechtsverletzende Benutzung dennoch zu verneinen ist. Der Kodifizierung der Handlungsformen des § 14 Abs. 3 als typische Verletzungsfälle sollte aber dadurch Rechnung getragen werden, daß die Darlegungs- und **Beweislast** für die tatsächlichen Voraussetzungen solcher Ausnahmefallkonstellationen nicht dem Markeninhaber, sondern dem Dritten auferlegt wird. 105

Im typischen Verletzungsfall treffen meist mehrere der Handlungsformen des § 14 Abs. 3 zusammen, wobei das verletzende Anbieten und Inverkehrbringen iSv § 14 Abs. 3 Nr. 2 und 3 meist als erstes und am leichtesten nachweisbar ist. Zur Erstreckung der durch eine der Handlungen des § 14 Abs. 3 ausgelösten Begehungsgefahr auf weitere Handlungsformen s. Vor §§ 14–19 Rdn. 30. 106

1. Anbringung auf Ware, Aufmachung, Verpackung (Nr. 1)

Die unmittelbare Anbringung des Zeichens auf der Ware selbst oder ihrer Verpackung ist die herkömmlichste Benutzungsform für eine Warenmarke. Die technische Art und Weise der Anbringung ist bedeutungslos. Auch eine nur vorübergehende, ohne weiteres entfernbare oder nicht ständig wahrnehmbare Anbringung genügt (zB Wiedergabe beim Start eines Computerprogramms). Zum weiten Warenbegriff des MarkenG s. § 3 Rdn. 17 ff. Die über Art. 5 Abs. 3 lit. a MRRL hinausgehende Nennung der „Verpackung" zusätzlich zu dem für das deutsche Recht ungewohnten Begriff des „Aufmachung" soll lediglich klarstellen, daß jegliche Verpackungsart erfaßt ist (Amtl. Begr. 7. Abs. zu § 14). § 14 Abs. 3 Nr. 1 gilt auch für die Anbringung auf Exportware. 107

§ 14 Rechte und Ansprüche des Markeninhabers

108 Die Zeichenanbringung verletzt bereits als **betriebsinterne** Handlung und nicht etwa erst bei Inverkehrbringen (zutr. Amtl. Begr. 6. Abs. zu § 15; aA *Fezer* § 14 Rdn. 465). Die Gegenauffassung übersieht, daß § 14 Abs. 3 Nr. 1 sonst weitgehend leerlaufen würde, nachdem die Zeichenanbringung mit wenigen Ausnahmen (zB Verpackung bzw. Abfüllung erst in Anwesenheit des Abnehmers) in der Regel ein betriebsinterner Vorgang ist. Geboten ist lediglich eine Reduktion des Tatbestands dahingehend, daß die Kennzeichnung von Gegenständen, die zweifelsfrei nicht zum späteren Inverkehrbringen und auch nicht zum Anbieten bestimmt sind (zB Produktprototypen, Verpackungsentwürfe OLG Köln MD 1997, 246, 250 – *Picasso*), noch keine Verletzung darstellt. Wird eine Bestimmungsänderung vorgenommen, greift § 14 Abs. 3 Nr. 2 3. Alt ein, und wird sodann der nun zur Ware gewordene Gegenstand zum Anbieten oder in der Werbung verwendet, findet § 14 Abs. 3 Nr. 2/5 Anwendung. Damit ist auch ein Mißbrauch der Reduktion für Schutzbehauptungen weitgehend ausgeschlossen. Die betriebsinterne Kennzeichnung auf Lager befindlicher verkehrsfähiger Serienerzeugnisse und Verpackungen ist dagegen eine mit Anbringung des Zeichens vollendete rechtsverletzende Benutzung. Dies ist auch mit dem Zweckvorbehalt bei der Verletzung durch Besitz gekennzeichneter Ware (§ 14 Abs. 3 Nr. 2 3. Alt.) vereinbar, denn diese Einschränkung wird durch die hier vertretene Auslegung des § 14 Abs. 3 Nr. 1 nicht überflüssig, sondern hat ihren eigenständigen Anwendungsbereich vor allem in Fällen, in denen es um den Besitz von Ware geht, die nicht der jetzige Besitzer sondern ein Dritter gekennzeichnet hat.

109 Unter § 14 Abs. 3 Nr. 1 fällt auch das **mittelbare Anbringen** durch Einfüllen einer Ware in eine gekennzeichnete Verpackung/Behältnis (vgl. BGH GRUR 1987, 438, 440 – *Handtuchspender;* BGH GRUR 1957, 84, 86 – *Einbrandflasche*). Zum Umpacken und zur Verletzung durch Veränderung gekennzeichneter Originalware s. oben Rdn. 102, 103. Besteht eine Ware aus mehreren Teilen, so entscheidet die Verkehrsauffassung darüber, ob sich die Kennzeichnung nur auf die Gesamtware oder auch bzw. nur auf einzelne Bestandteile als solche bezieht (vgl. BGH GRUR 1995, 583, 584 – *MONTANA* zur insoweit gleichlaufenden rechtserhaltenden Benutzung, näher § 26 Rdn. 41). Die Verkehrsauffassung entscheidet auch darüber, ob sich ein angebrachtes Zeichen auf die Ware oder ausnahmsweise auf die Verpackung bezieht (Beispiele dazu § 26 Rdn. 40).

D. Rechtsverletzende Benutzung § 14

2. Anbieten von Ware (Nr. 2 1. Alt.)

Ein Anbieten von Ware unter dem Zeichen iSd § 14 Abs. 3 **110**
Nr. 2 liegt nicht nur im Falle eines Vertragsangebotes iSv § 145
BGB vor, sondern auch in den Fällen der sog. „invitatio ad offerendum" (zB Schaufenster, Katalog). Form und Adressatenzahl sind gleichgültig. Auch das konkludente Einzelangebot verletzt. Das Angebot muß nicht auf eine endgültige Überlassung der Ware (Verkauf, Tausch, Schenkung) gerichtet sein, sondern kann auch nur die Vermietung, Verpachtung, Verleihung oder sonstige **Gebrauchsüberlassung** der Ware zum Gegenstand haben (insoweit auch *Fezer* § 14 Rdn. 469). Das Angebot muß nicht auf ein Inverkehrbringen iSv Rdn. 114 gerichtet sein (unzutr. *Fezer* § 14 Rdn. 469: „Form des Inverkehrbringens"). Beispielsweise stellt das Aufstellen eines Geldspielautomaten in Gaststätten ein Anbieten dieser Ware zum Gebrauch dar. Auch das Angebot einer Lizenzvergabe an Software fällt unter § 14 Abs. 3 Nr. 2 1. Alt. (vgl. BGH GRUR 1991, 607, 608 – VISPER zum Inverkehrbringen).

Das **Anbieten von Originalware durch einen Händler** wird **111**
von der Schutzschranke der Erschöpfung (§ 24) freigestellt, wenn die konkret angebotenen rechtmäßig gekennzeichneten Warenstücke von dem Markeninhaber oder mit seiner Zustimmung innerhalb der EU/EWR in Verkehr gebracht worden sind und sich der Markeninhaber der Zeichenbenutzung nicht gem § 24 Abs. 2 aus berechtigten Gründen, insbesondere wegen die Eigenart der Ware berührenden Veränderungen widersetzt (dazu im einzelnen bei § 24).

„Unter dem Zeichen" erfolgt ein Angebot, wenn entweder im **112**
Angebot selbst das Zeichen ausdrücklich verwendet wird oder das Zeichen im Angebot unerwähnt bleibt, aber die angebotene Ware das Zeichen aufweist und der Bezug vor oder bei Unterbreitung des Angebots in einer für den Angebotsempfänger erkennbaren Weise hergestellt wird (zB Bezugnahme auf Prospekt, in dem die Ware mit Kennzeichnung abgebildet oder beschrieben ist; Fortsetzung früherer Lieferungen). Es genügt, daß der Empfänger Kenntnis erlangen konnte, ob er sich tatsächlich mit der Kennzeichnung befaßt hat, spielt keine Rolle. Fehlt zur Zeit des Angebots noch jeder erkennbare Bezug gerade zu einer gekennzeichneten Angebotsware, so verletzt erst deren Lieferung als Inverkehrbringen iSd § 14 Abs. 3 Nr. 2 2. Alt.. Eigenständige Bedeutung kommt dem Anbieten als Verletzungshandlung heute nur noch in den Fällen zu, in denen das Angebot nicht ohnehin zugleich unter § 14 Abs. 3

Nr. 5 fällt, weil es unter Verwendung des Zeichens auf Geschäftspapieren gemacht wird oder jedenfalls eine Benutzung in der Werbung darstellt.

113 Anders als im Patentrecht (*Benkard/Bruchhausen* § 9 PatG Rdn. 42) ist die **Möglichkeit der alsbaldigen Herstellung und Lieferung der angebotenen Ware** keine Voraussetzung einer Markenverletzung und spielt die tatsächliche Bereitschaft zur Belieferung keine Rolle (*Fezer* § 14 Rdn. 469). Ist der Angebotstext selbst kennzeichenneutral (2. Fall oben Rdn. 112), setzt der erforderliche Bezug zum Zeichen jedoch voraus, daß die Ware bereits durch das Angebot hinreichend individualisiert ist, so daß feststeht, daß es sich um gekennzeichnete Ware handelt. Dies wird idR nur dann der Fall sein, wenn die Ware mindestens als Muster existiert oder ihre beabsichtigte Kennzeichnung bereits anderweitig endgültig festgelegt ist (zB Zeichnungen). Zum Auslandsangebot s. oben Rdn. 29.

3. Inverkehrbringen (Nr. 2 2. Alt.)

114 Ein Inverkehrbringen der gekennzeichneten Waren setzt die **Übertragung der tatsächlichen Verfügungsgewalt**, also idR des unmittelbaren Besitzes an der Ware auf einen Dritten voraus. Eine Übereignung oder die Übertragung rechtlicher Verfügungsbefugnis ist dagegen nicht Voraussetzung. Dies entspricht dem patentrechtlichen Begriff in § 9 PatG (*Benkard/Bruchhausen* § 9 PatG Rdn. 43). Die Schutzschranke der Erschöpfung stellt das Inverkehrbringen rechtmäßig gekennzeichneter Originalware frei, wenn das konkrete Warenstück von dem Markeninhaber oder mit seiner Zustimmung innerhalb der EU/EWR in Verkehr gebracht worden ist und sich der Markeninhaber dem Inverkehrbringen nicht gem § 24 Abs. 2 aus berechtigten Gründen, insbesondere wegen die Eigenart der Ware berührenden Veränderungen widersetzt (dazu im einzelnen bei § 24).

Das Inverkehrbringen umfaßt die tatsächliche Überlassung der Ware **zu jedem Zweck**, insbesondere Kauf, Tausch, Schenkung, Miete, Pacht, Leihe oder zu sonstigem Gebrauch mit eigener Verfügungsgewalt des Gebrauchenden. Eine besondere Form des Inverkehrbringens stellt die Vergabe von Lizenzen an Software dar (BGH GRUR 1991, 607, 608 – *Visper*). Verletzer ist nur der Veräußerer, nicht auch der Erwerber (vgl. zum Patentrecht BGH GRUR 1987, 626, 627 – *Rundfunkübertragungssystem*), der jedoch bei Erlangung des qualifizierten Besitzes nach § 14 Abs. 3 Nr. 3 durch den Erwerb zum Verletzer werden kann (unten Rdn. 118).

D. Rechtsverletzende Benutzung   § 14

Das bloße **Ausstellen der Ware** zu Angebotszwecken, zB auf 115
einer Messe, ist mangels Wechsel der Verfügungsgewalt kein Inverkehrbringen (aA *Fezer* § 14 Rdn. 471, der Anbieten und Inverkehrbringen vermengt, unter unzutr. Bezugnahme auf BGH GRUR 1990, 361, 363 – *Kronenthaler,* wo die Messepräsentation als Feilhalten angesehen und bzgl des Inverkehrbringens nur Erstbegehungsgefahr bejaht wurde). Insoweit ist der Begriff enger als das „Inverkehrsetzen" iSd § 15 WZG, wozu auch das anders als in §§ 24, 25 WZG nicht ausdrücklich genannte „Feilhalten" gezählt werden mußte, das heute ein Unterfall des Anbietens iSd 1. Alt. des § 14 Abs. 3 Nr. 2 ist.

Innerhalb eines **Konzerns** findet der Übergang der Verfügungs- 116
gewalt von einer Gesellschaft auf die andere zwar im „geschäftlichen Verkehr" iSd § 14 (oben Rdn. 34 ff.) statt und entspricht an sich der Definition des Inverkehrbringens, da es sich um rechtlich unterschiedliche Personen handelt. Jedoch sollten solche konzerninternen Übergaben dann nicht als Inverkehrbringen angesehen werden, wenn die tatsächliche Verfügungsgewalt wegen der Konzernverflechtung sowohl des Veräußerers als auch des Empfängers letztlich **unverändert bei derselben Leitungsstelle** geblieben ist. Beispiel: Übergabe von der herstellenden Muttergesellschaft an eine mehrheitlich beherrschte Vertriebsgesellschaft; Veräußerungsvorgänge zwischen Schwestergesellschaften, die von einer gemeinsamen Muttergesellschaft beherrscht werden. Dagegen stellen Veräußerungen an ein nicht beherrschtes Beteiligungsunternehmen oder an ein Gemeinschaftsunternehmen mit 50:50-Beteiligung eines konzernfremden Dritten ein Inverkehrbringen iSd § 14 Abs. 3 Nr. 2 dar. Zum Inverkehrbringen bei Import s. unten Rdn. 120, Export Rdn. 121, Transit Rdn. 122 ff.

4. Qualifizierter Besitz (Nr. 2 3. Alt.)

§ 14 Abs. 3 Nr. 2 3. Alt. bringt eine Vorverlagerung des Mar- 117
kenschutzes gegenüber dem WZG, das den bloßen Besitz markenverletzender Ware nicht als Verletzungshandlung ansah (Amtl. Begr. 7. Abs. zu § 14). Die Einstufung als rechtsverletzende Benutzung rechtfertigt sich aus der verdichteten Gefahr der Begehung der eigentlichen Verletzungshandlungen (*Starck* GRUR 1996, 692). Der Besitz muß dadurch **qualifiziert** sein, daß er zum Zwecke des Anbietens oder Inverkehrbringens erlangt oder aufrechterhalten wird. Maßgeblich sind zunächst die eigenen Verwendungsabsichten des Besitzers. Verwahrt dieser für einen Dritten, so ist (auch) dessen

Zweckrichtung maßgeblich, ohne daß es auf die Kenntnis eines ggf. gutgläubigen unmittelbaren Besitzers vom Verwendungszweck ankommt (zB Spediteur, Lagerhalter, Frachtführer, die verpackte Ware entgegennehmen). Als Auslegungshilfe kann die Judikatur zum Verbot des Besitzes patentverletzender Gegenstände nach § 9 Nr. 1 PatG herangezogen werden (vgl. *Benkard/Bruchhausen* § 9 PatG Rdn. 47).

118 In den Tenor einer **einstweiligen Verfügung** auf Unterlassung kann das Besitzverbot nicht durch Übernahme des Gesetzeswortlauts aufgenommen werden. Dadurch würde hinsichtlich der schon im Besitz des Verletzers befindlichen Waren die Besitzaufgabe geboten und unzulässigerweise die Hauptsache vorweggenommen (insoweit zutr. OLG Hamburg WRP 1997, 106, 112 – *Gucci*). Es ist vielmehr zu differenzieren. Der aktuelle Besitz verletzender Ware kann nur Anlaß für eine einstweilige Verfügung auf Sequestration sein (§ 18 Rdn. 28). Für die Zukunft kann das Besitzverbot jedoch entgegen OLG Hamburg aaO durchaus auch im Wege der einstweiligen Verfügung durchgesetzt werden, nämlich durch ein Verbot der zukünftigen Verschaffung des verbotenen Besitzes zu den genannten Zwecken. Es wird dadurch nur das jedem Besitzverbot immanente **Erwerbsverbot** aktualisiert. Es muß also nicht geduldet werden, daß sich der Verletzer laufend neue verletzende Ware verschafft. Auch entfällt die Wiederholungsgefahr hinsichtlich der Besitzverschaffung nicht schon dann, wenn nur Anbieten und Inverkehrbringen durch einstweilige Verfügung verboten sind. Denn zu welchen Zwecken der Besitzerwerb tatsächlich erfolgt, hängt nicht davon ab, ob diese nur unter Verstoß gegen ein gerichtliches Verbot verwirklicht werden können. Die mit dem Besitzverbot beabsichtigte Vorverlagerung des Markenschutzes muß gerade auch im Verfügungsverfahren effektiv verwirklicht werden.

5. Angebot und Erbringung von Dienstleistungen (Nr. 3)

119 Für Dienstleistungen kommen warenbezogene Benutzungshandlungen nur insoweit in Betracht, als das Zeichen auf Waren angebracht werden kann, die Objekt der Dienstleistung sind (zB Vermerk auf reparierter Ware) oder als Hilfsmittel bei ihrer Erbringung eingesetzt werden (zB Hotelhandtücher). Für die Zuordnung zu Ware oder Dienstleistungen kommt es auf die Verkehrsauffassung an (vgl. näher § 26 Rdn. 42 zu der gleichgelagerten Frage bei der rechtserhaltenden Benutzung). Im übrigen steht bei Dienstlei-

D. Rechtsverletzende Benutzung § 14

stungen die Verwendung in begleitenden Schriftstücken im Vordergrund (zB BGH GRUR 1985, 41, 43 – *REHAB*), bei der sich die Handlungsformen nach Nr. 3 und Nr. 5 regelmäßig untrennbar überschneiden. Ferner kommt die Verwendung auf Fahrzeugen, Gebäuden, Uniformen etc. in Betracht.

6. Einfuhr (Nr. 4 1. Alt.)

Der Import ist seit jeher als rechtsverletzendes Inverkehrbringen 120 der gekennzeichneten Ware im Inland angesehen worden und nunmehr in Umsetzung von Art. 5 Abs. 3 lit. c MRRL ausdrücklich als rechtsverletzende Benutzung genannt. Bei Einfuhr von Originalware, insbesondere Reimporten kann jedoch die Schutzschranke der Erschöpfung eingreifen, dazu § 24 Rdn. 16 ff.

7. Ausfuhr (Nr. 4 2. Alt.)

In Umsetzung von Art. 5 Abs. 3 lit. c MRRL nennt § 14 Abs. 3 121 Nr. 4 auch den Export von Waren unter dem kollidierenden Zeichen als rechtsverletzende Benutzung. Bereits zum WZG war anerkannt, daß die Kennzeichnung von Exportware als rechtsverletzende inländische Zeichenanbringung und die Versendung von Waren in das Ausland als rechtsverletzendes Inverkehrsetzen im Inland zu betrachten waren (BGH GRUR 1991, 460, 461 – *Silenta;* BGH GRUR 1986, 538, 540 – *Ola;* grdl. RGZ 110, 176, 178 f. – *King Edward;* vgl. aber BGH GRUR 1982, 495, 497 – *Domgarten-Brand* zu § 3 UWG; dazu *Sack* RIW 1995, 179/180; aA zu § 16 UWG OLG Frankfurt aM GRUR Int. 1995, 987 – *Enrico Ferrari:* Anbringung auf Exportware nur Vorbereitungshandlung, kein inländisches Inverkehrbringen bei Transport ins Ausland). Begründet wurde dies im wesentlichen mit der Gefahr des Verbleibens von Ware im Inland einschließlich weisungswidriger Abzweigung durch Mitarbeiter, Spediteure etc. Heute bedarf es keiner besonderen Begründung mehr und kommt es im Rahmen des Verwechslungstatbestands nicht darauf an, daß bei reiner Exportware eine inländische Verwechslungsgefahr deshalb ausgeschlossen sein könnte, weil die Ware überhaupt nicht an inländische Abnehmer geliefert werden soll (näher *Sack* RIW 1995, 180 f.; *ders.* GRUR 1996, 664). Zum Gleichlauf mit der Anerkennung der Kennzeichnung von Exportware in § 26 Abs. 4 als rechtserhaltende Benutzung s. § 26 Rdn. 105.

8. Durchfuhr, Transit

122 Ob auch die Durchfuhr gekennzeichneter Ware durch das Bundesgebiet eine Verletzungshandlung ist, läßt § 14 Abs. 3 ebenso offen wie Art. 5 Abs. 3 lit. c MRRL. Ausdrücklich einbezogen ist die Durchfuhr in die Beschlagnahme wegen widerrechtlicher Verwendung einer geographischen Herkunftsangabe nach § 151 Abs. 1 S. 1 und im Falle des externen Versandverfahrens nach der Beschlagnahmeverordnung Nr. 3295/94. Dagegen wurde eine generelle Erstreckung der deutschen Beschlagnahmeregelungen zu Schutzrechtsverletzungen anläßlich des MRÄndG 1996 von der Bundesregierung verworfen (Amtl. Begr. I. 2. zum MRÄndG).

123 In der Amtl. Begr. zum MarkenG wurde noch betont, daß die fehlende Nennung des Transits nicht als generelle Freistellung der Durchfuhr mißverstanden werden dürfe und vielfach ohnehin der Einfuhr- und Ausfuhrtatbestand erfüllt sein werde (7. Abs. zu § 14). Im übrigen solle die Frage der Rechtsprechung überlassen bleiben. Demgegenüber verweist die Amtl. Begr. I.2. zum MRÄndG 1996 wesentlich zurückhaltender darauf, daß die Durchfuhr nach bisher hM keine Schutzrechtsverletzung sei. Hierfür spreche, daß sie allenfalls eine Gefährdung mit sich bringe und daher eine andere Qualität habe als die Handlungsformen des § 14 Abs. 3.

124 Nach der Rspr. zum WZG war die „ungebrochene" Durchfuhr mangels inländischen Inverkehrbringens keine Verletzung und kamen Untersagungsansprüche nur bei Abschluß von Veräußerungsgeschäften während der Durchfuhr oder wegen drohender Verletzung ausländischer Kennzeichenrechte im Bestimmungsland in Betracht (BGH GRUR 1958, 189, 197 – *Zeiß*; BGH GRUR 1957, 352, 353 – *Taeschner-Pertussin II;* BGH GRUR 1957, 231, 234/235 – *Taeschner-Pertussin I*). Dies soll auch für das MarkenG gelten (ohne Begr. *Starck* GRUR 1996, 693). Die besseren Argumente sprechen jedoch für eine **uneingeschränkte Erstreckung des Markenschutzes auf die Durchfuhr** (*Sack* FS Piper 1996, 614 ff.; ders. RIW 1995, 177, 181 ff.; *Fezer* § 14 Rdn. 483; *Meister* WRP 1995, 371; ders. WRP 1995, 1013). Da jetzt der Export gemäß § 14 Abs. 3 Nr. 4 unabhängig von der konkreten Gefahr der Kenntniserlangung durch inländische Verkehrskreise und unabhängig von den markenrechtlichen Verhältnissen im Bestimmungsland als Verletzungshandlung gilt, wäre eine abweichende Behandlung der Durchfuhr widersprüchlich. Nur so kann ohne weiteren Nachweisbedarf auch der Schein-Transit im Rahmen von Markenpiateriefällen effektiv bekämpft werden. Die Ausnahme von der Be-

D. Rechtsverletzende Benutzung **§ 14**

schlagnahme nach Art. 9 Abs. 4 PVÜ schließt weitergehende nationale Schutzvorschriften der Verbandsstaaten nicht aus.

Für die im Transit eingesetzten **Transportfahrzeuge** und deren 125 Zubehör ist allerdings eine Ausnahme im Interesse der Freiheit des Verkehrs geboten, die jedoch nur für Kennzeichen gelten darf, die das Fahrzeug und sein Zubehör unmittelbar betreffen, also zB nicht für Werbeaufdrucke Dritter auf der LKW-Plane oder auf Kfz-Seitenflächen. Auf das Transportunternehmen hinweisende Zeichen fallen unter das Verbot des § 14 Abs. 3 Nr. 3 2. Alt., auch wenn sie auf dem Fahrzeug angebracht sind. Die Privilegierung für Fahrzeuge ist im Markenrecht also deutlich enger zu fassen als nach § 11 Nrn. 4, 5, 6 PatG, Art. 5ter PVÜ bei den insoweit anders gelagerten technischen Schutzrechten (aA *Sack* RIW 1995, 185).

9. Benutzung in Geschäftspapieren oder in der Werbung (Nr. 5)

In Umsetzung von Art. 5 Abs. Abs. 3 lit. d MRRL erfaßt § 14 126 Abs. 3 Nr. 5 Handlungsformen, bei denen das Zeichen in Geschäftspapieren oder in der Werbung benutzt wird. Dazu ist jedoch vorab zu beachten, daß die Verwendung in Geschäftspapieren oder Werbung für **Originalware**, insbesondere durch einen Händler, von der Schutzschranke der Erschöpfung (§ 24) freigestellt wird, wenn die konkret angebotenen rechtmäßig gekennzeichneten Warenstücke von dem Markeninhaber oder mit seiner Zustimmung innerhalb der EU/EWR in Verkehr gebracht worden sind und sich der Markeninhaber der Zeichenbenutzung nicht gem § 24 Abs. 2 aus berechtigten Gründen, insbesondere wegen die Eigenart der Ware berührenden Veränderungen widersetzt (dazu im einzelnen bei § 24).

a) Geschäftspapiere. Der Begriff der „Geschäftspapiere" reicht 127 wesentlich weiter als derjenige der „Geschäftsbriefe" iSd §§ 15, 24, 25 WZG. Er umfaßt alle schriftlichen geschäftsbezogenen Unterlagen, ausgenommen solche, die nur für den innerbetrieblichen Gebrauch, also nicht für den geschäftlichen Verkehr (Rdn. 131) bestimmt sind. Dazu gehören neben den im WZG noch ausdrücklich genannten Preislisten, Empfehlungen, Rechnungen jede geschäftliche Mitteilung oder Korrespondenz einschließlich derjenigen mit Behörden zB die Nennung in beim DPA eingereichten Warenverzeichnissen (RG GRUR 1924, 48 – *Galalith*).

b) Werbung. Der Begriff der „Werbung" iSd MarkenG ist im 128 denkbar weitesten Sinne zu verstehen. Unter ihn fallen „alle Formen der Werbung" (Amtl. Begr. 7. Abs. zu § 9), also schriftliche, mündliche (Rdn. 71), durch dreidimensionale Gegenstände, in elektronischen Medien, durch Computerprogramme, oder sonst rein akustische oder visuelle Wiedergaben und zwar – auch insoweit über den engeren Ankündigungsbegriff des WZG (*B/H* § 15 WZG Rdn. 60) hinaus – auch wenn an Einzelpersonen gerichtet. Inhaltlich genügt jede unmittelbar oder mittelbar absatzfördernde Zielrichtung einschließlich bloß imagepflegender oder aufmerksamkeitserzeugender Maßnahmen, solange die Zuordnung zu der Art nach bestimmbaren Waren/Dienstleistungen (Rdn. 70) noch möglich ist. **Werbegeschenke** können gleichzeitig sowohl unter Nr. 5 als auch unter Nr. 1, 2, 4 bzgl. des Geschenks selbst als Ware fallen. Weitere Beispiele aus der Rspr. zum WZG, dort unter den engeren Ankündigungsbegriff subsumiert: Verwendung auf Geschäftswagen (BGH GRUR 1960, 33, 36 – *Zamek I*); Telegrammadresse (BGH GRUR 1952, 35, 38 – *Ardia/Widia*); Werbefilm (RGZ 149, 335, 342 – *Kaffeekanne*).

129 c) **Benutzung.** § 14 Abs. 3 Nr. 5 verlangt, daß das Zeichen in Geschäftspapieren oder in der Werbung „**benutzt**" wird. Die Verwendung dieses Begriffes im Gegensatz zu den konkreteren Handlungsarten der Nr. 1 bis 4 zeigt zunächst, daß es nicht auf eine bestimmte äußere Form der Verwendungshandlung ankommen soll, sondern jede wahrnehmbare Wiedergabe des Zeichens in Betracht kommt. Während die 1. Alt. zur Abgrenzung auf ein bestimmtes, seiner Funktion und Papierform nach definiertes Wiedergabemedium abstellt, begnügt sich die 2. Alt. mit einer rein funktionellen Abgrenzung der Verletzungshandlung.

130 Gleichzeitig ist durch den Begriff der Benutzung aber auch der Bezug zu den generellen Grenzen des Begriffs der rechtsverletzenden Benutzung iSd § 14 Abs. 2 hergestellt. Die nach oben Rdn. 85 ff. keine Markenverletzung darstellenden Verwendungsformen eines Zeichens sind auch bei Verwendung in Geschäftspapieren oder Werbung keine Verletzungshandlung. Es handelt sich um dem Begriff der Zeichenbenutzung immanente Beschränkungen, die an die inhaltliche Wirkung der Zeichenwiedergabe anknüpfen, während die Handlungsformen des § 14 Abs. 3 auf die äußere Handlungsform abstellen. So ist insbesondere die Verwendung fremder Kennzeichen in **vergleichender Werbung** keine Benutzungshandlung nach § 14 Abs. 3 Nr. 5 (aA *Fezer* § 14 Rdn. 496; näher oben Rdn. 89), ebensowenig sonst redaktionelle Markennennungen in der Werbung (oben Rdn. 90).

D. Rechtsverletzende Benutzung § 14

Welche einzelnen Handlungen, die zu einer Verwendung auf 131
Geschäftspapieren oder in der Werbung gehören, unter die Benutzung iSd § 14 Abs. 3 Nr. 5 fallen, ist unklar. Jedoch könnte es der Begriff „in der Werbung" nahelegen, anders als bzgl. der Ware/Verpackung nach § 14 Abs. 3 Nr. 1, 2 das betriebsinterne **Anbringen** des Zeichens und den bloßen **Besitz** gekennzeichneter Geschäftspapiere oder Werbemittel ohne Verwendung nach außen noch nicht als Verletzungshandlung anzusehen. Die Verletzungshandlung würde erst mit dem **Inverkehrbringen** des Geschäftsbriefs oder Werbemittels oder jeder sonstigen werbende **Wahrnehmbarmachen** der Zeichenwiedergabe nach außen beginnen (zB Schaufensterauslage, Fassadenschild etc.), wozu auch die Online-Abrufbarkeit genügt. Es könnte also erst auf die eigentliche Werbehandlung, nicht schon auf die Vorbereitungen dazu abzustellen sein. Dieser engen Betrachtungsweise ist jedoch nicht zu folgen. Jedenfalls das Anbringen sollte als Verletzungshandlung auch nach Nr. 5 behandelt werden. Der Markeninhaber verdient insoweit nicht weniger Schutz als bzgl. der Ware/Verpackung. Dafür spricht auch, daß nur so sichergestellt ist, daß hergestellte, aber noch nicht verbreitete Werbemittel nach §§ 18, 19 als „widerrechtlich gekennzeichnete Gegenstände" auch von Vernichtungs- und Auskunftsanspruch erfaßt werden. Der Besitz gekennzeichneter Werbemittel sollte in einer qualifizierenden Form analog § 14 Abs. 3 Nr. 2 3. Alt. als Benutzungshandlung angesehen werden, wenn er zum Zwecke des Inverkehrbringens oder des Wahrnehmbarmachens erfolgt (enger *Fezer* § 14 Rdn. 486: erst bei Verlassen des unternehmensinternen Bereichs). Unabhängig hiervon kann eine Vorbereitungsmaßnahme auch von § 14 Abs. 4 erfaßt sein.

IX. Mittelbare Markenverletzung (§ 14 Abs. 4)

1. Allgemeines

§ 14 Abs. 4 erfaßt Vorbereitungshandlungen, bei denen mangels 132
Verbindung des Zeichens mit der Ware/Dienstleistung eine Verletzungshandlung iSd § 14 Abs. 2 und 3 noch nicht gegeben oder zumindest zweifelhaft ist. Die MRRL enthält keine vergleichbare ausdrückliche Regelung. Die Vorschrift soll von Art. 5 Abs. 3 lit. a MRRL gedeckt sein, weil danach schon die Anbringung des Zeichens auf der Aufmachung von Waren verboten werden könne (*Starck*, FS Piper 1996, 635). So gesehen hätte allerdings § 14 Abs. 4

§ 14 Rechte und Ansprüche des Markeninhabers

im deutschen Recht nur noch klarstellende Bedeutung gegenüber dem konsequenterweise genauso weit auszulegenden, weil gleichlautenden Verbot der Anbringung auf Aufmachungen (und Verpackungen) von Waren nach § 14 Abs. 3 Nr. 1. § 14 Abs. 4 gehört zu den Vorschriften über mittelbare Schutzrechtsverletzungen (vgl. insbes. § 10 PatG), regelt jedoch nur einen Ausschnitt möglicher mittelbarer Verletzungshandlungen im weiteren Sinne (unten Rdn. 136). Zu der durch die Neuregelung überholten bisherigen Rspr. vgl. *Starck* FS Piper 1996, 628 ff.

2. Voraussetzungen

133   Die Begriffe „Aufmachungen" und „Verpackungen" stimmen mit § 14 Abs. 3 Nr. 1 überein (Amtl. Begr. 8. Abs. zu § 14), während der Begriff der „**Kennzeichnungsmittel**" in § 14 Abs. 4 Nr. 1 durch nicht abschließende Beispiele unterschiedlicher Befestigungsart („Etiketten, Anhänger, Aufnäher oder dergleichen") konkretisiert wird. Obwohl es sich hierbei um typische Warenkennzeichnungsmittel handelt, gilt § 14 Abs. 4 ausdrücklich auch für Dienstleistungsmarken, zB für die Kennzeichnung von Hilfswaren iSv Rdn. 119, die zusammen mit der Dienstleistung abgegeben werden, aber zB auch für Schilder zur Anbringung am Geschäftslokal, auf Fahrzeugen etc. Eine Ausdehnung auch auf die „Geschäftspapiere" oder reine Werbematerialien iSv § 14 Abs. 3 Nr. 5 läßt der gesetzliche Wortlaut dagegen nicht zu. Im folgenden wird als Oberbegriff für alle Gegenstände (vgl. § 18 Abs. 1, 19) des § 14 Abs. 4 die Bezeichnung „Kennzeichnungsgegenstände" verwendet.

134   Die Handlungsbegriffe des § 14 Abs. 4 (Anbringen, Anbieten, etc.) entsprechen ebenfalls denjenigen des § 14 Abs. 3, beziehen sich aber statt auf die Ware nunmehr auf die Kennzeichnungsgegenstände als selbständig verkehrsfähige Wirtschaftsgüter. Handeln im **geschäftlichen Verkehr** muß sowohl bzgl. der Handlungen des § 14 Abs. 4 als auch bzgl. der drohenden Verwendungshandlungen vorliegen. An letzterem fehlt es beim Verkauf von Kennzeichnungsgegenständen an Privatpersonen für deren Privatgebrauch (zB OLG Hamm GRUR 1938, 725: Zierfigur für Fahrräder; *Starck* FS Piper 1996, 630 f. und 637). Ein solcher Verkauf kann wettbewerbswidrig sein, soweit nicht ohnehin unmittelbar Markenschutz für den Kennzeichnungsgegenstand selbst besteht, wie zB für Aufkleber oder Zubehörteile (zB Mercedes-Stern) möglich und ratsam.

Die auch bei § 14 Abs. 4 erforderliche **Verbindung zu bestimmten Waren/Dienstleistungen** wird durch die Gefahr der Verwendung der Kennzeichnungsgegenstände hergestellt. Verwender kann, muß aber nicht die Person sein, welche die Handlungen nach § 14 Abs. 4 begeht. § 14 Abs. 4 hat gerade auch die in Markenpirateriefällen zu beobachtenden arbeitsteiligen Strukturen im Visier, die die Verfolgung erschweren sollen. Die Gefahr ist anhand konkreter tatsächlicher Anhaltspunkte unter Einbeziehung der Lebenserfahrung festzustellen (vgl. *Starck* FS Piper 1996, 636). Die Gefahr braucht nur **objektiv** gegeben sein. Auf den Kenntnisstand oder die Absichten der die Handlungen nach § 14 Abs. 4 vornehmenden Person stellt der Verbotstatbestand anders als § 10 PatG nicht ab. Das Verbot erfaßt daher auch gutgläubige Zulieferer und Auftragnehmer des Markenverletzers. Bei Handeln im Auftrag eines Dritten genügen entsprechende Verwendungsabsichten beim Auftraggeber. Insbesondere in Markenpirateriefällen wird nach der Art der Kennzeichnung häufig ohnehin nur eine verletzende Verwendung in Betracht kommen. Die Verwendungshandlung muß nach dem insoweit eindeutigen Wortlaut eine Markenverletzung nach deutschem Recht sein, also im **Inland** drohen. Die (Schutz-)Behauptung, man habe die Kennzeichnungsgegenstände für die Verwendung im Ausland hergestellt, ist naheliegend und daher besonders sorgfältig auf ihre Glaubwürdigkeit zu überprüfen.

3. Nicht abschließende Regelung

§ 14 Abs. 4 regelt die mittelbare Markenverletzung nicht abschließend. Ziel der Neuregelung ist die Schutzerweiterung. Unberührt bleibt die schon nach früherem Recht unter dem Gesichtspunkt der Mittäterschaft, Beihilfe oder Anstiftung mögliche Verantwortlichkeit von Personen, die einem Markenverletzer noch ungekennzeichnete Ware, Verpackungen, Aufmachungen, Material für Kennzeichnungsmittel etc vorsätzlich in Kenntnis der Verwendungsabsicht liefern (vgl. Vor §§ 14–19 Rdn. 10). Beispiel: OLG Düsseldorf WRP 1996, 559 – *adp:* Lieferung von zum nachträglichen Einbau in gekennzeichnete Geldspielgeräte bestimmte Punktspiel-Module ist Teilnahme an Markenverletzung durch Umbau, wenn keine ausreichenden konkreten Warnhinweise unter Nennung der Marke gegeben werden.

§ 14 Rechte und Ansprüche des Markeninhabers

E. Identität (§ 14 Abs. 2 Nr. 1, § 9 Abs. 1 Nr. 1)

Literatur: *Sack*, „Doppelidentität" und „gedankliches Inverbindungbringen" im neuen deutschen und europäischen Markenrecht, GRUR 1996, 663.

I. Allgemeines

1. Überblick

137 Der Tatbestand der identischen Markenverletzung nach § 14 Abs. 2 Nr. 1 und das parallele relative Schutzhindernis nach §§ 9 Abs. 1 Nr. 1 setzen **Identität in zweifacher Hinsicht** voraus: Zeichenidentität und Waren/Dienstleistungsidentität. Zeichenidentität bedeutet vollständige Übereinstimmung des von dem Dritten benutzten Zeichens mit der geschützten Marke (Rdn. 141 ff.). Waren/Dienstleistungsidentität liegt nur bei Verwendung für aus der Sicht des Verkehrs der Art nach identische Waren/Dienstleistungen vor (Rdn. 144 ff.). Zeichenidentität und Waren/Dienstleistungsidentität sind revisible Rechtsbegriffe (vgl. § 14 Rdn. 239). Der Identitätsbegriff ist eng auszulegen. Bestehen auch nur geringfügige Unterschiede, ist die Anwendung des Verwechslungstatbestandes der Nr. 2 vorzuziehen, der seinem Wortlaut nach ohnehin auch den Identitätsfall erfaßt.

138 § 14 Abs. 2 Nr. 1 beruht auf der wortgetreuen Umsetzung der Vorgabe des Art. 5 Abs. 1 lit. a MRRL (bzw. Art. 4 Abs. 1 lit. a MRRL für § 9 Abs. 1 Nr. 1) durch den deutschen Gesetzgeber, der bei den geschäftlichen Bezeichnungen die Ausgliederung eines solchen besonderen Identitätstatbestands aus dem Verwechslungstatbestand (§ 15 Abs. 2) nicht für notwendig gehalten hat. Einen anderen Weg geht Art. 16 Abs. 1 S. 2 TRIPS, wonach bei Identität eine Vermutung für Verwechslungsgefahr besteht. Soweit MRRL (ErwGr 10) und Gesetzesbegründung (Amtl. Begr. 2. Abs. zu § 9) von einem „absoluten" Schutz der älteren Marke bei identischer Benutzung sprechen, ist damit lediglich gemeint, daß keine weiteren Voraussetzungen erfüllt sein müssen, insbesondere keine Prüfung auf Verwechslungsgefahr stattfindet. Mit der Frage des markenmäßigen Gebrauchs hat dies nichts zu tun (unzutr von *Gamm* WRP 1994, 780 und *Fezer* § 14 Rdn. 37; wie hier *Keller* GRUR 1996, 610 Fn. 40). Der Benutzungsbegriff ist bei allen drei Tatbeständen des § 14 Abs. 2 derselbe (oben Rdn. 46).

E. Identität **§ 14**

2. Bedeutung

Die identische Markenverletzung spielt in der Praxis vor allem in 139
Pirateriefällen eine Rolle. Bei eingetragenen Marken können Identitätsfragen auch in anderem rechtlichen Zusammenhang eine Rolle spielen, so insbesondere bei der Inanspruchnahme der Priorität identischer ausländischer Anmeldungen (§ 34) und nach Art. 4bis MMA/MMP (§ 9 Rdn. 8) sowie im Gemeinschaftsmarkenrecht zusätzlich bei der Inanspruchnahme des „Zeitrangs" identischer nationaler Markeneintragungen (Art. 34, 35 GMVO, dazu § 125 c).

3. Identität ohne Verwechslungsgefahr?

Die bisherigen Versuche, einen nicht auch von Nr. 2 erfaßten 140
Anwendungsbereich herauszuarbeiten, überzeugen nicht. Der von *Fezer* § 14 Rdn. 75 angeführte Fall der offen als billigere Pirateriewäre angebotenen Produktkopien unterfällt ohne weiteres dem Verwechslungstatbestand, da es auf den Ausschluß tatsächlicher Verwechslungen durch außerhalb von Zeichen und Waren/Dienstleistungen als solchen liegende Umstände nicht ankommt (unten Rdn. 332). Der von *Sack* (GRUR 1996, 664; RIW 1994, 900) aus Überlegungen zum Schweizer Recht abgeleiteten These, beim nicht der Erschöpfung unterfallenden Import von Originalware aus Drittstaaten außerhalb des EWR ohne Zustimmung des Markeninhabers fehle es an der Verwechslungsgefahr, liegt ein zu enges Verständnis der Verwechslungsgefahr zugrunde und führt unabhängig davon nicht zu einem eigenen Anwendungsbereich der Nr. 1, nachdem auch *Sack* letztlich auf dem Umweg über das „gedankliche Inverbindungbringen" die Anwendbarkeit der Nr. 2 bejaht. Der ebenfalls von *Sack* (GRUR 1996, 664; RIW 1995, 177) beschriebene Anwendungsbereich der „Doppelidentität" bei ausschließlich für den Export bestimmten Waren wäre nur relevant und eigenständig, wenn tatsächlich eine konkrete inländische Verwechslungsgefahr Voraussetzung für den Verletzungstatbestand nach Nr. 2 wäre, was jedoch nicht zutrifft (unten Rdn. 173) und auch von *Sack* selbst gerade nicht angenommen wird. Die von BPatG GRUR 1996, 204, 206 – *Swing* dem Zusammenhang mit § 9 Abs. 1 Nr. 1 entnommene Erkenntnis, daß Zeichenidentität allein, dh ohne Waren/Dienstleistungsähnlichkeit zur Bejahung von Verwechslungsgefahr nicht genügt, ergibt sich ohne weiteres schon aus dem Wortlaut der Nr. 2 („und"). Im Ergebnis dürfte der Verselbständigung der identischen Markenverletzung gegenüber dem Verwechslungstatbestand daher auch dann keine besondere Bedeutung

zukommen, wenn man in Nr. 1 eine „lex specialis" gegenüber Nr. 2 sehen will (so BPatG GRUR 1996, 204, 206 – *Swing*).

II. Zeichenidentität

141 Die Identität des von dem Dritten benutzten Zeichens mit der geschützten Marke setzt **vollständige Übereinstimmung** in (schrift-)bildlicher, ggf. figürlicher und ggf. auch farblicher Hinsicht voraus. Die nur phonetische Übereinstimmung genügt bei unterschiedlicher Schreibweise oder Abweichung in Bildelementen nicht (unklar BPatG GRUR 1996, 204, 206 – *Swing*). Nur bei Hörzeichen kommt es allein auf die akkustische Identität an. Begriffliche Identität allein genügt nicht. Identität zwischen unterschiedlichen Zeichenarten (Wortzeichen, Bildzeichen, Hörzeichen, dreidimensionale Zeichen) ist ausgeschlossen. Bei aus Buchstaben, Worten und/oder Zahlen bestehenden Zeichen ist Übereinstimmung in allen Buchstaben/Zahlen erforderlich. Auch die Zusammenfügung und Anordnung der Zeichenelemente zueinander muß übereinstimmen, damit Identität bejaht werden kann. Andererseits bedarf es nicht der millimetergetreuen Übereinstimmung, so daß Identität vorliegt, wenn sich der Unterschied darin erschöpft, daß die im übrigen unverändert übernommene Marke lediglich vergrößert oder verkleinert wurde. Es sind stets alle Zeichenelemente zu berücksichtigen, unabhängig von ihrer Kennzeichnungskraft und unabhängig von ihrer Bedeutung im Vergleich zu anderen Zeichenbestandteilen.

142 Die Abgrenzung kann jedoch problematisch sein, wenn die (ältere) Marke von dem Dritten als **Teil einer aus weiteren Elementen bestehenden Kennzeichnung** oder Aufmachung (zB Etikett) verwendet wird. Wegen der Maßgeblichkeit des Gesamteindrucks (unten Rdn. 386, 387) sind in den Vergleich alle diejenigen Bestandteile einzubeziehen, die nach der Verkehrsauffassung noch zu dem von dem Dritten benutzten einheitlichen Zeichen gehören. Identität liegt auch dann nicht mehr vor, wenn noch eine gewisse Selbständigkeit und Wiedererkennbarkeit der Marke gegeben ist (aA *Tilmann* GRUR 1996, 702). Denn die hier erforderlichen Abgrenzungen kann der Identitätsbegriff nicht leisten, sondern nur der Verwechslungstatbestand (zu diesen Fällen unten Rdn. 385 ff.). Werden allerdings glatt beschreibende Zusätze zu dem verwendeten Zeichen vom Verkehr zweifelsfrei als nicht mehr zum Zeichen selbst gehörend angesehen, so schließen sie die Iden-

E. Identität **§ 14**

tität nicht aus (zB für Fruchtsäfte eingetragene Marke „Rocky" auch durch Verwendung von „Rocky Orangensaft" identisch verletzt), nicht jedoch bei Einbeziehung des nicht kennzeichnungskräftigen Zusatzes in Gesamtzeichen (also keine identische Verletzung der Marke „Rocky" durch „Rockysaft").

Dagegen ist Identität in dem umgekehrten Fall der **Herauslösung eines Bestandteils** der geschützten Marke zur Verwendung in Alleinstellung unabhängig von der Bedeutung der weggelassenen Bestandteile zu verneinen (aA *Fezer* § 14 Rdn. 76). Denn der Identitätsprüfung ist auf Seiten der geschützten Marke aus normativen Gründen die geschützte Zeichengestaltung mit allen Bestandteilen zugrundezulegen (Rdn. 315 ff., 421), bei eingetragenen Marken also die eingetragene Form (zB „Rocky" in Alleinstellung keine identische Benutzung einer Marke „Rocky Orangensaft" oder gar „Rockysaft"). Es ist eine Differenzierung danach vorgeschlagen worden, ob die weggelassenen Bestandteile nur „unwesentliches Beiwerk darstellen" oder gar danach, ob der übernommene Bestandteil „das Wesen der geschützten Marke ausmacht" (*Fezer* § 14 Rdn. 76). Dem ist nicht zu folgen. Es müßte letztlich auf Kriterien der Ähnlichkeits- und Verwechslungsprüfung zurückgegriffen werden, wofür bei §§ 14 Abs. 2 Nr. 1, 9 Abs. 1 Nr. 1 aber gerade kein Raum ist und auch kein Bedarf besteht, da in solchen Fällen der Verwechslungstatbestand ausreichenden Markenschutz bietet. 143

III. Waren/Dienstleistungsidentität

Schwieriger abzugrenzen sein kann die in § 14 Abs. 2 Nr. 1 2. Hs. geforderte Waren/Dienstleistungsidentität. „Identität" bedeutet hier Übereinstimmung hinsichtlich der **Art** der beiderseitigen Waren/Dienstleistungen. Die von *Teplitzky* GRUR 1996, 1, 4 aus sprachlichen Gründen vorgeschlagene Begriffswahl „gleiche Waren im engsten Sinne" und „enger Gleichheitsinn" erscheint zu weit und würde letztlich doch zu der von *Teplitzky* selbst zutreffend verneinten Gleichstellung mit dem in der früheren Rechtsprechung zur Benutzung eingetragener Oberbegriffe durch Spezialwaren entwickelten Begriff der „gleichen" Waren (vgl. § 49 Rdn. 23) verleiten können. Bei eingetragenen Marken sind die – vorbehaltlich des Benutzungszwangs berücksichtigungsfähigen (vgl. § 25 Rdn. 23 ff., § 43 Rdn. 25, § 55 Abs. 3 S. 4) – Gattungsbegriffe des Waren-/Dienstleistungsverzeichnisses maßgeblich (zur Auslegung von Warenverzeichnissen vgl. unten Rdn. 244 ff.). Bei den beiden anderen 144

Markenarten kommt es dagegen darauf an, hinsichtlich welcher Waren/Dienstleistungen die Verkehrsgeltung bzw. Notorietät besteht.

145 Sind danach allgemeiner gefaßte Oberbegriffe maßgeblich, so sind folgende Konstellationen zu unterscheiden: Fällt die auf Seiten des Dritten maßgebliche Ware/Dienstleistung vollständig unter einen **Oberbegriff der geschützten (älteren) Marke**, so ist Identität gegeben. Beispiel: ältere Marke „Bekleidungsstücke" identisch verletzt durch jüngere Marke bzw. Benutzung für „T-Shirts". Die Verwendung des weiteren Oberbegriffs darf den Inhaber der geschützten Marke hinsichtlich der Anwendung des Identitätstatbestandes nicht schlechter stellen als er bei Eintragung von Einzelwaren stünde. Ein einziger Oberbegriff aus dem Verzeichnis der älteren Marke kann daher mit mehreren unterschiedlichen Einzelwaren einer jüngeren Marke bzw. Zeichenbenutzung gleichzeitig Identität iSv §§ 9 Abs. 1 Nr. 1, 14 Abs. 2 Nr. 1 begründen.

146 Ist die (ältere) Marke für eine Ware/Dienstleistung geschützt, die unter einen eingetragenen **Oberbegriff der angegriffenen (jüngeren) Marke** fällt, so findet nur Nr. 1 Anwendung, wenn Klage oder Widerspruch auf die kollidierende Einzelware beschränkt sind. Andernfalls ist nur partielle Identität zu bejahen, wobei dann aber die Löschung aufgrund § 9 Abs. 1 Nr. 1 zunächst nur zu einer Beschränkung des Oberbegriffs durch Herausnahme der Einzelware führen kann. Ob der Oberbegriff insgesamt der Löschung unterliegt und in welchem Umfang Verletzungsansprüche bestehen, kann dagegen erst in einem zweiten Prüfungsschritt mit Verwechslungsprüfung festgestellt werden.

147 Stehen sich **zwei Oberbegriffe** gegenüber, die sich teilweise überschneiden, so ist entsprechend oben Rdn. 146 nur partielle Identität gegeben, wenn unter den Oberbegriff der jüngeren Marke auch Einzelwaren fallen, die nicht auch vom Oberbegriff der älteren Marke erfaßt werden. Beispiel: Damenoberbekleidung/Lederbekleidung. Bei Überschneidung nur dergestalt, daß der Oberbegriff der älteren Marke über den der jüngeren hinausgeht, nicht aber umgekehrt, liegt dagegen wiederum der Identitätsfall gemäß oben Rdn. 145 vor.

F. Verwechslungsgefahr
(§ 14 Abs. 2 Nr. 2, § 9 Abs. 1 Nr. 2)

Literatur: S. Literaturhinweise zum MarkenG allg. vor Einl. Rdn. 1. Speziell zur Verwechslungsgefahr: *Albert Friedrich,* Übergangsprobleme in Markenrecht, GRUR 1996, 174; *Albrecht,* Buchstaben und Zahlen im Kol-

F. Verwechslungsgefahr § 14

lisionsfall, GRUR 1996, 246; *Eichmann,* Die dreidimensionale Marke im Verfahren vor dem DPA und dem BPatG, GRUR 1995, 184; *ders.,* Die dreidimensionale Marke, FS Vieregge 1995, 125; *Eisenführ,* „Blendax Pep" und „Juwel von KLINGEL" – zwei Welten?, GRUR 1996, 547; *ders.,* Die gedankliche Verbindung, Mitt. 1995, 22; *ders.,* „HURRICANE" – Zuviel Wind!, FS Vieregge 1995, 174; *ders.,* Schutzfähigkeit und Schutzumfang nach dem neuen Markenrecht, FS 100 Markenamt 1994, 69; *Esslinger/ Wenning,* Juwel von KLINGEL und Blendax Pep – Die Firma als Bestandteil einer Kombinationsmarke, Mitt. 1996, 278; *Fuchs-Wissemann,* Zur Verwechslungsgefahr von aus Wort und Bild zusammengesetzten Marken mit nur aus einem Wort oder einem Bild bestehenden Zeichen, GRUR 1995, 470; *Gloy,* Zum Schutzumfang von Marken nach dem neuen Markengesetz, FS Roedder 1994, 77; *Hacker,* Allgemeine Grundsätze der Beurteilung der Verwechslungsgefahr bei Kombinationszeichen, GRUR 1996, 92; *Hebeis,* Verwechslungsgefahr bei Vergleichszeichen mit überwiegend übereinstimmenden Bestandteilen, GRUR 1994, 490; *Heil/Kunz-Hallstein,* Beurteilung der Verwechslungsgefahr im Markenrecht, GRUR Int. 1995, 227; *Kiethe/ Krauß,* Die Verwechslungsgefahr nach dem Markengesetz – Verstärkter Rechtsschutz durch legislative Begriffserweiterung; WRP 1996, 495; *Kliems,* Relativer Ähnlichkeitsbegriff bei Waren und Dienstleistungen im neuen Markenrecht?, GRUR 1995, 198; *Krüger,* Zum gedanklichen Inverbindungbringen im Sinne der §§ 9 I 2, 14 II 2 Markengesetz, GRUR 1995, 526; *Kunz-Hallstein,* Ähnlichkeit und Verwechslungsgefahr, GRUR 1996, 6; *von Linstow,* Verwechslungsgefahr und Skalenniveau, GRUR 1996, 99; *Osterloh,* Die zeichenrechtliche Verwechslungsgefahr als Rechtsfrage in der höchstrichterlichen Rechtsprechung, FS Piper 1996, 595; *Sack,* „Doppelidentität" und „gedankliches Inverbindungbringen" im neuen deutschen und europäischen Markenrecht, GRUR 1996, 663; *Teplitzky,* Verwechslungsgefahr und Warenähnlichkeit im neuen Markenrecht, GRUR 1996, 1; *ders.,* Zur Auslegung des in § 9 Abs. 1 Nr. 2 und 14 Abs. 2 Nr. 2 MarkenG enthaltenen (neuen) Tatbestandsmerkmals, FS Brandner, 1996, 497; *Tilmann,* Verwechslungsgefahr bei zusammengesetzten Zeichen, GRUR 1996, 701; *Ullmann,* Prägend – was sonst?, GRUR 1996, 712.

I. Grundlagen

1. Systematik

Der für das gesamte Kennzeichenrecht zentrale Schutz vor Verwechslungsgefahr ist für die Marken als Verletzungstatbestand in § 14 Abs. 2 Nr. 2 sowie als relatives Schutzhindernis in § 9 Abs. 1 Nr. 2 geregelt. Der Begriff der Verwechslungsgefahr bestimmt darüber, inwieweit eine Marke über die identische Verletzung hinaus Schutz genießt. Während der besondere Schutz nach § 14 Abs. 2 Nr. 3 (§ 9 Abs. 1 Nr. 3) nur den bekannten Marken zukommt, 148 steht der durch die Verwechslungsgefahr definierte Schutzbereich **jeder Marke** zu, mag er auch von Marke zu Marke unterschiedlich weit zu ziehen sein. Beim gegenwärtigen Harmonisierungsstand unterliegt zunächst nur die Anwendung auf eingetragene Marken unmittelbar dem Gebot richtlinienkonformer Auslegung und der Kontrolle durch den EuGH. Durch die Gleichstellung der kraft Verkehrsgeltung oder Notorietät geschützten Marken in § 14 hat sich der deutsche Gesetzgeber jedoch für einen einheitlichen Begriff der Verwechslungsgefahr jedenfalls für das gesamte Markenrecht entschieden, so daß sich die Harmonisierungsvorgaben auch auf diese Markenarten mittelbar auswirken werden, wenn auch eine Vorlage an den EuGH ausgeschlossen ist. Der Schutz geschäftlicher Bezeichnungen gegen Verwechslungsgefahr ist dagegen in § 15 Abs. 2 ähnlich wie bisher in § 16 UWG aF geregelt (dazu § 15 Rdn. 30ff., 81ff.).

2. Normzweck

149 Der Schutz vor Verwechslungsgefahr beruht auf der im Grundsatz selbstverständlichen Erkenntnis, daß eine Beeinträchtigung der schutzwürdigen Interessen des Markeninhabers nicht schon durch jede Abweichung von dem geschützten Zeichen und/oder den betroffenen Waren/Dienstleistungen ausgeschlossen wird. Schon aufgrund der Unzulänglichkeiten des menschlichen Wahrnehmungs- und Erinnerungsvermögens können sie auch durch abweichende Zeichen und/oder die Verwendung für andere Waren/Dienstleistungen gefährdet werden. Eine zweite Quelle solcher Gefährdungen ist die menschliche Fähigkeit, trotz erkannter Unterschiede dennoch Assoziationen zwischen Zeichen herzustellen, deren Inhaber oder Benutzer in Wirklichkeit keine entsprechende Verbindung zueinander haben.

3. Herkömmliche Arten der Verwechslungsgefahr

150 Nach herkömmlicher Betrachtungsweise zum WZG sind drei Arten der zeichenrechtlichen Verwechslungsgefahr zu unterscheiden. Besteht die Gefahr, daß die Zeichen selbst miteinander verwechselt werden, also das eine Zeichen irrtümlich für das andere gehalten wird, so liegt **„unmittelbare" Verwechslungsgefahr** vor. Reichen die Unterschiede der Zeichen zwar aus, um sie auseinanderzuhalten, können aber gemeinsame Merkmale dennoch die Vorstellung bewirken, die Zeichen seien demselben Unternehmen zuzuordnen, wird von **„mittelbarer" Verwechslungsgefahr** gesprochen (unten Rdn. 428 ff.). Sie kommt am häufigsten in der Form vor, daß das eine Zeichen für die Abwandlung eines Stammzeichens (Serienzeichen) für eine andere Produktlinie desselben Unternehmens gehalten wird. Beide Fallgruppen zusammen werden auch als Verwechslungsgefahr „im engeren Sinne" bezeichnet. Demgegenüber versteht man unter **Verwechslungsgefahr „im weiteren Sinne"** Fälle, in denen zwar sowohl die Zeichen als auch die Unternehmen auseinandergehalten werden, übereinstimmende Merkmale aber den unzutreffenden Eindruck hervorzurufen drohen, die hinter den Zeichen stehenden Unternehmen seien miteinander (zB lizenz-)vertraglich, (zB konzern-)organisatorisch oder in sonstiger Weise wirtschaftlich verbunden (unten Rdn. 438 ff.). Der EuGH (*Sabèl/Puma* v. 11.11.97) bezieht nunmehr die unmittelbare Verwechslungsgefahr (Zeichenverwechslung) und die „mittelbare Verwechslungsgefahr oder Gefahr der gedanklichen Verbindung" (Publikum stellt Zusammenhang zwischen den Inhabern her und verwechselt diese; also gewissermaßen „Inhaberverwechslung") in die Verwechslungsgefahr im harmonisierten Rechtssinne ein, nicht aber die „Gefahr der gedanklichen Verbindung im eigentlichen Sinne" (Publikum sieht Zusammenhang, verwechselt aber nicht). Dazu unten Rdn. 425 ff.

4. Richtlinienkonforme Auslegung

Für die Verwechslungsgefahr als wichtigstem Begriff des Markenrechts gilt in ganz besonderem Maße das Gebot richtlinienkonformer Auslegung, soweit eingetragene Marken betroffen sind. Das Harmonisierungsziel der MRRL kann nur mit einem in allen Mitgliedstaaten möglichst einheitlichen Schutzstandard erreicht werden (ErwGr 9). 151

a) Keine enge Auslegung. Der Begriff der Verwechslungsgefahr im Sinne des heutigen, harmonisierten Markenrechts ist zunächst vor dem Hintergrund der jahrzehntelangen Diskussion auf europäischer Ebene zu sehen, in der die traditionell sehr weite Interpretation der Verwechslungsgefahr durch die deutsche Rechtsprechung bisweilen heftigen Angriffen ausgesetzt war (vgl. nur Generalanwalt Jacobs im Verfahren *HAG II*, GRUR Int. 1990, 962, 968). Alle Versuche, vor allem auch der Kommission, über Art. 30, 36 EGV einen engeren Begriff der „ernsthaften" Verwechslungsgefahr gemeinschaftsweit durchzusetzen (vgl. *Vierheilig* GRUR Int. 1982, 506; zusammenfassend *Fezer* § 14 Rdn. 404 ff.), sind an der **Zurückhaltung des EuGH** gescheitert. Maßgeblichen 152

§ 14 Rechte und Ansprüche des Markeninhabers

Einfluß hatten drei auf Vorlagen deutscher Gerichte zurückgehende Entscheidungen: Das primäre Gemeinschaftsrecht zwingt danach nicht dazu, die Grundsätze für die Verwechslungsfähigkeit auf das von der Kommission verlangte „strikte Minimum" zurückzuführen (EuGH GRUR Int. 1976, 402, 409, 410 f. – *Terranova / Terrapin*). Eine enge Auslegung des Begriffs der Verwechslungsgefahr wurde nicht für notwendig gehalten und dementsprechend weder die deutschen Grundsätze zur mittelbaren Verwechslungsgefahr (EuGH GRUR Int. 1994, 168, 170 – *quattro / Quadra*) noch der frühere Warengleichartigkeitsbegriff des WZG beanstandet (EuGH GRUR Int. 1994, 614, 615 – *Ideal Standard II*). Der EuGH anerkannte, daß der nach Art. 36 S. 1 letzte Alt. EGV Warenverkehrsbeschränkungen rechtfertigende „spezifische Gegenstand des Warenzeichenrechts" darin bestehe, „daß der Warenzeicheninhaber gegen die Gefahr von Verwechslungen geschützt wird, mittels deren Dritte widerrechtlich aus dem Ruf der Waren des Zeicheninhabers Vorteile ziehen können" (EuGH GRUR Int. 1994, 168, 170 – *quattro / Quadra*) bzw. darin, daß der Inhaber „Schutz vor Konkurrenten erlangt, die unter Mißbrauch der aufgrund des Warenzeichens erworbenen Stellung und Kreditwürdigkeit widerrechtlich mit diesem Zeichen versehene Erzeugnisse veräußern" (EuGH GRUR Int. 1994, 614, 616 – *Ideal Standard II;* st. Rspr. seit EuGH GRUR Int. 1974, 456 *Centrafarm / Winthrop*) und beschränkte sich bei der Überprüfung nationaler Verwechslungsbeurteilungen auf eine bloße Diskriminierungs- und Willkürkontrolle nach Art. 36 S. 2 EGV (s. insbes. EuGH aaO, 615 – *Ideal Standard II*).

153 In Übereinstimmung mit dieser Entwicklung enthalten MRRL und GMVO entgegen früheren Vorschlägen (zB Denkschrift, Nr. 38, GRUR Int. 1976, 481; Art. 7 Abs. 1 GMVO-Entwurf 1978, GRUR Int. 1978, 452) **keine Anhaltspunkte mehr für eine enge Interpretation der Verwechslungsgefahr** (Amtl. Begr. 16. Abs. zu § 9). Auch die Erwägungsgründe zur MRRL geben keine Veranlassung zu einer besonders zurückhaltenden Beurteilung der Verwechslungsgefahr. Ihnen liegt ausdrücklich die Vorstellung zugrunde, die Verwechslungsgefahr stelle „die spezifische Voraussetzung" für den Markenschutz dar (ErwGr 10; EuGH v. 11.11.97 – *Sabèl / Puma* ErwGr 19). Damit soll erkennbar an die bisherige Rspr. des EuGH angeknüpft werden, die gerade nicht zu einer Einengung des Begriffs der Verwechslungsgefahr geführt hat. Als Instrument zur Begrenzung der Anzahl der möglichen Markenkonflikte in der Gemeinschaft sehen die ErwGr zur MRRL – entgegen Forderungen, sich hierzu eines engen Verwechslungsbegriffes

F. Verwechslungsgefahr   § 14

zu bedienen (zB *Johannes* BB 1989, 1627; dagegen *Schweikert* Mitt. 1990, 1, 5) – nicht den Schutzumfang, sondern den Benutzungszwang vor (ErwGr 8). Auch zur Erleichterung des freien Waren- und Dienstleistungsverkehrs wird nicht etwa ein enger Schutzumfang gefordert, sondern lediglich das Gebot der Einheitlichkeit des Schutzes in allen Mitgliedstaaten betont (ErwGr 9).

Eine **enge Auslegung** des Begriffs der Verwechslungsgefahr ist 154 somit auch im neuen Recht, das seinerseits zunächst richtlinienkonform und die Richtlinie ihrerseits wiederum im Lichte der Art. 30, 36 EGV auszulegen ist (EuGH WRP 1996, 867, 870 – *Eurim Pharm*, EuGH WRP 1996, 874, 876 – *MPA Pharma,* EuGH WRP 1996, 881, 884 – *Bristol-Myers Squibb* EuGH GRUR Int. 1997, 627, 628 – *Phyteron/Bourdon*), **nicht veranlaßt (**wie hier BPatG GRUR 1997, 532, 534 – *Siegel/SIGL*; BPatG Bl. 1996, 417 – *QUEENS CLUB/QUEENS GARDEN;* BPatGE 35, 74 – *KISS;* aus der Lit. zB *Dreiss* Mitt. 1995, 8 f.; *Winkler* FS Markenamt 1994, 401 f.; aA *Kunz-Hallstein* GRUR 1996, 7; *ders.* FS Markenamt 1994, 168 ff.; *ders.* GRUR Int. 1990, 756; für Rückführung von „Überdehnungen" des nationalen Markenschutzes *Fezer* FS Gaedertz 1992, S. 174 ff.). Zu § 15 hat der BGH ausdrücklich die „geringen" Anforderungen an die Verwechslungsgefahr im Sinne des deutschen Rechts als mit dem Gemeinschaftsrecht und Art. 30, 36 EGV vereinbar beurteilt (BGH GRUR 1995, 825, 827 – *Torres*).

Eine enge Auslegung ist auch als notwendiger Ausgleich zu den 155 mit MRRL und MarkenG verbundenen Erleichterungen der Eintragbarkeit gefordert worden (zB BPatG Mitt. 1995, 255, 257 – *JACOMO/Jac*). Dabei wird jedoch übersehen, daß eine weniger strenge Handhabung absoluter Schutzhindernisse allenfalls einen engeren Schutzbereich solcher Zeichen zur Folge haben kann, die eine besonders geringe Kennzeichnungskraft aufweisen. Eine generell enge Auslegung des Begriffes der Verwechslungsgefahr ist damit nicht zu rechtfertigen (zutr. *Eisenführ* FS Markenamt 1994, 69, 82 f.; vgl. auch die differenzierenderen Einschätzungen in Amtl. Begr. 16. Abs. zu § 9; *Teplitzky* GRUR 1996, 5; *von Mühlendahl* GRUR Int. 1989, 355, *Gloy* FS Rowedder 1993, 92).

b) Bedeutung der Herkunftsfunktion. Nach den **ErwGr** 156 **zur MRRL** ist es Zweck des harmonisierten Markenschutzes, „insbesondere die Herkunftsfunktion der Marke zu gewährleisten" (ErwGr 10). Dies ist nicht als Bezugnahme auf allgemeine Funktionstheorien (Einl. Rdn. 33), sondern als weitere Anknüpfung an die sub specie Art. 30, 36 EGV ergangene Rechtsprechung des

EuGH zu verstehen. Die „Hauptfunktion" des Warenzeichenrechts besteht danach darin, „dem Verbraucher oder Endabnehmer die Ursprungsidentität des gekennzeichneten Erzeugnisses zu garantieren, indem es ihm ermöglicht, dieses Erzeugnis ohne Verwechslungsgefahr von Erzeugnissen anderer Hersteller zu unterscheiden" (EuGH GRUR Int. 1990, 960, 962 – *HAG II* mwN; EuGH GRUR Int. 1994, 614, 616f. – *Ideal Standard II*). Sie wird auch als „Identifizierungsfunktion" bezeichnet und soll die Zuordnung der Produktverantwortung an eine Stelle garantieren, von der aus die Herstellung geleitet wird, sei es auch nur über konzernrechtliche oder vertriebs- bzw. lizenzvertragliche Verbindungen mit Herstellern und Händlern (EuGH GRUR Int. 1994, 614, 615 – *Ideal Standard II*).

157   Die **Amtl. Begr. zum MarkenG** bestätigt zwar einerseits, daß die Herkunftsfunktion auch im neuen deutschen Markenrecht anerkannt sei, behauptet aber andererseits, diese Funktion habe „im Begriff der Verwechslungsgefahr keinen Ausdruck gefunden" (Amtl. Begr. Abs. 7 zu § 14). Die Verwechslungsgefahr im Rechtssinne sei „nicht auf die Herkunft der Waren oder Dienstleistungen aus einem bestimmten Unternehmen bezogen", sondern schließe vielmehr „alle Fälle der Gefahr von Verwechslungen" ein (Amtl. Begr. Abs. 7 zu § 14). Die Amtl. Begr. geht sogar soweit, den klassischen Fall der sog. „Verwechslungsgefahr im engeren Sinne" des früheren Rechts als bedeutungslos hinzustellen, „ohne daß es dabei auf die Gefahr von Verwechslungen hinsichtlich der betrieblichen Herkunft der Waren oder Dienstleistungen ankäme", Amtl. Begr. A. III. 5. 4. Spiegelstrich. Letzteres kann insoweit keinesfalls richtig sein, als eine Verwechslung hinsichtlich der betrieblichen Herkunft immer ausreicht, um eine Verwechslungsgefahr im Rechtssinne zu bejahen und sich nur die Frage stellt, welche Fälle darüber hinaus zusätzlich unter den neuen Tatbestand fallen. Im übrigen erklärt sich der Widerspruch zwischen diesen Passagen der Amtl. Begr. und der ausdrücklichen Anerkennung des Schutzes vor Verwechslungen als Mittel zur Gewährleistung der Herkunftsfunktion in MRRL-ErwGr und EuGH-Rechtsprechung möglicherweise daraus, daß die Amtl. Begr. von einem engeren Herkunftsbegriff ausgeht, während sich die Herkunftsfunktion im „europäischen" Sinne von dem Bezug auf einen einheitlichen Ursprungsbetrieb gelöst hat (EuGH GRUR Int. 1994, 614, 617 – *Ideal Standard II,* oben Rdn. 156) und von vornherein auch die Fälle der sog. „Verwechslungsgefahr im weiteren Sinne" des früheren Rechts (oben Rdn. 150) einschließt. Somit ist eine **besondere Bedeutung des Her-**

F. Verwechslungsgefahr § 14

kunftshinweises auch im Rahmen des neuen Verwechslungstatbestandes **anzuerkennen**. Dies schließt eine noch weitergehende Einbeziehung von auch in dem obigen, „europäischen" Sinne nicht mehr herkunftsbezogener Verwechslungsfälle jedoch nicht von vornherein aus (dazu Rdn. 433 ff.). Zur generellen Kritik an Funktionslehren im Kennzeichenrecht s. Einl. Rdn. 33.

c) „Europäische" Verwechslungsgefahr. Eine unveränderte 158 Übernahme der Verwechslungsmaßstäbe des deutschen Warenzeichenrechts in das neue Markenrecht schließt schon der Wortlaut der Verwechslungstatbestände aus. Sie weichen vor allem durch den neuen Begriff der Waren/Dienstleistungsähnlichkeit und die Einbeziehung des gedanklichen Inverbindungbringens unübersehbar von §§ 31, 5 Abs. 4 WZG ab. Gleichzeitig werden die deutsche Amtspraxis und Rechtsprechung zur Verwechslungsgefahr zunehmend spezifisch europäischen Einflüssen ausgesetzt sein, deren Bedeutung nicht unterschätzt werden darf. Im Vordergrund steht dabei zunächst die **Zuständigkeit des EuGH** zur Auslegung der MRRL und damit im Rahmen der Richtlinienkonformität mittelbar auch der §§ 14 Abs. 2 Nr. 2, 9 Abs. 1 Nr. 2. (Vgl. EuGH v. 11.11.97 *Sabèl/Puma* zu BGH GRUR 1996, 198, 199 – *Springende Raubkatze;* und 2. Vorlagebeschluß BGH GRUR 1997, 221 – *Canon*). Nach der Anlaufphase des Gemeinschaftsmarkensystems wird die Auslegung der parallel formulierten Verwechslungstatbestände der GMVO durch **Harmonisierungsamt** und EuGH hinzukommen. Schon diese Verlagerung eines Teils der Verwechslungsentscheidungen auf von ihrem Integrations- und Harmonisierungsauftrag nachhaltig geprägte Institutionen mit originär europäischem Selbstverständnis ihrer Amtsträger dürfte zu einer grundlegenden Überprüfung der bisherigen nationalen Betrachtungsweisen führen. Es wird damit rechnet, daß der EuGH sein zur Vereinbarkeit wettbewerbsrechtlicher Verbote mit Art. 30 EGV gerade auch hinsichtlich des Publikumsverständnisses von Produktaufmachungen und Produktbezeichnungen (zB EuGH GRUR Int. 1995, 804 – *Mars;* EuGH GRUR 1994, 303 – *Clinique*) entwickeltes Bild eines **mündigen Verbrauchers** auch im Markenrecht zugrundelegt (ähnl. *Teplitzky* GRUR 1996, 1, 5; *Fezer* § 14 Rdn. 116). In seiner ersten diesbzgl. Entscheidung zur MRRL v. 11.11.97 – *Sabèl/Puma* stellt der EuGH auf den „Durchschnittsverbraucher" ab, der jedoch nicht als besonders mündiger, sondern flüchtiger Betrachter charakterisiert wird, der nicht auf Einzelheiten von Marken achtet (unten Rdn. 175). Das zur MRRL besonders hervorgehobene Gebot eines einheitlichen Schutzes im Recht aller Mitgliedstaaten (ErwGr 9) wird die deutschen Gerichte und das DPA zunehmend dazu zwingen, sich künftig mit **Entscheidungen der Behörden oder Gerichte anderer Mitgliedstaaten** zu parallelen oder ähnlich gelagerten Kollisionen zumindest auseinanderzusetzen. Insoweit dürfte in Deutschland bisweilen noch mit Widerständen zu rechnen sein (vgl. rückständig BPatGE 36, 238, 240/241 – *ErgoPanel* zur kategorisch verweigerten Berücksichtigung der Entscheidungspraxis in anderen Mitgliedstaaten betr. Schutzfähigkeit).

159 **d) Berücksichtigung nationaler Besonderheiten.** Das Gebot einheitlichen Schutzes schließt es allerdings nicht aus, auf das jeweilige Schutzgebiet beschränkte tatsächliche Besonderheiten zu berücksichtigen, zB in bezug auf Verkehrsauffassung, Sprachkenntnisse, Aussprachegewohnheiten etc. (vgl. EuGH Mitt. 1997, 23 – *Cottonelle* zur Berücksichtigung bei der wettbewerbsrechtlichen Beurteilung von Produktnamen). Jedoch ist auf die Feststellung solcher nationaler Unterschiede besondere Sorgfalt zu verwenden und ihr Einfluß auf die Beurteilung der Verwechslungsgefahr besonders transparent zu machen, damit sie den Blick auf die einheitlich anzuwendenden Rechtsgrundsätze nicht verstellen.

5. Rechtsnatur der Verwechslungsgefahr

160 **a) Abstrakte Gefahr.** Zur Bejahung der Verwechslungsgefahr genügt die Möglichkeit von Verwechslungen in der Zukunft. Bei unbenutzten Marken ist auf die bei unterstellter Verwendung bestehende hypothetische Verwechslungsgefahr abzustellen (zB BGH GRUR 1961, 231 – *Hapol*). **Tatsächliche Verwechslungen** müssen weder eingetreten sein (BGH GRUR 1966, 495, 498 – *UNIPLAST;* BGH GRUR 1961, 535, 537 – *arko;* BGH GRUR 1953, 486 – *Nordona*), noch können sie allein das Bestehen einer Verwechslungsgefahr im Rechtssinne begründen (BGH GRUR 1995, 507, 508 – *City-Hotel* zu § 15), sind aber ein deutliches Indiz für Verwechslungsgefahr im Rechtssinne (Amtl. Begr. 4. Abs. zu § 9; zB BGH GRUR 1992, 48, 52 – *frei öl;* BGH GRUR 1969, 357, 360 – *Sihl;* BGH GRUR 1960, 130, 133 – *Sunpearl II;* BGH GRUR 1960, 296, 298 – *Reiherstieg;* BGH GRUR 1954, 457, 458 – *Irus/Urus*). Hinweise auf tatsächlich vorkommende Verwechslungen können auch durch Meinungsumfragen gewonnen werden, bei denen die Kennzeichnungen vorgelegt und das Erinnerungsbild abgefragt wird (BGH GRUR 1992, 48, 52 – *frei öl;* BGH GRUR

F. Verwechslungsgefahr **§ 14**

1968, 581, 584/585 – *Blunazit*). Dabei ist auf wirklichkeitsnahe Gestaltung der Fragesituation zu achten. Verzerrungen können durch für sich betrachtet nicht geschützte Kennzeichenbestandteile auftreten (vgl. zB BGH GRUR 1992, 48, 52 – *frei öl:* Verwechslungsquote 10% nicht ausreichend wenn maßgeblich durch nicht verkehrsdurchgesetzte Farbkombination bestimmt). Bei sehr niedrigen Prozentsätzen ist auch die Fehlerquote zu beachten (*Fezer* § 14 Rdn. 83; BGH GRUR 1969, 686, 688 – *Roth-Händle* für 3–5%).

Hiervon zu unterscheiden sind Ergebnisse von Befragungen danach, ob der Verkehr zwei Zeichen als verwechselbar einstuft. Dergleichen hält der BGH als bloße Meinungsäußerungen für völlig unbeachtlich (BGH GRUR 1992, 48, 51/52 – *frei öl*). **161**

Das **Unterbleiben tatsächlicher Verwechslungen** soll ein gewisses Indiz für fehlende Verwechslungsgefahr sein (BGH GRUR 1989, 856, 857 – *Commerzbau,* unter unzutr. Berufung auf BGH aaO – *Reiherstieg*). Dies kann jedoch allenfalls bei bereits langer, intensiver Verwendung in denselben Verkehrskreisen erwogen werden (krit. auch GK/*Teplitzky* § 16 UWG Rdn. 374). **162**

b) Objektive Gefahr. Die Verwechslungsgefahr ist objektiv zu beurteilen. Auf eine Absicht des Verletzers, Verwechslungen herbeizuführen, kommt es nicht an (BGH GRUR 1990, 681, 684 – *Schwarzer Krauser;* BGH GRUR 1952, 35, 36 – *Ardia/Widia*). Das gilt auch für den Fall der „gedanklichen Verbindung" (unzutr. daher insoweit OLG Hamburg GRUR 1997, 297, 298 – *WM' 94:* der Verkehr müsse es für möglich halten, daß das Zeichen gerade deshalb gewählt worden sei, um irgendeinen gedanklichen Zusammenhang mit der geschützten Marke zu vermitteln). Der Nachweis einer entsprechenden Verletzerabsicht kann aber indiziell für objektive Verwechslungsgefahr sprechen (BGH GRUR 1957, 488, 490/491 – *MHZ;* BGH GRUR 1957, 281, 284 *karo-as;* BGH GRUR 1954, 457, 458 *Irus/Urus*). **163**

c) Rechtsfrage. Die Verwechslungsgefahr ist auch im Rahmen des MarkenG eine Rechtsfrage, die als solche nicht im Wege einer Beweiserhebung beantwortet werden kann (BGH WRP 1997, 751, 754 – *B.Z./Berliner Zeitung*; vgl. BGH GRUR 1995, 216, 219 – *Oxygenol II;* BGH GRUR 1995, 808, 810 – *P3-plastoclin;* BGH GRUR 1994, 156 – *Garant-Möbel* zu § 16 UWG aF; BGH GRUR 1993, 972, 974 – *Sana/Schosana;* BGH GRUR 1993, 404, 405 – *Columbus* zu § 16 UWG aF; BGH GRUR 1993, 118, 119 – *Corvaton/Corvasal;* BGH GRUR 1992, 110, 111 – *dipa/dib;* BGH GRUR 1992, 48, 52 – *frei öl* mwN). Dies wird üblich aber un- **164**

scharf auch dadurch zum Ausdruck gebracht, daß die Verwechslungsgefahr ausdrücklich als „Rechtsbegriff" bezeichnet wird (Amtl. Begr. zu § 9, 4. Abs.; *Fezer* § 14 Rdn. 83; zur Unterscheidung zwischen Rechtsbegriff und Rechtsfrage krit. *Osterloh* FS Piper 1996, 595 ff. mwN).

165 **d) Tatsächliche Vorfragen.** Der Einordnung als Rechtsfrage steht nicht entgegen, daß die richterliche Beurteilung der Verwechslungsgefahr in vielfältiger Weise an Tatsachen anknüpfen muß, zB hinsichtlich Bekanntheitsgrad, Verkehrsgeltung, Verkehrsverständnis von einer Kennzeichnung, prägende Bedeutung eines Elements in einem Gesamtzeichen (zB BGH GRUR 1996, 777, 778 – *Joy*), Sprachgebrauch, Fremdsprachenkenntnisse, branchentypische Kennzeichnungspraxis etc. (allg. GK/*Teplitzky* § 16 UWG, Rdn. 317). Für diese vorgelagerten Tatsachenfeststellungen gelten die allgemeinen zivilprozessualen Regeln. Die MRRL enthält insoweit nach ihrem 10. ErwGr ausdrücklich keine Vorgaben.

166 **e) Revisibilität.** Als Rechtsfrage unterliegt die Beurteilung der Verwechslungsgefahr revisionsrechtlicher Nachprüfung (zB BGH GRUR 1994, 156 – *Garant-Möbel;* BGH GRUR 1992, 110, 111 – *dipa/dib;* BGH GRUR 1991, 780, 782 – *TRANSATLANTISCHE;* BGH GRUR 1990, 450, 452 – *St. Petersquelle*). Der BGH überprüft nicht nur, ob den Begriff der Verwechslungsgefahr oder allgemeine Denkgesetze verkannt wurden. Auch die aus der Lebenserfahrung des Tatrichters abgeleiteten Ansichten sind revisibel (BGH GRUR 1952, 35, 36 – *Ardia/Widia*) und können anhand der eigenen Erfahrung des Revisionsgerichts korrigiert werden (zB BGH GRUR 1992, 48, 52 – *frei öl;* BGH GRUR 1990, 450, 452/453 – *St. Petersquelle*). Generell neigt der BGH dazu, die Beurteilung der Verwechslungsgefahr durch den Tatrichter extensiv zu überprüfen und sich keine Zurückhaltung davor aufzuerlegen, die Verwechslungsgefahr abschließend gegenteilig wie die Vorinstanz zu beurteilen (zB BGH GRUR 1995, 507, 508 – *City-Hotel;* BGH GRUR 1995, 50, 51 ff. – *Indorektal/Indohexal;* BGH GRUR 1992, 48, 52 – *frei öl*). Außerdem beurteilt der BGH die Verwechslungsgefahr bisweilen auch dann abschließend selbst, wenn das Berufungsgericht diese gar nicht geprüft hat (zB BGH GRUR 1993, 972, 974 – *Sana/Schosana*).

167 **f) Überprüfung durch den EuGH.** Soweit die der MRRL unterliegenden eingetragenen Marken betroffen sind, ist die Auslegung der Verwechslungstatbestände der Überprüfung durch den EuGH gem. Art. 177 EGV unterworfen (zB Vorlagebeschlüsse

F. Verwechslungsgefahr § 14

BGH GRUR 1997, 221 – *Canon*; BGH GRUR 1996, 198, 199 – *Springende Raubkatze*; hierzu EuGH v. 11.11. 1997 – *Sabèl/Puma*; zur richtlinienkonformen Auslegung oben Rdn. 151 ff.). Die Vorlage sollte aber entsprechend den Regeln zu § 3 UWG erst erfolgen, wenn alle für die Beurteilung maßgeblichen Tatsachen festgestellt sind (BGH GRUR 1994, 519, 521 – *Grand Marnier*).

6. Bedeutung der Verkehrsauffassung

a) Publikum. Die im deutschen Recht seit jeher anerkannte 168
Maßgeblichkeit der Verkehrsauffassung für die Beurteilung der Verwechslungsgefahr kommt nunmehr im Wortlaut der §§ 14 Abs. 2 Nr. 2, 9 Abs. 1 Nr. 2 zum Ausdruck. Die Verwechslungsgefahr muß danach „für das Publikum" bestehen. Dieser Begriff stammt aus der MRRL und dürfte eine Anlehnung an die englische und französische Terminologie darstellen (vgl. auch § 8 Abs. 2 Nr. 4, § 49 Abs. 2 Nr. 2). Gemeint sind damit wie bisher nur die konkret von den betroffenen Waren/Dienstleistungen als aktuelle oder potentielle (vgl. BGH GRUR 1963, 622, 623 – *Sunkist*) **Abnehmer** angesprochenen Verkehrskreise, dh idR die jeweiligen Händler und vor allem die Endabnehmer (zB BGH GRUR 1995, 808, 810 – *P3-plastoclin*). Nicht zu folgen ist der Gleichsetzung mit „Verbrauchererwartungen" (so aber *Fezer* § 14 Rdn. 123 ff., 149). Marken wenden sich keineswegs nur an Verbraucher. Markenschutz darf auch hier begrifflich nicht auf Verbraucherschutz reduziert werden. Insoweit zu eng auch EuGH v. 11.11.1997 – *Sabèl/Puma*: „Durchschnittsverbraucher" (unten Rdn. 175) und BPatGE 37, 16, 22 – *Vorsicht Elch*!: völlige Vernachlässigung der Händler gegenüber den Endverbrauchern bei Bekleidungstücken.

Zu berücksichtigen sein können auch **im Vorfeld der Kauf-** 169
entscheidung tätige Personen (BGH GRUR 1982, 420, 422 – *BBC/DDC*), ggf. auch externe Mittelspersonen, welche die Abnehmerentscheidung maßgeblich beeinflussen oder für den Abnehmer treffen. Letzteres ist insbesondere bei **Arzneimitteln** von Bedeutung. Die Rspr. differenziert nach der Verschreibungspflichtigkeit. Bei verschreibungspflichtigen Medikamenten steht das Verkehrsverständnis der verschreibenden Ärzte und der Apotheker nicht ausschließlich aber überwiegend im Vordergrund und können Fehlvorstellungen der Laien, die auf Unkenntnis des Bedeutungsgehalts beschreibender Zeichenelemente beruhen, von untergeordneter Bedeutung sein, während bei nicht verschreibungspflichtigen Arzneimitteln auch Fehlvorstellungen der Endverbraucher zu be-

§ 14 Rechte und Ansprüche des Markeninhabers

rücksichtigen sind (BGH WRP 1997, 742, 745 – *Sermion II*; zum WZG BGH GRUR 1995, 50, 52 – *Indorektal/Indohexal*; BGH GRUR 1994, 803 – *TRILOPIROX*; BGH GRUR 1993, 118, 119 – *Corvaton/Corvasal*; BGH GRUR 1990, 453, 455 – *L-Thyroxin*; BGH GRUR 1989, 425, 428 – *Herzsymbol*; BPatG GRUR 1991, 212 – *Arran*; *Fezer* § 14 Rdn. 155 f.). Allerdings kann auch hier das weniger vorgebildete Verständnis von Hilfspersonen (zB Arzthelferin) einzubeziehen sein (BGH GRUR 1995, 50, 52 – *Indorektal/ Indohexal*; BPatG GRUR 1980, 885 – *Standopol/Stokopol*). Die größere Bedeutung des Verständnisses der Fachkreise rechtfertigt es nicht, generell einen vergleichsweise engen Schutzbereich von Arzneimittelmarken anzunehmen (so aber *Fezer* § 14 Rdn. 156). Die Ursache ist vielmehr in der weit verbreiteten Übung zu sehen, Arzneimittelzeichen aus kennzeichnungsschwachen, weil entweder beschreibenden oder sonst verbrauchten Elementen zu bilden. Arzneimittelmarken ohne diese „Geburtsschwäche" müssen sich auch nicht mit einem engen Schutzbereich begnügen.

170 Auf das Verkehrsverständnis von **Kindern** ist abzustellen, soweit sie selbst einen relevanten Teil der Abnehmer darstellen (zB ab einem gewissen Alter als Käufer von Süsswaren, Getränken, Spiel- und Sportartikeln etc.). Der Forderung nach einer weitergehenden Berücksichtigung auch dann, wenn sie den Produktkauf durch die Erwachsenen mitbestimmen (*Fezer* § 14 Rdn. 153 gegen BGH GRUR 1958, 500, 503 – *Mecki-Igel*) kann nicht uneingeschränkt gefolgt werden. Es ist vielmehr auch die Möglichkeit einer Korrektur kindlicher Fehlvorstellung im Rahmen der letztlich maßgeblichen Kaufentscheidung des Erwachsenen zu berücksichtigen. Angesichts der kaum überschaubaren Breite von Verwechslungsgefahren aufgrund beschränkter kindlicher Lese-, Hör- und Merkfähigkeiten würde eine weitergehende Berücksichtigung zu einer nicht mehr vertretbaren Absenkung der Schwelle zur Bejahung der markenrechtlichen Verwechslungefahr führen.

171 Es kann sich bei dem „Publikum" also je nach Ware bzw. Dienstleistung um Laien, Fachleute oder Personenkreise beider Art handeln. Auf die Rspr. zu den für Verkehrsgeltung (§ 4 Rdn. 15), Schutzfähigkeit (§ 8 Rdn. 26) und Verkehrsdurchsetzung (§ 8 Rdn. 141) maßgeblichen Verkehrskreise kann mit der Einschränkung zurückgegriffen werden, daß es auf die dort neben den Abnehmern bisweilen zusätzlich mit zu berücksichtigenden Kreise (zB Hersteller, Wettbewerber) im Rahmen der Verwechslungsgefahr nicht ankommt.

F. Verwechslungsgefahr § 14

Bei für den **Export** bestimmten Waren kommt es nicht auf die 172
ausländischen Abnehmer an, sondern auf das inländische Publikum
in Bezug auf Waren der betroffenen Gattung (aA *Fezer* § 14
Rdn. 153; insoweit wie hier *Sack* RIW 1995, 180).

Die Maßgeblichkeit der Verkehrsauffassung bedeutet nicht etwa, 173
daß die – wohlgemerkt abstrakte (oben Rdn. 160) – Verwechslungsgefahr eine aktuelle Überschneidung der Abnehmerkreise
oder der Vertriebskanäle voraussetzen würde (zB BGH GRUR
1961, 535, 537 – *arko:* Vertrieb nur über eigene Läden, in unterschiedlichen Absatzgebieten).

b) Uneinheitliche Verkehrsauffassung. Nach dem früheren 174
Recht genügte es schon, wenn ein „**nicht ganz unerheblicher
Teil**" der relevanten Verkehrskreise einer Verwechslungsgefahr
ausgesetzt war (zB BGH GRUR 1993, 692, 694 – *Guldenburg;*
BGH GRUR 1992, 110, 111 – *dipa/dib;* BGH GRUR 1986, 253,
256 – *Zentis;* BGH GRUR 1971, 409 – *Stallmeister;* BGH GRUR
1966, 267, 270 – *White Horse;* BGH GRUR 1962, 647, 650 – *Personifizierte Kaffeekanne;* BGH GRUR 1962, 647, 650 – *Strumpfzen-
trale*). Der BGH vermied dabei generelle prozentuale Festlegungen
gleichermaßen wie in seiner Rspr. zu § 3 UWG (BGH GRUR
1987, 171, 172 – *Schlußverkaufswerbung; Köhler/Piper,* § 3 UWG
Rdn. 98 ff. mwN), in der **normative Kriterien** weiterhin an Bedeutung zunehmen (BGH WRP 1996, 1102 – *Großimporteur;*
BGH GRUR 1995, 60 – *Napoleon IV;* BGH GRUR 1993, 920 – *Emilio
Adani II; GK/Lindacher* § 3 UWG Rdn. 245 ff.). Auch im Rahmen
der kennzeichenrechtlichen Verwechslungsprüfung ist die Bestimmung der Erheblichkeit eine an normativen Kriterien auszurich-
tende (ausdrückl. BGH GRUR 1993, 692, 694 – *Guldenburg*), einzelfallbezogene Entscheidung, bei der es nicht nur auf die Zahl,
sondern auch auf die Bedeutung der einer Verwechslungsgefahr
unterliegenden Abnehmer für den Absatzerfolg (vgl. GK/*Teplitzky*
§ 16 UWG Rdn. 320) sowie den Grad der Gefährdung und die
inhaltliche – zB qualitätsbezogene – Bedeutung möglicher Verwechslungen (BGH GRUR 1993, 692, 694 – *Guldenburg*) ankommen soll. ZB kann einer Verwechslungsgefahr hinsichtlich der
Händler besonderes Gewicht deshalb zukommen, weil diese über
das dem Endkunden überhaupt präsentierte Angebot maßgeblich
vorab entscheiden. Andererseits reicht Verwechslungsgefahr in bezug auf die jeweiligen Letztverbraucher stets aus (*B/S* § 31 WZG
Rdn. 263 mwN). Nicht zu berücksichtigen sind in den angesprochenen Verkehrskreisen nur bei kleineren Teilen vorhandene

Spezialkenntnisse (BGH GRUR 1990, 276, 277 – *Petersburger Schlittenfahrt:* Spezialkenntnisse von Musikliebhabern irrelevant für Weinbezeichnung aus Musiktitel).

175 Es ist möglich, daß der auf den **„Durchschnittsverbraucher"** abstellende EuGH (Rdn. 158) in Fällen uneinheitlicher Publikumsauffassung zu einer selteneren Bejahung der Verwechslungsgefahr kommt als die bisherige deutsche Rspr. Aus seiner Entscheidung v. 11.11.1997 – *Sabèl/Puma* folgt dies noch nicht zwingend. Denn dort wurde daraus lediglich die schon zum WZG anerkannte Maßgeblichkeit des Gesamteindrucks von Marken (Rdn. 386) abgeleitet.

176 c) **Wandel der Verkehrsauffassung.** Die Verkehrsauffassung unterliegt ständigem Wandel durch das sich laufend ändernde Marktverhalten der Unternehmen und der Verbraucher, wechselnde Kennzeichnungsgewohnheiten sowie Veränderungen der wirtschaftlichen, aber auch der sozialen Rahmenbedingungen (zB Verbreitung von Fremdsprachenkenntnissen). Soweit die Publikumsauffassung auf einen Kollisionszeitpunkt in der Vergangenheit festzustellen ist oder umgekehrt Schlüsse aus früheren Kollisionsbeurteilungen auf die aktuellen Verhältnissen gezogen werden sollen (zB aus der Spruchpraxis zur Warenähnlichkeit gem unten Rdn. 271), bedarf dies stets besonders eingehender Überprüfung auf zwischenzeitliche Veränderungen.

177 d) **Feststellung der Verkehrsauffassung.** Gehört der Tatrichter des Verletzungs- oder Löschungsprozesses selbst zu den maßgeblichen Verkehrskreisen, so kann er die Publikumsauffassung grdsl. aufgrund **eigener Sachkunde** feststellen, solange keine besonderen Anhaltspunkte vorliegen, die die eigene Auffassung als bedenklich erscheinen lassen (zB BGH GRUR 1985, 970, 972 – *Shamrock I;* enger jetzt BGH GRUR 1995, 354, 357 – *Rügenwalder Teewurst II* zu § 3 UWG: nur bzgl. einfacher und naheliegender Vorstellungen und nur bzgl. Waren des allgemeinen Bedarfs). Eigene Sachkunde soll sich im Einzelfall auch aus der beruflichen Tätigkeit des Richters als Mitglied eines für den gewerblichen Rechtsschutz zuständigen Spezialspruchkörpers ergeben können (zB BGH GRUR 1976, 698, 699 – *MAHAG*). Ähnlich wie zur Irreführungsgefahr iSd § 3 UWG anerkannt (*Köhler/Piper* § 3 UWG Rdn. 89 ff. mwN), soll eine **Bejahung** der Verwechslungsgefahr aufgrund Tatsachen, die kraft eigener richterlicher Sachkunde festgestellt werden, eher in Betracht kommen als eine Verneinung auf derartiger Grundlage. Denn es liege nahe, daß auch weitere Teile

F. Verwechslungsgefahr § 14

des Publikums Verwechslungen erliegen, wenn sich schon der Richter einer Verwechslungsgefahr ausgesetzt sieht (zB BGH GRUR 1982, 431, 432 – *POINT*). Demgegenüber kann die **Verneinung** der Verwechslung durch den Richter nicht immer zuverlässig genug ausschließen, daß bei einem noch relevanten Teil des übrigen Publikums nicht doch Verwechslungen drohen. Ebenfalls ähnlich wie bei § 3 UWG (BGH GRUR 1992, 707, 709 – *Erdgassteuer*) ist die Verneinung der Verwechslungsgefahr aufgrund aus eigener Sachkunde festgestellter Verkehrsauffassung aber nicht generell ausgeschlossen, solange keine Indizien für abweichende relevante Publikumsauffassungen vorliegen (BGH GRUR 1974, 162, 164 – *etirex*). Das gilt erst recht, wenn man mit dem EuGH auf den „Durchschnittsverbraucher" Abstellt (*Sabèl/Puma* v. 11.11.1997). Allerdings muß bezweifelt werden, ob **berufsmäßig ständig mit Kennzeichenstreitsachen befaßte Personen** überhaupt in der Lage sind, die tatsächliche, unbefange Publikumsauffassung – gerade breiterer Kreise – verläßlich nachzuvollziehen. Naheliegender ist die Vermutung, daß die berufsbedingt analytisch ausgerichtete – und damit nicht der normalen Publikumsperspektive entsprechende (vgl. unten Rdn. 327) – Sehweise das Zeichenverständnis des Richters erheblich beeinflußt, und zwar tendenziell in Richtung einer früheren Bejahung der Verwechslungsgefahr (vgl. dazu die Vermutungen über die tatsächliche Relevanz gerichtlich bejahter Verwechslungsgefahren bei *Kur* GRUR 1989, 246; *Beier* GRUR 1974, 520 Fn. 45). Offener als bisher sollte eingestanden werden, daß die großzügige Bejahung eigener Sachkunde des Gerichts in der Praxis auch von dem durchaus legitimen Sachzwang bestimmt ist, die Einholung demoskopischer Gutachten wegen der sehr hohen Kosten auf die wirklichen Grenzfälle zu beschränken. Andernfalls wären wegen des dadurch vervielfachten Kostenrisikos nur noch wenige Unternehmen in der Lage, ihre Kennzeichenrechte gerichtlich geltend zu machen.

Soweit die eigene Sachkunde des Tatrichters zur Feststellung der 178 Publikumsauffassung von einem Zeichen nicht ausreicht, kommen neben Auskünften von Fachverbänden, IHKs und vergleichbaren Einrichtungen (die zum Verkehrsverständnis von Fachkreisen Stellung nehmen können und ggf. ihrerseits Umfragen bei Mitgliedern durchführen, zB BGH WRP 1997, 731, 732 – *Euromint* zu § 3 UWG) in erster Line die bereits erwähnten **demoskopischen Sachverständigengutachten** der anerkannten Umfrageinstitute in Betracht, vor allem zur Feststellung von Verkehrsgeltung (s. § 4 Rdn. 22), Verkehrsdurchsetzung (s. § 8 Rdn. 149), Bekanntheit (s.

unten Rdn. 467 ff.) eines Kennzeichens und insbesondere eines Kennzeichenbestandteils. Zu den Problemen der Ergebnisbewertung, der korrekten Fragestellung und dem Erfordernis aller naheliegenden Antwortalternativen bei geschlossener Fragestellung vgl. BGH GRUR 1992, 48, 52 – *frei öl; Noelle-Neumann/Schramm* GRUR 1976, 51; aus der neueren Rspr. zu § 3 UWG: BGH WRP 1996, 1102 – *Großimporteur;* BGH GRUR 1995, 354, 357 – *Rügenwalder Teewurst II;* BGH GRUR 1993, 920 – *Emilio Adani II;* weitere Nachw. *Köhler/Piper* § 3 UWG Rdn. 93 ff. Auffällige Abweichungen zu ordnungsgemäß zustandegekommenen Parteigutachten müssen vom Gericht bei der Würdigung beachtet werden (BGH GRUR 1992, 48, 51 – *frei öl* mwN). Zur Anwendung des § 291 ZPO bei gerichtsbekannten Tatsachen unten Rdn. 186.

7. Fortwirkung vorausgegangener Verletzungen

179 Nach hM sollen vorausgegangene Kennzeichenverletzungen dazu führen können, daß von dem Verletzer ein größerer Abstand zu dem geschützten Zeichen verlangt werden kann, als der Schutzbereich wegen Verletzungsgefahr dies eigentlich verlangt (BGH GRUR 1961, 343, 346 – *Meßmer-Tee I;* BGH GRUR 1959, 360, 363 – *Elektrotechnik*). Es spricht vieles dafür, daß der Schutz vor Ausnutzung von Fortwirkungen früherer Verletzungen nicht auf kennzeichenrechtlicher, sondern auf wettbewerbsrechtlicher Grundlage gewährt werden sollte, nachdem die Verletzungstatbestände nach §§ 14 Abs. 2 Nr. 2, 15 Abs. 2 nur auf die Beurteilung des aktuellen Kollisionsfalles zugeschnitten sind und ihnen ein an Fortwirkungen anknüpfender Sanktionscharakter fremd ist (für wettbewerbsrechtliche Einordnung auch *Klaka* GRUR 1961, 346; vgl. zu § 3 UWG *B/H* § 3 UWG Rdn. 55).

8. Grundstruktur der Verwechslungsprüfung

180 Neben den in §§ 14 Abs. 2 Nr. 2, 9 Abs. 1 Nr. 2 ausdrücklich genannten beiden Voraussetzungen „Zeichenähnlichkeit" und „Waren/Dienstleistungsähnlichkeit" (jeweils einschließlich Identität) hängt die Verwechslungsgefahr maßgeblich von einem ungeschriebenen dritten Faktor ab, der **Kennzeichnungskraft** der geltendgemachten Marke (EuGH v. 11.11.1997 – *Sabèl/Puma* ErwGR 24; Amtl. Begr. 6. Abs. zu § 9: Stärke und Schwäche der jeweiligen Marke), wie dies schon im früheren Recht anerkannt und vom BGH zum eigentlich ersten Prüfungsschritt erhoben worden war (zB BGH GRUR 1992, 110, 111 – *dipa/dib;* BGH

F. Verwechslungsgefahr § 14

GRUR 1991, 609, 610 – *SL;* BGH GRUR 1989, 510, 513 – *Teekanne II*). Im ErwGr 10 zur MRRL taucht dieses ungeschriebene Kriterium nur etwas verkürzt als „Bekanntheitsgrad der Marke im Markt" auf. Jedoch ist die dortige Aufzählung nicht abschließend. Sie steht der Berücksichtigung auch der einem Zeichen von Haus aus zukommenden Kennzeichnungskraft nicht entgegen (EuGH v. 11.11.1997 – *Sabèl/Puma;* Rdn. 195 ff.). Der ErwGr 10 zur MRRL verdeutlicht die Relativierung der drei Faktoren zueinander, indem er auf den jeweiligen „Grad" der Ähnlichkeit bzw. der Bekanntheit abhebt. Die sich daraus ergebende **Wechselwirkung aller drei Faktoren** (zB BGH GRUR 1997, 221 – *Canon;* BGH GRUR 1996, 198, 199 – *Springende Raubkatze*) ist für das deutsche Markenrecht hinsichtlich der Einbeziehung auch der Waren/Dienstleistungsähnlichkeit neu (BGH GRUR 1995, 216, 219 – *Oxygenol II;* zur Berücksichtigung der Warennähe/Warenferne iRd § 31 WZG s. unten Rdn. 252). Ausgangspunkt ist, daß die Verwechslungsgefahr in allen Fällen „wegen" der Zeichenähnlichkeit „und" der Waren-/Dienstleistungsähnlichkeit bestehen muß, also die Wechselwirkung nicht so weit gehen kann, daß eine dieser beiden Voraussetzungen ganz entfallen und von der anderen vollständig kompensiert werden könnte (vgl. BPatG GRUR 1996, 204, 206 – *Swing,* wo dies allerdings unzutr mit dem Verhältnis zu § 9 Abs. 1 Nr. 1 begründet wird). Die drei Faktoren stehen zueinander auch nicht etwa in einem festen, quantifizierbaren Verhältnis (aA *von Linstow* GRUR 1996, 99). Es ist vielmehr eine Frage des konkreten Falles, welcher Grad des einen Faktors zum Ausgleich der Schwäche eines anderen Faktors geeignet ist. Umstritten ist hinsichtlich der Wechselwirkung im einzelnen, ob der Grad der Waren/Dienstleistungsähnlichkeit nach abstrakten Kriterien losgelöst vom konkreten Kollisionsfall zu bestimmen ist, oder ob dabei der Grad der Zeichenähnlichkeit und vor allem der Kennzeichnungskraft zu berücksichtigen ist. Dazu unten Rdn. 251 ff. Eine unbestrittene Folge der Wechselwirkung ist dagegen, daß **bei Warenidentität** einschließlich hochgradiger Warenähnlichkeit ein wesentlich **deutlicherer Abstand der Zeichen selbst** erforderlich ist, um Verwechslungsgefahren auszuschließen als bei einem größeren Warenabstand (zB BPatG GRUR 1997, 287, 289 – *INTECTA/tecta;* BPatG GRUR 1996, 854 – *NISSKOSHER/Nissen;* BPatG GRUR 1996, 878 – *Schlüssel-Bild;* BPatG GRUR 1996, 879 – *PATRIC LION/LIONS;* BPatG Mitt. 1995, 387 – *ADA GRIMALDI;* BPatGE 35, 74 – *KISS;* BPatG GRUR 1995, 590 – *MANHATTAN;* BPatG GRUR 1995, 588 – *Jeannette/*

Annete). Der zweite wichtige Wechselwirkungseffekt besteht in dem grundlegenden **Einfluß der Kennzeichnungskraft** der geschützten Marke auf den zum sicheren Ausschluß von Verwechslungsgefahren erforderlichen Zeichen- und Waren/Dienstleistungsabstand (näher unten Rdn. 181 ff.).

II. Kennzeichnungskraft

1. Grundlagen

181 a) **Begriff.** Unter Kennzeichnungskraft versteht man die Eignung eines Zeichens, sich aufgrund seiner Eigenart und ggf. seines durch Benutzung erlangten Bekanntheitsgrades dem Publikum **als Marke einzuprägen**, d. h. in Erinnerung behalten und wiedererkannt zu werden. Anders als die „Unterscheidungskraft" iSv § 8 Abs. 2 Nr. 1 ist der Begriff der Kennzeichnungskraft nicht auf die originäre Kennzeichnungskraft beschränkt, die einer Marke von Haus aus zukommt (unten Rdn. 195 ff.). Zu berücksichtigen sind auch nachträgliche Änderungen der Kennzeichnungskraft, dh eine Steigerung durch intensive Benutzung (unten Rdn. 221 ff.) oder eine Schwächung durch Drittzeichen (unten Rdn. 226 ff.). Insoweit stimmt der Begriff der Kennzeichnungskraft als Faktor der Verwechslungsgefahr überein mit der „Unterscheidungskraft" als Tatbestandsmerkmal des erweiterten Schutzes bekannter Marken nach §§ 14 Abs. 2 Nr. 3, 9 Abs. 1 Nr. 3 (unten Rdn. 506). Anders als der dortige Begriff der „Wertschätzung" ist die Kennzeichnungskraft **nicht zwangsläufig gütebezogen** im Sinne eines „guten Rufes" zu verstehen, mag auch häufig eine Marke mit hohem Bekanntheitsgrad auch mit Gütevorstellungen des Verkehrs verbunden sein. Notwendig ist dies jedoch nicht. Eine durch Skandale oder negative Schockwerbung bekanntgewordene Marke hat eine höhere Kennzeichnungskraft. Auch eine **„berüchtigte Marke"** kann also besonders kennzeichnungskräftig sein, nicht nur eine beim Publikum allseits beliebte Marke.

182 b) **Normative Grundlagen.** Je größer die Kennzeichnungskraft eines Zeichens, desto größer ist der ihm zuzubilligende Schutzumfang gegen Verwechslungsgefahr (EuGH v. 11.11.1997 – *Sabèl/Puma* ErwGr 24). Davon geht die deutsche Rspr. seit langem aus (BGH GRUR 1996, 198, 199 – *Springende Raubkatze;* st. Rspr. zum WZG: BGH GRUR 1995, 50, 51/52 – *Indorektal/Indohexal;*

F. Verwechslungsgefahr § 14

BGH GRUR 1991, 609 – *SL;* BGH GRUR 1952, 35 – *Widia/ Ardia;* aA *Vierheilig* GRUR Int. 1982, 506 mwN zur Gegenauffassung). Dem ist zu folgen, allerdings nicht etwa wegen der empirischen Erkenntnis, daß in der Erinnerung haftengebliebene Zeichen auch leichter mit anderen Bezeichnungen in Verbindung gebracht und verwechselt werden. Denn dem könnte ebenfalls mit empirischer Berechtigung entgegengehalten werden, daß umgekehrt Originalität oder Bekanntheit die Gefahr von Verwechslungen durchaus auch reduzieren können, da das Zeichen genauer bekannt ist (in diesem Sinne zB BezG Dresden GRUR 1992, 338, 339 – *Gelbe Seiten:* höhere Verwechslungsgefahr weil in neuen Bundesländern noch nicht bekannt; vgl. *Kur* GRUR 1989, 244 mwN; *Fezer* § 14 Rdn. 124). Entscheidend für die Bedeutung der Kennzeichnungskraft ist vielmehr die **normative Bewertung**, daß ein kennzeichnungskräftigeres, intensiv benutztes Zeichen stärkeren rechtlichen Schutz verdient als ein Zeichen geringerer Originalität und Benutzung. Dies sollte allerdings nicht damit begründet werden, daß die Bekanntheit einer Marke die Assoziationsgefahr erhöhe, weil starken Marken ein reicherer Kommunikationsgehalt eigen sei als schwachen Marken (*Fezer* § 14 Rdn. 125). Denn diese Behauptung ist nichts anderes als die obige empirische These in andere Worte gekleidet und läßt die eigentliche Kernfrage nach der normativen Rechtfertigung unbeantwortet. Die Maßgeblichkeit eines „reicheren Kommunikationsgehalts" würde außerdem eine inhaltlich-qualitative Analyse und Gewichtung erfordern, für die im Rahmen des Verwechslungstatbestandes kein Raum ist, sondern nur beim erweiterten Schutz bekannter Marken.

Die normative Rechtfertigung kann vielmehr erstens darin gesehen werden, daß ein kennzeichnungskräftigeres Zeichen effektiver seine Aufgabe als Unterscheidungsmittel erfüllen kann, als ein Zeichen von geringer Kennzeichnungskraft. Wer in dieser Weise Verwechslungen von Haus aus vorbeugt, verdient mehr Schutz als derjenige, der ein wenig markantes Zeichen wählt und verwendet. Mit dieser Betrachtungsweise läßt sich vor allem die Bemessung des Schutzumfangs nach dem Grad der originären Kennzeichnungskraft rechtfertigen. Die Zubilligung eines größeren Schutzumfangs bei intensiver Benutzung rechtfertigt sich in erster Linie als Anerkennung der hinter solchen Steigerungen der Kennzeichnungskraft stehenden **wettbewerblichen Leistung** auf dem Markt (diesbzgl. zutr. *Fezer* § 14 Rdn. 122). Insoweit findet nicht erst beim erweiterten Schutz bekannter Marken nach §§ 14 Abs. 2 Nr. 3, 9 Abs. 1 Nr. 3, sondern schon im Rahmen des Verwechslungstatbestands, 183 wettbewerblicher Leistungsschutz statt. Eine schutzwürdige wettbewerbliche Leistung kann auch in der **Schaffung bzw. Auswahl einer originellen Kennzeichengestaltung** liegen (*Fezer* § 14 Rdn. 271), ohne daß die Schwelle zum urheberrechtlichen oder geschmacksmusterrechtlichen Schutz überschritten sein müßte. Angesichts der heute in bestimmten Branchen bezahlten Preise für Markenschöpfungen kann an der wirtschaftlichen Berechtigung dieses Ansatzes eigentlich kein Zweifel bestehen. Jedoch ist das heutige Kennzeichenrecht auf die Berücksichtigung dieser Leistung des Kennzeichenschöpfers in keiner Weise zugeschnitten (vgl. als Ausnahme die Ansatzmöglichkeiten im Rahmen des § 50 Abs. 1 Nr. 4, dort § 50 Rdn. 12 ff.), so daß ihr keine die Abhängigkeit des Schutzumfangs von der Originalität tragende Bedeutung zukommt.

Aus dem normativen Begründungsansatz ergibt sich auch, daß eine Steigerung der Kennzeichnungskraft des **jüngeren** Zeichens bei der Verwechslungsprüfung außer Betracht zu bleiben hat (aA BGH GRUR 1957, 499, 502 – *Wipp:* führt zu gesteigerter Verwechslungsgefahr aufgrund „reziproker Wirkung").

184 c) **Maßgeblicher Zeitpunkt.** Im Verletzungsprozeß ist maßgeblicher Zeitpunkt für die Feststellung der Kennzeichnungskraft grdsl. die letzte Tatsachenverhandlung, soweit nicht auf die Vergangenheit bezogene (zB Schadensersatz-) Ansprüche geltend gemacht werden (Rdn. 12 ff.). Besonderheiten ergeben sich, wenn das angegriffene (jüngere) Zeichen seinerseits zur Eintragung angemeldet worden ist. Im Löschungsprozeß und in Widerspruchsverfahren kommt es dann hinsichtlich einer gesteigerten Kennzeichnungskraft des älteren Zeichens auf den für den Zeitrang des jüngeren Zeichens maßgeblichen Tag an, während eine Schwächung der Kennzeichnungskraft des älteren Zeichens bis zum Zeitpunkt der Entscheidung zu berücksichtigen ist (zB BGH GRUR 1975, 370, 371 – *Protesan;* BGH GRUR 1965, 665, 666 f – *Liquiderma;* BGH GRUR 1963, 626, 628/629 – *Sunsweet;* BGH GRUR 1963, 622, 623 – *Sunkist;* BGH GRUR 1961, 347, 350 – *Almglocke;* KG WRP 1984, 207, 209 – *Die Weissen),* wie jetzt auch § 51 Abs. 3 mittelbar bestätigt. Dies gilt im Verletzungsprozeß nicht nur gegenüber jüngeren Marken(anmeldungen), sondern auch dann, wenn das angegriffenen Zeichen anderweitig Schutz genießt, zB aufgrund Benutzung als geschäftliche Bezeichnung. § 22 Abs. 1 Nr. 1 bestätigt insoweit nur exemplarisch (Amtl. Begr. zu § 22 und zu § 51) den allgemein geltenden Grundsatz, daß ein erst nach dem für das Prioritätsverhältnis maßgeblichen Zeitpunkt eintretender Zuwachs

F. Verwechslungsgefahr § 14

an Schutzumfang die durch die Anmeldung erlangte Rechtsposition nicht mehr zerstören darf und diese Bestandskraft auch Verletzungsansprüche ausschließt, also entsprechend § 22 Abs. 2 zu Koexistenz führt (vgl. ebenso zur Berücksichtigung im Widerspruchsverfahren BGH GRUR 1997, 221, 223 – *Canon;* BPatG v. 15. April 1997 24 W (pat) 255/95 – *Lindora/Linola*). Zur Übergangsregelung s. §§ 153, 158.

d) Feststellung der Kennzeichnungskraft. Bei der Feststellung der Kennzeichnungskraft ist in der Praxis eine deutliche Zurückhaltung der Instanzgerichte zu beobachten, **aus eigener Sachkunde** eine gesteigerte Kennzeichnungskraft aufgrund Verkehrsgeltung zu bejahen. Das entspricht der bisherigen Rspr. des BGH, wonach in der Regel solche Feststellungen nicht aufgrund eigener Sachkunde getroffen werden können, bei denen es nicht nur um das Zeichenverständnis als solches, sondern um die durch die Benutzungslage geprägte Verkehrsauffassung geht (zB BGH GRUR 1966, 259, 262 – *Napoleon I;* BGH GRUR 1955, 481, 483 – *Hamburger Kinderstube;* vgl. BGH GRUR 1957, 286 – *Erstes Kulmbacher* zu § 3 UWG). Demgegenüber ist aus den Gründen unten Rdn. 483 für eine bereitwilligere Feststellung der Stärkung der Kennzeichnungskraft bei intensiver langjähriger Benutzung aufgrund Hilfstatsachen zu plädieren und die demoskopische Umfrage erst nach Ausschöpfung aller anderen Erkenntnisquellen in Erwägung zu ziehen, womit allerdings bis auf weiteres Revisionsrisiken verbunden sind. 185

Die Anwendung des **§ 291 ZPO** ist bei allgemein- bzw. gerichtskundiger Verkehrsgeltung, dh bei berühmten und sehr bekannten Marken anerkannt (zB BGH GRUR 1960, 126, 128 – *Sternbild* für Kennzeichnungen, die seit Jahren in weitem Umfang benutzt sind und jedermann gegenübertreten; OLG Karlsruhe GRUR 1992, 460, 461 – *McChinese* für „McDonalds"; OLG Frankfurt aM WRP 1992, 718, 720 – *Enrico Ferrari* für „Ferrari"; OLG Frankfurt am Main GRUR 1992, 445, 447 für „Mercedes" unter Bezugnahme auf BGH GRUR 1991, 401, 402 – *Erneute Vernehmung;* OLG München Mitt. 1982, 198 für „adidas"). Der Beweis für die Unrichtigkeit durch Umfragegutachten ist in diesen Fällen aber nicht generell ausgeschlossen (OLG Karlsruhe GRUR 1992, 460, 461 – *McChinese;* vgl. BGH GRUR 1990, 607, 608 – *Meister-Kaffee* zu § 3 UWG). 186

Als Beweismittel kommen neben den in ihrer Aussagekraft nicht immer zweifelsfreien **Befragungen durch die Industrie- und** 187

§ 14 Rechte und Ansprüche des Markeninhabers

Handelskammern (zB BGH GRUR 1966, 495, 497 – *UNIPLAST*) vor allem **demoskopische Umfragegutachten** in Frage (zB BGH GRUR 1992, 48, 52 – *frei öl;* BGH GRUR 1968, 371, 376 – *Maggi II;* BGH GRUR 1968, 581, 583 ff. – *Blunazit;* zur Würdigung von Parteigutachten zB BGH GRUR 1967, 485, 486 ff. – *badedas*). Dazu allg. oben Rdn. 178 sowie zur Feststellung der Verkehrsgeltung nicht eingetragener Marken § 4 Rdn. 22 und der Verkehrsdurchsetzung § 8 Rdn. 149.

188 Feststellungen in **früheren Verfahren** sollen ohne nochmalige Beweiserhebung herangezogen werden können, wenn nur die Fortdauer der damals festgestellten Kennzeichnungskraft streitig und diese aufgrund ununterbrochener Weiterbenutzung der Marke ohne neue Schwächungseinflüsse naheliegt (BGH GRUR 1966, 259, 262 – *Napoleon;* BGH GRUR 1959, 360 – *Elektrotechnik*), zwischen anderen Parteien aber nur für die allernächste Folgezeit (BGH GRUR 1989, 510, 512 – *Teekanne II;* BGH GRUR 1955, 406, 407 – *Wickelsterne*).

189 **e) Beweislast.** Darlegungs- und beweispflichtig für Stärkungen der Kennzeichnungskraft ist derjenige, der daraus günstige Rechtsfolgen herleitet, also der Markeninhaber, der einen größeren Schutzbereich geltend macht. Dagegen ist für Schwächungen der Kennzeichnungskraft darlegungs- und beweispflichtig, wer sich darauf zur Verteidigung berufen will, also idR der Beklagte des Verletzungs- bzw. Löschungsprozesses (BGH GRUR 1957, 287, 290 – *Plastikummännchen;* BGH GRUR 1957, 125, 127 – *Troika/Dreika;* grdl. BGH GRUR 1955, 579, 582 – *Sunpearl*), soweit nicht vom Kläger selbst vorgetragen und daher unstreitig (BGH GRUR 1958, 81, 82 – *Thymopect*). Zu den Beschränkungen der Berücksichtigung der Kennzeichnungskraft im Widerspruchsverfahren s. § 42 Rdn. 42 f.

2. Grundregeln für alle Zeichenarten

190 Die Kennzeichnungskraft ist bei allen drei Markenarten des § 4 nach im wesentlichen gleichen Regeln festzustellen. Bei den nicht eingetragenen Marken liefert die ohnehin notwendige Feststellung der Verkehrsgeltung bzw. Notorietät als Schutzvoraussetzung (dazu § 4 Rdn. 7 ff., 23 f.) zugleich Erkenntnisse über die Kennzeichnungskraft.

191 Bei Zeichen mit mehreren Bestandteilen ist die Kennzeichnungskraft für das Zeichen als Ganzes, d. h. nach dessen **Gesamt-**

F. Verwechslungsgefahr **§ 14**

eindruck, nicht isoliert für die einzelnen Zeichenelemente zu bestimmen (zB BGH GRUR 1995, 50, 52 – *Indorektal/Indohexal*). Bei Übereinstimmung nur in Bestandteilen ist die Kennzeichnungskraft des kollisionsbegründenden Bestandteils nach den Regeln der Prägetheorie des BGH zu berücksichtigen (unten Rdn. 385 ff.).

Die Kennzeichnungskraft eines Zeichens kann **produktabhängig** sein. Hinsichtlich der originären Kennzeichnungskraft kann sich dies aus inhaltlichen Bezügen des Zeichens zu bestimmten Produkten ergeben (unten Rdn. 196), während Schwächung (Rdn. 226 ff.) und Stärkung (Rdn. 221 ff.) durch die Benutzungslage ohnehin mit bestimmten Waren/Dienstleistungen verknüpft sind. 192

Der Grad der Kennzeichnungskraft muß nicht in einer für alle denkbaren Verletzungsfälle gültigen Weise generell bestimmt werden, sondern nur **konkret**, d. h. im Verhältnis zu dem kollidierenden Zeichen (BGH GRUR 1991, 609, 610 – *SL;* BGH GRUR 1968, 581, 583 – *Blunazit*). 193

Eingebürgert hat sich die vor allem für eingetragene Marken gebrauchte Abstufung in „**schwache**", „**normale**" und „**starke**" Marken, die sich an den von Haus aus unterscheidungskräftigen Marken mit durchschnittlicher Kennzeichnungskraft als Nullpunkt der nach oben und unten beweglichen Skala der Kennzeichnungskraft orientiert (zB BGH GRUR 1957, 29, 32 – *Spiegel*). Bei schwachen Marken kann die Zeichenähnlichkeit schon bei geringeren Unterschieden zu verneinen sein. Starke Marken verfügen dagegen über einen erheblich erweiterten Schutzumfang, der nur bei deutlichen Unterschieden eine Verneinung der Zeichenähnlichkeit erlaubt. Liegen keine Anhaltspunkte für Stärkung oder Schwächung vor, ist von normaler Kennzeichnungskraft auszugehen (zB BPatG GRUR 1996, 419, 420 – *Fontana*). 194

3. Originäre Kennzeichnungskraft

a) Grundsätze. Die originäre Kennzeichnungskraft eines Zeichens wird durch den **Grad seiner Eigenart** nach Klang, (Schrift-)Bild bzw. Form sowie Sinn bestimmt. Bei Zulassung weiterer Markenformen können auch noch andere Zeicheneigenschaften eine Rolle spielen (zB Geruch, Geschmack etc.; vgl. § 3 Rdn. 33). Ausgangspunkt der hierzu in einem Kollisionsfall erforderlichen Überprüfung ist die Vermutung normaler originärer Kennzeichnungskraft, soweit keine Besonderheiten der Zeichengestaltung festgestellt werden können. Von diesem Ausgangspunkt aus wird 195 die originäre Kennzeichnungskraft regelmäßig nur negativ festgestellt, d. h. das Zeichen auf die Kennzeichnungskraft mindernde Charakteristika überprüft.

196 Die originäre Kennzeichnungskraft ist **produktbezogen** festzustellen, d. h. zunächst in bezug auf die auf Seiten der geschützten Marke betroffenen Waren/Dienstleistungen (BGH GRUR 1962, 195/196 – *Palettenbildzeichen*). Dabei können originalitätsschwächende Einflüsse auch von unmittelbar benachbarten Produktgebieten ausgehen (zurückhaltend zB BGH GRUR 1966, 259, 261/262 – *Napoleon*: Wermut/Spirituosen). Die Annahme solcher Einflüsse setzt jedoch verläßliche Tatsachenfeststellungen zur Verkehrsauffassung voraus. Die originäre Kennzeichnungskraft ist zweitens auch in bezug auf die angegriffenen Waren/Dienstleistungen festzustellen und kann insoweit ohne Bindung an die Eintragungsentscheidung (BGH GRUR 1977, 717, 718 – *Cokies*; BGH GRUR 1968, 414, 416 – *Fe*) beurteilt werden.

197 **b) Schutzunfähige eingetragene Marken.** Ist eine Marke trotz absoluter Schutzhindernisse, insbesondere entgegen § 8 Abs. 2 Nr. 1, 2, 3 eingetragen, so muß in allen Verfahren, in denen diese Marke geltend gemacht wird, die Bindung an die Eintragungsentscheidung beachtet werden, solange die Marke nicht nach § 54 gelöscht worden ist (oben Rdn. 15; Beispiel: BPatG zit. GRUR 1997, 507 – *HONKA*) oder die Einrede gem. §§ 22 Abs. 1 Nr. 2, 51 Abs. 4 Nr. 2 greift (dazu § 22 Rdn. 12). Es ist jedoch zulässig, bei der Verletzungsprüfung nur von einer Kennzeichnungskraft an der untersten Grenze der Schutzfähigkeit auszugehen, d. h. die Marke als **schwaches Zeichen** zu behandeln (ähnl. *Fezer* § 14 Rdn. 295). Die Bindung an die Eintragung darf allerdings nicht dadurch unterlaufen werden, daß eine Reduzierung des Schutzumfangs gegen Verwechslungsgefahr auf Null erfolgt, indem nur noch bei vollständiger Identität eine Verletzung bejaht wird. Auch in diesen Fällen ist dem Zeichen vielmehr ein über die identische Verletzung hinausgehender Schutz gegen Verwechslungsgefahr zuzubilligen und der in diesem Bereich Verletzende auf das Löschungsverfahren nach § 54 zu verweisen. Nach st. Rspr. zum WZG darf einer eingetragenen Marke der gesetzliche Schutz vor Verwechslungsgefahr nicht mit der Begründung versagt werden, diese Gefahr müsse wegen eines Freihaltebedürfnisses in Kauf genommen werden (zB BGH GRUR 1989, 349 – *ROTHHÄNDLE-KENTUCKY/Cenduggy*; BGH GRUR 1989, 264, 265 – *REYNOLDS R 1/EREINTZ*; BGH GRUR 1985, 1053, 1054 –

F. Verwechslungsgefahr § 14

ROAL; BGH GRUR 1984, 815, 817 – *Indorektal;* BGH GRUR 1966, 676, 679 – *Shortening;* BGH GRUR 1963, 630, 632 – *Polymar*). Handelt es sich um eine beschreibende Angabe kann jedoch nach neuem Recht gegenüber Verletzungsansprüchen die Schutzschranke des freien lauteren Gebrauchs nach § 23 eingreifen (§ 23 Rdn. 33 ff.).

c) Zeichenbestandteile. Zusammengesetzte und Kombinationsmarken bestehen häufig aus Bestandteilen unterschiedlicher Kennzeichnungskraft. Die Bindung an die Eintragung des Gesamtzeichens (oben Rdn. 197) entbindet nicht davon, die Kennzeichnungskraft vor allem derjenigen Bestandteile zu prüfen und ggf. zu verneinen, in denen die für die Zeichenähnlichkeit maßgeblichen Übereinstimmungen bestehen, wobei die Rspr. hier auch von einer Prüfung der selbständigen Schutzfähigkeit des Bestandteils sprach (zB BGH GRUR 1990, 361, 363 – *KRONENTHALER;* BGH GRUR 1974, 220, 221 – *Club Pilsener;* BGH GRUR 1968, 414, 415 – *Fe;* BGH GRUR 1966, 436, 437 – *VITA-MALZ;* BGH GRUR 1961, 347, 348 – *Almglocke;* BGH GRUR 1957, 88 – *Ihr Funkberater;* BGH GRUR 1956, 219 – *W5;* KG WRP 1984, 207, 209 – *Die Weissen*), die nur dann ausgeschlossen war, wenn der Bestandteil derart das Wesen des Gesamtzeichens ausmachte, daß die Entscheidung über die Eintragbarkeit auf der Bejahung der Schutzfähigkeit des Bestandteils beruhen mußte (zB BGH GRUR 1973, 467, 468 – *PRAEMIX;* BGH GRUR 1966, 495, 497 – *UNIPLAST*). Bei einem Wort/Bildzeichen erlaubt daher schon ein für die Schutzfähigkeit des Gesamtzeichens erhebliches Bildelement die Prüfung und Verneinung der Schutzfähigkeit des Wortbestandteils (zB BGH GRUR 1994, 905, 907 – *Schwarzwald-Sprudel*). Dies gilt heute im Ergebnis auch im Rahmen der für derartige Kollisionsfälle maßgeblichen Prägetheorie (unten Rdn. 385 ff.), wobei allerdings nicht nach dem selbständigen Schutz eines Bestandteils zu fragen ist, sondern nach seiner Bedeutung für den Gesamteindruck des Zeichens.

d) Wortzeichen

aa) Anlehnung an beschreibende oder freihaltebedürftige Angaben. Bei Zeichen, die in Anlehnung an eine freihaltebedürftige Angabe iSv § 8 Abs. 2 Nr. 2 oder 3 gebildet sind, ist der Schutzumfang eng zu bemessen, und zwar **nach Maßgabe der Eigenprägung und Unterscheidungskraft**, die dem Zeichen –

§ 14　　　　　Rechte und Ansprüche des Markeninhabers

trotz seiner Anlehnung an die freizuhaltende Angabe – die Eintragungsfähigkeit verleiht (zB BPatG GRUR 1996, 128 – *Plak Guard/GARD*: wegen warenbeschreibende Angabe „guard" für Zahnreinigungsmittel; aus der Rspr. zum WZG: BGH GRUR 1995, 50, 53 – *Indorektal/Indohexal*; Verneinung der Verwechslungsgefahr trotz phonetischer Übereinstimmung weil nur aufgrund der besonderen Schreibweise schutzfähig: BGH GRUR 1990, 681, 684 – *Schwarzer Krauser/Schwarzer Krasa* und grdl. BGH GRUR 1989, 349, 350 – *ROTH-HÄNDLE-KENTUCKY/Cenduggy* sowie BGH GRUR 1989, 264, 265 – *REYNOLDS R 1/EREINTZ* wegen damaliger Freihaltebedürftigkeit der Buchstaben/Zahl-Kombination „R1" nach § 4 Abs. 2 Nr. 1 WZG, unten Rdn. 205). Hierfür genügt es bereits, wenn das Zeichen „zwar keine erkennbare Anlehnung darstellt, jedoch eine **Bezugnahme erkennen läßt**" (BGH GRUR 1995, 50, 53 – *Indorektal/Indohexal*; Verneint für „Sigel" bezgl. Güte-„Sigel" in BPatG GRUR 1997, 532, 534 – *Sigel/SIGL*; bejaht für „Appel" bzgl. Apple in OLG Hamburg GRUR 1994, 71 – *Appel*). Diese Grundsätze hat der BGH auch im Rahmen seiner Schutzfähigkeitsentscheidungen zum WZG vielfach bestätigt (BGH WRP 1997, 739, 741 – *a la carte*; zB zu Anlehnungen von Arzneimittelzeichen an INN-Wirkstoffnamen: BGH GRUR 1995, 48, 49 – *Metoproloc* (INN: Metroprolol); BGH GRUR 1994, 805, 807 – *Alphaferon* (INN: Interferon-alpha); BGH GRUR 1994, 803, 805 – *TRILOPIROX* (INN: rilopirox); grdl. BGH GRUR 1991, 136, 137 – *NEW MAN*). Bei Übereinstimmung nur in Bestandteilen ist die Einschränkung des Schutzumfangs wegen Kennzeichnungsschwäche eines Zeichenbestandteils im Rahmen der Prägetheorie des BGH zu berücksichtigen (unten Rdn. 399 ff.).

200　Eine Einschränkung des Schutzumfangs ist jedoch nur insoweit geboten, als der ungehinderte Gebrauch der im Hintergrund stehenden freihaltebedürftigen Angabe **selbst** oder allenfalls noch eines diesem ähnlichen und aus bestimmten Gründen seinerseits ebenfalls freizuhaltenden Begriffs sicherzustellen ist (BGH GRUR 1995, 50, 53 – *Indorektal/Indohexal*: keines der beiden Zeichen freihaltebedürftig; BGH GRUR 1986, 245, 246 – *India-Gewürze* zu § 16 UWG aF: beiderseitige Anlehnung an „Indien" irrelevant; zum MarkenG zB BPatG GRUR 1997, 552, 553 – *Sigel/SIGL*). Der Schutzumfang war nach bisherigem Recht nicht generell gegenüber jedem Gegenzeichen eingeschränkt, sondern hatte bildlich gesprochen nur ein Loch, ggf. mit einem Umkreis an ihrerseits beschreibenden Angaben, die von dem freihaltebedürftigen Grundbe-

F. Verwechslungsgefahr § 14

griff abgeleitet sind. Bei Zeichenidentität konnte die Einschränkung des Schutzumfangs gegenüber einer älteren eingetragenen Marke nicht geltend gemacht werden, weil sonst die Bindung an die Eintragungsentscheidung (oben Rdn. 197) aufgehoben wäre (vgl. BGH GRUR 1986, 245, 246 – *India-Gewürze*).

Heute sind diese Fälle über **§ 23 Nr. 2** zu lösen (BGH WRP 1997, 758, 761 – *Turbo II*), der die beschreibende Angabe selbst (Amtl. Begr. 6. Abs. zu § 23) und von ihr abgeleitete, ihrerseits beschreibende Begriffe bei lauterer Verwendung freistellt, und zwar anders als nach früherem Recht auch dann, wenn **Zeichenidentität** gegeben ist (§ 23 Rdn. 42). 201

Weitergehend ist eine Einschränkung des Schutzumfangs auch gegenüber solchen jüngeren Zeichen bejaht worden, die zwar selbst keine freihaltebedürftige Angabe sind, jedoch nur wegen einer begrifflichen Übereinstimmung über einen dritten, seinerseits **freihaltebedürftigen Begriff als gedankliche Brücke** verwechselbar sein könnten, an den sich beide Zeichen erkennbar anlehnen (BPatGE 30, 229, 232/233 – *MARILUND/Merryland*: beiderseitige Anlehnung an „Maryland"). Der Schutzumfang beider Zeichen sei entsprechend gemindert und daher keine Übereinstimmung gegeben. Dieser Begründung kann nicht gefolgt werden. Der Schutzumfang des jüngeren Zeichens ist bei der Verwechslungsprüfung irrelevant. Denkbar wäre stattdessen eine Rechtfertigung damit, daß auch den Wettbewerbern die Anlehnungsmöglichkeit zur Zeichenbildung zur Verfügung stehen müsse. Dafür sind aber besondere Anhaltspunkte für ein solches Angewiesensein im konkreten Falle erforderlich, zB aufgrund einer entsprechenden Branchenübung. Im übrigen kommt eine Verneinung der Verwechslungsgefahr nur dann in Betracht, wenn wirklich alle noch erheblichen Teile des Verkehrs die beiderseitige Anlehnung erkennen (sehr zw. bzgl. *MARILUND/Merryland* für Tabakwaren; verneint in BPatGE 34, 254 – *SANFTE FEE/SANTAFU;* unten § 14 Rdn. 353). 202

Der Einfluß des Freihaltebedürfnisses auf die Kennzeichnungskraft ist umso stärker, je deutlicher der Verkehr das Freihaltebedürfnis erkennt, da dann für ihn eine Bedeutung als Kennzeichen entsprechend weniger naheliegend ist (zB BGH GRUR 1994, 905, 907 – *Schwarzwald-Sprudel*). 203

bb) Sonstige Originalitätsschwächen. Bisweilen neigt die Rspr. zu einer allzu pauschalen Bildung von Fallgruppen ursprünglicher Kennzeichnungsschwäche. Aus den bei § 5 Rdn. 23 genann- 204 ten Gründen sind sogenannte „Allerweltsnamen" nicht generell kennzeichnungsschwach (aA zB BPatGE 32, 65 – *H. J. Müller-Collection/müller*; BPatGE 30, 61 – *Peter Meyer/Meyer*). Das gleiche gilt für Vornamen (aA zB BPatG GRUR 1997, 54, 57 – *S. OLIVER* für Bekleidung, Schuhe; BGH GRUR 1970, 552, 554 – *Felina-Britta* für Textilbereich; BPatG Mitt. 1988, 218 – *Wera/Verena* für Puppen; B/S § 31 WZG Rdn. 158). Zur Bedeutung von Vornamen und Nachnamen als kollisionsbegründende Bestandteile mehrteiliger Zeichen s. unten Rdn. 408 ff.

205 **e) Buchstaben, Zahlen.** Zeichen, die ausschließlich aus einzelnen Buchstaben, nicht als Wort aussprechbaren Buchstabenfolgen, einzelnen oder mehreren Zahlen, Buchstaben/Zahl-Kombinationen, ausgeschriebenen Zahlwörtern und phonetisch ausgeschriebene Buchstaben bestehen, sind anders als nach früherem Recht nicht mehr von vornherein schutzunfähig (§ 3 Rdn. 24f., § 8 Rdn. 50; BGH GRUR 1995, 732 – *Füllkörper*; BGH Mitt. 1995, 184 – *quattro II*; BGH GRUR 1993, 825 – *Dos*; BPatG Mitt. 1997, 70 – *UHQ II*; BPatGE 37, 46, 47 – *VHS*). Ihnen kommt heute als Zeichenart zunächst **normale Kennzeichnungskraft** zu (BGH GRUR 1996, 977 – *P3-drano/DRANO*; *Albrecht* GRUR 1996, 246, 247; vgl. auch GRUR 1995, 808, 810 – *P3-plastoclin* zum WZG). Ihre konkrete Kennzeichnungskraft hängt von ihrer Ausgestaltung im einzelnen und ggf. produktspezifischen Zusammenhängen ab (vgl. zur Unterscheidungskraft als Schutzvoraussetzung § 8 Rdn. 15 ff.). Dabei ist einerseits Zurückhaltung gegenüber der Annahme reduzierter Kennzeichnungskraft ohne konkrete tatsächliche Anhaltspunkte geboten. Andererseits muß aber tatsächlichen Freihaltebedürfnissen ausreichend Rechnung getragen werden. Wie kontrovers die Auffassungen hierzu mangels geeigneter Vorgaben aus der bisherigen Rspr. aufeinanderprallen können, verdeutlicht die heftige Reaktion im Streit um die Zahl „1" der ARD in OLG Hamburg MD 1997, 514, 515/516 – *ARD-1/HH 1* („... mit dem nötigen Maß an Abstraktion läßt sich selbst für „Sarotti-Mohr" und „Meister Propper" behaupten, sie seien ‚nahezu identisch' denn beide stellten menschliche Gestalten dar").

206 Generell wird man lediglich sagen können, daß Buchstaben kennzeichnungskräftiger sind als Zahlen, da diese im Geschäftsverkehr noch häufiger als beschreibende Angaben verwendet werden und durch andere Zeichen idR nicht ersetzbar sind (*Albrecht* GRUR 1996, 247). Aus **niedrigen Zahlen** bestehende Zeichen werden daher im Gegensatz etwa zu mehrstelligen Zahlen (vgl.

F. Verwechslungsgefahr § 14

„4711") allenfalls äußerst geringe Kennzeichnungskraft haben, soweit überhaupt unterscheidungskräftig (OLG Hamburg MD 1997, 514, 515/516 – *ARD-1/HH 1/Hamburg 1*: der Zahl „1" fehlt als Grundzahl schlechthin jede Unterscheidungskraft; vgl. § 8 Rdn. 50). Diese grdl. Schwäche kann auch bei hoher Bekanntheit noch nicht so vollständig überwunden sein, daß jedes Kombinationszeichen mit derselben Zahl als prägendem Element vom Schutzumfang umfaßt wäre (insoweit übereinstimmend OLG Köln MD 1997, 745, 747 – *ARD-1*; OLG München AfP 1995, 676 – *ARD-1/Kabel-1*; OLG Hamburg MD 1997, 514 – *ARD-1/HH 1/Hamburg 1*).

Dreistellige Buchstabenzeichen, die kein Wort bilden oder jedenfalls nicht als solche aufgenommen werden, sind zwar einerseits durchaus einprägsam, wie die seit langem verbreitete Verwendung als abgekürzte Unternehmenskennzeichen belegt. Gerade wegen dieser häufigen Verwendung ist die Kennzeichnungskraft entsprechender Marken aber von Haus aus erheblich gemindert, so daß bereits Abweichungen in einem Buchstaben oder Umstellungen der Reihenfolge aus dem Schutzbereich hinausführen können, wenn sie dem Gesamteindruck nach deutlich erkennbar sind (vgl. aus der in ihrer Begründung nicht auf das MarkenG übertragbaren früheren Rspr. zu durchgesetzten Zeichen zB BGH GRUR 1988, 776 – *PPC/BBC*; BGH GRUR 1982, 420 – *BBC/DDC*; BGH GRUR 1979, 470, 471 – *RBB/RBT*; BGH GRUR 1967, 482 – *WKS-Möbel/TKS*; BGH GRUR 1957, 488 – *MHZ/Z*). 207

Auch zweistellige Buchstabenzeichen sind von reduzierter Kennzeichnungskraft, da weithin zu Abkürzungszwecken, auch von Firmennamen gebräuchlich (vgl. aus der insoweit nicht vollständig auf das MarkenG übertragbaren früheren Rspr. zu durchgesetzten Zeichen zB BGH GRUR 1991, 601 – *SL*; sehr zw. BGH GRUR 1968, 697 – *LR/SR*). 208

Buchstaben-/Zahl-Kombinationen können trotz ihrer Gebräuchlichkeit als Typenbezeichnungen über durchschnittliche Kennzeichnungskraft verfügen. Der BGH hat die Einprägsamkeit und Merkbarkeit solcher Zeichen zu Recht hervorgehoben (BGH GRUR 1996, 977 – *P3-drano/DRANO*; zum WZG BGH GRUR 1995, 808, 810 – *P3-plastoclin*). Zwar kann die Abänderung eines Bestandteils genügen, um aus dem Schutzbereich herauszukommen (BGH WRP 1995, 809/810 – *J6/R6*; vgl. BGH GRUR 1956, 219, 222f – *W-5*: W 1, W 2, W 3 wegen häufiger Verwendung solcher Kombinationen für pharmazeutische Produkte). Es kann aber auch der Struktur der Zusammenstellung Bedeutung für die 209

§ 14 Rechte und Ansprüche des Markeninhabers

Kennzeichnungskraft zukommen (zB BPatG Mitt. 1970, 194, 195 – *E.4/8x4* bei gesteigerter Verkehrsgeltung von 8x4).

210 **Bildlich ausgestaltete** Buchstaben- und Zahlenmarken sind in ihrer Kennzeichnungskraft heute nicht mehr nur durch das Maß ihrer graphischen Eigenart definiert (näher § 8 Rdn. 50; vgl. dagegen zur früheren Rspr. zB BGH GRUR 1979, 470, 471 – *RBB/RBT*). Auch der Buchstabe bzw. die Zahl selbst können die Kennzeichnungskraft mitbestimmen und gemäß den Regeln der Prägetheorie des BGH bei der Prüfung des Gesamteindrucks mitzuberücksichtigen sein (unten Rdn. 399 ff.), sofern er nicht ausnahmsweise einem hochgradigen Freihaltebedürfnis unterliegt, wie zB für die Zahl 1 für Fernsehsender angenommen (insoweit übereinstimmend OLG Köln MD 1997, 745, 747 – *ARD-1*; OLG Hamburg MD 1997, 514 – *ARD-1/HH 1/Hamburg 1*; OLG München AfP 1995, 676 – *ARD-1/Kabel-1*).

211 Auch für **phonetisch ausgeschriebene** Buchstaben- und Zahlenzeichen verbietet sich nach neuem Recht jede pauschale Annahme geringerer Kennzeichnungskraft oder Prägung nur durch das Schriftbild (vgl. aus der bisherigen Rspr. zB BGH GRUR 1989, 264, 265 – *REYNOLDS R 1/EREINTZ*; BPatG Mitt. 1973, 160 – *OKA/OKAY*; BPatGE 15, 237 – *DOBBELMANN GT/Bruns GE Te*).

212 Die **Aussprechbarkeit** einer Buchstabenfolge als Wort ist heute nur noch ein Beurteilungskriterium neben anderen. Dabei ist zu beachten, daß ein Buchstabenzeichen seine begriffliche Kennzeichnungskraft gerade auch daraus beziehen kann, daß es trotz theoretischer Aussprechbarkeit nicht als Wort verstanden und verwendet wird (vgl. die Beispiele „MAN" und „DAS" nach *Albrecht* GRUR 1996, 249).

Zu den problematischen Übergangsfragen bei aus der Zeit vor dem 1. 1. 1995 stammenden Buchstaben- und Zahlenzeichen s. § 153 Rdn. 9, 17.

f) Bildzeichen

213 **aa) Anlehnung an beschreibende oder freihaltebedürftige Angaben.** Bildzeichen können wegen begrifflicher Anlehnung ihres Motivs an eine beschreibende oder freihaltebedürftige Angabe kennzeichnungsschwach sein. Die Grundsätze für Wortzeichen (oben Rdn. 199 ff.) gelten insoweit entsprechend. Beispiele: Herzsymbol mit Pfeilen sehr kennzeichnungsschwach für Herzmittel (BGH GRUR 1989, 425, 427/428 – *Herzsymbol*); Tierabbildungen (BGH GRUR 1970, 302, 304 – *Hoffmann's Katze* für Katzenfut-

F. Verwechslungsgefahr § 14

ter); örtliche Wahrzeichen, Denkmäler (BGH GRUR 1955, 91 – *Frankfurter Römer;* BGH GRUR 1955, 91, 92 – *Mouson*); Legendendarstellung als Hinweis auf geogr. Herkunft von Lebkuchen (BGH GRUR 1964, 376 – *Eppeleinsprung*); Palette mit Pinseln für Malbedarf (BGH GRUR 1962, 195 – *Palettenbildzeichen*); Frauenkopf bei Kosmetika (BGH GRUR 1954, 274 – *Goldwell*); Flamme für Ölbrenner (BPatG Mitt. 1971, 173); Baum in Landschaft für Gartenbau-Dienstleistungen (OLG München GRUR 1993, 915 – *Verbandsmarke*); Tannenbaum für Luftverbesserer (OLG Frankfurt aM GRUR 1989, 917, 918 – *Tannen-Motiv*).

Ein weiterer Anwendungsbereich der EREINTZ/Cenduggy- 214
Rspr. (oben Rdn. 199 ff.) ist in dem die Farbe stärker berücksichtigenden neuen Recht bei Zeichen eröffnet, deren Schutzfähigkeit wesentlich auf ihrer **farblichen Ausgestaltung** beruht (zB BPatG GRUR 1997, 283, 284 – *TAX FREE;* BPatG GRUR 1997, 285, 286 – *VISA-Streifenbild;* zurückhaltender BPatG GRUR 1997, 530, 531 – *Rohrreiniger*). Zur Kennzeichnungskraft von Farbmarken im engeren Sinne unten Rdn. 218.

bb) Sonstige Originalitätsschwächen. Bildzeichen aus zwar 215
nicht unmittelbar produktbeschreibenden, aber allgemein oder für bestimmte Produkte **häufig verwendeten Symbolen** sind von Haus aus kennzeichnungsschwach; zB Anker (BGH GRUR 1958, 393, 394 – *Ankerzeichen;* BGH GRUR 1969, 348, 351 – *Anker-Export*), Krone (BPatG GRUR 1984, 434 – *Kronenbild;* anders aber für Wortzeichen BGH GRUR 1958, 606 – *Kronenmarke = Kronenhut*). Weitere Beispiele bei *B/S* § 31 WZG Rdn. 185.

Geringe Kennzeichnungskraft haben auch **einfachste** Bildge- 216
staltungen, zB schlichter Pfeil ähnlich gering kennzeichnungskräftig wie Stern, Hammer, Kreis (BGH GRUR 1960, 124, 125 – *Füllhalterclip*); Punkte, Kreise oder kreisförmige Scheiben als solche (BGH GRUR 1965, 601, 603 – *roter Punkt*); rote Kreisfläche mit Inschrift (BGH GRUR 1968, 581, 582 – *Blunazit*).

Als kennzeichnungsschwach angesehen werden häufig auch 217
Bildzeichen, die nur einen sehr **allgemeinen Sinngehalt** wiedergeben, zB naturalistische Tierdarstellungen (EuGH v. 11.11.1997 – *Sabèl/Puma*: „wenig verfremdende Phantasie" zu BGH GRUR 1996, 198, 200 – *Springende Raubkatze*), erwogen für Windmühle (BGH GRUR 1984, 872, 873 – *Wurstmühle*), Handabbildungen (BGH GRUR 1969, 686 – *Roth-Händle;* BPatGE 14, 157 – *Reklamehand*), „Stop"-Schild als werbeüblicher eye-catcher (vgl. BPatGE 37, 16, 20 – *Vorsicht Elch!*).

§ 14 Rechte und Ansprüche des Markeninhabers

218   g) **Farbmarken.** Nach früherem Recht gab es keinen Farbenschutz durch Eintragung, sondern konnten Farben und Farbkombinationen als solche Schutz nur als Ausstattung kraft Verkehrsgeltung erlangen, an die sehr strenge Maßstäbe angelegt wurden (zB BGH GRUR 1992, 48, 50 – *frei öl* mwN; vgl. BGH GRUR 1969, 345, 346 – *red white;* BGH GRUR 1968, 371, 374 – *Maggi II;* Tatsächlichen Verwechslungen aufgrund nicht durchgesetzter farblicher Elemente einer Gesamtkennzeichnung durfte keine indizielle Bedeutung für Verwechslungsgefahr hinsichtlich des Gesamtkennzeichens beigemessen werden, da sonst das Erfordernis starker Verkehrsdurchsetzung umgangen wäre (BGH GRUR 1992, 48, 52 – *frei öl*). Heute anerkennt § 3 Abs. 1 Farben und Farbzusammenstellungen ausdrücklich als markenfähig und kann auch ihre Unterscheidungskraft zu bejahen sein (§ 3 Rdn. 32; § 8 Rdn. 48). Daraus folgt, daß Farbmarken, also Marken, bei denen eine Farbe oder Farbkombination als solche Schutzgegenstand ist, **nicht generell originalitätsschwach** sind (unklar BGH WRP 1997, 748, 749/750 – *grau/magenta,* wo in einem nach altem Recht zu beurteilenden Fall Farben und Farbkombinationen unter Nennung auch des MarkenG generell jede originäre Kennzeichnungskraft abgesprochen wird). Ihre Kennzeichnungskraft ist im Einzelfall zu bestimmen, nach der Eigenart der Farbkomposition bzw. Originalität der Farbkombination.

219   h) **Dreidimensionale Marken.** Kennzeichnungskraft und damit Schutzumfang dreidimensionaler Marken hängen davon ab, auf welchen Gestaltungsmerkmalen ihre Schutzfähigkeit beruht (§ 3 Rdn. 34 ff.; § 8 Rdn. 49). Eine begriffliche Originalitätsschwäche nach dem Motiv kommt hier ähnlich wie bei zweidimensionalen Bildzeichen (oben Rdn. 213) in Betracht wie bei zweidimensionalen Bildzeichen (oben Rdn. 213). Im übrigen hängt die Kennzeichnungskraft vor allem auch von der Eigenart gegenüber den Schutzhindernissen nach § 3 Abs. 2 ab.

220   i) **Hörmarken.** Zur Kennzeichnungskraft von Hörzeichen als neuer Markenform liegen naturgemäß noch keine Erfahrungen oder Rechtsprechungsgrundsätze vor. Wie bei allen Markenformen gilt auch hier die Grundregel, daß sich die originäre Kennzeichnungskraft nach dem Grad der schutzfähigkeitsbegründenden Eigenart des Zeichens gegenüber nicht unterscheidungskräftigen oder freihaltebedürftigen Gestaltungen – hier also Tönen, Tonfolgen, Geräuschen, Gesprochenem – richtet. Dabei sind die Besonderheiten akustischer Warnehmung und Erinnerung zu berücksichtigen.

F. Verwechslungsgefahr **§ 14**

4. Stärkung durch Benutzung

Aufgrund Verkehrsdurchsetzung eingetragene Marken (§ 8 Abs. 3) haben mindestens **normale** Kennzeichnungskraft (zB BGH WRP 1997, 310, 311 – *Yellow Phone*; BGH WRP 1993, 694, 696 – *apetito/apitta;* BGH GRUR 1991, 609, 610 – *SL;* BGH GRUR 1986, 72, 73 – *Tabacco d'Harar;* BGH GRUR 1964, 381, 383 – *WKS-Möbel*). Die von *Fezer* § 14 Rdn. 296 unter Berufung auf das RG vertretene Gegenauffassung nur schwacher Kennzeichnungskraft ist seit Jahrzehnten aufgegeben. Ist die Schutzfähigkeit eines Kennzeichens aufgrund Verkehrsdurchsetzung festgestellt, darf sie nicht nachträglich wieder aus Gründen des Freihaltebedürfnisses in Frage gestellt werden (BGH GRUR 1979, 853, 854 – *LILA;* BGH GRUR 1979, 470 – *RBB/RBT;* vgl. BGH GRUR 1982, 420, 422 – *BBC/DDC;* BGH GRUR 1964, 381, 383 – *WKS;* BGH GRUR 1960, 83 – *Nährbier*). 221

Im übrigen hängt der für gesteigerte Kennzeichnungskraft erforderliche Bekanntheitsgrad von den Einzelfallumständen ab. Beispiel: bejaht bei 65% Bekanntheitsgrad für Zahnpasta (BGH GRUR 1982, 611, 613 – *Prodont*). 222

Die erhöhte Kennzeichnungskraft soll nur für den **Produktbereich** zu berücksichtigen sein, in dem sie vorliegt, sowie allenfalls eng benachbarte Gebiete (zB BGH GRUR 1992, 130, 131 – *Bally/BALL;* BGH GRUR 1990, 367, 370 – *alpi/Alba Moda;* BGH GRUR 1990, 37 – *Quelle;* BGH GRUR 1978, 170, 171 – *FAN;* BGH Bl. 1978, 326, 327 – *STAR/SPAR;* BGH GRUR 1970, 302, 304 – *Hoffmann's Katze;* BPatG Mitt. 1983, 176, 177 – *Cuja Cuja/Coca-Cola;* BPatG Mitt. 1979, 91, 92 – *Sonnenquell/Capri-Sonne;* BPatGE 23, 180, 183 – *TEMANA/Penaten;* OLG Frankfurt aM GRUR 1995, 154, 155 – *BOSS; Fezer* § 14 Rdn. 277). Dem kann insoweit nicht in dieser Allgemeinheit gefolgt werden, als Ausstrahlungen jedenfalls auf benachbarte Produktbereiche ohne weiteres möglich erscheinen (so zB im Fall *Bally/BALL* zwischen Schuhen und Bekleidungsstücken). Die Bekanntheit einer gesellschaftlich anerkannten Vereinigung muß nicht auf die Kennzeichnung alltäglicher Waren ausstrahlen (BPatG Bl. 1997, 231 Ls. – *LION DRIVER/LIONS*). 223

Ein Zeichen kann nicht nur insgesamt, sondern auch durch **Verkehrsgeltung eines Bestandteils** eine Stärkung seiner Kennzeichnungskraft erlangen, die gegenüber Zeichen, die zu diesem Bestandteil Ähnlichkeiten aufweisen, zu einer Erweiterung des Schutzumfangs führt. Zu den hier im Rahmen der Prägetheorie 224

§ 14 Rechte und Ansprüche des Markeninhabers

geltenden Regeln s. unten Rdn. 404. Zu der nur beschränkt möglichen Geltendmachung der Verkehrsgeltung im Widerspruchsverfahren s. § 43 Rdn. 42f.

225 **Beispiele aus der Rspr. zum MarkenG:** OLG Frankfurt aM WRP 1996, 1045 – *Die Blauen Seiten*: gesteigerte Kennzeichnungskraft bejaht für Branchen-Telefonverzeichnis „Gelbe Seiten"; OLG München AfP 1995, 676, 677 – *ARD-1/Kabel 1*: außergewöhnliche Verkehrsgeltung der ARD-„1".

5. Schwächung durch Drittzeichen

226 Die Schwächung der Kennzeichnungskraft durch das Vorhandensein ähnlicher Zeichen Dritter wird damit begründet, daß der Verkehr hierdurch zu **sorgfältigerer Unterscheidung** veranlaßt würde (grdl. BGH GRUR 1967, 246, 249 ff. – *Vitapur*; zu Unternehmenskennzeichen BGH GRUR 1991, 472, 474 – *Germania*). Diese empirisch nicht belegte Annahme ist zweifelhaft. Sie wird vom BGH zutreffend als nicht selbstverständlich, sondern tatsächlicher Feststellungen bedürftig bezeichnet (vgl. BGH GRUR 1982, 420, 422 – *BBC/DDC*). Letztlich sind auch hier normative Überlegungen die zutreffendere Grundlage (vgl. GK/*Teplitzky* § 16 UWG Rdn. 347 mwN), nämlich die Minderung der einen größeren Schutzumfang rechtfertigenden Kriterien der Zeichengestaltung und der wettbewerblichen Leistung (vgl. oben Rdn. 183).

227 Der Schwächungseinwand gehört zu den in der Praxis sehr oft erhobenen, aber nur unter besonderen Voraussetzungen wirklich durchschlagenden Einwänden gegen die Verwechslungsgefahr. Nur **in erheblichem Umfang** benutzte und wirklich dem Klagezeichen oder seinen kollisionsbegründenden Bestandteilen ähnlich nahekommende Drittzeichen können ihn begründen, wobei häufig verlangt wird, daß es sich nicht nur um ein einziges, sondern **mehrere** Drittzeichen handeln müsse (zB OLG Frankfurt aM WRP 1996, 1045 – *Die Blauen Seiten*; zum WZG BGH GRUR 1991, 472, 474 – *Germania*; BGH GRUR 1982, 611, 613 – *Prodont*: nur in Ausnahmefällen Schwächung durch ein einziges benutztes Zeichen mwN; BGH GRUR 1971, 577, 579 – *Raupentin*; BGH GRUR 1969, 690, 692 – *Faber II*; BGH GRUR 1967, 253, 254 – *CONNY*).

228 Drittzeichen, die mit **Gestattung des Kennzeicheninhabers** benutzt werden, haben keine Schwächungswirkung (zB OLG Karlsruhe GRUR 1988, 390, 391 – *Südwestfunk*). Eine Schwächung aufgrund intensiver Benutzung des angegriffenen Zeichens durch den Beklagten während des Verletzungsprozesses hat schon

F. Verwechslungsgefahr § 14

aus normativen Gründen außer Betracht zu bleiben (vgl. zB OLG München ZUM-RD 1997, 359, 366/367 – *Erstes Deutsches Fernsehen/Deutsches Sportfernsehen*). Die Fortsetzung der Verletzung darf dem Beklagten ebensowenig zugute kommen wie die Prozeßdauer.

Eine Schwächung durch Drittzeichen kann nicht nur auf gemeinsamer Anlehnung an beschreibende Angabe beruhen, sondern auch auf **formalen Ähnlichkeiten zu Drittzeichen** (BGH GRUR 1971, 577, 579 – *Raupentin*; B/S § 31 WZG Rdn. 40), wie zB verbrauchte, dh in einer Vielzahl von Zeichen des betroffenen Produktgebiets verwendete Zeichenbestandteile. 229

Nur Drittzeichen **für gleiche oder benachbarte Produkte** kommen als schwächend in Betracht (zB BGH GRUR 1967, 253, 254 – *CONNY*: gleiche oder benachbarte Warengebiete; BGH GRUR 1967, 246, 248 – *Vitapur*: auf dem fraglichen Warengebiet; weiter BGH GRUR 1955, 91, 92 – *Mouson*: für gleichartige oder nahe verwandte Waren; BGH GRUR 1951, 159, 161 – *Störche*). 230

Eine **geographisch beschränkte Schwächung** durch nur regionale Benutzung wird einem bundesweit geschützten Kennzeichenrecht idR nicht entgegengehalten werden können (BGH GRUR 1966, 493, 494 – *Lili*; BGH GRUR 1956, 179, 182 – *Ettaler Klosterliqueur*). 231

Zeichen mit Verkehrsgeltung sind gegenüber Schwächungen zwar nicht völlig immun, jedoch erheblich widerstandsfähiger (BGH GRUR 1986, 72, 73 – *Tabacco d'Harar*; BGH GRUR 1974, 349, 350 – *KKB*; BGH GRUR 1968, 371, 376 – *Maggi*; BGH GRUR 1964, 381, 382 – *WKS-Möbel*). 232

Auch ohne Benutzung billigt die Rspr. der bloßen Eintragung einer größeren Zahl ähnlicher Zeichen, also dem **Registerstand,** eine beschränkte Indizwirkung zu (BGH GRUR 1990, 367, 368 – *alpi/Alba Moda*; BGH GRUR 1969, 355, 356 – *Kim II*; zum Widerspruchsverfahren grdl. BGH GRUR 1967, 246, 249 ff. – *Vitapur*, weitere Nachw § 42 Rdn. 42). Dem ist aus den zum Widerspruchsverfahren genannten Gründen (§ 42 Rdn. 42) für den Verletzungsprozeß erst recht nicht zu folgen. Die bloße Eintragung als Marke oder sogar nur als Bestandteil einer Marke sagt weder etwas über das tatsächliche Verkehrsverständnis noch über die wettbewerbliche Leistung des Markeninhabers aus. 233

Beispiele aus der Rspr. zum MarkenG: OLG Frankfurt aM WRP 1996, 1045 – *Die Blauen Seiten*: Keine Schwächung wenn nur ein Drittzeichen in Benutzung; BPatG GRUR 1996, 280 – *BIO VERA*: neun anderweitige Eintragungen laut Warenzeichen-Lexikon belegen keine liquide Kennzeichnungskraftminderung. 234

III. Waren/Dienstleistungsähnlichkeit

1. Grundlagen

235 **a) Begriff.** Die markenrechtliche Verwechslungsgefahr setzt nach § 14 Abs. 2 Nr. 2 „Identität oder Ähnlichkeit der durch die Marke und das Zeichen erfaßten Waren oder Dienstleistungen" bzw. nach § 9 Abs. 1 Nr. 2 „Identität oder Ähnlichkeit der durch die beiden Marken erfaßten Waren oder Dienstleistungen" voraus. Der Begriff der Identität ist wie bei §§ 14 Abs. 2 Nr. 1, 9 Abs. 1 Nr. 1 eng auszulegen und oben Rdn. 144 ff. erläutert. Der für das deutsche Recht neue Begriff der „Ähnlichkeit der Waren/Dienstleistungen" ist weder im MarkenG noch in MRRL oder GMVO definiert. Er stimmt nicht mit der „Gleichartigkeit" des früheren Rechts (§§ 5 Abs. 4 Nr. 1, 11 Abs. 1 Nr. 1 WZG; unten Rdn. 248) überein, sondern ist richtlinienkonform nach den gemeinschaftsrechtlichen Vorgaben der Art. 5 Abs. 1 lit. a, 4 Abs. 1 lit. b MRRL auszulegen (BGH GRUR 1997, 221, 222 – *Canon;* BGH GRUR 1995, 216, 219 – *Oxygenol II:* „**neuer eigenständiger Rechtsbegriff**"; Amtl. Begr. 7. Abs. zu § 9). Inwieweit dennoch auf die von Rspr. und DPA zum WZG entwickelten Gleichartigkeitsgrundsätze und die Gleichartigkeitspraxis zurückgegriffen werden kann, ist umstritten (ausf. unten Rdn. 249 ff.). Die praktische Bedeutung dieser Auslegungszweifel wird jedoch dadurch entschärft, daß ganz überwiegend angenommen wird, daß die Waren/Dienstleistungsähnlichkeit iSd MarkenG **zumindest den Gleichartigkeitsbereich des WZG umfaßt**, tendenziell sogar darüber hinausgeht (BPatG GRUR 1995, 584 – *SONETT;* LG München I CR 1997, 540 – *freundin.de; Starck* WRP 1996, 269, 272; *Kliems* GRUR 1995, 203; aA *Kunz-Hallstein* FS Markenamt 1994, 169/170; *ders.* GRUR 1996, 8; zu letzterem unten Rdn. 237).

236 Der Begriff der Waren/Dienstleistungsähnlichkeit ist nicht isoliert aus sich heraus, sondern „im Hinblick auf die Verwechslungsgefahr" (ErwGr 10 zur MRRL) auszulegen. Solange der EuGH hierzu noch keine näheren Begriffsbestimmung vorgenommen hat, kann als Ausgangspunkt seine Rspr. zu Art. 36 EGV dienen, in dessen Licht die MRRL auszulegen ist (oben Rdn. 154). Danach ist die Warenähnlichkeit „anhand des Zwecks des Warenzeichenrechts zu beurteilen" und dann zu bejahen, wenn „**zwischen den betreffenden Erzeugnissen so enge Beziehungen bestehen, daß sich den Abnehmern, wenn sie an den Waren dasselbe**

F. Verwechslungsgefahr § 14

Zeichen angebracht sehen, der Schluß aufdrängt, daß diese Waren vom selben Unternehmen stammen" (EuGH GRUR Int. 1994, 614, 615 – *Ideal Standard II*). Dabei wird die Herkunft der Ware, welche die Marke garantieren soll, nicht durch den Hersteller im eigentlichen Sinne bestimmt, sondern durch „die Stelle, von der aus die Herstellung geleitet wird" (EuGH aaO 617). Warenähnlichkeit ist daher auch dann gegeben, wenn die Abnehmer zwar nicht annehmen, die beiderseitigen Produkte würden in demselben Herstellbetrieb produziert, jedoch erwarten, daß für beide Produkte zumindest eine auf den Markeninhaber als Konzernspitze oder Lizenzgeber zurückgehende **einheitliche Kontrollmöglichkeit** besteht (EuGH aaO 616/617). Ob diese Kontrolle tatsächlich im Sinne einer Qualitätskontrolle ausgeübt wird, spielt keine Rolle. Der EuGH leitet die Verantwortung bereits aus der bloßen Kontrollmöglichkeit ab.

Demgegenüber überzeugen die bisherigen Versuche, den Begriff 237 der Waren/Dienstleistungsähnlichkeit wesentlich enger zu bestimmen, nicht. Dies gilt insbesondere für die Forderung, die beiderseitigen Produkte müßten im **Wettbewerb** zueinander stehen (zB *Schönfeld* S. 180; *Kiethe/Krauß* WRP 1996, 495; vgl. auch *Kunz-Hallstein* GRUR 1996, 8, soweit dort auf die „Verwandtheit" von Bedürfnissen, Produktart und Zweckbestimmungen abgestellt wird, ist mit der Wahl dieses Begriffes kein Erkenntnisgewinn gegenüber der „Ähnlichkeit" erreicht). Damit wäre eine dramatische Reduzierung des Schutzumfangs aller Marken verbunden. Der Verkehr kann zweifelsfrei auch über den Kreis der Wettbewerbsprodukte hinaus gravierenden Verwechslungen unterliegen. Sicher verfehlt wäre auch eine Verknüpfung der Warenähnlichkeit mit konkreten Gütevorstellungen, die schon nach dem insoweit eindeutigen gesetzlichen Wortlaut des Verwechslungstatbestandes keine Voraussetzung für die Verwechslungsgefahr sind.

b) Normzweck. Das Tatbestandsmerkmal der Waren/Dienst- 238 leistungsähnlichkeit bestimmt die produkt- und damit marktbezogene Reichweite des Markenschutzes. Es hat wie die Zeichenähnlichkeit eine Doppelfunktion. Einerseits **erweitert** es den Markenschutz auf Produkte, die der Markeninhaber nicht für sich hat eintragen lassen bzw. bzgl. derer seine Marke keine Verkehrsgeltung oder Notorietät besitzt, und zwar grdsl. unabhängig davon, ob der Markeninhaber seinerseits solche Produkte aktuell herstellt oder vertreibt, dies beabsichtigt oder dazu überhaupt in der Lage wäre. Die Erweiterung ist gerechtfertigt, weil Verwechslungsgefahren auch durch Verwendung des geschützten Zeichens für nicht identische Produkte hervorgerufen werden können, sei es weil die Produktunterschiede nicht erkannt oder für unbedeutend gehalten werden, sei es weil trotz erkannter Produktunterschiede die Gefahr besteht, daß die Zeichen miteinander gedanklich in Verbindung gebracht werden. Gleichzeitig **beschränkt** die Waren/Dienstleistungsähnlichkeit den Markenschutz vor Verwechslungsgefahr auf den Bereich der ähnlichen Produkte und vermeidet damit eine uferlose Ausdehnung in Bereiche, in denen mit Verwechslungsgefahren schon allein aufgrund der Produktunterschiede nicht mehr zu rechnen ist. Nach dem Wortlaut der §§ 14 Abs. 2 Nr. 3, 9 Abs. 1 Nr. 3 ist die Waren/Dienstleistungsähnlichkeit zugleich das Abgrenzungskriterium des Schutzes vor Verwechslungsgefahr zu dem nur bekannten Marken zukommenden markenrechtlichen Schutz vor Ausbeutung und Beeinträchtigung (aA hier Rdn. 488 ff.).

239   c) **Rechtsnatur.** Als Tatbestandselement der Rechtsfrage der Verwechslungsgefahr (oben Rdn. 164) ist die Waren/Dienstleistungsähnlichkeit ihrerseits ebenfalls eine **Rechtsfrage**. Sie setzt jedoch Tatsachenfeststellungen voraus (vgl. EuGH GRUR Int. 1994, 614, 615 – *Ideal Standard II*: zur dementsprechend eingeschränkten Vorlagefähigkeit nach Art. 177 EGV). Die Beurteilung der Waren/Dienstleistungsähnlichkeit ist daher ähnlich eingeschränkt **revisibel** wie die Verwechslungsgefahr insgesamt (oben Rdn. 166). Dies entspricht der Rspr. zur Gleichartigkeit iSd WZG (zB BGH GRUR 1982, 419, 420 – *Noris*; BGH GRUR 1968, 550, 551 – *Poropan*: zum Verstoß gegen § 286 ZPO durch Übergehung von Beweisangeboten in Grenzfällen der Gleichartigkeit; BGH GRUR 1963, 572, 573 – *Certo*: zur Rechtsbeschwerde; BGH GRUR 1962, 522, 524 – *Ribana*: zur Revision).

240   d) **Maßgeblicher Zeitpunkt.** Hinsichtlich des für die Feststellung der Waren/Dienstleistungsähnlichkeit maßgeblichen Zeitpunkts gelten keine Besonderheiten gegenüber den Regeln für die Tatbestandsvoraussetzungen insgesamt (vgl. oben Rdn. 12 ff.). Insbesondere ist entgegen *Fezer* § 14 Rdn. 360 und BGH GRUR 1973, 316, 318 – *Smarty* auch im Widerspruchsverfahren eine erst nach der Anmeldung der jüngeren Marke durch eine Veränderung der tatsächlichen Verhältnisse entstandene Waren/Dienstleistungsähnlichkeit unbeachtlich (wie hier *Röttger* GRUR 1973, 318). Auch für den Eintritt der Ähnlichkeit gegenüber weiteren Produkten gilt die generelle Regel, daß ein nachträglicher Schutzzu-

F. Verwechslungsgefahr § 14

wachs nicht gegenüber zuvor bereits entstandenen Rechten geltend gemacht werden kann und zu einer insoweit gesonderten späteren Priorität der Marke führt (zB BGH GRUR 1958, 437, 442 – *Tricoline*).

2. Maßgebliche Waren/Dienstleistungen

a) Allgemeine Regeln. Die Ähnlichkeit muß nach §§ 14 Abs. 2 Nr. 2, 9 Abs. 1 Nr. 2 zwischen den von den beiderseitigen Marken bzw. Zeichen „erfaßten" Waren oder Dienstleistungen bestehen. Bei eingetragenen bzw. angemeldeten Marken ist das Verzeichnis der Waren/Dienstleistungen (§ 32 Abs. 2 Nr. 3 MarkenG, § 14 MarkenV) maßgeblich (dazu unten Rdn. 243 ff.). Bei nicht eingetragenen Marken (§ 4 Nr. 2, 3) sind diejenigen Waren/Dienstleistungen dem Vergleich zugrundezulegen, hinsichtlich derer die Verkehrsgeltung oder Notorietät besteht. 241

Auf der Seite des Dritten kommt es im Falle des § 14 auf diejenigen Waren/Dienstleistungen an, für welche das beanstandete Zeichen im geschäftlichen Verkehr im Sinne von oben Rdn. 45 ff. benutzt wird bzw. im Falle der Erstbegehungsgefahr (Vor §§ 14–19 Rdn. 25) eine Benutzung droht. Im Falle des § 9 ist auf Seiten des Dritten das Waren/Dienstleistungsverzeichnis der jüngeren Marke maßgeblich (unten Rdn. 243 ff.). Bei **Internet Domain Namen** ist nur dann bereits die Homepage selbst die maßgebliche Dienstleistung, wenn sie nicht nur Produkt- und Unternehmensinformationen des Anbieters enthält, sondern den Abruf eigenständiger Unterhaltungs-, Recherche- oder Kommunikationsvermittlungsleistungen ermöglicht (aA LG Düsseldorf Mitt. 1997, 225, 228 – *epson.de*). 242

b) Besonderheiten bei eingetragenen Marken

aa) Maßgeblichkeit des Waren/Dienstleistungsverzeichnisses. Hinsichtlich der Waren/Dienstleistungen, die der Kollisionsprüfung zugrundezulegen sind, ist grdsl. das angemeldete bzw. eingetragene Verzeichnis maßgeblich. Darin nicht zum Ausdruck gekommene Beschränkungen sind unbeachtlich (BPatG Mitt. 1997, 25, 28 – *LALIQUE/LALIQUE*: für besonderen Vertriebsweg der eingetragenen Waren). Sind Oberbegriffe maßgeblich, so sind alle darunter fallenden Produkte zu berücksichtigen und kann Ähnlichkeit in Bezug auf eines davon zur Bejahung der Verwechslungsgefahr genügen (vgl. zum WZG BGH GRUR 1968, 550, 551 – *Poropan* für „Arzneimittel"). Bei noch in der fünfjährigen Benutzungsschonfrist (§ 25 Rdn. 5 ff.) befindlichen Marken sind alle 243

§ 14 Rechte und Ansprüche des Markeninhabers

verzeichneten Waren/Dienstleistungen zugrundezulegen (vgl. BGH GRUR 1995, 808, 809 – *P3-plastoclin* zum WZG). Unterliegt die Marke dem Benutzungszwang und wird die Nichtbenutzungseinrede erhoben, hängt der im Rahmen der Kollisionsprüfung berücksichtigungsfähige Umfang des Waren/Dienstleistungsverzeichnisses vom produktmäßigen Umfang der rechtserhaltenden Benutzung ab (§§ 25 Abs. 2 S. 3, 43 Abs. 1 S. 3, 55 Abs. 3 S. 4; dazu § 26 Rdn. 23 ff.).

244 **bb) Auslegung des Waren/Dienstleistungsverzeichnisses.** Die in den Waren/Dienstleistungsverzeichnissen (§ 32 Abs. 2 Nr. 3 MarkenG; § 14 MarkenV) verwendeten Begriffe bedürfen im Rahmen der Kollisionsprüfung häufig der Auslegung. Die Rspr. hat dazu und zu der gleichgelagerten Problematik bei der Überprüfung auf rechtserhaltende Benutzung (§ 26 Rdn. 61 ff.) eine Reihe von Grundsätzen entwickelt. Die verwendeten Gattungsbezeichnungen sind zunächst entsprechend dem **allgemeinen Sprachgebrauch** und **objektiven Verkehrsverständnis** auszulegen. Rein subjektive Vorstellungen des Anmelders müssen schon wegen der andernfalls beeinträchtigten Warnfunktion der Eintragung und Veröffentlichung unberücksichtigt bleiben. Zusammenhänge mit benachbarten Begriffen des Verzeichnisses können Rückschlüsse zulassen, aber auch nur auf Zufälligkeiten beruhen (zB BPatG Mitt. 1972, 215, 216 – *confitures*).

245 Verwendet das Verzeichnis Begriffe aus der im Zeitpunkt der Anmeldung geltenden **Klasseneinteilung** (s. Anhang: Anlage zur MarkenV), so sind damaliger Sprachgebrauch, Klassensystematik und amtliche Empfehlungsliste (s. Anhang) zu berücksichtigen (zuletzt zB BPatG GRUR 1997, 133 – *ORION;* ausf. zur Bedeutung der Klasseneinteilung BPatGE 24, 78, 81 ff. – *avitron*), während die spätere Umklassifizierung bedeutungslos ist (BPatGE 24, 78, 84; BPatGE 17, 284, 286/287). Aus der Klassensystematik soll sich ergeben können, daß eine dort zur Zeit der Eintragung nicht genannte Ware unter einen Oberbegriff fällt, der die Ware eigentlich nicht erfaßt, aber als in der Klasse nächstliegender Begriff erkennbar mit abdecken sollte, auch wenn nicht alle Warenangaben der Klasse verwendet wurden (BPatGE 28, 125 – *LORIDAN/RONILAN*: Fungizide fallen unter „Mittel zur Vertilgung von Unkraut und schädlichen Tieren"). Die Klassensystematik kann aber insbesondere auch ergeben, daß eine Ware nicht unter einen rein sprachlich auch weiter interpretierbaren Oberbegriff fällt (zB BPatG Mitt. 1993, 348, 349 – *ISOSIL/ICOSIT*: „Baumaterialien"

F. Verwechslungsgefahr § 14

umfaßt nicht Bautenschutzmittel und Bauhilfsstoff, da u. a. als „Isoliermaterial" anderen Klassen zugehörig; BPatGE 31, 245, 246/247: „Desinfektionsmittel" umfaßt nicht Antiseptika, da „pharmazeutischen Erzeugnissen" zuzuordnen; BPatGE 15, 85, 87 f. – *avitron*: „Bekleidungsstücke" umfaßt nicht Schuhe, da als gesonderte Ware vorgesehen). Ein Oberbegriff kann nach der Klassensystematik auch weiter zu verstehen sein als nach dem allgemeinen Sprachgebrauch (zB BPatG GRUR 1995, 588 – *Jeanette/Annete*: Schaumbäder unterfallen „kosmetischen Mitteln", da hierunter nicht nur Mittel zur Schönheitspflege, sondern auch zur Körperpflege fallen). Die Oberbegriffe der amtlichen Klasseneinteilung schließen sich untereinander nicht notwendig aus, so daß sich aus der Verwendung nur eines von zwei für eine Spezialware einschlägigen Oberbegriffen nicht der Ausschluß der auch unter den anderen fallenden Spezialware ergibt (BPatG GRUR 1997, 133, 134 – *ORION*). Insgesamt wird deutlich, daß bei der Prüfung insbesondere älterer Verzeichnisse Vorsicht geboten ist, da eine Beurteilung nach heutigem Begriffsverständnis und Klassensystematik täuschen kann. Generell ist zwar eine wirtschaftliche Betrachtungsweise geboten, die jedoch nicht zur Vernachlässigung der Rechtssicherheitserfordernisse führen darf.

cc) **Berücksichtigung technischer Fortentwicklung.** Da der 246 Markeninhaber nicht allein durch technische Fortentwicklungen der Waren zu Neuanmeldungen und Prioritätsverlust gezwungen werden darf, müssen allgemeiner gehaltene Warenbegriffe an der technischen Fortentwicklung teilnehmen und auch solche „neuen" Waren umfassen, die zwar nicht ihrer genauen Bezeichnung, jedoch ihrem Wesen nach zu den im Verzeichnis genannten Waren gehören (BPatG GRUR 1997, 133, 134 – *ORION*: Datenverarbeitungsgeräte früher umfaßt von „Rechenmaschinen"; BPatG Mitt. 1976, 196 – *wagner computer*: Datenerfassungs- und Übertragungsgeräte umfaßt von „Bürogeräte"; BPatG Mitt. 1974, 69, 70 – *Helios*; BGH GRUR 1965, 672, 673 – *Agyn*: Magnettongeräte früher umfaßt von „elektrotechnische Geräte"). Zur verwandten Problematik der rechtserhaltenden Benutzung nach Wegfall eines speziellen technischen Verwendungszwecks vgl. BPatGE 28, 65, 71 f. – *JOBOL* und krit. dazu § 26 Rdn. 64. Zur Berücksichtigung der technischen Fortentwicklung besteht dagegen keine Veranlassung, wenn die „neuen" Waren im Zeitpunkt der Anmeldung schon bekannt waren und daher in das Warenverzeichnis aufgenommen werden hätten können (BPatG Mitt. 1993, 348, 349 – *ISOSIL/ICOSIT*; BPatGE 20, 216, 219 – *CORELLA*).

247 **dd) Ausdrückliche Beschränkungen des Verzeichnisses.** Ist eine Ware/Dienstleistung im Verzeichnis insgesamt ausdrücklich ausgenommen, so schließt dies die Bejahung kollisionsbegründender Ähnlichkeit aufgrund anderer Waren/Dienstleistungen des Verzeichnisses im Verhältnis zu dieser Ware nicht aus (zB BGH GRUR 1976, 698, 699 – *MAHAG;* RGZ 122, 207, 209 – *Bergmännle:* Einengung ursprünglichen Oberbegriffs; *B/S* § 5 WZG Rdn. 38). Bei einem Ausschluß, dem ein zur Kollisionsvermeidung mit älteren Rechten erklärter Verzicht gegenüber einem Dritten zugrundeliegt, erfaßt die Verzichtswirkung allerdings auch die Geltendmachung der Ähnlichkeit einer verbliebenen Ware/Dienstleistung mit der ausgeschlossenen Ware, jedoch nur gegenüber dem Verzichtsempfänger. Dagegen hat eine wegen partieller Nichtbenutzung durch einen Dritten erzwungene Beschränkung des Verzeichnisses diese weiterreichende Wirkung im Zweifel nicht. Hiervon zu unterscheiden sind Beschränkungsvermerke, die nicht eine Produktart insgesamt, sondern nur eine bestimmte Eigenschaft ausnehmen, insbesondere bei Export-/Importvermerken (§ 32 Rdn. 16; vgl. § 26 Rdn. 63) und vertriebsbezogene Einschränkungen (§ 32 Rdn.17).

3. Besonderheiten gegenüber der Gleichartigkeit

248 **a) Gleichartigkeitsbegriff des WZG.** „Gleichartigkeit" iSd §§ 5 Abs. 4 Nr. 1, 11 Abs. 1 Nr. 1 WZG wurde angenommen, wenn die Produkte ihrer wirtschaftlichen Bedeutung und Verwendungsweise nach, insbesondere hinsichtlich ihrer regelmäßigen Fabrikations- und Verkaufsstätten, so enge Berührungspunkte hatten, daß bei übereinstimmender Kennzeichnung der Schluß nahelag, die Produkte stammten aus demselben Geschäftsbetrieb (grdl. BGH GRUR 1956, 172, 174 – *Magirus* und BGH GRUR 1970, 80 – *Dolan*). Dabei war Kennzeichnung mit identischen Zeichen zu unterstellen, also der im konkreten Fall gegebene Grad der Zeichenübereinstimmung unberücksichtigt zu lassen (unten Rdn. 252f.), ebenso die Verkehrsgeltung des älteren Zeichens (unten Rdn. 254ff.). Die Gleichartigkeit war eine **absolute Voraussetzung** des Schutzes gegen Verwechslungsgefahr, die Wechselwirkung beschränkte sich auf eine Berücksichtigung von Warenferne/Warennähe bei den Anforderungen an die zum Ausschluß der Verwechslungsgefahr iSv § 31 WZG erforderlichen Unterschiede (unten Rdn. 252). Geboten war eine **generalisierende Betrachtungsweise** nach abstrahierten Kriterien der beiderseitigen Waren/

F. Verwechslungsgefahr § 14

Dienstleistungsarten (unten Rdn. 260), für die allerdings auf die Verkehrsauffassung abgestellt wurde (unten Rdn. 263 ff.). Die Annahme von Unternehmensverbindungen genügte für die Bejahung der Gleichartigkeit nicht. Maßgeblich war ein engerer, **vorwiegend produktionsbezogener Herkunftsbegriff**, d.h. auch Verwechslungsgefahr im weiteren Sinne konnte nur im Rahmen gegebener Gleichartigkeit bejaht werden (unten Rdn. 261). Die Anwendung des Gleichartigkeitsbegriffs in der Praxis war dominiert vom Rückgriff auf eine **katalogisierte Spruchpraxis** (unten Rdn. 268 ff.), von der die Rspr. Abweichungen nur bei grundlegenden Änderungen der Wirtschafts- und Verkehrsverhältnisse erlaubte (unten Rdn. 272).

b) Meinungsstand. Die Amtl. Begr. zu § 9 betont, daß auf den 249 im früheren Recht entwickelten „statischen" Gleichartigkeitsbegriff künftig nicht mehr zurückgegriffen werden könne, da mit der Wahl des neuen Begriffs der Waren/Dienstleistungsähnlichkeit auch eine **Neubestimmung des Schutzbereichs** verbunden sein solle. Gleichzeitig wird darauf hingewiesen, daß der Gleichartigkeitsbegriff maßgeblich aus der Herkunftsfunktion abgeleitet worden sei, die im neuen Recht zwar auch anerkannt, aber im Begriff der Verwechslungsgefahr keinen Ausdruck gefunden habe (dazu aber oben Rdn. 156 f.). In Übereinstimmung hiermit hat der BGH schon vor Inkrafttreten des MarkenG für das neue Recht eine „**grundsätzliche, nicht nur formale oder oberflächliche Änderung bisheriger Betrachtungsweisen**" angemahnt und einen Rückgriff auf die bisherigen Gleichartigkeitskriterien nur „nach Lage des Einzelfalles" für erforderlich gehalten (BGH GRUR 1995, 216, 219 – *Oxygenol II;* ebenso BPatG GRUR 1996, 501, 502 – *TIFFANY*). In seinem soweit ersichtlich ersten Vorlagebeschluß zur Waren/Dienstleistungsähnlichkeit hat der BGH diese Einschätzung zwar zitiert, jedoch eine gewisse Zurückhaltung erkennen lassen (BGH GRUR 1997, 221, 223 – *Canon*).

In den meisten Entscheidungen des BPatG wird der begriffliche 250 Unterschied zur Gleichartigkeit zwar formal anerkannt, jedoch gleichzeitig die fortdauernde **Eignung der alten Spruchpraxis als Ausgangs- und Anhaltspunkt** betont und darauf nicht nur im Einzelfall zurückgegriffen, sondern umgekehrt einzelfallbezogen nach Gründen für Abweichungen gefragt (zB BPatG Bl. 1996, 417, 418 – *QUEENS CLUB/QUEENS GARDEN;* BPatG GRUR 1996, 204, 205 – *Swing;* BPatG Mitt. 1996, 133 – *OKLAHOMA SOUND;* BPatG GRUR 1995, 739; 740 – *GARIBALDI;* BPatG

GRUR 1995, 488, 489 – *APISOL/Aspisol*; BPatGE 36, 59, 62 – *ROBOMAT*; BPatG GRUR 1995, 584, 585 – *SONETT*; ebenso *Winkler* GRUR 1994, 569, 575; *ders.* Mitt. 1995, 48; gegen jede Flexibilisierung *Ströbele* MA 1993, 220; krit. zum „verständlichen, aber nutzlosen Wunschdenken namentlich aus den Kreisen des BPatG" und den „eingefahrenen Denkweisen der Patentbehörden" *Teplitzky* GRUR 1996, 3). Dabei wird der These der Amtl. Begr. von dem nicht mehr möglichen Rückgriff auf die Gleichartigkeit ausdrücklich die Gefolgschaft verweigert (zB BPatG GRUR 1996, 204, 205 – *Swing*; BPatG Bl. 1996, 417, 418 – *QUEENS CLUB/QUEENS GARDEN*; BPatG GRUR 1995, 739, 740 – *GARIBALDI*; BPatG GRUR 1995, 488, 489 – *APISOL/Aspisol*; BPatGE 36, 59, 62 – *ROBOMAT*; BPatG GRUR 1995, 584, 586 – *SONETT*; ebenso *Kliems* GRUR 1995, 201). Seltener wird klargestellt, daß der **Rückgriff nicht ohne weiteres möglich** ist, sondern zu einer eigenständigen Beurteilung „nötigt" (zB BPatG GRUR 1996, 356, 359 – *JOHN LORD/JOHN LOBB*; BPatGE 37, 16, 19 – *Vorsicht Elch!*). Auch in der Rspr. des BPatG wird aber durchgängig davon ausgegangen, daß die Waren/Dienstleistungsähnlichkeit jedenfalls **nicht hinter der Gleichartigkeit zurückbleibt**, sondern eher darüber hinausgeht (zB BPatG Mitt. 1997, 261, 262 – *Coveri*; BPatGE 36, 59, 62 – *ROBOMAT*; BPatGE 36, 68, 70 – *LIBERO*; BPatG GRUR 1996, 204 – *Swing*; BPatG Mitt. 1996, 133 – *OKLAHOMA SOUND*).

c) **Wechselwirkung**

251 aa) **Grundlagen.** Anders als die Gleichartigkeit ist die Waren/Dienstleistungsähnlichkeit keine „zweite Säule des Markenschutzes" mehr, sondern nur einer der drei Verwechslungsfaktoren, die in der bereits oben Rdn. 180 beschriebenen Wechselwirkung stehen (BGH GRUR 1995, 216, 219 – *Oxygenol II*). Damit ist die früher starre Grenze der Gleichartigkeit durchbrochen (BPatG GRUR 1996, 501, 502 – *TIFFANY*). Daraus folgt unstreitig, daß bei Zeichenidentität und nur am Rande gegebener Gleichartigkeit nicht mehr zwingend Verwechslungsgefahr zu bejahen ist (BPatG GRUR 1996, 204, 206 – *Swing; Kliems* GRUR 1995, 201). Umstritten ist dagegen, ob die Faktoren Zeichenähnlichkeit und Kennzeichnungskraft schon die Bestimmung des Bereichs der Waren/Dienstleistungsähnlichkeit beeinflussen und erweitern können oder erst nach Festlegung der Grenze der Waren/Dienstleistungsähnlichkeit in die Gesamtbeurteilung einzubeziehen sind. Ausgangspunkt hierfür muß sein, daß die Verwechslungsgefahr nach

F. Verwechslungsgefahr **§ 14**

§§ 14 Abs. 2 Nr. 2, 9 Abs. 1 Nr. 2 in allen Fällen „wegen" der Zeichenähnlichkeit „und" der Waren/Dienstleistungsähnlichkeit bestehen muß. Die Wechselwirkung geht also nicht so weit, daß eine dieser beiden Voraussetzungen ganz entfallen und von der anderen vollständig kompensiert werden könnte (vgl. BPatG GRUR 1996, 204, 206 – *Swing*, wo dies – insoweit unzutr – aus dem Zusammenhang mit § 9 Abs. 1 Nr. 1 begründet wird; dazu oben Rdn. 140; *Kunz-Hallstein* GRUR 1996, 8).

bb) Verhältnis zur Zeichenähnlichkeit. Bei der Gleichartig- 252 keitsprüfung nach dem WZG fand der Grad der Zeichenähnlichkeit keine Berücksichtigung, sondern wurde **Zeichenidentität unterstellt** (zB BGH GRUR 1963, 572, 573 – *Certo;* BGH GRUR 1958, 393 – *Ankerzeichen*). Eine Wechselwirkung war nur insoweit anerkannt, als innerhalb der durch die Gleichartigkeitsgrenzen vorbestimmten Anwendungsbereichs des § 31 WZG die **Warenferne/Warennähe** berücksichtigt wurde (zB BGH GRUR 1995, 50, 51/52 -*Indorektal/Indohexal;* BGH GRUR 1993, 118, 119 – *Corvaton/Corvasal;* BGH GRUR 1968, 550, 551/552 – *Poropan;* grdl. BGH GRUR 1956, 172, 174 – *Magirus*).

Auch zum MarkenG wird vertreten, daß der Grad der Zei- 253 chenähnlichkeit bei der Bestimmung der Grenzen der Waren/Dienstleistungsähnlichkeit keine Berücksichtigung finden dürfe (zB BPatGE 36, 68, 70 – *LIBERO;* BPatG GRUR 1995, 584, 586 – *SONETT;* auch BPatG GRUR 1995, 739/740 – *GARIBALDI;* ebenso brit. High Court GRUR Int. 1996, 1219, 1220 – *British Sugar v. James Robertson* – „Treat"). Danach wäre die Prüfung der Waren/Dienstleistungsähnlichkeit in Fällen nicht identischer Kollisionszeichen weiterhin ein hypothetischer Vorgang, da Zeichenidentität zu unterstellen ist. Das ist dann richtig, wenn man bei der Prüfung so vorgehen will, daß zunächst die äußerste Grenze der Waren/Dienstleistungsähnlichkeit anhand der Berührungspunkte der beiderseitigen Produkte abstrakt bestimmt wird. Eine hierbei zu weit gezogene Waren/Dienstleistungsähnlichkeit ist jedenfalls deshalb unschädlich, weil der Grad der konkreten Zeichenähnlichkeit spätestens bei der Gesamtbetrachtung der Verwechslungsgefahr korrigierend berücksichtigt wird. Denkbar wäre allerdings auch eine rein einzelfallbezogene Waren/Dienstleistungsähnlichkeitsprüfung, die dann allerdings mit der Prüfung der Verwechslungsgefahr insgesamt untrennbar verschmilzt und keine über den Einzelfall hinausgehende, gewissermaßen „absolute" Schranken der Waren/Dienstleistungsähnlichkeit mehr ergibt.

254 cc) **Verhältnis zur Kennzeichnungskraft.** Auch die Bekanntheit oder Verkehrsgeltung, also der Grad der Kennzeichnungskraft des (älteren) geschützten Zeichens durfte bei der Gleichartigkeitsprüfung nach dem WZG nicht berücksichtigt werden (grdl. BGH GRUR 1956, 172, 174 – *Magirus;* vgl. aus jüngerer Zeit BPatG GRUR 1993, 975 – *CHEVY*). Stattdessen war **durchschnittliche Kennzeichnungskraft zu unterstellen** (BGH GRUR 1968, 550, 551 – *Poropan*). Im Gegensatz hierzu wird in der Amtl. Begr. zu § 9 die „Stärke oder Schwäche der jeweiligen Marke" als erstes Kriterium der Waren/Dienstleistungsähnlichkeit genannt. Dementsprechend ist eine Aufgabe der bisherigen Trennung angenommen (zB *Winkler* FS Markenamt 1994, 397; *Meister* WRP 1995, 370; *Ingerl/Rohnke* NJW 1994, 1250) und die Waren/Dienstleistungsähnlichkeit auch unter Berücksichtigung der Kennzeichnungskraft geprüft worden (zB BPatG GRUR 1995, 739, 741 – *GARIBALDI*). Überwiegend geht das BPatG jedoch bislang von einer abstrakten Prüfung der Waren/Dienstleistungsähnlichkeit unabhängig von der Kennzeichnungskraft der älteren Marke aus (zB BPatG GRUR 1995, 584 – *SONETT;* BPatG GRUR 1996, 20 – *Swing; Kliems* GRUR 1995, 1998; *Ströbele* MA 1993, 219, 220). Dies würde eine Übernahme der „Dolan-" und „CHEVY"-Rechtsprechung in das neue harmonisierte Recht bedeuten.

255 Wo die äußerste Grenze der Waren/Dienstleistungsähnlichkeit in Verhältnis zu einem Produkt liegt, kann jedoch zutreffend nur unter **Berücksichtigung auch der konkreten Kennzeichnungskraft** der geschützten Marke festgestellt werden. Denn die Vorstellungen des Verkehrs von der einheitlichen Kontrollverantwortung (oben Rdn. 236) werden nicht nur durch die Ware selbst, sondern auch durch den Bekanntheitsgrad der verwendeten Marke beeinflußt. Jedenfalls in bestimmten Branchen rechnet der Verkehr bei bekannten Marken eher mit einer unter einheitlicher Kontrollverantwortung stehenden Verwendung in anderen Produktbereichen als bei unbekannten Marken (vgl. das Beispiel Parfum/Bekleidung bei *Teplitzky* GRUR 1996, 3).

256 Läßt man den Bekanntheitsgrad der geschützten Marke bei der Prüfung der Waren/Dienstleistungsähnlichkeit unberücksichtigt, so wird der Bereich der Waren/Dienstleistungs- ähnlichkeit notwendigerweise zu eng gezogen. Der zu enge Waren/Dienstleistungsähnlichkeits- bereich wird auch nicht dadurch ausgeglichen, daß die Kennzeichnungskraft außerhalb der Prüfung der Waren/Dienstleistungsähnlichkeit als Faktor der Verwechslungsgefahr berück-

F. Verwechslungsgefahr § 14

sichtigt wird. Denn es muß Verwechslungsgefahr „wegen" Waren/Dienstleistungsähnlichkeit bestehen, so daß eine Verneinung der Waren/Dienstleistungsähnlichkeit die Bejahung der Verwechslungsgefahr auch bei noch so hochgradiger Präsenz der anderen Faktoren ausschließt. Dies gilt auch für die Verwechslungsgefahr im weiteren Sinne (aA *Schweer* S. 68) und auch für die Gefahr des gedanklichen Inverbindungbringens (unten Rdn. 425 ff.). Erst recht zu eng gezogen wird der Bereich der Waren/Dienstleistungsähnlichkeit, wenn man auf das betriebliche Herkunftsverständnis des Verkehrs bei hypothetisch überhaupt nicht gekennzeichneten Waren der betroffenen Art abstellen würde.

Somit verbleiben zwei Möglichkeiten. Man kann entweder die Dolan-Formel mit der Modifikation anwenden, daß nicht nur identische Kennzeichnung, sondern auch gewissermaßen maximale Kennzeichnungskraft der geschützten Marke unterstellt wird, um so in einem ersten Schritt einen hinreichend weiten, alle Kollisionskonstellationen erfassenden Waren/Dienstleistungsähnlichkeitsbereich zu erlangen (in diese Richtung wohl *Teplitzky* GRUR 1996, 4, 1. Absatz). Der Grad der Waren/Dienstleistungsähnlichkeit kann dann in die Gesamtabwägung der Kriterien der Verwechslungsgefahr eingehen. Dagegen spricht, daß eine solche fiktive Bestimmung des Waren/Dienstleistungsähnlichkeitsbereichs die Gefahr der Fehlbeurteilung in sich trägt. Vorzuziehen ist daher die zweite Möglichkeit, die rein einzelfallbezogene Waren/Dienstleistungsähnlichkeitsprüfung, die dann allerdings mit der Prüfung der Verwechslungsgefahr insgesamt untrennbar verschmilzt, und es keine über den Einzelfall hinausgehende, gewissermaßen „absolute" Schranken der Waren/Dienstleistungsähnlichkeit mehr ergibt. Richtig angewendet müssen beide Betrachtungsweisen zum selben Einzelfallergebnis führen. 257

Der vorstehend vertretenen Betrachtungsweise kann nicht entgegengehalten werden, sie vermische den Kollisionstatbestand der Verwechslungsgefahr mit demjenigen des besonderen Schutzes bekannter Marken. Denn die Berücksichtigung der Bekanntheit bei der Waren/Dienstleistungsähnlichkeitsprüfung bleibt ausgerichtet auf „Verwechslungen" im Sinne dieses Kollisionstatbestands. 258

In seinem einschlägigen **Vorlagebeschluß** hat der BGH diese Fragestellung anders formuliert, nämlich dahingehend, ob die Kennzeichnungskraft, insbesondere die Bekanntheit der prioritätsälteren Marke bei der Beurteilung der Waren/Dienstleistungsähnlichkeit dergestalt zu berücksichtigen sei, daß Verwechslungsgefahr auch dann zu bejahen ist, wenn der Verkehr die Waren/Dienst- 259

§ 14 Rechte und Ansprüche des Markeninhabers

leistungen unterschiedlichen Herkunftsstätten zuordnet, so daß die Kennzeichnungskraft dazu führen könne, die Vorstellung des Verkehrs über die Herkunftstätte unberücksichtigt zu lassen (BGH GRUR 1997, 221, 222/223 – *Canon*). Die Berücksichtigung der Kennzeichnungskraft im Sinne der Auffassung nach oben Rdn. 256 f. führt aber keineswegs dazu, die Herkunftsvorstellungen des Verkehrs unberücksichtigt zu lassen, sondern strebt gerade eine realistischere, weil konkretere Beurteilung dieser Verkehrsvorstellungen dadurch an, daß die Abhängigkeit der produktbezogenen Herkunftsvorstellungen von der Kennzeichnungskraft gesehen und nach den Umständen des Einzelfalls berücksichtigt wird.

260   **d) Einzelfallbetrachtung.** Zur Gleichartigkeit wurde eine generalisierende Betrachtungsweise nach abstrahierten Kriterien der beiderseitigen Waren/Dienstleistungsarten propagiert (st. Rspr. BGH GRUR 1989, 347, 348 – *MICROTONIC*; BGH GRUR 1986, 380, 382 – *RE-WA-MAT*). Demgegenüber setzt sich zur Waren/Dienstleistungsähnlichkeit die Auffassung durch, daß stärker als bisher auch auf einzelfallbezogene Umstände abzustellen ist (BPatG GRUR 1996, 356, 359/360 – *JOHN LORD/JOHN LOBB*).

261   **e) Einbeziehung von Unternehmensverbindungen.** Die Annahme von Unternehmensverbindungen genügte für die Bejahung der Gleichartigkeit nicht, maßgeblich war die betriebliche Herkunft aus demselben Unternehmen, dh. auch Verwechslungsgefahr im weiteren Sinne konnte nur im Rahmen gegebener Gleichartigkeit bejaht werden (zB BGH GRUR 1989, 347, 348 – *MICROTONIC*; BGH GRUR 1958, 393 – *Ankerzeichen*; BPatG Mitt. 1989, 219, 220). Konzernmäßige Verflechtungen oder gesellschaftsrechtliche Beteiligungen und selbst engste wirtschaftliche und organisatorische Zusammenhänge sollten zur Bejahung der Gleichartigkeit nicht genügen (zB BGH GRUR 1990, 361, 362 – *KRONENTHALER*; BGH GRUR 1965, 86 – *Schwarzer Kater*). Entsprechend oben Rdn. 236 gelten diese Beschränkungen nicht auch für die Waren/Dienstleistungsähnlichkeit, sondern ist Warenähnlichkeit auch dann gegeben, wenn die Abnehmer zwar nicht annehmen, die beiderseitigen Produkte würden in demselben Herstellbetrieb produziert, jedoch erwarten, daß für beide Produkte eine auf den Markeninhaber zB als Konzernspitze oder Lizenzgeber zurückgehende **einheitliche Kontrollmöglichkeit** besteht (ähnl *Fezer* § 14 Rdn. 346, der auf das „Produktmanagement" abstellt). Hiermit ist eine beträchtliche Erweiterung des Bereichs der Waren/Dienstleistungsähnlichkeit gegenüber der Gleichartigkeit verbunden.

F. Verwechslungsgefahr § 14

f) Handelsmarken. Die Gleichartigkeitsrechtsprechung zum 262
WZG war geprägt von der traditionellen Fabrikmarke, während
Besonderheiten der Handelsmarken keine nennenswerte Rolle
spielten (vgl. *Kliems* GRUR 1995, 204). Mit der Neuorientierung
des MarkenG kann auch insoweit flexibler beurteilt und der Charakter
als Handelsmarke im Einzelfall berücksichtigt werden (zB
BPatG GRUR 1996, 419, 420 – „*Fontana Getränkemarkt*"). Voraussetzung
ist jedoch seine Erkennbarkeit für den Verkehr, der
zu einer verläßlichen Differenzierung zwischen Herstellermarken
und Handelsmarken häufig nicht in der Lage ist, sich darüber
auch keine besonderen Gedanken macht und der Verwender auch
gar kein besonderes Interesse an einer solchen Aufklärung haben
muß.

g) Maßgeblichkeit der Verkehrsauffassung. Die Waren/ 263
Dienstleistungsähnlichkeit beurteilt sich nach der Auffassung der
von den betroffenen Produkten der Art nach als aktuelle oder potentielle
Abnehmer angesprochenen Verkehrskreise (s. allg. oben
Rdn. 168 ff.). **Fachkreise** sind mit den tatsächlichen Produktions-,
Vertriebs- und Lizenzverhältnissen wesentlich besser vertraut als
Laien und neigen daher nicht dazu, auch dort eine einheitliche
Herkunftsquelle oder Unternehmensverbindungen zu vermuten,
wo dies nicht der Fall oder zumindest nicht branchenüblich ist (vgl.
zB BGH GRUR 1963, 524, 526 – *Digesta;* BGH GRUR 1956,
172, 174 – *Magirus*).

Nach der überwiegenden Rspr. zum WZG war dabei auf den 264
Durchschnittsabnehmer abzustellen (zB BGH GRUR 1990,
361, 362 – *KRONENTHALER;* BGH GRUR 1970, 80 – *Dolan;*
BGH GRUR 1964, 26, 27 – *Milburan:* bei Letztverbrauchern
„oberflächlicher" Durchschnittskäufer; BGH GRUR 1956, 172,
174 – *Magirus*), zum Teil wurden aber auch schon die Herkunftsvorstellungen
nur eines noch beachtlichen Teils des Verkehrs für
maßgeblich gehalten (zB *AH* § 5 WZG Rdn. 26).

Gleichartigkeit konnte auch aufgrund von **Fehlvorstellungen** 265
des Verkehrs entgegen den tatsächlichen Verhältnissen zu bejahen
sein (zB BGH GRUR 1989, 347 – *MICROTONIC;* BGH
GRUR 1970, 552 – *Felina-Britta;* BGH GRUR 1961, 231 – *Hapol;*
BGH GRUR 1956, 172/173 – *Magirus;* BPatGE 28, 227,
231/232 – *COTECNA/Correcta;* BPatG Mitt. 1982, 233 –
ONY/ROMY).

Die Beurteilung der Waren/Dienstleistungsähnlichkeit beruht 266
auf Tatsachen, die einem **Beweis** zugänglich sind. In Betracht

§ 14   Rechte und Ansprüche des Markeninhabers

kommen Meinungsumfragen zur unmittelbaren Feststellung der Verkehrsauffassung als solcher bei fehlender eigener Sachkunde des Gerichts (zB BGH GRUR 1990, 361, 363 – *KRONENTHALER;* BGH GRUR 1976, 698, 699 – *MAHAG;* vgl. zum MarkenG BPatG GRUR 1995, 739, 740 – *GARIBALDI*) oder jedes Beweismittel zu den einzelnen, im konkreten Fall entscheidungserheblichen tatsächlichen Anhaltspunkten für die Verkehrsauffassung (unten Rdn. 273 ff.; zB BGH GRUR 1995, 216, 218 – *Oxygenol II*).

267 Die **Beweislast** trifft insoweit den, der Ansprüche wegen Verwechslungsgefahr geltend macht (zum WZG BGH GRUR 1968, 550, 551 – *Poropan*).

268 **h) Berücksichtigung der Entscheidungspraxis.** Der abstrakt-generalisierende Charakter des Gleichartigkeitsbegriffes verleitete DPA und BPatG, sich nicht selten kurzerhand auf den von *Richter* begründeten kompilatorischen Gleichartigkeitsnachweis zu stützen, der aber nur die getroffenen Entscheidungen referierte, ohne die zugrundeliegenden tatsächlichen Feststellungen oder rechtlichen Überlegungen der überwiegend unveröffentlichten Beschlüsse erkennen zu lassen. Diesen Bezugnahmen fehlt daher jede überprüfbare Überzeugungskraft. Bezeichnend *AH* § 5 WZG Rdn. 28: „Ist also eine Gleichartigkeitsentscheidung im „*Richter*" vermerkt, so kann sie im allgemeinen in einem gleichgelagerten Fall unbedenklich zur Entscheidungsgrundlage gemacht werden, sofern die Verfahrensbeteiligten keine beachtlichen Einwendungen erheben". Bedenklich war dies ferner auch wegen der Amtsermittlungspflicht (jetzt § 73 Abs. 1 S. 1).

269 Dieser Praxis ist durch die MRReform endgültig die Grundlage entzogen worden. Tatsächliche oder rechtliche Erkenntnisse aus vorausgegangenen Entscheidungen zu Gleichartigkeit oder Waren/Dienstleistungsähnlichkeit dürfen nur insoweit in späteren Verfahren zugrundegelegt werden, als sie erstens begründet sind und zweitens entweder veröffentlicht oder den Parteien zuvor zugänglich gemacht wurden. Damit beschränkt sich heute richtig gesehen auch die Bedeutung des „*Richter*", (überarbeitet jetzt: *Richter/Stoppel,* Ähnlichkeit von Waren und Dienstleistungen, 10. Aufl. 1996) auf eine nützliche **Fundstellensammlung**. Zur Begründung des Anspruchs auf eine neutralisierte Abschrift mit der Nennung im *Richter/Stoppel* s. § 82 Rdn. 12. Auch die bei neuen Entscheidungen aufgenommenen Kurzhinweise vermögen die Kenntnis von den Gesamtumständen des Falles und der vollständigen Begründung der Entscheidung nicht zu ersetzen.

F. Verwechslungsgefahr   **§ 14**

Für diese Relativierung spricht im übrigen auch, daß sich weder 270
EuGH noch Harmonisierungsamt an die deutsche Spruchpraxis der
letzten hundert Jahre gebunden fühlen werden. Im Gemeinschaftsmarkenrecht wird zunächst vor allem die Entscheidungspraxis des
Harmonisierungsamts in Widerspruchs- und später auch Nichtigkeitsverfahren den Ähnlichkeitsbegriff bestimmen. Gerade das Harmonisierungsamt kann die Waren/Dienstleistungsähnlichkeit unbe-
lastet durch jahrzehntelange Traditionen beurteilen und ist auch
nicht der Versuchung ausgesetzt, an überkommenen Bequemlich-
keiten festzuhalten. Es ist daher zu hoffen, daß gerade auch die
Ähnlichkeitsprüfung im Gemeinschaftsmarkenrecht die Anwendung des MarkenG im Sinne einer Korrektur der deutschen
Gleichartigkeitspraxis beeinflussen wird.

Die Rspr. zum WZG ging außerdem davon aus, die Spruchpra- 271
xis müsse deshalb berücksichtigt werden, da sie sich ihrerseits **auf
die tatsächlichen Verhältnisse** und damit auch auf die aktuelle
Verkehrsauffassung **auswirke** (zB BGH GRUR 1992, 108, 109 –
Oxygenol I; BGH GRUR 1990, 361, 362 – *KRONENTHALER;*
BGH GRUR 1964, 26, 28 – *Milburan*). Auch daran ist nicht festzuhalten. Die Verkehrsauffassung bildet sich nach den tatsächlichen
Produkt- und Marktverhältnissen, auf welche die Spruchpraxis allenfalls einen sehr mittelbaren Einfluß hat. Einer früheren Spruchpraxis kann nur indizielle Bedeutung für die konkrete Einzelfallentscheidung zukommen, wobei die Vorbehalte oben Rdn. 269 zu
beachten sind.

i) Wandel der Verkehrsauffassung. Nach der Rspr. zum 272
WZG konnten nur **grundlegende Änderungen der Wirt-
schafts- und Verkehrsverhältnisse** eine Abweichung von einer
einmal etablierten Spruchpraxis zur Gleichartigkeit rechtfertigen
(zB BGH GRUR 1990, 361, 362 – *KRONENTHALER;* BPatGE
20, 286, 289 – *Hepalbin/EKNALIN*). Begründet wurde dies zum
einen mit der Rechtssicherheit und zum anderen mit der These,
die Spruchpraxis habe sich ihrerseits auf die tatsächlichen Verhältnisse und damit auch auf die aktuelle Verkehrsauffassung ausgewirkt
(zB BGH GRUR 1990, 361, 362 – *KRONENTHALER;* BGH
GRUR 1964, 26, 28 – *Milburan*). Dementsprechend tendierte der
Gleichartigkeitsbegriff zur Versteinerung und zur Fortschreibung
realitätsfremder Ergebnisse (zB BGH GRUR 1990, 361, 362 –
KRONENTHALER: alkoholfreies Bier/Mineralwasser), deren
Korrektur nur in Extremfällen erreicht werden konnte (zB BPatG
BPatGE 31, 118 – *Dujardin:* Wein = Weinbrand). Diese Praxis ist

spätestens durch das MarkenG gesetzeswidrig geworden. Es ist unbestritten, daß mit der Einführung des Begriffs der Waren/Dienstleistungsähnlichkeit die Chance und die Pflicht verbunden ist, **auf Änderungen der Verkehrsauffassung rascher und flexibler zu reagieren** (zB BPatGE 36, 68, 70 – *LIBERO*; BPatG GRUR 1995, 739, 740 – *GARIBALDI;* BPatG GRUR 1995, 488, 489 – *APISOL/Aspisol*). Dies schließt die Aufgabe ein, in den ersten Jahren der Anwendung des MarkenG besonders kritisch zu prüfen, ob eine frühere Spruchpraxis noch dem heutigen Stand entspricht. Die Rspr. hat mit den hier **überfälligen Korrekturen** bereits begonnen. Beispiel: generelle Bejahung der Ähnlichkeit von Schuhen und Bekleidungsstücken (BPatG GRUR 1997, 54 – *S. OLIVER;* BPatG GRUR 1996, 356 – *JOHN LORD/JOHN LOBB*), weitere Abweichungsfälle sind bei *Richter/Stoppel* verzeichnet.

4. Einzelkriterien der Waren/Dienstleistungsähnlichkeit

273 Bei der Ermittlung der Waren/Dienstleistungsähnlichkeit bzw. ihres Grades sind alle relevanten Gesichtspunkte zu berücksichtigen (Amtl. Begr. 6. Abs. zu § 9). Maßgeblich sind die **objektiven** Gegebenheiten, nicht subjektive Einschätzungen (BPatGE 37, 16, 19 – *Vorsicht Elch!*; BPatG GRUR 1996, 356, 359 – *JOHN LORD/ JOHN LOBB*). Nach der Rspr. zur Gleichartigkeit war vorrangig zu prüfen, ob die beiderseitigen Produkte regelmäßig von demselben Unternehmen hergestellt wurden, daneben konnte es auch auf Gemeinsamkeiten nach stofflicher Beschaffenheit, Verwendungszweck, Vertriebsstätte und bisweilen auch Abnehmerschaft ankommen (zB BGH GRUR 1992, 108, 109 – *Oxygenol I;* BGH GRUR 1990, 361, 362 – *KRONENTHALER*). Es handelte sich um typische, aber nicht notwendig immer vorliegende **Berührungspunkte** (zB BGH GRUR 1986, 380, 381 – *RE-WA-MAT*), die einander wechselseitig kompensieren, aber auch einzeln genügen konnten (zB BGH GRUR 1964, 26, 27 – *Milburan*). Das Gebot umfassender Berücksichtigung aller Umstände des Einzelfalls ändert nichts daran, daß die bisherigen Arten von Bezugspunkten weiterhin im Vordergrund stehen werden, wenn auch zum Teil mit erweitertem Inhalt und anderer Gewichtung.

274 **a) Produktionsverhältnisse.** Die Berücksichtigung der tatsächlichen Produktionsverhältnisse erfährt im MarkenG eine grundlegende Neuorientierung gegenüber der Gleichartigkeitspraxis durch die **Aufgabe der betriebsbezogenen Perspektive** zu-

F. Verwechslungsgefahr § 14

gunsten einer Einbeziehung auch der Kontrollverantwortung kraft konzernmäßiger, organisatorischer und lizenzvertraglicher Verbindungen (oben Rdn. 261). Der Ähnlichkeitsbereich wird dadurch ergänzt und ausgedehnt, nicht aber eingeengt. Eine Verkehrsauffassung dahingehend, daß die Herstellung der beiderseitigen Produkte in denselben Betrieben stattfindet, hat weiterhin uneingeschränkt Bedeutung als ähnlichkeitsbegründendes Kriterium. Insoweit kann auch heute noch auf die Rspr. zur Bejahung der Gleichartigkeit zurückgegriffen werden. Überholt ist dagegen die zuletzt in BGH GRUR 1995, 216, 217/218 – *Oxygenol II* befürwortete Forderung, den Begriff der gleichen Herkunftsstätte wegen der zunehmenden Unternehmensgrößen und breiter werdenden Produktionssortimente tendenziell enger zu verstehen (dagegen auch BPatG GRUR 1996, 356, 360 – *JOHN LORD/JOHN LOBB*: Herkunftsbetrieb nicht mit Produktionsstätte im engeren Sinne gleichzusetzen wie BGH jedoch weiterhin BPatGE 36, 68, 73 – *LIBERO*).

b) Stofflich-technische Produkteigenschaften. Übereinstimmungen der Stoffqualität und technischen Beschaffenheit einer Ware prägen die Abnehmervorstellungen nicht nur hinsichtlich der Herkunft aus einem Produktionsbetrieb, sondern lassen auch eine einheitliche übergeordnete Kontrollverantwortung naheliegender erscheinen. An der zum WZG anerkannten Bedeutung solcher **Übereinstimmungen** (zuletzt BGH GRUR 1995, 216, 217 f. – *Oxygenol II*) ist daher für das MarkenG grdsl. festzuhalten, (zB BPatG GRUR 1996, 204, 205 – *Swing;* widersprüchlich *Fezer* § 14 Rdn. 348: nicht geeignetes Kriterium, Rdn. 356: stärkere Berücksichtigung). Übereinstimmungen der stofflich-technischen Produkteigenschaften können auch Abnehmern, die sich keine Gedanken über die Herstellung machen, mittelbar durch produktspezifische Berührungspunkte im Vertrieb erkennbar sein (Beispiel: Verkauf unterschiedlichster tiefgekühlter Lebensmittel aus denselben Tiefkühltruhen). 275

An Bedeutung verloren haben dagegen **Unterschiede** der stofflich-technischen Produkteigenschaften als ähnlichkeitsausschließende Kriterien, da sie primär für produktionsbezogene Vorstellungen maßgeblich sind. Die Einbeziehung der Verkehrsvorstellungen von Unternehmensverbindungen (oben Rdn. 261) bedeutet, daß auch die vom Verkehr erkannte Erforderlichkeit technisch unterschiedlich ausgestatteter Produktionsstätten die Ähnlichkeit nicht von vornherein ausschließt. Auch bei Handelsmarken kann den stoff- 276 lich-technischen Produkteigenschaften jede Bedeutung fehlen, sofern sie nicht auch vertriebsrelevant sind.

277 Bedeutungslos sind Produkteigenschaften, die dem Verkehr unbekannt sind, zB weil sie angesichts der konkreten Produktbestimmung nicht naheliegen (BGH GRUR 1995, 216, 218 – *Oxygenol II*). Gemeinsame **geographische Herkunft** allein begründet die Warenähnlichkeit noch nicht (BPatG GRUR 1995, 739, 740 – *GARIBALDI*), kann aber sonstige Übereinstimmungen durchaus verstärken.

278 c) **Funktionelle Produkteigenschaften.** Der Verwendungszweck der betroffenen Produkte ist dasjenige Kriterium, von dem die angesprochenen Verkehrskreise die klarsten Vorstellungen haben und mit dem sie sich als Abnehmer am meisten befassen. Ihm kommt deshalb **große Bedeutung** zu (zB BPatG GRUR 1996, 204, 205 – *Swing*; BPatGE 37, 246, 249 – *PUMA*; vgl. zum WZG zuletzt BGH GRUR 1995, 216, 217 f. – *Oxygenol II*).

279 Echte Substitutionsgüter sind daher idR ohne weiteres ähnlich, wie das Standardbeispiel Butter/Margarine (RPA MuW 1933, 425) verdeutlicht. Vorsicht geboten ist bei dem Begriff der „**Ersatzware**" aber deshalb, weil er in der früheren Rspr. in bisweilen abwegiger Weise zur Begründung von Warengleichartigkeit verwendet wurde, die aus anderen Umständen abgeleitet werden hätte können. Bezeichnend hierfür ist die unkritisch aus den Anfängen des Jahrhunderts (RPA Bl. 1910, 238) übernommene These, alkoholfreie Getränke seien Ersatzwaren für Spirituosen (vgl. nur BPatG Mitt. 1972, 214 – *Royal Stuart*: alkoholfreie Fruchtsaftgetränke noch 1972 sogar „in erhöhtem Maße" Ersatzware für Whisky, nämlich für Autofahrer oder bei der Bedienung hochwertiger Maschinen). Entgegen dem von *Fezer* § 14 Rdn. 370 erweckten Eindruck hat der BGH diesen heute verfehlten Begründungsansatz in GRUR 1990, 361 – *KRONENTHALER* für Bier und Mineralwasser dementsprechend auch keineswegs fortgesetzt.

280 Die Bedeutung von Übereinstimmungen hinsichtlich des Verwendungszwecks ist nicht auf Substitution beschränkt, sondern beruht darauf, daß es für den Verkehr ungeachtet aller Diversifikationsfälle ganz allgemein näherliegend ist, daß sich ein Markeninhaber auch mit Herstellung, Vertrieb oder Lizenzierung funktionell nahestehender Produkte befaßt, um seine diesbezüglichen Erfahrungen, Marktkenntnisse und Kundenbeziehungen weiterverwerten zu können. Das Kriterium der funktionellen Produkteigenschaften steht dabei in einer Wechselwirkung zu den stofflich-

F. Verwechslungsgefahr **§ 14**

technischen Produkteigenschaften (Rdn. 275 ff.) und ist weniger produktions- als vertriebsbezogen ausgerichtet.

d) **Abnehmerkreise.** Überschneidungen der Abnehmerkreise 281 allein begründen wie schon bisher (zB BGH GRUR 1963, 572, 573 – *Certo;* BGH GRUR 1956, 172, 174 – *Magirus*) noch keine Ähnlichkeit, da dieselben Abnehmer Bedarf an Produkten verschiedenster Art und Herkunft haben können. Jedoch können aktuell und potentiell vollständig fehlende Abnehmerüberschneidungen die Annahme von Waren/Dienstleistungsähnlichkeit ausschließen, ohne daß dies bedeutet, daß Verwechslungsgefahr eine konkrete Abnehmerüberschneidung voraussetzen würde (oben Rdn. 173).

e) **Vertriebswege.** Die Amtl. Begr. nennt die Vertriebswege 282 ausdrücklich als Ähnlichkeitskriterium (6. Abs. zu § 9). Demgegenüber maß die Rspr. zum WZG Überschneidungen hinsichtlich der Vertriebsstätte wegen der Selbständigkeit des Handels und der Sortimentsausweitung nurmehr geringere Bedeutung bei (zB BGH GRUR 1990, 361, 362 – *KRONENTHALER;* BGH GRUR 1970, 552 – *Felina-Britta;* BGH GRUR 1968, 550, 551 – *Poropan* bzgl. Vertrieb über Apotheken und Drogerien), während in der Amts- und Instanzpraxis doch häufig auch mit den vertrieblichen Verhältnisse argumentiert wurde. An der **relativierten Bedeutung der Vertriebsstätten** ist grdsl. auch für das MarkenG festzuhalten (zB BPatG GRUR 1995, 739, 740 – *GARIBALDI;* BPatG GRUR 1996, 204, 205 – *Swing*). Die Bedeutung der Vertriebsverhältnisse für die Ähnlichkeit liegt mehr darin, daß unterschiedliche Vertriebswege gegen Ähnlichkeit sprechen können, sie aber nie allein ausschließen, sondern nur als ein Faktor neben anderen Unterschieden das Gesamtbild mitbeeinflussen. So werden auch in der Instanzrechtsprechung zum MarkenG Überschneidungen der Vertriebsstätten berücksichtigt, ohne aber wirklich entscheidendes Gewicht zu haben (zB OLG Hamburg MD 1996, 1088, 1094 – *NOBLESSE*: Baustoffhandel, Baumärkte). Ungeklärt ist noch, inwieweit bei Vertrieb über größere Geschäfte wie zB Supermärkte die **Regalnähe** zweier Produkte die Verkehrsauffassung maßgeblich mitbestimmt, wie dies in der Rspr. immer wieder angenommen wurde (zB BPatG GRUR 1996, 204, 205 – *Swing;* BPatG GRUR 1995, 739, 740 – *GARIBALDI*). Richtig gesehen dürfte die räumliche Nähe in Verkaufsräumen meist sekundäre Folge ohnehin unmittelbar zu berücksichtigender primärer Ähnlichkeitskriterien sein, insbesondere der Gebrauchsnähe zweier Produkte.

§ 14 Rechte und Ansprüche des Markeninhabers

283 Bedenklich erscheint es, "**produktprägenden Vertriebsmethoden**" wie zB Franchising (*Fezer* § 14 Rdn. 349) oder Direktvertrieb eine entscheidende Bedeutung beizumessen. Denn dem Verkehr sind heute Diversifikationsstrategien im Vertrieb bei übergeordneter Herstellerverantwortung durchaus bekannt, so daß allein die vertriebsgebundene Präsentation zB als Franchiseware in einem vereinheitlichten Umfeld Verwechslungen mit Produkten traditionellerer Vertriebsformen keinesfalls ausschließt.

284 **f) Werbung, Marketing.** Die neuere Rspr. berücksichtigt bisweilen sogar im Widerspruchsverfahren Umstände, die sich nicht aus dem Warenverzeichnis, sondern aus der bisherigen Verwendung der betreffenden Marke und der zugehörigen **Marketingstrategie** ergeben, als ähnlichkeitsmindernd (zB BPatG GRUR 1996, 356, 359 – *JOHN LORD/JOHN LOBB*: "Geschäftsphilosphie" eines Anbieters exklusiver Herrenschuhe). In ähnlicher Richtung ist dafür plädiert worden, die Ähnlichkeitsrechtsprechung stärker an einen durch Marketingkonzeptionen und Werbestrategien geprägten "Kommunikationsgehalt der Marke" auszurichten (*Fezer* § 14 Rdn. 356, 363, 354). Dem ist nicht zu folgen. Die beiderseitigen Produkte sind der **Warengattung** nach gegenüberzustellen, d. h. nach dauerhaft charakteristischen Kriterien, nicht nach ihrer jederzeit änderbaren Werbepräsentation. Die Waren/Dienstleistungsähnlichkeit kann nicht durch Werbemaßnahmen allein ausgeräumt werden. Von welchen Werbevorgängen welcher Teil des Verkehrs auch nur Kenntnis erlangt, läßt sich kaum verläßlich feststellen (vgl. insoweit zutreffend BPatG GRUR 1995, 739, 740 – *GARIBALDI*: gegen Berücksichtigung gemeinsamer Präsentation bei Spezialitäten-Wochen).

285 Hiervon zu unterscheiden sind zulässige Rückschlüsse auf das Verkehrsverständnis zB aus natürlich immer auch "marketingbedingten" **Herstellerüberschneidungen** (zB BPatGE 37, 246, 249 – *PUMA* und BPatG GRUR 1996, 501, 502 – *TIFFANY*: Marketingstrategie, Feuerzeuge als Zugabeartikel zu Tabakwaren unter derselben Marke anzubieten; aA zum WZG BPatG GRUR 1993, 975, 977 – *CHEVY*) oder aus Werbeaussagen auf Produkteigenschaften (zB BGH GRUR 1961, 343, 345 – *Meßmer Tee I*: Werbung für Kräutertees als Genußmittel statt Arzneimittel) und die ebenfalls zulässige Berücksichtigung des Sinngehalts eines Zeichens einschließlich beschreibender Zusatzangaben, aus denen sich ein spezifischer Anwendungsbereich verläßlich ergibt (zB BPatG GRUR 1996, 419, 420 – *Fontana*: Zusatz "Getränkemarkt").

F. Verwechslungsgefahr § 14

Verwechslungsgefahren können durch **außerhalb des Zeichens** liegende anlehnende Werbeaussagen und -gestaltungen verstärkt und überhaupt erst hervorgerufen werden. Dies ist jedoch keine Frage der Waren/Dienstleistungsähnlichkeit mehr, sondern entweder der Zeichenähnlichkeit (unten Rdn. 322f.) oder wettbewerbsrechtlich zu beurteilender Irreführungsgefahren. 286

5. Irrelevante Kriterien

Die **Zugehörigkeit zur selben Gebührenklasse** war schon nach dem WZG kein Gleichartigkeitskriterium (zB BPatGE 15, 85, 87 – *avitron;* RGZ 104, 162, 165). Das gilt erst recht für das MarkenG (*Fezer* § 14 Rdn. 344, wo dies allerdings mit der Auslegungsfrage vermengt wird, dazu oben Rdn. 244f.). Die Zuordnung der beiderseitigen Produkte zu einem **gemeinsamen sprachlich-begrifflichen Oberbegriff** ist kein taugliches Kriterium, denn Oberbegriffe lassen sich mit nahezu beliebig hohem Abstraktionsgrad bilden (zB BGH GRUR 1990, 361, 363 – *KRONENTHALER* betr. „alkoholfreie Getränke"; BGH GRUR 1968, 550, 551 – *Poropan* betr. „Mittel zur Gesundheitspflege"). Die **Ähnlichkeit der beiderseitigen Waren zu einem Drittprodukt** rechtfertigt nicht auch den Schluß auf Ähnlichkeit untereinander (vgl. DPA GRUR 1954, 359), denn dies gilt nur bei Identität. **Verwechselbarkeit der Waren** selbst ist ebensowenig erforderlich wie **Substituierbarkeit** (OLG Hamburg MD 1996, 1088 – *NOBLESSE*). Entsprechend oben Rdn. 284 stehen Unterschiede in der jederzeit variierbaren **Preisstellung** der Ähnlichkeit nicht entgegen. Es ist also nicht etwa hochpreisige Designermode mit einfachster Konfektionsware unähnlich. Außerdem wird der Verkehr in seine Überlegungen nicht selten auch die Möglichkeit einheitlicher Verantwortung eines Markeninhabers für der Art nach ähnliche Produkte in unterschiedlichen Preissegmenten einbeziehen. Es kann auch keineswegs angenommen werden, bei höherpreisigen Produkten wirke sich die größere Aufmerksamkeit nicht nur im Sinne von unten Rdn. 326 auf die Verwechslungsgefahr allgemein aus, sondern führe zu einer abweichenden Verkehrsauffassung bzgl. der Waren/Dienstleistungsähnlichkeit (aA tendenziell BPatG GRUR 1996, 356, 359 – *JOHN LORD/JOHN LOBB*). 287

6. Einzelfragen der Warenähnlichkeit

a) Sachgesamtheiten. Im Verhältnis zwischen Sachgesamtheiten und deren Einzelteilen wurde Gleichartigkeit nur bejaht, wenn 288

§ 14   Rechte und Ansprüche des Markeninhabers

das Einzelteil für die Sachgesamtheit **wesensbestimmend** war und deshalb vom Verkehr als **selbständige** Waren des Herstellers der Sachgesamtheit gewertet wurden (zB BGH GRUR 1982, 419 – *Noris*: Spielkasten „Bauernmalerei mit Motivstempeln" trotz enthaltener Stifte ungleichartig zu Stifte; BGH GRUR 1958, 339 – *Technika*: Großbaumaschinen ungleichartig zu optische, physikalische Geräte; BGH GRUR 1956, 172 – *Magirus*: mit Motoren betriebene Geräte nur gleichartig mit Motoren, wenn Motoren wesensbestimmend, nicht bei Kühlanlagen; BPatG GRUR 1994, 377 – *LITRONIC*: Bagger, Raupen, Radlader ungleichartig zu Bremskraftverstärker, Steuer- und Meßgeräte; BPatG Mitt. 1976, 192: Personenkraftwagen ungleichartig zu Teppiche, Matten). Dieser Verallgemeinerung bedarf es für die Warenähnlichkeit nicht. Entscheidend ist, worauf der Verkehr das für die Sachgesamtheit verwendete Kennzeichen im konkreten Fall bezieht. Vgl. zum Benutzungszwang § 26 Rdn. 41.

289   **b) Verpackung.** Ware und Verpackung waren grdsl. nicht gleichartig (*AH* § 5 WZG Rdn. 31) und sind auch heute idR nicht ähnlich (*Fezer* § 14 Rdn. 371).

290   **c) Zubehör.** Im Verhältnis zu Zubehör wurde die Gleichartigkeit in Anlehnung an die Rspr. zu Sachgesamtheiten (oben Rdn. 288) nicht schon wegen der Zubehörfunktion, sondern nur aufgrund zusätzlicher Umstände bejaht, insbesondere spezifisch für die Hauptsache bestimmte und ihr technisch nahestehende Hilfsgeräte (zB BPatG Mitt. 1976, 192, 194: Personenkraftwagen ungleichartig zu Teppiche und Matten; ältere Rspr. bei *Fezer* § 14 Rdn. 365). Der flexiblere Begriff der Warenähnlichkeit macht hier jede Verallgemeinerung oder Kategorisierung unnötig. Die Zubehöreigenschaft ist nur ein Faktor im Rahmen des Ähnlichkeitskriteriums des Verwendungszwecks (oben Rdn. 278 ff.).

291   **d) Waren verschiedener Fertigungsstufen.** Zwischen **Vorprodukten** und unter ihrer Verwendung hergestellten (Halb-) Fertigprodukten wurde unmittelbare Gleichartigkeit wegen des anderen Gebrauchszwecks, Kundenkreises und Vertriebsweges idR verneint (zB BGH GRUR 1993, 912, 913 – *BINA*; BGH GRUR 1970, 80 – *Dolan*; BGH GRUR 1966, 432, 435 – *Epigran*). Zwischen **Rohstoffen** und aus ihnen hergestellten Halbfertig- oder Fertigfabrikaten wurde Gleichartigkeit nur unter besonderen Umständen bejaht, wenn die Fertigware ohne Zuhilfenahme fremder Substanzen durch relativ einfache Maßnahmen aus dem Rohstoff gewonnen werden konnte (zB BGH GRUR 1966, 432, 434/435 –

F. Verwechslungsgefahr **§ 14**

Epigran). Dies galt auch für rohstoffnahe Halbfertigprodukte. Beispiele: Kunststoffe als Halbfertigerzeugnisse gleichartig mit Waren aus Gummi und Gummiersatzstoffen (BPatGE 2, 141, 144 *ENIGEN/VINIGEN*). Bei Waren unterschiedlicher Fertigungsstufen kann aber (mittelbare) Warenähnlichkeit unter dem Gesichtspunkt der begleitenden Marke gegeben sein (unten Rdn. 298 ff.).

e) Beispiele aus der Rspr. zum MarkenG. Die Einordnung 292 der nachfolgenden Beispiele aus der Rspr. als Warenähnlichkeit bejahend (gleichartig zu) oder verneinend (ungleichartig zu) dient nur als Suchhilfe und bedeutet nicht denselben Grad an Ähnlichkeit, sondern gibt nur an, ob Warenähnlichkeit überhaupt für möglich gehalten wurde, wodurch nicht ausgeschlossen ist, daß dennoch im konkreten Fall Verwechslungsgefahr wegen eines zu geringen Warenähnlichkeitsgrades verneint wurde.

aa) Warenähnlichkeit bejaht. Arzneimittel: Analgetika, Antirheumatika = Bienenwachs, Blütenpollen, Propolis, Bienengift, diätetische Lebensmittel (alle für medizinische Zwecke), Babykost, Desinfektionsmittel (BPatG GRUR 1995, 488, 489 – *APISOL/Aspisol*). **Kosmetika uä:** Damenbinden = Haarpflegemittel (BPatG GRUR 1996, 204 – *Swing*); Seifen = Tier- und Pflanzenvernichtungsmittel (BPatG GRUR 1995, 584 – *SONETT*). **Lebens- und Genußmittel:** Pralinen = Speiseeis, aber keine besondere Warennähe (BPatG Mitt. 1996, 20, 21 – *Eisträumereien*); div. Milchprodukte = zubereitete Getreidekörner und -flocken (BPatG zit. GRUR 1997, 504); Zigaretten = Raucherartikel (BPatGE 37, 246 – *PUMA*; BPatG GRUR 1996, 501 – *TIFFANY*); Zigaretten = Tabak, Streichhölzer, Zigarettenpapier, Zigarettenfilter (BPatG GRUR 1996, 496 – *PARK/Jean Barth*); Kaffee = Kakao = Tee (BPatG v. 22.3.1995 28 W (pat) 133/94); **Getränke:** alkoholische Getränke/alkoholfreie Getränke, großer Abstand (BPatG GRUR 1997, 293, 294 – *GREEN POINT/Der Grüne Punkt*); Mineralwasser = alkoholfreie Getränke, engste Warenähnlichkeit (BPatG Bl. 1996, 417 – *QUEENS CLUB/QUEENS GARDEN*); Alkoholfreie Getränke, Weine = Weinbrand (BPatG Bl. 1996, 190 – *MEISTERBRAND/Meister H. L.*); Fruchtgetränke = alkoholische Getränke (BPatG Mitt. 1996, 133 – *OKLAHOMA SOUND*); Schaumwein = Wein, aber deutlich geringere Ähnlichkeit zu Bieren, Spirituosen, alkoholfreien Getränken (BPatG GRUR 1995, 812 – *Dall'Opera/OPERA*); Likör = Wein (BPatG zit. GRUR 1997, 504); Fruchtsäfte = Marmelade als diätetisches Lebensmittel für medizinische Zwecke (BPatG v. 24.4.1996 25 W (pat)

293

§ 14   Rechte und Ansprüche des Markeninhabers

103/93). **Textilien:** Bekleidungsstücke, Schuhe, Kopfbedeckungen = Fahrräder (BPatG zit. GRUR 1997, 504 – *Banesto*, sehr zw.); Bekleidungsstücke = Kopfbedeckungen (BPatG v. 5. 3. 1996 27 W (pat) 258/94); Bekleidungsstücke = Schuhe (aber Warenferne BPatG GRUR 1997, 54, 57 – *S. OLIVER*; BPatG GRUR 1996, 356 – *JOHN LORD/JOHN LOBB*); Handschuhe = Schuhe (BPatG GRUR 1997, 54, 57 – *S. OLIVER*); Herrenoberhemden kaum mehr ähnlich zu Bett- und Hauswäsche (BPatGE 37, 16 *19 – Vorsicht Elch!*). **Technik:** Abfüllmaschinen = Druckmaschinen (BPatGE 36, 59 – *ROBOMAT*); Dachziegel = Klinkerplatten für Fußböden (OLG Hamburg MD 1996, 1088 – *NOBLESSE*); bespielte Videokassetten/Fernsehaufzeichnungsgeräte u. a. einschließlich Band- und Plattengeräte für Fernsehaufnahmen und -wiedergaben: keine Ähnlichkeit wenn Bekanntheit außer Betracht bleibt (Vorlagebeschluß BGH GRUR 1997, 221 – *Canon*); Fertighäuser = Farben, Lacke (BPatG zit. GRUR 1997, 504). **EDV:** Datenträger in Form von Magnetplatten u. a. = Druckereierzeugnisse (BPatG zit. GRUR 1997, 504); Software = Computer (BPatG v. 31. 3. 1995 30 W (pat) 243/93). **Sonstige Waren:** Branchenfernsprechbuch = Internet-Branchenverzeichnis: große Ähnlichkeit (OLG Frankfurt aM WRP 1996, 1045 – *Die Blauen Seiten*).

294   bb) **Warenähnlichkeit verneint. Lebens- und Genußmittel:** Speiseeis ≠ Kakao, Fertigpudding, Getreideriegel (BPatG v. 7. 2. 1995 32 W (pat) 228/95); Wein, Schaumwein, Spirituosen italienischer Herkunft Teigwaren, Soßen insbesondere italienischer Herkunft (BPatG GRUR 1995, 739 – *GARIBALDI*). **Getränke:** Wein, Schaumwein ≠ Magenbitter (BPatGE 36, 68 – *LIBERO*). **Technik:** Computergesteuerte Werkzeugmaschinen ≠ Scanner, Telefax, Monitore (OLG Düsseldorf GRUR 1996, 361 – *Teco*). **Sonstige:** Druckereierzeugnisse ≠ Papierwaren (BPatG GRUR 1997, 654, 656 – *Milan*: allenfalls am Rande der Ähnlichkeit).

295   **f) Beispiele aus der Rspr. zum WZG.** Die frühere Rspr. zur Gleichartigkeit kann nur noch unter den Vorbehalten oben Rdn. 248 ff. als eine erste Orientierungshilfe herangezogen werden. Vor allem ist in jedem Einzelfall zu prüfen, ob die älteren Entscheidungen nicht längst durch neuere Rspr. überholt sind. Die ungeachtet dessen nachfolgend nachgewiesenen Entscheidungen sind daher nur als Fundstellensammlung zu verstehen.

296   aa) **Warengleichartigkeit bejaht. Arzneimittel**: = Vitaminbonbons (BPatGE 5, 68 – *Cbon/Cebion);* = Seifen (BPatGE 9, 259), = Monatsbinden (BGH GRUR 1963, 572 – *Certo*); = Pflanzen-

F. Verwechslungsgefahr § 14

schutzmittel (BGH GRUR 1964, 26 – *Milburan;* BPatGE 27, 137, 139 – MAGTOXIN = Macocyn trotz Warenferne); = Zahnfüllmittel (BPatGE 27, 214, aber ≠ zu Abführmitteln); = Mittel zur Körper- und Schönheitspflege, Haarwasser, Zahnputzmittel, Seife (BPatG Mitt. 1988, 65 für Coronartherpeutika); = Desinfektionsmittel (BGH GRUR 1989, 350, 352 – *Abbo/Abo;* ebenso BPatGE 31, 245, 246 – *Dignorapide/Descorapid,* aber größerer Abstand); = Teststoffe für Flüssigkeiten (BPatG GRUR 1972, 425 – *Uraton*). Funktionsbestecke = Desinfektionsmittel (BGH GRUR 1989, 350, 351 – Abbo = Abo). **Kosmetika uä.**: Parfums = Haarfestiger, (BPatGE 29, 181); Papiertücher für kosmetische Zwecke = Durchschlagpapier (BPatG 1988, 56); Papier-Gesichtstücher = Toilettengeräte (BPatG 9, 257). **Lebens- und Genußmittel:** Kartoffelchips = Backwaren (BPatG 1994, 271 – *Fritex*); Honig = Marmeladenkonfitüren (BPatG Mitt. 1972, 215 – *Sassa/SASSO);* Schokolade, Kakao = Tee (BPatG GRUR 1972, 602 – *Filigran;* RGZ 118, 201); Waffeln = Schokolade (BPatGE 5, 167 – *Mohrenkopf);* **Getränke:** Glühwein = Sekt, aber keine Warennähe (BGH GRUR 1981, 388, 389 – *Toni's Hütten Glühwein*); Wein = Weinbrand (BPatGE 31, 118 – *Dujardin:* Neuorientierung gegenüber jahrzehntelanger Spruchpraxis; div. alkoholfreie Getränke = div. Spirituosen, Weine, aber gewisser Abstand soweit nicht Spirituosenmischgetränke (BPatGE 27, 118 – *Oramix/Orangix*); alkoholfreie Getränke = Weine und Spirituosen, keine Warenferne (BPatG Mitt. 1986, 150 – Servisa = Evisa); alkoholfreie Limonaden = Spirituosen, aber deutlicher Abstand (BPatG Mitt. 1983, 217 – Rokket/Racke); Pils-Bier = aus Mineralwasser hergestellte alkoholfreie Getränke (BPatG Mitt. 1981, 198 – Urstein-Pils = URSTEIN-QUELLE); Fruchtsaftgetränke = Whiskey (BPatG Mitt. 1972, 214 – *Royal Steward*); Fruchtsäfte = Weine, Spirituosen (BPatG Mitt. 1977, 92 – *Laranja/Aranas*); Bier = Limonade, alkoholfreie Getränke (BPatGE 7, 56). **Textilien:** Miederwaren, Wäsche = Damenmäntel, Kostüme, Röcke (BGH GRUR 1970, 502 – *Felina-Britta*), Sportschuhe = Sporthosen (BGH GRUR 1986, 248 – *Sporthosen*); Krawatten = Herrenhüte (BGH GRUR 1958, 606 – *Kronenmarke*); Möbel-Schonbezüge = Tisch- und Bettwäsche, Web- und Wirkstoffe (BPatG WRP 1972, 433 – *WELASTIC/Velastic*); Schwimmtextilien = Motorradhelme (OLG München GRUR 1980, 1003, 1006 – *Arena*); zur mittelbaren Gleichartigkeit wegen begleitender Marke im Textilbereich unten Rdn. 298ff. **Technik:** Pkw = Teppiche, Matten (BPatG Mitt. 1976, 192), zur mittelbaren Gleichartigkeit wegen begleitender Marke im Kunststoffbereich unten Rdn.

§ 14 Rechte und Ansprüche des Markeninhabers

298 ff. **EDV**: Computer, Computerprogramme = elektronische Diebstahl- und Feuerarlarmgeräte und -systeme (DPA CR 1992, 596 – *DICON/GIKOM*); div. mit Programmen versehene Datenträger = Registrierkassen, Rechenmaschinen, Datenverarbeitungsgeräte, Computer (KG CR 1993, 358 – *TRICOM*). **Sonstige Waren**: Verschiedene Verpackungsmittel aus Metallfolien = aus Papier (BPatGE 7, 195).

297 **bb) Warengleichartigkeit verneint. Arzneimittel** ≠ Mineralwasser als Tafelwasser (BPatGE 7, 63); ≠ Windeln (BPatG Bl. 1992, 194 – *MOLIPOR/MOLITOR*), ≠ Fachzeitschriften für Pharmazeutika (BGH GRUR 1970, 141 – *Europharma*); **Kosmetika uä.**: Sonnenschutzmittel ≠ Pflanzenschutzmittel (BPatG Mitt. 1979, 191 – *NEMASOL/PENASOL*); Papier-Abschminktücher ≠ kosmetische Mittel, Salben (BPatG Mitt. 1972, 162); Mittel zur Körper- und Schöhnheitspflege ≠ diätetische Nährmittel, Säuglings- und Kleinkindernahrung (BPatG Mitt. 1972, 231). **Lebens- und Genußmittel**: Speiseeis ≠ tiefgekühlte Hühner (BPatG GRUR 1991, 761 – *PINGO*), Kaffee ≠ Likör-Pralinen (BGH GRUR 1965, 86 – *Schwarzer Kater*). **Getränke**: Bitterspirituosen ≠ alkoholfreie Milchmischgetränke (BPatG Mitt. 1983, 218). **Textilien**: Bekleidung ≠ Tabakwaren (OLG München GRUR Int. 1981, 180, 183 – *John Player;* aber Branchennähe bejaht); Teppiche ≠ Polstermöbel (BGH GRUR 1958, 393 – *Ankerzeichen*), Schonbezüge für Autositze ≠ Tisch- und Bettwäsche, Web- und Wirkstoffe (BPatG WRP 1972, 433 – *WELASTIC/Velastic*); Miederwaren ≠ Lederbekleidung (BGH GRUR 1959, 25 – *Triumph*). **Technik**: Bagger, Raupen ≠ Meß-, Steuer- und Kontrollgeräte (BPatG 1994, 377 – *Litronic*); Kfz einschließlich Zubehör ≠ Bekleidungsstücke, Schuhe, Kopfbedeckungen (BPatG GRUR 1993, 975 – *Chevy*); Kfz ≠ Ski (OLG Hamburg WRP 1986, 221 – *quattro*). **Sonstige**: Schwere Wellpappe ≠ Briefpapier, Anzeigenpapier (BPatG Mitt. 1981, 236).

7. Begleitende Marke, Mittelbare Warenähnlichkeit

298 **a) Grundsätze.** In der Rspr. zum WZG war die Möglichkeit einer sog. „**mittelbaren**" Gleichartigkeit (*Heydt* Bl. 1955, 25) zwischen an sich ungleichartigen Waren verschiedener Fertigungsstufen (oben Rdn. 291) unter dem Gesichtspunkt der begleitenden Marke anerkannt (grdl. BGH GRUR 1970, 80 – *Dolan*), wurde jedoch restriktiv gehandhabt. Voraussetzung war, daß der Rohstoff bzw. das Vorprodukt die Eigenschaften und die Wertschätzung des

F. Verwechslungsgefahr **§ 14**

(Halb-) Fertigprodukts maßgeblich bestimmt und es bereits gegenwärtig in beachtlichem Umfang üblich, dh nicht nur zukünftig wahrscheinlich war, die Marke des Vorprodukts auch an der Fertigware anzubringen und diese Marke auch in der Werbung gegenüber dem Letztabnehmer der Fertigware bekannt zu machen, ohne allerdings schon branchenüblich sein zu müssen (zB BGH GRUR 1993, 912, 913 – *BINA;* BGH GRUR 1973, 316, 317 f. – *Smarty*). Eine Verwendung der Vorprodukte für lediglich ihrerseits wiederum mit den maßgeblichen Waren gleichartige Fertigwaren genügte keinesfalls (BPatGE 21, 159 – *duplothan/Durethan*).

Der flexiblere Begriff der Warenähnlichkeit iSd MarkenG **299** schließt die jedenfalls bei Üblichkeit begleitender Marken vom Verkehr hergestellte Verbindung zwischen Vorprodukt und Fertigprodukt ohne weiteres ein. Hinfällig sind dabei die aus der einseitigen Ausrichtung auf die Herkunftsfunktion abgeleiteten Voraussetzungen. So ist heute ein körperliches Begleiten der Ware durch Anbringung der Marke auf ihr nicht erforderlich, sondern kann schon die Üblichkeit der begleitenden Verwendung in der Werbung genügen (so schon zum WZG zB BPatG GRUR 1982, 231, 232 f. – *DIFEX/DEFLEX*). Dennoch ist die zukünftige praktische Bedeutung einer „mittelbaren Warenähnlichkeit" im Rahmen des MarkenG noch nicht absehbar. Zwar macht die schon mit dem Wegfall des Geschäftsbetriebserfordernisses (§ 7 Rdn. 11) ermöglichte Eintragung der Marke des Vorprodukteherstellers auch für die Fertigwaren mit Lizenzerteilung an den Fertigwarenhersteller (*Fezer* § 14 Rdn. 373) den besonderen Schutz als begleitende Marke nur dann auch nach Ablauf der Benutzungsschonfrist überflüssig, wenn die Verwendung als begleitende Marke tatsächlich auch als rechtserhaltende Benutzung für das Fertigprodukt iSd § 26 angesehen werden kann (§ 26 Rdn. 41). Jedoch hat die mittelbare Gleichartigkeit trotz Nutzung begleitender Marken in gewissem Umfang auch in anderen Branchen (zB für Süßstoffe in Lebensmitteln und Getränken) bislang in der Rspr. nur für die Textilbranche große Bedeutung erlangt, während nicht einmal der Anwendungsbereich in anderen Kunststoffsektoren abschließend geklärt ist.

b) Beispiele aus der Rspr. zum WZG. Zur Heranziehung **300** der früheren Rspr. s. die allg. Warnung oben Rdn. 295.

Mittelbare Gleichartigkeit **bejaht:** Strick- und Stickwolle = gestrickte Bekleidungsstücke sowie synthetische oder gemischte Garne = daraus hergestellte Bekleidungsstücke (BGH GRUR 1973,

316 – *Smarty*); synthetische Fasern = Bekleidungsstücke (BGH GRUR 1970, 80 – *Dolan*); Hemdenstoffe = Oberhemden (BGH GRUR 1958, 437, 439 ff. – *Tricoline*); Imprägnierungsmittel für Woll- und Webstoffe = Textilwaren, Web- und Wirkstoffe (RG GRUR 1935, 814 – *Trocklin*); synthetischer Kautschuk = daraus hergestellte Formteile, Dichtungen (BPatG GRUR 1982, 231 – *DIFEX/DEFLEX*, billigend zit in BGH GRUR 1993, 912, 913 – *BINA*); Webstoffe = gestrickte Oberbekleidungsstücke (BPatG Mitt. 1979, 114 – *IeNA/IBENA*); Garne = Webstoffe (BPatG GRUR 1973, 30 – *Elcodur*); Webstoffe = gewebte Bekleidungsstücke (BPatG Mitt. 1972, 110 – *Katalin/Catalina*); Garne = Strümpfe (BPatGE 13, 253 – *HYGOLAN/HECOLAN*); synthetische wildlederartige Stoffe = Bekleidungsstücke (OLG München GRUR 1983, 322, 326 – *Alcantara*).

Mittelbare Gleichartigkeit **verneint**: Betten, Decken, Kopfkissen ≠ imprägnierte Streifen zum Einlegen in Bettausstattungen (BGH GRUR 1993, 912, 913 – *BINA*); Kunststoffe aus Polyamiden für Formkörper ≠ Platten für Bauzwecke aus Schaumstoff, da unterschiedliche Kunststoffe (BPatGE 21, 159 – *duplothan/Durethan*); Kunststoff ≠ elektrische Haushaltsgeräte, da Gehäusematerial von geringerer Bedeutung (BPatG GRUR 20, 208, 214 – *HAKU/AKU*).

8. Ähnlichkeit von Waren und Dienstleistungen

301   **a) Grundsätze.** Die Möglichkeit der Gleichartigkeit von Waren und Dienstleistungen war in § 1 Abs. 2 WZG anläßlich der Einführung der Dienstleistungsmarke zur Klarstellung ausdrücklich verankert gewesen. Für die Ähnlichkeit zwischen Waren und Dienstleistungen gelten grdsl. **keine Sonderregeln** und es handelt sich daher nicht etwa um einen besonders restriktiv zu handhabenden Ausnahmefall (BGH GRUR 1986, 380, 381 – *RE-WA-MAT*; BPatG GRUR 1983, 117, 118 f. – *Schnick-Schnack;* generell ablehnend dagegen ital Corte di Cassazione GRUR Int. 1997, 479 – *Zucchet*), so daß nicht generell von einem von Haus aus bestehenden Abstand zwischen Waren und Dienstleistungen ausgegangen werden darf (aA BPatG v. 4. Dezember 1996 26 W (pat) 190/95 – *White Lion*; BPatG GRUR 1996, 419, 420 – *Fontana*).

302   Auf folgende Überlegungen zur Gleichartigkeit kann mit der gebotenen generellen Vorsicht zurückgegriffen werden: Dienstleistungen sind zwar nicht generell mit den zu ihrer Erbringung verwendeten Waren und Hilfsmitteln ähnlich (zum WZG zB BPatG

F. Verwechslungsgefahr **§ 14**

Mitt. 1988, 76, 77 – *reflex/DEFLEX*), dies ist aber andererseits auch keineswegs generell ausgeschlossen (BGH GRUR 1989, 347, 348 – *MICROTONIC;* BGH GRUR 1986, 380, 382 – *RE-WA-MAT;* BPatG GRUR 1983, 117, 119 – *Schnick-Schnack*). Voraussetzung ist jedoch, daß derartige dienstleistungsbegleitenden Waren für die jeweilige Dienstleistung **charakteristisch** sind (zB nicht Malfarben in Kindertüten eines Schnellrestaurants, OLG Düsseldorf WRP 1997, 588, 590 – *McPaint*; nicht Mützen für Schnellrestaurants, OLG München Mitt. 1996, 92, 94 – *McShirt*).

In Betracht zu ziehen sind stets beide Richtungen, d. h. Betätigung des Dienstleisters als Warenhersteller oder umgekehrt des Warenherstellers als Dienstleister (BGH GRUR 1989, 347 – *MICROTONIC;* BGH GRUR 1986, 380, 381 – *RE-WA-MAT*). Entscheidend kann sein, ob der Verkehr wirtschaftliche Gründe erkennt, daß sich der Warenhersteller/vertreiber auch mit der Erbringung der Dienstleistungen befaßt, selbst wenn dies noch nicht üblich ist, zB um seinen Warenabsatz zu steigern (BGH GRUR 1986, 380, 381 – *RE-WA-MAT*). 303

Herstellung oder Vertrieb der Waren bzw. Erbringung der Dienstleistung müssen nach der Verkehrsauffassung im Gegensatz zu bloßen Nebenleistungen **selbständig** Gegenstand des fraglichen Geschäftsbetriebs sein können (grdl. BGH GRUR 1989, 347 – *MICROTONIC:* Hausmessen von Geräteherstellern keine selbständige Leistung; zB BPatGE 24, 254, 259 – *RUD:* Ingenieurberatung durch Hersteller von Förderanlagen bloße Hilfsdienstleistung). Zu weit geht es aber, wenn sogar wirtschaftlich selbständige Geschäftsbereiche verlangt wurden (BGH GRUR 1991, 317, 319 – *MEDICE*). 304

b) Beispiele aus der Rspr. zum MarkenG. Verpflegung von Gästen in Schnellrestaurants ≠ Farben, Lacke (OLG Düsseldorf WRP 1997, 588, 590 – *McPaint*); Beherbergung, Verpflegung von Gästen = div. Getränke, aber nur sehr entfernt (BPatG GRUR 1996, 419 – *Fontana Getränkemarkt/Fontana Stuttgart,* weil warenferne bereits in der Marke selbst zum Ausdruck kommt) und ähnl. zurückhaltend BPatG v. 4. Dezember 1996 26 W (pat) 190/95 – *White Lion:* für Spirituosen nicht verwechselbar mit „LIONS" für Verpflegung von Gästen; jedoch Führung und Verwaltung von Hotels, Restaurants, Bars sowie Beherbergung von Gästen = Spirituosen (BPatG zit. GRUR 1997, 504); Entsorgung und Recycling = Verpackungsfüllkörper (BPatG zit. GRUR 1997, 504); ≠ Friseur und Schönheitssalon zu Haarpflegemittel (BPatG v. 305

§ 14 Rechte und Ansprüche des Markeninhabers

21. März 1995 24 W (pat) 136/93, zw.); Partnervermittlung ≠ Frauenzeitschriften (LG München I CR 1997, 540 – *freundin.de*; zw.).

306 **c) Beispiele aus der Rspr. zum WZG.** Zur Heranziehung der früheren Rspr. s. die allg. Warnung oben Rdn. 295.

Gleichartigkeit bejaht: Verpflegung von Gästen = Wein, Sekt, Spirituosen (BPatG GRUR 1992, 392 – *Parkhotel Landenberg*), = Spirituosen (BPatG GRUR 1983, 117, 119 – *Schnick-Schnack*), = Tee, Speiseeis (BPatGE 28, 161 – *kik*), = Vor- und Nachspeisen sowie weitere Lebensmittel (BPatGE 28, 69); Erstellen von EDV-Programmen grdsl. = Datenverarbeitungsgeräte, aber jedenfalls Warenferne zu Tisch- und Taschenrechnern (BPatG Mitt. 1987, 159 – *Micropat/Microstat*); Errichtung von Bauten = Baumaterialien (BPatG Mitt. 1984, 77 – *Knipping*); Verwertung wissenschaftlicher Erkenntnisse aus Medizin und Pharmazie = Arzeimittel (BGH GRUR 1991, 317 – *MEDICE*).

307 **Gleichartigkeit verneint:** Werbung ≠ Druckereierzeugnisse (BPatG Mitt. 1989, 218); Waschen von Wäsche ≠ Waschmittel (BPatGE 29, 137 – *RE-WA-MAT II* nach Zurückverweisung durch BGH GRUR 1986, 380 – *RE-WA-MAT*); Fachveröffentlichungen auf medizinischem Gebiet ≠ technische und graphische Papiere (BPatGE 27, 246 – *Selecta*); Veranstaltung von Messen und Ausstellungen für elektrische und elektronische Geräte und Bauteile ≠ div. Maschinen für Mikroelektronik und Halbleiterindustrie (BGH GRUR 1989, 347 – *MICROTONIC*); Installation div. Heizungs- und Wasseranlagen ≠ div. Dichtungs- und Isoliermaterialien (BPatG Mitt. 1988, 76 – *reflex/DEFLEX*); Güterbeförderung mit Kraftmaschinen ≠ Kraftmaschinen, Traktoren (BPatG GRUR 1985, 49 – *DEUS*); Veranstaltung von Messen über natürliche Ernährungsweisen ≠ Gemüse, Obst, Fruchtgetränke (BPatG Bl. 1985, 371 – *BIOTA/biotta*); Gästebewirtung ≠ Tabakwaren (BPatG GRUR 1985, 52 – *BLITZCARD*); Ingenieurberatung ≠ Ketten-Förderanlagen (BPatG GRUR 1982, 71 – *RUB*).

9. Dienstleistungsähnlichkeit

308 **a) Grundsätze.** Auch für die Ähnlichkeit von Dienstleistungen untereinander sind keine grdsl. anderen Kriterien anzuwenden als bei der Warenähnlichkeit (vgl. zum WZG BPatG Mitt. 1988, 76, 77 – *reflex/DEFLEX;* BPatGE 28, 131, 133 – *Lupe*). Ein dienstleistungsspezifisches Kriterium aus der Rspr. ist zB die Orientierung an den Gruppierungen der Berufsbilder nach den Anlagen zur HandwO

F. Verwechslungsgefahr **§ 14**

(BPatG Mitt. 1988, 76 – *reflex/DEFLEX*), die jedoch eine Überprüfung nach dem tatsächlichen Verkehrsverständnis nicht erübrigt.

b) Beispiele aus der Rspr. zum MarkenG. Unternehmens-Verwaltung, Wirtschaftsprüfung = Unternehmensberatung (BPatG zit. GRUR 1997, 504); Ingenieursdienstleistungen = Proramierarbeiten, Erstellen und Entwerfen von Datenverarbeitungsprogrammen (BPatG v. 6. September 1995 26 W (pat)196/93). 309

c) Beispiele aus der Rspr. zum WZG. Dienstleistungsgleichartigkeit bejaht: Schulung für Betriebswirte und Wirtschaftsfachleute = Fortbildungsveranstaltungen für Rechtsanwälte (BPatG Bl. 1986, 182 – *DAV*). 310

Dienstleistungsgleichartigkeit verneint: Schnellrestaurants ≠ Bedrucken von T-Shirts für Kunden (OLG München Mitt. 1996, 92, 94 – *McShirt*); Entwicklung und Erstellung von Datenverarbeitungsprogrammen (für Banken) ≠ Finanzwesen, Absatzfinanzierung etc. (BPatG 31, 64 – *GEBA/GEFA*); Installation div. Heizungs- und Wasseranlagen ≠ div. Abdichtungs- und Isolierarbeiten am Bau (BPatG Mitt. 1988, 76 – *reflex/DEFLEX*); Filmvermietung, Filmvorführung ≠ Herausgabe von Printmedien, Werbung (BPatGE 28, 131 – *Lupe*).

IV. Zeichenähnlichkeit

1. Grundlagen

a) Definition. Die markenrechtliche Verwechslungsgefahr setzt nach § 14 Abs. 2 Nr. 2 „Identität oder Ähnlichkeit des Zeichens mit der Marke" voraus. Gleiches gilt für § 9 Abs. 1 Nr. 2, dort auf eingetragene bzw. angemeldete Marken bezogen. Der Begriff der Identität ist wie bei §§ 14 Abs. 2 Nr. 1, 9 Abs. 1 Nr. 1 eng auszulegen und oben Rdn. 141 ff. erläutert. Der für das deutsche Recht neue Begriff der Zeichenähnlichkeit ist weder im MarkenG noch in MRRL oder GMVO definiert. Er wird im MarkenG auch als Voraussetzung für den erweiterten Schutz bekannter Marken nach §§ 14 Abs. 2 Nr. 3, 9 Abs. 1 Nr. 3 verwendet (unten Rdn. 487). Die Zeichenähnlichkeit ist nicht unmittelbar der „Übereinstimmung der Zeichen" des früheren Rechts (§§ 5 Abs. 4 Nr. 1, 11 Abs. 1 Nr. 1 iVm 31 WZG) gleichzusetzen, sondern richtlinienkonform nach den gemeinschaftsrechtlichen Vorgaben der Art. 5 Abs. 1 lit. a, 4 Abs. 1 lit. b MRRL auszulegen, und zwar nicht isoliert aus sich heraus, sondern „im Hinblick auf die Verwechslungs- 311

§ 14   Rechte und Ansprüche des Markeninhabers

gefahr" (ErwGr 10 zur MRRL). Dementsprechend kann die Zeichenähnlichkeit allgemein definiert werden als **der sich bei Berücksichtigung aller der menschlichen Sinneswahrnehmung und Erinnerung zugänglichen äußerlichen und inhaltlichen Übereinstimmungen aber auch Unterschiede der beiderseitigen Zeichen ergebende Grad der Übereinstimmung nach dem Gesamteindruck.** Anders als bei der Waren/Dienstleistungsähnlichkeit ist bei der Zeichenähnlichkeit in weitem Umfang der Rückgriff auf die zu § 31 WZG entwickelten Grundsätze eröffnet, nachdem auch diese Vorschrift darauf abstellte, ob trotz Abweichungen die „Gefahr einer Verwechslung im Verkehr" vorlag. Die Neuerungen des MarkenG liegen hier weniger im Begriff der Zeichenähnlichkeit und den einzelnen Kriterien und Regeln hierzu, sondern betreffen die Wechselwirkung zu den anderen Verwechslungsfaktoren (oben Rdn. 251ff.) sowie die Einbeziehung der Gefahr des gedanklichen Inverbindungbringens (unten Rdn. 425ff.).

312   **b) Normzweck.** Die Zeichenähnlichkeit hat wie die Waren/Dienstleistungsähnlichkeit eine Doppelfunktion im Rahmen des Schutzes vor Verwechslungsgefahr. Sie **erweitert** den Markenschutz auf Zeichen, die der Markeninhaber nicht für sich hat eintragen lassen bzw. für die er keine Verkehrsgeltung oder Notorietät erlangt hat, und zwar schon dem Wortlaut nach unabhängig davon, ob er seinerseits das ähnliche Zeichen benutzt, benutzen will oder benutzen könnte. Die Erweiterung ist gerechtfertigt, da Verwechslungsgefahren gerade auch bei nur ähnlichen Zeichen drohen, entweder weil wegen der Unzulänglichkeiten des Wahrnehmungs- und Erinnerungsvermögens die Unterschiede untergehen oder weil trotz erkannter Unterschiede wegen der menschlichen Assoziationsfähigkeit dennoch die ausdrücklich in den Verwechslungstatbestand einbezogene Gefahr des gedanklichen Inverbindungbringens besteht. Gleichzeitig **begrenzt** die Voraussetzung der Zeichenähnlichkeit den Markenschutz vor Verwechslungsgefahr auf den Bereich der ähnlichen Zeichen und vermeidet damit eine Ausdehnung des Ausschließlichkeitsrechts in Bereiche, in denen mit Verwechslungsgefahren schon allein aufgrund der Zeichenunterschiede nicht mehr zu rechnen ist.

313   **c) Rechtsnatur.** Als Tatbestandselement der Rechtsfrage der Verwechslungsgefahr (oben Rdn. 164) ist die Zeichenähnlichkeit ihrerseits ebenfalls eine **Rechtsfrage**. Sie setzt jedoch Tatsachenfeststellungen voraus. Dementsprechend ist die Beurteilung der

F. Verwechslungsgefahr § 14

Zeichenähnlichkeit ebenso eingeschränkt **revisibel** wie die Verwechslungsgefahr insgesamt (oben Rdn. 166).

d) Maßgeblicher Zeitpunkt. Hinsichtlich des maßgeblichen 314 Zeitpunkts gelten die oben Rdn. 166 zur Verwechslungsgefahr insgesamt dargestellten Regeln. Anders als bzgl. der Kennzeichnungskraft und der für die Waren/Dienstleistungsähnlichkeit maßgeblichen Verkehrsauffassung ist ein entscheidungserheblicher Wandel bei der Zeichenähnlichkeit vergleichsweise selten. Beispiel: zunehmende Sprachkenntnisse der Bevölkerung, Veränderung des Sinngehalts eines Zeichens.

2. Maßgebliche Zeichen

a) Grundsätze. Beim Zeichenvergleich nach § 9 in Widerspruchs- oder Löschungsklageverfahren sind die Marken auf beiden Seiten in ihrer eingetragenen bzw. angemeldeten Form maßgeblich. Es geht um die Kollision von zwei Registerrechten. Beim Zeichenvergleich nach § 14 Abs. 2 ist hingegen zu differenzieren. Für Verletzungsansprüche aus einer eingetragenen Marke ist deren registerliche Form maßgeblich. Beispielsweise sind bei einer aus Hals- und Bauchetikett bestehenden Eintragung beide Teile zusammen der Verwechslungsprüfung zugrundezulegen (BGH GRUR 1994, 905, 907 – *Schwarzwald-Sprudel*). Dagegen kommt es auf der Seite des Dritten auf das Zeichen in der Gestalt an, in der es von dem Dritten tatsächlich benutzt wird bzw. benutzt zu werden droht. Nicht eingetragene Marken sind in der Gestalt zugrundezulegen, in der sie Verkehrsgeltung bzw. Notorietät erlangt haben. 315

b) Abweichende Benutzungsform eingetragener Marken. 316 Nach st. Rspr. zum WZG waren bei der Verwechslungsprüfung auch von der Eintragung abweichende Benutzungsformen der (älteren) Marke zu berücksichtigen, sofern sie sich in den Grenzen eines bestimmungsgemäßen, verkehrsüblichen oder durch die praktische Verwendung erforderlichen Gebrauchs hielten, und zwar nicht nur tatsächlich verwendete, sondern auch nur theoretisch mögliche (zB BGH GRUR 1975, 135, 137 – *KIM-Mohr;* BGH GRUR 1967, 89, 91 – *Rose;* vgl. auch BGH GRUR 1958, 610, 611 – *Zahnrad*). Damit wurde an die Kriterien der rechtserhaltenden Benutzung durch abgewandelte Zeichenformen angeknüpft (Nachw. § 26 Rdn. 82). Der Grundsatz galt generell, auch im Widerspruchsverfahren (zB BPatGE 1, 186 betr. Schriftarten; dazu aber unten Rdn. 345).

§ 14 Rechte und Ansprüche des Markeninhabers

317 Es ist vorgeschlagen worden, diese Betrachtungsweise in das neue Recht zu übernehmen und abweichende Benutzungsformen in den jetzt durch **§ 26 Abs. 3** vorgegebenen Grenzen rechtserhaltender Benutzung bei der Zeichenähnlichkeitsprüfung nach §§ 9 und 14 zu berücksichtigen (*Fezer* § 14 Rdn. 165 ff.; *Albrecht* GRUR 1996, 249). Dem ist nicht zu folgen. Der BGH hat für das Widerspruchsverfahren bereits zutreffend ausgesprochen, daß es allein auf die Gestaltung der prioritätsälteren Marke in ihrer angemeldeten oder eingetragenen Form ankommt (BGH GRUR 1996, 775, 777 - *Sali Toft*). Es mußte außer Betracht bleiben, auf welche Weise die von der Eintragung abweichende tatsächliche Verwendung eines zusammengesetzten Zeichens die Beurteilung der prägenden Bedeutung eines Zeichenbestandteils beeinflussen kann. Auch die Instanzgerichte haben in einigen Fällen zutr. eine Berücksichtigung abweichender Benutzungsformen generell abgelehnt (vgl. OLG Köln MD 1996, 1114, 1116 f. – *SALZIGE HERINGE*: weggelassener beschreibender Bestandteil zunächst in den Vergleich einbezogen; BPatG GRUR 1996, 894 – *NISSKOSHER/Nissen*: mögliche zweizeilige Schreibweise nicht zu berücksichtigen; BPatGE 21, 132, 135 – *ratiopharm/RATIOTEST*: gegen Berücksichtigung der Hervorhebung eines Bestandteils in der Werbung).

318 Bei noch unbenutzten oder nur eintragungsgemäß benutzten Marken würde eine Einbeziehung denkbarer, noch unter § 26 Abs. 3 fallender Abweichungsformen eine sachgerecht nicht zu bewältigende **Ausdehnung des Zeichenvergleichs auf hypothetische Kollisionsfälle** bedeuten. Der Markeninhaber könnte im Extremfall verlangen, daß alle theoretisch vorstellbaren derartigen Abweichungen dem jüngeren Zeichen einzeln oder kombiniert gegenübergestellt werden.

319 Aber auch für den Fall, daß die ältere eingetragene Marke tatsächlich in einer oder mehreren abweichenden Formen benutzt wird, ist die Berücksichtigung abweichender Benutzungsformen abzulehnen. Die Rechtssicherheit spricht dagegen, weil der Schutzumfang der eingetragenen Marke nicht einmal mehr der Zeichenform nach aus der Eintragung ersichtlich wäre. Die Tatsache, daß die obere Grenze des Schutzumfangs anderweitig von nicht aus dem Register ersichtlichen Umständen abhängen kann (insbesondere gesteigerte Kennzeichnungskraft) rechtfertigt es nicht, diese Unsicherheit auch noch auf die Zeichenform als wesentlichste Grundlage der Verwechslungsprüfung zu erstrecken. Hieran besteht auch kein schutzwürdiges Interesse der Markeninhaber. Sie sind nicht gehindert, auch die abweichende Benutzungsform zur Eintra-

F. Verwechslungsgefahr § 14

gung anzumelden. Dies ist jedenfalls in den Fällen, in denen die Abweichung für die Zeichenähnlichkeit eine entscheidende Rolle spielen würde, ohne weiteres zumutbar. Bei geringfügigeren Abwandlungen bedarf es dagegen auch keiner zusätzlichen Eintragungen, da ihre Berücksichtigung den Schutzumfang nicht verändert und daher ohnehin unterbleiben kann. Einem Zirkelschluß erliegt die Gegenauffassung, soweit sie einerseits für den Umfang der Berücksichtigung abweichender Benutzungsformen beim Zeichenvergleich – also bei einer Frage des Schutzumfangs – auf den Maßstab des § 26 Abs. 3 abstellen will, andererseits aber den Kreis der rechtserhaltenden Benutzungsformen für eben diesen § 26 Abs. 3 wiederum danach bestimmen will, ob die Abweichung bei Eintragung als Marke einen anderen Schutzbereich hätte (so *Albrecht* GRUR 1996, 249 einerseits und 251 andererseits; § 26 Rdn. 80). Es ist widersprüchlich, die Berücksichtigung der abweichenden Benutzungsform beim Zeichenvergleich gerade für die Fälle zu fordern, in denen die Abweichung gar keine Schutzerweiterung bewirken können soll.

Die Frage, welches Zeichen der Kollisionsprüfung zugrundezulegen ist, muß von dem Grundsatz unterschieden werden, daß bei der Beurteilung des Gesamteindrucks der geschützten Marke auf das Verkehrsverständnis abzustellen ist (oben Rdn. 168 ff.). Dies kann im Einzelfall dazu führen, daß ein Zeichenbestandteil die Zeichenähnlichkeit deshalb nicht ausschließt, weil ihm keine mitprägende Bedeutung zukommt (s zur Prägetheorie ausf. Rdn. 386 ff.). Grundlage der Feststellung der Verkehrsauffassung bleibt aber das Zeichen in seiner eingetragenen Form und nicht seine theoretisch denkbaren oder tatsächlich benutzten Abweichungen. Daher ist es zB verfehlt, bei einer die Kollektiv-Wort/Bildmarke „Der Grüne Punkt" betreffenden Kollisionsprüfung darauf abzustellen, daß ihr ohne weiteres lesbarer Textteil nicht allen Verbrauchern bekannt sei, da die Marke häufig auch ohne Text oder in so kleiner Wiedergabe benutzt werde, daß die Schrift kaum lesbar sei (BPatG GRUR 1997, 293, 294 – *GREEN POINT/Der Grüne Punkt*). Solche Verwendungsgewohnheiten können allenfalls eine Rolle dafür spielen, ob sich eine Verkehrsgeltung oder Bekanntheit nicht auf das Gesamtzeichen, sondern nur auf einen Zeichenbestandteil bezieht, wovon beim „Grünen Punkt" ersichtlich keine Rede sein kann. 320

c) Hinzufügung von Gattungsnamen. Eine Ausnahme von der Maßgeblichkeit der eingetragenen Form ist auch nicht dahingehend zuzulassen, daß beim Zeichenvergleich gedanklich die ge- 321

§ 14   Rechte und Ansprüche des Markeninhabers

nerische Produktbezeichnung hinzugefügt werden dürfte (aA BPatG Mitt. 1971, 71: „DOSOPAK" verwechselbar mit „DOSTRO" wegen Verwendung als „DOSOPAK Maschinen" und „DOSTRO Packmaschinen"; BPatG Mitt. 1967, 10: „ACAFE" verwechselbar mit „AKA" weil Bezeichnung als „AKA-Kaffee" zu berücksichtigen; dafür auch *Fezer* § 14 Rdn. 167; *B/S* § 31 Rdn. 254 f.; wie hier dagegen BPatGE 11, 275 – *Goldbraun/Goldhähnchen*). Zeichenähnlichkeit und Verwechslungsgefahr können aber deswegen zu bejahen sein, weil der Verkehr die Warenangabe in dem zusammengesetzten Zeichen erkennt und daher die Übereinstimmung in dem verbleibenden Bestandteil maßgeblich ist (s. unten zur Prägetheorie Rdn. 386 ff.).

322   **d) Besondere Begleitumstände.** Grdsl. sind bei der kennzeichenrechtlichen Verwechslungsprüfung nur die beiderseitigen Zeichen selbst, nicht aber sonstige Begleitumstände wie zB nicht zum Zeichen gehörende Hinweise, Aufdrucke, Verpackungsbesonderheiten, das Präsentationsumfeld u. ä. zu berücksichtigen. Dies ist schon deshalb zutreffend, weil nie gewährleistet ist, daß das Zeichen dem Verkehr immer nur in demselben Umfeld entgegentritt (zB immer nur zusammen mit der Verpackung) sondern auch mündlich weiterübermittelt wird (OLG Hamburg GRUR 1997, 375, 376 – *Crunchips/ran chips*: Unterschiede der Produktverpackungen irrelevant).

323   Die Rspr. ist hiervon in Ausnahmefällen aus normativen Gründen abgewichen, nämlich um im Hinblick auf Art. 30, 36 EGV ein Verbot des Vertriebs ausländischer Produkte im Inland vermeiden zu können, die im Herkunftsland rechtmäßig gekennzeichnet waren und ihre Herkunft durch deutliche Zusätze erkennen ließen (BGH GRUR 1985, 970, 972/973 – *Shamrock I* unter Berufung auf BGH GRUR 1977, 719, 724 – *Terranova/Terrapin*). Dieser Ansatz ist jedoch zutreffend als zu einem wirklichen Ausschluß von Verwechslungsgefahren untauglich kritisiert worden und sollte als überholt angesehen werden (vgl. *Fezer* FS Gaedertz 1992, 171/172 mwN).

3. Grundregeln für alle Zeichenarten

324   **a) Erscheinungsformen der Zeichenähnlichkeit.** Zum WZG hatte sich die Einteilung der Verwechslungsgefahr nach dem konkreten Grund der Übereinstimmung in **„klangliche", „(schrift-)bildliche" und „begriffliche"** eingebürgert. Diese Begriffe bezeichnen nach der heutigen Struktur des Verwechslungstatbestands weniger eine Art der Verwechslungsgefahr selbst, als Erscheinungsformen der Zeichenähnlichkeit (vgl. EuGH *Sabèl/Puma* v.

F. Verwechslungsgefahr **§ 14**

11.11.1997 ErwGr 23). Die Zeichenähnlichkeit kann ihrerseits je nach Markenform durch mehrere Ähnlichkeitsfaktoren bestimmt sein, wie zB bei reinen Wortzeichen eben durch Klang, Schriftbild und Sinngehalt (Rdn. 328 ff.), bei Bildzeichen durch Bild und Sinngehalt (unten Rdn. 367 ff.), bei dreidimensionalen Zeichen durch Form und Sinngehalt (Rdn. 383 ff.) und bei Hörzeichen durch Klang und Sinngehalt (Rdn. 384). Hinsichtlich des Verhältnisses dieser Ähnlichkeitsfaktoren gelten die zum früheren Recht entwickelten Regeln im wesentlichen fort. Danach genügt grdsl. das Vorliegen hinreichender Ähnlichkeit in **einer** der Richtungen Klang, Bild (bzw. Form) und Sinngehalt zur Bejahung der Verwechslungsgefahr (zB OLG Hamburg GRUR 1997, 375, 376 – *Crunchips/ran chips;* zum WZG: BGH GRUR 1992, 110, 112 – *dipa/dib;* BGH GRUR 1990, 367, 368 – *alpi/Alba Moda*). So jetzt auch EuGH aaO ErwGr 23 („oder"). Das bedeutet jedoch nicht, daß diese Ähnlichkeitsfaktoren beziehungslos nebeneinander stehen. Vielmehr können sie in eine **Wechselwirkung** dergestalt treten, daß erst die Summe verschiedenartiger Übereinstimmungen zur Verwechslungsgefahr führt (sog. „komplexe Verwechslungsgefahr", Rdn. 359). Umgekehrt können Unterschiede in der einen Richtung Übereinstimmungen in der anderen kompensieren und die Verneinung der Verwechslungsgefahr rechtfertigen (unten Rdn. 360 ff.).

b) Erfahrungsregeln des BGH. Die Rspr. geht beim Zeichenvergleich seit langem von Erfahrungssätzen aus, die unter dem MarkenG fortgelten. Danach nimmt das Publikum geschäftliche Kennzeichen regelmäßig nicht gleichzeitig wahr und vergleicht sie bewußt, sondern gewinnt seine Auffassung aufgrund eines **undeutlichen Erinnerungseindrucks** (zB BPatG GRUR 1997, 287, 289 – *INTECTA/tecta;* st. Rspr. zu WZG und § 16 UWG BGH GRUR 1993, 972, 974 – *Sana/Schosana;* BGH GRUR 1990, 450, 452 – *St. Petersquelle;* BGH GRUR 1990, 367, 369 – *alpi/alba moda;* BGH GRUR 1974, 30, 31 – *Erotex;* BGH GRUR 1951, 159, 161 – *Störche*). Hierbei treten die übereinstimmenden Merkmale mehr hervor als die Unterschiede, so daß es nicht so sehr auf die Unterschiede als auf die **Übereinstimmungen** zweier Zeichen ankommt (BGH GRUR 1995, 50, 52 – *Indorektal/Indohexal;* BGH GRUR 1993, 972, 975 – *Sana/Schosana;* BGH GRUR 1993, 118, 120 – *Corvaton/Corvasal;* BGH GRUR 1990, 450, 452 – *St. Petersquelle;* BGH GRUR 1974, 30, 31 – *Erotex;* BGH GRUR 1982, 111, 113 – *Original-Maraschino;* BGH GRUR 1961, 325

§ 14 Rechte und Ansprüche des Markeninhabers

343, 346 – *Meßmer Tee I;* BGH GRUR 1952, 35, 37 – *Ardia/ Widia*). Das gilt insbesondere, wenn der übereinstimmende Teil quantitativ gegenüber dem anderen Teil überwiegt (BGH GRUR 1993, 118, 120 – *Corvaton/Corvasal*).

326 Der Grad der Aufmerksamkeit, mit dem der Verkehr Kennzeichen wahrnimmt, hängt von der Produktart ab. **Waren des täglichen Bedarfs** werden flüchtiger erworben, als langlebigere Güter oder gesundheitsbezogene Produkte (BGH GRUR 1995, 50, 52 – *Indorektal/Indohexal;* BGH GRUR 1958, 81, 83 – *Thymopect*). **Fachkreise** prüfen sorgfältiger und sind zu unterscheiden gewohnt (BPatG Mitt. 1995, 255 – *JACOMO/Jac;* zum WZG: BGH GRUR 1995, 808, 810 – *P3-plastoclin;* BGH GRUR 1993, 118, 119 – *Corvaton/Corvasal;* BGH GRUR 1990, 1042, 1045 – *Datacolor;* BGH GRUR 1963, 478, 480 – *Bleiarbeiter*). Dies gilt auch für Verwechslungsgefahren im weiteren Sinne (BGH GRUR 1990, 1042, 1045 – *Datacolor*). Die daraus resultierende Verringerung von Verwechslungsgefahren wirkt aber nicht unbegrenzt. Auch Fachkreise können klanglichen Verwechslungen unterliegen (BGH GRUR 1992, 550, 551 – *ac pharma;* BGH GRUR 1982, 420, 422 – *BBC/DDC*) und rechnen nicht damit, daß sehr ähnliche Produkte von verschiedenen Herstellern unter nur geringfügig unterschiedlichen Bezeichnungen angeboten werden, da dies ungewöhnlich ist (für Ärzte und Apotheker: BGH GRUR 1995, 50, 52 – *Indorektal/Indohexal;* BGH GRUR 1993, 118, 119 – *Corvaton/Corvasal;* OLG Köln GRUR 1995, 490, 491 – *Staurodorm/Stadadorm*).

327 Der Verkehr nimmt Marken erfahrungsgemäß so auf, wie sie ihm insgesamt entgegengetreten, und **neigt nicht zu einer Analyse** möglicher Bestandteile und Begriffsbedeutungen (EuGH v. 11.11. 1997 – *Sabèl/Puma* ErwGr 23; zB BPatG GRUR 1995, 812, 813 – *Dall'Opera;* vgl. zur Schutzfähigkeit BGH GRUR 1995, 408, 409 – *PROTECH* mwN, zu Feinheiten graphischer Ausgestaltung BPatGE 37, 44, 49 – *VHS;* zur Maßgeblichkeit des Gesamteindrucks s. unten Rdn. 338, 368 und bei mehrteiligen und Kombinationszeichen unten Rdn. 386 ff.). Hinsichtlich weiterer Erfahrungs- und Beurteilungsregeln ist nach den Zeichenarten zu differenzieren.

4. Wortzeichen

328 **a) Allgemeine Grundsätze.** Die **Wortanfänge** werden stärker beachtet als nachfolgende Wortteile (BGH GRUR 1996, 200, 201 – *Innovadiclophlont;* BPatG GRUR 1996, 496, 499 – *PARK/ Jean Barth;* zum WZG zB BGH GRUR 1995, 50, 52 – *Indorektal/ Indohexal;* BGH GRUR 1993, 118, 120 – *Corvaton/Corvasal;* BGH

F. Verwechslungsgefahr   § 14

GRUR 1992, 550, 551 – *ac pharma*; BGH GRUR 1976, 356, 358
– *Boxin*; BGH GRUR 1975, 370, 371 – *Protesan;* BGH GRUR
1957, 435 – *Eucerin/Estarin*). Das schließt Zeichenähnlichkeit auf-
grund **Übereinstimmung der Wortenden** aber nicht generell
aus (zB BPatG GRUR 1997, 287, 289 – INTECTA = tecta; LG
Hamburg GRUR 1991, 677, 678 – Mest = West). Ein zusätzlicher
Schlußbuchstabe „s" kann als **Genitiv-S** und daher als nicht zum
eigentlichen Zeichenwort gehörend verstanden werden (BGH
GRUR 1961, 535, 537 – *arko*). Einem Genitiv-s mißt der Verkehr
keine maßgebliche Bedeutung bei (BGH GRUR 1966, 493 –
Lili; aA jetzt BPatG Mitt. 1996, 417, 419 – *QUEENS CLUB/
QUEENS GARDEN*).

Für **Kurzwörter** gelten keine Sonderregeln. Die Annahme grö-   329
ßerer Aufmerksamkeit und geringerer Verwechslungsgefahr bei
kurzen Wörtern hat keine Grundlage (BPatG GRUR 1996, 496,
499 – PARK = LARK). Die in der Rspr. wiederholt behandelte
begriffliche Grenzziehung zwischen Kurz- und Langwörtern ist daher ohne Erkenntnisgewinn (vgl. KG GRUR 1987, 440, 442 –
LIDO/Lindos; BPatG Mitt. 1971, 50 – *Crenin-Kreon*). Hiervon zu
unterscheiden ist die Selbstverständlichkeit, daß der Abweichung in
einem Buchstaben quantitativ größeres Gewicht in einem kürzeren
Wort zukommt (BPatG Mitt. 1996, 172, 174 – VIA = VIEGA).
Jedoch genügen nach der Rspr. auch bei kurzen Zeichen Unter-
schiede in einem Buchstaben häufig nicht zum Ausschluß der Zei-
chenähnlichkeit (zB BGH GRUR 1957, 499, 502 – Wit = Wipp;
BPatG GRUR 1984, 819 – Bonz = BONZO; BPatG Mitt. 1978,
162 – hipp = BIP; BPatG Mitt. 1976, 121 – ANGO = ANG;
BPatG Mitt. 1973, 160 – Oka = Okay; BPatG 23, 176 – Evit =
ELIT; BPatG Mitt. 1970, 93 – Rea = Zea; BPatGE 7, 192 – Erfri
= Efri). Bei **Merkwortwiederholung** in einer Marke ist bei der
Verwechslungsprüfung auch auf das einzelne Merkwort abzustellen
(BPatG GRUR 1995, 741 – *corton/Horten:* dreifache Wiedergabe
von „Horten" untereinander; BPatG Mitt. 1978, 162 – *hipp hipp*).

b) Klangliche Zeichenähnlichkeit

aa) Relevanz. Welche Bedeutung phonetischer Ähnlichkeit   330
zukommt, kann zunächst davon abhängen, inwieweit bei den betroffenen Produkten mündliche oder telefonische Benennungen zB
bei Bestellungen tatsächlich eine nennenswerte Rolle spielen. Beispiele: BGH GRUR 1995, 50, 52 – *Indorektal/Indohexal:* telefonische Bestellungen im Arzneimittel-Großhandel zu berücksichtigen;
BPatG GRUR 1996, 879 – *PATRIC LION/LIONS:* geringe Be-

deutung bei Waren, die auf Sicht gekauft werden, so bei Bekleidungsstücken wegen Kauf nach Einnähern; ebenso BPatGE 37, 16, 21 – *Vorsicht Elch!*; BPatGE 35, 58, 61 – *ADA GRIMALDI*, BPatG Bl. 1996, 466 – *ekko bleifrei*; BPatGE 36, 123, 125 – *Baluba/Babalu;* BPatG GRUR 1996, 356, 360 – *JOHN LORD/JOHN LOBB:* für Schuhe; für Getränke insbesondere in Getränkemärkten: BPatG GRUR 1996, 419, 420 – *Fontana* (zw.); generell aA BPatG Mitt. 1997, 261, 263 – *Coveri*; vgl. auch zB OLG Bremen WRP 1997, 331, 336 – *Comtes:* bei Software relevant wegen fernmündlicher Anbahnung von Käufen.

331 Wegen der heute geringeren Bedeutung mündlicher Benennung im Geschäftsverkehr wird gefordert, der klanglichen Zeichenähnlichkeit geringere Bedeutung zukommen lassen (*Albrecht* GRUR 1996, 250; *Schmieder* NJW 1992, 1259; dagegen OLG Hamburg GRUR 1997, 375, 376 – *Crunchips/ran chips*). Die Bedeutung des Klangs ist aber keineswegs auf Verwechslungen bei mündlichem Gebrauch beschränkt. Vielmehr **prägt der Klang eines Wortes das Erinnerungsbild** grundlegend mit und kann daher auch Verwechslungen im rein schriftlichen Verkehr bewirken. Andererseits ist die Dominanz optischer Werbemittel in Print-, TV-, Online-Medien und auf den Produktverpackungen zu berücksichtigen. Die bei weitem überwiegende Zahl aller geschäftlichen Wortzeichen tritt dem Verkehr heute – zumindest auch – schriftbildlich gegenüber. Im Vergleich dazu kommt Radiowerbung und persönlichen oder telefonischen Empfehlungen nur eine weitaus geringere Bedeutung zu. Daher wird der Verkehr meistens auch eine schriftbildliche Vorstellung von einem Zeichen haben, die aber im Erinnerungsbild verblassen kann. Somit ist zwar an der Bedeutung klanglicher Ähnlichkeit grdsl. festzuhalten, jedoch kann eine stärkere Berücksichtigung auffälliger schriftbildlicher Unterschiede geboten sein (unten Rdn. 343 ff.).

332 **bb) Maßgebliche Aussprache.** Bei **Wörtern der deutschen Sprache** ist grdsl. die sprachregelgemäße Aussprache zugrundezulegen. **Dialektaussprache** ist dagegen nur in Ausnahmefällen besonderer Bedeutung dieser Verkehrskreise, konkreter Verbindung des Dialekts zum Produkt bzw. Zeichen oder Prägung des allgemeinen Sprachgebrauchs durch die Dialektaussprache zu berücksichtigen (BPatG Bl. 1995, 326 – FOCUS ≠ LOGOS: fränkische oder sächsische Aussprache als „fogus" irrelevant; vgl. allg. zur Bedeutung von Dialekten für die Kennzeichnungskraft BGH GRUR 1957, 499, 501 – *Wipp;* BPatGE 6, 91 – *Swatt;* OLG Hamburg

F. Verwechslungsgefahr **§ 14**

GRUR 1994, 71, 72 – *Appel*). Zur Problematik der Berücksichtigung des Zeichenverständnisses und Zeichengebrauchs durch Kinder oben Rdn. 170. Fehlerhafte Aussprache durch **deutschunkundige Ausländer** soll nicht zu berücksichtigen sein (BPatG Mitt. 1987, 97 – *ALPHA/alpi*). Dem ist aus Gründen der Rechtssicherheit wegen der andernfalls unübersehbaren Ausweitung der Zeichenähnlichkeit grdsl. zu folgen. Jedoch schließt dies eine Berücksichtigung bei einem besonderen Bezug des Zeichens oder der Produkte zu Personen aus einem bestimmten Sprachraum nicht aus. Zulässig ist die Berücksichtigung der Sprachkenntnisse namhafter Bevölkerungsteile ausländischer Herkunft in ihrer Heimatsprache (zB BPatG Mitt. 1976, 29 – *Cavallino*: Berücksichtigung italienischer Gastarbeiter).

Bei **fremdsprachigen Worten** kann eine **fehlerhafte Aussprache** nach deutschen Sprachregeln zu berücksichtigen sein, wenn das Wort in den maßgeblichen Verkehrskreisen nicht allgemein geläufig und die fehlerhafte Aussprache naheliegend ist (BPatG GRUR 1997, 652, 653 – *IMMUNINE*; BPatG GRUR 1996, 879, 880 – *PATRIC LION/LIONS*; BPatG GRUR 1996, 414 – *RACOON = DRAGON* im Erg. zw.; BPatG GRUR 1995, 588 – *Jeannette = Annete*). Für die Annahme weiterer Verbreitung englischer Sprachkenntnisse als bisher zB BPatG GRUR 1996, 356, 361 – *JOHN LORD/JOHN LOBB* gegen BPatG GRUR 1990, 195 – *Marvel*. 333

Bei **Buchstabenzeichen** ist die Ergänzung um Vokale zur Ermöglichung der erleichterten Aussprache zu berücksichtigen (zB BGH GRUR 1989, 264 – *REYNOLDS R1/EREINTZ*; BGH GRUR 1982, 420, 422 – *BBC/DDC*; BPatG GRUR 1974, 223, 224 – *DOBBELMANN GT/BRUNS* Ge Te; *Albrecht* GRUR 1996, 250). 334

Bei **Kunstworten** sind nicht alle theoretisch denkbaren Aussprachemöglichkeiten zu berücksichtigen. Maßgeblich sind nur die nach den allgemeinen Aussprachregeln für ähnlich aufgebaute Wörter der Umgangssprache konkret naheliegenden Aussprachevarianten (BGH GRUR 1976, 356, 358 – *Boxin*; BGH GRUR 1962, 241, 242 – *Lutin*). 335

Die Aussprache kann in Einzelfällen vom **Sinngehalt** mitbestimmt sein (zB BPatGE 34, 254, 256 – *SANFTE FEE*: weiche Aussprache durch Gefühlsinhalt „sanft"). 336

Läßt der Zeichenverwender eine bestimmte Aussprache eines Kunstworts oder eines fremdsprachigen Worts bzw. Namens in der **Werbung** ausdrücklich empfehlen (zB Werbekampagne „Dae- 337 woo" mit Lautschriftangabe) oder verwenden (zB in TV-Spots, Werbesprüchen etc.), so sind dadurch herbeigeführte Ähnlichkeiten zu älteren Kennzeichen zu Lasten des Zeichenverwenders in jedem Falle berücksichtigungsfähig (zB OLG Hamburg GRUR 1997, 375, 376 – *Crunchips/ran chips*), schließen aber die zusätzliche Berücksichtigung abweichender Aussprache nach den allgemeinen Regeln nicht aus. Die Verwendungsweise in der Werbung ist in jedem Falle ein gewichtiges Indiz für die im Sinne der allgemeinen Regeln naheliegende Aussprache (vgl. zur Berücksichtigung von Werbeversen BGH GRUR 1962, 241, 242 – *Lutin*).

338   cc) **Klanglicher Gesamteindruck.** Maßgeblich ist der klangliche Gesamteindruck (zB BGH GRUR 1976, 356, 357 – *Boxin*). Dieser Grundsatz ist in der Rspr. nicht immer hinreichend beachtet und die klangliche Verwechslungsgefahr vor allem in Widerspruchsverfahren tendenziell zu weitgehend bejaht worden. Ursache hierfür ist eine den Blick auf den Gesamteindruck verstellende, analysierende und zergliedernde Betrachtungsweise nach phonetischen Einzelkriterien. Gefördert wird dieser analytische Ansatz durch den Begründungszwang, der dazu verleitet, den verbal schwer erfaßbaren Gesamteindruck auf auflistbare Einzelfaktoren zu reduzieren.

339   dd) **Phonetische Einzelkriterien.** Als Einzelkriterien des phonetischen Zeichenvergleichs kommen zB in Betracht: Wortlänge d. h. Buchstabenzahl, Silbenzahl, Silbenlänge, Silbenfolge, Vokalfolge, Konsonantenfolge, Übereinstimmung in hellen/dunklen, offenen/geschlossenen, langen/kurzen Vokalen, Übereinstimmung in klangähnlichen Konsonantentypen, Lautart, Betonung, Ausspracherhythmus, Alliterationen. Beispiele für Prüfung des Klangbildes in der Rspr. zum WZG: BGH GRUR 1995, 50, 52 – Indorektal = Indohexal; BGH GRUR 1992, 130, 132 – *Bally/BALL;* BGH GRUR 1984, 471, 472 – Gabor = Caber; BGH GRUR 1982, 420, 422 – BBC = DDC; BGH GRUR 1974, 30, 31 – Erotex = Protex (zw.); BGH GRUR 1973, 314 – Gentry = twenty (sehr zw.).

340   Besondere Bedeutung mißt die Rspr. Übereinstimmungen in **Anfangslauten** (Nachw. oben Rdn. 328) und in der **Vokalfolge** bei (zB BGH GRUR 1995, 50, 52 – Indorektal = Indohexal; OLG München GRUR 1983, 322 – ALCANTARA = AMARA und AMARA = MAX MARA). Unterschiede in **Schlußbuchstaben** haben geringes klangliches Gewicht, da sie untergehen können (zB BPatG GRUR 1997, 532, 534 – Sigel/SIGL; OLG Bremen WRP 1997, 331, 336 – Comtes = ComTel). Zum Genitiv – s oben Rdn. 328.

F. Verwechslungsgefahr § 14

Ob eingeschobene **Zwischensilben** im klanglichen Gesamteindruck untergehen, ist eine Frage des Einzelfalls (BGH GRUR 1967, 294, 296 – Triosorbin = Trisomin; BPatGE 4, 176 – Preta = Prämeta). **Silbenvertauschung** (Klangrotation) schließt Verwechslungsgefahr nicht aus, wenn der Gesamteindruck weitgehend gleich bleibt (BPatGE 36, 126 – *babalu/BALUBA;* OLG München GRUR 1990, 685 – *VITA-MED/MEDI VITAN;* auf Kollision reiner Wortmarken mit Phantasiecharakter beschränkend: BPatG Mitt. 1988, 154 Gastropirenz = Pirenzgast; BPatG Mitt. 1980, 115 – *fixident/Dentofixin;* BPatG Mitt. 1975, 115 – Milram = Miramil). Dental- und Labiallaute sind nicht leicht unterscheidbar (BGH GRUR 1982, 420, 422 – BBC = DDC). 341

ee) Weitere Beispiele zum MarkenG. „TRICON" verwechselbar mit „Triton" für Computerhardware (LG München I CR 1997, 350); „PARK" verwechselbar mit „LARK" jeweils für Tabakwaren, da „P" und „L" Augenblickslaute (BPatG GRUR 1996, 496 – *PARK/Jean Barth);* „RACOON" klanglich verwechselbar mit „DRAGON" wegen deutscher Aussprache, womit trotz verbreiteter Englisch-Kenntnisse (1989: 58%) gerechnet werden müsse (BPatG GRUR 1996, 414 – *RACOON/DRAGON,* sehr zw.); „Annete" in allen Aussprachevarianten klanglich verwechselbar mit „Jeanette" (BPatG GRUR 1995, 588, 590 – *Jeannette/Annete);* „VIA" auch klanglich nicht verwechselbar mit „VIEGA", da Kurzwörter, ferner Sinnunterschied (BPatG Mitt. 1996, 172, 174 – *VIA/VIEGA);* „PARTRIC LION" nicht verwechselbar mit „LIONS" da unterschiedliche Länge auch klangliche Verwechslungsgefahr ausschließt (BPatG GRUR 1996, 879, 880 – *PARTRIC LION/LIONS);* „Crunchips" klanglich verwechselbar mit „ran chips" für Kartoffelchips (OLG Hamburg GRUR 1997, 375, 376 – *Crunchips/ran chips,* zw.). 342

c) Schriftbildliche Zeichenähnlichkeit. Schriftbildliche oder graphische Übereinstimmungen treten im Erinnerungsbild hinter Klang und Sinn eines Wortes häufig zurück (vgl. aber oben Rdn. 331) und sind auch von geringerer Bedeutung als der optische Eindruck von Bildmarken (BGH GRUR 1974, 30, 31 – *Erotex).* Die Bedeutung schriftbildlicher Übereinstimmungen zweier Zeichen für die Verwechslungsgefahr hängt maßgeblich davon ab, ob es sich um Übereinstimmungen normal geschriebenen Buchstabenfolgen als solche handelt oder um bildliche Übereinstimmungen in einer besonderen graphischen Ausgestaltung des Wortzeichens: 343

§ 14 Rechte und Ansprüche des Markeninhabers

344 aa) **Wortzeichen ohne graphische Ausgestaltung.** Größere Bedeutung kann schriftbildlichen Ähnlichkeiten bei Produkten zukommen, die häufig handschriftlich bestellt werden, wie dies von der Rspr. wegen der Verschreibung durch Ärzte für **Arzneimittel** einschließlich nicht verschreibungspflichtiger bejaht wird (zB BPatGE 17, 158, 159/160 – Proctavenon = Pentavenon; BPatG Mitt. 1968, 9 – Tevinetten = Tussinetten; BPatG Mitt. 1961, 197 – Acutocard = Aurocard). Für heilmittelnahe Waren, die nicht auf Verschreibung erworben werden, gilt dies aber nicht (BPatG Mitt. 1985, 172 – Herbasol ≠ Herborat für diätetische Erzeugnisse, Kräuter und Arzneiweine; BPatG Mitt. 1968, 9 – Tevinetten ≠ Tussinetten für ua. Kosmetika). An der Sonderbehandlung von Arzneimittelzeichen ist unter Berücksichtigung der zunehmenden Nutzung von Computerausdrucken schon deshalb festzuhalten, weil der Datenerfassung auch heute noch vielfach handschriftliche Notizen vorhergehen. Bei anderen Produkten ist dieser strengere Maßstab jedoch nur dann gerechtfertigt, wenn handschriftliche Wiedergaben im geschäftlichen Verkehr eine nicht nur untergeordnete Rolle spielen.

345 Hinsichtlich der Verwendung von Großbuchstaben und Kleinbuchstaben sind **alle verkehrsüblichen Schreibweisen** zu berücksichtigen (zB BPatG Mitt. 1970, 132 – Brisk = Brisa; BPatGE 22, 227, 230 – Frukina/FRUTERA: große Ähnlichkeit in normaler Schreibmaschinenschrift; BPatGE 22, 93, 96 – MARC = MARS und Marc = Mars; BPatG Bl. 1956, 378 – Bion = BIOX; BPatGE 1, 203 – Pei = REI). Die Maßgeblichkeit der eingetragenen Markenform (oben Rdn. 315 ff.) steht dem nicht entgegen, da die Wiedergabe in der vom DPA verwendeten Normalschrift für Wortzeichen keine Festlegung auf die Schrifttype bedeutet. Die früher unübliche **Kleinschreibung** von Namen und Substantiven kann heute wegen der werbeüblichen Verwendung als modische Schreibweise zu berücksichtigen sein (BPatGE 21, 128 – amorteen: zur Verkehrsüblichkeit in Bezug auf den Benutzungszwang). Es soll sogar zu berücksichtigen sein, daß bestimmte Buchstabenfolgen beim Schreiben erwartet werden (BPatG GRUR 1995, 488, 489/490 – APISOL = Aspisol: Antizipation eines „s" vor „p", da an „sp" gewöhnt).

346 Als **Einzelkriterien** des schriftbildlichen Zeichenvergleichs kommen in Betracht: Wortlänge, Zahl und Stellung identischer Buchstaben, Übereinstimmung an sich unterschiedlicher Buchstaben in Ober- oder Unterlängen, Großbuchstaben und Kleinbuchstaben. Weitere Beispiele für bejahte Verwechslungsgefahr wegen

F. Verwechslungsgefahr § 14

schriftbildlicher Ähnlichkeit: BPatG GRUR 1996, 284, 287 – Fläminger = Fälinger. Aus der Rspr. zum WZG/§ 16 UWG: BGH GRUR 1984, 471, 472 – Gabor = Caber; BGH GRUR 1974, 30, 31 – Erotex = Protex; BPatG Mitt. 1968, 112 – Alpurit = Aleurit; BPatGE 5, 64 – PATT = Pfaff; BPatGE 4, 101 – SID = SIR; LG Hamburg GRUR 1991, 677, 678 – Mest = West; KG GRUR 1987, 440, 442 – LIDO = Lindos.

bb) Wortzeichen in graphischer Ausgestaltung. Weist das 347 geschützte (ältere) Zeichen eine einprägsame bildliche Ausgestaltung des Schriftzuges auf, so kann dies zur Zeichenähnlichkeit mit Zeichen führen, die in dieser Gestaltung übereinstimmen, auch wenn die Buchstabenfolgen selbst einander nicht ähnlich sind. Die Übergänge zur Ähnlichkeit als Bildzeichen sind fließend. Bejaht zB in: OLG Hamburg NJW-RR 1996, 1004 – *Max*: pinselartiger Titelschriftzug; OLG Düsseldorf GRUR 1976, 595 – *Bayer/Rorer*: Buchstabenkreuz aufgrund Verkehrsgeltung der graphischen Anordnung unabhängig von den Worten; BPatG Mitt. 1967, 104 für Monogramme; BGH GRUR 1961, 343, 346 – *Meßmer Tee I*: schräger Schriftzug „im Nu" mit Rahmen.

Umgekehrt reicht die graphische Ausgestaltung des Schriftbilds 348 oder eines Buchstabens regelmäßig nicht aus, um die Zeichenähnlichkeit auszuschließen (zB BPatGE 23, 176 – evit = ELIT ungeachtet graphischer Hervorhebung des Anfangsbuchstabens „e"; weitere Beispiele unten Rdn. 365 zu Wort/Bildzeichen). Beruht jedoch die Unterscheidungskraft eines Zeichens allein auf seiner graphischen Ausgestaltung, so kann überhaupt nur die Übereinstimmung dem Bild nach kollisionsbegründend sein. Dies gilt auch für gem. Rdn. 210 freihaltebedürftige **Zahlenzeichen** (OLG Köln MD 1997, 745, 747 ff. – *ARD-1* bildlich verwechselbar mit Logo „Kabel 1"; aA OLG München AfP 1995, 676 – *ARD-1*; OLG Hamburg MD 1997, 514 – ARD-1 ≠ HH1/Hamburg 1). Zur Übergangsregelung für Zeichen, die erst durch das neue Recht unabhängig von der graphischen Ausgestaltung schutzfähig wurden, insbesondere Buchstaben und Zahlen s. § 153 Rdn. 9.

d) Begriffliche Zeichenähnlichkeit. Begriffliche Zeichen- 349 ähnlichkeit führt idR zu mittelbarer Verwechslungsgefahr (unten Rdn. 428 ff.), da ein Teil der angesprochenen Verkehrskreise die Unterschiedlichkeit des klanglich und schriftbildlich nicht übereinstimmenden Zeichenteils trotz Sinnübereinstimmung erkennen und damit keiner unmittelbaren Verwechslungsgefahr unterliegen wird. In der Rspr. ist deswegen häufig „jedenfalls" mittelbare Ver-

§ 14   Rechte und Ansprüche des Markeninhabers

wechslungsgefahr bejaht worden (zB BPatGE 30, 112 – MÖVEN-NEST/ *Mövenpick*). Unmittelbare Verwechslungsgefahr setzt dagegen voraus, daß die Erinnerung an das andere Zeichen auf den Begriffsgehalt verblaßt ist und daher die Unterschiede unerkannt bleiben.

350 Begriffliche Verwechslungen sind besonders naheliegend, wenn sie **zu wörtlichen Übereinstimmungen hinzutreten. Bejaht** zB in: BGH Mitt. 1968, 196 – Jägerfürst = Jägermeister; BPatGE 30, 112 – MÖVENNEST = Mövenpick; BPatGE 28, 57 – Playboy = Playmen; BPatG Mitt. 1986, 76 – Spring Garden = Frühlingsgarten; BPatGE 22, 214 – BEERENHEXE = Wort/Bildzeichen Waldhexe; BPatG Mitt. 1967, 103 – Starlight = Starlux; BPatGE 7, 193 – Kings Club = Royal Club; OLG München MD 1995, 459 – Allpower = Allkraft für Arbeitnehmerüberlassungsfirmen zu § 16 UWG aF. **Verneint** zB in: BGH GRUR 1967, 89, 93 – Rose ≠ Roselyne; BPatGE 20, 276 – Quelle ≠ Wasserquelle; BPatGE 19, 192 – Flute ≠ Zauberflöte; BPatG Mitt. 1971, 111 – Gemini ≠ Zwilling; BPatG Mitt. 1969, 171 – Alpenflora ≠ Alpenblüte.

351 Übereinstimmungen zweier Zeichen nach ihrem Sinngehalt können aber auch dann zur Verwechslungsgefahr führen, wenn **keine zusätzlichen klanglichen oder schriftbildlichen Ähnlichkeiten** hinzukommen. **Bejaht** zB in: BPatG Mitt. 1984, 56 – Rancher = Farmer (Reifen); OLG Düsseldorf GRUR 1983, 772, 773 – Lange Kerls = Pfundskerle (Würste); BPatG Mitt. 1967, 233 – Ambassadeur = Botschafter (Spirituosen); BPatG Mitt. 1970, 196 – Picador = Torrero (Geräte). **Verneint** zB in: BGH GRUR 1966, 615 – King Size ≠ König (Whisky); BPatGE 22, 180 – Espada ≠ Sword; BPatG Mitt. 1984, 35 – Mariengold ≠ Madonna; BPatG Mitt. 1971, 111 – Apache ≠ Winnetou; BPatGE 1969, 95 – Oui ou non ≠ JA.

352 Die begriffliche Übereinstimmung in einer **produktbeschreibenden Angabe** reicht dagegen idR nicht aus, um Verwechslungsgefahr zu begründen. Verneint zB in: BGH GRUR 1989, 349, 350 – ROTH-HÄNDLE-KENTUCKY ≠ Cenduggy für Tabak (dazu oben Rdn. 199ff.; unten Rdn. 399ff.); BGH GRUR 1976, 143 – BIO-Activine ≠ Biovital; BGH Bl. 1968, 132 – badedas ≠ badegold; BGH Bl. 1965, 152 – Kaloderma ≠ Babyderm; BPatGE 22, 231 – OPTItherm ≠ SUPERTHERM; BPatGE 3, 197, 201 – Safta ≠ Softi: wegen Anlehnung an „Saft" für Fruchtsäfte; BPatGE 2, 228 – Schlafmond ≠ Schlafwohl für ua. Bettwäsche; vgl. zur Übereinstimmung in beschreibenden Bildmotiven unten Rdn. 372.

F. Verwechslungsgefahr   § 14

Das soll auch dann gelten, wenn die begriffliche Übereinstim- 353
mung erst durch einen dritten, seinerseits beschreibenden oder
sonst **freihaltebedürftigen Begriff als gedankliche Brücke**
vermittelt wird, an den sich beide Zeichen erkennbar anlehnen
(BPatGE 30, 229, 232/233 – MARILUND ≠ Merryland: beiderseitige Anlehnung an „Maryland" für Tabakwaren, Begr. unzutr.,
vgl. oben Rdn. 202). Die Zeichenähnlichkeit aufgrund gedanklicher Brücke über einen Drittbegriff kann aber auch deshalb zu verneinen sein, weil eines der Zeichen keine begriffliche Nähe zu dem
Drittbegriff aufweist (zB BPatGE 34, 254 – SANFTE FEE ≠
SANTAFU für Tabakwaren, da Ortsname Santa Fe fernliegend aus
der Sicht von „Sanfte Fee").

Im Einzelfall auch **begriffliche Übereinstimmung mit** 354
beschreibendem Sinngehalt die Annahme von Zeichenähnlichkeit rechtfertigen, wenn weitere Übereinstimmungen hinzutreten.
Bejaht zB in: BPatG Mitt. 1983, 58 – multiland = MULTIPLAN;
BPatG Mitt. 1981, 40 – unionbau = UNIBAU; BPatGE 7, 189 –
Multistrong = Multidur; OLG Düsseldorf GRUR 1966, 563 – Mi-
lipneu = Pneumy für pneumatische Meßgeräte.

Begriffliche Zeichenähnlichkeit zwischen **verschiedenen Vorna-** 355
men allein aufgrund des Vornamenscharakters ist fernliegend (BPatG
Mitt. 1988, 218 – *Wera/Verena*), soweit es sich nicht um Abwandlungen desselben Namens handelt (BPatG Mitt. 1992, 17 – Jenny ≠ Jen-
nifer; aber verneint in BPatG Mitt. 1978, 57 – LISABETH ≠ Liz).

Zeichenähnlichkeit nach dem Sinngehalt kann auch bestehen 356
zwischen **Wörtern verschiedener Sprachen** mit gleichem Sinngehalt, soweit dieser im Inland einem erheblichen Teil des angesprochenen Verkehrs bekannt ist, s. dazu die bereits oben Rdn.
350, 351 nachgewiesenen Beispiele Spring Garden = Frühlingsgarten; King's Club = Royal Club; Ambassadeur = Botschafter; Rancher = Farmer. Auch dies ist jedoch keine zwingende Regel, wie
folgende Beispiele gemäß oben Rdn. 350, 351 zeigen: Espada ≠
Sword, Gemini ≠ Zwilling, King Size ≠ König, ferner Hombre ≠
HOM (BPatGE 21, 147), gold cats ≠ Chatondor (BPatG Mitt.
1974, 238). Ebenso jetzt BGH WRP 1997, 310, 311 – Yellow
Phone ≠ Gelbe Seiten; BPatG zit. GRUR 1997, 504 – FLEUR
D'OR ≠ GOLDBLUME. Auch bei **griechischen** oder **lateini-**
schen Wörtern und Wortbestandteilen kommt es auf die Sprachkenntnisse des angesprochenen Verkehrskreises an (vgl. BGH
GRUR 1957, 228 – Astrawolle ≠ Stern).

Wird ein Wort zusätzlich auch in einem **übertragenen Sinn** 357
verstanden, so schließt dies einen hohen Grad der Zeichenähnlich-

keit wegen Übereinstimmung im unmittelbaren Sinngehalt auch bei unterschiedlicher Sprache nicht aus (unzutr. daher BPatG GRUR 1997, 293, 294 – GREEN POINT/*Der Grüne Punkt*: „grün" in „Der Grüne Punkt" soll wegen seiner abstrakten Bedeutung als Hinweis auf Ökologie und Umweltschutz nicht mehr als Farbangabe kollisionsbegründend sein, obwohl entgegen der Annahme des BPatG eine ähnliche abstrakte Bedeutung im Englischen gegeben und bei einem Entsorgungssystem keineswegs eine nationale Begrenzung zwingend ist).

358 Um eine besondere Art begrifflicher Zeichenähnlichkeit handelt es sich bei der in der Rspr. des BPatG in jüngerer Zeit beliebten Hervorhebung von Übereinstimmungen in einem bestimmten „**Flair**" (zB BPatG Bl. 1996, 417, 419 – *QUEEN'S CLUB/ QUEEN'S GARDEN*: britisches Flair; BPatGE 34, 76, 78 – *Calimbo/CALYPSO*: exotisches Flair). Hier ist jedoch Zurückhaltung geboten, da eine Ausdehnung des Markenschutzes für ein konkretes Zeichen auf einen kaum mehr verläßlich abgrenzbaren Bereich droht, der noch dazu für sich betrachtet freihaltebedürftiger Natur sein kann, zB als mittelbarer Hinweis auf die geographische Herkunft.

359 **e) Komplexe Zeichenähnlichkeit.** Treffen Übereinstimmungen in Klang, Bild und Sinn zusammen, die für sich betrachtet noch keine ausreichende Zeichenähnlichkeit begründen, können sie **in ihrer Summe** die Annahme „komplexer" Zeichenähnlichkeit rechtfertigen. Nach der früheren Praxis handelte es sich allerdings um eine vergleichsweise **selten** bejahte Art der Verwechslungsgefahr. Bejaht zB in BPatGE 34, 76 – Calimbo = CALYPSO; BPatGE 22, 227 – Frukina = FRUTERA; BPatGE 6, 132 – Plastipac = PAGELASTIC; ausdr verneint zB in BPatGE 22, 86, 89/90 – indojeans ≠ Jeandigo. An der Berücksichtigung komplexer Zeichenähnlichkeit ist für das MarkenG mit der gebotenen Vorsicht festzuhalten (zB BPatG Bl. 1996, 417, 419 – QUEENS CLUB = QUEENS GARDEN; *Starck* WRP 1996, 273). Das Erinnerungsbild von einem Zeichen wird zweifellos von allen drei Ähnlichkeitsfaktoren beeinflußt, mag auch ihr jeweiliges Gewicht unterschiedlich sein. Zurückhaltung ist aber erforderlich, weil umgekehrt ein deutlicher Unterschied in nur einer der drei Richtungen Klang, Bild oder Sinn die Verwechslungsgefahr insgesamt ausschließen kann. Die Argumentation mit einer komplexen Zeichenähnlichkeit darf nicht dazu verwendet werden, Begründungsdefizite bei der Prüfung auf klangliche, bildliche oder begriffliche Verwechslungsgefahr zu übergehen.

F. Verwechslungsgefahr § 14

f) Kompensation von Übereinstimmungen durch Unter- 360
schiede. Die komplexe Wechselwirkung zwischen Klang, Schriftbild und Sinngehalt kann Zeichenähnlichkeit nicht nur begründen, sondern umgekehrt auch ausschließen. Wegen der Erfahrungsregel des grdsl. Vorrangs der Übereinstimmungen (oben Rdn. 325) kommt dies jedoch nur bei Unterschieden zweifelsfreier Auffälligkeit und maßgeblicher Bedeutung für den Gesamteindruck in Betracht.

aa) Ausschluß der Zeichenähnlichkeit durch Sinnunter- 361
schied. (1) *Grundsätze.* Begriffliche Zeichenunterschiede sind nur unter besonderen Voraussetzungen geeignet, durch klangliche oder bildliche Übereinstimmungen begründete Ähnlichkeiten so weitgehend auszugleichen, daß Zeichenähnlichkeit zu verneinen ist. Wer zwei Zeichen unmittelbar verwechselt, sich also zB verhört, kann den Sinnunterschied von Anfang an nicht erkennen. Die Rspr. verlangt daher, daß eines der Zeichen einen deutlich ausgeprägten, **für jedermann verständlichen Sinngehalt** hat, **der vom Verkehr auch bei nur flüchtiger Wahrnehmung sofort erfaßt wird**, ohne daß sein Verständnis einen vorherigen Denkvorgang erfordert (st. Rspr., BGH GRUR 1995, 50, 52 – *Indorektal/Indohexal;* BGH GRUR 1992, 130, 132 – *Bally/BALL;* BGH GRUR 1959, 183, 185 – *Quick/Glück;* weitere Nachw. unten Rdn. 362). Dem ist mit der Einschränkung zu folgen, daß es nicht auf „jedermann" ankommen kann, sondern nur auf die jeweils angesprochenen Verkehrskreise. Der Einwand wird in der Praxis sehr oft vorgebracht, hat aber im Vergleich dazu nicht häufig Erfolg. Er greift von vornherein nicht durch, wenn beide Bezeichnungen **im Rahmen desselben Sinngehalts** liegen (zB BGH GRUR 1993, 694 – *apetito/apitta* bzgl. Appetit) oder nicht nur klangliche/ schriftbildliche Annäherung, sondern **klangliche Identität** besteht, so daß überhaupt kein Ansatzpunkt für eine Unterscheidung besteht (zB BGH GRUR 1986, 253, 255 – *Zentis:* ggü. „Säntis"). Bei **fremdsprachigen** Bezeichnungen kommt ein Ausschluß der Zeichenähnlichkeit durch den Sinngehalt nur dann in Betracht, wenn die Bedeutung allen relevanten Verkehrsteilen bekannt ist (Kenntnis verneint zB in: BGH GRUR 1995, 825, 827 – *Torres;* OLG Karlsruhe GRUR 1993, 674 – *Flash/SMASH;* BPatG Mitt. 1984, 216 – *JAKOBS FIESTA COLOMBIA/Siesta).* Besteht der Unterschied darin, daß einem der Zeichen auch ein **übertragener Sinn** zukommt, so muß dies Zeichenähnlichkeit wegen Übereinstimmung im unmittelbaren Sinngehalt nicht ausschließen (unzutr. da-

§ 14 Rechte und Ansprüche des Markeninhabers

her BPatG GRUR 1997, 293, 294 – *GREEN POINT/Der Grüne Punkt:* die abstrakte Bedeutung von „grün" in „Der Grüne Punkt" als Hinweis auf Ökologie und Umweltschutz soll die begriffliche Übereinstimmung als Farbangabe ausräumen; krit. oben Rdn. 357).

362 (2) *Beispiele für Reduzierung/Ausschluß der Zeichenähnlichkeit durch Sinnunterschied.* BPatG GRUR 1997, 293, 294 – GREEN POINT ≠ Der Grüne Punkt: Unterschied im abstrakten Sinngehalt (unzutr.; oben Rdn. 357); BPatG GRUR 1996, 417, 418 – König Stephan Wein ≠ Stephanskrone; BPatG GRUR 1996, 356, 361 – JOHN LORD ≠ JOHN LOBB. Aus der Rspr. zum WZG/§ 16 UWG: BGH GRUR 1992, 130, 132 – Bally ≠ BALL; BGH GRUR 1982, 611, 613 – Prodont ≠ DuroDont; BGH GRUR 1981, 388, 389 – *Toni's Hütten Glühwein;* BGH Bl. 1978, 326 – STAR ≠ SPAR; BGH GRUR 1975, 441, 442 – Passion ≠ Face Fashion; BGH GRUR 1970, 416, 417 – *Turpo:* Turbo ≠ Tuo weil für fachkundigen Verkehr deutlicher Sinngehalt; BGH GRUR 1961, 347, 349 – *Almglocke/Almquell;* BGH GRUR 1959, 183, 185 – Quick ≠ Glück. BPatG Bl. 1995, 326 – FOCUS ≠ LOGOS; BPatG GRUR 1989, 299 – SUPERMEIER ≠ SUPERMAN; BPatG Mitt. 1975, 214 – Sirocco ≠ Roccoco; BPatG Mitt. 1971, 51 – Gold Dust ≠ Goldax; BPatGE 3, 82 – Biofix ≠ Neofix.

363 (3) *Beispiele für Zeichenähnlichkeit trotz Sinnunterschied.* OLG Hamburg GRUR 1997, 375, 376 – Crunchips = ran chips: trotz Anknüpfung an sehr bekannte Fensehsendung, da wegen Unüblichkeit der Verwendung für Lebensmittel Erkennbarkeit unsicher; BPatGE 36, 279, 281 – ELFI RAUCH = RAUSCH; BPatG Bl. 1996, 466 Ls – Hamano = Humana: trotz Begriffsanklang „human" in älterer Marke für Kosmetika/Gesundheitspflegeprodukte; BPatG GRUR 1996, 61 – Divan = Tiffany Diva. Aus der Rspr. zum WZG/§ 16 UWG: BGH GRUR 1995, 50, 52 – Indorektal = Indohexal: trotz „-rektal"; BGH GRUR 1974, 30, 31 – Erotex = Protex: trotz „Pro" und Sinnanklang an „Erotik"; BGH GRUR 1967, 246, 247 – Vitapur = Vitapulp; BGH GRUR 1966, 38, 40 f. – Centra = Renta; BGH GRUR 1966, 493, 494 – Lili = Libby's, da Anknüpfung an Kurzform eines Namens nicht ausreichend; BPatG Mitt. 1984, 216 – JAKOBS FIESTA COLOMBIA = Siesta; BPatG Mitt. 1973, 167 – Sheriff = Cheri; BPatG Mitt. 1967, 235 – Capriole = Capitol; OLG Karlsruhe GRUR 1993, 674 – Flash = SMASH (zw.).

364 **bb) Ausschluß der Zeichenähnlichkeit durch Schriftbildunterschiede.** Zur Bedeutung schriftbildlicher Unterschiede für

F. Verwechslungsgefahr § 14

das Erinnerungsbild oben Rdn. 331, 343. Zur Kompensation klanglicher Ähnlichkeiten durch gleichzeitig schriftbildliche und begriffliche Unterschiede BGH GRUR 1958, 81, 82/83 – *Thymopect/Rigopect;* BGH GRUR 1956, 321 – *Synochem/Firmochem*).

5. Wort/Bildzeichen

Kollisionsfälle mit Wort/Bildzeichen sind einer der Hauptanwendungsbereiche der unten Rdn. 385 ff. dargestellten Prägetheorie bei Übereinstimmung nur in einem Zeichenbestandteil. An dieser Stelle sind daher nur die gerade für diese Kombinationsart geltenden Grundsätze darzustellen. 365

Bei Wort/Bildzeichen ist für den Gesamteindruck meist der **Wortbestandteil maßgebend**, da er für den Verkehr als Kennwort regelmäßig die einfachste Bezeichnungsform darstellt (BGH GRUR 1996, 198, 200 – *Springende Raubkatze;* st. Rspr. zum WZG: BGH GRUR 1996, 267, 269 – *AQUA;* BGH GRUR 1992, 48, 50 – *frei öl;* BGH GRUR 1989, 425, 427 – *Herzsymbol;* BGH Bl. 1978, 326 – *STAR/SPAR;* BGH GRUR 1973, 467, 468 – *Praemix;* BGH GRUR 1973, 314, 315 – *Gentry;* BGH GRUR 1966, 499, 500 – *Merck;* BGH GRUR 1961, 628, 630 – *Umberto Rosso;* aus der Rspr. des BPatG zB: BPatG GRUR 1997, 532, 534 – *Sigel/SIGL;* BPatG Mitt. 1997, 261 – *Coveri*; BPatG GRUR 1997, 649, 650 – *Microtec Research/Microtek;* GRUR 1996, 895 – *rote Kreisfläche;* BPatG GRUR 1995, 590, 592 – *MANHATTAN*). Die Erfahrungsregel schließt es jedoch nicht aus, einem Bildbestandteil eine (mit-) prägende Bedeutung zuzubilligen, wenn dieser neben dem Wortbestandteil eine eigenständige herkunftshinweisende Bedeutung für den Verkehr entfaltet (BGH GRUR 1996, 198, 200 – *Springende Raubkatze;* BPatG Bl. 1997, 231 Ls. – *LION DRIVER/LIONS;* zum WZG: BGH GRUR 1996, 267, 269 – *AQUA;* BGH GRUR 1989, 425, 427 – *Herzsymbol:* für Arzneimittel wegen Üblichkeit von Bildsymbolen erwogen). In Ausnahmefällen können Bildbestandteile so auffällig sein, daß der Wortbestandteil in den Hintergrund tritt und für den Verkehr unbeachtlich erscheint (BGH GRUR 1992, 48, 50 – *frei öl* unter Bezugnahme auf BGH GRUR 1962, 647, 649/650 – *Strumpf-Zentrale;* unzutr. aber BPatG GRUR 1994, 124 – *Wortzeichen "Billy the Kid" ≠ Bildzeichen stilisierter Kinderkopf mit Bildunterschrift "Billy"* wegen geringer Schriftgröße). Dies darf bei einer eingetragenen Wort/Bildmarke aber nicht damit begründet werden, daß die Marke auch ohne den Wortbestandteil Verwendung finde (oben Rdn.

320; unzutr. daher BPatG GRUR 1997, 293, 294 – *GREEN POINT/Der Grüne Punkt*).

366 Zeichenähnlichkeit wegen Übereinstimmung im Wortbestandteil kann besonders naheliegend sein, wenn der **Bildbestandteil den kollisionsbegründenden Sinngehalt des Wortbestandteils unterstützt** (zB BGH GRUR 1990, 450, 453 – „St. Petersquelle" mit Heiligenabbildung; vgl. auch BGH GRUR 1967, 355, 358 – *Rabe*: Wortbestandteil „Rabe" mit Rabenabbildung; BGH GRUR 1960, 126, 128 – *Sternbild*: Zeitschriftentitel „Der Stern") oder der Bildbestandteil den abgewandelten Sinn des anderen Wortzeichens enthält (zB BPatGE 22, 214 – Wortzeichen „BEERENHEXE" = Wort/Bildzeichen „Waldhexe" mit Abbildung einer Beeren sammelnden Hexe). Zweifelhaft daher die Verneinung der Verwechslungsgefahr zwischen Wortmarke „Elch" und Wort/Bildzeichen „Vorsicht Elch!" mit Verkehrsschild (BPatGE 37, 16). Jedoch kann ein Bildbestandteil ein mehrteiliges Wortelement dem Sinn nach zusammenfassen und dadurch einer Verkürzung auf einen der Wortbestandteile entgegenwirken (BPatG Bl. 1997, 231 Ls. – *LION DRIVER/LIONS*).

6. Bildzeichen

367 Bildzeichen können mit anderen Bildzeichen sowohl wegen optischer Ähnlichkeit (unten Rdn. 368 f.) als auch wegen begrifflicher Ähnlichkeit verwechselbar sein (unten Rdn. 370 ff.). Auch im Verhältnis zu Wortzeichen kommt Verwechslungsgefahr in Betracht (früher in § 31 WZG ausdrücklich erwähnt), nämlich dem Sinngehalt nach (unten Rdn. 375 und 376 ff.). Zum Verhältnis zu Formmarken unten Rdn. 373.

368 **a) Allgemeine Grundsätze.** Auch bei Bildzeichen ist der Ähnlichkeitsprüfung der **Gesamteindruck** zugrundezulegen (EuGH v. 11.11.1997 – *Sabèl/Puma* ErwGr 23). Jedoch können einfache, werbeübliche Bildelemente beim Zeichenvergleich als bloßes **Beiwerk** von vornherein bedeutungslos sein, wie zB schlichte Unterstreichungen (vgl. BPatG GRUR 1997, 283, 284 – *TAX FREE* zu § 8), feldartige Unterlegungen und Streifen (vgl. BPatG GRUR 1997, 285, 286 – *VISA-Streifenbild* zu § 8), Umrahmungen (BGH GRUR 1958, 610, 611 – *Zahnrad*; BGH GRUR 1955, 91 – *Mouson*). Die Maßgeblichkeit des Gesamteindrucks schließt bei mehrteiligen Bildmarken eine Bewertung der kollisionsbegründenden Bestandteile nicht aus (BPatG GRUR 1979, 242, 243/244 – *Visuelles Gesamtbild*), vielmehr gelten bei

F. Verwechslungsgefahr **§ 14**

Übereinstimmung nur in Bestandteilen die unten Rdn. 385 ff. übergreifend dargestellten Regeln der Prägetheorie. Kollisionsfälle, in denen rein bildliche Ähnlichkeiten zur Bejahung der Zeichenähnlichkeit führen, sind vergleichsweise selten, meist sind begriffliche Übereinstimmungen entscheidend (unten Rdn. 370 ff.). Zur bildlichen Ähnlichkeit ausgestalteter Zahlenzeichen oben Rdn. 348.

b) Bedeutung der Farbe. Schwarz/weiß eingetragene Marken 369 genießen Schutz auch gegenüber **farbigen Wiedergaben** (zB BGH GRUR 1966, 553, 555 – *Tintenkuli*; BGH GRUR 1963, 423, 424 – *coffeinfrei*; BGH GRUR 1961, 343, 346 – *Meßmer Tee I*; grdl. BGH GRUR 1956, 183, 185 – *Dreipunkt*), während umgekehrt **farbig eingetragene Marken** einerseits einen engeren Schutzumfang gegenüber andersfarbigen Gestaltungen haben, andererseits aber einen erweiterten Schutz gegenüber Benutzungen in identischer oder ähnlicher Farbe genießen (*B/S* § 31 WZG Rdn. 207; vgl. BPatG GRUR 1997, 285, 286 – *VISA-Streifenbild*: Prüfung des Schutzumfangs nicht schon im Eintragungsverfahren geboten). Letzteres gilt auch für Marken, die kraft Verkehrsgeltung oder Notorietät in bestimmter Farbe geschützt sind (vgl. BGH GRUR 1992, 48, 50 – *frei öl*; zur Ausstattung BGH GRUR 1966, 553, 555 – *Tintenkuli*; BGH GRUR 1953, 40, 41 – *Gold-Zack*). Eine andere Beurteilung kann geboten sein, wenn die abweichende farbliche Gestaltung einzelner Bestandteile aufgrund ganz besonderer Umstände zu einem ganz anderen Gesamteindruck führt (zB erörtert in BGH GRUR 1956, 183, 185 – *Dreipunkt*). Generell gilt, daß aufgrund der Anerkennung sogar reiner Farbmarken und Farbkombinationsmarken (§ 3 Rdn. 32) Übereinstimmungen und Unterschieden in der farblichen Ausgestaltung auch bei Bildzeichen zukünftig tendenziell eine größere Bedeutung beizumessen sein wird als bisher. Zur Zeichenähnlichkeit bei reinen Farbmarken s. unten Rdn. 382 und zu Farbangaben als Wortzeichen unten Rdn. 381.

c) Begriffliche Ähnlichkeit (Motivschutz). Zum WZG hat 370 der BGH die Gewährung eines über die Verwechslungsgefahr hinausgehenden „**Motivschutzes**" im Gegensatz zum RG (Nachw. *Fezer* § 14 Rdn. 249 f., 264 f.) in st. Rspr. abgelehnt. Danach soll ein Zeichen, in dem ein Motiv verkörpert ist, keinesfalls Schutz gegen die Verwendung desselben Motivs in einer die Verwechslungsgefahr ausschließenden Weise genießen (grdl. BGH GRUR 1964, 71, 73 – *Personifizierte Kaffeekanne*). Jedoch wurde ein jede Abbildungsart des Motivs erfassender Schutz vor begrifflicher Verwechslungsgefahr bei entsprechender Verkehrsdurchsetzung für möglich gehalten (zB BGH GRUR 1989, 510, 512 – *Teekanne II: Teekannendarstellung*, im Erg. aber verneint).

371 Heute soll die begriffliche Zeichenähnlichkeit bei Bildzeichen generell eine Frage der Verwechslungsgefahr wegen Gefahr gedanklicher Verbindung (unten Rdn. 425 ff.) sein (*Fezer* § 14 Rdn. 253, 264). Dieser Einordnung kann nicht gefolgt werden, soweit sie auch Fälle unmittelbarer begrifflicher Verwechslungsgefahr umfaßt, d. h. der Verkehr die Zeichen mangels anderweitiger Unterschiede miteinander verwechselt, weil in seinem Erinnerungsbild nur das Motiv, nicht aber dessen bildliche Ausgestaltung haften geblieben ist. Richtig ist die Zuordnung für Fälle, in denen anderweitige Bestandteile die unmittelbare Verwechslungsgefahr der Zeichen selbst ausschließen (wie zB durch einen Wortbestandteil).

372 Der EuGH will in einen Motivschutz nur Marken gewähren, denen entweder „von Hause aus oder Kraft Verkehrsgeltung **besondere Kennzeichnungskraft** zukommt" (*Sabèl/Puma* v. 11.11.1997 ErwGr 24/25). Der Schutz von Bildmarken gegen begriffliche Verwechslungsgefahr ist somit in besonderem Maße von der Kennzeichnungskraft ihres Bildmotivs abhängig (oben Rdn. 213 ff.). Dabei ist zu beachten, daß das Motiv einer Darstellung um so weniger Bedeutung für den Verkehr hat, um so einprägsamer und individueller seine konkrete bildliche Ausgestaltung ist (BGH GRUR 1984, 872, 873 – *Wurstmühle*). Die Verwechslungsgefahr ist **um so eher zu verneinen, je allgemeiner der (abstrahierte) Sinngehalt gefaßt werden muß**, um die begriffliche Gemeinsamkeit herzustellen. Schließlich sollen Abweichungen der bildnerischen Gestaltung selbst bei Übereinstimmung in einem kennzeichnungskräftigen Motiv zum Ausschluß der begrifflichen Verwechslungsgefahr geeignet sein, wenn sie „in allen wesentlichen Einzelheiten" vorliegen (BGH GRUR 1984, 872, 873 – *Wurstmühle*). Bei Bildzeichen aus **produktbeschreibenden** (oben Rdn. 213) oder **verbrauchten Motiven** (oben Rdn. 215) sowie bei Bildzeichen, die einen sehr **allgemeinen Sinngehalt** nach Vorbildern aus der Natur ohne Verfremdung wiedergeben (oben Rdn. 217), genügen idR bereits geringfügige bildliche Unterschiede zum Ausschluß der Verwechslungsgefahr (BGH GRUR 1996, 198, 200 – *Springende Raubkatze* und dazu EuGH aaO).

373 **d) Verletzung von Bildzeichen durch dreidimensionale Wiedergabe.** Für die Verletzung eines Bildzeichens durch einen dreidimensionalen Gegenstand gelten die Regeln für die Kollision zwischen Bildzeichen entsprechend. Neben reliefartigen, umlau-

F. Verwechslungsgefahr § 14

fenden holographischen, lichtprojektierten, bewegten uä. Darstellungen des geschützten Bildes kommt Zeichenähnlichkeit insbesondere dann in Betracht, wenn das **Bildzeichen seinerseits einen dreidimensionalen Gegenstand darstellt**. Die Problematik dieser Fälle wurde früher meist in der Frage des markenmäßigen Gebrauchs gesehen und ist insoweit oben Rdn. 72 behandelt. Beispiele für vorbehaltlich zeichenmäßigen Gebrauchs für möglich erachtete Kollisionen dieser Art sind: BGH GRUR 1986, 248, 249 unter II.2. – *Sporthosen:* Bildzeichen mit Abbildung eines Sportschuhs mit drei Streifen verwechselbar mit Zierstreifen auf Jogginghosen; BGH GRUR 1982, 111, 112 – *Original Maraschino:* Flaschenabbildung; BGH GRUR 1977, 602, 606 – *Trockenrasierer;* BGH GRUR 1966, 681, 685 – *Laternenflasche;* BGH GRUR 1956, 179 – *Ettaler-Klosterliqueur;* RG Mitt. 1939, 237, 239 – *Dreiarmleuchter;* RGZ 155, 374 – *Kaffeemühle;* RGZ 115, 235, 239/240 – *Bandmaster*. Der Dimensionsunterschied rechtfertigt keinesfalls eine generelle Begrenzung des Schutzes auf identische Verletzungen (in der Begr. unzutr. daher OLG Karlsruhe GRUR 1986, 170 – *Häschenkopf:* Verwendung als Schmuckstück; ebenso OLG Karlsruhe GRUR 1986, 313, 314 – *Hufeisenuhr*). Zeigt das Bildzeichen nur eine geometrische Figur ohne räumlichen Bezug, ist eine Verwechslungsgefahr mit Waren oder Verpackungen, deren körperliche Gestaltung dieser Figur zugrundeliegt, fernliegend (zB BGH GRUR 1969, 601, 602 – *Candahar:* Bildzeichen einfaches sphärisches Dreieck nicht verwechselbar mit Flaschen mit Grundriß eines sphärischen Dreiecks).

Auch die Kollision eines älteren Bildzeichens mit einer jüngeren 374 **eingetragenen dreidimensionalen Marke** kann bei Verwechslungsgefahr aufgrund bildlicher oder begrifflicher Ähnlichkeit eine Markenverletzung darstellen (aA *Eichmann* GRUR 1995, 195f. wegen der Übergangsproblematik und der Gesetzessystematik, gegen ihn *Winkler* Mitt. 1995, 47).

e) Verletzung von Bildzeichen durch wörtliche Wieder- 375 **gabe.** Ein Bildzeichen kann durch die Verwendung eines Wortes verletzt werden, wenn der Verkehr deshalb an das Bild erinnert wird, **weil das Wort die naheliegende ungezwungene und erschöpfende Benennung des Bildes darstellt** (zum umgekehrten Fall unten Rdn. 376). Beispiele: BPatG GRUR 1996, 877 – *Schlüssel-Bild;* aus der Rspr. zum WZG/§ 16 UWG: BGH GRUR 1975, 487, 489 – „*WMF-Mondmännchen*" als Wort soll Bildzeichen nicht verletzen, dessen erschöpfende Bezeichnung „Mann im

Mond" ist; BGH GRUR 1955, 579, 584: „Sunpearl" verletzt Sonnenzeichen. BPatG Mitt. 1976, 29: Wortzeichen „Cavallino" verletzt Pferde-Bildzeichen mit Umschrift „CONTINENTAL" für Reifen, obwohl auch andere Benennungen denkbar; BPatGE 22, 180, 182: Wortzeichen „ESPADA" (span. „Schwert") verletzt nicht Bildzeichen Krummschwertabbildung oder Etikettenzeichen „SWORD" mit Krummschwertabbildung für Rasierprodukte, da Bedeutung im Inland nicht bekannt; vgl. *Fuchs-Wissemann* GRUR 1995, 470 zu Kollision mit Wort/Bildzeichen.

376 **f) Verletzung von Wortzeichen durch Bildzeichen, Farben oder dreidimensionale Wiedergaben.** Ein Wortzeichen kann durch die Verwendung eines Bildzeichens verletzt werden, wenn der Verkehr deshalb durch das Bild an das Wort erinnert wird, weil das Wort die **naheliegende ungezwungene und erschöpfende Benennung des Bildes** darstellt (zum umgekehrten Fall oben Rdn. 375). BPatG GRUR 1996, 877 – *Schlüssel-Bild*: Wort/Bildzeichen „Original Schlüssel Obergärig" mit Wappen = Bildzeichen Schlüssel auf Wappen für Biere. Aus der Rspr. zum WZG: **Bejaht** zB in: BGH GRUR 1971, 251, 252/253 – *Oldtimer*: Wortzeichen „Oldtimer" = Oldtimerabbildung auf Herrenkosmetika; BGH GRUR 1967, 355, 358 – *Rabe*: Wortbestandteil „Rabe" = Rabenzeichnung; RGZ 106, 256: Wortzeichen „Fritz Reuter" = dessen Bildnis; RG GRUR 1931, 274, 275 und RG GRUR 1927, 241, 243: Wortzeichen „Salamander" = Salamanderabbildung; BPatG Mitt. 1984, 35 – *falter*: Wort/Bildzeichen „falter" = naturalistische Schmetterlingsdarstellung für Papierwaren; BPatGE 5, 172 – *Mohrenbild*: Wortzeichen „Mohr" = statuenhafte Abbildung für Kakaowaren). **Verneint** zB in: BGH GRUR 1989, 510, 512 – *Teekanne II*: Wortzeichen „TEEKANNE" ≠ Teeetiketten-Abbildung von Frauengestalten mit einer Teekanne als nur untergeordnetem Bildbestandteil; BGH GRUR 1968, 256, 258 – *Zwillingskaffee*: Wortzeichen „Zwilling" ≠ Abbildung von zwei stilisierten Männchen; BPatGE 2, 146: Wortzeichen „NORDBAER" ≠ Eisbärabbildung.

377 Es ist aber nicht Voraussetzung, daß umgekehrt das Bild die **einzige** Darstellung des Wortsinns ist, sondern es darf auch noch andere bildliche Darstellungen des Wortsinns geben (BGH GRUR 1986, 248, 249 – *Sporthosen*).

378 Die Verwechslungsgefahr kann dadurch gesteigert werden, daß die Wortmarke auch noch durch ein **begrifflich korrespondierendes Bildelement** unterstützt wird (zB BGH GRUR 1967, 355, 358 – *Rabe;* BPatGE 9, 110 – *Marke Schüssel*).

F. Verwechslungsgefahr § 14

Bei **verkehrsdurchgesetzten** Wortmarken soll es einengend 379
darauf ankommen können, aufgrund welcher bildlichen Gestaltung
die Verkehrsdurchsetzung erlangt wurde (BGH GRUR 1986, 248
– *Sporthosen*: Wortmarke „Die Weltmarke mit den drei Streifen",
zw.; vgl. BGH GRUR 1979, 853, 854/855 – *LILA*).

Diese Grundsätze gelten auch im Verhältnis von **Wortzeichen** 380
zu dreidimensionalen Wiedergaben, und zwar auch bei begrifflicher Kollision des älteren Wortzeichens mit einer jüngeren dreidimensionalen Marke (aA *Eichmann* GRUR 1995, 195 f.), wobei
allerdings noch seltener als bei Bildmarken ein Wort wirklich die
erschöpfende Benennung der dreidimensionalen Gestaltung sein
wird.

Die Regeln gelten grdsl. entsprechend auch für Zeichenähnlich- 381
keit zwischen einer Wortmarke aus **Farbangabe** und der Verwendung der Farbe selbst. Nach früherem Recht keine Verletzung der
durchgesetzten Wortmarke „LILA" durch Lila-Aufdrucke für
Schaumweinetiketten und -kartons, da keine Verkehrsgeltung für
die Farbe als solche festgestellt worden war (BGH GRUR 1979,
853 – *LILA*).

7. Farbmarken

Bei „Farbmarken", also Zeichen, bei denen eine Farbe oder 382
Farbkombination als solche Schutzgegenstand ist (oben Rdn. 218,
§ 3 Rdn. 32; § 8 Rdn. 48), kommt Zeichenähnlichkeit vor allem
zu einem anderen Farbzeichen in Betracht (zB LG Düsseldorf
GRUR 1987, 443, 444/445 – *Shell-Farben*), aber auch zu farblich
ausgestalteten Bildzeichen. Außerdem ist auch begriffliche Ähnlichkeit zu einer Wortmarke denkbar, die aus einem Farbnamen besteht. Zum umgekehrten Fall der Verletzung einer Wortmarke aus
einem Farbnamen durch Verwendung der Farbe selbst s. oben
Rdn. 381. Zum Schutz schwarz-weiß eingetragener Marken gegen
farbige Verwendung und zur Bedeutung farbiger Eintragung von
Bildzeichen oben Rdn. 369.

8. Dreidimensionale Marken

Auch bei dreidimensionalen Marken begründen Übereinstim- 383
mungen in schutzunfähigen Bestandteilen keine Zeichenähnlichkeit
(vgl. *Eichmann* GRUR 1995, 193). Dabei sind auch die Schutzhindernisse nach § 3 Abs. 2 zu berücksichtigen (oben Rdn. 73).
Beispiele zum dreidimensionalen Vergleich aus der jüngeren Rspr.
zum Ausstattungsschutz des früheren Rechts: OLG Hamburg

GRUR 1988, 127 – *Langnese-Honigglas*. Grdsl. kann Zeichenähnlichkeit nicht nur im Verhältnis zu dreidimensionalen Wiedergaben, sondern auch zu zweidimensionalen Bildmarken und entsprechend den Voraussetzungen oben Rdn. 375 auch zu Wortmarken bestehen (ausf. *Eichmann* GRUR 1995, 196 f.). Zum umgekehrten Kollisionsfall der Verletzung von Bildmarken durch dreidimensionale Gegenstände oder auch jüngere dreidimensionale Marken s. oben Rdn. 373.

9. Hörmarken

384 Zum Schutz von Hörmarken gegen Verwechslungsgefahr liegen in Deutschland naturgemäß noch keine Erfahrungen vor. Im Vordergrund wird die Kollision mit ähnlichen Hörmarken aufgrund phonetischer Übereinstimmungen stehen. Zu einer **Wiedergabe in Noten** kann trotz der völlig anderen, visuellen Wahrnehmungsweise Zeichenähnlichkeit bestehen, wenn dem Verkehr durch den Anblick der Noten allein der Klangeindruck gedanklich vermittelt wird. Für die Anerkennung eines Schutzes von Hörmarken auch gegen rein schriftliche oder sogar normal gesprochene Wiedergabe in ihr enthaltener **Wortbestandteile** (zB Werbeslogan) besteht kein Bedarf. Hierfür ist die Anmeldung einer entsprechenden Wortmarke der sachgerechtere Weg. Dagegen spricht auch die Rechtssicherheit. Wer ein Wort oder eine Wortfolge ohne besondere klangliche Ausgestaltung benutzen will, darf nicht genötigt sein, auch sämtliche Hörmarkeneintragungen nach den Worten zu durchsuchen.

10. Übereinstimmung in Zeichenbestandteilen – Prägetheorie des BGH

385 Besondere Regeln zur Beurteilung der Zeichenähnlichkeit hat der BGH für die sehr häufigen Fälle aufgestellt, in denen auf mindestens einer Seite ein Zeichen beteiligt ist, das im weitesten Sinne aus mehreren Bestandteilen besteht, sei es aus mehreren Wörtern, Bildbestandteilen oder auch nur als solche erkennbare Teile eines zusammengeschriebenen Wortes. Maßgeblich ist hierfür eine Reihe von Grundsätzen, die der BGH zu § 31 WZG entwickelt (zusammenfassend *Eisenführ* FS Vieregge 1995, 174 ff.) und in das neue Markenrecht übernommen hat. Der EuGH hat gegen diesen Ansatz bislang keine Einwände erhoben (*Sabèl/Puma* v. 11.11.1997 ErwGr 23), woraus allerdings nicht schon auf eine Billigung in allen Einzelheiten geschlossen werden sollte. Wegen ihrer enormen

F. Verwechslungsgefahr **§ 14**

praktischen Bedeutung ist diese Rspr. des BGH ausführlich darzustellen (Rdn. 386–419). Allerdings ist dieser hier kurz „**Prägetheorie**" genannten Lehre in einigen zentralen Punkten nicht zu folgen (Kritik unten Rdn. 420 ff.).

a) Gesamteindruck. Als oberste Grundregel der Prüfung der 386 Verwechslungsgefahr betont der BGH unermüdlich die Maßgeblichkeit des Gesamteindrucks der sich gegenüberstehenden Zeichen (zB BGH GRUR 1996, 977 – *DRANO/P3-drano;* BGH GRUR 1996, 777, 778 – *Joy;* BGH GRUR 1996, 775, 776 – *Sali Toft;* BGH GRUR 1996, 774 – *falke-run/LE RUN;* BGH GRUR 1996, 406, 406/407 – *JUWEL;* BGH GRUR 1996, 404, 405 – *Blendax Pep;* BGH GRUR 1996, 200, 201 – *Innovadiclophlont*). Ebenso jetzt EuGH v. 11.11.1997 – *Sabèl/Puma* ErwGr 23. Dieser Grundsatz gilt gleichermaßen und unabhängig davon, ob sich mehrgliedrige Wort- oder Wort-/Bildzeichen gegenüberstehen oder ob ein mehrgliedriges Zeichen mit einem Zeichen aus nur einem Bestandteil zu vergleichen ist und wird – zu Unrecht (unten Rdn. 421) – vom BGH unabhängig davon angewendet, welches der beiden Vergleichszeichen prioritätsälter ist (BGH GRUR 1996, 404, 405 – *Blendax Pep;* BGH GRUR 1996, 198, 199 – *Springende Raubkatze*). Der Grundsatz gilt auch dann, wenn sich das ältere Zeichen in einem jüngeren zusammengesetzten Zeichen **identisch** wiederfindet (ausdrücklich BGH GRUR 1996, 777, 778 – *Joy;* vgl. auch BGH GRUR 1996, 406, 406/407 – *JUWEL;* BGH GRUR 1996, 404, 405 – *Blendax Pep*). Er gilt auch bei **Warenidentität** (BGH GRUR 1996, 977 – *DRANO/P3-drano;* BGH GRUR 1996, 775, 776 – *Sali Toft*).

Zur **Begründung** verweist der **BGH** darauf, daß markenrecht- 387 licher Schutz von der Gestaltung der Marke auszugehen habe, wie sie eingetragen ist (oben Rdn. 315 ff.) und eine Ähnlichkeit mit einer Marke nur in deren konkreter Verwendung festgestellt werden könne (BGH GRUR 1996, 775, 776 – *Sali Toft;* BGH GRUR 1996, 198, 199 – *Springende Raubkatze*). Der Schutz eines aus einem zusammengesetzten oder Kombinationszeichen herausgelösten Wort- oder Bildelements sei dem Markenschutz fremd (zB BGH GRUR 1996, 977 – *DRANO/P3-drano;* BGH GRUR 1996, 198, 199 – *Springende Raubkatze*. Dies gelte auch für den Schutz geschäftlicher Bezeichnungen (BGH GRUR 1996, 68 – *COTTON LINE*). Daher dürfe auch aus der angegriffenen Bezeichnung kein Element herausgelöst und als solches der Ähnlichkeitsprüfung zugrundegelegt werden (BGH GRUR 1996, 198, 199

§ 14   Rechte und Ansprüche des Markeninhabers

– *Springende Raubkatze* unter Bezugnahme auf BGH GRUR 1989, 425, 427 – *Herzsymbol* und BGH GRUR 1986, 72, 73 – *Tabacco d'Harar*). Weniger normativ als empirisch ausgerichtet ist der Begründungsansatz des **EuGH**, wonach der Durchnittsverbraucher Marken normalerweise als Ganzes wahrnehme und nicht auf die verschiedenen Einzelheiten achte (*Sabèl/Puma* v. 11.11.1997 ErwGr 23). Ausnahmen hat die Rspr. zugelassen, wenn ein Bestandteil vom Verkehr nicht mehr als dem Zeichen selbst zugehörig angesehen wird, also eigentlich gar kein Bestandteil mehr, sondern bedeutungslose Zutat ist (zB BGH GRUR 1981, 388, 389 – *Toni's Hütten Glühwein*; vgl. oben Rdn. 142).

388   **b) Grundregeln der Prägetheorie.** Der Grundsatz der Maßgeblichkeit des Gesamteindrucks schließt nach Auffassung des BGH zugleich die Erkenntnis ein, daß unter bestimmten Umständen einem einzelnen Bestandteil eines Zeichens **eine besondere, das Gesamtzeichen „prägende" Kennzeichnungskraft** beizumessen sein kann und deshalb bei einer Übereinstimmung einer Bezeichnung mit dem so geprägten Zeichen die Verwechslungsgefahr zu bejahen sein kann (BGH GRUR 1996, 977 – *DRANO/P3-drano* unter Bezugnahme auf BGH GRUR 1990, 367, 369/370 – *alpi/Alba Moda*; BGH GRUR 1996, 775, 776 – *Sali Toft*; BGH GRUR 1996, 774 – *falke-run/LE RUN*; BGH GRUR 1996, 406, 406/407 – *JUWEL*; BGH GRUR 1996, 404, 405 – *Blendax Pep*; BGH GRUR 1996, 200, 201 – *Innovadiclophlont*; Der EuGH hat hierzu bislang lediglich ausgesprochen, daß insbesondere die eine Marke unterscheidenden und sie **„dominierenden Elemente"** zu berücksichtigen seien (*Sabèl/Puma* v. 11.11.1997 ErwGr 23). Stets geht es hierbei nur um die Betrachtung der beiden Zeichen in ihrer Gesamtheit und nicht etwa nur der einzelnen prägenden Elemente (BGH GRUR 1996, 198, 199 – *Springende Raubkatze*; BGH GRUR 1996, 404, 405 – *Blendax Pep*), mag dies auch gedanklich zunächst eine Prüfung der Kennzeichnungskraft jedes einzelnen Bestandteils für sich erfordern (BGH GRUR 1955, 481, 482 – *Hamburger Kinderstube*).

389   Voraussetzung ist, daß der übereinstimmende Teil in dem Gesamtzeichen eine **selbständig kennzeichnende Stellung hat und dort nicht derart untergeht oder in den Hintergrund tritt, daß er durch die Einfügung in das Gesamtzeichen seine Eignung verliert, die Erinnerung an dieses wachzurufen** (BGH GRUR 1996, 774, 775 – *falke-run/LE RUN*; BGH GRUR 1996, 198, 199 – *Springende Raubkatze*; unter Bezugnahme auf

F. Verwechslungsgefahr **§ 14**

BGH GRUR 1989, 425, 427 – *Herzsymbol* und BGH GRUR 1986, 72, 73 – *Tabacco d'Harar*).

Wird der Gesamteindruck durch **gleichgewichtige Elemente** 390 bestimmt, ist kein Bestandteil allein prägend in diesem Sinne (BGH GRUR 1996, 777, 778 – *Joy*; BGH GRUR 1996, 775, 776 – *Sali Toft* unter Hinweis auf BGH GRUR 1991, 319, 320 – *HURRICANE*; BGH GRUR 1990, 367, 369 – *alpi/Alba Moda*; BGH GRUR 1983, 768/769 – *Capri-Sonne*).

Die Feststellung, ob ein Bestandteil prägende Bedeutung hat, ist 391 lediglich **anhand der Gestaltung der geltend gemachten Marke selbst** zu treffen, so daß es nicht darauf ankommt, ob der Bestandteil auch selbst als Marke geschützt ist und wie die Marken Dritter gestaltet sind (BGH GRUR 1996, 198, 199 – *Springende Raubkatze*). Dabei kann auch der Art und Weise Bedeutung zukommen, in der die Bestandteile innerhalb der Gesamtbezeichnung verwendet werden, dh Anordnung, Reihenfolge, Hervorhebung (zB BGH GRUR 1990, 367, 370 – *alpi/Alba Moda*). So zB bei farblicher Hervorhebung (BPatGE v. 9. April 1997 29 W (pat) 108/96 – *Gallo*). Entsprechend soll ein senkrecht geschriebener Zeichenbestandteil gegenüber einem waagrecht lesbaren Bestandteil auch bei höherer Kennzeichnungskraft zurücktreten können (BPatGE 37, 179, 183 – *BARBEIDOS/VITA MED badedas*).

Für die Beurteilung der Prägung kommt es nach Auffassung des 392 BGH nicht auf die **Prioritätslage** an, d. h. es soll keinen Unterschied machen, ob der übereinstimmende Bestandteil aus einem prioritätsälteren Gesamtzeichen entnommen und verselbständigt oder umgekehrt ein in Alleinstellung geschütztes älteres Zeichen in das beanstandete (prioritätsjüngere) Gesamtzeichen aufgenommen wurde, denn der Verkehr kenne die Prioritätslage der Zeichen regelmäßig nicht (BGH GRUR 1996, 406, 407 – *JUWEL*; BGH GRUR 1996, 198, 199 – *Springende Raubkatze* unter Bezugnahme auf BGH GRUR 1989, 425, 427 – *Herzsymbol;* zust. zB BPatGE 37, 16, 22 – *Vorsicht Elch!*; zum WZG zB auch: BGH GRUR 1992, 203, 205 – *Roter mit Genever*; BGH GRUR 1986, 72, 73 – *Tabacco d'Harar*). Dem ist **nicht** zu folgen (s. Kritik unten Rdn. 421).

Die Prägetheorie gilt auch für **Einwortzeichen**, die erkennbar 393 aus mehreren Bestandteilen zusammengesetzt sind (zB BGH GRUR 1996, 200, 201 – *Innovadiclophlont*; BGH GRUR 1993, 118, 120 – *Corvaton/Corvasal*; vgl. auch BPatG GRUR 1996, 126 – *BERGER/BERGERLAHR*; aA BPatG zit. GRUR 1997, 504: allenfalls gedankliche Verbindung).

394 Schließlich berücksichtigt die Rspr. auch Erfahrungssätze zu der Frage, ob der Verkehr bei bestimmten Produkten **generell zu Verkürzungen neigt**. Bejaht zB für **Weine und Spirituosen** (zB BGH GRUR 1990, 276, 277 – *Petersburger Schlittenfahrt*. Verneint zB für **Arzneimittel** (zB BPatG GRUR 1992, 701, 703 – *Heparin Azuchemie;* BPatG Mitt. 1987, 116 – *BENICIL ISBA;* BPatG Mitt. 1987, 117 – *Sulfa-Perlongit*). Dies schließt nicht aus, aufgrund Besonderheiten des Zeichens im konkreten Fall die Verkürzungsgefahr auch bei diesen Produkten anders zu beurteilen, insbesondere in den nachfolgend behandelten Fallgruppen zu Bestandteilen besonderer Art. Andererseits kann auch die **Zeichenart** zu Verkürzungen Anlaß geben (zB OLG Bremen WRP 1997, 331, 336 – *Comtes:* Weglassung von Sachangabe und Rechtsformzusatz „Electronic Systems GmbH", vgl. dazu § 15 Rdn. 37 f. zu den Unternehmenskennzeichen; OLG Hamburg GRUR 1997, 375, 376 – *Crunchips/ran chips:* Weglassung von „SAT 1" bei Merchandisingprodukt).

c) Prägender Zeichenbestandteil – Firmennamen, Serienzeichen

395 **(aa) Grundsätze.** Besonders einzelfallbezogene Regeln hat die Rspr. zu der Frage entwickelt, ob ein Firmenname, ein Firmenbestandteil oder eine Firmenabkürzung oder eine sonstige Herstellerangabe als **nicht** übereinstimmender Bestandteil die Verwechslungsgefahr **ausschließt**, weil ihm zumindest mitprägende Wirkung zukommt. In der Rspr. zum WZG ist mehrfach eine solche Mitprägung verneint worden, weil der Verkehr die Waren oft nicht nach dem Herstellernamen unterscheide, sondern seine Aufmerksamkeit auf die sonstigen Merkmale zeichenmäßiger Kennzeichnung richte (zB BGH GRUR 1977, 218, 219 – *MERCOL;* BGH GRUR 1973, 314, 315 – *Gentry;* BGH GRUR 1958, 604, 605 – *Wella-Perla;* BGH GRUR 1954, 123, 124 – *NSU-Fox*). Voraussetzung hierfür soll grdsl. sein, daß **für den Verkehr erkennbar ist, daß es sich um einen Firmennamen handelt** (BGH GRUR 1996, 198, 200 – *Springende Raubkatze*) und zwar um den Namen eines bekannten Produktionsunternehmens, denn nur dann liege für den Verkehr die Annahme nahe, der Name werde zusammen mit zahlreichen produktbezogenen Sortennamen verwendet (so insbes. BGH GRUR 1996, 406, 407 – *JUWEL;* BGH GRUR 1996, 404, 406 – *Blendax Pep;* erwähnt auch in BGH GRUR 1996, 774, 775 – *falke-run/LE RUN;* BPatG Mitt. 1997, 164, 166 – *LORA DI RECOARO/FLORA*). In diesem Falle könnten auch die Bekanntheit des Firmennamens als Marke und seine wieder-

F. Verwechslungsgefahr § 14

holte Verwendung zur Bildung von Gesamtzeichen eine prägende Bedeutung nicht herstellen (BGH GRUR 1996, 404, 406 – *Blendax Pep*). Ein als **Stammbestandteil** vielfach benutztes, verkehrsdurchgesetztes Element soll ebenso wie eine bekannte Herstellerangabe gerade nicht prägend wirken (BGH GRUR 1996, 977/978 – *DRANO/P3-drano;* abl. *Eisenführ* GRUR 1995, 810).

Einen Regelsatz dahingehend, daß einer solchen Herstellerangabe in einer Gesamtbezeichnung immer prägende Kraft abzusprechen sei, lehnt der BGH andererseits ausdrücklich ab und verweist auf die **Einzelfallumstände** wie die Bezeichnungsgewohnheiten auf dem maßgeblichen Produktsektor, Besonderheiten der konkreten Zeichengestaltung sowie darauf, daß eine mitprägende Wirkung insbesondere neben nur schwach kennzeichnungskräftigen übrigen Bestandteilen in Betracht kommt (BGH GRUR 1996, 774, 775 – *falke-run/LE RUN;* BGH GRUR 1996, 406, 407 – *JUWEL;* BGH GRUR 1996, 404, 405 – *Blendax Pep,* jeweils unter Hinweis auf BGH GRUR 1989, 264, 265 – *REYNOLDS R 1/EREINTZ;* BGH GRUR 1989, 349, 350 – *ROTH-HÄNDLE-KENTUCKY/Cenduggy,* wo sie bejaht worden war). Bei uneinheitlicher Verkehrsauffassung kann nach den allgemeinen Regeln (oben Rdn. 174) Zeichenähnlichkeit zu bejahen sein (BPatGE 36, 262, 265 f. – *GOLDWELL-JET/Jet*). 396

bb) Beispiele: Zeichenähnlichkeit verneint. BGH GRUR 1996, 774, 775 – *falke-run/LE RUN* wegen generell besonderer Bedeutung der Namen von Modeschöpfern und Designern auf dem Modesektor, einzeiliger Schreibweise sowie Voranstellung der Herstellerangabe „falke" im älteren Zeichen; BGH GRUR 1996, 406, 407 – *JUWEL* wegen des Zusatzes „von KLINGEL" im jüngeren Zeichen, obwohl übriger Wortbestandteil „JUWEL" identisch mit älterer Marke, wegen angeblich modetypischer Bedeutung von Namen (unzutr., dagegen auch *Eisenführ* GRUR 1996, 549 und *Tilmann* GRUR 1996, 702/703); BPatGE 37, 223 – novo Solratiopharm ≠ Novuxol; BPatG Bl. 1997, 175 Ls. – Tresana ≠ COMPO-SANA; BPatG Mitt. 1997, 164 – LORA DI RECOARO ≠ FLORA; BPatG Bl. 1996, 190 – Ls. – „Ferrero Pampino" ≠„Campino"; aus der Rspr. zum WZG: BGH GRUR 1990, 453, 455 – L-Thyroxin 25 Henning ≠ L-Thyroxin 100enos: Herstellerangabe ist für Arzt unterscheidungskräftiges Merkmal; BPatG GRUR 1992, 701 – Heparin Azuchemie ≠ Cedrapin; BPatG GRUR 1992, 105 – Paracet von ct ≠ PARACET WOELM; BPatG GRUR 1992, 103 – terfen-basan ≠ MERFEN. 397

§ 14 Rechte und Ansprüche des Markeninhabers

398 **cc) Beispiele: Zeichenähnlichkeit bejaht.** BGH GRUR 1996, 404, 405 – *Blendax Pep:* wegen Bekanntheit des Firmennamens „Blendax" im jüngeren Zeichen ggü. älterem Zeichen „PEP"; ebenso BPatGE 36, 262 – GOLDWELL-JET = Jet für Kosmetika; BPatG Bl. 1996, 189 Ls. – NAUTILUS = PATEK PHILIPPE NAUTILUS; aus der Rspr. zum WZG: BGH GRUR 1973, 314 – Gentry = twenty Weißer Rabe; BGH GRUR 1954, 123 – NSU-Fox = Auto-Fox; BPatGE 33, 106 – CALYPSOL BIOLUBE = BIOLUBE; BPatG GRUR 1993, 672 – Azubactrin = BACTRIM; BPatG Mitt. 1984, 216 – JAKOBS FIESTA COLOMBIA = Siesta; BPatGE 15, 101 – LUCKY WHIP = Schöller Nucki (im Erg. verfehlt).

399 **d) Prägender Zeichenbestandteil – Originäre Kennzeichnungsschwäche.** Auch **selbständig nicht schutzfähige Bestandteile** können zur Prägung eines Gesamteindrucks beitragen (BGH GRUR 1996, 200, 201 – *Innovadiclophlont;* zum WZG: BGH GRUR 1995, 808, 809 – *P3-plastoclin* unter Bezugnahme auf BGH GRUR 1990, 367, 369/370 – *alpi/Alba Moda* und BGH GRUR 1992, 48, 51 – *frei öl*). Dies gilt insbesondere, wenn nur beschreibende Anklänge vorliegen, nicht aber jegliche Unterscheidungskraft fehlt (BGH GRUR 1995, 808, 809 – *P3-plastoclin*). Beschreibende Angaben dürfen daher grdsl. nicht aus einer mehrgliedrigen Bezeichnung abgespalten und unberücksichtigt gelassen werden (besonders deutlich BGH GRUR 1996, 200, 201 – *Innovadiclophlont:* „unzulässige, zergliedernde, semantische Betrachtungsweise", da berechtigtes Interesse der Wirtschaft, Marken aus beschreibenden Begriffselementen zu bilden, unter Bezugnahme auf BGH Bl. 1977, 371 – *KABELRAP,* BGH GRUR 1966, 676 – *Shortening,* BGH GRUR 1965, 183 – *derma* sowie in Abgrenzung zu den besonderen Fallgestaltungen in BGH GRUR 1977, 218, 219 – *MERCOL* und BGH GRUR 1990, 453, 455 – *L-Thyroxin*).

400 Andererseits kommt beschreibenden Angaben bzw. Bestandteilen mit deutlich erkennbaren produktbeschreibenden Bezügen wegen ihrer allenfalls geringen originären Kennzeichnungskraft grdsl. allerdings **kein** bestimmender Einfluß auf den Gesamteindruck zu (BGH GRUR 1995, 808, 809 – *P3-plastoclin* zum WZG unter Bezugnahme auf BGH GRUR 1990, 681, 684 – *Schwarzer Krauser,* BGH GRUR 1990, 453, 455 – *L-Thyroxin,* BGH GRUR 1986, 72, 74 – *Tabacco d'Harar* und BGH GRUR 1957, 89 – *Ihr Funkberater*). In diesen Fällen kann dann der andere, nicht beschreibende Bestandteil seinerseits prägende Bedeutung haben (BGH GRUR

F. Verwechslungsgefahr **§ 14**

1996, 775, 777 – *Sali Toft;* BGH GRUR 1996, 404, 405 – *Blendax Pep;* BPatG GRUR 1997, 649, 650 – Microtec Research = Microtek).

Bestandteile, die in einer **vom üblichen Gebrauch abweichenden Bedeutung** verwendet werden, eignen sich zur Prägung des Gesamteindrucks (BGH GRUR 1955, 481, 482 – Hamburger Kinderstube = Hanstein Kinderstube für Kinderbekleidung). 401

Weitere Beispiele aus der Rspr. zum WZG für Fälle **verneinter** Verwechslungsgefahr wegen beschreibender Bedeutung des übereinstimmenden Bestandteils: BGH GRUR 1994, 905, 907 – *Schwarzwald-Sprudel;* BGH GRUR 1992, 203, 205 – *Roter mit Genever;* BGH GRUR 1964, 28 – Elektrol ≠ Elektro-Puzzi: Anlehnung an „Elektro" für Putzmittel für elektrische Kochplatten. Verwechslungsgefahr **bejaht** dagegen in BPatG GRUR 1994, 122 – BIONAPLUS = BICONA; BPatG Mitt. 1993, 310 – Innovaaktiv = Eunova: „aktiv" nur Hinweis auf besondere Wirkungsweise; BPatGE 10, 93 – EXTRAVERAL = Verla allg. für Zusätze „extra", „forte", „liquid", „Depot", „retard", „oral" in Arzneimitteltelzeichen. 402

e) Prägender Zeichenbestandteil – Nachträgliche Kennzeichnungsschwäche. Die Regeln für originäre kennzeichnungsschwache Bestandteile gelten entsprechend für Bestandteile, die durch die Benutzung von Drittzeichen geschwächt sind. Dazu Rdn. 226 ff. 403

f) Prägender Zeichenbestandteil – Gesteigerte Kennzeichnungskraft. Bei gesteigerter Kennzeichnungskraft des prioritätsälteren Zeichens kann sich der Schutz auch auf solche Kombinationszeichen erstrecken, in denen für sich betrachtet das übereinstimmende ähnliche Element eine das Kombinationszeichen prägende Bedeutung nicht aufweist (BGH GRUR 1996, 198, 199 – *Springende Raubkatze;* zum WZG: BGH GRUR 1996, 267, 269 – *AQUA*). Hiervon zu unterscheiden ist der selbständige Schutz eines Zeichenbestandteils kraft Verkehrsgeltung als Marke nach § 4 Nr. 2. Einer selbständig kollisionsbegründende Stellung eines Bestandteils mit gesteigerter Kennzeichnungskraft soll die graphische Ausgestaltung entgegenstehen können, zB wenn besonders klein oder verfremdet gestaltet (BPatGE 37, 180, 182/183 – *BARBEIDOS/VITA MED badedas:* senkrechte Schreibrichtung). 404

g) Prägender Zeichenbestandteil – Fremdsprachige Bestandteile. Fremdsprachige Worte, die dem inländischen Verkehrsteilnehmern nicht ohne weiteres in Erinnerung bleiben, sollen 405 zur Prägung weniger geeignet sein (BGH GRUR 1996, 198, 200 – *Springende Raubkatze* für „sabèl"). Dem ist in dieser Allgemeinheit nicht zu folgen. Der Verkehr ist an fremdsprachige Kennzeichen in vielfältiger Weise gewöhnt. Sie können sich gerade deswegen eignen, weil sie gegenüber abgegriffenen deutschsprachigen Wörtern und Wortelementen auffallen und daher größere Aufmerksamkeit erlangen.

406 Bei Kombination aus Wörtern erkennbar **verschiedener Sprachen** kann Gleichgewichtigkeit naheliegend sein, da der Gesamtcharakter idR gerade von dieser Kombination insgesamt bestimmt sein wird (BGH GRUR 1996, 774, 775 – *falke-run/LE RUN:* für „LE RUN").

407 **Transskribierte Worte** etwa der chinesischen oder japanischen Sprache soll sich der Verkehr idR als lautliche Gesamtheit merken und wiedergeben, auch wenn der Bedeutungsgehalt nicht erkannt wird (BPatG GRUR 1997, 292 – CHIN LEE ≠ LEE unter Berufung auf BPatG GRUR 1988, 696, 697 – JIN SHIN DO zu § 4 WZG).

408 **h) Prägender Zeichenbestandteil – Vorname/Nachname.** Bei Kennzeichen, die erkennbar aus Vorname und Nachname bestehen, orientiert sich der Verkehr nicht am Vornamen allein, so daß **Ähnlichkeit nur bzgl. des Vornamens** grdsl. keine Zeichenähnlichkeit begründet (zB BPatG Mitt. 1985, 174 – Vittorio Rossi ≠ Vittorio; BPatG Mitt. 1976, 194 – Richard Schwarzwälder ≠ RICARD; BPatG Mitt. 1971, 132 – Jean Barthet ≠ Jeanine und Jeanette MODELL). Das soll auch bei einem Vornamen gelten, der als Nachname geläufig ist (BPatGE 28, 175 – Alexander ≠ Colours by Alexander Julian).

409 Dagegen begründet **Ähnlichkeit bzgl. des Nachnamens** idR Zeichenähnlichkeit, da sich der Verkehr auch nur am Nachnamen orientiert. Dies gilt uneingeschränkt, wenn das aus Vor- und Nachnamen bestehende Zeichen einem nur aus einem Familiennamen (ohne Vorname) gebildeten Zeichen gegenübertritt, da dann die Annahme naheliegt, der Verwender des Namens in Alleinstellung habe diesen Vornamen (BPatGE 36, 279, 281 – *ELFI RAUCH/ RAUSCH;* OLG Hamburg MD 1997, 867 – Klaus Bree = Bree; OLG Köln MD 1997, 246, 252 – Paloma Picasso = Picasso; aus der Rspr. zum WZG: BGH GRUR 1991, 475, 477 – Caren Pfleger = Pfleger zu § 16 UWG; BGH GRUR 1985, 389, 390 – *Familienname:* Hans Grohe = Grohe zu § 16 UWG; BGH GRUR 1961, 628, 630 – Umberto Rosso = Rossi), wird aber idR auch gelten,

F. Verwechslungsgefahr **§ 14**

wenn das zweite Zeichen einen anderen Vornamen umfaßt (zB BPatG Mitt. 1997, 261, 263 – Bea Coveri = Enrico Coveri; BPatG Mitt. 1980, 234 – Claude Ferrand = Louis Féraud; OLG München Mitt. 1992, 40 – Vittorio Rossi = Luigi Rossi).

Ein Ausschluß der durch Nachnamensähnlichkeit begründeten Verwechslungsgefahr bei besonderer Bedeutung des Vornamens oder durch weitere Unterschiede ist aber möglich, zB bei Vermittlung eines werbeüblichen Anklangs von „Chic" durch **ausgefallenen Vornamen** neben alltäglichem Nachnamen (erwogen für Modesektor in BGH GRUR 1991, 475, 477 – *Caren Pfleger* zu § 16 UWG; abgelehnt für „Elfi" in BPatGE 36, 279, 281 – *ELFI RAUCH/RAUSCH*) oder besonderen Flairs durch **ausländischen Vornamen** (BPatG GRUR 1996, 496 – PARK ≠ Jean Barth; BPatG Bl. 1996, 277 Ls. – ART ≠ Jean Barth), bei sehr hoher Bekanntheit als Vor-und Zuname einer nahezu **berühmten Person** (erwogen in BGH GRUR 1991, 475, 477 – *Caren Pfleger* zu § 16 UWG für „Bert Brecht", „Boris Becker"), durch **Bildbestandteil** bzgl. schriftbildlicher Verwechslungsgefahr (BPatG GRUR 1996, 879, 880 – *PATRIC LION/LIONS*), durch **beschreibenden Bestandteil** bei Unterschieden auch der Nachnamen selbst (BPatG Mitt. 1995, 387 – ADA GRIMALDI Le Camicie ≠ Renata Gibaldi), wenn kurzer Vor- und Nachname **exotischen Anklang** aufweist und als Einheit wirkt (BPatG GRUR 1997, 292, 293 – CHIN LEE ≠ LEE für Tabakwaren). 410

Verkürzung auf Familiennamen soll **nicht** üblich sein auf dem Textilsektor (BPatG Mitt. 1995, 387 – *ADA GRIMALDI;* ähnl. BPatG GRUR 1996, 879, 880 – *PATRIC LION/LIONS*), auf dem Tabaksektor (BPatG Bl. 1996, 277 Ls. – ART ≠ Jean Barth), bei Adelsnamen (BPatG GRUR 1996, 282 – Adalbert Prinz von Bayern ≠ Luitpold Prinz von Bayern: aber assoziative Verwechslungsgefahr bei gleichem Stammhaus und Warenidentität bejaht). 411

Bei **Allerwelts-Nachnamen** soll Unterschied im Vornamen genügen können (BPatGE 32, 65 – H. J. Müller-Collection # müller: Doppel-Initialen sollen genügen, auch im Modesektor; BPatGE 30, 61 – PETER MEYER ≠ MEYER; aber BPatGE 19, 214, 219 – V. MUELLER = Müller; nicht aber bei ausländischen Allerweltsnamen, die im Inland nicht als solche angesehen werden (zB OLG München Mitt. 1992, 40 – Vittorio Rossi ≠ Luigi Rossi). Dazu krit. § 5 Rdn. 23. 412

Die Regeln für Vor/Nachnamen gelten entsprechend für Zeichen, in denen ein Buchstabe erkennbar als Namensabkürzung, 413

d. h. **Initiale** verwendet wird (BPatG GRUR 1997, 54, 57 – S. OLIVER = Oliver; BPatGE 32, 65 – H. J. Müller-Collection ≠ müller).

414 Die besonderen Regeln für Vor-/Nachnamen können auch bei **zwei- oder dreiteiligen Phantasiezeichen** eine Rolle spielen, wenn sie wie Vor- und Nachname wirken. Das darf jedoch nicht ohne Anhaltspunkte unterstellt werden, insbesondere nicht bei Waren, bei denen eine solche Kennzeichnung ungewöhnlich ist (unzutr. daher für Futtermittel BPatG GRUR 1984, 819 – *Asid Bonz*).

Zu den besonderen Beschränkungen des kennzeichenrechtlichen Verbietungsrechts gegenüber Namen natürlicher Personen s. § 23 Rdn. 15 ff.

415 **i) Prägender Zeichenbestandteil – Bildbestandteil.** Die Prägetheorie gilt nicht nur für Wortzeichen, sondern auch bei Kollisionsbegründung durch Bildelemente und zwar sowohl bei einem reinen **Bildzeichen nur auf einer Seite** (vgl. BGH GRUR 1996, 198, 200 – *Springende Raubkatze* und dazu EuGH *Sabèl/Puma* v. 11.11.1997; BGH GRUR 1989, 425, 427 – *Herzsymbol*) als auch **zwischen Bildzeichen** (zB BPatG GRUR 1996, 895 – *rote Kreisfläche:* Farbiger Untergrund eines Wortzeichens „emsa" verletzt nicht eine aufgrund Verkehrsdurchsetzung als Marke eingetragene rote Kreisfläche, da Benennung nach Wort vorrangig; OLG Frankfurt aM Mitt. 1994, 166 – Fisherman's Friend: komplexes Wort/Bildzeichen mit mittiger Segelschiffabbildung ≠ Bildzeichen aus Segelschiffzeichnung). Zu Wort/Bildzeichen s. ausf. oben Rdn. 365 f.

416 **j) Weitere Prüfung bei bejahter Prägung durch Zeichenbestandteil.** Ist eine prägende Wirkung eines Bestandteils zu bejahen, so bleibt zu prüfen, ob hinsichtlich der übereinstimmenden Bestandteile hinreichende Ähnlichkeit gegeben und ob die Verwechslungsgefahr nicht durch die Gestaltung des Gesamtzeichens im übrigen ausgeschlossen ist (BGH GRUR 1996, 198, 199 – *Springende Raubkatze* unter Bezugnahme auf BGH GRUR 1989, 425, 427 – *Herzsymbol* und BGH GRUR 1966, 499 – *Merck*).

417 **k) Prozessuales zur Prägetheorie.** Die Beurteilung, ob einem Element eine das Gesamtzeichen prägende Bedeutung zukommt, liegt nach Auffassung des BGH im wesentlichen auf tatrichterlichem Gebiet, während in der Revisions- oder Rechtsbeschwerdeinstanz lediglich Verstöße gegen Denk- und Erfahrungssätze zu prüfen sind (BGH GRUR 1996, 977 – *DRANO/P3-drano;* BGH

F. Verwechslungsgefahr **§ 14**

GRUR 1996, 777, 778 – *Joy;* BGH GRUR 1996, 775, 776 – *Sali Toft;* BGH GRUR 1996, 198, 199 – *Springende Raubkatze;* zum WZG BGH GRUR 1996, 267, 269 – *AQUA*). Das gilt auch für die Beurteilung der Bedeutung einer Herstellerangabe (BGH GRUR 1996, 774, 775 – *falke-run/LE RUN;* BGH GRUR 1996, 406, 407 – *JUWEL;* BGH GRUR 1996, 404, 405 – *Blendax Pep*). Die Beachtung der vom BGH aufgestellten allgemeinen Erfahrungsregeln entbindet den Tatrichter nicht von der Klärung des tatsächlichen Verkehrsverständnisses aufgrund der besonderen Umstände des Einzelfalls (zum WZG BGH GRUR 1995, 808, 810 – *P3-plastoclin*).

l) Weitere Beispiele zur Anwendung der Prägetheorie in der Rspr. zum MarkenG. „Partek" und „Partek Butterworth" bei erheblicher Branchennähe verwechselbar (OLG Köln MD 1997, 240 – *Partek*); „INTECTA" klanglich verwechselbar mit „tecta", jeweils für Möbel (BPatG GRUR 1997, 287, 289 – *INTECTA/tecta*); Etikett „Fläminger ZAHNA Fläminger" mit Wappenabbildung verwechselbar mit „Fälinger" für alkoholische Getränke weil „Fläminger" prägend, da blickfangartig und als geographische Herkunftsangabe dem Verkehr nicht bekannt (BPatG GRUR 1996, 284 – *Fläminger*); „Fischer ISOTHERM" verwechselbar mit „Bisotherm-Stein" (BPatG Bl. 1996, 190 – Ls.); Etikett „BAD KISSINGER THERESIENQUELLE KISS light GOLDLIMO" verwechselbar mit „KISS" jeweils für Getränke wegen Prägung des jüngeren Zeichens durch hervorgehobenes Element „KISS", da alle übrigen Bestandteile beschreibend (BPatGE 35, 74 – *KISS*); „quickslide" nicht verwechselbar mit „quickpoint" jeweils für Diarahmen (BPatG GRUR 1996, 133 – *quickslide*); „BERGER" verwechselbar mit „BERGERLAHR" jeweils für elektronische Geräte, Familienname+Ortsname auch gg. Verwendung nur des Ortsnamens geschützt (BPatG GRUR 1996, 126 – *BERGER/BERGERLAHR*); „DIVAN" verwechselbar mit „Tiffany Diva" für Milchprodukte, wegen zweizeiliger Schreibweise, Kürzungsneigung und Erkennbarkeit von „Tiffany" als Herstellerangabe (BPatG GRUR 1996, 61 – *Divan/Tiffany Diva;* unzutr. s. unten Rdn. 421); Wort/Bildzeichen „MANHATTAN" verwechselbar mit Wort/Bildzeichen „MANHATTAN WYNEN" für Zigaretten bei Hervorhebung von „MANHATTAN" und unbekannter Aussprache von „WYNEN" (BPatG GRUR 1995, 590, 592 – *MANHATTAN*); Wort/Bildzeichen „Comtesse Esther de Pommery" verwechselbar mit „COMTESSE" jeweils für Lederwaren wegen An-

418

§ 14 Rechte und Ansprüche des Markeninhabers

ordnung des Adeltitels in eigener, mittiger Zeile (BPatG GRUR 1996, 283 – *COMTESSE,* sehr zw.); „Plak Guard" für Zahnreinigungsmittel nicht unmittelbar verwechselbar mit verkehrsdurchgesetztem „GARD" für Haarpflegemittel, da „Guard" im jüngeren Zeichen beschreibend; und auch nicht kraft gedanklicher Verbindung, da „GARD" Annäherung an warenbeschreibende Angabe „guard" (BPatG GRUR 1996, 128 – *Plak Guard/GARD*); „Basics" nicht verwechselbar mit älterem „Ultra-Basics" jeweils für Arzneimittel (OLG Stuttgart WRP 1997, 118, 121); „HERINGS-FASS" verwechselbar mit „SALZIGE HERINGE Salzlakritz" jeweils für Salzlakritze in Fischform (OLG Köln MD 1996, 1114, 1116); „Stadadorm" verwechselbar mit „Staurodorm" jeweils für rezeptpflichtige Schlafmittel (OLG Köln GRUR 1995, 490); „Togal-Seltzer" verwechselbar mit „Alka-Seltzer" für nicht verschreibungspflichtige Schmerzmittel, weil „Seltzer" nicht als beschreibender Bestandteil erkannt werde (OLG Köln WRP 1996, 351); „ALPEX" verwechselbar mit älteren Marken „alpex-san" und „alpex-therm" (OLG Nürnberg GRUR 1996, 206).

419 Weitere Nachweise zu nicht veröffentlichten Entscheidungen des BPatG zur Übereinstimmung in Bestandteilen finden sich in den alljährlich in GRUR veröffentlichten BPatG-Rechtsprechungsberichten, zB GRUR 1997, 504 ff.; GRUR 1996, 314 ff.; GRUR 1995, 375 f.

420 **m) Kritik an der Prägetheorie.** Der Prägetheorie des BGH ist in einigen Punkten nicht zu folgen. Schon die Ausgangsthese vom **Gesamteindruck** bedarf der Relativierung. Ihr ist uneingeschränkt zuzustimmen, soweit sie sich auf eine eingetragene Marke als geschütztes (älteres) Recht bezieht. Die Begründung ist insoweit allerdings nicht in Erfahrungsregeln zum Zeichenverständnis zu suchen, sondern in der normativen Maßgeblichkeit der Eintragung für den Schutz eines Registerrechts (oben Rdn. 315 ff.). Zweifelhaft ist jedoch die als Erfahrungssatz, dh empirisch gerechtfertigt ausgegebene These, der Verkehr nehme Kennzeichen stets nach ihrem Gesamteindruck wahr. Sie ist nicht vereinbar mit der in st. Rspr. angenommenen Abkürzungsgefahr bei geschäftlichen Bezeichnungen (§ 15 Rdn. 37 ff.), die nicht allein auf Besonderheiten des Firmengebrauchs verengt werden kann. Es liegt die Vermutung näher, daß der Verkehr nicht selten sehr wohl dazu neigt, aus mehreren Bestandteilen bestehende Bezeichnungen der Bequemlichkeit und leichteren Erfaßbarkeit und Mitteilbarkeit wegen von Anfang an gedanklich auf das wesentliche, nämlich einen zur Identifizierung

F. Verwechslungsgefahr § 14

geeigneten Produktnamen zu verkürzen. Es muß bezweifelt werden, ob die Prägetheorie dem immer ausreichend Rechnung tragen kann, nachdem die Weglassung eines Bestandteils vor Anwendung der Prägetheorie nur unter sehr engen Voraussetzungen zulässig ist (oben Rdn. 387 aE).

Vor allem aber ist dem BGH nicht zu folgen, wenn er die **Prioritätslage** unberücksichtigt lassen will (oben Rdn. 392). Dem älteren Kennzeichen, das in ein weitere Bestandteile aufweisendes Zeichen übernommen worden ist, gebührt grdsl. ein größerer Schutzumfang als dem älteren mehrteiligen Zeichen, das nur teilweise übernommen wurde. Der Markeninhaber hatte es in der Hand, durch eine isolierte Anmeldung auch dieses Bestandteils weitergehenden Schutz zu erlangen. Daraus erklärt sich beispielsweise die jedenfalls insoweit von *Eisenführ* GRUR 1995, 811 zu Unrecht beanstandete Diskrepanz zwischen dem Urteil BGH GRUR 1995, 808 – *P3-plastoclin* und dem Beschluß BGH GRUR 1996, 977 – *DRANO/P3-drano*. Während der Schutzumfang des Klagezeichens „P3-plastoclin" gegenüber „plastOclean" durch den Bestandteil „P3" reduziert war, war dies bei der im zweiten Fall älteren Marke „DRANO" nicht der Fall, vielmehr war diese identisch in die durch Voranstellung des Stammbestandteils P3 der Anmelderin gebildete Marke „P3-drano" übernommen worden. Daß der Verkehr die Prioritätslage nicht kennt, ist entgegen der Auffassung des BGH bedeutungslos. Denn der durch die Aufnahme zusätzlicher Bestandteile reduzierte Schutzumfang stellt eine normative Konsequenz dar. Das BPatG hat sich zu dieser Frage uneinheitlich geäußert (zweifelnd BPatGE 33, 106, 109 – *CALYPSOL BIOLUBE;* wie BGH dagegen jetzt zB BPatGE 37, 16, 22 – *Vorsicht Elch!*; BPatG GRUR 1996, 61 – *Divan/Tiffany Diva*). Im Schrifttum ist der BGH auf Widerspruch (zB *Tilmann* GRUR 1996, 702/703; schon *AH* § 31 WZG Rdn. 73), aber auch Zustimmung gestoßen (zB *Ullmann* GRUR 1996, 714; *Hacker* GRUR 1996, 97). 421

Nicht zu folgen ist dem BGH auch bei der **Differenzierung nach der Bekanntheit bzw. Verkehrsgeltung eines Unternehmenskennzeichen oder Stammbestandteils** als unterscheidendem Bestandteil, d. h. je bekannter, desto weniger prägend (oben Rdn. 395). Dieser Ansatz ist unabhängig von der Prioritätslage unzutreffend: 422

Handelt es sich bei dem Firmenschlagwort (oder Stammbestandteil) um einen Bestandteil des **älteren** Kennzeichens (p3-plastoclin-Falltyp; oben Rdn. 421), so darf eine gesteigerte Kenn- 423 zeichnungskraft dieses Bestandteils nicht zur Einschränkung des Schutzbereichs des Gesamtzeichens führen. Der eingetragenen Kombinationsmarke verbleibt der normale Schutzumfang auch dann, wenn einer ihrer Bestandteile zusätzlich Verkehrsgeltung erlangt. Es wäre widersinnig, wenn die wettbewerbliche Leistung der Verkehrsdurchsetzung eines Bestandteils dadurch „bestraft" würde, daß der bisherige Schutzbereich reduziert und bislang verletzende Drittzeichen plötzlich freigestellt würden (insoweit zutr. *Eisenführ* GRUR 1995, 811; dem BGH folgend *Starck* WRP 1996, 273). Mit anderen Worten: die Verkehrsgeltung eines Bestandteils der älteren Marke kann nie kollisionsmindernd wirken, sondern allenfalls kollisionsbegründend, nämlich dann, wenn die Übereinstimmung in diesem Bestandteil besteht.

424 Handelt es sich bei dem Firmenschlagwort bzw. Stammbestandteil dagegen um einen im **jüngeren** Zeichen hinzugefügten Bestandteil (P3-drano-Falltyp; oben Rdn. 421), darf der Schutzumfang der älteren Marke ebenfalls nicht davon abhängen, wie bekannt dieser Zusatz aktuell für den Verletzer ist. Schutz muß auch dann gewährt werden, wenn es sich bei dem Zusatz um einen noch nicht verkehrsbekannten Firmennamen handelt. Alles andere würde auf eine befremdliche Privilegierung der Inhaber unbekannter Firmennamen hinauslaufen (wie hier *Eisenführ* GRUR 1996, 549; *Reichardt* WRP 1996, 743/744; *Fezer* § 14 Rdn. 170). In diesem Sinne ist in Entscheidungen des BPatG zu Recht betont worden, daß eine kennzeichnungskräftige ältere Marke vor einer identischen Verwendung mit fremden Firmen- (oder Orts-) Zusätzen auch dann geschützt werden müsse, wenn der vorangestellte Firmenname heute noch nicht als solcher vom Verkehr erkannt werde, und zwar auch gegen eine ganz klein geschriebene Übernahme in Kombinationszeichen (BPatG Mitt. 1996, 135/137/139 – *OTHÜNA Gearer Marina I/II* und – *MEYLIP marina*, insoweit gegen BGH GRUR 1996, 198, 199 – *Springende Raubkatze* und BGH GRUR 1989, 264 – *REYNOLDS R1/EREINTZ;* vgl. auch BPatG Mitt. 1996, 397 – *Schürmann:* „Süd Trans Sped. Schürmann" = „Schürmann Spedition").

V. Gedankliche Verbindung

1. Grundlagen

425 Ein neues Element des Begriffs der Verwechslungsgefahr ist aus deutscher Sicht die ausdrückliche Einbeziehung der „Gefahr,

F. Verwechslungsgefahr § 14

daß das Zeichen mit der Marke gedanklich in Verbindung gebracht wird". Die Einfügung erfolgte auf besonderen Wunsch der Benelux-Staaten vor dem Hintergrund einer dort besonders extensiven Rechtsprechung zum Markenschutz bei bloßer Assoziationsgefahr zur Entstehungsgeschichte *Lehmann/Schönfeld* GRUR 1994, 484; *Schönfeld* S. 182 ff.; *Verkade* GRUR Int. 1992, 96). Der EuGH hat der Übernahme dieser Rspr. eine Absage erteilt und die „rein assoziative gedankliche Verbindung, die der Verkehr über die Übereinstimmung des Sinngehalts zweier Marken zwischen diesen herstellen könnte" für sich genommen nicht als Verwechslungsgefahr im markenrechtlichen Sinne (*Sabèl/Puma* v. 11.11.1997). Der Begriff der Gefahr der gedanklichen Verbindung ist danach keine Alternative zum Begriff der Verwechslungsgefahr, sondern soll deren Umfang näher bestimmen (aaO ErwGr 18). Daher genüge es nicht, wenn das Publikum einen Zusammenhang zwischen den Zeichen nur deshalb sehe, weil das eine Zeichen die Erinnerung an das andere wecke, ohne zu Verwechslungen zu führen (aaO ErwGr 16).

Nach der bis zu dieser EuGH-Entscheidung ergangenen deutschen Rspr. umfaßt der die Gefahr gedanklicher Verbindungen einschließende Verwechslungstatbestand der §§ 14 Abs. 2 Nr. 2, 9 Abs. 1 Nr. 2 jedenfalls mindestens die früheren Tatbestände der **mittelbaren Verwechslungsgefahr** und der **Verwechslungsgefahr im weiteren Sinne** (zB BPatG GRUR 1996, 282, 283 – *Adalbert Prinz von Bayern;* BPatG GRUR. Mitt. 1996, 20, 21 – *Eisträumereien;* BPatG GRUR 1995, 739 – *GARIBALDI;* BPatG GRUR Mitt. 1995, 255 – *JACOMO/Jac;* BPatG GRUR 1995, 416, 417 – *Rebenstolz;* wohl auch BPatG GRUR 1996, 133, 137 – *quickslide;* zurückhaltender BPatG GRUR 1996, 128, 130 – *Plak Guard/GARD;* OLG Frankfurt aM WRP 1996, 1045 – *Die Blauen Seiten:* „jedenfalls" mittelbare). Das deckt sich mit einen Teil des deutschen Schrifttums (zB *Kunz-Hallstein* GRUR Int. 1990, 757; *Rößler* GRUR 1994, 564; *Schönfeld* S. 185; *Teplitzky* GRUR 1996, 2; *Winkler* FS 100 Jahre Markenamt 1994, 401. AA, nämlich enger *Keller* S. 64: nur mittelbare Verwechslungsgefahr; ähnlich *von Gamm* GRUR 1994, 780 und WRP 1993, 797; gegen ihn *Winkler* GRUR 1994, 576 und *Krüger* GRUR 1995, 529).

Daran orientiert sich hier der weitere Gang der Darstellung. Zunächst werden die Fallgruppen der mittelbaren Verwechslungsgefahr und der Verwechslungsgefahr im weiteren Sinne als mögliche Erscheinungsformen des gedanklichen Inverbindungbringens erläutert. Erst im Anschluß an diese Abschichtung stellt sich die Frage nach einem darüber hinausgehenden Anwendungsbereich.

2. Vermutung einer Zeichenabwandlung desselben Unternehmens (mittelbare Verwechslungsgefahr)

Die mittelbare Verwechlungsgefahr wird vom EuGH als offensichtlich zweifelsfrei zur Verwechslungsgefahr im Sinne der MRRL gehörend behandelt (*Sabèl/Puma* v. 11.11.1997 ErwGr 16/17). Nach der bisherigen deutschen Rspr. können folgende Fallgruppen gebildet werden:

a) Serienzeichen

428 **aa) Grundsätze.** Die zum WZG von der Rspr. entwickelten Grundsätze der Verwechslungsgefahr unter dem Gesichtspunkt des Serienzeichens hat der BGH **uneingeschränkt in das neue Recht übernommen** (BGH GRUR 1996, 200, 202 – *Innovadiclophlont*; bestätigt in BGH GRUR 1996, 777, 778 – *JOY*; BGH GRUR 1996, 775 – *Sali Toft*; OLG Frankfurt aM WRP 1996, 1045 – *Die Blauen Seiten*). Diese Art der Verwechslungsgefahr ist nur zu prüfen, wenn nicht schon unmittelbare Verwechslungsgefahr gegeben ist (BGH GRUR 1996, 200, 201/202 – *Innovadiclophlont*; BPatGE 37, 179, 181 – *BARBEIDOS/VITA MED badedas*). Sie liegt vor, wenn die Zeichen in einem Bestandteil übereinstimmen, den der Verkehr als Stamm mehrerer Zeichen eines Unternehmens ansieht und deshalb wegen dieses **„wesensgleichen" Stamms** dem gleichen Zeicheninhaber zuordnet (BGH GRUR 1996, 200, 202 – *Innovadiclophlont,* unter Bezugnahme auf BGH GRUR 1989, 350, 352 – *Abbo/Abo,* BGH GRUR 1975, 312, 313 – *BiBA* und BGH GRUR 1969, 40, 41 – *Pentavenon*). Grundlage dieser Rspr. ist die dem Verkehr bekannte Übung vieler Unternehmen, sich eines Stammzeichens für alle ihre Waren zu bedienen und dieses – dabei als solches erkennbar bleibende – Stammzeichen für einzelne Warenarten abzuwandeln. Voraussetzung soll idR eine aufmerksamere Befassung mit den Zeichen und eine gewisse Marktkenntnis sein, nicht eine nur flüchtige Aufnahme (zB BPatGE 37, 16, 22/23 – *Vorsicht Elch!*; BPatGE 37, 179, 184 – *BARBEIDOS/VITA MED badedas*: gegen BGH GRUR 1989, 350, 352 – *Abbo/Abo*). Naheliegend ist die Annahme eines solchen Serienzeichens für den Verkehr insbesondere dann, wenn das Stammzeichen von dem Markeninhaber bereits zur Bildung mehrerer Zeichen benutzt und im Verkehr verwendet worden ist. Eine unerläßliche Voraussetzung ist dies jedoch nicht, sondern es kann auch in einem erstmalig verwendeten Zeichen ein Stammzeichen gesehen werden, wofür die Rspr. aber konkrete Anhaltspunkte verlangt und strenge Anforderungen an die Wesensgleichheit des

F. Verwechslungsgefahr § 14

Stammbestandteils mit dem angegriffenen Zeichen stellt (BGH 1996, 200, 202 – *Innovadiclophlont,* unter Bezugnahme auf BGH GRUR 1975, 312, 313 – *BiBA;* zB BPatGE 30, 112 – *MÖVEN-NEST/Mövenpick*). Auch ist nicht Voraussetzung, daß der Markeninhaber über eine als Marken eingetragene Zeichenserie verfügt oder der Stammbestandteil die betroffenen Zeichen prägt, sondern der „**Hinweischarakter**" des möglichen Stammbestandteils, der auch dann angenommen werden kann, wenn er als Marke oder als Firmenhinweis Verkehrsgeltung erlangt hat (zum WZG BGH GRUR 1996, 267, 269 – *AQUA*). Allerdings hat der BGH ständig betont, daß an die Bejahung mittelbarer Verwechslungsgefahr vergleichsweise **strenge Anforderungen** zu stellen sind, da andernfalls eine nicht zu rechtfertigende Umgehung der Maßgeblichkeit des Gesamteindrucks im Sinne eines unzulässigen Elementenschutzes drohe (zB BGH GRUR 1975, 312, 313 – *BiBA;* BGH GRUR 1974, 93 – *Räuber;* BGH GRUR 1972, 549, 550 – *Messinetta;* BGH GRUR 1969, 40, 41 – *Pentavenon*). Auf die bisherige Rspr. kann jedenfalls insoweit weitgehend zurückgegriffen werden, als Verwechslungsgefahr unter dem Gesichtspunkt des Serienzeichens bejaht wurde. Verneinende Entscheidungen können dagegen nur unter Berücksichtigung der Schutzerweiterungen des MarkenG als Orientierungshilfe herangezogen werden.

aa) Stammbestandteil. (1) *Faktoren für Stammcharakter.* Für Stammcharakter kann zB sprechen: Gewöhnung des Verkehrs durch Benutzung einer entsprechenden **Zeichenserie** (zB BGH WRP 1995, 809/810 – f6 ≠ R6, da Klägerin in der DDR keine Zeichenserie aus Buchstaben und Zahlen gehabt habe, s. aber oben Rdn. 428; BGH GRUR 1989, 350, 351 – *Abbo/Abo;* BGH GRUR 1969, 681 – *Kochendwassergerät;* BGH GRUR 1969, 538, 540 – *Rheumalind*); **Verkehrsbekanntheit** (BGH GRUR 1969, 538, 540 – *Rheumalind*); Verwendung des Stamms als **Firmenschlagwort** (zB BGH GRUR 1989, 350, 352 – Abbo = Abo: erkennbare Abkürzung des Firmenschlagwort „Abbott"; BGH GRUR 1969, 357, 359 – Sihl = Silbond: „Sihl" Firmenschlagwort und „bond" beschreibend; **Hervorhebung des Stamms in der Werbung** (BGH GRUR 1969, 538, 540 – *Rheumalind;* unzutr. solange dafür nicht Verkehrsgeltung, s. Rdn. 320); **geringe Kennzeichnungskraft der weiteren Bestandteile** weil beschreibend (zB BGH Bl. 1977, 371, 372 – KABELRAP = TY-RAP: für Kabel; BGH GRUR 1969, 40, 41 – *Pentavenon/Essavenon:* bzgl. „-venon" für Arzneimittel; BGH GRUR 1969, 681, 683 – 429

§ 14 Rechte und Ansprüche des Markeninhabers

Kochendwassergerät: Aqua = Aquatherm wegen Farblosigkeit von „therm"; BGH GRUR 1966, 35, 37 – multikord ≠ Normakord; BPatGE 16, 292 – Minimeto = Ermeto; BPatGE 9, 231 Vita-Seltzer = Seltzerbrunnen; OLG Hamm GRUR 1993, 978: „Wer ist wer – Das deutsche Who's Who" = „Wer ist wer in Sachsen") oder **verbrauchte Vor- oder Endsilbe** (zB BPatGE 32, 75 – Probiox = Biox); inhaltliche Bedeutung als **Grundwort ggü. Bestimmungsworten** (zB BGH GRUR 1974, 93 – *Räuber:* Spessarträuber/Seeräuber) oder gegenüber **Namensbestandteil** (BPatG GRUR 1984, 655 – Black John = Lord John). Nicht erforderlich ist, daß der Stamm den Gesamteindruck des Zeichens allein bestimmt (BGH GRUR 1974, 93 – *Räuber*; BGH GRUR 1969, 40, 41 – *Pentavenon*). Nicht allein ausreichend ist höhere Kennzeichnungskraft ggü. weiteren Bestandteilen (BGH GRUR 1969, 40, 41 – *Pentavenon*).

430 (2) *Faktoren gegen Stammcharakter.* Gegen Stammcharakter kann zB sprechen: **beschreibende Bedeutung** des übereinstimmenden Bestandteils (zB BPatG Mitt. 1996, 149 – nOvafit ≠ formfit, topfit, da „fit" beschreibend; BPatG Mitt. 1996, 171 – HORTIVER ≠ HORTIPLUS bzgl. Baumaterialien für Gewächshäuser wegen „Hortikultur"; BPatG GRUR 1995, 416, 417 – Rebenstolz ≠ Rebenstern, Rebenkrone, Rebendank für Weine; zum WZG: BGH GRUR 1970, 85, 86 – Herba ≠ Herbapon: trotz Verkehrsdurchsetzung von „Herba"; BGH GRUR 1967, 485, 488 – badedas ≠ Badegold; BGH GRUR 1961, 347, 350 – Almglocke ≠ Almquell: für Molkereiprodukte; BPatGE 21, 147 – HOMBRE ≠ HOM: für Bekleidung; BPatG Mitt. 1971, 27 – Skyliner ≠ Ski: für Kosmetika; BPatGE 5, 192 – Euroyal ≠ Euro-Marke; BPatGE 2, 228 Schlafmond ≠ Schlafwohl: für Bettwäsche; OLG Koblenz GRUR 1984, 124 – Medi-Sport ≠ Medifit: für Sportcenter, da „medi" Bestimmungsangabe; **anders** aber bei Verkehrsgeltung und glatt beschreibenden weiteren Bestandteilen, zB BGH GRUR 1996, 267, 269 – *AQUA* und BGH GRUR 1969, 681, 682 – *Kochendwassergerät,* jeweils für „Aqua"; anders auch ohne Verkehrsgeltung BPatGE 15, 244 – CLINICULT = CLINITEST, CLINISTIX; BPatGE 19, 187 – NEUROHORM = Heparhorm: für Hormonpräparate), **geographische Angabe** (zB BGH GRUR 1972, 549, 550 – Messinetta ≠ Messina-Perle); **verbrauchte Vor- oder Endsilbe** (BGH GRUR 1957, 339 – Venostasin ≠ Topostasin; BPatGE 23, 66, 70 – BAURAL ≠ Verbandszeichen RAL, da nur als Endung wirkend); **sonstige Kennzeichnungsschwäche**

F. Verwechslungsgefahr   § 14

(zB BPatGE 21, 132 – ratiopharm ≠ RATIOTEST zw.; BPatGE 19, 204 – MEISTER ≠ Kräutermeister; BPatG Mitt. 1972, 53 – POLINOVA ≠ Polli: für Poliermittel) auch **einfacher Bildbestandteile** (zB BPatG GRUR 1996, 895 – *rote Kreisfläche*); **Schwächung durch Drittzeichen** (zB BGH GRUR 1970, 85, 86 – *Herba;* BGH GRUR 1969, 538, 540 – *Rheumalind*); **Stammcharakter eines anderen Bestandteils** (BGH GRUR 1996, 200, 202 – *Innovadiclophlont*: kein Hinweischarakter von „Diclophlogont" insgesamt, wenn bisher nur „phlogont" als Stamm benutzt); **fernliegende Auftrennung des Zeichens in Stammbestandteil**, d. h. fehlende gewisse Selbständigkeit des vermeintlichen Stamms (zB BPatG GRUR 1996, 879 – PARTRIC LION ≠ LIONS: Einbindung in Wort/Bildmarke mit mehreren gleichgewichtigen Elementen; BPatG GRUR 1996, 894 – NISSKOSHER ≠ Nissen; zum WZG: BGH GRUR 1978, 170, 171 – FAN ≠ FANTA, da keine Eigenständigkeit in „FANTA"; BGH GRUR 1975, 312, 314 – BiBA ≠ Bi: trotz besonderer Schreibweise im jüngeren Zeichen, weil „Bi" nichtsagende Buchstabenfolge und Kleinschreibung des „i" graphisch naheliegend; BGH GRUR 1962, 522, 523 – Ribana ≠ Ariba; BPatGE 23, 199, 202 – Dolmyxin ≠ Yxin; BPatGE 10, 269 – METOCAL ≠ Togal: naheliegendere Gliederung METO-CAL und Warenferne; BPatGE 10, 83 – OPTICORTENOL ≠ Optocor naheliegende Gliederung OPTI-CORTENOL); auch wegen **Einbindung in neuen Gesamtbegriff** (zB BPatGE 32, 1 – FEERIE ≠ Fee; BPatGE 21, 192, 196 – TRAUM ≠ Traumfeuer: für Spirituosen, zw.) oder Einbindung in beschreibenden Gesamtbegriff (zB BPatGE 20, 276 für Wasserquelle ≠ Quelle: für Wasserbehälter, BPatG Mitt. 1972, 234 – Milchquelle ≠ Quelle: für Futtermittel, zw.); **Position innerhalb eines Gesamtzeichens** (BPatG GRUR 1997, 292, 293 – CHIN LEE ≠ LEE: Stammzeichen bei Tabakmarken vorangestellt).

Ein deutlicher **Begriffsunterschied** der übrigen Bestandteile **431** schließt die gedankliche Verbindung nicht von vornherein aus, sondern kann gerade als produktunterscheidendes Merkmal innerhalb einer Zeichenserie verstanden werden (zw. daher BPatGE 21, 132 – ratiopharm ≠ RATIOTEST).

(3) *Wesensgleichheit.* Die Interpretation als Serienzeichen setzt **432** nach st. Rspr. einen besonders hohen, an Identität grenzenden Ähnlichkeitsgrad der Stammbestandteile voraus (zB BPatGE 37, 179, 184 – *BARBEIDOS/VITA MED badedas;* BGH GRUR

1989, 350, 352 – *Abbo/Abo*). Wesensgleichheit in diesem Sinne wurde insbesondere verlangt, wenn die **äußere Zeichenform** Anlaß für die Einstufung als Serienzeichen war. Wesensgleichheit **verneint**: BGH GRUR 1996, 200, 202 – Innovadiclophlont ≠ Diclophlogont, für Stämme „phlogont" und „phlont" wegen zusätzlicher Silbe „go" und geringer Abkürzungsgefahr wegen Zeichenkürze; BPatG Mitt. 1992, 111 Ls. – ASTRO ≠ ASTRATECH, ASTRAVISION etc.; BPatGE 22, 193 – RHINISAT ≠ Ysat; BPatGE 19, 220 – Minu ≠ Milupa; BPatG Mitt. 1971, 25 – ARMOGLOSS ≠ ARNO; BPatGE 10, 83 – OPTICORTENOL ≠ Optocor. Wesensgleichheit trotz deutlicherer Unterschiede **bejaht**: OLG München GRUR 1989, 598 – Wolff = -nolf als Endsilbe von Arzneimittelmarken; s. im übrigen die Beispiele unten Rdn. 450 ff. Von inhaltlicher Art ist die Wesensgleichheit, wenn der begriffliche **Zeicheninhalt** Anlaß für die Einstufung als Serienzeichen ist (s. dazu oben Rdn. 349 ff.; zB BPatGE 30, 112 – MÖVENNEST = Mövenpick; BPatG Mitt. 1971, 110 – Herrenwitz = Winzerwitz).

433 **b) Modernisierung.** Ein gedankliches Inverbindungbringen liegt auch dann vor, wenn der Verkehr ein Zeichen als modernisierte, dem Zeitgeschmack und aktuellen Werbetrends angepaßte Abwandlung der geschützten Kennzeichnung ansieht. Nach früherem Recht wurde mittelbare Verwechslungsgefahr geprüft. Modernisierungen betreffen häufig Bildzeichen (BGH GRUR 1970, 302, 303 – *Hoffmann's Katze*; BGH GRUR 1964, 140, 143 – *Odol Flasche*), können aber auch bei Wortzeichen auftreten, insbesondere als Straffung (Rdn. 434). Die Abgrenzung zur unmittelbaren Verwechslungsgefahr ist bei nicht ohne weiteres auffallender oder merkbarer Modernisierung ebenso fließend wie die zur gedanklichen Verbindung wegen Annahme eines Serienzeichens, wenn ein Stammbestandteil vorliegt und ein Teil des Verkehrs annimmt, die Modernisierung ersetze das bisherige Zeichen nicht, sondern trete für modernere Produkte hinzu.

434 **c) Abkürzung, Verkürzung.** Die gedankliche Verbindung kann auch darin bestehen, daß der Verkehr ein Zeichen als verkürzte Fassung einer Marke deutet. Nach früherem Recht wurde mittelbare Verwechslungsgefahr angenommen (zB BPatGE 22, 173: „UFAC" als Straffung von ULTRA-FAC; BPatGE 5, 185: „Albiose" als Straffung von „Aletobiose"; BPatGE 6, 127: „Sletten" als modernisierte Straffung der bekannten Marke „Salzletten"). Bei dieser Fallgruppe ist aber besonders sorgfältig zu prüfen, ob die

F. Verwechslungsgefahr   § 14

Gefahr gedanklicher Verbindung tatsächlich besteht. Denn andernfalls würden die zur Übereinstimmung nur in Bestandteilen entwickelten Grundsätze (oben Rdn. 385 ff.) umgangen. Zu den besonderen Regeln des Schutzes von Abkürzungen geschäftlicher Bezeichnungen s. § 15 Rdn. 37 ff.

d) Verkleinerung. Als sprachliche Verkleinerungen einer Marke wirkende Zeichen gehören zur Fallgruppe des Serienzeichens, wenn sie einen Stammbestandteil aufweisen (vgl. BPatG Mitt. 1971, 22, 23 – Rossini; oben Rdn. 428 ff.). Es kann aber bisweilen auch ohne gemeinsamen Stamm die Gefahr gedanklichen Inverbindungbringens durch den Eindruck einer Verkleinerung hervorgerufen werden. (BPatGE 2, 135 – Marina = Marinella; zw. daher BPatG Mitt. 1983, 58 – Rollinos ≠ Rolo; vgl. auch BGH GRUR 1972, 549, 550 – Messinetta ≠ Messina-Perle: nur Serienzeichen geprüft, im Erg. zutr. falls geographische Angabe). 435

e) Schutz von Markenbildungsprinzipien? Das MarkenG gewährt **keinen abstrakten Schutz** für ein Markenbildungsprinzip als solches, sondern immer nur bezogen auf ein konkretes Zeichen, das verwechselbar oder im Falle des §§ 14 Abs. 2 Nr. 3, 9 Abs. 1 Nr. 2 ausbeutend oder beeinträchtigend sein muß (zB OLG Düsseldorf WRP 1997, 588, 592 – *McPaint*: zum „McSomething-Prinzip"; verneint auch in OLG Frankfurt aM WRP 1992, 117, 119 – *Hessen-Report*: kein Titelschutz des Hessischen Rundfunks an allen Sendetiteln bestehend aus „Hessen" und einer nachfolgenden beschreibenden Angabe). 436

Zweifelhaft sind daher auch Versuche, aus der **Kennzeichenstruktur** als solcher mittelbare Verwechslungsgefahren abzuleiten (zB BPatGE 23, 74, 77 – Denticovision = MEDICOVISION; eindeutig verfehlt BPatGE 10, 280 – Aparicor = Aspirin: Übernahme des „Wortskeletts"). Die Art der Zeichenbildung als solche darf nicht monopolisiert werden. Gemeinsamkeiten, die sich erst aus einer Abstraktion der Zeichen ergeben, werden idR nicht einmal vom Fachpublikum erkannt. 437

3. Vermutung von Unternehmensverbindungen (Verwechslungsgefahr im weiteren Sinne)

Die drohende gedankliche Verbindung kann auch darin bestehen, daß der Verkehr trotz Auseinanderhaltens der Zeichen und des als verantwortlich angesehenen Unternehmens aufgrund der Zeichen- und Waren/Dienstleistungs-Ähnlichkeiten dennoch den unzutreffenden Eindruck gewinnt, die hinter den Zeichen stehen- 438

§ 14 Rechte und Ansprüche des Markeninhabers

den Unternehmen seien miteinander (zB lizenz-)vertraglich, (zB konzern-)organisatorisch oder in sonstiger Weise **wirtschaftlich verbunden**. Im bisherigen Recht wurde diese Fallgruppe als Verwechslungsgefahr „im weiteren Sinne" bezeichnet.

439 Der **EuGH** hat die Einbeziehung dieser Art der Verwechslungsgefahr in den nationalen Markenschutz vor Inkrafttreten der MRRL aus der Perspektive der Art. 30, 36 EGV ausdrücklich als nicht zu beanstanden bewertet, weil sie dem spezifischen Gegenstand des Warenzeichenrechts entspreche (EuGH GRUR Int. 1994, 168, 170 – *quattro/Quadra*; vgl. allg. oben Rdn. 152). Der Schutzumfang nach der MRRL sollte dahinter nicht zurückbleiben. Unklar ist dies allerdings insoweit, als der EuGH in seiner Entscheidung v. 11.11.1997 – *Sabèl/Puma* diese Art der Verwechslungsgefahr unerwähnt läßt. Daraus kann jedoch nichts verläßliches entnommen werden, nachdem diese Frage nicht zur Entscheidung vorgelegt war.

440 Allerdings hat schon die Rspr. zum WZG eine Verwechslungsgefahr im weiteren Sinne nur sehr zurückhaltend bejaht und dafür über Zeichenähnlichkeit und Warennähe hinausgehende, **besondere Umstände** verlangt (zB BGH GRUR 1978, 170, 172 – *FAN*; BGH GRUR 1977, 491, 493 – *ALLSTAR*). Die Verwechslungsgefahr im weiteren Sinne stammt aus der Rspr. zum Kennzeichenschutz nach §§ 12 BGB, 16 UWG aF (dazu § 15 Rdn. 35). Es wurde demensprechend vorausgesetzt, daß die ältere Marke zugleich als **Firmenkennzeichen** in Gebrauch war (BGH WRP 1997, 310, 311 – *Yellow Phone*; BGH GRUR 1991, 317, 319 – *MEDICE*; BGH GRUR 1977, 491, 493 – *ALLSTAR*). Verwendung auch des jüngeren Zeichens als Firmenkennzeichen war zwar nicht Voraussetzung, konnte aber berücksichtigt werden (BGH GRUR 1977, 491, 493 – *ALLSTAR*). Verkehrsgeltung bis zur Berühmtheit genügte nicht, wenn die Marke im jüngeren Zeichen als unselbständiger Teil unterging (BGH GRUR 1978, 170, 171/172 – *FAN*). Originäre Kennzeichnungsschwäche sprach gegen Verwechslungsgefahr im weiteren Sinn, konnte aber durch Verkehrsbekanntheit nach den allgemeinen Regeln (oben Rdn. 221 ff.) kompensiert werden (BGH GRUR 1991, 317, 319 – *MEDICE*).

441 **Beispiele aus der Rspr. zum MarkenG:** OLG Köln MD 1997, 745, 749 – *ARD-1*: bildlich = Logo „Kabel 1"; OLG München ZUM-RD 1997, 359, 366 – Erstes Deutsches Fernsehen = Deutsches Sportfernsehen; OLG Düsseldorf WRP 1997, 588, 590 und 592 – *McPaint*: für Farben, Lacke ≠ Mc oder McDonalds für Schnellrestaurants wegen weitem Warenabstand.

F. Verwechslungsgefahr   § 14

Beispiele aus der Rspr. zum WZG: BGH GRUR 1991, 442
317, 319 – *MEDICE:* als Firmenschlagwort und Marke für Arzneimittel = MEDICAID für Beratungsleistungen für Medizin und Pharmazie, zw.; BGH GRUR 1978, 170, 171/172 – *FAN:* für Schaumweine ≠ FANTA für Limonade; BGH GRUR 1977, 491, 493 – *ALLSTAR:* ELECTROSTAR als Firmenschlagwort und Marke für Staubsauger = ALLSTAR für Staubsaugerdüsen; BPatG GRUR 1989, 266, 268: Wort/Bildzeichen SUPER-MEIER ≠ Wort/Bildzeichen SUPERMAN für Zeitschriften, im Erg. verneint, da parodistische, lächerlich machende Anlehnung gerade nicht für Unternehmensverbindungen spreche; BPatG GRUR 1978, 50 – Farina = Farinissima für Kosmetika, da Superlativ zur Annahme führe, die bisher tätigen mehreren Farina-Firmen hätten sich zu einem Unternehmen oder zur gemeinsamen Lizenzerteilung zusammengeschlossen.

4. Assoziationsgefahren jenseits mittelbarer und weiterer Verwechslungsgefahr?

Ob die ausdrückliche Einbeziehung gedanklicher Verbindungen 443
eine Erweiterung des Schutzes auf nach bisherigem deutschen Verständnis nicht unter Verwechslungsgefahr subsumierbare Zeichenverwendungen bedeutet, war jedenfalls bis zur Entscheidung des EuGH v. 11. 11. 1997 – *Sabèl/Puma* (unten Rdn. 449) umstritten. Die **Amtl. Begr.** geht davon aus, daß durch die Nennung der Gefahr gedanklicher Verbindung lediglich „ein Beispiel der Verwechslungsgefahr herausgestellt werde, um Zweifeln bei der Auslegung dieses zentralen Begriffs vorzubeugen" (Amtl. Begr. 4. Abs. zu § 143), wobei diesem Element die Grundsätze zur mittelbaren Verwechslungsgefahr und zur Verwechslungsgefahr im weiteren Sinne „entsprechen" sollen, wenn auch auf diese Grundsätze nicht unmittelbar zurückgegriffen werden könne (Amtl. Begr. 4. Abs. zu § 9). Der Gesetzgeber hat somit offensichtlich keine Erweiterung beabsichtigt (ebenso zB *Teplitzky* FS Brandner 1996, 500 ff.; *Kiethe/Krauß* WRP 1996, 495; *Kunz-Hallstein* GRUR Int 1990, 756; wohl auch *Starck* WRP 1996, 273). Demgegenüber nehmen **Teile des Schrifttums** an, daß mit dem neuen Element doch eine gewisse Erweiterung verbunden sein könnte. So zB *Hacker* GRUR 1996, 98: Übernahme eines Kennzeichens mit erhöhter Kennzeichnungskraft in Kombinationszeichen, in dem das übereinstimmende Element nicht mitprägend ist, aber dennoch gedankliche Verbindung auslöst (für Anwendung zum Schutz bekannter Markenbestandteile auch BPatGE 37, 179, 185 – *BARBEIDOS/VITA*

§ 14 Rechte und Ansprüche des Markeninhabers

MED badedas); *Krüger* GRUR 1995, 527: allenfalls maßvolle Erweiterung, insbesondere zur Berücksichtigung der Werbekraft als weiterem Schutzgut; *Gielen* Mitt. 1996, 106: nicht herkunftsbezogene Assoziationen.

444 Wenig aussagekräftig ist die in Rspr. und. Lit angesichts der Auslegungszweifel seit *Eisenführ* Mitt. 1995, 23 gerne verwendete Formel, es könne angesichts der unerschöpflichen menschlichen Assoziationsfähigkeiten jedenfalls **nicht jede wie immer geartete gedankliche Assoziation** gemeint sein (zB BGH GRUR 1996, 777, 778 – *JOY;* BGH GRUR 1996, 404, 406 – *JUWEL;* BGH GRUR 1996, 200 – *Innovadiclophlont;* BPatGE 37, 179, 183 – *BARBEIDOS/VITA MED badedas;* BPatG GRUR 1997, 293, 295 – *GREEN POINT/Der Grüne Punkt;* BPatG GRUR 1997, 292, 293 – *CHIN LEE/LEE;* BPatG GRUR 1996, 895, 897 – *rote Kreisfläche (emsa);* BPatG GRUR 1996, 894, 895 – *NISSKOSHER/Nissen;* BPatG GRUR 1996, 282, 283 – *Adalbert Prinz von Bayern;* BPatG Mitt, 1996, 20, 21 – *Eisträumereien;* BPatG GRUR 1995, 416, 417 – *Rebenstolz;* OLG München OLG-Report 1997, 233 – *Ei des Kolumbus;* OLG Hamburg GRUR 1997, 297 – *WM' 94;* OLG Hamburg MD 1997, 514, 518 – *ARD-1*). Bisweilen wird dazu gleichzeitig klargestellt, daß deswegen nicht etwa eine betont enge Bestimmung des Begriffs der gedanklichen Verbindung geboten sei (BPatG GRUR 1997, 654, 656 – *Milan;* BPatG GRUR 1997, 287, 289 – *INTECTA/tecta*).

445 Hinzu gekommen ist sodann die Formel, jedenfalls seien Assoziationen nicht erfaßt, die **mehrere Gedankenschritte** erforderten (zB BPatG GRUR 1997, 293, 295 – *GREEN POINT/Der Grüne Punkt:* Verbindung müsse sich „auf den ersten Blick aufdrängen"; BPatG GRUR 1996, 877, 878 – *Schlüssel-Bild;* BPatG GRUR 1996, 417, 419 – *König Stephan Wein:* Verbindung müsse sich „unmittelbar aufdrängen"; BPatG GRUR 1996, 417 Ls. – *Stephanskreuz*). Dem ist nicht zu folgen, denn es ist gerade ein Wesen jeder gedanklichen Verbindung, daß sie Gedankenschritte voraussetzt, deren Zahl als solche ein willkürliches Abgrenzungskriterium wäre. Nach einem anderen Ansatz sollen dagegen nur bei **besonderer Aufmerksamkeit**, d. h. nicht nur flüchtiger Betrachtung ausgelöste Assoziationen zu berücksichtigen sein (zB BPatG GRUR 1997, 655, 657– *Milan;* BPatGE 37, 178, 184 – *BARBEIDOS/VITA MED badedas;* gegen BGH GRUR 1989, 350 352 – *Abbo/Abo* zur mittelbaren Verwechslungsgefahr).

446 Zweifelsfrei dürfte lediglich sein, daß nur solche Assoziationen berücksichtigt werden können, die gerade **durch die Kennzeich-**

F. Verwechslungsgefahr § 14

nung selbst, nicht erst durch andere, nur wettbewerbsrechtlich zu erfassende Umstände, wie z.B. besondere Produkteigenschaften oder Marktstellungen ausgelöst werden (OLG Hamburg GRUR 1997, 297, 298/299 – *WM'94*: beiderseitige Bezugnahme auf Sportereignis als Verbindungselement ungeeignet, dagegen strukturelle Gemeinsamkeiten der Zeichen denkbar; *Eisenführ* Mitt. 1995, 23/24; *Lehmann/Schönfeld* GRUR 1994, 484; ausf. *Schönfeld* S. 182 ff.; vgl. zum WZG BGH GRUR 1981, 142, 144 – *Kräutermeister*: keine mittelbare Verwechslungsgefahr, wenn die Assoziationskette zu „Jägermeister" nur über einen Gattungsbegriff („Kräuterlikör") und durch die Marktstellung bewirkt wird und nicht durch den gemeinsamen Bestandteil „-meister").

Die eigentliche Problematik der „gedanklichen Verbindung" 447 liegt in der Abgrenzung im weitesten Sinne herkunftsbezogener Verwechslungsgefahren zum erweiterten Schutz bekannter Marken vor **Ausbeutung und Beeinträchtigung**. Die Notwendigkeit eines weiten Verständnisses des Begriffs der „gedanklichen Verbindung" wird von einem Teil des Schrifttums (*Sack* GRUR 1995, 89) daraus hergeleitet, daß der Sonderschutz bekannter Marken ausdrücklich auf Fälle fehlender Waren/Dienstleistungsähnlichkeit beschränkt ist, obwohl ein gleichgelagertes Schutzbedürfnis erst recht auch bei gegebener Waren/Dienstleistungsähnlichkeit vorliegen kann. Dieser Widerspruch ist jedoch nach der hier unten Rdn. 489 vertretenen Auffassung durch eine analoge Anwendung der §§ 9 Abs. 1 Nr. 3, 14 Abs. 2 Nr. 3 aufzulösen, so daß sich aus der Regelungslücke keine wirklich zwingenden Konsequenzen für die Reichweite des Schutzes vor der „gedanklichen Verbindung" ergeben.

Dagegen überzeugt der Einwand nicht, der Verwechslungstatbe- 448 stand müsse auf Fallkonstellationen beschränkt bleiben, die auch im **patentamtlichen Widerspruchsverfahren** noch bewältigt werden könnten (zB *Krüger* GRUR 1995, 529). Denn bereits der Verwechslungsfaktor der Kennzeichnungskraft kann im Widerspruchsverfahren aus denselben verfahrensrechtlichen Gründen nur unzulänglich berücksichtigt werden (§ 43 Rdn. 42 ff.), woraus noch niemand gefolgert hat, er müsse deswegen generell unberücksichtigt bleiben. Vor allem aber ist es generell verfehlt, aus den Beschränkungen des deutschen Widerspruchsverfahrens irgendwelche materiellrechtlichen Schlüsse zu ziehen, da hierdurch eine Abkoppelung von dem denselben Verwechslungstatbestand enthaltenden Gemeinschaftsmarkenrecht droht, in dessen Widerspruchsverfahren auch der erweiterte Schutz bekannter Marken geltend gemacht werden kann (*Ingerl*, Die Gemeinschaftsmarke, S. 81/82).

§ 14 Rechte und Ansprüche des Markeninhabers

449 Wie bereits eingangs dargestellt (Rdn. 425), lehnt der **EuGH** eine Erweiterung des Schutzes auf **„rein assoziative"** gedankliche Verbindungen ab, die der Verkehr über die Übereinstimmung zweier Marken in ihrem Sinngehalt herstellen könnte. Er formuliert aber, daß solche Verbindungen nur „für sich genommen" keine Verwechslungsgefahr begründen könnten. Es ist also nicht ausgeschlossen, bei Kombinationsmarken begriffliche Übereinstimmungen in Bildbestandteilen als einen die Verwechslungsgefahr nach dem Gesamteindruck mitbegründenden Ähnlichkeitsfaktor zu berücksichtigen. Entgegen dem insoweit sehr allgemein gefaßten Wortlaut seiner Antwort auf die Vorlagefrage des BGH hat der EuGH auch nicht etwa generell die begriffliche Verwechslungsgefahr aus dem Schutzbereich ausgenommen (zB zwischen Wortmarken oben Rdn. 349 ff.). Das ergibt sich schon daraus, daß er Bild, Klang und Bedeutung alternativ als Ähnlichkeitskategorien nennt (*Sabèl/Puma* ErwGr 23). All das hält sich aber im Rahmen der schon zum WZG anerkannten Grundsätze der Rspr., so daß eine darüber hinausgehende Bedeutung der „gedanklichen Verbindung" iSd §§ 14 Abs. 2 Nr. 2, 9, Abs. 1 Nr. 2 heute zweifelhafter ist als jemals zuvor.

5. Beispiele aus der Rspr. zum MarkenG

450 Näher geprüft worden ist die Gefahr gedanklicher Verbindungen bislang hauptsächlich in zwei Fallgruppen: bei Übereinstimmungen mehrteiliger bzw. Kombinationszeichen nur in Bestandteilen (vgl. oben Rdn. 385 ff. zur Prägetheorie) und in Fällen möglicher begrifflicher Verwechslungsgefahr (vgl. oben Rdn. 349 ff.). Eine klare Abgrenzung zu mittelbarer Verwechslungsgefahr und Verwechslungsgefahr im weiteren Sinne unterbleibt. Jedoch dürften so gut wie alle bisher entschiedenen Fälle auch unter eine dieser Kategorien der Verwechslungsgefahr eingeordnet werden können. Zu weiteren, nichtveröffentlichten Entscheidungen s. die BPatG-Rechtsprechungsberichte GRUR 1996, 316 und GRUR 1997, 506.

451 **a) Gefahr gedanklicher Verbindungen bejaht.** BPatG GRUR 1997, 654, 657 – *Milan*: Wortmarke „Milan" und Vereinsemblem „Milan 1899"; BPatG v. 12. Dezember 1997 26 W (pat) 244/93: „Fideler Apfel Bauer" und Wort-/Bildmarke „Apfelbauer" für Fruchtlikör; BPatG GRUR 1997, 287, 289 – *INTECTA/tecta*: gedankliche Verbindung über die Bedeutung der Vorsilbe „in-", da zur Bildung zusammengehöriger Gegensatzpaare üblich; BPatG Mitt. 1996, 247, 248 – *Monsieur Michel/Michelle*: assoziative Ver-

F. Verwechslungsgefahr §14

wechslungsgefahr als Zeichen für Herrenserie/Damenserie von Kosmetika; BPatG Bl. 1996, 417, 418f. – *QUEENS CLUB/ QUEENS GARDEN*: begriffliche Ähnlichkeit, da auch kennzeichnungsschwache Elemente miteinander in Verbindung gebracht werden können, schnellere gedankliche Verbindung bei Deckung täglichen Bedarfs; BPatG Mitt. 1996, 133 – *OKLAHOMA SOUND/MISSISSIPPI SOUND*: assoziative Verwechslungsgefahr wegen Südstaatenbezug und Aufbau-, Silben- und Vokalfolge-Übereinstimmungen; BPatG GRUR 1996, 282, 283 – *Adalbert Prinz von Bayern*: assoziative Verwechslungsgefahr wegen Bezug zum bayerischen Königshaus; BPatG GRUR 1996, 877, 878 – *Schlüssel-Bild*: ältere Wort/Bildmarke ggü. reiner Bildmarke, wenn Wort naheliegend Benennung des Bildes, d.h. begriffliche Verwechslungsgefahr (oben Rdn. 376); BPatGE 35, 74, 79 – *KISS*: Übereinstimmung in Wortbestandteil von Kombinationsmarken; OLG Köln MD 1996, 1114, 1116 – *SALZIGE HERINGE*: gedankliche Verbindung zu „HERINGS-FASS" für Lakritz bejaht.

b) Gefahr gedanklicher Verbindungen verneint. EuHG v. 452 11.11.1997 – *Sabèl/Puma*: rein assoziative gedankliche Verbindung über das Motiv des graphisch unterschiedlich dargestellten Bildes einer springenden Raubkatze; BGH GRUR 1996, 404, 406 – *JUWEL*: Übereinstimmung nur in Element bei einem durch alle Bestandteile geprägten Gesamteindruck; BPatG GRUR 1997, 293, 295 – *GREEN POINT/Der Grüne Punkt*: wegen erforderlicher Übersetzung und weiterer Gedankenschritte wegen des abstrakten Sinngehalts (unzutr., da bereits unmittelbar verwechselbar); BPatGE 37, 16, 22/23 – *Vorsicht Elch!*: Wortmarke „Elch" und Verkehrszeichen-Darstellung wegen vermeintlicher Warenferne und erweitertem Sinngehalt (zw.); BPatG zit. GRUR 1997, 507 – *GREYLINE/GREYHOUND*: mehrere gedankliche Schritte; BPatG zit. GRUR 1997, 507 – *POLYFLAM/MONOFLAM*; BPatG GRUR 1996, 895, 897 – *rote Kreisfläche*: Übereinstimmung nur in kennzeichnungsschwachem Bildbestandteil, da sonst unzulässiger Elementenschutz; BPatG GRUR 1996, 893, 895 – *NISSKOSHER/Nissen*: Übereinstimmung nur in einzelnen, nicht selbständig kennzeichnend hervortretenden Silben; BPatG GRUR 1996, 417 – *König Stephan Wein* (und 417 Ls.- *Stephanskreuz*): begriffliche Übereinstimmung nur im übertragenen Sinne reicht nicht (hier: „Krone"/"Krönung"); BPatG GRUR 1996, 419, 420/421 – *Fontana*: aus der Marke selbst erkennbare Branchenferne schließt gedankliche Verbindung aus; BPatG Mitt. 1996, 20, 21 – Eisträume-

§ 14 Rechte und Ansprüche des Markeninhabers

reien/Träumerei (zw.); BPatG GRUR 1995, 739, 740/741 – *GARIBALDI:* assoziative Verwechslungsgefahr spielt keine Rolle wenn Warenähnlichkeit zu verneinen ist; BPatG GRUR 1995, 416, 417 – *Rebenstolz:* Übereinstimmung nur in beschreibenden Zeichenteile vorstellbar aber unbeachtlich, da vom Verkehr nicht als individueller Herkunftshinweis gewertet; OLG München OLG-Report 1997, 233 – *Ei des Kolumbus:* Ähnlichkeit im Bildmotiv soll nicht genügen, wenn älteres Bildzeichen übertragenen Sinngehalt hat; OLG Hamburg GRUR 1997, 297 – *WM' 94:* keine zu gedanklicher Verbindung führenden strukturellen Gemeinsamkeiten zwischen Wort/Bildzeichen „World Cup '94" und Wort/Bildzeichen „WM'94".

G. Ausnutzung und Beeinträchtigung bekannter Marken (§§ 14 Abs. 2 Nr. 3, 9 Abs. 1 Nr. 3)

Literatur: Vgl. zunächst die Literaturhinweise zum MarkenG allg. zu Einl. vor Rdn. 1. Speziell zum Schutz bekannter Marken: *Baeumer,* Die berühmte Marke in neuen Gewändern, FS Beier 1996, 227; *Boes/Deutsch,* Die „Bekanntheit" nach dem neuen Markenrecht und ihre Ermittlung durch Meinungsumfragen, GRUR 1996, 168; *Deutsch,* Zur Markenverunglimpfung – Anmerkungen zu den BGH-Entscheidungen „Mars" und „Nivea", GRUR 1995, 319; *Ernst-Moll,* Die berühmte und die bekannte Marke, GRUR 1993, 8; *von Gamm,* Rufausnutzung und Beeinträchtigung bekannter Marken und geschäftlicher Bezeichnungen, FS Piper 1996, S. 537; *Keller,* Der Schutz eingetragener Marken gegen Rufausnutzung nach deutschem und europäischem Recht, 1994; *Kraft,* Notwendigkeit und Chancen eines verstärkten Schutzes bekannter Marken im WZG, GRUR 1991, 339; *Krings,* Haben §§ 14 Abs. 2 Nr. 3 und 15 Abs. 3 MarkenG den Schutz der berühmten Marke sowie des berühmten Unternehmenskennzeichens aus §§ 12, 823 Abs. 1, 1004 BGB ersetzt?, GRUR 1996, 624; *Kur,* Die notorisch bekannte Marke im Sinne von 6bis PVÜ und die „bekannte Marke" im Sinne der Markenrechtsrichtlinie; *Pagenberg,* Berühmte und bekannte Marken in Europa – Die Bestimmung der Verkehrsbekanntheit vor den nationalen und europäischen Instanzen, FS Beier 1996, 317; *Piper,* Der Schutz der bekannten Marken, GRUR 1996, 429; *ders.,* Zu den Anforderungen an den Schutz der bekannten Gemeinschaftsmarke nach der GMVO, GRUR 1996, 657; *Rößler,* Die Ausnutzung der Wertschätzung bekannter Marken im neuen Markenrecht, GRUR 1994, 559; *Sack,* Sonderschutz bekannter Marken, GRUR 1995, 81; *ders.,* Sonderschutz bekannter Marken de lege ferenda, BB 1993, 869; *von Schultz,* Wohin geht das berühmte Kennzeichen?, GRUR 1994, 85; *Schultze/Schwenn,* Zur künftigen Behandlung der Markenparodie, WRP 1997, 536; *Schweer,* Die erste Markenrechts-

G. Ausnutzung und Beeinträchtigung bekannter Marken § 14

Richtlinie der Europäischen Gemeinschaft und der Rechtsschutz bekannter Marken, 1992.

I. Grundlagen

1. Systematik

Der **Verletzungstatbestand** des § 14 Abs. 2 Nr. 3 erstreckt den 453 Markenschutz für „bekannte" Marken aller drei Arten des § 4 über die Waren/Dienstleistungsähnlichkeit und damit die markenrechtliche Verwechslungsgefahr hinaus. Der erweiterte Schutz besteht nur gegenüber solchen Benutzungen eines identischen oder ähnlichen Zeichens, welche die Unterscheidungskraft oder die Wertschätzung der bekannten Marke ohne rechtfertigenden Grund in unlauterer Weise ausnutzen oder beeinträchtigen. Bekanntheit allein rechtfertigt somit den Markenschutz außerhalb des Waren/Dienstleistungsähnlichkeitsbereichs noch nicht (Amtl. Begr. Abs. 12 zu § 9). Die Bezeichnung als „Bekanntheitsschutz" (zB *Fezer* § 14 Rdn. 1, 411 ff.) ist daher ungeeignet.

Der zu § 14 Abs. 2 Nr. 3 korrespondierende **Kollisionstatbe-** 454 **stand** des § 9 Abs. 1 Nr. 3 ermöglicht die Geltendmachung dieses erweiterten Schutzes für eingetragene (oder notorisch, § 10) bekannte Marken auch als Nichtigkeitsgrund (§ 51) durch Löschungsklage (§ 55), nicht aber durch Widerspruch (vgl. § 42 Rdn. 14). Für nicht eingetragene bekannte Marken mit bundesweiter Geltung ergibt sich die Möglichkeit zur Löschungsklage aus §§ 12 iVm 14 Abs. 2 Nr. 3, 51, 55. Diese Bestimmungen werden ergänzt durch Regelungen zum Zeitrang des erweiterten Schutzes in §§ 22 Abs. 1 Nr. 1 und 51 Abs. 3.

Die Schutzerweiterung bei Bekanntheit ist nicht auf Marken be- 455 schränkt, sondern bildet zusammen mit dem fast wortgleichen § 15 Abs. 3 einen vom deutschen Gesetzgeber bewußt parallel gestalteten **einheitlichen Schutztatbestand für bekannte Kennzeichen** (Amtl. Begr. 4. Abs zu § 15), der in § 127 Abs. 3 eine Parallele für geographische Herkunftsangaben mit besonderem Ruf findet.

2. Gemeinschaftsrechtliche Vorgaben

Der erweiterte Schutz bekannter eingetragener Marken wird 456 durch die Optionsregelung des Art. 5 Abs. 2 (Art. 4 Abs. 4 lit. a) MRRL iVm ErwGr 9 ermöglicht, zugleich aber auch begrenzt. Der nationale Gesetzgeber darf über den **Optionsrahmen der**

MRRL nicht hinausgehen, da andernfalls die Harmonisierung des Schutzumfangs „normaler" eingetragener Marken unterlaufen werden könnte. Daher ist der Bekanntheitsbegriff des MarkenG bezüglich eingetragener Marken gemeinschaftskonform auszulegen und unterliegt insoweit der Vorabentscheidungskompetenz des EuGH (Amtl. Begr. 11. Abs. zu § 9; *Sack* GRUR 1995, 81). Dies muß auch für die übrigen aus Art. 5 Abs. 2 (Art. 4 Abs. 4 lit. a) MRRL übernommenen Tatbestandsmerkmale gelten. Denn auch der zweite Satz des ErwGr 9 zur MRRL („Hiervon bleibt jedoch die Möglichkeit der Mitgliedstaaten unberührt, bekannten Marken einen weitergehenden Schutz zu gewähren.") sollte erkennbar nicht einen über Art. 5 Abs. 2 (Art. 4 Abs. 4 lit. a) MRRL noch hinausgehenden Freiraum schaffen, sondern ist als Bezugnahme auf den Optionsrahmen zu verstehen (aA *Sack* GRUR 1995, 81). Damit sind auch die Begriffe der unlauteren Ausnutzung oder Beeinträchtigung der Unterscheidungskraft und Wertschätzung des MarkenG insoweit gemeinschaftskonform zu bestimmen (Amtl. Begr. 12. Abs. zu § 9 bzgl. „Unlauterkeit"), als **keine zu niedrigen Anforderungen** gestellt werden dürfen. Von der Möglichkeit, den Schutz bekannter Marken enger als nach der Option auszugestalten, hat der deutsche Gesetzgeber keinen Gebrauch gemacht, sondern die Begriffe der MRRL übernommen.

457 Auch die zukünftige Entwicklung der Amtspraxis und Rspr. zum gleichlautend normierten **Schutz bekannter Gemeinschaftsmarken** (vgl. allg. *Piper* GRUR 1996, 657 ff.; *Ingerl*, Die Gemeinschaftsmarke, S. 84 ff.; *Schönfeld*, S. 197 ff.) wird die Anwendung der §§ 14 Abs. 2 Nr. 3, 9 Abs. 1 Nr. 3 beeinflussen (*Piper* GRUR 1996, 438/439; *Sack* GRUR 1995, 82; *Kur* GRUR 1994, 334). Dies gilt insbesondere auch insoweit, als Art. 8 Abs. 5 2. Alt. GMVO bekannten nationalen Marken den weitergehenden Schutz im Verhältnis zu jüngeren Gemeinschaftsmarken unabhängig davon gewährt, ob das jeweilige nationale Recht von der Option der MRRL überhaupt Gebrauch gemacht hat.

3. Normzweck

458 Der erweiterte Schutz bekannter Marken ist wettbewerblicher Leistungsschutz. Geschützt werden soll die in den Schutzobjekten „Wertschätzung" und „Unterscheidungskraft" einer bekannten Marke verkörperte wettbewerbliche Leistung. Der erweiterte Schutz bekannter Marken ist somit die **zweite Stufe wettbewerblichen Leistungsschutzes** im Markenrecht nach der Be-

G. Ausnutzung und Beeinträchtigung bekannter Marken § 14

rücksichtigung der gesteigerten Kennzeichnungskraft einer Marke im Rahmen des Verwechslungstatbestandes als erster Stufe (oben Rdn. 183). Geschützt wird aber im Ergebnis nicht nur die wettbewerbliche Leistung als solche, sondern auch der bisweilen enorme wirtschaftliche Wert, den eine bekannte Marke aufgrund ihrer Wertschätzung und Unterscheidungskraft als Vermögensgegenstand darstellt. Die Amtl. Begr. 13. Abs zu § 9 spricht insoweit von dem „in der bekannten Marke verkörperten Goodwill", wobei dies nicht als auf den „guten Ruf" beschränkt verstanden werden darf (näher unten Rdn. 479, Rdn. 508). Der erweiterte Schutz bekannter Marken ist insoweit auch **Vermögensschutz**. Ebenfalls im Ergebnis geschützt werden dadurch die Investitionen des Markeninhabers zur Erlangung von Bekanntheit und Wertschätzung bzw. „Unterscheidungskraft" im Sinne dieses Tatbestands, ohne daß dies als Anspruch auf Amortisation fehlverstanden werden dürfte (*Rohnke* GRUR 1991, 288 und 293). Die Schutzerweiterung beruht auch auf der Erkenntnis, daß Wertschätzung und Unterscheidungskraft bekannter Marken nicht nur besonders schutzwürdig, sondern auch besonders **schutzbedürftig** sind. Sowohl Ausnutzungs- als auch Beeinträchtigungsversuchen sind bekannte Marken in besonderem Maße ausgesetzt, und zwar gerade auch außerhalb des Waren-/Dienstleistungs-Ähnlichkeitsbereichs. Dies beruht naturgemäß darauf, daß ihre Ausnutzung besonders lohnend zu sein verspricht. Gleichzeitig sind Wertschätzung und Unterscheidungskraft Markeneigenschaften, die wegen ihrer Abhängigkeit von der Verkehrsauffassung besonders fragile Ergebnisse wettbewerblicher Leistung darstellen und daher gegenüber Beeinträchtigungen besonders gefährdet sind. Die besondere Schutzwürdigkeit einerseits und Schutzbedürftigkeit andererseits rechtfertigt die Kodifizierung als markenrechtlichen Verletzungs- und Kollisionstatbestand, so daß der Markeninhaber nicht mehr auf den allgemeinen wettbewerbsrechtlichen Leistungsschutz und den deliktsrechtlichen Vermögensschutz verwiesen werden muß.

4. Verhältnis zur bisherigen Rechtsprechung

a) Überblick. Mangels gesetzlicher Regelung im WZG oder § 16 UWG aF hat die frühere Rspr. einen über den Bereich der Warengleichartigkeit bzw. Branchennähe hinausgehenden ergänzenden Schutz von Kennzeichen auf zwei unterschiedlichen Wegen gewährt (zusammenfassend *Ernst-Moll* GRUR 1993, 1 ff.):

Bekannten Kennzeichen mit besonderem Ruf wurde jenseits kennzeichenrechtlicher Verwechslungsgefahr Schutz gegen **Ruf-**

§ 14 Rechte und Ansprüche des Markeninhabers

ausbeutung (und seltener Rufschädigungen) über die Generalklausel des § 1 UWG gewährt (BGH GRUR 1995, 57, 59 – *Markenverunglimpung II (NIVEA)*; BGH GRUR 1994, 808, 811 f. – *Markenverunglimpung I (MARS)*; BGH GRUR 1994, 732/735 – *McLaren*; BGH GRUR 1992, 130, 132 – *Bally/BALL*; BGH GRUR 1991, 863, 865 – *Avon*; BGH GRUR 1991, 609, 611 f. – *SL*; BGH GRUR 1991, 465, 466 f. – *Salomon*; BGH GRUR 1987, 711, 713 f. – *Camel-Tours*; BGH GRUR 1981, 142, 144 f. – *Kräutermeister*; grdl. BGH GRUR 1985, 550, 552 f. – *DIMPLE*; vgl. auch BGH GRUR 1983, 247, 248 – *Rolls Royce*). Zur Anwendung durch die Instanzgerichte s. zB OLG München MD 1995, 1384, 1386 – *MAC Dog MAC Cat*; OLG Frankfurt aM GRUR 1995, 154, 155 f. – *BOSS*; OLG München Mitt. 1996, 92, 95 – *McShirt*; OLG Frankfurt aM WRP 1992, 718 – *Enrico Ferrari*; OLG Hamburg GRUR 1987, 400, 402 – *Pirelli*; OLG Köln GRUR 1993, 688 – *BAILEY'S*, dort allerdings produkt- nicht kennzeichenbezogen begründet; OLG Hamburg GRUR 1992, 58 – *adihash* (zur Fortsetzung dieser Rspr. seit Inkrafttreten des MarkenG unten Rdn. 521).

461 Den sog. **„berühmten Marken"** mit weit überragender Verkehrsgeltung (Rdn. 468) und Alleinstellung (Rdn. 507) gewährte die Rspr. Schutz vor einer **Verwässerung** durch Drittverwendungen auch in weit entfernten Branchen (historisch grdl. LG Elberfeld GRUR 1924, 204 – *Odol*). Anspruchsgrundlage war neben § 12 BGB für Unternehmensnamen zunächst im wesentlichen § 1 UWG, bis der BGH in GRUR 1959, 182, 186 – *Quick* auf den Auffangtatbestand des Eingriffs in den eingerichteten und ausgeübten Gewerbebetrieb gem. §§ 823 Abs. 1, 1004 BGB umschwenkte, woran sodann in st. Rspr. festgehalten wurde (BGH GRUR 1992, 130, 132 – *Bally/BALL*; BGH GRUR 1991, 863, 865 ff. – *Avon*; BGH GRUR 1990, 711, 712 ff. – *Telefonnummer 4711*; BGH GRUR 1990, 37, 39 – *Quelle*; BGH GRUR 1987, 711, 712 f. – *Camel Tours*; BGH GRUR 1972, 180, 182 – *Cheri*; BGH GRUR 1970, 302, 304 – *Hoffmann's Katze*; BGH GRUR 1966, 623, 624 ff. – *Kupferberg*; BGH GRUR 1961, 280, 282 f. – *Tosca*, auch zur berühmten Ausstattung; BGH GRUR 1960, 550 – *Promonta*; BGH GRUR 1959, 182, 186 – *Quick/Glück*; BGH GRUR 1959, 25, 29 – *Triumph*; BGH GRUR 1958, 500, 503 – *Mecki-Igel I*; BGH GRUR 1958, 393, 394 f. – *Ankerzeichen*; BGH GRUR 1958, 339, 341 f. – *Technika*; BGH GRUR 1957, 435, 437 f. – *Eucerin*; BGH GRUR 1957, 87, 88 – *Meisterbrand*; BGH GRUR 1956, 172, 177 f. – *Magirus*; BGH GRUR 1955, 299, 302 – *Koma*;

G. Ausnutzung und Beeinträchtigung bekannter Marken **§ 14**

RGZ 170, 135, 151/153 – *Bayer-Kreuz;* RGZ 115, 401, 410 – *Salamander II*). Zur Anwendung durch die Instanzgerichte s. zB OLG München Mitt. 1996, 92, 95 – *McShirt;* LG München I WRP 1995, 883 – *MICROSHELL;* OLG Frankfurt aM GRUR 1995, 154, 155 f. – *BOSS;* LG München I GRUR 1992, 59, 60 – *Marlboro;* OLG Stuttgart Mitt. 1991, 295 – *Wella/Welo;* OLG Hamburg GRUR 1987, 400 – *Pirelli;* OLG Hamburg GRUR 1986, 84 – *Underberg;* OLG Hamburg WRP 1986, 221 – *quattro;* OLG Düsseldorf GRUR 1983, 389 – *Rosenthal;* OLG Frankfurt aM GRUR 1982, 445 – *Mercedes;* OLG Hamburg GRUR 1973, 94 – *Asbacher Landbrot*).

Beide Konstruktionen waren letztlich unbefriedigende **Notlösungen** zur Bewältigung einer Regelungslücke im damaligen Kennzeichenrecht. Der Rufausbeutungsschutz konnte außerhalb des Warengleichartigkeitsbereichs des WZG nur mittels einer sehr weitgehenden Ausdehnung des Begriffs des Wettbewerbsverhältnisses bewerkstelligt werden (grdl. BGH GRUR 1985, 550, 552 – *DIMPLE;* ähnl. zuvor schon BGH GRUR 1960, 144, 146 – *Bambi;* krit. *Deutsch* FS Gaedertz 1992, 102 mwN; *Kraft* GRUR 1989, 80; *Mergel* GRUR 1986, 649 ff.). Der Verwässerungsschutz hatte sich ohnehin zu einem gegenüber der bürgerlichrechtlichen Anspruchsgrundlage und den anderen Fallgruppen des Eingriffs in den Gewerbebetrieb verselbständigten Tatbestand eigentlich kennzeichenrechtlicher Natur entwickelt. 462

b) Integration in das Kennzeichenrecht, Bestimmtheit. Diese Geburtsfehler der bisherigen Lösungen entfallen durch die Integration des erweiterten Schutzes in das Kennzeichenrecht, die eine der wesentlichen Neuerungen der MRReform darstellt. Unverständlich ist daher, daß die kennzeichenrechtliche Verankerung des erweiterten Schutzes auf Vorbehalte eines noch immer an den früheren „Notlösungen" haftenden Teils des Schrifttums stößt und die Integration des erweiterten Schutzes in das MarkenG wegen seiner wettbewerbsrechtlichen Bezüge als systemwidrig bemängelt wird (*von Gamm* FS Piper 1996, 538; *von Gamm* GRUR 1994, 775; *ders.* WRP 1993, 793; vgl. auch *Kraft* GRUR 1991, 342). Denn die kennzeichenrechtliche Qualifikation vereitelt keineswegs die Berücksichtigung wettbewerblicher Interessen und Entwicklungen. Hier scheint in Vergessenheit geraten zu sein, daß das Kennzeichenrecht nichts anderes als ein Teil des Wettbewerbsrechts im weiteren Sinne ist. Erst recht neben der Sache liegt diese Kritik hinsichtlich der Einbeziehung des im Kennzeichenrecht sicher 463 besser als im allgemeinen Deliktsrecht eingeordneten Verwässerungsschutzes. Auch der Vorwurf einer **zu unbestimmten Gesetzesfassung** (*von Gamm* FS Piper 1996, 539; *Meister* WRP 1995, 370; *Deutsch* GRUR 1995, 320) überzeugt für den zivilrechtlichen Anwendungsbereich nicht. Der neue Verletzungstatbestand ist deutlich enger gefaßt, als die bislang von der Rspr. auf vergleichbare Fälle angewendete Generalklausel des § 1 UWG (*Piper* GRUR 1996, 431) und der Auffangtatbestand des Eingriffs in den eingerichteten und ausgeübten Gewerbebetriebs nach § 823 Abs. 1 BGB. Aus der Konkretisierung dieser Bestimmungen durch eine jahrzehntelange Rspr. kann nicht folgen, daß der Gesetzgeber an einer Normierung gehindert wäre, weil er naturgemäß nicht denselben Konkretisierungsgrad wie eine verästelte Einzelfallrechtsprechung erreichen kann. Daher ist auch die Forderung nach einer von vornherein engen Auslegung der neuen Bestimmungen verfehlt (aA *von Gamm* FS Piper 1996, 539). S. aber zur strafrechtlichen Problematik § 143 Rdn. 12.

464   c) **Zukünftige Bedeutung der bisherigen Rspr.** Welche Bedeutung der bisherigen Rspr. nach Inkrafttreten des MarkenG noch zukommt, ist in zweifacher Hinsicht umstritten. Zum einen stellt sich die Frage, ob §§ 9 Abs. 1 Nr. 3, 14 Abs. 2 Nr. 3 in Übereinstimmung mit dieser Rspr. auszulegen sind. Das ist entgegen weit verbreiteter Auffassung (*Piper* GRUR 1996, 430; *Starck* WRP 1996, 269, 273; *Sack* GRUR 1995, 93; OLG München GRUR 1996, 63, 65 – *Mac Fash:* Kodifizierung der bisherigen Rspr. zu 1 UWG; OLG Düsseldorf WRP 1997, 588, 590 – *McPaint:* Rufausbeutungstatbestand „mit Dimple-Doktrin aus § 1 UWG identisch") grdsl. zu verneinen. Es handelt sich um einen neuen, **eigenständigen Schutztatbestand** mit den oben erläuterten gemeinschaftsrechtlichen Rahmenvorgaben und Bezügen zur Gemeinschaftsmarke. Die Ausgestaltung des erweiterten Schutzes bekannter Marken auf europäischer Ebene war keineswegs allein durch den Stand der deutschen Rspr. beeinflußt, sondern geht auch auf die Regelungen und Erfahrungen anderer Mitgliedstaaten zurück (vgl. nur *Sack* GRUR 1995, 82 ff.; *Sack* WRP 1985, 459 ff.; *Verkade* GRUR Int. 1986, 17: Benelux). Beim Rückgriff auf Grundsätze und Argumente aus den früheren Entscheidungen zum Schutz bekannter und berühmter Marken ist eine Differenzierung und Überprüfung auf Verträglichkeit mit dem neuen Recht geboten. Dies gilt in erster Linie für die Rspr. zur berühmten Marke, die in der Strenge ihrer Anforderungen von ihrem jetzt gerade entfallenen Ausnahme-

G. Ausnutzung und Beeinträchtigung bekannter Marken § 14

charakter geprägt war. Demgegenüber eignen sich die wettbewerbsrechtlichen Entscheidungsbegründungen als Fundgrube für Unlauterkeitsfaktoren, ohne daß sie alle bisherigen Überlegungen unbesehen zu übernehmen wären.

Die zweite Frage ist die nach einem trotz der Kodifizierung des erweiterten Schutzes über § 2 noch verbleibenden eigenständigen Anwendungsbereichs des außerkennzeichenrechtlichen Schutzes bekannter und berühmter Marken. Ihre Beantwortung hängt von dem sich aus der Auslegung der §§ 9 Abs. 1 Nr. 3, 14 Abs. 2 Nr. 3 ergebenden Anwendungsbereich ab und ist bei Rdn. 521 ff. behandelt.

d) Bedeutungsverschiebung durch neuen Verwechslungstatbestand. Unterschiede zur früheren Rechtslage ergeben sich auch aus anderen Neuerungen der MRReform. Die Aufgabe der starren Gleichartigkeitsgrenzen (oben Rdn. 235 ff.) ermöglicht im Grenzbereich der Waren/Dienstleistungsähnlichkeit einen weitergehenden Verwechslungsschutz als nach dem WZG, so daß in diesem Umfang gegenüber früher die Notwendigkeit entfällt, den erweiterten Schutz geltend zu machen (diesen Zusammenhang betont BGH GRUR 1997, 221, 223 – *Canon*). 465

II. Bekannte Marke

Weder MarkenG noch MRRL enthalten nähere Anforderungen an die „Bekanntheit" der den erweiterten Schutz beanspruchenden Marke. Daraus ergibt sich eine Fülle von Abgrenzungs- und Auslegungsfragen. 466

1. Abgrenzung

a) Abgrenzung zur berühmten Marke iSd Rspr. zu §§ 823 Abs. 1, 1004 BGB. Ein Rückgriff auf die vom BGH entwickelten Kriterien für den Schutz berühmter Kennzeichen (Nachw. oben Rdn. 461) kommt nicht in Betracht, mag diese Rechtsprechung auch durchaus MRRL und GMVO mitgeprägt haben. Sie beruhte jedoch auf grundlegend anders strukturierten, nicht markenrechtlichen Rechtsgrundlagen und war in der Strenge ihrer Anforderungen von ihrem Ausnahmecharakter geprägt, wofür heute keine Veranlassung mehr besteht. Es dürfte unstreitig sein, daß die zuletzt immer überzogeneren Anforderungen der Rspr. (vgl. nur BGH GRUR 1991, 863, 866 – *Avon*: in vielen Fällen deutlich über 80% erforderlich, allerdings nicht stets größtmögli- 467 cher Bekanntheitsgrad notwendig; OLG Frankfurt aM GRUR 1995, 154, 155 – *BOSS:* trotz 75% zweifelhaft; OLG Düsseldorf GRUR 1983, 389, 390 – *Rosenthal:* 72% ausreichend; OLG Hamburg GRUR 1987, 400, 401 – *Pirelli:* eindeutig über 70% erforderlich) an die Berühmtheit als Voraussetzung für den Verwässerungsschutz heute überholt sind und auch der Verwässerungsschutz nach dem MarkenG **schon bei deutlich niedrigerem Bekanntheitsgrad** einsetzen kann (*Piper* GRUR 1996, 432; *Sack* GRUR 1995, 85/86; *Kur* GRUR 1994, 333; *Gloy* FS Rowedder 1994, 77, 91; *Fezer* § 14 Rdn. 415; *von Gamm* WRP 1993, 793, 797; *Ernst-Moll* GRUR 1993, 17; *von Mühlendahl* GRUR Int. 1989, 355). In diesem Sinne ist auch die Amtl Begr zu verstehen, wonach im bisherigen Sinne berühmte Marken stets die Voraussetzungen der Bekanntheit erfüllen werden (14. Abs. zu § 9). Für niedrigere Anforderungen spricht auch, daß das zunächst in früheren GMVO- und MRRL-Entwürfen enthaltene Berühmtheitserfordernis gerade nicht in die endgültige Fassung aufgenommen worden ist (zur Entstehungsgeschichte vgl. *Schönfeld,* S. 145 ff. mwN; *Schweer* S. 19 ff.). Umgekehrt steht fest, daß eine iSd bisherigen Rspr. berühmte Marke ohne weiteres den für den erweiterten Schutz erforderlichen Bekanntheitsgrad hat (aA offensichtlich *Fezer* § 14 Rdn. 415 wegen unterschiedlichen Normzwecks).

468 **b) Abgrenzung zur notorischen Bekanntheit iSv PVÜ und TRIPS.** Aus der begrifflichen Unterscheidung und der Regelungssystematik sowohl des MarkenG als auch in MRRL und GMVO folgt zunächst, daß mit der Bekanntheit iSv §§ 9, 14 nicht die notorische Bekanntheit iSv Art. 6bis PVÜ und § 4 Nr. 3 gemeint ist, sondern eigenständige Anforderungen zu stellen sind (*Boes/Deutsch* GRUR 1996, 168; *Kur* GRUR 1994, 338; *Schweer,* S. 114; *Schönfeld,* S. 200; *Fezer* § 14 Rdn. 416), die **unterhalb der Notorietätsschwelle** liegen (*Sack* GRUR 1995, 81; aA *Kur* GRUR 1994, 338: zusätzliche Anforderungen ggü. Notorietät; aA *Kraft* GRUR 1991, 341: gleicher Bekanntheitsgrad). Dasselbe gilt für den an die PVÜ angelehnten Begriff der notorischen Bekanntheit als Voraussetzung für den Schutz außerhalb des Gleichartigkeitsbereichs nach Art. 16 Abs. 3 TRIPS (vgl. dazu *Kur* GRUR Int. 1994, 987, 994; *Levin* GRUR Int 1996, 456; *Baeumer* FS Beier 1996, 228; *Pagenberg* FS Beier 1996, 318). Umgekehrt folgt daraus, daß eine im Inland notorisch bekannte Marke stets über den für den erweiterten Schutz nach §§ 9 Abs. 1 Nr. 3, 10, 14 Abs. 2 Nr. 3 erforderlichen Bekanntheitsgrad verfügt.

G. Ausnutzung und Beeinträchtigung bekannter Marken § 14

c) Abgrenzung zur Verkehrsdurchsetzung schutzunfähiger Zeichen. Im Verhältnis zur Verkehrsdurchsetzung nach § 8 Abs. 3 lehnt die Amtl Begr eine kategorische Abgrenzung im Sinne höherer Anforderungen an die Bekanntheit ausdrücklich ab (11. Abs. zu § 9). Wenn aber das Erreichen der Verkehrsdurchsetzung bei originär schutzunfähigen Zeichen gerade erst Voraussetzung für den Zugang zum „normalen" Markenschutz durch Eintragung ist, können die Bekanntheitsanforderungen für den erweiterten Schutz solcher Zeichen darüber hinausgehen (ebenso *Rößler* GRUR 1994, 562: nicht unter Verkehrsdurchsetzung). Daher impliziert die Eintragung eines schutzunfähigen Zeichens aufgrund **Verkehrsdurchsetzung nicht zwingend auch Bekanntheit**. Allerdings befinden sich unter den vom DPA als durchgesetzt eingetragenen Marken viele, deren Bekanntheit außer Frage stehen dürfte, so daß ein gewisser faktischer Zusammenhang zwischen patentamtlich oder patentgerichtlich bejahter Verkehrsdurchsetzung und Bekanntheit zu beobachten sein wird.

469

d) Abgrenzung zur Verkehrsgeltung nicht eingetragener Zeichen. Die Verkehrsgeltung im Sinne von § 4 Nr. 2 ist nach der insoweit nicht durch Gemeinschaftsrecht determinierten Konzeption des MarkenG eine begrifflich und systematisch von der „Bekanntheit" zunächst einmal zu unterscheidende Schutzvoraussetzung, die nicht eingetragenen Zeichen Markenstatus iSd § 14 Abs. 1 als ausschließliches Recht und den Schutz gegen identische Verletzung und Verwechslungsgefahr verschafft. Unterhalb der Verkehrsgeltung stellt sich bei einem nicht eingetragenen Zeichen die Frage der Bekanntheit schon mangels Markenstatus nicht. Sind die Verkehrsgeltungs-Anforderungen erreicht, steht einer gleichzeitigen Bejahung auch der Bekanntheit nicht entgegen, daß der Markenschutz wie bei den eingetragenen Marken auch bei jedem nicht eingetragenen Zeichen notwendigerweise zweistufig sein müsse, also die Schwelle des § 4 Nr. 2 zugleich für den erweiterten Schutz genügen dürfe (aA *Rößler* GRUR 1994, 562: erheblich über Verkehrsgeltung). Diese Betrachtungsweise würde bedeuten, daß sich für ein und dasselbe Zeichen höhere Bekanntheitsanforderungen ergeben könnten, wenn es nicht aufgrund Eintragung, sondern kraft Benutzung Markenschutz erlangt hat. Eine solche Differenzierung nach der Erwerbsart läßt das nach §§ 9 Abs. 1 Nr. 3, 14 Abs. 2 Nr. 3 für alle Markenarten einheitlich normierte Bekanntheitserfordernis nicht zu (Amtl. Begr. 4. Abs. aE zu § 14). Auch die Systematik der Verletzungs-/Kollisionstatbestände

470

verlangt die Abstufung nicht innerhalb jeder der drei Markenkategorien und erst recht nicht bei jedem Zeichen. Dennoch bedeutet **Verkehrsgeltung allein nicht zwingend auch Bekanntheit.** Die für die Verkehrsgeltung erforderlichen Bekanntheitsgrade schwanken je nach Unterscheidungskraft und Freihaltebedürftigkeit stark. Sie sind nach der hier vertretenen Auffassung (§ 4 Rdn. 17) für originär schutzfähige Zeichen mit um 20% der unmittelbar angesprochenen Abnehmerkreise so niedrig anzusetzen, daß von einer die Schutzerweiterung rechtfertigenden Bekanntheit erkennbar noch nicht die Rede sein kann (im Ergebnis ähnl. wie hier *Piper* GRUR 1996, 433; *Boes/Deutsch* GRUR 1996, 168; *Kur* GRUR 1994, 333: der für Verkehrsgeltung genügende Grad kann jedenfalls ausreichen, wenn besonders wertvoller Ruf ebenso *Fezer* § 14 Rdn. 415).

471 **e) Abgrenzung zur bekannten Marke iSd Rspr. zu § 1 UWG.** Für den wettbewerbsrechtlichen Schutz gegen Rufausbeutung hat der BGH zuletzt erneut einen „hohen Grad der Bekanntheit" verlangt (BGH GRUR 1995, 697, 700 – *FUNNY PAPER*). Diese nach Inkrafttreten des MarkenG vom BGH sicher nicht unbedacht gewählte Terminologie könnte signalisieren, daß Bekanntheit iSd MarkenG auch schon unterhalb der Schwelle erreicht sein kann, denn andernfalls hätte der BGH nur auf die Bekanntheit als solche abstellen brauchen. Sie ist aber auch genau umgekehrt interpretiert worden (*von Gamm* FS Piper 1996, 541). Einer genaueren Abgrenzung steht entgegen, daß die **Rspr.** eine Festlegung stets vermieden und mit qualitativen Kriterien vermengt hat (vgl. zB BGH GRUR 1991, 863, 865 – *Avon*: nicht allein Bekanntheit; BGH GRUR 1991, 465, 466 – *Salomon*: erheblich zweifelhaft bei 30% in abgegrenzten Verkehrskreisen – Sportler, Süddeutschland – wenn nicht deckungsgleich mit vom Beklagten angesprochenem Verkehr und daher unter normaler Verkehrsgeltung; BGH GRUR 1991, 609, 610 – *SL*: hoher Grad der Bekanntheit bei Verkehrsgeltung naheliegend; BGH GRUR 1985, 550, 552 – *DIMPLE*; *Ernst-Moll* GRUR 1993, 14). Zur Bedeutung qualitativer Anforderungen unten Rdn. 479f.

472 **f) Abgrenzung zur gesteigerten Kennzeichnungskraft.** Der Bekanntheitsgrad einer Marke ist nicht nur für den erweiterten Schutz nach §§ 9 Abs. 1 Nr. 3, 14 Abs. 2 Nr. 3 von Bedeutung, sondern beeinflußt auch den Umfang des Schutzes vor Verwechslungsgefahr (oben Rdn. 221 ff.). In diesem Sinne wird der Begriff „Bekanntheitsgrad" im ErwGr 10 zur MRRL gebraucht. Dabei

G. Ausnutzung und Beeinträchtigung bekannter Marken § 14

kommt es im Rahmen der §§ 9 Abs. 1 Nr. 2, 14 Abs. 2 Nr. 2 nicht auf einen bestimmten Mindestgrad an Bekanntheit an. Es ist dort vielmehr jede Steigerung der ursprünglichen Kennzeichnungskraft eines Zeichens durch Benutzung graduell als Verwechslungsfaktor mitzuberücksichtigen. Damit ist insoweit eine allgemeingültige Abgrenzung der Bekanntheit iSd erweiterten Schutzes weder möglich noch notwendig.

2. Maßgebliche Verkehrskreise

Abgesehen vom Inlandserfordernis geben weder MarkenG noch 473 MRRL an, in welchen Verkehrskreisen die Bekanntheit bestehen muß. Anders als bei §§ 9 Abs. 1 Nr. 2, 14 Abs. 2 Nr. 2 fehlt auch die ausdrückliche Bezugnahme auf das „Publikum". Eine **Bekanntheit in der Gesamtbevölkerung ist nicht erforderlich** (ebenso *Piper* GRUR 1996, 433; *Rößler* GRUR 1994, 563 f.; unklar *Boes/Deutsch* GRUR 1996, 170 und 173 aE). Ein so definierter Bekanntheitsbegriff wäre nur auf Konsumgüter für jedermann zugeschnitten und würde viele nur Fachkreise interessierende Spezialprodukte ausschließen. Unstreitig dürfte auch sein, daß die Bekanntheit jedenfalls in den unmittelbar angesprochenen aktuellen und potentiellen Abnehmerkreisen einer oder mehrerer der Waren/Dienstleistungen, für welche die Marke Schutz genießt, gegeben sein muß (vgl. BGH GRUR 1991, 609, 612/613 – *SL*). Darüber hinaus wird teilweise verlangt, die Bekanntheit müsse (auch) bei den aktuellen und potentiellen Abnehmern derjenigen Produkte bestehen, für welche das beanstandete Zeichen benutzt (bzw. eingetragen) wurde (*Schweer*, S. 114; *Ingerl/Rohnke* NJW 1994, 1251). In diesem Sinne sind auch die vom BGH insbesondere für Fälle der Rufausbeutung aufgestellten Anforderungen an Bekanntheit und Ruf bei den Abnehmern der Verletzerprodukte interpretiert worden (BGH GRUR 1991, 863, 867 – *Avon;* BGH GRUR 1991, 465, 466 – *Salomon*). Einer generellen Einbeziehung in den Begriff der bekannten Marke steht jedoch entgegen, daß diesen Abnehmerkreisen eine ganz **unterschiedliche Bedeutung je nach Art der Ausnutzung/Beeinträchtigung** zukommen kann. So stehen im Falle der Rufschädigung meist die eigenen Abnehmerkreise des Markeninhabers, bei der Rufausbeutung dagegen diejenigen des Verletzers im Vordergrund (anschaulich: BGH GRUR 1991, 609, 611 – *SL*). Die Voraussetzung der Bekanntheit der Marke gilt dagegen einheitlich für alle Beeinträchtigungsarten und sollte auch insoweit nicht mit anderen Voraussetzungen des erweiterten Schutzes vermengt werden. Ob eine „bekannte Marke" iSd §§ 9 Abs. 1 Nr. 3, 14 Abs. 2 Nr. 3 vorliegt, richtet sich somit nach dem Bekanntheitsgrad bei den aktuellen und potentiellen Abnehmerkreisen der Waren/Dienstleistungen, für welche die Marke Schutz genießt (wie hier *Rößler* GRUR 1994, 563 f.; unklar *Piper* GRUR 1996, 433: „primär"). Dies schließt nicht aus, daß zB bei einer nur für ein Spezialprodukt bekannten Marke gerade deswegen die weiteren Voraussetzungen des Schutzes nach §§ 14 Abs. 2 Nr. 3, 9 Abs. 1 Nr. 3 nicht erfüllt sind, weil die Marke bei den Abnehmern der angegriffenen, nicht ähnlichen Produkte unbekannt ist.

3. Geographischer Bezug der Bekanntheit

474 Die Marke muß „im Inland" bekannt sein, so daß eine Bekanntheit, die nur im **Ausland** feststellbar ist, für den erweiterten Schutz nach deutschem Markenrecht nicht genügt. Gemeinschaftsmarken können dagegen auch dann den erweiterten Schutz nach der GMVO genießen, wenn sie nur in einem in bezug auf die Gemeinschaft beachtlichen Teilgebiet außerhalb Deutschlands hinreichend bekannt sind (*Ingerl*, Die Gemeinschaftsmarke, S. 85/86; aA *Piper* GRUR 1996, 660; abw auch *Schönfeld* S. 202).

475 Nach verschiedentlich vertretener Auffassung soll auch eine regional oder sogar örtlich, dh **geographisch begrenzte inländische Bekanntheit** genügen (*Boes/Deutsch* GRUR 1996, 170; vgl. den Fall BGH GRUR 1991, 465 – *Salomon* bzgl. Verkehrsgeltung in zwei Bundesländern). Das trifft in dieser Allgemeinheit nicht zu. Zwei Fragen sind zu unterscheiden. Ein nur regional bestehender Bekanntheitsgrad kann hoch genug sein, um auch bundesweit betrachtet noch den erforderlichen Bekanntheitsgrad zu ergeben (vgl. zu § 1 UWG OLG Köln MD 1997, 1014, 1018 – *BOSS!*: hohe Bekanntheit in den alten Bundesländern genügt). In diesem Falle besteht der erweiterte Schutz im gesamten Geltungsgebiet der Marke ohne weiteres, da eine flächendeckend gleichmäßige Verteilung der Bekanntheit nicht erforderlich und eine Konzentration auf einen oder mehrere regionale Schwerpunkte unschädlich ist.

476 Besteht die Bekanntheit dagegen nur regional in dem erforderlichen Maße, so kommt nur bei **nicht eingetragenen Marken** ohne weiteres eine räumlich beschränkte Gewährung des erweiterten Schutzes in Betracht (*Piper* GRUR 1996, 433). Diese Markenart ist ohnehin einer geographischen Beschränkung nach Maßgabe ihrer Verkehrsgeltung zugänglich. Den notwendigerweise bundesweit geltenden **eingetragenen Marken** wäre eine solche räumliche Differenzierung dagegen eigentlich fremd. Andererseits darf der Inhaber einer eingetragenen Marke gegenüber einer nach § 4 Nr. 2 geschützten Marken nicht dadurch benachteiligt werden, daß die regionale Bekanntheit ganz unberücksichtigt bleibt. Zwei Lösungswege mit letztlich gleichem Ergebnis bieten sich an. Entweder verneint man eine solche Benachteiligung deswegen, weil dem Inhaber der eingetragenen Marke in dem Bekanntheitsgebiet unabhängig von der Eintragung idR auch eine Marke nach § 4 Nr. 2 zusteht wird, so daß er sich auf diesem Umweg auch auf den räumlich beschränkten Schutz nach § 14 Abs. 2 Nr. 3 berufen kann. Oder man läßt doch eine räumliche Beschränkung des besonderen Schutzes eingetragener bekannter Marken zu. Zu beachten sind in diesem Falle die von der Rspr. entwickelten besonderen Schranken räumlich begrenzter Verbietungsrechte gegenüber bundesweiter Kennzeichenbenutzung (vgl. § 15 Rdn. 20).

4. Quantitative Anforderungen, absoluter/relativer Bekanntheitsgrad

In den bisherigen Stellungnahmen zum MarkenG werden als prozentuale Untergrenze für den Regelfall überwiegend Werte um 30% angegeben (*Piper* GRUR 1996, 432; *Boes/Deutsch* GRUR 1996, 169; *Rößler* GRUR 1994, 562; aA *Fezer* § 14 Rdn. 420: Faustregel 50%). Soweit dabei auf in der früheren Rspr. behandelte Prozentsätze verwiesen wird, ist deren Einzelfallbezogenheit zu beachten. Eine über den Einzelfall hinaus verläßliche prozentuale Festlegung hat der BGH stets vermieden. In BGH GRUR 1997, 221, 222 – *Canon* wurde die Bekanntheit unterstellt aufgrund Kenntnis der Marke dem Namen nach bei 76,6% der Bevölkerung.

Gerade auch unter Berücksichtigung der bisherigen Rspr. dürfte es zutreffender sein, die **unterste Schwelle** bereits bei einem **Bekanntheitsgrad ab 20%** anzusiedeln, so daß bei einem Erreichen von 30–33% meist ohne weiteres eine bekannte Marke anzunehmen ist (vgl. *Rohnke* GRUR 1991, 287 und 291 zum UWG unter Hinweis auf BGH GRUR 1985, 550, 552 – *DIMPLE*). Nur in dem Schwellenbereich zwischen 20 und 30% sollte die Einstufung als bekannte Marke nicht allein von der absoluten Prozentzahl abhängen, sondern die relative Bedeutung des erreichten Bekanntheitsgrades im Vergleich zur Bekanntheit von Wettbewerbsmarken berücksichtigt werden. Einer weitergehenden, generellen Relativierung bedarf es dagegen auf der Ebene der Bekanntheit nicht (aA

477

478

Boes/Deutsch GRUR 1996, 169; *Piper* GRUR 1996, 433; *Fezer* § 14 Rdn. 420 f.). Vielmehr sind Bedeutung und Stellenwert des erreichten Bekanntheitsgrades auf den konkret betroffenen Märkten im Rahmen der weiteren Voraussetzungen zu gewichten. Dabei kann sich herausstellen, daß der Bekanntheitsgrad zwar für die grdsl. Einstufung als bekannte Marke ausreichend, jedoch im Einzelfall aufgrund weiterer Umstände zu gering ist, um die weitere Voraussetzungen des erweiterten Schutzes bejahen zu können. In diesem Sinne kann sich der zunächst an sich durchaus „absolute" Bekanntheitsbegriff letztlich doch als einer **Differenzierung nach den jeweiligen Unlauterkeitsvarianten** zugänglich erweisen. Der erweiterte Schutz scheitert in diesen Fällen aber wohlgemerkt nicht daran, daß es sich nicht um ein bekanntes Kennzeichen handeln würde, sondern daran, daß die weiteren Voraussetzungen nicht erfüllt sind.

5. Qualitative Anforderungen

479 Umstritten ist, ob die „Bekanntheit" rein quantitativ verstanden werden kann oder vielmehr stets auch zusätzliche qualitative Kriterien im Sinne eines guten Rufes erfüllt sein müssen (in diese Richtung Amtl. Begr. 11. Abs. zu § 9; *Fezer* § 14 Rdn. 422; *Rößler* GRUR 1994, 562; *Sack* GRUR 1995, 86; *Schweer*, S. 115; *Kraft* GRUR 1991, 342; *Kunz-Hallstein* GRUR Int. 1990, 747, 756). Zwar könnten für letzteres die von MRRL und GMVO in anderen Sprachen verwendeten Begriffe wie „reputation" oder „renommée" sprechen. Jedoch darf nicht übersehen werden, daß schon der Bekanntheitsgrad als solcher und die damit durch Verwendung der Marke erzielbare Aufmerksamkeit einen erheblichen wirtschaftlichen Wert darstellen, dessen Schutz – in der Terminologie dieses Tatbestandes insbesondere als Fall der Ausnutzung der Unterscheidungskraft – sehr wohl unabhängig von qualitativen Vorstellungen geboten sein kann. Die „Wertschätzung" ist nach dem eindeutigen Wortlaut („oder") keine zwingende Voraussetzung des erweiterten Schutzes und **sollte daher nicht mit dem Tatbestandsmerkmal der Bekanntheit vermengt werden**. Besonders deutlich wird dies an dem auf der Ebene des Bekanntheitserfordernisses klar verfehlten Einwand, einer „mit schlechtem Ruf bekannte Marke" dürfe der erweiterte Schutz nicht zuteil werden (so zB *Schweer*, S. 115 unter Berufung auf *Kraft* MA 1991, 53). Auch die durch Skandale oder negative Schockwerbung bekannt gewordene **„berüchtigte Marke"** kann Schutz nach §§ 14 Abs. 2

G. Ausnutzung und Beeinträchtigung bekannter Marken § 14

Nr. 3, 9 Abs. 1 Nr. 3 genießen, insbesondere gegen Aufmerksamkeitsausbeutung (unten Rdn. 520). Die Einstufung der Bekanntheit als selbständige, quantitative Voraussetzung schließt es aber keineswegs aus, den erweiterten Schutz wegen Fehlens eines ausbeutungs- oder beeinträchtigungsfähigen Rufs im Einzelfall zu verneinen (im Erg. wie hier *Piper* GRUR 1996, 433; *Boes/Deutsch* GRUR 1996, 168; *Keller* S. 16, vgl. aber auch S. 29).

Zuzubilligen ist der Gegenauffassung allerdings, daß angesichts der bisherigen Rspr. des BGH zu § 1 UWG (Nachw. oben Rdn. 460) auch weiterhin damit zu rechnen ist, daß die Rspr. nicht nur jede Festlegung verbindlicher Bekanntheitsgrenzen vermeiden, sondern auch auf die Verquickung der Bekanntheit mit der Frage des guten Rufes nur ungern verzichten wird, nachdem sie sich dadurch einen weiten Entscheidungsspielraum im Einzelfall vorbehalten kann. Die Streitfrage dürfte in der Praxis allerdings kaum wirklich entscheidende Bedeutung erlangen. Ein höherer Bekanntheitsgrad wird nämlich so gut wie immer auch mit irgendwelchen positiven Verkehrsvorstellungen einhergehen, sei es auch nur diffuser Art, zB hinsichtlich des Absatzerfolges allgemein oder der Größe des dahinterstehenden Unternehmens (zutr. schon BGH GRUR 1959, 182, 184 – *Quick* zur berühmten Marke). 480

6. Bekanntheit ohne Benutzung im Inland

Im Regelfall wird der Erlangung des erforderlichen Bekanntheitsgrades eine intensive Benutzung des Zeichens im inländischen Geschäftsverkehr vorausgehen. Zwingend notwendig ist dies jedoch weder in rechtlicher noch in tatsächlicher Hinsicht. Im Gegensatz zur Verkehrsgeltung nach § 4 Nr. 2 („durch die Benutzung im geschäftlichen Verkehr") und zur Verkehrsdurchsetzung nach § 8 Abs. 3 („infolge ihrer Benutzung") ist die Art und Weise der Entstehung der Bekanntheit im Inland in §§ 9, 14 gerade nicht vorgegeben (aA *Meister* WRP 1995, 366/370/371: nur Bekanntheit aufgrund Bewährung; *Schweer*, S. 115). Es kann daher **auch eine durch Benutzung im Ausland erlangte Bekanntheit** bei den inländischen Verkehrskreisen genügen. Dies ist insbesondere bei einer zunächst im Herkunftsland gestarteten Werbekampagne oder bei einem das Produkt betreffenden Ereignis, über das in den inländischen Medien redaktionell berichtet wird, ohne weiteres vorstellbar (zB Merchandising iVm Namen oder Figuren aus Hollywood-Filmen oder Bestsellern). Vgl. hierzu auch *Kur* GRUR Int. 1994, 987, 994 zur Behandlung internationaler Bekanntheit im TRIPS. 481

§ 14 Rechte und Ansprüche des Markeninhabers

7. Maßgeblicher Zeitpunkt

482 Gegenüber einem seinerseits geschützten jüngeren Kennzeichen muß die Bekanntheit bereits in dem für den Zeitrang des jüngeren Zeichens maßgeblichen Zeitpunkt bestanden und seitdem angedauert haben (§§ 22 Abs. 1 Nr. 1, 51 Abs. 3; näher § 22 Rdn. 5 ff.; zB OLG München GRUR 1996, 63, 65 – *Mac Fash*). Gegenüber der Verwendung eines nicht geschützten Zeichens genügt Bekanntheit im Zeitpunkt der letzten Tatsachenverhandlung, soweit nicht vergangenheitsbezogene (Ersatz-)Ansprüche geltend gemacht werden (vgl. Rdn. 12 ff.). Zu Übergangsfragen s. § 153. Einen Anwartschaftsschutz für Zeichen auf dem Weg zur Berühmtheit hat die Rspr. früher abgelehnt (BGH GRUR 1958, 339, 342 – *Technika*; BGH GRUR 1956, 172, 174 – *Magirus*). Dafür besteht heute schon wegen der niedrigeren und flexibleren Voraussetzungen des erweiterten Schutzes weder Bedarf noch eine gesetzliche Lücke (s. aber Rdn. 529).

8. Feststellung der Bekanntheit

483 Die Bekanntheit einer Marke iSv §§ 9, 14 ist zwar ein Rechtsbegriff, seine tatsächliche Grundlage – Bekanntheitsgrad in einem bestimmten Verkehrskreis – jedoch einem Beweis, insbesondere durch demoskopisches Sachverständigengutachten, zugänglich (Gutachtenbeispiele aus der Rspr: BGH GRUR 1991, 865 – *Avon;* OLG München ZUM-RD 1997, 358, 365 – *Erstes Deutsches Fensehen;* OLG Köln MD 1997, 1014/1018 – *BOSS!;* OLG München Mitt. 1996, 92, 95 – *McShirt;* LG München I WRP 1995, 883 – *MICROSHELL;* OLG München MD 1993, 85 – *Commerzbank;* OLG Hamburg WRP 1986, 221, 226 – *quattro;* OLG Düsseldorf GRUR 1983, 389, 390 – *Rosenthal*). Insoweit gilt zunächst das oben Rdn. 185 ff. zur Steigerung der Kennzeichnungskraft durch Benutzung Gesagte entsprechend. Entgegen bisheriger Praxis und verbreiteter Meinung (*Boes/Deutsch* GRUR 1996, 170; *Pagenberg* FS Beier 1996, 323 ff.; *Schweer* S. 115 f.; *Ernst-Moll* GRUR 1993, 10) sollte die gerichtliche Anordnung eines **demoskopischen Umfragegutachtens** erst nach **Ausschöpfung aller sonstigen Erkenntnisquellen** als letztmögliches Beweismittel herangezogen werden (vgl. zur Feststellung gesteigerter Kennzeichnungskraft oben Rdn. 185). Eine voreilige Anordnung verbietet sich schon wegen der enormen Kosten und der häufig keineswegs vorhersehbaren Verwertbarkeit einer Umfrage und ihrer Fragestellungen aus der nicht selten veränderten Perspektive der weiteren Instanzen.

G. Ausnutzung und Beeinträchtigung bekannter Marken § 14

Außerdem scheint sogar der BGH bisher dazu zu neigen, Zweifelsfälle ungeachtet eingeholter Umfragen vorrangig aus eigener Sachkunde und Lebenserfahrung zu entscheiden (*Boes/Deutsch* GRUR 1996, 172 mwN). Wenn auch Beweisregeln und Beweisverfahren von der Harmonisierung zunächst noch ausgenommen sind (vgl. zur Verwechslungsgefahr ErwGr 10 zur MRRL), darf schließlich auch noch berücksichtigt werden, daß europaweit insgesamt eine wesentlich geringere Bereitschaft zu Meinungsumfragen bestehen dürfte als in Deutschland.

Als **Indizien für die Bekanntheit einer Marke** bieten sich an: 484
Schutz- und Benutzungsdauer, mit ihr erzielte Umsätze, Werbeumfang (nur hilfsweise über die nicht zwingend mit dem Werbeerfolg korrespondierenden Werbekosten), öffentliche Erwähnung der Marke durch Dritte, insbesondere in den Medien, alle Faktoren jeweils auch im Vergleich zu den markt- und produktüblichen Verhältnissen bei den Wettbewerbern. Jedenfalls bei länger eingeführten Marken mit über dem Branchendurchschnitt liegenden Umsatzerfolgen und Werbeaufwendungen sollte sich die Einholung eines Umfragegutachtens durch derartige Feststellungen vermeiden lassen. Zu Einzelheiten der Umfragegestaltung *Boes/Deutsch* GRUR 1996, 170 ff.; *Pagenberg* FS Beier 1996, 324 ff., jeweils mwN.

Keines Beweises bedarf es bei **Offenkundigkeit** der Bekanntheit 485
iSv § 291 ZPO, wie sie insbesondere bei einem hohen Bekanntheitsgrad in der Gesamtbevölkerung angenommen werden kann (vgl. OLG Frankfurt aM GRUR 1992, 445, 447 (Mercedes) unter Bezugnahme auf BGH GRUR 1991, 401, 402 – *Erneute Vernehmung:* „sehr bekannte Kennzeichnung"; OLG Frankfurt aM WRP 1992, 718, 720 – *Enrico Ferrari* für „Ferrari"; OLG München Mitt. 1982, 198 für „adidas"; *Ernst-Moll* GRUR 1993, 10). Zum Gegenbeweis oben Rdn. 186.

Denkbar ist auch die Verneinung der Bekanntheit ohne Umfra- 486
gegutachten aufgrund **eigener Sachkunde** des Gerichts, wenn die obigen Indizien ein eindeutig die Bekanntheit ausschließendes Gesamtbild ergeben (BGH GRUR 1958, 339, 342 – *Technika*; *Ernst-Moll* GRUR 1993, 10 f.; vgl. allg. oben Rdn. 185 ff. zur Feststellung gesteigerter Kennzeichnungskraft).

III. Zeichenidentität, Zeichenähnlichkeit

Die Begriffe der Zeichenidentität und Zeichenähnlichkeit stim- 487
men grdsl. mit den gleichlautenden Tatbestandsmerkmalen der § 14

Abs. 2 Nr. 1/2, 9 Abs. 1 Nr. 1/2 überein (*von Gamm* FS Piper 1996, 541). Insoweit ist der erweiterte Schutz nicht schon von vornherein auf einen engeren Zeichenähnlichkeitsbereich beschränkt (aA OLG München GRUR 1996, 63, 65 – *Mac Fash*, aber offengelassen für an bekannte Markenserie dem Stammbestandteil nach angelehntes Zeichen; *Kraft* GRUR 1991, 341 zur MRRL; *Ernst-Moll* GRUR 1993, 17). Jedoch werden Ausnutzung und Beeinträchtigung typischerweise nur bei einer besonders **deutlichen Zeichenähnlichkeit** in Betracht kommen. Auch der bisherige Schutz der berühmten Marke gegen Verwässerung war nicht kategorisch auf identische oder fast identische Zeichen beschränkt (vgl. BGH GRUR 1987, 711, 712 – *Camel-Tours,* wo ausdr. die Verwendung „ähnlicher" oder „verwechselbarer" Bezeichnungen als möglicher Eingriff in die berühmte Marke erwähnt wird). Jedoch war nach Auffassung des BGH der zeichenmäßige Ähnlichkeitsbereich, in den unter dem Gesichtspunkt einer Verwässerung nicht eingedrungen werden darf, im allgemeinen enger zu ziehen als bei Prüfung der Verwechslungsgefahr (iSv § 31 WZG) und wurde verlangt, daß das beanstandete Zeichen mit den charakteristischen Merkmalen der berühmten Marke „weitgehend übereinstimmt" (grdl. BGH GRUR 1956, 172, 179 – *Magirus*; best. zB in BGH GRUR 1972, 180, 182 – *Cheri*). Beispiele zur Verneinung erweiterten Schutzes wegen zu geringer Zeichenähnlichkeit aus der früheren Rspr.: BGH GRUR 1992, 130, 132 – *Bally/BALL*; BGH GRUR 1959, 182 – *Quick/Glück*; OLG München Mitt. 1996, 92 – *McShirt*; OLG Stuttgart WRP 1991, 751 – *Wella/Welo*. Dabei ist zu beachten, daß die oben Rdn. 311 ff. dargestellten Ähnlichkeitskriterien und Erfahrungsregeln überwiegend verwechslungsbezogen entwickelt worden sind. Insoweit kann daher im Rahmen des Gesamttatbestandes des erweiterten Schutzes bekannter Marken eine differenziertere Bewertung geboten sein als zu ihrer Funktion als Faktor der Verwechslungsgefahr. Beispiel für Verneinung der Anwendbarkeit des § 14 Abs. 2 Nr. 3 wegen fehlender Zeichenähnlichkeit: OLG Düsseldorf WRP 1997, 588, 590 und 592 – *McPaint/McDonalds* nicht ähnlich und äußerst fraglich bei „McPaint" und „Mc".

IV. Fehlende Waren/Dienstleistungsähnlichkeit, Analogie

488 Nach dem gesetzlichen Wortlaut besteht der erweiterte Schutz nur gegenüber Handlungen (bzw. Markeneintragungen), die sich

G. Ausnutzung und Beeinträchtigung bekannter Marken § 14

auf Waren/Dienstleistungen beziehen, welche **nicht** ähnlich zu den Waren/Dienstleistungen sind, für welche die Marke Schutz genießt. Der Begriff der Waren/Dienstleistungsähnlichkeit entspricht demjenigen nach §§ 14 Abs. 2 Nr. 2, 9 Abs. 1 Nr. 2 (oben Rdn. 235 ff.), denn diese negative Anknüpfung sollte erkennbar dazu dienen, eine Überschneidung der beiden Tatbestände zu vermeiden (vgl. zur Abhängigkeit der Tatbestände voneinander BGH GRUR 1997, 221, 223 – *Canon*). Eine direkte Anwendung auch bei Ähnlichkeit der Waren/Dienstleistungen mit der Begründung, es sei nur gemeint gewesen, der erweiterte Schutz bestehe „selbst dann", wenn die Waren/Dienstleistungen nicht ähnlich sind (so *Fezer* § 14 Rdn. 431), läßt der Wortlaut nicht zu. Damit wären bekannte Marken gegen jede nicht zugleich mit Verwechslungsgefahr iSd §§ 14 Abs. 2 Nr. 2, 9 Abs. 1 Nr. 2 verbundene Ausnutzung oder Beeinträchtigung ausgerechnet innerhalb des Waren/Dienstleistungsähnlichkeitsbereichs schutzlos, obwohl in derartigen Fällen ein nicht nur der Art nach völlig gleichgelagertes, sondern sogar noch dringenderes Schutzbedürfnis besteht (Beispiele für derartige Fallkonstellationen: BGH GRUR 1995, 57 – *Markenverunglimpfung II (NIVEA)*; BGH GRUR 1991, 609 – *SL*; BGH GRUR 1981, 142 – *Kräutermeister*; weitere Bsp. bei *Keller*, S. 124 ff.). Dieser nicht zu rechtfertigende **Wertungswiderspruch** ist in der früheren Rspr. zwar für den Verwässerungsschutz ausdrücklich hingenommen worden (BGH GRUR 1981, 142, 144 – *Kräutermeister*; BGH GRUR 1959, 182, 186 – *Quick*), aber offengel. für nicht kennzeichenmäßige Verwendung), nicht jedoch für den wettbewerbsrechtlichen Schutz. Er geht auf einen aus MRRL (und GMVO) in das MarkenG übernommenen Regelungsfehler zurück. Der erweiterte Schutz bekannter Marken hätte richtigerweise nicht an fehlende Waren/Dienstleistungsähnlichkeit, sondern an fehlende Verwechslungsgefahr angeknüpft werden müssen.

Die Schutzlücke kann auf drei Wegen geschlossen werden: **489** durch extensive Auslegung der „gedanklichen Verbindung" im Sinne des Verwechslungstatbestandes (*Sack* GRUR 1995, 81, 89; abl. hierzu schon oben Rdn. 447), Rückgriff auf außermarkenrechtliche Bestimmungen (OLG Hamburg GRUR 1996, 982, 983 – *Für Kinder*; *Piper* GRUR 1996, 437 und zunächst auch *Ingerl/ Rohnke* NJW 1994, 1251) oder analoge Anwendung der §§ 14 Abs. 2 Nr. 3, 9 Abs. 1 Nr. 3 (hierfür *Deutsch* GRUR 1995, 320/ 321; *Krüger* GRUR 1995, 529; ausf. *Keller*, S. 120 f.; *Meister* MA 1993, 413; *Ingerl*, Die Gemeinschaftsmarke, S. 81, 86). Die **Analogie** ist als wesentlich sachgerechtere Lösung vorzuziehen. Es wäre widersinnig, gerade die dringenderen Schutzfälle aus dem Kennzeichenrecht auszuklammern und damit von zusätzlichen wettbewerbsrechtlichen oder deliktischen Voraussetzungen abhängig zu machen (in diese Richtung wohl auch EuGH v. 11.11.1997 – *Sabèl/Puma* ErwGr 20: „sogar dann, wenn nicht ähnlich"). Nur diese Lösung eignet sich auch für das mit dem gleichen Widerspruch belastete Gemeinschaftsmarkenrecht, da dort der Rückgriff auf Wettbewerbs- und Deliktsrecht zu einer noch systemwidrigeren Verlagerung der schutzwürdigeren Fälle auf die Ebene des einzelstaatlichen Rechts führen würde (aA auch insoweit *Piper* GRUR 1996, 662, offengel. in BGH WRP 1997, 310, 311 – *Yellow Phone*).

V. Benutzung des Zeichens

490 Der Untersagungstatbestand des § 14 Abs. 2 Nr. 3 richtet sich dagegen, daß der Dritte das Zeichen im geschäftlichen Verkehr für bestimmte Waren/Dienstleistungen „benutzt". Hier kommt es auf tatsächlich bereits vorgenommene oder – im Rahmen der Erstbegehungsgefahr (Vor §§ 14–19 Rdn. 25 ff.) – drohende konkrete Benutzungshandlungen an. Bei dem Löschungstatbestand des § 9 Abs. 1 Nr. 3 ist die Benutzung dagegen zur abstrakten Prüfung der Ausnutzung/Beeinträchtigung fiktiv zu unterstellen, d.h. eine für die betroffenen Waren/Dienstleistungen branchenübliche Verwendung als Marke zugrundezulegen. Die Fingierung erübrigt sich, sobald konkrete Verwendungshandlungen des Inhabers der jüngeren Marke bekannt sind, vorausgesetzt diese weichen nicht von der Eintragung ab.

491 § 14 Abs. 2 liegt ein **einheitlicher Benutzungsbegriff** für alle drei Verletzungstatbestände zugrunde, der bei Rdn. 45 ff. zusammenfassend dargestellt ist. Die einheitliche Wortwahl („ein Zeichen zu benutzen") und die einheitliche Konkretisierung in den Abs. 3 und 4 lassen keinen Zweifel daran, daß für den erweiterten Schutz bekannter Marken nicht etwa ein engerer oder weiterer Benutzungsbegriff maßgeblich ist. Nach der hier vertretenen Auffassung bedeutet dies, daß der erweiterte Schutz bekannter Marken nicht auf im herkömmlichen Sinne „kennzeichenmäßige" Verletzungshandlungen beschränkt ist (aA, d.h. für Beschränkung (auch) des § 14 Abs. 2 Nr. 3 auf kennzeichenmäßige Verwendung im herkömmlichen Sinne, zB *Piper* GRUR 1996, 434; *Sack* GRUR 1995, 94; *von Gamm* FS Piper 1996, 540; *ders.* WRP 1993, 797 f.;

G. Ausnutzung und Beeinträchtigung bekannter Marken § 14

Rößler GRUR 1994, 568; *Ernst-Moll* GRUR 1993, 17; *Kunz-Hallstein* GRUR Int. 1990, 757; wie hier gegen Beschränkung auf kennzeichenmäßige Benutzung *Fezer* § 14 Rdn. 413 aE; *Kraft* GRUR 1991, 342; vgl. im übrigen die Nachw. zum Benutzungsbegriff des § 14 allg. oben Rdn. 50ff.). Ausnutzung und Beeinträchtigung sind keineswegs nur durch kennzeichenmäßigen Gebrauch im herkömmlichen Sinne vorstellbar (so aber *von Gamm* FS Piper 1996, 540; *ders.* WRP 1993, 797f.; gegen ihn *Sack* GRUR 1995, 94), sondern gerade auch durch andere Verwendungsformen (Beispiele unten Rdn. 525).

Demgegenüber war der Schutz der **berühmten Marke** von der Rspr. auf **kennzeichenmäßige Benutzung** im herkömmlichen Sinne beschränkt worden (BGH GRUR 1991, 863, 866 – *Avon;* BGH GRUR 1990, 711, 713 – *Telefonnummer 4711*), während der wettbewerbsrechtliche Schutz bekannter Marken kennzeichenmäßige Benutzung gerade nicht voraussetzt (zB BGH GRUR 1996, 508 – *Uhrenapplikation;* BGH GRUR 1994, 635 – *Pulloverbeschriftung;* BGH GRUR 1988, 453 – *Ein Champagner unter den Mineralwässern;* BGH GRUR 1983, 247 – *Rolls Royce*). 492

Durch die ausdrückliche Anerkennung der Rufschädigung als Löschungsgrund ist auch die nach früherem Recht unzutreffende Argumentation überholt, gegen eine bloße **Zeichenanmeldung** könne der erweiterte Schutz nur im Falle der Rufausbeutung, mangels Beeinträchtigung aber (noch) nicht im Falle der Rufschädigung geltend gemacht werden (so noch BGH GRUR 1985, 550, 553 – *DIMPLE*).

VI. Die vier Eingriffstatbestände

Die Kombination aus zwei Schutzobjekten (Unterscheidungskraft, Wertschätzung) und zwei Verletzungswirkungen (Ausnutzung, Beeinträchtigung) ergibt vier Eingriffstatbestände, denen jeweils auch selbständige Bedeutung zukommt, mögen auch Überschneidungen häufig sein. Die vier Tatbestände können kurz als „**Rufausbeutung**" (Ausnutzung der Wertschätzung), „**Aufmerksamkeitsausbeutung**" (Ausnutzung der Unterscheidungskraft), „**Rufschädigung**" (Beeinträchtigung der Wertschätzung) und „**Verwässerung**" (Beeinträchtigung der Unterscheidungskraft) bezeichnet werden. Dabei ist zu beachten, daß diese Tatbestandsmerkmale nicht die Verletzungshandlung ieS bezeichnen (so unscharf *Fezer* § 14 Rdn. 424), sondern die zum Tatbestand gehören- 493 de Verletzungswirkung. Denn Verletzungshandlung ist die Benutzung des Zeichens. Bei Überschneidungen der vier Eingriffstatbestände sind nicht gleichzeitig mehrere Verletzungshandlungen, sondern mehrere Eingriffsfolgen ein und derselben Verletzungshandlung gegeben. Häufig sind solche Überschneidungen insbesondere insoweit, als Rufausbeutung, Aufmerksamkeitsausbeutung und Rufschädigung nicht selten auch Verwässerungswirkungen haben können.

1. Grundlagen

494 Anders als § 14 Abs. 2 Nr. 2 stellt Nr. 3 dem Wortlaut nach nicht auf eine bloße Gefahr ab, sondern verlangt tatsächliches Vorliegen der Ausnutzung oder Beeinträchtigung (aA *von Gamm* FS *Piper* 1996, 540 „konkrete Gefahr"; *ders.* GRUR 1996, 435 und 436 „konkrete Gefahr"). Das bedeutet jedoch schon wegen der Möglichkeit der vorbeugenden Unterlassungsklage (Vor §§ 14–19 Rdn. 25 ff.) nicht etwa, daß der Verletzungsanspruch erst mit nachweisbarem Eintritt von Beeinträchtigung oder Ausnutzung gegeben wäre. Maßgeblich ist vielmehr die **objektive Eignung** der Verletzungshandlung, die Ausnutzung bzw. Beeinträchtigung zu bewirken. Im Falle des registerrechtlichen Kollisionstatbestandes des § 9 Abs. 1 Nr. 3 muß die Ausnutzung oder Beeinträchtigung im Falle der Benutzung hypothetisch („würde") geprüft werden.

495 Auch die übrigen Tatbestandsmerkmale sind objektiv zu verstehen (aA *Krings* GRUR 1996, 624). Eine **Absicht** der Ausnutzung/Beeinträchtigung ist für das zivilrechtliche Verbot weder hinreichend noch erforderlich, während der korrespondierende Straftatbestand eine Ausbeutungs- oder Beeinträchtigungsabsicht voraussetzt (§ 143 Nr. 2, 3b). Auch in der früheren Rspr. wurde keine Absicht verlangt (BGH GRUR 1991, 609, 613 – *SL;* BGH GRUR 1991, 465, 467 – *Salomon;* OLG München Mitt. 1996, 92, 95 – *McShirt*), spielte aber bei der Unlauterkeitsprüfung wohl doch häufig eine große Rolle (insoweit zutr. *Krings* GRUR 1996, 624; BGH WRP 1997, 748, 750/751 – *grau/magenta*; tendenziell zB auch BGH WRP 1997, 310, 312 – *Yellow Phone*: „zur objektiven Rufausbeutung hinzutreten"; vgl. zB die Verneinung der Anlehnungsabsicht in OLG Frankfurt aM GRUR 1995, 154, 155 – *BOSS;* OLG Frankfurt aM WRP 1992, 718, 720 – *Enrico Ferrari*). Anders als § 1 UWG, der Kenntnis aller die Sittenwidrigkeit begründenden Umstände voraussetzt (vgl. BGH GRUR 1992, 448, 449 – *Pullovermuster;* BGH GRUR 1991, 914, 916 – *Kastanien-*

G. Ausnutzung und Beeinträchtigung bekannter Marken   § 14

muster; *Köhler/Piper* Einf Rdn. 188 ff.), enthält § 14 auch hinsichtlich der Unlauterkeit kein subjektives Tatbestandsmerkmal. Dies schließt nicht aus, daß Verletzermotive und -ziele als Indizien für eine tatsächliche Ausnutzung herangezogen werden können (zB BGH GRUR 1994, 808, 811 – *Markenverunglimpfung I (MARS)*: klägerische Kennzeichen von Beklagter „als kaufmännisch geführtem Unternehmen ... nicht ohne Grund zur verballhornenden Verwendung ausgesucht").

2. In unlauterer Weise

Zur Auslegung des Tatbestandsmerkmals der Unlauterkeit will die Amtl Begr 12. Abs. zu § 9 einerseits auf die frühere Rspr. zur Unlauterkeit des Eingriffs in Kennzeichenrechte zurückgreifen (vgl. dazu BGH WRP 1997, 310, 311 – *Yellow Phone*), betont aber andererseits, daß es sich bei dem Unlauterkeitsbegriff insoweit um eine Norm des Gemeinschaftsrechts handele. Der Begriff stimmt nicht überein mit der Sittenwidrigkeit iSv § 1 UWG, sondern steht dem Begriff des **Verstoßes gegen die guten Sitten iSv § 23** nahe (§ 23 Rdn. 9). Keine Voraussetzung der Bejahung der Unlauterkeit ist ein Wettbewerbsverhältnis iSd UWG (*von Gamm* FS Piper 1996, 539; *Piper* GRUR 1996, 431). Bei Rufausbeutung und Aufmerksamkeitsausbeutung, insbesondere aber Rufschädigung mag die Unlauterkeit naheliegender sein als bei Verwässerung (*Rößler* GRUR 1994, 567: bei Rufausbeutung bislang indiziert; krit. gegen zusätzl. Anforderungen bei Verwässerungsgefahr *Kraft* GRUR 1991, 342). Bei identischer Verwendung des bekannten Kennzeichens wird Unlauterkeit zu vermuten sein. Die Berücksichtigung einer **Nachahmungsgefahr** erscheint nur bei wirklich konkreten Anhaltspunkten gerechtfertigt, nachdem es sich um ein allzu verführerisches Argument zur Verdeckung von Begründungsmängeln handelt (vgl. BGH GRUR 1991, 609, 610, 612 – *SL*: Verwendung als naheliegende abgekürzte Typenbezeichnung auch durch weitere Mitbewerber). Zur weiteren Beurteilung der Unlauterkeit im Einzelfall siehe unten zu den einzelnenen Eingriffstatbeständen. 496

3. Ohne rechtfertigenden Grund

Der erweiterte Schutz bekannter Marken steht unter dem für das deutsche Recht selbstverständlichen Vorbehalt fehlender Rechtfertigungsgründe für das Verletzerhandeln, wobei es im Ergebnis keinen Unterschied macht, ob diese bereits in Rahmen der Unlauterkeitsprüfung geprüft werden (für letzteres *Piper* GRUR 1996, 435). 497

§ 14 Rechte und Ansprüche des Markeninhabers

Im Vordergrund stehen nicht spezifisch kennzeichen- oder wettbewerbsrechtliche, sondern aus anderen Bereichen der Rechtsordnung folgende und dem Kennzeichenschutz aufgrund Abwägung im konkreten Fall übergeordnete Rechtfertigungsgründe (*Fezer* § 14 Rdn. 429). Beispiele für denkbare Rechtfertigungsgründe sind Meinungs- und Pressefreiheit nach Art. 5 Abs. 1 GG (vgl. zB BGH GRUR 1994, 808, 810 – *Markenverunglimpung I (NIVEA)*, dazu BVerfG NJW 1994, 3342; BGH GRUR 1984, 684, 685 – *Mordoro*), Kunstfreiheit nach Art. 5 Abs. 3 GG und die Wahrnehmung berechtigter eigener Interessen (*Piper* GRUR 1996, 435).

4. Ausnutzung/Beeinträchtigung der Wertschätzung

498 **a) Wertschätzung.** Der Begriff der „Wertschätzung der Marke" umfaßt jede positive Assoziation, die der Verkehr mit der Marke verbindet, und schließt damit den „guten Ruf" im Sinne des bisherigen deutschen Rechts ein. Die Wertschätzung, die eine Marke genießt, kann vielfältige, sich ggf. auch überlagernde Ursachen und Inhalte haben. Sie kann im traditionelleren Sinne aus **konkreten Gütevorstellungen** bzgl. der Produktqualität (vgl. zB BGH GRUR 1985, 550, 552 – *DIMPLE*: Whiskylagerung; OLG Hamburg WRP 1986, 221, 228 – *quattro*: technische Qualität) oder **allgemeineren Vorstellungen von Größe, Alter, Tradition, Erfolg und Leistungsfähigkeit des herstellenden/vertreibenden Unternehmens** (vgl. zB BGH GRUR 1985, 626 – *Kupferberg*) bestehen. Sie umfaßt aber auch **Luxus-, Exklusivitäts- und Prestigevorstellungen**, mögen sie auch allein durch Werbeanstrengungen erzeugt sein (vgl. zB BGH GRUR 1985, 550, 552 – *DIMPLE*: „Prestigewert"; BGH GRUR 1983, 247, 248 – *Rolls Royce*: „Vorstellung von etwas besonderem, von Luxus und Vornehmheit"; vgl. aus der Rspr. zu § 1 UWG: BGH GRUR 1996, 508, 509 – *Uhren Applikation*: Cartier-Uhr; BGH GRUR 1994, 732, 734 – *McLaren*: Formel 1-Rennwagen; BGH GRUR 1985, 876 – *Tchibo/Rolex I*: Rolex-Uhr; OLG Hamburg WRP 1986, 221, 228 – *quattro*: Sporterfolge und Publizität; OLG Frankfurt aM WRP 1992, 718, 721 – *Enrico Ferrari;* krit. zum Exklusivitätskriterium *Mergel* GRUR 1986, 652 ff.) oder **andersartige positive Markenimages**, mit denen sich die Abnehmer identifizieren können (zB bestimmter Lebensstil; die von BGH GRUR 1991, 465 – *Salomon* übergangenen imageprägenden Sporterfolge, vgl. *Rohnke* GRUR 1991, 467; *Rößler* GRUR 1994, 566). Zu beachten ist die indizielle Wechselwirkung zwischen **Absatzerfolg** und Wertschät-

G. Ausnutzung und Beeinträchtigung bekannter Marken   § 14

zung (*Rohnke* GRUR 1991, 287). Guter Ruf muß durch **eigene** geschäftliche Aktivitäten (bzw. solche eines Rechtsvorgängers) geschaffen worden sein, nicht durch Dritte (vgl. BGH GRUR 1995, 697, 700 – *FUNNY PAPER*). Zur Ermittlung der Wertschätzung durch Meinungsumfragen s. *Boes/Deutsch* GRUR 1996, 171. Zum **Untergang** des guten Rufs vgl. Rohnke GRUR 1991, 291.

b) Ausnutzung der Wertschätzung (Rufausbeutung). Den 499 wettbewerbsrechtlichen Rufausbeutungstatbestand hat der BGH zu § 1 UWG zuletzt dahingehend definiert, daß ein Mitbewerber „für die eigene Ware den Ruf eines fremden Erzeugnisses und insbesondere eine damit infolge der Qualität dieses Erzeugnisses oder infolge besonderer Werbeanstrengungen seines Herstellers verbundene Gütevorstellung ausnutzt", wobei das fremde Erzeugnis, an dessen Kennzeichnung sich der Mitbewerber anlehnt, „einen hohen Grad der Bekanntheit und insbesondere ein solches Ansehen erreicht haben (müsse), daß die Ausnutzung der Kennzeichnung durch Anlehnung einerseits für den Konkurrenten lohnend und andererseits wegen des mit der Marke durch besondere Leistungen des Inhabers geschaffenen Werts objektiv unlauter erscheint" (BGH GRUR 1995, 697, 700 – *FUNNY PAPER* mwN).

Der **markengesetzliche** Schutz unterscheidet sich von diesem 500 allgemeinen Rufausbeutungstatbestand darin, daß gerade die Benutzung des identischen bzw. ähnlichen Zeichens die Rufausbeutung bewirkt und nicht nur andere, kennzeichenrechtlich nicht erfaßbare Übereinstimmungen den rufübertragenden Bezug herstellen. Dies bedeutet jedoch nicht, daß nur auf die isolierte Kennzeichnung abzustellen wäre. Das Unlauterkeitskriterium öffnet den kennzeichenrechtlichen Verletzungstatbestand vielmehr für eine **wettbewerbliche Gesamtbetrachtung und Gesamtbewertung** des Verhaltens des Dritten. Außerhalb der Kennzeichnung selbst liegende Umstände (zB Anlehnung in Aufmachung, Verpackung, Werbung und Produktgestalt) können berücksichtigt werden, solange die Identität bzw. Ähnlichkeit der Zeichen die Rufausbeutung zusammen mit anderen Umständen bewirkt.

aa) Übertragbarkeit des Rufes. Die Ausnutzung der Wert- 501 schätzung erfolgt typischerweise durch Übertragung der positiven Assoziationen auf die unter dem ähnlichen Zeichen angebotenen Produkte (Imagetransfer). Grundvoraussetzung hierfür ist die Übertragbarkeit des guten Rufes (vgl. allg. *Rößler* GRUR 1994, 565 ff.; *Rohnke* GRUR 1991, 467; *Ernst-Moll* GRUR 1993, 15), die zB abhängen kann von: **Entfernung der Waren/Dienstleistungen**, zB OLG Köln, MD 1997, 1014, 1018 – *BOSS!*: von Herrenbekleidung auf Getränke bejaht; OLG Düsseldorf WRP 1997, 588, 590 – *McPaint:* von Schnellrestaurants auf Farben und Lacke verneint; zu § 1 UWG: BGH GRUR 1985, 550, 552 f. – *DIMPLE:* von Whiskey auf Herrenkosmetika bejaht, auf Wasch- und Putzmittel verneint; OLG München Mitt. 1996, 92 – *McShirt:* von Schnellrestaurants auf T-Shirts verneint; aA *Rößler* GRUR 1994, 565 mit Gegenbeispielen; **Überschneidungen der Abnehmerkreise**, zB BGH GRUR 1991, 465, 466 f. – *Salomon:* Raucher/Skifahrer verneint; BGH GRUR 1985, 550, 552 – *DIMPLE:* Zielgruppenübereinstimmung Whisky/Herrenkosmetika bejaht, aA *Rößler* GRUR 1994, 565 f.: willkürlich; OLG Hamburg WRP 1986, 221 – *quattro:* sportliche Pkw/Skier bejaht; die aber nicht etwa unabdingbare Voraussetzung der Rufausbeutung ist, zB OLG Köln MD 1997, 1014, 1019 = *BOSS!*; OLG Frankfurt aM WRP 1992, 718, 720 – *Enrico Ferrari;* **Vergleichbarkeit der relativen Preisstellung**, zB BGH GRUR 1991, 465, 466 – *Salomon;* aA *Rößler* GRUR 1994, 566; **Art des Rufinhalts**, zB OLG München GRUR 1996, 63, 65 – *Mac Fash:* Image von „Mc Donald's" als effiziente, preisgünstige, einheitliche Schnellimbißkette zu allgemein für Übertragung auf Bekleidungsstücke; OLG Hamburg WRP 1986, 221, 226 – *quattro:* sportliches Image; zur Unterscheidung von Primär/Zweitnutzen bzw. Grund/Zusatznutzen *Rößler* GRUR 1994, 566 f. mwN. Dagegen ist ein **Qualitätsgefälle** nicht Voraussetzung, denn auch hochwertige Produkte können durch Rufausbeutung zusätzliches Ansehen und Attraktivität erlangen (OLG Hamburg WRP 1986, 221, 228 – *quattro*). **Gemeinsame Werbepräsentationen** beider Produkte belegen die Übertragbarkeit des Rufes, sind also mehr als nur ein Indiz (vgl. OLG Hamburg WRP 1986, 221, 228 – *quattro*). Bei **Fachkreisen** kann der Image-Transfer weniger naheliegend sein, wenn sie die fehlenden Verbindung zwischen den beiderseitigen Produkten ohne weiteres erkennen (OLG Frankfurt aM GRUR 1995, 154, 155 – *BOSS*).

502 **bb) Originalität des Zeichens.** Die Rufausbeutung setzt nach der bisherigen Rspr. Originalität des geschützten Kennzeichens voraus (vgl. zB BGH GRUR 1991, 465, 466 f. – *Salomon;* BGH GRUR 1987, 711, 713/714 – *Camel-Tours; Rohnke* GRUR 1991, 465, 468; krit. *Rößler* GRUR 1994, 565). Jedoch ist zu beachten, daß eine ursprüngliche Originalitätsschwäche durch höhere Bekanntheit oder starken Rufinhalt kompensiert werden kann. Andere Verständnismöglichkeiten können dem Schutz im Einzelfall

G. Ausnutzung und Beeinträchtigung bekannter Marken § 14

entgegenstehen, zB wegen Nähe zu beschreibender oder üblicher Angabe auf dem anderen Warengebiet, zB „Camel" für einen türkischen Reiseveranstalter, weil Tiernamen in der Reisebranche üblich seien (BGH GRUR 1987, 711, 713 – *Camel Tours*); „Salomon", da bekannter Eigenname (BGH GRUR 1991, 465, 466 f. – *Salomon*); „Mc" weil Namensbestandteil (zB OLG München Mitt. 1996, 92, 95 – *McShirt*), nicht aber bei „BOSS" (vgl. OLG Köln MD 1997,1014, 1019 – *BOSS!*).

cc) Unlauterkeitskriterien. Die Unlauterkeit ist bei Verwendung einer identischen Bezeichnung eher anzunehmen als bei Verwendung eines nur ähnlichen Zeichens, jedoch nicht ausgeschlossen, wenn die Ähnlichkeit ausreicht, um einen erkennbaren Bezug zu den rufbegründenden Produkten herzustellen (vgl. zu § 1 UWG BGH GRUR 1996, 508, 509 – *Uhren-Applikation*). Annäherung in zusätzlichen Merkmalen (zB in Schriftbild, Aufmachung, Werbung) ohne nachvollziehbaren Grund sprechen für Unlauterkeit (zur Einbeziehung oben Rdn. 500). Hauptanwendungsfall ist die **direkte Qualitätsübertragung**, d. h. die Qualität der eigenen Ware wird mit der der anderen in Beziehung gesetzt, um letztere als Vorspann für den eigenen Absatz zu nutzen, einschließlich der anderen, nicht unmittelbar qualitätsbezogenen Rufinhalte (oben Rdn. 498). Schon der wettbewerbsrechtliche Schutz wurde jedoch auch gegen aus anderen Gründen vorgenommene Rufanlehnung erstreckt, in denen der **gute Ruf wesentliche Voraussetzung für den Absatzerfolg** ist, zB Absatzermöglichung für Modell-Spielzeug durch Anlehnung an Original (zB BGH GRUR 1994, 732, 734 – *McLaren*: nicht sittenwidrig als solche, offengel., ob bei Kennzeichenverwendung unlauter), Absatzermöglichung durch Kontrasteffekt (zB BGH GRUR 1994, 808, 811 – *Markenverunglimpfung I (MARS)*. Wohl auch mit Blick auf § 14 Abs. 2 Nr. 3 betont der BGH in seiner jüngeren Rspr. zu § 1 UWG, daß die objektive Ausnutzung des guten Rufs eines Wettbewerbers als soche noch nicht unlauter sei, sondern das erforderliche Element der Anstößigkeit hinzutreten müsse (BGH WRP 1997, 310, 312 – *Yellow Phone*). 503

b) Beeinträchtigung der Wertschätzung (Rufschädigung). Die am einfachsten nachweisbare Eingriffsart ist die Rufschädigung. Die Übertragung negativer Vorstellungen auf die Marke kann auf unterschiedlichen Umständen beruhen: **Verwendung des Zeichens für qualitativ minderwertige Produkte** (*Sack* GRUR 1995, 83 mit Bsp.); **Verwendung für Produkte, die ihrer Art** 504

oder Image nach nicht zu den unter der Marke vertriebenen Produkten passen, sog. inkompatibler Zweitgebrauch (BGH GRUR 1994, 808 – *Markenverunglimpfung I (MARS):* Süßwaren/Kondome; BGH GRUR 1995, 57 – *Markenverunglimpfung II (NIVEA):* Kosmetika/Kondome; BGH GRUR 1991, 609, 612 – *SL:* Luxuswagen/Kleinwagen; BGH GRUR 1985, 550, 553 – *DIMPLE:* Whisky/Wasch- und Putzmittel; BGH vom 8.7.1958: Parfum/Fäkalienabfuhr; weitere Beispiele bei *Sack* GRUR 1995, 84; Gefährdung verneint in OLG Düsseldorf WRP 1997, 588, 591 – *McPaint* für Schnellrestaurants/Farben, Lacke); **Verwendung in einer herabsetzenden Darstellungsform oder in Verbindung mit herabsetzenden bzw. inkompatiblen oder obszönen Zusätzen, Werbesprüchen** etc. (BGH GRUR 1995, 57 – *Markenverunglimpfung II (NIVEA):* „es tut Nivea als beim ersten Mal"; BGH GRUR 1994, 808 – *Markenverunglimpfung I (MARS):* „Mars macht mobil bei Sex-Sport und Spiel; verfehlt Klageabweisung BGH GRUR 1986, 759 – *BMW:* Aufkleber „Bumms Mal Wieder", dazu krit. *Dunz* ZIP 1986, 1147 und die bei BGH aaO, 812 – *Markenverunglimpfung I* nachgew. Lit.; OLG Frankfurt aM NJW 1982, 648 – *Lusthansa;* OLG Hamburg GRUR 1992, 58 – „adihash gives you speed"); **Verwendung durch ein zweifelsfrei unseriöses Unternehmen, dessen insgesamt schlechter Ruf auf die Marke durchschlagen würde** (zB Verwendung durch Wirtschaftsorganisation einer Sekte).

505 In allen diesen Fällen kann die Rufschädigung nicht etwa nur bei den Abnehmern und Benutzern der Produkte des Verletzers eintreten können, sondern auch bei den Abnehmern des Markeninhabers, die mittelbar über Berichte der Produktbenutzer, über die allgemeine Publikumswerbung oder redaktionelle Medienberichte von der Verwendung durch den Verletzer Kenntnis erlangen können. Dies ist bei der Bestimmung der **für den Schädigungseffekt maßgeblichen Verkehrskreise** zu beachten (unzutr daher *Rößler* GRUR 1994, 564). Zur Möglichkeit der **Verwässerung des guten Rufs** s. *Rohnke* GRUR 1991, 286 unter Berufung auf BGH GRUR 1988, 453, 455 – *Ein Champagner unter den Mineralwässern*).

5. Ausnutzung/Beeinträchtigung der Unterscheidungskraft

506 **a) Unterscheidungskraft.** Unter „Unterscheidungskraft" iSd §§ 14 Abs. 2 Nr. 3, 9 Abs. 1 Nr. 3 ist die kraft ursprünglicher Originalität des Zeichens und/oder durch Benutzung erlangte (bzw.

G. Ausnutzung und Beeinträchtigung bekannter Marken § 14

gesteigerte) und durch die Verwendung von Drittzeichen schwächbare Kennzeichnungskraft einer Marke zu verstehen, also ihre Eignung, Merkbarkeit und Wiedererkennbarkeit als Mittel zur Unterscheidung von Waren/Dienstleistungen. Der Begriff geht über die nur originäre Unterscheidungskraft iSv §§ 3, 8 Abs. 2 Nr. 1 hinaus. Er deckt sich mit der **Kennzeichnungskraft** als Verwechslungsfaktor (oben Rdn. 181 ff.). Die in der Rspr. zur berühmten Marke herangezogene „Werbekraft" beinhaltet bereits weitere Voraussetzungen und ist daher begrifflich enger, bezeichnet aber auch weiterhin die wichtigste Verwertungsmöglichkeit der Kennzeichnungskraft.

Ein bestimmter Grad der Kennzeichnungskraft ist nicht Voraussetzung des grdsl. allen bekannten Marken zukommenden Schutzes. Zwar wird sich aus der Bekanntheit häufig zugleich eine überdurchschnittliche Kennzeichnungskraft ergeben. Dennoch kann eine zu **geringe Originalität** des Zeichens in bezug auf die Verletzerwaren dem Schutz entgegenstehen (vgl. zB LG München I CR 1997, 542 – *freundin.de;* BGH GRUR 1990, 37 – *Quelle;* BGH GRUR 1987, 711, 713 – *Camel Tours;* BGH GRUR 1957, 87, 88 – *Meisterbrand).* Entfallen ist jedoch das **Alleinstellungserfordernis** der früheren Rspr. zum Verwässerungsschutz berühmter Marken (zB *Piper* GRUR 1996, 435; *Sack* GRUR 1995, 85; dazu früher: BGH GRUR 1991, 863, 866 – *Avon;* BGH GRUR 1966, 623, 624 – *Kupferberg;* BGH GRUR 1959, 182, 186 – *Quick/Glück;* BGH GRUR 1959, 25, 29 – *Triumph;* BGH GRUR 1958, 393, 394 – *Ankerzeichen;* BGH GRUR 1958, 339, 341 – *Technika).* Es hatte ohnehin eine Relativierung dadurch erfahren, daß auf die Verkehrsauffassung abgestellt wurde und Kennzeichen in entfernten Branchen unschädlich waren. Der Wegfall als Voraussetzung für den Verwässerungsschutz hindert nicht, Kennzeichnungskraft und Alleinstellung als Abwägungsfaktoren bei der Unlauterkeitsprüfung zu berücksichtigen (unten Rdn. 511). 507

Für den Verwässerungsschutz berühmter Marken war eine „**allgemeine Wertschätzung**" Voraussetzung, die aber nicht auf konkreten produktbezogenen Gütevorstellungen beruhen mußte, so daß auch allgemeine Vorstellungen von Rang, Alter, Leistungsfähigkeit und Größe des hinter dem Kennzeichen stehenden Unternehmens genügten (BGH GRUR 1991, 863, 867 – *Avon).* Für den Verwässerungsschutz nach dem MarkenG bedarf es der Feststellung einer Wertschätzung dagegen nicht. §§ 14 Abs. 2 Nr. 3, 9 Abs. 1 Nr. 3 lassen die Beeinträchtigung der Unterscheidungskraft als solcher genügen. Die Wertschätzung ist ein eigenständiges Schutzob- 508 jekt. Auch die umstrittene „berüchtigte Marke" genießt Verwässerungsschutz (vgl. oben Rdn. 479).

509 b) Beeinträchtigung der Unterscheidungskraft (Verwässerung). Unter „Beeinträchtigung der Unterscheidungskraft" ist die Minderung der Kennzeichnungskraft der bekannten Marke durch die Benutzung des ähnlichen Zeichens zu verstehen. Dies umfaßt die Verwässerung im Sinne der früheren Rspr, ohne darauf beschränkt zu sein. Theoretisch mindert jede Drittverwendung eines ähnlichen Zeichens die Kennzeichnungskraft. Würde dies genügen, wären alle bekannten Marken generell für alle Waren/Dienstleistungen geschützt und würden sich die anderen drei Tatbestände des erweiterten Schutzes ebenso wie der Schutz vor Verwechslunggefahr für bekannte Marken erübrigen. Voraussetzung muß somit eine nicht nur theoretische, fernliegende, sondern konkret nachvollziehbare, gewissermaßen **„greifbare" Beeinträchtigung** sein. In diese Richtung soll sich die Rspr. zur berühmten Marke bereits zu entwickeln begonnen haben (so *Piper* GRUR 1996, 436 zu BGH GRUR 1987, 711, 713 – *Camel Tours*), woran aber die Relativierung in BGH GRUR 1990, 711, 713 – *Telefonnummer 4711* zweifeln läßt (vgl. *Ernst-Moll* GRUR 1993, 12). Während nach der früheren Rspr. die Berühmtheit die höchste Schutzhürde war, verlagert sich die Abgrenzung im MarkenG auf die Beeinträchtigung. Der Begriff ist im objektiven Sinne zu verstehen ist. Subjektive Gesichtspunkte werden anders als bei der Rufausbeutung nur bei einer gezielt auf eine Schwächung der Kennzeichnungskraft gerichteten Behinderungsstrategie eine Rolle spielen.

510 aa) Branchenabstand. Die frühere Rspr. hat eine **Ausstrahlung der Berühmtheit** auf den Bereich verlangt, auf dem das angegriffene Kennzeichen verwendet wird, d. h. Bekanntheit der Marke gerade auch bei den Abnehmern in bezug auf das angegriffene Zeichen (zB BGH GRUR 1991, 863, 867 – *Avon;* BGH GRUR 1990, 711, 713 – *Telefonnummer 4711*). Dem liegt die Vorstellung zugrunde, daß der Grad der Verwässerungsgefahr mit zunehmender Branchenferne abnimmt (BGH GRUR 1990, 711, 713 – *Telefonnummer 4711;* BGH GRUR 1978, 170, 171 – *FAN*). Der Schutz berühmter Marken wurde aber auch bezogen auf „sehr weit entfernte Bereiche" (BGH GRUR 1990, 711, 713 – *Telefonnummer 4711*), „gänzlich andere Geschäftsbereiche" (BGH GRUR 1959, 183, 186 – *Quick/Glück*) und „völlige Branchenverschiedenheit" (BGH GRUR 1959, 182, 186 – *Quick/Glück;* BGH GRUR 1958, 393, 394f. – *Ankerzeichen;* BGH GRUR 1956, 172, 177f. –

G. Ausnutzung und Beeinträchtigung bekannter Marken § 14

Magirus). Beispielsweise standen folgende deutliche Branchenabstände der grdsl. Anwendbarkeit des Verwässerungsschutzes nicht entgegen: Kosmetika/Tonträger (BGH GRUR 1991, 863, 865 ff. – *Avon*); Parfum/Taxiunternehmen (BGH GRUR 1990, 711, 712 ff. – *Telefonnummer 4711*); Sekt/Holz, Blech, Maschinen, Werkzeuge (BGH GRUR 1966, 623, 624 ff. – *Kupferberg*); chemisch-pharmazeutische, diätetische, kosmetische Erzeugnisse/Gips-Bauplatten (BGH GRUR 1960, 550 – *Promonta*); Kameras/Baumaschinen (BGH GRUR 1958, 339, 341 f. – *Technika*); Lebensmittelgroßhandlung/Füllfederfabrik (BGH GRUR 1955, 299, 302 – *Koma*); Bitterliköre/Herrenhemden (OLG Hamburg GRUR 1986, 84 – *Underberg*). Soweit in diesen Fällen im Ergebnis kein Verwässerungsschutz gewährt wurde, beruhte dies auf dem Fehlen anderer Tatbestandsmerkmale, nicht aber auf einem zu weiten Branchen- oder Warenabstand als solchem.

Bei der Heranziehung dieser Rspr. ist zu beachten, daß der Schutz bekannter Kennzeichen nach dem MarkenG deutlich unterhalb der Berühmtheit einsetzt (oben Rdn. 467) und die Reichweite der Ausstrahlung von einer **Wechselwirkung zwischen Bekanntheitsgrad und Branchenabstand** bestimmt wird. Der Grad des Branchenabstandes wird daher künftig dem Verwässerungsschutz häufiger entgegenstehen als in den bisher entschiedenen Fällen (zB Gastronomie/chemische Industrie im Fall OLG Düsseldorf WRP 1997, 588, 590 – *McPaint;* noch zu § 823 BGB: Herrenbekleidung/Börsensystem OLG Frankfurt aM GRUR 1995, 154, 156 – *BOSS*). Andererseits gibt es weiterhin Marken wie zB „Coca-Cola", „adidas", deren Verwendung in der Tat branchenunabhängig, d. h. ausnahmslos in jeder denkbaren Branche, unter den Verwässerungsschutz fällt, was aber auch mit ihrer Eigenart zusammenhängt (unten Rdn. 515). 511

Bei extremen Branchenabständen kann aber auch einmal kein entsprechend höherer allgemeiner Bekanntheitsgrad zu verlangen sein, wenn die beiderseitigen Verkehrskreise aus produktübergreifenden Gründen Überschneidungen aufweisen, zB Abnehmer aus einer bestimmten sozialen Gruppe, etwa für Luxusprodukte unterschiedlichster Warenart (zB verneint in OLG Frankfurt aM GRUR 1995, 154, 156 – *BOSS* für Börsenbenutzer als Herrenbekleidungskunden). Meist wird dann jedoch die Rufausbeutung oder Rufschädigung im Vordergrund stehen. 512

Bedeutungslos ist, ob der Inhaber des bekannten Kennzeichens seinerseits jemals irgendwelche **eigenen geschäftlichen Aktivitäten** auf dem Gebiet des anderen Zeichens zu entfalten beab- 513

§ 14 Rechte und Ansprüche des Markeninhabers

sichtigt. Verwässerungsgefahr kann unabhängig von Ausdehnungstendenzen bestehen. Der erweiterte Schutz dient nicht etwa nur dazu, dem Inhaber eines bekannten Kennzeichens eine Ausdehnung auf benachbarte Produktgebiete offenzuhalten. Diesem Schutzbedürfnis wird weitgehend schon im Rahmen der Verwechslungsgefahr Rechnung getragen, insbesondere durch extensive Auslegung des Begriffs der Branchennähe im Rahmen des § 15 Abs. 2 für Unternehmenskennzeichen (§ 15 Rdn. 49 ff.).

514   **bb) Zeichen.** An den Grad der **Zeichenähnlichkeit** sind für den Verwässerungsschutz tendenziell höhere Anforderungen zu stellen als etwa bei der Rufausbeutung (s. dazu bereits oben Rdn. 487). Der typische Verwässerungsfall ist die identische oder fast identische Verwendung.

515   Der Grad der **ursprünglichen Originalität** ist der durch einen höheren Bekanntheitsgrad grdsl. am ehesten kompensierbare Faktor, sofern dem Zeichen nicht gerade auf dem betroffenen Produktgebiet eine spezifische, insbesondere beschreibende Bedeutung zukommt (zB BGH GRUR 1957, 87, 88 – *Meisterbrand* für Herde/Spirituosen). Die frühere Rspr. verlangte eine „Eigenart", die durch Bedeutungen, die dem Verkehr nicht bekannt oder bei Verwendung als Marke fernliegend sind, nicht geschmälert wird (zB als Name eines englischen Flusses BGH GRUR 1991, 863, 865 ff. – *Avon*). Begünstigt werden hierdurch Phantasiebezeichnungen im Gegensatz zu Zeichen aus **beschreibenden Angaben** („Quelle" in „Getränke-Quelle", BGH GRUR 1990, 37, 39 – *Quelle*; „Camel" für einen türkischen Reiseveranstalter weil Tiernamen üblich, BGH GRUR 1987, 711, 713 – *Camel Tours*), **Familiennamen** (McDonald oder MacDonald) oder sonst vielfach verwendeten Kennzeichen, wie zB **Vornamen** („Mercedes" aber kompensiert durch Zuordnungsgrad von über 96% in der Gesamtbevölkerung, OLG Frankfurt aM GRUR 1992, 445, 447 – *Mercedes*) oder **Werbeschlagwörter** („Super" als Zeitschriftentitel, LG München I GRUR 1993, 500 – *Super 3*).

516   **cc) Drittverwendung.** Schutz vor Verwässerung verdient nur, **was nicht schon verwässert ist**. Die frühere Rspr. hat dem mit dem Alleinstellungserfordernis Rechnung getragen, das nach § 14 Abs. 2 Nr. 3 jedoch keine Schutzvoraussetzung mehr ist (oben Rdn. 507). Heute ist daher eine differenziertere Berücksichtigung schwächender Verwendung des bekannten Kennzeichens durch Dritte geboten. Über die bisherige Rspr. hinaus kann das MarkenG auch **sektoralen Verwässerungsschutz** gewähren. Die Duldung

G. Ausnutzung und Beeinträchtigung bekannter Marken § 14

auch mehrerer Drittzeichen in weit entfernten Branchen schließt Verwässerungsschutz für näherliegende, aber nicht mehr unter die Waren/Dienstleistungsähnlichkeit bzw. Branchennähe fallende Produkte nicht aus. Wie schon bisher sind einzelne Verwendungen auf einem anderen, seinerseits weit entfernten Produktgebiet unschädlich, solange sie dem Verkehr nicht in nennenswertem Umfang bekannt sind (zB unschädlich: BGH GRUR 1991, 863, 865 ff. – *Avon:* ein Reifenhersteller; BGH GRUR 1966, 623, 624 – *Kupferberg:* ein Verlag; OLG Frankfurt aM GRUR 1992, 445, 447 – *Mercedes:* in geringem Umfang als Zigarettenmarke und für Schuhmodelle; OLG Düsseldorf GRUR 1983, 389 – *Rosenthal:* mehrere nur lokal tätige Unternehmen anderer Branchen). Beispiele schädlicher Drittzeichenverwendung: „McDonald's" wegen „außerordentlich hoher Zahl registrierter und benutzter Drittzeichen" (OLG München GRUR 1996, 63, 65 – *Mac Fash*); Ankerzeichen weil verbraucht (BGH GRUR 1958, 393, 394 – *Ankerzeichen*); „Triumph" wegen mehrfacher Verwendung in verschiedenen Branchen (BGH GRUR 1959, 25, 29 – *Triumph*).

Als schädlich kommen nur Drittzeichen in Betracht, die dem bekannten Kennzeichen **vergleichbar ähnlich sind wie das angegriffene Zeichen**. Das werden idR identische oder das Kennzeichen zusammen mit anderen Bestandteilen identisch enthaltende Zeichen sein (zB BGH GRUR 1959, 25, 29 – *Triumph:* da „Trumpf" beanstandet, Berücksichtigung auch von „Trumpf"-Drittzeichen). Es genügt keinesfalls, daß ein Drittzeichen mit der bekannten Marke nur seinerseits verwechselbar ist. 517

Unschädlich sind Drittzeichen, die ihrer **Verwendungsart** nach vom Verkehr nicht mit dem bekannten Kennzeichen in Verbindung gebracht werden (zB BGH GRUR 1991, 863, 865 ff. – *Avon:* Abkürzung „AVON" für Ortsnetzkennzahlenverzeichnis; OLG Frankfurt aM GRUR 1995, 154 – *BOSS:* Abkürzung für Börsen-Order-Service-System), wobei die frühere Rspr. insoweit auf den im herkömmlichen Sinne kennzeichenmäßigen Gebrauch (oben Rdn. 48) der Drittzeichen abgestellt hat, der aber nicht alleinentscheidend ist, da die Kennzeichnungskraft auch durch nicht kennzeichenmäßige Verwendungsformen beeinträchtigt worden sein kann. 518

dd) Verwässerung durch nicht kennzeichenmäßigen Gebrauch. Der Verwässerungsschutz für berühmte Marken wurde von der Rspr. nur gegen kennzeichenmäßigen Gebrauch im herkömmlichen Sinne gewährt (BGH GRUR 1991, 863, 866 – *Avon;* 519

BGH GRUR 1990, 711, 713 – *Telefonnummer 4711*). Das geschützte Zeichen müsse gerade in seiner Eigenschaft als Kennzeichen beeinträchtigt werden, was grdsl. nur bei einer kennzeichenmäßigen Verwendung durch den Verletzer zu befürchten stehe. Für das MarkenG ist der für § 14 insgesamt geltende einheitliche Benutzungsbegriff maßgeblich (oben Rdn. 46). Das bedeutet, daß die Verwendung einer bekannten Marke als beschreibende Angabe wegen Verwässerung unter § 14 Abs. 2 Nr. 3 fallen kann, jedoch nur vorbehaltlich der Schutzschranke des § 23 Verletzungsansprüche gegeben sind. Der Unlauterkeitsvorbehalt nach § 23 überschneidet sich hier mit dem Tatbestandsmerkmal der unlauteren Weise nach § 14 Abs. 2 Nr. 3, wobei im Rahmen des § 23 nicht nur Individualinteressen, sondern auch das Freihaltebedürfnis als Allgemeininteresse zu berücksichtigen ist (§ 23 Rdn. 9, 23). Die bisher über § 1 UWG gelösten Fälle der **gezielten, planmäßigen Verwendung als Gattungsbezeichnung** zur Beeinträchtigung der Kennzeichnungskraft können nunmehr nach §§ 14, 23 beurteilt werden (näher § 23 Rdn. 23 ff., 47).

520 c) **Ausnutzung der Unterscheidungskraft (Aufmerksamkeitsausbeutung).** Die vierte Verletzungsvariante wird in den meisten Stellungnahmen zum MarkenG (*Fezer* § 14 Rdn. 424: „kann vernachlässigt werden") übergangen oder mit der Rufausbeutung gleichgesetzt (zB *Piper* GRUR 1996, 434). Sie hat jedoch schon deshalb große praktische Bedeutung, weil sie in allen bislang nur als Rufausbeutung behandelten Fallkonstellationen eine Untersagung ohne aufwendige Feststellung einer bestimmten Wertschätzung ermöglicht, sofern feststeht, daß jedenfalls die Kennzeichnungskraft der geschützten Marke für fremde Zwecke ausgenutzt wird. Dies ist schon immer dann der Fall, wenn aufgrund der Bekanntheit der Marke die Aufmerksamkeit des Publikums erreicht und dadurch die werbliche Kommunikation erleichtert, also ein **Kommunikationsvorsprung** erreicht werden kann (aA *Rößler* GRUR 1994, 564). Erfaßt werden damit außerdem diejenigen Fälle, in denen positive Assoziationen gerade nicht ausgelöst (und auch gar nicht angestrebt) werden, wie zB im Falle der **Ausnutzung des bloßen Scherz- oder Kontrasteffekts** (vgl. zB BGH GRUR 1994, 808, 811 – *Markenverunglimpfung I (MARS); Sack* GRUR 1995, 83; *Piper* GRUR 1996, 434) oder bei wahlloser Verwendung mehrerer bekannter Marken zu **dekorativen Zwecken** (zB BGH GRUR 1994, 635 – *Pulloverbeschriftung;* BGH GRUR 1994, 732 – *McLaren;* OLG München GRUR Int. 1981, 180 – *John Player*).

G. Ausnutzung und Beeinträchtigung bekannter Marken § 14

Entscheidungserheblich wird die Ausnutzung der Unterscheidungskraft in solchen Fällen immer dann, wenn eine konkrete Beeinträchtigung mangels Inkompatibilität und herabsetzenden Charakters nicht festzustellen ist. Die Unlauterkeitskriterien gleichen denen der Rufausbeutung (Rdn. 503), da es sich auch hier um einen Fall des kennzeichenrechtlichen Leistungsschutzes handelt.

VII. Ergänzender außerkennzeichenrechtlicher Markenschutz

Die **Rspr.** greift auf die wettbewerbsrechtlichen Anspruchsgrundlagen zum Schutz bekannter Kennzeichen auch nach Inkrafttreten des MarkenG zurück (zB BGH GRUR 1995, 697, 700 – *FUNNY PAPER;* OLG Köln MD 1997, 1014 – *BOSS!*; OLG Düsseldorf WRP 1997, 588, 592 – *McPaint;* OLG München MD 1995, 1386 – *MAC Dog MAC Cat*), wobei bisweilen undeutlich bleibt, ob der Rückgriff auf § 1 UWG nicht deshalb erfolgt, weil es sich um Altfälle iSd § 153 handelt (eindeutig dagegen zB BGH WRP 1997, 310, 311 – *Yellow Phone*). Die **Amtl. Begr.** scheint zu differenzieren. Sie geht einerseits davon aus, daß der außerkennzeichenrechtliche Schutz berühmter Marken durch die Neuregelung nicht beseitigt worden sei und der Rückgriff auf § 823 Abs. 1 BGB theoretisch möglich bleibe, aber an praktischer Bedeutung verlieren werde, da der Schutz in den meisten Fällen durch § 14 Abs. 2 Nr. 3 abgedeckt werde (14. Abs. zu § 9). Hinsichtlich der wettbewerbsrechtlichen Schutzvorschriften spricht die Amtl. Begr. dagegen nur von einer „ergänzenden" Anwendung „in geeigneten Fällen" (1. Abs. zu § 2). Demgegenüber plädiert ein **Teil des Schrifttums** unter Berufung auf § 2 für eine vollständige Anspruchskonkurrenz zum wettbewerbsrechtlichen Rufausbeutungsschutz und zum Verwässerungsschutz berühmter Marken aufgrund § 823 Abs. 1 BGB (zB *Fezer* § 14 Rdn. 411, 441).

Dabei soll mit der bisherigen Rspr. ein **Wettbewerbsverhältnis** als Anwendungsvorausetzung des § 1 UWG schon immer dann zu bejahen sein, wenn sich ein an sich branchenfremder Dritter gerade durch die Zeichenverwendung in Wettbewerb zu dem Kennzeicheninhaber bei der wirtschaftlichen Auswertung des Kennzeichens und seines Rufs stellt (BGH GRUR 1994, 732, 733 – *McLaren;* BGH GRUR 1994, 808, 810 – *Markenverunglimpung I (NIVEA);* BGH GRUR 1991, 465, 466f. – *Salomon;* BGH GRUR 1987, 711, 713f. – *Camel-Tours;* BGH GRUR 1985, 550, 552f. – *DIMPLE;* BGH GRUR 1983, 247, 248 – *Rolls Royce;* vgl. auch BGH

GRUR 1988, 453, 454 – *Ein Champagner unter den Mineralwässern*). Auch ein Löschungsanspruch gegen rufausbeutende Marken wurde gewährt (zB BGH GRUR 1985, 550, 552f. – *DIMPLE;* OLG Köln MD 1997, 1014, 1021 – *BOSS!;* OLG Hamburg WRP 1986, 221, 228 – *quattro*).

523 Gegen die vollständige Anspruchskonkurrenz spricht jedoch allgemein (§ 2 Rdn. 1) und gerade im Hinblick auf § 14 Abs. 2 Nr. 3, daß die markengesetzlichen Tatbestandsmerkmale ganz erheblich relativiert würden und ihre Begrenzungsfunktion kaum mehr erfüllen könnten. Ein zwingender Bedarf für eine solche generelle Anspruchskonkurrenz ist angesichts der Weite und Flexibilität der Voraussetzungen des Schutzes bekannter Kennzeichen nach §§ 14, 15 nicht erkennbar. Wettbewerbsrechtliche und bürgerlich-rechtliche Schutzvorschriften sollten daher nur in **Ergänzung der als leges speciales anzusehenden §§ 14, 15** angewendet werden. Daraus würden sich drei Anwendungsbereiche ergeben: erstens die Schließung echter eigener **Schutzlücken** des Kennzeichenrechts, zweitens der Schutz vor markengesetzlich von vornherein nicht erfaßten, weil **keine „Benutzung"** iSd §§ 14, 15 darstellenden Handlungen und drittens der Schutz markengesetzlich nicht geregelter, aber dennoch kennzeichenbezogener Besitzstände. In Betracht kommen insoweit insbesondere folgende Fallgruppen:

524 – Vorsätzliche **Rufschädigung nicht bekannter Marken** als Behinderungswettbewerb (§ 1 UWG), Eingriff in den Gewerbebetrieb (§ 823 Abs. 1 BGB) oder sittenwidrige Schädigung (§ 826 BGB). Hier handelt es sich um eine echte Schutzlücke des MarkenG jenseits des Verwechslungstatbestandes, denn Schutzwürdigkeit und Schutzbedürftigkeit bestehen im Falle insbesondere gezielter Rufschädigung nicht bei Bekanntheit, sondern sowohl für „normale" als auch solche Marken, deren Verwendung gerade erst begonnen hat, und in Extremfällen auch gegenüber außergeschäftlichen Schädigungshandlungen.

525 – Ausnutzung oder Beeinträchtigung einer Marke durch **andere Handlungen als „Benutzungen" des Zeichens iSd § 14 Abs. 2** (*Piper* GRUR 1996, 437/438; *Sack* GRUR 1995, 95 ff.; *Rößler* GRUR 1994, 569; vgl. auch *Fezer* § 14 Rdn. 434). Art. 5 Abs. 5 MRRL stellt ausdrücklich klar, daß der harmonisierte Markenschutz nationale Schutzvorschriften unberührt läßt, die gegen eine Zeichenbenutzung gerichtet sind oder die zu anderen Zwecken als der Unterscheidung von Waren oder Dienstleistungen dienen (dazu oben Rdn. 53 ff.). Folgt man der hier vertretenen Auslegung des Begriffs der rechtsverletzenden Benutzung,

G. Ausnutzung und Beeinträchtigung bekannter Marken § 14

so sind dies die oben Rdn. 85–99 im einzelnen behandelten Fälle. Verlangt man weiterhin einen kennzeichenmäßigen Gebrauch im herkömmlichen Sinne, so ist dieser das maßgebliche Abgrenzungskriterium. Im Rahmen dieser Fallgestaltungen ist die Bekanntheit des zu schützenden Kennzeichens keine absolute Schutzvoraussetzung, sondern vielmehr nur ein Faktor bei der Beurteilung der Unlauterkeit iSv § 1 UWG. Näher zur Verwässerung durch nicht kennzeichenmäßigen Gebrauch oben Rdn. 519 und allg. oben Rdn. 491.

– **Prospektiver Schutz ausländischer Rufpositionen**, die mit einem im Inland nicht geschützten Kennzeichen verknüpft sind. Der Anwendungsbereich des § 1 UWG reicht hier über die Rechtsmißbrauchs- und Behinderungsfälle (dazu Vor §§ 14–19 Rdn. 100 ff.) hinaus, da auch die Rufausbeutung als solche ohne Behinderungsabsichten unlauter sein kann (*Rohnke* GRUR 1991, 292 f.). Zu eng daher OLG Hamburg GRUR 1988, 549 – *Cats:* Schutz eines ausländischen Musical-Titels gegen Markeneintragung für Merchandisingwaren mangels nachweisbarer Sperrabsicht verneint.   526

Nach der hier vertretenen Auslegung der §§ 14 Abs. 2 Nr. 3, 9 Abs. 1 Nr. 3 verbleibt somit **nur beschränkter Raum für** eine über den Markenschutz hinausgehende, ergänzende Anwendung von **§§ 1 UWG, 823 Abs. 1 BGB** (ähnl. *Piper* GRUR 1996, 429; *Sack* GRUR 1995, 93; *Sack* WRP 1995, 888; *Ernst-Moll* GRUR 1993, 17; differenzierend *von Gamm* FS Piper 1996, 541: nur Verwässerungsschutz kennzeichenrechtlich vollständig abgedeckt; differenzierend auch *Krings* GRUR 1996, 624: Minderung des Werbewerts durch objektiven Störungstatbestand ohne unlautere Motive kennzeichenrechtlich nicht abgedeckt). Hinzu kommt der Schutz vor Ausnutzung und Beeinträchtigung durch Verwendung für **ähnliche** Waren/Dienstleistungen, wenn man die hier befürwortete Analogie zu §§ 14 Abs. 2 Nr. 3, 9 Abs. 1 Nr. 3 ablehnt (Nachw. oben Rdn. 489).   527

Rufausbeutungen oder Rufschädigungen, die nicht durch übereinstimmende Kennzeichen, sondern durch **Anlehnung an andere Produkt- oder Werbemerkmale** herbeigeführt werden, unterfallen ohnehin nur dem Wettbewerbsrecht und ggf. dem allgemeinen Deliktsrecht.   528

Einen **Anwartschaftsschutz** in der Zeit der Entwicklung eines nicht eingetragenen Zeichens zur Verkehrsgeltung lehnt die Rspr. grdsl. seit jeher ab (zB BGH GRUR 1994, 905, 908 – *Schwarzwald-Sprudel;* vgl. oben Rdn. 482). Eine solche Vorverlagerung würde   529

§ 14 Rechte und Ansprüche des Markeninhabers

eine unvertretbare Aushöhlung der Schutzvoraussetzung nach § 4 Nr. 2 bewirken. Auch hier zeigt sich die Richtigkeit der nur ergänzenden Heranziehung außerkennzeichenrechtlicher Schutzvorschriften. Relativiert worden ist dies allerdings nunmehr dadurch, daß BGH WRP 1997, 748, 751 – *grau/magenta* die Absehbarkeit einer aufgrund Marktbeherrschung „alsbald" zu erwartenden Verkehrsgeltung als subjektives Unlauterkeitskriterium im Rahmen des Rufausbeutungstatbestandes nach § 1 UWG berücksichtigt (BGH WRP 1997, 748, 751 – *grau/magenta*).

530 Keine Schutzlücke stellt die Verneinung eines abstrakten Schutzes für ein **Markenbildungsprinzip** dar (oben Rdn. 436 f.), wenn die so gebildeten konkreten Zeichen nicht verwechselbar, ausbeutend oder beeinträchtigend sind (OLG Düsseldorf WRP 1997, 588, 592 – *McPaint* zum „McSomething-Prinzip").

531 Die **Verbandsklagebefugnis** nach § 13 Abs. 2 Nr. 2 UWG vermag die Anwendung des § 1 UWG parallel zu markengesetzlichem Schutz nicht zu rechtfertigen (aA *Fezer* § 2 Rdn. 2). Eine Klagebefugnis Dritter wegen Kennzeichenverletzung ist auch bei Bekanntheit fehl am Platze (§ 2 Rdn. 1). Soweit die Rspr. in Fällen der Rufausbeutung durch Verwendung eines Kennzeichens in anderen Branche, die Klagebefugnis von Branchenverbänden bejaht hat (zB BGH GRUR 1985, 550, 553 – *DIMPLE;* OLG Hamburg WRP 1986, 221 – *quattro*), sollte daran nur festgehalten werden, wenn sich im Einzelfall eine über die Verletzung des individuellen Ausschließlichkeitsrechts hinausgehende Sittenwidrigkeit feststellen läßt.

H. Rechtsfolgen bei Markenverletzung (Verweisung)

532 Als **zivilrechtliche** Ansprüche bei Markenverletzung sieht § 14 den Unterlassungsanspruch (§ 14 Abs. 5) und den Schadensersatzanspruch (§ 14 Abs. 6) vor, während sich der Vernichtungsanspruch aus § 18 und der selbständige Auskunftsanspruch aus § 19 ergeben. Für die weiteren Verletzungsansprüche, insbesondere auf Beseitigung und Auskunft zur Ersatzberechnung gelten von der Rspr. entwickelte Grundsätze, die zusammen mit den allgemeinen Fragen der Verletzungsansprüche und ihrer Durchsetzung Vor §§ 14–19 zusammengefaßt sind. Die vorsätzliche Markenverletzung ist nach Maßgabe des § 143 Abs. 1 Nr. 1, 2 und 3 **strafbar**. Verletzend gekennzeichnete Waren unterliegen der **Beschlagnahme** gem. §§ 146 ff.

§ 15 Ausschließliches Recht des Inhabers einer geschäftlichen Bezeichnung; Unterlassungsanspruch; Schadensersatzanspruch

(1) Der Erwerb des Schutzes einer geschäftlichen Bezeichnung gewährt ihrem Inhaber ein ausschließliches Recht.

(2) Dritten ist es untersagt, die geschäftliche Bezeichnung oder ein ähnliches Zeichen im geschäftlichen Verkehr unbefugt in einer Weise zu benutzen, die geeignet ist, Verwechslungen mit der geschützten Bezeichnung hervorzurufen.

(3) Handelt es sich bei der geschäftlichen Bezeichnung um eine im Inland bekannte geschäftliche Bezeichnung, so ist es Dritten ferner untersagt, die geschäftliche Bezeichnung oder ein ähnliches Zeichen im geschäftlichen Verkehr zu benutzen, wenn keine Gefahr von Verwechslungen im Sinne des Absatzes 2 besteht, soweit die Benutzung des Zeichens die Unterscheidungskraft oder die Wertschätzung der geschäftlichen Bezeichnung ohne rechtfertigenden Grund in unlauterer Weise ausnutzt oder beeinträchtigt.

(4) Wer eine geschäftliche Bezeichnung oder ein ähnliches Zeichen entgegen Absatz 2 oder 3 benutzt, kann von dem Inhaber der geschäftlichen Bezeichnung auf Unterlassung in Anspruch genommen werden.

(5) Wer die Verletzungshandlung vorsätzlich oder fahrlässig begeht, ist dem Inhaber der geschäftlichen Bezeichnung zum Ersatz des daraus entstandenen Schadens verpflichtet.

(6) § 14 Abs. 7 ist entsprechend anzuwenden.

Inhaltsübersicht

	Rdn.
A. Allgemeines	1–4
1. Überblick	1
2. Früheres Recht	2
3. MRRL	3
4. Gemeinschaftsmarkenrecht	4
B. Ausschließlichkeitsrecht	5–6
C. Verletzung geschäftlicher Bezeichnungen – Allgemeine Voraussetzungen	7–21
I. Bestand des Schutzes der geschäftlichen Bezeichnung	8–10
1. Maßgeblicher Zeitpunkt	9
2. Bedeutung absoluter Schutzhindernisse	10
II. Vorrang	11–14
1. Eigenes Gegenrecht des Verletzers	12

	Rdn.
2. Einrede aufgrund fremden Rechts	13
3. Koexistenz trotz besseren Zeitrangs	14
III. Begehung durch „Dritten"	15
IV. Unbefugt (ohne Zustimmung des Rechtsinhabers)	16–18
V. Begehung im räumlichen Schutzbereich	19, 20
1. Territorialer Geltungsbereich	19
2. Schutz räumlich begrenzter Kennzeichenrechte gegenüber bundesweiter Benutzung	20
VI. Geschäftlicher Verkehr	21
D. Unternehmenskennzeichenverletzung	**22–72**
I. Überblick	23
II. Verhältnis zu §§ 12 BGB, 37 Abs. 2 HGB	24
III. Rechtsverletzende Benutzung von Unternehmenskennzeichen	25–29
1. Grundlagen	25
2. Meinungsstand zum MarkenG	26
3. Analogie zu § 14 Abs. 3 und 4	27
4. Besondere Verletzungshandlungen bei Unternehmenskennzeichen	28
IV. Schutz der Unternehmenskennzeichen vor Verwechslungsgefahr	30–62
1. Grundfragen	30
a) Systematik	30
b) Nahtlose Anknüpfung an § 16 UWG	32
c) Rechtsnatur, Verkehrsauffassung	34
d) Arten der Verwechslungsgefahr	35
e) Firmenschlagworte und Abkürzungen	37
f) Grundstruktur der Verwechslungsprüfung	43
2. Besonderheiten der Kennzeichnungskraft von Unternehmenskennzeichen	44
3. Zeichenidentität, Zeichenähnlichkeit	48
4. Branchennähe	49
a) Grundsatz	49
b) Maßgeblicher Tätigkeitsbereich	54
c) Beispiele aus der Rspr	59
aa) Branchennähe bejaht	59
bb) Branchennähe verneint	60
5. Weitere Beispiele zum Schutz von Unternehmenskennzeichen gegen Verwechslungsgefahr	61
V. Ausbeutung und Beeinträchtigung bekannter Unternehmenskennzeichen	62–71
1. Grundlagen	62
a) Systematik	62
b) Bisherige Bedeutung und Rechtsprechung	65

	Rdn.
2. Bekanntes Unternehmenskennzeichen	66
3. Zeichenidentität, Zeichenähnlichkeit	68
4. Fehlende Verwechslungsgefahr	69
5. Die vier Eingriffstatbestände	70
6. Ergänzender außerkennzeichenrechtlicher Schutz geschäftlicher Bezeichnungen	71
VI. Rechtsfolgen bei Unternehmenskennzeichenverletzung (Verweisung)	72
E. Titelverletzung	73–107
I. Überblick	74
II. Rechtsverletzende Benutzung von Werktiteln	75–80
1. Grundlagen	75
2. Titelmäßige Verwendung	76
3. Benutzung als Unternehmenskennzeichen oder Produktkennzeichen	80
III. Schutz der Werktitel vor Verwechslungsgefahr	81–99
1. Arten der Verwechslungsgefahr	81
2. Titelbestandteile und Abkürzungen, Untertitel	83
3. Kennzeichnungskraft bei Werktiteln	84
4. Zeichenähnlichkeit	88
5. Werk- oder Produktähnlichkeit	89
a) Unmittelbarer Bezug zum selben Werk	90
b) Verwendung für anderes Werk ähnlicher Kategorie	91
c) Verwendung für andere Produkte bzw. Unternehmen	93
6. Beispiele zum Titelschutz gegen Verwechslungsgefahr	94
a) Zeitungen, Zeitschriften	94
b) Bücher	95
c) Rundfunk, Fernsehen	96
d) Film	97
e) Software	98
f) Werk- oder branchenübergreifend	99
IV. Ausnutzung und Beeinträchtigung bekannter Werktitel	100–104
1. Bisherige Bedeutung und Rechtsprechung	100
2. Besonderheiten des Schutzes bekannter Werktitel	103
V. Ergänzender außerkennzeichenrechtlicher Titelschutz	105
VI. Außerkennzeichenrechtliche Schranken des Titelschutzes	106
VII. Rechtsfolgen bei Titelverletzung (Verweisung)	107

§ 15 Ausschließl. Recht des Inhabers einer gesch. Bez.

Literatur: S zunächst die Literaturhinweise zu § 5 und unten Rdn 22 zur Unternehmenskennzeichenverletzung sowie Rdn 73 zur Titelverletzung. Zu § 15 allgemein: *Berlit,* Änderungen des UWG durch das Markenrechtsreformgesetz, NJW 1995, 365; *Lehmann,* Der Schutz der geschäftlichen Bezeichnungen im neuen Markengesetz, FG Beier, 1996, 279; *Starck,* Die Auswirkungen des Markengesetzes auf das Gesetz gegen den unlauteren Wettbewerb, DZWir 1996, 313; *ders.,* Zur Vereinheitlichung des Rechts der Kennzeichen im geschäftlichen Verkehr durch das neue MarkenG, FS 100 Jahre Markenamt 1994, 291.

A. Allgemeines

1. Überblick

1 § 15 ist die zentrale Bestimmung über die dem Inhaber einer geschäftlichen Bezeichnung gegen eine Benutzung durch Dritte zustehenden Rechte. Die Vorschrift gilt gemäß der Legaldefinition des § 5 Abs. 1 für alle Arten von **Unternehmenskennzeichen** (§ 5 Abs. 1) und für **Werktitel** (§ 5 Abs. 2). Sie setzt den Rechtserwerb an der geschäftlichen Bezeichnung gemäß der Grundnorm des § 5 voraus. Die entsprechende Vorschrift für Marken findet sich in § 14, an dessen Aufbau sich die Gliederung des § 15 nur teilweise orientiert. § 15 Abs. 1 beschreibt die Rechtsnatur des Schutzrechts an geschäftlichen Bezeichnungen als Ausschließlichkeitsrecht. § 15 Abs. 2 normiert den jeder geschäftlichen Bezeichnung zustehenden Schutz gegen **Verwechslungsgefahr** nach dem Vorbild des § 16 UWG aF, also nicht wortgleich zu § 14 Abs. 2 Nr. 2. Dagegen ist der zweite Verletzungstatbestand des § 15 Abs. 3 dem Vorbild des § 14 Abs. 2 Nr. 3 nachgebildet. Bekannte geschäftliche Bezeichnungen genießen danach einen erweiterten Schutz gegen **unlautere Ausbeutung und Beeinträchtigung** ihrer Wertschätzung oder Unterscheidungskraft. Als Rechtsfolge bei Verletzung geschäftlicher Bezeichnungen ist in § 15 Abs. 4 der Unterlassungsanspruch und in § 15 Abs. 5 der verschuldensabhängige Schadensersatzanspruch des Rechtsinhabers geregelt, während sich die Vernichtungs- und Auskunftsansprüche aus den §§ 18, 19 ergeben. Nach § 15 Abs. 6 haftet für Verletzungshandlungen der Angestellten und Beauftragten eines geschäftlichen Betriebes entsprechend § 14 Abs. 7 auch der Betriebsinhaber auf Unterlassung und bei schuldhaftem Handeln dieser Hilfspersonen auch auf Schadensersatz, ohne daß es hierfür auf sein eigenes Handeln oder Verschulden ankommt (Vor §§ 14–19 Rdn. 13 ff.). Wesentliche Fragen der Verletzungsansprüche und ihrer Durchsetzung sind in dem Ab-

A. Allgemeines § 15

schnitt Vor §§ 14–19 übergreifend für Marken und geschäftliche Bezeichnungen kommentiert.

2. Früheres Recht

§ 15 löst zusammen mit § 5 den früheren § 16 UWG ab (dazu allg. § 5 Rdn. 1 ff.). § 15 Abs. 1 hat im bisherigen Recht zwar keine Entsprechung, jedoch war die Rechtsnatur der Kennzeichenrechte des § 16 UWG als Ausschließlichkeitsrechte allgemein anerkannt. Der Schutz bei Verwechslungsgefahr nach § 15 Abs. 2 deckt sich wie schon erwähnt weitgehend mit § 16 Abs. 1 UWG. Neu ist dagegen der in § 15 Abs. 3 angeordnete erweiterte Schutz bekannter geschäftlicher Bezeichnungen über den Bereich der Verwechslungsgefahr hinaus auf Fälle, in denen bislang allenfalls mit Hilfe wettbewerbsrechtlicher oder bürgerlichrechtlicher Hilfskonstruktionen Schutz gewährt werden konnte. § 15 Abs. 6 geht über § 16 Abs. 4 UWG insoweit hinaus, als auch die Haftung des Betriebsinhabers auf Schadensersatz einbezogen ist. § 15 tritt außerdem auch an die Stelle des § 24 WZG, soweit dort Name und Firma als geschützte Rechte genannt waren, wobei dem neben § 16 Abs. 1 UWG in der früheren Praxis keine eigenständige Bedeutung zukam. Zur Übergangsregelung s. § 152 Rdn. 6 ff., § 153 Rdn. 3 ff.

3. MRRL

Der Schutz geschäftlicher Bezeichnungen ist nicht Gegenstand der nach ihrem Art. 1 auf den Markenschutz kraft Eintragung beschränkten MRRL. Geschäftliche Bezeichnungen iSd MarkenG berücksichtigt die MRRL nur als Eintragungshindernis bzw. Ungültigkeitsgrund im Verhältnis zu jüngeren eingetragenen Marken (Art. 4 Abs. 4 lit. b MRRL „sonstiges im geschäftlichen Verkehr benutztes Kennzeichenrecht", umgesetzt in § 12).

4. Gemeinschaftsmarkenrecht

Einen gemeinschaftsweiten einheitlichen Schutz geschäftlicher Bezeichnungen kraft Gemeinschaftsrechts gibt es noch nicht. Art. 8 Abs. 4 GMVO berücksichtigt nationale geschäftliche Bezeichnungen iSd MarkenG nur als Eintragungshindernis und Nichtigkeitsgrund (Art. 52 Abs. 1 lit. c GMVO) im Verhältnis zu jüngeren angemeldeten bzw. eingetragenen Gemeinschaftsmarken, ferner im Falle lediglich örtlicher Bedeutung als älteres nationales Recht in Art. 107 GMVO.

B. Ausschließlichkeitsrecht

5 § 15 Abs. 1 ergänzt § 5, indem er den dort nicht näher definierten Schutz geschäftlicher Bezeichnungen als erstens **subjektives**, nämlich dem Inhaber der Bezeichnung zustehendes Individualrecht, und zweitens **ausschließliches**, also grdsl. gegenüber jedermann wirkendes, absolutes Recht ausgestaltet. § 15 Abs. 1 ist keine Anspruchsgrundlage. Inhalt und Reichweite dieses Rechts ergeben sich erst aus seiner Konkretisierung in den weiteren Absätzen des § 15. Danach handelt es sich in seinem Kern um ein **Verbietungsrecht**. Zu der für die Praxis des Kennzeichenschutzes bislang bedeutungslosen Frage der Anerkennung eines positiven Benutzungsrechts vgl. den Diskussionsstand zur Marke (§ 14 Rdn. 9) und speziell zu § 15 *Lehmann* FS Beier 1996, 280 sowie *Starck* FS Markenamt 1994, 299.

6 Anders als bei den Marken ist die Rechtsposition des Inhabers einer geschäftlichen Bezeichnung im MarkenG nur sehr unvollständig geregelt. Insbesondere fehlen Regelungen über die vermögensrechtliche Seite geschäftlicher Bezeichnungen (dazu Vor §§ 27–31 Rdn. 4 ff.). Trotz der von der hM aus § 23 HGB abgeleiteten Unzulässigkeit der isolierten Übertragung geschäftlicher Bezeichnungen ohne das gekennzeichnete Unternehmen bzw. das zugehörige Werk ist die Bedeutung geschäftlicher Bezeichnungen als **Vermögensrechte** anerkannt. Sie sind **Immaterialgüterrechte** (BGH GRUR 1995, 825, 828 – *Torres;* Amtl. Begr. 2. Abs. zu § 15; *Starck* FS Markenamt 1994, 297; BGH GRUR 1990, 218, 220 – *Verschenktexte* zu § 16 UWG aF), können aber deutlicher als Marken zusätzlich auch **persönlichkeitsrechtliche Bezüge** aufweisen (*Starck* FS Markenamt 1994, 298). Dies gilt insbesondere bei Unternehmenskennzeichen, die dem Namen einer natürlichen Person bestehen oder diesen enthalten (vgl. zur Einwilligung des Konkursverwalters in die Firmenfortführung BGHZ 85, 221; BGHZ 58, 322; BGH GRUR 1960, 490, 492f. – *Vogeler; Fezer* § 15 Rdn. 110). Geschäftliche Bezeichnungen genießen entsprechend den für Marken und Ausstattungen vom BVerfG anerkannten Grundsätzen (§ 14 Rdn. 10) **verfassungsrechtlichen Schutz** nach Art. 14 Abs. 1 GG (GK/*Teplitzky* § 16 UWG Rdn. 9) und auf Gemeinschaftsebene (vgl. *H. P. Ipsen,* H/I/S/S, S. 173 ff.), wobei im Einzelfall auch ihrem persönlichkeitsrechtlichen Element grundrechtlicher Schutz zukommen kann (vgl. § 23 Rdn. 16 zum Namensführungsrecht).

C. Verletzung geschäftlicher Bezeichnungen. Allgemeine Voraussetzungen

Ungeachtet der Regelung in einer einheitlichen Vorschrift ergeben sich bei der Anwendung der Verletzungstatbestände auf Unternehmenskennzeichen einerseits und Werktitel andererseits Unterschiede, die eine einheitliche Darstellung aller Verletzungsfragen unzweckmäßig erscheinen läßt. Dementsprechend sind nachfolgend nur die allgemeinen Voraussetzungen einer Verletzung nach § 15 gemeinsam dargestellt (Rdn. 8 ff.), während im übrigen zwischen der Verletzung von Unternehmenskennzeichen (Rdn. 22 ff.) und Werktiteln (Rdn. 73 ff.) differenziert wird.

I. Bestand des Schutzes der geschäftlichen Bezeichnung

Grundvoraussetzung für Ansprüche wegen Verletzung geschäftlicher Bezeichnungen ist der Bestand eines Kennzeichenrechts des Anspruchstellers nach § 5 Abs. 2 als Unternehmensname, Firma, besondere Geschäftsbezeichnung, Geschäftsabzeichen oder nach § 5 Abs. 3 als Werktitel. Dabei ist als Besonderheit gegenüber dem Markenschutz zu beachten, daß neben der vollständigen geschäftlichen Bezeichnung auch deren schlagwortartige Bestandteile und Abkürzungen als eigenständige Schutzobjekte in Betracht kommen (näher unten Rdn. 37 ff. und 83).

1. Maßgeblicher Zeitpunkt

Zu welchen Zeitpunkten die bei § 5 erläuterten Schutzvoraussetzungen vorgelegen haben müssen, hängt von Art und Umfang des geltend gemachten Verletzungsanspruchs ab und deckt sich mit den zu § 14 Rdn. 12 ff. erläuterten Grundsätzen. Bei dem nicht an eine förmliche Eintragung anknüpfenden Schutz der geschäftlichen Bezeichnungen ist besonders zu beachten, daß in einem früheren Zeitpunkt einmal festgestellte Schutzvoraussetzungen bis zu dem im Verletzungsprozeß maßgeblichen Zeitpunkt wieder entfallen sein können, insbesondere durch endgültige Einstellung der Benutzung, wesentliche Änderung der Bezeichnung oder Wegfall ggf. erforderlicher Verkehrsgeltung (dazu § 5 Rdn. 35 ff.).

2. Bedeutung absoluter Schutzhindernisse

10 § 15 betrifft ausschließlich sachliche Rechte, deren Entstehung und Untergang nicht von Eintragungs- oder Löschungsakten, sondern von dem Vorliegen der materiellen Schutzvoraussetzungen abhängen. Auch der Eintragung oder Löschung eines Firmennamens im Handelsregister kommt keine konstitutive Bedeutung ieS zu (§ 5 Rdn. 32). Bei Rechten dieser Art kann von „absoluten Schutzhindernissen" (im Sinne der Terminologie zu den eingetragenen Marken) nur in dem Sinne gesprochen werden, daß es sich um Mängel der erforderlichen Schutzvoraussetzungen (Unterscheidungskraft, Verkehrsgeltung) handelt. Genauso wie bei den nicht eingetragenen Marken (§ 14 Rdn. 16), aber anders als bei den eingetragenen Marken (§ 14 Rdn. 15) können diese Schutzhindernissse uneingeschränkt als rechtshindernde Einwendungen im Verletzungsprozeß geltend gemacht werden. Zum Schutzhindernis der unbefugten Führung eines Unternehmenskennzeichens s. § 5 Rdn. 29.

II. Vorrang

11 Nach dem Prioritätsprinzip (§ 6 Rdn. 1 ff.) ist weitere Voraussetzung für Verletzungsansprüche, daß die geschäftliche Bezeichnung gegenüber eventuellen Kennzeichenrechten des Beklagten den Vorrang hat. Hierauf kommt es jedoch nur dann an, wenn sich der Beklagte überhaupt auf relevante eigene Kennzeichenrechte oder – unter den Voraussetzungen unten Rdn. 13 – auf Rechte Dritter stützen kann. Dagegen spielt der Vorrang keine Rolle, wenn aufgrund § 15 ein Zeichen angegriffen ist, an welchem dem Beklagten keine Gegenrechte zustehen. Der häufigste Fall dieser Art ist wie bei § 14 die Verwendung eines verletzenden Zeichens als (nicht verkehrsdurchgesetzte) Produktbezeichnung ohne Eintragungsschutz.

1. Eigenes Gegenrecht des Verletzers

12 Prioritätsältere Gegenrechte des Beklagten können Verletzungsansprüchen aus § 15 als Einrede entgegengesetzt werden, vergleichbar der Rechtslage bei Ansprüchen aus nicht eingetragenen Marken (§ 14 Rdn. 20 f.). Dies kann ohne Unterschied im Ergebnis auf drei Wegen begründet werden: entweder direkt aus dem Prio-

C. Verletzung geschäftlicher Bezeichnungen § 15

ritätsprinzip (so Amtl. Begr. zu Teil 2 Abschnitt 4 aE) in Verbindung mit dem Grundsatz der Gleichwertigkeit der Kennzeichenrechte ihrer Art nach (§ 6 Rdn. 9), über die Betrachtung als Rechtsmißbrauch wegen Geltendmachung von Rechten aus einem Kennzeichen, dessen Benutzung einem selbst aufgrund des älteren Rechts untersagt werden kann, oder als Fall der wegen des eigenen Rechts dann nicht „unbefugten" Benutzung nach herkömmlichem Verständnis.

2. Einrede aufgrund fremden Rechts

Der nach § 15 in Anspruch genommene Verletzer kann dem **13** Kläger grdsl. nicht ältere Rechte Dritter entgegenhalten, denn diese entfalten ihre Vorrangwirkung nur zugunsten ihrer Inhaber, wie auch die Regelung der Klagebefugnis in § 55 Abs. 2 Nr. 2 verdeutlicht. Die Rspr. läßt jedoch in entsprechender Anwendung des Rechtsgedankens aus § 986 Abs. 1 BGB die Einrede aus einem prioritätsälteren Recht eines Dritten zu, wenn der Beklagte aufgrund obligatorischer, d.h. schuldrechtlicher, insbes. vertraglicher Gestattung zur Benutzung des älteren Rechts des Dritten berechtigt ist und das Recht des Dritten gegenüber dem Kläger durchsetzbar ist, d.h. der Dritte seinerseits vom Kläger Unterlassung verlangen könnte (näher und Nachw. bei § 14 Rdn. 22). Eine verwandte Anwendung des Rechtsgedankens aus § 986 Abs. 1 BGB ist anerkannt, wenn dem Dritten zwar kein prioritätsälteres Recht zusteht, er jedoch aufgrund vertraglicher Gestattung zur Benutzung und Weitergabe dieses Benutzungsrechts an den Beklagten berechtigt ist oder dem Kläger dem Dritten gegenüber der Rechtsmißbrauchseinwand zustehen würde (näher und Nachw. Vor §§ 14–19 Rdn. 99). Schließlich ist die Berechtigung eines Beklagten, sich zur Verteidigung einredeweise auf ältere Rechte eines ihn dazu ermächtigenden Dritten zu berufen („passive Prozeßstandschaft"), auch für den Fall anerkannt, daß der Beklagte in entsprechender Anwendung der Voraussetzungen gewillkürter „aktiver" Prozeßstandschaft (§ 14 Rdn. 23) ein eigenes schutzwürdiges Interesse an der Geltendmachung des fremden Rechts hat (näher und Nachw. bei § 14 Rdn. 23).

3. Koexistenz trotz besseren Zeitrangs

Unter besonderen Voraussetzungen kann dem Vorrang einer an **14** sich älteren geschäftlichen Bezeichnung eine Verpflichtung zur Duldung der Koexistenz eines Zeichens und seiner Benutzung ent-

§ 15   Ausschließl. Recht des Inhabers einer gesch. Bez.

gegenstehen. Hierzu gehören die zu § 14 Rdn. 24 genannten Fallgruppen, wobei in Bezug auf geschäftliche Bezeichnungen noch häufiger Koexistenzkonstellationen entstehen als bei Marken, insbesondere in den Fällen der sog. Gleichnamigkeit (§ 23 Rdn. 15 ff.).

III. Begehung durch „Dritten"

15   Dritter iSd § 15 kann jede nicht mit dem Inhaber der geschäftliche Bezeichnung identische Person sein, einschließlich gesellschaftsrechtlich oder konzernmäßig verbundener Unternehmen (vgl. aber zur Erschöpfung bei Konzernverhältnissen § 24 Rdn. 7).

IV. Unbefugt (ohne Zustimmung des Rechtsinhabers)

16   Nach § 15 Abs. 2 kommen nur „unbefugte" Zeichenbenutzungen als Verletzung in Frage. Dieses Tatbestandsmerkmal stammt nicht aus § 16 UWG aF, sondern ist §§ 12 BGB, 37 Abs. 2 HGB nachgebildet. In § 16 Abs. 1 UWG aF war stattdessen die umgekehrt ausgerichtete Voraussetzung enthalten, daß sich der Inhaber seinerseits der Bezeichnung absolut (zB § 3 UWG) und relativ „befugterweise bedienen" müsse (vgl. dazu GK/*Teplitzky* § 16 UWG Rdn. 238 ff. und 537). Unter den Begriff der befugten Benutzung werden herkömmlich neben der Gestattung auch die Fälle des prioritätsälteren Gegenrechts einbezogen (*Fezer* § 15 Rdn. 82 ff. zum Namensrecht). Letzteres sollte jedoch nicht auf den Begriff „unbefugt" iSd § 15 übertragen werden. Die Bedeutung prioritätsälterer Gegenrechte folgt im MarkenG bereits aus dem Prioritätsprinzip (§ 6 Rdn. 1 ff.) und gilt zB auch im Rahmen des § 14, wo von „unbefugt" keine Rede ist. Im Interesse einer möglichst gleichlaufenden Struktur der Verletzungstatbestände sollte dieses Tatbestandsmerkmal daher parallel zu der Voraussetzung „ohne Zustimmung des Inhabers" iSd § 14 Abs. 2 verstanden werden. Zur Bedeutung für das Gleichnamigkeitsrecht s. § 23 Rdn. 18.

17   In § 15 Abs. 3 fehlt das Merkmal „unbefugt". Dies kann kaum damit erklärt werden, daß die dortige Voraussetzung „ohne rechtfertigenden Grund" auch die Gestattung umfasse. Dies würde schon nicht zu § 14 Abs. 2 Nr. 3 passen, wo sich dieselbe Voraussetzung findet und dennoch das Fehlen der Zustimmung des Inhabers ein eigenständiges Tatbestandsmerkmal ist. Vor allem aber wäre es widersinnig, die Zustimmung bei § 14 Abs. 2 und § 15

C. Verletzung geschäftlicher Bezeichnungen § 15

Abs. 2 als negatives Tatbestandsmerkmal, bei § 15 Abs. 3 aber nur als Rechtfertigungsgrund einzuordnen. Es ist daher ein **Redaktionsfehler** zu vermuten, wie auch Amtl. Begr. 6. Abs. zu § 15 nahelegt („Die Tatbestände des § 15 Abs. 2 und 3 sind von vornherein so gefaßt, daß sie allgemein die unbefugte Benutzung des anderen Zeichens im geschäftlichen Verkehr zum Gegenstand haben... ").

Zur Gestattung des Zeichengebrauchs s. die auch für geschäftliche Bezeichnungen geltenden Erläuterungen zu § 14 Rdn. 26 sowie zu Einzelheiten und besonderen Grenzen der Lizenz an geschäftlichen Bezeichnungen Vor §§ 27–31 Rdn. 6. Auf die Zustimmung des Inhabers der geschäftlichen Bezeichnung kann sich analog § 986 Abs. 1 BGB auch berufen, wem der Zustimmungsempfänger seinerseits die Zeichenbenutzung gestattet hat, vorausgesetzt, eine solche Weiterleitung ist von der Zustimmung seitens des Inhabers der geschäftlichen Bezeichnung gedeckt (Nachw. § 14 Rdn. 27). **18**

V. Begehung im räumlichen Schutzbereich

1. Territorialer Geltungsbereich

Ansprüche nach § 15 kommen nur in Betracht, wenn eine Verletzungshandlung im territorialen Schutzbereich der geschäftlichen Bezeichnung begangen worden ist oder droht. Der territoriale Geltungsbereich des Rechts an einer geschäftlichen Bezeichnung umfaßt nicht stets das gesamte Bundesgebiet, sondern hängt nach den bei § 5 Rdn. 21, 30 dargestellten Grundsätzen von der Art der Bezeichnung, dem räumlichen Umfang ihrer tatsächlichen Benutzung bzw. Verkehrsgeltung und der Ausrichtung des Unternehmens im maßgeblichen Verletzungs- oder Kollisionszeitpunkt ab. Soweit der Schutz Verkehrsgeltung voraussetzt, wird der Geltungsbereich im wesentlichen von der geographischen Ausdehnung der Verkehrsgeltung bestimmt und kann daher örtlich oder regional ähnlich beschränkt sein wie der Markenschutz kraft Verkehrsgeltung (vgl. § 4 Rdn. 18). Zur Ausdehnung des Geltungsbereichs von in der DDR benutzten geschäftlichen Bezeichnungen auf die alten Bundesländer und umgekehrt s. Einl. Rdn. 26 ff. Auf die Darstellungen zu § 14 ist zu verweisen bzgl. der territorialen Zuordnung von Verletzungshandlungen nach dem Begehungsort (§ 14 Rdn. 29) insbesondere zur Verletzung des § 15 durch Ver- **19**

§ 15 Ausschließl. Recht des Inhabers einer gesch. Bez.

wendung in grenzüberschreitenden Veröffentlichungsmedien (§ 14 Rdn. 30), im Internet (§ 14 Rdn. 31), durch exterritoriale Verletzungshandlungen (§ 14 Rdn. 32) sowie zur Begründung inländischer Erstbegehungsgefahr durch Handlungen im Ausland (§ 14 Rdn. 33).

2. Schutz räumlich begrenzter Kennzeichenrechte gegenüber bundesweiter Benutzung

20 Ein räumlich beschränkter Schutz einer geschäftlichen Bezeichnungen setzt nach der Rspr. voraus, daß es sich bei dem in Frage kommenden Geltungsbereich um einen **ausreichend einheitlichen Wirtschaftsraum** handelt, der die Zubilligung eines räumlich begrenzten Kennzeichenschutzes unter Berücksichtigung aller Einzelfallumstände rechtfertigt (näher § 5 Rdn. 30). Zusätzlich soll das Verbietungsrecht aus solchen regional oder örtlich beschränkten Kennzeichenrechten gegenüber bundesweit benutzten Kennzeichen unter dem zusätzlichen Vorbehalt stehen, daß die Sperrung des örtlich begrenzten Schutzbereichs gegenüber dem bundesweit tätigen Unternehmen aufgrund einer **Interessenabwägung** gerechtfertigt ist, bei der in erster Linie auf die Bedeutung des Verbots für den Kläger und die Auswirkungen auf den bundesweiten Vertrieb des Beklagten abzustellen sein soll (BGH GRUR 1991, 155, 156 – *Rialto:* Eisdiele ggü. bundesweitem Vertrieb von Tiefkühl-Speiseeis, sehr zw.; zutr. Folgeentscheidung dazu OLG München OLG-Report 1994, 103 – *Rialto II;* OLG München WRP 1994, 326, 330 – *Biermarke;* LG Kiel AfP 1994, 330, 331 – *Tango:* betr. Zeitschriftentitel; vgl. BGH GRUR 1968, 259, 261 – *NZ* zum regional begrenzten Titelschutz). Dem kann nur eingeschränkt gefolgt werden. Die Relativierung örtlich oder regional erworbener Kennzeichenrechte durch einen derartigen generellen Abwägungsvorbehalt stellt eine Privilegierung des bundesweiten Vertriebs gegenüber geographisch beschränkter Geschäftstätigkeit dar, die nicht zu rechtfertigen ist. Das veranschaulicht auch die kaum nachvollziehbare Begründungserwägung in BGH GRUR 1991, 155, 156 – *Rialto,* die überregionale Tätigkeit sei für den flüchtigen Verbraucher erkennbar und verringere Verwechslungsgefahren trotz Zeichen- und Warenidentität. Die gebotene Interessenabwägung ist in den Schutzvoraussetzungen und den Verletzungstatbeständen bereits hinreichend vorgenommen. Die Beachtung örtlicher Kennzeichenrechte einschließlich der damit ggf. verbundenen Vertriebsbeschränkungen und Kosten kann auch einem bundesweit tätigen

Unternehmen zugemutet werden. Dies ist sogar auf Gemeinschaftsebene anerkannt (Art. 107 GMVO). Zuzubilligen sein können nicht allenfalls Einschränkungen des Untersagungsrechts gegenüber **überregionaler Werbung**, wenn diese zumutbarerweise räumlich nicht beschränkt werden kann (OLG München WRP 1994, 326, 330 – *Biermarke;* vgl. § 30 Abs. 2 Nr. 1 ErstrG). Nur im Ausnahmefall einer zweifelsfrei rechtsmißbräuchlichen Behinderung bundesweiten Vertriebs ohne jegliches schutzwürdiges Eigeninteresse können weitergehende Schutzeinschränkungen geboten sein.

VI. Geschäftlicher Verkehr

§ 15 schützt die geschäftlichen Bezeichnungen sowohl nach 21
Abs. 2 als auch nach Abs. 3 nur vor „im geschäftlichen Verkehr"
vorgenommenen Handlungen. Der Begriff deckt sich mit demjenigen des § 14 und ist dort Rdn. 34 ff. näher erläutert. Nach der
Amtl. Begr. 6. Abs. zu § 15 gilt die Erweiterung des Begriffs des
geschäftlichen Verkehrs durch die in § 14 Abs. 3 aufgezählten unternehmensinternen Kennzeichnungs- und Besitz-Handlungen
(§ 14 Rdn. 39) auch im Rahmen des § 15, so daß es nicht erforderlich sei, daß die gekennzeichneten Gegenstände bereits in den
Verkehr gebracht sind. Außerhalb des geschäftlichen Verkehrs kann
Schutz vor allem nach § 12 BGB (Nach § 15 Rdn. 1 ff.) sowie ferner §§ 823 Abs. 1, 826 BGB bestehen.

D. Unternehmenskennzeichenverletzung

Literatur: Zum Schutz der Unternehmenskennzeichen allg. s. zunächst 22
die Literaturhinweise zu § 5 und zur Verletzung geschäftlicher Bezeichnungen allg. die Hinweise vor § 15 Rdn. 1. Speziell zur Verletzung von Unternehmenskennzeichen nach dem MarkenG: *Bettinger,* Kennzeichenrecht im
Cyberspace: Der Kampf um die Domain-Namen, GRUR Int. 1997, 402;
Bücking, Internet-Domains – Neue Wege und Grenzen des bürgerlich-rechtlichen Namensschutzes, NJW 1997, 1886; *von Gamm,* Rufausnutzung
und Beeinträchtigung bekannter Marken und geschäftlicher Bezeichnungen,
FS Piper 1996, 537; *Knaak,* Zur Einbeziehung des Schutzes der Unternehmenskennzeichen in das neue Markengesetz, FS Beier 1996, 243; *Krings,*
Haben §§ 14 Abs. 2 Nr. 3 und 15 Abs. 3 MarkenG den Schutz der berühmten Marke sowie des berühmten Unternehmenskennzeichens aus
§§ 12, 823 Abs. 1, 1004 BGB ersetzt?, GRUR 1996, 614; *Kur,* Namens- und Kennzeichenschutz im Cyberspace, CR 1996, 590; *dies.,* Kennzeichen-

§ 15 Ausschließl. Recht des Inhabers einer gesch. Bez.

konflikte im Internet – Kinderkrankheiten oder ernstzunehmendes Problem?, FG Beier 1996, 265; *dies.,* Internet Domain Names, CR 1996, 325; *Nordemann Axel,* Internet-Domains und zeichenrechtliche Kollisionen, NJW 1997, 1891; *Omsels,* Die Kennzeichenrechte im Internet, GRUR 1997, 328; *Ubber,* Rechtsschutz bei Mißbrauch von Internet-Domains, WRP 1997, 497; *Ullmann,* Die Verwendung von Marke, Geschäftsbezeichnung und Firma im geschäftlichen Verkehr, insbesondere Franchising, NJW 1994, 1255; *Völker/Weidert,* Domain-Namen im Internet, WRP 1997, 652.

I. Überblick

23 Die Verletzung von Unternehmenskennzeichen ist in § 15 unter dem gemeinsamen Oberbegriff der geschäftlichen Bezeichnung (§ 5 Abs. 1) zusammen mit der Verletzung von Werktiteln geregelt. Danach genießen Unternehmenskennzeichen iSd § 5 Abs. 2 Schutz gegen Verwechslungsgefahr (§ 15 Abs. 2) und bekannte Unternehmenskennzeichen darüber hinaus auch erweiterten Schutz gegen unlautere Ausnutzung und Beeinträchtigung ihrer Wertschätzung oder Unterscheidungskraft (§ 15 Abs. 3). Die im Verletzungsfall zunächst zu prüfenden Schutzvoraussetzungen für Unternehmenskennzeichen sind bei § 5 Rdn. 12 ff. dargestellt. Zu den allgemeinen Anspruchsvoraussetzungen des § 15, insbesondere dem Vorrang des älteren Rechts, der Begehung im territorialen Schutzbereich und im geschäftlichen Verkehr s. oben Rdn. 8 ff.

II. Verhältnis zu §§ 12 BGB, 37 Abs. 2 HGB

24 Der in §§ 5 Abs. 2, 15 verankerte Schutz der Unternehmenskennzeichen trifft regelmäßig mit dem **Namensschutz** nach § 12 BGB zusammen. Im Falle handelsrechtlich **unbefugten Firmengebrauchs** kann außerdem § 37 Abs. 2 HGB als weitere Anspruchsgrundlage für Unterlassung und Löschung hinzutreten, wenn das beanstandete Zeichen als Firma verwendet wird. Nach § 2 besteht in beiden Fällen Anspruchskonkurrenz zu ggf. gegebenen markengesetzlichen Verletzungsansprüchen. In der Prozeßpraxis steht jedoch die Anwendung der spezielleren Schutzvorschriften des MarkenG ganz im Vordergrund, wie dies bisher schon in bezug auf § 16 UWG der Fall war. Zu Anwendungsbereich und Bedeutung der außerkennzeichenrechtlichen Anspruchsgrundlagen im einzelnen s. die Erläuterung zu § 12 BGB Nach § 15 Rdn. 1 ff. und zu § 37 Abs. 2 HGB Nach § 15 Rdn. 26 ff.

D. Unternehmenskennzeichenverletzung § 15

III. Rechtsverletzende Benutzung von Unternehmenskennzeichen

1. Grundlagen

Vorbehaltlich der weiteren Voraussetzungen der Abs. 2 bzw. 3 25
untersagen beide Verletzungstatbestände des § 15 dem Dritten, die
geschäftliche Bezeichnung oder ein ähnliches Zeichen „zu benutzen". In § 15 Abs. 4 wird die Verletzungshandlung ebenso bezeichnet. Dies stimmt der Terminologie nach mit § 14 Abs. 2
überein. Wegen der Anknüpfung des § 15 an § 16 UWG aF (näher
unten Rdn. 32) ist jedoch Ausgangspunkt der Auslegung des § 15
auch hinsichtlich des Benutzungsbegriffes zunächst der frühere
Rechtszustand, der allerdings nur den Schutz vor Verwechslungsgefahr betraf. Voraussetzung für die Anwendbarkeit des § 16 UWG
aF war danach eine „kennzeichenmäßige" Benutzung, wozu neben
dem **namensmäßigen** bzw. **firmenmäßigen** Gebrauch auch die
markenmäßige Verwendung zählte (zB BGH GRUR 1994, 156
– *Garant-Möbel;* BGH GRUR 1991, 155, 156 – *Rialto;* BGH
GRUR 1983, 764, 766 – *Haller II;* BGH GRUR 1971, 517, 519 –
Swops; BGH GRUR 1967, 199, 201 – *Napoleon II).* Die Verwendung als **Werktitel** kam nur bei herkunftshinweisender Bedeutung
als verletzend in Betracht (dazu § 14 Rdn. 66).

2. Meinungsstand zum MarkenG

Die bislang **hM in Rspr. und Lit** verlangt für § 15 einen kenn- 26
zeichenmäßigen Gebrauch iSd Rspr. zu § 16 UWG aF (BGH
GRUR 1996, 68, 70 – *COTTON LINE:* zu Marken und Unternehmenskennzeichen) unter Einbeziehung des zeichenmäßigen
Gebrauchs wie bisher (BGH GRUR 1995, 825, 827 – *Torres;*
Amtl. Begr. 3. Abs. zu § 15). Die zu § 14 Rdn. 52 näher dargestellte **Gegenauffassung** befürwortet auch für § 15 einen weiteren
Benutzungsbegriff (*Fezer* § 15 Rdn. 20; *ders.* GRUR 1996, 568 f.).
Die Problematik der sachgerechten Abgrenzung des Begriffs der
rechtsverletzenden Benutzung und seines Verhältnisses zu § 23 stellt
sich bei § 15 ungeachtet der fehlenden gemeinschaftsrechtlichen
Dimension im wesentlichen zu denselben Fallgruppen wie zu § 14,
so daß auf die Darstellung zu § 14 Rdn. 57 ff. Bezug genommen
werden kann, in der auch die Rspr. zu § 16 UWG berücksichtigt
ist.

§ 15   Ausschließl. Recht des Inhabers einer gesch. Bez.

3. Analogie zu § 14 Abs. 3 und 4

27 § 15 zählt keine Verletzungshandlungen beispielhaft auf und verweist auch nicht auf § 14 Abs. 3 oder 4. Angesichts der unbestrittenen Eignung markenmäßiger Handlungen als Verletzungshandlungen auch in Bezug auf geschäftliche Bezeichnungen (oben Rdn. 25) ist eine analoge Anwendung im Rahmen des weiten Benutzungsbegriffes des § 15 unabhängig davon möglich, welcher Auffassung man sich im übrigen anschließt (im Erg. ebenso Amtl. Begr. 6. Abs. zu § 15; *Fezer* § 15 Rdn. 20). Gegen analoge Anwendung des § 14 Abs. 3 Nr. 4 offensichtlich OLG Frankfurt aM GRUR Int. 1995, 987 – *Enrico Ferrari*: Kennzeichnung von Exportware keine Benutzung im Inland, wobei allerdings nur die Nichtanwendbarkeit des § 26 Abs. 4 behauptet wird.

4. Besondere Verletzungshandlungen bei Unternehmenskennzeichen

28 Die **Anmeldung einer Firma zum Handelsregister** löst nicht nur Erstbegehungsgefahr späterer Verwendung aus, sondern ist bereits Benutzung gegenüber dem Registergericht und damit im geschäftlichen Verkehr. Dies ist auch in der Rspr. anerkannt, allerdings mit der unnötig auf die Absicht abstellenden Begründung, als Benutzung einer Bezeichnung sei bereits jede Handlung anzusehen, aus der sich der Wille des Handelnden ergibt, sich der Bezeichnung zu bedienen (BGH GRUR 1957, 426, 427 – *Getränke Industrie*; zust. GK/*Teplitzky* § 16 UWG Rdn. 310 ff.; RGZ 80, 437; RGZ 22, 59).

29 Die Verwendung der Firmenbezeichnung des Anmelders **gegenüber dem DPA bei der Einreichung von Schutzrechtsanmeldungen** ist kennzeichenmäßiger Gebrauch im geschäftlichen Verkehr (BGH GRUR 1960, 372, 376 – *Kodak*; zu IR-Marken s. aber BGH GRUR 1994, 530, 531/532 – *Beta*). Die Verwendung des Firmennamens eines bekannten Herstellers als dem eigenen Firmennamen vorangestelltes **Suchwort** bei dem eigenen **Telefonbucheintrag** ist kennzeichenmäßig (BGH GRUR 1994, 841, 842 – *Suchwort*: Verwendung von „Bosch" durch nicht autorisierte Händler). Die schlagwortartige Herausstellung einer **Telefonnummer**, die dem Verkehr als Kennzeichnung eines Dritten vertraut ist, kann kennzeichenmäßig sein (BGH GRUR 1990, 711, 714 – *Telefonnummer 4711*). Für die Verletzung durch **Internet Domain Namen** gelten die Grundsätze gem. § 14 Rdn. 65 entsprechend (zB LG Düsseldorf Mitt. 1997, 225, 227 – *epson.de*).

D. Unternehmenskennzeichenverletzung § 15

IV. Schutz der Unternehmenskennzeichen vor Verwechslungsgefahr

1. Grundfragen

a) Systematik. § 15 Abs. 2 gewährt Unternehmenskennzeichen 30 Schutz gegen Verwechslungsgefahr und entspricht damit seiner systematischen Stellung nach dem Verletzungstatbestand des § 14 Abs. 2 Nr. 2 für die Marken. Die in § 15 Abs. 2 gewählte Beschreibung nicht als „Gefahr", sondern als Eignung, Verwechslungen hervorzurufen, stammt aus § 16 Abs. 1 UWG aF, ist aber seit jeher als Verwechslungsgefahr bezeichnet und verstanden worden.

Die **identische Verletzung** eines Unternehmenskennzeichens 31 ist in § 15 nicht in einem verselbständigten Tatbestand wie § 14 Abs. 2 Nr. 1 geregelt, sondern von dem Verwechslungstatbestand miterfaßt, der den Fall der Zeichenidentität ausdrücklich anspricht („... die geschäftliche Bezeichnung oder ..."). Die von § 14 Abs. 2 abweichende Struktur erklärt sich aus der Orientierung an § 16 Abs. 1 UWG aF.

b) Nahtlose Anknüpfung an § 16 UWG. Beim gegenwärti- 32 gen Harmonisierungsstand unterliegt zunächst nur der Begriff der Verwechslungsgefahr iSd § 14 für eingetragene Marken (§ 14 Rdn. 151 ff.) dem Gebot richtlinienkonformer Auslegung und der Kontrolle durch den EuGH. Demgegenüber knüpft § 15 Abs. 2 schon seinem Wortlaut nach nicht an die Richtliniendefinition der markenrechtlichen Verwechslungsgefahr an, sondern an § 16 Abs. 1 UWG aF. Die Gesetzesmaterialien lassen keinen Zweifel daran, daß der Schutz geschäftlicher Bezeichnungen vor Verwechslungen durch das MarkenG nicht reformiert, sondern insoweit unverändert die bisherige Rechtslage weiter gelten sollte. Die Amtl. Begr. spricht davon, daß Rechtsprechung und Praxis „**nahtlos an die bisherige Rechtslage anknüpfen** können" (Abs. 3 zu § 15). Der BGH hat allen Versuchen, die Harmonisierung des Markenrechts als Anlaß für eine Überprüfung der zu § 16 UWG aF entwickelten Grundsätze zu nehmen, schon vor Inkrafttreten des MarkenG eine Absage erteilt (BGH GRUR 1995, 54, 57 – *Nicoline*; BGH GRUR 1994, 652, 653 – *Virion*; vgl. ferner BGH GRUR 1995, 216, 219 – *Oxygenol II*). Der BGH betont seitdem in st Rspr. die Übereinstimmung mit dem früheren Recht (BGH WRP 1997, 952, 954 – *L'Orange*; BGH GRUR 1997, 468, 469 – *NetCom*; BGH GRUR

§ 15 Ausschließl. Recht des Inhabers einer gesch. Bez.

1996, 68, 69 – *Cotton Line;* BGH GRUR 1995, 825, 826/827 – *Torres;* BGH GRUR 1995, 754, 756 – *Altenburger Spielkartenfabrik;* BGH GRUR 1995, 507, 508 – *City-Hotel*). Die „geringen" Anforderungen an die Verwechslungsgefahr entsprechend den allgemeinen Rechtsprechungsgrundsätzen hat der BGH als mit dem Gemeinschaftsrecht und Art. 30, 36 EGV vereinbar beurteilt (BGH GRUR 1995, 825, 827 – *Torres*). Das neuere Schrifttum hat sich dem bisher angeschlossen (zB *Starck* FS Markenamt 1994, 299; *Fezer* § 15 Rdn. 2; *Knaak* FS Beier 1996, 244), ebenso die Instanzgerichte (zB OLG Hamburg MD 1997, 602, 603 – *Brinckmann*).

33 Danach soll, anders als früher in der Rspr. betont (vgl. BGH GRUR 1992, 48, 52 – *frei öl;* BGH GRUR 1959, 25, 28 – *Triumph;* BGH GRUR 1957, 287, 288 – *Plasticummännchen;* BGH GRUR 1957, 29, 31 – *Spiegel;* BGH GRUR 1955, 95, 96 – *Buchgemeinschaft I;* aA B/H § 31 WZG Rdn. 5 ff.), im deutschen Kennzeichenrecht **kein einheitlicher Begriff der Verwechslungsgefahr** mehr bestehen (so BGH GRUR 1995, 825, 827/828 – *Torres*). Dem ist in dieser Allgemeinheit nicht zu folgen. Es bestehen so vielfältige Parallelen, Berührungspunkte und Überschneidungen, daß eine grdsl. **einheitliche Auslegung der Begriffe dringend geboten** ist, soweit dem nicht ganz bestimmte Unterschiede der Kennzeichenarten zweifelsfrei entgegenstehen (ebenso *Keller* GRUR 1996, 608; *Fezer* GRUR 1995, 829; *ders.* § 15 Rdn. 3; *Teplitzky* FS Brandner 1996, 497, 505 Fn 34; zumindest gegen zu starkes Auseinanderdriften *Starck* FS Markenamt 1994, 303). Dies gilt umso mehr, als die Harmonisierung des markenrechtlichen Begriffes der Verwechslungsgefahr durch den Wegfall des starren Waren-/Dienstleistungs-Gleichartigkeitserfordernisses eine ganz erhebliche **Annäherung der Begriffe** gebracht hat (in diesem Sinne auch BGH GRUR 1995, 216, 219 – *Oxygenol II*). Im übrigen enttäuscht die gegenüber Anregungen aus dem neuen harmonisierten Markenrecht demonstrativ verschlossene Haltung der Rspr. Es bleibt zu hoffen, daß sie auf Dauer nicht durchzuhalten sein wird. Sie ist jedoch für die Praxis als dezidierte gesetzgeberische und höchstrichterliche Vorgabe bis auf weiteres zu beachten. Daran muß sich auch die weitere Darstellung im hiesigen Rahmen orientieren.

34 c) **Rechtsnatur, Verkehrsauffassung.** In jedem Falle weiterhin einheitlich für Marken und geschäftliche Bezeichnungen gelten diejenigen Grundsätze der Verwechslungsgefahr, die schon bisher zu § 31 WZG und § 16 UWG aF einheitlich anerkannt waren. Dementsprechend kann auf die Erläuterungen zu § 14 Abs. 2 Nr. 2

D. Unternehmenskennzeichenverletzung **§ 15**

verwiesen werden zur grundsätzlichen Rechtsnatur der Verwechslungsgefahr als abstrakter (§ 14 Rdn. 160 ff.), objektiver (§ 14 Rdn. 163) Gefahr, die eine revisible (§ 14 Rdn. 166) Rechtsfrage (§ 14 Rdn. 164) darstellt, deren Beurteilung jedoch auf tatsächlichen Vorfragen beruht (§ 14 Rdn. 165). Diese Übereinstimmung trifft auch zu auf die Bedeutung der Verkehrsauffassung für die Frage der Verwechslungsgefahr und die hierzu entwickelten Grundsätze über die Bestimmung der angesprochenen Verkehrskreise (§ 14 Rdn. 168 ff.), das grdsl. Ausreichen einer in Bezug auf einen nicht unerheblichen Teil des Verkehrs gegebenen Verwechslungsgefahr (§ 14 Rdn. 174) und der hinsichtlich Wandel (§ 14 Rdn. 176) und Feststellung der Verkehrsauffassung (§ 14 Rdn. 177 f.) zu beachtenden Regeln.

d) Arten der Verwechslungsgefahr. Hinsichtlich der Arten 35 der Verwechslungsgefahr ist zwischen Verwechslungsgefahr im engeren und Verwechslungsgefahr im weiteren Sinne zu unterscheiden (vgl. zu § 14 Rdn. 150). Verwechslungsgefahr im engeren Sinne besteht, wenn eine Verwechslung der Zeichen selbst miteinander droht, d. h. das eine irrtümlich für das andere gehalten wird (**unmittelbare Verwechslungsgefahr**) oder zwar die Zeichen selbst auseinandergehalten, jedoch aufgrund der Übereinstimmungen dennoch angenommen wird, sie bezeichneten dasselbe Unternehmen (**mittelbare Verwechslungsgefahr**). Besonders große Bedeutung kommt im Anwendungsbereich des § 15 der **Verwechslungsgefahr im weiteren Sinne** zu. Sie umfaßt die Fälle, in denen der Verkehr zwar die Bezeichnungen selbst und die hinter den Bezeichnungen stehenden Unternehmen als solche auseinanderhalten kann, jedoch wegen der Übereinstimmungen zu der Annahme veranlaßt werden kann, es bestünden zwischen den bezeichneten Unternehmen (zB lizenz-) vertragliche, (zB konzern-) organisatorische oder sonstige wirtschaftliche Zusammenhänge. Die hierzu von der Rspr. zu § 16 UWG aF entwickelten Grundsätze sind vom BGH für im Rahmen des § 15 uneingeschränkt anwendbar erklärt worden (BGH GRUR 1995, 754, 756 – *Altenburger Spielkartenfabrik*. Zu § 16 UWG aF: BGH GRUR 1991, 318 – *Medice;* BGH GRUR 1988, 635, 636 – *Grundcommerz;* BGH GRUR 1981, 66, 67 – *MAN/G-man;* BGH GRUR 1977, 719 – *Terranova/Terrapin*). Keine ausdrückliche Erwähnung gefunden hat in § 15 der Fall des gedanklichen Inverbindungbringens iSv § 14 Abs. 2 Nr. 2 (zu seinem Verhältnis zu den obigen Arten der Verwechslungsgefahr s. § 14 Rdn. 425 ff.).

§ 15 Ausschließl. Recht des Inhabers einer gesch. Bez.

36 Von diesen Arten der Verwechslungsgefahr zu unterscheiden ist die ähnlich wie bei den Marken auch bei den Unternehmenskennzeichen übliche Einteilung nach dem konkreten Grund der Übereinstimmung, insbesondere in **„klangliche"**, **„(schrift-) bildliche"**, **„begriffliche"** und bisweilen **„komplexe"** Verwechslungsgefahr, wobei das Vorliegen der Verwechslungsgefahr in einer dieser drei Richtungen genügt (st. Rspr, zB BGH GRUR 1992, 550 – *ac pharma*, weitere Nachw. § 14 Rdn. 324). Hierbei handelt es sich jedoch nicht um Arten der Verwechslungsgefahr im eigentlichen Sinne, sondern um Erscheinungsformen des Verwechslungsfaktors der Zeichenähnlichkeit (unten Rdn. 48).

37 **e) Firmenschlagworte und Abkürzungen.** Ausgangspunkt der Verwechslungsprüfung nach § 15 ist die Bestimmung der geschützten Bezeichnung, die dem Vergleich mit dem angegriffenen Zeichen zugrundezulegen ist. Hierfür gelten bei der Verwechslungsprüfung nach § 15 besondere Regeln. Danach ist häufig nicht auf das Unternehmenskennzeichen in seiner Gesamtheit abzustellen, sondern können zB **Firmenschlagworte und Firmenabkürzungen isoliert Gegenstand der Verwechslungsprüfung** sein. Der BGH hat diese Grundsätze früher als von allgemein kennzeichenrechtlicher Art, d. h. auch auf den Markenschutz anwendbar angesehen (grdl. BGH GRUR 1958, 604, 605 – *Wella-Perla*). Dies wird auch heute noch vertreten (*Fezer* § 14 Rdn. 208). Jedoch hat der BGH in seiner späteren warenzeichenrechtlichen Spruchpraxis stattdessen Abspaltungsverbot und Elementenschutzverbot in den Vordergrund gestellt und mit der Anwendung seiner „Prägetheorie" (§ 14 Rdn. 385 ff.) auch auf Fälle möglicher Verkürzungen von Marken auf Zeichenbestandteile eine differenziertere Betrachtungsweise zur Anwendung gebracht. Es handelt sich somit bei dieser aus § 16 UWG aF übernommenen Berücksichtigung abgekürzter geschäftlicher Bezeichnungen um einen spezifischen Schutz dieser Kennzeichenart. Deutlicher zu erkennen gegeben wurde der Prüfungsunterschied jetzt zB in BGH GRUR 1996, 68, 69/70 – *COTTON LINE*.

38 Ausgangspunkt der Rspr. ist die Erkenntnis, daß gerade Unternehmenskennzeichen – insbesondere Firmennamen – häufig aus mehreren Bestandteilen bestehen, teils frei gewählten, teils aber auch handels- bzw. gesellschaftsrechtlich vorgeschriebenen Sachangaben und Rechtsformzusätzen und der Verkehr daher grdsl. dazu neigt, längere Bezeichnungen in einer die Merkbarkeit und Aussprechbarkeit erleichternden Weise zu verkürzen und Bestandteile

D. Unternehmenskennzeichenverletzung § 15

oder auch Buchstaben-Abkürzungen an Stelle der vollständigen Bezeichnung zu verwenden (BGH GRUR 1995, 507, 508 – *City-Hotel*.

Dem trägt die Rspr. seit langem dadurch Rechnung, daß sie unterscheidungskräftige Bestandteile und Abkürzungen nicht nur **(1.) bei herausgestellter, schlagwortartige Verwendung in Alleinstellung** nach den allgemeinen Regeln (vgl. § 5 Rdn. 18), d. h. bei Eignung ohne weiteres als Unternehmensname zu wirken bzw. andernfalls bei Verkehrsgeltung (zB BGH GRUR 1996, 68, 69 – *COTTON LINE*; BGH GRUR 1986, 402, 403 – *Fürstenberg*; BGH GRUR 1976, 379, 380 – *KSB*; BGH GRUR 1961, 535, 537 – *arko*; BGH GRUR 1957, 281, 282 *karo-as*; BGHZ 11, 214, 217 – *KfA*; Fezer § 15 Rdn. 147) und **(2.) bei eigener Verkehrsgeltung auch ohne Verwendung in Alleinstellung und unabhängig davon, ob sie in der vollen Bezeichnung enthalten sind**, als Unternehmenskennzeichen selbständig schützt (zB zu § 16 UWG: BGH GRUR 1992, 329, 331 – *AjS-Schriftenreihe*; BGHZ 15, 107, 108 – *Koma*; BGH GRUR 1955, 95 – *Buchgemeinschaft*; Fezer § 15 Rdn. 148), sondern ihnen **(3.) auch ohne isolierte Verwendung und ohne Verkehrsgeltung den Schutz des vollständigen Unternehmenskennzeichens zukommen läßt**, wenn sie in ihm als Teil enthalten sind, namensmäßige Unterscheidungskraft haben und im Vergleich zur ungekürzten Bezeichnung als der eigentlich kennzeichnende Teil anzusehen sind, d. h. geeignet erscheinen sich im Verkehr als schlagwortartiger Hinweis auf das Unternehmen durchzusetzen (BGH WRP 1997, 1091 – *Immo-Data*; BGH GRUR 1997, 468, 469 – *NetCom*; BGH GRUR 1996, 68, 69 – *COTTON LINE* unter II. 1. a); OLG Celle WRP 1996, 109, 111 – *Grand Hotel*; OLG Nürnberg WRP 1996, 242, 244 – *Hotel Am Stadtpark*; zu § 16 UWG: BGH GRUR 1995, 505, 506 – *APISERUM*; BGH GRUR 1993, 913, 914 – *KOWOG*; BGH GRUR 1992, 865 – *Volksbank*; BGH GRUR 1992, 550 – *ac-pharma*; BGH GRUR 1991, 556, 557 – *Leasing Partner*; BGH GRUR 1988, 635, 636 – *Grundcommerz* zu Bestandteil „Commerz" in „Commerzbank AG"; BGH GRUR 1985, 461, 462 *Gefa/Gewa*; BGH GRUR 1979, 470, 471 – *RBB/RBT*; BGHZ 11, 214, 216 – *KfA*). Im letztgenannten Falle kommt dem Bestandteil die **Priorität der Gesamtbezeichnung** zu (BGH GRUR 1996, 68, 69 – *COTTON LINE* unter II. 1. a; zum WZG zB BGH GRUR 1995, 505, 506/507 – *APISERUM*), die der Bestandteil auch dann behält, wenn andere Teile abgeändert werden, ohne daß dadurch die Geeignetheit als Schlagwort oder Abkürzung

39

§ 15 Ausschließl. Recht des Inhabers einer gesch. Bez.

zu dienen beeinträchtigt wird (zB BGH GRUR 1995, 505, 506/507 – *APISERUM;* BGH GRUR 1973, 661, 662 – *Metrix*).

40 Die Abkürzungsneigung ist nicht nur bei der geschützten, sondern **auch bei der angegriffenen Bezeichnung** im Rahmen der Verwechslungsgefahr unabhängig davon zu berücksichtigen, ob die abgekürzte Fassung in Gebrauch ist, sofern die Abkürzung für einen nicht unerheblichen Teil des Verkehrs naheliegt (BGH GRUR 1993, 913, 914 – *KOWOG;* BGH GRUR 1991, 331/332 – *Ärztliche Allgemeine;* grdl. BGH GRUR 1960, 296, 297 – *Reiherstieg*).

41 Zu verneinen kann die Abkürzungsgefahr ausnahmsweise dann sein, **wenn die vollständige Bezeichnung bereits kurz und prägnant ist** (BGH GRUR 1995, 507, 508 – *City-Hotel*).

42 Naheliegend soll es nach Auffassung des BGH sein, aus mehreren Bestandteilen diejenigen zur Abkürzung zu wählen, die **den Unternehmensgegenstand näher kennzeichnen** (nur im Erg zutr. BGH GRUR 1995, 507, 508 – *City-Hotel* unter Bezugnahme auf BGH GRUR 1988, 638, 639 – *Hauer's Auto-Zeitung,* krit. dazu unten Rdn. 83, und BGH GRUR 1993, 913, 914 – *KOWOG*, wo es aber um einen Zusatz ging; zutr. daher OLG Celle WRP 1996, 109, 111/112 – *Grand Hotel*). Dem ist **nicht zu folgen,** da hierdurch entgegen allen sonst geltenden Regeln ausgerechnet der unternehmensbeschreibende und damit idR weniger kennzeichnungskräftige Teil einer Gesamtbezeichnung stärkeren Schutz erlangt. Die hierzu vom BGH als allgemeine Lebenserfahrung deklarierten Einschätzungen sind nicht nachvollziehbar. Die Verkürzung eines Hotelnamens auf „das City" ist alles andere als fernliegend und hätte daher keinesfalls ohne konkrete Tatsachenfeststellungen unberücksichtigt bleiben dürfen, noch dazu da tatsächliche Verwechslungsfälle vorgetragen waren. Kaum tragfähiger, weil zu pauschal ist die Annahme, eine Verkürzung auf einen Begriff der Umgangssprache sei fernliegend (BGH GRUR 1995, 507, 508 – *City-Hotel*). Kaum verallgemeinerungsfähig ist auch die Annahme, der Verkehr neige dazu, zu einem kennzeichnungskräftigen aber inhaltsleeren Firmenschlagwort noch einen beschreibenden Zusatz hinzuzunehmen (BGH GRUR 1993, 913, 914 – *KOWOG:* „KOWOG Bau"). Besondere Grundsätze gelten für die Weglassung von Vornamen (näher BGH GRUR 1991, 475, 477 – *Caren Pfleger* und zum Markenrecht § 14 Rdn. 408 ff.).

43 **f) Grundstruktur der Verwechslungsprüfung.** Bei einem Unternehmenskennzeichen als älterem Recht ist die Verwechslungsgefahr anhand von **drei Faktoren** zu prüfen, von denen nur

D. Unternehmenskennzeichenverletzung § 15

die **Zeichenähnlichkeit** unter Einschluß der Zeichenidentität (oben Rdn. 30) im Gesetz ausdrücklich genannt ist. Die beiden anderen, ungeschriebenen, von der Rspr. aus dem Begriff der Verwechslungsgefahr abgeleiteten Faktoren sind die **Kennzeichnungskraft** der geschützten Bezeichnung und die sog „**Branchennähe**" (Amtl. Begr. 3. Abs. zu § 15), wobei diese Faktoren zueinander dergestalt in **Wechselwirkung** stehen, daß ein hochgradigeres Vorliegen eines Faktors dazu führen kann, daß Verwechslungsgefahr auch bei einem geringeren Grade der Verwirklichung eines anderen Faktors zu bejahen ist (zB BGH GRUR 1997, 468, 470 – *NetCom*; zu § 16 UWG: BGH GRUR 1992, 329, 332 – *AjS-Schriftenreihe*; BGH GRUR 1991, 863, 864 – *Avon*; BGH GRUR 1990, 1042, 1044 – *Datacolor*; BGH GRUR 1988, 635, 636 – *Grundcommerz*; BGH GRUR 1986, 253, 255 – *Zentis*; BGH GRUR 1984, 471, 472 – *Gabor/Caber*; BGH GRUR 1975, 668, 671 – *IFA*; BGH GRUR 1966, 267, 269 – *White Horse*; allg. GK/ *Teplitzky* § 16 UWG Rdn. 314 ff). Diese Wechselwirkung entspricht im Grundsatz derjenigen zwischen den markenrechtlichen Verwechslungsfaktoren bei § 14 Abs. 2 Nr. 2 (§ 9 Abs. 1 Nr. 2), wobei der Branchennähe eine ähnliche Funktion zukommt, wie heute der Waren/Dienstleistungsähnlichkeit des neuen Markenrechts (BGH GRUR 1995, 216, 219 – *Oxygenol II*).

2. Besonderheiten der Kennzeichnungskraft von Unternehmenskennzeichen

Im Falle der Unternehmenskennzeichen versteht man unter Kennzeichnungskraft den Grad der Eignung eines Zeichens, aufgrund seiner Eigenart und ggf. seines durch Benutzung erlangten Bekanntheitsgrades dem Verkehr als Name eines Unternehmensträgers (Name, Firma), als namensmäßige Bezeichnung des Unternehmens bzw. Betriebs selbst (besondere Geschäftsbezeichnung) oder trotz fehlender Namensfunktion zur Unterscheidung geeignetes Kennzeichen (Geschäftsabzeichen) einzuprägen, d.h. in Erinnerung behalten und wiedererkannt zu werden. Die Kennzeichnungskraft ist bei zwei Prüfungsschritten zu berücksichtigen. Zunächst setzt der Schutz eines Unternehmenskennzeichens nach den bei § 5 Rdn. 22 ff. im einzelnen dargestellten Regeln voraus, daß überhaupt eine wenn auch geringe (ggf. namensmäßige) Kennzeichnungskraft vorliegt. Fehlt sie, besteht kein Kennzeichenschutz und kommen Verletzungsansprüche nach § 15 aus einem solchen Zeichen von vornherein gegenüber niemandem in Betracht. Ist sie

44

zu bejahen, kommt es bei der Verwechslungsprüfung sodann auf ihren Grad an, da hiervon der Schutzumfang des Unternehmenskennzeichens gegenüber Drittzeichen abhängt. Die Rspr. verbindet die Schutzfähigkeitsprüfung häufig mit einer Bewertung auch des Grades der Kennzeichnungskraft (zB BGH GRUR 1995, 507, 508 – *City Hotel* unter II. 1.).

45 Hinsichtlich der normativen Grundlage der Abhängigkeit des Schutzumfangs vom Grad der Kennzeichnungskraft (§ 14 Rdn. 182 f.; zB BGH GRUR 1992, 329, 332 – *AjS-Schriftenreihe*), Arten und Stufen der Kennzeichnungskraft (§ 14 Rdn. 181, 194) sowie zur Feststellung im Verletzungsprozeß (§ 14 Rdn. 185 ff.) und hinsichtlich des maßgeblichen Zeitpunkts (§ 14 Rdn. 184; BGH GRUR 1989, 856, 858 – *Commerzbau*) kann auf die Darstellung zum Markenschutz verwiesen werden. Die nicht sehr hohen Anforderungen an die Unterscheidungskraft von Unternehmenskennzeichen (§ 5 Rdn. 22 ff.) führen dazu, daß vergleichsweise häufig Verletzungsfälle auftreten, in denen sich **Unternehmenskennzeichen mit geringer Kennzeichnungskraft** gegenüberstehen (vgl. zu dieser noch häufigeren Situation beim Titelschutz unten Rdn. 86). Die Rspr. betont dennoch, daß jedenfalls bei Branchenidentität auch bei geringer Kennzeichnungskraft keine Beschränkung des Schutzumfangs auf identische Verletzung zulässig sein soll (BGH GRUR 1992, 550, 551 – *ac pharma*). Beispiele für Verletzungsfälle zu bejahter, aber sehr geringer originäre Kennzeichnungskraft: „NetCom" für Computerunternehmen (BGH GRUR 1997, 468, 469 – *NetCom*); „ac pharma" (BGH GRUR 1992, 550 – *ac pharma*); „Getränke Quelle" (BGH GRUR 1990, 39, 39 – *Quelle*) „MARITIM" (BGH GRUR 1989, 449, 450 – *Maritim*).

46 **Nicht als Wort aussprechbaren Buchstabenfolgen** fehlte nach st. Rspr. zu § 16 UWG aF die namensmäßige Unterscheidungskraft (näher § 5 Rdn. 18). Diese Rspr. war von § 4 Abs. 2 Nr. 1 WZG geprägt (zB BGH GRUR 1979, 470, 471 – *RBB/RBT*) und kann nach der Anerkennung solcher Buchstabenzeichen als markenfähig (§ 3 Abs. 1) nicht aufrechterhalten bleiben. Es gelten nunmehr die zu Marken gleicher Struktur erläuterten differenzierten Regeln (§ 14 Rdn. 205 ff.). Insbesondere können die vielfach verwendeten **dreistelligen Buchstabenfolgen** als Abkürzung des vollen Firmennamens auch ohne Verkehrsgeltung gegen Verwechslungsgefahr geschützt sein, wenn auch mit beschränkter Kennzeichnungskraft (näher § 14 Rdn. 207).

47 Auf die für den Namen einer Handelskette erworbene Steigerung der Kennzeichnungskraft durch **Verkehrsgeltung** können

D. Unternehmenskennzeichenverletzung § 15

sich sowohl das die Kette gründende Unternehmen (BGH GRUR 1966, 38, 41 – *Centra*) als auch die einzelnen Mitglieder berufen, die den Namen in ihrer Firma führen, wenn der Verkehr mit diesem Bestandteil ihre Zugehörigkeit zur Kette verbindet (BGH GRUR 1975, 606 – *IFA*). Vgl zur Zuordnung der Verkehrsgeltung einer Marke § 4 Rdn. 21.

3. Zeichenidentität, Zeichenähnlichkeit

Die allgemeinen Erfahrungsregeln des BGH für den Zeichenvergleich (näher § 14 Rdn. 325 ff.) gelten auch für den Schutz von Unternehmenskennzeichen, insbesondere grdsl. Maßgeblichkeit des undeutlichen Erinnerungseindrucks (BGH GRUR 1995, 825, 827 – *Torres*) und mehr der Übereinstimmungen als der Unterschiede (zB BGH GRUR 1992, 550 – *ac pharma*). Der Grundsatz der Maßgeblichkeit des **Gesamteindrucks** (§ 14 Rdn. 386) gilt prinzipiell auch für den Schutz von Unternehmenskennzeichen (BGH GRUR 1995, 825, 827 – *Torres*), jedoch immer nur vorbehaltlich der vorrangigen besonderen Regeln für Bestandteile und Abkürzungen (oben Rdn. 37 ff.). Das gleiche gilt für die bei § 14 Rdn. 387 ff. ausf. dargestellte Prägetheorie des BGH bei Übereinstimmung nur in Bestandteilen (zB BGH GRUR 1993, 913, 914 – *KOWOG*; BGH GRUR 1990, 367, 369 – *alpi/Alba Moda*; BGH GRUR 1988, 635, 636 – *Grundcommerz*; GK/Teplitzky § 16 UWG Rdn. 355). Bei Übereinstimmung allein in der den Geschäftsbereich kennzeichnenden Gattungsbezeichnung einer Firma reichen schon geringfügige Abweichungen bei den übrigen Bestandteilen aus (zB BGH GRUR 1992, 865, 866 – *Volksbank*).

Bei **Internet Domain Namen** sind höhere Anforderungen an die Bejahung der Zeichenähnlichkeit zu stellen, da die Vergaberegeln und die branchenübergreifende Ausschlußwirkung die Gestaltungsmöglichkeiten beschränken und sich die Nutzer bereits daran gewöhnt haben dürften, auch geringfügigere Unterschiede zu beachten (zB *Ubber* WRP 1997, 505; *Kur* CR 1996, 593; aA *Nordemann* NJW 1997, 1886). Der BGH hat eine solchen Ansatz für Fernschreibkennungen bereits anerkannt (BGH GRUR 1986, 475, 477 – *Fernschreibkennung*). Bloße Zusätze zu im übrigen identischen Domain Namen können jedoch auch hier ungeeignet sein, die Verwechslungsgefahr im weiteren Sinn auszuschließen (vgl. LG Köln AfP 1997, 655, 656 – *Karriere*). Hinsichtlich aller sonstigen Regeln der klanglichen, (schrift-) bildlichen, begrifflichen und komplexen Zeichenähnlichkeit kann auf die Darstellung zu § 14 Rdn. 311 ff.

verwiesen werden, wo auch Rspr. zu Unternehmenskennzeichen im jeweiligen Zusammenhang berücksichtigt ist. Zu den Beispielen aus der neueren Rspr. s. die Zusammenstellung unten Rdn. 61.

4. Branchennähe

49 **a) Grundsatz.** Verwechslungsgefahr iSd § 15 Abs. 2 setzt neben der Zeichenähnlichkeit voraus, daß zwischen dem Unternehmen, welches das geschützte Unternehmenskennzeichen bezeichnet, und dem Unternehmen bzw. den Produkten, für welche das Zeichen des Dritten verwendet wird, ausreichende **sachliche Berührungspunkte** bestehen, so daß der Verkehr mindestens zur **Annahme geschäftlicher Zusammenhänge** iSd Verwechslungsgefahr im weiteren Sinne (Rdn. 35) kommen kann (zB BGH GRUR 1990, 1042, 1044 – *Datacolor*). Hierfür hat sich der nicht ganz präzise Begriff der **Branchennähe** eingebürgert, der sich einer verläßlichen abstrakten Definition entzieht. Zu eng ist die bisweilen verwendete Formulierung, die Unternehmen/Produkte müßten sich „in einem ins Gewicht fallenden Umfang tatsächlich am Markt begegnen" (BGH GRUR 1997, – *NetCom;* BGH GRUR 1990, 1042, 1045 – *Datacolor*). Ein Wettbewerbsverhältnis ist nicht erforderlich (zB BGH GRUR 1974, 162, 163 – *etirex;* BGH GRUR 1973, 539, 540 – *product contact*). Entscheidend ist letztlich eine Gesamtschau derjenigen von Branche zu Branche und von Produkt zu Produkt unterschiedlichen Umstände, die für die Bildung der Verkehrsauffassung über Zusammenhänge maßgeblich sein können, bis hin zu Gemeinsamkeiten des Vertriebswegs (BGH GRUR 1986, 253, 254 – *Zentis*) und der Verwendbarkeit der Waren miteinander (BGH GRUR 1990, 1042, 1045 – *Datacolor*). Die ständige Verwendung des Begriffes der „**Berührungspunkte**" in der Rspr. des BGH (zB BGH GRUR 1997, 468, 470 – *NetCom*) verdeutlicht, daß nicht etwa nur Überschneidungen zu berücksichtigen sind.

50 Bedenklich ist der verbreitete Ansatz, nach **gemeinsamen Branchen-Oberbegriffen** zu suchen, denen die zwei sich gegenüberstehenden Unternehmen zugeordnet werden können (zB BGH GRUR 1990, 1042, 1045 – *Datacolor* zu „elektronische Datenverarbeitung", ähnl. BGH GRUR 1997, 468, 470 – *NetCom;* BGH GRUR 1986, 253, 254 – *Zentis:* „Frühstücksprodukte"). Denn der Abstraktionsgrad solcher Oberbegriffe kann in vielen Wirtschaftsbereichen breit variiert werden. Auch verleitet der Ansatz dazu, rein begriffliche Abgrenzungen in den Vordergrund treten zu lassen, anstatt tatsächlichen Berührungspunkten nachzugehen.

D. Unternehmenskennzeichenverletzung § 15

Eine beträchtliche Ausweitung erfährt das Kriterium der Branchennähe dadurch, daß im Rahmen der Verwechslungsgefahr im weiteren Sinne (Rdn. 35) Vermutungen des Verkehrs über **lizenzvertragliche Beziehungen** genügen. Insbesondere bei identischer Verwendung bekannter Unternehmenskennzeichen kann die Üblichkeit von Lizenzvergaben über Branchengrenzen hinweg zu berücksichtigen sein (BGH GRUR 1986, 402, 403/404 – *Fürstenberg*: bei Damenmode, Accessoires, Parfums üblich, aber nicht unbedingt auch für kleineren, nicht bekannten Bekleidungshersteller mit eher traditionellem Sortiment; angesprochen auch in BGH GRUR 1990, 68, 69 – *VOGUE-Ski*; GK/Teplitzky § 16 UWG Rdn. 367), sei es auch nur dahingehend, daß der Verkehr die an sich branchenfremde Verwendung als auf den Inhaber des bekannten Unternehmenskennzeichen zurückgehende Werbe- oder Merchandisingmaßnahme ansieht (vgl. OLG München GRUR Int. 1981, 180, 182 – *John Player*; GK/Teplitzky § 16 UWG Rdn. 368, vgl. zum Markenschutz BGH GRUR 1994, 808, 809 – *Markenverunglimpfung I (MARS)* und BGH GRUR 1995, 57, 60 – *Markenverunglimpfung II (NIVEA)*). Damit verbleibt nur ein vergleichsweise schmaler Anwendungsbereich für den erweiterten Schutz bekannter Unternehmenskennzeichen nach § 15 Abs. 3 (unten Rdn. 62 ff.). 51

Die **Gleichartigkeit** iSd WZG als der wesentlich engere Begriff implizierte die Branchennähe iSv § 16 UWG aF (zB BGH GRUR 1991, 317, 319 – *MEDICE*). Dagegen setzte Branchennähe umgekehrt nicht Gleichartigkeit voraus (zB BGH GRUR 1974, 162, 163 – *etirex*; BGH GRUR 1973, 539, 540 – *product contact*; OLG München GRUR Int. 1981, 180, 182/183 – *John Player*: für Bekleidung/Tabakwaren). Mit der Aufgabe des starren Gleichartigkeitsbegriffs im Markenrecht hat sich das Verhältnis verändert. Die Waren/Dienstleistungsähnlichkeit iSv § 14 Abs. 2 Nr. 2 ist heute weiter zu fassen und berücksichtigt auch Unternehmensverbindungen, so daß sich die Begriffe häufiger als bisher im Ergebnis decken werden. 52

Die Branchennähe ist als Faktor der Verwechslungsgefahr **Rechtsfrage**, beruht aber auf tatsächlichen Vorfragen. Bei deren Feststellung kommt auch die Zuhilfenahme von Umfrageergebnissen in Betracht (zB BGH GRUR 1986, 253, 256 – *Zentis*). Im übrigen gelten die allgemeinen Regeln zur Feststellung der Verkehrsauffassung im Prozeß (§ 14 Rdn. 177 f.). 53

b) Maßgeblicher Tätigkeitsbereich. Ausgangspunkt für die Prüfung der Branchennähe ist der gegenwärtige **Schwerpunkt der** 54

Unternehmenstätigkeit aus der Sicht des Verkehrs, d. h. die „typischen" Arbeitsgebiete und Waren, nicht aber völlig untergeordnete, untypische und nebenher wahrgenommene Aufgaben (insbes. BGH GRUR 1990, 1042, 1044 und 1045 – *Datacolor*; BGH GRUR 1959, 484, 486 – *Condux*; BGH GRUR 1958, 339, 341 – *Technika*; BGH GRUR 1956, 172, 174 – *Magirus*), wobei dies die Berücksichtigung unmittelbarer Überschneidungen in Randbereichen nicht generell ausschließt (GK/*Teplitzky* § 16 UWG Rdn. 369 mwN).

55 Einzubeziehen sind aber auch solche zukünftigen **Ausweitungsmöglichkeiten**, die nicht nur theoretisch, sondern nach den tatsächlichen Gegebenheiten aus der Sicht des Verkehrs nicht gänzlich fernliegend sind (BGH GRUR 1993, 404, 405 – *Columbus*; BGH GRUR 1991, 863, 864/865 – *Avon*; BGH GRUR 1990, 37, 39 – *Quelle*; BGH GRUR 1986, 402 – *Fürstenberg*; BGH GRUR 1984, 471, 473 – *Gabor/Caber*; BGH GRUR 1953, 290 – *Fernsprechnummer*).

56 Als fernliegend beurteilt worden sind dagegen zB Ausdehnungen in Abweichung von einem spezifischen, bekannten Vertriebsweg einer Partei (BGH GRUR 1991, 863, 864/865 – *Avon*), bei verkehrsbekannt langjähriger Ausrichtung auf spezifische Waren und unterlassener Ausdehnung in der Vergangenheit (BGH GRUR 1984, 471, 473 – *Gabor/Caber*).

57 Schwierigkeiten bereitet die Berücksichtigung der **Diversifikation** über alle traditionellen Branchengrenzen hinaus. Ihre Berücksichtigung wird zwar grdsl. allg. gefordert (GK/*Teplitzky* § 16 UWG Rdn. 367). Jedoch können nur wenigstens einem relevanten Teil des Verkehrs bereits bekannte Diversifikationstendenzen in den betroffenen Branchen die Verkehrsauffassung maßgeblich beeinflussen (zB für Banken: BGH GRUR 1989, 857, 858 – *Commerzbau*). Ein einzelner Fall vergleichbarer Ausweitung – der auch auf individuellen oder zufälligen Umständen beruhen kann – muß nicht automatisch dazu führen, daß der Verkehr daraus sogleich entsprechende verallgemeinernde Schlüsse für andere Unternehmen zieht. Diversifikationen über zwar gesellschaftsrechtlich verbundene, jedoch unter anderen Firmennamen auftretende Unternehmen zB eines Konzerns werden dem breiteren Verkehr oft entweder unbekannt sein oder jedenfalls die durch ähnliche Bezeichnungen ausgelösten Erwartungen nicht bestimmen. Bei mittleren und größeren Unternehmen soll die Betätigung auf anderen Gebieten naheliegender sein als bei kleineren Unternehmen (BGH GRUR 1986, 253, 254 – *Zentis*). Andererseits ist die verbreitete und dem Verkehr be-

D. Unternehmenskennzeichenverletzung §15

kannte Übung zu berücksichtigen, verbundene Unternehmen so firmieren zu lassen, daß ihre Zugehörigkeit zu Konzern oder sonstiger Unternehmensgruppe erkennbar bleibt (BGH GRUR 1989, 856, 858 – *Commerzbau*).

Für die Verkehrserwartungen ist auch insoweit stets auf den **maßgeblichen Kollisionszeitpunkt** abzustellen, nicht auf spätere Veränderungen (OLG Hamburg MD 1997, 602, 604/605 – *Brinckmann;* BGH GRUR 1993, 404, 406 – *Columbus*), die allenfalls Anhaltspunkte für Rückschlüsse darstellen können (vgl. zur verwandten Frage der überregionalen Ausdehnung BGH GRUR 1993, 923, 924 – *Pic Nic;* BGH GRUR 1985, 72 – *Consilia*). 58

c) Beispiele aus der Rspr. Die Rechtsprechungsbeispiele zur Branchennähe sind wegen der Wechselwirkung mit Kennzeichnungskraft und Zeichenähnlichkeit nur mit Vorsicht als Anhaltspunkt für die Beurteilung anders gelagerter Kollisionsfälle geeignet. 59

aa) Branchennähe bejaht. Zu § 16 UWG aF: **Modeladen = Caberet, Bar,** (OLG Hamm GRUR 1990, 699 – *Petite fleur;* zw.); **Hotel = Reisebüro** (BGH GRUR 1989, 449, 451 – *Maritim*); **Marmelade, Konfitüre = Fruchtjoghurt,** uU auch andere Molkereiprodukte (BGH GRUR 1986, 253, 254 – *Zentis*); **Bekleidung = Tabakwaren** (OLG München GRUR Int. 1981, 180 – *John Player*); **Schleifmaschinen = elektrische Geräte** (BGH GRUR 1973, 661 – *Metrix*); **Verpackungen = Preisauszeichnungsgeräte** (BGH GRUR 1974, 162 – *etirex*); **Whisky = Kosmetika** bei Bekanntheit wegen Überschneidung im speziellen Abnehmerkreis von Herren gehobener Stellung (BGH GRUR 1966, 267, 269 – *White Horse*); **Damenstrümpfe = Kosmetika** insbes. Lippenstifte bei starker Verkehrsdurchsetzung und hochgradiger Ähnlichkeit (BGH GRUR 1965, 540, 541 – *Hudson*); **Dieselmotoren = Landwirtschaftsmaschinen** (BGH GRUR 1954, 457, 458 – *Irus/Urus*); **Feinkost = Süßwaren** OLG Hamburg GRUR 1994, 71, 73 – *Appel*); **Merchandising-Sortiment eines Automobilherstellers = Kosmetik** (OLG Frankfurt aM WRP 1992, 718, 720 – *Enrico Ferrari*).

bb) Branchennähe verneint. Schnellrestaurants ≠ Farben, Lacke (OLG Düsseldorf WRP 1997, 588, 590 – *McPaint*); **Elektronisch gesteuerte Werkzeugmaschinen ≠ Scanner, Telefax, Monitore** bei Zeichenidentität (OLG Düsseldorf GRUR 1996, 361 – *Teco*); **Elektronische Bauteile, Steckverbindungen ≠ Maschinen,** die solche Bauteile enthalten, für Folienschweißen, Flexodruck (OLG Köln MD 1995, 1376 Ls.); zu § 16 UWG aF: 60

565

§ 15 Ausschließl. Recht des Inhabers einer gesch. Bez.

Verwaltung anderer Unternehmen (incl. Textilunternehmen) ≠ **Vertrieb von Textilien**, Verwechslungsgefahr im weiteren Sinn aber möglich (BGH GRUR 1994, 54, 56/57 – *Nicoline*; s. *Ingerl* WiB 1995, 299); **Kraftfahrzeughandel** ≠ **Kapitalanlagegeschäfte** auch bei Zeichenidentität (BGH GRUR 1993, 404, 405/406 – *Columbus*); **Kosmetika** ≠ **Schallplatten** (BGH GRUR 1991, 863, 864/865 – *Avon*); **Farbmeß-Datenverarbeitungsanlagen** ≠ **Computerformulare** bei Zeichenidentität aber niedriger Kennzeichnungskraft (BGH GRUR 1990, 1042, 1044f. – *Datacolor*); **Modische Damenschuhe** ≠ **Ski-Bekleidung**, zumindest bei fehlenden Feststellungen zu Ausdehnungstendenzen (BGH GRUR 1984, 471, 473 – *Gabor/Caber*); **Versicherungen** ≠ **Partnervermittlung** (KG WRP 1982, 550 Ls. – *Alliance*); **Lebensmittel- und Gebrauchsgüterhandel** ≠ **Errichtung und Betrieb von Hotels** (BGH GRUR 1975, 606 – *IFA*); **Baumaschinenhandel** ≠ **Kameras** (BGH GRUR 1958, 339 – *Technika*); **Lebensmittelgroßhandel** ≠ **Füllhalter** (BGHZ 15, 107 – *Koma*).

5. Weitere Beispiele zum Schutz von Unternehmenskennzeichen gegen Verwechslungsgefahr

61 Auch die nachfolgenden Rechtsprechungsbeispiele aus neuerer Zeit sind nur als Fundstellenhilfe zu verstehen, da sich ihre Bedeutung für möglicherweise vergleichbare Verletzungsfälle erst aus den Umständen des Einzelfalles und der Wechselwirkung gem. oben Rdn. 43 ergibt. Zu weiteren Beispielen s. die Nachweise zur Branchennähe oben Rdn. 59 und 60, sowie zu Unternehmenskennzeichen aus dem Medienbereich die weiteren Beispiele unten Rdn. 96, 99 im Rahmen des Titelschutzes. Die ältere Rspr. zu § 16 UWG ist im Rahmen der obigen Kommentierung zu § 15 und im Rahmen des § 14 Rdn. 148ff. (insbesondere Rdn. 311ff. zur Zeichenähnlichkeit) allg. zur Verwechslungsgefahr im jeweiligen Sachzusammenhang angegeben, soweit heute noch von Bedeutung.
Verwechslungsgefahr bejaht: „**Erstes Deutsches Fernsehen**" = „**Deutsches Sportfernsehen**" (OLG München ZUM-RD 1997, 358); „**Partek**" = „**Partek Butterworth**" (OLG Köln MD 1997, 240 – *Partek*); Firmenbestandteil „**Torres**" = „**TORRES de QUART**" als Weinbezeichnung (BGH GRUR 1995, 825, 827 – *Torres*); „**Hotel Garni am Stadtpark**" = „**Hotel am Park**" (OLG Nürnberg WRP 1996, 242, 244 – *Hotel Am Stadtpark*); „**Altenburger Spielkartenfabrik**" = „**Altenburger und Stralsunder Spielkarten-Fabriken ASS**" (BGH

D. Unternehmenskennzeichenverletzung   § 15

GRUR 1995, 754, 756 – *Altenburger Spielkartenfabrik*). Zu § 16 UWG aF: Firmenbestanddteil „**Garant-Möbel**" = „**Garant**" als Möbelbezeichnung (BGH GRUR 1995, 156, 157 – *Garant-Möbel*); „**COM-TRADE Electronics**" = „**COMTRAD**" (OLG München MD 1995, 475); „**Allkraft**" = „**Allpower**" (OLG München MD 1995, 455); „**Deutsche Bank**" = „**Deutsche Direktbank**" (OLG Frankfurt aM WRP 1994, 118); „**Bayerisches Fernsehen**" = „**Privatfernsehen Bayern**" (OLG München GRUR 1993, 582); „**VUBI**" = „**UDI**" als Abkürzung für Ingenieurfirmen-Verbände (OLG Köln GRUR 1993, 584); „**COWO**" = „**KOWOG Baukonzept**" (BGH GRUR 1993, 913, 914 – *KOWOG*); „**Römer GmbH**" = „**Römer & K. GmbH**" (BGH GRUR 1993, 579, 580 – *Römer GmbH*); Firmenbestanddteil „**apetito**" = „**apitta**" als Brotbezeichnung (BGH WRP 1993, 694, 697 – *apetito/apitta*); „**Tricon**" = „**Tricom**" Computertechnik (OLG München CR 1993, 358); „**Rainbow Arts Software**" = „**Rainbow Data**" (LG München I CR 1993, 358); „**Medicon**" = „**medi-con**" (OLG Hamburg WRP 1993, 772 – *Medicon/medi-con*); „**Medicon**" = **M.E.D.I.CO**", „**Me.Di.Co.**" und „**MEDICO ITALIA**" (OLG Hamburg WRP 1993, 775 – *Medicon/MEDICO*); „**McDonalds**" = „**McChinese**" für Schnellrestaurants (OLG Karlsruhe GRUR 1992, 460 – *McChinese*); „**ac-pharma**" = „**A.C.A Pharma**" (BGH GRUR 1992, 550 – *ac-pharma*); „**AS**" = „**AjS**" je nach Kenzeichnungskraft und konkreter Verwendungsform (BGH GRUR 1992, 329, 332 – *AjS Schriftenreihe*); „**Ott International GmbH**" = „**Cris Ott GmbH**" (BGH GRUR 1991, 393 – *Ott International*); „**MEDICE**" = „**MEDICAID**" (BGH GRUR 1991, 317 – *MEDICE*; § 14 Rdn. 306); „**Rethmeier**" = „**RemeiR**" (OLG Hamm GRUR 1991, 698); „**alpi**" = „**Alba**" und „**Alba Modelle**" jedoch nur bei überdurchschnittlicher Kennzeichnungskraft von „alpi" auch = „**Alba Moda**" (BGH GRUR 1990, 367 – *Bodenalpi/Alba Moda*); „**Commerzbank**" = „**Boden-Commerz**" (OLG Hamburg GRUR 1990, 696 – *Bodencommerz*); „**MARITIM Hotelgesellschaft mbH**" = „**Air Maritim Reisebüro GmbH**" (BGH GRUR 1989, 449 – *Maritim*); „**Bayerischer Rundfunk**" = „**Radio Bayern**" (LG München I AfP 1988, 275); „**Zentis**" = „**Säntis**" (BGH GRUR 1986, 253 – *Zentis*; vgl. oben Rdn. 59); „**Boa**" = „**BEO**" (OLG Hamburg GRUR 1985, 452 *BEO-Schuhgeschäft*); „**GEFA**" = „**GEWA**" (BGH GRUR 1985, 461, 462 *Gefa/Gewa*); „**FILOFARM**" = „**Fisopharma**" (OLG Köln GRUR 1985, 151 – *FILOFARM*).

§ 15 Ausschließl. Recht des Inhabers einer gesch. Bez.

Verwechslungsgefahr verneint: „City-Hotel" ≠ „City-Hilton" (BGH GRUR 1995, 507, 508 – *City-Hotel*). Zu § 16 UWG aF: Firmenbestandteil „**Appel**" ≠ „**Big Apple**" als Marke für Fruchtgummi mit Apfelgeschmack (OLG Hamburg GRUR 1994, 71 – *Appel*); „**Bally**" ≠ „**Ball**" (BGH GRUR 1992, 130 – *Bally/BALL*, § 14 Rdn. 361); „**Abacomp**" ≠ „**Abac**" (OLG Frankfurt aM GRUR 1990, 697); Versandunternehmen „**Quelle**" ≠ „**Getränkequelle**" (BGH GRUR 1990, 37 – *Quelle*, vgl. § 14 Rdn. 515); „**Volksbank Homburg**" ≠ „**Volksbank Saar-West**" (BGH GRUR 1992, 865 – *Volksbank*); „**IHZ-Italia Hotel Zentrale**" ≠ „**IHRZ Italienische Hotel Reservierungszentrale**" (OLG Hamburg WRP 1989, 734); „**Caber**" ≠ „**Gabor**" (BGH GRUR 1984, 471 – *Gabor/Caber*, zurückverw., vgl. oben Rdn. 60).

V. Ausbeutung und Beeinträchtigung bekannter Unternehmenskennzeichen

1. Grundlagen

62 **a) Systematik.** Der Verletzungstatbestand des § 15 Abs. 3 erweitert den Schutz für „bekannte" geschäftliche Bezeichnungen aller Arten des § 5 auf bestimmte jenseits der Verwechslungsgefahr liegende Beeinträchtigungshandlungen und bildet zusammen mit dem fast wortgleichen § 14 Abs. 2 Nr. 3 für bekannte Marken einen vom deutschen Gesetzgeber bewußt **einheitlich ausgestalteten Schutztatbestand für bekannte Kennzeichen** (Amtl. Begr. 4. Abs zu § 15), der in § 127 Abs. 3 eine Parallele für geographische Herkunftsangaben mit besonderem Ruf findet.

63 Beim gegenwärtigen Harmonisierungsstand unterliegt zunächst nur der besondere Schutz eingetragener Marken dem Gebot richtlinienkonformer Auslegung und der Kontrolle durch den EuGH (§ 14 Rdn. 151 ff.). Ein möglichst weitgehend des **Gleichlauf des Schutzes von Produktkennzeichen und Unternehmenskennzeichen** ist hier jedoch noch dringlicher als bei der Verwechslungsgefahr (oben Rdn. 33; ebenso: *Keller* S. 140; *Fezer* § 15 Rdn. 19). Dies folgt schon daraus, daß bekannte geschäftliche Bezeichnungen fast ausnahmslos auch als Marken geschützt sein dürften und der Verkehr vielfach zwischen der Verwendung als Marke und als Unternehmenskennzeichen nicht unterscheiden kann.

D. Unternehmenskennzeichenverletzung § 15

Allerdings dürfte dem erweiterten Schutz bekannter geschäft- 64
licher Bezeichnungen auch weiterhin deshalb **geringere praktische Bedeutung** zukommen als im Markenrecht, weil die seit jeher extensive Auslegung der Branchennähe und Einbeziehung der Verwechslungsgefahr im weiteren Sinne (oben Rdn. 51) den Anwendungsbereich, in dem es auf den Schutz nach Abs. 3 wirklich ankommt, beschränkt (vgl. *Knaak* FS Beier 1996, S. 249: nur für Verwässerungsgefahr bedeutsam, da § 12 BGB ablösend).

b) Bisherige Bedeutung und Rechtsprechung. Aus diesen 65
Gründen hat der ergänzende Schutz von Unternehmenskennzeichen außerhalb der Verwechslungsgefahr aufgrund § 1 UWG oder §§ 12, 823 Abs. 1 BGB schon bisher in der Rspr. etwas geringere Bedeutung erlangt als bei den Marken. Die einschlägige Rspr. ist bereits in der übergreifenden Darstellung bei § 14 Rdn. 453 ff. mitberücksichtigt. Hervorzuheben ist der Unterschied hinsichtlich der für Unternehmenskennzeichen hinzutretenden Anspruchsgrundlage des § 12 BGB, die aber neben § 823 Abs. 1 BGB im Vergleich zu den berühmten Marken nicht zu wirklich abweichenden Schutzvoraussetzungen geführt hat (allg. zu § 12 BGB s. Nach § 15 Rdn. 1 ff.).

2. Bekanntes Unternehmenskennzeichen

Der erweiterte Schutz nach § 15 Abs. 3 setzt voraus, daß es sich 66
um ein im Inland bekanntes Unternehmenskennzeichen handelt. Das Zeichen muß gerade **als Unternehmenskennzeichen bekannt** sein, wofür Bekanntheit als Marke iSv § 14 Abs. 2 Nr. 3 noch nicht genügt, wenn der Verkehr das Zeichen nur als Produktkennzeichen kennt und nicht auch als Unternehmensname, Geschäftsbezeichnung oder Geschäftsabzeichen, mag auch häufig Bekanntheit in beiderlei Hinsicht zusammentreffen und der Verkehr nicht bewußt unterscheiden.

Hiervon abgesehen ist der Bekanntheitsbegriff im Rahmen des 67
§ 15 nicht grundlegend anders auszulegen und abzugrenzen als zum Markenrecht dargestellt, so daß insoweit auf § 14 Rdn. 466 bis 486 verwiesen werden kann. Zusätzlich bedarf die Bekanntheit iSd § 15 Abs. 3 der **Abgrenzung zur Verkehrsgeltung**, als Schutzvoraussetzung für originär nicht unterscheidungskräftige Unternehmenskennzeichen (§ 5 Rdn. 67 ff.). Hier gilt, daß aus der Erforderlichkeit der Verkehrsgeltung für die Anerkennung als Kennzeichenrecht iSd § 15 Abs. 1 und den Verwechslungsschutz nach § 15 Abs. 2 nicht zwingend folgt, daß für den erweiterten Schutz nach

§ 15 Abs. 3 stets zwingend ein quantitativ höherer Bekanntheitsgrad erforderlich ist, sondern im Einzelfall auch dieser Bekanntheitsgrad in Verbindung mit qualitativen Kriterien, zB einem besonders guten Ruf, den erweiterten Schutz rechtfertigen kann (vgl. § 14 Rdn. 470 zum Verhältnis zu § 4 Nr. 2).

3. Zeichenidentität, Zeichenähnlichkeit

68 Der Begriff der Zeichenähnlichkeit iSd § 15 Abs. 3 stimmt grdsl. mit dem gleichlautenden Tatbestandsmerkmal des § 15 Abs. 2 überein. Der erweiterte Schutz ist nicht von vornherein auf einen engeren Zeichenähnlichkeitsbereich beschränkt (vgl. § 14 Rdn. 487), mögen auch die weiteren Voraussetzungen typischerweise bei einer besonders deutlichen Zeichenübereinstimmung in Betracht kommen. Jedoch ist zu beachten, daß die oben Rdn. 48 iVm § 14 Rdn. 325 ff. dargestellten Ähnlichkeitskriterien und Erfahrungsregeln überwiegend verwechslungsbezogen entwickelt worden sind und daher im Rahmen des Gesamttatbestandes des erweiterten Schutzes eine differenzierendere Bewertung geboten sein kann als bei ihrer Funktion als Faktor der Verwechslungsgefahr. Die Zeichenidentität ist auch hier wie in § 15 Abs. 2 ausdrücklich angesprochen („die geschäftliche Bezeichnung oder ...").

4. Fehlende Verwechslungsgefahr

69 Während § 14 Abs. 2 Nr. 3 zur Abgrenzung des erweiterten Schutzes vom Verwechslungsschutz an die fehlende Waren/Dienstleistungsähnlichkeit, also nur an einen Faktor der Verwechslungsgefahr anknüpft, stellt § 15 Abs. 3 für dieselbe Abgrenzung nicht etwa darauf ab, daß der vergleichbare Verwechslungsfaktor der Branchennähe nicht gegeben ist, sondern zutreffender darauf, daß insgesamt keine Verwechslungsgefahr vorliegt. Damit stellt sich bei § 15 die Frage nach einer analogen Anwendung auf Fälle einer aus anderen Gründen als mangelnder Branchennähe fehlenden Verwechslungsgefahr nicht.

5. Die vier Eingriffstatbestände

70 § 15 Abs. 3 stimmt auch hinsichtlich der vier Eingriffstatbestände wortgleich mit dem markenrechtlichen Paralleltatbestand überein, so daß zur Auslegung und Abgrenzung der sich bisweilen überschneidenden vier Verletzungsvarianten der Ausnutzung der Wertschätzung (**Rufausbeutung**), Beeinträchtigung der Unter-

D. Unternehmenskennzeichenverletzung § 15

scheidungskraft (**Rufschädigung**), Beeinträchtigung der Unterscheidungskraft (**Verwässerung**) und Ausnutzung der Unterscheidungskraft (**Aufmerksamkeitsausbeutung**) sowie zur Bedeutung der übrigen Tatbestandsmerkmale auf die Erläuterungen zu § 14 Rdn. 493 ff. verwiesen werden kann, wo auch die Bezüge der einzelnen Fallgruppen zur früheren und seit Inkrafttreten des MarkenG ergangenen Rspr. zu bekannten und berühmten Unternehmenskennzeichen hergestellt sind.

6. Ergänzender außerkennzeichenrechtlicher Schutz geschäftlicher Bezeichnungen

Neben dem weitreichenden Schutz vor Verwechslungsgefahr und dem jetzt kennzeichenrechtlich kodifizierten Schutz bekannter Unternehmenskennzeichen verbleibt nur ein sehr beschränkter Anwendungsbereich für weitergehenden Schutz aufgrund wettbewerbsrechtlicher oder bürgerlich-rechtlicher Vorschriften. Im Vordergrund dürften Beeinträchtigungen aus Verwendungen stehen, die mangels Benutzung iSd § 15 kennzeichenrechtlich nicht erfaßbar sind oder aus dem außergeschäftlichen Verkehr. Hier wird meist § 12 BGB einschlägig sein (Nach § 15 Rdn. 1 ff.). Welcher Anwendungsbereich im übrigen noch für den Schutz von Unternehmenskennzeichen nach den früher angewendeten allgemeineren Vorschriften bleibt, hängt im wesentlichen von denselben Abgrenzungsfragen ab wie bei den Marken, so daß auf die dortige Darstellung Bezug genommen werden kann (§ 14 Rdn. 521 ff.). Zum sonstigen außerkennzeichenrechtlichen Schutz s. § 2 Rdn. 2 ff. 71

VI. Rechtsfolgen bei Unternehmenskennzeichenverletzung (Verweisung)

Als **zivilrechtliche** Ansprüche bei Unternehmenskennzeichenverletzung sieht § 15 den Unterlassungsanspruch (§ 15 Abs. 4) und den Schadensersatzanspruch (§ 15 Abs. 5) vor, während sich der Vernichtungsanspruch aus § 18 und der selbständige Auskunftsanspruch aus § 19 ergeben. Für die weiteren Verletzungsansprüche, insbesondere auf Beseitigung und Auskunft zur Ersatzberechnung gelten die von der Rspr. für alle Kennzeichenarten entwickelten Grundsätze, die zusammen mit den allgemeinen Fragen der Verletzungsansprüche und ihrer Durchsetzung Vor §§ 14–19 unter Einschluß der Unternehmenskennzeichen zusammengefaßt sind. 72

§ 15 Ausschließl. Recht des Inhabers einer gesch. Bez.

Zur **Firmenlöschung** s. §§ 14–19 Rdn. 57. Die vorsätzliche Verletzung von Unternehmenskennzeichen ist nach Maßgabe des § 143 Abs. 1 Nr. 4 und 5 **strafbar**. Verletzend gekennzeichnete Waren unterliegen der **Beschlagnahme** gem. §§ 146 ff.

E. Titelverletzung

73 **Literatur**: Zum Titelschutz allg. s. die Literaturhinweise zu § 5 und zur Verletzung geschäftlicher Bezeichnungen allg. die Hinweise vor § 15 Rdn. 1; speziell zur Titelverletzung nach dem MarkenG: *Jakobs,* Werktitelschutz für Computerspiele und Computerprogramme, GRUR 1996, 601; *Lehmann,* Titelschutz von Computerprogrammen, GRUR 1995, 250; *ders.,* Neuer Titelschutz von Software im Markengesetz, CR 1995, 129; *Löffler,* Presserecht, 4. Auflage, 1997, S. 1529; *Loschelder,* Der Titelschutz als besonderes Kennzeichnungsrecht, FS Vieregge 1995, 585; *Mittas,* Der Schutz des Werktitels nach UWG, WZG und MarkenG, 1995; *Schricker,* Der Schutz des Werktitels im neuen Kennzeichenrecht, FS Vieregge 1995, 775; *Stratmann,* Titelschutz für Software nach dem neuen deutschen Markengesetz, Mitt. 1995, 366; *Teplitzky,* Aktuelle Fragen beim Titelschutz AfP 1997, 450.

I. Überblick

74 Die Verletzung von Werktiteln ist in § 15 unter dem Oberbegriff der geschäftlichen Bezeichnung (§ 5 Abs. 1) parallel zur Verletzung von Unternehmenskennzeichen geregelt. Danach genießen Werktitel iSd § 5 Abs. 3 Schutz gegen Verwechslungsgefahr (§ 15 Abs. 2) und bekannte Werktitel darüber hinaus auch erweiterten Schutz gegen unlautere Ausnutzung und Beeinträchtigung ihrer Wertschätzung oder Unterscheidungskraft (§ 15 Abs. 3). Die im Verletzungsfall zunächst zu prüfenden Schutzvoraussetzungen für Werktitel weichen zum Teil von den Unternehmenskennzeichen ab. Sie sind bei § 5 Rdn. 48 ff. dargestellt, einschließlich der Besonderheiten der Titelschutzanzeige (§ 5 Rdn. 50) und den Möglichkeiten des parallelen Schutzes von Werktiteln nach anderen Vorschriften (§ 5 Rdn. 63 ff.). Zu den auch für die Titelverletzung geltenden allgemeinen Anspruchsvoraussetzungen des § 15, insbesondere dem Vorrangs des älteren Rechts, der Begehung im räumlichen Schutzbereich und im geschäftlichen Verkehr s. oben Rdn. 8 ff.

E. Titelverletzung　　　　　　　　　　　　　　　　　　§ 15

II. Rechtsverletzende Benutzung von Werktiteln

1. Grundlagen

Die Titelverletzung setzt nach beiden Verletzungstatbeständen 75 voraus, daß der Dritte den Werktitel oder ein ähnliches Zeichen „benutzt". Wegen der Anknüpfung des § 15 an § 16 UWG aF (oben Rdn. 32) ist Ausgangspunkt der Auslegung des § 15 auch hinsichtlich des Benutzungsbegriffes für Werktitel zunächst der frühere Rechtszustand. Danach kommen neben der ihrerseits titelmäßigen Zeichenverwendung durch den Dritten (unten Rdn. 76 ff.) auch der Gebrauch als Unternehmenskennzeichen und der markenmäßige Gebrauch als Verletzungshandlung in Betracht (unten Rdn. 80). „Titelverletzend" ist also ein wesentlich weiterer Begriff als „titelmäßig". Hiervon zu unterscheiden ist der umgekehrte Fall der Verletzung eines Unternehmenskennzeichens oder einer Marke durch einen Titel; dazu § 15 Rdn. 25 und § 14 Rdn. 66.

2. Titelmäßige Verwendung

Ein Zeichen wird titelmäßig verwendet, wenn ein nicht uner- 76 heblicher Teil des angesprochenen Verkehrs in ihm die **Bezeichnung eines Werkes zur Unterscheidung von anderen Werken** sieht (vgl. BGH GRUR 1994, 908, 910 – *WIR IM SÜDWESTEN*). Über den Begriff des kennzeichenmäßigen Gebrauchs im Sinne der Rspr. zur Verletzung von Unternehmenskennzeichen und Marken (§ 14 Rdn. 45 ff.) geht dies vor allem insoweit hinaus, als auch die Verwendung inhaltsbeschreibender Werkbezeichnungen (§ 5 Rdn. 53) ohne weiteres titelmäßig sein kann. Im Rahmen der Schutzschranke des § 23 Nr. 2 bedarf es insoweit einer teleologischen Reduktion des Begriffs der merkmalsbeschreibenden Angabe, da andernfalls der Gebrauch der vielen inhaltsbeschreibenden Titel zu weitgehend freigestellt wäre und Titelschutz nur noch im Rahmen des Unlauterkeitsvorbehalts nach § 23 gewährt werden könnte.

Auch die Verwendung nur im **redaktionellen Teil** einer Zei- 77 tung oder Zeitschrift kann eine titelmäßige Verletzungshandlung sein (OLG Köln GRUR 1997, 663, 664 – *FAMILY*; BGH GRUR 1968, 259 – *NZ*), ebenso bei Verwendung als **Rubriktitel** (OLG Hamburg AfP 97, 816 – *Szene Hamburg;* aA OLG München OLG Report 1995, 126 – *en vogue:* für Verwendung als Produktangebotsüberschrift, bei Nennung des Zeitschriftentitels auf jeder Seite).

§ 15 Ausschließl. Recht des Inhabers einer gesch. Bez.

Denn nicht nur auf der Titelseite verwendete, sondern auch im Inneren wiedergegebene Bezeichnungen können von den Lesern als Werkbezeichnung aufgefaßt werden und sich als Titel einbürgern, insbesondere als Abkürzung (OLG Köln aaO). Auch **Internet-Seiten** können dementsprechend titelmäßige Kennzeichnungen aufweisen (LG Köln AfP 1997, 655, 656 – *Karriere*).

78 Beim **Nachdruck gemeinfreier Werke** wird der Titel einer früheren Sammlung, in der die Werke erschienen sind, nicht titelmäßig gebraucht, wenn er genannt wird, um auf dieses frühere Erscheinen unter anderem Titel hinzuweisen, solange nicht der Eindruck hervorgerufen wird, auch der Nachdruck sei von der früheren Herausgeberin veranstaltet und Teil der früheren Reihe (BGH GRUR 1980, 227, 232 – *Monumenta Germaniae Historica*). Es handelt sich dann um einen Fall der bloßen **Titelnennung** zur Bezeichnung des Originalwerks eines Dritten, der keine rechtsverletzende Benutzung iSd § 15 darstellt (vgl. § 14 Rdn. 85 ff. zur Markennennung). Weiteres Beispiel: „Bild"-Logo über kritischem Artikel in Gewerkschaftszeitung (zutr. *Fezer* GRUR 1979, 567 gegen BGH GRUR 1979, 564, 565 – *Metall-Zeitung*).

79 Die **Veröffentlichung einer Titelschutzanzeige** begründet Erstbegehungsgefahr hinsichtlich der Benutzung des Titels und berechtigt die Inhaber älterer Kennzeichenrechte zur Geltendmachung von Unterlassungsansprüchen, für die der Ankündigende auch dann passivlegitimiert ist, wenn er, zB als Rechtsanwalt, im Namen eines nicht genannten Dritten handelt (OLG Köln AfP 1990, 440 – *Sex Press; Arras* GRUR 1988, 359). Das gleiche gilt für die Eintragung im **Filmtitelregister** (KG GRUR 1976, 253, 254 – *Ich hab mein Hos in Heidelberg verloren*).

3. Benutzung als Unternehmenskennzeichen oder Produktkennzeichen

80 Titelverletzend kann auch der Gebrauch als Unternehmenskennzeichen (zB BGH GRUR 1991, 331 – *Ärztliche Allgemeine;* BGH GRUR 1980, 247, 248 – *Capital-Service*) oder Produktkennzeichen sein. Insoweit kann auf der Rspr. vorwiegend zum WZG entwickelten, jedoch auch im Rahmen des § 16 UWG aF angewendeten Grundsätze und Erfahrungsregeln zum kennzeichenmäßigen Gebrauch zurückgegriffen werden, die bei § 14 Rdn. 57 ff. zusammengestellt sind. Eine beispielhafte Auflistung titelverletzender Handlungen findet sich im MarkenG nicht. Jedoch kann die Konkretisierung des markenrechtlichen Benutzungsbegriffs durch

E. Titelverletzung § 15

die in § 14 Abs. 3 aufgelisteten **typischen Handlungsformen** und die Erstreckung auf bestimmte **Vorbereitungshandlungen** durch § 14 Abs. 4 nicht nur auf Unternehmenskennzeichen (oben Rdn. 27), sondern erst recht auch auf die Werktitel analog angewendet werden, wenn es um eine Titelverletzung durch eine Produktkennzeichnung geht.

III. Schutz der Werktitel vor Verwechslungsgefahr

1. Arten der Verwechslungsgefahr

Werktitel dienen grdsl. der **Unterscheidung eines Werkes** 81 **von einem anderen**, nicht aber als Hinweis auf Hersteller oder Inhaber des Werkes (BGH GRUR 1994, 908, 910 – *WIR IM SÜDWESTEN;* BGH GRUR 1993, 692, 693 – *Guldenburg;* BGH GRUR 1988, 377: *Apropos Film;* BGH GRUR 1982, 431 – *POINT;* BGH GRUR 1958, 354, 357 – *Sherlock Holmes*). Insoweit sind sie nur gegen unmittelbare Verwechslungsgefahr im engeren Sinn geschützt.

Werktitel können aber auch **unternehmensbezogene Her-** 82 **kunftsvorstellungen** auslösen, wie insbesondere im Falle regelmäßig erscheinender bekannterer periodischer Druckschriften (BGH GRUR 1970, 141 – *Europharma*) und Serientitel (BGH GRUR 1993, 692, 693 – *Guldenburg*) anerkannt (vgl. auch BGH GRUR 1988, 377, – *Apropos Film* und BGH GRUR 1974, 661, 662 – *St. Pauli-Nachrichten* zur Schutzfähigkeit als Warenzeichen, weitere Nachw. § 5 Rdn. 63). In diesem Fall gewährt ihnen die Rspr. Schutz auch gegen mittelbare Verwechslungsgefahr (Werk/Produkt zwar unterscheidbar, aber Erwartung, daß aus gleichem Unternehmen stammend) und Verwechslungsgefahr im weiteren Sinne (unten Rdn. 93). Voraussetzung ist dann jedoch eine über die normale Werktitelfunktion hinausgehende Kennzeichnungskraft des Titels, auch als Hinweis auf den Hersteller des Werkes dienen zu können (BGH GRUR 1993, 692, 693 – *Guldenburg*).

2. Titelbestandteile und Abkürzungen, Untertitel

Die Rspr. hat die zum Schutz von Bestandteilen und Abkür- 83 zungen eines Unternehmenskennzeichens entwickelten Grundsätze (oben Rdn. 37 ff.) auch auf den Titelschutz übertragen. Danach kann ein in dem Gesamttitel enthaltener Bestandteil auch ohne isolierte Verwendung und ohne Verkehrsgeltung der Verwechslungsprüfung zugrundezulegen sein, wenn der Bestandteil **unterscheidungskräftig** ist und jedenfalls für einen nicht unbeachtlichen Teil des Verkehrs die **Verwendung als abgekürzte Bezeichnung des Werkes naheliegend** ist (Beispiele: BGH GRUR 1992, 547, 549: „Morgenpost" in „Berliner Morgenpost", aber nur bei Verkehrsgeltung; grdl. BGH GRUR 1988, 638, 639 – *Hauer's Auto-Zeitung:* „Auto-Zeitung" im konkreten Fall aber abzulehnen, zutr. krit. Anm. *Ahrens* 639/640; OLG Hamburg WRP 1991, 327 – *Look;* vgl. auch oben Rdn. 77). Naheliegend ist insbesondere auch das **Weglassen von Untertiteln** (BGH GRUR 1991, 153, 155 – *Pizza & Pasta:* für Fachbuchtitel; OLG Köln GRUR 1989, 690 – *High Tech:* für Zeitschriftenuntertitel; OLG Düsseldorf WRP 1985, 638, 640 – *Mädchen hinter Gittern:* für Filmuntertitel).

3. Kennzeichnungskraft bei Werktiteln

84 Im Falle der Werktitel differenziert die Rspr. bei der Prüfung der Kennzeichnungskraft nicht nur nach deren Grad, sondern auch qualitativ. Unter **titelmäßiger Kennzeichnungskraft** ist der Grad der Eignung eines Zeichens zu verstehen, aufgrund seiner Eigenart und ggf. seines durch Benutzung erlangten Bekanntheitsgrades dem Verkehr als namensmäßige oder trotz fehlender Namensfunktion sonst zur Unterscheidung von anderen Werken geeignete Bezeichnung eines Werkes einzuprägen, d.h. in Erinnerung behalten und wiedererkannt zu werden. Der weitergehende Schutz gegen die Verwendung als Unternehmenskennzeichen oder Produktkennzeichnung (oben Rdn. 82) setzt darüber hinaus **Kennzeichnungskraft als Hinweis auf das werkverwertende Unternehmen** voraus, die ihrerseits in unterschiedlichem Grad gegeben sein kann.

85 Die Kennzeichnungskraft ist – wie bei den Unternehmenskennzeichen (Rdn. 44) – bei zwei Prüfungsschritten zu berücksichtigen. Zunächst setzt der Titelschutz voraus, daß überhaupt eine Kennzeichnungskraft im Sinne der bei § 5 Rdn. 52 ff. im einzelnen dargestellten Anforderungen vorliegt. Fehlt sie, besteht kein Kennzeichenschutz und kommen Verletzungsansprüche nach § 15 aus einem solchen Titel von vornherein gegenüber niemandem und keiner Zeichenbenutzung durch einen Dritten in Betracht. Ist sie zu bejahen, kommt es bei der Verwechslungsprüfung sodann auf den Grad an, da hiervon der Umfang des Titelschutzes gegenüber Drittzeichen abhängt. Zu den allgemeinen Grundsätzen der Berücksichtigung der Kennzeichnungskraft als Faktor der Verwechslungsgefahr, insbesondere zu der auch für den Titelschutz geltenden

E. Titelverletzung **§ 15**

Abhängigkeit des Schutzumfangs vom Grad der Kennzeichnungskraft (zB BGH GRUR 1977, 543, 546 – *Der 7. Sinn*) und zur Feststellung der Kennzeichnungskraft im Prozeß kann auf die Darstellung zum Markenschutz verwiesen werden (§ 14 Rdn. 181 ff.).

Eine Besonderheit des Titelschutzes liegt darin, daß wegen der 86 geringen Anforderung an die Unterscheidungskraft in bestimmten Werkkategorien (§ 5 Rdn. 53 ff.) wesentlich häufiger als bei Marken oder Unternehmenskennzeichen der **Schutzumfang von Kennzeichen mit geringer originärer Kennzeichnungskraft** festzustellen ist. Als normatives Korrektiv zu den niedrigen Anforderungen an die Schutzvoraussetzungen billigt die Rspr. solchen Titeln jedenfalls bei fehlender Verkehrsgeltung nur einen beschränkten Schutzumfang zu und läßt schon geringfügige Abweichungen zum Ausschluß der Verwechslungsgefahr genügen (krit. *Teplitzky*, AfP 1997, 454; *Loschelder* FS Vieregge 1995, 601). Dies ist insbesondere für **Zeitungstitel** (BGH WRP 1997, 751, 755 – *B.Z./Berliner Zeitung*; BGH GRUR 1992, 547, 549 – *Berliner Morgenpost*; BGH GRUR 1963, 378, 379 – *Deutsche Zeitung*) und **Fachzeitschriftentitel** anerkannt (zB BGH GRUR 1991, 331, 332 – *Ärztliche Allgemeine*), für **Illustrierte** noch nicht endgültig geklärt (zweifelnd OLG Köln GRUR 1995, 508, 509 – *SPORTS Life;* für Zeitschriften allg. bejahend zB OLG Hamburg WRP 1993, 115, 116 – *TV Spielfilm/TV Movie;* OLG Hamburg AfP 1989, 677 – *Meine Masche;* GK/*Teplitzky* § 16 UWG Rdn. 212), für **Fachbücher** von den Verhältnissen je nach Art des Sachbuchs und der jeweiligen Bezeichnungsgewohnheiten abhängig gemacht (BGH GRUR 1991, 153, 154/155 – *Pizza & Pasta*) und für das **Fernsehen**, verneint worden (OLG München ZUM-RD 1997, 359, 366 – Erstes *Deutsches Fernsehen/Deutsches Sportfernsehen*).

Keine nennenswerte **Schwächung** bewirken Titel Dritter für 87 seit langem nicht mehr im Gebrauch befindliche Werke (OLG Düsseldorf WRP 1985, 638, 640 – *Mädchen hinter Gittern:* Vor 25 Jahren gedrehter Spielfilm; KG AfP 1986, 341: Titelerlöschen wegen langjähriger Nichtbenutzung und nur noch außerhalb der Titelkontinuität liegenden Gebrauchs für Retrospektiven u. ä.) oder Titel für nur sehr eingeschränkt in Vertrieb und Werbung gegenübertretende Werke (OLG Düsseldorf WRP 1985, 638, 640 – *Mädchen hinter Gittern:* pornographische Filme).

4. Zeichenähnlichkeit

Die **allgemeinen Erfahrungsregeln** des BGH für den Zei- 88 chenvergleich (§ 14 Rdn. 325 ff.) gelten grdsl. auch für den Titelschutz, zB die Maßgeblichkeit des undeutlichen Erinnerungseindrucks (BGH GRUR 1991, 153, 154/155 – *Pizza & Pasta*; OLG Köln GRUR 1997, 663, 664 – *FAMILY*). Auch der Grundsatz der **Maßgeblichkeit des Gesamteindrucks** (§ 14 Rdn. 386) gilt prinzipiell für den Titelschutz (zB BGH GRUR 1991, 153, 154 – *Pizza & Pasta*), jedoch nur vorbehaltlich der vorrangigen besonderen Regeln für Bestandteile und Abkürzungen (oben Rdn. 83). Das gleiche gilt für die bei § 14 Rdn. 387 ff. behandelte Prägetheorie des BGH zur Kollision mehrteiliger Zeichen. Genausowenig wie bei den Unternehmenskennzeichen (Rdn. 42) verallgemeinerungsfähig ist die Annahme, daß gerade einem werkinhaltsbeschreibenden Titelbestandteil kennzeichnende und kollisionsbegründende Bedeutung im Rahmen einer Gesamtbezeichnung zukommt (so aber unzutr. BGH GRUR 1988, 638, 639 – *Hauer's Auto-Zeitung*; ähnl. OLG München MD 1995, 1284, 1288 – *WINCAD*: kennzeichnend gerade softwarebeschreibender Titelteil). Bei ausländischen Zeitungen und Zeitschriften pflegt der Verkehr **fremdsprachige Titel** nicht zu übersetzen, so daß insoweit eine begriffliche Verwechslungsgefahr bei übereinstimmendem Sinngehalt fehlt. Dies ist von der Rspr. auf inländische Zeitschriften mit fremdsprachigem Titel übertragen worden (OLG Hamburg WRP 1993, 115, 116 – *TV Spielfilm/TV Movie*; OLG Hamburg ArchPR 1976, 98 – *Feinschmecker/Gourmet*).

5. Werk- oder Produktähnlichkeit

89 Als dritter Faktor der Verwechslungsgefahr sind die sachlichen Berührungspunkte zwischen dem Werk, das der geschützte Titel bezeichnet, und den Werken bzw. Produkten oder Unternehmen, für welche das ähnliche Zeichen von dem Dritten verwendet wird, zu berücksichtigen (Amtl. Begr. 3. Abs. zu § 15: Werkkategorie). In der Rspr. ist bisweilen betont worden, es solle insoweit für den Titelschutz im Grundsatz nichts anderes gelten als für geschäftliche Bezeichnungen unter dem Begriff der Branchennähe (zB BGH GRUR 1977, 543, 546 – *Der 7. Sinn*). Das gibt den Stand der Entwicklung nicht zutreffend wieder. Vielmehr hat die Rspr. durchaus titelschutzeigene Regeln aufgestellt.

90 **a) Unmittelbarer Bezug zum selben Werk.** Berührungspunkte im engsten Sinne sind gegeben bei Verwendung für die Bearbeitung oder Fortsetzung desselben Werkes (BGH GRUR 1977, 543, 546 – *Der 7. Sinn*: Spiel zur Fernsehsendung; OLG München

E. Titelverletzung **§ 15**

ZUM 1985, 218 – *Jetzt red'i:* Buch zum Film; BGH GRUR 1958, 354, 357 – *Sherlock Holmes:* Verfilmung des Buches).

b) Verwendung für anderes Werk ähnlicher Kategorie. 91
Verwechslungsgefahr ist jedoch auch möglich bei Verwendung für andere Werke, sofern Berührungspunkte verbleiben, die nicht unbeachtliche Teile des Verkehrs zumindest einer Verwechslungsgefahr im weiteren Sinne aussetzen. Bei Zeitungs- und Zeitschriftentiteln bestimmen Gegenstand, Aufmachung, Erscheinungsweise und Vertriebsform der beiderseitigen Erzeugnisse die Nähe (BGH GRUR 1992, 547, 549 – *Morgenpost;* BGH GRUR 1975, 604, 605 – *Effecten-Spiegel*). Zu weiteren Fallgestaltungen s. die Rechtsprechungsbeispiele unten Rdn. 94 ff.

Selbst bei Zeichenidentität kann die **unterschiedliche Werkart** 92 **Verwechslungsgefahr ausschließen** (zB OLG Frankfurt aM WRP 1995, 231 – *ran:* DGB-Jugendmagazin und Fußballbuch; OLG Frankfurt aM ZUM 1995, 635 – *„TRANS AKTUELL":* Travestiemagazin und Mitgliederzeitung der Transportbranche; LG Kiel AfP 1994, 330 – *Tango:* Monatszeitschrift und Buchroman; LG München I GRUR 1993, 500 – *Super 3:* Boulevardpresse und Musiksendung).

c) Verwendung für andere Produkte bzw. Unternehmen. 93
Der Schutz vor Verwechslungsgefahr im weiteren Sinne durch Verwendung eines ähnlichen Zeichens für andersartige Produkte oder Unternehmen setzt nach der bisherigen Rspr. zu § 16 UWG aF erstens eine über die normale Werktitelfunktion hinausgehende **Kennzeichnungskraft** des Titels im Sinne von oben Rdn. 84 als Hinweis auch auf den Hersteller des Werkes sowie zweitens einen konkreten **Sachzusammenhang** zwischen Werk und Produkt bzw. Unternehmen voraus (BGH GRUR 1993, 692, 694 – *Guldenburg:* verneint für Lebensmittel bzw. Schmuck und Fernsehserie bei allgemeinem Namenscharakter des Titels; BGH GRUR 1991, 331, 332 – *Ärztliche Allgemeine:* ohne weiteres zu bejahen bei Zeitschriftentitel und Firmenbezeichnung eines Verlages; BGH GRUR 1980, 247, 248 – *Capital-Service:* verneint für Wirtschaftszeitschrift und Kapitalanlageunternehmen wegen beschreibender Bedeutung von „Capital"; BGH GRUR 1982, 431, 432 f. – *POINT:* möglich gehalten für Radiosendereihe und Diskothek; BGH GRUR 1977, 543, 546 – *Der 7. Sinn:* bejaht für bekannte Verkehrssendung und thematisch gleichgerichtetes Würfelspiel; OLG München GRUR 1988, 927 – *Starlight:* verneinend für Musical und Videofilmunternehmen; weitere Bsp. Rdn. 99). Fehlt ein solcher Sachzusammen-

hang, kommt Verwechslungsgefahr nur bei Titeln besonderer Originalität und Einprägsamkeit und weit überdurchschnittlicher Bekanntheit in Betracht (BGH GRUR 1993, 692, 694 – *Guldenburg*: mit Beispielen Bambi, Mainzelmännchen, Asterix und Obelix) oder bei wörtlich übereinstimmender Verwendung überaus bekannter Sendetitel, zB aber nicht bei Verwendung von „Guldenburg" aus „Das Erbe der Guldenburgs" (BGH GRUR 1993, 692, 694 – *Guldenburg*) oder von „Brigitte" für Partnervermittlung (OLG Frankfurt aM WRP 1994, 191). Grdsl. erfährt aber auch der Titelschutz – wie die Unternehmenskennzeichen Rdn. 51 – eine beachtliche Erweiterung dadurch, daß bereits die **Vermutung lizenzvertraglicher Beziehungen** zur Bejahung der Verwechslungsgefahr im weiteren Sinne genügt (OLG Hamburg NJW-RR 1996, 1004 – *Max*: Zeitschriftentitel bzgl. modischer Schuhe möglich bei „gedanklicher Brücke" durch Übernahme auch der charakteristischen Schreibweise, da bereits Merchandising bekannt, zB Camel Boots). Problematisch ist hier die Abgrenzung zu dem Bekanntheit voraussetzenden erweiterten Schutz nach § 15 Abs. 3 (Rdn. 100 ff.).

6. Beispiele zum Titelschutz gegen Verwechslungsgefahr

94 **a) Zeitungen, Zeitschriften.** „Berliner Zeitung" = „B.Z." als Zeitungstitel, aber nicht besonders hoch (BGH WRP 1997, 751, 754 – *B.Z./Berliner Zeitung*); Zeitschriftentitel **„FAMILY"** = **„for family"** als redaktionelle Abkürzung gleichgelagerter Zeitschrift (OLG Köln GRUR 1997, 663 – *FAMILY*); Tageszeitungs-Rubriktitel **„Szene Inside"** = **„Szene Hamburg"** als Zeitschriftentitel (OLG Hamburg AfP 97, 816 – *Szene Hamburg*). Zeitschriftentitel **„DATA-Welt"** = **„PC-Welt"** und **„MACWELT"** als langjährig benutzte Titel für gleichgeartete Fachzeitschrift wegen nachhaltig gesteigerter Kennzeichnungskraft (OLG Köln GRUR 1997, 63). **„BRAVO Sports"** = **„SPORTS Life"**, jeweils für Zeitschriftentitel wegen Hervorhebung von „SPORTS" und Verwendung auch in Alleinstellung (OLG Köln GRUR 1995, 508, 509 – *SPORTS Life*). **„OPTIONSSCHEIN MAGAZIN"** # **„OPTIONSSCHEIN REPORT"** und # **„OPTIONSSCHEIN NACHRICHTEN"** für Fachzeitschrift (OLG Hamburg ZUM 1995, 50); **„Das MULTIMEDIA-Kompendium"** = **„Multimedia"** für Fachzeitschriften (OLG München CR 1995, 394 – *Multimedia*); **„impulse-Geschäftsidee"** = **„die geschäftsidee"** jeweils für Zeitschriften (OLG Köln GRUR 1994, 386); **„Western Horse Journal"** = **„Western Horse"** jeweils für Pferde-

E. Titelverletzung § 15

zeitschrift (OLG Köln GRUR 1994, 322); „**TV-Spielfilm**" ≠ „**TV Movie**" jeweils für Programmzeitschriften (OLG Hamburg WRP 1993, 115); „**Oldtimer Praxis**" ≠ „**Oldtimer Magazin**" für Fachzeitschrift (OLG Frankfurt aM WRP 1992, 185); Wochenzeitung „**Sachsenspiegel**" ≠ „**Der Spiegel**" für Nachrichtenmagazin wegen häufiger Verwendung von „Spiegel" in zusammengesetzten Titeln (OLG Hamburg GRUR 1992, 336 – Sachsenspiegel). „**petra look**" ≠ „**look**" jeweils für Zeitschriftentitel (OLG Hamburg WRP 1991, 327); „**Premiere**" = „**Kino Premiere**" jeweils für Zeitschrift (OLG Hamburg AfP 1991, 448); „**Sex Press**" = „**Express**" bei Verkehrsgeltung (OLG Köln AfP 1991, 440, zw); „**Snowboard Magazin**" = „**Snow**" wenn in „Snowboard" der Teil „Snow" hervorgehoben; Verletzung trotz älterer Rechte an „Snowboard Magazin" ohne Hervorhebung, da insoweit keine Verwechslungsgefahr (OLG Hamburg AfP 1989, 680); „**HIGHTECH – Das deutsche Technologiemagazin**" = „**high tech – und neue Medien**" (OLG Köln GRUR 1989, 690 – High Tech); „**High-Tech**" = „**High-Tech Report**" für Zeitschrift (LG Köln GRUR 1989, 68 zw.); „**WAS**" = „**WAZ**" jeweils Zeitungstitel (OLG Hamm GRUR 1988, 477); „**Auto-Zeitung**" = „**Hauer`s Auto-Zeitung**" (BGH GRUR 1988, 638, 639; unzutr. s. oben Rdn. 83, 42); Anzeigenblatt „**SPORT EXPRESS**" = „**EXPRESS**", da bekannter Zeitungstitel (OLG München GRUR 1987, 925, 926); „**die aktuelle-Woche aktuell**" = „**Woche aktuell**" für Zeitschrift, andererseits „Woche aktuell" ≠ „die aktuelle" (OLG Hamburg WRP 1981, 30); „**Die neue Masche**" ≠ „**Meine Masche**", jeweils für Strickzeitschriften (OLG Hamburg AfP 1980, 677); „**MEIN GARTEN zuhause**" = „**Im Garten zu Hause**" jeweils für Fachbuch (OLG München GRUR 1980, 320); „Ärztliches Journal" bzw. „**ärztliches Reise & Kultur Journal**" = "**Ärzte Journal**" (OLG Hamm WRP 1979, 881); „**Feinschmecker**" ≠ „**Gourmet**" jeweils für Zeitschriften (OLG Hamburg ArchPR 1976, 98); „**Effecten-Spiegel**" ≠ „**Der Spiegel**" trotz überragender Verkehrsgeltung wegen häufiger Verwendung in Zusammensetzungen und beschreibendem Sinngehalt (BGH GRUR 1975, 604, 605/606 – *Effecten-Spiegel*); „**Deutsche Allgemeine Zeitung**" ≠ „**Deutsche Zeitung**" (BGH GRUR 1963, 378, 380 – Deutsche Zeitung); „**Tonbandaufnahmen unser Hobby**" = „**hobby – Das Magazin der Technik**" jeweils als Zeitschriftentitel (BGH GRUR 1961, 232 – *hobby*); „**Star-Revue**" ≠ „**Revue**" jeweils als Zeitschriftentitel (BGH GRUR 1957, 275, 277 – *Star-Revue*);

§ 15   Ausschließl. Recht des Inhabers einer gesch. Bez.

„**Wochenspiegel**" = „**Der Spiegel**" wegen gesteigerter Kennzeichnungskraft (BGH GRUR 1957, 29 – *Spiegel*).

95   b) **Bücher.** „**Hören und Spielen**" für Klavierschule = identischer Titel für Blockflötenschule (OLG Köln WRP 1995, 133); „**Deutsch im Alltag**" = identischer älterer Titel jeweils für Lehrbücher (OLG München OLG-Report 1993, 332); „**à la Carte**" = „**Schlemmen à la carte**" mit Ortsbezeichnung als Untertitel jeweils für Restaurantführer (OLG München MD 1992, 606); „**Gute Seiten**" = „**Gelbe Seiten**" jeweils für Branchenverzeichnisse (BezG Dresden GRUR 1992, 338, 339 – *Gelbe Seiten*); „**Wellness für Manager**" ≠ „**Wellness-Gesundheit und Wohlbefinden**", (LG München I GRUR 1991, 931); „**Pasta & Pizza**" = „**Pizza & Pasta**" jeweils für Kochbücher (BGH GRUR 1991, 153, 154 – *Pizza & Pasta*); „**Abenteuer heute**" = identischer Titel für Abenteuerbücher (OLG Karlsruhe GRUR 1986, 554 – *Abenteuer heute*).

96   c) **Rundfunk, Fernsehen.** „**Südwestfunk**" = „**Südwest Online**" für Online-Nachrichten- und Anzeigendienst (LG Mannheim ZUM-RD 1997, 144); „**Stadtradio Stuttgart**" = „**Radio Stuttgart**" jeweils für Rundfunksendungen (BGH GRUR 1993, 769, 770 – *Radio Stuttgart*); „**Hessen-Report**" ≠ „**Report**", ≠ "Hessen drei", aber = „**Hessenschau**" = für Fernsehsendung, aber nur Rest an grdsl. hinzunehmender Verwechslungsgefahr während Übergangszeit zum dualen Rundfunksystem, daher nur Verpflichtung zur Verwendung auf Bildschirm und in der Werbung zusammen mit Sendernamen „RTL plus" für Übergangszeit (OLG Frankfurt aM WRP 1992, 117 – *Hessen-Report*); „**Tagesbild**" ≠ „**Tagesschau**" jeweils für TV-Nachrichten (sehr zw.), aber Rufausbeutung bejaht (OLG Hamburg GRUR 1992, 73; ebenso OLG Hamburg WRP 1992, 656 für „Pro 7 – Tagesbilder"); „**Radio Bayern GmbH**" = „**Bayerischer Rundfunk**" (LG München I ZUM 1988, 424); „**RPR Privatradio Südwest**" = „**Südwestfunk**" (OLG Karlsruhe GRUR 1988, 390 – *Südwestfunk*).

97   d) **Film.** „**Die Killer-Akademie**" = „**Die Gangster-Akademie**" (OLG München ZUM 1986, 353). „**Die Nervensäge**" = „**Eine Nervensäge generell**", wegen Fortsetzungs- oder Serieneindruck (KG AfP 1986, 342); „**Queen Kong**" = „**King Kong**" jeweils als Filmtitel (KG Ufita 1978, 214); „**Das kommt nicht wieder**" ≠ „**Das gab's nur einmal**" als Filmtitel (KG UFITA 1958, 98); „**Die Stunde der Vergeltung**" ≠ „**Der Tag der Vergeltung**" als Filmtitel (OLG Frankfurt aM UFITA 1958, 105).

E. Titelverletzung §15

e) Software. „PowerPoint" = „PAURPOINT", aber ≠ 98
„PAUR" (BGH v. 24. April 1997 I ZR 44/95 – *PowerPoint*);
„WinCAD drafix" = „WINCAD", da kennzeichnend gerade der
Bestandteil sei, der Hinweis auf Inhalt und Zweck der Software
enthält (OLG München MD 1995, 1284, 1288; Begr. fragl. vgl.
Rdn. 83, 42).

f) Werk- oder branchenübergreifend. S. zunächst die oben 99
Rdn. 93 nachgewiesene Rspr., ergänzend: Zeitschrift „Internet
World" = „INTERNETWORLD" als Marke für Messen (OLG
München MD 1997, 1128). Zeitungsbeilage **„Karriere"** =
„Karriere" als Internet-Rubrik-Titel (LG Köln AfP 1997, 655 –
Karriere); Redaktionsbüro mit Bildarchiv **„südwestbild"** = „Süd-
westfunk" für Sendeanstalt (OLG Karlsruhe GRUR 1993, 406 –
südwestbild); Radio-Musiksendungstitel **„Super 3"** ≠ **„Super
TV"** und ≠ **„Super Illu"** für Zeitschriften (LG München I
GRUR 1993, 500 – *Super 3*); **„Das gab's nur einmal"** für Buch
= identisch für Sendereihe bei thematischer Überschneidung (LG
München I GRUR 1987, 458); Geschäftsbezeichnung **„Ex-Press-
Agentur"** = „Express" als bekannter Zeitungstitel (OLG Köln
GRUR 1984, 751).

IV. Ausnutzung und Beeinträchtigung bekannter Werktitel

§ 15 Abs. 3 erweitert den Titelschutz für „bekannte" Werktitel 100
auf die Benutzung identischer oder ähnlicher Zeichen, die trotz
fehlender Verwechslungsgefahr eine unlautere Ausnutzung oder
Beeinträchtigung der Wertschätzung oder Unterscheidungskraft des
Titels darstellen.

1. Bisherige Bedeutung und Rechtsprechung

Der ergänzende Schutz der Werktitel außerhalb der Verwechslungsgefahr gegen Rufausbeutung oder Rufschädigung nach § 1
UWG oder wegen Verwässerung nach § 823 Abs. 1 BGB hat in
der Rspr. vergleichsweise geringe Bedeutung erlangt. Die **extensive Auslegung der Verwechslungsgefahr im weiteren Sinne**
(oben Rdn. 93) ermöglichte einen so weitreichenden Schutz über
§ 16 UWG aF, daß kaum Schutzlücken offen blieben (zB OLG
Hamburg NJW-RR 1996, 1004 – *Max*: Schutz des Zeitschriftentitels „Max" gegen Verwendung für modische Schuhe; als Verletzung bereits nach § 15 Abs. 2 behandelt).

§ 15   Ausschließl. Recht des Inhabers einer gesch. Bez.

101   In den verbliebenen Fällen wurden die von der Rspr. zu bekannten bzw. berühmten Marken oder Firmennamen entwickelten Grundsätze des außerkennzeichenrechtlichen Rufausbeutungs-, Rufschädigungs- und Verwässerungsschutz auch auf Werktitel angewendet.

102   **Beispiele:** BGH GRUR 1993, 692 – *Guldenburg:* Merchandisingprodukte zu Fernsehsendung, wettbewerbsrechtlicher Schutz grdsl. für möglich gehalten, aber mangels schutzwürdiger Position der öffentlich-rechtlicher Fernsehanstalt verneint (unten Rdn. 106); BGH GRUR 1960, 144 – *Bambi:* Rufausbeutung des Buch- und Filmtitels „Bambi" durch Verwendung für Schokolade; BGH GRUR 1959, 182, 184 – *Quick/Glück:* keine Verwässerung oder Ausbeutung der Werbekraft des Zeitschriftentitels „Quick" durch Titel „Glück"; BGH GRUR 1958, 500 – *Mecki-Igel:* keine Verwässerung oder Rufausbeutung durch Igelfigur als Titelbild; OLG Frankfurt aM WRP 1994, 191, 194 – *Brigitte:* keine Verwässerung oder Rufausbeutung des überragend bekannten Zeitschriftentitels „Brigitte" durch Firmenname einer Partnervermittlung, da vielfach als Firmenbestandteil in Verwendung; LG Hamburg AfP 1993, 670, 673 – *TV Spielfilm:* keine Rufübertragung bei Verwendung von „TV Movie" für Programmzeitschriften, da jeweils nur inhaltsbeschreibend; OLG Hamburg GRUR 1992, 73 – *Tagesbild:* rufausbeutende Anlehnung an „Tagesschau"; ebenso OLG Hamburg WRP 1992, 656: „Pro 7-Tagesbilder"; LG München I GRUR 1993, 500, 501 – *Super 3:* kein erweiterter Schutz des Zeitschriftentitels „Super", da zu geringe Eigenart; LG München I GRUR 1989, 60 – *Wetten daß...:* Verwendung des bekannten Sendetitels in Ford-Werbung unlautere Rufausbeutung; LG München I – Ufita 1976, 287 – Drei Musketiere: keine Rufausbeutung durch Filmtitel „Die tollen Charlots – Wir viere sind die Musketiere", da hinreichend unterschiedlich.

2. Besonderheiten des Schutzes bekannter Werktitel

103   Der Bekanntheitsbegriff und die weiteren Tatbestandsmerkmale sind für Werktitel entsprechend den zur bekannten Marke dargestellten Grundsätzen auszulegen (§ 14 Rdn. 466 ff.). Eine Besonderheit der Werktitel besteht darin, daß sie bei entsprechenden Werbemaßnahmen **kurzfristig überragende Bekanntheitsgrade** erreichen können, insbesondere für Kinofilme, Fernsehenserien, Musicals und ähnliche Veranstaltungen sowie bisweilen auch Bücher, Computerprogramme einschließlich elektronischer Spiele. Sie ver-

E. Titelverletzung § 15

körpern in diesen Fällen enorme wirtschaftliche Werte, die auf einen effektiven Rechtsschutz besonders angewiesen sind, da die **Verwertungszeiträume sehr kurz** und die Ausbeutungsprofite hoch genug sind, um sogar für organisierte Markenpiraterie attraktiv zu sein. Generell sind Werktitel wegen ihrer inhaltlichen Anreicherung durch den Bezug zum Werk nicht nur erleichtert merkbar, sondern in besonderem Maße Träger emotionaler Vorstellungen und Erwartungen, also **Images**, die sich zur Übertragung auf werkferne Produkte eignen können, aber auch gegenüber Rufschädigungen durch inkompatible Verwendung besonders gefährdet sind. Rufschädigungen im Bezug auf Werktitel können auch auf das Werk selbst durchschlagen und unabhängig von dem kennzeichenrechtlichen Schutz urheberrechtliche Ansprüche wegen Entstellung oder anderer Beeinträchtigung des Werkes iSv § 14 UrhG begründen.

Welche Bedeutung der neue kennzeichenrechtliche Schutz bekannter Werktitel erlangen wird, ist noch nicht absehbar und von gegenläufigen Entwicklungen beeinflußt. Einerseits belegen die vorstehenden Zusammenhänge einen **hohen Schutzbedarf**, der mit dem Anwachsen von Merchandisingaktivitäten weiter an Bedeutung gewinnen wird. Hierfür eignet sich der konkreter ausgestaltete, aber dennoch flexible kennzeichenrechtliche Schutztatbestand mit seinen schärferen Rechtsfolgen (§§ 18, 19, 143, 146) besser als die Generalklausel des § 1 UWG und auch besser als eine Überdehnung des Begriffs der Verwechslungsgefahr. An praktischer Bedeutung verlieren dürfte der Titelschutz allerdings dadurch, daß unterscheidungskräftige Werktitel, bei denen sich eine branchenfremde Verwertung anbietet, heute frühzeitig auch als Marke für begleitende Produkte oder den Merchandisingbereich angemeldet werden, so daß auf den Titelschutz nicht zurückgegriffen werden muß. Beispiel: OLG Hamburg GRUR 1997, 375, 376 – *Crunchips/ran chips*. Angesichts der geringeren Anforderungen an die Unterscheidungskraft sollte dies in Zukunft auch bei Titeln mit inhaltsbeschreibenden Sinnanklängen leichter möglich sein als früher (vgl. § 5 Rdn. 63). 104

V. Ergänzender außerkennzeichenrechtlicher Titelschutz

Neben dem extensiven Schutz vor Verwechslungsgefahr und dem jetzt kennzeichenrechtlich kodifizierten Schutz bekannter Werktitel verbleibt nur ein sehr beschränkter Anwendungsbereich für den Titelschutz aufgrund wettbewerbsrechtlicher oder bürger- 105 lich-rechtlicher Vorschriften. Im Vordergrund dürften Beeinträchtigungen aus Verwendungen stehen, die mangels Benutzung iSd § 15 kennzeichenrechtlich nicht erfaßbar sind oder aus dem außergeschäftlichen Verkehr stammen. Beispiel: LG München I ZUM 1985, 105, 107/108 – *Jetzt red'i:* Schutz eines bekannten Titels einer Fernsehsendung gegen Verwässerung durch Verwendung für Wahlkampfveranstaltung aufgrund §§ 823 Abs. 1, 826 BGB. Im einzelnen kommt es hier auf dieselben Abgrenzungsfragen an, wie bei den Marken, so daß auf die dortige Darstellung Bezug genommen werden kann (§ 14 Rdn. 521 ff.). Zum wettbewerbsrechtlichen Schutz der farblichen Gestaltung einer **Titelseite** zB OLG Frankfurt aM ZUM 1996, 164.

VI. Außerkennzeichenrechtliche Schranken des Titelschutzes

106 Im Rahmen der Prüfung der Verwechslungsgefahr ist die verfassungsrechtlich geschützte **Pressefreiheit** zu berücksichtigen, woraus sich noch strengere Anforderungen an die Bejahung einer Verwechslungsgefahr im Rechtssinne ergeben können (BGH GRUR 1992, 547, 549 – *Morgenpost*: Titelumstellung wegen Kollision außerhalb des eigentlichen Vertriebsbereichs kann unzumutbar sein; OLG München Schulze OLGZ 145, 2 – *Mord ohne Mörder*: Auslieferung fertiggestellter Ausgabe zulässig, wenn andernfalls rechtzeitige Veröffentlichung nicht gewährleistet). Die Beschränkungen **öffentlich-rechtlicher Sendeanstalten** beim Titel-Merchandising außerhalb der traditionellen Randnutzung, die in BGH GRUR 1993, 692, 694/695 – *Guldenburg* zur Verneinung ergänzenden Leistungsschutzes nach § 1 UWG führten, gelten auch gegenüber Ansprüchen nach § 15. Denn auch diese Anspruchsgrundlage setzt eine „schützenswerte Rechtsposition" voraus.

VII. Rechtsfolgen bei Titelverletzung (Verweisung)

107 Als **zivilrechtliche** Ansprüche bei Titelverletzung sieht § 15 den Unterlassungsanspruch (§ 15 Abs. 4) und den Schadensersatzanspruch (§ 15 Abs. 5) vor, während sich der Vernichtungsanspruch aus § 18 und der selbständige Auskunftsanspruch aus § 19 ergeben. Für die weiteren Verletzungsansprüche, insbesondere auf Beseitigung und Auskunft zur Ersatzberechnung gelten die von der Rspr. für alle Kennzeichenarten entwickelten Grundsätze, die zusammen

A. Namensrechtlicher Schutz (§ 12 BGB)

mit den allgemeinen Fragen der Verletzungsansprüche und ihrer Durchsetzung Vor §§ 14–19 unter Einschluß des Titelschutzes zusammengefaßt sind. Die vorsätzliche Titelverletzung ist nunmehr im Gegensatz zum früheren Recht nach Maßgabe des § 143 Abs. 1 Nr. 4 und 5 **strafbar**. Titelverletzend gekennzeichnete Waren unterliegen der **Beschlagnahme** gem. §§ 146 ff.

Nach § 15
A. Namensrechtlicher Schutz (§ 12 BGB)

Inhaltsübersicht	Rdn.
I. Überblick	1–3
II. Anwendungsbereiche, Verhältnis zum Schutz nach dem MarkenG	4–8
1. Geschäftlicher Verkehr	4–6
2. Außergeschäftlicher Verkehr	7, 8
III. Voraussetzungen des Namensschutzes	9–23
1. Name	10
2. Namensträger	11
3. Namensleugnung	12
4. Namensanmaßung	13–23
a) Namensgebrauch	13–17
b) Unbefugtheit	18
c) Interessenverletzung	19–23
IV. Verletzungsansprüche	24
V. Einwendungen und Einreden	25

Literatur: S. zunächst die Literaturnachweise zu §§ 5 und 15. Speziell zu § 12 BGB: *Bayreuther*, Gewerblicher und bürgerlicher Rechtsschutz des Vereinssymbols, WRP 1997, 820; *Szalata*, Der Schutz bei Namensanmaßung zu Reklamezwecken, Mitt. 1995, 28.

I. Überblick

Der in § 12 BGB verankerte bürgerlich-rechtliche Namensschutz 1 ist hier nur insoweit zu behandeln, als die für die geschäftlichen Kennzeichen des MarkenG wichtigsten Bezüge herzustellen sind. Zur Vertiefung und vor allem zum Namensschutz der Privatpersonen und der nicht geschäftlich tätigen Personenvereinigungen, juristischen Personen oder öffentlich-rechtlichen Einrichtungen muß dagegen auf die Kommentierungen zu § 12 BGB verwiesen werden. Die Bestimmung hat folgenden Wortlaut:

Nach § 15 A. Namensrechtlicher Schutz (§ 12 BGB)

§ 12 BGB. Wird das Recht zum Gebrauch eines Namens dem Berechtigten von einem anderen bestritten oder wird das Interesse des Berechtigten dadurch verletzt, daß ein anderer unbefugt den gleichen Namen gebraucht, so kann der Berechtigte von dem anderen Beseitigung der Beeinträchtigung verlangen. Sind weitere Beeinträchtigungen zu besorgen, so kann er auf Unterlassung klagen.

2   Für geschäftliche Kennzeichen ist § 12 BGB in zweifacher Hinsicht von Bedeutung. Zum einen fällt der weitaus größte Teil der Unternehmenskennzeichen iSd § 5 Abs. 2 MarkenG unter den weiten Namensbegriff des § 12 BGB und genießt damit unabhängig von §§ 5, 15 MarkenG namensrechtlichen Schutz. § 12 BGB erlangt aber auch dann Bedeutung für die im MarkenG geregelten geschäftlichen Kennzeichen, wenn der Gebrauch eines solchen Kennzeichens in ein älteres Namensrecht eingreift. Auch im Verhältnis zu Namensrechten gilt das Prioritätsprinzip (§ 6 Rdn. 1 ff.; zum Recht der Gleichnamigen s. § 23 Rdn. 15 ff.). Das MarkenG regelt diesen Fall nur im Rahmen der relativen Schutzhindernisse für eingetragene Marken ausdrücklich (§ 13 Abs. 2 Nr. 1).

3   Vor der Markenrechtsreform ist für eine Abkoppelung des Kennzeichenrechts vom Namensrecht plädiert worden (*Knaak* FS GRUR, 1991, 985/986; MünchKomm/*Schwerdtner* § 12 BGB Rdn. 60). Der Gesetzgeber hat diese Vorschläge nicht aufgegriffen, sondern die Entwicklung weiterhin der Rspr. überlassen. Bisher sind gegenläufige Entwicklungstendenzen zu beobachten. Einerseits schmälern die ausführlichere Kodifizierung und die Ausdehnung des Schutzes der bekannten Unternehmenskennzeichen die praktische Bedeutung des namensrechtlichen Schutzes im geschäftlichen Verkehr. Andererseits belegt der Rückgriff auf § 12 BGB im Zusammenhang mit geschäftlich verwendeten Internet Domain Namen (unten Rdn. 12, 14) die Aktualität des Namenschutzes als Auffangregelung und seinen Wert als grundlegendstes Regelungsmodell des Bezeichnungsrechts.

II. Anwendungsbereiche, Verhältnis zum Schutz nach dem MarkenG

1. Geschäftlicher Verkehr

4   Die Anwendungsbereiche des Schutzes von Unternehmensnamen nach § 12 BGB und des Schutzes der Unternehmenskennzeichen gem. §§ 5, 15 MarkenG können sich immer dann über-

A. Namensrechtlicher Schutz (§ 12 BGB) Nach § 15

schneiden, wenn sowohl der Namensinhaber als auch der mögliche Verletzer am geschäftlichen Verkehr teilnehmen. Während § 12 BGB auf beiden Seiten auch den außergeschäftlichen Bereich erfaßt, erfordert der Kennzeichenschutz des MarkenG nicht nur auf der Verletzerseite (§ 15 Abs. 2, 3) sondern auch auf der Seite des Rechtsinhabers (§ 5 Abs. 2 S. 1) eine Verwendung des Zeichens im geschäftlichen Verkehr (hierzu § 14 Rdn. 34ff.).

Sind die Voraussetzungen beider Vorschriften gegeben, besteht 5 **Anspruchskonkurrenz (§ 2 MarkenG)**. Jedoch kommt den namensrechtlichen Ansprüchen in diesen Fällen nur ganz ausnahmsweise eigenständige Bedeutung gegenüber den Verletzungsansprüchen nach dem MarkenG zu, so zB heute noch für die Umgehung der Zuständigkeit der Kammern für Handelssachen (§ 140 Rdn. 53), früher für die Vermeidung der Nachteile fremdenrechtlicher Beschränkungen (BGH GRUR 1971, 517, 518 – *SWOPS* zu § 28 UWG aF). Im übrigen gehen die Rechtsfolgen nach § 12 BGB dem Umfang nach **nicht über die Verletzungsansprüche nach § 15 MarkenG hinaus** (zu § 16 UWG aF zB BGH GRUR 1993, 404, 405 – *Columbus;* BGH GRUR 1971, 517, 518 – *SWOPS*), sondern schützen im Rahmen des Namensgebrauchs für geschäftliche Zwecke die gleichen Interessen (zB BGH GRUR 1977, 503, 504 – *Datenzentrale*). Dementsprechend hat der BGH zu § 16 UWG aF bisweilen die Verwechslungsgefahr für beide Normen im Gleichlauf geprüft (zB BGH GRUR 1988, 635, 636 – *Grundkommerz;* BGH GRUR 1977, 503, 504 – *Datenzentrale*) oder aber § 16 UWG aF als speziellere Bestimmung vorgezogen (zB BGH GRUR 1993, 404, 405 – *Columbus*). Nach Inkrafttreten des MarkenG hat der BGH eine Namensverletzung mit der Begründung verneint, die beiderseitigen Unternehmenskennzeichen bildeten „jeweils eigenständige Namen" (BGH GRUR 1995, 507, 508 – *City-Hotel*), ohne daß verständlich wäre, ob dies einen engeren namensrechtlichen Schutzumfang als bisher bedeuten soll.

Sind die Voraussetzungen des § 15 MarkenG nicht gegeben, 6 kann dennoch in bestimmten Fällen § 12 BGB **ergänzenden Schutz** bieten. Denn § 12 BGB ist hinsichtlich der Schutzvoraussetzungen weiter gefaßt als § 15 MarkenG. Allerdings hat der früher wichtigste Ergänzungsbereich, der über § 16 UWG aF hinausgehende Schutz berühmter Firmennamen gegen Verwässerungsgefahr, seine eigenständige Bedeutung verloren, da dieser Fall jetzt von § 15 Abs. 3 MarkenG abgedeckt (dazu § 15 Rdn. 62ff., § 14 Rdn. 453ff.). Weiterhin zu prüfen ist § 12 BGB in Fällen, in denen markengesetzliche Ansprüche an spezifisch kennzeichenrechtlichen

Nach § 15   A. Namensrechtlicher Schutz (§ 12 BGB)

Verletzungsvoraussetzungen scheitern, insbesondere die namensbeeinträchtigte Handlung keine rechtsverletzende „Benutzung" iSd § 15 MarkenG darstellt. ZB kann das Bestreiten des Rechts an einem Unternehmensnamen als Namensleugnung über § 12 BGB sachgerecht erfaßt werden (unten Rdn. 12), so daß im Ergebnis offen bleiben kann, ob ein § 15 Abs. 1 MarkenG entnommenes positives Benutzungsrecht diesen Rückgriff entbehrlich macht (dazu § 15 Rdn. 5). Im übrigen hängt der Bedarf nach ergänzendem Namensschutz davon ab, wie weit der bei § 15 MarkenG zugrundegelegte Benutzungsbegriff ausgelegt wird (dazu § 15 Rdn. 25 ff.). Dabei ist aber zu beachten, daß § 12 BGB ungeachtet § 2 MarkenG nicht dazu mißbraucht werden darf, alle kennzeichenrechtlichen Schutzvoraussetzungen und Schutzschranken zu unterlaufen, sondern stets nur den aus sich heraus selbständig begründbaren Namensschutz gewähren kann.

2. Außergeschäftlicher Verkehr

7   Im außergeschäftlichen Verkehr kommt dagegen von vornherein nur § 12 BGB zur Anwendung. Zwei Verletzungskonstellationen sind zu unterscheiden:
Bei der **Beeinträchtigung geschäftlicher Kennzeichen durch außergeschäftliche Handlungen** handelt es sich um Ausnahmefälle. Beispiele aus der Rspr: Firmenabkürzung „KSB" eines Pumpen- und Armaturenherstellers wird nicht verletzt durch den abgekürzten Vereinsnamen „KSB" des Kommunistischen Studentenbunds, da völlig verschiedene Tätigkeitsbereiche (BGH GRUR 1976, 79, 381 – *KSB*); Veränderung einer Markenuhr durch Privatbesitzer keine Verletzung des Namensrechts des Herstellers (OLG Köln, NJW 1995, 1759, 1760 – *Rolex*); berühmtes Firmenschlagwort „Allianz" wird verletzt durch den Vereinsnamen „Deutsche Allianz" für politische Gruppierung wegen Verwässerung (LG München I GRUR 1992, 76 – *Allianz*); Gewerkschaftsinformation über Verhältnisse in einem Zeitungsverlag mit dem Titel „Rheinische Post" und dem klein davorgesetztem Zusatz „Dies ist keine ..." verletzt das Namensrecht des gleichnamigen Verlags (OLG Düsseldorf GRUR 1983, 794 – *Rheinische Post*).

8   Häufiger stellt sich die Frage der **Verletzung eines nicht geschäftlich gebrauchten Namens durch Verwendung geschäftlicher Kennzeichen.** Beispiele aus der Rspr: Der Erwerber einer Marke, die den Familiennamen des bisherigen Inhabers als Bestandteil enthält, verletzt dessen Namensrecht, wenn er den

A. Namensrechtlicher Schutz (§ 12 BGB) **Nach § 15**

Familiennamen namensmäßig in Alleinstellung verwendet (BGH GRUR 1996, 423 – *J. C. Winter*); ein Familienname mit nur normaler Kennzeichnungskraft wird durch Verwendung in einer Fernsehserie nicht verletzt (OLG München WRP 1996, 787 – *Frankenberg*) und ein ungewöhnlicher Familienname nicht durch Verwendung in einem Sprachlehrbuch (OLG München GRUR 1991, 632 – *Salabert*); Vereinsname „Johanniterorden" nicht (mehr) verletzt durch 50 Jahre lang geduldete Bezeichnung „Johanniter" (BGH GRUR 1991, 157 – *Johanniter-Bier*); Vereinsname „Weserklause" wird durch gleichlautende Gaststättenbezeichnung verletzt (BGH GRUR 1970, 481 – *Weserklause;* krit. *Knaak* FS GRUR 1991, 983); Firmenname „DBB Steuerberatungsgesellschaft" verletzt Namensrecht des Deutschen Beamtenbundes an Verkehrsgeltung genießender Abkürzung „DBB" (OLG Frankfurt aM GRUR 1988, 850). Vgl. hierzu auch die Verletzung von Städtenamen durch Verwendung als Internet Domain Namen (zutr. LG Mannheim CR 1996, 353 – *heidelberg.de;* aA LG Köln CR 1997, 291 – *Pulheim.de* und LG Köln GRUR 1997, 377 – *Hürth.de* wegen freier Wählbarkeit; s. auch unten Rdn. 14).

III. Voraussetzungen des Namensschutzes

§ 12 BGB schützt den Namen in seiner Funktion als Identitätsbezeichnung der Person seines Trägers (BGH GRUR 1996, 423, 424 – *J. C. Winter;* BGH GRUR 1960, 550, 553 – *Promonta*) gegen Namensleugnung und Namensanmaßung. 9

1. Name

Der von der Rspr. zu § 12 BGB entwickelte **weite Namensbegriff** ist bei § 5 Rdn. 15 ff. erläutert. Darunter fallen auch Abkürzungen und Schlagworte mit originärer oder durch Verkehrsgeltung erlangter Namensfunktion (zB BGH GRUR 1991, 157 – *Johanniter-Bier;* BGH GRUR 1976, 379, 380 – *KSB;* BGH GRUR 1965, 377, 379 – *GdP;* BGH GRUR 1955, 42, 43 f. – *Farina II;* OLG Frankfurt aM GRUR 1988, 850, 851 – *DBB Steuerberatungsgesellschaft;* LG München I CR 1997, 479, 480 – *juris.de*; LG Frankfurt aM CR 1997, 287 – *das.de*). Auf unterscheidungskräftige **Wahrzeichen, Wappen, Siegel, Vereinsembleme** ist § 12 BGB entsprechend anwendbar (zB BGH GRUR 1994, 844, 845 – *Rotes Kreuz;* BGH GRUR 1993, 151, 153 – *Universitätsemblem;* BGH 10

Nach § 15 A. Namensrechtlicher Schutz (§ 12 BGB)

GRUR 1976, 644, 646 – *Kyffhäuser:* Vereinsemblem). Die Ausdehnung auf **Gebäudenamen** (BGH GRUR 1976, 311, 312 – *Sternhaus*) ist dagegen verfehlt (krit. *Fezer* GRUR 1976, 313; MünchKomm/*Schwerdtner* § 12 BGB Rdn. 51). Einem **Titelemblem** mit Wortbestandteil kann Namensfunktion nur dann zukommen, wenn es nicht nur die Zeitung, Zeitschrift etc., sondern auch das herausgebende Unternehmen benennt (*Fezer* GRUR 1979, 568 zu BGH GRUR 1979, 564, 565 – *Metall-Zeitung*).

2. Namensträger

11   Auch **juristische Personen** des privaten und öffentlichen Rechts können sich auf § 12 BGB berufen (zB BGH GRUR 1994, 844, 845 – *Rotes Kreuz*; BGH GRUR 1991, 157 – *Johanniter-Bier*; BGH GRUR 1965, 377, 379 – *GdP*; BGH GRUR 1964, 38 – *Dortmund grüßt*), ebenso **nicht rechtsfähige Vereine** (RGZ 78, 101 – *Gesangverein Germania*), unter einem Gesamtnamen auftretende **Personenvereinigungen** jeder Art (zB OLG München NJW-RR 1993, 621: Anwaltssozietät; KG WRP 1990, 37: Streichquartett) und Organisationseinheiten mit dauerhaft verselbständigtem Wirkungsbereich (vgl. BGH GRUR 1988, 560 – *Christophorus-Stiftung* zu § 16 UWG). Jede **Firma** eines Einzelkaufmanns oder einer Handelsgesellschaft fällt unter § 12 BGB, auch wenn sie den bürgerlichen Namen des Inhabers nicht enthält (BGH GRUR 1955, 42, 43 – *Farina II*). Eine politische Partei genießt nach § 4 Parteiengesetz über § 12 BGB hinaus auch dann gegenüber einer später gegründeten Partei Namensschutz, wenn ihr Name weder von Natur aus eine individualisierende Eigenart aufweist noch Verkehrsgeltung erlangt hat (BGHZ 79, 265, 270 – *Aktionsgemeinschaft Vierte Partei*). Der Namensschutz steht **ausländischen** Personen und Personenvereinigungen unabhängig von Inlandssitz, inländischer Geschäftstätigkeit oder Gegenseitigkeit zu (BGH GRUR 1971, 517, 518 – *SWOPS*; OLG Köln WRP 1987, 128 – *Rothschild*; *Fezer* § 15 Rdn. 49).

3. Namensleugnung

12   Eine Namensleugnung liegt vor, wenn jemand dem Namensträger das Recht zum Gebrauch des Namens bestreitet (§ 12 Abs. 1 S. 1 1. Alt. BGB) und damit den Bestand des Namensrechts in Frage stellt. Schon das **Bestreiten als solches verletzt** das Namensrecht, ohne daß eine besondere Interessenverletzung dargelegt werden müßte (GK/*Teplitzky* § 16 UWG Rdn. 277). Bestreiten

A. Namensrechtlicher Schutz (§ 12 BGB)   **Nach § 15**

in konkludenter Form und gegenüber Dritten genügt (zB LG Frankfurt aM CR 1997, 287 – *das.de;* MünchKomm/*Schwerdtner* § 12 BGB Rdn. 97). Vorsatz ist nur in dem Sinne erforderlich, daß eine Leugnung ein bewußtes Handeln voraussetzt, das aber auch bei Unkenntnis des verletzten Namensrechts gegeben ist, zB bei einer gutgläubigen Falschbezeichnung (GK/*Teplitzky* § 16 UWG Rdn. 276; RGRK/*Krüger-Nieland* § 12 BGB Rdn. 80; aA MünchenKomm/*Schwerdtner* § 12 BGB Rdn. 97). Das Bestreiten kann insbesondere dadurch erfolgen, daß ein **eigenes Recht an dem Namen in Anspruch genommen** wird. So stellte die bis Anfang 1997 in Deutschland mögliche **Reservierung eines Internet Domain Namen** ein Bestreiten des Namensrechts dar, wenn in dem Domain Namen ein fremder Name als Bestandteil enthalten war (zutr. LG Frankfurt aM CR 1997, 287 – *das.de;* offengelassen in LG Lüneburg CR 1997, 288 – *celle.de,* da jedenfalls Begehungsgefahr). Dagegen soll eine **Titelschutzanzeige** schon deshalb keine Namensleugnung darstellen können, weil der Erwerb des Titelschutzes wegen § 23 Nr. 1 MarkenG nicht das Recht verschaffe, dem Namensträger die Führung eines gleichlautenden Familiennamens zu untersagen (OLG München WRP 1996, 787, 788 – *Frankenberg).* Dieser Begründung ist nicht zu folgen. Ein Bestreiten liegt nicht nur dann vor, wenn eine Rechtsposition in Anspruch genommen wird, die ihrerseits ein Verbietungsrecht gegenüber dem Namensträger verschafft, sondern auch dann, wenn ein Kennzeichenrecht beansprucht wird, dessen bestimmungsgemäße Benutzung zwangsläufig eine § 12 BGB verletzende Namensanmaßung darstellen würde. Maßgeblich ist also nicht § 23 Nr. 1 MarkenG, sondern die Frage, ob der in Anspruch genommene Werktitel in jedem Falle nur namensverletzend gebraucht werden kann. Die hierbei inzident zu prüfende Zuordnungsverwirrung (unten Rdn. 14) kann auch durch einen Titelgebrauch ausgelöst werden.

4. Namensanmaßung

Namensanmaßung ist gegeben, wenn ein anderer unbefugt den 13 gleichen Namen gebraucht und dadurch ein schutzwürdiges Interesse des Namensträgers verletzt (§ 12 S. 1 2. Alt. BGB).

a) Namensgebrauch. Als Namensgebrauch iSd § 12 BGB ist 14 nach st Rspr. des BGH nicht jede Form der Verwendung eines fremden Namens anzusehen, sondern nur solche Namensanmaßungen, die geeignet sind, eine namensmäßige **Identitäts- oder Zuordnungsverwirrung** hervorzurufen (zB BGH GRUR 1996,

422, 423 – *J. C. Winter*; BGH GRUR 1993, 151, 153 – *Universitätsemblem;* BGH GRUR 1983, 262 – *Uwe*).

Eine Zuordnungsverwirrung soll nicht nur bei einem namens- bzw. kennzeichenmäßigem Gebrauch im engeren Sinne, sondern auch bei **nicht kennzeichenmäßigen** Verwendungsweisen möglich sein, durch die der Namensträger zu bestimmten Einrichtungen, Gütern oder Erzeugnissen in Beziehung gesetzt wird, mit denen er nichts zu tun hat (zB BGH GRUR 1993, 151, 153 – *Universitätsemblem;* BGH GRUR 1964, 38, 40 – *Dortmund grüßt*). Beispielsweise verletzt die Verwendung des **Internet Domain Namens** „heidelberg.de" durch ein Unternehmen, das Informationen über die Region Rhein-Neckar anbietet, Interessen der Stadt Heidelberg, da ein nicht unerheblicher Teil der Internet-Benutzer die domain mit ihr in Verbindung bringen wird (LG Mannheim CR 1996, 353, 354 – *heidelberg.de;* LG Lüneburg CR 1997, 288 – *celle.de*; ebenso LG Ansbach NJW 1997, 2688 – *ansbach.de*; LG Braunschweig NJW 1997, 2687 – *braunschweig.de*; aA LG Köln CR 1997, 291 – *Pulheim.de* und LG Köln GRUR 1997, 377 – *Hürth.de* wegen freier Wählbarkeit). Dies gilt erst recht, wenn nicht ein Städtename, sondern ein fremder Personen- oder Unternehmensname als Domain Bezeichnung eingesetzt wird. (LG München I CR 1997, 479, 481 – *juris.de;* LG Düsseldorf Mitt. 1997, 225, 230 – *epson.de*; aA *Ubber* WRP 1997,507; *Kur* CR 1996, 593; differenzierend *Bettinger* GRUR Int. 1997, 415.

15 Für eine Zuordnungsverwirrung genügt es, daß im Verkehr der Eindruck entsteht, der Namensträger habe dem Benutzer ein **Recht zur Namensverwendung erteilt** (zB BGH GRUR 1994, 844, 846 – *Rotes Kreuz;* BGH GRUR 1994, 732, 735 – *McLaren;* BGH GRUR 1993, 151, 153 – *Universitätsemblem;* BGH GRUR 1964, 38, 40 – *Dortmund grüßt;* RGZ 74, 308, 310ff. – *Graf Zeppelin;* aA MünchKomm/*Schwerdtner* § 12 BGB Rdn. 106).

16 Ein hinreichend deutlicher **mittelbarer Hinweis** auf den Namensträger soll genügen (BGH GRUR 1994, 732, 735 – *McLaren*). So soll das Wort „Stadttheater" den Gebrauch des Namens der Stadt enthalten, in der es liegt, da es ohne Zusatz nur auf ihn bezogen werden kann (RGZ 101, 169, 172 – *Stadttheater;* krit. MünchKomm/*Schwerdtner* § 12 BGB Rnd 34), nicht aber die adjektivische Verwendung (OLG Schleswig SchlHA 1985, 40 – *Malenter Reisebüro*). Der Eindruck muß sich jedoch gerade auf eine die Namensverwendung betreffende Erlaubnis beziehen, wofür der Name tatsächlich als solcher gebraucht werden muß, so daß Namensassoziationen, die durch Verwendung anderer für den Na-

A. Namensrechtlicher Schutz (§ 12 BGB) Nach § 15

mensträger charakteristischer Merkmale hervorgerufen werden, nicht genügen und allenfalls eine Verletzung des allgemeinen Persönlichkeitsrechts darstellen können (BGH GRUR 1994, 732, 735 – *McLaren*).

Bei bloßen **Namensnennungen,** also der Verwendung des 17 richtigen fremden Namens für den richtigen Namensträger (vgl. § 14 Rdn. 85 ff.), scheidet ein Schutz durch § 12 BGB mangels Identitäts- oder Zuordnungsverwirrung aus und können nur Ansprüche wegen Eingriffs in das allgemeine Persönlichkeitsrecht in Betracht kommen, insbesondere bei unerlaubter Verwendung zu Werbezwecken (zB BGH GRUR 1981, 846, 847 – *Carrera:* Rennwagenfoto mit hinzugefügter Aufschrift „Carrera" auf Verpackung für Spielzeugautorennbahn; unzutr. BGH GRUR 1979, 564, 565 – *Metall-Zeitung,* da Verwendung des „Bild"-Zeitungslogos über kritischem Artikel nur Namensnennung, zutr. Anm. *Fezer* GRUR 1979, 568; BGH GRUR 1959, 430, 431 – *Caterina Valente:* Kukident-Werbung mit unbekannter Schauspielerin „Wenn ich auch nicht so berühmt wurde wie meine große Kollegin Caterina Valente..."; OLG Karlsruhe NJW-RR 1986, 588 – *Universität Freiburg:* bloße Namensnennung verneint bei T-Shirt und Autoaufkleber mit Universitätswappen; AG Detmold CR 1997, 417: Arminia Bielefeld als Suchwort für Fanclub – Internetseite). Dies gilt auch für die Namensnennung in **Parodien,** wenn der Verkehr erkennt, daß die Verwendung des Namens nicht auf den Namensinhaber zurückgehen kann, zB bei einer Verballhornung (BGH GRUR 1986, 759, 760 – *BMW:* Aufkleber „Bumms Mal Wieder"; BGH GRUR 1984, 684, 685 – *Mordoro:* satirisch verfremdete Wiedergabe eines Marlboro-Plakates in Nichtraucher-Kalender; OLG Frankfurt aM NJW 1982, 648 – *Lusthansa:* Scherzartikel-Aufkleber; vgl. auch KG GRUR 1997, 295, 297 – *Alles wird Teurer:* Verwendung des „T" in der Schreibweise der Telekom im Wort „Teurer" auf Postkarten mit Preiskritik).

b) Unbefugtheit. Unbefugt ist der Gebrauch eines Namens, 18 wenn ein eigenes Benutzungsrecht nicht gegeben ist (BGH GRUR 1996, 422, 423 – *J. C. Winter*), ferner wenn sich die Unrechtmäßigkeit aus anderen Vorschriften ergibt, insbesondere aus §§ 1, 3 UWG, 823 Abs. 1, 826 BGB (BGH GRUR 1960, 550, 552 – *Promonta*). Das eigene Benutzungsrecht kann insbesondere auf einem prioritätsälteren Namens- oder sonstigen Kennzeichnungsrecht oder auf einer vertraglichen Gestattung beruhen. Zu den Einschränkungen des Prioritätsprinzips im Rahmen des Rechts der

Nach § 15 A. Namensrechtlicher Schutz (§ 12 BGB)

Gleichnamigen s. § 23 Rdn. 15 ff. Die Namensverwendung kann auch durch Meinungs- und Pressefreiheit gerechtfertigt sein, und zwar je nach den Umständen auch in blickfangartiger Wiedergabe (BGH GRUR 1979, 564, 565 – *Metall-Zeitung*).

19   c) **Interessenverletzung.** Das durch den unbefugten Namensgebrauch verletzte Interesse iSd § 12 BGB muß nicht vermögensrechtlicher Natur sein, sondern kann grdsl. auch ein persönliches, **ideelles Interesse** oder ein Affektionsinteresse sein (zB BGH GRUR 1970, 481, 482 – *Weserklause*; BGH GRUR 1965, 377, 379 – *GdP*). Bei einer Identitäts- oder Zuordnungsverwirrung wird idR auch eine Interessenverletzung zu bejahen sein.

20   Für juristische Personen und Unternehmenskennzeichen, die keinen Namen einer natürlichen Person enthalten, gilt der weite Interessenbegriff nach bisheriger Rspr. nur eingeschränkt. Ihnen soll Namensschutz nur im Rahmen ihres **Funktionsbereichs** zukommen, der Schutz also auf geschäftliche Interessen beschränkt sein (BGH GRUR 1991, 157, 158 – *Johanniter-Bier*; BGH GRUR 1976, 379, 381 – *KSB*; MünchKomm/*Schwerdtner* § 12 BGB Rdn. 128). Ideelle Belange sollen nur dann von Bedeutung sein können, wenn sie sich in geschäftlichen Interessen niederschlagen (BGH GRUR 1976, 379, 381 – *KSB*). Geschäftliche Interessen können aber auch durch Namensverwendungen im außergeschäftlichen Verkehr beeinträchtigt werden, die zu rufschädigenden Zuordnungsverwirrungen führen (Bsp. oben Rdn. 7; GK/*Teplitzky* § 16 Rdn. 435 zum KSB-Urteil).

21   Bei nicht identischen Zeichen greift der BGH im Rahmen des § 12 BGB auf die Grundsätze und Erfahrungsregeln für die Prüfung der **Verwechslungsgefahr** bei Unternehmenskennzeichen zurück, einschließlich der Verwechslungsgefahr im weiteren Sinne (zB BGH GRUR 1994, 844, 845 – *Rotes Kreuz*). Eine Verwechslungsgefahr iSd § 15 Abs. 2 MarkenG impliziert eine interessenverletzende Identitäts- oder Zuordnungsverwirrung.

22   Ob auch die bloße **Verwässerungsgefahr** noch als eine Interessenverletzung iSd § 12 BGB angesehen werden kann (so für berühmte Unternehmenskennzeichen zB BGH GRUR 1990, 37, 39 – *Quelle*; BGH GRUR 1966, 624 – *Kupferberg*; BGH GRUR 1960, 550, 552 – *Promonta*; BGH GRUR 1959, 182, 186 – *Quick*), erscheint wegen der fehlenden Identitäts- oder Zuordnungsverwirrung fraglich (GK/*Teplitzky* § 16 Rdn. 441 mwN; generell abl. *Klippel* GRUR 1986, 699), so daß jedenfalls für Unternehmenskennzeichen die Schutzgewährung über § 823 Abs. 1 BGB vorzu-

A. Namensrechtlicher Schutz (§ 12 BGB) Nach § 15

ziehen ist, soweit nicht ohnehin § 15 Abs. 3 MarkenG eingreift (dazu § 15 Rdn. 62 ff. und § 14 Rdn. 453 ff.).

Hat eine juristische Person bestimmte Aufgaben **ausgegliedert** 23 **und rechtlich verselbständigt,** so sollen Interessenverletzungen in diesem Funktionsbereich nur noch von der ausgegliederten Einheit geltend gemacht werden können (in diese Richtung BGH GRUR 1991, 157, 158 – *Johanniter-Bier;* bzgl. Interessen des verselbständigten Ordenswerks Johanniter-Unfallhilfe e. V.). Jedoch ist diese Beschränkung zumindest dann nicht gerechtfertigt, wenn maßgebliche Teile des Verkehrs von einer Gesamtorganisation ausgehen, da ihnen die rechtliche Organisationsstruktur im einzelnen unbekannt ist.

IV. Verletzungsansprüche

Der **Unterlassungsanspruch** nach § 12 S. 2 BGB ist nicht nur 24 grdsl. bei Wiederholungsgefahr gegeben, sondern auch schon bei Erstbegehungsgefahr (Vor §§ 14–19 Rdn. 25 ff.). § 12 S. 1 BGB gewährt dem Verletzten einen **Beseitigungsanspruch.** Er kann insbesondere auf Löschung der verletzenden Bezeichnung im Handels- bzw. Vereinsregister, aber zB auch auf den Verzicht auf einen verletzenden Internet Domain Namen gerichtet sein (LG Frankfurt aM CR 1997, 287, 288 – *das.de;* LG Lüneburg CR 1997, 288 – *celle.de:* § 249 S. 2 BGB; für Freigabeanspruch sogar im Verfügungsverfahren LG Braunschweig NJW 1997, 2687 – *braunschweig.de*). Zum Übertragungsanspruch bei Namensverletzung durch Domain Namen s. LG München I CR 1997, 479, 481 – *juris.de* und Vor §§ 14–19 Rdn. 96 f. Der Löschungsanspruch gegen namensverletzende eingetragene Marken folgt dagegen nicht aus § 12 S. 1 BGB, sondern aus der Spezialregelung in § 13 Abs. 2 Nr. 1 MarkenG iVm dem Unterlassungsanspruch nach § 12 S. 2 BGB. Bei schuldhaften Namensverletzungen haftet der Verletzer nach §§ 823 ff. BGB auch auf **Schadensersatz,** da das Namensrecht ein sonstiges absolutes Recht iSd § 823 Abs. 1 BGB ist (MünchKomm/*Schwerdtner* § 12 BGB Rdn. 151 mwN). Die Schadensberechnungsarten entsprechen denjenigen bei Kennzeichenverletzungen (BGH GRUR 1973, 375, 377 – *Miss Petite;* hierzu Vor §§ 14–19 Rdn. 63 ff.). Der Eingriff in das Namensrecht kann schließlich **Bereicherungsansprüche** begründen (s. dazu Vor §§ 14–19 Rdn. 73).

Nach § 15 B. Handelsrechtlicher Schutz (§ 37 Abs. 2 HGB)

V. Einwendungen und Einreden

25 Unterlassungs- und Schadenersatzansprüche wegen Namensverletzung **verjähren** entsprechend § 852 BGB in 3 Jahren ab Kenntniserlangung (BGH GRUR 1984, 820, 823 – *Intermarkt II*; BGH GRUR 1968, 367, 370 – *Corrida;* aA o. Begr. *Palandt/Heinrichs* § 12 BGB Rdn. 35; *Fezer* § 20 Rdn. 10; mißverständlich MünchKomm/ *Schwerdtner* § 12 BGB Rdn. 150: § 852 BGB „soweit unerlaubte Handlung") und damit im Ergebnis ebenso wie parallele kennzeichenrechtliche Ansprüche nach § 20 MarkenG. Die **Verwirkung** namensrechtlicher Ansprüche richtet sich im wesentlichen nach den bei § 21 Rdn. 16 ff. dargestellten allgemeinen Grundsätzen (zB BGH GRUR 1994, 844, 845 – *Rotes Kreuz;* BGH GRUR 1993, 151, 153 – *Universitätsemblem;* BGH GRUR 1991, 157, 159 – *Johanniter-Bier;* MünchKomm/*Schwerdtner* § 12 BGB Rdn. 146 ff.).

B. Handelsrechtlicher Schutz vor unbefugtem Firmengebrauch (§ 37 Abs. 2 HGB)

Inhaltsübersicht	Rdn.
I. Überblick	26, 27
II. Verhältnis zum MarkenG	28
III. Normzweck	29
IV. Voraussetzungen	30–33
1. Firmengebrauch	30
2. Unbefugt	31, 32
3. Rechtsverletzung	33
V. Einreden und Einwendungen	34–36
VI. Rechtsfolgen	37

I. Überblick

26 Unterlassungsansprüche gegen die Verwendung einer Firma im geschäftlichen Verkehr können sich neben §§ 14, 15 MarkenG und § 12 BGB auch aus der handelsregisterrechtlichen Bestimmung des § 37 Abs. 2 S. 1 HGB iVm dem Unterscheidungsgebot nach § 30 HGB ergeben. Diese Bestimmungen lauten:

§ 30 HGB. (1) Jede neue Firma muß sich von allen an demselben Ort oder in derselben Gemeinde bereits bestehenden und in das Handelsregister oder in das Genossenschaftsregister eingetragenen Firmen deutlich unterscheiden.

B. Handelsrechtlicher Schutz (§ 37 Abs. 2 HGB)   **Nach § 15**

(2) Hat ein Kaufmann mit einem bereits eingetragenen Kaufmanne die gleichen Vornamen und den gleichen Familiennamen und will auch er sich dieser Namen als seiner Firma bedienen, so muß er der Firma einen Zusatz beifügen, durch den sie sich von der bereits eingetragenen Firma deutlich unterscheidet.

(3) Besteht an dem Orte oder in der Gemeinde, wo eine Zweigniederlassung errichtet wird, bereits eine gleiche eingetragene Firma, so muß der Firma für die Zweigniederlassung ein der Vorschrift des Absatzes 2 entsprechender Zusatz beigefügt werden.

(4) Durch die Landesregierungen kann bestimmt werden, daß benachbarte Orte oder Gemeinden als ein Ort oder als eine Gemeinde im Sinne dieser Vorschriften anzusehen sind.

§ 37 HGB. (1) Wer eine nach den Vorschriften dieses Abschnitts ihm nicht zustehende Firma gebraucht, ist von dem Registergerichte zur Unterlassung des Gebrauchs der Firma durch Festsetzung von Ordnungsgeld anzuhalten.

(2) Wer in seinen Rechten dadurch verletzt wird, daß ein anderer eine Firma unbefugt gebraucht, kann von diesem die Unterlassung des Gebrauchs der Firma verlangen. Ein nach sonstigen Vorschriften begründeter Anspruch auf Schadensersatz bleibt unberührt.

Bei der bevorstehenden Neuregelung des Kaufmanns- und Firmenrechts durch das Handelsrechtsreformgesetz sollen diese beiden Vorschriften unverändert bleiben, jedoch die §§ 17 ff. HGB grundlegend geändert und die Führung einer Firma auch den bisherigen Minderkaufleuten ermöglicht werden (vgl. Entwurf BR-Drucks 340/97, ZIP 1996, 1445; *Scheibe* BB 1997, 1489). 27

II. Verhältnis zum MarkenG

Die registerrechtlichen Regelungen des formellen Firmenrechts (insbes. §§ 17 ff. HGB; 4, 10 Abs. 1 GmbHG; §§ 4, 39 Abs. 1, 279 AktG; § 3 GenG) sind grdsl. von dem Schutz des materiellen Kennzeichnungsrechts an der Firma nach § 5 Abs. 2 unabhängig. Das materielle Firmenrecht entsteht außerhalb und unabhängig von der Handelsregistereintragung, da die Ingebrauchnahme der Bezeichnung im geschäftlichen Verkehr vor der Firmeneintragung liegen kann (§ 5 Rdn. 17, 32). 28

III. Normzweck

Die Unterlassungsklage aus § 37 Abs. 2 HGB ergänzt das öffentlich-rechtliche Untersagungsverfahren nach § 37 Abs. 1 HGB. Die 29 private Initiative eines durch den Firmengebrauch in seinen Interessen Betroffenen wird für die Durchsetzung der firmenrechtlichen Vorschriften im Allgemeininteresse nutzbar gemacht (BGH GRUR 1970, 320, 322 – *Doktor-Firma*). Da es im Rahmen des § 37 Abs. 2 HGB somit wie bei § 37 Abs. 1 HGB allein um den firmenrechtlich unbefugten Gebrauch einer Firma geht, setzt § 37 Abs. 2 HGB nicht die materielle Verletzung des Firmen- oder sonstigen Kennzeichnungsrechts voraus (RGZ 75, 370, 372).

IV. Voraussetzungen

1. Firmengebrauch

30   Ein Firmengebrauch iSd § 37 HGB liegt in jeder Handlung, die unmittelbar auf den Betrieb des Geschäfts Bezug hat und als Willenskundgebung des Geschäftsinhabers zu verstehen ist, sich der verwendeten Bezeichnung als des eigenen Handelsnamens zu bedienen (BGH NJW 1991, 2023, 2024). Ob in der Führung einer bestimmten Bezeichnung eine solche Willensbekundung zu sehen ist, richtet sich nach der **Verkaufsauffassung** (BGH aaO; BayObLGZ 1960, 345, 351). Dementsprechend liegt ein firmenmäßiger Gebrauch vor allem vor, wenn eine Bezeichnung bei geschäftlichen Handlungen verwendet wird, bei denen die Angabe des Geschäftsinhabers angebracht ist und daher vom Verkehr erwartet wird (BGH aaO; OLG Celle OLGZ 1972, 220, 221). § 37 Abs. 2 HGB richtet sich nur gegen die unzulässige Firmenführung im ganzen, **nicht gegen Firmenschlagworte** (OLG Düsseldorf GRUR 1996, 361 – *Teco*; OLG Stuttgart BB 1991, 993; OLG Düsseldorf BB 1970, 923; RGZ 171, 321, 323), es sei denn, schlagwortartig herausgestellte Geschäftsbezeichnungen erwecken im Verkehr den Eindruck, es handele sich um die vollständige oder verkürzte Firma des Unternehmensträgers (BGH NJW 1991, 2023, 2024; zu den Abgrenzungsansätzen im einzelnen MünchKomm/HGB *Lieb/Krebs* § 37 Rdn. 14 ff.). Wird in solchen Fällen nicht eindeutig kenntlich gemacht, daß nur eine schlagwortartige Geschäftsbezeichnung (oder eine Marke) verwendet werden soll, so ist regelmäßig davon auszugehen, daß der Verkehr nicht nur einen Hinweis auf das Geschäft als solches oder seine Produkte sieht, sondern zumindest auch auf den Namen des Geschäftsinhabers, also seine Firma (BGH NJW 1991, 2023, 2024). Es genügt, daß bei einem rechtlich nicht unbeachtlichen Teil des Verkehrs der Eindruck einer Firma entsteht, wobei auch die Art der Bezeichnung zu berücksichtigen sein kann

B. Handelsrechtlicher Schutz (§ 37 Abs. 2 HGB)   **Nach § 15**

(BGH NJW 1991, 2023, 2025). Beispiele: Verwendung auf Briefpapieren, Rechnungen, Katalogen etc an einer Stelle und in einer Weise, in der typischerweise die Firma angegeben wird oder kraft gesetzlicher Vorschriften anzugeben ist (zB § 35a GmbHG, § 80 AktG; zukünftig § 37a HGB); Inserate (OLG Celle OLGZ 1972, 220, 221; OLG Oldenburg BB 1964, 573); Telefon- und Adreßverzeichnisse (OLG Hamburg WRP 1977, 496, 497; BayObLG 1960, 996); Produktaufkleber (OLG Hamburg BB 1973, 1456). Schon die **Anmeldung einer Firma beim Registergericht** ist Gebrauch iSd § 37 HGB (BayObLGZ 1989, 44, 50; BayObLG NJW-RR 1989, 100). § 37 HGB betrifft nur den Gebrauch im **Inland** (OLG Karlsruhe WRP 1985, 104, 105). Die Firma muß **als eigene** gebraucht werden, nicht zur Benennung Dritter (MünchKomm/HGB *Lieb/Krebs* § 37 Rdn. 12).

2. Unbefugt

Der Firmengebrauch ist unbefugt im Sinne des § 37 Abs. 2   **31** HGB, wenn die Firma dem Verwender im Sinne des § 37 Abs. 1 HGB nicht zusteht, d. h. handelsrechtlich nach §§ 18 ff. HGB unzulässig ist. Zu den firmenrechtlichen Grundsätzen gehört das Unterscheidungsgebot nach § 30 Abs. 2 HGB in Bezug auf ältere Firmen an demselben Ort/Gemeinde. Der registerrechtliche Begriff **deutlicher Unterscheidbarkeit** deckt sich nicht mit der materiell-rechtlichen Verwechslungsgefahr. Für § 30 Abs. 2 HGB sind die Firmen so zu vergleichen, wie sie im Handelsregister eingetragen, nicht aber, wie sie tatsächlich gebraucht werden (RGZ 171, 321, 323). Denn § 30 Abs. 1 HGB verfolgt im wesentlichen öffentlich-rechtliche Zwecke (BGH GRUR 1970, 320, 322 – *Doktor-Firma*). Die registerrechtlichen Anforderungen an die Unterscheidbarkeit von Firmen sind regelmäßig geringer als die Anforderungen für den Ausschluß materiell-rechtlicher Verwechslungsgefahr (OLG Nürnberg WRP 1996, 242, 245 – *Hotel am Stadtpark*; offengelassen von BGH GRUR 1993, 574, 575 – *Decker*). Für die deutliche Unterscheidbarkeit leisten auch die den Geschäftsgegenstand beschreibenden Angaben einen wesentlichen Beitrag (OLG Düsseldorf GRUR 1996, 361, 362 – *Teco*). Die Übereinstimmung in einer nicht unterscheidungskräftigen Firmenbezeichnung, die den Geschäftsgegenstand beschreibt, begründet keine Verwechslungsgefahr im firmenrechtlichen Sinne (BGH GRUR 1988, 319, 321 – *VIDEO-RENT*). Ein unterschiedlicher Vorname kann für die Unterscheidbarkeit genügen (BGH GRUR 1993, 574, 575 – *Decker*).

32 Der Anspruch auf Unterlassung unbefugten Firmengebrauchs richtet sich nach überwiegender, aber bestrittener Auffassung nicht nur gegen (Voll-)Kaufleute, sondern auch gegen eine firmenähnliche Namensführung durch **Nichtkaufleute** (OLG Karlsruhe WRP 1985, 509, 510; *Baumbach/Hopt* § 37 Rdn. 1; *Staub/Hüffer* § 37 Rdn. 20 iVm Rdn. 8; aA ausf. MünchKomm/HGB *Lieb/Krebs* § 37 Rdn. 41). Hinsichtlich der Minderkaufleute iSd bisherigen § 4 HGB wird sich diese Streitfrage durch die Handelsrechtsreform erledigen.

3. Rechtsverletzung

33 Zur Klage nach § 37 Abs. 2 HGB ist nur berechtigt, wer durch den unbefugten Gebrauch einer Firma „in seinen Rechten verletzt" wird. Hierfür genügt die unmittelbare Verletzung **rechtlicher Interessen wirtschaftlicher Art** (BGH NJW 1991, 2023; BGH GRUR 1970, 320, 322 – *Doktor-Firma*). Der Kreis der Klageberechtigten ist weit zu ziehen. Dazu gehören nicht nur Inhaber kollidierender Kennzeichenrechte nach dem MarkenG oder § 12 BGB sondern alle Wettbewerber (BGH NJW 1991, 2023; BGHZ 53, 65, 70; OLG Hamm NJW-RR 1989, 549; gegen Anwendung des § 13 Abs. 2 Nr. 2 UWG jetzt BGH WRP 1997, 731, 735 – *Euromint*). Die Rechtsverletzung muß ein eigenes Interesse des Klägers, nicht das eines Dritten betreffen. Noch ungeklärt ist die Klagebefugnis von **Verbänden,** die richtigerweise schon immer dann bejaht werden sollten, wenn der Verband satzungsgemäß die wirtschaftlichen Interessen seiner Mitglieder wahrnimmt und eines der Mitglieder in dem obigen Sinne „verletzt" ist (GK/*Teplitzky* § 16 Rdn. 474). Weitere Voraussetzung ist **Wiederholungsgefahr;** sie folgt als ungeschriebenes Tatbestandsmerkmal aus dem Anspruchsziel des Unterlassens (KG HRR 1929 Nr. 21; OLG Hamburg Recht 1907 Sp. 1330 Nr. 3361).

V. Einreden und Einwendungen

34 Einwendungen, die nur in der Person des Klägers begründet sind, sind trotz der Betroffenheit des Allgemeininteresses zulässig. Durch die **Zustimmung** des in seinen Rechten Betroffene zu der firmenrechtlich unzulässige Benutzung wird letztere zwar nicht zulässig, bleibt also unbefugt; da jedoch eine rechtswidrige Verletzung des Interesses des Betroffenen nicht vorliegt, fehlt die Klagebefugnis

(MünchKomm/HGB *Lieb/Krebs* § 37 Rdn. 51; OGH SZ 48 (1975) Nr. 125 S. 633, 637 f.).

Ob der Anspruch nach § 37 Abs. 2 HGB **verwirkbar** ist, hat der BGH offengelassen, aber für den Regelfall verneint, weil ein eventueller Besitzstand jedenfalls wegen Verstoßes gegen eine auch Dritt- und Allgemeininteressen dienende Vorschrift nicht schutzwürdig ist (BGH GRUR 1993, 576, 578 – *Datatel*). Richtigerweise ist Verwirkbarkeit zu bejahen, da eine Klage aus § 37 Abs. 2 HGB eine Rechtsverletzung voraussetzt (RGZ 167, 184, 190 f.; MünchKomm/HGB *Lieb/Krebs* § 37 Rdn. 52; aA GK/*Teplitzky* § 16 Rdn. 476). 35

Der Unterlassungsanspruch **verjährt** nach § 195 BGB in 30 Jahren. Die Verjährung beginnt nach den allgemeinen Regeln (vgl. § 20 Rdn. 9 ff.) jedoch erst mit der Einstellung des Gebrauchs der Firma und ist daher wegen des stets viel früheren Wegfalls der Wiederholungsgefahr bedeutungslos (MünchKomm/HGB *Lieb/Krebs* § 37 Rdn. 53). 36

VI. Rechtsfolgen

§ 37 Abs. 2 HGB verschafft zunächst einen Anspruch auf **Unterlassung** des Gebrauchs der Firma, der auch im Wege einstweiliger Verfügung durchgesetzt werden kann. Die Dringlichkeitsvermutung des § 25 UWG gilt nicht. Wie im Wettbewerbsrecht hat die Rspr. den Unterlassungsanspruch zum Beseitigungsanspruch weiterentwickelt, der unmittelbar auf Beantragung der **Löschung** im Handelsregister gerichtet werden kann (BGH BB 1965, 1202; BGH GRUR 1955, 487, 488). Ein **Schadensersatzanspruch** aufgrund des firmenrechtlichen Verstoßes ist nicht vorgesehen, jedoch bleiben nach § 37 Abs. 2 S. 2 HGB andere Anspruchsgrundlagen unberührt, insbesondere §§ 14 Abs. 6, 15 Abs. 5 MarkenG. 37

§ 16 Wiedergabe einer eingetragenen Marke in Nachschlagewerken

(1) **Erweckt die Wiedergabe einer eingetragenen Marke in einem Wörterbuch, einem Lexikon oder einem ähnlichen Nachschlagewerk den Eindruck, daß es sich bei der Marke um eine Gattungsbezeichnung für die Waren oder Dienstleistungen handelt, für die die Marke eingetragen ist, kann der Inhaber der Marke vom Verleger des Werkes verlangen, daß der Wiedergabe der Marke ein**

§ 16 Markenwiedergabe in Nachschlagewerken

Hinweis beigefügt wird, daß es sich um eine eingetragene Marke handelt.

(2) Ist das Werk bereits erschienen, so beschränkt sich der Anspruch darauf, daß der Hinweis nach Absatz 1 bei einer neuen Auflage des Werkes aufgenommen wird.

(3) Die Absätze 1 und 2 sind entsprechend anzuwenden, wenn das Nachschlagewerk in der Form einer elektronischen Datenbank vertrieben wird oder wenn zu einer elektronischen Datenbank, die ein Nachschlagewerk enthält, Zugang gewährt wird.

Inhaltsübersicht

	Rdn.
I. Allgemeines	1–4
1. Überblick	1
2. Früheres Recht	2
3. MRRL	3
4. Gemeinschaftsmarkenrecht	4
II. Normzweck	5
III. Voraussetzungen	6–11
1. Eingetragene Marke	6, 7
2. Nachschlagewerk, Datenbank	8, 9
3. Wiedergabe der Marke im Nachschlagewerk	10
4. Eindruck einer Gattungsbezeichnung	11
IV. Rechtsfolgen	12–21
1. Anspruch auf Hinweis	12–17
a) Hinweisinhalt	12
b) Beschränkung auf Neuauflage	13–15
c) Aktivlegitimation	16
d) Passivlegitimation	17
2. Schadensersatz	18
3. Prozessuales	19–21
a) Klageantrag	19
b) Vollstreckung	20
c) Einstweiliger Rechtsschutz	21
V. Verhältnis zu anderen Anspruchsgrundlagen	22

I. Allgemeines

1. Überblick

1 Eingetragene Marken können sich zu Gattungsbezeichnungen für die eingetragenen Waren oder Dienstleistungen entwickeln, wodurch sie gemäß § 49 Abs. 2 Nr. 1 löschungsreif werden. Zu einer solchen Entwicklung können auch Wiedergaben der Marke

in konventionellen oder elektronischen Nachschlagewerken beitragen, die den Eindruck einer Gattungsbezeichnung erwecken. Da dies keine Markenverletzung iSd § 14 darstellt (Amtl Begr zu § 16), gibt § 16 dem Markeninhaber einen eigenständigen Anspruch darauf, daß durch einen Hinweis klargestellt wird, daß es sich um eine eingetragene Marke handelt. Eine Fehlerkorrektur zu § 16 Abs. 3 findet sich in BGBl I 156 = Bl 1995, 135.

2. Früheres Recht

Das WZG enthielt keine vergleichbare Regelung. Mangels zeichenmäßigen Gebrauchs kamen nur bürgerlichrechtliche Ansprüche in Betracht (grdl. RGZ 117, 408 – *Lysol*). 2

3. MRRL

Die MRRL enthält keine vergleichbare Regelung, schließt sie 3 aber auch nicht aus.

4. Gemeinschaftsmarkenrecht

§ 16 Abs. 1 und 2 entspricht inhaltlich Art. 10 GMVO. Die dort 4 nicht ausdrücklich erwähnten elektronischen Datenbanken werden von dem Auffangbegriff der „ähnlichen Nachschlagewerke" des Art. 10 GMVO erfaßt, wenn sie funktionell den konventionellen Werken dieser Art nahestehen (vgl. *Ingerl*, Die Gemeinschaftsmarke, S 94, auch zum Hinweisinhalt bei Gemeinschaftsmarken).

II. Normzweck

§ 16 will den Markeninhaber nur vor der Verwässerung und 5 dem Verfall seiner Marke zur Gattungsbezeichnung schützen, nicht aber dazu verhelfen, den bestehenden Markenschutz zu anderen Zwecken publik zu machen, zB zur Warnung vor Verletzungen oder aus Werbegründen. Diese enge Zwecksetzung ist bei Auslegung und Anwendung der Vorschrift ebenso durchgängig zu beachten, wie die Wahrung der Verhältnismäßigkeit gegenüber dem Verleger, der bei einem umfangreicheren Nachschlagewerk zahllosen Ansprüchen nach § 16 ausgesetzt sein kann. In vielen allgemeinen und fachbezogenen Nachschlagewerken ist der Hinweis bereits üblich (zB Duden, Römpps Chemielexikon).

§ 16 Markenwiedergabe in Nachschlagewerken

III. Voraussetzungen

1. Eingetragene Marke

6   Nur eine eingetragene deutsche Marke oder eine auf Deutschland erstreckte IR-Marke (§§ 112, 124) genießt den Schutz nach § 16. Ob sie benutzt ist, spielt nach dem Gesetz keine Rolle. § 25 ist auf Ansprüche nach § 16 bewußt nicht für anwendbar erklärt wurde, wenn auch mit merkwürdiger Begründung (Amtl. Begr. 5. Abs. zu § 25: der Anspruch nach § 16 werde ohnehin nur bei verkehrsbekannten Marken praktisch, die dann auch benutzt seien). Damit bleibt nur der Rechtsmißbrauchseinwand bei Geltendmachung aus langjährig unbenutzten Marken ohne nachvollziehbares Interesse. Die bloße **Anmeldung** als Marke verschafft den Anspruch nach § 16 noch nicht.

7   Auf nicht eingetragene Marken kraft Verkehrsgeltung oder Notorietät (§ 4 Nr. 2 und 3) und geschäftliche Bezeichnungen ist § 16 auch **nicht analog** anwendbar (aA *Lehmann* FS Beier 1996, 284 für geschäftliche Bezeichnungen). In diesen Fällen fehlt eine dem Markenregister vergleichbare und dem Verleger ohne weiteres zugängliche Überprüfungsmöglichkeit. Prozesse über die Verkehrsgeltung würden eine unverhältnismäßige Belastung der Verleger darstellen, während dem Markeninhaber die Herbeiführung der Markeneintragung (ggf. über § 8 Abs. 3) zumutbar ist.

2. Nachschlagewerk, Datenbank

8   Der Anwendungsbereich des § 16 ist eng begrenzt. Er umfaßt nur Nachschlagewerke, die noch als einem Wörterbuch oder Lexikon **funktionell ähnlich** angesehen werden können. Die Nachschlagemöglichkeit muß Hauptzweck des Werkes sein. Darunter fallen zB Kommentare, keinesfalls aber Lehrbücher (aA *Fezer* § 16 Rdn. 3) und auch nicht etwa Zeitschriftensammlungen wegen ihrer Jahresregister. Im Ausland erscheinende Werke sind nur erfaßt, wenn sie bestimmungsgemäß auch im Inland in einer für die Beeinflussung der inländischen Verkehrsauffassung zweifelsfrei erheblichen Zahl vertrieben werden. Die Regelung wirft bei grenzüberschreitendem Vertrieb des Nachschlagewerks Schwierigkeiten auf, weil nach Schutzländern differenzierende Hinweise schon aus Platzgründen kaum unterzubringen sind und daher Irreführungsgefahren entstehen können.

§ 16 Abs. 3 bezieht nicht alle elektronischen Datenbanken ein, sondern nur solche, die ein Nachschlagewerk darstellen (vgl. dazu den weitergehenden Datenbankbegriff des Art. 1 Abs. 2 EG-Richtlinie 96/9, ABl. EG L 77 vom 27. 3. 1996 S. 20 ff. = Bl. 1996, 272). Die 1. Alt. beschreibt auf Datenträger oder auch per Überspielung vertriebene Datenbanken, während die 2. Alt. den Online-Zugriff anspricht. § 16 Abs. 3 hat nur deklaratorische Bedeutung. Er stellt klar, daß der Begriff des Nachschlagewerks nicht konventionell, sondern unabhängig von der technischen Form der Speicherung, Abfrage und Wiedergabe zu verstehen ist.

3. Wiedergabe der Marke im Nachschlagewerk

Der Anspruch nach § 16 betrifft nur Markenwiedergaben in den eigenen Angaben des Nachschlagewerks, nicht aber solche in Texten/Darstellungen aus nicht primär Nachschlagezwecken dienenden Drittveröffentlichungen, die z. B. in einer Datenbank nach Art eines Archivs in ihrer Originalfassung gesammelt und abrufbar sind. Eine solche **Umwidmung zu Nachschlagezwecken** begründet noch keine eigene Verantwortung des Verlegers für das Fehlen eines Markenhinweises im Ausgangstext. Die Einbeziehung solchen Drittmaterials wäre unverhältnismäßig und würde zu Veränderungen des Originals bzw. unzumutbaren separaten Hinweiszusätzen zwingen. Als Such- und Stichworte eingerichtete Markenwörter fallen dagegen in den Anwendungsbereich des § 16, soweit es sich nicht nur um direkte Übernahmen aus derartigen Drittmaterialien handelt (zB bei Volltextsuche).

4. Eindruck einer Gattungsbezeichnung

Ist nach der Art der Marke (zB ungewöhnliches Kunstwort) oder der Art und Weise ihrer inhaltlichen Verwendung in dem Werk ein Verständnis als Gattungsbezeichnung für die eingetragenen Waren/Dienstleistungen zweifelsfrei ausgeschlossen, bedarf es keines Hinweises. Maßgeblich ist die **aktuelle inländische Verkehrsauffassung**, nicht die theoretische Möglichkeit, daß eine Entwicklung in Richtung Gattungsbezeichnung zukünftig drohen und erst dann auch ein Lexikoneintrag entsprechend verstärkend wirken könne. Zum Eindruck einer bloßen Gattungsbezeichnung kann es aber beitragen, wenn andere Marken in dem Nachschlagewerk mit einem Hinweis versehen sind. Auf Marken, die gleichzeitig Unternehmenskennzeichen sind, ist § 16 nicht anwendbar, wenn die Wiedergabe nur zur Benennung des Unternehmens und nicht auch der Waren oder Dienstleistungen dient.

IV. Rechtsfolgen

1. Anspruch auf Hinweis

12 **a) Hinweisinhalt.** Bei der Ausgestaltung des Hinweises ist der Verleger grundsätzlich frei, sofern nur das Ziel der Kennzeichnung als eingetragene Marke erreicht wird. Wird jedoch in dem Werk eine bestimmte Hinweisform für eingetragene Marken bereits verwendet, kann das Verlangen darauf konkretisiert werden. Ausreichend und bereits vielfach praktiziert ist die Verwendung des Symbols „R" im Kreis, dessen Bedeutung „registered" heute aufgrund breiter Verwendung in der Werbung und auf Produkten weithin bekannt ist. Bloße Herstellerhinweise genügen nicht (vgl. BPatGE 37, 44, 49 – *VHS*: „System entwickelt von"). Ein Anspruch auf Nennung des Markeninhabers oder sonstiger weiterer Angaben besteht entsprechend dem beschränkten Normzweck (Rdn. 5) nicht. Auch das Schutzland muß nicht angegeben werden (oben Rdn. 8).

13 **b) Beschränkung auf Neuauflage.** § 16 Abs. 2 verweist den Markeninhaber auf einen Hinweis in einer späteren neuen Auflage, wenn das Werk bereits erschienen ist. Dadurch soll ein „Eingriff in bereits erschienene Werke" wegen seiner Unverhältnismäßigkeit ausgeschlossen werden (Amtl. Begr. zu § 16). Maßgeblicher Zeitpunkt ist zunächst der **Zugang des Verlangens** gem. § 16 Abs. 1 beim Verleger. § 16 Abs. 2 ist jedoch auch dann anwendbar, wenn der Markeninhaber das Verlangen rechtzeitig gestellt und Klage erhoben hat, das Werk aber während des Prozesses noch vor einer vollstreckbaren Verurteilung erscheint. Der Verleger darf nicht schlechter gestellt werden, weil er auf gerichtlicher Klärung bestanden hat. Der Anspruch geht in diesem Falle hinsichtlich der aktuellen Auflage ins Leere und kann nur auf zukünftige Auflagen umgestellt, nicht aber auf Änderung der erschienen Auflage gerichtet werden. Den daraus naturgemäß resultierenden Vereitelungsversuchungen kann erforderlichenfalls durch einstweiligen Rechtsschutz entgegengewirkt werden (unten Rdn. 21).

14 Mit dem Begriff der „Erscheinens" sollte wohl an die urheberrechtliche Legaldefinition in § 6 Abs. 2 UrhG angeknüpft werden, wonach Herstellung in ausreichender Stückzahl und mindestens

öffentliches Anbieten erforderlich sind. Dieser Zeitpunkt ist jedoch für die Zwecke des § 16 Abs. 2 zu spät, da alle wesentlichen Investitionen der Werkherstellung bereits zuvor getätigt werden. § 16 Abs. 2 muß daher schon ab **Beginn des Herstellungsvorgangs** eingreifen. Dies vermeidet auch Widersprüche zu Art. 10 GMVO, der nicht auf das Erscheinen abstellt („spätestens bei einer Neuauflage"). Bei Datenbanken, zu denen laufend Updates vertrieben werden, ist bereits das nächste Update als Neuauflage anzusehen, soweit es den Teil mit der Markenwiedergabe betrifft. Bei online-Datenbanken mit laufender Aktualisierung ist § 16 Abs. 2 unanwendbar und die Beifügung unverzüglich vorzunehmen.

Die Anspruchsbegrenzung durch § 16 Abs. 2 gilt nicht auch für vertragliche Zusagen. Verpflichtet sich der Verleger auf Verlangen des Markeninhabers zur Aufnahme des Hinweises, hält sich dann aber nicht an seine Zusage, kann dem Markeninhaber ein gegen die Verbreitung des Werkes ohne Hinweis gerichteter Unterlassungsanspruch als Schadensersatzanspruch aus dem Bruch der Zusage gewährt werden, ohne daß dann noch Rücksichtnahme auf den Verleger geboten wäre. 15

c) **Aktivlegitimation.** Nur der Markeninhaber selbst ist anspruchsberechtigt, nicht auch ein Lizenznehmer. § 30 Abs. 3 ist mangels „Verletzung" einer Marke nicht auf § 16 anwendbar. Gewillkürte Prozeßstandschaft ist nach den allgemeinen Regeln möglich (Vor §§ 14–19 Rdn. 8). 16

d) **Passivlegitimation.** Der Anspruch richtet sich nur gegen den Verleger des Nachschlagewerks, nicht gegen Autoren, Herausgeber, Händler. Bei elektronischen Datenbanken auf Datenträgern gilt das sinngemäß, d.h. der Anspruch besteht nur gegenüber dem Unternehmen, das Aufgaben wahrnimmt, die den wesentlichen Verlegerfunktionen bei einem konventionellen Werk entsprechen. Die Erwähnung von Vertrieb und Zugangsgewährung in § 16 Abs. 3 bedeutet keine Erweiterung der Passivlegitimation auf jede Vertriebsperson oder etwa alle (Sub-)Provider eines Online-Nachschlagewerks (zurückhaltender Amtl. Begr. zu § 16; ganz aA *Fezer* § 16 Rdn. 11). 17

2. Schadensersatz

§ 16 sieht keine Sanktionen bei Verweigerung des Hinweises vor. Dies muß nicht als abschließender Ausschluß von Schadensersatzansprüchen verstanden werden. Die Pflicht zur Hinweisbeifü- 18 gung obliegt dem Verleger allerdings nicht schon allein kraft Gesetzes, sondern wird erst durch das Verlangen des Markeninhabers aktualisiert. Damit konkretisiert sie sich aber zugleich zu einem gesetzlichen Schuldverhältnis, dessen schuldhafte Verletzung den Verleger nach den allgemeinen Regeln schadensersatzpflichtig machen kann. Bei zunächst gegebener Zusage (Rdn. 15) liegt auch eine Vertragsverletzung vor. Weitere mögliche Anspruchsgrundlagen s. Rdn. 22.

3. Prozessuales

19 **a) Klageantrag.** Die Klage ist gemäß § 16 Abs. 1 auf Leistung zu richten („... wird verurteilt, in künftigen Auflagen des Werkes ... darin enthaltenen Wiedergaben der deutschen Marke ... einen Hinweis darauf beizufügen, daß es sich um eine eingetragene Marke handelt", bzw. im Falle oben Rdn. 12 zulässigerweise konkretisiert: „ ... das Symbol des „R" im Kreis beizufügen"), nicht dagegen auf Unterlassung der Verbreitung ohne Hinweis.

20 **b) Vollstreckung.** Die Vollstreckung erfolgt durch Zwangsmittel gem. § 888 ZPO, da der Hinweis eine unvertretbare Handlung darstellt.

21 **c) Einstweiliger Rechtsschutz.** Der Hinweisanspruch kann grundsätzlich auch im Wege einstweiliger Verfügung durchgesetzt werden, wenn das Erscheinen bevorsteht, der Hinweis aber noch möglich ist. Jedoch ist zu verlangen, daß der Anspruch mit hoher Wahrscheinlichkeit besteht, der Markeninhaber sein Verlangen unverzüglich nach Kenntniserlangung mitgeteilt hat und die Bedeutung des Hinweises nach Art der Marke und des Nachschlagewerkes von nachvollziehbarem Gewicht für die Entwicklung der Verkehrsauffassung ist.

V. Verhältnis zu anderen Anspruchsgrundlagen

22 Gemäß § 2 schließt § 16 die Anwendung des in RGZ 117, 408 – Lysol als Anspruchsgrundlage bzgl. eines Lexikoneintrags erwogenen § 823 Abs. 1 BGB nicht generell aus. Zur Abwehr der den eingetragenen Marken durch Nachschlagewerke drohenden Gefahren dürfte § 16 jedoch regelmäßig ausreichen und in seinem Anwendungsbereich lex specialis sein. Der Rückgriff auf § 823 Abs. 1 BGB bei anderen Beeinträchtigungsarten und generell zum Schutz nicht eingetragener Marken sowie sonstiger Kennzeichen

vor grundloser Verwendung als Gattungsbezeichnungen ist dagegen weiterhin unerläßlich, soweit nicht §§ 14, 15 eingreifen (§ 14 Rdn. 521 ff.). Im Verhältnis zwischen Wettbewerbern verstößt die gezielte Abwertung geschützter Kennzeichen zu Gattungsbezeichnungen nach der bisherigen Rspr. regelmäßig gegen § 1 UWG (Nachw. § 23 Rdn. 47).

§ 17 Ansprüche gegen Agenten oder Vertreter

(1) **Ist eine Marke entgegen § 11 für den Agenten oder Vertreter des Inhabers der Marke ohne dessen Zustimmung angemeldet oder eingetragen worden, so ist der Inhaber der Marke berechtigt, von dem Agenten oder Vertreter die Übertragung des durch die Anmeldung oder Eintragung der Marke begründeten Rechts zu verlangen.**

(2) **Ist eine Marke entgegen § 11 für einen Agenten oder Vertreter des Inhabers der Marke eingetragen worden, so kann der Inhaber die Benutzung der Marke im Sinne des § 14 durch den Agenten oder Vertreter untersagen, wenn er der Benutzung nicht zugestimmt hat. Handelt der Agent oder Vertreter vorsätzlich oder fahrlässig, so ist er dem Inhaber der Marke zum Ersatz des durch die Verletzungshandlung entstandenen Schadens verpflichtet. § 14 Abs. 7 ist entsprechend anzuwenden.**

Inhaltsübersicht

	Rdn.
I. Allgemeines	1–4
1. Überblick	1
2. Früheres Recht	2
3. MRRL	3
4. Gemeinschaftsmarkenrecht	4
II. Normzweck	5–7
III. Voraussetzungen	8
IV. Rechtsfolgen	9–19
1. Übertragungsanspruch	9–14
a) Inhalt	9
b) Klage, Vollstreckung	10
c) Sicherung	11
d) Geltendmachung gegenüber Rechtsnachfolgern und Strohmännern	12
e) Wirkung der Übertragung	13
f) Einrede vor Übertragung	14
2. Unterlassungsanspruch	15, 16
3. Beseitigungs- und Auskunftsansprüche	17

	Rdn.
4. Schadensersatzanspruch	18
5. Haftung für Angestellte und Beauftragte	19
V. Verhältnis zu anderen Bestimmungen	20
VI. Schutz vor nicht eingetragenen Kennzeichenrechten eines Agenten	21–26
1. Durch Benutzung entstandene Marken	21–23
2. Geschäftliche Bezeichnungen	24–26

Literatur: *Munz*, Zuordnung der Verkehrsgeltung bei Beendigung des Vertriebsvertrages, GRUR 1995, 474.

I. Allgemeines

1. Überblick

1   § 17 ergänzt den in §§ 11, 42 Abs. 2 Nr. 3, 51 als Löschungsanspruch und Widerspruchsgrund ausgestalteten Schutz des Inhabers einer inländischen oder ausländischen Marke gegenüber Markeneintragungen, die eigenmächtig von einem seiner Agenten oder Vertreter veranlaßt wurden. § 17 Abs. 1 verschafft dem Geschäftsherrn einen schon im Anmeldestadium eingreifenden Übertragungsanspruch. § 17 Abs. 2 gewährt Unterlassungs- und Schadensersatzansprüche. Vernichtungs- und Auskunftsansprüche ergeben sich in Verbindung mit §§ 18, 19. § 17 erfüllt zusammen mit § 11 die Verpflichtung nach Art. 6^{septies} PVÜ, gilt aber darüber hinaus auch für reine Inlandsfälle.

2. Früheres Recht

2   Im WZG waren die Rechte gegenüber dem ungetreuen Agenten auf Löschung (§ 11 Abs. 1 Nr. 1a WZG) bzw. Widerspruch (§ 5 Abs. 4 Nr. 2 WZG) beschränkt und galten nur zugunsten der Inhaber ausländischer Zeichenrechte. Ein Übertragungsanspruch war nur bei direkter Anwendung des Art. 6^{septies} PVÜ (*Bauer* GRUR Int 1971, 503) oder als Schadensersatzanspruch wegen Verletzung des Agentenvertrages begründbar.

3. MRRL

3   Die MRRL enthält keine Regelung über die Agentenmarke. Soweit § 17 der Erfüllung von PVÜ-Verpflichtungen dient, bleibt die Vorschrift von MRRL unberührt (12. ErwGr), soweit sie darüberhinausgeht, als ergänzende Regelung zu einem nicht harmonisierten Ungültigkeitsgrund iSd 7. ErwGr zulässig.

4. Gemeinschaftsmarkenrecht

Auch im Gemeinschaftsmarkenrecht ist der Schutz des Geschäfts- 4
herrn gemäß den Vorgaben des Art. 6^{septies} PVÜ ausgestaltet. Dem
§ 17 entspricht Art. 18 GMVO hinsichtlich des Übertragungsanspruchs und Art. 11 GMVO hinsichtlich des Untersagungstatbestands. Schadensersatzansprüche des Geschäftsherrn sieht das Gemeinschaftsmarkenrecht selbst nicht vor. Einer analogen Anwendung des § 17 Abs. 2 S. 2 in den über Art. 14 Abs. 3, 98 Abs. 2 GMVO ergänzend dem deutschen Recht unterstellten Gemeinschaftsmarkenfällen steht entgegen, daß diese Bestimmung gerade nicht auf Gemeinschaftsmarken anwendbar erklärt worden ist (*Ingerl*, Die Gemeinschaftsmarke, S. 90).

II. Normzweck

Der Übertragungsanspruch nach § 17 Abs. 1 soll dem Geschäfts- 5
herrn diejenige Rechtsstellung verschaffen, die er erlangt hätte, wenn der Agent die Anmeldung nicht für sich sondern im Namen des Geschäftsherrn getätigt hätte. Die Bedeutung der Übertragung liegt dabei nicht im Verhältnis zwischen Geschäftsherr und Agent. Denn insoweit wären Unterlassungsanspruch und Einrede gegenüber den Rechten aus der Agentenmarke ausreichend. Hauptzweck der Übertragung ist es vielmehr, dem Geschäftsherrn die Agentenmarke mit ihrer **Priorität** im Hinblick auf das Verhältnis zu Dritten zu verschaffen, insbesondere gegenüber Erwerbern zwischenzeitlich entstandener Kennzeichenrechte.

Eine über den Fall des ungetreuen Agenten hinausreichende, 6
grundsätzlichere Bedeutung kommt § 17 Abs. 1 deshalb zu, weil es sich um den einzigen ausdrücklich geregelten Fall einer „**markenrechtlichen Vindikation**" handelt (vgl. § 8 PatG, Art. II § 5 IntPatÜG zur patentrechtlichen Vindikation bei widerrechtlicher Entnahme) und sich die Frage analoger Anwendung in anderen Verletzungsfällen stellt (dazu Vor §§ 14–19 Rdn. 96f.). Die zu § 8 PatG entwickelten Regeln können dabei unabhängig von den Schutzrechtsunterschieden als solchen schon deshalb nicht ohne weiteres übertragen werden, weil die widerrechtliche Entnahme in das gegenüber jedermann bestehende Recht an der Erfindung eingreift, während die Rechtswidrigkeit der Agentenanmeldung auf den besonderen Beziehungen zwischen Geschäftsherr und Agent beruht.

§ 17   Ansprüche gegen Agenten oder Vertreter

7   Der durch § 17 Abs. 2 gewährte Unterlassungs- und Schadensersatzanspruch ist immer dann wichtig, wenn die ältere Marke des Geschäftsherrn nur im Ausland Schutz genießt und ihm daher im Inland keine Verletzungsansprüche aus eigenem Recht zustehen.

III. Voraussetzungen

8   Beide Absätze des § 17 wiederholen in ihrem Wortlaut die wesentlichen Tatbestandsmerkmale der sog Agentenmarke nach § 11 und beziehen sich zugleich ausdrücklich auf diese Bestimmung. Zu den Begriffen „Agent" und „Vertreter" (im folgenden „Agent"), den Voraussetzungen auf seiten des „Inhabers der Marke" und den Fragen der Zustimmung oder Rechtfertigung ist somit auf die Erläuterungen zu § 11 zu verweisen. Wie § 11 kommt auch § 17 nur demjenigen Geschäftsherrn zugute, der wenigstens irgendwo im Ausland eine ältere Marke innehat (§ 11 Rdn. 14–16) und schützt nur vor einzutragenden Marken, nicht aber vor anderen Kennzeichenrechten des Agenten (dazu unten Rdn. 21 ff.).

IV. Rechtsfolgen

1. Übertragungsanspruch

9   **a) Inhalt.** Der Anspruch nach § 17 Abs. 1 ist auf rechtsgeschäftliche Übertragung der Marke bzw. der Anmeldung gem §§ 27, 31 gerichtet. Liegen die Voraussetzungen der Agentenmarke nur hinsichtlich eines Teils des Waren/Dienstleistungsverzeichnisses vor, ist er auf Teilübertragung gem. § 27 Abs. 4 beschränkt.

10   **b) Klage, Vollstreckung.** Die Klage ist auf Abgabe der zur materiellrechtlichen Übertragung (und ggf. Teilung) erforderlichen Erklärung in der zum Nachweis gem §§ 27 Abs. 3 MarkenG, 31 MarkenV geeigneten Form zu richten. Ein Anspruch auf Mitwirkung bei der Antragstellung besteht nicht, da der Geschäftsherr die Umschreibung nach § 27 Abs. 3 alleine beantragen kann. Die Vollstreckung erfolgt gem. § 894 ZPO.

11   **c) Sicherung.** Da Vereitelung durch Rücknahme (§ 39) bzw. Verzicht (§ 48) möglich ist, kann der Anspruch durch ein im Wege einstweiliger Verfügung zu erlassendes Verfügungsverbot gesichert werden, wie dies bei der patentrechtlichen Vindikation seit langem

Ansprüche gegen Agenten oder Vertreter § 17

anerkannt ist (*Benkard/Bruchhausen* § 8 PatG Rdn. 14 mwN). An die Darlegung einer konkreten Vereitelungsgefahr sind dabei angesichts der Unwiderbringlichkeit der zu sichernden Rechtsposition nur sehr geringe Anforderungen zu stellen (aA zT die Rspr. zu § 8 PatG, vgl. zum Streitstand *Benkard/Bruchhausen* aaO § 8 Rdn. 14). Auch darf von dem Geschäftsherrn keine die Vereitelung uU gerade provozierende vorherige Abmahnung verlangt werden. Einstweiliger Rechtsschutz ist auch bei drohender Übertragung zu gewähren, da diese den Übertragungsanspruch zwar nicht vereiteln (unten Rdn. 12), jedoch erheblich erschweren kann.

d) Geltendmachung gegenüber Rechtsnachfolgern und Strohmännern. Ihrem Wortlaut nach sind § 17 und Art. 6^{septies} PVÜ auf Ansprüche gegen den Agenten selbst beschränkt. Daraus wird abgeleitet, daß Erwerber der Agentenmarke keinen Ansprüchen ausgesetzt sind (*Bauer* GRUR Int. 1971, 503). Entsprechend der hier zur Durchsetzbarkeit des Löschungsanspruchs gegenüber Rechtsnachfolgern des Agenten vertretenen Auffassung (§ 11 Rdn. 23) kann jedoch auch der Übertragungsanspruch gegenüber Rechtsnachfolgern durchgesetzt werden. Entsprechendes gilt für die Strohmannfälle gemäß § 11 Rdn. 11. 12

e) Wirkung der Übertragung. Das MarkenG enthält keine besonderen Regelungen über die Wirkung der Übertragung nach § 17 im Verhältnis zu zuvor an der Marke begründeten dinglichen Rechten oder Lizenzen iSd §§ 29, 30. Nach der hier (§ 11 Rdn. 8) vertretenen Auffassung war die Marke vom Anmeldetag an der Rückübertragungspflicht ausgesetzt. Der Agent konnte Dritten einschließlich Lizenznehmern rechtsgeschäftlich keine weitergehenden Rechte verschaffen als er sie selbst hatte. Dementsprechend kann niemand dem Geschäftsherrn gegenüber vorrangige Rechte von dem Agenten ableiten. Für Lizenznehmer des Agenten gilt § 30 Abs. 5 nicht, da der Agent insoweit Nichtberechtigter war. Ein gutgläubiger lastenfreier Erwerb von Rechten an Marken ist dem MarkenR auch sonst fremd (§ 30 Rdn. 43 ff.). Gegenüber Pfändung im Wege der Zwangsvollstreckung ist der Geschäftsherr gem. § 771 ZPO und im Konkurs gem. § 43 KO berechtigt. Die Agentenmarke ist insoweit mit einem in fremdnütziger Treuhandschaft gehaltenen Recht vergleichbar. Im Ergebnis wirkt die Übertragung im Verhältnis zu Dritten damit ähnlich wie im Falle des § 8 PatG (vgl. *Benkard/Bruchhausen* § 8 PatG Rdn. 5 mwN). 13

f) Einrede vor Übertragung. Der bestehende, aber noch nicht durchgesetzte Übertragungsanspruch begründet ähnlich wie die 14

Löschungsreife nach § 11 eine Einrede des Geschäftsherrn gegenüber Verletzungsansprüchen des Inhabers der Agentenmarke. Es ist rechtsmißbräuchlich, Ansprüche aus einem Recht gegenüber demjenigen geltend zu machen, an den man das Recht zu übertragen hat (vgl. „dolo agit qui petit quod statim redditurus est", *Palandt/ Heinrichs* § 242 BGB Rdn. 52). Diese Einrede wirkt auch gegenüber Lizenznehmern des Agenten, die Ansprüche gegen den Geschäftsherrn aus der Agentenmarke geltend machen wollen.

2. Unterlassungsanspruch

15 Der Unterlassungsanspruch nach § 17 Abs. 2 S. 1 entspricht weitgehend demjenigen gemäß § 14 Abs. 5 bei Markenverletzung. Verletzungshandlung ist die Benutzung der Agentenmarke im geschäftlichen Verkehr iSd § 14 Abs. 2 bis 4 (Amtl. Begr. zu § 17). Zur hypothetischen Prüfung der Kollisionstatbestände nach § 14 Abs. 2 s. § 11 Rdn. 17.

16 § 17 Abs. 2 muß trotz der hier vertretenen Auffassung zur Wirkung der §§ 11, 17 Abs. 1 gegenüber Rechtsnachfolgern und Lizenznehmern (oben Rdn. 12) auf Ansprüche gegen den Agenten selbst (bzw. dessen eingetragenen Strohmann) und an dessen Verletzungshandlung mitwirkende Störer beschränkt bleiben. Wer eigenständige Verletzungshandlungen begeht und hierfür Rechte an der Agentenmarke vom Agenten ableitet, darf insoweit nicht schlechter gestellt werden, als ein Dritter, der die Marke ohne Bezug zum Agenten benutzt, d. h. er darf nur solchen Unterlassungsansprüchen ausgesetzt sein, die dem Geschäftsherrn auch gegenüber anderen zustehen. Hat der Geschäftsherr kein inländisches Kennzeichenrecht, so kann er Unterlassungsansprüche gegen andere Benutzer als den Agenten erst nach Übertragung der Agentenmarke aus diesem dann eigenen Recht geltend machen (insoweit richtig Amtl. Begr. zu § 17 aE; aA *Fezer* § 17 Rdn. 7).

3. Beseitigungs- und Auskunftsansprüche

17 Dem Geschäftsherrn stehen auch die **Vernichtungs-** und **Auskunftsansprüche** gem. §§ 18, 19 zu, in denen § 17 in Bezug genommen ist. Zum **Hilfsanspruch auf Auskunft** s. Vor §§ 14–19 Rdn. 74 ff. Entdeckt der Geschäftsherr die Anmeldung des Agenten vor ihrer Eintragung, so kann er statt der Übertragung der Anmeldung nach seiner Wahl auch deren **Rücknahme** verlangen (§ 55 Rdn. 45).

Ansprüche gegen Agenten oder Vertreter § 17

4. Schadensersatzanspruch

Der Schadensersatzanspruch nach § 17 Abs. 2 S. 2 entspricht 18
dem Umfang nach weitgehend demjenigen gemäß § 14 Abs. 6 bei
Markenverletzung. Er ist wie der Unterlassungsanspruch nur gegenüber
dem Agenten gegeben (oben Rdn. 16). Auf fehlendes
Verschulden wird sich der Agent nur in Ausnahmefällen berufen
können, nachdem er seine Pflichtbindung kennen muß und bloßer
Rechtsirrtum über die Berechtigung zur Anmeldung nicht entschuldigt.
Unkenntnis hinsichtlich der Marke des Geschäftsherrn
schließt zumindest Fahrlässigkeit nicht aus, da dem Agenten Erkundigungen
beim Geschäftsherrn möglich und zuzumuten sind.

5. Haftung für Angestellte und Beauftragte

§ 17 Abs. 2 S. 3 erklärt die Unterlassungs- und Schadensersatz- 19
ansprüche betreffende Haftungsregelung des § 14 Abs. 7 für Angestellte
und Beauftragte des Agenten für anwendbar (s. § 14 Rdn.
13ff.). Die Amtl. Begr. zu § 17 verweist dazu darauf, daß Agenturverhältnisse
selbstverständlich nicht nur mit Einzelpersonen, sondern
auch mit Unternehmen und Gesellschaften abgeschlossen
werden, die sich Dritter zur Erledigung ihrer Geschäfte bedienen.

V. Verhältnis zu anderen Bestimmungen

Ein Übertragungsanspruch kann sich auch aus den Vorschriften 20
über die Geschäftsführung ohne Auftrag (§ 687 Abs. 2 BGB) ergeben
(*Bauer*, S. 240). Zum Verhältnis zu § 50 Abs. 1 Nr. 4, § 1
UWG und vertraglichen Ansprüchen s. § 11 Rdn. 25ff.

VI. Schutz vor nicht eingetragenen Kennzeichenrechten eines Agenten

1. Durch Benutzung entstandene Marken

Eine intensive Vertriebstätigkeit des Agenten kann zur Verkehrs- 21
geltung des vom Geschäftsherrn stammenden Zeichens und damit
zur Entstehung von Markenschutz gem § 4 Nr. 2 (in seltenen Fällen
auch gem § 4 Nr. 3) im Inland führen. Die auf Agentenmarken
kraft Eintragung beschränkten §§ 11, 17 gelten hierfür nicht unmittelbar.

22 Zunächst muß festgestellt werden, ob der durch Benutzung entstandene Markenschutz nach § 4 Nr. 2 dem Geschäftsherrn oder dem Agenten zuzuordnen ist. Letzteres ist insbesondere dann möglich, wenn der Agent rechtlich oder faktisch den Alleinvertrieb innehat. Für die Zuordnung an den Geschäftsherrn wird jedoch häufig sprechen, daß der Verkehr Marken im Zweifel als Herstellermarken und nur unter besonderen Umständen als Handelsmarken ansieht. Entscheidend für die Zuordnung ist letztlich die von der konkreten Verwendungsweise der Marke abhängige Verkehrsauffassung (*Munz* GRUR 1995, 474; vgl. auch BGH GRUR 1994, 652 – *Virion* zur Zuordnung bei Firmennamen; zum Ausstattungsrecht des § 25 WZG vgl. BGH GRUR 1961, 347, 352 – *Almglocke*; BGH GRUR 1957, 88, 91 – *Ihr Funkberater*; *von Falck* GRUR 1974, 532, 533; *Weidlich* GRUR 1958, 15).

23 Ist der Agent Inhaber der nicht eingetragenen Marke, so ist der Geschäftsherr bei einer Beendigung des Agentenverhältnisses vergleichbar schutzbedürftig wie in den Fällen der §§ 11, 17. Der Agent könnte die Marke gegen ihn einsetzen und die Verkehrsgeltung durch Verwendung für nicht vom Geschäftsherrn stammende Waren auch aufrechterhalten. Dies läßt eine analoge Anwendung des § 17 geboten erscheinen. Allerdings können die zum Markenerwerb führenden Benutzungshandlungen des Agenten nicht als pflichtwidrig, d. h. „ohne Zustimmung" des Geschäftsherrn erfolgt, angesehen werden. Sie dienten gerade auch dessen Absatzinteresse. Einem endgültigen Rechtserwerb durch den Agenten hat der Geschäftsherr damit jedoch noch nicht zugestimmt. Die Analogie zu § 17 ist in den Agentenfällen näherliegend als die Lösungsansätze der bisher hL über einen automatischen „Rückfall" an den Geschäftsherrn als Gestattungsgeber iVm §§ 1 UWG, 242 BGB (aA *Munz* GRUR 1995, 474 ff., der §§ 11, 17 unberücksichtigt läßt; *von Falck* GRUR 1974, 532, 538; *Bauer* S. 213 ff.; vgl. auch BGH GRUR 1963, 485 – *Micky-Maus-Orangen;* OLG München WRP 1955, 233 – *Elastic*).

2. Geschäftliche Bezeichnungen

24 Eine der Agentenmarke nach §§ 11, 17 vergleichbare Interessenlage kann auch dadurch entstehen, daß der Agent die Marke des Geschäftsherrn als geschäftliche Bezeichnung verwendet oder zumindest als Bestandteil zB in seinen Firmennamen aufnimmt und dadurch Rechte gem § 5 Abs. 2 erlangt. Auch hier sollte dem Geschäftsherrn entsprechend dem Rechtsgedanken der §§ 11, 17

Vernichtungsanspruch § 18

Abs. 2 ohne den Umweg über §§ 1 UWG, 242 BGB ein Anspruch auf Firmenlöschung, Unterlassung und Schadensersatz zugebilligt werden, wenn der Agent die geschäftliche Bezeichnung vertragswidrig bzw. nach Beendigung des Vertragsverhältnisses einsetzt.

Ein Übertragungsanspruch analog § 17 Abs. 1 kommt demgegenüber nicht in Betracht, da nach hM eine isolierte Übertragung des Unternehmenskennzeichens nicht möglich ist (vgl. dazu Vor §§ 27–31 Rdn. 7). 25

Soweit der Geschäftsherr die Marke seinerseits ebenfalls als Unternehmenskennzeichen verwendet, wird er sich häufig auf ein eigenes älteres, weil schon durch Geschäftskorrespondenz mit dem Inland oder sogar durch den Agenten selbst als seinem Repräsentanten begründetes inländisches Kennzeichenrecht iVm Art 8 PVÜ berufen können (Einzelheiten hierzu bei § 5 Rdn. 34). Die dem Agenten erteilte Gestattung endet im Zweifel mit der Beendigung des Agentenverhältnisses oder ermöglicht jedenfalls danach (auch) dem Agenten die Verwendung der Bezeichnung (vgl. BGH WRP 1997, 1081 – *GARONOR*; BGH GRUR 1997, 652, 653 – *Virion*). 26

§ 18 Vernichtungsanspruch

(1) **Der Inhaber einer Marke oder einer geschäftlichen Bezeichnung kann in den Fällen der §§ 14, 15 und 17 verlangen, daß die im Besitz oder Eigentum des Verletzers befindlichen widerrechtlich gekennzeichneten Gegenstände vernichtet werden, es sei denn, daß der durch die Rechtsverletzung verursachte Zustand der Gegenstände auf andere Weise beseitigt werden kann und die Vernichtung für den Verletzer oder den Eigentümer im Einzelfall unverhältnismäßig ist.**

(2) **Absatz 1 ist entsprechend auf die im Eigentum des Verletzers stehenden, ausschließlich oder nahezu ausschließlich zur widerrechtlichen Kennzeichnung benutzten oder bestimmten Vorrichtungen anzuwenden.**

(3) **Weitergehende Ansprüche auf Beseitigung bleiben unberührt.**

Inhaltsübersicht

	Rdn.
I. Allgemeines	1–4
1. Überblick	1
2. Früheres Recht	2
3. MRRL	3
4. Gemeinschaftsmarkenrecht	4

§ 18 Vernichtungsanspruch

	Rdn.
II. Normzweck	5–6
III. Voraussetzungen	7–20
1. Verletzungstatbestand	7
2. Anspruchsberechtigter	8
3. Anspruchsschuldner	9
4. Widerrechtlich gekennzeichnete Gegenstände (Abs. 1)	10
5. Kennzeichnungsvorrichtungen (Abs. 2)	11
6. Besitz/Eigentum des Verletzers	14
7. Ausnahme: anderweitige Beseitigungsmöglichkeit und Unverhältnismäßigkeit	16
8. Verzicht durch Verwendungserlaubnis, Aufbrauchsfrist	20
IV. Rechtsfolgen und Prozessuales	21–30
1. Vernichtung	25
b) Streitwert	26
c) Zwangsvollstreckung	27
d) Einstweiliger Rechtsschutz	28
e) Abmahnung	30
V. Verhältnis zu anderen Bestimmungen	31

Literatur: *Retzer*, Einige Überlegungen zum Vernichtungsanspruch bei der Nachahmung von Waren und Leistungen, FS Piper 1996, 421.

I. Allgemeines

1. Überblick

1   § 18 stellt keinen eigenständigen Verletzungstatbestand dar, sondern ergänzt §§ 14, 15, 17 um einen Vernichtungsanspruch als weitere Rechtsfolge. § 18 Abs. 1 gewährt einen für Marken (einschließlich Agentenmarken) und geschäftliche Bezeichnungen einheitlich ausgestalteten, verschuldensunabhängigen Anspruch auf Vernichtung widerrechtlich gekennzeichneter Gegenstände (Waren, Verpackungen, Kennzeichnungsmittel uä), die in Besitz oder Eigentum des Verletzers stehen. § 18 Abs. 2 bezieht dem Verletzer gehörende einschlägige Kennzeichnungsvorrichtungen ein. Ausgenommen wird lediglich der Fall, daß die Vernichtung angesichts anderweitiger Beseitigungsmöglichkeiten unverhältnismäßig wäre. Es handelt sich demgemäß um eine Ausprägung des allgemeinen Beseitigungsanspruchs, wie auch § 18 Abs. 3 klarstellt.

2. Früheres Recht

§ 18 geht über den im übrigen wortgleichen § 25a WZG insoweit hinaus, als nunmehr alle geschäftlichen Bezeichnungen einbezogen sind und auch die Vernichtung der in § 14 Abs. 4 genannten Kennzeichnungsmittel begehrt werden kann. § 25a WZG war erst 1990 durch das PrPG eingeführt worden und löste § 30 WZG aF ab.

3. MRRL

Die MRRL enthält keine Regelung der Vernichtung. Art. 5 MRRL regelt nur das Verbietungsrecht des Markeninhabers, schließt weitergehende Ansprüche bei Markenverletzungen aber nicht aus.

4. Gemeinschaftsmarkenrecht

Vernichtungsansprüche wegen Verletzung einer Gemeinschaftsmarke richten sich nach dem jeweils anwendbaren nationalen Markenrecht (Art. 98 Abs. 2 GMVO). Bei Anwendbarkeit deutschen Rechts gilt § 18 über § 125b Nr. 2 MarkenG auch für Gemeinschaftsmarkenverletzungen.

II. Normzweck

Der Vernichtungsanspruch hat eine zweifache Funktion. Zum einen soll durch die Vernichtung sichergestellt werden, daß die Verletzungsgegenstände zuverlässig **aus dem Verkehr gezogen** und nicht zu neuerlichen Verletzungshandlungen eingesetzt werden. Die zweite Funktion des Vernichtungsanspruchs besteht in dem erhofften **generalpräventiven** Abschreckungseffekt und Sanktionscharakter dieser besonders einschneidenden Maßnahme zur Bekämpfung der Markenpiraterie. Beide Zweckrichtungen erläutert ausf. Amtl. Begr. PrPG BlfPMZ 1990, 181 f. (ebenso BGH BB 1997, 2126). Der Gesetzgeber hat sich wegen der Abgrenzungsschwierigkeiten allerdings bewußt gegen einen auf Pirateriefälle beschränkten Sondertatbestand entschieden (Begr. aaO 175 f.).

Zur Auslegung können Rechtsprechung und Schrifttum zu den ebenfalls auf das PrPG zurückgehenden **Parallelvorschriften** § 140a PatG, § 24a GebrMG, § 9 Abs. 2 HLSchG, § 37a SSchG und, zT abweichend, §§ 98, 99 UrhG, § 14a Abs. 3 GeschmMG, ferner zu § 69 f. UrhG unter Berücksichtigung der jeweiligen Schutzrechtsunterschiede herangezogen werden.

III. Voraussetzungen

1. Verletzungstatbestand

7   Die Tatbestandsverweisung auf die „Fälle der §§ 14, 15 und 17" ist ungenau. § 18 knüpft nur an die objektiven Verletzungstatbestände der §§ 14 Abs. 2 bis 4, 15 Abs. 2 und 3 sowie 17 Abs. 2 S. 1 an. Weder das in §§ 14 Abs. 6, 15 Abs. 5, 17 Abs. 2 S. 2 für den Schadensersatzanspruch erforderliche Verschulden (Amtl. Begr. PrPG BlfPMZ 1990, 189; vgl. BGH GRUR 1996, 271, 275 – *Gefärbte Jeans*) noch die besonderen Voraussetzungen des Unterlassungsanspruchs nach §§ 14 Abs. 5, 15 Abs. 4, 17 Abs. 2 S. 1 sind Voraussetzung für den Vernichtungsanspruch. So läßt der Wegfall der Wiederholungsgefahr zwar den Unterlassungsanspruch, nicht aber den Vernichtungsanspruch entfallen (vgl. BGH GRUR 1958, 30 – *Außenleuchte*). Unrichtig daher auch Amtl. Begr. PrPG BlfPMZ 1990, 182 B II 1 d aE, denn eine Aufbrauchsfrist schließt den Vernichtungsanspruch nicht über den fehlenden Unterlassungsanspruch aus, sondern beinhaltet eine Beschränkung des Vernichtungsanspruchs selbst (s. unten Rdn. 20).

2. Anspruchsberechtigter

8   § 18 nennt nur den Kennzeicheninhaber selbst als Anspruchsberechtigten. Zur Berechtigung von Lizenznehmern s. § 30 Rdn. 40. Prozeßstandschaft ist nach den allgemeinen Regeln möglich (Vor §§ 14–19 Rdn. 8).

3. Anspruchsschuldner

9   Der Vernichtungsanspruch des § 18 Abs. 1 richtet sich nicht nur gegen den Verletzer als Eigentümer und/oder Besitzer, sondern auch gegen den unbeteiligten Eigentümer eines im Besitz des Verletzers befindlichen Gegenstands bzw. umgekehrt gegen den unbeteiligten Besitzer eines dem Verletzer gehörenden Gegenstands. Allerdings wird man von den unbeteiligten Eigentümern/Besitzern nicht Vornahme der Vernichtung, sondern nur Duldung der Vernichtung durch den Verletzer (bzw. im Wege der Zwangsvollstreckung, Rdn. 27) verlangen können. Entsprechendes gilt im Falle des

§ 18 Abs. 2 gegenüber dem Besitzer bzgl der dem Verletzer gehörenden Vorrichtungen.

4. Widerrechtlich gekennzeichnete Gegenstände (Abs. 1)

§ 18 Abs. 1 erfaßt alle Gegenstände, die mit der verletzenden Marke bzw. geschäftlichen Bezeichnung so versehen worden sind, daß ihr gegenwärtiger Zustand als widerrechtlich iSd §§ 14, 15, 17 anzusehen ist. Darunter fällt nicht nur die von Anfang an rechtswidrige Kennzeichenanbringung im Inland, sondern auch der spätere Eintritt der Widerrechtlichkeit zB durch Import von im Ausland gekennzeichneter Fremdware, aber auch bei Originalware aufgrund fehlender Erschöpfung wegen Veränderungen iSd § 24 Abs. 2 oder durch nicht von § 24 Abs. 1 gedeckte Einfuhren nach Deutschland (BGH GRUR 1996, 271, 275 – *Gefärbte Jeans*). Neben der unmittelbar gekennzeichneten **Ware** selbst gehören insbesondere die **Aufmachungen**, Verpackungen und Kennzeichnungsmittel des § 14 Abs. 4 (Amtl. Begr. zu § 18), aber auch die **Geschäftspapiere und Werbemittel** iSd § 14 Abs. 3 Nr. 5 zu den der Vernichtung unterliegenden Gegenständen. Letzteres muß entsprechend für die Fälle des § 15 gelten (zB Briefpapier, Katalog mit Firmennamensaufdruck). Bei Verbindung mit nicht gekennzeichneter Ware erfaßt der Vernichtungsanspruch vorbehaltlich § 18 Abs. 1 2. Hs. nicht etwa nur die gekennzeichnete Verpackung sondern die so verpackte Ware insgesamt (*Fezer* § 18 Rdn. 14). Es genügt, wenn die Kennzeichnung mit Hilfsmitteln wahrnehmbar gemacht werden kann, so daß zB auch Computerprogramme, die verletzende Kennzeichen enthalten, unter § 18 fallen und ihre Löschung bzw. die Vernichtung des Datenträgers verlangt werden kann (vgl. LG München I CR 1993, 698, 701f.; zum urheberrechtlichen Vernichtungsanspruch nach § 69f. UrhG vgl. *Raubenheimer* CR 1994, 129).

5. Kennzeichnungsvorrichtungen (Abs. 2)

Der Begriff der „Vorrichtung" iSd § 18 Abs 2 ist weit zu verstehen und umfaßt Sachen, Einrichtungen und Geräte jeder Art (vgl. zum engeren patentrechtlichen Vorrichtungsbegriff BPatGE 8, 136, 139/140; *Benkard/Bruchhausen* § 1 PatG Rdn. 24), mit denen eine vorübergehende oder dauerhafte Anbringung bzw. Verbindung zwischen Kennzeichen der betroffenen Art und Gegenständen iSd § 18 Abs. 1 hergestellt werden kann. Beispiele sind die in § 98 Abs. 2 UrhG aF aufgezählten Druckstöcke, Formen, Negative bis

§ 18 Vernichtungsanspruch

hin zu Vervielfältigungsgeräten und Verpackungsanlagen. Maschinen, mit denen nur „neutrale" Ware hergestellt, aber noch keine Kennzeichnung vorgenommen wird, unterliegen nicht der Vernichtung (insoweit mißverständlich Amtl. Begr. PrPG Bl. 1990, 189: „Produktionsmittel").

12 Die 1. Alt. erfaßt Vorrichtungen, die in der Vergangenheit zur widerrechtlichen Kennzeichnung **bereits tatsächlich verwendet** worden sind. Die Verwendung muß ausschließlich oder nahezu ausschließlich zu diesem Zweck erfolgt sein. Die zukünftigen Verwendungsabsichten spielen hier grundsätzlich keine Rolle, können also allenfalls bei der Verhältnismäßigkeitsprüfung berücksichtigt werden (vgl. Benkard/Rogge § 140b PatG Rdn. 9). Unter die 1. Alt. fallen daher anders als vor dem PrPG (vgl. zB BGH GRUR 1988, 301 – *Videorecorder-Vernichtung* zum UrhG) auch neutral verwendbare Vorrichtungen, sofern der idR schwierige Beweis nahezu ausschließlich widerrechtlicher Verwendung geführt werden kann.

13 Unter die 2. Alt. fallen Vorrichtungen, die ausschließlich oder nahezu ausschließlich zur Vornahme widerrechtlicher Kennzeichnungen **in der Zukunft bestimmt** sind. Wie der Vergleich mit § 14 Abs. 4 zeigt, genügt die bloße Gefahr einer zukünftigen widerrechtlichen Verwendung nicht, sondern muß eine entsprechende Bestimmung festgestellt werden. Dementsprechend ist eine Umwidmung bis zur letzten Tatsachenverhandlung zu berücksichtigen. Diese läßt den Vernichtungsanspruch entfallen, wenn eine rechtmäßige Verwendung möglich und die Bestimmungsänderung glaubhaft ist (ähnl. *Benkard/Rogge* § 140b PatG Rdn. 9). Rein theoretische Verwendungsmöglichkeiten ohne aktuelle praktische Bedeutung sind nicht zu berücksichtigen (BGH GRUR 1995, 338, 340 – *Kleiderbügel* zum PatG).

6. Besitz/Eigentum des Verletzers

14 Verletzer ist jeder, der eine Verletzungshandlung iSd §§ 14, 15, 17 begangen oder dabei mitgewirkt hat (näher Vor §§ 14–19 Rdn. 10ff.). Der Vernichtungsanspruch richtet sich daher uneingeschränkt gegen gutgläubige Weitervertreiber kennzeichenverletzender Waren, nicht jedoch gegen private Letztverbraucher, die einschlägige Waren zu nichtgeschäftlichen Zwecken erwerben, einführen oder besitzen (LG Düsseldorf Mitt. 1996, 22 – *Windsurfing Chiemsee*).

15 Nach § 18 Abs. 1 reicht es aus, wenn der Verletzer im Zeitpunkt der letzten mündlichen Verhandlung (vgl. näher Fezer § 18 Rdn.

25) Eigentümer oder Besitzer des Gegenstandes ist. Mittelbarer Besitz (§ 868 BGB), wie zB während der Zollbeschlagnahme (vgl. BGH NJW 1993, 935, 936), genügt (Amtl. Begr. PrPG BlfPMZ 1990, 189). Eigentumsvorbehalt oder dingliche Sicherungsrechte Dritter schließen den Vernichtungsanspruch nicht aus, können aber im Rahmen der Unverhältnismäßigkeitsprüfung (Rdn. 16 f.) zu berücksichtigen sein, wenn der Drittberechtigte gutgläubig ist und eine nicht verletzende Verwertung des Sicherungsgutes möglich ist. Dagegen ist § 18 Abs. 2 auf dem Verletzer gehörende Vorrichtungen beschränkt, wodurch zB gutgläubige Vermieter von Maschinen geschützt werden sollen. Die damit gegebene Umgehbarkeit liegt auf der Hand. Nur wenn der die Vorrichtung zur Verfügung stellende bösgläubige Eigentümer als Gehilfe selbst Verletzer iSd § 18 ist, greift § 18 Abs. 2 ein. Bei Eigentums- oder Besitzwechsel nach Klageerhebung gelten §§ 265, 325 ZPO.

7. Ausnahme: anderweitige Beseitigungsmöglichkeit und Unverhältnismäßigkeit

Im Mittelpunkt der Reform der Vernichtungsansprüche durch das PrPG stand die Normierung der Vernichtung als „Regelmaßnahme" gerade auch für Fälle, in denen die Vernichtung mehr als das zur unmittelbaren Folgenbeseitigung Nötige darstellt (Amtl. Begr. PrPG aaO, 181, 189). Im Gegensatz zu § 30 WZG aF hat die bloße Kennzeichenentfernung als weniger eingreifende Maßnahme nicht mehr generell Vorrang gegenüber der Vernichtung. Sie schließt diese nur bei zusätzlicher Unverhältnismäßigkeit im Einzelfall aus, wobei ua Verschuldensgrad, Schwere des Eingriffs sowie die wirtschaftliche Bedeutung der Verletzung und des Vernichtungsschadens berücksichtigt werden können (Amtl. Begr. PrPG aaO, 182; BGH BB 1997, 2126; vgl. LG München I CR 1993, 698, 701 f. – *MS-DOS*). Die ausdrückliche Bezugnahme auf den Einzelfall hat doppelte Bedeutung. Zum einen unterstreicht sie das Gebot der umfassenden Interessenabwägung im Einzelfall (BGH aaO). Vor allem aber verdeutlicht sie, daß die Vernichtung nur in ganz besonders gelagerten Ausnahmefällen durch andere Maßnahmen ersetzt werden darf.

Kann die widerrechtliche Kennzeichnung nur durch Vernichtung beseitigt werden (zB Aufdrucke auf Bekleidung, in Warenform integrierte dreidimensionale Marke), läßt § 18 überhaupt keine Verhältnismäßigkeitsprüfung zu. Die kumulative Fassung der Ausnahmevoraussetzungen des § 18 beruht insoweit auf der Annahme des Gesetzgebers, daß die Vernichtung in solchen Fällen stets zwingend auch verhältnismäßig ist (so ist wohl Amtl. Begr. aaO, 182 zu verstehen, wonach die Maßnahme in jedem Einzelfall verhältnismäßig sein müsse). In Anbetracht des breiten Spektrums möglicher Arten und Schweregrade von Markenverletzungen und der Unvorhersehbarkeit insbesondere der Beurteilung der Verwechslungsgefahr **verstößt** diese Verallgemeinerung **gegen Art. 14 GG**. Bei Unmöglichkeit anderer Beseitigungsmaßnahmen ist die Vernichtung unzulässig, wenn sie unter Berücksichtigung der schutzwürdigen Interessen des Kennzeicheninhabers und der generalpräventiven Funktion dem Verletzer oder Eigentümer gegenüber unverhältnismäßig ist (enger *Benkard/Rogge* § 140a PatG Rdn. 4: Grenze der §§ 242, 826 BGB). Von diesem Ausnahmefall abgesehen sollte der Vernichtungsanspruch aber nicht durch die Zulassung einer Abwendungsbefugnis aufgeweicht und dadurch die gerade gewollte Strenge unterlaufen werden (s. allg. Vor §§ 14–19 Rdn. 108; BGH BB 1997, 2126 bejaht Verhältnismäßigkeit bei grober Fahrlässigkeit des Händlers bzgl. Markenpiraterie).

18 Die **Darlegungs- und Beweislast** für die Ausnahmevoraussetzungen trägt ausnahmslos der Verletzer.

19 Der Bildung verläßlicher Fallgruppen, in denen Unverhältnismäßigkeit vorliegt, steht das von § 18 besonders betonte Gebot der Einzelfallprüfung entgegen. Während LG Düsseldorf NJW-RR 1995, 1511 – *adidas* (Anordnung eines Einfuhrverbots per Verfügungsbeschränkung gem § 147 Abs. 2 bzgl. beschlagnahmter Originalware als milderes Mittel) und *Pickrahn* GRUR 1996, 383, 387 den Parallelimport von Originalware als Fall der Unverhältnismäßigkeit sehen, wurde in BGH GRUR 1996, 271, 275 – *Gefärbte Jeans* die Verhältnismäßigkeit jedenfalls bei Import veränderter Originalware ohne weiteres bejaht.

8. Verzicht durch Verwendungserlaubnis, Aufbrauchsfrist

20 Der Vernichtungsanspruch entfällt ex nunc, wenn eine zunächst gegebene Widerrechtlichkeit für die Zukunft beseitigt wird, zB durch Zustimmung des Berechtigten zu Abverkauf bzw. Weiterverwendung aufgrund vertraglicher Einräumung einer Aufbrauchsfrist. Eine vom Gericht gegen den Willen des Berechtigten gewährte Aufbrauchsfrist läßt die Widerrechtlichkeit unberührt, bewirkt aber eine Beschränkung nicht nur des Unterlassungsanspruchs, sondern auch des Vernichtungsanspruchs. Jedoch verdeutlicht gerade auch § 18, daß für derartige gerichtliche Aufbrauchsfristen im Kennzeichenrecht nur in besonderen Fällen Raum ist (widersprüchlich Amtl. Begr. PrPG BlfPMZ 1990, 182, wo der Problematik durch Verweisung auf den Unterlassungsanspruch ausgewichen wird). Grdl. verfehlt *Berlit*, Das neue Markenrecht, Rdn. 267, der ausgerechnet bei Weiterverkauf „in großem Umfang", also bei besonders gravierenden Kennzeichenverletzungen, Aufbrauchsfristen für möglich und dann § 18 für unanwendbar hält. Es gelten vielmehr auch in Bezug auf den Vernichtungsanspruch die Vor §§ 14–19 Rdn. 109 ff. dargestellten Grundsätze.

IV. Rechtsfolgen und Prozessuales

1. Vernichtung

Der Anspruch nach § 18 ist zunächst auf Vornahme der Vernichtung durch den Verletzer gerichtet. Ein Anspruch auf eine bestimmte Art und Weise der Vernichtung besteht nur dann, wenn nicht mehrere verläßliche technische Möglichkeiten in Betracht kommen. S. aber zur Herausgabe zum Zweck der Vernichtung Rdn. 25. 21

2. Zustandsbeseitigung auf andere Weise

Eine bestimmte, hinter der Vernichtung zurückbleibende Maßnahme zur Kennzeichenentfernung (oder Importverhinderung; LG Düsseldorf NJW-RR 1995, 1511 – *adidas*) kann nur dann unbedingt verlangt werden, wenn andere Maßnahmen nicht in Betracht kommen. Die unter Berufung auf BGH GRUR 1954, 337, 338 – Radschutz zunehmend befürwortete alternative Antragstellung mit Wahlmöglichkeit des Schuldners (zB *Teplitzky* 24. Kap. Rdn. 8, 25. Kap. Rdn. 10; GK/*Köhler* vor § 13 UWG B Rdn. 133) birgt ebenfalls die Gefahr in sich, daß nicht alle Alternativen erfaßt wurden. Häufig empfiehlt sich daher die Geltendmachung mittels Hilfsanträgen soweit nicht ohnehin als „minus" im Vernichtungsantrag enthalten (zB LG Düsseldorf NJW-RR 1995, 1511 – *adidas*; vgl. *Benkard/Rogge* § 140 a PatG Rdn. 6; *Cremer* Mitt 1992, 154, 163; *Retzer*, FS Piper 1996, 421, 430). Als Anspruchsgrundlage angesehen werden kann entweder § 18 direkt (so zB *Benkard/Rogge* § 140 a PatG Rdn. 6) oder der allgemeine Beseitigungsanspruch (§ 18 Abs. 3). 22

Das Gericht ist nicht befugt, anstelle der Vernichtung solche Auflagen anzuordnen, die keinen ausreichenden Schutz vor neuer- 23

§ 18 Vernichtungsanspruch

lichen Verletzungshandlungen bieten (ungenügend das Importverbot in LG Düsseldorf NJW-RR 1995, 1511 – *adidas*, weil weitere Einfuhrversuche nicht sicher ausschließend) oder das Absatzinteresse des Verletzten beeinträchtigen (zB Verwendung für karitative Zwecke gegen den Willen des Verletzten, wie gesetzlich bewußt nicht vorgesehen, vgl. Beschlußempfehlung des Rechtsausschusses zum PrPG BlfPMZ 1990, 196; aA *Fezer* § 18 Rdn. 44).

3. Kein Überlassungsanspruch

24 Anders als § 98 Abs. 2 UrhG kennt das MarkenG einen Anspruch auf Überlassung von Gegenständen oder Vorrichtungen nicht. S. aber zur Herausgabe zum Zweck der Vernichtung Rdn. 25.

4. Prozessuales

25 **a) Klageantrag.** Die Klage ist grdsl. auf Verurteilung des Verletzers zur Vornahme der Vernichtung zu richten (wie hier zB *Retzer* FS *Piper* 1996, 436; *Benkard/Rogge* § 140a PatG Rdn. 8), jedoch hält BGH BB 1997, 2126 auch die Herausgabe an den Gerichtsvollzieher oder den Kläger zum Zwecke der Vernichtung durch diese im Einzelfall für zulässig, insbesondere wenn Wiederverwendung sequestrierter Ware droht; vgl. auch LG Köln MA 1993, 15; LG München I CR 1993, 698, 701). Der Gesetzeswortlaut des § 18 verbietet aber eine nur mit pragmatischen Gründen zu rechtfertigende generelle Umdeutung in einen Herausgabeanspruch. Bei vorangegangener einstweiliger Verfügung auf Verwahrung durch den Gerichtsvollzieher (Rdn. 28) empfiehlt sich in allen Fällen die Aufnahme des Zusatzes, daß die Vernichtung durch den Beklagten unter Aufsicht des Gerichtsvollziehers zu erfolgen hat. Im Falle des § 18 Abs. 1 genügt zur Individualisierung die Angabe der gattungsmäßigen Art der zu vernichtenden Gegenstände mit Beschreibung der konkreten Verletzungsform. Zur Antragsfassung bei anderweitigen Beseitigungsmaßnahmen s. Rdn. 22.

26 **b) Streitwert.** Der Streitwert der Vernichtungsklage nach § 18 hängt vom wirtschaftlichen Interesse des Klägers an der Vernichtung im jeweiligen Einzelfall ab. Im Falle des § 18 Abs. 2 und bei Gegenständen nach § 18 Abs. 1, die zu weiteren Verletzungshandlungen verwendet werden könnten (zB Werbemittel), kann der Streitwert über dem Verkehrswert der Sache liegen.

27 **c) Zwangsvollstreckung.** Die Zwangsvollstreckung erfolgt gem. §§ 887, 892 ZPO durch Wegnahme durch den Gerichtsvoll-

Vernichtungsanspruch **§ 18**

zieher und Durchführung der Vernichtung im Wege der Ersatzvornahme durch den Gläubiger. Damit entfallen auch die von *Cremer* Mitt 1992, 154, 163 befürchteten Antragsprobleme (wie hier *Benkard/Rogge* § 140 a PatG Rdn. 8; *Retzer*, FS Piper 1996, 421, 436; zur Gegenauffassung s. oben Rdn. 25 zur Antragsfassung). Die Kosten der Vernichtung trägt der Verletzer (§ 788 ZPO; BGH BB 1997, 2126 näher *Fezer* § 18 Rdn. 32 f.).

d) Einstweiliger Rechtsschutz. Der Vernichtungsanspruch 28 bedarf regelmäßig der Sicherung durch einstweilige Verfügung. Anzuordnen ist die Herausgabe der bestimmt zu bezeichnenden Gegenstände bzw. Vorrichtungen an den Gerichtsvollzieher zur **Sequestration** bzw. **Verwahrung** (zum Unterschied *Fezer* § 18 Rdn. 34). Die Vernichtung selbst darf nicht durch einstweilige Verfügung angeordnet werden, da nicht mehr rückgängig zu machen (insoweit zutr. OLG Hamburg WRP 1997, 106, 112 – *Gucci*; OLG Frankfurt am Main GRUR 1976, 663 – *Teppichbremse*; OLG Koblenz GRUR 1987, 730, 731). Dem Verfügungsantrag kann die Möglichkeit weniger einschneidender Beseitigungsmaßnahmen nicht entgegengehalten werden, da die Sicherung auch in diesem Falle erforderlich ist (*Retzer*, FS Piper 1996, 421, 429). Bei rechtskräftiger Verurteilung zur Vernichtung darf die Verwahrung bzw. Sequestration durch den Gerichtsvollzieher erst mit der Vernichtung enden, diese muß also unter seiner Aufsicht erfolgen (womit dem Bedenken von *Meister* WRP 1991, 142 Rechnung getragen sein dürfte; vgl. *Retzer*, FS Piper 1996, 421, 437 f.). Zur **Vollziehung** von Verwahrungs- bzw. Sequestrationsverfügungen genügt die Zustellung innerhalb der Frist des § 929 Abs. 2 ZPO nicht, sondern muß die Inverwahrungnahme bzw. Sequestration rechtzeitig betrieben werden. Für Durchsuchungsanordnungen gem. § 758 ZPO ist das Amtsgericht als Vollstreckungsgericht, nicht das die einstweilige Verfügung erlassende Prozeßgericht zuständig (§ 761 ZPO analog, OLG Frankfurt am Main WRP 1995, 959). Jedoch wird in Kennzeichenverletzungsfällen idR Gefahr im Verzug bestehen, so daß der Gerichtsvollzieher auch nach BVerfG NJW 1979, 1539 keiner richterlichen Anordnung bedarf.

Wird eine die Sequestration enthaltende einstweilige Verfügung 29 durch Abschlußerklärung als endgültige Regelung anerkannt, stellt dies ein Anerkenntnis des Vernichtungsanspruchs dar. Zur Durchsetzung der Vernichtung muß der Berechtigte dennoch Hauptsacheklage auf die jetzt aufgrund der Abschlußerklärung auch ver-

§ 18 Vernichtungsanspruch

traglich geschuldete Vernichtung erheben, da die einstweilige Verfügung kein vollstreckbares Gebot zur Vernichtung ausweist.

30 **e) Abmahnung.** Eine Abmahnung vor Beantragung der Verwahrung bzw. Sequestration ist – auch unter Kostengesichtspunkten (§ 93 ZPO) – **unzumutbar**, da sie zu Vereitelungsmaßnahmen geradezu einladen würde (OLG Nürnberg WRP 95, 427 (WZG); OLG Hamburg WRP 1988, 47; OLG Hamburg WRP 1985, 40; OLG Hamburg WRP 1978, 146; OLG Nürnberg WRP 1981, 342; KG WRP 1984, 325, 326; OLG Köln WRP 1983, 453 Ls; OLG Köln WRP 1984, 641, 642; OLG Frankfurt am Main GRUR 1983, 753, 757 (WZG)). An die Glaubhaftmachung der Vereitelungsgefahr sind dabei idR keine besonderen Anforderungen zu stellen (str., aA zB OLG Hamburg WRP 1988, 47; OLG Hamburg WRP 1985, 40; OLG Köln WRP 1984, 641, 642; OLG Köln WRP 1983, 453 Ls.; GK/*Kreft* Vor § 13 C Rdn. 93; dagegen zutr. *Teplitzky* 41. Kap. Rdn. 31; *Retzer*, FS Piper 1996, 421, 429). Nur in Ausnahmefällen wird eine Vereitelungsgefahr zu verneinen sein oder ein rechtsmißbräuchlicher, weil nur zur Umgehung der Abmahnungsobliegenheit aufgenommener Sequestrationsantrag angenommen werden können (OLG Düsseldorf WRP 1997, 471, 472; OLG Nürnberg WRP 95, 427; OLG Nürnberg WRP 1981, 342; OLG Hamburg WRP 1978, 146; KG WRP 1984, 325, 326). Insbesondere können erfahrungsgemäß durchaus auch grdsl. seriöse, zunächst gutgläubig ankaufende Unternehmen dem Anreiz erliegen, die Ware während der Abmahnfrist beschleunigt abzustoßen, um der Vernichtung zu entgehen.

V. Verhältnis zu anderen Bestimmungen

31 § 18 Abs. 3 läßt weitergehende Beseitigungsansprüche aufgrund allgemeiner Regeln (Vor §§ 14–19 Rdn. 55 ff.) unberührt. „Weitergehende" bedeutet hier natürlich nicht etwa noch stärker eingreifende Maßnahmen, sondern jede andere Beseitigungsmaßnahme als die Vernichtung. Über Grenzbeschlagnahme und Einziehung durch die Zollbehörde kann eine der Vernichtung gleichkommende Wirkung erreicht werden. Dazu §§ 146 ff. Von dem zivilrechtlichen Vernichtungsanspruch unabhängig ist die Einziehung im Strafverfahren (§ 143 Abs. 5).

§ 19 Auskunftsanspruch

(1) Der Inhaber einer Marke oder einer geschäftlichen Bezeichnung kann den Verletzer in den Fällen der §§ 14, 15 und 17 auf unverzügliche Auskunft über die Herkunft und den Vertriebsweg von widerrechtlich gekennzeichneten Gegenständen in Anspruch nehmen, es sei denn, daß dies im Einzelfall unverhältnismäßig ist.

(2) Der nach Absatz 1 zur Auskunft Verpflichtete hat Angaben zu machen über Namen und Anschrift des Herstellers, des Lieferanten und anderer Vorbesitzer, des gewerblichen Abnehmers oder des Auftraggebers sowie über die Menge der hergestellten, ausgelieferten, erhaltenen oder bestellten Gegenstände.

(3) In Fällen offensichtlicher Rechtsverletzung kann die Verpflichtung zur Erteilung der Auskunft im Wege der einstweiligen Verfügung nach den Vorschriften der Zivilprozeßordnung angeordnet werden.

(4) Die Auskunft darf in einem Strafverfahren oder in einem Verfahren nach dem Gesetz über Ordnungswidrigkeiten wegen einer von der Erteilung der Auskunft begangenen Tat gegen den zur Auskunft Verpflichteten oder gegen einen in § 52 Abs. 1 der Strafprozeßordnung bezeichneten Angehörigen nur mit Zustimmung des zur Auskunft Verpflichteten verwertet werden.

(5) Weitergehende Ansprüche auf Auskunft bleiben unberührt.

Inhaltsübersicht

	Rdn.
I. Allgemeines	1–4
1. Überblick	1
2. Früheres Recht	2
3. MRRL	3
4. Gemeinschaftsmarkenrecht	4
II. Normzweck	5, 6
III. Voraussetzungen (Abs. 1)	7–15
1. Verletzungstatbestand	7
2. Auskunftsberechtigter	8
3. Auskunftsschuldner	9
4. Widerrechtlich gekennzeichnete Gegenstände	10
5. Ausnahme: Unverhältnismäßigkeit im Einzelfall	11–15
IV. Rechtsfolgen und Prozessuales	16–42
1. Auskunftserteilung	16–22
a) Wissenserklärung	16
b) Auskunft im Rechtssinne	17, 18
c) Auskunftsperson	19, 20

	Rdn.
d) Form	21
e) Zeitpunkt, Verzug	22
2. Umfang der Auskunft (Abs. 2)	23–28
a) Gegenstände	23
b) Personenkreis	24–27
c) Zeitlich	28
3. Inhalt der Auskunft (Abs. 2)	29
4. Prozessuales	30–37
a) Klageantrag	30
b) Streitwert	31, 32
c) Zwangsvollstreckung	33
d) Einstweilige Verfügung (Abs. 3)	34–37
5. Auskunftsmängel, Eidesstattliche Versicherung	38–41
a) Unvollständige Auskunft	39
b) Unsorgfältige Auskunft	40, 41
6. Verwertungsverbot (Abs. 4)	42
V. Verhältnis zu anderen Bestimmungen (Abs. 5)	43

I. Allgemeines

1. Überblick

1   § 19 Abs. 1 ergänzt die Rechtsfolgenseite der §§ 14, 15, 17 um einen für Marken und geschäftliche Bezeichnungen einheitlich ausgestalteten Anspruch auf Auskunft über Herkunft und Vertriebsweg widerrechtlich gekennzeichneter Gegenstände (Waren, Verpackungen, Kennzeichnungsmittel etc.). § 19 Abs. 2 beschreibt den Auskunftsinhalt, der auch Mengenangaben umfaßt. § 19 Abs. 3 ermöglicht eine effektive Durchsetzung im Verfügungsverfahren. § 19 Abs. 4 schützt den Verletzer vor straf- und ordnungswidrigkeitenrechtlicher Verwertung seiner Auskunft. § 19 Abs. 5 stellt klar, daß weitergehende Auskunftsansprüche nicht ausgeschlossen sind. Dies gilt insbesondere für den im MarkenG nicht ausdrücklich geregelten Auskunftsanspruch zur Ermöglichung der Schadensberechnung nach § 242 BGB (Vor §§ 14–19 Rdn. 74 ff.).

2. Früheres Recht

2   § 19 geht über den im übrigen wortgleichen § 25 b WZG insoweit hinaus, als nunmehr alle geschäftlichen Bezeichnungen einbezogen sind und auch über die in § 14 Abs. 4 genannten Kennzeichnungsmittel Auskunft gefordert werden kann. § 25 b WZG war erst 1990 durch das PrPG eingeführt worden.

Auskunftsanspruch **§ 19**

3. MRRL

Die MRRL enthält keine Regelung über Auskunftsansprüche. 3
Art. 5 MRRL regelt nur das Verbietungsrecht des Markeninhabers,
schließt weitergehende Ansprüche bei Markenverletzungen aber
nicht aus.

4. Gemeinschaftsmarkenrecht

Auskunftsansprüche wegen Verletzung einer Gemeinschaftsmar- 4
ke richten sich nach dem jeweils anwendbaren nationalen Markenrecht
(Art. 98 Abs. 2 GMVO). Bei Anwendbarkeit deutschen
Rechts gilt § 19 über § 125 b Nr. 2 MarkenG auch für Gemeinschaftsmarkenverletzungen.

II. Normzweck

Der Auskunftsanspruch nach § 19 soll dem Verletzten die 5
Rechtsverfolgung gegenüber Lieferanten und gewerblichen Abnehmern
eines entdeckten Verletzers ermöglichen, um so **Quellen
und Vertriebswege** der schutzrechtsverletzenden Gegenstände
möglichst schnell vollständig **zu verschließen**. Diese Zielrichtung
und die dabei zu beachtenden Grenzen erläutert ausf. Amtl. Begr.
PrPG BlfPMZ 1990, 183 ff. Die Auskunft soll dem Verletzten nicht
nur die Durchsetzung tatsächlich bestehender Ansprüche erleichtern,
sondern ihm überhaupt erst die eigenverantwortliche Prüfung
ermöglichen, ob auch die Lieferanten oder Abnehmer Verletzungshandlungen
begangen haben (BGH GRUR 1995, 338, 341 – *Kleiderbügel*
zum PatG). Eine darüber hinausgehende Abschreckungsfunktion
kommt der Auskunftspflicht im Gegensatz zum Vernichtungsanspruch
des § 18 nicht zu. Der Gesetzgeber hat sich wegen
der Abgrenzungsschwierigkeiten bewußt gegen Sondertatbestände
für Pirateriefälle und für eine alle Kennzeichenverletzungen erfassende
Auskunftspflicht entschieden (Amtl. Begr. PrPG BlfPMZ
1990, 175 f.).

Zur Auslegung der Bestimmung können Rechtsprechung und 6
Schrifttum zu den ebenfalls auf das PrPG zurückgehenden **Parallelvorschriften**
§ 140 b PatG, § 24 b GebrMG, § 9 Abs. 2
HLSchG, §§ 101 a UrhG, § 14 a Abs. 3 GeschmMG, § 37 b SSchG
unter Berücksichtigung der jeweiligen Schutzrechtsunterschiede
herangezogen werden. Eine analoge Anwendung dieser Bestim-

§ 19 Auskunftsanspruch

mungen auch auf den ergänzenden wettbewerbsrechtlichen Leistungsschutz hat der BGH mangels Regelungslücke abgelehnt und stattdessen einen verschuldensabhängigen Auskunftsanspruch aus § 242 BGB iVm § 1 UWG abgeleitet (grdl. BGH GRUR 1994, 630, 632f. – *Cartier-Armreif*, BGH GRUR 1994, 634, 635 – *Pulloverbeschriftung*). Das PrPG enthielt insoweit keine abschließende Regelung der Drittauskunft (BGH GRUR 1995, 427, 428 – *Schwarze Liste*).

III. Voraussetzungen (Abs. 1)

1. Verletzungstatbestand

7 Die Tatbestandsverweisung auf die „Fälle der §§ 14, 15 und 17" ist ebenso ungenau wie bei § 18. Der selbständige Auskunftsanspruch des § 19 ist verschuldensunabhängig gegeben, knüpft also nur an die objektiven Verletzungstatbestände der §§ 14 Abs. 2 bis 4, 15 Abs. 2 und 3 sowie 17 Abs. 2 S. 1 an (Amtl. Begr. PrPG BlfPMZ 1990, 184). Dagegen kann der unselbständige Auskunftsanspruch nach § 242 BGB je nach seiner Hilfsfunktion verschuldensabhängig sein (§ 14 Rdn. 77).

2. Auskunftsberechtigter

8 § 19 nennt nur den Kennzeicheninhaber selbst als Anspruchsberechtigten. Zur Berechtigung von Lizenznehmern s. § 30 Rdn. 40 und BGH GRUR 1995, 338, 340 – *Kleiderbügel* zum PatG. Prozeßstandschaft ist nach den allgemeinen Regeln möglich (Vor §§ 14–19 Rdn. 8). Der Prozeßstandschafter kann Auskunft an sich selbst verlangen (BGH GRUR 1995, 216 – *Oxygenol II*).

3. Auskunftsschuldner

9 Der Auskunftsanspruch richtet sich gegen den Verletzer. Das ist jeder, der eine Verletzungshandlung iSd §§ 14, 15, 17 begangen oder dabei mitgewirkt hat (näher Vor §§ 14–19 Rdn. 10 ff.). Der Auskunftsanspruch richtet sich daher uneingeschränkt auch gegen gutgläubige Weitervertreiber, nicht jedoch gegen private Letztverbraucher, die einschlägige Gegenstände zu nichtgeschäftlichen Zwecken erwerben, einführen oder besitzen (Amtl. Begr. PrPG BlfPMZ 1990, 184; vgl. dazu auch § 18 Rdn. 14). Mehrere Verletzer sind nur unter den Voraussetzungen des § 420 BGB Ge-

Auskunftsanspruch § 19

samtschuldner (BGH GRUR 1981, 592, 595 – *Championne du Monde*).

4. Widerrechtlich gekennzeichnete Gegenstände

§ 19 Abs. 1 erfaßt alle Gegenstände, die mit der verletzenden 10
Marke bzw. geschäftlichen Bezeichnung so versehen worden sind, daß ihr gegenwärtiger Zustand als widerrechtlich iSd §§ 14, 15, 17 anzusehen ist. Darunter fällt wie bei § 18 nicht nur die von Anfang an rechtswidrige Kennzeichenanbringung im Inland, sondern auch der spätere Eintritt der Widerrechtlichkeit zB durch Import von im Ausland gekennzeichneter Fremdware, aber auch bei Originalware aufgrund fehlender Erschöpfung wegen Veränderungen iSd § 24 Abs. 2 oder durch nicht von § 24 Abs. 1 gedeckter Einfuhr nach Deutschland. Neben der unmittelbar gekennzeichneten **Ware** selbst gehören insbesondere die **Aufmachungen**, Verpackungen und Kennzeichnungsmittel des § 14 Abs. 4 (Amtl. Begr. zu § 19), aber auch die **Geschäftspapiere und Werbemittel** iSd § 14 Abs. 3 Nr. 5 zu den der Auskunft unterliegenden Gegenständen (krit. *Ahrens* Anm GRUR 1994, 638, jedoch mit unzutreffendem Ausgangspunkt, da vergleichende Werbung mit Markenabbildungen keine Kennzeichenverletzung darstellen muß, s. § 14 Rdn. 89). Nicht einbezogen sind Kennzeichnungsvorrichtungen iSd § 18 Abs. 2, welche die Kennzeichnung selbst nicht aufweisen.

5. Ausnahme: Unverhältnismäßigkeit im Einzelfall

Der ausdrückliche Hinweis auf die Verhältnismäßigkeitsprüfung 11
soll einem Mißbrauch des Auskunftsanspruchs zu einer „vom Gesetzeszweck her nicht mehr zu rechtfertigenden Ausforschung von Konkurrenten" entgegenwirken (Amtl. Begr. PrPG BlfPMZ 1990, 184). Die Bezugnahme auf den Einzelfall hat hier ähnlich wie bei § 18 (Rdn. 16) doppelte Bedeutung.

Zum einen unterstreicht sie das Gebot der Berücksichtigung aller 12
Umstände des konkreten Falles, wobei wegen des engeren Normzwecks (Rdn. 5) anders als bei § 18 der Verschuldensgrad von geringerem Gewicht ist (vgl. *Benkard/Rogge* § 140 b PatG Rdn. 3).

Vor allem aber verdeutlicht sie, daß die Auskunftspflicht des 13
Kennzeichenverletzers **nur in ganz besonders gelagerten Ausnahmefällen** eingeschränkt werden darf. Keinesfalls ausreichend hierfür ist das bei Kennzeichenverletzungen naturgemäß häufig gegebene Wettbewerbsverhältnis der Parteien als solches. Auch die ebenfalls regelmäßig vorliegende abstrakte Gefahr, daß die durch

§ 19 Auskunftsanspruch

die Auskunft erlangten Informationen dem Verletzten zusätzlich für wettbewerbliche Zwecke nützlich sein könnten, steht der Auskunftspflicht nicht entgegen. Der Verletzer muß auch nicht etwa ein besonderes Interesse an der Rechtsverfolgung gegenüber Lieferanten oder Abnehmern darlegen. Die Auskunftspflicht steht nicht unter einem generellen Vorbehalt überwiegenden Interesses des Verletzten. Es muß vielmehr umgekehrt mit Sicherheit ausgeschlossen werden können, daß der Verletzte die begehrten Angaben zur Geltendmachung nachvollziehbarer Verletzungsansprüche gegen Lieferanten oder Abnehmer benötigen könnte. Dies ist nur dann vorstellbar, wenn nicht nur weitere Kennzeichenverletzungen durch die Dritten (einschließlich deren Vorlieferanten bzw. weiteren Abnehmer) zweifelsfrei ausgeschlossen sind, sondern auch denkbare Schadensersatz- oder Bereicherungsansprüche bereits ausgeglichen sind (insoweit zutr. Amtl. Begr. BlfPMZ 1990, 184; BGH GRUR 1995, 338, 341/342 – *Kleiderbügel* zum PatG). Die besonderen Umstände müßten so gelagert sein, daß hinsichtlich aller Lieferanten und Abnehmer die Wiederholungsgefahr ausgeschlossen ist und der Verletzte daher nicht darauf angewiesen ist, Unterlassungserklärungen dieser Unternehmen einzuholen. Dies wird in der Praxis nur sehr selten mit der erforderlichen Sicherheit feststehen. Hinzukommen muß außerdem ein besonderes, schutzwürdiges Geheimhaltungsinteresse des Verletzers (vgl. BGH GRUR 1995, 338, 340 – *Kleiderbügel* zum PatG: „wesentlich verstärktes Gewicht").

14 Soweit die Amtl. Begr. zum PrPG als weiteren Ausnahmefall anführt, „daß es sich um einen Einzelfall von Schutzrechtsverletzung handelt", kann ihr nicht gefolgt werden. Jede Kennzeichenverletzung beginnt als „Einzelfall". Kann sie durch schnelles Eingreifen des Kennzeicheninhabers bereits in diesem Stadium gestoppt werden, so ist dies kein Grund zur Auskunftsverweigerung.

15 Der Auskunftsanspruch kann stets nur in dem zur Wahrung der Verhältnismäßigkeit erforderlichen Umfang beschränkt werden, ggf. nur teilweise oder durch Auflagen. Auch ein Wirtschaftsprüfervorbehalt kommt nur ausnahmsweise und in diesem Umfang in Betracht (BGH GRUR 1995, 338, 341/342 – *Kleiderbügel* zum PatG). Die Darlegungs- und Beweislast für die Ausnahmevoraussetzungen trägt ausnahmslos der Verletzer (BGH GRUR 1995, 338, 341/342 – *Kleiderbügel* zum PatG).

IV. Rechtsfolgen und Prozessuales

1. Auskunftserteilung

a) Wissenserklärung. Eine Schwäche des § 19 liegt darin, daß 16
er nur einen Anspruch auf Auskunft, d. h. auf eine **Wissenserklärung** (BGH GRUR 1994, 630, 632 – *Cartier-Armreif*) verschafft.
Der Verletzer hat keinen unmittelbaren Anspruch auf Einsicht in
die Geschäftsbücher des Verletzten (zur Vollstreckung durch Einsichtnahme s. u. Rdn. 33). Die hierfür maßgeblichen Bedenken des
Gesetzgebers sind ausf. erläutert in Amtl. Begr. PrPG BlfPMZ
1990, 185 f. Der Wortlaut ("Angaben") schließt auch einen Anspruch auf Vorlage von Belegen aus (*Eichmann* GRUR 1990, 576;
aA *Cremer* Mitt 1992, 156 f., auch zum Zugriff auf Belege über
strafrechtliche Ermittlungen). Die Auskunftspflicht ist jedoch nicht
etwa nur auf präsentes Wissen des Verletzers oder seiner gesetzlichen Vertreter beschränkt, sondern schließt die Verpflichtung ein,
alle eigenen Quellen (Geschäftsbücher, EDV, Kenntnisse von Mitarbeitern und Beauftragten etc.) zu nutzen (zB OLG Hamburg MD
1997, 867, 870 – *Bree*: Beschaffung bei Vertragspartnern). Ein selbst
zur Auskunftserteilung verpflichteter Geschäftsführer muß nach seinem Ausscheiden Auskunft nach eigenem Wissen und den noch in
seinem Besitz befindlichen eigenen Unterlagen erteilen (OLG Bremen WRP 1997, 331, 338 – *Comtes*).

b) Auskunft im Rechtssinne. Keine Erfüllung des Auskunfts- 17
anspruches sind nicht ernstgemeinte, von vornherein unglaubhafte
bzw. unvollständige Erklärungen (BGH GRUR 1994, 630, 631/
632 – *Cartier-Armreif*). Die Auskunft muß für den Berechtigten
zweifelsfrei **als Auskunft im Rechtssinne erkennbar**, d. h. vom
Verletzer als verbindliche, endgültige Angabe zur Beantwortung
der Auskunftsaufforderung gekennzeichnet sein (vgl. BGH GRUR
1961, 288, 291 – *Zahnbürsten*), ohne daß dies ein Anerkenntnis der
Pflicht bedeuten würde. Dem Auskunftsberechtigten darf keinesfalls
zugemutet werden, sich die Auskunft aus zu anderen Zwecken abgegebenen Erklärungen (zB Verteidigung im Prozeß) des Verletzers
erst selbst zusammenzusuchen (aA *Teplitzky* 52. Kap. Rdn. 7 und
GK/*Jacobs* vor § 13 UWG D Rdn. 234).

Auch eine **negative Erklärung** kann den Auskunftsanspruch 18
erfüllen (BGH GRUR 1994, 630, 632 – *Cartier-Armreif*; BGH
GRUR 1958, 149, 150 – *Bleicherde*).

§ 19   Auskunftsanspruch

19   **c) Auskunftsperson.** Die Auskunftspflicht ist nicht höchstpersönlich, kann also auch durch hierzu beauftragte Vertreter, Mitarbeiter, Anwälte erfüllt werden, sofern der Auskunftscharakter und die Zurechenbarkeit zum Verletzer eindeutig ist (*Eichmann* GRUR 1990, 576; vgl. BGH GRUR 1961, 288, 291 – *Zahnbürsten*). Auf Erklärungen Dritter darf der Auskunftsschuldner nicht lediglich verweisen, sondern muß sie sich unmißverständlich zu eigen machen, um damit seine eigene Pflicht erfüllen zu können.

20   In einer mehrstufigen Vertriebskette hat jeder Verletzer seine eigene Auskunft zu erteilen. Die Auskunftserteilung durch den Hersteller läßt nicht etwa auch die Pflicht zB des Großhändlers entfallen. Dem Verletzten muß vielmehr gerade auch die Kontrolle durch Auskunftsvergleich ermöglicht werden.

21   **d) Form.** Die Auskunft ist schriftlich zu erteilen, da sie auch als Beweismittel zu dienen bestimmt ist (vgl. *Benkard/Rogge* § 140 b PatG Rdn. 7; *Köhler/Piper* vor § 13 UWG Rdn. 73, GK/*Köhler* vor § 13 UWG B Rdn. 408).

22   **e) Zeitpunkt, Verzug.** Die Auskunft ist nach § 19 Abs. 1 unverzüglich, d. h. ohne schuldhaftes Zögern (vgl. § 121 Abs. 1 S. 1 BGB) nach Aufforderung durch den Auskunftsberechtigten zu erteilen. Unter den Voraussetzungen der §§ 284 ff. BGB kann der Berechtigte die Erstattung der Kosten notwendiger eigener Nachforschungen verlangen (vgl. BT-Rechtsausschuß zum PrPG BlfPMZ 1990, 197; *Benkard/Rogge* § 140 b PatG Rdn. 4).

2. Umfang der Auskunft (Abs. 2)

23   **a) Gegenstände.** In gegenständlicher Hinsicht ist der Umfang der Auskunft zunächst durch die tatbestandsimmanente Beschränkung auf „widerrechtlich gekennzeichnete Gegenstände" iSv § 19 Abs. 1 (Rdn. 10) vorgegeben. Wie schon die Verpflichtung zu Mengenangaben zeigt, hat der Verletzer nicht nur über Herkunft und Vertriebsweg der einzelnen, zB durch Testkäufe festgestellten Verletzungsgegenstände Auskunft zu erteilen, sondern über alle Gegenstände, die sowohl hinsichtlich des verwendeten Zeichens als auch hinsichtlich der Art der Ware bzw. des sonstigen Gegenstandes noch derselben **konkreten Verletzungsform** (Vor §§ 14–19 Rdn. 37) zugeordnet werden können. Wer zB ein fremdes Bildzeichen auf verschiedenen Schuhmodellen in unterschiedlicher Größe anbringt, hat nicht nur Auskunft über Schuhe der konkret entdeckten Modellart, sondern über alle Schuhe mit gleicher Kennzeichnung zu erteilen. Der widerrechtliche Zustand des Gegenstandes muß nur zur Zeit der den Auskunftsanspruch begründenden Verletzungshandlung gegeben gewesen sein und weder im Zeitpunkt des Auskunftsverlangens fortbestehen noch schon zur Zeit der Handlungen der in § 19 Abs. 2 genannten Hersteller, Lieferanten etc. bestanden haben (Rdn. 25).

b) Personenkreis. § 19 Abs. 2 definiert den Kreis der Dritten, 24 über die der Verletzer Auskunft zu erteilen hat, ausschließlich nach deren objektiver Beziehung zu den betroffenen Gegenständen, also unabhängig davon, ob Verletzungsansprüche gegen die Dritten überhaupt in Betracht kommen (zur ausnahmsweisen Berücksichtigung im Rahmen der Verhältnismäßigkeitsprüfung s. oben Rdn. 13). Dies entspricht dem Normzweck, dem Verletzten eine umfassende eigenverantwortliche Überprüfung von Herkunft und Vertriebsweg zu ermöglichen. Es wäre im übrigen widersinnig, von dem Verletzten Darlegungen über mögliche Ansprüche gegen Personen zu verlangen, die ihm gerade unbekannt sind. Dementsprechend ist Auskunft auch über im Ausland ansässige Dritte iSd § 19 Abs. 2 zu erteilen, die keinerlei Handlungen im Inland vorgenommen haben oder aus anderen tatsächlichen oder rechtlichen Gründen als Kennzeichenverletzer ausscheiden (*Eichmann* GRUR 1990, 577; vgl. *Benkard/Rogge* § 140b PatG Rdn. 5; i. Erg. zurückhaltender wohl *Tilmann* BB 1990, 1569).

Aus den gleichen Gründen kann es für die Einbeziehung in die 25 Auskunft auch keine Rolle spielen, ob der Gegenstand bereits in der Hand des Herstellers, Lieferanten oder Vorbesitzers die widerrechtliche Kennzeichnung aufwies oder erst auf einer späteren Stufe – ggf. erst durch den auf Auskunft in Anspruch genommenen Verletzer – gekennzeichnet wurde. Nur so kann der Verletzte prüfen, ob ihm die Hersteller und Lieferanten zunächst „neutraler" Gegenstände aufgrund Kenntnis der später erfolgenden Kennzeichnung als Störer, Gehilfen oder sogar Mittäter verantwortlich sind. Der Wortlaut des § 19 Abs. 2 bringt dies durch die Verwendung des Begriffs „Gegenstände" ohne die Qualifikation „widerrechtlich gekennzeichnete" zum Ausdruck.

Die Begriffe „Hersteller", „Lieferant", „Vorbesitzer", „Auftrag- 26 geber" und „Abnehmer" sind im tatsächlich-wirtschaftlichen Sinne zu verstehen, ohne daß es auf die vertragsrechtliche Konstruktion der Beziehungen dieser Personen untereinander ankommt. Vorbesitzer sind insbesondere auch die mit Transport und Lagerung der Gegenstände befaßten Personen. Weitere Beispiele bei *Eichmann*

GRUR 1990, 577 f. Wie die ausdrückliche Einbeziehung des Herstellers und der anderen Vorbesitzer zeigt, ist nicht etwa nur der unmittelbar liefernde Vordermann des Auskunftspflichtigen zu benennen, sondern alle ihm bekannten Personen aller Vorstufen (vgl. *Benkard/Rogge* § 140b PatG Rdn. 5). Dagegen ist auf der Abnehmerseite nach dem Wortlaut nur der jeweilige unmittelbare gewerbliche Abnehmer des Auskunftsschuldners erfaßt (vgl. *Benkard/Rogge* § 140b PatG Rdn. 6).

27 Die Beschränkung auf **„gewerbliche"** Abnehmer soll sicherstellen, daß keine Auskunft über private Abnehmer erteilt werden muß, da diese als Schutzrechtsverletzer idR nicht in Betracht kommen (Amtl. Begr. PrPG BlfPMZ 1990, 184). Daraus folgt, daß die Gewerblichkeit im weitesten Sinne zu verstehen ist und auch Freiberufler sowie Betriebe der Urproduktion erfaßt. Ob der Abnehmer den Gegenstand gewerblich weitervertreibt oder nur selbst bei seiner gewerblichen Tätigkeit verwendet, ist nach dem Gesetzeswortlaut irrelevant (wie hier *Benkard/Rogge* § 140b PatG Rdn. 6; aA *Eichmann* GRUR 1990, 577). Die Einbeziehung gewerblich tätiger Letztverbraucher ist schon deshalb zwingend geboten, weil auch sie mit den Gegenständen Kennzeichenverletzungen begehen können, nämlich durch Verwendung für die eigene Werbung ohne Weitergabe (zB Werbeplakat). Soweit unter den Abnehmern Privatpersonen sind, ist dies als Auskunft ohne Namensnennung mitzuteilen (LG München I CR 1993, 698, 702).

28 **c) Zeitlich.** Eine zeitliche Beschränkung des Auskunftsumfangs im Sinne der Rspr. des I. Zivilsenats zum allgemeinen Auskunftsanspruch (näher Vor §§ 14–19 Rdn. 86) verbietet der Normzweck. Der Verletzte benötigt zur effektiven Rechtsverfolgung gerade auch Informationen über frühere, unbekannt gebliebene Handlungen zB der Lieferanten des Verletzers (*Eichmann* GRUR 1990, 578; *Fezer* § 19 Rdn. 12; *Benkard/Rogge* § 140b PatG Rdn. 9).

3. Inhalt der Auskunft (Abs. 2)

29 Dem Inhalt nach ist die gem § 19 geschuldeten Auskunft auf drei Informationsarten beschränkt: (1) vollständiger Name des Dritten, (2) Anschrift mit allen verkehrsüblichen Bestandteilen, (3) Menge der von dem Dritten oder dem Verletzer selbst hergestellten, ausgelieferten, erhaltenen oder bestellten Gegenstände in verkehrsüblicher Maßeinheit. Übersehen hat der Gesetzgeber offensichtlich die Bedeutung von Angaben über den Zeitpunkt der auf die Gegenstände bezogenen Handlungen für die Rechtsverfolgung. Insoweit kann der Auskunftsanspruch zur Ersatzberechnung weiterhelfen (vgl. *Eichmann* GRUR 1990, 579).

4. Prozessuales

a) Klageantrag. Der Klageantrag ist auf Verurteilung zur Auskunftserteilung zu richten, wobei Umfang und Inhalt der Auskunft durch eine oben Rdn. 23 entsprechende Beschreibung der betroffenen Gegenstände zu präzisieren sind. Im übrigen darf der Gesetzestext wiederholt werden, soweit nicht zweifelsfrei feststeht, daß eine der Personenarten des § 19 Abs. 2 im konkreten Fall nicht beteiligt sein konnte. (Bsp. bei *Eichmann* GRUR 1990, 580 Fn. 80). 30

b) Streitwert. Der Streitwert der Auskunftsklage nach § 19 hängt vom wirtschaftlichen Interesse des Klägers an der Erfüllung der Auskunftspflicht im jeweiligen Einzelfall ab. Bemessungsgrundlage ist der zu schätzende **Gesamtwert aller Unterlassungs- und Ersatzansprüche** gegen Dritte, zu deren Vorbereitung die Auskunft primär zu dienen bestimmt ist (zB *Eichmann* GRUR 1990, 590: 25% hiervon; vgl. *Teplitzky*, 49. Kap. Rdn. 39). Dem Auskunftsanspruch kann somit ein ganz erheblicher, die üblichen Streitwerte für den nur zur Ersatzberechnung dienenden Auskunftsanspruch (Vor §§ 14–19 Rdn. 90) weit übersteigender Wert beizumessen sein. Zur Problematik der Differenz zwischen zunächst vermutetem und tatsächlichem Verletzungsumfang vgl. KG GRUR 1992, 611 – *Hard Rock Cafe* zu § 25 b WZG mwN. 31

Ein Streitwertabschlag bei Geltendmachung im Verfügungsverfahren ist nicht veranlaßt, da die Hauptsache vorweggenommen wird (KG GRUR 1992, 611 – *Hard Rock Cafe* zu § 25 b WZG).

Der Streitwert in vom Auskunftsschuldner angestrengten **Rechtsbehelfsverfahren** bemißt sich demgegenüber nach dem Aufwand an Zeit und Kosten für die Auskunftserteilung sowie einem eventuellen Geheimhaltungsinteresse des Schuldners (BGH GSZ GRUR 1995, 701). 32

c) Zwangsvollstreckung. Die Zwangsvollstreckung erfolgt gem § 888 ZPO durch Zwangsgeld und Zwanghaft (zB OLG Düsseldorf GRUR 1979, 275), soweit die Auskunftserteilung nicht ausnahmsweise als vertretbare Handlung angesehen werden und gem §§ 887, 892 ZPO im Wege der Ersatzvornahme bewirkt werden kann (zB durch Einsichtnahme in Geschäftsbücher oder in be- 33 triebliche EDV durch Sachverständigen, vgl. Amtl. Begr. PrPG BlfPMZ 1990, 185/186). Zu Einzelheiten vgl. *Eichmann* GRUR 1990, 580 ff. mwN. Einer vorläufigen Vollstreckung steht die Endgültigkeit einer einmal erteilten Auskunft nicht generell entgegen (BGH GRUR 1996, 78 – *Umgehungsprogramm*).

34 **d) Einstweilige Verfügung (Abs. 3).** § 19 Abs. 3 gestattet die sonst wegen Vorwegnahme der Hauptsache grundsätzlich ausgeschlossene (Vor §§ 14–19 Rdn. 92) Durchsetzung des Auskunftsanspruchs im Eilverfahren, allerdings beschränkt auf „Fälle offensichtlicher Rechtsverletzung". Die Amtl. Begr. zum PrPG (BlfPMZ 1990, 184) versteht darunter Fälle, „in denen die Rechtsverletzung so eindeutig ist, daß eine Fehlentscheidung (oder eine andere Beurteilung im Rahmen des richterlichen Ermessens) ... kaum möglich ist". Im Kennzeichenrecht bedeutet dies vor allem, daß keine Zweifel an Schutzfähigkeit und besserem Zeitrang des Klagekennzeichens und an der Verwechslungsgefahr bzw. den Voraussetzungen gem §§ 14 Abs. 2 Nr. 3, 15 Abs. 3 bestehen sollten. Die Offensichtlichkeit kann auch bei unstreitigem Sachverhalt fehlen, wenn gänzlich ungeklärte und umstrittene Rechtsfragen zu entscheiden sind (OLG Hamburg WRP 1997, 106, 112 f. – *Gucci*; OLG Hamburg WRP 1997, 103, 105 f. – *Cotto*; jeweils wegen § 23). Auf Zulässigkeitsfragen erstreckt sich das Offensichtlichkeitserfordernis nach dem eindeutigen Wortlaut des § 19 Abs. 3 („Rechtsverletzung") nicht, so daß insoweit die allgemeinen Anforderungen gelten.

35 Ein Erlaß erst nach **Sicherheitsleistung** oder Vollziehbarkeit nur bei Sicherheitsleistung (vgl. Amtl. Begr. PrPG BlfPMZ 1990, 184) können den Schuldner idR nur vor den mit der Auskunftserteilung verbundenen Kosten schützen und kommt daher nur bei besonders aufwendiger Auskunftserteilung in Betracht. Zu weiteren Verfahrensfragen s. *Eichmann* GRUR 1990, 586 ff.

36 Eine Anwendung der **Dringlichkeitsvermutung** des § 25 UWG, die an sich auch bei Kennzeichverletzungen gilt (Vor §§ 14–19 Rdn. 49), wurde im Gesetzgebungsverfahren zum PrPG pauschal als nicht vertretbar bezeichnet, da die Durchsetzung des Auskunftsanspruchs auf das unbedingt erforderliche Maß begrenzt bleiben müsse (Amtl. Begr. PrPG BlfPMZ 1990, 184). Soweit sie auch als mit dem Offensichtlichkeitserfordernis unvereinbar bezeichnet worden ist (*Eichmann* GRUR 1990, 586; *Fezer* § 19 Rdn. 18), bleibt unberücksichtigt, daß § 19 Abs. 3 die Offensichtlichkeit auf die Rechtsverletzung bezieht, nicht aber auf die Glaubhaftmachung des Verfügungsgrundes. Es sind daher keine von Unterlassungsverfügungen abweichende Dringlichkeitsanforderungen gerechtfertigt, sondern es ist auch hinsichtlich des Auskunftsanspruchs von der grdsl. Eilbedürftigkeit bei Kennzeichenverletzung auszugehen. Verpflichtet sich der Verletzer nach unverzüglicher Auskunftsaufforderung zu kurzfristiger Auskunftserteilung, die er dann jedoch verweigert, beginnt eine neue Dringlichkeitsfrist zu laufen (*Eichmann* GRUR 1990, 587 Fn 202).

Zum **Vollzug** von Auskunftsverfügungen soll die Zustellung innerhalb der Frist des § 929 Abs. 2 ZPO nicht genügen, sondern weitere Vollzugshandlungen vorzunehmen sein (zB OLG Hamburg WRP 1996, 1047 – *Original Alpha*; aA LG Koblenz WRP 1997, 986). 37

5. Auskunftsmängel, Eidesstattliche Versicherung

Die von der Bundesregierung ursprünglich vorgeschlagene generelle Verpflichtung zur Versicherung der Vollständigkeit und Richtigkeit der Auskunft an Eides Statt ist auf Empfehlung des Rechtsausschusses des Bundestags nicht in das PrPG aufgenommen worden (BlfPMZ 1990, 197). Damit richten sich die Möglichkeiten des Auskunftsberechtigten bei unvollständiger oder unrichtiger Auskunft auch im Rahmen des § 19 nach den allgemeinen Regeln. Unabhängig hiervon ist zu beachten, daß eine vorsätzlich falsche Auskunftserteilung den Tatbestand des § 263 StGB erfüllen kann, wenn sie (auch) zur Vereitelung von Ersatzansprüchen gegen den Verletzer erfolgt. 38

a) Unvollständige Auskunft. Bei nachweisbar unvollständiger Auskunft besteht nur ein Ergänzungsanspruch (BGH GRUR 1994, 630, 632 – *Cartier-Armreif,* vgl. BGH GRUR 1984, 728, 729 – *Dampffrisierstab II*), der ggf. gem Rdn. 33 zu vollstrecken ist (zB OLG Düsseldorf GRUR 1979, 275). 39

b) Unsorgfältige Auskunft. Besteht begründeter Verdacht, daß die Angaben nicht mit der erforderlichen Sorfalt gemacht wurden, kann analog §§ 259 Abs. 2, 260 Abs. 2 BGB auf Abgabe einer **eidesstattlichen Versicherung** des Verletzers über Richtigkeit und Vollständigkeit geklagt werden (offengelassen in BGH GRUR 1994, 630, 633 – *Cartier-Armreif;* wie hier zB *Eichmann* GRUR 1990, 583; *Benkard/Rogge* § 140b PatG Rdn. 8; str. nach Erfahrungsbericht GRUR 1992, 373). Zu den Sorgfaltsanforderungen vgl. auch BGH GRUR 1960, 247 – *Krankenwagen I*. An die Darle- 40 gung der fehlenden Sorgfalt dürfen keine unerfüllbaren Anforderungen gestellt werden. Die Abgabe einer eidesstattlichen Versicherung ist vielmehr schon dann zumutbar, wenn tatsächliche Anhaltspunkte für Nachlässigkeit oder gar bewußte Falschauskunft vorliegen. Dafür genügt eine unrichtige Erstauskunft, sofern sie nicht ausnahmsweise ohne weiteres als unverschuldet erklärbar ist. Zur Darlegungslast des Auskunftsberechtigten vgl. auch BGH WuW/E 2893 – *Behauptung eines Auskunftsanspruchs*.

41 Zuständigkeit und Verfahren für die Klage richten sich nach den allgemeinen Regeln für die Auskunfts- bzw. Verletzungsklage. Antragsbeispiele bei *Eichmann* GRUR 1990, 584. Die Pflicht zur Abgabe der eidesstattlichen Versicherung ist höchstpersönlich (BGHZ 104, 369, 371), d.h. vom Verletzer bzw. dessen gesetzlichem Vertreter zu erfüllen.

Zuständigkeit und Verfahren zur Abgabe der Versicherung richten sich bei freiwilliger Abgabe nach § 261 BGB und bei Vollstreckung aufgrund Verurteilung nach § 889 ZPO (Einzelheiten bei *Eichmann* GRUR 1990, 584 f.).

6. Verwertungsverbot (Abs. 4)

42 Das verfassungsrechtlich (BVerfGE 56, 37) gebotene Verwertungsverbot zum Schutz vor erzwungener Selbstbezichtigung ist auf Straf- und OWiG-Verfahren beschränkt, gilt also nicht für Ordnungsmittel oder Vertragsstrafen wegen der offenbarten Verletzungshandlungen (*Eichmann* GRUR 1990, 578/579; aA *von Ungern-Sternberg* WRP 1984, 56). Für die in BGH GRUR 1976, 367 – *Ausschreibungsunterlagen* (vgl. Vor §§ 14–19 Rdn. 81) erwogenen Beschränkungen bei Bezichtigung Dritter ist im Rahmen des § 19 schon angesichts der bewußten Beschränkung des § 19 Abs. 4 auf die Selbstbezichtigung bzw. den Personenkreis nach § 52 Abs. 1 StPO kein Raum.

V. Verhältnis zu anderen Bestimmungen (Abs. 5)

43 Zu dem nach § 19 Abs. 5 unberührt bleibenden unselbständigen Auskunftsanspruch zur Ermöglichung der Berechnung von Ersatzansprüchen s. Vor §§ 14–19 Rdn. 74 ff.

Abschnitt 4. Schranken des Schutzes

§ 20 Verjährung

(1) Die in den §§ 14 bis 19 genannten Ansprüche verjähren in drei Jahren von dem Zeitpunkt an, in dem der Berechtigte von der Verletzung seines Rechts und der Person des Verpflichteten Kenntnis erlangt, ohne Rücksicht auf diese Kenntnis in 30 Jahren von der Verletzung an.

(2) § 852 Abs. 2 des Bürgerlichen Gesetzbuchs ist entsprechend anzuwenden.

(3) Hat der Verpflichtete durch die Verletzung auf Kosten des Berechtigten etwas erlangt, so ist er auch nach Vollendung der Verjährung zur Herausgabe nach den Vorschriften über die Herausgabe einer ungerechtfertigten Bereicherung verpflichtet.

Inhaltsübersicht

	Rdn.
I. Allgemeines	1–4
1. Überblick	1
2. Früheres Recht	2
3. MRRL	3
4. Gemeinschaftsmarkenrecht	4
II. Anwendungsbereich	5–8
III. Regelmäßige Verjährung (Abs. 1)	9–21
1. Verjährungsbeginn	9–17
a) Allgemeines	9
b) Verletzungshandlung	10–14
aa) Verletzende Einzelhandlung	10
bb) Mehrere Einzelhandlungen	11
cc) Dauerhandlungen	12
dd) Wiederholungsgefahr	13
ee) Erstbegehungsgefahr	14
c) Kenntnis des Verletzten	15, 16
aa) Positive Kenntnis	15
bb) Maßgebende Person	16
d) Schadenseintritt als zusätzliche Grenze?	17
2. Verjährungsende	18
3. Verjährungsunterbrechung	19
4. Hemmung der Verjährung	20, 21
a) Verzicht auf die Einrede der Verjährung	20
b) Verhandlungen (Abs. 2)	21

§ 20 Verjährung

	Rdn.
IV. Wirkung der Verjährung (Abs. 3)	22, 23
1. Leistungsverweigerungsrecht	22
2. Herausgabe der noch vorhandenen Bereicherung	23
V. Ausschluß der Verjährungseinrede	24
VI. Beweislast	25

I. Allgemeines

1. Überblick

1 § 20 regelt die Verjährung der Ansprüche, die aufgrund der Kennzeichenverletzung entstehen, parallel zu § 852 BGB und § 141 PatG. Ähnlichkeit besteht auch zu § 21 UWG, obwohl die Fristen dort kürzer sind. Die Rechtsprechung und Literatur zu den genannten Vorschriften kann deshalb ergänzend herangezogen werden. Nach der Regelung des Grundsatzes in Abs. 1 und einer Verweisung auf die Hemmungsvorschrift des § 852 Abs. 2 BGB (Abs. 2) enthält Abs. 3 noch eine Ausnahme hinsichtlich der im Vermögen des Verletzers bei Verjährungseintritt noch vorhandenen Bereicherung.

2. Früheres Recht

2 Das WZG enthielt zunächst keine eigene Verjährungsvorschrift, § 852 BGB wurde analog angewendet (BGH GRUR 1968, 367, 370 – *Corrida*). Der am 1. Juli 1990 in Kraft getretene § 25 c WZG führte eine Verjährungsvorschrift ein, die mit § 20 weitgehend identisch war.

3. MRRL

3 Die MRRL enthält keine Vorgaben für die Regelung der Verjährung.

4. Gemeinschaftsmarkenrecht

4 Die GMVO enthält keine eigene Verjährungsregelung, obwohl sie in Art. 9 ff. eigene Verletzungsansprüche aufführt. Nach Art. 14 GMVO, der die ergänzende Anwendung des einzelstaatlichen Rechts anordnet, wäre grundsätzlich auch § 20 anwendbar. § 125 b enthält allerdings gerade keine ausdrückliche Verweisung auf § 20, so daß zweifelhaft ist, ob diese Vorschrift oder § 852 BGB Anwendung findet (dazu § 125 b Rdn. 6).

II. Anwendungsbereich

§ 20 gilt unmittelbar für die Verletzungsansprüche der §§ 14–19 5
aufgrund der Marken des § 4 und der Unternehmenskennzeichen
des § 5. Durch die Verweisungen in §§ 129 und 136 gilt er auch
für Ansprüche bei Mißbrauch geographischer Herkunftsangaben.
Für die strafrechtlichen Tatbestände der §§ 143 und 144 gilt § 78
StPO, für Ordnungswidrigkeiten gem. § 145 gelten §§ 31 ff.
OWiG.

Gleichzeitig mit den markenrechtlichen Ansprüchen der §§ 14–19 6
können dem Inhaber Ansprüche aufgrund anderer Anspruchsgrundlagen zustehen, zB auf der Basis von §§ 1 und 3 UWG oder auf
vertraglicher Grundlage, etwa im Fall der Verletzung lizenzvertraglicher Bestimmungen (vgl. § 30 Abs. 2). In diesem Fall gilt, daß unabhängige Anspruchsgrundlagen auch unabhängig voneinander verjähren (so für das Verhältnis von UWG und WZG schon BGH
GRUR 1968, 367, 370 – *Corrida*; auch BGH GRUR 1984, 820,
822 – *Intermarkt II*). Unabhängig von der deliktischen Verjährung
des § 20 ist auch die dreißigjährige Verjährungsfrist des Bereicherungsrechts, das unabhängig neben dem Schadenersatz steht (Vor
§ 14–19 Rdn. 73).

Auf die gerade im Rahmen von § 21 UWG problematische Frage, ob ein Verstoß gegen § 823 Abs. 1 unter dem Gesichtspunkt 7
des Eingriffs in den Gewerbebetrieb ebenfalls der kurzen Verjährung unterliegt (bejahend BGH GRUR 1964, 218, 219 – *Düngekalkhandel*; BGH GRUR 1974, 99, 100 – *Brünova*) kommt es bei
§ 20 praktisch nicht an, da die gleiche Verjährungsfrist vorgesehen
ist wie bei § 852 BGB. Welche Anspruchsgrundlage rechtlich gegeben ist und welcher Verjährungsvorschrift sie unterliegt, hängt
nicht davon ab, auf welche Vorschrift sich der Kläger beruft, sondern ist vom Gericht festzustellen (BGH GRUR 1974, 99, 100 –
Brünova).

Im Rahmen der markenrechtlichen Ansprüche der §§ 14–19 8
differenziert das Gesetz bewußt nicht. Unterlassungs-, Schadenersatz-, Auskunfts- und Vernichtungsansprüche verjähren also nach
den gleichen Regeln. Das gilt im Ergebnis auch für den Beginn der
Verjährung (dazu im einzelnen unten Rdn. 9 ff.). Nicht höchstrichterlich entschieden ist, ob Unterlassungsansprüche, die auf vertragliche Unterlassungserklärungen zurückgehen, nach der kurzen
deliktischen oder nach der allgemeinen Verjährung des § 195 BGB
verjähren. Da nicht einzusehen ist, warum der Gläubiger eines ver-

traglichen Anspruchs, der auf einen deliktischen Anspruch zurückgeht, durch diese Umwandlung besser gestellt werden sollte, ist hier – ebenso wie bei den Abmahnkosten (BGHZ 115, 210 – *Abmahnkostenverjährung*, zum UWG) auf die Verjährung des zugrundeliegenden gesetzlichen Anspruchs, also auf § 20 MarkenG, abzustellen (ebenso für das UWG *Teplitzky* § 16 Rdn. 22). Davon zu unterscheiden ist allerdings die Verjährung des verwirkten Vertragsstrafeanspruches, der als vertraglicher Zahlungsanspruch § 195 BGB unterliegt (*Teplitzky* aaO, BGH GRUR 1992, 61, 62 – *Preisvergleichsliste*).

III. Regelmäßige Verjährung (Abs. 1)

1. Verjährungsbeginn

9   **a) Allgemeines.** § 20 sieht zwei unterschiedliche Verjährungsfristen vor, eine dreijährige Frist beginnend mit dem Zeitpunkt der Kenntnis des Berechtigten von der Verletzung seines Rechtes und der Person des Verpflichteten und eine dreißigjährige Frist von der Verletzung an, ohne Rücksicht auf die Kenntnis des Berechtigten. Auch im Fall der dreijährigen Verjährungsfrist ist aber vorausgesetzt, daß zunächst eine Verletzungshandlung vorliegt, zu der dann (zusätzlich) die Kenntnis treten muß.

b) Verletzungshandlung

10   **aa) Verletzende Einzelhandlung.** Die Verjährung beginnt mit dem Abschluß der verletzenden Einzelhandlung, nicht schon mit ihrer bloßen Vorbereitung. Liegt die Verletzungshandlung zB im Versehen der Ware mit der Marke (§ 14 Abs. 3 Nr. 1) sind vorgelagerte Produktionsschritte unerheblich. Die Handlung wird begangen mit dem Anbringen der Marke. Ob von der Handlung die Gefahr weiterer Fortwirkungen ausgeht, zB weil nun zu befürchten ist, daß die mit der Marke versehene Ware in den Verkehr gebracht wird, worin eine weitere Verletzungshandlung (§ 14 Abs. 3 Nr. 2) liegen würde, spielt keine Rolle (zum UWG BGH GRUR 1974, 99, 100 – *Brünova*; BGH GRUR 1990, 221, 223 – *Forschungskosten*).

11   **bb) Mehrere Einzelhandlungen.** Denkbar ist, daß der Verletzer mehrere einzelne Markenverletzungen begeht, daß er zB zunächst eine Partie der markenverletzenden Waren in Verkehr bringt, zu einem späteren Zeitpunkt eine weitere Partie anbietet

Verjährung § 20

und diese wiederum später exportiert usw. Hinsichtlich jeder dieser Einzelhandlungen läuft dann eine eigene Verjährungsfrist, d. h. Ansprüche, die sich auf die erste Handlung gründen, können bereits verjährt sein, während Ansprüche aufgrund späterer Handlungen unverjährt sein können. Das gilt unabhängig davon, ob die Handlungen von einem einheitlichen Verletzerwillen getragen sind, zB weil der Verletzer sich vorgenommen hatte, seine gesamten Lagerbestände an markenverletzender Ware über einen Zeitraum von mehreren Monaten hinweg an verschiedene Abnehmer auszuliefern und diesen Vorsatz auch durchgeführt hat. Für die Verjährung kommt es auf diesen Gesichtspunkt des „Fortsetzungszusammenhangs" nicht an (BGH GRUR 1974, 99, 100 – *Brünova*; BGH GRUR 1984, 820, 822 – *Intermarkt II*; BGH GRUR 1992, 61, 63 – *Preisvergleichsliste*). Für den (in die Zukunft gerichteten) Unterlassungsanspruch bedeutet dies, daß es auf den Zeitpunkt der letzten Verletzungshandlung ankommt. Ob andere Handlungen bereits verjährt sind, ist unerheblich. Demgegenüber entsteht der Schadenersatzanspruch mit jeder Handlung gerade im Hinblick auf diese Handlung in einer bestimmten Höhe (zB bezogen auf die Lizenzgebühr, die gerade für diese Lieferung zu entrichten gewesen wäre). Der Schadenersatzanspruch verjährt also abschnittsweise. Dasselbe gilt für den Auskunftsanspruch des § 19, da dieser sich jeweils auf den Herkunfts- und Vertriebsweg der konkreten rechtsverletzenden Gegenstände bezieht (dieser kann bei unterschiedlichen Lieferungen durchaus verschieden sein, sowohl hinsichtlich der Bezugsquelle als auch der Abnehmer). Der Hinweisanspruch des § 16, der Übertragungsanspruch gegen den ungetreuen Vertreter aus § 17 und der Vernichtungsanspruch des § 18 richten sich jeweils auf die Beseitigung eines fortdauernden Störungszustandes. Sind diese Störungszustände beseitigt, ist dies keine Frage der Verjährung, sondern der materiellen Begründetheit der Ansprüche. Andererseits tritt die Verjährung solange nicht ein, wie der Störungszustand andauert, da es sich um eine Dauerhandlung handelt (unten Rdn. 12).

cc) Dauerhandlungen. Von wiederholten Handlungen, die 12 jeweils abgeschlossene Einzelakte betreffen, können Dauerhandlungen begrifflich unterschieden werden. Bei Dauerhandlungen wird, ohne daß es neuer Handlungen des Verletzers bedarf, das Recht kontinuierlich verletzt. Schulbeispiel für die rechtsverletzende Dauerhandlung ist die Anbringung des markenverletzenden Firmenschildes am Ladenlokal. Seine Existenz verletzt die Markenrechte

§ 20 Verjährung

unabhängig davon, ob der Verletzer weitere Handlungen vornimmt, zB dieses Kennzeichen auch in seiner Geschäftskorrespondenz verwendet usw. Unterlassungsansprüche können solange nicht verjähren, wie der Störungszustand andauert (BGH GRUR 1974, 99, 100 – *Brünova*; BGHZ 71, 86, 94 – *Fahrradgepäckträger II*). Die Verjährung des Unterlassungsanspruchs beginnt in dem Moment zu laufen, wo die Störung beseitigt wird (zB durch Entfernung des Firmenschildes, Aufgabe der Verwendung der Kennzeichnung usw.). Zutreffenderweise wird hinsichtlich des Schadenersatzanspruches aber die gleiche Betrachtung anzustellen sein, wie bei der wiederholten Einzelhandlung (so auch *Köhler/Piper* § 21 Rdn. 21; BGHZ 71, 86, 94 – *Fahrradgepäckträger II*). Dafür spricht zum einen die im Einzelfall schwierige Abgrenzung der Dauerhandlung von der fortgesetzten Einzelhandlung, vor allem aber auch, daß eine unterschiedliche Behandlung dieser beiden Tatbestände materiell nicht gerechtfertigt erscheint. Hinsichtlich des Schadenersatzanspruches beginnt die Verjährung unabhängig von der Fortdauer der Störung, es ist also auch bei der Dauerhandlung eine Aufteilung vorzunehmen, für den verjährten Zeitraum ist Schadenersatz nicht geschuldet. Die Verjährung der als Beseitigungsansprüche ausgestalten Anspruchsgrundlagen der §§ 16, 17 und 18 beginnt erst mit dem Ende der Dauerhandlungen.

13 dd) **Wiederholungsgefahr.** Die einmal begangene Einzelhandlung begründet zwar die Wiederholungsgefahr, die nicht durch bloße Untätigkeit, sondern im Regelfall nur durch Abgabe einer strafbewehrten Unterlassungserklärung ausgeräumt werden kann. Diese (fortbestehende) Wiederholungsgefahr kann aber nicht zur Bestimmung des Verjährungsbeginns herangezogen werden, da anderenfalls Unterlassungsansprüche nie verjähren würden. Vielmehr kommt es auf den Zeitpunkt der letzten tatsächlichen Verletzungshandlung an (BGH GRUR 1987, 125 – *Berühmung*).

14 ee) **Erstbegehungsgefahr.** Auch ohne daß tatsächlich eine Verletzungshandlung begangen wird, kann ein Unterlassungsanspruch aufgrund von Erstbegehungsgefahr begründet sein. Die Erstbegehungsgefahr kann allerdings nicht generell vermutet werden, sondern knüpft immer an bestimmte Verhaltensweisen des Verletzers an (zB an eine Berühmung, zur rechtsverletzenden Handlung berechtigt zu sein). Str. ist, ob der Unterlassungsanspruch, der auf eine solche Erstbegehungsgefahr gestützt ist, verjähren kann, wenn das Ereignis, das die Erstbegehungsgefahr begründete, länger als die Verjährungsfrist zurückliegt. Die überwiegende Meinung verneint

das (BGH GRUR 1979, 121 – *Verjährungsunterbrechung*; *Teplitzky* § 16 Rdn. 4 m. w. N.). Sie sieht in der Erstbegehungsgefahr einen Zustand, der einer Dauerhandlldung gleichzusetzen ist. Das ist aber zumindest für den Fall nicht zutreffend, daß die Erstbegehungsgefahr aus einer konkreten einzelnen Handlung erwachsen ist, zB einer einzelnen Prozeßberühmung. Ein Unterschied zu den Fällen der Wiederholungsgefahr (oben Rdn. 14), läßt sich dann nicht begründen. Anders kann es sein, wenn die Erstbegehungsgefahr auf der Grundlage eines andauernden Zustandes besteht, zB die Anmeldung (und Eintragung) einer Marke die Erstbegehungsgefahr hinsichtlicher ihrer Verwendung für die Waren und Dienstleistungen des Verzeichnisses begründet. Durch den fortdauernden Störungszustand der Markeneintragung aktualisiert sich auch die Erstbegehungsgefahr im Hinblick auf die Benutzung der Marke ständig neu. Dann kann auch dieser Unterlassungsanspruch nicht verjähren, solange die Marke noch eingetragen ist. Wird die Erstbegehungsgefahr dadurch beseitigt, daß der Verletzer zB von der Berühmung Abstand nimmt, entfällt der Anspruch ex nunc (BGH GRUR 1987, 125, 126 – *Berühmung*).

c) Kenntnis des Verletzten

aa) Positive Kenntnis. Die Verjährung beginnt nur bei positiver Kenntnis von der Verletzungshandlung und der Person des Verletzten zu laufen (zum UWG zB BGH GRUR 1964, 218, 220 – *Düngekalkhandel*). Grobfahrlässige Unkenntnis ist nicht ausreichend, der Markeninhaber hat weder eine Marktbeobachtungspflicht, noch muß er Markenneuanmeldungen überwachen. Nur in besonderen Ausnahmefällen kann dem Anspruchsteller vorgeworfen werden, weitere Informationen nicht eingeholt zu haben. Dies kann dann der Fall sein, wenn der Geschädigte „eine sich ihm ohne weiteres anbietende, gleichsam auf der Hand liegende Erkenntnismöglichkeit, die weder besondere Kosten noch nennenswerte Mühe verursacht, nicht wahrnimmt. Das trifft etwa dann nicht zu, wenn lange und zeitraubende Telefonate oder umfangreiche Schriftwechsel erforderlich werden" (BGH NJW 1985, 2022). Ein derartiger Fall kommt im Markenrecht etwa in Betracht, wenn dem Markeninhaber von Dritten detaillierte Informationen über den Verletzungsfall zugeleitet werden, die nur noch in Einzelheiten ergänzt werden müssen, wenn diese Ergänzung offenkundig von dem Informanten leicht zu erhalten wäre. Die Kenntnis des Verletzten muß sich auf alle Tatsachen erstrecken, die ihm eine einigermaßen gesicherte Basis für eine Klage bieten (BGH GRUR 1988, 832,

834 – *Benzinwerbung*). Kenntnis hinsichtlich der Person des Verletzers liegt erst dann vor, wenn so viele Anhaltspunkte bestehen, daß mit einfachsten Mitteln die fehlenden Informationen (Adresse) eingeholt werden können. Anhaltspunkte, die noch aufwendige Nachforschungen erfordern, sind nicht ausreichend (vgl. zB BGH NJW 1985, 2022, 2023; BGH NJW-RR 1988, 411, 412). Hinsichtlich verschiedener Verletzer kann die Verjährung einen deshalb zu unterschiedlichen Zeitpunkten beginnen, weil immer auf den Tatbeitrag des jeweiligen Verletzers abzustellen ist, aber auch deshalb, weil von der Person des Verletzers zu unterschiedlichen Zeitpunkten Kenntnis erlangt wird.

16 **bb) Maßgebende Person.** Der Inhaber muß selbst Kenntnis haben, bei einer juristischen Person kommt es grundsätzlich auf die Kenntnis der vertretungsberechtigten Organe an. Die Kenntnis seiner Mitarbeiter muß sich der Markeninhaber nicht generell zurechnen lassen, sondern nur dann, wenn dieser Mitarbeiter gerade mit der Vorbereitung und Durchsetzung dieser Ansprüche befaßt war, zB als Testkäufer (OLG Stuttgart WRP 1985, 242; vgl. auch BGH NJW 1994, 1150, 1152: Betriebsprüfer des Sozialversicherungsträgers).

17 **d) Schadenseintritt als zusätzliche Grenze?** Anders als § 21 Abs. 2 UWG enthält § 20 MarkenG (insoweit übereinstimmend mit § 141 PatG) für den Verjährungsbeginn hinsichtlich der Schadensersatzansprüche nicht das zusätzliche Erfordernis, daß der Schaden eingetreten sein muß. Das hat seinen Grund darin, daß jede Verletzungshandlung jedenfalls dem Grund nach Schadenersatzansprüche auslöst, da alle Benutzungshandlungen insbesondere lizenzgebührenpflichtig wären. Auf einen weitergehenden Schadenseintritt, etwa im Sinne eines Umsatzverlustes des Markeninhabers, kommt es nicht an (aA ohne nähere Begründung *Fezer* Rdn. 30).

2. Verjährungsende

18 Die Verjährung endet drei Jahre nach Kenntnis oder dreißig Jahre nach der Verletzungshandlung. Für die Fristberechnung gilt § 188 Abs. 2 BGB, die Verjährung endet also in dem entsprechenden Jahr am gleichen kalendarischen Datum.

3. Verjährungsunterbrechung

19 Es gelten die §§ 208 ff. BGB. Auf die folgenden Besonderheiten ist hinzuweisen: **Anerkenntnis** (§ 208 BGB) kann in einer Unter-

Verjährung § 20

lassungserklärung liegen (KG GRUR 1990, 546, 547 – *Verjährungsunterbrechung*), wobei die Abgabe der Unterlassungserklärung aber nicht die Anerkennung von Schadenersatzansprüchen beinhaltet (BGH GRUR 1992, 61, 63 – *Preisvergleichsliste*). Die **Klageerhebung** unterbricht die Verjährung (§ 209 BGB), nicht die bloße Abmahnung und auch nicht der Antrag auf Erlaß einer einstweiligen Verfügung (OLG Düsseldorf WRP 1974, 481; vgl. auch BGH GRUR 1979, 121 – *Verjährungsunterbrechung*). Die Klage muß nicht nur bei Gericht eingereicht, sondern auch zugestellt werden, wobei allerdings nach §§ 207 Abs. 1, 270 Abs. 3 ZPO eine Rückwirkung der Zustellung auf das Datum der Einreichung der Klage bei Gericht bei alsbaldiger Zustellung erfolgt. Die Klage unterbricht immer nur hinsichtlich der geltend gemachten Ansprüche, die Unterlassungsklage also zB nicht hinsichtlich der Schadenersatzansprüche (BGH GRUR 1974, 99, 101 – *Brünova*; BGH GRUR 1984, 820, 822 – *Intermarkt II*). Die Verjährung wird auch unterbrochen durch Maßnahmen der **Zwangsvollstreckung** (§ 209 Abs. 2 Nr. 5 BGB). Dazu gehören insbesondere Vollstreckungsmaßnahmen aus der einstweiligen Verfügung, obwohl der bloße Antrag auf Erlaß der einstweiligen Verfügung seinerseits die Verjährung nicht unterbricht. Hierzu gehören etwa der Antrag auf Festsetzung eines Ordnungsgeldes oder die nachträgliche Anordnung von Ordnungsmitteln durch Beschluß gem. § 890 Abs. 2 ZPO (BGH GRUR 1979, 121, 122 – *Verjährungsunterbrechung*).

4. Hemmung der Verjährung

a) Verzicht auf die Einrede der Verjährung. Es gelten die 20 §§ 202–207 BGB sowie durch ausdrückliche Verweisung in Abs. 2 auch § 852 Abs. 2 BGB. Von praktischer Bedeutung ist besonders § 202 Abs. 1 BGB, der vorliegt, wenn der Schuldner sich verpflichtet, innerhalb einer gewissen Zeit auf die Verjährungseinrede zu **verzichten,** zB wenn die Entscheidung eines Vorprozesses abgewartet werden soll. Das Abkommen kann auch stillschweigend zustande kommen, wenn der Parteiwille hinreichend deutlich ist (BGH NJW 1983, 2497; BGH NJW-RR 1989, 1049). Die bloße Tatsache von Verhandlungen genügt dafür nicht. Die Wirkung der Hemmung ergibt sich aus § 205 BGB. Solange die Verjährung gehemmt ist, läuft die (bereits angelaufene) Verjährungsfrist nicht weiter. Nach Wegfall der Hemmung läuft sie weiter, d.h. der vor der Hemmung bereits abgelaufene Zeitraum wird weiter bei der Berechnung der Verjährung berücksichtigt.

21 **b) Verhandlungen (Abs. 2).** Hierin liegt nur ein Sonderfall von § 202 Abs. 1 BGB. Der Begriff der Verhandlung ist weit auszulegen (BGH NJW 1983, 2025). Es genügt jeder Meinungsaustausch über den Verletzungsfall zwischen dem Berechtigten und dem Verpflichteten, wenn nicht sofort erkennbar ist, daß die Ansprüche vom Verpflichteten abgelehnt werden (BGHZ 93, 64). Es genügen Erklärungen, die den Geschädigten zu der Annahme berechtigen, der Verpflichtete lasse sich jedenfalls auf Erörterungen über die Berechtigung der geltend gemachten Ansprüche ein (BGH MDR 1988, 570). Die Hemmung endet durch Verweigerung der Fortsetzung der Verhandlungen. Dies muß grundsätzlich durch ein klares und eindeutiges Verhalten einer der Parteien zum Ausdruck kommen (BGH DB 1991, 2183).

IV. Wirkung der Verjährung (Abs. 3)

1. Leistungsverweigerungsrecht

22 Durch den Eintritt der Verjährung fallen die Ansprüche nicht weg, dem Verpflichteten steht lediglich ein Leistungsverweigerungsrecht zu, das vom Gericht nur auf ausdrückliche Einrede zu beachten ist (§ 222 Abs. 1 BGB). Da der Anspruch nicht wegfällt, kann auch das bereits zur Erfüllung des verjährten Anspruchs Geleistete nicht zurückverlangt werden (§ 222 Abs. 2 BGB). Das gilt auch für die bereits abgegebene Unterlassungserklärung (§ 222 Abs. 2 Satz 2 BGB). Eine Änderung der materiellen Rechtslage tritt durch die Verjährung auch insofern nicht ein, als der Verletzer auch weiterhin nicht zu der verletzenden Handlung berechtigt ist. Würde er eine erneute Verletzungshandlung begehen, entstünde vielmehr ein neuer Unterlassungsanspruch (oben Rdn. 11).

2. Herausgabe der noch vorhandenen Bereicherung

23 Unabhängig von der Verjährung des Schadenersatzanspruches, aber auch von der Verjährung evtl. Bereicherungsansprüche, ist die noch vorhandene Bereicherung nach § 20 Abs. 3 herauszugeben. Auch der Anspruch aus § 20 Abs. 3 verjährt aber innerhalb von dreißig Jahren, so daß er praktische Bedeutung nur dann erlangt, wenn die Verjährung aufgrund der Dreijahresfrist nach Kenntnis eingetreten ist (zu § 852 Abs. 3 BGB, vgl. BGH DB 1986, 2017). Es liegt eine Rechtsfolgenverweisung vor, auf die Voraussetzungen der §§ 812 ff. BGB kommt es nicht an, wohl aber bestimmt sich der Umfang nach den bereicherungsrechtlichen Vorschriften der §§ 818 ff. BGB (BGHZ 71, 86, 98 ff. – *Fahrradgepäckträger II*; zum Bereicherungsanspruch bei Kennzeichenverletzung allgemein Vor §§ 14–19 Rdn. 73).

V. Ausschluß der Verjährungseinrede

Auf die Verjährungseinrede kann nach § 225 Satz 1 BGB nicht wirksam verzichtet werden, doch kann vereinbart werden, daß sie – ggf. bis zum Eintritt eines bestimmten Ereignisses – nicht erhoben wird, geschieht dies dennoch, stünde dem § 242 BGB entgegen (oben Rdn. 20). Im Einzelfall kann die Berufung auf die Verjährung als unzulässige Rechtsausübung nach § 242 BGB dann unzulässig sein, wenn der Kläger aufgrund des Verhaltens des Beklagten damit rechnen durfte, daß der Schuldner sich nur mit sachlichen Einwendungen verteidigen würde. Das ist in der Regel während schwebender Verhandlungen anzunehmen, die allerdings ohnehin von Abs. 2 abgedeckt werden (vgl. auch BGH NJW 1993, 64, 66). Verändert sich das Verhalten des Schuldners, bricht er etwa die Verhandlungen ab, muß der Gläubiger kurzfristig reagieren, um die Verjährung zu unterbrechen (BGH aaO).

24

VI. Beweislast

Die Verjährung ist Einrede, der Anspruchsgegner, der sich auf sie beruft, muß deshalb ihre Voraussetzungen beweisen, insbesondere auch den Zeitpunkt der Kenntniserlangung durch den Anspruchsteller. Demgegenüber hat der Anspruchsteller die tatsächlichen Voraussetzungen der Hemmung, der Unterbrechung, des Verzichts oder der unzulässigen Rechtsausübung zu beweisen (*Köhler/Piper* § 22 Rdn. 51).

25

§ 21 Verwirkung von Ansprüchen

(1) Der Inhaber einer Marke oder einer geschäftlichen Bezeichnung hat nicht das Recht, die Benutzung einer eingetragenen Marke mit jüngerem Zeitrang für die Waren oder Dienstleistungen, für die sie eingetragen ist, zu untersagen, soweit er die Benutzung der Marke während eines Zeitraums von fünf aufeinanderfolgenden Jahren in Kenntnis dieser Benutzung geduldet hat, es sei denn, daß

§ 21 Verwirkung von Ansprüchen

die Anmeldung der Marke mit jüngerem Zeitrang bösgläubig vorgenommen worden ist.

(2) **Der Inhaber einer Marke oder einer geschäftlichen Bezeichnung hat nicht das Recht, die Benutzung einer Marke im Sinne des § 4 Nr. 2 oder 3, einer geschäftlichen Bezeichnung oder eines sonstigen Rechts im Sinne des § 13 mit jüngerem Zeitrang zu untersagen, soweit er die Benutzung dieses Rechts während eines Zeitraums von fünf aufeinanderfolgenden Jahren in Kenntnis dieser Benutzung geduldet hat, es sei denn, daß der Inhaber dieses Rechts im Zeitpunkt des Rechtserwerbs bösgläubig war.**

(3) **In den Fällen der Absätze 1 und 2 kann der Inhaber des Rechts mit jüngerem Zeitrang die Benutzung des Rechts mit älterem Zeitrang nicht untersagen.**

(4) **Die Absätze 1 bis 3 lassen die Anwendung allgemeiner Grundsätze über die Verwirkung von Ansprüchen unberührt.**

Inhaltsübersicht

	Rdn.
I. Allgemeines	1–4
1. Überblick	1
2. Früheres Recht	2
3. MRRL	3
4. Gemeinschaftsmarkenrecht	4
II. Gesetzliche Verwirkung gegenüber Inhabern eingetragener Marken	5–13
1. Verwirkbare Ansprüche	5, 6
a) Ansprüche aus einer Marke oder geschäftlichen Bezeichnung	5
b) Arten verwirkbarer Ansprüche	6
2. Die Marke mit jüngerem Zeitrang	7
3. Benutzung für die eingetragenen Waren	8
4. Fünfjährige Kenntnis und Duldung	9, 10
a) Kenntnis	9
b) Duldung	10
5. Ununterbrochene Benutzung der Marke	11
6. Keine Bösgläubigkeit	12
7. Keine sonstigen Anforderungen	13
III. Gesetzliche Verwirkung gegenüber Inhabern sonstiger Rechte (Abs. 2)	14
IV. Koexistenz (Abs. 3)	15
V. Verwirkung aufgrund allgemeiner Grundsätze (Abs. 4)	16–28
1. Konkurrenz der Verwirkungsregeln	16
2. Rechtsgrundlagen der allgemeinen Verwirkung	17

	Rdn.
3. Anwendungsbereich	18
4. Grundsatz	19
5. Länger anhaltende Duldung	20–23
a) Erforderliche Zeitdauer	20, 21
b) Duldung	22
c) Einfluß des Verhaltens des Verletzten	23
6. Berechtiges Vertrauen des Verletzers	24
7. Wertvoller Besitzstand	25, 26
8. Grenzen der Verwirkung	27
9. Kein Recht zur Ausdehnung	28
VI. Prozessuales	29

Literatur: *Fernández-Nóvoa*, Die Verwirkung und Duldung im System der Gemeinschaftsmarke, FS für Beier, GRUR Int 1996, 442; *Jordan*, Zum Rechtsmißbrauchseinwand im Markenrecht, FS für Piper, 1996, S. 563; *Klaka*, Erschöpfung und Verwirkung im Licht des Markenrechtsreformgesetzes, GRUR 1994, 321; *Ring*, Das Rechtsinstitut der Verwirkung nach dem Markengesetz sowie nach allgemeinem Recht, DZWir 1995, 494.

I. Allgemeines

1. Überblick

§ 21 enthält erstmals im deutschen Kennzeichenrecht eine ausdrückliche gesetzliche Regelung der Verwirkung, die sich allerdings nur auf einen bestimmten Teilbereich der denkbaren Verwirkungsfälle bezieht. Abs. 1 betrifft zunächst den Fall, daß der Prioritätsjüngere selbst Inhaber einer eingetragenen Marke ist. Abs. 2 betrifft die Parallelregelung für die sonstigen Kennzeichenrechte des MarkenG. Abs. 3 verdeutlicht, daß nur die Ansprüche des Prioritätsälteren gegen den Prioritätsjüngeren, nicht aber das Recht selbst verwirkt werden. Nach Abs. 4 bleiben die allgemeinen Grundsätze über die Verwirkung von Ansprüchen unberührt, ohne daß diese Grundsätze näher geregelt würden.   1

2. Früheres Recht

Ohne Grundlage im Gesetz war zum WZG schon vom RG der Verwirkungseinwand entwickelt worden, nach anfänglich abweichenden Begründungen zutreffend auf der Grundlage von § 242 BGB als Fall der unzulässigen Rechtsausübung. Der Stand der Rechtsprechung, den diese in Ausgestaltung durch den BGH erreicht hat, wird im Rahmen der Kommentierung von Abs. 4 (unten Rdn. 17 ff.) dargestellt. Neu gegenüber der Rechtslage im   2

§ 21 Verwirkung von Ansprüchen

WZG ist in § 21 aber nicht nur die ausdrückliche Regelung im Gesetz, sondern insbesondere die starre Zeitschranke von fünf Jahren einerseits und das Fehlen eines Besitzstandserfordernisses (unten Rdn. 25 f.) andererseits. Die Regelung von § 21 Abs. 1–3 stellt also keine Kodifizierung der Rechtsprechung zur Verwirkung dar, sondern eine Neubestimmung eines Teilbereiches des Rechtsinstituts. Deshalb kommt der Frage besondere Bedeutung zu, ob die bisherigen Grundsätze nach Abs. 4 uneingeschränkt und in jedem Fall weiter anwendbar bleiben, was nach der hier vertretenen Auffassung zu bejahen ist, oder ob sie nur außerhalb der von § 21 Abs. 1 und 2 erfaßten Konstellationen des Bestehens jüngerer Kennzeichenrechte in Betracht kommen (dazu unten Rdn. 3, 16).

3. MRRL

3   Die MRRL regelt die Verwirkung in Art. 9, wobei Art. 9 Abs. 1 eine zwingende Vorgabe für die Verwirkung von Ansprüchen gegen die Inhaber eingetragener prioritäsjüngerer Marken enthält, die von Art. 21 Abs. 1 praktisch wörtlich umgesetzt wird. § 21 Abs. 2 setzt die Option des Art. 9 Abs. 2 hinsichtlich der nicht eingetragenen Kennzeichenrechte um. § 21 Abs. 3 entspricht Art. 9 Abs. 3 MRRL. Eine § 21 Abs. 4 entsprechende Regelung ist in der MRRL nicht vorgesehen. Es ist deshalb zweifelhaft, in welchem Umfang daneben die bisherigen Regelungen des nationalen Rechts anwendbar bleiben können. Das wird Bedeutung insbesondere für die Fälle haben, in denen die Voraussetzungen von § 21 Abs. 1 und 2 nicht nachgewiesen werden können. Sind alle diese Fälle zusätzlich am Maßstab der allgemeinen Verwirkungslehre zu messen, wird das tendenziell die Rechte der Markeninhaber beschränken und die Position der Verletzer stärken. Es kommt also darauf an, ob Art. 9 MRRL zugunsten der prioritätsjüngeren Benutzer lediglich einen Mindestschutz festschreiben wollte, oder ob es den Mitgliedsstaaten überlassen bleiben sollte, zugunsten der Prioritätsjüngeren weitere Beschränkungen des Markenrechts einzuführen. Strukturell stellt sich die Frage somit in gleicher Weise wie bei Art. 7 MRRL hinsichtlich der Erschöpfung, wo der BGH bekanntlich gerade davon ausgegangen ist, daß Art. 7 MRRL eine abschließende Regelung darstellt (BGH GRUR 1996, 271 – *Gefärbte Jeans*). Für die Auffassung, daß Art. 9 MRRL eine abschließende Regelung darstellt, spricht nicht zuletzt die Bezugnahme auf die Rechtssicherheit bei der Begründung der Verwirkungsregelung in der Präambel der MRRL. Damit wäre allerdings die weitgehen-

de Aufgabe der flexiblen bisherigen Rspr. verbunden. Diese Frage ist in letzter Instanz vom EuGH zu entscheiden. Obwohl aus deutscher Sicht eine restriktive Auslegung rechtspolitisch nicht wünschenswert erscheint, wäre diese Frage erforderlichenfalls vom BGH vorzulegen (siehe auch unten Rdn. 16).

4. Gemeinschaftsmarkenrecht

Die GMVO sieht in Art. 53 eine teilweise Regelung der Verwirkung vor, nämlich im Hinblick auf die Nichtigkeitsgründe der Gemeinschaftsmarke. Diese sind ähnlich dem § 21 Abs. 1–3 ausgestaltet (im einzelnen *Ingerl*, Die Gemeinschaftsmarke S. 98–100). 4

II. Gesetzliche Verwirkung gegenüber Inhabern eingetragener Marken (Abs. 1)

1. Verwirkbare Ansprüche

a) Ansprüche aus einer Marke oder geschäftlichen Bezeichnung. Nach § 21 Abs. 1 sind Ansprüche eines Inhabers einer Marke und geschäftlichen Bezeichnung verwirkbar. Der prioritätsältere Anspruchsteller muß also Inhaber einer Marke nach § 4 Nr. 1–3 oder einer geschäftlichen Bezeichnung nach § 5 sein. Für die geographischen Herkunftsangaben der §§ 126 ff. und 130 ff. gilt § 21 Abs. 1 nicht. Im Einzelfall keine eine Berufung auf die allgemeinen Verwirkungsgrundsätze nach § 21 Abs. 4 in Betracht kommen, wobei allerdings zu berücksichtigen ist, daß Ansprüche aus geographischen Herkunftsangaben im Hinblick auf die drohende Irreführung des Verkehrs in der Regel im öffentlichen Interesse bestehen und deshalb nur sehr eingeschränkt der Verwirkung unterliegen (unten Rdn. 27). 5

b) Arten verwirkbarer Ansprüche. Nach dem Wortlaut von § 21 Abs. 1 werden davon nur Unterlassungsansprüche („das Recht, die Benutzung ... zu untersagen") erfaßt. Daraus folgt zwar nicht „zwingend" (so aber *Fezer* Rdn. 6), daß auch keine Schadenersatzansprüche mehr durchgesetzt werden können, da immerhin denkbar wäre, daß der prioritätsjüngere Benutzer noch eine Entschädigung, etwa in Form einer Lizenzgebühr, an den Anspruchsinhaber zahlen müßte. Das würde allerdings dem Verständnis des deutschen Rechts, wonach an die Verwirkung von Schadenersatzansprüchen eher geringere Anforderungen als an die Verwirkung 6 von Unterlassungsansprüchen zu stellen sind (unten Rdn. 25) entgegenlaufen. Gerade der auch in der Präambel zur MRRL aufgeführte Gedanke der Rechtssicherheit gilt in gleichem Maße auch für Schadenersatzansprüche. Im Ergebnis ist deshalb davon auszugehen, daß alle Ansprüche der §§ 14–19 von der Verwirkung nach Abs. 1 erfaßt werden. Für den Löschungsanspruch des § 51 trifft § 51 Abs. 2 eine parallele Regelung.

2. Die Marke mit jüngerem Zeitrang

7   § 21 Abs. 1 gilt nur für den Fall, daß der Prioritätsjüngere Inhaber einer eingetragenen Marke ist. Gleichgestellt sind nach § 21 Abs. 2 die nicht eingetragenen Kennzeichen der §§ 4 Nr. 2–3, 5 sowie die sonstigen Rechte des § 13. Dagegen ist es nicht ausreichend, daß der Prioritätsjüngere die Bezeichnung benutzt hat, ohne daß ein Ausschließlichkeitsrecht entstanden ist, zB als bloße Produktkennzeichnung, für die er noch keine Verkehrsgeltung erlangt hat. In dieser Situation kann nur auf die allgemeinen Grundsätze nach § 21 Abs. 4 zurückgegriffen werden. Gerade auf diese Konstellation stellt auch die Amtl. Begr. (Abs. 2 zu § 21) ab.

3. Benutzung für die eingetragenen Waren

8   § 21 Abs. 1 stellt hinsichtlich der Benutzung eine doppelte Schranke auf. Zum einen kann die Verwirkung nach Abs. 1 nur für die Waren oder Dienstleistungen eintreten, die vom Verzeichnis der eingetragenen Marke gedeckt sind. Nach dem klaren Wortlaut des Gesetzes kommt es nicht darauf an, ob die Waren oder Dienstleistungen noch in den Ähnlichkeitsbereich der im Register aufgeführten fallen, sondern darauf, ob sie dort selbst aufgeführt sind. Das zweite Erfordernis besteht darin, daß die Kennzeichnung für die vom Register erfaßten Waren auch tatsächlich benutzt worden sein muß. Da die Verwirkung im Ergebnis einen Vertrauensschutztatbestand ist (auch wenn Abs. 1 im Gegensatz zu den allgemeinen Regeln (dazu unten Rdn. 24) keine subjektiven Tatbestandsmerkmale enthält), wäre eine Ausdehnung auf Waren oder Dienstleistungen, die zwar im Verzeichnis genannt sind, aber nicht benutzt wurden, sachwidrig.

4. Fünfjährige Kenntnis und Duldung

9   **a) Kenntnis.** § 21 Abs. 1 stellt nicht auf den Zeitraum der Benutzung durch den Prioritätsjüngeren ab, sondern ausschließlich auf

Verwirkung von Ansprüchen § 21

die Dauer der Kenntnis durch den Prioritätsälteren (wobei damit natürlich gleichzeitig eine Mindestdauer der tatsächlichen Benutzung von ebenfalls fünf Jahren verbunden ist). Der Fünfjahreszeitraum ist aus Gründen der Rechtssicherheit starr. Verkürzungen oder Verlängerungen kommen jedenfalls im Rahmen von Abs. 1 nicht in Betracht. Sofern man von einer unbegrenzten Anwendbarkeit der bisherigen Grundsätze im Rahmen von § 21 Abs. 4 ausgeht, können dort allerdings abweichende Zeiträume Berücksichtigung finden. Erforderlich ist eine positive Kenntnis des Verletzten. Der Begriff der Kenntnis in § 21 stimmt wörtlich überein mit der parallelen Regelung bei der Verjährung (§ 20 Rdn. 15 ff.) überein. Gerade die Parallelität von § 21 Abs. 1 zu einer Verjährungsvorschrift, die auch durch den starren Fünfjahreszeitraum betont wird, spricht hier für die Gleichheit der Maßstäbe. Danach ist „Kennenmüssen" nicht ausreichend, auch grobfahrlässige Unkenntnis schadet nicht. Dabei ist zu berücksichtigen, daß § 21 Abs. 1 nur auf die Kenntnis der Benutzung abstellt, nicht so spezifisch wie § 20 Abs. 1 auch auf die Kenntnis der Person des Verpflichteten. Abweichend von § 20 wird man es deshalb für ausreichend halten können, daß der Verpflichtete überhaupt Kenntnis von der Benutzung hatte. Nachforschungen über die Person des Benutzers werden ihm dann regelmäßig zumutbar sein.

b) Duldung. Der Anspruchsinhaber muß die Benutzung geduldet haben. Eine Duldung liegt immer dann vor, wenn der Rechtsinhaber entweder überhaupt keine Maßnahmen ergreift, oder nicht konsequent gegen den Verletzer vorgeht. Bemerkt der Verletzer die Benutzung durch den Dritten, kann er seine Rechtsposition mit unterschiedlichen Mitteln geltend machen, zB zunächst auch in informellen Gesprächen, ggf. durch Abmahnung usw. Er muß aber, wenn die zunächst eingesetzten Mittel keinen Erfolg zeigen, seine Ansprüche weiterverfolgen, also sie insbesondere auch gerichtlich geltend machen. Unterliegt er in erster Instanz, muß er in Berufung gehen. Die von der bisherigen Rspr. entwickelten Grundsätze zur Duldung (unten Rdn. 22) können parallel herangezogen werden. 10

Die Duldung muß innerhalb von fünf aufeinanderfolgenden Jahren erfolgt sein. Dabei kann eine Unterbrechung des Fünfjahreszeitraumes nicht durch erfolglose Geltendmachung, zB Abmahnungen ohne nachfolgende konsequente gerichtliche Geltendmachung, eintreten (anderenfalls könnte durch Wiederholung einer Abmahnung im Fünf-Jahres-Rhythmus der Eintritt der Verwirkung verhindert werden). Vielmehr muß der Rechtsinhaber innerhalb von fünf Jahren nicht nur eine Abmahnung ausgesprochen haben, sondern die Rechtsmittel auch ausschöpfen. Tut er das nicht, hat er im Ergebnis weiterhin geduldet (a. A. *Fezer* Rdn. 14).

5. Ununterbrochene Benutzung der Marke

11 Obwohl der Wortlaut nicht ganz eindeutig ist, kommt es nicht auf die ununterbrochene Duldung, sondern auf die ununterbrochene Benutzung an. Wird die Benutzung zwischenzeitlich eingestellt, kann der Inhaber des älteren Rechts davon ausgehen, daß die Verletzungshandlung beendet wird, daß er jedenfalls keine weiteren Maßnahmen ergreifen muß. Die Fünfjahresfrist beginnt erneut zu laufen, wenn eine erneute Benutzungsaufnahme festzustellen ist.

6. Keine Bösgläubigkeit

12 Auf die Verwirkung kann sich der Inhaber eines jüngeren Rechts nicht berufen, der bei der Anmeldung „bösgläubig" war. Die Bösgläubigkeit, ein aus der MRRL übernommener Begriff, findet sich insbesondere auch in § 50 Abs. 1 Nr. 4 sowie, wiederum als Ausschlußgrund in einer § 21 Abs. 1 ganz parallelen Situation, in § 51 Abs. 2. „Bösgläubigkeit" ist nicht so zu verstehen, daß die bloße Kenntnis von der Existenz des älteren Rechts ausreicht, um die Verwirkung auszuschließen. Vielmehr kommt es auf eine darüber hinausgehende Behinderungsabsicht an (vgl. § 50 Rdn. 8 ff. sowie Vor §§ 14–19 Rdn. 103 f.).

7. Keine sonstigen Anforderungen

13 § 21 Abs. 1 stellt keine weiteren Anforderungen auf, etwa hinsichtlich eines schutzwürdigen Besitzstandes des Verletzers oder besonderer subjektiver Merkmale, etwa eines Vertrauens darauf, daß der Rechtsinhaber nicht mehr vorgehen werde. Im Interesse der Rechtssicherheit und der klaren Abgrenzung kommt es auf Seiten des Verletzers nur auf die fünfjährige Benutzung an.

III. Gesetzliche Verwirkung gegenüber Inhabern sonstiger Rechte (Abs. 2)

14 Abs. 2 erweitert die Verwirkungsregelung des Abs. 1 auf die Marken des § 4 Nr. 2 und 3, die geschäftlichen Bezeichnungen des § 5 sowie auf die sonstigen älteren Rechte des § 13, zu denen ins-

Verwirkung von Ansprüchen § 21

besondere auch Namensrechte (§ 13 Abs. 2 Nr. 1) und geographische Herkunftsangaben (§ 13 Abs. 2 Nr. 5) gehören. Wiederum ist aber der Kreis der prioritätsälteren Rechte, hinsichtlich derer ggf. Verwirkung eintreten kann, auf Marken und geschäftliche Bezeichnung beschränkt. Die Erweiterung zu Abs. 2 betrifft also nur das prioritätsjüngere Recht. Die Aufteilung in zwei Absätze geht im wesentlichen darauf zurück, daß es sich insoweit um eine von der MRRL nicht zwingend vorgegebene, sondern nur optional ermöglichte Regelung handelt. Darüber hinaus besteht ein sachlicher Unterschied darin, daß nicht auf das Verzeichnis der Waren oder Dienstleistungen abgestellt wird. Vielmehr ist jeweils im Einzelfall festzustellen, inwieweit das jüngere Recht Schutz beanspruchen kann. Das wird bei Marken des § 4 Nr. 2 durch die Verkehrsgeltung vorgegeben, die jeweils nur hinsichtlich bestimmter Waren oder Dienstleistungen besteht (§ 4 Rdn. 12), ebenso wie die Notorität bei den Marken des § 4 Nr. 3. Wiederum ist zusätzlich erforderlich, daß die Kennzeichnung gerade für bestimmte Waren oder Dienstleistungen benutzt wird, nur hinsichtlich dieser kann Verwirkung eintreten. Daß der Schutzbereich der Kennzeichnung ggf. noch darüber hinaus gehen kann, spielt keine Rolle. Hinsichtlich der übrigen Tatbestandsvoraussetzungen, die mit Abs. 1 übereinstimmen, kann auf die obige Kommentierung verwiesen werden.

IV. Koexistenz (Abs. 3)

Die Verwirkung bezieht sich nur auf Ansprüche, nicht auf das 15 ältere Recht selbst. Dieses verliert nicht etwa seine Wirkung oder seine Priorität. Das ergibt sich zwingend schon daraus, daß die Verwirkung immer nur gegenüber einzelnen Verletzern eintritt, nie schlechthin für das Recht als ganzes. Daraus ergibt sich gleichzeitig auch, daß der Inhaber des älteren Rechtes sich auf dessen Fortbestand unabhängig davon berufen kann, ob die aus dem Recht fließenden Ansprüche noch geltend machen kann. Diese Zusammenhänge stellt § 21 Abs. 3 eigentlich überflüssigerweise insoweit klar, als Ansprüche des Inhabers des früheren Rechtes gegen den des älteren Rechtes ausgeschlossen werden. Eine echte Koexistenz dergestalt, daß das jüngere und ältere Recht denselben Zeitrang iSv § 6 Abs. 4 einnehmen würden, tritt dadurch aber nicht ein. Deshalb ist es Lizenznehmern des Inhabers des jüngeren Rechtes auch nicht möglich, sich gegenüber Ansprüchen des Inhabers des älteren Rechtes auf die Verwirkung zu berufen, wenn diese nicht ihnen

663

selbst gegenüber eingetreten ist (nämlich durch fünfjährige Duldung gerade ihrer eigenen Benutzung).

V. Verwirkung aufgrund allgemeiner Grundsätze (Abs. 4)

1. Konkurrenz der Verwirkungsregeln

16 Nach § 21 Abs. 4 lassen die Abs. 1–3 die Verwirkung aufgrund allgemeiner Grundsätze „unberührt". Dabei kann allerdings zweifelhaft sein, ob nicht jedenfalls im Hinblick auf den konkreten Anwendungsbereich von Abs. 1 und 2, nämlich solche prioritätsjüngeren Benutzer, die ein eigenes Ausschließlichkeitsrecht erworben haben, diese Vorschriften doch abschließend sein sollten. Dafür könnte insbesondere der auch in der MRRL insoweit genannte Gedanke der Rechtssicherheit sprechen. Auch in der ähnlichen Frage der abschließenden Regelung der Erschöpfung durch Art. 7 MRRL hat der BGH die Auffassung vertreten, eine erweiternde Auslegung in der Rechtsschranke zugunsten der Verletzer käme nicht in Betracht (BGH GRUR 1996, 271 – *Gefärbte Jeans*). Wollte man die Anwendung der allgemeinen Grundsätze neben § 21 Abs. 1 und 2 unbeschränkt zulassen (so dezidiert *Fezer* Rdn. 21), würde dies gerade nicht zu erhöhter Rechtssicherheit führen. Im Ergebnis würden auch die Rechte der Markeninhaber weiter beschränkt, da praktisch bedeutsam nur solche Fälle sein werden, bei denen die gesetzliche Regelung der Abs. 1 und 2 nicht eingreift, also nach diesen Vorschriften eine Verwirkung nicht eingetreten wäre. In der Praxis kommen dabei vorallem folgende Konstellationen in Betracht: (1) Die Fünf-Jahres-Frist ist noch nicht abgelaufen, es stellt sich also die Frage, ob die Verwirkung auch vor diesem Zeitpunkt eintreten kann. (2) Der erforderliche Nachweis der positiven Kenntnis kann nicht geführt werden, weil es z. B. keine direkte Kommunikation mit dem Inhaber des älteren Rechts gegeben hat. (3) Der Prioritätsjüngere hat kein eigenes Kennzeichnungsrecht erworben. Läßt man auch in den Fällen (1) und (2) die bisherigen Grundsätze der Verwirkung uneingeschränkt zu Anwendung kommen, bedeutet dies nicht nur die Fortgeltung des früheren Rechtszustandes, sondern eine Ausweitung des Bereiches der Verwirkung allgemein, da § 21 Abs. 1 und 2 in anderer Hinsicht auch niedrigere Voraussetzungen aufstellen, als die bisherige Rechtsprechung, etwa im Verzicht auf die konkreten Nachweis eines wertvollen Besitzstandes des Verletzers und eines (subjektiven) Vertrauenselementes.

Im Hinblick auf diese Bedenken scheint es erwägenswert, § 21 Abs. 4 nur für die von § 21 Abs. 1 und 2 nicht erfaßten Fallgruppe (3) der Benutzung ohne Erwerb eines eigenen Kennzeichenrechtes anzuwenden. Dieser Auslegung steht allerdings entgegen, daß jedenfalls Art. 9 MRRL ein solcher abschließender Charakter nicht ohne weiteres zu entnehmen ist. Darüber hinaus wäre aus deutscher Sicht nicht nur der Verlust einer langen Rechtstradition zu beklagen, sondern vor allem die Möglichkeit, aufgrund einer differenzierenden Einzelfallbetrachtung zu überzeugenden Ergebnissen zu gelangen. Im Hinblick darauf sollte trotz bestehender Bedenken doch die vollständige Konkurrenz der bisherigen Verwirkungsrechtsprechung zu den ausschnittsweisen Regelungen des § 21 Abs. 1 und 2 bejaht werden. Es ist allerdings vorauszusehen, daß diese Frage abschließend erst vom EuGH entschieden werden wird.

2. Rechtsgrundlagen der allgemeinen Verwirkung

Die allgemeinen Grundsätze der Verwirkung finden ihre dogmatische Grundlage in § 242 BGB als Unterfall der unzulässigen Rechtsausübung (st.Rspr., z.B. BGHZ 1, 31, 32 – *Störche*; BGHZ 21, 66, 78 – *Hausbücherei*; BGH GRUR 1975, 69, 70 – *Marbon*; BGH GRUR 1981, 60, 61 – *Sitex*; BGH GRUR 1985, 72, 73 – *Consilia*). Die Verwirkung macht die Rechtsausübung unzulässig, es handelt sich um eine rechtshemmende Einwendung, keine bloße Einrede, der Beklagte muß sich also im Prozeß nicht selbst auf sie berufen (BGH GRUR 1966, 623, 625 – *Kupferberg*; GK/Köhler vor § 13 UWG, B, 456). Die Verwirkung kann ggf. auch wieder entfallen, deswegen müssen ihre Voraussetzungen noch zum Zeitpunkt der Entscheidung im Prozeß vorliegen (RG GRUR 1935, 577 – *Venezia*). Die Verwirkung ist von der Verjährung unabhängig und knüpft an unterschiedliche Voraussetzungen an. Die Verjährung erfordert lediglich Zeitablauf, wobei die Kenntnis des Verletzten allerdings für die Dauer der Verjährung von Bedeutung ist (vgl. § 20 Rdn. 15f.). Ein Anspruch kann verjährt, aber nicht verwirkt sein, zB bei einem einmaligen Verstoß mit Kenntnis des Verletzten nach drei Jahren, aber auch verwirkt, ohne verjährt zu sein, zB bei einer Dauerhandlung hinsichtlich des Unterlassungsanspruches (§ 20 Rdn. 12).

3. Anwendungsbereich

Die Verwirkung als Ausfluß von § 242 BGB ist grundsätzlich bei allen zivilrechtlichen, insbesondere allen kennzeichenrechtlichen

Vorschriften, anwendbar, wobei allerdings im Einzelfall zu prüfen ist, ob die Verwirkung wegen erheblicher entgegenstehender öffentlicher Interessen ausgeschlossen ist (zB BGH GRUR 1994, 844 – *Rotes Kreuz*; unten Rdn. 27).

4. Grundsatz

19 Der Eintritt der Verwirkung nach allgemeinen Regeln erfordert drei Tatbestandselemente, nämlich eine längere Duldung durch den Anspruchsberechtigten (unten Rdn. 20 ff.), ein dadurch verursachtes Vertrauen des Verletzers darauf, daß der Verletzer nicht tätig werden würde (unten Rdn. 24), sowie einen schutzwürdigen Besitzstand des Verletzers (unten Rdn. 25), den er gerade im Hinblick auf dieses Vertrauen geschaffen hat. Diese drei Tatbestandsmerkmale stehen in einer Wechselwirkung zueinander, so kann zB ein durch positives Tun des Verletzten verstärkter Duldungsanschein einen verhältnismäßig geringen Besitzstand des Verletzers kompensieren (BGH GRUR 1992, 45, 48 – *Cranpool*; grundlegend schon BGH GRUR 1963, 478, 481 – *Bleiarbeiter*).

5. Länger anhaltende Duldung

20 **a) Erforderliche Zeitdauer.** Wie schon bei § 21 Abs. 1 ist auch hier zunächst klarzustellen, daß es allenfalls indirekt auf die Zeitdauer der Benutzung durch den Verletzer selbst ankommt. Ebenso ist unerheblich, innerhalb welcher Zeit der Verletzer einen wertvollen Besitzstand (dazu noch unten 25) schaffen kann. Bei entsprechend großen Anfangsinvestitionen mag das relativ schnell möglich sein, für die Verwirkung ist das aber grundsätzlich unerheblich. Mißverständlich ist deshalb der Hinweis bei *Fezer* Rdn. 31 auf BGH GRUR 1957, 499 – *Wipp*, wo es gerade auf die Dauer bis zur Erlangung eines schutzwürdigen Besitzstandes, nicht aber auf die Dauer der Untätigkeit der Verletzten, ankam. Eine feste Grenze für die Dauer der Untätigkeit läßt sich nicht angeben, zumal eine Wechselwirkung mit den anderen Tatbestandsmerkmalen zu berücksichtigen ist. In der Regel dürfte der nach allgemeinen Grundsätzen erforderliche Zeitraum für eine Verwirkung eher oberhalb der fünf Jahre des § 21 Abs. 4 liegen, was aber, wie gesagt, eine Frage aller Umstände des Einzelfalles ist. Als ausreichend in Betracht gezogen wurden zB vier Jahre bei Geschäftsbeziehungen zwischen den Parteien (BGH GRUR 1988, 776, 778 – *PPC*); sechs Jahre (BGH GRUR 1990, 1042, 1046 – *Datacolor*); acht Jahre (BGH GRUR 1985, 72, 73 – *Consilia*); neun Jahre (BGH GRUR

Verwirkung von Ansprüchen § 21

1993, 913, 915 – *Cowog*: „Es liegt jedenfalls ein gewisser Besitzstand in Anbetracht langjährigen ungestörten Benutzung der Kennzeichnung ... schon nach der allgemeinen Lebenserfahrung nahe"). Trotz der unterschiedlichen Rechtsnatur von Verwirkung und Verjährung wird man in der dreijährigen Verjährungsfrist des § 20 einen gewissen Anhaltspunkt sehen können und nur in ganz besonders gelagerten Ausnahmefällen in kürzerer Frist eine Verwirkung annehmen können. Andererseits ist nach § 21 Abs. 1 und 2 eine Verwirkung auch ohne Besitzstand bei Vorliegen der sonstigen Voraussetzungen innerhalb von fünf Jahren möglich. Geht man davon aus, daß § 21 Abs. 1 und 2 keine grundsätzlich strengeren, sondern lediglich andere Voraussetzungen aufstellt als die allgemeine Verwirkung, kann die Fünf-Jahres-Frist als gewisser erster Anhalt für eine relevante Zeitdauer dienen.

Die Verwirkung, die durch ein Verhalten des Verletzten hervorgerufen wird, wirkt grundsätzlich nur inter partes, allerdings auch zwischen den **Rechtsnachfolgern** der Parteien, die für den Rechtsvorgänger aufgelaufene Zeitdauer kommt dem Rechtsnachfolger zugute (MüKo-*Roth* § 242 Rdn. 386; *Teplitzky* § 17 Rdn. 18). 21

b) Duldung. Nur der Zeitraum, währenddessen der Rechtsinhaber die Benutzung duldet, ist relevant. Damit scheiden zunächst die Zeiträume aus, während derer es für den Rechtsinhaber unmöglich war, das Recht durchzusetzen, was vor allem für die Kriegs- und Nachkriegszeit in Betracht kam (BGH GRUR 1956, 558, 562 – *Regensburger Kamelitergeist*; BGH GRUR 1960, 137, 142 – *Astra*: Neuaufbau eines ostdeutschen Unternehmens im Westen). Fehlende Kenntnis des Berechtigten kann den Lauf der Verwirkungsfrist ebenfalls hindern. Allerdings ist – anders als bei der Verjährung des § 20 (§ 20 Rdn. 15 ff.) und bei § 21 Abs. 1 und 2 (oben Rdn. 9) positive Kenntnis nicht erforderlich, vielmehr genügt auch Kennenmüssen (BGH GRUR 1966, 623, 626 – *Kupferberg*; BGH GRUR 1985, 72, 73 – *Consilia*; BGH GRUR 1988, 776, 778 – *PPC*; BGH GRUR 1989, 449 – *Maritim*). Den Inhaber eines Kennzeichenrechtes trifft also eine **Marktbeobachtungspflicht**, die sich grundsätzlich auch auf benachbarte Gebiete erstrecken kann, jedenfalls wenn er, zB durch Tochtergesellschaften, dort ebenfalls tätig ist (BGH *Maritim* a. a. O.). Hat der Verletzte seiner Marktbeobachtungspflicht durch die üblichen Überwachungsmaßnahmen genügt (zB Kollisionsüberwachung bei Marken, Instruktion des Außendienstes auf Konkurrenzprodukte zu achten usw.), spielt es keine Rolle, ob bei noch weiteren Aktivitäten die 22

§ 21   Verwirkung von Ansprüchen

Marke hätte gefunden werden können. Eintragungen im gleichen örtlichen Telefonbuch oder Handelsregister müssen vom Kennzeicheninhaber immer gefunden werden (BGH GRUR 1993, 913, 915 – *Kowog*). Eine Zusammenarbeit zwischen den Parteien, die der Verletzte durch ein gerichtliches Vorgehen nicht gefährden will, schließt den Beginn der Verwirkungsfristen nicht aus, im Gegenteil kann erwartet werden, daß der Verletzte dann besonders schnell vorgeht (BGH GRUR 1988, 776, 778 – *PPC*). Die Entscheidung BGH GRUR 1985, 389 – *Familienname* betraf die davon zu unterscheidende Frage, ob bei einer gemeinsamen Nutzung des Namens der entstehende schutzwürdige Besitzstand allein dem Verletzer zugerechnet werden kann.

23   **c) Einfluß des Verhaltens des Verletzten.** Die Dauer der Frist, die ohnehin von den Umständen des Einzelfalles abhängt, (oben Rdn. 20) kann auch im Laufe der Zeit durch weiteres Verhalten der Parteien beeinflußt werden, z.B. verkürzt werden, wenn der Verletzte einen Unterlassungsanspruch zunächst geltend macht, dieser aber zurückgewiesen wird. Der Verletzer kann in der Regel erwarten, daß der Verletzte entweder zügig oder gar nicht vorgeht (BGHZ 26, 52, 66 – *Sherlock Holmes*; BGH WM 1976, 620, 621 – *Globetrotter, Teplitzky* § 17 Rdn. 6). Aus diesem Grund wird die maßgebende Dauer der Verwirkung zwar durch eine Abmahnung unterbrochen, nach dieser ist der Verletzte aber gehalten, unverzüglich vorzugehen (BGH GRUR 1963, 478, 481 – *Bleiarbeiter*). Einseitiges Verhalten des Verletzers, z.B. eine großangelegte Werbeaktion, wird die Verwirkungsfrist in der Regel nicht beeinflussen können (BGH GRUR 1967, 490, 497 – *Pudelzeichen*; GK/Köhler Vor §§ 13 UWG, B, Rdn. 466). Auch die Duldung von Rechtsverletzungen Dritter kann zu einer Verkürzung der Verwirkungsfrist führen, da der Verletzer dann eher annehmen kann, der Verletzte werde auch gegen ihn nicht vorgehen (BGHZ 26, 52, 66 – *Sherlock Holmes*; BGH GRUR 1970, 315, 319 – *Napoleon III*).

6. Berechtiges Vertrauen des Verletzers

24   Die Untätigkeit des Verletzten muß der Verletzer so verstehen können, daß der Verletzte auch in Zukunft nicht gegen ihn vorgehen werde, weil entweder eine Rechtsverletzung nicht vorliegt oder von ihm jedenfalls geduldet werde (BGH GRUR 1960, 83, 186 – *Kosaken-Kaffee*; BGH GRUR 1966, 623, 626 – *Kupferberg*; BGH GRUR 1992, 45, 47 – *Cranpool*). Ob der Verletzer berechtigterweise auf die weitere Duldung durch den Verletzten vertrauen

durfte, ist in erster Linie eine objektive Frage, die sich nach den Umständen des Einzelfalles beurteilt, insbesondere danach, ob im Hinblick auf das Verhalten des Verletzten ein weiteres Tätigwerden zu erwarten war. Subjektive Merkmale, insbesondere die Gutgläubigkeit des Verletzers, spielen wiederum vorallem im Hinblick auf das Verhalten des Verletzten eine Rolle, d. h. in solchen Fällen, in denen der Verletzer gerade aufgrund von Handlungen des Verletzten annehmen konnte, dieser sei mit der Benutzungshandlung einverstanden (BGH GRUR 1992, 45, 47 – *Cranpool*). Demgegenüber spielt es keine entscheidende Rolle, ob die Benutzungsaufnahme des Zeichens selbst gutgläubig war, zumal im Hinblick auf die Benutzung eingetragener Kennzeichnungen in aller Regel zumindest Fahrlässigkeit zu bejahen ist (vgl. Vor §§ 14–19 Rdn. 59 ff.; sowie BGH GRUR 1960, 83, 186 – *Kosaken-Café*; BGH GRUR 1975, 434, 437 – *BOUCHET*; BGH GRUR 1981, 60, 62 – *Sitex*). Die Verwirkung kann aber auch dann eintreten, wenn dem Verletzer bekannt war, daß er in ein fremdes Zeichenrecht eingreift (BGH GRUR 1989, 449, 453 – *Maritim*). Ist dem Verletzer nämlich bekannt, daß der Verletzte trotz Kenntnis von der Verletzung nicht gegen ihn vorgeht, kann er davon ausgehen, daß – aus welchen Gründen auch immer – der Verletzte den Eingriff in seine Rechtsposition hinzunehmen gewillt ist (BGH GRUR 1960, 183, 186 – *Kosaken-Kaffee*; BGH GRUR 1967, 494 – *Pudelzeichen*; BGH GRUR 1989, 449, 453 – *Maritim*).

7. Wertvoller Besitzstand

Wertvoller Besitzstand ist erforderlich zur Verteidigung gegen Unterlassungsansprüche, nicht aber für die Verwirkung von Schadenersatzansprüchen (BGHZ 26, 52, 67 – *Sherlock Holmes*; BGH GRUR 1988, 776, 778 – *PPC*), Bereicherungsansprüchen (*Teplitzky* § 17 Rdn. 9) und akzessorischen Auskunftsansprüchen (BGH GRUR 1988, 776, 778 – *PPC*). Das findet seine Begründung darin, daß dem Verletzer die zukünftige Fortsetzung der Verletzungshandlung zwar nur gestattet sein soll, wenn er durch einen Wegfall des wertvollen Besitzstandes einen schweren Schaden erleiden würde. Andererseits kann im Hinblick auf die zurückliegenden Schadenersatzansprüche die Verwirkung deswegen leichter bejaht werden, weil der Rechtsinhaber bereits durch die Untätigkeit sein mangelndes Interesse dargetan hat.

Der **Wert des Besitzstandes** ist objektiv zu bestimmen. Maßgebend dafür ist ein Unternehmen vom Zuschnitt des Verletzers (st. Rspr.; zB GRUR 1993, 913, 915 – *Kowog*; BGH GRUR 1990, 1042, 1046 – *Datacolor*; BGH GRUR 1988, 776, 778 – *PPC*). Bei diesem Abstellen auf den Zuschnitt des Verletzers liegt allerdings die Gefahr eines Zirkelschlusses nahe, da der Markterfolg des Verletzers seinen Zuschnitt bestimmt und damit gleichzeitig als Meßlatte für einen wertvollen Besitzstand bewertet wird. Sinnvoller erscheint es deshalb, primär auf die Branche und den Zuschnitt der in der Branche tätigen Unternehmen abzustellen. Ein wertvoller Besitzstand wird deshalb dann nicht ohne weiteres bejaht werden können, wenn im Verhältnis zu Wettbewerbern bzw. Anbietern ähnlicher Waren oder Dienstleistungen das Unternehmen des Verletzers einen nur bescheidenen Zuschnitt hat. Anzeichen für den Besitzstand des Verletzers ist zunächst der Grad der Bekanntheit seiner Kennzeichnung in den maßgebenden Verkehrskreisen (z. B. BGH GRUR 1975, 69, 72 – *Marbon*: 24% ausreichend; BGH GRUR 1981, 60, 62 – *Sitx*: 41% ausreichend). Allerdings kann nicht verlangt werden, daß Verkehrsgeltung vorliegt (BGHZ 21, 66, 78 – *Hausbücherei*). Übertriebene Anforderungen an den Bekanntheitsgrad sollten nicht gestellt werden, vielmehr ist im Einzelfall wichtiger, welche Umsätze oder Kundenzahl der Verletzer unter seiner Kennzeichnung erreicht hat (BGH GRUR 1989, 449, 451 – *Maritim*).

8. Grenzen der Verwirkung

27 Verwirkung scheidet in der Regel aus, wenn nicht nur die Interessen der Parteien berührt sind, sondern der Unterlassungsanspruch (auch) im öffentlichen Interesse besteht. Das schließt zB im Rahmen von § 3 UWG die Verwirkung regelmäßig aus (BGH GRUR 1985, 140, 141 – *Größtes Teppichhaus der Welt*; BGH GRUR 1985, 930, 932 – *JUS-Steuerberatungsgesellschaft*; BGH GRUR 1990, 604, 606 – *Dr. S.-Arzneimittel*; BGH GRUR 1991, 848, 850 – *Rheumalind II*). Auch im Kennzeichenrecht kann dem Zeicheninhaber ein öffentliches Interesse zur Seite stehen, etwa dem Roten Kreuz, dessen Zeichen im Hinblick auf seine Bedeutung für die Kennzeichnung von Nonkombattanten auch im öffentlichen Interessen von Annäherungen freizuhalten ist (BGH GRUR 1994, 844, 846 – *Rotes Kreuz*). Gerade bei besonders lang andauernder Benutzung der verwechslungsfähigen (und irreführenden) Bezeichnung ist aber genau zu prüfen, ob der Anspruchsteller wirklich Interessen der Allgemeinheit geltend macht, d.h. ob nach so langer Dauer diese überhaupt noch ernsthaft berührt sind (zB BGH GRUR 1957,

285, 287 – *Erstes Kulmbacher*; BGH GRUR 1977, 159, 161 – *Ostfriesische Teegesellschaft*; BGH GRUR 1979, 415, 416 – *Cantil-Flasche*). Verneindenfalls kann auch hier Verwirkung eintreten.

9. Kein Recht zur Ausdehnung

Unterlassungsansprüche verwirken jeweils im Hinblick auf einen konkreten Status quo. Eine Änderung dieses Status quo, sei es auch nur durch Eintragung der bisher schon benutzten Bezeichnung als Marke (BGH GRUR 1969, 694, 697 – *Brillant*; BGH GRUR 1992, 45, 47 – *Cranpool*) ist dadurch ebenso wenig gedeckt, wie die Verwendung für bisher nicht benutzte Waren oder Dienstleistungen (BGH GRUR 1970, 315, 319 – *Napoleon III*) oder Tätigkeit in einem neuen geographischen Gebiet (BGHZ 16, 82 – *Wickelsterne*; OLG München GRUR 1985, 564, 566 – *Champagner unter den Mineralwässern*). Auch wenn die Benutzung als Unternehmenskennzeichen nicht mehr untersagt werden kann, kann die Umfirmierung im Handelsregister als wesentliche Änderung der Rechtslage noch untersagt werden (BGH GRUR 1993, 576 – *Datatel*). 28

VI. Prozessuales

Sowohl die Verwirkung des § 21 Abs. 1 und 2 als auch die Verwirkung nach den allgemeinen Grundsätzen des § 21 Abs. 4 ist eine Einwendung, die vom Beklagten zwar nicht ausdrücklich erhoben werden muß, für deren tatsächliche Voraussetzungen er aber beweispflichtig ist. Das gilt z. B. für den Zeitpunkt der Kenntnis bzw. des Kennenmüssens des Klägers, für die Tatsachen, die seinen schutzwürdigen Besitzstand begründen usw. 29

§ 22 Ausschluß von Ansprüchen bei Bestandskraft der Eintragung einer Marke mit jüngerem Zeitrang

(1) Der Inhaber einer Marke oder einer geschäftlichen Bezeichnung hat nicht das Recht, die Benutzung einer eingetragenen Marke mit jüngerem Zeitrang für die Waren oder Dienstleistungen, für die sie eingetragen ist, zu untersagen, wenn ein Antrag auf Löschung der Eintragung der Marke mit jüngerem Zeitrang zurückgewiesen worden ist oder zurückzuweisen wäre,
1. weil die Marke oder geschäftliche Bezeichnung mit älterem Zeitrang an dem für den Zeitrang der Eintragung der Marke mit jüngerem Zeitrang maßgeblichen Tag noch nicht im Sinne

§ 22 Ausschluß von Ansprüchen

des § 9 Abs. 1 Nr. 3, des § 14 Abs. 2 Nr. 3 oder des § 15 Abs. 3 bekannt war (§ 51 Abs. 3),

2. weil die Eintragung der Marke mit älterem Zeitrang am Tag der Veröffentlichung der Eintragung der Marke mit jüngerem Zeitrang wegen Verfalls oder wegen absoluter Schutzhindernisse hätte gelöscht werden können (§ 51 Abs. 4).

(2) In den Fällen des Absatzes 1 kann der Inhaber der eingetragenen Marke mit jüngerem Zeitrang die Benutzung der Marke oder der geschäftlichen Bezeichnung mit älterem Zeitrang nicht untersagen.

Inhaltsübersicht

	Rdn.
I. Allgemeines	1–4
1. Überblick	1
2. Früheres Recht	2
3. MRRL	3
4. Gemeinschaftsmarkenrecht	4
II. Nachträgliche Bekanntheit (Abs. 1 Nr. 1)	5–8
1. Normzweck	5
2. Voraussetzungen	7
3. Anwendung auf nicht eingetragene Rechte	8
III. Zwischenrecht (Abs. 1 Nr. 2)	9–14
1. Normzweck	9
2. Maßgeblicher Zeitpunkt	10, 11
3. Ursprüngliche Löschungsreife	12
4. Abwandlungen	13
5. Anwendung auf nicht eingetragene Rechte	14
IV. Koexistenz (Abs. 2)	15

I. Allgemeines

1. Überblick

1 § 22 regelt Rechtsfolgen der in § 51 Abs. 3 und 4 vorgesehenen Fälle der „Bestandskraft" jüngerer eingetragener Marken. § 22 Abs. 1 schließt den Unterlassungsanspruch und damit auch andere Verletzungsansprüche gegenüber diesen Marken aus, die zwar an sich einen schlechteren Zeitrang haben, aber dennoch keiner Löschung wegen der Kollision mit dem älteren Kennzeichen unterliegen. Nr. 1 betrifft den erweiterten Schutz bekannter Kennzeichen. Dieser soll gegenüber eingetragenen Marken dann nicht durchgreifen, wenn die Bekanntheit erst nach dem für die Priorität der jüngeren Marke maßgeblichen Tag erlangt wurde (§ 51

Abs. 3). Nach Nr. 2 soll sich die an sich ältere eingetragene Marke nicht durchsetzen können, wenn sie zur Zeit der Veröffentlichung der Eintragung der jüngeren Marke wegen Verfalls oder absoluter Schutzhindernisse löschungsreif war und daher ein gegenüber dem älteren Zeichen auf Dauer bestandskräftiges "Zwischenrecht" entstehen konnte (§ 51 Abs. 4). § 22 Abs. 2 stellt zu beiden Fällen klar, daß die Bestandskraft dem Inhaber der jüngeren Marke keine Verbietungsrechte verschafft, sondern zur Koexistenz der betroffenen Zeichen führt.

2. Früheres Recht

§ 22 Abs. 1 Nr. 1 hatte im WZG keine Entsprechung, geht jedoch auf den auch früher anerkannten allgemeinen Grundsatz zurück, daß schutzerweiternde Voraussetzungen bereits im maßgeblichen Prioritätszeitpunkt des jüngeren Rechts vorgelegen haben mußten (zB BGH GRUR 1989, 856, 858 – *Commerzbau;* BGH GRUR 1975, 370, 371 – *Protesan;* BGH GRUR 1970, 27, 29 – *Ein-Tannen-Zeichen;* grdl. BGH GRUR 1961, 347, 350 – *Almglokke*). § 22 Abs. 1 Nr. 2 und Abs. 2 kodifizieren zum Teil die frühere Rechtsprechung zum Erwerb von Zwischenrechten bei Löschungsreife des älteren Zeichens. Maßgeblich war der Zeitpunkt der Bekanntmachung der jüngeren Anmeldung (vgl. § 11 Abs. 6), an den jedoch im MarkenG nicht mehr angeknüpft werden konnte, da eine Bekanntmachung der Anmeldung nicht mehr stattfindet (§ 41).

3. MRRL

Die MRRL enthält keine einschlägige Regelung.

4. Gemeinschaftsmarkenrecht

Auch die GMVO enthält keine vergleichbare Bestimmung. Beide Regelungen des § 22 gehen jedoch auf Grundsätze zurück, deren Anerkennung auch im Gemeinschaftsmarkenrecht naheliegt, wobei hinsichtlich des für den Erwerb von Zwischenrechten maßgeblichen Zeitpunkts im Gemeinschaftsmarkenrecht wegen der Nachschaltung des Widerspruchsverfahrens auch andere Zeitpunkte in Frage kommen. Auch auf das Verhältnis zwischen deutschen Marken und Gemeinschaftsmarken erscheinen diese Grundsätze anwendbar, obwohl § 22 durch das MRÄndG 1996 anders als zB § 21 nicht ausdrücklich für anwendbar erklärt worden ist (vgl. § 125 b Nr. 3).

§ 22 Ausschluß von Ansprüchen

II. Nachträgliche Bekanntheit (Abs. 1 Nr. 1)

1. Normzweck

5 Beide Regelungen des § 22 Abs. 1 haben letztlich nur klarstellende Bedeutung und dienen zur Absicherung der in § 51 Abs. 3 und 4 verankerten Fälle der Bestandskraft. Diese wäre wertlos, wenn der Inhaber des älteren Rechts die Benutzung der bestandskräftigen Marke unterbinden könnte. § 22 Abs. 1 Nr. 1 modifiziert das Prioritätsprinzip, indem für den Vorrang des erweiterten Schutzes bekannter Kennzeichen nicht der allgemeine Zeitrang (§ 6), sondern der Zeitpunkt der Erlangung der Bekanntheit für maßgeblich erklärt wird. Die bekannte Marke hat insoweit gewissermaßen unterschiedliche Zeiträge (in einem weiteren Sinne), je nachdem welcher Schutz geltend gemacht wird. Die zunächst mangels Bekanntheit am Prioritätstag erworbene Rechtsposition des Inhabers der jüngeren Marke darf durch den mit Erlangung der Bekanntheit verbundenen „Rechtszuwachs" (Amtl. Begr. 5. Abs. zu § 51) nicht nachträglich zerstört werden.

6 Bei einer nachträglichen Erweiterung des Schutzes gegen Verwechslungsgefahr durch Steigerung der Kennzeichnungskraft gilt dieselbe Regel (§ 14 Rdn. 184; BGH GRUR 1997, 221, 223 – *Canon*).

2. Voraussetzungen

7 Dem Wortlaut nach stellt § 22 nur auf die Bekanntheit, nicht auch auf die weiteren objektiven Voraussetzungen des erweiterten Schutzes bekannter Kennzeichen ab. Sollten diese im Einzelfall erst nach Erlangung der Bekanntheit Zeit hinzutreten (zB Wandel der Verkehrsauffassung), ist § 22 analog anzuwenden. Erst ab Vorliegen aller Voraussetzungen des erweiterten Schutzes ist dem bekannten Zeichen der erweiterte Vorrang zuzubilligen.

3. Anwendung auf nicht eingetragene Rechte

8 Die Beschränkung des § 22 Abs. 1 Nr. 1 auf den Fall, daß es sich bei dem jüngeren Recht um eine eingetragene Marke handelt, dürfte aus der Absicht des Gesetzgebers zu erklären sein, aus systematischen Gründen lediglich eine mit § 51 Abs. 3 korrespondierende Vorschrift zu schaffen. Das zugrundeliegende Gebot des Bestandsschutzes reicht weiter und gilt uneingeschränkt auch zugunsten **nicht eingetragener** Kennzeichenrechte, wenn deren

Erwerbszeitpunkt (§ 6 Abs. 3) vor der Erlangung der Bekanntheit liegt. Auch ihnen gegenüber können Verletzungsansprüche aufgrund §§ 14 Abs. 2 Nr. 3, 15 Abs. 3 nicht geltend gemacht werden. § 22 Abs. 1 Nr. 1, Abs. 2 kann insoweit analog angewendet werden (ebenso *Knaak* FS Beier 1996, S. 248).

III. Zwischenrecht (Abs. 1 Nr. 2)

1. Normzweck

§ 22 Abs. 1 Nr. 2 beruht auf der grundlegenden Erwägung, daß dem Inhaber einer älteren eingetragenen Marke gegenüber der Benutzung solcher jüngerer eingetragener Marken keine Verletzungsansprüche zustehen sollen, deren Erwerbstatbestand zu einer Zeit vollendet worden ist, als das ältere Recht zwar eingetragen, materiell aber löschungsreif war. Der Inhaber der jüngeren Marke soll darauf vertrauen können, daß er aus bei Veröffentlichung seiner Markeneintragung löschungsreifen Marken auch dann nicht angegriffen werden kann, wenn er deren Löschung nicht betrieben hat und der Löschungsanspruch zwischenzeitlich durch Heilung der Löschungsreife wieder weggefallen ist. Ob er tatsächlich bewußt darauf vertraut hat, ist unerheblich, da § 22 hierauf nicht abstellt (vgl. schon BGH GRUR 1971, 409, 411 – *Stallmeister*). § 22 Abs. 1 Nr. 2 korrespondiert mit § 51 Abs. 4, der den Löschungsanspruch aus der älteren Marke ausschließt. 9

2. Maßgeblicher Zeitpunkt

Entscheidender Zeitpunkt nach § 22 Abs. 1 Nr. 2 ist der Tag der **Veröffentlichung der Eintragung** (§ 41 S. 2 MarkenG, §§ 20, 21 MarkenV) der jüngeren Marke. § 22 folgt damit nicht der früher vertretenen Auffassung, auch eine zur Zeit der Anmeldung und/oder Eintragung gegebene, im Zeitpunkt der Veröffentlichung aber entfallene Löschungsreife sei beachtlich (zB *B/H* § 11 WZG Rdn. 62 und 64 mwN; *Hefermehl* GRUR 1983, 767; *Heydt* GRUR 1974, 7; BGH GRUR 1974, 276, 268 – *King I* zur Rechtslage vor Einführung des Benutzungszwangs; aA *Kraft* GRUR 1973, 495, 499; *Schulze zur Wiesche* GRUR 1978, 645, 647; zweifelnd auch BGH GRUR 1978, 642, 644 – *Silva*). Es muß angenommen werden, daß der Gesetzgeber diese Problematik kannte und sich bewußt gegen frühere Zeitpunkte entschieden hat, indem er auf den nach außen dokumentierten, vollständigen Abschluß des Eintra- 10 gungsverfahrens abstellte (ähnl. BPatG GRUR 1997, 652, 654 – *IMMUNINE*). Es dürfte daher nicht mehr möglich sein, einen früheren Zeitpunkt für maßgeblich zu halten, obwohl es wesentlich naheliegender gewesen wäre, die Erlangung einer schutzwürdigen Anwartschaft schon durch die Anmeldung zu bejahen (vgl. § 22 Abs. 1 Nr. 1).

11 Damit ist aber noch nicht die Frage beantwortet, ob die Koexistenzberechtigung auch solchen Marken zustehen soll, deren Eintragung schon **vor Eintritt der Löschungsreife der älteren Marke veröffentlicht** wurde. Derartige Marken waren zunächst ihrerseits der Gefahr eines Widerspruchs/Löschungsantrags aus dem älteren Zeichen ausgesetzt. Wurde hiervon jedoch kein Gebrauch gemacht, so entfiel die Gefahr mit dem Eintritt der Löschungsreife, da die jüngere Marke nunmehr durch § 55 Abs. 3 S. 1 vor dem Löschungsangriff geschützt war. Es wäre widersprüchlich, den Inhaber einer solchen Marke schlechter zu behandeln, als denjenigen, dessen Marke zu diesem Zeitpunkt überhaupt erst eingetragen wird. In Erweiterung von §§ 22 Abs. 1 Nr. 2, 51 Abs. 4 Nr. 1 und 55 Abs. 3 S. 3 sollten die Marken daher auch in diesen Fällen koexistieren (ähnl. zum WZG B/H § 11 WZG Rdn. 65; *Schulze zur Wiesche* GRUR 1978, 647; BGH GRUR 1974, 276, 278 – *King I* für Anmeldung vor Löschungsreife).

3. Ursprüngliche Löschungsreife

12 Hauptanwendungsbereich der Einrede gem. § 22 Abs. 1 Nr. 2 ist die Heilung eines **Verfalls** der älteren Marke wegen Nichtbenutzung aufgrund späterer (Wieder-)Aufnahme der Benutzung (§ 49 Abs. 1 S. 2–4). Hier tritt § 22 an die Stelle der durch die Heilung weggefallenen Einrede gem. § 25. Dauert der Verfall aktuell noch an, so ist § 22 zwar ebenfalls anwendbar, bleibt jedoch hinter der Einrede gem. § 25 insoweit zurück, als im Rahmen des § 22 derjenige die Darlegungs- und Beweislast trägt, der sich auf diese Schutzschranke beruft, so daß § 25 insoweit für den Angegriffenen günstiger ist (§ 25 Rdn. 20 ff.).

Zweifelhaft ist der Anwendungsbereich des § 22 Abs. 1 Nr. 2 (und § 51 Abs. 4) dagegen bei der 2. Alternative, der Einrede der Bestandskraft der jüngeren Marke wegen ursprünglicher Nichtigkeit der älteren Marke aufgrund **absoluter** Schutzhindernisse. Dem Wortlaut nach beansprucht die Vorschrift auch in der zweiten Alternative unabhängig davon Geltung, ob die ursprüngliche Löschungsreife der älteren Marke fortbesteht und auch aktuell noch durch Löschungsantrag nach § 54 geltend gemacht werden könnte. Das würde aber bedeuten, daß die bzgl. absoluter Schutzhindernisse bislang geltende Bindung des Verletzungrichters an die Markeneintragung (§ 14 Rdn 15) in allen Verletzungsprozessen durchbrochen wäre, in denen es dem beklagten Verletzter gelungen ist, eine jüngere eingetragene Marke zu erlangen. Statt das patentamtliche Löschungsverfahren nach § 54 zu betreiben (und deswegen ggf. eine Aussetzung des Verletzungsprozesses anzustreben) könnte der Beklagte die Überprüfung der absoluten Schutzfähigkeit der Klagemarke durch das Verletzungsgericht erzwingen. Schon des Schweigen der Amtl. Begr. (zu § 22 und § 51) in dieser Hinsicht legt nahe, daß eine derart einschneidende Änderung der traditionellen Aufgabenverteilung zwischen DPA/BPatG und Verletzungsgericht vom Gesetzgeber nicht beabsichtigt war. Damit stellt sich die Frage nach einer **teleologischen Reduktion** dahingehend, daß die Einrede nach § 22 Abs. 1 Nr. 2 Alt (und entsprechend § 51 Abs. 4) nur in den Fällen eröffnet ist, in denen der Beklagte deshalb nicht auf das Löschungsverfahren nach § 54 verwiesen werden kann, weil das ursprünglich gegebene absolute Schutzhindernis nachträgliche entfallen ist (§ 50 Abs. 2 S. 1; zB Überwindung durch Verkehrsdurchsetzung) oder gem. § 50 Abs. 2 S. 2 aufgrund Ablaufs der 10-Jahres-Frist seit Eintragung nicht mehr durch Löschungsantrag geltend gemacht werden kann. Dafür spricht, daß die andernfalls drohende Entwertung der Eintragungsentscheidung und Umgehung des sachnäheren patentamtlichen Löschungsverfahrens ebenso wie die Belastung der Verletzungsgerichte mit der Schutzfähigkeitsprüfung nur sachgerecht erscheint, wenn sie zur Wahrung der Rechte des Beklagten ausnahmsweise erforderlich ist, weil der Löschungsgrund nachträglich entfallen ist. Unbefriedigend ist jedoch, daß die Abgrenzung nicht immer eindeutig möglich ist und eine widersprüchliche Privilegierung gerade desjenigen Beklagten bewirken kann, der aus taktischen Gründen „nur" eine zwischenzeitlich entfallene Löschungsreife behauptet, während sich ein Beklagter, der durchgängige Löschungsreife bis in die Gegenwart geltend macht, auf das Löschungsverfahren verweisen lassen müßte.

Den Fall der Löschungreife der älteren Marke wegen **relativer** Schutzhindernissen also ihrerseits noch älterer Rechte des Angegriffenen iSd §§ 9–13, regelt § 22 Abs. 1 Nr. 2 nicht und ist darauf auch nicht analog anwendbar. Das ältere Recht muß aktuell noch bestehen, um gem. § 14 Rdn 20 im Wege der Einrede gegenüber Verletzunganspüchen aus dem insoweit jüngeren Kennzeichen geltend gemacht werden zu können.

4. Abwandlungen

13 Grundsätzlich gilt der Ausschluß von Verletzungsansprüchen nur für das jüngere Zeichen in seiner konkreten Form, nicht aber für später benutzte Abwandlungen. Nur unter besonderen Voraussetzungen kann § 22 auch auf Abwandlungen angewendet werden (zB BGH GRUR 1981, 591, 592 – *Gigi-Modelle:* Weglassung eines beschreibenden Bestandteils in einem Firmenschlagwort). Man wird sich dafür an den zu vergleichbaren Koexistenzfällen entwickelten Regeln orientieren können (vgl. zur Koexistenz bei Verwirkung § 21; zum Recht der Gleichnamigen § 23 Rdn. 15 ff.).

5. Anwendung auf nicht eingetragene Rechte

14 Wie bei § 22 Abs. 1 Nr. 1 ist auch die Beschränkung des § 22 Abs. 1 Nr. 2 auf den Fall, daß es sich bei dem **jüngeren** Recht um eine eingetragene Marke handelt, aus der Absicht des Gesetzgebers zu erklären, aus systematischen Gründen den Anwendungsbereich mit demjenigen des Löschungshindernisses nach § 51 Abs. 4 übereinstimmen zu lassen. Der Normzweck gebietet diese Beschränkung nicht. Auch gegenüber dem Inhaber eines anderen jüngeren Kennzeichenrechts, das zur Zeit der Löschungsreife entstanden ist, wäre die Berufung auf das damals nur noch formal existierende Markenrecht mißbräuchlich. In Übereinstimmung mit dem Grundsatz der Gleichwertigkeit der Kennzeichenrechte ihrer Art nach (§ 6 Rdn. 9) verdient auch der Inhaber **nicht eingetragener** Kennzeichenrechte entsprechenden Schutz. Der § 22 Abs. 1 Nr. 2, Abs. 2 zugrundeliegende Rechtsgedanke kann entsprechend angewendet werden. Als maßgeblicher Zeitpunkt tritt in diesen Fällen an die Stelle der Veröffentlichung der Eintragung die Vollendung des jeweiligen Entstehungstatbestandes (§ 6 Abs. 2), also zB die Benutzungsaufnahme bei unterscheidungskräftigen Unternehmenskennzeichen oder die Erlangung der Verkehrsgeltung nach § 4 Nr. 2. Dies entspricht der Rspr. zum WZG, in der diese Gleichbehandlung anerkannt war (zB BGH GRUR 1994, 288, 291 – *Malibu;* BGH GRUR 1983, 764, 766 – *Haller II;* BGH GRUR 1981, 591, 592 – *Gigi-Modelle*).

II. Koexistenz (Abs. 2)

15 § 22 Abs. 2 stellt klar, daß der Anspruchsausschluß nach § 22 Abs. 1 nicht bedeutet, daß dem jüngeren Kennzeichenrecht gegen-

über dem älteren Recht ein besserer Zeitrang zukommt, der zu einem umgekehrten Angriff berechtigen würde. Vielmehr sollen die Rechte sowohl hinsichtlich des Bestands der Eintragungen (§ 51 Abs. 3, 4) als auch hinsichtlich ihrer tatsächlichen Benutzung koexistieren. Im Falle des § 22 Abs. 1 Nr. 1 ist dies ohnehin selbstverständlich, da der Zeitrang des älteren Kennzeichens hinsichtlich des keine Bekanntheit voraussetzenden, normalen Schutzes völlig unberührt bleibt. Auch die Koexistenz mit Zwischenrechten war schon im früheren Recht trotz der von der Rspr. (BGH GRUR 1983, 764, 767 – *Haller II;* best. in BGH GRUR 1994, 288, 289 und 291 – *Malibu;* BGH GRUR 1995, 505, 506 – *APISERUM*) angenommenen besseren Priorität des Zwischenrechts gegenüber einem wegen Aufnahme der Benutzung wieder erstarkten älteren Recht anerkannt (zB BGH aaO – *APISERUM*; BGH aaO – *Malibu;* BGH GRUR 1987, 825, 826 – *Helopyrin;* BGH GRUR 1983, 764, 766 – *Haller II;* BGH GRUR 1981, 591, 592 – *Gigi-Modelle;* GRUR 1978, 642, 644 – *Silva;* BGH GRUR 1975, 370, 371 – *Protesan;* BGH GRUR 1975, 135, 137 – *KIM-Mohr;* BGH GRUR 1974, 276, 268 – *King I;* BGH GRUR 1971, 409 – *Stallmeister*). Zu Einzelfragen des Koexistenzverhältnisses vgl. die anderen ausdrücklich geregelten Koexistenzfälle des MarkenG nach § 6 Abs. 4 (§ 6 Rdn. 28) und § 21 Abs. 3 sowie die Fälle der sog. Gleichnamigkeit (§ 23 Rdn. 15 ff.).

§ 23 Benutzung von Namen und beschreibenden Angaben; Ersatzteilgeschäft

Der Inhaber einer Marke oder einer geschäftlichen Bezeichnung hat nicht das Recht, einem Dritten zu untersagen, im geschäftlichen Verkehr
1. dessen Namen oder Anschrift zu benutzen,
2. ein mit der Marke oder der geschäftlichen Bezeichnung identisches Zeichen oder ein ähnliches Zeichen als Angabe über Merkmale oder Eigenschaften von Waren oder Dienstleistungen, wie insbesondere ihre Art, ihre Beschaffenheit, ihre Bestimmung, ihren Wert, ihre geographische Herkunft oder die Zeit ihrer Herstellung oder ihrer Erbringung, zu benutzen,
3. die Marke oder die geschäftliche Bezeichnung als Hinweis auf die Bestimmung einer Ware, insbesondere als Zubehör oder Ersatzteil, oder einer Dienstleistung zu benutzen, soweit die Benutzung dafür notwendig ist,

sofern die Benutzung nicht gegen die guten Sitten verstößt.

§ 23 Namen und beschreibende Angaben; Ersatzteilgeschäft

Inhaltsübersicht

	Rdn.
I. Allgemeines	1–4
1. Überblick	1
2. Früheres Recht	2
3. MRRL	3
4. Gemeinschaftsmarkenrecht	4
II. Normzweck	5
III. Anwendungsbereich	6–8
IV. Unlauterkeitsvorbehalt	9
V. Persönliche Angaben (Nr. 1)	10–32
1. Name	10–13
a) Enger Namensbegriff	10, 11
b) Beispiele aus der Rspr. zum MarkenG	12, 13
2. Anschrift	14
3. Recht der Gleichnamigen	15–32
a) Grundsatz	16
b) Stellung im MarkenG	17–21
c) Anwendungsbereich und Voraussetzungen	22–24
d) Pflichten bei Benutzungsaufnahme und Änderungen	25–31
e) Entsprechende Anwendung	32
VI. Beschreibende Angaben (Nr. 2)	33–48
1. Grundlagen	33–38
a) Funktion	33
b) Anwendbarkeit bei kennzeichenmäßigem Gebrauch	34–37
c) Bedeutung	38
2. Beschreibende Angabe	39–45
3. Unlauerkeit	46, 47
4. Beispiele aus der Rspr. zum MarkenG	48
VII. Notwendige Bestimmungsangaben (Nr. 3)	49–53
1. Funktion	49, 50
2. Bestimmungsangaben	51
3. Notwendigkeit	52
4. Unlauterkeit	53
VIII. Beweislast	54

Literatur: *Fezer*, Anwendungsbereich des § 23 MarkenG – Abschied von der markenmäßigen Benutzung im MarkenG, WRP 1996, 973; *ders.*, Rechtsverletzende Benutzung einer Marke als Handeln im geschäftlichen Verkehr, GRUR 1996, 566; *Keller*, Die zeichenmäßige Benutzung im Markenrecht – Umfang und Grenzen der markenrechtlichen Abwehrbefugnis, GRUR 1996, 607; *Scholz*, Die Änderung der Gleichgewichtslage zwischen namensgleichen Unternehmen und das Recht auf die Namensmarke,

GRUR 1996, 679; *Starck,* Markenmäßiger Gebrauch – Besondere Voraussetzung für die Annahme einer Markenverletzung?, GRUR 1996, 688.

I. Allgemeines

1. Überblick

Die für Marken und geschäftliche Bezeichnungen einheitlich 1
geltende Schutzschranke des § 23 stellt die Benutzung persönlicher
Angaben (Name und Adresse) (Nr. 1), waren- bzw dienstleistungsbeschreibender Angaben (Nr. 2) sowie Bestimmungsangaben
(Nr. 3) vom Verbietungsrecht frei, sofern die Benutzung nicht in
sittenwidriger Weise erfolgt. Für Kollektivmarken, die aus einer
geographischen Herkunftsangabe bestehen, enthält § 100 Abs. 1
eine § 23 ergänzende Schutzschranke. § 23 ist nur anwendbar,
wenn überhaupt ein Verletzungstatbestand nach §§ 14, 15 oder 17
Abs. 2 verwirklicht ist und nicht schon an den dortigen Tatbestandsvoraussetzungen scheitert. Nur klarstellende Bedeutung hat
hierbei die Bezugnahme des § 23 auf den „geschäftlichen Verkehr",
da gegen Handlungen außerhalb des geschäftlichen Verkehrs ohnehin keine kennzeichenrechtlichen Verbietungsansprüche gegeben
sind (§ 14 Rdn. 34 ff.; § 15 Rdn. 21).

2. Früheres Recht

Für eingetragene Marken tritt § 23 Nr. 1 und 2 an die Stelle des 2
§ 16 WZG. Der wesentlichste Unterschied liegt in der Einführung
eines einzelfallbezogenen Unlauterkeitsvorbehalts und – nach der
hier vertretenen Auffassung – in der Aufgabe des nach § 16 WZG
entscheidenden Kriteriums des „nicht warenzeichenmäßigen" Gebrauchs. Auf die Ausstattung des früheren Rechts wurde § 16
WZG analog angewendet (RG GRUR 1940, 358, 362/363 – „*R*").
Hinsichtlich der geschäftlichen Bezeichnungen übernimmt § 23 die
Regelung von Fällen, die von der Rspr. zu § 16 UWG aF über die
Verneinung des „kennzeichenmäßigen" oder „firmenmäßigen"
Gebrauchs gelöst wurden (§ 15 Rdn. 25 ff.; zB BGH GRUR 1973,
265, 266 – *Charme & Chic;* vgl. BGH GRUR 1957, 547 – *Tabu I*).
Die Zulässigkeit der in § 23 Nr. 3 jetzt ausdrücklich angeführten
notwendigen Bestimmungsangaben für Ersatzteile, Zubehör u.ä.
war im WZG nicht ausdrücklich geregelt, jedoch in der Rspr. anerkannt (Nachw. Rdn. 49 ff.). Im einzelnen sind die Unterschiede
zum früheren Recht im jeweiligen Sachzusammenhang erläutert.

3. MRRL

3 § 23 setzt den für eingetragene Marken geltenden Art. 6 Abs. 1 MRRL mit einigen im Ergebnis bedeutungslosen Formulierungsabweichungen um, die unten bei Rdn. 40 zu Nr. 2 und Rdn. 9 zum Begriff der guten Sitten behandelt sind.

4. Gemeinschaftsmarkenrecht

4 Art. 12 GMVO enthält eine abgesehen von geringfügigen sprachlichen Unterschieden mit § 23 übereinstimmende Beschränkung der Rechte aus einer Gemeinschaftsmarke (vgl. *Ingerl*, Die Gemeinschaftsmarke, S. 95 f.).

II. Normzweck

5 § 23 beruht auf einer für das gesamte Kennzeichenrecht elementaren Interessenabwägung. Das vom MarkenG grdsl. umfassend geschützte Interesse des Kennzeicheninhabers an einer möglichst weitgehenden Monopolisierung seines Kennzeichens im geschäftlichen Verkehr muß zurücktreten, soweit die Benutzung von Angaben unmöglich würde, auf die andere Unternehmen angewiesen sind. Insoweit dient § 23 Individualinteressen. Gleichzeitig dient § 23 auch dem Allgemeininteresse an der freien Verwendbarkeit persönlicher und beschreibender Angaben zur unbehinderten Abwicklung des Waren- und Dienstleistungsverkehrs (vgl. *Fezer* WRP 1996, 973).

III. Anwendungsbereich

6 § 23 schließt nur die **kennzeichenrechtlichen** Verletzungsansprüche nach §§ 14, 15, 17 Abs. 2 aus. Gegenüber wettbewerbsrechtlichen oder sonstigen deliktischen Ansprüchen ist § 23 als spezifisch kennzeichenrechtliche Schrankenvorschrift ebensowenig unmittelbar anwendbar wie die anderen Bestimmungen der §§ 20 ff. (aA *Keller* GRUR 1996, 611; zu § 16 WZG BGH GRUR 1970, 31, 33 – *Heinzelmännchen*). Die § 23 zugrundeliegenden Rechtsgedanken können aber auch insoweit zu berücksichtigen sein.

7 § 23 stellt nur die **Benutzung** frei, sagt aber nichts darüber aus, unter welchen Voraussetzungen die Angabe in Alleinstellung, aus ihr gebildete Abwandlungen oder mit ihr gebildete Kombinationen ihrerseits als Marke eingetragen werden oder anderweitig im Verhältnis zu Dritten Kennzeichenschutz erlangen können. Das richtet sich nach den §§ 3, 4, 5 und 8, bei denen aber ebenfalls das Freihaltebedürfnis eine gewichtige Rolle spielt.

§ 23 soll nach BPatG GRUR 1996, 284, 285/286 – *Fläminger* im **Löschungs- und Widerspruchsverfahren** analog anwendbar sein, und zwar zur Kollisionsprüfung hinsichtlich beschreibender Bestandteile von Kombinationszeichen. Dem ist nicht zu folgen (zweifelnd auch BPatG GRUR 1997, 649, 650 – *Microtec Research/Mikrotek*). § 23 können schon deshalb keine Erkenntnisse über die Verwechslungsgefahr iSd Kollisionstatbestandes nach § 9 Abs. 1 Nr. 2 zu entnehmen sein, weil der Verletzungstatbestand der Verwechslungsgefahr überhaupt erst gegeben sein müßte, bevor die Schutzschranke des § 23 zur Anwendung kommen kann. Richtig ist allerdings, daß § 23 Nr. 2 letztlich auf demselben Grundgedanken wie die das Freihaltebedürfnis berücksichtigenden Beschränkungen bereits des Schutzumfangs nach §§ 9, 14, 15 beruht (unten Rdn. 33).

IV. Unlauterkeitsvorbehalt

Der Unlauterkeitsvorbehalt des § 23 stimmt nicht mit dem nur auf Wettbewerbsverhältnisse anwendbaren § 1 UWG überein, sondern ist auf einen breiteren Anwendungsbereich angelegt (zu eng daher Amtl. Begr. zu § 23: „im Einklang mit den Grundsätzen des lauteren Wettbewerbs"; zutr. *Fezer* WRP 1996, 973, 976). Das ergibt sich deutlich aus dem in Art. 6 Abs. 1 MRRL verwendeten und für die richtlinienkonforme Auslegung des § 23 jedenfalls bzgl. eingetragener Marken maßgeblichen Begriff der „anständigen Gepflogenheiten in Gewerbe oder Handel". Die im gemeinschaftsrechtlichen Rahmen fortgeltenden Verbote des jeweiligen nationalen Wettbewerbsrechts sind nur ein Teil der hier zu beachtenden Unlauterkeitsschranken. Soweit im übrigen eine umfassende Güter- und Interessenabwägung verlangt wird (zB *Fezer* WRP 1996, 973, 976; *ders.* § 23 Rdn. 16), führt dies allzu leicht zu einer generellen Relativierung der von § 23 zugunsten des freien Gebrauchs getroffenen Grundentscheidung. Stattdessen ist der Unlauterkeitsvorbehalt als eng auszulegende **Schranken-Schranke** zum Ausschluß von im Einzelfall mißbräuchlichen Erscheinungsformen des Gebrauchs der grdsl. frei benutzbaren Angaben zu verstehen. Wirklich eigenständige Bedeutung kommt dem Unlauterkeitsvorbehalt bei Verletzung wegen Identität oder Verwechslungsgefahr zu, nicht aber gegenüber dem erweiterten Schutz bekannter Kennzeichen, bei dem ohnehin eine umfassende und daher notwendigerweise auch den beschreibenden Charakter berücksichtigende Unlauterkeitsprüfung vorzunehmenden ist. Zur Überschneidung mit der Unlauterkeitsprüfung nach §§ 14 Abs. 2 Nr. 3, 15 Abs. 3 s. § 14 Rdn. 519.

V. Persönliche Angaben (Nr. 1)

1. Name

10 a) **Enger Namensbegriff.** Der Namensbegriff des § 23 Nr. 1 stimmt nicht mit dem weiten Namensbegriff des § 12 BGB (Nach § 15 Rdn. 10) und § 5 MarkenG (§ 5 Rdn. 15 ff.) überein. Andernfalls würde jede Kollision mit einem prioritätsjüngeren namensmäßigen Kennzeichenrecht zur Anwendbarkeit des § 23 und zur Ersetzung des Prioritätsprinzips durch den Unlauterkeitsvorbehalt führen. § 23 Nr. 1 gilt vielmehr nur für **Vor- und Nachnamen natürlicher Personen** (Protokollerklärung zu MRRL/GMVO Ziff. 7 abgedr. bei *Gielen* (1996) 2 EIPR, 83 und ECTA LAW BOOK 3/1994; noch enger Amtl. Begr. 2. Abs. zu § 23: „Familienname" unter nicht weiter begründeten Ausschluß des Vornamens ebenso ohne Begr. *Fezer* § 23 Rdn. 20). Die Privilegierung dieser Namen gegenüber anderen Kennzeichen beruht zum einen auf der weitgehend fehlenden freien Wahl und mangelnden bzw. unzumutbaren Abänderbarkeit, aber auch auf dem auch den geschäftlichen Bereich erfassenden, als Teil des allgemeinen Persönlichkeitsrechts auch grundrechtlich geschützten **Recht auf Führung des eigenen Namens**. Sie erstreckt sich grdsl. auch von Firmenbezeichnungen, die aus einem solchen Namen eines gegenwärtigen (ursprüngliche Firma) oder früheren Inhabers (abgeleitete Firma) gebildet sind (Amtl. Begr. Abs. 2 zu § 23; *Fezer* § 23 Rdn. 22). Auf die freie Verwendbarkeit anderer „Namen" im weiteren Sinne ist der Namensträger idR nicht in gleichem Maße angewiesen, so daß insoweit der Grundsatz des Vorrangs des prioritätsälteren Kennzeichens Geltung beanspruchen kann. Angewiesen auf seinen Familiennamen ist der Namensträger auch nur zur Verwendung als Personenname einschließlich Firma, nicht aber als Produktkennzeichen oder Werktitel (ähnl. *Fezer* § 23 Rdn. 23).

§ 23 Nr. 1 eignet sich als gesetzliche Grundlage für einen wesentlichen Teil der von der Rspr. zu § 16 UWG aF entwickelten und im Rahmen des MarkenG fortgeltenden differenzierten Regeln des Rechts der sog. Gleichnamigen (unten Rdn. 15 ff.).

Auf § 23 Nr. 1 kann sich nicht nur der Namensinhaber selbst **11** berufen, sondern auch Personen, denen er die Verwendung seines Namens als Hinweis auf sich selbst gestattet hat (vgl. OLG Hamburg WRP 1997, 106, 111- *Gucci;* vgl. zur Berufung auf Drittrechte allg. § 14 Rdn. 22, § 15 Rdn. 13).

b) Beispiele aus der Rspr. zum MarkenG. OLG Hamburg **12** WRP 1997, 106, 108 ff. – *Gucci:* Wäscheetikett „Styled by Guccio Gucci" in Alleinstellung markenmäßig, nicht aber bei Verwendung als Zusatz in „Belotex – Traumhafte Bettwäsche ... Styled by Guccio Gucci", da dann zulässiger Namensgebrauch weil Hinweis auf Person des Designers.

OLG München WRP 96, 787, 788 – *Frankenberg:* Titelschutzanzeige **13** soll generell keine Namensleugnung iSv § 12 BGB sein können, da der Titelschutzerwerb wegen § 23 Nr. 1 keine Verbietungsrechte gegenüber dem lauteren Namensgebrauch verschaffe (Begr. zw.).

2. Anschrift

Die Angabe von Ort, Straße, Hausnummer oder vergleichbarer **14** ortsüblicher Daten kollidiert nur in seltensten Fällen mit Kennzeichenrechten Dritter. § 23 Nr. 2 privilegiert nur die Verwendung als Adresse, nicht aber die Aufnahme von Adressenbestandteilen in ein Unternehmenskennzeichen (insoweit zutr. OLG Nürnberg WRP 1996, 242, 245/246 – *Am Stadtpark*) und gilt nur für die tatsächliche Anschrift, nicht aber willkürliche Angaben oder Verfremdungen (vgl. RG GRUR 1931, 982 – Johann Maria Farina gegenüber dem Jülichsplatz). **Internet Domain Namen** haben zwar auch eine adressenähnliche Funktion (§ 14 Rdn. 65), fallen aber nicht unter § 23 Nr. 1 2. Alt., da sie in ihrem Kernbestandteil frei wählbar sind (*Ubber* WRP 1997, 506; *Völker/Weidert*, WRP 1997, 659; aA *Kur* CR 1996, 593; *dies.* CR 1996, 328; *dies.* FS Beier 1996, 276).

3. Recht der Gleichnamigen

Eine bedeutsame, bislang ungeschriebene Schranke kennzei- **15** chenrechtlicher Ansprüche stellen die unter dem Begriff des

„Rechts der Gleichnamigen" von der Rspr. entwickelten Kollisionsregeln dar. Sie betreffen Kollisionsfälle, in denen die Anwendung des formalen Prioritätsprinzips aufgrund besonderer Umstände nicht vertretbar wäre und stattdessen eine differenzierende Koexistenzregelung geboten ist.

16 **a) Grundsatz.** Die Grundregel des Gleichnamigkeitsrechts besagt, daß dem älteren Namensträger die Duldung der Inbenutzungnahme eines jüngeren bürgerlichen Namens im Geschäftsverkehr trotz Verwechslungsgefahr zuzumuten sein kann, wenn der jüngere Namensträger an der Benutzung ein schutzwürdiges Interesse hat, redlich handelt und im Rahmen des Zumutbaren das Geeignete und Erforderliche tut, um Verwechslungen nach Möglichkeit zu begegnen (zB BGH GRUR 1993, 579, 580/581 – *Römer GmbH;* BGH GRUR 1991, 393 – *Ott International;* BGH GRUR 1990, 364, 366 – *Baelz;* BGH GRUR 1987, 182, 183 – *Stoll;* BGH GRUR 1985, 389, 390 – *Familienname (Grohe);* BGH GRUR 1968, 212, 213/214 – *Hellige;* BGH GRUR 1966, 623, 625 – *Kupferberg;* BGH GRUR 1966, 499, 501 – *Merck;* BGH GRUR 1960, 33, 36 – *Zamek I;* BGH GRUR 1958, 185, 187 – *Wyeth;* BGH GRUR 1957, 343, 346 – *Underberg;* BGHZ 4, 96, 105 – *Farina Urkölsch;* BGH GRUR 1951, 410, 412 – *Luppy;* zur Rspr. des RG GK/*Teplitzky* § 16 UWG Rdn. 384 ff.). Der hierfür ursprünglich auf den registerrechtlichen Zwang zur Namensführung nach dem HGB abstellende Begründungsansatz des RG ist seit BGH GRUR 1966, 623, 625 – *Kupferberg* als zu eng überholt. Ausgangspunkt ist vielmehr allgemeiner das von der Rspr. seit langem anerkannte Recht zur Führung des eigenen bürgerlichen Namens auch im Geschäftsverkehr. Dieses **Namensführungsrecht** liegt zum einen schon wegen der fehlenden freien Wählbarkeit und der daraus folgenden Angewiesenheit auf den bürgerlichen Namen nahe, ist aber vor allem aus dem als Teil des allgemeinen Persönlichkeitsrechts auch grundrechtlich geschützten Recht auf Führung des eigenen Namens abzuleiten (*Scholz* GRUR 1996, 681 f. mwN). Ungeachtet der grdsl. Verpflichtung des Prioritätsjüngeren entscheidet letztlich eine umfassende Interessenabwägung darüber, wer welche Maßnahmen zur Verringerung von Verwechslungsgefahren zu unternehmen hat (zB BGH GRUR 1993, 579, 580 – *Römer GmbH;* BGH GRUR 1987, 182, 183 – *Stoll* mwN), wobei ein unvermeidbarer „Rest an Verwechslungsgefahr" in Kauf zu nehmen sein kann (BGH GRUR 1993, 579, 580 – *Römer;* BGH GRUR 1968, 212, 213/214 – *Hellige*). Die Rspr. hat sich bislang im wesentlichen

mit Fällen befaßt, in denen sich gleiche Familiennamen gegenüberstanden. Jedoch wird auch die Anwendung auf andere Kollisionen befürwortet, sofern zumindest die prioritätsjüngere geschäftliche Bezeichnung einen bürgerlichen Namen enthält, während das ältere Kennzeichen auch von anderer Art sein kann (von *Schultz* GRUR 1992, 487 f.).

b) Stellung im MarkenG. Nach Rspr. und Schrifttum gelten 17 die Grundsätze des Gleichnamigkeitsrecht auch im Rahmen des MarkenG unverändert fort (vgl. die Bezugnahmen in BGH WRP 1997, 751, 754 – *B. Z. /Berliner Zeitung*; BGH GRUR 1995, 754, 759 – *Altenburger Spielkartenfabrik* und BGH GRUR 1995, 825, 828 – *Torres; Scholz* GRUR 1996, 680; *Fezer* § 15 Rdn. 92 ff.). Dem ist auch im Verhältnis zu dem erweiterten Schutz bekannter Kennzeichen zuzustimmen. So sind auch früher schon die Regeln des Gleichnamigkeitsrechts auf die Vermeidung von Verwässerungsgefahren entsprechend angewendet worden (BGH GRUR 1966, 623, 625 – *Kupferberg*). Es fragt sich jedoch, ob das neue Recht nicht eine konkretere Anbindung an gesetzliche Bestimmungen ermöglicht als unter der Geltung des § 16 UWG aF.

Aus systematischen Gründen nicht zu folgen ist dem Ansatz, das 18 Gleichnamigkeitsrecht in das Tatbestandsmerkmal „unbefugt" des § 15 Abs. 2 hineinzulesen (so aber BGH WRP 1997, 751, 755 – *B. Z. /Berliner Zeitung; Scholz* GRUR 1996, 680). Dagegen spricht neben den allgemeinen Argumenten für eine enge Auslegung dieser Voraussetzung im Sinne von „ohne Zustimmung des Inhabers der geschäftlichen Bezeichnung" (§ 15 Rdn. 16 ff.), daß die Schutzbeschränkungen des Gleichnamigkeitsrechts weder auf § 15 Abs. 2 noch überhaupt auf Ansprüche aus § 15 beschränkt sind, sondern auch gelten, wenn die jüngere Bezeichnung aus einer Marke des älteren Gleichnamigen angegriffen wird, wofür aber in § 14 Abs. 2 Nr. 1 und Nr. 2 ein vergleichbares Merkmal der Unbefugtheit gerade fehlt.

Auch die im früheren Schrifttum befürwortete Ableitung aus 19 immanenten Beschränkungen namensrechtlicher Ansprüche nach § 12 BGB (*Knaak* S. 53; GK/*Teplitzky* § 16 UWG Rdn. 385) paßt nicht recht zur Systematik des MarkenG. § 2 geht davon aus, daß § 15 als die speziellere Vorschrift namensrechtliche Ansprüche unberührt läßt (§ 15 Rdn. 24), nicht aber deren Beschränkungen unterworfen wird, sondern nur den eigenen Schutzschranken des MarkenG unterliegt. Im übrigen verdeutlicht § 13 Abs. 2 Nr. 1 die grdsl. Geltung des Prioritätsprinzips gerade auch im Verhältnis zu

Namensrechten, so daß eine Begründung aus dem jüngeren Namensrecht des Gleichnamigen allein die Einschränkungen nicht trägt.

20 Die an sich naheliegendste Grundlage zumindest eines Teils des Gleichnamigkeitsrechts im MarkenG ist die Schrankenbestimmung des **§ 23 Nr. 1**. Dort wird dem Namensführungsrecht jedenfalls für Familiennamen Vorrang gegenüber dem Prioritätsprinzip eingeräumt und ist jetzt – im Gegensatz zu § 16 WZG – auch der Unlauterkeitsvorbehalt ausdrücklich niedergelegt. Dennoch wird diese Bedeutung vielfach nicht erkannt (vgl. zB *Scholz* GRUR 1996, 679 ff., der § 23 Nr. 1 nicht einmal erwähnt; ebenso *Fezer* bei der Darstellung des Gleichnamigkeitsrechts bei § 15 Rdn. 92 ff., vgl. auch *Fezer* § 23 Rdn. 28), was möglicherweise darauf zurückzuführen ist, daß das Verständnis des § 23 noch zu sehr an § 16 WZG haftet, der keine Grundlage für das Gleichnamigkeitsrecht sein konnte, weil er anders als § 23 für Ansprüche aus § 16 UWG aF nicht galt. Der Verankerung bei § 23 Nr. 1 kann auch nicht entgegengehalten werden, die differenzierten Rechtsfolgen des Gleichnamigkeitsrechts könnten aus dieser Vorschrift nicht unmittelbar entnommen werden. Denn der Unlauterkeitsvorbehalt des § 23 weist die erforderliche Flexibilität im Sinne einer Interessenabwägung gerade auf. Auch können die von der Rspr. weitgehend zu Fällen gleicher Familiennamen entwickelten Grundsätze über § 23 Nr. 1 von dem Erfordernis gelöst werden, daß es sich bei dem älteren Kennzeichen um einen Familiennamen handelt. Denn das Namensführungsrecht des Inhabers des jüngeren bürgerlichen Namens erfordert eine Interessenabwägung auch dann, wenn er aus einem älteren Kennzeichen anderer Art in Anspruch genommen wird (zutr. von *Schultz* GRUR 1992, 490 f.).

21 Allerdings kann § 23 Nr. 1 insoweit nicht das gesamte Gleichnamigkeitsrecht unmittelbar tragen, als es über den Gebrauch des Familiennamens hinaus auch für anders gebildete Unternehmensnamen gilt. So ist der dem Gleichnamigkeitsrecht nahestehende Interessenausgleich bei anderen Koexistenzlagen (unten Rdn. 32) vor allem durch das Rechtsmißbrauchsverbot (allg. Vor §§ 14–19 Rdn. 105) bestimmt (enger GK/*Teplitzky* § 16 UWG Rdn. 413: „Namensführungsrecht kraft Besitzstands").

22 **c) Anwendungsbereich und Voraussetzungen.** Das Gleichnamigkeitsrecht gilt unabhängig von der Rechtsform des jüngeren Namensträgers. Es kann auch von einem **Rechtsnachfolger**, der das Unternehmen erworben hat, geltend gemacht werden (GK/

Teplitzky § 16 UWG Rdn. 396), dem aber Unlauterkeitsgründe entgegengehalten werden können, die der ursprünglichen Namenswahl durch den Rechtsvorgänger anhafteten (RGZ 82, 164, 166/167 zu § 37 Abs. 2 HGB).

Grundvoraussetzung ist **lautere Wahl und Führung des Namens** (BGH GRUR 1993, 579, 580 – *Römer GmbH*), wobei die Rspr. in erster Linie auf subjektive Gesichtspunkte abstellt. Daher keine Anwendung auf Strohmannkonstruktionen zur Erschleichung eines Namensführungsrechts, das dem wirklichen Unternehmensinhaber nicht zustünde (BGH GRUR 1958, 185, 187 – *Wyeth*; OLG Frankfurt aM WRP 1992, 718, 720 ff. – *Enrico Ferrari*; GK/*Teplitzky* § 16 UWG Rdn. 392; *Fezer* § 15 Rdn. 93–95), auf gezielt zur Herbeiführung von Verwechslungsgefahr oder Rufausbeutung gewählte Bezeichnungen (zB OLG Köln GRUR 1987, 935, 936 – *Rothschild* ggü. § 12 BGB; BGH GRUR 1966, 623, 625 – *Kupferberg*; BGH GRUR 1958, 185, 187 – *Wyeth*) oder auf gegen § 3 UWG verstoßende Firmierung (zB BGH GRUR 1958, 90, 93 – *Hähnel*). 23

Die Gleichnamigkeit soll nach der Rspr. grdsl. nicht auch zur Verwendung als Produktkennzeichen, also als **Marke** berechtigen (BGH GRUR 1995, 825, 828 – *Torres*: Kollision älterer Firma mit im Herkunftsland der Ware koexistierendem Produktkennzeichen; BGH GRUR 1991, 475, 478 – *Caren Pfleger*; BGH GRUR 1986, 402, 403 – *Fürstenberg*: Kollision älterer Firma mit Marke; überholt BGH GRUR 1958, 185, 187 – *Wyeth*; *Knaak* S. 119) und auch nicht zur **Eintragung** des Namens als Marke (BGH GRUR 1966, 499, 501 – *Merck*: Zusammentreffen zweier Marken; grdsl. best. in BGH GRUR 1991, 475, 478 – *Caren Pfleger*; BPatGE 30, 61, 63 – *PETER MEYER/MEYER*: keine Berücksichtigung im Widerspruchsverfahren). Für die Verwendung und Eintragung als Marke bestehe ein geringeres Bedürfnis als für die Verwendung als Firmenname. Auch dies gilt jedoch nicht schlechthin und ausnahmslos, sondern kann ausnahmsweise durch besondere gewichtige Gründe gerechtfertigt sein, wie dies für den Sonderfall erwogen worden ist, daß der Namensträger besondere schöpferische Leistungen (zB als Designer) erbringt, so daß der Verkehr die Ware mit dem Namensträger identifiziert, nicht aber darüber hinaus für die Vermarktung auf anderen Warengebieten (BGH GRUR 1991, 475, 478 – *Caren Pfleger*: Verwendung des Namens einer Modeschöpferin als Kosmetikmarke). Von solchen Sonderfällen abgesehen ist eine Veränderung der Koexistenzlage durch **Übergang vom firmenmäßigen zum (auch) markenmäßigen Gebrauch** 24 unzulässig (vgl. zu derartigen Veränderungen in anderen Koexistenzlagen BGH GRUR 1970, 315, 317 – *Napoleon III,* BGH GRUR 1967, 355, 357 – *Rabe,* jeweils zur Aufnahme markenmäßigen Gebrauchs; BGH GRUR 1981, 66, 68 – *MAN/G-man* zum Übergang zu auch firmenmäßigem Gebrauch). Diese Rspr. zur markenmäßigen Verwendung ist in ihrer Strenge nicht unumstritten. Sie wird sowohl aus mehr pragmatischen Gründen wegen der Abgrenzungschwierigkeiten zum nur firmenmäßigen Gebrauch (GK/*Teplitzky* § 16 UWG Rdn. 389), als auch grundsätzlicher wegen des unterbewerteten Interesses an der „Namensmarke" in Frage gestellt (mit beachtlichen Argumenten *Scholz* GRUR 1996, 686 ff.; unzutr. weil viel zu weit *Th. Tetzner* Mitt 1994, 210). Der BGH hält daran jedoch dem Grundsatz nach unverändert fest (BGH GRUR 1995, 825, 828 – *Torres).* Die Grundsätze zur Gleichnamigkeit sind auch bei Kollisionen mit oder zwischen **Internet Domain Namen** anzuwenden (zB *Nordemann* NJW 1997, 1895; *Kur* GRUR 1996, 590, 593; *Völker/Weidert* WRP 1997, 657).

25   **d) Pflichten bei Benutzungsaufnahme und Änderungen.** Die Gleichnamigkeit begründet einerseits die Pflicht des **Prioritätsjüngeren** zur Duldung der Verwendung des jüngeren Namens, andererseits aber die Pflicht zur Verringerung der Verwechslungsgefahr, insbesondere durch Aufnahme unterscheidungskräftiger Zusätze, die im Regelfall dem Prioritätsjüngeren obliegt (st. Rspr., zB BGH GRUR 1993, 579, 580 – *Römer GmbH* mwN).

26   Soweit in der Rspr. betont worden ist, daß diese Pflicht auch den **Prioritätsälteren** treffen könne (BGH GRUR 1990, 364, 366 – *Baelz;* BGH GRUR 1957, 343, 346 – *Underberg;* GK/*Teplitzky* § 16 UWG Rdn. 412), kann dem in dieser Allgemeinheit nicht gefolgt werden. Im Falle der Aufnahme der Benutzung einer neuen namensgleichen Firma wird dem späteren Benutzer die Aufnahme von Zusätzen von Beginn an stets eher zuzumuten sein als dem anderen die Änderung des bereits existierenden und benutzten Namens. Fallgestaltungen, in denen dies nicht geboten erscheint, sind nur begrenzt vorstellbar (zB *Fezer* § 15 Rdn. 99: nur geringfügige Prioritätsdifferenz). Hiervon zu unterscheiden ist der unten Rdn. 29 ff. zu behandelnde Fall späterer Veränderungen, bei dem die ursprüngliche Priorität in der Tat nicht mehr das allein entscheidende Kriterium ist, sondern die Verantwortung für die Veranlassung der Veränderung in den Vordergrund tritt. Auch nach der Rspr. kommt dies jedoch jedenfalls dann nicht in Betracht, wenn gerade unter der älteren Bezeichnung ein wertvoller Beitzstand erlangt wurde und eine Änderung daher unzumutbar ist (OLG Köln GRUR 1983, 787, 788 – *Tina Farina;* BGH GRUR 1957, 343, 346 – *Underberg).* Strenge Anforderungen sind an das Verhalten des Prioritätsjüngeren immer dann zu stellen, wenn er zu der Firmenbildung nicht registerrechtlich gezwungen war, sondern frei wählen konnte (BGH GRUR 1993, 579, 580 – *Römer GmbH;* BGH GRUR 1968, 212, 214 – *Hellige;* GK/*Teplitzky* § 16 UWG Rdn. 407) oder er sich von vornherein nicht um ein Höchstmaß an Abgrenzung bemüht, sondern eine vermeidbare Annäherung gewählt hat (BGH GRUR 1993, 579, 580 – *Römer GmbH).*

Bei der **Interessenabwägung** sind zB Alter, Bekanntheitsgrad, Wert des älteren Kennzeichens, Grad der Branchennähe, Grad des schutzwürdigen Interesse des Prioritätsjüngeren und der Grad der Lauterkeit zu berücksichtigen (BGH GRUR 1993, 579, 580 – *Römer GmbH).* Eine Verbesserung der Rechtsstellung aufgrund Veränderungen, die der an sich Prioritätsältere seinerseits früher vorgenommen hat (zB Herausstellung eines Firmenschlagworts), oder aufgrund Verkehrsgeltung, kann dem Prioritätsjüngeren nur insoweit entgegengehalten werden, als sie nicht erst nach dem ihm gegenüber maßgeblichen Kollisionszeitpunkt eingetreten ist (BGH GRUR 1990, 364, 366 – *Baelz).* 27

Welche Anforderungen an **unterscheidende Zusätze** zu stellen sind, orientiert sich vorrangig an den allgemeinen Grundsätzen zur Verwechslungsgefahr. Die Hinzufügung lediglich eines anderen Vornamens kann ungenügend sein (zB BGH GRUR 1987, 182, 183 – *Stoll;* OLG Köln GRUR 1983, 787, 789 – *Tina Farina).* Bildliche Zusätze genügen nie, da zur namensmäßigen Benennung nicht geeignet (BGHZ 14, 155, 159 – *Farina Rote Marke).* 28

Spätere Änderungen der zu duldenden Kennzeichen sind nicht generell ausgeschlossen. Vielmehr richtet sich ihre Zulässigkeit nach einer umfassenden Interessenabwägung, deren Ausgangspunkt die Verpflichtung beider Namensträger zur Vermeidung einer Erhöhung der Verwechslungsgefahr ist, bei dem aber auch der Bedeutung ihres Namensführungsinteresses angemessen Rechnung zu tragen ist (zu letzterem näher *Scholz* GRUR 1996, 682 ff.). Eine solche Steigerung der Verwechslungsgefahr ist auch dann noch gerechtfertigt, wenn die Änderung als solche sachlich berechtigt oder sogar zwingend geboten ist, sofern die Abstandsverringerung durch eine andere Art der Änderung, insbesondere Zusätze vermieden werden kann (BGH GRUR 1987, 182, 183 – *Stoll).* Grundsätzlich sind demjenigen die klarstellenden Zusätze zuzumuten, der die Änderung veranlaßt (BGH WRP 1997, 751, 754 – *B.Z./Berliner Zei-* 29

§ 23   Namen und beschreibende Angaben; Ersatzteilgeschäft

tung; BGH GRUR 1995, 754, 759 – *Altenburger Spielkartenfabrik*; BGH GRUR 1958, 90, 92/93 – *Hähnel*). Eine erhebliche Änderung kann auch in dem Fortfall eines beschreibenden Zusatzes (zB BGH GRUR 1987, 182, 183 – *Stoll*) oder Hinzufügung eines Ortsnamens liegen (OLG Hamburg MD 1997, 602, 606 – *Brinckmann*). Änderungen in Richtung auf zunehmende Benutzung in Alleinstellung muß idR keiner der Namensgleichen dulden, da sie den Eindruck einer Alleinstellung oder Vorrangstellung gegenüber dem anderen erzeugen (BGH GRUR 1990, 364, 366 – *Baelz*; BGH GRUR 1985, 389, 390 – *Familienname (Grohe)*; vgl. auch BGH GRUR 1966, 499, 501 – *Merck*), ebensowenig die Aufnahme des Zusatzes „sen." in die jüngere Firma (BGH GRUR 1957, 343, 344 – *Underberg* zu § 3 UWG).

30   Diese Regeln gelten auch für Veränderungen, die nicht die Firmierung selbst betreffen, sondern durch **Ausdehnung** des räumlichen (zB BGH GRUR 1958, 90, 92/93 – *Hähnel*) oder warenmäßigen Tätigkeitsbereichs entstehen (zB BGH GRUR 1960, 33, 36 – *Zamek I*). Zu Änderungen der verwendeten Kennzeichenart oben Rdn. 24.

31   Eine an sich unzulässige Veränderung kann ihrerseits wieder zu einer Koexistenzlage werden, wenn sie nach Verwirkungsgrundsätzen zu dulden ist (BGH GRUR 1985, 389, 390 – *Familienname (Grohe)*: noch keine Verwirkung, solange Annäherung nur während gemeinsamen Vertriebs geduldet).

32   **e) Entsprechende Anwendung.** Die zu „echten" Gleichnamigkeitsfällen entwickelten Grundsätze der Interessenabwägung bei Veränderungen finden entsprechende Anwendung auf anderweitig entstandene **Koexistenzsituationen**, die auch als „Gleichgewichtslagen" oder „besondere Wettbewerbslagen" bezeichnet werden (GK/*Teplitzky* § 16 UWG Rdn. 413 ff.; *Fezer* § 15 Rdn. 101 ff., § 23 Rdn. 28). Zur Anwendung auf Kollisionsfälle anläßlich der Herstellung der deutschen Einheit s. Einl. Rdn. 26 ff. Auch hier können unabhängig vom ursprünglichen Prioritätsverhältnis sachlich gerechtfertigte **Änderungen** zulässig sein, dürfen jedoch den Grad der Verwechslungsgefahr nicht erhöhen (zB BGH GRUR 1991, 780, 782 – *TRANSATLANTISCHE*: Koexistenz aufgrund Gestattung; Änderung der Sachbezeichnung zur korrekten Angabe des Unternehmensgegenstands zulässig, ggf. sogar geringfügige Steigerung der Verwechslungsgefahr hinzunehmen, wenn der Gestattende ändert; BGH GRUR 1984, 378 – *Hotel Krone*: langjähriges Nebeneinander, das zu beiderseitigem Besitz-

stand geführt hat; Steigerung der Verwechslungsgefahr durch geänderte beschreibende Bestandteile unzulässig, Ortszusatz kann ungenügend sein; BGH GRUR 1971 309, 311 – *Zamek II:* für grdsl. Anwendbarkeit auch bei Kollision älterer Firma mit jüngerer Marke; betraf allerdings Sonderfall, da Markeninhaber auch über Firmenrechte verfügte; BGH GRUR 1953, 252 – *Hochbau-Tiefbau*). Entsprechend anzuwenden sein können auch die Grundsätze für den Wechsel vom firmenmäßigen zum markenmäßigen Gebrauch und umgekehrt (oben Rdn. 24). In Anlehnung an das Gleichnamigenrecht abgeleitet worden ist auch die Verpflichtung eines Privatsenders zur Verwendung eines Sendetitels auf dem Bildschirm und in der Werbung während einer Übergangszeit nur zusammen mit seinem Sendernamen zur Ausräumung eines Rests an Verwechslungsgefahr (OLG Frankfurt aM WRP 1992, 117, 120 – *Hessen-Report*).

VI. Beschreibende Angaben (Nr. 2)

1. Grundlagen

a) Funktion. § 23 Nr. 2 bildet die zweite Säule der Bestimmungen zur Wahrung des Freihaltebedürfnisses an beschreibenden Angaben. Während das Schutzhindernis des Freihaltebedürfnisses (§ 8 Rdn. 52 ff.) nur die beschreibende Angabe selbst der Monopolisierung für ein einzelnes Unternehmen entzieht, sichert § 23 Nr. 2 flankierend den freien Gebrauch beschreibender Angaben sogar für den Fall identischer Übereinstimmung von Kennzeichen und Angabe (vgl. BGH WRP 1997, 758, 761 – *Turbo II*). Besondere Bedeutung kommt diesem **Flankenschutz des Freihaltebedürfnisses** aber vor allem gegenüber Kennzeichen zu, die der beschreibenden Angabe nur ähnlich und daher nicht schon von vornherein vom Kennzeichenschutz ausgeschlossen sind. Dazu gehören die unter erkennbarer Bezugnahme auf beschreibende Angaben gebildeten, aber gerade noch schutzfähigen Kennzeichen (Amtl. Begr. 6. Abs. zu § 23; vgl. § 8 Rdn. 59), ohne daß der Anwendungsbereich der § 23 Nr. 2 darauf beschränkt wäre. Die Zielrichtung des § 23 Nr. 2 überschneidet sich mit der von der Rspr. entwickelten Beschränkung des Schutzumfangs von Kennzeichen, die an freihaltebedürftige Angaben angelehnt oder unter erkennbarer Bezugnahme darauf gebildet sind (zB BGH GRUR 1995, 50, 53 – *Indorektal/Indohexal* mwN; näher § 14 Rdn. 199 ff.). § 23

33

Nr. 2 kann als Ausprägung des dieser Rspr. zugrundeliegenden Rechtsgedankens verstanden werden.

34 b) Anwendbarkeit bei kennzeichenmäßigem Gebrauch. Ein Teil der Rspr. hält § 23 Nr. 2 wie § 16 WZG bei kennzeichenmäßigem Gebrauch der Angabe für unanwendbar (OLG Hamburg GRUR 1996, 982, 983 – *Für Kinder;* OLG Nürnberg WRP 1996, 242, 246 – *Am Stadtpark;* OLG Nürnberg GRUR 1996, 206, 207/208 – *alpex;* OLG Stuttgart WRP 1996, 634, 637 – *Baggerparty:* unter Hinweis auf die den markenmäßigen Gebrauch ausdrücklich verbietende Umsetzung des Art. 6 Abs. 1 MRRL in einigen anderen Mitgliedstaaten; zust. *Keller* GRUR 1996, 611 ff.; brit. High Court GRUR Int. 1996, 1219, 1220 – *British Sugar v. James Robertson* – „Treat"). Zum Teil geschieht dies auch in der Weise, daß zwar zunächst anerkannt wird, der markenmäßige Gebrauch sei nicht mehr allein ausschlaggebend, dann aber doch generell aus dem markenmäßigen Charaker einer Zeichenbenutzung ohne weiteres ein Sittenverstoß gefolgert wird (OLG Hamburg WRP 1997, 103, 105 – *Cotto;* OLG Hamburg WRP 1997, 106, 108 – *Gucci;* OLG Hamburg MD 1997, 867, 869 – *Bree;* OLG München OLG-Report 1997, 197 – *Centerline;* ähnl. BPatG GRUR 1997, 649, 651 – *Microtec Research/Mikrotek;* BPatG GRUR 1996, 284, 285/286 – *Fläminger*).

35 Dem ist nicht zu folgen. **Der Anwendungsbereich des § 23 ist auch bei iSd Rspr. kennzeichenmäßiger Verwendung eröffnet.** Die ausdrückliche Beschränkung des § 16 WZG auf die nicht warenzeichenmäßige Verwendung weist § 23 gerade nicht mehr auf. Auch die Amtl. Begr. (5. Abs. zu § 23) nimmt eine bewußt gewollte Abkehr vom früheren Recht an (ebenso LG München I CR 1997, 158 – *Explorer; Kur* CR 1996, 592; *Schmieder* NJW 1994, 1245; *Ingerl/Rohnke* NJW 1994, 1252). Die Gegenauffassung hätte angesichts der sehr bereitwilligen Bejahung zeichenmäßiger Verwendung durch die Rspr. zu § 16 WZG (§ 14 Rdn. 48) zur Folge, daß bei nahezu jedem blickfangmäßigen Herausstellen einer beschreibenden Angabe die Einordnung als kennzeichenmäßig zumindest drohen würde, obwohl die werbemäßige Herausstellung allein den Vorwurf sittenwidrigen Handelns noch nicht rechtfertigen kann und auch bei beschreibenden Angaben Blickfanggestaltungen werbeüblich sind und den Mitbewerbern zugänglich sein müssen (vgl. OLG München WRP 1996, 1052, 1054 ff. – *BIG PACK*). Die Anwendung des § 23 würde entgegen seiner **Grundentscheidung für den freien Gebrauch** schon an dem primär zur Beurteilung der Verletzungsfrage entwickelten Begriff des kennzeichenmäßigen Gebrauchs im überkommenen Sinne scheitern, ohne daß eine konkrete Unlauterkeitsprüfung noch möglich wäre (zutr. *Fezer* WRP 1996, 974). Die Amtl. Begr. zu § 23 ginge allerdings zu weit, falls sie so zu verstehen wäre, daß es auf die Frage der kennzeichenmäßigen Verwendung künftig überhaupt nicht mehr ankommen soll. Denn selbstverständlich gehört die Art und Weise der Verwendung und das hervorgerufene Verkehrsverständnis zu den **Umständen des Einzelfalles**, deren Berücksichtigung gerade auch die Amtl. Begr. fordert. Unzulässig ist es aber nunmehr im Gegensatz zu § 16 WZG, schon allein aufgrund der Möglichkeit eines auch kennzeichenmäßigen Verständnisses bei einem Teil des angesprochenen Publikums einen Verstoß gegen die guten Sitten zu bejahen und § 23 unabhängig von den sonstigen Umständen und der beiderseitigen Interessenlage nicht anzuwenden. Die kennzeichenmäßige Verwendung ist nicht mehr alleinentscheidend, sondern nur noch ein Kriterium einer Gesamtbetrachtung (unzutr. *Fezer* § 23 Rdn. 16: „rechtlich unerheblich").

Damit bedarf es auch der Einführung einer neuen, vom markenmäßigen Gebrauch im bisherigen Sinne kaum unterscheidbaren Begriffskategorie der Benutzung „als Marke" oder „nach Art einer Marke" nicht (aA *Fezer* WRP 1996, 974f.; *ders.* § 23 Rdn. 10; ähnl. BPatG GRUR 1996, 284, 285/286 – *Fläminger*) Gerechtfertigt worden ist dies damit, es dürfe nicht mehr auf die (zu weite) Verkehrsauffassung ankommen, sondern „objektiv" darauf, ob ein Zeichen „gleichsam als ein Signalwort für das Produkt" und damit „als ein Unterscheidungszeichen zur Identifizierung von Unternehmensprodukten" benutzt wird (*Fezer* § 23 Rdn. 10). In diesem Falle soll § 23 unabhängig von der konkreten Unlauterkeitsprüfung nicht anwendbar sein, da es dieser nur bei anderen Verwendungsweisen hinsichtlich der konkreten Gestaltung (zB Anlehnung in Schriftbild oder Farbgebung des Zeichens) bedürfe. Daraus soll eine „restriktivere" Beurteilung einer Zeichenbenutzung resultieren als bei Anwendung des weiteren Begriffs des markenmäßigen Gebrauchs (*Fezer* § 23 Rdn. 9, 11). Dem kann nicht gefolgt werden. Die Kategorie der Verwendung „als Unterscheidungszeichen hinsichtlich der Produktidentität" stellt nach der von *Fezer* alternativ vorgeschlagenen Mittellösung einer „markenfunktionalen Extension" eine Erweiterung des herkömmlichen Begriffs des „markenmäßigen Gebrauchs" dar, da nicht mehr nur auf die betriebliche Herkunft bezogen. Es kann dann aber nicht genau derselbe Begriff im Rahmen des § 23 umgekehrt zur normativen Einschränkung

36

§ 23   Namen und beschreibende Angaben; Ersatzteilgeschäft

des bei § 16 WZG früher ebenfalls maßgeblichen Kriteriums „markenmäßiger Gebrauch" herangezogen werden. Nicht nachvollziehbar daher auch *Fezer* § 26 Rdn. 3, wonach die Benutzung „als Marke" enger zu verstehen sein soll als die rechtserhaltende Benutzung. Gibt man schon im Rahmen des Verletzungstatbestands die Voraussetzung des warenzeichenmäßigen Gebrauchs iSd WZG auf, darf der dadurch erheblich erweiterte Anwendungsbereich des § 23 nicht durch ein von der einzelfallbezogenen Unlauterkeitsprüfung unabhängiges, d. h. pauschales Kriterium wieder eingeengt werden, mag es auch normativer Natur sein. Hinzu kommt, daß die bei *Fezer* § 23 Rdn. 10 verwendeten Unterbegriffe zur Definition des Gebrauchs „als Marke" ungeeignet sind. Als „Signalwörter" werden in der Werbung laufend auch beschreibende Angaben verwendet, um Produkte und bestimmte Produkteigenschaften in der Vorstellung der Abnehmer miteinander zu verbinden. Sie dienen insoweit auch fraglos als Unterscheidungsmittel, nämlich von anderen Produkten gleicher Art, die diese Eigenschaft (angeblich) nicht oder nur in geringerem Grade aufweisen. Es muß den Mitbewerbern aber gerade auch der schlagwortartige, werbeüblich herausgestellte Gebrauch beschreibender Angaben grdsl. gestattet sein.

37 Die Unterscheidung nach der Verwendung „Produkt**name**" (*Fezer* § 23 Rdn. 10) eignet sich zwar nicht als umfassendes Kriterium, weil hierdurch als Marken oder Geschäftsabzeichen geschützte, aber nicht benennbare Bildzeichen ohne Namensfunktion ausgegrenzt wären, obwohl auch sie genauso in den Anwendungsbereich des § 23 Nr. 2 fallen können, wie bei anderen Zeichen (zB geschützte Farbkombination ggü. Verwendung derselben Farben als flaggenähnliche mittelbare geographische Herkunftsangabe). Zutreffend ist jedoch, daß die Verwendung als Produktname eine Fallgruppe darstellt, bei der die Unlauterkeit zu bejahen sein kann. Entgegen *Fezer* § 23 Rdn. 10 muß dies aber nicht der Fall sein. So muß die Verwendung von beschreibenden Begriffen, an die eine Marke angelehnt ist, „als Produktname" freigestellt sein, solange keine weiteren Umstände hinzutreten. Beispielsweise dürfte eine INN-Wirkstoffbezeichnung (vgl. § 14 Rdn. 199) auch dann nicht aufgrund einer daran phonetisch angelehnten eingetragenen Marke untersagt werden, wenn die INN-Bezeichnung als Arzneimittel-Name verwendet werden würde. Genausowenig könnte aus einer eingetragenen Marke „Vitnes" ein Müsli-Riegel mit der als einzigem Produktnamen gestalteten plakative Aufschrift „Fitness" beanstandet werden. Soweit die Verwendung als „Produktname" in anderen Fallkonstellationen als Unlauterkeitskriterium herangezogen

Namen und beschreibende Angaben; Ersatzteilgeschäft   **§ 23**

werden kann, ist nur die Unlauterkeit als solche eine normative Frage, während das Verständnis einer solchen Angabe als Produktname entgegen *Fezer* aaO nach der Verkehrsauffassung zu beurteilen ist.

c) Bedeutung. Der im Vergleich zu § 16 WZG größere Anwendungsbereich des § 23 Nr. 2 wird in der Praxis eine häufigere Anwendung auf dieser ausdrücklichen Schutzschranke in Fällen ermöglichen, die früher über die systematisch eigentlich vorrangige Verneinung der Verwechslungsgefahr aufgrund Schutzumfangsbeschränkung gelöst wurden. Letztere bleibt unerläßlich, soweit es um die von § 23 nicht geregelte Frage der Eintragung oder des Rechtsbestandes eines die beschreibende Angabe enthaltenden Zeichens des Dritten geht (oben Rdn. 8).   38

2. Beschreibende Angabe

Der Begriff der „Angabe über Merkmale oder Eigenschaften von Waren oder Dienstleistungen" stimmt mit dem der beschreibenden Angabe nach § 8 Abs. 2 Nr. 2 (Beispiele s. dort) mit zwei Abweichungen überein. Zum einen spielt ein nur **zukünftiges Freihaltebedürfnis** bei § 23 keine Rolle (aA LG München I CR 1997, 158 – *Explorer*: bloße Eignung zur beschreibenden Verwendung soll genügen). Maßgeblich ist das aktuelle Verkehrsverständnis in dem für die Entscheidung im Verletzungsprozeß maßgeblichen Zeitpunkt. Zum anderen ist § 23 Nr. 2 auch bei **nachträglichem Freihaltebedürfnis** an einer Angabe anzuwenden, wie es von § 8 Abs. 2 Nr. 3 erfaßt wird. Dies war schon zu § 16 WZG anerkannt (*B/S* § 31 WZG Rdn. 15). Allerdings ist hier die bei § 49 Rdn. 29 erläuterte Zurückhaltung geboten und die Frage der Lauterkeit streng zu prüfen, da ein noch nicht abgeschlossener Wandel zur beschreibenden Angabe nicht durch eine verfrühte Anwendung des § 23 zum Nachteil des Kennzeicheninhabers beschleunigt werden darf. Abgesehen von diesem Sonderfall sollte der Anwendungsbereich des § 23 bei uneinheitlicher Verkehrsauffassung auch dann eröffnet sein, wenn bei einem nicht unbeachtlichen Teil des Publikums (auch) ein nicht beschreibender Eindruck entstehen kann. Denn auch bei uneinheitlicher Verkehrsauffassung ist die einzelfallbezogene Beurteilung der Unlauterkeit sachgerechter als eine generelle Nichtanwendung der Schutzschranke.   39

Die in § 23 Nr. 2 im einzelnen aufgezählten Eigenschaftsarten sind nur Beispiele („insbesondere"), so daß auch die Anwendung auf „andere Merkmale" (so Art. 6 Abs. 1 lit. b MRRL) möglich   40 und die Zuordnung zu den aufgeführten Kriterien ohne Bedeutung ist. Das gilt insbesondere auch für das in § 23 Nr. 2 gegenüber Art. 6 MRRL offensichtlich versehentlich weggelassene Merkmalsbeispiel der „Menge". Auch eine **Gattungsbezeichnung** fällt unter § 23 Nr. 2, da sie die Zugehörigkeit des Produkts zu einer bestimmten Gattung angibt und ihm damit zugleich die gattungstypischen Produkteigenschaften zuweist (aA *Fezer* § 23 Rdn. 62: § 23 Nr. 2 nur analog). Für **Abkürzungen** beschreibender Angaben gilt § 23 Nr. 2 nur, wenn auch die Abkürzung selbst, nicht nur die Langform als aktuell freihaltebedürftige beschreibende Angabe anzusehen ist (vgl. BGH GRUR 1985, 41 – *REHAB*; B/H § 16 WZG Rdn. 32). Die Schutzschranke stellt nur den Gebrauch der beschreibenden Angabe selbst, nicht auch daran angelehnte **Abwandlungen** frei. Ob ein seinerseits an eine freihaltebedürftige Angabe angelehntes Kennzeichen durch eine solche nicht glatt beschreibende Annäherung oder Abwandlung verletzt wird, ist keine Frage des § 23, sondern des von der Kennzeichnungskraft abhängigen Schutzumfangs (oben § 14 Rdn. 199 ff.).

41 § 23 Nr. 2 umfaßt nicht nur den Gebrauch beschreibender Angaben in Alleinstellung, sondern auch die Verwendung als **beschreibenden Bestandteil eines Gesamtzeichens** aus mehreren Elementen. Voraussetzung ist jedoch, daß der übernommene Zeichenbestandteil trotz Verbindung und Verwendung mit kennzeichnungskräftigen Elementen aufgrund besonderer Umstände dennoch vom Verkehr noch als beschreibende Angabe gesehen wird. Die bisherige Rspr. hat diese Fälle über die Verneinung zeichenmäßigen Gebrauchs gelöst (alle Nachw. § 14 Rdn. 82). Verbleiben Zweifel, kommt nicht § 23 zur Anwendung, sondern ist die Übereinstimmung in der beschreibenden Angabe im Rahmen des jeweiligen Verletzungstatbestandes zu berücksichtigen (vgl. zB zum Markenrecht die Berücksichtigung im Rahmen der Prägetheorie, § 14 Rdn. 387 ff.).

42 Dagegen ist der Anwendungsbereich des § 23 Nr. 2 unabhängig davon eröffnet, ob das geltend gemachte Kennzeichenrecht seinerseits eine beschreibende Angabe, eine Abwandlung einer solchen oder ein Gesamtzeichen mit beschreibendem Bestandteil darstellt. Insbesondere kann die Schutzschranke auch bei **identischer Verwendung** einer unter Verstoß gegen § 8 eingetragenen Marke eingreifen (vgl. BGH WRP 1997, 758, 761 – *Turbo II* zur identischen Verwendung für ähnliche Waren). Der insoweit eindeutige Wortlaut („identisches Zeichen") läßt keine andere Auslegung zu, obwohl dadurch die Bindung des Verletzungsgerichts an die Marken-

Namen und beschreibende Angaben; Ersatzteilgeschäft § 23

eintragung unterlaufen werden kann. Die Eintragung gebietet aber natürlich eine besonders sorgfältige Prüfung, ob eine beschreibende Angabe vorliegt und ob der Unlauterkeitsvorbehalt eingreift.

Keine beschreibenden Angaben iSd § 23 Nr. 2 sind die zu § 14 Rdn. 85 ff. behandelten Fallgruppen der schon keine rechtsverletzende Zeichenbenutzung iSd § 14 Abs. 2 bzw. 15 darstellenden **Kennzeichennennung** in Bezug auf nicht zum eigenen Angebot gehörende Originalprodukte, zB die Nennung von Wettbewerbsprodukten in **vergleichender Werbung** (aA *Fezer* § 14 Rdn. 496; wie hier *Kur* GRUR 1997, 250 Fn. 109). Die Gegenauffassung mißachtet den Wortlaut des § 23 Nr. 2 und würde zu Ende gedacht dazu führen, daß diese Schutzschranke gerade bei jeder identischen Kennzeichenverletzung mit dem Argument eingewandt werden könnte, das verletzende Zeichen solle gerade die Übereinstimmung der Nachahmung mit dem Originalprodukt „beschreiben". Hiergegen könnte nur noch der Unlauterkeitsvorbehalt helfen und würde der Kennzeichenschutz zum bloßen Unlauterkeitsschutz degradiert. Auch die Notwendigkeit eines wettbewerbs- und markenrechtlichen Doppelschutzes bei vergleichender Werbung ist nicht erkennbar. 43

Zum **Titelschutz** nach § 15 bedarf es insoweit einer teleologischen Reduktion des Begriffs der merkmalsbeschreibenden Angabe, als inhaltsbeschreibende Titel nur dann unter § 23 Nr. 2 fallen dürfen, wenn ihnen jede Unterscheidungskraft im Sinne der niedrigen Anforderungen der Rspr. (§ 5 Rdn. 52 ff.) fehlt. Andernfalls wäre der Gebrauch der vielen inhaltsbeschreibenden Titel zu weitgehend freigestellt und könnte Titelschutz nur noch im Rahmen des Unlauterkeitsvorbehalts nach § 23 gewährt werden. 44

Künstler- oder Interpretennamen, die auf Vervielfältigungsstücken ihrer Werke angebracht werden, sind keine beschreibende Angabe iSv § 23 Nr. 2 (aA OLG Frankfurt aM GRUR Int 1993, 872, 873 – *The Beatles:* auf Tonträger-Cover nicht zeichenmäßig verwendet, weil beschreibende Angabe; vgl. zur rechtserhaltenden Benutzung OLG München WRP 1996, 128 – *The Beatles:* keine zeichenmäßige Verwendung auf Souvenirtasse). 45

3. Unlauterkeit

Zum Begriff des Verstoßes gegen die guten Sitten iSd § 23 s. zunächst allg. oben Rdn. 9. Wie die Einschränkung nur des § 23 Nr. 3 auf „notwendige" Benutzungshandlungen zeigt, bedarf es in den Fällen der Nr. 1 und 2 **keiner Rechtfertigung** der Angaben- 46 verwendung als solcher (insoweit unzutr. LG Bochum CR 1996, 478, 479 – *Tricon/Triton*; zu eng *Fezer* WRP 1996, 976/977; jetzt *ders.* § 23 Rdn. 64). Vielmehr müssen umgekehrt besondere Umstände den Unlauterkeitsvorwurf begründen. Identität oder Verwechslungsgefahr allein genügen hierfür naturgemäß nicht (Amtl. Begr. 5. Abs. zu § 23), da gerade Anwendungsvoraussetzung für § 23 Nr. 2. Im übrigen sind alle Umstände des Einzelfalls zu würdigen (Amtl. Begr. 5. Abs. zu § 23). Dazu gehören auf der Seite des Kennzeicheninhabers vor allem Art und Wert des Kennzeichens sowie frühere Duldung ähnlicher Verwendung durch andere Dritte, aus der Sicht der Allgemeininteressen der Grad des Freihaltebedürfnisses und auf seiten des Verletzers der Grad der konkreten Angewiesenheit auf die Verwendbarkeit der Angabe und vor allem die Gestaltung der konkreten Verwendungsform einschließlich außerhalb des Zeichens selbst liegender Gesichtspunkte, die bei gerichtlicher Geltendmachung dann auch in den Antrag einzubeziehen sind (Vor §§ 14–19 Rdn. 41).

47 Als Unlauterkeitsfallgruppen kommen ähnlich wie bei §§ 14 Abs. 2 Nr. 3, 15 Abs. 3 vor allem **Rufausbeutung, Rufschädigung, Aufmerksamkeitsausbeutung** und **Verwässerung** in Betracht. Unlauter kann vor allem eine über die Wiedergabe der beschreibenden Angabe hinausgehende zusätzliche Annäherung durch **Übernahme besonderer Gestaltungselemente** aus Bildmarken, Logos, typischen Schriftzügen oder der farblichen oder figürlichen Ausgestaltung sein (zB OLG Celle WRP 1993, 245 – *Flippothek*; *Fezer* § 23 Rdn. 16, 65), ohne daß deswegen eine werbeübliche Herausstellung der Angabe unmöglich gemacht werden darf. Auch die Verwendung zur Fortsetzung der **Ausnutzung einer vorangegangenen Kennzeichenverletzung** kann Unlauterkeit begründen (*Fezer* § 23 Rdn. 65; s. allg. § 14 Rdn. 179; zB BGH GRUR 1960, 126, 128/129 – *Sternbild*: ornamentale Verwendung wettbewerbswidrig wegen Ausnutzung einer durch vorausgangene Kennzeichenverletzung verursachten Verkehrsverwirrung). Beim Vorwurf der **Verwässerung eines Kennzeichens durch Verwendung als Gattungsbezeichnung** (*Fezer* § 14 Rdn. 67f.) ist zu beachten, daß ein gewisser Verwässerungseffekt der Verwendung einer beschreibenden Angabe immanent ist. Schon nach früherer Rspr. war anerkannt, daß die Verwendung einer Marke als beschreibende Angabe grdsl. zulässig ist, wenn das Zeichen einem nicht unerheblichen Teil des Verkehrs ohnehin als beschreibende Angabe geläufig ist (BGH GRUR 1968, 425, 427/428 – *feuerfest II*; BGH GRUR 1964, 82, 85ff. – *Lesering*). Unlauterer Behinde-

Namen und beschreibende Angaben; Ersatzteilgeschäft § 23

rungswettbewerb kann jedoch die **gezielte, planmäßige Verwendung als Gattungsbezeichnung** zur Beeinträchtigung der Kennzeichnungskraft sein (zB OLG Hamburg WRP 1996, 215 – *Kinder-Schoko-Bons*: Verwendung in „merci Bon" unlauter; OLG München MD 1990, 201, 207 – *Krusti*: Verwendung als Sortenbezeichnung unlauter; BGH GRUR 1964, 82, 85 ff. – *Lesering*: Beeinflussung des Sprachgebrauchs durch Presseveröffentlichungen und Mitteilungen an Medien unlauter, wenn höchst streitige (rechtshängige) Bezeichnungsfrage als geklärt ausgegeben wird; vgl. auch BGH GRUR 1985, 978, 979 – *Shamrock II*; vgl. auch RG GRUR 1938, 715 – *Ly-Redis-Federn*: Ankündigung der Umwandlung zu Gattungsbezeichnung unlauter). Auch die **Nachahmungsgefahr** soll zu berücksichtigen sein (BGH GRUR 1991, 609, 612/613 – *SL*: Verwendung als Typenbezeichnung durch andere Wettbewerber herausgefordert). Es ist jedoch andererseits nicht sittenwidrig, die Verkehrsdurchsetzung einer noch freihaltebedürftigen Angabe verhindern zu wollen (zB BGH GRUR 1994, 905, 908 – *Schwarzwald-Sprudel*). Zur Umwandlung in Gattungsbezeichnung allg s. § 49 Rdn. 28 ff.. Unlauter wäre beispielsweise die Verwendung von „Coca-Cola-farben" als Farbangabe für Stoffe, weil andere Begriffe zur Verfügung stehen und ein besonders wertvolles Kennzeichen einer Verwässerungsgefahr ausgesetzt wird.

4. Beispiele aus der Rspr. zum MarkenG

OLG Hamburg WRP 1997, 103, 105 f. – *Cotto*: Italienischer 48 Fachbegriff „cotto" für Ziegeltonboden je nach Verwendungszusammenhang beschreibend („Cotto-Ziegeltonböden aus der Toskana") oder markenmäßig („Ziegeltonböden orig Cotto", „"Cotto" toskanischer Ziegelböden"), Differenzierung zw.; OLG Hamburg WRP 1997, 106, 108 ff. – *Gucci*: In Wäscheetikett „Belotex – Traumhafte Bettwäsche ... Styled by Guccio Gucci" soll der Name nur beschreibender Hinweis auf Entwurf durch den Designer Gucci oder allenfalls herkunftshinweisend für dessen eigene Designerleistung sein (zw.); markenmäßig dagegen die Verwendung von „Styled by Guccio Gucci" in Alleinstellung, jedoch dann nicht mehr, wenn im selben Blickfeld einer Werbung auf Fachmesse auch die Gesamtbezeichnung wahrzunehmen ist; OLG München OLG-Report 1997, 197 – Centerline: für Einstellbarkeit der Mittellinie eines Stanzgerätes keine beschreibende Angabe; LG München I CR 1997, 158: „**Explorer**" für Software beschreibend für Suchprogramme, daher keine Verletzung der Marken „EX-

PLORER" oder „Explora"; OLG Hamburg GRUR 1996, 982, 983: „**Für Kinder**" bei markenmäßiger Herausstellung nicht mehr durch § 23 Nr. 2 gedeckt gegenüber durchgesetzter Marke „Kinder" (zw.); OLG München WRP 1996, 1052, 1054ff. – **BIG PACK**: Angabe über die Packungsgröße für Zigaretten auch bei blickfangmäßiger Herausstellung in der Werbung durch § 23 Nr. 2 gedeckt; OLG München Mitt. 1996, 174, 175 – **FAT-TIRE**: breitstollige Fahrradreifen keine beschreibende Angabe iSd § 23 Nr. 2, wenn zwar Trendwort in USA, aber in Deutschland noch nicht „eingebürgert", sondern nur in Berichten über USA erwähnt (zw.); OLG Hamburg GRUR 1995, 816 – **XTENSIONS**: auch Name für „Produktkategorie" (Serie von Zusatzprogrammen) kann unter § 23 Nr. 2 fallen; OLG Stuttgart WRP 1996, 634, 636f. – *Baggerparty*: keine beschreibende Angabe für Veranstaltungstyp, jedenfalls schlagwortartige Verwendung unlauter; LG Bochum CR 1996, 478 – Triton: keine beschreibende Angabe für Pentium-Chips; BPatG GRUR 1996, 284, 286 – *Fläminger/Fälinger*: Blickfangartige Herausstellung einer dem Verkehr nur teilweise als beschreibend bekannten geographischen Angabe in einem Kombinationszeichen als allein betriebskennzeichnendes Merkmal generell unlauter.

VII. Notwendige Bestimmungsangaben (Nr. 3)

1. Funktion

49 § 23 Nr. 3 hat gegenüber Nr. 2 nicht lediglich klarstellende Bedeutung (aA *Fezer* WRP 1996, 973 und *ders.* § 23 Rdn. 5 und 46), sondern soll Bestimmungsangaben ermöglichen, die nicht aus beschreibenden Angaben iSd § 23 Nr. 2 bestehen, sondern ein geschütztes Kennzeichen gerade als solches benutzen, um diejenigen Original-Waren/Dienstleistungen des Kennzeicheninhabers zu identifizieren, für welche die Ware/Dienstleistung des Verwenders bestimmt sein soll. § 23 Nr. 3 kommt in besonderem Maße wettbewerbsermöglichende Bedeutung zu. Die Schutzschranke hindert den Kennzeicheninhaber daran, den Wettbewerb auf Ersatzteil-, Zubehör- und Service-Märkten dadurch zu erschweren, daß Fremdprodukten eine für das Publikum ohne weiteres verständliche Kompatibilitätsangabe durch Angabe der Firma oder der Markenbezeichnungen des Hauptproduktes unmöglich gemacht wird. Andererseits bergen solche unmittelbar bezugnehmenden Bestimmungsangaben erfahrungsgemäß besondere Gefahren der

Rufausbeutung, aber auch der Rufschädigung in sich. Hierauf beruht die Beschränkung dieser Schutzschranke auf notwendige Benutzungsfälle.

Bei der Verwendung von Bestimmungsangaben, die ganz eindeutig auf ein nicht aus dem eigenen Unternehmen stammendes Produkt hinweisen, scheiterten kennzeichenrechtliche Verletzungsansprüche nach herkömmlicher Auffassung bereits am fehlenden kennzeichenmäßigen Gebrauch (zB BGH GRUR 1968, 49, 51 – *Zentralschloßanlagen;* BGH GRUR 1958, 343 – *Bohnergerät;* RG GRUR 1928, 394, 396: „Ersatzteile eigenen Fabrikates, passend für Alfa-Laval-Separatoren"), wobei die Rspr. bisweilen strenge Maßstäbe angelegt hat (zB unzutr. OLG Karlsruhe GRUR 1978, 111: „passend für HILTI" unzulässig). 50

2. Bestimmungsangaben

Das geschützte Kennzeichen darf in dem Hinweis „allein beschreibend zur Klarstellung des Verwendungszweckes" benutzt werden (BGH WRP 1996, 713, 715 – *Verbrauchsmaterialien*). Eine bloße Bestimmungsangabe iSd Nr. 3 liegt nicht mehr vor, wenn das Produkt des Dritten selbst mit dem fremden Kennzeichen wie mit einem eigenen gekennzeichnet wird (zB BGH GRUR 1962, 537, 53 – *Radkappe:* Anbringung des Zeichens des Automobilherstellers auf Radkappe). Vergleichende Werbeaussagen sind keine Bestimmungsangabe iSd Nr. 3 (nicht gedeckt daher zB: „Ersatz für..." *B/S* § 15 WZG Rdn. 17), zu ihrer kennzeichenrechtlichen Behandlung allg s. § 14 Rdn. 89. 51

3. Notwendigkeit

Die „Notwendigkeit" der Verwendung einer Bestimmungsangabe ist grdsl. schon immer dann anzuerkennen, wenn sie nach der Art der Produkte im Interesse der Abnehmer oder der Allgemeinheit an einem bestimmungsgemäßen Produktgebrauch liegt (vgl. BGH WRP 1996, 713, 715 – *Verbrauchsmaterialien:* „zur Aufklärung über den Verwendungszweck sachlich geboten") und die Benutzung des geschützten Kennzeichens die branchenübliche Art und Weise der Identifizierung des Hauptprodukts darstellt. Allerdings muß die Notwendigkeit hinsichtlich der gewählten Bestimmungsangabe nach ihrem konkreten Umfang zu bejahen sein, kann also zB bzgl. eines zur Erfüllung der obigen Zwecke nicht mehr erforderlichen „Überschusses" zu verneinen sein. Im Einzelfall ist der Übergang zur Unlauterkeitsprüfung fließend. 52

4. Unlauterkeit

53 Irreführung und Rufausbeutung müssen mit allen dem Dritten objektiv zumutbaren Mitteln ausgeschlossen sein. Dazu muß insbesondere die unterschiedliche Herkunft der Produkte „klar und eindeutig erkennbar" gemacht sein, wie dies der BGH sogar bei der Bezugnahme auf kennzeichenrechtlich nicht geschützte Produktnamen, Typenbezeichnungen und Bestellnummern verlangt (BGH WRP 1996, 713, 715 – *Verbrauchsmaterialien*). Hinzunehmen ist die Anlehnung nur, soweit nicht vermeidbar oder nicht auf der Kennzeichenverwendung, sondern auf der Produkteignung als solcher beruhend (vgl. BGH GRUR 1968, 689, 700 – *Rekordspritzen*). S. im übrigen allg. zum Begriff des Verstoßes gegen die guten Sitten iSd § 23 oben Rdn. 9 und 46 f.

VIII. Beweislast

54 Während Art. 6 Abs. 1 MRRL die Lauterkeit sprachlich als zusätzliches Tatbestandsmerkmal darstellt, hat der deutsche Gesetzgeber die Unlauterkeit als rechtshindernde Ausnahme (sofern ... nicht) formuliert. Da die MRRL die Beweislastfragen dem nationalen Recht überläßt (vgl. ErwGr 10 aE), gilt somit nach allgemeine Regeln: der Dritte ist für die Voraussetzungen des § 23 darlegungs- und beweispflichtig, da es sich um eine Schrankenbestimmung und damit Ausnahme vom Markenschutz handelt, während der Kennzeicheninhaber die Unlauterkeit iSd § 23 als Schranken-Schranke darlegen und ggf. beweisen muß.

§ 24 Erschöpfung

(1) **Der Inhaber einer Marke oder einer geschäftlichen Bezeichnung hat nicht das Recht, einem Dritten zu untersagen, die Marke oder die geschäftliche Bezeichnung für Waren zu benutzen, die unter dieser Marke oder dieser geschäftlichen Bezeichnung von ihm oder mit seiner Zustimmung im Inland, in einem der übrigen Mitgliedstaaten der Europäischen Union oder in einem anderen Vertragsstaat des Abkommens über den Europäischen Wirtschaftsraum in den Verkehr gebracht worden sind.**

(2) **Absatz 1 findet keine Anwendung, wenn sich der Inhaber der Marke oder der geschäftlichen Bezeichnung der Benutzung der Marke oder der geschäftlichen Bezeichnung im Zusammenhang**

Erschöpfung § 24

mit dem weiteren Vertrieb der Waren aus berechtigten Gründen widersetzt, insbesondere wenn der Zustand der Waren nach ihrem Inverkehrbringen verändert oder verschlechtert ist.

Inhaltsübersicht

	Rdn.
I. Allgemeines	1–4
1. Überblick	1
2. Früheres Recht	2
3. MRRL	3
4. Gemeinschaftsmarkenrecht	4
II. Normzweck	5
III. Voraussetzungen der Erschöpfung (Abs. 1)	6–8
1. Anwendungsbereich	6
2. Inverkehrbringen durch den Markeninhaber oder mit seiner Zustimmung	7
3. Territorialer Geltungsbereich	8
IV. Unanwendbarkeit des Erschöpfungsgrundsatzes (Abs. 2)	9–14
1. Allgemeines	9
2. Berechtigte Gründe	10–14
a) Maßstab	10
b) Produktveränderungen	11
c) Änderungen der Verpackung	12
d) Änderung des Kennzeichens	13
e) Rechtsmißbräuchliche Geltendmachung	14
V. Darlegungs- und Beweislast	15
VI. Gemeinschaftsrechtliche Erschöpfung	16–22
1. Rechtliche Grundlagen	16
2. Der spezifische Gegenstand des Markenrechts	17–22
a) Allgemeine Grundsätze	18
b) Umverpacken	19–22
aa) Veränderung des Zustandes der Ware	20
bb) Änderung der Umverpackung	21
cc) Information des Markeninhabers	22

Literatur: *Beier*, Objektive und subjektive Marktabschottung? – Ein Beitrag zur Auslegung des Art. 36 Satz 2 EWGV, FS für Vieregge, 1995, S. 43; *Ebenroth*, Neue Ansätze zur Warenverkehrsfreiheit im Binnenmarkt der Europäischen Union, FS für Piper, 1996, S. 133; *Fezer*, Das Markenrecht im Aufwind des Europäischen Binnenmarkts – Überlegungen zum Markenschutz in Europa nach dem Urteil des Europäischen Gerichtshofs vom 17. Oktober 1990 – „HAG II", FS für Gaedertz, 1992, S. 153; *Harte-Bavendamm/Scheller*, Die Auswirkungen der Markenrechtsrichtlinie auf die Lehre von der internationalen Erschöpfung, WRP 1994, 571; *Klaka*, Markenrechtliche Erschöpfungslehre im neuen Licht (gestern – heute – morgen), FS für Traub, 1994, S. 173; *ders.*, Erschöpfung und Verwirkung im Licht des Markenrechtsformgesetzes, GRUR 1994, 321; *Kroher*, Importe von Originalware nach neuem Markenrecht, FG Beier 1996, 253; *Pickrahn*, Die Bekämpfung von Prallelimporten nach dem neuen Markengesetz, GRUR 1996, 383; *Litten*, „Inverkehrbringen" und „Erschöpfung" im neuen Markenrecht, WRP 1997, 678; *Loewenheim*, Gealterte und gefärbte Jeans – Zur Benutzung der Marke an veränderter Originalware, FS für Vieregge, 1995, S. 569; *ders.*, Nationale und internationale Erschöpfung von Schutzrechten im Wandel der Zeiten, GRUR Int. 1996, 307; *Lüder*, Die Rolle des nationalen Markenrechts in einem europäischen Binnenmarkt, EuZW 1994, 112; *ders.*, Die Angst vor der Verhältnismäßigkeitsprüfung bei der Abwägung zwischen nationalem Markenrecht und der Freiheit des Warenverkehrs, EuZW 1995, 15; *Mailänder*, Gemeinschaftsrechtliche Erschöpfungslehre und freier Warenverkehr, FS für Gaedertz, 1992, S. 369, *Martin-Ehlers*, Freier Warenverkehr und gewerbliche Schutzrechte, JA 1994, 108; *Nordemann*, Funktionsverschiebung im Markenrecht: Das Ende der Erschöpfungsdoktrin in Deutschland, Großbritannien und den USA, DZWir 1995, 315, *Omsels*, Erschöpfung ohne Veräußerung – Zum Schicksal des Verbreitungsrechts beim Eigentumserwerb kraft Gesetzes, GRUR 1994, 162; *Sack*, Ausnahme vom markenrechtlichen Erschöpfungsgrundsatz im Europäischen Recht, EWS 1994, 333; *ders.*, Die Erschöpfung von Markenrechten nach Europäischem Recht, RIW 1994, 897; *ders.*, Zeichenrechtliche Grenzen des Umpackens fremder Waren, GRUR 1997, 1.

I. Allgemeines

1. Überblick

1 § 24 kodifiziert den Grundsatz der Erschöpfung erstmals im deutschen Kennzeichenrecht (vgl. aber § 17 Abs. 2 UrhG zur Erschöpfung des Verbreitungsrechts). Dabei enthält Abs. 1 den Grundtatbestand der Schutzschranke, Abs. 2 eine generalklauselartige Ausnahme, die wiederum durch einen Beispielsfall konkretisiert ist.

2. Früheres Recht

2 Der Erschöpfungsgrundsatz als Schranke der Rechte des Kennzeicheninhabers war in der Rechtsprechung zum WZG schon seit langem anerkannt (vgl. RGZ 50, 229 – *Kölnisch Wasser*, sowie *Baumbach/Hefermehl*, § 15 WZG, Rdn. 46 mwN), auch für mit Firmenschlagworten gekennzeichnete Ware (BGH GRUR 1984, 545, 547 – *Schamotte-Einsätze*; BGH GRUR 1987, 707, 708 – *Ankündigungsrecht I*). Die wesentliche Neuerung in § 24 liegt in der Beschränkung der erschöpfenden Rechtshandlungen des Markeninhabers auf solche im Gebiet der EU und des EWR (dazu unten Rdn. 8).

3. MRRL

§ 24 setzt Art. 7 der MRRL weitgehend wörtlich um. § 24 geht 3
über Art. 7 MRRL insbesondere dadurch hinaus, daß nicht nur
eingetragene Marken dem Erschöpfungsgrundsatz unterworfen
werden, sondern auch die sonstigen Marken der §§ 4 Nr. 2 und 3
sowie die geschäftlichen Bezeichnungen des § 5. Für eingetragene
Marken ist die Auslegung des § 24 daher anhand von Art. 7
MRRL im Vorlageverfahren durch den EuGH überprüfbar, zumindest hinsichtlich der eingetragenen Marken ist § 24 richtlinienkonform auszulegen (BGH GRUR 1997, 629, 632 – *Sermion II*).
Unabhängig von der Auslegung von Art. 7 MRRL nimmt der
EuGH auch im Rahmen von Art. 30, 36 EG-Vertrag zur Frage der
Erschöpfung Stellung, da die Berufung der Markeninhaber auf seine Schutzrechte, insbesondere in Fällen des Parallelimports, ggf.
eine Beeinträchtigung des freien Warenverkehrs darstellen kann
(dazu unten Rdn. 16 ff.). Der BGH hat sich bei der Auslegung von
§ 24 hinsichtlich der territorialen Reichweite der Erschöpfung an
der Intention des Richtliniengebens orientiert (BGH GRUR 1996,
271, 273 f. – *Gefärbte Jeans*).

4. Gemeinschaftsmarkenrecht

Art. 13 GMVO entspricht praktisch wörtlich § 24. Der euro- 4
päische Wirtschaftsraum ist dort allerdings nicht ausdrücklich erwähnt, was im Hinblick auf Art. 2 Protokoll 28 über geistiges Eigentum zum EWR-Abkommen, Art. 11 bis 13 EWR-Abkommen
(GRUR Int. 1994, 215) als Regelungslücke anzusehen ist (vgl.
Ingerl, Die Gemeinschaftsmarke, S. 97).

II. Normzweck

Durch die Erschöpfung werden die Rechte des Markeninhabers 5
im Hinblick auf diejenigen Warenexemplare eingeschränkt, die mit
seiner Zustimmung in Verkehr gebracht worden sind. Erschöpfung
bezieht sich also nie auf Rechte aus einem Zeichen allgemein (zB
gegenüber nachgeahmten Produkten), sondern immer nur auf
konkrete körperliche Gegenstände. Dementsprechend ist die
Erschöpfung schon begrifflich nicht im Hinblick auf Dienstleistungen denkbar (unten Rdn. 6). Die Erschöpfung betrifft somit eine Beschränkung der Rechte des Markeninhabers im Hinblick auf von

ihm oder mit seiner Zustimmung in Verkehr gebrachte Originalware. Darin wurde ursprünglich bereits der wesentliche Grund für die Erschöpfungslehre gesehen, da im Hinblick auf Originalware keine Täuschung über die Herkunft zu befürchten sein konnte (vgl. BGHZ 41, 84, 93 – *Maja*). Schon in dieser Entscheidung hat sich der BGH aber nicht allein mit dem Hinweis auf diese „Markenfunktion" (zur Kritik an der Funktionlehre vgl. Einl. Rdn. 33 ff.) zufrieden gegeben, sondern primär darauf abgestellt, daß der Zeicheninhaber mit der Entscheidung über das erstmalige Inverkehrbringen seine Markenrechte in hinreichender Weise wahrgenommen habe und die Bedürfnisse des Wirtschaftsverkehrs – insbesondere im Hinblick auf die Weiterveräußerung über mehrere Handelsstufen – weitere Eingriffsrechte des Markeninhabers nicht rechtfertigen könnten (z. B. BGHZ 60, 185, 190 – *Cinzano*). Nicht nur würde sonst eine erhebliche Erschwernis für die Wiederverkäufer eintreten, die sich im Fall grenzüberschreitender Geschäfte immer vergewissern müßten, ob in allen betroffenen Ländern die erforderliche markenrechtliche Zustimmung vorliegt, sondern im Ergebnis könnte ohne den Grundsatz der Erschöpfung auch eine vollständige Steuerung des Weitervertriebs durch den Markeninhaber erfolgen, da er auf jeder Handelsstufe seine Zustimmung zur Weiterveräußerung von willkürlich gewählten Voraussetzungen, zB hinsichtlich des Wiederverkaufspreises, abhängig machen könnte. Damit wäre eine fundamentale Einschränkung des freien Wirtschaftsverkehrs verbunden, die nicht zuletzt auch den grundlegenden Wertungen der §§ 15 ff. GWB widersprechen würde. Allerdings zeigen diese Überlegungen auch, daß der Erschöpfungsgrundsatz trotz seiner weiten Verbreitung nicht sachlogisch zwingend ist, sondern letztlich auf einer Wertungsentscheidung beruht, bei der die Interessen der Markeninhaber gegen diejenigen der Abnehmer und Wiederverkäufer abzuwägen sind. Dabei ist der Gesetzgeber, wie schon früher die Rechtsprechung, zunächst grundsätzlich zu einer Entscheidung zugunsten der Interessen der Abnehmer gelangt, die aber in verschiedener Weise modifiziert worden ist. Praktisch bedeutsam und besonders fragwürdig ist dabei die territoriale Einschränkung auf das Gebiet von EU und EWR (dazu unten Rdn. 8). Weniger problematisch ist die Einschränkung hinsichtlich beeinträchtigender Benutzungsformen des Abs. 2, da dem Markeninhaber nicht zugemutet werden kann, daß deutlich veränderte, insbesondere verschlechterte, Produkte unter seiner Marke in Verkehr gebracht werden und von weniger informierten Verkehrskreisen ihm zugerechnet werden. Hier ist allerdings wie-

Erschöpfung § 24

derum im Einzelfall durch Interessenabwägung zu ermitteln, ob eventuelle Eingriffe einerseits schwerwiegend genug sind, um die Erschöpfung auszuschließen, andererseits ob diese Änderungen durch Maßnahmen des Zeicheninhabers provoziert worden sind und das Wiederaufleben der Markenrechte deshalb unbillig erscheint (dazu unten Rdn. 14). Trotz der erforderlichen differenzierten Betrachtungsweise im Einzelfall sollte als Grundregel gelten, daß der Erschöpfungsgrundsatz ausdehnend zu interpretieren ist, die Einflußmöglichkeit des Markeninhabers nach dem erstmaligen Inverkehrbringen der Originalware also tendenziell zu begrenzen sind. Das Interesse des Markeninhabers an der weiteren Steuerung des Vertriebs, der von ihm bereits einmal (entgeltlich) veräußerten Produkte, ist nicht in gleicher Weise schutzwürdig wie sein Interesse daran, Benutzungen durch unbefugte Dritte zu verhindern.

III. Voraussetzungen der Erschöpfung (Abs. 1)

1. Anwendungsbereich

Der Anwendungsbereich erstreckt sich auf **alle Arten von** 6 **Marken** (§ 4 Nr. 1–3) und **geschäftlichen Bezeichnungen** (§ 5). Bei geographischen Herkunftsangaben kommt Erschöpfung nicht in Betracht, die Zulässigkeit ihrer Verwendung ist nicht von der Zustimmung der Berechtigten abhängig, sondern von der Frage, ob sie in irreführender Weise verwendet werden. Erschöpfung kann nur eintreten im Hinblick auf **Originalware** (oben Rdn. 5). Beim Angebot und der Erbringung von **Dienstleistungen** scheidet die Erschöpfung schon begrifflich aus, weil eine Weiterveräußerung der Dienstleistung des Berechtigten durch einen Dritten nicht in Betracht kommt (Dienstleistungen können auch nicht „in Verkehr gebracht" werden). Unberührt davon bleibt die Möglichkeit, daß Erschöpfung hinsichtlich von Waren eintritt, in denen sich eine Dienstleistung verkörpert, zB im Hinblick auf den (körperlichen) Prüfungsbericht einer Wirtschaftsprüfungsgesellschaft, der in Erfüllung ihrer Dienstverpflichtung erstellt worden ist. Erschöpfung kann nur eintreten hinsichtlich derjenigen markenrechtlichen **Benutzungsformen,** die für die Weiterveräußerung des Werkstückes, hinsichtlich dessen die Markenrechte erschöpft sind, erforderlich sind. Damit ist umfaßt insbesondere das Anbieten, Inverkehrbringen und der Besitz zu diesem Zweck (§ 14 Abs. 3 Nr. 2), die Einfuhr oder Ausfuhr, soweit es sich nicht um eine Außengrenze von

§ 24   Erschöpfung

EU und EWR (§ 14 Abs. 3 Nr. 4) sowie in eingeschränktem Umfang die Benutzung auf Geschäftspapieren und in der Werbung, nämlich insofern, als damit gerade das konkrete Produkt, hinsichtlich dessen Rechte erschöpft sind, beworben wird (BGH GRUR 1987, 767 – *Ankündigungsrecht I*; BGH GRUR 1987, 823 – *Ankündigungsrecht II*). Unter Geltung des WZG war der BGH davon ausgegangen, daß vom Erschöpfungsgrundsatz nicht die Handlungsform des Anbringens (das „Kennzeichnungsrecht") erfaßt werde. Damit war es insbesondere nicht zulässig, das geschützte Kennzeichen auf einer veränderten Verpackung aufzubringen (BGH GRUR 1984, 352 – *Ceramix*; BGH GRUR 1084, 530 – *Valium Roche*). Das sollte grundsätzlich auch dann gelten, wenn der Importeur die im Inland verwendete Marke auf ein Originalprodukt aufbrachte, das im Ausland unter einer anderen Marke des gleichen Inhabers in Verkehr gebracht worden war; allerdings konnte gemeinschaftsrechtlich im Verhalten des Markeninhabers eine künstliche Marktabschottung liegen, die nach Art. 30, 36 EWG-Vertrag rechtswidrig sein konnte (EuGH GRUR Int. 1979, 99 – *Centrafarm/American Home Products*). Seit der EuGH in seiner neueren Rechtsprechung (zB GRUR Int. 1996, 1144 – *Bristol-Myers Squibb/Paranova*) auch die europarechtliche Erschöpfung auf Art. 7 MRRL stützt, ist für § 24, der Art. 7 MRRL umsetzt, ebenfalls davon auszugehen, daß sich auch das Kennzeichnungsrecht erschöpfen kann (BGH GRUR 1997, 629, 632 – *Sermion II*). Die Interessen des Markeninhabers sind somit nicht mehr beim Tatbestand der Erschöpfung (§ 24 Abs. 1), sondern im Rahmen der berechtigten Gründe des § 24 Abs. 2 zu berücksichtigen (BGH aaO – *Sermion II*). Die abweichende Intention des Gesetzgebers (Amtl. Begr. zu Abs. 3 § 24) ist durch die verbindliche Auslegung der MRRL durch den EuGH überholt.

2. Inverkehrbringen durch den Markeninhaber oder mit seiner Zustimmung

7   Die Ware muß vom Markeninhaber oder mit seiner Zustimmung in Verkehr gebracht worden sein. Durch den Markeninhaber ist die Ware in Verkehr gebracht, wenn er die tatsächliche Verfügungsgewalt an der Ware auf einen Dritten übertragen hat (zum Begriff des Inverkehrbringens im einzelnen § 14 Rdn. 114 ff.). Der **Begriff des Inverkehrbringens** ist im Rahmen von § 24 genauso auszulegen wie im Rahmen von § 14. Tatsächliche Verfügungsgewalt hat in der Regel der unmittelbare Besitzer, vgl. § 854 Abs. 1

Erschöpfung § 24

BGB. Da jede Art der körperlichen Übergabe ausreichend ist, kommt es insbesondere nicht auf den Übergang der rechtlichen Verfügungsgewalt oder des Eigentums an. Vielmehr ist die körperliche Übergabe an den Spediteur, Frachtführer oder Lagerhalter ausreichend (ebenso für das Patentrecht *Benkard-Bruchhausen* § 9 PatG Rdn. 43; differenzierend *Litten*, WRP 1997, 678, 680, der darauf abstellt, wer den Spediteur beauftragt hat.). Kein Inverkehrbringen liegt im bloßen Angebot der Ware im Inland vom Ausland aus. Fraglich ist, ob auch die bloße Durchfuhr (Transit) als Inverkehrbringen anzusehen ist. Im Rahmen von § 14 sprechen die besseren Argumente für die Einbeziehung der Durchfuhr in den Verletzungstatbestand des Inverkehrbringens (im einzelnen § 14 Rdn. 122 ff.). Für die Annahme der Erschöpfung sollte aber weiter gefordert werden, daß ein Wechsel der tatsächlichen Verfügungsgewalt stattfindet, die Durchfuhr also nur dann zu einem Inverkehrbringen führt, wenn dabei auch ein Wechsel der Verfügungsgewalt im Inland stattfindet, etwa von einem Frachtführer zum anderen (vgl. BGHZ 23, 100). Die Rechtsfolgen der Erschöpfung knüpfen gerade an die Aufgabe der unmittelbaren Verfügungsgewalt durch den Markeninhaber an. Die Durchfuhr als solche ist mit so einem Wechsel aber nicht notwendigerweise verbunden. Ein inländischer Hersteller bringt die Ware aber dadurch in Verkehr, daß er sie einem inländischen Frachtführer mit der Maßgabe übergibt, sie im Ausland auszuliefern. Eine andere Auslegung des Begriffs des Inverkehrbringens im Rahmen von § 24 als bei § 14 würde nicht nur dem Wortlaut widersprechen und zu einer gegenüber dem Patentrecht abweichenden Handhabung führen, sondern auch Erwerbern unzumutbare Nachprüfungspflichten hinsichtlich der genauen rechtlichen Beziehungen zwischen dem Markeninhaber und denjenigen Unternehmen auferlegen, die von ihm die Waren körperlich empfangen haben. Dem Inverkehrbringen durch den Markeninhaber ist das Inverkehrbringen durch **Konzernunternehmen** gleichzustellen. Damit muß sich der deutsche Markeninhaber beispielsweise das Inverkehrbringen durch seine englische Tochtergesellschaft zurechnen lassen, kann also nicht aufgrund der eigenen inländischen Marken das Inverkehrbringen im Inland verhindern (BGHZ 60, 185 – *Cinzano*; OLG Düsseldorf GRUR 1964, 267 – *Revlon III*). Dieses Ergebnis sollte allerdings nicht damit begründet werden, daß innerhalb des Konzern die Identifikation der einzelnen Konzernunternehmen durch eigene Produktmarken keine schutzwürdige Kennzeichenfunktion sei (so aber *Fezer* § 24 Rdn. 19). Vielmehr ergibt sich diese Überlegung schon daraus, daß

§ 24   Erschöpfung

anderenfalls willkürliche Marktabschottungen durch Konzernstrukturen möglich wären und sowohl der freie Warenverkehr im Binnenmarkt als auch die Interessen der inländischen Handelsunternehmen in unzumutbarer Weise beeinträchtigt würden. Demgegenüber ist davon auszugehen, daß im einheitlichen Konzern die Möglichkeit besteht, eventuelle Interessenkonflikte zwischen Teilunternehmen unternehmensintern beizulegen und markenrechtliche Auseinandersetzungen zwischen diesen Teilunternehmen ohnehin nicht in Betracht kommen. Ebenso verhält es sich, wenn die Marke des Herstellers von seinem inländischen **Alleinimporteur** eingetragen worden ist. Dieser muß sich das Inverkehrbringen durch den Hersteller zurechnen lassen (BGH GRUR 1983, 177, 178 – *AQUA KING*; zutreffend *Fezer* § 24 Rdn. 24). Inverkehrbringen mit Zustimmung des Markeninhabers **durch sonstige Dritte** kann in verschiedenen Konstellationen vorliegen. Handelt es sich um einen außerhalb der EU/EWR angesiedelten Markeninhaber, ist insbesondere darauf abzustellen, ob der erste Importeur mit Zustimmung des Markeninhabers einführt. Bei Markeninhabern mit Sitz in der EU/EWR kommt diese Variante vor allem im Hinblick auf **Lizenznehmer** in Betracht, die aufgrund vertraglicher Gestattung die von ihnen hergestellten Produkte erstmals mit der Marke versehen und dann weiter veräußern. Im Rahmen der lizenzvertraglichen Gestattung ist dabei von besonderer Bedeutung, daß die Zustimmung nicht von der Erfüllung sämtlicher lizenzvertraglicher Bedingungen abhängig gemacht werden kann. Markenrechtlich sind vielmehr nur die in § 30 Abs. 2 enumerativ aufgeführten Bedingungen des Lizenzvertrages für die Zustimmung des Lizenzgebers maßgebend. Eine Erschöpfung tritt damit nicht ein, wenn der Lizenzvertrag abgelaufen ist (§ 30 Abs. 2 Nr. 1), wenn die Marke in einer nicht von der Eintragung erfaßten Form verwendet wird (§ 30 Abs. 2 Nr. 2), wenn die Marke für nichtlizensierte Waren verwendet wird (§ 30 Abs. 2 Nr. 3) und wenn gegen vertragliche Qualitätsvorgaben verstoßen wird (§ 30 Abs. 2 Nr. 5). Von besonderer praktischer Bedeutung ist dabei die Beschränkung des § 30 Abs. 2 Nr. 4, wonach ein Inverkehrbringen mit Zustimmung des Markeninhabers nicht vorliegt, wenn die Ware außerhalb des Lizenzgebietes angebracht wird. Diese Beschränkung gilt, wie schon der Wortlaut eindeutig zeigt, aber gerade nur für den Tatbestand des Anbringens (§ 14 Abs. 3 Nr. 1), nicht aber für den Tatbestand des Inverkehrbringens (§ 14 Abs. 3 Nr. 2). Damit ist ein Inverkehrbringen durch den Lizenznehmer außerhalb des ihm vertraglich zugestandenen Gebietes keine Grundlage für markenrecht-

Erschöpfung **§ 24**

liche Ansprüche (wohl aber vertragsrechtliche) gegen den Lizenznehmer. Auch in diesen Fällen tritt somit die Erschöpfung nach § 24 ein (das verkennt *Fezer*, § 24 Rdn. 29). Eine wortlautwidrige erweiternde Auslegung von § 30 Abs. 2 Nr. 4 würde gerade im Bereich der kartellrechtlich ohnehin problematischen Gebietsbeschränkungen zu einer Drittwirkung führen. Diese Auslegung steht auch in Einklang zur Rspr. des BGH, der ebenfalls nur auf das Anbringen des Kennzeichens mit Zustimmung des Markeninhabers abstellt (BGH GRUR 1984, 545 – *Schamotte-Einsätze*). Liegt kein Fall von § 30 Abs. 2 vor, wirkt die Beschränkung nur zwischen den Parteien des Lizenzvertrages, sie kann dann den Eintritt der Erschöpfung nicht verhindern (BGHZ 41, 84, 89 – *Maja*).

3. Territorialer Geltungsbereich

Nach dem Wortlaut von § 24 tritt die Erschöpfung nur ein, 8 wenn das Inverkehrbringen im Inland, in der EU oder im EWR (dieser umfaßt zusätzlich zu den Mitgliedstaaten der EU noch Island, Liechtenstein und Norwegen, vgl. EWR-Abkommen vom 2. Mai 1992 (BGBl. II 1993, S. 367)). erfolgt. In der Lit. war nach Inkrafttreten der Neuregelung zunächst bezweifelt worden, ob die bisherige deutsche Rspr. zur weltweiten Erschöpfung (BGHZ 41, 84 – *Maja*) nun tatsächlich auf die „europäische" Erschöpfung reduziert sei, oder ob durch § 24 für die Umsetzung von Art. 7 MRRL nur ein Mindeststandard dergestalt vorgegeben worden sei, daß jedenfalls dann, wenn die Ware in EU oder EWR erstmals befugt in Verkehr gebracht worden sei, Erschöpfung einträte, daß dies aber auch in anderen Fällen möglich bliebe (so *v. Gamm* WRP 1993, 793, 795; *Ingerl/Rohnke* NJW 1994, 1247, 1253). Diese Frage ist nach der grundlegenden Entscheidung BGH GRUR 1996, 271 – *Gefärbte Jeans* nur noch theoretischer Natur (ebenso LG Düsseldorf GRUR 1996, 66 – *adidas-Import*; OLG München GRUR 1996, 137 – *GT ALL TERRA*). Der BGH hat dabei insbesondere auf die Intention des Richtliniengebers abgestellt, die er aus der Entstehungsgeschichte der MRRL abgeleitet hat (dazu ausführlich *Harte-Bavendamm/Scheller* WRP 1994, 571). Der EuGH wird demnächst Gelegenheit haben, sich zu dieser Frage zu äußern (Rs.L-355/96 *Silhouette/Hartlauer*). Unabhängig von der juristischen Bewertung ist jedenfalls festzustellen, daß die Beschränkung der Erschöpfung auf EU und EWR zu genau den Erschwernissen für die Handelsunternehmen geführt hat, die den BGH zur Bejahung der weltweiten Erschöpfung bewogen hatten (BGHZ 41, 84, 92 –

IV. Unanwendbarkeit des Erschöpfungsgrundsatzes (Abs. 2)

1. Allgemeines

9   Die Erschöpfung ist eine Schranke der Ausübung der bestehenden Rechte des Markeninhabers. Durch das erstmalige Inverkehrbringen mit seiner Zustimmung verliert der Markeninhaber nicht endgültig seine Verbietungsrechte, er wird unter den Voraussetzungen von Abs. 1 lediglich daran gehindert, sie erneut geltend zu machen. Dabei beruht Abs. 1 auf einer Wertungsentscheidung (oben Rdn. 5). Dem Markeninhaber ist aber nicht zumutbar, alle denkbaren Manipulationen an seiner Ware, die nach dem erstmaligen Inverkehrbringen stattfinden können, hinzunehmen. Abs. 2 beschränkt deshalb seinerseits die Schranke des Abs. 1 und erlaubt dem Markeninhaber unter bestimmten Voraussetzungen trotz des vorherigen Inverkehrbringen der Ware seine Markenrechte erneut auszuüben. Abs. 2 ist als Generalklausel ausgestaltet, wobei der Gesetzgeber zwei nicht abschließende Beispiele hinzugefügt hat. Der wertenden Betrachtung bedarf zunächst der generalklauselartige Grundtatbestand („berechtigte Gründe", unten Rdn. 10), aber auch die Beispiele („verändert oder verschlechtert", unten Rdn. 11 ff.), da wiederum nicht jedwede Veränderung zum Ausschluß der Erschöpfung führt. Aus der Gesetzgebungsgeschichte ist zu beachten, daß Abs. 2 ursprünglich als weiterer Beispielsfall des Ausschlusses der Erschöpfung die Benutzung der Marke in einer Weise, die geeignet ist, ihre Wertschätzung zu beeinträchtigen, aufgeführt hatte. Damit sollten insbesondere die Fälle des Umverpackens erfaßt werden. Deshalb war auch die amtl. Begr. (Abs. 6 zu § 24) der Auffassung, an der bisherigen Rechtsprechung zum Umverpacken könne nicht mehr festgehalten werden (zu dieser unten Rdn. 19 ff.). Da diese Formulierung gerade im Hinblick auf das erkannte Bedürfnis, beim Reimport von Arzneimitteln Änderungen der Umverpackung zuzulassen, nicht in die endgültige Gesetzesfassung aufgenommen wurde, kommt der entsprechenden Passage in der Begründung auch keine Bedeutung mehr zu (anders *Fezer*, § 24 Rdn. 60). Bei der Frage, ob der Markeninhaber Änderungen insbesondere der Verpackung hinzunehmen hat, ist auch im Rahmen von

Erschöpfung § 24

§ 24 Abs. 2 damit die zum Gemeinschaftsrecht ergangene Rechtsprechung weiterhin in vollem Umfang anwendbar.

2. Berechtigte Gründe

a) Maßstab. Nicht alle Interessen des Markeninhabers sind geeignet, als berechtigte Gründe im Sinn von Abs. 2 die Anwendbarkeit des Erschöpfungsgrundsatzes auszuschließen. Keinen berechtigten Grund stellt insbesondere das Interesse des Markeninhabers dar, ein bestimmtes Vertriebssystem zu etablieren, geographische Teilmärkte voneinander abzuschotten usw. Damit würde sich der Markeninhaber in Widerspruch zur Grundwertung von § 24 Abs. 1 setzen (oben Rdn. 5), was in gleicher Weise auch für die gemeinschaftsrechtliche Erschöpfung (unten Rdn. 16 ff.) anerkannt ist. Vielmehr zeigen die Beispiele der Veränderung oder Verschlechterung des Zustandes der Ware, worum es geht: Dem Markeninhaber nicht zuzumuten sind einmal Eingriffe an der Ware selbst, oder ihrer Verpackung die mehr als nur geringfügig sind (Rdn. 11 ff.). Zum anderen können auch Veränderungen des Kennzeichens unzumutbar sein (Rdn. 13). In beiden Fällen geht es um das Interesse des Markeninhabers, sein Produkt in der Form, wie er es selbst ursprünglich in Verkehr gebracht hat und mit der Marke, die er selbst angebracht hat, zu schützen. Liegen demgegenüber weder am Produkt noch an der Marke Änderungen vor, kann die Erschöpfung nur in Ausnahmefällen ausgeschlossen sein. Alle bisher von der Rechtsprechung entschiedenen Fälle betrafen entweder Manipulationen an der Ware (einschließlich ihrer Verpackung) oder an der Marke. 10

b) Produktveränderungen. Produktveränderungen sind dann unzulässig, wenn sie das Wesen der Ware verändern, ihre Eigenart berühren (Beispiele aus der Rspr.: RGZ 103, 359 – *Singer*: Neulackieren einer gebrauchten Nähmaschine; RGZ 161, 29 – *Zählerersatzteile*: Aufarbeiten eines Elektrizitätszählers unter Verwendung eigener Ersatzteile; RG GRUR 1926, 285 – *Linotype*: Aufarbeiten einer Maschine unter Belassen der Marke; BGHZ 111, 182 – *Herstellerkennzeichen auf Unfallwagen*: Neuaufbau eines Unfallwagens und Ersatz der Fahrgastzelle; OLG München WRP 1993, 47 – *Aufgearbeitete Kupplung*: Vollständige Zerlegung und anschließender Zusammenbau unter Verwendung von Neuteilen; BGH GRUR 1996, 271 – *Gefärbte Jeans*: Umfärben von Jeans mit Farbstoffen, die sich mit der Stoffstruktur verbinden; OLG Stuttgart WRP 1995, 248 – *Rolex*, sowie BayObLG WRP 1995, 222 – *Rolexausstattungs-* 11 *schutz* und OLG Karlsruhe GRUR 1995, 417 – *Rolexuhren:* Jeweils Veränderung der Originalarmbanduhr durch andere Zifferblätter, Lünetten oder Schmucksteine).

Die Fälle der Produktveränderungen sind in verschiedener Hinsicht abzugrenzen von zulässigen Handlungsweisen. Zulässig sind zunächst die üblichen **Reparaturen.** Geschehen sie im Auftrag des Kunden und ausschließlich für diesen, ohne daß eine erneute Veräußerung der reparierten Ware vorliegt, fehlt es schon an einer markenrechtlich relevanten Benutzungshandlung durch den Reparateur. Darüber hinaus ist auch die Veräußerung reparierter Gebrauchtwaren markenrechtlich zulässig, sofern nach Auffassung des Verkehrs damit keine Substanzänderung einhergeht. Insbesondere der Austausch einzelner Standardkomponenten, etwa von Stoßdämpfern usw. ist markenrechtlich unerheblich. Kennzeichenrechtlich unerheblich sind insbesondere alle Reparaturen, die unter Verwendung von Originalersatzteilen stattfinden. Davon abzugrenzen ist der Bereich des wesentlichen Eingriffes, der dadurch gekennzeichnet ist, daß Originalteile vom Reparateur verändert werden, daß nicht Originalersatzteile Verwendung finden oder daß aufgrund der Komplexität der reparierten Ware das Zusammenwirken der verschiedenen Teile nur mit besonderer Fachkompetenz sichergestellt werden kann (zB OLG München WRP 1993, 47 – *Aufgearbeitete Kupplung*). Wesentlich ist hier die Verkehrsauffassung, die bei handelsüblichen Zusatzteilen (zB Autoradio) keinen Eingriff in die Sacheigenschaften der Hauptware sieht, wohl aber bei funktionswichtigen Teilen.

Eingriffe in die Eigenart der Ware liegen ferner in der Regel vor, wenn das Originalprodukt wesentlich in seinem äußeren **Erscheinungsbild** verändert wird, insbesondere auch dann, wenn die äußere Veränderung sich auf wertbildende Merkmale bezieht (schon RGZ 100, 22 – *Meissner Porzellan:* Bemalen von ursprünglich weißem Meissner Porzellan; ferner die zit. Rspr. zur nachträglich Verzierung von Rolex-Uhren). Nicht jede Produktveränderung ist aber für den Markeninhaber unzumutbar und führt deshalb zum Ausschluß der Erschöpfung. Veränderungen, die weder äußerlich wahrnehmbar sind, noch objektiv Einfluß auf die Funktionstüchtigkeit der Ware haben können, bleiben außer Betracht, zB das Abwickeln und spätere Neuaufwickeln des Griffbandes eines Tennisschlägers (BGH GRUR 1988, 213 – *Griffband*), das Öffnen der Umverpackung, nicht aber der inneren Blisterverpackung, von Arzneimitteln, um einen deutschsprachigen Beipackzettel einzulegen (BGHZ 82, 152 – *Öffnungshinweis*), oder sonstige geringfügige

Erschöpfung § 24

Veränderungen an der Verpackung, etwa durch Aufbringen eigener Kontrollnummern, Gütesiegel usw. (zur Entfernung von Kontrollnummern unten Rdn. 14).

Die Veränderung von Ware oder Verpackung muß, wie sich schon aus dem eindeutigen Wortlaut des Gesetzes ergibt, **nicht** mit einer **Qualitätsverschlechterung** einhergehen. Es wäre unangemessen, dem Markeninhaber bei erheblichen Veränderungen seines Produktes die Darlegungs- und Beweislast dafür aufzuerlegen, daß das Produkt in veränderter Form schlechter als im Originalzustand ist, zumal in vielen Fällen klare Kriterien gar nicht aufzustellen wären. Daraus kann aber nicht geschlossen werden, daß jede noch so geringfügige Veränderung der Ware die Erschöpfung ausschließen würde (in diese Richtung aber *Fezer* § 24 Rdn. 38). Das übersieht, daß es in vielen Bereichen üblich ist, Originalprodukte Kundenwünschen anzupassen, mit Zusatzgeräten zu versehen, zu Prüfzwecken zu öffnen usw. Dem Verkehr ist deshalb bekannt, daß in gewissem Umfang Produktveränderungen üblich sind. Die Erschöpfung kann erst dann ausgeschlossen sein, wenn über diesen vom Verkehr hingenommenen Grad an Veränderungen hinaus in die Integrität der Ware eingegriffen wird. Wann das der Fall ist, kann nur mit Bezug auf das einzelne Produkt bestimmt werden. Ist das Produkt gesundheits- oder sicherheitsrelevant, ist es besonders wertvoll oder besteht es aus einer Vielzahl in komplexer Weise zusammenwirkender Einzelkomponenten, wird schon ein geringerer Eingriff zum Ausschluß der Erschöpfung führen.

c) Änderung der Verpackung. Veränderungen der Verpackung sind in der Regel nach den gleichen Grundsätzen zu beurteilen. Danach können Änderungen an der Verpackung jedenfalls dann Eingriffe in das Wesen der Ware sein, wenn der Verkehr die Verpackung als für das Produkt wesentlich ansieht, es also üblicherweise in einer verschlossenen Originalverpackung verkauft wird. Auch hier ist es aber Frage des Einzelfalls, welche Änderungen noch hinzunehmen sind. So kann ein wesentlicher Unterschied darin liegen, ob innere Verpackungen geöffnet werden (zB die Blister der Tablettenpackung) und ob die Veränderungen der Packung so schwerwiegend sind, daß das Vertrauen der Verbraucher beeinträchtigt wird, was zB bei einer völligen Neuverpackung, insbesondere minderer Qualität, in Betracht kommen kann (BGH GRUR 1997, 629, 632 – *Sermion II* sowie die Grundsätze zum Umverpacken von Arzneimitteln unten Rdn. 19 ff.). Markenrechtlich nicht relevant werden in der Regel Beschädigungen der Verpackung

12

sein, die durch die zulässige Entfernung der Kontrollnummern hervorgerufen werden (unten Rdn. 14). Bei anderen Produkten führt eine Veränderung der Verpackung nicht zu einem Eingriff in die Eigenart der Ware, zB bei Ersatzteilen, die idR von Gewerbetreibenden gekauft werden und dem Endkunden nur in ausgepackter Form gegenübertreten.

13 **d) Änderungen des Kennzeichens.** Veränderungen der Gestalt des Kennzeichens führen in aller Regel zu einer erheblichen Beeinträchtigung der Interessen des Markeninhabers und sind von ihm nicht hinzunehmen. Dazu gehört allerdings nicht der Fall, daß das Kennzeichen vollständig entfernt wird. Im Entfernen liegt ebensowenig eine rechtlich relevante Benutzungshandlung, wie im Inverkehrbringen der nicht mehr gekennzeichneten Ware, so daß sich auch die Frage der Erschöpfung nicht stellt (vgl. § 14 Rdn. 100). Vielmehr kann ein Wettbewerbsverstoß vorliegen (BGH GRUR 1972, 558 – *Teerspritzmaschinen*; OLG München MD 1995, 478 – *Bulthaup Systemküche*). Unzulässig sind insbesondere solche Veränderungen der Marke, die auch dem Lizenznehmer nach § 30 Abs. 2 Nr. 2 mit Drittwirkung untersagt werden können. Unzulässig ist es ferner, die Originalware mit (weiteren) Zeichen des Herstellers zu versehen, z.B. mit Zweitmarken oder Marken anderer Produktlinien. Dabei kommt es nicht darauf an, ob qualitative Unterschiede bestehen, oder der Markeninhaber ganz bewußt für den Vertrieb über bestimmte Handelsschienen eine andere Marke einsetzt als für andere Handelsschienen (Handelsmarken der Originalhersteller sind insbesondere im Lebensmittelbereich von Bedeutung). Das gilt grundsätzlich auch für den Fall, daß der Hersteller für seine Produkte in verschiedenen Ländern unterschiedliche Marken verwendet. Sind die Produkte aber identisch, liegt der Gedanke nahe, daß die unterschiedlichen Marken der Abgrenzung geographischer Märkte dienen, die Geltendmachung wäre dann rechtsmißbräuchlich (vgl. dazu unten Rdn. 14).

14 **e) Rechtsmißbräuchliche Geltendmachung.** Ganz generell steht die Geltendmachung von Markenrechten unter dem Vorbehalt des Rechtsmißbrauchs (dazu Vor §§ 14–19 Rdn. 99 ff.). Im Zusammenhang mit § 24 Abs. 2 kann es insbesondere rechtsmißbräuchlich sein, wenn der Markeninhaber seine formalen Markenrechte zur **Durchsetzung** wettbewerbs- und kartellrechtlich nicht geschützter **Vertriebssysteme** bzw. zur Abgrenzung geographischer oder sachlicher Produktmärkte verwendet. Neben der erwähnten Verwendung unterschiedlicher Marken in verschiedenen

Ländern kommt in Betracht, daß Vertriebsmarkierungen (Kontrollnummern) so auf der Ware angebracht sind, daß sie nicht ohne Zerstörung der Marke entfernt werden können (BGH WRP 1989, 369 – *Entfernung von Kontrollnummern III*; BGH GRUR 1988, 776 – *Entfernung von Kontrollnummern IV*). Die Vermutung für einen Rechtsmißbrauch liegt immer dann nahe, wenn der Markeninhaber durch von ihm selbst bestimmte Maßnahmen die Veränderung des Produktes oder der Marke bei der Entfernung der Kontrollnummern provoziert, etwa durch Eindruck in die Marke, durch Anbringen von Kontrollzeichen unterhalb des Griffbandes (einschränkend für provozierte Produktänderung BGH GRUR 1988, 213, 215 – *Griffband*: Einwand nur erheblich, wenn Qualität der Ware nicht beeinträchtigt wird). Dieser Gesichtspunkt erlaubt es auch, die im europäischen Recht (unten Rdn. 16 ff.) entwickelten Grundsätze, insbesondere zum Umverpacken von Ware, auch im innerstaatlichen Recht anzuwenden. Der Auffassung von *Fezer* (§ 24 Rdn. 52), beim innerstaatlichen Gebrauch des Zeichens würden strengere Grundsätze gelten, als im grenzüberschreitenden Verkehr, kann nicht zugestimmt werden. Da § 24 Abs. 1 gerade den Grundsatz enthält, daß der Markeninhaber nach dem erstmaligen Inverkehrbringen keine weitere Vertriebssteuerung unter Zuhilfenahme seines Markenrechtes vornehmen können soll, sind Marktabschottungen mit Hilfe des Markenrechts innerstaatlich genauso zu mißbilligen wie im grenzüberschreitenden Verkehr innerhalb der Gemeinschaft.

V. Darlegungs- und Beweislast

Systematisch ist die Erschöpfung im engen Zusammenhang mit 15
der Verjährungseinrede (§ 20), dem Verwirkungseinwand (§ 21) und den weiteren Schranken der Rechte des Inhabers in §§ 22, 23 geregelt. Das spricht dafür, daß der Beklagte die Beweislast für die Voraussetzungen der Erschöpfung trägt (in diese Richtung bei der urheberrechtlichen Erschöpfung zB BGH GRUR 1988, 373, 375 – *Schallplattenimport III*: Beweislast obliegt „grundsätzlich" dem Beklagten). Diese Auffassung ist zum einen schon aus dogmatischen Gründen fragwürdig, vor allem aber wegen ihrer praktischen Konsequenzen abzulehnen. Zunächst ist zu berücksichtigen, daß die Verbotsrechte des Markeninhabers nicht nur durch § 24 begrenzt werden, sondern § 24 seinerseits nur eine nähere Ausgestaltung des schon im Verletzungstatbestand von § 14 Abs. 2 enthaltenen negativen Tatbestandsmerkmales „ohne Zustimmung des Inhabers"

ist. § 24 gestaltet dieses Tatbestandsmerkmal näher aus, nämlich im Hinblick auf die weiteren Vertriebshandlungen, für die klargestellt wird, daß eine erneute Zustimmung des Inhabers nicht mehr erforderlich ist, wenn er sie erstmals erteilt hat. Bei §§ 18, 19 ergibt sich das gleiche hinsichtlich des Tatbestandsmerkmals der Widerrechtlichkeit. Unterlassungs-, Auskunfts- und Schadenersatzansprüche stehen dem Markeninhaber immer nur dann zu, wenn seine Markenrechte nicht erschöpft sind. Das hat er darzulegen und zu beweisen. Vor allem ist aber auch nur dieser Ansatz im Hinblick auf die tatsächliche Informationsmöglichkeiten angemessen, da es nur der Markeninhaber in der Hand hat, durch entsprechende Markierungen und Aufzeichnungen zu dokumentieren, ob die Ware mit seiner Zustimmung erstmals im Gebiet von EU/EWR in Verkehr gebracht worden ist, insbesondere durch Aufzeichnungen darüber, welcher Dritte mit seiner Zustimmung erstmals tatsächliche Verfügungsgewalt über die Ware erhalten hat. Demgegenüber kann der in Anspruch genommene Dritte in der Regel nur seinen unmittelbaren Vorlieferanten benennen, was aber auch dann, wenn dieser EU-Inländer ist, nichts über das erstmalige Inverkehrbringen aussagt. Darüber hinaus könnte der Markeninhaber ohnehin keine Auskunft über den Lieferanten des Dritten verlangen, solange nicht feststeht, daß die Markenrechte tatsächlich nicht erschöpft sind. Anderenfalls würde von dem wesentlichen Grundprinzip des Auskunftsanspruches abgewichen, daß eine bewiesene Rechtsverletzung vorausgesetzt ist (aus diesem Grundsatz hat der BGH bekanntlich sogar abgeleitet, daß der zeitliche Rahmen des Auskunftsanspruchs durch die erste Verletzungshandlung begrenzt ist, BGH GRUR 1988, 307, 308 – *Gaby*, dazu § 19 Rdn. 28). Der Markeninhaber kann seiner Darlegungs- und Beweislast in der Regel dadurch nachkommen, daß er den Weg der Ware von der Produktionsstätte bis zu seinem ersten Abnehmer aufzeigt (dabei darf kein Inverkehrbringen in der EU/EWR vorliegen) und sodann dartut, daß er seinem außerhalb der EU/EWR ansässigen Abnehmer rechtswirksam (nach dem dort geltenden Recht) auferlegt hat, die Ware nicht in die EU/EWR auszuführen. Das ist eine Darlegungslast, die den Markeninhaber nicht über Gebühr belastet. Kann er ihr nachkommen, hat der Beklagte zu beweisen, daß die weiteren Vertriebshandlungen, aufgrund derer er die Ware erhalten hat, doch mit Zustimmung des Markeninhabers erfolgt sind (was in dieser Konstellation kaum in Betracht kommen wird). Ähnlich fordert das LG München (WRP 1997, 123, 125 – *Maglite*), daß der Kläger jedenfalls „ausreichende Indizien" für die unzulässige Ein-

Erschöpfung § 24

fuhr in die EU/EWR dartun muß, woraufhin sich die Beweislast auf den Beklagten verlagert. Bei Produkten, die außerhalb von EU/EWR hergestellt werden (wie den Jeans der BGH-Entscheidung GRUR 1996, 271 – *Gefärbte Jeans* oder den Taschenlampen der Entscheidung LG München WRP 1997, 123 – *Maglite*) mag diese Auffassung noch interessengerecht sein. Ist der Kläger selbst in der EU ansässig, kann dagegen nur er detailliert nachweisen, daß nicht bereits ein Inverkehrbringen in der EU/EWR stattfand. Er trägt dann die volle Beweislast.

VI. Gemeinschaftsrechtliche Erschöpfung

1. Rechtliche Grundlagen

Die gemeinschaftsrechtliche Erschöpfungslehre ist vom EuGH 16 über einen Zeitraum von mehreren Jahrzehnten in einer ganzen Reihe von Entscheidungen entwickelt worden (insbesondere EuGH GRUR Int. 1974, 456 – *Centrafarm-Winthrop*; EuGH GRUR Int. 1976, 402 – *Terranova/Terapin*; EuGH GRUR 1978, 599 – *Hoffmann-La Roche/Centrafarm*; EuGH GRUR Int. 1990, 960 – *HAG II*; EuGH GRUR Int. 1994, 614 – *Ideal-Standard II*; EuGH GRUR Int. 1996, 1151 – *MPA Pharma/Rhone – Poulenc Pharma*; EuGH GRUR Int. 1996, 1150 – *Eurim-Pharm/Beiersdorf*, EuGH GRUR Int. 1996, 1144 – *Bristol-Myers Squibb/Paranova*; dazu ausführlich *Fezer* § 24 Rdn. 70 ff. sowie *Sack* RIW 1994, 897 und GRUR 1997, 1). Die gemeinschaftsrechtliche Erschöpfungslehre ist unabhängig von dem Erschöpfungsgrundsatz des nationalen Rechts entwickelt worden, sie besteht deshalb grundsätzlich als eigene Schutzschranke neben § 24 (*Fezer* Rdn. 59). Da § 24 seinerseits auf Art. 7 MRRL zurückgeht (oben Rdn. 3) und somit in (sekundärem) Gemeinschaftsrecht wurzelt, ist allerdings ein Brückenschlag zwischen nationalem und Gemeinschaftsrecht im Bereich der Erschöpfung vollzogen worden. Der EuGH sieht Art. 7 MRRL offenbar als vorrangig gegenüber der bisherigen Begründung aus Art. 30, 36 EGV an (EuGH GRUR Int. 1996, 1144 Rdn. 25 – *Bristol-Myers Squibb*; dazu kritisch *Sack* GRUR 1997, 1, 2). Auch wenn man von einem Nebeneinanderbestehen der gemeinschaftsrechtlichen und nationalen Erschöpfung ausgeht, werden die Grundsätze der gemeinschaftsrechtlichen Erschöpfung im Rahmen der Auslegung von § 24 Abs. 2 zumindest mitzuberücksichtigen sein: Ist nach gemeinschaftsrechtlichen Grundsätzen Erschöpfung eingetreten, zB weil das Umverpacken nach den maßgeblichen Kriterien (dazu Rdn. 19ff.) zulässig war, kann dies nach nationalem Recht nicht anders beurteilt werden (ebenso jetzt BGH GRUR 1997, 629 – *Sermion II*). Ebensowenig wäre es angebracht, in Fällen, die keine gemeinschaftsrechtliche Komponente aufweisen (zB rein innerstaatliche Sachverhalte) einen anderen Maßstab anlegen zu wollen. Vor der unmittelbaren Berufung auf Art. 7 MRRL wurde der Rechtsgrund der gemeinschaftsrechtlichen Erschöpfung in Art. 30, 36 EGV gefunden. Danach sind nationale Regelungen nichtig, soweit sie in gleicher Weise wie mengenmäßige Einfuhrbeschränkungen den Handel zwischen den Mitgliedsstaaten behindern. Nationales Markenrecht kann solche Wirkungen haben, wenn es dem Markeninhaber erlaubt, Importe aus anderen Mitgliedsstaaten zu verhindern und so nationale Märkte abzuschotten. Da andererseits die gewerblichen Schutzrechte nach Art. 122 und Art. 36 EGV geschützt sind, ist eine Interessenabwägung vorzunehmen. Dabei ist nach der neueren Rechtsprechung des EuGH maßgebend, ob die nationale Regelung lediglich zum Schutz des „spezifischen Gegenstandes" des gewerblichen Schutzrechtes dient, oder über diesen spezifischen Gegenstand hinaus dem Markeninhaber Verbotsrechte einräumt, die eine Marktabschottung ermöglichen (grundlegend EuGH GRUR Int. 1971, 450 – *Deutsche Grammophon*, zum Urheberecht). Hinsichtlich des Markenrechts hat der EuGH in der zitierten Rechtsprechung eine Konkretisierung des spezifischen Gegenstandes dieses Rechts vorgenommen. Trotz der abweichenden Terminologie und der unterschiedlichen dogmatischen Grundlage ähnelt diese Bestimmung des spezifischen Gegenstandes stark der Interessenabwägung, die im Rahmen von § 24 Abs. 2 vorzunehmen ist („berechtigte Gründe" siehe oben Rdn. 10ff.).

2. Der spezifische Gegenstand des Markenrechts

17   Die bisherige Judikatur des EuGH zum spezifischen Gegenstand des Markenrechtes ist notwendigerweise rudimentär, schon wegen der verhältnismäßig kleinen Zahl von Rechtsstreitigkeiten, die von den nationalen Gerichten dem EuGH vorgelegt wurden. Dementsprechend kann nicht abschließend bestimmt werden, worin der spezifische Gegenstand des Markenrechts aus gemeinschaftsrechtlicher Perspektive liegt. Konstatiert werden können allerdings einige allgemeine Grundsätze (unten Rdn. 18). Zu dem speziellen Problem des Umverpackens von Arzneimitteln hat der EuGH darüber hinaus in einer Reihe von Entscheidungen recht detaillierte Vorgaben gemacht (unten Rdn. 19ff.).

a) **Allgemeine Grundsätze.** Grundlegend ist für den EuGH 18
die Herkunftsfunktion (dazu kritisch Einl. 35), weshalb Erschöpfung grundsätzlich dann eintritt, wenn die Ware vom Markeninhaber selbst oder mit seiner Zustimmung in einem anderen Mitgliedsstaat der Gemeinschaft in Verkehr gebracht worden ist (EuGH GRUR Int. 1976, 402 – *Terranova/Terrapin*). Erschöpfte Ware darf auch angekündigt werden (EuGH Urteil vom 4. November 1997, C-337/95 *Dior/Erora*), wenn dadurch keine schwere Rufbeeinträchtigung eintritt. Umgekehrt kann der Markeninhaber die Einfuhr von Waren Dritter dann verhindern, wenn diese Dritten in einem anderen Mitgliedsstaat das gleiche Zeichen nicht nur berechtigt benutzen, sondern die Marken früher in derselben Hand gewesen sind, unabhängig davon, ob die Trennung durch Hoheitsakt (zB Enteignung) oder rechtsgeschäftliche Veräußerung erfolgt ist (EuGH GRUR Int. 1990, 960 – *HAG II*; EuGH GRUR Int. 1994, 614 – *Ideal-Standard II*). Neben der Herkunftsfunktion wird auch das Recht des Markeninhabers, die Qualität der Ware jedenfalls bis zu erstmaligen Inverkehrbringen kontrollieren zu können, geschützt (zB EuGH GRUR Int. 1996, 1144 Rdn. 43 – *Bristol-Myers Squibb*). Dementsprechend sind Veränderungen an der Ware, die die Qualität tangieren, grundsätzlich geeignet, den Eintritt der Erschöpfung auszuschließen. Dasselbe gilt für Veränderungen, die geeignet sind, dem Ruf des Markeninhabers zu schaden, etwa durch eine erhebliche Beschädigung der Verpackung (zB EuGH GRUR Int. 1996, 1144, Rdn. 76 – *Bristol-Myers Squibb*).

b) **Umverpacken.** Der EuGH hat sich in seiner Rechtsprechung schwerpunktmäßig mit der Problematik des Umverpackens 19
von Arzneimitteln auseinanderzusetzen gehabt. Hintergrund ist das fortgesetzte Bestreben der Markeninhaber im Bereich der Pharmaindustrie, für die gleichen Produkte in verschiedenen Mitgliedsstaaten die jeweils höchstmöglichen Preise zu erzielen, wobei in einigen Mitgliedsstaaten aufgrund staatlicher Preiskontrollen deutlich niedrigere Preise akzeptiert werden müssen als in anderen Staaten, zB der Bundesrepublik (*Sack* GRUR 1997, 1). Um Parallelimporte zu verhindern, werden identische Produkte in verschiedene Mitgliedsstaaten unter verschiedenen Marken (EuGH GRUR Int. 1979, 99 – *Centrafarm/American Home Products*) oder in verschiedenen Verpackungsgrößen (zB BGH GRUR Int. 1996, 1150 – *Eurim-Pharm/Beiersdorf*) in Verkehr gebracht. Die Änderungen, die vom Importeur dann vorgenommen werden, um die Ware für den inländischen Markt verkehrsfähig zu machen, werden vom

Markeninhaber als Eingriff in die Integrität der Ware beanstandet, die eine Erschöpfung ausschließt. In dieser Situation mußte der EuGH unterschiedliche Interessen gegeneinander abwägen: Aus Sicht des Markeninhabers besteht ein Interesse daran, daß seine Originalprodukte nicht in wesentlich veränderter, eventuell zerstörter oder unattraktiver, Verpackung auf den Markt gebracht werden, vor allem aber daran, daß die Ware selbst nicht verändert wird. Aus Sicht des Verbrauchers besteht ein Interesse an preisgünstigen Importarzneimitteln, andererseits ein Schutzbedürfnis gegen Produktveränderungen in dem besonders sensiblen Arzneimittelbereich. Der Grauimporteur muß dagegen in die Lage versetzt werden, solche Änderungen vorzunehmen, die die Ware im Inland verkehrsfähig machen. Im Hinblick auf dieses komplexe Interessengeflecht verwundert es nicht, daß eine sehr differenzierte Einzelfallrechtsprechung entstanden ist. Diese hat der EuGH jetzt auch auf Änderungen **an anderen Produkten** ausgedehnt (EuGH Urteil vom 11. November 1997, C-349/95 – *Loendersloot/Ballantine*).

20 aa) **Veränderung des Zustandes der Ware.** Durch das Umverpacken darf nicht die Gefahr begründet werden, daß die Ware, die sich in der Verpackung befindet, beeinträchtigt worden ist (EuGH Slg. 1978, 1139, 1166 – *Hoffmann-La Roche*; EuGH Slg. 1981, 2913, 2926 – *Pfizer*; EuGH GRUR Int. 1996, 1144 – *Bristol-Myers Squibb*; EuGH GRUR 1996, 1150 – *Eurim-Pharm*). Eine derartige Gefahr besteht immer dann, wenn das Produkt aus seiner inneren Verpackung (zB Blister) herausgenommen und unmittelbar berührt wird, wenn luftdichte Verschlüsse geöffnet werden usw. Liegt eine derartige unmittelbare Einflußnahme auf die Ware vor, trifft den Importeur die Beweislast dafür, daß eine negative Veränderung ausgeschlossen ist (*Sack* GRUR 1997, 5). Bleibt die innere Verpackung dagegen unberührt, besteht diese Gefahr der Produktveränderung in aller Regel nicht. Das Gegenteil wäre vom Markeninhaber zu beweisen. Keine Änderung des Produktes selbst liegt in einem Auffüllen der Umverpackung durch zusätzliche Blisterstreifen. Dem steht auch nicht die Gefahr eines unterschiedlichen Verfallsdatums entgegen (EuGH GRUR Int. 1996, 1144 Erwägungsgrund 62 – *Bristol-Myers Squibb*). Der EuGH sieht dieses Risiko als „nur theoretisch" an. Das gilt grundsätzlich auch dann, wenn Blisterstreifen zerschnitten werden müssen, solange nicht erkennbar ist, daß dabei Beschädigungen auftreten, die das Produkt beeinträchtigen können.

bb) Änderung der Umverpackung. Bei Änderungen der Umverpackung war der EuGH immer dann großzügig, wenn er es als erwiesen ansah, daß das Vorgehen des Markeninhabers gegen die geänderte Verpackung der Abschottung der Märkte diente (EuGH GRUR Int. 1996, 1151 – Erwägungsgrund 20 – *MPA Pharma;* EuGH GRUR Int. 1979, 99 – *Centrafarm-American Home Products;* EuGH Urteil vom 11. November 1997, C-349/95 – *Loendersloot/Ballantine*). Dabei kann es insbesondere zulässig sein, durch die neue Umverpackung hindurch die vom Hersteller angebrachte Marke auf der inneren (Blisterpackung) sichtbar zu machen (EuGH GRUR Int. 1980, 302 – *Vibramycin*). Eine **Gefahr**, daß durch das Umverpacken das Produkt beeinträchtigt worden ist, muß aber ausgeschlossen sein (oben Rdn. 20). Weiter ist erforderlich, daß auf der Verpackung angegeben wird, **von** wem **umgepackt** worden ist und **wer Hersteller** ist (EuGH GRUR Int. 1996, 1144 – *Bristol-Myers Squibb*; EuGH GRUR Int. 1996, 1150 – *Eurim-Pharm;* BGH GRUR 1997, 629, 632 – *Sermion II*). Schließlich darf die neue Außenverpackung nicht den **Ruf** des Arzneimittels **schädigen**, etwa durch einen unordentlichen Eindruck. Im letzteren Vorbehalt liegt eine vom nationalen Gericht zu beurteilende Tatsachenfrage. Sie ist allerdings nicht ohne Rückgriff auf die grundlegende Wertung zugunsten des freien Warenverkehrs zu beantworten. Steht fest, daß es für unterschiedliche Verpackungsaufmachungen, Marken, Packungsgrößen usw. keine sachlichen Gründe gibt, liegt der Gedanke nahe, daß der Markeninhaber diese Packungsdifferenzierung zu dem Zweck vorgenommen hat, die Preisdifferenzierung durch Marktabschottung zu ermöglichen. Er hat damit eine gewisse Beeinträchtigung seiner Verpackung – und damit indirekt seiner Marke und des Rufs seines Produktes – selbst provoziert. Es gilt damit die gleiche Überlegung wie bei der Rechtsprechung zur Entfernung von Kontrollnummern (oben Rdn. 14). Liegen die Voraussetzungen der Marktabschottung vor, ist es insbesondere auch zulässig, die Inlandsmarke des Markeninhabers auf der neuen Umverpackung aufzubringen, da anderenfalls im Verkehr die Identifizierung des Produkts nicht möglich wäre (EuGH Slg. 1978, 823, 840 – *American Home Products/Centrafarm*).

cc) Information des Markeninhabers. In allen Fällen des Umverpackens hat der umverpackende Importeur den Markeninhaber von diesem Umstand zu unterrichten und ihm ein Muster zur Verfügung zu stellen, um dem Markeninhaber die Überprüfung zu ermöglichen, ob die Zulässigkeitsvoraussetzung des Umverpakkens – insbesondere im Hinblick auf die Integrität des Produkts – gewahrt sind (EuGH GRUR Int. 1996, 1144 Erwägungsgrund 78 – *Bristol-Myers Squibb*; EuGH GRUR Int. 1996, 1150 Erwägungsgrund 69 – *Eurim-Pharm*; EuGH GRUR Int. 1996, 1151 Erwägungsgrund 49 – *MPA Pharma*).

§ 25 Ausschluß von Ansprüchen bei mangelnder Benutzung

(1) Der Inhaber einer eingetragenen Marke kann gegen Dritte Ansprüche im Sinne der §§ 14, 18 und 19 nicht geltend machen, wenn die Marke innerhalb der letzten fünf Jahre vor der Geltendmachung des Anspruchs für die Waren oder Dienstleistungen, auf die er sich zur Begründung seines Anspruchs beruft, nicht gemäß § 26 benutzt worden ist, sofern die Marke zu diesem Zeitpunkt seit mindestens fünf Jahren eingetragen ist.

(2) Werden Ansprüche im Sinne der §§ 14, 18 und 19 wegen Verletzung einer eingetragenen Marke im Wege der Klage geltend gemacht, so hat der Kläger auf Einrede des Beklagten nachzuweisen, daß die Marke innerhalb der letzten fünf Jahre vor Erhebung der Klage für die Waren oder Dienstleistungen, auf die er sich zur Begründung seines Anspruchs beruft, gemäß § 26 benutzt worden ist, sofern die Marke zu diesem Zeitpunkt seit mindestens fünf Jahren eingetragen ist. Endet der Zeitraum von fünf Jahren der Nichtbenutzung nach Erhebung der Klage, so hat der Kläger auf Einrede des Beklagten nachzuweisen, daß die Marke innerhalb der letzten fünf Jahre vor dem Schluß der mündlichen Verhandlung gemäß § 26 benutzt worden ist. Bei der Entscheidung werden nur die Waren oder Dienstleistungen berücksichtigt, für die die Benutzung nachgewiesen worden ist.

Inhaltsübersicht

	Rdn.
I. Allgemeines	1–4
1. Überblick	1
2. Bisheriges Recht	2
3. MRRL	3
4. Gemeinschaftsmarkenrecht	4
II. Voraussetzungen der Nichtbenutzungseinrede im Verletzungsprozeß	5–19
1. Ablauf der Schonfrist	5–10
2. Fünfjährige Nichtbenutzung	11–16
a) Nichtbenutzung vor Klageerhebung (Abs. 2 S. 1)	13–15
b) Nachträgliche Nichtbenutzung (Abs. 2 S 2)	16
3. Einrede	17–19

	Rdn.
III. Benutzungsnachweis im Verletzungsprozeß	20–22
IV. Teilbenutzung (Abs. 2 S. 3)	23–26
V. Rechtsfolgen fehlenden Benutzungsnachweises im Verletzungsprozeß	27, 28
1. Ausgeschlossene Anspruchsarten	27
2. Rückwirkung des Ausschlusses	28
VI. Nichtbenutzungseinrede in anderen Verletzungsverfahren	29, 30
1. Einstweilige Verfügung	29
2. Negative Feststellungsklage	30
VII. Umgehung durch Wiederholungseintragungen	31–46
1. Rechtsprechung, Amtspraxis und Schrifttum zum WZG	33, 34
2. Lösung nach dem MarkenG	35–44
a) Kein Eintragungshindernis	36
b) Kein Nichtigkeitsgrund	37
c) Zurechnung des Verfalls der Ersteintragung	38–41
d) Abgrenzung von echten Neuanmeldungen	42
e) Verfahrensfragen	43
f) Beweislast	44
3. Wiederholungseintragung durch Gemeinschaftsmarke	45
4. Nationale Marke als Wiederholungseintragung zu einer Gemeinschaftsmarke	46

Literatur: Zum Benutzungszwang des MarkenG allg. s. die Literaturnachweise zu § 26. *Ressler,* Der Einwand der Nichtbenutzung eingetragener Marken im Zivilprozeß, GRUR 1995, 530.

I. Allgemeines

1. Überblick

§ 25 regelt die Auswirkungen ungenügender Benutzung eingetragener Marken auf Verletzungsansprüche. § 25 ist damit eine der im MarkenG verstreuten Rechtsfolgenregelungen zum gesetzlichen Benutzungszwang, der zu § 26 übergreifend erläutert ist. § 25 Abs. 1 schließt Verletzungsansprüche materiellrechtlich aus, wenn die Marke seit mindestens fünf Jahren eingetragen (sog. „Schonfrist") und innerhalb der letzten fünf Jahre vor dem Zeitpunkt der Geltendmachung nicht gemäß § 26 benutzt worden ist. § 25 Abs. 2 betrifft die Verteidigung gegen Verletzungsklagen aus nicht benutzten Marken. Abs. 2 S. 1 qualifiziert hierfür die Schutzschranke

§ 25   Ausschluß von Ansprüchen bei mangelnder Benutzung

der mangelnden Benutzung prozessual als Einrede und weist dem Kläger die Beweislast für die Benutzung zu. Abs. 2 S. 2 läßt die Einrede im Verletzungsprozeß auch dann zu, wenn der Fünfjahreszeitraum der Nichtbenutzung erst nach Klageerhebung abläuft. Abs. 2 S. 3 stellt klar, daß eine Benutzung nur für einen Teil der eingetragenen Waren/Dienstleistungen, nicht etwa die Marke insgesamt der Einrede entzieht, sondern Verletzungsansprüche nur auf den benutzten Teil des Waren/Dienstleistungsverzeichnisses gestützt werden können. Die weiteren Rechtsfolgen des Benutzungszwangs für deutsche Marken ergeben sich aus § 22 Abs. 1 Nr. 2 (Entstehung von Zwischenrechten während der Löschungsreife wegen Nichtbenutzung), § 43 Abs. 1 (Benutzungsnachweis im Widerspruchsverfahren), §§ 49 Abs. 1, 53, 55 Abs. 1, Abs. 2 Nr. 1, Abs. 4 (Verfall nicht benutzter Marken, Löschungsverfahren), §§ 51 Abs. 4 Nr. 1, 55 Abs. 3 (Einrede gegen Löschungsklage aus älterer unbenutzter Marke). Zu den Besonderheiten bei IR-Marken s. §§ 115, 116, 117.

2   § 25 ist grdsl. auch auf vor dem 1. 1. 1995 bereits anhängig gewordene Verletzungsprozesse anzuwenden und gilt unabhängig davon, ob die Klagemarke aus der Zeit vor Inkrafttreten des MarkenG stammt und ob der maßgebliche Benutzungszeitraum vor den 1. 1. 1995 zurückreicht (näher zu den Übergangsfragen bei §§ 152, 153).

2. Bisheriges Recht

3   Im WZG fehlte eine ausdrückliche gesetzliche Regelung des Ausschlusses von Verletzungsansprüchen aus nicht benutzten Warenzeichen. Die Rechtsprechung hat aber seit jeher den Einwand der Löschungsreife des Klagezeichens gem. § 11 Abs. 1 Nr. 4 WZG wegen Nichtbenutzung zugelassen (zB BGH GRUR 1984, 813, 814 – *Ski-Delial;* BGH GRUR 1978, 642, 644 – *Silva;* BGH GRUR 1969, 604 – *Slip*).

3. MRRL

4   § 25 macht von der Option des Art. 11 Abs. 3 MRRL Gebrauch. Danach kann die Nichtbenutzung des Klagezeichens im Verletzungsprozeß dadurch geltend gemacht werden, daß „im Wege der Einwendung Nachweise" (unten Rdn. 20) für die Löschungsreife wegen Verfalls iSv Art. 12 MRRL erbracht werden. § 25 Abs. 2 S. 3 setzt Art. 11 Abs. 4 MRRL um.

4. Gemeinschaftsmarkenrecht

Gemeinschaftsmarken unterliegen ebenfalls einem Benutzungszwang mit fünfjähriger Frist (Art. 15 GMVO; näher *Ingerl,* Die Gemeinschaftsmarke, S. 101 ff.). Die mangelnde Benutzung einer Gemeinschaftsmarke kann im gemeinschaftsmarkenrechtlichen Verletzungs- oder Entschädigungsprozeß durch Widerklage (Art. 96 GMVO), aber auch einredeweise geltend gemacht werden (Art. 95 Abs. 3 GMVO). Zu den bei Kollisionen von Gemeinschaftsmarken und nationalen Marken jeweils anwendbaren Benutzungsvorschriften s. § 125 b Rdn. 10.

II. Voraussetzungen der Nichtbenutzungseinrede im Verletzungsprozeß

1. Ablauf der Schonfrist

Deutsche Marken unterliegen dem Benutzungszwang erst nach Ablauf einer „Schonfrist" von **fünf Jahren ab Eintragung** (§§ 25 Abs. 1 aE, Abs. 2 S. 1 aE, vgl. auch 43 Abs. 1 aE, 49 Abs. 1 S. 1, 55 Abs. 3 S. 1 aE). Damit wird dem Bedürfnis der Markenverwender Rechnung getragen, sich den für ein Produkt erforderlichen Markenschutz schon in der noch betriebsinteren Planungs- und Vorbereitungsphase vor dem tatsächlichen Produktions- bzw. Vertriebsbeginn zu sichern, ohne zu einem sofortigen Benutzungsbeginn gezwungen zu sein.

Für den Fristbeginn ist der **Tag der Eintragung** (§ 41 S. 1), d. h. der patentamtlichen Eintragungsverfügung maßgeblich. An seine Stelle tritt der Zeitpunkt des **Abschlusses des Widerspruchsverfahrens,** wenn gegen die Eintragung Widerspruch erhoben wurde (§ 26 Abs. 5, näher § 26 Rdn. 130 ff.). Sowohl der Eintragungstag als auch der Tag des Abschlusses des Widerspruchsverfahrens werden in das Register eingetragen (§ 18 Nr. 20, 23 lit. d MarkenV) und im Markenblatt veröffentlicht (§ 21 Abs. 1 MarkenV), so daß jedermann das Schonfristende berechnen kann.

Bei **IR-Marken** beginnt die Frist nicht schon mit der Eintragung im internationalen Register, sondern ist nach § 115 Abs. 2 (iVm § 117 für den Ausschluß von Verletzungsansprüchen bzw. § 116 bei Widerspruch oder Löschungsklage aus einer IR-Marke) zu berechnen. Dazu § 115 Rdn. 6.

§ 25   Ausschluß von Ansprüchen bei mangelnder Benutzung

9 Ehemalige **DDR-Marken** und ursprünglich für die DDR registrierte IR-Marken unterlagen nach DDR-Recht keinem Benutzungszwang. Für sie begann die Schonfrist erst am 3. 10. 1990 zu laufen (§ 10 Besondere Bestimmungen Anlage I Kap III Sgb E Abschnitt II Nr. 1 Einigungsvertrag; s. Anhang), zunächst nach § 5 Abs. 7 S. 1 WZG, sodann nach dem MarkenG (BPatG Mitt. 1997, 25, 26 – *LAILIQUE/LALIQUE*).

10 Die seit Einführung des Benutzungszwangs übliche Bezeichnung dieses Zeitraums als „Schonfrist" ist freilich **mißverständlich** (zutr. *Albert* GRUR 1996, 174, 175). Der Markeninhaber muß nämlich damit rechnen, daß die Nichtbenutzung schon am Tage nach dem Schonfristende geltend gemacht werden könnte. Dann muß er eine ausreichende Benutzung in Bezug auf die letzten fünf Jahre, also gerade hinsichtlich der vermeintlichen „Schonzeit", nachweisen können (unten Rdn. 11 ff.). Verschont wird der Markeninhaber während dieser Zeit also nur von den Rechtsfolgen der Nichtbenutzung, nicht aber vom Benutzungszwang selbst.

2. Fünfjährige Nichtbenutzung

11 Von der fünfjährigen Schonfrist zu unterscheiden ist der für die Überprüfung der rechtserhaltenden Benutzung maßgebliche Zeitraum. Er umfaßt zwar auch fünf Jahre, berechnet sich aber anders, nämlich rückblickend ab einem nach Ablauf der Schonfrist liegenden Tag, welcher davon abhängt, in welcher Kollisionssituation und ggf. auch in welchem Verfahren die Nichtbenutzung zu prüfen ist. Die Benutzungshandlungen müssen nicht während des gesamten fünfjährigen Zeitraums angedauert haben. Die Dauer der Benutzung ist vielmehr nur einer der Faktoren bei der Beurteilung der Ernsthaftigkeit iSd § 26 Abs. 1 (s. § 26 Rdn. 117 f.).

12 Für die rein materiellrechtliche Regelung des Anspruchsausschlusses nach § 25 Abs. 1 kommt es hierfür auf die letzten fünf Jahre vor der „Geltendmachung" der Verletzungsansprüche an. Ist Verletzungsklage erhoben, so kann es nach § 25 Abs. 2 auf folgende verschiedene Fünf-Jahres-Zeiträume ankommen:

13 **a) Nichtbenutzung vor Klageerhebung (Abs. 2 S. 1).** Ist die Schonfrist vor Klageerhebung (Zustellung der Klageschrift gemäß § 253 Abs. 1 ZPO; § 270 Abs. 3 ZPO gilt nicht) abgelaufen und war die Marke innerhalb der letzten fünf Jahre vor Erhebung der Klage unbenutzt, so schließt § 25 Abs. 2 S. 1 die mit dieser Klage geltend gemachten Verletzungsansprüche unabhängig davon aus, wann die gerichtliche Entscheidung ergeht und ob bis dahin die Benutzung aufgenommen wird.

Die Amtl. Begr. Abs. 6 zu § 25 geht jedoch zu weit, wenn sie 14 davon spricht, daß die Benutzungsaufnahme nach Klageerhebung „immer" unberücksichtigt bleiben müsse. Denn der Markeninhaber ist nicht gehindert, nach (Wieder-) Aufnahme der Benutzung die ab diesem Zeitpunkt bei einer Fortsetzung der streitgegenständlichen Verletzungshandlungen des Beklagten entstehenden Verletzungsansprüche mit einer **neuen Klage** geltend zu machen. Wegen der Voraussetzungen nach §§ 260, 263 ZPO (§ 264 Nr. 2 gilt nicht, da neuer Sachverhalt) kann dies allerdings idR nicht durch Klageänderung in dem noch anhängigen ursprünglichen Klageverfahren geschehen, da nicht sachdienlich. Im Ergebnis bedeutet dies neben dem Kostennachteil der Abweisung der ersten Klage für den Kläger nur einen Ausschluß mit den auf die Zeit vor der Benutzungsaufnahme entfallenden Ersatzansprüchen, während der in die Zukunft gerichtete Unterlassungsanspruch auf der Basis der neuen Klage zugesprochen werden muß. § 25 Abs. 2 S. 1 schließt die nach § 49 Abs. 1 mögliche Heilung des Benutzungsmangels (ausf. § 49 Rdn. 13 ff.) also nicht aus, sondern verhindert nur eine Rückwirkung der Heilung auf bis dahin entstandene Verletzungsansprüche.

Der Beklagte kann sich vor Verletzungsansprüchen nach (Wie- 15 der-)Aufnahme der Benutzung nur dadurch schützen, daß er sich nicht nur mit der Nichtbenutzungseinrede verteidigt, sondern rechtzeitig (§ 49 Abs. 1 S. 2 und 3) die **Löschung** der zunächst unbenutzten Klagemarke wegen Verfalls betreibt (§§ 49 Abs. 1, 53, 55). Nur dann kann er auch der neuen, nicht mehr an § 25 Abs. 2 S. 1 scheiternden Klage die in diesem Falle ungeachtet der Benutzungsaufnahme fortbestehende Löschungsreife der Klagemarke gem. § 49 entgegenhalten, zB auch mittels einer im selben Verfahren erhobenen Widerklage auf Löschung oder eines Aussetzungsantrags bzgl. eines anderweit anhängigen Löschungsverfahrens.

b) Nachträgliche Nichtbenutzung (Abs. 2 S. 2). War die 16 Schonfrist am Tag der Klageerhebung noch nicht abgelaufen, kommt es nach § 25 Abs. 2 S. 2 auf die Nichtbenutzung innerhalb der letzten fünf Jahre vor dem Schluß der (letzten) mündlichen Verhandlung an. Dies gilt auch dann, wenn die Schonfrist zwar schon abgelaufen, die Marke jedoch iSv § 25 Abs. 2 S. 1 zunächst benutzt war (zu eng daher *Fezer* § 25 Rdn. 11). In diesen Fällen

§ 25   Ausschluß von Ansprüchen bei mangelnder Benutzung

muß der Kläger darauf achten, daß die zunächst begründete Klage nicht dadurch insgesamt unbegründet wird, daß **während des Verfahrens ein fünfjähriger Nichtbenutzungszeitraum vollendet wird**. Selbst wenn dies eintritt, kann der Kläger den Anspruchsausschluß nach § 25 vermeiden, indem er rechtzeitig vor der maßgeblichen mündlichen Verhandlung die Benutzung (wieder) aufnimmt. Der Beklagte kann sich dagegen wie im Fall oben Rdn. 15 nur durch rechtzeitiges Betreiben der Löschung der Klagemarke schützen (vgl. Amtl. Begr. 6. Abs. aE zu § 25). Mündliche Verhandlung im Sinne des § 25 Abs. 2 S. 2 sind nur Verhandlungen in Tatsacheninstanzen, nicht jedoch die mündliche Verhandlung im Revisionsverfahren, in dem eine Beweiserhebung zur Benutzungsfrage ausgeschlossen ist.

3. Einrede

17   Die Voraussetzungen des Anspruchsausschlusses nach § 25 werden im Verletzungsprozeß nur „auf Einrede des Beklagten", also **nicht von Amts wegen** geprüft. Die Einrede kann ausdrücklich unter Bezugnahme auf § 25, aber auch durch anderweitige unmißverständliche Behauptung der Nichtbenutzung der Klagemarke in bezug auf den jeweils maßgeblichen fünfjährigen Zeitraum erhoben werden. Die Einrede kann auf einzelne der eingetragenen Waren/Dienstleistungen der Klagemarke beschränkt werden. Sie muß im gerichtlichen Verfahren erhoben werden, nicht nur vor- oder außerprozessual. Ist der Beklagte säumig, hindert die Nichtbenutzung den Erlaß eines Versäumnisurteils auch dann nicht, wenn der Kläger selbst vorträgt, daß sich der Beklagte vorprozessual darauf berufen habe (aA zur Verjährungseinrede *Palandt/Heinrichs* § 222 BGB Rdn. 2).

18   Rechtserhaltende Benutzung bzw. Nichtbenutzung sind Rechtsfragen (§ 26 Rdn. 11), so daß die Einrede als solche nicht dem Wahrheitsgebot nach § 138 ZPO unterliegt und auch dann erhoben werden darf, wenn dem Beklagten Benutzungshandlungen bekannt sind. Der Beklagte darf diese jedoch nicht wider besseren Wissens bestreiten, sobald sie vom Kläger substantiiert vorgetragen sind. Wird die Einrede von dem Beklagten trotz positiver Kenntnis einer unzweifelhaft rechtserhaltenden Benutzung erhoben und führt sie zu besonderen Kosten (zB Beweisaufnahme), so sollte dies bei der Kostenentscheidung entsprechend § 96 ZPO zu Lasten des Beklagten berücksichtigt werden, soweit dieser nicht ohnehin unterliegt und alle Kosten zu tragen hat.

Der Beklagte kann auf die Nichtbenutzungseinrede **verzichten**. 19
Erklärt er, die Einrede nicht aufrecht erhalten zu wollen, so kann er
sie nur hinsichtlich eines neuen, während des Verfahrens entscheidungserheblich werdenden Fünf-Jahres-Zeitraums erneut erheben.
Für andere Verfahren entfaltet ein solcher Verzicht keine Wirkung,
sofern nicht zweifelsfrei weitergehend auszulegen.

III. Benutzungsnachweis im Verletzungsprozeß

Die Beweislast für die rechtserhaltende Benutzung oder die be- 20
rechtigten Gründe für die Nichtbenutzung trifft nach dem eindeutigen Wortlaut des § 25 Abs. 2 den **Kläger** (überholt daher OLG
München Mitt. 1994, 47 – *Swarovski-Schwan;* differenzierend *Ressler*
GRUR 1995, 532f.). Demgegenüber spricht die Optionsregelung
des Art. 11 Abs. 3 für MRRL davon, daß „im Wege der Einwendung Nachweise erbracht werden, daß die Marke für verfallen erklärt werden könnte". Wie sich insbesondere aus dem ErwGr 8 zur
MRRL ergibt, sollte damit jedoch keine Festlegung von Verfahrensvorschriften erfolgen.

Der Kläger kann den Beweis durch alle für den Strengbeweis 21
zulässigen **Beweismittel** der ZPO führen. Anders als im Widerspruchsverfahren (§ 43 Abs. 1) genügt die Glaubhaftmachung nicht.
Einer Beweiserhebung bedarf es jedoch nur insoweit, als substantiiert behauptete Benutzungshandlungen von dem Beklagten bestritten werden. Die Erhebung der Einrede nach § 25 als solche enthält
dieses Bestreiten späteren Sachvortrags des Klägers noch nicht.
Pauschales Bestreiten substantiierter Benutzungsdarlegungen mit
Nichtwissen ist nur in dem eher seltenen Fall unzulässig, daß die
Benutzungshandlungen Gegenstand der eigenen Wahrnehmung des
Beklagten iSv § 138 Abs. 4 ZPO gewesen sind (Beispiel: OLG
München WRP 1996, 933 – *Boney M).*

Darzulegen und erforderlichenfalls nachzuweisen ist die Benut- 22
zung „gemäß § 26". Die Einrede kann daher auch durch den
Nachweis „berechtigter Gründe für die Nichtbenutzung" iSv § 26
Abs. 1 letzter Hs. entkräftet werden (Amtl. Begr. 5. Abs. zu § 25).
Zum Benutzungsnachweis können auch Darlegung und Beweis
von außerhalb des maßgeblichen Fünf-Jahres-Zeitraums liegenden
Tatsachen gehören; zB frühere oder spätere Benutzungshandlungen
als Indizien für die Ernsthaftigkeit, vgl. näher § 26 Rdn. 117.

§ 25 Ausschluß von Ansprüchen bei mangelnder Benutzung

IV. Teilbenutzung (Abs. 2 S. 3)

23 Der Benutzungsnachweis ist hinsichtlich derjenigen eingetragenen Waren/Dienstleistungen zu erbringen, auf die sich der Kläger zur Begründung seiner Verletzungsansprüche, also im Rahmen der Tatbestände des § 14 Abs. 2 beruft. Dazu stellt § 25 Abs. 2 S. 3 klar, daß der Benutzungsnachweis für eine der eingetragenen Waren/Dienstleistungen nicht etwa von dem Nachweis für andere eingetragene Waren/Dienstleistungen befreit, sondern in seiner Wirkung auf die benutzte Ware/Dienstleistung beschränkt ist. Der Kollisionsprüfung sind nur die benutzten Waren/Dienstleistungen zugrundezulegen. Das schließt aber nicht aus, daß Waren/Dienstleistungen, für welche die Marke nicht benutzt ist, dennoch in den Schutzbereich fallen (§ 26 Rdn. 65).

24 § 25 Abs. 2 S. 3 gilt aber nicht nur bei mehreren, nebeneinander im Verzeichnis stehenden Waren/Dienstleistungsbegriffen, sondern zumindest entsprechend auch für die **nur teilweise Benutzung von Oberbegriffen**. Ist eine Marke für einen mehrere Warengattungen umfassenden Oberbegriff eingetragen, jedoch nur für eine zugehörige Spezialware benutzt, so hat die Identitäts- oder Ähnlichkeitsprüfung nach § 14 Abs. 2 von dieser Spezialware auszugehen. § 25 Abs. 2 S. 3 bezieht sich in diesem Falle mit „Waren oder Dienstleistungen, für die die Benutzung nachgewiesen worden ist", nicht auf den eingetragenen abstrakteren Oberbegriff, sondern auf die tatsächlich mit der Marke gekennzeichnete, beworbene etc. Ware ihrer Art nach, wobei für die Warenart als solche nicht bestimmende Merkmale ohne Bedeutung sind (zB äußere Aufmachung, Verpackung, Vertriebsweg, Preisstellung u.ä.).

25 Demgegenüber will die bislang wohl **hM** diese „Minimallösung" dadurch im Interesse der wirtschaftlichen Bewegungsfreiheit des Markeninhabers **erweitern**, daß sie auf einen fiktiven Bereich der „**gleichen Waren**" iSd bei § 49 Rdn. 23 näher dargestellten Rspr. zur Einschränkung von Oberbegriffen im Löschungsverfahren (BGH GRUR 1994, 512, 514 – *Simmenthal;* BGH GRUR 1990, 39 – *Taurus;* BGH GRUR 1978, 647 – *TIGRESS*) abstellt bzw. eine Abstrahierung der benutzten Ware zu einem begrenzteren Oberbegriff zugrundelegt. **Beispiele:** BPatG GRUR 1995, 488, 489 – *APISOL/Aspisol:* bei Benutzung des Oberbegriffs „Arzneimittel" für bestimmtes Schmerz- und Rheumamittel ist diese Warengruppe zugrundezulegen, nicht aber eine Beschränkung auch

nach der Rezeptpflicht, Abgabeform, Packungsgröße, chemische Zusammensetzung oder Abnehmerkreis; BPatG GRUR 1991, 212, 213 f.: bei Oberbegriff „Arzneimittel" aus dem Jahr 1943 und Benutzung für humanmedizinische Analgetika sollen auch Analgetika für Tiere zu berücksichtigen sein; BPatG GRUR 1980, 54 – *MAST REDIPAC:* bei eingetragenem Oberbegriff „pharmazeutische Präparate" und Benutzung für Hämorrhoidensalben und -zäpfchen soll „Hämorrhoidenmittel" maßgeblich sein, weil **Oberbegriff der Einteilung in der Roten Liste;** (st. Praxis zB BPatG GRUR 1997, 652, 653 – *IMMUNINE);* BPatGE 27, 118, 125 – *Oramix/Orangix:* keine Einschränkung bei engem Oberbegriff und Benutzung im Kernbereich; BPatGE 23, 243, 246 – *Cosy Ango:* bei eingetragenem Oberbegriff „Spielwaren" und Benutzung für weichgestopfte Plüschtiere soll „Plüschtiere" als Mittelbegriff maßgeblich sein; ähnl. BPatGE 19, 175, 177 – *Cosy Issy.*

Es ist vorgeschlagen worden, diese „erweiterte Minimallösung" auch in das harmonisierte Markenrecht und das Gemeinschaftsmarkenrecht zu übernehmen (*Fezer* § 25 Rdn. 56 ff.; *Hackbarth* S. 146 f.; *Heil* GRUR 1990, 42, anders aber noch *ders.* FS 25 Jahre BPatG, 1986, 386 f. und ganz anders *ders.* GRUR 1975, 161). Die Amtl. Begr. zu § 26 lehnt die Entwicklung strengerer Grundsätze als nach der bisherigen Rechtslage ab. Sinn und Zweck des Benutzungszwangs gebieten es jedoch, den Markeninhaber in Kollisionsfällen nach Ablauf der Schonfrist auch bei Oberbegriffen **so zu behandeln, als sei die Marke nur für die konkrete Waren eingetragen,** wie Art. 11 Abs. 4 MRRL deutlicher zum Ausdruck bringt. Alles andere wäre eine nicht zu rechtfertigende Bevorzugung gegenüber demjenigen, der die Eintragung von Anfang an auf die sodann benutzte Ware beschränkt hat. Auch aus Gründen der Rechtssicherheit verbietet es sich, bei der Kollisionsprüfung auf Gattungsbegriffe („gleiche Waren") abzustellen, die weder dem Waren-/Dienstleistungsverzeichnis verläßlich entnommen werden können, noch mit den tatsächlich verwendeten Waren/Dienstleistungen übereinstimmen. Aus den bei § 49 Rdn. 24 dargestellten Gründen ist der Begriff der „gleichen Waren" außerdem generell untauglich. Es sollte daher im Rahmen der Kollisionsprüfung die strenge **„Minimallösung"** angewendet werden. Dadurch wird nicht ausgeschlossen, daß bzgl. der Löschung die Maximallösung zum Zuge kommt, nachdem dort auf das berechtigte Interesse des Markeninhabers an einer gewissen warenmäßigen Beweglichkeit unter ein und derselben Marke Rücksicht genommen werden muß (näher § 49 Rdn. 23 ff.).

V. Rechtsfolgen fehlenden Benutzungsnachweises im Verletzungsprozeß

1. Ausgeschlossene Anspruchsarten

27 Seinem Wortlaut nach gilt der Anspruchsausschluß des § 25 nur für Verletzungsansprüche nach §§ 14, 18 und 19. Er ist jedoch analog auf andere, aus allgemeinen Vorschriften abgeleitete ergänzende Ansprüche wegen Markenverletzung anzuwenden, insbesondere auf Bereicherungsansprüche (Vor §§ 14–19 Rdn. 73) und die in § 18 Abs. 3 bzw. § 19 Abs. 5 erwähnten weitergehenden Ansprüche auf Beseitigung bzw. Auskunft. Entgegen der Amtl. Begr. Abs. 5 aE zu § 25 sind auch Fallgestaltungen denkbar, in denen § 25 auf Ansprüche nach § 17 entsprechend anzuwenden ist. Die Amtl. Begr. übersieht die selbständige Bedeutung des Übertragungsanspruchs nach § 17 Abs. 1 im Falle des Geschäftsherrn, der über eine im Inland eingetragene Marke verfügt. Es ist nicht gerechtfertigt, dem Beklagten, gegen den dieser Übertragungsanspruch geltend gemacht wird, die Einrede nach § 25 zu versagen und ihn auf das Löschungsverfahren zu verweisen (ähnl. *Fezer* Vorb § 25 Rdn. 3). Zu § 16 dort Rdn. 6.

2. Rückwirkung des Ausschlusses

28 Von dem Fall der nach Benutzungsaufnahme zulässigerweise nachgeschobenen Klage (oben Rdn. 14) abgesehen, schließt § 25 die bis zur letzten mündlichen Tatsachenverhandlung entstandenen Verletzungsansprüche insgesamt aus, ohne daß es darauf ankommt, ob die Ansprüche früher einmal, insbesondere im Zeitpunkt ihrer Entstehung, wegen damals noch ausreichender Benutzung begründet gewesen wären. § 25 Abs. 1 stellt nicht auf den Zeitpunkt der Entstehung der Ansprüche ab, sondern vernichtet rückwirkend auch zB zunächst entstandene Schadensersatzansprüche endgültig.

VI. Nichtbenutzungseinrede in anderen Verletzungsverfahren

1. Einstweilige Verfügung

29 Auf die Geltendmachung von Verletzungsansprüchen im Verfügungsverfahren (vgl. vor allem Vor §§ 14–19 Rdn. 48 ff.) findet § 25 Abs. 2 entsprechende Anwendung, wobei an die Stelle des

Nachweises der rechtserhaltenden Benutzung die Glaubhaftmachung iSv §§ 920 Abs. 2, 936, 294 ZPO tritt (Amtl. Begr. 7. Abs zu § 25). Im Verfügungsverfahren kann die Einrede der Nichtbenutzung insbesondere in einer **Schutzschrift** erhoben werden. Enthält ein Verfügungsantrag, der auf eine dem Benutzungszwang unterliegende Marke gestützt ist, keine Glaubhaftmachung der rechtserhaltenden Benutzung, so ist dem Antragsgegner Gelegenheit zur Einrede zu geben, insbesondere indem mündliche Verhandlung anberaumt wird.

2. Negative Feststellungsklage

Im Verfahren über die negative Feststellungsklage (Vor §§ 14–19 Rdn. 114 ff.) des vermeintlichen Verletzers gegen denjenigen, der Rechte aus einer nicht benutzten Marke geltend macht, gilt § 25 Abs. 2 entsprechend (Amtl. Begr. 7. Abs. zu § 25). Ungeachtet der vertauschten Parteirollen bleibt der Markeninhaber für die rechtserhaltende Benutzung darlegungs- und beweispflichtig (s. allg. BGH NJW 1993, 1716).

VII. Umgehung durch Wiederholungseintragungen

Es liegt nahe, den Benutzungszwang dadurch zu umgehen, daß rechtzeitig vor Ablauf der Schonfrist eine hinsichtlich Zeichen und Waren-/Dienstleistungsverzeichnis jedenfalls im wesentlichen übereinstimmende neue Markenanmeldung eingereicht wird (sog. Wiederholungsanmeldung bzw. -eintragung, häufig auch ungenau „Wiederholungszeichen" genannt, zutr. zur Terminologie *Heydt* GRUR 1975, 439). Als Erscheinungsformen kommen ohne weiteres als solche erkennbar, „offene" Wiederholungsanmeldungen desselben Anmelders in zeitlichem Zusammenhang mit dem Schonfristablauf, aber auch „verdeckte", zB durch einen für den Inhaber der Ersteintragung handelnden Dritten eingereichte Wiederholungsanmeldungen in Betracht.

Eine vollständige Ausschaltung der Wirkungen des Benutzungszwangs kann durch Wiederholungseintragungen allerdings insoweit nicht erreicht werden, als die Neuanmeldung einen **späteren Zeitrang** hat. Mit einer geeignet überlappenden Staffelung der Anmeldungen könnte dennoch der Rechtserwerb durch Dritte praktisch auf Dauer blockiert werden. Die Rechtsmißbräuchlichkeit eines solchen Anmeldeverhaltens ist offensichtlich. Dennoch ist

§ 25 Ausschluß von Ansprüchen bei mangelnder Benutzung

die rechtliche Behandlung von Wiederholungsanmeldungen bis heute ungeklärt.

1. Rechtsprechung, Amtspraxis und Schrifttum zum WZG

33 Der **BGH** hat die Frage bislang offengelassen und sich zuletzt auf den Hinweis beschränkt, daß eine generalisierende Betrachtung nicht angebracht sei (GRUR 1995, 117, 121 – *NEUTREX* zur richtig gesehen jedoch zweifelsfreien Berechtigung von Neuanmeldungen der zunächst nicht erstreckten Altzeichen für das gesamte Bundesgebiet). Im Fall GRUR 1986, 315 – *Comburtest* konnte der BGH die nur geringfügig abweichende Zweitanmeldung als Defensivzeichen für das benutzte ältere Zeichen schon nach den allgemeinen Regeln mangels Benutzung in der eingetragenen Form löschen. In BGH GRUR 1975, 434, 436 – *Bouchet* war eine Klärung dadurch vermieden worden, daß der BGH bereits die Weglassung des Vornamens der Erstanmeldung „Jules Bouchet" in der Zweitanmeldung „BOUCHET" genügen ließ, um eine Wiederholungsanmeldung zu verneinen.

34 Auch die Rspr. der **Instanzgerichte** ist nicht eindeutig. OLG Frankfurt aM GRUR 1992, 445 bejahte die Zulässigkeit von Wiederholungszeichen, deren Geltendmachung nur unter besonderen Voraussetzungen und fehlendem Benutzungswillen rechtsmißbräuchlich sein könne. OLG München WRP 1985, 515 hat den Einwand des Rechtsmißbrauchs gegenüber einer Wiederholungseintragung im Verletzungsprozeß zwar für möglich gehalten, aber schon bei bloßer Benutzungsabsicht verneint. In LG Köln WRP 1975, 751 wurde die Löschungsreife einer Zweiteintragung „SHAHI 2" mit erweitertem Warenverzeichnis gegenüber unbenutzter Ersteintragung „SHAHI 1" bejaht (aufgehoben durch OLG Köln GRUR 1977, 220 – *Charlie* wegen ausreichender Benutzung schon des Erstzeichens). Zu weiteren, jedoch nicht veröffentlichten Entscheidungen und zu der die Rechtslage vor dem Benutzungszwang betreffenden Entscheidung BGH GRUR 1971, 309 – *Zamek II,* vgl. *Fischötter/Rheineck* GRUR 1980, 379, 380 ff. Das **DPA** berücksichtigt den Wiederholungscharakter einer Anmeldung weder von Amts wegen als Eintragungshindernis noch im Widerspruchsverfahren (vgl. DPA MA 1975, 262 – *SHAHI 1/Charlie*). Die hM in der **Literatur** verneinte ein Eintragungshindernis und lehnte auch die Berücksichtigung im Widerspruchsverfahren ab, bejahte jedoch für den Verletzungsprozeß den Rechtsmißbrauchseinwand bei auch weiterhin fehlender Benutzungsabsicht des Markeninha-

bers (*B/S* § 5 WZG Rdn. 65; *B/H* § 5 WZG Rdn. 53; *AH* § 5 WZG Rdn. 67; *Heil* FS 25 Jahre BPatG 1986, 387 f.; zurückhaltender *Harmsen* GRUR 1980, 401, gegen ihn *Schwendemann* GRUR 1981, 158; der Meinungsstand in der älteren Literatur vor 1980 ist bei *Fischötter/Rheineck* GRUR 1980, 383ff. dargestellt). Eine weitergehende Meinung bejahte schon ein Eintragungshindernis, jedenfalls aber die Berücksichtigung im Widerspruchsverfahren und nahm auch einen Löschungsgrund an (zB *Fischötter/Rheineck* GRUR 1980, 387ff. mwN; *Schulze zur Wiesche* WRP 1976, 65/66).

2. Lösung nach dem MarkenG

Weder MarkenG noch MRRL oder GMVO enthalten eine ausdrückliche Regelung der Wiederholungsanmeldung.

a) Kein Eintragungshindernis. Der Wiederholungszusammenhang stellt mangels gesetzlicher Grundlage in den §§ 3, 8 kein absolutes Eintragungshindernis dar, so daß gemäß § 33 Abs. 2 auch eine Wiederholungsanmeldung vom DPA eingetragen werden muß, ohne daß es auf den Bestand früherer Eintragungen und die Benutzungsabsichten ankommt (aA *Fezer* § 25 Rdn. 21: bei fehlendem Benutzungswillen Zurückweisung als rechtsmißbräuchlich). Ein besonderes Rechtsschutzbedürfnis wird von § 33 Abs. 2 weder verlangt noch würde es allein wegen einer früheren Eintragung fehlen, nachdem schon aus der jetzt uneingeschränkten Übertragbarkeit von Marken ein Interesse an der Verfügbarkeit mehrerer identischer Eintragungen resultieren kann (anders noch BPatGE 6, 66 – *Immencron*), von der Eigenständigkeit der Zweiteintragung hinsichtlich ihrer späteren Priorität ganz abgesehen (insoweit wie hier *Fezer* § 25 Rdn. 20).

b) Kein Nichtigkeitsgrund. Auch eine Anwendung des Löschungsgrundes der bösgläubigen Anmeldung nach § 50 Abs. 1 Nr. 4 kommt nicht in Betracht. § 50 Abs. 1 Nr. 4 setzt einen der Marke erstens schon im Zeitpunkt ihrer Anmeldung und zweitens grdsl. auf Dauer anhaftenden Makel voraus (vgl. § 50 Rdn. 17). Beides trifft auf Wiederholungsanmeldungen typischerweise gerade nicht zu. Wird die Wiederholungsanmeldung vor Ablauf der Schonfrist der Ersteintragung eingereicht, fehlt im Anmeldezeitpunkt noch jegliche Rechtsmißbräuchlichkeit und damit auch Bösgläubigkeit, da die Ersteintragung noch nicht löschungsreif ist und die nochmalige Anmeldung eines noch gar nicht löschungsreifen Zeichens nicht zu beanstanden ist. Zudem würde die Nichtigkeit nach § 50 Abs. 1 Nr. 4 auch dann fortbestehen, wenn der Anmelder die Benutzung zu einem späteren Zeitpunkt doch noch aufnimmt. Die Lösung über § 50 Abs. 1 Nr. 4 würde damit über die Sanktionen des Benutzungszwangs hinausgehen, der eine Heilung durch nachträgliche Benutzungsaufnahme gem. § 49 Abs. 1 S. 2 ff. gerade zuläßt. Abzulehnen ist daher auch der in sich widersprüchliche Vorschlag von *Hackbarth* S. 196 ff. zur Gemeinschaftsmarke, der bei offenen Wiederholungsanmeldungen die Nichtigkeit nach der Parallelvorschrift Art. 51 Abs. 1 lit. b GMVO als zu weitgehende Sanktion ablehnt, sie dann aber ausgerechnet in Fällen weniger eindeutiger, weil verdeckter Wiederholungsanmeldungen über Dritte oder erst nach Verzicht auf die Ersteintragung zur sachgerechten Lösung erklärt.

38 **c) Zurechnung des Verfalls der Ersteintragung.** Eine sachgerechte Lösung ist nur dadurch möglich, daß der Wiederholungseintragung das eigene Schonfristprivileg insoweit versagt wird, als die **fünfjährige Schonfrist bereits mit der Ersteintragung „verbraucht"** worden ist (insoweit ähnl. *Fischötter/Rheineck* GRUR 1980, 384 ff.; *Hackbarth* S. 197 f., s. dazu aber näher unten). Wurde die Zweitanmeldung noch während der Schonfrist einer unbenutzten Ersteintragung eingetragen, so ist sie mit Ablauf der nach der Ersteintragung berechneten Schonfrist dem Benutzungszwang zu unterwerfen. Wurde sie erst nach dem Ablauf der Schonfrist der unbenutzten Ersteintragung eingetragen, unterliegt sie sofort dem Benutzungszwang. Dies muß zur Vermeidung zusätzlicher Umgehungen auch bei einem freiwilligen Verzicht auf die Ersteintragung kurz vor der Zweitanmeldung gelten, nachdem eine solcher Verzicht nichts daran ändert, daß der Inhaber die Schonfrist der Ersteintragung im wesentlichen nutzen konnte (aA *Hackbarth* S. 200). Dem Vorwurf der Benachteiligung des Inhabers der Ersteintragung gegenüber allen anderen Dritten, die durch eine Anmeldung des löschungsreifen Zeichens nach Schonfristablauf in den Genuß der vollen Schonfrist kommen (vgl. nur *Heydt* GRUR 1974, 440) ist entgegenzuhalten, daß sich aus der gesetzlichen Begrenzung der Schonfrist auf fünf Jahre gerade auch ergibt, daß dieser Überlegungs- und Vorbereitungszeitraum jedem Markeninhaber nur einmal in dieser Länge und nicht beliebig aneinanderreihbar, d. h. unbegrenzt verlängerbar zur Verfügung stehen soll.

39 Der Umgehungsschutz muß auch dann gewährleistet sein, wenn die Ersteintragung wegen einer anfänglichen Benutzung erst später als zum Schonfristende löschungsreif wird. Auch hier könnte eine

in zeitlichem Zusammenhang mit dem Eintritt der nachträglichen Löschungsreife vorgenommene Wiederholungseintragung andernfalls zu einer ungeachtet des Prioritätsunterschieds effektiven Verlängerung des Markenschutzes trotz mehr als fünfjähriger Nichtbenutzung führen. Auch dieser gesetzlich begrenzte Fünfjahreszeitraum darf nicht beliebig vervielfachbar sein.

Von einer Umgehung des gesetzlichen Benutzungszwangs kann allerdings dann nicht mehr gesprochen werden, **wenn zwischen dem Eintritt der Löschungsreife der Ersteintragung und der Zweitanmeldung kein zeitlicher Zusammenhang mehr besteht**. Dem Inhaber der Ersteintragung darf nicht auf unbegrenzte Zeit die Möglichkeit einer vollwertigen Neuanmeldung genommen werden. Problematisch ist die Dauer einer solchen „**Sperrfrist**". Während teils einer Festlegung ausgewichen wird (*Fischötter/ Rheineck* GRUR 1980, 386), hat *Hackbarth* S. 197 f. für das gleichgelagerte Gemeinschaftsmarkenrecht eine fünfjährige Wartefrist ab Löschungsreife der Ersteintragung vorgeschlagen, innerhalb derer Dritte auf das Zeichen zugreifen können sollen. Begründet wird dies damit, daß bei kürzerer Wartefrist weiterhin eine Verlängerung der Fünfjahreszeiträume des Benutzungszwangs durch Wiederholungseintragungen möglich sei. Diese Begründung (und das Berechnungsbeispiel aaO S. 198 oben) ist jedoch nicht nachvollziehbar. Der Zeitpunkt einer Zweitanmeldung nach bereits eingetretener Löschungsreife der Ersteintragung und damit auch die Länge einer dafür bemessenen Wartefrist stehen in keinerlei Zusammenhang mit der durch die neue Schonfrist erreichten „Verlängerungswirkung", die stets fünf Jahre betragen würde. Zu bestimmen ist die Länge des Zwischenzeitraums, in dem der Markeninhaber aus keiner der beiden Eintragungen Schutz genießt. Nur bei Zweiteintragung schon vor dem Schonfristende der Ersteintragung liegt eine Verlängerung ieS vor und hängt deren Dauer vom Eintragungszeitpunkt ab. Der Vorschlag übersieht ferner, daß die Schonfrist für die Wiederholungsmarke erst mit deren Eintragung läuft, so daß zur Vermeidung von Überlappungen oder Aneinanderreihungen von Fünfjahreszeiträumen nicht auf den Anmeldezeitpunkt abgestellt werden dürfte. Maßgeblich für die Dauer der Wartefrist sollte stattdessen eine ganz andere Überlegung sein, nämlich daß das löschungsreife Zeichen ohne Schutz durch eine Wiederholungsanmeldung eine angemessene Zeit lang für Anmeldungen interessierter Dritter zugänglich war, wobei auf die Dauer von Marken- und Benutzungsrecherchen und sonstiger Vorbereitungen für die Anmeldung Rücksicht zu nehmen ist (zutr. *Fischötter/Rheineck*

§ 25   Ausschluß von Ansprüchen bei mangelnder Benutzung

GRUR 1980, 385 f., deren Untergrenze von zwei Monaten jedoch zu niedrig erscheint). Größenordnungsmäßig erscheint ein Zeitraum von **nicht unter sechs Monaten** und nicht über einem Jahr nach Löschungsreife der Ersteintragung vertretbar, wobei eine willkürliche Festlegung und die damit verbundene Rechtsunsicherheit mangels gesetzlicher Regelung unvermeidbar sind.

41   Die **Rechtsfolgen** entsprechen denjenigen bei Nichtbenutzung. Solange die Wiederholungseintragung unbenutzt ist, kann ihr in allen Verfahren die Nichtbenutzungseinrede entgegengehalten (§§ 25, 43 Abs. 1, 55 Abs. 3), ihre Löschung wegen Verfalls (§ 49) eingeklagt werden und Zwischenrechte entstehen (§§ 51 Abs. 4 Nr. 1, 55 Abs 3 S. 3, 22 Abs. 1 Nr. 2). Eines Rückgriffs auf den Rechtsmißbrauchseinwand (*Fezer* § 25 Rdn. 22) oder gar auf außermarkenrechtliche Normen des UWG oder BGB bedarf es nicht.

42   **d) Abgrenzung von echten Neuanmeldungen.** Stimmen Ersteintragung und Zweiteintragung hinsichtlich Zeichen und/oder Waren/Dienstleistungsverzeichnis nicht vollständig überein, so ist es eine Frage des Einzelfalls, bis zu welchem Grad an Übereinstimmung noch eine Wiederholungseintragung anzunehmen ist (dazu *Fischötter/Rheineck* GRUR 1980, 386 f; *Hackbarth* S. 201 ff.; *Schwendemann*, S. 10 ff.). Darüber hinaus steht es dem Wiederholungszusammenhang nicht entgegen, daß die Zweiteintragung zeichen- oder waren/dienstleistungsmäßig einen weiteren Schutzumfang hat. Hinsichtlich der Zeichenübereinstimmung bietet sich eine entsprechende Anwendung des § 26 Abs. 3 an. Hinsichtlich der Waren/Dienstleistungsverzeichnisse kommt es angesichts des Defensivcharakters von Wiederholungseintragungen vorrangig darauf an, inwieweit noch eindeutige Überschneidungen der Verbotsbereiche gegeben sind. Dabei kann der Makel der Wiederholungseintragung entsprechend §§ 25 Abs. 2 S. 3, 43 Abs. 1 S. 3, 49 Abs. 3, 55 Abs. 3 S. 4 auf den sich mit der Ersteintragung überschneidenden Teil der Waren/Dienstleistungen der Zweiteintragung beschränkt sein.

43   **e) Verfahrensfragen.** Verfahrensrechtlich ist die Geltendmachung der Löschungsreife wegen Wiederholungszusammenhangs genauso zu behandeln, wie die Nichtbenutzungseinrede nach §§ 25, 43, 55 Abs. 3 bzw. der Löschungsklagegrund nach §§ 49, 55. Das vereinfachte patentamtliche Löschungsverfahren nach § 53 steht allerdings nicht zur Vefügung, da es sich nur für zweifelsfrei dem Benutzungszwang unterliegende Marken eignet. Dagegen besteht für die früheren generellen Vorbehalte gegen eine Berücksichtigung im Widerspruchsverfahren (DPA MA 1975, 262; *B/S* § 5 WZG Rdn. 65; *B/H* § 5 WZG Rdn. 53; *AH* § 5 WZG Rdn. 67, jeweils mwN) keine Grundlage, nachdem der Wiederholungszusammenhang einer Glaubhaftmachung nicht von vornherein unzugänglich ist und die Verweisung des Gegners auf die Eintragungsbewilligungs- oder Löschungsklage schon wegen des unvergleichlich höheren Kostenrisikos eine ungerechtfertigte Bevorzugung des Wiederholungsanmelders wäre (im Erg. wie hier *Fischötter/Rheineck* GRUR 1980, 388 f.; *Schulze zur Wiesche* WRP 1976, 66; *Heil* GRUR 1973, 172; *Hackbarth* S. 199 zum allerdings weniger summarisch ausgestalteten Widerspruchsvefahren der GMVO; dazu ebenso *Heil* FS 25 Jahre BPatG 1986, 388).

f) Beweislast. Die Unterscheidung zwischen offenen und verdeckten Wiederholungseintragungen (oben Rdn. 31) kann auch für die Beweis- bzw. Glaubhaftmachungslast fruchtbar gemacht werden. Bei offenen Wiederholungsanmeldungen, die vor Löschungsreife der Erstanmeldung oder innerhalb der Wartefrist danach eingereicht wurden, trifft den Markeninhaber auf entsprechende Einrede des Gegners die Last des Benutzungsnachweises auch bzgl. der Neueintragung. Der Gegner braucht nur den äußeren Wiederholungszusammenhang darlegen, wofür idR die Benennung der Ersteintragung genügt. Bei verdeckten Wiederholungseintragungen muß diejenige Partei, die sich auf die Nichtbenutzung beruft, die weiteren Umstände darlegen und nachweisen, aus denen sich der Wiederholungszusammenhang, insbesondere die Verantwortung des Inhabers der Ersteintragung für die Zweitanmeldung zB durch einen Strohmann ergibt. **44**

3. Wiederholungseintragung durch Gemeinschaftsmarke

Die Anmeldung einer wegen Nichtbenutzung auf nationaler Ebene verfallsreifen Marke als Gemeinschaftsmarke kann schon angesichts des grundlegend unterschiedlichen Geltungsbereichs gemeinschaftsrechtlich **nicht als Wiederholungsanmeldung** im obigen Sinne behandelt werden, so daß die Geltendmachung allenfalls bei zusätzlichen Unlauterkeitsumständen an den allgemeinen Rechtsmißbrauchsschranken scheitern kann (*Hackbarth* S. 205 f.; *Heil* FS 25 Jahre BPatG 1986, 388; *Ingerl*, Die Gemeinschaftsmarke, S. 104; vgl. BGH GRUR 1995, 117, 121 – *NEUTREX* zur Berechtigung von Zweitanmeldungen nach dem 3. 10. 1990 aufgrund ihres einigungsbedingt größeren Geltungsgebiets im Vergleich zu **45** den noch nicht erstreckten Altzeichen). Die somit in vielen Fällen eröffnete einmalige Schonfristverlängerungsmöglichkeit über eine nachgeschaltete Gemeinschaftsmarke ist als notwendige Folge der Koexistenz beider Markenrechtssysteme hinzunehmen.

4. Nationale Marke als Wiederholungseintragung zu einer Gemeinschaftsmarke

46 Umgekehrt kann durch nationale Zweiteintragungen in den Mitgliedstaaten eine mittelbare Umgehung des Benutzungszwangs für Gemeinschaftsmarken drohen. Die Wahrung des gemeinschaftsrechtlichen Benutzungszwangs ist nicht Aufgabe der nationalen Markenrechtsordnungen, so daß sich die Problematik vorrangig auf gemeinschaftsrechtlicher Ebene stellt, wenn nämlich aus der nationalen Zweiteintragung durch Widerspruch, Nichtigkeitsantrag oder Widerklage Rechte gegen zwischenzeitlich angemeldete Gemeinschaftsmarken geltend gemacht werden. Hierzu werden im Gemeinschaftsmarkenrecht ähnliche Regeln zum Schutz vor Umgehungen entwickelt werden müssen, wie in den nationalen Markenrechtsordnungen. Vgl. *Hackbarth* S. 203 ff., der auf die Umwandlungsschranke des Art. 108 Abs. 2 lit. a GMVO (§ 125 d Rdn. 4) hinweist, welche allgemein verdeutliche, daß eine wegen Nichtbenutzung verfallenen Gemeinschaftsmarke auf nationaler Ebene nur bei genügender Benutzung in dem jeweiligen Mitgliedstaat weitere Wirkungen haben soll.

§ 26 Benutzung der Marke

(1) **Soweit die Geltendmachung von Ansprüchen aus einer eingetragenen Marke oder die Aufrechterhaltung der Eintragung davon abhängig ist, daß die Marke benutzt worden ist, muß sie von ihrem Inhaber für die Waren oder Dienstleistungen, für die sie eingetragen ist, im Inland ernsthaft benutzt worden sein, es sei denn, daß berechtigte Gründe für die Nichtbenutzung vorliegen.**

(2) **Die Benutzung der Marke mit Zustimmung des Inhabers gilt als Benutzung durch den Inhaber.**

(3) **Als Benutzung einer eingetragenen Marke gilt auch die Benutzung der Marke in einer Form, die von der Eintragung abweicht, soweit die Abweichungen den kennzeichnenden Charakter der Marke nicht verändert. Satz 1 ist auch dann anzuwenden, wenn die Marke in der Form, in der sie benutzt worden ist, ebenfalls eingetragen ist.**

Benutzung der Marke § 26

(4) Als Benutzung im Inland gilt auch das Anbringen der Marke auf Waren oder deren Aufmachung oder Verpackung im Inland, wenn die Waren ausschließlich für die Ausfuhr bestimmt sind.

(5) Soweit die Benutzung innerhalb von fünf Jahren ab dem Zeitpunkt der Eintragung erforderlich ist, tritt in den Fällen, in denen gegen die Eintragung Widerspruch erhoben worden ist, an die Stelle des Zeitpunkts der Eintragung der Zeitpunkt des Abschlusses des Widerspruchsverfahrens.

Inhaltsübersicht

	Rdn.
I. Allgemeines	1–6
1. Überblick	1–3
2. Früheres Recht	4
3. MRRL	5
4. Gemeinschaftsmarkenrecht	6
II. Zweck des Benutzungszwangs	7–9
III. Grundlagen	10–14
1. Rechtsnatur	10
2. Rechtsfrage, Revisibilität	11
3. Objektiver Maßstab, Verkehrsauffassung	12
4. Rechtmäßigkeit der Verwendung irrelevant	13
5. Eintragungshinweise oder „R im Kreis" nicht erforderlich	14
IV. Einzelhandlung und Gesamttatbestand	15
V. Anforderungen an die einzelne Verwendungshandlung	16–107
1. Benutzung als Produktkennzeichen	16–59
a) Zeichenmäßiger Gebrauch?	17–25
aa) Verhältnis zur rechtsverletzenden Benutzung	19
bb) Verwendung als Unternehmenskennzeichen	20–23
cc) Verwendung als Werktitel	24
dd) Verwendung als geographische Herkunftsangabe	25
b) Verwendung im geschäftlichen Verkehr	26–31
aa) Innerbetriebliche Verwendung	28, 29
bb) Konzernsachverhalte	30
cc) Andere Verwendungen außerhalb des geschäftlichen Verkehrs	31
c) Zuordnung der Marke zur Ware/Dienstleistung	32–43
aa) Verwendung ohne konkreten Produktbezug	33

§ 26 Benutzung der Marke

	Rdn.
bb) Verwendung ohne körperliche Verbindung zur Ware	34–37
cc) Mündliche Verwendung	38
dd) Anbringung auf Aufmachungen, Verpackungen, Kennzeichnungsmitteln	39
ee) Verwendung als Kennzeichen der Verpackung	40
ff) Verwendung für Warenbestandteile	41
gg) Zuordnung zu einer Dienstleistung statt Ware	42
hh) Besonderheiten bei Dienstleistungsmarken	43
d) Inhaltliche Wirkung des Zeichens	44–56
aa) Beschreibende Angabe	45–49
bb) Bestellzeichen, Sortenbezeichnung	50
cc) Verwendung als Zweitmarke	51
dd) Dekorative Verwendung	52, 53
ee) Benennung fremder Waren/Dienstleistungen mit ihrer richtigen Marke	54
ff) Amtliche und gerichtliche Verfahren	55
gg) Bedeutung von Eintragungshinweisen „R im Kreis"	56
e) Benutzung besonderer Markenformen	57–59
aa) Dreidimensionale Marken	57
bb) Hörmarken	58
cc) Farbig eingetragene Marken, Farben	59
2. Benutzung für die eingetragenen Waren/Dienstleistungen	60–67
a) Subsumtion	61–64
b) Teilbenutzung	65
c) Teilweise Benutzung von Oberbegriffen	66
d) Doppelbenutzung	67
3. Benutzung durch Inhaber/Dritte (Abs. 2)	68–75
4. Benutzung in abweichender Form (Abs. 3 S. 1)	76–100
a) Verhältnis zur MRRL	77–79
b) Veränderung des kennzeichnenden Charakters	80–84
c) Bedeutung der Rspr. zum WZG	85
d) Fallgruppen	86–100
aa) Veränderungen innerhalb eines Wortzeichens	87
bb) Veränderungen innerhalb eines Bildzeichens	88
cc) Aufspaltung eines Wortzeichens, mehrzeilige Schreibweise	89, 90

	Rdn.
dd) Weglassen eines Wortbestandteils	91
ee) Weglassen eines Bildbestandteils	92
ff) Hinzufügung neuer Zeichenbestandteile	93–96
gg) Einbindung von Bildzeichen in Kombinationszeichen	97
hh) Sonstige Veränderungen innerhalb eines Kombinationszeichens	98
ii) Wechsel der Markenform	99
jj) Änderung von Namen/Adresse des Inhabers	100
5. Rechtserhaltende Wirkung für mehrere Marken	101–103
a) Bei abweichender Form (Abs. 3 S. 2)	101
b) Bei identischen Marken	102
c) Gleichzeitige Rechtserhaltung für Gemeinschaftsmarke	103
6. Benutzung im Inland	104–107
a) Grundsatz	104
b) Exportmarken (Abs. 4)	105
c) Transit	106
d) Sonderregelung im Verhältnis zur Schweiz	107
VI. Anforderungen an den Benutzungstatbestand insgesamt: Ernsthaftigkeit	108–119
1. Art der Benutzung	113, 114
2. Mengenmäßiger Umfang der Benutzung	115, 116
3. Zeitpunkt und Dauer der Benutzung	117, 118
4. Räumliche Ausdehnung der Benutzung	119
VII. Berechtigte Gründe für Nichtbenutzung (Abs. 1 aE)	120–129
VIII. Schonfristbeginn bei Widerspruch (Abs. 5)	130–132

Literatur: *Fezer,* Rechtserhaltende Benutzung von Zweitmarken, FS 100 Jahre Markenamt 1994, S. 87; *Giefers,* Die rechtserhaltende Benutzung der Marke in abgewandelter Form – Fortsetzung oder Ende von „Arthexforte", FS Vieregge 1995, 267; *König,* Rechtserhaltende Benutzung durch funktionsgerechte Verwendung der Marke für Waren, Mitt. 1997, 18; *von Mühlendahl,* Die Heilung einer wegen mangelnder Benutzung löschungsreif gewordener Markeneintragung im europäischen und deutschen Markenrecht, FS Vieregge 1995, 641; *Ressler,* Der Einwand der Nichtbenutzung eingetragener Marken im Zivilprozeß; GRUR 1995, 530; *Sack,* Der Benutzungszwang im internationalen Markenrecht, FS Piper 1996, S. 603; *Sack,* Export und Transit im neuen Markenrecht, RIW 1995, 177. **Zur Gemeinschaftsmarke:** *Hackbarth,* Grundfragen des Benutzungszwangs im Gemeinschaftsmarkenrecht, 1993; *Heil,* Benutzungszwang im Markenrecht der Europäischen Gemeinschaften, FS 25 Jahre BPatG, 1986,

371; *Ubertazzi,* Bemerkungen zum Benutzungszwang der Gemeinschaftsmarke, GRUR Int. 1995, 474.

I. Allgemeines

1. Überblick

1   Ein umfassender Kennzeichenschutz, wie ihn gerade das Markengesetz anstrebt, erscheint letztlich nur dann gerechtfertigt, wenn er zumindest grundsätzlich mit dem Erfordernis tatsächlicher Benutzung des zu schützenden Kennzeichens verknüpft ist. Bei den nicht eingetragenen Marken und den geschäftlichen Bezeichnungen ist deren tatsächliche Benutzung bereits Voraussetzung für die Entstehung und damit auch für den Fortbestand des Rechts. Bei den eingetragene Marken bedarf es dagegen einer gesonderten Beschränkung durch einen **„Benutzungszwang"**, da ihr Rechtsbestand andernfalls nur von der Aufrechterhaltung der Eintragung im Register abhängen würde.

2   Die gesetzlichen Vorschriften hierzu sind im Markengesetz verstreut, da sich der Gesetzgeber dafür entschieden hat, die Rechtsfolgen des Benutzungszwangs bei den jeweils betroffenen Ansprüchen bzw. Verfahren zu regeln. Diese gesetzlichen Bestimmungen enthalten jedoch keine näheren Anforderungen an Art oder Umfang der zur Rechtserhaltung erforderlichen Benutzungshandlungen. Stattdessen verweisen sie direkt (§§ 25, 43 Abs. 1, 49 Abs. 1, 55 Abs. 3) oder indirekt (§§ 22 Abs. 1 Nr. 2, 51 Abs. 4 Nr. 1, 115–117) auf den übergreifend geltenden § 26. Dessen Abs. 1 stellt zunächst vier grundlegende Erfordernisse auf (Benutzung durch den Inhaber, für die eingetragenen Waren/Dienstleistungen, im Inland, in ernsthafter Weise), ohne jedoch den Begriff der Benutzung als solchen zu definieren. Außerdem enthält § 26 Abs. 1 den Ausnahmetatbestand "berechtigter Gründe für die Nichtbenutzung". § 26 Abs. 2 stellt die Benutzung durch einen mit Zustimmung des Inhabers handelnden Dritten (insbesondere Lizenznehmer) der Benutzung durch den Inhaber selbst gleich. § 26 Abs. 3 S. 1 anerkennt eine von der eingetragenen Form der Marke abweichende Benutzung als rechtserhaltend, soweit der kennzeichnende Charakter der Marke unverändert bleibt. In diesem Falle läßt § 26 Abs. 3 S. 2 die rechtserhaltende Wirkung auch dann zu, wenn die Marke in ihrer benutzten Form ebenfalls eingetragen ist. Die Benutzung einer bestimmten Form der Marke kann also für mehrere, in ihrem kennzeichnenden Charakter übereinstimmende Eintragungen rechtser-

haltend wirken. § 26 Abs. 4 stellt klar, daß eine im Inland vorgenommene Kennzeichnung der Ware bzw. ihrer Verpackung oder Aufmachung auch dann rechtserhaltend ist, wenn die Ware für den Export bestimmt ist. § 26 Abs. 5 verschiebt den Beginn der fünfjährigen Benutzungsschonfrist im Falle der Durchführung eines Widerspruchsverfahrens vom Tag der Eintragung auf den Abschluß des Widerspruchsverfahrens.

§ 26 gilt grundsätzlich unabhängig davon, ob der maßgebliche 3 Benutzungszeitraum vor den 1. 1. 1995 zurückreicht (vgl. zu dieser „tatbestandlichen Rückanknüpfung" BPatG GRUR 1995, 588 – *Jeanette/Annete* zum Widerspruchsverfahren). Nur soweit entweder nach § 158 Abs. 3 S. 3 ausschließlich bzw. § 161 Abs. 2 kumulativ das frühere Recht anwendbar ist oder Verletzungshandlungen aus der Zeit vor dem 1. 1. 1995 zu beurteilen sind, richten sich auch die Anforderungen an die Benutzung noch nach §§ 5 Abs. 7 bzw. 11 Abs. 1 Nr. 4 WZG.

2. Früheres Recht

Das WZG kannte einen Benutzungszwang mit fünfjähriger Frist 4 seit 1968. §§ 5 Abs. 7, 11 Abs. 1 Nr. 4 WZG regelten die Benutzungsanforderungen nur sehr lückenhaft und mußten daher durch eine sehr umfangreiche, bisweilen kasuistische Rechtsprechung ergänzt werden. Die wichtigste Abweichung hiervon liegt in der durch § 26 Abs. 3 S. 1 bewirkten, längst überfälligen Korrektur der restriktiven Spruchpraxis von BGH und BPatG, nach der die Benutzung in einer von der Eintragung abweichenden Form nur in engen Ausnahmefällen als rechtserhaltend anerkannt worden war (*B/H* § 5 WZG Rdn. 22 ff.; *B/S* § 5 WZG Rdn. 57 ff.). Anders als jetzt nach § 26 Abs. 3 S. 2 konnte außerdem auch die Existenz einer mit der benutzten Form identischen Eintragung der Bewertung als Benutzung einer abweichenden Form entgegengehalten werden (zB BPatG Mitt. 1983, 36 – *HERTIE*). Das nicht ausdrücklich normierte Inlands- und Ernsthaftigkeitserfordernis war auch zum WZG als ungeschriebene Voraussetzung anerkannt (*B/H* § 5 WZG Rdn. 62, 65 ff.; *B/S* § 5 WZG Rdn. 53, 55), wobei die Kennzeichnung von Exportware auch nach bislang hM ausreichte (*B/H* § 5 WZG Rdn. 63; *B/S* § 5 WZG Rdn. 53). Als Ausnahmetatbestand ließ § 11 Abs. 1 Nr. 4 S. 1 WZG enger als § 26 Abs. 1 nur die Unzumutbarkeit der Benutzung zu und galt nicht für das Widerspruchsverfahren. § 26 Abs. 2 entspricht § 5 Abs. 7 S. 2 (§ 11 Abs. 1 Nr. 4 S. 2) WZG. Eine § 26 Abs. 5 entsprechende Re-

§ 26   Benutzung der Marke

gelung des Beginns der Benutzungsschonfrist enthielt schon § 5 Abs. 7 S. 4 (§ 11 Abs. 1 Nr. 4 S. 2) WZG für den Fall des wegen Schnelleintragung gem § 6a WZG nachgeschalteten Widerspruchsverfahrens.

3. MRRL

5   Die MRRL schreibt den Benutzungszwang mit fünfjähriger Frist zwingend vor. Die vier Benutzungsanforderungen und der Ausnahmetatbestand des § 26 Abs. 1 sind durch Art. 10 Abs. 1 MRRL vorgegeben. § 26 Abs. 2 setzt Art. 10 Abs. 3 1. Hs. MRRL um. § 26 Abs. 3 S. 1 trägt Art. 10 Abs. 2 lit. a) MRRL Rechnung, allerdings in einer vom Richtlinienwortlaut abweichenden Fassung, da die Beschränkung unschädlicher Abweichungen auf solche „nur in Bestandteilen" weggelassen und „Unterscheidungskraft" durch „kennzeichnenden Charakter" ersetzt wurde (vgl. dazu Rdn. 77 ff.). § 26 Abs. 3 S. 2 hat keine Entsprechung in der MRRL. § 26 Abs. 4 weicht von Art. 10 Abs. 2 lit. b) MRRL nur durch die Hinzufügung der Kennzeichnung der Verpackung ab. § 26 Abs. 5 hat keine ausdrückliche Entsprechung in der MRRL, ist aber durch Art. 10 Abs. 1 MRRL gedeckt, da dort auf den „Tag des Abschlusses des Eintragungsverfahrens" abgestellt wird und das Widerspruchsverfahren trotz Nachschaltung noch zum Eintragungsverfahren in diesem Sinne gehört.

4. Gemeinschaftsmarkenrecht

6   Auch Gemeinschaftsmarken unterliegen einem Benutzungszwang mit fünfjähriger Frist. Art. 15 GMVO regelt die Benutzungsanforderungen wortgleich mit Art. 10 Abs. 1–3 MRRL. Die fünfjährige Benutzungsschonfrist berechnet sich stets von der Eintragung an, da die GMVO nur ein vorgeschaltetes Widerspruchsverfahren kennt (Art. 42 ff. GMVO). Zu den einzelnen Normen und Besonderheiten des gemeinschaftsrechtlichen Benutzungszwangs, insbesondere zum maßgeblichen Benutzungsgebiet *Ingerl*, Die Gemeinschaftsmarke, S. 101 ff. mwN und § 125b Rdn. 10.

II. Zweck des Benutzungszwangs

7   Der Benutzungszwang war bisher darauf ausgerichtet, im Interesse einer **Entlastung des DPA** und zur **Erleichterung von Neuanmeldungen** der Geltendmachung nur formaler Zeichen-

Benutzung der Marke § 26

rechte und bloßer Scheinhandlungen zu begegnen (BGH GRUR 1995, 347, 349 – *TETRASIL*; vgl. BGH GRUR 1997, 747, 749 – *Cirkulin*: Zweckübereinstimmung mit WZG). Der Benutzungszwang ist damit letztlich eine besondere markenrechtliche Ausprägung des Rechtsmißbrauchsverbots. Er stellt das wichtigste Korrektiv zu dem grundsätzlich formalen Charakter des zunächst nur die Eintragung voraussetzenden Markenschutzes nach § 4 Nr. 1 dar.

Im heutigen Markenrecht kommt dem Benutzungszwang in 8 zweifacher Hinsicht zusätzliche Bedeutung zu. Zum einen läßt der **Wegfall des Geschäftsbetriebserfordernisses** (§ 7 Rdn. 11) Fallgestaltungen in den Anwendungsbereich des Benutzungszwangs gelangen, in denen der Markenschutz früher schon an der Hürde des ursprünglich oder nachträglich fehlenden Geschäftsbetriebs scheiterte. Zum anderen hat der Benutzungszwang durch die gemeinschaftsweite Ausrichtung des neuen Markenrechts erheblich an Bedeutung gewonnen. Durch die in vielen Branchen immer schneller voranschreitende Überwindung nationaler Marktgrenzen erhöht sich die Zahl möglicher Markenkonflikte auf nationaler Ebene laufend. Es wird immer schwieriger, ungehindert einsetzbare neue Zeichen zu finden. Das bis auf weiteres nur auf Ergänzung der nationalen Markenrechtsordnungen angelegte Gemeinschaftsmarkensystem (vgl. *Ingerl*, Die Gemeinschaftsmarke, S. 26 ff.) beseitigt dieses Konfliktpotential jedenfalls zunächst nicht, sondern erzeugt aufgrund des unabdingbaren Einheitlichkeitsprinzips (Art. 1 Abs. 2 GMVO) zusätzliche, von tatsächlichen Überschneidungen der Absatzgebiete unabhängige Konfliktsituationen (vgl. *Heil* FS 25 Jahre BPatG, 1986, 383 f.; *Hackbarth* S. 30 ff.). Im Vordergrund des heutigen Benutzungszwangs steht daher die im ErwGr 8 zur MRRL betonte Notwendigkeit der **Verringerung der Anzahl möglicher Markenkonflikte** um die Fälle, in denen die Schutzgewährung ausweislich der längerfristig unterbliebenen Benutzung nicht mehr durch ein berechtigtes Interesse des Markeninhabers legitimiert ist, sondern die eingetragene Marke ausschließlich als Behinderungsinstrument, nicht aber als Kennzeichnungsmittel eingesetzt wird.

Dagegen tritt die früher betonte Zielrichtung der verwaltungs- 9 mäßigen Entlastung des DPA als Eintragungs- und Registerführungsbehörde deutlich zurück. Die Schlüssigkeit dieser Begründung des Benutzungszwangs ist ohnehin fraglich, nachdem der Benutzungszwang trotz gewisser Erleichterungen weiterhin zu Mehrfachanmeldungen abweichender Gestaltungen desselben Zeichens zwingt sowie Neu- bzw. Wiederholungsanmeldungen veranlaßt, also auch eine Mehrbelastung bewirkt. Eine effektive Bereinigung des Markenregisters um von ihren Inhabern längst aufgegebene Eintragungen wäre nicht über den Benutzungszwang, sondern durch eine kurzräumigere Staffelung und Erhöhung der Verlängerungsgebühren – vergleichbar dem Patentrecht – anzustreben. Dazu wird es jedoch schon angesichts des damit verbundenen und aus nationaler Sicht unerwünschten Wettbewerbsnachteils in Gestalt eines dann noch stärkeren Kostengefälles zugunsten der Gemeinschaftsmarke nicht kommen.

III. Grundlagen

1. Rechtsnatur

10 Der vom Gesetz selbst nicht verwendete Begriff des „Benutzungszwangs" bedeutet nicht, daß den Markeninhaber eine echte Rechtspflicht zur Benutzung trifft, deren Verletzung schon für sich zu Sanktionen führen würde und die von einer Behörde oder einem Dritten als Handlungspflicht durchgesetzt werden könnte. Die Sanktionen beschränken sich vielmehr darauf, dem Markeninhaber den durch die Eintragung erworbenen Markenschutz zu versagen (Nichtbenutzungseinrede) und das Ausschließlichkeitsrecht der Möglichkeit der Vernichtung auszusetzen (Verfall). Der Nichtbenutzungszwang hat daher den Charakter einer **Obliegenheit**, die immer erst dann zum Tragen kommt, wenn ihre Folgen von einem Dritten gegenüber dem Markeninhaber geltend gemacht werden. Eine Amtslöschung durch das DPA wegen Nichtbenutzung kennt das MarkenG ebensowenig wie eine Berücksichtigung von Amts wegen in gerichtlichen Verfahren.

2. Rechtsfrage, Revisibilität

11 Die rechtserhaltende Benutzung bzw. nach dem Gesetzeswortlaut umgekehrt die „mangelnde Benutzung" einer Marke iSd Vorschriften über den Benutzungszwang ist eine revisible Rechtsfrage, deren Beantwortung allerdings von vorgelagerten Tatsachenfeststellungen abhängt. Diese können sich nicht nur auf Art und Umfang der einzelnen Verwendungshandlungen beziehen, sondern vor allem auch auf die Verkehrsauffassung (unten Rdn. 12) und alle weiteren Umstände, die nach § 26 für die rechtliche Bewertung relevant sind (zB Branchenübungen, Unternehmensgröße etc.).

3. Objektiver Maßstab, Verkehrsauffassung

Die Bewertung als rechtserhaltende Benutzung iSv § 26 ist vom 12
subjektiven Willen des Markeninhabers, seine Marke benutzen zu
wollen, unabhängig (OLG München Mitt. 1996, 217, 219 – *Sankt
Michael*). Soweit es im Rahmen der rechtlichen Bewertung auf das
Verständnis und die inhaltliche Interpretation einer bestimmten
Zeichenverwendung ankommt, ist die durch objektive Anhaltspunkte
nahegelegte Verkehrsauffassung maßgeblich (BGH GRUR
1995, 583, 584 – *MONTANA*; aA *Fezer* § 26 Rdn. 10 ff.). Zur
Bestimmung der angesprochenen Verkehrskreise und hinsichtlich
der Feststellung der Verkehrsauffassung kann auf die zur Verwechslungsgefahr
entwickelten Grundsätze zurückgegriffen werden
(§ 14 Rdn. 168 ff.).

4. Rechtmäßigkeit der Verwendung irrelevant

Ohne Bedeutung für die Rechtserhaltung ist es, ob die Verwendungshandlungen 13
rechtmäßig erfolgen oder in Rechte Dritter eingreifen
bzw. wettbewerbsrechtlich unzulässig sind (so zum Verstoß
gegen § 3 UWG: BGH GRUR 1979, 707, 708 – *Haller I*; BGH
GRUR 1978, 46 – *Doppelkamp*).

5. Eintragungshinweise oder „R im Kreis" nicht erforderlich

Die rechtserhaltende Benutzung hängt nicht von der Wahrung 14
irgendwelcher Förmlichkeiten bei der Zeichenverwendung ab (vgl.
Art. 5 D PVÜ). Insbesondere ist die Anbringung ausdrücklicher
oder symbolhafter („R im Kreis") Hinweise auf die Eintragung
nicht erforderlich, wenn auch zunehmend häufig zu Warn- und
Werbezwecken praktiziert (vgl. § 2 Rdn. 9). Hiervon zu unterscheiden
ist der im Einzelfall durchaus mögliche Einfluß derartiger
Hinweise auf das Verkehrsverständnis (unten Rdn. 56).

IV. Einzelhandlung und Gesamttatbestand

§ 26 erfordert eine zweistufige Prüfung, die aus der Gliederung 15
der Vorschrift selbst kaum hervorgeht. Zunächst sind die in den
jeweils maßgeblichen Fünf-Jahres-Zeitraum fallenden einzelnen
Verwendungsvorgänge ihrer Art nach darauf zu überprüfen, ob sie
überhaupt eine iSd Benutzungszwangs anzuerkennende Benutzung

der eingetragenen Marke darstellen. Im zweiten Schritt sind die als berücksichtigungsfähig verbleibenden Benutzungshandlungen daraufhin zu überprüfen, ob sie insgesamt als „ernsthafte" Benutzung iSd Abs. 1 angesehen werden können. Diese schon zum WZG entwickelte Betrachtungsweise (grdl. *Fezer,* Benutzungszwang, S. 94 ff.) entspricht auch § 26 (*Fezer* FS 100 Jahre Markenamt 1994, 100; *ders.* § 26 Rdn. 5, 6) und paßt ferner zum Gemeinschaftsmarkenrecht (*Hackbarth* S. 94).

V. Anforderungen an die einzelne Verwendungshandlung

1. Benutzung als Produktkennzeichen

16 § 26 regelt nicht, wann die Verwendung eines als Marke eingetragenen Zeichens überhaupt eine „Benutzung" dieser Marke darstellt. Abs. 1 setzt vielmehr einen auch nirgendwo sonst im MarkenG oder in der MRRL legaldefinierten Benutzungsbegriff voraus.

17 **a) Zeichenmäßiger Gebrauch?** Der **BGH** geht davon aus, daß § 26 „gegenüber dem bisherigen Verständnis der rechtserheblichen Benutzung jedenfalls keine strengeren Maßstäbe aufstellt" (GRUR 1995, 583, 584 – *MONTANA*). Er hält an dem Erfordernis einer „kennzeichenmäßigen", d. h. vom Verkehr als „zeichenmäßiger Hinweis auf die Herkunft der so bezeichneten Ware oder Dienstleistung aus einem bestimmten Unternehmen" angesehenen Verwendung uneingeschränkt fest (aaO 584). Die **Instanzgerichte** (zB OLG München WRP 1996, 128, 130 – *THE BEATLES;* abweichend aber jetzt OLG München Mitt. 1997, 30, 34 – *ALISEO*) folgen ihm hierbei bislang weitgehend, ebenso wie das BPatG in Widerspruchsverfahren (zB BPatG GRUR 1996, 981, 982 – *ESTAVITAL*).

18 Die **Amtl. Begr.** zu § 26 verlangt eine Benutzung „als Marke", die eine „funktionsgerechte Verwendung" darstellen und in Auslegung der MRRL unabhängig von der bisher strengen deutschen Rspr. neu bestimmt werden müsse. Diesem Ausgangspunkt ist – abgesehen von der Überbewertung der Funktionslehren (vgl. Einl. Rdn. 35) – zu folgen. Die bisherige Rspr. zur rechtserhaltenden Benutzung darf nicht ungeprüft übernommen werden (ebenso *Fezer* § 26 Rdn. 7 ff.). Die Überwindung der einseitigen Ausrichtung auf die Herkunftsfunktion (Einl. Rdn. 33 ff.) zwingt zu einer hinsichtlich der Handlungsarten großzügigeren Anerkennung als

Benutzung der Marke § 26

rechtserhaltende Benutzung. Damit einhergehend sollte die Chance genutzt werden, dem engen Zusammenhang zwischen rechtserhaltender und rechtsverletzender Benutzung Rechnung zu tragen, wie bereits unter dem WZG überfällig.

aa) Verhältnis zur rechtsverletzenden Benutzung. Nach 19 der Rspr. zum WZG war der Begriff der Benutzung iSd Vorschriften über den Benutzungszwang nach dessen Sinn und Zweck eigenständig auszulegen und nicht gleichzusetzen mit den den Zeicheninhaber nach § 15 WZG vorbehaltenen bzw. einem Dritten nach § 24 WZG verbotenen Handlungen, sondern enger (BGH GRUR 1996, 267, 268 – *AQUA;* BGH GRUR 1984, 354, 357 – *Tina-Spezialversand II;* BGH GRUR 1980, 52 – *Contiflex;* vgl. auch BGH GRUR 1978, 551, 552 – *lamod),* in Sonderfällen auch weiter (zB BGH GRUR 1978, 294, 295 f. – *Orbicin;* BGH GRUR 1980, 1075, 1076 – *Frisium;* BGH GRUR 1982, 417, 418 – *Ranger)* zu verstehen. Diese Auffassung wird auch für das neue Markenrecht (zB *Schmieder,* NJW 1994, 1241, 1245) und das Gemeinschaftsmarkenrecht (*Hackbarth* S. 99 f.) vertreten. Die frühere Betrachtungsweise darf jedoch nicht uneingeschränkt für das neue Recht übernommen werden. Während das WZG schon dem Gesetzeswortlaut nach keinen einheitlichen Benutzungsbegriff kannte, stellt nunmehr nicht nur § 26 Abs. 1 sondern auch der Verletzungstatbestand des § 14 Abs. 2 (sowie weitere Bestimmungen des MarkenG, vgl. § 14 Rdn. 47) auf den jedenfalls terminologisch übereinstimmenden Begriff der „Benutzung" eines Zeichens „für Waren oder Dienstleistungen" ab (Einheitlichkeit betont zB OLG München Mitt. 1996, 217, 219 – *Sankt Michael).* Die konkretisierende Aufzählung in § 14 Abs. 3 beschreibt ungeachtet ihrer Formulierung als Verbotstatbestand gerade Handlungsarten, deren Einordnung als funktionsgerechte Markenbenutzung heute nicht mehr ernsthaft zu bezweifeln ist. Es wäre **widersprüchlich, ihrer Art nach rechtsverletzende Handlungen nicht zumindest grdsl. auch als rechtserhaltend anzuerkennen**. Denn der rechtsverletzende Charakter solcher Handlungen zwingt den, der sie von Dritten unbehindert vornehmen können will, zur Markeneintragung. Für die Aufrechterhaltung muß es dann aber auch genügen, wenn er gerade diese den Schutzbedarf auslösenden Handlungen vornimmt (Beispiel: Exportmarke, unten Rdn. 105). Es liegt daher näher, nicht von zwei voneinander völlig unabhängigen Benutzungsbegriffen auszugehen, sondern zunächst einmal alle Handlungsarten, die unter den für den Verletzungstatbestand geltenden weiten Benutzungsbegriff des

§ 26   Benutzung der Marke

MarkenG fallen (ausf. § 14 Rdn. 45 ff.), auch als im Rahmen des Benutzungszwangs grdsl. berücksichtigungsfähige Handlungen anzusehen. Abzuschichten sind hiervon auf der Prüfungsebene der einzelnen Verwendungshandlung nach § 26 nur solche besonderen Verwendungsarten, die im Interesse eines effektiven Markenschutzes zwar als rechtsverletzend gelten, jedoch zweifelsfrei – d. h. unabhängig vom Umfang und sonstigen Umständen – keine die Rechtserhaltung rechtfertigende Markenverwendung darstellen, wenn sie der Markeninhaber vornimmt (Fallgruppen unten Rdn. 20, 31, 33, 39 ff.). Für alle weiteren aus Sinn und Zweck des Benutzungszwangs abzuleitenden spezifischen Anforderungen an eine rechtserhaltende Markenverwendung ist nicht der Benutzungsbegriff als solcher, sondern das Erfordernis der „Ernsthaftigkeit" der richtige Ansatzpunkt (unten Rdn. 108 ff.). Umgekehrt sind die von der früheren Rspr. in Sonderfällen anerkannten Verwendungsarten, die keine Benutzung iSd § 14 darstellen, nicht durch eine Ausweitung des Benutzungsbegriffs zu erfassen, sondern den berechtigten Gründen für die Nichtbenutzung iSv § 26 Abs. 1 aE zuzuordnen. Damit bleibt es zwar dabei, daß auch nach dem MarkenG nicht jede rechtsverletzende Handlung zwingend auch eine rechtserhaltende Benutzung darstellt und ausnahmsweise auch nicht verletzende Handlungen verfallshindernd wirken können. Die Abgrenzung unterscheidet sich aber sowohl vom Ansatz her als auch in einigen wesentlichen Fallgruppen dem Ergebnis nach vom früheren Recht.

20   **bb) Verwendung als Unternehmenskennzeichen.** Unumgänglich ist allerdings eine Beschränkung des für den Benutzungszwang maßgeblichen Benutzungsbegriffs dahingehend, daß eine Verwendung des Zeichens ausschließlich als Unternehmenskennzeichen iSv § 5 keine berücksichtigungsfähige Verwendungsform darstellt, obwohl der Begriff der rechtsverletzenden Benutzung iSv § 14 insofern weiter ist (§ 14 Rdn. 64). Die Verwendung als Unternehmenskennzeichen rechtfertigt die Aufrechterhaltung des Kennzeichenrechts nach § 5 Abs. 2, nicht jedoch einer dem Zeichen nach zwar identischen, aber eben zur Kennzeichnung von Waren und Dienstleistungen bestimmten eingetragenen Marke. Die oben erläuterte Notwendigkeit des grdsl. Gleichlaufs von rechtsverletzender und rechtserhaltender Benutzung besteht hier nicht, da der Verwender durch das Recht an seinem Unternehmenskennzeichen hinreichend gegenüber jüngeren Marken Dritter geschützt ist.

Dies entspricht im Ergebnis der bisherigen Rspr. (grdl. BGH 21
GRUR 1979, 551, 552 – *lamod;* zB BPatGE 23, 233, 238 – *pro pharma;* BPatG Mitt. 1983, 56 – *Patrizier Leicht;* OLG Köln GRUR 1987, 530, 531 – *Charles of the Ritz*). Auch für das Gemeinschaftsmarkenrecht ist eine Anerkennung der rein firmenmäßigen Benutzung als rechtserhaltend nicht geboten (zutr. *Hackbarth,* S. 106 gegen *Heil* FS 25 Jahre BPatG 1986, 390 f.).

In allen Fällen ist jedoch besonders sorgfältig zu prüfen, ob der in 22
vielen Bereichen an Firmenschlagwörter, Firmenabkürzungen und Firmenlogos als Produktkennzeichen gewöhnte Verkehr nicht Anlaß hat, die Verwendung des Unternehmenskennzeichens zugleich als Verwendung einer Marke anzusehen (zB BPatG Mitt. 1983, 14 – *Rovinex/Rovina:* Herausstellung in Etikett; sehr großzügig BPatG Mitt. 1979, 165 – *TECO*). Ist dies zu bejahen, kann ein und dieselbe Verwendungshandlung zugleich für eine eingetragene Marke und das Unternehmenskennzeichen rechtserhaltende Wirkung haben.

Ob die äußerliche Kennzeichnung eines Ladengeschäfts oder 23
sonstigen Unternehmens als Kennzeichnung auch der Produkte zu verstehen ist, ist eine Frage des Verkehrsverständnisses im Einzelfall (aA *Fezer* § 26 Rdn. 21 aE: grdsl. nicht funktionsgerecht). Bei Dienstleistungsunternehmen ist ein solches Verkehrsverständnis naheliegend (unten Rdn. 43). Bei einem Ladengeschäft für Waren ist dagegen ein nur firmenmäßiges Verkehrsverständnis naheliegend, sofern nicht besondere Umstände wie zB das Angebot nur einer Ware (zB Kaffee-Filialist; *B/S* § 5 WZG Rdn. 54) zu einem anderen Verkehrsverständnis führen (vgl. auch BGH GRUR 1962, 647, 649 – *Strumpf-Zentrale* zur anders gelagerten, weil den firmenmäßigen Gebrauch ohnehin einschließenden rechtsverletzenden Benutzung durch Anbringung an Ladentür und oberhalb des Schaufensters).

cc) Verwendung als Werktitel. Anders als bei den Unter- 24
nehmenskennzeichen ist die Verwendung von Werktiteln iSv § 5 Abs. 3 stets produktbezogen und damit für das Publikum von der Verwendung einer entsprechenden Marke häufig nicht unterscheidbar. Ungeachtet ihrer auf die bloße Unterscheidung von anderen Titeln ausgerichteten, nicht notwendigerweise auch herkunftshinweisenden Funktion (§ 5 Rdn. 52; § 15 Rdn. 76 ff.; § 14 Rdn. 66; vgl. BGH GRUR 1994, 191, 201 – *Asterix-Persiflagen* und allg. BGH GRUR 1993, 692, 693 – *Guldenburg* mwN zur Verletzungsfrage) ist jedenfalls die Verwendung solcher Werktitel,

§ 26   Benutzung der Marke

die aus einem als Marke eintragbaren Zeichen bestehen, auch eine zur Rechtserhaltung geeignete Benutzung der entsprechenden Marke. So ist die Verwendung als Softwaretitel stets auch als rechtserhaltende Benutzung einer entsprechenden eingetragenen Marke für Computerprogramme geeignet.

25   **dd) Verwendung als geographische Herkunftsangabe.** Eine Kollektivmarke kann aus einer geographischen Herkunftsangabe bestehen (§ 99). Die Verwendung eines solchen Zeichens durch den Inhaber oder befugte Personen iSd § 100 Abs. 2 stellt stets zugleich eine Benutzung der Kollektivmarke und der geographischen Herkunftsangabe iSd §§ 127 ff. dar.

26   **b) Verwendung im geschäftlichen Verkehr.** Die Rspr. zum WZG hat grundsätzlich eine im geschäftlichen Verkehr nach außen hervortretende Verwendung der Marke verlangt und die Einbeziehung nur innerbetrieblicher Verwendungshandlungen im Vorfeld der späteren Benutzung zwar nicht vollständig ausgeschlossen, jedoch sehr zurückhaltend behandelt (zB BGH GRUR 1979, 551, 552 – *lamod;* BGH GRUR 1980, 289, 290 – *Trend;* BGH GRUR 1980, 1075, 1076 – *Frisium,* BGH GRUR 1982, 417, 418 – *Ranger*). Keine Frage des geschäftlichen Verkehrs ist allerdings entgegen *Fezer* § 26 Rdn. 14 die von der Rspr. als rechtserhaltend anerkannte Verwendung von Arzneimittelmarken in Zulassungsverfahren nach dem AMG (dazu unten Rdn. 121).

27   Im Gegensatz zu § 14 Abs. 2 enthält § 26 seinem Wortlaut nach keine Beschränkung auf den geschäftlichen Verkehrs (zum Begriff § 14 Rdn. 34 ff.). Ein genereller Ausschluß aller noch außerhalb des geschäftlichen Verkehrs im herkömmlichen Sinne stattfindenden, zB vorbereitenden Verwendungshandlungen ist daher nicht geboten. Es kann aber der oben zu § 14 Rdn. 38 ff. erläuterte erweiterte Begriff des geschäftlichen Verkehrs auch im Rahmen des § 26 zugrundegelegt werden. Danach ist zwischen der vorrangig am Maßstab der Ernstlichkeit zu messenden innerbetrieblichen Benutzung und von vornherein mangels jeden geschäftlichen Bezugs als rechtserhaltend ausscheidenden Verwendungen zu unterscheiden.

28   **aa) Innerbetriebliche Verwendung.** Eine innerbetriebliche Verwendung kann in bestimmten Fällen zur Rechtserhaltung geeignet sein (dem Ansatz nach ähnl *Fezer* § 26 Rdn. 14 ff.). So ist die Anbringung der Marke auf der Ware bei ihrer Herstellung oder die Erstellung von Werbematerialien ein innerbetrieblicher Vorgang, der gerade notwendiger Teil der Markenverwendung ist und daher aus dem nach § 26 zu prüfenden Gesamttatbestand nicht von vorn-

Benutzung der Marke § 26

herein ausgeklammert werden darf. Dies gilt vor allem deshalb, weil auch hier der oben Rdn. 19 erläuterte Zusammenhang mit der rechtsverletzenden Benutzung besteht, die gerade nach den neuen Bestimmungen des MarkenG auch bei innerbetrieblichen Handlungen vorliegen kann (näher § 14 Rdn. 38 ff.). Wer derartige innerbetriebliche Benutzungshandlungen vornehmen will, muß sich gegen Verletzungsansprüche Dritter dadurch sichern können, daß er Markenschutz für die innerbetrieblich verwendete Kennzeichnung nicht nur für die Dauer der Schonfrist erhält. Dies gilt erst recht in den Fällen, in denen die Abgrenzung zwischen innerbetrieblicher Verwendung und Verwendung im nach außen gerichteten geschäftlichen Verkehr zweifelhaft ist. Es wäre auch widersprüchlich, § 26 als eine Norm, die keine generelle Einschränkung auf den geschäftlichen Verkehr enthält, enger auszulegen als den diese Beschränkung enthaltenden, insoweit aber weit auszulegenden § 14. Für die hier vertretene Auffassung spricht im übrigen auch, daß die Verwendung von Exportmarken nach § 26 Abs. 4 gerade auch dann zur Rechtserhaltung geeignet ist, wenn sie nur innerbetrieblich stattfindet (*Sack,* FS Piper 1996, S. 603, 610 mwN; dazu tendierend auch BPatG GRUR 1980, 922, 923 – *Exportmarken;* näher unten Rdn. 105). Jedoch ist bei einer ausschließlich innerbetrieblichen Verwendung die Ernsthaftigkeit des Benutzungstatbestands insgesamt besonders sorgfältig zu prüfen (unten Rdn. 113).

Keine berücksichtigungsfähige Benutzung sind dagegen innerbetriebliche Kennzeichnungsvorgänge, die auch keine Verletzungshandlungen im geschäftlichen Verkehr sind, wie zB die Herstellung von nicht zum Inverkehrbringen bestimmter Produkt- oder Verpackungsmustern (vgl. § 14 Rdn. 108; *Fezer* § 26 Rdn. 15). Zum Markttest s. aber unten Rdn. 114. 29

bb) Konzernsachverhalte. Auch die Verwendung im Rahmen von Konzernbeziehungen scheidet nicht generell als rechtserhaltend aus (aA *Fezer* § 14 Rdn. 17). Zum einen kann es sich auch bei Geschäften und Lieferungen zwischen verbundenen Unternehmen ohne weiteres um „geschäftlichen Verkehr" iSd MarkenG handeln (§ 14 Rdn. 116). Zum anderen sind auch derartige Verwendungsfälle sachgerechter am einzelfallbezogenen Maßstab der Ernsthaftigkeit zu messen (aA BGH GRUR 1979, 551, 552 – *lamod;* OLG Hamburg GRUR 1984, 56 – *Ola;* ähnlich wie hier *Hackbarth* S. 103). 30

cc) Andere Verwendungen außerhalb des geschäftlichen Verkehrs. Rein private oder amtlich-hoheitliche (iSv § 14 Rdn. 36) 31

Verwendungshandlungen sind zur Rechtserhaltung ungeeignet, da ihnen der erforderliche geschäftliche Bezug fehlt. Die im Schrifttum bisweilen in diesem Zusammenhang behandelte Verwendung in Nachschlagewerken, Lehrbüchern u.ä. (*Fezer* § 14 Rdn. 19; *B/H* § 5 WZG Rdn. 44) ist dagegen nicht eine Frage des geschäftlichen Verkehrs, sondern des generell nicht rechtserhaltenden Gebrauchs zur Benennung fremder Waren/Dienstleistungen (unten Rdn. 54). Auch die Beurteilung der „Verwendung" einer Marke im Rahmen des Eintragungs- oder eines Widerspruchsverfahrens als selbstverständlich nicht zur Rechtserhaltung genügend ist keine Frage des geschäftlichen Verkehrs (aA *Fezer* § 26 Rdn. 18), sondern der hier völlig fehlenden Benutzungshandlung selbst (unten Rdn. 55).

32 **c) Zuordnung der Marke zur Ware/Dienstleistung.** § 26 Abs. 1 verlangt eine Benutzung der Marke „für die Waren oder Dienstleistungen, für die sie eingetragen ist". Ähnlich wie bei § 14 (Rdn. 70) ist damit nicht nur die Zuordnung der Benutzung zu den im Waren/Dienstleistungsverzeichnis enthaltenen Begriffen angesprochen (dazu unten Rdn. 60 ff.), sondern wird auch das vorgelagerte Erfordernis verdeutlicht, daß sich die Markenverwendung überhaupt auf bestimmte Waren oder Dienstleistungen beziehen muß. Hinsichtlich dieser Voraussetzung sind mehrere Fallkonstellationen zu unterscheiden, die teilweise schon zZt des WZG umstritten waren.

33 **aa) Verwendung ohne konkreten Produktbezug.** Kann ein Zeichen aus der Sicht des Verkehrs überhaupt keinem konkreten Produkt zugeordnet werden, liegt keine zur Rechtserhaltung geeignete Benutzungshandlung vor (zB BPatGE 22, 70 – *Penaten* für Verwendung als Freistempler). An dieser Zuordnung kann es auch in den oben Rdn. 22 erwähnten Fällen der Verwendung für ein Unternehmen fehlen (zB *Fezer* § 26 Rdn. 9 und 30 für Imagewerbung). Hiervon zu unterscheiden ist die Verwendung zB der Dachmarke eines Unternehmens, die für eine Vielzahl von Produkten rechtserhaltend sein kann.

34 **bb) Verwendung ohne körperliche Verbindung zur Ware.** Abgesehen von Dienstleistungsmarken hatte die Rspr. zum WZG bis zuletzt an dem Erfordernis festgehalten, daß die Ware selbst oder ihre Verpackung bzw. Umhüllung mit der Marke gekennzeichnet worden sein müsse und nur in ganz besonders gelagerten Ausnahmefällen eine Zeichenverwendung ohne diesen engen körperlichen Zusammenhang (also zB nur in Katalogen, Prospekten oder Geschäftsbriefen) als rechtserhaltend anerkannt werden könne

Benutzung der Marke **§ 26**

(BGH GRUR 1996, 267, 268 – *AQUA;* BGH GRUR 1995, 347, 348 - *TETRASIL;* grdl. BGH GRUR 1980, 52 – *Contiflex*).

Die Amtl. Begr. zu § 26 lehnt eine Fortgeltung dieser strengen 35
deutschen Rspr. ausdrücklich ab. Der Benutzungszwang erfordere nicht notwendig eine Anbringung auf Waren, sondern es könne, je nach den Umständen, „auch die Benutzung auf Geschäftspapieren, in Katalogen oder insbesondere in der Werbung ausreichen, wie dies der Rechtslage in einer Reihe von Mitgliedstaaten entspricht". Dieses Postulat ist zu Unrecht auf Widerspruch gestoßen (BPatG GRUR 1996, 981, 982 – *ESTAVITAL* (Preislisten) unter Berufung auf die Exportmarkenregelung des Art. 10 Abs. 2 lit. a MRRL, s. dazu aber Rdn. 105; *Schmieder* NJW 1994, 1245; *Füllkrug* MA 1996, 498, 502; *Winkler* Mitt. 1995, 45/49).

Nach der hier vertretenen Auffassung zum Benutzungsbegriff iSv 36
§ 26 ergibt sich schon aus § 14 Abs. 3 Nr. 5 MarkenG, daß auch die Verwendung ohne körperlichen Zusammenhang mit der Ware, insbesondere auf Geschäftspapieren oder in der Werbung, eine zur Rechtserhaltung grdsl. geeignete Markenbenutzung darstellen muß. Es kann daher entgegen der Rechtslage nach dem WZG gerade auch eine **Verwendung nur in der Werbung ausreichend** sein, solange nicht aus anderen Gründen die Ernsthaftigkeit insgesamt zu verneinen ist (ebenso OLG München Mitt. 1997, 30, 34 – *ALISEO; Fezer* § 26 Rdn. 30; *Krieger* FS Rowedder 1994, S. 224/ 243; auf Aufmachung abstellend *König* Mitt. 1997, 18). Liegen zB verläßliche Anhaltspunkte dafür vor, daß eine die Marke verwendende Werbeaktion nur zum Schein ohne Möglichkeit oder Absicht des tatsächlichen Warenabsatzes vorgenommen wurde, ist die Ernsthaftigkeit – nicht aber das Vorliegen berücksichtigungsfähiger Benutzungshandlungen – zu verneinen. Den befürchteten Mißbräuchen bei grundsätzlicher Anerkennung auch der Verwendung nur in der Werbung (zB *Schmieder,* NJW 1994, 1241, 1245) kann durch die Ernsthaftigkeitsprüfung wesentlich flexibler entgegengetreten werden, als durch eine künstliche Verengung des Benutzungsbegriffs. Diese Betrachtungsweise eignet sich auch für das Gemeinschaftsmarkenrecht (*Ingerl,* Die Gemeinschaftsmarke, S. 107).

Auf die Rspr. zum WZG kann daher nur insoweit zurückge- 37
griffen werden, als Handlungsarten, die schon von dieser Rspr. als Ausnahmen vom Zwang der körperlichen Verbindung der Marke mit der Ware anerkannt waren, heute nach § 26 erst recht unbedenklich sind (zB BGH GRUR 1995, 347348 – *TETRASIL:* flüssige Ware, deren mehrfach verwendete Behältnisse üblicherweise nicht mit Marken gekennzeichnet sind).

38 **cc) Mündliche Verwendung.** Damit ist auch die nur mündliche Verwendung zB in der Rundfunkwerbung heute nicht nur für Hörmarken, sondern auch für Wortmarken ohne weiteres zur Rechtserhaltung geeignet (anders die Rechtslage zum WZG, vgl. *B/S* § 5 WZG Rdn. 54). Dies erfordert auch der Gleichlauf zur rechtsverletzenden Benutzung (§ 14 Rdn. 71).

39 **dd) Anbringung auf Aufmachungen, Verpackungen, Kennzeichnungsmitteln.** Die Verwendung einer Marke durch Anbringung auf Aufmachungen, Verpackungen und Kennzeichnungsmitteln und der Weitervertrieb solcher Mittel (noch ohne die Ware selbst) wird durch § 14 Abs. 4 als eigenständige Verletzungshandlung erfaßt, sofern ihre Verwendung zu rechtsverletzenden Benutzungen droht. Aus der Sicht des Benutzungszwangs sind derartige Handlungen dagegen als Vorbereitungsmaßnahmen einzustufen, die **allein noch keine rechtserhaltende Wirkung** haben (aA *Fezer* § 26 Rdn. 8 aE, 24), jedoch im Rahmen der Ernsthaftigkeitsprüfung als Umstände des Einzelfalls berücksichtigt werden können. ZB kann die Anfertigung größerer Mengen von Kennzeichnungsmitteln ein Anhaltspunkt für Rückschlüsse auf die Ernsthaftigkeit eines erst kurz vor Ablauf der Schonfrist anlaufenden Produktvertriebs sein. Sind dagegen in dem maßgeblichen Fünfjahreszeitraum nur Vorbereitungshandlungen gemäß § 14 Abs. 4 vorgenommen worden, ist eine Durchbrechung des ansonsten auch bei innerbetrieblichen Handlungen zu beachtenden Gleichlaufs von rechtserhaltender und rechtsverletzender Benutzung (oben Rdn. 19) gerechtfertigt. Die fünfjährige Benutzungsschonfrist ist ein ausreichender Zeitraum, um eine weitergehende Umsetzung der Vorbereitungsmaßnahmen verlangen zu können. Damit ist auch die sonst allzu naheliegende Möglichkeit der bewußten Scheinbenutzung durch Herstellung von Kennzeichnungsmitteln, deren Einsatz in Wirklichkeit nicht beabsichtigt ist, ausgeschlossen.

40 **ee) Verwendung als Kennzeichen der Verpackung.** Von Rdn. 39 zu unterscheiden sind Fälle, in denen die Marke vom Verkehr wegen ihres Sinngehalts und/oder ihrer Anbringungsweise zweifelsfrei nur auf die Verpackung der eigentlichen Ware bezogen wird. Die Marke wird dann nicht für die Ware selbst benutzt (vgl. BPatGE 20, 220 – *Torero*; BPatGE 19, 66 – *Flip-Top Box*). Dagegen scheidet die Verwendung auf Verpackungsbestandteilen mit besonderem Zweck wie zB einer Steuerbanderole nicht generell als für den Verkehr erkennbare Benutzungshandlung aus (aA BPatGE 25, 167, 171 – *Guy*, allerdings wegen der winzigen Größe). Eine Han-

Benutzung der Marke § 26

delsmarke kann durch Anbringung nur auf Preisetiketten rechtserhaltend benutzt werden (BPatG Mitt. 1996, 169 – *Codi/Rodi*; aA *Doetsch* GRUR 1989, 485, 489), wobei gerade bei Handelsmarken auch die Anbringung nur am Regal genügen kann (zB *Betten* Mitt. 1996, 170/171).

ff) Verwendung für Warenbestandteile. Die Verwendung 41 einer Marke für ein Gesamtprodukt kann nur dann als Benutzung (auch) für einen seiner Bestandteile angesehen werden, wenn objektive Anhaltspunkte nahelegen, daß der Verkehr die Marke (auch) auf den Bestandteil bezieht, insbesondere weil dieser auch selbständig vertrieben wird (BGH GRUR 1995, 583, 584 – *MONTANA*: Marke auf Spaghetti-Komplettgericht nicht auch für die Zutat „Käse" benutzt; BGH GRUR 1985, 46, 48 – *Idee-Kaffee*: Frühstückspaket/Kaffee; OLG Karlsruhe GRUR 1979, 319, 320 – *Varimot*: Getriebe/Motor).

Wird die Marke umgekehrt ausdrücklich auf einen Bestandteil bezogen, so darf die Anerkennung als Benutzung nicht davon abhängig gemacht werden, ob der Bestandteil auch selbständig unter derselben Marke vertrieben wird (aA obiter dictum BGH GRUR 1971, 355 – *Epigran II* mit insoweit krit. Anm. *Heydt*; offengel. in BGH GRUR 1984, 813, 814 – *Ski-Delial*). Dies gilt auch für den Fall der sogenannten „begleitenden" Marke des Herstellers eines Rohstoffs oder Vorprodukts (§ 14 Rdn. 298 ff.), die nicht stets zugleich für die Fertigware benutzt sein muß, wenn ihr Bezug auf Rohstoff oder Vorprodukt ausdrücklich kenntlich gemacht ist.

gg) Zuordnung zu einer Dienstleistung statt Ware. Bezieht der Verkehr eine Zeichenverwendung ausschließlich auf eine Dienstleistung, die unter Verwendung einer bestimmten Ware erbracht wird, so liegt keine Benutzung für die Ware vor (BPatG Bl 1984, 178 – *Datenträger*; vgl. auch BGH GRUR 1985, 46, 48 – *Idee-Kaffee*). Erst recht gilt dies im umgekehrten Falle des Bezugs nur auf die Ware. An die Feststellung der Verkehrsauffassung sind in diesen Fällen aber hohe Anforderungen zu stellen, nachdem das Publikum die Zuordnung der Marke häufig nicht weiter analysieren, sondern tendenziell auf alle ihm gegenüber erbrachten Leistungen insgesamt, also Ware und Dienste beziehen wird. Die Verwendung einer Herstellermarke auf zur Vermietung bestimmten Waren ist eine Benutzung (auch) für die Ware (BPatG Mitt. 1982, 115, 116 – *MEVA/EVA*). Zur Abgrenzung allg. *Fezer*, GRUR Int. 1996, 445. 42

§ 26

43 **hh) Besonderheiten bei Dienstleistungsmarken.** Bei Dienstleistungsmarken ist die Verwendung in Werbematerialien, Geschäftsbriefen, Rechnungen (vgl. BGH GRUR 1985, 41, 43 – *REHAB* zur Verletzung) oder auf zur Erbringung der Dienstleistung eingesetzten Gegenständen (vgl. BPatGE 32, 231, 233 f. – *Landsberg* für Hotelbetrieb), ggf. auch Fahrzeugen, Gebäuden, Uniformen etc. unbestritten zur Rechtserhaltung geeignet (vgl. *Hackbarth* S. 250 ff.).

44 **d) Inhaltliche Wirkung des Zeichens.** Nicht nur die mangelnde Zuordenbarkeit des verwendeten Zeichens zu einer Ware/Dienstleistung, sondern auch die durch eine bestimmte Art und Weise des Gebrauchs vermittelte inhaltliche Wirkung des Zeichens kann der Berücksichtigung im Rahmen des Benutzungszwangs entgegenstehen. Grundsätzlich gilt auch insoweit das Gebot des Gleichlaufs mit dem Begriff der rechtsverletzenden Benutzung (oben Rdn. 19).

45 **aa) Beschreibende Angabe.** Ungeachtet seiner Eintragung als Marke können Zeichen, die einen beschreibenden Sinngehalt vermitteln, durch die Art und Weise ihrer Wiedergabe oder durch Verbindung mit anderen Angaben als glatt beschreibende Angabe wirken. Solche Verwendungsweisen sind keine zur Rechtserhaltung geeignete Benutzung (vgl. zum WZG zB BGH GRUR 1993, 972, 973 f. – *Sana/Schosana*; BPatG GRUR 1979, 244, 245 – *Herz-Kaffee*; *Fezer* § 26 Rdn. 23). Im Rahmen des § 23 stellen sie auch keine Verletzung dar, so daß auch der Gleichlauf zum Benutzungsbegriff des § 14 die Anerkennung als rechtserhaltend nicht erfordert.

46 Voraussetzung ist jedoch die sichere Feststellung, daß nicht einmal mehr ein Teil des Verkehrs eine nicht glatt beschreibende Verwendung annimmt. Schon die frühere Rspr. hat anerkannt, daß selbst glatt beschreibende Angaben vom Verkehr als Herkunfts- bzw. Unterscheidungshinweise verstanden werden können, wenn sie hervorgehoben nach Art einer Marke verwendet werden (zB BGH GRUR 1993, 972, 974 – *Sana/Schosana*; vgl. § 14 Rdn. 74).

47 Zusätzlich ist auch aus normativen Gründen große Zurückhaltung geboten: Durch die Eintragung als Marke ist die grdsl. Eignung des Zeichens für eine kennzeichenmäßigen Verwendung anerkannt worden. Es ist nicht Aufgabe des Benutzungszwangs, die Eintragungsentscheidung dadurch zu unterlaufen, daß ein Zeichen allein wegen seines Sinngehalts als nicht rechtserhaltend benutzt und damit überhaupt nicht rechtserhaltend benutzbar eingestuft

wird. Es müssen vielmehr ganz besondere, zusätzliche Umstände der konkreten Verwendungsweise hinzukommen, um der Marke ausnahmsweise den Rechtserhalt versagen zu können. Beruft sich die Partei, welche die mangelnde Benutzung geltend macht, in Wirklichkeit darauf, das Zeichen selbst sei unabhängig von der konkreten Verwendungsweise stets beschreibend, so ist sie auf die Löschungsmöglichkeiten wegen ursprünglicher oder nachträglicher Schutzunfähigkeit aus absoluten Gründen zu verweisen (§§ 50 Abs. 1 Nr. 1/3, 49 Abs. 2 Nr. 1).

Unter Beachtung dieser Zusammenhänge kann im übrigen die 48 zu Verletzungsfällen ergangene Rspr. zum Verkehrsverständnis von Zeichen mit beschreibendem Inhalt herangezogen werden (§ 14 Rdn. 74 ff.; § 23 Rdn. 39 ff.).

Beispiele aus der Rspr.: „Sana" als verfremdeter Begriff der latei- 49 nischen Sprache für Kaffee nicht beschreibend verwendet, da überwiegend als Phantasiewort verstanden (BGH GRUR 1993, 972, 974 – *Sana/Schosana*). Dagegen „Herz-Kaffee" als beschreibende Angabe einzustufen, wenn nur unauffällige Wiedergabe auf Rückseite (BPatG GRUR 1979, 244, 245 – *Herz-Kaffee*). Angabe der Interpreten auf Titelfoto eines Tonträgers nur inhaltsbeschreibend (OLG Frankfurt am Main GRUR Int. 1993, 872 – *Beatles*).

bb) Bestellzeichen, Sortenbezeichnung. Die Rspr. stuft die 50 Verwendung als Bestellzeichen (zB BGH GRUR 1995, 347, 349 – *TETRASIL*) oder Sortenbezeichnung (zB BGH GRUR 1984, 813, 814 – *Ski-Delial:* Duftnote) als nicht rechtserhaltend ein. Aus den bei § 14 Rdn. 80 mit weiteren Beispielen erläuterten Gründen sind jedoch derartige Verwendungsarten regelmäßig als rechtsverletzend zu qualifizieren und dann auch im Rahmen des Benutzungszwangs zur Rechtserhaltung geeignet.

cc) Verwendung als Zweitmarke. Die Verwendung von 51 zwei (oder mehr) Marken für ein und dasselbe Produkt ist in vielen Branchen üblich und schon von der Rspr. zum WZG als zur Rechtserhaltung geeignete Benutzungshandlung anerkannt worden, sofern zumindest ein noch relevanter Teil des Verkehrs die Zweitmarke als solche erkennen kann (BPatG Mitt. 1996, 247/248 – *Monsieur Michel;* zum WZG grdl. BGH GRUR 1993, 972 – *Sana/Schosana;* BPatG GRUR 1993, 559 – *Ninon;* BPatG Mitt. 1988, 78 – *Rice Krispies;* OLG Köln, GRUR 1987, 530 – *Charles of the Ritz;* BPatGE 23, 203 – *Tourneur;* Nachw. zur älteren Rspr. und Lit. bei *Fezer* § 26 Rdn. 124 ff.). Von der Zweitmarke zu unterscheiden ist die dem Markeninhaber jederzeit ohne Auswirkungen auf den Benutzungszwang zustehende Freiheit, andere Exemplare derselben Ware mit anderen Marken zu kennzeichnen (BGH GRUR 1985, 926, 928 – *topfitz/topfit;* BGH GRUR 1979, 707, 708 – *Haller I*).

52 **dd) Dekorative Verwendung.** Die rein **dekorative Verwendung** soll nicht rechtserhaltend sein (zB OLG München WRP 1996, 128, 130 – *THE BEATLES:* Benutzung auf T-Shirt bloßer Schmuck). Dem ist insoweit nicht zu folgen, als die dekorative Verwendung nach der hier zu § 14 Rdn. 92 ff. vertretenen Auffassung rechtsverletzend sein kann.

53 Die Verwendung von Marken auf **Modellen**, insbesondere Spielzeug-Nachbildungen von Originalprodukten durch den Originalhersteller ist für Spielzeuge auch dann rechtserhaltend, wenn die Wiedergabe zugleich der realitätsnahen Nachbildung dient (aA BPatGE 34, 216, 221 ff. – *GREYHOUND;* vgl. zur Verletzungsfrage § 14 Rdn. 95).

54 **ee) Benennung fremder Waren/Dienstleistungen mit ihrer richtigen Marke.** Die Verwendung eines Zeichens zur Benennung fremder Waren/Dienstleistungen ist in den zu § 14 Rdn. 85 ff. erläuterten Fällen und im Rahmen des § 23 Rdn. 49 ff. keine Verletzungshandlung. Die Frage nach ihrer Eignung zur Rechtserhaltung stellt sich schon deshalb regelmäßig nicht, weil solche Verwendungen dem Markeninhaber gerade nicht zuzurechnen sind, sondern ohne seinen Willen geschehen (§ 26 Abs. 2). Auch unabhängig hiervon ist der zu § 14 Rdn. 90 erörterte redaktionelle Gebrauch in Nachschlagewerken, Lehrbüchern etc. allein zur Rechtserhaltung nicht ausreichend, mag ihm auch durchaus eine gewisse Werbewirkung zukommen können.

55 **ff) Amtliche und gerichtliche Verfahren.** Ein nur zur Rechtsverteidigung erfolgender „Einsatz" einer Marke zB durch Widerspruchseinlegung, Klage etc. ist selbstverständlich ebensowenig eine Benutzung für Waren oder Dienstleistungen iSd § 26 Abs. 1 wie die **Anmeldung** einer Marke als solche (vgl. schon BGH GRUR 1957, 224, 226 – *Odorex*).

56 **gg) Bedeutung von Eintragungshinweisen, „R im Kreis".** S. zunächst oben Rdn. 14. Eine Bedeutung der Hinzufügung des „R im Kreis"-Symbols als Argument für die rechtserhaltende Benutzung wird häufig verneint (zB BGH GRUR 1970, 355, 356 – *Epigran II;* Sonderfälle BPatGE 34, 216, 222 – *GREYHOUND* und BPatGE 19, 66, 70 – *FLIP-TOP BOX; Fezer* § 26 Rdn. 62). Dabei wird aber übersehen, daß das Verkehrsverständnis dadurch

Benutzung der Marke § 26

im Einzelfall durchaus beeinflußt werden kann. Beispielsweise kann das Symbol jedenfalls in Grenzfällen der Einstufung eines Zeichens als bloßes Bestellzeichen oder als beschreibende Angabe entgegenwirken oder die Verwendung eines Unternehmenskennzeichens gleichzeitig auch als Marke zumindest verdeutlichen.

e) Benutzung besonderer Markenformen

aa) Dreidimensionale Marken. Bei dreidimensionalen Marken ist eine Einschränkung des Benutzungsbegriffs iSd § 26 gegenüber der rechtsverletzenden Benutzung (§ 14 Rdn. 73) unumgänglich. Nur die dreidimensionale Verwendung kommt als rechtserhaltend in Betracht (*Eichmann* GRUR 1995, 184, 197). Zum gleichen Ergebnis gelangt man über die Anwendung des § 26 Abs. 3 (unten Rdn. 99). 57

bb) Hörmarken. Bei Hörmarken kommen nur akkustisch wahrnehmbare Verwendungen als Benutzungshandlungen in Betracht. Die schriftliche Wiedergabe der Hörmarke zB in Notenschrift in der Werbung genügt nicht. Vgl. Rdn. 99 zu § 26 Abs. 3. 58

cc) Farbig eingetragene Marken, Farben. Welche farbig eingetragenen Marken auch durch schwarz-weiße Wiedergaben rechtserhaltend benutzt werden können, richtet sich nach § 26 Abs. 3. Ausgeschlossen ist dies naturgemäß bei den reinen Farb- und Farbkombinationsmarken iSv § 3 Rdn. 32. 59

2. Benutzung für die eingetragenen Waren/Dienstleistungen

§ 26 Abs. 1 verlangt eine Benutzung der Marke für die Waren oder Dienstleistungen, „für die sie eingetragen ist". Hierzu bedarf es einer Subsumtion (*H. Munzinger*, Mitt. 1972, 181) der Ware/Dienstleistung, auf die sich die jeweilige Benutzungshandlung nach dem Verkehrsverständnis bezieht (oben Rdn. 12), unter die Begriffe des Waren-/Dienstleistungsverzeichnisses der Marke. 60

a) Subsumtion. Bei der Subsumtion sind zunächst die zu § 14 Rdn. 244 ff. dargestellten allgemeinen Regeln der Auslegung von Waren-/Dienstleistungsverzeichnissen zu beachten. Ist die Marke danach nur für Waren/Dienstleistungen benutzt worden, die unter keinen der Begriffe des Waren-/Dienstleistungsverzeichnisses subsumiert werden können, so ist die Marke insgesamt unbenutzt und löschungsreif. 61

Eine Benutzung für eine Ware/Dienstleistung, die mit den eingetragenen Waren/Dienstleistungen lediglich **ähnlich** iSd §§ 9, 14 62 ist oder unter einen gemeinsamen, nicht eingetragenen Oberbegriff fällt, ist nicht rechtserhaltend (vgl. BPatGE 22, 204, 206 – *Polychrome*: Benutzung für Kunststofffolien nicht rechtserhaltend für „Papier- und Pappwaren"; OLG Karlsruhe GRUR 1989, 270 – *Heinkel*: Benutzung für spezielle Flugzeugteile nicht rechtserhaltend für andere Flugzeugteile, „Luftfahrzeuge" oder „Fahrzeugteile"; LG Nürnberg-Fürth GRUR 1977, 156 – *Bacchustrunk*: Benutzung für Weißwein nicht rechtserhaltend für „Wermut"; ältere Bsp. bei *Heil* GRUR 1975, 155).

63 Nicht rechtserhaltend ist die Benutzung für Waren/Dienstleistungen, die im Verzeichnis ausdrücklich ausgenommen wurden (zB BPatGE 20, 216, 218 – *Corella*). Dies soll nach bislang hM aber nicht gelten, wenn es sich um einen sog. **Import- oder Exportvermerk** handelt, d.h. ein bestimmtes Herkunfts- oder Bestimmungsland der Waren angegeben ist (BGH GRUR 1975, 258, 259 – *Importvermerk*; *Fezer* § 26 Rdn. 54; aA *B/H* § 5 Rdn. 64). Dem ist nicht zu folgen, insbesondere nicht für den häufigeren Importvermerk. Wenn der Anmelder die Eintragung, aus welchen Gründen auch immer, auf aus einem bestimmten Land stammende Waren beschränkt, so ist die Benutzung für Waren anderer Herkunft nicht rechtserhaltend. Auch wenn ein solcher Vermerk den Schutzbereich nicht gegenständlich einengen können soll (BGH GRUR 1961, 181 – *Mon Cheri*), ändert dies nichts daran, daß dem Benutzungszwang nicht Genüge getan sein kann, wenn nur ausdrücklich ausgenommene Waren benutzt werden. Der Benutzungszwang ist auch nicht der richtige Ansatzpunkt für Korrekturen der zwischenzeitlich als verfehlt erkannten (BPatG GRUR 1989, 593 – *Molino*) früheren Forderung nach Importvermerken zum Ausschluß einer nur denkbaren Irreführung über die geographische Herkunft der gekennzeichneten Ware. Das Gebot der Rechtssicherheit und des Vertrauens Dritter in die Registerpublizität verbieten es, die Einschränkung des Verzeichnisses ausgerechnet hinsichtlich der für den Fortbestand der Marke entscheidenden Frage des Benutzungszwangs als nicht existent zu behandeln. Die frühere Rspr. sollte daher aufgegeben werden, ohne daß dem das bisherige Vertrauen in sie entgegensteht, nachdem es für jedermann naheliegend war, daß die Benutzung nur für Waren, für welche die Eintragung gerade nicht erlangt werden konnte, den Rechtsbestand der Marke gefährden könnte. Einen Grenzfall stellt die in BPatG zit. GRUR 1997, 509 – *Riffels/Ruffels* als unschädlich angesehene Benutzung für geringfügig von ausdrücklicher Spezifikation abweichende Ware dar (konservierte/unkonservierte Kartoffelchips).

Benutzung der Marke § 26

Bei Wegfall eines im Verzeichnis angegebenen speziellen Verwendungszwecks durch die **technische Fortentwicklung** kann der Verwendung für ein vom Verwendungszweck her technisch und wirtschaftlich vergleichbares Produkt derselben Warengattung rechtserhaltende Wirkung zuzubilligen sein (BPatGE 28, 65, 71 f. – *JOBOL* für „Schmiermittel zum Einschmieren von Excentern an Gasretorten" eingetragene Marke benutzt für Universal-Hochleistungsschmiermittel nach technischer Ablösung von Gasretorten). Dem ist zuzustimmen, soweit die technisch-wirtschaftliche Vergleichbarkeit zweifelsfrei ist und nicht schon von Anfang an Anlaß für eine Anmeldung auch des Nachfolgeprodukts bestanden hatte. Weitere Voraussetzung ist ein durch Benutzung für die ursprüngliche Ware erlangter Besitzstand, der allein diese Durchbrechung der Maßgeblichkeit des Waren-/Dienstleistungsverzeichnisses rechtfertigen kann. Zur Bedeutung technischer Fortentwicklung für die Auslegung von Waren/Dienstleistungsverzeichnissen allg. s. § 14 Rdn. 246). 64

b) Teilbenutzung. Wird eine Marke nur für einen Teil der eingetragenen Waren/Dienstleistungen benutzt, wirkt dies nach § 49 Abs. 3 und den insoweit gleichlautenden §§ 25 Abs. 2 S. 3, 43 Abs. 1 S. 3, 55 Abs. 3 S. 4 nicht auch für die übrigen Waren/Dienstleistungen rechtserhaltend, so daß die Marke teilweise löschungsreif ist und sich ihr Schutzbereich iSd §§ 9 Abs. 1 Nr. 1–2, 14 Abs. 2 Nr. 1–2 nur nach den benutzten Waren/Dienstleistungen bemißt. Da der Schutz gegen Verwechslungsgefahr aber auch Waren/Dienstleistungen umfaßt, die den benutzten Waren/Dienstleistungen nur ähnlich sind, bewirkt die Löschungsreife bzgl. nicht benutzter Waren/Dienstleistungen nicht zwingend, daß diese nicht doch in den Schutzbereich der Marke fallen könnten (zB wird eine für „Hosen" und „Jacken" eingetragene, aber nur für Hosen benutzte Marke auch durch eine Verwendung für Jacken verletzt). 65

c) Teilweise Benutzung von Oberbegriffen. Ist eine Marke für einen Oberbegriff eingetragen, aber nur für eine zugehörige Spezialware benutzt (zB „Bekleidungsstücke" eingetragen, aber nur für Lederhandschuhe benutzt), so ist bei der Kollisionsprüfung in Verletzungsprozeß, Widerspruchsverfahren oder Löschungsverfahren wegen älterer Rechte Dritter nicht von dem Oberbegriff, sondern grdsl. von der benutzten Spezialware auszugehen (dazu näher § 25 Rdn. 23 ff. auch zur demgegenüber „erweiterten Minimallösung" der hM). Im Löschungsverfahren wegen Verfalls kommt 66 nach der bisher hM eine Einschränkung des Oberbegriffs durch Teillöschung in Betracht (s. dazu jedoch krit. § 49 Rdn. 22 ff.).

67 **d) Doppelbenutzung.** Fällt eine Ware/Dienstleistung, für die eine Marke benutzt ist, gleichzeitig unter mehrere Begriffe des Verzeichnisses, so gelten die vorstehenden Regeln entsprechend, soweit es sich um Oberbegriffe handelt, wobei nach bisher hM allerdings sogar eine Totallöschung eines Oberbegriffs in Betracht kommen kann, wenn der verbleibende Begriff ausreicht (näher § 49 Rdn. 23).

3. Benutzung durch Inhaber/Dritte (Abs. 2)

68 Der Inhaber muß die Marke nicht selbst benutzen. Hat er Benutzungshandlungen einer anderen Person zugestimmt, werden ihm diese nach § 26 Abs. 2 für die Rechtserhaltung wie eigene zugerechnet werden. Hauptanwendungsfall ist die Benutzung durch einen Lizenznehmer iSv § 30. **Bloßes Dulden** von Handlungen Dritter oder sogar nur der eigenmächtigen Verwendung durch die Abnehmer ist noch keine Zustimmung (BPatGE 25, 50, 52 – *Bommi*). Die Zustimmung muß ausdrücklich oder konkludent erklärt werden und entfaltet die Zurechnungswirkung nach § 26 Abs. 3 erst für nach ihrer Abgabe vorgenommene Benutzungshandlungen, **nicht** aber **rückwirkend** (BGH GRUR 1985, 385 – *FLUOSOL; Schricker* GRUR Int. 1969, 24). Die hM verlangt **Rechtswirksamkeit** der Zustimmungserklärung (zB BGH GRUR 1985, 385 – *FLUOSOL;* OLG Karlsruhe GRUR 1981, 198, 200 – *Famila;* nur etwas differenzierender *Fezer* § 26 Rdn. 84, 85), so daß zB auch kartellrechtliche Form- und Inhaltsmängel der Zurechnung entgegenstehen können (vgl. aber zum Prüfungsumfang bzgl. § 34 GWB im Widerspruchsverfahren BPatG Bl. 1989, 223, 224 – *Wekroma/Feprona;* BGH GRUR 1985, 385, 386 – *FLUOSOL*). Sinn und Zweck des Benutzungszwangs erfordern die Berücksichtigung von Mängeln der Rechtswirksamkeit jedoch nicht, solange die Zustimmung nicht nur zum Schein erklärt wurde. Es wäre unerträglich, die Löschungsreife einer Marke zu bejahen, wenn die Parteien langjährig einen erst später als nichtig erkannten Lizenzvertrag ausgeführt haben. Es sind daher alle in Übereinstimmung mit dem rein tatsächlich erklärten Willen des Markeninhabers erfolgenden Benutzungshandlungen einzubeziehen (gegen die hM auch BPatGE 23, 192, 196 – *ISKA;* BPatG MA 1977, 161; *Schricker* GRUR Int. 1969, 14, 24). Bei **Sittenwidrigkeit** der Zustimmung

Benutzung der Marke **§ 26**

im Verhältnis gerade zum Verletzer ist nicht mit Wirkung ggü. jedermann die Rechtserhaltung zu verneinen, sondern des Rechtsmißbrauchseinwand gegeben (vor 14–19 Rdn. 99 ff.; aA KG BB 1997, 1966).

Im Schrifttum ist verlangt worden, daß der Dritte mit **Fremd-** 69 **benutzungswillen** handeln müsse (*Schricker* GRUR Int. 1969, 14, 24; *Fezer* § 26 Rdn. 86). Dem ist mit einer Einschränkung zu folgen. Von einer Benutzung mit Zustimmung des Markeninhabers iSv § 26 Abs. 2 kann dann nicht gesprochen werden, wenn es sich um eine gewissermaßen „aufgedrängte Zustimmung" handelt. Dies ergibt sich schon aus dem Wortlaut des § 26 Abs. 2, der nicht lediglich darauf abstellt, daß eine Zustimmung erklärt worden ist, sondern darauf, daß die Benutzung mit Zustimmung erfolgt, d.h. die Zustimmung andauert. Jedoch kann dies nicht bedeuten, daß jeder nach außen irgendwie erkennbar gewordene Sinneswandel des Dritten die Zurechnung unterbricht. Geboten ist die Fortdauer der Zurechnung insbesondere bei Streit über die Wirksamkeit der Kündigung eines Lizenzvertrages durch den Lizenznehmer, der die Zeichenverwendung unter Leugnung des Rechts des Markeninhabers fortsetzt. Wenn der Lizenzgeber hier auf der Fortdauer des Lizenzvertrages bestehen kann, darf die vertragswidrige Veränderung des Benutzungswillens nicht zum Verfall der Marke führen. Gegen diese Lösung kann nicht eingewendet werden, daß die Schutzwürdigkeit nur im Verhältnis zu dem Lizenznehmer bestehe und daher nicht die rechtserhaltende Wirkung gegenüber jedermann rechtfertigen könne. Denn der enge Zweck des Benutzungszwangs (oben Rdn. 7 ff.) gebietet den Verfall bei tatsächlicher Benutzung der Marke durch einen objektiv vertraglich gebundenen Dritten zweifelsfrei nicht. Auch die möglichen Schwierigkeiten anderer Dritter, die internen Verhältnisse zwischen Markeninhaber und Lizenznehmer nachzuvollziehen, sind kein Gegenargument, nachdem die Darlegungs- und Glaubhaftmachungspflicht bzw. Beweislast für die Voraussetzungen des § 26 Abs. 2 nach §§ 25, 43 Abs. 1, 55 Abs. 3 den Markeninhaber trifft. Im Löschungsprozeß kann nach den allgemeinen Regeln der Beweiserleichterung (§ 55 Rdn. 10) dem beklagten Markeninhaber eine Substantiierung seiner Angaben über seine Beziehungen zu mit seiner Zustimmung handelnden Dritten auferlegt werden.

Die Zurechnung erfolgt auch dann, wenn der Zustimmungs- 70 empfänger die Marke in einer im Sinne des § 26 Abs. 3 rechtserhaltenden, **abweichenden Form** verwendet, unabhängig davon, ob sich die Zustimmung des Markeninhabers auf die eingetrage-

§ 26 — Benutzung der Marke

ne oder ausdrücklich auf die abweichende Form bezog (BPatG GRUR 1995, 588 – *Jeannette/Anette*).

71 Im **Widerspruchsverfahren** genügt auch eine Glaubhaftmachung dahingehend, daß das benutzende Unternehmen dem Markeninhaber gehört, zB innerhalb eines Konzerns (BPatG Mitt. 1996, 247 – *Monsieur Michel*, vgl. *Fezer* § 26 Rdn. 80). Die Identität des Markenbenutzers darf aber nicht zweifelhaft bleiben (BPatG GRUR 1997, 301, 302 – *LORDS/LORD*).

72 Die Zurechnungskette kann mehrstufig sein, wie zB bei Benutzung aufgrund einer mit Zustimmung des Markeninhabers erteilten **Unterlizenz** (vgl. *Bökel* BB 1971, 1033, 1034).

73 Die Zurechnung hängt nicht davon ab, ob der **Verkehr** die Benutzungshandlungen dem Markeninhaber oder dem Zustimmungsempfänger **richtig zuordnen kann** (BGH GRUR 1991, 460, 461 – *Silenta*). Dies muß entgegen BGH GRUR 1986, 538, 539 – *Ola* (vgl. auch BGH GRUR 1991, 460, 461 – *Silenta*) auch dann gelten, wenn der Verkehr aus Produktaufmachung oder Werbung den Eindruck gewinnen kann, es handele sich bei dem verwendeten Zeichen um eine im Ausland für ein anderes Unternehmen geschützte Marke (zB fremdsprachige Aufschrift auf Exportware mit Nennung nur des ausländischen Unternehmens). Denn Sinn und Zweck des Benutzungszwangs erfordern weder Erkennbarkeit des inländischen Markeninhabers noch Erkennbarkeit des Bezugs zu einer inländischen Eintragung. Eine zum Rechtserhalt geeignete Markenbenutzung liegt entgegen der vom BGH aaO zu eng verstandenen Herkunftsfunktion auch dann vor, wenn der Verkehr nicht erkennen kann, daß der tatsächliche Verwender auch über eine eigene Marke im Inland verfügt (im Erg. wie hier *Sack* FS Piper 1996, 605 ff., dessen Begr. allerdings zu eng primär auf § 26 Abs. 4 abstellt; aA *Fezer* GRUR 1986, 542).

74 Unschädlich bzgl. des Benutzungszwangs sind daher auch pauschale **Markenschutzhinweise** auf Importprodukten, die als Markeninhaber ohne Differenzierung nach Ländern den ausländischen Hersteller angeben, obwohl die deutsche Marke dem deutschen Vertriebsunternehmen gehören kann, so daß es einer Zurechnung nach § 26 Abs. 2 gar nicht bedarf.

75 Die Benutzung einer Bezeichnung durch **Abnehmer** aus eigener Initiative zB bei Bestellungen ist nicht rechtserhaltend (BPatGE 25, 50, 52 – *Bommi*), kann aber Rückschlüsse auf eine Verwendung durch den Markeninhaber in der Werbung zulassen (BGH GRUR 1995, 347, 349 – *TETRASIL*).

Zu den Besonderheiten der rechtserhaltenden Benutzung von Kollektivmarken s. § 100.

4. Benutzung in abweichender Form (Abs. 3 S. 1)

§ 26 Abs. 3 S. 1 ist als Ausnahmeregelung zu dem in § 26 in Abs. 1 nicht besonders hervorgehobenen Grundsatz zu verstehen, daß eine Marke in der eingetragenen Form benutzt worden sein muß (vgl. Amtl. Begr. 2. Abs. 2. Spstr. zu § 26; BGH GRUR 1997, 744, 746 – *ECCO*). Sinn und Zweck des Benutzungszwangs (oben Rdn. 7 ff.) rechtfertigen es jedoch nicht, bei jeder noch so geringfügigen Abweichung der benutzten von der eingetragenen Form Rechtsbestand und Durchsetzbarkeit der Marke zu verneinen und zu einer neuen Anmeldung (mit späterer Priorität) zu zwingen. § 26 Abs. 3 soll die hier erforderliche Abgrenzung unschädlicher von schädlichen Abweichungen ermöglichen, um dem Markeninhaber einen **angemessenen Gestaltungsspielraum** bei der Verwendung des eingetragenen Zeichens zu gewähren. Der Vorschrift kommt große praktische Bedeutung zu. Schon allein der Wandel des Zeitgeschmacks und der Werbeanforderungen kann Veränderungen der Darstellung nahelegen. Hinzu kommt, daß der Markeninhaber die am besten geeignete Form des Zeichens im Zeitpunkt der Anmeldung regelmäßig deshalb noch nicht endgültig absehen kann, weil die Produkteinführung erst noch bevorsteht oder jedenfalls noch keine umfassenden Erfahrungen mit der Kennzeichnung vorliegen. 76

a) Verhältnis zur MRRL. Dem Wortlaut nach weicht § 26 Abs. 3 S. 1 mehrfach von dem zugrundeliegenden Art. 10 Abs. 2 lit. a MRRL ab, der seinerseits Art. 5 C Abs. 2 PVÜ nachgebildet ist. Die Abweichungen erweisen sich jedoch im Ergebnis als noch **richtlinienkonforme Klarstellungen.** 77

Zum einen hat der deutsche Gesetzgeber den Begriff „Unterscheidungskraft" des deutschen Richtlinientextes durch den neuen Begriff **„kennzeichnender Charakter"** ersetzt. Die Amtl. Begr. verweist darauf, daß die deutsche Fassung der MRRL hier auf die deutsche Übersetzung des Art. 5 C Abs. 2 PVÜ zurückgegriffen habe, die aber ihrerseits korrekturbedürftig sei. Dadurch werde klargestellt, daß im Rahmen des Benutzungszwangs nicht die Eintragungsvoraussetzung der Unterscheidungskraft iSv §§ 3, 8 Abs. 2 Nr. 1 maßgeblich sein könne (zustimmend BGH GRUR 1997, 744, 746 – *ECCO*). Anderssprachige Fassungen der MRRL verwenden in Art. 3 Abs. 1 lit. b und Art. 10 Abs. 2 lit. a einen ähnlichen Begriff (zB „distinctive character", „caractère distinctif", „carácter distintivo"). Zur nicht einheitlichen Umsetzung in den Mitgliedstaaten vgl. *Fezer* § 26 Rdn. 91.

78 Soweit § 26 Abs. 3 S. 1 darauf abstellt, daß die Abweichung den kennzeichnenden Charakter der Marke nicht **„verändert"**, während die deutsche Fassung der MRRL den Begriff „beeinflußt" verwendet, hat sich der deutsche Gesetzgeber erkennbar davon leiten lassen, daß anderssprachige Fassungen der MRRL nicht von einer bloßen Beeinflussung sprechen (zB „do not alter", „n'altérant pas", „no alteren") und auch hier die für die deutsche Fassung der MRRL übernommene deutsche Übersetzung des Art. 5 C Abs. 2 PVÜ nicht paßt.

79 Ein dritter Unterschied im Wortlaut besteht darin, daß Art 10 Abs. 2 lit a MRRL auf Abweichungen **„nur in Bestandteilen"** ausgerichtet ist. Der deutsche Gesetzgeber hat dieses auch in Art. 5 C Abs. 2 PVÜ verwendete Kriterium in § 26 Abs. 3 S. 1 weggelassen, ohne daß sich dazu in der Amtl. Begr. eine Erläuterung findet. Vorgebeugt werden sollte wohl einem zu engen (Miß-) Verständnis des Begriffs der Bestandteile einer Marke. Denn Art. 10 Abs. 2 lit. a MRRL kann insoweit in der Tat nicht wörtlich, d. h. etwa nur auf graphisch abtrennbare Teile der Marke bezogen, zu verstehen sein. Andernfalls wäre zB die Benutzung eines Wortzeichens in einer insgesamt anderen Schrifttype oder die Verwendung eines Bildzeichens in einer insgesamt geringfügig anderen Farbe nicht mehr nur eine Abweichung in Bestandteilen und damit per se nicht rechtserhaltend. Ihrem Sinn und Zweck nach muß die Richtlinienbestimmung für alle Abweichungen in irgendeinem Gestaltungselement einer eingetragenen Marke gelten. Auch dieser Unterschied zwischen MarkenG und MRRL hat somit nur klarstellende Bedeutung.

80 **b) Veränderung des kennzeichnenden Charakters.** Im Ergebnis besteht weitgehend Einigkeit darüber, daß § 26 Abs. 3 eine **Lockerung der Bindung an die eingetragene Form** gegenüber der früheren deutschen Praxis bedeutet (BGH GRUR 1997, 744, 746 – ECCO; *Ingerl/Rohnke* NJW 1994, 1247, 1254; *Ingerl* WiB 1994, 109, 112; aA nur *Heil*, FS 25 Jahre BPatG 1986, S. 389f. zur GMVO). Die Amtl. Begr. schließt eine Rückkehr zu der früher sehr strengen deutschen Rspr. (Nachw. bei *B/S* § 5 WZG Rdn. 57–60) ausdrücklich aus. Unklar ist aber, nach welchen Kriterien die Grenze zwischen unschädlicher und schädlicher Abweichung nunmehr im einzelnen zu ziehen ist. Der von Rspr.

(BPatG GRUR 1997, 301, 302 – *LORDS/LORD;* BPatG GRUR 1995, 588 – *Jeannette/Annete*) und Lit. (zB *Albrecht* GRUR 1996, 251; *Schmieder* NJW 1994, 1245) verschiedentlich für maßgeblich erklärte **Schutzumfang** der eingetragenen Marke ist kein taugliches Abgrenzungskriterium. Jede Abweichung kann auch Auswirkungen auf den Schutzumfang haben (insoweit zutr. *Heil* FS 25 Jahre BPatG 1986, S. 371, 389; *Hackbarth,* S. 214; *Giefers* FS Vieregge 1995, 278; *Schwanhäusser* GRUR 1982, 197, 200). Eine abstrakte Beurteilung des Schutzumfangs einer Marke ohne Bezug zu einem konkreten Kollisionsfall ist angesichts der komplexen Wechselwirkungen im Rahmen der Prüfung der Verwechslungsgefahr nicht sinnvoll möglich. Die Anwendung des § 26 Abs. 3 ändert den Schutzumfang der eingetragenen Marke schon deshalb nicht, weil bei der Kollisionsprüfung nach richtiger Auffassung weiterhin auf die eingetragene Form abzustellen ist, nicht etwa auf die als rechtserhaltend anerkannte Abweichung (str.; näher § 14 Rdn. 316 ff.).

Die Veränderung des kennzeichnenden Charakters ist eine 81 **Rechtsfrage**, die jedoch insoweit von der Publikumsauffassung abhängt, als die Anschauungen der angesprochenen Verkehrskreise dafür maßgeblich sind, wie die beiden Zeichenformen verstanden und ihre Unterschiedlichkeiten gedeutet werden (zutr. *Fezer* § 26 Rdn. 99; aA *Giefers* FS Vieregge 1995, 280 f.: nur Tatsachenfrage). Der Verkehr muß aber nicht von „ein und demselben" Zeichen ausgehen, also Zeichenidentität annehmen und die Abweichungen völlig vernachlässigen, wie von der früheren Rspr. zur Verneinung überhaupt einer relevanten Abwandlung verlangt (zB BGH GRUR 1990, 364, 365 – *Baelz;* BGH GRUR 1987, 822, 823 – *Panda-Bär;* BGH GRUR 1986, 892, 893 – *Gaucho;* BGH GRUR 1985, 46, 48 – *IDEE-Kaffee;* BGH GRUR 1979, 712, 713 – *BioMix;* BGH GRUR 1975, 135, 137, 138 – *KIM-Mohr*). Stattdessen kommt es darauf an, ob das abweichend benutzte Zeichen vom Verkehr gerade bei Wahrnehmung der Unterschiede dem Gesamteindruck nach noch **mit der eingetragenen Marke gleichgesetzt wird**. Dabei sind auch die Verkehrsteile zu berücksichtigen, die das eingetragene Zeichen bereits kennen. Vgl. mit Formulierungsunterschieden im einzelnen BPatG GRUR 1997, 301, 302 – *LORDS/LORD* „wesentliche Veränderung"; BPatG GRUR 1995, 590, 591 f. – *MANHATTAN;* BPatG GRUR 1995, 588 – *Jeannette/Annete; Fezer* § 26 Rdn. 98; zu streng daher *Hackbarth* S. 214 ff.; *Heil* FS 25 Jahre BPatG 1986, S. 390. Schon nach der früheren Rspr. genügte es, wenn die für die Rechtserhaltung sprechende Anschauung jedenfalls bei einem „rechtserheblichen Teil des Verkehrs" vorlag (BGH GRUR 1985, 46, 47 – *IDEE-Kaffee;* vgl. a. BGH GRUR 1979, 856, 858 – *Flexiole* zur Bedeutung von Fachkreisen), wobei nicht auf den Zeichenvergleich aus ungenauer Erinnerung abzustellen war, sondern auf einen unmittelbaren Vergleich (BGH GRUR 1979, 712, 713 – *BioMix*).

82 Eine **besondere Rechtfertigung der Abweichung** als „bestimmungsgemäß", „verkehrsüblich", durch den „praktischen Gebrauch" (zB Anpassung an Verpackungsformen) oder durch sonstige „vernünftige wirtschaftliche Gründe geboten" (zB durch den Zeitgeschmack nahegelegte Modernisierung in Schrift und Bild) iSd früheren deutschen Rspr. (zB BGH GRUR 1990, 364, 365 – *Baelz;* BGH GRUR 1987, 822, 823 – *Panda-Bär;* BGH GRUR 1986, 892, 893 – *Gaucho;* BGH GRUR 1984, 872 – *Wurstmühle;* BGH GRUR 1982, 51, 52 – *Rote-Punkt-Garantie;* BGH GRUR 1981, 53, 54 – *Arthrexforte*) **spielt nach § 26 Abs. 3 keine Rolle mehr** (BPatG GRUR 1997, 301, 302 – *LORDS/LORD;* BPatG Mitt. 1996, 214, 215 – *Karolus Magnus;* BPatG GRUR 1995, 588 – *Jeannette/Annete;* Fezer § 26 Rdn. 97 f.; *Giefers* FS Vieregge 1995, 283 f.; aA zur GMVO *Hackbarth* S. 214 ff.; offensichtlich auch *Heil* FS 25 Jahre BPatG, 1986, S. 371, 390). Denkbar wäre allenfalls eine Berücksichtigung solcher Umstände in Ausnahmefällen im Rahmen der „berechtigten Gründe" für die Nichtbenutzung der eingetragenen Form (unten Rdn. 120 ff.). Ebensowenig maßgeblich sind die Kategorien der Anpassungen oder Übersetzungen, wie sie von BPatG GRUR 1995, 590, 591 f. – *MANHATTAN* und BPatG Mitt. 1996, 214, 215 – *Karolus Magnus* aus den Londoner Protokollen zur PVÜ von 1934 in Bezug genommen werden. Art. 10 MRRL hat den Wortlaut der PVÜ, nicht aber diese Kategorien aufgegriffen. Das Beispiel der Übersetzung ist ohnehin verfehlt, da die Übertragung in eine andere Sprache häufig erhebliche schriftbildliche und phonetische Veränderungen mit sich bringt (zutr. *Hackbarth* S. 213; *Schwanhäusser* GRUR 1982, 197, 200).

83 Die Veränderung des kennzeichnenden Charakters ist in § 26 Abs. 3 als Ausnahme von der Regel der Unschädlichkeit von Abweichungen bezeichnet. Darin liegt eine Änderung gegenüber der grdsl. Schädlichkeit nach früherem Recht (*Giefers* FS Vieregge 1995, 279), deren Bedeutung beträchtlich ist. Bleibt das Verkehrsverständnis zweifelhaft, ist die Abweichung unschädlich. Es gilt also im neuen Markenrecht der Grundsatz **„im Zweifel für die Marke"**.

Die Amtl. Begr. erhofft sich von der Neuregelung eine Entlastung des Registers, weil die früher gegebene Notwendigkeit, für alle denkbaren Abwandlungen Neuanmeldungen vorzunehmen, nunmehr entfallen sei (Amtl. Begr. 2. Abs. 2. SpStr letzter S. zu § 26, der sich entgegen seiner Stellung nicht auf § 26 Abs. 3 S. 2 beziehen kann). Diese Hoffnung dürfte sich nur sehr eingeschränkt verwirklichen. Angesichts der weiterhin unsicheren Abgrenzung schädlicher und unschädlicher Abweichungen bleibt die Neuanmeldung von Abweichungen in allen Zweifelsfällen unumgänglich, wenn nicht Risiken in Kauf genommen werden sollen, die zu den Kosten einer Neuanmeldung idR in keinem Verhältnis stehen. 84

c) Bedeutung der Rspr. zum WZG. Aus der umfangreichen früheren Rspr. sind diejenigen Entscheidungen ihrem Ergebnis nach weiterhin als Auslegungshilfe verwertbar, in denen schon nach der strengeren früheren Rechtslage eine Schädlichkeit der Abweichung verneint und die Rechtserhaltung **bejaht** wurde, wobei allerdings die Begründungen nicht ohne weiteres übernommen werden können und in einigen Einzelfällen eine besondere Großzügigkeit der Rspr. anläßlich der Einführung des gesetzlichen Benutzungszwangs im Sinne eines Vertrauensschutzes für Altzeichen zu berücksichtigen ist (zB BGH GRUR 1975, 135, 137f. – *KIM-Mohr*). Entscheidungen, in denen die frühere Rspr. die Rechtserhaltung **verneint** hat, sind heute ihrem Ergebnis nach keine verläßlichen Orientierungspunkte für die Anwendung des § 26 Abs. 3 mehr, sondern nur noch nach kritischer Überprüfung ihrer Begründungen im Einzelfall geeignet, Erkenntnisse über die Bewertung einer Abweichung zu vermitteln (aA BPatG GRUR 1997, 301, 302 – *LORDS/LORD*: weitergehender Rückgriff auf Rspr. zu Zusätzen, da rechtliche Maßstäbe insoweit unverändert; vgl. zur Bewertung der Fälle aus der früheren Rspr. nach heutigem Recht: *Giefers* FS Vieregge 1995, 283 ff.). 85

d) Fallgruppen. Eine aussagekräftige Fallgruppenbildung nach der Art der Abweichung ist angesichts der notwendigerweise stark einzelfallbezogenen Betrachtungsweise nur eingeschränkt möglich. Sogar zu der an sich naheliegenden Regel, daß Abwandlungen der Marke selbst den Rahmen des § 26 Abs. 3 eher überschreiten können als bloße Hinzufügungen, vermeidet die Rspr. eine generelle Festlegung (BPatG GRUR 1997, 301, 302 – *LORDS/LORD*). Auch überschneiden sich die Fallgruppen und können mehrere Abweichungen zusammentreffen. Wie schon die Verwendung des Plurals in § 26 Abs. 3 S. 1 zeigt, schließt dies die Rechtserhaltung 86 nicht von vornherein aus. Maßgeblich bleibt der Gesamtvergleich mit dem eingetragenen Zeichen. Soweit mangels ausreichender Kasuistik zum MarkenG in die folgende Darstellung nach Fallgruppen auch die frühere Rspr. zum WZG einbezogen ist, sind die oben Rdn. 85 erläuterten Vorbehalte zu beachten.

87 **aa) Veränderungen innerhalb eines Wortzeichens.** Soweit nicht gerade erst ein besonderes Schriftbild die Schutzfähigkeit der Marke begründet (§ 8 Rdn. 42), sind generell unschädlich: Abweichungen bzgl. **Groß-/Kleinschreibung** (BPatG GRUR 1997, 287, 289 – *INTECTA/tecta;* OLG Köln MD 1996, 1114, 1116 – *SALZIGE HERINGE;* zum WZG: BGH GRUR 1990, 364, 365 – *Baelz;* BGH GRUR 1979, 707, 708/709 – *Haller I;* BPatG Mitt. 1978, 161: „BiP" statt eingetragen „BIP") oder abweichende **Schrifttype** (OLG Köln MD 1996, 1114, 1116 – *SALZIGE HERINGE;* zum WZG: BPatGE 32, 227, 229 f. – *Procto-Kaban:* Normalschrift statt eingetragener Konturschrift). Die **Weglassung eines einzelnen Buchstabens** ist nur unschädlich, wenn diesem weder phonetische noch begriffliche Bedeutung zukommt (BPatG GRUR 1977, 255, 256 – *POSTAFENE:* Wegfall des unbetonten Schlußbuchstabens „e"), gleicher Maßstab für **Buchstabenverdoppelung** (BPatG GRUR 1995, 588 – *Jeannette/Annete:* Buchstabenverdoppelung in „Jeanette" zu „Jeannette" unschädlich). Ähnliches gilt bei **Buchstabenaustausch** im Verhältnis fremdsprachiger/eingedeutschter Wiedergabe (BPatG Mitt. 1979, 117: „Sekurit" statt eingetragen „Securit"; BPatG GRUR 1979, 709: „KURANT" rechtserhaltend benutzt durch „CURANT" als mögliche Fremdwortschreibweise, nicht aber durch „COURANT" als französischem Wort mit anderer Bedeutung) und bei sprachlichen **Modernisierungen** (BGH GRUR 1989, 510, 512 – *Teekanne II:* Modernisierung „The" zu „Tee"). Der Wegfall von **Bindestrichen** ist idR unschädlich (BPatG Mitt. 1996, 214 – *Karolus Magnus;* zum WZG: BGH GRUR 1990, 364, 365 – *Baelz*), soweit nicht ausnahmsweise von besonderer Bedeutung (z B Zusammenführung zweier für sich betrachtet schutzunfähiger Bestandteile, vgl. § 8 Rdn. 22; s. auch unten Rdn. 89 f.). Beruht die Schutzfähigkeit auf einer von einem nicht schutzfähigen Wort abweichenden Schreibweise, so ist die Verwendung des zugrundeliegenden Begriffs keinesfalls rechtserhaltend (z B „bonyour" nicht benutzt durch „Bonjour", BPatG v. 8. 4. 1997 27 W (pat) 36/96).

88 **bb) Veränderungen innerhalb eines Bildzeichens.** Unschädlich sind geringfügige graphische Abweichungen (BGH

Benutzung der Marke § 26

GRUR 1997, 744, 746 – *ECCO*) oder auch Modernisierungen, wenn das Motiv oder beibehaltene graphische Gestaltungselemente im Vordergrund stehen (BGH GRUR 1989, 510, 512 – *Teekanne II:* modernisierte Teekannendarstellung).

cc) Aufspaltung eines Wortzeichens, mehrzeilige 89
Schreibweise. Die Aufspaltung eines einheitlichen Zeichenwortes in zwei oder sogar mehrere Bestandteile ist nach wie vor eine **besonders riskante Abweichung**. Dies gilt vor allem für die Aufspaltung von Kunstwörtern in für sich betrachtet beschreibende Bestandteile. Daher auch nach § 26 idR nicht rechtserhaltend: Eintragung „Arthrexforte" wird auf Arzneimitteltube zweizeilig als „ARTHREX FORTE" und auch sonst nur in getrennter Schreibweise verwendet (BGH GRUR 1981, 53, 54 – *Arthrexforte*). Eintragung „ISKA" wird durch versetzte Schreibweise in IS/KA mit farblicher Trennung aufgespalten (BPatGE 23, 192, 196ff. – *ISKA*). Grenzfälle: Verwendung von „BioMix" statt eingetragen „Biomix" (BPatG GRUR 1979, 712 – *BioMix*). Verwendung von „COMBUR-TEST" statt eingetragen „COMBURTEST" (BGH GRUR 1986, 315 – *Comburtest*).

Unschädlich dagegen idR **zweizeilige Schreibweise** von ein- 90
zeilig aber getrennt eingetragenen Wörtern (BPatG Mitt. 1996, 214 – *Karolus Magnus:* sogar bei weggelassenem Bindestrich; BPatGE 31, 31, 32ff. – *Petersburger Schlittenfahrt:* zweizeilige Schreibweise auf Flasche). Entgegen BGH GRUR 1990, 364, 365 aE – *Baelz* ist zweizeilige Schreibweise in diesem Falle auch bei gleichzeitiger Hervorhebung des kennzeichnungskräftigeren Bestandteils durch Fettdruck nach § 26 eindeutig unschädlich.

dd) Weglassen eines Wortbestandteils. Der ersatzlose Weg- 91
fall von Wortbestandteilen ist regelmäßig schädlich, anders nur dann, wenn der Bestandteil „keine eigene kennzeichnende Wirkung" entfaltet (BGH GRUR 1997, 744, 746 – *ECCO:* geographische Angabe „Milano"; BPatG Mitt. 1996, 214 – *Karolus Magnus:* beschreibende Angaben auf Etikettenmarke; OLG Köln MD 1996, 1114, 1116 – *SALZIGE HERINGE:* beschreibende Angabe „Salzlakritz"). Da der Anmelder die Aufnahme unnötiger beschreibender Bestandteile ohne weiteres vermeiden kann, ist eine übermäßig großzügige Handhabung nicht geboten. Ohne weiteres unschädlich dagegen Wegfall zeichenrechtlich zweifelsfrei bedeutungsloser Elemente wie Artikel (BPatGE 27, 241, 244 – *Der Photo Porst*) oder Verwendung im Singular statt Plural und umgekehrt. Ziffernbestandteile sind mitprägend, wenn nicht ausnahmsweise

ohne weiteres als austauschbare Typenbezeichnung oder beschreibende Angabe (zB Dosierung) erkennbar (auch nach § 26 eindeutig nicht rechtserhaltend daher BGH GRUR 1979, 468 – *audio 1*: statt verkehrsdurchgesetzt eingetragen „audio 1" für Radio- und HiFi-Geräte nur mit anderen Ziffernzusätzen als „audio 250 bzw. 300, 310" verwendet).

92 ee) **Weglassen eines Bildbestandteils.** Der Wegfall von Bildbestandteilen in Wort-/Bildmarken kann in weitgehenderem Maße unschädlich sein als der Wegfall von Wortelementen, vorausgesetzt sie werden vom Verkehr als bloße Verzierung, werbeübliche Verstärkung eines dominierenden Wortelements oder als ohne weiteres beschreibende Angabe angesehen (BPatG Mitt. 1976, 217 – *Frubiaven/Rubia Teep*: weggelassenes beschreibendes Bildelement). Dagegen ist der **Wegfall eines auffälligen**, den Gesamteindruck mitprägenden **Bildbestandteils** auch bei branchenüblich häufiger Verwendung nur des Wortelements zur Warenbezeichnung idR **schädlich** (aA BGH GRUR 1975, 135, 137 f. – *KIM-Mohr* zu Altmarke aus Gründen des Vertrauensschutzes vgl. *B/S* § 5 WZG Rdn. 59 aE; *Schulze zur Wiesche* GRUR 1975, 140; *Heydt* GRUR 1975, 442; *Fezer* BB 1975, 436). Auch hier gilt, daß es der Anmelder in der Hand hat, unnötige Bildbestandteile zu vermeiden bzw. auch isoliert anzumelden und daher eine übermäßig großzügige Handhabung nicht geboten erscheint.

93 ff) **Hinzufügung neuer Zeichenbestandteile.** Hinzufügungen hat die frühere Rspr. besonders streng behandelt und nur dann als unschädlich angesehen, wenn der Verkehr den Herkunftshinweis ausschließlich dem mitverwendeten eingetragenen Zeichen entnahm und die zusätzlichen Bestandteile als zeichenrechtlich bedeutungslose, austauschbare Zutaten, nicht aber als den Gesamteindruck und Schutzbereich wesentlich mitprägend ansah (zB BGH GRUR 1986, 892, 893 – *Gaucho;* BGH GRUR 1984, 872, 873 – *Wurstmühle;* BGH GRUR 1984, 813, 814 – *Ski-Delial;* BGH GRUR 1985, 46, 47 – *IDEE-Kaffee;* BGH GRUR 1979, 856, 858 – *Flexiole;* weitere Nachw. bei *Fezer* § 26 Rdn. 108 ff.). Dabei ist jedoch in einigen Fällen die erforderliche Differenzierung zwischen der Verbindung zu einer einheitlichen neuen Kennzeichnung und der bloßen Einbindung in eine Gesamtkennzeichnung mit der Möglichkeit der Rechtserhaltung als Mehrfachkennzeichnung (oben Rdn. 51) unterblieben (zutr. BGH GRUR 1993, 972, 974 – *Sana/Schosana*). Auch die neuere Rspr. greift den Begriff der „markenmäßig bedeutungslosen", „austauschbaren", „werbeüblichen"

Benutzung der Marke § 26

Zutat wieder auf, ohne daß diese Begriffswahl die Abgrenzungskriterien klar erkennen ließe (BPatG GRUR 1997, 301, 302 – *LORDS/LORD*: Hinzufügung eines Bildelements „junger Mann" als werbeüblicher Hinweis auf Eleganz und Gepflegtheit bedeutungslos).

Verschmilzt die Hinzufügung mit dem eingetragenen Zeichen zu einem einheitlichen Zeichen, ist sie nur dann unschädlich, wenn ihr zweifelsfrei keine auch nur mitprägende Bedeutung für den Gesamteindruck zukommt, insbesondere glatt **beschreibender** Natur ist (BGH GRUR 1985, 46, 47 – *IDEE-Kaffee*: Hinzufügung „Kaffee" zu Wortmarke „Idee"; BGH GRUR 1979, 856, 858 – *Flexiole*: Hinzufügung von Indikationshinweisen „Corti-Flexiole" und „Rhino-Flexiole"; BGH GRUR 1978, 642, 643/644 – *SILVA*: Hinzufügung warenbeschreibender Angabe „LONG" zu Zigarettenmarke „SILVA"; BPatGE 32, 231, 234 – *Landenberg*: glatt beschreibender Zusatz „Parkhotel" zu Dienstleistungsmarke; BPatGE 25, 45, 47ff. – *Rocky Limonaden*: Ergänzung beschreibenden Bestandteils um weitere glatt beschreibende Angabe zu „Rocky Mineralbrunnen-Limonade"; BPatGE 25, 160, 165/166: „Louvre de Paris" statt eingetragen „Louvre"). 94

Die Hinzufügung beschreibender Bestandteile kann schädlich werden, wenn sie ausnahmsweise doch den Gesamteindruck beeinflussen (auch nach § 26 daher sehr problematisch BPatG GRUR 1988, 380 – *PENA SOL*: „PENA SOL" zweizeilig und einzeilig „Pena-Sol" statt eingetragen „Pena" für Sonnenmilch; zw daher BPatGE 19, 175 – *Cosy Issy*: Hinzufügung von „Cosy" zu eingetragener Wortmarke „Issy" für weiche Plüschtiere wegen beschreibender Bedeutung von „cosy" im Englischen unschädlich, obwohl Wirkung als von beiden Elementen geprägte Gesamtkennzeichnung naheliegend). 95

In jedem Falle schädlich sind Verbindungen mit **Elementen eigenständiger Kennzeichnungskraft** (BGH GRUR 1984, 813, 814 – *Ski-Delial*: Wortzeichen „Ski" für Kosmetika nur zusammen mit durchgesetzter Marke „Delial" als „Ski-Delial" für Sonnenschutzmittel verwendet; auch nach § 26 nicht rechtserhaltend, da zu einer von „Delial" geprägten neuen Gesamtkennzeichnung verschmolzen; BPatG GRUR 1979, 711: „Princesse D´Albret" statt eingetragen „Prinzess", auch nach § 26 eindeutig schädlich, da zu Gesamtkennzeichnung mit prägendem Nachnamen verändert). Grenzfälle: BGH GRUR 1982, 51, 52 – *Rote-Punkt-Garantie*: Abwandlung von Wort-/Bildmarke aus rotem Kreis mit Inschrift „Der rote Punkt" zu „Die Rote-Punkt-Garantie" und „Der rote GA- 96

RANTIE Punkt" bei gleichzeitiger Verwendung anderer Marke, nach § 26 wohl unschädliche Abwandlung, da „Garantie" glatt beschreibender Zusatz, fraglich aber, ob überhaupt noch Ware und nicht nur Garantieleistung gekennzeichnet wird; BGH GRUR 1972, 180, 182 – *Cheri:* „Mon Cheri" für eingetragen „Cheri" nicht rechtserhaltend, weil „Mon Cheri" gerade als Gesamtheit verkehrsbekannt; nach § 26 nur schädlich, sofern „Mon" nicht lediglich als werbeüblich personalisierende Verstärkung aufgefaßt wird.

97 **gg) Einbindung von Bildzeichen in Kombinationszeichen.** Weder mit § 26 noch mit dem Grundsatz der Eignung auch von Mehrfachkennzeichnungen zur Rechtserhaltung (oben Rdn. 51) vereinbar ist die frühere strenge Rspr. zur nicht rechtserhaltenden Benutzung von in Alleinstellung eingetragenen Bildzeichen durch Verwendung innerhalb von Kombinationsmarken aus weiteren Bestandteilen (BGH GRUR 1986, 892, 893 – *Gaucho:* Bildzeichen „Reiter mit Lasso" zusammen mit herausgestelltem Wort „LASSO" verwendet; BGH GRUR 1984, 872, 873 – *Wurstmühle:* Bildzeichen „Mühle mit Wurstflügeln" nur in wappenartigem Kombinationsemblem zusammen mit beschreibenden Wortbestandteilen verwendet). Die Entscheidungen könnten auch dadurch beeinflußt gewesen sein, daß das Kombinationszeichen selbst eingetragen war, was jetzt angesichts § 26 Abs. 3 S. 2 unschädlich ist. Zutreffend daher der bereits vor Inkrafttreten des MarkenG unternommene Abgrenzungsversuch in BGH GRUR 1993, 972, 974 – *Sana/Schosana.* Weiterer Beispielsfall für unschädliche Einbindung: BPatG GRUR 1980, 56 – *Schmidt-Zigarre:* Wortmarke „Schmidt-Zigarre" in siegelförmiger Umrahmung und hervorgehobenem Buchstaben „S".

98 **hh) Sonstige Veränderungen innerhalb eines Kombinationszeichens.** Die Verwendung eines Wortes aus Wort-/Bildzeichen, bestehend aus graphisch ausgestalteter (wellenförmiger) Wiedergabe des Wortes, soll rechtserhaltend sein, auch wenn in Normalschrift („unbeachtliche Abweichung") und mit zusätzlichem Bildbestandteil mit beschreibendem Sinngehalt aus ebenfalls eingetragener Marke („bloße Zutat") (OLG München Mitt. 1997, 30, 33 – *Aliseo*).

Die Ersetzung der farblichen Hervorhebung zweier Elemente einer Kombinationsmarke aus zwei Wortbestandteilen und einem Bildelement durch unauffällige Einprägung kann im Einzelfall unschädlich sein (BPatG GRUR 1995, 590, 591 f. – *MANHATTAN*).

Eine geringfügige Verschiebung des Bildbestandteils einer Wort-/Bildmarke ist unschädlich (BGH GRUR 1987, 822, 823 – *Panda-Bär*).

ii) Wechsel der Markenform. Die Benutzung in einer anderen Markenform als eingetragen (zB Wiedergabe eines Bildzeichens durch ein Wort und umgekehrt, zweidimensionale Wiedergabe einer dreidimensionalen Marke) ist grdsl. nicht rechtserhaltend, da die Markenform den kennzeichnenden Charakter maßgeblich mitbestimmt (*Fezer* § 26 Rdn. 114). Vorstellbar ist allerdings die Anerkennung der rechtserhaltenden Benutzung einer zweidimensionalen Bildmarke durch eine dreidimensionale Gestaltung, wenn der Dimensionswechsel den Gesamteindruck des Zeichens nicht verändert (zB reliefartige Darstellung), nicht aber umgekehrt rechtserhaltende Benutzung einer dreidimensionalen Marke durch zweidimensionale Darstellung (insoweit uU aA *Fezer* § 26 Rdn. 114 aE; wie hier *Giefers* FS Vieregge 1995, 286). Die schriftliche Wiedergabe einer Hörmarke zB in Notenschrift oder sogar nur eines von der Hörmarke umfaßten Textes in schriftlicher Form ist nicht rechtserhaltend (ebenso *Giefers* FS Vieregge 1995, 286). Hiervon zu unterscheiden ist die umgekehrte Fallgestaltung der Benutzung einer Wortmarke durch mündliche Benennung, die ohne weiteres eine berücksichtigungsfähige Benutzungshandlung ist (oben Rdn. 38). 99

jj) Änderung von Namen/Adresse des Inhabers. Anders als das Gemeinschaftsmarkenrecht (Art. 48 Abs. 2, 44 Abs. 2 GMVO) läßt das MarkenG eine Änderung der eingetragenen Marke zur Berücksichtigung von Änderungen von Namen/Adresse des Markeninhabers, die in einer Marke als nicht wesentlicher Teil enthalten sind (zB bei Flaschenetiketten, Verpackungsabbildungen etc.), nicht zu. Auch für solche Abweichungen gilt daher § 26 Abs. 3. Während Adressenänderungen idR unschädlich sein werden, wird eine Änderung des Inhabernamens der Rechtserhaltung entgegenstehen, es sei denn, der Name hat nur eine völlig untergeordnete Bedeutung, insbesondere als zB gesetzlich vorgeschriebene, unauffällige Herstellerangabe am Rande eines Flaschenetiketts o.ä. 100

5. Rechtserhaltende Wirkung für mehrere Marken

a) Bei abweichender Form (Abs. 3 S. 2). § 26 Abs. 3 S. 2 läßt eine Benutzung in abweichender Form auch dann als rechtserhaltend zu, wenn die abweichende Form auch ihrerseits als Marke für die betroffenen Waren/Dienstleistungen eingetragen ist. Somit können im Gegensatz zur strengeren früheren Rspr. (BGH GRUR 101

§ 26 Benutzung der Marke

1986, 315 – *Comburtest;* BPatG Mitt. 1983, 36 – *HERTIE;* BPatGE 19, 230 – *VP;* für Übernahme der bisherigen Rspr. sogar in das Gemeinschaftsmarkenrecht *Hackbarth* S. 223 f., dagegen *Ingerl,* Die Gemeinschaftsmarke, S. 106) mehrere, nicht identische Marken durch ein und dasselbe Zeichen rechtserhaltend benutzt und damit die Priorität der ursprünglichen Eintragung erhalten werden. Beispiel: OLG München Mitt. 1997, 30, 33 – *Aliseo.* Die Vorschrift verlangt nicht, daß die betroffenen Marken für denselben Inhaber eingetragen sind. Sie gilt unter den Voraussetzungen des Abs. 2 auch dann, wenn die Benutzungshandlungen verschiedenen Markeninhabern zugerechnet werden müssen (zB verschiedenen Gesellschaften eines Konzerns).

102 **b) Bei identischen Marken.** § 26 Abs. 3 S. 2 ist letztlich nur eine besondere Ausprägung des Grundsatzes, daß ein und dieselbe Benutzungshandlung für mehrere Eintragungen rechtserhaltend sein kann. Dies gilt erst recht, wenn es sich um Eintragungen identischer Zeichen, aber unterschiedlicher Priorität und/oder verschiedener Inhaber handelt. Läßt ein Lizenznehmer, der die von ihm benutzte Marke seines Lizenzgebers zusätzlich für sich selbst eintragen, so sind seine Benutzungshandlungen zur Rechtserhaltung beider Marken geeignet.

103 **c) Gleichzeitige Rechtserhaltung für Gemeinschaftsmarke.** Ein und dieselbe Benutzungshandlung im Inland kann gleichzeitig für eine deutsche Marke (bzw. IR-Marke mit Schutz in Deutschland) und eine dazu koexistierende Gemeinschaftsmarke rechtserhaltend wirken (*Hackbarth* S. 152; *Ingerl,* Die Gemeinschaftsmarke, S. 106). Die Inhaber der Marken müssen nicht identisch sein (zB: nationale Tochtergesellschaft Inhaberin der deutschen Marke, für Europa zuständige ausländische Holdinggesellschaft Inhaberin der Gemeinschaftsmarke). Es genügt, wenn die Benutzung dem jeweiligen Inhaber aufgrund seiner Zustimmung gem. § 26 Abs. 2 bzw. Art. 15 Abs. 3 GMVO zugerechnet wird.

6. Benutzung im Inland

104 **a) Grundsatz.** Nach § 26 Abs. 1 sind nur im Inland vorgenommene Benutzungshandlungen zur Rechtserhaltung geeignet. Die Benutzung des Zeichens im Ausland kann nur als Indiz für die Ernsthaftigkeit einer noch geringen inländischen Benutzung Bedeutung für den Benutzungszwang erlangen (unten Rdn. 111). Eine Sonderregelung gilt im Verhältnis zur Schweiz (unten Rdn. 107).

b) Exportmarken (Abs. 4). Aus § 26 Abs. 4 ergibt sich, daß 105
die inländische Kennzeichnung von Exportwaren unabhängig davon zur Rechtserhaltung geeignet ist, ob sie nur innerbetrieblich
stattfindet und die Waren mit eigenen Transportmitteln ins Ausland
befördert, also in Deutschland nicht in den Verkehr gebracht
werden. Die Vorschrift ist entgegen ihrem Wortlaut („gilt") **nur
deklaratorischer Natur**. Denn die Einordnung des Exports gekennzeichneter Ware als Verletzungshandlung (§ 14 Abs. 3 Nr. 4)
zwingt ohnehin dazu, Exporthandlungen generell als zur Rechtserhaltung geeignet anzuerkennen (*Sack* FS Piper 1996, 612 ff.;
zum früheren Streitstand vgl. BGH GRUR 1991, 460, 461 – *Silenta;* BGH GRUR 1986, 538, 539 – *Ola;* BGH GRUR 1980,
52/53 – *Contiflex;* BPatG GRUR 1980, 922, 923 – *Exportmarken*).
Zum Gleichlauf von Verletzungs- und Benutzungstatbestand allg.
s. oben Rdn. 19. Es wäre auch hier widersprüchlich, rechtsverletzende Handlungsarten nicht auch als zum Rechtserhalt geeignet
anzuerkennen. Der rechtsverletzende Charakter solcher Handlungen zwingt den Exporteur gerade zur Markeneintragung, will er
den Export von Dritten unbehindert vornehmen können. Dann
muß es aber auch für die Aufrechterhaltung genügen, wenn der
Markeninhaber diejenigen Handlungen vornimmt, die den Schutzbedarf auslösen. Damit ist zB auch der vom Inland aus durchgeführte Export von im Ausland gekennzeichneter und deshalb nicht
unter § 26 Abs. 4 fallender Ware zur Rechtserhaltung geeignet
(*Sack* FS Piper 1996, 612 f.). Entgegen BGH GRUR 1991, 460,
461 – *Silenta* und BGH GRUR 1986, 538, 539 – *Ola* liegt eine
rechtserhaltende Benutzung der in Deutschland eingetragenen Exportmarke auch dann vor, wenn der Verkehr irrtümlich annimmt,
es werde die ausländische Marke zB des Auftraggebers verwendet
(oben Rdn. 73). Auf den vom BGH eingeschlagenen Umweg
über die Fingierung der Unzumutbarkeit anderer inländischer Benutzungshandlungen muß daher auch in Fällen dieser Art nicht
mehr zurückgegriffen werden. Aus dem Gleichlauf folgt weiter,
daß die Verwendung von Exportmarken hinsichtlich der Handlungsform keine strengeren Anforderungen unterliegt als andere
Marken. Aus § 26 Abs. 4 darf dementsprechend nicht gefolgert
werden, daß nur die unmittelbare Anbringung auf der Exportware
bzw. ihrer Aufmachung oder Verpackung zur Rechtserhaltung geeignet ist (so aber BPatG GRUR 1996, 981, 982 – *ESTAVITAL,*
wo aus § 26 Abs. 4 sogar der generelle Rückschluß zwingender
unmittelbarer Verbindung mit der Ware gezogen wird, dazu oben
Rdn. 35).

§ 26   Benutzung der Marke

106   **c) Transit.** Auch für den Transit gekennzeichneter Ware gilt das Gebot des Gleichlaufs von Verletzungs- und Benutzungstatbestand (*Sack* FS Piper 1996, 614 ff.). Aus der hier (§ 14 Rdn. 122 ff.) vertretenen generellen Behandlung des Transits als Benutzung iSv § 14 folgt damit dessen Eignung auch zur Rechtserhaltung.

107   **d) Sonderregelung im Verhältnis zur Schweiz.** Sonderregelungen aufgrund bilateraler völkerrechtlicher Verträge gelten z. Zt. nur im Verhältnis zur Schweiz (Amtl. Begr. 2. Abs. 4. SpStr. zu § 26). Nach Art. 5 S. 1 des Übereinkommens zwischen dem Deutschen Reich und der Schweiz betreffend den gegenseitigen Patent-, Muster- und Markenschutz vom 13. 4. 1892 (RGBl. 1894, 511) in der Fassung des Abkommens vom 26. 5. 1902 (RGBl. 1903, 1819) ist die Benutzung einer deutschen Marke in der Schweiz rechtserhaltend (Text abgedr. bei *B/S* SondV Rdn. 1, Art. 5 auch bei *Fezer* S. 1666). Die hM will dies nur gelten lassen, wenn die Benutzung im Heimatstaat stattgefunden hat und es um die Rechtserhaltung einer in dem anderen Staat eingetragenen Marke geht (BPatG GRUR 1980, 922/923 – *Exportmarken;* OLG Frankfurt aM Mitt. 1978, 164 – *Lidaprim; Droste* GRUR 1974, 524; *H. David* GRUR Int. 1972, 259, 272). Danach könnte die Benutzung in der Schweiz nur für solche deutschen Marken rechtserhaltend sein, deren Inhaber ein in der Schweiz ansässiges Unternehmen ist, nicht aber auch für deutsche Marken deutscher Unternehmen. Gegen diese vom Wortlaut nicht gedeckte und zu widersinnigen Ungleichbehandlungen führende Reduktion des Art. 5 sprechen jedoch überzeugende Argumente, mit denen sich die Rspr. noch nicht eingehender auseinandergesetzt hat (*Sack* FS Piper 1996, S. 620 ff.; unklar auch SchweizBG GRUR Int. 1975, 96 – *Microcor*). Dies gilt auch deshalb, weil sich auf das Übereinkommen nicht nur deutsche und Schweizer Staatsangehörige, sondern auch die nach Art. 2, 3 PVÜ gleichzustellenden Personen berufen können (*Sack* FS Piper 1996, 621; *Fezer* S. 1665). Art. 5 verlangt nicht, daß die Marke in beiden Staaten geschützt ist (*Sack* FS Piper 1996, 622; aA *Droste* GRUR 1974, 523). Ob die Verwendungshandlungen in der Schweiz für eine deutsche Marke hinsichtlich aller anderen Kriterien als dem Inlandserfordernis des § 26 Abs. 1 rechtserhaltend sind, richtet sich ausschließlich nach deutschem Recht (*Sack* FS Piper 1996, 622; *Fezer* S. 1666; *Breitmoser* GRUR Int. 1965, 597; SchweizBG GRUR Int. 1975, 96 – *Microcor;* aA *Droste* GRUR 1974, 525; *H. David* GRUR Int. 1972, 269, 272). Das Übereinkommen gilt nach seinem eindeutigen Wortlaut nur für den fristgebundenen gesetzlichen Benutzungszwang und spielt daher für die Beurteilung der Rechtsmißbräuchlichkeit nach allgemeinen Regeln ebensowenig eine Rolle (BGH GRUR 1969, 48, 50 – *Alcacyl;* OLG Frankfurt aM Mitt. 1978, 164 – Lidaprim für fehlende Benutzungsabsicht im Inland; aA *Sack* FS Piper 1996, 623 f.) wie für eine im Inland erforderliche Verkehrsdurchsetzung (OLG Stuttgart GRUR Int. 1989, 783 – *MSU*). Das Übereinkommen entfaltet keine Wirkung für die Rechtserhaltung von Gemeinschaftsmarken in Deutschland (*Sack* FS Piper 1996, 624). Die gemeinschaftsrechtlichen Benutzungsregeln stehen nicht zur Disposition einzelner Mitgliedstaaten durch bilaterale Abkommen.

VI. Anforderungen an den Benutzungstatbestand insgesamt: Ernsthaftigkeit

Das Kriterium der Ernsthaftigkeit der Benutzung soll einer Umgehung des Benutzungszwangs durch formale, nur zum Zwecke des Rechtserhalts vorgenommene, sogenannte **„Scheinbenutzungshandlungen"** entgegenwirken (Amtl. Begr. 2. Abs. 5. SpStr. zu § 26). **108**

Das darf allerdings nicht dahingehend mißverstanden werden, daß schon die Absicht des Markeninhabers, Benutzungshandlungen gerade zur Vermeidung des Verfalls vorzunehmen, schädlich wäre. Denn auch damit entspricht der Markeninhaber dem Benutzungszwang. Im übrigen kommt es nicht auf die subjektive Zielrichtung, sondern den objektiven Benutzungstatbestand an (oben Rdn. 12). Das schließt allerdings nicht aus, im Einzelfall auch einmal Absichtserklärungen indizielle Bedeutung für die Ernsthaftigkeit beizumessen. **109**

Die bisherige Rspr. stellt darauf ab, ob die Benutzungshandlungen objektiv als **„wirtschaftlich sinnvoll"** angesehen werden können (zB BGH GRUR 1986, 542 – *King II;* BGH GRUR 1985, 926, 927 – *topfitz/topfit*). Diese Formulierung ist insoweit mißverständlich, als natürlich keine kaufmännische Zweckmäßigkeitskontrolle vorzunehmen ist (BGH GRUR 1986, 542, 544 – *King II*) und auch eine unrentable Zeichenverwendung nicht zwingend eine bloße Scheinbenutzung sein muß. Maßstab für die Ernsthaftigkeit der Benutzung ist **das im Hinblick auf die betroffenen Produkte verkehrsüblich und wirtschaftlich Angebrachte** (so zum WZG BGH GRUR 1995, 347, 349 – *TETRASIL;* BGH GRUR 1986, 168, 169 -*Darcy;* BGH GRUR **110**

1985, 926, 927 – *topfitz/topfit* mwN). Dem begrenzten Zweck entsprechend, darf die Ernsthaftigkeit nicht so ausgelegt werden, daß die Markeninhaber allein aus Rechtsgründen zu nach Art oder Umfang unüblichen Zeichenverwendungen gezwungen wären (BGH GRUR 1995, 347, 49 – *TETRASIL*). Diese Grundsätze werden von der Rspr. für § 26 im wesentlichen übernommen (zB OLG München Mitt. 1996, 217, 218 – *Sankt Michael*).

111 Das Erfordernis der Ernsthaftigkeit bezieht sich auf den Gesamttatbestand aller nach den oben Rdn. 16-107 dargestellten Regeln überhaupt berücksichtigungsfähigen Benutzungshandlungen im maßgeblichen Fünfjahreszeitraum. Darüber hinaus hat es die Rspr. zugelassen, als Indizien für die Ernsthaftigkeit dieser Benutzung auch das **übrige Verhalten des Markeninhabers** in die Bewertung miteinzubeziehen, insbesondere innerbetriebliche Vorgänge (Rdn. 113) und außerhalb der insbesondere zeitlichen und räumlichen Grenzen des Benutzungszwangs liegende Handlungen (näher Rdn. 117 und 119).

112 Wird die Marke mit Zustimmung des Inhabers gem. § 26 Abs. 3 von einem **Lizenznehmer** benutzt, so ist bei der Ernsthaftigkeitsprüfung vorrangig auf **dessen betriebliche Verhältnisse** abzustellen, wobei im Einzelfall bei konzernzugehörigen oder sonst mit dem Markeninhaber verflochtenen Unternehmen auch die Verhältnisse des Gesamtunternehmens zu berücksichtigen sein sollen (BPatG GRUR 1997, 301, 302 – *LORDS/LORD*).

1. Art der Benutzung

113 In die Ernsthaftigkeitsprüfung einzubeziehen sind nur solche Verwendungshandlungen, die für sich betrachtet überhaupt eine zum Rechtserhalt geeignete Zeichenverwendung darstellen (dazu oben Rdn. 15 ff.). Zweifel an der Ernsthaftigkeit der Benutzung insgesamt können sich daraus ergeben, daß **der Art nach** nur Benutzungshandlungen vorgenommen wurden, in denen sich normalerweise eine wirtschaftlich sinnvolle Benutzung nicht erschöpft. So kann eine längere Verwendung nur in Werbeschriften (Rdn. 36) oder ein ausschließlich innerbetrieblicher (Rdn. 28 f.) oder konzerninterner (Rdn. 30) Gebrauch auf Scheinbenutzung hindeuten, wenn sich diese Beschränkung der Benutzungsart nicht mit wirtschaftlich nachvollziehbaren Gründen erklären läßt, zB als Vorbereitung der unmittelbar bevorstehenden Markteinführung. Umgekehrt können Vorbereitungsmaßnahmen, die noch keine Benutzungshandlungen darstellen, als Indizien für die Ernsthaftig-

Benutzung der Marke § 26

keit der bisherigen Benutzung herangezogen werden (zB BGH GRUR 1980, 289, 290 – *Trend*). In allen diesen Fällen wird aber erst in Zusammenhang mit den anderen Ernsthaftigkeitskriterien eine verläßliche Bewertung vorgenommen werden können.

Die Verwendung zunächst nur im Rahmen von **Markttests** kann ohne weiteres ernsthaft sein, sofern die Tests ihrerseits nach Art, Umfang und Intensität in wirtschaftlich nachvollziehbarer Weise angelegt sind und nicht aufgrund anderer Anhaltspunkte als zum Schein veranstaltet angesehen werden müssen (vgl. BGH GRUR 1978, 642, 644 – *Silva;* Rechtserhaltung verneint wegen sehr geringen Stückzahlen in BGH GRUR 1980, 289 – *Trend,* zu Ausnahmefall relativiert in BGH GRUR 1985, 926, 927 – *topfitz/topfit* und BGH GRUR 1986, 168, 169 – *Darcy;* vgl. krit. *Kikker* GRUR 1980, 290). 114

2. Mengenmäßiger Umfang der Benutzung

Ein gewichtiger Faktor der Ernsthaftigkeitsprüfung sind die unter Verwendung der Marke im maßgeblichen Fünfjahreszeitraum erzielten Stück- und/oder DM-**Umsätze** bzw. die Zahl gekennzeichneter Produkte sowie der Umfang der mit der Marke betriebenen **Werbung**. Der auf den Ausschluß von Scheinhandlungen beschränkte Zweck und die Wechselwirkung mit den anderen Kriterien verbieten absolute Mindestanforderungen. Maßgeblich sind vielmehr einerseits Produktart und Abnehmerkreise sowie andererseits Art, Sortimentsstruktur und Größe des benutzenden Unternehmens (zB BPatG GRUR 1997, 301, 302 – *LORDS/LORD;* BPatG GRUR 1995, 812, 813 – *Dall'Opera/OPERA;* zum WZG: BGH GRUR 1990, 364, 365 – *Baelz;* BGH GRUR 1986, 542, 544 f. – *King II;* BGH GRUR 1985, 926, 927 – *topfitz/topfit;* BGH GRUR 1980, 289, 290 – *Trend;* BPatG Mitt. 1981, 126 – *Arcel/ Acella;* BPatGE 27, 118, 123 – *Oramix/Orangix;* BPatGE 23, 243, 245 f – *Cosy Ango;* BPatG GRUR 1979, 244, 245 – *HERZ-KAFFEE;* BPatG GRUR 1977, 255, 256 – *POSTAFENE* mit im Erg. zu niedrigen, weil völlig umsatzunabhängigen Anforderungen). So können bei hochpreisigen Produkten aus Einzelfertigung schon geringe Stückzahlen genügen (BPatG GRUR 1997, 287, 289 – *INTECTA/tecta* für Designer-Möbel). 115

Eine nachvollziehbare **Beschränkung auf eine bestimmte Abnehmerschaft** steht der Rechtserhaltung nicht entgegen (zB BPatG GRUR 1996, 496 – *PARK/Jean Barth:* für Export und Duty-Free-Markt bestimmte Zigaretten; BGH GRUR 1986, 168, 116

169 – *Darcy:* Vertrieb belgischer Zigaretten in Kantinen für belgische Militärangehörige in Deutschland).

3. Zeitpunkt und Dauer der Benutzung

117 In zeitlicher Hinsicht bezieht sich die Ernsthaftigkeitsprüfung als solche zwar nur auf die Benutzungshandlungen im maßgeblichen Fünfjahreszeitraum. Jedoch darf bei der Gesamtbewertung dieses Benutzungstatbestands auch das Benutzungsverhalten vor und nach diesem Zeitraum als Indizien für die Ernsthaftigkeit herangezogen werden (BPatG GRUR 1996, 356, 359 – *JOHN LORD/JOHN LOBB;* BPatG GRUR 1995, 812 – *Dall'Opera/OPERA;* zum WZG: BGH GRUR 1985, 926, 927 – *topfitz/topfit;* BGH GRUR 1980, 289, 290 – *Trend* bzgl. Marktanalysen und Verpackungsentwürfen). Dies gilt insbesondere bei einer **Benutzungsaufnahme erst kurz vor Schutzfristende**, die zulässig ist und nicht generell als verdächtig angesehen werden darf (BGH GRUR 1985, 926, 927/928 – *topfitz/topfit*).

118 Die Benutzung muß keineswegs während des gesamten Fünfjahreszeitraums angedauert haben. Die erforderliche Dauer der Benutzungshandlungen kann nicht absolut festgelegt werden. Sie steht in **Wechselwirkung mit dem mengenmäßigen Umfang der Benutzung**. So kann eine Benutzung von mengenmäßig geringem Umfang bei Dauerhaftigkeit als ernsthaft anzuerkennen sein (zB BPatG GRUR 1996, 496 – *PARK/Jean Barth;* BPatG GRUR 1995, 590, 591 – *MANHATTAN;* zum WZG: BGH GRUR 1986, 168, 169 – *Darcy;* BPatG Mitt. 1978, 134 – *Togiren* mit fragl. Begr; BPatG GRUR 1977, 255, 256 – *POSTAFENE;* BPatG Mitt. 1976, 215 *Fevarin/EKNALIN;* anders im Fall BGH GRUR 1986, 542, 545 – *King II*).

4. Räumliche Ausdehnung der Benutzung

119 Obwohl der Markenschutz kraft Eintragung auf das gesamte Bundesgebiet ausgerichtet ist, muß die Marke nicht bundesweit benutzt werden. Auch eine ausschließlich lokale Benutzung kann ohne weiteres rechtserhaltend sein. Dies schließt nicht aus, daß ein ungewöhnlich kleines, willkürlich beschränktes Verwendungsgebiet im Einzelfall ein Indiz für eine Scheinbenutzung sein kann (zB BPatG GRUR 1979, 244, 245 – *HERZ-KAFFEE*). Benutzungshandlungen im Ausland sind als solche zwar nicht rechtserhaltend (oben Rdn. 104), können aber als zusätzliche Indizien für die Ernsthaftigkeit einer noch geringen inländischen Benutzung in die

Gesamtbetrachtung einbezogen werden (zB BGH GRUR 1986, 168, 169 – *Darcy;* BGH GRUR 1980, 52 – *Contiflex;* GRUR 1969, 48, 50 – *Alcacyl; Sack* FS Piper 1996, S. 617 mwN).

VII. Berechtigte Gründe für Nichtbenutzung (Abs. 1 aE)

Während § 11 Abs. 1 Nr. 4 S. 1 2. Hs. WZG nur bei Unzumut- 120
barkeit der Benutzung eine Ausnahme vom Benutzungszwang vorsah, lassen MRRL und MarkenG „berechtigte Gründe für die Nichtbenutzung" genügen. Dieser terminologische Unterschied läßt an sich zukünftig eine größere Bedeutung von Ausnahmen vom Benutzungszwang erwarten. Jedoch gehen beide Regelungen zurück auf Art. 5 C Abs. 1 PVÜ, in dessen Sinne auch § 11 Abs. 1 Nr. 4 WZG verstanden wurde (Amtl. Begr. 2. Abs. zu § 26; BGH GRUR 1997, 747, 749 – *Cirkulin*).

Bisheriger Hauptanwendungsfall war die Unmöglichkeit rechts- 121
erhaltender Benutzung von Marken für **zulassungspflichtige Produkte**, insbesondere Arzneimittel, vor Abschluß des Zulassungsverfahrens. Die frühere Rspr. hat hier das Fehlen einer Zumutbarkeitsregelung für das Widerspruchsverfahren des WZG durch eine Ausweitung des Benutzungsbegriffs auf die Zeichenverwendung in Zulassungsantrag und -verfahren ausgleichen müssen (grdl. BGH GRUR 1978, 294, 295 f. – *Orbicin;* BPatGE 24, 241, 245 – *FLUICIL;* OLG Köln Mitt. 1992, 37 – *Gingomed;* vgl. LG Hamburg GRUR Int. 94, 247 – *SANTAX* zur Vereinbarkeit dieser Rspr. mit Art. 30, 36 EGV; Anwendbarkeit zutr. verneinend OLG München Mitt. 1996, 217 – *Sankt Michael* bei Verkehrsfähigkeit auch ohne Zulassung). Diese Konstruktion ist jetzt **nicht mehr erforderlich,** da ein noch nicht abgeschlossenes Produktzulassungsverfahren mit Wirkung für alle Verfahrenskonstellationen als berechtigter Grund iSd § 26 Abs. 1 anerkannt werden kann, solange das Zulassungsverfahren ernsthaft betrieben wird und nicht etwa nur der Markenerhaltung wegen inszeniert wird. Es ist allerdings nicht richtig, daß beide Lösungen immer zum selben Ergebnis führen würden (Amtl. Begr. 2. Abs. 5. SpStr. zu § 26; OLG München Mitt. 1996, 217, 219 – *Sankt Michael;* vgl. auch BPatGE GRUR 1997, 652, 653 – *IMMUNINE*). Denn die Rechtfertigung hemmt die Schonfrist nur (unten Rdn. 127), während die rechtserhaltende Benutzung unterbricht (zutr. krit. daher *Fezer* § 26 Rdn. 40). Besteht der Rechtfertigungsgrund allerdings schon seit Eintragung, beginnt die Benutzungsfrist nach beiden Lösungen

gleichermaßen nach seinem Wegfall. Gerechtfertigt sein kann die Nichtbenutzung auch bei vorübergehenden staatlichen Produktions-, Vertriebs- oder Exportverboten, ggf. auch für vom Verbot nicht direkt betroffene Nebenwaren (BGH GRUR 1994, 512, 514, 515 – *Simmenthal* zu rechtswidrigem Einfuhrverbot).

122 Dagegen sind weder die **wirtschaftliche Rentabilität** einer Benutzung (BGH GRUR 1994, 512, 514 – *Simmenthal;* BPatGE 37, 233 – *SACHSENGOLD)* noch vom Inhaber selbst zu vertretende persönliche Hindernisse (zB Kapitalmangel) berücksichtigungsfähig (BGH GRUR 1986, 542, 545 – *King II*). Langdauernde **Lizenzverhandlungen** sind kein ausreichender Rechtfertigungsgrund (BGH GRUR 1974, 276, 277 – *King I;* ebenso BGH GRUR 1997, 747, 749 – *Cirkulin*: nur nicht beeinflußbare Umstände).

123 Der BGH bejaht Unzumutbarkeit der **Kennzeichnung von reiner Exportware** mit der eigenen inländischen Marke, wenn diese mit identischem Zeichen des ausländischen Auftraggebers zu kennzeichnen ist (BGH GRUR 1991, 460, 461 – *Silenta;* BGH GRUR 1986, 538, 539 – *Ola*). Diese Problematik ist jedoch richtiger durch eine Anerkennung als eigene rechtserhaltende Benutzung zu lösen (Rdn. 105).

124 Ein fortwirkender **wettbewerblicher Besitzstand** kann dem Benutzungszwang ebensowenig als Rechtfertigungsgrund entgegengehalten werden (BGH GRUR 1986, 542, 545 – *King II,* wie erlangte **Verkehrsgeltung** für nicht eingetragene Waren (BGH GRUR 1997, 747 – *Cirkulin*).

125 Gerechtfertigt ist die Nichtbenutzung einer **deutschen Basismarke**, solange sie als Ursprungs- bzw. Heimateintragung Voraussetzung für den Bestand einer internationalen Registrierung oder einer sonstigen Auslandseintragung ist. Eine Benutzung im Inland nur zum Zwecke der Rechtserhaltung im Ausland ist dem Inhaber nicht zuzumuten und würde Scheinbenutzungen geradezu provozieren. Die Rechtfertigungswirkung ist jedoch darauf zu beschränken, daß sie nur die Löschungsklage verhindert, während aus der unbenutzten Basismarke keinerlei Ansprüche gegen Dritte geltend gemacht werden können und sie auch die Entstehung von Zwischenrechten nicht verhindert (*Sack* FS Piper 1996, S. 617 f., der allerdings übersieht, daß die fünfjährige Abhängigkeitsfrist für IR-Marken nach Art. 6 Abs. 3 MMA/MMP je nach dem Zeitpunkt der internationalen Registrierung auch erst nach Schonfristende auslaufen kann, und die Problematik daher nicht vollständig entfallen ist; *Fezer* § 26 Rdn. 40; zum WZG Amtl. Begr. BR-Drucks 180/66, S. 46; *Baur* GRUR 1983, 619; *Bökel* GRUR 1970, 398 f.;

Kraft GRUR 1968, 124, 127; aA *Fezer/Heiseke* WRP 1973, 188; *Heiseke* DB 1968, 1660).

Die **Kollision mit älteren Rechten Dritter** stellt nach bislang hM keinen berechtigten Grund für die Nichtbenutzung dar, sondern soll zum normalen Unternehmerrisiko gehören (OLG Hamburg GRUR 1988, 914 – *Lip-Kiss; B/S* § 11 WZG Rdn. 26; *Hackbarth* S. 134 ff.). Dieser Auffassung ist nicht generell zu folgen. Sie steht in einem Wertungswiderspruch zu der in § 26 Abs. 5 angeordneten Schonfristverlängerung. Wenn schon die bloße Widerspruchseinlegung als Unzumutbarkeitsgrund gesetzlich anerkannt ist, muß dies erst recht dann gelten, wenn die Marke und ihre Benutzung sogar mit Verletzungs- und/oder Löschungsklage aufgrund älterer Rechte Dritter angegriffen werden. Dabei sind allerdings Einschränkungen geboten. Denn mit der fünfjährigen Schonfrist steht dem Markeninhaber bereits ein Zeitraum zur Verfügung, der ihm die Ermittlung und außergerichtliche Beilegung eventueller Kollisionslagen hinreichend ermöglicht, soweit dazu nicht ohnehin schon vor Anmeldung und Eintragung Anlaß bestanden hätte. Ein berechtigter Grund für die Nichtbenutzung sollte daher nur anerkannt werden, **wenn die Ansprüche Dritter bereits vor Ablauf der fünfjährigen Schonfrist durch Klageerhebung geltend gemacht worden sind**. Ausgang und Dauer eines solchen gerichtlichen Verfahrens sind für den Markeninhaber weder vorhersehbar noch allein von seinem Verhalten abhängig. Eine Benutzungsaufnahme während des schwebenden Verfahrens ist ihm nicht zuzumuten. Dagegen ist dem Markeninhaber das Risiko bei erst später anhängig werdenden Kollisionsfällen zuzumuten, da er genügend Zeit hatte, Kollisionsrisiken auszuräumen (insoweit zutr. OLG Hamburg GRUR 1988, 914 – *Lip-Kiss*), ggf. auch durch negative Feststellungsklage, so daß der Zumutbarkeit nicht entgegensteht, daß die Wahl des Zeitpunkts der Verletzungs- bzw. Löschungsklage allein in den Händen des Inhabers der älteren Rechte liegt.

Vertragliche **Vereinbarungen mit Dritten,** die der Benutzung entgegenstehen, sind kein Rechtsfertigungsgrund, da sie im Belieben des Markeninhabers stehen (BGH GRUR 1997, 747 – *Cirkulin*). Zu weiteren Rechtfertigungsfällen s. *Fezer* § 26 Rdn. 41 ff.; *Hackbarth* S. 134 ff.; *Bökel/Fritze* GRUR Int. 1988, 45, 49; *Schricker* GRUR Int. 1969, 14, 25 ff.

Solange der berechtigte Grund besteht, ist die Schonfrist **gehemmt**, d. h. die Schonfrist läuft weiter, sobald der berechtigte Grund weggefallen ist, und beginnt nicht etwa neu zu laufen (*Fezer*

§ 26 Rdn. 47; *Bökel* GRUR 1970, 397 f.; *Schricker* GRUR Int. 1969, 14, 27).

128 In waren- und dienstleistungsmäßiger Hinsicht wirkt der für eine konkrete Ware/Dienstleistung bestehende berechtigte Grund in demselben Umfang wie eine rechtserhaltende Benutzung, kann also auch die Aufrechterhaltung von Oberbegriffen und anderer Waren/Dienstleistungen des Verzeichnisses rechtfertigen (grdl. BGH GRUR 1994, 512, 514 – *Simmenthal;* dazu § 49 Rdn. 22 ff.).

129 Darlegung und **Beweis** (bzw. Glaubhaftmachung im Widerspruchsverfahren) der berechtigten Gründe obliegen allein dem Markeninhaber, wie schon der Gesetzeswortlaut („es sei denn") zum Ausdruck bringt.

VIII. Schonfristbeginn bei Widerspruch (Abs. 5)

130 Wird gegen eine Eintragung Widerspruch eingelegt, kann dem Markeninhaber eine Benutzung der so angegriffenen Marke erst nach Klärung der Berechtigung des Widerspruchs zugemutet werden. § 26 Abs. 5 verschiebt daher den Schonfristbeginn vom Tag der Eintragung auf den Tag des Abschlusses des Widerspruchsverfahrens. Die Bestimmung gilt auch für IR-Marken (§ 107) und führt bei diesen zur Verschiebung des an sich für den Beginn der Schonfrist maßgeblichen Zeitpunkts nach §§ 115 Abs. 2 (116, 117). § 26 Abs. 5 findet grdsl. unabhängig von den Erfolgsaussichten des Widerspruchs Anwendung. Allerdings können eindeutig verfristete Widersprüche die Verschiebung des Schonfristbeginns nicht auslösen, da sonst auch noch Monate nach Eintragung bzw. Abschluß eines ersten Widerspruchsverfahrens nachträgliche Änderungen der Benutzungsschonfrist eintreten könnten. Hat der Markeninhaber den Widerspruch über einen Strohmann oder zB ein verbundenes Unternehmen selbst veranlaßt, um die Schonfrist auszudehnen, so ist ihm die Berufung auf § 26 Abs. 5 als rechtsmißbräuchlich zu versagen.

131 Ist der Widerspruch ausdrücklich nur gegen einzelne Waren/Dienstleistungen der jüngeren Marke gerichtet, so tritt die Verschiebung über ihren Zweck hinaus dennoch für den Benutzungszwang hinsichtlich der Marke insgesamt und **aller ihrer Waren/Dienstleistungen** ein. Denn § 26 Abs. 5 sieht eine nur partielle Verschiebung nicht vor. Für die an sich gebotene Differenzierung fehlt daher eine gesetzliche Grundlage.

Welches Ereignis für den **Abschluß des Widerspruchsverfahrens** maßgeblich ist, hängt von der Art und Weise der Verfahrensbeendigung ab, insbesondere: rechtskräftige Zurückweisung des (ggf. letzten) Widerspruchs oder Rücknahme des Widerspruchs. Der Tag des Abschlusses des Widerspruchsverfahrens wird in das Register eingetragen (§ 18 Nr. 23 lit. d MarkenV) und im Markenblatt veröffentlicht (§ 21 Abs. 1 MarkenV). Bei Fortsetzung der Auseinandersetzung durch Verletzungs- oder Löschungsklage des unterlegenen Widersprechenden gilt § 26 Abs. 5 nicht unmittelbar, jedoch kann ein Fall des berechtigten Grundes für die Nichtbenutzung vorliegen (oben Rdn. 126). Bei erfolgreicher Eintragungsbewilligungsklage (§ 44) beginnt die Schonfrist mit der Wiedereintragung zu laufen, soweit nicht noch weitere Widersprüche anhängig sind. 132

Abschnitt 5. Marken als Gegenstand des Vermögens

Vorbemerkung zu §§ 27–31
Marken als Vermögensgegenstand

Inhaltsübersicht

	Rdn.
I. Bedeutung der Marke als Wirtschaftsgut	1, 2
1. Grundlagen	1
2. Bewertung von Marken	2
II. Rechtsentwicklung	3
III. Andere Kennzeichenrechte als Wirtschaftsgüter	4–8
1. Allgemeines	4
2. Auseinanderfallen von Marke und Unternehmenskennzeichen	5
3. Voraussetzungen für die Übertragung von Unternehmenskennzeichen	6–8
a) Schuldrechtliche Gestattung	6
b) Dingliche Rechtsübertragung	7, 8
IV. Aufbau von Abschnitt 5	9

Literatur: *Ahrens*, Die Notwendigkeit eines Geschäftsbetriebserfordernisses für Geschäftsbezeichnungen nach dem neuen Markengesetz, GRUR 1995, 635; *Rohnke*, Bewertung von Warenzeichen beim Unternehmenskauf, DB 1992, 1941; *Schönfeld*, Die Gemeinschaftsmarke als selbständiger Vermögensgegenstand eines Unternehmens, 1994; *Starck*, Marken und sonstige Kennzeichenrechte als verkehrsfähige Wirtschaftsgüter, WRP 1994, 698;

Vor §§ 27–31

Stein/Ortmann, Bilanzierung und Bewertung von Warenzeichen, BB 1996, 787; *Traub*, Die Bindung von Marke und Firma an den Geschäftsbetrieb, Diskrepanzen zwischen der unterschiedlichen Behandlung von Marke und Firma, FS Trinkner 1995, 431.

I. Bedeutung der Marke als Wirtschaftsgut

1. Grundlagen

1   In Marken können enorme wirtschaftliche Werte verkörpert sein. Wirtschaftlich betrachtet besteht dieser Wert vorallem darin, daß die (eingeführte oder gar bekannte) Marke die Kommunikation mit dem Käufer erleichtert, der sie in der Vielzahl der Angebote wiedererkennt und auswählt. Die Marke dient gleichzeitig als Kürzel für die werbliche Botschaft des Benutzers, sie macht Aussagen über Eigenschaften der Produkte, die weit über die reine betriebliche Herkunftskennzeichnung hinausgehen. Das liegt daran, daß der Verbraucher gewöhnt ist, mit einer bestimmten betrieblichen Herkunft weitere Eigenschaften zu assoziieren, von konkreten Qualitätsmerkmalen der Produkte bis hin zu schwer greifbaren Faktoren wie „Stil" oder „Image". Da sich in der Marke ein ganzes Assoziationsbündel verkörpert, stellt sie sozusagen die Verdinglichung der Werbebotschaft dar, aber auch die Kurzformel für die produktbezogenen Leistungen des Unternehmens. Aus diesem Grund ist die Marke auch für Dritte interessant, die an den bereits in der Marke verkörperten Ruf anknüpfen können, statt ihre Produkte und die dazugehörige Werbebotschaft selbst neu auf dem Markt bekannt machen zu müssen, was in der Regel mit erheblichem Werbeaufwand verbunden sein würde. Verkürzt gesagt liegt der wirtschaftliche Wert der Marke also in den ersparten Werbeaufwendungen. Im Hinblick auf die große Bedeutung der Bekanntheit der Marke und die in vielen Bereichen erhebliche Markentreue der Verbraucher kann die Übertragung einer Marke in vielen Fällen mit der Übertragung des Marktanteils gleichzustellen sein, selbst wenn die Produktionseinrichtungen nicht mitübertragen werden (vgl. BGH GRUR 1992, 877 – *Warenzeichenerwerb*). Dieser wirtschaftliche Wert der Marke stellt für den Inhaber den zweiten wesentlichen Aspekt nach dem Verbietungsrecht gegenüber Dritten dar. Dabei kann der Inhaber den Markenwert entweder nur für sich selbst im eigenen Betrieb dadurch nutzen, daß er den positiven Einfluß der Marke auf seine Stellung im Wettbewerb nutzt, indem er zB höhere Preise als Wettbewerber mit weniger bekannten Marken für

die gleichen Produkte verlangen kann, oder seine Werbeaufwendungen geringer sein können. Er kann die Marke aber auch in anderer Weise verwerten, insbesondere indem er Dritten (entgeltlich) die Marke ganz oder teilweise überträgt (§ 27) oder ihnen Nutzungsrechte einräumt (§ 30). Darüber hinaus folgt aus der Erkenntnis, daß die Marke an sich einen unmittelbaren wirtschaftlichen Wert in Form einer verkörperten Ersparnis von Werbeaufwendungen bedeutet und das diese Ersparnis auch durch einen Dritten nutzbar ist, daß sie auch als Sicherheit oder als Gegenstand des Zugriffs in der Zwangsvollstreckung in Betracht kommt (§ 29).

2. Bewertung von Marken

Die Marke als immaterielles Wirtschaftsgut ist der Bewertung zugänglich, allerdings ist diese mit erheblichen Unsicherheiten behaftet. Im Ausgangspunkt ist dabei zu berücksichtigen, daß eine Marke nie isoliert betrachtet werden kann, sondern immer nur im Kontext der Produkte, für die sie verwendet wird und des spezifischen Marktumfelds dieser Produkte. Dieses ändert sich ständig mit den Aktionen der Wettbewerber, den Vorlieben der Verbraucher usw. Während manche Marken über lange Zeiträume und in vielen Ländern hoch geschätzt sind (Coca Cola), haben andere nur regionale Bedeutung (zB eine kleine Spezialbrauerei) oder sind großen Schwankungen der Wertschätzung ausgesetzt (zB bei Parfummarken). Besonders schwierig einzuschätzen ist die Frage, ob Marken außerhalb der Waren oder Dienstleistungen, für die sie ursprünglich benutzt wurden, mit gleichem Erfolg einsetzbar sind (Markenerweiterung). Trotz dieser und anderer Unsicherheiten sind zumindest näherungsweise Schätzungen des Markenwertes möglich (dazu *Rohnke* DB 1992, 1941 mwN). Praktisch am bedeutsamsten ist hier die Bewertung aufgrund des Lizenzgebührenvergleiches. Diese Methode ähnelt der Bestimmung des Erfindungswertes nach dem ArbErfG. Zunächst werden die Umsätze ermittelt, die mit Waren oder Dienstleistungen erwirtschaftet werden, die mit der Marke versehen sind. Dann wird ein für die Branche üblicher Lizenzsatz ausgewählt und die Jahresumsätze mit einem angemessenen Zinssatz über einen geeigneten Nutzungszeitraum abgezinst, um so zu einem kapitalisierten gegenwärtigen Wert der Marke zu gelangen. Die Schwierigkeit liegt in der Auswahl des geeigneten Zinsfaktors (der nicht zuletzt die wettbewerblichen Risiken auf dem konkreten Markt wiederspiegeln muß) und der Auswahl einer geeigneten Nutzungsdauer, die ihrerseits der Stabilität der Marke und ihrer konkreten „Abnutzung" über die Zeit Rechnung tragen muß. Dabei wird der Erwerber nicht auf die Umsätze abstellen, die vom Veräußerer gegenwärtig getätig werden, sondern auf diejenigen, die er selbst realistischerweise erwarten kann, die – je nach den konkreten Gegebenheiten – deutlich niedriger, aber auch höher liegen können.

II. Rechtsentwicklung

3 Der Bedeutung der Marke als (selbständiges) Wirtschaftsgut ist vom Gesetzgeber lange nicht hinreichend Rechnung getragen worden. Zwar spielte die Warenzeichenlizenz auch ohne ausdrückliche Regelung im Gesetz bereits praktisch eine wichtige Rolle, daneben kam der Veräußerung der Marke im Konkursverfahren Bedeutung zu. Durch die erst mit dem Erstreckungsgesetz erfolgte Aufgabe der Bindung der Marke an den Geschäftsbetrieb war allerdings der isolierte Verkauf der Marke nicht möglich. Ebensowenig konnten dingliche Rechte an der Marke eingeräumt werden oder im Wege der Zwangsvollstreckung auf sie zugegriffen werden. Erst mit dem MarkenG hat der Gesetzgeber diese wesentlichen neuen Entwicklungen ausdrücklich anerkannt und sie einer zumindest ansatzweisen Regelung zugeführt. Erst jetzt ist die Marke wirklich zu einem vollwertigen Wirtschaftsgut geworden.

III. Andere Kennzeichenrechte als Wirtschaftsgüter

1. Allgemeines

4 Abschnitt 5 regelt nur die Rechtsverhältnisse der Marken des § 4. Hinsichtlich der geschäftlichen Bezeichnungen des 45 sollte das bis zur Einführung des MarkenG geltende Recht nicht verändert werden (Amtl. Begr. Abs. 1 zu § 27). Da für die geschäftlichen Bezeichnungen eine entsprechende Regelung vollständig fehlt, wäre es der Rechtsprechung grundsätzlich möglich, im Wege der Rechtsfortbildung auch bei den geschäftlichen Bezeichnungen des § 5 eine Übertragung unabhängig vom Geschäftsbetrieb zuzulassen. Dafür spricht die – ansonsten im Gesetz weitgehend verwirklichte und auch im Geschäftsverkehr anzutreffende – Angleichung der verschiedenen Kennzeichenrechte, nicht zuletzt im Hinblick auf die aufgrund von Verkehrsgeltung geschützten Marken des § 4 Nr. 2, die den ebenfalls durch Benutzung entstehenden Kennzei-

chenrechten des § 5 ähnlich sind. Gegen die Anwendung der §§ 27–31 auf die **Unternehmenskennzeichen** des § 5 Abs. 2 spricht aber nicht nur die deutliche Intention des Gesetzgebers, sondern vor allem die wesentlich engere Bindung der Unternehmenskennzeichen an den Geschäftsbetrieb, für den sie benutzt werden. Sie können schon nicht entstehen, ohne daß sie für einen bestimmten Geschäftsbetrieb verwendet werden, sie sind auch aufgrund handelsrechtlicher Vorschriften mit einem bestimmten Rechtsträger verbunden, soweit sie gleichzeitig Firma sind. Dem Verkehr ist der Unterschied zwischen dem Unternehmenskennzeichen und der Marke zwar häufig nicht klar, er wird aber eher damit rechnen, daß eine Ware oder Dienstleistung mit einer bestimmten Bezeichnung aufgrund eines Lizenzvertrages auch durch ein anderes Unternehmen hergestellt werden kann, als daß ohne Übertragung zumindest eines wesentlichen Teils des Geschäftsbetriebs ein Unternehmen etwa die Firma eines anderen Unternehmens übernimmt. Die unterschiedliche Behandlung der beiden Kennzeichenarten scheint somit im Ergebnis (noch) gerechtfertigt.

Wiederum anders als die Unternehmenskennzeichen sind die **Werktitel** des § 5 Abs. 3 zu beurteilen. Sie sind schon in der Entstehung nicht an ein bestimmtes Unternehmen geknüpft, sondern an ein Werk, das sie bezeichnen. Dementsprechend gehen diese Titelrechte zusammen mit den Rechten am Werk über (BGH GRUR 1990, 218, 220 – *Verschenktexte I*). Allerdings soll nach dieser Rspr. eine isolierte Übertragung des Titelrechts (ohne das zugrundeliegende Werk) nicht in Betracht kommen. Diese Auffassung ist abzulehnen. Das Titelrecht ist als Kennzeichen einer Ware (nämlich des Werkes) den Marken des § 4 wesentlich ähnlicher als den Unternehmenskennzeichen des § 5 Abs. 2. Es besteht auch ein erhebliches praktisches Bedürfnis dafür, etwa Titelrechte an einer Zeitschrift auf einen anderen Verlag übertragen zu können, ohne daß der Geschäftsbetrieb oder das (sich in diesem Fall ohnehin ständig ändernde) Werk mit übertragen wird. Auf die Werktitel sollten deshalb die §§ 27–31 analog angewendet werden.

2. Auseinanderfallen von Marke und Unternehmenskennzeichen

In vielen Fällen sind Unternehmenskennzeichen gleichzeitig als 5 Marke geschützt die ohne weiteres nach § 27 ohne den Geschäftsbetrieb übertragbar ist. Das Unternehmenskennzeichen würde aber beim Veräußerer zurückbleiben. Dieses Argument, daß aus praktischen Gesichtspunkten stark für eine analoge Anwendung der §§ 27 ff. auch auf Unternehmenskennzeichen spricht (so noch *Ingerl/Rohnke* NJW 1994, 1247, 1248) ist aus den oben Rdn. 4 genannten Gründen aber nicht zwingend. Die Diskrepanz muß in der Praxis durch eine schuldrechtliche Regelung aufgefangen werden, die dem Veräußerer der Marke die Benutzung des Unternehmenskennzeichens – ggf. nur für bestimmte Unternehmensteile – untersagt, bzw. ihm die Aufnahme unterscheidungskräftiger Bestandteile in das Unternehmenskennzeichen auferlegt.

3. Voraussetzungen für die Übertragung von Unternehmenskennzeichen

6 **a) Schuldrechtliche Gestattung.** Der Inhaber des Unternehmenskennzeichens kann einem Dritten schuldrechtlich gestatten, diese Bezeichnung zu führen, d. h. der Inhaber des Kennzeichens verpflichtet sich, seine Verbotsansprüche gegen den Dritten nicht durchzusetzen. Dadurch erhält der Gestattungsempfänger zunächst keine Rechtsposition, die ihm ein unmittelbares Vorgehen gegen verletzende Dritte ermöglicht (zB BGH GRUR 1985, 567, 568 – *Hydair*; BGH GRUR 1970, 528, 531 – *Migrol*). Da es sich lediglich um eine einfache Gestattung handelt, aber keine „dingliche" Rechtsposition des Gestattungsgebers an den Gestattungsempfänger übergeht, kann sich der Gestattungsempfänger im Aktivprozeß auch nicht gegenüber Dritten auf die Priorität des Gestattungsgebers berufen, soweit dieser ihn nicht zur Geltendmachung in Prozeßstandschaft ermächtigt (zB BGH GRUR 1990, 361, 362 – *Kronenthaler*). Außerhalb der Prozeßstandschaft kann sich der Gestattungsempfänger nur auf sein eigenes Unternehmenskennzeichen berufen, das mit der Priorität der Benutzungsaufnahme (Unterscheidungskraft vorausgesetzt) durch den Gestattungsempfänger entsteht, also in der Regel deutlich prioritätsjünger als die Kennzeichnung des Gestattungsgebers sein wird. Diese Grundsätze gelten allerdings nicht uneingeschränkt für den Fall, daß der Gestattungsempfänger seinerseits von einem Dritten angegriffen wird, der ihm gegenüber die bessere, gegenüber dem Gestattungsgeber aber die schlechtere Priorität aufweist. In diesem Fall kann sich der Gestattungsempfänger in Analogie zu § 986 BGB auf die Priorität des Gestattungsgebers zur Rechtfertigung seiner Benutzung zurückbeziehen (BGH GRUR 1993, 574, 576 – *Decker*; BGH GRUR 1994, 652, 653 – *Virion*).

Die nähere Ausgestaltung der schuldrechtlichen Gestattung ist im Zuge der Vertragsfreiheit den Parteien überlassen. Sie kann insbesondere ähnliche Regelungen enthalten wie ein Lizenzvertrag (siehe dazu im einzelnen § 30 Rdn. 15 ff.).

b) Dingliche Rechtsübertragung. Auch die Unternehmens- 7 kennzeichen können auf Dritte übertragen werden, allerdings nur zusammen mit dem Geschäftsbetrieb. Der Standardfall ist § 23 HGB, nämlich der Erwerb des kaufmännischen Geschäftsbetriebes mit der Berechtigung, die Firma fortzuführen. Diese **Bindung** des Kennzeichenrechts **an des Geschäftsbetrieb** ist st. Rspr. (zB BGH GRUR 1973, 363, 365 – *Baader*; BGH GRUR 1951, 393, 394 – *Ott International*; BGH GRUR 1993, 151 – *Universitätsemblem*). Deshalb kommt auch keine selbständige Übertragung von Firmenbestandteilen (BGH GRUR 1986, 325, 328 – *Peters*) in Betracht. Davon unberührt bleibt allerdings die Möglichkeit, daß ein **Teil** des Geschäftsbetriebes zusammen mit der Firma übertragen wird, wobei aber keine Aufspaltung des Kennzeichenrechts selbst auf verschiedene Unternehmen möglich ist (BGH GRUR 1989, 422, 424 – *FLASH*; BGH GRUR 1991, 393, 394 – *Ott International*), d. h. der Veräußerer kann nicht gleichzeitig selbst die Firma nutzen und sie prioritätswahrend an einen Dritten übertragen.

Je nach den Umständen des Einzelfalles kann eine Übertragung 8 des Geschäftsbetriebes auch schon dann anzunehmen sein, wenn nur noch Teile des tatsächlichen (körperlichen) **Betriebsvermögens** übergehen, insbesondere wenn bei einem Unternehmen, das kurz vor der Einstellung des Geschäftsbetriebes steht, nur noch Goodwill, Kundenlisten und ähnliches zu übertragen sind (zB BGH GRUR 1990, 601, 603 – *Benner*), es ist nicht einmal erforderlich, daß der Erwerber beabsichtigt, den Geschäftsbetrieb fortzusetzen, wenn nicht lediglich ein Scheingeschäft vorliegt, um sich die Kennzeichnungen (einschließlich ihrer Priorität) zu sichern (BGH GRUR 1972, 363, 365 – *Baader*). Da das Unternehmenskennzeichen an den Geschäftsbetrieb gebunden ist, können auch **keine gesonderten dinglichen Rechte** daran entstehen, es ist nicht isoliert pfändbar oder zur Sicherung übertragbar (BGH NJW 1968, 392). Auch der Geschäftsbetrieb insgesamt kann nicht Gegenstand eines einheitlichen Pfändungspfandrechtes sein (BGHZ 32, 103, 105 – *Vogeler*). Erleichterungen gelten im **Konkurs,** wo an den Übergang des Geschäftsbetriebes keine größeren Anforderungen gestellt werden können (BGH GRUR 1967, 98, 92 – *Rose*; BGH GRUR 1973, 363, 364 – *Baader*). Auch eine Zustimmung des namensgebenden Gesellschafters ist jedenfalls bei der GmbH nicht erforderlich (BGH ZIP 1983, 193), wenn dies auch bei Personen-

§ 27 Rechtsübergang

handelsgesellschaften nur dann der Fall ist, wenn der ursprüngliche Namensgeber nicht mehr lebt.

IV. Aufbau von Abschnitt 5

9   Abschnitt 5 regelt zunächst in § 27 den Rechtsübergang aufgrund Rechtsgeschäft oder Gesetz, anschließend in § 28 die Bedeutung der Eintragung als Vermutung für die Inhaberschaft, dann in § 29 die dinglichen Rechte, die Zwangsvollstreckung des Konkursverfahren sowie in § 30 im Ansatz das Lizenzvertragsrecht. § 31 erklärt diese Regelungen auch auf Anmeldungen für anwendbar.

§ 27 Rechtsübergang

(1) **Das durch die Eintragung, die Benutzung oder die notorische Bekanntheit einer Marke begründete Recht kann für alle oder für einen Teil der Waren oder Dienstleistungen, für die die Marke Schutz genießt, auf andere übertragen werden oder übergehen.**

(2) **Gehört die Marke zu einem Geschäftsbetrieb oder zu einem Teil eines Geschäftsbetriebs, so wird das durch die Eintragung, die Benutzung oder die notorische Bekanntheit der Marke begründete Recht im Zweifel von der Übertragung oder dem Übergang des Geschäftsbetriebs oder des Teils des Geschäftsbetriebs, zu dem die Marke gehört, erfaßt.**

(3) **Der Übergang des durch die Eintragung einer Marke begründeten Rechts wird auf Antrag eines Beteiligten in das Register eingetragen, wenn er dem Patentamt nachgewiesen wird.**

(4)[1] **Betrifft der Rechtsübergang nur einen Teil der Waren oder Dienstleistungen, für die die Marke eingetragen ist, so ist mit dem Antrag auf Eintragung des Übergangs eine Gebühr nach dem Tarif zu zahlen. Wird die Gebühr nicht gezahlt, so gilt der Antrag als nicht gestellt. Im übrigen sind die Vorschriften über die Teilung der Eintragung mit Ausnahme von § 46 Abs. 2 und 3 Satz 1 bis 3 entsprechend anzuwenden.**

Inhaltsübersicht

	Rdn.
I. Allgemeines	1–4
1. Überblick	1
2. Früheres Recht	2
3. MRRL	3
4. Gemeinschaftsmarkenrecht	4

---

[1] § 27 Abs. 4 neugefaßt durch G. v. 19. 7. 1996 (BGBl. I 1014).

Rechtsübergang § 27

	Rdn.
II. Übertragung der Marke (Abs. 1, 1.Alt.)	5–12
1. Gegenstand der Übertragung	5
2. Rechtsgeschäftliche Übertragung	6–12
a) Allgemeines	6
b) Abtretung der Marke	7
c) Verpflichtungsgeschäft	8, 9
d) Inhaberschaft und Priorität	10
e) Wirkung der Übertragung	11
f) Unwirksamkeitsgründe	12
III. Übergang der Marke kraft Gesetzes (Abs. 1, 2. Alt.)	13–14
1. Allgemeines	13
2. Parallelität zur rechtsgeschäftlichen Übertragung	14
IV. Übergang des Geschäftsbetriebes (Abs. 2)	15–17
1. Allgemeines	15
2. Zugehörigkeit zu einem Geschäftsbetrieb	16
3. Vermutungswirkung	17
V. Eintragung im Register (Abs. 3)	18, 19
1. Allgemeines	18
2. Verfahren	19
VI. Teilübertragung (Abs. 4)	20–22
1. Allgemeines	20
2. Entsprechende Anwendung von § 46	21
3. Unanwendbare Vorschriften	22

I. Allgemeines

1. Überblick

§ 27 Abs. 1 enthält den Grundsatz, daß alle Marken des § 4 insgesamt oder für einen Teil der Waren oder Dienstleistungen sowohl rechtsgeschäftlich als auch durch Gesetz übergehen können. Abs. 2 enthält die Vermutung, daß beim Übergang des Geschäftsbetriebes die Marke mit übergeht. Abs. 3 eröffnet die Möglichkeit der Eintragung des Übergangs, schreibt diese aber nicht vor. Abs. 4 enthält eine Verweisung auf die Teilungsvorschrift des § 46. § 27 enthält keine näheren Regelungen darüber, aufgrund welcher Verträge oder sonstigen Rechtsgründe der Übergang der Marke erfolgt, sondern setzt diese voraus. **1**

2. Früheres Recht

Aufgrund der Bindung der Marke an den Geschäftsbetrieb war bis zur Novellierung von § 8 Abs. 1 WZG durch das Erstreckungs- **2** gesetz eine isolierte Übertragung des Warenzeichens nicht möglich. Mit Wirkung zum 1. Mai 1992 wurde diese Bindung aufgehoben und es trat eine Rechtslage ein, die § 27 im wesentlichen entsprach. Allerdings war die Regelung des § 8 Abs. 1 WZG weiter nur rudimentär. Insbesondere war eine Teilübertragung nicht möglich, da das WZG auch keine Teilung der Marke kannte (vgl. § 46 Rdn. 2).

3. MRRL

3 Die MRRL enthält keine Vorgaben zur Übertragbarkeit der Marke. Die §§ 27 bis 31 sind deshalb ohne Rückgriff auf Gemeinschaftsrecht auszulegen. Eine Vorlage an den EuGH gem. Art. 177 EUV kommt nicht in Betracht.

4. Gemeinschaftsmarkenrecht

4 Die Gemeinschaftsmarke ist ebenfalls frei übertragbar (Art. 17 GMVO). Allerdings bestehen eine Reihe von Unterschieden, zB ist Schriftform erforderlich (Art. 17 Abs. 3 GMVO) und die Eintragung in das Register ist zwingende Voraussetzung für die Geltendmachung gegenüber Dritten (Art. 17 Abs. 5 und 6 GMVO). Auch im Lizenzrecht bestehen eine Reihe von Unterschieden, insbesondere im Hinblick auf die Bestandskraft der Lizenz gegenüber gutgläubigen Dritterwerbern, die nur bei Eintragung der Lizenz in das Register gegeben ist (Art. 23 Abs. 1 und 2 GMVO). (Im übrigen siehe *Ingerl*, Die Gemeinschaftsmarke S. 108–114).

II. Übertragung der Marke (Abs. 1, 1. Alt.)

1. Gegenstand der Übertragung

5 Gegenstand der Übertragung gem. § 27 Abs. 1, ebenso wie der sonstigen Verfügungen des Teils 5, sind alle Marken des § 4, auch die aufgrund von Verkehrsgeltung entstandenen Marken des § 4 Nr. 2 und die notorischen Marken des § 4 Nr. 3. Ebenso wie an anderer Stelle, zB im Verletzungsverfahren, hat der Gesetzgeber ganz bewußt den Gleichlauf dieser Markenformen herbeigeführt. Nicht unter § 27 Abs. 1 fallen die Unternehmenskennzeichen des § 5 Abs. 2 und die geographischen Herkunftsangaben der §§ 126–129. Aufgrund der Verweisung des § 97 Abs. 2 sind Kollektivmarken aber nach § 27 übertragbar. Auf Werktitel sollte wegen ihrer Nähe zu den Marken des § 4 Nr. 2 und dem wirtschaftlichen Bedürfnis § 27 analog angewendet werden (Vor §§ 27–31 Rdn. 4).

2. Rechtsgeschäftliche Übertragung

a) Allgemeines. Die Übertragung der Marke erfolgt nach den allgemeinen Regeln des BGB. Dabei ist nach dem Abstraktionsprinzip zu unterscheiden zwischen der Übertragung des Rechtes selbst, einem Verfügungsgeschäft, und dem zugrundeliegenden Verpflichtungsgeschäft. Die Verfügung ist im Fall der Marke eine Abtretung, § 398 BGB. Da § 27 Abs. 1 keine näheren Vorschriften über die Übertragung der Marke enthält, gelten für die Marke als sonstiges Recht §§ 398 ff. BGB über § 413 BGB. Die Abtretung ist wirksam, wenn die Voraussetzungen der §§ 398 ff. BGB erfüllt sind (unten b)). Das Verfügungsgeschäft bedarf zu seiner Wirksamkeit nicht eines Verpflichtungsgeschäftes (Grundgeschäftes), allerdings kann eine Verfügung ohne wirksames Grundgeschäft rückabgewickelt werden. Das Grundgeschäft ist der Vertrag zwischen den Parteien, aus dem sich die Verpflichtung zur Übertragung der Marke ergibt. Ein vertraglicher Rechtsgrund für das Verfügungsgeschäft kann zB Kauf, Sicherungsübereignung, Auftrag usw. sein (unten Rdn. 8), daneben können gesetzliche Rückübertragungsansprüche, zB aufgrund einer Schadenersatzverpflichtung aus unerlaubter Handlung (§§ 1 UWG, 823 Abs. 1 BGB), oder ungerechtfertigter Bereicherung (812 BGB) in Betracht kommen.

b) Abtretung der Marke. Die Übertragung der Marke erfolgt durch Abtretungsvertrag zwischen dem Inhaber und dem Erwerber. Die Abtretung ist **formfrei** wirksam, unabhängig von der Frage, ob das Verpflichtungsgeschäft (unten Rdn. 8), zB als Schenkung, oder als Unternehmenskaufvertrag mit Grundstücksanteilen, formbedürftig ist. Die Abtretung kann auch **stillschweigend** erfolgen, wenn sich aus dem Verpflichtungsgeschäft ergibt, daß die Parteien unmittelbar damit die Übertragung bewirken wollten. Die Verfügung muß den Gegenstand der Abtretung klar bestimmen oder zumindest **bestimmbar** machen. Bei der eingetragenen Marke wird dies regelmäßig durch die Bezeichnung der Register-Nr., ggf. unter Hinzufügung des Zeichens, geschehen. Werden mehrere Marken übertragen, empfiehlt sich eine Auflistung in einer Anlage, insbesondere wenn die Marken in verschiedenen Ländern eingetragen sind. Handelt es sich um eine nicht eingetragene Marke des § 4 Nr. 2 wird die Bestimmtheit eine klare Beschreibung voraussetzen, die zB eine bestimmte Verpackung wiedergibt, ggf. mit Hinweisen zu Farbe und anderen Merkmalen, die nach Auffassung des Verkehrs das Kennzeichen ausmachen. Da Bestimmbarkeit ausreichend ist, ist es grundsätzlich auch möglich, lediglich global auf alle Markenrechte zu verweisen, die für den Inhaber zum Zeitpunkt des Vertragsabschlusses eingetragen oder angemeldet sind. Diese lassen sich nach Anfrage bei den entsprechenden Ämtern feststellen. Daß der Arbeitsaufwand erheblich ist, spielt für die Bestimmbarkeit keine Rolle (BGHZ 70, 90). Grundsätzlich ist auch die Abtretung **zukünftiger** Markenrechte möglich, und zwar nicht nur solcher Marken, die bereits angemeldet sind (die Anmeldung ist ohnehin übertragbar, § 31), sondern auch hinsichtlich solcher Anmeldungen, die der Abtretende erst zukünftig im eigenen Namen tätigen wird. Hinsichtlich solcher zukünftigen Anmeldungen ist auf die Bestimmbarkeit besondere Sorgfalt zu verwenden. Zwar wäre es hinreichend bestimmt, wenn alle zukünftigen Anmeldungen abgetreten würden, ebenso alle Anmeldungen, die etwa ein bestimmtes Zeichenwort enthalten. Nicht hinreichend bestimmbar wäre es aber, auf zukünftige Markenanmeldungen „im Ähnlichkeitsbereich" oder andere ausfüllungsbedürftige rechtliche Maßstäbe abzustellen. Der **Zeitpunkt** der Übertragung kann von den Parteien frei festgelegt werden. Er kann erst zu einem zukünftigen Stichtag eintreten oder zu einem derartigen Stichtag wieder entfallen (Befristung) bzw. in ähnlicher Form durch den Eintritt eines bestimmten Ereignisses aufschiebend oder auflösend bedingt sein. Von der **Umschreibung** im Register ist der Übergang der Inhaberstellung nicht abhängig (Gegenschluß aus Abs. 3 und § 28). Der **Übergang des Geschäftsbetriebes** ist ebenfalls nicht erforderlich (Gegenschluß aus Abs. 2). Isolierte Abtretungen der Marke ohne Geschäftsbetrieb waren vor Inkrafttreten des Erstreckungsgesetzes am 1. Mai 1992 unwirksam. Die mit diesem Stichtag in Kraft getretene Aufhebung der Bindung der Marke an den Geschäftsbetrieb hat keine Rückwirkung, vor diesem Zeitpunkt liegende „Leerübertragungen" werden deshalb nicht rückwirkend geheilt (BGH GRUR 1995, 117 – *Neutrex*); siehe auch Kommentierung zu § 152.

8   c) **Verpflichtungsgeschäft.** Das der Abtretung zugrundeliegende Verpflichtungsgeschäft wird häufig mit der Abtretung zusammenfallen, ist rechtlich aber trotzdem davon zu unterscheiden. Zugrundeliegen kann der **Kauf** der Marke (§ 433 BGB), ggf. die **Geschäftsbesorgung** (zB inländischer Vertreter, der für ausländisches Unternehmen anmeldet und die Marke übertragen muß), **gesellschaftsrechtliche Verträge**, zB die Einbringung der Marke

Rechtsübergang **§ 27**

durch einen Gesellschafter, usw. Häufig werden mit einer Marke zusammen andere Gegenstände des Unternehmens veräußert werden, ggf. der gesamte Geschäftsbetrieb (dazu Abs. 2, unten Rdn. 16). Ein typischer Rechtsgrund für die Übertragung der Marke kann auch ein **Vergleich**, § 779 BGB sein, entweder außergerichtlicher oder gerichtlicher Art. Die Marke kann auch aufgrund gesetzlicher Vorschriften übergehen (dazu unten Rdn. 13).

Der Übertragung der Marke kann auch eine **Sicherungsüber-** 9 **eignung** zugrundliegen. Dabei handelt es sich um eine gegenüber Dritten wie eine Vollrechtsübertragung wirkende Abtretung der Marke vom Inhaber (Sicherungsgeber) an den Sicherungsnehmer zur Sicherung von Forderungen des Sicherungsnehmers gegen den Sicherungsgeber, typischerweise an einem Darlehensvertrag (§ 607 BGB). Die Sicherungsübereignung definiert sowohl die Voraussetzungen, unter denen der Sicherungsnehmer die Marke verwerten kann („Sicherungsfall") als auch die Rechte, die ihm im Sicherungsfall zustehen. Bei einer Marke wird dies entweder die Weiterveräußerung der Marke an einen Dritten, oder die Lizenzerteilung sein. Dabei wird auch zu regeln sein, ob der Sicherungsnehmer oder sein Rechtsnachfolger markenrechtliche Ansprüche gegen den Sicherungsgeber durchsetzen kann, wenn der Sicherungsfall eintritt, d. h. wenn der Sicherungsgeber die Marke selbst nicht mehr in seinem Geschäftsbetrieb verwenden. Tritt der Sicherungsfall nicht ein, sondern wird die gesicherte Forderung vom Sicherungsgeber getilgt, ist die Marke an ihn zurückzuübertragen. Die Voraussetzungen der Rückübertragung und deren Form sind wiederum im Sicherungsvertrag zu regeln. Dabei kann entweder ein automatischer Rückfall vorgesehen sein (die Sicherungsübereignung ist dann aufschiebend bedingt), oder eine eigene Rückübertragung vorsehen, zu der der Sicherungsnehmer verpflichtet ist, wenn die vertraglichen Voraussetzungen erfüllt sind.

d) Inhaberschaft und Priorität. Der Inhaber der Marke muß 10 zur Abtretung berechtigt sein, hinsichtlich der Verfügung eines Nichtberechtigten kann die (ggf. nachträgliche) Einwilligung des Berechtigten in Betracht kommen (§ 185 BGB). Ist eine Personenmehrheit oder juristische Person Inhaber, kommt es auf die jeweilige Vertretungsbefugnis an. Ein **gutgläubiger Erwerb** der Marke ist, wie bei § 398 BGB generell, nicht möglich, da es an einem eindeutigen Anknüpfungspunkt für den guten Glauben fehlt. Im Hinblick darauf, daß der Rechtsübergang im Register nicht eingetragen sein muß (oben Rdn. 18), kann sich auch ein Dritter nicht darauf verlassen, daß das Register den gegenwärtigen Inhaber wiedergibt. Das ergibt sich auch im Gegenschluß aus § 28, der der Registereintragung nur bestimmte beschränkte Wirkungen zuweist, zu denen gerade nicht die Begründung des öffentlichen Glaubens gehört. Die Berechtigung richtet somit nach der **Priorität** des Rechtserwerbs, d. h. vom ersten Inhaber (Anmelder) kann das Recht nur einmal übertragen werden, eine zeitlich später liegende Abtretung würde ins Leere gehen. Dabei kommt es auf den Zeitpunkt des Wirksamwerdens des Verfügungsgeschäftes an, ist dieses zB aufschiebend bedingt durch den Eintritt eines in der Zukunft liegenden Ereignisses, ist eine zeitlich vor Eintritt dieses Ereignisses liegende Abtretung an einen dritten Erwerber wirksam, wenn auch vertragswidrig und ggf. Anlaß von Schadenersatzansprüchen gegen den Abtretenden.

11 **e) Wirkung der Übertragung.** Durch die Übertragung rückt der Erwerber in die Rechtsstellung des Veräußerers ein. Er erwirbt die Marke mit der gleichen Priorität und auch sonst im gleichen Rechtszustand, wie sie der Veräußerer innehatte. Das gilt zunächst für den Schutzbereich, auch hinsichtlich von Einschränkungen, etwa durch Verwirkung, die schon beim Rechtsvorgänger eingetreten war, sich aber der Rechtsnachfolger zurechnen lassen muß (§ 21 Rdn. 21). Lizenzen, die der Rechtsvorgänger erteilt hat, muß der Rechtsnachfolger gegen sich gelten lassen, wenn in dem Lizenzvertrag nichts anderes vereinbart ist (§ 30 Abs. 5), sofern nicht die Übergangsvorschrift des § 155 für Lizenzen eingreift, die vor dem 1. Januar 1995 erteilt worden sind. Standen der Marke absolute Schutzhindernisse entgegen, kann sie aber zB wegen Ablauf der Zehnjahresfrist des § 50 Abs. 2 nicht mehr gelöscht werden, so kann sich auch der Rechtsnachfolger auf diesen Zeitablauf berufen. Ganz allgemein muß im Hinblick auf die Verselbständigung der Marke gelten, daß sie „wie sie steht und liegt" vom Inhaber auf den Dritten übertragen wird.

12 **f) Unwirksamkeitsgründe.** Die Übertragung der Marke kann zunächst aus allen zivilrechtlichen Unwirksamkeitsgründen scheitern, zB mangels Vertretungsmacht, Bestimmtheit usw. Daneben ist im Einzelfall denkbar, daß eine Übertragung dann unwirksam sein kann, wenn dadurch eine **Täuschung** des Verkehrs hervorgerufen wird, die nach § 3 UWG zu beachten wäre. Dafür ist aber mehr erforderlich, als daß der Verkehr lediglich annimmt, die so gekennzeichneten Waren oder Dienstleistungen stammten aus einem bestimmten Geschäftsbetrieb. Vielmehr muß er mit der Herkunft aus dem Geschäftsbetrieb ganz bestimmte Qualitätsvorstellungen verbinden und diese auf die Waren oder Dienstleistungen übertragen, wobei nach der Übertragung diese Vorstellung nicht zutreffend sein darf. Es muß also eine (erhebliche) Irreführung über die so gekennzeichneten Marken und Dienstleistungen die Folge sein. Ebenso wie bei einem Lizenzvertrag (dazu BGHZ 1, 241, 246 – *Piek Fein*; BGHZ 44, 372, 377 – *Meßmer-Tee II*; BGH GRUR 1977, 528, 531 – *Migrol*) kann unter diesen Voraussetzungen eine Nichtigkeit der Übertragung wegen Verstoßes gegen ein gesetzliches Verbot (§ 134 BGB i. V. m. § 3 UWG) in Betracht kommen. Ebenso wie bei der Frage, ob eine Marke zur Irreführung geeignet ist (dazu § 8 Rdn. 98 f.) wird man hier aber strenge Maßstäbe anlegen müssen. Ein Verstoß kommt nur dann in Betracht, wenn die Irreführungsgefahr bereits aus dem Abtretungsgeschäft selbst ersichtlich ist, sich zB aus dem völlig anders gearteten Geschäftsbetrieb des Erwerbers ergibt, daß er die Erwartung des Publikums nicht wird erfüllen können. Derartige Situationen werden die Ausnahme sein. Im Einzelfall kann beim Markenerwerb ein Fusionstatbestand iSv § 23 GWB vorliegen, der zu Anzeige- und Genehmigungspflichten führt (vgl. § 30 Rdn. 51).

III. Übergang der Marke kraft Gesetzes (Abs. 1, 2. Alt.)

1. Allgemeines

Der Wortlaut des Gesetzes („übergehen") zeigt, daß die Marke **13** nicht nur rechtsgeschäftlich übertragen werden kann, sondern auch durch gesetzliche Erwerbsvorgänge übergehen kann. Als Erwerbsgrund kommt vor allem in Betracht die Gesamtrechtsnachfolge vom Erblasser auf den Erben (§ 1922 Abs. 1 BGB). Die sonstigen Fällen des gesetzlichen Forderungsüberganges (§ 412 BGB), zB §§ 426 Abs. 2, 774 Abs. 1 BGB kommen bei der Marke nicht in Betracht, da sie kein bloßes Forderungsrecht ist, das zB durch Befriedigung des Gläubigers übergehen könnte. Praktische Bedeutung hat die Möglichkeit des Übergangs somit insbesondere für den Übergang des gesamten Geschäftsbetriebes (§ 28 Abs. 2). Die Voraussetzungen des Übergangs richten sich nach der jeweils zugrundeliegenden gesetzlichen Spezialnorm.

2. Parallelität zur rechtsgeschäftlichen Übertragung

Der Übergang kraft Gesetzes hat die gleichen Wirkungen wie **14** der rechtsgeschäftliche Übergang. Insbesondere wird wiederum die

§ 27 Rechtsübergang

Marke vom Erwerber in der gleichen Form und mit den gleichen Schutzwirkungen und -beschränkungen übernommen, wie sie beim vorherigen Inhaber vorhanden war.

IV. Übergang des Geschäftsbetriebes (Abs. 2)

1. Allgemeines

15 Die Marke ist nicht mehr akzessorisch zum Geschäftsbetrieb, sie ist ihm auch nicht „konnex" (vgl. § 3 Rdn. 10). Deshalb kann die Marke ohne Geschäftsbetrieb übertragen werden, aber umgekehrt auch der Geschäftsbetrieb, in dem die Marke Verwendung findet, ohne diese auf einen Dritten übertragen werden, so daß der Inhaber die Marke weiter (für einen anderen oder einen neu aufzubauenden Geschäftsbetrieb) nutzen kann. In der Praxis wird bei der Veräußerung des Geschäftsbetriebes allerdings häufig die Marke mit übertragen werden, nicht nur weil sie wesentlicher Teil des (immateriellen) Betriebsvermögens sein kann, sondern weil der Marktanteil der Produkte wesentlich von ihrer fortgesetzten Benutzung abhängt, der Erwerber des Unternehmens also ohne den Erwerb der Marke häufig nicht in die Marktstellung des Veräußerers wird eintreten können (Vor §§ 27–31 Rdn. 1). Schon aus diesem Grund wird in den meisten Fällen über den Erwerb der Marke eine ausdrückliche Regelung getroffen werden. § 27 Abs. 2 kommt nur zur Anwendung, wenn eine derartige ausdrückliche Regelung fehlt.

2. Zugehörigkeit zu einem Geschäftsbetrieb

16 Da für den Erwerb der Marke ein Geschäftsbetrieb nicht erforderlich ist, kann es Marken ohne Geschäftsbetrieb geben, zB solche von Privatpersonen, oder „Markenmäntel", die zB von Werbeagenturen für ihre Kunden bereit gehalten werden. Auf solche Marken ist § 27 Abs. 2 nicht anwendbar. Vielmehr ist vorausgesetzt, daß die Marke „zu einem Geschäftsbetrieb" gehört. Diese **Zugehörigkeit** ist nicht dahin zu verstehen, daß die Marke von dem Geschäftsbetrieb benutzt werden muß. Vielmehr kann es ausreichend sein, daß die gleiche – natürliche oder juristische – Person, der das Unternehmen gehört, auch Inhaber der Marke ist. Wird die Marke nicht benutzt, kann die Zugehörigkeit zum Unternehmen aber nur dadurch begründet werden, daß es sich um das einzige Unternehmen des Inhabers handelt und dieses vollständig verkauft wird. Anderenfalls wäre nicht klar, ob die unbenutzte Marke nicht einem anderen Unternehmen desselben Inhabers zuzuordnen wäre. Wird die Marke benutzt, kommt es wiederum darauf an, von welchem (ggf. Teil-) Unternehmen des Inhabers sie benutzt wird. Betreibt der Inhaber (als gleiche Rechtspersönlichkeit) zB einen Reiseveranstalter und eine Hotelkette, wird die Marke aber nur als Kennzeichen der Hotelkette verwendet, geht sie nur dann auf den Erwerber über, wenn dieser entweder das Gesamtunternehmen (Reisedienstleistung und Hotels) übernimmt, oder wenn er gerade die Hotels erwirbt. Erwirbt er nur die Reiseaktivitäten, geht die für die Hotels benutzte Marke nicht auf ihn über. Im Gesetz nicht näher geregelt ist die Frage, welche Voraussetzungen im einzelnen vorliegen müssen, damit vom Übergang eines **Geschäftsbetriebes** gesprochen werden kann. Dabei ist zunächst zu berücksichtigen, daß der „Geschäftsbetrieb" handels- oder gesellschaftsrechtlich kein festgelegter Begriff ist, sondern daß darunter unterschiedliche Sachverhalte verstanden werden können. Es liegt nahe, als (Teil-) Geschäftsbetrieb zunächst eine hinreichend verselbständigte Organisationseinheit anzusehen, wie sie etwa beim „Betrieb" des Arbeitsrechtes angenommen wird (dazu zB BAG 1987, 13). Weitergehend wird man im Markenrecht allerdings zu berücksichtigen haben, daß mit der Marke häufig einzelne Produkte oder Produktlinien gekennzeichnet sind, die nicht immer aus einem abgegrenzten Betrieb in diesem Sinn stammen müssen. Der zu einer solchen Produktlinie gehörige Geschäftsbetrieb kann sich ggf. außer auf die Marke lediglich noch auf Know-How, oder andere immaterielle Gegenstände, Kundenbeziehungen u.ä. beziehen, während nicht einmal die Produktionsanlagen direkt diesen Produkten zugeordnet sind. In einem derartigen Fall ist für den Übergang des (Teil-)Geschäftsbetriebes die Übertragung des Produktions-Know-Hows ausreichend, wenn sich aus der vertraglichen Gestaltung klar ergibt, daß der Veräußerer dem Erwerber gerade im Hinblick auf diese Produkte das Einrücken in seine Marktposition ermöglichen sollte. Die zivil- und **gesellschaftsrechtliche Ausgestaltung** der Übertragung des Geschäftsbetriebes (etwa als Erwerb von Geschäftsanteilen („Share Deal") oder als Erwerb nur einzelner Vermögensgegenständen („Asset Deal")) spielt für die markenrechtlichen Konsequenzen keine Rolle. Maßgebend ist lediglich die Absicht der Parteien, den Produktbereich, für den die Marke benutzt wird, vom Veräußerer auf den Erwerber zu übertragen.

3. Vermutungswirkung

17 § 27 Abs. 2 stellt lediglich eine Vermutung („im Zweifel") auf. Diese Vermutung ist widerleglich, wobei allerdings zur Widerlegung der Vermutung die volle Beweisführung erforderlich ist. Diese kann insbesondere Indizien aus der Vereinbarung im übrigen berücksichtigen, zB ob die Marke Name oder Firma des Veräußerers enthält und diese erkennbar weiter unter dieser Kennzeichnung tätig sein will, ob bei der Bewertung des Geschäftsbetriebes für immaterielle Vermögensgegenstände, Goodwill u. ä. größere Summen bezahlt wurden, ob im Rahmen eines „Asset Deals" im einzelnen präzis bezeichnete Vermögensgegenstände erworben wurden, der Vertrag aber gerade nicht die Marken aufführt, usw.

V. Eintragung im Register (Abs. 3)

1. Allgemeines

18 Die Eintragung in das Register wird „auf Antrag eines Beteiligten" vorgenommen. Daraus ergibt sich bereits zwingend, daß sie keine Voraussetzung für den Rechtsübergang darstellt. Ebensowenig hat die Eintragung die Wirkung, den gutgläubigen Erwerb vom Eingetragenen zu ermöglichen (oben Rdn. 10). Die Parteien des Übertragungsvertrages können darüber Vereinbarungen treffen, ob eine Eintragung im Register erfolgen soll. Vorteilhafter für den Erwerber ist die Eintragung insbesondere im Hinblick auf die Handlungsmöglichkeiten in den Verfahren des § 28 Abs. 2 (siehe § 28 Rdn. 8–10).

2. Verfahren

19 Das Verfahren der Umschreibung ist in § 31 ff. MarkenV im einzelnen geregelt. Danach soll das vom Patentamt herausgegebene Formblatt verwendet werden (§ 31 Abs. 1 MarkenV). In dem Antrag sind die Register-Nr. der Marke, die den Angaben zum Anmelder nach § 5 MarkenV entsprechenden Angaben zum Rechtsnachfolger sowie Name und Anschrift des Vertreters (soweit vorhanden) anzugeben (§ 31 Abs. 2 MarkenV). Der Antrag auf Eintragung des Rechtsübergangs kann entweder von dem eingetragenen Inhaber und dem Rechtsnachfolger gemeinsam gestellt werden, dann genügt es, wenn er von beiden unterschrieben ist (§ 31 Abs. 2 Nr. 1 MarkenV). Wird er nur vom Rechtsnachfolger gestellt, ist entweder

Rechtsübergang § 27

eine schriftliche Zustimmungserklärung (§ 31 Abs. 3 Nr. 2 lit. a) beizufügen, oder Unterlagen, aus denen sich die Rechtsnachfolge ergibt, wie zB der Übertragungsvertrag (§ 31 Abs. 3 Nr. 2 lit. b). Eine Beglaubigung der Unterschriften ist nicht erforderlich (§ 31 Abs. 5 MarkenV). Weitere Nachweise kann das Patentamt nur dann verlangen, wenn sich begründete Zweifel an dem Rechtsübergang ergeben (§ 31 Abs. 6 MarkenV). Neben diesen vorgesehenen Nachweisformen bleibt die Möglichkeit eines anderweitigen Nachweises unberührt, zB durch den Erbschein im Fall der Rechtsnachfolge nach § 1922 BGB (§ 31 Abs. 7 MarkenV). Für mehrere Marken kann der Antrag gemeinsam gestellt werden (§ 31 Abs. 8 MarkenV). Eine Gebühr ist für die Umschreibung nicht zu entrichten, da es im Interesse der Allgemeinheit liegt, über die wahren Rechtsverhältnisse aufgeklärt zu werden (Amtl. Begr. Abs. 4 zu § 27).

VI. Teilübertragung (Abs. 4)

1. Allgemeines

Die Marke kann auch nur für einen Teil der Waren oder Dienstleistungen des Registers übertragen werden. Das wird sich vor allem dann anbieten, wenn nur ein Teilgeschäftsbetrieb übertragen wird und wenn der Inhaber beabsichtigt, für bestimmte Waren oder Dienstleistungen selbst weiterhin unter der Marke auf dem Markt aktiv zu bleiben. Wie bei § 46 ist auch bei der Übertragung eine Teilung der Marke nur nach Waren oder Dienstleistungen möglich, nicht nach geographischen Gebieten (insoweit kann allerdings eine Gebietslizenz in Betracht kommen, § 30 Rdn. 37) und erst recht nicht an Teilen des Zeichens (zB Aufspaltung in einen Wort- und einen Bildbestandteil).

2. Verfahren

Das Verfahren wird durch § 46 und § 32 MarkenV näher geregelt. Danach ist in dem Antrag auf Eintragung des Rechtsübergangs anzugeben, auf welche Waren oder Dienstleistungen sich dieser bezieht (§ 32 Abs. 1 MarkenV). Die Teilübertragung löst eine Gebührenpflicht aus. Die Gebühr beträgt hinsichtlich der Teilübertragung einer Anmeldung gegenwärtig für einen Antragsteller aus den alten Bundesländern DM 500,00 und für einen Antragsteller aus den neuen Bundesländern bis zum 1. Januar 1998 DM 420,00. Die Gebühr für einen Antrag auf Teilübertragung einer Eintragung beträgt derzeit für einen Antragsteler aus den alten Bundesländern DM 600,00 und für einen Antragsteller aus den neuen Bundesländern bis zum 1. Januar 1998 DM 500,00. Ergänzend wird auf die Kommentierung zu § 46 verwiesen.

3. Unanwendbare Vorschriften

22 Durch die Unanwendbarkeit von § 46 Abs. 2 wird sichergestellt, daß laufende Widerspruchsverfahren die Eintragung der Übertragung nicht hindern können. Im Hinblick darauf, daß das Grundgeschäft selbst vom Widerspruchsverfahren ohnehin unberührt bleibt, ist diese Regelung sinnvoll.

§ 28 Vermutung der Rechtsinhaberschaft; Zustellungen an den Inhaber

(1) **Es wird vermutet, daß das durch die Eintragung einer Marke begründete Recht dem im Register als Inhaber Eingetragenen zusteht.**

(2) **Ist das durch die Eintragung einer Marke begründete Recht auf einen anderen übertragen worden oder übergegangen, so kann der Rechtsnachfolger in einem Verfahren vor dem Patentamt, einem Beschwerdeverfahren vor dem Patentgericht oder einem Rechtsbeschwerdeverfahren vor dem Bundesgerichtshof den Anspruch auf Schutz dieser Marke und das durch die Eintragung begründete Recht erst von dem Zeitpunkt an geltend machen, in dem dem Patentamt der Antrag auf Eintragung des Rechtsübergangs zugegangen ist. Satz 1 gilt entsprechend für sonstige Verfahren vor dem Patentamt, Beschwerdeverfahren vor dem Patentgericht oder Rechtsbeschwerdeverfahren vor dem Bundesgerichtshof, an denen der Inhaber einer Marke beteiligt ist.**

(3) **Verfügungen und Beschlüsse des Patentamts, die der Zustellung an den Inhaber der Marke bedürfen, sind dem als Inhaber Eingetragenen zuzustellen. Ist dem Patentamt ein Antrag auf Eintragung eines Rechtsübergangs zugegangen, so sind die in Satz 1 genannten Verfügungen und Beschlüsse auch dem Rechtsnachfolger zuzustellen.**

Inhaltsübersicht

	Rdn.
I. Allgemeines	1–4
1. Überblick	1
2. Früheres Recht	2
3. MRRL	3
4. Gemeinschaftsmarkenrecht	4

	Rdn.
II. Vermutung der Rechtsinhaberschaft (Abs. 1)	5–7
1. Allgemeines	5
2. Betroffene Verfahren	6
3. Widerlegung der Vermutung	7
III. Legitimation des Eingetragenen (Abs. 2)	8–10
1. Grundsatz	8
2. Änderung der Inhaberschaft während laufender Verfahren	9
3. Übergangsregelungen	10
IV. Zustellung von Verfügungen und Beschlüssen des Patentamts (Abs. 3)	11

I. Allgemeines

1. Überblick

Obwohl die Eintragung der Umschreibung in das Register nicht konstitutiv ist (§ 27 Rdn. 7) ist sie nicht ohne Wirkungen. Abs. 1 enthält zunächst eine Vermutung der (materiell-rechtlichen) Berechtigung des Eingetragenen als Inhaber. Abs. 2 schränkt die Rechte des nicht eingetragenen Inhabers hinsichtlich der Verfahren vor dem DPA, des Beschwerdeverfahrens vor dem BPatG und des Rechtsbeschwerdeverfahrens vor dem BGH wesentlich ein. § 28 Abs. 3 regelt die Zustellung von Verfügungen und Beschlüssen des DPA an den Inhaber. 1

2. Früheres Recht

Das WZG enthielt keine Vermutung, die § 28 Abs. 1 entsprochen hätte. § 8 Abs. 2 WZG stellte auf die Eintragung in der Zeichenrolle, nicht wie § 28 Abs. 2 auf den Zugang des Umschreibungsantrages, ab. § 8 Abs. 3 WZG entsprach im wesentlichen § 28 Abs. 3. 2

3. MRRL

Die MRRL enthält keine Regelung für diesen Fragenkreis. 3

4. Gemeinschaftsmarkenrecht

Die Eintragung des Rechtsübergangs in das Gemeinschaftsmarkenregister ist nicht konstitutiv, jedoch zwingende Voraussetzung für die Geltendmachung von Rechten gegenüber Dritten und den Schutz vor gutgläubigem Dritterwerb (Art. 17 Abs. 5 und 6, 23 4

GMVO). Die Regelung unterscheidet sich damit wesentlich von § 28 MarkenG (*Ingerl*, Die Gemeinschaftsmarke S. 110 f.).

II. Vermutung der Rechtsinhaberschaft (Abs. 1)

1. Allgemeines

5   § 28 Abs. 1 ist § 891 Abs. 1 BGB nachgebildet, allerdings fehlt eine § 892 BGB entsprechende Begründung des öffentlichen Glaubens. Die widerlegliche Vermutung des § 28 Abs. 1 ist im Kern eine Beweislastregel: Nicht der Inhaber des Markenrechts muß seine Rechtsstellung als Voraussetzung von ihm geltend gemachter Ansprüche beweisen, er kann sich vielmehr auf die Eintragung im Register beziehen. Der Dritte, der die Berechtigung bestreiten will, kann sich nicht auf dieses Bestreiten beschränken, sondern muß den vollen Beweis des Gegenteils führen (BGH NJW 1980, 1047, 1048, zu § 891 BGB). Für das DPA ist die Vermutung schon dann widerlegt, wenn ihm amtlich das Gegenteil bekannt ist, zB der Umschreibungsantrag des § 28 Abs. 2 bereits zugegangen ist. Die Eintragung muß nicht zu Recht erfolgt sein, um die Vermutungswirkung zu begründen. In dem wohl nur theoretisch denkbaren Fall eines Verfahrensfehlers von solchem Gewicht, daß die Eintragung nichtig wäre, kann die Vermutungswirkung aber nicht entstehen (vgl. für § 891 BGB zB BGH NJW 1952, 1289).

2. Betroffene Verfahren

6   Die Vermutung gilt grundsätzlich allgemein, also in allen Verfahren vor dem DPA, BPatG und den ordentlichen Gerichten sowie im Rechtsverkehr mit jedem Dritten. Allerdings wird die Vermutungswirkung im Löschungsverfahren durch die Sondervorschrift des § 55 Abs. 1 verdrängt, wonach die Löschungsklage sowohl gegen den formell Eingetragenen als auch gegen den materiell Berechtigten gerichtet werden kann (dazu § 55 Rdn. 7). Nach § 55 Abs. 4 sind Löschungsurteile, die gegen den eingetragenen Inhaber erstritten worden sind, auch gegen den Rechtsnachfolger wirksam (dazu § 55 Rdn. 7).

3. Widerlegung der Vermutung

7   Die Widerlegung der Vermutung erfordert zwar den vollen Beweis des Gegenteils (oben Rdn. 5). Dieser Gegenbeweis kann aber

Vermutung der Rechtsinhaberschaft § 28

mit allen zulässigen Beweismitteln geführt werden, zB durch Vorlage von Unterlagen, Zeugenaussagen usw. Wann der Beweis erbracht ist, richtet sich nach den allgemeinen Beweisregeln des jeweiligen Verfahrens. Soweit der Amtsermittlungsgrundsatz (§ 59 Abs. 1) gilt, ist das DPA nicht gehindert, bei entsprechendem Anlaß eigene weitere Nachforschungen anzustellen. Es muß die Vermutung also nicht ungeprüft akzeptieren.

III. Legitimation des Eingetragenen

1. Grundsatz

Für die Verfahren vor dem DPA, im Beschwerdeverfahren vor 8 dem PatG und im Rechtsbeschwerdeverfahren vor dem BGH ist der Rechtsnachfolger erst dann zur Geltendmachung von Rechten befugt, wenn er den Antrag auf Umschreibung gestellt hat. Damit sind insbesondere fristgebundene Verfahrenshandlungen, wie die Einlegung von Widersprüchen, Erinnerungen, Beschwerden und Rechtsbeschwerden nur möglich, wenn spätestens gleichzeitig der Antrag auf Eintragung des Rechtsübergangs beim DPA eingeht. Vor diesem Zeitpunkt kann zwar der bisherige Inhaber diese Rechtshandlungen vornehmen, zumal ihm die Vermutung des § 28 Abs. 1 zugute kommt. Allerdings besteht grundsätzlich die Gefahr, daß der Dritte einwendet, zum Zeitpunkt der Verfahrenshandlung sei der bisherige Rechtsinhaber bereits nicht mehr Berechtigter gewesen und die Vermutung des § 28 Abs. 1 (im Zweifel durch Vorlage des Übertragungsvertrages) widerlegt. Da § 28 Abs. 2 keine ausdrückliche Befugnis des Eingetragenen für den Fall enthält, daß ein Rechtsübergang stattgefunden hat, aber noch keine entsprechende Erklärung beim DPA eingegangen ist, kann in dieser Situation noch immer eine Lücke entstehen. Das erscheint nicht sachgerecht, zumal es zahlreiche Gründe dafür geben kann, eine Eintragung der Rechtsübertragung (zB in Fällen der Sicherungsübereignung) nicht im Register einzutragen. Ob sich der förmliche Inhaber dann auf die Vermutung von § 28 Abs. 1 erfolgreich berufen kann, würde dann davon abhängen, ob es ihm gelungen wäre, den Rechtsübergang so geheim zu halten, daß ein Gegenbeweis nicht möglich wäre. Davon sollte die erfolgreiche Verteidigung des Zeichens aber nicht abhängen. Vielmehr ist § 28 Abs. 2 dahin zu ergänzen, daß vor der Umschreibung im Register jedenfalls der eingetragene Inhaber legitimiert ist, unabhängig davon, ob die Vermutung des § 28 Abs. 1 widerlegt wird oder nicht (offengelassen

817

von *Fezer* Rdn. 20). Für **andere Verfahren** gilt § 28 Abs. 2 nicht, insbesondere nicht für das Verletzungsverfahren vor den ordentlichen Gerichten. Soweit dem Rechtsnachfolger mangels Eintragung nicht die Vermutung des § 28 Abs. 1 zugute kommt, muß er seine Aktivlegitimation als Teil der materiell-rechtlichen Anspruchsgrundlage in vollem Umfang nachweisen, insbesondere durch Vorlage von Vereinbarungen, Zeugenvernehmungen usw. Die Beweislast trifft ihn dann in vollem Umfang.

2. Änderung der Inhaberschaft während laufender Verfahren

9 § 28 Abs. 2 enthält keine ausdrückliche Regelung für die Änderung der Rechtsinhaberschaft während eines laufenden Verfahrens, zB im Fall der Übertragung der Marke während eines laufenden Widerspruchsverfahrens. Im Verletzungsverfahren vor den ordentlichen Gerichten sind insoweit die §§ 265, 325 ZPO anwendbar, nach denen der ursprüngliche Inhaber, der den Prozeß begonnen hat, Partei bleibt, sich die Rechtskraftwirkung aber auf den Rechtsnachfolger erstreckt. Der Rechtsnachfolger kann bei Zustimmung des Rechtsvorgängers und des Gegners in die Parteistellung eintreten (§ 265 Abs. 2 Satz 2 ZPO), stimmt der Gegner nicht zu, kann er nur als unselbständiger Streitgehilfe am Prozeß teilnehmen (§ 265 Abs. 2 Satz 3, 67 ZPO). Für das Verfahren vor dem DPA und dem BPatG fehlt eine entsprechende Regelung. Nach Vorstellung des Gesetzgebers sollten die genannten Vorschriften der ZPO aber analog anwendbar sein (Amtl. Begr. Abs. 6 zu § 28). Das wird von der Rspr. aber zutreffend abgelehnt (BPatG Mitt. 1997, 162, 163 – *Willenburger*), da die in § 265 ZPO vorgesehene Zustimmungsregelung im Widerspruchsverfahren, daß keine Ansprüche gegen eine Person betrifft, nicht paßt. Im Hinblick auf den klaren Wortlaut des § 28 Abs. 2 können im laufenden Verfahren Handlungen von dem neuen Inhaber nur dann vorgenommen werden, wenn der Umschreibungsantrag nach § 28 Abs. 2 vorliegt. Der frühere Inhaber wäre dazu ebenfalls nicht legitimiert, sofern man nicht der hier vertretenen (oben Rdn. 8) Auffassung folgen will, daß in jedem Fall der Rechtsvorgänger bis zum Eingang des Umschreibungsantrages legitimiert ist.

3. Übergangsregelungen

10 Da sich die Regelungen des § 28 Abs. 1 und 2 nicht unwesentlich von der Rechtslage des § 8 Abs. 2 WZG unterscheiden, stellt

sich die Frage nach der Übergangsregelung hinsichtlich solcher Verfahren, die bereits vor in Kraft treten des MarkenG anhängig waren. Die §§ 152 ff. enthalten dafür keine ausdrückliche Regelungen. Es ist daher von dem allgemeinen Verfahrensgrundsatz auszugehen, daß sich die Zulässigkeitsvoraussetzungen von Verfahrenshandlungen jeweils nach dem zum Zeitpunkt der Verfahrenshandlung geltenden Recht, im Fall von fristgebundenen Handlungen nach dem zum Zeitpunkt des Fristablaufs geltenden Recht richten (BPat GRUR 1996, 133, 134 – *quickslide*).

IV. Zustellung von Verfügungen und Beschlüssen des Patentamtes

Das Patentamt hat alle Verfügungen und Beschlüsse an den eingetragenen Inhaber zuzustellen. Schon im Hinblick auf die erforderliche Rechtssicherheit gerade bei Zustellungen ist es dem DPA nicht zuzumuten, den materiell Berechtigten zu ermitteln. Die Wirkungen der Zustellung treten also auch dann ein, wenn der materiell Berechtigte von den Zustellungen keine Kenntnis hat. Diese Rechtsfolge wird durch Abs. 3 Satz 2 für den Fall gemildert, daß der Erwerber bereits den Antrag auf Umschreibung gestellt hat. Dann ist auch an ihn zuzustellen. Da es sich wiederum um ein zwingendes Zustellungserfordernis handelt, ist die Zustellung nur wirksam, wenn sie tatsächlich an beide erfolgt ist. **11**

§ 29 Dingliche Rechte; Zwangsvollstreckung; Konkursverfahren

(1) **Das durch die Eintragung, die Benutzung oder die notorische Bekanntheit einer Marke begründete Recht kann**

1. **verpfändet werden oder Gegenstand eines sonstigen dinglichen Rechts sein oder**

2. **Gegenstand von Maßnahmen der Zwangsvollstreckung sein.**

(2) **Betreffen die in Absatz 1 Nr. 1 genannten Rechte oder die in Absatz 1 Nr. 2 genannten Maßnahmen das durch die Eintragung einer Marke begründete Recht, so werden sie auf Antrag eines Beteiligten in das Register eingetragen, wenn sie dem Patentamt nachgewiesen werden.**

§ 29 Dingliche Rechte; Zwangsvollstreckung; Konkursverfahren

(3)[1] **Wird das durch die Eintragung einer Marke begründete Recht durch ein Konkursverfahren erfaßt, so wird dies auf Antrag des Konkursverwalters oder auf Ersuchen des Konkursgerichts in das Register eingetragen.**

Inhaltsübersicht

	Rdn.
I. Allgemeines	1–4
1. Überblick	1
2. Früheres Recht	2
3. MRRL	3
4. Gemeinschaftsmarkenrecht	4
II. Dingliche Rechte (Abs. 1 Nr. 1)	5–10
1. Allgemeines	5, 6
2. Vertragspfandrecht	7
3. Sonstige dingliche Rechte	8–10
a) Sicherungsübereignung	9
b) Nießbrauch	10
III. Zwangsvollstreckung (Abs. 1 Nr. 2)	11, 12
1. Durchführung der Pfändung	11
2. Rechtswirkung der Pfändung	12
IV. Eintragung im Register (Abs. 2)	13
V. Die Marke im Konkursverfahren (Abs. 3)	14
1. Gesetzliche Regelung	14
2. Die Marke im Konkurs	15

I. Allgemeines

1. Überblick

1 Als selbständiges Vermögensrecht (vgl. Vor §§ 27–31, Rdn. 1) kann die Marke nicht nur insgesamt übertragen werden, sondern sie kann auch Gegenstand dinglicher Rechte oder von Maßnahmen der Zwangsvollstreckung sein, wie § 29 Abs. 1 noch einmal ausdrücklich klarstellt, ohne nähere Regelungen zu den denkbaren dinglichen Rechten zu treffen oder die auf sie anwenbaren Grundsätze im einzelnen festzulegen. Abs. 2 stellt klar, daß auch insoweit

---

[1] Durch G. v. 19. 7. 1996 (BGBl. I 1014) wird § 29 Abs. 3 ab 1. 1. 1999 folgende Fassung erhalten: Wird das durch die Eintragung einer Marke begründete Recht durch ein Insolvenzverfahren erfaßt, so wird dies auf Antrag des Insolvenzverwalters oder auf Ersuchen des Insolvenzgerichts in das Register eingetragen. Im Falle der Eigenverwaltung (§ 270 der Insolvenzordnung) tritt der Sachwalter an die Stelle des Insolvenzverwalters.

eine Eintragung in das Register in Betracht kommt, die aber wiederum nur deklaratorischen Charakter hat. Abs. 3 eröffnet die Möglichkeit, die Konkursbefangenheit einer Marke im Register eintragen zu lassen, ohne daß im übrigen Sonderregelungen für die Behandlung der Marke im Konkurs getroffen werden.

2. Früheres Recht

Da das Warenzeichen akzessorisch zum Geschäftsbetrieb war, konnte es vor dem 1. Mai 1992 nicht Gegenstand selbständiger Belastungen durch dingliche Rechte oder Maßnahmen der Zwangsvollstreckung sein. Auch nach der Neufassung von § 8 WZG durch das Erstreckungsgesetz enthielt das WZG keine ausdrücklichen Regelungen für diese Rechte. Allerdings war mit der Verselbständigung des Warenzeichens bereits grundsätzlich die Möglichkeit gegeben, die Marke zu belasten oder in sie zu vollstrecken (*Rohnke* NJW 1993, 561). § 29 Abs. 1 ist somit gegenüber der Rechtslage nach Inkrafttreten des Erstreckungsgesetzes keine Neuerung, sondern nur eine Klarstellung. § 29 Abs. 2 und 3 sind gegenüber der Regelung im WZG allerdings neu, da das WZG keine Eintragbarkeit solcher Rechte und Belastungen vorsah.

2

3. MRRL

Die MRRL enthält hierzu keine Regelungen.

3

4. Gemeinschaftsmarkenrecht

Die GMVO enthält in Art. 19–21 GMVO eine im wesentlichen ähnliche Regelung. Für Maßnahmen der Zwangsvollstreckung sind nur die Gerichte und Behörden des für die vermögensrechtlichen Wirkungen gem. Art. 16 GMVO maßgeblichen Mitgliedsstaates zuständig. Für deutsche Insolvenzverfahren enthält § 125 h MarkenG die Zuständigkeitsregelung für Eintragungsersuchen an das Harmonisierungsamt (*Ingerl*, Die Gemeinschaftsmarke S. 113 f.).

4

II. Dingliche Rechte (Abs. 1 Nr. 1)

1. Allgemeines

Gegenstand eines dinglichen Rechtes können alle Marken des § 4 sein. Nähere Regelungen, welche dinglichen Rechte hier in Betracht kommen und nach welchen Regeln sie an Marken entste-

5

§ 29 Dingliche Rechte; Zwangsvollstreckung; Konkursverfahren

hen können, sind in § 29 nicht getroffen. § 29 Abs. 1 Nr. 1 stellt eine Rechtsgrundverweisung auf die anwendbaren zivilrechtlichen Vorschriften dar. Somit sind grundsätzlich alle beschränkten dinglichen Rechte des BGB auf Marken anwendbar. Zu beachten ist, daß die Typen der dinglichen Rechte und ihr Inhalt abschließend durch Gesetz bestimmt werden (**Typenzwang** und Typenfixierung). Bei Rechten (wie dem Markenrecht) kommen neben dem Eigentum (bzw. der Inhaberschaft), auch in Form der Sicherungsübereignung, nur Nießbrauch (§ 1068 Abs. 1 BGB) und Pfandrecht (§ 1273 Abs. 1 BGB) in Betracht.

6   Bei beschränkten dinglichen Rechten ebenso wie bei Zwangsvollstreckungsmaßnahmen ist der Gegenstand des Rechts bzw. der Maßnahme eindeutig zu definieren. Zu unterscheiden ist insbesondere das Recht auf die Marke, das sich aus der anwartschaftsähnlichen Position der Anmeldung ergibt und grundsätzlich der eingetragenen Marke gleich zu behandeln ist (§ 31), von der eingetragenen Marke selbst. Beschränkte dingliche Rechte an der Anmeldung setzen sich nach der Eintragung einer Marke fort (für Pfändungspfandrecht an einem Patent BGH GRUR 1994, 602, 604 – *Rotationsbürstenwerkzeug*).

2. Vertragspfandrecht

7   Die Verpfändung von Marken wird voraussichtlich in der Praxis keine allzu weite Verbreitung finden, wie auch bisher das Pfandrecht an Rechten gegenüber der Sicherungszession keine Bedeutung erlangt hat. Dem steht insbesondere die schwierigere Verwertung entgegen. Anwendbar sind die §§ 1273 ff. BGB, nicht aber die §§ 1280 ff. BGB, da es sich bei der Marke nicht um eine Forderung, sondern um ein absolutes Recht handelt. Nach § 1274 Abs. 1 Satz 1 BGB erfolgt die **Bestellung** des Pfandrechtes nach den für die Übertragung des Rechtes geltenden Vorschriften, also nach § 27, und damit durch formfreie Verpfändungserklärung. Weder ist eine Eintragung in das Register erforderlich (Gegenschluß aus § 29 Abs. 2), noch etwa gar eine Übergabe der Eintragungsurkunde. Die **Verwertung** setzt zunächst Pfandreife voraus (§§ 1273 Abs. 2 iVm § 1278 Abs. 2 BGB), nämlich entweder Fälligkeit der Geldforderung oder Übergang der Forderung in eine Geldforderung. Ist die Pfandreife eingetreten, sieht § 1277 Abs. 1 BGB grundsätzlich nur die Verwertung im Wege der Zwangsvollstreckung vor, d.h. es muß nach §§ 828 ff., 857 ZPO erneut gepfändet werden und anschließend vom Vollstreckungsgericht die

Dingliche Rechte; Zwangsvollstreckung; Konkursverfahren **§ 29**

Verwertung, insbesondere durch öffentliche Versteigerung nach § 844 ZPO, durchgeführt werden. Abweichend davon kann allerdings nach § 1277 Satz 1 2. Alt. BGB eine andere Verwertungsart vereinbart werden. Im **Außenverhältnis** bleibt der Inhaber der Marke legitimiert. Der Pfandgläubger erlangt nicht etwa ein Benutzungsrecht an der Marke (für Patent BGH GRUR 1994, 602, 604 – *Rotationsbürstenwerkzeug*), sondern ist lediglich gegen Beeinträchtigungen des Pfandrechtes geschützt, und zwar sowohl durch den Inhaber als auch durch Dritte (§§ 1273 Abs. 2 Satz 1, 1227 BGB).

3. Sonstige dingliche Rechte

Wegen des numerus clausus der dinglichen Rechte kommen an Marken nur noch die Sicherungsübereignung und der Nießbrauch in Betracht. 8

a) Sicherungsübereignung. Wird die Marke zur Sicherung übereignet, ist sie nicht mehr „Gegenstand eines sonstigen dinglichen Rechts", vielmehr ändert sich die Rechtsinhaberschaft insgesamt. Unabhängig davon wird die Sicherungsübereignung in der Praxis die bedeutendste Rolle bei der Verwendung von Marken als Sicherheit spielen, da sie bei der Gestaltung des Sicherungsvertrages weitgehende Gestaltungsfreiheit eröffnet. Da es sich markenrechtlich um einen Fall des § 27 Abs. 1 handelt, wird auf die dortige Kommentierung verwiesen (§ 27 Rdn. 9). 9

b) Nießbrauch. Nach § 1030 BGB ist der Nießbrauch das dingliche Recht, die Nutzungen einer Sache zu ziehen, der Eigentümer hat also nichts zu leisten, sondern nur zu dulden. Beim Markenrecht handelt es sich um den Nießbrauch an einem Recht (§ 1068 BGB). Konkret würde ein Nießbrauch den Inhalt haben, daß der Nießbrauchsberechtigte Lizenzen an der Marke an Dritte erteilen kann und zur Ziehung der Nutzungen (Lizenzgebühren) befugt wäre. Er könnte auch von der Marke selbst Gebrauch machen, sie aber nicht veräußern. Die Bestellung des Nießbrauchs erfolgt nach § 1069 BGB wieder nach den gleichen Vorschriften wie die Übertragung des Rechtes, also nach § 27. Hinsichtlich der übrigen Regelungen wird auf die Kommentierungen zum BGB verwiesen. 10

III. Die Marke als Gegenstand der Zwangsvollstreckung

1. Durchführung der Pfändung

11 Die Pfändung der Marke ist Pfändung eines Rechtes, sie erfolgt nach § 857 Abs. 1, 2 ZPO und §§ 828 f. ZPO. Voraussetzung ist also zunächst ein vollstreckbarer, auf Zahlung eines bestimmten Geldbetrages gerichteter Schuldtitel. Dieser wird vollstreckt durch einen Pfändungsbeschluß des Amtsgerichtes (§ 828 ZPO), der die gepfändeten Rechte (Marken oder Anmeldungen) eindeutig zu bezeichnen hat. Dafür wird in der Regel die Angabe der Register-Nr. erforderlich sein, zumindest die Angabe des Zeichens. Eine Zustellung an das DPA ist nicht erforderlich, es ist nicht Drittschuldner. Der Pfändungsbeschluß wird somit durch Zustellung beim Schuldner wirksam (§ 857 Abs. 2 ZPO; *Zöller-Stöber* § 857 Rdn. 9). Die Vorpfändung (§§ 845 ff. ZPO) ist möglich. Die Verwertung erfolgt nach §§ 875, 844 ZPO, in der Regel also nicht durch Überweisung an den Schuldner, sondern zB durch Versteigerung, freihändige Veräußerung oder Ausübung des gepfändeten Rechts durch den Schuldner (*Zöller-Stöber* § 844 Rdn. 2).

2. Rechtswirkung der Pfändung

12 Durch die Pfändung wird der Pfandgläubiger nicht Rechtsinhaber (BGH GRUR 1994, 802, 804 – *Rotationsbürstenwerkzeug*), er wird auch nicht Verfahrensbeteiligter beim DPA. Der Markeninhaber kann keine Verfügungen mehr treffen, die das Pfandrecht beeinträchtigen würde. Der Pfandgläubiger kann gegen Markenverletzungen vorgehen, also insbesondere Benutzungshandlungen Dritter unterbinden, die nicht durch die Zustimmung des Markeninhabers (des Pfändungspfandschuldners) gedeckt sind (BGH GRUR 1994, 802, 804 – *Rotationsbürstenwerkzeug*).

IV. Eintragung im Register (Abs. 3)

13 Die dinglichen Rechte des Abs. 1 Nr. 1 und die Zwangsvollstreckungsmaßnahmen des Abs. 1 Nr. 2 können fakultativ im Register eingetragen werden. Anders als die Eintragung des Rechtsübergangs nach § 28 Abs. 2 sind damit aber keine weiteren Rechtswirkungen verbunden, zumal der Markeninhaber weiter alleiniger Verfahrensbeteiligter bleibt.

Dingliche Rechte; Zwangsvollstreckung; Konkursverfahren **§ 29**

V. Die Marke im Konkursverfahren (Abs. 4)

1. Gesetzliche Regelung

Die gesetzliche Regelung des § 29 Abs. 3 betrifft nur die Eintragung des Umstandes, daß die Marke vom Konkurs erfaßt ist, auf Antrag des Konkursverwalters oder Ersuchen des Konkursgerichtes. Diese ist, ebenso wie die Eintragung des Abs. 2 fakultativ und löst keine weiteren Rechtswirkungen aus. Die sonstige Behandlung der Marke im Konkurs wird vom MarkenG vorausgesetzt und nicht näher geregelt. Ab 1. Januar 1999 wird die Terminologie des Gesetzes an die dann in Kraft tretende Insolvenzordnung angepaßt. Sachlich ändert sich dadurch nichts.

2. Die Marke im Konkurs

Die Marke als selbständiges Vermögensrecht ist konkursrechtlich 15 nur wenigen Besonderheiten ausgesetzt. Sie fällt beim Konkurs des Markeninhabers oder Anmelders in die Masse (§ 1 KO), was zur Verfügungsbefugnis des Konkursverwalters nach § 6 KO führt. Dem Konkursverwalter stehen damit insbesondere alle Handlungsmöglichkeiten zu, sowohl in Verfahren vor dem DPA, BPatG und anderen Gerichten als auch gegenüber Dritten, zB die Geltendmachung von Ansprüchen wegen Markenverletzung nach §§ 14ff. Insbesondere kommt dem Konkursverwalter auch die Befugnis zu, die Marke im Wege der Veräußerung (§ 27) zu verwerten. Ob der Konkursverwalter gleichzeitig die Befugnis hat, die Unternehmenskennzeichen des § 5 zu übertragen (Vor §§ 27–31 Rdn. 8) spielt für die Veräußerungsbefugnis an der Marke keine Rolle, da durch die Konzeption des Gesetzes, die Marke frei übertragbar zu machen, diese Folgerungen bei der Unternehmenskennzeichnung aber nicht zu ziehen, das Auseinanderfallen dieser beiden Rechte systemkonform ist. Lizenzen an der konkursbefangenen Marke bestehen zunächst fort, soweit aber – wie regelmäßig – die Lizenzgebühr noch nicht vollständig bezahlt ist, kann der Konkursverwalter sein Wahlrecht nach § 17 KO ausüben, sonst gilt § 21 KO. Im Konkurs des Lizenznehmers fällt das Lizenzrecht (Ausübungsrecht) in die Konkursmasse (*Benkhard-Ullmann* § 15 PatG Rdn. 32). Auch hier gilt § 17 KO, daneben ist für beide Seiten eine Kündigung nach § 19 KO möglich.

14

§ 30 Lizenzen

(1) Das durch die Eintragung, die Benutzung oder die notorische Bekanntheit einer Marke begründete Recht kann für alle oder für einen Teil der Waren oder Dienstleistungen, für die die Marke Schutz genießt, Gegenstand von ausschließlichen oder nicht ausschließlichen Lizenzen für das Gebiet der Bundesrepublik Deutschland insgesamt oder einen Teil dieses Gebiets sein.

(2) Der Inhaber einer Marke kann die Rechte aus der Marke gegen einen Linzenznehmer geltend machen, der hinsichtlich
1. der Dauer der Lizenz,
2. der von der Eintragung erfaßten Form, in der die Marke benutzt werden darf,
3. der Art der Waren oder Dienstleistungen, für die die Lizenz erteilt wurde,
4. des Gebiets, in dem die Marke angebracht werden darf, oder
5. der Qualität der von ihm hergestellten Waren oder der von ihm erbrachten Dienstleistungen

gegen eine Bestimmung des Lizenzvertrages verstößt.

(3) Der Lizenznehmer kann Klage wegen Verletzung einer Marke nur mit Zustimmung ihres Inhabers erheben.

(4) Jeder Lizenznehmer kann einer vom Inhaber der Marke erhobenen Verletzungsklage beitreten, um den Ersatz seines Schadens geltend zu machen.

(5) Ein Rechtsübergang nach § 27 oder die Erteilung einer Lizenz nach Absatz 1 berührt nicht die Lizenzen, die Dritten vorher erteilt worden sind.

Inhaltsübersicht

	Rdn.
I. Allgemeines	1–5
1. Überblick	1
2. Früheres Recht	2
3. MRRL	3
4. Gemeinschaftsmarkenrecht	4
II. Anwendungsbereich	5, 6
III. „Dingliche" und „schuldrechtliche" Lizenz	7
IV. Lizenzeinräumung (Abs. 1)	8–14
1. Allgemeines	8
2. Umfang der Lizenz	9–14
a) Einfache und ausschließliche Lizenz, Alleinlizenz	10
b) Übertragung und Unterlizenz	11

	Rdn.
c) Gegenständliche Beschränkung	12
d) Beschränkung des Lizenzgebietes	13
e) Sonstige Beschränkungen des Lizenznehmers	14
V. Lizenzvertrag	15–31
1. Rechtsnatur	16
2. Form	17
3. Auslegung	18
4. Unwirksamkeitsgründe	19
5. Pflichten des Lizenznehmers	20–25
a) Zahlung der Lizenzgebühr	20
b) Ausübungspflicht	21
c) Rechnungslegung	22
d) Nichtangriffsklausel	23
e) Qualitätsvorgaben	24
f) Weitere Pflichten des Lizenznehmers	25
6. Pflichten des Lizenzgebers	26, 27
a) Rechtsverschaffung	26
b) Gewährleistung	27
7. Laufzeit und Beendigung	28–30
a) Allgemeines	28
b) Kündigung	29
c) Schadenersatz wegen unberechtigter Kündigung	30
8. Nachvertragliche Pflichten	31
VI. Markenrechtliche Ansprüche (Abs. 2)	32–39
1. Allgemeines	32
2. Beschränkungen mit markenrechtlicher Wirkung	33–38
a) Dauer (Nr. 1)	34
b) Form (Nr. 2)	35
c) Art der Waren oder Dienstleistungen (Nr. 3)	36
d) Gebiet (Nr. 4)	37
e) Qualität (Nr. 5)	38
3. Vertragliche Ansprüche	39
VII. Prozeßführung (Abs. 3 und 4)	40–42
1. Aktivprozesse	40, 41
a) Grundsatz (Abs. 3)	40
b) Beitritt des Lizenznehmers (Abs. 4)	41
2. Passivprozesse	42
VIII. Rechtsbestand der Lizenz (Abs. 5)	43–45
1. Grundsatz	43
2. Rechtsübergang nach § 27	44
3. Erteilung einer Lizenz	45
IX. Kartellrecht	46–58
1. Allgemeines	46

§ 30 Lizenzen

	Rdn.
2. Deutsches Kartellrecht	47–53
a) Horizontale Beschränkungen	47
b) Vertikale Beschränkungen	48–50
c) Fusionskontrolle	51
d) Mißbrauch marktbeherrschender Stellung	52
e) Rechtsfolgen	53
3. Europäisches Kartellrecht	54–58
a) Grundsatz	54
b) Freistellungsverfahren	55
c) Beurteilung einezelner Klauseln	56
d) Rechtsfolgen	57
e) Freier Warenverkehr	58
X. Irreführungsverbot	59
XI. Abgrenzungsvereinbarungen	60

Literatur: *Groß*, Marken-Lizenzvertrag, Heidelberger Musterverträge Heft 84, Heidelberg 1995; *Peiter,* Negativer Imagetransfer bei Markenvereinbarungen – „Tic Tac Toe", WRP 1997, 685; *Loewenheim*, Markenlizenzen und Franchising, GRUR Int. 1994, 156.

I. Allgemeines

1. Überblick

1 § 30 enthält – erstmals im deutschen Recht – eine gesetzliche Regelung der Markenlizenz. Diese Regelung ist aber lückenhaft: Nicht nur ist sie beschränkt auf Marken (unten Rdn. 5), sie enthält auch nur einzelne Regelungen hinsichtlich der vertraglichen Beziehungen zwischen Lizenzgeber und Lizenznehmer. Neben § 30 ist deshalb ergänzend auf das allgemeine Vertragsrecht zurückzugreifen, also insbesondere die §§ 305ff. BGB. § 30 entspricht in vielen Punkten § 15 PatG. Aufgrund dieser Annäherung zwischen Markenlizenz und Patentlizenz ist bei der Beurteilung von Rechtsfragen der Markenlizenz auch die Rspr. und Lit. zum Patentlizenzvertrag ergänzend heranzuziehen. § 30 regelt in Abs. 1 zunächst die Zulässigkeit der Markenlizenz und ihren Inhalt allgemein. In Abs. 2 sind die Fälle geregelt, in denen der Lizenzgeber neben vertraglichen Ansprüchen noch deliktische Ansprüche aus der Marke gegen den Lizenznehmer oder Dritte geltend machen kann. Abs. 3 und 4 regeln die Rechtsstellung des Lizenznehmers beim Vorgehen gegen dritte Verletzer. Abs. 5 regelt in Entsprechung zu § 15 Abs. 3 PatG den Rechtsbestand der Lizenz bei einem Wechsel des Markeninhabers.

Lizenzen **§ 30**

2. Früheres Recht

Das WZG enthielt keine ausdrückliche Regelung der Warenzeichenlizenz, diese war allerdings in § 5 Abs. 7 Nr. 2 WZG vorausgesetzt, da nach dieser Vorschrift die Benutzung durch einen Dritten mit Zustimmung des Zeicheninhabers rechtserhaltend wirkte. Trotz anfänglicher Zweifel, ob im Hinblick auf die Bindung des Warenzeichens an den Geschäftsbetrieb eine Lizenz überhaupt möglich sei, war diese von der Rspr. spätestens seit BGHZ 44, 372 – *Messmer Tee II* akzeptiert. Dabei galt im Unterschied zum Patentrecht (BGH GRUR 1977, 539, 541 – *Prozeßrechner*) aber, daß das Recht nicht mit dinglicher, sondern nur mit schuldrechtlicher Wirkung eingeräumt werden konnte, also als Gestattung, wie nach jetziger Rechtslage nach hinsichtlich der Geschäftsbezeichnungen (Vor §§ 27–31 Rdn. 6). Gegenüber dieser Rechtslage stellt § 30 eine wesentliche Modifikation dar. Zum Begriff der „dinglichen" Lizenz noch unten Rdn. 7.

3. MRRL

Die Markenrechtsrichtlinie regelt die Lizenz in Art. 8, der von § 30 vollständig umgesetzt wird. Die Regelungen des § 30 Abs. 3 bis 5 sind durch Art. 8 der Richtlinie nicht vorgegeben, stehen ihr aber auch nicht entgegen.

4. Gemeinschaftsmarkenrecht

Art. 22 GMVO enthält eine mit § 30 weitgehend übereinstimmende Regelung. Allerdings fehlt eine ausdrückliche Regelung des Fortbestandes der Lizenz, wie sie § 30 Abs. 5 enthält. Diese Lücke wird aber durch Art. 16 Abs. 1 GMVO geschlossen, der die Anwendbarkeit des nationalen Rechts auf die Gemeinschaftsmarke als Gegenstand des Vermögens regelt, soweit in den nachfolgenden Vorschriften nichts anderes angeordnet ist. Da Art. 22 GMVO nicht ausdrücklich den Fortbestand der Lizenz beim Rechtsübergang verbietet, kann ergänzend § 30 Abs. 5 MarkenG herangezogen werden. Im Gegensatz zum MarkenG sieht die GMVO die Eintragung von Lizenzen im Register vor (Art. 22 Abs. 5 GMVO); *Ingerl*, Die Gemeinschaftsmarke S. 111 ff.).

II. Anwendungsbereich

§ 30 gilt für die **Marken** des § 4, einschließlich der aufgrund Verkehrsgeltung ohne Eintragung geschützten Marken des § 4

Nr. 2 und der notorisch bekannten Marken des § 4 Nr. 3. Wie durch § 31 ausdrücklich klargestellt wird, gilt § 30 auch für die Rechte aus der nur angemeldeten, aber noch nicht eingetragenen Marke. § 30 gilt nicht für die **geschäftlichen Bezeichnungen** des § 5 (im einzelnen Vor §§ 27–31 Rdn. 4). Ebenfalls nicht von § 30 erfaßt werden **geographische Herkunftsangaben** (§§ 126 ff.). An ihnen scheidet eine Lizenzvergabe aus, da Gebietsfremde sie auch bei einer Gestattung durch Gebietsangehörige nicht benutzen dürften (§ 127 Abs. 1), Gebietsangehörige sie aber auch ohne Gestattung der anderen Berechtigten benutzen dürfen. Eine Lizenz kommt aber in Betracht an **Kollektivmarken** (vgl. § 102 Abs. 2 Nr. 4, aus dem sich ergibt, daß „die zur Benutzung der Kollektivmarke befugten Personen" nicht identisch mit den Mitgliedern des Markenverbandes sein müssen).

6   An einer nur **wettbewerbsrechtlich** geschützten **Rufposition** kann ebenfalls keine echte Lizenz erteilt werden, da die auf §§ 1 und 3 UWG gestützten Unterlassungsansprüche keine absoluten Rechte sind. Eine schuldrechtliche Duldungsvereinbarung ist aber möglich. Auf derartige Verträge ist § 30 nicht anwendbar. Etwas anderes gilt aber, wenn sich der markenrechtliche Verbietungsanspruch aufgrund der Bekanntheit der Marke auf Waren außerhalb des Ähnlichkeitsbereiches erstreckt (§ 14 Abs. 2 Nr. 3). In diesem Fall sind die Unterlassungsansprüche markenrechtlicher Natur, und damit ist auch eine Lizenz nach § 30 möglich. Da sich der bisherige Tatbestand der Rufausbeutung und der Schutz der bekannten Marke nach § 14 Abs. 2 Nr. 3 weitgehend decken, bedeutet dies in der Praxis, daß nunmehr auch insoweit markenrechtliche Lizenzen möglich sind. Ebenfalls nur den Charakter einer Duldung hat die Einräumung eines Rechtes zur Benutzung von **höchstpersönlichen Rechten**, insbesondere an Namen und Bild einer natürlichen Person.

III. „Dingliche" und „schuldrechtliche" Lizenz

7   Die Begriffsbildung zur Rechtsnatur der Lizenz wird überlagert von der Frage nach ihrer „schuldrechtlichen" oder „dinglichen" Ausgestaltung. Diese terminologische Unterscheidung hat ihren Ursprung im WZG, wo eine echte Lizenz, d.h. die Übertragung des Rechtes mit prioritätsbegründender Wirkung gegenüber Dritten ohne den Geschäftsbetrieb nicht möglich war, so daß nur eine (schuldrechtliche) Gestattung erfolgen konnte (zu der weiterhin

Lizenzen **§ 30**

ähnlichen Situation bei § 5 Abs. 2 MarkenG Vor §§ 27–31 Rdn. 4–8). Für die Markenlizenz nach § 30 ist diese Unterscheidung aber nicht nur **ohne Erkenntnisgewinn,** sondern sogar verwirrend. Auszugehen ist zunächst davon, daß das Gesetz weder diese Begriffe verwendet (allerdings erscheinen sie in der Amtl. Begr. A. III. 5 zur Differenzierung des neuen Rechts von der bisherigen Rechtslage), noch daß § 30 MarkenG überhaupt von einem einheitlichen Typ der Lizenz oder von zwei Grundtypen (einer „schuldrechtlichen" und einer „dinglichen") ausgehen würde. Das Gesetz knüpft auch keine Rechtsfolgen an die Zugehörigkeit eines bestimmten Lizenzvertrages zu einem solchen (fiktiven) Typus. Vielmehr gilt im Rahmen von § 30 **Vertragsfreiheit.** Es obliegt den Parteien, wie sie die Lizenz ausgestalten, zB im Hinblick auf den Sukzessionsschutz des § 30 Abs. 5 (dazu unten Rdn. 43–45) oder die Befugnis des Lizenznehmers, selbst gegen dritte Verletzer vorzugehen (§ 30 Abs. 3, dazu unten Rdn. 40). Hinsichtlich bestimmter Regelungen kann ein einzelner Lizenzvertrag „dinglich" ausgestaltet sein, zB einen Sukzessionsschutz vorsehen, hinsichtlich anderer aber nicht (zB kein eigenes Klagerecht des Lizenznehmers enthalten). Analysiert man das Grundmuster des Lizenzvertrages und die in § 30 vorgesehenen Regelungen, ergibt sich vielmehr ein differenziertes Bild: Ob die Ausübungsbefugnisse weitestgehend auf den Lizenznehmer übertragen werden, insbesondere ihm eine ausschließliche Lizenz sogar unter Ausschluß des Lizenzgebers (dazu unten Rdn. 10) eingeräumt wird, ist eine Frage der Vertragsfreiheit. Unmittelbare Rechtsfolgen sind daran aber nicht geknüpft. Im Hinblick auf die ausdrückliche gesetzliche Regelung des § 30 Abs. 3 kann nicht einmal mehr angenommen werden, daß ohne abweichende vertragliche Regelung der ausschließliche Lizenznehmer das Recht hat, ohne Zustimmung des Lizenzgebers gegen Verletzer vorzugehen. Auch die Ansprüche des Lizenzgebers gegen den Lizenznehmer und dessen Abnehmer (dazu unten Rdn. 39) sind allenfalls insofern „dinglich" als sie nicht auf vertragliche Ansprüche beschränkt sind. Tatsächlich sind sie aber nicht dinglich, sondern schuldrechtlich, nämlich deliktischer Natur. Beim Vergleich mit der Systematik des BGB entsprechen sie nicht § 985 BGB, sondern § 823 Abs. 1 BGB. Daß der Lizenznehmer nicht ohne Zustimmung des Lizenzgebers klagen kann, spricht gegen eine „dingliche" Einräumung der Rechtsposition des Lizenzgebers an den Lizenznehmer. Wie schon dargestellt, handelt es sich insoweit aber um eine abdingbare und beliebig gestaltbare Vertragsklausel. Der Sukzessionsschutz des § 30 Abs. 5 entspricht zwar einer gewissen „Verdinglichung" der Lizenz. Die Regelung folgt aber nur der aus anderen schuldrechtlichen Vertragstypen, insbesondere der Miete, ebenfalls bekannten Regelung (§ 571 BGB) und ist, wie diese, ebenfalls abdingbar. „Dingliche" Wirkung hat die Lizenz daher allenfalls insoweit, als sie das Recht mit der **Priorität** des Lizenzgebers einräumt, was gegenüber dritten Verletzern von Bedeutung sein kann. Auch bei der nicht „dinglichen" Firmenlizenz war diese Rechtsfolge aber im Ergebnis ebenfalls schon anerkannt (Vor §§ 27–31, Rdn. 6; BGH GRUR 1993, 574 – *Decker*). Sind die Rechtsverhältnisse in bezug auf einen Lizenzvertrag zu bestimmen, kann diese Begriffsbildung also nicht zur Begründung herangezogen werden. Vielmehr ist von der gesetzlichen Regelung ausgehend der Vertrag im Einzelfall auszulegen.

IV. Lizenzeinräumung (Abs. 1)

1. Allgemeines

8   Die Lizenzeinräumung ist ein **Verfügungsgeschäft.** Wie die Abtretung (§ 27 Rdn. 7) bedarf sie eines **Kausalgeschäftes,** das den Rechtsgrund enthält und seinerseits der schuldrechtlichen Vertragsfreiheit unterliegt. Im typischen Lizenzvertrag fallen Kausalgeschäft und Verfügungsgeschäft zusammen. Für die schuldrechtliche Ausgestaltung (dazu unten Rdn. 15 ff.) gilt weitgehende Vertragsfreiheit. Grenzen ergeben sich insbesondere aus dem Kartellrecht (unten Rdn. 46 ff.) und im Ausnahmefall aus dem Irreführungsverbot des § 3 UWG (unten Rdn. 59). Häufig enthält der Lizenzvertrag Rechtseinräumungen an **anderen Rechten,** deren Lizenzierbarkeit jeweils den spezialgesetzlichen Regelungen unterliegt (zB § 15 PatG). Die Wirksamkeit einzelner Klauseln kann deshalb für verschiedene Schutzrechte unterschiedlich zu beurteilen sein.

2. Umfang der Lizenz

9   § 30 Abs. 1 sieht die Möglichkeit der Einräumung einer unbeschränkten Lizenz vor, mit der alle Rechte aus der Marke übertragen werden, aber ebenso die von Teilrechtseinräumungen hinsichtlich bestimmter Waren oder Dienstleistungen, hinsichtlich des Lizenzgebietes und hinsichtlich der Benutzungsberechtigten. Daneben ergibt sich aus § 30 Abs. 2, daß weitere Einschränkungen der Benutzungsberechtigung mit Wirkung auch gegen Dritte

Lizenzen **§ 30**

zulässig sind, nämlich hinsichtlich der Dauer, der zulässigen Benutzungsform und der Qualität der mit der Marke versehenen Waren oder Dienstleistungen. Über die in § 30 Abs. 2 genannten Einschränkungen hinaus kann vertraglich die Lizenz innerhalb der Grenzen des Kartellrechts in beliebiger Weise weiter beschränkt werden, zB im Hinblick auf die Benutzung nur in bestimmten Vertriebskanälen. Auch diese Beschränkungen sind (lizenzvertragsrechtlich) wirksam, der Verstoß gegen sie ist allerdings nicht mit den markenrechtlichen Ansprüchen der §§ 14 ff. sanktioniert (unten Rdn. 39).

a) **Einfache und ausschließliche Lizenz, Alleinlizenz.** Eine **ausschließliche Lizenz** liegt vor, wenn nur der Lizenznehmer die Marke in der lizensierten Weise benutzen darf. Das schließt nicht nur die Vergabe weiterer Lizenzen, sondern auch die Benutzung durch den Lizenzgeber selbst aus („Enthaltungspflicht" des Lizenzgebers). Die ausschließliche Lizenz kann in anderer Weise beschränkt sein, sich zB nur auf ein bestimmtes Territorium, auf eine bestimmte Zeit oder bestimmte Waren beziehen. Deshalb können auch mehrere ausschließliche Lizenzen nebeneinander bestehen (BGH GRUR 1992, 310, 311 – *Taschenbuchlizenz*), aber nicht für die gleichen Benutzungsformen und das gleiche Gebiet. Eine **Alleinlizenz** liegt vor, wenn der Lizenzgeber zwar keine weiteren Lizenzen erteilen darf, aber selbst zur Benutzung berechtigt bleibt. Eine **einfache Lizenz** liegt vor, wenn der Lizenzgeber sich das Recht vorbehält, für den Gegenstand der Lizenz weitere Lizenzen zu erteilen oder dies bereits getan hat. Im Patentrecht wird angenommen, daß die einfache Lizenz nicht dinglich wirkt, sondern nur eine schuldrechtliche Gestattung darstellt (zB BGHZ 62, 272, 274 – *Anlagengeschäft*). Das soll Folgen insbesondere für die Parteistellung des Lizenznehmer im Aktivprozeß und für die Berechtigung des Lizenznehmers zur Übertragung der Lizenz und zur Vergabe von Unterlizenzen haben. Diese dogmatische Unterscheidung ist weder im Wortlaut von § 15 PatG noch von § 30 MarkenG verankert. Die Unterscheidung zwischen „schuldrechtlicher" und „dinglicher" Lizenz ist nicht aufrecht zu erhalten (oben Rdn. 7). Die einfache Lizenz berechtigt den Lizenzgeber zwar, nach freiem Ermessen weitere Lizenzen zu erteilen oder das lizenzierte Recht selbst zu nutzen. Im Einzelfall kann sich aber aus Treu und Glauben (§ 242 BGB) die Verpflichtung des Lizenzgebers ergeben, ihm bekannte Kalkulationsgrundlagen eines früheren Lizenznehmers nicht durch die Vergabe weiterer Lizenzen zu gefährden *(Stumpf/Groß* Rdn. 381). Da dem Lizenznehmer die Risiken einer einfachen Lizenz aber bekannt sind, kommt eine solche Einschränkung der Rechte des Lizenzgebers nur in Ausnahmefällen in Frage.

11 **b) Übertragung und Unterlizenz.** Welche Rechte dem Lizenznehmer im einzelnen zustehen, kann zwischen den Parteien frei vereinbart werden. Ob der einfache Lizenznehmer das Lizenzrecht vollständig auf einen Dritten übertragen kann oder ob er Unterlizenzen einräumen kann, richtet sich ebenfalls nach dem Inhalt des Lizenzvertrages. Ist vertraglich nichts ausdrücklich vereinbart, ist die Lücke nach den allgemeinen Auslegungsregeln zu schließen, wobei insbesondere die Interessen der Parteien zu berücksichtigen sind. Dabei ist unter Zugrundelegung der bisherigen Rspr. zu § 15 PatG im Zweifelsfall von einer Unübertragbarkeit der einfachen Lizenz auszugehen (vgl. BGHZ 62, 272 – *Anlagengeschäft*), da der Lizenznehmer anderenfalls die Möglichkeit der weiteren Lizenzvergabe durch den Lizenzgeber beeinträchtigen könnte. Auch zur Einräumung von Unterlizenzen ist der Lizenznehmer der einfachen Lizenz in der Regel nicht berechtigt (BGHZ 62, 272 – *Anlagengeschäft*). Dagegen ist im Fall der ausschließlichen Lizenz die Übertragung an Dritte und die Einräumung von Unterlizenzen zulässig, soweit dies nicht im Vertrag ausdrücklich ausgeschlossen ist. Das Recht zur Vergabe von Unterlizenzen ist beschränkt auf den Umfang der Lizenz, eine weitergehende Rechtseinräumung durch den Lizenznehmer ist gegenüber dem Lizenzgeber und Dritten unwirksam (vgl. BGH GRUR 1987, 37 – *Video-Lizenzvertrag* zur analogen Situation im Urheberrecht).

12 **c) Gegenständliche Beschränkung.** Die Lizenz kann beschränkt werden auf einzelne Waren oder Dienstleistungen, für die die Marke Schutz genießt. Einer Teilung der Marke, § 46, bedarf es nicht. Im Fall der bekannten Marke (§ 14 Abs. 2 Nr. 3) kann es sich auch um Waren außerhalb des Ähnlichkeitsbereiches handeln. Für welche Waren oder Dienstleistungen die Lizenz erteilt ist, muß durch Auslegung des Vertrages ermittelt werden. Dabei wird dem **Vertragszweck** besondere Bedeutung zukommen, also der Frage, welche Waren oder Dienstleistungen mindestens von der Lizenz erfaßt sein müssen, um den Zweck der Lizenz erreichen zu können. Das kann im Einzelfall dazu führen, daß auch typische Nebenwaren mitlizensiert sind, wenn der Verkehr erwartet, Haupt- und Nebenware aus einer Hand erhalten zu können, zB Kamera-

Lizenzen **§ 30**

gehäuse und Objektive. Umgekehrt gilt aber, daß dann wenn durch die Auslegung keine Klarheit gewonnen werden kann, die Rechtsübertragung im Zweifel einschränkend auszulegen ist. Der in § 31 Abs. 5 UrhG kodifizierte **Zweckübertragungsgrundsatz** gilt auch für andere Bereiche des gewerblichen Rechtsschutzes (*Benkard/Ullmann* § 15 Rdn. 13; BGH GRUR 1955, 286, 289 – *Kopiergerät*; BGH GRUR 1981, 196, 197 – *Honorarvereinbarung*) und somit auch im Rahmen von § 30. Wird die lizenzierte Marke vom Lizenznehmer für andere als die lizenzierten Waren oder Dienstleistungen benutzt, begeht er eine Markenverletzung, der Lizenzgeber kann aus der Marke gegen ihn vorgehen, § 30 Abs. 2 Nr. 3.

d) **Beschränkung des Lizenzgebietes.** Der Umfang der Lizenz 13 kann auch territorial beschränkt sein. Ist sie nicht beschränkt, umfaßt sie jeweils das gesamte **Territorium,** für das das Schutzrecht gültig ist, bei einer deutschen Marke also das gesamte Gebiet der Bundesrepublik Deutschland (*Benkard/Ullmann* § 15 Rdn. 37; *Stumpf/Groß* Rdn. 183). Wie sich territoriale Veränderungen auswirken, ist eine Frage der Vertragsauslegung (zur parallelen Problematik im Urheberrecht zB OLG München ZUM 1995, 792). Dabei kann eine feste Lizenzgebühr dafür sprechen, daß eine Ausdehnung des Vertragsgebietes nicht stattfindet, da anderenfalls eine Änderung des Vertragsgleichgewichtes die Folge wäre. Eine Beschränkung des Vertragsgebietes auf Teile Deutschlands kann sich auf alle Nutzungsarten beziehen, also etwa neben dem Versehen und Vertreiben auch auf die Benutzung in der Werbung (§ 14 Abs. 3 Nr. 5). Aus § 30 Abs. 2 Nr. 4 ergibt sich allerdings, daß die Beschränkung des Vertragsgebietes nur in begrenztem Umfang zu deliktischen Ansprüchen führt. Danach können die Rechte aus der Marke gegen den Lizenznehmer nur dann geltend gemacht werden, wenn er hinsichtlich des Gebietes, in dem die Marke „angebracht" wurde, gegen Bestimmungen des Lizenzvertrages verstoßen hat (dazu unten Rdn. 37). Außerdem tritt nach dem ersten Inverkehrbringen im Vertragsgebiet Erschöpfung ein (§ 24). Die gekennzeichneten Waren können also vom Käufer des Erstgeschäftes markenrechtsfrei an weitere Käufer außerhalb des Territoriums geliefert werden. Die praktische Bedeutung der territorialen Beschränkung liegt somit vor allem in der Beschränkung der Geschäftslokale, in denen das Kennzeichen verwendet werden kann. Damit kann zB in Franchisesystemen der Lizenzgeber die Lage von Franchisebetrieben verbindlich festlegen. Bei der Kennzeichnung des Geschäftslokals wird in der Regel auch der Tatbestand des „Anbringens" erfüllt sein, so daß dem Lizenzgeber trotz des einschränkenden Wortlauts von § 30 Abs. 2 Nr. 4 markenrechtliche Unterlassungsansprüche zustehen. Im Einzelfall können territoriale Begrenzungen kartellrechtlich bedenklich sein, wenn sie auf Absprachen zwischen den Lizenznehmern zurückgehen (unten Rdn. 48).

14   e) **Sonstige Beschränkungen des Lizenznehmers.** Die Modalitäten der Nutzung der Marke durch den Lizenznehmer können im Lizenzvertrag frei vereinbart werden, soweit keine kartellrechtlichen Bedenken entgegenstehen (dazu unten Rdn. 50). Damit sind nicht nur die in § 30 Abs. 2 ausdrücklich genannten Einschränkungen der Lizenz zulässig. Die Konsequenzen eines Verstoßes beschränken sich dann aber auf vertragsrechtliche Sanktionen. **Benutzungsart:** Die Lizenzeinräumung kann auf einzelne Benutzungsarten des § 14 Abs. 3 beschränkt sein. Dabei ist allerdings durch Auslegung zu ermitteln, ob die Lizenzeinräumung für eine Benutzungsart nicht nach dem Verständnis der Parteien auch die Lizenz für weitere Benutzungsarten einschließen sollte (für Patentrecht vgl. BGH GRUR 1959, 528 – *Autodachzelt*; BGH GRUR 1966, 576 – *Zimcofot*; *Benkard/Ullmann*, § 15 Rdn. 38). Wird nur eine Lizenz erteilt, das Zeichen auf den Waren, ihrer Aufmachung oder Verpackung anzubringen (vgl. § 14 Abs. 3 Nr. 1) kann darin implizit auch eine Vertriebslizenz liegen, wenn von den Parteien stillschweigend vorausgesetzt wurde, daß der Lizenznehmer die Ware selbst weiterverkaufen sollte. Das kann anders sein, wenn der Lizenznehmer für den Lizenzgeber Auftragsfertigung betreibt und der Lizenzgeber sich die Entscheidung über das Inverkehrbringen der gekennzeichneten Waren selbst vorbehalten will (OLG Hamburg GRUR 1997, 800 – *Vertrieb durch Hersteller*). Bezieht sich eine Lizenz nur auf das Anbieten und Inverkehrbringen (§ 14 Abs. 3 Nr. 2) ist zu prüfen, ob der Lizenznehmer nicht durch Erwerb der lizensierten Ware vom Lizenzgeber ohne aufgrund der Erschöpfung (§ 24) schutzrechtsfrei erworben hat. Ist das zu bejahen, sind weitere Beschränkungen nicht mehr mit den Mitteln des Markenrechtes durchsetzbar, die Klage kann nur auf die Vertragsverletzung gestützt werden. **Nutzungsberechtigter:** Die Lizenz kann unternehmens-, betriebs- oder personenbezogen erteilt werden. Ist sie betriebs- bzw. unternehmensbezogen, kann sie nicht ohne Übergang des entsprechenden Geschäftsteiles übertragen werden. Unterlizenzen sind dann regelmäßig ausgeschlossen. Die Lizenz erlischt dann mit der Aufgabe des Betriebs oder Unter-

Lizenzen **§ 30**

nehmens (*Benkard/Ullmann*, § 15 Rdn. 39). **Mengenmäßige Beschränkung:** Die Lizenz kann bestimmte Höchstmengen für die mit dem Zeichen versehenen Waren vorsehen. Umgekehrt kann sie auch als Ausübungspflicht des Lizenznehmers gewisse Mindestmengen vorschreiben (dazu unten Rdn. 21). Eine vertragswidrige Mehrproduktion kann im Hinblick auf die abschließende Aufzählung in § 30 Abs. 2 nicht mit markenrechtlichen, sondern nur mit vertragsrechtlichen Ansprüchen bekämpft werden. Der Lizenzvertrag kann bestimmte **Qualitätsvorgaben** enthalten. Diese können sich einmal auf Herstellungsprozesse oder einzuhaltende Qualitätsstandards hinsichtlich des Endproduktes beziehen, sie können aber auch die Verwendung von Ausgangsmaterialien bestimmter Qualität vorschreiben. Auf diesem Weg kann eine Bezugsbindung des Lizenznehmers jedenfalls dann markenrechtlich abgesichert werden, wenn hinsichtlich der Vorprodukte, die der Bezugsbindung unterliegen, besondere qualitative Kriterien dargelegt werden können. Werden die Qualitätsvorgaben der Lizenz nicht eingehalten, stehen die markenrechtlichen Sanktionen zur Verfügung (§ 30 Abs. 2 Nr. 5). **Form der Benutzung:** Der Lizenzvertrag kann festschreiben, in welcher Form der Lizenznehmer die Marke benutzen darf. Das kann im Hinblick auf die Anforderungen an eine rechtserhaltende Benutzung durch den Lizenznehmer (§ 26 Abs. 2) notwendig sein, jedenfalls um sicherzustellen, daß „die Abweichungen den kennzeichnenden Charakter der Marke nicht verändern" (§ 26 Abs. 3). Wie § 30 Abs. 2 Nr. 2 klarstellt, erstreckt sich das Verbietungsrecht des Lizenzgebers, soweit es auf die Marke gestützt ist, nur auf solche Benutzungsformen, die „von der Eintragung erfaßt" werden. Von der Eintragung erfaßt werden alle Benutzungsformen, die nach § 14 Abs. 2 Kollisionen begründen, einschließlich solcher, die nur die Gefahr begründen, „daß das Zeichen mit der Marke gedanklich in Verbindung gebracht wird" (§ 14 Abs. 2 Nr. 2). Soweit bestimmte Benutzungsformen nicht mehr vom Schutzbereich der lizensierten Marke umfaßt werden, kann ihre Benutzung dem Lizenznehmer nur vertragsrechtlich untersagt werden. Auf diesem Weg kann auch die Benutzung von nicht lizensierten Zeichen eingeschränkt werden, zB kann vereinbart werden, daß der Lizenznehmer eigene Marken nicht im Zusammenhang mit den Lizenzprodukten verwenden darf. **Dauer:** Zur zeitlichen Beschränkung sowie zur Beendigung des Lizenzvertrages s. unten Rdn. 28 f. Ist die Lizenz abgelaufen, kann der Lizenzgeber gegen den Lizenznehmer markenrechtliche Ansprüche geltend machen, § 30 Abs. 2 Nr. 1.

V. Lizenzvertrag

15 Von der Einräumung der Lizenz als Verfügungsgeschäft ist das zugrundeliegende Verpflichtungsgeschäft zu unterscheiden. In der Praxis liegt allerdings fast immer ein einheitlicher Vertrag vor, der verfügende und verpflichtende Teile enthält.

1. Rechtsnatur

16 Das MarkenG ordnet den Lizenzvertrag nicht einem bestimmten Vertragstypus zu und enthält auch hinsichtlich des möglichen Inhalts nur eine rudimentäre Regelung. Der Begriff des Lizenzvertrages wird von § 30 vorausgesetzt. Er ist insbesondere in der patentrechtlichen Rechtsprechung präzisiert worden. Danach gilt: Es handelt sich um einen Vertrag **eigener Art,** der nicht einem der gesetzlichen Vertragstypen zuzuordnen ist (BGHZ 2, 331, 335; BGHZ 26, 7, 9 – *Sympatol III*; BGH GRUR 1970, 547, 548 – *Kleinfilter*). Die Rechtsfolgen müssen in erster Linie aus der einzelfallbezogenen Analyse des jeweiligen Vertrages gewonnen werden, wobei sich aus dem Gesamtcharakter des Vertrages ebenso Hinweise gewinnen lassen wie aus der Ausgestaltung einer konkreten Regelung, zB über Gewährleistung oder Schadenersatz (beispielhaft: BGH GRUR 1961, 494, 495 – *Hubroller*; BGH GRUR 1965, 298, 301 – *Reaktions-Meßgerät*; jeweils zur Patentlizenz). In der Regel wird der Lizenzvertrag durch eine **Nutzungseinräumung auf Zeit** charakterisiert, was ihn von einem Kaufvertrag unterscheidet (BGH GRUR 1957, 595, 596 – *Verwandlungstisch*), er ist ein **Dauerschuldverhältnis**, was etwa bei der Regelung der Vertragsbeendigung (Kündigung statt Rücktritt; BGH GRUR 1959, 616, 617 – *Metallabsatz*; BGH NJW 1987, 2004, 2006) zu berücksichtigen ist. In vielen Fällen wird der Lizenzvertrag gewisse Ähnlichkeiten mit der Rechtspacht, § 581 BGB, aufweisen, deren Regeln deshalb vorsichtig analog heranzuziehen sind (für Analogie zB *Benkard/Ullmann*, § 15 Rdn. 49 mwN.). In der Regel ist der Lizenzvertrag als **gegenseitiger Vertrag** (§§ 320 ff. BGB) ausgestaltet. Er kann im Einzelfall gesellschaftsrechtliche Elemente enthalten, zB bei Lizenzverträgen über Kollektivmarken.

2. Form

17 Der Lizenzvertrag ist **formfrei** wirksam. Aus seinem Inhalt kann sich im Einzelfall aber ein Formerfordernis ergeben, zB wenn die

Lizenzeinräumung mit einem Grundstückskaufvertrag (etwa über die Produktionsstätte) zusammengefaßt ist. Wichtigstes Formerfordernis ist aber **§ 34 GWB**. Dieses gesetzliche Schriftformerfordernis greift immer ein, wenn der Vertrag Beschränkungen im Sinne von § 18 GWB enthält, auch wenn diese (wie meist) materiellrechtlich zulässig sind (BGHZ 53, 304, 306f. – *Diskothek*); § 34 GWB gilt auch, wenn der Lizenzvertrag ausländischem Recht unterliegt, das GWB aber nach § 98 Abs. 2 GWB anwendbar bleibt (OLG Frankfurt WRP 1992, 331, 332). Das Schriftformerfordernis gilt für den gesamten Vertragsinhalt mit Ausnahme solcher Nebenabreden, die von vornherein keinen Einfluß auf die Entscheidung der Behörden oder Gerichte, ob eine Mißbrauchsverfügung nach § 18 GWB zu erlassen ist, haben können (BGHZ 54, 145, 148f. – *Biesenkate;* BGH NJW 1997, 2974 – *Magic Print,* zu Vertragsstrafeversprechen). Der Form bedürfen alle Abreden, die in einem untrennbaren wirtschaftlichen Zusammenhang stehen, auch wenn sie formal von den Parteien in mehrere Verträge aufgespalten werden (BGH NJW 1982, 2872 – *Zur Laterne*). Eine spätere Zusatzvereinbarungen muß auf die frühere Vereinbarung Bezug nehmen, tut sie das nicht, ist sie nichtig, selbst wenn sie allein § 34 GWB genügt (WuW/E BGH 2081, 2083 – *Kalktransporte;* BGH NJW-RR 1986, 336 – *Anschlußvertrag*). Abweichend von § 126 Abs. 2 BGB muß die Unterzeichnung nicht durch beide Parteien auf derselben Urkunde erfolgen, ein Briefwechsel kann genügen, wenn die Schreiben aufeinander Bezug nehmen (BGH GRUR 1968, 219 – *Getränkebezug*). Auch die Bezugnahme auf Urkunden ist zulässig, § 34 Abs. 3 GWB. Eine körperliche Verbindung ist nicht erforderlich. Ist § 34 GWB verletzt, ist in der Regel der gesamte Vertrag nichtig. Die Rückabwicklung erfolgt nach Bereicherungsrecht (BGH ZIP 1997, 1979 – *Sprengwirkungshemmende Bauteile*).

3. Auslegung

Für die Auslegung der Lizenzverträge gelten die zu § 157 BGB **18** entwickelten allgemeinen Regeln, wobei insbesondere den Interessen der Parteien und den in der Branche üblichen Gebräuchen Gewicht beizumessen ist (BGH GRUR 1959, 384 – *Postkalender;* BGH GRUR 1961, 307 – *Krankenwagen II*). Der Charakter des Lizenzvertrages als Nutzungsüberlassung auf Zeit und als Dauerschuldverhältnis sind zu berücksichtigen, ebenso die Nähe zu § 581 BGB (oben Rdn. 16). Hinsichtlich des Umfangs der Rechtseinräumung gilt der Zweckübertragungsgrundsatz (oben Rdn. 12).

4. Unwirksamkeitsgründe

19 Der Lizenzvertrag kann **formnichtig** sein, oben Rdn. 17. Wird gegen materielles Kartellrecht verstoßen, ist der Vertrag ebenfalls nichtig (dazu unten Rdn. 53). Eine Nichtigkeit kommt auch nach § 138 Abs. 1 und 2 BGB in Betracht, wenn ein **Verstoß gegen die guten Sitten** vorliegt, insbesondere im Fall eines besonders krassen Mißverhältnisses zwischen Leistung und Gegenleistung, das durch die Ausnutzung der Unerfahrenheit eines Vertragspartners erreicht wurde. In der Praxis dürfte dies bei Markenlizenzverträgen kaum vorkommen, zumal den Parteien der Wagnischarakter der Lizenz im Hinblick auf die unsichere zukünftige Geschäftsentwicklung des Lizenznehmers bekannt ist. Im Ausnahmefall kann eine Nichtigkeit des Lizenzvertrages wegen Gesetzesverstoßes auch in Betracht kommen, wenn eine schwerwiegende Irreführung der angesprochenen Verkehrskreise zu befürchten ist (BGHZ 10, 196 – *DUN*, unten Rdn. 59). Die Nichtigkeit des Rechtsgeschäftes betrifft zunächst das Grundgeschäft, nicht automatisch auch das Verfügungsgeschäft, also die Rechtseinräumung. Nach dem Willen der Parteien wird aber gerade bei dem in der Regel einheitlichen Lizenzvertrag meist gemäß § 139 BGB anzunehmen sein, daß die Nichtigkeit des Kausalgeschäftes auch das Verfügungsgeschäft erfaßt (zB BGH NJW 1967, 1128, 1130 zum Erbrecht). Der Lizenzvertrag kann wegen Irrtums **anfechtbar** sein. Ein Irrtum über die Chancen der Verwertbarkeit ist ein unbeachtlicher Motivirrtum. Eine nach § 119 Abs. 2 BGB beachtliche Eigenschaft, deren Fehlen zur Anfechtbarkeit berechtigen kann, kann aber zB dann vorliegen, wenn ein Irrtum über den Schutzbereich der Marke vorliegt, zB hinsichtlich des Bekanntheitsgrades, der zu einem Schutz außerhalb des Ähnlichkeitsbereiches führen würde (vgl. § 14 Abs. 2 Nr. 3). Daneben kann eine Anfechtung wegen **arglistiger Täuschung** in Betracht kommen, wenn der Verkäufer wesentliche Tatsachen verschweigt oder falsch darstellt. Die relevanten Tatsachen können zB Widersprüche oder Löschungsklagen sein, aber auch erfolglose Aktivprozesse des Lizenzgebers gegen Verletzer, die einen Rückschluß auf die Grenzen des Schutzbereiches der Marke zulassen. Liegt eine Täuschung durch den Lizenzgeber vor, kann der Lizenznehmer auch im Wege des Schadenersatzes für **culpa in contrahendo** verlangen, so gestellt zu werden, als ob der Vertrag nicht geschlossen worden wäre. Das kann zur Aufhebung des Gesamtvertrages oder zur Nichtanwendbarkeit einzelner Bestimmungen führen, die ohne die Täuschung nicht Teil des Vertrages geworden

Lizenzen **§ 30**

wären (BGH NJW 1962, 1196, 1198; BGHZ 83, 283, 292 – *Hartmetallkopfbohrer*; *Benkard/Ullmann*, § 15 Rdn. 10). Mitverschulden des Lizenznehmers, zB bei Verzicht auf die Prüfung maßgebender Unterlagen, kann nach § 254 BGB den Schadenersatzanspruch ausschließen oder mindern (*Benkard/Ullmann* aaO).

5. Pflichten des Lizenznehmers

a) Zahlung der Lizenzgebühr. Hauptpflicht des Lizenznehmers ist die Zahlung der vertraglichen Lizenzgebühr. Es sind aber auch atypische Gestaltungen denkbar, zB anstelle der Zahlung einer Lizenzgebühr die Gewährung einer Rücklizenz an Rechten des Lizenznehmers an den Lizenzgeber. Die **Bemessung** der Lizenzgebühr ist von den Parteien frei vereinbar. In der Praxis häufig sind Kombinationen unterschiedlicher Lizenzgebühren. Eine **Pauschallizenz** liegt vor, wenn unabhängig vom Nutzungsumfang eine bestimmte Summe geschuldet wird. Pauschallizenzen sind häufig bei Prozeßvergleichen oder als **Mindestlizenzgebühr**, die oberhalb eines bestimmten Nutzungumfanges durch eine nutzungsabhängige Lizenz ergänzt wird. Dadurch wird indirekt ein Anreiz des Lizenznehmers zur Benutzung geschaffen, ohne daß ihm eine ausdrückliche Ausübungspflicht (dazu unten Rdn. 21) auferlegt wird. Ist eine Mindestlizenz vereinbart, fällt damit der wirtschaftliche Mißerfolg in den Risikobereich des Lizenznehmers, die Gebühren sind auch zu zahlen, wenn sich gemeinsame Erwartungen der Parteien über den wirtschaftlichen Erfolg nicht erfüllen (BGH GRUR 1974, 40, 43 – *Bremsrolle*). Allerdings kann bei mangelnder Wettbewerbsfähigkeit des Lizenzproduktes, die von beiden Parteien nicht vorausgesehen wurde, im Einzelfall eine Anpassung nach den Grundsätzen des Wegfalls der Geschäftsgrundlage in Betracht kommen (BGH GRUR 1978, 166 – *Banddüngerstreuer*). Bei Markenlizenzen ist ein derartiger Fall (anders als bei der Patentlizenz) aber in der Regel dem Risikobereich des Lizenznehmers zugewiesen, da die Wettbewerbsfähigkeit nicht von den Eigenschaften der Marke abhängt. In der Regel werden Lizenzgebühren auf den Umfang der Nutzung abstellen. Häufig sind dabei insbesondere **Umsatzlizenzen**, bei denen ein bestimmter Prozentsatz der vom Lizenznehmer erzielten Umsätze abzuführen ist. Bei der Bestimmung der Bemessungsgrundlage sind in der Regel Nachlässe abzuziehen, die der Lizenznehmer seinen Abnehmern handelsüblicherweise gewährt, zB übliche Mengenrabatte. Nicht abziehbar sind ohne besondere Vertragsbestimmung dagegen branchenunübliche Leistungen und

Aufwendungen des Lizenznehmers, die keinen unmittelbaren Bezug zu den Preisen einzelner Lieferungen haben, zB Werbekostenzuschüsse an seine Abnehmer, die nicht direkt mit der Zahl der verkauften Artikel verknüpft sind. Die Bestimmung der Bemessungsgrundlage unterliegt aber der Vertragsfreiheit und ist somit durch Auslegung des Vertrages im Einzelfall zu ermitteln. Dabei kommt der Kenntnis des Lizenzgebers über die Gepflogenheiten in der Branche des Lizenznehmers besonderes Gewicht zu. Neben der Umsatzlizenz findet sich die **Stücklizenz,** die insbesondere dann in Betracht kommt, wenn die zulässigen Nutzungsarten und die lizensierten Produkte klar definiert sind. Bei dieser Berechnungsart wird unabhängig vom Abgabepreis eine bestimmte Summe pro ausgeliefertem Stück bezahlt. Praktisch geringe Bedeutung hat die **Gewinnlizenz,** mit der der Lizenzgeber an Gewinnen des Lizenznehmers, die nach einer bestimmten, im Vertrag festzulegenden Berechnungsweise zu ermitteln sind, beteiligt wird. Gegen die Gewinnlizenz spricht insbesondere die Schwierigkeit der abschließenden Bestimmung von zulässigen Gewinnminderungen und die Schwierigkeit der Gewinnzuordnung zu bestimmten Produkten, wenn der Lizenznehmer ein größeres Sortiment vertreibt. Die **angemessene Höhe** einer Lizenzgebühr läßt sich nicht generell bestimmen, sondern nur mit Bezug auf das lizensierte Zeichen und die Lizenzprodukte. In unterschiedlichen Branchen können Lizenzgebühren sehr unterschiedliche Höhen aufweisen. Die Lizenz wird insbesondere vom Bekanntheitsgrad der Marke und damit von dem erwarteten Einfluß auf die Absatzbemühungen des Lizenznehmers beeinflußt werden. Je größer der in der Marke verkörperte Werbewert ist (dazu Vor §§ 27–31 Rdn. 2), desto höher wird der Prozentsatz liegen. Dabei wird weiter Berücksichtigung finden, inwieweit der Lizenznehmer selbst noch als Pionier die Marke – zumindest in diesem Warenbereich – bekannt machen muß und wie stark generell der Konkurrenzdruck anderer Marken in dem Segment ist. Typische umsatzbezogene Markenlizenzen liegen etwa zwischen 1% und 5%, können aber bei besonders wertvollen Marken im Einzelfall auch noch höher sein. Niedrigere Lizenzgebühren kommen vor allem bei Produkten in Betracht, deren Wert in erster Linie von anderen Faktoren bestimmt wird, zB technischen Merkmalen. Da im Lizenzvertrag hinsichtlich der geschuldeten Lizenzgebühr in der Regel auch eine eindeutige Abrede enthalten ist, spielt die nachträgliche Bestimmung der angemessenen Lizenzgebühr in erster Linie für die Berechnung des Schadenersatzes eine Rolle (Extrembeispiele aus der Verletzungsrechtsprechung:

Lizenzen **§ 30**

BGH GRUR 1966, 375, 378 – *Meßmer-Tee II*: 1% trotz Bekanntheit, BGH GRUR 1993, 55, 58 – *Tchibo/Rolex II*: Normalbereich bis 10%, bei Beeinträchtigung des Prestigewertes auch 12,5–20%). Auf die Kommentierung Vor §§ 14–19 Rdn. 66–69 wird verwiesen.

b) Ausübungspflicht. Der Lizenzgeber wird regelmäßig ein 21 Interesse daran haben, daß der Linzenznehmer von der Lizenz Gebrauch macht. Das ergibt sich nicht nur aus der Erwartung, nutzungsbezogene Lizenzgebühren (Umsatz-, Gewinn- oder Stücklizenzen) zu beziehen, sondern auch im Hinblick auf die Notwendigkeit der rechtserhaltenden Benutzung. Die Ausübungpflicht kann ausdrücklich vereinbart sein oder sich aus der Auslegung des Vertrages ergeben. Für eine Ausübungspflicht kann insbesondere sprechen, daß es sich um eine ausschließliche Lizenz handelt, und die Lizenzgebühren nutzungsbezogen berechnet werden (vgl. für das Patentrecht zB BGH GRUR 1961, 470, 471 – *Mitarbeiterurkunde*; BGHZ 52, 55, 58 – *Frischhaltegefäß*). Demgegenüber wird bei einer einfachen Lizenz eine Ausübungspflicht in der Regel nur bei einer ausdrücklichen Vereinbarung anzunehmen sein, da die Entscheidung des Lizenznehmers über die weitere Ausübung gerade auch von (aktueller oder potentieller Konkurrenz) anderer Lizenznehmer abhängig ist. Der **Umfang** der Ausübungspflicht ist wiederum aus dem Vertragszweck zu ermitteln. Wird eine Ausübungspflicht bejaht, wird sie zumindest so weit gehen, daß die rechtserhaltende Benutzung zu bejahen ist (dazu § 26 Rdn. 60 ff.). Umgekehrt kann der Lizenznehmer von der Ausübungspflicht frei werden, wenn sich herausstellt, daß trotz ausreichender Bemühungen des Lizenznehmers ein wirtschaftlicher Erfolg nicht erreicht werden kann (zB BGH GRUR 1970, 40, 42 – *Musikverleger*; BGH GRUR 1978, 166 – *Banddüngerstreuer*). Je nach den Umständen des Einzelfalles kann es für den Lizenznehmer erforderlich sein, sich um Unterlizenznehmer zu bemühen, die die Lizenz ausüben, falls ihm das selbst nicht zumutbar ist. In welcher Weise die Benutzung erfolgen muß, um der Ausübungspflicht zu genügen, ist wiederum aus dem Vertrag zu ermitteln. Dabei wird sich die Benutzungsform an der eingetragenen Marke orientieren müssen, um das Erfordernis der rechtserhaltenden Benutzung zu erfüllen. Daraus kann sich auch ergeben, daß die Benutzung für unterschiedliche Produkte erfolgen muß, um die Marke für alle lizenzierten Waren des Verzeichnisses aufrecht zu erhalten. Die Ausübungpflicht bezieht sich in der Regel nicht auf die **Werbung,** soweit dies nicht ausdrücklich vereinbart ist. Eine Verpflichtung zu geeigneten Werbemaßnahmen kann sich aber daraus ergeben, daß das Zeichen über einen besonderen Bekanntheitsgrad verfügt und der Lizenznehmer sich verpflichtet hat, diesen so weit wie möglich aufrecht zu erhalten.

22 **c) Rechnungslegung.** Über die geschuldeten Lizenzgebühren muß der Lizenznehmer dem Lizenzgeber Rechnung legen. In welchem Umfang dies zu erfolgen hat, ergibt sich primär aus dem Vertrag in Ermangelung einer ausdrücklichen Regelung aus Treu und Glauben (RGZ 127, 243, 245; *Benkard/Ullmann* § 15 Rdn. 84). Ist nur eine Pauschallizenz vereinbart, bedarf es keiner detaillierten Rechnungslegung. In der Regel muß der Lizenzgeber in der Lage sein, die Richtigkeit der Abrechnung zu überprüfen. Dafür sind detaillierte Angaben erforderlich, u. U. unter Angabe der Abnehmer. Ist aufgrund eines Wettbewerbsverhältnisses zwischen Lizenznehmer und Lizenzgeber dem Lizenznehmer die Nennung seiner Abnehmer nicht zumutbar, kann die Bekanntgabe der Abnehmer an einen zur Berufsverschwiegenheit verpflichteten Wirtschaftsprüfer erfolgen. Die Kosten dafür hat in der Regel der Lizenznehmer zu tragen (BGH GRUR 1962, 354, 356 – *Furniergitter*).

23 **d) Nichtangriffsklausel.** Durch die Nichtangriffsklausel wird der Lizenznehmer gehindert, gegen den Bestand des Schutzrechtes vorzugehen, also insbesondere Löschungsantrag nach § 54 zu stellen oder Löschungsklage nach § 55 zu erheben. Ohne eine ausdrückliche Nichtangriffsklausel ist der Lizenznehmer nicht gehindert, die Marke anzugreifen und sich mit dem Wegfall auf das Freiwerden von der Lizenzzahlungspflicht zu berufen (BGH GRUR Int. 1969, 31, 33 – *Gewindeschneideapparat*; BGH GRUR 1957, 482, 483 – *Chenillefäden*). Etwas anderes kann in Sonderfällen gesteigerten Vertrauens gelten, etwa bei gesellschaftsähnlicher Ausgestaltung des Vertragsverhältnisses (BGH GRUR 1989, 39, 40 – *Flächenentlüftung*). Nichtangriffsklauseln sind nach dem deutschen Kartellrecht in der Regel zulässig (BGH GRUR 1969, 409, 411 – *Metallrahmen*, dort allerdings zur gesetzlich geregelten Ausnahmevorschrift des § 20 II Nr. 4 GWB), können aber gegen Art. 85, 86 EWG-Vertrag verstoßen (dazu unten Rdn. 54 ff.).

24 **e) Qualitätsvorgaben.** Der Lizenzgeber kann dem Lizenznehmer im Vertrag beliebige qualitative Vorgaben für die Lizenzprodukte auferlegen. Verstöße gegen diese Vorgaben führen zu markenrechtlichen Unterlassungsansprüchen des Lizenzgebers, § 30

Abs. 2 Nr. 5. Auch ohne ausdrückliche Vereinbarung im Vertrag können Qualitätsvorgaben Vertragsbestandteil werden, wenn beide Parteien die Bedeutung der Aufrechterhaltung eines bestimmten Qualitätsniveaus für den Ruf der Marke kennen. Das kann insbesondere bei Marken der Fall sein, die in oberen Marktsegmenten angesiedelt sind. Der Lizenznehmer wird in solchen Fällen regelmäßig wissen, daß der Lizenzgeber ein erhebliches Interesse an der Aufrechterhaltung der Positionierung des Zeichens in einem qualitativ hochstehenden Segment hat. Wie die Qualität zu bestimmen ist, richtet sich wiederum primär nach den vertraglichen Vereinbarungen. Fehlen solche, ist auf die in der jeweiligen Branche maßgebenden Kriterien abzustellen, zB auf bestimmte Herstellungsverfahren (Flaschengärung) oder die Verwendung bestimmter Rohstoffe (Baumwolle statt Synthetik). Keine Qualitätsmerkmale sind bestimmte **Vertriebswege,** auch wenn diese ihrerseits für den Ruf der Marke beim Verbraucher von erheblicher Bedeutung sein können (zB Vertrieb über Discounter statt Fachhandel). Vertriebswege können im Lizenzvertrag festgelegt werden, der Verstoß führt aber nicht zu einer Markenrechtsverletzung im Sinne von § 30 Abs. 2, sondern nur zu vertraglichen Schadenersatzpflichten.

f) **Weitere Pflichten des Lizenznehmers.** Weitere Pflichten 25 des Lizenznehmers sind vertraglich frei zu vereinbaren. Sie können zB in der Anbringung eines Lizenzhinweises liegen, in der Verpflichtung zu bestimmten Werbe- oder sonstigen Vertriebsmaßnahmen, oder in Geheimhaltungspflichten. Wettbewerbsverbote, die über die zulässigen gegenständlichen Beschränkungen der Lizenz hinausgehen (zB hinsichtlich des Lizenzgebietes), unterliegen kartellrechtlichen Bedenken, dazu unten Rdn. 48).

6. Pflichten des Lizenzgebers

a) **Rechtsverschaffung.** Grundpflicht des Lizenzgebers ist zunächst, dem Lizenznehmer die Benutzung des Rechts im lizenzierten Rahmen zu **gestatten,** also sein Verbietungsrecht nicht geltend zu machen. Bei der ausschließlichen Lizenz trifft den Lizenzgeber weitergehend eine **Enthaltungspflicht,** d. h. er darf selbst für die Lizenzprodukte weder die Marke selbst noch mit ihr verwechslungsfähige Kennzeichen verwenden. Daneben können sich aus dem Vertrag weitere Pflichten des Lizenzgebers ergeben. Dabei kommt insbesondere die Verpflichtung zur **Aufrechterhaltung** des 26

§ 30 — Lizenzen

Zeichens in Betracht, zB durch Zahlung der Verlängerungsgebühren, aber auch durch Verteidigung der Marke gegen Angriffe Dritter. Ergänzend kann der Lizenzgeber verpflichtet sein, selbst gegen **Verletzer vorzugehen,** zumal der Lizenznehmer ohne ausdrückliche Vereinbarung nicht selbst zum Vorgehen gegen Verletzer berechtigt ist, § 30 Abs. 3 u. 4. Der Lizenzgeber wird dazu nach Treu und Glauben in der Regel verpflichtet sein, wenn die Verletzungen erheblichen Umfang angenommen haben und den Lizenznehmer in der Nutzung der Marke behindern, insbesondere die Absatzchancen der Lizenzprodukte behindern (zurückhaltender BGH GRUR 1965, 591, 595 – *Wellplatten*). Der Lizenzgeber kann auch verpflichtet sein, durch **Werbung** oder andere Maßnahmen den Ruf der Marke aufrechtzuerhalten oder auszubauen. Ohne klare Anhaltspunkte im Vertrag ist davon in der Regel aber nicht auszugehen. Ist eine ausschließliche Lizenz erteilt, kann der Lizenzgeber an Dritte **keine weitere Lizenz** erteilen, die gegenüber dem Lizenznehmer wirksam wäre (so schon RGZ, 144, 187, 190). Unabhängig davon läge in dieser Lizenzerteilung eine Vertragsverletzung, die den Lizenznehmer zur Kündigung und gegebenenfalls zum Schadenersatz berechtigt. Der Schaden des Lizenznehmers kann dabei zB in den Kosten der Rechtsverfolgung liegen, um sein Ausschließlichkeitsrecht gegenüber dem Lizenzgeber oder dem Dritten durchzusetzen.

27 b) Gewährleistung. Im Hinblick auf die weitgehende Vertragsfreiheit im Lizenzvertrag richten sich die Folgen von Leistungsstörungen primär nach den Vereinbarungen der Parteien. Insbesondere ist es auch möglich, alle Gewährleistungsansprüche des Lizenznehmers **auszuschließen.** Das kommt insbesondere dann in Betracht, wenn der Lizenzgeber die Nutzung des Zeichens in einem bestimmten Bereich endgültig aufgeben will und somit kein Interesse an dem weiteren Schicksal des Zeichens mehr hat. Eine **Nichtigkeit nach § 306 BGB** wegen anfänglicher Unmöglichkeit kommt nur dann in Betracht, wenn die vertraglich vereinbarte Rechtseinräumung objektiv für jeden Lizenzgeber unmöglich wäre. Das ist nur hinsichtlich solcher Bezeichnungen denkbar, die ohne jeden Zweifel nicht schutzfähig sind. § 306 BGB kommt nicht in Betracht, wenn die Marke einmal eingetragen war, unabhängig davon, ob sie sich später als nicht rechtsbeständig erweist. Hat das lizenzierte Recht zum Zeitpunkt des Vertragsschlusses nicht bestanden, gelten die Grundsätze der **Rechtsmängelhaftung,** §§ 437, 440 BGB (BGHZ 86, 330, 334 – *Brückenlegepanzer*; BGH

Lizenzen § 30

GRUR 1991, 332, 333 – *Lizenzmangel*). Ohne besondere Anhaltspunkte im Vertrag ist in der Regel nicht anzunehmen, daß der Lizenznehmer auf diese Einstandshaftung des Lizenzgebers verzichten wollte. Eine differenziertere Betrachtung kann hinsichtlich entgegenstehender **Rechte Dritter** angebracht sein. Aus den Umständen des Einzelfalles kann sich ergeben, daß der Lizenznehmer eines auf dem Markt bereits eingeführten Zeichens die Lizenz unter Übernahme des Risikos erhält, daß dritte Rechtsinhaber erst jetzt gegen die Benutzung vorgehen; anders kann es bei einem neu auf dem Markt einzuführenden Zeichen liegen, bei dem die Gefahr von Kollisionen mit älteren Zeichen größer ist. Auch wenn im Einzelfall keine Haftung des Lizenzgebers nach § 437 BGB anzunehmen sein sollte, wird die Geltendmachung von Verbotsansprüchen durch Dritte im Regelfall zu einer Anpassung des Lizenzvertrages nach den Grundsätzen des Wegfalls der Geschäftsgrundlage für den Zeitraum führen, in dem das Zeichen nicht mehr benutzt werden kann. Eine Haftung des Lizenzgebers auf das **Erfüllungsinteresse** scheidet in der Regel aus, da der wirtschaftliche Erfolg der Zeichennutzung in den Risikobereich des Lizenznehmers fällt. Eine Haftung des Lizenzgebers für den Schutzbereich der Marke kommt nur bei ausdrücklichen Anhaltspunkten im Vertrag in Frage. Irrelevant sind deshalb in der Regel die Vorstellungen der Parteien darüber, ob bestimmte Waren oder Dienstleistungen mit denen des Verzeichnisses ähnlich sind, oder ob ein Schutz der Marke außerhalb des Ähnlichkeitsbereiches aufgrund der Bekanntheit der Marke besteht. Sind diese Annahmen allerdings Geschäftsgrundlage geworden, kann eine Anpassung in Betracht kommen. **Rechtsfolgen:** Da der Lizenzvertrag ein Dauerschuldverhältnis ist, kommt bei Leistungsstörungen in der Regel keine Rückabwicklung hinsichtlich der bereits durchgeführten Teile des Leistungsaustausches in Betracht. Vielmehr findet eine **Anpassung** von dem Zeitpunkt an statt, zu dem sich der Rechtsmangel oder sonstige Fehler offenbart hat, also zB dem Zeitpunkt der erfolgreichen Durchsetzung von Ansprüchen Dritter gegen den Lizenznehmer oder der Störung der Auswertung der lizensierten Rechte durch Verletzer, gegen die aufgrund des zu geringen Schutzbereiches der Marke nicht vorgegangen werden kann (zum Patent zB BGH GRUR 1958, 231, 232 – *Rundstuhlwirkware*). Je nach den Umständen des Einzelfalles kann eine Kündigung des Lizenzvertrages (BGH GRUR 1959, 616, 617 – *Metallabsatz*) oder eine Anpassung der Bedingungen, zB durch Minderung der vertragliche geschuldeten Lizenzgebühren, in Betracht kommen.

7. Laufzeit und Beendigung

28 a) **Allgemeines.** Die **Laufzeit** des Lizenzvertrages kann **frei bestimmt** werden. Nach Ablauf der vertraglich bestimmten Dauer stehen dem Lizenzgeber gegen dem Lizenznehmer die Rechte aus der Marke zu, § 30 Abs. 2 Nr. 1. Hat der Lizenznehmer **Unterlizenzen** erteilt, endet mit dem Vertrag zwischen Lizenzgeber und Lizenznehmer grundsätzlich auch das Benutzungsrecht des Unterlizenznehmers. § 30 Abs. 5 erfaßt nach seinem Wortlaut diesen Fall nicht, da es sich bei der Beendigung des Lizenzvertrages weder um einen Rechtsübergang nach § 27 noch um die Erteilung einer Lizenz nach § 30 handelt. Für die analoge Anwendung von § 30 Abs. 5 spricht zwar, daß aus Sicht des Unterlizenznehmers ein vergleichbares Schutzbedürfnis hinsichtlich von Rechtsänderungen in der Position des Lizenznehmers besteht, auf die der Unterlizenznehmer keinen Einfluß hat. Anderseits ist der Unterlizenznehmer weniger schutzbedürftig, da ihm bekannt ist, daß sein eigener Lizenzgeber seinerseits nur aufgrund einer vertraglichen Rechtseinräumung berechtigt ist. Es ist ihm zumutbar, sich über die Beendigungsmöglichkeit des Hauptlizenzvertrages zwischen Lizenzgeber und Lizenznehmer zu informieren und entsprechende vertragliche Vereinbarungen in den Unterlizenzvertrag aufzunehmen. Ist die Vergabe von Unterlizenzen von Anfang an beabsichtigt, kann es sich empfehlen, im Hauptlizenzvertrag zwischen Lizenzgeber und Lizenznehmer eine § 30 Abs. 5 entsprechende Erweiterung der Sukzessionsschutzes auf den Unterlizenznehmer aufzunehmen. Die **Art der Laufzeitbestimmung** kann vertraglich frei gestaltet werden. Der Vertrag kann auf bestimmte Zeit laufen, sich automatisch verlängern, wenn nicht eine Seite fristgemäß widerspricht, einseitige Verlängerungsoptionen vorsehen oder auf **unbestimmte Zeit** abgeschlossen werden. Im letzteren Fall endet der Vertrag aber jedenfalls mit dem Erlöschen des zugrundeliegenden Rechtes. Erlischt der Markenschutz und stehen dem Lizenzgeber auch keine anderen Verbietungsrechte, zB aufgrund von UWG, zu (die dem Lizenznehmer faktisch doch Schutz vor Wettbewerbern bieten würden, vgl. BGH GRUR 1969, 677 – *Rüben-Verladeeinrichtung*; BGH GRUR 1977, 237 – *Brückenlegepanzer I*), kann sich der Lizenznehmer auf Wegfall der Geschäftsgrundlage berufen und den Vertrag mit Wirkung für die Zukunft beenden (vgl. zur parallelen Situation bei der (Teil-)Vernichtung des Patents; BGH GRUR 1958, 231, 232 – *Rundstuhlwirkware*).

Lizenzen **§ 30**

b) **Kündigung.** Vor Ablauf der vertraglich vorgesehenen Lauf- 29
zeit endet der Lizenzvertrag durch **Kündigung.** Aufgrund seiner
Natur als Dauerschuldverhältnis kommt ein Rücktritt mit Rückabwicklung des in der Vergangenheit liegenden Leistungsaustausches nur in Ausnahmefällen in Betracht (oben Rdn. 27). Voraussetzungen und Fristen der **ordentlichen Kündigung** sind von den
Parteien im Rahmen der Vertragsfreiheit zu bestimmen. Enthält der
Vertrag keine Regelung der ordentlichen Kündigung, ist durch
Auslegung zu bestimmen, ob die Parteien diese Möglichkeit ausschließen wollten. Dafür kann insbesondere die Vereinbarung einer
festen Laufzeit sprechen. Ist der Vertrag auf unbestimmte Zeit geschlossen, wird dagegen in der Regel anzunehmen sein, daß die
ordentliche Kündigung nicht ausgeschlossen sein sollte, zumal
die Marke eine potentiell unbegrenzte Lebensdauer hat (zur ähnlichen
Situation im Urheberrecht OLG Hamburg GRUR 1980, 912 –
Spiegel-Fotos). In diesem Fall ist wiederum durch Auslegung zu ermitteln, welche Kündigungsfrist angemessen ist. Dabei sind insbesondere die Interessen des Lizenznehmer an der Amortisation seiner
Aufwendungen zu berücksichtigen. Einen Anhaltspunkt kann die
Regelung in § 595 Abs. 1 BGB geben (sechs Monate zum Ende des
Kalenderjahres). Die **außerordentliche Kündigung** kann wiederum im Vertrag für bestimmte Fälle ausdrücklich vorgesehen sein
(zB Verzug mit Lizenzgebührenzahlungen). Daneben ergibt sich
aus der Natur des Lizenzvertrages als Dauerschuldverhältnis auch
ohne vertragliche Vereinbarung ein Recht zur außerordentlichen
Kündigung analog § 626 BGB, wenn der kündigenden Vertragspartei die Fortsetzung des Vertragsverhältnisses nicht länger zugemutet werden kann (BGH GRUR 1997, 610, 611 – *Tinnitus-Masker*; BGH NJW 1993, 1972, 1973; BGH GRUR 1992, 112, 114 –
pulp wash; BGH GRUR 1988, 175, 177 – *Wendemanschette II*;
BGH GRUR 1955, 338 – *Beschlagfreie Brillengläser*). Das ist insbesondere dann anzunehmen, wenn zwischen den Parteien die Vertrauensgrundlage durch vorsätzliche oder grob fahrlässige Verletzung wesentlicher Vertragspflichten beeinträchtigt ist und damit das
Einvernehmen zwischen den Vertragspartnern endgültig zerstört
wurde (*Benkard/Ullmann* § 15 Rdn. 126 mwN). **Beispiele für
Pflichtverletzungen des Lizenznehmers** sind etwa wiederholter
Verzug mit Zahlungen von Lizenzgebühren, Verzug mit mehreren
Lizenzgebührenraten, schwerwiegende Abweichungen von Qualitätsvorgaben (§ 30 Abs. 2 Nr. 5), Benutzung der Marke außerhalb
des lizensierten Gebiets oder für andere als die lizensierten Produkte
(§ 30 Abs. 2 Nr. 3 und 4). **Verstöße des Lizenzgebers** sind etwa

§ 30   Lizenzen

die vertragswidrige Erteilung weiterer Lizenzen, Nichterfüllung wichtiger Nebenpflichten (zB Übergabe von Rezepturen), Duldung von Verletzungen in erheblichem Umfang, sofern dem Lizenznehmer nicht selbst die Prozeßführung gestattet wird. **Allgemein** alle Verhaltensweisen, die geeignet sind, das Vertrauen zwischen den Parteien nachhaltlich zu erschüttern, zB schwerwiegende und wiederholte Wettbewerbsverstöße, insbesondere solche, die geeignet sind, den Ruf der anderen Vertragspartei zu beeinträchtigen, oder Beeinträchtigungen des Wertes des Zeichens, zB durch negative Publicity. Das Festhalten am Vertrag kann auch ohne Verschulden der anderen Vertragspartei durch **objektive Umstände** unzumutbar werden, zB bei schwerwiegenden Änderungen der Marktverhältnisse oder rechtlichen Rahmenbedingungen, beispielsweise durch Werbeverbote für die Lizenzprodukte. In diesen Fällen ist besonders sorgfältig zu prüfen, ob der Vertrag das Risiko für solche Entwicklungen einer Vertragspartei zuweist, oder ob es von beiden zu tragen ist. Ein Kündigungsgrund kann auch die nachhaltige Änderung der wirtschaftlichen Verhältnisse, insbesondere beim Lizenznehmer, sein, zB Änderungen des Geschäftsgegenstandes, drohende Insolvenz der anderen Vertragspartei usw. Bei der **Ausübung** des Kündigungsrechtes können sich aus § 242 BGB Beschränkungen ergeben. So kann eine Kündigung aufgrund einer erstmals aufgetretenen schuldhaften Vertragsverletzung erst nach einer erfolglosen **Abmahnung** zulässig sein, analog § 626 Abs. 2 BGB. Dabei muß eine angemessene Nachfrist gesetzt werden, die es der anderen Vertragspartei erlaubt, die Vertragspflichtverletzung zu beheben (BGH GRUR 1997, 610, 611 – *Tinnitus-Masker;* BGH NJW-RR 1996, 1108; OLG Dresden WRP 1997, 577, 581 – *awa-Banderolen;* BGH GRUR 1992, 112, 114 – *pulp-wash*). Die Abmahnung kann entbehrlich sein, wenn die Vertrauensgrundlage nicht wieder hergestellt werden kann (BGH GRUR 1992, 112, 114 – *pulp-wash*). Das gilt insbesondere bei wiederholten, schwerwiegenden Verletzungen. Die Situation des anderen Vertragspartners kann eine Kündigung aus wichtigem Grund zur „Unzeit" ausschließen (OLG Karlsruhe GRUR 1992, 162, 163 – *Schleifvorrichtung*), zB wenn dem Lizenznehmer dadurch das Weihnachtsgeschäft genommen wird. Die Interessen beider Parteien sind im Einzelfall gegeneinander abzuwägen. Mehrere Kündigungsgründe sind in ihrer Gesamtheit zu betrachten, auch die Addition einzelner, für sich betrachtet weniger schwerwiegenden Verstöße kann das Vertrauensverhältnis unheilbar erschüttern. Zwar darf die Kündigung nicht unnötig hinausgezögert werden, da anderenfalls

Lizenzen **§ 30**

der Vertragspartner den Eindruck gewinnt, der Kündigende werde sich darauf nicht berufen („Verzeihung"), doch kann beim Auftreten neuer Verstöße auch der bereits in der Vergangenheit liegende Vertragsverstoß mitberücksichtigt werden (BGH GRUR 1955, 338, 339 – *Brillengläser*). Kündigungsgründe, die dem Kündigenden zum Zeitpunkt der Kündigung noch nicht bekannt waren, können **nachgeschoben** werden (BGH GRUR 1997, 610, 612 – *Tinnitus-Masker*; BGHZ 40, 13) ebenso solche Gründe, die erst nach der Kündigung auftreten. Wird die Kündigung auf sie gestützt, wird sie aber erst mit dem Zeitpunkt des Auftretens dieser Gründe wirksam (BGH GRUR 1997, 610, 612 – *Tinnitus-Masker; Benkard/Ullmann* § 15 Rdn. 12 mwN). Ist der Kündigende selbst vertragsbrüchig, kann es im Einzelfall gegen Treu und Glauben verstoßen, wenn er die außerordentliche Kündigung auf Verstöße des Vertragspartner stützen will. Ob eine **Teilkündigung** zulässig ist, bestimmt sich danach, ob trennbare Gegenstände der Lizenz vorliegen (zB zwei verschiedene Marken) und ob hinsichtlich des nicht gekündigten Teils das Vertrauensverhältnis fortbesteht. Gegebenenfalls kann sich ein Kündigungsrecht für den anderen Vertragspartner ergeben, wenn sich erhebliche Nachteile aus dem Fortbestand nur noch eines Teilvertrages ergeben (zum Verlagsvertrag: BGH GRUR 1964, 326 – *Subverleger*). Die **Form** der Kündigung unterliegt der Vertragsfreiheit. Ist nichts anderes vereinbart, kann sie formlos, auch mündlich, erfolgen. Ob der Vertrag seinerseits einem gesetzlichen Formzwang, zB aufgrund von § 18 GWB, unterliegt, ist gleichgültig. Die **Darlegungs- und Beweislast** für Zugang und Wirksamkeit der Kündigung trägt derjenige, der sich auf sie beruft.

c) Schadenersatz wegen unberechtigter Kündigung. Die 30 **unberechtigte Vertragsbeendigung** kann zu Schadenersatzansprüchen des anderen Vertragspartners führen (BGH GRUR 1959, 616, 618 – *Metallabsatz*). Da Rechtsgrundlage die positive Vertragsverletzung ist, kann der Anspruchsberechtigte verlangen, so gestellt so werden, als sei die Kündigung nicht erfolgt, sondern der Vertrag ordnungsgemäß weitergeführt worden. Der Lizenzgeber hat dann Anspruch auf die Lizenzgebühren bis zum frühestmöglichen Zeitpunkt der ordentlichen Vertragsbeendigung, der Lizenznehmer hat insbesondere auch Anspruch auf Ersatz des ihm aufgrund der Vertragsbeendigung entgangenen Gewinnes. Auch Ersatz von Aufwendungen kann verlangt werden, wenn sich diese bei Durchführung des Vertrages amortisiert hätten (BGH GRUR 1979, 768, 769 – *Mineralwolle*). Umgekehrt können **Vertragsverletzungen, die die**

§ 30 Lizenzen

Kündigung begründen, gleichzeitig die Grundlage für weitere Schadenersatzansprüche, insbesondere wegen Nichterfüllung oder positiver Vertragsverletzung sein. Ist Kündigungsgrund die verzögerte Bezahlung von Lizenzgebühren, kommt auch Verzugsschaden, insbesondere auch hinsichtlich des Zinsverlustes, in Betracht.

8. Nachvertragliche Pflichten

31 Nachvertragliche Pflichten können sich direkt aus dem Vertrag ergeben, aber auch aus ergänzender Vertragsauslegung oder § 242 BGB. In der Regel hat der Lizenznehmer alle ihm vom Lizenzgeber überlassenen **Unterlagen herauszugeben,** insbesondere soweit sie Betriebsgeheimnisse des Lizenzgebers betreffen, etwa Rezepturen, Marketingpläne usw. Eine allgemeine **Geheimhaltungspflicht,** etwa hinsichtlich der Konditionen des Vertrages, besteht aber nur bei ausdrücklicher Vereinbarung. Hat der Lizenznehmer selbst am lizensierten Zeichen **Schutzrechte** erworben, insbesondere durch Registrierung einer eigenen Marke, so sind diese auf den Lizenzgeber zu übertragen, sofern nichts anderes vereinbart ist. Der Lizenznehmer kann sich auch nicht darauf berufen, daß er durch eigene Anstrengungen eine Rechtsposition an dem lizensierten Zeichen erworben hat, zB durch den Erwerb von Verkehrsgeltung, § 4 Nr. 2, oder durch den originären Erwerb einer Geschäftsbezeichnung, § 5 (BGH GRUR 1963, 485 – *Michy-Maus-Orangen; Munz* GRUR 1995, 475). Selbst wenn der Lizenzgeber im Einzelfall nicht aufgrund seiner Markenrechte gegen solche Bezeichnungen vorgehen könnte, ergibt sich aus den nachwirkenden Pflichten des Lizenzvertrages, daß der Lizenznehmer die Weiterbenutzung dieser Bezeichnungen außerhalb des Vertrages zu unterlassen hat. Bei der Wahl der neuen Bezeichnung hat der Lizenznehmer nicht nur eine Verletzung der Zeichenrechte des Lizenzgebers zu unterlassen, sondern muß auch Irreführungen über fortbestehende Geschäftsbeziehungen vermeiden, § 3 UWG (vgl. BGHZ 10, 196 – *DUN*). Daraus kann sich auch ergeben, daß Änderungen an der Verpackung oder anderen nicht geschützten Ausstattungselementen erforderlich sind, um eine Irreführung des Verkehrs zu vermeiden.

VI. Markenrechtliche Ansprüche (Absatz 2)

1. Allgemeines

32 Im Verhältnis zwischen Lizenznehmer und Lizenzgeber ergeben sich Ansprüche zunächst aus dem **Lizenzvertrag.** Vertrags-

widrige Benutzungshandlungen des Lizenznehmers können dabei Unterlassungsansprüche begründen, und zwar als Erfüllungsansprüche entsprechender vertraglicher Unterlassungsverpflichtungen oder als Abwehransprüche, die zur Sicherung der vertraglichen Hauptleistungspflichten aus positiver Vertragsverletzung abzuleiten sind. Vertragsverletzungen können darüber hinaus Schadenersatzansprüche begründen (§§ 280, 285 BGB, positive Vertragsverletzung) und die ordentliche oder außerordentliche Kündigung begründen. Neben diesen vertraglichen Ansprüchen ist im Rahmen von § 30 Abs. 2 die Geltendmachung von **markenrechtlichen Ansprüchen** möglich. Das kann zB im Hinblick auf die Rechtsfolgen der §§ 18 und 19 im Einzelfall von Interesse sein. Praktische Bedeutung hat die Geltendmachung der Markenrechte aber vor allem im **Verhältnis zu Dritten**. Gegenüber den Abnehmern des Lizenznehmers bestehen keine vertraglichen Ansprüche des Lizenzgebers. Ob er aufgrund seiner Markenrechte vorgehen kann, hängt davon ab, ob markenrechtliche Ansprüche gegen den Lizenznehmer bestehen. Ist das nicht der Fall, muß sich der Lizenzgeber so behandeln lassen, als sei das Inverkehrbringen durch den Lizenznehmer mit seiner Zustimmung erfolgt. Gemäß § 24 tritt dann Erschöpfung ein und gegen die Abnehmer des Lizenznehmers kann in der Regel nicht mehr vorgegangen werden. Soweit gemäß § 30 Abs. 2 markenrechtliche Ansprüche gegen den Lizenznehmer bestehen, kann hinsichtlich der vertragswidrig in Verkehr gebrachten Ware auch keine Erschöpfung eintreten. Damit besteht der ganze Fächer markenrechtlicher Ansprüche auch gegen die weitere Abnehmerkette. Im Einzelfall können Unterlassungsansprüche gegen die Abnehmer des Lizenznehmers auch auf § 1 UWG zu stützen sein, wenn sie den Lizenznehmer zum Vertragsbruch verleitet haben, obwohl ihnen die entgegenstehende vertragliche Verpflichtung bekannt war oder bekannt sein mußte. Der Abnehmer steht dann ebenso wie der Außenseiter, der Ware aus einem Vertriebsbindungssystem erwirbt (dazu *Köhler/Piper* § 1 Rdn. 390).

2. Beschränkungen mit markenrechtlicher Wirkung

§ 30 Abs. 2 zählt **abschließend** diejenigen Vertragsbestimmungen auf, deren Verletzung durch markenrechtliche Ansprüche des Lizenzgebers sanktioniert ist. Eine erweiternde Auslegung dieser Vorschrift ist im Hinblick auf den klaren Wortlaut und die erheblichen Rechtsfolgen nicht zulässig.

34 **a) Dauer (Nr. 1).** Mit dem Ende des Lizenzvertrages enden die Benutzungsrechts des Lizenznehmers. Er steht dem Lizenzgeber dann wieder wie jeder fremde Dritte gegenüber. Im Vertrag können Aufbrauchfristen für vorhandene Lagerbestände usw. vorgesehen sein. Enthält er keine derartigen Bestimmungen, ist in der Regel davon auszugehen, daß noch vorhandene Bestände abverkauft werden dürfen, soweit sie im normalen Geschäftsverkehr hergestellt und nicht erst im Hinblick auf das Vertragsende aufgebaut wurden (BGH GRUR 1959, 528, 530 – *Autodachzelt,* für Patentlizenz).

35 **b) Form (Nr. 2).** Die Verbietungsrechte des Lizenzgebers betreffen die „von der Eintragung erfaßte Form", also neben der tatsächlich eingetragenen Form der Marke auch diejenigen Abwandlungen, die ihr verwechslungsfähig ähnlich sind, vgl. § 14 Rdn. 311 ff. Innerhalb dieses gesetzlich definierten Schutzbereiches der Marke kann der Lizenzgeber dem Lizenznehmer vorschreiben, welche Form benutzt wird und kann gegen jede nicht genehmigte Form vorgehen. Damit kann der Lizenzgeber insbesondere gegen die Benutzung abweichender Zeichen durch den Lizenznehmer vorgehen, soweit diese der eingetragenen Marke noch verwechslungsfähig ähnlich sind. Von der Vorschrift erfaßt werden also zB auch Zeichen mit Zusätzen, soweit diese nicht geeignet sind, die Ähnlichkeit auszuschließen.

36 **c) Art der Waren oder Dienstleistungen (Nr. 3).** Die Lizenz kann auch lediglich für einen Teil der Waren oder Dienstleistungen, für die die Marke Schutz genießt, erteilt werden, § 30 Abs. 1. Wird sie für andere Waren oder Dienstleistungen verwendet, die noch in den Schutzbereich der Marke fallen, kann der Lizenzgeber dagegen aufgrund seiner Markenrechte vorgehen. Bei der Bestimmung des gegenständlichen Schutzbereiches ist insbesondere § 14 Abs. 2 Nr. 3 zu berücksichtigen, wenn es sich um eine bekannte Marke handelt. Soweit die Waren oder Dienstleistungen, die der Lizenznehmer mit dem Zeichen versieht, nicht in den Schutzbereich der Marke fallen, sind auch markenrechtliche Ansprüche nicht gegeben. Eine vertragliche Vereinbarung, die Marke für solche Gegenstände nicht zu verwenden, die nicht vom Schutzbereich erfaßt werden, kann aber vertragliche Unterlassungansprüche begründen. Kartellrechtlich ist sie nach § 18 GWB zu beurteilen. Falls hinsichtlich dieser Gegenstände ein Wettbewerbsverhältnis zwischen dem Lizenzgeber und dem Lizenznehmer besteht, unterliegt die Vereinbarung § 1 GWB und ist in der Regel nichtig.

Lizenzen § 30

d) Gebiet (Nr. 4). Nach § 30 Abs. 1 kann das „durch die Eintragung ... einer Marke begründete Recht" Gegenstand von Lizenzen für einen Teil des Gebiets der Bundesrepublik Deutschland sein. Das Recht aus der Marke bezieht sich auf die in § 14 Abs. 3 beispielhaft aufgeführten Benutzungshandlungen. Von diesen Benutzungshandlungen erfaßt § 30 Abs. 2 Nr. 4 nur das Anbringen, insbesondere also nicht das Inverkehrbringen. Hinsichtlich solcher Waren, die der Lizenznehmer bereits in gekennzeichneter Form vom Lizenzgeber (oder mit dessen Zustimmung von Dritten) bezieht, ergibt sich dies bereits aus dem Erschöpfungsgrundsatz, § 24. Durch das Veräußerungsgeschäft zwischen Lizenzgeber und Lizenznehmer liegt ein erstmaliges Inverkehrbringen vor, so daß weitere Vertriebshandlungen von den Markenrechten des Lizenzgebers nicht erfaßt werden. Eine Erschöpfung würde allerdings hinsichtlich derjenigen Waren nicht eintreten, die vom Lizenznehmer selbst im Lizenzgebiet mit der Marke versehen werden, aber vertragswidrigerweise außerhalb des Lizenzgebietes angeboten werden. Derartige Angebote werden vom Wortlaut des § 30 Abs. 2 Nr. 4 nicht erfaßt, eine analoge Anwendung ist nicht möglich (oben Rdn. 33). Damit kann der Lizenzgeber auch gegen die gebietsfremden Abnehmer des vertragsbrüchigen Lizenznehmers nicht aufgrund des Markenrechtes vorgehen. Ist das Zeichen mit Zustimmung des Lizenznehmers im Vertragsgebiet angebracht worden, ist auch der Weitervertrieb durch Dritte zulässig. Die Abnehmer des Lizenznehmers können insoweit nicht schlechter behandelt werden, als dieser (in diese Richtung auch BGH GRUR 1997, 629 – *Sermion II*, der hinsichtlich der Neukennzeichnung von Originalware für den Vertrieb außerhalb des ursprünglichen Territoriums eine Erschöpfung sogar des Kennzeichnungsrechts grds. für möglich hält). Von der Vorschrift nicht erfaßt sind ausländische Lizenznehmer, die für das Gebiet der Bundesrepublik Deutschland überhaupt keine Lizenzrechte haben. Die Rechte des Markeninhabers richten sich in diesem Fall nicht nach § 30, der nur für Lizenzverträge über deutsche Marken gilt, sondern nach den allgemeinen Regeln, der ausländische Lizenznehmer ist in Deutschland wie ein Verletzer zu behandeln. Hinsichtlich der Erschöpfung gilt § 24 ohne Modifikationen.

37

e) Qualität (Nr. 5). Es war schon unter der Geltung des WZG anerkannt, daß eine wesentliche Beschaffenheitsänderung der Waren als erneutes „Versehen" der (veränderten) Waren mit dem Zeichen zu werten sein konnte, so daß der Erschöpfungseinwand nicht

38

durchgreift (zB BGHZ 82, 152 – *Öffnungshinweis*, vgl. näher § 24 Rdn. 11 ff.). Auf den Lizenzvertrag übertragen bedeutet das, daß der Lizenzgeber nicht hinnehmen muß, daß der Lizenznehmer von den vertraglichen Qualitätsvorgaben wesentlich abweicht. Solche Abweichungen begründen erhebliche Gefahren für Ruf und Wert der Marke, weshalb die scharfe Sanktion der markenrechtlichen Ansprüche gerechtfertigt ist. Um effektiv gegen den Vertrieb solcher qualitätsminderer Ware vorgehen zu können, sind auch Ansprüche gegen die Abnehmer des Lizenznehmers erforderlich. Deshalb sieht § 30 Abs. 2 Nr. 5 markenrechtliche Ansprüche vor. Es tritt danach für qualitätsmindere Ware keine Erschöpfung ein, sondern der Lizenzgeber kann gegen alle Glieder der Vertriebskette markenrechtlich vorgehen. Ob ein Verstoß gegen die Qualitätsvorgaben des Lizenzvertrages vorliegt, ist durch Auslegung des Vertrages objektiv zu ermitteln. Darlegungs- und Beweislast treffen den Lizenzgeber. Dabei wird es in der Regel nicht ausreichend sein, einzelne Ausreißer nachzuweisen, soweit sie nicht den Schluß rechtfertigen, daß in einer signifikanten Anzahl von Fällen gegen die Qualitätsvorgaben verstoßen wurde. Nicht jeder Mangel im Sinne von § 459 Abs. 1 BGB begründet eine Abweichung der Qualität von einer „Bestimmung des Lizenzvertrages". Es ist dem Lizenzgeber zuzumuten, Qualitätsvorgaben, aus denen er erforderlichenfalls markenrechtlich Konsequenzen ableiten will, im Vertrag hinreichend zu definieren. Das schließt allerdings nicht aus, daß im Einzelfall besonders gravierende Mängel, aus denen schwerwiegende Rufbeeinträchtigungen des Lizenzgebers erfolgen können, ausdrücklich vereinbarten Qualitätsvorgaben nicht doch gleichzustellen sein können. Das kommt zB bei allen Mängeln in Frage, die gegen im öffentlichen Interesse bestehende Vorschriften verstoßen, insbesondere wenn sie Gefährdungen der Gesundheit der Verbraucher zur Folge haben können. Dabei kann auch je nach der Art des Produkts eine differenzierende Betrachtung angebracht sein, zB im Hinblick darauf, wie sensibel Verbraucher auf Veränderungen reagieren (BGH GRUR 1997, 629, 632 – *Sermion II*).

3. Vertragliche Ansprüche

39 Verstößt der Lizenznehmer gegen vertragliche Vorgaben, die nicht unter § 30 Abs. 2 fallen, kann der Lizenzgeber trotzdem aufgrund des Vertrags vorgehen. Der Verstoß gegen die vertragliche Verpflichtung stellt in der Regel eine positive Vertragsverletzung dar. Diese hat nicht nur Schadenersatz-, sondern auch Unterlas-

sungsansprüche zur Folge, der Lizenzgeber kann dem Lizenznehmer also untersagen, mit der Marke gekennzeichnete Waren oder Dienstleistungen unter Verstoß gegen die vertraglichen Verpflichtungen anzubieten. Allerdings hat die vertragliche Bestimmung dann keine Drittwirkung, d. h. der Lizenzgber kann hinsichtlich der vertragswidrig gekennzeichneten Ware keine Unterlassungsansprüche gegen Dritte, mit denen er nicht selbst ein Vertragsverhältnis hat, geltend machen.

VII. Prozeßführung (Abs. 3 und 4)

1. Aktivprozesse

a) Grundsatz (Abs. 3). Die Rechte aus der Marke und damit die Ansprüche der §§ 14, 16–19 stehen dem Lizenzgeber als materiell-berechtigtem Inhaber zu. Für den im Register eingetragenen Inhaber streitet insoweit die Vermutung von § 28 Abs. 1. Der Lizenznehmer kann aus der lizensierten Marke nur mit Zustimmung des Lizenzgebers vorgehen. Dabei differenziert das Gesetz nicht nach **Art des Lizenzvertrages,** insbesondere nicht danach, ob die Lizenz eine einfache oder eine ausschließliche war. Die Rechtsprechung zum PatG und UrhG nimmt ein eigenes Klagerecht des ausschließlichen Lizenznehmers an. (st. Rspr., zB BGH GRUR 1992, 310, 311 – *Taschenbuchlizenz,* zum UrhG). Die Neuregelung in § 30 differenziert nicht nach der Art der Lizenz, sondern sieht generell vor, daß der Lizenznehmer nur noch mit Zustimmung des Lizenzgebers zur Klage berechtigt ist. Die Zustimmung zur Prozeßführung durch den Lizenznehmer kann schon im Lizenzvertrag für zukünftige Streitigkeiten erteilt werden. Sie kann auch konkludent erfolgen, wenn aus dem Gesamtzusammenhang des Vertrages klar ist, daß der Lizenzgeber dem Lizenznehmer alle relevanten Entscheidungen überlassen wollte, zB bei der ausschließlichen Lizenz durch einen ausländischen Lizenzgeber. Im Hinblick auf den klaren Wortlaut des Gesetzes wird man aber in der bloßen Erteilung einer ausschließlichen Lizenz in der Regel nicht konkludent die Einräumung der Klagebefugnis an den Lizenznehmer sehen können (so auch OLG München Mitt. 1997, 123, 125 – *Fan-Artikel*). Die Zustimmung ist nicht erst für die Klageerhebung, sondern schon für außergerichtliches Vorgehen materiell-rechtlich nötig (OLG München Mitt. 1997, 123, 125 *Fan-Artikel*). Daneben ist weiterhin die Vereinbarung der Prozeßstandschaft möglich (dazu 40

§ 30 Lizenzen

BGH GRUR 1995, 54, 57 – *Nicoline*; BGH GRUR 1990, 361, 362 – *KRONENTHALER).*

41 **b) Beitritt des Lizenznehmers (Abs. 4).** Abs. 4 regelt nicht eindeutig, welche prozessuale Stellung der Lizenznehmer im Schadensersatzprozeß einnimmt. Den Begriff den „Beitretens" verwendet die ZPO in § 66 Abs. 1 im Zusammenhang mit der Nebenintervention. Um eine Nebenintervention handelt es sich in den Fällen von § 30 Abs. 4 aber deshalb nicht, weil der Lizenznehmer nicht lediglich daran ein Interesse hat, daß der Lizenzgeber in dem Rechtsstreit obsiegt, sondern eigene Ansprüche geltend macht. Der Lizenznehmer ist – anders als der Nebenintervenierende – selbst Partei. In Wirklichkeit liegt ein Fall der **einfachen Streitgenossenschaft** nach § 59 ZPO vor. Ist der Beitritt einmal erfolgt, stehen deswegen Lizenzgeber und Lizenznehmer dem Beklagten als selbständige Prozeßparteien gegenüber. Danach wirken zwar Behauptungen und Beweisantritte eines Streitgenossen auch für den anderen, wenn sich aus den Umständen nichts anderes ergibt (BGH LM Nr. 1 zu § 61 ZPO), auch die Beweiswürdigung kann in der Regel nur einheitlich ausfallen (BGH NJW-RR 1992, 254). Dementsprechend kann ein Streitgenosse auch nicht im Verfahren des anderen Streitgenossen Zeuge sein, soweit es nicht um Umstände geht, die ausschließlich im Prozeß dieses Streitgenossen Bedeutung haben (BGH NJW-RR 1991, 256). Demgegenüber kann die Entscheidung gegenüber den Streitgenossen unterschiedlich lauten, jeder Streitgenosse kann auch nur zu seinen eigenen Gunsten Rechtsmittel einlegen (im einzelnen *Zöller/Vollkommer* § 62 Rdn. 9). Eine bestimmte **Form** für den Beitritt ist nicht vorgeschrieben. Da es sich in der Sache um eine nachträgliche subjektive Klagehäufung handelt, ist der Beitrittsschriftsatz dem Beklagten nach §§ 270, 271 ZPO zuzustellen und zwar von Amts wegen (§ 198 Abs. 1 Satz 2 ZPO). Ein Beitritt in der Berufungsinstanz bedarf der Zustimmung des Beklagten (für die Parteierweiterung auf der Klägerseite allgemein *Zöller/Greger* § 263 Rdn. 27). Das ergibt sich daraus, daß der Beklagte sich gegen die Ansprüche des Lizenznehmers möglicherweise mit anderen Argumenten verteidigen will, als gegen die Ansprüche des Lizenzgebers, insbesondere im Hinblick auf die Höhe des Schadenersatzes. Ohne seine Zustimmung darf ihm für diese Verteidigung nicht eine Instanz genommen werden. Die **Höhe** des Schadenersatzanspruches des Lizenznehmers wird in § 30 Abs. 4 nicht angesprochen. Gegenüber der Berechnung von Schadenersatzansprüchen des Inhabers ergeben sich Be-

sonderheiten: Ein eigener Schaden des Lizenznehmers kann ausgeschlossen sein, wenn er Inhaber einer einfachen Lizenz war. Die Benutzung durch Dritte greift dann nicht in seine Rechtsposition ein, da er ohnehin mit der Vergabe weiterer Lizenzen durch den Lizenzgeber rechnen mußte. Der Schaden liegt dann nur beim Lizenzgeber, dem Lizenzgebühren entgangen sind. Davon kann es Ausnahmen geben, wenn die Benutzung durch den Verletzer den Ruf des Zeichens beeinträchtigt hat und somit auch die Gewinne des Lizenznehmers beeinträchtigt wurden, zB bei der Benutzung für qualitätsmindere Ware. Eine Berechnung des Schadens aufgrund der Lizenzanalogie kommt für den Lizenznehmer in der Regel nur in Betracht, wenn er selbst zur Vergabe von Lizenzen berechtigt war oder der Lizenzgeber spätestens im Prozeß erklärt, daß er nachträglich der Lizenzvergabe durch den Lizenznehmer zugestimmt hätte. Durfte der Lizenznehmer selbst Lizenzen vergeben, kann der angemessene Lizenzsatz dadurch gemindert sein, daß der Lizenznehmer seinerseits einen Teil der Lizenzeinnahmen an den Lizenzgeber abzuführen hat. Dieser Anteil ist dann Schaden des Lizenzgebers und von diesem geltend zu machen. Auch bei der Schadensberechnung auf der Basis des konkret dem Lizenznehmer entgangenen Gewinnes sind die vertraglich geschuldeten Leistungen an den Lizenzgeber abzuziehen.

2. Passivprozesse

Abs. 3 u. 4 regeln nicht die Stellung der Parteien des Lizenzvertrages im Fall des Passivprozesses, insbesondere in Verletzungsprozessen aufgrund von prioritätsälteren Marken. Es gelten die allgemeinen Regeln: Der Lizenznehmer kann als Verletzer in Anspruch genommen werden, weil er die Marke auf Waren anbringt, bzw. diese in Verkehr bringt. Hinsichtlich des Lizenzgebers kann auch dann Begehungsgefahr bestehen, wenn das Zeichen gegenwärtig nur durch Lizenzvergabe genutzt wird (zur Begehungsgefahr durch bloße Eintragung eines verwechslungsfähigen Zeichens [OLG München WRP 1997, 116, 117 – *Deutsche Telekom*]; sowie Vor §§ 14–19 Rdn. 26). Welchen Beklagten der Inhaber des älteren Rechts in Anspruch nimmt, kann er selbst bestimmen. Zwischen Lizenznehmer und Lizenzgeber besteht auch im Passivprozeß einfache Streitgenossenschaft, da die Entscheidung nicht notwendigerweise einheitlich ergehen muß (Einwendungen zugunsten nur eines Beklagten sind denkbar).

42

VIII. Rechtsbestand der Lizenz (Abs. 5)

1. Grundsatz

43 Mit § 30 Abs. 5 wird ein umfassender **Sukzessionsschutz** für die Markenlizenz eingeführt. Die Regelung entspricht § 15 Abs. 3 PatG. Eine Unterscheidung zwischen ausschließlicher und einfacher Lizenz findet nicht statt. Auch die einfache Lizenz wird rechtlich von der Vergabe einer späteren ausschließlichen Lizenz für das gleiche Gebiet und Produkt nicht berührt. Abs. 5 hindert aber nicht an der Vergabe weiterer Lizenzen, die lediglich wirtschaftlich den Wert der früher erteilten einfachen Lizenz beeinträchtigen können (insbesondere weitere einfache Lizenzen). Gemäß § 155 gilt der Sukzessionsschutz nicht für Lizenzen, die vor dem 1. Januar 1995 eingeräumt wurden.

2. Rechtsübergang nach § 27

44 § 27 umfaßt die Fälle des Inhaberwechsels der Marke, im Gegensatz zur bloßen Lizenzerteilung. Neben der isolierten Veräußerung der Marke gehört hierzu auch die Veräußerung des Geschäftsbetriebes, bei dem die Marke mangels anderer vertraglicher Vereinbarungen mit übergeht (§ 27 Abs. 2). Ein Rechtsübergang im Sinne von § 27 liegt auch dann vor, wenn die Marke zur Sicherung übereignet wird und der Sicherungsfall eintritt. Die dinglichen Rechte und Zwangsvollstreckungsmaßnahmen des § 29 sind in § 30 Abs. 5 nicht genannt, da die bloße Einräumung eines beschränkten dinglichen Rechtes oder das Pfändungspfandrecht an der Marke den Fortbestand der Lizenz schon begrifflich nicht tangieren. Findet ein Rechtsübergang in der Zwangsversteigerung statt, liegt ein Übergang im Sinne von § 27 Abs. 1 vor, der Sukzessionsschutz greift also ein. Im Konkurs des Lizenzgebers bleibt der Lizenzvertrag auch gegenüber der Masse wirksam, § 21 KO.

3. Erteilung einer Lizenz

45 Die Vergabe einer ausschließlichen Lizenz durch den Lizenzgeber berührt vorher erteilte (auch einfache) Lizenzen nicht. Abs. 5 gilt auch im Verhältnis zwischen dem Lizenznehmer und seinen Unterlizenznehmern. Überträgt der Lizenznehmer sein Lizenzrecht an einen Dritten, bleiben bereits früher von ihm erteilte Unterlizenzen bestehen. Nicht geregelt ist aber der Fall, daß das Lizenz-

Lizenzen **§ 30**

recht des Lizenznehmers gegenüber dem Lizenzgeber **endet**, zB durch Kündigung oder durch Ablauf des Lizenzvertrages. In diesem Fall bleiben die Unterlizenzen nicht bestehen, da es sich nicht um einen Fall der Übertragung oder Lizenzeinräumung handelt. Auch eine Analogie wäre nicht interessengerecht, da der Unterlizenznehmer die Abhängigkeit der Rechte des Lizenznehmers von dem Lizenzgeber kennt (zur entsprechenden Problematik bei der Beendigung der Lizenz oben Rdn. 28). Zum **Zeitpunkt** des Rechtsüberganges muß die Lizenz bereits bestanden haben, eine bloße Option ist nicht ausreichend (*Benkard/Ullmann* § 15 Rdn. 62). Das Vertragsverhältnis besteht zwischen den Parteien des ursprünglichen Vertrages fort. Eine Auswechslung in der Position des Lizenzgebers kann nur mit Zustimmung aller Beteiligten stattfinden, § 571 BGB ist nicht anwendbar (BGHZ 83, 251, 257 – *Verankerungsteil,* zum PatG). Gegenüber dem neuen Markeninhaber kann der Lizenznehmer sich auf § 30 Abs. 5 in Verbindung mit dem Lizenzvertrag einredeweise berufen. Ihm steht ein positives Benutzungsrecht zu, dessen Umfang sich aus dem zugrundeliegenden Lizenzvertrag ergibt. Ob der neue Inhaber gegenüber dem Lizenznehmer anspruchsberechtigt wird, hängt davon ab, welche Regelung im Veräußerungsvertrag zwischen altem und neuem Inhaber getroffen sind. Im Fall der Übertragung des Markenrechtes spricht viel dafür, daß damit auch die weiteren Rechte aus der Marke, insbesondere die Ansprüche auf Lizenzgebühren aus bestehenden Lizenzverträgen, abzutreten sind. § 30 Abs. 5 kann im Lizenzvertrag abbedungen werden. Das ist auch für § 571 BGB (vgl. *Palandt/Putzo,* § 571 Rdn. 4) und für § 15 Abs. 3 PatG (vgl. *Benkard/Ullmann* § 15 Rdn. 60) allgemeine Meinung.

IX. Kartellrecht

1. Allgemeines

Weder das MarkenG noch das GWB enthalten ausdrückliche Regelungen über die kartellrechtlichen Grenzen von Markenlizenzverträgen. § 20 GWB ist nicht analog auf Markenlizenzen anwendbar, da technischen Schutzrechten andere wirtschaftliche Interessen zugrundeliegen (h. M., zB *Immenga/Mestmäcker,* § 20 Rdn. 357 ff.). Damit sind die allgemeinen Regeln des GWB maßgebend. Daneben ist Artikel 85 EWG-Vertrages zu beachten, soweit der Vertrag Auswirkungen auf den Handel zwischen den Mitgliedsstaaten haben kann.

46

2. Deutsches Kartellrecht

47 Der Anwendungsbereich des Deutschen Kartellrecht ist für alle Lizenzverträge eröffnet, die Auswirkungen auf den deutschen Markt haben, § 98 Abs. 2 GWB (vgl. WuW/E BGH 838, 844 – *Fischbearbeitungsmaschine*).

48 **a) Horizontale Beschränkungen.** Dem **Kartellverbot des § 1 GWB** unterfallen alle Verträge zu einem gemeinsamen Zweck, die den Wettbewerb beschränken. Am Merkmal des gemeinsamen Zwecks fehlt es beim typischen Lizenzvertrag, der ein Austauschvertrag ist. Das kann anders sein, wenn über Lizenzverträge gleichgerichtete Interessen von Wettbewerbern gebündelt werden, zB durch Gebietsbeschränkungen hinsichtlich der Nutzung einer Kollektivmarke (BGH GRUR 1991, 782 – *Verbandszeichen*). Nicht dem Kartellverbot des § 1 GWB unterfallen aber wettbewerbsbeschränkende Vereinbarungen, die erforderlich sind, um den Zweck des Hauptvertrages zu sichern, zB Wettbewerbsverbote in Gesellschaftsverträgen (WuW/E BGH 1517 – *Gabelstabler*). Im Bereich der Markenlizenz kann sich eine Rechtfertigung aus dem Zweck des Vertrages zB für Gebietsbeschränkungsklauseln in Franchiseverträgen ergeben. Demgegenüber ist die bloße markenrechtliche Zulässigkeit einer Beschränkung (zB aufgrund von § 30 Abs. 2) noch keine Rechtfertigung in kartellrechtlicher Hinsicht.

49 **b) Vertikale Beschränkungen.** Fehlt es – wie meist – am gemeinsamen Zweck, gelten die Vorschriften des GWB über vertikale Beschränkungen, insbesondere die §§ 15 und 18 GWB. Nach § 15 GWB nichtig sind **Preis- und Konditionenbindungen** im Lizenzvertrag für Zweitverträge zwischen dem Lizenznehmer und seinen Abnehmern. Erfaßt werden dabei auch Bindungen des Lizenzgebers, zB die Verpflichtung, weiteren Lizenznehmern keine günstigeren Bedingungen einzuräumen als dem ersten Lizenznehmer (Meistbegünstigungsklausel, vgl. BGHZ 80, 43 – *Garant*; OLG München WuW/E OLG 4650 – *Windsurfing*). Unter § 15 GWB fallen alle Klauseln, mit denen der Lizenzgeber die Preisgestaltung des Lizenznehmers beeinflussen will, zB auch Verbote des Verkaufs unter Einstandspreise (WuW/E BGH 1036 – *Lockvogel*). Auch sonstige Elemente der Preisgestaltung dürfen nicht vorgeschrieben werden, zB hinsichtlich der Gewährung bestimmter Rabatte oder Provisionen. Einfluß auf die Preisgestaltung des Li-

Lizenzen § 30

zenznehmers kann der Lizenzgeber nur indirekt durch die Festlegung der Lizenzsätze nehmen.

Alle **anderen Beschränkungen des Lizenznehmers oder** 50
des Lizenzgebers unterliegen nur der Mißbrauchsaufsicht nach
§ 18 GWB. Dazu gehören zB die in § 30 ausdrücklich zugelassenen Beschränkungen hinsichtlich Gebiet, Produkt, Qualitätsvorschriften usw. Darunter fallen auch Wettbewerbsverbote, Bezugsbindungen, Vertriebsbeschränkungen usw. Dasselbe gilt für Beschränkungen des Lizenzgebers, zB Pflichten zur Exklusivbelieferung mit bestimmten Vorprodukten. In der Praxis sind die Eingriffsvoraussetzungen von § 18 GWB in der Regel nicht gegeben. Die Rechtsfolge beschränkt sich somit auf dem Formzwang des § 34 GWB (oben Rdn. 17).

c) **Fusionskontrolle.** Die Übertragung eines Warenzeichens 51
kann im Einzelfall ein Zusammenschlußtatbestand im Sinne von
§ 23 GWB sein (BGH GRUR 1992, 877 – *Warenzeichenerwerb*;
BGH GRUR 1992, 195 – *Inlandstochter*). Voraussetzung ist, daß der Erwerber durch die Übertragung der Marke in die Marktstellung des Veräußerers eintreten kann, was bei bekannten Marken mit hohem Marktanteil und relativ homogenen Produkten regelmäßig in Betracht kommt. Anders als bei der Vollrechtsübertragung wird ein Zusammenschlußtatbestand bei einer Lizenz nur im Ausnahmefall in Betracht kommen.

d) **Mißbrauch marktbeherrschender Stellung.** Die Aus- 52
übung der Rechte aus der Marke ist durch das legitime Interesse des Inhabers an der Verteidigung seiner gewerblichen Schutzrechte gerechtfertigt und stellt deshalb keinen Mißbrauch im Sinne von § 22 Abs. 4 oder § 26 II GWB dar (BGHZ 100, 51 – *Handtuchspender*).

e) **Rechtsfolgen.** Ein Verstoß gegen §§ 1, 15 GWB führt zur 53
zivilrechtlichen Nichtigkeit und stellt gleichzeitig eine bußgeldbewehrte Ordnungswidrigkeit dar, § 38 GWB. Liegt nach § 18 GWB ein Mißbrauch vor, ist der Vertrag trotzdem zivilrechtlich wirksam, solange keine Verbotsverfügung des Kartellamts vorliegt. Liegt ein Zusammenschluß vor, besteht eine Anzeigepflicht nach § 23 GWB und eine Untersagungsbefugnis des Kartellamts nach § 24 GWB. Unter den Voraussetzungen des § 24a GWB ist eine Anmeldung erforderlich, der Zusammenschluß darf nicht vollzogen werden, bevor eine Genehmigung des Bundeskartellamtes vorliegt oder ein Monat seit der Anmeldung verstrichen sind, § 24a Abs. 4 GWB.

§ 30 Lizenzen

3. Europäisches Kartellrecht

54 a) **Grundsatz.** Das Europäische Kartellrecht ist von Kommission und EuGH auf der Basis der Generalklauseln der Artikel 85 und 86 EUV entwickelt worden. Artikel 85 EUV, der Wettbewerbsbeschränkungen durch Vereinbarungen regelt, unterscheidet nicht zwischen horizontalen und vertikalen Beschränkungen, auch nicht zwischen Kartellen und Zusammenschlüssen. Das Wettbewerbsrecht des EUV ist auf die Markenlizenz grundsätzlich anwendbar (EuGH Slg. 1966, 321, 393 – *Grundig/Consten*; EuGH Slg. 1978, 1391, 1414 – *Tepea*; EuGH Slg. 1985, 363, 385 – *BAT-Segers*). Vorausgesetzt ist, daß sich der Lizenzvertrag auf den **zwischenstaatlichen** Handel auswirkt. Dafür ist eine potentielle Veränderung der Handelsströme ausreichend, was zB regelmäßig bei einer Gebietsbeschränkung vorliegt. Außerdem muß die Wettbewerbsbeschränkung **spürbar** sein. Dazu gibt die Bagatellbekanntmachung vom 3. 9. 1996, ABl. Nr. 10 231 vom 12. 9. 1996 Hinweise. Zur Bestimmung der Spürbarkeit vgl. zB EuG EuZW 1994, 666 – *Herlitz/Parker Pen*).

55 b) **Freistellungsverfahren.** Für Markenlizenzverträge existiert keine eigene **Gruppenfreistellungsverordnung**. Markenlizenzen im Zusammenhang mit anderen Verträgen können aber unter eine andere GVO fallen, zB VO 4087/88 vom 30. 11. 1988 für Franchise-Vereinbarungen, ABl. EG Nr. 359 vom 28. 12. 1988, 46; VO 1983/83 vom 22. Juni 1983 hinsichtlich Alleinvertriebsvereinbarungen (ABl. Nr. 173 vom 30. Juni 1983, 1) und VO 1984/83 vom 22. 6. 1983 für Alleinbezugsvereinbarungen (ABl. Nr. 173 vom 30. 6. 1983, 5; VO 240/ 96 v. 31. November 1996 für Technologietransfer-Vereinbarungen (ABl. L 31/2 vom 9. Februar 1996)). Möglich bleibt es, von der Kommission einen „comfort letter" des Inhaltes zu erlangen, daß aufgrund ihrer bisherigen Erkenntnisse die Kommission keinen Anlaß zum Eingreifen sieht (zur Wirkung des comfort letters EuGH EuZW 1996, 49 – *Langnese/Iglo*). Sicherheit gibt nur ein – allerdings langwieriges – **Einzelfreistellungsverfahren** nach Art. 85 Abs. 3 EUV. Voraussetzungen für die Freistellung sind insbesondere: Verbesserung der Warenverteilung (gesamtwirtschaftliche Dimension); die Beteiligung der Verbraucher an den Vorteilen (zB durch größere Auswahl an Produkten); Unerläßlichkeit der Wettbewerbsbeschränkung für das Erreichen dieser Ziele (dazu EuGH Slg. 1981, 851) und schließlich der Fortbestand erheblichen Wettbewerbs auf dem Markt.

Lizenzen **§ 30**

c) **Beurteilung einzelner Klauseln.** Die Vereinbarkeit einzel- 56
ner Klauseln von Markenlizenzverträgen mit Art. 85 EUW ist erst
Gegenstand weniger Entscheidungen von EuGH und Kommission gewesen. Die ausführlichste Diskussion findet sich in den
Entscheidungen der Kommission vom 23. 12. 1977, GRUR Int.
1978, 371 – *Campari*) und vom 23. 3. 1990 (GRUR Int. 1990, 626
– *Moosehead/Whitbread*). Danach werden vom Verbotsbereich des
Artikel 85 EUV in der Regel **nicht erfaßt**: Exportbeschränkungen
außerhalb des gemeinsamen Marktes, Qualitätskontrollvorschriften, Bezugsbindungen bei Grundstoffen, Geheimhaltungsverpflichtung hinsichtlich Herstellungsverfahren, Verpflichtung zur
Werbung und zu Werbekostenbeiträgen, das Verbot der Unterlizenz oder der Übertragung der Rechte. Dagegen fallen unter
den Tatbestand von Artikel 85 Abs. 1 EG-Vertrag, können aber
unter den Voraussetzungen von Artikel 85 Abs. 3 EG-Vertrag **einzelfreistellungsfähig** sein: Die Ausschließlichkeit der Lizenz,
Wettbewerbsverbote hinsichtlich konkurrierender Produkte, Gebietsbeschränkungen innerhalb der EG und Beschränkungen des
Lizenznehmers auf bestimmte Abnehmerkreise, Nichtangriffsklauseln, wenn das Zeichen wesentliche Voraussetzungen für den
Markterfolg ist.

d) **Rechtsfolge.** Bei Verstößen gegen Artikel 85 EG-Vertrag ist 57
die zivilrechtliche Nichtigkeit die Folge (vgl. EuGH Slg. 1971, 949,
962). Daneben tritt der zivilrechtliche Schadensersatz auf der Basis
von § 823 Abs. 2 BGB; WuW/E BGH 1643 – *BMW-Importe*) sowie die Verhängung von Bußgeldern.

e) **Freier Warenverkehr.** Neben die kartellrechtlichen Rege- 58
lung der Artikel 85, 86 EG-Vertrag tritt der **Schutz des freien
Warenverkehrs** nach Artikel § 36 EG-Vertrag. Mit diesen Grundsätzen ist es vereinbar, daß identische Marken in verschiedenen
Mitgliedsstaaten verschiedenen Unternehmen zugeordnet sind, die
aufgrund ihrer markenrechtlichen Ausschlußbefugnisse den Import
von Waren, die in einem anderen Mitgliedsstaat rechtmäßig von
einem Dritten gekennzeichnet wurden, untersagen können (EuGH
EuZW 1994, 467 – *Ideal Standard II*). Welche Verbietungsrechte
das nationale Markenrecht gewährt, ist diesem überlassen, auch
wenn die Grundsätze der Verwechslungsgefahr strenger sind als in
anderen Mitgliedsstaaten (EuGH EuZW 1994, 27 – *quattro/Quadro*). Anders verhält es sich allerdings, wenn die Ware mit
Zustimmung des Inhabers in der Gemeinschaft in Verkehr gebracht
worden ist. Dann tritt Erschöpfung ein (vgl. § 24 Rdn. 16 ff.).

X. Irreführungsverbot

59 Nach § 3 UWG sind Angaben verboten, die über geschäftliche Verhältnisse irreführen können, zu denen insbesondere auch der Ursprung der Waren gehört. Die Zulassung der Markenlizenz in § 30 bedeutet nicht, daß im Bereich der Lizenz die Anwendbarkeit von § 3 UWG von vorneherein ausgeschlossen wäre. Es bleibt also weiterhin denkbar, daß eine markenrechtlich zulässige Lizenzvergabe wegen § 3 UWG wettbewerbsrechtlich unzulässig ist. Dabei kann ein Verstoß gegen § 3 UWG auch den Lizenzvertrag nichtig machen (§ 134 BGB; vgl. BGHZ 1, 241 – *Pick-fein*; BGHZ 10, 196 – *DUN*; BGH GRUR 1967, 89, 91 – *Rose*). Allerdings hat der Gesetzgeber mit § 30 der wirtschaftlichen Realität Rechnung getragen, daß Markenlizenzen heute in einem großen Umfang erteilt werden. Das ist auch dem Verkehr bekannt, der also nicht mehr davon ausgeht, daß alle Produkte, die mit einer bestimmten Marke gekennzeichnet sind, aus dem selben Betrieb stammen. Da die Wirksamkeit der Markenlizenz keine Qualitätskontrolle durch den Lizenzgeber voraussetzt, geht die Auffassung des Verkehrs auch nicht dahin, daß alle Waren, die mit einer Marke gekennzeichnet sind, die gleiche Qualität aufweisen. Wohl aber geht der Verkehr gerade bei bekannten Marken davon aus, daß ihre Benutzung nicht ohne Zustimmung des Inhabers erfolgt. Liegt diese Zustimmung in Form eines wirksamen Lizenzvertrages vor, kommt eine Irreführung nach § 3 UWG nur in Ausnahmefällen in Betracht. Diese können vor allem dann vorliegen, wenn die Marke vom Lizenznehmer für ein Produkt verwendet wird, das der Lizenzgeber früher selbst hergestellt hat und wenn wesentliche **Produktmerkmale** sich nun **ändern,** insbesondere wenn es sich um Produktmerkmale gehandelt hat, die früher in der Werbung hervorgehoben wurden (BGH GRUR 1965, 676 – *Nevada-Skibindung*; allgemein zur Änderung der Produktbeschaffenheit OLG Hamburg WRP 1992, 395 – *Davidoff*). Problematisch kann insbesondere die Führung der fremden Marke oder Geschäftsbezeichnung als eigene Unternehmenskennzeichnung sein, wenn damit der Eindruck einer nichtbestehenden Unternehmenskontinuität hervorgerufen wird (BGHZ 10, 196 – *DUN*). Das gilt zB auch dann, wenn die Bezeichnung Sachangaben enthält, die auf das neue Unternehmen nicht zutreffen (zB „Manufaktur").

XI. Abgrenzungsvereinbarungen

Keinen Fall der Lizenz stellt die Abgrenzungsvereinbarung dar. 60
Sie dient der Beilegung von Konflikten zwischen Kennzeicheninhabern und ist vor allem bei der Streitbeilegung im Widerspruchsverfahren häufig. In der Abgrenzungsvereinbarung erklärt in der Regel der Inhaber der prioritätsjüngeren Marke bzw. Anmeldung, daß er diese nur für bestimmte Waren und Dienstleistungen verwenden wird. In der Regel wird er sein (ursprünglich umfassenderes) Verzeichnis der Waren und Dienstleistungen entsprechend einschränken. Darüber hinaus kann vorgesehen werden, daß die Benutzung nur in bestimmter Weise erfolgen darf, zB nicht unter Hervorhebung des kollisionsbegründenden Bestandteils eines mehrgliedrigen Zeichens. Daneben tritt häufig eine Vorrechtsvereinbarung, durch die der Inhaber des prioritätsjüngeren Zeichens zusichert, auch Abwandlungen über Neuanmeldungen des prioritätsälteren Zeichens (ggf. auch in dritten Ländern) nicht aus dem jüngeren Zeichen anzugreifen. Im Gegenzug erklärt der Inhaber des älteren Zeichens, daß er gegen die Benutzung des jüngeren Zeichens in bestimmter Form oder für bestimmte Waren und Dienstleistungen nicht vorgehen wird. Darin liegt eine einfache Gestattung. Rechte an dem älteren Zeichen werden nicht übertragen, ebensowenig wird es in seinem Schutzumfang eingeschränkt. Eine unmittelbare Wirkung für Rechtsnachfolger besteht nicht, § 30 Abs. 5 ist nicht anwendbar. Die Abgrenzungsvereinbarung wirkt nur zwischen den Parteien, nicht zu Lasten Dritter (OLG Stuttgart WRP 1992, 57 – *OUT OF COURT*). Ob **kartellrechtliche Bedenken** bestehen, richtet sich danach, ob zumindest die ernsthafte Möglichkeit besteht, daß der begünstigte Vertragspartner einen dem Umfang der Abgrenzungsvereinbarung entsprechenden Unterlassungsanspruch hat. Bejahenenfalls liegt ein Verstoß gegen § 1 GWB nicht vor (BGHZ 65, 147 – *Thermalquelle*).

§ 31 Angemeldete Marken

Die §§ 27 bis 30 gelten entsprechend für durch Anmeldung von Marken begründete Rechte.

Durch die Gleichstellung in § 31 werden auch Anmeldungen zu vollwertigen Gegenständen des Vermögens. Rechtliche Besonderheiten gegenüber eingetragenen Marken bestehen nicht.

Teil 3. Verfahren in Markenangelegenheiten

Abschnitt 1. Eintragungsverfahren

**Vorbemerkung zu § 32–44
Eintragungsverfahren**

Inhaltsübersicht

	Rdn.
I. Allgemeines	1
II. Aufbau von Teil 3	2
III. Früheres Recht	3
IV. MRRL	4
V. Gemeinschaftsmarkenrecht	5
VI. Verfahrensgrundsätze	6

I. Allgemeines

1   Teil 3 enthält die Kernvorschriften für das Verfahren in Markenangelegenheiten. Er wird ergänzt durch untergesetzliche Normen, insbesondere die gem. § 65 erlassene VO zur Ausführung des Markengesetzes (MarkenV, siehe Anhang 1), die Verordnung über das Patentamt (VO-DPA), sowie die internen Richtlinien des DPA, von denen bisher erst die Richtlinie für die Prüfung von Markenanmeldungen (RiL Markenanmeldung) ergangen ist. Die Gebühren richten sich nach dem PatGebG (Anh. 3). Daneben gibt das DPA Merkblätter und Hinweise für die Anmelder heraus (zB Merkblatt für die internationale Registrierung deutscher Marken sowie Schutzbewilligungsverfahren für international registrierte ausländische Marken, Bl. für PMZ 1995, 230). Ein wesentliches Ziel des MarkenG war es, die Verfahrensvorschriften ohne Verweisungen auf das PatG einheitlich im MarkenG zu regeln. Das Gesetz wird damit übersichtlicher und leichter verständlich. Da im Verfahrensrecht aber weiter erhebliche Übereinstimmungen zum PatG bestehen, können Entscheidungen und Kommentierungen zu diesen Vorschriften bei der Auslegung mit herangezogen werden. Außerhalb von Teil 3 enthält das MarkenG Verfahrensvorschriften

Eintragungsverfahren **Vor §§ 32–44**

insbesondere in Teil 5 für den Schutz von Marken nach dem MMA und dem MMP (§§ 107–127), in Teil 6 Abschnitt 2 hinsichtlich des Schutzes von geographischen Angaben und Ursprungsbezeichnungen gemäß der Verordnung (EWG) Nr. 2081/92 (§§ 130–134 sowie §§ 137–139), in Teil 7 hinsichtlich des Verfahrens in Kennzeichenstreitsachen vor den ordentlichen Gerichten (§§ 140–142) sowie in Teil 8 Abschnitt 2 hinsichtlich der Beschlagnahme von Waren bei der Einfuhr und Ausfuhr (§§ 146–151).

II. Aufbau von Teil 3

Abschnitt 1 regelt in §§ 32–44 zunächst das Eintragungsverfahren und damit die Begründung des Markenschutzes der Registermarken des § 4 Nr. 1, Abschnitt 2 regelt Modifikationen während des Eintragungsverfahrens oder nach erfolgter Eintragung, nämlich Berichtigung, Teilung, Schutzdauer und Verlängerung (§§ 45–47), Abschnitt 3 Verzicht, Verfall und Nichtigkeit sowie das Löschungsverfahren vor dem Patentamt und den ordentlichen Gerichten (§§ 48–55). Abschnitt 4 enthält allgemeine Vorschriften für das Verfahren im Patentamt, zB über Zuständigkeiten, Verfahrensgrundsätze und Kosten (§§ 56–65), Abschnitt 5 regelt das Verfahren vor dem Patentgericht, insbesondere die Beschwerde (§§ 66–82), Abschnitt 6 regelt das Rechtsbeschwerdeverfahren vor dem Bundesgerichtshof (§§ 83–90) und Abschnitt 7 enthält gemeinsame Verfahrensvorschriften für das DPA, das BPatG und den BGH (§§ 91–96).

2

III. Früheres Recht

Die meisten Verfahrensregeln des MarkenG stimmen mit den Verfahrensregelungen des WZG überein. Wesentliche Unterschiede sind insbesondere: (1) Die Globalverweisung von § 12 Abs. 1 WZG auf das PatG ist durch eine Integration der Verfahrensvorschriften in das MarkenG ersetzt worden. Das MarkenG ist damit eine in sich geschlossene Kodifikation. (2) Beim Eintragungsverfahren ist nunmehr die Eintragung der Marke nach der Amtsprüfung, insbesondere auf absolute Schutzhindernisse, vorgesehen. Die Prüfung relativer Schutzhindernisse, insbesondere das Widerspruchsverfahren, ist jetzt immer nachgeschaltet, während dies unter Geltung des WZG nur bei den Schnelleintragungen des § 6a WZG der

3

Fall war. (3) Das MarkenG sieht erstmals die Teilung der Anmeldung (§ 40) und der eingetragenen Marke (§ 46) vor. (4) Im Rechtsbehelfsverfahren ist insbesondere die Möglichkeit der Durchgriffsbeschwerde (§ 33 Abs. 3) gegenüber dem WZG neu. Sie soll den Rechtsmittelführer vor unzumutbaren Verzögerungen im Erinnerungsverfahren schützen.

IV. MRRL

4   Die MRRL enthält keine Vorgaben für das nationale Verfahren. Damit ist die Auslegung der Verfahrensvorschriften allein den nationalen Gerichten zugewiesen, letztinstanzlich dem BGH.

V. Gemeinschaftsmarkenrecht

5   Da keine gemeinschaftsrechtlichen Vorgaben für das nationale Verfahren bestehen, können aus den Verfahrensvorschriften für die Gemeinschaftsmarke keine Auslegungshilfen gewonnen werden. Die GemeinschaftsmarkenVO regelt in Titel III die Anmeldung (Art. 25–35), in Titel IV das Eintragungsverfahren (Art. 36–45), in Titel V Schutzdauer, Verlängerung und Änderung (Art. 46–48), in Titel VI Verzicht, Verfall und Nichtigkeit (Art. 49–56), in Titel VII das Beschwerdeverfahren (Art. 57–63), in Titel IV allgemeine Verfahrensvorschriften (Art. 73–89) und Titel XII den Aufbau der Gemeinschaftsmarkenamtes (Art. 111–139). Im einzelnen *Ingerl,* Die Gemeinschaftsmarke, S. 125 ff.

VI. Verfahrensgrundsätze

6   Das Verfahren in Markenangelegenheiten ist primär ein Verwaltungsverfahren, wobei der Rechtsmittelzug zu einer unabhängigen Gerichtsbarkeit (BPatG und BGH) führt. Das Verfahren ist beherrscht vom **Antragsprinzip**: In der Regel wird das DPA nur auf Antrag tätig, etwa bei der Eintragung (§ 32), der Teilung (§ 40), dem Widerspruch (§ 42) und im Löschungsverfahren (§§ 49, 50). Eine Ausnahme liegt im Amtslöschungsverfahren des § 50 Abs. 3. Das Antragsprinzip wird ergänzt durch den **Verfügungsgrundsatz**, nach dem die Fortführung des Verfahrens im Ermessen der Parteien liegt, soweit nicht (wie bei § 50 Abs. 3) ausdrücklich etwas anderes

bestimmt ist. Dies gilt zB für Rücknahme und Beschränkung der Anmeldung (§ 39) und den Verzicht auf die Marke (§ 48). Auch Berichtigungen werden nicht von Amts wegen vorgenommen (§ 45). Eine ausdrückliche Regelung über die Rücknahme des Widerspruchs (§§ 42, 43) fehlt im Gesetz. Nach dem Verfügungsgrundsatz gilt aber auch hier, daß der Widerspruchsführer diesen jederzeit zurücknehmen kann, worauf das Widerspruchsverfahren endet (und die Marke eingetragen bleibt). Ist das Verfahren in Gang gesetzt, gilt **Amtsbetrieb**, es wird also vom DPA ohne weitere Eingaben des Antragstellers bis zum Abschluß gefördert, sofern der Antrag nicht zurückgenommen wird. Für das Eintragungsverfahren ergibt sich das nicht zuletzt aus dem Eintragungsanspruch von § 33 Abs. 23 Satz 2. Im Verfahren gilt der **Untersuchungsgrundsatz** (§§ 59 Abs. 1, 60). Das DPA klärt den Sachverhalt von Amts wegen auf. Allerdings ist es im Hinblick auf seine beschränkten personellen und materiellen Ressourcen nicht gehalten, jeder unsubstantiierten Behauptung des Antragstellers nachzugeben. Das gilt insbesondere im Fall der Eintragung kraft Verkehrsdurchsetzung gemäß § 8 Abs. 3. In diesen Fällen kann das DPA verlangen, daß der Antragsteller zunächst Umstände vorträgt, die eine Verkehrsdurchsetzung jedenfalls plausibel erscheinen lassen. Erst dann ist das Amt gehalten, von Amts wegen weitere Sachaufklärung zu betreiben (im einzelnen § 8 Rdn. 49). Von zentraler Bedeutung für das Verfahren ist der verfassungsmäßig verankerte (Art. 103 Abs. 1 GG) Grundsatz des **rechtlichen Gehörs**, den § 59 Abs. 2 und § 60 Abs. 2 näher ausgestalten.

§ 32 Erfordernisse der Anmeldung

(1) Die Anmeldung zur Eintragung einer Marke in das Register ist beim Patentamt einzureichen.

(2) Die Anmeldung muß enthalten:
1. **Angaben, die es erlauben, die Identität des Anmelders festzustellen,**
2. **eine Wiedergabe der Marke und**
3. **ein Verzeichnis der Waren oder Dienstleistungen, für die die Eintragung beantragt wird.**

(3) Die Anmeldung muß den weiteren Anmeldungserfordernissen entsprechen, die in einer Rechtsverordnung nach § 65 Abs. 1 Nr. 2 bestimmt worden sind.

(4) Mit der Anmeldung ist eine Gebühr nach dem Tarif zu zahlen. Wird die Eintragung für Waren oder Dienstleistungen bean-

tragt, die in mehr als drei Klassen der Klasseneinteilung von Waren und Dienstleistungen fallen, so ist außerdem für jede weitere Klasse eine Klassengebühr nach dem Tarif zu zahlen.

Inhaltsübersicht

	Rdn.
I. Allgemeines	1–3
1. Überblick	1
2. Früheres Recht	2
3. MarkenV	3
II. Anmeldung	4–6
1. Bedeutung der Anmeldung	4
2. Wirksamkeitserfordernisse der Anmeldung	5
3. Verfahren	6
III. Mindesterfordernisse (Abs. 2)	7–17
1. Bedeutung	7
2. Angaben zur Identität des Anmelders (Nr. 1)	8, 9
3. Wiedergabe der Marke (Nr. 2)	10
4. Verzeichnis der Waren oder Dienstleistungen (Nr. 3)	11–17
a) Bedeutung des Verzeichnisses	11
b) Abfassen des Verzeichnisses	12, 13
c) Klassifikation	14
d) Waren oder Dienstleistungen	15
e) Einschränkungen des Verzeichnisses	16, 17
IV. Weitere Voraussetzungen (Abs. 3)	18–22
1. Verweisung	18
2. Bedeutung	19
3. Erfordernisse nach der MarkenV	20
a) Form	20
b) Anmelder	21
c) Priorität	22
V. Gebührenzahlung (Abs. 4)	23

Literatur: *Eichmann,* Die dreidimensionale Marke im Verfahren vor dem DPA und dem BPatG, GRUR 1995, 184; *Fezer,* Die Nichtakzessorietät der Marke und ihre rechtliche Konnexität zu einem Unternehmen, FS für Vieregge, 1995, S. 229; *ders.,* Markenrechtliche Produktabgrenzung zwischen Ware und Dienstleistung -Zur markenrechtlichen Produkteigenschaft von Leasing, Computersoftware und Franchising, GRUR Int. 1996, 445; *Maiwald,* Mehr Marken anmelden?, Mitt. 1995, 25; *Mitscherlich,* Verfahrensrechtliche Aspekte des neuen Markenrechts, FS 100 Jahre Marken-Amt, 1994, 119.

Erfordernisse der Anmeldung **§ 32**

I. Allgemeines

1. Überblick

§ 32 enthält in Abs. 1 die Zuständigkeitszuweisung für das Eintragungsverfahren an das DPA sowie das Antragserfordernis. In Absatz 2 werden die zwingenden Mindestanforderungen an die Anmeldung geregelt, die zur Erlangung eines Prioritätstages erforderlich sind (vgl. § 33 Abs. 1, § 36 Abs. 2). § 32 Abs. 3 enthält eine Blankettverweisung auf die MarkenV, in der die weiteren Anmeldeerfordernisse geregelt sind. Ein Verstoß gegen die in der MarkenV enthaltenen Erfordernisse wirkt sich zunächst nicht auf den Prioritätstag aus (BPatG GRUR 1997, 60 – *SWF-3-Nachrichten*), doch weist das Patentamt die Anmeldung zurück, wenn die Mängel nicht innerhalb der gesetzten Frist beseitigt werden, § 36 Abs. 4. Die Anmeldeerfordernisse der MarkenV sind nur teilweise zwingender Art, teilweise handelt es sich auch um Sollvorschriften. Absatz 4 enthält die Pflicht zur Gebührenzahlung. Die geltenden Tarife ergeben sich aus den PatGebG und dem dazugehörigen Gebührenverzeichnis. Wird die Anmeldegebühr auch innerhalb einer Nachfrist von einem Monat nicht bezahlt, gilt die Anmeldung als zurückgenommen, § 36 Abs. 3.

2. Früheres Recht

Die Anmeldeerfordernisse waren in § 2 Abs. 1 WZG festgelegt. Ein wesentlicher Unterschied zum MarkenG lag dabei im Geschäftsbetriebserfordernis, dessen Bedeutung nach der Änderung von § 8 WZG durch das Erstreckungsgesetz allerdings zweifelhaft geworden war. Diese Vorschrift entsprach somit § 32 Abs. 1 und Abs. 2. Eine § 32 Abs. 3 entsprechende Verordnungsermächtigung enthielt § 2 Abs. 2 WZG. Die Verpflichtung zur Zahlung der Anmeldegebühr war in § 2 Abs. 3 WZG geregelt.

3. MarkenV

Die MarkenV enthält in §§ 2–14 nähere Regelungen über Form und Inhalt der Markenanmeldung. In §§ 63–70 sind allgemeine Vorschriften über die Form von Anträgen enthalten, die auch für die Markenanmeldung gelten. §§ 76 und 77 enthalten die näheren Regelungen für die Vertretung und Vollmacht.

1

2

3

II. Anmeldung

1. Bedeutung der Anmeldung

4   Der Markenschutz entsteht durch Anmeldung und Eintragung (§ 4 Rdn. 5). Durch die Anmeldung entsteht noch kein Ausschließlichkeitsrecht, dafür ist die Eintragung erforderlich. Die Anmeldung führt aber schon zu einer Rechtsposition des Anmelders, die einer Anwartschaft entspricht, da § 33 Abs. 2 Satz 1 einen Eintragungsanspruch gewährt. Die Anmeldung wird auch an anderen Stellen des Gesetzes der eingetragenen Marke gleichgestellt, insbesondere ist sie bereits Teil des Vermögens und als solche übertragbar und belastbar (§ 31 iVm §§ 27, 29). Die Anmeldung begründet die Priorität (§§ 6 Abs. 2, 33 Abs. 1), soweit nicht eine frühere Priorität (§§ 34, 35) in Anspruch genommen werden kann oder eine Verschiebung der Priorität nach § 27 Abs. 2 stattfindet. Wegen dieser prioritätsbegründenden Wirkung ist es erforderlich, daß die Anmeldung bereits eine abschließende Erklärung über den wesentlichen Schutzinhalt enthält, nämlich darüber, welches Zeichen für welche Waren oder Dienstleistungen zu wessen Gunsten geschützt sein soll. Diese Mindesterfordernisse werden deshalb in Abs. 2 zur Voraussetzung der prioritätsbegründenden Wirkung gemacht. Der Festlegung des Zeichens und der Waren und Dienstleistungen kommt deshalb so grundlegende Bedeutung zu, weil bei der Bestimmung des Schutzbereiches immer von der Marke in ihrer eingetragenen Form und von den im Verzeichnis aufgeführten Waren und Dienstleistungen auszugehen ist (§ 14 Rdn. 315, 243).

2. Wirksamkeitserfordernisse der Anmeldung

5   § 32 Abs. 2 regelt die für die Begründung des Prioritätstages unverzichtbaren Mindestvoraussetzungen, die durch § 32 Abs. 3 iVm. der MarkenV durch zusätzliche Erfordernisse ergänzt werden, die bei Nichtvorliegen auf eine entsprechende Rüge des DPA hin geheilt werden können. Ob das angemeldete Zeichen tatsächlich schutzfähig ist oder ob ihm absolute Schutzhindernisse nach §§ 3 und 8 entgegenstehen, ist keine Frage der Wirksamkeit der Anmeldung, sondern der Eintragbarkeit. Liegen solche Schutzhindernisse vor, wird die Anmeldung aufgrund der materiell-rechtlichen Prüfung nach § 37 zurückgewiesen. Nicht ausdrücklich im Gesetz geregelt ist die Frage, ob die Markenrechtsfähigkeit des Inhabers (§ 7) Voraussetzung einer wirksamen Anmeldung ist. Für die formell

Erfordernisse der Anmeldung **§ 32**

wirksame Begründung des Prioritätstages erfordert § 32 Abs. 2 nur Angaben, die es erlauben, die Identität des § 32 Abs. 3 iVm Anmelders festzustellen. Die Frage, ob der Anmelder auch markenrechtsfähig ist, ist somit ein Fall der „sonstigen Anmeldeerfordernisse" des § 36 Abs. 1 Nr. 2 und somit für die prioritätsbegründende Wirksamkeit der Anmeldung nicht erforderlich.

3. Verfahren

Um Markenschutz für eine Registermarke (§ 4 Nr. 1) zu er- 6 langen, ist immer eine Anmeldung erforderlich, das DPA trägt nie von Amts wegen ein, auch nicht im Fall notorischer Bekanntheit (§ 4 Nr. 3). Die Anmeldung ist beim DPA bei den Annahmestellen in München oder Berlin einzureichen. Nach der Einreichung wird vom DPA der Anmeldetag und das Aktenzeichen auf der Anmeldung vermerkt (§ 22 MarkenV), anschließend wird über die Klassifizierung entschieden (§ 23 MarkenV). Danach tritt das Patentamt in die Prüfung der formellen Anmeldeerfordernisse (§ 36) und auf absolute Schutzhindernisse (§ 37) ein.

III. Mindesterfordernisse (Abs. 2)

1. Bedeutung

Damit die Anmeldung prioritätsbegründende Wirkung hat, muß 7 sie die Mindesterfordernisse von § 32 Abs. 2 enthalten, § 33 Abs. 1, § 36 Abs. 1 Nr. 1. Weist die Anmeldung in dieser Hinsicht Mängel auf, können sie innerhalb einer vom Patentamt gesetzten Frist beseitigt werden. Die Priorität der Anmeldung verschiebt sich dann aber auf den Zeitpunkt, in dem die Mängel behoben sind, § 36 Abs. 2 Satz 2. Werden die Mängel nicht behoben, gilt die Anmeldung als nicht eingereicht, § 36 Abs. 2 Satz 1. Eines besonderen Beschlusses des Patentamtes für den Eintritt dieser Wirkung bedarf es an sich nicht (Umkehrschluß aus § 36 Abs. 4), doch wird das DPA in der Regel einen solchen aussprechen, der dann wiederum mit dem Rechtsmittel der Erinnerung (§ 64) oder der Beschwerde angreifbar ist.

2. Angaben zur Identität des Anmelders (Nr. 1)

§ 32 Abs. 2 Nr. 1 schreibt nicht zwingend vor, welche Angaben 8 erforderlich sind, um den Anmelder hinreichend zu identifizieren.

Die Angabe muß so konkret sein, daß das DPA in der Lage ist, mit üblichen Hilfsmitteln, wie zB Telefonbüchern, den Anmelder zu identifizieren, um mit ihm in Verbindung treten zu können. Bei natürlichen Personen wird das neben der Angabe von Vor- und Nachnamen in aller Regel zumindest die Angabe des Wohnortes, meist auch der vollständigen Adresse erfordern. Bei juristischen Personen ist erforderlich, daß Verwechslungen mit gleichnamigen natürlichen Personen (etwa den Gesellschaftern) ausgeschlossen werden. Bei einem Konzern, der mehrere Gesellschaften mit ähnlicher Firma umfaßt, muß die anmeldende Gesellschaft eindeutig identifizierbar sein.

9 Das Erfordernis der Identifizierbarkeit des Anmelders dient auch dazu, dem DPA die Prüfung zu ermöglichen, ob die Markenrechtsfähigkeit nach § 7 vorliegt. Deren Vorliegen ist selbst ist allerdings keine Mindestvoraussetzung für die Wirksamkeit der Anmeldung (oben Rdn. 5).

3. Wiedergabe der Marke (Nr. 2)

10 Die Art der Wiedergabe der Marke ist in § 32 Abs. 2 Nr. 2 nicht im einzelnen vorgegeben. Die näheren Erläuterungen insbesondere in §§ 7–12 MarkenV sind nicht Teil der Mindestvoraussetzungen von § 32 Abs. 2, sondern fallen unter Absatz 3. Damit sind sie für die Begründung des Prioritätstages nicht maßgebend. In jedem Fall erforderlich ist aber, daß die Marke in der Anmeldung **eindeutig definiert** ist. Das Erfordernis der eindeutigen Wiedergabe muß deshalb gewahrt bleiben, weil es keine Zweifel darüber geben darf, für welche Marke ein bestimmter Prioritätstag beansprucht wird. Würde die Marke erst im weiteren Verlauf des Verfahrens eindeutig dargestellt, könnte zweifelhaft sein, ob nicht eine – im Laufe des Verfahrens unzulässige (BGH GRUR 1967, 89, 91 – *Rose*) – Änderung des Anmeldegegenstandes vorläge. Damit würde auch die Rechtssicherheit, vor allem für spätere Anmeldungen ähnlicher Marken, in nicht akzeptabler Weise beeinträchtigt. Mindestvoraussetzung ist somit zunächst die schriftliche Wiedergabe (bei Wortmarken) oder (bei allen anderen Markenformen) die **graphische Darstellung** im Sinne von § 8 Abs. 1 (zu den Erfordernissen im einzelnen § 8 Rdn. 12 ff.). Außerdem ist eine Angabe zur **Markenform** (§ 6 MarkenV) erforderlich, wenn die wörtliche bzw. graphische Darstellung nicht eindeutig ist, zB im Hinblick darauf, ob die Abbildung eines Gegenstandes als zweidimensionale Bildmarke oder dreidimensionale Formmarke geschützt werden soll.

Erfordernisse der Anmeldung **§ 32**

Alle Merkmale des Zeichens, die für den Schutzumfang von Bedeutung sein können, müssen in der „Wiedergabe der Marke" erkennbar sein, um das Erfordernis der Nr. 2 zu erfüllen. Das gilt etwa auch für die graphische Darstellung einer Wortmarke oder die farbige Gestaltung einer Bildmarke, die nicht nachträglich in das Verfahren eingeführt werden können. Allerdings sind nicht alle Vorgaben der MarkenV zwingend für die Wiedergabe der Marke erforderlich. Vielmehr kommen Abweichungen insbesondere im Hinblick auf Formalien in Betracht, etwa hinsichtlich der Blattgrösse bei Bildmarken (§ 8 Abs. 3 MarkenV) oder die Anforderungen an die Darstellungsqualität in § 9 Abs. 2 und 3 MarkenV bei dreidimensionalen Marken. Zwar ist es zulässig, der Anmeldung eine Beschreibung hinzuzufügen (§§ 8 Abs. 5, 9 Abs. 5, 10 Abs. 2, 11 Abs. 4, 12 Abs. 3 MarkenV). Diese ist allerdings kein Mindesterfordernis, da sich die Marke schon eindeutig aus der graphischen Darstellung (§ 8 Abs. 1) ergeben muß. Die Wiedergabe der Marke definiert ihren Schutzbereich. Dieser bestimmt sich nach den Grundsätzen der Zeichenähnlichkeit (§ 14 Rdn. 311 ff.). Eine Einschränkung des Schutzbereiches des Zeichens durch Erklärungen des Zeicheninhabers (sog. „Disclaimer") ist im MarkenG nicht zulässig (BPatGE 36, 29, 30 – *Color COLLECTION*).

4. Verzeichnis der Waren oder Dienstleistungen (Nr. 3)

a) Bedeutung des Verzeichnisses. Der Schutzumfang der Marke richtet sich einerseits nach der Form der Marke (oben Rdn. 10), andererseits nach den im Verzeichnis beanspruchten Marken und Dienstleistungen. Bei der Bestimmung des sachlichen Schutzbereiches (Waren- und Dienstleistungsähnlichkeit) ist zunächst von den im Verzeichnis aufgeführten Waren auszugehen (§ 14 Rdn. 243). Wiederum ist es im Interesse der Rechtssicherheit erforderlich, eine eindeutige Bestimmung der beanspruchten Waren und Dienstleistungen vorzunehmen. 11

b) Abfassen des Verzeichnisses. Es bleibt zunächst dem Anmelder überlassen, welche Waren oder Dienstleistungen er beansprucht. Einen Geschäftsbetrieb für sie braucht er nicht zu unterhalten (§ 3 Rdn. 10). Theoretisch ist es möglich, für dieselbe Marke Schutz hinsichtlich aller denkbaren Waren und Dienstleistungen zu beanspruchen, wobei nur im Einzelfall die Angabe der Klassen ausreichend sein kann (dazu BPatGE 31, 168, 171). Eine erforderliche Korrektur erfolgt dann über den Benutzungszwang (§§ 25, 26). Die Formulierung des Waren- und Dienstleistungsverzeichnisses ist Sa- 12

§ 32　　　　　　　　　　　　　　　　Erfordernisse der Anmeldung

che des Anmelders, der dabei grundsätzlich freie Hand hat. Allerdings ist es zwingend erforderlich, die beanspruchten Waren oder Dienstleistungen sachlich bestimmt zu bezeichnen (§§ 14 Abs. 1, 15 MarkenV). Ist das aufgrund der Vorgaben des Anmelders nicht möglich, liegt ein Mangel im Sinne von § 32 Abs. 3 vor, der auf Fristsetzung zu beseitigen ist. Rechtliche Zweifel hinsichtlich der Klassifikation rechtfertigen aber keine Zurückweisung (BPatG vom 25. Mai 1997, 29 W (pat) 116/96). Soweit möglich, sollen die Bezeichnungen der Klasseneinteilung oder alphabetischen Liste nach § 15 Abs. 2 MarkenV verwendet werden (§ 14 Abs. 2 MarkenV). Wird gegen diese Sollvorschrift verstoßen, liegt kein Eintragungsmangel vor.

13　Es liegt im Ermessen des Anmelders, ob er zur Beschreibung der Waren und Dienstleistungen relativ weite (Ober-)Begriffe wählt („Bekleidungsstücke") oder engere Produktkategorien bildet („Herrensocken"). Sprachlich ist auch eine Verbindung möglich („Bekleidungsstücke, nämlich Herrensocken"). Eine weite Fassung des Warenverzeichnisses kann problematisch sein, wenn die Marke innerhalb der Schonfrist nur innerhalb eines engen Teilbereichs benutzt wird (dazu ausführlich § 25 Rdn. 23).

14　**c) Klassifikation.** Eine Anmeldung kann grundsätzlich Waren oder Dienstleistungen beliebig vieler Klassen enthalten. Auswirkungen hat die Klassifikation nur im Hinblick auf die Gebühren, da lediglich Waren und Dienstleistungen in drei Klassen von der Anmeldegrundgebühr erfaßt sind, weitere Klassen dagegen zusätzliche Klassengebühren verursachen. Für den Schutzbereich ist die Klassifikation demgegenüber bedeutungslos, da Waren- und Dienstleistungsähnlichkeit auch zwischen Waren unterschiedlicher Klassen bestehen kann (§ 14 Rdn. 287). Bedeutung hat die Klassifikation für die Zuständigkeit beim DPA, da jede Warenklasse von einer eigenen Markenabteilung betreut wird. Maßgebend ist die sog. „Leitklasse", die vom DPA festgelegt wird (§ 32 Abs. 2 Satz 1 MarkenV), und zwar je nach dem Schwerpunkt der Anmeldung. Die Angabe der Klassen ist nicht Mindestvoraussetzung der Anmeldung, aber zusätzliches Erfordernis im Sinne von § 32 Abs. 3. An die Klassifizierung durch den Anmelder ist das DPA nicht gebunden (§ 23 MarkenV).

15　**d) Waren oder Dienstleistungen.** In der gleichen Anmeldung kann Schutz sowohl für Waren als auch für Dienstleistungen beansprucht werden. Die Unterscheidung ist im Hinblick auf den umfassenden Schutz für Gegenstände des wirtschaftlichen Geschäfts-

Erfordernisse der Anmeldung § 32

verkehrs nur noch in wenigen Randbereichen von Bedeutung (vgl. § 3 Rdn. 17 ff.).

e) Einschränkungen des Verzeichnisses. Gegenständliche 16 Beschränkungen, die also **bestimmte Waren oder Dienstleistungen** aus dem Verzeichnis ausnehmen, sind grundsätzlich zulässig („Bekleidungsstücke, ausgenommen Strickwaren"). Sie sind häufig dann sinnvoll, wenn Widerspruch aus einem älteren Zeichen eingelegt wird, von dem eine Abgrenzung vorgenommen werden muß oder wenn gerade im Hinblick auf einen bestimmten Teilbereich der beanspruchten Waren das Zeichen beschreibend und deshalb nicht eintragbar wäre. Diese Einschränkungen sind auch nachträglich zulässig (§ 39 Abs. 1). Solche Einschränkungen, die gegenständlich bestimmte Waren oder Dienstleistungen, die ihrer Art nach definiert sind, aus dem Verzeichnis ausnehmen, sind zu unterscheiden von Angaben, die sich auf eine bestimmte vorgesehene **Verwendung** beziehen. Diese sind nur erheblich und nur dann ins Warenverzeichnis einzutragen, wenn sich aus der Art der Ware selbst ergibt, daß sie zB nur von bestimmten Verkehrskreisen (etwa Krankenhäusern, Gewerbebetrieben usw.) verwendet werden können (BPatGE 27, 137 – *Magtoxin*; BPatG GRUR 1995, 584, 587 – *Sonett*; BGH GRUR 1986, 402, 404 - *Fürstenberg*). Dasselbe gilt hinsichtlich von Beschränkungen, die im Hinblick auf eine denkbare Täuschungseignung bei bestimmten Verwendungsformen vorgenommen werden, zB die früher üblichen **Import- oder Exportvermerke** für Zeichen in fremden Sprachen. Solche Beschränkungen können nicht mehr gefordert werden (BPatG GRUR 1989, 593, 594 – *Molino*; vgl. § 8 Rdn. 102). Zwar steht es dem Anmelder weiterhin frei, solche Beschränkungen in das Verzeichnis aufzunehmen, sie führen aber bei der Prüfung der Warenähnlichkeit nicht zu einer Verringerung der Kollisionsgefahr (BPatG GRUR 1995, 584, 587 – *Sonett*). Sie beschränken umgekehrt auch nicht den Schutzbereich des Zeichens (BGH GRUR 1961, 181 – *Mon Cheri*; BGH GRUR 1975, 281 – *Importvermerk*).

Ebensowenig wie bezugs- oder vertriebsbezogene Einschrän- 17 kungen kommen **geographische Einschränkungen** in Frage. Eine eingetragene Marke genießt immer Schutz für die ganze Bundesrepublik (BGH GRUR 1986, 402, 404 – *Fürstenberg*).

IV. Weitere Voraussetzungen (Abs. 3)

1. Verweisung

18 Auf der Basis der Rechtsverordnungsermächtigung von § 65 Abs. 1 Nr. 2 ist die MarkenV ergangen (Anhang 1). Durch § 32 Abs. 3 werden die Erfordernisse der MarkenV zu gesetzlichen Anmeldeerfordernissen.

2. Bedeutung

19 Verstößt der Anmelder gegen die Erfordernisse der MarkenV, was insbesondere bei ausländischen oder nicht vertretenen Anmeldern häufig sein dürfte, führt dies – anders als bei den Mindestanforderungen des § 32 Abs. 2 – nicht zu einer Verschiebung des Prioritätstages. Vielmehr setzt das Patentamt nach § 36 Abs. 4 eine Frist zur Beseitigung der Mängel. Werden sie beseitigt, wird die Anmeldung ohne Auswirkungen auf den Prioritätstag weiterbehandelt, werden sie nicht beseitigt, führt dies zur Zurückweisung, § 36 Abs. 4. Ein Verstoß gegen die MarkenV führt nicht zu einem Verstoß gegen § 32 Abs. 2 und damit der Fiktion, die Anmeldung sei nicht eingereicht worden (BPatG GRUR 1997, 60 – *SWF-3-Nachrichten*). Gegen die Zurückweisungsentscheidung ist – je nach der Besetzung der Markenstelle – die Erinnerung (§ 64) oder die Beschwerde (§ 66) statthaft.

3. Erfordernisse nach der MarkenV

20 **a) Form.** Die Anmeldung hat **einheitlich** zu sein, also für jede Marke gesondert zu erfolgen (§ 2 Abs. 3 MarkenV). Die Verwendung des patentamtlichen Formblattes ist nur eine Sollvorschrift, fällt also nicht unter § 32 Abs. 3, vgl. § 2 Abs. 1 MarkenV. Die Anmeldung muß aber **schriftlich** erfolgen, insbesondere eine Unterschrift aufweisen, § 64 Abs. 1 MarkenV. Die fehlende Unterschrift kann ohne Prioritätsverlust nachgeholt werden, wenn nachgewiesen wird, daß die Anmeldung auf den Anmelder zurückgeht. Die Übermittlung durch Telekopierer (§ 65 MarkenV) und durch Telegramm oder Telex (§ 66 MarkenV) ist zulässig. Unter bestimmten Umständen kann die Nachreichung eines Originals erforderlich sein, §§ 65 Abs. 2, 66 Abs. 2, 3 MarkenV. Die Anmeldung kann **fremdsprachig** sein, wobei das Patentamt die Nachreichung von Übersetzungen fordern kann, § 68 MarkenV.

Erfordernisse der Anmeldung **§ 32**

Auch fremdsprachige Formblätter können verwendet werden, wenn sie internationale standardisiert sind und inhaltlich den deutschen entsprechen (§ 67 MarkenV). Die MarkenV enthält weitere Formvorschriften für die Anmeldungen bestimmter **Markenformen**, so für die Wiedergabe von Wortmarken in § 7, von Bildmarken in § 8, von dreidimensionalen Marken in § 9, von Kennfadenmarken in § 10, von Hörmarken in § 11 und für sonstige Markenformen in § 12. Das Verzeichnis der Waren und Dienstleistungen ist in §§ 14 und 15 und der Anlage zu § 15 näher konkretisiert.

b) Anmelder. § 5 MarkenV regelt in Abs. 1 die für die Identifizierung des Anmelders erforderlichen Angaben, bei natürlichen Personen Vor- und Familienname bzw. die (einzelkaufmännische) Firma, bei juristischen Personen neben dem Namen auch die Rechtsformbezeichnung. Bei der Anschrift sind Straße, Hausnummer, Postleitzahl und Ort anzugeben. Bei nicht selbst rechtsfähigen Personengemeinschaften, die gemeinsam anmelden, sind diese Angaben für alle Anmelder vorzunehmen (§ 5 Abs. 3 MarkenV). Bei ausländischen Anmeldern ist darüber hinaus der Herkunftsstaat anzugeben (§ 5 Abs. 4 MarkenV). Die gleichen Angaben sind vom Vertreter zu machen, falls ein solcher eingeschaltet ist (§ 5 Abs. 6 MarkenV). Ausländische Anmelder müssen sich eines Inlandvertreters bedienen (§ 96 sowie zu den Einzelheiten die dortige Kommentierung). Der Vertreter muß eine Vollmacht vorlegen (im einzelnen § 77 MarkenV). 21

c) Priorität. Nach § 3 Abs. 2 MarkenV muß der Anmelder, wenn er die Priorität einer früheren ausländischen Anmeldung in Anspruch nimmt (§ 34) nicht nur diese Erklärung abgeben, sondern auch Tag und Staat der Anmeldung angeben. Entsprechendes gilt für die Inanspruchnahme einer Ausstellungspriorität (§ 35). Gemäß § 34 Abs. 3 und § 35 Abs. 4 können diese Angaben bis zu zwei Monaten nach der Anmeldung gemacht werden. Dementsprechend kann das DPA auch im Hinblick auf diese Angaben nicht nach § 36 Abs. 4 eine kürzere Frist setzen. 22

V. Gebührenzahlung (Abs. 4)

Die Gebühren ergeben sich aus dem Gebührenverzeichnis, das auf der Grundlage des PatGebG erlassen worden ist. Danach ist zu unterscheiden die Anmeldegebühr, die auch die ersten drei Klassen 23 abdeckt, von den weiteren Klassengebühren sowie einer weiteren Zusatzgebühr für eine beschleunigte Eintragung, falls diese erwünscht ist. Gegenwärtig beträgt die Anmeldegebühr für Anmelder aus den alten Bundesländern DM 500,– und bis zum 1. Januar 1998 für Anmelder aus den neuen Bundesländern DM 420,–.

§ 33 Anmeldetag; Anspruch auf Eintragung

(1) **Der Anmeldetag einer Marke ist der Tag, an dem die Unterlagen mit den Angaben nach § 32 Abs. 2 beim Patentamt eingegangen sind.**

(2) **Die Anmeldung einer Marke, deren Anmeldetag feststeht, begründet einen Anspruch auf Eintragung. Dem Eintragungsantrag ist stattzugeben, es sei denn, daß die Anmeldungserfordernisse nicht erfüllt sind oder daß absolute Eintragungshindernisse der Eintragung entgegenstehen.**

I. Allgemeines

1. Überblick

1 § 33 Abs. 1 enthält zunächst eine nähere Bestimmung des Anmeldetages, der für den Zeitrang von § 6 maßgebend ist, soweit nicht eine Priorität nach §§ 34 oder 35 in Anspruch genommen wird (§ 6 Abs. 2). § 33 Abs. 2 postuliert den Anspruch auf Eintragung, der den anwartschaftsähnlichen Charakter der Rechtsposition des Anmelders schon vor der Eintragung unterstreicht. Dieser findet seinen Ausdruck zB in der Möglichkeit des Widerspruchs aufgrund bloß angemeldeter Marken (§ 42 Abs. 2 Nr. 1 iVm § 9) und der Möglichkeit der Übertragung der Anmeldung und der Begründung von dinglichen Rechten an angemeldeten Marken (§ 31).

2. Früheres Recht

2 Die Anmeldung beim DPA war in § 2 Abs. 1 WZG ausdrücklich geregelt. Eine einheitliche Regelung der Priorität war im WZG nicht enthalten, ergab sich aber aus der Regelung des Widerspruchs in § 5 Abs. 4 WZG. Der Eintragungsanspruch des § 33 Abs. 2 war in § 5 Abs. 1 WZG enthalten, wenn auch weniger deutlich formuliert.

II. Anmeldetag (Abs. 1)

Der Anmeldetag entscheidet über die Priorität der Marke (§ 6 Abs. 2), sofern nicht die Sonderfälle der §§ 34 und 35 vorliegen. Die Anmeldung muß die Erfordernisse des § 32 Abs. 2, nicht aber die weitergehenden des § 32 Abs. 3 in Verbindung mit der MarkenV erfüllen, um den Prioritätszeitpunkt zu begründen (BPatG GRUR 1997, 60 – *SWF-3-Nachrichten*). Eine nähere gesetzliche Regelung hinisichtlich des Eingangs beim DPA enthält das MarkenG ebensowenig wie das PatG oder das VwVfG. Es ist deshalb auf die Regelungen des BGB analog zurückzugreifen, insbesondere auf § 130 BGB. Eingegangen ist die Anmeldung dann, wenn sie in den Verfügungsbereich des DPA gelangt ist, also zB in den Briefkasten oder das Telefaxempfangsgerät. Ob es sich um einen Arbeitstag handelt, spielt keine Rolle, geht die Anmeldung im Nachtbriefkasten oder per Telefax ein, so daß ihr Eingangsdatum feststellbar ist, erhält sie am nächsten Arbeitstag das Datum des tatsächlichen Eingangs.

III. Eintragungsanspruch (Absatz 2)

Die Eintragung der Marke steht nicht im Ermessen des Patentamtes, es handelt sich vielmehr um eine gebundene Entscheidung. Dabei muß das DPA die Marke eintragen, wenn die formalen Eintragungsvoraussetzungen erfüllt sind und keine absoluten Schutzhindernisse bestehen. Dem Anmelder steht insoweit ein subjektives öffentliches Recht zu (BGH GRUR 1977, 717, 718 – *Cokies*). Als einziges relatives Schutzhindernis ist vom DPA eine entgegenstehende notorisch bekannte Marke zu beachten (§ 10). Ältere ähnliche oder identische Marken, die nicht notorisch bekannt sind, stehen der Eintragung nicht entgegen. Sie sind vielmehr nach der Eintragung vom Inhaber im Wege des Widerspruchs (§ 42 Abs. 2 Nr. 1) oder durch Löschungsklage (§ 51) geltend zu machen. Bleibt der Inhaber der älteren Rechte untätig, kommt es zu einer Koexistenz von Marken auch dann, wenn sie ähnlich oder identisch sind und für ähnliche oder identische Waren oder Dienstleistungen Schutz beanspruchen. Untätigkeit des Inhabers der älteren Marke kann insbesondere zur Verwirkung, § 21, führen. Ein Hinweis des DPA auf die Neuanmeldung an den Inhaber einer älteren Marke erfolgt ebensowenig wie ein Hinweis an den Anmelder auf das Bestehen älterer Marken.

§ 34 Ausländische Priorität

(1) Die Inanspruchnahme der Priorität einer früheren ausländischen Anmeldung richtet sich nach den Vorschriften der Staatsverträge mit der Maßgabe, daß die Priorität nach der Pariser Verbandsübereinkunft auch für Dienstleistungen in Anspruch genommen werden kann.

(2) Ist die frühere ausländische Anmeldung in einem Staat eingereicht worden, mit dem kein Staatsvertrag über die Anerkennung der Priorität besteht, so kann der Anmelder ein dem Prioritätsrecht nach der Pariser Verbandsübereinkunft entsprechendes Prioritätsrecht in Anspruch nehmen, soweit nach einer Bekanntmachung des Bundesministeriums der Justiz im Bundesgesetzblatt der andere Staat aufgrund einer ersten Anmeldung beim Patentamt ein Prioritätsrecht gewährt, das nach Voraussetzungen und Inhalt dem Prioritätsrecht nach der Pariser Verbandsübereinkunft vergleichbar ist.

(3) Wer eine Priorität nach Absatz 1 oder 2 in Anspruch nimmt, hat innerhalb von zwei Monaten nach dem Anmeldetag Zeit und Staat der früheren Anmeldung anzugeben. Hat der Anmelder diese Angaben gemacht, fordert ihn das Patentamt auf, innerhalb von zwei Monaten nach der Zustellung der Aufforderung das Aktenzeichen der früheren Anmeldung anzugeben und eine Abschrift der früheren Anmeldung einzureichen. Innerhalb dieser Fristen können die Angaben geändert werden. Werden die Angaben nicht rechtzeitig gemacht, so wird der Prioritätsanspruch für diese Anmeldung verwirkt.

Inhaltsübersicht

	Rdn.
I. Allgemeines	1
1. Überblick	1
2. Früheres Recht	2
3. MRLL	3
4. MarkenV	4
II. Priorität aufgrund von Staatsverträgen (Abs. 1)	5–11
1. Überblick	5
2. Prioritätsbeanspruchung aufgrund der PVÜ	6–9
a) Anwendungsbereich	6
b) Erstanmeldung	7
c) Zweitanmeldung	8
d) Frist	9
3. Prioritätsbeanspruchung aufgrund von MMA und PMMA	10
4. Wirkungen der Prioritätsbeanspruchung	11

Ausländische Priorität § 34

	Rdn.
III. Prioritätsbeanspruchung bei Gegenseitigkeit (Abs. 2)	12
IV. Inanspruchnahme der Priorität (Abs. 3)	13–15
1. Prioritätserklärung	13
2. Aktenzeichen und Anschrift	14
3. Folgen der Fristversäumung	15
V. Teilprioritäten	16

I. Allgemeines

1. Überblick

§ 34 regelt die Vorverlegung der Priorität gegenüber dem Regelfall des Anmeldetages in Deutschland (§ 33 Abs. 1) auf den Zeitpunkt einer früheren Anmeldung der gleichen Marke im Ausland. Die Vorschrift enthält zunächst eine Rechtsgrundverweisung auf die anwendbaren Staatsverträge (Abs. 1), gesteht die Vorverlegung der Priorität auch ohne Existenz von Staatsverträgen im Verhältnis mit solchen Ländern zu, mit denen die Gegenseitigkeit verbürgt ist (Abs. 2) und regelt die wesentlichen Formalien der Inanspruchnahme der ausländischen Priorität (Abs. 3). 1

2. Früheres Recht

Das WZG enthielt keine ausdrückliche Vorschrift über die ausländische Priorität. Die Wirkungen traten unmittelbar aufgrund der Staatsverträge ein. 2

3. MRRL

Die MRRL enthält keine Regelung der Priorität und damit auch nicht hinsichtlich der Vorverlegung aufgrund ausländischer Voranmeldungen. Die Auslegung von § 34 obliegt damit den deutschen Gerichten ohne Beeinflußung durch das Gemeinschaftsrecht. 3

4. MarkenV

Die MarkenV enthält nähere Regelungen für die Inanspruchnahme der ausländischen Priorität in § 3 Abs. 2 Nr. 1, für den Sonderfall der Telle-quelle-Anmeldung in § 24 MarkenV. § 69 Abs. 1 Nr. 1 und 2 MarkenV erlauben die Einreichung von Prioritätsbele- 4 gen in fremden Sprachen, wobei das DPA unter dort näher bestimmten Voraussetzungen die Nachreichung von Übersetzung verlangen kann, § 69 Abs. 2, Abs. 3 MarkenV.

II. Priorität aufgrund von Staatsverträgen (Abs. 1)

1. Überblick

5 Abkommen auf dem Gebiet des Markenrechts, die zu einer Vorverlegung der Priorität einer deutschen Anmeldung führen können, können zweiseitige oder mehrseitige Abkommen sein. Mehrseitige Abkommen, die eine Prioritätsverschiebung vorsehen, sind insbesondere die Pariser Verbandsübereinkunft (PVÜ) vom 20. März 1983 zum Schutz des gewerblichen Eigentums mit ihren verschiedenen Revisionen (Brüssel 1900, Washington 1911, Den Haag 1925, London 1934, Lissabon 1958, Stockholm 1967 mit Änderungen 1979). Die PVÜ ist abgedruckt in Anhang 9. Die Regelung zur Priorität ist enthalten in Art. 4 A und C PVÜ. Das zweite wichtige multilaterale Abkommen mit eigener Prioritätsregelung ist das Madrider Abkommen vom 14. April 1891 über die internationale Registrierung von Marken (Madrider Marken-Abkommen – MMA) in den verschiedenen revidierten Fassung (Brüssel 1900, Washington 1911, Den Haag 1925, Londen 1934, Nizza 1957, Stockholm 1967 mit Änderungen 1979). Es regelt die Möglichkeit einer einheitlichen internationalen Registrierung bei der WIPO in Genf und enthält in Art. 4 MMA eine Regelung der Wirkung dieser internationalen Registrierung, einschließlich der Prioritätsbegründung durch die internationale Anmeldung (Anh 10). Entsprechende Regelungen gelten für das Protokoll zum Madrider Markenabkommen (MMP) vom 27. Juni 1989 (Anh 11). Das MMA ist ein Sonderabkommen im Rahmen der PVÜ. Welche Staaten Mitglied der PVÜ, des MMA und des MMP sind, wird vom BMJ alljährlich bekannt gemacht (Abdruck in der Regel im März-Heft von Bl.). Zwischen den einzelnen Mitgliedsstaaten gelten unterschiedliche Fassungen, je nachdem, welche Fassung der Mitgliedsstaat ratifiziert hat. Auch das ergibt sich aus der genannten Übersicht. Bilaterale Verträge auf dem Gebiet des gewerblichen Rechtsschutzes hat die Bundesrepublik Deutschland mit zahlreichen Staaten abgeschlossen. Bedeutung haben diese Verträge insbesondere für den Schutz von Herkunftsangaben und anderen geographischen Bezeichnungen (dazu vor §§ 126–139 Rdn. 2). Praktische Bedeutung für die Prio-

Ausländische Priorität § 34

ritätsbegründung bei Marken haben damit gegenwärtig nur PVÜ, MMA und MMP.

2. Prioritätsbeanspruchung aufgrund der PVÜ

a) Anwendungsbereich. Die PVÜ regelt in Art. 4 nur die 6 Priorität für „Fabrik- oder Handelsmarken", was nach allg. M. nicht die Dienstleistungsmarke einschließt (vgl. *Fezer*, § 4 PVÜ Rz. 1). Die Erstreckung der Prioritätsregelung der PVÜ auf die Dienstleistungsmarken erfolgt in § 34 Abs. 1 aE. Abgesehen von dieser Besonderheit gelten für Dienstleistungsmarken die gleichen Voraussetzungen für die Inanspruchnahme der internationalen Priorität wie für Warenmarken.

b) Erstanmeldung. Es muß eine Erstanmeldung eines An- 7 gehörigen eines Verbandsstaates (Art. 2 PVÜ) oder eines diesem gleichgestellten Anmelders (Art. 3 PVÜ) vorliegen. Diese muß nach den anwendbaren innerstaatlichen Vorschriften des Anmeldestaates und den geltenden zwei- oder mehrseitigen Abkommen als ordnungsgemäße nationale Anmeldung anzusehen sein (Art. 4 A Abs. 2 PVÜ), wobei nach Art. 4 A Abs. 3 PVÜ eine solche Anmeldung ordnungsgemäß ist, die nach den Bestimmungen des Anmeldestaates zur Erlangung der Priorität ausreichend ist, nach deutschem Recht also die nach § 33 Abs. 1 iVm § 32 Abs. 2 erforderlichen Mindestangaben enthält. Demgegenüber sind die weiteren formalen Voraussetzungen, die zu einem späteren Zeitpunkt berichtigt werden können, ebenso unerheblich wie die Frage, ob die Marke nach dem materiellen Recht des Anmeldestaates schutzfähig ist, oder ob ihr absolute oder relative Schutzhindernisse entgegenstehen. Die Marke muß lediglich in einem Verbandsstaat angemeldet sein.

c) Zweitanmeldung. Die Zweitanmeldung, mit der die Prio- 8 rität der Erstanmeldung in Anspruch genommen werden muß, muß durch den Anmelder der Erstanmeldung oder seinem Rechtsnachfolger erfolgt sein, wobei die PVÜ keine Beschränkung der Rechtsnachfolge enthält. Damit ist der rechtsgeschäftliche Erwerb der Erstanmeldung (vgl. §§ 27, 31) ausreichend. Außerdem kommt auch der isolierte Erwerb des Prioritätsrechts allein in Betracht (DPA Mitt. 1980, 135). Der zweite Anmelder muß keinem Verbandsstaat angehören. Diese Voraussetzung wird weder von Art. 4 PVÜ aufgestellt, noch wäre sie sachlich begründet. Bei einer anderen Auffassung würden die verbandsangehörigen Erstanmelder deshalb benachteiligt, weil sie ihre Anmeldung nicht prioritätswahrend an jeden Dritten übertragen könnten, sondern nur an wiederum verbandsangehörige Erwerber. Die Zweitanmeldung setzt nicht voraus, daß die Erstanmeldung zum Schutz geführt hat. Die Priorität kann auch dann in Anspruch genommen werden, wenn die Erstanmeldung zurückgewiesen wird, selbst wenn dies bereits vor der Zweitanmeldung geschehen sein sollte. Die mit der Zweitanmeldung beanspruchte Marke muß mit der Marke der Erstanmeldung identisch sein. Es muß sich nicht nur um dasselbe Zeichen, sondern auch um die selben Waren oder Dienstleistungen handeln, soweit nicht eine Beanspruchung von Teilprioritäten vorliegt (unten Rdn. 16). Nur ganz minimale Abweichungen, die sich auf die Kennzeichnungskraft des Zeichens nicht auswirken, sind zulässig.

9   **d) Frist.** Die Zweitanmeldung muß innerhalb von sechs Monaten nach der Erstanmeldung erfolgen. Die Frist beginnt mit dem Eingang der Erstanmeldung beim Patentamt des ersten Anmeldelandes. Ist das DPA Anmeldeamt der Zweitanmeldung, erfolgt die Fristberechnung nach §§ 187 ff. BGB. Wird die Prioritätsfrist versäumt, ist die Wiedereinsetzung in den vorigen Stand nicht möglich, anders für die Versäumung der Frist zur Einreichung der Unterlagen nach Abs. 3 (unten Rdn. 15).

3. Prioritätsbeanspruchung aufgrund von MMA und MMP

10   Nach Art. 4 Abs. 2 MMA bzw. Art. 4 Abs. 2 MMP genießt jede Marke, die Gegenstand einer internationalen Registrierung gewesen ist, das durch Art. 4 PVÜ festgelegte Prioritätsrecht, ohne daß es erforderlich ist, die unter Art. 4 D PVÜ vorgesehenen Förmlichkeiten zu erfüllen. Diese Förmlichkeiten betreffen insbesondere die Prioritätsbelege. Allerdings begründet nach Art. 4 Abs. 2 MMA/MMP nur die internationale Registrierung die Priorität, diese wiederum setzt die nationale Eintragung voraus. Im Hinblick auf die Schwierigkeit, eine nationale Eintragung innerhalb von sechs Monaten zu erreichen, kann es nützlich sein, als Basis für die IR-Registrierung eine Erstanmeldung in einem Mitgliedsstaat ohne Prüfungsverfahren vorzunehmen. Für deutsche Zweitanmeldungen ist Art. 4 MMA nur in der Konstellation interessant, daß Deutschland in der IR-Anmeldung benannt ist und die IR-Anmeldung auf eine Anmeldung in den Drittstaat zurückgeht. In diesem Fall gilt auch für den deutschen Teil der IR-Anmeldung die Priorität der Erstanmeldung im Drittland.

Ausländische Priorität **§ 34**

4. Wirkungen der Prioritätsbeanspruchung

Kann aufgrund der Staatsverträge eine Priorität in Anspruch genommen werden, so wird die deutsche nationale Zweitanmeldung so behandelt, als sei sie zum Zeitpunkt der Erstanmeldung eingereicht. Damit hat sie insbesondere eine bessere Priorität als zwischenzeitlich angemeldete oder durch Benutzung erworbene Marken Dritter. Anmeldungen Dritter, die gegenüber der Erstanmeldung die bessere Priorität haben, bleiben naturgemäß unberührt. Das weitere Schicksal der Erstanmeldung ist für die Priorität der Zweitanmeldung in der Regel ohne Bedeutung. Ausnahmen bestehen, wenn eine ältere als die Lissaboner-Fassung anwendbar ist. Hier ist Heimatschutz vorausgesetzt, die Nachanmeldung ist also von der Eintragung der Erstanmeldung abhängig. Gleiches gilt für Nachanmeldungen, für welche der Telle-quelle-Schutz von Art. 6^{quinquies} PVÜ in Anspruch genommen werden soll, sowie für IR-Anmeldungen, die Schutz im Ursprungsland voraussetzen (siehe oben Rdn. 10). 11

III. Prioritätsbeanspruchung bei Gegenseitigkeit (Abs. 2)

Wenn kein Abkommen mit dem Staat der Erstanmeldung besteht, kann die Priorität der Erstanmeldung dann in Anspruch genommen werden, wenn dieser Staat seinerseits Erstanmeldungen in der Bundesrepublik Deutschland als prioritätsbegründend anerkennt und das Bundesministerium der Justiz im Bundesgesetzblatt eine entsprechende Bekanntmachung der Gewährleistung der Gegenseitigkeit veröffentlicht hat. Zum gegenwärtigen Zeitpunkt gibt es keine derartigen Veröffentlichungen, was verständlich ist, da alle wesentlichen Industriestaaten Mitglieder zumindest der PVÜ sind. 12

IV. Inanspruchnahme der Priorität (Abs. 3)

1. Prioritätserklärung

Ausländische Prioritäten werden nicht von Amts wegen beachtet. Sie sind innerhalb von zwei Monaten nach der Anmeldung durch Bekanntgabe von Zeit und Staat der früheren Anmeldung zu beanspruchen. Für die Fristberechnung gelten die allgemeinen Vor- 13 schriften, hier §§ 187 Abs. 1 iVm Abs. 2 Satz 1 BGB. § 34 Abs. 3 enthält eine Ausnahme zu den zwingenden Anmeldeerfordernissen des § 32 Abs. 3, § 3 MarkenV, wie sich aus § 3 Abs. 2 Satz 2 MarkenV ergibt. Auf die Unvollständigkeit der Prioritätsunterlagen und den deshalb drohenden Rechtsverlust muß das DPA den Anmelder nicht hinweisen (BPatG GRUR 1987, 286 – *Unvollständige Anmeldung*).

2. Aktenzeichen und Anschrift

14 Die weiteren Angaben können nach § 63 MarkenV auch in fremdsprachigen Schriftstücken gemacht werden. Dabei kann das DPA eine beglaubigte oder von einem bestellten Übersetzer angefertigte Übersetzung verlangen, wenn die Originalschriftstücke nicht in englischer, französischer, italienischer oder spanischer Sprache abgefaßt sind, § 69 Abs. 2 MarkenV. Auch wenn das Original in einer dieser Sprache abgefaßt ist, kann das DPA Übersetzungen verlangen, § 69 Abs. 3 MarkenV. Berichtigungen ursprünglich fehlerhafter Angaben sind nur innerhalb der Zweimonatsfrist möglich, § 34 Abs. 3 Satz 3. Hat das Patentamt die Zweimonatsfrist gesetzt, müssen auch die ergänzenden Angaben innerhalb dieser Frist eingehen, anderenfalls kann die Priorität nicht in Anspruch genommen werden, § 34 Abs. 3 Satz 4. Die Angaben nach § 34 Abs. 3 können innerhalb der Zweimonatsfrist geändert werden, so kann insbesondere eine weitere ausländische Anmeldung mit noch früherem Prioritätsdatum genannt werden.

3. Folgen der Fristversäumung

15 Gemäß Abs. 3 Satz 4 tritt die Verwirkung der ausländischen Prioritätsfrist ein, d. h. es bedarf keines ausdrücklichen Beschlusses durch das DPA. Die Wiedereinsetzung in die Frist zur Einreichung der Prioritätserklärung, aber nicht in die Prioritätsfrist, ist möglich, wie sich daraus ergibt, daß sie § 91 Abs. 2 Satz 2 nicht ausdrücklich ausnimmt.

V. Teilprioritäten

16 Die Marke kann nicht im Hinblick auf das angemeldete Kennzeichen geteilt werden, eine Wort-Bild-Marke also nicht zB in eine Wortmarke und eine Bildmarke. Wenn die Erstanmeldung sich auf eine Marke bezieht, die nicht mit der Zweitanmeldung über-

Ausstellungspriorität § 35

einstimmt, kann die Priorität nicht beansprucht werden. Besteht die Erstanmeldung zB aus einer Bildmarke, kann die Priorität nicht für eine Wort-Bild-Marke beansprucht werden. Dagegen ist die Teilung der Anmeldung im Hinblick auf die Waren oder Dienstleistungen des Verzeichnisses möglich, § 40. Die aus der Teilung entstehenden Marken haben die gleiche Priorität. Umgekehrt kann auch eine Teilpriorität hinsichtlich bestimmter Waren oder Dienstleistungen in Anspruch genommen werden. Ein entsprechender Vermerk kann in die Anmeldung aufgenommen werden und führt zu einer abweichenden Teilpriorität hinsichtlich bestimmter Waren oder Dienstleistungen ohne förmliche Teilung der Anmeldung (vgl. BPatGE 18, 125 – *Dolfino-Sub*).

§ 35 Ausstellungspriorität

(1) **Hat der Anmelder der Marke Waren oder Dienstleistungen unter der angemeldeten Marke**
1. **auf einer amtlichen oder amtlich anerkannten internationalen Ausstellung im Sinne des am 22. November 1928 in Paris unterzeichneten Abkommens über internationale Ausstellungen oder**
2. **auf einer sonstigen inländischen oder ausländischen Ausstellung zur Schau gestellt, kann er, wenn er die Anmeldung innerhalb einer Frist von sechs Monaten seit der erstmaligen Zurschaustellung der Waren oder Dienstleistungen unter der angemeldeten Marke einreicht, von diesem Tag an ein Prioritätsrecht im Sinne des § 34 in Anspruch nehmen.**

(2) **Die in Absatz 1 Nr. 1 bezeichneten Ausstellungen werden vom Bundesministerium der Justiz im Bundesgesetzblatt bekanntgemacht.**

(3) **Die Ausstellungen im Sinne des Absatzes 1 Nr. 2 werden im Einzelfall in einer Bekanntmachung des Bundesministeriums der Justiz im Bundesgesetzblatt über internationale Ausstellungsschutz bestimmt.**

(4) **Wer eine Priorität nach Absatz 1 in Anspruch nimmt, hat innerhalb von zwei Monaten nach dem Anmeldetag den Tag der erstmaligen Zurschaustellung sowie die Ausstellung anzugeben. Hat der Anmelder diese Angaben gemacht, fordert ihn das Patentamt auf, innerhalb von zwei Monaten nach der Zustellung der Aufforderung die Nachweise für die Zurschaustellung der Waren oder Dienstleistungen unter der angemeldeten Marke einzureichen. Werden die Nachweise nicht rechtzeitig eingereicht, so wird der Prioritätsanspruch für diese Anmeldung verwirkt.**

(5) **Die Ausstellungspriorität nach Absatz 1 verlängert nicht die Prioritätsfrist nach § 34.**

I. Allgemeines

1. Übersicht

1 § 35 Abs. 1 regelt den Grundsatz der Ausstellungspriorität, wonach die Zurschaustellung von Waren oder Dienstleistungen auf bestimmten Ausstellungen die Priorität für eine nachfolgende Anmeldung begründen kann. Abs. 2 und Abs. 3 regeln die Voraussetzungen für die Anerkennung derartiger Ausstellungen, Abs. 4 das Verfahren für die Inanspruchnahme der Ausstellungspriorität. Abs. 5 enthält eine Klarstellung im Verhältnis zur ausländischen Priorität des § 34.

2. Früheres Recht

2 Die Ausstellungspriorität war sondergesetzlich geregelt durch das Gesetz betreffend den Schutz von Erfindungen, Mustern und Warenzeichen auf Aufstellungen vom 18. März 1904 (RGBl. 1941, geändert durch Gesetz vom 3. Februar 1949, WiGBl S. 13). Das Gesetz ist für Marken mit Inkrafttreten des MarkenG unanwendbar geworden, die Ausstellungspriorität richtet sich nunmehr nur noch nach § 35.

3. MRRL

3 Die MRRL enthält keine Regelung der Ausstellungspriorität. § 35 ist damit ausschließlich von den deutschen Gerichten nach deutschem Recht auszulegen.

II. Grundsatz (Abs. 1)

4 Wird die Marke für Waren oder Dienstleistungen auf bestimmten Ausstellungen erstmals zur Schau gestellt, kann der Benutzer innerhalb von sechs Monaten die Priorität der Ausstellung in Anspruch nehmen, wenn er innerhalb dieser Frist die Marke unter Inanspruchnahme der Priorität beim DPA anmeldet. Zurschaustellen liegt vor, wenn auf der Ausstellung die Marke im Sinne von § 14 Abs. 3 verwendet wird, wobei erforderlich ist, daß die gekennzeichneten Waren weiteren Kreisen bekannt werden (BGH GRUR 1983, 31, 32 – *Klarsichtbecher*).

III. Prioritätsbegründende Ausstellung (Abs. 2, 3)

Prioritätsbegründend ist nicht jede Ausstellung, sondern lediglich 5
eine solche, die vom Bundesministerium der Justiz im Bundesgesetzblatt bekannt gemacht werden. Die Bekanntmachung ist konstitutiv für die Eignung der Ausstellung, prioritätsbegründend zu wirken. Sonstige Kriterien, wie internationale Bedeutung, Zahl der Besucher etc. spielen keine Rolle.

IV. Inanspruchnahme (Abs. 4)

Die Inanspruchnahme erfolgt nach Abs. 4 in gleicher Weise wie 6
bei der Inanspruchnahme der ausländischen Priorität in § 33 Abs. 4. Auf die dortige Kommentierung wird verwiesen.

V. Keine Verlängerung der Prioritätsfrist

Die beiden Möglichkeiten der Vorverlegung der Priorität nach 7
§§ 34 und 35 können nicht kombiniert werden. Maßgebend ist jeweils das erste prioritätsbegründende Ereignis, also entweder die ausländische Anmeldung, die zur Möglichkeit einer Inanspruchnahme nach § 34 führen würde, oder die Benutzung auf einer Ausstellung nach § 35.

§ 36 Prüfung der Anmeldungserfordernisse

(1) **Das Patentamt prüft, ob**
1. **die Anmeldung der Marke den Erfordernissen für die Zuerkennung eines Anmeldetages nach § 33 Abs. 1 genügt,**
2. **die Anmeldung den sonstigen Anmeldungserfordernissen entspricht,**
3. **die Gebühren nach § 32 Abs. 4 entrichtet worden sind und**
4. **der Anmelder nach § 7 Inhaber einer Marke sein kann.**

(2) **Werden nach Absatz 1 Nr. 1 festgestellte Mängel nicht innerhalb einer vom Patentamt bestimmten Frist beseitigt, so gilt die Anmeldung als nicht eingereicht. Kommt der Anmelder der Aufforderung des Patentamts nach, so erkennt das Patentamt als An-**

§ 36 Prüfung der Anmeldungserfordernisse

meldetag den Tag zu, an dem die festgestellten Mängel beseitigt werden.

(3) **Unterbleibt die Zahlung der Gebühren, so teilt das Patentamt dem Anmelder mit, daß die Anmeldung als zurückgenommen gilt, wenn die Gebühren mit einem Zuschlag nach dem Tarif nicht bis zum Ablauf eines Monats nach Zustellung der Mitteilung gezahlt werden.** Werden innerhalb dieser Frist zwar die Anmeldegebühr und der Zuschlag, nicht aber erforderliche Klassengebühren gezahlt, so gilt Satz 1 insoweit nicht, als der Anmelder angibt, welche Waren- oder Dienstleistungsklassen durch den gezahlten Gebührenbetrag gedeckt werden sollen. Fehlt es an einer solchen Bestimmung, so werden zunächst die Leitklasse und sodann die übrigen Klassen in der Reihenfolge der Klasseneinteilung berücksichtigt.

(4) **Werden sonstige Mängel innerhalb einer vom Patentamt bestimmten Frist nicht beseitigt, so weist das Patentamt die Anmeldung zurück.**

(5) **Kann der Anmelder nicht nach § 7 Inhaber einer Marke sein, so weist das Patentamt die Anmeldung zurück.**

Inhaltsübersicht

	Rdn.
I. Allgemeines	1–3
1. Übersicht	1
2. Früheres Recht	2
3. MarkenV	3
II. Prüfungsumfang der Formalprüfung (Abs. 1)	4
III. Rechtsfolgen (Abs. 2 bis 5)	5–8
1. Mindesterfordernisse	5
2. Gebührenzahlung	6
3. Sonstige Mängel	7
4. Inhaberschaft	8

I. Allgemeines

1. Übersicht

1   § 36 regelt die Befugnisse des DPA bei der Formalprüfung. Diese betrifft die Ordnungsgemäßheit der Anmeldung, nicht die Schutzfähigkeit der Marke. Diese wird in der anschließenden Prüfung auf absolute Schutzhindernisse (§ 37) von Amts wegen durchgeführt, im Hinblick auf die relativen Schutzhindernisse mit Ausnahme von § 10 erst im nachgeschalteten Widerspruchsverfahren (§ 42).

Abs. 1 definiert den Prüfungsumfang der Formalprüfung, Abs. 2–5 die Rechtsfolgen bei festgestellten Mängeln. Dabei führt ein Mangel nach §§ 32 Abs. 2, 36 Abs. 1 Nr. 1 im Fall seiner Behebung zur Verschiebung des Prioritätszeitpunkts (Abs. 2), fehlende Gebührenzahlung führt zur Rücknahmefiktion (Abs. 1 Nr. 3 iVm Abs. 3), sonstige Anmeldemängel (§ 36 Abs. 1 Nr. 2 iVm § 32 Abs. 3) führen zur Zurückweisung, wenn sie nicht fristgerecht behoben werden, werden sie behoben, bleiben sie ohne Auswirkung auf den Anmeldetag (§ 36 Abs. 4). Fehlt es an der Markenrechtsfähigkeit des Anmelders (§ 7), wird die Anmeldung zurückgewiesen (Abs. 5).

2. Früheres Recht

Die Formalprüfung war im WZG nur kursorisch in § 2 geregelt. 2 Mängel der Anmeldeerfordernisse des § 2 Abs. 1 WZG konnten nur mit Wirkung ex nunc geheilt werden.

3. MarkenV

Die MarkenV konkretisiert die Anmeldeerfordernisse in §§ 2– 3 14. Die relevanten Vorschriften sind in der Kommentierung zu §§ 32, 33 eingearbeitet.

II. Prüfungsumfang der Formalprüfung (Abs. 1)

Zuständig für die Formalprüfung ist die Markenstelle (§ 56 4 Abs. 2 Satz 1). Die Formalprüfung bezieht sich auf die Feststellung der Ordnungsgemäßheit der Anmeldung, nicht auf die Frage, ob die angemeldete Marke als solche schutzfähig ist. Dabei prüft das Patentamt zunächst die Mindesterfordernisse, die für die Zuerkennung eines Prioritätstages erforderlich sind (§ 33 Abs. 1, § 32 Abs. 2, vgl. § 32 Rdn. 7 ff.). Die Übereinstimmung mit den sonstigen Anmeldeerfordernissen ist nach Maßgabe von § 32 Abs. 3 iVm. mit der MarkenV zu beurteilen, vgl. § 32 Rdn. 18 ff., die Gebührenzahlung nach § 32 Abs. 4 iVm mit dem gültigen Tarif, vgl. § 32 Rdn. 23. Die Voraussetzungen für die Inhaberschaft der Marke richten sich nach § 7.

§ 36   Prüfung der Anmeldungserfordernisse

III. Rechtsfolgen (Abs. 2 bis 5)

1. Mindesterfordernisse

5   Ein Prioritätstag im Sinne von § 32 Abs. 1 wird nur zuerkannt, wenn die Mindestvoraussetzungen von § 32 Abs. 2 vorliegen (§ 32 Rdn. 7 ff.). Liegen sie nicht vor, setzt das Patentamt eine Nachfrist, die bei inländischen Anmeldern in der Regel einen Monat beträgt, aber verlängerbar ist (im einzelnen § 74 MarkenV). Verstreicht diese ergebnislos, gilt die Anmeldung als nicht eingereicht. Nicht zu den Mindestvoraussetzungen des § 32 Abs. 2 gehören die sonstigen Anforderungen der MarkenV (BPatG GRUR 1997, 60 *SWF-3-Nachrichten*). Eine Zurückweisung durch Beschluß ist grundsätzlich nicht erforderlich. Die Wiedereinsetzung in den vorherigen Stand ist, da gesetzlich nicht ausdrücklich ausgeschlossen, gegen die Versäumung der vom DPA gesetzten Frist nach § 36 Abs. 2 möglich, § 91. Auch eine Nachholung im Rechtsmittelverfahren kommt in Betracht. Wird innerhalb der vom DPA gesetzten Frist der Mangel behoben, tritt eine Verschiebung des Anmeldetages auf den Zeitpunkt der Mängelbehebung ein. Für den Schriftsatz, der die Mängel behebt, gilt wiederum § 36 Abs. 1.

2. Gebührenzahlung

6   Die Zahlung der Gebühren ist nicht Voraussetzung für die Zuerkennung eines Anmeldetages. Die Gebühren sind mit der Anmeldung zu zahlen, § 32 Abs. 4. Ist das unterblieben, setzt das DPA eine Frist zur Zahlung der Gebühren zusammen mit einem Zuschlag, § 36 Abs. 3 Satz 1. Wird die Frist versäumt, ist keine Wiedereinsetzung möglich. Die Anmeldegebühr deckt die ersten drei Waren- und Dienstleistungsklassen ab, § 32 Abs. 4. Wird nur sie gezahlt, nicht aber die an sich erforderlichen weiteren Klassengebühren, bestimmt § 36 Abs. 3, hinsichtlich welcher Klassen die Anmeldung als von der Gebührenzahlung gedeckt gilt. Dabei bestimmt das DPA die Leitklasse danach, wo der Schwerpunkt der Anmeldung liegt, § 23 Abs. 2 Satz 1 MarkenV.

3. Sonstige Mängel

7   Die weiteren Anmeldeerfordernisse ergeben sich gemäß § 32 Abs. 3 aus der MarkenVO, vgl. im einzelnen § 32 Rdn. 18. Wenn Mängel nicht innerhalb der vom DPA gesetzten Frist beseitigt werden, wird die Anmeldung zurückgewiesen. Gegen den Beschluß ist

die Erinnerung oder die Beschwerde statthaft, §§ 64 Abs. 1, 66. Mit dem Rechtsmittel kann insbesondere gerügt werden, daß entgegen der Auffassung des DPA die weiteren Anmeldeerfordernisse erfüllt worden sind. Unabhängig von eventuellen Rechtsmitteln gegen die Zurückweisung kann der Anmelder die gleiche Marke jederzeit erneut anmelden, allerdings unter Verlust des Prioritätstages der ursprünglichen Anmeldung, § 33.

4. Inhaberschaft

Fehlt es an den Voraussetzungen des § 7, weist das DPA die Anmeldung zurück, Abs. 5. 8

§ 37 Prüfung auf absolute Schutzhindernisse

(1) **Ist die Marke nach §§ 3, 8 oder 10 von der Eintragung ausgeschlossen, so wird die Anmeldung zurückgewiesen.**

(2) **Ergibt die Prüfung, daß die Marke zwar am Anmeldetag (§ 33 Abs. 1) nicht den Voraussetzungen des § 8 Abs. 2 Nr. 1, 2 oder 3 entsprach, daß das Schutzhindernis aber nach dem Anmeldetag weggefallen ist, so kann die Anmeldung nicht zurückgewiesen werden, wenn der Anmelder sich damit einverstanden erklärt, daß ungeachtet des ursprünglichen Anmeldetages und einer etwa nach § 34 oder § 35 in Anspruch genommenen Priorität der Tag, an dem das Schutzhindernis weggefallen ist, als Anmeldetag gilt und für die Bestimmung des Zeitrangs im Sinne des § 6 Abs. 2 maßgeblich ist.**

(3) **Eine Anmeldung wird nach § 8 Abs. 2 Nr. 4 nur zurückgewiesen, wenn die Eignung zur Täuschung ersichtlich ist.**

(4) **Eine Anmeldung wird nach § 10 nur zurückgewiesen, wenn die Notorietät der älteren Marke amtsbekannt ist und wenn die weiteren Voraussetzungen des § 9 Abs. 1 Nr. 1 oder 2 gegeben sind.**

(5) **Die Absätze 1 bis 4 sind entsprechend anzuwenden, wenn die Marke nur für einen Teil der Waren oder Dienstleistungen, für die sie angemeldet worden ist, von der Eintragung ausgeschlossen ist.**

Inhaltsübersicht

	Rdn.
I. Allgemeines	1–3
1. Überblick	1
2. Früheres Recht	2
3. MarkenV	3
II. Prüfung auf absolute Schutzhindernisse (Abs. 1)	4

§ 37 Prüfung auf absolute Schutzhindernisse

	Rdn.
III. Verschiebung des Anmeldetages (Abs. 2)	5–8
1. Ausnahmeregelung	5
2. Zustimmung des Anmelders	6
3. Folgen für die Priorität	7
IV. Ersichtliche Täuschungseignung (Abs. 3)	8
V. Amtsbekannte Notorietät (Abs. 4)	8
VI. Teilweise Zurückweisung (Abs. 5)	10

I. Allgemeines

1. Überblick

1   Ist die Anmeldung formal ordnungsgemäß erfolgt (§ 36), prüft das DPA die angemeldete Marke auf die absoluten Schutzhindernisse der §§ 3 und 8. § 10, der im Rahmen von § 37 ebenfalls von Amts wegen zu prüfen ist und deshalb wie ein absolutes Schutzhindernis wirkt, ist in Wirklichkeit ein relatives Schutzhindernis, da es um die Übereinstimmung mit dem Zeichen eines Dritten geht. Diese Schutzhindernisse sind in ihrer Bedeutung gleichrangig, bereits der Verstoß gegen eines führt zur Versagung der Eintragung. Aus Zweckmäßigkeitsgründen prüft das DPA nach der Zeichenfähigkeit von § 3 zunächst die Eintragungshindernisse von § 8 Abs. 2 Nr. 2 und Nr. 3 (freihaltebedürftige Angaben), erst im nächsten Schritt die Frage der Unterscheidungskraft, § 8 Abs. 2 Nr. 1 (vgl. RiL. Markenanmeldungen III 4 b)). Im Laufe des Anmeldeverfahrens können die Schutzhindernisse von § 8 Abs. 2 Nr. 1, 2 oder 3 dadurch entfallen, daß der Anmelder für die Marke Verkehrsdurchsetzung erlangt, § 8 Abs. 3. In diesem Fall kann die Eintragung mit einem späteren Prioritätstag erfolgen, wenn sich der Anmelder damit einverstanden erklärt (Abs. 2). Abs. 3 enthält eine Klarstellung hinsichtlich des Prüfungsmaßstabes bei § 8 Abs. 2 Nr. 4 (täuschende Marken), Abs. 4 eine Konkretisierung des Eintragungshindernisses von § 10 und § 5 eine Klarstellung für den Fall, daß das Eintragungshindernis nur hinsichtlich einzelner Waren oder Dienstleistungen des Verzeichnisses besteht.

2. Früheres Recht

2   Das WZG erhielt in § 5 Abs. 1 nur eine ansatzweise Regelung der Prüfung auf absolute Schutzhindernisse, deren Maßstab sich im übrigen aus den materiellrechtlichen Vorschriften der §§ 1 und 4 WZG ergab.

3. MarkenV

Die MarkenV enthält keine nähere Bestimmung für die Durchführung der Prüfung auf absolute Schutzhindernisse. In der RiL Markenanmeldungen Abschnitt III 4 wird das Verfahren aber im einzelnen beschrieben.

II. Prüfung auf absolute Schutzhindernisse (Abs. 1)

Zuständig für die Prüfung ist die Markenstelle, § 56 Abs. 2. Sie prüft zunächst die Markenfähigkeit (§ 3), dann das Vorliegen von absoluten Schutzhindernissen (§ 8), schließlich die Frage, ob eine notorische bekannte Marke entgegensteht (§ 10). Bei der Prüfung der absoluten Schutzhindernisse gilt das Amtsermittlungsprinzip, § 59 Abs. 1. Dabei ist das DPA aber nicht gehalten, außerhalb der im Amt vorhandenen Materialien Recherchen anzustellen, also zB durch Befragung von Fachkreisen oder demoskopische Untersuchungen. Das Schutzhindernis ist nur beachtlich, wenn es zum **Zeitpunkt** der Eintragung noch vorliegt (BGH GRUR 1993, 744, 745 – *MICRO CHANNEL*). Entfällt das Eintragungshindernis vor der Entscheidung über die Eintragung, erfolgt die Eintragung grundsätzlich mit der Priorität des Anmeldetages. Zu einer Verschiebung des Anmeldetages auf den Zeitpunkt des Wegfalls des Schutzhindernisses kommt es aber nur in den Fällen des § 8 Abs. 2 Nr. 1, 2 oder 3 (§ 37 Abs. 2). In der Praxis sind allerdings die Eintragungshindernisse des § 8 Abs. 2 Nr. 1–3 die bei weitem wichtigsten. Bei ursprünglichem Fehlen der Markenfähigkeit nach § 3 wird es ohnehin kaum in Betracht kommen, daß diese während des laufenden Anmeldeverfahrens nachträglich entsteht, zumal die Zeichenform nicht geändert werden darf. Auch bei entgegenstehenden notorisch bekannten Marke ist es unwahrscheinlich, daß die Notorität während des Eintragungsverfahrens entfällt. Praktische Bedeutung kann die Rückwirkung im Fall des späteren Wegfalls des Eintragungshindernisses daher allenfalls noch in den Fällen des § 8 Abs. 2 Nr. 4–9 haben, zB durch eine Änderung einer gesetzlichen Vorschrift, die ursprünglich der Registrierung entgegenstand. Stellt das DPA ein Eintragungshindernis fest, ergeht zunächst ein schriftlicher (§§ 71, 72 MarkenV) **Beanstandungsbescheid**. Darin wird dem Anmelder Gelegenheit zur Äußerung gegeben (§ 59 Abs. 2), gegebenenfalls auch Hinweise, wie das Eintragungshindernis behoben werden kann. Dafür wird dem Anmelder in der

Regel eine Frist von einem Monat gesetzt (§ 74 Abs. 1 MarkenV). Rechtfertigt die weitere Stellungnahme des Anmelders keine andere Beurteilung, erfolgt die **Zurückweisung**, und zwar durch Beschluß, §§ 56 Abs. 2, 61. Dieser muß eine Rechtsmittelbelehrung enthalten (§ 61 Abs. 2). Ob das Rechtsmittel der Erinnerung (§ 64) oder der Beschwerde (§ 66) gegeben ist, hängt von den im Eintragungsverfahren tätig gewesenen Personen ab (§ 56 Abs. 2).

III. Verschiebung des Anmeldetages (Abs. 2)

1. Ausnahmeregelung

5   Nur in den Fällen des § 8 Abs. 2 Nr. 1, 2 und 3 findet eine Verschiebung des Anmeldetages beim Wegfall des Eintragungshindernisses während des Verfahrens statt. In allen anderen Fällen bleibt es bei der ursprünglichen Priorität, wenn im Laufe des Verfahrens das Anmeldehindernis entfällt. Auch in den Fällen der Schutzhindernisse des § 8 Abs. 2 Nr. 1–3 kommt die Verschiebung des Anmeldetages aber nur dann in Betracht, wenn zweifelsfrei feststeht, daß zum Zeitpunkt des Anmeldetages das Hindernis vorlag, obwohl es jetzt entfallen ist (Amtl. Begr. Abs. 5 zu § 37). Die Fälle von § 8 Abs. 2 Nr. 1, 2 und 3 sind deswegen besonders bedeutsam, weil diese Eintragungshindernisse durch den Nachweis der Verkehrsdurchsetzung überwunden werden können, § 8 Abs. 3. Tritt die Verkehrsdurchsetzung erst im Laufe des Eintragungsverfahrens (das sich gegebenenfalls über Jahre hinziehen kann) ein, wäre es nicht sachgerecht, den Markenschutz schon zu einem Zeitpunkt beginnen zu lassen, zu dem die Verkehrsdurchsetzung nicht nachweis-bar gewesen wäre. Das könnte insbesondere im Verletzungsverfahren dazu führen, daß dem Anmelder Schadenersatzansprüche für Benutzungshandlungen während des Zeitraumes zustünden, als das Zeichen noch nicht als Hinweis auf seinen Geschäftsbetrieb verstanden wurde.

2. Zustimmung des Anmelders

6   Eine Verschiebung des formalen Prioritätstages ist nur mit Zustimmung des Anmelders möglich, die auf die Unterrichtung gem. § 25 MarkenV erklärt wird. Die Zustimmung des Anmelders muß sich auf einen konkreten Tag beziehen, an dem das Eintragungshindernis jedenfalls weggefallen war. Erfolgt die Darlegung der Verkehrsdurchsetzung durch ein demoskopisches Gutachten (wie

Prüfung auf absolute Schutzhindernisse **§ 37**

im Regelfall, § 8 Rdn. 149), sollte das Gutachten sinnvollerweise eine Aussage dazu enthalten, ab welchem Zeitpunkt spätestens die Verkehrsdurchsetzung zu bejahen ist. Fehlt es an einer derartigen Aussage, wird der Zeitpunkt des Abschlusses der Umfrage maßgebend sein müssen. Erteilt der Anmelder sein Einverständnis mit der Verschiebung nicht, wird die Anmeldung durch Beschluß zurückgewiesen. Im Rechtsmittelverfahren steht dem Anmelder allerdings die Möglichkeit offen, neben einem Hauptantrag auf Eintragung der Marke mit der Priorität des Anmeldetages auch einen Hilfsantrag auf Eintragung mit dem späteren Prioritätsantrag zu stellen.

3. Folgen für die Priorität

Wenn sich der Prioritätszeitpunkt verschiebt, kann keine Zwischenrechtsproblematik auftreten. Anmeldungen, die zwischen dem ursprünglichen Anmeldetag und dem aufgrund der Verschiebung später maßgeblichen Anmeldetag eingereicht werden, haben ohne weiteres die bessere Priorität gegenüber der verschobenen Anmeldung. Aus ihnen können dementsprechend Verbotsrechte gegenüber der verschobenen Anmeldung entstehen. Die insbesondere in § 22 Nr. 2 geregelte Problematik der Koexistenz stellt sich nur für den Fall, daß eine Marke trotz ursprünglichen Vorliegens des Schutzhindernisses (fehlerhafterweise) tatsächlich eingetragen wurde, ohne daß es zu einer Verschiebung des Anmeldetages gekommen ist. Da eine Löschung des Zeichens dann nicht mehr in Betracht kommt, wenn zum Zeitpunkt der Entscheidung über den Löschungsantrag das Schutzhindernis weggefallen ist (§ 50 Abs. 2), bestehen die Rechte dann nebeneinander. Den Fall des § 37 Abs. 2 betrifft das aber nicht. Für den Rechtsverkehr ergibt sich die maßgebende Priorität aus der Eintragung in den Erteilungsakten (§ 25 S. 2 MarkenV). 7

IV. Ersichtliche Täuschungseignung (Abs. 3)

§ 37 Abs. 3 konkretisiert den Prüfungsmaßstab für das absolute Schutzhindernis des § 8 Abs. 2 Nr. 4. Die Vorschrift kodifiziert die neuere Rechtsprechung des BPatG (zB GRUR 1989, 593 – *Molino*). Ersichtlich zur Täuschung geeignet ist ein Zeichen nur dann, wenn sich aus den Anmeldeunterlagen selbst ergibt, daß die Marke täuschend wäre. Das konkrete angemeldete Zeichen muß also für mindestens einzelne (Abs. 5) Waren oder Dienstleistungen des Verzeichnisses in jedem Fall irreführend sein, es darf also keine 8

Waren oder Dienstleistungen dieser Gattung geben, die ohne Irreführungsgefahr mit dem angemeldeten Kennzeichen versehen werden könnten. Unerheblich ist demgegenüber, ob Fälle denkbar sind (oder vielleicht sogar naheliegen), bei denen eine Irreführung lediglich zu befürchten wäre (im einzelnen dazu § 8 Rdn. 97 ff.). Es muß dem Anmelder überlassen bleiben, die angemeldete Marke so zu verwenden, daß die Irreführung ausgeschlossen ist. Sollte sich später herausstellen, daß die konkrete Benutzungsform irreführend ist, bleibt die Möglichkeit der Löschung nach § 53 Abs. 1 iVm § 49 Abs. 2 Nr. 1, gegebenenfalls nur für denjenigen Teil der Waren oder Dienstleistungen, hinsichtlich derer die Täuschungsgefahr besteht, § 49 Abs. 3.

V. Amtsbekannte Notorietät (Abs. 4)

9   Um im Eintragungsverfahren berücksichtig zu werden, muß eine Marke nicht nur notorisch bekannt sein, sondern diese Notorietät muß noch zusätzlich amtsbekannt sein. Das MarkenG definiert den Begriff der Notorietät nicht näher, § 10 setzt ihn voraus. Notorisch ist eine Marke insbesondere dann, wenn sie einen weit überdurchschnittlichen Bekanntheitsgrad hat. Dieser wird in der Regel deutlich oberhalb der für die Verkehrsdurchsetzung erforderlichen Prozentsätze liegen müssen, idR wohl nicht unter 70%. Ein Bekanntheitgrad wie für eine berühmte Marke ist demgegenüber nicht erforderlich (ähnlich *Fezer* Rdn. 24). Der Maßstab für die Amtsbekanntheit ist nicht zu niedrig anzusetzen, da die Ausgestaltung des im Grunde relativen Schutzhindernisses des § 10 als absolutes Schutzhindernis nur im Hinblick auf unstreitig besonders bekannte Zeichen gerechtfertigt ist. Amtsbekannt ist die Notorietät nur dann, wenn sie sich aus im DPA vorliegenden Unterlagen ohne weiteres ergibt, insbesondere aus Akten früherer Verfahren, Ermittlungen stellt das DPA dazu nicht an. Persönliche Spezialkenntnisse eines Prüfers sind nicht ausreichend. Von Amts wegen wird die notorische Marke als absolutes Schutzhindernis nur dann beachtet, wenn die jüngere Marke für identische oder ähnliche Waren oder Dienstleistungen angemeldet wird (§ 9 Abs. 1 Nr. 2 und 3). Daß die notorische Marke gemäß § 14 Abs. 2 Nr. 3 gegen Verletzungshandlungen auch außerhalb des Ähnlichkeitsbereiches Schutz gewähren kann, spielt bei der Prüfung auf absolute Schutzhindernisse keine Rolle. Das DPA soll beim Eintragungsverfahren nicht mit zusätzlichen Subsumtionsschwierigkeiten belastet werden.

VI. Teilweise Zurückweisung (Abs. 5)

Das DPA kann die Marke hinsichtlich einzelner Waren oder Dienstleistungen des Verzeichnisses beanstanden. Absolute Schutzhindernisse bestehen in der Regel im Hinblick auf die konkrete Verwendung eines bestimmten Zeichens für bestimmte Waren oder Dienstleistungen. Das gleiche Zeichen kann z.B. für bestimmte Waren unterscheidungskräftig sein, für andere nicht. In diesen Fällen weist das DPA im Beanstandungsbescheid auf die konkret betroffenen Waren oder Dienstleistungen hin. Es obliegt dann zunächst dem Anmelder, ob er durch eine Beschränkung des Verzeichnisses die Bedenken ausräumen will, eine Änderung des Verzeichnisses durch das DPA von Amts wegen ist nicht zulässig (BPatGE 25, 243, 245). Diese Einschränkung ist jederzeit möglich, § 39 Abs. 1. Die Erklärung des Anmelders hat zur Folge, daß die Anmeldung nur noch im Hinblick auf die verbleibenden Waren oder Dienstleistungen des Verzeichnisses weiter besteht. Alternativ hat der Anmelder die Möglichkeit zur Teilung der Anmeldung (§ 40). Das kann sinnvoll sein, wenn hinsichtlich bestimmter Waren oder Dienstleistungen eine schnelle Eintragung möglich erscheint, während hinsichtlich anderer entweder die Verkehrsdurchsetzung zu beweisen ist oder voraussichtlich ein längerer Instanzenzug im Rechtsmittelverfahren bevorsteht. Anders als bei der Einschränkung bleibt bei der Teilung weiter die Möglichkeit des Anmelders bestehen, eine Eintragung mit dem ursprünglichen Prioritätsdatum zu erreichen. Demgegenüber kann nach der einmal erfolgten Einschränkung des Waren- oder Dienstleistungsverzeichnisses hinsichtlich der davon betroffenen Teile des Verzeichnisses nur eine neue Anmeldung unter Prioritätsverlust vergenommen werden.

§ 38 Beschleunigte Prüfung

(1) Auf Antrag des Anmelders wird die Prüfung nach den §§ 36 und 37 beschleunigt durchgeführt.

(2) Mit dem Antrag auf beschleunigte Prüfung ist eine Gebühr nach dem Tarif zu zahlen. Wird die Gebühr nicht gezahlt, so gilt der Antrag als nicht gestellt.

Das WZG kannte in § 6a die Möglichkeit der Schnelleintragung, bei der das Widerspruchsverfahren nachgeschaltet war. Das MarkenG hat nun für alle Anmeldungen das nachgeschaltete Widerspruchsverfahren eingeführt, so daß (im Vergleich zum WZG) nunmehr jede Anmeldung eine Schnelleintragung darstellt. Trotzdem ist – im Hinblick auf den Geschäftsanfall des DPA – nicht sichergestellt, daß Anmeldungen innerhalb der für IR-Anmeldungen nach Artikel 4 MMA zu beachtenden 6-Monats-Frist zur Eintragung führen (§ 34 Rdn. 9). Auch das MarkenG sieht deshalb die Möglichkeit eines weiter beschleunigten Verfahrens gegen zusätzliche Gebührenzahlung vor. Nach der RiL Markenanmeldung soll das DPA besonderen Beschleunigungswünschen des Anmelders nur dann Rechnung tragen, wenn die gebührenpflichtige beschleunigte Prüfung beantragt wird (III 8 a). Auch bei diesem Verfahren ist aber nicht in jedem Fall sichergestellt, daß die 6-Monats-Frist eingehalten werden kann. Tritt die Beschleunigung nicht ein, kann die Gebühr nicht zurückgefordert werden (BPatGE 37, 112, 113). Die Gebühr beträgt gegenwärtig DM 420,– für Anmelder aus den alten Bundesländern und bis zum 1. Januar 1998 DM 350,– für Anmelder aus den neuen Bundesländern.

§ 39 Zurücknahme, Einschränkung und Berichtigung der Anmeldung

(1) **Der Anmelder kann die Anmeldung jederzeit zurücknehmen oder das in der Anmeldung enthaltene Verzeichnis der Waren und Dienstleistungen einschränken.**

(2) **Der Inhalt der Anmeldung kann auf Antrag des Anmelders zur Berichtigung von sprachlichen Fehlern, Schreibfehlern oder sonstigen offensichtlichen Unrichtigkeiten geändert werden.**

I. Zurücknahme und Einschränkung (Abs. 1)

1. Zurücknahme des Anmelders

1 Die jederzeitige Möglichkeit des Anmelders, die Anmeldung zurückzunehmen, ergibt sich ebenso wie die Möglichkeit der Einschränkung des Verzeichnisses aus der Dispositionsmaxime (Vor §§ 32–44 Rdn. 6). Mit der Rücknahme endet das Anmeldeverfahren. Eine Sachentscheidung erfolgt nicht mehr. Die Rücknahme kann im Fall eines Erklärungsirrtums oder eines Übermittlungsfehlers nach §§ 119 Abs. 1, 120 BGB angefochten werden, nicht aber bei einem Irrtum über Eigenschaften in der Anmeldung, der ohnehin als Rechtsirrtum zu bewerten wäre (*Fezer* Rdn. 4). Die Rücknahme der Anmeldung stellt kein Präjudiz für die spätere

Neuanmeldung der selben Marke dar. Lediglich die Priorität der ersten Anmeldung geht verloren.

2. Einschränkung des Verzeichnisses

Im Anmeldeverfahren kann die angemeldete Marke nicht verändert werden. Insbesondere kann auch nicht durch die Hinzufügung weiterer kennzeichnender Bestandteile der Schutzbereich beschränkt werden. Ebensowenig kommt in Betracht, den Schutzbereich der Marke durch einen „Disclaimer" beschränken zu wollen, der auf bestimmte Zeichenformen gerichtet ist (BPatGE 36, 29 – *Color COLLECTION*). Soll die Marke selbst verändert werden, ist also jeweils eine Neuanmeldung erforderlich. Demgegenüber kann das Verzeichnis der beanspruchten Waren oder Dienstleistungen jederzeit eingeschränkt werden. Dabei kann auf einzelne Waren oder Dienstleistungen ebenso verzichtet werden wie auf ganze Gruppen oder Klassen. Die Einschränkung ist für den Anmelder zum einen dann sinnvoll, wenn hinsichtlich einzelner Waren oder Dienstleistungen absolute Schutzhindernisse bestehen (vgl. § 37 Rdn. 10). Sie kann daneben auch sinnvoll sein, wenn dem Anmelder während des Eintragungsverfahrens entgegenstehende Zeichen Dritter bekannt werden, die nur mit einzelnen Waren oder Dienstleistungen des Verzeichnisses kollidieren. In der Regel wird dies allerdings erst im Widerspruchsverfahren der Fall sein.

3. Verzicht

Die Möglichkeit der Zurücknahme und der Einschränkung nach § 39 bezieht sich nur auf die Anmeldung. Ist die Marke bereits eingetragen, kann der Inhaber aber jederzeit den vollständigen oder teilweisen Verzicht erklären, § 48. Dieser führt zur Löschung der Marke im Register.

II. Berichtigung (Abs. 2)

Eine ausdrückliche Regelung der Berichtigung fehlte im WZG. Abs. 2 stellt jetzt klar, daß Berichtigungen zulässig sind, aber nur in sehr eingeschränktem Rahmen. Berichtigungen kommen nicht im Hinblick auf die Darstellung des Zeichens in Frage, da der Schutzumfang dabei verändert würde. Vielmehr können Berichtigungen insbesondere im Hinblick auf Schreibfehler im Verzeichnis der Waren und Dienstleistungen, im Hinblick auf die Firma oder

Anschrift des Anmelders oder die Angaben zur Priorität in Betracht kommen.

5 Der Begriff der „offensichtlichen Unrichtigkeiten" ist vergleichbar mit dem der „offenbaren Unrichtigkeit" von § 319 Abs. 1 ZPO, wobei zu beachten ist, daß die Evidenz des Fehlers in der Anmeldung für das DPA ersichtlich sein muß. Die Evidenz kann sich insbesondere aus anderen Unterlagen des Anmelders ergeben, zB bei einer falschen Adresse. Evident sind auch unzutreffende Angaben zur Klassifizierung oder Fehler bei den Angaben zur beanspruchten Priorität (§ 34 Abs. 3, § 35 Abs. 4), sofern sich die Unrichtigkeit ohne weiteres aus anderen Unterlagen ergibt. Nicht offensichtlich sind in der Regel Unrichtigkeiten bei der Abfassung des Verzeichnisses der Waren oder Dienstleistungen, die über bloße Schreibfehler hinausgehen. Es ist Sache des Anmelders, sein Schutzbegehren eindeutig klarzustellen. Das DPA kann nicht erkennen, welche Waren oder Dienstleistungen – außer den ausdrücklich benannten – der Anmelder möglicherweise beanspruchen will. Die weiteren Voraussetzungen von § 45 MarkenV sind zu beachten.

6 Für eingetragene Marken enthält § 45 eine entsprechende Regelung.

§ 40 Teilung der Anmeldung

(1) **Der Anmelder kann die Anmeldung teilen, indem er erklärt, daß die Anmeldung der Marke für die in der Teilungserklärung aufgeführten Waren und Dienstleistungen als abgetrennte Anmeldung weiterbehandelt werden soll. Für jede Teilanmeldung bleibt der Zeitrang der ursprünglichen Anmeldung erhalten.**

(2) **Für die abgetrennte Anmeldung sind die nach § 32 erforderlichen Anmeldungsunterlagen einzureichen. Für die Teilung ist außerdem eine Gebühr nach dem Tarif zu zahlen. Werden die Anmeldungsunterlagen nicht innerhalb von drei Monaten nach Zugang der Teilungserklärung eingereicht oder wird die Gebühr nicht innerhalb dieser Frist gezahlt, so gilt die abgetrennte Anmeldung als zurückgenommen. Die Teilungserklärung kann nicht widerrufen werden.**

Inhaltsübersicht

	Rdn.
I. Allgemeines	1–5
1. Überblick	1
2. MarkenV	2
3. Früheres Recht	3

	Rdn.
4. MRRL	4
5. Gemeinschaftsmarkenrecht	5
II. Zweck	6
III. Teilungserklärung (Abs. 1)	7–9
1. Begriff der Teilung	7
2. Teilungserklärung	8
3. Wirkung	9
IV. Verfahren (Abs. 2)	10, 11

Literatur: *Klaka,* Die Markenteilung, GRUR 1995, 713; *Mitscherlich,* Verfahrensrechtliche Aspekte des neuen Markenrechts, FS 100 Jahre Marken-Amt, 1994, 199.

I. Allgemeines

1. Überblick

§ 40 regelt die Möglichkeit, eine Anmeldung im Hinblick auf 1 das Verzeichnis der Waren oder Dienstleistungen zu teilen. Aus ursprünglich einer Anmeldung entstehen also zwei oder mehr selbständige Anmeldungen, jeweils für einen bestimmten Teil des Verzeichnisses. Jede dieser Anmeldungen ist dann rechtlich selbständig und kann ein unterschiedliches Schicksal haben. Die Teilung ist systematisch zu unterscheiden der Einschränkung des Verzeichnisses nach § 39 und vom Fall der nachträglichen Anmeldung eines identischen Zeichens für andere Waren und Dienstleistungen, das dann einen eigenen (späteren) Prioritätstag hat. Für bereits eingetragene Marken enthält § 46 die entsprechende Regelung. § 40 Abs. 1 enthält den materiell-rechtlichen Grundsatz, § 40 Abs. 2 die wichtigsten Verfahrensregeln.

2. MarkenV

Die MarkenV enthält nähere Regelungen für das Verfahren bei 2 der Teilung von Anmeldungen in § 36 MarkenV und für die Teilung von eingetragenen Marken (§ 46) in § 37 MarkenV.

3. Früheres Recht

Das WZG kannte die Teilung nicht, hier war nur der Weg der 3 Neuanmeldung gangbar. Gemäß § 159 ist die Teilung von Marken, die vor dem 1. Januar 1995 angemeldet wurden, erst nach Ablauf der Widerspruchsfrist und nur dann zulässig, wenn bei einem anhängigen Widerspruch dieser sich nach der Teilung nur gegen einen Teil der ursprünglichen Anmeldung richten würde.

4. MRRL

4   Die MRRL sieht in Art. 13 lediglich vor, daß beim Bestehen absoluter Schutzhindernisse hinsichtlich nur eines Teils der Waren oder Dienstleistungen des Verzeichnisses auch nur eine teilweise Zurückweisung erfolgen darf. Diese Vorgabe wird durch § 37 Abs. 5 umgesetzt. Die Möglichkeit der Teilung im Sinne von § 40 wird durch die MRRL weder vorgeschrieben noch ausgeschlossen. Die Auslegung von § 40 ist somit ausschließlich eine Frage des nationalen deutschen Rechts.

5. Gemeinschaftsmarkenrecht

5   Artikel 17 Abs. 1 GMVO sieht eine Teilung der Marke nur für den Fall vor, daß ein Teil des Geschäftsbetriebes auf einen Dritten übertragen wird. Eine Teilung der Anmeldung oder der eingetragenen Marke in der Hand des ursprünglichen Inhabers ist nicht vorgesehen.

II. Zweck

6   Praktische Bedeutung hat § 40 in erster Linie für den Fall, daß im Eintragungsverfahren Bedenken hinsichtlich der Schutzfähigkeit der Marke nur für einen Teil der Waren oder Dienstleistungen des Verzeichnisses bestehen, § 37 Abs. 5. Der Anmelder kann mit einer Teilung dann erreichen, daß hinsichtlich des unproblematischen Teiles eine Eintragung schnell erfolgt, hinsichtlich des anderen Teiles aber das gesamte Verfahren einschließlich aller Rechtsmittelinstanzen zur Verfügung steht und im Laufe dieses Verfahrens die Eintragung mit dem ursprünglichen Prioritätstag erreichbar ist. Wäre die Teilung nicht möglich, könnte die beschleunigte Eintragung hinsichtlich der nicht beanstandeten Teile des Verzeichnisses nur durch Einschränkung des Verzeichnisses und anschließende Neuanmeldung für die problematischen Teile erreicht werden. Damit ginge aber der Prioritätszeitpunkt der ersten Anmeldung verloren. Außerdem kommt die Teilung als Vorbereitung der Übertragung eines Teils der Anmeldung (§§ 39, 27) auf einen Dritten in Betracht.

III. Teilungserklärung (Abs. 1)

1. Begriff der Teilung

Mit der Teilung nach § 40 wird die angemeldete Marke im Hinblick auf bestimmte Waren oder Dienstleistungen des Verzeichnisses geteilt. Eine Teilung kann sich nicht auf das Zeichen selbst beziehen, also etwa den Wort- und den Bildbestandteil voneinander trennen. Die Teilung kann auch nicht geographisch erfolgen, also in zwei Marken, die jeweils nur in einem Teil der Bundesrepublik Deutschland Schutz genießen würden. Das Verzeichnis der Waren und Dienstleistungen der Stammanmeldung und der abgetrennten Anmeldung müssen insgesamt mit dem Verzeichnis vor der Teilung deckungsgleich sein (§ 36 Abs. 3 MarkenV). Die Teilung des Verzeichnisses darf nicht zu einer Erweiterung führen, es dürfen also in den Verzeichnissen der geteilten Marken keine Waren oder Dienstleistungen enthalten sein, die nicht im Verzeichnis der ursprünglichen Anmeldung Schutz beanspruchten. Ebenso darf kein Austausch stattfinden, da die Aufnahme weiterer Waren oder Dienstleistungen in das Verzeichnis in jedem Fall eine Erweiterung darstellt, unabhängig davon, ob gleichzeitig auf andere Waren oder Dienstleistungen verzichtet wird. Die Anmeldung kann in beliebig viele Teile aufgespalten werden. 7

2. Teilungserklärung

Die Teilungserklärung ist eine einseitige Erklärung des Anmelders. Sie enthält das Verzeichnis der Waren oder Dienstleistungen, die als abgetrennte Anmeldung weiter behandelt werden sollen. Werden mehrere abgetrennte Teile gebildet, ist jeweils eine gesonderte Teilungserklärung erforderlich, § 36 Abs. 1 MarkenV. Bei der Abfassung des neuen Verzeichnisses ist darauf zu achten, daß Deckungsgleichheit zwischen dem ursprünglichen Verzeichnis und der Summe der neugebildeten Verzeichnisse besteht („Oberbekleidung" kann in „Damen-", „Kinder-" und „Herrenoberbekleidung" geteilt werden, nicht aber in „Oberbekleidung" und „Unterwäsche"). Eine Erweiterung wäre unzulässig (siehe oben Rdn. 7). Eine Einschränkung ist zwar in jedem Verfahrensstadium zulässig, müßte aber gesondert erklärt werden. Werden in den geteilten Anmeldungen Waren oder Dienstleistungen, die einem gemeinsamen Oberbegriff unterfallen, verschiedenen Teilanmeldun- 8

§ 40 Teilung der Anmeldung

gen zugeordnet, so ist der Oberbegriff sowohl in der Stammanmeldung als auch in der abgetrennten Anmeldung zu verwenden und durch entsprechende Zusätze so einzuschränken, daß sich keine Überschneidungen der Verzeichnisse der Waren und Dienstleistungen ergeben (§ 36 Abs. 3 MarkenV). Um Unklarheiten zu vermeiden, kann dies beispielsweise durch Verwendung von Begriffen wie „mit Ausnahme von" geschehen (zB ursprüngliche Anmeldung enthielt im Verzeichnis den Begriff „Oberbekleidung". Nach der Teilung enthält das eine Verzeichnis die Angabe „Oberbekleidung, nämlich Damenoberbekleidung", die andere die Angabe „Oberbekleidung mit Ausnahme von Damenoberbekleidung". Das ist gegenüber einer Teilung vorzuziehen, die etwa formulieren würde „Oberbekleidung, nämlich Damenoberbekleidung" und andererseits „Oberbekleidung, nämlich Herrenoberbekleidung". Hier wäre der Teil „Kinderbekleidung" keiner der beiden neuen Teilanmeldungen zugeordnet).

3. Wirkung

9   Die Teilanmeldungen sind selbständige Markenanmeldungen. Sie erhalten eigene Aktenzeichen (§ 36 Abs. 4 MarkenV). Allerdings gelten die Vertretervollmachten weiter (§ 36 Abs. 6 MarkenV), auch sind Anträge, die bereits für die ursprüngliche Anmeldung gestellt wurden, gleichzeitig mit Wirkung für die abgeteilten Anmeldungen gestellt, § 37 Abs. 7 MarkenV. Das gilt zB für den Antrag auf beschleunigte Prüfung, § 38. Die neuentstehenden Teilanmeldungen haben alle die Priorität der ursprünglichen Anmeldung, § 40 Abs. 1 Nr. 2. Damit entstehen – falls die unterschiedlichen Teile eingetragen werden – identische Marken mit Verzeichnissen, deren Waren oder Dienstleistungen jedenfalls gewisse Überschneidungen im Ähnlichkeitsbereich aufweisen können (zB zwischen Damen- und Herrenoberbekleidung). Da die Rechte gleichrangig sind, kann der Inhaber der einen Marke aber nie gegen den Inhaber der anderen Marke vorgehen (§ 6 Abs. 4). Von diesen Gemeinsamkeiten abgesehen, sind die geteilten Anmeldungen aber völlig unabhängig, die Zurückweisung einer Teilanmeldung hindert nicht die Eintragung einer anderen. Die Teilung ist unwiderruflich, § 40 Abs. 2 Satz 4. Das führt auch dazu, daß bei Nichteinhaltung der gesetzlichen Erfordernisse, insbesondere der Frist von § 42 Abs. 2 Satz 3, ein Verfall der abgeteilten Anmeldung eintritt, diese nicht etwa wieder mit der ursprünglichen Anmeldung verbunden wird.

Eintragung **§ 41**

IV. Verfahren (Abs. 2)

Für die abgetrennte Anmeldung sind vollständige Anmeldeunterlagen einzureichen, § 40 Abs. 2 Satz 1 i. V. m. mit § 32. Dabei soll die Teilungserklärung unter Verwendung des vom Patentamt herausgegebenen Formblattes eingereicht werden (§ 36 Abs. 1 Satz 3 MarkenV). Außerdem ist eine zusätzliche Gebühr nach dem Tarif zu bezahlen, nämlich gem. Nr. 131700 GebVen in Höhe von DM 500,– für Anmelder aus den alten Bundesländern und bis zum 1. Januar 1998 von DM 420,– für Anmelder aus den neuen Bundesländern.

Werden die Anmeldeunterlagen nicht innerhalb der Drei-Monats-Frist von § 40 Abs. 2 Nr. 3 eingereicht oder wird die Gebühr nicht bezahlt, gilt die abgetrennte Anmeldung als zurückgenommen, was im Ergebnis einer Beschränkung der ursprünglichen Anmeldung hinsichtlich der Waren und Dienstleistungen der abgetrennten Anmeldung entspricht. Das Verzeichnis der Stammanmeldung ist also um die Waren und Dienstleistungen der abgetrennten Anmeldung eingeschränkt. Die Frist ist nicht verlängerbar, es ist aber Wiedereinsetzung in den vorigen Stand, § 91, möglich. Im Hinblick auf die strengen Sorgfaltsanforderungen, die im Rahmen von § 91 gelten (§ 91 Rdn. 11 ff.) ist die Teilung also mit einem nicht unerheblichen Risiko des Rechtsverlusts behaftet. Sind die Voraussetzungen von § 91 nicht gegeben, bleibt nur der Weg der Neuanmeldung, der aber notwendigerweise mit einer Verschiebung der Priorität auf den neuen Anmeldetag einhergeht.

10

11

§ 41 Eintragung

Entspricht die Anmeldung den Anmeldungserfordernissen und wird sie nicht gemäß § 37 zurückgewiesen, so wird die angemeldete Marke in das Register eingetragen. Die Eintragung wird veröffentlicht.

Sind die gesetzlichen Voraussetzungen für die Eintragung erfüllt, muß das DPA die Marke eintragen. § 41 Satz 1 ist das Gegenstück zu dem Eintragungsanspruch von § 33 Abs. 2 Satz 1. Die Systematik des Gesetzes zeigt, daß die Eintragung vor dem Widerspruchsverfahren erfolgt. Darin liegt einer der wesentlichen Unterschiede des Eintragungsverfahrens gegenüber dem früheren Recht. Die Eintragung erfolgt in das Register. Das Register ist das amtliche Verzeichnis der eingetragenen Marken, das beim DPA geführt wird, § 17 Abs. 1 MarkenV. Der Inhalt des Registers wird in § 18 MarkenV abschließend geregelt. Andere als die dort aufgeführten Informationen können nicht eingetragen werden. Über die Eintragung der Marke in das Register erhält der Markeninhaber eine Urkunde, § 19 MarkenV. Die Veröffentlichung erfolgt im Markenblatt, das vom DPA herausgegeben wird, § 20 Abs. 1 MarkenV. Die Veröffentlichung hat den in § 21 MarkenV bestimmten Inhalt, der sich bis auf die Informationen nach Nr. 11, 21 und 32 mit dem Registerinhalt von § 18 MarkenV deckt, § 21 MarkenV.

§ 42 Widerspruch

(1) **Innerhalb einer Frist von drei Monaten nach dem Tag der Veröffentlichung der Eintragung der Marke gemäß § 41 kann von dem Inhaber einer Marke mit älterem Zeitrang gegen die Eintragung der Marke Widerspruch erhoben werden.**

(2) **Der Widerspruch kann nur darauf gestützt werden, daß die Marke**
1. wegen einer angemeldeten oder eingetragenen Marke mit älterem Zeitrang nach § 9 Abs. 1 Nr. 1 oder 2,
2. wegen einer notorisch bekannten Marke mit älterem Zeitrang nach § 10 in Verbindung mit § 9 Abs. 1 Nr. 1 oder 2 oder
3. wegen ihrer Eintragung für einen Agenten oder Vertreter des Markeninhabers nach § 11
gelöscht werden kann.

(3) Innerhalb der Frist des Absatzes 1 ist eine Gebühr nach dem Tarif zu zahlen. Wird die Gebühr nicht gezahlt, so gilt der Widerspruch als nicht erhoben.

Inhaltsübersicht

	Rdn.
I. Allgemeines	1–4
1. Überblick	1
2. Früheres Recht	2
3. MRRL	3
4. Gemeinschaftsmarkenrecht	4
II. Normzweck	5
III. Widerspruch	6–36
1. Statthaftigkeit des Widerspruchs	6
2. Widerspruchsmarke	7–10
3. Widerspruchsbefugnis	11–13
4. Widerspruchsgründe	14, 15
5. Beschränkung des Widerspruchs	16–18

	Rdn.
6. Inhalt des Widerspruchs	19–22
7. Form des Widerspruchs	23
8. Einlegung des Widerspruchs	24
9. Einlegung durch Vertreter	25
10. Widerspruchsfrist	26–28
11. Widerspruchsgebühr	29–32
12. Rücknahme des Widerspruchs	33–35
13. Verzicht auf Widerspruch	36
IV. Widerspruchsverfahren	37–49
1. Verfahrensbeteiligte	38
2. Verfahrensgang	39–41
3. Prüfungsumfang	42–45
a) Traditionelle Auffassung	42–44
b) Neuorientierung im MarkenG?	45
4. Rechtsübergang während des Widerspruchsverfahrens	46
5. Beendigung des Verfahrens ohne Sachentscheidung	47–49
V. Verhältnis zum Löschungsklageverfahren	50

Literatur: *Ackmann,* Entscheidung über Widersprüche gegen international registrierte ausländische Marken, GRUR 1995, 378; *Berlit,* Das neue Markenrecht – Richtlinienentwürfe, Markenanmeldungen und Widerspruchsverfahren des Deutschen Patentamts, ZRP 1995, 466; *Füllkrug,* Überlegungen zum Widerspruchsverfahren nach neuem Recht, MA 1995, 498; *Over,* Zum nachgeschalteten Widerspruch in der Markenrechtsreform, MA 1993, 500; *ders.,* Für und Wider der Einführung eines nachgeschalteten Widerspruchsverfahrens im Zuge der bevorstehenden Markenrechtsreform, WRP 1993, 596; *Schöndeling,* Entscheidungen über Widersprüche gegen international registrierte ausländische Marken, GRUR 1996, 105; *Winkler,* Das Widerspruchsverfahren nach dem neuen Markenrecht, GRUR 1994, 569 = FS 100 Jahre Markenamt, 1994, 381.

I. Allgemeines

1. Überblick

Die relativen Schutzhindernisse der §§ 9–13 werden im patent- **1**
amtlichen Verfahren bis zur Eintragung der Marke nicht geprüft (einzige Ausnahme: Kollision mit älterer amtsbekannt notorischer Marke, § 37 Abs. 1, 4). Erst nach der Eintragung eröffnet § 42 den Inhabern bestimmter älterer Rechte die Möglichkeit, binnen drei Monaten ab der Veröffentlichung der Eintragung Widerspruch mit dem Ziel der Löschung der Marke zu erheben. § 42 Abs. 2 läßt jedoch nur die vermeintlich einfacher zu klärenden Kollisionsfälle der

Identität oder Verwechslungsgefahr mit älteren angemeldeten, eingetragenen oder notorischen Marken sowie den Fall des ungetreuen Agenten als Widerspruchsgründe zu. Bei Kollision mit älteren bekannten eingetragenen (oder notorischen, § 10) Marken nach § 9 Abs. 1 Nr. 3 sowie bei allen Kollisionen mit durch Benutzung erworbenen Marken, geschäftlichen Bezeichnungen und sonstigen Rechten Dritter steht dagegen nur das Löschungsklageverfahren wegen Nichtigkeit gem. §§ 51, 53 zur Verfügung.

2. Früheres Recht

2   § 42 beinhaltet eine der wesentlichsten verfahrensrechtlichen Änderungen durch das Markengesetz. Das in § 5 Abs. 4 WZG als Regelfall vorgesehene **vorgeschaltete Widerspruchsverfahren wurde abgeschafft** und das bisher nur im Falle der sog. Schnelleintragung geltende, nachgeschaltete (§ 6a Abs. 3, 4 WZG) Widerspruchsverfahren generell eingeführt. Die dagegen erhobenen Bedenken (zB *Over* WRP 1993, 536; gegen ihn *Ingerl* WiB 1994, 112; *Winkler* GRUR 1994, 570) haben sich im Gesetzgebungsverfahren zu Recht nicht durchgesetzt (ausf. Amtl. Begr. A. VIII. 7. Abs.). Bei den Widerspruchsgründen ist einerseits der seltene Fall der Kollision mit einer Sortenbezeichnung (§ 5 Abs. 4 Nr. 3 WZG) entfallen (vgl. jetzt §§ 13 Abs. 2 Nr. 4, 51, 53) und andererseits die bislang nur als Löschungsgrund (§ 10 Abs. 2 Nr. 2 iVm § 4 Abs. 2 Nr. 5 WZG) anerkannte Kollision mit einer notorischen Marke hinzugekommen. Bei Widersprüchen gegen vor dem 1. 1. 1995 bekanntgemachte Anmeldungen oder Schnelleintragungen einschließlich der am 1. 1. 1995 bereits anhängigen Widerspruchsverfahren ist die Übergangsregelung des § 158 zu beachten.

3. MRRL

3   Die verfahrensrechtliche Ausgestaltung der Durchsetzung der Ungültigkeitsgründe des Art. 4 MRRL ist dem nationalen Recht überlassen (5. ErwGr).

4. Gemeinschaftsmarkenrecht

4   Die GMVO sieht ein der Eintragung stets vorgeschaltetes Widerspruchsverfahren vor dem Amt vor (Art. 42 ff. GMVO), in dem nicht nur Inhaber älterer Gemeinschaftsmarken, sondern auch Inhaber älterer nationaler Marken (einschließlich nicht eingetragener) sowie sonstiger Kennzeichenrechte und deren ermächtigte Lizenznehmer widerspruchsberechtigt sind (Art. 42 iVm Art. 8 GMVO;

näher *Ingerl,* Die Gemeinschaftsmarke, S. 133 ff.). Die Entwicklungen auf deutscher und gemeinschaftsmarkenrechtlicher Ebene sind somit genau entgegengesetzt verlaufen.

II. Normzweck

Das Widerspruchsverfahren ist heute nichts anderes mehr als ein **Löschungsverfahren summarischer Art**, das nach der Vorstellung des Gesetzgebers auf die Erledigung einer großen Zahl von Fällen zugeschnitten ist (Amtl. Begr. zu § 42) und nach Auffassung des BGH „abstrakt schematisch" ablaufen soll (BGH GRUR 1997, 221, 222 – *Canon*). Seine frühere präventive Funktion der Eintragungsverhinderung ist entfallen. Damit wird sich in der Praxis nunmehr noch häufiger die Frage stellen, ob dem erfahrungsgemäß langwierigen Widerspruchsverfahren nicht die sofortige Erhebung der zu einer endgültigen Klärung führenden, allerdings wesentlich kostspieligeren Löschungsklage vorzuziehen ist.

III. Widerspruch

1. Statthaftigkeit des Widerspruchs

§ 42 eröffnet den Widerspruch gegen die Eintragung deutscher Marken und über §§ 107, 119 mit der besonderen Fristberechnung nach §§ 114 Abs. 2, 124 auch gegen die Schutzerstreckung von IR-Marken auf Deutschland. Ausgeschlossen ist der Widerspruch gegen die Eintragung von Marken, die durch Umwandlung aus vorbehaltlos Schutz genießenden IR-Protokoll-Marken (§ 125 Abs. 5 S. 3) oder eingetragenen Gemeinschaftsmarken (§ 125 d Abs. 4 S. 2) enstanden sind. Gegen Marken, deren Eintragung bzw. Schutzerstreckung noch aussteht, ist ein Widerspruch nicht statthaft, jedoch Klage auf Rücknahme der Anmeldung möglich (§ 55 Rdn. 45). Wird aus ein und derselben Marke von demselben Inhaber oder seinem Vertreter innerhalb der Widerspruchsfrist mehrfach Widerspruch im gleichen Umfang eingelegt, liegt nur ein Widerspruch vor (BPatGE 36, 246, 248).

2. Widerspruchsmarke

Widerspruch kann immer nur aufgrund einer bestimmten Marke bzw. Anmeldung (sog. „Widerspruchsmarke", § 26 Abs. 1 S. 1

MarkenV) erhoben werden. Soll aufgrund **mehrerer Marken** Widerspruch erhoben werden, muß eine entsprechende Zahl von Widersprüchen eingelegt werden, wobei Widersprüche desselben Inhabers in einem Widerspruchsschriftsatz zusammengefaßt werden können (§ 26 Abs. 1 MarkenV). Es handelt sich aber auch in diesem Falle um selbständige Widersprüche, die im weiteren Verlauf des Verfahrens ein unterschiedliches Schicksal haben können.

8   Als Widerspruchsmarke kommen nach § 42 Abs. 2 Nr. 1 **angemeldete** oder **eingetragene** deutsche Marken und nach § 42 Abs. 2 Nr. 2 die iSv § 4 Nr. 3 **notorisch bekannten** Marken in Betracht. Aufgrund IR-Marken kann Widerspruch eingelegt werden, wenn sich der Schutz der IR-Marke auf Deutschland erstreckt (§§ 107, 112, 124, vgl. § 116 Abs. 1). IR-Marken, die vor dem 3. 10. 1990 sowohl für die Bundesrepublik als auch für die DDR registriert waren, stellen **zwei separate Widerspruchsmarken** dar (unten Rdn. 20). Auch angemeldete oder eingetragene **Gemeinschaftsmarken** kommen als Widerspruchsmarken in Betracht (§ 125b Nr. 1 und 4). Dagegen kann aufgrund nicht eingetragener Marken iSd § 4 Nr. 2, die noch keine Notorietät erlangt haben, und aufgrund anderer Kennzeichen oder sonstiger älterer Rechte iSd §§ 12, 13 kein Widerspruch eingelegt werden.

9   Der Widerspruch gegen eine **Agentenmarke** ist auch dann nur ein einheitlicher Widerspruch, wenn sich der Geschäftsherr auf ältere Rechte an demselben Zeichen in mehreren Ländern beruft (offengel. in BPatG Mitt. 1997, 160, 162 – *ULTRA GLOW*). Der Widerspruch gem. § 42 Abs. 2 Nr. 3 kann auch auf nicht eingetragene deutsche oder ausländische Marken des Geschäftsherrn gestützt werden (§ 11 Rdn. 14). Die Berücksichtigung nicht eingetragener Widerspruchsmarken ist dem Widerspruchsverfahren nach dem MarkenG nicht grundsätzlich fremd, wie insbesondere auch der neue Widerspruchsgrund des § 42 Abs. 2 Nr. 2 belegt. Daher kommt eine Einschränkung des Widerspruchs gegen eine Agentenmarke auf eingetragene Marken des Geschäftsherrn trotz der in derartigen Fällen erforderlichen Feststellungen nicht in Betracht.

10   Die Widerspruchsmarke muß einen **älteren Zeitrang** haben als die angegriffene Marke (vgl. dazu § 9 Rdn. 7f.). Der Widerspruch aus einer Anmeldung steht nach § 9 Abs. 2 unter dem Vorbehalt ihrer Eintragung und wird unzulässig, wenn die Anmeldung unanfechtbar zurückgewiesen wird (vgl. BPatGE 4, 90 – *MODEPARADE*).

3. Widerspruchsbefugnis

Widerspruchsberechtigt ist nach § 42 Abs. 1 der **materielle Inhaber der Widerspruchsmarke** bzw. -anmeldung. Aufgrund §§ 28 Abs. 2, 31 kann jedoch ein noch nicht im Register eingetragener Rechtsnachfolger erst Widerspruch erheben, sobald dem DPA der **Umschreibungsantrag** zugegangen ist (Amtl. Begr. 7. Abs. zu § 28). Für nach dem 1. 1. 1995 eingelegte Widersprüche ist damit der auf § 8 Abs. 2 WZG zurückgehende Meinungsstreit überholt, in dem sich der 24. Senat des BPatG neuerdings für eine Widerspruchsbefugnis auch des nicht eingetragenen materiellen Inhabers ausgesprochen hatte (BPatG GRUR 1996, 133 – *quickslide;* zust. *Albert* GRUR 1996, 174), nachdem das BPatG zuvor den nicht eingetragenen Rechtsnachfolger jedenfalls dann nicht als widerspruchsberechtigt angesehen hatte, wenn der Umschreibungsantrag nicht vor Ablauf der Widerspruchsfrist gestellt worden war (BPatGE 33, 92 – *Diben;* BPatGE 32, 218, 221 ff. – *FENDOROL/Endemol;* vgl. auch BPatGE 34, 79, 81 f. – *Tesoro/Tresor* zur Beschwerde). Damit war wiederum die jahrzehntelange Praxis aufgegeben worden, nach der auch eine nach Ende der Widerspruchsfrist beantragte Umschreibung zur Legitimation des Widersprechenden genügte, wenn sie vor Entscheidung über den Widerspruch erfolgte (zuletzt BPatG Mitt. 1985, 176 mwN; BPatG Mitt. 1974, 73; BPatGE 22, 201). Im Vergleich zum früheren Recht ist somit insbesondere zu beachten, daß der noch eingetragene, materiellrechtlich aber nicht mehr legitimierte Rechtsvorgänger nicht mehr widerspruchsberechtigt ist (Amtl. Begr. Abs. 7 S. 4 zu § 28), so daß **in der Zeit zwischen Übertragung und Zugang des Umschreibungsantrags niemand Widerspruch einlegen kann.**

Die **gewillkürte Prozeßstandschaft** ist unter den allgemeinen Voraussetzungen auch im Widerspruchsverfahren zulässig (vgl. BGH GRUR 1967, 294, 295 – *Triosorbin;* BPatGE 33, 92, 97 – *DIBEN*). Eine generelle Widerspruchsbefugnis von **Lizenznehmern** sieht das MarkenG im Gegensatz zum Gemeinschaftsmarkenrecht nicht vor (vgl. Art. 42 Abs. 1 lit. a GMVO; *Ingerl,* Die Gemeinschaftsmarke, S. 134).

Die materielle Berechtigung des eingetragenen Inhabers wird nach § 28 Abs. 1 **vermutet**, so daß eine Vermutung im Widerspruchsverfahren nur bei Glaubhaftmachung der Nichtberechtigung erforderlich ist (vgl. BGH GRUR 1967, 294 – *Triosorbin;* BPatGE 16, 184, 186 f. – *MODULAR/MODULAN*). Zur Berücksichtigung der Nichtberechtigung verlangt die Rspr. wegen des summarischen Charakters des Widerspruchsverfahrens, daß der Mangel der materiellen Rechtsinhaberschaft offensichtlich oder aus sonstigen Gründen ausnahmsweise eine abschließende und erschöpfende Klärung möglich ist (Nachw. unten Rdn. 44). Zum **Rechtsübergang während** des Widerspruchsverfahrens unten Rdn. 46. Mehrere Mitinhaber einer Marke sind selbständig zum Widerspruch berechtigt (§ 744 BGB; *B/S* § 5 WZG Rdn. 11).

4. Widerspruchsgründe

14 § 42 Abs. 2 zählt die Widerspruchsgründe abschließend auf. Ausgeschlossen ist danach wegen des summarischen Charakters des Widerspruchsverfahrens anders als im Gemeinschaftsmarkenrecht (Art. 42 Abs. 1, Art. 8 Abs. 5 GMVO) der Kollisionsfall des erweiterten Schutzes bekannter Marken nach § 9 Abs. 1 Nr. 3, auf den bei den Widerspruchsgründen Nr. 1 und Nr. 2 gerade nicht Bezug genommen wird. Dieser Ausschluß muß entsprechend auch im Fall des ungetreuen Agenten gelten, obwohl § 42 Abs. 2 Nr. 3 auf den auch den erweiterten Schutz einschließenden § 11 insgesamt verweist.

15 Auf **absolute Schutzhindernisse** kann ein Widerspruch **nicht** gestützt werden (vgl. BGH GRUR 1967, 292, 293 – *Zwillingspackung;* BGH GRUR 1963, 630, 631 – *Polymar;* BGH GRUR 1963, 626, 628 – *SUNSWEET*). Die früher mögliche Nachbeanstandung aufgrund erst im Widerspruchsverfahren erkannter absoluter Hindernisse ist durch die Nachschaltung des Widerspruchsverfahrens ausgeschlossen (vgl. auch BPatG GRUR 1997, 654, 656 – *Milan* zur IR-Marke). Jedoch kann das DPA eine entsprechende Anregung des Widersprechenden zum Anlaß für ein Amtslöschungsverfahren nach § 50 Abs. 3 nehmen. Dem BPatG ist eine solche Prüfung auf Amtslöschungsgründe im Beschwerdeverfahren dagegen versagt (BPatGE 26, 252, 254 – *GLEITEEN/ Gleitgelen;* BPatGE 2, 148, 150 – *Berliner Bär*). Außerkennzeichenrechtliche, insbesondere wettbewerbsrechtliche Ansprüche gegen das angegriffene Zeichen sind nicht Gegenstand des Widerspruchsverfahrens (BGH GRUR 1996, 775, 777 – *Sali Toft*). Auch vertragliche Ansprüche auf Unterlassung der Markenanmeldung bzw. Verzicht auf die angegriffene Marke können durch Widerspruch nicht durchgesetzt werden (vgl. BPatGE 2, 146 – *Nordbär*).

5. Beschränkung des Widerspruchs

Hinsichtlich der kollidierenden **Zeichen** selbst kann der Widerspruch nicht beschränkt werden, also nicht etwa nur gegen einen bestimmten Zeichenbestandteil einer Kombinationsmarke gerichtet werden (vgl. RG GRUR 1937, 221, 227 – *Mampe*). 16

Möglich ist dagegen eine Beschränkung hinsichtlich der Waren/Dienstleistungen der Kollisionsmarken. Zum einen kann der Widersprechende den Widerspruch **ausdrücklich nur gegen bestimmte Waren/Dienstleistungen der angegriffenen Marke** richten (vgl. § 27 Abs. 2 Nr. 11 MarkenV). Ohne eine solche ausdrückliche Beschränkung richtet sich der Widerspruch gegen alle Waren/Dienstleistungen der angegriffenen Marke. Üblich, aber nicht zwingend ist die Formulierung „Der Widerspruch richtet sich gegen alle identischen und/oder ähnlichen Waren/Dienstleistungen". Wird der Widerspruch nur „gegen alle identischen/ähnlichen Waren" erhoben, richtet er sich nicht gegen die Eintragung für Dienstleistungen, es sei denn die angegriffene Marke ist nur für Dienstleistungen eingetragen, so daß ein offensichtlicher Irrtum anzunehmen ist (BPatGE 25, 158; BPatGE 24, 254, 257). Wird der Widerspruch gegen eine Ware/Dienstleistung gerichtet, die im Verzeichnis der angegriffenen Marke nicht genannt, aber von einem der dortigen Begriffe umfaßt ist, so ist der Widerspruch zunächst als gegen den einschlägigen Oberbegriff eingelegt anzusehen, wird jedoch gegenstandslos, sobald die genannte Spezialware aus dem Warenverzeichnis ausgenommen wird (vgl. *B/S* § 5 WZG Rdn. 10). 17

Zum anderen kann der Widerspruch auch dadurch beschränkt werden, daß er nicht auf alle, sondern **nur auf bestimmte Waren/Dienstleistungen der Widerspruchsmarke gestützt** wird (arg § 27 Abs. 2 Nr. 10 MarkenV). Zweckmäßig kann dies insbesondere dann sein, wenn die übrigen Waren mangels rechtserhaltender Benutzung ohnehin nicht berücksichtigt werden dürften (§ 43 Abs. 1 S. 3). Die Beschränkung kann auch darin bestehen, daß der Widerspruch nur auf eine selbst nicht eingetragene, benutzte Spezialware gestützt wird, die unter einen eingetragenen Oberbegriff der Widerspruchsmarke fällt (BPatGE 18, 114; nach BPatG Mitt. 1975, 85 aber unzulässig, wenn dadurch das Widerspruchsverfahren zur Klärung abstrakter Rechtsfragen mißbraucht wird). 18

Beschränkungen der obigen Art sind auch nach Ablauf der Widerspruchsfrist möglich (Beispiel: BPatG GRUR 1997, 654, 655 –

Milan), während die Ausdehnung auf weitere Waren/Dienstleistungen nur innerhalb der Widerspruchsfrist möglich ist.

6. Inhalt des Widerspruchs

19 Der Widerspruchsschrift muß die Erklärung entnommen werden können, daß Einwände gegen die Eintragung der angegriffenen Marke geltend gemacht werden bzw. deren Löschung angestrebt wird, ohne daß hierfür zwingend das Wort „Widerspruch" verwendet werden müßte (unzureichend daher Angabe des Verwendungszwecks „Widerspruchsgebühr" auf Scheck oder Überweisungsträger, vgl. BGH GRUR 1989, 506, 508 – *Widerspruchsunterzeichnung* mwN, BPatGE 19, 72, 76 – *DULINDA/Duolind*). Nach § 27 Abs. 1 MarkenV hat der Widerspruch Angaben zu enthalten, die es erlauben, die Identität der angegriffenen Marke, der Widerspruchsmarke sowie des Widersprechenden festzustellen. Hierbei handelt es sich um zwingende Bestimmtheitsanforderungen, während § 27 Abs. 2 MarkenV als Ordnungsvorschrift („sollen") weitere Inhaltsanforderungen aufstellt, deren Nichtbeachtung die Zulässigkeit des Widerspruchs nicht beeinträchtigt, wenn der Mindestinhalt dennoch festgestellt werden kann.

20 Bei international registrierten Widerspruchsmarken, die vor dem 3. 10. 1990 mit Wirkung sowohl für die Bundesrepublik als auch für die DDR registriert worden sind, ist anzugeben, **auf welchen Länderteil** der Widerspruch gestützt wird (§ 27 Abs. 2 Nr. 4 MarkenV). Wie die Aufnahme in Abs. 2 statt Abs. 1 des § 27 MarkenV bestätigt, handelt es sich nicht um eine zwingende Zulässigkeitsvoraussetzung. Die Konkretisierung des Länderteils ist nicht Voraussetzung für die Identifizierbarkeit der Widerspruchsmarke, sondern eine eigenständige Frage. Fehlt die Erklärung, sollte der Widerspruch daher als aus dem ursprünglich die alten Bundesländer betreffenden Länderteil eingelegt angesehen werden, da insoweit staatliche Kontinuität des ursprünglichen Schutzlandes mit dem heutigen Schutzland besteht. Dagegen ist auf den Länderteil mit DDR-Ursprung in einem solchen Zweifelsfall nur dann abzustellen, wenn sich aus den sonstigen Umständen eindeutig ein entsprechender Wille ergibt, zB das Warenverzeichnis des anderen Länderteils zweifelsfrei keine auch nur möglicherweise ähnlichen Waren/Dienstleistungen enthält und daher als Widerspruchsgrundlage von vornherein nicht in Betracht kommt. Mangels höchstrichterlicher Klärung dieser Frage sollte die Erklärung aber stets fristgerecht abgegeben werden.

Fehler oder **Unvollständigkeiten**, die anhand der amtlichen 21
Unterlagen des DPA erkennbar und zweifelsfrei korrigierbar sind,
sind auch dann unschädlich, wenn die Ergänzung bzw. Korrektur
erst nach Ablauf der Widerspruchsfrist vorgenommen wird (vgl.
BPatGE 4, 85 – *Suprazell:* fehlendes Aktenzeichen der nach Inhaber
und Zeichenwort aber identifizierbaren Widerspruchsanmeldung).
Ohne weiteres unschädlich sind insbesondere auch Fehler bei den
Sollangaben nach § 27 Abs. 2 MarkenV, zB unrichtige Angabe des
Inhabers der angegriffenen Marke oder unrichtige Wiedergabe des
Waren/Dienstleistungsverzeichnisses.

Eine **Begründungspflicht** besteht anders als im Gemein- 22
schaftsmarkenrecht (vgl. Art. 42 Abs. 3 S. 1 GMVO). Daraus
und aus §§ 26 Abs. 1, 27 Abs. 1 MarkenV folgt, daß der Widerspruch
nicht auch den Widerspruchsgrund nach § 42 Abs. 2 spezifizieren
muß. Zur Übergangsregelung s. § 158.

7. Form des Widerspruchs

Der Widerspruch ist abgesehen von der Ausnahmeregelung für 23
Telegramm, Telex oder ähnliche Formen der Datenübermittlung
(§ 66 MarkenV) **schriftlich** einzulegen, und zwar mit handschriftlicher
Unterschrift des Widersprechenden oder seines Vertreters
(§ 64 Abs. 1 MarkenV, vgl. § 26 Abs. 1 S. 2 MarkenV: „Widerspruchsschriftsatz",
vgl. zum WZG: BGH GRUR 1989, 506 –
Widerspruchsunterzeichnung für Einlegung durch Anwalt). Bei Übermittlung
per Telefax muß die Empfangskopie auch diese Unterschrift
wiedergeben (§ 65 Abs. 1 MarkenV). Bloße Ordnungsregeln
sind dagegen die Formblattverwendung nach § 26 Abs. 2 MarkenV,
die Formatvorgaben nach § 64 Abs. 2 MarkenV und die
Erfordernisse nach § 70 MarkenV. Der Widerspruch muß in deutscher
Sprache abgefaßt sein (§ 93 S. 1), da er nicht unter die Sonderregelungen
über die Berücksichtigung fremdsprachiger Schriftstücke
nach §§ 67 bis 69 MarkenV fällt.

8. Einlegung des Widerspruchs

Der Widerspruch ist beim DPA (München oder Dienststelle 24
Berlin) als für die Entscheidung zuständiger Behörde einzulegen.

9. Einlegung durch Vertreter

Von der Widerspruchsbefugnis zu unterscheiden ist die nach 25
den allgemeinen Regeln (§§ 76 ff. MarkenV) auch bei der Wider-

spruchserhebung mögliche Vertretung des Widersprechenden. Eine Widerspruchseinlegung durch einen Rechtsanwalt oder Patentanwalt ohne Angabe, daß und in wessen Vertretung gehandelt werden soll, kann nur dann ohne weiteres als Handeln für den eingetragenen Inhaber der Widerspruchsmarke angesehen werden, wenn dieser zumindest an anderer Stelle genannt wird (vgl. BPatGE 24, 254, 257 – *RUB*) oder der Anwalt in den Akten des DPA als Vertreter der Widerspruchsmarke verzeichnet ist (§ 164 Abs. 1 S. 2 BGB).

Widersprechende ohne Wohnsitz/Sitz oder Niederlassung im Inland können einen Widerspruch zunächst selbst einlegen. Die Inlandsvertreterbestellung gem. § 96 Abs. 1 ist erst für die weitere Durchführung des streitigen Widerspruchsverfahrens erforderlich. Die Bestellung muß nicht innerhalb der Widerspruchsfrist erfolgen, sondern kann bis zur Entscheidung nachgeholt werden (§ 96 Rdn. 7; unrichtig *Fezer* § 42 Rdn. 19).

10. Widerspruchsfrist

26 Die Widerspruchsfrist von **drei Monaten** knüpft an die **Veröffentlichung** der Markeneintragung im Markenblatt gemäß § 41 S. 2 MarkenG iVm § 20 Abs. 1 MarkenV an. Auf die zusätzlichen Veröffentlichungen gemäß § 20 Abs. 2 MarkenV (zB Markenkartei) kommt es nicht an (*Albert* GRUR 1996, 174). Die erneute Veröffentlichung nach Änderungen im Waren/Dienstleistungsverzeichnis (§ 30 MarkenV) löst keine weitere Widerspruchsfrist aus. Anders dagegen die erneute Veröffentlichung wegen erheblicher Mängel der Erstveröffentlichung gem § 21 Abs. 2 S. 2 MarkenV. Veröffentlichungstag ist der jeweilige Ausgabetag des Markenblatts. Fristberechnung gemäß §§ 186 ff. BGB. Der Veröffentlichungstag wird nicht mitgerechnet (§ 187 Abs. 1 BGB). Die Widerspruchsfrist endet mit dem Ablauf desjenigen Tages des dritten Monats, welcher durch seine Zahl dem Veröffentlichungstag entspricht (§ 188 Abs. 2 BGB). Endet der betroffene Kalendermonat vor dem Tag mit dieser Zahl, so endet die Frist bereits mit dem Ablauf des letzten Tages dieses Monats (§ 188 Abs. 3 BGB). Fällt der letzte Tag der Widerspruchsfrist auf einen Samstag, Sonntag oder einen in München bzw bei Einreichung bei der Berliner Dienststelle des DPA in Berlin staatlich anerkannten allgemeinen Feiertag, so endet die Frist erst mit dem Ablauf des nächsten Werktages (§ 193 BGB). Zum abweichenden Fristlauf bei IR-Marken s. § 114 Abs. 2.

Die Frist ist **nicht verlängerbar**. Die **Wiedereinsetzung** ist 27
durch § 91 Abs. 1 S. 2 **ausgeschlossen**. Der Inhaber der älteren
Marke kann jedoch auch bei versäumter Widerspruchsfrist **Löschungsklage** wegen Nichtigkeit erheben (§§ 51, 55).

Auch ein **vor** dem Veröffentlichungstag eingelegter Widerspruch ist zulässig, sofern er nicht vor der Eintragung nach § 41 S. 1 28
erhoben wurde, da dann im Zeitpunkt der Einlegung das Löschungsbegehren mangels Eintragung ins Leere ging (vgl. zur Maßgeblichkeit des Bekanntmachungsbeschlusses im früheren Recht DPA Mitt. 1961, 109; *Schlüter* GRUR 1956, 160, 162).

11. Widerspruchsgebühr

Zusätzlich zur fristgerechten Einlegung des Widerspruchs muß 29
die Widerspruchsgebühr nach § 42 Abs. 3 innerhalb der Widerspruchsfrist gezahlt werden. Die Regelung ist anachronistisch und
hätte im Zuge der MRReform in eine normale Verfahrensgebühr
umgewandelt werden sollen. Der vergleichsweise niedrigen und zu
den tatsächlichen Verfahrenskosten in keinem Verhältnis stehenden
Gebühr kommt ohnehin nur eine sehr geringfügige Wirkung als
Schutzgebühr gegenüber willkürlichen Widersprüchen zu (vgl.
Amtl. Begr. 1. ÜLG, GRUR 1949, 337, 345; BGH GRUR 1974,
279, 280 – *ERBA*). Auch für die Gebührenzahlung ist eine Fristverlängerung nicht möglich und die Wiedereinsetzung durch § 91
Abs. 1 S. 2 ausdrücklich ausgeschlossen. Teilzahlung steht der
Nichtzahlung gleich.

Die Widerspruchsgebühr ist je Widerspruch und damit gemäß 30
oben Rdn. 7 **je Widerspruchsmarke** zu bezahlen. Ist bei Widerspruchserhebung aus mehreren Marken nur eine Widerspruchsgebühr fristgerecht eingezahlt worden, kann der Widersprechende
nach BGH GRUR 1974, 279 – *ERBA* auch nach Fristablauf noch
klarstellen, für welchen Widerspruch die Gebührenzahlung bestimmt sein soll. Diese Erleichterung kann auch in das neue Recht
übernommen werden, obwohl eine eindeutige gesetzliche Grundlage nach wie vor fehlt (vgl. *Pietzcker* GRUR 1974, 280) und die
Problematik gegen die Fristbindung der Gebührenzahlung insgesamt spricht.

Zu den Einzahlungsmöglichkeiten und dem für die Fristwahrung 31
maßgeblichen Zahlungszeitpunkt s. Verordnung über die Zahlung
der Gebühren des DPA und BPatG (Anhang).

Die Widerspruchsgebühr beträgt zur Zeit DM 200,– gem. 32
Nr. 131 400 GebVerz zum PatGebG (Anhang) bzw. bis 1. 1. 1998

§ 42

ermäßigt DM 170,– für Widersprechende mit Sitz/Hauptsitz in den neuen Bundesländern gem. § 7 Abs. 1 S. 2 PatGebG. Die Gebührenzahlung muß durch Angaben zB auf dem Überweisungsformular oder durch eindeutige Bezugnahme in der Widerspruchsschrift auf einen bestimmten Zahlungsvorgang dem Widerspruch zugeordnet werden können. Insoweit sollten allerdings keine strengen Anforderungen gestellt werden, so daß auch eine ohne Verwendungszweck fristgerecht erfolgende Zahlung ausreicht, wenn sie dem Widersprechenden als Einzahler zugeordnet werden kann und eine anderweitige Verwendungsbestimmung ausscheidet. Bei eindeutiger Verwendungszweckangabe kommt es dagegen nicht darauf an, wer die Einzahlung veranlaßt hat. § 42 Abs. 3 verlangt keine Zahlung gerade durch den Widersprechenden selbst. Zur jetzt möglichen **Rückzahlung** der Widerspruchsgebühr aus Billigkeitsgründen s. § 63 Abs. 2.

12. Rücknahme des Widerspruchs

33 Der Widerspruch kann bis zur Unanfechtbarkeit der Entscheidung des DPA oder des BPatG durch eine hinsichtlich der Form der Widerspruchseinlegung entsprechende, unbedingte Erklärung zurückgenommen werden. Ist aus derselben Widerspruchsmarke sowohl durch deren Inhaber als auch durch dessen Vertreter Widerspruch eingelegt worden und sodann vom Inhaber die Rücknahme „unseres Widerspruchs vom ...," erklärt worden, so bewirkt dies die Beendigung des Widerspruchsverfahrens insgesamt, selbst wenn das DPA rechtsirrig davon ausgeht, es sei noch ein Widerspruch anhängig, und eine (rechtsunwirksame) Sachentscheidung trifft (BPatGE 36, 246, 248).

34 Wurde im vorgeschalteten Widerspruchsverfahren des WZG die Rücknahme erst nach Erlaß einer die Zurückweisung der Anmeldung aussprechenden Entscheidung des DPA oder BPatG erklärt, so mußte der Widerspruchsgegner Beschwerde bzw Rechtsbeschwerde einlegen, um die Aufhebung der Entscheidung und der Eintragung zu erreichen (BGH Bl 1985, 170; BGH Mitt. 1985, 97 – *Filac/dilab;* BGH GRUR 1983, 342 – *BTR;* BGH Mitt. 1983, 195 – *Alevita;* BGH GRUR 1977, 789 – *Tribol/Liebol;* BGH GRUR 1974, 465 – *Lomapect;* BGH GRUR 1973, 606 – *Gyromat;* BGH GRUR 1973, 605 – *Anginetten*). Dagegen soll jetzt im nachgeschalteten Widerspruchsverfahren des MarkenG die **Wirkungslosigkeit der vor Rücknahme getroffenen Entscheidungen** analog § 269 Abs. 3 S. 3 ZPO genügen, da die Eintragung bereits erfolgt ist (*Fezer* § 85 Rdn. 14).

Nach Einlegung der **Rechtsbeschwerde** ist eine Rücknahme 35
gegenüber dem BGH zu erklären, ohne daß für die Rücknahmeerklärung Vertretung durch einen BGH-Anwalt erforderlich ist (BGH GRUR 1985, 1052 – *Leco;* BGH aaO – *Tribol/Liebol;* BGH aaO – *Lomapect*). Bei Rücknahme des Widerspruchs im Beschwerdeverfahren bleibt das Beschwerdeverfahren hinsichtlich der patentamtlichen Kostenentscheidung anhängig (BPatGE 16, 259, 260 f.).

13. Verzicht auf Widerspruch

Der Widerspruchsberechtigte kann auf die Einlegung des Wi- 36
derspruchs verzichten, insbesondere im Rahmen einer vertraglichen Verpflichtung gegenüber dem Inhaber der jüngeren Marke. Die Verzichtserklärung muß an das DPA gerichtet sein und ihm zugehen. Vom Verzicht als Verfahrenserklärung zu unterscheiden ist die rechtsgeschäftliche Verpflichtung zur Unterlassung der Widerspruchserhebung, die nur eine nach bislang hM im Widerspruchsverfahren selbst nicht zu berücksichtigende vertragliche Einrede verschafft (§ 43 Rdn. 36).

IV. Widerspruchsverfahren

Das DPA beabsichtigt, eine **amtsinterne „Richtlinie Wider-** 37
spruchsverfahren" herauszugeben. Sie liegt bislang nur im Entwurf vor (abgedr bei *Fezer* S. 2454). Ihr Erlaß war auch im Zeitpunkt der Drucklegung noch nicht absehbar, so daß sie unabhängig davon unberücksichtigt bleiben mußte, daß sie nur einen sehr allgemeinen Inhalt hat und schwierige Rechtsfragen oberflächlich behandelt. Der bisweilen im Schrifttum erweckte Eindruck aktueller Anwendbarkeit (zB *Fezer* § 42 Rdn. 4, 58 oder § 43 Rdn. 32, 33) ist jedenfalls augenblicklich noch unzutreffend.

1. Verfahrensbeteiligte

An dem Verfahren über einen Widerspruch ist neben dem Inha- 38
ber der angegriffenen Marke **nur der jeweilige Widersprechende** beteiligt und nicht auch – bei mehreren Widersprüchen – die jeweils anderen Widersprechenden. Auch bei gemeinsamer Entscheidung über mehrere Widersprüche verschiedener Widersprechender (§ 43 Rdn. 38) bleibt die Verfahrensbeteiligung der Widersprechenden auf den eigenen Widerspruch beschränkt (BGH GRUR 1967, 681, 682 – *D-Tracetten*).

2. Verfahrensgang

39 Nach Eingang des Widerspruchs übersendet das DPA eine Abschrift an den Inhaber der angegriffenen Marke mit Fristsetzung zur Stellungnahme. IdR wartet das DPA mit der **Übersendung** bis zum Ablauf der Widerspruchsfrist, um so ggf. mehrere Widersprüche zusammen übersenden zu können. Wegen der üblichen Bearbeitungs- und Übermittlungszeiten ist das Ausbleiben einer Widerspruchsmitteilung während der Widerspruchsfrist und auch noch einige Zeit danach kein verläßlicher Anhaltspunkt dafür, daß kein Widerspruch eingelegt worden ist. Auch auf telefonische Auskünfte sollte man sich nicht verlassen, sondern die auch in das Register einzutragende amtliche Mitteilung darüber, daß kein Widerspruch erhoben worden ist (§ 18 Nr. 22 MarkenV), abwarten. Weder diese Eintragung noch deren Mitteilung haben jedoch Bindungswirkung, so daß auch über einen erst später im DPA aufgefundenen, zB nicht zur richtigen Akte gelangten Widerspruch, noch zu entscheiden ist.

40 Auch im Widerspruchsverfahren haben die Beteiligten Anspruch auf **rechtliches Gehör** nach § 59 Abs. 2. Unzulässig ist daher die bisweilen zu beobachtende Praxis, daß der Widerspruchsentscheidung Erkenntnisse zugrundegelegt werden, die der unterlegenen Partei erst aus gleichzeitig mit der Entscheidung mitgeteilten Ermittlungen des DPA oder Schriftsätzen des Gegners bekannt werden. Unbedenklich ist diese Verfahrensweise nur dann, wenn sie Umstände betrifft, die lediglich der Partei noch nicht bekannt sind, zu deren Gunsten die Entscheidung ohnehin ergeht. Die bloße Ankündigung eines Verfahrensbeteiligten, eine Äußerung einzureichen, verpflichtet dann nicht zu einem längeren Aufschub der Entscheidung, wenn es der Verfahrensbeteiligte unterläßt, selbst einen Zeitpunkt zu nennen und auch binnen kürzerer Frist nach Eingang der unbestimmten Ankündigung die Äußerung noch nicht vorliegt (zB BPatGE 19, 225, 228 – *sportjournal*).

41 Eine **Anhörung** der Beteiligten ist nur nach Maßgabe von § 60 Abs. 2 erforderlich und wird in Widerspruchsverfahren nur selten beantragt und noch seltener durchgeführt.

3. Prüfungsumfang

42 **a) Traditionelle Auffassung.** Nach traditioneller Auffassung ist der Umfang der Überprüfung der Widerspruchsgründe **wegen des summarischen Charakters des Widerspruchsverfahrens**

sachlich beschränkt. Neben der nur eingeschränkten Überprüfung der rechtserhaltenden Benutzung der Widerspruchsmarke (§ 43 Rdn. 24) und dem Ausschluß anderer Einreden und Einwendungen des Widerspruchsgegners (näher § 43 Rdn. 27 ff.) ist daraus von der Rspr. vor allem der Grundsatz abgeleitet worden, daß auch im Rahmen der Verwechslungsprüfung die **Benutzungslage der Widerspruchsmarke** nur zu berücksichtigen ist, soweit sie „liquide", d. h. unstreitig, durch präsente Glaubhaftmachungsmittel zweifelsfrei belegt oder amtsbekannt (bzw. gerichtsbekannt iSv § 291 ZPO) und daher eine abschließende Beurteilung ohne weitere Ermittlungen möglich ist (grdl. BGH GRUR 1970, 85, 86 – *Herba;* zuvor BGH GRUR 1968, 148, 149 – *Zwillingsfrischbeutel;* BGH GRUR 1967, 660, 662 – *Sirax;* BGH GRUR 1967, 246, 248 ff. – *Vitapur*). Bisweilen wird die strittige Benutzung auch unterstellt, wenn sie im Ergebnis nicht entscheidungserheblich ist (zB BPatGE 22, 193, 196 – *Rhinisat/Ysat*). Dementsprechend steht im Widerspruchsverfahren die originäre Kennzeichnungskraft (§ 14 Rdn. 195 ff.) der Widerspruchsmarke ganz im Vordergrund. Als Indiz für die originäre Kennzeichnungskraft hat die Rspr. auch die Berücksichtigung des sog. **„Rollenstandes"** zugelassen, wenn Eintragungen einer größeren Anzahl von Drittzeichen im engsten Ähnlichkeitsbereich für ähnliche Waren/Dienstleistungen ermittelt wurden (BGH GRUR 1971, 577, 578 f. – *Raupentin;* BGH GRUR 1970, 85, 86 – *Herba;* BGH GRUR 1967, 253 – *CONNY;* BGH GRUR 1967, 246, 250 – *Vitapur*). Der BGH hat ausdrücklich betont, daß eine Auseinandersetzung mit allen ähnlichen Zeichen des Rollenstandes im einzelnen nicht erforderlich ist, vielmehr im allgemeinen eine pauschale Prüfung und eine dementsprechend pauschale Begründung genügt (BGH GRUR 1971, 577, 579 – *Raupentin*). Gerade diese Relativierung gibt jedoch Anlaß, die Berechtigung der Berücksichtigung des Rollenstandes generell in Frage zu stellen. In nicht wenigen Fällen taugt das bloße Vorhandensein von Dritteintragungen mit einem bestimmten Zeichen bzw Zeichenbestandteil nicht als Anhaltspunkt dafür, ob es sich um eine „naheliegende verbrauchte Wortbildung von geringer Originalität" handelt (so die von BGH GRUR 1971, 577, 578 – *Raupentin* für möglich gehaltene Schlußfolgerung). Auch berechtigt die häufige Verwendung in Markeneintragungen allein gerade noch nicht zur Annahme eines beschreibenden Sinngehalts. Die Heranziehung eines ohne Berücksichtigung der tatsächlichen Benutzung derart unzuverlässigen Anhaltspunktes kann auch durch den summarischen Charakter des Widerspruchsverfahrens nicht gerechtfer-

§ 42 Widerspruch

tigt werden und sollte daher jedenfalls zurückhaltender praktiziert werden, als schon bisher zu beobachten (aA *B/S* § 31 Rdn. 38; ausf. *Schawel* FS 25 Jahre BPatG, 1986, S. 319 mwN zu Fällen mit Berücksichtigung des Rollenstandes). Vgl. zur Bedeutung des Rollenstands als Schwächungseinwand im Verletzungsprozeß § 14 Rdn. 233.

43 Aus denselben Gründen hat die Rspr auch den Einwand des Widersprechenden, ein ursprünglich nicht kennzeichnungskräftiger **Zeichenbestandteil** habe nachträglich (aber vor dem Prioritätstag der angegriffenen Marke) Verkehrsdurchsetzung und damit Unterscheidungskraft erlangt, nur bei vorangegangener rechtskräftiger Feststellung oder sonstiger Amts- oder Gerichtsbekanntheit zugelassen (BGH GRUR 1976, 143, 144 – *Biovital;* BGH GRUR 1965, 183 – *derma*).

44 Als nur beschränkt überprüfbar wurden auch **schwierige Prioritätsfragen** angesehen (vgl. BPatGE 17, 134, 138 – *PRINCESS*) sowie der Einwand, der als Inhaber der Widerspruchsmarke eingetragene Widersprechende sei materiellrechtlich **nicht Inhaber** und daher nicht widerspruchsbefugt (vgl. BPatG Bl. 1997, 65 – *CHARRIER/Carriere* zu früherer Leerübertragung nach § 8 Abs. 1 WZG aF; BPatG Mitt. 1996, 247 – *Monsieur Michel* zu Rechtsübergang; BPatGE 18, 184, 186; BPatGE 16, 184 – *MODULAR/ MODULAN*).

45 **b) Neuorientierung im MarkenG?** Die Rspr hält an den bisherigen Grundsätzen zum beschränkten Prüfungsumfang fest (zB BPatG Mitt. 1997, 160, 161 – *ULTRA GLOW;* BPatG GRUR 1997, 649, 650 – *Microtec Research/Mikrotec;* BPatG GRUR 1997, 652, 653f. – *IMMUNINE;* BPatG Bl 1997, 65 – *CHARRIER/ Carriere;* BPatG GRUR 1996, 172 – *VIA/VIEGA*). Das MarkenG selbst enthält keine verfahrensrechtliche Beschränkung des Prüfungsumfangs im Widerspruchsverfahren. Es gelten vielmehr zunächst die allgemeinen Regelungen der §§ 59, 60. Es ist jedoch nicht zu übersehen, daß mit dem Ausschluß des Kollisionsfalles nach § 9 Abs. 1 Nr. 3 und dem Ausschluß nicht eingetragener älterer Rechte aus dem Widerspruchsverfahren eindeutig an die bisherigen Restriktionen des Widerspruchsverfahrens angeknüpft wird (vgl. auch Amtl. Begr. Abs. 2 S. 3 zu § 42; BGH GRUR 1997, 221, 222 – *Canon*). Eine Neuerung in Richtung umfassenderer Prüfung stellt nur die uneingeschränkte Zulassung notorischer Marken als Widerspruchsmarken dar, deren Bedeutung im Vergleich zum früheren Recht wegen des damals geltenden § 4 Abs. 2

Widerspruch **§ 42**

Nr. 5 WZG allerdings beschränkt ist. Die Berücksichtigung des Tatbestandes des ungetreuen Agenten im Widerspruchsverfahren und die grdl. Bedeutung der benutzungsabhängigen Kennzeichnungskraft für die Verwechslungsgefahr sind dagegen nicht neu. Entgegen *Füllkrug* MA 1995, 500 kann auch der MRRL für die Ausgestaltung des Widerspruchsverfahrens nichts zwingendes entnommen werden. Den Richtlinienvorgaben ist durch das eine umfassende Prüfung ermöglichende Löschungsklageverfahren Genüge getan, so daß ein vom Prüfungsumfang dahinter zurückbleibendes, zusätzliches summarisches Verfahren nicht ausgeschlossen ist, nachdem die Richtlinie verfahrensrechtliche Vorgaben gerade nicht enthält (vgl. ErwGr 5).

4. Rechtsübergang während des Widerspruchsverfahrens

Wechselt der Inhaber der angegriffenen Marke oder der Widerspruchsmarke während des Verfahrens, so sollen §§ 265, 325, 66 ff. ZPO entsprechend gelten, wobei sich der Rechtsnachfolger jedoch erst nach Umschreibungsantrag (§ 28 Abs. 2) und im Bestreitensfall nach Widerlegung der Vermutung des § 28 Abs. 1 am Verfahren beteiligen kann (Amtl. Begr. Abs. 7 S. 5 ff. zu § 28). Demgegenüber wendet das BPatG die ZPO-Vorschriften nicht an, sondern sieht den Rechtsnachfolger unabhängig von einer Zustimmung des Rechtsvorgängers und des Gegners als formell berechtigt an, sobald der Umschreibungsantrag gestellt ist (BPatGE 37, 75).

46

5. Beendigung des Verfahrens ohne Sachentscheidung

Viele Widerspruchsverfahren enden, ohne daß es zu einer Sachentscheidung kommt, oder werden zumindest in der Erinnerungs- oder Beschwerdeinstanz durch Erklärungen der Parteien beendet. Häufig liegen außeramtliche Vereinbarungen zugrunde, insbesondere in Form der sogenannten **„Abgrenzungsvereinbarung"** (vgl. § 30 Rdn. 60). Bei Widersprüchen, die sich zweifelsfrei nur gegen einen Teil der Waren/Dienstleistungen der angegriffenen Marke richten, kann ihr Inhaber dem Widerspruch durch einen entsprechenden **Teilverzicht** die Grundlage entziehen. Auch nach neuem Recht spricht nichts gegen die Einbeziehung des Ausspruchs einer Teillöschung in die Widerspruchsentscheidung, wenn zuvor im Widerspruchsverfahren eine entsprechende Verzichtserklärung abgegeben wurde, so daß es nicht erst eines gesonderten Verzichtsverfahrens nach § 48 bedarf (vgl. BPatGE 10, 74, 78 f. – *Rakofix*).

47

§ 42 Widerspruch

48 Alternativ kann der Inhaber der angegriffenen Marke nach § 46 Abs. 2 die Eintragung waren-/dienstleistungsmäßig in eine vom Widerspruch betroffene Eintragung und eine hiervon nicht betroffene Eintragung **teilen**.

49 Ohne Entscheidung in der Sache endet das Verfahren auch dann, wenn die eingetragene Marke schon aufgrund einer anderen Widerspruchsmarke desselben Widersprechenden (BGH GRUR 1967, 94 – *Stute*) oder eines Dritten (BPatGE 1, 217 – *Bellamedosan*) gelöscht wurde bzw. die Löschung auf Verzicht des Inhabers der angegriffenen Marke beruht (BPatGE 15, 253 – *centracolor*). In allen diesen Fällen fehlt für einen Antrag auf Feststellung der ursprünglichen Begründetheit des Widerspruchs das Rechtsschutzbedürfnis. § 63 Abs. 1 S. 2 ermöglicht in diesen Fällen eine **isolierte Kostenentscheidung**.

V. Verhältnis zum Löschungsklageverfahren

50 Weder die Möglichkeit Widerspruch zu erheben noch ein bereits anhängiges Widerspruchsverfahren stehen einer Löschungsklage des Widerspruchsberechtigten nach §§ 51, 55 bezüglich derselben Marken und desselben Kollisionstatbestands entgegen (§ 55 Rdn. 19). Umgekehrt kann sich der Inhaber der älteren Marken entsprechend dem Sinn und Zweck des summarischen Verfahrens zunächst auf den Widerspruch beschränken, obwohl die Löschungsklage an sich das umfassendere Rechtsschutzverfahren eröffnet. Jedoch kann diesem Verhältnis bei paralleler Anhängigkeit beider Verfahren durch **Aussetzung des Widerspruchverfahrens** nach Zustellung der Löschungklage des Widersprechenden Rechnung getragen werden kann. An einem Wettlauf beider Verfahren kann kein anerkennenswertes Interesse bestehen, erst recht nicht an den damit zusammenhängenden Mißbrauchsgefahren durch wechselseitige Verzögerungsstrategien je nach Erfolgsaussicht. Problematisch ist daher auch der seltenere Fall, daß der Widerspruch erst nach Einreichung der gleichgerichteten Löschungsklage erhoben wird. Hier ist das Rechtsschutzbedürfnis für den Widerspruch zweifelhaft. Allerdings braucht der Widersprechende nur die Reihenfolge der Einreichung umzudrehen, um diesem Einwand zu entgehen. Zur Wirkung der unanfechtbaren Entscheidung über den Widerspruch auf andere Verfahren § 43 Rdn. 50 ff. Zur Eintragungsbewilligungsklage § 44, dort Rdn. 30 ff. auch zur Klage auf Rücknahme des Widerspruchs.

§ 43 Einrede mangelnder Benutzung; Entscheidung über den Widerspruch

(1) Ist der Widerspruch vom Inhaber einer eingetragenen Marke mit älterem Zeitrang erhoben worden, so hat er, wenn der Gegner die Benutzung der Marke bestreitet, glaubhaft zu machen, daß sie innerhalb der letzten fünf Jahre vor der Veröffentlichung der Eintragung der Marke, gegen die der Widerspruch sich richtet, gemäß § 26 benutzt worden ist, sofern sie zu diesem Zeitpunkt seit mindestens fünf Jahren eingetragen ist. Endet der Zeitraum von fünf Jahren der Nichtbenutzung nach der Veröffentlichung der Eintragung, so hat der Widersprechende, wenn der Gegner die Benutzung bestreitet, glaubhaft zu machen, daß die Marke innerhalb der letzten fünf Jahre vor der Entscheidung über den Widerspruch gemäß § 26 benutzt worden ist. Bei der Entscheidung werden nur die Waren oder Dienstleistungen berücksichtigt, für die die Benutzung glaubhaft gemacht worden ist.

(2) Ergibt die Prüfung des Widerspruchs, daß die Marke für alle oder für einen Teil der Waren oder Dienstleistungen, für die sie eingetragen ist, zu löschen ist, so wird die Eintragung ganz oder teilweise gelöscht. Kann die Eintragung der Marke nicht gelöscht werden, so wird der Widerspruch zurückgewiesen.

(3) Ist die eingetragene Marke wegen einer oder mehrerer Marken mit älterem Zeitrang zu löschen, so kann das Verfahren über weitere Widersprüche bis zur rechtskräftigen Entscheidung über die Eintragung der Marke ausgesetzt werden.

(4) Im Falle der Löschung nach Absatz 2 ist § 52 Abs. 2 und 3 entsprechend anzuwenden.

Inhaltsübersicht

	Rdn.
I. Allgemeines	1–5
1. Überblick	1, 2
2. Früheres Recht	3
3. MRRL	4
4. Gemeinschaftsmarkenrecht	5
II. Nichtbenutzungseinrede im Widerspruchsverfahren	6–26
1. Anwendungsbereich	6–12
a) Schonfristablauf vor Eintragungsveröffentlichung (Abs. 1 S. 1)	7
b) Schonfristablauf nach Eintragungsveröffentlichung (Abs. 1 S. 2)	8, 9
c) Nachträgliche Nichtbenutzungseinrede bei Schonfristablauf vor Eintragungsveröffentlichung?	10–12

	Rdn.
2. Einrede	13–17
3. Glaubhaftmachung der Benutzung	18–23
4. Prüfungsumfang	24
5. Teilbenutzung (Abs. 1 S. 3)	25
6. Bedeutung für andere Verfahren	26
III. Ausgeschlossene Einreden des Widerspruchsgegners	27–36
1. Nichtigkeit wegen absoluter Schutzhindernisse	28, 29
2. Verfall nach § 49 Abs. 2	30
3. Vorbenutzung, Verkehrsgeltung der angegriffenen Marke	31
4. Älteres Recht des Widerspruchsgegners	32
5. Recht der Gleichnamigen	33
6. Unbenutzte Widerspruchsmarke vor Schonfristablauf	34
7. Rechtsmißbrauch, Verwirkung	35
8. Außerkennzeichenrechtliche Einreden, Vertrag	36
IV. Entscheidung über den Widerspruch	37–49
1. Zuständigkeit	37
2. Mehrere Widersprüche	38
3. Entscheidungsinhalt	39–47
a) Verwerfung des Widerspruchs	39
b) Zurückweisung des Widerspruchs	40
c) Löschung	41, 42
d) Teillöschung	43
e) Aussetzung	44–46
f) Kostenentscheidung	47
4. Rechtsbehelfe	48
5. Veröffentlichungen	49
V. Bindungswirkung für andere Verfahren	50, 51

Literatur: Zum Widerspruchsverfahren s. die Literaturnachweise zu § 42.

I. Allgemeines

1. Überblick

1 § 43 enthält weitere Regelungen zum Verfahren über einen gem. § 42 erhobenen Widerspruch. § 43 Abs. 1 verschafft dem Benutzungszwang (allg. § 26 Rdn. 1 ff.) Geltung im Widerspruchsverfahren und hat damit dieselbe Funktion wie § 55 Abs. 3 S. 1, 2 für das Löschungsklageverfahren und § 25 für den Verletzungsprozeß.

2 § 43 Abs. 2 statuiert lediglich die beiden Entscheidungsalternativen, d. h. Löschung der angegriffenen Eintragung oder Zurückwei-

Einrede mangelnder Benutzung; Widerspruchsbescheid **§ 43**

sung des Widerspruchs, und stellt klar, daß eine Benutzung nur für einen Teil der eingetragenen Waren/Dienstleistungen nicht etwa die Marke insgesamt der Einrede entzieht, sondern der Kollisionsprüfung nur der benutzte Teil zugrundegelegt wird. § 43 Abs. 3 gestattet aus verfahrensökonomischen Gründen die Aussetzung der Entscheidung über weitere Widersprüche, sobald einem Widerspruch stattzugeben war. § 43 Abs. 4 ordnet durch Verweisung die Rückwirkung der Löschung an, von der nur schon vollstreckte rechtskräftige Entscheidungen und erfüllte Verträge ausgenommen sind.

2. Früheres Recht

Neu gegenüber dem WZG ist vor allem die Zulassung der **3** Nichtbenutzungseinrede auch bei Ablauf der Benutzungsschonfrist nach Veröffentlichung der jüngeren Marke. Damit ist der Anmelder nicht mehr auf die in solchen Fällen bislang erforderliche Löschungs- oder Eintragungsbewilligungsklage angewiesen. Die jetzt über § 26 Abs. 1 ermöglichte Rechtfertigung der Nichtbenutzung war früher im Widerspruchsverfahren auch bei Unzumutbarkeit der Benutzung iSd § 11 Abs. 1 Nr. 4 WZG ausgeschlossen. Bei den Entscheidungsalternativen ist der bisher in §§ 6, 6a WZG verwendete Begriff der Feststellung oder Verneinung der Übereinstimmung der Zeichen entfallen. Die Aussetzungsmöglichkeit bei mehreren Widersprüchen stimmt mit §§ 6 Abs. 3, 6a Abs. 4 S. 5 WZG überein. Die Rückwirkungsvorschrift des § 6a Abs. 4 S. 3 WZG regelte die Auswirkung auf rechtskräftige Urteile und Verträge bislang nicht ausdrücklich. In Widerspruchsverfahren, die am 1. 1. 1995 bereits anhängig waren, ist die Übergangsregelung des § 158 Abs. 3 zu beachten, nach der § 43 Abs. 1 auch für solche Altwidersprüche an die Stelle des § 5 Abs. 7 WZG tritt, es sei denn, das Verfahren befand sich am 1. 1. 1995 schon in der Rechtsbeschwerdeinstanz.

3. MRRL

§ 43 Abs. 1 setzt zusammen mit § 51 Abs. 2 den zwingenden **4** Art. 11 Abs. 1 MRRL um, der offen zu lassen scheint, ob die Nichtbenutzung von Amts wegen oder nur auf Einrede zu prüfen ist und wer die Benutzung nachzuweisen hat. Die Begr. zu § 43 nennt dagegen als Grundlage den fakultativen Art. 11 Abs. 2 MRRL. Dabei wird jedoch verkannt, daß das nachgeschaltete Widerspruchsverfahren im Sinne der MRRL zur Ungültigerklärung, nicht zur Zurückweisung der Eintragung führt.

4. Gemeinschaftsmarkenrecht

5 Im gemeinschaftsmarkenrechtlichen Widerspruchsverfahren kommt es für den Nachweis der rechtserhaltenden Benutzung einer eingetragenen Marke als Widerspruchszeichen nur auf den 5-Jahreszeitraum vor der Veröffentlichung der Gemeinschaftsmarkenanmeldung an (Art. 43 Abs. 2, 3 GMVO). Nicht vorgesehen ist der nachträgliche Nichtbenutzungseinwand. Die Entscheidungsalternativen enthält Art. 43 Abs. 5 GMVO.

II. Nichtbenutzungseinrede im Widerspruchsverfahren

1. Anwendungsbereich

6 Die Nichtbenutzungseinrede nach § 43 Abs. 1 kann gegenüber allen Widerspruchsmarken erhoben werden, die aus der Sicht des deutschen Rechts einem Benutzungszwang unterliegen, also gegenüber eingetragenen deutschen Marken, in Deutschland Schutz genießenden IR-Marken (§ 116 Abs. 1) und Gemeinschaftsmarken (für die es jedoch auf den gemeinschaftsrechtlichen Benutzungszwang ankommt, § 125b Nr. 4). Bei notrischen Widerspruchsmarken (§ 42 Abs. 1 Nr. 2) und im Falle der Agentenmarke (§ 43 Abs. 2 Nr. 3) bei nicht für Deutschland eingetragenen Marken des Geschäftsherrn ist § 43 Abs. 1 dagegen nicht anwendbar. Je nach dem Zeitpunkt des Ablaufs der fünfjährigen Benutzungsschonfrist (dazu § 25 Rdn. 5 ff.) kann die Nichtbenutzungseinrede im Widerspruchsverfahren zu folgenden unterschiedlichen Zeitpunkten erhoben werden:

7 **a) Schonfristablauf vor Eintragungsveröffentlichung Abs. 1 S. 1.** Ist die Benutzungsschonfrist für die Widerspruchsmarke im Zeitpunkt der Veröffentlichung der Eintragung der angegriffenen Marke bereits abgelaufen, kann die Nichtbenutzungseinrede bereits zu Beginn des Widerspruchsverfahrens erhoben werden. Die hierauf erforderliche Glaubhaftmachung der rechtserhaltenden Benutzung bezieht sich dann nach § 43 Abs. 1 S. 1 auf die **letzten fünf Jahre vor der Veröffentlichung der Eintragung der angegriffenen Marke**. Bei begründeter Nichtbenutzungseinrede kann der Widersprechende den Widerspruch nicht durch Benutzungsaufnahme nach Eintragungsveröffentlichung retten. Die vorbehaltlich § 49 Abs. 1 S. 2 bis 3 mögliche Heilung des Benutzungsmangels eröffnet ihm auch nicht die Löschungsklage gegen den

Einrede mangelnder Benutzung; Widerspruchsbescheid § 43

Widerspruchsgegner, denn dessen Marke hat als Zwischenrecht Bestandskraft erlangt (§ 55 Abs. 3 S. 3).

b) Schonfristablauf nach Eintragungsveröffentlichung (Abs. 1 S. 2). Endet die Schonfrist für die Widerspruchsmarke erst nach der Veröffentlichung der Eintragung der angegriffenen Marke, also während der Widerspruchsfrist oder erst während des Widerspruchsverfahrens, so ermöglicht § 43 Abs. 1 S. 2 dem Widerspruchsgegner die Nichtbenutzungseinrede ab diesem Zeitpunkt. Die Glaubhaftmachung der rechtserhaltenden Benutzung muß sich in diesem Falle auf die **letzten fünf Jahre vor der Entscheidung über den Widerspruch** beziehen. Anders als bei § 43 Abs. 1 S. 1 steht dieser zurückzurechnende Fünfjahreszeitraum nicht von vornherein fest, sondern hängt vom Verfahrensablauf ab. Bei längerer Verfahrensdauer kann dies dazu führen, daß eine im Anfangsstadium des Verfahrens erbrachte Glaubhaftmachung nicht mehr ausreicht, weil sich der maßgebliche Fünfjahreszeitraum so weit hinten verschoben hat, daß die ursprünglich glaubhaft gemachten Benutzungshandlungen nunmehr außerhalb des Fünfjahreszeitraums liegen. Hat der Widerspruchsgegner die Nichtbenutzungseinrede nach der ursprünglichen Glaubhaftmachung nicht aufrecht erhalten, wird man verlangen müssen, daß die Nichtbenutzungseinrede rechtzeitig vor der Entscheidung wiederholt wird. Eine engere Interpretation dahingehend, daß § 43 Abs. 1 S. 2 die Nichtbenutzungseinrede nur einmal zulasse und die daraufhin erbrachte Glaubhaftmachung bis zum rechtskräftigen Abschluß des Widerspruchsverfahrens wirke, läßt der Gesetzeswortlaut nicht zu. Vielmehr zwingt die Anknüpfung der rückwärtigen Berechnung des für die Glaubhaftmachung maßgeblichen Fünfjahreszeitraums dazu, bei entsprechender Verfahrensdauer eine **nochmalige Glaubhaftmachung** als erforderlich anzusehen. Dies entspricht auch dem Zweck der ggü. § 5 Abs. 7 S. 1 WZG neuen Regelung. Ebenso wie §§ 25 Abs. 2 und 55 Abs. 3 will sie vermeiden, daß der Widerspruchsgegner zu dem Umweg über die Löschungsklage gezwungen wird.

8

Anders als in den Fällen nach § 43 Abs. 1 S. 1 kann der Widersprechende die nachträgliche Nichtbenutzungseinrede ausschalten, indem er rechtzeitig vor der Entscheidung über den Widerspruch die Benutzung (wieder) aufnimmt. Dagegen kann sich der Widerspruchsgegner durch rechtzeitiges Betreiben der Löschung der Widerspruchsmarke schützen (§ 49 Abs. 1, 53, 55).

9

c) Nachträgliche Nichtbenutzungseinrede bei Schonfristablauf vor Eintragungsveröffentlichung? Von der unter Rdn. 8

10

behandelten Konstellation zu unterscheiden ist die umstrittene Frage, ob der Widerspruchsgegner die **nachträgliche** Nichtbenutzungseinrede nach § 43 Abs. 1 S. 2 auch gegenüber Widerspruchsmarken erheben kann, **bei denen bereits zu Beginn des Verfahrens die Nichtbenutzungseinrede nach § 43 Abs. 1 S. 1 möglich war.** Relevant ist dies insbesondere dann, wenn die Widerspruchsmarke zwar in den fünf Jahren vor Eintragungsveröffentlichung benutzt war, jedoch später nicht mehr, so daß die Marke aus der Sicht des Zeitpunkts der Entscheidung über den Widerspruch iSv § 43 Abs. 1 S. 2 unbenutzt ist. Dies setzt nicht unbedingt den Ablauf eines weiteren Fünfjahrenszeitraums im Anschluß an die Eintragungsveröffentlichung voraus, sondern kann auch schon bei Überlappung der beiden Fünfjahreszeiträume eintreten, wenn die rechtserhaltenden Benutzungshandlungen nicht bis zum Ende des nach § 43 Abs. 1 S. 1 maßgeblichen Fünfjahreszeitraums andauerten, sondern zB nur zu Beginn dieses Zeitraums vorgenommen worden waren und daher bei einer Verschiebung des für die Glaubhaftmachung maßgeblichen Zeitraums nicht mehr berücksichtigt werden können.

11   Die bisherige **Rspr. lehnt eine solche Kumulation der Einredealternativen nach § 43 Abs. 1 S. 1 und Abs. 1 S. 2 ab** und verweist den Widerspruchsgegner im Falle des Abs. 1 S. 1 bei späterem Eintritt fünfjähriger Nichtbenutzung auf die Löschungsklage (BPatG GRUR 1995, 588, 589f. – *Jeannette/Annete*; ebenso BPatG GRUR 1996, 414 – *RACOON/Dragon*; Albert GRUR 1996, 175/176; aA *Füllkrug* MA 1995, 502; *Meister* WRP 1995, 1012). Dem ist **nicht zu folgen.** Der Gesetzeswortlaut spricht nicht für die Interpretation der Rspr., nachdem der Begriff „Zeitraum von fünf Jahren der Nichtbenutzung" ebensowenig wie bei § 25 Abs. 2 S. 2 oder § 55 Abs. 3 S. 2 als Bezugnahme auf die Schonfrist verstanden werden kann, die im MarkenG durchgängig anders bezeichnet wird, nämlich mit der Umschreibung „... sofern sie zu diesem Zeitpunkt seit mindestens fünf Jahren eingetragen ist" (§§ 43 Abs. 1 S. 1, 25 Abs. 2 S. 1, 55 Abs. 3 S. 1). Art. 10 Abs. 1 iVm Art. 11 Abs. 1 MRRL sprechen entgegen BPatG aaO 590 – *Jeanette/Annete* nicht gegen, sondern für die Zulässigkeit der Nichtbenutzungseinrede nach § 43 Abs. 1 S. 2 auch in den Fällen des § 43 Abs. 1 S. 1. Der Sanktion nach Art. 11 Abs. 1 MRRL soll die Marke gem Art. 10 Abs. 1 MRRL auch bei Aussetzung der Benutzung während eines ununterbrochenen Zeitraums von fünf Jahren unterliegen. Damit wäre es unvereinbar, wenn in den Fällen des § 43 Abs. 1 S. 1 die Löschung der angegriffenen Marke ausgespro-

chen werden könnte, obwohl die Widerspruchsmarke zwischenzeitlich während eines solchen Jahreszeitraumes unbenutzt war. Nicht nachvollziehbar ist das Argument, dem Widersprechenden könne eine nochmalige Glaubhaftmachung nicht zugemutet werden (BPatG GRUR 1995, 589/590). Jedenfalls bei kontinuierlicher Markenbenutzung ist ein nochmaliger Nachweis frühestens nach Ablauf von über vier Jahren erforderlich. Wenn es auch richtig ist, daß die Verfahrensdauer nicht allein vom Widersprechenden abhängt, erscheint ein Benutzungsnachweis in derartigen Abständen doch eher zumutbar als den Widerspruchsgegner zu dem aufwendigen gerichtlichen Löschungsklageverfahren zu zwingen. Die Aufteilung in zwei Tatbestände zwingt ebenfalls nicht zu einer engen Interpretation des § 43 Abs. 1 S. 2, nachdem die gesetzliche Systematik erkennbar dadurch bestimmt ist, daß S. 1 eine Übernahme der bisherigen Regelung des WZG darstellt und S. 2 eine darüber hinausgehende Neuregelung. Auch die Amtl Begr enthält weder zu § 43 noch in den Stellungnahmen zu §§ 25 oder 158 Anhaltspunkte für zwingende Alternativität der Einreden nach § 43 Abs. 1 S. 1 und S. 2.

Hinsichtlich der **Heilungsmöglichkeiten** bei Benutzungsaufnahme während des Widerspruchsverfahrens bleibt es dabei, daß eine Benutzungsaufnahme vor Entscheidung über den Widerspruch bei Erhebung der nachträglichen Einrede nach § 43 Abs. 1 S. 2 stets beachtlich ist und sich der Widerspruchsgegner dagegen durch rechtzeitige Löschungsklage schützen sollte. Soweit demgegenüber eine die spätere Heilung ausschließende Wirkung der Nichtbenutzungseinrede angenommen wird (*Füllkrug* MA 1995, 502), fehlt dafür jede gesetzliche Grundlage. 12

2. Einrede

Die rechtserhaltende Benutzung der Widerspruchsmarke wird nur geprüft, „wenn der Gegner die Benutzung der Marke bestreitet", also nur auf eine entsprechende Einrede und **nicht von Amts wegen**. Die Einrede muß im Widerspruchsverfahren erhoben werden, nicht nur in außeramtlicher Korrespondenz der Verfahrensbeteiligten. Sie kann ausdrücklich unter Bezugnahme auf § 43, aber auch durch anderweitiges unmißverständliches Bestreiten der Benutzung in Bezug auf den jeweils maßgeblichen fünfjährigen Zeitraum erhoben werden. Die Rspr. verlangt eine eindeutige Erklärung, wofür die Verantwortung auch über § 139 ZPO nicht auf das Beschwerdegericht verlagert werden darf (vgl. BPatGE 32, 98, 100 13

§ 43 Einrede mangelnder Benutzung; Widerspruchsbescheid

– *SEDRESIN/Sekrezym;* BPatG Mitt. 1987, 56 – *Joker;* BPatGE 25, 53). Die Einrede kann auf einzelne der Waren/Dienstleistungen der Widerspruchsmarke beschränkt erhoben werden. Nachträglich auf weitere Waren/Dienstleistungen erweitert werden kann sie nur, soweit nicht Verspätung (unten Rdn. 15) entgegensteht.

14 Wurde die Einrede **vor Ablauf der Schonfrist erhoben**, so wird diese unzulässige Einrede nicht automatisch nach Ablauf der Schonfrist zu einer zulässigen Einrede, sondern muß ausdrücklich neu erhoben werden (BPatGE 37, 223, 225 – *novoSol-ratiopharn/Novuxol;* BPatG Mitt. 1997, 25, 26 – *LAILIQUE/LALIQUE;* BPatG GRUR 1996, 280 – *BIO VERA; Albert* GRUR 1996, 175).

15 Die Erhebung der Einrede **erstmals im Beschwerdeverfahren** ist zwar nicht generell unzulässig, kann aber wegen verfahrensverzögernder Verspätung nicht zuzulassen sein, wenn schon vor dem DPA möglich gewesen (§§ 528 Abs. 2, 282 Abs. 2 ZPO iVm § 82 Abs. 1 S. 1 MarkenG) oder wegen des späten Zeitpunkts innerhalb des Beschwerdeverfahrens zurückzuweisen (§§ 523, 282 Abs. 2 ZPO). Beispiele: BPatG Mitt. 1997, 25, 27 f. – *LAILIQUE/LALIQUE;* BPatG GRUR 1996, 414 – *RACOON/Dragon;* BPatG GRUR 1996, 356, 358 – *JOHN LORD/JOHN LOBB,* vgl. BPatGE 23, 158; BPatGE 19, 22; BPatGE 17, 151. Dies gilt insbesondere bei Erhebung erst **kurz vor** der mündlichen Verhandlung (BPatG Mitt. 1997, 25, 27 f. – *LAILIQUE/LALIQUE:* eine Woche vorher idR verspätet) oder sogar erst **in der Verhandlung** (aA BPatG GRUR 1997, 534, 535 f. – *ETOP/Itrop:* nicht verzögernd wenn Widersprechender im Termin nicht vertreten ist). Vermeidung der Verzögerungswirkung einer verspäteten Einrede durch Gewährung einer Schriftsatzfrist gem. § 283 ZPO ist nicht geboten (BPatG Mitt. 1997, 25, 27 f. – *LAILIQUE/LALIQUE;* BPatG GRUR 1997, 54 – *S. OLIVER;* aA BPatG GRUR 1997, 534, 536 – *ETOP/Itrop*). Dies gilt auch dann, wenn die Einrede erstmals im Rahmen einer kurz vor der Beschwerdeverhandlung eingereichten Anschlußbeschwerde erhoben wird (BPatG GRUR 1997, 54 – *S. OLIVER*) und unabhängig davon, ob der Beteiligte anwaltlich vertreten ist (BPatG Mitt. 1997, 25, 27 f. – *LAILIQUE/LALIQUE*). Hiervon zu unterscheiden ist die Pflicht des Beschwerdegerichts, auch eine verspätete, aber noch vor Übergabe des Beschlusses an die Post eingegangene Einrede zur Kenntnis zu nehmen und auf Zulässigkeit zu prüfen (BGH GRUR 1997, 223, 224 – *Ceco*). Beruht die späte Einrede glaubhaft darauf, daß erst jetzt während des Beschwerdeverfahrens ein fünfjähriger Zeitraum der Nichtbenutzung vollendet wurde (oben Rdn. 8, 11), kommt Verspätung nicht in Betracht.

Die erhobene Einrede **wirkt für alle Instanzen** des Widerspruchsverfahrens, muß also in Erinnerungs- und Beschwerdeinstanzen nicht etwa wiederholt werden. Dies gilt auch dann, wenn die Nichtbenutzungseinrede in der vorangegangenen Instanz als nicht entscheidungserheblich angesehen worden ist (vgl. BPatGE 22, 211: Keine Aufforderung in nächster Instanz, wenn Glaubhaftmachung nicht einmal angeboten; BPatG MA 1976, 500). Unterbleibt die Glaubhaftmachung in der Folgeinstanz, so sind idR dem Widersprechenden die Verfahrenskosten dieser Instanz aufzuerlegen (BPatGE 22, 211, 213). 16

Erklärt der Widerspruchsgegner, die Benutzungseinrede insgesamt oder für bestimmte Waren/Dienstleistungen **nicht aufrecht zu erhalten**, so wird die rechtserhaltende Benutzung in diesem Widerspruchsverfahren nicht mehr geprüft (vgl. *B/H* § 5 WZG Rdn. 75). Die Nichtbenutzungseinrede kann dann erst wieder unter den Voraussetzungen des § 43 Abs. 1 S. 2 nach Ablauf eines weiteren 5-Jahreszeitraums erneut erhoben werden. 17

3. Glaubhaftmachung der Benutzung

Die Nichtbenutzungseinrede begründet eine prozessuale Obliegenheit des Widersprechenden zur Glaubhaftmachung der rechtserhaltenden Benutzung (BPatG Mitt. 1997, 25, 27 – *LAILIQUE/LALIQUE*). Anders als im Verletzungsverfahren (§ 25 Abs. 2) oder Löschungsverfahren (§ 55 Abs. 3) muß die rechtserhaltende Benutzung nach § 43 Abs. 1 S. 1 und 2 im Widerspruchsverfahren nicht bewiesen, sondern nur iSv § 294 ZPO **glaubhaft** gemacht werden. Die Glaubhaftmachung ist nur mit **präsenten** Beweismitteln zulässig. Bloße Glaubhaftmachungsangebote sind daher unbeachtlich (zB BPatGE 23, 158, 164 – *Flutec/Fludex;* BPatG Mitt. 1979, 194; BPatGE 19, 202, 203; aA BPatG Mitt. 1980, 234 – *Claude Ferrand/Louis Feraud*) und auch die Verweisung auf Unterlagen in Akten anderer Widerspruchsverfahren ungenügend (BPatG MA 1975, 371). 18

In der Praxis finden fast ausnahmslos **eidesstattliche Versicherungen** Verwendung, die von einer aus eigener Kenntnis sachkundigen natürlichen Person im eigenen Namen (nicht: Firmenstempel bei Unterschrift) zur Vorlage beim DPA/BPatG abgegeben und unterzeichnet sein müssen. Die darin gemachten Angaben müssen sich auf den maßgeblichen Fünfjahreszeitraum beziehen, die tatsächlich verwendete Wiedergabe der Marke und ihre Verwendungsform zweifelsfrei erkennen lassen (zB in bezug genommene und beigefügte Etiketten, Verpackungsmuster etc.; BPatG GRUR 19

§ 43 Einrede mangelnder Benutzung; Widerspruchsbescheid

1996, 981, 982 – *ESTAVITAL*), die gekennzeichneten Waren/ Dienstleistungen der Art nach genau benennen und die Angaben über den Umfang der Benutzung enthalten (zB nach Verwendungsform und Warenart aufgeschlüsselte Umsätze), wobei auch der Inlandsbezug klarzustellen und bei Verwendungshandlungen Dritter die Zustimmung des Markeninhabers zu bestätigen ist. Zu weiteren formellen und inhaltlichen Anforderungen an derartige eidesstattliche Versicherungen vgl. BPatGE 23, 158, 163/164 – *Flutec/Fludex* (unbestimmte Zeitangaben, Auflagenzahl sagt nichts über tatsächliche Verteilung); BPatG Mitt. 1979, 194 (fehlende Umfangsangaben); großzügiger BPatG Mitt. 1984, 97 – *Bartoplast/ Plattoplast*. Die Vorlage von Warenmustern, Verpackungen, Werbeunterlagen etc. allein ohne Glaubhaftmachung ihrer tatsächlichen Verwendung genügt nicht (BPatGE 24, 109, 111 – *FOSECID/ FUGACID*). Ist das benutzende Unternehmen mit dem Markeninhaber konzernmäßig verbunden, sind an den Zustimmungsnachweis keine besonderen Anforderungen zu stellen (BPatG Bl. 1997, 65 – *CHARRIER/Carriere;* BPatGE 30, 101, 104).

20 Die **Verantwortung** für die vollständige Glaubhaftmachung liegt beim Widersprechenden und verbleibende Zweifel gehen zu seinen Lasten (BPatG GRUR 1996, 981, 982 – *ESTAVITAL* mwN). Besondere Hinweise des DPA sind insbesondere dann nicht geboten, wenn der anwaltlich vertretene Widersprechende die Glaubhaftmachung trotz berechtigter Rügen des Widerspruchsgegners nicht vervollständigt (vgl. BPatG Mitt. 1984, 236 – *ALBATRIN/Aludrin*). Bisweilen ist allerdings auch eine Hinweispflicht entsprechend § 139 ZPO bejaht worden (zB BPatG Mitt. 1983, 38 – *FAMARIT/Fama*).

21 Sind die Benutzungsunterlagen vom DPA zunächst als ausreichend behandelt worden, so muß im Erinnerungs- oder Beschwerdeverfahren ausdrücklich **Gelegenheit zur Ergänzung** gegeben werden, bevor die Entscheidung auf mangelnde Glaubhaftmachung gestützt werden kann, es sei denn, die Mängel sind in diesem Verfahrensabschnitt ohnehin vom Widerspruchsgegner gerügt worden (BPatGE 24, 241, 246 – *FLUICIL/Udicil*).

22 Der Widerspruchsgegner kann benutzungsrelevante Tatsachen, nicht jedoch den Tatbestand der rechtserhaltenden Benutzung insgesamt als Rechtsbegriff **zugestehen** (BPatGE 23, 158, 162 – *Flutec/Fludex*), wobei in letzterem aber unter Umständen ein Fallenlassen der Nichtbenutzungseinrede liegen kann (oben Rdn. 17).

23 Wird die Nichtbenutzungseinrede zulässigerweise erst in der Beschwerdeinstanz erhoben, hat der Widersprechende keinen An-

spruch auf **Vertagung** der mündlichen Verhandlung, wenn er zuvor genügend Zeit zur Glaubhaftmachung hatte (BPatG Mitt. 1979, 194; BPatGE 19, 202).

4. Prüfungsumfang

Entsprechend dem generell in tatsächlicher Hinsicht beschränkten Prüfungsumfang des summarischen Widerspruchsverfahrens (§ 42 Rdn. 42 ff.) unterliegt auch die Überprüfung der rechtserhaltenden Benutzung nur einer „mehr kursorischen Prüfung" (BGH GRUR 1981, 53, 55 – *Arthrexforte*). Dies erlaubt die jedoch keine Einschränkung der rechtlichen Würdigung, sondern betrifft die Vornahme und den Umfang von Beweiserhebungen (vgl. BGH GRUR 1985, 385, 386 – *FLUOSOL*). Die Prüfung der rechtserhaltenden Benutzung kann entfallen, wenn sie deshalb nicht entscheidungserheblich ist, weil der Widerspruch aus anderen Gründen ohnehin zurückgewiesen werden muß. 24

5. Teilbenutzung (Abs. 1 S. 3)

Ergibt die Glaubhaftmachung, daß die Widerspruchsmarke nur für einen Teil ihrer Waren/Dienstleistungen rechtserhaltend benutzt ist, so dürfen der Prüfung des Widerspruchsgrundes, also insbesondere der Prüfung der Waren-/Dienstleistungsidentität bzw. -ähnlichkeit nur diese Waren/Dienstleistungen zugrundegelegt werden (vgl. §§ 25 Abs. 2 S. 3, 55 Abs. 3 S. 4). Da der Schutz gegen die Verwechslungsgefahr aber auch Waren/Dienstleistungen umfaßt, die den benutzten Waren/Dienstleistungen ähnlich sind, kann der Schutzbereich der Widerspruchsmarke dennoch auch Waren/Dienstleistungen umfassen, die durch § 43 Abs. 1 S. 3 von der Berücksichtigung ausgeschlossen sind (vgl. § 26 Rdn. 65). Zum Berücksichtigungsumfang bei Benutzung eines eingetragenen Oberbegriffs durch Spezialwaren gelten die bei § 25 Rdn. 23 ff. dargestellten Grundsätze. 25

6. Bedeutung für andere Verfahren

Die Beschränkung auf Glaubhaftmachung und der begrenzte Prüfungsumfang schließen eine Bindungswirkung der im Widerspruchsverfahren stattfindenden Benutzungsprüfung für andere Verfahren aus. Insbesondere hindert die Verneinung der rechtserhaltenden Benutzung im Widerspruchsverfahren den Widersprechenden nicht, im Rahmen einer Löschungsklage den Nachweis 26

§ 43 Einrede mangelnder Benutzung; Widerspruchsbescheid

der Benutzung nach § 55 Abs. 3 zu versuchen. Umgekehrt kann der unterlegene Widerspruchsgegner sowohl durch Eintragungsbewilligungsklage (§ 44 Rdn. 9; BGH GRUR 1981, 53, 55 – *Arthrexforte*) als auch durch Löschungsklage gegen die Widerspruchsmarke deren rechtserhaltende Benutzung ohne die Beschränkungen des Widerspruchsverfahrens endgültig klären lassen.

III. Ausgeschlossene Einreden des Widerspruchsgegners

27   Das Widerspruchsverfahren ist auf die Überprüfung der Widerspruchsgründe nach § 42 Abs. 2 und des Nichtbenutzungseinwands im oben dargestellten Rahmen beschränkt. Diese Beschränkung schließt nicht nur anderweitige Löschungsgründe aus, sondern wirkt auch gegen den Inhaber der angegriffenen Marke, dessen Verteidigungsmöglichkeiten spiegelbildlich beschränkt sind. Im Widerspruchsverfahren unbeachtlich sind insbesondere folgende Einwände gegen den Widerspruch:

1. Nichtigkeit wegen absoluter Schutzhindernisse

28   Die Nichtigkeit der Widerspruchsmarke wegen absoluter Schutzhindernisse gemäß § 50 kann der Widerspruchsgegner nur über das patentamtliche Löschungsverfahren gem § 54 geltend machen. Im Widerspruchsverfahren ist das DPA **an die Eintragung der Widerspruchsmarke gebunden** und sind Einwände gegen ihren Bestand oder die Schutzfähigkeit unbeachtlich (vgl. BGH GRUR 1979, 856, 858 – *Flexiole;* BGH GRUR 1973, 467/468 – *Praemix;* BGH GRUR 1966, 676 – *Shortening;* BGH GRUR 1963, 630, 631 – *Polymar*). Ebenfalls nicht als Einwand gegen den Widerspruch insgesamt, sondern nur im Rahmen der Verwechslungsgefahr berücksichtigt werden darf die Schutzunfähigkeit der Widerspruchsmarke für die Waren der **angegriffenen** Marke (BGH GRUR 1977, 717, 718 – *Cokies;* BGH GRUR 1968, 414, 416 – *Fe*). Hiervon zu unterscheiden ist die durch die Bindung an die Eintragung nicht gehinderte Überprüfung der Kennzeichnungskraft kollisionsbegründender Bestandteile der Widerspruchsmarke (vgl. § 14 Rdn. 198). Bei einer angemeldeten, jedoch noch nicht eingetragenen Widerspruchsmarke ist die Schutzunfähigkeit dagegen insoweit im Ergebnis von Bedeutung, als dem Widerspruch nicht vor Eintragung der Widerspruchsmarke endgültig stattgegeben werden darf, sondern gegebenenfalls auszusetzen ist (unten Rdn. 45).

Bei einem Widerspruch aufgrund einer **notorischen Marke** 29
muß der Widersprechende die Notorietät glaubhaft machen, soweit
nicht amtsbekannt. Hiergegen erhobene Einwände sind beachtlich,
soweit sie nicht eine mit dem summarischen Charakter des Widerspruchsverfahrens unvereinbare Beweiserhebungen erfordern würden. Entsprechendes gilt für Widersprüche, die gegen eine Agentenmarke gerichtet und auf eine nicht eingetragene inländische
oder ausländische Marke des Geschäftsherrn gestützt sind.

2. Verfall nach § 49 Abs. 2

Nur der Verfallsgrund der Nichtbenutzung, nicht aber die Ver- 30
fallsgründe des § 49 Abs. 2 (Entwicklung zur Gattungsbezeichnung,
nachträgliche Täuschungseignung, Inhabermängel) können im Widerspruchsverfahren eingewendet werden. Der Widerspruchsgegner muß das Löschungsverfahren nach §§ 53, 55 betreiben.

3. Vorbenutzung, Verkehrsgeltung der angegriffenen Marke

Zeitpunkt und Umfang der Benutzung der angegriffenen Marke 31
sind im Widerspruchsverfahren unabhängig vom Zeitpunkt des Benutzungsbeginns und einer eventuell erlangten Verkehrsgeltung
oder Verkehrsdurchsetzung ausnahmslos unbeachtlich. Dies gilt
auch dann, wenn die Vorbenutzung zur Entstehung eines prioritätsbesseren sachlichen Kennzeichnungsrechts geführt hat (unten
Rdn. 32) oder den Erwerb der Widerspruchsmarke als unlauter
oder rechtsmißbräuchlich erscheinen läßt (unten Rdn. 35).

4. Älteres Recht des Widerspruchsgegners

Gegenüber der Widerspruchsmarke ältere eingetragene oder 32
nicht eingetragene Kennzeichenrechte oder sonstige Rechte iSv
§ 13 kann der Widerspruchsgegner erst im Rahmen der Eintragungsbewilligungsklage oder durch Löschungsklage gegen die Widerspruchsmarke geltend machen, nicht jedoch im Widerspruchsverfahren.

5. Recht der Gleichnamigen

Entsprechend sind auch die Grundsätze zum Recht der Namens- 33
gleichen (§ 23 Rdn. 15 ff.) im Widerspruchsverfahren schon aus
verfahrensrechtlichen Gründen unabhängig von der Frage der Bedeutung dieser Grundsätze für das Recht auf Eintragung als Marke

(§ 23 Rdn. 24) nicht zu berücksichtigen (BGH GRUR 1966, 499, 501 – *Merck*).

6. Unbenutzte Widerspruchsmarke vor Schonfristablauf

34 Außerhalb des Nichtbenutzungseinwands nach § 43 Abs. 1 spielt die Benutzung der Widerspruchsmarke im Widerspruchsverfahren keine Rolle. Der Widerspruchsgegner ist auch mit dem Einwand ausgeschlossen, die mangelnde Benutzung einer noch nicht dem Benutzungszwang unterliegenden Widerspruchsmarke belege, daß eine Benutzungsabsicht fehle und es sich um ein rechtsmißbräuchlich geltend gemachtes Abwehrzeichen handele (zur Rechtslage vor Einführung des Benutzungszwangs: BGH GRUR 1966, 432 – *Epigran I;* BGH GRUR 1965, 672 – *Agyn*).

7. Rechtsmißbrauch, Verwirkung

35 Auch Rechtsmißbräuchlichkeit, Verwirkung oder Treu und Glauben können dem Widerspruch nicht entgegengehalten werden, nachdem Einwände dieser Art typischerweise eine umfassende Interessenabwägung erfordern, die das Widerspruchsverfahren nach seinem bisherigen Verständnis als summarisches Verfahren überfordern würde (zB BGH GRUR 1966, 499, 501 – *Merck;* etwas zurückhaltender hieran anknüpfend BPatG GRUR 1997, 652, 654 – *IMMUNINE).*

8. Außerkennzeichenrechtliche Einreden, Vertrag

36 Erst recht ausgeschlossen sind alle außerkennzeichenrechtlichen Einreden des Widerspruchsgegners, einschließlich wettbewerbsrechtlicher Gegenansprüche oder vertraglicher Verpflichtungen zB zur Duldung der Eintragung und Unterlassung des Widerspruchs (zB BPatG GRUR 1997, 54, 57 – *S. OLIVER*).

IV. Entscheidung über den Widerspruch

1. Zuständigkeit

37 Für die Entscheidung über die Widersprüche sind nach § 56 Abs. 2 S. 1 die Markenstellen des DPA zuständig, da das Widerspruchsverfahren ausweislich der Gliederung des Teil 3 Abschnitt 1 systematisch noch zum Eintragungsverfahren gehört (Amtl. Begr. Abs. 2 zu § 56). Zur Besetzung § 56 Abs. 2 S. 2 und 3.

2. Mehrere Widersprüche

Wurden gegen eine Eintragung mehrere Widersprüche erhoben, so kann über alle oder mehrere der Widersprüche gemeinsam in einem Beschluß entschieden werden (§ 28 Abs. 2 MarkenV). Die Verpflichtung zur gemeinsamen Entscheidung ist jedoch selbst im Falle mehrerer Widersprüche desselben Widersprechenden durch einen Sachdienlichkeitsvorbehalt und die Ausgestaltung als bloße Sollbestimmung relativiert (§ 28 Abs. 1 MarkenV). Das DPA macht in seiner Praxis aber häufig von der Möglichkeit gemeinsamer Entscheidung Gebrauch, insbesondere dann, wenn Benutzungsfragen keine Rolle spielen. Die gemeinsame Entscheidung ändert nichts daran, daß die Verfahrensbeteiligung eines Widersprechenden stets auf den eigenen Widerspruch beschränkt ist (§ 42 Rdn. 38). 38

3. Entscheidungsinhalt

a) Verwerfung des Widerspruchs. § 43 Abs. 2 nennt nur die bei Zulässigkeit des Widerspruchs gegebenen sachlichen Entscheidungsalternativen. Die Zulässigkeit des Widerspruchs ist eine von Amts wegen zu beachtende Verfahrensvoraussetzung für eine Entscheidung in der Sache (zB BGH GRUR 1974, 279 – *ERBA;* BPatG GRUR 1973, 198 – *Lordson*). 39

b) Zurückweisung des Widerspruchs. Zurückgewiesen wird der Widerspruch nach § 43 Abs. 2 S. 2, wenn er unbegründet ist, dh keiner der Widerspruchsgründe des § 42 Abs. 2 vorliegt oder der Nichtbenutzungseinwand nach Abs. 1 durchgreift. Die Zurückweisung des Widerspruchs entfaltet keinerlei Bindungswirkung für die dem Widersprechenden trotz erfolglosem Widerspruchsverfahren uneingeschränkt offenstehende Löschungsklage aufgrund derselben Widerspruchsmarke (Amtl. Begr. Abs. 2 aE zu § 42; vgl. BGH GRUR 1967, 94, 95 – *Stute*). 40

c) Löschung. Ist der Widerspruch zulässig und liegt hinsichtlich aller Waren/Dienstleistungen der angegriffenen Marke auch unter Berücksichtigung eines eventuellen Nichtbenutzungseinwands ein Widerspruchsgrund nach § 42 Abs. 2 vor, so ist nach § 43 Abs. 2 S. 1 die Löschung der angegriffenen Marke auszusprechen. Richtet sich der Widerspruch gegen eine IR-Marke, so tritt an die Stelle der Löschung der Eintragung die Schutzverweigerung (§ 114 Abs. 3). Die Löschungswirkung tritt erst mit Bestandskraft der Entscheidung ein. Sie wirkt auf den Zeitpunkt der Eintragung zurück 41

§ 43   Einrede mangelnder Benutzung; Widerspruchsbescheid

(§ 52 Abs. 2 iVm § 43 Abs. 4). Unberührt bleiben lediglich vollstreckte rechtskräftige Verletzungsurteile und erfüllte Verträge nach Maßgabe des ebenfalls über § 43 Abs. 4 für anwendbar erklärten § 52 Abs. 3.

42   Eine Beseitigung der bestandskräftigen Löschung kann der Inhaber der angegriffenen Marke nur noch durch die **fristgebundene Eintragungsbewilligungsklage** erreichen, die bei Erfolg zur Wiedereintragung der Marke unter Wahrung ihres Zeitrangs führt. (§ 44). Insbesondere kann der Widersprechende eine Rückgängigmachung der Widerspruchsentscheidung nicht auch dadurch erreichen, daß er später die Löschung der Widerspruchsmarke durchsetzt. Die Löschungsentscheidung ist hinsichtlich der Bejahung des Widerspruchsgrundes für die Eintragungsbewilligungsklage bindend (näher § 44 Rdn. 10 f.; BGH GRUR 1981, 53, 55 – *Arthrexforte;* BGH GRUR 1967, 94, 95 – *Stute;* BGH GRUR 1962, 456 – *Gernataler Sprudel;* BGH GRUR 1962, 456, 457 – *Wipp*), nicht jedoch auch für die **Verletzungsklage** des Widersprechenden gegen den Inhaber der angegriffenen Marke wegen Benutzung der Widerspruchsmarke (B/S § 6 WZG Rdn. 4) und auch nicht für eine **negative Feststellungsklage** des Inhabers der angemeldete Marke gegen den Widersprechenden wegen der behaupteten Verletzung der Widerspruchsmarke (BGH GRUR 1954, 346, 347 – *Strahlenkranz* mwN; *B/H* § 6 WZG Rdn. 19). Eine solche negative Feststellungsklage betrifft aber nur die Rechtmäßigkeit der Benutzung der angegriffenen Marke und verschafft kein Recht auf ihre Eintragung (BGH aaO – *Strahlenkranz; Heydt* GRUR 1962, 458).

43   **d) Teillöschung.** Ist der Widerspruch nur hinsichtlich eines Teils der Waren/Dienstleistungen der angegriffenen Marke begründet, so erfolgt die in § 43 Abs. 2 S. 1 jetzt ausdrücklich angeführte Teillöschung (vgl. § 51 Abs. 5). Im übrigen wird der Widerspruch zurückgewiesen.

44   **e) Aussetzung.** Wurden gegen eine Marke mehrere Widersprüche eingelegt und ergibt die Prüfung die Begründetheit eines oder mehrerer der Widersprüche, so ermöglicht § 43 Abs. 3 die Aussetzung des Verfahrens über die weiteren Widersprüche bis zur rechtskräftigen Entscheidung über die entscheidungsreifen Widersprüche. Derartige Aussetzungen können bei einer größeren Zahl von Widersprüchen zu einer für die anderen Widersprechenden **unerträglichen Verfahrensdauer** führen, da im Extremfall alle Instanzen mehrfach hintereinander gestaffelt durchlaufen werden

Einrede mangelnder Benutzung; Widerspruchsbescheid § 43

müssen, bis über alle Widersprüche entschieden ist. Trotz der verständlichen verfahrensökonomischen Zielsetzung des § 43 Abs. 3 sollte daher von dieser Aussetzungsmöglichkeit nur mit Bedacht Gebrauch gemacht werden, da andernfalls das Widerspruchsverfahren eine erhebliche Entwertung als gerade summarisches, also auch zeitlich überschaubares Verfahren erleidet und die übrigen Widersprechenden zur Löschungsklage gezwungen werden.

§ 43 Abs. 3 regelt die Aussetzungsmöglichkeiten nicht abschließend (Amtl. Begr. 5. Abs. zu § 43). Dementsprechend gestattet § 29 Abs. 1 MarkenV die Aussetzung generell bei Sachdienlichkeit. Ist die **Widerspruchsmarke noch nicht eingetragen**, so muß das Verfahren bis zu ihrer Eintragung ausgesetzt werden, wenn der Widerspruch im übrigen begründet ist, da andernfalls der Eintragungsvorbehalt nach § 9 Abs. 2 übergangen würde (§ 29 Abs. 2 1. Alt. MarkenV; Amtl. Begr. Abs. 5 zu § 43). Als weiteren typischen Aussetzungsfall nennt § 29 Abs. 2 2. Alt. MarkenV die **Anhängigkeit eines patentamtlichen Löschungsverfahrens** gegen die Widerspruchsmarke, während Amtl. Begr. 5. Abs. zu § 43 generell die Anhängigkeit von Löschungsverfahren erwähnt. Die bloße Anhängigkeit eines Löschungsverfahrens gegen die Widerspruchsmarke entbindet noch nicht von der Prüfung der Sachdienlichkeit, die nur dann bejaht werden kann, wenn der Löschungsangriff gegen die Widerspruchsmarke bei summarischer Prüfung nachvollziehbare Erfolgsaussichten entsprechend § 148 ZPO hat. Beispiele für Aussetzungsabwägungen: BPatG Bl. 1996, 466 (Ls.) – *Hamano/Humana* (keine Aussetzung bei geringer Erfolgsaussicht); BPatG Mitt. 1997, 261, 262 – *Coveri* und BPatGE 17, 154 – *SKIRALETTE/Spiralette* (hinreichende Wahrscheinlichkeit für die Löschung und alsbaldige rechtskräftige Entscheidung darüber erforderlich); BPatG Mitt. 1973, 160 – *OKAY/OKA* (hinreichende Erfolgsaussichten); BPatGE 13, 139, 147 – *CITO* (keine Aussetzung wegen absolutem Löschungsverfahren, wenn die behauptete Schutzfähigkeit eines Zeichenbestandteils im Widerspruchsverfahren geprüft werden kann); BPatGE 12, 62, 67 – *RETIVETIN* (keine Aussetzung des Beschwerdeverfahrens über einen Widerspruch wegen Anhängigkeit einer Eintragungsbewilligungsklage bzgl. zweiten Widerspruchs). Die Aussetzung kann auch bei **Ablauf der Schutzdauer der Widerspruchsmarke** geboten sein, solange die Verlängerung nach § 47 Abs. 3 noch möglich, aber noch nicht erfolgt ist (*Winkler* GRUR 1994, 577).

Zu den Rechtsbehelfen s. Rdn. 48. In der Begründung eines Aussetzungsbeschlusses enthaltene Ausführungen über die Begründetheit des Widerspruchs stellen keine anfechtbare Sachentscheidung dar (BPatGE 18, 116 – *ARPO/Argo*).

47   **f) Kostenentscheidung.** Im Widerspruchsverfahren trägt jeder Beteiligte die ihm erwachsenen Kosten selbst. In verfahrensabschließenden Entscheidungen über einen Widerspruch kann das DPA eine hiervon abweichende Kostentragung nach Billigkeitsgrundsätzen anordnen (§ 63 Abs. 1 S. 1). Eine derartige Kostenentscheidung kann auch mit der Rücknahme des Widerspruchs, bei Verzicht auf die Eintragung oder Löschung wegen Nichtverlängerung ergehen (§ 63 Abs. 1 S. 2). Näher zu der Billigkeitsabwägung § 63 Rdn. 5 und ausf. § 71 Rdn. 10ff. Zu den erstattungsfähigen Kosten § 63 Rdn. 4 und § 71 Rdn. 24ff. Darüber hinaus kann das Patentamt nach § 63 Abs. 2 auch die Rückzahlung der Widerspruchsgebühr aus Billigkeitsgründen anordnen (§ 63 Rdn. 7).

4. Rechtsbehelfe

48   Gegen die Entscheidung des DPA kann der unterlegene Verfahrensbeteiligte **Beschwerde** zum BPatG gemäß § 66 einlegen, soweit die Widerspruchsentscheidung nicht von einem Beamten des gehobenen Dienstes oder vergleichbaren Angestellten erlassen worden ist und deswegen Erinnerung nach § 64 gegeben ist. Erinnerung bzw. Beschwerde sind auch gegen Beschlüsse gegeben, mit denen die Aussetzung angeordnet oder ausdrücklich abgelehnt wird (vgl. § 252 ZPO; BPatGE 18, 116, 118 – *ARPO/Argo;* BPatGE 17, 154, 156 – *SCIRALETTE/Spiralette;* BPatGE 15, 97, 100 – *Sprint* (fehlendes Rechtsschutzbedürfnis); BPatGE 10, 131, 135 – *Jackie* (auch zum Überprüfungsumfang)). Demgegenüber ist das bloße Unterlassen der Aussetzung ohne förmliche Entscheidung durch Fortsetzung des Verfahrens keine beschwerdefähige Entscheidung. Zur Ablehnung der Fortsetzung des Verfahrens durch Beschluß und dessen Anfechtung vgl. BPatGE 18, 116 – *ARPO/Argo*. Kein Rechtsbehelf ieS ist die Eintragungsbewilligungsklage (§ 44), mit der eine Wiedereintragung der angegriffenen Marke erreicht werden kann.

5. Veröffentlichungen

49   Nach § 30 MarkenV wird die angegriffene Marke nach Abschluß des Widerspruchsverfahrens erneut veröffentlicht, wenn im Verlauf des Widerspruchsverfahrens Änderungen des Waren/Dienstleistungsverzeichnisses vorgenommen wurden (vgl. Amtl. Begr. Abs. 4

zu § 42). Generell sehen §§ 20, 21 iVm § 18 Nr. 22, 23 MarkenV die Veröffentlichung umfassender Angaben über Einlegung/Nichteinlegung des Widerspruchs und den Verfahrensabschluß vor. Besondere Bedeutung kommt dem Tag des Abschlusses des Widerspruchsverfahrens wegen seiner Maßgeblichkeit für die Benutzungsschonfrist nach § 26 Abs. 5 zu.

V. Bindungswirkung für andere Verfahren

Hat der Widerspruch Erfolg, so kann die Löschung nur mittels der fristgebundenen Eintragungsbewilligungsklage nach § 44 rückgängig gemacht werden. Die Bejahung des Kollisionstatbestandes entfaltet im Eintragungsbewilligungsverfahren eine begrenzte Bindungswirkung, die bei § 44 Rdn. 10f. näher dargestellt ist. 50

Wird der Widerspruch zurückgewiesen, tritt keinerlei Bindungswirkung für andere Verfahren ein. Inbesondere kann der Widersprechende jederzeit wegen derselben Kollision Löschungsklage nach §§ 51, 55 erheben. Auch in einem Verletzungsprozeß des Widersprechenden gegen den Widerspruchsgegner besteht keine Bindung an die Verneinung des Kollisionstatbestandes im Widerspruchsverfahren (zB BGH GRUR 1992, 130, 131 – *Bally/BALL*). 51

§ 44 Eintragungsbewilligungsklage

(1) **Der Inhaber der Marke kann im Wege der Klage gegen den Widersprechenden geltend machen, daß ihm trotz der Löschung der Eintragung nach § 43 ein Anspruch auf die Eintragung zusteht.**

(2) **Die Klage nach Absatz 1 ist innerhalb von sechs Monaten nach Unanfechtbarkeit der Entscheidung, mit der die Eintragung gelöscht worden ist, zu erheben.**

(3) **Die Eintragung aufgrund einer Entscheidung zugunsten des Inhabers der Marke wird unter Wahrung des Zeitrangs der Eintragung vorgenommen.**

Inhaltsübersicht

	Rdn.
I. Allgemeines	1–4
1. Überblick	1
2. Früheres Recht	2
3. MRRL	3
4. Gemeinschaftsmarkenrecht	4

	Rdn.
II. Anwendungsbereich	5
III. Normzweck	6
IV. Eintragungsanspruch	7–15
1. Rechtsnatur	7
2. Klagegrund	8–14
3. Einwendungen des Beklagten	15
V. Geltendmachung durch Klage	16–24
1. Statthaftigkeit	16
2. Rechtsschutzbedürfnis	17
3. Klagefrist (Abs. 2)	18
4. Aktivlegitimation, Passivlegitimation, Rechtsnachfolge	19
5. Zuständigkeit	20
6. Klageantrag, Urteilstenor	21
7. Verbindung mit Löschungsklage	22
8. Freiwillige Bewilligung, Abmahnung	23
9. Streitwert	24
VI. Wiedereintragung (Abs. 3)	25–29
1. Wiedereintragungsverfahren	25
2. Wirkung auf andere Widersprüche	26, 27
3. Sonstige Wirkung gegenüber Dritten	28, 29
VII. Klage auf Widerspruchsrücknahme	30–32
VIII. Negative Feststellungsklage	33
IX. Keine Erstattung der Kosten des Widerspruchsverfahrens	34

Literatur: *Munzinger*, Zur Eintragungsbewilligungsklage, GRUR 1995, 12.

I. Allgemeines

1. Überblick

1 Die Eintragungsbewilligungsklage ermöglicht dem unterlegenen Widerspruchsgegner die Geltendmachung derjenigen Einwände gegen die Widerspruchsmarke, mit denen er im Widerspruchsverfahren wegen dessen summarischen Charakters ausgeschlossen war. Wichtige Beispielsfälle sind die Löschungsreife des Widerspruchszeichens gem. §§ 9–13 aufgrund älterer Rechte des Widerspruchsgegners und außerkennzeichenrechtliche, zB vertraglich begründete Ansprüche auf Duldung der Eintragung. Neben der nachträglichen Eintragungsbewilligungsklage nach § 44 ist unter bestimmten Voraussetzungen schon während des Widerspruchsverfahrens eine Kla-

Eintragungsbewilligungsklage **§ 44**

ge des Widerspruchsgegners auf Rücknahme des Widerspruchs zulässig (unten Rdn. 30 ff.).

2. Früheres Recht

Gegenüber der Eintragungsbewilligungsklage nach §§ 6 Abs. 2 **2**
S. 2, 6a Abs. 4 S. 4 WZG wurde im MarkenG die Klagefrist von einem Jahr auf sechs Monate verkürzt. Im übrigen besteht kein sachlicher Unterschied. Durch die Erweiterung der Nichtbenutzungseinrede im Widerspruchsverfahren auf den nachträglichen Schonfristablauf (§ 43 Abs. 1 S. 2) ist der Inhaber der angegriffenen Marke in diesen praktisch wichtigen Fällen nicht mehr auf die Eintragungsbewilligungsklage angewiesen.

3. MRRL

Die MRRL enthält keine unmittelbaren Regelungen zur Eintra- **3**
gungsbewilligungsklage. § 44 dient aber mittelbar auch der Verwirklichung derjenigen relativen Ungültigkeitsgründe des Art. 4 MRRL, die gegenüber der Widerspruchsmarke im patentamtlichen Verfahren nicht einwendbar sind, sowie ferner der Verwirklichung der Sanktionsregelung des Art. 11 Abs. 1 MRRL in Fällen, in denen der Widerspruchsgegner im Rahmen der Eintragungsbewilligungsklage die Nichtbenutzung der Widerspruchsmarke geltend macht.

4. Gemeinschaftsmarkenrecht

Das Gemeinschaftsmarkenrecht kennt das Rechtsinstitut der **4**
Eintragungsbewilligungsklage nicht, da das Widerspruchsverfahren nach der GMVO zu einer endgültigen Entscheidung zwischen den Parteien führt. Der Anmelder einer Gemeinschaftsmarke muß daher rechtzeitig Löschungsklage bzw eine Widerspruchsrücknahmeklage nach nationalem Recht erheben, um Gegenrechte geltend zu machen (*Ingerl,* Die Gemeinschaftsmarke, S. 137). Dagegen kommt eine nationale Eintragungsbewilligungsklage im eigentlichen Sinne nicht in Betracht, da eine prioritätswahrende Wiedereintragung einer Marke im Gemeinschaftsmarkenrecht nicht vorgesehen ist (aA *Munzinger* GRUR 1995, 19).

II. Anwendungsbereich

Der Anwendungsbereich des § 44 deckt sich grundsätzlich mit **5**
demjenigen des patentamtlichen Widerspruchsverfahrens nach § 42 (Rdn. 6 ff.). § 44 gilt auch dann, wenn es sich bei der erfolgreichen

Widerspruchsmarke um eine Gemeinschaftsmarke handelt (Amtl. Begr. MRÄndG 1996 zu § 125b Nr. 4).

III. Normzweck

6 Die Eintragungsbewilligungsklage ist das notwendige Korrektiv zum beschränkten Prüfungsumfang des summarischen Widerspruchsverfahrens. Dabei erfolgt die Korrektur nicht auf dem Wege einer Überprüfung der patentamtlichen Widerspruchsentscheidung, sondern ist als Entscheidung über einen ungeachtet der Löschung fortbestehenden materiellrechtlichen Anspruch auf Eintragung konstruiert. Dementsprechend führt die erfolgreiche Eintragungsbewilligungsklage nicht zur Aufhebung der Widerspruchsentscheidung als solcher, sondern macht die Löschung dadurch rückgängig, daß eine prioritätswahrende Wiedereintragung nach § 44 Abs. 3 erfolgt. Die Eintragungsbewilligungsklage ist insoweit das Gegenstück zur Löschungsklage des Widersprechenden, die ebenfalls dazu dienen kann, der materiellen Rechtslage in den Fällen Geltung zu verschaffen, in denen bei der Widerspruchsentscheidung nicht alle erheblichen Umstände oder Einwendungen berücksichtigt werden konnten.

IV. Eintragungsanspruch

1. Rechtsnatur

7 Die Eintragungsbewilligungsklage ist begründet, wenn dem Kläger gegen den Widersprechenden ein „Anspruch auf die Eintragung" zusteht. Damit ist nicht der „Anspruch auf Eintragung" gegenüber dem DPA nach § 33 Abs. 2 S. 1 gemeint, sondern ein von § 44 vorausgesetzter materiellrechtlicher Anspruch zwischen den Parteien. Seiner Rechtsnatur nach handelt es sich bei dem Eintragungsanspruch um einen Beseitigungsanspruch, der gegen die Störung durch den unberechtigten Widerspruch gerichtet ist (*Körner* GRUR 1975, 8).

2. Klagegrund

8 Als Grundlage für den Anspruch kommen zum einen **alle im Widerspruchsverfahren ausgeschlossenen Einreden** des Widerspruchsgegners in Betracht, mit Ausnahme der auch im Eintra-

Eintragungsbewilligungsklage **§ 44**

gungsbewilligungsverfahren nicht zu prüfenden absoluten Schutzhindernisse. Zu diesen Gründen kann auf die Darstellung bei § 43 Rdn. 30 ff. verwiesen werden. In der Praxis steht die Eintragungsbewilligungsklage wegen eines älteren Kennzeichenrechts des Widerspruchsgegners im Vordergrund.

Zum zweiten kann mit der Eintragungsbewilligungsklage auch **9** der **Verfall der Widerspruchsmarke wegen Nichtbenutzung** unabhängig davon geltend gemacht werden, ob die Nichtbenutzungseinrede im Widerspruchsverfahren erhoben worden ist und aus welchen Gründen trotz einer als ausreichend angesehenen Glaubhaftmachung keine rechtserhaltende Benutzung vorgelegen haben soll. Die Widerspruchsentscheidung entfaltet insoweit keinerlei Bindungswirkung für die Entscheidung über die Eintragungsbewilligungsklage (vgl. BGH GRUR 1981, 53, 55 – *Arthrexforte*; § 43 Rdn. 26).

Bejaht hat die Rspr. zum WZG dagegen eine **Bindungswir-** **10** **kung der Widerspruchsentscheidung hinsichtlich der Feststellung der Zeichenübereinstimmung und Warengleichartigkeit** (BGH GRUR 1981, 53, 55 – *Arthrexforte*; BGH GRUR 1962, 456, 457 – *Germataler Sprudel*; BGH GRUR 1963, 626, 628 – *Sunsweet*). Relativiert wurde diese Bindungswirkung allerdings schon nach altem Recht dadurch, daß im Widerspruchsverfahren unberücksichtigt gebliebene, weil von der nicht liquiden Benutzungslage abhängige Fragen der **Kennzeichnungskraft der Widerspruchsmarke** ausgenommen waren (BGH GRUR 1967, 246, 249 – *Vitapur*). Im Rahmen des MarkenG kommt dieser Relativierung weiterhin große Bedeutung in den Fällen zu, in denen die Kennzeichnungskraft als einer der drei Faktoren der Verwechslungsgefahr nach § 9 Abs. 1 Nr. 2 von der Benutzungslage abhängt.

Die Bindungswirkung hindert das über die Eintragungsbewilli- **11** gungsklage entscheidende Gericht nicht daran, die Verwechslungsgefahr und in deren Rahmen insbesondere die Warenähnlichkeit hinsichtlich solcher Waren/Dienstleistungen der Widerspruchsmarke zu prüfen, auf welche die Widerspruchsentscheidung nicht gestützt war, weil sie auf näherliegende Waren/Dienstleistungen gestützt werden konnte, hinsichtlich derer sich die Widerspruchsmarke im Eintragungsbewilligungsverfahren jedoch als löschungsreif herausstellt (insoweit zutr. *Munzinger*, GRUR 1995, 18).

Umstritten war zur Eintragungsbewilligungsklage nach dem **12** WZG, zu welchem **Zeitpunkt** der Eintragungsanspruch gegeben sein mußte. Eine Mindermeinung wollte auf den Tag der Anmeldung oder Bekanntmachung der Marke des Widerspruchsgegners abstellen (zB RPA Bl. 1922, 165), während die ganz überwiegende Meinung auf das Vorliegen des Klagegrundes im Zeitpunkt der Entscheidung des DPA/BPatG im Widerspruchsverfahren abstellte (*B/H* § 6 WZG Rdn. 10; *B/S* § 6 WZG Rdn. 8). Erst nach Abschluß des Widerspruchsverfahrens eintretende Gründe dagegen sollten keinen Anspruch auf Eintragung mit der ursprünglichen Priorität begründen, sondern lediglich zur Löschung der Widerspruchsmarke führen. Maßgeblich sei, ob dem Widerspruchsgegner bereits **im Zeitpunkt der Widerspruchsentscheidung** ein Eintragungsanspruch zugestanden habe. Dem ist auch für das MarkenG zu folgen. Für einen Ausschluß später entstehender Klagegründe spricht zum einen die sechsmonatige Klagefrist. Nach ihrem Ablauf eintretende Entwicklungen müssen auch dann unberücksichtigt bleiben, wenn die Klage mit anderweitiger Begründung rechtzeitig erhoben wurde. Aber auch ein Klagegrund, der erst während der sechsmonatigen Klagefrist entstanden ist (zB durch Verfall), ist nicht zuzulassen (aA *Füllkrug* MA 1995, 499 bei Fn. 19). Die Eintragungsbewilligungsklage soll nicht eine im Zeitpunkt des Erlasses materiell richtige Widerspruchsentscheidung beseitigen, sondern materiell unrichtige Widerspruchsentscheidungen korrigieren.

13 Die Eintragungsbewilligungsklage kann auch auf den Erwerb eines **Zwischenrechts** gestützt werden, also darauf, daß die Benutzung einer zunächst wegen Nichtbenutzung löschungsreifen Widerspruchsmarke während des Widerspruchsverfahrens aufgenommen wird (vgl. BGH GRUR 1978, 642, 644 – *Silva*).

14 Weitere Beispiele für Klagegründe: **Bessere Priorität** der angegriffenen Marke (BPatGE 17, 135, 138 – *PRINCESS*; RGZ 104, 162, 168 – *Regent*); Löschungsreife aufgrund **älteren Rechts** des Widerspruchsgegners (vgl. RGZ 170, 302, 309/310 – *De vergulde Hand*).

3. Einwendungen des Beklagten

15 Der Beklagte ist lediglich mit dem Einwand ausgeschlossen, die gelöschte Marke des Widerspruchsgegners dürfe wegen absoluter Schutzhindernisse nicht eingetragen werden. Der Beklagte ist insoweit auf das Verfahren nach § 54 gegen die wieder eingetragene Marke beschränkt. Der Verwirkungseinwand steht der Eintragungsbewilligungsklage nicht deshalb entgegen, weil der Kläger ein jetzt eingewendetes älteres Recht nicht schon früher im Wege der Löschungsklage geltend gemacht hat (vgl BGH GRUR 1978, 642, 645 – *Silva*).

V. Geltendmachung durch Klage

1. Statthaftigkeit

Die Klage auf nachträgliche Bewilligung der Eintragung setzt voraus, daß eine die Löschung anordnende Widerspruchsentscheidung bereits vorliegt. Hinsichtlich der Unanfechtbarkeit dieser Entscheidung genügt es, wenn sie im Zeitpunkt der mündlichen Verhandlung über die Klage gegeben ist. Der Widerspruchsgegner kann die Eintragungsbewilligungsklage also unmittelbar nach Verkündung bzw Zustellung der nachteiligen Widerspruchsentscheidung einreichen. **Ausschöpfung der Rechtsbehelfe gegen die Widerspruchsentscheidung ist nicht Voraussetzung.** Die Eintragungsbewilligungsklage kann also bereits nach der ersten Entscheidung des DPA erhoben werden, wenn dagegen Erinnerung/Beschwerde nicht erhoben wird. Gibt das DPA mehreren Widersprüchen statt, kann der Widerspruchsgegner bzgl eines Widerspruchs Erinnerung/Beschwerde einlegen, hinsichtlich eines anderen Widerspruchs aber Eintragungsbewilligungsklage erheben (BPatGE 12, 62 – *Retivetin*). 16

2. Rechtsschutzbedürfnis

Wird die Klage ausschließlich auf eine Begründung gestützt, deren Berücksichtigung dem Gericht wegen der partiellen Bindung an die Widerspruchsentscheidung (oben Rdn. 10) versagt ist, fehlt nicht das Rechtsschutzbedürfnis, sondern handelt es sich um eine unschlüssige und daher unbegründete Klage (aA *Munzinger* GRUR 1995, 16; wie hier *Lehmpfuhl* GRUR 1981, 56; in BGH GRUR 1981, 53, 55 – *Arthrexforte* ging es dagegen um die besonderen Zulässigkeitsvoraussetzungen der vorgezogenen Eintragungsbewilligungsklage). 17

3. Klagefrist (Abs. 2)

Die Klage kann binnen einer gesetzlichen **Ausschlußfrist** von nunmehr nur noch **sechs Monaten** nach Unanfechtbarkeit der Widerspruchsentscheidung erhoben werden (vgl. zum Rechtskrafteintritt bei BPatG-Beschwerdeentscheidungen § 70 Rdn. 21). Die Kürzung der Frist auf sechs Monate soll im Interesse der Rechtssicherheit dazu beitragen, daß auch für Dritte baldmöglichst feststeht, ob mit der Wiedereintragung des gelöschten Rechts gerechnet 18 werden muß (Amtl. Begr. zu § 44). Dabei wurde verkannt, daß sich die Unsicherheit für Dritte weniger aus der Länge der Klagefrist als aus der mangelnden Verpflichtung zur Mitteilung an das DPA zum Zwecke der Eintragung und Veröffentlichung und der möglichen Dauer des Klageverfahrens ergeben. Wird die Ausschlußfrist versäumt, ist die **Priorität der gelöschten Marke unwiederbringlich verloren**. § 91 gilt nicht und auch eine Wiedereinsetzung nach §§ 233 ff. ZPO ist ausgeschlossen. Bereits die Einreichung der Klage ist fristwahrend unter den Voraussetzungen des § 270 Abs. 3 ZPO. Bei verspäteter Klageerhebung liegt ein von Amts wegen zu beachtendes Verfahrenshindernis vor.

4. Aktivlegitimation, Passivlegitimation, Rechtsnachfolge

19 Klageberechtigt ist, wer im Zeitpunkt der Löschung der Marke deren tatsächlicher Inhaber war. Die Vermutung des § 28 Abs. 1 ist bezogen auf diesen Zeitpunkt anwendbar. Klageberechtigt ist auch ein Rechtsnachfolger des Inhabers, der das vorbehaltlich der Wiedereintragung bestehende Anwartschaftsrecht von dem früheren Markeninhaber erworben hat. Die Klage ist gegen den Widersprechenden oder dessen Rechtsnachfolger als Inhaber der Widerspruchsmarke zu richten. Anders als nach § 35 Abs. 2 WZG gilt das Inlandsvertretererfordernis nach § 96 nicht für den Kläger der Eintragungsbewilligungsklage.

5. Zuständigkeit

20 Die Klage ist bei dem Kennzeichenstreitgericht (§ 140) zu erheben, bei dem der Beklagte seinen allgemeinen Gerichtsstand hat. Soweit § 23 ZPO Anwendung findet, gilt bei einem bestelltem Inlandsvertreter des Beklagten § 96 Abs. 3, andernfalls gilt die Marke als am Sitz des DPA in München belegen.

6. Klageantrag, Urteilstenor

21 Nach traditioneller Auffassung ist die Klage als Leistungsklage darauf zu richten, daß der Beklagte verurteilt wird, in die Eintragung der gelöschten Marke einzuwilligen (zB BGH GRUR 1981, 53 – *Arthrexforte*). Denkbar wäre auch ein Feststellungsantrag, nachdem § 44 Abs. 3 nur allgemein eine „Entscheidung zugunsten des Inhabers der Marke" verlangt und eine tatsächliche oder über § 894 ZPO ersetzte Abgabe einer Erklärung des Beklagten nicht verlangt.

7. Verbindung mit Löschungsklage

Eine auf ältere Rechte des Widerspruchsgegners iSv §§ 9 bis 13 gestützte Eintragungsbewilligungsklage wird regelmäßig mit der Löschungsklage gegen die Widerspruchsmarke verbunden werden. Die Löschungsklage allein kann dem Widerspruchsgegner die Priorität der gelöschten Eintragung nicht erhalten. Auf die isolierte Eintragungsbewilligungsklage muß sich der Widerspruchsgegner nur dann beschränken, wenn seinem Anspruch auf Eintragung kein durchsetzbarer Löschungsanspruch korrespondiert, also in allen Fällen der Koexistenz der beiden Marken, zB aufgrund vertraglicher Verpflichtung zur Duldung. Der Erfolg der Löschungsklage erledigt die Eintragungsbewilligungsklage nicht, da nur die Entscheidung über die Eintragungsbewilligungsklage Grundlage der prioritätswahrenden Wiedereintragung nach § 44 Abs. 3 sein kann (*Körner* GRUR 1975, 10/11).

8. Freiwillige Bewilligung, Abmahnung

Eine außergerichtliche Bewilligung der Eintragung durch Erklärung des Widersprechenden sieht das MarkenG nicht vor. § 44 Abs. 3 verlangt für die prioritätswahrende Wiedereintragung ausdrücklich eine „Entscheidung". Dem kann nur ein gerichtlicher Vergleich gleichgestellt werden (*B/H* § 6 WZG Rdn. 14; *B/S* § 6 Rdn. 8; RPA Mitt. 1942, 186). Wegen der Bedeutung für Dritte, die von der wiederhergestellten Priorität betroffen sein können, ist dieser **Klagezwang** gerechtfertigt.

Wegen der Notwendigkeit einer gerichtlichen Entscheidung besteht immer Anlaß zur Klage iSv § 93 ZPO und bedarf es daher **grdsl. keiner Abmahnung** vor Klageeinreichung. Der Beklagte hat im übrigen schon durch die Erhebung des Widerspruchs Veranlassung zur Klage gegeben. Vertretbar ist ein Abmahnerfordernis und die Anwendung des § 93 ZPO nur dann, wenn die Eintragungsbewilligungsklage auf Klagegründe gestützt wird, die dem Widersprechenden nicht bekannt waren, insbesondere ein bisher noch nicht geltend gemachtes älteres Kennzeichenrecht des Widerspruchsgegners. In solchen Fällen kann bei der Kostenentscheidung nach Anerkenntnis zu berücksichtigen sein, ob es dem Kläger zuzumuten gewesen wäre, dem Beklagten durch Abmahnung unmittelbar nach der Entscheidung des DPA oder BPatG Gelegenheit dazu zu geben, die Eintragungsbewilligungsklage durch Rücknahme des Widerspruchs noch innerhalb der Rechtsmittelfrist zu ver-

§ 44 Eintragungsbewilligungsklage

meiden. Bei der Eintragungsbewilligungsklage nach einem Rechtsbeschwerdeverfahren kommt auch dies nicht in Betracht.

9. Streitwert

24 Für den Streitwert ist das wirtschaftliche Interesse des Klägers an der Markeneintragung maßgeblich (vgl. allg. § 142 Rdn. 4 ff.), nicht das Löschungsinteresse des Beklagten. Dient die Klage in einem unstreitigen Fall nur der pro forma Erfüllung des Klageerfordernisses gem. Rdn. 23, erscheint ein niedrigerer Nominalstreitwert von zB DM 10 000 angemessen.

VI. Wiedereintragung (Abs. 3)

1. Wiedereintragungsverfahren

25 Der Kläger kann das Wiedereintragungsverfahren erst mit Rechtskraft des Urteils betreiben. Wird die Eintragungsbewilligungsklage als Leistungsklage auf Abgabe der Einwilligungserklärung betrieben, folgt dies aus § 894 ZPO. Auch ein Feststellungsurteil entfaltet erst mit Rechtskraft Wirkung. Ein gerichtlicher Vergleich sollte so formuliert werden, daß die Einwilligungserklärung darin abgegeben, nicht nur als Verpflichtung übernommen wird. Der Kläger muß sodann unter Vorlage der Entscheidung beim DPA einen Antrag auf Wiedereintragung der Marke mit der ursprünglichen Priorität stellen. Das DPA prüft die Rechtskraft der Entscheidung. Nach RPA Bl. 1896, 67 soll das DPA ein Urteil nicht zu beachten haben, soweit das Gericht die Bindungswirkung nach Rdn. 10 mißachtet hat. Eine nochmalige Prüfung auf absolute Eintragungshindernisse sollte nicht zugelassen werden (aA *Fezer* § 44 Rdn. 18, 19). Im nachgeschalteten Widerspruchsverfahren ist die Nachbeanstandung generell ausgeschlossen (§ 42 Rdn. 15), so daß es widersprüchlich wäre, sie in den Fällen der Eintragungsbewilligungsklage doch wieder zuzulassen. Dem Anmelder darf die insoweit mit der ersten Eintragung erlangte Rechtsposition nicht deshalb genommen werden, weil ein sich letztlich als unberechtigt herausstellender Widerspruch eingelegt wurde.

2. Wirkung auf andere Widersprüche

26 Der Antrag führt **zur Wiederaufnahme des Eintragungsverfahrens**. Andere Widersprüche, über die noch nicht unanfechtbar entschieden war und die durch die vorübergehende Löschung gegenstandslos geworden waren, leben wieder auf (unzutr. daher BPatGE 6, 131, 134 – *Plastipac/PAGELASTIC;* BPatGE 6, 142, 144 – *Prestige;* BPatGE 1, 217, 219 – *Bellamedosan;* BPatGE 20, 235, 238 – *TIOUM/Triumph* zu § 6a WZG; krit auch BPatGE 24, 112, 118 – *Frutopekta*). Zur Fortsetzung des Verfahrens über zunächst für gegenstandslos erklärte Beschwerden anderer Widersprechender s. § 66 Rdn. 22.

Hiervon zu unterscheiden ist die Frage, ob **aus** dem vorübergehend gelöschten Zeichen seinerseits früher eingelegte Widersprüche, die durch die Löschung zunächst hinfällig geworden waren, ebenfalls wieder aufleben und die dortigen Widerspruchsverfahren dementsprechend fortzusetzen sind. Dies ist von BPatGE 20, 235, 238 – *TIOUM* wegen der Rückwirkung der erfolgten Löschung (jetzt gemäß § 52 Abs. 2 iVm § 43 Abs. 4) verneint worden. Soweit die anderen Widerspruchsverfahren jetzt noch nicht durch rechtskräftige Verwerfung des Widerspruchs abgeschlossen sind, sondern insbesondere ausgesetzt waren, spricht alles für ein Wiederaufleben des dortigen Widerspruchs (vgl die Argumente in BPatGE 24, 112, 116 ff. zum Widerspruch aus wiedererstarkter Anmeldung). Insbesondere wäre nicht einzusehen, wieso der Inhaber der wieder eingetragenen Marke auf das Löschungsverfahren verwiesen werden soll, wenn das Widerspruchsverfahren ohnehin noch anhängig ist. 27

3. Sonstige Wirkung gegenüber Dritten

Bei **Benutzungshandlungen Dritter** in der Zeit zwischen Löschung und Wiedereintragung stehen dem Markeninhaber in analoger Anwendung von § 91 Abs. 8 Verletzungsansprüche nur dann zu, wenn diese Dritten nicht gutgläubig (dazu § 91 Rdn. 37) handelten. 28

Gegen **Kennzeichenrechte Dritter**, die in der Zeit zwischen Löschung und Wiedereintragung angemeldet oder sonst erworben wurden, steht dem Inhaber der wiedereingetragenen Marke die Löschungsklage zu. Für ein Weiterbenutzungsrecht nach Art des § 123 Abs. 5 PatG fehlt im MarkenG eine gesetzliche Grundlage, so daß auch bei Erlangung eines wettbewerblichen Besitzstandes durch gutgläubige Benutzung während einer länger dauernden Eintragungsbewilligungsklage kein dauerhaftes Benutzungsrecht entstehen kann. Die Benutzungsschonfrist für die wiedereingetragene Marke beginnt mit der Wiedereintragung zu laufen, soweit 29 gegen sie nicht noch andere Widersprüche anhängig sind (§ 26 Rdn. 132).

VII. Klage auf Widerspruchsrücknahme

30 Nach der Rspr. zum WZG war die Eintragungsbewilligungsklage auch schon **vor Abschluß des Widerspruchsverfahrens** zulässig, wenn sie auf andere Gründe gestützt wurde, als die der Widerspruchsentscheidung vorbehaltenen Fragen der Zeichenübereinstimmung und Warengleichartigkeit (BGH GRUR 1981, 53, 55 – *Arthrexforte*: Löschungsreife des Widerspruchszeichens wegen Nichtbenutzung; BGH GRUR 1967, 246, 249 – *Vitapur*: Schwächung des Widerspruchszeichens durch Benutzungslage; mißverständlich BGH GRUR 1957, 499, 503 – *Witt/Wipp*; RG GRUR 1943, 41, 42 – *Strickende Hände*: Vertrag; RG GRUR 1937, 221, 223 – *Mampe*: außerzeichenrechtliche Gründe, Vertrag; OLG München GRUR 1993, 831 – *Etobest*: Löschungsreife nach § 11 Abs. 1 Nr. 2 und Nr. 4 WZG).

31 Im neuen Recht gibt es wegen der Nachschaltung des Widerspruchsverfahrens keine „vorgezogene Eintragungsbewilligungsklage" im eigentlichen Sinne mehr, sondern ist eine vor Abschluß des Widerspruchsverfahrens erhobene Klage gegen den Widersprechenden auf Verurteilung zur Erklärung der **Rücknahme** des Widerspruchs gegenüber dem DPA zu richten. Hinsichtlich Zulässigkeit und Prüfungsumfang zwingt das MarkenG zu keiner Abweichung gegenüber der bisherigen Rspr. Allerdings ist das Bedürfnis für die Rücknahmeklage dadurch reduziert, daß der Widerspruch die Eintragung nicht mehr blockiert wie bei vorgeschaltetem Widerspruchsverfahren im früheren Regelfall des WZG. Dennoch ergibt sich das **Rechtsschutzbedürfnis** schon daraus, daß dem Widerspruchsgegner nicht zugemutet werden kann, das langwierige Widerspruchsverfahren abzuwarten, wenn er den Eintragungsanspruch auf Gründe stützt, die im Widerspruchsverfahren ohnehin nicht berücksichtigt werden können. **Fehlende Verwechslungsgefahr** zwischen den Kollisionszeichen kann daher auch im Verfahren über die Widerspruchsrücknahmeklage nur insoweit geltend gemacht werden, als das DPA eine Schwächung der Widerspruchsmarke aufgrund illiquider Benutzungslage nicht umfassend berücksichtigt (oben Rdn. 10). **Überschneidungen mit der Prüfungszuständigkeit des DPA/BPatG** müssen aber auch im Falle teilweiser Löschungsreife der Widerspruchsmarke vermieden

werden. Nachdem bei der Rücknahmeklage noch nicht absehbar ist, welche Waren/Dienstleistungen im Widerspruchsverfahren endgültig Berücksichtigung finden, kann der Rücknahmeklage nur stattgegeben werden, wenn sie auch bei unterstellter Verwechslungsgefahr hinsichtlich aller auch nur entfernt als Grundlage des Widerspruchs in Betracht kommenden Waren/Dienstleistungen begründet sei (vgl. BGH GRUR 1981, 53, 55 – *Arthrexforte*: „Wenn sie bei unterstellter Zeichenübereinstimmung und Warengleichartigkeit ... zum Erfolg führen kann"). Unberücksichtigt bleiben dürfen bei der Entscheidung über die Rücknahmeklage nur solche Waren/Dienstleistungen, hinsichtlich derer eine Ähnlichkeit zweifelsfrei und unabhängig von allen anderen Fragen ausgeschlossen ist (zB OLG München GRUR 1993, 831 – *Etobest*; weitergehend *Munzinger* GRUR 1995, 18). Diese Beschränkung gilt auch dann, wenn die fehlende Verwechslungsgefahr neben anderen zulässigen Klagegründen vorgebracht wird (aA *Munzinger* GRUR 1995, 17 Fn. 34). Andernfalls könnte mit der bloßen Behauptung eines zugelassenen Klagegrundes zu jedem Widerspruchsverfahren eine parallele Widerspruchsrücknahmeklage mit einem die Widerspruchsentscheidung umfassenden Prüfungsumfang erhoben werden. Das Widerspruchsverfahren würde dadurch weitgehend sinnlos, weil jederzeit durch eine Klage des Widerspruchsgegners aushebelbar. Dem steht auch im neuen Recht die Regelung nach § 44 entgegen, da sie von einem eigenständigen Entscheidungsbereich des Widerspruchsverfahrens ausgeht („trotz der Löschung"). Auch die häufig lange Verfahrensdauer im Widerspruchsverfahren ist kein Grund für Ausnahmen, nachdem es nicht Aufgabe der ordentlichen Gerichte, sondern des Gesetzgebers ist, derartige Unzulänglichkeiten zu korrigieren (zweifelnd *Meister* WRP 1995, 366, 374).

Im übrigen gelten für die Widerspruchsrücknahmeklage im wesentlichen die obigen Grundsätze zu Klageerhebung und Prüfungsumfang entsprechend. Die unanfechtbare Verwerfung oder Zurückweisung des Widerspruchs erledigt die Rücknahmeklage in der Hauptsache. Wird dem Widerspruch unanfechtbar stattgegeben, muß die Widerspruchsrücknahmeklage auf Eintragungsbewilligung umgestellt werden. Wird die Rücknahmeklage mit einer Löschungsklage gegen die Widerspruchsmarke verbunden und sind beide Klagen entscheidungsreif, so steht der Entscheidung nicht entgegen, daß die Löschung der Widerspruchsmarke zwangsläufig zur Verwerfung des Widerspruchs führen muß (aA *Körner* GRUR 1975, 11). Die Vollstreckung des rechtskräftigen (§ 894 ZPO) Ur-   32

VIII. Negative Feststellungsklage

33 Wer Widerspruch erhebt, berühmt sich nicht nur eines Löschungsanspruchs, sondern auch des Verbietungsrechts aus der Widerspruchsmarke. Der Widerspruchsgegner hat ein ohne weiteres berechtigtes Interesse an schneller Klärung seiner Benutzungsmöglichkeiten. Der Widerspruchsgegner kann daher negative Feststellungsklage (allg. s. Vor §§ 14–19 Rdn. 114 ff.) dahingehend erheben, daß dem Widersprechenden kein Unterlassungsanspruch aus der Widerspruchsmarke zusteht BGH GRUR 1954, 346, 347 – *Strahlenkranz*). Auf verzögernde und die Ungewißheit lediglich in die Zukuft verlagernde Erklärungen des Widersprechenden, die Entscheidung über die Geltendmachung von Unterlassungsansprüchen werde bis zum Abschluß des Widerspruchsverfahrens aufgeschoben, braucht er sich nicht einzulassen. Da die Berechtigung zur Benutzung nicht Gegenstand des Widerspruchsverfahrens ist, gelten die Beschränkungen für die Widerspruchsrücknahmeklage (oben Rdn. 31) nicht, und ist das Gericht bei der Entscheidung nicht an den Ausgang des Widerspruchsverfahrens gebunden (BGH GRUR 1954, 346, 347 – *Strahlenkranz*).

IX. Keine Erstattung der Kosten des Widerspruchsverfahrens

34 Auch bei erfolgreicher Eintragungsbewilligungsklage steht dem Widerspruchsgegner idR kein Anspruch auf Ersatz der Kosten des Widerspruchsverfahrens zu (BGH GRUR 1970, 355, 356 – *Epigran II*). Dem steht die Kostenregelung bzw Kostenentscheidung im Widerspruchsverfahren entgegen. § 44 sieht eine nachträgliche Korrektur dieser Kostenregelung gerade nicht vor.

Abschnitt 2. Berichtigung; Teilung; Schutzdauer und Verlängerung

§ 45 Berichtigung des Registers und von Veröffentlichungen

(1) Eintragungen im Register können auf Antrag oder von Amts wegen zur Berichtigung von sprachlichen Fehlern, Schreibfehlern oder sonstigen offensichtlichen Unrichtigkeiten geändert werden. War die von der Berichtigung betroffene Eintragung veröffentlicht worden, so ist die berichtigte Eintragung zu veröffentlichen.

(2) Absatz 1 ist entsprechend auf die Berichtigung von Veröffentlichungen anzuwenden.

I. Allgemeines

§ 45 regelt die Berichtigung des entsprechend der für Anmeldungen geltenden Vorschrift des § 39 Abs. 2. Im WZG fehlte eine ausdrückliche Regelung, es wurde nach allgemeinen Regeln eine Berichtigung offenkundiger Fehler zugelassen. Die MRRL macht keine Vorgaben zu dieser Frage. Die GMVO enthält in Art. 44 Abs. 2, 48 Abs. 2 vergleichbare Regelungen. 1

II. Offensichtliche Unrichtigkeit

Der Begriff der „offensichtlichen Unrichtigkeiten" ist vergleichbar mit dem der „offenbaren Unrichtigkeit" von § 319 Abs. 1 ZPO, wobei zu beachten ist, daß die Evidenz des Fehlers für das DPA ersichtlich sein muß. Die Evidenz kann sich insbesondere aus den Unterlagen des Anmelders ergeben, z. B. bei einer falschen Adresse. Evident sind auch unzutreffende Angaben zur Klassifizierung oder Fehler bei den Angaben zur beanspruchten Priorität (§ 34 Abs. 3, § 35 Abs. 4), sofern sich die Unrichtigkeit ohne weiteres aus anderen Unterlagen ergibt. Nicht offensichtlich sind in der Regel Unrichtigkeiten bei der Abfassung des Verzeichnisses der Waren oder Dienstleistungen, die über bloße Schreibfehler hinausgehen. Es ist Sache des Anmelders, sein Schutzbegehren eindeutig klarzustellen. Das DPA kann nicht erkennen, welche Waren oder Dienstleistungen – außer den ausdrücklich benannten – der Anmelder möglicherweise beanspruchen will. Die weiteren Voraussetzungen von § 45 MarkenV sind zu beachten. 2

§ 46 Teilung der Eintragung

(1) Der Inhaber einer eingetragenen Marke kann die Eintragung teilen, indem er erklärt, daß die Eintragung der Marke für die in der Teilungserklärung aufgeführten Waren oder Dienstleistungen als abgetrennte Eintragung fortbestehen soll. Für jede Teileintragung bleibt der Zeitrang der ursprünglichen Eintragung erhalten.

(2) Die Teilung kann erst nach Ablauf der Frist zur Erhebung des Widerspruchs erklärt werden. Die Erklärung ist nur zulässig, wenn ein im Zeitpunkt ihrer Abgabe anhängiger Widerspruch gegen die Eintragung der Marke oder eine in diesem Zeitpunkt anhängige Klage auf Löschung der Eintragung der Marke sich nach der Teilung nur gegen einen der Teile der ursprünglichen Eintragung richten würde.

(3) Für die abgetrennte Eintragung sind die erforderlichen Unterlagen einzureichen. Für die Teilung ist außerdem eine Gebühr nach dem Tarif zu zahlen. Werden die Unterlagen nicht innerhalb von drei Monaten nach dem Zugang der Teilungserklärung eingereicht oder wird die Gebühr nicht innerhalb dieser Frist gezahlt, so gilt dies als Verzicht auf die abgetrennte Eintragung. Die Teilungserklärung kann nicht widerrufen werden.

Inhaltsübersicht

	Rdn.
I. Allgemeines	1–4
1. Überblick	1
2. Früheres Recht	2
3. MRRL	3
4. Gemeinschaftsmarkenrecht	4
II. Teilungserklärung (Abs. 1)	5, 6
1. Begriff der Teilung	5
2. Teilungserklärung	6
III. Verfahren (Abs. 3)	7, 8
IV. Beschränkung der Teilung im Widerspruchsverfahren (Abs. 2)	9

Literatur: Klaka, Die Markenteilung, GRUR 1995, 713; Mitscherlich, Verfahrensrechtliche Aspekte des neuen Markenrechts, FS 100 Jahre Marken-Amt, 1994, 199.

I. Allgemeines

1. Überblick

1 § 46 regelt die Teilung eingetragener Marken entsprechend der Teilung angemeldeter Marken (§ 40). Gegenüber § 40 unterschei-

Teilung der Eintragung **§ 46**

det er sich vorallem hinsichtlich der Regelung des Abs. 2, die die Teilungsmöglichkeit während der Widerspruchsfrist oder im laufenden Widerspruchsverfahren beschränkt. Auf die Kommentierung zu § 40 wird ergänzend verwiesen.

2. Früheres Recht

Das WZG kannte die Teilung eingetragener Marken nicht, wohl 2 aber die Möglichkeit des Teilverzichts oder der Teillöschung für bestimmte Waren oder Dienstleistungen durch eine Beschränkung des Verzeichnisses.

3. MRRL

Die MRRL enthält keine Regelungen zur Teilung, die deshalb 3 weder vorgeschrieben noch ausgeschlossen wird. Die Auslegung von § 46 ist somit ausschließlich eine Frage des nationalen deutschen Rechts.

4. Gemeinschaftsmarkenrecht

Art. 1 GMVO sieht eine Teilung der Marken nur für den Fall 4 vor, daß ein Teil des Geschäftsbetriebes auf einen Dritten übertragen wird. Eine Teilung der Marke in der Hand des ursprünglichen Inhabers ist nicht vorgesehen.

II. Teilungserklärung (Abs. 1)

1. Begriff der Teilung

Mit der Teilung nach § 46 wird die eingetragene Marke im 5 Hinblick auf bestimmte Waren oder Dienstleistungen des Verzeichnisses geteilt. Eine Teilung kann sich nicht auf das Zeichen selbst beziehen, also etwa den Wort- und den Bildbestandteil voneinander trennen. Die Teilung kann auch nicht geographisch erfolgen, also in zwei Marken, die jeweils nur in einem Teil der Bundesrepublik Deutschland Schutz genießen würden. Das Verzeichnis der Waren und Dienstleistungen der Stammarke und der getrennten Marke müssen insgesamt mit dem Verzeichnis vor der Teilung deckungsgleich sein (§ 36 Abs. 3 MarkenV). Die Teilung des Verzeichnisses darf nicht zu einer Erweiterung führen, es dürfen also in den Verzeichnissen der geteilten Marken keine Waren oder Dienstleistungen enthalten sein, die nicht im Verzeichnis der ur-

§ 46   Teilung der Eintragung

sprünglichen Anmeldung Schutz beansprucht. Ebenso darf kein Austausch stattfinden, da die Aufnahme weiterer Waren oder Dienstleistungen in das Verzeichnis in jedem Fall eine Erweiterung darstellt, unabhängig davon, ob gleichzeitig auf andere Waren oder Dienstleistungen verzichtet wird. Die Anmeldung kann in beliebig viele Teile aufgespalten werden.

2. Teilungserklärung

6   Die Teilungserklärung ist eine einseitige Erklärung des Inhabers. Sie enthält das Verzeichnis der Waren oder Dienstleistungen, die abgetrennt werden soll. Werden mehrere abgetrennte Teile gebildet, ist jeweils eine gesonderte Teilungserklärung erforderlich, § 37 Abs. 1 S. 2 MarkenV. Bei der Abfassung des neuen Verzeichnisses ist darauf zu achten, daß Deckungsgleichheit zwischen dem ursprünglichen Verzeichnis und der Summe der neugebildeten Verzeichnisse besteht („Oberbekleidung" kann in „Damen-", „Kinder-" und „Herrenoberbekleidung" geteilt werden, nicht aber in „Oberbekleidung" und „Unterwäsche"). Eine Erweiterung wäre unzulässig (siehe oben Rdn. 5). Eine Einschränkung ist zwar in jedem Verfahrensstadium zulässig, müßte aber gesondert erklärt werden. Werden in den geteilten Marken Waren oder Dienstleistungen, die einem gemeinsamen Oberbegriff unterfallen, verschiedenen Teilen zugeordnet, so ist der Oberbegriff sowohl in der Stammarke als auch in der abgetrennten Marke zu verwenden und durch entsprechende Zusätze so einzuschränken, daß sich keine Überschneidungen der Verzeichnisse der Waren und Dienstleistungen ergeben (§ 37 Abs. 3 MarkenV). Um Unklarheiten zu vermeiden, kann dies beispielsweise durch Verwendung von Begriffen wie „mit Ausnahme von" geschehen (z. B. ursprüngliche Eintragung enthielt im Verzeichnis den Begriff „Oberbekleidung". Nach der Teilung enthält das eine Verzeichnis die Angabe „Oberbekleidung, nämlich Damenoberbekleidung", das andere die Angabe „Oberbekleidung mit Ausnahme von Damenoberbekleidung". Das ist gegenüber einer Teilung vorzuziehen, die etwa formulieren würde „Oberbekleidung, nämlich Damenoberbekleidung" und andererseits „Oberbekleidung, nämlich Herrenoberbekleidung". Hier wäre der Teil „Kinderbekleidung" keinem der beiden neuen Teile zugeordnet).

III. Verfahren (Abs. 3)

Für den abgetrennten Teil sind vollständige Unterlagen einzureichen, § 46 Abs. 3 Satz 1. Darunter sind die Angaben zu verstehen, die bei einer Neuanmeldung erforderlich wären, § 32 analog. Dabei soll die Teilungserklärung unter Verwendung des vom Patentamt herausgegebenen Formblattes eingereicht werden (§ 37 Abs. 1 Satz 3 MarkenV). Außerdem ist eine zusätzliche Gebühr nach dem Tarif zu bezahlen, nämlich gem. Nr. 131700 GebVerz in Höhe von DM 500,– für Anmelder aus den alten Bundesländern und bis zum 1. Januar 1998 von DM 420,– für Anmelder aus den neuen Bundesländern. 7

Werden die Unterlagen nicht innerhalb der Drei-Monats-Frist von § 46 Abs. 3 S. 3 eingereicht oder wird die Gebühr nicht bezahlt, gilt die abgetrennte Eintragung als zurückgenommen, was im Ergebnis einer Beschränkung der ursprünglichen Marke hinsichtlich der Waren und Dienstleistungen der abgetrennten Eintragung entspricht. Das Verzeichnis der Stammarke ist also um die Waren und Dienstleistungen der abgetrennten Eintragung eingeschränkt. Die Frist ist nicht verlängerbar, es ist aber Wiedereinsetzung in den vorigen Stand, § 91, möglich. Im Hinblick auf die strengen Sorgfaltsanforderungen, die im Rahmen von § 91 gelten (§ 91 Rdn. 11 ff.) ist die Teilung also mit einem nicht unerheblichen Risiko des Rechtsverlusts behaftet. Sind die Voraussetzungen von § 91 nicht gegeben, bleibt nur der Weg der Neuanmeldung, der aber notwendigerweise mit einer Verschiebung der Priorität auf den neuen Anmeldetag einhergeht. 8

IV. Beschränkung der Teilung im Widerspruchsverfahren (Abs. 2)

Während der laufenden dreimonatigen Widerspruchsfrist (§ 42 Abs. 1) kann die Marke nicht geteilt werden. Das dient der Rechtssicherheit potentieller Widerspruchsführer, die während der Widerspruchsfrist nicht mit der Möglichkeit von Änderungen des Verzeichnisses oder der Notwendigkeit, mehrere Widersprüche gegen die geteilten Marken führen zu müssen, überrascht werden sollen. Ist ein Widerspruch eingegangen, kann die Teilung nur dann erklärt werden, wenn der Widerspruch nur eine der entstehenden Teilmarken betreffen würde, d.h. wenn er sich nur gegen einen Teil der Waren oder Dienstleistungen richten würde. Beim Wider- 9 spruch muß nicht angegeben werden, gegen welche Waren oder Dienstleistungen er sich richtet (§ 27 Abs. 2 Nr. 11 ist – trotz seines unklaren Wortlauts – auch insoweit eine Sollvorschrift). Das DPA hat nach § 37 Abs. 8 zwar den Widersprechenden aufzufordern, eine Erklärung dazu abzugeben, gegen welche Waren oder Dienstleistungen sich der Widerspruch richtet, wird diese Erklärung nicht abgegeben, hat dies aber für den Widersprechenden keine negativen Folgen, sondern führt lediglich dazu, daß die Teilung insgesamt unzulässig wird. In dieser Situation kann sich der Markeninhaber somit nur – wie nach dem WZG – mit der Erteilung einer Lizenz (§ 30) behelfen, die ggf. mit einer aufschiebend bedingten Verpflichtung zur Übertragung der Teilmarke nach Abschluß des Widerspruchsverfahrens verbunden sein kann. Die gleichen Regelungen gelten bei einer anhängigen Löschungsklage (§ 55).

§ 47 Schutzdauer und Verlängerung

(1) **Die Schutzdauer einer eingetragenen Marke beginnt mit dem Anmeldetag (§ 33 Abs. 1) und endet zehn Jahre nach Ablauf des Monats, in den der Anmeldetag fällt.**

(2) **Die Schutzdauer kann um jeweils zehn Jahre verlängert werden.**

(3) **Die Verlängerung der Schutzdauer wird dadurch bewirkt, daß eine Verlängerungsgebühr und, falls die Verlängerung für Waren und Dienstleistungen begehrt wird, die in mehr als drei Klassen der Klasseneinteilung von Waren und Dienstleistungen fallen, für jede weitere Klasse eine Klassengebühr nach dem Tarif gezahlt werden. Die Gebühren sind am letzten Tag der Schutzdauer fällig. Die Gebühren können innerhalb eines Zeitraums von einem Jahr vor Fälligkeit gezahlt werden. Werden die Gebühren nicht rechtzeitig gezahlt, so teilt das Patentamt dem Inhaber der eingetragenen Marke mit, daß die Eintragung der Marke gelöscht wird, wenn die Gebühren mit einem Zuschlag nach dem Tarif nicht innerhalb von sechs Monaten nach Ablauf des Monats, in dem die Mitteilung zugestellt worden ist, gezahlt werden.**

(4) **Beziehen sich die Gebühren nur auf einen Teil der Waren oder Dienstleistungen, für die die Marke eingetragen ist, so wird die Schutzdauer nur für diese Waren oder Dienstleistungen verlängert. Werden innerhalb der Frist des Absatzes 3 Satz 4 zwar die Verlängerungsgebühr und der Zuschlag, nicht aber erforderliche Klassengebühren gezahlt, so wird die Schutzdauer, soweit nicht Satz 1 Anwendung findet, nur für die Klassen der Klasseneinteilung von Waren oder Dienstleistungen verlängert, für die die**

Schutzdauer und Verlängerung **§ 47**

gezahlten Gebühren ausreichen. Besteht eine Leitklasse, so wird sie zunächst berücksichtigt. Im übrigen werden die Klassen in der Reihenfolge der Klasseneinteilung berücksichtigt.

(5) Die Verlängerung der Schutzdauer wird am Tag nach dem Ablauf der Schutzdauer wirksam. Sie wird in das Register eingetragen und veröffentlicht.

(6) Wird die Schutzdauer nicht verlängert, so wird die Eintragung der Marke mit Wirkung ab dem Ablauf der Schutzdauer gelöscht.

Inhaltsübersicht

	Rdn.
I. Allgemeines	1–4
1. Überblick	1
2. Früheres Recht	2
3. MRRL	3
4. Gemeinschaftsmarkenrecht	4
II. Schutzdauer (Abs. 1)	5
III. Verlängerung der Schutzdauer (Abs. 2)	6
IV. Bewirken der Verlängerung (Abs. 3)	7, 8
1. Gebührenzahlung	7
2. Zahlungszeitpunkt	8
V. Teilverlängerung (Abs. 4)	9
VI. Eintritt der Verlängerung (Abs. 5)	10
VII. Löschung bei Nichtzahlung	11

I. Allgemeines

1. Überblick

§ 47 regelt Schutzdauer und Verlängerung. Abs. 1 regelt den 1 Grundsatz der zehnjährigen Schutzfrist, Abs. 2 die Verlängerungsmöglichkeit, Abs. 3 die Wirkung der Verlängerung durch die Zahlung der Verlängerungsgebühr, Abs. 4 den Sonderfall der teilweisen Zahlung der Gebühren, Abs. 5 den Beginn der Verlängerung der Schutzdauer und Abs. 6 die Folge der Verlängerung.

2. Früheres Recht

Schutzdauer und Verlängerung waren in § 9 WZG in weitge- 2 hender Übereinstimmung zu § 47 geregelt. Unterschiede bestanden vorallem darin, daß § 9 Abs. 1 einen taggenauen Ablauf der Frist vorsah, nicht auf das Monatsende des Anmeldemonats abstellte wie

§ 47 Schutzdauer der Verlängerung

§ 47 Abs. 1. § 9 Abs. 2 sah eine verspätete Zahlung innerhalb von zwei Monaten ohne Zuschlag vor, nach § 47 Abs. 2 sind alle verspäteten Zahlungen zuschlagspflichtig. Die Möglichkeit der Gebührenstundung nach § 9 Abs. 3–5 WZG ist in § 47 nicht mehr übernommen.

3. MRRL

3   Die MRRL enthält keine Vorgaben zu Schutzdauer und Verlängerung.

4. Gemeinschaftsmarke

4   Die Schutzdauer der Gemeinschaftsmarke beträgt zunächst 10 Jahre ab Anmeldung (Art. 46 Satz 1 GMVO), sie kann auf Antrag beliebig oft um weitere 10 Jahre verlängert werden, wobei pro Verlängerung weitere Gebühren zu entrichten sind (Art. 46 S. 2, 47 GMVO). Das Schutzdauerende ist anders als nach § 47 taggenau.

II. Schutzdauer (Abs. 1)

5   Die zehnjährige Schutzdauer beginnt mit dem Tag der Anmeldung, also nicht mit dem Tag der Eintragung. Dementsprechend ist die Marke während eines Teils der Schutzdauer noch gar nicht geschützt. Der Anmeldetag ist der Tag, bei dem die Unterlagen mit den notwendigen Mindestangaben beim DPA eingehen, vgl. § 33 Abs. 1 iVm § 32 Abs. 2. Eine Verschiebung des Anmeldetages nach § 36 Abs. 2 Satz 2 führt auch zu einem anderen Stichtag für den Beginn der Schutzdauer. Die Inspruchnahme einer Priorität nach §§ 34, 35 beeinflußt die Schutzdauer nicht, diese richtet sich vielmehr immer nach dem Anmeldetag beim DPA. Die erste Zehn-Jahres-Periode endet am letzten Tag des Monats, in den der Anmeldetag fällt. Ist der Anmeldetag also der 5. Januar 1998, endet die Schutzdauer am 31. Januar 2008 um 24.00 Uhr (§§ 192, 188 Abs. 2 BGB).

III. Verlängerung der Schutzdauer (Abs. 2)

6   Die Schutzdauer eines Warenzeichens ist grundsätzlich unbegrenzt, vorausgesetzt, es wird jeweils ordnungsgemäß verlängert und Verfallsgründe treten nicht auf. Die Verlängerung hat allerdings jeweils in einzelnen Zehn-Jahres-Abschnitten zu erfolgen, es kann

also nicht für mehrere Jahrzehnte im voraus die Verlängerung bewirkt werden. Umgekehrt gibt es auch keine kürzeren Verlängerungszeiträume. Soweit der Inhaber während der laufenden Schutzdauer den Schutz der Marke beenden will, steht ihm der Verzicht, § 48, zur Verfügung.

IV. Bewirken der Verlängerung (Abs. 3)

1. Gebührenzahlung

Ein Antrag oder eine sonstige förmliche Handlung ist nicht erforderlich, aber möglich, § 39 MarkenV. Die Pflicht zur Gebührenzahlung entfällt allerdings auch bei Stellung des förmlichen Antrags nicht. Sinnvoll ist er insbesondere für den Fall, daß die Schutzdauer nur für einzelnen Waren oder Dienstleistungen verlängert werden soll, § 39 Abs. 2 Nr. 4 MarkenV. Bei der Gebührenzahlung ist – entsprechend der Anmeldung – eine Grundgebühr für die ersten drei Klassen sowie ab der vierten Klasse sowie für jede weitere Klasse eine zusätzliche Klassengebühr zu entrichten. Der Bestimmungszweck kann auch nachträglich angegeben werden, und zwar jedenfalls innerhalb der Jahresfrist, in der noch eine Wiedereinsetzung in den vorherigen Stand (§ 91 Abs. 5) möglich wäre (BPatGE 18, 121, 124).

2. Zahlungszeitpunkt

Die Gebühren sind am letzten Tag der Schutzdauer fällig. Eine Zahlung nach Fälligkeit führt allerdings nicht zu einem Verlust des Schutzes, sondern lediglich zu einem Zuschlag zu den normalen Gebühren. Erfolgt die Zahlung nicht, schickt das DPA an den Inhaber ein Löschungsankündigung, Abs. 3 Satz 4. Eine bestimmte Frist, innerhalb derer das DPA diese Ankündigung versenden müßte, besteht nicht. Vor Ablauf der sechsmonatigen Nachfrist nach der Löschungsankündigung kann eine Löschung aber nicht durchgeführt werden. Ist die Schutzdauer abgelaufen, ohne daß eine Zahlung geleistet wurde, besteht zunächst kein Markenschutz. Allerdings kann durch die nachträgliche Zahlung dieser Rechtsmangel geheilt werden, die Schutzdauer verlängert sich dann lückenlos vom Tag des Ablaufs an um weitere 10 Jahre (Abs. 5). Um das Risiko eines Zuschlages zu vermeiden, kann der Inhaber schon im Verlauf des letzten Jahres der Schutzdauer die Gebühr im voraus bezahlen. Dadurch tritt keine Verkürzung der ursprünglichen Schutzdauer

§ 47   Schutzdauer der Verlängerung

ein, auch ist die Verlängerung noch nicht bewirkt, diese tritt vielmehr erst am Tag nach Ablauf der vorhergehenden Zehn-Jahres-Periode in Kraft, wie sich schon aus Abs. 5 ergibt. Daraus ergibt sich gleichzeitig, daß ein Verzicht des Inhabers auf die Marke vor Ablauf der Schutzfrist zur Rückzahlung der Verlängerungsgebühr führt, da eine Verlängerung der Schutzdauer tatsächlich noch nicht eingetreten ist (BPatG GRUR 1997, 58, 59 – *Verlängerungsgebühr*).

V. Teilverlängerung (Abs. 4)

9   Der Markeninhaber kann sich entschließen, die Marke nur für einen Teil der Waren oder Dienstleistungen zu verlängern. Sinnvollerweise macht er dabei von der Möglichkeit des Antrages nach § 39 Abs. 2 MarkenV Gebrauch. Unterbleibt dies, wird aber für die in der Eintragung vorhandenen vierten und weiteren Klassen keine Zuschlaggebühr gezahlt, verfährt das DPA nach Abs. 4 und verlängert die Schutzdauer nur für die diejenigen Klassen, für die die gezahlten Gebühren ausreichen, wobei nach Abs. 4 Satz 3 und 4 zunächst die Leitklasse berücksichtigt wird, insoweit sie besteht, im übrigen aber die Klasse in der Reihenfolge der Klasseneinteilung (also von den niedrigeren Zahlen her aufsteigend) berücksichtigt werden.

VI. Eintritt der Verlängerung (Abs. 5)

10   Die Schutzdauer verlängert sich vom Ende der ersten Zehn-Jahres-Periode an jeweils kontinuierlich um weitere 10 Jahre, unabhängig vom (ggf. verfrühten oder verspäteten) Zeitpunkt der tatsächlichen Zahlung oder Antragstellung nach § 39 MarkenV. Die Verlängerung tritt mit der Gebührenzahlung automatisch ein, ohne daß es weitere Prüfungsschritte des DPA bedarf. Sie wird in das Register eingetragen (§ 18 Nr. 24 MarkenG) und nach §§ 20, 21 MarkenV veröffentlicht.

VII. Löschung bei Nichtzahlung

11   Erfolgt keine rechtzeitige Zahlung, wird die Marke gelöscht, und zwar mit Wirkung zum Ende der letzten Schutzperiode. Wie sich aus Abs. 4 ergibt, kann die Löschung auch nur teilweise erfolgen.

Verzicht **§ 48**

Die vollständige oder teilweise Löschung werden in das Register eingetragen, §§ 18 Nr. 26 Lit. d, Nr. 27 MarkenV. Für die Löschung ist kein eigener Beschluß des DPA vorgesehen, Rechtsschutz ist aber gegen den Löschungsvorbescheid nach § 47 Abs. 2 Satz 4 in Form der Erinnerung, § 66, gegeben. Außerdem kann die Rückgängigmachung beantragt werden und ein diesen Antrag zurückweisender Beschluß erneut mit Rechtsmitteln angegriffen werden.

Abschnitt 3. Verzicht, Verfall und Nichtigkeit; Löschungsverfahren

§ 48 Verzicht

(1) **Auf Antrag des Inhabers der Marke wird die Eintragung jederzeit für alle oder für einen Teil der Waren oder Dienstleistungen, für die sie eingetragen ist, im Register gelöscht.**

(2) **Ist im Register eine Person als Inhaber eines Rechts an der Marke eingetragen, so wird die Eintragung nur mit Zustimmung dieser Person gelöscht.**

I. Allgemeines

1. Überblick

Als ersten der im 3. Abschnitt zusammengefaßten Löschungsgründe nennt § 48 den Verzicht des Inhabers auf seine eingetragene Marke für alle oder einen Teil der Waren oder Dienstleistungen. Ein Verzicht auf **Zeichenbestandteile** ist unabhängig von der Bedeutung des Bestandteils nicht möglich (vgl. BGH GRUR 1966, 35, 38 – *multikord;* BGH GRUR 1958, 185, 186 – *Wyeth;* zur Berichtigung § 45). Das Zustimmungserfordernis des Abs. 2 schützt die gem § 29 Abs. 2 im Register eingetragenen Inhaber rechtsgeschäftlich oder im Wege der Zwangsvollstreckung erworbener beschränkt dinglicher Rechte vor einem Rechtsverlust durch Löschung der Marke. Die Rücknahme der noch nicht eingetragenen Anmeldung ist in § 39 geregelt. Der Verzicht auf den Schutz aus einer in Deutschland geschützten IR-Marke fällt nicht unter § 48, sondern ist nach Art. 8bis MMA, 9^{bis}iii, iv MMP gegenüber der nationalen Behörde des Landes des Inhabers zu erklären. Nach ständiger Praxis werden aber auch im Rahmen des Schutzverwei- 1 gerungsverfahrens gegenüber dem DPA erklärte Teilverzichte zugelassen.

2. Früheres Recht

2 § 48 Abs. 1 entspricht im Ergebnis § 10 Abs. 1 WZG, wobei der jetzt ausdrücklich erwähnte Teilverzicht auch schon bisher möglich war. Die Zustimmung Dritter war bislang nicht ausdrücklich geregelt.

3. MRRL

3 Die MRRL enthält keine Regelung des Verzichts, steht ihm aber auch nicht entgegen.

4. Gemeinschaftsmarkenrecht

4 Für Gemeinschaftsmarken gilt eine entsprechende Regelung in Art. 49 GMVO, dessen Abs. 3 S. 2 zusätzlich verlangt, daß die Unterrichtung eingetragener Lizenznehmer glaubhaft gemacht wird.

II. Bedeutung

5 In der Praxis wird ein Verzicht nur selten völlig freiwillig erfolgen, da ein an der Marke nicht mehr interessierter Inhaber einfacher das Auslaufen der Schutzdauer und die dann von Amts wegen erfolgende Löschung (§ 47 Abs. 6) abwarten kann. Zum Verzicht kommt es vielmehr meist aufgrund eines Widerspruchs oder Löschungsangriffs eines Dritten oder zur vorbeugenden Vermeidung solcher Angriffe, insbesondere nach Verfall wegen Nichtbenutzung. Große Bedeutung hat der Verzicht auf einen Teil der Waren/Dienstleistungen, da hierdurch in der Praxis eine Vielzahl von Markenkollisionen in sich überschneidenden Randbereichen der beiderseitigen Waren/Dienstleistungen beigelegt werden können.

III. Löschungsantrag (Abs. 1)

6 Der Verzicht auf die Eintragung ist durch Beantragung der Löschung **gegenüber dem DPA** zu erklären (zur Erklärung in anhängigen Verfahren unten Rdn. 10). Verzichtserklärungen gegenüber Dritten haben demgegenüber keine unmittelbare Wirkung auf die Eintragung, sondern können nur einen Anspruch des Drit-

Verzicht **§ 48**

ten gegen den Markeninhaber auf Beantragung der Löschung begründen. Eine rechtskräftige Verurteilung zur Beantragung der Löschung ersetzt den Löschungsantrag des Inhabers, wenn sie von dem Berechtigten in Ausfertigung beim DPA vorgelegt und die Löschung beantragt wird. Nicht ganz korrekt ist die in der Praxis weitverbreitete Formulierung der Einwilligung in die Löschung, nachdem das MarkenG eine solche Einwilligung nicht vorsieht, sondern nur den Löschungsantrag des Inhabers selbst. Die Abgrenzung zwischen Verfahrenshandlung und materiellrechtlichem Verzicht (*Fezer* § 48 Rdn. 3) ist ohne praktische Bedeutung.

Für den Löschungsantrag gelten die **Formvorschriften** der 7 §§ 64 bis 66 MarkenV. Der notwendige **Inhalt** ist in § 41 Abs. 2 MarkenV beschrieben, wobei es genügt, wenn Marke und Antragsteller eindeutig identifizierbar sind und das Löschungsbegehren sowie sein Umfang dem Antrag eindeutig entnommen werden können. Verbleiben Zweifel, ist das DPA wegen der einschneidenden Wirkung der Löschung zur Rückfrage verpflichtet. Ein bedingter, befristeter oder mit einem Widerrufsvorbehalt versehener Löschungsantrag ist unzulässig. Beantragt der Anmelder die Eintragung der tatsächlich angemeldeten Marke **an Stelle** der verfahrensfehlerhaft erfolgten Eintragung einer von der Anmeldung erheblich abweichenden Marke, so liegt hierin ein konkludent erklärter Verzicht auf die fehlerhafte Markeneintragung; da das DPA über die tatsächlich angemeldete Marke noch keine Entscheidung getroffen hat, muß es das Anmeldeverfahren wiederaufnehmen (BPatG v. 23. Mai 1997 33 W (pat) 47/97). Der Löschungsantrag kann bis zur Eintragung der Löschung in das Markenregister **widerrufen** werden. Ausgeschlossen ist ein solcher Widerruf jedoch dann, wenn der Antrag ausdrücklich als unwiderruflich gestellt wird. Unwiderruflich ist auch die durch Urteil ersetzte Erklärung. **Anfechtung** nach § 119 BGB ist nicht möglich, da es sich anders als beim Patentverzicht nach § 112 Abs. 1 Nr. 1 PatG (vgl. BPatG GRUR 1983, 432 – *Regelbare Induktionsbremse*) um eine Verfahrenserklärung handelt, deren materiellrechtliche Wirkung erst durch die Eintragung der Löschung im Markenregister eintritt. Die Löschung erfolgt **gebührenfrei**.

Antragsberechtigt ist der materiellrechtliche Inhaber der Mar- 8 ke. Bei Antragstellung durch einen noch nicht eingetragenen Rechtsnachfolger gilt § 28 Abs. 2 S. 1 über dessen S. 2. Die Stellung des Löschungsantrags durch einen Vertreter bedarf keiner über die allgemeine Verfahrensvollmacht hinausgehenden Bevollmächtigung (aA zum WZG *B/S* § 10 WZG Rdn. 2; *AH* § 10 WZG

§ 48 Verzicht

Rdn. 1). Bei Markeninhabern mit Sitz im Ausland ist nach dem gegenüber § 35 Abs. 2 WZG erweiterten § 96 Abs. 1 jetzt die Inlandsvertreterbestellung erforderlich.

9 Ein **Teillöschungsantrag** ist unzulässig, wenn er zu einem nach den Regeln über Markenanmeldungen (§ 32 Rdn. 11 ff.) unzulässigen Waren-/Dienstleistungsverzeichnis führen würde.

10 Teilverzichte, die in einem **anhängigen** Widerspruchsverfahren oder einem patentamtlichen oder patentgerichtlichen Löschungsverfahren abgegeben werden, dürfen schon vor Löschungsvollzug berücksichtigt werden (vgl. BPatGE 10, 74 – *Rakofix/ Tachofix*). Sie sollen nach § 41 Abs. 3 MarkenV zunächst nicht als Teillöschungsantrag nach § 48 behandelt und vollzogen, sondern erst eine entsprechende Anordnung in der dortigen Verfahrensentscheidung abgewartet werden.

IV. Zustimmung Dritter (Abs. 2)

11 Die nach § 48 Abs. 2 erforderliche Zustimmung Dritter kann nach § 42 MarkenV durch Einreichung einer (unter-) schriftlichen Erklärung erteilt, aber auch auf andere Weise nachgewiesen werden. Die Zustimmungserklärung muß also nicht unmittelbar gegenüber dem DPA abgegeben werden, sondern kann von dem Dritten auch gegenüber dem Markeninhaber erklärt werden. Anders als das Gemeinschaftsmarkenrecht kann das MarkenG **Lizenznehmer** mangels Eintragung von Lizenzen in das Markenregister nicht schützen. Ein Lizenznehmer, der rechtzeitig von einem drohenden Löschungsantrag des Markeninhabers erfährt, kann jedoch eine einstweilige Verfügung auf Unterlassung der Antragstellung bzw. – falls eingereicht, aber noch nicht gelöscht – Widerruf erwirken, da die Löschung der Marke während der Laufzeit des Lizenzvertrages regelmäßig auch dann eine positive Vertragsverletzung des Lizenzgebers darstellt, wenn die Aufrechterhaltung der Eintragung nicht ausdrücklich geregelt ist.

V. Wirkung der Löschung

12 Die Wirkungen der Löschung wegen Verzichts regelt das MarkenG im Gegensatz zu allen anderen Löschungsfällen (§ 52) nicht. Mangels gesetzlicher Anordnung der Rückwirkung wirkt die Löschung auf Antrag des Markeninhabers daher nur **ex nunc** (vgl.

Verfall § 49

BGH GRUR 1997, 213, 214 – *Trennwand* zum Gebrauchsmuster). Eine auf Verlangen abgegebene Verzichtserklärung kann, muß aber nicht so auszulegen sein, daß der Markeninhaber auch auf früher entstandene Ersatzansprüche verzichtet. Die (Teil-)Löschung ist auch in der Rechtsbeschwerdeinstanz noch zu beachten (BGH WRP 1997, 758, 759 – *Turbo II*).

Andere Kennzeichenrechte an demselben Zeichen, also Marken kraft Verkehrsgeltung bzw Notorietät oder geschäftliche Bezeichnungen, bleiben durch die Löschung unberührt. Die Verzichtserklärung erfaßt im Zweifel nicht auch solche Rechte (tlw. aA *Fezer* § 48 Rdn. 4 und 5), vielmehr kann der Gegner einen eindeutigen Verzicht auf die Geltendmachung solcher paralleler Rechte verlangen, sofern sich der Markeninhaber ihrer zuvor berühmt hatte. 13

§ 49 Verfall

(1) **Die Eintragung einer Marke wird auf Antrag wegen Verfalls gelöscht, wenn die Marke nach dem Tag der Eintragung innerhalb eines ununterbrochenen Zeitraums von fünf Jahren nicht gemäß § 26 benutzt worden ist. Der Verfall einer Marke kann jedoch nicht geltend gemacht werden, wenn nach Ende dieses Zeitraums und vor Stellung des Löschungsantrags eine Benutzung der Marke gemäß § 26 begonnen oder wieder aufgenommen worden ist. Wird die Benutzung jedoch im Anschluß an einen ununterbrochenen Zeitraum von fünf Jahren der Nichtbenutzung innerhalb von drei Monaten vor der Stellung des Löschungsantrags begonnen oder wieder aufgenommen, so bleibt sie unberücksichtigt, sofern die Vorbereitungen für die erstmalige oder die erneute Benutzung erst stattgefunden haben, nachdem der Inhaber der Marke Kenntnis davon erhalten hat, daß Antrag auf Löschung gestellt werden könnte. Wird der Antrag auf Löschung nach § 53 Abs. 1 beim Patentamt gestellt, so bleibt für die Berechnung der Frist von drei Monaten nach Satz 3 der Antrag beim Patentamt maßgeblich, wenn die Klage auf Löschung nach § 55 Abs. 1 innerhalb von drei Monaten nach Zustellung der Mitteilung nach § 53 Abs. 4 erhoben wird.**

(2) **Die Eintragung einer Marke wird ferner auf Antrag wegen Verfalls gelöscht,**
1. **wenn die Marke infolge des Verhaltens oder der Untätigkeit ihres Inhabers im geschäftlichen Verkehr zur gebräuchlichen Bezeichnung der Waren oder Dienstleistungen, für die sie eingetragen ist, geworden ist;**
2. **wenn die Marke infolge ihrer Benutzung durch den Inhaber oder mit seiner Zustimmung für die Waren oder Dienstleistun-**

§ 49 Verfall

gen, für die sie eingetragen ist, geeignet ist, das Publikum insbesondere über die Art, die Beschaffenheit oder die geographische Herkunft dieser Waren oder Dienstleistungen zu täuschen oder
3. wenn der Inhaber der Marke nicht mehr die in § 7 genannten Voraussetzungen erfüllt.

(3) Liegt ein Verfallsgrund nur für einen Teil der Waren oder Dienstleistungen vor, für die die Marke eingetragen ist, so wird die Eintragung nur für diese Waren oder Dienstleistungen gelöscht.

Inhaltsübersicht

	Rdn.
I. Allgemeines	1–4
1. Überblick	1
2. Früheres Recht	2
3. MRRL	3
4. Gemeinschaftsmarkenrecht	4
II. Anwendungsbereich	5
III. Verfall wegen Nichtbenutzung (Abs. 1)	6–27
1. Voraussetzungen	6–9
a) Ablauf der Schonfrist	7
b) Fünfjährige Nichtbenutzung	8
c) Einwendungen	9
2. Wirkung des Verfalls wegen Nichtbenutzung	10–12
3. Heilung (Abs. 1 S. 2–4)	13–21
a) Voraussetzungen der Heilung	14–20
b) Wirkung der Heilung, Zwischenrechte	21
4. Teillöschung wegen Nichtbenutzung	22–27
IV. Verfall wegen Entwicklung zur gebräuchlichen Bezeichnung (Abs. 2 Nr. 1)	28–32
1. Voraussetzungen	28–30
a) Umwandlung in eine gebräuchliche Bezeichnung der Waren oder Dienstleistungen	29
b) Infolge des Verhaltens oder der Untätigkeit des Inhabers	30
2. Wirkung	31
3. Teillösung	32
V. Verfall wegen Täuschungseignung (Abs. 2 Nr. 2)	33–38
1. Voraussetzungen	33–35
a) Täuschungseignung	34
b) Infolge der Benutzung durch den Inhaber oder einen Dritten	35
2. Wirkung	36
3. Teillösung wegen Täuschungseignung	37
4. Verhältnis zu § 3 UWG	38

	Rdn.
VI. Verfall wegen Verlustes der Inhabervoraussetzungen (Abs. 2 Nr. 3)	39, 40
1. Voraussetzungen	39
2. Wirkung	40

Literatur: Zum Benutzungszwang siehe die Literaturhinweise zu §§ 25 und 26.

I. Allgemeines

1. Überblick

Unter dem aus der MRRL stammenden Begriff des „Verfalls" faßt das MarkenG diejenigen vier Löschungsgründe zusammen, die auf erst nach der Eintragung als Marke entstandenen Gründen beruhen. Der bei weitem wichtigste nachträgliche Löschungsgrund ist die Nichtbenutzung nach Ablauf der fünfjährigen Benutzungsschonfrist gem. § 49 Abs. 1 (zum Benutzungszwang allg. § 26 Rdn. 1 ff.). Eine erst später begonnene oder wiederaufgenommene Benutzung heilt nach § 49 Abs. 1 S. 2 den Verfall, sofern sie noch vor Stellung des Löschungsantrags und nicht erst nach Kenntnis von der Möglichkeit eines dann innerhalb der Fristen des § 49 Abs. 1 S. 3, 4 zu stellenden Löschungsantrags erfolgt. Die Verfallsgründe der Entwicklung zur Gattungsbezeichnung (§ 49 Abs. 2 Nr. 1) und der nachträglich entstandenen Eignung zur Täuschung (§ 49 Abs. 2 Nr. 2) hängen ausdrücklich davon ab, daß das Verhalten des Markeninhabers hierfür ursächlich ist. § 49 Abs. 2 Nr. 3 erfaßt die seltenen Fälle des Wegfalls der Rechtsfähigkeit einer juristischen Person oder Personengesellschaft als Markeninhaber. § 49 Abs. 3 stellt klar, daß bei einer Beschränkung des Verfallsgrundes auf einen Teil der Waren oder Dienstleistungen eine entsprechende Teillöschung zu erfolgen hat. Weitere Verfallsgründe enthält § 105 für Kollektivmarken. § 49 normiert jeweils nur den materiellrechtlichen Löschungsgrund und erwähnt das Antragserfordernis, während die Wirkungen der Löschung in § 52 und die Löschungsverfahren in §§ 53, 55 geregelt sind.

2. Früheres Recht

Der zusammenfassende Begriff des „Verfalls" ist für das deutsche Recht zwar neu, die einzelnen Verfallsgründe aber weitgehend bekannt. § 49 Abs. 1 entspricht abgesehen von den über § 26 anzuwendenden geänderten materiellen Benutzungsanforderungen im wesentlichen dem Löschungstatbestand des § 11 Abs. 1 Nr. 4

WZG. Im Gegensatz zu § 11 Abs. 5 Nr. 1 WZG kommt es jetzt für die Heilung nicht mehr auf die „Androhung" des Löschungsantrags an. Ganz entfallen ist der Heilungsausschluß nach § 11 Abs. 5 Nr. 2 WZG bei Beantragung der Löschung binnen sechs Monaten ab der Bekanntmachung des eigenen Zeichens des Antragstellers. Der Verfallsgrund des § 49 Abs. 2 Nr. 2 deckt sich nur teilweise mit dem Löschungsgrund des § 11 Abs. 1 Nr. 3. Demgegenüber waren die Verfallsgründe nach § 49 Abs. 2 Nr. 1 und 3 im WZG nicht ausdrücklich geregelt. Überwiegend bejaht wurde aber auch früher die Möglichkeit eines Löschungsanspruchs bei Entwicklung zur Gattungsbezeichnung, insbesondere auf wettbewerbsrechtlicher Grundlage (BGH GRUR 1964, 458 – *Düssel; B/H* § 11 WZG Rdn. 9; *B/S* § 11 WZG Rdn. 31). Zur Meistbegünstigungs-Übergangsregelung für Löschungsklagen gegen vor dem 1. 1. 1995 eingetragene Marken wegen Verfalls: § 161. Bereits durch § 47 Nr. 4 lit. a ErstrG ist der Löschungsgrund des **Wegfalls des Geschäftsbetriebs** (§ 11 Abs. 1 Nr. 2, IV WZG) aufgehoben worden, allerdings nicht rückwirkend, sondern nur mit Wirkung ex nunc **zum 1. 5. 1992**, so daß zuvor während der Löschungsreife entstandene Zwischenrechte unberührt blieben (BGH GRUR 1995, 117, 119 – *NEUTREX;* grdl. BGH GRUR 1994, 288, 289 – *Malibu*). Daran hat auch das MarkenG nichts geändert (LG Frankfurt aM GRUR 1997, 62).

3. MRRL

3   Die ersten drei Sätze des § 49 Abs. 1 stimmen inhaltlich mit Art. 12 Abs. 1 MRRL überein. Satz 4 berücksichtigt die in der MRRL nicht geregelte Möglichkeit des Aufeinanderfolgens von patentamtlichem Löschungsverfahren und Löschungsklage im deutschen Recht. Die Verfallsgründe des § 49 Abs. 2 Nr. 1 und 2 wurden wortgleich aus Art. 12 Abs. 2 (a) bzw. (b) MRRL übernommen, lediglich der Begriff der Irreführens wurde durch den des „Täuschens" ersetzt, ohne daß damit von der MRRL abgewichen werden sollte (Begr. § 49). Den Verfall wegen weggefallener Inhabervoraussetzungen kennt die MRRL nicht. § 49 Abs. 3 entspricht der Vorgabe des Art. 13 MRRL.

4. Gemeinschaftsmarkenrecht

4   Die § 49 entsprechende Regelung des Gemeinschaftsmarkenrechts findet sich in Art. 50 GMVO, auf dessen Vorbild auch der über die MRRL hinausgehende § 49 Abs. 2 Nr. 3 zurückgeht.

Verfall § 49

II. Anwendungsbereich

§ 49 gilt für alle eingetragenen deutschen Marken. Er ist auch auf 5
die in Deutschland Schutz genießenden IR-Marken anwendbar,
bei denen an die Stelle der Löschung die nachträgliche Schutzentziehung
tritt (§ 115 Abs. 1). Zur Übergangsregelung § 161.

III. Verfall wegen Nichtbenutzung (Abs. 1)

Die Löschungsreife nicht rechtserhaltend benutzter Marken nach 6
§ 49 Abs. 1 S. 1 ist die schärfste Sanktion des gesetzlichen Benutzungszwangs,
dessen Systematik und Zweck zu § 26 Rdn. 1 ff. dargestellt
sind.

1. Voraussetzungen

§ 49 Abs. 1 S. 1 läßt weniger deutlich als die Sanktionsregelungen
nach §§ 25 Abs. 1, 43 Abs. 1, 55 Abs. 3 erkennen, daß zwei
unterschiedlich zu berechnende Fünfjahreszeiträume zu unterscheiden sind.

a) Ablauf der Schonfrist. Während der ersten fünf Jahre nach 7
dem Tag der Eintragung (bei Widerspruchsverfahren: § 26 Abs. 5;
IR-Marken: § 115 Abs. 2) ist der Bestand der Eintragung noch
nicht von der Benutzung der Marke abhängig. Zu Funktion und
Berechnung dieser sog. „Schonfrist" s. § 25 Rdn. 5 ff.

b) Fünfjährige Nichtbenutzung. Von der fünfjährigen Schonfrist 8
zu unterscheiden ist der für die Überprüfung der rechtserhaltenden
Benutzung maßgebliche Zeitraum. Er beträgt zwar ebenfalls
fünf Jahre, deckt sich aber nur dann mit der fünfjährigen Schonfrist,
wenn die Marke während der gesamten Schonfrist unbenutzt geblieben
ist. Dann tritt die Löschungsreife nach § 49 Abs. 1 S. 1 bereits
am Tag nach Ablauf der Schonfrist ein. Ist die Marke dagegen
zunächst ab dem Beginn der Schonfrist benutzt worden, beginnt
der zur Löschungsreife führende fünfjährige Zeitraum nach § 49
Abs. 1 Satz 1 erst mit der Einstellung dieser rechtserhaltenden Benutzung.
Wird die Benutzung vor Ablauf eines Zeitraums von fünf
Jahren der Nichtbenutzung wieder aufgenommen, so liegt schon
nach § 49 Abs. 1 Satz 1 kein Verfall vor. Dies gilt wegen des Erfordernisses
eines „ununterbrochenen" Zeitraums von fünf Jahren der
Nichtbenutzung auch dann, wenn mehrere Zeiträume der Nicht-

benutzung zusammen zwar fünf Jahre ergeben, die Marke zwischendurch aber immer wieder rechtserhaltend benutzt worden ist. Es genügt, wenn der Zeitraum fünfjähriger Nichtbenutzung erst nach Klageerhebung endet, wodurch die Klage begründet wird. Denn maßgeblich ist insoweit die letzte mündliche Tatsachenverhandlung. Dies bedurfte anders als in §§ 25 Abs. 2, 55 Abs. 3 S. 2 keiner ausdrücklichen Regelung, da allgemeinen Grundsätzen entsprechend (offengel. in OLG München Mitt 1996, 217, 218 – *Sankt Michael*). Zu den abweichenden Regeln für den umgekehrten Fall der Benutzungsaufnahme nach Klageerhebung unten Rdn. 13 ff.

9 c) **Einwendungen.** Der Verfall als materiellrechtliche Löschungsreife besteht unabhängig davon, ob dem Markeninhaber Einwendungen gegenüber dem Löschungsbegehren eines bestimmten Antragstellers bzw. Klägers zustehen (zB Nichtangriffsabrede). Derartige Einwendungen können allenfalls die Geltendmachung durch diese Person ausschließen (§ 55 Rdn. 5, 11 ff.), beseitigen aber nicht das objektive Vorliegen des Verfalls. Hiervon zu unterscheiden ist die Berufung auf „berechtigte Gründe für die Nichtbenutzung" iSv § 26 Abs. 1, während deren Vorliegen kein Verfall eintritt. Zur Beweislast s. § 55 Rdn. 10.

2. Wirkung des Verfalls wegen Nichtbenutzung

10 Der Eintritt der Verfallsvoraussetzungen führt kraft Gesetzes zur Löschungsreife der eingetragenen Marke, die jedoch nur dann zur Löschung führt, wenn diese durch Popularklage bzw Popularantrag nach §§ 55, 53 von einem Dritten betrieben wird. Eine Amtslöschung wegen Nichtbenutzung kennt das MarkenG nicht.

11 Die Löschungsreife wegen Verfalls entfaltet jedoch auch unabhängig davon, ob sie in einem Löschungsverfahren geltend gemacht wird, materiellrechtliche Wirkung, nämlich in Form der Möglichkeit des **Erwerbs von Zwischenrechten**. Für das Verhältnis zu jüngeren eingetragenen Marken ergibt sich dies aus §§ 22 Abs. 1 Nr. 2, 51 Abs. 4 Nr. 1, 55 Abs. 3 S. 3 und im Verhältnis zu anderen jüngeren Kennzeichenrechten aus dem diesen Bestimmungen zugrundeliegenden allgemeinen Rechtsgedanken (näher § 22 Rdn. 13). Die Entstehung solcher Zwischenrechte ist dann von Bedeutung, wenn die Benutzung der zunächst löschungsreifen Marke später (wieder) aufgenommen wird und hierdurch die ursprüngliche Löschungsreife durch § 49 Abs. 1 S. 2 ff. geheilt wird (unten Rdn. 21).

Von den beiden vorstehenden Verfallswirkungen zu unterscheiden sind die übrigen Rechtsnachteile aufgrund Nichtbenutzung, die nach der Systematik des MarkenG nicht an den Eintritt des Verfalls anknüpfen, sondern jeweils selbständig geregelt sind (§§ 25, 43 Abs. 1, 55 Abs. 3 S. 1 und 2), mögen die Tatbestände auch häufig gleichzeitig erfüllt sein. **12**

3. Heilung (Abs. 1 S. 2–4)

§ 49 Abs. 1 Satz 2 schließt die Geltendmachung eines nach § 49 Abs. 1 S. 1 zunächst eingetretenen Verfalls aus, wenn die rechtserhaltende Benutzung der Marke noch vor Stellung des Löschungsantrags erstmals begonnen oder wieder aufgenommen worden ist. Der einmal eingetretene Verfall einer Marke wegen Nichtbenutzung muß also nicht zum endgültigen Verlust des Rechts führen, sondern kann durch Benutzungsaufnahme „geheilt" werden. **13**

a) Voraussetzungen der Heilung. Keine Heilungswirkung haben Benutzungshandlungen, die erst nach Stellung des Löschungsantrags vorgenommen werden (§ 49 Abs. 1 S. 2). Der Begriff des „Löschungsantrags" umfaßt sowohl den Antrag beim DPA nach § 53, als auch die Geltendmachung durch Klage, hinsichtlich derer § 55 Abs. 2 Nr. 1 ebenfalls von einem „Antrag auf Löschung" spricht. Maßgeblicher Zeitpunkt ist im Falle des § 53 der Eingang des Antrags beim DPA und im Falle der Löschungsklage nicht deren Zustellung, sondern bereits ihre Einreichung bei Gericht, nachdem § 49 Abs. 1 Satz 2 im Gegensatz zu anderen Bestimmungen (zB § 49 Abs. 1 S. 4, § 25 Abs. 2) nicht auf die Zustellung abstellt. **14**

§ 49 Abs. 1 S. 3 ordnet eine **Vorverlegung des für den Ausschluß der Heilungswirkung maßgeblichen Zeitpunkts** für den Fall an, daß die Vorbereitungen für die erstmalige oder erneute Benutzung erst stattgefunden haben, nachdem der Markeninhaber „Kenntnis davon erhalten hat, daß Antrag auf Löschung gestellt werden könnte". Dadurch soll sichergestellt werden, daß Benutzungshandlungen unberücksichtigt bleiben, bei denen der zeitliche Zusammenhang nahelegt, daß sie erst durch die Kenntniserlangung von der Möglichkeit eines Löschungsantrags veranlaßt worden sind. Dem liegt die Vorstellung zugrunde, daß derartigen Benutzungshandlungen der Makel der bloßen Scheinhandlung zur Aufrechterhaltung des Markenrechts anhaftet. Ob dies tatsächlich der Fall ist, oder ob es sich um eine auch unabhängig vom Erhaltungszweck wirtschaftlich vernünftige Benutzung handelt, spielt keine Rolle, da **15**

§ 49 Abs. 1 S. 3 unwiderleglich auf den zeitlichen Zusammenhang abstellt. Daraus folgt aber andererseits, daß der Begriff der „Vorbereitungen" denkbar weit auszulegen ist und jede über den bloßen Entschluß der Benutzungsaufnahme hinausgehende betriebliche Maßnahmen genügt (zB Auftragserteilung für Werbeentwürfe, Verpackungsmuster). Interne Vorbereitungsmaßnahmen reichen aus. Die Benutzungsabsicht muß noch nicht nach außen getreten sein. Den naheliegenden Mißbrauchsgefahren ist im Streitfalle durch eine sachgerechte Beweislastverteilung (vgl. § 55 Rdn. 10) und Beweiswürdigung Rechnung zu tragen.

16 Geringe Anforderungen sind auch an die **Kenntniserlangung** beim Markeninhaber zu stellen. Die Androhung der Löschung durch den späteren Antragsteller ist anders als nach § 11 Abs. 5 Nr. 1 WZG nicht mehr erforderlich. Die Androhung ist nur noch einer der Fälle möglicher Kenntniserlangung. Die Kenntnis muß sich nur auf die bloße Möglichkeit eines Löschungsantrags beziehen („gestellt werden könnte", Amtl. Begr. Abs. 4 zu § 49). § 49 Abs. 1 S. 3 stellt allerdings nicht nur auf die Kenntnis des Zustands der Löschungsreife als solcher ab, sondern verlangt einen Bezug zu einem Antrag auf Löschung, d. h. eine Konkretisierung dahingehend, daß der Verfall mit einem Löschungsbegehren geltend gemacht werden könnte. Die Kenntnis muß nicht auf einer Mitteilung des späteren Antragstellers beruhen. In der Praxis wird dies jedoch weiterhin der häufigste Fall sein, wobei im Gegensatz zum früheren Recht nunmehr jede Erwähnung der Möglichkeit eines Löschungsantrags genügt. Hierfür reicht die Erwähnung der Löschungsreife oder des Verfalls zB durch den Prozeßgegner dann nicht aus, wenn der Verfall ausschließlich zur Begründung anderer Rechtsfolgen (insbesondere Einrede nach §§ 25 und 43 Abs. 1) als der Löschung Erwähnung findet. Kenntniserlangung durch gesetzliche Vertreter oder eigenverantwortlich mit der Erledigung markenrechtlicher Angelegenheiten befaßte Personen muß sich der Markeninhaber nach den allgemeinen Regeln über die Wissenszurechnung wie eigene Kenntnis entgegenhalten lassen (vgl. allg. Rechtsgedanke aus § 166 Abs. 1 BGB).

17 § 49 Abs. 1 Satz 3 nimmt nur solchen Benutzungshandlungen die Heilungswirkung, die innerhalb von **drei Monaten vor der Stellung des Löschungsantrags** vorgenommen wurden. Dieser zeitlichen Begrenzung liegt offensichtlich die Vorstellung eines gewissen Überlegungszeitraums für den Antragsteller zugrunde. Ein längerer Überlegungszeitraum steht an sich dann zur Verfügung, wenn die nach Kenntniserlangung von dem möglichen Löschungs-

Verfall **§ 49**

antrag begonnenen Vorbereitungshandlungen zunächst noch keine für die Rechtserhaltung berücksichtigungsfähige Benutzungshandlungen darstellen, sondern diese erst später nachfolgen. Denn die Dreimonatsfrist gilt für Benutzungshandlungen nicht für bloße Vorbereitungen. Zu beachten ist jedoch, daß sich der Antragsteller deshalb auf eine solche Verlängerung der Überlegungsfrist nicht verlassen kann, weil es für sie keine Rolle spielt, wann er Kenntnis von den Benutzungshandlungen erlangt. Der Löschungsantrag sollte daher nie später als drei Monate nach dem frühestmöglichen Zeitpunkt der Kenntniserlangung beim Markeninhaber gestellt werden, selbst wenn der spätere Antragsteller zunächst noch keine Benutzungsaktivitäten feststellen kann.

§ 49 Abs. 1 S. 4 ergänzt S. 3 für den Fall des erfolglosen Abschlusses des patentamtlichen Löschungsverfahrens nach § 53. Dem Antragsteller wird eine Frist von **drei Monaten ab Zustellung der Mitteilung über den Widerspruch des Markeninhabers** nach § 53 Abs. 4 zugebilligt, innerhalb der er das Löschungsverfahren durch Klage weiterbetreiben muß. Zur Wahrung dieser Dreimonatsfrist kommt es auf die Zustellung der Klageschrift gemäß § 253 Abs. 1 ZPO an, wobei jedoch unter den Voraussetzungen des § 270 Abs. 3 ZPO bereits die Klageeinreichung fristwahrend ist. **18**

§ 49 Abs. 1 S. 4 ist entsprechend anzuwenden auf den Fall, daß die **Benutzung sogar erst nach Stellung des Löschungsantrags beim DPA aufgenommen wird** (Amtl. Begr. 5. Abs. zu § 49 „oder nach diesem Antrag"). Satz 3 ist nicht direkt anwendbar, da es an der Voraussetzung fehlt, daß die Benutzung „innerhalb von drei Monaten vor der Stellung des Löschungsantrags begonnen oder wieder aufgenommen" wurde. Es wäre aber sinnwidrig, den sogar noch später die Benutzung aufnehmenden Markeninhaber zu begünstigen. Die Frist von drei Monaten ist dem Antragsteller auch bei dieser Fallkonstellation zuzumuten. **19**

Da sich die erforderliche Kenntnis des Markeninhabers iSv § 49 Abs. 1 Satz 3 nach der hier vertretenen Auffassung auf die Möglichkeit eines konkreten, auch hinsichtlich der Person des Antragstellers bestimmten Löschungsantrags beziehen muß, ist der **Heilungsausschluß auf das Verhältnis zu diesem möglichen Antragsteller beschränkt**. Er wirkt also nicht im Verhältnis zu Dritten, hinsichtlich derer der Markeninhaber keine Kenntnis davon hatte, daß auch diese einen Löschungsantrag stellen könnten. Dies entspricht insoweit im Ergebnis der Beschränkung der Wirkung der Androhung nach § 11 Abs. 5 Nr. 1 WZG (*B/H* § 11 **20**

WZG Rdn. 60 aE) und läßt die Popularklage zu einer nur noch dieser Person zustehenden Klage werden (vgl. *Schricker* GRUR Int. 1969, 18 Fn. 46).

21 b) **Wirkung der Heilung, Zwischenrechte.** Die Heilungswirkung der Benutzungsaufnahme bedeutet nach § 49 Abs. 1 S. 2 zunächst, daß die Löschung der Marke nicht mehr beantragt werden kann. Die Eintragung der Marke bleibt erhalten, und zwar grdsl mit ihrer ursprünglichen Priorität. Dies ergibt sich heute schon aus dem Regelungszusammenhang mit denjenigen Bestimmungen, die diese Heilungswirkung für Zwischenrechte beschränken (§§ 22 Abs. 1 Nr. 1, 51 Abs. 4 Nr. 1, 53 Abs. 3 S. 3), war aber auch in der Rspr. zum WZG anerkannt (zB GRUR 1987, 825, 826 – *Helopyrin;* BGH GRUR 1983, 764, 766 – *Haller II*). Hinsichtlich der Voraussetzungen für die Entstehung von koexistenzberechtigten Zwischenrechten vor Eintritt der Heilung kann die frühere Rechtsprechung dagegen nicht uneingeschränkt übernommen werden, sondern gelten die hier bei § 22 Rdn. 10f. erläuterten Grundsätze der Neuregelung. Ein danach anzuerkennendes Zwischenrecht genießt sowohl gegenüber Verletzungsansprüchen aus der älteren Marke (§ 22 Abs. 1 Nr. 2) als auch gegenüber Löschungsansprüchen (§ 51 Abs. 4 Nr. 1 mit Beweislastregel in § 55 Abs. 3 Satz 3) Koexistenzberechtigung. Das Zwischenrecht kann also umgekehrt weder gegen die Benutzung der älteren Marke (§ 22 Abs. 2) noch gegen deren Eintragung eingesetzt werden.

4. Teillöschung wegen Nichtbenutzung

22 Dem für alle Verfallsgründe geltenden § 49 Abs. 3 kommt besondere Bedeutung für den teilweisen Verfall einer Marke wegen Nichtbenutzung zu, da er klarstellt, daß die Nichtbenutzung einer Marke für einen Teil der eingetragenen Waren/Dienstleistungen nicht zur Löschung der Marke insgesamt führt. Die Teillöschung durch Streichung der nicht benutzten Waren/Dienstleistungen aus dem Verzeichnis ist jedoch nur bei sich nicht überschneidenden, selbständig nebeneinander stehenden, konkreten Waren/Dienstleistungs-Begriffen ohne weiteres möglich. Enthält das Verzeichnis dagegen einen mehrere Warengattungen umfassenden **Oberbegriff**, der nur durch eine unter ihn fallende Spezialware benutzt ist, so stellt sich im Löschungsverfahren die bei § 25 Rdn. 24 ff. im Hinblick auf die Kollisionsprüfung behandelte Problematik der sog. Integration (vgl. H. *Munzinger* Mitt. 1972, 181, 184) in einer für den Markeninhaber verschärften Form, nämlich als Frage nach der

Verfall **§ 49**

Teillöschung des Oberbegriffs durch Einfügung eines konkretisierenden Zusatzes (zB „nämlich ...") oder vollständige Ersetzung durch einen neuen, engeren Begriff.

In seiner Rspr. zum WZG hat der BGH eine ganz enge Beschränkung auf die benutzte Spezialware im Interesse der wirtschaftlichen Bewegungsfreiheit des Markeninhabers abgelehnt und sowohl für den Fall, daß überhaupt nur ein Oberbegriff im Verzeichnis vorhanden ist (BGH GRUR 1994, 512, 514 – *Simmenthal;* BGH GRUR 1978, 647, 648 – *TIGRESS*), als auch bei Vorhandensein weiterer, benachbarter konkreter Warenbegriffe neben der benutzten konkreten Ware (BGH GRUR 1994, 512, 514/515 – *Simmenthal;* BGH GRUR 1990, 39, 40 – *Taurus*) diejenigen Waren von der Löschung ausgenommen, die nach der Auffassung des Verkehrs nicht lediglich als gleichartig iSd WZG, sondern als zum **„gleichen Warenbereich"** gehörend angesehen werden. Zur Abgrenzung dieses Bereichs sei nicht auf das Interesse des Zeicheninhabers abzustellen, sondern darauf, ob **Eigenschaften und Zweckbestimmung** der Waren in weitem Umfang übereinstimmen (bejaht bzgl. Rindfleisch in Gelee für Oberbegriff „gekochtes Rindfleisch", verneint für „Fleischextrakt" und Oberbegriffe „Fleisch" und „Konserven" in BGH GRUR 1994, 512, 514 – *Simmenthal;* bejaht bzgl. Kassettenabspielgeräte für Tonbandgeräte, verneint bzgl. Kassettenabspielgeräte oder Radios für „Plattenspieler, Kopfhörer, Mikrofone, Lautsprecherboxen" in BGH aaO – *Taurus;* bejaht bzgl. Parfums und Eau de Toilette für „Parfümerien" in BGH aaO – *TIGRESS;* vgl. auch BGH GRUR 1974, 84, 88 – *Trumpf* zu Strumpfwaren, allerdings zum früheren Löschungsgrund § 11 Abs. Nr. 2 WZG; ältere Bsp. bei *Heil* GRUR 1975, 155; *Kirchner* GRUR 1987, 418). Bei Vorhandensein mehrerer einschlägiger Oberbegriffe fehle allerdings das Rechtsschutzbedürfnis für die Beibehaltung von mehr als einem Oberbegriff, so daß der oder die weiteren ersatzlos zu löschen seien (BGH GRUR 1994, 512, 515 – *Simmenthal;* BGH GRUR 1978, 647, 648 – *TIGRESS*). 23

Es ist vorgeschlagen worden, diese **„erweiterte Minimallösung"** auch in das harmonisierte Markenrecht und das Gemeinschaftsmarkenrecht zu übernehmen (*Fezer* § 26 Rdn. 56 ff.; *Hackbarth* S. 146 f.; *Heil* GRUR 1990, 42, anders aber noch *Heil* FS 25 Jahre BPatG, 1986, 386 f. und ganz anders *Heil* GRUR 1975, 161). Gegen die erweiterte Minimallösung sprechen Sinn und Zweck des Benutzungszwangs (§ 26 Rdn. 7 ff.), dessen Ziel es nicht ist, die Verwendbarkeit eingetragener Marken auf Spezialwaren einzuengen. Die Minimallösung kann nämlich dazu führen, daß 24

§ 49 Verfall

eine zB für Bekleidungsstücke eingetragene Marke, die nach fünf Jahren Benutzung für Hosen nach den obigen Regeln teilgelöscht wurde („Bekleidungsstücke, nämlich Hosen"), bei einer anschließend fünfjährigen Weiterverwendung nur für Hemden ganz verfallen würde, obwohl an einer wirtschaftlich sinnvollen Benutzung der Marke über den Gesamtzeitraum nicht zu zweifeln ist. Hier hilft auch der „gleiche Warenbereich" nicht weiter, da der Verkehr Hosen und Hemden keinesfalls als „gleiche Waren" ansieht. Schon dieses Beispiel zeigt, daß der Begriff des „gleichen Warenbereichs" ungeeignet ist, die wirtschaftliche Bewegungsfreiheit des Markeninhabers ausreichend abzusichern, da dieses Bedürfnis nicht über die Verkehrsauffassung von Verwendungszweck und Beschaffenheit einer Ware/Dienstleistung definiert werden kann (zutr *Kirchner* GRUR 1987, 423). Ohnehin ist es bedenklich, neben dem schwierig genug zu erfassenden Begriff der Waren/Dienstleistungsähnlichkeit im Rahmen des Benutzungszwangs eine noch unbestimmtere zweite Kategorie einzuführen.

25 Es sollte daher **entgegen der hM** zwischen Löschung und Schutzbeschränkung differenziert werden. Im Löschungsverfahren könnte die **Maximallösung** zum Zuge kommen und eine Löschung teilbenutzter Oberbegriffe unterbleiben. Dagegen kann nicht der durch die Beibehaltung des Oberbegriffs im Register fortdauernde Schein eines warenmäßig zu weiten Schutzbereichs eingewendet werden. Denn mangels amtsseitiger Benutzungsüberprüfung muß sich nach Ablauf der Schonfrist ohnehin jeder Betroffene über den tatsächlichen Verwendungsumfang einer Marke informieren, um den tatsächlichen Rechtsbestand und Schutzbereich abschätzen zu können. Im Kollisionsfall kann durch Anwendung der auch hier zu §§ 25 Abs. 2 S. 3, 43 Abs. 1 S. 3, 55 Abs. 3 S. 4 vertretenen Minimallösung (§ 25 Rdn. 26) sichergestellt werden, daß sich der konkrete Schutzbereich nicht nach dem zu weiten Oberbegriff richtet, sondern nur nach den konkreten Waren/Dienstleistungen, für welche die Marke benutzt ist. Diese unterschiedliche Behandlung der Teilbenutzung von Oberbegriffen wird durch den im Gegensatz zu § 49 Abs. 3 nicht auf einen Schutz des Markeninhabers vor zu weitgehenden Nichtbenutzungsfolgen, sondern umgekehrt auf den Schutz Dritter vor zu weitgehenden Kollisionsansprüchen aus der Marke ausgerichteten Wortlaut der §§ 25 Abs. 2 S. 3, 43 Abs. 1 S. 3, 55 Abs. 3 S. 4 und Art. 11 Abs. 4 MMRL sogar nahegelegt, ist jedenfalls aber damit vereinbar. Der Maximallösung kann auch nicht entgegengehalten werden, sie benachteilige in ungerechtfertigter Weise den Inhaber, der seine Marke von Anfang an nur für die Spezialware anmeldet. Solange die Marke für die Spezialware benutzt ist, ist der Inhaber im Kollisionsfall gerade nicht schlechter gestellt. Ihm fehlt allerdings die in dem obigen Beispiel dargestellte Umstellungsmöglichkeit auf andere Waren desselben Oberbegriffs mit rechtserhaltender Wirkung. Auf diese Möglichkeit hat er jedoch freiwillig verzichtet, während sie bei der Marke mit dem Oberbegriff aus dem Warenverzeichnis auch für Dritte hervorgeht.

Problematisch ist an der differenzierenden Lösung allerdings, daß 26 der **Gleichlauf von Schutzbeschränkung und Löschungsreife durchbrochen** ist. Das stört nicht bei den §§ 25 Abs. 2 S. 3, 43 Abs. 1 S. 3, 55 Abs. 3 S. 1/2, die ohnehin nicht an die Löschungsreife anknüpfen. Jedoch darf die Beibehaltung des Oberbegriffs auch der Entstehung von Zwischenrechten in dem von der Spezialware nicht mehr erfaßten Ähnlichkeitsbereich nicht entgegenstehen. Dazu müssen die an die Löschungsreife anknüpfenden §§ 22 Abs. 1 Nr. 2, 55 Abs. 3 S. 1 erweitert dahingehend angewendet werden, daß auch hinsichtlich der Entstehung von Zwischenrechten nur auf die benutzte Spezialware abzustellen ist. Mit dem Wortlaut dieser Bestimmungen ist dies nicht weniger vereinbar als die erweiterte Minimallösung der hM, deren Kriterium des „gleichen Warenbereichs" in Gesetz und MRRL überhaupt keinen Anknüpfungspunkt dem Wortlaut nach findet.

Zum Einwand fehlenden Rechtsschutzbedürfnisses bei Teil- 27 löschungen wegen mangelnder Benutzbarkeit der Marke für die zu löschenden Waren s. § 55 Rdn. 5.

IV. Verfall wegen Entwicklung zur gebräuchlichen Bezeichnung (Abs. 2 Nr. 1)

1. Voraussetzungen

Verfall nach § 49 Abs. 2 Nr. 1 tritt ein, wenn ein zweigliedriger 28 Tatbestand erfüllt ist. Zum einen muß die Marke im geschäftlichen Verkehr zur gebräuchlichen Bezeichnung jedenfalls hinsichtlich eines Teils der Waren oder Dienstleistungen des Verzeichnisses (vgl. § 49 Abs. 2) geworden sein. Darüber hinaus ist aber erforderlich, daß diese Umwandlung in eine gebräuchliche Bezeichnung dem Inhaber der Marke zuzurechnen ist.

a) Umwandlung in eine gebräuchliche Bezeichnung der 29 **Waren oder Dienstleistungen.** Wann eine gebräuchliche Be-

§ 49 Verfall

zeichnung vorliegt, richtet sich nach der Verkehrsauffassung (§ 8 Rdn. 93). § 49 Abs. 2 Nr. 1 betrifft den Fall der nachträglichen Umwandlung einer zunächst unterscheidungskräftigen (also zum Hinweis auf die Herkunft aus einem bestimmten Geschäftsbetrieb geeigneten) Marke in eine Gattungsbezeichnung. Davon zu unterscheiden ist die Konstellation, daß schon zum Zeitpunkt der Eintragung eine Gattungsbezeichnung vorlag, so daß das Eintragungshindernis des § 8 Abs. 2 Nr. 3 gegeben war, die Eintragung also zu Unrecht erfolgt ist. Diesen Fall regelt nicht § 49, sondern § 50 Abs. 1 Nr. 3 (vgl. § 50 Rdn. 7). § 49 Abs. 2 Nr. 1 betrifft also einen Fall der **Änderung der Verkehrsauffassung** nach Eintragung der Marke. Dabei sind strenge Anforderungen sowohl an den Grad dieser Verkehrsauffassung als auch an die Qualität der tatsächlichen Feststellungen zu stellen. Zunächst ist zu berücksichtigen, daß in der Regel schwerwiegende wirtschaftliche Interessen des Markeninhabers auf dem Spiel stehen werden. Zur gebräuchlichen Bezeichnung für bestimmte Waren oder Dienstleistungen werden in aller Regel nur die besonders bekannten Marken des in dem jeweiligen Bereich führenden Unternehmens, häufig des Pioniers in einem bestimmten Produktbereich, die gewissermaßen als Synonym für diesen Bereich stehen. Diese Marken sind deshalb in Gefahr, zur Produktbezeichnung zu werden, weil sie allgemein bekannt sind und deshalb eigentlich einen besonders großen Schutzumfang genießen (vgl. § 14 Abs. 2 Nr. 3 sowie § 14 Rdn. 221 ff.). Eine Löschung solcher Zeichen kann nicht leichthin angeordnet werden. Weiter ist nach der Lebenserfahrung zu berücksichtigen, daß der Verkehr dazu neigt, Marken der führenden Unternehmen in generischer Weise zu gebrauchen (oder zu mißbrauchen) obwohl dem Verkehr durchaus bewußt ist, daß es sich um das Kennzeichen eines bestimmten Unternehmens handelt. Die Rspr. ist deshalb zutreffenderweise zurückhaltend (vgl. BGH GRUR 1964, 458 – *Düssel*). Damit kommt eine Umwandlung in eine Beschaffenheitsangabe nur dann in Betracht, wenn zum Zeitpunkt der Entscheidung über den Löschungsantrag festzustellen ist, daß nur noch ein völlig unbeachtlicher Teil des Verkehrs mit dem Zeichen Herkunftsvorstellungen bezüglich eines bestimmten Unternehmens verbindet (BGH GRUR 1964, 458, 460 – *Düssel*; BGH GRUR 1964, 82, 85 – *Lesering*). Ein beachtlicher Teil des Verkehrs kann auch in einem lediglich begrenzten geographischen Gebiet bestehen, solange die Umwandlung also nicht bundesweit einheitlich stattgefunen hat, liegt der Löschungsgrund nicht vor (BGH GRUR 1964, 456, 460 – *Düssel*).

b) Infolge des Verhaltens oder der Untätigkeit des Inha- 30
bers. Der Inhaber kann durch eigenes Verhalten (aktiv) zur Umwandlung in eine Gattungsbezeichnung beitragen, zB wenn er die Marke dadurch schwächt, daß er sie regelmäßig mit Zweitmarken kombiniert oder die Marke austauschbar mit der Produktbezeichnung (substantivisch) einsetzt. Beim Verkehr kann dann der Eindruck entstehen, es komme auf die Zweitmarken für die Herkunftskennzeichnung an. Solche Fälle werden selten sein, zumal man dem Markeninhaber eine erhebliche Bewegungsfreiheit bei der Nutzung der Marke zubilligen sollte. Häufiger wird die Umwandlung durch Untätigkeit des Markeninhabers gefördert werden. Dabei ist dem Markeninhaber zunächst zuzumuten, daß er gegen den Gebrauch der Marke durch Wettbewerber vorgeht, insbesondere soweit diese die Marke in einer nicht durch § 23 gedeckten Weise beschreibend verwenden („xy: das neue Aspirin von Müller-Pharma"). Gegen die beschreibende Benutzung in Nachschlagewerken gewährt jetzt § 16 einen Hinweisanspruch. Es kann vom Markeninhaber erwartet werden, daß er sich dieses Anspruches bedient und zumindest die wichtigeren Nachschlagewerke – ggf. auch branchenspezifischer Art – regelmäßig darauf überprüft, ob seine Marke dort als Gattungsbezeichnung Eingang gefunden hat. Keine markenrechtlichen Ansprüche stehen dem Inhaber gegen die Benutzung der Marke als Beschaffenheitsangabe durch Privatpersonen zur Verfügung. Hier kann nur mit Aufklärungskampagnen versucht werden, auf das Bewußtsein der beteiligten Verkehrskreise einzuwirken. Eine Verpflichtung zu solchen Kampagnen wird man aber nur sehr zurückhaltend bejahen können, da sie zumindest in Deutschland ungewöhnlich sind und auch negative Auswirkungen haben können. Nicht zuletzt machen sie potentielle Wettbewerber darauf aufmerksam, daß der Markeninhaber selbst das Problem einer Umwandlung in die Beschaffenheitsangabe sieht. Das Unterbleiben solcher Aufklärungskampagnen wird deshalb in der Regel nicht als im Rahmen von § 49 Abs. 2 Nr. 1 relevantes Unterlassen zu bewerten sein.

2. Wirkung

Die Rechtsfolgen entsprechen denen des Verfalls wegen Nicht- 31
benutzung (oben Rdn. 10 ff.). Da bei der Festellung der Umwandlung in eine gebräuchliche Bezeichnung der Zeitpunkt der letzten mündlichen Verhandlung maßgebend ist, ist allerdings eine Heilung (§ 49 Abs. 1 Satz 2–4) nicht denkbar. Umgekehrt kommt es auf eine zwischenzeitlich eingetretene Umwandlung in eine ge-

§ 49

bräuchliche Bezeichnung, die später wiederum zu einer Rückumwandlung geführt hat, nicht an. Theoretisch ist es zwar denkbar, daß während eines solchen (vorübergehenden) Zustandes der Umwandlung der Marke in eine gebräuchliche Bezeichnung Zwischenrechte entstehen könnten (vgl. § 22), doch dürfte dieser Fall kaum praktisch relevant werden, da eine Feststellung zurückliegender Verkehrsauffasung in diesen Bereich zuverlässig kaum möglich sein wird und auch im Interesse des Markeninhabers nur unter strengen Voraussetzungen in Betracht kommen kann. Auf die Umwandlung in eine gebräuchliche Bezeichnung kann sich der Beklagte im Verletzungsprozeß auch einredeweise berufen. Das ist ausdrücklich zwar nur in § 25 für die Einrede der Nichtbenutzung geregelt, doch gelten hinsichtlich der weiteren Verfallsgründe des § 49 dieselben Überlegungen: Es ist rechtsmißbräuchlich (§§ 138, 242 BGB) aus einer löschungsreifen Marke vorzugehen. Da für die Verfallsgründe des § 49 ohnehin die Löschungsklage vor den ordentlichen Gerichten nach § 55 gegeben ist, findet durch die Prüfung der Verfallsgründe im Rahmen des Verletzungsprozesses auch keine unzulässige Verlagerung der Prüfungskompetenz vom DPA auf das Verletzungsgericht statt. Darin unterscheiden sich die Verfallsgründe des § 49 von den Nichtigkeitsgründen des § 50. Die Löschungsklage kann im Verletzungsstreit im Wege der Widerklage anhängig gemacht werden, eine Verpflichtung dazu besteht aber nicht.

3. Teillöschung

32   Die Möglichkeit einer Teillöschung nach § 49 Abs. 3 ist im Fall der Umwandlung in eine gebräuchliche Bezeichnung mit besonderer Sorgfalt zu prüfen. Soweit die Marke nur für einen Teil der im Waren- oder Dienstleistungsverzeichnis durch einen weiteren Oberbegriff geschützten Produkte zu einer Gattungsbezeichnung geworden ist, ist dies durch eine entsprechende sprachliche Fassung zu berücksichtigen, nämlich durch „ausgenommen ...". Eine Löschung des Obergriffs insgesamt kommt dann nicht in Frage.

V. Verfall wegen Täuschungseignung (Abs. 2 Nr. 2)

1. Voraussetzungen

33   Wie bei § 49 Abs. 2 Nr. 1 ist auch bei Nr. 2 erforderlich, daß zwei Tatbestandselemente zusammenwirken: Zunächst muß die Marke geeignet sein, für die Waren oder Dienstleistungen, für die

sie eingetragen ist, den Verkehr über wesentliche Merkmale der Produkte zu täuschen. Zum anderen muß diese Täuschungseignung gerade auf die Benutzung durch den Inhaber zurückzuführen sein. § 49 Abs. 2 Nr. 2 entspricht damit gerade nicht § 8 Abs. 2 Nr. 4 (so aber *Fezer* § 49 Rdn. 30), sondern behandelt sozusagen den spiegelverkehrten Fall. Während nach § 8 Abs. 2 Nr. 4 der Marke die Eintragung nur dann zu versagen ist, wenn ohne weiteres ersichtlich ist, daß sie für alle Waren und Dienstleistungen des Verzeichnisses irreführend wäre (§ 8 Rdn. 99 f.), stellt § 49 Abs. 2 Nr. 2 auf die konkrete Benutzung durch den Inhaber ab. Damit wird also der zunächst zugunsten des Anmelders großzügige Maßstab des § 8 Abs. 2 Nr. 4 korrigiert: Verwendet der Inhaber die Marke für bestimmte Waren oder Dienstleistungen, für die sie irreführend ist, kann die Marke gelöscht werden. Die für eine Verweigerung der Eintragung noch nicht ausreichende bloße Möglichkeit einer irreführenden Verwendung hat sich dann durch die tatsächliche Verwendung soweit konkretisiert, daß die Löschung angezeigt ist.

a) Täuschungseignung. Die Marke ist dann zur Täuschung 34 über Eigenschaften des Produktes geeignet, wenn sich aus dem Inhalt der Marke selbst eine Angabe über Produkt oder Verwender ergibt, die unzutreffend ist oder zumindest falsch verstanden werden kann. Das kann zB eine Ortsangabe sein, die nicht mehr zutrifft, weil das Unternehmen seinen Sitz verlegt hat (BGH GRUR 1981, 3 – *Jena*), oder eine Beschaffenheitsangabe enthält, die für die konkreten Produkte nicht zutrifft. Keine relevante Irreführung liegt darin, daß aufgrund der Verwechslungsfähigkeit der Marke mit Kennzeichen eines anderen Unternehmens ein Irrtum über die betriebliche Herkunft entstehen kann. Für diese Kollision mit Schutzrechten Dritter ist § 51 lex spezialis. Dieser Ausschluß der betrieblichen Verwechslungsgefahr vom Begriff der täuschenden Marke war bereits im WZG anerkannt (zB BGH GRUR 1957, 350, 351 – *Raiffeisensymbol*; BGH GRUR 1967, 89, 91 – *Rose*). Ist somit die Täuschung über die betriebliche Herkunft aus den im Rahmen von § 49 Abs. 2 Nr. 2 berücksichtigungsfähigen Arten der Täuschung ausgeschlossen, so bestehen im übrigen keine Einschränkungen. Insbesondere sind auch in diesem Zusammenhang irreführende Angaben über den Betrieb (nicht nur die Produkte) berücksichtigungsfähig, zB über das Gründungsdatum oder sonstige Qualifikationen, etwa als Manufaktur. Ob eine Täuschungsgefahr von dem Zeichen ausgeht, ist ausschließlich aus dem Vergleich des

Zeichens selbst mit den Eigenschaften der Waren und Dienstleistungen der so bezeichneten Produkte bzw. mit dem nutzenden Unternehmen festzustellen. Das bedeutet gleichzeitig, daß es nicht ausreicht, wenn die Irreführung nur durch sonstige Faktoren hervorgerufen oder wesentlich mitbegründet wird. Ist etwa zu entscheiden, ob einer russisch klingenden Marke für deutschen Wodka Täuschungseignung zukommt, ist lediglich zu fragen, ob der Verkehr bei so bezeichnetem Wodka die Herkunft aus Rußland annimmt. Demgegenüber darf auf weitere Merkmale, die diesen Herkunftshinweis verstärken könnten, keine Rücksicht genommen werden, etwa auf die Flaschenform (zur abweichenden Beurteilung von Unterlassungsansprüchen nach § 3 UWG in diesem Fall BGH GRUR 1987, 535 – *Wodka Woronoff*). Die Marke ist allerdings in ihrer Gesamtheit zu würdigen, zB im Hinblick auf ihre graphische oder schriftbildliche Ausgestaltung. Ob die Marke zur Täuschung geeignet ist, ist im Hinblick auf die Verkehrskreise festzustellen, an die sich die Waren oder Dienstleistungen wenden, für die die Marke täuschend sein soll. Dabei können die Grundsätze herangezogen werden, die die Rechtsprechung zu § 3 UWG entwickelt hat. Eine beachtliche Irreführungsquote wird hier, ebenso wie bei § 3 UWG, in der Größenordnung von 10% – 15% anzusiedeln sein (vgl. auch § 8 Rdn. 101).

35   b) Infolge der Benutzung durch den Inhaber oder einen Dritten. Durch diese Formulierung wird zunächst klargestellt, daß die Täuschungseignung gerade durch die konkrete Benutzung hervorgerufen sein muß, sie ergibt sich also nicht abstrakt aus der Möglichkeit, daß die Marke in täuschender Weise benutzt werden könnte. Weiter wird dadurch klargestellt, daß die Täuschung dem Markeninhaber zurechenbar sein muß, wobei insbesondere auch Täuschungen durch Lizenznehmer in Betracht kommen. Der Markeninhaber wird deshalb auch gehalten sein, bei Marken, die Sachangaben enthalten, Lizenznehmern im Lizenzvertrag qualitative Vorgaben zu machen, die sicherstellen, daß keine Täuschungsgefahr besteht. Derartige Vorgaben können mit markenrechtlicher Wirkung vereinbart werden, § 30 Abs. 2 Nr. 4. Es ist dem Inhaber zuzumuten, bei potentiell irreführenden Marken von diesem Instrument Gebrauch zu machen. Als Löschungsgrund kann aber nicht genügen, daß der Inhaber gegen Markenverletzungen, die in einer täuschenden Benutzung der Marke bestehen, nicht immer konsequent vorgeht. Eine aktive Pflicht zur Unterbindung derartiger Benutzung läßt sich aus § 49 Abs. 2 Nr. 2 nicht herleiten.

2. Wirkung

Ebenso wie bei der Umwandlung in eine gebräuchliche Bezeichnung (§ 49 Abs. 2 Nr. 1) kann auch dieser Löschungsgrund einredeweise geltend gemacht werden (oben Rdn. 31). 36

3. Teillöschung wegen Täuschungeignung

Wie schon die Regelung bei § 8 Abs. 2 Nr. 4 zeigt, ist die Täuschungsgefahr und damit die Löschungsreife jeweils konkret für bestimmte Waren oder Dienstleistungen festzustellen, für die die Marke vom Inhaber oder mit seiner Zustimmung in täuschender Weise benutzt worden ist. Daraus, daß diese Täuschungseignung hinsichtlich bestimmter Produkte besteht, kann nicht geschlossen werden, daß dies auch bei weiteren – ggf. auch ähnlichen – Waren oder Dienstleistungen des Verzeichnisses der Fall wäre. Ebenso wie bei der Löschung wegen der Umwandlung des Zeichens in eine Gattungsbezeichnung ist hier Zurückhaltung geboten und ggf. eine Einschränkung des Verzeichnisses mit Bezug auf die ganz konkreten Waren oder Dienstleistungen („ausgenommen ...") vorzunehmen. 37

4. Verhältnis zu § 3 UWG

Die konkrete Verwendung einer Marke für bestimmte Waren und Dienstleistungen kann irreführend sein und gegen § 3 UWG verstoßen, wenn sie auf bestimmte Eigenschaften der gekennzeichneten Waren hinweist, denen diese Eigenschaften aber fehlen (BGH GRUR 1984, 737 – *Ziegelfertigstütze*; BGH GRUR 1981, 656, 657 – *Schlangensymbol*; BGH GRUR 1981, 910, 911 – *Der größte Biermarkt der Welt*; BGH GRUR 1955, 251, 252 – *Silberal*). Ein Anspruch auf Löschung der Marke ergibt sich aus § 3 UWG aber nicht. Das Wettbewerbsrecht richtet sich nur gegen konkrete Benutzungshandlungen im geschäftlichen Verkehr. Dabei ist – anders als bei der Prüfung des Verfallsgrundes des § 49 Abs. 2 Nr. 2, oben Rdn. 34) jeweils auf alle Umstände des Einzelfalls abzustellen, insbesondere die Gesamtwirkung der Aufmachung oder Werbung (BGH GRUR 1981, 666, 667 – *Ungarische Salami I*). Eine Einzelbetrachtung isoliert möglicherweise irreführender Bestandteile der Aufmachung oder Werbung findet nicht statt (BGH GRUR 1968, 382, 385 – *Favorit II*; BGH GRUR 1970, 425, 426 – *Melitta-Kaffee*), soweit es sich nicht um blickfangmäßig 38 hervorgehobene Teile handelt (zB BGH GRUR 1983, 654, 655 – *Kofferschaden*). Wegen der Einzelheiten wird auf die Kommentierungen zu § 3 UWG verwiesen. Damit kann ein Unterlassungsanspruch gem. § 3 UWG hinsichtlich einer konkreten Aufmachung auch in Fällen vorliegen, bei denen die Voraussetzung von § 49 Abs. 2 Nr. 2 nicht erfüllt sind, weil sich die Irreführung erst aus den weiteren Gesamtumständen ergibt. Andererseits kann mit § 3 UWG nicht die Rechtsfolge der Löschung des Zeichens erreicht werden.

VI. Verfall wegen Verlustes der Inhabervoraussetzung (Abs. 2 Nr. 3)

1. Voraussetzungen

39 Besteht der Inhaber nicht fort, ist auch die Marke zu löschen. „Herrenlose" Rechte sollen nicht im Verkehr den falschen Eindruck erwecken, das Zeichen dürfte nicht genutzt werden. Im Hinblick darauf, daß die Marke frei übertragbar ist, und zwar auch ohne Geschäftsbetrieb und insbesondere auch im Konkurs (§§ 27 Abs. 1, 29 Abs. 3), wird in der Praxis nur selten der Fall eintreten, daß eine Marke mangels Inhabers erlischt. In der Regel wird vielmehr der Konkursverwalter oder Liquidator bestrebt sein, die Marke auf ein anderes Unternehmen zu übertragen. Eine Änderung der Rechtsform führt nicht zum Wegfall des Inhabers, soweit noch immer ein nach § 7 markenrechtsfähiger Inhaber festzustellen ist. Das kann ggf. auch eine Mehrzahl natürlicher Personen sein, denen die Marke dann gemeinsam zusteht (vgl. § 7 Rdn. 9). Gehört die Marke einer natürlichen Person, die verstorben ist, wird der Erbe im Wege der Universalsukzession (§ 1922 BGB) Inhaber (vgl. § 27 Rdn. 13 f.). Der Löschungsgrund des § 49 Abs. 2 Nr. 3 liegt auch dann nicht vor.

2. Wirkung

40 Eine Löschung kommt bei Wegfall des Inhabers naturgemäß nur für sämtliche Waren und Dienstleistungen in Betracht. Ein Bedürfnis für die Einrede der Löschungsreife (oben Rdn. 31) kann in Fällen bestehen, in denen dem Lizenznehmer die Geltendmachung von Ansprüchen aus der Marke gestattet ist (vgl. § 30 Abs. 3).

§ 50 Nichtigkeit wegen absoluter Schutzhindernisse

(1) Die Eintragung einer Marke wird auf Antrag wegen Nichtigkeit gelöscht,
1. wenn sie entgegen § 3 eingetragen worden ist,
2. wenn sie entgegen § 7 eingetragen worden ist,
3. wenn sie entgegen § 8 eingetragen worden ist oder
4. wenn der Anmelder bei der Anmeldung bösgläubig war.

(2) Ist die Marke entgegen §§ 3, 7 oder 8 eingetragen worden, so kann die Eintragung nur gelöscht werden, wenn das Schutzhindernis auch noch im Zeitpunkt der Entscheidung über den Antrag auf Löschung besteht. Ist die Marke entgegen § 8 Abs. 2 Nr. 1, 2 oder 3 eingetragen worden, so kann die Eintragung außerdem nur dann gelöscht werden, wenn der Antrag auf Löschung innerhalb von zehn Jahren seit dem Tag der Eintragung gestellt wird.

(3) Die Eintragung einer Marke kann von Amts wegen gelöscht werden, wenn sie entgegen § 8 Abs. 2 Nr. 4 bis 9 eingetragen worden ist und
1. das Löschungsverfahren innerhalb eines Zeitraums von zwei Jahren seit dem Tag der Eintragung eingeleitet wird,
2. das Schutzhindernis auch noch im Zeitpunkt der Entscheidung über die Löschung besteht und
3. die Eintragung ersichtlich entgegen den genannten Vorschriften vorgenommen worden ist.

(4) Liegt ein Nichtigkeitsgrund nur für einen Teil der Waren oder Dienstleistungen vor, für die die Marke eingetragen ist, so wird die Eintragung nur für diese Waren oder Dienstleistungen gelöscht.

Inhaltsübersicht

	Rdn.
I. Allgemeines	1–4
1. Überblick	1
2. Früheres Recht	2
3. MRRL	3
4. Gemeinschaftsmarkenrecht	4
II. Löschung auf Antrag (Abs. 1)	5–19
1. Nichtigkeitsgründe	5
a) Fehlende Markenfähigkeit	5
b) Fehlende Markenrechtsfähigkeit	6
c) Eintragung unter Verstoß gegen § 8	7
d) Bösgläubigkeit des Anmelders	8–16
aa) Begriff	8
bb) Fallgruppen	9–16
(1) Fehlender Geschäftsbetrieb	9

§ 50 Nichtigkeit wegen absoluter Schutzhindernisse

	Rdn.
(2) Anmeldung in Kenntnis eines absoluten Schutzhindernisses	10
(3) Täuschung des Patentamtes	11
(4) Sittenwidrige Behinderung	12–16
2. Maßgebender Zeitpunkt	17
3. Antrag	18
4. Feststellung des Nichtigkeitsgrundes	19
III. Grenzen der Antragslöschung (Abs. 2)	20–22
1. Fortbestand des Nichtigkeitsgrundes	20
2. Bestandsschutz	21, 22
IV. Amtslöschung (Abs. 3)	23–25
1. Allgemeines	23
2. Löschungsgründe	24
3. Zusätzliche Erfordernisse	25
V. Zwischenrechte	26
VI. Teillöschung (Abs. 4)	27
VII. Nachträgliches Entstehen absoluter Schutzhindernisse	28

Literatur: *Füllkrug*, Spekulationsmarken, GRUR 1994, 679; *ders.*, Spekulationsmarken und ihre Löschung, WRP 1995, 378; *Helm*, Die bösgläubige Markenanmeldung, GRUR 1996, 593; *Jordan*, Zum Rechtsmißbrauchseinwand im Markenrecht, FS Piper 1996, 563; *Kiethe/Groeschke*, Die sittenwidrige Markenanmeldung und die Rechtsschutzmöglichkeiten nach § 1 UWG; *Meister*, Die Verteidigung von Marken, Eine Skizze zum neuen Recht, WRP 1995, 366.

I. Allgemeines

1. Überblick

1 § 50 regelt die Nichtigkeit der Marke wegen absoluter Schutzhindernisse. Die Nichtigkeit unterscheidet sich vom Verfall (§ 49) dadurch, daß es um Löschungsgründe geht, die bereits zum Zeitpunkt der Eintragung (unten Rdn. 17) vorgelegen haben müssen. Von den Nichtigkeitsgründen des § 51 unterscheidet sich § 50 dadurch, daß § 50 die absoluten Schutzhindernisse betrifft, nicht wie § 51 relative Schutzhindernisse, die sich aufgrund älterer Rechte ergeben. Die Nichtigkeit ist nicht im Sinne der zivilrechtlichen Nichtigkeit des § 134 BGB zu verstehen, obwohl, wie sich aus § 52 Abs. 2 ergibt, auch bei der Löschung wegen Nichtigkeit die Wirkungen der Marke ex tunc entfallen, soweit nicht die Ausnahmen von § 52 Abs. 3 eingreifen (dazu § 52 Rdn. 14–16). Im

Verletzungsprozeß können die Nichtigkeitsgründe des § 50 Abs. 1 Nr. 1–3 nicht einredeweise geltend gemacht werden, allenfalls kommt eine Aussetzung des Verletzungsprozesses in Betracht. Etwas anderes gilt nur bei § 51 Abs. 1 Nr. 4, der einen Fall des Rechtsmißbrauches kodifiziert (vgl. dazu auch Vor §§ 14–19 Rdn. 99 ff.). Damit unterscheidet sich § 50 von den Verfallsgründen des § 49, die im Verletzungsprozeß unbeschränkt als Einrede geltend gemacht werden können. § 50 Abs. 1 regelt zunächst die Nichtigkeitsgründe, wobei er auf die Eintragungshindernisse der §§ 3, 7 und 8 verweist, dann aber in § 50 Abs. 1 Nr. 4 mit dem Nichtigkeitsgrund der bösgläubigen Anmeldung eine Fallgruppe einbezieht, die nicht gleichzeitig als Schutzhindernis im Anmeldeverfahren ausgestaltet ist. Systematisch steht dieser Löschungsgrund den relativen Schutzhindernissen näher, da die bösgläubige Markenanmeldung in aller Regel die Interessen eines konkreten Dritten beeinträchtigen wird. Sie unterscheidet sich von den relativen Schutzhindernissen des § 9 aber dadurch, daß ein älteres Recht des Dritten nicht erforderlich ist und in aller Regel auch nicht vorliegen wird. § 50 Abs. 1 betrifft die Löschung im Antragsverfahren, Abs. 3 sieht die Möglichkeit der Amtslöschung nur für die absoluten Schutzhindernisse der §§ 8 Abs. 2 Nr. 4–9 vor, wobei zusätzliche Erfordernisse aufgestellt werden. § 50 Abs. 2 schränkt die Möglichkeit hinsichtlich der Gründe des § 50 Abs. 1 aus Gründen des Vertrauensschutzes ein. § 50 Abs. 4 enthält wiederum eine Begrenzung der Löschung auf bestimmte Waren oder Dienstleistungen, entsprechend § 49 Abs. 4.

2. Früheres Recht

§ 50 entspricht zunächst § 10 Abs. 2 Nr. 2 Satz 1 WZG, wobei 2 das WZG den Löschungsgrund des Fehlens der Markenrechtsfähigkeit nicht enthielt. Die bösgläubige Anmeldung war als „außerzeichenrechtlicher" Löschungsgrund insbesondere auf der Grundlage von § 1 UWG und § 826 BGB gegeben (BGH GRUR 1980, 110 – *Torch*; BGH GRUR 1984, 210 – *AROSTAR*).

3. MRRL

Art. 3 MRRL regelt die Eintragungshindernisse und „Ungültig- 3 keitsgründe" einheitlich, wobei Abs. 1 die zwingenden Ungültigkeitsgründe, Abs. 2 die optionalen vorsieht. Der deutsche Gesetzgeber hat von der Option des Art. 3 Abs. 2 lit. d (Bösgläubigkeit des Anmelders) Gebrauch gemacht.

4. Gemeinschaftsmarkenrecht

4 Art. 50 GMVO regelt den Verfall aufgrund von Nichtbenutzung, Wandlung zur Gattungsbezeichnung, Irreführungseignung durch Benutzung und Wegfalls der Inhabervoraussetzungen, der durch Antrag beim Harmonisierungsamt geltend zu machen ist (Art. 55 f. GMVO). Daneben tritt die Nichtigkeit (Art. 51 GMVO) die neben den relativen Eintragungshindernissen insbesondere auch die absoluten Eintragungshindernisse der Art. 5 und 7 GMVO umfaßt. Die Systematik der GMVO weicht somit von dem MarkenG ab, wie auch hinsichtlich des Verfahrens Unterschiede bestehen (*Ingerl*, Die Gemeinschaftsmarke S. 117 ff.).

II. Löschung auf Antrag (Abs. 1)

1. Nichtigkeitsgründe

5 **a) Fehlende Markenfähigkeit.** Die Voraussetzungen der Markenfähigkeit sind bei § 3 im einzelnen erläutert. Im Hinblick auf den weiten Markenbegriff dürfte der Fall von § 50 Abs. 1 Nr. 1 in der Praxis vorallem im Hinblick auf § 3 Abs. 2 in Betracht kommen, wenn also das DPA die Voraussetzungen der Schutzfähigkeit einer Formmarke verkannt hat. Dabei ist im Rahmen von § 50 eine vollständige Prüfung möglich (unten Rdn. 19).

6 **b) Fehlende Markenrechtsfähigkeit.** Im Hinblick auf den weiten Begriff der Markenrechtsfähigkeit dürfte dieser Vorschrift ebenfalls kaum praktische Bedeutung zukommen. Am ehesten kann eine fehlerhafte Eintragung durch das DPA noch im Fall ausländischer Inhaber denkbar sein. Zu den Voraussetzungen von § 7 siehe die dortige Kommentierung.

7 **c) Eintragung unter Verstoß gegen § 8.** Hier kommen das Erfordernis der graphischen Darstellbarkeit (§ 8 Abs. 1), sowie die Eintragungshindernisse des § 8 Abs. 2 in Betracht, darüber hinaus aber auch die Verkennung der Anforderung an die Verkehrsgeltung in § 8 Abs. 3. Zu den Voraussetzungen dieser Eintragungshindernisse siehe im einzelnen Kommentierung zu § 8. Hinsichtlich der Schutzhindernisse des § 8 sind die Grenzen der §§ 50 Abs. 2 und 3 von besonderer praktischer Bedeutung. Dabei ist zunächst zu beachten, daß die Schutzhindernisse des §§ 8 Abs. 2 Nr. 1–3 durch Verkehrsdurchsetzung (§ 8 Abs. 3) überwunden werden können

Nichtigkeit wegen absoluter Schutzhindernisse **§ 50**

(§ 8 Rdn. 132 ff.). Wird die Verkehrsdurchsetzung erreicht, ist die Löschung schon nach § 50 Abs. 2 Satz 1 ausgeschlossen, ohne daß es auf die Zehn-Jahres-Frist des § 50 Abs. 2 Satz 2 ankäme. Auch bei den anderen Schutzhindernissen des § 8 Abs. 2 ist eine Veränderung im Lauf der Zeit möglich, zB kann ein gesetzliches Verbot aufgehoben werden (§ 8 Abs. 2 Nr. 9) oder sich die Auffassung der Öffentlichkeit etwa im Hinblick auf eine Marke mit religiöser Konnotation ändern (§ 8 Abs. 2 Nr. 5).

d) Bösgläubigkeit des Anmelders

aa) Begriff. § 50 Abs. 1 Nr. 4 setzt voraus, daß der Anmelder bösgläubig war. Dieser Begriff findet sich auch noch in § 21 Abs. 1. Der Gesetzgeber wollte damit die Option von Art. 4 Abs. 4 lit. d MRRL umsetzen, wie sich aus der Begründung ergibt. Dabei sollte der Wortlaut der Richtlinie möglichst ohne Änderungen ins deutsche Recht übernommen werden. Die Bösgläubigkeit des § 50 Abs. 1 bestimmt sich somit nach der MRRL, es liegt nicht der im deutschen Zivilrecht etwa als Gegenstück zur Gutgläubigkeit des § 932 BGB bekannte Begriff im Sinne eines Kennens oder Kennenmüssens rechtserheblicher Tatsachen vor. Vielmehr geht es um einen qualifizierten Tatbestand, der ein zusätzliches Element der Rechtsmißbräuchlichkeit oder Sittenwidrigkeit erfordert (Amtl. Begr. Abs. 3 zu § 50). Nach hier vertretener Auffassung deckt sich dieser Nichtigkeitsgrund im wesentlichen mit der bereits im früheren Recht als Fallgruppe von § 1 UWG anerkannten mißbräuchlichen Markenanmeldung (dazu unten Rdn. 10 ff.). Bei der Auslegung von § 50 Abs. 1 Nr. 4 ist in besonderem Maße zu beachten, daß die Konturen der absoluten Schutzhindernisse, die sich ihrerseits in den Nichtigkeitsgründen des § 50 Abs. 1 Nr. 1–3 wiederfinden, nicht verwischt werden.

bb) Fallgruppen. (1) *Fehlender Geschäftsbetrieb.* Die Marke ist nicht akzessorisch zu einem Geschäftsbetrieb (im einzelnen § 3 Rdn. 10). Sie kann von einer Privatperson, auch ohne Benutzungsabsicht (§ 3 Rdn. 11) erworben werden. Für solche Anmeldungen sind viele legitime Gründe denkbar, zB die treuhänderische Anmeldung für eine Dritten, die Vorratsanmeldung eines „Markenmantels" durch eine Werbeagentur für prospektive Kunden usw. Aus dem Fehlen eines Geschäftsbetriebes oder der mangelnden Benutzung kann man daher allein keine Schlüsse auf die Bösgläubigkeit des Anmelders ziehen (anders *Füllkrug* BGH GRUR 1994, 679, 687). Das Fehlen des Geschäftsbetriebes für die Waren oder Dienstleistungen kann allenfalls im Einzelfall ein (wenig gewichtiges) Indiz für die Behinderungsabsicht bilden, wenn diese aus weiteren Faktoren geschlossen werden kann.

10 (2) *Anmeldung in Kenntnis eines absoluten Schutzhindernisses.* Es ist Aufgabe des DPA, alle Voraussetzungen der Eintragung im Anmeldeverfahren zu prüfen, insbesondere auch das Vorliegen absoluter Schutzhindernisse (§ 37). Daß dem Anmelder ein absolutes Schutzhindernis bekannt ist, genügt allein nicht zur Begründung der Bösgläubigkeit (anders *Helm* GRUR 1996, 593, 595 ff.). Das ergibt sich schon daraus, daß den Anmelder keine Verpflichtung trifft, ihm bekannte Umstände mitzuteilen, etwa zu der Frage, ob eine Marke nach seiner Kenntnis beschreibend benutzt wird. Gerade weil immer wieder Anmelder versuchen, freihaltebedürftige Angaben zu monopolisieren, ist das DPA selbst zur Prüfung aufgerufen. Dem Gesetzgeber war dieses Anmelderverhalten bekannt, trotzdem hat er nirgends auf subjektive Kenntnisse des Anmelders abgestellt oder Informationspflichten gegenüber dem DPA vorgesehen. Darüber hinaus ist davon auszugehen, daß Wettbewerber, die eine erhebliche Behinderung durch die zu Unrecht eingetragene Marke empfinden, dies im Löschungsverfahren nach § 50 Abs. 1 Nr. 1–3 geltend machen. Gerade der Umstand, daß insoweit eine zeitliche Schranke gesetzlich vorgesehen ist (§ 50 Abs. 2 Satz 2) spricht entscheidend dagegen, den Löschungsgrund des § 50 Abs. 1 Nr. 4 systemwidrig auf alle Fälle auszudehnen, in denen bloß die Kenntnis des Anmelders von dem Bestehen des Schutzhindernisses bestand.

11 (3) *Täuschung des Patentamtes.* Eine andere Bewertung kann dann angebracht sein, wenn der Anmelder das DPA aktiv täuscht, insbesondere die Eintragung mit gefälschten Unterlagen erwirkt, z.B. einem gefälschten demoskopischen Gutachten (§ 8 Abs. 3). Der Anmelder, der ein solches Maß an krimineller Energie an den Tag legt, bedarf nicht des Schutzes durch § 50 Abs. 2. Auch die Rechtssicherheit ist nicht beeinträchtigt, da die Fälschung dokumentarisch nachweisbar ist und nicht nur auf die subjektive Kenntnis des Anmelders abgestellt wird. In der Praxis werden solche Fälle allerdings kaum relevant werden.

12 (4) *Sittenwidrige Behinderung.* Die praktisch größte Bedeutung werden somit weiterhin die Fälle der sittenwidrigen Behinderung eines Wettbewerbers durch Markenanmeldungen haben, die schon von der bisherigen Rechtsprechung im Rahmen von § 1 UWG neben Unterlassungs- auch Löschungsansprüche begründeten (BGH GRUR 1984, 210, 211 – *AROSTAR*; BGH GRUR 1986, 74, 77

Nichtigkeit wegen absoluter Schutzhindernisse   § 50

– *Shamrock III*). Dabei ist zunächst davon auszugehen, daß eine Markenanmeldung nicht schon deshalb sittenwidrig ist, weil eine Vorbenutzung durch einen Dritten vorliegt und die Anmeldung in Kenntnis dieser Vorbenutzung erfolgte (BGH GRUR 1986, 74, 76 – *Shamrock III*; BGH GRUR 1984, 210, 211 – *AROSTAR*; BGH GRUR 1980, 110, 111 – *TORCH*; OLG Hamburg GRUR 1995, 816 – *Xtensions*; KG WRP 1995, 727, 729 – *Analgin*). Sittenwidrig kann es aber sein, wenn die **Anmeldung in Kenntnis des wertvollen Besitzstandes** des vorbenutzenden Dritten erfolgt (BGH GRUR 1980, 110, 111 – *TORCH*; BGH GRUR 1967, 298, 301 – *Modess*; BGH GRUR 1967, 490, 492 – *Pudelzeichen*; KG WRP 1995, 727, 729 – *Analgin*). Welche Anforderungen an einen schutzwürdigen Besitzstand zu stellen sind, ist Frage des Einzelfalles. Hier können die im Rahmen der Verwirkung entwickelten Grundsätze mit berücksichtigt werden (vgl. § 21 Rdn. 25 f.). Neben der Frage, wie lange die Kennzeichnung bereits benutzt wird und welche Umsätze mit so gekennzeichneten Waren oder Dienstleistungen erzielt werden, kommt auch darauf an, welche konkrete Bedeutung für die Vermarktung gerade die Kennzeichnung selbst hat (BGH GRUR 1984, 210, 211 – *AROSTAR*). Wenn die Anmeldung in Kenntnis eines bestehenden schutzwürdigen Besitzstandes eines Dritten auch in der Regel die Bösgläubigkeit indiziert, ist umgekehrt **nicht** zwingend **in jedem Fall erforderlich**, daß ein solcher Besitzstand vorliegt (zB BGH GRUR 1980, 110, 112 – *TORCH*: ob Dritter ohne weiteres auf andere Bezeichnungen ausweichen kann, ist unerheblich; siehe auch OLG Hamburg GRUR 1990, 53 – *Burggraf Mory*; OLG Hamburg GRUR 1995, 816 – *Xtensions*).

Fehlt es an einem wertvollen Besitzstand des Dritten, ist allerdings um so sorgfältiger zu prüfen, welche **anderen Unlauterkeitsgesichtspunkte** vorliegen. Dazu kann insbesondere eine vorhergehende vertragliche Beziehung zwischen den Parteien gehören, wobei der praktisch wichtigste Anwendungsfall des ungetreuen Agenten jetzt in § 11 einer spezialgesetzlichen Regelung zugeführt worden ist. Eine ähnliche Situation kann aber zB auch hinsichtlich früherer Mitarbeiter gelten, die von geplanten Benutzungen und damit verbundenen Investitionen wissen (für geplante Verwendung als Fernsehtitel vgl. BGH GRUR 1993, 692, 695 – *Guldenburg*; OLG München GRUR 1990, 43 – *Donnerlippchen*). 13

An die Feststellung der grundsätzlich erforderlichen **Behinderungsabsicht** sind keine zu hohen Anforderungen zu stellen, wenn die Kenntnis vom Besitzstand bzw. sonstige zusätzliche Un- 14 lauterkeitsmomente vorhanden sind. In der Regel kann in solchen Situationen nach der Lebenserfahrung angenommen werden, daß die Behinderungsabsicht zumindest eines von mehreren Motiven für die Markenanmeldung war (ähnlich BGH GRUR 1986, 74, 77 – *Shamrock III*), umgekehrt kann ohne Nachweis der Kenntnis die Behinderungsabsicht in der Regel nicht bejaht werden (OLG Hamburg NJWE-WettbR 1996, 254, 255 – *Noblesse vario*). Die Behinderungsabsicht kann auch aus späterem Verhalten des Anmelders nach der Anmeldung des behindernden Zeichens geschlossen werden, zB aus der Anmeldung weiterer behindernder Zeichen (BGH GRUR 1980, 110, 112 – *TORCH*), wie überhaupt die Anmeldung einer Vielzahl von behindernden Zeichen ein Indiz für die Mißbräuchlichkeit ist (OLG Karlsruhe GRUR 1997, 373, 374 – *NeutralRed*). Die Behinderungsabsicht kann auch dadurch indiziert werden, daß das Zeichen, obwohl vom Anmelder selbst nicht benutzt, sofort zur Geltendmachung von Unterlassungs- und Schadenersatzansprüchen benutzt wird, insbesondere wenn dabei die vergleichsweise Regelung durch einen (besonders teuren) Kauf der Marke angestrebt wird oder sonst der Abschluß günstiger Verträge erzwungen werden soll (Einräumung von Vertriebsrechten: OLG Hamburg GRUR 1990, 694 – *Conrad Johnson*).

15 Strengere Anforderungen gelten bei einer Vorbenutzung nur im **Ausland**. Dabei hat der BGH zunächst gefordert, daß die Marke im Ausland „überragende" Verkehrsgeltung habe, die auch in inländischen Fachkreisen bekannt sein mußte (BGH GRUR 1967, 208, 301 – *Modess*), dies aber schon in der Entscheidung BGH GRUR 1969, 607, 609 – *Recrin* dahin abgeschwächt, daß es als unlauterkeitsbegründender Umstand genügen kann, daß der Benutzer eines wertvollen ausländischen Zeichens, der demnächst auf dem inländischen Markt tätig werden wollte, durch eine zeichenrechtliche Sperre am Eindringen in den inländischen Markt gehindert werden solle. Gibt es keine solche Aktivitäten, die auf den deutschen Markt gerichtet sind, bzw. ist nach der Marktlage mit dieser Ausdehnung nicht zu rechnen, spielt die Benutzung im Ausland keine Rolle (BGH GRUR 1987, 292, 294 – *KLINT*, siehe auch OLG München NJWE-WettbR 1997, 40, 41 – *TubRobinson*).

16 Zulässig kann der Zeichenerwerb zur **Verteidigung** der eigenen Rechtsposition sein, insbesondere wenn der Anmelder selbst das Zeichen in erheblichem Umfang benutzt und Angriffe des Dritten zu befürchten hat. Wird das Zeichen aber nur zu dem Zweck erworben, eine vorher nicht bestehende Kollisionslage herzustellen, um so gerichtlich vorgehen zu können, liegt eine Behinderungsabsicht nahe (für den Fall des Zeichenerwerbs von Dritten siehe auch Vor §§ 9–14 Rdn. 103 f.).

2. Maßgebender Zeitpunkt

Die Löschungründe des § 50 Abs. 1 Nr. 1–3 müssen bei der Eintragung vorgelegen haben, derjenige des § 50 Abs. 1 Nr. 4 bei der Anmeldung. Damit schaden im Fall von § 50 Abs. 1 Nr. 4 insbesondere spätere Kenntnisse von der Benutzung durch Dritte nicht.

3. Antrag

Die Löschung wegen der absoluten Schutzhindernisse des § 50 Abs. 1 erfolgt nur auf Antrag, nicht von Amts wegen. Die näheren Voraussetzungen sind in § 54 geregelt, siehe die dortige Kommentierung.

4. Feststellung des Nichtigkeitsgrundes

Im Löschungsverfahren findet eine umfassende Prüfung daraufhin statt, ob die Eintragung zu Unrecht erfolgt ist. Es kommt auf das objektive Vorliegen des Eintragungshindernisses an (BPatGE 5, 157, 160 – *Vitaminol-Stoß*). Demgegenüber ist nicht darauf abzustellen, ob die Eintragung aufgrund eines offenbaren Fehlers erfolgt ist (BPatGE 11, 125, 132 – *Eurobrandy*). Ob ein Eintragungshindernis vorliegt, ist in den Fällen des § 8 Abs. 2 Nr. 1–4 (auch) von der Verkehrsauffassung abhängig. Nach ihr richtet sich, ob dem Zeichen für die Waren oder Dienstleistungen konkrete Unterscheidungskraft zukommt (§ 8 Rdn. 25 ff.), ob es freihaltebedürftig bzw. beschreibend ist (§ 8 Rdn. 61 ff.) und ob es sich zu einer Gattungsbezeichnung entwickelt hat (§ 8 Rdn. 93). Auch die Irreführung ist vom Verständnis des Verkehrs abhängig (§ 8 Rdn. 101), ebenso wie die Verkehrsgeltung, mit der die Eintragungshindernisse des § 8 Abs. 2 Nr. 1–3 ggf. überwunden werden können, § 8 Abs. 3 (§ 8 Rdn. 139 ff.). Soweit es um einen Verstoß des DPA bei der Eintragung selbst geht, ist also eine zurückliegende Verkehrsauffassung festzustellen. Dies ist vielen Fällen unmöglich. Zumindest werden häufig erhebliche Zweifel bestehen bleiben, wie die Verkehrsauffassung zum Zeitpunkt der Eintragung beschaffen war. Solche Zweifel können nicht zu Lasten des Markeninhabers gehen (BPatGE 22, 81, 83 – *Sangrita*). Diese erhöhten Anforderungen an die Löschung sind auch gerechtfertigt, da gerade die über einen längeren Zeitraum benutzte Marke in der Regel einen erheblichen

Wert darstellt, an dem ein schutzwürdiger Besitzstand selbst dann bestehen kann, wenn die ursprüngliche Eintragung zu Unrecht erfolgt ist (BGH GRUR 1965, 146, 151 – *Rippenstreckmetall II*).

III. Grenzen der Antragslöschung (Abs. 2)

1. Fortbestand des Nichtigkeitsgrundes

20 Auch zum Zeitpunkt der Entscheidung über den Löschungsantrag muß der Nichtigkeitsgrund im Fall von § 50 Abs. 1 Nr. 1–3 noch vorliegen, also kumulativ sowohl zum Zeitpunkt der Eintragung als auch bei der Entscheidung über den Löschungsantrag. Dabei kann keine Auswechslung dergestalt vorgenommen werden, daß ein Nichtigkeitsgrund (zB fehlende Markenfähigkeit eines Buchstabenzeichens) zum Zeitpunkt der Eintragung festgestellt ist, bei der Löschungsentscheidung aber auf einen anderen Nichtigkeitsgrund abgestellt wird, etwa ein Freihaltebedürfnis nach § 8 Abs. 2 Nr. 2. Der Nichtigkeitsgrund der bösgläubigen Anmeldung ist in Abs. 2 aus zwei Gründen nicht erwähnt. Zum einen liegt auf der Hand, daß eine nachträgliche Gutgläubigkeit jedenfalls dann nicht in Frage kommt, wenn der behinderte Dritte weiter nicht mit der Benutzung einverstanden ist und dies durch den Löschungsantrag dokumentiert hat. Zum anderen liegt gerade in der Anmeldung in Behinderungsabsicht eine rechtswidrige Handlung, die unabhängig von späteren Entwicklungen sanktioniert ist.

2. Bestandsschutz

21 Nur für die Fälle des § 8 Abs. 2 Nr. 1–3 sieht Abs. 2 Satz 2 vor, daß zehn Jahre nach der Eintragung das Zeichen nicht mehr gelöscht werden kann. Damit wird einem Gedanken Rechnung getragen, den die frühere Rechtsprechung insbesondere über den Gesichtspunkt der Vertwirkung im Rahmen des Vertrauensschutzes nach § 242 BGB zu berücksichtigen suchte (BGH GRUR 1965, 146, 151 – *Rippenstreckmetall II*). Hinsichtlich der anderen Nichtigkeitsgründe, die im öffentlichen Interesse bestehen, ist dieser Vertrauensschutz aber nicht gerechtfertigt.

22 Aus dem Gesetz geht nicht eindeutig hervor, ob neben der ausdrücklichen gesetzlichen Regelung des Abs. 2 Satz 2 weiter die Grundsätze der Verwirkung anwendbar sind, wobei § 21 schon seinem Wortlaut nach nicht direkt anwendbar ist, da es sich dort nur um die Verwirkung von Ansprüchen gegen die Benutzung der

Marke, nicht aber um Löschungsansprüche handelt. Darüber hinaus stellt § 21 auf den Fall von Markenkollisionen ab, also gerade nicht auf die absoluten Schutzhindernisse, die das Löschungsverfahren gem. § 50 betrifft. Es kann deshalb zur Begründung der Fortgeltung der Verwirkungsregelung auch nicht auf § 21 Abs. 4 verwiesen werden, zumal in § 50 Abs. 2 eine entsprechende Regelung gerade fehlt (anders *Fezer* Rdn. 34). Vielmehr ist zunächst davon auszugehen, daß § 50 Abs. 2 Satz 2 gerade eine konkrete Ausgestaltung des Vertrauensschutzes bei eigentlich nicht schutzfähigen Kennzeichen darstellt. Es ist deshalb zum einen nicht sachgerecht, neben die klare zeitliche Grenze des § 50 Abs. 2 Satz 2 von 10 Jahren eine Verwirkung nach § 242 BGB treten zu lassen, die ggf. auch schon früher eintreten könnte. Das gilt um so mehr, als der Löschungsantrag nach § 50 Abs. 1 ein Popularverfahren darstellt (§ 54 Abs. 1 Satz 2) und deshalb die subjektiven Erfordernisse der Verwirkung in der Person des Antragstellers ohnehin leicht zu umgehen wären. Ebenso wenig wird es normalerweise in Betracht kommen, auf der Basis der Verwirkung Löschungsansprüche hinsichtlich der von § 50 Abs. 2 Satz 2 nicht erfaßten sonstigen Nichtigkeitsgründen, insbesondere § 8 Abs. 2 Nr. 4–9, auszuschließen. Das ergibt sich nicht nur aus der gesetzlichen Systematik, sondern vor allem auch daraus, daß diese Nichtigkeitsgründe im öffentlichen Interesse bestehen. Allerdings wird man in extrem gelagerten Einzelfällen doch eine Verwirkung zulassen können. Voraussetzung dafür dürfte eine mehrere Jahrzente andauernde unbeanstandete Benutzung sowie ein Besitzstand von sehr erheblichem Wert sein (für § 3 UWG vgl. BGH GRUR 1977, 159, 161 – *Ostfriesische Tee Gesellschaft*; ausführlich zur Interessenabwägung im Rahmen von § 3 UWG *Traub*, FS Nirk 1992, 1017 sowie *Baumbach/Hefermehl* § 3 UWG Rdn. 97 ff.).

IV. Amtslöschung (Abs. 3)

1. Allgemeines

Nur hinsichtlich der Eintragungshindernisse des § 8 Abs. 2 Nr. 4–9 **23** kann das DPA ein Amtslöschungsverfahren einleiten. Das DPA kann im Fall eines Antragsverfahrens nach Abs. 1 nicht einfach ins Amtslöschungsverfahren übergehen, wenn der Löschungsantrag zurückgenommen wird (BGH GRUR 1977, 664 – *Churrasco*). Die Einleitung des Amtslöschungsverfahrens steht im pflichtgemäßen Ermessen des DPA, wobei allerdings im Hinblick auf das

§ 50   Nichtigkeit wegen absoluter Schutzhindernisse

öffentliche Interesse daran, daß keine gegen § 8 Abs. 2 Nr. 4–9 verstoßenden Marken eingetragen sind, bei Vorliegen tatsächlicher entsprechender Kenntnisse in der Regel nur die Einleitung des Löschungsverfahrens als ermessensfehlerfreie Entscheidung in Betracht kommen wird.

2. Löschungsgründe

24   Nur die Löschungsgründe des § 8 Abs. 2 Nr. 4–9 können im Wege des Amtslöschungsverfahrens ohne Antrag eines Dritten aufgegriffen werden. Wiederum ist, wie bei Abs. 1, erforderlich, daß die Nichtigkeitsgründe schon zum Zeitpunkt der Eintragung vorlagen.

3. Zusätzliche Erfordernisse

25   Das Löschungsverfahren kann vom DPA nur innerhalb eines Zeitraums von zwei Jahren nach der Eintragung eingeleitet werden (Abs. 3 Nr. 1), womit gegenüber dem Antragsverfahren eine wesentliche Einschränkung verbunden ist, da dort hinsichtlich der Schutzhindernisse des § 8 Abs. 2 Nr. 4–9 nicht einmal die zehnjährige Frist des § 50 Abs. 2 Satz 2 gilt. Weiter muß das Schutzhindernis auch noch im Zeitpunkt der Entscheidung über die Löschung fortbestehen, was bei § 50 Abs. 2 Satz 1 in gleicher Weise erforderlich ist. Schließlich wird der Prüfungsmaßstab im Hinblick auf die ursprüngliche Eintragung dadurch verschärft, daß sie „ersichtlich" entgegen den genannten Vorschriften vorgenommen worden sein muß, womit also nur schwerwiegende, ohne weiteres erkennbare Fehler berücksichtigt werden können. Es findet also im Gegensatz zu der Prüfung im Antragsverfahren nach Abs. 1 (oben Rdn. 19) keine vollständige Überprüfung, ob die Eintragung gerechtfertigt war statt. Vielmehr geht es nur um ohne weiteres erkennbare Mängel.

V. Zwischenrechte

26   Aufgrund des Erfordernisses, daß der Löschungsgrund sowohl schon zum Zeitpunkt der Eintragung als auch zum Zeitpunkt der Entscheidung im Löschungsverfahren noch vorliegen muß, ist es denkbar, daß ein Zeichen nicht gelöscht werden kann, obwohl es zwischenzeitlich löschungsreif war. Häufig wird dies vor allem dann der Fall sein, wenn ein Zeichen unter Verstoß gegen § 8 Abs. 2

Nr. 1–3 zunächst eingetragen war, der Löschungsgrund aber später aufgrund von Verkehrsdurchsetzung nach § 8 Abs. 3 überwunden werden konnte. Während des Zeitraums der Löschungsreife entstandene Zwischenrechte koexistieren dann mit dem erst später erstarkten älteren Recht (§ 22 Rdn. 9).

VI. Teillöschung (Abs. 4)

Wie bei § 49 findet die Löschung nur für die von dem jeweiligen Nichtigkeitsgrund betroffenen Waren statt. Dabei ist wiederum Zurückhaltung geboten, erstreckt sich der Nichtigkeitsgrund nur auf einen Teil eines im Verzeichnis der Waren und Dienstleistungen aufgeführten Begriffs, ist dieser nicht vollständig zu löschen, sondern nur einzuschränken. 27

VII. Nachträgliches Entstehen absoluter Schutzhindernisse

Das nachträgliche Entstehen absoluter Schutzhindernisse ist in § 49 Abs. 2 für die praktisch maßgebenden Fälle geregelt. Eine Lücke hinsichtlich der sonstigen denkbaren Fällen besteht (entgegen *Fezer* Rdn. 42) nicht, da der Markeninhaber weder spätere Gesetzesänderungen (§ 8 Abs. 2 Nr. 5–9), noch die spätere Entstehung der Kennzeichen des § 8 Abs. 2 Nr. 6–8 sich entgegenhalten lassen muß. 28

§ 51 Nichtigkeit wegen des Bestehens älterer Rechte

(1) Die Eintragung einer Marke wird auf Klage wegen Nichtigkeit gelöscht, wenn ihr ein Recht im Sinne der §§ 9 bis 13 mit älterem Zeitrang entgegensteht.

(2) Die Eintragung kann aufgrund der Eintragung einer Marke mit älterem Zeitrang nicht gelöscht werden, soweit der Inhaber der Marke mit älterem Zeitrang die Benutzung der Marke mit jüngerem Zeitrang für die Waren oder Dienstleistungen, für die sie eingetragen ist, während eines Zeitraums von fünf aufeinanderfolgenden Jahren in Kenntnis dieser Benutzung geduldet hat, es sei denn, daß die Anmeldung der Marke mit jüngerem Zeitrang bösgläubig vorgenommen worden ist. Das gleiche gilt für den Inhaber

§ 51 Nichtigkeit wegen des Bestehens älterer Rechte

eines Rechts mit älterem Zeitrang an einer durch Benutzung erworbenen Marke im Sinne des § 4 Nr. 2, an einer notorisch bekannten Marke im Sinne des § 4 Nr. 3, an einer geschäftlichen Bezeichnung im Sinne des § 5 oder an einer Sortenbezeichnung im Sinne des § 13 Abs. 2 Nr. 4. Die Eintragung einer Marke kann ferner nicht gelöscht werden, wenn der Inhaber eines der in den §§ 9 bis 13 genannten Rechte mit älterem Zeitrang der Eintragung der Marke vor der Stellung des Antrags auf Löschung zugestimmt hat.

(3) Die Eintragung kann aufgrund einer bekannten Marke oder einer bekannten geschäftlichen Bezeichnung mit älterem Zeitrang nicht gelöscht werden, wenn die Marke oder die geschäftliche Bezeichnung an dem für den Zeitrang der Eintragung der Marke mit jüngerem Zeitrang maßgeblichen Tag noch nicht im Sinne des § 9 Abs. 1 Nr. 3, des § 14 Abs. 2 Nr. 3 oder des § 15 Abs. 3 bekannt war.

(4) Die Eintragung kann aufgrund der Eintragung einer Marke mit älterem Zeitrang nicht gelöscht werden, wenn die Eintragung der Marke mit älterem Zeitrang am Tag der Veröffentlichung der Eintragung der Marke mit jüngerem Zeitrang
1. wegen Verfalls nach § 49 oder
2. wegen absoluter Schutzhindernisse nach § 50
hätte gelöscht werden können.

(5) Liegt ein Nichtigkeitsgrund nur für einen Teil der Waren oder Dienstleistungen vor, für die die Marke eingetragen ist, so wird die Eintragung nur für diese Waren oder Dienstleistungen gelöscht.

Inhaltsübersicht

	Rdn.
I. Allgemeines	1–4
1. Überblick	1
2. Früheres Recht	2
3. MRRL	3
4. Gemeinschaftsmarkenrecht	4
II. Löschungsreife (Abs. 1)	5
III. Löschungshindernisse	6–10
1. Verwirkung (Abs. 2 S. 1 und 2)	7
2. Zustimmung (Abs. 2 S. 3)	8
3. Nachträgliche Bekanntheit Abs. 3)	9
4. Zwischenrecht (Abs. 4)	10
IV. Teillöschung (Abs. 5)	11

§ 51 Nichtigkeit wegen des Bestehens älterer Rechte

I. Allgemeines

1. Überblick

§ 51 vervollständigt die materiellrechtlichen Regelungen der §§ 9–13 über die Löschung eingetragener Marken bei Kollision mit älteren Rechten Dritter. § 51 Abs. 1 eröffnet die Geltendmachung der Löschungsreife durch die in § 55 näher geregelte Löschungsklage. Ein vorgeschaltetes patentamtliches Löschungsverfahren findet anders als im Falle der Löschung wegen Nichtbenutzung (§ 53) nicht statt. Unberührt bleibt die Möglichkeit des Widerspruchs in den hierfür in Betracht kommenden Kollisionsfällen (§ 42). Zur einredeweisen Geltendmachung s. unten § 55 Rdn. 44. § 51 Abs. 2 bis 4 beschreiben – zum Teil lediglich klarstellend – Fallgestaltungen, in denen dem älteren Recht ein dem Löschungsanspruch entgegenstehender Mangel anhaftet: Verwirkung durch fünfjährige Duldung (§ 51 Abs. 2 S. 1–2), Zustimmung (§ 51 Abs. 2 S. 3), schlechterer Zeitrang der Bekanntheit des an sich älteren Kennzeichens (§ 51 Abs. 3), eigene Löschungsreife eines eingetragenen älteren Rechts im Zeitpunkt der Veröffentlichung der jüngeren Marke (§ 51 Abs. 4). § 51 Abs. 5 stellt klar, daß bei einem auf einen Teil der Waren oder Dienstleistungen der jüngeren Marke beschränkten Löschungsgrund lediglich eine entsprechende Teillöschung begehrt werden kann. Für IR-Marken gilt § 51 mit der Maßgabe, daß die Klage auf Schutzentziehung in Deutschland zu richten ist (§ 115 Abs. 1, 124).

2. Früheres Recht

Das WZG kannte als vergleichbare ausdrückliche Vorschriften nur § 11 Abs. 1 Nr. 1, 1a, 1b, Abs. 2 WZG. § 11 Abs. 6 WZG enthielt eine § 51 Abs. 4 Nr. 1 vergleichbare Ausschlußregelung, die aber auf die Benutzungslage im Zeitpunkt der Bekanntmachung der Anmeldung der jüngeren Marke abstellte. Die Löschung wegen einer notorischen Marke (jetzt §§ 10, 51) war einem Amtslöschungsverfahren vorbehalten (§§ 10 Abs. 2 Nr. 2 iVm. 4 Abs. 2 Nr. 5, Abs. 5 WZG). Zur Meistbegünstigungs-Übergangsregelung für Löschungsklagen gegen vor dem 1. 1. 1995 eingetragene Marken s. § 164.

3. MRRL

3   Für das Verfahren der Ungültigerklärung enthält die MRRL keine Vorgaben (vgl. 5. ErwGr). § 51 Abs. 2 S. 1 setzt Art. 9 Abs. 1 1. Alt. MRRL um, während § 51 Abs. 2 S. 2 auf die Option nach Art. 9 Abs. 2 MRRL zurückgeht. Die Zustimmungsklausel des § 51 Abs. 2 S. 3 macht von der Möglichkeit des Art. 4 Abs. 5 MRRL Gebrauch. § 51 Abs. 4 Nr. 1 geht über den auf den Löschungszeitpunkt bezogenen und durch § 55 Abs. 3 S. 1 und 2 umgesetzten Art. 11 Abs. 1 MRRL hinaus. § 51 Abs. 5 entspricht Art. 13 MRRL.

4. Gemeinschaftsmarkenrecht

4   Gemeinschaftsmarken, die mit älteren Gemeinschaftsmarken oder älteren Rechten nationalen Ursprungs kollidieren, unterliegen der Nichtigerklärung auf Antrag beim Harmonisierungsamt oder auf Widerklage im Verletzungsprozeß (Art. 52 GMVO). Die Verwirkung des Anspruchs auf Nichtigerklärung aus älteren Kennzeichenrechten bei fünfjähriger Duldung nicht bösgläubig angemeldeter Gemeinschaftsmarke ist in Art. 53 GMVO geregelt.

II. Löschungsreife (Abs. 1)

5   Die Löschungsreife eingetragener Marken bei Kollision mit älteren Rechten ergibt sich bereits aus den die näheren Kollisionsvoraussetzungen regelnden §§ 9 bis 13. Der Regelungsgehalt des § 51 Abs. 1 beschränkt sich daher darauf, für die Durchsetzung der Löschung das Klageerfordernis aufzustellen und die Löschung als eine „wegen Nichtigkeit" zu qualifizieren, was nur für die Rückwirkung auf den Eintragungszeitpunkt nach § 52 Abs. 2 von Bedeutung ist. Hinsichtlich der Einzelheiten der Löschungsklage ist auf die Erläuterungen zu § 55 Rdn. 19 ff. und zur einredeweisen Geltendmachung auf § 55 Rdn. 44 zu verweisen. Alle Vorausetzungen des Kollisionstatbestandes müssen noch im Zeitpunkt der letzten mündlichen Tatsachenverhandlung gegeben sein (BGH WRP 1995, 809 – *J6/R6* Nichtannahmebeschluß). Ist die Verwechslungsgefahr aufgrund Schwächung der Kennzeichnungskraft des älteren Kennzeichens während des Verfahrens entfallen, ist die Löschungsklage abzuweisen, soweit sie nicht für erledigt erklärt wird (vgl. zum WZG zB OLG München GRUR 1970, 137 – *Napoleon Le Petit Caporal*).

Nichtigkeit wegen des Bestehens älterer Rechte § 51

III. Löschungshindernisse

Die Löschungshindernisse nach § 51 Abs. 2 bis 4 sind im Klageverfahren unabhängig davon zu beachten, ob sich der Beklagte darauf beruft. Eine Ausnahme gilt lediglich für das Löschungshindernis des Verfalls einer älteren eingetragenen Marke wegen Nichtbenutzung (§ 51 Abs. 4 Nr. 1), das in § 55 Abs. 3 Satz 3 als Einrede mit Darlegungs- und Beweislastumkehr ausgestaltet ist. Neben den Löschungshindernissen des § 51 können der Löschungsklage auch noch andere Einwendungen oder Einreden des Beklagten entgegenstehen, von denen die Einrede der mangelnden rechtserhaltenden Benutzung einer eingetragenen älteren Marke in § 55 Abs. 3 Satz 1 und 2 ausdrücklich gesetzlich geregelt ist. Zu sonstigen Einwendungen des Beklagten s. § 55 Rdn. 26–35. 6

1. Verwirkung (Abs. 2 S. 1 und 2)

Das Hindernis der Verwirkung des Löschungsanspruchs wegen fünfjähriger Duldung der Benutzung der jüngeren eingetragenen Marke entspricht hinsichtlich der Voraussetzungen der Schutzschranke des § 21 Abs. 1, so daß auf die dortigen Erläuterungen verwiesen werden kann. Zu beachten ist, daß § 51 Abs. 2 S. 2 nicht für alle sonstigen Rechte gem. § 13 gilt, sondern nur der Sortenbezeichnungen genannt sind. Auch für den Löschungsanspruch gilt, daß unabhängig von dem starren gesetzlichen Verwirkungstatbestand auch nach den **allgemeinen Grundsätzen** Verwirkung eintreten kann, obwohl eine Klarstellung nach Art des § 21 Abs. 4 in § 51 fehlt. Nach der Rspr. zum WZG kommt Verwirkung anders als beim Unterlassungsanspruch unabhängig von einem schutzwürdigen Besitzstand dann in Betracht, wenn der Berechtigte nach Eintragung des jüngeren Zeichens ungebührlich lange mit der Geltendmachung des Löschungsanspruchs gewartet und dadurch dem Verletzer Anlaß zu der Annahme gegeben hatte, er werde die Eintragung dulden (vgl. BGH GRUR 1970, 315, 318 f. – *Napoleon III;* BGH GRUR 1966, 427, 432 – *Prince Albert;* BGH GRUR 1956, 558, 562 – *Regensburger Karmelitengeist;* BGH GRUR 1952, 577, 581 – *Zwilling;* RG GRUR 1943, 345, 348 – *Goldsonne;* RG GRUR 1940, 286, 288/289 – *Lichtmüller*). Dem bloßen Unterlassen eines Widerspruchs kommt hierbei keine maßgebliche Bedeutung zu. Ist der Unterlassungsanspruch gegen den Inhaber der jüngeren Marke nicht verwirkt, kommt eine Verwirkung des 7

§ 51   Nichtigkeit wegen des Bestehens älterer Rechte

Löschungsanspruchs nur in Betracht, wenn an der Aufrechterhaltung der Eintragung trotzdem noch ein schutzwürdiges Interesse besteht (BGH GRUR 1970, 315, 319 – *Napoleon III*).

2. Zustimmung (Abs. 2 S. 3)

8   Das Löschungshindernis der Zustimmung des Inhabers des älteren Rechts hat letztlich nur klarstellende Bedeutung, da eine trotz Zustimmung erhobene Löschungsklage jedenfalls rechtsmißbräuchlich wäre. § 51 Abs. 2 Satz 3 verdeutlicht die Verzichtbarkeit des Löschungsanspruchs aufgrund älteren Rechts.

3. Nachträgliche Bekanntheit (Abs. 3)

9   § 51 Abs. 3 modifiziert das Prioritätsprinzip, indem für Löschungsanträge, die auf den erweiterten Schutz bekannter Marken gestützt sind, nicht der allgemeine Zeitrang (§ 6), sondern der Zeitpunkt der Erlangung der Bekanntheit für maßgeblich erklärt wird. Dadurch wird verhindert, daß die wegen zunächst fehlender Bekanntheit des älteren Kennzeichens rechtmäßig erworbene Rechtsposition des Inhabers der jüngeren Marke nachträglich aufgrund späterer Erlangung der Bekanntheit wieder zerstört wird. Hinsichtlich der Voraussetzungen stimmt § 51 Abs. 3 mit der parallelen Schutzschranke nach § 22 Abs. 1 Nr. 1 überein, so daß auf die dortigen Erläuterungen verwiesen werden kann.

4. Zwischenrecht (Abs. 4)

10   § 51 Abs. 4 regelt einen Teilbereich der von der Rechtsprechung entwickelten Grundsätze zum Erwerb von sog. „Zwischenrechten". Das Löschungshindernis beruht auf der Erwägung, daß dem Inhaber eines älteren Rechts jedenfalls gegenüber solchen an sich jüngeren eingetragenen Marken kein Löschungsanspruch zustehen soll, deren Erwerbstatbestand zu einer Zeit vollendet worden ist, als das ältere Recht nur formal existierte, dh zwar eingetragen, jedoch wegen Verfalls (§ 49) oder Nichtigkeit aus absoluten Gründen (§ 50) materiell löschungsreif war. Hinsichtlich der einzelnen Voraussetzungen und der zweifelhaften Reichweite der Nr. 2 sowie der Frage der Koexistenzberechtigung auch bei Eintritt der Löschungsreife erst nach Eintragung der jüngeren Marke ist auf die Erläuterungen zur parallelen Schutzschranke des **§ 22 Abs. 1 Nr. 2** zu verweisen (§ 22 Rdn. 10 ff.). Zur einredeweisen Geltend-

Löschungswirkung wegen Verfalls oder Nichtigkeit **§ 52**

machung der Löschungsreife der älteren eingetragenen Marke wegen Nichtbenutzung am Tag der Veröffentlichung der Eintragung der älteren Marke s. § 55 Abs. 3 Satz 3.

IV. Teillöschung (Abs. 5)

§ 51 Abs. 5 bestätigt den sich bei sachgerechter Auslegung schon 11
aus §§ 9 bis 13 ergebenden Grundsatz, daß die jüngere Marke nur für diejenigen eingetragenen Waren/Dienstleistungen gelöscht werden darf, hinsichtlich derer der jeweilige Kollisionstatbestand gegeben ist (vgl. zum Widerspruchsverfahren § 43 Abs. 2 S. 1). Der vom BGH mangels ausdrücklicher Zulassung der Teillöschung in § 11 Abs. 1 Nr. 1 WZG für notwendig gehaltene Umweg über einen Anspruch auf Beseitigung eines Störungszustands (BGH GRUR 1993, 972, 975 – *Sana/Schosana*) ist damit nicht mehr erforderlich.

§ 52 Wirkungen der Löschung wegen Verfalls oder Nichtigkeit

(1) Die Wirkungen der Eintragung einer Marke gelten in dem Umfang, in dem die Eintragung wegen Verfalls gelöscht wird, als von dem Zeitpunkt der Erhebung der Klage auf Löschung an nicht eingetreten. In der Entscheidung kann auf Antrag einer Partei ein früherer Zeitpunkt, zu dem einer der Verfallsgründe eingetreten ist, festgesetzt werden.

(2) Die Wirkungen der Eintragung einer Marke gelten in dem Umfang, in dem die Eintragung wegen Nichtigkeit gelöscht wird, als von Anfang an nicht eingetreten.

(3) Vorbehaltlich der Vorschriften über den Ersatz des Schadens, der durch fahrlässiges oder vorsätzliches Verhalten des Inhabers einer Marke verursacht worden ist, sowie der Vorschriften über ungerechtfertigte Bereicherung berührt die Löschung der Eintragung der Marke nicht
1. Entscheidungen in Verletzungsverfahren, die vor der Entscheidung über den Antrag auf Löschung rechtskräftig geworden und vollstreckt worden sind, und
2. vor der Entscheidung über den Antrag auf Löschung geschlossene Verträge insoweit, als sie vor dieser Entscheidung erfüllt worden sind. Es kann jedoch verlangt werden, daß in Erfüllung des Vertrages gezahlte Beträge aus Billigkeitsgründen insoweit zurückerstattet werden, wie die Umstände dies rechtfertigen.

1015

§ 52 Löschungswirkung wegen Verfalls oder Nichtigkeit

Inhaltsübersicht

	Rdn.
I. Allgemeines	1–4
1. Überblick	1
2. Früheres Recht	2
3. MRRL	3
4. Gemeinschaftsmarkenrecht	4
II. Löschung	5
III. Rückwirkung der Löschung	6–16
1. Rückwirkung bei Verfall (Abs. 1)	6–11
2. Rückwirkung bei Nichtigkeit (Abs. 2)	12
3. Rückwirkung bei Teillöschung	13
4. Ausnahmen von der Rückwirkung (Abs. 3)	14–16
a) Vollstreckte, rechtskräftige Verletzungsentscheidungen (Abs. 3 Nr. 1)	15
b) Erfüllte Verträge (Abs. 3 Nr. 2)	16
IV. Auswirkungen auf Verletzungs- und Löschungsprozesse	17, 18
V. Allgemeine Haftung des Markeninhabers	19, 20
1. Schadensersatzansprüche	19
2. Bereicherungsansprüche	20

I. Allgemeines

1. Überblick

1 § 52 regelt die Wirkung der Löschung eingetragener Marken auf zunächst aufgrund der Markeneintragung eingetretene Rechtsfolgen, insbesondere Verletzungsansprüche. Die Löschung wegen Verfalls (§§ 49, 53, 55) beseitigt nach § 52 Abs. 1 die Wirkungen der Markeneintragung grundsätzlich ab dem Zeitpunkt der Klageerhebung, es sei denn in der Verurteilung zur Löschung wird auf Antrag ausdrücklich ein noch früherer Verfallszeitpunkt festgestellt. Die Löschung wegen Nichtigkeit, also wegen absoluter oder relativer Schutzhindernisse (§§ 50, 51, 54, 55), läßt dagegen gem § 52 Abs. 2 alle Rechtsfolgen bis auf den Eintragungszeitpunkt zurück entfallen. Vollstreckte Entscheidungen rechtskräftig abgeschlossener Verletzungsprozesse und erfüllte Verträge nimmt § 52 Abs. 3 S. 1 vorbehaltlich Schadensersatz- und Bereicherungshaftung von der Rückwirkung aus, wobei mit § 53 Abs. 3 S. 2 für die Rückforderung vertraglicher Erfüllungsleistungen aus Billigkeitsgründen eine

eigenständige Anspruchsgrundlage geschaffen wurde. Bei IR-Marken tritt an die Stelle der Löschung die Schutzentziehung gem. § 115, auf die § 52 entsprechende Anwendung findet.

2. Früheres Recht

§ 15 Abs. 2 WZG schloß die weitere Geltendmachung von Ansprüchen aus dem gelöschten Zeichen generell mit Rückwirkung ab Vorliegen des Löschungsgrundes aus. 2

3. MRRL

Die MRRL hat die nähere Festlegung der Rechtswirkungen von Verfall und Ungültigerklärung ausdrücklich den nationalen Rechtsordnungen überlassen (5. ErwGr S. 3). 3

4. Gemeinschaftsmarkenrecht

Vorbild für § 52 war die entsprechende Regelung in Art. 54 GMVO. 4

II. Löschung

Mit der Löschung geht das durch die Eintragung begründete Ausschließlichkeitsrecht unabhängig von der Art des Löschungsgrunds stets ex nunc unter und endet der Markenschutz nach § 4 Nr. 1. § 52 regelt diese eigentliche Löschungswirkung nicht, sondern setzt sie voraus. Die in Abs. 1 und 2 angeordnete „Rückwirkung" iwS bezieht sich nicht auf den Bestand des Ausschließlichkeitsrechts, sondern beseitigt dessen noch fortwirkende Folgen aus der Zeit vor der Löschung. Gegenstand der Löschung ist „die Eintragung der Marke" im Markenregister, wie in §§ 9ff., 48ff. richtig formuliert, während das MarkenG an einigen Stellen verkürzt auch von einer Löschung der Marke spricht (zB § 43 Abs. 3). Die Löschung ist der actus contrarius zur rechtsbegründenden „Eintragung als Marke" iSv §§ 4 Nr. 1, 41. Die Löschung wird noch nicht durch die patentamtliche oder gerichtliche Löschungsentscheidung, sondern erst durch Eintragung der entsprechenden Angabe in das Markenregister des DPA bewirkt (§§ 18 Nr. 25 e/f, Nr. 26 d/e, Nr. 27 MarkenV). Berichtigung ist möglich (*Fezer* § 52 Rdn. 19). 5

III. Rückwirkung der Löschung
1. Rückwirkung bei Verfall (Abs. 1)

6 Die Löschung wegen Verfalls wirkt im Regelfall nur bis auf den Zeitpunkt der Klageerhebung (Zustellung der Klage gemäß § 253 Abs. 1 ZPO) zurück. Vorbehaltlich § 52 Abs. 3 stehen dem Inhaber der gelöschten Marke aus einer Benutzung des Zeichens durch Dritte nach diesem Zeitpunkt keine Verletzungsansprüche mehr zu. Voraussetzung ist aber, daß der Verfallsgrund bereits zur Zeit der Klageerhebung vorlag. War die Löschungsklage zunächst unbegründet und trat der Verfallsgrund erst **nach Klageerhebung** im Laufe des Verfahrens ein, muß auch ohne besonderen Antrag dieser spätere Zeitpunkt in der Entscheidung in gewissermaßen umgekehrt entsprechender Anwendung des § 52 Abs. 1 S. 2 festgesetzt werden. Der Kläger hat dann insoweit nicht vollständig obsiegt. Er trägt die Kosten ganz, wenn der Beklagte nach Verfallseintritt rechtzeitig anerkennt (§ 93 ZPO). Im übrigen kommt eine teilweise Kostenauferlegung auf den Kläger nur in Betracht, wenn dem lediglich für den Zwischenzeitraum gescheiterten Löschungsbegehren eigenständige wirtschaftliche Bedeutung zukam, zB wegen während dieser Zeit begangener Verletzungshandlungen des Löschungsklägers.

7 Ob ein Verfallsgrund bereits **vor Klageerhebung** eingetreten war, wird im Löschungsklageverfahren nach § 52 Abs. 1 Satz 2 nur geprüft, wenn der Kläger einen entsprechenden Antrag stellt. Es handelt sich hierbei um einen vom eigentlichen Löschungsantrag zu unterscheidenden Feststellungsantrag. Der Eintrittszeitpunkt ist nicht etwa nur in den Urteilsgründen zu nennen, sondern als Feststellungsausspruch zu tenorieren („Es wird festgestellt, daß der Verfall der Marke ... am ... eingetreten ist."). Dem Wortlaut nach verlangt § 52 Abs. 1 S. 2 kein besonderes Rechtsschutzbedürfnis für diesen Feststellungsantrag, so daß er ebenso wie der Löschungsantrag selbst von jedermann gestellt werden könnte (§ 55 Abs. 2 Nr. 1). Anders als die Löschung liegt jedoch die Feststellung der Rückwirkung auf einen bestimmten Zeitpunkt nicht im Allgemeininteresse, sondern stets nur im Einzelinteresse. Der Antrag setzt daher ein **eigenes Interesse des Klägers** an der Feststellung der Rückwirkung voraus.

8 Besondere Schranken der Feststellung der Rückwirkung sind zu beachten, wenn ein **vor dem Inkrafttreten des MarkenG** am 1. 1. 1995 liegender Zeitpunkt festgestellt werden soll. Bei den neuen Verfallsgründen nach § 49 Abs. 2 Nr. 1 und 3 kommt ein früherer Zeitpunkt als der 1. 1. 1995 nicht in Betracht. Für den Verfall wegen Nichtbenutzung oder Täuschungseignung ergibt sich aus der Meistbegünstigungs-Übergangsregelung des § 161 Abs. 2, daß eine Feststellung auf einen Zeitpunkt vor dem 1. 1. 1995 voraussetzt, daß die Löschungsreife auch schon nach den entsprechenden Löschungstatbeständen des § 11 Abs. 1 Nr. 3 bzw. 4 WZG gegeben war (Amtl. Begr. zu § 161 aE).

Für eine **isolierte Klage auf Feststellung** des Verfalls zu einem bestimmten Zeitpunkt in der Vergangenheit (zB nach Verzicht oder anderweitiger Löschung der Marke) wäre ein Rechtsschutzbedürfnis nur dann zu bejahen, wenn die Feststellung Voraussetzung für die Geltendmachung der Löschungsreife wegen Verfalls in anderen Verfahren wäre (vgl. Nichtigkeitsklage gegen ein erloschenes Patent oder Klage auf Feststellung der Unwirksamkeit eines erloschenen Gebrauchsmusters). Wie schon §§ 25, 51 Abs. 4 Nr. 1, 22 Abs. 1 Nr. 2 zeigen, kann der Verfall jedoch als Einrede geltend gemacht werden (§ 25 Rdn. 17, § 49 Rdn. 31, 36, 40), so daß kein Bedürfnis für eine solche isolierte Klage besteht. 9

Auf die Rückwirkung nach § 52 Abs. 1 S. 1 kann sich jedermann berufen, sobald die Löschung im Markenregister vollzogen ist. Die Feststellung des Verfallseintritts vor Klageerhebung nach § 52 Abs. 1 S. 2 entfaltet demgegenüber Rechtskraft nur im Verhältnis der Prozeßparteien, so daß das Gericht hieran zB in Verletzungsprozessen gegen Dritte, in denen die Löschungsreife eingewendet wird, nicht gebunden ist. 10

Vergessen worden ist die Regelung des Rückwirkungszeitpunkts bei Löschung wegen Verfalls in dem patentamtlichen Verfahren nach § 53. Hier ist § 52 Abs. 1 S. 1 analog auf den Zeitpunkt des Antragseingangs (nicht: Unterrichtung nach § 53 Abs. 2) anzuwenden (vgl. das Vorbild Art. 54 Abs. 1 S. 1 GMVO). Die Feststellung eines früheren Verfallszeitpunktes in dem Verfahren nach § 53 ist mangels gesetzlicher Grundlage und vor allem mangels jeglicher Sachprüfung nicht möglich. 11

2. Rückwirkung bei Nichtigkeit (Abs. 2)

Die Löschung wegen Nichtigkeit beruht auf einem schon im Zeitpunkt der Eintragung vorliegenden Grund. Dementsprechend beseitigt sie vorbehaltlich § 52 Abs. 3 alle zunächst aufgrund der Markeneintragung eingetretenen Rechtsfolgen. Auf die Rückwirkung nach § 52 Abs. 2 kann sich jedermann berufen, sobald die Löschung im Markenregister vollzogen ist. 12

3. Rückwirkung bei Teillöschung

13 Durch die sowohl in § 52 Abs. 1 als auch in § 52 Abs. 2 verwendete Formulierung „in dem Umfang, in dem die Eintragung ... gelöscht wird", wird die Rückwirkung bei einer Teillöschung auf die von ihr erfaßten Waren/Dienstleistungen beschränkt. Dies folgt bereits aus §§ 49 Abs. 3, 50 Abs. 4, 51 Abs. 5 und hat daher nur klarstellende Bedeutung. Im Register wird die Teillöschung durch Eintragung der Neufassung des Waren/Dienstleistungsverzeichnisses bewirkt (§§ 18 Nr. 25 f, Nr. 26 e, Nr. 27 MarkenV).

4. Ausnahmen von der Rückwirkung (Abs. 3)

14 § 52 Abs. 3 setzt der Rückwirkung nach § 52 Abs. 1 und 2 im Interesse der Rechtssicherheit und des Rechtsfriedens Grenzen, soweit sie zu einer Rückabwicklung vollstreckter rechtskräftiger Verletzungsurteile oder erfüllter Verträge führen würde. Maßgeblicher Zeitpunkt ist nicht die Löschung, sondern schon die Löschungsentscheidung.

15 **a) Vollstreckte, rechtskräftige Verletzungsentscheidungen (Abs. 3 Nr. 1).** Bei vollstreckten rechtskräftigen Verletzungsurteilen bewirkt § 52 Abs. 3 Nr. 1 vor allem den Ausschluß der Wiederaufnahmeklage. Dies ist auch insoweit vertretbar, als der Verletzer jedenfalls eine ihm bekannte Löschungsreife der Klagemarke unabhängig von einem Löschungsverfahren einwenden konnte (vgl. § 14 Rdn. 17, 19 ff.). Vollstreckt worden iSd Abs. 3 Nr. 1 ist eine rechtskräftige Entscheidung auch dann, wenn auf sie freiwillig geleistet wurde (zB Schadensersatzzahlung). § 52 Abs. 3 Nr. 1 gilt auch für rechtskräftige, vollstreckte Ordnungsmittelbeschlüsse nach § 890 ZPO.

16 **b) Erfüllte Verträge (Abs. 3 Nr. 2).** Bei erfüllten Verträgen ist der Ausschluß der Rückwirkung vor allem durch den Gedanken endgültiger Streitbeilegung gerechtfertigt. Für den Fall, daß Billigkeitsgründe dennoch eine Rückerstattung geleisteter Geldbeträge gebieten, enthält § 52 Abs. 3 Nr. 2 S. 2 eine eigenständige markenrechtliche Anspruchsgrundlage und ist nicht etwa nur Verweisungsnorm. Hauptanwendungsbereich dürften Fälle sein, in denen dem Vertragspartner die Löschungsreife beim Vertragsschluß und Erfüllung trotz sorgfältiger Prüfung unbekannt war, während der Markeninhaber die Löschungsreife kannte oder kennen mußte. Unberührt bleibt die Möglichkeit der Anfechtung des Vertrages

Löschungswirkung wegen Verfalls oder Nichtigkeit § 52

nach § 123 BGB bei arglistiger Täuschung über den Löschungsgrund, wobei den Markeninhaber allerdings keine generelle Pflicht zur Aufklärung über Löschungsgründe von sich aus trifft.

IV. Auswirkungen auf Verletzungs- und Löschungsprozesse

Die Löschung führt in Verletzungs- oder Löschungsklageverfahren, die auf die Marke gestützt waren, zur Erledigung der Hauptsache. Reicht die Rückwirkung nach § 52 Abs. 1 und 2 jedoch bis auf den Tag der Erhebung solcher Klagen zurück, sind sie als von Anfang an unbegründet zu behandeln. Bei Schadensersatzklagen kommt es auf die Zeiträume an, für die Ersatz verlangt wird. Ist eine noch nicht rechtskräftige Entscheidung ergangen, so kann die Löschung der Klagemarke noch bis einschließlich der Revisionsinstanz eingewendet werden. Gegen ein rechtskräftiges, aber noch nicht vollstrecktes Urteil ist Vollstreckungsgegenklage nach § 767 ZPO gegeben (RGZ 48, 384, 386). Zur Auswirkung auf Strafverfahren s. § 143 Rdn. 7. 17

Bereits vor der Löschung kann wegen absoluter Schutzhindernisse die Aussetzung des Verfahrens geboten sein, in dem Ansprüche aus der Marke geltend gemacht werden (§§ 14 Rdn. 15, 43 Rdn. 44, 55 Rdn. 34). Vor allem aber können Verfall und Nichtigkeit wegen älterer Rechte unabhängig von einem Löschungsverfahren der löschungsreifen Marke entgegengehalten werden (§§ 14 Rdn. 17, 19 ff., 55 Rdn. 44). 18

V. Allgemeine Haftung des Markeninhabers

1. Schadensersatzansprüche

Bei fahrlässiger oder vorsätzlicher Geltendmachung von Rechten aus einer löschungsreifen Marke kann der Markeninhaber sowohl nach § 1 UWG (Behinderung) als auch § 823 Abs. 1 BGB (Eingriff in den Gewerbebegriff) und bei positiver Kenntnis der Löschungsreife und Schädigungsabsicht ferner nach § 826 BGB auf Schadensersatz haften. 19

2. Bereicherungsansprüche

Zahlungen auf den gesetzlichen Schadensersatzanspruch, die während der Löschungsreife, aber noch vor der Löschung geleistet 20 wurden, können je nach Einstufung der Löschungsreife als Einwendung (§ 812 Abs. 1 S. 1 BGB) oder dauerhafte Einrede (§ 813 BGB) als ungerechtfertigte Bereicherung zurückverlangt werden, es sei denn, der Leistende hatte von der Löschungsreife positive Kenntnis (§ 814 BGB). Bei Leistungen, deren Rechtsgrund eine vertragliche Vereinbarung war, kommt eine Rückerstattung nur dann in Betracht, wenn der vertraglich geschaffene Rechtsgrund der Leistung wegen der Löschung entfällt, wie zB bei Anfechtung wegen arglistiger Täuschung (aA *B/H* § 15 WZG Rdn. 24, 72).

§ 53 Löschung durch das Patentamt wegen Verfalls

(1) **Der Antrag auf Löschung wegen Verfalls (§ 49) kann, unbeschadet des Rechts, den Antrag durch Klage nach § 55 geltend zu machen, beim Patentamt gestellt werden.**

(2) **Das Patentamt unterrichtet den Inhaber der eingetragenen Marke über den Antrag und fordert ihn auf, dem Patentamt mitzuteilen, ob er der Löschung widerspricht.**

(3) **Widerspricht der Inhaber der eingetragenen Marke der Löschung nicht innerhalb von zwei Monaten nach Zustellung der Mitteilung, wird die Eintragung gelöscht.**

(4) **Widerspricht der Inhaber der eingetragenen Marke der Löschung, teilt das Patentamt dies dem Antragsteller mit und unterrichtet ihn darüber, daß der Antrag auf Löschung durch Klage nach § 55 geltend zu machen ist.**

Inhaltsübersicht

	Rdn.
I. Allgemeines	1–4
1. Überblick	1
2. Früheres Recht	2
3. MRRL	3
4. Gemeinschaftsmarkenrecht	4
II. Zweckmäßigkeit	5
III. Verfahrensablauf	6–12
1. Antrag	6
2. Unterrichtung mit Widerspruchsaufforderung	7, 8
3. Widerspruch	9
4. Löschung	10
5. Verweisung auf Löschungsklage	11
6. Kostentragung	12

Löschung durch das Patentamt wegen Verfalls **§ 53**

I. Allgemeines

1. Überblick

Das Markenregister enthält eine Vielzahl von Markeneintragungen, die wegen Nichtbenutzung löschungsreif sind. Aus rein verfahrensökonomischen Gründen sieht § 53 **fakultativ** ein patentamtliches Löschungsverfahren vor, durch das in unstreitigen Fällen die aufwendigere Löschungsklage (§ 55) vermieden werden soll. Es steht auch für IR-Marken zur Verfügung, bei denen es auf Schutzentziehung in Deutschland gerichtet ist (§ 115 Abs. 1, 124).

2. Früheres Recht

Eine § 53 entsprechende Regelung gab es mit § 11 Abs. 4 WZG auch bisher schon für den Fall der Nichtbenutzung. Zu beachten ist die Verdoppelung der Frist zum Widerspruch auf jetzt zwei Monate. Übergangsregelung hierzu in § 161 Abs. 1.

3. MRRL

Die Ordnung der Löschungsverfahren überläßt die MRRL ausdrücklich den Mitgliedsstaaten (ErwGr 5).

4. Gemeinschaftsmarkenrecht

Die GMVO regelt die Verfahren zur Löschung von Gemeinschaftsmarken wegen Verfalls grundlegend anders als das MarkenG. Die Verfallserklärung durch das Amt auf Antrag gemäß Art. 50, 55 f. GMVO ist der Regelfall, während die gerichtliche Verfallserklärung in Art. 92 lit. d, 96, 95 Abs. 1 GMVO vorgesehen ist (*Ingerl*, Die Gemeinschaftsmarke, S. 117, 154 f.).

II. Zweckmäßigkeit

Ist die Löschungsreife umstritten, so ist die Antragstellung nach § 53 nur sinnlose Verzögerung der ohnehin im Klageverfahren herbeizuführenden Klärung. Die Bedeutung des Verfahrens nach § 53 wird weiter dadurch relativiert, daß gerade bei unbestreitbarer Löschungsreife jeder vernünftige Markeninhaber nach Erhalt einer Löschungsaufforderung den noch einfacheren Weg des freiwilligen Verzichts gem § 48 wählen wird, um die Gefahr der mit erheblichen Kosten verbundenen sofortigen Löschungsklage nach § 55 zu vermeiden, soweit nicht anderweitige Überlegungen einen Zeitgewinn zweckmäßig erscheinen lassen. Nützlich kann das Antragsverfahren dagegen in Fällen sein, in denen der Markeninhaber zwar einerseits nicht an einer Verteidigung der Marke interessiert ist, andererseits aber auch keinen Löschungsantrag stellt, wie dies zB bei Aufgabe des Geschäftsbetriebs und in Insolvenzfällen häufig zu beobachten ist. Hier kann der Antragsteller durch das patentamtliche Verfahren seinerseits das Kostenrisiko vermeiden, das auch eine erfolgreiche Löschungsklage mit sich bringt, wenn die Durchsetzbarkeit des Kostenerstattungsanspruchs zweifelhaft ist.

III. Verfahrensablauf

1. Antrag

6   Der Antrag kann von jedermann gemäß den Formerfordernissen der §§ 64 bis 66 MarkenV beim DPA gestellt werden. Die in § 43 Abs. 1 MarkenV vorgesehene Formblattverwendung ist fakultativ. Den Antragsinhalt regelt § 43 Abs. 2 MarkenV. Bloße Behauptung des gesetzlichen Löschungsgrundes genügt, ohne daß weitere konkretisierende Tatsachenangaben gemacht werden müßten. Das Löschungsverfahren ist gebührenfrei.

2. Unterrichtung mit Widerspruchsaufforderung

7   Das DPA prüft lediglich die ordnungsgemäße Antragstellung im Sinne der vorgenannten Anforderungen, nicht jedoch die sachliche Berechtigung des Löschungsantrags. Auch eine „Evidenzprüfung" nach Art eines Versäumnisurteils mit Unterstellung behaupteter Tatsachen und Überprüfung darauf, ob sie einen Verfallsgrund darstellen, darf entgegen *Fezer* § 53 Rdnr 4 nicht stattfinden. Denn der Antragsteller **muß überhaupt keine Tatsachen vortragen**, sondern nur im Rahmen der formalen Antragserfordernisse den rechtlichen Löschungsgrund identifizieren (§ 43 Abs. 2 Nr. 5 MarkenV). Zuständig sind die Markenabteilungen (§ 56 Abs. 3 S. 1). Die Unterrichtung des Markeninhabers nach § 53 Abs. 2 erfolgt durch **Zustellung** (§§ 53 Abs. 3, 94) einer Mitteilung über den Antrag (idR unter Beifügung einer Kopie des Löschungsantrags) und der Aufforderung, dem DPA mitzuteilen, ob der Löschung widersprochen wird. Obwohl nicht ausdrücklich geregelt, versteht es sich von selbst, daß in der Mitteilung auf die zweimonatige Frist nach

§ 53 Abs. 3 und die Löschungsfolge bei nicht fristgerechtem Widerspruch hinzuweisen ist. Die Zustellung hat nach § 28 Abs. 3 an den als Inhaber Eingetragenen bzw bei Vorliegen eines Umschreibungsantrags auch an den Rechtsnachfolger zu erfolgen. Entgegen BPatG GRUR 1983, 320, 321 – *Löschungsantrag* sollte trotz der Erwähnung der Zustellung nur in § 53 Abs. 3 und nicht auch in § 53 Abs. 2 von einem zwingenden Zustellerfordernis ausgegangen werden. Jedenfalls löst eine nicht durch Zustellung erfolgende Mitteilung den Lauf der Zweimonatsfrist nicht aus und kann daher nicht zur Löschung führen.

Erfüllt der Antrag die formalen Anforderungen nicht, so ist er – 8 gegebenenfalls nach Gelegenheit zur Ergänzung – durch Beschluß zurückzuweisen. Hiergegen kann der Antragsteller Erinnerung (§ 64) bzw Beschwerde (§ 66) einlegen.

3. Widerspruch

Widerspruchsberechtigt ist der materiellrechtliche Inhaber der 9 Marke, bei Rechtsnachfolge jedoch erst ab Eingang des Umschreibungsantrags (§ 28 Abs. 2). Der noch eingetragene, materiellrechtlich aber nicht mehr Berechtigte ist nicht mehr widerspruchsberechtigt. Auch für den Widerspruch gelten die Formvorschriften der §§ 64 bis 66 MarkenV. Inhaltlich genügt jede Erklärung, aus der sich ergibt, daß der Markeninhaber mit einer Löschung nicht einverstanden ist. Nach § 53 Abs. 3 muß nur der Löschung als solcher widersprochen werden. Dies ist bei einem auf mehrere unterschiedliche Löschungsgründe gestützten Antrag auch dann der Fall, wenn in der Begründung des Widerspruchs auf einen der geltend gemachten Löschungsgründe nicht eingegangen wird (vgl. den Grenzfall BPatGE 29, 255). Der Widerspruch muß binnen der nicht verlängerbaren gesetzlichen Frist von zwei Monaten beim DPA zugegangen sein. Wiedereinsetzung ist möglich, da § 91 Abs. 1 S. 2 nur den „Widerspruch" iSv § 42 meint. Der Widerspruch kann wirksam bereits vor Fristbeginn eingelegt werden, sobald der Löschungsantrag beim DPA eingegangen ist. Eine vorsorgliche Widerspruchseinlegung vor Verfahrensbeginn ist dagegen wirkungslos.

4. Löschung

Wird dem Löschungsantrag nicht fristgerecht widersprochen, 10 ordnet das DPA die Löschung durch Beschluß an. Hiergegen kann der Markeninhaber Erinnerung (§ 64) bzw. Beschwerde (§ 66) einlegen. Nach Rechtskraft des Löschungsbeschlusses erfolgt die Löschung im Register.

5. Verweisung auf Löschungsklage

11 Bei fristgerechtem Widerspruch informiert das DPA den Antragsteller gemäß § 53 Abs. 4 und verweist ihn auf die Möglichkeit der Löschungsklage. Da diese Mitteilung die Ablehnung der beantragten Löschung im patentamtlichen Verfahren beinhaltet, kann der Antragsteller gegen sie Erinnerung (§ 64) bzw. Beschwerde (§ 66) einlegen. Mit dem Rechtsbehelf kann nur geltend gemacht werden, daß in Wirklichkeit kein frist- und formgerechter Widerspruch des Markeninhabers im obigen Sinne eingegangen ist.

6. Kostentragung

12 Für das Verfahren nach § 11 Abs. 4 WZG hat die Rspr. die Möglichkeit einer Kostenentscheidung mangels gesetzlicher Grundlage verneint (BPatGE 18, 226). Diese Begründung ist für das MarkenG nicht aufrechtzuerhalten. § 63 Abs. 1 ermöglicht nunmehr eine Kostenentscheidung auch in dem Verfahren nach § 53, nachdem an diesem Verfahren iSv § 63 Abs. 1 mehrere Personen, nämlich der Antragsteller und der Markeninhaber, beteiligt sind. Die fehlende Sachprüfung in dem Verfahren nach § 55 spielt nach § 63 Abs. 1 S. 1 keine Rolle. Die Ausgestaltung als vereinfachtes, registerliches Löschungsverfahren schließt eine Kostenentscheidung ebenfalls nicht für alle Fälle aus (aA BPatG aaO, allerdings stets unter Berufung auf die fehlende Rechtsgrundlage), kann aber im Rahmen der Billigkeitsentscheidung dahingehend Berücksichtigung finden, daß nur in Ausnahme-, d.h. Mißbrauchsfällen, eine Kostenentscheidung getroffen wird und es im übrigen bei der Kostenregelung nach § 63 Abs. 1 S. 3 bleibt.

§ 54 Löschungsverfahren vor dem Patentamt wegen absoluter Schutzhindernisse

(1) Der Antrag auf Löschung wegen absoluter Schutzhindernisse (§ 50) ist beim Patentamt zu stellen. Der Antrag kann von jeder Person gestellt werden.

(2) Mit dem Antrag ist eine Gebühr nach dem Tarif zu zahlen. Wird die Gebühr nicht gezahlt, so gilt der Antrag als nicht gestellt.

Löschungsverfahren wegen absoluter Schutzhindernisse **§ 54**

(3) **Wird ein Antrag auf Löschung gestellt oder wird ein Löschungsverfahren von Amts wegen eingeleitet, so unterrichtet das Patentamt den Inhaber der eingetragenen Marke hierüber. Widerspricht er der Löschung nicht innerhalb von zwei Monaten nach Zustellung der Mitteilung, so wird die Eintragung gelöscht. Widerspricht er der Löschung, so wird das Löschungsverfahren durchgeführt.**

Inhaltsübersicht

	Rdn.
I. Allgemeines	1–4
1. Überblick	1
2. Früheres Recht	2
3. MRRL	3
4. Gemeinschaftsmarkenrecht	4
II. Antrag (Abs. 1)	5
III. Tarifgebühr (Abs. 2)	6
IV. Gang des Verfahrens (Abs. 3)	7, 8

I. Allgemeines

1. Überblick

§ 54 regelt näher das Antragsverfahren für die Löschung aufgrund absoluter Schutzhindernisse § 50. Er wird ergänzt durch §§ 43, 44 MarkenV. 1

2. Früheres Recht

§ 10 Abs. 3 WZG entsprach im wesentlichen § 54 Abs. 3. 2

3. MRRL

Die MRRL enthält keine Vorgaben zum Verfahren vor dem DPA. 3

4. Gemeinschaftsmarkenrecht

Die GMVO enthält die nähere Ausgestaltung des Löschungsverfahrens in Art. 55 und 56. Dabei findet nur ein Antragsverfahren statt, kein Amtslöschungsverfahren (im einzelnen *Ingerl*, Die Gemeinschaftsmarke, S. 119). 4

II. Antrag (Abs. 1)

5 Der Antrag ist schriftlich (§ 64 MarkenV) beim DPA zu stellen, und zwar soll gemäß § 43 Abs. 1 MarkenV das vom DPA herausgegebene Formblatt verwendet werden. Der Antrag muß die in § 43 Abs. 2 MarkenV aufgeführten Mindestangaben enthalten, nämlich die Registernummer der Marke, deren Löschung beantragt wird (Nr. 1), Namen und Anschrift des Antragstellers (Nr. 2), ggf. Name und Anschrift des Vertreters des Antragstellers (Nr. 3) sowie im Fall einer Teillöschung diejenigen Waren und Dienstleistungen, für die die Löschung beantragt bzw. nicht beantragt wird (Nr. 4) MarkenG) sowie den Löschungsgrund gemäß § 49 (Nr. 5). Der Antrag kann von jeder Person gestellt werden (§ 54 Abs. 1 Satz 2), es handelt sich also, wie schon beim WZG (vgl. § 10 Abs. 2 Nr. 2: „Dritter"), um ein **Popularverfahren**. Der Gesetzgeber hat diese Ausgestaltung gewählt, da es im öffentlichen Interesse liegt, daß Marken, denen absolute Schutzhindernisse entgegenstehen, nicht im Register erscheinen (zB LG München BGH GRUR 1992, 59 – *Marlboro*). Im Löschungsverfahren vor dem DPA ist nicht zu berücksichtigen, ob ein Dritter das Zeichen benutzen kann, die Grundsätze der Entscheidung BGH GRUR 1957, 350 – *Raiffeisensymbol* sind in diesem Verfahren gerade nicht anzuwenden (BGH GRUR 1965, 146, 152 – *Rippenstreckmetall II*). Da es sich beim Antrag um ein Popularverfahren handelt, ist es grundsätzlich unerheblich, ob der Antragsteller zB Strohmann einer Partei ist, die ein Nichtangriffsabkommen mit dem Markeninhaber geschlossen hat oder aus sonstigen Gründen (wie zB Verwirkung, § 21) am Angriff gehindert ist (DPA Mitt. 1984, 117, 118 – *THE TREND*). Der Inhaber einer nach § 50 löschungsreifen Marke muß sich innerhalb der Grenzen von § 50 Abs. 2 immer darauf einstellen, mit einem Löschungsantrag angegriffen zu werden.

III. Tarifgebühr (Abs. 2)

6 Die Tarifgebühr ergibt sich aus Nr. 133 600 des Gebührenverzeichnisses zu §§ 1, 7 Abs. 1 PatGB und beträgt für Antragsteller aus den alten Bundesländern DM 600,– und bis zum 1. Januar 1998 für Antragsteller aus den neuen Bundesländern DM 500,–. Wird die Gebühr nicht gezahlt, gilt der Antrag als nicht gestellt. Allerdings ist das DPA nicht gehindert, im Rahmen von § 50 Abs. 3 ein

Amtslöschungsverfahren zu beginnen, falls die eingeschränkten Voraussetzungen dieser Vorschrift vorliegen.

IV. Gang des Verfahrens (Abs. 3)

§ 54 Abs. 3 regelt sowohl das Löschungsverfahren auf Antrag 7 (das Gegenstand des § 50 Abs. 1 und 2 ist) als auch das Amtslöschungsverfahren des § 50 Abs. 3. In beiden Fällen wird zunächst der Inhaber von der Einleitung des Verfahrens **unterrichtet**. Widerspricht er nicht, wird die Eintragung gelöscht. Im Gesetz ist nicht ausdrücklich geregelt, ob das DPA eine (möglicherweise beschränkte) inhaltliche Prüfung des Antrags vorzunehmen hat (so zum früheren Recht *Baumbach/Hefermehl* § 10 Rdn. 17; dagegen *Busse/Starck* § 10 Rdn. 12). Einen Anhaltspunkt dafür, daß das DPA eine inhaltliche Vorprüfung vorzunehmen hätte, etwa im Sinne einer Prüfung des Antrags auf offensichtliche Unbegründetheit (so *Fezer* Rdn. 3) läßt sich aus dem Gesetz nicht entnehmen. Vielmehr ist anzunehmen, daß es dem Inhaber überlassen bleibt, ob er dem Antrag widersprechen will, was aus den unterschiedlichsten Gründen unterbleiben kann. Widerspricht er nicht, wird das Zeichen gelöscht.

Auf **Widerspruch** des Zeicheninhabers innerhalb der Zwei- 8 Monats-Frist wird das Löschungsverfahren durchgeführt, das im Gesetz nicht näher geregelt ist. Es gelten die allgemeinen Verfahrensvorschriften der §§ 56–65, wobei die Zuständigkeit der Markenabteilung gegeben ist (§ 56 Abs. 3, e contrario § 56 Abs. 2). Das DPA ermittelt den Sachverhalt von Amts wegen (§ 59 Abs. 1 S. 1). Die Löschung kann nur beschlossen werden, wenn die Eintragungshindernisse nachgewiesen sind (BGH GRUR 1965, 146, 151 – *Rippenstreckmetall II*). Gegen die Entscheidung der Markenabteilung ist die Beschwerde zulässig, und zwar sowohl im Fall der Zurückweisung des Antrags, als auch der Löschungsanordnung (§ 66 Abs. 1 Satz 1). Im kontradiktorischen Verfahren führt die Rücknahme des Löschungsantrages während des Beschwerdeverfahrens nicht dazu, daß dieses nun als Amtslöschungsverfahren weiter betrieben werden dürfte (BGH GRUR 1977, 664 – *Churrasco*). Das DPA kann aber nach Rücknahme des Antrags und Aufhebung des vorangegangenen Löschungsbeschlusses nach freiem Ermessen entscheiden, ob es ein Amtslöschungsverfahren durchführen muß. Im Hinblick auf die vorangegangene Löschungsentscheidung wird dies jedenfalls dann zu bejahen sein, wenn die engeren Voraussetzungen des § 50 Abs. 3 vorliegen. Die Entscheidung im Antragslöschungsverfahren erwächst zwischen den Parteien in Rechtskraft (BGH GRUR 1993, 969, 971 – *Indorektal II*). Damit wird ein erneuter Angriff eines Dritten auf die Marke nicht ausgeschlossen.

§ 55 Löschungsverfahren vor den ordentlichen Gerichten

(1) **Die Klage auf Löschung wegen Verfalls (§ 49) oder wegen des Bestehens älterer Rechte (§ 51) ist gegen den als Inhaber der Marke Eingetragenen oder seinen Rechtsnachfolger zu richten.**

(2) Zur Erhebung der Klage sind befugt:
1. in den Fällen des Antrags auf Löschung wegen Verfalls jede Person,
2. in den Fällen des Antrags auf Löschung wegen des Bestehens von Rechten mit älterem Zeitrang die Inhaber der in den §§ 9 bis 13 aufgeführten Rechte,
3. in den Fällen des Antrags auf Löschung wegen des Bestehens einer geographischen Herkunftsangabe mit älterem Zeitrang (§ 13 Abs. 2 Nr. 5) die nach § 13 Abs. 2 des Gesetzes gegen den unlauteren Wettbewerb zur Geltendmachung von Ansprüchen Berechtigten.

(3) **Ist die Klage auf Löschung vom Inhaber einer eingetragenen Marke mit älterem Zeitrang erhoben worden, so hat er auf Einrede des Beklagten nachzuweisen, daß die Marke innerhalb der letzten fünf Jahre vor Erhebung der Klage gemäß § 26 benutzt worden ist, sofern sie zu diesem Zeitpunkt seit mindestens fünf Jahren eingetragen ist. Endet der Zeitraum von fünf Jahren der Nichtbenutzung nach Erhebung der Klage, so hat der Kläger auf Einrede des Beklagten nachzuweisen, daß die Marke innerhalb der letzten fünf Jahre vor dem Schluß der mündlichen Verhandlung gemäß § 26 benutzt worden ist. War die Marke mit älterem Zeitrang am Tag der Veröffentlichung der Eintragung der Marke mit jüngerem Zeitrang bereits seit mindestens fünf Jahren eingetragen, so hat der Kläger auf Einrede des Beklagten ferner nachzuweisen, daß die Eintragung der Marke mit älterem Zeitrang an diesem Tag nicht nach § 49 Abs. 1 hätte gelöscht werden können. Bei der Entscheidung werden nur die Waren oder Dienstleistungen berücksichtigt, für die die Benutzung nachgewiesen worden ist.**

(4) **Ist vor oder nach Erhebung der Klage das durch die Eintragung der Marke begründete Recht auf einen anderen übertragen worden oder übergegangen, so ist die Entscheidung in der Sache selbst auch gegen den Rechtsnachfolger wirksam und vollstreckbar. Für die Befugnis des Rechtsnachfolgers, in den Rechtsstreit einzutreten, gelten die §§ 66 bis 74 und 76 der Zivilprozeßordnung entsprechend.**

Löschungsverfahren vor den ordentlichen Gerichten § 55

Inhaltsübersicht

	Rdn.
A. Allgemeines	1–4
1. Überblick	1
2. Früheres Recht	2
3. MRRL	3
4. Gemeinschaftsmarkenrecht	4
B. Löschungsklage wegen Verfalls	5–18
1. Aktivlegitimation, Klagebefugnis (Abs. 2 Nr. 1)	5, 6
2. Passivlegitimation, Rechtsnachfolge (Abs. 1, 4)	7
3. Antrag	8
4. Streitgegenstand	9
5. Begründetheit, Beweislast	10
6. Einwendungen und Einreden des Beklagten	11–13
a) Grundsatz	11
b) Nichtangriffsabrede	12
c) Verjährung	13
7. Zuständigkeit	14
8. Kostentragung, Abmahnung	15
9. Streitwert	16
10. Rechtskraft, Vollstreckung	17, 18
C. Löschungsklage wegen älterer Rechte	19–40
1. Statthaftigkeit, Verhältnis zum Widerspruch	19
2. Aktivlegitimation, Klagebefugnis (Abs. 2 Nr. 2)	20, 21
3. Passivlegitimation, Rechsnachfolge (Abs. 1, 4)	22
4. Antrag	23
5. Streitgegenstand	24
6. Begründetheit, Beweislast	25
7. Einwendungen und Einreden des Beklagten	26–33
a) Nichtbenutzungseinrede (§ 55 Abs. 3)	27–29
b) Nichtangriffsabrede, Verzicht	30
c) Keine Verjährung	31
d) Rechtsmißbrauch	32, 33
8. Ausgeschlossene Einwände des Beklagten	34, 35
a) Absolute Schutzhindernisse	34
b) Erfolgloser Widerspruch	35
9. Zuständigkeit	36
10. Kostentragung, Abmahnung	37
11. Streitwert	38
12. Rechtskraft, Vollstreckung	39
13. Einstweiliger Rechtsschutz	40
D. Löschungsklage wegen älterer geographischer Herkunftsangabe	41
E. Verhältnis zu anderen Löschungsverfahren	42

	Rdn.
F. Außerkennzeichenrechtliche Löschungsklagen	43
G. Geltendmachung von Löschungsgründen ohne Klage	44
H. Klage auf Rücknahme der Markenanmeldung	45
I. Klage auf Unterlassung der Markenanmeldung	46

A. Allgemeines

1. Überblick

1 § 55 regelt einige wesentliche Fragen der Löschungsklage wegen Verfalls (§ 49) oder Nichtigkeit aufgrund älterer Rechte Dritter (§ 51). Aus der amtlichen Überschrift zu § 55 folgt zunächst die Zuständigkeit der ordentlichen Gerichte im Gegensatz zur Zuständigkeit von DPA und BPatG in den Löschungsverfahren nach §§ 53, 54. § 55 Abs. 1 behandelt die Passivlegitimation, während § 55 Abs. 2 die Aktivlegitimation und damit zugleich auch die materielle Anspruchsberechtigung hinsichtlich des Löschungsanspruchs regelt. Die Klage wegen Verfalls ist als Popularklage ausgestaltet (§ 55 Abs. 2 Nr. 1), während die auf ältere Rechte gestützte Löschungsklage nur deren Inhaber (§ 55 Abs. 2 Nr. 2) und ausnahmsweise im Falle der Kollision mit einer älteren geographischen Herkunftsangabe mangels Rechtsinhaber den nach § 13 Abs. 2 UWG klagebefugten Mitbewerbern, Verbänden und Kammern zusteht (§ 55 Abs. 2 Nr. 3). § 55 Abs. 3 zwingt den Löschungskläger auf Einrede des Beklagten dazu, wie im Verletzungsprozeß (§ 25) den Nachweis rechtserhaltender Benutzung der älteren Marke zu führen. Zusätzlich ist die Benutzung zur Zeit der Veröffentlichung der Eintragung der jüngeren Marke nachzuweisen, sofern sie damals schon dem Benutzungszwang unterlag, da andernfalls ein Zwischenrecht der Löschung entgegenstehen würde. § 55 Abs. 4 S. 1 erstreckt die Rechtskraftwirkungen des Löschungsurteils über § 325 ZPO hinaus auch dann auf den Rechtsnachfolger des eingetragenen Inhabers der gelöschten Marke, wenn die Rechtsnachfolge noch vor Rechtshängigkeit eingetreten, aber erst danach im Register vermerkt worden ist. § 55 Abs. 4 S. 2 gestattet dem Rechtsnachfolger die Nebenintervention und dem beklagten Rechtsvorgänger die Urheberbenennung nach § 76 ZPO. Für IR-Marken gilt § 55 mit der Maßgabe, daß die Klage auf Einwilligung in die Schutzentziehung für Deutschland zu richten ist (§§ 115 Abs. 1, 124).

2. Früheres Recht

§ 55 Abs. 1 entspricht § 11 Abs. 2 WZG. Die Frage der Aktivlegitimation war dagegen in § 11 Abs. 1 WZG („ein Dritter") nicht klar geregelt, wurde jedoch von der Rechtsprechung einhellig im Sinne der heutigen § 55 Abs. 2 Nr. 1 und 2 beantwortet (*B/H* § 11 WZG Rdn. 4; *B/S* § 11 WZG Rdn. 2), während Nr. 3 im bisherigen Recht naturgemäß keine Entsprechung hatte. § 55 Abs. 3 deckt sich in seinem S. 3 abgesehen vom Wegfall der Bekanntmachung einer Anmeldung im Ergebnis mit § 11 Abs. 6 WZG (unzutr. daher Amtl. Begr. 6. Abs. zu § 161), während S. 1 und 2 im bisherigen Recht keine geschriebene Grundlage hatten. § 55 Abs. 4 stimmt mit Ausnahme der korrigierend erweiterten Verweisung auch auf §§ 70–74 ZPO mit § 11 Abs. 3 WZG überein. Zu den Meistbegünstigungs-Übergangsregelungen für Löschungsklagen gegen vor dem 1. 1. 1995 eingetragene Marken s. § 161 (Verfall) und § 164 (ältere Rechte).

2

3. MRRL

Für das Verfahren der Ungültigerklärung enthält die MRRL keine Vorgaben (vgl. 5. ErwGr). § 55 Abs. 3 S. 1 und 2 setzt Art. 11 Abs. 1 MRRL um.

3

4. Gemeinschaftsmarkenrecht

Die Verfalls- (Art. 50) und Nichtigerklärung (Art. 52) einer Gemeinschaftsmarke ist grundsätzlich nicht durch Klage, sondern nur durch Antrag an das Harmonisierungsamt zu verfolgen (Art. 55 f., 95 Abs. 1, 2 GMVO). Ausnahme: Widerklage auf Erklärung des Verfalls oder der Nichtigkeit im Verletzungsprozeß vor den Gemeinschaftsmarkengerichten (Art. 92 lit. d, 95 Abs. 1, 96 GMVO). Zugelassen ist aber auch die einredeweise Geltendmachung im Verletzungs- oder Entschädigungsprozeß (Art. 95 Abs. 3 GMVO).

4

B. Löschungsklage wegen Verfalls

1. Aktivlegitimation, Klagebefugnis (Abs. 2 Nr. 1)

Die Löschungsklage wegen Verfalls kann von jedermann erhoben werden, ist also ein Fall der im deutschen Recht seltenen **Popularklage** (Amtl. Begr. Abs. 2 zu § 55). Dem liegt die Vorstel-

5

lung zugrunde, daß die Löschung wegen Verfalls stets auch einem Allgemeininteresse an der Registerbereinigung dient. Der Kläger braucht daher keinerlei eigenes Interesse an der Löschung nachzuweisen. Die Klagebefugnis hängt auch nicht davon ab, ob ein konkretes Allgemeininteresse an der Löschung der betroffenen Markeneintragung besteht. Dieser Zusammenhang ist lediglich gesetzgeberisches Motiv, nicht aber Klagevoraussetzung (vgl. *Jackermeier*, S. 87, 108; zum WZG BGH GRUR 1986, 315 – *COMBURTEST*). Demgegenüber hat die ältere Rspr. die Löschungsklage dann nicht zugelassen, wenn die Marke wegen anderweitiger Kennzeichenrechte ihres Inhabers auch nach Löschung von keinem Dritten verwendet werden konnte (BGH GRUR 1957, 350, 351 – *Raiffeisensymbol;* RGZ 172, 49, 55 ff. – *Siemens*). Für eine solche Beschränkung fehlt jedoch im MarkenG auch für die Verfallsgründe nach § 49 Abs. 2 jede Grundlage (aA *Fezer* § 55 Rdn. 4). Ob ein Dritter aktuell an der Benutzung des betroffenen Zeichens interessiert und dazu aktuell in der Lage ist, spielt danach keine Rolle (ähnl. OLG München WRP 1996, 128, 129 – *The Beatles;* LG München I GRUR 1992, 59 – *Marlboro;* vgl. BGH aaO – *Cirkulin;* Ausstattungsrecht kein Löschungshindernis). Zur rechtsmißbräuchlichen Popularklage unten Rdn. 11.

Die Popularklagebefugnis steht nach dem eindeutigen gesetzlichen Wortlaut auch **ausländischen** Klägern uneingeschränkt zu. Das von der Rspr aufgestellte Erfordernis, ein nicht im Inland ansässiger Kläger müsse „eine geschäftliche Beziehung zum Inland" nachweisen (BGH GRUR 1967, 298, 303 – *Modess*) ist daher nicht gerechtfertigt (aA *Fezer* § 55 Rdn. 5).

6 Zur Unterlassungsklage berechtigt die Popularklagebefugnis nicht (BGH GRUR 1951, 324, 326 – *Piek Fein*).

2. Passivlegitimation, Rechtsnachfolge (Abs. 1, 4)

7 Die Klage kann nach § 55 Abs. 1 unabhängig von der materiellrechtlichen Inhaberschaft stets gegen den im Register als Markeninhaber **Eingetragenen** gerichtet werden (aA *Fezer* § 55 Rdn. 9). Der Vermutung nach § 28 Abs. 1 bedarf es für die Passivlegitimation des Eingetragenen nicht. Die Klage kann aber nach Abs. 1 auch gegen den **materiellrechtlichen** Markeninhaber gerichtet werden, der noch nicht im Register eingetragen ist. Letzteres ist jedoch idR weder notwendig noch empfehlenswert. Denn nach § 55 Abs. 4 S. 1 wirkt die Löschungsentscheidung auch gegen einen Rechtsnachfolger, der schon zur Zeit der Klageerhebung Mar-

Löschungsverfahren vor den ordentlichen Gerichten   § 55

keninhaber war. Sogar als nachteilig erweist sich die Löschungsklage gegen den nicht eingetragenen Rechtsnachfolger, falls er auch später nicht eingetragen wird und nunmehr der Löschungskläger seinerseits dem DPA die materielle Inhaberschaft des Beklagten zum Vollzug der Löschung nachweisen muß. § 55 Abs. 4 S. 2 ermöglicht dem Rechtsnachfolger die notwendig streitgenössische Nebenintervention (§§ 62, 66, 69 ZPO) und dem beklagten Eingetragenen die Urheberbenennung gemäß § 76 ZPO.

3. Antrag

Die Löschungsklage ist nach herkömmlicher Auffassung eine 8
Leistungsklage, die auf Einwilligung des Beklagten in die Löschung der Eintragung zu richten ist (vgl. *B/H* § 11 WZG Rdn. 5). Sie müßte daher eigentlich stets „Löschungsbewilligungsklage" heißen. Auch im MarkenG ergibt sich diese Rechtsnatur der Löschungsklage nur mittelbar daraus, daß sie gegen den Markeninhaber und nicht etwa gegen das DPA zu richten ist. Im Falle der Feststellung der erweiterten Rückwirkung nach § 52 Abs. 1 S. 2 bedarf es neben des Löschungsantrags noch eines zusätzlichen Feststellungsantrags (§ 52 Rdn. 7). Im Falle der Teillöschung nach § 49 Abs. 3 ist der zu löschende Teil der Waren/Dienstleistungen im Antrag zu nennen.

4. Streitgegenstand

Der Streitgegenstand der Löschungsklage wird durch den als 9
Löschungsgrund behaupteten Sachverhalt bestimmt. Damit stellen sowohl die vier Verfallsgründe des § 49 untereinander als auch das Löschungsbegehren aufgrund eines älteren Rechts eigenständige Streitgegenstände dar. Eine Auswechslung des Löschungsgrundes ist daher nur nach den Vorschriften über die Klageänderung (§ 263 ZPO) zulässig (*Jackermeier*, S. 106 f.).

5. Begründetheit, Beweislast

Die Löschungsklage ist begründet, wenn im Zeitpunkt der letz- 10
ten mündlichen Verhandlung ein Verfallsgrund nach § 49 vorliegt. Die Beweislast für die tatsächlichen Voraussetzungen des Löschungsanspruchs trägt der **Kläger**. Dies gilt grdsl. auch für die Nichtbenutzung der angegriffenen Marke als Voraussetzung des Verfalls nach § 49 Abs. 1. Darin unterscheidet sich die Löschungsklage von der Geltendmachung des Verfalls wegen Nichtbenutzung

gem §§ 25, 43 Abs. 1, 55 Abs. 3. Dieser Unterschied erfährt jedoch dadurch eine ganz erhebliche Relativierung, daß dem Löschungskläger die aufgrund § 242 BGB im Wettbewerbsrecht allgemein anerkannten **Beweiserleichterungen** beim Nachweis negativer Tatsachen, betriebsinterner Vorgänge und dem Beklagten ohne weiteres zugänglichen, für den Kläger aber nicht oder nur mit unzumutbarem Aufwand beschaffbare Benutzungsinformationen zugutekommen (OLG Köln GRUR 1987, 530, 532 – *Charles of the Ritz*; *Jackermeier* S. 110 ff.; *Köhler/Piper* Vor § 13 Rdn. 275, 276; grdl. BGH GRUR 1963, 270 – *Bärenfang* zum UWG).

6. Einwendungen und Einreden des Beklagten

11   **a) Grundsatz.** Nach ständiger, allerdings überwiegend älterer und den Löschungsgrund des weggefallenen Geschäftsbetriebs betreffender Rspr zum WZG, schließt das der Popularklage zugrundeliegende Interesse der Allgemeinheit an der Löschung alle Einwendungen und Einreden aus der Person des Klägers und seines Verhaltens aus (BGH GRUR 1952, 577, 582 – *Zwilling* (Verwirkung); BGH GRUR 1939, 806, 807/808 – *AEG* (Sittenwidrigkeit); BGH GRUR 1939, 632, 637 – *Recresal* (Sittenwidrigkeit); RGZ 120, 402, 405 – *Bärenstiefel* (Vertrag); RGZ 114, 276, 279 – *Axa* (Sittenwidrigkeit, Schikane); RGZ 109, 73, 77 – *Weißer Hirsch* (Sittenwidrigkeit, Schikane). Vereinzelte Versuche des Schrifttums, stattdessen eine konkrete Interessenabwägung vorzunehmen (zB *Jackermeier* S. 146 ff.; *Helm* GRUR 1974, 324) sind von der Rspr. bislang nicht aufgegriffen worden. Auch der Gesetzgeber hat sich in Kenntnis dieser strengen Rspr in § 55 erneut für die Ausgestaltung als Popularklage ohne Beschränkungen entschieden (unklarer jetzt BGH GRUR 1997, 747 – *Cirkulin*, wo Rechtsmißbrauch erwähnt wird). Eine größere Flexibilität würde zu einer erheblichen Relativierung der Popularklagebefugnis durch einzelfallbezogene, schwer vorhersehbare Abwägungen und den dann notwendigen Ausschluß auch von „Strohmännern" führen. Soweit sich die Gegenauffassung auf die im Rahmen des § 3 UWG mögliche und notwendige Interessenabwägung bezieht, kann diesem Bedürfnis bereits im Rahmen des Tatbestandsmerkmals der Täuschungseignung nach § 49 Abs. 2 Nr. 2 Rechnung getragen werden.

12   **b) Nichtangriffsabrede.** Nicht gefolgt werden kann der Rspr., soweit sie auch Nichtangriffsabreden wegen Nichtigkeit nach §§ 134, 306 BGB und Unvereinbarkeit mit dem Popularklagecharakter für unbeachtlich hält (RGZ 120, 402, 405 – *Bärenstiefel*;

offengel. in BGH GRUR 1997, 747 – *Cirkulin*). Wenn sich die Dispositionsbefugnis des Klägers darauf erstreckt, ob er die Popularklage überhaupt erhebt, ob er sie zurücknimmt und ob er eine erlangte Entscheidung vollstreckt, so muß auch eine vertragliche Bindung wirksam und einwendbar sein, und zwar unabhängig von der Art des Löschungsgrundes (ähnl. *B/H* § 11 WZG Rdn. 70 und *Jackermeier* S. 153 ff., die jedoch nach den Löschungsgründen differenzieren wollen; zur Bedeutung in der Praxis *Heydt* GRUR 1973, 179). Die Anerkennung von Nichtangriffsabreden bedeutet allerdings, daß insoweit der Strohmanneinwand beachtlich sein kann (vgl. zur Patentnichtigkeitsklage *Benkard/Rogge* § 22 PatG Rdn. 22).

c) **Verjährung.** Eine Verjährung des Löschungsanspruchs 13 kommt unabhängig von den Besonderheiten der Popularklage schon wegen des fortdauernden Störungszustands nicht in Betracht (unten Rdn. 31).

7. Zuständigkeit

Zuständig ist das für den allgemeinen Gerichtsstand des Beklag- 14 ten (§§ 12 ff. ZPO) als Kennzeichenstreitgericht zuständige Landgericht (§ 140 Abs. 1, 2). Hat der Markeninhaber keinen allgemeinen Gerichtsstand im Inland, jedoch einen Inlandsvertreter, so richtet sich die örtliche Zuständigkeit nach § 96 Abs. 3. Fehlt auch ein Inlandsvertreter, ist das Landgericht München I am Sitz des DPA nach § 23 ZPO zuständig. Im Anwendungsbereich des EuGVÜ folgt die ausschließliche internationale Zuständigkeit aus Art. 16 EuGVÜ/LGVÜ. Näher zur Zuständigkeit in Kennzeichenstreitsachen s. § 140 Rdn. 15 ff.

8. Kostentragung, Abmahnung

Die Kostentragung richtet sich nach §§ 91 ff. ZPO. Zur Vermei- 15 dung der Kostenbelastung nach § 93 ZPO bei sofortigem Anerkenntnis des Beklagten muß vor Klageerhebung **zum Verzicht aufgefordert werden**. Bei vorausgegangenem patentamtlichen Verfahren gemäß § 53 bedarf es keiner Aufforderung mehr, da der Widerspruch des Markeninhabers hinreichenden Anlaß zur Klageerhebung gibt. Die **Kosten** einer vorprozessualen Löschungsaufforderung muß der Markeninhaber im Falle der Löschungsreife wegen Nichtbenutzung auch nach den Regeln über die Geschäftsführung ohne Auftrag nicht erstatten, da die Existenz der (heilbar) löschungsreifen Marke noch kein rechtswidriger Störungszustand ist (BGH GRUR 1980, 1074 – *Aufwendungsersatz;* OLG Stuttgart Mitt. 1980, 178). Bei den Verfallsgründen nach § 49 Abs. 2 Nr. 1 und 2 kann dagegen ein Kostenerstattungsanspruch aufgrund wettbewerbsrechtlichen Störungszustands bestehen.

9. Streitwert

16 Für den Streitwert der Löschungsklage wegen Verfalls soll das **Interesse der Allgemeinheit** an der Löschung maßgeblich sein (*Jackermeier* S. 80 ff.). Eine verläßliche Bewertung dieses Allgemeininteresses ist praktisch nicht möglich, so daß bisweilen auf Festsetzung nach billigem Ermessen (vgl. § 8 Abs. 2 S. 2 BRAGO) zurückgegriffen wird (BPatGE 21, 140, 142 – *STEAKER* zu Löschung nach § 10 Abs. 2 Nr. 2 WZG). Der Popularklagecharakter der Löschungsklage wegen Verfalls schließt es jedoch nicht aus, die Streitwertfestsetzung nach den allg. Regeln (§ 142 Rdn. 4) an einem das Allgemeininteresse übersteigenden konkreten wirtschaftlichen **Interesse des Löschungsklägers** auszurichten (aA *Jackermeier* aaO). Da auch die Löschungsklage wegen Verfalls in der Praxis fast ausschließlich von Personen mit eigenem Interesse an der Löschung erhoben wird, kommt diesem Bemessungsfaktor häufig entscheidende Bedeutung zu.

10. Rechtskraft, Vollstreckung

17 Im Verhältnis zu den Prozeßparteien (und ggf. Rechtsnachfolgern nach § 55 Abs. 4) gilt die Einwilligung in die Löschung bei Eintritt der Rechtskraft als abgegeben (§ 894 ZPO). Der Kläger muß sodann beim DPA die Löschung im Register unter Vorlage einer Ausfertigung des rechtskräftigen Urteils beim DPA beantragen. Erst mit Vornahme der Löschung geht das Markenrecht unter und treten die zu § 52 näher dargestellten Rückwirkungen ein.

18 Die rechtskräftige Klageabweisung schließt die Geltendmachung desselben Löschungsgrundes aus, solange nicht ein neuer Sachverhalt geltend gemacht wird (wie zB bei Geltendmachung der Nichtbenutzung während späterer Zeiträume). Der Löschungsklage eines Dritten kann die Rechtskraft der Klageabweisung nur entgegengehalten werden, wenn der Dritte zweifelsfrei ausschließlich als Strohmann auf Weisung und Kosten des rechtskräftig Unterlegenen tätig wird. Die Rechtskrafterstreckung nach § 55 Abs. 4 S. 1 wirkt nach ihrem eindeutigen Wortlaut nur gegen den am Prozeß nicht beteiligten Rechtsnachfolger, so daß sich dieser nicht auf die Kla-

Löschungsverfahren vor den ordentlichen Gerichten **§ 55**

geabweisung berufen kann (vgl. *Jackermeier*, S. 123 f.; aA *B/H* § 11 WZG Rdn. 73).

C. Löschungsklage wegen älterer Rechte

1. Statthaftigkeit, Verhältnis zum Widerspruch

Die Löschungsklage ist ab Eintragung der jüngeren Marke im 19 Markenregister statthaft. Vor der Eintragung kommt eine Klage auf Rücknahme der Markenanmeldung in Betracht (dazu unten Rdn. 45). Der Löschungsklage steht es nicht entgegen, wenn der Kläger von der ggf. gegebenen Möglichkeit des Widerspruchs (§§ 42, 43) keinen Gebrauch gemacht hat. Sie ist auch während noch offener Widerspruchsfrist ohne weiteres zulässig. Auch ein anhängiges Widerspruchsverfahren steht der Erhebung der Löschungsklage des Widerspruchsberechtigten aufgrund derselben Marke und desselben Kollisionstatbestands nicht entgegen. Anders als bei Einspruch und Nichtigkeitsklage im Patentrecht (§ 81 Abs. 2 PatG) kommt ein Vorrang des Widerspruchs im Markenrecht schon wegen des beschränkten Prüfungsumfangs des Widerspruchsverfahrens auch im neuen Recht nicht in Betracht (vgl. *Füllkrug* MA 1995, 498). Daher darf der Löschungsprozeß auch nicht etwa nach § 148 ZPO wegen des Widerspruchsverfahrens ausgesetzt werden. Zur Bedeutung unanfechtbarer Zurückweisung des Widerspruchs unten Rdn. 35.

2. Aktivlegitimation, Klagebefugnis (Abs. 2 Nr. 2)

Zur Erhebung der Löschungsklage wegen älterer Rechte ist nach 20 Abs. 2 Nr. 2 nur der **Inhaber** des geltend gemachten älteren Rechts befugt. Im Rahmen der Zulässigkeitsprüfung kommt es insoweit auf das behauptete ältere Recht an, während dessen materiellrechtliche Existenz eine Frage der Begründetheit der Löschungsklage ist. Anders als das Gemeinschaftsmarkenrecht (Art. 55 Abs. 1 lit. b iVm Art. 42 Abs. 1 GMVO) hat sich der deutsche Gesetzgeber bewußt gegen eine Regelung der Klagebefugnis ermächtigter **Lizenznehmer** entschieden (Amtl. Begr. Abs. 2 zu § 55). Die Klagebefugnis des Lizenznehmers bei Markenverletzung nach § 30 Abs. 3 gilt nicht für die durch § 55 Abs. 2 Nr. 2 speziell geregelte Löschungsklage (aA *Fezer* § 55 Rdn. 6 o. Begr.) Es gelten insoweit vielmehr die allgemeinen Regeln über die gewillkürte Prozeßstandschaft.

21 Das früher nach § 35 WZG auch für Löschungsklagen (aus eingetragenen Zeichen) geltende Inlandsvertretererfordernis besteht nach der engeren Fassung des § 96 nicht mehr.

3. Passivlegitimation, Rechtsnachfolge (Abs. 1, 4)

22 Zum richtigen Beklagten und zu Veränderungen auf der Beklagtenseite durch Rechtsnachfolge s. oben Rdn. 7.

4. Antrag

23 Auch die Löschungsklage wegen älterer Rechte wird allgemein als Leistungsklage angesehen und ist daher auf Einwilligung des Beklagten in die Löschung der Eintragung – ggf. nur bestimmter Waren/Dienstleistungen – zu richten (vgl. oben Rdn. 8). Die Feststellung eines bestimmten Rückwirkungszeitpunkts ist wegen § 52 Abs. 2 weder notwendig noch zulässig.

5. Streitgegenstand

24 Der Streitgegenstand wird dadurch bestimmt, auf welches ältere Recht die Klage jeweils gestützt wird. Beruft sich der Kläger auf mehrere, auf unterschiedlichen Sachverhalten beruhende ältere Rechte (zB eingetragene Marke und Unternehmenskennzeichen), liegen mehrere Streitgegenstände vor. Zum Verhältnis der Löschungsgründe untereinander s. oben Rdn. 9.

6. Begründetheit, Beweislast

25 Die Klage ist begründet, wenn im Zeitpunkt der letzten mündlichen Verhandlung ein Löschungsgrund gem. § 51 Abs. 1 iVm §§ 9–13 gegeben und der Löschung weder ein Ausschlußgrund nach § 51 Abs. 2–4 noch ein beachtlicher Einwand des Beklagten (unten Rdn. 26 ff.) entgegensteht. Die Beweislast hinsichtlich der tatsächlichen Voraussetzungen des Löschungsanspruchs trifft den Kläger. Bei einer Löschungsklage, die auf eine dem Benutzungszwang unterliegende eingetragene Marke gestützt ist, trifft den Kläger außerdem auch die Beweislast für die rechtserhaltende Benutzung der Klagemarke, wenn die Nichtbenutzungseinrede erhoben wird (§ 55 Abs. 3, unten Rdn. 27 ff.).

7. Einwendungen und Einreden des Beklagten

26 Zu den auch ohne diesbezügliche Einrede zu beachtenden Löschungshindernissen der Verwirkung (§ 51 Abs. 2 S. 1–2), Zu-

Löschungsverfahren vor den ordentlichen Gerichten § 55

stimmung (§ 51 Abs. 2 S. 3), nachträglichen Bekanntheit (§ 51 Abs. 3) vgl. zunächst § 51 Rdn. 6ff.; zur Geltendmachung eines aufgrund vorübergehender Löschungsreife der älteren eingetragenen Marke entstandenen koexistenzberechtigten Zwischenrechts § 51 Rdn. 10, sowie unten Rdn. 28 zu § 55 Abs. 3 S. 3. Im übrigen stehen neben Argumenten gegen das Vorliegen der Kollisionsvoraussetzungen der §§ 9–13 in der Praxis vor allem folgende Einwände des Beklagten im Vordergrund:

a) Nichtbenutzungseinrede (§ 55 Abs. 3). §§ 55 Abs. 3 regelt drei Fälle der Nichtbenutzungseinrede gegenüber der Löschungsklage. § 55 Abs. 3 S. 1/2 ermöglicht dem Beklagten die Nichtbenutzungseinrede, wenn die Löschungsklage auf eine ältere eingetragene Marke gestützt ist und die fünfjährige Benutzungsschonfrist schon **zur Zeit der Klageerhebung** (Zustellung der Klage gemäß § 253 Abs. 1 ZPO; § 270 Abs. 3 ZPO gilt nicht) abgelaufen war (S. 1) oder erst **während des Verfahrens** vor dem Schluß der letzten mündlichen Verhandlung endet bzw. die Schonfrist am Tag der Klageerhebung zwar schon abgelaufen, die Marke jedoch bei Verfahrensbeginn zunächst rechtserhaltend benutzt war und erst später ein Zeitraum fünfjähriger Benutzung vollendet wurde (S. 2). Diese Regelung stimmt mit dem für Verletzungsansprüche geltenden § 25 Abs. 2 überein, so daß auf die dortige Kommentierung verwiesen werden kann (§ 25 Rdn. 5ff.). 27

§ 55 Abs. 3 S. 3 läßt die Nichtbenutzungseinrede im Löschungsprozeß unabhängig von aktueller Löschungsreife der Klagemarke auch dann zu, wenn die Benutzungsschonfrist für die ältere eingetragene Marke **im Zeitpunkt der Veröffentlichung der Eintragung der jüngeren Marke** bereits abgelaufen war, wobei auch hier die Schonfristverlängerungen nach § 26 Abs. 5 und für IR-Marken gem §§ 115 Abs. 2 iVm 116 Abs. 2 Anwendung finden. § 55 Abs. 3 S. 3 beinhaltet damit zum einen die materiellrechtliche Anerkennung eines koexistenzberechtigten Zwischenrechts und gestaltet zum anderen dessen Geltendmachung als Einrede mit Darlegungs- und Beweislastumkehr aus. Eine vergleichbare ausdrückliche Regelung zu § 22 Abs. 1 Nr. 2 für den Verletzungsprozeß fehlt (insoweit falsch Amtl. Begr. 3. Abs. aE zu § 55). 28

Die Voraussetzungen des Anspruchausschlusses nach dem § 55 Abs. 3 werden im Löschungsprozeß nur „auf **Einrede** des Beklagten", also nicht von Amts wegen geprüft. Zu den weiteren Anforderungen an die Erhebung einer solchen Einrede vgl. § 25 Rdn. 17 ff. 29

30   **b) Nichtangriffsabrede, Verzicht.** Vertragliche Nichtangriffsabreden oder sonstige Verzichtserklärungen des Inhabers des älteren Rechts können der Löschungsklage kennzeichenrechtlich uneingeschränkt entgegengesetzt werden. Dies folgt schon aus § 51 Abs. 2 S. 3 und spielt in der Praxis insbesondere als Bestandteil von Abgrenzungsvereinbarungen bzw Vorrechtserklärungen eine große Rolle (vgl. dazu allg *Fezer* § 55 Rdn. 20 ff. und § 14 Rdn. 453 ff.; und hier oben § 30 Rdn. 60).

31   **c) Keine Verjährung.** Die kennzeichenrechtliche Verjährungsnorm des § 21 findet auf Löschungsansprüche keine Anwendung. Einer Verjährung nach den allgemeinen Vorschriften der §§ 198 oder 852 BGB steht entgegen, daß es sich bei der zu löschenden Eintragung um einen dauernden Störungszustand handelt, bei dem die Verjährung erst mit dem Ende der Eintragung beginnen könnte, sodann aber auch der Löschungsanspruch entfallen ist (*Jackermeier*, S. 137 ff.; RG GRUR 1902, 56; vgl. auch RGZ 80, 436 zur Firmenlöschung).

32   **d) Rechtsmißbrauch.** Steht dem Beklagten seinerseits ein älteres Recht iSd §§ 9 bis 13 gegenüber dem Recht des Klägers zu, so kann er dies über den Rechtsmißbrauchseinwand geltend machen, und zwar auch gegenüber einer eingetragenen Marke, da diese aufgrund des älteren Rechts des Beklagten ihrerseits löschungsreif ist (vgl. zur Geltendmachung dieses Einwands gegenüber Verletzungsansprüchen § 14 Rdn. 20 f. und unten Rdn. 44). Ist gegen die eingetragene Klagemarke ein Widerspruch oder eine Löschungsklage umgekehrten Rubrums anhängig, kann entsprechend § 148 ZPO auszusetzen sein, wenn hinreichende Erfolgsaussichten gegeben sind; jedoch keine Aussetzung wegen Widerspruchsentscheidung gegen die Klagemarke, wenn die Löschungsklage schon aufgrund einer geschäftlichen Bezeichnung Erfolg hat (vgl. BGH GRUR 1993, 556, 559 – *TRIANGLE*).

33   Wie im Verletzungsprozeß kann auch der Löschungsklage der Einwand sittenwidriger Behinderung (§§ 1 UWG, 826 BGB) oder rechtsmißbräuchlichen Erwerbs des älteren Zeichens entgegenstehen. Dazu Vor §§ 14–19 Rdn. 99 ff.

8. Ausgeschlossene Einwände des Beklagten

34   **a) Absolute Schutzhindernisse.** Ist die Löschungsklage auf eine eingetragene Marke gestützt, kann deren Nichtigkeit wegen absoluter Schutzhindernisse (§ 50) nur im Rahmen des § 51 Abs. 4

Löschungsverfahren vor den ordentlichen Gerichten **§ 55**

Nr. 2 eingewendet werden. Wie im Verletzungsprozeß ist das Gericht im übrigen auch im Verfahren über die Löschungsklage an die Eintragung der älteren Marke gebunden (vgl. § 14 Rdn. 15; RGZ 102, 355, 357 – *Juno/Julo*). Der Beklagte muß das patentamtliche Löschungsverfahren nach § 54 betreiben, um sodann die Aussetzung des Verfahrens über die Löschungsklage nach § 148 ZPO beantragen zu können, wofür hinreichende Erfolgsaussichten darzulegen sind.

b) Erfolgloser Widerspruch. Die rechtskräftige Zurückweisung eines Widerspruchs entfaltet wegen des beschränkten Prüfungsumfangs keinerlei Bindungswirkung für die Löschungsklage aufgrund der Widerspruchsmarke (Amtl. Begr. Abs. 2 aE zu § 42; vgl. BGH GRUR 1967, 94, 95 – *Stute*). Die Verneinung des Kollisionstatbestandes im Widerspruchsverfahren schließt eine genau entgegengesetzte Entscheidung im Löschungsklageverfahren selbst dann nicht aus, wenn die Abweichung nicht auf dem engeren Prüfungsumfang des Widerspruchsverfahrens beruht, sondern lediglich auf einer anderen rechtlichen Beurteilung, insbesondere der Verwechslungsgefahr. 35

9. Zuständigkeit

Neben den bereits oben Rdn. 14 dargestellten Zuständigkeitsregeln besteht bei der Löschungsklage aufgrund älteren Individualrechts stets auch eine örtliche Zuständigkeit am Ort der Einreichung der Markenanmeldung beim DPA als Handlungsort für die den Störungszustand begründende Handlung (§ 32 ZPO). Nicht anwendbar ist § 32 ZPO allerdings auf Schutzentziehungsklagen gegen auf Deutschland erstreckte IR-Marken, da bei diesen der Registrierungsantrag nicht beim DPA gestellt wird (vgl. BGH GRUR 1994, 530 – *Beta*). Näher zur Zuständigkeit in Kennzeichenstreitsachen s. § 140 Rdn. 15 ff. 36

10. Kostentragung, Abmahnung

Im Rahmen der Kostenentscheidung nach § 91 ff. ZPO findet § 93 ZPO Anwendung, wenn der Beklagte spätestens in der ersten mündlichen Verhandlung anerkennt und der Kläger ihn vorprozessual nicht unter Angabe des Löschungsgrundes zum Verzicht gem § 48 aufgefordert hat. Die Kosten einer vorprozessualen Löschungsaufforderung hat der Markeninhaber nach den Regeln über die Geschäftsführung ohne Auftrag zu erstatten. 37

11. Streitwert

38 Für die Streitwertfestsetzung nach § 3 ZPO ist das wirtschaftliche Interesse des Klägers an der Löschung maßgeblich (vgl. allg. § 142 Rdn. 4 ff.). Dieses hängt vorrangig davon ab, welchen wirtschaftlichen Wert der Handlungsspielraum hat, den sich der Kläger durch die Löschung der gegnerischen Marke verschaffen will. Demgegenüber tritt der Verkehrswert der Marke, deren Eintragung gelöscht werden soll, zurück.

12. Rechtskraft, Vollstreckung

39 Vgl. oben Rdn. 17 f.

13. Einstweiliger Rechtsschutz

40 Der Löschungsanspruch kann nicht durch einstweilige Verfügung geltend gemacht werden, da die Hauptsache vorweggenommen würde (unzutr. *B/S* § 11 WZG Rdn. 4). Eine „einstweilige" Löschung mit vorübergehender Wirkungslosigkeit der Markeneintragung kennt das MarkenG nicht.

D. Löschungsklage wegen älterer geographischer Herkunftsangabe

41 Bei der Löschungsklage aufgrund älterer geographischer Herkunftsangabe (§ 51 iVm § 13 Abs. 2 Nr. 5) bedurfte es mangels eines Rechtsinhabers der Sonderregelung nach § 55 Abs. 2 Nr. 3, die an die wettbewerbsrechtliche Klagebefugnis bestimmter Mitbewerber, Verbände und Kammern nach § 13 Abs. 2 UWG anknüpft. Dies entspricht der Regelung über die Geltendmachung von Unterlassungsansprüchen bei unbefugter Benutzung einer geographischen Herkunftsangabe (§§ 128, 135). Darüber hinaus sollte parallel zum Unterlassungsanspruch auch für die Löschungsklage eine Klagebefugnis des unmittelbar Verletzten, also des rechtmäßigen Benutzers der älteren geographischen Herkunftsangabe, anerkannt werden. Ein Bedürfnis hierfür besteht immer dann, wenn dieser nicht zugleich Mitbewerber iSv § 13 Abs. 2 Nr. 1 UWG ist, zB in Fällen der Rufschädigung oder Rufausbeutung durch Eintragung für iSv § 13 Abs. 2 Nr. 1 nicht gleichartige Waren/Dienstleistungen. § 55 Abs. 2 Nr. 3 führt erstmals eine hinsichtlich des Kreises der klagebefugten Personen „zwischen" der Popularklage bei Verfall und der Individualklage bei allen übrigen älteren Rechten liegende Klageart ein.

Bei der Streitwertfestsetzung für Klagen von Verbänden oder Kammern sind abweichend von oben Rdn. 38 die zu § 13 UWG entwickelten Grundsätze entsprechend anzuwenden (vgl. *Piper/ Köhler* vor §§ 23a, 23b UWG Rdn. 13/14; *Baumbach/Hefermehl* UWG Einl. Rdn. 514ff.). § 23a UWG findet keine Anwendung. Streitwertbegünstigung nach § 142.

E. Verhältnis zu anderen Löschungsverfahren

Das Verhältnis der Löschungsklage wegen älterer Rechte zum Widerspruch ist bei § 42 Rdn. 50 dargestellt. Zum Verhältnis der Löschungsklage wegen Nichtbenutzung zum patentamtlichen Verfahren nach § 53 s. dort Rdn. 1 und 11. 42

F. Außerkennzeichenrechtliche Löschungsklagen

§§ 49 bis 55 regeln die Ansprüche auf Löschung eingetragener Marken insoweit nicht abschließend, als sich solche Ansprüche auch aus Normen außerhalb des MarkenG ergeben können. Im Vergleich zum WZG kommt dieser früher „außerzeichenrechtlich" genannten Löschungsklage (vgl. *B/H* § 11 WZG Rdn. 7ff.) heute allerdings eine geringere Bedeutung zu. Denn über § 13 wurden alle Ansprüche, die auf nicht kennzeichenrechtlichen, aber absoluten älteren Rechten beruhen, in das MarkenG integriert. § 49 Abs. 2 Nr. 1 kodifiziert ebenfalls einen früher nur außerkennzeichenrechtlich begründbaren Löschungsanspruch (vgl. BGH GRUR 1964, 58 – *Düssel*). Als Grundlage für nicht im MarkenG behandelte Löschungsansprüche kommen heute insbesondere noch in Betracht: **§ 1 UWG** wegen sittenwidriger Behinderung (Vor §§ 14–19 Rdn. 100ff.); **§ 3 UWG** (zB BGH GRUR 1963, 589 – *Lady Rose*); bei sittenwidriger Erschleichung oder Behinderung ohne Wettbewerbsverhältnis **§ 826 BGB** (*B/S* § 11 WZG Rdn. 31); **§ 823 Abs. 1 BGB** (zB in dem noch verbleibenden Anwendungsbereich des Schutzes berühmter Kennzeichen, vgl. § 14 Rdn. 521 ff.); sowie aufgrund **vertraglicher** Verpflichtung zur Löschung. 43

G. Geltendmachung von Löschungsgründen ohne Klage

44 Anders als die nach § 54 dem patentamtlichen Löschungsverfahren vorbehaltenen Löschungsgründe des § 50 können die Löschungsgründe der §§ 49, 51 insbesondere im Verletzungsprozeß auch ohne Erhebung der Löschungswiderklage vom Klageberechtigten als Einwand geltend gemacht werden, wie dies ausdrücklich für den Verfall wegen Nichtbenutzung in § 25 geregelt ist (grdl. RGZ 147, 332, 337 – *Aeskulap*). Es gilt insofern auch im neuen Markenrecht der Grundsatz, daß aus einer nur formalen, weil löschungsreifen Markeneintragung keinerlei Ansprüche geltend gemacht werden können, vgl. § 14 Rdn. 17, 19 ff. Die nunmehr ausdrückliche Regelung einiger Einreden des Verletzers in den §§ 20–26 ist nicht abschließend (Amtl. Begr. zu Teil 2 Abschnitt 4 aE.). Im Gemeinschaftsmarkenrecht ist dieser Einwand in Art. 95 Abs. 3 GMVO für den Verfall wegen Nichtbenutzung und die Nichtigkeit wegen älterer Rechte Dritter ausdrücklich zugelassen.

H. Klage auf Rücknahme der Markenanmeldung

45 Erlangt der Inhaber eines älteren Rechts Kenntnis von einer schwebenden Markenanmeldung, gegen deren Eintragung ein Löschungsanspruch gegeben wäre, so braucht er nicht bis zur Eintragung zuzuwarten, sondern kann auf Rücknahme der Markenanmeldung klagen. Die Anmeldung begründet die Gefahr der Intensivierung eines rechtswidrigen Störungszustandes durch die Eintragung, zu dessen Verhütung die vorbeugende Beseitigungsklage gegeben ist (BGH GRUR 1993, 556, 558 – *TRIANGLE*; BGH GRUR 1969, 690, 693 – *Faber*). Es kommt daher nicht darauf an, ob parallel auch ein gleichgerichteter Unterlassungsanspruch besteht, wie ihn der BGH grds bejaht hat (BGH GRUR 1993, 556, 558 – *TRIANGLE*). In jedem Falle müßte bei einem solchen Unterlassungsurteil die Vollstreckbarkeit auf den Eintritt der Rechtskraft hinausgeschoben werden, da andernfalls endgültiger Verlust der Anmeldepriorität durch vorläufige Vollstreckung eintreten könnte. Wegen des ohne weiteres gegebenen Beseitigungsanspruchs ist auch die dritte vom BGH als nicht unzweifelhaft bezeichnete Begründungsmöglichkeit über einen Schadensersatzanspruch ohne Bedeutung (BGH GRUR 1993, 556, 558 – *TRIANGLE*).

I. Klage auf Unterlassung der Markenanmeldung

Wird dem Inhaber älterer Rechte die Einreichung einer kolli- 46
dierenden Markenanmeldung angedroht oder berühmt sich ein
nicht berechtigter Dritter in anderer Form des Rechts zur Beantragung einer kollidierenden Markeneintragung, so kann sogar noch
vor Einreichung der Anmeldung auf Unterlassung geklagt werden.
Der vorbeugende Anspruch auf Verhütung des Störungszustandes
der Markeneintragung kann nicht davon abhängen, ob die Anmeldung bereits eingereicht ist oder nur bevorsteht. Ein berechtigtes
Interesse an dieser frühzeitigen Geltendmachung besteht schon deshalb, weil der Berechtigte keine Möglichkeit hat, den Eingang der
Anmeldung zeitnah festzustellen, nachdem die Veröffentlichung
erst nach der Eintragung erfolgt und zuvor nur ins Blaue hinein
eingereichte Akteneinsichtsanträge zur Entdeckung führen könnten. Dagegen wird für einstweiligen Rechtsschutz regelmäßig der
Verfügungsgrund fehlen, nachdem die Einreichung der Anmeldung
als solche keine später nicht mehr zu beseitigende Wirkung hat.

Abschnitt 4. Allgemeine Vorschriften für das Verfahren vor dem Patentamt

Vorbemerkung zu §§ 56 bis 65

I. Allgemeines

Das WZG enthielt in § 12 Abs. 2–4 Regelungen über die Zu- 1
ständigkeiten im Patentamt (jetzt § 56), und in § 12 Abs. 1 eine
Globalverweisung auf die Verfahrensvorschriften des PatG. Der
Gesetzgeber des MarkenG beabsichtigte eine „in sich geschlossene
Regelung" (Amtl. Begr. A. III. 10) zu schaffen. Dafür spricht die
größere Benutzerfreundlichkeit, vor allem im Hinblick auf solche
Anmelder, die mit dem Patentrecht nicht aus eigener Anmeldetätigkeit vertraut sind. Andererseits sind zahlreiche Verfahrensregelungen des MarkenG wörtlich oder mit minimalen Änderungen aus
dem PatG übernommen worden. Würde diesen Regelungen im
MarkenG eine andere Auslegung gegeben als den Parallelvorschriften im PatG, wäre ein erheblicher Verlust an Rechtssicherheit zu

Vor §§ 56–65 Vorbemerkung zu §§ 56 bis 65

befürchten. Die umfassende Regelung der Verfahrensvorschriften im MarkenG würde sich dann als Nachteil erweisen. Schon aus diesem Grund ist es erforderlich, die bisher zu den Parallelvorschriften des PatG ergangene Rechtsprechung auch auf die Regelung des MarkenG zu übertragen. Auch in Zukunft spricht alles für eine übereinstimmende Auslegung. Neben den Vorschriften des PatG können bei der Auslegung der Verfahrensvorschriften des MarkenG ergänzend auch andere Verfahrensverordnungen herangezogen werden, insbesondere die ZPO und das VwVfG. Die Übertragung von Grundsätzen anderer Verfahrensordnungen liegt besonders nahe bei grundlegenden Fragen, wie dem Amtsermittlungsprinzip (§ 59 Abs. 1 Satz 1) und der Gewährung rechtlichen Gehörs (§ 59 Abs. 2). Im Hinblick auf die Ausschließung und Ablehnung von Beamten und Angestellten des DPA ordnet § 57 Abs. 1 die entsprechende Anwendung von Vorschriften der ZPO ausdrücklich an. Im übrigen kann auf Regelungen der ZPO aber nur nach sorgfältiger Prüfung der Vergleichbarkeit zurückgegriffen werden, da sich das Verfahren vor dem DPA als Verwaltungsverfahren von dem zivilprozessualen Verfahren erheblich unterscheidet.

II. Systematische Stellung

2   Innerhalb des dritten Teils (§§ 32–96) regelt der Abschnitt 4 diejenigen allgemeinen Verfahrensvorschriften, die unabhängig von der jeweiligen speziellen Verfahrensart (zB Anmelde-, Widerspruchs- oder Löschungsverfahren) gelten. Die Vorschriften der §§ 56ff. gelten ausdrücklich nur für das Verfahren vor dem DPA. Für das Verfahren vor dem BPatG enthält Abschnitt 5 (§§ 66–82) eigene Vorschriften. Zur Lückenfüllung ist dabei nicht auf die Vorschriften des Abschnittes 4, sondern auf diejenigen des GVG und der ZPO zurückzugreifen, § 82 Abs. 1, mit Ausnahme der Vorschriften zur Akteneinsicht, wo über § 82 Abs. 3, § 62 Abs. 1 und 2 gelten. Das Rechtsbeschwerdeverfahren vor dem BGH ist in §§ 83–90 geregelt. Gemeinsame Vorschriften für die Verfahren in allen Instanzen enthalten die §§ 91–96, die also auf das Verfahren vor dem DPA in gleicher Weise Anwendung finden wie §§ 32–44. Von besonderer Bedeutung sind die Regelung der Wiedereinsetzung (§ 91) und der Zustellung (§ 94). Die Vorschriften des MarkenG werden ergänzt durch die Rechtsverordnungen nach § 65, von denen bisher nur die Verordnung zur Ausführung des Markengesetzes (MarkenV) ergangen ist (Anhang 1). Da-

neben hat der Präsident des DPA aufgrund der ihm zustehenden Organisationsbefugnis amtsinterne Richtlinien zu bestimmten Aspekten des Verfahrens erlassen, zum gegenwärtigen Zeitpunkt die Anmelderichtlinie. Bei den Richtlinien handelt es sich um Verwaltungsvorschriften, auf die sich der Anmelder zwar nicht unmittelbar berufen kann, deren Nichtbeachtung aber gegebenenfalls einen Verstoß gegen den Gleichheitsgrundsatz darstellen kann, der zu einer Rechtswidrigkeit der Entscheidung führen kann (zB BGH GRUR 1991, 819, 816 – *Zustellungsadressat*: Ermessensfehlgebrauch bei Mißachtung interner Richtlinien).

III. Aufbau des Abschnitts

§ 56 enthält die allgemeine Zuständigkeitsregelung für das patentamtliche Verfahren, insbesondere die Abgrenzung zwischen den Aufgabe der Marktstellen und Markenabteilungen, § 57 regelt unter Verweisung auf die ZPO Ausschließung und Ablehnung, § 58 die gutachterliche Tätigkeit, §§ 59 und 60 enthalten die wesentlichen Verfahrensgrundsätze, § 61 regelt die Form der Entscheidung und der Rechtsmittelbelehrung, § 62 die Akteneinsicht, § 63 die Kostenerstattung der Beteiligten, § 64 die Erinnerung als Rechtsmittel, das innerhalb des Verwaltungsverfahrens vor dem DPA zur Verfügung steht und § 65 enthält eine umfassende Rechtsverordnungsermächtigung.

3

§ 56 Zuständigkeiten im Patentamt

(1) **Im Patentamt werden zur Durchführung der Verfahren in Markenangelegenheiten Markenstellen und Markenabteilungen gebildet.**

(2) **Die Markenstellen sind für die Prüfung von angemeldeten Marken und für die Beschlußfassung im Eintragungsverfahren zuständig. Die Aufgaben einer Markenstelle nimmt ein Mitglied des Patentamts (Prüfer) wahr. Die Aufgaben können auch von einem Beamten des gehobenen Dienstes oder einem vergleichbaren Angestellten wahrgenommen werden. Beamte des gehobenen Dienstes und vergleichbare Angestellte sind jedoch nicht befugt, eine Beeidigung anzuordnen, einen Eid abzunehmen oder ein Ersuchen nach § 95 Abs. 2 an das Patentgericht zu richten.**

(3) **Die Markenabteilungen sind für die Angelegenheiten zuständig, die nicht in die Zuständigkeit der Markenstellen fallen. Die Aufgaben einer Markenabteilung werden in der Besetzung mit**

§ 56 Zuständigkeiten im Patentamt

mindestens drei Mitgliedern des Patentamts wahrgenommen. Der Vorsitzende einer Markenabteilung kann alle in die Zuständigkeit der Markenabteilung fallenden Angelegenheiten mit Ausnahme der Entscheidung über die Löschung einer Marke nach § 54 allein bearbeiten oder diese Angelegenheiten einem Angehörigen der Markenabteilung zur Bearbeitung übertragen.

Literatur: *Eichmann*, Die dreidimensionale Marke im Verfahren vor dem DPA und dem BPatG, GRUR 1995, 184; *Mitscherlich*, Verfahrensrechtliche Aspekte des neuen Markenrechts, FS DPA 100 Jahre Marken-Amt, 1994, 119; *Winkler*, Das neue Markenrecht für das Deutsche Patentamt, Mitt. 1995, 45.

I. Allgemeines

1. Überblick

1 § 56 regelt die internen Zuständigkeiten für Markenangelegenheit im DPA und unterscheidet dabei zwischen Markenstellen (Abs. 2) und Markenabteilungen (Abs. 3).

2. Früheres Recht

2 Die in § 56 enthaltene Regelung entspricht im wesentlichen derjenigen von §§ 12 Abs. 2 bis Abs. 4 WZG, wobei die Markenstellen im WZG als „Prüfungsstellen" und die Markenabteilung als „Warenzeichenabteilung" bezeichnet wurden.

II. Vorgeschriebene Spruchkörper (Abs. 1)

3 Abs. 1 schreibt gesetzlich die interne Organisation vor, von ihr kann also nicht durch den Präsidenten des DPA aufgrund seiner Organisationshoheit abgewichen werden (BPatGE 26, 124). Wie sich aus den Absätzen 2 und 3 im einzelnen ergibt, unterscheiden sich die zu bildenden Markenstellen und Markenabteilungen einerseits nach ihren Zuständigkeiten, andererseits nach ihrer Besetzung. Die Markenstellen und Markenabteilungen stehen nicht im Verhältnis eines Instanzenzuges zueinander. Rechtsmittel ist vielmehr gegen Entscheidungen beider Spruchkörper je nach deren Besetzung entweder die Erinnerung (§ 64) oder die Beschwerde (§ 66). Im Instanzenzug des patentamtlichen Verfahrens sind sowohl Markenstellen wie Markenabteilungen erstinstanzliche Spruchkörper.

III. Markenstellen (Abs. 2)

1. Zuständigkeit

Die Markenstellen sind nach Abs. 2 Satz 1 für die Prüfung von 4
angemeldeten Marken und für die Beschlußfassung im Eintragungsverfahren zuständig. Das Eintragungsverfahren umfaßt die im Abschnitt 1 enthaltenen Regelungen, damit insbesondere auch die Entscheidung über den Widerspruch, §§ 42, 43, obwohl dieser zeitlich der Eintragung nachgeschaltet ist. Die Zuständigkeit der Markenstellen und Markenabteilungen im einzelnen bestimmt der Präsident des DPA im Rahmen seiner Geschäftsverteilungskompetenz gemäß § 9 DPAV.

2. Besetzung

Die Markenstelle entscheidet jeweils durch einen einzelnen Prü- 5
fer. Nach dem gesetzlichen Regelfall ist dieser ein Mitglied des Patentamtes im Sinne von § 26 PatG. Dafür ist vorausgesetzt, daß er entweder die Befähigung zum Richteramt nach dem deutschen Richtergesetz besitzt (rechtskundiges Mitglied) oder in einem Zweig der Technik sachverständig ist, nämlich ein technisches oder naturwissenschaftliches Hochschulstudium abgeschlossen und anschließend praktische Erfahrungen erworben hat (§ 26 Abs. 1, 2 PatG). Das MarkenG differenziert nicht zwischen technischen und rechtskundigen Mitgliedern, wie sich aus der Begründung (Amtl. Begr. Abs. 3 zu § 56) ergibt, wurde bewußt die Möglichkeit offengelassen, auch technische Mitglieder des DPA den Markenstellen und Markenabteilungen zuzuordnen. Außer von Prüfern können die Aufgaben der Markenstelle auch von Beamten des gehobenen Dienstes oder von vergleichbaren Angestellten wahrgenommen werden, die jedoch nicht befugt sind, eine Beeidigung anzuordnen, einen Eid abzunehmen oder ein Ersuchen nach § 95 Abs. 2 an das Patentgericht zu richten. Im übrigen sind die Befugnisse der Beamten des gehobenen Dienstes und der mit ihnen vergleichbaren Angestellten im Bereich der Markenstellen nicht eingeschränkt, sie sind insbesondere auch befugt, schwierige materiell-rechtliche Entscheidungen, etwa hinsichtlich des Bestehens absoluter Eintragungshindernisse oder der Entscheidung über Widersprüche, zu treffen. Gemäß § 65 Abs. 1 Nr. 12 ist darüber hinaus vorgesehen, daß Beamten des mittleren Dienstes oder mit diesen vergleichbaren Angestellten Aufgaben der Markenstellen übertragen werden können, die keine recht-

IV. Markenabteilung (Abs. 3)

1. Zuständigkeit

6   Die Markenabteilungen sind für alle Verfahren zuständig, die nicht in §§ 32–44 geregelt sind. Dazu gehören insbesondere das Löschungsverfahren (§§ 48 ff.), die Verlängerung der Schutzdauer (§ 47), die Umschreibung (§ 27), Berichtigung (§ 45), Teilung (§ 46), Entscheidungen über Ablehnungsanträge (§ 57), Erstattung von Gutachten (§ 58), die Wiedereinsetzung (§ 91), Verfahren im Hinblick auf Kollektivmarken (§§ 97–106), Verfahren über international registrierte Marken (§§ 107–125), Verfahren im Hinblick auf geographische Herkunftsangaben (§§ 126–129), auch gemäß der Verordnung (EWG) Nr. 2081/92 (§§ 130–136). Die Geschäftsverteilung innerhalb der Markenabteilung bestimmt nach § 10 Abs. 2 DPAV der Vorsitzende.

2. Besetzung

7   Die Markenabteilung ist mit mindestens drei Mitgliedern zu besetzen und entscheidet als kollegialer Spruchkörper unter Mitwirkung von mindestens drei Mitgliedern des DPA im Sinne von § 26 PatG. Der Vorsitzende kann jedoch mit Ausnahme von Entscheidungen nach § 54 im Löschungsverfahren alle Entscheidungen selbst treffen oder diese einem einzelnen Mitglied übertragen. Dieser handelt dann aber nicht „im Auftrag", ein entsprechender Vermerk ist vielmehr ein Hinweis auf eine nicht ordnungsgemäße Besetzung der Markenabteilung (BPatG GRUR 1997, 58 – *Verlängerungsgebühr*). Die Beschlußfassung innerhalb der Markenabteilung regelt § 10 Abs. 3 DPAV. In § 56 Abs. 3 ist keine Übertragung von Befugnissen auf Beamte des gehobenen Dienstes oder vergleichbare Angestellte entsprechend § 56 Abs. 2 vorgesehen. Eine entsprechende Ermächtigung ergibt sich aber aus § 65 Abs. 1 Nr. 11, wonach diesen Bediensteten Aufgaben übertragen werden können, die keine besonderen rechtlichen Schwierigkeiten bieten. Von dieser Ermächtigung hat der Präsident des DPA in § 5 Abs. 1 WahrnehmungsV Gebrauch gemacht. Von der in § 65 Abs. 1 Nr. 2 enthaltenen Ermächtigung, auch Beamten des mittleren Dienstes oder

Ausschließung und Ablehnung § 57

diesen vergleichbaren Angestellten Teilaufgaben zu übertragen, ist in § 5 Abs. 2 WahrnehmungsV Gebrauch gemacht worden.

§ 57 Ausschließung und Ablehnung

(1) Für die Ausschließung und Ablehnung der Prüfer und der Mitglieder der Markenabteilungen sowie der mit der Wahrnehmung von Angelegenheiten, die den Markenstellen oder den Markenabteilungen obliegen, betrauten Beamten des gehobenen und mittleren Dienstes oder Angestellten gelten die §§ 41 bis 44, 45 Abs. 2 Satz 2, §§ 47 bis 49 der Zivilprozeßordnung über die Ausschließung und Ablehnung der Gerichtspersonen entsprechend.

(2) Über das Ablehnungsgesuch entscheidet, soweit es einer Entscheidung bedarf, eine Markenabteilung.

I. Grundsatz (Abs. 1)

Wie schon § 12 Abs. 6 WZG verweist § 57 Abs. 1 auf die Ablehnungsvorschriften der ZPO, wobei es sich bei den Bediensteten der Markenstellen und Markenabteilungen um Verwaltungsbeamte bzw. Verwaltungsangestellte handelt, nicht um Gerichtspersonen im Sinne der ZPO. Die Systematik der ZPO unterscheidet Gründe, die in jedem Fall von vorne herein zu einem Ausschluß von der Mitwirkung an einer Entscheidung führen (§ 41 ZPO) und dem Recht eines Verfahrensbeteiligten, Entscheidungsträger abzulehnen, wenn entweder ein Ausschließungsgrund vorliegt, oder die Besorgnis der Befangenheit besteht (§§ 42 ff. ZPO). 1

Die in Bezug genommenen Vorschriften der ZPO haben folgenden Wortlaut: 2

§ 41 ZPO [Ausschließung von der Ausübung des Richteramtes]
Ein Richter ist von der Ausübung des Richteramtes kraft Gesetzes ausgeschlossen:
1. in Sachen, in denen er selbst Partei ist oder bei denen er zu einer Partei in dem Verhältnis eines Mitberechtigten, Mitverpflichteten oder Regreßpflichtigen steht;
2. in Sachen seines Ehegatten, auch wenn die Ehe nicht mehr besteht;
3. in Sachen einer Person, mit der er in gerader Linie verwandt oder verschwägert, in der Seitenlinie bis zum dritten Grad verwandt oder bis zum zweiten Grad verschwägert ist oder war;
4. in Sachen, in denen er als Prozeßbevollmächtigter oder Beistand einer Partei bestellt oder als gesetzlicher Vertreter einer Partei aufzutreten berechtigt ist oder gewesen ist;

5. in Sachen, in denen er als Zeuge oder Sachverständiger vernommen ist;
6. in Sachen, in denen er in einem früheren Rechtszuge oder im schiedsrichterlichen Verfahren bei dem Erlaß der angefochtenen Entscheidung mitgewirkt hat, sofern es sich nicht um die Tätigkeit eines beauftragten oder ersuchten Richters handelt.

§ 42. [Ablehnung des Richters] (1) Ein Richter kann sowohl in den Fällen, in denen er von der Ausübung des Richteramts kraft Gesetzes ausgeschlossen ist, als auch wegen Besorgnis der Befangenheit abgelehnt werden.

(2) Wegen Besorgnis der Befangenheit findet die Ablehnung statt, wenn ein Grund vorliegt, der geeignet ist, Mißtrauen gegen die Unparteilichkeit eines Richters zu rechtfertigen.

(3) Das Ablehnungsrecht steht in jedem Falle beiden Parteien zu.

§ 43. [Verlust des Ablehnungsrechts] Eine Partei kann einen Richter wegen Besorgnis der Befangenheit nicht mehr ablehnen, wenn sie sich bei ihm, ohne den ihr bekannten Ablehnungsgrund geltend zu machen, in eine Verhandlung eingelassen oder Anträge gestellt hat.

§ 44. [Ablehnungsgesuch] (1) Das Ablehnungsgesuch ist bei dem Gericht, dem der Richter angehört, anzubringen; es kann vor der Geschäftsstelle zu Protokoll erklärt werden.

(2) [1]Der Ablehnungsgrund ist glaubhaft zu machen; zur Versicherung an Eides Statt darf die Partei nicht zugelassen werden. [2]Zur Glaubhaftmachung kann auf das Zeugnis des abgelehnten Richters Bezug genommen werden.

(3) Der abgelehnte Richter hat sich über den Ablehnungsgrund dienstlich zu äußern.

(4) Wird ein Richter, bei dem die Partei sich in eine Verhandlung eingelassen oder Anträge gestellt hat, wegen Besorgnis der Befangenheit abgelehnt, so ist glaubhaft zu machen, daß der Ablehnungsgrund erst später entstanden oder der Partei bekanntgeworden sei.

§ 45. [Zuständigkeit zur Entscheidung] (1) Über das Ablehnungsgesuch entscheidet das Gericht, dem der Abgelehnte angehört; wenn dieses Gericht durch Ausscheiden des abgelehnten Mitglieds beschlußunfähig wird, das im Rechtszuge zunächst höhere Gericht.

(2) [1]Wird ein Richter beim Amtsgericht abgelehnt, so entscheidet das Landgericht, in Kindschaftssachen und bei Ablehnung eines Familienrichters das Oberlandesgericht. [2]Einer Entscheidung bedarf es nicht, wenn der Richter beim Amtsgericht das Ablehnungsgesuch für begründet hält.

§ 46. [Entscheidung und Rechtsmittel] (1) Die Entscheidung über das Ablehnungsgesuch kann ohne mündliche Verhandlung ergehen.

(2) Gegen den Beschluß, durch den das Gesuch für begründet erklärt wird, findet kein Rechtsmittel, gegen den Beschluß, durch den das Gesuch für unbegründet erklärt wird, findet sofortige Beschwerde statt.

§ 47. [Unaufschiebbare Amtshandlungen] Ein abgelehnter Richter hat vor Erledigung des Ablehnungsgesuchs nur solche Handlungen vorzunehmen, die keinen Aufschub gestatten.

§ **48.** [**Selbstablehnung; Ablehnung von Amts wegen**] Das für die Erledigung eines Ablehnungsgesuchs zuständige Gericht hat auch dann zu entscheiden, wenn ein solches Gesuch nicht angebracht ist, ein Richter aber von einem Verhältnis Anzeige macht, das seine Ablehnung rechtfertigen könnte, oder wenn aus anderer Veranlassung Zweifel darüber entstehen, ob ein Richter kraft Gesetzes ausgeschlossen sei.

§ **49.** [**Urkundsbeamte**] Die Vorschriften dieses Titels sind auf den Urkundsbeamten der Geschäftsstelle entsprechend anzuwenden; die Entscheidung ergeht durch das Gericht, bei dem er angestellt ist.

II. Zuständigkeit (Abs. 2)

Hält der betroffene Bedienstete des DPA das Ablehnungsgesuch 3 für begründet, bedarf es keiner Entscheidung, er gibt das Verfahren dann an einen anderen ab (§ 45 Abs. 2 ZPO). Anderenfalls entscheidet eine Markenabteilung, also nicht nur ein einzelnes Mitglied einer solchen Abteilung. Auch wenn § 45 Abs. 1 ZPO ausdrücklich nicht für anwendbar erklärt worden ist, spricht viel dafür, daß bei der Ablehnung eines Mitglieds der Markenabteilung die gleiche Abteilung entscheidet, der der Abgelehnte angehört, allerdings ohne daß er mitwirkt.

§ 58 Gutachten

(1) **Das Patentamt ist verpflichtet, auf Ersuchen der Gerichte oder der Staatsanwaltschaften über Fragen, die angemeldete oder eingetragene Marken betreffen, Gutachten abzugeben, wenn in dem Verfahren voneinander abweichende Gutachten mehrerer Sachverständiger vorliegen.**

(2) **Im übrigen ist das Patentamt nicht befugt, ohne Genehmigung des Bundesministeriums der Justiz außerhalb seines gesetzlichen Aufgabenbereichs Beschlüsse zu fassen oder Gutachten abzugeben.**

I. Allgemeines

§ 58 regelt in Übereinstimmung mit dem früheren § 14 WZG 1 Verpflichtung (Abs. 1) und Befugnis (Abs. 2) des DPA zur Erstattung von Gutachten. Diese sind eng begrenzt und spielen in der Praxis keine Rolle.

II. Verpflichtung zur Erstattung von Gutachten (Abs. 1)

2 Das DPA kann von jedem Zivil-, Straf- oder Verwaltungsgericht zur Abgabe eines Gutachtens ersucht werden, Schiedsgerichte können durch ein Gericht nach § 1036 ZPO das Ersuchen stellen. Ein Ersuchen kommt auch im staatsanwaltschaftlichen Ermittlungsverfahren in Betracht. Das Ersuchen muß sich auf „angemeldete oder eingetragene Marken" beziehen, was in Deutschland Schutz geniessende IR-Marken einschließt. In dem Verfahren müssen mindestens zwei voneinander abweichende Gutachten vorliegen. Daß es sich dabei um Gerichts- (nicht Partei-) Gutachten handeln müsse (so *Fezer* Rdn. 1) ist weder dem Gesetzeswortlaut zu entnehmen noch sachgerecht, da diese Situation in der Praxis nie eintreten dürfte. Da sich das Gutachten inhaltlich auf alle Fragen, die die Marke betreffen erstrecken kann, kann es sowohl Tatsachenfragen wie auch Rechtsfragen behandeln.

III. Gutachtenverbot (Abs. 2)

3 Ohne Genehmigung des Bundesministeriums der Justiz kann das DPA nur die ausdrücklich im Gesetz vorgesehenen Verfahrenshandlungen vornehmen, die typischerweise die Form von Beschlüssen haben. Damit ist das DPA ohne besondere Genehmigung nicht nur gehindert, als Parteigutachter aufzutreten (oder als Gerichtsgutachter außerhalb der Ersuchen des Absatzes 1), sondern ganz generell daran gehindert, Sach- oder Rechtsauskünfte zu erteilen, die im Gesetz nicht ausdrücklich vorgesehen sind (insbesondere durch die Akten- und Registereinsicht gemäß § 62). Damit scheidet insbesondere eine Vorabauskunft des DPA zur Frage einer eventuellen Eintragbarkeit einer noch nicht angemeldeten Marke oder zur Beurteilung der Verwechslungsfähigkeit außerhalb eines anhängigen Widerspruchsverfahrens aus.

§ 59 Ermittlung des Sachverhalts; rechtliches Gehör

(1) **Das Patentamt ermittelt den Sachverhalt von Amts wegen. Es ist an das Vorbringen und die Beweisanträge der Beteiligten nicht gebunden.**

(2) **Soll die Entscheidung des Patentamts auf Umstände gestützt werden, die dem Anmelder oder Inhaber der Marke oder einem**

anderen am Verfahren Beteiligten noch nicht mitgeteilt waren, so ist ihm vorher Gelegenheit zu geben, sich dazu innerhalb einer bestimmten Frist zu äußern.

I. Allgemeines

§ 59 enthält in Absatz 1 zunächst den für die Tätigkeit des DPA 1 wesentlichen Amtsermittlungsgrundsatz. Dieser war im WZG nicht ausdrücklich geregelt, er ist auch im PatG nur für die Tätigkeit des BPatG, nicht für die des DPA, ausdrücklich erwähnt (§ 87 Abs. 1 PatG). Schon nach bisherigem Recht war die Geltung des Amtsermittlungsgrundsatzes für das DPA aber unstreitig, er gilt grundsätzlich für alle Verwaltungsbehörden (vgl. § 24 Abs. 1 VwVfG). Absatz 2 konkretisiert den verfassungsrechtlich vorgegebenen (Art. 103 Abs. 1 GG) Grundsatz des rechtlichen Gehörs. Im WZG war eine ausdrückliche Regelung ebensowenig enthalten wie im PatG, seine Geltung war aber unbestritten (zB BGH GRUR 1966, 583, 585 – *Abtastverfahren*).

II. Ermittlung des Sachverhalts (Abs. 1)

1. Grundsatz

Wie im Verwaltungsverfahren allgemein (§ 24 Abs. 1 VwVfG) gilt 2 im patentamtlichen Verfahren der Amtsermittlungs- oder Untersuchungsgrundsatz. Anders als im Zivilprozeß, der vom Dispositionsgrundsatz beherrscht wird, kann das DPA selbständig neuen Tatsachenstoff ermitteln und in das Verfahren einführen. Es ist auch nicht an übereinstimmenden Sachvortrag der Parteien gebunden. Eine besonders deutliche Ausprägung findet der Untersuchungsgrundsatz bei der Prüfung der Markenfähigkeit (§ 3) und der absoluten Schutzhindernisse (§ 8). Das DPA kann auf eigene Erkenntnisse, etwa aus früheren Verfahren, zurückgreifen und auch selbst Ermittlungen anstellen, etwa zu der Frage, ob eine Bezeichnung im geschäftlichen Verkehr für die Waren üblich geworden ist (§ 8 Abs. 2 Nr. 3). Das DPA wird aber nur auf Antrag tätig. Es greift also Vorgänge nicht von sich aus auf, wie es etwa die Staatsanwaltschaft tut, die Offizialmaxime gilt also nicht. So gehört es zB nicht zu den Aufgaben des DPA, von Amts wegen Kollisionen zwischen verwechslungsfähig ähnlichen Zeichen zu vermeiden oder eine Marke, die beschreibend geworden ist, zu löschen.

2. Ausnahmen

3 Der Amtsermittlungsgrundsatz gilt dort nicht, wo Vermutungen eingreifen, zB bei der Inhaberschaft des Eingetragenen (§ 28 Abs. 1), oder wenn im Gesetz ausdrücklich geregelt ist, daß einem Beteiligten die Darlegung obliegt, so etwa bei dem Nachweis der Benutzung, wenn die Einrede der Nichtbenutzung erhoben worden ist (§ 41 Abs. 1). Alle Ausnahmen vom Untersuchungsgrundsatz bedürfen der ausdrücklichen Anordnung im Gesetz.

3. Mitwirkung der Beteiligten

4 Auch ohne ausdrückliche Regelung im Gesetz sind die Parteien gehalten, an der Aufklärung des Sachverhalts mitzuwirken (BGH GRUR 1988, 211 – *wie hammas denn?*). Lassen sie es an der Mitwirkung fehlen, kann das Patentamt auf der Basis der ihm im übrigen vorliegenden Informationen entscheiden.

4. Grenzen

5 Im Hinblick auf die große Zahl der vom DPA in Markensachen zu bewältigenden Verfahren und die begrenzten Ressourcen des Amtes ist das DPA nicht gehalten, ohne hinreichende Anhaltspunkte besonders aufwendige Ermittlungen durchzuführen (BGH GRUR 1993, 744, 745 – *MICRO CHANNEL*, BGH GRUR 1984, 815, 817 – *Indorektal*). Es obliegt vielmehr zunächst dem Antragsteller, jedenfalls hinreichende Tatsachen vorzutragen, um weitere Ermittlungen sinnvoll erscheinen zu lassen. Das gilt etwa im Bereich des Nachweises der Verkehrsdurchsetzung, die vom DPA nur dann weiter zu betreiben ist, wenn der Antragsteller zumindest signifikante tatsächliche Anhaltspunkte für das Vorliegen geliefert hat (BPatGE 7, 154: Glaubhaftmachung durch Anmelder erforderlich). Auch beim Eintragungshindernis des § 8 Abs. 2 Nr. 6 (Hoheitszeichen) kann vom Anmelder die Erklärung verlangt werden, daß es sich bei dem angemeldeten Bildzeichen nicht um ein Wappen einer Gebietskörperschaft handelt (BPatGE 18, 108).

5. Beweislast

6 Zu unterscheiden sind die formelle und die materielle Beweislast (vgl. *Benkard/Schäfers* § 87 Rdn. 10 ff.). Im Geltungsbereich des Untersuchungsgrundsatzes gibt es keine formelle Beweislast (Beweisführungslast), da für den Fall, daß eine Partei den Beweis nicht selbst führt oder führen kann, grundsätzlich das DPA gehalten ist, den Sachverhalt selbst aufzuklären. Auch im Bereich des Untersuchungsgrundsatzes ist aber die Situation denkbar, daß ein Sachverhalt letztlich nicht endgültig aufgeklärt werden kann. Die dann eingreifende materielle Beweislast trifft denjenigen, der sich auf die Norm beruft, deren Voraussetzungen nicht festgestellt werden können: kann die Verkehrsdurchsetzung nicht nachgewiesen werden, trifft dieser Umstand den Anmelder; kann nicht gezeigt werden, daß der Anmelder bösgläubig war (§ 50 Abs. 1 Nr. 4), trifft der Nachteil den Antragsteller im Löschungsverfahren usw.

6. Beweisanträge der Parteien

Das DPA ist an die Beweisanträge der Parteien zunächst insoweit nicht gebunden, als es über sie hinausgehen kann und Beweise auch ohne entsprechende Anträge der Parteien erheben kann. Im Hinblick auf die gebotene Verfahrensökonomie im patentamtlichen Verfahren kann das DPA umgekehrt auch in größerem Umfang als ein Gericht Beweisanträgen dann nicht nachgehen, wenn es keine hinreichenden Anhaltspunkte für die Richtigkeit der zu beweisenden Behauptung gibt und die Beweiserhebung (zB wegen eines erforderlichen Umfragegutachtens) sehr aufwendig ist. Die für das patentgerichtliche Verfahren entwickelten strengen Grundsätze der Beweiserhebung (zB *Benkard/Schäfers* § 87 Rdn. 7) gelten für das patentamtliche Verfahren daher nicht in gleicher Weise. Trotzdem wäre es unzulässig, wenn das DPA einen Beweis nur deshalb nicht erheben würde, weil es von vornherein kein Ergebnis der Beweisaufnahme erwartete. Darin würde eine unzulässige Vorwegnahme der Beweiswürdigung liegen (zum PatG BGH GRUR 1981, 185, 186 – *Pökelvorrichtung*).

III. Rechtliches Gehör

1. Allgemeines

Der Grundsatz des rechtlichen Gehörs hat Verfassungsrang. Art. 103 Abs. 1 GG gilt unmittelbar zwar nur für das gerichtliche Verfahren, sein Rechtsgedanke ist aber auch in Verwaltungsverfahren zu beachten, auch vom DPA (BGH GRUR 1966, 583 – *Abtastverfahren*). Er wird von Abs. 2 nur insoweit näher ausgestaltet, als das Patentamt eine Frist zur Äußerung zu setzen hat, innerhalb derer der betroffene Verfahrensbeteiligte sich zu den maßgebenden

Gesichtspunkten zu äußern hat. Die Setzung und Verlängerung von Fristen ist in § 74 MarkenV näher geregelt.

2. Inhalt

9 Der Antragsteller hat grundsätzlich das Recht, alle ihm erheblich scheinenden Tatsachen und Rechtsmeinungen zu äußern, ist er der deutschen Sprache nicht mächtig und sind fremdsprachige Ausführungen nicht nach §§ 67–69 MarkenV ohnehin zu berücksichtigen, hat das Patentamt durch entsprechende Hinweise auf die Einreichung einer Übersetzung ins Deutsche hinzuwirken (vgl. dazu auch § 93 Rdn. 4). Die Ausführungen der Verfahrensbeteiligten sind vom Patentamt in Betracht zu ziehen, müssen aber nicht in jedem Fall ausdrücklich in der Entscheidung behandelt sein. Der Anspruch auf rechtliches Gehör bezieht sich auf „Umstände", nicht auf Rechtsmeinungen des DPA. Der Anmelder ist darauf hinzuweisen, auf welche Tatsachen das DPA seine Entscheidung stützen will, bzw. welche Tatsachen es überhaupt für erheblich hält. Auf eine ins einzelne gehende Information über die Rechtsmeinung des DPA, etwa über die Frage, ob ein bestimmtes Urteil für den Sachverhalt einschlägig ist, besteht kein Anspruch (zum PatG BGH Bl. 1977, 237 – *Leckanzeigeeinrichtung*). Ein Recht zur Äußerung besteht auch im Hinblick auf Schriftsätze anderer Verfahrensbeteiligter, jedenfalls soweit sie neues tatsächliches Vorbringen enthalten (BGH GRUR 1978, 99, 100 – *Gleichstromfernspeisung*).

3. Form

10 Das Verfahren vor dem DPA ist in der Regel schriftlich, sofern das DPA nicht von den weiteren Möglichkeiten des § 60 Gebrauch macht. Dementsprechend ist auch rechtliches Gehör in der Regel schriftlich zu gewähren. Wie sich aus der gesetzlichen Formulierung „innerhalb einer bestimmten Frist" ergibt, hat der Verfahrensbeteiligte immer Anspruch darauf, sich schriftlich zu äußern, auch wenn der Hinweis auf den neuen für erheblich gehaltenen Umstand in einer Anhörung nach § 60 mündlich erfolgt.

4. Verstoß

11 Ist rechtliches Gehör nicht gewährt worden, liegt ein wesentlicher Verfahrensmangel vor, der im Beschwerdeverfahren zur Aufhebung führt, wenn die Entscheidung darauf beruhen kann (BGH

GRUR 78, 99 - *Gleichstromfernspeisung*). Das BPatG kann in diesem Fall an das DPA zurückverweisen, § 70 Abs. 3 Nr. 2 (vgl. im einzelnen § 70 Rdn. 15).

§ 60 Ermittlungen; Anhörungen; Niederschrift

(1) Das Patentamt kann jederzeit die Beteiligten laden und anhören, Zeugen, Sachverständige und Beteiligte eidlich oder uneidlich vernehmen sowie andere zur Aufklärung der Sache erforderliche Ermittlungen anstellen.

(2) Bis zum Beschluß, mit dem das Verfahren abgeschlossen wird, ist der Anmelder oder Inhaber der Marke oder ein anderer an dem Verfahren Beteiligter auf Antrag anzuhören, wenn dies sachdienlich ist. Hält das Patentamt die Anhörung nicht für sachdienlich, so weist es den Antrag zurück. Der Beschluß, durch den der Antrag zurückgewiesen wird, ist selbständig nicht anfechtbar.

(3) Über die Anhörungen und Vernehmungen ist eine Niederschrift zu fertigen, die den wesentlichen Gang der Verhandlung wiedergeben und die rechtserheblichen Erklärungen der Beteiligten enthalten soll. Die §§ 160 a, 162 und 163 der Zivilprozeßordnung sind entsprechend anzuwenden. Die Beteiligten erhalten eine Abschrift der Niederschrift.

I. Allgemeines

§ 60 regelt in seinen drei Absätzen drei unterschiedliche Fragenkreise. Abs. 1 gestaltet die Befugnisse des DPA bei der ihm obliegenden Amtsermittlung (§ 59 Abs. 1) näher aus. Abs. 2 regelt die (fakultative) mündliche Anhörung, Abs. 3 die Form der Niederschrift bei diesen Anhörungen. Im WZG war über § 12 Abs. 2 § 46 PatG anwendbar, der sich nur unwesentlich von § 60 unterscheidet.

II. Ermittlungen (Abs. 1)

Das DPA kann zur Aufklärung des Sachverhalts (§ 59 Abs. 1) alle geeigneten Maßnahmen ergreifen. Neben den im Gesetz genannten kommt zB die Einholung von Auskünften und schriftlichen Äußerungen von Beteiligten, Sachverständigen und Zeugen in Betracht, die Beiziehung von Akten und Urkunden sowie die eidesstattliche Versicherung, die im patentamtlichen Verfahren ein geeignetes Glaubhaftmachungsmittel ist (BPatGE 33, 228). Das DPA ist selbst zur Zeugenvernehmung befugt, gegen säumige oder nicht

§ 60 Ermittlungen; Anhörungen; Niederschrift

aussagebereite Zeugen kann es aber nicht selbst Ordnungs- und Zwangsmittel verhängen. Es wird vielmehr das BPatG zur Amtshilfe nach § 95 Abs. 2 ersuchen, das darüber durch Beschluß eines Beschwerdesenats entscheidet, § 95 Abs. 3. Dieses Ersuchen ist ebenso die Anordnung einer Beeidigung oder die Abnahme des Eids den Mitgliedern des Patentamtes vorbehalten, § 56 Abs. 2 Satz 3. Für die Durchführung der Vernehmung sind die Vorschriften der ZPO analog anwendbar, soweit das MarkenG keine ausdrückliche Regelung enthält.

Von diesen Regelungen sind besonders hervorzuheben:

(1) das **Zeugnisverweigerungsrecht** des § 383 ZPO zugunsten von Verlobten, Ehegatten, Verwandten und Verschwägerten, Geistlichen, Journalisten und den zur Amtsverschwiegenheit verpflichteten Personen, zu denen insbesondere auch Ärzte und Anwälte gehören. § 384 ZPO bestimmt den Umfang des Zeugnisverweigerungsrechtes näher, während § 385 ZPO Ausnahmen vorsieht, von denen im Markenrecht insbesondere die Entbindung der berufsmäßig zum Schweigen verpflichteten Geheimnisträger von der Schweigepflicht gehört (§ 385 Abs. 2 ZPO). §§ 386 und 387 ZPO gestalten die Ausübung des Zeugnisverweigerungsrechtes und die Entscheidung im Streitfall über das Bestehen eines Zeugnisverweigerungsrechts näher aus. § 390 ZPO sieht vor, daß die unberechtigte Zeugnisverweigerung durch Zwangsmittel gebrochen werden kann.

(2) § 391 ZPO sieht die **Beeidigung** vor, wobei die Entscheidung in das Ermessen des Gerichtes gestellt ist.

(3) Der **Verlauf** der Vernehnung wird in §§ 394 bis 398 ZPO näher geregelt. Danach ist jeder Zeuge einzeln und in Abwesenheit der später anzuhörenden Zeugen zu vernehmen (§ 394 Abs. 1 ZPO). Er ist zunächst zur Wahrheit zu ermahnen und dann zur Person zu vernehmen (§ 395 ZPO). Anschließend folgt die Vernehmung des Zeugen zur Sache (§ 396 ZPO), bei der er zunächst möglichst in freier Rede und im Zusammenhang aussagen soll, zur weiteren Aufklärung anschließend aber Fragen gestellt werden können. Nach der Befragung durch das Gericht erfolgt eine Befragung durch die Parteien (§ 397 ZPO). Die Vernehmung des Zeugen kann auch wiederholt werden (§ 398 ZPO), wenn dies für die weitere Aufklärung des Sachverhaltes erforderlich ist. Umgekehrt kann eine Partei auf Zeugen, die sie vorgeschlagen hat, verzichten (§ 399 ZPO). Die Zeugen werden nach dem ZSEG entschädigt, wie sich auch aus § 401 ZPO ergibt.

Ermittlungen; Anhörungen; Niederschrift **§ 60**

Welche Ermittlungen das DPA im einzelnen durchführt, richtet sich nach den Umständen des Einzelfalles. Innerhalb der Grenzen der Verfahrensökonomie (§ 59 Rdn. 5) ist das DPA gehalten, alle erforderlichen Maßnahmen für die vollständige Aufklärung des Sachverhalts zu ergreifen. Es kann die Beteiligten dabei zur Mitwirkung auffordern.

III. Anhörung (Abs. 2)

1. Allgemeines

Das DPA kann jederzeit nach Abs. 1 Verfahrensbeteiligte zu 4 (mündlichen) Anhörungen laden (BPatGE 29, 217, 218). Auf Initiative eines Beteiligten findet eine Anhörung dann statt, wenn das sachdienlich ist. Darin liegt kein Ermessen des DPA, sondern die Ausfüllung eines Rechtsbegriffs. Sachdienlich ist die Anhörung in der Regel dann, wenn auf diese Weise eine schnellere Aufklärung als im schriftlichen Verfahren oder durch telefonische Nachfrage zu erwarten ist. Das wird regelmäßig nur bei der Diskussion komplexer Sachverhalte der Fall sein. Ist der Anmelder oder sonstige Verfahrensbeteiligte nicht anwaltlich vertreten, kommt eine Anhörung eher in Betracht, um auf diese Weise Mißverständnisse zu vermeiden und die Akzeptanz der Entscheidung des DPA zu verbessern. Anders als im Patentanmeldeverfahren, wo regelmäßig komplexe technische Sachverhalte zu beurteilen sind, ist im Hinblick auf die in der Regel einfacheren und häufig unstreitigen Tatsachengrundlagen im Markenanmeldeverfahren die Anhörung eine Ausnahme. Eine Anhörung kann aber zB dann in Frage kommen, wenn es um die Anmeldung einer neuen Markenform geht, bei der Erfahrungen noch fehlen, zB ein Hörzeichen, oder wenn die Ergebnisse eines Umfragegutachtens im Hinblick auf die behauptete Verkehrsdurchsetzung zu erörtern sind.

2. Rechtsmittel

Obwohl die Ablehnung der Anhörung durch Beschluß erfolgt, 5 ist dieser nicht selbständig anfechtbar, sondern nur zusammen mit der Endentscheidung. Er wird im Rahmen des jeweils gegen die Endentscheidung gegebenen Rechtsmittels überprüft (zum Prüfungsmaßstab BPatGE 26, 44, 45). Ist das Rechtsmittel die Beschwerde, kann in der fehlerhaften Ablehnung der Anhörung ein

§ 60 Ermittlungen; Anhörungen; Niederschrift

wesentlicher Verfahrensmangel liegen, der zu einer Zurückverweisung führt (§ 70 Abs. 3 Nr. 2).

IV. Niederschrift (Abs. 3)

6   Vorgeschrieben ist die Anfertigung eines Protokolls nicht hinsichtlich sämtlicher Ermittlungsmaßnahmen nach Abs. 1, sondern nur hinsichtlich der Anhörungen und Vernehmungen. Das Protokoll muß in der Sitzung durch den Prüfer, ein Abteilungsmitglied oder den Schriftführer geführt werden, nicht danach aus dem Gedächtnis erstellt werden (*Schulte* § 46 Rdn. 26). Das Protokoll muß Angaben über Ort, Datum, Anwesende, Vermerk über Verlesung oder Vorlage zur Genehmigung gemäß § 162 ZPO oder über erhobene Einwendungen, Unterschrift des Prüfers und gegebenenfalls des Schriftführers (*Schulte* § 46 Rdn. 27) enthalten. Der wesentliche Gang der Verhandlung schließt insbesondere neu in das Verfahren eingeführtes Tatsachenmaterial ein. Rechtserhebliche Erklärungen der Beteiligten sind zB Zurücknahme, Einschränkung und Berichtigung der Anmeldung nach § 39, Teilung nach § 40, Rücknahme oder Beschränkung des Widerspruchs usw. Bloße Rechtsmeinungen der Parteien bedürfen nicht der detaillierten Niederlegung im Protokoll. §§ 160a, 162 und 163 ZPO sind analog anwendbar. Sie haben folgenden Wortlaut:

§ 160 a. [Vorläufige Aufzeichnung] (1) Der Inhalt des Protokolls kann in einer gebräuchlichen Kurzschrift, durch verständliche Abkürzungen oder auf einem Ton- oder Datenträger vorläufig aufgezeichnet werden.

(2) ¹Das Protokoll ist in diesem Fall unverzüglich nach der Sitzung herzustellen. ²Soweit Feststellungen nach § 160 Abs. 4 und 5 mit einem Tonaufnahmegerät vorläufig aufgezeichnet worden sind, braucht lediglich dies in dem Protokoll vermerkt zu werden. ³Das Protokoll ist um die Feststellungen zu ergänzen, wenn eine Partei dies bis zum rechtskräftigen Abschluß des Verfahrens beantragt oder das Rechtsmittelgericht die Ergänzung anfordert. ⁴Sind Feststellungen nach § 160 Abs. 3 Nr. 4 unmittelbar aufgenommen und ist zugleich das wesentliche Ergebnis der Aussagen vorläufig aufgezeichnet worden, so kann eine Ergänzung des Protokolls nur um das wesentliche Ergebnis der Aussagen verlangt werden.

(3) ¹Die vorläufigen Aufzeichnungen sind zu den Prozeßakten zu nehmen oder, wenn sie sich nicht dazu eignen, bei der Geschäftsstelle mit den Prozeßakten aufzubewahren. ²Aufzeichnungen auf Ton- oder Datenträgern können gelöscht werden,

1. soweit das Protokoll nach der Sitzung hergestellt oder um die vorläufig aufgezeichneten Feststellungen ergänzt ist, wenn die Parteien innerhalb

eines Monats nach Mitteilung der Abschrift keine Einwendungen erhoben haben;
2. nach rechskräftigem Abschluß des Verfahrens.

§ 162. **[Genehmigung des Protokolls]** (1) ¹Das Protokoll ist insoweit, als es Feststellungen nach § 160 Abs. 3 Nr. 1, 3, 4, 5, 8, 9 oder zu Protokoll erklärte Anträge enthält, den Beteiligten vorzulesen oder zur Durchsicht vorzulegen. ²Ist der Inhalt des Protokolls nur vorläufig aufgezeichnet worden, so genügt es, wenn die Aufzeichnungen vorgelesen oder abgespielt werden. ³In dem Protokoll ist zu vermerken, daß dies geschehen und die Genehmigung erteilt ist oder welche Einwendungen erhoben worden sind.

(2) ¹Feststellungen nach § 160 Abs. 3 Nr. 4 brauchen nicht abgespielt zu werden, wenn sie in Gegenwart der Beteiligten unmittelbar aufgezeichnet worden sind; der Beteiligte, dessen Aussage aufgezeichnet ist, kann das Abspielen verlangen. ²Soweit Feststellungen nach § 160 Abs. 3 Nr. 4 und 5 in Gegenwart der Beteiligten diktiert worden sind, kann das Abspielen, das Vorlesen oder die Vorlage zur Durchsicht unterbleiben, wenn die Beteiligten nach der Aufzeichnung darauf verzichten; in dem Protokoll ist zu vermerken, daß der Verzicht ausgesprochen worden ist.

§ 163. **[Unteschrift]** (1) ¹Das Protokoll ist von dem Vorsitzenden und von dem Urkundsbeamten der Geschäftsstelle zu unterschreiben. ²Ist der Inhalt des Protokolls ganz oder teilweise mit einem Tonaufnamegerät vorläufig aufgezeichnet worden, so hat der Urkundsbeamte der Geschäftsstelle die Richtigkeit der Übertragung zu prüfen und durch seine Unterschrift zu bestätigen; dies gilt auch dann, wenn der Urkundsbeamte der Geschäftsstelle zur Sitzung nicht zugezogen war.

(2) ¹Ist der Vorsitzende verhindert, so unterschreibt für ihn der älteste beisitzende Richter; war nur ein Richter tätig und ist dieser verhindert, so genügt die Unterschrift des zur Protokollführung zugezogenen Urkundsbeamten der Geschäftsstelle. ²Ist dieser verhindert, so genügt die Unterschrift des Richters. ³Der Grund der Verhinderung soll im Protokoll vermerkt werden.

§ 61 Beschlüsse; Rechtsmittelbelehrung

(1) Die Beschlüsse des Patentamts sind, auch wenn sie nach Satz 2 verkündet worden sind, schriftlich auszufertigen, zu begründen und den Beteiligten von Amts wegen zuzustellen. Falls eine Anhörung stattgefunden hat, können sie auch am Ende der Anhörung verkündet werden. Einer Begründung bedarf es nicht, wenn am Verfahren nur der Anmelder oder Inhaber der Marke beteiligt ist und seinem Antrag stattgegeben wird.

(2) Der schriftlichen Ausfertigung ist eine Erklärung beizufügen, mit der die Beteiligten über das Rechtsmittel, das gegen den Beschluß gegeben ist, über die Stelle, bei der das Rechtsmittel einzulegen ist, über die Rechtsmittelfrist und, sofern für das

§ 61 Beschlüsse; Rechtsmittelbelehrung

Rechtsmittel eine Gebühr zu zahlen ist, über die Gebühr unterrichtet werden. Die Frist für das Rechtsmittel beginnt nur zu laufen, wenn die Beteiligten schriftlich belehrt worden sind. Ist die Belehrung unterblieben oder unrichtig erteilt, so ist die Einlegung des Rechtsmittels nur innerhalb eines Jahres seit Zustellung des Beschlusses zulässig, außer wenn der Beteiligte schriftlich dahingehend belehrt worden ist, daß ein Rechtsmittel nicht gegeben sei. § 91 ist entsprechend anzuwenden. Die Sätze 1 bis 4 gelten entsprechend für den Rechtsbehelf der Erinnerung nach § 64.

I. Allgemeines

1   § 61 regelt in Abs. 1 Form und Mindestinhalt der Beschlüsse, Abs. 2 enthält die Anforderungen an die Rechtsmittelbelehrung und die Folgen von fehlerhaften oder unterbliebenen Belehrungen. Die Vorschrift entspricht zwar nicht wörtlich, aber inhaltlich § 47 PatG, der über § 12 Abs. 1 WZG auch im früheren Recht Anwendung fand.

II. Form und Inhalt der Beschlüsse (Abs. 1)

1. Begriff des Beschlusses

2   Das MarkenG enthält keine Definition des Beschlusses, aus dem Erfordernis der Begründung und dem Umstand, daß das Gesetz die Angreifbarkeit mit Rechtsmitteln voraussetzt, kann aber geschlossen werden, daß ein Beschluß iSv § 61 jede Entscheidung des DPA ist, durch die eine abschließende Regelung ergeht, die die Rechte der Beteiligten berühren kann (BPatGE 15, 134, 136). Auf die äußere Form kommt es deshalb nicht an (BPatGE 10, 43, 46). Ein Beschluß liegt nicht vor, wenn noch nichts Endgültiges entschieden wird, zB bei einem Beweisbeschluß (*Schulte* § 47 Rdn. 3) oder Bescheiden des DPA, mit denen das Amt nur seine vorläufige Rechtsmeinung bekannt gibt.

2. Form

3   Der Beschluß ist schriftlich auszufertigen und von denjenigen Bediensteten des Patentamtes zu unterzeichnen, die gemäß § 56 an dem Beschluß mitgewirkt haben, die Unterschrift eines verhinderten Mitglieds kann gemäß § 315 Abs. 1 Satz 2 ZPO ersetzt werden (BPatGE 24, 190). Die Beteiligten erhalten nicht das unter-

Beschlüsse; Rechtsmittelbelehrung **§ 61**

schriebene Original des Beschlusses, sondern eine Ausfertigung, deren Formerfordernisse § 71 MarkenV näher regelt.

3. Begründung

Die Begründung muß alle wesentlichen Erwägungen erkennen lassen, die das DPA zu der im Tenor enthaltenen Entscheidung geführt haben. Die Begründung muß sich mit allen entscheidungserheblichen tatsächlichen und rechtlichen Gesichtspunkten auseinandersetzen, um so den Beteiligten und den Rechtsmittelinstanzen eine umfassende Überprüfung zu ermöglichen (zum PatG BGH Bl. 1963, 343 – *Warmpressen*; *Schulte* § 47 Rdn. 16). Eine Begründung ist unnötig, wenn im einseitigen Verfahren dem Antrag stattgegeben wird (Abs. 1 Satz 3). Das betrifft insbesondere die positive Entscheidung über den Eintragungsantrag, aber auch Teilung, Umschreibung usw.

4

4. Zustellung

Form und Verfahren der Zustellung sind in § 94 näher geregelt. Auf die dortige Kommentierung wird verwiesen. Auch Beschlüsse, die verkündet sind, bedürfen der Ausfertigung, Begründung und Zustellung.

5

5. Bindung

Ist der Beschluß zugestellt oder verkündet, kann er vom DPA nicht mehr geändert werden. Davon unberührt bleibt die Möglichkeit der Abhilfe nach eingelegter Erinnerung (§ 64 Abs. 3) oder Beschwerde (§ 66 Abs. 6). Wie das BPatG kann auch das DPA offenbare Unrichtigkeiten berichtigen (BPatGE 9, 77). Davon zu unterscheiden ist die Ergänzung des Beschlusses, die über die Berichtigung offenkundiger Irrtümer (dazu § 80 Rdn. 2 f.) hinausgeht, etwa im Hinblick auf eine versehentlich nur teilweise erfolgte Bekanntmachung des Verzeichnisses der Waren oder Dienstleistungen. Im Hinblick auf die prioritätsbegründende Wirkung der Bekanntmachung sind solche Ergänzungen der Eintragungsbeschlüsse nicht zulässig. Keine Bindung tritt an nichtige Beschlüsse ein (BPatG GrUR 1979, 402 – *Unvorschriftsmäßige Besetzung*).

6

6. Berichtigung

Zulässig ist die Berichtigung offenbarer Unrichtigkeiten analog § 80 (vgl. dortige Kommentierung).

7

III. Rechtsmittelbelehrung (Abs. 2)

8   Die Rechtsmittelbelehrung ist allen Beschlüssen beizufügen. Die Rechtsmittelbelehrung bedarf der Schriftform. Sie muß erfolgen, wenn der Beschluß mit der Beschwerde, § 66, angreifbar wäre. Ist die Erinnerung, § 64, gegeben (bei der es sich mangels Devolutiveffekt nicht um ein Rechtsmittel, sondern um einen Rechtsbehelf handelt) gilt § 61 Abs. 2 entsprechend, Satz 5. Nicht alle prozessualen Handlungsmöglichkeiten sind Rechtsmittel, so zB nicht die Wiederaufnahmeklage, die Verfassungsbeschwerde, die Wiedereinsetzung oder die Tatbestandsberichtigung (*Schulte* § 47 Rdn. 36). Auf sie muß deshalb nicht hingewiesen werden. Der Mindestinhalt der Rechtsmittelbelehrung ist in § 61 Abs. 2 festgelegt (statthaftes Rechtsmittel, Stelle, bei der das Rechtsmittel einzulegen ist, Frist und Gebühr). Weitere prozessuale Einzelheiten müssen nicht mitgeteilt werden (zB BGH GRUR 1982, 414, 415 – *Einsteckschloß*). Bei unterbliebener oder unrichtiger Belehrung läuft die Jahresfrist des Abs. 2 Satz 3, unabhängig davon, ob dem Rechtsmittelführer das einzulegende Rechtsmittel und seine Frist bekannt waren. Die Jahresfrist gilt nur für die Einlegung, nicht für die Bezahlung der Beschwerdegebühr (BPatGE 23, 61). Die Wiedereinsetzung in die Jahresfrist ist möglich (§ 61 Abs. 2 S. 4).

§ 62 Akteneinsicht; Registereinsicht

(1) **Das Patentamt gewährt auf Antrag Einsicht in die Akten von Anmeldungen von Marken, wenn ein berechtigtes Interesse glaubhaft gemacht wird.**

(2) **Nach der Eintragung der Marke wird auf Antrag Einsicht in die Akten der eingetragenen Marke gewährt.**

(3) **Die Einsicht in das Register steht jeder Person frei.**

I. Allgemeines

1   § 62 regelt zusammenfassend Akteneinsicht und Registereinsicht. Im WZG war dieser Komplex in § 3 Abs. 2 geregelt. Gegenüber der Regelung im WZG unterscheidet sich § 62 insbesondere durch das unbeschränkte Akteneinsichtsrecht bei eingetragenen Marken (Abs. 2), das nicht mehr von einem berechtigten Interesse abhängig ist. Die Einsicht in Akten des Patentgerichtes ist in § 82 geregelt,

Akteneinsicht; Registereinsicht § 62

hinsichtlich dieses Einsichtsrechts Dritter verweist § 82 Abs. 3 auf § 62 Abs. 1 und 2. § 62 enthält eine dreifach abgestufte Regelung: Freie Einsicht in das Register, Einsicht auf Antrag in die Akten eingetragener Marken und Einsicht auf Antrag bei berechtigtem Interesse in die Akten von angemeldeten aber noch nicht eingetragenen Marken.

II. Einsicht in die Akten von Anmeldungen (Abs. 1)

Akteneinsicht ist jedes Auskunftsbegehren in Hinsicht auf den Akteninhalt, auch wenn nur eine Einzelinformation gewünscht ist. Nicht als Akteneinsicht angesehen werden soll die Bitte um Übermittlung einer anonymisierten Beschlußabschrift. Sie ist formlos gegen Erstattung der Schreibauslagen zulässig. Bedeutung hat diese Frage vorallem im Hinblick auf Entscheidungen des BPatG. Auf die ausführliche Darstellung des Streitstandes bei § 82 Rdn. 5 ff. wird verwiesen. 2

Das **berechtigte Interesse** muß konkret dargetan sein und in der Regel ein rechtliches Interesse sein. Ein berechtigtes Interesse besteht zB, wenn der Antragsteller die angemeldete Marke selbst, zB beschreibend oder sonst ohne eigenen Markenschutz, benutzt (BPatG GRUR 1983, 511 – *Mastertube*). Ein berechtigtes Interesse kann auch dann vorliegen, wenn der Antragsteller die Anmeldung einer ähnlichen Marke beabsichtigt und sich darüber informieren möchte, warum eine ähnliche angemeldete Marke noch nicht eingetragen worden ist. Im Hinblick darauf, daß das Widerspruchsverfahren erst nach der Eintragung stattfindet, stellt sich nicht mehr die Frage, ob der Widerspruchsführer ein berechtigtes Interesse an der Einsichtnahme in die Akten des angemeldeten prioritätsjüngeren Zeichens hat. Ein berechtigtes Interesse an der Einsicht in die Akten der nur angemeldete Widerspruchsmarke kann aber der Anmelder der prioritätsjüngeren Marke haben (vgl. § 42 Abs. 2 Nr. 1, zur früheren Rechtslage zB BPatGE 14, 251). Ein berechtigtes Interesse kann insbesondere auch für die Einsicht in die Akten zurückgewiesener Anmeldungen von Mitbewerbern vorliegen, um Erkenntnisse darüber zu gewinnen, welche Marken oder Bestandteile des DPA für nicht schutzfähig gehalten hat und mit welcher Begründung dies geschehen ist (Amtl. Begr. Abs. 2 zu § 62; BPatGE 30, 139). Die Frage, ob ein berechtigtes Interesse vorliegt, ist keine Ermessensentscheidung (aA noch B/H WZG § 3 Rdn. 10), vielmehr handelt es sich um einen unbestimmten Rechtsbegriff, dessen 3

§ 62 Akteneinsicht; Registereinsicht

richtige Anwendung von den Gerichten in vollem Umfang überprüfbar ist. Dabei hat eine Interessenabwägung zwischen Anmelder und Antragsteller stattzufinden. Interessen des Anmelders, die gegen die Akteneinsicht sprechen können, sind insbesondere Betriebsgeheimnisse, auch wenn diese in Markenangelegenheiten selten sein dürften. Solche kommen aber zB im Rahmen des Sachvortrages zur Verkehrsdurchsetzung in Betracht. Im Hinblick darauf, daß die Akten eingetragener Marken ohnehin in vollem Umfang der Einsicht offenstehen, wird aber nur im Ausnahmefall von solchen Betriebsgeheimnissen auszugehen sein. Damit unterscheidet sich die Interessenlage im Markenrecht wesentlich von derjenigen im Patentrecht, wo es für den Anmelder wichtig sein kann, im Falle einer drohenden Zurückweisung eine Aufdeckung seiner Betriebsgeheimnisse zu verhindern, solange die Anmeldung noch nicht offengelegt ist.

4   Das **Verfahren** ist in §§ 47–48 MarkenV näher geregelt. Zuständig ist die mit der Eintragung befaßte Markenstelle. Die Akteneinsicht in das Original wird nur im Dienstgebäude des DPA gewährt. Auf Antrag werden beglaubigte oder einfache Kopien übersandt. Vor dem Beschluß ist der Anmelder zu hören, § 59 Abs. 2 gilt. Entscheidung erfolgt durch Beschluß, § 61 Abs. 1, der mit Erinnerung, § 64 oder Beschwerde, § 66, angreifbar ist.

III. Akteneinsicht bei eingetragenen Marken (Abs. 2)

5   In die Akten eingetragener Marken findet die freie Akteneinsicht statt. Da die Akten nicht in öffentlich ohne weiteres zugänglicher Form verfügbar sind, ist der Antrag zur administrativen Durchführung des Einsichtsverfahrens notwendig. Da der Einsichtsantrag nicht abgelehnt werden kann, bedarf es keiner Anhörung des Inhabers und keiner Entscheidung durch Beschluß. Eine Geheimhaltung findet nicht statt, zumal alle vom Inhaber vorgelegten Informationen für die Beurteilung der Frage bedeutsam sein können, ob die Marke zu Unrecht eingetragen wurde und daher gem. §§ 50, 54 zu löschen ist (aA *Fezer* § 62 Rdn. 5).

IV. Registereinsicht (Abs. 3)

6   Der Inhalt des Registers ist in § 18 MarkenV im einzelnen festgelegt. Dieses Register ist ohne Antrag jederzeit beim DPA einseh-

bar. Gegen Kostenerstattung werden vom DPA beglaubigte oder unbeglaubigte Abschriften gewährt.

§ 63 Kosten der Verfahren

(1) **Sind an dem Verfahren mehrere Personen beteiligt, so kann das Patentamt in der Entscheidung bestimmen, daß die Kosten des Verfahrens einschließlich der Auslagen des Patentamts und der den Beteiligten erwachsenen Kosten, soweit sie zur zweckentsprechenden Wahrung der Ansprüche und Rechte notwendig waren, einem Beteiligten ganz oder teilweise zur Last fallen, wenn dies der Billigkeit entspricht. Die Bestimmung kann auch getroffen werden, wenn der Beteiligte die Erinnerung, die Anmeldung der Marke, den Widerspruch oder den Antrag auf Löschung ganz oder teilweise zurücknimmt oder wenn die Eintragung der Marke wegen Verzichts oder wegen Nichtverlängerung der Schutzdauer ganz oder teilweise im Register gelöscht wird. Soweit eine Bestimmung über die Kosten nicht getroffen wird, trägt jeder Beteiligte die ihm erwachsenen Kosten selbst.**

(2) Das Patentamt kann anordnen, daß die Gebühr für einen Widerspruch oder für einen Antrag auf Löschung ganz oder teilweise zurückgezahlt wird, wenn dies der Billigkeit entspricht.

(3) Der Betrag der zu erstattenden Kosten wird auf Antrag durch das Patentamt festgesetzt. Die Vorschriften der Zivilprozeßordnung über das Kostenfestsetzungsverfahren und die Zwangsvollstreckung aus Kostenfestsetzungsbeschlüssen sind entsprechend anzuwenden. An die Stelle der Erinnerung tritt die Beschwerde gegen den Kostenfestsetzungsbeschluß. § 66 ist mit der Maßgabe anzuwenden, daß die Beschwerde innerhalb von zwei Wochen einzulegen ist und daß für die Beschwerde keine Gebühr zu zahlen ist. Die vollstreckbare Ausfertigung wird vom Urkundsbeamten der Geschäftsstelle des Patentgerichts erteilt.

Inhaltsübersicht

	Rdn.
I. Allgemeines	1, 2
1. Überblick	1
2. Früheres Recht	2
II. Kostenentscheidung (Abs. 1)	3–6
1. Kontradiktorisches Verfahren	3
2. Kosten des Verfahrens	4
3. Ermessensentscheidung	5
4. Isolierte Kostenentscheidung	6
III. Rückzahlung patentamtlicher Gebühren (Abs. 2)	7
IV. Festsetzungsverfahren (Abs. 3)	8

§ 63 Kosten der Verfahren

I. Allgemeines

1. Überblick

1 § 63 regelt die Kostentragung für alle Verfahren vor dem Patentamt mit mehr als einem Beteiligten. Das sind zB das Widerspruchsverfahren (§ 42), das Löschungsverfahren wegen absoluter Schutzhindernisse (§ 54) und die Erinnerung (§ 64). Für das Beschwerdeverfahren vor dem BPatGE gilt § 71, im Rechtsbeschwerdeverfahren vor dem BGH § 90. Einseitige Verfahren, zB die Anmeldung, bedürfen keiner differenzierten Regelung der Kostenverteilung. Vielmehr sind die Gebühren zu entrichten, die sich aus der VwKostV ergeben, soweit das MarkenG die Gebührenpflichtigkeit anordnet. Markenstreitsachen vor den ordentlichen Gerichten, zB die Eintragungsbewilligungsklage (§ 44) und das gerichtliche Löschungsverfahren (§ 55), unterliegen auch hinsichtlich der Kosten in vollem Umfang der ZPO. Von der Kostentragungsregelung der §§ 91 ff. ZPO unterscheidet sich § 63 vor allem dadurch, daß sich die Entscheidung nicht ausschließlich nach dem Obsiegen oder Unterliegen in der Sache richtet, sondern eine einzelfallorientierte Ermessensentscheidung ist. Abs. 1 regelt, wann einer Partei die Kosten der anderen Beteiligten, einschließlich des DPA, auferlegt werden können. Abs. 2 ermächtigt zur Rückzahlung von patentamtlichen Gebühren. Abs. 3 regelt Einzelheiten des Kostenfestsetzungsverfahrens. § 63 entspricht weitgehend § 71, auf die dortige Kommentierung wird ergänzend verwiesen.

2. Früheres Recht

2 Eine teilweise Regelung war in § 5 Abs. 6 Satz 2 für das Widerspruchsverfahren und in § 10 Abs. 3 Satz 4 unter Verweis auf § 62 PatG für das Löschungsverfahren vorgesehen. Die Regelung in § 63 entspricht weitgehend den in § 62 PatG für das Einspruchsverfahren enthaltenen Vorschriften.

II. Kostenentscheidung (Abs. 1)

1. Kontradiktorisches Verfahren

3 Abs. 1 trifft eine Regelung nur für Verfahren, an denen mehrere Personen beteiligt sind. Es handelt sich also um kontradiktorische

Verfahren, wie zB das Widerspruchverfahren. Auch die Gebühren des DPA werden nur im Widerspruchs- und Löschungsverfahren zurückerstattet (Abs. 2). Bei einseitigen Verfahren ist § 63 also nie anwendbar.

2. Kosten des Verfahrens

Der Begriff umfaßt alle Kosten, die den Beteiligten entstanden 4 sind, insbesondere Anwaltskosten und notwendige Auslagen, zB für die Reise zu einer Anhörung (§ 60), ggf. auch die Kosten eines demoskopischen Gutachtens, wenn etwa nur auf diesem Weg die Verkehrsdurchsetzung belegt werden konnte. Die Kosten müssen zur zweckentsprechenden Wahrung der Ansprüche und Rechte **notwendig** gewesen sein. Die Kosten der Vertretung durch einen RA oder PA sind immer erstattungsfähig (BPatGE 24, 165; *Schulte* § 80 Rdn. 13). Dagegen ist es in patentamtlichen Verfahren in der Regel nicht erforderlich, sich sowohl durch einen RA als auch durch einen PA vertreten zu lassen (anders ggf. vor dem BPatG und BGH). Die Höhe der erstattungsfähigen Kosten richtet sich gemäß Abs. 3 nach den ZPO-Vorschriften und damit hinsichtlich der Anwaltskosten nach BRAGO. Wegen weiterer Einzelheiten zur Kostenrechtsprechung wird auf die Kommentierung zu § 71 Rdn. 22 ff. verwiesen.

3. Ermessensentscheidung

Das Patentamt kann, muß aber nicht Kosten auferlegen. Damit 5 liegt eine Ermessensentscheidung vor, nicht nur die Auslegung eines unbestimmten Rechtsbegriffes. Im Beschwerdeverfahren (Abs. 3 Satz 3) ist somit nur zu überprüfen, ob die Grenzen des Ermessens eingehalten wurden. Damit ist eine Aufhebung der Entscheidung des DPA im wesentlichen auf Fälle der Verkennung des Sachverhalts oder der willkürlichen Entscheidung beschränkt. Die Entscheidung muß der Billigkeit entsprechen. Dabei ist vom Regelfall auszugehen, daß jeder der Beteiligten seine Kosten auch im kontradiktorischen Verfahren selbst trägt, unabhängig vom Verfahrensausgang, vgl. § 63 Abs. 1 Satz 3. Das entspricht der früheren Rechtslage (BPatGE 10, 311). Es müssen also besondere Voraussetzungen vorliegen, um eine abweichende Billigkeitsentscheidung zu rechtfertigen. Billig ist die Kostenauferlegung vor allem dann, wenn einer der Beteiligten die Kosten des Verfahrens schuldhaft verursacht hat (BPatGE 1, 94). Dafür ist erforderlich, daß der Beteiligte das

Verfahren betrieben hat, obwohl er von vornherein keine oder nur ganz geringe Erfolgsaussichten sehen mußte und bei der gebotenen objektiven Abwägung seiner Erfolgsaussichten zB von der Einlegung des Widerspruches hätte absehen müssen (BPatGE 12, 238). In markenrechtlichen Verfahren wird das nur im Ausnahmefall anzunehmen sein. Näher zu den Kriterien der Billigkeitsentscheidung § 71 Rdn. 10 ff.

4. Isolierte Kostenentscheidung

6 Auch wenn es keine Entscheidung in der Sache gibt, weil das Verfahren durch einseitige Parteihandlung beendet wird, kann eine Kostenentscheidung erfolgen, § 63 Abs. 2 Satz 2. Auch in diesem Fall ist das Rechtsmittel der Beschwerde gegeben.

III. Rückzahlung patentamtlicher Gebühren (Abs. 2)

7 Abs. 2 regelt die Erstattung von Gebühren, die ein Beteiligter an das DPA bezahlt hat, an den Beteiligten, der sie bezahlt hat. Die Regelung unterscheidet sich von Abs. 1 also dadurch, daß nicht die Kosten eines andern Beteiligten auferlegt werden. Da es sich beim Widerspruchs- und Löschungsverfahren definitionsgemäß immer um ein kontradiktorisches Verfahren handelt, liegt keine Ausnahme von Abs. 1 vor (aA *Fezer* Rdn. 12). Eine Billigkeitsentscheidung ist zugunsten des Beteiligten kommt vor allem in Betracht, wenn der Antrag durch eine fehlerhafte Sachbehandlung des DPA erforderlich geworden ist, insbesondere beim Löschungsverfahren wegen absoluter Schutzhindernisse (§ 54), wenn deutlich sein mußte, daß die Marke nicht eintragungsfähig war. Im Widerspruchsverfahren kommt diese Konstellation etwa dann in Betracht, wenn der Widerspruch aus einer notorisch bekannten Marke erfolgt, die gemäß § 10 als Eintragungshindernis hätte berücksichtigt werden müssen (vgl. zur ähnlichen Fragestellung bei der Rückzahlung der Beschwerdegebühr die Rspr. bei § 71 Rdn. 30 ff.).

IV. Festsetzungsverfahren (Abs. 3)

8 Auch hinsichtlich der Höhe der zu erstattenden Kosten kommt dem DPA ein Ermessen zu (vgl. Abs. 1 Satz 1: „ganz oder teilweise"). Die Kostenerstattung wird, wie im Zivilprozeß, mit einer

Aufstellung beantragt, die ggf. hinsichtlich der Erforderlichkeit zu begründen ist. Der erstattende Beschluß ist ein Titel, der einer Zwangsvollstreckung zugrunde gelegt werden kann (§§ 794 ff. ZPO). Gegen den Kostenfestsetzungsbeschluß ist immer die Beschwerde des § 66 gegeben, unabhängig von der erlassenden Stelle und ihrer Besetzung, wobei die Frist – wie bei der Erinnerung gegen Kostenfestsetzungsbeschlüsse im zivilprozessualen Verfahren – nur 2 Wochen, nicht 1 Monat, beträgt. Die Beschwerde ist – wiederum wie im Zivilprozeß – gebührenfrei.

§ 64 Erinnerung

(1) **Gegen die Beschlüsse der Markenstellen und der Markenabteilungen, die von einem Beamten des gehobenen Dienstes oder einem vergleichbaren Angestellten erlassen worden sind, findet die Erinnerung statt. Die Erinnerung hat aufschiebende Wirkung.**

(2) **Die Erinnerung ist innerhalb eines Monats nach Zustellung beim Patentamt einzulegen.**

(3) **Erachtet der Beamte oder Angestellte, dessen Beschluß angefochten wird, die Erinnerung für begründet, so hat er ihr abzuhelfen. Dies gilt nicht, wenn dem Erinnerungsführer ein anderer an dem Verfahren Beteiligter gegenübersteht.**

(4) **Über die Erinnerung entscheidet ein Mitglied des Patentamts durch Beschluß.**

(5) **Nach Einlegung einer Beschwerde nach § 66 Abs. 3 kann über eine Erinnerung nicht mehr entschieden werden. Eine gleichwohl danach erlassene Erinnerungsentscheidung ist gegenstandslos.**

I. Allgemeines

In weitgehender Entsprechung zu § 12a WZG regelt § 64 den Rechtsbehelf der Erinnerung gegen die Entscheidungen, die nicht von Mitgliedern des Patentamtes erlassen sind (§ 56 Abs. 2 Satz 2, § 56 Abs. 3 iVm § 65 Abs. 1 Nr. 11, 12). Die wesentliche Neuerung gegenüber dem bisherigen Rechtszustand liegt in der Einführung der Durchgriffsbeschwerde, § 66 Abs. 3, die statthaft ist, wenn über die Erinnerung nicht innerhalb von sechs Monaten nach der Einlegung entschieden ist. Den Vorrang der Beschwerde in diesem Fall regelt § 64 Abs. 5.

II. Zulässigkeit der Erinnerung

2   Die Erinnerung ist gegen Beschlüsse (dazu § 61 Rdn. 2) des Patentamtes in Markenangelegenheiten gegeben, die von einem Beamten des gehobenen Dienstes oder einem vergleichbaren Angestellten erlassen worden sind, Abs. 1. Da die Zulässigkeit der Erinnerung in Abgrenzung von der Beschwerde des § 66 nur von der dienstrechtlichen Stellung der Person abhängt, die den Ausgangsbescheid erlassen hat, kommt der Rechtsmittelbelehrung des § 61 Abs. 2 besondere Bedeutung zu. Erforderlich ist eine Beschwer des Beteiligten, mit der Erinnerung kann also nicht ein Beschluß angegriffen werden, mit dem den Anträgen des Beteiligten stattgegeben wird, etwa mit dem Ziel, eine andere Begründung für dasselbe Ergebnis zu erreichen. Eine Beschwer kann auch in einem verfahrensleitenden Beschluß, zB einer Aussetzung des Widerspruchsverfahrens (BPatGE 10, 131; aA *Fezer* Rdn. 4) liegen.

III. Form und Frist

3   Ist die Rechtsmittelbelehrung korrekt erfolgt, läuft die Monatsfrist (§ 64 Abs. 2) zur Einlegung beim DPA. Es handelt sich um eine nicht verlängerbare Notfrist, bei deren Versäumnis aber gegebenenfalls Wiedereinsetzung in den vorigen Stand, § 91, in Betracht kommt. Ist die Frist versäumt, kann noch der Anschluß an eine Erinnerung eines anderen Beteiligten erklärt werden (BPatG GRUR 1974, 107 – *Ausschlußerinnerung*; offengelassen in BGH GRUR 1972, 600 – *Lewapur*; zur Frage der Anschlußbeschwerde ausführlich § 66 Rdn. 44 ff.). Die im Gesetz nicht im einzelnen geregelte Form der Erinnerung ergibt sich insbesondere aus § 64 ff. MarkenV. Danach bedarf sie der Schriftform, mit den in §§ 65 ff. MarkenV im einzelnen genannten Erleichterungen. Einer Begründung der Erinnerung bedarf es nicht. Das DPA kann dann nach Ablauf eines Monats entscheiden, § 75 Abs. 1 MarkenV. Daraus folgt, daß bei einer entsprechenden Ankündigung eine großzügigere Frist zu gewähren ist (strenger noch BPatGE 23, 171: ein Monat idR ausreichend). Allerdings kann mit der Einreichung der Erinnerung zugleich angekündigt werden, daß eine Begründung nachgereicht wird. Für die Einreichung der Begründung muß das DPA keine Frist setzen, kann vielmehr nach angemessener Zeit entscheiden, auch wenn die Begründung noch nicht eingegangen ist (BPatGE 19, 225, 228 – *Sportjournal*). Die Erinnerung ist gebührenfrei.

IV. Abhilfe (Abs. 3)

Handelt es sich um ein einseitiges Verfahren, so insbesondere 4
beim Anmeldeverfahren, kann diejenige Stelle, die den ersten Beschluß erlassen hat, selbst abhelfen, ohne an den Erinnerungsprüfer vorzulegen. Ist dies nicht zulässig oder will sie nicht abhelfen, legt sie den Beschluß dem Erinnerungsprüfer vor.

V. Erinnerungsentscheidung (Abs. 4)

Über die Erinnerung entscheidet ein Mitglied des Patentamtes, 5
§ 64 Abs. 4, § 56 Abs. 2, der sogenannte Erinnerungsprüfer. Die Entscheidung erfolgt durch Beschluß, für den § 61 Abs. 1 gilt. Wiederum ist eine Rechtsmittelbelehrung vorgeschrieben, § 61 Abs. 2 Satz 5. Eine Begründung ist notwendig (BPatG Mitt. 1985, 35).

VI. Beschwerde

Gegen die Entscheidung des Erinnerungsprüfers ist die Beschwer- 6
de gemäß § 66 gegeben. Die Erinnerung ist also eine zusätzliche Prüfungsinstanz und tritt nicht etwa an die Stelle der Beschwerde.
Eine Ausnahme gilt nur für den Fall der Durchgriffsbeschwer- 7
de des § 66 Abs. 3 (vgl. im einzelnen § 66 Rdn. 12 ff.). Wird nach Ablauf von sechs Monaten die Durchgriffsbeschwerde eingelegt, darf über die anhängige Erinnerung nicht mehr entschieden werden, § 64 Abs. 5.

§ 65 Rechtsverordnungsermächtigung

(1) **Das Bundesministerium der Justiz wird ermächtigt, durch Rechtsverordnung ohne Zustimmung des Bundesrates**
1. **die Einrichtung und den Geschäftsgang des Patentamts in Markenangelegenheiten zur regeln,**
2. **weitere Erfordernisse für die Anmeldung von Marken zu bestimmen,**
3. **die Klasseneinteilung von Waren und Dienstleistungen festzulegen,**
4. **nähere Bestimmungen für die Durchführung der Prüfungs-, Widerspruchs- und Löschungsverfahren zu treffen,**

§ 65 Rechtsverordnungsermächtigung

5. Bestimmungen über das Register der eingetragenen Marken und gegebenenfalls gesonderte Bestimmungen über das Register für Kollektivmarken zu treffen,
6. die in das Register aufzunehmenden Angaben über eingetragene Marken zu regeln und Umfang sowie Art und Weise der Veröffentlichung dieser Angaben festzulegen,
7. Bestimmungen über die sonstigen in diesem Gesetz vorgesehenen Verfahren vor dem Patentamt zu treffen, wie insbesondere das Verfahren bei der Teilung von Anmeldungen und von Eintragungen, das Verfahren zur Erteilung von Auskünften oder Bescheinigungen, das Verfahren der Wiedereinsetzung, das Verfahren der Akteneinsicht, das Verfahren über den Schutz international registrierter Marken und das Verfahren über die Umwandlung von Gemeinschaftsmarken,
8. Bestimmungen über die Form zu treffen, in der Anträge und Eingaben in Markenangelegenheiten einzureichen sind, einschließlich der Übermittlung von Anträgen und Eingaben durch elektronische Datenübertragung,
9. Bestimmungen darüber zu treffen, in welcher Form Beschlüsse, Bescheide oder sonstige Mitteilungen des Patentamts in Markenangelegenheiten den Beteiligten zu übermitteln sind, einschließlich der Übermittlung durch elektronische Datenübertragung, soweit nicht eine bestimmte Form der Übermittlung gesetzlich vorgeschrieben ist,
10. Bestimmungen darüber zu treffen, in welchen Fällen und unter welchen Voraussetzungen Eingaben und Schriftstücke in Markenangelegenheiten in anderen Sprachen als der deutschen Sprache berücksichtigt werden,
11. Beamte des gehobenen Dienstes oder vergleichbare Angestellte mit der Wahrnehmung einzelner den Markenabteilungen obliegenden Angelegenheiten, die keine besonderen rechtlichen Schwierigkeiten bieten, zu betrauen, mit Ausnahme der Beschlußfassung über die Löschung von Marken (§ 48 Abs. 1, §§ 53 und 54), der Abgabe von Gutachten (§ 58 Abs. 1) und der Entscheidungen, mit denen die Abgabe eines Gutachtens abgelehnt wird,
12. Beamte des mittleren Dienstes oder vergleichbare Angestellte mit der Wahrnehmung einzelner der Markenstellen oder Markenabteilungen obliegenden Angelegenheiten, die keine rechtlichen Schwierigkeiten bieten, zu betrauen, mit Ausnahme von Entscheidungen über Anmeldungen, Widersprüche oder sonstige Anträge,
13. zur Deckung der durch eine Inanspruchnahme des Patentamts entstehenden Kosten, soweit nicht durch Gesetz darüber Bestimmungen getroffen sind, die Erhebung von Verwaltungskosten anzuordnen, insbesondere

Rechtsverordnungsermächtigung **§ 65**

a) zu bestimmen, daß Gebühren für Bescheinigungen, Beglaubigungen, Akteneinsicht und Auskünfte sowie Auslagen erhoben werden,
b) **Bestimmungen über den Kostenschuldner, die Fälligkeit von Kosten, die Kostenvorschußpflicht, Kostenbefreiungen, die Verjährung und das Kostenfestsetzungsverfahren zu treffen.**

(2) **Das Bundesministerium der Justiz kann die Ermächtigung zum Erlaß von Rechtsverordnungen nach Absatz 1 durch Rechtsverordnung ohne Zustimmung des Bundesrates ganz oder teilweise dem Präsidenten des Patentamts übertragen.**

Inhaltsübersicht

	Rdn.
I. Allgemeines	1
II. Einzelermächtigung	2
1. Einrichtung und Geschäftsgang des Patentamtes in Markenangelegenheiten (Nr. 1)	2
2. Erfordernisse für die Anmeldung von Marken (Nr. 2)	3
3. Klasseneinteilung (Nr. 3)	4
4. Prüfungs-, Widerspruchs- und Löschungsverfahren (Nr. 4)	5
5. Bestimmungen über das Register (Nr. 5)	6
6. Inhalt des Registers und Veröffentlichungen (Nr. 6)	7
7. Sonstige Verfahrensvorschriften (Nr. 7)	8
8. Form der Eingaben und Anträge (Nr. 8)	9
9. Form des Beschlüsse und Bescheide (Nr. 9)	10
10. Zulässigkeit fremdsprachiger Schriftstücke (Nr. 10)	11
11. Übertragung von Aufgaben der Markenabteilungen auf Beamte des gehobenen Dienstes oder vergleichbare Angestellte (Nr. 11)	12
12. Übertragung von Aufgaben der Markenstellen oder Markenabteilungen auf Beamte des mittleren Dienstes oder vergleichbare Angestellte (Nr. 12)	13
13. Kosten (Nr. 13)	14

I. Allgemeines

§ 65 faßt sämtliche Rechtsverordnungsermächtigungen mit Bezug zum patentamtlichen Verfahren in Markensachen zusammen. Die Verordnungsermächtigung richtet sich gemäß Abs. 1 zunächst an das Bundesministerium der Justiz, das seinerseits aber in vollem Umfang die Verordnungsermächtigung an den Präsidenten des Patentamtes übertragen kann, wovon in § 20 Abs. 2 DPAV Gebrauch gemacht wurde. 1

II. Einzelermächtigungen

1. Einrichtung und Geschäftsgang des Patentamtes in Markenangelegenheiten (Nr. 1)

2 Von dieser Ermächtigung ist durch §§ 9, 10 DPAV Anhang Gebrauch gemacht.

2. Erfordernisse für die Anmeldung von Marken (Nr. 2)

3 Die Verordnungsermächtigung ist durch §§ 2–14 der MarkenV ausgefüllt.

3. Klasseneinteilung (Nr. 3)

4 Zur Klasseneinteilung enthalten §§ 15 und 16 MarkenV Regelungen, die gültige Klasseneinteilung ist in der Anlage zur MarkenV enthalten.

4. Prüfungs-, Widerspruchs- und Löschungsverfahren (Nr. 4)

5 Zur näheren Durchführung des Prüfungsverfahrens enthält die MarkenV keine Regelungen, dazu ist eine amtsinterne Prüfungsrichtlinie ergangen, die allerdings nicht Verordnungsrang hat. Auch für das Prüfungsverfahren gelten aber die allgemeinen Verfahrensvorschriften der §§ 63–77 MarkenV. Für das Widerspruchsverfahren treffen § 26–30 MarkenV nähere Regelungen. Das Löschungsverfahren ist in §§ 43, 44 MarkenV geregelt.

5. Bestimmungen über das Register (Nr. 5)

6 Die Regelung ist in §§ 17–21 MarkenV enthalten.

6. Inhalt des Registers und Veröffentlichungen (Nr. 6)

7 Diese Regelung ist in §§ 18 und 21 MarkenV enthalten.

7. Sonstige Verfahrensvorschriften (Nr. 7)

8 Die dort angesprochene Teilung wird in §§ 36 und 37 MarkenV geregelt, die Akteneinsicht in §§ 47, 48 MarkenV, das Verfahren der internationalen Registrierung in §§ 49 bis 53 MarkenV. Die Wiedereinsetzung ist in der MarkenV nicht gesondert geregelt.

8. Form der Eingaben und Anträge (Nr. 8)

Die Regelung ist in §§ 64 bis 70 MarkenV enthalten.   9

9. Form der Beschlüsse und Bescheide (Nr. 9)

Die Regelung ist in §§ 71 bis 73 MarkenV enthalten.   10

10. Zulässigkeit fremdsprachiger Schriftstücke (Nr. 10)

Die Regelung ist in §§ 67 bis 69 MarkenV enthalten.   11

11. Übertragung von Aufgaben der Markenabteilungen auf Beamte des gehobenen Dienstes oder vergleichbare Angestellte (Nr. 11)

Hiervon ist in § 5 Abs. 1 WahrnV Gebrauch gemacht worden.   12

12. Übertragung von Aufgaben der Markenstellen oder Markenabteilung auf Beamte des mittleren Dienstes oder vergleichbare Angestellte (Nr. 12)

Hiervon ist durch § 5 Abs. 2, 6 WahrnV Gebrauch gemacht worden.   13

13. Kosten (Nr. 13)

Hiervon ist durch die DPA VwKostV Gebrauch gemacht worden.   14

Abschnitt 5. Verfahren vor dem Patentgericht

§ 66 Beschwerde

(1) **Gegen die Beschlüsse der Markenstellen und der Markenabteilungen findet, soweit gegen sie nicht die Erinnerung gegeben ist (§ 64 Abs. 1), die Beschwerde an das Patentgericht statt. Die Beschwerde steht den am Verfahren vor dem Patentamt Beteiligten zu. Die Beschwerde hat aufschiebende Wirkung.**

(2) **Die Beschwerde ist innerhalb eines Monats nach Zustellung des Beschlusses beim Patentamt einzulegen.**

§ 66

(3) Ist über eine Erinnerung nach § 64 innerhalb von sechs Monaten nach ihrer Einlegung nicht entschieden worden und hat der Erinnerungsführer nach Ablauf dieser Frist Antrag auf Entscheidung gestellt, so ist die Beschwerde abweichend von Absatz 1 Satz 1 unmittelbar gegen den Beschluß der Markenstelle oder der Markenabteilung zulässig, wenn über die Erinnerung nicht innerhalb von zwei Monaten nach Zugang des Antrags entschieden worden ist. Steht dem Erinnerungsführer in dem Erinnerungsverfahren ein anderer Beteiligter gegenüber, so ist Satz 1 mit der Maßgabe anzuwenden, daß an die Stelle der Frist von sechs Monaten nach Einlegung der Erinnerung eine Frist von zehn Monaten tritt. Hat der andere Beteiligte ebenfalls Erinnerung eingelegt, so bedarf die Beschwerde nach Satz 2 der Einwilligung des anderen Beteiligten. Die schriftliche Erklärung der Einwilligung ist der Beschwerde beizufügen. Legt der andere Beteiligte nicht innerhalb einer Frist von einem Monat nach Zustellung der Beschwerde gemäß Absatz 4 Satz 2 ebenfalls Beschwerde ein, so gilt seine Erinnerung als zurückgenommen. Der Lauf der Fristen nach den Sätzen 1 und 2 wird gehemmt, wenn das Verfahren ausgesetzt oder wenn einem Beteiligten auf Gesuch eine Frist gewährt wird. Der noch übrige Teil der Fristen nach den Sätzen 1 und 2 beginnt nach Beendigung der Aussetzung oder nach Ablauf der gewährten Frist zu laufen. Nach Erlaß der Erinnerungsentscheidung findet die Beschwerde nach den Sätzen 1 und 2 nicht mehr statt.

(4) Der Beschwerde und allen Schriftsätzen sollen Abschriften für die übrigen Beteiligten beigefügt werden. Die Beschwerde und alle Schriftsätze, die Sachanträge oder die Erklärung der Zurücknahme der Beschwerde oder eines Antrags enthalten, sind den übrigen Beteiligten von Amts wegen zuzustellen. Andere Schriftsätze sind ihnen formlos mitzuteilen, sofern nicht die Zustellung angeordnet wird.

(5) Für die Beschwerde ist eine Gebühr nach dem Tarif zu zahlen. Wird die Gebühr für eine Beschwerde nach Absatz 1 nicht innerhalb der Frist des Absatzes 2 oder für eine Beschwerde nach Absatz 3 nicht innerhalb eines Monats nach Zugang der Beschwerde gezahlt, so gilt die Beschwerde als nicht eingelegt.

(6) Erachtet die Stelle, deren Beschluß angefochten wird, die Beschwerde für begründet, so hat sie ihr abzuhelfen. Dies gilt nicht, wenn dem Beschwerdeführer ein anderer an dem Verfahren Beteiligter gegenübersteht. Die Stelle kann anordnen, daß die Beschwerdegebühr zurückgezahlt wird. Wird der Beschwerde nicht nach Satz 1 abgeholfen, so ist sie vor Ablauf von einem Monat ohne sachliche Stellungnahme dem Patentgericht vorzulegen. In den Fällen des Satzes 2 ist die Beschwerde unverzüglich dem Patentgericht vorzulegen.

Beschwerde **§ 66**

Inhaltsübersicht

	Rdn.
I. Allgemeines	1–7
1. Überblick	1–3
2. Früheres Recht	4–6
3. MRRL	7
II. Bundespatentgericht	8
III. Rechtsnatur des Beschwerdeverfahrens	9, 10
IV. Zulässigkeit	11–43
1. Statthaftigkeit	11–18
a) Normale Beschwerde (Abs. 1 S. 1)	11
b) Durchgriffsbeschwerde (Abs. 3)	12–18
aa) Allgemeines Voraussetzungen, einseitiges Verfahren (Abs. 3 S. 1 und 8)	14
bb) Zweiseitiges Verfahren mit einer Erinnerung (Abs. 3 S. 2)	15
cc) Zweiseitiges Verfahren mit zwei Erinnerungen (Abs. 3 S. 3–5)	16, 17
dd) Hemmung des Fristlaufs (Abs. 3 S. 6–7)	18
2. Beschwerdeberechtigung	19, 20
3. Beschwer, Rechtsschutzbedürfnis	21, 22
4. Inhalt der Beschwerde, Begründung	23–25
5. Form der Beschwerde	26, 27
6. Einlegung beim DPA	28
7. Einlegung durch Vertreter	29
8. Beschwerdefrist (Abs. 2)	30–34
9. Beschwerdegebühr (Abs. 5)	35–41
10. Rücknahme	42
11. Verzicht	43
V. Anschlußbeschwerde	44–48
VI. Aufschiebende Wirkung (Abs. 1 S. 3)	49
VII. Abschriften, Zustellung (Abs. 4)	50
VIII. Abhilfe, Vorlage (Abs. 6)	51, 52

Literatur: *Engel,* Zu den prozeßrechtlichen Regelungen des MarkenG, FS Piper 1996, 513; *Mitscherlich,* Verfahrensrechtliche Aspekte des neuen Markenrechts, FS 100 Jahre Markenamt 1994, 199, 206 ff.

I. Allgemeines

1. Überblick

Die Beschwerde ist das Rechtsmittel gegen Beschlüsse der Mar- 1 kenstellen und Markenabteilungen des DPA, die nicht von einem

§ 66 Beschwerde

Beamten des gehobenen Dienstes oder einem vergleichbaren Angestellten erlassen wurden und daher nicht zunächst der Erinnerung (§ 64) unterliegen. Darüber hinaus läßt § 66 Abs. 3 die Beschwerde gegen an sich der Erinnerung unterliegende Beschlüsse zu, wenn innerhalb bestimmter Fristen trotz besonderen Antrags über die Erinnerung nicht entschieden worden ist (Durchgriffsbeschwerde). § 66 regelt hierzu neben Statthaftigkeit und Zulässigkeitsvoraussetzungen der Beschwerde (Abs. 1 S. 1 und 2, Abs. 2, 3, 5) ihre aufschiebende Wirkung (Abs. 1 S. 3), Abschriften und Mitteilung von Schriftsätzen (Abs. 4) sowie das Abhilfe- und Vorlageverfahren (Abs. 6).

2 Auf die Regelungen über das Beschwerdeverfahren (§§ 66–71) folgen in §§ 72–82 allgemeine Bestimmungen über das patentgerichtliche Verfahren in Markensachen. Daneben gelten die gemeinsamen Vorschriften der §§ 91–96 und über § 82 ergänzend GVG und ZPO, ferner die einschlägigen Gebührentatbestände des Patentgebührengesetzes (Anhang). Bestand und Gerichtsverfassung des BPatG (§§ 65 ff. PatG) setzt das MarkenG ohne ausdrückliche Bezugnahme voraus.

3 §§ 66–82 gelten gem § 133 Abs. 2 S. 2 entsprechend für Beschwerden gegen Entscheidungen des DPA im Verfahren über die Eintragung geographischer Angaben und Ursprungsbezeichnungen nach § 130 ff. Besonderheiten dieser Verfahren bleiben bei der Kommentierung der §§ 66 ff. unberücksichtigt.

2. Früheres Recht

4 Im WZG war die Beschwerde in § 13 nur hinsichtlich einiger Besonderheiten in Warenzeichensachen geregelt, während im übrigen auf das Beschwerdeverfahren nach dem PatG verwiesen wurde (§ 13 Abs. 3 WZG). Im MarkenG ist diese Regelungsstruktur im Interesse einer übersichtlicheren, in sich geschlossenen Regelung aufgegeben worden (Amtl. Begr. A.III.10., B. I.3.e). Die Verweisungen auf das PatG wurden durch eigene, für die markenrechtlichen Verfahren geltende Verfahrensvorschriften ersetzt, die inhaltlich aber vielfach mit den patentgesetzlichen Vorschriften übereinstimmen (krit. *Engel* FS Piper 1996, 513) und insoweit wie diese auszulegen sind (BGH WRP 1997, 761, 762 – Makol).

5 Die wesentlichste inhaltliche Änderung des Rechtsbehelfssystems in Markensachen durch das MarkenG stellt die Schaffung der im früheren Recht unbekannten Durchgriffsbeschwerde dar. Zur Übergangsregelung § 164.

6 Im übrigen entspricht § 66 jedoch weitgehend den früher auf WZG und PatG verteilten Bestimmungen: § 66 Abs. 1 S. 1 ent-

spricht § 13 Abs. 1 WZG, § 66 Abs. 1 S. 2 dem § 74 Abs. 1 PatG, § 66 Abs. 1 S. 3 dem § 75 Abs. 1 PatG. § 66 Abs. 2 entspricht § 73 Abs. 2 S. 1 PatG mit Ausnahme des fehlenden Schriftlichkeitserfordernisses (unten Rdn. 26). § 66 Abs. 4 entspricht wiederum § 73 Abs. 2 S. 2 und 3 PatG, während § 66 Abs. 5 an die Stelle von § 13 Abs. 2 WZG tritt und abweichend hiervon und auch in § 73 Abs. 3 PatG jetzt eine Gebühr für alle Beschwerden einschließlich der Durchgriffsbeschwerde vorsieht. § 66 Abs. 6 entspricht inhaltlich § 73 Abs. 4 und 5 PatG, allerdings mit einer von drei auf einen Monat verkürzten Vorlagepflicht sowie ausdrücklicher Verpflichtung zur unverzüglichen Vorlage an das BPatG bei den nicht einseitigen Verfahren in S. 5.

3. MRRL

Die MRRL überläßt die Regelung der Verfahren in Markensachen dem einzelstaatlichen Recht (ErwGr 5). 7

II. Bundespatentgericht

Das Bundespatentgericht ist das in Art. 96 GG vorgesehene 8 „Bundesgericht für Angelegenheiten des gewerblichen Rechtsschutzes", dessen Errichtung als besonderes Gericht der ordentlichen Gerichtsbarkeit iSv Art. 95 Abs. 1 GG auf dem heutigen § 65 Abs. 1 S. 1 PatG beruht. Die gerichtsorganisatorischen Regelungen der §§ 65 ff. PatG gelten weiterhin auch in Markensachen, da insoweit bewußt keine Regelungen in das MarkenG aufgenommen wurden (Amtl. Begr. B. I.3.e 1. Abs. aE). Die gerichtsorganisatorischen Besonderheiten für Markensachen enthält § 67. Im übrigen ist hinsichtlich allgemeiner gerichtsorganisatorischer Fragen auf die Kommentierung der §§ 65–68 und 70–72 PatG bei *Benkard/Schäfers* zu verweisen. Dort vor § 65 Rdn. 3 ff. auch zur historischen Entwicklung und zur Errichtung des BPatG am 1. 7. 1961 aufgrund der Unvereinbarkeit der früher beim DPA bestehenden Beschwerdesenate mit Art. 19 Abs. 4 GG (BVerwG GRUR 1959, 435).

III. Rechtsnatur des Beschwerdeverfahrens

Die Beschwerde in Markensachen führt ebenso wie die Beschwerde nach §§ 73 ff. PatG zur Überprüfung der als Verwaltungsakte zu qualifizierenden Beschlüsse des DPA durch ein un- 9

§ 66 Beschwerde

abhängiges Gericht und verwirklicht den Rechtsschutz des einzelnen gegen Verletzung seiner Rechte durch die öffentliche Gewalt iSv Art. 19 Abs. 4 GG. Im Gegensatz zur verwaltungsgerichtlichen Anfechtungsklage ist das Beschwerdeverfahren wie ein **echtes Rechtsmittelverfahren** ausgestaltet und bildet eine zweite (gerichtliche) Tatsacheninstanz gegenüber dem erstinstanzlichen Verfahren vor dem DPA (grdl. BGH GRUR 1969, 562, 563 – *Appreturmittel*; BPatG GRUR 1997, 534, 535 – *ETOP/Itrop*). Das DPA ist am Beschwerdeverfahren nicht etwa als Beschwerdegegner beteiligt (vgl. § 68 zur ausnahmsweisen Beteiligung des DPA-Präsidenten am Verfahren). Die Beschwerde führt zur vollständigen Überprüfung des angefochtenen patentamtlichen Beschlusses (vgl. § 70 Rdn. 6 ff.). Es handelt sich somit um ein Verfahren eigener Art mit gewissen Ähnlichkeiten zum Beschwerdeverfahren in Kartellverwaltungssachen nach §§ 62 ff. GWB aber auch zum Berufungsverfahren der ZPO (BPatG Mitt. 1997, 25, 27 – *LAILIQUE/LALIQUE*). Der Beschwerde zum BPatG in Markensachen kommt sowohl nach der enormen Zahl der Verfahren als auch nach der Bedeutung der Entscheidungen für die Fortentwicklung des Markenrechts, insbesondere in Fragen der absoluten Schutzhindernisse, der Verwechslungsgefahr und des Benutzungszwangs sehr große Bedeutung zu.

10 Von der Beschwerde nach § 66 ist die gesetzlich nicht geregelte, form- und fristlos mögliche **Dienstaufsichtsbeschwerde** gegen Handlungen eines Amtsangehörigen des DPA zu unterscheiden, für die der Präsident des DPA (§ 65 Abs. 4 PatG) bzw ihm übergeordnet der Bundesminister der Justiz zuständig ist.

IV. Zulässigkeit

1. Statthaftigkeit

11 a) **Normale Beschwerde (Abs. 1 S. 1).** § 66 Abs. 1 S. 1 regelt die Statthaftigkeit der Beschwerde im Normalfall. Es muß ein Beschluß einer Markenstelle (§ 56 Abs. 2) oder einer Markenabteilung (§ 56 Abs. 3) des DPA vorliegen, die nicht der Erinnerung nach § 64 Abs. 1 unterliegt, also nicht von einem Beamten des gehobenen Dienstes oder einem vergleichbaren Angestellten, sondern von einem Mitglied des Patentamts (§ 56 Rdn. 5) erlassen worden ist. Dabei kommt es nicht darauf an, ob das DPA seine Entscheidung ausdrücklich als „Beschluß" bezeichnet hat, sondern es ist

Beschwerde **§ 66**

von einem materiellen Beschlußbegriff auszugehen (vgl. BGH GRUR 1972, 535 – *Aufhebung der Geheimhaltung*), der immer dann erfüllt ist, wenn die Entscheidung eine **abschließende Regelung** enthält, **welche die Rechte der Beteiligten berührt** (BPatGE 29, 65, 67; BPatGE 17, 226, 227; grdl BPatGE 2, 56, 58 f.). Beschwerdefähig sind aber auch Entscheidungen, die, ohne diese inhaltlichen Anforderungen zu erfüllen, in die äußere Form eines Beschlusses gekleidet sind und so nicht ergehen hätten dürfen oder sogar wirkungslos sind (BPatGE 13, 163, 164; vgl. BPatGE 17, 228, 230 ff.). Maßgeblich ist vorrangig die Entscheidungsformel, die anhand der Begründung auszulegen ist, während über eine eindeutige Entscheidungsformel hinausgehende Begründungen keine anfechtbare abschließende Entscheidung darstellen (BPatGE 18, 116, 119 f. – *ARPO/Argo* zu Aussetzungsentscheidung mit Ausführungen über die Begründetheit eines Widerspruchs). Beschwerdefähig sind zB alle Beschlüsse, die einen gesetzlich ausdrücklich vorgesehen Antrag abschließend verbescheiden, also zB Zurückweisung einer Markenanmeldung, Zurückweisung eines Widerspruchs, Anordnung der Löschung einer Eintragung aufgrund Widerspruchs oder wegen absoluter Schutzhindernisse, Gewährung oder Ablehnung der Akteneinsicht, Kostenentscheidung nach § 63, Umschreibung bzw. deren Ablehnung, Ablehnung der Schutzdauerverlängerung, Ablehnung eines Berichtigungsantrags, Erinnerungsentscheidung, Entscheidung über Ablehnungsgesuch. **Nicht** beschwerdefähig sind **verfahrensleitende Verfügungen** und **Zwischenbescheide**, welche die abschließende Entscheidung lediglich vorbereiten (*Benkard/Schäfers* § 73 PatG Rdn. 12) oder bloße Mitteilungen ohne Entscheidungscharakter (zB BPatG Mitt. 1984, 32, 33; *Benkard/Schäfers* § 73 PatG Rdn. 13). Darunter fallen auch Beweisbeschlüsse (vgl. § 355 Abs. 2 ZPO). Beschwerdefähig sind jedoch patentamtliche **Feststellungen** über kraft gesetzlicher Anordnung fingierter Erklärungen (BPatG 17, 101, 103). Beispiele: §§ 36 Abs. 5, Abs. 1, Abs. 3 S. 1, 38 Abs. 2 S. 2, 40 Abs. 2 S. 3, 46 Abs. 3 S. 3, 54 Abs. 2). **Nicht** beschwerdefähig sind inneramtliche **Organisationsmaßnahmen** des Präsidenten des DPA einschließlich der Geschäftsverteilung (*Benkard/Schäfers* § 73 PatG Rdn. 4). Die **Aussetzung** des Verfahrens oder die Ablehnung der Fortsetzung eines ausgesetzten Verfahrens unterliegen der Beschwerde (§ 64 Rdn. 2). Die **Markeneintragung** als solche ist keine beschwerdefähige Entscheidung, sondern unterliegt nur Widerspruch bzw. Löschungsantrag oder Löschungsklage. Für den Anmelder kann die Eintragung nach BPatG Mitt 1984, 116 ausnahmsweise anfechtbar sein, wenn sie mit der Anmeldung nicht übereinstimmt. Ausdrücklich **ausgeschlossen** ist die Anfechtung der Wiedereinsetzung (§ 91 Abs. 7) und der Zurückweisung eines Antrags auf Anhörung (§ 60 Abs. 2 S. 3), letzteres auch bei Verletzung des rechtlichen Gehörs (BPatG Mitt. 1991, 63). Ausdrücklich vorgesehen ist die Beschwerde als Rechtsmittel gegen **Kostenfestsetzungsbeschlüsse** (§ 63 Abs. 3 S. 3).

12   b) **Durchgriffsbeschwerde (Abs. 3).** Abweichend vom Normalfall des § 66 Abs. 1 S. 1 läßt Abs. 3 die Beschwerde auch gegen Beschlüsse der Markenstellen und der Markenabteilungen zu, die nach § 64 zunächst der Erinnerung unterliegen, weil sie von einem Beamten des gehobenen Dienstes oder einem vergleichbaren Angestellten erlassen worden sind. Die Statthaftigkeit hängt in diesem Falle davon ab, daß über die Erinnerung binnen bestimmter Fristen trotz nochmaligen Antrags nicht entschieden worden ist. Anlaß für die Neuregelung war die nicht selten sehr lange Dauer der Erinnerungsverfahren, die „trotz der Bemühungen um einen Abbau der Rückstände im Patentamt auch künftig nicht ausgeschlossen werden kann" (Amtl. Begr. A.III.8.).

13   Leider hat der Gesetzgeber die Durchgriffsbeschwerde durch fragwürdige Voraussetzungen entwertet. Merkwürdig ist schon das Erfordernis eines „Antrags auf Entscheidung", nachdem doch bereits die Erinnerung genau diesen Antrag beinhaltet. Jedenfalls die Frist von zehn Monaten nach § 66 Abs. 3 S. 2 ist zu lang und paßt nicht zu dem eigentlich summarischen Charakter des Widerspruchsverfahrens. Auch das Einwilligungserfordernis nach § 66 Abs. 3 S. 3 wäre nicht notwendig gewesen (krit auch *Mitscherlich* FS 100 Jahre Markenamt 1994, 209). Es ist daher zweifelhaft, ob die Durchgriffsbeschwerde in der Praxis wirklich größere Bedeutung erlangen wird. Generell erscheint der Ansatz verfehlt, den Verfahrensstau beim DPA dadurch abzubauen, daß er auf das BPatG verlagert wird, bei dem in manchen Bereichen schon vor der Markenrechtsreform eine lange Verfahrensdauer üblich war.

Zur Übergangsregelung für vor dem 1. 1. 1995 eingelegte Erinnerungen s. § 164.

14   aa) **Allgemeine Voraussetzungen, einseitiges Verfahren (Abs. 3 S. 1 und 8).** Im einseitigen Verfahren muß der Erinnerungsführer nach Einlegung der Erinnerung zunächst **sechs Monate** abwarten und sodann einen „Antrag auf Entscheidung" stellen. Erst nach Ablauf weiterer zwei Monate nach Zugang dieses Antrags beim DPA wird die Durchgriffsbeschwerde statthaft, wenn

Beschwerde **§ 66**

und solange noch keine Erinnerungsentscheidung erlassen worden ist. Wird die Erinnerungsentscheidung zwar nach Ablauf der zweimonatigen Frist, jedoch noch vor Einlegung der Beschwerde erlassen, ist die Beschwerde als Durchgriffsbeschwerde unzulässig (§ 66 Abs. 3 S. 8). Auf die Zustellung der Erinnerungsentscheidung oder die Kenntnis des Erinnerungsführers davon kommt es nicht an. Der Umdeutung einer **verspäteten Durchgriffsbeschwerde** in eine Beschwerde nach § 66 Abs. 1 S. 1 gegen die Erinnerungsentscheidung steht entgegen, daß sich die Durchgriffsbeschwerde gegen einen anderen Beschluß richtete. Die verspätete Durchgriffsbeschwerde ist daher als unzulässig zurückzuweisen und die Rückzahlung der Beschwerdegebühr anzuordnen (§ 71 Abs. 3), wenn dem Beschwerdeführer der Erlaß der Erinnerungsentscheidung bei Einlegung der Beschwerde noch nicht bekannt war. Dagegen sind erst nach Einlegung der Durchgriffsbeschwerde erlassene Erinnerungsentscheidungen nach § 64 Abs. 5 S. 2 gegenstandslos, unterliegen aber der Beschwerde nach § 66 Abs. 1 S. 1, damit der mit ihrem Erlaß geschaffene Rechtsschein beseitigt werden kann. Sind lediglich auf einer Seite mehrere Personen beteiligt (zB Mitinhaber einer Marke), liegt ebenfalls ein einseitiges Verfahren in diesem Sinne vor.

bb) **Zweiseitiges Verfahren mit einer Erinnerung (Abs. 3 S. 2).** In zweiseitigen Verfahren, insbesondere also im Widerspruchsverfahren, kann der Antrag auf Entscheidung erst nach einer verlängerten **zehnmonatigen** Frist gestellt werden (§ 66 Abs. 3 S. 2). Im übrigen gelten die obigen allgemeinen Anforderungen, wenn nur ein Beteiligter Erinnerung eingelegt hat. Der Erinnerungsführer bestimmt in diesem Falle darüber, ob die Erinnerungsentscheidung über die Durchgriffsbeschwerde übersprungen wird. Allerdings kann der Erinnerungsgegner versuchen, dies zumindest vorübergehend dadurch zu blockieren, daß er für seine Stellungnahmen Fristgewährungen erwirkt, die nach § 66 Abs. 3 S. 6 den Ablauf der Zehnmonatsfrist hemmen. 15

cc) **Zweiseitiges Verfahren mit zwei Erinnerungen (Abs. 3 S. 3–5).** Haben zwei sich im Verfahren gegenüberstehende Beteiligte Erinnerung gegen dieselbe Entscheidung eingelegt, hängt die Statthaftigkeit der Durchgriffsbeschwerde zusätzlich davon ab, daß die Gegenpartei in die Durchgriffsbeschwerde **einwilligt** (§ 66 Abs. 3 S. 3). Der Beschwerde ist in diesem Falle die schriftliche Einwilligungserklärung der Gegenpartei beizufügen (§ 66 Abs. 3 S. 4). Nachreichung der Einwilligungserklärung muß 16

1089

möglich sein, solange die Beschwerde noch nicht als unzulässig verworfen ist, da die Duchgriffsbeschwerde keiner Beschwerdefrist unterliegt (vgl. zur Zulässigkeit der Nachreichung BGHZ 16, 192, 194f. bzgl. Einwilligung in die Sprungrevision nach § 566a Abs. 2 S. 2 ZPO). Die Abgabe der Einwilligungserklärung zwingt die Gegenpartei, binnen eines Monats nach Zustellung der ersten Durchgriffsbeschwerde **ebenfalls Durchgriffsbeschwerde einzulegen** und hierfür die Beschwerdegebühr zu zahlen (§ 66 Abs. 5 S. 2 2. Alt), da andernfalls ihre Erinnerung nach § 66 Abs. 3 S. 5 als zurückgenommen gilt. Diese Regelung ist erforderlich, da ansonsten dasselbe Verfahren gleichzeitig in zwei Instanzen anhängig bleiben würde.

17 Wurde in einem Beschluß gleichzeitig über **mehrere Widersprüche** entschieden, ist die Statthaftigkeit der Durchgriffsbeschwerde in Bezug auf jeden Widersprechenden getrennt zu beurteilen. Erlangt der Anmelder die Einwilligungserklärung nur von einem Teil der Widersprechenden, kann er in Bezug auf diese Widerspruchsverfahren Durchgriffsbeschwerde einlegen. Auch im Sinne von § 66 Abs. 3 S. 2ff. sind die Widersprechenden nur hinsichtlich ihres jeweiligen eigenen Widerspruchs am Verfahren beteiligt (§ 42 Rdn. 38). Legt nur einer von mehreren Widersprechenden mit Einwilligung des Anmelders Durchgriffsbeschwerde ein oder verweigert der Anmelder seinerseits den übrigen Widersprechenden seine Einwilligung, kommt es ebenfalls zu einer Trennung der Widerspruchsverfahren in verbleibende Erinnerungsverfahren und ein Durchgriffsbeschwerdeverfahren.

18 **dd) Hemmung des Fristlaufs (Abs. 3 S. 6–7).** Die Fristen von zwei, sechs bzw zehn Monaten gemäß § 66 Abs. 3 S. 1/2 werden bei Aussetzung des Verfahrens oder antragsgemäßer Gewährung einer Frist für einen Beteiligten gehemmt (§ 66 Abs. 3 S. 6). Der bis zum Eintritt der Hemmung noch nicht abgelaufene Teil der Frist beginnt erst nach Wegfall des Hemmungsgrundes, also mit Fortsetzung des Verfahrens bzw Ablauf der den Beteiligten gewährten Frist zu laufen (§ 66 Abs. 3 S. 7). Die Tage, an denen der Hemmungsgrund eintritt bzw wegfällt, werden von der Hemmung erfaßt, sind also bei der Berechnung der Frist nach § 66 Abs. 3 S. 1 und 2 nicht einzuberechnen (vgl. *Palandt/Heinrichs* § 205 BGB Rdn. 1). Welcher Beteiligte die Aussetzung bzw Fristgewährung erwirkt hat, spielt keine Rolle (Amtl. Begr. 5. Abs. zu § 66). Eine Fristgewährung in diesem Sinne liegt jedoch nur dann vor, wenn das DPA eine Entscheidung über die beantragte Fristgewährung

Beschwerde **§ 66**

auch tatsächlich getroffen hat, also nicht schon bei dem praxisüblichen Abwarten mit der Entscheidung während einer von einem Beteiligten selbst genannten Frist für die eigene Stellungnahme. Es muß sich außerdem um eine beantragte Fristgewährung handeln, so daß die vom DPA von sich aus gesetzten Fristen zur Stellungnahme auf Beanstandungsbescheide oder gegnerische Eingaben keine Hemmungswirkung entfalten.

2. Beschwerdeberechtigung

Nach § 66 Abs. 1 S. 2 steht die Beschwerde grundsätzlich den 19 am Verfahren vor dem DPA **Beteiligten** zu, also insbesondere dem Anmelder und dem Widersprechenden im Widerspruchsverfahren, dem Antragsteller und dem Markeninhaber im Löschungsverfahren, dem Antragsteller und dem Anmelder bzw. Markeninhaber im Akteneinsichtsverfahren. Bei mehreren Widersprüchen sind die Widersprechenden auch dann nur an dem Verfahren über ihren jeweils eigenen Widerspruch beteiligt, wenn über mehrere Widersprüche in einem Beschluß entschieden wird (§ 42 Rdn. 38). Maßgebend für die Stellung als formell Beteiligter ist der Zeitpunkt des Erlasses des angefochtenen Beschlusses. Mehrere Mitanmelder oder Mitinhaber einer Marke sind jeder für sich beschwerdeberechtigt, wobei die Beschwerde des einen kraft notwendiger Streitgenossenschaft auch für die anderen Mitberechtigten wirkt (vgl. *Benkard/Schäfers* § 75 PatG Rdn. 7).

Die **Prozeßfähigkeit** im Beschwerdeverfahren richtet sich nach der Geschäftsfähigkeit des Beteiligten (§§ 51 ff. ZPO iVm § 82 Abs. 1 S. 1).

Eine **vor** der Beschwerdeeinlegung eintretende **Rechtsnachfolge** 20 in Bezug auf eine verfahrensgegenständliche Marke oder Anmeldung läßt die Beschwerdeberechtigung unberührt, da diese von der formellen Stellung als Beteiligter des Ausgangsverfahrens abhängt (BPatG GRUR 1996, 133, 136 – *quickslide*). Der Erwerber einer Marke (auch Widerspruchsmarke), der noch nicht im Register eingetragen ist, kann aufgrund §§ 28 Abs. 2, 31 aus eigenem Recht erst Beschwerde einlegen, wenn dem DPA der Umschreibungsantrag zugegangen ist. Demgegenüber war der Erwerber nach früherem Recht erst nach vollzogener Umschreibung beschwerdeberechtigt (BPatGE 34, 79 – *Tesoro/Tresor;* vgl. auch BPatG GRUR 1996, 133, 136 – *quickslide*) und blieb der noch eingetragene Rechtsvorgänger beschwerdeberechtigt (BPatG Bl 1991, 199 – *MEDATA*).

3. Beschwer, Rechtsschutzbedürfnis

21 Als Rechtsmittel setzt die Beschwerde voraus, daß der Beschwerdeführer durch die angefochtene Entscheidung beschwert ist, entweder weil seinem Antrag nicht im vollem Umfang stattgegeben worden ist (formelle Beschwer) oder sonst eine Entscheidung zu seinem Nachteil ergangen ist (materielle Beschwer). Nur in Ausnahmefällen kann sich die Beschwer statt aus der Entscheidungsformel aus den Entscheidungsgründen ergeben (vgl. zum Patentrecht *Benkard/Schäfers* § 73 PatG Rdn. 19; ferner BPatGE 18, 116 – *ARPO/Argo* zur Unlässigkeit der Beschwerde gegen eine die Aussichten eines Widerspruchs erörternde Begründung eines Aussetzungsbeschlusses).

22 Einer von **mehreren Widersprechenden** kann gegen die Zurückweisung seines Widerspruchs auch dann Beschwerde einlegen, wenn das DPA einem anderen Widerspruch stattgegeben hat. Denn es ist möglich, daß der Widerspruchsgegner seinerseits Beschwerde einlegt, sich mit dem erfolgreichen Widersprechenden einigt oder erfolgreich Eintragungsbewilligungsklage erhebt. Das BPatG erklärt solche Beschwerden als zur Zeit gegenstandslos unter dem Vorbehalt der Wiederaufnahme bei Wiedereintragung nach erfolgreicher Eintragungsbewilligungsklage (vgl. BGH GRUR 1967, 94, 95 – *Stute;* BPatGE 12, 62, 66 – *Retivetin*). Dagegen fehlt das Rechtsschutzbedürfnis für die Beschwerde eines Widersprechenden, der aus **mehreren Marken** Widerspruch eingelegt und nur mit einem Widerspruch erfolgreich war, denn der Widersprechende kann sich einer eventuellen Beschwerde des Widerspruchsgegners gestützt auf die weiteren Widerspruchsmarken anschließen (unten Rdn. 44 ff.) und auch gegenüber einer Eintragungsbewilligungsklage diese Widerspruchsmarken einsetzen, da die Zurückweisungsentscheidung des DPA insoweit keine Bindungswirkung entfaltet (§ 43 Rdn. 40) (BGH GRUR 1967, 94, 95/96 – *Stute*).

4. Inhalt der Beschwerde, Begründung

23 Das MarkenG stellt keine besonderen Inhaltsanforderungen an die Beschwerde. Aus der Beschwerdeerklärung muß hervorgehen, daß eine Überprüfung, Aufhebung oder Abänderung einer ergangenen Entscheidung begehrt wird. Der Beschluß muß so genau bezeichnet sein, daß er unter Zuhilfenahme der beim DPA geführten Akten des vorangegangenen Verfahrens (vgl. BGH Bl. 1974, 210) eindeutig identifiziert werden kann. Die Erklärung muß die

Person des Beschwerdeführers eindeutig erkennen lassen. Verbleiben daran unter Berücksichtigung aller innerhalb der Beschwerdefrist eingegangener Unterlagen Zweifel, ist die Beschwerde unzulässig (BPatGE 34, 73, 75; BPatGE 12, 67; zum PatG: BGH GRUR 1977, 508 – *Abfangeinrichtung*).

Beschwerdeanträge oder eine **Beschwerdebegründung** sind keine Zulässigkeitsvoraussetzungen. Beides ist jedoch ständige Praxis. Es empfiehlt sich außerdem, bereits mit der Beschwerdeeinlegung den Antrag auf mündliche Verhandlung nach § 69 Nr. 1 hilfsweise für den Fall zu stellen, daß nicht ohne eine solche im Sinne des Antragstellers entschieden werden kann. Andernfalls kann es zu Überraschungsentscheidungen kommen. Unterbleibt jegliche Beschwerdebegründung, so kann dies ein gegen den Beschwerdeführer sprechender Gesichtspunkt im Rahmen der Billigkeitsentscheidung über die Kostentragung nach § 71 Abs. 1 S. 1 sein (str. aA BPatG Mitt. 1972, 98; wie hier dagegen BPatGE 9, 204, 207 f.; § 71 Rdn. 18). 24

Die bloße Übersendung von Gebührenmarken unter Angabe von Aktenzeichen und Verwendungszweck (BGH GRUR 1966, 280, 281 f. – *Stromrichter*) oder die bloße Angabe des Verwendungszwecks „Beschwerdegebühr" auf dem Gutschriftträger für die Überweisung der Beschwerdegebühr (BGH GRUR 1966, 50 – *Hinterachse*) sind nicht als hinreichende Beschwerdeerklärung anerkannt worden. 25

5. Form der Beschwerde

Im Gegensatz zu der früher über § 13 Abs. 3 WZG anwendbaren patentrechtlichen Parallelvorschrift des § 73 Abs. 2 S. 1 PatG fehlt in § 66 Abs. 2 das Schriftlichkeitserfordernis. Bei der Abweichung scheint es sich um ein Redaktionsversehen zu handeln, da die Amtl. Begr. zu § 66 gerade die Übereinstimmung mit § 73 Abs. 2 S. 1 PatG erwähnt, ohne auf die Unterschiede in der Formfrage einzugehen (vgl. den gleichgelagerten Fall bei § 91 Rdn. 26). Merkwürdig ist insbesondere der Unterschied zur Parallelregelung bei der Rechtsbeschwerde nach § 85 Abs. 1. Bis zu einer Korrektur kann § 569 Abs. 2 ZPO iVm § 82 Abs. 1 S. 1 angewendet werden, so daß die Beschwerde grdsl. **schriftlich** einzulegen ist (§ 569 Abs. 2 S. 1 ZPO). Dagegen sind die nur für das patentamtliche Verfahren (§ 1 MarkenV) geltenden Formvorschriften der §§ 64 ff. MarkenV auf die Beschwerdeeinlegung als erste Phase des gerichtlichen Verfahrens entgegen *Fezer* § 66 Rdn. 11 auch nicht analog 26

§ 66

anwendbar. Eine Einlegung zu Protokoll der Geschäftsstelle des BPatG entsprechend § 569 Abs. 2 S. 2 ist ausgeschlossen, weil das BPatG nach Abs. 2 im Gegensatz zu § 569 Abs. 1 ZPO nicht für die Einlegung zuständig ist. Denkbar wäre allenfalls eine analoge Anwendung des § 569 Abs. 2 S. 2 ZPO dahingehend, daß die Beschwerde zu Protokoll des DPA eingelegt werden könnte, wo es aber wiederum keine Geschäftsstellen im Sinne der ZPO gibt. Im Ergebnis bleibt es daher trotz des abweichenden Gesetzeswortlauts beim bisherigen Schriftformerfordernis.

27 Die Beschwerdeerklärung muß **handschriftlich unterzeichnet** sein (vgl. zum PatG BGH Bl 1985, 141 – *Servomotor;* BGH GRUR 1981, 410, 411 – *Telekopie;* BGH GRUR 1968, 108 – *Paraphe;* BGH GRUR 1966, 280, 281 – *Stromrichter;* BGH GRUR 1966, 50, 51 – *Hinterachse).* Bei telegraphischer oder fernschriftlicher Einlegung entfällt nur das Erfordernis der Handschriftlichkeit, nicht aber der Unterzeichnung der Beschwerdeerklärung mit Angabe des Namens derjenigen natürlichen Person, welche – gegebenenfalls als Vertreter – die Erklärung abgibt (BGH GRUR 1966, 280 – *Stromrichter).* Demgegenüber hat BPatGE 31, 15 eine fernschriftliche Beschwerde für zulässig gehalten, die lediglich mit der Benennung einer Anwaltskanzlei, nicht jedoch mit dem Namen eines bestimmten Anwalts unterzeichnet war (aA BPatGE 19, 165 bei Bevollmächtigung nur eines Anwalts einer Sozietät). Übermittlung der handschriftlich unterschriebenen Beschwerdeerklärung per **Telefax** genügt den Anforderungen, wenn die Übermittlung an ein Empfangsgerät des DPA erfolgt, nicht aber bei Übersendung an ein privates Empfangsgerät, von dem aus die Telekopie an den Empfänger weitergegeben wird (BGH GRUR 1981, 410, 411 – *Telekopie).* Zu Einzelheiten des Unterschriftserfordernisses vgl. Benkard/Schäfers § 73 PatG Rdn. 25 ff.; B/S § 13 WZG Rdn. 8. Verstümmelung des Textes bei elektronischer Übermittlung aufgrund Störungen oder Fehlbedienung auf Empfängerseite hindern die Fristwahrung nicht, wenn sich der Inhalt nachträglich verläßlich feststellen läßt (BVerfG NJW 1996, 2857; BGH NJW 1994, 1881: *Telefax-Berufungsbegründung;* BGH GRUR 1988, 754 – *Spulenvorrichtung:* Einspruchsbegründung durch Fernschreiben).

6. Einlegung beim DPA

28 Zur Ermöglichung der Abhilfe (Abs. 6) ist die Beschwerde nach Abs. 2 beim DPA in München oder bei der Dienststelle Berlin (§ 1 VO vom 20. 1. 1950, Bl. 1950, 28) einzulegen. Einlegung beim

BPatG ist nur fristwahrend, wenn die Beschwerdeschrift noch innerhalb der Beschwerdefrist weitergeleitet und beim DPA eingegangen ist (BPatGE 18, 65). Die bei *Fezer* § 66 Rdn. 10 behandelte gemeinsame Postannahmestelle gibt es schon seit dem Umzug des BPatG aus der Zweibrückenstraße in die Balanstraße nicht mehr.

7. Einlegung durch Vertreter

Kein Anwaltszwang (näher §§ 81 Abs. 1, 96). Der Beteiligte 29 kann die Beschwerde selbst oder durch einen Vertreter einlegen. Der Vollmachtsnachweis gemäß § 81 Abs. 2, 3 muß nicht innerhalb der Beschwerdefrist erbracht werden (§ 81 Abs. 2 S. 2). Zu den Anforderungen an die Unterzeichnung durch Vertreter oben Rdn. 27.

8. Beschwerdefrist (Abs. 2)

Die Frist für die „normale" Beschwerde nach § 66 Abs. 1 S. 1 30 beträgt einen Monat nach Zustellung des anzufechtenden Beschlusses an den jeweiligen Beteiligten (§ 66 Abs. 2). Bei mehreren Beteiligten ist nach neuerer Rspr. der jeweilige individuelle Zustellzeitpunkt maßgeblich, nicht etwa die letzte Zustellung (BPatG GRUR 1996, 872 zum PatG, demfolgend zum MarkenG zB BPatG Bl. 1997, 231 Ls., anders noch zB BPatGE 31, 18). Für Beschwerden gegen Kostenfestsetzungsbeschlüsse des DPA ist die Frist auf zwei Wochen verkürzt (§ 63 Abs. 3 S. 4). Die Durchgriffsbeschwerde nach § 66 Abs. 3 S. 1, 2 unterliegt keiner Beschwerdefrist. Die Durchgriffsbeschwerde des Gegners nach eingelegter (erster) Durchgriffsbeschwerde unterliegt der besonderen Frist nach § 66 Abs. 3 S. 5 (oben Rdn. 16).

Beschwerdefristen sind nicht verlängerbar. Wiedereinsetzung in 31 die Beschwerdefrist ist nach § 91 möglich. Nach Ablauf der Beschwerdefrist kann noch Anschlußbeschwerde möglich sein (unten Rdn. 44 ff.).

Die Beschwerdefrist beginnt erst mit ordnungsgemäßer Zustel- 32 lung des Beschlusses (§§ 61 Abs. 1 S. 1, 94, §§ 71–73 MarkenV) einschließlich ordnungsgemäßer (§ 61 Abs. 2 S. 1) schriftlicher **Rechtsmittelbelehrung** (§ 61 Abs. 2 S. 2). Ist die Belehrung unterblieben oder unrichtig erteilt, so kann die Beschwerde innerhalb eines Jahres seit ordnungsgemäßer Zustellung des Beschlusses erhoben werden (§ 61 Abs. 2 S. 3), wobei diese Ausschlußfrist nicht auch für die Einzahlung der Beschwerdegebühr gilt (BPatGE 23, 61 zum PatG). Wiedereinsetzung in die Ausschlußfrist ist möglich

(§ 61 Abs. 2 S. 4). Die Ausschlußfrist gilt nicht, wenn fälschlicherweise mitgeteilt wurde, es sei kein Rechtsmittel gegeben. Die nachträgliche **Berichtigung** eines anfechtbaren Beschlusses setzt eine neue Beschwerdefrist nur dann in Lauf, wenn erst die Berichtigung die Beschwer des Beteiligten bewirkt oder verläßlich erkennbar macht (BPatGE 24, 229 für in das Gegenteil verkehrte Tenorierung; BPatGE 9, 128, 130). Wird eine ursprünglich richtige Rechtsmittelbelehrung durch einen Berichtigungsbeschluß unrichtig, so ist die Beschwerde innerhalb der Ausschlußfrist von einem Jahr seit Zustellung des Berichtigungsbeschlusses mit der fehlerhaften Rechtsmittelbelehrung zulässig (BPatGE 19, 125).

33 Eine Belehrung über die besondere Beschwerdefrist nach § 66 Abs. 3 S. 5 anläßlich der fristauslösenden Zustellung der Durchgriffsbeschwerde der Gegenpartei ist gesetzlich nicht vorgeschrieben, sollte aber schon zur Vermeidung unnötiger Wiedereinsetzungsverfahren als richterlicher Hinweis erfolgen, selbst wenn in der Rechtsmittelbelehrung des angefochtenen Beschlusses auch die Regelung des § 66 Abs. 3 S. 5 wiedergegeben war.

34 Die **Fristberechnung** richtet sich nach §§ 222 ZPO, 187–189 BGB iVm § 82 Abs. 1 S. 1. Der Tag der Zustellung wird nicht mitgerechnet (§ 187 Abs. 1 BGB). Die Beschwerdefrist endet mit dem Ablauf desjenigen Tages des folgenden Monats, welcher durch seine Zahl dem Tag der Zustellung entspricht (§ 188 Abs. 2 BGB). Endet der betroffene Kalendermonat vor dem Tag mit dieser Zahl, so endet die Frist bereits mit dem Ablauf des letzten Tages dieses Monats (§ 188 Abs. 3 BGB). Fällt der letzte Tag der Beschwerdefrist auf einen Samstag, Sonntag oder einen in München bzw. bei Einlegung bei der Dienststelle Berlin in Berlin staatlich anerkannten allgemeinen Feiertag, so endet die Frist erst mit dem Ablauf des nächsten Werktages (§ 222 Abs. 2 ZPO). Eine vor dem Zustellungstag eingelegte Beschwerde ist zulässig, sofern sie nicht vor Erlaß der Entscheidung eingegangen ist.

9. Beschwerdegebühr (Abs. 5)

35 Als besondere Zulässigkeitsvoraussetzung verlangt § 66 Abs. 5 die Zahlung einer Beschwerdegebühr innerhalb der Beschwerdefrist nach § 66 Abs. 2 (bzw. bei Durchgriffsbeschwerden innerhalb eines Monats nach Zugang der Beschwerde beim DPA, unten Rdn. 36). Damit sind heute **alle Beschwerden** in Markensachen mit Ausnahme der Beschwerde gegen Kostenfestsetzungsbeschlüsse des DPA (§ 63 Abs. 3 S. 4) und der Anschlußbeschwerde (unten

Beschwerde **§ 66**

Rdn. 44 f.) **gebührenpflichtig**. Die frühere Differenzierung nach dem Gegenstand der angefochtenen Entscheidung (§ 13 Abs. 2 WZG) wurde aufgegeben (Amtl. Begr. Abs. 8 zu § 66).

Unklar ist der Fristlauf für die Zahlung der Beschwerdegebühr 36 im Falle der nach § 66 Abs. 3 S. 5 fristgebundenen Durchgriffsbeschwerde des Gegners einer Partei, die ihrerseits zuvor Durchgriffsbeschwerde eingelegt hat. Die Amtl. Begr. 8. Abs. zu § 66 aE geht davon aus, daß in diesen Fällen die Monatsfrist für die Gebührenzahlung „ab der Zustellung der Durchgriffsbeschwerde des anderen Verfahrensbeteiligten" läuft. Dagegen spricht jedoch, daß § 66 Abs. 5 S. 2 2. Alt. gerade nicht den in § 66 Abs. 3 S. 5 verwendeten Begriff „Zustellung der Beschwerde" verwendet, sondern auf den „Zugang der Beschwerde" abstellt. Der Begriff des bloßen Zugangs paßt aber nur zu Fristen, die mit einem Zugang beim DPA beginnen sollen (vgl. § 66 Abs. 3 S. 2). Die nach der Amtl. Begr. gewünschte Differenzierung zwischen der Durchgriffsbeschwerde nach § 66 Abs. 3 S. 1, 2 und der Durchgriffsbeschwerde nach § 66 Abs. 3 S. 5 findet in § 66 Abs. 5 S. 2 keine Grundlage, so daß in allen Fällen der Durchgriffsbeschwerde die Beschwerdegebühr erst innerhalb eines Monats nach Zugang der (eigenen) Beschwerde beim DPA gezahlt werden muß. In der Praxis sollte sicherheitshalber auch die Frist nach § 66 Abs. 3 S. 5 bei der Gebührenzahlung beachtet werden.

Zum Fristlauf allg. oben Rdn. 32 ff. Wiedereinsetzung in die Zahlungsfrist ist nach § 91 möglich.

Bei nicht fristgerechter Zahlung der Beschwerdegebühr gilt die 37 Beschwerde nach § 66 Abs. 5 S. 2 **„als nicht eingelegt"** (zur verfassungsrechtlichen Unbedenklichkeit BGH GRUR 1982, 414, 416 – *Einsteckschloß*). Für die Feststellung der kraft Gesetzes eintretenden Rechtsfolge ist der Rechtspfleger zuständig, gegen dessen Beschluß die befristete Rechtspflegererinnerung gegeben ist (§ 23 Abs. 1 Nr. 4, Abs. 2 RpflG), woraufhin der zuständige Senat des BPatG durch einen seinerseits unter den Voraussetzungen des § 83 der Rechtsbeschwerde unterliegenden Beschluß entscheidet (BGH WRP 1997, 761 – *Makol*; zum PatG: BGH GRUR 1979, 696 – *Kunststoffrad*; BGH GRUR 1972, 196 – *Dosiervorrichtung*). Die Beschwerdegebühr ist zurückzuzahlen (BPatGE 1, 102; BPatGE 1, 107, 108). Die Fiktion führt zum Wegfall des Zahlungsgrundes. Dagegen erfolgt Rückzahlung nur unter den Voraussetzungen des § 71 Abs. 3, wenn nicht die Zahlung, sondern die Einlegung verspätet ist (vgl. BPatGE 2, 61, 64). Im Falle der hinsichtlich der Einlegung nicht fristgebundenen Durchgriffsbeschwerde nach § 66 Abs. 3 S. 1 und

§ 66 Beschwerde

2 ist die Versäumung der Zahlungsfrist insoweit unschädlich, als erneut Durchgriffsbeschwerde eingelegt werden kann, womit eine neue Zahlungsfrist läuft (Amtl. Begr. 8. Abs. zu § 66).

38 Die Beschwerdegebühr beträgt derzeit **DM 300,–** (GebVerz. Nr. 234100) mit Ausnahme der Löschungssachen nach §§ 53, 54, in denen die Beschwerdegebühr **DM 520,–** beträgt (GebVerz. Nr. 234600; Anhang). Für Beteiligte aus den neuen Bundesländern gelten unter den Voraussetzungen des § 7 PatGebG bis 1. 1. 1998 die früheren Gebührensätze von DM 200,– bzw. in Löschungssachen DM 350,– fort. Die Gebührenzahlung muß durch Angaben zB auf dem Überweisungsformular oder durch eindeutige Bezugnahme in der Beschwerdeschrift auf einen bestimmten Zahlungsvorgang der Beschwerde zugeordnet werden können. Wie bei der Widerspruchsgebühr (§ 42 Rdn. 32) ist insoweit eine großzügige Handhabung geboten. Dementsprechend hat BPatGE 2, 196 eine rechtzeitige Zahlung auch dann angenommen, wenn der Zweck erst nach Ablauf der Beschwerdefrist eindeutig ermittelt werden konnte (unter Berufung auf *Bendler* Mitt. 1962, 98).

39 Teilzahlung steht der Nichtzahlung gleich. Die Beschwerdegebühr ist **je Beschwerde** zu bezahlen. Weist das DPA mehrere Widersprüche desselben Widersprechenden aus verschiedenen Widerspruchsmarken in einem Beschluß zurück, so ist nur eine Beschwerdegebühr zu bezahlen. Wurden mehrere Widersprüche verschiedener Widersprechender, die nicht in Rechtsgemeinschaft stehen, in einem Beschluß zurückgewiesen, so muß jeder Widersprechende eine Beschwerdegebühr auch dann zahlen, wenn die Beschwerde für mehrere Widersprechende durch denselben Vertreter in einem Schriftsatz eingelegt wird. Daran ist für eine Beschwerde mehrerer selbständig Widersprechender auch unter Berücksichtigung von BGH GRUR 1987, 348 – *Bodenbearbeitungsmaschine* festzuhalten, da anders als im Nichtigkeitsverfahren kein einheitlicher Verfahrensgegenstand gegeben ist (wie hier *AH* § 13 WZG Rdn. 10).

40 Ebenso wie bei der Widerspruchsgebühr (§ 42 Rdn. 29) ist auch die Fristgebundenheit der Zahlung der Beschwerdegebühr eine überflüssige Fehlerquelle und Belastung aller Beteiligten mit der Überwachung, die rechtspolitisch verfehlt und seit langem reformbedürftig ist (ebenso krit. *Engel* FS *Piper* 1996, 515; früher zB schon *Schmieder* GRUR 1977, 246). Zu den Wiedereinsetzungsmöglichkeiten s. § 91 Rdn. 23.

41 Die Beschwerdegebühr ist an das DPA, nicht an das BPatG zu bezahlen. Zu den Einzahlungsmöglichkeiten und dem für die

Beschwerde **§ 66**

Fristwahrung maßgeblichen Zahlungszeitpunkt s. Verordnung über die Zahlung der Gebühren des DPA und BPatG. Zur Zahlung durch Aufkleben von Gebührenmarken sind nur DPA-Gebührenmarken zugelassen, nicht auch Gerichtskostenmarken der Länder (BPatGE 11, 283). Führt die beauftragte Bank die Überweisung zB wegen zweifelhafter Empfängerangabe nicht durch und überweist den Betrag an den Auftraggeber zurück, ist die Beschwerdegebühr nicht bezahlt (BPatGE 27, 15), jedoch ggf. Wiedereinsetzung möglich. Zur Fristwahrung bei nicht bundesweitem Feiertag am Ort des Zahlungsauftrags s. BPatGE 21, 106.

10. Rücknahme

Der Beschwerdeführer kann die Beschwerde bis zum Erlaß der 42 Beschwerdeentscheidung auch ohne Zustimmung des Gegners zurücknehmen, während eine spätere Rücknahme die Beschwerdeentscheidung nicht wirkungslos macht (BGH GRUR 1988, 364, 365 – *Epoxidationsverfahren;* BGH GRUR 1979, 313 – *Reduzier-Schrägwalzwerk;* BGH GRUR 1969, 562, 563 – *Appreturmittel*). Die Rücknahme ist nicht wegen Irrtums anfechtbar (BPatGE 6, 183). Demgegenüber kann die Rücknahme der streitgegenständlichen Markenanmeldung auch nach Erlaß der Beschwerdeentscheidung unabhängig von einer Rechtsbeschwerde erklärt werden (BGH GRUR 1985, 1052, 1053 – *Leco;* BGH Mitt 1985, 52; BGH GRUR 1983, 342 – *BTR*). Zur Rücknahme des Widerspruchs im Beschwerdeverfahren vgl. § 42 Rdn. 34. Wird der Löschungsantrag nach § 54 im Beschwerdeverfahren zurückgenommen, kommt eine Fortsetzung des Löschungsverfahrens von Amts wegen nicht in Betracht, sondern ist ein zuvor ergangener Löschungsbeschluß aufzuheben (BGH GRUR 1977, 664 – *Churrasco* zu § 10 WZG; BGH Bl. 1987, 399).

11. Verzicht

Der Beschwerdeberechtigte kann auf das Recht zur Einlegung 43 der Beschwerde durch Erklärung gegenüber dem DPA verzichten (§ 514 ZPO analog; BPatGE 15, 153). Vom Verzicht als Verfahrenserklärung zu unterscheiden ist die Eingehung der **vertraglichen Verpflichtung** gegenüber dem Gegner, keine Beschwerde einzulegen. Sie ist auch schon vor Erlaß der anzufechtenden Entscheidung möglich und verschafft dem Gegner eine zur Unzulässigkeit der dennoch eingelegten Beschwerde führende Einrede (vgl. *Thomas/Putzo* § 514 ZPO Rdn. 5, 15). Anschlußbeschwerde bleibt trotz Verzichts möglich (§ 575a S. 1 ZPO iVm § 82 Abs. 1 S. 1). Eine vertragliche Verzichtsvereinbarung kann aber so auszulegen sein, daß auch die Anschlußbeschwerde zu unterlassen ist.

V. Anschlußbeschwerde

44   Die Anschlußbeschwerde ist im MarkenG nicht geregelt, jedoch gemäß §§ 577a ZPO iVm 82 Abs. 1 S. 1 MarkenG **zulässig** (BPatG GRUR 1997, 54, 57 – *S. OLIVER*; vgl. BGH GRUR 1983, 725, 727 – *Ziegelsteinformling*). Die Anschließung ist möglich bis zur letzten mündlichen Verhandlung bzw. bei Entscheidung ohne mündliche Verhandlung bis zum Erlaß der Entscheidung, jedoch nicht mehr nach Rücknahme der Hauptbeschwerde (vgl. *Thomas/Putzo* § 577a ZPO Rdn. 6). Die nach Ablauf der Beschwerdefrist eingelegte, „unselbständige" Anschlußbeschwerde verliert ihre Wirkung, wenn die Hauptbeschwerde zurückgenommen oder als unzulässig verworfen wird (§ 577a S. 2 ZPO). Anschlußbeschwerde kann auch einlegen, wer eine eigene Hauptbeschwerde zunächst eingelegt, dann jedoch zurückgenommen hat (BPatGE 15, 90). Für die unselbständige Anschlußerklärung gelten die Formerfordernisse für die Beschwerde, jedoch fällt **keine Beschwerdegebühr** an, da in § 66 Abs. 5 nicht angeordnet (vgl. BPatGE 3, 48).

45   Wurde die Anschließung innerhalb der Beschwerdefrist erklärt und war auf die Beschwerde nicht verzichtet worden (Rdn. 43), so gilt die Anschließung bei Rücknahme oder Verwerfung der Beschwerde als **selbständige** Beschwerde (§ 577a S. 3 ZPO). Als selbständige Beschwerde ist sie jedoch nur zulässig, wenn sie auch alle übrigen Zulässigkeitsvoraussetzungen einer Beschwerde erfüllt, insbesondere auch die Beschwerdegebühr innerhalb der Fristen des § 66 Abs. 5 bezahlt worden ist. Die unselbständige Anschlußbeschwerde wird auch dann wirkungslos, wenn der beschwerdeführende Anmelder die Anmeldung (BPatGE 17, 144 – *BELY/PELY*; aA *Kirchner* GRUR 1968, 689) oder der beschwerdeführende Widersprechende den Widerspruch zurücknimmt (*B/S* § 13 WZG Rdn. 6; aA *Kirchner* aaO).

46   Für die Anschlußbeschwerde ist zwar keine Rechtsmittelbeschwer erforderlich, jedoch muß sich ein **Rechtsschutzbedürfnis** daraus ergeben, daß mit Anschließung eine Abänderung der angefochtenen Entscheidung zugunsten des sich anschließenden Beschwerdegegners erstrebt wird, sei es auch nur im Kostenpunkt.

Beschwerde **§ 66**

Die Anschlußbeschwerde beseitigt insoweit das andernfalls geltende Verbot der reformatio in peius (§ 70 Rdn. 6).

Die fehlende Befristung der Anschlußbeschwerde schließt nicht 47 aus, daß mit ihr erstmals in das Verfahren eingeführte Angriffs- und Verteidigungsmittel wegen **Verspätung** zurückgewiesen werden können. Insbesondere kann eine verspätete Nichtbenutzungseinrede unter den Voraussetzungen der §§ 523, 282, 296 ZPO zurückgewiesen werden (BPatG GRUR 1997, 54, 57f – S. *OLIVER*).

Hat ein Widersprechender aus mehreren Marken Widerspruch 48 eingelegt, ist aber nur ein Widerspruch erfolgreich und legt der Anmelder hiergegen Beschwerde ein, kann der Widersprechende seine Anschlußbeschwerde auch auf die Widersprüche stützen, die in der angefochtenen Entscheidung zurückgewiesen wurden (BGH GRUR 1967, 94, 95 – *Stute*). Weitere Beispiele für Anschlußbeschwerde in Markensachen: Erfolg eines Widerspruchs oder Löschungsantrags nur hinsichtlich eines Teils der Waren/Dienstleistungen; voller Erfolg eines Beteiligten in der Sache, jedoch Unterbleiben der beantragten Kostenentscheidung. Unzulässig ist die Anschlußbeschwerde eines unterlegenen Widersprechenden, mit der er sich nach Ablauf der Beschwerdefrist einer Beschwerde des Anmelders anschließen will, die gegen einen zweiten Widersprechenden gerichtet ist (BPatGE 12, 249).

VI. Aufschiebende Wirkung (Abs. 1 S. 3)

Der Suspensiveffekt nach § 66 Abs. 1 S. 3 kommt der Beschwer- 49 de nicht zu, wenn sie nach § 66 Abs. 5 S. 2 als nicht eingelegt gilt (vgl. BPatGE 6, 186) oder zweifelsfrei verspätet ist (vgl. BPatGE 3, 120). Alle Maßnahmen zur Ausführung des angefochtenen Beschlusses haben zu unterbleiben. Praktische Bedeutung kommt dem insbesondere bei der Beschwerde gegen Gewährung von Akteneinsicht zu.

VII. Abschriften, Zustellung (Abs. 4)

Die Beifügung von Beschwerdeabschriften nach § 66 Abs. 4 S. 1 50 ist keine Zulässigkeitsvoraussetzung, sondern führt allenfalls zur Auflegung der Schreibauslagen für vom BPatG gefertigte Abschriften. Zur Zustellung der Beschwerde und anderer bestimmender Schriftsätze an die übrigen Verfahrensbeteiligten nach § 66 Abs. 4

S. 2 vgl. § 94. Die formlose Mitteilung nach § 66 Abs. 4 S. 3 erfolgt durch Übersendung per Post oder Übergabe in der mündlichen Verhandlung. Von der Möglichkeit, die Zustellung anzuordnen, ist insbesondere dann Gebrauch zu machen, wenn ein Beteiligter den Empfang früher übersandter Schriftstücke in Abrede stellt oder aus anderen Gründen die Erreichbarkeit des Beteiligten zweifelhaft ist.

VIII. Abhilfe, Vorlage (Abs. 6)

51   Im **einseitigen** Verfahren kann das DPA der Beschwerde durch Aufhebung des angefochtenen Beschlusses abhelfen und auch die Beschwerdegebühr zurückzahlen, wenn die Beschwerde zulässig und begründet ist (§ 66 Abs. 6 S. 1, 3). Andernfalls ist die Beschwerde vor Ablauf eines Monats ohne Stellungnahme dem BPatG vorzulegen. In Markensachen ist die praktische Bedeutung der Abhilfemöglichkeit bisher gering. Vorstellbar ist eine häufigere Anwendung nach Einlegung der Durchgriffsbeschwerde im einseitigen Verfahren (Amtl. Begr. 9. Abs. aE zu § 66), wenn die Erinnerungsentscheidung bereits bevorstand, jedoch wegen § 64 Abs. 5 nicht mehr erlassen werden kann.

52   In **zweiseitigen** Verfahren darf demgegenüber nicht abgeholfen werden, sondern ist die Beschwerde unverzüglich dem BPatG zusammen mit den Akten des Ausgangsverfahrens vorzulegen (§ 66 Abs. 6 S. 2, 5).

§ 67 Beschwerdesenate; Öffentlichkeit der Verhandlung

(1) **Über Beschwerden im Sinne des § 66 entscheidet ein Beschwerdesenat des Patentgerichts in der Besetzung mit drei rechtskundigen Mitgliedern.**

(2) **Die Verhandlung über Beschwerden gegen Beschlüsse der Markenstellen und der Markenabteilungen einschließlich der Verkündung der Entscheidungen ist öffentlich, sofern die Eintragung veröffentlicht worden ist.**

(3) **Die §§ 172 bis 175 des Gerichtsverfassungsgesetzes gelten entsprechend mit der Maßgabe, daß**
1. die Öffentlichkeit für die Verhandlung auf Antrag eines Beteiligten auch dann ausgeschlossen werden kann, wenn sie eine Gefährdung schutzwürdiger Interessen des Antragstellers besorgen läßt,

Beschwerdesenate; Öffentlichkeit der Verhandlung **§ 67**

2. die Öffentlichkeit für die Verkündung der Entscheidungen bis zur Veröffentlichung der Eintragung ausgeschlossen ist.

I. Überblick

§ 67 enthält einige Sonderregelungen der Gerichtsverfassung 1 für die Tätigkeit des BPatG in Markensachen, die von den Regelungen für Patentsachen abweichen. Die Vorschrift ist § 13 Abs. 4 WZG nachgebildet. § 67 Abs. 1 entspricht § 13 Abs. 4 S. 1 WZG inhaltlich vollständig. § 67 Abs. 2 und 3 weichen von § 13 Abs. 4 S. 2–4 nur insoweit ab, als an die Stelle der im MarkenG entfallenen Bekanntmachung der Anmeldung einer Marke die Veröffentlichung der Eintragung getreten ist und entgegen der bisherigen Verweisung des § 13 Abs. 4 S. 4 WZG auf § 69 Abs. 2 PatG die Öffentlichkeit nun auch bei Beschwerden gegen Beschlüsse der Markenabteilungen ausgeschlossen ist, wenn die Eintragung noch nicht veröffentlicht ist (Amtl. Begr. 2. Abs. zu § 67).

II. Beschwerdesenate, Besetzung (Abs. 1)

§ 67 Abs. 1 bestimmt Beschwerdesenate des Bundespatentge- 2 richts zu den innerhalb des BPatG für Beschwerdeverfahren in Markensachen zuständigen Spruchkörpern. Die Bildung der Beschwerdesenate findet ihre Grundlage nicht im MarkenG, sondern in § 66 Abs. 1 Nr. 1 PatG. Ihre Zahl bestimmt der Bundesminister der Justiz (§ 66 Abs. 2 PatG). Die Geschäftsverteilung zwischen den Senaten richtet sich nach dem Geschäftsverteilungsplan des BPatG (§ 21e GVG iVm § 68 PatG; vgl. auch BGH GRUR 1986, 47 – *Geschäftsverteilung*), der für 1997 neun Beschwerdesenate für Markensachen (24. bis 30., 32. und 33. Senat) vorsieht, deren Zuständigkeit im wesentlichen nach den Gebühren-Leitklassen der betroffenen Markeneintragung bzw. Anmeldung geordnet ist (Bl. 1997, 41/42). § 67 Abs. 1 regelt außerdem die Besetzung der Beschwerdesenate für Markensachen mit drei „rechtskundigen Mitgliedern". Dadurch wird auf die Befähigungsregelung in § 65 Abs. 2 S. 2 PatG iVm dem DRiG Bezug genommen und der Einsatz der technischen Mitglieder des BPatG (vgl. §§ 65 Abs. 2 S. 2 und 3, 26 Abs. 2 PatG) in Markensachen ausgeschlossen. Zum Vorsitz im Senat nach § 21f. GVG vgl. *Benkard/Schäfers* § 67 PatG

§ 67 Beschwerdesenate; Öffentlichkeit der Verhandlung

Rdn. 6 ff. Innerhalb des Senats obliegt die Geschäftsverteilung dem Vorsitzenden (§ 21 g GVG).

III. Öffentlichkeit der Verhandlungen (Abs. 2, 3)

3 Die Öffentlichkeitsvorschriften in § 67 Abs. 2 und 3 kommen nur in solchen Beschwerdeverfahren zur Anwendung, in denen überhaupt eine mündliche Verhandlung gem. § 69 stattfindet. Solange die Veröffentlichung der Eintragung der unmittelbar verfahrensgegenständlichen Marke noch aussteht, ist die Verhandlung einschließlich Entscheidungsverkündung ausnahmslos nicht öffentlich. Dies betrifft in erster Linie Beschwerden des Anmelders gegen die Zurückweisung der Anmeldung oder Beschwerden in Verfahren über die Einsicht in die Akten von Markenanmeldungen. Ist die Eintragung der betroffenen Marke veröffentlicht, ist die Verhandlung einschließlich Entscheidungsverkündung grundsätzlich öffentlich. Darunter fallen jetzt alle Widerspruchsverfahren sowie alle patentamtlichen Löschungsverfahren, einschließlich der Schutzverweigerungsverfahren bei IR-Marke, da deren Eintragung immer bereits veröffentlicht ist. Der Senat kann ausnahmsweise die Öffentlichkeit nach den allgemeinen Regeln der §§ 172–175 GVG oder aufgrund der zusätzlichen Möglichkeit des § 67 Abs. 3 Nr. 1 auf Antrag wegen Besorgnis der Gefährdung schutzwürdiger Interessen eines Beteiligten ausschließen. Vorstellbar ist dies in Markensachen allenfalls im Hinblick auf Betriebs- oder Geschäftsgeheimnisse und kommt praktisch nicht vor. Eine Verletzung der Vorschriften über die Öffentlichkeit kann die zulassungsfreie Rechtsbeschwerde begründen (§ 83 Abs. 3 Nr. 5).

IV. Sitzungspolizei

4 Das MarkenG enthält keine Regelung über die Ordnungsbefugnisse des Senats in den mündlichen Verhandlungen. Entsprechend anwendbar sind §§ 177–180, 182, 183 GVG über § 82 Abs. 1 S. 1. Zum selben Ergebnis kommt man bei Anwendung des § 69 Abs. 2 PatG auch in Markensachen als Teil der vom MarkenG vorausgesetzten Regelungen gerichtsorganisatorischen Charakters (vgl. § 66 Rdn. 8).

§ 68 Beteiligung des Präsidenten des Patentamts

(1) Der Präsident des Patentamts kann, wenn er dies zur Wahrung des öffentlichen Interesses als angemessen erachtet, im Beschwerdeverfahren dem Patentgericht gegenüber schriftliche Erklärungen abgeben, an den Terminen teilnehmen und in ihnen Ausführungen machen. Schriftliche Erklärungen des Präsidenten des Patentamts sind den Beteiligten von dem Patentgericht mitzuteilen.

(2) Das Patentgericht kann, wenn es dies wegen einer Rechtsfrage von grundsätzlicher Bedeutung als angemessen erachtet, dem Präsidenten des Patentamts anheimgeben, dem Beschwerdeverfahren beizutreten. Mit dem Eingang der Beitrittserklärung erlangt der Präsident des Patentamts die Stellung eines Beteiligten.

I. Überblick

In Übereinstimmung mit dem Rechtsmittelcharakter der Beschwerde (§ 66 Rdn. 9) ist das DPA am Beschwerdeverfahren nicht beteiligt, auch nicht in den einseitigen Verfahren. Die Beschwerdeentscheidungen des BPatG können jedoch weitreichende Wirkungen für das Verfahren vor dem DPA und auch hinsichtlich materiellrechtlicher Fragen haben. § 68 läßt daher eine Mitwirkung des Präsidenten des DPA an markenrechtlichen Beschwerdeverfahren in zwei abgestuften Formen zu. Der Präsident des DPA muß die Rechte nicht persönlich ausüben, sondern kann sich durch Mitarbeiter insbesondere der Rechtsabteilung des DPA vertreten lassen (*Goebel* GRUR 1985, 644). § 68 stimmt wortgleich mit §§ 76 und 77 PatG überein. Zur Mitwirkung des DPA-Präsidenten in Rechtsbeschwerdeverfahren vor dem BGH s. § 87 Abs. 2.

II. Äußerungsrecht (Abs. 1)

Zur Wahrung des öffentlichen Interesses (Beispiele: *Goebel* GRUR 1985, 642/643; *Benkard/Schäfers* § 76 Rdn. 5; *Fezer* § 68 Rdn. 2) kann der Präsident des DPA von sich aus schriftlich und in einer eventuellen Verhandlung auch mündlich Erklärungen zum Streitfall abgeben, also durch seine Argumente auf die Entscheidung einwirken, ohne dadurch jedoch Verfahrensbeteiligter zu werden. Zur Stellung von Sachanträgen ist er überhaupt nicht und zur

Stellung von Verfahrensanträgen nur insoweit berechtigt, als diese die Ausübung seines Äußerungsrechts nach Abs. 1 betreffen (vgl. *Benkard/Schäfers* § 77 PatG Rdn. 8). Eine Unterrichtung des Präsidenten des DPA durch den Beschwerdesenat ist gesetzlich nicht vorgesehen, wird jedoch praktiziert (*Goebel* GRUR 1985, 643/644).

III. Beitritt (Abs. 2)

3   Eine förmliche Teilnahme des Präsidenten des DPA als Verfahrensbeteiligter setzt dagegen nach § 68 Abs. 2 voraus, daß ihm der Beitritt von dem mit dem Beschwerdeverfahren befaßten Senat wegen einer Rechtsfrage von grundsätzlicher Bedeutung (vgl. § 83 Abs. 2 Nr. 1) anheimgegeben worden ist. Ohne eine solche auch von den übrigen Beteiligten nicht erzwingbare Einladung verbleibt nur das Äußerungsrecht nach § 68 Abs. 1. Der Präsident des DPA kann die Einladung zum Beitritt auch zum Anlaß nehmen, nur von seinem Äußerungsrecht nach § 68 Abs. 1 Gebrauch zu machen oder der Einladung nicht Folge zu leisten. Erklärt der Präsident den Beitritt, erlangt er alle Rechte eines Verfahrensbeteiligten, insbesondere auch die Rechtsbeschwerdebefugnis nach § 85 Abs. 1. Kosten können ihm nach § 71 Abs. 2 allerdings nur auferlegt werden, wenn er nach seinem Beitritt in dem Beschwerdeverfahren Anträge gestellt hat (§ 71 Rdn. 21). Der Beschluß über die Anheimgabe nach § 68 Abs. 2 S. 1 ist unanfechtbar (*Goebel* GRUR 1985, 646; *Benkard/Schäfers* § 77 PatG Rdn. 9).

IV. Bedeutung

4   Der Schwerpunkt lag bislang auf verfahrensrechtlichen Fragen (Beispiele: BPatG Bl. 1997, 362 – *A 3*; BPatG GRUR 1997, 58: *Rückzahlung der Verlängerungsgebühr;* BPatGE 33, 175: *Anhörung Widersprechender* zu Akteneinsichtsantrag), bisweilen waren aber auch grundlegende materiellrechtliche Fragen Anlaß für die Mitwirkung (Beispiel: BGH GRUR 1996, 202 – *UHQ* zu BPatG GRUR 1993, 742). Eine Zunahme der Beteiligungsfälle angesichts der durch die MRReform aufgeworfenen Rechtsfragen erscheint möglich. Zur Bedeutung in der Praxis zum WZG: *Goebel* GRUR 1985, 641; *Häußer* FS 25 Jahre BPatG 1986, 63.

§ 69 Mündliche Verhandlung

Eine mündliche Verhandlung findet statt, wenn
1. einer der Beteiligten sie beantragt,
2. vor dem Patentgericht Beweis erhoben wird (§ 74 Abs. 1) oder
3. das Patentgericht sie für sachdienlich erachtet.

I. Allgemeines

Im Beschwerdeverfahren vor dem BPatG ist die mündliche Verhandlung gesetzlich nicht zwingend vorgeschrieben, sondern findet nur in den drei Fällen des § 69 statt, wobei von der Antragsmöglichkeit nach Nr. 1 in der Praxis häufig Gebrauch gemacht wird, so daß in einer Vielzahl von Verfahren mündliche Verhandlungen anberaumt werden. Demgegenüber spielen die Fälle der Nr. 2 und 3 in Markensachen nur eine vergleichsweise geringe Rolle. § 69 ist wortgleich mit § 78 PatG.

Der allgemeinen Regelung des § 69 gehen diejenigen besonderen gesetzlichen Bestimmungen vor, in denen eine Entscheidung ohne mündliche Verhandlung ausdrücklich ermöglicht ist (§ 70 Abs. 2: Verwerfung einer Beschwerde als unzulässig; § 80 Abs. 3: Berichtigung). In diesen Fällen kann auch bei Beantragung der mündlichen Verhandlung durch einen Beteiligten ohne mündliche Verhandlung entschieden werden, wenn das BPatG sie nach pflichtgemäßem Ermessen nicht für erforderlich hält (BGH GRUR 1963, 279 – *Weidepumpe*).

Das MarkenG enthält weitere Bestimmungen über die mündliche Verhandlung vor dem BPatG in § 73 Abs. 2 (Vorbereitung), § 74 (Beweiserhebung), § 75 (Ladung), § 76 (Gang der Verhandlung), § 77 (Protokoll). Im übrigen gelten GVG und ZPO über § 82 Abs. 1 S. 1 entsprechend, soweit das MarkenG keine abschließende Regelung enthält.

II. Antrag auf mündliche Verhandlung (Nr. 1)

1. Anwendungsbereich

Abgesehen von den gesetzlich ausdrücklich geregelten Ausnahmen (oben Rdn. 2) gewährt Nr. 1 jedem Beteiligten einen Anspruch auf mündliche Verhandlung, unabhängig davon, ob das

BPatG sie für zweckmäßig oder erforderlich hält. Dies gilt auch dann, wenn der antragstellende Beteiligte im übrigen jede schriftsätzliche Mitwirkung unterläßt, zB keine Beschwerdebegründung einreicht. Im einseitigen Verfahren soll trotz Antrags des Beschwerdeführers auch dann ohne mündliche Verhandlung entschieden werden können, wenn allen Beschwerdeanträgen entsprochen wird (BPatGE 16, 188, 189; BPatGE 1, 163). Dies ist zwar aus prozeßökonomischen Gründen verständlich, entspricht jedoch nicht dem Gesetzeswortlaut (krit. auch *Benkard/Schäfers* § 78 PatG Rdn. 4; *Müller* GRUR 1962, 190), kann aber schon mangels Beschwer in der Sache nicht mit der Rechtsbeschwerde beanstandet werden. Darüber hinaus ist in der Rspr. des BPatG eine mündliche Verhandlung trotz Antrags auch dann für entbehrlich gehalten worden, wenn nur über **Nebenpunkte** des Beschwerdeverfahrens zu entscheiden war: Abweisung des Antrags auf Rückzahlung der Beschwerdegebühr nach Stattgabe in der Hauptsache (BPatGE 13, 69); Entscheidung über Kosten des Beschwerdeverfahrens (BPatGE 16, 188). Für diese Lösung spricht jetzt zusätzlich zu den früheren Argumenten (vgl. *Kirchner* GRUR 1974, 363 = zT wortgleich mit BPatGE 16, 188) auch § 91a Abs. 1 S. 2 ZPO. Kein Nebenpunkt in diesem Sinne ist die Beschwerdeentscheidung über die erstinstanzliche Kostenentscheidung (BPatGE 16, 188, 192). § 69 gilt insgesamt nicht für das besondere Beschwerdeverfahren gegen Kostenfestsetzungsbeschlüsse des DPA nach § 63 Abs. 3 S. 3 (iErg zutr. BPatGE 9, 272, 275, da insoweit über § 63 Abs. 3 S. 2 die mündliche Verhandlung nach § 573 Abs. 1 ZPO freigestellt ist; vgl. zur Reichweite dieser Verweisung BGH GRUR 1986, 453 – *Transportbehälter*).

2. Antrag

5   Der Antrag auf mündliche Verhandlung kann bis zur Absendung der Entscheidung durch die Geschäftsstelle gestellt werden (vgl. allg. BGH GRUR 1997, 223, 224 – *Ceco;* BGH GRUR 1982, 406 – *Treibladung;* BGH GRUR 1967, 435 – *Isoharnstoffäther*). Er kann entsprechend jahrzehntelanger Praxis des BPatG **hilfsweise** für den Fall gestellt werden, daß den Sach- und Kostenanträgen des Beteiligten nicht auch ohne mündliche Verhandlung in vollem Umfang entsprochen wird (BPatGE 7, 107). Soweit nicht ausdrücklich anders formuliert, zwingt ein solcher Hilfsantrag auch dann zur mündlichen Verhandlung, wenn bei einem auf endgültige Entscheidung durch das BPatG gerichteten Beschwerdebegehren zwar

Aufhebung des angefochtenen Beschlusses, jedoch Zurückverweisung an das DPA erfolgen soll (aA BPatGE 7, 107; krit. dazu auch *Benkard/Schäfers* § 78 Rdn. 5). Der Antrag muß sich eindeutig auf die Anberaumung einer mündlichen Verhandlung beziehen, nicht nur die Gewährung rechtlichen Gehörs oder Gelegenheit zur Stellungnahme verlangen.

3. Zweite mündliche Verhandlung

Im Anschluß an eine mündliche Verhandlung kann wieder in das schriftliche Verfahren übergegangen werden (BGH GRUR 1974, 294, 295 – *Richterwechsel II;* vgl. auch BGH GRUR 1986, 47, 84 – *Geschäftsverteilung*). Hierzu bedarf es der Zustimmung der Beteiligten, da §§ 76 Abs. 6 und 79 Abs. 1 davon ausgehen, daß die mündliche Verhandlung zu vertagen bzw. wiederzueröffnen ist, wenn noch keine Entscheidung gefällt werden kann (vgl. *Hoepfner* GRUR 1971, 533; vgl. auch BGH GRUR 1987, 515, 516 – *Richterwechsel III,* wo die Mitteilung eines Beteiligten, man sehe dem der Beschwerde stattgebenden Eintragungsbeschluß entgegen, als Einverständnis auch mit einer die Beschwerde zurückweisenden Entscheidung im schriftlichen Verfahren fehlinterpretiert wurde). Ein Anspruch auf eine weitere mündliche Verhandlung besteht im übrigen nur bei einer **wesentlichen Änderung der Prozeßlage** (vgl. § 128 Abs. 2 S. 1 ZPO; BPatGE 12, 171, 172; offengel. in BGH GRUR 1974, 294, 295 – *Richterwechsel II;* BPatGE 10, 296, 297). Der Anspruch auf rechtliches Gehör (§ 78 Abs. 2) und das Richterwechselverbot (§ 78 Abs. 3) zwingen nicht zu einer weiteren mündlichen Verhandlung, wenn die Entscheidung im schriftlichen Verfahren ergehen kann (vgl. BGH GRUR 1987, 515 – *Richterwechsel III;* BGH GRUR 1974, 294 – *Richterwechsel II;* BGH GRUR 1971, 532 – *Richterwechsel I*).

III. Beweiserhebung (Nr. 2)

Nach § 69 Nr. 2 ist die mündliche Verhandlung nur für die Beweiserhebung vor dem Senat, nicht auch für die Verhandlung über das Ergebnis der Beweisaufnahme oder die Beweisaufnahme durch einen Beauftragten oder ersuchten Richter vorgeschrieben, wie sich aus der Verweisung auf § 74 Abs. 1, nicht aber auf § 74 Abs. 2 ergibt. Eine Beweisaufnahme im schriftlichen Verfahren ist gesetzlich nicht vorgesehen. Eine sich daran anschließende Entscheidung im schriftlichen Verfahren bei Zustimmung des Beteiligten im einseitigen Verfahren ist aber als zulässig bezeichnet worden (BGH GRUR 1987, 515, 516 – *Richterwechsel III,* obiter dictum, da gar keine Beweisaufnahme vorlag, sondern lediglich die Beiziehung von unstreitig schriftlichen Unterlagen). Ein Beweisantritt eines Beteiligten zwingt noch nicht zur mündlichen Verhandlung (BGH Mitt 1996, 118, 119 – *Flammenüberwachung*), es muß zur Erhebung des Beweises kommen.

IV. Anordnung wegen Sachdienlichkeit (Nr. 3)

8   Die Sachdienlichkeit als Voraussetzung der Anordnung der mündlichen Verhandlung gem § 69 Nr. 3 durch den Beschwerdesenat ist nach dem Hauptzweck der mündlichen Verhandlung zu beurteilen, die Sache mit den Beteiligten nicht nur in tatsächlicher, sondern auch in rechtlicher Hinsicht zu erörtern (§ 76 Abs. 4). Daraus ist abgeleitet worden, daß von der Möglichkeit immer dann Gebrauch gemacht werden sollte, wenn die Sach- oder Rechtslage zweifelhaft ist (*Benkard/Schäfers* § 78 PatG Rdn. 12). Dem ist nicht zu folgen. Die schriftliche Erörterung kann auch in solchen Fällen ausreichend sein. Wegen Sachdienlichkeit zwingend geboten ist eine mündliche Verhandlung vielmehr nur dann, wenn es zu einer sachgerechten Erörterung der tatsächlichen oder rechtlichen Fragen gerade der Erörterung in Form der mündlichen Verhandlung bedarf, zB bei durch Aufklärungsbeschlüsse nicht hinreichend klärbaren Rückfragen des Gerichts oder bei schriftsätzlichen Stellungnahmen der Beteiligten, die so unklar geblieben sind, daß sie mündlicher Erörterung bedürfen.

§ 70 Entscheidung über die Beschwerde

(1) **Über die Beschwerde wird durch Beschluß entschieden.**

(2) **Der Beschluß, durch den eine Beschwerde als unzulässig verworfen wird, kann ohne mündliche Verhandlung ergehen.**

(3) **Das Patentgericht kann die angefochtene Entscheidung aufheben, ohne in der Sache selbst zu entscheiden, wenn**
1. **das Patentamt noch nicht in der Sache selbst entschieden hat,**
2. **das Verfahren vor dem Patentamt an einem wesentlichen Mangel leidet oder**
3. **neue Tatsachen oder Beweismittel bekannt werden, die für die Entscheidung wesentlich sind.**

Entscheidung über die Beschwerde § 70

(4) Das Patentamt hat die rechtliche Beurteilung, die der Aufhebung nach Absatz 3 zugrunde liegt, auch seiner Entscheidung zugrunde zu legen.

Inhaltsübersicht

	Rdn.
I. Überblick	1, 2
II. Anwendungsbereich	3
III. Verwerfung unzulässiger Beschwerde (Abs. 2)	4
IV. Gegenstandsloserklärung	5
V. Entscheidung in der Sache	6–11
1. Prüfungsumfang	6–8
2. Keine Versäumnisentscheidung	9
3. Zurückweisung	10
4. Stattgabe	11
VI. Aufhebung und Zurückverweisung (Abs. 3)	12–19
1. Fehlende Sachentscheidung des DPA (Abs. 3 Nr. 1)	14
2. Wesentlicher Verfahrensmangel (Abs. 3 Nr. 2)	15, 16
3. Wesentliche neue Umstände (Abs. 3 Nr. 3)	17
4. Übertragung erforderlicher Anordnungen	18
5. Bindung des DPA (Abs. 4)	19
VII. Bindung des BPatG	20
VIII. Rechtskraft, Wiederaufnahme	21

I. Überblick

§ 70 betrifft die das Beschwerdeverfahren abschließende Entscheidung des BPatG, die nach Abs. 1 stets durch Beschluß ergeht. Bei Unzulässigkeit wird die Beschwerde verworfen (§ 70 Abs. 2). Bei einer zulässigen Beschwerde hat das BPatG grundsätzlich selbst zu entscheiden, also der Beschwerde durch Aufhebung des angefochtenen Beschlusses und Entscheidung in der Sache stattzugeben oder die Beschwerde zurückzuweisen. In den drei Fällen des § 70 Abs. 3 kann sich das BPatG auf die bloße Aufhebung der angefochtenen Entscheidung des DPA beschränken und die Sache an das DPA zurückverweisen, das nach § 70 Abs. 4 an die der Aufhebung zugrundeliegende rechtliche Beurteilung durch das BPatG gebunden ist. Die Kostenentscheidung ist gesondert in § 71 geregelt. Rechtsmittel gegen Beschwerdeentscheidungen: Rechtsbeschwerde zum BGH gem. §§ 83 ff.

§ 70 Entscheidung über die Beschwerde

2 § 70 ist § 79 PatG nachgebildet und weicht davon lediglich durch eine weitere, die Unzulässigkeitsgründe nicht auf die in § 79 Abs. 2 PatG genannten Fälle beschränkende Fassung des § 70 Abs. 2 ab und übernimmt § 79 Abs. 3 S. 2 PatG als gesonderten Absatz.

II. Anwendungsbereich

3 § 70 gilt nur für die instanzabschließende „Endentscheidung" (vgl. § 79 Abs. 1) des BPatG über die Beschwerde. Hiervon zu unterscheiden sind analog § 303 ZPO zulässige, für die Instanz bindende und selbständig nicht anfechtbare Zwischenbeschlüsse, insbesondere über für das weitere Verfahren bedeutsame Zulässigkeitsfragen (BGH GRUR 1967, 477, 478 – *UHF-Empfänger II* (Erledigung durch Zeitablauf); BPatGE 21, 50, 51 (rechtzeitige Beschwerdeeinlegung)). Verbindung von Zwischenentscheidungen und Endentscheidung in einem Beschluß ist zulässig (BPatG GRUR 1988, 903, 905 – *Thermostatisch gesteuertes Regelventil*).

III. Verwerfung unzulässiger Beschwerde (Abs. 2)

4 Die Beschwerde ist ohne Sachprüfung zu verwerfen, wenn sie unzulässig ist. Die wichtigsten Zulässigkeitsvoraussetzungen ergeben sich aus § 66 und sind dort bei Rdn. 11 ff. erläutert. Ausnahmsweise als zulässig zu behandeln ist eine wegen nicht ordnungsgemäßer Vertretung des Beschwerdeführers an sich unzulässige Beschwerde, wenn der Vertretungsmangel bereits im Verfahren vor dem DPA vorlag, dort aber nicht berücksichtigt wurde (BPatGE 22, 37 für zweiseitiges Verfahren), da nur so der die Wirksamkeit des angefochtenen Beschlusses hindernde Vertretungsmangel ohne weitere Verfahren beseitigt werden kann. Bei unterbliebener oder verspäteter Zahlung der Beschwerdegebühr gilt die Beschwerde nach § 66 Abs. 5 S. 2 als nicht eingelegt und darf daher nicht verworfen werden. Zur Feststellung dieser Wirkung vgl. § 66 Rdn. 37. Die Verwerfung kann nach Gewährung schriftsätzlichen Gehörs (§ 78 Abs. 2) ohne mündliche Verhandlung beschlossen werden (Ausnahme zu § 69).

Entscheidung über die Beschwerde § 70

IV. Gegenstandsloserklärung

Ein gesetzlich nicht ausdrücklich vorgesehener Entscheidungsinhalt ist die Erklärung einer Beschwerde zu weiteren Widersprüchen als bis auf weiteres gegenstandslos, wenn aufgrund eines anderen Widerspruchs die Löschung angeordnet wurde. Dazu § 66 Rdn. 22.

V. Entscheidung in der Sache

Ist die Beschwerde zulässig, so ist die eigene Entscheidung in der Sache in Markenangelegenheiten der Regelfall und bedarf das Absehen von der Zurückverweisung (unten Rdn. 12 ff.) keiner weiteren Begründung (BGH WRP 1997, 762, 763 – *Top Selection*).

1. Prüfungsumfang

Über eine zulässige Beschwerde darf das BPatG nur **im Rahmen der gestellten Anträge** entscheiden, also dem Beschwerdeführer nicht mehr zusprechen als beantragt (BGH GRUR 1993, 655, 656 – *Rohrausformer;* BGH GRUR 1983, 171 – *Schneidhaspel;* BGH Mitt. 1979, 198 – *Schaltuhr*) und die angefochtene Entscheidung grdsl. nicht zum Nachteil des Beschwerdeführers abändern, sofern nicht eine der Ausnahmen des Verbots der **reformatio in peius** vorliegen (§§ 536, 559 ZPO). Beispiele: BGH GRUR 1972, 592, 594 – *Sortiergerät* (Verschlechterung bei unverzichtbaren Verfahrensvoraussetzungen); BGH GRUR 1984, 870 – *Schweißpistolenstromdüse II* (kein Verschlechterungsverbot bezgl. Kostenentscheidung und Gebührenrückzahlung, vgl. § 308 Abs. 2 ZPO); BGH GRUR 1990, 109, 110 – *Weihnachtsbrief*. Das Verschlechterungsverbot gilt nicht, soweit eine zulässige Anschlußbeschwerde eingelegt ist (§ 66 Rdn. 44 ff.).

Im Rahmen der gestellten Anträge überprüft das BPatG die angefochtene Entscheidung in **tatsächlicher und rechtlicher** Hinsicht, ohne an die Begründung des Beschlusses oder an die Begründung des Beschwerdebegehrens gebunden zu sein. Hiervon zu unterscheiden ist die von § 73 Abs. 1 im Sinne des Untersuchungsgrundsatzes geregelte Frage der Sachverhaltsermittlung durch das BPatG.

Der Beschwerdeentscheidung ist die Sach- und Rechtslage im Zeitpunkt des Erlasses der Entscheidung zugrundezulegen (zB

§ 70   Entscheidung über die Beschwerde

BPatGE 11, 179, 181). **Neues Vorbringen** ist uneingeschränkt zulässig. Zurückweisung wegen Verspätung kommt wegen des Amtsermittlungsgrundsatzes (§ 73 Abs. 1) nur hinsichtlich des Nichtbenutzungseinwands im Widerspruchsverfahren in Betracht (§ 43 Rdn. 15). Die Berücksichtigungspflicht erstreckt sich auch auf erst nach der letzten mündlichen Verhandlung eingegangene Schriftsätze (§ 73 Rdn. 3) und gerichtsintern wegen fehlendem Aktenzeichen nicht rechtzeitig vor Erlaß der Entscheidung zuordenbare Eingaben (BGH GRUR 1974, 211).

2. Keine Versäumnisentscheidung

9   Im Beschwerdeverfahren vor dem BPatG sind Versäumnisentscheidungen im Sinne der §§ 330 ff. ZPO schon wegen des Amtsermittlungsgrundsatzes (§ 73 Abs. 1) nicht zulässig (BPatGE 8, 40) und auch im Beschwerdeverfahren der ZPO nicht vorgesehen.

3. Zurückweisung

10   Ist die Beschwerde zulässig aber unbegründet, so wird sie zurückgewiesen. Unbegründet, nicht etwa unzulässig, ist die Beschwerde auch dann, wenn sie wegen eines unzulässigen Widerspruchs oder eines unzulässigen Löschungsantrags keinen Erfolg hat (vgl. aber auch Rdn. 4 zum Fall des Vertretungsmangels in beiden Instanzen).

4. Stattgabe

11   Die Beschwerde ist begründet, wenn die Prüfung ergibt, daß die Entscheidung des DPA nicht mit der Rechtslage im Zeitpunkt der Beschwerdeentscheidung übereinstimmt (oben Rdn. 7). Der angefochtene Beschluß ist aufzuheben. Welche weiteren Aussprüche erforderlich sind, hängt vom Verfahrensgegenstand und dem Inhalt des angefochtenen Beschlusses ab. Das BPatG trifft die Entscheidung anstelle des DPA grdsl. selbst, soweit die erforderliche Maßnahme nicht ausnahmsweise ausschließlich dem DPA vorbehalten ist, wie zB Registereintragungen und -löschungen, Veröffentlichungen. Richtet sich die Beschwerde gegen die Stattgabe eines beim DPA zunächst erfolgreichen Antrags iwS, so ist dieser Antrag zurückzuweisen oder bei Unzulässigkeit zu verwerfen, zB ein zunächst erfolgreicher Widerspruch oder Löschungsantrag. Bei einem in der Beschwerdeinstanz erfolgreichen Widerspruch oder Löschungsantrag wird die Löschung der Eintragung vom BPatG an-

geordnet, jedoch vom DPA im Register vollzogen und veröffentlicht.

VI. Aufhebung und Zurückverweisung (Abs. 3)

In den Fällen des § 70 Abs. 3 kann sich das BPatG nach pflicht- 12
gemäßem Ermessen (BGH GRUR 1977, 209, 211 – *Tampon*) auf
Aufhebung und Zurückverweisung an das DPA beschränken.
Hiervon wird in Markensachen jedoch nur in geringem Umfang
Gebrauch gemacht. Der Regelfall ist die eigene Sachentscheidung
des BPatG, selbst wenn ein schwerer Verfahrensfehler vorliegt
(BGH WRP 1997, 762, 763 – *Top Selection*) oder umfangreichere
Ermittlungen notwendig sind. Bei der pflichtgemäßen Ermessensausübung ist einerseits zu berücksichtigen, daß den Beteiligten ohne
Zurückverweisung insbesondere im Falle des § 70 Abs. 3 Nr. 1/3
eine Instanz verloren geht. Andererseits sollte dem Instanzverlust
jedenfalls in Markensachen kein zu großes Gewicht beigegeben
werden, sondern vor allem die erhebliche Verfahrensverzögerung
bei Zurückverweisung in die Ermessensausübung einbezogen werden (beispielhaft BPatGE 37, 143, 145 – *Umschreibungsgebühr*;
BPatG Mitt. 1997, 160, 162 – *ULTRA GLOW*). Auch bei noch so
offensichtlichen Verfahrensfehlern des DPA darf die Ermessensausübung nicht zu Lasten der an einer Verzögerung nicht interessierten Beteiligten von der Vorstellung beeinflußt sein, der Fehler
müsse durch die Zurückverweisung dem DPA gegenüber gewissermaßen sanktioniert werden.

Eine Kostenentscheidung gem § 71 Abs. 1 und die Anordnung 13
der Rückzahlung der Beschwerdegebühr gem § 71 Abs. 3 können
bereits in dem Zurückverweisungsbeschluß getroffen werden,
wenn die Voraussetzungen unabhängig vom weiteren Verfahrensverlauf feststehen (vgl. BPatGE 29, 11, 16/17: sogar voraussichtliches Unterliegen berücksichtigt).

1. Fehlende Sachentscheidung des DPA (Abs. 3 Nr. 1)

Der Fall fehlender Entscheidung des DPA in der Sache ist ins- 14
besondere gegeben, wenn eine Markenanmeldung aus formalen
Gründen ohne Überprüfung auf absolute Schutzhindernisse zu
Unrecht zurückgewiesen wurde. Weitere Beispiele sind die fehlerhafte Verwerfung eines Widerspruchs oder eines Löschungsantrags
wegen vermeintlicher Unzulässigkeit.

2. Wesentlicher Verfahrensmangel (Abs. 3 Nr. 2)

15 Ein „wesentlicher" Verfahrensmangel iSv § 70 Abs. 3 Nr. 2 wird von der Rspr nur dann angenommen, wenn das Verfahren nicht mehr als ordnungsmäßige Entscheidungsgrundlage angesehen werden kann (BGH GRUR 1962, 86, 87 – *Fischereifahrzeug;* BGH NJW 1993, 2318, beide zu § 539 ZPO) und der Verfahrensfehler für den Beschluß entscheidungserheblich war oder dies zumindest nicht ausgeschlossen werden kann (vgl. BGH GRUR 1990, 68, 69 – *VOGUE-SKI* zu § 539 ZPO). Der Begriff der „ordnungsgemäßen Entscheidungsgrundlage" ist wenig aufschlußreich, da die Ordnungsmäßigkeit eigentlich bei jedem Verfahrensfehler zu verneinen ist (abl. auch *Thomas/Putzo* § 539 ZPO Rdn. 5). Im Vergleich zu der patentrechtlichen Parallelvorschrift § 79 PatG (vgl. *Benkard/Schäfers* § 79 PatG Rdn. 29) ist auch dieser Fall der Zurückverweisung in Markensachen von begrenzter Bedeutung, da die Beschwerdesenate mangels der Notwendigkeit technischer Prüfung häufig ohne weiteres zu einer eigenen Entscheidung in der Sache in der Lage sind. Hauptanwendungsbereich sind besonders gravierende Verfahrensfehler hinsichtlich Zuständigkeit, rechtlichem Gehör und Begründung. Beispiele: Entscheidung einer unzuständigen Stelle durch eine unzuständige Person unter eklatanter Versagung des rechtlichen Gehörs über erneute Bekanntmachung einer seit 19 Jahren eingetragenen Marke wegen Bekanntmachung eines falschen Anmeldetags (BPatGE 31, 212); unzureichende „Begründung" „Die Waren sind gleichartig" (BPatG Mitt. 1996, 177). Die zunächst unterbliebene Gewährung rechtlichen Gehörs kann im Beschwerdeverfahren nachgeholt und deswegen von einer Zurückverweisung abgesehen werden (vgl. BPatGE 31, 176, 177 zum PatG).

16 Die Zurückverweisung kann unter Aufhebung nicht nur des angefochtenen Beschlusses, sondern auch des vorausgegangenen Verfahrens erfolgen, soweit es von einem wesentlichen Verfahrensfehler betroffen ist (BPatGE 31, 212, 217: analog §§ 575, 539, 564 Abs. 2 ZPO).

3. Wesentliche neue Umstände (Abs. 3 Nr. 3)

17 Das Bekanntwerden entscheidungserheblicher neuer Beweismittel oder Tatsachen wird in Markensachen regelmäßig kein vernünftiger Grund für eine Zurückverweisung sein, ausgenommen erst in der Beschwerdeinstanz gem. § 8 Abs. 3 geltend gemachte Verkehrsdurchsetzung (*B/S* § 13 Rdn. 25).

Entscheidung über die Beschwerde § 70

4. Übertragung erforderlicher Anordnungen

Einen im Gesetz nicht ausdrücklich angeführten besonderen Fall 18
der nicht vollständigen eigenen Entscheidung des BPatG in der
Sache stellen auch die oben Rdn. 11 erwähnten Fälle der Notwendigkeit ausführender Maßnahmen des DPA dar, ohne daß es hierzu
einer ausdrücklichen Zurückverweisung bedürfte. Daneben dürfte
in Markensachen kaum mehr Bedarf für die in Patentsachen befürwortete analoge Anwendung der Zurückweisungsvorschrift des
§ 575 ZPO sein (vgl. *Benkard/Schäfers* § 79 PatG Rdn. 23). Zur
Zurückverweisung unter Aufhebung des vorausgegangenen Verfahrens oben Rdn. 16.

5. Bindung des DPA (Abs. 4)

Die Bindungswirkung nach § 70 Abs. 4 ist auf diejenigen Punkte 19
beschränkt, deren rechtsfehlerhafte Beurteilung durch das DPA
unmittelbarer Grund für die Aufhebung war (BGH GRUR 1972,
472, 474 – *Zurückverweisung;* BGH GRUR 1969, 433, 435 –
Waschmittel; BGH GRUR 1967, 548, 551 – *Schweißelektrode II*) und
entfällt bei späterer Änderung der tatsächlichen Grundlage, Gesetzesänderung oder Änderung der Rechtsprechung dieses Beschwerdesenats oder des BGH (ausf *Schulte* GRUR 1975, 573, 576 ff.; und
die Rspr zu § 565 Abs. 2 ZPO). Keine Bindung des DPA an sonstige rechtliche Hinweise des BPatG für das weitere Verfahren.

VII. Bindung des BPatG

Das Beschwerdegericht selbst ist an seine Zwischen- und End- 20
entscheidungen gebunden (vgl. §§ 318 ZPO iVm 82 Abs. 1 S. 1;
Benkard/Schäfers, § 79 PatG Rdn. 36 ff.; BGH GRUR 1971, 484 –
Entscheidungsformel). Bei Zurückverweisung an das DPA ist auch die
Bindung des BPatG auf den Umfang nach § 70 Abs. 4 beschränkt
(BGH GRUR 1972, 472, 474 – *Zurückverweisung*).

VIII. Rechtskraft, Wiederaufnahme

Beschwerdeentscheidungen des BPatG werden auch bei unter- 21
bliebener Zulassung der Rechtsbeschwerde erst mit Ablauf der
Rechtsbeschwerdefrist (§ 85 Abs. 1) formell rechtskräftig (vgl.

BPatGE 10, 140, 141/142). Sie erwachsen gleichzeitig in materieller Rechtskraft, soweit sie eine materiell rechtkraftfähige Entscheidung beinhalten. Nach rechtskräftiger Zurückweisung einer Markenanmeldung wegen absoluter Schutzhindernisse können sich DPA/BPatG bei Einreichung einer identischen Anmeldung desselben Anmelders auf die Prüfung einer zwischenzeitlichen Änderung der Sach- und Rechtslage beschränken und die Anmeldung mangels solcher Änderungen ohne Sachprüfung im übrigen zurückweisen. Dagegen sind DPA und BPatG in einem Löschungsverfahren nach § 54 nicht an eine frühere Verneinung desselben absoluten Schutzhindernisses im Eintragungs- (Beschwerde-)Verfahren gebunden, da das Löschungsverfahren gerade auch eine Überprüfung dieser Entscheidungen ermöglichen soll (vgl. zum Verhältnis Patentteilungsverfahren/Nichtigkeitsklage: *Benkard/Schäfers* § 79 PatG Rdn. 40). Wiederaufnahme eines rechtskräftig abgeschlossenen Beschwerdeverfahrens ist analog § 578 ff. ZPO zulässig (BPatG Mitt. 1990, 173 – *CA-SCHEDULER;* vgl. BPatG Mitt. 1978, 195 zum Patenterteilungsverfahren; BPatG Bl 1974, 207).

§ 71 Kosten des Beschwerdeverfahrens

(1) Sind an dem Verfahren mehrere Personen beteiligt, so kann das Patentgericht bestimmen, daß die Kosten des Verfahrens einschließlich der den Beteiligten erwachsenen Kosten, soweit sie zur zweckentsprechenden Wahrung der Ansprüche und Rechte notwendig waren, einem Beteiligten ganz oder teilweise zur Last fallen, wenn dies der Billigkeit entspricht. Soweit eine Bestimmung über die Kosten nicht getroffen wird, trägt jeder Beteiligte die ihm erwachsenen Kosten selbst.

(2) Dem Präsidenten des Patentamts können Kosten nur auferlegt werden, wenn er nach seinem Beitritt in dem Verfahren Anträge gestellt hat.

(3) Das Patentgericht kann anordnen, daß die Beschwerdegebühr (§ 66 Abs. 5) zurückgezahlt wird.

(4) Die Absätze 1 bis 3 sind auch anzuwenden, wenn der Beteiligte die Beschwerde, die Anmeldung der Marke, den Widerspruch oder den Antrag auf Löschung ganz oder teilweise zurücknimmt oder wenn die Eintragung der Marke wegen Verzichts oder wegen Nichtverlängerung der Schutzdauer ganz oder teilweise im Register gelöscht wird.

(5) Im übrigen gelten die Vorschriften der Zivilprozeßordnung über das Kostenfestsetzungsverfahren und die Zwangsvollstreckung aus Kostenfestsetzungsbeschlüssen entsprechend.

Kosten des Beschwerdeverfahrens § 71

Inhaltsübersicht

	Rdn.
I. Überblick	1, 2
II. Abgrenzung zu den Kosten des patentamtlichen Verfahrens	3
III. Kostentragung in Beschwerdeverfahren mit nur einem Beteiligten	4
IV. Kostenverteilung in Beschwerdeverfahren mit mehreren Beteiligten	5–29
1. Grundregel (Abs. 1 S. 2)	7–9
2. Kostenauferlegung nach Billigkeit (Abs. 1 S. 1)	10–19
3. Beendigung ohne Sachentscheidung (Abs. 4)	20
4. Sonderregelung für DPA-Präsident (Abs. 2)	21
5. Kostenarten, Erstattungsfähigkeit	22–27
a) Gerichtskosten	23
b) Außergerichtliche Kosten der Beteiligten	24–27
aa) Rechtsanwaltskosten	25
bb) Patentanwaltskosten	26, 27
6. Kostenfestsetzung, Zwangsvollstreckung (Abs. 5)	28, 29
V. Rückzahlung der Beschwerdegebühr (Abs. 3)	30–39
1. Grundsätze	30–32
2. Beispiele für Rückzahlungsgründe	33–37
a) Fehlerhafte Anwendung materiellen Rechts	33, 34
b) Verfahrensfehler	35, 36
c) Verfahrensökonomie	37
3. Entscheidung über die Rückzahlung	38

I. Überblick

§ 71 betrifft die Kostentragung im Beschwerdeverfahren und re- 1
gelt diese ähnlich wie § 63 für das patentamtliche Verfahren in
Markensachen (vgl. auch § 90 für die Rechtsbeschwerde). Aus § 71
folgt zunächst, daß in allen Beschwerdeverfahren, an denen nur der
Beschwerdeführer beteiligt ist, keine Kostenentscheidung ergeht
und mit Ausnahme der in allen Verfahren möglichen Anordnung
der Rückzahlung der Beschwerdegebühr (Abs. 3) keinerlei Kostenerstattung stattfindet. Für Verfahren mit mehreren Beteiligten stellt
§ 71 Abs. 1 S. 2 klar, daß jeder Beteiligte die ihm erwachsenden
Kosten grundsätzlich selbst trägt, wenn das BPatG nicht eine der
Billigkeit entsprechende Kostenentscheidung gemäß § 71 Abs. 1
S. 1 trifft, wovon in der Praxis nur selten Gebrauch gemacht wird.
§ 71 Abs. 4 läßt eine (isolierte) Kostenentscheidung auch dann
zu, wenn das Beschwerdeverfahren wegen Rücknahme von Be-

§ 71 Kosten des Beschwerdeverfahrens

schwerde, Anmeldung, Widerspruch bzw. Löschungsantrag oder wegen Löschung der Markeneintragung aufgrund Verzichts oder Nichtverlängerung ohne Entscheidung über die Beschwerde geendet hat. Kommt es zu einer Kostenentscheidung, so richten sich das Kostenfestsetzungsverfahren und die Zwangsvollstreckung aus Kostenfestsetzungsbeschlüssen des BPatG gemäß § 71 Abs. 5 nach den einschlägigen Bestimmungen der ZPO.

2 § 71 entspricht weitestgehend § 80 PatG. Die Prüfung der Notwendigkeit zu erstattender Kosten ist anders als in § 80 Abs. 1 S. 2 PatG nicht billigem Ermessen unterstellt. Eine § 71 Abs. 1 S. 2 entsprechende Regelung findet sich in § 80 PatG nicht, ist aber im Ergebnis auch für das Beschwerdeverfahren in Patentsachen anerkannt (*Benkard/Schäfers* § 80 PatG Rdn. 16).

II. Abgrenzung zu den Kosten des patentamtlichen Verfahrens

3 § 71 betrifft nur die Kosten des gerichtlichen Beschwerdeverfahrens, während für die Kosten des vorausgegangenen patentamtlichen Verfahrens § 63 gilt. Eine Kostenentscheidung des DPA oder deren Unterbleiben (mit der Rechtsfolge nach § 63 Abs. 3) ist vom BPatG zu überprüfen, wenn sie entweder als isolierter Beschluß oder als Teil des angefochtenen Beschlusses zum Gegenstand des Beschwerdeverfahrens geworden ist. Das BPatG kann dann auch eine vom DPA unterlassene Kostenverteilung gemäß § 63 Abs. 1 S. 1/2 vornehmen. Die Entscheidung über die Kosten des patentamtlichen Verfahrens ist jedoch in allen diesen Fällen keine Entscheidung nach § 71, sondern Teil der Überprüfung des angefochtenen Beschlusses (undeutlich BPatGE 1, 94, 99/100). Die Festsetzung der Kosten des patentamtlichen Verfahrens gemäß einer solchen vom BPatG für das DPA-Verfahren getroffenen Kostenverteilung darf nicht einheitlich zusammen mit den Kosten des Beschwerdeverfahrens durch das BPatG erfolgen, sondern getrennt hiervon durch Kostenfestsetzungsbeschluß des DPA nach § 63 Abs. 3.

III. Kostentragung in Beschwerdeverfahren mit nur einem Beteiligten

4 In Beschwerdeverfahren ohne weitere Beteiligte muß der Beschwerdeführer seine Kosten unabhängig vom Verfahrensausgang

Kosten des Beschwerdeverfahrens **§ 71**

selbst tragen. Nur die Beschwerdegebühr kann ihm durch Anordnung nach § 71 Abs. 3 zurückgezahlt werden (unten Rdn. 30 ff.). Im übrigen ist jede Kostenentscheidung unzulässig (vgl. BPatGE 13, 201, 204). Die gerichtlichen Auslagen hat auch der erfolgreiche Beschwerdeführer als Veranlasser der Instanz nach §§ 49 GKG iVm 82 Abs. 1 S. 3 zu tragen (vgl. BPatGE 8, 211 für einseitige Patentsache; BPatGE 8, 240 für Widerspruchs-Beschwerdeverfahren). Die gesetzliche Regelung ist fragwürdig. Die im Vergleich zu den tatsächlichen Verfahrenskosten sehr niedrige Beschwerdegebühr verleitet zur Einlegung der Beschwerde auch in aussichtslosen Fällen absoluter Schutzhindernisse. Dem sollte wenigstens durch eine zweite Gebühr für den Fall einer mündlichen Verhandlung entgegengewirkt werden. Andererseits ist fragwürdig, daß die dem Beteiligten entstehenden Kosten des Beschwerdeverfahrens nicht einmal in begrenztem Umfang erstattet werden, wenn die Beschwerde Erfolg hat.

IV. Kostenverteilung in Beschwerdeverfahren mit mehreren Beteiligten

Eine über die Rückzahlung der Beschwerdegebühr hinausgehende Kostenentscheidung läßt § 71 nur für Beschwerdeverfahren zu, an denen **mehrere** Personen selbständig beteiligt sind. Steht eine Marke oder eine Anmeldung mehreren Personen **gemeinschaftlich** zu, so handelt es sich nicht um ein Beschwerdeverfahren mit mehreren Beteiligten iSv § 71 Abs. 1 S. 1, sondern richtet sich die interne Kostenverteilung nach dem der Mitinhaberschaft zugrundeliegenden Rechtsverhältnis. 5

Führt die Beschwerde zur Aufhebung und **Zurückverweisung** (§ 70 Abs. 3), soll eine über die Rückzahlung der Beschwerdegebühr hinausgehende Kostenentscheidung durch das BPatG unzulässig sein, da der Verfahrensausgang noch nicht feststeht (*B/S* § 13 WZG Rdn. 29 aE). Dann müßte dem DPA die Befugnis eingeräumt werden, in seine verfahrensabschließende Kostenentscheidung nach § 63 auch die Kosten des Beschwerdeverfahrens einzubeziehen, soweit eine Auferlegung dieser Kosten auf einen der Beteiligten billig ist. Im Regelfall werden die Billigkeitsgründe jedoch bereits feststehen, so daß eine Kostenentscheidung im Zurückverweisungsbeschluß vorzuziehen ist. 6

1. Grundregel (Abs. 1 S. 2)

7 Im Regelfall trägt jeder der mehreren Beteiligte die ihm erwachsenen Kosten selbst. § 71 Abs. 1 S. 2 ist nicht etwa nur eine Auffangregelung für den Fall unterlassener Kostenentscheidung, sondern gibt die Grundregel wieder, von der die gesetzliche Regelung ausgeht. Daran ist auch das BPatG gebunden, denn es darf nach § 71 Abs. 1 S. 1 nur dann, „wenn dies der Billigkeit entspricht", eine im pflichtgemäßen richterlichen Ermessen („kann") stehende Entscheidung über eine von der gesetzlichen Regelung abweichende Kostenauferlegung treffen. § 71 Abs. 1 S. 2 macht einen Kostenausspruch in der Beschwerdeentscheidung zum einen dann überflüssig, wenn von den Beteiligten keine Kostenanträge gestellt wurden. In diesem Falle bedarf es keiner Begründung. Ein Kostenausspruch ist zum anderen auch dann überflüssig, wenn zwar Kostenanträge gestellt wurden, diesen jedoch nicht stattgegeben wird. In diesem Falle ist aber in der Begründung auf den Kostenantrag und das Fehlen der Voraussetzungen des § 71 Abs. 1 S. 1 einzugehen.

8 Ergibt sich aus den Entscheidungsgründen, daß der **Kostenpunkt übergangen** wurde – zB daraus, daß ein vor der Entscheidung gestellter Kostenantrag unerwähnt geblieben ist – so schließt § 71 Abs. 1 S. 2 einen Antrag auf Beschlußergänzung nicht aus (§§ 321 ZPO iVm 82 Abs. 1 S. 3). Denn § 71 Abs. 1 S. 2 entbindet das BPatG nur vom Kostenausspruch im Tenor, nicht jedoch von der Prüfung der Voraussetzungen nach § 71 Abs. 1 S. 1. Trotz der Hinzufügung des § 71 Abs. 1 S. 2 im Vergleich zur Parallelregelung des § 80 PatG ergibt sich insoweit keine Abweichung von der für Patentsachen nach BPatGE 28, 39, 40 geltenden Regelung (aA *B/S* § 13 WZG Rdn. 28 aE). Der Ergänzungsantrag muß nach § 321 Abs. 2 ZPO binnen einer zweiwöchigen Frist ab Beschlußzustellung schriftlich beantragt werden. Verlängerung und Wiedereinsetzung sind ausgeschlossen (BPatGE 28, 39, 40; *Thomas/Putzo* § 321 ZPO Rdn. 4). Eines ausdrücklichen Kostenausspruchs bedarf es auch bei Ablehnung einer abweichenden Kostenauferlegung immer dann, wenn in der Beschwerdeentscheidung nicht mehr über die Hauptsache, sondern nur noch über gestellte Kostenanträge zu entscheiden ist (zB in den Fällen des Abs. 4).

9 Bei Anwendbarkeit des § 71 Abs. 1 S. 2 hat die gerichtlichen Auslagen (zB Schreibgebühren, Zustellkosten) derjenige Beteiligte zu tragen, der hierfür nach den Vorschriften des GKG Schuldner ist, also idR der die Instanz veranlassende Beschwerdeführer nach

Kosten des Beschwerdeverfahrens § 71

§§ 49 GKG iVm 82 Abs. 1 S. 3 (BPatGE 8, 240; vgl. auch BPatGE 8, 211).

2. Kostenauferlegung nach Billigkeit (Abs. 1 S. 1)

Die Billigkeitsentscheidung über eine von der Grundregel abweichende Kostenauferlegung zu Lasten eines oder mehrerer Beteiligter steht im **pflichtgemäßen Ermessen** des Gerichts und kann nicht nur auf Antrag, sondern auch von Amts wegen getroffen werden. 10

Nur den am Beschwerdeverfahren **Beteiligten** können Kosten nach § 71 Abs. 1 S. 1 auferlegt werden. Beteiligter in diesem Sinne ist auch der vollmachtlose Vertreter (BPatGE 22, 37, 39), nicht jedoch der Vertreter einer nicht beteiligten oder nicht prozeßfähigen Partei (vgl. BGH NJW 1993, 1865; aA *Benkard/Schäfers* § 80 PatG Rdn. 13) und keinesfalls ein bevollmächtigter Vertreter aufgrund sorgfaltswidrigen Handelns (anders noch BPatGE 4, 138 unter Berufung auf den aufgehobenen § 102 ZPO). 11

Voraussetzung ist, daß besondere Umstände eine Abweichung von der Grundentscheidung des Gesetzgebers gegen eine auf den Verfahrensausgang abstellende generelle Kostenerstattung billig erscheinen lassen. Das **Unterliegen** eines Beteiligten in der Sache als solches rechtfertigt weder die Kostenauferlegung noch schließt es aus, daß dem obsiegenden Beteiligten Kosten auferlegt werden (BGH GRUR 1972, 600/601 – *Lewapur*). Dies gilt auch für Beschwerden in Widerspruchsverfahren uneingeschränkt fort (BPatG GRUR 1997, 293, 295 – *GREEN POINT/Der Grüne Punkt;* BPatG GRUR 1996, 356, 361 – *JOHN LORD/JOHN LOBB;* BPatG GRUR 1995, 739, 741 – *GARIBALDI*). Es kann daher auch nicht von der Billigkeit der Auferlegung nach dem Verfahrensausgang als Regelfall ausgegangen werden (aA *Fezer* § 71 Rdn. 4, 5). 12

Bestritten worden ist dies für **Akteneinsichtsverfahren**, weil es sich bei Ihnen um „echte Streitverfahren" handele (BPatG Mitt. 1971, 55; BPatGE 13, 33, 41; BPatGE 3, 23, 30; *B/S* § 13 WZG Rdn. 30; *Benkard/Schäfers* § 80 PatG Rdn. 7; zurückhaltender: BGH Bl. 1964, 247, 251 – **Akteneinsicht I** (zumindest mitzuberücksichtigen); vgl. auch BGH GRUR 1994, 104 – *Akteneinsicht XIII* zur Qualifikation als echtes Streitverfahren). Die obsiegende Partei dürfe nur dann mit Kosten belastet bleiben, wenn sie durch unsachgemäßes Verhalten vermeidbare Kosten verursacht hat (BPatG Mitt. 1971, 55) oder ein Verfahrensfehler des DPA zu der Beschwerde zwang (BPatGE 33, 175, 181). Diese Differenzierung 13 nach Verfahrensarten läßt sich für Markensachen aber schon deshalb nicht halten, weil es sich zB auch bei Widerspruchs-Beschwerdeverfahren um echte Streitverfahren handelt und dennoch allgemein nicht von einer generellen Kostenauferlegung nach dem Verfahrensausgang ausgegangen wird. Eine Sonderbehandlung der Akteneinsichtsverfahren ist daher unabhängig davon verfehlt, ob man die gesetzliche Billigkeitsregelung für sachgerecht hält oder nicht (wie hier BPatG Mitt. 1972, 176 in Patentsache; *Raible* Mitt. 1972, 176).

14 Die Unzulässigkeit pauschaler Differenzierung nach Verfahrensarten gilt entgegen der Rspr. des BPatG auch für **Kostenentscheidungen in Nebenverfahren oder verfahrensrechtlichen Fragen** (aA BPatG Mitt. 1982, 156 – *Correx/Carex*) und noch weitergehend für alle Fälle, in denen „rein verfahrensrechtliche Fragen" Gegenstand des Streits sind (aA BPatG Mitt. 1984, 177, 178; *B/S* § 13 WZG Rdn. 30), wie zB bei Streit über den Gegenstandswert für die Kostenfestsetzung (aA BPatG Mitt. 1995, 323). Zur Berücksichtigung der Abweichung des DPA von einer ständigen Praxis bei der Kostenentscheidung vgl. BPatG Mitt. 1982, 156 – *Correx/Carex;* krit. *B/S* § 13 WZG Rdn. 30 aE.

15 Der Verfahrensausgang darf jedoch insoweit Berücksichtigung finden, als die Kosten einer ohne weiteres **erkennbar aussichtslosen Beschwerde** dem Beschwerdeführer auferlegt werden können (BPatG Mitt. 1977, 73, 74 – *4711*; BPatGE 12, 238, 240 mwN). Insoweit ist allerdings Zurückhaltung geboten. Die gesetzliche Grundregel beansprucht auch für Beschwerden mit unsicheren Erfolgsaussichten Geltung und darf nicht durch eine ohnehin nicht unproblematische, weil rückblickende Aussichtenprüfung zu weit relativiert werden. In jedem Falle gerechtfertigt ist die Kostenauferlegung wegen Aussichtslosigkeit aber dann, wenn das Prozeßverhalten des Beschwerdeführers erkennen läßt, daß er die mangelnden Erfolgsaussichten kennt und daher **verfahrensfremde Ziele** (Verzögerung, Behinderung) naheliegen, wie zB bei Unterbleiben einer Beschwerdebegründung (vgl. unten Rdn. 18). Zu berücksichtigen ist insbesondere auch, ob der Beschwerdeführer nicht wenigstens subjektiv Zweifel an der Rechtmäßigkeit der angefochtenen Entscheidung haben durfte (BGH GRUR 1972, 600, 601 aE – *Lewapur*), zB aufgrund einer lückenhaften oder mißverständlichen Begründung durch das DPA.

16 Im übrigen können vor allem Verstöße gegen die jedem Beteiligten im Beschwerdeverfahren obliegende **prozessuale Sorgfaltspflicht** die Auferlegung der gesamten Verfahrenskosten oder – bei Beschränkung der Pflichtverletzung auf eine bestimmte kosten-

Kosten des Beschwerdeverfahrens § 71

auslösende Maßnahme – eines Teils der Kosten rechtfertigen. Beispiele: Antrag auf mündliche Verhandlung, wenn erkennbar die vorbehaltlose Rücknahme des Widerspruchs von vornherein beabsichtigt ist (BPatG Mitt. 1978, 76, 77 aE – *Vegaton/Paton*); Nichtteilnahme an der selbst beantragten mündlichen Verhandlung ohne rechtzeitige Benachrichtigung des Gegners (BPatG Mitt. 1972, 99; BPatG Mitt. 1978, 76, 77 aE – *Vegaton/Paton*); Beharren auf mündlicher Verhandlung trotz zumindest aufgrund eines Zwischenbescheids des Beschwerdesenats erkennbarer Aussichtslosigkeit (BPatGE 7, 36); sorgfaltswidrige Verursachung einer Vertagung (*B/S* § 13 WZG Rdn. 28); verspätete Erhebung der Nichtbenutzungseinrede erst im Beschwerdeverfahren (BPatGE 17, 151, 154 – *Anginfant*); verspätete Glaubhaftmachung der Benutzung (BPatGE 19, 202, 204 aE); vollständig unterbliebene Glaubhaftmachung der Benutzung nach Beschwerdeeinlegung durch den Widersprechenden, auch bei Widerspruchsrücknahme noch vor mündlicher Verhandlung (BPatG Mitt. 1981, 43); Veranlassung des Beschwerdeverfahrens gegen isolierte Kostenentscheidung des DPA durch objektiv erkennbar aussichtslose Rechtsverfolgung im Verfahren vor dem DPA (BPatG Mitt. 1982, 156 – *Correx/Carex;* BPatG Mitt. 1976, 99, 100; BPatG Mitt. 1973, 215, 217).

Den prozessualen Sorgfaltspflichtverletzungen gleichzustellen ist **17** die Verfahrensverursachung durch rechtsmißbräuchliche oder iSd § 1 UWG sittenwidrige Markenanmeldungen und/oder Widerspruchseinlegung, zB zu Behinderungszwecken (BPatG Mitt. 1997, 28, 29 – STEPHANSKRONE).

Kein ausreichender Grund für Kostenauferlegung soll dagegen **18** sein: Unterbleiben einer Beschwerdebegründung als solches, da keine gesetzliche Begründungspflicht (BPatG Mitt. 1972, 98 für Einspruchs-Beschwerdeverfahren, sehr zw.; aA BPatGE 9, 204, 207/208 für Patentanmeldesache; s. auch oben 15); neuer Tatsachenvortrag zehn Tage vor mündlicher Verhandlung, da sogar erst in mündlicher Verhandlung zulässig (BPatGE 31, 13 für Einspruchs-Beschwerdeverfahren).

Ergänzend kann die Amtspraxis und Rspr zur Billigkeitsentscheidung über die Kosten des patentamtlichen Verfahrens herangezogen werden (§ 63 Rdn. 5). **19**

3. Beendigung ohne Sachentscheidung (Abs. 4)

§ 71 Abs. 4 ermöglicht ebenso wie die Parallelvorschriften der **20** §§ 63 Abs. 1 S. 2, 90 Abs. 1 S. 2 (vgl. auch § 80 Abs. 4 PatG) eine

Billigkeitsentscheidung auch bei Beendigung des Verfahrens ohne Entscheidung in der Sache, wobei die Regelung nicht nur für die im Gesetzestext aufgezählten Fallgestaltungen gilt, sondern entsprechend auf vergleichbare Gründe der Verfahrensbeendigung ohne Sachentscheidung anwendbar ist (zB Wegfall der verfahrensgegenständlichen Markeneintragung durch Löschung nach §§ 53, 54). Die Verweisung auch auf § 71 Abs. 1 S. 2 bedeutet, daß auch in diesen Fällen Ausgangspunkt für Billigkeitserwägungen die gesetzgeberische Grundentscheidung gegen eine generelle Kostenerstattung etwa entsprechend § 515 Abs. 3 S. 1 ZPO ist. Es bedarf also auch in diesen Fällen neben dem Unterliegen durch Rücknahme, Verzicht, Nichtverlängerung etc. **zusätzlicher Gründe für die Kostenauferlegung** (vgl. BPatG Mitt. 1963, 39; BPatG Mitt. 1963, 93; BPatG Mitt. 1974, 134, alle zur Widerspruchsrücknahme; BPatGE 2, 69, 73 und BPatGE 9, 204, 206 zur Rücknahme der Patentanmeldung).

4. Sonderregelung für DPA-Präsident (Abs. 2)

21 Tritt der DPA-Präsident dem Beschwerdeverfahren nach Einladung durch das BPatG gemäß § 68 Abs. 2 bei, können ihm nach § 71 Abs. 2 Kosten nur auferlegt werden, wenn er im Verfahren Anträge gestellt hat. Diese Privilegierung wird mit seinem Tätigwerden im Allgemeininteresse gerechtfertigt (*Goebel* GRUR 1985, 647 zur praktischen Bedeutung). Macht der DPA-Präsident von dem Äußerungsrecht nach § 68 Abs. 1 Gebrauch, können ihm Kosten schon deshalb nicht auferlegt werden, weil er durch diese Mitwirkung nicht Verfahrensbeteiligter wird (§ 68 Rdn. 2).

5. Kostenarten, Erstattungsfähigkeit

22 Die Kostenauferlegung nach § 71 Abs. 1 S. 1 kann sich sowohl auf die Gerichtskosten des Beschwerdeverfahrens beim BPatG als auch auf die dem Beteiligten erwachsenen Kosten beziehen. Die Entscheidung kann auf eine dieser Kostenarten oder einzelne Kostenpositionen beschränkt sein (vgl. BPatGE 9, 204, 205/206). Der Begriff „Kosten des Verfahrens" und daher auch „Verfahrenskosten" umfaßt die außergerichtlichen Kosten der Beteiligten, soweit nicht ausdrücklich etwas anderes in der Kostenentscheidung ausgesprochen ist („einschließlich"; anders die bei *Benkard/Schäfers* § 80 PatG Rdn. 12, 14 verwendete Terminologie).

23 **a) Gerichtskosten.** Die Gerichtskosten setzen sich zusammen aus der Beschwerdegebühr und eventuellen Auslagen des Gerichts

nach GKG iVm § 82 Abs. 1 S. 2. Der Beschwerdeführer kann also in Verfahren mit mehreren Beteiligten entweder durch Rückzahlungsanordnung (§ 71 Abs. 3) oder durch Auferlegung auf einen anderen Beteiligten von der Beschwerdegebühr entlastet werden.

b) Außergerichtliche Kosten der Beteiligten. Die den Beteiligten durch das Beschwerdeverfahren – dagegen nicht die im Ausgangsverfahren vor dem DPA – entstandenen Kosten sind nach § 71 Abs. 1 S. 1 erstattungsfähig „soweit sie zur zweckentsprechenden Wahrung der Ansprüche und Rechte notwendig waren", so daß auch auf die Rspr zu § 91 ZPO zurückgegriffen werden kann. Die Entscheidung über die Erstattungsfähigkeit findet nur dann ausnahmsweise bereits in der Kostenauferlegungsentscheidung des Beschwerdesenats statt, wenn die Kostenauferlegung auf eine konkrete Kostenposition bezogen ist (vgl. BPatGE 1, 94), im übrigen jedoch erst im Kostenfestsetzungsverfahren (unten Rdn. 28). Die Vertretung durch einen **Rechtsanwalt oder Patentanwalt** ist im Beschwerdeverfahren in Markensachen stets zweckentsprechend, und zwar auch dann, wenn der Beteiligte über Fachpersonal einer eigenen Markenabteilung verfügt, das in anderen Verfahren vor dem BPatG auftritt (vgl. § 91 Abs. 2 S. 1 ZPO). Zur Kostenberechnung s. unten Rdn. 25 ff. Bei Vertretung in eigener Sache gilt § 91 Abs. 2 S. 4 ZPO (vgl. BPatGE 24, 165 für Nichtigkeitsklage). **Doppelvertretung** durch Rechtsanwalt und Patentanwalt ist im Beschwerdeverfahren in Markensachen nie notwendig. Auch bei **Doppelqualifikation** schon deshalb keine Erstattung doppelter Gebühren (vgl. ferner BPatGE 27, 155, 156). Hinsichtlich Doppelvertretung ist keine Vergleichbarkeit mit den Grundsätzen zu § 140 Abs. 5 in Kennzeichenstreitsachen (§ 140 Rdn. 64) gegeben. Mehrkosten eines nicht in München ansässigen Anwalts, d.h. insbes. **Reisekosten** sind stets erstattungsfähig; § 91 Abs. 2 S. 1 ZPO gilt nicht (BGH GRUR 1965, 621). Zur Erstattungsfähigkeit von Parteikosten vgl. *Benkard/Schäfers* § 80 PatG Rdn. 49 ff. und die Rspr. und Lit. zu § 91 ZPO.

aa) Rechtsanwaltskosten. Gebühren und Auslagen eines Rechtsanwalts sind in der von der BRAGO vorgesehenen Höhe erstattungsfähig. Die Gebühr für das Beschwerdeverfahren ergibt sich aus §§ 66 Abs. 2 S. 1 Nr. 3 oder Abs. 2 S. 2 iVm 61 BRAGO je nach Beschlußgegenstand. Die Festsetzung des für die Gebührenberechnung maßgeblichen **Gegenstandswerts** erfolgt auf Antrag gemäß § 10 BRAGO durch den Senat nach billigem Ermessen (§ 8 Abs. 2 S. 2 BRAGO). Nach st. Rspr. ist auch im Wi-

§ 71 Kosten des Beschwerdeverfahrens

derspruchs-Beschwerdeverfahren das wirtschaftliche Interesse des Anmelders bzw. Markeninhabers an der Aufrechterhaltung des Markenschutzes maßgeblich, also nicht das Löschungsinteresse des Widersprechenden (BPatG Mitt. 1995, 323; BPatGE 34, 181; grdl. BPatGE 11, 166). Ausgangspunkt und Orientierungshilfe für die Wertfestsetzung ist der vom BPatG insbesondere für Widerspruchs-Beschwerdeverfahren angenommene Regelgegenstandswert, der in unregelmäßigen Abständen an die Wirtschaftsentwicklung angepaßt wird und derzeit DM 15 000,– beträgt (BPatG Mitt. 1995, 323; BPatGE 34, 181 mwN; BPatG Mitt. 1994, 167 mwN). Ist die betroffene Marke (nicht: Widerspruchsmarke) benutzt, so ist dies werterhöhend zu berücksichtigen und kann bei intensiverer Benutzung eine Vervielfachung des Regelgegenstandswerts erfordern (zB BPatGE 11, 166, 171, für 1969 Gegenstandswert von DM 50 000,– bei einem Gesamtumsatz einschließlich Exporten unter der Marke von 1,5 Mio DM). Werterhöhend zu berücksichtigen sein kann auch, daß es sich bei der betroffenen Marke zugleich um den Firmennamen oder das Firmenschlagwort der Markeninhaberin handelt (BPatGE 12, 245) oder der Firmenname in der Marke zumindest enthalten ist (BPatG Mitt. 1995, 323, 324: 50% über Regelgegenstandswert selbst wenn Firma im Inland noch nicht benutzt und nicht Firmenname selbst, sondern nur graphische Ausgestaltung angegriffen). Die Wertfestsetzung durch das BPatG ist unanfechtbar, jedoch läßt das BPatG Gegenvorstellung zu, wenn sie analog § 10 Abs. 3 S. 3 BRAGO binnen zwei Wochen nach Zustellung des Beschlusses über die Wertfestsetzung erhoben wird (BPatGE 22, 129).

26 **bb) Patentanwaltskosten.** Mangels gesetzlicher Gebührenordnung für Patentanwälte werden die Patentanwaltsgebühren vom BPatG bis zu derjenigen Höhe als erstattungsfähig behandelt, die sich bei Anwendung der von der Patentanwaltskammer herausgegebenen Gebührenordnung 1968 (PatAnwGebO) zuzüglich eines in unregelmäßigen Abständen erhöhten Teuerungszuschlags ergeben (ausf. *Benkard/Schäfers* § 80 PatG Rdn. 39 ff. mwN; zB BPatGE 31, 152). Maßgeblicher Zeitpunkt für die Zuschlagsbemessung ist der Tag der Auftragserteilung für das Beschwerdeverfahren (vgl. zB BPatGE 31, 152; BPatGE 19, 24). Der Teuerungszuschlag für Auftragserteilung ab 1. 12. 1987 betrug 163% (BPatGE 31, 152, 155; BPatGE 32, 162, 164). Bei besonderer wirtschaftlicher Bedeutung der Sache können auch über die so berechnete Regelgebühr hinausgehende Gebühren erstattungsfähig sein (vgl. BPatGE 29, 54,

Kosten des Beschwerdeverfahrens § 71

55; grdl. BGH GRUR 1965, 621, 623; BGH GRUR 1968, 447, 453 – *Flaschenkästen*). Hinsichtlich der weiteren Einzelheiten der Gebühren- und Auslagenberechnung nach der PatAnwGebO s. *Benkard/Schäfers* § 80 PatG Rdn. 42 ff.

Wird für ein Beschwerdeverfahren ein Gegenstandswert nach 27 oben Rdn. 25 zum Zwecke der Berechnung der Gebühren eines in dem Verfahren tätig gewordenen Rechtsanwalts festgesetzt, richtet sich auch die Erstattungsfähigkeit der Gebühren eines Patentanwalts nach der **BRAGO**, da dies in Abschnitt F Ziffer 1. PatAnwGebO 1968 vorgesehen ist (grdl. BPatGE 8, 165). Der Patentanwalt hat insoweit kein Wahlrecht. In Verfahren ohne Mitwirkung eines Rechtsanwalts findet keine Festsetzung des Gegenstandswerts statt (BPatGE 15, 165; BPatG Bl 1986, 204). Ergibt sich der Gegenstandswert ohne weiteres aus dem Beschwerdegegenstand, wie bei Beschwerde gegen eine Kostenentscheidung, soll sich die Erstattungsfähigkeit der Patentanwaltsgebühren ebenfalls nach BRAGO richten (BPatGE 5, 144; BPatGE 3, 58).

6. Kostenfestsetzung, Zwangsvollstreckung (Abs. 5)

Die konkrete Berechnung der zu erstattenden Kosten und damit 28 auch die Entscheidung über ihre Erstattungsfähigkeit erfolgt in einem gesonderten Festsetzungsverfahren, für das § 71 Abs. 5 auf §§ 103–107 ZPO verweist. Zuständig ist das BPatG, funktionell der dem Beschwerdesenat zugeordnete Rechtspfleger (§ 23 Abs. 1 Nr. 12 RPflG). Die Kostenfestsetzung setzt gem § 103 Abs. 1 formelle Rechtskraft (§ 70 Rdn. 21) der zugrundeliegenden Kostenauferlegungsentscheidung voraus, da die Beschlüsse des BPatG nicht vorläufig vollstreckbar sind, vielmehr der Rechtsbeschwerde aufschiebende Wirkung (§ 83 Abs. 1 S. 2) zukommt (vgl. BPatGE 21, 27; BPatGE 2, 114, 116; beide zu DPA-Kostenentscheidung zu GebrM-Löschung). Die Kostenfestsetzung erfolgt auf Antrag des erstattungsberechtigten Beteiligten (§ 103 Abs. 2 ZPO). Kostenfestsetzung gegen den eigenen Auftraggeber gem. **§ 19 BRAGO** soll nur für Rechtsanwälte, mangels unmittelbar anwendbarer gesetzlicher Gebührenordnung (oben Rdn. 26) nicht auch für Patentanwälte zulässig sein (BPatGE 18, 164; BPatGE 9, 272; vgl. § 140 Rdn. 57).

Gegen den Kostenfestsetzungsbeschluß oder die Ablehnung des 29 Kostenfestsetzungsantrags ist die **Erinnerung** an den Beschwerdesenat gem. § 23 Abs. 2 RPflG gegeben. Sie ist binnen zwei Wochen ab Zustellung der Entscheidung des Rechtspflegers einzulegen. Gegen die Entscheidung des Senats über die Erinnerung ist die Rechtsbeschwerde nicht zulässig, da es sich nicht um eine Beschwerdeentscheidung iSv § 83 Abs. 1 S. 1 handelt.

Die **Zwangsvollstreckung** aus Kostenfestsetzungsbeschlüssen des BPatG als Vollstreckungstitel gem. § 71 Abs. 5 erfolgt entsprechend §§ 794 Abs. 1 Nr. 2, 795 a, 798 ZPO.

V. Rückzahlung der Beschwerdegebühr (Abs. 3)

1. Grundsätze

30   Die durch § 71 Abs. 3 ermöglichte Rückzahlung der an sich verfallenen Beschwerdegebühr kommt in der Praxis insbesondere im einseitigen Beschwerdeverfahren vor, in dem es die einzige Form der Kostenerstattung darstellt (oben Rdn. 4; zur Rückzahlung nicht verfallener Gebühr s. § 66 Rdn. 37). Die Anordnung der Rückzahlung steht im pflichtgemäßen Ermessen des Beschwerdesenats und ist von Amts wegen zu prüfen (BPatGE 3, 75, 76). Die Rückzahlung ist die **Ausnahme** gegenüber dem Grundsatz der vom Verfahrensausgang unabhängigen Gebührenpflichtigkeit der Beschwerde nach § 66 Abs. 5. Sie ist nur anzuordnen, wenn die Einbehaltung der Gebühr unter Berücksichtigung aller Umstände des Einzelfalles und bei Abwägung der Interessen des Beschwerdeführers einerseits und der Staatskasse andererseits **unbillig** wäre (st. Rspr, zB BPatG Mitt. 1985, 238 – *TIFFANY;* grdl. BPatGE 2, 61, 64 ff.; BPatGE 2, 69, 72 ff., 77).

31   Ein Grund für die Rückzahlung kann sich nur aus dem vorgelagerten patentamtlichen Verfahren, nicht aber aus dem Beschwerdeverfahren selbst ergeben (BPatG Mitt. 1971, 117). Die **frühzeitige Rücknahme** einer Beschwerde ist kein Rückzahlungsgrund. Denn die Beschwerdegebühr ist nicht Gegenleistung für eine Sachentscheidung, sondern eine pauschale Verfahrensgebühr (BPatGE 5, 24; vgl. auch BPatGE 21, 20, 22). Daher ist auch wegen Einlegung der **Beschwerde zur Fristwahrung** aufgrund unklarer Auftragslage die Rückzahlung nicht veranlaßt, und zwar unabhängig von den Rückfragemöglichkeiten (vgl. BPatGE 21, 20, 23/24), da die rechtzeitige Klärung der Auftragslage innerhalb der Beschwerdefrist ohne weiteres zumutbar ist.

32   Der **Erfolg der Beschwerde** als solcher ist nach st Rspr des BPatG auch im einseitigen Verfahren kein hinreichender Rückzahlungsgrund (BPatGE 2, 78). Es sind vielmehr **besondere Um-**

Kosten des Beschwerdeverfahrens **§ 71**

stände erforderlich, die dahingehend zusammengefaßt werden können, daß der Beschwerdeführer durch ein fehlerhaftes oder unzweckmäßiges Verhalten des DPA zu einer Beschwerde veranlaßt wurde, die bei sachgerechter Verfahrensweise mit gewisser Wahrscheinlichkeit zu vermeiden gewesen wäre. Die Rückzahlungsgründe sind nicht auf Verfahrensfehler des DPA beschränkt. Es ist auch die materiellrechtliche Vertretbarkeit und die Begründung der angefochtenen Entscheidung sowie das Gebot der Verfahrensökonomie einzubeziehen.

2. Beispiele für Rückzahlungsgründe

a) Fehlerhafte Anwendung materiellen Rechts. Rückzahlungsgründe wegen fehlerhafter Rechtsanwendung durch das DPA können sein: fehlerhafte Sachbehandlung durch das DPA zB durch nicht vertretbare Abweichung von feststehender, unbestrittener Rechtsprechung (BPatGE 7, 1, 7); Anwendung veralteter Gesetzesfassung (BPatGE 25, 129, 130); Übergehung einer eindeutigen gesetzlichen Vorschrift (BPatGE 27, 12, 14); grobe Begründungsmängel, wie Widersprüchlichkeit (BPatG Mitt. 1985, 238 – *TIFFANY*) oder neben der Sache liegende Argumente (BPatGE 14, 38, 40; BPatGE 2, 61, 66/67). 33

Kein Rückzahlungsgrund ist die Aufhebung wegen anderer rechtlicher Bewertung durch das BPatG bei Vertretbarkeit der vom DPA vertretenen Auffassung (BPatG Bl. 1981, 382; BPatGE 19, 129; BPatGE 13, 19, 25). Eine formelhafte Erinnerungsbegründung durch Verweisung auf Gründe des Erstbeschlusses ist kein Rückzahlungsgrund, wenn der Beteiligte seine Erinnerung trotz ausführlicher Begründung des Erstbeschlusses nicht begründet hatte (BPatG Mitt. 1985, 35; BPatGE 19, 225, 228; aA BPatG Mitt. 1984, 195, 196, dort allerdings zusätzliche Fehler). Bei Erfolg einer Anmelderbeschwerde aufgrund Verkehrsdurchsetzung (§ 8 Abs. 3) ist Rückzahlung nicht geboten, wenn die Verkehrsgeltung vor dem DPA nicht substantiiert geltend gemacht worden war (BPatGE 17, 172, 176 – *St. Pauli-Nachrichten*). 34

b) Verfahrensfehler. Der wohl häufigste Rückzahlungsgrund sind Verfahrensfehler des DPA, insbesondere die Versagung rechtlichen Gehörs (BPatGE 29, 84, 89: Unterbliebene Übermittlung entscheidungserheblicher Eingabe des Gegners; BPatGE 14, 22, 30: Entscheidung auf nicht mitgeteilter Unterlagen; BPatGE 13, 201, 203: Gehörverweigerung durch Bezugnahme auf nicht veröffentlichte Entscheidung des BPatG; BPatGE 1, 105, 106: Zurückwei- 35 sung aufgrund vorher nicht mitgeteilter, überzogener formaler Anforderungen); einschließlich Verstoß gegen die Hinweispflicht analog § 139 ZPO (BPatGE 24, 241, 245/246 – *FLUICIL*), zB unterlassene Aufforderung zu möglicher Mängelbeseitigung (BPatG GRUR 1997, 60 – *SWF-3 NACHRICHTEN*). Darüber hinaus ist die Beschwerdegebühr regelmäßig dann zurückzuzahlen, wenn wegen eines wesentlichen Verfahrensmangels nach § 70 Abs. 3 Nr. 2 an das DPA **zurückverwiesen** wird (BPatGE 18, 30, 42).

36   Trotz Verfahrensfehler des DPA ist die Rückzahlung nicht geboten, wenn die Beschwerde zweifelsfrei auch bei fehlerfreier Sachbehandlung eingelegt worden wäre und in der Sache erfolglos bleibt (BPatGE 30, 207, 210/211; BPatGE 13, 65, 68/69). Jedoch genügt insoweit die Möglichkeit, daß ohne den Verfahrensfehler eine andere, nicht zur Beschwerdeeinlegung zwingende Entscheidung des DPA ergangen wäre (BPatGE 20, 263, 265; BPatGE 14, 22, 30; *Benkard/Schäfers* § 80 PatG Rdn. 28 gegen BPatGE 13, 65, 68/69). Eine unterbliebene persönliche Anhörung ist in Markensachen kein Rückzahlungsgrund (anders BPatGE 29, 217, 218 zu Patentsache wegen Modellvorführung; BPatGE 2, 79 wegen angekündigter Beweismittel).

37   **c) Verfahrensökonomie.** Nach st. Rspr. ist die Rückzahlung auch dann veranlaßt, wenn die angefochtene Entscheidung aus verfahrensökonomischen Gründen in der ergangenen Form oder zum vom DPA gewählten Zeitpunkt unangemessen war. Beispiele: verfrühte Endentscheidung (BPatG Mitt. 1986, 89, 90; BPatGE 24, 210, 211/212), Verbindung der Ablehnung eines Fristverlängerungsgesuchs mit negativer Sachentscheidung, wenn das Fristgesuch in einem so angemessenen Zeitabstand vor Fristablauf gestellt wurde, daß umgehend darüber vorab entschieden werden hätte müssen, um dem Beteiligten noch die Wahrung der ursprünglichen Frist zu ermöglichen (BPatG Mitt. 1997, 100; BPatG Mitt. 1973, 174); gleichzeitige Entscheidung gleichgelagerter einseitiger Parallelsachen trotz Antrags auf Aussetzung bis zur Entscheidung über ein Musterverfahren (BPatGE 18, 68, 73). Rückzahlung wegen voreiliger Entscheidung ist auch bei Erlaß während angezeigter Vergleichsverhandlungen geboten (BPatG Mitt. 1979, 14 – *Cowa/COVAR*), nicht jedoch bei unangemessener Dauer oder unzureichender Anzeige der Verhandlungen durch die Beteiligten, sofern die bevorstehende Entscheidung für Beteiligte erkennbar oder sogar angekündigt war (BPatG Mitt. 1982, 118). Die Rückzahlung ist geboten, wenn die Beschwerde eines Widersprechenden

Ausschließung und Ablehnung § 72

nur deshalb notwendig wird, weil die Marke trotz vorliegenden Löschungsantrags des Markeninhabers vom DPA noch nicht gelöscht worden war (BPatG Mitt. 1974, 92). Eine Rückzahlung wegen Verstoßes gegen Prinzipien der Verfahrensökonomie ist allerdings nicht veranlaßt, wenn der Beschwerdeführer seiner eigenen Verfahrensförderungspflicht nicht nachgekommen ist (BPatGE 16, 28, 32).

3. Entscheidung über die Rückzahlung

In den Beschlußtenor ist die Rückzahlungsentscheidung nur 38 mitaufzunehmen, wenn sie angeordnet wird. Bei Ablehnung eines Rückzahlungsantrags genügt Behandlung in den Gründen, sofern nicht die Rückzahlung selbst Gegenstand der Beschwerde ist (im Falle der Entscheidung des DPA über die Rückzahlung im Rahmen der Abhilfe nach § 66 Abs. 6 S. 3; zB BPatGE 14, 209). Bei fehlendem Ausspruch erfolgt analog § 71 Abs. 1 S. 2 keine Rückzahlung (BPatGE 17, 60; BPatGE 3, 75, 76/77). Zur Ergänzung bei Übergehung eines Antrags vgl. oben Rdn. 8. Teilweise Rückzahlung ist nicht zulässig, da im Gesetz nicht vorgesehen (BPatGE 13, 263).

§ 72 Ausschließung und Ablehnung

(1) **Für die Ausschließung und Ablehnung der Gerichtspersonen gelten die §§ 41 bis 44 und 47 bis 49 der Zivilprozeßordnung entsprechend.**

(2) **Von der Ausübung des Amtes als Richter ist auch ausgeschlossen, wer bei dem vorausgegangenen Verfahren vor dem Patentamt mitgewirkt hat.**

(3) **Über die Ablehnung eines Richters entscheidet der Senat, dem der Abgelehnte angehört. Wird der Senat durch das Ausscheiden des abgelehnten Mitglieds beschlußunfähig, so entscheidet ein anderer Beschwerdesenat.**

(4) **Über die Ablehnung eines Urkundsbeamten entscheidet der Senat, in dessen Geschäftsbereich die Sache fällt.**

I. Überblick

§ 72 regelt Ausschließung und Ablehnung der Richter, Rechts- 1 pfleger und Urkundsbeamten des BPatG in Markensachen weitgehend übereinstimmend mit § 86 PatG. Die Parallelvorschrift für das

§ 72   Ausschließung und Ablehnung

Verfahren vor dem DPA in Markensachen findet sich in § 57. Die Mitwirkung eines kraft Gesetzes ausgeschlossenen oder mit Erfolg abgelehnten Richters begründet die zulassungsfreie Rechtsbeschwerde (§ 83 Abs. 3 Nr. 2).

II. Ausschließung

2   Der Ausschluß wirkt kraft Gesetzes. Die Geltendmachung erfolgt durch die Beteiligten mittels Ablehnungsgesuchs (§ 42 Abs. 1 ZPO) oder durch den Betroffenen mittels Selbstablehnung (§ 48 ZPO), es sei denn er ist ganz eindeutig, dann Ausscheiden und Heranziehung des Vertreters auch ohne Ablehnungsgesuch zulässig (*Thomas/Putzo* § 48 Rdn. 1).

3   Ein Ausschlußgrund gem § 41 Nr. 6 ZPO liegt nicht vor bei **Zurückverweisung** durch den BGH an den Senat, der die aufgehobene Entscheidung erlassen hat, da weder „früherer Rechtszug" noch die aufgehobene Senatsentscheidung Gegenstand des Verfahrens nach Zurückverweisung ist (*Benkard/Schäfers* § 86 PatG Rdn. 6). Hat der zwischenzeitlich an das BPatG berufene frühere Richter zuvor beim LG oder OLG an einem dieselbe Marke betreffenden Löschungsverfahren oder an einem dieselbe Markenkollision betreffenden Verletzungsprozeß oder Eintragungsbewilligungsklage mitgewirkt, ist er weder gem. § 41 Nr. 6 ZPO ausgeschlossen (nicht früherer Rechtszug, sondern anderes Verfahren) noch besteht deswegen Besorgnis der Befangenheit (vgl. BGH GRUR 1986, 731, 732 – *Mauerkasten* zum Nichtigkeitsverfahren m. Anm. *Lederer*), soweit nicht ganz besondere zusätzliche Umstände gegeben sind (zB im früheren Verfahren erfolgreich abgelehnt; Verweigerung erneuter Sachprüfung).

4   Das **Verfahren vor dem DPA** wird als nicht gerichtliches Verfahren von dem Ausschließungsgrund des § 41 Nr. 6 ZPO nicht erfaßt. Deshalb statuiert Abs. 2 hierfür einen zusätzlichen Ausschließungsgrund für Richter (vgl. §§ 86 Abs. 2 Nr. 1 PatG). „Vorausgegangenes Verfahren" iSd Abs. 2 ist nur das dieselbe Sache betreffende erstinstanzliche Verfahren (und Erinnerungsverfahren), das zu der mit der Beschwerde angefochtenen Entscheidung geführt hat (BGH GRUR 1976, 440, – *Textilreiniger;* BGH GRUR 1965, 50, 51 – *Schrankbett;* BPatGE 20, 116, 117). Die Mitwirkung bei anderen, nicht unmittelbar der Beschwerde vorausgehenden Verfahren mit Bezügen zum Gegenstand des Beschwerdeverfahrens fällt nicht hierunter. Keine Entsprechung im MarkenG findet § 86

Abs. 2 Nr. 2 PatG, wonach im Nichtigkeitsverfahren ausgeschlossen ist, wer an dem dasselbe Patent betreffenden Erteilungs- oder Einspruchsverfahren vor DPA oder BPatG mitgewirkt hat. Eine analoge Anwendung dieser Bestimmung auf die Marken-Löschungsverfahren nach §§ 53, 54 bei Mitwirkung im Eintragungsverfahren kommt aus Gründen der Rechtssicherheit nicht in Betracht (Amtl. Begr. zu § 72; vgl. BGH GRUR 1976, 440 – *Textilreiniger*: Mitwirkung in GebrM-Löschungsverfahren bewirkt keinen Ausschluß von Patentanmelde-Beschwerdeverfahren bzgl. derselben Erfindung). Die Mitwirkung bei der Prüfung auf absolute Schutzhindernisse einer Marke ist als Ausschlußgrund nicht nur im Beschwerdeverfahren, sondern auch im Widerspruchs-Beschwerdeverfahren angesehen worden (*B/S* § 13 WZG Rdn. 41). Hierfür kann auch heute angeführt werden, daß das Widerspruchsverfahren des MarkenG nach der Gesetzesgliederung trotz seines Löschungscharakters ein Teil des Eintragungsverfahrens ist. Diese Betrachtungsweise ist im Interesse der Rechtssicherheit trotz der inhaltlichen Unterschiede beider Verfahren und des widersprüchlichen Ergebnisses (Ausschluß im Widerspruchs-Beschwerdeverfahren, aber kein Ausschluß in der Mitwirkung beim DPA inhaltlich näher stehenden Löschungs-Beschwerdeverfahren nach § 54) beizubehalten. Die Mitwirkung muß in einer sachbezogenen, **nicht rein formalen** Tätigkeit bestanden haben (BPatGE 20, 159: Bescheidskorrektur als Vorgesetzer des Prüfers begründet Ausschluß; BPatG Mitt. 1966, 180: Zustellung, Fristmitteilung kein Ausschlußgrund). Verfehlt ist die durch § 88 Abs. 1 S. 1 bewirkte Nichtanwendbarkeit der besonderen Ausschließungsregel des § 72 Abs. 2 im Rechtsbeschwerdeverfahren vor dem BGH.

III. Ablehnung

Ablehnungsgründe sind alle gesetzlichen Ausschließungsgründe (einschließlich § 72 Abs. 2) und die Besorgnis der Befangenheit (§ 42 ZPO). Besorgnis der Befangenheit ist gegeben, wenn bei vernünftiger Würdigung aller Umstände objektiv Anlaß zu der Befürchtung besteht, der Richter stehe der Sache nicht unvoreingenommen und damit nicht unparteiisch gegenüber, wobei schon der Anschein der Befangenheit genügt und es nicht darauf ankommt, ob der Richter tatsächlich befangen ist oder ob er sich selbst für befangen hält (BPatG Mitt. 1996, 350 mwN; Beispiel: Ehemann einer Richterin leitender Angestellter in verfahrensbeteiligtem Konzern BGH GRUR 1995, 216, 218/219 – *Oxygenol II*). Ein zunächst in der Person nur eines Senatsmitglieds bestehender Befangenheitsgrund kann zur Befangenheit des ganzen Senats führen (BPatG Mitt. 1996, 350: Befangenheit des gesamten Senats wegen vom Vorsitzenden verweigerter Antragsprotokollierung, wenn Beisitzer diesbezüglich gebotenes Eingreifen unterlassen; BPatGE 10, 229: Senatsmitglied als Erfinder des betroffenen Patents benannt). Der Richter ist verpflichtet, Befangenheitsgründe von sich aus iSd § 48 ZPO anzuzeigen (BGH GRUR 1995, 216, 218/219 – *Oxygenol II*).

6   Das Ablehnungsrecht wegen Besorgnis der Befangenheit (nicht auch bzgl. Ausschließung) geht bei Antragstellung oder Einlassung in der Verhandlung in Kenntnis des Grundes verloren, wenn nicht zuvor geltend gemacht (§ 43 ZPO). Ein Ablehnungsgesuch in einem Schriftsatz, der auch Sachausführungen enthält und Sachanträge wiederholt, ist nicht gem § 42 ZPO unzulässig (verfehlt BPatG GRUR 1982, 359/360, wo daraus mangelnde Ernstlichkeit und Rechtsmißbrauch konstruiert wurden).

7   Über das Ablehnungsgesuch (§ 44 ZPO) oder die Selbstablehnung (§ 48 ZPO) eines Richters entscheidet nach § 72 Abs. 3 der betroffene Senat ohne diesen Richter bzw ein anderer Marken-Beschwerdesenat, wenn der befaßte Senat ohne den betroffenen Richter mangels Vertreter beschlußunfähig wird. Über die Ablehnung von Urkundsbeamten entscheidet nach § 72 Abs. 4 der für die Sache zuständige Beschwerdesenat. Die Entscheidung kann ohne mündliche Verhandlung ergehen, da Nebenentscheidung, obwohl § 46 Abs. 1 ZPO nicht für anwendbar erklärt ist (*Kirchner* GRUR 1974, 363, 364). Die Entscheidung über ein Ablehnungsgesuch ist unanfechtbar (keine Verweisung auf § 46 Abs. 2 ZPO) und auch im Rahmen einer anderweitig zulässigen Rechtsbeschwerde nicht überprüfbar (BGH GRUR 1990, 434 – *Wasserventil*; BGH GRUR 1985, 1039 – *Farbfernsehsignal II*).

§ 73 Ermittlung des Sachverhalts; Vorbereitung der mündlichen Verhandlung

(1) **Das Patentgericht ermittelt den Sachverhalt von Amts wegen. Es ist an das Vorbringen und die Beweisanträge der Beteiligten nicht gebunden.**

(2) **Der Vorsitzende oder ein von ihm zu bestimmendes Mitglied des Senats hat schon vor der mündlichen Verhandlung oder, wenn eine solche nicht stattfindet, vor der Entscheidung des Patentge-**

Sachverhaltsermittlung; Vorbereitung der mündl. Verhandlung **§ 73**

richts alle Anordnungen zu treffen, die notwendig sind, um die Sache möglichst in einer mündlichen Verhandlung oder in einer Sitzung zu erledigen. Im übrigen gilt § 273 Abs. 2, Abs. 3 Satz 1 und Abs. 4 Satz 1 der Zivilprozeßordnung entsprechend.

I. Überblick

§ 73 Abs. 1 statuiert den Untersuchungsgrundsatz, also das Prinzip der Amtsermittlung für alle, auch die mehrseitigen Beschwerdeverfahren vor dem BPatG. § 73 Abs. 2 verpflichtet die Vorsitzenden oder Berichterstatter der Beschwerdesenate zu vorbereitenden Anordnungen im Interesse einer Konzentration des Verfahrens auf Erledigung in einer mündlichen Verhandlung oder – bei schriftlichem Verfahren – auf Beratung und Abstimmung in einer Sitzung. Hiervon zu unterscheiden ist die in § 74 Abs. 2 zugelassene vorgezogene Beweisaufnahme. § 73 ist bis auf geringfügigste sprachliche Verbesserungen wortgleich mit § 87 PatG. Die Parallelvorschrift zu § 73 Abs. 1 für das patentamtliche Verfahren in Markensachen findet sich in § 59 Abs. 1.

1

II. Amtsermittlung (Abs. 1)

Das in § 73 Abs. 1 für das Beschwerdeverfahren verankerte Amtsermittlungsprinzip (Untersuchungsgrundsatz, Inquisitionsmaxime) gilt für die Ermittlung der aus der Sicht des Beschwerdesenats **entscheidungserheblichen Tatsachen**. Gegenstück ist der Verhandlungsgrundsatz, der die Beibringung des Tatsachenstoffes den Parteien überläßt und den Zivilprozeß nach der ZPO beherrscht (*Thomas/Putzo* Einl. I Rdn. 1 ff.). Neben dem Amtsermittlungsprinzip gilt für das Beschwerdeverfahren der **Verfügungsgrundsatz** (Dispositionsmaxime) im Gegensatz zu der insbesondere im Strafverfahren anwendbaren Offizialmaxime. Die Beteiligten bestimmen über die Einleitung des Verfahrens durch Beschwerdeeinlegung, über den Umfang der Prüfung und Entscheidung durch ihre Sachanträge (§ 70 Rdn. 6) und über die Beendigung des Verfahrens durch Rücknahme der Beschwerde. Das Amtsermittlungsprinzip betrifft nicht die Rechtsanwendung, bei der das BPatG im Rahmen der Sachanträge frei, d. h. weder an den Umfang der rechtlichen Würdigung durch das DPA (§ 70 Rdn. 7) noch an die von den Beteiligten erörterten Rechtsfragen gebunden ist.

2

1137

§ 73 Sachverhaltsermittlung, Vorbereitung der mündl. Verhandlung

3   Grundsätzlich hat das BPatG alle ihm offenstehenden Möglichkeiten der tatsächlichen Ermittlung einzusetzen, einschließlich der Rechtshilfe durch andere Gerichte (§ 95 Abs. 1) und der Amtshilfe des DPA und anderer Behörden (Art. 35 GG). Anlaß für Ermittlungsmaßnahmen besteht jedoch nur dann, wenn gewisse **Anhaltspunkte** vorliegen, die Nachforschungen in eine bestimmte Richtung lenken und sinnvoll erscheinen lassen können (BGH GRUR 1988, 211, 212 – *Wie hammas denn?:* Keine Veranlassung zu Nachforschungen über Verkehrsdurchsetzung, wenn im Beschwerdeverfahren keine Anhaltspunkte für Verkehrsdurchsetzung vorgetragen; vgl. aber auch BGH GRUR 1974, 661, 662 – *St. Pauli-Nachrichten:* Pflicht zur Rückfrage, ob Verkehrsdurchsetzung geltend gemacht wird, wenn der vorgetragene Benutzungsumfang dies nahelegt). Im **Widerspruchsverfahren** gelten zusätzliche Beschränkungen aufgrund des summarischen Charakters des Verfahrens (§ 42 Rdn. 43 ff.; zB BPatG Mitt. 1997, 160, 161 – *ULTRA GLOW:* Keine aufwendige Ermittlung ausländischer Rechtsverhältnisse). Der Amtsermittlungsgrundsatz befreit die Beteiligten nicht von ihren prozessualen **Mitwirkungspflichten**, wie sie sich auch aus der prozessualen Wahrheitspflicht nach § 92 ergeben. Allerdings verbietet es das Amtsermittlungsprinzip, tatsächliches Vorbringen oder Angriffs- oder Verteidigungsmittel nach den Bestimmungen der ZPO zurückzuweisen (zB BPatG 18, 108, 111/112 – *Wappenerklärung;* BPatGE 17, 151, 153 – *Anginfant*). Entscheidungserhebliches Tatsachenvorbringen der Beteiligten ist bis zum **Erlaß der Entscheidung** in jeder Lage des Verfahrens unabhängig von der Überschreitung richterlicher Fristen bis zum Erlaß der Entscheidung zu berücksichtigen (BPatG GRUR 1996, 414, 415 – *RACOON/DRAGON;* vgl. auch BGH GRUR 1997, 223, 224 – *Ceco*).

4   Der Amtsermittlungsgrundsatz gilt nicht für die nur auf Einrede erfolgende Prüfung der rechtserhaltenden Benutzung der Widerspruchsmarke gemäß § 43 Abs. 1 (BPatG GRUR 1997, 54, 56 – *S. Oliver;* BPatG GRUR 1996, 414, 415 – *RACOON/DRAGON;* BPatGE 23, 158; BPatGE 19, 202).

5   Der Amtsermittlungsgrundsatz erstreckt sich auch auf die Beweiserhebung, über deren Durchführung, Umfang und Wahl der Beweismittel von Amts wegen zu entscheiden ist (näher § 74). Damit spielt die **Beweislast** nur als (materielle) Feststellungslast, also bei Unaufklärbarkeit, eine Rolle und trifft grundsätzlich jeden Beteiligten für das Vorliegen des Tatbestands der ihm günstigen Rechtsnorm. In Markensachen gelten jedoch folgende besondere

Beweiserhebung § 74

Regeln: Aus § 33 Abs. 2 S. 2 folgt, daß der Eintragungsantrag wegen absoluter Eintragungshindernisse nur dann zurückgewiesen werden darf, wenn die tatsächlichen Voraussetzungen für ein Eintragungshindernis festgestellt sind, so daß verbleibende Zweifel nicht zu Lasten des Anmelders gehen. Im Löschungsverfahren wegen absoluter Schutzhindernisse (§§ 54, 50) wirkt sich ebenfalls jeder Zweifel hinsichtlich der tatsächlichen Voraussetzungen der Löschungsgründe zugunsten des Markeninhabers aus. Im Widerspruchsverfahren trifft die materielle Feststellungslast hinsichtlich aller Löschungsvoraussetzungen den Widersprechenden.

III. Konzentrationsgrundsatz (Abs. 2)

§ 73 Abs. 2 berechtigt und verpflichtet den Senatsvorsitzenden 6 oder den Berichterstatter zur Verhandlungs- bzw. Sitzungsvorbereitung durch Anordnungen, insbesondere durch die in § 73 Abs. 2 S. 2 durch Verweisung in Bezug genommenen Aufklärungs- und Urkundenvorlageanordnungen (§§ 273 Abs. 2 Nr. 1, 142 ZPO), Einholung amtlicher Auskünfte (§ 273 Abs. 2 Nr. 1 ZPO), Anordnung des persönlichen Erscheinens eines Beteiligten (§ 273 Abs. 2 Nr. 3 ZPO; aber ohne Erzwingbarkeit, da § 273 Abs. 4 S. 2 ZPO nicht für anwendbar erklärt), Ladung von Zeugen und Sachverständigen (§ 273 Abs. 2 Nr. 4 ZPO, wegen Amtsermittlung auch bzgl. nicht von den Parteien benannter Zeugen), letzteres im zweiseitigen Verfahren erst nach Erwiderung des Gegners (§ 273 Abs. 3 ZPO). Die Beteiligten sind von allen Anordnungen zu benachrichtigen (§ 273 Abs. 4 S. 1 ZPO). Durch die Vorbereitungsmaßnahmen gewonnene Erkenntnisse und Unterlagen dürfen nach § 78 Abs. 2 nur verwertet werden, wenn sich die Beteiligten dazu äußern konnten. In Markensachen werden förmliche Vorbereitungsmaßnahmen nach § 73 Abs. 2, die den Parteien vor der mündlichen Verhandlung mitgeteilt werden, allerdings nur selten getroffen.

§ 74 Beweiserhebung

(1) Das Patentgericht erhebt Beweis in der mündlichen Verhandlung. Es kann insbesondere Augenschein einnehmen, Zeugen, Sachverständige und Beteiligte vernehmen und Urkunden heranziehen.

(2) Das Patentgericht kann in geeigneten Fällen schon vor der mündlichen Verhandlung durch eines seiner Mitglieder als beauftragten Richter Beweis erheben lassen oder unter Bezeichnung der

einzelnen Beweisfragen ein anderes Gericht um die Beweisaufnahme ersuchen.

(3) **Die Beteiligten werden von allen Beweisterminen benachrichtigt und können der Beweisaufnahme beiwohnen. Sie können an Zeugen und Sachverständige sachdienliche Fragen richten. Wird eine Frage beanstandet, so entscheidet das Patentgericht.**

Die Beweiserhebung im markenrechtlichen Beschwerdeverfahren vor dem BPatG richtet sich gem. § 82 Abs. 1 S. 1 nach den einschlägigen ZPO-Vorschriften, soweit das MarkenG in § 74 nicht eigene Bestimmungen enthält und der Untersuchungsgrundsatz (§ 73 Abs. 1) ihrer Anwendung im patentgerichtlichen Verfahren nicht entgegensteht. § 74 Abs. 1 S. 1 ordnet als Regelfall die Beweisaufnahme in der mündlichen Verhandlung vor dem Senat an, läßt aber in § 74 Abs. 2 die vorgezogene Beweisaufnahme durch ein beauftragtes Senatsmitglied ebenso zu wie die Beweisaufnahme durch den ersuchten Richter, d.h. im Inland im Wege der Rechtshilfe durch das örtlich zuständige Amtsgericht (§ 157 GVG, §§ 362, 363 ZPO). § 74 Abs. 1 S. 1 nennt fünf Beweismittel, schließt aber andere Beweismittel, insbesondere die in der Praxis wichtige Einholung amtlicher und sonstiger Auskünfte sowie die Aktenbeiziehung, nicht aus. Im übrigen ist das Beweisaufnahmeverfahren in § 74 Abs. 3 nur hinsichtlich Benachrichtigung sowie Teilnahme- und Fragerecht der Verfahrensbeteiligten geregelt. Zur Beweiswürdigung vgl. § 78. § 74 ist wortgleich mit § 88 PatG, der §§ 96, 97 VwGO zum Vorbild hat. Beweisaufnahmen im Beschwerdeverfahren sind in Markensachen **sehr selten**, so daß zu Einzelheiten des Verfahrensablaufs auf *Fezer* § 74 Rdn. 9 ff. und die Kommentierungen der einschlägigen Bestimmungen der ZPO verwiesen werden kann.

§ 75 Ladungen

(1) **Sobald der Termin zur mündlichen Verhandlung bestimmt ist, sind die Beteiligten mit einer Ladungsfrist von mindestens zwei Wochen zu laden. In dringenden Fällen kann der Vorsitzende die Frist abkürzen.**

(2) **Bei der Ladung ist darauf hinzuweisen, daß beim Ausbleiben eines Beteiligten auch ohne ihn verhandelt und entschieden werden kann.**

1 Terminsbestimmung und Ladung im Beschwerdeverfahren vor dem BPatG richten sich gem. § 82 Abs. 1 S. 1 nach §§ 214 ff.

Gang der Verhandlung § 76

ZPO, soweit nicht § 75 eigene Regelungen hierfür enthält. § 75 Abs. 1 S. 1 sieht eine Ladungsfrist von zwei Wochen vor, die nach § 75 Abs. 1 S. 2 nur in dringenden Fällen durch den Vorsitzenden abgekürzt werden kann. In der Ladung ist nach § 75 Abs. 2 darauf hinzuweisen, daß auch bei Ausbleiben im Termin verhandelt und entschieden werden kann. Keine Anwendung finden die Bestimmungen über das zivilprozessuale Versäumnisverfahren gem. §§ 330 ff. ZPO, da sie mit dem Untersuchungsgrundsatz (§ 73 Abs. 1) unvereinbar wären (BPatGE 8, 40). Ladungsmängel können die zulassungsfreie Rechtsbeschwerde begründen (§ 83 Abs. 3 Nr. 4). § 75 ist wortgleich mit § 89 PatG.

Gesetzlich nicht geregelt ist die langjährige Praxis des BPatG, 2 den Beteiligten durch einen sogenannten **„Ladungszusatz"** die vorläufige Einschätzung der Erfolgsaussichten der Beschwerde dadurch bekanntzugeben, daß die voraussichtlich unterliegende Partei als diejenige bezeichnet wird, auf deren Antrag (§ 69 Nr. 1) die mündliche Verhandlung stattfindet. Bedenklich ist die damit naturgemäß verbundene Gefahr einer vorzeitigen Festlegung und Entwertung der mündlichen Verhandlung. Daher sollte davon nur zurückhaltend und mit Kurzbegründung Gebrauch gemacht werden.

§ 76 Gang der Verhandlung

(1) **Der Vorsitzende eröffnet und leitet die mündliche Verhandlung.**

(2) **Nach Aufruf der Sache trägt der Vorsitzende oder der Berichterstatter den wesentlichen Inhalt der Akten vor.**

(3) **Hierauf erhalten die Beteiligten das Wort, um ihre Anträge zu stellen und zu begründen.**

(4) **Der Vorsitzende hat die Sache mit den Beteiligten in tatsächlicher und rechtlicher Hinsicht zu erörtern.**

(5) **Der Vorsitzende hat jedem Mitglied des Senats auf Verlangen zu gestatten, Fragen zu stellen. Wird eine Frage beanstandet, so entscheidet der Senat.**

(6) **Nach Erörterung der Sache erklärt der Vorsitzende die mündliche Verhandlung für geschlossen. Der Senat kann die Wiedereröffnung beschließen.**

§ 76 überträgt die Verhandlungsleitung dem Vorsitzenden des 1 Beschwerdesenats und schildert im übrigen chronologisch den Ablauf der Verhandlung. § 76 übernimmt wortgleich §§ 90 und 91

PatG mit rein sprachlicher Verbesserung in § 76 Abs. 4 gegenüber § 91 Abs. 1 PatG.

2   Das Antrags- und Begründungsrecht der Beteiligten ist in § 76 ebenso verankert (Abs. 3) wie die nicht nur tatsächliche, sondern auch rechtliche Fragen umfassende Erörterungspflicht des Vorsitzenden (Abs. 4) und das Fragerecht der übrigen Senatsmitglieder (Abs. 5). In zweiseitigen Verfahren ist es beim BPatG bis heute vielfach üblich geblieben, die Beteiligten in förmlicher Weise zunächst zusammenhängend plädieren zu lassen, also anders als zB im Zivilprozeß bei den meisten Landgerichten praktiziert. § 76 Abs. 6 S. 2 ermöglicht die Wiedereröffnung einer geschlossenen mündlichen Verhandlung, die aufgrund der Amtsermittlungspflicht (§ 73 Abs. 1) über § 156 ZPO hinaus immer dann erforderlich ist, wenn entscheidungserheblicher Tatsachenvortrag eines Beteiligten vor Erlaß der Entscheidung eingeht (§ 73 Rdn. 3), auch wenn nicht analog § 283 ZPO (vgl BPatGE 22, 54; BPatGE 19, 131, 132) nachgelassen. Eine Berücksichtigung ohne Wiedereröffnung ist – im einseitigen Verfahren jedenfalls zulasten des Beteiligten – unzulässig (BGH GRUR 1979, 219 – *Schaltungschassis*). Fehlende Begründung der unterbliebenen Wiedereröffnung ist kein Rechtsbeschwerdegrund nach § 83 Abs. 3 Nr. 6 (BGH aaO – *Schaltungschassis*). Zur Ausübung der sitzungspolizeilichen Befugnisse § 67 Rdn. 4.

§ 77 Niederschrift

(1) **Zur mündlichen Verhandlung und zu jeder Beweisaufnahme wird ein Urkundsbeamter der Geschäftsstelle als Schriftführer zugezogen. Wird auf Anordnung des Vorsitzenden von der Zuziehung des Schriftführers abgesehen, besorgt ein Richter die Niederschrift.**

(2) **Über die mündliche Verhandlung und jede Beweisaufnahme ist eine Niederschrift aufzunehmen. Die §§ 160 bis 165 der Zivilprozeßordnung sind entsprechend anzuwenden.**

§ 77 ordnet die Aufnahme eines Verhandlungsprotokolls („Niederschrift") bei allen mündlichen Verhandlungen und Beweisaufnahmen an und sieht hierzu grdsl. die Zuziehung eines Urkundsbeamten der Geschäftsstelle des BPatG als Protokollführer („Schriftführer") vor. § 77 stimmt mit § 92 PatG überein. Von der in § 77 Abs. 1 S. 2 eröffneten Möglichkeit der Übertragung der Protokollführung vom Urkundsbeamten der Geschäftsstelle auf eines der Senatsmitglieder wird in der Praxis des BPatG schon aus

Personalmangel häufig Gebrauch gemacht. Inhalt, Form, ausnahmsweise Entbehrlichkeit, Genehmigung, Unterzeichnung, Berichtigung und Beweiskraft des Protokolls richten sich gemäß der Verweisung des § 77 Abs. 2 S. 2 nach §§ 160–165 ZPO. Hinsichtlich der Anträge der Beteiligten ist gesetzlich nur die Protokollierung der Sachanträge, nicht auch der Prozeßanträge vorgeschrieben (§ 160 Abs. 3 Nr. 2 ZPO). Ein Anspruch auf Aufnahme bestimmter Vorgänge oder Äußerungen in das Protokoll haben die Beteiligten nur nach Maßgabe des § 160 Abs. 4 ZPO. Eine zu Unrecht verweigerte Antragsprotokollierung kann den Vorwurf der Befangenheit aller Senatsmitglieder rechtfertigen (BPatG Mitt. 1996, 350). Es gilt die Beweiskraftregel nach § 165 ZPO, nach der das Protokoll hinsichtlich der „Förmlichkeiten", d. h. des äußeren Hergangs der Verhandlung auch die Nichtwahrung beweist (BGH Mitt. 1979, 198; BGH Mitt. 1979, 120).

§ 78 Beweiswürdigung; rechtliches Gehör

(1) Das Patentgericht entscheidet nach seiner freien, aus dem Gesamtergebnis des Verfahrens gewonnenen Überzeugung. In der Entscheidung sind die Gründe anzugeben, die für die richterliche Überzeugung leitend gewesen sind.

(2) Die Entscheidung darf nur auf Tatsachen und Beweisergebnisse gestützt werden, zu denen die Beteiligten sich äußern konnten.

(3) Ist eine mündliche Verhandlung vorhergegangen, so kann ein Richter, der bei der letzten mündlichen Verhandlung nicht zugegen war, bei der Beschlußfassung nur mitwirken, wenn die Beteiligten zustimmen.

I. Überblick

§ 78 faßt drei wichtige Gebote für die richterliche Entscheidungsfindung, insbesondere die Tatsachenfeststellung, zusammen. § 78 ist wortgleich mit § 93 PatG.

II. Freie Beweiswürdigung (Abs. 1)

Der in § 78 Abs. 1 S. 1 verankerte Grundsatz der freien Beweiswürdigung bedeutet, daß das Gericht nicht an Beweisregeln gebunden ist (vgl. § 286 Abs. 2 ZPO), die zB nur bestimmte Beweismittel ausreichen lassen oder eine formale Rangfolge von Beweismitteln vorschreiben würden. Entscheidend ist die richterliche Überzeugung, für deren Bildung weder anderes noch weniger als das Gesamtergebnis des Verfahrens berücksichtigt werden darf. Das Gebot zur Angabe der für die Tatsachenfeststellung leitenden Gründe nach § 78 Abs. 1 S. 2 setzt voraus, daß die Entscheidung überhaupt zu begründen ist. Dies richtet sich nach § 79 Abs. 2. Vgl auch § 83 Rdn. 25 ff. zum Rechtsbeschwerdegrund fehlender Begründung.

III. Rechtliches Gehör (Abs. 2)

3   Das Verwertungsverbot des § 78 Abs. 2 erfaßt nur einen Teilaspekt des auch im patentgerichtlichen Verfahren einfachgesetzlich (vgl. § 83 Abs. 3 Nr. 3: zulassungsfreie Rechtsbeschwerde bei Gehörverstoß) sowie kraft Art. 103 Abs. 1 GG geltenden Anspruchs auf rechtliches Gehör (vgl. allg. zum rechtlichen Gehör vor dem BPatG *Benkard/Schäfers* § 93 Rdn. 6 ff.; *Reinländer* Mitt. 1977, 19; *Hegel* Mitt. 1975, 159). Das Verwertungsverbot sichert das grundlegende Recht der Beteiligten auf Gelegenheit zur Äußerung zu allen möglicherweise entscheidungserheblichen Elementen des Streitstoffs, wie er der Entscheidung zugrundegelegt werden soll. Über § 78 Abs. 2 hinaus besteht auch ein Recht auf Stellungnahme zu den **Rechtsfragen,** wie schon § 76 Abs. 4 bestätigt. In der mündlichen Verhandlung neu eingeführte Tatsachen dürfen zum Nachteil desjenigen Beteiligten berücksichtigt werden, der an der Verhandlung nicht teilnimmt (vgl. BPatGE 8, 40, 41). Bei einer erheblichen und nicht vorhersehbaren **Änderung der Verfahrenslage in der mündlichen Verhandlung** sollte eine Rücksprachemöglichkeit (zB auch nur durch hinausgeschobene Verkündung mittels Zustellung, § 79 Abs. 1 S. 3) nur dann verweigert werden, wenn das vorrangige Interesse eines anderen Beteiligten eine sofortige Entscheidung gebietet (zu restriktiv zB BPatG zit. GRUR 1997, 498 zum PatG; BPatGE 34, 207). Dies ist in den ohnehin recht langwierigen Marken-Beschwerdesachen ein Ausnahmefall (zB Unzumutbarkeit bei zweifelsfreier Verschleppungsabsicht des Gegners oder uU auch einmal wegen Bedeutung für andere anhängige Gerichtsverfahren). Im übrigen ist Nachsicht nur dann nicht geboten, wenn der Rücksprachebedarf auf zweifelsfrei sorgfaltswidriger Prozeßführung beruht (zB nicht aktenkundiger oder nicht instruierter Terminsvertreter). Die Bitte um Entscheidung nach Aktenlage oder

Sachlage darf nicht generell als Verzicht auf Äußerungsmöglichkeiten zu vom Gericht noch gar nicht mitgeteilten Unterlagen angesehen werden, wenn der Beteiligte nach dem Verfahrensverlauf mit solchem neuen Material nicht rechnen mußte, es sei denn aus der Erklärung ergibt sich eindeutig, daß jede weitere Verfahrensteilnahme unterbleiben wird, zB aus Kostengründen oder Interessenwegfall (strenger BPatGE 23, 38, dort im Erg. zutr., da zusätzlich Teilnahme an mündlicher Verhandlung im einseitigen Verfahren verweigert; zur Auslegung vgl. auch BPatGE 13, 65, 67). Auch offenkundige, vom BPatG ermittelte Tatsachen dürfen nicht ohne Gelegenheit zur Stellungnahme verwertet werden, es sei denn allen Beteiligten gegenwärtig und als entscheidungserheblich bekannt (BGH WRP 1997, 762, 764 – *Top Selection*: nach der mündlichen Verhandlung eingeführte Verwendungsbeispiele zu einem Markenwort aus Anzeigen oder Fachliteratur als Beleg für das Verkehrsverständnis). Zur Wahrung des rechtlichen Gehörs genügt es, daß das Gericht eine **angemessene Äußerungsfrist** abwartet, ohne diese förmlich als Schriftsatzfrist setzen oder den Zeitpunkt der geplanten Beschlußfassung mitteilen zu müssen (BGH GRUR 1997, 223, 224 – *Ceco*). Dem kann jedoch nur unter der Voraussetzung zugestimmt werden, daß sich der abgewartete Zeitraum im Rahmen des sonst und bisher Üblichen der markenrechtlichen Beschwerdeverfahren hält, in denen sich eine vergleichsweise weiträumige Fristgewährung, insbesondere zur Beschwerdebegründung und Beschwerdeerwiderung, eingebürgert hat. Die in BGH GRUR 1997, 223, 224 – *Ceco* als regelmäßig ausreichend bezeichnete Frist von zwei Wochen ist daran gemessen eindeutig zu kurz. Kein Verfahrensbeteiligter muß in markenrechtlichen Beschwerdeverfahren schon zwei Wochen nach Beschwerdeeinlegung oder Erhalt der Beschwerdebegründung mit einer Entscheidung rechnen. Will ein Senat von der bisherigen Handhabung im Interesse der Verfahrensbeschleunigung abweichen, so kann er dies jederzeit mittels Fristsetzung tun. Zur Berücksichtigung nicht nachgelassener Schriftsätze s. § 83 Rdn. 22 aE.

IV. Verbot des Richterwechsels nach mündlicher Verhandlung (Abs. 3)

Als flankierende Sicherung der Entscheidung aufgrund des Ergebnisses der mündlichen Verhandlung verbietet § 78 Abs. 3 einen Richterwechsel zwischen mündlicher Verhandlung und Beschluß- 4 fassung und zwingt bei verweigerter Zustimmung der Beteiligten zur Wiedereröffnung der mündlichen Verhandlung (§ 76 Abs. 6 S. 2). Ein Verstoß hiergegen ist ein Besetzungsmangel gem. § 83 Abs. 3 Nr. 1. Das Verbot gilt nicht, wenn nach mündlicher Verhandlung in das schriftliche Verfahren übergegangen wurde (BGH GRUR 1974, 294, 295 – *Richterwechsel II;* BGH GRUR 1971, 532, 533 – *Richterwechsel I;* vgl. allg. *Kirchner* GRUR 1971, 503), und zwar auch dann nicht, wenn der Übergang im einseitigen Verfahren von Amts wegen durch Erlaß eines Auflagenbeschlusses mit Übersendung neuen Materials herbeigeführt wird (im Erg. zutr. BGH GRUR 1987, 515 – *Richterwechsel III,* verfehlt aber die dort konstruierte Zustimmung zum Wechsel in das schriftliche Verfahren; vgl. § 69 Rdn. 6).

§ 79 Verkündung; Zustellung; Begründung

(1) **Die Endentscheidungen des Patentgerichts werden, wenn eine mündliche Verhandlung stattgefunden hat, in dem Termin, in dem die mündliche Verhandlung geschlossen wird, oder in einem sofort anzuberaumenden Termin verkündet. Dieser soll nur dann über drei Wochen hinaus angesetzt werden, wenn wichtige Gründe, insbesondere der Umfang oder die Schwierigkeit der Sache, dies erfordern. Statt der Verkündung ist die Zustellung der Endentscheidung zulässig. Entscheidet das Patentgericht ohne mündliche Verhandlung, so wird die Verkündung durch Zustellung an die Beteiligten ersetzt. Die Endentscheidungen sind den Beteiligten von Amts wegen zuzustellen.**

(2) **Die Entscheidungen des Patentgerichts, durch die ein Antrag zurückgewiesen oder über ein Rechtsmittel entschieden wird, sind zu begründen.**

I. Überblick

1 § 79 regelt den Erlaß der Endentscheidungen des BPatG und die Pflicht zur Entscheidungsbegründung wortgleich mit § 94 PatG, bei vertauschter Satzfolge in § 79 Abs. 1. Im übrigen richten sich Form und Aufbau der Entscheidungen des BPatG in Markensachen über § 82 Abs. 1 S. 1 nach den entsprechend anzuwendenden Regeln der ZPO über Beschlüsse (vgl. *Benkard/Schäfers* § 94 PatG Rdn. 14–16, 19). Zu Berichtigung und Ergänzung s. § 95. Zur Durchführung von Zustellungen s. § 94.

II. Verkündung, Zustellung (Abs. 1)

1. Anwendungsbereich

§ 79 Abs. 1 gilt nur für die Endentscheidungen des BPatG. Für 2
die Verkündung und Zustellung der – in Markensachen seltenen –
Zwischenentscheidungen gilt dagegen § 329 ZPO iVm § 82 Abs. 1
S. 1, ergänzt um analoge Anwendung des § 79 Abs. 1 S. 4 (vgl.
Benkard/Schäfers § 94 PatG Rdn. 11).

2. Erlaß durch Verkündung oder Zustellung

Bei unmittelbar aufgrund mündlicher Verhandlung – nicht erst 3
nach Übergang in das schriftliche Verfahren (vgl. zur Abgrenzung
§ 69 Rdn. 6; § 78 Rdn. 4) – ergehenden Endentscheidungen kann
der Erlaß wahlweise durch Verkündung in der mündlichen Verhandlung (§ 79 Abs. 1 S. 1 1. Alt.), Verkündung in einem sofort
anberaumten Verkündungstermin binnen im Regelfalle drei Wochen (§ 79 Abs. 1 S. 1 2. Alt., S. 2) oder durch Zustellung an alle
Beteiligten an Verkündungs Statt (§ 79 Abs. 1 S. 3) erfolgen. Verkündete Entscheidungen müssen binnen fünf Monaten vollständig
niedergelegt und an die Geschäftsstelle übergeben sein (GmS-OGB
NJW 1993, 2603, 2604; aA früher BGH GRUR 1970, 311, 312 –
Samos). Zustellung an Verkündungs Statt erst nahezu fünf Monate
nach mündlicher Verhandlung ist kein Begründungsmangel iSd
§ 83 Abs. 3 Nr. 6 (BGH GRUR 1991, 521 – *LA PERLA*). Vor
Absendung der Entscheidung zur Zustellung noch eingehende
Schriftsätze dürfen nicht unberücksichtigt bleiben (§ 83 Rdn. 22).
Bei Entscheidung aufgrund zuletzt schriftlichen Verfahrens – auch
wenn früher einmal eine mündliche Verhandlung stattgefunden hat
– erfolgt der Erlaß immer durch Zustellung an Verkündungs Statt
(§ 79 Abs. 1 S. 4). Der geplante Beschlußfassungstermin muß den
Beteiligten nicht mitgeteilt worden sein, wenn ein angemessener
Äußerungszeitraum abgewartet wurde (BGH GRUR 1997, 223,
224 – *Ceco*; § 78 Rdn. 3).

3. Wirksamwerden

Bei Verkündung in der mündlichen Verhandlung oder in einem 4
Verkündungstermin wird die Entscheidung **sofort** wirksam. Die
Rechtsbeschwerdefrist beginnt jedoch erst mit Zustellung der
schriftlichen Ausfertigung nach § 79 Abs. 1 S. 5 zu laufen, ggf. **un-**

§ 80　　　　　　　　　　　　　　　　　　　　　　　　Berichtigungen

einheitlich nach dem für den jeweiligen Beteiligten geltenden Zustellungszeitpunkt (§ 85 Rdn. 2), ebenso die Frist für einen Tatbestandsberichtigungsantrag (§ 80 Rdn. 3).

5　　In den Fällen der Zustellung an Verkündungs Statt (§ 79 Abs. 1 S. 3, 4) wird die Entscheidung dagegen erst **mit der zeitlich letzten Zustellung wirksam** (vgl. BGH NJW 1994, 3359; BGHZ 8, 303, 307; auch bei Zustellung nur des unterschriebenen Beschlußtenors BGH GRUR 1971, 484 – *Entscheidungsformel*). Die Rechtsbeschwerdefrist sowie die Frist für einen Tatbestandsberichtigungsantrag beginnen in diesem Falle für alle Beteiligten **einheitlich** zu laufen (anders bei Zustellung der nicht verkündungsbedürftigen DPA-Beschlüsse bzgl. Beginn der Beschwerdefrist, § 66 Rdn. 30).

III. Begründung der Entscheidungen (Abs. 2)

6　　Die Begründungspflicht nach § 79 Abs. 2 gilt nicht nur für instanzabschließende Endentscheidungen, sondern auch für Zwischenentscheidungen, die einen Antrag eines Beteiligten zurückweisen. Ein Wegfall von Tatbestand und Entscheidungsgründen gem § 313a ZPO ist nicht vorgesehen (vgl. *Benkard/Schäfers* § 94 PatG Rdn. 21). Die große praktische Bedeutung der Begründungspflicht resultierte bislang vor allem daraus, daß Verletzungen der darin verankerten Begründungspflicht zum häufigsten, aber selten erfolgreichen Rügegrund für die zulassungsfreie Rechtsbeschwerde nach § 83 Abs. 3 Nr. 6 geworden sind. Die sich aus dieser Rspr. ergebenden Anforderungen an die Begründung sind daher bei § 83 Rdn. 25 f. dargestellt.

§ 80 Berichtigungen

(1) Schreibfehler, Rechenfehler und ähnliche offenbare Unrichtigkeiten in der Entscheidung sind jederzeit vom Patentgericht zu berichtigen.

(2) Enthält der Tatbestand der Entscheidung andere Unrichtigkeiten oder Unklarheiten, so kann die Berichtigung innerhalb von zwei Wochen nach Zustellung der Entscheidung beantragt werden.

(3) Über die Berichtigung nach Absatz 1 kann ohne vorherige mündliche Verhandlung entschieden werden.

Berichtigungen **§ 80**

(4) Über den Antrag auf Berichtigung nach Absatz 2 entscheidet das Patentgericht ohne Beweisaufnahme durch Beschluß. Hierbei wirken nur die Richter mit, die bei der Entscheidung, deren Berichtigung beantragt ist, mitgewirkt haben.
(5) Der Berichtigungsbeschluß wird auf der Entscheidung und den Ausfertigungen vermerkt.

I. Überblick

§ 80 enthält zwei Berichtigungstatbestände, die für alle Entscheidungen des BPatG in Markensachen gelten, und regelt das zugehörige Verfahren sowie den Vermerk der Berichtigung auf der betroffenen Entscheidung und ihren Ausfertigungen. § 80 übernimmt wortgleich die Regelungen der §§ 95 und 96 PatG, faßt sie aber in einem Paragraphen zusammen. Von der Berichtigung ist die **Ergänzung** von Entscheidungen zu unterscheiden, die unter den Voraussetzungen des **§ 321 ZPO** iVm § 82 Abs. 1 S. 1 fristgebunden zulässig ist. Für die Berichtigung patentamtlicher Entscheidungen in Markensachen durch das DPA gilt § 80 analog (vgl. BGH GRUR 1977, 780, 781 – *Metalloxyd;* BPatGE 22, 248, 250). 1

II. Berichtigung offenbarer Unrichtigkeiten (Abs. 1, 3)

Offenbare Unrichtigkeiten in irgendeinem Teil einer Entscheidung können nach § 80 Abs. 1 von Amts wegen oder auf Antrag der Beteiligten jederzeit vom erlassenden Senat berichtigt werden. Unrichtigkeiten liegen nur bei einem bei der Abfassung der Entscheidung unterlaufenen Fehler einschließlich Rechenfehler vor, also bei Diskrepanz zwischen Erklärtem und erkennbar Gewolltem, nicht bei inhaltlichen Mängeln oder Irrtümern bei der Entscheidungsfindung und -begründung. Offenbar ist die Unrichtigkeit, wenn sie aus der Entscheidung oder aus den Vorgängen bei Erlaß oder Verkündung auch für einen Dritten ohne weiteres erkennbar ist. Im einzelnen ist auf die Kommentierungen zu § 319 ZPO zu verweisen. Über Berichtigungen nach § 80 Abs. 1 kann gem § 80 Abs. 3 auch gegen den Willen eines Beteiligten ohne mündliche Verhandlung entschieden werden. Es ist durch Beschluß zu entscheiden, wie sich aus der Regelung des § 80 Abs. 5 über den Berichtigungsvermerk auch für Berichtigungen nach § 80 Abs. 1 ergibt. 2

§ 80

III. Tatbestandsberichtigung wegen anderer Unrichtigkeiten (Abs. 2, 4)

3 Soweit er Beweiskraft für das mündliche Parteivorbringen hat, (§ 314 ZPO iVm § 82 Abs. 1 S. 1), kann der Tatbestand (vgl. § 313 Abs. 2 ZPO; dazu näher BPatGE 20, 57; BPatGE 19, 35; BPatGE 12, 176) nach § 80 Abs. 2 auch bei anderen Unrichtigkeiten, zB Auslassungen, Dunkelheiten oder Widersprüchen (vgl. § 320 ZPO) berichtigt werden. Mangels Beweiskraft in diesem Sinne keine Tatbestandsberichtigung bei Beschluß im schriftlichen Verfahren (BPatG v. 19. 2. 1997 32 W (pat) 510/95: fehlendes Rechtsschutzbedürfnis). Die Berichtigung muß binnen zwei Wochen nach Zustellung von einem Beteiligten beantragt werden. Verlängerung der Frist ist nicht möglich, jedoch Wiedereinsetzung nach § 91 zulässig. Anders als bei § 80 Abs. 1 können hier **auch Irrtümer bei der Willensbildung zur Tatsachenfeststellung** korrigiert werden, solange dies nicht zu einer Änderung der Entscheidung selbst, d. h. des Tenors führt. Eine Korrektur der rechtlichen Beurteilung, also der Subsumtion ist nicht zulässig. Die Berichtigung einer Auslassung darf nicht mit der Begründung abgelehnt werden, das zu ergänzende Vorbringen eines Beteiligten sei nicht entscheidungserheblich; denn die Berichtigung soll gerade die Überprüfung der Relevanz durch das Rechtsbeschwerdegericht ermöglichen (BGH WRP 1997, 758, 759 – *Turbo II*). Im einzelnen ist auf die Kommentierungen zu § 320 ZPO zu verweisen. Die Erforderlichkeit einer mündlichen Verhandlung richtet sich nach § 79, kann also bei zulässigem Antrag (sonst § 70 Abs. 2 analog) von einem Beteiligten erzwungen werden, während Beweisaufnahme unzulässig ist. Die Tatbestandsberichtigung ist nach § 80 Abs. 4 S. 2 nur solange möglich, solange noch mindestens einer der Richter, der an der zu berichtigenden Entscheidung mitgewirkt hat, zur Verfügung steht (vgl. *Benkard/Schäfers* § 96 PatG Rdn. 10).

IV. Wirkung der Berichtigung

4 Die Berichtigung **wirkt zurück,** d. h. die Entscheidung gilt als von Anfang an in der berichtigten Fassung erlassen (vgl. BGH NJW 1985, 742; BPatGE 19, 125; BPatGE 9, 128, 130), wodurch sogar ein zuvor eingelegtes Rechtsmittel erfolglos werden kann (vgl. BGH NJW 1994, 2832). Mit der Zustellung des Berichtigungsbeschlusses beginnt **grdsl. keine neue Rechtsmittelfrist** zu laufen

Vertretung; Vollmacht **§ 81**

(BGH GRUR 1995, 50 – *Success*), es sei denn, erst aufgrund der Berichtigung wird die Zulässigkeit des Rechtsmittels erkennbar, zB weil erst durch Berichtigung der Beteiligtenbezeichnung im Tenor Beschwer eindeutig wird (BPatGE 24, 229).

V. Rechtsmittel

Gegen Entscheidungen des BPatG über Berichtigungen ist kein 5 ordentliches Rechtsmittel gegeben (vgl. allg. BGH NJW-RR 1990, 893).

§ 81 Vertretung; Vollmacht

(1) **Vor dem Patentgericht kann sich ein Beteiligter in jeder Lage des Verfahrens durch einen Bevollmächtigten vertreten lassen. Durch Beschluß kann angeordnet werden, daß ein Bevollmächtigter bestellt werden muß. § 96 bleibt unberührt.**

(2) **Die Vollmacht ist schriftlich zu den Gerichtsakten einzureichen. Sie kann nachgereicht werden. Das Patentgericht kann hierfür eine Frist bestimmen.**

(3) **Der Mangel der Vollmacht kann in jeder Lage des Verfahrens geltend gemacht werden. Das Patentgericht hat den Mangel der Vollmacht von Amts wegen zu berücksichtigen, wenn nicht als Bevollmächtigter ein Rechtsanwalt oder ein Patentanwalt auftritt.**

I. Überblick

§ 81 regelt die Vertretung vor dem BPatG durch Bevollmäch- 1 tigte und den Vollmachtsnachweis wortgleich mit § 97 PatG, dessen Abs. 2 im MarkenG in zwei Absätze aufgeteilt wurde. Für das Verfahren vor dem DPA gelten dagegen §§ 76, 77 MarkenV. Die Pflicht zur Zustellung an einen Vertreter richtet sich nach § 8 Abs. 1 S. 2 VwZG iVm § 94 Abs. 1 (s. § 94 Rdn. 8).

II. Vertretung durch Bevollmächtigte (Abs. 1)

Im Verfahren vor dem BPatG gibt es auch in Markensachen 2 **keinen Anwaltszwang**. Die Beteiligten können das Verfahren grundsätzlich selbst (bzw. bei juristischen Personen und Handelsgesellschaften durch ihre gesetzlichen Vertreter) führen oder sich

§ 81 Vertretung; Vollmacht

hierzu gem. § 81 Abs. 1 S. 1 eines Bevollmächtigten bedienen. Eine Vertretung durch juristische Personen, insbesondere andere **Konzerngesellschaften**, als Bevollmächtigte ist nur in der Weise möglich, daß deren Mitarbeiter von dem Beteiligten bevollmächtigt werden. Die Vertretungsbefugnis von Mitarbeitern wird nur geprüft, wenn ernsthafte Zweifel bestehen, wobei sie sich auch aus den Grundsäzen der Anscheins- bzw. Duldungsvollmacht kraft Rechtsschein ergeben kann (BPatGE 36, 246, 249).

3 Für Markenanmelder und Markeninhaber ohne inländischen Wohnsitz bzw. Sitz oder Niederlassung besteht nach § 96 (§ 81 Abs. 1 S. 3) gerade auch für patentgerichtliche Verfahren ein genereller Zwang zur Bestellung eines inländischen Rechts- oder Patentanwalts als **Inlandsvertreter**. Diese Bestellung hindert den Auswärtigen jedoch nicht daran, das Verfahren vor dem BPatG sodann selbst zu führen (näher § 96 Rdn. 11).

4 Die in § 81 Abs. 1 S. 2 zugelassene **gerichtliche Anordnung** des Vertretungszwangs kommt nur ausnahmsweise bei eindeutiger, zB pathologischer Unfähigkeit des Beteiligten, sich ordnungsgemäß selbst zu vertreten, in Betracht. Die Anordnungsmöglichkeit soll nicht nur den geregelten Verfahrensablauf sichern, sondern ist auch Ausdruck der Fürsorgepflicht des Gerichts für den betroffen Beteiligten.

5 Die Mitteilung der **Niederlegung der Vertretung** an das Gericht und ggf. andere Beteiligte hat sofortige Wirkung (§ 87 Abs. 1 1. Hs. ZPO; BPatGE 1, 31, 32), unabhängig vom Zeitpunkt des Vermerks im Register (BPatG Mitt. 1997, 261, 262 – *Coveri*). Der Verfahrensbeteiligte kann auch dann selbst Verfahrenshandlungen vornehmen, wenn sich ein Vertreter bestellt und die Vetretung noch nicht wieder niedergelegt hat (BPatGE 36, 246, 248 zum Verfahren beim DPA).

6 Die von der Vertretung zu unterscheidende Zuziehung eines **Beistands** zur mündlichen Verhandlung ist gem. § 90 ZPO iVm § 82 Abs. 1 S. 1 zulässig. Unzulässig ist die Vertretung durch geschäftsmäßig handelnde Vertreter, die gegen das RBerG verstoßen (vgl. § 157 Abs. 1 S. 1 ZPO sowie § 4 Abs. 3 PatAnwO).

III. Vollmachtsnachweis (Abs. 2, 3)

7 Tritt als Bevollmächtigter ein Rechtsanwalt oder Patentanwalt auf, so muß dieser die schriftliche Vollmacht erst nach **Rüge** durch einen anderen Beteiligten zu den Gerichtsakten einreichen. § 81

Weiterer Vorschriften; Anfechtbarkeit; Akteneinsicht **§ 82**

Abs. 3 S. 2 schließt eine Überprüfung von Amts wegen aus (vgl. auch § 88 ZPO). Im einseitigen Beschwerdeverfahren ist daher in diesem Falle Vollmachtsprüfung generell ausgeschlossen. Diese Regeln gelten auch für den Inlandsvertreter gem. § 96 (BPatG Bl. 1996, 505 – *Muktananda*). Bei Vertretung durch andere Personen erfolgt dagegen Vollmachtsprüfung von Amts wegen (§ 81 Abs. 3 S. 2) und auf Rüge eines Beteiligten in jeder Lage des Verfahrens (§ 81 Abs. 3 S. 1). Bei überraschender Rüge in der mündlichen Verhandlung ist die einstweilige Zulassung des Vertreters entsprechend § 89 Abs. 1 ZPO mit Fristsetzung zur Ermöglichung der Nachreichung (§ 81 Abs. 2 S. 2, 3) geboten. Eine in den beigezogenen DPA-Akten befindliche Vollmacht reicht aus, wenn sie auch das Verfahren beim BPatG umfaßt (BPatGE 1, 119, 121). Bleibt der Vollmachtsnachweis aus, können dem Vertreter entsprechend § 89 Abs. 1 S. 3 ZPO Kosten auferlegt werden. Für den Vollmachtsumfang gelten §§ 81–85 ZPO über § 82 Abs. 1 S. 1 entsprechend. Die Vorlage der Vollmacht im Beschwerdeverfahren heilt als Genehmigung auch den Vollmachtsmangel im Verfahren vor dem DPA (§ 77 MarkenV) gem. § 89 Abs. 2 ZPO iVm § 82 Abs. 1 S. 1 (BPatG Bl. 1993, 27; BPatG GRUR 1989, 46; vgl. GmS OGB BGHZ 91, 111, 116).

§ 82 Anwendung weiterer Vorschriften; Anfechtbarkeit; Akteneinsicht

(1) **Soweit dieses Gesetz keine Bestimmungen über das Verfahren vor dem Patentgericht enthält, sind das Gerichtsverfassungsgesetz und die Zivilprozeßordnung entsprechend anzuwenden, wenn die Besonderheiten des Verfahrens vor dem Patentgericht dies nicht ausschließen. § 227 Abs. 3 Satz 1 der Zivilprozeßordnung ist nicht anzuwenden. Für Auslagen im Verfahren vor dem Patentgericht gilt das Gerichtskostengesetz entsprechend.**

(2) **Eine Anfechtung der Entscheidungen des Patentgerichts findet nur statt, soweit dieses Gesetz sie zuläßt.**

(3) **Für die Gewährung der Akteneinsicht an dritte Personen ist § 62 Abs. 1 und 2 entsprechend anzuwenden. Über den Antrag entscheidet das Patentgericht.**

I. Überblick

Als letzte Bestimmung des Abschnitts über das Verfahren vor 1
dem BPatG in Markensachen faßt § 82 einige Verfahrensvorschrif-

§ 82   Weiterer Vorschriften; Anfechtbarkeit; Akteneinsicht

ten allgemeinerer Art und Verweisungen zusammen. § 82 ist wortgleich mit §§ 98, 99 PatG mit Ausnahme des nicht übernommenen, weil auf das Patentnichtigkeitsverfahren beschränkten § 99 Abs. 3 S. 3 PatG. Die abweichende Gliederung resultiert daraus, daß die Regelung des § 98 PatG als § 82 Abs. 1 S. 3 integriert und § 99 Abs. 4 PatG als § 82 Abs. 1 S. 2 vorgezogen ist. Die Neufassung des § 82 Abs. 1 S. 2 durch das Gesetz zur Abschaffung der Gerichtsferien vom 28. 10. 1996 (BGBl I 1996, 1547) ist am 1. 1. 1997 in Kraft getreten.

II. Verweisung auf ZPO, GVG und GKG (Abs. 1)

1. Verfahrensrecht

2   Das MarkenG regelt das patentgerichtliche Verfahren in Markensachen entgegen einer Bemerkung in der Amtl Begr (A.II.10. aE) nicht abschließend, sondern bedarf ebenso wie das PatG der Ergänzung durch entsprechende Anwendung der ZPO und ferner des GVG. Hierauf verweist § 82 Abs. 1 S. 1, 2 mit Ausnahme des Anspruchs auf Terminsverlegung in der Sommerferienzeit (§ 227 Abs. 3 S. 1 ZPO). Aus dem GVG kommen neben den durch §§ 67, 93 ausdrücklich für anwendbar erklärten Bestimmungen nur die Vorschriften über die Sitzungspolizei (§ 67 Rdn. 4) und die Rechtshilfevorschriften (§ 95 Rdn. 1) in Betracht. Für Errichtung und Organisation des BPatG gelten demgegenüber §§ 65–72 PatG direkt (näher § 66 Rdn. 8). Aus der ZPO kommen insbesondere auch die Vorschriften über das Berufungsverfahren und über sonstige schriftliche Verfahren in Betracht (BPatG Mitt. 1997, 25, 27 – *LAILIQUE/LALIQUE*). § 82 Abs. 1 S. 1 ermöglicht auch die Gewährung von **Prozeßkostenhilfe** gem. §§ 114 ff. ZPO (*Engel* FS Piper 1996, 517). Für vor dem BPatG protokollierte **Vergleiche** gilt § 794 Abs. 1 Nr. 1 ZPO und für ihre Vollstreckung §§ 795, 724 ff. ZPO, wobei das BPatG als Prozeßgericht erster Instanz auch für nicht bei ihm anhängig gewesene Vergleichsgegenstände Vollstreckungsorgan iSd § 802 ZPO ist (BPatG Bl. 1997, 29 für Ordnungsmittelandrohung gem. § 890 ZPO). Im übrigen ist die Anwendbarkeit von ZPO-Bestimmungen im jeweiligen Sachzusammenhang der Kommentierung zu §§ 66 ff. erläutert. § 82 Abs. 1 schließt die ergänzende Heranziehung von Rechtsgedanken aus Bestimmungen anderer Verfahrensordnungen, insbesondere der VwGO, nicht aus.

2. Gerichtskosten

Die Gerichtsgebühren in Markensachen sind im Patentgebüh- 3
rengesetz (Anlage) niedergelegt. Hinsichtlich der Auslagen verweist
§ 82 Abs. 1 S. 3 auf das Gerichtskostengesetz. Zu den Gerichtskosten des Beschwerdeverfahrens s. § 71 Rdn. 23. Auf Justizverwaltungsangelegenheiten ist dagegen die Justizverwaltungskostenordnung anzuwenden, zB auf die Erteilung von Entscheidungsabschriften zu wissenschaftlichen Zwecken, soweit man darin nicht eine Akteneinsicht sieht (dazu unten Rdn. 7 ff.).

III. Anfechtbarkeit (Abs. 2)

§ 82 Abs. 2 beschränkt die Anfechtbarkeit der Entscheidungen 4
des BPatG mit ordentlichen Rechtsmitteln auf die Fälle, in denen
die Rechtsbeschwerde (§ 83) gegeben ist (zB BGH GRUR 1979,
696 – *Kunststoffrad*). Unberührt bleibt die Erinnerung gegen Entscheidungen des Rechtspflegers im Kostenfestsetzungsverfahren
(§ 71 Rdn. 29).

IV. Akteneinsicht

§ 82 Abs. 3 betrifft nur die Akteneinsicht durch am Verfahren 5
nicht beteiligte Dritte, regelt also nicht auch die Akteneinsicht
durch die am patentgerichtlichen Verfahren Beteiligten. Demgemäß ist danach zu differenzieren, wer die Einsicht in die Akten
des BPatG begehrt. Gerichte und Behörden, die in Akten des
BPatG Einsicht nehmen oder Auskünfte daraus erteilt haben wollen, sind nicht Dritte in diesem Sinne, sondern ersuchen um
Rechtshilfe (vgl. § 95).

1. Akteneinsicht durch Verfahrensbeteiligte

Den Verfahrensbeteiligten ist aufgrund § 299 Abs. 1 ZPO iVm 6
§ 82 Abs. 1 S. 1 stets ohne weiteres auf Antrag Akteneinsicht zu
gewähren. Dies gilt allerdings uneingeschränkt nur für die eigenen
Gerichtsakten des BPatG (ausgenommen die entscheidungsvorbereitenden oder abstimmungsbezogenen Schriftstücke nach § 299
Abs. 3 ZPO), während für Beiakten aus anderen gerichtlichen oder
behördlichen Verfahren die für die dortige Akteneinsicht geltenden

gesetzlichen Voraussetzungen oder Beschränkungsanordnungen der übergebenden Stelle zu beachten sind. Daher ist die Einsichtnahme in die vom DPA vorgelegten Akten des Ausgangsverfahrens oder in sonst vom BPatG beigezogene Akten des DPA aus markenrechtlichen Verfahren nur unter den Voraussetzungen des § 6! Abs. 1 zulässig, dh nur bei glaubhaft gemachtem berechtigtem Interesse, wenn es sich um Akten noch nicht eingetragener Markenanmeldungen handelt und der Anmelder nicht zustimmt. Im Regelfall wird aber der zur Beiziehung führende Sachbezug zum patentgerichtlichen Verfahren auch ein berechtigtes Interesse (näher dazu § 62 Rdn. 3) der dort Beteiligten begründen. Kann ausnahmsweise einmal einem Beteiligten keine Einsicht in eine Beiakte gewährt werden, darf sie nicht bei der Entscheidung verwertet werden (§ 78 Abs. 2). Zuständig ist die für den Senat zuständige Geschäftsstelle, für die Verweigerung jedoch der Senat.

2. Akteneinsicht durch Dritte (Abs. 3)

7 Am patentgerichtlichen Verfahren nicht beteiligten Dritten wird nach § 82 Abs. 3 S. 1 Einsicht in die **Gerichtsakten** unter entsprechender Anwendung der Voraussetzungen für die Gewährung der Einsicht in patentamtliche Akten durch das DPA gewährt. Entsprechend § 62 Abs. 2 ist daher ohne weitere Voraussetzungen Einsicht in Gerichtsakten von Verfahren zu gewähren, die eine eingetragene Marke betreffen. Das sind insbesondere alle Widerspruchs-Beschwerdeverfahren (ausgenommen Widersprüche gegen noch vor Inkrafttreten des MarkenG bekanntgemachte Anmeldungen), alle Löschungs-Beschwerdeverfahren und alle Beschwerdeverfahren betreffend IR-Marken. Für die Akteneinsicht zu anderen Verfahren – insbesondere also alle Beschwerdeverfahren über Zurückweisungen von Anmeldungen nach §§ 36, 37 – ist entsprechend § 62 Abs. 1 Glaubhaftmachung eines berechtigten Interesses erforderlich, das auch ein rein tatsächliches, insbesondere wirtschaftliches Interesse sein kann, wofür es stets ausreicht, wenn die Aktenkenntnis Bedeutung für das Verhalten des Antragstellers bei zukünftiger Rechtsverfolgung oder Rechtsverteidigung haben kann (BPatG Mitt. 1983, 197: Abmahnung aus Parallelzeichen; weitere Beispiele § 62 Rdn. 8).

8 In **Akten des DPA**, die als Beiakten zu den Gerichtsakten gehören, kann ebenfalls entsprechend § 62 Abs. 1 und 2 Einsicht gewährt werden. Das BPatG ist hierfür neben dem DPA zuständig, kann aber einen auf die Beiakte beschränkten Akteneinsichtsantrag zur Entscheidung an das DPA abgeben, wenn die Beiakte im Beschwerdeverfahren gerade nicht benötigt wird (BPatGE Mitt. 1971, 112, 114 gegen BPatGE 2, 182, 183, wo noch ausschließliche Zuständigkeit angenommen wurde; offengel. in BGH GRUR 1966, 639, 640 – *Akteneinsicht III*). Die Zuständigkeit bleibt beim BPatG, wenn nach Antragstellung das Beschwerdeverfahren beendet wird (BPatG Mitt. 1983, 197).

Entsprechend den von der Rspr. zur Akteneinsicht beim DPA 9 entwickelten Grundsätzen (§ 62 Rdn. 4) sind alle am patentgerichtlichen Verfahren Beteiligten zu dem Antrag **anzuhören**. Die Einsicht kann in jedem Falle gewährt werden, wenn daraufhin nicht widersprochen wurde (vgl. § 23 Abs. 1 Nr. 11 RPflG; BPatG Mitt. 1992, 34, 35). Von der Akteneinsicht können bestimmte Aktenteile bei einem überwiegenden Geheimhaltungsinteresse eines Beteiligten ausgenommen werden (BPatG Mitt. 1992, 34, 35). Soweit zu den Beiakten die Akten des DPA zu einer Markeneintragung gehören, gegen die Widerspruch eingelegt wurde, sind auch die am Eintragungsverfahren beteiligten Widersprechenden zu hören (BPatGE 33, 175 für Einsichtsgewährung durch DPA, gegen bis dahin ständige DPA-Praxis).

Über die Einsicht in Akten des **Rechtsbeschwerdeverfahrens** 10 entscheidet der BGH entsprechend § 82 Abs. 3, solange das Verfahren bei ihm anhängig ist (BGH GRUR 1983, 365 unter Aufgabe von BGH GRUR 1971, 345), danach das BPatG, soweit die Akten dorthin abgegeben wurden (vgl. BPatGE 22, 66, 67 zum Nichtigkeitsverfahren).

Für die Einsichtsgewährung ist der **Rechtspfleger** zuständig, 11 wenn kein Beteiligter Einwendungen erhebt (§ 23 Abs. 1 Nr. 11 RPflG), andernfalls der Marken-Beschwerdesenat, der für das Verfahren, aus dem die Akte stammt, zuständig ist bzw. war (§ 82 Abs. 3 S. 2). Das Verfahren ist gerichtsgebührenfrei. Eine Kostenauferlegung ist nicht möglich, da § 71 nur für Beschwerdeverfahren gilt, so daß die gesetzliche Grundlage fehlt (BPatGE 27, 96; zu unterscheiden von Beschwerdeentscheidung über beim DPA gestellten Akteneinsichtsantrag, vgl. BGH GRUR 1994, 104 – *Akteneinsicht XIII*).

Die Erteilung **anonymisierter Entscheidungsabschriften** 12 durch Warenzeichensenate des BPatG sollte nach einer ausf begründeten Entscheidung des 28. Senats eines förmlichen Akteneinsichtsverfahrens bedürfen (BPatG Mitt. 1992, 34). Diese Auffassung hat sich zu Recht nicht durchgesetzt, da sie dem Informationsbedürfnis der interessierten Öffentlichkeit (dazu nunmehr auch

BVerwG NJW 1997, 2694) nicht genügend Rechnung trägt und den Charakter der Erteilung als Justizverwaltungsakt verkennt (BPatG Mitt. 1992, 230; BPatGE 32, 133; BPatG Mitt. 1991, 217; *Hirte* Mitt. 1993, 292 ff. auch zu dem in Wirklichkeit beschränkten Anonymisierungsbedarf; *Benkard/Schäfers* § 99 Rdn. 14; *Schmieder* Mitt. 1991, 207; vgl. auch allg. *Hirte* NJW 1988, 1698 sowie grdl. *Hirte,* Der Zugang zu Rechtsquellen und Rechtsliteratur, 1991). Ist die Entscheidung bereits anderweitig veröffentlicht, wird die Abschrift ohne weiteres erteilt, andernfalls soll die Darlegung eines öffentlichen Interesses (zB wissenschaftliche Zwecke) erforderlich sein. Die letztgenannte Beschränkung ist jedoch schon dann nicht aufrechtzuerhalten, wenn es das BPatG selbst veranlaßt oder geduldet hat, daß auf die Entscheidung in Vorträgen oder Veröffentlichungen seiner Richter auch nur Bezug genommen wird (zB von *Richter/Stoppel* oder auf CD-ROM-Sammlungen), da hierdurch ein Allgemeininteresse an der Überprüfbarkeit des Volltextes begründet wird.

Abschnitt 6. Verfahren vor dem Bundesgerichtshof

§ 83 Zugelassene und zulassungsfreie Rechtsbeschwerde

(1) **Gegen die Beschlüsse der Beschwerdesenate des Patentgerichts, durch die über eine Beschwerde nach § 66 entschieden wird, findet die Rechtsbeschwerde an den Bundesgerichtshof statt, wenn der Beschwerdesenat die Rechtsbeschwerde in dem Beschluß zugelassen hat. Die Rechtsbeschwerde hat aufschiebende Wirkung.**

(2) Die Rechtsbeschwerde ist zuzulassen, wenn
1. eine Rechtsfrage von grundsätzlicher Bedeutung zu entscheiden ist oder
2. die Fortbildung des Rechts oder die Sicherung einer einheitlichen Rechtsprechung eine Entscheidung des Bundesgerichtshofs erfordert.

(3) Einer Zulassung zur Einlegung der Rechtsbeschwerde bedarf es nicht, wenn gerügt wird,
1. daß das beschließende Gesetz nicht vorschriftsmäßig besetzt war,
2. daß bei dem Beschluß ein Richter mitgewirkt hat, der von der Ausübung des Richteramtes kraft Gesetzes ausgeschlossen oder wegen Besorgnis der Befangenheit mit Erfolg abgelehnt war,
3. daß einem Beteiligten das rechtliche Gehör versagt war,
4. daß ein Beteiligter im Verfahren nicht nach Vorschrift des Gesetzes vertreten war, sofern er nicht der Führung des Verfahrens ausdrücklich oder stillschweigend zugestimmt hat,

5. daß der Beschluß aufgrund einer mündlichen Verhandlung ergangen ist, bei der die Vorschriften über die Öffentlichkeit des Verfahrens verletzt worden sind, oder
6. daß der Beschluß nicht mit Gründen versehen ist.

Inhaltsübersicht

	Rdn.
I. Überblick	1–4
II. Rechtsnatur der Rechtsbeschwerde	5, 6
III. Bedeutung	7
IV. Statthaftigkeit	8–26
1. Rechtsbeschwerdefähiger Beschluß	9, 10
2. Zulassung durch das BPatG (Abs. 2)	11–16
a) Zulassungsgründe	12, 13
b) Zulassungsentscheidung	14
c) Beschränkte Zulassung	15
d) Zulassungswirkung	16
3. Zulassungsfreie Rechtsbeschwerde (Abs. 3)	17–26
a) Besetzungsrüge (Nr. 1)	20
b) Mitwirkung eines ausgeschlossenen Richters (Nr. 2)	21
c) Rechtliches Gehör (Nr. 3)	22
d) Vertretungsmangel (Nr. 4)	23
e) Öffentlichkeit (Nr. 5)	24
f) Begründungsmangel (Nr. 6)	25, 26
V. Anschlußrechtsbeschwerde	27

I. Überblick

§§ 83–90 regeln das Rechtsbeschwerdeverfahren vor dem BGH in Markensachen weitgehend in Übereinstimmung mit den entsprechenden Vorschriften des PatG, wie sie früher über § 13 Abs. 5 WZG in Warenzeichensachen anzuwenden waren. Die Regelung ist vielfach lückenhaft und durch Rückgriff auf Vorschriften vor allem der ZPO und Bestimmungen des MarkenG für das Beschwerdeverfahren zu ergänzen (näher § 88).

§ 83 ist die zentrale Norm des Rechtsbeschwerderechts. Nach ihr richtet sich die im Vergleich zur Revision der ZPO wesentlich eingeschränktere Statthaftigkeit der Rechtsbeschwerde. Sie ist das Rechtsmittel gegen Beschlüsse des BPatG, mit denen über eine Beschwerde in Markensachen abschließend entschieden wurde und nur statthaft, wenn sie entweder vom BPatG aufgrund § 83 Abs. 2 zugelassen wurde oder einer der im Katalog des § 83 Abs. 3 ab-

§ 83   Zugelassene und zulassungsfreie Rechtsbeschwerde

schließend aufgezählten schweren Verfahrensmängel gerügt wird. Die Rechtsbeschwerde hat aufschiebende Wirkung (§ 83 Abs. 1 S. 3), soweit sie nicht offensichtlich unzulässig ist (vgl. § 66 Rdn. 49).

3   § 83 entspricht weitgehend § 100 PatG sowie bzgl. der aufschiebenden Wirkung gem. § 83 Abs. 1 S. 2 dem § 103 S. 1 PatG. Neu aufgenommen wurde die Versagung des rechtlichen Gehörs als zulassungsfreie Rechtsbeschwerderüge in § 83 Abs. 3 Nr. 3. Nicht übernommen wurde der Wortlaut des § 100 Abs. 3 PatG insoweit, als die Zulassungsfreiheit dort davon abhängen soll, daß der Verfahrensmangel nicht nur gerügt wird, sondern auch objektiv „vorliegt". Dies bedeutet jedoch keine sachliche Änderung, da schon bisher zu § 100 Abs. 3 PatG anerkannt war, daß dies keine Frage der Statthaftigkeit, sondern der Begündetheit der Rechtsbeschwerde ist (unten Rdn. 17).

4   §§ 83–90 gelten gem. § 133 Abs. 2 S. 2 entsprechend für Rechtsbeschwerden betreffend die Eintragung geographischer Angaben und Ursprungsbezeichnungen nach § 130 ff. Besonderheiten dieser Verfahren bleiben bei der Kommentierung der §§ 83 ff. unberücksichtigt.

II. Rechtsnatur der Rechtsbeschwerde

5   Die Rechtsbeschwerde in Markensachen dient unterschiedlichen Zwecken, je nachdem ob es sich um eine zugelassene oder um eine zulassungsfreie Rechtsbeschwerde handelt. Die **zulassungsfreie** Rechtsbeschwerde dient dem Rechtsschutz des Einzelnen, jedoch nur vor solchen für ihn nachteiligen Entscheidungen des BPatG, die an bestimmten Verfahrensmängeln leiden. Soweit ein solcher Verfahrensfehler zugleich eine Grundrechtsverletzung darstellt (insbesondere § 83 Abs. 3 Nr. 1: gesetzlicher Richter, Nr. 3: rechtliches Gehör) entlastet die Rechtsbeschwerde auch das BVerfG von Verfassungsbeschwerden gegen Beschwerdeentscheidungen des BPatG. Demgegenüber steht bei der vom BPatG **zugelassenen** Rechtsbeschwerde das Interesse der Allgemeinheit an der Klärung grundsätzlicher Rechtsfragen und an der Einheitlichkeit der Rechtsprechung im Vordergrund. Zur Sicherung einer einheitlichen Rechtsprechung ist die Rechtsbeschwerde deshalb besonders notwendig und geeignet, weil dadurch der Instanzenzug der patentamtlichen und patentgerichtlichen Verfahren in Markensachen einerseits und der Landgerichte und Oberlandesgerichte in Kenn-

zeichenstreitsachen (vgl. § 140) andererseits bei ein und demselben Spruchkörper, nämlich dem I. Zivilsenat des BGH (Geschäftsverteilungsplan für 1997, Bl 1997, 126) enden und die offensichtlichen Nachteile dieser historisch bedingten Zuständigkeitsaufteilung wenigstens in letzter Instanz vermieden werden. Zugleich ermöglicht die Rechtsbeschwerde auch eine Vereinheitlichung der Rechtsprechung der verschiedenen für Markensachen zuständigen Beschwerdesenate des BPatG, nachdem es beim BPatG hierfür keinen Spruchkörper nach Art eines „großen Senats" gibt. Gleichwohl handelt es sich nicht um ein Offizialverfahren, sondern setzt die Durchführung des Rechtsbeschwerdeverfahrens auch im Falle der Zulassung durch das BPatG voraus, daß der im Beschwerdeverfahren unterlegene Beteiligte die Rechtsbeschwerde einlegt und begründet. Auch erfolgt die rechtliche Überprüfung durch den BGH stets zugleich im Interesse des Rechtsbeschwerdeführers. Dies wird besonders deutlich daraus, daß der BGH bei der zugelassenen Rechtsbeschwerde nicht auf die Überprüfung der vom BPatG als Zulassungsgrund benannten Rechtsfrage beschränkt ist, sondern die Rechtmäßigkeit der Entscheidung insgesamt geprüft wird (§ 89 Rdn. 4). Auch die zugelassene Rechtsbeschwerde dient daher der Verwirklichung der Einzelfallgerechtigkeit im Interesse des einzelnen Beteiligten (vgl. *Kraßer* GRUR 1980, 420; zu eng BGH GRUR 1994, 215, 217 – *Boy*).

Das Rechtsbeschwerdeverfahren ermöglicht im Gegensatz zur 6 Beschwerde keine tatsächliche, sondern nur eine **rechtliche Nachprüfung** (§§ 84 Abs. 2, 89 Abs. 2) und ist schon deshalb revisionsähnlicher Natur, was durch weitere Parallelen der Verfahrensausgestaltung noch verstärkt wird (vgl. BGH GRUR 1983, 725, 727 – *Ziegelsteinformling I*).

III. Bedeutung

Besondere Bedeutung kommt der Rechtsbeschwerde anläßlich 7 der Markenrechtsreform zu. Eine möglichst frühzeitige Klärung der zahllosen neuen grundsätzlichen Rechtsfragen durch den BGH – ggf auf Vorlage des BGH durch den EuGH – ist dringend notwendig und sollte durch eine bis auf weiteres deutlich großzügigere Zulassungspraxis des BPatG ermöglicht und gefördert werden, wie sie sich bereits abzeichnet. Überraschenderweise machen die Beteiligten in nicht wenigen dieser Fälle keinen Gebrauch von der Einlegungsmöglichkeit. Möglicherweise hängt dies mit dem regelmä-

§ 83   Zugelassene und zulassungsfreie Rechtsbeschwerde

ßig deutlich höheren Kostenrisiko der Rechtsbeschwerdeinstanz im Vergleich zu Beschwerdeverfahren vor dem BPatG ebenso zusammen wie mit einer augenscheinlich hohen Akzeptanz jedenfalls derjenigen Entscheidungen des BPatG, denen der jeweilige Senat selbst grundsätzliche Bedeutung beigemessen hat. Trotz der heutigen Zulassungspraxis der Marken-Beschwerdesenate bleibt unbefriedigend, daß Kennzeichenstreitsachen mit einer DM 60 000,– übersteigenden Beschwer zulassungsfrei zu einer Entscheidung des BGH über die Revisionsannahme gebracht werden können (§§ 546, 554b ZPO), während in den vielfach über Erlangung oder Untergang des Markenschutzes schlechthin entscheidenden Beschwerdeverfahren der Weg zum BGH von der Zulassung durch die erste gerichtliche Instanz abhängt. Jedoch bedeutet die Übernahme der bisherigen Regelung in das MarkenG eine neuerliche Absage an Forderungen nach einer Nichtzulassungsbeschwerde (so ausdrücklich Amtl Begr 3. Abs. zu § 83). Die Leitsätze der Beschlüsse, zu denen die Rechtsbeschwerde zugelassen wurde, werden im Bl. regelmäßig veröffentlicht.

IV. Statthaftigkeit

8   Die Rechtsbeschwerde ist statthaft, wenn sie sich gegen einen iSv § 83 Abs. 1 S. 1 rechtsbeschwerdefähigen Beschluß des BPatG richtet und entweder das BPatG die Rechtsbeschwerde zugelassen hat oder einer der zulassungsfreien Rechtsbeschwerdegründe nach Abs. 3 geltend gemacht wird.

1. Rechtsbeschwerdefähiger Beschluß

9   Mit der Rechtsbeschwerde nach dem MarkenG können nur solche Beschlüsse der Beschwerdesenate des BPatG angefochten werden, durch die über eine Beschwerde gegen Beschlüsse der Markenstellen oder Markenabteilungen des DPA **instanzabschließend** entschieden worden ist (§ 83 Abs. 1 S. 1). Gegenstand und Grund der Beschwerdeentscheidung spielen demgegenüber für die Statthaftigkeit grdsl. keine Rolle. Generell ausgenommen sind lediglich die Beschwerdeentscheidungen des BPatG zu Kostenfestsetzungsverfahren des DPA gem. § 63 Abs. 3 S. 3 aufgrund §§ 104 Abs. 3 S. 1, 567 Abs. 3, 568 Abs. 3 ZPO iVm § 63 Abs. 3 S. 2 (BGH GRUR 1986, 453 – *Transportbehälter*). Die **Kostenentscheidung** zu einem Beschwerdeverfahren kann weder bei isoliertem Erlaß

nach Erledigung bzw. Rücknahme der Beschwerde mit der Rechtsbeschwerde angefochten werden (vgl. BPatGE 12, 238, 242 ff.; *Benkard/Rogge* § 100 PatG Rdn. 5), noch kann eine als Nebenpunkt zu einer Beschwerdeentscheidung ergangene Kostenentscheidung selbständig, d.h. unabhängig von der Hauptsacheentscheidung, mit der Rechtsbeschwerde angegriffen werden (BGH GRUR 1967, 94, 96 – *Stute*). Im übrigen unterliegen alle diejenigen Beschlüsse des BPatG nicht der Rechtsbeschwerde, die lediglich **Neben- oder Zwischenfragen** des Beschwerdeverfahrens betreffen. Vgl. die Beispiele bei *Fezer* § 83 Rdn. 4. § 83 Abs. 1 S. 1 knüpft nur an den Beschlußgegenstand als solchen an, unabhängig davon, ob die Beschwerde als unzulässig verworfen wurde oder zur Aufhebung des angegriffenen DPA-Beschlusses geführt hat und ob das BPatG in der Sache selbst entschieden oder an das DPA zurückverwiesen hat. Bei äußerlicher Verbindung einer Beschwerdeentscheidung mit einer Zwischenentscheidung in einem Beschluß ist nur die Beschwerdeentscheidung rechtsbeschwerdefähig (BPatG GRUR 1988, 903, 905 – *Thermostatisch gesteuertes Regelventil*: zu Beitrittszulassung als Teil der Endentscheidung). Aufgrund **§ 11 Abs. 3 RPflG** ist die Rechtsbeschwerde auch gegen Beschlüsse des BPatG statthaft, mit denen über eine Erinnerung gegen eine Entscheidung des Rechtspflegers (§ 11 Abs. 1 RPflG) entschieden wird, der die Nichteinlegung wegen verspäteter Zahlung der Beschwerdegebühr festgestellt hat (BGH WRP 1997, 761 – *Makol*; § 66 Rdn. 37).

Eine Rechtsbeschwerde, die sich gegen einen nicht rechtsbeschwerdefähigen Beschluß richtet, ist auch dann unstatthaft, wenn das BPatG dies verkannt und die Rechtsbeschwerde ausdrücklich zugelassen hat (BGH GRUR 1986, 453 – *Transportbehälter*; BGH GRUR 1961, 203 – *IG-Bergbau* zum GWB). 10

2. Zulassung durch das BPatG (Abs. 2)

Die Rechtsbeschwerde bedarf nach § 83 Abs. 1 S. 1 grundsätzlich 11 der Zulassung durch den die Beschwerdeentscheidung erlassenden Senat des BPatG. Dieser muß sie zulassen, wenn eine Rechtsfrage von grundsätzlicher Bedeutung zu entscheiden ist oder die Fortbildung des Rechts oder die Sicherung der Einheitlichkeit der Rechtsprechung eine Entscheidung des BGH erfordert (§ 83 Abs. 2). Eine **Nichtzulassungsbeschwerde** kennt das MarkenG jedoch ebensowenig wie das PatG, so daß Unterbleiben bzw. ausdrückliche Verweigerung der Zulassung mit keinem ordentlichen Rechtsmittel beanstandet werden, insbesondere keine Rechtsbeschwerde gerade wegen der Nichtzulassung oder ihrer ungenügenden Begründung erhoben werden kann (BGH GRUR 1977, 214, 215 – *Aluminiumdraht;* BGH GRUR 1968, 59 – *Golden Toast:* auch verfassungsrechtlich zulässig; BGH GRUR 1965, 502, 503 – *Gaselan;* BGH GRUR 1965, 273 – *Anodenkorb;* BGH GRUR 1964, 519, 521 – *Damenschuhabsatz*). Ein Wiederaufnahmeverfahren soll bzgl. der Nichtzulassung aber unter den engen Voraussetzungen der §§ 578 ff. ZPO statthaft sein (BPatGE Mitt. 1990, 172 – *Restitutionsantrag*).

12 a) **Zulassungsgründe.** § 83 Abs. 2 zählt die Voraussetzungen für eine Zulassung der Rechtsbeschwerde durch das BPatG abschließend auf. § 83 Abs. 2 Nr. 1 zwingt zur Zulassung, wenn aus der Sicht des Beschwerdesenats eine **Rechtsfrage von grundsätzlicher Bedeutung** entscheidungserheblich ist. Die Bedeutung muß der Rechtsfrage als solcher zukommen, während eine besondere persönliche, wirtschaftliche oder öffentliche Bedeutung des beim BPatG anhängigen konkreten Streitfalles für die Zulassungspflicht weder notwendig noch hinreichend ist (zB BPatGE 5, 192, 198 – *Euroyal*). Die Rechtsfrage kann materiellrechtlicher oder verfahrensrechtlicher Natur sein. Grundsätzlich ist die Bedeutung der Rechtsfrage dann, wenn damit zu rechnen ist, daß sie zukünftig auch in einer beachtlichen Zahl anderer Fälle entscheidungserheblich werden kann. Abgelehnt wird die Zulassung der Rechtsbeschwerde vom BPatG insbesondere dann, wenn die Beantwortung naheliegend und zweifelsfrei ist oder als aufgrund anerkannter höchstrichterlicher Rechtsprechung geklärt gelten kann. Keine grundsätzliche Bedeutung haben Rechtsfragen, die sich in der Anwendung anerkannter Grundsätze auf eine konkrete Zeichengestaltung oder einen konkreten Kollisionsfall beschränken, ohne daß hieraus auch für andere Fallgestaltungen maßgebliche Regeln abgeleitet werden könnten. In jedem Falle von grundsätzlicher Bedeutung sind nachvollziehbare Zweifel an der Verfassungsmäßigkeit einer anzuwendenden Vorschrift (zB BPatG 21, 106, 111 – *Rosenmontag*). Stets von grundsätzlicher Bedeutung sind Rechtsfragen der **richtlinienkonformen Auslegung** derjenigen materiellrechtlichen Bestimmungen des MarkenG, für welche sich Vorgaben aus der MRRL ergeben und das BPatG die Vorlageentscheidung dem BGH als letzter Instanz überlassen will. Der Zulassungsgrund der Erforderlichkeit einer Entscheidung des BGH zur Fortbildung des Rechts nach § 82 Abs. 2 Nr. 2 1. Alt wird sich regelmäßig mit dem Zulassungsgrund nach Nr. 1 überschneiden.

Zur **Sicherung einer einheitlichen Rechtsprechung** (§ 82 **13**
Abs. 2 Nr. 2 2. Alt) ist eine Entscheidung des BGH über die
Rechtsbeschwerde insbesondere dann erforderlich, wenn das BPatG
in seiner Entscheidung von der Rechtsprechung des BGH, eines
anderen Senats des BPatG oder auch eines OLG in Kennzeichenstreitsachen oder zu rechtsgebietsübergreifenden (dann regelmäßig
verfahrensrechlichen) Fragen abweichen will. Der Zulassungsrah-
men ist insofern wesentlich weiter als derjenige für die Zulassung
der Revision durch das OLG wegen Divergenz (§ 546 Abs. 1 S. 2
Nr. 2 ZPO). Eine Entscheidung des BGH iSv Nr. 2 ist regelmäßig
nicht erforderlich, wenn der divergierende Senat des BPatG auf
Anfrage mitteilt, er halte an seiner bisherigen Rspr. nicht fest.

b) Zulassungsentscheidung. Die Zulassung muß in dem Be- **14**
schluß ausgesprochen sein, der mit der Rechtsbeschwerde angefochten werden soll. Eine frühere Zulassung wirkt nicht fort für die
Entscheidung des BPatG nach Zurückverweisung (BGH GRUR
1967, 548, 550 – *Schweißelektrode II*), denn bei dieser erneuten Entscheidung können ganz andere Rechtsfragen erheblich sein. Wird
die Zulassung ausgesprochen, gehört dies in den Tenor, ist jedoch
auch bei Bejahung nur in den Entscheidungsgründen wirksam
(BGH GRUR 1978, 420, 422 – *Fehlerortung* mwN). Auch wenn
ein – als Anregung zu behandelnder – Antrag auf Zulassung der
Rechtsbeschwerde gestellt ist, genügt Ablehnung in den Entscheidungsgründen. Die Rechtsbeschwerde ist auch dann nicht zugelassen, wenn weder Tenor noch Begründung etwas über die Zulas-
sungsfrage enthalten (BPatGE 22, 45, 47). Eine Zulassung durch
Ergänzungsbeschluß entsprechend § 321 ZPO ist unwirksam (BPat-
GE 22, 45; vgl. BGHZ 44, 395, 397 und BGH NJW 1981, 2755
zu § 546 Abs. 1 ZPO). Berichtigung ist dagegen möglich, soweit
aus der Entscheidung selbst oder aus den Vorgängen bei ihrem Erlaß offensichtlich, daß die Wiedergabe einer beschlossenen Zulassung vergessen wurde (vgl. BGHZ 78, 22; BGHZ 20, 188, jeweils
zu § 546 ZPO; offengel. BPatGE 22, 45; zweifelnd *Benkard/Rogge*
§ 100 PatG Rdn. 14).

c) Beschränkte Zulassung. Eine Beschränkung der Zulassung **15**
auf bestimmte abgrenzbare Verfahrensteile (BGH GRUR 1983,
725, 726 – *Ziegelsteinformling I;* BGH GRUR 1978, 420, 422 –
Fehlerortung) oder auf einen durch die Entscheidung über die den
Zulassungsgrund bildende Rechtsfrage allein beschwerten Beteiligten (BGH GRUR 1993, 969, 970 – *Indorektal II*) ist zulässig,
während die **Beschränkung auf eine Rechtsfrage wirkungs-**

§ 83   Zugelassene und zulassungsfreie Rechtsbeschwerde

los wäre, so daß uneingeschränkt zugelassen ist (BGH GRUR 1995, 732, 733 – *Füllkörper;* offengel. BGH GRUR 1994, 730 – *VALUE;* BGH GRUR 1991, 307, 308 – *Bodenwalze;* BGH GRUR 1984, 797 – *Zinkenkreisel*). Die Beschränkung muß ausdrücklich und eindeutig ausgesprochen sein, da sonst uneingeschränkt zugelassen ist (BGH GRUR 1994, 730 – *VALUE;* BGH GRUR 1993, 969, 970 – *Indorektal II*), wobei dies auch dann in den Gründen geschehen kann, wenn die Zulassung im Tenor zunächst unbeschränkt ausgesprochen ist (BGH GRUR 1978, 420 – *Fehlerortung*).

16   d) **Zulassungswirkung.** Die Zulassung durch das BPatG ist für den BGH bindend, es sei denn, es liegt in Wirklichkeit kein rechtsbeschwerdefähiger Beschluß vor (Rdn. 9). Zu dem über den Zulassungsgrund hinausgehenden Umfang der durch die Zulassung eröffneten Prüfung § 89 Rdn. 4.

3. Zulassungsfreie Rechtsbeschwerde (Abs. 3)

17   Ohne Zulassung durch das BPatG ist die Rechtsbeschwerde nur bei Rüge der im Katalog des § 83 Abs. 3 aufgezählten schweren Verfahrensmängeln statthaft. Häufigster Rügegrund war bislang das Fehlen von Gründen iSv jetzt § 83 Abs. 3 Nr. 6, allerdings idR erfolglos. Zukünftig wird die Rüge rechtlichen Gehörs nach § 83 Abs. 3 Nr. 3 zahlenmäßig vergleichbare Bedeutung erlangen. Der im MarkenG gegenüber § 100 Abs. 3 PatG verbesserte Wortlaut „wenn gerügt wird" verdeutlicht, daß die Statthaftigkeit der zulassungsfreien Rechtsbeschwerde nur davon abhängt, ob einer der genannten Verfahrensfehler gerügt wird, das tatsächliche Vorliegen des Verfahrensmangels für die Statthaftigkeit aber bedeutungslos ist (BGH WRP 1997, 762, 763 – *Top Selection;* zu § 100 Abs. 3 PatG: BGH GRUR 1983, 640 – *Streckenausbau;* BGH GRUR 1963, 645, 646 – *Warmpressen*). Das Vorliegen eines Verfahrensmangels nach § 83 Abs. 3 muß jedoch mit **substantiiertem Vortrag** behauptet werden, wozu „nähere Angaben erforderlich sind, aus denen sich der bezeichnete Mangel ergeben kann", so daß die Statthaftigkeit zu verneinen ist, wenn nur die Bezeichnung des Verfahrensmangels wiedergegeben, zu seiner Begründung aber nur Umstände angegeben werden, die offensichtlich nicht den bezeichneten Mangel ergeben (BGH GRUR 1983, 640 – *Streckenausbau:* Begründungsmangel behauptet, aber mit Ausführungen zur sachlichen Unrichtigkeit und Unvollständigkeit der Entscheidung begründet; anders noch BGH GRUR 1974, 465, 466 – *Lomapect:* noch keine sub-

stantiierte Darlegung des behaupteten Verfahrensmangels für Statthaftigkeit erforderlich).

Nach den Verfahrensmängeln gem § 83 Abs. 3 richtet sich nicht nur die Statthaftigkeit, sondern auch der durch die zulassungsfreie Rechtsbeschwerde eröffnete **Prüfungsumfang**, der im Gegensatz zur zugelassenen Rechtsbeschwerde auf den gerügten Verfahrensfehler begrenzt ist (§ 89 Rdn. 4). Von der Bedeutung der Verfahrensmängel nach § 83 Abs. 3 für Statthaftigkeit und Prüfungsumfang zu unterscheiden ist die Bedeutung der ebenfalls abschließend katalogartig aufgezählten Verfahrensmängel des über § 84 Abs. 2 S. 2 anwendbaren § 551 Nr. 1–3 und 5–7 ZPO als absolute Rechtsbeschwerdegründe. Im Rahmen des § 84 kommt es auf das tatsächliche Vorliegen des Verfahrensmangels an und führt dieser zur Begründetheit der Rechtsbeschwerde (§ 84 Rdn. 3 f.). 18

Der Katalog nach § 83 Abs. 3 ist **abschließend**, so daß andere, noch so schwerwiegende Verfahrensfehler die zulassungsfreie Rechtsbeschwerde nicht ermöglichen (vgl. dazu die Nachw. bei *Benkard/Rogge* § 100 PatG Rdn. 19, von denen für Markensachen der Ausschluß der Rüge der Versagung des rechtlichen Gehörs aufgrund § 83 Abs. 3 Nr. 3 überholt ist). 19

a) Besetzungsrüge (Nr. 1). Mit der Besetzungsrüge kann geltend gemacht werden, daß der Beschwerdesenat nicht in der durch § 67 Abs. 1 oder in dem Geschäftsverteilungsplan vorgeschriebenen Weise besetzt war. Verstöße gegen den Geschäftsverteilungsplan sind jedoch nur rügefähig, wenn sie nicht nur eine irrtümliche Handhabung darstellen, sondern als **willkürlich** im Sinne von objektiv unverständlich und offensichtlich unhaltbar angesehen werden müssen (BGH GRUR 1983, 114, 115 – *Auflaufbremse;* BGH GRUR 1980, 848, 849 – *Kühlvorrichtung:* oder sonst mißbräuchlich; BGH GRUR 1976, 719 – *Elektroschmelzverfahren*). Die Rüge muß substantiiert erhoben werden, d.h. Vermutungen genügen nicht, wobei bzgl. gerichtsinterner Vorgänge der Rechtsbeschwerdebegründung zu entnehmen sein muß, wie der Beteiligte Aufklärung versucht hat (BGH Mitt. 1996, 118, 119 – *Flammenüberwachung*). Zu den bislang vom BGH entschiedenen Besetzungsrügen vgl. *Benkard/Rogge* § 100 PatG Rdn. 20 sowie BGH Mitt. 1996, 118 – *Flammenüberwachung*). Zum Richterwechselverbot nach mündlicher Verhandlung s. § 78 Rdn. 4. 20

b) Mitwirkung eines ausgeschlossenen Richters (Nr. 2). Zum Rügegrund der Mitwirkung eines aufgrund gesetzlichen Ausschließungsgrundes oder erfolgreichen Ablehnungsgesuchs aus- 21 geschlossenen Richters ist auf die Erläuterungen zu § 72 zu verweisen. Rechtskräftige Zurückweisung eines auf einen gesetzlichen Ausschließungsgrund gestützten Ablehnungsgesuchs hindert die Statthaftigkeit der Rechtsbeschwerde nicht, schließt aber die Begründetheit wegen § 551 Nr. 2 iVm § 84 Abs. 2 S. 2 von vornherein aus (BGH GRUR 1990, 434 – *Wasserventil;* BGH GRUR 1985, 1039 – *Farbfernsehsignal II;* aA *Benkard/Rogge* § 100 PatG Rdn. 21).

22 c) **Rechtliches Gehör (Nr. 3).** Bei der Auslegung und Anwendung des neuen Rügegrundes der Versagung rechtlichen Gehörs kann sowohl auf die umfangreiche Rspr. zu Art. 103 Abs. 1 GG als auch auf die zu anderen Prozeßordnungen entwickelten Gehörgrundsätze zurückgegriffen werden (zB *Thomas/Putzo* Einl. I Rdn. 9 ff.). Zu besonderen Anforderungen an die Gewährung rechtlichen Gehörs im Beschwerdeverfahren vor dem BPatG kann auf § 78 Rdn. 3 verwiesen werden (vgl. auch die nach altem Recht entschiedenen Fälle BGH GRUR 1991, 442 – *Pharmazeutisches Präparat;* BGH GRUR 1990, 110 – *Rechtliches Gehör*). Der angefochtene Beschluß muß auf dem Verstoß beruhen oder zumindest **beruhen können** (BGH WRP 1997, 762, 764 – *Top Selection*). Das ist jedenfalls dann nicht auszuschließen, wenn der Gehörverstoß eine den Beschluß tragende Erwägung betrifft (BGH, aaO, 764). Es kann damit gerechnet werden, daß dieser Rügegrund jedenfalls zahlenmäßig erhebliche Bedeutung erlangen wird, wie schon die vergleichsweise häufigen Fälle der Befassung des BGH mit derartigen Fallgestaltungen im Rahmen der Statthaftigkeitsprüfung zeigt (vgl. *Benkard/Rogge* § 100 PatG Rdn. 22 a, 22 b). Die Rüge nach § 83 Abs. 3 Nr. 3 steht nur dem Beteiligten zu, dem das rechtliche Gehör versagt wurde, nicht auch anderen Beteiligten oder der Gegenseite. Ein Gehörverstoß liegt auch dann vor, wenn ein noch vor Übergabe des Beschlusses an die Post eingegangener Schriftsatz mit auch nur möglicherweise erheblichem Vortrag bei der Beschlußfassung unberücksichtigt geblieben ist (BGH GRUR 1997, 223, 224 – *Ceco*) und dementsprechend erst recht dann, wenn die Berücksichtigung unterbleibt, weil die Zustellung der Entscheidung an Verkündungs Statt beschlossen war (so aber BPatG GRUR 1995, 584, 587 – *SONETT;* s. § 79 Rdn. 3).

23 d) **Vertretungsmangel (Nr. 4).** Ein Vertretungsmangel nach § 83 Abs. 3 Nr. 4 ist von der Rspr. nicht nur angenommen worden, wenn der Beteiligte prozeßunfähig oder durch einen nicht be-

vollmächtigten Vertreter gehandelt hat (vgl. auch BGH GRUR 1990, 348, 349 – *Gefäßimplantat*: zur Rüge der fehlenden Parteifähigkeit), sondern auch dann, wenn ein Beteiligter **nicht zur mündlichen Verhandlung geladen** worden ist (BGH GRUR 1966, 160 – *Terminsladung;* vgl. auch BGH GRUR 1986, 667, 668 – *Raumzellenfahrzeug II*), nicht aber bei Ausbleiben des Vertreters wegen Krankheit im Vertrauen auf Vertagung (BGH Bl. 1986, 251). Durch diese erweiternde Auslegung wurde versucht, die fehlende Statthaftigkeit der Rechtsbeschwerde bei einem Gehörverstoß wenigstens in Extremfällen zu korrigieren. In Markensachen ist dies aufgrund § 83 Abs. 3 Nr. 3 nun nicht mehr notwendig. Die Rüge nach Abs. 3 Nr. 4 steht nur dem nicht ordnungsgemäß Vertretenen selbst zu, nicht auch der Gegenseite (BGH GRUR 1990, 348, 350 – *Gefäßimplantat*).

e) Öffentlichkeit (Nr. 5). Der Rügegrund der Verletzung der Öffentlichkeitsvorschriften (§ 67 Abs. 2 und 3) erfordert die Behauptung, bei einer mündlichen Verhandlung vor dem Beschwerdesenat sei die Öffentlichkeit gesetzeswidrig ausgeschlossen oder trotz gesetzlicher Nichtöffentlichkeit zugelassen worden, und daß hierfür eine Sorgfaltspflichtverletzung des Gerichts, nicht etwa nur anderer Justizpersonen ursächlich gewesen ist (BGH GRUR 1970, 621 – *Sitzungsschild*). Die gesetzeswichtige Zulassung der Öffentlichkeit ist jedoch dann kein Rügegrund, wenn kein Zuschauer anwesend war (*Benkard/Rogge* § 100 PatG Rdn. 23). Entscheidung ohne mündliche Verhandlung trotz gesetzlicher Verpflichtung zur Anberaumung (§ 69) ist kein Verstoß gegen die Öffentlichkeitsvorschriften (BGH GRUR 1967, 681 – *D-Tracetten;* BGH GRUR 1965, 273 – *Anodenkorb*). 24

f) Begründungsmangel (Nr. 6). Ein Begründungsmangel iSv § 83 Abs. 3 Nr. 6 liegt nach st. Rspr. nicht nur dann vor, wenn eine Begründung der Beschwerdeentscheidung völlig fehlt, sondern auch dann, wenn die der Entscheidung zugrundeliegenden Erwägungen so **unverständlich** und verworren sind, daß sie nicht durchschaut werden können und aus ihnen nicht zu erkennen ist, welche tatsächlichen Feststellungen und rechtlichen Überlegungen der Entscheidung zugrundeliegen (zB BGH Mitt. 1996, 118 – *Flammenüberwachung;* BGH GRUR 1994, 215, 216 – *Boy;* BGH GRUR 1989, 425 – *Superplanar;* vgl. grdl. BGH GRUR 1963, 645, 646 ff. – *Warmpressen*). Letzteres ist auch dann der Fall, wenn die Gründe sachlich völlig inhaltslos sind und sich auf **leere Redensarten** oder die Wiedergabe des Gesetzestextes beschränken 25

§ 83 Zugelassene und zulassungsfreie Rechtsbeschwerde

(BGH GRUR 1991, 442, 443 – *Pharmazeutisches Präparat;* BGH GRUR 1980, 984, 985 – *Tomograph;* BGH GRUR 1963, 645, 646 – *Warmpressen* unter Berufung auf die Rspr. zu § 551 Nr. 7 ZPO). Demgegenüber ist die Rechtsbeschwerde unzulässig, wenn die Richtigkeit der Begründung in tatsächlicher oder rechtlicher Hinsicht beanstandet wird, denn § 83 Abs. 3 Nr. 6 sichert nur den Zwang zur Begründung überhaupt, **nicht aber deren Richtigkeit**, da hiermit letztlich eine Überprüfung der Entscheidung in jeder Hinsicht verbunden wäre (BGH WRP 1997, 761, 762 – *Makol;* BGH GRUR 1994, 215, 216 – *Boy;* BGH GRUR 1989, 425 – *Superplanar;* vgl. BGH GRUR 1991, 442, 443 – *Pharmazeutisches Präparat;* BGH GRUR 1987, 286 – *Emissionssteuerung).* Widersprüche und Unklarheiten, die sich lediglich auf einzelne Erwägungen beziehen, schaden solange nicht, als sie der Gesamtbegründung die Durchschaubarkeit und Klarheit im Hinblick auf die tragenden Gesichtspunkte nicht nehmen (BGH GRUR 1980, 846, 847 – *Lunkerverhütungsmittel;* BGH GRUR 1978, 423, 424 – *Mähmaschine).* Mängel in der Begründung zusätzlicher Ausführungen sind als Rügegrund untauglich, wenn mit anderen Erwägungen der Begründungspflicht bereits genügt ist und die zusätzlichen Ausführungen daher auch ganz fehlen dürften (BGH GRUR 1994, 215, 216 – *Boy;* BGH GRUR 1989, 425 – *Superplanar* mwN). Auch grobe Fehler der Begründungserwägungen sind insoweit nicht rügefähig (BGH GRUR 1979, 220, 221 – *β-Wollastonit).* Eine besonders ausführliche Begründung ist auch dann nicht erforderlich, wenn von früherer Rechtsprechung abgewichen wird (BGH Mitt. 1986, 195 – *Mantelkernblechschnitte).* Die Bezugnahme auf Entscheidungen zwischen den Parteien (BGH GRUR 1971, 86, 87 – *EURODIGNA),* eine den Beteiligten bekannte Zwischenentscheidung (GRUR 1963, 645, 648/649 – *Warmpressen)* oder eine veröffentlichte Entscheidung (BGH GRUR 1968, 615, 616 – *Ersatzzustellung)* kann ausreichen, nicht jedoch eine Bezugnahme auf eine nicht veröffentlichte Entscheidung aus einem anderen Verfahren, an dem nicht alle Beteiligten ebenfalls beteiligt waren (BGH GRUR 1991, 403 – *Parallelurteil,* zu § 551 Nr. 7 ZPO). Zum **Zeitpunkt** des Vorliegens der Begründung s. § 79 Rdn. 3. Ungenügende Begründung der Nichtzulassung der Rechtsbeschwerde ist nicht rügefähig (oben Rdn. 11). Nichtberücksichtigung eines nach Schluß der mündlichen Verhandlung eingereichten, nicht nachgelassenen Schriftsatzes ist auch bei fehlender Rechtfertigung der unterbliebenen Wiedereröffnung der mündlichen Verhandlung kein Begründungsmangel (BGH 1979, 219 – *Schaltungschassis).*

Besonders problematisch ist die Beurteilung von Begründungs- 26
rügen, wenn geltend gemacht wird, die Begründung übergehe einen entscheidungserheblichen Teil des Vorbringens eines Beteiligten. Die Rspr. insbesondere zu Patentsachen stellt in Anlehnung an die Rspr. zu § 551 Nr. 7 ZPO darauf ab, ob ein **„selbständiges Angriffs- und Verteidigungsmittel"** (§ 146 ZPO) in den Gründen **nicht verbeschieden** worden ist (BGH WRP 1997, 761, 762 – *Makol;* vgl. BGH Mitt. 1996, 118, 119 – *Flammenüberwachung;* BGH GRUR 1993, 655, 656 – *Rohrausformer;* BGH GRUR 1992, 152, 161 – *Crackkatalysator II;* BGH GRUR 1990, 33, 34 – *Schüsselmühle;* auch insoweit grdl. BGH GRUR 1963, 645, 647 – *Warmpressen*). Dazu muß es sich um ein Vorbringen handeln, das für sich allein rechtsbegründend, rechtsvernichtend, rechtshindernd oder rechtserhaltend wäre (zB BGH Mitt. 1996, 118, 119 – *Flammenüberwachung;* BGH GRUR 1992, 159, 161 – *Crackkatalysator II*). Beispiele: Verfristung des Widerspruchs, Fehlen der Widerspruchsberechtigung, Nichtbenutzungseinrede nach § 43 Abs. 1, Löschungshindernisse gem § 54 Abs. 3. Ein Beweisantritt ist für sich allein kein selbständiges Angriffs- und Verteidigungsmittel (zB BGH Mitt. 1996, 118, 120 – *Flammenüberwachung*). Das selbständige Angriffs- und Verteidigungsmittel muß **völlig übergangen** worden sein, nicht nur ein Argument dazu nicht erörtert worden sein (BGH Mitt. 1996, 118, 119 – *Flammenüberwachung*). Unschädlich ist das Übergehen einzelner Angriffs- und Verteidigungsmittel, wenn sie nicht entscheidungserheblich sind, also nicht zu einer anderen Entscheidung führen können (zB BGH Mitt. 1996, 118, 119 – *Flammenüberwachung;* BGH GRUR 1981, 507, 508/509 – *Elektrode;* BGH GRUR 1977, 666, 667 zu § 551 Nr. 7 ZPO; BGH GRUR 1963, 645, 647 – *Warmpressen*). Das selbständige Angriffs- oder Verteidigungsmittel muß von einem Beteiligten **vorgetragen** worden sein oder aus dem vorgebrachten Sachzusammenhang als im Einzelfall **von Amts wegen** zu prüfend ins Auge springen (BGH WRP 1997, 761, 762 – *Makol*). Eine fehlende Begründung zu einem entscheidungserheblichen selbständigen Angriffs- und Verteidigungsmittel eröffnete die Rechtsbeschwerde auch dann, wenn der zugrundeliegende Beteiligtenvortrag vor Übergabe der Entscheidung an die Post beim BPatG eingegangen, aber nicht rechtzeitig zur Akte und zur Kenntnis des Senats gelangt ist (BGH GRUR 1982, 406 – *Treibladung;* BGH GRUR 1974, 210, 211 – *Aktenzeichen;* vgl. oben Rdn. 22 aE), während hierfür jetzt der Rügegrund des Gehörverstoßes einschlägiger ist (BGH GRUR 1997, 223, 224 – *Ceco*).

V. Anschlußrechtsbeschwerde

27 Anschlußrechtsbeschwerde durch den Rechtsbeschwerdegegner ist sowohl bei zugelassener Rechtsbeschwerde als auch bei zulassungsfreier Rechtsbeschwerde analog § 556 ZPO statthaft (BGH GRUR 1983, 725, 727 – *Ziegelsteinformling I*). Anschließung ist nur innerhalb eines Monats nach Zustellung der Rechtsbeschwerdebegründung möglich und muß innerhalb dieser Frist auch begründet werden (§ 556 Abs. 1 ZPO; BGH aaO). Ist die Rechtsbeschwerde nicht oder jedenfalls nicht zugunsten des Anschlußrechtsbeschwerdeführers zugelassen, so ist auch die Anschlußrechtsbeschwerde nur statthaft, wenn einer der Rügegründe des § 83 Abs. 3 behauptet wird. Der Beteiligte, der die Anschlußrechtsbeschwerde einlegt, muß durch die Beschwerdeentscheidung beschwert sein (BGH aaO), so daß die Anschlußrechtsbeschwerde insbesondere bei Teilunterliegen hinsichtlich einzelner Waren/Dienstleistungen in Widerspruchs- und ferner auch im Löschungsantragsverfahren in Betracht kommt. Im übrigen kann auf die Erläuterungen zur Anschlußbeschwerde bei § 66 Rdn. 44 ff. Bezug genommen werden.

§ 84 Beschwerdeberechtigung; Beschwerdegründe

(1) **Die Rechtsbeschwerde steht den am Beschwerdeverfahren Beteiligten zu.**

(2) **Die Rechtsbeschwerde kann nur darauf gestützt werden, daß der Beschluß auf einer Verletzung des Gesetzes beruht. Die §§ 550 und 551 Nr. 1 bis 3 und 5 bis 7 der Zivilprozeßordnung gelten entsprechend.**

I. Überblick

1 § 84 regelt Beschwerdeberechtigung und Beschwerdegründe wortgleich mit § 101 PatG.

II. Beschwerdeberechtigung

2 § 84 Abs. 1 verleiht die Beschwerdeberechtigung zunächst allen **Beteiligten** des Beschwerdeverfahrens. Als weitere ungeschriebene

Voraussetzung ist aber anerkannt, daß der Beteiligte durch die anzufechtende Beschwerdeentscheidung auch beschwert (vgl. § 66 Rdn. 21) sein muß (BGH GRUR 1978, 591 – *Kabe;* BGH GRUR 1967, 94, 95/96 – *Stute*), wobei die Beschwer nicht von der Rechtsfrage abhängen muß, wegen der die Rechtsbeschwerde zugelassen wurde (BGH GRUR 1984, 797/798 – *Zinkenkreisel*). Ist die Beschwerde gegen die Zurückweisung einer Markenanmeldung wegen Schutzunfähigkeit nach § 8 Abs. 2 Nr. 1–3 nur insoweit erfolgreich, als das BPatG das Schutzhindernis bejaht, jedoch zur Prüfung der Verkehrsdurchsetzung nach § 8 Abs. 3 an das DPA zurückverweist, so ist der Markenanmelder beschwert (BGH GRUR 1978, 591 – *Kabe*). Die Rechtsbeschwerde des Präsidenten des DPA, der am Beschwerdeverfahren gem. § 68 Abs. 2 beteiligt war, ist unabhängig von einer Beschwer und einer Antragsstellung im Beschwerdeverfahren zulässig, da es genügt, wenn er die Interessen wahrnimmt, die seine Beteiligung am Verfahren veranlaßt haben (BGH GRUR 1989, 103, 104 – *Verschlußvorrichtung für Gießpfannen;* BGH GRUR 1986, 877 – *Kraftfahrzeuggetriebe; Benkard/Rogge* § 101 PatG Rdn. 2; aA *Goebel* GRUR 1985, 647).

III. Rechtsbeschwerdegründe

Ähnlich wie eine Revision kann die Rechtsbeschwerde nach 3 § 84 Abs. 2 nur darauf gestützt werden, daß eine Rechtsnorm (§ 12 EGZPO) verletzt ist, dh materielles Recht oder Verfahrensrecht – letzteres nur soweit ordnungsgemäß gerügt (s. § 85 Rdn. 3) – nicht oder nicht richtig angewendet worden ist (§ 550 ZPO). Die Rechtsbeschwerde eröffnet also keine weitere Tatsacheninstanz (§ 89 Abs. 2). Der Beschluß „beruht" auf der Gesetzesverletzung materiellrechtlich, wenn die richtige Anwendung zu einem anderen Ergebnis führt, verfahrensrechtlich wenn die Möglichkeit eines anderen Ergebnisses nicht ausgeschlossen werden kann (*Thomas/Putzo* § 549 ZPO Rdn. 12; vgl. BGH WRP 1997, 758, 759 – *Turbo II:* Übergehung nicht erheblichen Sachvortrags). Zu dem von der Art der Rechtsbeschwerde – zugelassene oder zulassungsfreie – abhängenden Prüfungsumfang im übrigen s. § 89 Rdn. 4.

§ 84 Abs. 2 S. 2 bestimmt durch Verweisung auf die absoluten 4 Revisionsgründe der ZPO sechs absolute, d. h. **unabhängig von ihrer Ursächlichkeit** für die Entscheidung des BPatG zur Begründetheit der Rechtsbeschwerde und Aufhebung der angefochtenen Entscheidung führende Rechtsbeschwerdegründe. Es handelt sich um besonders schwerwiegende Verfahrensverstöße, die sich zum Teil mit den Statthaftigkeitsgründen der nicht zugelassenen Rechtsbeschwerde nach § 83 Abs. 3 decken. § 551 Nr. 1 ZPO entspricht der Besetzungsrüge nach § 83 Abs. 3 Nr. 1, § 581 Nr. 2 und 3 entsprechen der Rüge nach § 83 Abs. 3 Nr. 2 mit Ausnahme der Bindung an die Entscheidung über ein erfolgloses Ablehnungsgesuch (vgl. § 72 Rdn. 7) und § 551 Nr. 5 ZPO entspricht der Vertretungsrüge gem. § 83 Abs. 3 Nr. 4. § 551 Nr. 6 entspricht der Rüge nach § 83 Abs. 3 Nr. 5. § 551 Nr. 7 ZPO deckt sich mit der Begründungsrüge nach § 83 Abs. 3 Nr. 6. Keine Entsprechung haben der absolute Revisionsgrund der funktionellen oder internationalen Unzuständigkeit nach § 551 Nr. 4 ZPO einerseits und die Rüge des Gehörsverstoßes nach § 83 Abs. 3 Nr. 3 andererseits. Während es für die Statthaftigkeit im Rahmen des § 83 Abs. 3 nur darauf ankommt, ob der Verfahrensfehler behauptet wird, ist ein absoluter Revisionsgrund nur dann gegeben, wenn der Verfahrensfehler tatsächlich festgestellt werden kann (§ 83 Rdn. 17). Zu den formellen Begründungsanforderungen s. § 102 Abs. 3 und 4.

§ 85 Förmliche Voraussetzungen

(1) **Die Rechtsbeschwerde ist innerhalb eines Monats nach Zustellung des Beschlusses beim Bundesgerichtshof schriftlich einzulegen.**

(2) **In dem Rechtsbeschwerdeverfahren vor dem Bundesgerichtshof richten sich die Gebühren und Auslagen nach den Vorschriften des Gerichtskostengesetzes. Für das Verfahren wird eine Gebühr erhoben, die nach den Sätzen berechnet wird, die für das Verfahren in der Revisionsinstanz in Zivilsachen gelten. Die Bestimmungen des § 142 über die Streitwertbegünstigung gelten entsprechend.**

(3) **Die Rechtsbeschwerde ist zu begründen. Die Frist für die Begründung beträgt einen Monat. Sie beginnt mit der Einlegung der Rechtsbeschwerde und kann auf Antrag vom Vorsitzenden verlängert werden.**

(4) **Die Begründung der Rechtsbeschwerde muß enthalten**
1. **die Erklärung, inwieweit der Beschluß angefochten und seine Abänderung oder Aufhebung beantragt wird,**
2. **die Bezeichnung der verletzten Rechtsnorm und**
3. **wenn die Rechtsbeschwerde auf die Verletzung von Verfahrensvorschriften gestützt wird, die Bezeichnung der Tatsachen, die den Mangel ergeben.**

Förmliche Voraussetzungen **§ 85**

(5) **Vor dem Bundesgerichtshof** müssen sich die Beteiligten durch einen beim Bundesgerichtshof zugelassenen Rechtsanwalt als Bevollmächtigten vertreten lassen. Auf Antrag eines Beteiligten ist seinem Patentanwalt das Wort zu gestatten. § 157 Abs. 1 und 2 der Zivilprozeßordnung ist insoweit nicht anzuwenden. Von den Kosten, die durch die Mitwirkung eines Patentanwalts entstehen, sind die Gebühren bis zur Höhe einer vollen Gebühr nach § 11 der Bundesgebührenordnung für Rechtsanwälte und außerdem die notwendigen Auslagen des Patentanwalts zu erstatten.

I. Überblick

§ 85 regelt die Förmlichkeiten der Rechtsbeschwerde, den Anwaltszwang im Rechtsbeschwerdeverfahren vor dem BGH und Kostenfragen des Rechtsbeschwerdeverfahrens übereinstimmend mit § 102 PatG, mit dem die Vorschrift bis auf angepaßte Verweisungen und eigentlich überflüssige sprachliche Verbesserungen sowie die Aufteilung des § 102 Abs. 3 S. 2 PatG in zwei selbständige Sätze übereinstimmt. Nach § 86 S. 1 erfolgt die Überprüfung der Zulässigkeitsvoraussetzungen des § 85 Abs. 1, 3, 4 und 5 S. 1 von Amts wegen und ist die Rechtsbeschwerde bei Zulässigkeitsmängeln zu verwerfen (§ 86 S. 2).

1

II. Frist, Form, Einlegung (Abs. 1)

Die Rechtsbeschwerdefrist beläuft sich auf **einen Monat** ab Zustellung der anzufechtenden Beschwerdeentscheidung. Zum Beginn der Rechtsmittelfrist je nach Verkündung/Zustellung s. § 79 Rdn. 4f. Zur Fristberechnung vgl. § 66 Rdn. 30. Wiedereinsetzung ist gem. §§ 233 ff. ZPO iVm § 88 Abs. 1 zulässig. Die Rechtsbeschwerdefrist beginnt auch dann mit der Zustellung der Beschwerdeentscheidung zu laufen, wenn im Beschlußrubrum der Verfahrensbevollmächtigte des Beteiligten nicht genannt ist und deswegen später eine erneute Zustellung zusammen mit einem Berichtigungsbeschluß erfolgt (BGH GRUR 1995, 50 – *Success*: auch keine Wiedereinsetzung). Die Rechtsbeschwerde ist **beim BGH** einzulegen und muß gemäß § 85 Abs. 5 S. 1 von einem **BGH-Anwalt** (BGH GRUR 1985, 1052 – *LECO*) unterschrieben sein. Zur Schriftform im übrigen § 66 Rdn. 27. Die Zulässigkeit hängt nicht von einer Gebührenzahlung ab (unten Rdn. 7).

2

1175

III. Begründung (Abs. 3, 4)

3 Weitere Zulässigkeitsvoraussetzung für die Rechtsbeschwerde ist die schriftliche Begründung innerhalb der verlängerbaren Frist des Abs. 3 S. 2, 3 durch einen BGH-Anwalt. Nach Ablauf der Begründungsfrist können nicht von Amts wegen zu prüfende Verfahrensmängel weder für die Zulässigkeit (§ 83 Abs. 3) noch für die Begründetheit der Rechtsbeschwerde (§ 84 Abs. 2) nachgeschoben werden (§ 559 Abs. 2 ZPO; *Benkard/Rogge* § 102 PatG Rdn. 3). Wiedereinsetzung ist auch hinsichtlich der Begründungsfrist möglich (§§ 233 ff. ZPO iVm § 88 Abs. 1).

4 In § 85 Abs. 4 Nr. 1 wurde ein schon in § 102 Abs. 4 Nr. 1 PatG enthaltener Redaktionsfehler übernommen, da dort von einer Abänderung des angefochtenen Beschlusses die Rede ist, obwohl § 89 Abs. 4 eine Abänderung durch den BGH in der Sache ausschließt (*Benkard/Rogge* § 102 PatG Rdn. 2).

IV. Anwaltszwang (Abs. 5 S. 1)

5 Der in § 85 Abs. 5 verankerte Anwaltszwang schreibt die Vertretung durch einen **beim BGH zugelassenen Rechtsanwalt** vor und gilt für alle Verfahrenshandlungen im Rechtsbeschwerdeverfahren einschließlich Einlegung (oben Rdn. 2) und Rücknahme der Rechtsbeschwerde, nicht aber für die **Rücknahme des zugrundeliegenden, beim DPA gestellten Antrags** (Markenanmeldung, Widerspruch, Löschungsantrag, Akteneinsichtsantrag etc.) während der Anhängigkeit einer fristgerecht erhobenen und statthaften Rechtsbeschwerde (BGH GRUR 1985, 1052, 1053 – *LECO;* BGH GRUR 1977, 465 – *Lomapect; Sikinger* Mitt. 1985, 61). Nach einer solchen Rücknahme kann der Antrag auf Aufhebung der Beschwerdeentscheidung wegen Wegfalls einer Verfahrensvoraussetzung oder Wirkungslosigkeit gem. § 269 Abs. 3 S. 3 ZPO (*Fezer* § 85 Rdn. 14) nur durch einen DPA-Anwalt gestellt werden (BGH GRUR 1985, 1052, 1053 – *LECO*). Der Anwaltszwang gilt auch für den BGH-Präsidenten als Verfahrensbeteiligten iSv § 68 Abs. 2, nicht jedoch für die Ausübung des Äußerungsrechts nach §§ 87 Abs. 2 iVm 68 Abs. 1 (§ 87 Rdn. 3).

6 **Patentanwälte** sind zwar nicht vertretungs-, jedoch mitwirkungsberechtigt, wie die ausdrückliche Zubilligung eines nicht entziehbaren Rechts auf Worterteilung in der mündlichen Verhandlung gem. § 85 Abs. 5 S. 2 und 3 und ferner die Kostenerstattungsregelung des § 85 Abs. 5 S. 4 bestätigen.

V. Kosten (Abs. 2, Abs. 5 S. 4)

Hinsichtlich der Gerichtskosten des Rechtsbeschwerdeverfahrens 7
verweist § 85 Abs. 2 S. 1, 2 auf das GKG, so daß die Gerichtskosten anders als in der Beschwerdeinstanz streitwertabhängig sind. Es wird eine 2,0-Gebühr gem. Tabelle erhoben (Nr. 1230 Kostenverz. zum GKG). Für die Rechtsanwaltsgebühren gilt § 66 BRAGO. Für die Erstattungsfähigkeit der Patentanwaltsgebühren gilt nach § 85 Abs. 5 S. 4 und 140 Abs. 5 entsprechende Begrenzung unabhängig von Erforderlichkeit und Umfang der Mitwirkung (näher zu § 140). Zur Höhe der Anwaltsgebühren und zur Kostenverteilung s. die Erläuterungen zu § 90. Zur Streitwertbemessung vgl. § 71 Rdn. 25–27 zum Beschwerdeverfahren und zur Streitwertbegünstigung gem. § 85 Abs. 2 S. 3 vgl. § 142.

§ 86 Prüfung der Zulässigkeit

Der Bundesgerichtshof hat von Amts wegen zu prüfen, ob die Rechtsbeschwerde an sich statthaft und ob sie in der gesetzlichen Form und Frist eingelegt und begründet ist. Liegen die Voraussetzungen nicht vor, so ist die Rechtsbeschwerde als unzulässig zu verwerfen.

§ 86 S. 1 schreibt die Überprüfung der Zulässigkeitsvoraussetzungen der Rechtsbeschwerde (s. Erläuterungen zu §§ 83–85) von Amts wegen vor. Bei Zulässigkeitsmängeln ist die Rechtsbeschwerde gem § 86 S. 2 durch Beschluß gem. § 89 Abs. 1 und 3 zu verwerfen. Zur Hinweispflicht des BGH bei Zulässigkeitsmängeln vgl. *Benkard/Rogge* § 104 PatG Rdn. 2. § 86 entspricht bis auf eine sprachliche Korrektur im zweiten Satz § 104 PatG.

§ 87 Mehrere Beteiligte

(1) Sind an dem Verfahren über die Rechtsbeschwerde mehrere Personen beteiligt, so sind die Beschwerdeschrift und die Beschwerdebegründung den anderen Beteiligten mit der Aufforderung zuzustellen, etwaige Erklärungen innerhalb einer bestimmten Frist nach Zustellung beim Bundesgerichtshof schriftlich einzurei-

§ 87 — Mehrere Beteiligte

chen. Mit der Zustellung der Beschwerdeschrift ist der Zeitpunkt mitzuteilen, in dem die Rechtsbeschwerde eingelegt ist. Die erforderliche Zahl von beglaubigten Abschriften soll der Beschwerdeführer mit der Beschwerdeschrift oder der Beschwerdebegründung einreichen.

(2) **Ist der Präsident des Patentamts nicht am Verfahren über die Rechtsbeschwerde beteiligt, so ist § 68 Abs. 1 entsprechend anzuwenden.**

I. Allgemeines

1   § 87 enthält in Abs. 1 einige Regelungen für die Verfahrensabwicklung bei Beteiligung mehrer am Verfahren vor dem BGH, während Abs. 2 anknüpfend an § 68 dem DPA-Präsidenten ein Äußerungsrecht in der Rechtsbeschwerdeinstanz verleiht. § 87 entspricht damit bis auf die angepaßte Verweisung wortgleich dem Vorbild des § 105 PatG.

II. Zustellung der Rechtsbeschwerdeschrift, Erklärungsfrist (Abs. 1)

2   § 85 Abs. 1 betrifft Rechtsbeschwerdeverfahren, an denen neben dem Rechtsbeschwerdeführer weitere Personen beteiligt sind (vgl. § 71 Rdn. 5), sei es auf der Gegenseite (zB im Widerspruchsverfahren), sei es auf der Seite des Rechtsbeschwerdeführers selbst (zB Nebenintervenient gem. § 55 Abs. 4 S. 2). Hierzu regelt die Vorschrift die Zustellung der vom Rechtsbeschwerdeführer einzureichenden Rechtsbeschwerdeschrift und -begründung an die anderen Beteiligten (vgl. § 66 Abs. 4 S. 2 zur Beschwerde) und die rechtliches Gehör gewährende Fristsetzung zur Stellungnahme, also insbesondere zur Erwiderung (nur durch BGH-Anwalt, § 85 Abs. 5).

III. Mitwirkung des DPA-Präsidenten (Abs. 2)

3   § 87 Abs. 2 erstreckt die im öffentlichen Interesse gegebene Mitwirkungsmöglichkeit des Präsidenten des DPA auf Rechtsbeschwerdeverfahren, in denen er nicht aufgrund Beitritts im Beschwerdeverfahren (§ 68 Abs. 2) ohnehin formell Beteiligter auch

in der Rechtsbeschwerdeinstanz ist. Das Äußerungsrecht kann ohne Vertretung durch einen BGH-Anwalt ausgeübt werden, da keine Beteiligtenstellung iSv § 85 Abs. 5 vorliegt (vgl. *Benkard/Rogge* § 105, Rdn. 4; *Goebel* GRUR 1985, 647).

Wie das PatG sieht auch das MarkenG einen Beitritt des DPA- 4 Präsidenten erst im Rechtsbeschwerdeverfahren nicht vor. Er wird für zulässig gehalten, wenn ihm das BPatG den Beitritt in der Beschwerdeinstanz anheimgestellt hatte, davon jedoch zunächst kein Gebrauch gemacht wurde (*Benkard/Rogge* § 105 PatG Rdn. 1; *Goebel* GRUR 1985, 646/647). Beitritt erst nach Erlaß der Beschwerdeentscheidung zum Zwecke der Einlegung der Rechtsbeschwerde ist schon mangels Beschwer unzulässig (*Goebel* GRUR 1985, 647). Einladung zum Beitritt durch den BGH ist mangels gesetzlicher Grundlage ausgeschlossen, da § 87 Abs. 2 gerade nicht auch auf § 68 Abs. 2 verweist. Für die mit § 68 Abs. 2 verfolgten Zwecke ist die Äußerungsmöglichkeit gegenüber dem BGH im revisionsähnlichen Rechtsbeschwerdeverfahren ohnehin ausreichend, da das Gewicht der rechtlichen Argumente nicht von der Beteiligtenstellung abhängt und diese anders als im Beschwerdeverfahren nicht für die Einlegung eines Rechtsmittels benötigt wird.

§ 88 Anwendung weiterer Vorschriften

(1) **Im Verfahren über die Rechtsbeschwerde gelten die Vorschriften der Zivilprozeßordnung über die Ausschließung und Ablehnung der Gerichtspersonen, über Prozeßbevollmächtigte und Beistände, über Zustellungen von Amts wegen, über Ladungen, Termine und Fristen und über Wiedereinsetzung in den vorigen Stand entsprechend. Im Falle der Wiedereinsetzung in den vorigen Stand gilt § 91 Abs. 8 entsprechend.**

(2) **Für die Öffentlichkeit des Verfahrens gilt § 67 Abs. 2 und 3 entsprechend.**

In § 88 enthält das MarkenG eine bis auf die angepaßten Paragraphenbezeichnungen mit § 106 PatG wortgleiche Vorschrift mit einer Reihe von Verweisungen verfahrensrechtlicher Bedeutung.

I. Verweisung auf die ZPO (Abs. 1)

Das Verfahren über die Rechtsbeschwerde ist im MarkenG nicht 1 abschließend geregelt. § 88 Abs. 1 S. 1 erklärt eine Reihe von allgemeinen Regelungen der ZPO für entsprechend anwendbar, die damit Vorrang gegenüber einschlägigen allgemeinen Bestimmungen des MarkenG genießen (zB ggü. §§ 91, 94) und eine analoge Anwendung entsprechender markengesetzlicher Regelungen des Beschwerdeverfahrens ausschließen (zB §§ 72, 75, 81). Der in § 88 Abs. 1 S. 2 für anwendbar erklärte **§ 91 Abs. 8** schützt gutgläubige Dritte vor Verletzungsansprüchen wegen Benutzungshandlungen zwischen der Löschung einer Marke und ihrer Wiederherstellung aufgrund Wiedereinsetzung. Die Regelung ist notwendig, weil § 88 Abs. 1 S. 1 die in allen übrigen markenrechtlichen Verfahren geltenden besonderen Wiedereinsetzungsregeln des § 91 insgesamt durch § 233 ff. ZPO ersetzt, der diesen schutzrechtsspezifischen Vertrauensschutz nicht kennt. Die weiter ausdrücklich in Bezug genommenen Bestimmungen finden sich in der ZPO in §§ 41 ff. (Ausschließung, Ablehnung), §§ 78 ff. (Prozeßbevollmächtigte und Beistände), §§ 208 ff. (Zustellungen von Amts wegen), §§ 214 ff. (Ladungen, Termine, Fristen). Die Verweisung auf ganze Abschnitte der ZPO läßt es zu, daß einige für das Rechtsbeschwerdeverfahren nicht passende Regelungen daraus dennoch nicht anwendbar sind (vgl. *Benkard/Rogge* § 105 PatG Rdn. 1). Verfehlt ist andererseits die dadurch bewirkte Nichtanwendbarkeit der besonderen Ausschließungsregel des § 72 Abs. 2.

2   Daneben kommt eine analoge Anwendung auch anderer Bestimmungen der ZPO, insbesondere derjenigen über das Revisionsverfahren, sowie des GVG und die Berücksichtigung von Rechtsgedanken aus anderen Verfahrensordnungen in Betracht. Auch einzelne Regelungen des MarkenG für das Beschwerdeverfahren können vor dem BGH entsprechend anwendbar sein, soweit sie durch die vorrangige Verweisung des § 88 Abs. 1 S. 1 und die Natur des Rechtsbeschwerdeverfahrens nicht ausgeschlossen sind.

3   Zur Gerichtsorganisation des BGH: §§ 123 ff. GVG. Zuständig für Rechtsbeschwerden in Markensachen ist derzeit der I. Zivilsenat.

II. Öffentlichkeit (Abs. 2)

4   Hinsichtlich der Öffentlichkeit der mündlichen Verhandlung vor dem BGH und der Entscheidungsverkündung verweist § 88 Abs. 2 auf die einschlägigen Bestimmungen für das Beschwerdeverfahren (§ 67 Rdn. 3) und bezieht damit insbesondere die dortigen Sonderregelungen gegenüber den §§ 169 ff. GVG ein.

III. Akteneinsicht

Anders als in der Parallelvorschrift des § 82 Abs. 3 für das Verfahren vor dem BPatG fehlt im MarkenG ebenso wie im PatG eine Regelung über die Einsicht in die Gerichtsakten des BGH. Für die Einsicht der Beteiligten des Rechtsbeschwerdeverfahrens gilt § 299 Abs. 1 ZPO mit den bei § 82 Rdn. 5 ff. erläuterten Besonderheiten. Über die Akteneinsicht durch Dritte entscheidet der BGH entsprechend § 82 Abs. 3, solange das Verfahren bei ihm anhängig ist (BGH GRUR 1983, 365 unter Aufgabe von BGH GRUR 1971, 345), danach das BPatG, soweit die Akten dorthin abgegeben wurden (vgl. BPatGE 22, 66, 67 zum Nichtigkeitsverfahren). 5

§ 89 Entscheidung über die Rechtsbeschwerde

(1) Die Entscheidung über die Rechtsbeschwerde ergeht durch Beschluß. Die Entscheidung kann ohne mündliche Verhandlung getroffen werden.

(2) Der Bundesgerichtshof ist bei seiner Entscheidung an die in dem angefochtenen Beschluß getroffenen tatsächlichen Feststellungen gebunden, außer wenn in bezug auf diese Feststellungen zulässige und begründete Rechtsbeschwerdegründe vorgebracht sind.

(3) Die Entscheidung ist zu begründen und den Beteiligten von Amts wegen zuzustellen.

(4) Im Falle der Aufhebung des angefochtenen Beschlusses ist die Sache zur anderweitigen Verhandlung und Entscheidung an das Patentgericht zurückzuverweisen. Das Patentgericht hat die rechtliche Beurteilung, die der Aufhebung zugrunde gelegt ist, auch seiner Entscheidung zugrunde zu legen.

I. Überblick

§ 89 faßt verschiedene formelle und materielle Regelungen für die Rechtsbeschwerdeentscheidung zusammen, deren Gegenstücke für das patentgerichtliche Beschwerdeverfahren in §§ 69, 70, 79 zu finden sind. § 89 Abs. 1 bis 3 sind bis auf die rein sprachliche Aufteilung des ersten Absatzes in zwei Sätze wortgleich mit § 107 PatG. § 89 Abs. 4 ist wortgleich mit § 108 PatG. 1

II. Fakultative mündliche Verhandlung (Abs. 1 S. 2)

2   Der BGH kann über die Rechtsbeschwerde ohne mündliche Verhandlung entscheiden (§ 89 Abs. 1 S. 1). Anders als im patentgerichtlichen Beschwerdeverfahren (§ 69 Nr. 1) haben die Beteiligten keinen Anspruch auf mündliche Verhandlung. Die Anberaumung einer mündlichen Verhandlung steht vielmehr im pflichtgemäßen Ermessen des BGH. Vertretung in der mündlichen Verhandlung nur durch BGH-Anwalt (§ 85 Abs. 5 S. 1), Äußerungsrecht des Patentanwalts eines Beteiligten (§ 85 Abs. 5 S. 2). Der DPA-Präsident benötigt für die Terminsteilnahme aufgrund des Äußerungsrechts nach §§ 87 Abs. 2, 68 Abs. 1 keinen BGH-Anwalt, anders bei formeller Beteiligung gem. § 68 Abs. 2 (*Goebel* GRUR 1985, 647).

III. Umfang der Prüfung (Abs. 2)

3   § 85 Abs. 2 normiert die revisionsähnliche Bindung des BGH an die Tatsachenfeststellungen des BPatG, soweit diese nicht mit einer zulässigen und begründeten Verfahrensrüge angegriffen sind.

4   Während die **zugelassene** Rechtsbeschwerde unabhängig vom Zulassungsgrund und der vom Rechtsbeschwerdeführer als verletzt bezeichneten Rechtsnormen die Überprüfung auf alle materiellrechtlichen Fehler und alle von Amts wegen zu prüfenden oder ordnungsgemäß gerügten Verfahrensmängel eröffnet (vgl. 559 Abs. 2 ZPO; BGH GRUR 1997, 527, 528 – *Autofelge;* BGH GRUR 1995, 732, 733 – *Füllkörper;* BGH GRUR 1991, 307, 308 – *Bodenwalze;* BGH GRUR 1991, 37, 38 – *Spektralapparat;* BGH GRUR 1984, 797 – *Zinkenkreisel*), ist die Prüfung bei der **zulassungsfreien** Rechtsbeschwerde auf ordnungsgemäße Rüge und Vorliegen eines der Verfahrensmängel des § 83 Abs. 3 beschränkt, da andernfalls die bloße Behauptung des Verfahrensmangels die volle Überprüfung eröffnen würde und das Zulassungserfordernis jederzeit unterlaufen werden könnte (BGH GRUR 1997, 223, 224 – *Ceco;* zum PatG: BGH GRUR 1994, 215, 217 – *Boy;* BGH GRUR 1984, 797, 798 – *Zinkenkreisel;* BGH GRUR 1973, 154, 155 – *Akteneinsicht XII;* BGH GRUR 1964, 697, 698 f – *Fotoleiter;* BGH GRUR 1964, 276, 277 – *Zinnlot*). Zu den Rechtsnormen, deren Verletzung (vgl. § 550 ZPO) der BGH zu überprüfen hat

(vgl. §§ 549, 562 ZPO, 12 EGZPO), gehört auch bundesweit geltendes **Gewohnheitsrecht**, das jedoch nicht schon durch eine ständige Amtspraxis des DPA (BGH GRUR 1966, 50, 53 – *Hinterachse;* BGH GRUR 1967, 586, 588 f. – *Rohrhalterung*) entsteht. Eine auf sachlichen Gründen beruhende Abweichung von einer früheren Amtspraxis des DPA stellt auch keinen Verstoß gegen den Gleichheitssatz oder das Rechtsstaatprinzip dar (vgl. BGH GRUR 1964, 454, 45 – *Palmolive;* BGH GRUR 1964, 26, 28 – *Milburan;* BGH GRUR 1963, 524/525 – *Digesta*). In der Rechtsbeschwerdeinstanz ist **neues tatsächliches Vorbringen unzulässig** (vgl. BGH GRUR 1993, 655, 656 – *Rohrausformer;* BGH GRUR 1972, 642, 644 – *Lactame;* BGH GRUR 1968, 86, 90 – *Ladegerät;* BGH GRUR 1966, 499, 500 – *Merck*). Hinsichtlich der Begrenzung des Prüfungsumfanges durch die gestellten **Anträge** (vgl. § 559 Abs. 1 ZPO) und zum **Verbot der reformatio in peius** gelten die bei § 70 Rdn. 6 dargestellten Grundsätze auch in der Rechtsbeschwerdeinstanz.

IV. Beschluß, Entscheidungsinhalt, Zurückverweisung (Abs. 1 S. 1, Abs. 4)

Ist die Beschwerde unzulässig, gilt § 86. Ist die Beschwerde unbegründet, wird sie zurückgewiesen, und zwar auch dann, wenn sich die Entscheidung aus anderen als vom BPatG angegebenen Gründen als richtig darstellt (vgl. § 563 ZPO).

Ist die Beschwerde begründet, so zwingt § 88 Abs. 4 S. 1 den BGH zur **Zurückverweisung** an das nach Abs. 4 S. 2 an die rechtliche Beurteilung durch den BGH gebundene BPatG, schließt also eine eigene Sachentscheidung des BGH aus, soweit nicht ausnahmsweise die bloße Aufhebung der Beschwerdeentscheidung ausreichend ist (Beispiel: BGH GRUR 1990, 109, 110 – *Weihnachtsbrief*: Entscheidung über die Möglichkeit eines gar nicht in die Beschwerdeinstanz gelangten Antrags). Ohne weitere Sachprüfung aufzuheben und zurückzuverweisen ist, wenn die Markeneintragung durch eine nach der Beschwerdeentscheidung erfolgte Teillöschung ein geändertes Waren/Dienstleistungsverzeichnis erhalten hat, es sei denn, dieses wird ebenfalls von den Erwägungen der Beschwerdeentscheidung erfaßt und die Beteiligten hatten bereits Gelegenheit, auch zur Frage der Löschung (bzw. Zurückweisung) im beschränkt verteidigten Umfang die maßgeblichen Gesichtspunkte vorzutragen (BGH WRP 1997, 758, 759 – *Turbo II*). Zu-

§ 90 Kostenentscheidung

rückverweisung an einen anderen Senat des BPatG analog § 565 Abs. 1 S. 2 ZPO bei erfolgreicher Besetzungsrüge oder Häufung von schweren Fehlern (BGH GRUR 1990, 346, 448 – *Aufzeichnungsmaterial*). Keine rechtliche Bindung des BPatG an die Aufhebung nicht tragende rechtliche Hinweise des BGH (Beispiel: BGH GRUR 1995, 408, 410 – *PROTECH*).

V. Begründung, Zustellung (Abs. 3)

7 Der über die Rechtsbeschwerde entscheidende Beschluß des BGH ist nach § 88 Abs. 3 zu begründen und den Beteiligten nach den Vorschriften der §§ 208 ff. ZPO iVm § 88 Abs. 1 S. 1, also nicht nach § 94, zuzustellen.

§ 90 Kostenentscheidung

(1) **Sind an dem Verfahren mehrere Personen beteiligt, so kann der Bundesgerichtshof bestimmen, daß die Kosten des Verfahrens einschließlich der den Beteiligten erwachsenen Kosten, soweit sie zur zweckentsprechenden Wahrung der Ansprüche und Rechte notwendig waren, einem Beteiligten ganz oder teilweise zur Last fallen, wenn dies der Billigkeit entspricht. Die Bestimmung kann auch getroffen werden, wenn der Beteiligte die Rechtsbeschwerde, die Anmeldung der Marke, den Widerspruch oder den Antrag auf Löschung ganz oder teilweise zurücknimmt oder wenn die Eintragung der Marke wegen Verzichts oder wegen Nichtverlängerung der Schutzdauer ganz oder teilweise im Register gelöscht wird. Soweit eine Bestimmung über die Kosten nicht getroffen wird, trägt jeder Beteiligte die ihm erwachsenen Kosten selbst.**

(2) **Wird die Rechtsbeschwerde zurückgewiesen oder als unzulässig verworfen, so sind die durch die Rechtsbeschwerde veranlaßten Kosten dem Beschwerdeführer aufzuerlegen. Hat ein Beteiligter durch grobes Verschulden Kosten veranlaßt, so sind ihm diese aufzuerlegen.**

(3) **Dem Präsidenten des Patentamts können Kosten nur auferlegt werden, wenn er die Rechtsbeschwerde eingelegt oder in dem Verfahren Anträge gestellt hat.**

(4) **Im übrigen gelten die Vorschriften der Zivilprozeßordnung über das Kostenfestsetzungsverfahren und die Zwangsvollstreckung aus Kostenfestsetzungsbeschlüssen entsprechend.**

Kostenentscheidung **§ 90**

I. Überblick

§ 90 enthält die Kostentragungsregeln für Rechtsbeschwerde- 1
verfahren mit mehreren Beteiligten (vgl. dazu § 71 Rdn. 5). Die
Vorschrift entspricht § 109 PatG mit klarstellender Ergänzung in
§ 90 Abs. 1 S. 1 („einschließlich der den Beteiligten erwachsenen
Kosten") und Einfügung der inhaltlich auch in Patentsachen geltenden § 90 Abs. 1 S. 2 und 3 parallel zu § 71 Abs. 4 bzw. § 90
Abs. 1 S. 2. Aus § 109 Abs. 1 S. 2 und 3 wurde in § 90 ein gesonderter Abs. 2 gebildet, so daß auch die folgenden Absatzbezifferun-
gen abweichen. § 90 ist ein weiterer Fall der zahllosen unglück-
lichen, den Vergleich zum PatG unnötig mühsam machenden Um-
gruppierungen des MarkenG (krit. auch *Engel* FS Piper 1996, 520).

II. Rechtsbeschwerdeverfahren mit einem Beteiligten

Im einseitigen Rechtsbeschwerdeverfahren bedarf es keiner Ko- 2
stenentscheidung, da der Rechtsbeschwerdeführer Gerichtskosten
und eigene außergerichtliche Kosten unabhängig vom Verfahrensausgang zu tragen hat (vgl. BGH in BPatGE 5, 249, 251). Lediglich Niederschlagung der Gerichtskosten gem § 8 GKG wegen
fehlerhafter Sachbehandlung in den Vorinstanzen ist möglich.

III. Rechtsbeschwerdeverfahren mit mehreren Beteiligten

1. Kostentragung

Für Rechtsbeschwerdeverfahren mit mehreren Beteiligten ord- 3
net § 90 Abs. 2 S. 1 abweichend vom Beschwerdeverfahren die generelle Kostentragungspflicht des erfolglosen Rechtsbeschwerdeführers an. Jedoch sind durch grobes Verschulden eines Beteiligten
veranlaßte Kosten nach § 90 Abs. 2 S. 2 diesem aufzuerlegen. § 90
Abs. 1 regelt die Kostenerstattung im übrigen nach Billigkeitsgrundsätzen wie § 71 Abs. 1 und 4 für die Beschwerde. Rücknahme der Rechtsbeschwerde rechtfertigt idR Kostenauferlegung auf
den Rechtsbeschwerdeführer (BGH GRUR 1967, 553). Dem Präsidenten des DPA dürfen nach § 90 Abs. 3 Kosten nur im Falle des
förmlichen Beitritts (§ 68 Abs. 2) und auch dann nur bei Einlegung
der Rechtsbeschwerde oder Stellung eigener Anträge in der
Rechtsbeschwerdeinstanz auferlegt werden. Nach BPatGE 31, 88

sind dem DPA-Präsident unabhängig vom Verfahrensausgang immer die Kosten des Rechtsbeschwerdeverfahrens gem. § 90 Abs. 1 S. 1, Abs. 3 aufzuerlegen, wenn er im Allgemeininteresse Rechtsbeschwerde eingelegt hat. Bei Aufhebung und Zurückverweisung kann der BGH selbst über die Kosten entscheiden, überläßt dies aber häufig dem BPatG, insbesondere wenn zur Berücksichtigung des Verfahrensausgangs insgesamt geboten. Auch der Kostenauferlegungsantrag kann nur durch einen BGH-Anwalt gestellt werden (BGH GRUR 1967, 166). Hinsichtlich aller weiteren Einzelheiten zu § 90 Abs. 1, 3 und 4 ist im übrigen auf § 71 zu verweisen.

2. Kostenhöhe

4   Zu den Gerichtskosten des Rechtsbeschwerdeverfahrens s. § 85 Rdn. 7. An Rechtsanwaltsgebühren fallen gem. §§ 66 Abs. 3, 31, 11 Abs. 1 S. 4 BRAGO eine 13/10-Gebühr für das Verfahren und ggf. eine weitere solche Gebühr bei mündlicher Verhandlung an. Die Patentanwaltsgebühren berechnen sich im Rahmen der durch § 85 Abs. 5 S. 4 beschränkten Erstattungsfähigkeit nach der BRAGO (dazu § 140 Rdn. 68 ff.). Zur Streitwertbemessung vgl. § 71 Rdn. 25 zum Beschwerdeverfahren.

5. Kostenfestsetzung

5   Kommt es zu einer Kostenentscheidung des BGH, so richten sich das Kostenfestsetzungsverfahren und die Zwangsvollstreckung aus Kostenfestsetzungsbeschlüssen gem. § 90 Abs. 4 nach den einschlägigen Bestimmungen der ZPO. Zuständig für die Kostenfestsetzung ist der Rechtspfleger beim BPatG (§§ 103 Abs. 2 S. 1 ZPO, zu dem diesbezüglichen Redaktionsversehen in § 23 Abs. 1 Nr. 12 RPflG vgl. *Fezer* § 90 Rdn. 15).

Abschnitt 7. Gemeinsame Vorschriften

§ 91 Wiedereinsetzung

(1) **Wer ohne Verschulden verhindert war, dem Patentamt oder dem Patentgericht gegenüber eine Frist einzuhalten, deren Versäumung nach gesetzlicher Vorschrift einen Rechtsnachteil zur Folge hat, ist auf Antrag wieder in den vorigen Stand einzusetzen. Dies gilt nicht für die Frist zur Erhebung des Widerspruchs und zur Zahlung der Widerspruchsgebühr.**

Wiedereinsetzung § 91

(2) Die Wiedereinsetzung muß innerhalb von zwei Monaten nach Wegfall des Hindernisses beantragt werden.

(3) Der Antrag muß die Angabe der die Wiedereinsetzung begründenden Tatsachen enthalten. Diese Tatsachen sind bei der Antragstellung oder im Verfahren über den Antrag glaubhaft zu machen.

(4) Die versäumte Handlung ist innerhalb der Antragsfrist nachzuholen. Ist dies geschehen, so kann Wiedereinsetzung auch ohne Antrag gewährt werden.

(5) Ein Jahr nach Ablauf der versäumten Frist kann die Wiedereinsetzung nicht mehr beantragt und die versäumte Handlung nicht mehr nachgeholt werden.

(6) Über den Antrag beschließt die Stelle, die über die nachgeholte Handlung zu beschließen hat.

(7) Die Wiedereinsetzung ist unanfechtbar.

(8) Wird dem Inhaber einer Marke Wiedereinsetzung gewährt, so kann er Dritten gegenüber, die in dem Zeitraum zwischen dem Eintritt des Rechtsverlusts an der Eintragung der Marke und der Wiedereinsetzung unter einem mit der Marke identischen oder ihr ähnlichen Zeichen gutgläubig Waren in den Verkehr gebracht oder Dienstleistungen erbracht haben, hinsichtlich dieser Handlungen keine Rechte geltend machen.

Inhaltsübersicht

	Rdn.
I. Überblick	1–3
II. Normzweck	4
III. Anwendungsbereich	5–10
IV. Verhinderung ohne Verschulden	11–23
1. Grundsätze, eigenes Verschulden	11–18
2. Vertreterverschulden	19–23
V. Formelle Voraussetzungen	24–33
1. Antragserfordernis, Gewährung von Amts wegen	24
2. Antragsbefugnis	25
3. Form	26
4. Inhalt (Abs. 3 S. 1)	27, 28
5. Fristen (Abs. 2, 5)	29, 30
6. Adressat (Abs. 6)	31
7. Nachholung der versäumten Handlung (Abs. 4 S. 1)	32
8. Glaubhaftmachung des Wiedereinsetzungsgrundes (Abs. 3 S. 2)	33
VI. Verfahren, Entscheidung	34
VII. Rechtsmittel	35
VIII. Wirkung, Wiedereintragung einer Marke (Abs. 8)	36, 37

§ 91 Wiedereinsetzung

I. Überblick

1 Die Wiedereinsetzung ist eine behördliche bzw. gerichtliche Entscheidung, mit der die mit einer schuldlosen Fristversäumung verbundenen Rechtsnachteile beseitigt werden, indem die nachgeholte Handlung als rechtzeitig fingiert wird. Das MarkenG enthält in § 91 eine eigenständige Wiedereinsetzungsregelung, die in markenrechtlichen Verfahren vor DPA und BPatG und bei bestimmten außerhalb eines anhängigen Verfahrens gegenüber dem DPA zu wahrenden Fristen (Rdn. 6) gilt. Im Rechtsbeschwerdeverfahren vor dem BGH sind gemäß § 88 Abs. 1 stattdessen §§ 233 ff. ZPO und aus § 91 lediglich dessen Abs. 8 anzuwenden.

2 § 91 entspricht weitgehend dem früher über § 12 Abs. 1 S. 1 WZG für das patentamtliche Verfahren und über § 13 Abs. 3 WZG für das patentgerichtliche Verfahren auch in Markensachen geltenden § 123 PatG bei stärkerer Absatzgliederung und Verselbständigung von Halbsätzen. Neu ist die Ermöglichung der Wiedereinsetzung in Fristen für die **Inanspruchnahme einer Priorität** durch Einreichung einer Markenanmeldung, die sich aus der Weglassung der Beschränkung des § 123 Abs. 1 S. 2 (3. Fall) PatG ergibt und den seit 1936 gelten Ausschluß beseitigt (*Engel*, FS Piper 1996, 513, 516). Dem Ausschluß der Wiedereinsetzung in die **Widerspruchsfrist** des § 42 Abs. 1 durch § 91 Abs. 1 S. 2 entsprach früher § 5 Abs. 4 S. 2 WZG der auch auf die Zahlung der Widerspruchsgebühr angewendet wurde (BPatG Mitt. 1985, 196; BGH GRUR 1974, 279, 280 – *ERBA*). Zu dem in § 91 Abs. 2 gegenüber § 123 Abs. 2 S. 1 PatG fehlenden Schriftformerfordernis unten Rdn. 26. Ebenfalls neu ist § 91 Abs. 8. Dagegen folgt der bisher in § 12 Abs. 1 S. 2 WZG ausdrücklich geregelte Ausschluß des Weiterbenutzungsrechts gem. § 123 Abs. 5 PatG nun aus dem insoweit abschließenden Charakter des § 91.

3 Das Recht der Wiedereinsetzung ist wie kaum ein anderes verfahrensrechtliches Institut durch eine Fülle von Rechtsprechung aus allen Gerichtsbarkeiten bis hin zu dem schon häufig mit Wiedereinsetzungsfragen befaßten BVerfG geprägt. Ungeachtet seiner erheblichen praktischen Bedeutung auch für die markenrechtlichen Verfahren – insbesondere seit Einbeziehung der Prioritätsfrist – ist im hiesigen Rahmen nur eine Darstellung der Grundzüge einschließlich markenrechtlicher Besonderheiten möglich und muß im übrigen insbesondere auf die Kommentierungen zu §§ 233 ff. ZPO und § 60 VwGO verwiesen werden.

§ 91

II. Normzweck

Die Wiedereinsetzung verschafft der Einzelfallgerechtigkeit Vorrang gegenüber der Rechtssicherheit. Ihr liegt die Vorstellung zugrunde, daß Rechtsverfolgung bzw. Rechtsverteidigung dann nicht allein an der Versäumung einer gesetzlichen Frist scheitern sollen, wenn den Betroffenen kein Verschulden trifft, vorausgesetzt, daß der Rechtssicherheit nicht ausnahmsweise absoluter Vorrang gebührt, wie in den Fällen des gesetzlichen Ausschlusses der Wiedereinsetzung. Die Rspr. legt die Wiedereinsetzungsvorschriften als Ausnahmeregelungen traditionell eng aus und wird dadurch dem Gebot der Einzelfallgerechtigkeit nicht immer gerecht. Die in rückschauender Betrachtungsweise aufgestellten Sorgfaltsanforderungen erscheinen in nicht wenigen Fällen realitätsfern und sind in der Praxis kaum zu bewältigen.

4

III. Anwendungsbereich

§ 91 gilt nur für die Versäumung von **Fristen**, nicht auch für die Säumnis bei Anhörungen oder mündlichen Verhandlungen (vgl. BGH Bl 1986, 251, im Erg. offengel. wie Terminsversäumnis zu behandeln wäre). Es muß sich um eine Frist handeln, die **gegenüber dem DPA oder dem BPatG** einzuhalten ist. Neben den gegenüber dem BGH zu wahrenden Fristen für die Rechtsbeschwerde (§§ 85 Abs. 1, 3) scheiden alle Zeiträume aus, innerhalb derer Handlungen gegenüber Dritten zur Wahrung eigener Rechte vorgenommen werden müssen oder die das DPA seinerseits zu wahren hat (zB § 50 Abs. 3 Nr. 1). Keine Wiedereinsetzung bei rückberechneten Zeiträumen zur Vornahme von Benutzungshandlungen (Fünfjahresfristen des Benutzungszwangs, einschließlich der Frist des § 49 Abs. 1 S. 3, 4).

5

Anders als § 233 ZPO ist § 91 nicht auf die Fristwahrung im Rahmen eines anhängigen Verfahrens beschränkt, sondern gilt auch für bestimmte außerhalb eines schon anhängigen Verfahrens gegenüber dem DPA zu wahrende Fristen, wie die Prioritätsfrist oder die Frist zur Zahlung der Verlängerungsgebühr.

6

Es muß sich außerdem um eine Frist handeln, deren Versäumung nach gesetzlicher Vorschrift **unmittelbar**, also ohne dazwischentretende Entscheidung des DPA oder BPatG einen **Rechtsnachteil** zur Folge hat. Keine Wiedereinsetzung daher in Fristen

7

zur Stellungnahme gegenüber DPA und BPatG, da der Rechtsnachteil einer negativen Entscheidung, die wegen Versäumung rechtzeitiger Stellungnahme ergeht, nicht unmittelbar aufgrund gesetzlicher Anordnung durch die Versäumung als solche bewirkt worden ist. Keine Wiedereinsetzung gem. § 91 in Frist für Eintragungsbewilligungsklage, da beim LG zu erheben. Keine Wiedereinsetzung in Fristen bezüglich IR-Marken, die gegenüber dem Internationalen Büro zu wahren sind (zB Erneuerungsfrist). § 91 läßt die Wiedereinsetzung nicht nur in gesetzliche Fristen zu, sondern auch in vom DPA gesetzte Fristen, an deren Ablauf das Gesetz einen Rechtsnachteil knüpft.

8   **Wiedereinsetzungsfähig** sind daher folgende markenrechtliche Fristen: Prioritätsfrist nach Art. 4 C Abs. 1 PVÜ (früher ausgeschlossen durch § 123 Abs. 1 S. 2 PatG, vgl. Amtl. Begr. 2. Abs. § 91); Prioritätserklärungsfrist (§ 34 Abs. 3 S. 1); Frist zur Angabe des Aktenzeichens und zur Einreichung einer Abschrift der Anmeldung, deren Priorität in Anspruch genommen wird (§ 34 Abs. 3 S. 2); Ausstellungsprioritätsfrist (§ 35 Abs. 1) und zugehörige Erklärungs- und Einreichungsfristen (§ 35 Abs. 4 S. 1, 2); Frist zur Beseitigung von Anmeldemängeln (§ 36 Abs. 2 S. 1); Nachfrist für Anmeldegebühren (§ 36 Abs. 3 S. 1); Frist zur Einreichung der Teilungsunterlagen und Zahlung der Teilungsgebühr bei Teilung einer Anmeldung (§ 40 Abs. 2 S. 3) oder Eintragung (§ 46 Abs. 3 S. 3); Frist für zuschlagsfreie Zahlung der Verlängerungsgebühr (§ 47 Abs. 3 S. 2, 3); Frist für Nachholung der Zahlung der Verlängerungsgebühr (§ 47 Abs. 3 S. 4); Löschungsantragsfrist (§ 50 Abs. 2 S. 2); Frist zum Widerspruch gegen Löschung wegen Verfalls (§ 53 Abs. 3); Frist zum Widerspruch gegen Löschung wegen absoluter Schutzhindernisse (§ 54 Abs. 3 S. 2); Frist für Beschwerde gegen Kostenfestsetzungsbeschluß (§ 63 Abs. 3 S. 4); Erinnerungsfrist (§ 64 Abs. 2); Beschwerdefrist (§ 66 Abs. 2); Frist für Anschluß-Durchgriffsbeschwerde (§ 66 Abs. 3 S. 5); Frist für Zahlung von Beschwerdegebühren (§ 66 Abs. 5 S. 2); Frist für Berichtigungsantrag (§ 80 Abs. 2); zweimonatige Frist für den Wiedereinsetzungsantrag (§ 91 Abs. 2) (unten Rdn. 29); Frist für Umwandlungsantrag (§ 125 Abs. 1) einschließlich Frist für Gebührenzahlung hierzu (§ 125 Abs. 2 S. 3). Fristen zur Einreichung von Übersetzungen nach §§ 68 Abs. 2 S. 1, Abs. 3 S. 2, 69 Abs. 2 und Abs. 3 MarkenV.

9   Ausdrücklich als entsprechend anwendbar erklärt ist § 91 hinsichtlich der Jahresfrist für Erinnerung oder Beschwerde bei unterbliebener oder unrichtiger Rechtsmittelbelehrung (§ 61 Abs. 2 S. 4).

Wiedereinsetzung **§ 91**

Ausdrücklich **ausgeschlossen** ist die Wiedereinsetzung in die 10
Frist zur Erhebung des Widerspruchs gegen eine Markeneintragung (§ 42 Abs. 1) einschließlich Zahlung der Widerspruchsgebühr (§ 42 Abs. 3) gemäß § 91 Abs. 1 S. 2 und die Frist zum Einspruch gegen die Eintragung von geographischen Angaben und Ursprungsbezeichnungen in das von der Kommission geführte Verzeichnis (vgl. § 132) gemäß § 60 Abs. 1 S. 3 einschließlich Zahlung der Einspruchsgebühr.

IV. Verhinderung ohne Verschulden

1. Grundsätze, eigenes Verschulden

Einziger Wiedereinsetzungsgrund ist die Verhinderung ohne 11
Verschulden. Abzustellen ist auf die **Person**, welche die Frist gegenüber dem DPA oder dem BPatG einzuhalten hatte. Dies ist unproblematisch bei Fristen in anhängigen Verfahren, da nur der jeweilige Verfahrensbeteiligte die fristwahrende Handlung vornehmen kann. Bei Fristen außerhalb anhängiger Verfahren ist auf die Person abzustellen, welche die fristwahrende Handlung im eigenen Namen vornehmen hätte können und müssen. Nach einer noch nicht in das Register eingetragenen Übertragung einer Marke oder einer Anmeldung ist dies die unter Berücksichtigung von § 28 Abs. 2 gegenüber dem DPA oder dem BPatG legitimierte Person. Für die rechtzeitige Zahlung der Verlängerungsgebühr (§ 47 Abs. 3 S. 2) ist darauf abzustellen, wem das DPA am letzten Tag der Schutzdauer als „Inhaber der eingetragenen Marke" die Mitteilung nach § 47 Abs. 3 unter Beachtung von § 28 Abs. 3 machen hätte müssen (vgl. BPatGE 24, 127, 131; BPatGE 3, 140; BPatGE 1, 126). Jedoch ist der (Mit)Erbe des Markeninhabers auch ohne vorherige Eintragung ab dem Todesfall die maßgebliche Person, da eine andere nicht in Betracht kommt (vgl. BPatGE 29, 244, 245/246 zum Antragsrecht bei Tod nach Fristablauf). Von diesen Grundsätzen zu unterscheiden ist die Frage nach der Zurechnung des Verschuldens eines von der maßgeblichen Person eingeschalteten Vertreters (unten Rdn. 19 ff.).

Hinsichtlich des **Sorgfaltsmaßstabs** bedeutet „ohne Verschul- 12
den", daß die unter Berücksichtigung der subjektiven Verhältnisse des Betroffenen zumutbare, verkehrsübliche Sorgfalt beachtet worden ist. Bereits leichte Fahrlässigkeit schließt die Wiedereinsetzung aus. Wegen der früher strengeren Fassung des § 123 Abs. 1 S. 1

§ 91   Wiedereinsetzung

PatG („unabwendbarer Zufall"; vgl. zur Entwicklung *B/S* § 12 WZG Rdn. 34) ist die bis 1977 ergangene Rspr. zu Patent- und Warenzeichensachen heute nur noch eingeschränkt verwertbar.

13   **Ausnutzung von Fristen** bis zum letzten Tag ist zwar zulässig (zB BVerfG NJW 1991, 2076), verschärft aber die Sorgfaltsanforderungen (BGH NJW 1989, 2393).

14   **Rechtsirrtum** ist grds kein Wiedereinsetzungsgrund, es sei denn er beruht auf unrichtiger Belehrung durch Behörde oder Gericht (vgl. auch BPatGE 27, 212, 213; BGH NJW 1993, 3206; BPatG Mitt. 1986, 115; aber nicht bei Vertrauen eines Anwalts auf Rechtsauskünfte des Geschäftsstellenbeamten: BGH GRUR 1995, 50 – *Success*) oder die Rechtslage ist außergewöhnlich unsicher (vgl. BPatGE 31, 266, 269 bei ausstehender Gesetzesanpassung an Neuordnung des Zahlungsverkehrs; großzügig BPatG Mitt. 1980, 39 für Irrtum über Wahrung der Zahlungsfrist, abl *Benkard/Schäfers* § 123 PatG Rdn. 38; BGH NJW 1985, 495: Rechtsirrtum wegen falscher Darstellung in gängigen Kommentierungen). Von diesen Ausnahmefällen abgesehen wird ein eigener Rechtsirrtum des Betroffenen in aller Regel deshalb verschuldet sein, weil es jedenfalls in der Spezialmaterie der Markensachen zur verkehrsüblichen Sorgfalt gehört, sich entweder durch geeignetes Fachpersonal oder auf dieses Rechtsgebiet spezialisierte Rechts- oder Patentanwälte beraten zu lassen.

15   Kein Verschulden bei Verzögerung oder Fehlleitung im **Postverkehr** (zB BPatGE 23, 88 – *Solent*; näher *Benkard/Schäfers* § 123 PatG Rdn. 42, 43; *Thomas/Putzo* § 233 ZPO Rdn. 28, 29), entsprechend für Überweisungsverzögerungen (BPatGE 27, 33, 34; BGH Mitt. 1960, 59; strenger BPatGE 18, 154 bei bekannt langwieriger Überweisungsart). Zum Stand der Rspr. zu den Sorgfaltspflichten bei Telefax-Übermittlung: *Zöller*, § 223 ZPO Rdn. 23 „Telefax"; BVerfG NJW 1996, 2857.

16   Bei nur vorübergehender **Abwesenheit** müssen keine besonderen Vorkehrungen getroffen werden, wenn fristauslösende Zustellungen nicht erwartet werden müssen (BVerfG NJW 1976, 1537), wobei in Markensachen als geschäftlicher Angelegenheit strengere Anforderungen an die Erkennbarkeit bevorstehender Zustellungen und allgemein an die Vorkehrungen zur Entgegennahme und Kenntniserlangung von Zustellungen zu stellen sind als von der Rspr. zu Privat- und Strafsachen entwickelt.

17   Beruht die Verhinderung auf Verschulden, kann Wiedereinsetzung auch dann nicht gewährt werden, wenn lediglich zusätzlich **auch unverschuldete Umstände** mitgewirkt haben, zB DPA

oder BPatG nicht mehr rechtzeitig auf den Mangel hingewiesen oder ihn beseitigt haben (vgl. allg. BGH NJW 1979, 876; krit. zum Fall der nicht rechtzeitigen Weiterleitung an das zuständige Gericht zB Zöller, § 233 ZPO Rdn. 22b). **Fehler des DPA oder des BPatG** begründen die Wiedereinsetzung dann nicht, wenn erst durch ein hinzutretendes eigenes Verschulden des Betroffenen die Fristwahrung unterbleibt (BGH GRUR 1974, 679 – *Internes Aktenzeichen*, zu § 43 PatG aF: vom DPA falsch angegebenes Kanzleiaktenzeichen führt zu Zuordnung zu geschlossener Akte und Ablage ohne Sachprüfung).

Ausgeschlossen ist die Wiedereinsetzung schon dann, wenn nur die **Möglichkeit** verbleibt, daß die Versäumung auf Verschulden beruht (vgl. zB BGH NJW 1994, 2831; BGH NJW 1992, 574, 575). 18

2. Vertreterverschulden

Neben eigenem Verschulden muß sich der Betroffene das Verschulden seiner gesetzlichen Vertreter und rechtsgeschäftlich Bevollmächtigten entsprechend §§ 51 Abs. 2, 85 Abs. 2 ZPO zurechnen lassen (zB BPatGE 7, 230, 232: Leiter der Patentabteilung), nicht aber sogenannter **Hilfspersonen**, die nicht vertretungsberechtigt sind. Jedoch kann die Einschaltung der Hilfsperson ein eigenes Verschulden des Betroffenen darstellen, wenn die Hilfsperson nicht sorgfältig ausgewählt, instruiert und überwacht worden ist oder ein verschuldeter **Organisationsmangel** vorlag (näher *Benkard/Schäfers* § 123 PatG Rdn. 19ff.; *B/S* § 12 WZG Rdn. 42, 43; vgl. BPatGE 24, 127, 129ff.: Verschulden bei Zweifeln an Zuverlässigkeit und Zahlungsfähigkeit des mit Gebührenzahlungen beauftragten Unternehmens wegen Insolvenzkrise). 19

Extreme Sorgfaltsanforderungen stellt die Rspr. an **Rechts- und Patentanwälte**. Die Rspr. ist dadurch gekennzeichnet, daß sie das Verschulden von Büropersonal des Anwalts zwar nicht zurechnet, jedoch dem Anwalt so weitgehende Pflichten zum persönlichen Tätigwerden, zu Auswahl, Instruktion und Überwachung der Hilfspersonen sowie zur Büroorganisation auferlegt, daß bei Beachtung aller dieser Anforderungen ein zumutbarer Kanzleibetrieb kaum mehr möglich ist. Der Grund für diese Entwicklung liegt darin, daß die Rspr. dazu neigt, die Sorgfaltsanforderungen aus einer rückblickenden und vor allem einzelfallbezogenen Betrachtungsweise zu definieren. Häufig bleibt unberücksichtigt, daß dem Bevollmächtigten nur solche Sorgfaltspflichten auferlegt werden 20 können, die auch noch bei Erfüllung in jedem Einzelfall und unter Berücksichtigung der sonstigen Aufgaben zumutbar sind (richtig zB BPatG Mitt. 1974, 262, 263).

Beispiele: Ein Patentanwalt muß die Veröffentlichungen der **Fachliteratur** und der Fachzeitschriften über die sein Fachgebiet berührende Rechtsprechung und Rechtspraxis verfolgen und bei seiner anwaltlichen Tätigkeit berücksichtigen, insbesondere auch die Mitteilungen des Präsidenten des DPA über Richtlinien zur Behandlung von Anmeldungen, und zwar auch dann, wenn ihre Richtigkeit noch nicht durch eine gerichtliche Entscheidung bestätigt ist (BPatGE 16, 50, 55). Der Anwalt soll eine fristwahrende Eingabe **selbst** auf Vollständigkeit und Richtigkeit einschließlich beigefügter Belege überprüfen müssen (BGH GRUR 1979, 626 – *Elektrostatisches Ladungsbild*). Bei einer Nachanmeldung muß der Anwalt die Anmeldungsunterlagen selbst auf Vollständigkeit, Richtigkeit und Rechtzeitigkeit überprüfen (BPatGE 37, 241 zur versäumten Prioritätsfrist). Wird ein angestellter oder im Einzelfall beauftragter Rechtsanwalt oder Patentanwalt (auch in Form der sog. „**Kollegenarbeit**") mit der selbständigen und eigenverantwortlichen Sachbearbeitung betraut, ist er nicht bloße Hilfsperson und wird sein Verschulden auch dann zugerechnet, wenn sich der bevollmächtigte Anwalt die Unterzeichnung der von ihm erstellten Eingaben vorbehält (BPatG Mitt. 1974, 31 zu § 43 PatG aF). Der Anwalt muß Vorsorgemaßnahmen für und bei Ausfall eines **EDV-gestützten Fristkalenders** treffen, nicht aber parallel einen schriftlichen Fristkalender führen (BGH CR 1997, 209; BGH NJW 1995, 1756).

21 Ein **Verschulden des vom Anwalt eingesetzten Hilfspersonals** muß sich der Betroffene dagegen nach den allgemeinen Grundsätzen (oben Rdn. 19) nicht zurechnen lassen, jedoch führen die extremen Sorfaltsanforderungen an den Anwalt und seine Auswahl-, Instruktions-, Überwachungs- und Organisationspflichten häufig doch dazu, daß trotz eines Versehens des Büropersonals die Wiedereinsetzung versagt bleibt (*Benkard/Schäfers* § 123 PatG Rdn. 22–34).

22 **Beispiele:** Erhöhte Überwachungspflichten bei Beauftragung einer Hilfsperson, der bereits ein einschlägiges Versehen unterlaufen ist (BPatGE 26, 116). Übertragung jeglicher Sachbearbeitung von neuen Posteingängen auf Hilfspersonen ist sorgfaltswidrig (BPatG Bl. 1986, 41, 42; BPatG Bl 1986, 73, 74). Mit der Fristberechnung und Fristnotierung beauftragtes Büropersonal muß über alle in Frage kommenden Fristen eingehend unterrichtet worden sein, und

zwar auch bei Auslegungszweifeln nach Gesetzesänderungen (BPatGE 16, 50, 54).

Eine ständige Quelle von Fristversäumnissen und Wiedereinsetzungsanträgen ist die **Zahlung der Beschwerdegebühr**, insbesondere durch DPA-Gebührenmarken (vgl. *Schmieder* GRUR 1977, 244). Beispiele: Der die Beschwerdeschrift unterzeichnenede Anwalt muß die darin angegebene Gebühr der Höhe nach selbst überprüfen (BPatGE 18, 208, 211 zu § 43 Abs. 1 S. 1 PatG aF), bei falscher Angabe in der Beschwerdeschrift genügt mündliche Korrekturanweisung an Büropersonal nicht (BPatG 28, 94, 97/98). Notierung nur der Beschwerdefrist als solcher, nicht aber auch der Frist zur Einzahlung der Beschwerdegebühr genügt nicht, wenn nicht anderweitig ausreichend für die Überwachung der Gebührenzahlung bei Beschwerdeeinlegung gesorgt ist (BPatG GRUR 1974, 354). Angesichts der bisherigen Entwicklung der Rspr. zur Wiedereinsetzung kann nicht darauf vertraut werden, daß die Verwendung von Gerichtskostenmarken statt DPA-Gebührenmarken durch einen mit dem gewerblichen Rechtsschutz nicht näher vertrauten Rechtsanwalt auch heute noch entsprechend BPatGE 11, 283 als Wiedereinsetzungsgrund anerkannt werden würde, soweit es sich nicht um eine bloße Verwechslung der Gebührenmarken durch hinreichend instruiertes und überwachtes Hilfspersonal handelt. Der Anwalt sollte die Beschwerdeschrift mit einer Angabe über die aufzuklebenden Gebührenmarken dann ohne weitere eigene Kontrolle des Aufklebens unterschreiben dürfen, wenn nach den allgemeinen Regeln zuverlässiges und überwachtes Hilfspersonal mit der Anbringung nach Unterschrift beauftragt ist (zutr. *Schmieder* GRUR 1977, 244, 246 zu § 43 PatG aF), während bei umgekehrt eingerichtetem Ablauf der Anwalt bei der Unterzeichnung auch zu überprüfen hat, ob die als aufgeklebt angegebenen Marken vorhanden sind. Wiedereinsetzung wurde bei offensichtlichem, weil einen viel zu niedrigen Gebührenbetrag ergebenden Schreibfehler auf dem Überweisungsformular gewährt, wenn jahrelang fehlerfrei praktiziert wurde (BPatGE 25, 8, 15).

V. Formelle Voraussetzungen

1. Antragserfordernis, Gewährung von Amts wegen

Die Wiedereinsetzung muß grundsätzlich von dem Betroffenen beantragt werden (§ 91 Abs. 1 S. 1). Bei Nachholung der versäumten Handlung innerhalb der Antragsfrist kann die Wiedereinsetzung jedoch nach § 91 Abs. 4 S. 2 auch von Amts wegen, d. h. nach pflichtgemäßem Ermessen (BAG NJW 1989, 2708) gewährt werden. Die Rspr. verlangt hierfür, daß alle die Wiedereinsetzung rechtfertigenden Tatsachen zum Zeitpunkt der Nachholung der versäumten Handlung aktenkundig waren (BPatGE 25, 121; ergänzende Angaben sollen nach *Thomas/Putzo* § 236 ZPO Rdn. 9 aE auch nach Fristablauf noch möglich sein). Die Jahresfrist nach § 91 Abs. 5 gilt für die Wiedereinsetzung von Amts wegen nicht (BPatGE 25, 121).

2. Antragsbefugnis

25 Antragsberechtigt ist grds die Person, auf deren Verhinderung es im Rahmen des Wiedereinsetzungsgrundes nach der jeweiligen Frist ankommt (dazu oben Rdn. 11). Bei Rechtsnachfolge aufgrund Todes vor, während oder nach der Frist sind dies stets die Erben (Rdn. 11); entsprechend der Rechtsnachfolger bei Untergang des bisherigen Rechtsträgers oder Beteiligten durch Umwandlung. Bei rechtsgeschäftlicher Übertragung der Marke kann der Erwerber den Wiedereinsetzungsantrag nur dann stellen, wenn er bereits zuvor oder mit dem Wiedereinsetzungsantrag den gem § 28 Abs. 2 zu seiner Legitimation erforderlichen Umschreibungsantrag stellt (vgl. BPatGE 24, 127, 128 zum PatG) oder innerhalb der Antragsfrist nach § 91 Abs. 2 nachreicht.

3. Form

26 In § 91 Abs. 2 fehlt im Gegensatz zu § 123 Abs. 2 S. 1 PatG das Formerfordernis „schriftlich". Die Bedeutung dieser Abweichung ist unklar (vgl. *Engel* FS Piper 1996, 517/518). Für ein Redaktionsversehen spricht, daß § 91 Abs. 2 in der Amtl. Begr. zu § 91 ausdrücklich als § 123 Abs. 2 S. 1 PatG entsprechend bezeichnet wird. Andernfalls müßte § 236 Abs. 1 ZPO angewendet werden, wonach sich die Form des Wiedereinsetzungsantrags nach den Formerfordernissen der versäumten Prozeßhandlung richtet. Bei Gebührenzahlungsfristen geht diese Verweisung allerdings ins Leere und dürfte daher kaum vom Gesetzgeber für Markensachen gewollt sein. Zur Schriftform allgemein vgl. § 66 Rdn. 27.

4. Inhalt (Abs. 3 S. 1)

27 Der Antrag muß erkennen lassen, daß die betreffende Handlung wegen der vorgebrachten Tatsachen als rechtzeitig angesehen wer-

Wiedereinsetzung **§ 91**

den soll, wobei das Wort Wiedereinsetzung nicht unbedingt verwendet sein muß, andererseits aber ein Fristverlängerungsantrag nicht genügt (*Thomas/Putzo* § 236 ZPO Rdn. 3). Häufig verkannt werden die **strengen Anforderungen der Rspr.** an die „**Angabe der die Wiedereinsetzung begründenden Tatsachen**" im Antrag selbst oder in noch innerhalb der Antragsfrist nachgereichten Schriftsätzen. Nach Fristablauf ist nur noch eine Erläuterung unklarer oder Ergänzung unvollständiger Tatsachen zulässig, nicht jedoch das Nachschieben neuer Wiedereinsetzungsgründe (vgl. BGH NJW 1997, 1708, 1709; BGH NJW 1991, 1892 mwN zu § 236 ZPO; BPatGE 19, 44, 46). Anzugeben ist, daß überhaupt **beabsichtigt war, die Frist zu wahren** (BPatGE 25, 65, 67 für Gebührenzahlung). Sodann sind alle Angaben über die **Gründe** der Fristversäumung und deren **Schuldlosigkeit** zu machen. Bei Einschaltung von Bevollmächtigten bedeutet dies, daß auch sämtliche Tatsachen anzugeben sind, aus denen sich ergibt, daß der Bevollmächtigte weder selbst noch hinsichtlich der Auswahl, Instruktion und Überwachung seiner Hilfspersonen sowie hinsichtlich der Büroorganisation schuldhaft gehandelt hat (vgl. schon BPatGE 1, 132, 134 ff.; ferner BGH NJW-RR 1992, 1277, 1278; BGH NJW 1983, 884, jeweils zu § 236 ZPO).

Besonders zu beachten ist, daß sich die Begründungspflicht auch 28 auf die Angabe der Tatsachen erstreckt, aus denen sich die **Wahrung der Antragsfrist** und die **Nachholung** der versäumten Handlung ergeben, so daß dargestellt werden muß, wann das Hindernis iSv § 91 Abs. 2 weggefallen ist (BPatGE 25, 65, 66; BPatGE 19, 47, 48; BGH NJW 1997, 1079).

5. Fristen (Abs. 2, 5)

Bei der Beantragung der Wiedereinsetzung sind zwei Fristen zu 29 beachten.

Der Antrag muß zum einen innerhalb einer Frist von **zwei Monaten nach Wegfall des unverschuldeten Hindernisses** gestellt werden. Dafür genügt es bereits, wenn das Hindernis deshalb nicht mehr als unverschuldet angesehen werden kann, weil der Betroffene oder sein Bevollmächtigter tatsächlich erkannt haben oder auch nur bei gebotener Sorgfalt erkennen hätte können und müssen, daß die Frist versäumt ist (BPatGE 13, 87, 88; vgl. BGH NJW 1992, 2098, 2099 mwN zu § 234 Abs. 2 ZPO). Der Hinderniswegfall kann sich auch aus rein bürointernen Vorgängen ergeben, zB wenn dem Anwalt die Akte erneut vorgelegt wird (zB

BGH NJW 1994, 2831, 2832 zu § 234 Abs. 2 ZPO) oder sonst Anlaß für eine erneute Fristprüfung entsteht (zB BGH NJW 1980, 1847 zu § 234 Abs. 2 ZPO). Wiedereinsetzung in die zweimonatige Antragsfrist ist zulässig (BGH Bl. 1983, 305, 306). Vorstellbar ist dies beispielsweise dann, wenn der Betroffene trotz sorgfältiger Aufklärungsmaßnahmen erst nach Ablauf der zweimonatigen Antragsfrist Kenntnis von den Tatsachen erlangt, aus denen sich das fehlende Verschulden ergibt (vgl. BPatGE 1, 132, 136 zu § 43 PatG aF).

30 Unabhängig von der zweimonatigen Frist nach § 91 Abs. 1 ist zusätzlich die **Ausschlußfrist von einem Jahr nach Ablauf der versäumten Frist** zu beachten (§ 91 Abs. 5). Keine Wiedereinsetzung in diese uneigentliche Frist (*Benkard/Schäfers* § 123 PatG Rdn. 53; *Thomas/Putzo* § 235 ZPO Rdn. 12). Die Jahresfrist endet an dem Tage des nächsten Jahres, der das selbe Datum trägt wie der Tag des Ablaufes der Frist, in die Wiedereinsetzung begehrt wird (§§ 187 Abs. 1, 188 Abs. 2 BGB). Die Jahresfrist läuft unabhängig von der Antragsfrist nach § 91 Abs. 2, kann also zu einer Verkürzung der für den Antrag zur Verfügung stehenden Zeit entgegen § 91 Abs. 2 führen oder den Antrag ausschließen, bevor überhaupt das Hindernis weggefallen ist.

6. Adressat (Abs. 6)

31 Der Antrag ist bei der nach § 91 Abs. 6 für die Entscheidung über den Antrag zuständigen Stelle einzureichen. Maßgeblich ist also nicht, wem gegenüber die ursprüngliche Verfahrenshandlung vorzunehmen war, sondern wer darüber zu entscheiden hatte. Bei Wiedereinsetzung in die Beschwerdefrist ergibt sich daraus zunächst eindeutig die Zuständigkeit des BPatG als über die Beschwerde entscheidender Stelle. Jedoch ist auch das DPA insoweit eine Stelle, die über die Beschwerde zu beschließen hat, als dem DPA nach § 66 Abs. 6 S. 1 in Verfahren, in denen dem Beschwerdeführer kein anderer Beteiligter gegenübersteht, zur Abhilfe berechtigt ist. Dementsprechend wird eine Entscheidungszuständigkeit des DPA dann bejaht, wenn das DPA den Wiedereinsetzungsantrag für zulässig und begründet hält und der Beschwerde abhelfen will (BPatGE 25, 119, vgl. auch BPatGE 29, 112, 115). Der Wiedereinsetzungsantrag bezüglich der Beschwerdefrist kann somit nur dann fristwahrend beim DPA angebracht werden, wenn es sich um eine Beschwerde mit grdsl. Abhilfekompetenz des DPA handelt (§ 66 Rdn. 51).

Wiedereinsetzung **§ 91**

7. Nachholung der versäumten Handlung (Abs. 4 S. 1)

Der Wiedereinsetzungsantrag ist unzulässig, wenn die versäumte 32
Handlung nicht innerhalb der zweimonatigen Antragsfrist nachgeholt wird (§ 91 Abs. 4 S. 1). Bei der Nachholung sind alle Förmlichkeiten zur Wahrung der ursprünglichen Frist zu beachten. Zur ausnahmsweisen Auslegung des Wiedereinsetzungsantrags als Nachholung vgl. BVerfG NJW 1993, 1635 (zum Einspruch gegen Versäumnisurteil).

8. Glaubhaftmachung des Wiedereinsetzungsgrundes (Abs. 3 S. 2)

Die nach § 91 Abs. 3 S. 1 angabepflichtigen Tatsachen (oben 33
Rdn. 27 f.) müssen spätestens bis zur Entscheidung über den Wiedereinsetzungsantrag glaubhaft (§ 294 ZPO) gemacht werden. Nachholung der Glaubhaftmachung im Verfahren über die Beschwerde wegen Ablehnung des Wiedereinsetzungsantrags möglich (*Benkard/Schäfers* § 123 PatG Rdn. 57 bei zuvor unterbliebenem Hinweis nach § 139 ZPO). Die Pflicht zur Glaubhaftmachung bedeutet auch, daß der Betroffene die Glaubhaftmachungsmittel selbst zu besorgen hat (BGH Bl. 1959, 228).

VI. Verfahren, Entscheidung

Die zur Entscheidung zuständige Stelle (§ 91 Abs. 6, oben 34
Rdn. 31) hat die übrigen Verfahrensbeteiligten anzuhören, soweit deren Rechte durch die Wiedereinsetzung berührt werden, insbesondere also ein den Beteiligten als Gegner gegenüberstehenden anderen Beteiligten (BVerfG NJW 1982, 2234). Im übrigen gelten für das Wiedereinsetzungsverfahren diejenigen Bestimmungen, die für die nachgeholte Handlung gelten (§ 238 Abs. 2 S. 1 ZPO), soweit es sich bei dieser um eine Handlung in einem anhängigen Verfahren handelte. Konnte über die versäumte Handlung ohne mündliche Verhandlung entschieden werden, gilt dies auch für den Wiedereinsetzungsantrag, so daß wegen § 70 Abs. 2 ohne mündliche Verhandlung über die Wiedereinsetzung in die Beschwerdefrist entschieden werden kann (BPatGE 16, 47, 49; nur im Erg. zutr. BPatGE 1, 132, 136 für unterbliebene Zahlung der Beschwerdegebühr). Die Entscheidung kann mit der Hauptsache oder selbständig ergehen (§ 238 Abs. 1 ZPO). Die Gewährung der Wie-

dereinsetzung fingiert die versäumte Handlung als rechtzeitig vorgenommen.

VII. Rechtsmittel

35 Ist der Antrag erfolgreich und wird die Wiedereinsetzung gewährt, so ist diese Entscheidung nach Abs. 7 unanfechtbar (BPatG Mitt. 1991, 63: auch verfassungsrechtlich zulässig). Zum Einwand der Wiedereinsetzungserschleichung im Verletzungsprozeß: BGH GRUR 1956, 265 – *Rheinmetall-Borsig I;* BGH GRUR 1952, 565 – *Wäschepresse.* Verwerfung oder Zurückweisung des Wiedereinsetzungsantrags sind grds. mit denjenigen Rechtsbehelfen anfechtbar, die gegen eine Entscheidung über die versäumte Handlung gegeben wären (§ 238 Abs. 2 S. 1 ZPO; *Benkard/Schäfers* § 123 PatG Rdn. 67). Bei Ablehnung der Wiedereinsetzung durch das DPA also Beschwerde bzw Erinnerung. Keine Rechtsbeschwerde gegen eine die Wiedereinsetzung ablehnende Entscheidung des BPatG, da keine Entscheidung über eine Beschwerde (vgl. § 83 Rdn. 9).

VIII. Wirkung, Wiedereintragung einer Marke (Abs. 8)

36 Die gewährte Wiedereinsetzung beseitigt die Rechtsnachteile der Versäumung, indem die nachgeholte Handlung als rechtzeitig gilt.

37 Für den Fall, daß die Wiedereinsetzung zur Wiedereintragung einer bereits im Register gelöschten Marke führt, stellt § 91 Abs. 8 klar, daß in dieser Zwischenzeit **gutgläubig vorgenommene Benutzungshandlungen** keine Verletzungsansprüche auslösen. Gutgläubig in diesem Sinne ist der Benutzende, solange er noch keine Kenntnis von dem Vorliegen des Wiedereinsetzungsgrundes hat. Die Aufzählung der Benutzungshandlungen des Inverkehrbringens und der Erbringung von Dienstleistungen kann nicht als abschließend verstanden werden, so daß zB auch wegen in dieser Zwischenzeit vorgenommener anderer Benutzungshandlungen iSv § 14 keine Verletzungsansprüche bestehen. Eine Differenzierung nach der Art der Benutzungshandlung wäre widersinnig. Auch die Amtl. Begr. zu § 91 spricht allgemein von einem Anspruchsausschluß bezüglich „Benutzungshandlungen". Anders als § 123 Abs. 5 PatG erlangt der Benutzer jedoch **keinerlei Weiterbenutzungsrecht,** wie lange auch immer der Zwischenzeitraum gedauert haben mag.

§ 92 Wahrheitspflicht

In den Verfahren vor dem Patentamt, dem Patentgericht und dem Bundesgerichtshof haben die Beteiligten ihre Erklärungen über tatsächliche Umstände vollständig und der Wahrheit gemäß abzugeben.

§ 92 normiert die prozessuale Wahrheitspflicht aller Beteiligten wortgleich mit § 124 PatG, der seinerseits § 138 Abs. 1 ZPO nachgebildet ist. Die Vorschrift gilt in allen markenrechtlichen Verfahren vor dem DPA und dem BPatG sowie in den Rechtsbeschwerdeverfahren in Markensachen beim BGH, während in Kennzeichenstreitsachen (§ 140 Abs. 1) § 138 Abs. 1 ZPO anwendbar ist. Die Wahrheitspflicht betrifft nur den Tatsachenvortrag und den subjektiven Kenntnisstand des jeweiligen Beteiligten. Die Verpflichtung besteht gegenüber dem Gericht und den anderen Beteiligten. Sie trifft auch die Vertreter und Bevollmächtigten der Beteiligten, die sich als unwahr erkannte Behauptungen nicht zu eigen machen dürfen. Als wahrheitswidrig oder bewußt unvollständig erkannter Sachvortrag eines Beteiligten, der auch unter Berücksichtigung der Amtsermittlungspflicht (§§ 59 Abs. 1, 73 Abs. 1) nicht weiter aufgeklärt werden kann, darf bei der Entscheidung unberücksichtigt bleiben. Vorsätzliche Verstöße können zu Schadensersatzansprüchen nach § 826 BGB führen und einen strafrechtlich relevanten (versuchten) Prozeßbetrug darstellen, der nach §§ 580 Nr. 1, 3, 4, 581 ZPO zur Wiederaufnahme eines rechtskräftig abgeschlossenen Verfahrens führen kann.

§ 93 Amtssprache und Gerichtssprache

Die Sprache vor dem Patentamt und vor dem Patentgericht ist deutsch. Im übrigen finden die Vorschriften des Gerichtsverfassungsgesetzes über die Gerichtssprache Anwendung.

§ 93 bestimmt Deutsch zur Amts- und Gerichtssprache aller markenrechtlichen Verfahren vor DPA und BPatG und verweist hinsichtlich der Verhandlung mit Deutschunkundigen, Tauben und Stummen auf §§ 185–191 GVG über die Beiziehung von Dolmetschern zu Verhandlungen. Im Rechtsbeschwerdeverfahren vor dem BGH gelten §§ 184ff GVG direkt. Zu den verfassungsrechtlichen Anforderungen an die Behandlung Deutschunkundiger in Gerichts- und Verwaltungsverfahren vgl. allg. *Ingerl*, Sprachrisiko im Verfahren, 1988.

2 § 93 ist wortgleich mit § 126 S. 1 und 3 PatG, übernimmt aber den kategorischen Ausschluß von Eingaben in anderen Sprachen gem. § 126 S. 2 PatG gerade nicht. Die Berücksichtigung fremdsprachiger Schriftstücke ist daher nicht mehr ausgeschlossen.

3 Für das Verfahren vor dem DPA ermöglicht die Rechtsverordnungsermächtigung nach § 65 Abs. 1 Nr. 10 eine im Vergleich zu § 126 S. 2 PatG sachgerechtere und zeitgemäßere Regelung für die häufig grenzüberschreitende Bezüge aufweisenden Markensachen, die durch §§ 67–69 MarkenV getroffen worden ist.

4 § 68 MarkenV verschafft fremdsprachigen **Markenanmeldungen** den Zeitrang ihrer Einreichung beim DPA, sofern nur die Mindestinhaltsanforderungen nach § 32 Abs. 2 erfüllt sind. Die Regelung gilt für jede fremde Sprache. Voraussetzung für die Zuerkennung des Anmeldetages der Einreichung ist jedoch der rechtzeitige Zugang einer von einem Rechtsanwalt oder Patentanwalt beglaubigten oder von einem öffentlich bestellten Übersetzer angefertigten Übersetzung innerhalb der Nachreichungsfrist von einem Monat ab Eingang der fremdsprachlichen Anmeldung (§ 68 Abs. 2, Abs. 3 S. 1 MarkenV). Nach Ablauf dieser Frist kann die Übersetzung nur noch nachgereicht werden, wenn noch nicht festgestellt worden ist, daß die Anmeldung wegen der fehlenden Übersetzung als nicht eingereicht gilt (§ 68 Abs. 3 S. 2, 3 MarkenV). Die verspätete Nachreichung führt allerdings zum Verlust des ursprünglichen Anmeldetages, wenn das Waren/Dienstleistungsverzeichnis übersetzungsbedürftig war (§ 69 Abs. 3 S. 3 MarkenV). Für das weitere Verfahren vor dem DPA sind nach § 68 Abs. 4 MarkenV die deutschen Übersetzungen maßgeblich. Über das ursprüngliche fremdsprachige Waren/Dienstleistungsverzeichnis hinausgehende Erweiterungen durch die Übersetzung (zB weiterer Oberbegriff in der deutschen Sprache) sind jedoch unzulässig, da die Zugangsfiktion des § 68 Abs. 3 S. 1 MarkenV nur für eine „Übersetzung", nicht aber für darüber hinausgehende Waren/Dienstleistungsbezeichnungen gilt. Eine Markenanmeldung ist nicht schon dann „fremdsprachig" iSv § 68 MarkenV, wenn die Wortbestandteile der Marke aus einer fremden Sprache stammen, so daß die Wiedergabe der Marke keiner Übersetzungspflicht unterliegt.

5 Daneben läßt § 67 MarkenV die Verwendung international standardisierter fremdsprachiger **Formblätter** zu, wenn sie in deutscher Sprache ausgefüllt werden.

6 Besondere Regelungen enthält § 69 MarkenV für fremdsprachige Schriftstücke, die nicht Verfahrenserklärungen enthalten, sondern zu **Beweis- oder Glaubhaftmachungszwecken** vorgelegt

Zustellungen   § 94

werden. Bei Abfassung in englischer, französischer, italienischer
oder spanischer Sprache besteht keine generelle Übersetzungspflicht,
sondern ist eine Übersetzung nur dann einzureichen, wenn
das DPA dies verlangt (§ 69 Abs. 3 MarkenV). Bei Abfassung in
einer anderen Fremdsprache gilt dagegen nach § 69 Abs. 2 eine generelle
Übersetzungspflicht, der binnen eines Monats nach Eingang
des Schriftstückes in Form einer von einem Rechtsanwalt oder Patentanwalt
beglaubigten oder von einem öffentlich bestellten
Übersetzer angefertigten Übersetzung nachzukommen ist. Andernfalls
gilt das Schriftstück erst als zum Zeitpunkt des verspäteten Eingangs
der Übersetzung zugegangen.

Soweit dem DPA aufgrund Gemeinschaftsrechts oder zwischenstaatlicher Abkommen Aufgaben zugewiesen sind, kann die Einreichung und Berücksichtigung fremdsprachiger Schriftstücke auch unabhängig von den Vorschriften der MarkenV zulässig sein. Beispielsweise besteht die Verpflichtung des DPA zu Entgegennahme und Weiterleitung von Gemeinschaftsmarkenanmeldungen (Art. 25 GMVO) völlig unabhängig davon, in welcher Sprache die Anmeldung abgefaßt ist, solange sie überhaupt als Gemeinschaftsmarkenanmeldung noch erkennbar ist. Auch Erklärungen in bezug auf IR-Marken muß das DPA in den Sprachen entgegennehmen, die nach MMA, MMP und GAusfO zugelassen sind. 7

Schriftstücke, die nach den obigen Regeln in Verfahren vor dem DPA zu beachten sind, dürfen auch in einem sich anschließenden Beschwerdeverfahren vor dem **BPatG** nicht wegen ihrer Fremdsprachigkeit unberücksichtigt bleiben oder zurückgewiesen werden. Allerdings wird man das BPatG für befugt halten müssen, die Vorlage einer Übersetzung in den Fällen des § 69 Abs. 3 MarkenV dann zu verlangen, wenn zwar das DPA keine Übersetzung verlangt hat, jedoch entweder nicht alle Senatsmitglieder oder auch nur ein anderer Beteiligter der englischen, französischen, italienischen bzw. spanischen Sprache nicht hinreichend mächtig sind, insbesondere natürlich dann, wenn Streit oder Zweifel über den Inhalt des Schriftstücks bestehen. 8

§ 94 Zustellungen

(1) **Für Zustellungen im Verfahren vor dem Patentamt und dem Patentgericht gelten die Vorschriften des Verwaltungszustellungsgesetzes mit folgenden Maßgaben:**
1. **Zustellungen an Empfänger, die sich im Ausland aufhalten und die keinen Inlandsvertreter (§ 96) bestellt haben, können auch**

durch Aufgabe zur Post nach den §§ 175 und 213 der Zivilprozeßordnung bewirkt werden, soweit für den Empfänger die Notwendigkeit zur Bestellung eines Inlandsvertreters im Zeitpunkt der zu bewirkenden Zustellung erkennbar war.
2. Für Zustellungen an Erlaubnisscheininhaber (§ 177 der Patentanwaltsordnung) ist § 5 Abs. 2 des Verwaltungszustellungsgesetzes entsprechend anzuwenden.
3. An Empfänger, denen beim Patentamt oder beim Patentgericht ein Abholfach eingerichtet worden ist, kann auch dadurch zugestellt werden, daß das Schriftstück im Abholfach des Empfängers niedergelegt wird. Über die Niederlegung ist eine schriftliche Mitteilung zu den Akten zu geben. Auf dem Schriftstück ist zu vermerken, wann es niedergelegt worden ist. Die Zustellung gilt als am dritten Tag nach der Niederlegung im Abholfach bewirkt.

(2) § 9 Abs. 1 des Verwaltungszustellungsgesetzes ist nicht anzuwenden, wenn mit der Zustellung die Frist für die Einlegung der Erinnerung (§ 64 Abs. 2), der Beschwerde (§ 66 Abs. 2) oder der Rechtsbeschwerde (§ 85 Abs. 1) beginnt.

I. Überblick

1 § 94 verweist für alle Zustellungen in markenrechtlichen Verfahren vor DPA oder BPatG auf das VwZG, während im Rechtsbeschwerdeverfahren gem. § 88 Abs. 1 S. 1 die §§ 208 ff. ZPO gelten. § 94 Abs. 1 enthält außerdem drei von VwZG abweichende Sonderregeln für bestimmte Zustellungsfälle. § 94 Abs. 2 schließt die Heilung von Zustellungsmängeln nach § 9 Abs. 1 VwZG für alle den Lauf einer Rechtsbehelfsfrist auslösende Zustellungen aus.

2 § 94 unterscheidet sich von dem bisher über §§ 12 Abs. 1 S. 1 bzw. 13 Abs. 3 WZG auch in Markensachen geltenden § 127 PatG durch eine engere Definition der Zulässigkeit der Auslandszustellung durch Aufgabe zur Post in Nr. 1 gegenüber § 127 Abs. 1 Nr. 2 PatG und den Wegfall der in § 127 Abs. 1 Nr. 5 PatG geregelten Modifikationen, womit insoweit § 13 VwZG bzw. § 8 VwZG gelten. § 94 Abs. 2 geht durch die ausdrückliche Einbeziehung der Erinnerung über § 127 Abs. 2 PatG hinaus.

3 Zum VwZG sind allgemeine Verwaltungsvorschriften (AVV VwZG) ergangen (Bl. 1973, 178; Bl. 1967, 46). Zur Bedeutung sog. Hausverfügungen des DPA-Präsidenten, deren Mißachtung die Zustellung wegen Ermessensfehlgebrauchs unwirksam machen kann vgl. BGH GRUR 1991, 814, 815/816 – *Zustellungsadressat*.

Zustellungen § 94

II. Allgemeines

Zuzustellen ist, soweit dies durch Rechtsvorschrift oder Anordnung des DPA oder des BPatG bestimmt ist (§ 1 Abs. 3 VwZG; § 72 Abs. 1 MarkenV). Das MarkenG schreibt die Zustellung in folgenden Fällen vor: in § 28 Abs. 3 (§ 31), § 34 Abs. 3 S. 2, § 35 Abs. 4 S. 2, § 36 Abs. 3 S. 1, § 47 Abs. 3 S. 4, § 49 Abs. 1 S. 4 bezgl. § 53 Abs. 4, § 53 Abs. 3, § 54 Abs. 3 S. 2, § 61 Abs. 1 S. 1 (§ 64 Abs. 2), § 63 Abs. 3 S. 4 iVm § 66 Abs. 2, § 66 Abs. 3 S. 5, § 66 Abs. 4 S. 2, § 79 Abs. 1 S. 3–5. Die MarkenV enthält keine eigenständigen Zustellungsanordnungen (vgl. §§ 72, 73 MarkenV). 4

Der Gegensatz zur Zustellung ist die formlose Übersendung (vgl. § 72 Abs. 2, 3 MarkenV für das DPA).

In den Verfahren vor DPA und BPatG gibt es nur Zustellungen von Amts wegen, **keine Zustellung von Anwalt zu Anwalt oder von Partei zu Partei.**

Das VwZG sieht verschiedene Arten der Zustellung vor, zwischen denen DPA und BPatG nach § 2 Abs. 2 VwZG wählen können, soweit nicht eine bestimmte Zustellungsart durch Rechtsvorschrift vorgesehen ist (weder im MarkenG noch in der MarkenV), oder die Wahl durch behörden- bzw. gerichtsinterne Anordnung und Praxis vorbestimmt ist. 5

III. Zustellungsempfänger

Zuzustellen ist grds an den Beteiligten oder sonst vom Verfahren Betroffenen selbst, dh. bei nicht voll geschäftsfähigen an die gesetzlichen Vertreter (§ 7 Abs. 1 S. 1 VwZG) und bei Behörden, juristischen Personen, nicht rechtsfähigen Personenvereinigungen an deren gesetzliche Vertreter oder sonstige „Vorsteher" iSv § 7 Abs. 2 S. 1 VwZG, wobei stets Zustellung an einen von mehreren gesetzlichen Vertretern oder Vorstehern genügt (§ 7 Abs. 3 VwZG). Mehrere **gemeinschaftlich** an einem Verfahren beteiligte Personen (zB Mitanmelder, Mitinhaber einer Marke) sind grds. jeder für sich Zustellungsempfänger, müssen jedoch nach § 73 Abs. 1 S. 1 MarkenV einen gemeinsamen Zustellungsbevollmächtigten benennen, andernfalls der zuerst genannte Mitbeteiligte (zB in der Anmeldung oder im Register) als Zustellungsbevollmächtigter gilt (§ 73 Abs. 1 S. 2 MarkenV). Hat ein Beteiligter **mehrere Vertreter** bestellt, so kann an jeden wirksam zugestellt werden (vgl. § 34 6

S. 1 ZPO; *Benkard/Schäfers,* § 127 PatG Rdn. 30). Zweifelhaft ist dies allerdings jetzt aufgrund § 73 Abs. 2, 3 MarkenV, da dort nur der „als erster genannte" von mehreren Vertreter als Zustellungsbevollmächtigter und Empfangsbevollmächtigter angesehen wird, wobei die Bestimmung nicht für Anwaltssozietäten gilt (§ 73 Abs. 4 MarkenV).

7   Statt an den Betroffenen selbst können Zustellungen jederzeit an einen allgemein oder für bestimmte Angelegenheiten bestellten **Vertreter** des Betroffenen gerichtet werden (§ 8 Abs. 1 S. 1 VwZG). Für diese Bestellung genügt es, daß sich der Vertreter ausdrücklich oder auch nur schlüssig im Verfahren als solcher bezeichnet (BGH GRUR 1991, 814, 815 – *Zustellungsadressat;* BGH GRUR 1991, 37, 38 – *Spektralapparat;* BPatGE 29, 11, 14). § 8 Abs. 1 S. 1 VwZG eröffnet jedoch kein freies Wahlrecht, sondern ist in patentamtlichen Verfahren an einen bestellten Vertreter stets auch dann zuzustellen, wenn diese Pflicht nach § 8 Abs. 1 S. 2 VwZG eigentlich nicht besteht, da keine schriftliche Vollmacht vorgelegt wurde (BGH GRUR 1991, 814, 815/816 – *Zustellungsadressat;* ebenso Amtl. Begr. zu § 94).

8   Aufgrund gesetzlicher Bestimmung ist **zwingend an den Vertreter** zuzustellen, „wenn er schriftliche Vollmacht vorgelegt hat" (§ 8 Abs. 1 S. 2 VwZG). Anders als nach § 127 Abs. 1 Nr. 5 PatG kommt es nicht darauf an, ob die Vollmacht zu den Akten des jeweiligen Verfahrens gelangt ist. Die beim DPA hinterlegte „Allgemeine Vollmacht" genügt. Zustellung an die Partei selbst statt an den Vertreter macht die Zustellung unwirksam (BGH GRUR 1991, 814, 816 – *Zustellungsadressat;* BPatGE 17, 8, 10; BPatGE 3, 54, 55). Die Verpflichtung zur Zustellung so vieler Ausfertigungen oder Abschriften, wie ein Zustellungsbevollmächtigter an Beteiligten vertritt (§ 8 Abs. 2 VwZG) ist dagegen eine bloße Ordnungsvorschrift (BPatG Bl 1990, 407 Ls, Vorentscheidung zu BGH aaO – *Spektralapparat,* wo die Frage nicht mehr entscheidungserheblich war).

IV. Zustellungsarten nach VwZG

9   Das VwZG sieht folgende Zustellungsarten vor: Zustellung durch die Post mit Zustellungsurkunde (§ 3 VwZG, §§ 180–186, 195 Abs. 2 ZPO); Zustellung durch die Post mit Einschreiben (§ 4 VwZG), mit zugunsten des Empfängers widerlegbarer Zugangsvermutung am 3. Tag nach Aufgabe zur Post, die bei früherem Zu-

Zustellungen **§ 94**

gang unwiderleglich zugunsten des Empfängers gilt (*Benkard/ Schäfers* § 127 Rdn. 9 mwN); Zustellung gegen Empfangsbekenntnis durch Aushändigung (§§ 5 Abs. 1, 10–13 VwZG); Zustellung gegen Empfangsbekenntnis an ua Rechtsanwälte und Patentanwälte (§§ 5 Abs. 2, 10–13 VwZG), zur Rspr. hierzu vgl. *Benkard/Schäfers* § 127 PatG Rdn. 14, 15; ferner unbedeutend Zustellung an Behörden uä durch Vorlage der Urschrift (§ 6 VwZG); Auslandszustellung (§ 14 VwZG, geringe Bedeutung wegen § 94 Abs. 1 Nr. 1, unten Rdn. 11); öffentliche Zustellung (§ 15 VwZG), insbesondere bei allgemein unbekanntem Aufenthalt (zB BPatGE 15, 158, 159).

Die **Ersatzzustellung,** d. h. Übergabe des zuzustellenden 10 Schriftstückes an eine andere Person, als an die, gegenüber der die Zustellung zu bewirken ist, ist bei Zustellung durch die Post mit Zustellungsurkunde gemäß §§ 181–184 ZPO und bei Zustellung gegen Empfangsbekenntnis nach § 5 Abs. 1 VwZG gem. § 11 VwZG möglich. Die Ersatzzustellung spielt in der Praxis bei nicht durch Bevollmächtigte vertretenen Beteiligten eine große Rolle. Einzelheiten der Voraussetzungen bei *Benkard/Schäfers* § 127 PatG Rdn. 32 ff.

V. Abweichungen vom VwZG

Zur Vermeidung des zeitaufwendigen Verfahrens nach § 14 11 VwZG gestattet § 94 Abs. 1 **Nr. 1** die **Auslandszustellung** auch **durch Aufgabe zur Post** nach §§ 175, 213 ZPO. Im Gegensatz zu § 127 Abs. 1 Nr. 2 ist jedoch Voraussetzung, daß die Zustellung eine Person betrifft, die nach § 96 zur Bestellung eines Inlandsvertreters verpflichtet ist. Außerdem muß sogar noch hinzukommen, daß die Notwendigkeit zur Bestellung eines Inlandsvertreters im Zeitpunkt der zu bewirkenden Zustellung für den Auswärtigen erkennbar war. Letzteres kann jedenfalls dann angenommen werden, wenn der Auswärtige entsprechend belehrt worden ist. Nach Amtl. Begr. zu § 94 dienen diese neu eingeführten Voraussetzungen dem Schutz des auswärtigen Empfängers, so daß ohne vorausgegangene Belehrung (zB in der Belehrung zur Schutzverweigerung betreffend IR-Marken nach § 52 Abs. 2 S. 2 MarkenV) allein aufgrund ungenügender Befassung mit den Vorschriften des deutschen Markenrechts noch keine Erkennbarkeit angenommen werden kann.

§ 94 Abs. 1 **Nr. 2** bezieht die Erlaubnisscheininhaber (§ 177 12 PatAnwO) in den Personenkreis für die vereinfachte Zustellung gegen Empfangsbekenntnis nach § 5 Abs. 2 VwZG ein.

§ 95 Rechtshilfe

13 § 94 Abs. 1 **Nr. 3** ergänzt die Zustellungsarten des VwZG um eine eigene Zuständigkeitsart, die ein Abholfach bei DPA oder BPatG voraussetzt und wegen der Unwiderlegbarkeit der durch einen Aktenvermerk begründeten Vermutung nach § 94 Abs. 2 Nr. 3 S. 4 (BPatGE 17, 3, 4/5) eigene Risiken birgt (BPatG Mitt. 1984, 177: Zustellungsfiktion nach 3 Tagen bezieht sich auf Kalendertage, nicht Werktage und kann daher auch an Samstagen, Sonntagen oder Feiertagen eintreten).

VI. Zustellungsmängel, Heilung (Abs. 2)

14 § 9 Abs. 1 VwZG ordnet die Heilung von Zustellungsmängeln (hierzu *Engelhardt* § 9 VwZG Anm. 1; vgl. auch *Thomas/Putzo* § 187 ZPO Rdn. 4 ff.) kraft Gesetzes an, wenn der richtige Zustellungsempfänger das zuzustellende Schriftstück in anderer Weise nachweislich erhalten hat. Der Nachweis ist insbesondere dann möglich, wenn der Betroffene Handlungen vornimmt, aus denen sich ergibt, daß er das Schriftstück spätestens zu diesem Zeitpunkt erhalten hat (vgl. BPatGE 29, 11, 15 zu nachträglicher Vertreterbestellung; BPatGE 17, 8, 10: *falscher Adressat;* BPatGE 1, 54, 55/56). § 94 Abs. 2 schließt die Heilung aus Gründen der Rechtssicherheit aus, wenn die Zustellung die Erinnerungsfrist, Beschwerdefrist oder Rechtsbeschwerdefrist in Lauf setzen würde.

§ 95 Rechtshilfe

(1) Die Gerichte sind verpflichtet, dem Patentamt Rechtshilfe zu leisten.

(2) Im Verfahren vor dem Patentamt setzt das Patentgericht auf Ersuchen des Patentamts Ordnungs- oder Zwangsmittel gegen Zeugen oder Sachverständige fest, die nicht erscheinen oder ihre Aussage oder deren Beeidigung verweigern. Ebenso ist die Vorführung eines nicht erschienenen Zeugen anzuordnen.

(3) Über das Ersuchen nach Absatz 2 entscheidet ein Beschwerdesenat des Patentgerichts in der Besetzung mit drei rechtskundigen Mitgliedern. Die Entscheidung ergeht durch Beschluß.

1 § 95 Abs. 1 verankert die **innerstaatliche** Rechtshilfepflicht der Gerichte gegenüber dem DPA. Die Zuständigkeit des Rechtshilfegerichts und das Verfahren richten sich nach §§ 157–164 GVG. Anders als bei § 128 Abs. 1 PatG hat der Gesetzgeber in § 95

Abs. 1 auf die Erwähnung der Rechtshilfepflicht gegenüber dem BPatG verzichtet, da sich diese schon aus Art. 35 GG ergebe (Amtl. Begr. zu § 95; krit. *Engel,* FS Piper 1996, 513). Im übrigen ist § 95 mit Ausnahme einer rein sprachlichen Umstellung in § 95 Abs. 2 S. 1 wortgleich mit § 128 PatG.

Nach § 95 Abs. 2 kann das DPA das BPatG um die Verhängung von Ordnungs- und Zwangsmitteln gegen säumige bzw. die Aussage oder den Eid verweigernde Zeugen und Sachverständige ersuchen, weil es dazu als Verwaltungsbehörde nicht selbst befugt ist. 2

Für die **zwischenstaatliche Rechtshilfe** gelten die Bestimmungen der einschlägigen Abkommen und die Rechtshilfeordnung für Zivilsachen (ZRHO). Im Verhältnis zu Behörden und Gerichten der Europäischen Union richten sich Rechtshilfe und Amtshilfe nach den Bestimmungen des Gemeinschaftsrechts, insbesondere Art. 5 EGV. 3

§ 96 Inlandsvertreter

(1) **Der Inhaber einer angemeldeten oder eingetragenen Marke, der im Inland weder einen Wohnsitz oder Sitz noch eine Niederlassung hat, kann an einem in diesem Gesetz geregelten Verfahren vor dem Patentamt oder dem Patentgericht nur teilnehmen, wenn er im Inland einen Rechtsanwalt oder einen Patentanwalt als Vertreter bestellt hat.**

(2) **Der nach Absatz 1 bestellte Vertreter ist im Verfahren vor dem Patentamt und dem Patentgericht und in bürgerlichen Rechtsstreitigkeiten, die die Marke betreffen, zur Vertretung befugt. Der Vertreter kann auch Strafanträge stellen.**

(3) **Der Ort, wo der Vertreter seinen Geschäftsraum hat, gilt im Sinne des § 23 der Zivilprozeßordnung als der Ort, wo sich der Vermögensgegenstand befindet. Fehlt ein Geschäftsraum, so ist der Ort maßgebend, wo der Vertreter seinen Wohnsitz, und in Ermangelung eines solchen der Ort, wo das Patentamt seinen Sitz hat.**

(4) **Absatz 1 gilt entsprechend für Dritte, die an einem in diesem Gesetz geregelten Verfahren vor dem Patentamt oder dem Patentgericht beteiligt sind.**

Übersicht

	Rdn.
I. Allgemeines	1, 2
II. Bestellungszwang (Abs. 1, 4)	3–12
1. Personeller Anwendungsbereich	3, 4
2. Verfahrensarten	5, 6

§ 96 Inlandsvertreter

	Rdn.
3. Rechtsfolgen, Heilung	7–10
4. Kein Vertretungszwang	11, 12
III. Inlandsvertreter	12–17
1. Personenkreis	13
2. Bestellung, Vollmacht	14, 15
3. Gesetzlicher Mindestumfang (Abs. 2)	16, 17
IV. Gerichtsstand (Abs. 3)	18

I. Allgemeines

1 Das MarkenG knüpft an ausländische Staatsangehörigkeit oder ausländischen (Wohn-) Sitz/Niederlassung keine besonderen materiellrechtlichen Zugangsschranken zum Kennzeichenschutz (vgl. § 7 Rdn. 10). Von den besonderen Voraussetzungen des § 35 WZG ist in § 96 nur noch der Zwang zur Bestellung eines Inlandsvertreters übriggeblieben, wobei die Neuregelung nach dem Vorbild des § 25 PatG gestaltet wurde und damit **erheblich von der Vorgängerbestimmung** § 35 Abs. 2 WZG (und § 8 Abs. 1 IntRegVO für IR-Marken) **abweicht**. Art. 2 Abs. 3 PVÜ läßt einen Vertreterzwang ausdrücklich zu. Regelungszweck ist die Erleichterung des Rechtsverkehrs zwischen DPA, BPatG sowie inländischer Verfahrensbeteiligter mit dem Auswärtigen (vgl. BGH GRUR 1969, 473, 438 – *Inlandsvertreter* zu § 16 PatG 1978).

2 Im **Gemeinschaftsmarkenrecht** gilt ein Vertretungszwang für Personen ohne (Wohn-)Sitz oder Niederlassung in der Gemeinschaft, die sich mit Ausnahme der Einreichung einer Gemeinschaftsmarkenanmeldung vor dem Harmonisierungsamt durch einen hierzu berechtigten Vertreter vertreten lassen müssen (Art. 88 Abs. 2 GMVO). Anders als § 96 läßt Art. 88 Abs. 3 S. 2 GMVO die Vertretung ausländischer juristischer Personen auch durch Angestellte eines verbundenen Unternehmens mit Sitz oder Niederlassung in der Gemeinschaft zu.

II. Bestellungszwang (Abs. 1, 4)

1. Personeller Anwendungsbereich

3 Der Bestellungszwang für Auswärtige betrifft zwei Gruppen von Verfahrensbeteiligten. Während § 96 Abs. 1 nur die Inhaber eingetragener bzw. angemeldeter deutscher Marken und in Deutschland

Inlandsvertreter **§ 96**

Schutz genießender IR-Marken (§§ 107, 119) erfaßt, dehnt § 96 Abs. 4 den Bestellungszwang auf alle „Dritten" aus, die an einem im MarkenG geregelten Verfahren vor DPA oder BPatG beteiligt sind, ohne Markeninhaber zu sein. Beispiele: der aus einer notorischen Marke oder im Fall der Agentenmarke als Geschäftsherr Widersprechende; der Antragsteller im Akteneinsichtsverfahren; der Antragsteller im Löschungsverfahren nach §§ 53, 54. Für Inhaber von Gemeinschaftsmarken, die insbesondere als Widersprechende verfahrensbeteiligt sein können, gilt jedenfalls § 96 Abs. 4, nach richtiger Ansicht jedoch sogar § 96 Abs. 1 iVm § 125a Nr. 1.

Der Bestellungszwang besteht sobald und solange der Beteiligte 4 im Inland als natürliche Person weder Wohnsitz (§§ 7 bis 9, 11 BGB) noch Niederlassung und als juristische Person oder Personengesellschaft weder Sitz noch Niederlassung hat. Zweigniederlassung genügt, nicht jedoch Konzernzugehörigkeit einer selbständigen inländischen Tochtergesellschaft (vgl. *B/S* § 35 WZG Rdn. 5; *Benkard/Schäfers,* § 25 PatG Rdn. 4; DPA Mitt. 1935, 198; insoweit enger als § 21 ZPO). Niederlassung setzt erkennbare Teilnahme am inländischen Geschäftsverkehr voraus, insbesondere von einem Geschäftslokal, Telefonanschluß etc. aus (BPatG Mitt. 1982, 77).

2. Verfahrensarten

Die Vertreterbestellung nach § 96 Abs. 1, 4 ist nur in den mar- 5 kengesetzlichen Verfahren vor **DPA** und **BPatG** zwingende Voraussetzung für die Beteiligung am Verfahren. In den markengesetzlichen Rechtsbeschwerdeverfahren vor dem BGH gilt ohnehin der besondere Anwaltszwang nach § 85 Abs. 5. In Kennzeichenstreitsachen vor den ordentlichen Gerichten gilt der Bestellungszwang nicht (zum weiteren Anwendungsbereich des § 96 Abs. 2 unten Rdn. 16), greift aber der zivilprozessuale Anwaltszwang vor den nach § 140 ausschließlich zuständigen Landgerichten und höheren Instanzen ein. Demgegenüber war die Vertreterbestellung nach § 35 Abs. 2 WZG weitergehend Voraussetzung für jegliche Geltendmachung des Zeichenschutzes. § 96 ist insoweit auch enger als § 25 S. 1 PatG. Für die außeramtliche bzw. außergerichtliche Geltendmachung des Markenschutzes (zB Abmahnung) ist der Bestellungszwang ohne Bedeutung (Amtl. Begr. 5. Abs. zu § 96).

Zur Bewirkung der **Verlängerung** der Schutzdauer einer ein- 6 getragenen deutschen Marke durch Zahlung der Verlängerungsgebühr bedarf es nach § 38 Abs. 2 MarkenV keiner Vertreterbestellung.

1211

3. Rechtsfolgen, Heilung

7 Der Bestellungszwang gilt für alle Phasen der Verfahren nach Rdn. 5. Jedoch ist die fehlende Bestellung nach der Neuregelung nur ein vor Erlaß der abschließenden Sachentscheidung noch **behebbares Verfahrenshindernis**. Wird die Bestellung rechtzeitig, insbesondere innerhalb einer hierfür zu setzenden gesonderten Frist nachgeholt, bleibt die noch vor der Vertreterbestellung eingereichte Markenanmeldung mit ihrem damaligen Anmeldetage zulässig (Amtl. Begr. 5. Abs. zu § 96; vgl. *Benkard/Schäfers* § 25 PatG Rdn. 24). Fristgebundene Erklärungen (zB Widerspruch, § 42 Rdn. 25) bleiben auch bei Nachholung der Vertreterbestellung erst nach Ablauf der Erklärungsfrist mit dem Eingangstag zulässig.

8 Tritt der Vertretungsmangel während des Verfahrens ein, ist ebenfalls eine Frist zur Vertreterbestellung zu setzen (zB bei Inhaberwechsel, Aufgabe einer inländischen Niederlassung, Mandantsniederlegung durch den bisherigen Vertreter). Das Verfahren wird nicht etwa entsprechend § 144 ZPO unterbrochen, denn der Auswärtige verliert nicht seine Handlungsfähigkeit, sondern es entsteht ein Verfahrenshindernis eigener, behebbarer Art (BGH GRUR 1969, 437, 438 – *Inlandsvertreter*).

9 In der **Beschwerdeinstanz** kann der Bestellungszwang sowohl als Hindernis des patentamtlichen Ausgangsverfahrens als auch des Beschwerdeverfahrens selbst zu beachten sein (vgl. *Benkard/Schäfers* § 25 PatG Rdn. 28 f.). Der Nachweis der Bestellung im Beschwerdeverfahren heilt als Genehmigung auch den Mangel im Verfahren vor dem DPA (§§ 52, 77 MarkenV) gem. § 89 Abs. 2 ZPO iVm § 82 Abs. 1 S. 1 (BPatG Bl 1993, 27). Bestellt der Beschwerdeführer trotz entsprechender Aufforderung den erforderlichen Inlandsvertreter nicht, ist die Beschwerde als unzulässig zu verwerfen (vgl. BPatGE 17, 11, 13 zum PatG), es sei denn, mit der Beschwerde wird gerade (auch) geltend gemacht, daß die angefochtene Entscheidung zu Unrecht wegen Fehlens eines Inlandsvertreters ergangen ist (vgl. BPatGE 15, 204 zur fehlenden Vollmacht im Gebrauchsmusteranmeldeverfahren). Wurde das Bestellungserfordernis im patentamtlichen Verfahren übersehen, kommt Aufhebung und Zurückverweisung im zweiseitigen Verfahren dann in Betracht, wenn andernfalls die Gegenpartei keine durchsetzbare Entscheidung erlangen könnte (BPatGE 22, 37 zum PatG). Bei Wegfall des Inlandsvertreters eines Markenanmelders im Widerspruchsbeschwerdeverfahren ist seine Beschwerde zu verwerfen, nicht jedoch auch die Markenanmeldung zurückzuweisen (BPatGE 37, 153 ge-

Inlandsvertreter **§ 96**

gen BPatG Bl. 1988, 114 zum früheren Recht). Ist der auswärtige Beteiligte Beschwerdegegner, so ist trotz fehlender Bestellung in der Sache zu entscheiden (BPatG Mitt. 1997, 261, 262 – *Coveri*).

Eine **Wiedereinsetzung** in eine patentamtliche oder richterliche 10 Frist zur Vertreterbestellung ist nicht möglich, da nicht schon der Fristablauf, sondern erst die wegen dieses Verfahrensmangels ergehende Sachentscheidung einen – durch Wiedereinsetzung nicht aufhebbaren – Rechtsnachteil iSv § 91 Abs. 1 bewirkt (BPatGE 31, 29 zum PatG). Dagegen Wiedereinsetzung zulässig in die ohne weitere Entscheidung zur endgültigen Schutzverweigerung führenden Fristen gem § 52 MarkenV.

Zur Auslandszustellung durch Aufgabe zur Post bei versäumter Inlandsvertreterbestellung § 94 Abs. 1 Nr. 1.

4. Kein Vertretungszwang

§ 96 Abs. 1 und 4 zwingt nur zur **Bestellung** des Vertreters, 11 hindert den auswärtigen Beteiligten aber nicht daran, sodann selbst Verfahrenshandlungen vorzunehmen (BPatG Mitt. 1997 160, 161 – *ULTRA GLOW*, BGH GRUR 1969, 437, 438 – *Inlandsvertreter*). Die Vertreterbestellung nach § 96 dient nicht zur Gewährleistung sachgerechter Verfahrensvertretung des Auswärtigen sondern soll primär sicherstellen, daß im Inland Zustellungen vorgenommen werden können.

Es handelt sich also nicht auch um einen Vertretungszwang wie 12 im Falle des Art. 88 Abs. 2 GMVO. Der Auswärtige kann neben dem Inlandsvertreter auch einen anderen Bevollmächtigten mit der Vertretung beauftragen (BPatG Mitt. 1997, 160, 161 – *ULTRA GLOW*; vgl. BPatGE 4, 160 zum PatG).

III. Inlandsvertreter

1. Personenkreis

Als Inlandsvertreter im gesetzlichen Sinne können nur in 13 Deutschland zugelassene und hier geschäftsansässige Rechtsanwälte und Patentanwälte (einschließlich Patentassessoren und Erlaubnisscheininhaber nach Maßgabe der §§ 155 Abs. 2, 178 PatAnwO) bestellt werden, nicht aber nur zur Rechtsbesorgung bzgl. ausländischen oder internationalen Rechts befugte Rechtsanwälte nach § 206 BRAGO bzw. Patentanwälte nach § 154a PatAnwO (Amtl. Begr. 6. Abs. zu § 96; ausf. *Benkard/Schäfers* § 25 PatG Rdn. 9ff.).

2. Bestellung, Vollmacht

14 Der Inlandsvertreter ist gewillkürter Vertreter und bedarf daher der **rechtsgeschäftlichen Bevollmächtigung** durch den auswärtigen Vertretenen. Die erteilte Vertretungsbefugnis darf hinter dem Umfang nach § 96 Abs. 2 nicht zurückbleiben, da sonst das Bestellungserfordernis nicht erfüllt ist. Die Bestellung ist durch Vorlage einer auf den Inlandsvertreter lautenden Vollmachtsurkunde nachzuweisen und wird bei Vertretung eines Markeninhabers in das Register eingetragen (§ 18 Nr. 18 MarkenV). Die Vorschriften über die Vollmachtsrüge nach § 77 Abs. 4 MarkenV und § 81 Abs. 3 gelten für den Bestellungsnachweis als solchen nicht, sondern nur für die Verfahrensvollmacht (vgl. *Benkard/Schäfers,* § 25 PatG Rdn. 16). Ausdrückliche Bezugnahme auf § 96 in der Vollmacht ist empfehlenswert. Die Bestellung als Inlandsvertreter kann auch durch eine Allgemeine Vollmacht nach § 77 Abs. 2 MarkenV nachgewiesen werden.

15 **Widerruf** oder **Niederlegung** der Vertretung haben sofortige Wirkung (§ 81 Rdn. 5) und lassen das Verfahrenshindernis auch bei Fortdauer der Eintragung des Inlandsvertreters im Markenregister wiederaufleben. Zustellungen sind dann an den Beteiligten selbst vorzunehmen (vgl. § 94 Abs. 1 Nr. 1). Einer § 30 Abs. 3 PatG entsprechenden Fingierung fortbestehender Legitimation kraft Eintragung fehlt im MarkenG die gesetzliche Grundlage (zum PatG vgl. BPatG Mitt. 1995, 174 gegen BPatGE 28, 219).

3. Gesetzlicher Mindestumfang (Abs. 2)

16 Neben den Verfahren, in denen der Bestellungszwang gilt (oben Rdn. 5), umfaßt der gesetzlich vorgeschriebene Mindestumfang im Falle der Vertretung eines Markenanmelders oder Markeninhabers (nicht im Falle des § 96 Abs. 4) auch sämtliche Rechtsstreitigkeiten vor den **ordentlichen Gerichten,** welche die Marke betreffen. Dies sind nicht nur die im MarkenG geregelten Verletzungsprozesse, Eintragungsbewilligungsklagen und Löschungsklagen, sondern zB auch Prozesse über Markenübertragungen oder Lizenzstreitigkeiten. Von besonderer praktischer Bedeutung ist, daß dem Inlandsvertreter entsprechende Klagen und gerichtliche Entscheidungen zugestellt werden können und damit die oft mühevolle und langwierige Auslandszustellung entfällt. Die Bestimmungen über die Postulationsfähigkeit in derartigen Verfahren bleiben hinsichtlich einer aktiven Teilnahme des Inlandsvertreters unberührt. Nach

§ 96 Abs. 2 S. 2 ist der Inlandsvertreter ferner zur Stellung von Strafanträgen insbesondere gemäß § 143 Abs. 4 befugt.

Der Inlandsvertreter ist im Außenverhältnis zu allen Verfahrenshandlungen befugt, einschließlich solcher mit materiellrechtlichen Auswirkungen. Dies ist für die Rücknahme der Anmeldung anerkannt (BGH GRUR 1972, 536 – *Akustische Wand* zum PatG), muß aber auch für vollständige oder teilweise Löschungsanträge nach § 48 gelten (aA *B/S* § 35 WZG Rdn. 13). 17

IV. Gerichtsstand (Abs. 3)

Für die Anwendung des Gerichtsstands des im Inland belegenen Vermögens nach § 23 ZPO bestimmt § 96 Abs. 3 S. 1 die Marke des auswärtigen Inhabers als am Kanzleiort des Inlandsvertreters belegen, hilfsweise am Wohnsitz des Vertreters und bei Fehlen auch eines solchen am Sitz des DPA in München. Anders als früher § 35 Abs. 2 S. 3 WZG wird kein zusätzlicher Gerichtsstand begründet, sondern lediglich die andernfalls im gesamten Bundesgebiet anzunehmende Belegenheit des Schutzrechts auf einen bestimmten Ort konzentriert. Soweit § 23 ZPO durch Staatsverträge außer Kraft gesetzt ist (Art. 3 Abs. 2 EuGVÜ/LGVÜ), verschafft auch § 96 Abs. 3 keinen Gerichtsstand. 18

Teil 4. Kollektivmarken

Vorbemerkung zu §§ 97 bis 106

1. Allgemeines

1   Teil 4 enthält die Regelung der Kollektivmarken, die den Verbandszeichen der §§ 17–23 WZG entsprechen. Kollektivmarken haben eine lange historische Geschichte, sie gehen zurück auf die Zeichen der Zünfte und Innungen. In der Gegenwart ist die Zahl der Verbandszeichen gegenüber derjenigen der Individualzeichen außerordentlich gering. Ob die gegenüber dem WZG neu eingeführte Eintragbarkeit von geographischen Herkunftsangaben als Kollektivmarken (§ 99) zu einer größeren Zahl von Eintragungen führen wird, bleibt abzuwarten (zur historischen Entwicklung der Verbandszeichen *Busse/Starck* § 17 Rdn. 2; *Fezer* vor § 97 Rdn. 3). Es handelt sich um eine eigene **Markenart**, wie sich nicht nur aus der systematischen Stellung im Gesetz und den auf sie anwendbaren Sondervorschriften des Teil 4 ergibt, sondern auch aus der gegenüber Individualzeichen unterschiedlichen Funktion, nämlich ihrer Bestimmung, nicht die Herkunft von Waren oder Dienstleistungen aus einem bestimmten (einzelnen) Geschäftsbetrieb zu kennzeichnen, sondern deren Herkunft aus einem Unternehmen einer Gruppe, die ihrerseits durch die **Zugehörigkeit zu dem Verband**, der Inhaber der Marke ist, verbunden sind. Die Kollektivmarke weist damit auf bestimmte Eigenschaften der Waren, Leistungen oder der zeichenbenutzenden Unternehmen hin, die sie jeweils mit anderen Unternehmen, die das Zeichen ebenfalls benutzen, gemeinsam haben. Demgegenüber weist die Individualmarke allenfalls auf Eigenschaften hin, die aus Sicht des Inhabers für seine Waren oder Dienstleistungen spezifisch sind. Die Kollektivmarke ist besonders geeignet, bestimmte Eigenschaften der Waren oder Dienstleistungen zu „verbriefen", also eine Garantiefunktion zu übernehmen, die der Individualmarke fremd ist, zB als Gütezeichen (dazu § 97 Rdn. 6) oder als geographische Herkunftsangabe (§ 99). Gerade der Bereich der geographischen Herkunftsangaben bleibt Individualmarken – von Ausnahmen abgesehen (dazu § 128 Rdn. 8) – verschlossen, so daß die Kollektivmarke als probates Mittel des Schut-

zes erscheint. In anderen Bereichen können praktisch ähnliche Ergebnisse auch durch die Anmeldung einer Individualmarke und anschließende Erteilung von Lizenzen erreicht werden. Die Individualmarke hat für den Anmelder den Vorteil größerer Flexibilität, insbesondere dadurch, daß er keine Markensatzung erstellen muß und nicht an deren Inhalt gebunden ist, vgl. §§ 103, 104, 105 Abs. 1 Nr. 2. Demgegenüber kann die Kollektivmarke für die Nutzungsberechtigten vorteilhafter als die Lizenznahme an einer Individualmarke sein, insbesondere wenn ihnen über ihre Mitgliedschaftsrechte Einflußmöglichkeiten auf den Inhaber zustehen (dazu § 98 Rdn. 6).

2. Aufbau der Regelung

Die **Regelungstechnik** des Teils 4 wird bestimmt von der 2 Gelenkvorschrift des § 97 Abs. 2: Die Vorschriften für Individualmarken sind anwendbar, soweit im Teil 4 für die Kollektivmarken nicht ausdrücklich etwas anderes bestimmt ist. Dabei folgt der Aufbau von Teil 4 wiederum dem Aufbau der Regelung für die Individualmarken, beginnend mit der Regelung über die Inhaberschaft, fortschreitend über die absoluten Eintragungshindernisse, die Schutzschranken und die Benutzung zu den daraus erwachsenden Ansprüchen, dem Anmeldeverfahren und dem Verfall. Die **Besonderheiten** der Kollektivmarke betreffen dabei folgende Problemkreise: (1) Die **Binnenstruktur des Verbandes** und seine Rechtsbeziehungen zu den Mitgliedern, wobei wiederum die Frage der Mitgliedschaft einerseits von der Frage der Benutzungsberechtigung andererseits zu unterscheiden ist. Zu diesem Problemkreis macht das Gesetz nur kurze Andeutungen in §§ 98, 102 und 105. (2) Den **Gegenstand des Markenschutzes** und die daraus entstehenden Verbotsrechte gegenüber Dritten, insbesondere in ihrer Abgrenzung von zulässigen Benutzungshandlungen Dritter. Dieser Problemkreis wird in den §§ 99, 100 und 101 detaillierter angesprochen. (3) **Mißbrauchsfälle** betreffen zum einen Mißbräuche im Wortlaut der Satzung selbst, die z. B. bestimmte Wettbewerber diskriminieren kann, zum anderen aber auch Defizite bei der praktischen Umsetzung der Bestimmungen der Markensatzung. Diese Fragen sind wiederum nicht vollständig durch die Prüfungskompetenz des Patentamtes (§ 103) und die Möglichkeit der Löschung nach § 105 Abs. 1 Nr. 2, Abs. 2 geregelt. (4) Ein letzter Problemkreis betrifft schließlich die Besonderheiten des **Verfahrens** vor dem Patentamt. Diese sind in §§ 102 bis 106 ausführlich geregelt.

§ 97 Kollektivmarken

(1) Als Kollektivmarken können alle als Marke schutzfähigen Zeichen im Sinne des § 3 eingetragen werden, die geeignet sind, die Waren oder Dienstleistungen der Mitglieder des Inhabers der Kollektivmarke von denjenigen anderer Unternehmen nach ihrer betrieblichen oder geographischen Herkunft, ihrer Art, ihrer Qualität oder ihren sonstigen Eigenschaften zu unterscheiden.

(2) Auf Kollektivmarken sind die Vorschriften dieses Gesetzes anzuwenden, soweit in diesem Teil nicht etwas anderes bestimmt ist.

Inhaltsübersicht

	Rdn.
I. Allgemeines	1–4
1. Überblick	1
2. Früheres Recht	2
3. MRRL	3
4. Gemeinschaftsmarkenrecht	4
II. Begriffsbestimmung (Abs. 1)	5–9
1. Definition	5
2. Zweck der Kollektivmarke	6
3. Zulässige Markenformen	7
4. Unterscheidungskraft	8
5. Binnenstruktur	9
III. Anwendbare Vorschriften (Abs. 2)	10–13
1. Sonderregelungen in Teil 4	11
2. Besonderheiten der Kollektivmarke	12, 13

Literatur: *Berg*, Vom Verbandszeichen zur Kollektivmarke, FS für Vieregge, 1995, 61; *ders.*, Die geographische Herkunftsangabe – Ein Konkurrent für die Marke?, GRUR 1996, 425; *Zühlsdorff*, Grüner Punkt: Markenzeichen für Produktverantwortung, MA 1995, 50.

I. Allgemeines

1. Überblick

1   § 97 enthält in Absatz 1 eine ansatzweise Begriffsbestimmung der Kollektivmarke, insbesondere im Hinblick auf die – von Individualkennzeichen verschiedene – Bestimmungen der Unterscheidungskraft bei Kollektivmarken. Durch die Verweisungsnorm des § 97 Abs. 2 werden die Vorschriften über Individualmarken für anwendbar erklärt, soweit Teil 4 keine anderen Regelungen enthält.

2. Früheres Recht

§ 17 Abs. 1 WZG enthielt eine Legaldefinition der Verbandszei- 2
chen als Warenzeichen, „die in den Geschäftsbetrieben ihrer Mitglieder zur Kennzeichnung der Waren dienen sollen". In § 17 Abs. 2 waren weitere Voraussetzungen für die Inhaberschaft aufgestellt (jetzt § 98). § 17 Abs. 3 enthielt eine Verweisungsnorm, die § 97 Abs. 2 entsprach.

3. MRRL

Die MRRL schreibt den Mitgliedsstaaten nicht vor, daß sie in 3
ihrem Markenrecht Kollektivmarken vorsehen müssen. Werden sie vorgesehen, sind nach der MRRL allerdings bestimmte Vorgaben zu beachten: Artikel 1 erklärt die MRRL auch auf Kollektivmarken für anwendbar, weshalb die zwingenden Vorschriften der MRRL auch bei Kollektivmarken zu beachten sind. Die Optionen in Artikel 4 Abs. 4 lit. d und e MRRL hinsichtlich eines besonderen Eintragungshindernisses bei Kollisionen mit nicht mehr rechtsgültigen Kollektivmarken hat der deutsche Gesetzgeber nicht umgesetzt. Die in Artikel 10 Abs. 3 MRRL vorgesehene zwingende Sonderregelung hinsichtlich des Benutzungszwanges ist vom deutschen Gesetzgeber in § 100 Abs. 2 umgesetzt worden. Die in Artikel 15 Abs. 1 MRRL zur Verfügung gestellte Option hinsichtlich besonderer Verfallsgründe ist in § 105 umgesetzt worden. Die in Artikel 15 Abs. 2 Satz 1 vorgesehene Option, die Kollektivmarke auch für geographische Herkunftsangaben zur Verfügung zu stellen, ist in § 99 umgesetzt worden, die daraus folgende zwingende Verpflichtung einer zusätzlichen Schutzschranke in Artikel 15 Abs. 2 Satz 2 MRRL in § 100 Abs. 1.

4. Gemeinschaftsmarkenrecht

Titel VIII der GMVO sieht in Artikel 64–72 Gemeinschaftskol- 4
lektivmarken vor. Diese stehen nach Artikel 64 Abs. 2 GMVO auch für geographische Herkunftsangaben zur Verfügung (*Ingerl*, Die Gemeinschaftsmarke, S. 121).

II. Begriffsbestimmung (Abs. 1)

1. Definition

§ 97 Abs. 1 enthält nur eine unvollständige Definition der Kol- 5
lektivmarke. Danach kann jedes nach § 3 schutzfähige Zeichen

auch Kollektivmarke sein, wobei es – anders als bei § 3 – nicht darauf ankommt, ob das Zeichen geeignet ist, die Waren oder Dienstleistungen eines Unternehmens von denen eines anderen zu unterscheiden, sondern darauf, ob die Eignung besteht, Waren oder Dienstleistungen gerade der Mitglieder des Inhabers der Kollektivmarke von denen anderer Unternehmen zu unterscheiden, wobei neben der betrieblichen Herkunft vom Gesetz auch ausdrücklich die geografische Herkunft und die sonstigen Eigenschaften genannt werden. Nicht gesetzlichen vorgegeben ist die Nutzungsberechtigung, insbesondere ob auch eine eigene Nutzung durch den Verband als Inhaber in Betracht kommt (neben der Nutzung durch die Mitglieder) was zu bejahen ist, § 100 Abs. 2. Ob beim Verkehr hinsichtlich der eingetragenen Kollektivmarke tatsächlich die Vorstellung besteht, daß diese auf die Mitglieder des Verbandes hinweist, ist ohne Belang, die abstrakte Eignung ist ausreichend (siehe schon BGH GRUR 1964, 381, 384 – *WKS-Möbel;* BGH GRUR 1957, 88, 91 – *Ihr Funkberater*). Die §§ 97 ff sehen ausdrücklich nur den Schutz eingetragener Kollektivmarken vor. Über § 4 Nr. 2 kann aber – wie früher schon im Ausstattungsrecht des § 25 WZG – im Einzelfall Schutz aufgrund Verkehrsgeltung bestehen, siehe unten Rdn. 13.

2. Zweck der Kollektivmarke

6   Kollektivmarken können in allen Situationen sinnvoll sein, bei denen die Bündelung von Kräften erwünscht ist. Das gilt besonders dann, wenn die Berechtigten aus wirtschaftlichen Gründen sich nicht zur Durchsetzung von starken Individualkennzeichen am Markt in der Lage sehen oder – was damit häufig einhergeht – das wesentliche Verkaufsargument für ihre Waren oder Dienstleistungen nicht in der Herkunft aus einem bestimmten Betrieb sehen (also aus dem unternehmensbezogenen Ruf) sondern in bestimmten Eigenschaften der Waren oder Dienstleistungen. Damit kommen Kollektivmarken etwa in folgenden Situationen in Betracht: (1) Zusammenschlüsse **kleinerer oder mittlerer Unternehmen** mit dem Ziel, durch die gemeinsam genutzte Kollektivmarke den Individualmarken größerer Wettbewerber im Bewußtsein der Verbraucher prominenter gegenübertreten zu können. Solche Marken werden von den Verbrauchern häufig gar nicht als Kollektivmarken erkannt, sondern mit Individualmarken gleichgesetzt. Ein Beispiel ist etwa das WKS-Zeichen für Möbel (BGH GRUR 1964, 381 – *WKS Möbel*). Die Kollektivmarke kann zB auch als gemeinsame

Kollektivmarken **§ 97**

Bezeichnung von Handwerksunternehmen dienen, unabhängig davon, ob der Verkehr gesellschaftsrechtliche Beziehungen zwischen den Unternehmen vermutet (BGHZ 21, 182 – *Ihr Funkberater*). Ähnlich kann unter Handelsunternehmen eine gemeinsame „Dachmarke" erwünscht sein (vgl. zB BPatG Mitt. 1994, 245 – *Schweißring*). Eine Sonderform dieser Situation kann die gemeinsame Nutzung des Verbandszeichens durch Unternehmen zur Kennzeichnung von **Produkten mit bestimmter Spezifikation** sein (zB das GOLDEN-TOAST-Toastbrot, siehe BGH GRUR 1991, 782 – *Verbandszeichen*), besonders wenn es sich um ein patentgeschütztes Produkt handelt, das von den Patentlizenznehmern unter einer einheitlichen Bezeichnung vermarktet werden soll (zB die Poroton-Ziegel, BGH GRUR 1984, 737 – *Ziegelfertigstürze*). In diesem Zusammenhang ist es auch denkbar, daß Franchisenehmer Berechtigte an einer Kollektivmarke werden, statt Lizenznehmer an einem Individualzeichen des Franchisegebers. (2) Das Verbandszeichen kann auch in **Konzernstrukturen** sinnvoll sein, insbesondere dann, wenn Unternehmen aus dem Konzernverbund ausscheiden, das Zeichen aber weiter nutzen sollen. In solchen Fällen kann sich etwa die Gründung eines Vereins als „Interessengemeinschaft" anbieten, dessen Mitglieder die früheren Konzernunternehmen sind, und dessen Zweck das Halten und Verteidigen der Kollektivmarke ist. Demgegenüber stellt der Konzern selbst auch dann keinen „Verband" im Sinne von § 98 dar, wenn die einheitliche Leitungsmacht der Konzernspitze gegeben ist (vgl. § 18 Abs. 1 AktG). Es fehlt insoweit an den für einen „Verband" notwendigen mitgliedschaftlichen Beteiligungsrechten (vgl. § 98 Rdn. 6) der Verbandsmitglieder, also der Konzernunternehmen im Hinblick auf die Konzernspitze. (3) Eng verbunden mit der Nutzung durch mehrere Unternehmen zur Erhöhung der Bekanntheit ihrer Produkte ist die Verwendung als **Gütezeichen.** Das Gesetz spricht diesen Aspekt in § 97 Abs. 1 durch die Erwähnung der „Qualität" an. Der Begriff des Gütezeichens selbst wird im MarkenG aber nicht verwendet. In § 27 Abs. 1 Satz 2 GWB findet sich der Begriff der „Gütezeichengemeinschaft", auf die der Aufnahmeanspruch des § 27 GWB erstreckt wird. Wird in einer Kollektivmarke die Bezeichnung „Gütezeichen" verwendet, erwartet der Verkehr, daß die entsprechende Ware oder Dienstleistung auf die Erfüllung von Mindestanforderungen anhand objektiver Merkmale von einem neutralen, außerhalb des gewerblichen Gewinnstrebens stehenden zuständigen Stelle geprüft worden ist (BPatGE 28, 139 – *Gütezeichenverband*). Ist das nicht der Fall, ist das Zeichen täuschend. Da es nicht auf die Art der

Waren oder Dienstleistungen ankommt, die unter dem Zeichen vertrieben werden, sondern auf die institutionelle Absicherung durch die neutrale Kontrollstelle, kann das Zeichen als ersichtlich täuschend zurückgewiesen werden (§ 8 Abs. 2 Nr. 4 MarkenG), wenn keine Unbedenklichkeitsbescheinigung einer entsprechenden Prüfstelle vorgelegt wird, (BPatGE 28, 139 – *Gütezeichenverband*). Der RAL (früherer Reichsausschuß für Lieferbedingungen und Gütesicherung), der heute selbständiger Ausschuß beim deutschen Normenausschuß (DNA) ist, ist eine neutrale Stelle, deren Bescheinigung ausreicht, um die Bezeichnung als Gütezeichen zu rechtfertigen. Der RAL ist aber nicht die einzige derartige Stelle, vielmehr ist auch denkbar, daß der Verband die neutrale Kontrollinstanz erst selbst errichtet. Dabei muß aber jedenfalls sichergestellt sein, daß es nicht zu Einflußmöglichkeiten der Mitglieder auf die Entscheidungen der Kontrollinstanz kommt, zB dadurch, daß die Kontrollinstanz mit Angestellten von Mitgliedsunternehmen besetzt ist. Die erhebliche Werbewirkung der Gütezeichen führt nicht nur zum Aufnahmeanspruch von § 27 GWB, sondern kann gegebenenfalls auch für Nichtmitglieder einen Anspruch auf Erteilung einer Lizenz zur Führung des Gütezeichens beinhalten, solange sie die Gütebedingungen erfüllen (anderenfalls Erlöschen der Lizenz, vgl. OLG Celle GRUR 1985, 547 – *Buskomfort*). Auch das Gütezeichen kennzeichnet die Herkunft der Waren oder Dienstleistungen aus einer bestimmten Gruppe von Betrieben, nämlich denjenigen, die sich der Gütesicherung angeschlossen haben, insbesondere den satzungsgemäßen Kontrollauflagen unterworfen haben. Daß diese Gruppe von Unternehmen im Einzelfall einmal eine ganze Branche umfassen kann, schadet nicht (BGH GRUR 1977, 488 – *DIN-GEPRÜFT*). Im übrigen gelten hinsichtlich von Gütezeichen die gleichen Regeln wie für sonstige Verbandszeichen oder Individualzeichen (§ 97 Abs. 2), zB hinsichtlich der Verwechslungsgefahr (BPatGE 10, 273 – *Dinacor/DIN*).

3. Zulässige Markenformen

7   Dem Hinweis auf § 3 stellt klar, daß alle Markenformen, die für Individualmarken zulässig sind, auch für die Kollektivmarke zur Verfügung stehen. Verbandsmarken können somit insbesondere auch Verpackung oder Form der Ware sein, soweit die Grenzen von § 3 Abs. 2 eingehalten sind. So wäre es etwa ohne weiteres zulässig, die geographische Herkunftsangabe für ein Lebensmittel durch die Kollektivmarkenanmeldung einer typischen Flaschenform, Kä-

Kollektivmarken **§ 97**

seform usw. zu schützen. Im Hinblick auf § 97 Abs. 2 ist der Hinweis auf § 3 nur eine Klarstellung. § 97 Abs. 1 verweist nicht auf § 4, da er von den drei Möglichkeiten der Entstehung des Markenschutzes nur die Eintragung (§ 4 Nr. 1) vorsieht. Auch außerhalb der Eintragung kann Markenschutz aber aufgrund Verkehrsgeltung für mehrere Unternehmen entstehen (unten Rdn. 13).

4. Unterscheidungskraft

Die Kollektivmarke muß hinreichende Unterscheidungskraft besitzen, um die Waren oder Dienstleistungen der Mitglieder des Verbandes von denjenigen anderer Unternehmen abzugrenzen. Damit tritt gegenüber der sonst nach § 8 Abs. 2 Nr. 1 erforderlichen Unterscheidungskraft insoweit eine wesentliche Modifikation ein, als auch Sachbezeichnungen Unterscheidungskraft haben können, wenn sie sich auf bestimmte, hinreichend konkrete Produkteigenschaften beziehen, die nur von den Produkten bestimmter Hersteller erfüllt werden (vgl. BGH GRUR 1996, 270 – *MADEIRA*). Das gilt auch für Gütebezeichnungen, die nicht allgemeine Anpreisungen darstellen, sondern auf die Einhaltung verbandsspezifischer Vorgaben oder Normen verweisen (BGH GRUR 1977, 488 – *DIN-GEPRÜFT*). Das schließt allerdings die Prüfung der sonstigen Eintragungshindernisse in § 8 Abs. 2 Nr. 2–Nr. 9 nicht aus (BGH GRUR 1977, 488 – *DIN-GEPRÜFT*). Auch in diesem Zusammenhang können sich aber Modifikationen ergeben, zB hinsichtlich des Freihaltebedürfnisses bei geographischen Herkunftsangaben durch die Schutzschranke des § 99.

8

5. Binnenstruktur

§ 97 Abs. 1 unterscheidet bereits begrifflich zwischen dem Inhaber der Kollektivmarke einerseits und den Mitgliedern andererseits. Das Vorhandensein von Mitgliedern, die aufgrund ihrer Stellung Einfluß auf den Inhaber haben, gehört somit zum Wesen der Kollektivmarke und unterscheidet diese von Konstellationen, bei denen der Inhaber einer Individualmarke einseitig Lizenzen vergibt.

9

III. Anwendbare Vorschriften (Abs. 2)

Teil 4 enthält eine Reihe ausdrücklicher Abweichungen vom Recht der Individualmarke. Soweit solche ausdrücklichen Regelungen nicht getroffen sind, verbleibt es im Grundsatz bei den für

10

1223

die Individualmarke geltenden Vorschriften, wobei die Besonderheiten der Kollektivmarke im Einzelfall trotzdem in die Beurteilung einfließen können.

1. Sonderregelungen in Teil 4

11 § 98 enthält hinsichtlich der Inhaberschaft gegenüber § 7 eine einschränkende Regelung. Inhaber von Kollektivmarken können insbesondere keine natürlichen Personen und keine Gesamthandsgemeinschaften sein (im einzelnen § 98 Rdn. 6). § 99 ändert § 8 Abs. 2 Nr. 2 im Hinblick auf geographische Herkunftsangaben. § 100 Abs. 1 ergänzt § 23 hinsichtlich des Umfangs der zulässigen Benutzung. § 100 Abs. 2 enthält eine spezielle Regelung der rechtserhaltenen Benutzung und ergänzt § 26. § 101 Abs. 1 ergänzt die Regelung der Aktivlegitimation aus § 14 (der hinsichtlich der Individualmarke ausschließlich auf den Inhaber abstellt). § 100 Abs. 2 ergänzt § 14 Abs. 6 hinsichtlich der Geltendmachung von Schadenersatzansprüchen. § 102 ergänzt die Anmeldeerfordernisse des § 32. § 103 ergänzt den in § 37 vorgesehenen Umfang der patentamtlichen Prüfung, wobei § 104 zusätzliche fortlaufende Mitwirkungspflichten aufstellt, die bei Individualmarken entfallen. § 105 ergänzt § 49 um einen zusätzlichen Verfallsgrund, § 106 ergänzt § 50 um einen zusätzlichen Nichtigkeitsgrund.

2. Besonderheiten der Kollektivmarke

12 Im Einzelfall sind weitere gesetzlich nicht ausdrücklich geregelten Besonderheiten der Kollektivmarke zu berücksichtigen. Dies gilt zB bei der Beurteilung des **Freihaltebedürfnisses** von § 8 Abs. 2 Nr. 2 nicht nur im Hinblick auf geographische Herkunftsangaben, da § 97 Abs. 1 die Kollektivmarke gerade als Unterscheidungsmittel hinsichtlich bestimmter Eigenschaften der Waren oder Dienstleistungen zur Verfügung stellt. Es ist dann zu prüfen, ob der Kreis der potentiellen Verwender dieser Sachangabe durch die Vorschriften der Markensatzung hinreichend zutreffend umschrieben ist, also denjenigen Unternehmen, die voraussichtlich ein schutzwürdiges Interesse an der Verwendung der Eigenschaftsbezeichnung haben, die Mitgliedschaft im Verband offensteht.

13 Der BGH hat verschiedentlich anerkannt, daß auch bei Verbandszeichen Schutz aufgrund von **Verkehrsdurchsetzung** möglich ist (GRUR 1957, 88 – *Ihr Funkberater*; BGH GRUR 1964, 381 – *WKS-Möbel*). § 8 Abs. 3 ist damit für Kollektivmarken unproblematisch anwendbar. Fraglich ist allerdings, ob Kollektivmarken-

Inhaberschaft **§ 98**

schutz auch ohne Anmeldung aufgrund **Verkehrsgeltung** (§ 4 Nr. 2) möglich ist. Der BGH hat die Möglichkeit des Ausstattungsschutzes zu Gunsten des Verbandes bei einem Zeichen, das – ohne eingetragen zu sein – nur von den Mitgliedsunternehmen genutzt wurde, schon in der Entscheidung GRUR 1964, 381 – *WKS-Möbel* bejaht. Diese Auffassung hat in der Literatur Zustimmung gefunden (*Fezer* Rdn. 12, *Busse/Starck* § 17 Rdn. 18; *B/H* WZG § 17, Rdn. 11). Vorausgesetzt dafür wird aber nicht nur sein, daß eine entsprechende Verkehrsvorstellung dahin besteht, daß das Zeichen von verschiedenen Unternehmen gemeinsam benutzt wird, sondern auch, daß eine irgendwie geartete Binnenstruktur vorhanden ist. Zum Wesen der Kollektivmarke gehört die mitgliedschaftliche Beziehung der Benutzungsberechtigten zum Zeicheninhaber. Auf dem Umweg über § 4 Nr. 2 kann kein Markenschutz zu Gunsten einer Organisation entstehen, die eine derartige Binnenstruktur nicht aufweist. Anderenfalls würde die Gefahr bestehen, daß eine unbestimmte Verkehrsauffassung, die annimmt, das Zeichen werden von verschiedenen Unternehmen benutzt, schon als Hinweis auf eine Kollektivmarke verstanden würde, obwohl der Hinweis auf verschiedene Unternehmen in der Regel gerade gegen den Markenschutz durch Verkehrsgeltung spricht. Es wird deshalb zumindest erforderlich sein, daß ein rechtsfähiger Verband im Sinne von § 98 besteht, daß die Unternehmen, die nach Auffassung des Verkehrs das – nicht eingetragene – Zeichen nutzen, zu diesem Verband in mitgliedschaftlicher Beziehung stehen, sowie daß eine interne Regelung zur Nutzung des Zeichens besteht, die einer Markensatzung zumindest vergleichbar ist (diese Voraussetzungen waren auch im Fall BGH GRUR 1964, 381 – *WKS-Möbel* festzustellen). Fehlt es an einer derartigen Binnenstruktur, sind die Voraussetzungen für eine Ausdehnung der Regelungen von § 97 ff. auf nicht eingetragene Marken nicht gegeben. Dann kann sich nur die Frage stellen, ob ein Markenschutz der einzelnen Mitgliedsunternehmen nach § 4 Nr. 2 als Individualmarke in Betracht kommt.

§ 98 Inhaberschaft

Inhaber von angemeldeten oder eingetragenen Kollektivmarken können nur rechtsfähige Vereine sein, einschließlich der rechtsfähigen Dachverbände und Spitzenverbände, deren Mitglieder selbst Verbände sind. Diesen Verbänden sind die juristischen Personen des öffentlichen Rechts gleichgestellt.

§ 98

Inhaltsübersicht

	Rdn.
I. Allgemeines	1–4
1. Überblick	1
2. Früheres Recht	2
3. MRRL	3
4. Gemeinschaftsmarkenrecht	4
II. Zeicheninhaber	5, 6
1. Konstitutive Beschränkung	5
2. Rechtsfähige Verbände	6–8
a) Begriff	6
b) Ausländische Verbände	7
c) Verbände des öffentlichen Rechts	8

I. Allgemeines

1. Überblick

1 § 98 enthält mit der Regelung der Inhaberschaft eine der wesentlichen materiell-rechtlichen Abweichungen des Teils 4 gegenüber den Individualmarken. Als Inhaber zugelassen sind zunächst „rechtsfähige Verbände", ein Begriff, der der Terminologie des deutschen Gesellschaftsrechts fremd ist und deshalb immer wieder Anlaß zu Unsicherheiten gibt. Diesen Verbänden gleichgestellt sind die juristischen Personen des öffentlichen Rechts. § 98 enthält eine wesentliche Modifikation gegenüber § 7. Inhaltliche Vorgaben zur Binnenstruktur der Verbände, insbesondere der Rechtsbeziehung zwischen den Mitgliedern und dem Verband, enthält § 98 nicht.

2. Früheres Recht

2 § 17 WZG begründete in Abs. 1 die Verbandszeichenfähigkeit der rechtsfähigen Verbände, die gewerbliche Zwecke verfolgen, während § 17 Abs. 2 WZG diesen die juristischen Personen des öffentlichen Rechtes gleichstellte. Gegenüber der früheren Regelung unterscheidet sich § 98 also zunächst dadurch, daß die Inhaber der Kollektivmarke keine „gewerblichen Zwecke" mehr verfolgen müssen. Damit wird auch das bisher – zumindest dogmatisch – bestehende Spannungsverhältnis zwischen dem Erfordernis der gewerblichen Zweckverfolgung des Zeichenverbandes einerseits und dem Recht des eingetragenen Vereins, der gerade nicht auf gewerbliche Zwecke ausgerichtet sein soll (§ 22 BGB) beseitigt (zu der früheren Problematik vgl. *Nahme* GRUR 1990, 500). § 17

WZG erwähnte die Dach- und Spitzenverbände nicht ausdrücklich, doch handelt es sich bei deren Erwähnung in § 98 Satz 1 nur um eine (überflüssige) Klarstellung, zumal auch hinsichtlich dieser Spitzenverbände das Erfordernis der Rechtsfähigkeit gilt. Eine sachliche Änderung gegenüber dem früheren Rechtszustand liegt darin nicht. Der Gesetzgeber des MarkenG wollte den Verbandsbegriff gegenüber der früheren Rechtslage nicht ändern (Amtl. Begr. Abs. 1 zu § 98). Entfallen ist das Gegenseitigkeitserfordernis, das früher in § 23 WZG enthalten war. Ob ausländische Verbände im Inland verbandszeichenfähig sind, richtet sich ausschließlich danach, ob sie den Bestimmungen des Teils 4 entsprechen, wobei die Frage ihrer Rechtsfähigkeit nach dem Heimatrecht zu beurteilen ist (unten Rdn. 7).

3. MRRL

Die MRRL enthält keine nähere Bestimmung zu den zulässigen 3 Inhabern der Kollektivmarke. Auch die Regelung der rechtserhaltenden Benutzung in Artikel 10 Abs. 3 unterscheidet lediglich den Inhaber von einer „zur Benutzung befugten Person", was keinen Rückschluß auf die Rechtsbeziehung zwischen dem Inhaber und dieser befugten Person zuläßt, ebenso wenig wie auf die Binnenstruktur des Inhabers. Der Begriff des Verbandes stammt auch nicht aus der MRRL, sondern aus Artikel 7bis PVÜ (im französischen Original „Collective"). Im Bemühen, möglichst nah am Wortlaut der PVÜ zu bleiben, wurde ein Begriff gewählt, der dem deutschen Gesellschaftsrecht fremd ist (*B/H* WZG § 17 Rdn. 4).

4. Gemeinschaftsmarkenrecht

Art. 64 Abs. 1 Satz 2 GMVO sieht als Träger von Kollektivmar- 4 ken vor die Verbände von Herstellern, Erzeugern, Dienstleistungserbringern oder Händlern, die nach dem für sie maßgebenden Recht die Fähigkeit haben, im eigenen Namen Träger von Rechten und Pflichten jeder Art zu sein, Verträge zu schließen oder andere Rechtshandlungen vorzunehmen und vor Gericht zu stehen, sowie juristische Personen des öffentlichen Rechts. Der Verbandsbegriff ist hier insoweit enger, als die Mitglieder bestimmte persönliche Voraussetzungen erfüllen müssen, was bei § 98 nicht der Fall ist. Möglicherweise ist auch der Rechtsfähigkeitsbegriff enger als bei § 98, da auf die Fähigkeit, Träger von Rechten und Pflichten „jeder" Art zu sein, abgestellt wird. Das verweist auf die Regelung in Art. 3 GMVO.

II. Zeicheninhaber

1. Konstitutive Beschränkung

5   Zeicheninhaber kann „nur" ein Verband der in § 98 definierten Art sein. Damit ist nicht nur der originäre Erwerb der Kollektivmarke nur solchen Verbänden möglich, es ist auch nicht möglich, die Kollektivmarke auf einen Erwerber zu übertragen, der diese Voraussetzung nicht erfüllt. Dadurch erfährt der Grundsatz der freien Übertragbarkeit der Marke (§ 27) eine inhaltliche Einschränkung, obwohl im übrigen Kollektivmarken nun übertragbar sind (anders noch § 20 WZG). Dementsprechend sieht das MarkenG auch keine Umwandlung einer Kollektivmarke in eine Individualmarke vor. Lediglich die Übertragung der Kollektivmarke von einem Verband auf einen anderen ist zulässig.

2. Rechtsfähige Verbände

6   **a) Begriff.** Der „Verband" ist im deutschen Gesellschaftsrecht nicht klar definiert. In der Literatur zu § 17 WZG wurde er deshalb „denkbar weit" ausgelegt (*B/H* WZG § 17 Rdn. 4, der darunter „jede beliebige Mehrzahl natürlicher oder juristischer Personen, die zu einem bestimmten Zweck zusammengeschlossen ist" verstand). Die Einschränkung wurde dann über das Begriffsmerkmal der „Rechtsfähigkeit" vorgenommen. Sinnvollerweise wird man die beiden Begriffselemente aber im ersten Schritt zusammenfassen und im zweiten Schritt prüfen, welche Anforderungen an die Rechtsfähigkeit durch die gesetzlich vorgesehenen Aufgaben des Verbandes gestellt werden. Dafür ist zunächst erforderlich, daß der Verband überhaupt Träger des Markenrechts sein kann. Wie der Vergleich mit § 7 zeigt, ist diese Fähigkeit aber nicht auf natürliche und juristische Personen beschränkt (§§ 7 Nr. 1 und Nr. 2), sondern kommt auch Personengesellschaften zu, sofern sie mit der Fähigkeit ausgestattet sind, Rechte zu erwerben und Verbindlichkeiten einzugehen. Das gilt insbesondere für die OHG (§ 105 HGB) und die KG (§ 124 HGB). Da diese Gesellschaften auch Aktivprozesse führen können, insbesondere also gegen außenstehende Verletzer vorgehen können, sind sie jedenfalls im Außenverhältnis als Träger der Kollektivmarke geeignet. Fraglich ist aber, ob eine bestimmte **Binnenstruktur** erforderlich ist, insbesondere ob der Verband gegenüber seinen Mitgliedern eine „übergeordnete Stellung" besitzen muß, die eine „Oberleitung gewährleistet" (so *B/H* WZG § 17

Rdn. 5). Dieses Erfordernis wird von *Baumbach/Hefermehl* aaO insbesondere daraus hergeleitet, daß es dem Verband möglich sein müsse, gegen mißbräuchliche Zeichenbenutzung durch seine Mitglieder einzuschreiten. Dieses Erfordernis ergibt sich auch bei der Kollektivmarke aus § 105 Abs. 1 Nr. 2, der den Verfall der Kollektivmarke für den Fall anordnet, daß der Inhaber keine geeigneten Maßnahmen gegen Benutzungen trifft, die dem Verbandszweck oder der Markensatzung widersprechen. Daraus ergibt sich zwar die Notwendigkeit von Rechtsbeziehungen zwischen den zur Benutzung befugten Personen (die nicht mit den Mitgliedern identisch sein müssen, vgl. § 102 Rdn. 9, 10) und dem Verband, eine „Oberleitung" ist aber nicht erforderlich. Die rechtliche Ausgestaltung kann auch in anderer Weise, zB durch Lizenzverträge erfolgen (*Gruber,* Verbraucherinformation durch Gütezeichen, 1986, S. 280 ff.). Eine spezifisch körperschaftliche Struktur ist dafür nicht erforderlich. Allerdings spricht das MarkenG verschiedentlich von „Mitgliedern" des Verbandes (§ 98, § 102 Abs. 2 Nr. 3), die von den „zur Benutzung befugten Personen" unterschieden werden. Nicht nur diese Terminologie, sondern auch sachliche Gründe sprechen dafür, eine mitgliedschaftlich orientierte Binnenstruktur des Verbandes zu fordern, nämlich ein gewisses Minimum an **Mitbestimmungsrechten** der Mitglieder im Verband. Dafür spricht insbesondere, daß die Kollektivmarke nicht in erster Linie zur Kennzeichnung von Waren oder Dienstleistungen des Verbandes bestimmt ist, deshalb auch nicht die Interessen des Verbandes in dem Maße im Vordergrund stehen, wie dies bei einem Inhaber eines Individualzeichens der Fall wäre. Vielmehr geht der Gesetzgeber von gleichlaufenden Interessen mehrerer Unternehmen aus, die Mitglieder des Verbandes werden. Eine solche mitgliedschaftsrechtliche Binnenstruktur stellt aber das deutsche Gesellschaftsrecht generell zur Verfügung. Nicht nur im Verein, sondern auch bei den Kapitalgesellschaften und den Personengesellschaften bestehen jeweils gesellschafterspezifische Beteiligungsrechte, die sicherstellen, daß es keine Verselbständigung der Gesellschaft gegenüber den Interessen der (Mehrheit der) Gesellschafter gibt. Auch dieser Gesichtspunkt spricht somit nicht gegen die Zulassung der Personenhandelsgesellschaften als Verbänden. Dagegen spricht insbesondere auch nicht die Wahl des Begriffes „rechtsfähig", da mittlerweile anerkannt ist, daß die Personenhandelsgesellschaften jedenfalls für den ihnen zugewiesenen Kreis der Handelsgeschäfte rechtsfähig sind. Auch ohne der in der gesellschaftsrechtlichen Literatur im Vordringen befindlichen Meinungen folgen zu müssen, daß es einen einheitlichen Begriff der Rechtsfähigkeit nicht gibt und jeweils nur im Einzelfall zu prüfen ist, inwieweit eine Gesellschaft im eigenen Namen Rechte und Pflichten haben kann (dazu *K. Schmidt*, Gesellschaftsrecht 3. Auflage, 1997 S. 178), ist festzuhalten, daß jedenfalls im Markenrecht oHG und KG generell markenfähig sind, wie schon § 7 Nr. 3 zeigt. Eine abweichende Behandlung für das Recht der Kollektivmarken wäre sachlich nicht gerechtfertigt (im Ergebnis ebenso *Fezer* Rdn. 3; aA die überwiegende Literatur zum WZG, zB *B/H* WZG § 17 Rdn. 5, *Busse/Starck* § 17 Rdn. 11, differenzierend *Gruber* S. 265 ff.). Als rechtfähige Verbände im Sinne von § 98 Satz 1 kommen somit in Betracht: Eingetragener Verein und Genossenschaft, AG, GmbH, KG und OHG. Demgegenüber scheidet insbesondere die GbR und natürliche Personen als Träger der Kollektivmarke aus. **Dach- und Spitzenverbände** können die gleichen Rechtsformen wie sonstige Verbände haben: Es handelt sich lediglich um eine Klarstellung. Der Begriff der Rechtsfähigkeit ist hier nicht anders auszulegen als bei den sonstigen Verbänden.

7 **b) Ausländische Verbände.** Ob ein ausländischer Verband rechtsfähig ist, insbesondere also die für § 98 erforderliche Fähigkeit hat, Markeninhaber zu sein und Aktivprozesse zu führen, richtet sich nach dem Personalstatut, dieses wiederum nach dem tatsächlichen Sitz der Hauptverwaltung (sogenannte Sitztheorie, BGHZ 97, 269). Die deutschen Gerichte haben im Streitfall also zu prüfen, ob nach dem Sitzstatut die Rechtsfähigkeit gegeben ist. Das gilt auch für juristische Personen des öffentlichen Rechts, bei denen sich die Rechtsfähigkeit wiederum nach dem öffentlichen Recht des Sitzstatutes richtet (BGH GRUR 1996, 270 – *Madeira*, dort bejaht für das portugiesische „Instituto do Vinho da Madeira"; abgelehnt zB für den nicht rechtsfähigen Exportausschuß der dänischen Landwirtschaftskammer in BPatGE 8, 226.

8 **c) Verbände des öffentlichen Rechts.** Welche Verbände vom öffentlichen Recht als juristische Personen ausgestaltet sind, beurteilt sich nach den jeweiligen spezialgesetzlichen Regelungen. Von praktischer Bedeutung sind dabei insbesondere die Gebietskörperschaften, also Bund, Länder und Gemeinden (Gemeinde zB: BGH GRUR 1993, 832 – *Piesporter Goldtröpfchen*). Darunter fallen zB auch die Landwirtschaftskammern für bodenständige Erzeugnisse, die Bedeutung insbesondere im Bereich der Lagenamen für Wein gewonnen haben. Soweit die Rechtsfähigkeit ausländischer juristischer Personen des öffentlichen Rechts zu beurteilen ist,

richtet sich dieses wiederum nach dem Heimatrecht des Verbandes, (BGH GRUR 1996, 270 – *Madeira*).

§ 99 Eintragbarkeit von geographischen Herkunftsangaben als Kollektivmarken

Abweichend von § 8 Abs. 2 Nr. 2 können Kollektivmarken ausschließlich aus Zeichen oder Angaben bestehen, die im Verkehr zur Bezeichnung der geographischen Herkunft der Waren oder der Dienstleistungen dienen können.

1. Allgemeines

§ 99 enthält hinsichtlich geographischer Herkunftsangaben eine Ausnahme von § 8 Abs. 2 Nr. 2. Die übrigen Erfordernisse von § 8, insbesondere das Erfordernis der hinreichenden Unterscheidungskraft, wird davon aber nicht berührt (BGH WRP 1996, 300 – *Madeira*). Die Vorschrift weicht gegenüber dem WZG ab, nach dem die Eintragung geographischer Herkunftsangaben nur dann möglich war, wenn feststand, daß kein schutzwürdiges Freihaltebedürfnis Dritter bestehen konnte, weil solche Dritten fehlten, etwa dann, wenn bei einer Weinbergslage sämtliche Eigentümer der betroffenen Grundstücke Mitglieder des Verbandes waren (vgl. § 6 WeinG; *B/H* WZG § 17 Rdn. 10) oder der Verband allen Produzenten offenstand (BGH GRUR 1993, 832 – *Piesporter Goldtröpfchen*). Durch § 99 wird die Option von Art. 15 Abs. 2 Nr. 1 MRRL umgesetzt. 1

Damit sind für den Schutz geographischer Herkunftsangaben im MarkenG folgende Möglichkeiten vorgesehen, die jeweils kumulativ und voneinander unabhängig eingreifen können: (1) Ein Schutz besteht ohne Eintragung aufgrund der §§ 126 ff., gegebenenfalls ergänzt durch § 3 UWG. (2) Weiter besteht Schutz für geographische Herkunftsangaben und Ursprungsbezeichnungen gemäß der Verordnung (EWG) Nr. 2081/92 iVm §§ 130 ff., soweit die entsprechende Angabe in das Verzeichnis der geschützten Ursprungsbezeichnungen und geographischen Angaben eingetragen ist. (3) Weiter besteht die Möglichkeit, die geographische Herkunftsangabe als Kollektivmarke nach § 97 eintragen zu lassen, wobei parallel die Möglichkeit zur Anmeldung einer Gemeinschaftskollektivmarke nach Artikel 64 ff. GMVO besteht. (4) Schließlich kann es im Einzelfall möglich sein, für eine geographische Herkunftsangabe auch Individualmarkenschutz zu erlangen, wenn sie 2

§ 100 Schranken des Schutzes; Benutzung

sich in eine betriebliche Herkunftsangabe umgewandelt haben sollte (dazu § 126 Rdn. 8).

2. Eintragbarkeit

3 Eintragbarkeit ist auch dann gegeben, wenn die Kollektivmarke ausschließlich aus einer geographischen Herkunftsangabe besteht. Die dann weiterhin erforderliche Unterscheidungskraft ist im Sinne von § 97 bereits dann gegeben, wenn auf diese Weise die Produkte der (im entsprechenden geographischen Gebiet ansässigen) Berechtigten von denen anderer Unternehmen unterschieden werden können (BGH WRP 1996, 300 – *Madeira*). Das möglicherweise bestehende Freihaltebedürfnis Dritter im Hinblick auf die Herkunftsangabe wird nicht mehr durch den Ausschluß der Eintragbarkeit berücksichtigt, sondern durch die gesetzliche Schutzschranke des § 100. So wird sichergestellt, daß auch Unternehmen, die nicht vom Zeicheninhaber eine Gestattung der Nutzung erlangen können, die geographische Herkunftsangabe in Übereinstimmung mit § 126 benutzen können. Abgesehen von der Nichtanwendbarkeit von § 8 Abs. 2 Nr. 3 gelten für die geographische Herkunftsangaben die gleichen Voraussetzungen für die Eintragbarkeit wie für andere Kollektivmarken. Insbesondere zu beachten ist das Verbot der täuschenden Angaben (§ 8 Abs. 2 Nr. 4). Ob eine als geographische Herkunftsangabe angemeldete Kollektivmarke zur Täuschung geeignet ist, kann sich insbesondere aus der Markensatzung ergeben, vor allem den dort enthaltenen Voraussetzungen für die Mitgliedschaft, den Angaben über den Kreis der zur Benutzung der Kollektivmarke befugten Personen und den Bedingungen für die Benutzung der Kollektivmarke (§ 102 Abs. 2 Nr. 3 bis 5).

§ 100 Schranken des Schutzes; Benutzung

(1) **Zusätzlich zu den Schutzschranken, die sich aus § 23 ergeben, gewährt die Eintragung einer geographischen Herkunftsangabe als Kollektivmarke ihrem Inhaber nicht das Recht, einem Dritten zu untersagen, solche Angaben im geschäftlichen Verkehr zu benutzen, sofern die Benutzung den guten Sitten entspricht und nicht gegen § 127 verstößt.**

(2) **Die Benutzung einer Kollektivmarke durch mindestens eine hierzu befugte Person oder durch den Inhaber der Kollektivmarke gilt als Benutzung im Sinne des § 26.**

Schranken des Schutzes; Benutzung **§ 100**

Inhaltsübersicht

	Rdn.
I. Allgemeines	1–4
1. Überblick	1
2. Früheres Recht	2
3. MRRL	3
4. Gemeinschaftsmarkenrecht	4
II. Schranken des Schutzes (Abs. 1)	5–7
1. Verhältnis zu § 23	5
2. Maßstab der „guten Sitten"	6
3. Verstoß gegen § 127	7
III. Benutzung (Abs. 3)	8

I. Allgemeines

1. Überblick

§ 100 faßt in seinen beiden Absätzen zwei Regelungen zusammen, die nichts miteinander zu tun haben. Der besseren Übersicht hätte es gedient, diese auf zwei Paragraphen zu verteilen. Absatz 1 enthält als Korrektiv zur Kollektivmarkenfähigkeit der geographischen Herkunftsangaben eine Erweiterung der Schutzschranke von § 23, die insbesondere die Wertung von § 126 in den Bereich der Kollektivmarken einfließen läßt. § 100 Abs. 2 enthält eine Ausnahmeregelung zu § 26 hinsichtlich der Benutzung. 1

2. Früheres Recht

Das WZG enthielt keine § 100 Abs. 1 entsprechende Regelung, da geographische Herkunftsangaben ohnehin nicht als Kollektivmarken eintragbar waren, sich das Problem des Freihaltebedürfnisses also nicht in abweichender Weise zu der generellen Regelung von § 4 WZG stellte. Hinsichtlich der Benutzung der Kollektivmarke war in § 21 Abs. 3 WZG das Erfordernis der Benutzung durch zwei Verbandsmitglieder enthalten, das von § 100 Abs. 2 nicht nur dadurch gelockert wird, daß nur noch die Benutzung durch ein Unternehmen erforderlich ist, sondern auch dadurch, daß dieses Unternehmen nicht mehr Mitglied des Verbandes sein muß, sondern nur noch eine „hierzu befugte Person" sein muß. 2

3. MRRL

§ 100 Abs. 2 setzt die Vorgabe von Art. 15 Abs. 2 Satz 2 MRRL um, § 100 Abs. 2 diejenige von Art. 10 Abs. 3 Alt. MRRL. 3

4. Gemeinschaftsmarkenrecht

4 § 100 Abs. 1 entspricht Art. 64 Abs. 2 Satz 2 GemVO, § 100 Abs. 2 Art. 68 GMVO.

II. Schranken des Schutzes (Abs. 1)

1. Verhältnis zu § 23

5 Nach dem Wortlaut des § 100 Abs. 1 muß dieser den Schutzbereich geographischer Herkunftsangaben, die als Kollektivmarken eingetragen sind, in einer über § 23 hinausgehenden Weise beschränken („zusätzlich zu"). Die Unterschiede sind allerdings relativ geringfügig, so daß in den meisten Fällen eine Prüfung nach § 23 und § 100 zu übereinstimmenden Ergebnissen führen wird. Daß der Gesetzgeber die zusätzliche Aufnahme von § 100 Abs. 1 das Gesetz für erforderlich gehalten hat, dürfte weniger an einem durch § 99 geschaffenen Bedürfnis für weitergehende Schutzschranken liegen, als an der zwingenden Vorgabe von Art. 15 Abs. 2 Satz 2 MRRL. Der Wortlaut von § 100 Abs. 1 geht über die Regelung in § 23 Abs. 2 zunächst insoweit hinaus, als § 23 Abs. 2 es lediglich für zulässig erklärt, ein Zeichen „als Angabe über Merkmale... wie insbesondere ihre geographische Herkunft" zu benutzen, was es zumindest zweifelhaft erscheinen lassen kann, ob nur bestimmte Benutzungsformen der geographischen Herkunftsangabe nach § 23 zulässig sind. (§ 23 Rdn. 34ff.). Demgegenüber macht § 100 keinerlei Einschränkungen im Hinblick auf die Art der Benutzung der geographischen Herkunftsangabe. Sie kann also auch in Alleinstellung, graphisch hervorgehoben oder sonst blickfangmäßig, auch „markenmäßig" benutzt werden. Dieser weite Bereich der Schutzschranke von § 100 wird allerdings durch das Erfordernis, daß die Benutzung den „guten Sitten" entsprechen muß und den Hinweis auf § 127 wieder eingeschränkt. Im Ergebnis bleiben deshalb auch hier die Unterschiede zu § 23 sehr gering.

2. Maßstab der „guten Sitten"

6 Hierbei handelt es sich um einen offenen Begriff, der entsprechend seiner sonstigen Auslegung, insbesondere in § 1 UWG, zu konkretisieren ist. Der deutsche Gesetzgeber ist ganz bewußt vom Wortlaut des Art. 15 Abs. 2 MRRL abgewichen (dort „anständige Gepflogenheiten in Gewerbe oder Handel"), um diese Überein-

Schranken des Schutzes; Benutzung **§ 100**

stimmung mit dem allgemeinen Lauterkeitsrecht zu dokumentieren (Amtl. Begr. Abs. 1 zu § 100). Gegen die guten Sitten verstößt danach nicht nur ein irreführender Gebrauch (was schon durch den Hinweis auf § 127 erfaßt wäre), sondern im Einzelfall auch eine rufschädigende Benutzung, eine unnötig enge Anlehnung bei frei wählbaren Zeichenelementen an die Marke des Verbandes und andere Fälle der Benutzung, die die Interessen des Inhabers der Kollektivmarke in anderer Weise beeinträchtigen als durch die bloße (zulässige) Verwendung der Marke selbst (vgl. auch § 23 Rdn. 9, 46, 47, 53).

3. Verstoß gegen § 127

§ 127 verbietet in Abs. 1 die Benutzung der geographischen 7
Herkunftsangabe für Waren oder Dienstleistungen, die nicht aus dem so bezeichneten Gebiet stammen, in Abs. 2 die Verwendung der Angabe auch für Waren, die aus dem Gebiet stammen, wenn mit der geographischen Herkunftsangabe eine bestimmte Qualitätsvorstellung verbunden ist, diese aber von den so bezeichneten Waren nicht erfüllt wird, in Abs. 3 und Abs. 4 werden diese Benutzungsverbote noch erweitert. Wegen der Einzelheiten wird auf die Kommentierung zu § 127 verwiesen.

III. Benutzung (Abs. 2)

Auch für die Kollektivmarke gilt das Erfordernis der rechtserhal- 8
tenden Benutzung gemäß § 26. Dabei sieht das Gesetz keine Besonderheiten hinsichtlich der Art und Weise der Benutzung vor. Handelt es sich bei der Kollektivmarke um eine geographische Herkunftsangabe oder um ein Gütezeichen, muß sie trotzdem in einer Weise benutzt werden, die jedenfalls den „kennzeichnenden Charakter der Marke nicht verändert" (§ 26 Abs. 3; vgl. § 26 Rdn. 80 ff.). Ebenso gilt auch im Rahmen von § 100 Abs. 2 der Grundsatz, daß die Marke rechtserhaltend immer nur für konkrete Waren oder Leistungen benutzt wird, also bei Nichtbenutzung auch für die übrigen Waren oder Dienstleistungen des Verzeichnisses eine teilweise Löschungsreife eintreten kann (§ 26 Abs. 1: „für die Waren oder Dienstleistungen, für die sie eingetragen ist"; vgl. § 26 Rdn. 32 ff.). Die einzige Besonderheit im Rahmen der Kollektivmarke liegt in der Beschränkung des Kreises der zur Benutzung Verpflichteten. Unabhängig von der Zahl der Mitglieder des Inha-

bers oder der sonstigen Benutzungsberechtigten genügt die Benutzung durch ein Unternehmen aus dem Kreis der Berechtigten. Die Benutzung durch einen Außenstehenden, sei sie auch durch § 100 Abs. 1 gerechtfertigt, ist nicht ausreichend. In jedem Fall bedarf es einer ausdrücklichen Gestattung durch den Inhaber, um eine rechtserhaltende Benutzung annehmen zu können. Die Benutzung kann ausdrücklich auch (nur) durch den Inhaber erfolgen. § 100 Abs. 2 weicht damit von § 17 Abs. 1 WZG ab, wonach das Verbandszeichen „in den Geschäftsbetrieben ihrer Mitglieder zur Kennzeichnung der Waren dienen sollen". Wie § 100 Abs. 2 zeigt, ist es nun ohne weiteres zulässig, daß das Verbandszeichen auch (gegebenenfalls sogar ausschließlich) vom Inhaber des Zeichens benutzt wird. Das kann zum einen dadurch erfolgen, daß der Inhaber selbst einen Geschäftsbetrieb hat (zB eine Winzergenossenschaft, die eine Kollektivmarke für eine bestimmte Weinbergslage hält). Das kann aber auch dadurch erfolgen, daß der Verband seinerseits das Zeichen in kennzeichnender Weise für die Verbandstätigkeit einsetzt.

§ 101 Klagebefugnis; Schadensersatz

(1) Soweit in der Markensatzung nichts anderes bestimmt ist, kann eine zur Benutzung der Kollektivmarke berechtigte Person Klage wegen Verletzung einer Kollektivmarke nur mit Zustimmung ihres Inhabers erheben.

(2) Der Inhaber der Kollektivmarke kann auch Ersatz des Schadens verlangen, der den zur Benutzung der Kollektivmarke berechtigten Personen aus der unbefugten Benutzung der Kollektivmarke oder eines ähnlichen Zeichens entstanden ist.

I. Allgemeines

1. Überblick

1 § 101 regelt – im Gegensatz zu den meisten anderen Vorschriften des Teil 4 – das Außenverhältnis gegenüber dritten Verletzern der Kollektivmarke, nicht das Innenverhältnis zwischen dem Verband und den Berechtigten. Dabei war zu berücksichtigen, daß zwischen den verschiedenen Mitgliedern des Verbandes ebenso wie zwischen den Mitgliedern und dem Verband selbst unterschiedliche

Klagebefugnis; Schadensersatz § 101

Auffassungen über das Vorgehen gegen Dritte bestehen können. Absatz 1 gibt dem Inhaber der Kollektivmarke die letzte Entscheidungsbefugnis hinsichtlich des Vorgehens gegen Dritte und sichert somit eine einheitliche Linie des Verbandes gegenüber Verletzern. Die Regelung entspricht derjenigen im Lizenzvertragsrecht in § 30 Abs. 4. Der Nutzungsberechtigte wird einem Lizenznehmer gleichgestellt. Hinsichtlich des Schadens tritt bei einer Verletzung der Kollektivmarke typischerweise ein Auseinanderfallen von Berechtigtem und Geschädigtem auf: Da der Verband in vielen Fällen weder einen eigenen Geschäftsbetrieb hat, noch die Marke selbst nutzt, ja nicht einmal unbedingt Lizenzeinnahmen von den Mitgliedern erzielt, erleidet er wirtschaftlich keinen Schaden. Der Schaden tritt vielmehr bei den Nutzungsberechtigten auf, die die Kollektivmarke im Rahmen ihrer wirtschaftlichen Betätigung zur Kennzeichnung ihrer Produkte benutzen. Sie sind jedoch nicht Inhaber des Rechts. Damit liegt die Situation vor, die typischerweise eine Drittschadensliquidation rechtfertigt, im vorliegenden Fall nämlich die Geltendmachung des Schadens der Nutzungsberechtigten durch den Inhaber.

2. Früheres Recht

§ 22 WZG entsprach § 101 Abs. 2. Die Klagebefugnis hinsichtlich des Verbandszeichens war im WZG nicht ausdrücklich geregelt. Sie ergab sich aber aus den allgemeinen Regeln der Aktivlegitimation. Da die Nutzungsberechtigten keine Stellung innehaben konnten, die derjenigen eines Exklusivlizenznehmers entsprach, waren sie ebenfalls nur mit Zustimmung des Verbandszeicheninhabers klagebefugt. Im Ergebnis bringt somit § 101 gegenüber der bisherigen Rechtslage keine Änderung, sondern allenfalls eine Klarstellung. 2

3. MRRL

Die MRRL enthält keine Vorgaben zu den in § 101 geregelten Fragen. 3

4. Gemeinschaftsmarkenrecht

Art. 70 GMVO entspricht § 101, wobei Art. 70 Abs. 1 hinsichtlich der Klagebefugnis auf die Rechte des Lizenznehmers in Art. 22 Abs. 3 und 4 verweist. 4

II. Erfordernis der Ermächtigung (Abs. 1)

5 Die Ermächtigung zur Erhebung von Verletzungsklagen kann den Benutzungsberechtigten schon in der Markensatzung eingeräumt werden. Dabei kann die Satzung beliebige Regelungen treffen, insbesondere die Ermächtigung auf bestimmte Fälle beschränken, von zusätzlichen Voraussetzungen (etwa Eilbedürftigkeit) abhängig machen oder sie generell erteilen. Enthält die Markensatzung keine entsprechende Regelung, kann die Ermächtigung im Einzelfall erteilt werden. Welches Organ dafür zuständig ist, ergibt sich wiederum aus der Markensatzung, im übrigen aus der Binnenstruktur des Inhabers (zB Vereinsvorstand beim eV). Im übrigen gelten die gleichen Grundsätze wie bei § 30 Abs. 3.

III. Drittschadensliquidation (Abs. 2)

6 Macht der Inhaber der Kollektivmarke selbst die Ansprüche aus der Marke gegen den Verletzer geltend, kann er „auch" Ersatz desjenigen Schadens verlangen, der den Berechtigten entstanden ist. Der Gesetzgeber hat mit dieser Formulierung dem Umstand Rechnung getragen, daß im Einzelfall auch der Inhaber der Kollektivmarke selbst einen Schaden erleiden kann, insbesondere dann, wenn er entweder selbst wirtschaftlich tätig ist oder wenn er entgeltliche Lizenzen vergibt. Ist das nicht der Fall, ist im Einzelfall zu prüfen, ob materieller Schaden für den Inhaber selbst überhaupt in Betracht kommt. Erst wenn diese Frage bejaht ist, stellt sich die Frage nach der Schadenshöhe. Für die Schadensberechnung stellt § 101 keine Sonderregelungen auf, es gelten also die allgemeinen Regeln (vgl. Vor §§ 14–19 Rdn. 63 ff.). Dem Inhaber der Kollektivmarke ist das Recht zur Geltendmachung des Schadens der Mitglieder nicht ausschließlich zugewiesen. Soweit die Berechtigten nach § 101 Abs. 1 selbst zur Geltendmachung der Ansprüche gegen den Verletzer berechtigt sind, können sie auch Schadenersatzansprüche geltend machen. Hat der Berechtigte bereits selbst auf Schadenersatz geklagt, stünde einer entsprechenden Klage durch den Verband die anderweitige Rechtshängigkeit entgegen (und umgekehrt). Sieht die Verbandssatzung nach § 101 Abs. 1 eine Geltendmachung durch den einzelnen Berechtigten vor, wird sie sinnvollerweise auch eine Regelung für diesen Konflikt enthalten müssen.

§ 102 Markensatzung

(1) Der Anmeldung der Kollektivmarke muß eine Markensatzung beigefügt sein.

(2) Die Markensatzung muß mindestens enthalten:
1. Namen und Sitz des Verbandes,
2. Zweck und Vertretung des Verbandes,
3. Voraussetzungen für die Mitgliedschaft,
4. Angaben über den Kreis der zur Benutzung der Kollektivmarke befugten Personen,
5. die Bedingungen für die Benutzung der Kollektivmarke und
6. Angaben über die Rechte und Pflichten der Beteiligten im Falle von Verletzungen der Kollektivmarke.

(3) Besteht die Kollektivmarke aus einer geographischen Herkunftsangabe, muß die Satzung vorsehen, daß jede Person, deren Waren oder Dienstleistungen aus dem entsprechenden geographischen Gebiet stammen und den in der Markensatzung enthaltenen Bedingungen für die Benutzung der Kollektivmarke entsprechen, Mitglied des Verbandes werden kann und in den Kreis der zur Benutzung der Kollektivmarke befugten Personen aufzunehmen ist.

(4) Die Einsicht in die Markensatzung steht jeder Person frei.

Inhaltsübersicht

	Rdn.
I. Allgemeines	1–4
1. Überblick	1
2. Früheres Recht	2
3. MRRL	3
4. Gemeinschaftsmarkenrecht	4
II. Normzweck	5
III. Anmeldeerfordernis (Abs. 1)	6
IV. Mindestinhalt der Satzung (Abs. 2)	7–13
1. Name und Sitz des Verbandes (Nr. 1)	7
2. Zweck und Vertretung des Verbandes (Nr. 2)	8
3. Voraussetzungen für die Mitgliedschaft (Nr. 3)	9
4. Angaben über Benutzungsberechtigte (Nr. 4)	10
5. Bedingungen für die Benutzung der Kollektivmarke (Nr. 5)	11, 12
6. Rechte und Pflichten der Beteiligten bei Markenverletzungen (Nr. 6)	13
V. Sonderregelung für geographische Herkunftsangaben (Abs. 3)	14
VI. Allgemeiner Aufnahmeanspruch	15
VII. Einsichtsrecht (Abs. 4)	16

§ 102 Markensatzung

I. Allgemeines

1. Überblick

1 § 102 Abs. 1 enthält zunächst das Erfordernis der Markensatzung für die Anmeldung und ergänzt somit § 37. In Absatz 2 wird der Mindestinhalt der Satzung festgelegt, in Abs. 3 wird die Gestaltungsfreiheit der Satzung bei geographischen Herkunftsangaben eingeschränkt. Abs. 4 enthält den Grundsatz der Öffentlichkeit der Markensatzung.

2. Früheres Recht

2 § 18 Satz 1 WZG entsprach § 102 Abs. 1 und 2, § 18 Satz 3 WZG entsprach § 102 Abs. 4. Eine § 102 Abs. 3 entsprechende Regelung war im WZG nicht vorgesehen.

3. MRRL

3 Weder hinsichtlich der Anmeldevoraussetzungen noch hinsichtlich des notwendigen Mindestinhalts der Markensatzung enthält die Markenrechtsrichtlinie Vorgaben.

4. Gemeinschaftsmarkenrecht

4 Artikel 65 Abs. 1 GMVO fordert die Vorlage einer Markensatzung als Anmeldevoraussetzung. Abs. 2 enthält Mindestvoraussetzung für die Satzung, wobei Artikel 65 Abs. 2 Satz 2 GMVO der Regelung des § 102 Abs. 3 entspricht.

II. Normzweck

5 Die Vorschriften von § 102 führen dazu, daß die Markensatzung öffentlich wird und insbesondere die Voraussetzungen für die Mitgliedschaft und die Bedingungen für die Benutzung der Kollektivmarke allgemein bekannt werden. Auf diese Weise erhalten Dritte die Möglichkeit, sich über die Voraussetzungen zur Benutzung der Kollektivmarke zu informieren, Aufnahmeanträge zu stellen und diese gegebenenfalls auch gerichtlich durchzusetzen.

Markensatzung **§ 102**

III. Anmeldeerfordernis (Abs. 1)

§ 102 Abs. 1 stellt ein (sonstiges) Erfordernis im Sinne von § 36 **6** Abs. 4 dar. Es wird damit ebenso behandelt wie die Anmeldeerfordernisse des §§ 32 Abs. 3, insbesondere ist seine Erfüllung also keine Voraussetzung für die Zuerkennung des Anmeldetages, vgl. § 33 Rdn. 3 Allerdings ist zu beachten, daß die Angabe von Namen und Sitz des Verbandes (§ 102 Abs. 2 Nr. 1) gleichzeitig eine Mindestangabe nach § 32 Abs. 2 Nr. 1 ist, da es sich nur aufgrund dieser Angabe die Identität des Anmelders feststellen läßt. Wird sie nicht mit der Anmeldung eingereicht, kommt es zu einer Verschiebung des Anmeldetages nach § 33 Abs. 1.

IV. Mindestinhalt der Satzung (Abs. 2)

1. Name und Sitz des Verbandes (Nr. 1)

Der „Name" ist die vollständige Bezeichnung einschließlich der **7** Rechtsformangabe, der „Sitz" dagegen bezeichnet nur den Ort. Die vollständige Anschrift muß aber wegen § 5 Abs. 1 Nr. 3 MarkenV iVm § 32 Abs. 2 angegeben werden.

2. Zweck und Vertretung des Verbandes (Nr. 2)

Diese ergeben sich aus der jeweiligen Binnenstruktur des Ver- **8** bandes, also als satzungsgemäßer Vereinszweck, Gesellschaftszweck usw. Mit der „Vertretung" ist nur das jeweils zuständige Gremium gemeint. Die konkreten Personen, die den Verband vertreten, ergeben sich aus Vereins- oder Handelsregister.

3. Voraussetzungen für die Mitgliedschaft (Nr. 3)

Mitglieder sind nicht mit Nutzungsberechtigten gleichzusetzen, **9** wie sich schon aus der Unterscheidung in § 102 Abs. 2 Nr. 3 und 4 sowie an anderen Stellen des Gesetzes (vgl. auch § 102 Abs. 3) ergibt. Mitglieder des Verbandes können etwa auch Personen sein, die nicht selbst zur Nutzung berechtigt sind, zB außerordentliche Mitglieder, Fördermitglieder und Ehrenmitglieder. So kann eine Satzung etwa vorsehen, daß natürliche Personen, die sich auf wissenschaftlichem Gebiet um die mit der Kollektivmarke bezeichneten Produkte verdient gemacht haben, Mitglieder des Verbandes sein können (und dann zB Stimmrechte in den entsprechenden Gremien haben können), obwohl sie nicht allgemein das Recht haben, die Kollektivmarke selbst zu benutzen. Bei § 102 Abs. 2 Nr. 3 geht es somit um die mitgliedschaftlichen Rechte, nicht um die Benutzungsrechte der Marke. Umgekehrt muß nicht jeder Benutzungsberechtigte Mitglied sein. Der Verband kann die Nutzungsberechtigung nach Art einer Lizenz ausgestalten, sie also auch Nichtmitgliedern einräumen, die bestimmte Voraussetzungen erfüllen. Das ist schon deshalb sachgerecht, weil nach § 100 Abs. 1 im Bereich der geographischen Herkunftsangaben ohnehin eine gesetzliche Nutzungsberechtigung auch für Nichtmitglieder vorgesehen ist. Einen Grund für eine unterschiedliche Behandlung im Hinblick auf andere Kollektivmarken ist nicht ersichtlich. Ebenso kann auch der Nutzungsberechtigte ein Interesse daran haben, nicht Mitglied des Verbandes werden zu müssen, etwa wenn der Verband öffentlichkeitswirksam Positionen vertritt, mit denen sich der Nutzungsberechtigte nicht identifizieren will. Die Gestaltungsfreiheit des Verbandes bei den Voraussetzungen der Mitgliedschaft ist im Hinblick auf § 102 Abs. 3 bei geographischen Herkunftsangaben eingeschränkt. Auch im übrigen kann sich auf § 27 GWB, § 1 UWG oder § 826 BGB ein Aufnahmeanspruch ergeben, siehe unten Rdn. 15.

4. Angaben über Benutzungsberechtigte (Nr. 4)

10 Die Benutzungsberechtigung ergibt sich nicht automatisch aus der Mitgliedschaft, (s. o. Rdn. 9). Allerdings kann die Satzung vorsehen, daß nur Mitglieder benutzungsberechtigt sind. Die Angaben nach Nr. 3 und Nr. 4 fallen dann zusammen. In vielen Fällen wird der Kreis der Benutzungberechtigten aber enger als der Kreis der Mitglieder sein. In welcher Weise der Kreis der Benutzungsberechtigten definiert wird, ist im Gesetz nicht näher festgelegt. Wie sich schon aus § 102 Abs. 3 ergibt, ist aber jedenfalls im Fall der geographischen Herkunftsangabe vorzusehen, daß jeder, der in dem entsprechenden geographischen Gebiet ansässig ist und den Benutzungsbedingungen (§ 102 Abs. 2 Nr. 5) entsprechend benutzt, in den Kreis der Berechtigten aufzunehmen ist. Allgemein ist zu beachten, daß durch die Definition der Benutzungsberechtigung keine Irreführung des Verkehrs eintreten darf, also zB Kollektivmarken, die die Zugehörigkeit zu einem Kreis besonders qualifizierter Unternehmen suggerieren, nicht auch durch solche Unternehmen benutzt werden dürfen, die diese zusätzlichen Voraussetzungen nicht erfüllen. Umgekehrt darf der Kreis der Benutzungsberechtigten auch nicht künstlich verkleinert werden, wenn die Kollektivmarke suggeriert, das Zeichen werde an alle qualifizierten Unternehmen verteilt, ein Unternehmen, daß das Zeichen nicht führe sei deshalb weniger qualifiziert.

5. Bedingungen für die Benutzung der Kollektivmarke (Nr. 5)

Die Bedingungen, unter denen die Benutzungsberechtigten die Kollektivmarke benutzen dürfen, sind in der Satzung grundsätzlich **frei wählbar.** Bedeutung hat die Definition der Benutzungsbedingungen vor allem in solchen Fällen, in denen die Kollektivmarke bestimmte Eigenschaften der Waren oder Dienstleistungen garantiert. Das gilt zunächst für die typischen „Gütezeichen" (dazu oben § 97 Rdn. 6). Auch solche Unternehmen, die grundsätzlich zum Kreis der Benutzungsberechtigten nach § 102 Abs. 2 Nr. 4 gehören, können ihre Waren oder Dienstleistungen nur dann mit dem Gütezeichen versehen, wenn diese Waren den festgelegten Anforderungen entsprechen. Auch im Bereich der geographischen Herkunftsangaben spielen Benutzungsbedingungen eine Rolle. Das zeigt schon § 102 Abs. 3, der als zusätzliches Erfordernis zur Berechtigung der Führung der geographischen Herkunftsangabe (neben der Herkunft aus dem geographischen Gebiet) auch die Einhaltung der Benutzungsbedingungen nennt. Bei geographischen Herkunftsangaben verbindet der Verkehr häufig mit der Angabe auch bestimmte Qualitätsvorstellungen (vgl. § 127 Abs. 2). Ist die geographische Herkunftsangabe gleichzeitig Kollektivmarke, ist es schon aus Gründen des Irreführungsschutzes erforderlich, sicherzustellen, daß die Waren oder Dienstleistungen dann auch die entsprechenden Eigenschaften aufweisen. Sie können nach § 102 Nr. 5 in die Markensatzung aufgenommen werden. Die Benutzungsbedingungen nach Nr. 5 beziehen sich aber nicht nur auf die Definition der Waren oder Dienstleistungen, für die die Benutzungsberechtigten die Marke verwenden können, sondern auch auf die Modalitäten der Zeichennutzung, zB auf eine bestimmte Schreibweise oder graphische Gestaltung der Marke oder sonstige zusätzliche Erfordernisse, zB die Kollektivmarke nur zu verwenden, wenn gleichzeitig die Individualmarke des Benutzungsberechtigten benutzt wird. **Grenzen** der Gestaltungsfreiheit von § 102 Abs. 2 Nr. 5 ergeben sich wiederum aus den allgemeinen Vorschriften, so aus dem Irreführungsverbot von § 3 UWG und dem Behinderungsverbot der §§ 826 BGB und § 1 UWG. Insbesondere darf nicht durch die Aufrichtung künstlicher Nutzungsbeschränkungen, die nur von einer kleinen Gruppe von „Gründungsmitgliedern" erfüllbar sind, ein Gütezeichen oder eine geographische Herkunftsangabe **monopolisiert** werden, wenn der Verkehr nicht gerade diese Beschränkung als wesentlich für Qualitätsmerkmale ansieht, die von dem Zeichen verkörpert werden.

12 Das Gesetz schreibt nicht vor, in welcher Weise der Verband die Einhaltung der Markensatzung und insbesondere der Benutzungsbedingungen nach Nr. 5 kontrolliert bzw. gegen Verstöße vorgeht. Derartige **Kontrollmechanismen** müssen auch nicht in der Markensatzung enthalten sein, sondern können auf anderen rechtlichen Grundlagen beruhen, zB auf der Satzung des Vereins selbst oder eventuellen schuldrechtlichen Vereinbarungen mit den Nutzungsberechtigten. Verzichtet werden kann auf solche Kontrollmechanismen aber nicht, da nach § 105 Abs. 1 Nr. 2 die Kollektivmarke löschungsreif wird, wenn der Verband gegen Verstöße nicht einschreitet.

6. Rechte und Pflichten der Beteiligten bei Markenverletzungen (Nr. 6):

13 Beteiligte im Sinn dieser Vorschrift sind der Verband und die Nutzungsberechtigten. Ihre Rechte und Pflichten im Fall der Verletzung müssen definiert werden, da nach § 101 unterschiedliche Ausgestaltungen hinsichtlich der Klagebefugnis und des Schadenersatzes denkbar sind. Die Ausgestaltung im einzelnen kann aber in anderen Vereinbarungen erfolgen, da keine genaue Definition erforderlich ist, sondern lediglich „Angaben".

V. Sonderregelung für geographische Herkunftsangaben (Abs. 3)

14 Abs. 3 enthält für den Fall der geographischen Herkunftsangabe eine zwingende Vorgabe für die Ausgestaltung der Markensatzung. Danach muß jeder Person, deren Waren oder Dienstleistungen aus dem entsprechenden geographischen Gebiet stammen, die Möglichkeit zum Beitritt in den Verband und zum Erwerb der Nutzungsberechtigten gegeben werden. Allerdings ist es auch nach Abs. 3 erforderlich, daß diese Bewerber die Nutzungsbedingungen von § 102 Abs. 2 Nr. 5 erfüllen. Damit auf diesem Umweg nicht eine weitgehende Entwertung der Vorschrift eintreten kann, ist sie

Markensatzung **§ 102**

so zu verstehen, daß auch die Nutzungsbedingungen von Abs. 2 Nr. 5 so ausgestaltet sein müssen, daß sie Verkehrserwartungen, die sich mit der geographischen Herkunftsangabe decken, umsetzen. Darüber hinausgehende Einschränkungen wären unzulässig. § 102 Abs. 3 ergänzt § 100, nach dem ohnehin der aus dem entsprechenden geographischen Gebiet stammende Dritte die geographische Herkunftsangabe benutzen darf. Mit der Mitgliedschaft im Verband können aber zusätzliche Vorteile verbunden sein, nicht zuletzt auch eine Verkehrsauffassung, die Mitglieder des Verbandes als besonders vertrauenswürdig ansieht oder die Möglichkeit, die Kollektivmarke in einer bestimmten Form zu benutzen, die möglicherweise von § 100 im Hinblick auf die dort genannten „guten Sitten" nicht gedeckt wäre. § 102 Abs. 3 gibt nach seinem Wortlaut keinen direkten Aufnahmeanspruch. Er ist nach seiner Zielsetzung aber Schutzgesetz zugunsten der anderen Unternehmen, die in dem geographischen Gebiet tätig sind und begründet deshalb zusammen mit §§ 823 Abs. 2, 1004 BGB den Aufnahmeanspruch als Folgenbeseitigungsanspruch.

VI. Allgemeiner Aufnahmeanspruch

Neben § 102 Abs. 3 kann sich ein Aufnahmeanspruch hinsichtlich von Verbänden, die nicht auf geographische Herkunftsangaben bezogen sind, aus den allgemeinen Vorschriften ergeben. Hinsichtlich von Gütezeichengemeinschaften ergibt sich das aus § 27 Abs. 1 Satz 2 GWB, der aber auf andere Markenverbände nicht anwendbar ist (*Immenga/Mestmäcker-Markert* § 27 GWB Rdn. 36; aA *Langen/Bunte* § 27 GWB Rdn. 3). Für die übrigen Verbandszeicheninhaber ergibt sich der Aufnahmeanspruch aber gegebenenfalls aufgrund von § 826 BGB oder § 1 UWG, wobei im Rahmen von § 826 BGB im wesentlichen die gleichen Tatbestandsmerkmale zu prüfen sind, wie bei § 27 GWB (BGHZ 63, 282 – *Rad- und Kraftfahrerbund*; BGH GRUR 1986, 332 – *Aikido-Verband*; BGH NJW 1980, 186 – *Anwaltsverein*; OLG Hamburg WuW/E OLG 2775 – *Hauptverband für Traberzucht und -rennen*). Daneben kann gegebenenfalls § 1 UWG einschlägig sein, wenn Wettbewerber den Verband als Mittel benutzen, Vorteile gegenüber Mitbewerbern zu erlangen. Bei der Prüfung, ob ein Aufnahmeanspruch nach § 27 GWB bzw. § 26 BGB besteht, ist insbesondere darauf abzustellen, ob sich die Aufnahmeverweigerung als sachlich ungerechtfertigte Benachteiligung des Bewerbers darstellt. Eine solche sachlich ungerechtfertigte Benachteiligung kann sich schon aus der Satzung selbst ergeben, wenn diese in ungerechtfertigter Weise bestimmte Unternehmensgruppen bevorzugt. Sie kann sich auch durch eine ungerechtfertigte Diskriminierung im Einzelfall verwirklichen, etwa wenn Qualitätsanforderungen im Hinblick auf den Bewerber strenger interpretiert werden, als dies in der Vergangenheit bei anderen Bewerbern geschehen ist. Ob eine ungerechtfertigte Benachteiligung vorliegt, ist somit immer eine Frage des Einzelfalles, die grundsätzlich die Berücksichtigung aller tatsächlichen Gegebenheiten zuläßt. Besondere Bedeutung wird dabei die Verkehrsauffassung im Hinblick auf die Kollektivmarke haben, etwa hinsichtlich bestimmten qualitativer Anforderungen, die durch die Marke garantiert werden sollen. Hinsichtlich der Einzelheiten wird auf die Kommentierung zu § 27 GWB verwiesen.

VII. Einsichtsrecht (Abs. 4)

16 Die Markensatzung ist bei der Anmeldung beizufügen und befindet sich deshalb beim DPA. Nach § 102 Abs. 4 kann jedermann Einsicht nehmen. Die Vorschrift ergänzt § 62. Insbesondere ist auch schon während des Anmeldeverfahrens eine jederzeitige Einsicht in die Satzung zulässig, ohne daß ein weiteres berechtigtes Interesse glaubhaft gemacht werden muß (anders § 61 Abs. 2). Ein Fall der Registereinsicht nach § 62 Abs. 3 liegt nicht vor, da nach § 18 Nr. 10 MarkenV die Markensatzung selbst nicht Inhalt des Registers ist (das vielmehr nur einen „Hinweis" auf die Satzung enthält).

§ 103 Prüfung der Anmeldung

Die Anmeldung einer Kollektivmarke wird außer nach § 37 auch zurückgewiesen, wenn sie nicht den Voraussetzungen der §§ 97, 98 und 102 entspricht oder wenn die Markensatzung gegen die öffentliche Ordnung oder die guten Sitten verstößt, es sei denn, daß der Anmelder die Markensatzung so ändert, daß der Zurückweisungsgrund nicht mehr besteht.

I. Allgemeines

1 § 103 enthält in Ergänzung zu § 37 die Zurückweisungsbefugnis des Patentamtes bei Verstößen gegen die Sondervorschriften der

Prüfung der Anmeldung **§ 103**

§§ 97, 98 und 102. Im **früheren Recht** war eine entsprechende Vorschrift nicht ausdrücklich enthalten, sie ergab sich aber implizit aus § 18 WZG, der anderenfalls ohne praktische Bedeutung gewesen wäre. Die **MRRL** enthält keine Regelung zu dieser Frage. Für die **Gemeinschaftsmarke** enthält Artikel 66 GMVO die entsprechende Regelung.

II. Umfang der Prüfung

Damit die Kollektivmarke nach § 97 eintragbar ist, muß sie geeignet sein, die Waren oder Dienstleistungen der Mitglieder des Inhabers von denjenigen anderer Unternehmen zu unterscheiden (vgl. § 97 Rdn. 8). Wie im Rahmen der Prüfung auf absolute Schutzhindernisse nach § 8 prüft das DPA, ob die notwendige Unterscheidungskraft in der für Kollektivmarken erforderlichen Ausprägung zu bejahen ist. Im Hinblick auf § 98 prüft das DPA, ob der Anmelder ein „rechtsfähiger Verband" ist (dazu § 98 Rdn. 6 ff.). Die Prüfung entspricht damit derjenigen von § 7, insbesondere § 7 Nr. 3. Die Prüfung nach § 102 ist zunächst eine Formalprüfung daraufhin, ob die Mindestanforderungen des § 102 Abs. 2 erfüllt sind. Handelt es sich um eine geographische Herkunftsangabe, ist allerdings schon in die inhaltliche Prüfung nach § 102 Abs. 3 einzutreten. Darüber hinaus ist die Anmeldung aber auch zurückzuweisen, wenn die Markensatzung gegen die öffentliche Ordnung oder die guten Sitten verstößt. Wann das der Fall ist, ist Frage des Einzelfalls und kann nicht allgemein beantwortet werden. Ein Verstoß gegen die guten Sitten dürfte insbesondere dann vorliegen, wenn erkennbar ist, daß aufgrund der Markensatzung eine Täuschung des Publikums zu befürchten ist (vgl. § 105 Abs. 2) oder wenn sich eindeutig ergibt, daß die Verbandsgründer beabsichtigen, eine Kollektivmarke für sich zu monopolisieren, obwohl berechtigte Interessen Dritter an der Aufnahme in den Verband oder der Benutzung der Marke erkennbar sind, die gegebenenfalls nach § 27 GWB oder § 826 BGB durchsetzbar wären (vgl. § 102 Rdn. 15). Damit eine Zurückweisung begründet ist, muß sich die Sittenwidrigkeit bzw. der Verstoß gegen die öffentliche Ordnung schon aus der Satzung selbst ergeben. Besteht lediglich die Befürchtung, daß es zu Mißbräuchen kommen könnte, ist die Kollektivmarke zunächst einzutragen. Treten tatsächlich Mißbräuche auf, kann der Löschungsgrund von § 105 Abs. 2 bestehen. Im Zusammenhang von § 103 gelten also die gleichen Grundsätze und Prüfungsmaßstäbe wie bei § 8.

§ 104 Änderung der Markensatzung

3 Im Fall von **Änderungen der Satzung** hat das DPA dem Anmelder Gelegenheit zu geben, die bestehenden Bedenken gegen die Markensatzung auszuräumen. Dabei handelt es sich um „sonstige Mängel", für deren Beseitigung das DPA eine Frist nach § 36 Abs. 4 setzt.

§ 104 Änderung der Markensatzung

(1) Der Inhaber der Kollektivmarke hat dem Patentamt jede Änderung der Markensatzung mitzuteilen.

(2) Im Falle einer Änderung der Markensatzung sind die §§ 102 und 103 entsprechend anzuwenden.

Jede Änderung der Markensatzung ist dem DPA anzuzeigen, damit dieses in der Lage ist, eine fortlaufende Kontrolle auszuüben. Führt eine Änderung der Markensatzung dazu, daß nunmehr Bedenken bestehen, die eine Eintragung nach § 102 nicht zulassen würden, weist das DPA die Änderung der Eintragung zurück. Wie sich insbesondere aus § 105 Abs. 1 Nr. 3 ergibt, wird die Änderung der Markensatzung erst mit der Eintragung der Änderung (Hinweis gemäß § 18 Nr. 10 MarkenV) wirksam. Ohne Zustimmung des DPA kann somit keine wirksame Änderung der Markensatzung herbeigeführt werden.

§ 105 Verfall

(1) Die Eintragung einer Kollektivmarke wird außer aus den in § 49 genannten Verfallsgründen auf Antrag wegen Verfalls gelöscht,
1. **wenn der Inhaber der Kollektivmarke nicht mehr besteht,**
2. **wenn der Inhaber der Kollektivmarke keine geeigneten Maßnahmen trifft, um zu verhindern, daß die Kollektivmarke mißbräuchlich in einer den Verbandszwecken oder der Markensatzung widersprechenden Weise benutzt wird, oder**
3. **wenn eine Änderung der Markensatzung entgegen § 104 Abs. 2 in das Register eingetragen worden ist, es sei denn, daß der Inhaber der Kollektivmarke die Markensatzung erneut so ändert, daß der Löschungsgrund nicht mehr besteht.**

(2) Als eine mißbräuchliche Benutzung im Sinne des Absatzes 1 Nr. 2 ist es insbesondere anzusehen, wenn die Benutzung der Kollektivmarke durch andere als die zur Benutzung befugten Personen geeignet ist, das Publikum zu täuschen.

(3) Der Antrag auf Löschung nach Absatz 1 ist beim Patentamt zu stellen. Das Verfahren richtet sich nach § 54.

Verfall **§ 105**

Inhaltsübersicht

	Rdn.
I. Allgemeines	1
II. Zusätzliche Verfallsgründe (Abs. 1)	2–5
1. Wegfall des Inhabers (Nr. 1)	3
2. Kein Einschreiten gegen mißbräuchliche Nutzung (Nr. 2)	4
3. Änderung der Markensatzung entgegen § 104 Abs. 2 (Nr. 3)	5
III. Täuschende Benutzung (Abs. 2)	6
IV. Verfahren (Abs. 3)	7

I. Allgemeines

§ 105 ergänzt die Löschungsgründe des § 49 Abs. 2. Dabei enthält Abs. 1 die Löschungsgründe, die in Abs. 2 hinsichtlich des Sonderfalls der mißbräuchlichen Benutzung durch einen Beispielsfall konkretisiert werden. Abs. 3 enthält die Verweisung auf die Verfahrensvorschrift des § 54. Das **WZG** enthielt in § 21 besondere Löschungsgründe, die im wesentlichen § 105 Abs. 1 Nr. 1 und 2 entsprachen. Die **MRRL** sieht in Artikel 15 Abs. 1 vor, daß die Mitgliedsstaaten für Kollektivmarken zusätzlich zu den allgemeinen Löschungsgründen weitere spezielle Verfallsgründe vorsehen können, „soweit es die Funktion dieser Marken erfordert". Von dieser Ermächtigung macht § 105 Gebrauch. Art. 71 **GMVO** enthält zusätzliche Verfallsgründe für Gemeinschaftskollektivmarken, die im wesentlichen § 105 Abs. 1 Nr. 2 und 3 sowie § 105 Abs. 2 entsprechen. 1

II. Zusätzliche Verfallsgründe (Abs. 1)

Die Kollektivmarke ist nach den allgemeinen Verfallsgründen des § 49 auf Antrag zu löschen, zusätzlich aber auch in den Fällen, die § 105 noch ausdrücklich erwähnt. 2

1. Wegfall des Inhabers (Nr. 1)

Die Kollektivmarke kann – wie jede andere Marke – auf einen anderen Inhaber übertragen werden. Die §§ 97 ff. enthalten keine Sonderregelung zu § 27. Wird der Inhaber aber aufgelöst, ohne daß vorher eine Übertragung auf einen anderen Verband erfolgt, ist 3 auch die Kollektivmarke löschungsreif. Praktische Bedeutung hat das deswegen, weil anderenfalls Nutzungsberechtigte, die nach der Satzung zur selbständigen Geltendmachung der Rechte aus der Marke befugt sind (§ 101 Abs. 1) weiterhin gegen dritte Benutzer vorgehen könnten. Darin liegt ein Unterschied zur Individualmarke, der die Abweichung zu § 7 rechtfertigt. Da der Antrag beim Patentamt zu stellen ist (§ 105 Abs. 2), ist es nicht Aufgabe des Antragstellers, eine (gegebenenfalls unmögliche) Zustellung bei dem aufgelösten Inhaber zu bewirken. Das DPA wird nach § 54 Abs. 3 versuchen, den Inhaber zu unterrichten, falls das ohne Erfolg bleibt, kann die Löschung erfolgen. Wann der Inhaber der Kollektivmarke nicht mehr besteht, richtet sich nach dem jeweiligen spezialgesetzlichen Vorschriften des Gesellschaftsrechts (dazu § 7 Rdn. 8).

2. Kein Einschreiten gegen mißbräuchliche Nutzung (Nr. 2)

4 Da die Markensatzung vom DPA geprüft ist (vgl. § 103), ist davon auszugehen, daß bei einer Nutzung der Marke entsprechend der Markensatzung nicht die Gefahr eines Mißbrauches besteht. Insbesondere sollte es dann ausgeschlossen sein, daß die Öffentlichkeit irregeführt wird. Wie Abs. 2 zeigt, ist der Gesetzgeber davon ausgegangen, daß nicht jede Untätigkeit des Vereins gegenüber satzungswidrigen Benutzungen oder Benutzungen durch Nichtberechtigte zur Löschungsreife führt. Zum einen ist der Inhaber nur verpflichtet, **„geeignete Maßnahmen"** zu ergreifen, um den Mißbrauch zu verhindern. Welche Maßnahmen geeignet sind, ist Frage des Einzelfalles. In der Regel wird es erforderlich sein, eine Stelle (gegebenenfalls auch außerhalb des Verbandes, zB eine Anwaltskanzlei) mit der Überwachung der Markensatzung zu beauftragen und die erforderlichen Voraussetzungen für eine gerichtliche Durchsetzung der Markenrechte zu schaffen, zB durch Einrichtung eines hinreichenden Prozeßkostenfonds. Gegen welche Verletzungen eingeschritten wird, kann der Inhaber aufgrund einer sachlichen Abwägung von Kosten und Risiken entscheiden. Er muß nicht gegen jede geringfügige Verletzung vor Gericht ziehen. Häufen sich allerdings Verstöße, die nicht geahndet werden, liegt die Annahme nahe, daß es an den „geeigneten Maßnahmen" fehlt. Die Verletzungen, gegen die der Inhaber einschreiten muß, müssen weiterhin **„mißbräuchlich"** sein. Ein Mißbrauch liegt insbesondere dann vor, wenn die Nutzung in einer Weise geschieht, die gerade der jeweiligen Funktion der Kollektivmarke widerspricht, also zB unter

Verfall **§ 105**

Verstoß gegen Qualitätsmerkmale erfolgt, wenn es sich um ein Gütezeichen handelt, die Kennzeichnung von Produkten, die nicht aus dem Gebiet stammen, das die geographische Herkunftsangabe bezeichnet usw. An der Mißbräuchlichkeit kann es insbesondere bei solchen Satzungsverstößen fehlen, die aus Sicht des Verkehrs nicht relevant sind, zB bei der Anpassung von in der Markensatzung vorgeschriebenen Herstellungsvorgängen an neue technische und wissenschaftliche Erkenntnisse, sofern nicht gerade die traditionelle Herstellungsart aus Sicht der Verbraucher von Bedeutung ist.

3. Änderung der Markensatzung entgegen § 104 Abs. 2 (Nr. 3)

Die Markensatzung bestimmt die Reichweite des Rechts aus der 5 Kollektivmarke in wesentlichem Umfang mit. In der Markensatzung wird insbesondere festgelegt, für welche Waren und Dienstleistungen und durch welche Nutzer die Kollektivmarke verwendet werden darf. Ist eine Änderung der Markensatzung registriert, kann diese nicht in formloser Weise wieder rückgängig gemacht werden. Vielmehr verhält es sich ähnlich wie im Fall der trotz Bestehens eines absoluten Schutzhindernisses zu Unrecht eingetragenen Marke, die nach § 50 zu löschen ist. Der Löschungsgrund des Nr. 3 ist damit eng verwandt mit dem des § 106, der die Fälle betrifft, in denen die ursprüngliche Eintragung unter Verstoß gegen § 103 erfolgt ist.

III. Täuschende Benutzung (Abs. 2)

Abs. 2, der dem früheren § 21 Abs. 1 Nr. 2 WZG entspricht, ist 6 ein Beispielsfall für die mißbräuchliche Benutzung. Andere Mißbrauchsfälle sind deshalb denkbar. Die Benutzung muß nur „geeignet" sein, das Publikum zu täuschen. Tatsächliche Täuschungen müssen weder vorgekommen sein noch gar nachgewiesen werden. Ob die konkrete Benutzung zur Täuschung geeignet ist, stellt das DPA aufgrund eigener Sachkunde fest. Der Maßstab entspricht dem in § 49 Abs. 2 Nr. 2 für die Individualmarke genannten. § 105 Abs. 2 betrifft nicht ausdrücklich den Fall, daß die Benutzungsberechtigen selbst unter Verstoß gegen Vorschriften der Markensatzung handeln, zB unter Mißachtung von Qualitätsvorschriften hergestellte Produkte mit der Marke versehen. Auch wenn der Beispielsfall darauf nicht anwendbar ist, liegt doch auch in diesen

§ 106 Nichtigkeit wegen absoluter Schutzhindernisse

Fällen ein Löschungsgrund vor (nämlich nach § 105 Abs. 1 Nr. 2). Abs. 2 zeigt, daß die Irreführung des Publikums in der Regel den Mißbrauch begründet.

IV. Verfahren (Abs. 3)

7   Das Löschungsverfahren nach § 105 unterscheidet sich von dem Löschungsverfahren für Individualmarken dadurch, daß nur auf § 54, nicht aber auf § 55 verwiesen wird. Damit wollte der Gesetzgeber zum Ausdruck bringen, daß – auch im Fall des Widerspruchs des Inhabers gegen die Löschung (§ 54 Abs. 3 Satz 3) das Löschungsverfahren ausschließlich vor dem DPA durchgeführt werden soll (Amtl. Begr. Abs. 5 zu § 105). Da das Gesetz keine ausdrücklichen Vorschriften für diese Art Löschungsverfahren enthält, gelten die allgemeinen Verfahrensvorschriften (§ 56 ff.).

§ 106 Nichtigkeit wegen absoluter Schutzhindernisse

Die Eintragung einer Kollektivmarke wird außer aus den in § 50 genannten Nichtigkeitsgründen auf Antrag wegen Nichtigkeit gelöscht, wenn sie entgegen § 103 eingetragen worden ist. Betrifft der Nichtigkeitsgrund die Markensatzung, so wird die Eintragung nicht gelöscht, wenn der Inhaber der Kollektivmarke die Markensatzung so ändert, daß der Nichtigkeitsgrund nicht mehr besteht.

I. Allgemeines

1   § 106 enthält einen zusätzlichen Löschungsgrund für Kollektivmarken, der § 50 ergänzt. § 106 entspricht weitgehend § 105 Abs. 1 Nr. 3 und unterscheidet sich von dieser Vorschrift nur insofern, als es bei § 106 um die erstmalige Eintragung der Kollektivmarke geht, bei § 105 Abs. 2 Nr. 3 dagegen um nachfolgende Änderungen.

II. Nichtigkeitsgründe

2   Durch den Verweis auf § 103 werden alle Verstöße gegen §§ 97, 98 und 102 gleichzeitig zu Nichtigkeitsgründen. Teilweise handelt es sich insoweit allerdings nicht um Gründe, die den absoluten

Schutzhindernissen der §§ 3, 8 oder 10 entsprechen, sondern um Mängel, die eher in den Bereich der Formalprüfung gehören. Unabhängig davon können sie alle die Nichtigkeit begründen. Bei allen Verstößen gegen § 102 muß zunächst die Aufforderung an den Markeninhaber erfolgen, die Satzung so zu ändern, daß sie gesetzeskonform wird, vgl. § 103.

III. Verfahren

§ 106 enthält keine Regelung des Verfahrens, die Amtl. Begr. (S. 4 zu § 106) geht allerdings davon aus, daß auch insoweit das Patentamt zuständig ist. Im Hinblick auf die Nähe von § 106 zu § 105 ist dessen Abs. 3 auf § 106 analog anzuwenden. Auch im Fall von Löschungsanträgen nach § 106 ist somit das DPA für die Entscheidung selbst dann zuständig, wenn der Markeninhaber dem Löschungsantrag widerspricht. Ein Löschungsverfahren vor den ordentlichen Gerichten findet nicht statt.

Teil 5. Schutz von Marken nach dem Madrider Markenabkommen und dem Protokoll zum Madrider Markenabkommen; Gemeinschaftsmarken

Abschnitt 1. Schutz vor Marken nach dem Madrider Markenabkommen

Vorbemerkung zu §§ 107–118

§§ 107–118 enthalten die Regelungen für die **Umsetzung des MMA in deutsches Recht.** Das MMA ist ein Sonderabkommen zur PVÜ, mit dem die Erlangung des internationalen Markenschutzes erleichtert wird (im einzelnen Einleitung Rdn. 18). Es erlaubt dem Inhaber einer in einem Vertragsstaat registrierten Marke („Basismarke") durch eine einheitliche Registrierung beim internationalen Büro der WIPO in Genf in jedem Vertragsstaat dengleichen Schutz wie durch eine nationale Einzelanmeldung in diesem Vertragsstaat zu erlangen. § 107 regelt zunächst ausdrücklich diesen Gleichlauf von nationalen Marken und IR-Marken. §§ 108–111 treffen dann eine nähere Ausgestaltung für die Erlangung des Auslandsschutzes für deutsche Basismarken, während §§ 112–118 die Schutzgewährung ausländischer Marken in der Bundesrepublik Deutschland regeln. Ergänzt werden MMA und MMP durch eine gemeinsame Ausführungsordnung (GAusfO).

§ 107 Anwendung der Vorschriften dieses Gesetzes

Die Vorschriften dieses Gesetzes sind auf internationale Registrierungen von Marken nach dem Madrider Abkommen über die internationale Registrierung von Marken (Madrider Markenabkommen), die durch Vermittlung des Patentamts vorgenommen werden oder deren Schutz sich auf das Gebiet der Bundesrepublik Deutschland erstreckt, entsprechend anzuwenden, soweit in diesem Abschnitt oder im Madrider Markenabkommen nichts anderes bestimmt ist.

Antrag auf internationale Registrierung § 108

I. Anwendung des MarkenG

Soweit Teil 5 Abschnitt 1 oder die anwendbaren internationalen 1
Abkommen keine andere Regelung treffen, gelten für die IR-
Marken die gleichen Regeln wie für reine Inlandsmarken. Das gilt
nicht nur für das Verfahren vor dem DPA, sondern insbesondere
auch im Bereich der Ansprüche, die aus IR-Marken geltend gemacht
werden können. IR-Marken sind also im Inland vollwertige
Schutzrechte. Besonderheiten können sich im Einzelfall dann ergeben,
wenn eine ausländische Marke im Inland nicht schutzfähig
wäre, ihr aber nach Art. 6 ^{quinquies} PVÜ sogenannter „telle-quelle-
Schutz" zu gewähren wäre. Diese Regelung führt aber nicht zu einer
abweichenden Eintragungspraxis, da nunmehr nach § 3 alle
Markenformen zulässig sind, andererseits Art. 6 ^{quinquies} B PVÜ
Schutzhindernisse enthält, die die praktisch bedeutsamen Fälle der
§§ 8 Abs. 2 Nr. 1, 5, 9 abdecken, und die entsprechend dem deutschen
Recht auszulegen sind (BPatG GRUR 1996, 408 – *COSA
NOSTRA*).

II. Abweichende Regelungen

Abweichende Regelungen ergeben sich zum einen aus §§ 107 ff., 2
zum anderen aus dem MMA. Danach sind Abweichungen festzustellen
zunächst hinsichtlich des **Anmeldeverfahrens** (§§ 32 f.),
das in §§ 108 bis 113 sowie in Artikel 3 ff. MMA geregelt ist. Für
das **Widerspruchsverfahren** enthalten §§ 114, 116 Abs. 1 Sondervorschriften.
Die **Verlängerung** richtet sich nach Artikel 6
Abs. 1 Nr. 7 MMA. Bei der **Löschung** tritt nach § 115 an die
Stelle des Löschungsantrages der Antrag auf Schutzentziehung. Für
den **Rechtsübergang** enthalten Artikel 9 ff. MMA Sonderregeln.

§ 108 Antrag auf internationale Registrierung

(1) **Der Antrag auf internationale Registrierung einer in das Register
eingetragenen Marke nach Artikel 3 des Madrider Markenabkommens
ist beim Patentamt zu stellen.**

(2) **Wird der Antrag auf internationale Registrierung vor der
Eintragung der Marke in das Register gestellt, so gilt er als am Tag
der Eintragung der Marke zugegangen.**

§ 108 Antrag auf internationale Registrierung

(3) **Dem Antrag ist eine Übersetzung des Verzeichnisses der Waren oder Dienstleistungen in der für die internationale Registrierung vorgeschriebenen Sprache beizufügen. Das Verzeichnis soll in der Reihenfolge der Klassen der internationalen Klassifikation von Waren und Dienstleistungen gruppiert sein.**

Inhaltsübersicht

	Rdn.
I. Antrag auf internationale Registrierung einer deutschen Marke	1, 2
II. Antrag vor Eintragung	3
III. Übersetzung des Waren- und Dienstleistungsverzeichnisses	4

Literatur: *Kunze*, Die internationale Registrierung von Marken unter der gemeinsamen Ausführungsordnung zum Madrider Markenabkommen und zum Protokoll, Mitt. 1996, 190.

I. Antrag auf internationale Registrierung einer deutschen Marke

1 § 118 regelt das Verfahren beim Antrag auf internationale Registrierung einer deutschen Basismarke. Nicht in § 108, sondern im MMA geregelt sind die Voraussetzungen für die Schutzerstreckung durch das MMA, zB die Schutzberechtigten (Art. 1 Abs. 2, 3 MMA) und die weiteren Voraussetzungen der Eintragung (Art. 3 MMA). Für deutsche Anmelder hat das DPA ein Merkblatt über internationale Registrierung deutscher Warenmarken und Dienstleistungsmarken sowie international registrierte ausländische Marken herausgegeben (neueste Fassung in Bl. 1996, 282).

2 Nach § 108 Abs. 1 ist der Antrag auf internationale Registrierung zwingend beim DPA zu stellen, eine unmittelbare Einreichung bei der WIPO ist nicht zulässig, wie sich auch aus Art. 3 Abs. 1 MMA ergibt, der eine Bescheinigung der Behörde des Ursprungslandes zur Richtigkeit der Registerdaten erfordert. Der für die Priorität des Auslandsschutzes maßgebende Tag des Eingangs des Registrierungsgesuches wird auf den Zeitpunkt des Eingangs beim DPA vorverlegt, wenn dieses innerhalb von zwei Monaten für den Zugang bei der WIPO sorgt (Art. 3 Abs. 4 Satz 2 MMA). Für den Antrag auf internationale Registrierung ist das vorgeschriebene Formular der WIPO zu verwenden (Art. 3 Abs. 1 MMA, § 49 MarkenV). Nach § 108 Abs. 3 ist eine (französische) Überset-

zung des Verzeichnisses der Waren und Dienstleistungen mit einzureichen. Die Klassifikation sollte der internationalen Klassifikation folgen, da diese bei Differenzen zur nationalen Klassifikation maßgeblich ist (Art. 3 Abs. 4 MMA).

II. Antrag vor Eintragung

Im Bereich der MMA (anders beim MMP) kann eine internationale Registrierung nur erfolgen, wenn die Basismarke bereits eingetragen ist (Art. 1 Abs. 2 MMA). Das DPA kann den Antrag auf IR-Registrierung also nicht weiterleiten, solange die Marke noch nicht eingetragen ist. Um dem Anmelder wenigstens die Rechtswohltat des Art. 3 Abs. 4 MMA zu sichern, nach dem der Eingang des Antrages beim DPA maßgebend ist, wenn dieses ihn innerhalb von zwei Monaten weiterleitet, wird der Eingangstag fiktiv auf den Zeitpunkt der Eintragung verschoben, also auf den frühest denkbaren Zeitpunkt, zu dem das DPA die Anmeldung an das internationale Büro weiterleiten kann. Auch dann ist allerdings erforderlich, daß der tatsächliche Eingang bei der WIPO innerhalb von weiteren zwei Monaten erfolgt. Ob für die IR-Registrierung noch die Priorität der deutschen Anmeldung in Anspruch genommen werden kann, wird von § 108 Abs. 2 nicht berührt. Dies richtet sich nach Art. 4 Abs. 2 MMA iVm Art. 4 PVÜ. Im Ergebnis ist es somit erforderlich, daß die nationale Marke innerhalb der sechsmonatigen Prioritätsfrist eingetragen wird, damit nach § 108 Abs. 2 die Vorverlegung des für die Wahrung der Priorität maßgebenden Registrierungszeitpunktes auf den Eingang beim DPA möglich ist. 3

III. Übersetzung des Waren- und Dienstleistungsverzeichnisses

Das Verzeichnis ist in die französische Sprache zu übersetzen (§ 49 Abs. 2 MarkenV, Regel 6 Abs. 1 lit. a AusfO MMA/MMP). Die Klassifikation ist nach dem Nizzaer Klassifikationsabkommen (NKA, siehe Einleitung Rdn. 20) vorzunehmen. Unterbleibt das, nimmt die WIPO eine gebührenpflichtige Neuklassifikation vor. Folge eines Verstoßes gegen § 98 Abs. 3 Satz 2 ist also nicht die Zurückweisung der Anmeldung, auch der Prioritätsverlust, sondern lediglich zusätzliche Kosten für den Anmelder. 4

§ 109 Gebühren

(1) Mit dem Antrag auf internationale Registrierung ist eine nationale Gebühr nach dem Tarif zu zahlen. Ist der Antrag auf internationale Registrierung vor der Eintragung der Marke in das Register gestellt worden, so wird die Gebühr am Tag der Eintragung fällig. Wird die Gebühr nicht gezahlt, so gilt der Antrag als nicht gestellt.

(2) Die nach Artikel 8 Abs. 2 des Madrider Markenabkommens zu zahlenden internationalen Gebühren sind unmittelbar an das Internationale Büro der Weltorganisation für geistiges Eigentum zu zahlen.

Für die IR-Registrierung einer deutschen Basismarke sind sowohl nationale Gebühren (§ 109 Abs. 1) als auch internationale Gebühren (§ 109 Abs. 2, Art. 8 Abs. 2 MMA) zu bezahlen. Die nationale Gebühr beträgt gegenwärtig DM 300,00, für Inhaber aus den neuen Bundesländern bis zum 1. 1. 1998 DM 250,00. Für die nationalen Gebühren gilt das PatGebG iVm Nr. 134 100 Gebührenverzeichnis. Unterbleibt die Zahlung der nationalen Gebühr, gilt der Antrag als nicht gestellt, d. h. er kann vom DPA unbearbeitet gelassen werden, wovon allerdings der Anmelder zu unterrichten wäre. Der Wortlaut des Gesetzes läßt dem DPA aber die Möglichkeit offen, lediglich die Weiterleitung bis zur Gebührenzahlung zurückzustellen, die nach einer entsprechenden Aufforderung nachgeholt werden kann. Die internationale Gebühr ist direkt an die WIPO zu bezahlen. Die näheren Modalitäten der Zahlungen sind im Merkblatt (Bl. 1996, 282) aufgeführt. Die Höhe der Gebühren wird vom internationalen Büro festgesetzt. Gegenwärtig gilt das in Bl. 1996, 287 abgedruckte Gebührenverzeichnis.

§ 110 Eintragung im Register

Der Tag und die Nummer der internationalen Registrierung einer im Register eingetragenen Marke sind in das Register einzutragen.

Im Markenregister werden Tag und Nummer der internationalen Registrierung einer deutschen Basismarke im Markenregister eingetragen (vgl. auch § 18 Nr. 32 MarkenV). Im Markenblatt ist sie nicht zu veröffentlichen (§ 21 Abs. 1 MarkenV). Internationale Registrierungen ausländischer Basismarken, die in Deutschland Schutz genießen, werden beim DPA nicht registriert.

§ 111 Nachträgliche Schutzerstreckung

(1) **Wird ein Antrag auf nachträgliche Schutzerstreckung einer international registrierten Marke nach Artikel 3ter Abs. 2 des Madrider Markenabkommens beim Patentamt gestellt, so ist mit dem Antrag eine nationale Gebühr nach dem Tarif zu zahlen. Wird die Gebühr nicht gezahlt, so gilt der Antrag als nicht gestellt.**
(2) **§ 109 Abs. 2 gilt entsprechend.**

§ 111 regelt die Gebührenzahlung für den Fall der nachträglichen Schutzerstreckung des Art. 3ter Abs. 2 MMA. Danach kann auch nach dem Zeitpunkt der internationalen Registrierung der Schutz auf weitere Mitgliedsstaaten des MMA erstreckt werden, die von der ursprünglichen Registrierung nicht erfaßt waren, wobei wiederum der Antrag bei der nationalen Behörde zu stellen ist. Die Gebühr beträgt gegenwärtig DM 200,00 für Inhaber aus den alten Bundesländern und DM 170,00 bis zum 1. Januar 1998 für Inhaber aus den neuen Bundesländern. Im übrigen kann auf die Kommentierung zu § 109 verwiesen werden.

§ 112 Wirkung der internationalen Registrierung

(1) **Die internationale Registrierung einer Marke, deren Schutz nach Artikel 3ter des Madrider Markenabkommens auf das Gebiet der Bundesrepublik Deutschland erstreckt worden ist, hat dieselbe Wirkung, wie wenn die Marke am Tag der internationalen Registrierung nach Artikel 3 Abs. 4 des Madrider Markenabkommens oder am Tag der Eintragung der nachträglichen Schutzerstreckung nach Artikel 3ter Abs. 2 des Madrider Markenabkommens zur Eintragung in das vom Patentamt geführte Register angemeldet und eingetragen worden wäre.**
(2) **Die in Absatz 1 bezeichnete Wirkung gilt als nicht eingetreten, wenn der international registrierten Marke nach den §§ 113 bis 115 der Schutz verweigert wird.**

§ 112 ist die Grundnorm der Schutzerstreckung ausländischer Basismarken durch IR-Registrierung mit Wirkung für die Bundesrepublik Deutschland. § 112 Abs. 1 regelt zunächst allgemein, daß die Schutzerstreckung auf das Gebiet der Bundesrepublik Deutschland der Anmeldung und Eintragung (vgl. in § 4 Nr. 1) einer nationalen Marke gleichzustellen ist, somit die IR-Marke in gleichem Umfang Schutz genießt wie eine eingetragene nationale Marke. Das ergibt sich zwingend bereits aus Art. 4 Abs. 1 MMA, der keiner Umsetzung durch das MarkenG bedarf, da er unmittelbar in Deutschland gilt. Soweit ausländische Rechtsordnungen weitergehende Rechte des Inhabers vorsehen, sind diese in Deutschland unerheblich, da dem Inhaber der erstreckten ausländischen Basismarke im Inland lediglich die Rechte des deutschen Anmelders (BGH GRUR 1969, 48 – *Alcacyl*) zustehen. Weiter regelt § 114 Abs. 1 die Priorität, für die die internationale Registrierung nach Art. 3 Abs. 4 maßgebend ist, wonach ggf. der Rückbezug auf den Zeitpunkt des Eingangs des Antrags beim Patentamt des Ursprungsstaates zu beachten ist. Da die Marke vom Prioritätstag an Schutz genießt, fallen Anmeldung und Eintragung (fiktiv) zusammen, vom Zeitpunkt ihres Prioritätstages an können also Verbotsrechte geltend gemacht werden (anders bei § 4 Nr. 2, wo die Priorität mit der Anmeldung, der Schutz der Marke aber erst mit Eintragung beginnt). Nach §§ 113–115 kann das DPA ausländischen Marken den Schutz verweigern, womit von der Ermächtigung des Art. 5 MMA iVm Art. 6 ^{quinquies} PVÜ Gebrauch gemacht.

§ 113 Prüfung auf absolute Schutzhindernisse

(1) **International registrierte Marken werden in gleicher Weise wie zur Eintragung in das Register angemeldete Marken nach § 37 auf absolute Schutzhindernisse geprüft. § 37 Abs. 2 ist nicht anzuwenden.**

(2) **An die Stelle der Zurückweisung der Anmeldung (§ 37 Abs. 1) tritt die Verweigerung des Schutzes.**

I. Prüfung von IR-Marken auf absolute Schutzhindernisse (Abs. 1)

1   Mit § 113 Abs. 1 Satz 1 hat der deutsche Gesetzgeber von der Option des Art. 5 Abs. 1 MMA Gebrauch gemacht. Gemäß Art. 5 Abs. 1 Satz 2 MMA darf eine Schutzverweigerung jedoch nur auf die Gesichtspunkte gestützt werden, mit denen auch einer im Ausland registrierte Marke im Fall einer nationalen Anmeldung der Schutz versagt werden dürfte. Diese ergeben sich wiederum aus Art. 6 ^{quinquies} PVÜ. Unter dem WZG bestanden zusätzliche Beschränkungen des Markenschutzes, die über Art. 6 ^{quinquies} PVÜ erheblich hinausgingen, insbesondere im Hinblick auf die zulässigen Markenformen. Nachdem diese Unterschiede durch § 3 weitgehend beseitigt sind, ist jetzt davon auszugehen, daß ein Gleichlauf

Prüfung auf absolute Schutzhindernisse   § 113

zwischen den Schutzhindernissen des § 8 Abs. 2 und denen von Art. 6 quinquies Abschnitt a PVÜ besteht (zum Erfordernis der Unterscheidungskraft zB BGH GRUR 1991, 136, 137 – *NEW MAN*; für den Sonderfall der Abbildung einer Ware BGH GRUR 1995, 732 – *Füllkörper*, dort auch zur Maßeinheit). Die Übereinstimmung mit den Vorschriften des deutschen Rechts darf aber nicht dazu führen, auf diese unmittelbar zurückzugreifen (BGH GRUR 1987, 525 – *Litaflex*; BGH GRUR 1991, 838 – *IR-Marke FE*; BGH GRUR 1991, 839, 840 – *Z-TECH*). Dabei sind allerdings umgekehrt das DPA und die deutschen Gerichte nicht an die Beurteilung ausländischer Behörden, insbesondere des Ursprungslandes, gebunden, sondern können den Schutz selbst dann verneinen, wenn dieser im Ursprungsland bejaht worden ist (BGH GRUR 1957, 215 – *FLAVA-Erdgold*; BGH GRUR 1974, 777, 779 – *LEMONSODA*; BGH GRUR 1995, 732, 734 – *Füllkörper*). Die Schutzhindernisse des § 8 Abs. 2 können durch Erlangung von Verkehrsdurchsetzung überwunden werden, § 8 Abs. 3. Da nach Art. 6 quinquies Abschnitt c „alle Tatumstände zu berücksichtigen sind, insbesondere die Dauer des Gebrauchs der Marke", kann auch die Verkehrsdurchsetzung analog § 8 Abs. 3 berücksichtigt werden. Allerdings sehen weder MMA noch PVÜ eine Verschiebung des Prioritätszeitpunkts vor, sondern gehen von einer starren Priorität der internationalen Registrierung aus (vgl. auch § 112 Abs. 1 Satz 2). Vor diesem Hintergrund kommt eine Verschiebung der Priorität nach § 37 Abs. 2 auf den Zeitpunkt der Erlangung der Verkehrsgeltung nicht in Betracht. Gerade weil eine derartige Regelung weder in PVÜ noch im MMA vorgesehen ist, verstößt die Vorschrift auch nicht gegen den Grundsatz der Inländerbehandlung nach Art. 2 Abs. 1 PVÜ (BPatG GRUR 1996, 492, 494 – *Premiere II*). Ggf. steht dem Anmelder die Möglichkeit offen, nach Wegfall des Schutzhindernisses ein neues Ausdehnungsgesuch nach Art. 4ter MMA zu stellen.

II. Schutzverweigerung (Abs. 2)

Die Schutzverweigerung bestimmt sich nach Art. 5 MMA, das MarkenG kann keine davon abweichende Regelung treffen. § 113 Abs. 2 stellt lediglich klar, daß begrifflich keine Anmeldungen zurückgewiesen werden können, da in dem Registrierungsantrag keine solche Anmeldung im deutschen Register liegt. Die Schutzverweigerung, die nur aus den Gründen des Art. 6 bis PVÜ zulässig ist

2

1261

(oben Rdn. 1), muß innerhalb eines Jahres nach der internationalen Registrierung oder dem Ausdehnungsgesuch ausgesprochen sein (Art. 5 Abs. 2 MMA). Gegen die Schutzverweigerung stehen dem ausländischen Anmelder die Rechtsmittel des nationalen Rechts zu (Art. 5 Abs. 3 MMA). Das sind insbesondere Erinnerung (§ 64), Beschwerde (§ 66) und ggf. Rechtsbeschwerde (§ 83). Nach erfolgter Schutzverweigerung kann der Anmelder einen erneuten Antrag auf Schutzerstreckung stellen. In die Sachprüfung tritt das DPA aber nur ein, wenn neue rechtliche oder tatsächliche Gesichtspunkte vorgebracht werden (BGH GRUR 1979, 549, 551 – *Mepiral*).

§ 114 Widerspruch

(1) **An die Stelle der Veröffentlichung der Eintragung (§ 41) tritt für international registrierte Marken die Veröffentlichung in dem vom Internationalen Büro der Weltorganisation für geistiges Eigentum herausgegebenen Veröffentlichungsblatt.**

(2) **Die Frist zur Erhebung des Widerspruchs (§ 42 Abs. 1) gegen die Schutzgewährung für international registrierte Marken beginnt mit dem ersten Tag des Monats, der dem Monat folgt, der als Ausgabemonat des Heftes des Veröffentlichungsblattes angegeben ist, in dem die Veröffentlichung der international registrierten Marke enthalten ist.**

(3) **An die Stelle der Löschung der Eintragung (§ 43 Abs. 2) tritt die Verweigerung des Schutzes.**

Inhaltsübersicht

	Rdn.
I. Allgemeines	1
II. Veröffentlichung von IR-Marken (Abs. 1)	2
III. Sonderregelung für Widerspruch gegen IR-Marke	3–9
1. Beginn der Widerspruchsfrist (Abs.2)	4
2. Schutzverweigerungsverfahren bei Widerspruch (Abs. 3)	5–8
a) Schutzverweigerungsmitteilung	6
b) Bestellung eines Inlandsvertreters	7
c) Widerspruchsverfahren, Entscheidung	8
3. Wirkung der Schutzverweigerung	9

Literatur: *Ackmann*, Entscheidung über Widersprüche gegen international registrierte ausländische Marken, GRUR 1995, 378; *Schöndeling*, Entscheidung über Widersprüche gegen international registrierte ausländische Marken, GRUR 1996, 105.

Widerspruch § 114

I. Allgemeines

§ 114 ergänzt die allgemeine Verweisungsnorm des § 107 um 1
einige Anpassungsvorschriften, die Besonderheiten der internationalen Registrierung Rechnung tragen und vor allem den Widerspruch gegen IR-Marken betreffen. Sie sind durch das Registrierungsverfahren nach dem MMA vorgegeben und weichen inhaltlich nicht vom früheren Recht ab. § 114 Abs. 1 und 2 waren früher in § 2 Abs. 1, 2 der IntRegVO außerhalb des WZG geregelt. § 114 Abs. 3 entspricht ebenfalls der früheren Rechtslage nach Art. 5 MMA. Für dem MMP unterliegende IR-Marken wird § 114 durch § 124 für anwendbar erklärt. Änderungen gegenüber dem früheren Recht hat jedoch die mit dem MMP am 1. April 1996 in Kraft getretene GAusfO gebracht.

II. Veröffentlichung von IR-Marken (Abs. 1)

International registrierte Marken werden gem. Art. 3 Abs. 4 S. 5 2
MMA/MMP in einem vom Internationalen Büro herausgegebenen Veröffentlichungsblatt „Gazette des Marques Internationales" bzw. „Gazette of International Marks" (früher „Les Marques Internationales") veröffentlicht. Art. 3 Abs. 5 S. 2 MMA/MMP verbietet ein zusätzliches Veröffentlichungserfordernis auf nationaler Ebene. Deswegen sieht § 114 Abs. 1 vor, daß die für deutsche Marken vorgeschriebene Veröffentlichung der Eintragung im Markenblatt des DPA (§ 41 S. 2; §§ 20, 21 MarkenV) bei IR-Marken durch die Veröffentlichung der internationalen Registrierung ersetzt wird. Das DPA führt kein Register über IR-Marken mit Schutz in Deutschland (§ 53 Abs. 1 MarkenV), erteilt aber Auskünfte gemäß § 53 Abs. 2 MarkenV aus seiner Datensammlung über IR-Marken mit Schutz in Deutschland. Außerdem erscheint im Markenblatt vierteljährlich, am 15. Januar, 15. April, 15. Juli und 15. Oktober eines jeden Jahres, eine Zusammenstellung der international registrierten ausländischen Marken, denen der Schutz ganz oder teilweise bewilligt, entzogen oder versagt worden ist, einschließlich Berichtigungen.

III. Sonderregelungen für Widerspruch gegen IR-Marke

Gegen IR-Marken, deren Schutz anläßlich der Registrierung 3
oder durch nachträgliche Schutzerstreckung auf Deutschland er-

streckt worden ist, kann gemäß §§ 42, 43 iVm §§ 107, 119 im wesentlichen in gleicher Weise Widerspruch erhoben werden wie gegen deutsche Markeneintragungen (Art. 5 Abs. 1 MMA/MMP iVm Art. 6^{quinquies} B Nr. 1 PVÜ). Erneuerungen von IR-Marken nach Art. 7 MMA/MMP stellen bloße Verlängerungen dar und eröffnen keine Widerspruchsmöglichkeit (BPatGE 19, 196; BPatG 9, 263, 269 f.). Dagegen setzt die Veröffentlichung der Berichtigung einer im Wortlaut fehlerhaft veröffentlichten Marke eine neue Widerspruchsfrist in Lauf (BPatG Mitt. 1974, 92, 95 – *RE POMORO*).

1. Beginn der Widerspruchsfrist (Abs. 2)

4   Die dreimonatige Frist zum Widerspruch gegen die Schutzgewährung für IR-Marken in Deutschland beginnt anders als nach § 42 Abs. 1 nicht schon mit dem Tag der Veröffentlichung nach § 114 Abs. 1, sondern erst mit dem ersten Tag des auf den angegebenen Ausgabemonat des Veröffentlichungsblatts folgenden Monats. Wann das Veröffentlichungsblatt tatsächlich erschienen ist, spielt demgegenüber keine Rolle. Fristberechnung gemäß § 186 ff. BGB. Der erste Tag des Folgemonats wird mitgerechnet (§ 187 Abs. 2 S. 1 BGB). Die Widerspruchsfrist endet mit dem Ablauf des letzten Tages des 3. Monats (§ 188 Abs. 2 2. Alt. BGB). Fällt der letzte Tag der Widerspruchsfrist auf einen Samstag, auf einen Sonntag oder auf einen in München (bzw. am Sitz einer für die Einreichung zuständigen Dienststelle des DPA) staatlich anerkannten allgemeinen Feiertag, so endet die Frist erst mit dem Ablauf des nächsten Werktages (§ 193 BGB). Sowohl Fristbeginn als auch Fristberechnung stimmen also nicht mit der Frist bei deutschen Marken nach § 42 Abs. 1 überein. Beispiel: Widerspruchsfrist für eine im Veröffentlichungsblatt vom 15. Juli veröffentlichte IR-Marke: 1. August bis 31. Oktober.

2. Schutzverweigerungsverfahren bei Widerspruch (Abs. 3)

5   § 114 Abs. 3 stellt klar, daß ein Widerspruch bei IR-Marken naturgemäß nicht zur Löschung der internationalen Registrierung insgesamt, sondern nur zu der auf Deutschland beschränkten Schutzverweigerungserklärung nach Art. 5 MMA/MMP führen kann.

6   **a) Schutzverweigerungsmitteilung.** Das DPA wartet zunächst den Ablauf der Widerspruchsfrist ab. Ist Widerspruch eingelegt worden, teilt das DPA ohne vorherige sachliche Prüfung dem

Widerspruch **§ 114**

Internationalen Büro die Schutzverweigerung („avis de refus de protection", Regel 17 GAusfO) mit, ggf. zusammen mit absoluten Schutzverweigerungsgründen (§ 113). Die Mitteilung muß innerhalb eines Jahres seit dem Tag der Versendung der Mitteilung des Internationalen Büros über die internationale Registrierung (bzw. über die nachträgliche Schutzausdehnung) dem Internationalen Büro zugesandt werden (Art. 5 Abs. 2 und 5 MMA, Regel 18 Abs. 1 lit. a. iii GAusfO). Dies gilt auch bei Anwendbarkeit des MMP, solange Deutschland keinen Gebrauch von der Verlängerungsmöglichkeit auf 18 Monate gemacht hat (Art. 5 Abs. 2 MMP). Bei verspäteter Absendung ist die Schutzverweigerung unwirksam; eine rechtzeitige Schutzverweigerung kann auf andere als die fristgerecht mitgeteilten Widersprüche (und absoluten Gründe, s. § 113) nicht gestützt werden (BPatG Mitt. 1985, 217 – *La Navarre*; BPatGE 27, 148 – *MOI*). Unberührt bleibt die Schutzentziehung aufgrund Löschungsklage (vgl. BGH GRUR 1970, 302, 305 – *Hoffmann's Katze*; BGH GRUR 1955, 575, 578 – *Hückel*). Zum maßgeblichen und ggf. fingierten Absendedatum je nach Übersendungsart s. Regel 18 Abs. 1 lit. a iii GAusfO. Bei fristgerechter Zusendung wird der Schutzverweigerungsbescheid vom Internationalen Büro an den Inhaber der IR-Marke weiterübermittelt.

b) Bestellung eines Inlandsvertreters. In dem Schutzverweigerungsbescheid ist nach § 52 Abs. 1 MarkenV eine Frist von vier Monaten ab Absendung durch das Internationale Büro zu setzen, innerhalb derer die Markeninhaber einen Inlandsvertreter bestellen muß. Unterbleibt die fristgerechte Bestellung eines Inlandsvertreters, so beginnt mit dem Ende der viermonatigen Frist ohne Zustellung eines weiteren Bescheides die einmonatige Erinnerungs- oder Beschwerdefrist zu laufen, nach deren Ablauf die Schutzverweigerung unanfechtbar wird (§ 52 Abs. 2 S. 1 MarkenV). Voraussetzung für den Fristlauf ist eine ordnungsgemäße Rechtsmittelbelehrung im Schutzverweigerungsbescheid (§ 52 Abs. 2 S. 2–3 MarkenV). § 52 MarkenV scheint davon auszugehen, daß jeder Inhaber einer IR-Marke einen Inlandsvertreter zu bestellen hat. Dies würde sich nicht mit dem Inlandsvertreterzwang nach § 96 decken. Beispielsweise kommen ausländische Unternehmen mit inländischen Zweigniederlassungen als IR-Markeninhaber in Betracht, unterliegen aber nicht dem Vertreterzwang nach § 96. In solchen Fällen muß die Angabe der Anschrift der inländischen Niederlassung für die weitere Korrespondenz im Widerspruchsverfahren genügen und kann die Bestellung eines Rechtsanwalts oder Patentanwalts nicht verlangt werden. Es wäre widersprüchlich, wenn solche Unternehmen in Verfahren, die IR-Marken betreffen, einem Vertreterzwang unterworfen werden würden, dem sie in Verfahren, die deutsche Marken betreffen, nicht unterliegen.

8 c) **Widerspruchsverfahren, Entscheidung.** Nach fristgerechter Vertreterbestellung wird das Widerspruchsverfahren durchgeführt, d. h. Widerspruch und ggf. Widerspruchsbegründung dem Markeninhaber bzw. dessen Vertreter vom DPA zur Stellungnahme übersandt. Erweist sich der Widerspruch als begründet, so wird der IR-Marke der Schutz in Deutschland durch Beschluß (endgültig) verweigert. Hiergegen stehen dem Markeninhaber dieselben Rechtsbehelfe zu wie im Widerspruchsverfahren gegen eine deutsche Markeneintragung (§ 43 Rdn. 48). Das DPA unterrichtet das Internationale Büro über den Ausgang des Widerspruchsverfahrens zur Eintragung in das internationale Register (Regel 17 Abs. 4 GAusfO).

3. Wirkung der Schutzverweigerung

9 Die unanfechtbar gewordene Schutzverweigerung beseitigt die Wirkungen der internationalen Registrierung in Deutschland mit der Rückwirkung nach § 112 Abs. 2. Die Eintragung der Schutzverweigerung in das internationale Register nach Regel 17 Abs. 4 GAusfO hat nur deklaratorische Wirkung.

10 Registriert das Internationale Büro ein Gesuch um Schutzausdehnung auf Deutschland, obwohl dieser Marke bereits früher der Schutz für Deutschland unanfechtbar verweigert worden war, so darf ihr nur dann ohne Sachprüfung wegen Rechtsmißbrauchs der Schutz erneut verweigert werden, wenn der insoweit darlegungspflichtige Markeninhaber keine Änderung der rechtlichen oder tatsächlichen Verhältnisse vorträgt, die eine nochmalige Überprüfung rechtfertigen könnten (BGH GRUR 1979, 549 – *Mepiral*).

§ 115 Nachträgliche Schutzentziehung

(1) **An die Stelle des Antrags oder der Klage auf Löschung einer Marke wegen Verfalls (§ 49), wegen des Vorliegens absoluter Schutzhindernisse (§ 50) oder aufgrund eines älteren Rechts (§ 51) tritt für international registrierte Marken der Antrag oder die Klage auf Schutzentziehung.**

(2) **Wird ein Antrag auf Schutzentziehung nach § 49 Abs. 1 wegen mangelnder Benutzung gestellt, so tritt an die Stelle des Tages**

der Eintragung in das Register der Tag, an dem die Frist des Artikels 5 Abs. 2 des Madrider Markenabkommens abgelaufen ist, oder, falls bei Ablauf dieser Frist die in den §§ 113 und 114 genannten Verfahren noch nicht abgeschlossen sind, der Tag des Zugangs der abschließenden Mitteilung über die Schutzbewilligung beim Internationalen Büro der Weltorganisation für geistiges Eigentum.

I. Allgemeines

§ 115 ergänzt die allgemeine Verweisungsnorm des § 107 um einige die Löschungsverfahren gegen IR-Marken betreffende Anpassungsvorschriften, die früher in § 10 VOIntReg enthalten waren. Für dem MMP unterliegende IR-Marken kommt § 115 über § 124 zur Anwendung. 1

II. Nachträgliche Schutzentziehung (Abs. 1)

Für IR-Marken mit Schutzerstreckung auf Deutschland gelten über § 107 die Verfalls- und Nichtigkeitsgründe des MarkenG im Rahmen des Art. 5 Abs. 1 S. 2–3 MMA/MMP iVm Art. 6^{quinquies} PVÜ wie für deutsche Eintragungen. § 115 Abs. 1 stellt dazu klar, daß in diesen Fällen nicht Löschung der internationalen Registrierung insgesamt, sondern nur eine auf Deutschland beschränkte „Schutzentziehung" beantragt werden kann, die in den deutschen Fassungen des Art. 5 Abs. 6 MMA/MMP und Regel 19 GAusfO als „Ungültigerklärung" bezeichnet wird. 2

1. Schutzentziehung durch Beschluß nach §§ 53, 54

Unproblematisch ist dies bei den patentamtlichen Löschungsverfahren nach §§ 53 und 54, in denen die Schutzentziehung durch Beschluß ausgesprochen werden kann. Das DPA teilt die unanfechtbare Entscheidung dem Internationalen Büro gem. Art. 5 Abs. 6 S. 2 MMA/MMP zur – deklaratorischen – Eintragung in das internationale Register mit (Regel 19 GAusfO). 3

2. Schutzentziehung aufgrund Löschungsklage

Demgegenüber kann die Löschungsklage nach § 55 nicht auf Schutzentziehung, sondern nur auf Einwilligung des beklagten 4

Markeninhabers in die Schutzentziehung gerichtet werden (vgl. § 55 Rdn. 8 und 23). Die Vollstreckung des rechtskräftigen Urteils (§ 894 ZPO) erfolgt durch Vorlage einer Ausfertigung beim DPA mit dem Antrag auf Schutzentziehung. Das DPA spricht daraufhin die Schutzentziehung durch Beschluß aus und teilt dies dem Internationalen Büro gemäß Art. 5 Abs. 6 MMA/MMP, Regel 19 GAusfO zur deklaratorischen Eintragung in das internationale Register mit. Nach Art. 5 Abs. 6 MMA/MMP haben nur die nationalen Markenbehörden die Befugnis zur Ungültigerklärung gegen den Willen des Markeninhabers. Das Löschungsurteil kann daher nicht etwa direkt beim Internationalen Büro vorgelegt werden.

5   Gegen den Schutzentziehungsbeschluß des DPA ist zwar grds. Erinnerung/Beschwerde gegeben, jedoch findet keine Überprüfung in der Sache statt, sondern nur darauf, ob das vorgelegte Urteil rechtskräftig ist, gegen den eingetragenen Inhaber wirkt und die Marke betrifft, hinsichtlich derer die Schutzentziehung beantragt wird.

III. Schonfristbeginn bei IR-Marken (Abs. 2)

6   IR-Marken mit Schutzerstreckung auf Deutschland unterliegen über § 107 grundsätzlich genauso dem Benutzungszwang wie eingetragene deutsche Marken. § 115 Abs. 2 bestimmt dazu den für den Beginn der fünfjährigen Benutzungsschonfrist maßgeblichen Tag unter Berücksichtigung der Besonderheiten des Verfahrensablaufs bei internationalen Registrierungen. Dem Grundgedanken nach ist die Regelung vergleichbar mit dem bei deutschen Marken geltenden § 26 Abs. 5. Dem Markeninhaber kann die Benutzungsaufnahme solange nicht zugemutet werden, wie die Schutzverweigerung für Deutschland noch möglich ist. § 115 Abs. 2 selbst gilt nur für Schutzentziehungsverfahren gegen eine IR-Marke, während §§ 116, 117 die Parallelnormen für die anderen Verfahrenskonstellationen enthalten.

7   Die Benutzungsschonfrist beginnt nach § 115 Abs. 2 1. Hs. nie vor Ablauf der Jahresfrist des Art. 5 Abs. 2 MMA für Schutzversagungsmitteilungen des DPA an das Internationale Büro der OMPI. Dies gilt auch bei Anwendbarkeit des MMP, solange Deutschland keinen Gebrauch von der Verlängerungsmöglichkeit auf 18 Monate macht (Art. 5 Abs. 2 MMP). War zu diesem Zeitpunkt jedoch ein Schutzverweigerungsverfahren wegen absoluter

Schutzhindernisse oder Widerspruchs anhängig, verschiebt § 115 Abs. 2 2. Hs. den Schonfristbeginn auf den Tag des Zugangs der abschließenden Schutzbewilligungsmitteilung des DPA beim Internationalen Büro. Beispiel: BGH GRUR 1995, 583/584 – *MONTANA*. § 115 Abs. 2 korrigiert damit die unklare Fassung des früheren Rechts in §§ 10 S. 2 iVm 2 Abs. 3 IntRegVO und stellt klar, daß erst die abschließende Mitteilung maßgeblich ist (Amtl. Begr. 3. Abs. zu § 115). Die unglückliche Maßgeblichkeit des Zugangstags führt dazu, daß das DPA dem Markeninhaber den Zugangstag gesondert mitteilen muß. Das Datum wird im Markenblatt veröffentlicht.

§ 116 Widerspruch und Antrag auf Löschung aufgrund einer international registrierten Marke

(1) Wird aufgrund einer international registrierten Marke Widerspruch gegen die Eintragung einer Marke erhoben, so ist § 43 Abs. 1 mit der Maßgabe anzuwenden, daß an die Stelle des Tages der Eintragung der in § 115 Abs. 2 bezeichnete Tag tritt.

(2) Wird aufgrund einer international registrierten Marke eine Klage auf Löschung einer eingetragenen Marke nach § 51 erhoben, so ist § 55 Abs. 3 mit der Maßgabe anzuwenden, daß an die Stelle des Tages der Eintragung der in § 115 Abs. 2 bezeichnete Tag tritt.

IR-Marken mit Schutzerstreckung auf Deutschland berechtigen gemäß § 112 unter den gleichen Voraussetzungen wie Eintragungen deutscher Marken zu Widerspruch und Löschungsklage aufgrund älteren Rechts (§§ 9, 42, 51, 55), unterliegen jedoch andererseits auch dem Benutzungszwang (§§ 43 Abs. 1, 55 Abs. 3 iVm 26 und 107). § 116 beschränkt sich darauf, die Regelung über den späteren Beginn der fünfjährigen Benutzungsschonfrist bei IR-Marken (§ 115 Abs. 2) auch auf die Einrede mangelnder Benutzung der Widerspruchsmarke (§ 116 Abs. 1, vgl. § 43 Abs. 1) bzw. der älteren Klagemarke im Löschungsprozeß (§ 116 Abs. 2; § 55 Abs. 3) für anwendbar zu erklären, wie im früheren Recht § 2 Abs. 3 und 4 IntRegVO. Die Parallelregelung für Verletzungsklagen aus einer IR-Marke enthält § 117. Für dem MMP unterliegende IR-Marken gilt § 116 über § 124.

§ 117 Ausschluß von Ansprüchen wegen mangelnder Benutzung

Werden Ansprüche im Sinne der §§ 14, 18 und 19 wegen der Verletzung einer international registrierten Marke geltend gemacht, so ist § 25 mit der Maßgabe anzuwenden, daß an die Stelle des Tages der Eintragung der Marke der in § 115 Abs. 2 bezeichnete Tag tritt.

Aus IR-Marken mit Schutzerstreckung auf Deutschland können die Verletzungsansprüche der §§ 14, 18, 19 gem § 112 unter den gleichen Voraussetzungen geltend gemacht werden wie aus beim DPA eingetragenen deutschen Marken, jedoch nur vorbehaltlich der Schutzschranke des Benutzungszwangs gem. §§ 25, 26 (§ 107). § 117 erklärt die Regelung über den späteren Beginn der fünfjährigen Benutzungsschonfrist bei IR-Marken (§ 115 Abs. 2) auf die Einrede mangelnder Benutzung gegenüber Verletzungsansprüchen aus IR-Marken für anwendbar. Einzelheiten dazu bei § 115 Rdn. 6f. Das frühere Recht enthielt keine ausdrückliche Regelung, da der Einwand mangelnder Benutzung gegenüber Verletzungsansprüchen im WZG nicht geregelt war. Im Ergebnis bedeutet § 117 aber keine Änderung, da im Rahmen des früher stattdessen möglichen Einwands der Löschungsreife (§ 11 Abs. 1 Nr. 4 WZG) die Benutzungsschonfrist nach der § 115 Abs. 2 entsprechenden Regelung des § 2 Abs. 4 IntRegVO zu berechnen war. Die Parallelregelung für Widerspruchs- und Löschungsklageverfahren findet sich in § 116. Bei dem MMP unterliegenden IR-Marken kommt § 117 über § 124 zur Anwendung.

§ 118 Zustimmung bei Übertragung international registrierter Marken

Das Patentamt erteilt dem Internationale Büro der Weltorganisation für geistiges Eigentum die nach Artikel 9bis Abs. 1 des Madrider Markenabkommens erforderliche Zustimmung im Falle der Übertragung einer international registrierten Marke ohne Rücksicht darauf, ob die Marke für den neuen Inhaber der international registrierten Marke in das vom Patentamt geführte Register eingetragen ist.

Durch diese Vorschrift soll das Umschreibungsverfahren erleichtert werden, da nach Artikel 9bis Abs. 1 MMA die Marke vom internationalen Büro nicht umgeschrieben werden kann, wenn die Zustimmung des nationalen Amtes nicht vorliegt. § 118 stellt klar, daß das DPA nicht eine Prüfung der Rechtsnachfolge im Inland eintritt.

Abschnitt 2. Schutz von Marken nach dem Protokoll zum Madrider Markenabkommen

Vorbemerkung zu §§ 119–125

§§ 119–125 betreffen die im nationalen Recht erforderlichen Regelungen für die Durchführung des MMP (zum MMP siehe Einleitung, Rdn. 19). Dabei betreffen §§ 119–125 nur diejenigen Regelungen, die vom MMA abweichen. Ob das MMP oder das MMA zur Anwendung kommt, richtet sich danach, ob die Länder, für die internationaler Schutz beantragt wird, Mitglieder des einen oder des anderen Abkommens sind. Sind sie Mitgliedstaaten beider Abkommens, gilt das MMA, das gegenüber dem MMP vorrangig ist (im einzelnen *Kunze*, Mitt. 1996, 190). Das MMP kommt damit gegenwärtig vor alle im Hinblick auf Großbritannien und die skandinavischen Staaten zur Anwendung. Für den deutschen Teil des Verfahrens wichtig ist zum einen die Möglichkeit, internationale Registrierungen nach dem MMP auch auf bloße Anmeldungen zu stützen (Art. 2 MMP), zum anderen die Möglichkeit, bei Wegfall des Heimatschutzes die internationale Registrierung nationaler Anmeldungen zu transformieren (§ 125).

§ 119 Anwendung der Vorschriften dieses Gesetzes

Die Vorschriften dieses Gesetzes sind auf internationale Registrierungen von Marken nach dem Madrider Protokoll vom 27. Juni 1989 zum Madrider Abkommen über die internationale Registrierung von Marken (Protokoll zum Madrider Markenabkommen), die durch Vermittlung des Patentamts vorgenommen werden oder deren Schutz sich auf das Gebiet der Bundesrepublik Deutschland erstreckt, entsprechend anzuwenden, soweit in diesem Abschnitt oder im Protokoll zum Madrider Markenabkommen nichts anderes bestimmt ist.

Die Regelung entspricht § 107, auf dessen Kommentierung verwiesen wird.

120 Antrag auf internationale Registrierung

(1) Der Antrag auf internationale Registrierung einer zur Eintragung in das Register angemeldeten Marke oder einer in das Register eingetragenen Marke nach Artikel 3 des Protokolls zum Madrider Markenabkommen ist beim Patentamt zu stellen. Der Antrag kann auch schon vor der Eintragung der Marke gestellt werden, wenn die internationale Registrierung auf der Grundlage einer im Register eingetragenen Marke vorgenommen werden soll.

(2) Soll die internationale Registrierung auf der Grundlage einer im Register eingetragenen Marke vorgenommen werden und wird der Antrag auf internationale Registrierung vor der Eintragung der Marke in das Register gestellt, so gilt er als am Tag der Eintragung der Marke zugegangen.

(3) § 108 Abs. 3 ist entsprechend anzuwenden.

Die Vorschrift unterscheidet sich von § 108 dadurch, daß der Antrag auf internationale Registrierung auch auf der Grundlage einer nur angemeldeten Marke vorgenommen werden kann. Dem Antragsteller steht es frei, auf die bloße Anmeldung oder auf die eingetragene Marke als Basis für die IR-Registrierung zurückzugreifen. Im zweiten Fall gilt nach § 120 Abs. 2 die dem § 108 Abs. 2 entsprechende Regelung. Es kann für den Anmelder sinnvoll sein zu erklären, daß er sich auf eine (noch nicht erfolgte) Eintragung stützen will, wenn er mit seinem einheitlichen Antrag auch Schutz nach dem MMA in Ländern, die nicht gleichzeitig Vertragsstaaten des MMP sind, erreichen will.

§ 121 Gebühren

(1) Mit dem Antrag auf internationale Registrierung ist eine nationale Gebühr nach dem Tarif zu zahlen.

(2) Soll die internationale Registrierung auf der Grundlage einer im Register eingetragenen Marke sowohl nach dem Madrider Markenabkommen als auch nach dem Protokoll zum Madrider Markenabkommen vorgenommen werden, so ist mit dem Antrag auf internationale Registrierung eine gemeinsame nationale Gebühr nach dem Tarif zu zahlen.

(3) Soll die internationale Registrierung auf der Grundlage einer im Register eingetragenen Marke vorgenommen werden und ist der Antrag auf internationale Registrierung vor der Eintragung der Marke in das Register gestellt worden, so wird die Gebühr nach Absatz 1 oder nach Absatz 2 am Tag der Eintragung fällig. Wer-

den die Gebühren nach Absatz 1 oder Absatz 2 nicht gezahlt, so gilt der Antrag als nicht gestellt.

(4) Die nach Artikel 8 Abs. 2 oder nach Artikel 8 Abs. 7 des Protokolls zum Madrider Markenabkommen zu zahlenden internationalen Gebühren sind unmittelbar an das Internationale Büro der Weltorganisation für geistiges Eigentum zu zahlen.

Wie bei § 109 wird auch bei den Registrierungen nach dem MMP sowohl eine nationale als auch eine internationale Gebühr fällig. Auf die Kommentierung zu § 109 wird verwiesen.

§ 122 Vermerk in den Akten; Eintragung im Register

(1) Ist die internationale Registrierung auf der Grundlage einer zur Eintragung in das Register angemeldete Marke vorgenommen worden, so sind der Tag und die Nummer der internationalen Registrierung in den Akten der angemeldeten Marke zu vermerken.

(2) Der Tag und die Nummer der internationalen Registrierung, die auf der Grundlage einer im Register eingetragenen Marke vorgenommen worden ist, ist in das Register einzutragen. Satz 1 ist auch anzuwenden, wenn die internationale Registrierung auf der Grundlage einer zur Eintragung in das Register angemeldeten Marke vorgenommen worden ist und die Anmeldung zur Eintragung geführt hat.

§ 122 ergänzt die Regelung des § 110 für die angemeldeten Marken und sieht dabei vor, daß Tag und Nummer der internationalen Registrierung in den Akten der Anmeldung zu vermerken ist, zum Zeitpunkt der Anmeldung wird sie in das Markenregister übertragen. Bedeutung hat die Regelung, weil das DPA dem internationalen Büro Rechtsänderungen bezüglich der Basismarke nach § 9 MMA mitzuteilen hat. Im übrigen wird auf die Komentierung zu § 110 verwiesen.

§ 123 Nachträgliche Schutzerstreckung

(1) Der Antrag auf nachträgliche Schutzerstreckung einer international registrierten Marke nach Artikel 3ter Abs. 2 des Protokolls zum Madrider Markenabkommen ist beim Patentamt zu stellen. Soll die nachträgliche Schutzerstreckung auf der Grundlage einer im Register eingetragenen Marke vorgenommen werden und wird der Antrag schon vor der Eintragung der Marke gestellt, so gilt er als am Tag der Eintragung zugegangen.

§ 124   Entsprechende Anwendung registrierter Marken

(2) Mit dem Antrag auf nachträgliche Schutzerstreckung ist eine nationale Gebühr nach dem Tarif zu zahlen. Soll die nachträgliche Schutzerstreckung auf der Grundlage einer im Register eingetragenen Marke sowohl nach dem Madrider Markenabkommen als auch nach dem Protokoll zum Madrider Markenabkommen vorgenommen werden, so ist mit dem Antrag auf nachträgliche Schutzerstreckung eine gemeinsame nationale Gebühr nach dem Tarif zu zahlen. Wird die Gebühr nach Satz 1 oder nach Satz 2 nicht gezahlt, so gilt der Antrag als nicht gestellt.

(3) § 121 Abs. 4 gilt entsprechend.

§ 123 betrifft den Fall der nachträglichen Schutzerstreckung, den für das MMA bereits § 111 regelt. Gegenüber dieser Vorschrift liegt der Unterschied insbesondere in der Verschiebung des Registrierungszeitpunkts nach § 123 Abs. 1 Satz 2, der aber nur dann relevant wird, wenn der Anmelder erklärt hat, daß die Erstreckung auf der Basis der eintragenen Marke, nicht der Anmeldung, erfolgen soll. Wiederum ist für die Schutzerstreckung sowohl eine nationale wie eine internationale Gebühr fällig.

§ 124 Entsprechende Anwendung der Vorschriften über die Wirkung der nach dem Madrider Markenabkommen international registrierten Marken

Die §§ 112 bis 117 sind auf international registrierte Marken, deren Schutz nach Artikel 3ter des Protokolls zum Madrider Markenabkommen auf das Gebiet der Bundesrepublik Deutschland erstreckt worden ist, entsprechend anzuwenden mit der Maßgabe, daß an die Stelle der in den §§ 112 bis 117 aufgeführten Vorschriften des Madrider Markenabkommens die entsprechenden Vorschriften des Protokolls zum Madrider Markenabkommen treten.

Hier handelt es sich um eine reine Verweisungsvorschrift. Abweichungen zwischen MMP und MMA bestehen gegenwärtig nicht.

§ 125 Umwandlung einer internationalen Registrierung

(1) Wird beim Patentamt ein Antrag nach Artikel 9^{quinquies} des Protokolls zum Madrider Markenabkommen auf Umwandlung einer im internationalen Register gemäß Artikel 6 Abs. 4 des Protokolls zum Madrider Markenabkommen gelöschten Marke gestellt und geht der Antrag mit den erforderlichen Angaben dem Patent-

amt vor Ablauf einer Frist von drei Monaten nach dem Tag der Löschung der Marke im internationalen Register zu, so ist der Tag der internationalen Registrierung dieser Marke nach Artikel 3 Abs. 4 des Protokolls zum Madrider Markenabkommen oder der Tag der Eintragung der Schutzerstreckung nach Artikel 3ter Abs. 2 des Protokolls zum Madrider Markenabkommen, gegebenenfalls mit der für die internationale Registrierung in Anspruch genommenen Priorität, für die Bestimmung des Zeitrangs im Sinne des § 6 Abs. 2 maßgebend.

(2) Mit dem Antrag auf Umwandlung ist eine Gebühr nach dem Tarif zu zahlen. Wird die Umwandlung für Waren oder Dienstleistungen beantragt, die in mehr als drei Klassen der Klasseneinteilung von Waren und Dienstleistungen fallen, so ist außerdem für jede weitere Klasse eine Klassengebühr nach dem Tarif zu zahlen. Unterbleibt die Zahlung der Gebühren, so ist § 36 Abs. 3 entsprechend anzuwenden.

(3) Der Antragsteller hat eine Bescheinigung des Internationalen Büros der Weltorganisation für geistiges Eigentum einzureichen, aus der sich die Marke und die Waren oder Dienstleistungen ergeben, für die sich der Schutz der internationalen Registrierung vor ihrer Löschung im internationalen Register auf die Bundesrepublik Deutschland erstreckt hatte.

(4) Der Antragsteller hat außerdem eine Übersetzung des Verzeichnisses der Waren oder Dienstleistungen, für die die Eintragung beantragt wird, einzureichen.

(5) Der Antrag auf Umwandlung wird im übrigen wie eine Anmeldung zur Eintragung einer Marke behandelt. War jedoch am Tag der Löschung der Marke im internationalen Register die Frist nach Artikel 5 Abs. 2 des Protokolls zum Madrider Markenabkommen zur Verweigerung des Schutzes bereits abgelaufen und war an diesem Tag kein Verfahren zur Schutzverweigerung oder zur nachträglichen Schutzentziehung anhängig, so wird die Marke ohne vorherige Prüfung unmittelbar nach § 41 in das Register eingetragen. Gegen die Eintragung einer Marke nach Satz 2 kann Widerspruch nicht erhoben werden.

§ 125 regelt die Umwandlung einer internationalen Registrierung in eine nationale Marke für den Fall, daß diese im internationalen Register gelöscht wird. Nach Art. 9^{quinquies} MMP kann der Inhaber in diesem Fall eine nationale Markenanmeldung einreichen, die sich auf die Priorität der (gelöschten) Marke zurückbeziehen kann. Die Priorität bestimmt sich entweder nach der internationalen Registrierung, oder wenn diese innerhalb von sechs Monaten nach der Anmeldung im Ursprungsland erfolgt, nach der Ursprungsanmeldung (vgl. § 34 Rdn. 9). Die Gebühr bestimmt 1

§ 125 a   Anmeldung von Gemeinschaftsmarken beim Patentamt

sich nach Nr. 135 100 und 135 150 zu §§ 1, 7 Abs. 1 PatGebG, sie beträgt DM 500,00 für Markeninhaber aus den alten Bundesländern und bis zum 1. Januar 1998 DM 420,00 für Markeninhaber aus den neuen Bundesländern zzgl. einer Klassengebühr von DM 150,00 bzw. DM 120,00 für jede übersteigende Klasse.

2 Unter den Voraussetzungen des Abs. 5 Satz 2 wird die Marke ohne Amtsprüfung auf absolute Schutzhindernisse eingetragen. Das betrifft die Fälle, in denen der Schutz der IR-Marke bereits auf Deutschland erstreckt war, also das Amtsprüfungsverfahren bereits durchgeführt war.

Abschnitt 3. Gemeinschaftsmarken

§ 125 a Anmeldung von Gemeinschaftsmarken beim Patentamt

Werden beim Patentamt Anmeldungen von Gemeinschaftsmarken nach Artikel 25 Abs. 1 Buchstabe b der Verordnung (EG) Nr. 40/94 des Rates vom 20. Dezember 1993 über die Gemeinschaftsmarke (ABl. EG Nr. L 11 S. 1) eingereicht, so vermerkt das Patentamt auf der Anmeldung den Tag des Eingangs und leitet die Anmeldung ohne Prüfung unverzüglich an das Harmonisierungsamt für den Binnenmarkt (Marken, Muster und Modelle) weiter.

Neuere Literatur zur Gemeinschaftsmarke: *Fernandez-Novoa*, Die Verwirkung durch Duldung im System der Gemeinschaftsmarke, GRUR Int. 1996, 442; *Hackbarth*, Grundfragen des Benutzungszwangs im Gemeinschaftsmarkenrecht, 1993; *Harte-Bavendamm/von Bombach*, Strategische Aspekte der Gemeinschaftsmarke, WRP 1996, 534; *Heil*, Benutzungszwang im Markenrecht der Europäischen Gemeinschaften, Festschrift 25 Jahre BPatG, 1986, S. 371; *Ingerl*, Die Gemeinschaftsmarke, 1996; *Klaka/Schulz*, Europäische Gemeinschaftsmarke, 1996; *Kunze*, Die Verzahnung der Gemeinschaftsmarke mit dem System der internationalen Registrierung von Marken unter der gemeinsamen Ausführungsverordnung zum Madrider Markenabkommen und dem Madrider Protokoll, GRUR 1996, 627; *Kunz-Hallstein*, Die Funktion der Marke nach eruopäischem und künftigem deutschen Markenrecht, Festschrift 100 Jahre Marken-Amt, 1994, S. 147; *Lehmann/Schönefeld*, Die neue europäische und deutsche Marke, Positive Handlungsrechte im Dienste der Informationsökonomie, GRUR 1994, 481; *Lindner/Schrell*, Die Gemeinschaftsmarke im Überblick; WRP 1996, 94; *Meister*, Marke und Recht, 3. Auflage 1997; *von Mühlendahl*, Die Sprachenregelung des Harmonisierungsamts für den Binnenmarkt (Marken, Muster, Modele), FS Piper 1996, 576; *ders*., Rechtsmittel gegen Entscheidungen des

Harmonisierungsamts für den Binnenmarkt, FG Beier 1996, 303; *ders.*, Seniority in Community Trade Mark Law, ECTA Special Newsletter No. 30, 1996; *ders.*, Die Heilung einer wegen mangelnder Benutzung löschungsreif gewordenen Markeneintragung im europäischen und im deutschen Markenrecht, FS Vieregge 1995,641; *ders.*, Das neue Markenrecht der Europäischen Union, Festschrift 100 Jahre Marken-Amt, 1994, S. 215; *ders.*, Das künftige Markenrecht der EG; GRUR Int. 1989, 353; *Over*, Die neue Gemeinschaftsmarke – Anmelden oder Abwarten?, WRP 1996, 274; *Pagenberg/Munzinger*, Leitfaden Gemeinschaftsmarke, 1996; *Piper*, Zu den Anforderungen an den Schutz der bekannten Gemeinschaftsmarke nach der Gemeinschaftsmarkenverordnung, GRUR 1996, 657; *Schennen*, Die Vertretung vor dem Harmonisierungsamt für den Binnenmarkt, Mitt. 1996, 361; *Schönfeld*; Die Gemeinschaftsmarke als selbständiger Vermögensgegenstand eines Unternehmens, 1994; *Ubertazzi*, Bemerkungen zum Benutzungszwang der Gemeinschaftsmarke, GRUR Int. 1995, 474.

I. Aufgaben des DPA

Gemeinschaftsmarkenanmeldungen können nicht nur beim 1
Harmonisierungsamt, sondern auch bei den für den gewerblichen Rechtsschutz zentral zuständigen Behörden der Mitgliedstaaten eingereicht werden (Art. 25 Abs. 1 lit. b GMVO). In Deutschland ist dies das DPA. Nach Art. 25 Abs. 2 GMVO ist das DPA verpflichtet, alle erforderlichen Maßnahmen zu treffen, damit die Anmeldung binnen zwei Wochen an das Harmonisierungsamt weitergeleitet wird. § 125a ordnet entsprechend dieser Pflicht an, daß das DPA den Eingangstag auf der Gemeinschaftsmarkenanmeldung vermerkt und diese ohne Prüfung unverzüglich an das Harmonisierungsamt weiterleitet. In der Zeit zwischen dem 1. Januar 1996 und dem Inkrafttreten des MRÄndG 1996 am 25. Juli 1996 (§ 152 Rdn. 3) bestand diese Pflicht unmittelbar aufgrund der gemeinschaftsrechtlichen Aufgabenzuweisung und aufgrund inneramtlicher Anordnung (vgl. Mitteilung Nr. 2/95 des DPA-Präsidenten vom 5. Januar 1996, Bl. 1996, 37).

Voraussetzung für die Weiterleitungsverpflichtung ist lediglich, 2
daß das beim DPA eingegangene Schriftstück erkennen läßt, daß es sich um eine Gemeinschaftsmarkenanmeldung handelt. Eine weitergehende Prüfung auf Form, Sprache, Inhalt ist nicht Aufgabe des DPA und könnte die rechtzeitige Weiterleitung gefährden. Die Annahmezuständigkeit des DPA nach Art. 25 Abs. 1 lit. b GMVO ist umfassend, d.h. nicht etwa auf Anmelder mit Sitz in Deutschland oder in deutscher Sprache abgefaßte Anmeldungen beschränkt.

§ 125 a Anmeldung von Gemeinschaftsmarken beim Patentamt

Gemeinschaftsmarkenanmeldungen können nach Art. 115 Abs. 1 GMVO in jeder der Amtssprachen der Europäischen Gemeinschaft eingereicht werden. Dementsprechend hat das DPA dafür Sorge zu tragen, daß zumindest Gemeinschaftsmarkenanmeldungen, die in einer dieser Amtssprachen abgefaßt sind, unverzüglich nach ihrem Eingang als solche auch dann erkannt werden, wenn hierfür nicht die Formblätter des Harmonisierungsamts verwendet werden.

3   Die Verpflichtung zur „unverzüglichen" Weiterleitung gemäß § 125 a läßt die unmittelbar kraft Gmeinschaftsrecht geltende Verpflichtung zur Weiterleitung „binnen zwei Wochen nach Einreichung" unberührt. Der Begriff „unverzüglich" wurde offensichtlich deshalb gewählt, um nach Möglichkeit auch noch eine frühere Weiterleitung zu erreichen. Die Verpflichtung zur Weiterleitung schließt auch die Wahl eines sicheren und schnellen Übermittlungsweges ein. Wegen der Bedeutung des rechtzeitigen Eingangs beim Harmonisierungsamt (unten Rdn. 6) ist eine sorgfältige Erfüllung dieser Pflichten unerläßlich, da andernfalls Amtshaftungsansprüche drohen.

4   Nach Regel 5 Abs. 2 GM-DV hat das DPA alle Blätter einer bei ihm eingereichten Gemeinschaftsmarkenanmeldung mit arabischen Zahlen zu numerieren und sodann Eingangsdatum und Zahl der Blätter auf den eingereichten Unterlagen zu vermerken sowie dem Anmelder unverzüglich eine Empfangsbescheinigung zu übermitteln, in der Art und Zahl der Unterlagen und der Tag ihres Eingangs angegeben werden. Das DPA gibt auch den Tag der Absendung nach Alicante an, der nicht mit dem Eingangstag beim Harmonisierungsamt verwechselt werden darf.

5   Nach Art. 25 Abs. 2 S. 2 GMVO wäre das DPA an sich berechtigt, für Entgegennahme und Weiterleitung von Gemeinschaftsmarkenanmeldungen von dem Anmelder eine Gebühr zu erheben, die jedoch die anfallenden Verwaltungskosten nicht übersteigen darf. Eine solche Gebührenpflicht ist bis auf weiteres nicht vorgesehen (Amtl. Begr. MRÄndG 1996 zu § 125 a). **Andere Erklärungen** als Anmeldungen gegenüber dem Harmonisierungsamt können nicht beim DPA eingereicht werden (vgl. Mitteilung des DPA Präsidenten 3/97 vom 13. März 1997, Bl 1997, 125). Auch **Zahlungen** an das Harmonisierungsamt können nicht an das DPA entrichtet werden (vgl. Mitteilung des DPA Präsidenten 8/97 vom 20. Juni 1997, Bl. 1997, 241).

II. Verspäteter Eingang beim Harmonisierungsamt

Beim DPA eingereichte Gemeinschaftsmarkenanmeldungen, die 6
beim Harmonisierungsamt erst nach Ablauf einer Frist von einem
Monat nach ihrer Einreichung eingehen, gelten nach Art. 25 Abs. 3
GMVO als **zurückgenommen**. Die Einreichung beim DPA ist daher mit einem zusätzlichen Risiko behaftet. Wiedereinsetzung nach
Art. 78 GMVO kommt auch bei Verschulden des DPA nicht in Betracht, da die Frist des Art. 25 Abs. 3 keine von dem Anmelder gegenüber dem Harmonisierungsamt einzuhaltende Frist ist. Auch ein
Amtshaftunganspruch vermag den unwiderbringlich verlorengegangenen Anmeldetag nicht wieder herzustellen. Die Empfangsbestätigung des DPA (Regel 5 Abs. 2 GM-DV) verschafft keine Sicherheit
über den rechtzeitigen Eingang beim Harmonisierungsamt. Davon
kann erst nach Erhalt der eigenen Empfangsbestätigung des Harmonisierungsamts (Regel 5 Abs. 3 GM-DV) ausgegangen werden.

Eine verspätet eingegangene Anmeldung sollte jedoch wenig- 7
stens als **prioritätsbegründend** anerkannt werden. Dies setzt im
Gemeinschaftsmarkenrecht voraus, daß derartigen Anmeldungen
trotz der Rücknahmefiktion noch ein Anmeldetag zugeordnet werden kann (vgl. Art. 29 Abs. 3, 32 GMVO, Art. 4 A Abs. 3 PVÜ).
Art. 27 GMVO macht die Bestimmung des Anmeldetages nicht von
der Wahrung der Weiterleitungsfrist abhängig. Die Rücknahmefiktion des Art. 25 Abs. 3 GMVO kann daher als für das Prioritätsrecht bedeutungsloses „späteres Schicksal" der Anmeldung eingeordnet werden. Für diese Lösung spricht auch das Schutzbedürfnis
des für die Verzögerung nicht verantwortlichen Anmelders. Unabhängig hiervon kann sich der Anmelder die Priorität der gescheiterten Gemeinschaftsmarkenanmeldung wenigstens für die nationale
Ebene in allen Mitgliedstaaten durch **Umwandlung** der als zurückgenommen geltenden Gemeinschaftsmarkenanmeldung in nationale
Anmeldungen erhalten (Art. 108 Abs. 1 lit. a, Abs. 3 GMVO).

§ 125 b Anwendung der Vorschriften dieses Gesetzes

Die Vorschriften dieses Gesetzes sind auf Marken, die nach der
Verordnung über die Gemeinschaftsmarke angemeldet oder eingetragen worden sind, in folgenden Fällen anzuwenden:
1. Für die Anwendung des § 9 (Relative Schutzhindernisse) sind
   angemeldete oder eingetragene Gemeinschaftsmarken mit älterem Zeitrang den nach diesem Gesetz angemeldeten oder ein-

§ 125 b Anwendung der Vorschriften dieses Gesetzes

getragenen Marken mit älterem Zeitrang gleichgestellt, jedoch mit der Maßgabe, daß an die Stelle der Bekanntheit im Inland gemäß § 9 Abs. 1 Nr. 3 die Bekanntheit in der Gemeinschaft gemäß Artikel 9 Abs. 1 Satz 2 Buchstabe c der Verordnung über die Gemeinschaftsmarke tritt.

2. Dem Inhaber einer eingetragenen Gemeinschaftsmarke stehen zusätzlich zu den Ansprüchen nach den Artikeln 9 bis 11 der Verordnung über die Gemeinschaftsmarke die gleichen Ansprüche auf Schadensersatz (§ 14 Abs. 6 und 7), auf Vernichtung (§ 18) und auf Auskunftserteilung (§ 19) zu wie dem Inhaber einer nach diesem Gesetz eingetragenen Marke.

3. Werden Ansprüche aus einer eingetragenen Gemeinschaftsmarke gegen die Benutzung einer nach diesem Gesetz eingetragenen Marke mit jüngerem Zeitrang geltend gemacht, so ist § 21 Abs. 1 (Verwirkung) entsprechend anzuwenden.

4. Wird ein Widerspruch gegen die Eintragung einer Marke (§ 42) auf eine eingetragene Gemeinschaftsmarke mit älterem Zeitrang gestützt, so ist § 43 Abs. 1 (Glaubhaftmachung der Benutzung) entsprechend anzuwenden mit der Maßgabe, daß an die Stelle der Benutzung der Marke mit älterem Zeitrang gemäß § 26 die Benutzung der Gemeinschaftsmarke mit älterem Zeitrang gemäß Artikel 15 der Verordnung über die Gemeinschaftsmarke tritt.

5. Wird ein Antrag auf Löschung der Eintragung einer Marke (§ 51 Abs. 1) auf eine eingetragene Gemeinschaftsmarke mit älterem Zeitrang gestützt, so sind
   a) § 51 Abs. 2 Satz 1 (Verwirkung) entsprechend anzuwenden;
   b) § 55 Abs. 3 (Nachweis der Benutzung) mit der Maßgabe entsprechend anzuwenden, daß an die Stelle der Benutzung der Marke mit älterem Zeitrang gemäß § 26 die Benutzung der Gemeinschaftsmarke nach Artikel 15 der Verordnung über die Gemeinschaftsmarke tritt.

6. Anträge auf Beschlagnahme bei der Einfuhr und Ausfuhr können von Inhabern eingetragener Gemeinschaftsmarken in gleicher Weise gestellt werden wie von Inhabern nach diesem Gesetz eingetragener Marken. Die §§ 146 bis 149 sind entsprechend anzuwenden.

Inhaltsübersicht

	Rdn.
I. Überblick	1
II. Ältere Gemeinschaftsmarken als relative Schutzhindernisse (Nr. 1)	2–4
III. Verletzungsansprüche bei Gemeinschaftsmarkenverletzung (Nr. 2)	5, 6

Anwendung der Vorschriften dieses Gesetzes § 125 b

	Rdn.
IV. Verwirkungseinwand gegen Gemeinschaftsmarke (Nr. 3)	7–9
V. Widerpsruch aufgrund älterer Gemeinschaftsmarke (Nr. 4)	10
VI. Löschung aufgrund älterer Gemeinschaftsmarke (Nr. 5)	11, 12
VII. Grenzbeschlagnahme bei Gemeinschaftsmarkenverletzung (Nr. 6)	13

I. Überblick

§ 125 b erklärt verschiedene Vorschriften des MarkenG für auf 1 Gemeinschaftsmarkenanmeldungen oder eingetragene Gemeinschaftsmarken anwendbar. Es handelt sich dabei um Bestimmungen, die entweder bei Gemeinschaftsmarkenverletzungen zur Anwendung kommen sollen (Nr. 2, 3, 6) oder die Bedeutung angemeldeter oder eingetragener Gemeinschaftsmarken als relative Schutzhindernisse betreffen (Nr. 1, 4, 5).

II. Ältere Gemeinschaftsmarken als relative Schutzhindernisse (Nr. 1)

Die Bedeutung älterer Gemeinschaftsmarken und Gemein- 2 schaftsmarkenanmeldungen als Eintragungshindernisse oder Ungültigkeitsgründe gegenüber nationalen angemeldeten bzw. eingetragenen Marken ist nicht in der GMVO festgelegt, sondern entsprechend der Vorgabe des Art. 4 Abs. 2 lit. a (i) und lit. b, Abs. 3 MRRL im nationalen Markenrecht zu regeln. § 125 b Nr. 1 stellt hierfür ältere angemeldete oder eingetragene Gemeinschaftsmarken den älteren Rechten nach § 9 gleich. Damit kommen die **drei Kollisionstatbestände des § 9 Abs. 1** auch im Verhältnis zu älteren Gemeinschaftsmarken(anmeldungen) und jüngeren eingetragenen deutschen Marken (einschließlich IR-Marken mit Schutz in Deutschland) zur Anwendung.

Zu dem Kollisionstatbestand des erweiterten Schutzes bekannter 3 Marken stellt Nr. 1 klar, daß bei Gemeinschaftsmarken auf deren **Bekanntheit „in der Gemeinschaft"** iSv Art. 9 Abs. 1 S. 2 lit. c GMVO abzustellen ist. Dies bedeutet nicht etwa, daß die Bekannt-

§ 125 b Anwendung der Vorschriften dieses Gesetzes

heit überall in der Gemeinschaft bestehen müßte. Vielmehr genügt ein in Bezug auf die Gemeinschaft beachtliches Bekanntheitsgebiet. Die im GMVO-Entwurf 1980 noch enthaltene Formulierung „zumindest in der gesamten Gemeinschaft" ist fallengelassen worden. Andererseits ist zu beachten, daß auch beim erweiterten Schutz der bekannten Marke der Einheitlichkeitsgrundsatz des Gemeinschaftsmarkenrechts (Art. 1 Abs. 2 GMVO; *Ingerl*, Die Gemeinschaftsmarke S. 33) zu beachten ist, so daß einer Gemeinschaftsmarke auch der erweiterte Schutz stets nur für das gesamte Gemeinschaftsgebiet zugebilligt werden kann. Es kommt daher auch im Rahmen des § 125 b Nr. 1 nicht darauf an, in welchem Maße eine nach Art. 9 Abs. 1 S. 2 lit. c GMVO zu bejahende Bekanntheit einer Gemeinschaftsmarke gerade auch in Deutschland besteht.

4   Aus der Anerkennung älterer Gemeinschaftsmarken(anmeldungen) als ältere Rechte iSv § 9 folgt zugleich die Anwendbarkeit sämtlicher Vorschriften des MarkenG über die Geltendmachung als relatives Schutzhindernis durch Widerspruch (§§ 42, 43) und Löschungsklage (§§ 51, 52, 55), ohne daß es hierfür einer gesonderten Inbezugnahme bedarf. § 125 b Nr. 4 und 5 enthalten dazu weitere Anpassungsregelungen (unten Rdn. 10 und 11).

III. Verletzungsansprüche bei Gemeinschaftsmarkenverletzung (Nr. 2)

5   Die dem Inhaber einer Gemeinschaftsmarke im Verletzungsfalle zustehenden Ansprüche sind in der GMVO unvollständig geregelt, nämlich nur der Unterlassungsanspruch (Art. 9 und 11 iVm 98 Abs. 1 GMVO), ferner die Sonderfälle des Anspruchs auf einen Markenhinweis in Nachschlagewerken (Art. 10 GMVO), und des Übertragungsanspruchs bzgl Agentenmarken (Art. 18 GMVO). Außerdem sieht Art. 9 Abs. 3 GMVO einen Entschädigungsanspruch für Benutzungshandlungen zwischen Veröffentlichung der Anmeldung der Gemeinschaftsmarke und der Veröffentlichung ihrer Eintragung vor (vgl. *Ingerl*, Die Gemeinschaftsmarke, S. 92). Die Regelung aller weiteren Verletzungsansprüche überläßt das Gemeinschaftsmarkenrecht dem Recht des Mitgliedstaats, in dessen Gebiet die jeweilige Verletzungshandlung begangen wurde (Art. 98 Abs. 2 GMVO).

6   Zur Ergänzung stellt § 125 b Nr. 2 die bei Verletzung deutscher Marken vorgesehenen Anspruchsgrundlage für Schadensersatz,

Anwendung der Vorschriften dieses Gesetzes **§ 125 b**

Auskunft und Vernichtung zur Verfügung. Eine Verweisung auf die von der Rechtsprechung aus Vorschriften des BGB abgeleiteten ergänzenden Verletzungsansprüche, insbesondere auf Beseitigung von Störungszuständen (Vor §§ 14–19 Rdn. 55 ff.), Bereichungsausgleich (Vor §§ 14–19 Rdn. 73) oder zusätzliche Auskünfte zur Schadens- bzw. Bereicherungsberechnung (Vor §§ 14–19 Rdn. 74 ff.) fehlt dagegen. Diese allgemeinen Bestimmungen können nicht etwa über Art. 14 Abs. 2 GMVO angewendet werden. Denn diese Vorschrift betrifft erkennbar nicht die Ergänzung der Rechtsfolgen bei Markenverletzungen, sondern eigenständige außermarkenrechtliche Haftungsgründe. Möglich ist jedoch eine Anwendung auch ohne ausdrückliche nationale Schnittstellennorm über Art. 14 Abs. 1 S. 2 iVm Art. 98 Abs. 2 GMVO, da die allgemeinen Vorschriften des BGB in ihrer Anwendbarkeit nicht auf nationale Marken beschränkt sind und somit auch für Gemeinschaftsmarken als Ausschließlichkeitsrechte gemeinschaftsrechtlichen Ursprungs gelten.

IV. Verwirkungseinwand gegen Gemeinschaftsmarke (Nr. 3)

Das Schutzhindernis der Verwirkung ist in der GMVO nur hinsichtlich eines Teils der denkbaren Fallkonstellationen geregelt (Art. 53, 106 Abs. 1 S. 2, 107 Abs. 2, 3 GMVO; dazu *Ingerl*, Die Gemeinschaftsmarke, S. 98 ff.). Im Gemeinschaftsmarkenrecht ungeregelt geblieben ist dagegen die Fallkonstellation der Duldung eines nationalen Kennzeichenrechts durch den Inhaber einer älteren Gemeinschaftsmarke. § 125 b Nr. 3 schließt diese Lücke im Hinblick auf Verletzungsansprüche aus einer älteren Gemeinschaftsmarke gegen jüngere eingetragene deutsche Marken in Übereinstimmung mit der zwingenden Vorgabe des Art. 9 Abs. 1 MRRL. Diese Lösung ist aber eigentlich systemwidrig, da es hier um Wirkungen der Gemeinschaftsmarke geht, die gemäß Art. 14 Abs. 1 GMVO und parallel zu Art. 53 GMVO konsequenter im Gemeinschaftsmarkenrecht zu regeln gewesen wären. Eine § 125 b Nr. 3 entsprechende Regelung des Verwirkungseinwands enthält § 125 b Nr. 5 gegenüber Löschungsansprüchen. 7

Weder im Gemeinschaftsmarkenrecht noch in § 125 a geregelt ist die Verwirkung bei fünfjähriger Duldung eines nicht eingetragenen deutschen Kennzeichenrechts durch den Inhaber einer älteren Gemeinschaftsmarke. Hier bietet sich eine analoge Anwendung 8

§ 125 b Anwendung der Vorschriften dieses Gesetzes

des § 21 Abs. 2 an. Die ausdrückliche Beschränkung des § 125 b Nr. 3 auf den ersten Absatz des § 21 schließt eine solche Analogie nicht zwingend aus, nachdem der Gesetzgeber das Verhältnis nicht eingetragener Kennzeichenrechte zu Gemeinschaftsmarken in §§ 125 a ff. generell ausgeklammert hat.

9 Die Verwirkungstatbestände des § 21 setzen voraus, daß der geduldeten Benutzung ein eigenes, wenn auch jüngeres Kennzeichenrecht zugrundeliegt. Während § 21 Abs. 4 zusätzlich die Anwendung des allgemeinen Verwirkungseinwands ermöglicht, steht einer Geltung dieser Grundsätze gegenüber Verletzungsansprüchen aus einer Gemeinschaftsmarke Art. 14 Abs. 1 S. 1 GMVO entgegen. In Betracht kommt daher nur die Möglichkeit einer Entwicklung autonomer allgemeiner Verwirkungsregeln im Gemeinschaftsmarkenrecht, sofern Art. 53 GMVO nicht als abschließende Regelung verstanden wird.

V. Widerspruch aufgrund älterer Gemeinschaftsmarke (Nr. 4)

10 Die Gemeinschaftsmarke unterliegt einem mit der MRRL und dem MarkenG vergleichbaren Benutzungszwang mit fünfjähriger Schonfrist ab Eintragung (Art. 15, 50 Abs. 1 lit. a, 43 Abs. 2, 56 Abs. 2, 95 Abs. 3, 96 Abs. 5 GMVO). Nicht geregelt ist in der GMVO der Nichtbenutzungseinwand gegenüber einer Gemeinschaftsmarke, aus der Widerspruch gegen eine nationale Eintragung erhoben wird. Hierfür verweist § 125 b Nr. 4 entsprechend der bindenden Vorgabe des Art. 11 Abs. 1 MRRL auf § 43 Abs. 1 und stellt klar, daß sich die rechtserhaltende Benutzung der als Widerspruchsmarke geltend gemachten Gemeinschaftsmarke nicht nach der deutschen Regelung des § 26 richtet, sondern nach Art. 15 GMVO. In geographischer Hinsicht ist damit eine **Benutzung „in der Gemeinschaft"** erforderlich. Die Auslegung dieses Erfordernisses ist umstritten. Nach überzeugenderer Auffassung ist eine Benutzung in allen Mitgliedstaaten ebensowenig erforderlich wie in mindestens mehr als einem Mitgliedstaat. Es ist gar keine fest vorgegebene räumliche Ausdehnung der Benutzung zu fordern, sondern der räumliche Benutzungsumfang bei der Prüfung der Ernsthaftigkeit der Benutzung mitzuberücksichtigen (näher *Ingerl*, Die Gemeinschaftsmarke, S. 103 mwN). Die Parallelregelung zu Nr. 4 für das Löschungsverfahren findet sich in § 125 b Nr. 5 lit. b.

VI. Löschung aufgrund älterer Gemeinschaftsmarke (Nr. 5)

§ 125 Nr. 5 lit. a enthält die Parallelregelung zur obigen Nr. 3 **11** zum Schutze des Inhabers einer deutschen Marke (bzw. IR-Marke mit Schutz in Deutschland) gegenüber dem Inhaber einer älteren Gemeinschaftsmarke, der die jüngere Eintragung entsprechend § 51 Abs. 2 S. 1 fünf Jahre lang geduldet hat. Dadurch wird die zwingende Vorgabe des Art. 9 Abs. 1 MRRL umgesetzt. Vgl im übrigen zum Verwirkungseinwand oben Rdn. 7 ff. zu § 125 Nr. 3.

§ 125 Nr. 5 lit. b stellt klar, daß sich die rechtserhaltende Benut- **12** zung einer Gemeinschaftsmarke auch dann nach Art. 15 GMVO und nicht etwa nach § 26 richtet, wenn aus der Gemeinschaftsmarke ein Löschungsanspruch gegen eine für Deutschland eingetragene Marke geltend gemacht wird. § 125 b Nr. 5 lit. b setzt zusammen mit der Parallelregelung in Nr. 4 die bindende Vorgabe des Art. 11 Abs. 1 MRRL um. Vgl im übrigen zur Nichtbenutzungseinrede gegenüber Gemeinschaftsmarken oben Rdn. 10 zu § 125 b Nr. 4.

VII. Grenzbeschlagnahme bei Gemeinschaftsmarkenverletzung (Nr. 6)

§ 125 b Nr. 6 verschafft dem Inhaber einer eingetragenen Ge- **13** meinschaftsmarke die Möglichkeit zur Beantragung der Grenzbeschlagnahme entsprechend §§ 146 ff.

§ 125 c Nachträgliche Feststellung der Ungültigkeit einer Marke

(1) **Ist für eine angemeldete oder eingetragene Gemeinschaftsmarke der Zeitrang einer im Register des Patentamts eingetragenen Marke nach Artikel 34 oder 35 der Verordnung über die Gemeinschaftsmarke in Anspruch genommen worden und ist die im Register des Patentamts eingetragene Marke wegen Nichtverlängerung der Schutzdauer nach § 47 Abs. 6 oder wegen Verzichts nach § 48 Abs. 1 gelöscht worden, so kann auf Antrag nachträglich die Ungültigkeit dieser Marke wegen Verfalls oder wegen Nichtigkeit festgestellt werden.**

(2) **Die Feststellung der Ungültigkeit erfolgt unter den gleichen Voraussetzungen wie eine Löschung wegen Verfalls oder wegen Nichtigkeit. Jedoch kann die Ungültigkeit einer Marke wegen**

§ 125 c Nachträgliche Feststellung der Ungültigkeit einer Marke

Verfalls nach § 49 Abs. 1 nur festgestellt werden, wenn die Voraussetzungen für die Löschung nach dieser Vorschrift auch schon in dem Zeitpunkt gegeben waren, in dem die Marke wegen Nichtverlängerung der Schutzdauer oder wegen Verzichts gelöscht worden ist.

(3) Das Verfahren zur Feststellung der Ungültigkeit richtet sich nach den Vorschriften, die für das Verfahren zur Löschung einer eingetragenen Marke gelten, mit der Maßgabe, daß an die Stelle der Löschung der Eintragung der Marke die Feststellung ihrer Ungültigkeit tritt.

Literatur: von Mühlendahl, Seniority in Community Trade Mark Law, ECTA Special Newsletter No. 30, 1996.

I. Überblick

1   § 125 c regelt einen Teilaspekt der sog „Inanspruchnahme des Zeitrangs" einer nationalen Marke zugunsten einer identischen Gemeinschaftsmarke desselben Inhabers gem Art 34, 35 GMVO. Die Vorschrift ermöglicht die nachträgliche Feststellung der Ungültigkeit einer deutschen oder für Deutschland international registrierten Marke, die nach Inanspruchnahme ihres Zeitrangs wegen Nichtverlängerung oder Verzichts zwar im deutschen Markenregister gelöscht worden ist, jedoch aufgrund der Inanspruchnahme weiterhin geeignet ist, rechtliche Wirkungen iVm der Gemeinschaftsmarke zu entfalten, zu deren Gunsten die Inanspruchnahme erfolgte. Die Ermöglichung dieser nachträglichen Feststellung ist in Art 14 MRRL vorgeschrieben. § 125 c setzt diese Vorgabe in das deutsche Recht um.

II. Integration nationaler Marken in Gemeinschaftsmarken

2   Nach Art. 34 GMVO kann der Anmelder einer Gemeinschaftsmarke den „Zeitrang" einer zu seinen Gunsten in einem Mitgliedstaat für identische/umfassendere Waren/Dienstleistungen eingetragenen oder international registrierten identischen älteren Marke durch Erklärung zusammen mit der Anmeldung oder binnen einer zweimonatigen Frist nach dem Anmeldetag (Regel 8 GM-DV) in Bezug auf diesen Mitgliedstaat „in Anspruch nehmen". Wurde hiervon zunächst nicht Gebrauch gemacht, kann diese Inanspruchnahme zwar nicht mehr während des laufenden Registrierungs-

verfahrens erklärt werden (vgl. Art. 36 Abs. 7 GMVO), jedoch jederzeit ohne Fristgrenze nachgeholt werden, sobald die Eintragung der Gemeinschaftsmarke erfolgt ist (Art. 35 GMVO, Regel 28 GM-DV). Zu den Anforderungen im einzelnen s. Mitt Nr. 1/97 des HABM-Präsidenten, Bl. 97, 356; *Ingerl,* Die Gemeinschaftsmarke, S. 47/48.

Die Wirkung der Inanspruchnahme nach Art. 34, 35 GMVO 3 kommt nur dann überhaupt zum Tragen, wenn die ältere nationale Marke nach Eintragung der Gemeinschaftsmarke freiwillig durch Verzicht oder Erlöschenlassen mangels Verlängerung untergeht. Art. 34 Abs. 2 GMVO beschreibt die in diesem Falle eintretende Wirkung dahingehend, daß dem Gemeinschaftsmarkeninhaber „weiter dieselben Rechte zugestanden werden, die er gehabt hätte, wenn die ältere Marke weiterhin eingetragen wäre". Entgegen der irreführenden Terminologie der deutschen Fassung der GMVO und entgegen der Annahme in der Amtl. Begr. zu § 125 c (ebenso unzutr *Fezer* § 125 c Rdn. 1) erlangt die Gemeinschaftsmarke dadurch nicht etwa selbst einen partiell besseren Zeitrang für den betroffenen Mitgliedstaat. Es wird vielmehr der **Fortbestand des nach nationalem Recht untergegangenen Schutzrechts gemeinschaftrechtlich fingiert.** Der Begriff „Zeitrang" ist daher mißverständlich. Häufig wird der englische Begriff „seniority" verwendet. Untauglich ist auch der in der Amtl. Begr. zu § 125 c verwendete, allerdings zutreffend in Anführungszeichen gesetzte Begriff der „Umwandlung" nationaler Rechte in eine Gemeinschaftsmarke. Denn die Gemeinschaftsmarke als solche bleibt unverändert. Der Umfang der fortbestehenden Rechtsposition richtet sich nach den auf das ältere Recht anwendbaren nationalen Bestimmungen. Hergestellt wird lediglich eine in der Gemeinschaftsmarkenverordnung erstaunlicherweise nicht weiter geregelte Verbindung zur Gemeinschaftsmarke. Erreicht werden soll offensichtlich eine „Integration" der nationalen Marke in die Gemeinschaftsmarke. Die Ankoppelung bewirkt, daß die nationale Rechtsposition sozusagen **akzessorisch mit der Gemeinschaftsmarke verknüpft wird.** Der GMVO ist dazu nicht einmal zu entnehmen, ob die angekoppelten Rechte sodann aus der Gemeinschaftsmarke oder aus der gelöschten nationalen Marke geltend gemacht werden. Es spricht wohl einiges dafür, daß ersteres beabsichtigt war. Dann müßte beispielsweise ein Widerspruch gegen eine Gemeinschaftsmarkenanmeldung, die im Vergleich zu der nationalen Marke jünger, gegenüber der parallelen Gemeinschaftsmarke desselben Inhabers aber älter ist, formal aufgrund der an sich jüngeren Gemein-

§ 125 c Nachträgliche Feststellung der Ungültigkeit einer Marke

schaftsmarke eingelegt, dann aber mit der „seniority" begründet werden. Vertretbar wäre aber auch die Betrachtungsweise, daß der Widerspruch aufgrund der als fortbestehend geltenden nationalen Marke als solcher einzulegen ist.

4   Die Inanspruchnahme nach Art. 34, 35 GMVO wird in das Gemeinschaftsmarkenregister **eingetragen und veröffentlicht** (Regel 84 Abs. 2 lit. j, Abs. 3 lit. f GM-DV). Das Harmonisierungsamt hat die zuständige nationale Markenbehörde über die wirksame Inanspruchnahme zu unterrichten (Regeln 8 Abs. 3, 28 Abs. 3 GM-DV).

5   Die Ankoppelung kann solange nicht mehr aufgehoben werden, wie die Gemeinschaftsmarke besteht. Nur bei Untergang der Gemeinschaftsmarke kann die Verbindung gelöst und unter den allgemeinen Voraussetzungen der Umwandlung wieder eine neue nationale Marke mit dem Zeitrang der früheren Marke erlangt werden (Art. 108 Abs. 3 GMVO).

6   Problematisch ist in diesem Zusammenhang, daß bei **teilweiser** Übertragung der Gemeinschaftsmarke automatisch auch eine entsprechende Teilung und Übertragung des angekoppelten nationalen Rechts erfolgen muß, obwohl es während seiner nationalen Existenz stets ein einheitliches Recht war und solche Übertragungsvorgänge auf nationaler Ebene undokumentiert bleiben. Änderungen des nationalen Markenrechts müßten sich aufgrund der Fortbestandsfiktion auf den Umfang der durch die Inanspruchnahme angekoppelten Rechtsposition auswirken, obwohl die gelöschten Rechte dem nationalen Markenrecht eigentlich entzogen sind.

7   Ein vergleichbarer Regelungsmechanismus ist bislang nur aus Art. 4bis MMA bekannt. Nach ständiger Praxis des DPA kann für eine IR-Marke die Priorität einer gelöschten identischen deutschen Marke geltend gemacht werden (s. § 9 Rdn. 8).

III. Feststellung der Ungültigkeit

8   Nach Art. 34 Abs. 3 (35 Abs. 2) GMVO entfällt die Wirkung der Inanspruchnahme, wenn die ältere nationale Marke für verfallen oder nichtig erklärt wird oder wenn auf sie vor der Eintragung der Gemeinschaftsmarke verzichtet wird. Solange die Marke noch in dem nationalen Register eingetragen ist, bedarf es hierzu keiner weiteren Regelungen. Wurde jedoch dem Sinn der Inanspruchnahme entsprechend gem Art. 34 Abs. 2 (35 Abs. 2) GMVO auf die nationale Marke verzichtet oder ist diese mangels Verlängerung

erloschen, kann ihre Nichtigkeit oder ihr Verfall nicht mehr auf dem üblichen Wege – im deutschen Recht gem §§ 49–55 – geltend gemacht werden. Dies muß aber trotz Löschung im nationalen Register möglich bleiben. Denn die Marke entfaltet aufgrund der Inanspruchnahme weiterhin Wirkung als in die Gemeinschaftsmarke integriertes Recht. Die Lösung dieses Problems durch die nachträgliche Feststellung der Ungültigkeit oder des Verfalls der auf nationaler Ebene eigentlich nicht mehr existierenden Marke ist durch Art. 14 MRRL vorgegeben.

§ 125 c Abs. 1 bildet die Rechtsgrundlage für die nachträgliche 9 Feststellung der Ungültigkeit in dem oben erläuterten Fall des Verzichts oder der Nichtverlängerung nach Inanspruchnahme. Ungeachtet der Formulierung „im Register des Patentamts" gilt § 125 c über §§ 107, 119 (Amtl. Begr. MRÄndG 1996 8. Abs. zu § 125 c) auch für IR-Marken mit Schutz in Deutschland. Zu beachten ist, daß der Begriff „Ungültigkeitsfeststellung" iSv § 125 c nicht mit demjenigen des Art 14 MRRL übereinstimmt. Die MRRL versteht unter „Ungültigkeit" die „Nichtigkeit" iSv §§ 50, 51, während der Begriff bei § 125 c als Oberbegriff für das Vorliegen entweder eines Nichtigkeits- oder eines Verfallsgrundes dient. Nicht zwingend durch Art. 14 MRRL vorgegeben, jedoch ohne weiteres zulässig ist das in § 125 c Abs. 1 aufgestellte Antragserfordernis, das eine Ungültigerklärung von Amts wegen insbesondere für den Fall absoluter Schutzhindernisse ausschließt, in dem ein Löschungsverfahren auch von Amts wegen möglich gewesen wäre (§ 54).

§ 125 c Abs. 2 regelt die weiteren Voraussetzungen der Ungül- 10 tigkeitsfeststellung und verweist dazu auf die Löschungsgründe wegen Verfalls (§ 49) und Nichtigkeit (§§ 50, 51). Für die Feststellung der Ungültigkeit wegen Verfalls aufgrund Nichtbenutzung stellt § 125 c Abs. 2 S. 2 die zusätzliche Voraussetzung auf, daß die Löschungsreife wegen Verfalls auch schon in dem **Zeitpunkt der Löschung der nationalen Marke** wegen Nichtverlängerung oder Verzichts vorgelegen hatte. Dadurch soll erreicht werden, daß ab diesem Zeitpunkt eine rechtserhaltende Benutzung der Marke in Deutschland nach den Bestimmungen des § 26 nicht mehr erforderlich ist, sondern nur die gemeinschaftsrechtlichen Benutzungsanforderungen hinsichtlich der Gemeinschaftsmarke gelten, zu deren Gunsten die Inanspruchnahme erfolgt ist (Amtl. Begr. MRÄndG 1996 5. Abs. zu § 125 c). Diese Regelung soll einen der wesentlichsten Vorteile einer Integration nationaler Marken in Gemeinschaftsmarken im Verhältnis zum deutschen Markenrecht sichern. Der Gemeinschaftsmarkeninhaber kann dadurch das ältere

§ 125 c Nachträgliche Feststellung der Ungültigkeit einer Marke

deutsche Markenrecht dem deutschen Benutzungszwang entziehen und seine Fortwirkung schon durch gemeinschaftsrechtlich ausreichende Benutzungshandlungen sichern, die nach Art. 15 GMVO zwar „in der Gemeinschaft", nicht aber unbedingt in Deutschland stattfinden müssen (vgl. dazu oben Rdn. 10 zu § 125 b Nr. 4). Allerdings ist diese vorteilhafte Wirkung der Inanspruchnahme nicht völlig zweifelsfrei, nachdem Art. 34 Abs. 2 GMVO auf den Umfang der Rechte abstellt, die der Markeninhaber gehabt hätte, „wenn die ältere Marke weiterhin eingetragen gewesen wäre". Dann müßte aber konsequenterweise der Geltendmachung dieser Wirkung auch der nationale Nichtbenutzungseinwand entgegengehalten werden können. Hinsichtlich der anderen Verfallsgründe und der Nichtigkeit geht die Amtl. Begr. zu § 125 c auch in der Tat davon aus, daß es nicht auf die Löschbarkeit im damaligen Zeitpunkt nach § 125 c Abs. 2 S. 2 ankommt, sondern allein auf das Vorliegen der (fiktiven) Löschungsreife im Zeitpunkt der Entscheidung über den Feststellungsantrag. Daraus ergibt sich eine merkwürdige Spaltung des auf den nachträglichen Verfall hinsichtlich der nationalen Marke anwendbaren Rechts nach der Art des Verfallsgrundes. Dagegen sieht Art. 14 MRRL die Möglichkeit der nachträglichen Ungültigkeitsfeststellung für alle Nichtigkeits- oder Verfallsgründe einheitlich vor und ist auch Art. 34 Abs. 2 GMVO eine solche Differenzierung nicht zu entnehmen.

11 Bedenklich ist auch, daß § 125 c Abs. 2 S. 2 bei dem der Amtl. Begr. zugrundeliegenden Verständnis des § 34 Abs. 2 GMVO eine **Verdoppelung der Benutzungsschonfrist** bei unveränderten nationalen Zeitrang ermöglichen würde. Dies kann dadurch erreicht werden, daß kurz vor Ende der Benutzungsschonfrist für die nationale Marke die Inanspruchnahme für eine ihrerseits erst kurz zuvor eingetragene und damit am Beginn ihrer eigenen Benutzungsschonfrist stehende identische Gemeinschaftsmarke erklärt und sodann auf die gerade noch nicht löschungsreife nationale Marke verzichtet wird. Während des zweiten Fünfjahreszeitraums kann dann weder die Gemeinschaftsmarke wegen Nichtbenutzung angegriffen noch die Feststellung der Ungültigkeit der nationalen Marke betrieben werden, obwohl die ältere nationale Priorität für den betroffenen Mitgliedstaat geltend gemacht werden kann. Noch bedenklicher wäre die in der Amtl. Begr. zu § 125 c erwogene Maßgeblichkeit des – notwendigerweise früheren – Zeitpunkts der Eintragung der zugehörigen Gemeinschaftsmarke für die Ungültigerklärung wegen Nichtbenutzung gewesen. Denn dann wäre eine Ungültigkeitsfeststellung auch in Fällen ausgeschlossen gewesen, in

Umwandlung von Gemeinschaftsmarken § 125 d

denen die deutsche Marke noch während ihrer Existenz auf nationaler Ebene wegen Nichtbenutzung löschungsreif geworden war.

Hinsichtlich des **Feststellungsverfahrens** erklärt § 125 c Abs. 3 12
die Vorschriften für entsprechend anwendbar, nach denen sich das Löschungsverfahren zu dem jeweiligen Ungültigkeitsgrund richtet. Dies bedeutet, daß je nach Ungültigkeitsgrund die Feststellung in einem patentamtlichen Verfahren (§ 54) oder zivilgerichtlichen (§ 55) Verfahren und bei Verfall wahlweise in dem vereinfachten patentamtlichen Verfahren nach § 53 erfolgt.

Nicht ausdrücklich geregelt sind Registereintragung und Veröf- 13
fentlichung der unanfechtbaren Ungültigkeitserklärung, die jedoch schon aus Publizitätsgründen entsprechend den Vorschriften über Eintragung und Veröffentlichung von Löschungen (§ 18 Nr. 25, 26, 27, § 21 MarkenV) vorgenommen werden sollte.

§ 125 d Umwandlung von Gemeinschaftsmarken

(1) **Ist dem Patentamt ein Antrag auf Umwandlung einer angemeldeten oder eingetragenen Gemeinschaftsmarke nach Artikel 109 Abs. 3 der Verordnung über die Gemeinschaftsmarke übermittelt worden, so hat der Anmelder innerhalb einer Frist von zwei Monaten nach Zugang des Umwandlungsantrags beim Patentamt eine Gebühr nach dem Tarif zu zahlen. Wird die Umwandlung für Waren oder Dienstleistungen beantragt, die in mehr als drei Klassen der Klasseneinteilung von Waren und Dienstleistungen fallen, so ist außerdem für jede weitere Klasse eine Klassengebühr nach dem Tarif zu zahlen. Wird die Gebühr nicht rechtzeitig gezahlt, so gilt der Umwandlungsantrag als nicht gestellt.**

(2) **Das Patentamt prüft, ob der Umwandlungsantrag nach Artikel 108 Abs. 2 der Verordnung über die Gemeinschaftsmarke zulässig ist. Ist der Umwandlungsantrag unzulässig, so wird er zurückgewiesen.**

(3) **Betrifft der Umwandlungsantrag eine Marke, die noch nicht als Gemeinschaftsmarke eingetragen war, so wird der Umwandlungsantrag wie die Anmeldung einer Marke zur Eintragung in das Register des Patentamts behandelt mit der Maßgabe, daß an die Stelle des Anmeldetages im Sinne des § 33 Abs. 1 der Anmeldetag der Gemeinschaftsmarke im Sinne des Artikels 27 der Verordnung über die Gemeinschaftsmarke oder der Tag einer für die Gemeinschaftsmarke in Anspruch genommenen Priorität tritt. War für die Anmeldung der Gemeinschaftsmarke der Zeitrang einer im Register des Patentamts eingetragenen Marke nach Artikel 34 der Verordnung über die Gemeinschaftsmarke in Anspruch genommen**

1291

§ 125 d Umwandlung von Gemeinschaftsmarken

worden, so tritt dieser Zeitrang an die Stelle des nach Satz 1 maßgeblichen Tages.

(4) Betrifft der Umwandlungsantrag eine Marke, die bereits als Gemeinschaftsmarke eingetragen war, so trägt das Patentamt die Marke ohne weitere Prüfung unmittelbar nach § 41 unter Wahrung ihres ursprünglichen Zeitrangs in das Register ein. Gegen die Eintragung kann Widerspruch nicht erhoben werden.

(5) Im übrigen sind auf Umwandlungsanträge die Vorschriften dieses Gesetzes für die Anmeldung von Marken anzuwenden.

Übersicht

	Rdn.
I. Überblick	1
II. Materielle Umwandlungsvoraussetzungen	2–4
III. Erste Verfahrensphase (HABM)	5
IV. Zweite Verfahrensphase (DPA)	6–10
1. Nationale Umwandlungsgebühr	6
2. Formelle Anforderungen	7
3. Zulässigkeitsprüfung	8
4. Weiteres Verfahren	9, 10
a) Bei Gemeinschaftsmarkenanmeldungen	9
b) Bei eingetragenen Gemeinschaftsmarken	10
V. Schutzdauer	11

I. Überblick

1   Das Gemeinschaftsmarkenrecht gestattet unter bestimmten Voraussetzungen die Umwandlung untergegangener Gemeinschaftsmarken bzw. Gemeinschaftsmarkenanmeldungen in eine nationale Markenanmeldung (Art. 108 ff. GMVO). Die Umwandlung erfolgt in einem zweistufigen Verfahren, dessen erster Teil vor dem Harmonisierungsamt stattfindet und sich nach Art. 109 GMVO sowie Regel 44 ff. GM-DV richtet. Für die zweite Phase des Umwandlungsverfahrens ist die jeweilige nationale Markenbehörde zuständig (vgl. Art. 109 Abs. 3 S. 2 GMVO). Das Gemeinschaftsmarkenrecht enthält hierzu in Art. 110 GMVO nur Rahmenvorgaben, während alle weiteren erforderlichen Regelungen dem jeweiligen nationalen Recht überlassen sind. § 125 d enthält diese Regelungen für die Umwandlung in eine deutsche Marke. Eine ähnliche Vorschrift enthält das MarkenG in § 125 zur Umwandlung internationaler Registrierungen in deutsche Markenanmeldungen aufgrund Art. 9^{quinquies} MMP.

II. Materielle Umwandlungsvoraussetzungen

Eine Gemeinschaftsmarken**anmeldung** kann umgewandelt werden, soweit sie untergegangen ist (Art. 108 Abs. 1 lit. a GMVO), dh zurückgenommen wurde (Art. 44 Abs. 1 GMVO), bestandskräftig zurückgewiesen wurde (zB gem. Art. 36 Abs. 4, Art. 37, Art. 38, Art. 43 Abs. 5 GMVO) oder einer der Tatbestände gegeben ist, nach denen die Anmeldung als zurückgenommen gilt (zB Art. 25 Abs. 3, Art. 36 Abs. 5, Art. 45 S. 2 GMVO).

Eine **eingetragene** Gemeinschaftsmarke kann umgewandelt werden, soweit sie ihre Wirkungen verloren hat (Art. 108 Abs. 1 lit. b GMVO), worunter das Gemeinschaftsmarkenrecht Verzicht (Art. 49 GMVO), Verfallserklärung (Art. 50 GMVO), Nichtigkeitserklärung (Art. 51, 52 GMVO) und Ablauf der Eintragung mangels Verlängerung (Art. 46, 47) versteht (näher *Ingerl*, Die Gemeinschaftsmarke, S. 115 ff.).

Art. 108 Abs. 2 GMVO schließt die Umwandlung in zwei Arten von Fällen aus, in denen der Schutzgewährung als nationale Marke in dem betroffenen Mitgliedsstaat ein Hindernis entgegensteht. Beruht der Wirkungsverlust der umzuwandelnden Gemeinschaftsmarke auf einer Verfallserklärung wegen Nichtbenutzung, so ist die Umwandlung nur für solche Mitgliedsstaaten zulässig, in denen die Gemeinschaftsmarke im Sinne des nationalen Benutzungszwangs ernsthaft rechtserhaltend benutzt worden ist (Art. 108 Abs. 2 lit. a GMVO). Hinsichtlich aller Umwandlungsanlässe ausgeschlossen ist die Umwandlung für Mitgliedstaaten, in denen der Schutzgewährung nach einer zur Zeit der Prüfung des Umwandlungsantrags bereits vorliegenden Entscheidung des Harmonisierungsamtes oder eines einzelstaatlichen Gerichts ein Eintragungshindernis oder ein Verfalls- oder Nichtigkeitsgrund entgegensteht (Art. 108 Abs. 2 lit. b GMVO).

III. Erste Verfahrensphase (HABM)

Die Umwandlung muß beim Harmonisierungsamt binnen einer auch für die Zahlung der Umwandlungsgebühr geltenden **dreimonatigen Frist** beantragt werden, deren Beginn von der Art des Untergangstatbestands abhängt (Art. 108 Abs. 4–6, 109 Abs. 1 GMVO; Regeln 44, 45 GM-DV). Das Harmonisierungsamt überprüft die grundsätzlichen Umwandlungsvoraussetzungen nach

§ 125 d Umwandlung von Gemeinschaftsmarken

Art. 108 Abs. 1 GMVO, die Wahrung der Antragsfrist und die Zahlung der Umwandlungsgebühr, nicht jedoch das Vorliegen eines Ausschlußgrundes nach Art. 108 Abs. 2 GMVO (Art. 109 Abs. 3 S. 1 GMVO). Wird die Umwandlung erst nach Fristablauf beantragt, entfällt die prioritätswahrende Wirkung der Gemeinschaftsmarkenanmeldung (Art. 108 VII GMVO) und wird der Umwandlungsantrag zurückgewiesen (Regel 45 Abs. 1 GM-DV). Wird die Gebühr zu spät bezahlt, gilt der Antrag als nicht gestellt (Art. 109 Abs. 1 S 2, Regel 45 Abs. 2 GM-DV). Erfüllt der Antrag die vom Harmonisierungsamt zu prüfenden Voraussetzungen, wird er an die Markenbehörden derjenigen Mitgliedsstaaten übermittelt, für welche die Umwandlung beantragt ist (Art. 109 Abs. 3 S. 2, Regel 47 GM-DV). Ferner wird der Antragseingang im Register für Gemeinschaftsmarken vermerkt und der Antrag veröffentlicht, sofern er eine bereits veröffentlichte Gemeinschaftsmarkenanmeldung betrifft (Art. 109 Abs. 2 GMVO, Regel 46 GM-DV).

IV. Zweite Verfahrensphase (DPA)

1. Nationale Umwandlungsgebühr

6   Mit dem Eingang des vom Harmonisierungsamt übersandten Umwandlungsantrags beim DPA beginnt nach § 125 d Abs. 1 S. 1 eine **zweimonatige** Frist zur Zahlung einer zweiten, jetzt nationalen Umwandlungsgebühr an das DPA. Die Gebühr beträgt derzeit DM 500,- (ermäßigt für Antragsteller aus den neuen Bundesländern iSv § 7 PatGebG bis 1. 1. 1998: DM 420,-) für Marken mit bis zu drei Klassen zuzüglich für jede Klasse ab der vierten Klasse DM 150,- (ermäßigt: DM 120,-) und erhöhten Gebührensätzen für die Umwandlung von Kollektivmarken zu DM 1500,- (ermäßigt: DM 1200,-) für bis zu drei Klassen und DM 250,- (ermäßigt: DM 210,-) für jede Klasse ab der vierten Klasse (Anlage zu § 1 PatGebG Nr. 135 100 bis 135 200). Nach § 125 d Abs. 1 S. 3 gilt der Umwandlungsantrag als nicht gestellt, wenn diese Gebühren nicht rechtzeitig gezahlt werden. Diese Bestimmung schließt eine analoge Anwendung der Verspätungsregelung des § 36 Abs. 3 trotz der allgemeinen Verweisung auf die Anmeldungsvorschriften in § 125 d Abs. 5 eindeutig aus. Dies bestätigt auch der Gegensatz zu dem ausdrücklich auf § 36 Abs. 3 verweisenden § 125 Abs. 2 S. 3 betreffend die Umwandlung von IR-Marken. Die Festlegung der Gebührenhöhe für eine Verspätungsgebühr zu Umwandlungs-

anträgen nach § 125c gem. Nr. 135300 der Anlage zu § 1 PatGebG geht daher ins Leere. Die Gebührenhöhe ist durch Art. 110 Abs. 3 lit. a GMVO insoweit vorbestimmt, als keine höhere Umwandlungsgebühr als die „nationale Anmeldegebühr" verlangt werden darf. Dem entsprechen die obigen Gebühren (vgl. die Anmeldegebühren ab Nr. 131100 des Gebührenverzeichnisses). Die Berechnung der zweimonatigen Frist zur Gebührenzahlung soll dem Antragsteller offensichtlich allein dadurch ermöglicht werden, daß ihm das Harmonisierungsamt das Datum der Weiterleitung seines Antrags mitteilt (Regel 47 S. 2 GM-DV), während § 125 d keine Information des Antragstellers durch das DPA über den Zugang des Umwandlungsantrags vorsieht. Erträglich ist diese Regelung nur dann, wenn erstens dem Antragsteller als „Datum der Weiterleitung" iSv Regel 47 S. 2 GM-DV der Tag des „Zugang des Umwandlungsantrags" beim DPA mitgeteilt wird und nicht etwa nur das Datum der Absendung beim Harmonisierungsamt. Zum zweiten muß sichergestellt sein, daß der Antragsteller die Mitteilung des Harmonisierungsamts trotz des erforderlichen Abwartens der Eingangsbestätigung der nationalen Behörde so rechtzeitig übermittelt wird, daß die Frist von zwei Monaten nicht erheblich verkürzt wird. Wiedereinsetzung in die Zahlungsfrist nach § 125d Abs. 1 ist möglich (§ 91). Gilt der Umwandlungsantrag wegen nicht rechtzeitiger Zahlung an das DPA als nicht gestellt, ist die Umwandlung endgültig gescheitert, sofern nicht die dreimonatige Antragsfrist nach Art. 108 Abs. 4–6 noch offen ist und ein neuer Antrag gestellt werden kann.

2. Formelle Anforderungen

Art. 110 Abs. 2 GMVO verbietet es den Mitgliedstaaten, über die Formvorschriften des Gemeinschaftsrechts hinausgehende Formerfordernisse für die umzuwandelnde Gemeinschaftsmarkenanmeldung bzw. Gemeinschaftsmarke aufzustellen. Als besondere Erfordernisse ausdrücklich zugelassen sind nach Art. 110 Abs. 3 GMVO das Verlangen nach einer Übersetzung des Umwandlungsantrags und der ihm beigefügten Unterlagen und Übermittlung von Wiedergaben von Bildmarken. Hiervon hat der deutsche Gesetzgeber in § 125c keinen Gebrauch gemacht, sondern dies einer Ergänzung der MarkenV überlassen (Amtl. Begr. MRÄndG 1996 Abs. 10 zu § 125d). Außerdem wäre es nach Art. 110 Abs. 3 lit. c GMVO zulässig, von Auswärtigen die Angabe einer Anschrift zu verlangen, unter der sie im Inland erreichbar sind. Hiervon hat der

§ 125 d Umwandlung von Gemeinschaftsmarken

deutsche Gesetzgeber jedoch deshalb keinen Gebrauch gemacht, weil dem MarkenG eine derartige Verpflichtung grdsl. fremd sei (Amtl. Begr. MRÄndG 1996 Abs. 16 zu § 125 d) und außerdem davon ausgegangen wurde, daß der auch für die Teilnahme am Umwandlungsverfahren geltende Zwang zur Bestellung eines Inlandsvertreters nach § 96 unberührt bleibe (Amtl. Begr. aaO). Diese Betrachtungsweise setzt voraus, daß man die Inlandsvertreterbestellung nicht als „Formerfordernis" iSv Art. 110 Abs. 2 GMVO qualifizieren muß, denn sie geht über den Vertretungszwang der GMVO (Art. 88 Abs. 2, 3 GMVO) schon deshalb weit hinaus, weil sie auch Auswärtige aus den anderen Mitgliedstaaten trifft. Andererseits spricht die Regelung des Art. 110 Abs. 3 lit. c GMVO eigentlich dafür, daß über die Angabe einer Inlandsadresse hinaus nicht auch noch weitere Voraussetzungen aufgestellt werden können sollen.

3. Zulässigkeitsprüfung

8 Hinsichtlich der gemeinschaftsrechtlichen Umwandlungsvoraussetzungen ist das DPA nach § 125 d Abs. 2 S. 1 entsprechend Art. 110 Abs. 1 GMVO nur zur Prüfung der oben Rdn. 4 genannten Ausschlußgründe des § 108 Abs. 2 GMVO berechtigt. Liegt ein solcher Ausschlußgrund vor, ist der Umwandlungsantrag durch Beschluß als unzulässig zurückzuweisen. Für die Anfechtung gelten die allgemeinen Vorschriften (§§ 64, 66).

4. Weiteres Verfahren

9 **a) Bei Gemeinschaftsmarkenanmeldungen.** Liegt kein Ausschlußgrund vor und betrifft der Antrag eine Gemeinschaftsmarkenanmeldung, so geht das DPA in das normale Eintragungsverfahren gem. §§ 33 ff. über (§ 125 d Abs. 3). Die Umwandlung erfolgt prioritätswahrend, d. h. als Anmeldetag gilt der Anmeldetag der Gemeinschaftsmarkenanmeldung (Art. 27 GMVO) bzw. eine für die Gemeinschaftsmarkenanmeldung in Anspruch genommene Priorität (Art. 29–31, 33 GMVO) oder ein für Deutschland gem. Art. 34 GMVO in Anspruch genommener Zeitrang einer früher eingetragenen älteren deutschen Marke (dazu § 125 c). Das DPA ist uneingeschränkt zur Überprüfung auf **absolute Schutzhindernisse** berechtigt. Gegen die Eintragung der umgewandelten Marke kann nach den allgemeinen Regelungen **Widerspruch** erhoben werden. Daraus folgt, daß die Umwandlung einer Gemeinschaftsmarkenanmeldung ohne weiteres an nur für Deutschland geltenden

Gemeinschaftsmarkenstreitsachen § 125 e

absoluten oder relativen Schutzhindernissen scheitern kann. Dies gilt auch dann, wenn die Gemeinschaftsmarkenanmeldung diese Hürden auf gemeinschaftsrechtlicher Ebene bereits genommen hatte, d. h. der zur Umwandlung führende Untergang nach Abschluß der Überprüfung auf absolute Schutzhindernisse oder gegebenenfalls auch nach Ablauf der Widerspruchsfrist bzw. Abschluß eines Widerspruchsverfahrens, aber eben noch vor Eintragung, eintrat.

b) Bei eingetragenen Gemeinschaftsmarken. Dagegen wird 10 die Marke vom DPA ohne weitere Prüfung unmittelbar unter Wahrung ihres ursprünglichen Zeitrangs (Art. 27, 29–31, 33, 34–35 GMVO) eingetragen, wenn sie bereits als Gemeinschaftsmarke eingetragen war (§ 125 d Abs. 4 S. 1). Die Eintragung hat auch dann zu erfolgen, wenn absolute Schutzhindernisse gegeben sind. Gegen die Eintragung findet auch kein Widerspruch statt (§ 125 d Abs. 4 S. 2). Die unmittelbare Eintragung ohne Sachprüfung und ohne Widerspruch ist nicht durch das Gemeinschaftsmarkenrecht vorgeschrieben, sondern beruht auf der Überlegung, daß die umgewandelte Gemeinschaftsmarke bereits in Deutschland geschützt war (Amtl. Begr. MRÄndG 1996 Abs. 13 zu § 125 d). Die Regelung entspricht im Ergebnis der Parallelregelung für die Umwandlung von IR-Marken in § 125 Abs. 5, wobei die dort vorgesehene Rücksichtnahme auf Schutzverweigerungsfristen und anhängige Schutzverweigerungs- bzw. -entziehungsverfahren für die insoweit anders strukturierte Gemeinschaftsmarke nicht übernommen wurde.

V. Schutzdauer

Die zehnjährige Schutzdauer der durch die Umwandlung ent- 11 standenen deutschen Marke soll gem. § 47 Abs. 1 schon ab dem Anmeldetag bzw. ab der Priorität der Gemeinschaftsmarke/Anmeldung zu berechnen sein (Amtl. Begr. MRÄndG 1996 13. Abs. zu § 125 d).

§ 125 e Gemeinschaftsmarkengerichte; Gemeinschaftsmarkenstreitsachen

(1) **Für alle Klagen, für die nach der Verordnung über die Gemeinschaftsmarke die Gemeinschaftsmarkengerichte im Sinne des Artikels 91 Abs. 1 der Verordnung zuständig sind (Gemeinschaftsmarkenstreitsachen), sind als Gemeinschaftsmarkengerichte erster**

§ 125 e Gemeinschaftsmarkenstreitsachen

Instanz die Landgerichte ohne Rücksicht auf den Streitwert ausschließlich zuständig.

(2) **Gemeinschaftsmarkengericht zweiter Instanz ist das Oberlandesgericht, in dessen Bezirk das Gemeinschaftsmarkengericht erster Instanz seinen Sitz hat.**

(3) **Die Landesregierungen werden ermächtigt, durch Rechtsverordnung die Gemeinschaftsmarkenstreitsachen für die Bezirke mehrerer Gemeinschaftsmarkengerichte einem dieser Gerichte zuzuweisen. Die Landesregierungen können diese Ermächtigung durch Rechtsverordnung auf die Landesjustizverwaltungen übertragen.**

(4) **Die Länder können durch Vereinbarung den Gemeinschaftsmarkengerichten eines Landes obliegende Aufgaben ganz oder teilweise dem zuständigen Gemeinschaftsmarkengericht eines anderen Landes übertragen.**

(5) **Auf Verfahren vor den Gemeinschaftsmarkengerichten ist § 140 Abs. 3 bis 5 entsprechend anzuwenden.**

Inhaltsübersicht

	Rdn.
I. Überblick	1
II. Gemeinschaftsmarkengerichte	2–5
III. Zuständigkeit als Gemeinschaftsmarkengericht	6–13
1. Verletzungsklagen (Art. 92 lit. a GMVO)	9
2. Feststellung der Nichtverletzung (Art. 92 lit. b GMVO)	10
3. Entschädigungsklagen (Art. 92 lit. c GMVO)	11
4. Widerklage auf Verfall oder Nichtigkeit (Art. 92 lit. d, 96 GMVO)	12
5. Einstweilige Maßnahmen einschließlich Sicherungsmaßnahmen	13
IV. Internationale Zuständigkeit	14–16
1. Gemeinschaftsweite internationale Zuständigkeit	15
2. Beschränkte internationale Tatortzuständigkeit	16
V. Örtliche Zuständigkeit	17
VI. Bindung an Entscheidungen des Harmonisierungsamts	18–20
1. Eintragung	19
2. Verfalls- und Nichtigkeitsentscheidungen	20
VII. Besondere Verfahrensvorschriften	21–30
1. Vertretung vor den Gemeinschaftsmarkengerichten	22
2. Aussetzung von Verfahren	23–27

	Rdn.
3. Information des Harmonisierungsamts über Widerklagen	28
4. Beitritt des Markeninhabers wegen Widerklage	29
5. Verletzungsklagen aus nationalen Marken und Gemeinschaftsmarken	30
VIII. Sonstige Streitigkeiten über Gemeinschaftsmarken	31–33

I. Überblick

Die außerhalb der Verfahren vor dem Harmonisierungsamt 1 (Dazu *Ingerl*, Die Gemeinschaftsmarke S. 125 ff.) und den Klagen gegen das Harmonisierungsamt (Art. 63 GMVO; dazu *Ingerl*, aaO S. 151) zu entscheidenden zivilrechtlichen Streitigkeiten über Gemeinschaftsmarken weist das Gemeinschaftsmarkenrecht nicht dem EuGH zu, sondern bedient sich hierzu für alle Instanzen der nationalen Gerichte. Die GMVO unterscheidet zwischen „Streitigkeiten über die Verletzung und Rechtsgültigkeit der Gemeinschaftsmarken" (Art. 91 ff. GMVO) und „sonstigen Streitigkeiten über Gemeinschaftsmarken" (Art. 102 f. GMVO). Während für die erstgenannten Klagen bestimmte nationale Gerichte als sogenannte „Gemeinschaftsmarkengerichte" zuständig sind, richtet sich die Zuständigkeit für die sonstigen Verfahren nach der in dem jeweiligen Mitgliedstaat für nationale Marken geltenden Regelung. § 125 e trifft hierzu lediglich die auf Bundesebene für die deutschen Gemeinschaftsmarkengerichte erforderlichen Zuständigkeits- und Vertretungsregelungen in Anlehnung an die Regelung des § 140 für nationale Kennzeichenstreitsachen. Das Verhältnis der Zuständigkeiten der Gerichte der verschiedenen Mitgliedstaaten zueinander und die Kompetenzabgrenzung zwischen Harmonisierungsamt und Verletzungsgericht in bezug auf die Rechtsgültigkeit von Gemeinschaftsmarken sind dagegen in der GMVO selbst geregelt.

II. Gemeinschaftsmarkengerichte

Nach Art. 91 Abs. 1 GMVO sind Gemeinschaftsmarkengerichte 2 bestimmte nationale Gerichte erster und zweiter Instanz, die von dem jeweiligen Mitgliedstaat als Gemeinschaftsmarkengerichte benannt worden sind. Die Qualifikation als Gemeinschaftsmarkengericht ist aus der Sicht des Gemeinschaftsrechts eine rein funktionelle

§ 125 e Gemeinschaftsmarkenstreitsachen

Aufgabenzuweisung, welche die institutionelle Struktur der betroffenen nationalen Gerichte unberührt läßt. Es ist dem jeweiligen nationalen Gesetzgeber aber auch unbenommen, hierfür neue Gerichte oder Sprachkörper einzurichten.

3   § 125 e Abs. 1 bestimmt für Deutschland zunächst sämtliche **Landgerichte** streitwertunabhängig zu Gemeinschaftsmarkengerichten erster Instanz. § 125 e Abs. 2 erklärt die dem jeweiligen Landgericht übergeordneten **Oberlandesgerichte** zu Gemeinschaftsmarkengerichten zweiter Instanz. Keiner besonderen Normierung bedurfte die Zuständigkeit des **BGH** als Revisionsgericht in Gemeinschaftsmarkenstreitsachen, da sich dies aus der Verweisung des Art. 101 Abs. 3 GMVO auf den nationalen Instanzenzug ergibt.

4   § 125 e Abs. 3 ermöglicht den Bundesländern **Zuständigkeitskonzentrationen** entsprechend der Regelung für die Kennzeichenstreitgerichte (§ 140 Abs. 2). Hierzu bedurfte es einer Änderung der bestehenden Konzentrationsverordnungen, da der dortige Begriff der Kennzeichenstreitsachen die Gemeinschaftsmarkenstreitsachen nicht umfaßt. Art. 91 Abs. 1 GMVO („eine möglichst geringe Anzahl nationaler Gerichte", vgl. auch ErwGr 14 zur GMVO) und der besondere Schwierigkeitsgrad des Gemeinschaftsmarkenrechts gebieten eine weitergehende Konzentration als nach § 140 Abs. 2 (so auch Amtl. Begr. zu § 125e), mögen dadurch auch Diskrepanzen zur Zuständigkeit in nationalen Kennzeichenstreitsachen entstehen, die gewisse prozeßtaktische Möglichkeiten der Gerichtswahl bei Betroffenheit national und gemeinschaftsmarkenrechtlich geschützter Zeichen eröffnen können. Bislang haben die Länder von der Konzentrationsermächtigung jedoch nur dadurch Gebrauch gemacht, daß die für Kennzeichenstreitsachen zuständigen Gerichte (siehe Liste bei § 140 Rdn. 19 ff.) auch zu Gemeinschaftsmarkengerichten erklärt wurden: **Bayern** (VO vom 10. Dezember 1996 GVBl. 1996, 558 = Bl. 1997, 69 f.); **Baden-Württemberg** (VO in Vorbereitung); **Hessen** (VO vom 4. Dezember 1996 GVBl. 1996, 539); **Mecklenburg-Vorpommern** (3. KonzÄndVO ab 1. 1. 1998); **Niedersachsen** (VO in Vorbereitung); **Nordrhein-Westfalen** (VO vom 10. Oktober 1996 GV 1996, 428); **Rheinland-Pfalz** (VO vom 13. Dezember 1996 GVBl. 1997, 21); **Sachsen** (VO in Vorb. für 1998); **Sachsen-Anhalt** (VO vom 21. April 1997).

5   Die Bestimmung zu Gemeinschaftsmarkengerichten entfaltet erst mit der Übermittlung der Aufstellung der deutschen Gemeinschaftsmarkengerichte an die Kommission gem. Art. 91 Abs. 2 GMVO Wirkung. Dazu § 125 f. Vor der Benennung sind für die

Gemeinschaftsmarkenstreitsachen **§ 125 e**

den Gemeinschaftsmarkengerichten zugewiesenen Verfahren diejenigen nationalen Gerichte zuständig, die für entsprechende Verfahren betreffend nationale eingetragene Marken zuständig wären (Art. 91 Abs. 5 GMVO).

III. Zuständigkeit als Gemeinschaftsmarkengericht

Die Gemeinschaftsmarkengerichte sind nur für die in Art. 92 GMVO abschließend aufgelisteten **vier Arten von Klagen** sowie außerdem nach Art. 99 GMVO für **einstweilige Maßnahmen** einschließlich Sicherungsmaßnahmen zuständig. § 125e Abs. 1 faßt diese Angelegenheiten unter dem Oberbegriff der „Gemeinschaftsmarkenstreitsachen" zusammen. **6**

Die Zuständigkeit der Gemeinschaftsmarkengerichte für Hauptsacheverfahren dieser Art ist **ausschließlich**, während für Maßnahmen des einstweiligen Rechtsschutzes neben dem in der Hauptsache zuständigen Gemeinschaftsmarkengericht auch weitere nationale Gerichte desselben oder eines anderen Mitgliedstaats entsprechend der für nationale Marken geltenden Regelung zuständig sein können (Art. 99 Abs. 1 GMVO). Nur für einstweilige Maßnahmen mit gemeinschaftsweitem Geltungsanspruch ist zur Vermeidung kollidierender Entscheidungen die ausschließliche Zuständigkeit eines bestimmten Gemeinschaftsmarkengerichts vorgesehen (Art. 99 Abs. 2 GMVO). Von der Zuständigkeit „als Gemeinschaftsmarkengericht" iSv § 125e Abs. 1 zu unterscheiden sind die Fragen der internationalen Zuständigkeit (unten Rdn. 14) und der örtlichen Zuständigkeit innerhalb Deutschlands (§ 125 g). **7**

Zur Zuständigkeit der deutschen Gerichte für Streitigkeiten, die Gemeinschaftsmarken betreffen, jedoch keine Gemeinschaftsmarkenstreitsachen iSd § 125e Abs. 1 sind, s. unten Rdn. 31 ff. **8**

1. Verletzungsklagen (Art. 92 lit. a GMVO)

Die Zuständigkeit für Klagen wegen Verletzung von Gemeinschaftsmarken umfaßt Verletzungsansprüche jeder Art, einschließlich der ausdrücklich einbezogenen vorbeugenden Unterlassungsklage wegen drohender Verletzung einer Gemeinschaftsmarke. Wegen der Überschneidungen einzubeziehen sind auch vertragliche Ansprüche aus Verstößen gegen Unterlassungserklärungen, die im Hinblick auf eine mögliche Gemeinschaftsmarkenverletzung abgegeben wurden, ohne daß es für die Zuständigkeit darauf an- **9** kommt, ob damals tatsächlich eine Gemeinschaftsmarkenverletzung vorlag oder in dem jetzt geltend gemachten Verstoß liegt.

2. Feststellung der Nichtverletzung (Art. 92 lit. b GMVO)

10   Unter der „Klage auf Feststellung der Nichtverletzung" versteht die GMVO erkennbar nur Klagen, die auf diese Feststellung als solche gerichtet sind, nicht etwa auch Verfahren, in denen die Nichtverletzung nur inzident als Vorfrage geprüft wird. Vgl. zur negativen Feststellungsklage in Kennzeichenstreitsachen Vor §§ 14–19 Rdn. 114 ff.

3. Entschädigungsklagen (Art. 92 lit. c GMVO)

11   Für Klagen auf Entschädigung wegen Benutzung einer Gemeinschaftsmarke zwischen Veröffentlichung der Anmeldung und Veröffentlichung der Eintragung aufgrund Art. 9 Abs. 3 GMVO mußte eine eigene Zuständigkeitszuweisung vorgenommen werden, weil es sich nicht um Verletzungsklagen im eigentlichen Sinn handelt.

4. Widerklage auf Verfall oder Nichtigkeit (Art. 92 lit. d, 96 GMVO)

12   Die besondere Bedeutung der ebenfalls in die ausschließliche Zuständigkeit der Gemeinschaftsmarkengerichte fallenden Widerklagen auf Erklärung des Verfalls oder der Nichtigkeit einer Gemeinschaftsmarke wird erst aus dem Gesamtzusammenhang der Regeln über die Arten zulässiger Angriffe auf die Rechtsgültigkeit von Gemeinschaftsmarken verständlich (unten Rdn. 18, 19). Art. 92 lit. d GMVO ist nicht als genereller Ausschluß anderer Widerklagen in Verfahren vor den Gemeinschaftsmarkengerichten zu verstehen. Vielmehr entscheidet das nationale Verfahrensrecht darüber, ob das hinsichtlich der Klage als Gemeinschaftsmarkengericht tätig werdende Gericht auch für eine Widerklage als nationales Gericht zuständig ist und welche zusätzlichen Voraussetzungen gegebenenfalls erfüllt sein müssen (Art. 97 Abs. 3 GMVO). Für die deutschen Gemeinschaftsmarkengerichte gilt insoweit insbesondere § 33 ZPO. Die Zuständigkeitsregelung soll nicht andere Widerklagen ausschließen, sondern sicherstellen, daß andere Gerichte auch nicht im Wege der Widerklage über Verfall und Nichtigkeit von Gemeinschaftsmarken entscheiden. Für Widerklagen, mit denen Ansprüche der unter Art. 92 lit. a bis c GMVO fallenden Art geltend gemacht werden, folgt die Zuständigkeit der Gemeinschaftsmarkengerichte schon aus diesen Bestimmungen, da solche Widerklagen als Unterfall der dort geregelten „Klagen" angesehen werden können.

5. Einstweilige Maßnahmen einschließlich Sicherungsmaßnahmen

Neben den vier Hauptsache-Klagearten sind die deutschen Gemeinschaftsmarkengerichte auch für alle bei Verletzung nationaler Marken gem §§ 935 ff. ZPO gegebenen einstweiligen Maßnahmen einschließlich Sicherungsmaßnahmen hinsichtlich begangener oder drohender Gemeinschaftsmarkenverletzungen zuständig, wobei diese Zuständigkeit gegenüber anderen nationalen Gerichten nur dann ausschließlich ist, wenn eine Maßnahme mit gemeinschaftsweiter Geltung erlassen werden soll (Art. 99 GMVO). 13

IV. Internationale Zuständigkeit

Die internationale Zuständigkeit der Gemeinschaftsmarkengerichte richtet sich in erster Linie nach der Sonderregelung des Art. 93 GMVO, die insbesondere auch an die Stelle der durch Art. 90 Abs. 2 GMVO für unanwendbar erklärten allgemeinen und besonderen Zuständigkeiten nach dem EuGVÜ tritt. Entgegen dem durch die Voranstellung des Art. 90 Abs. 1 GMVO zunächst erweckten Eindruck bedeutet dies, daß die EuGVÜ-Regelungen dadurch außer Kraft gesetzt werden, dh es soll Konventionsrecht durch sekundäres Gemeinschaftsrecht aufgehoben werden. Zwei Arten internationaler Zuständigkeit kraft Gemeinschaftsmarkenrechts sind zu unterscheiden: 14

1. Gemeinschaftsweite internationale Zuständigkeit

Bei den aufgrund der Zuständigkeitsleiter des Art. 93 Abs. 1 bis 3 GMVO zuständigen Gemeinschaftsmarkengerichten können alle vier Arten von Klagen anhängig gemacht werden und erstreckt sich die Zuständigkeit auf verletzungs- bzw. entschädigungspflichtige Handlungen in allen Mitgliedstaaten (Art. 94 Abs. 1 GMVO). Vorrang haben die Gemeinschaftsmarkengerichte des Mitgliedstaats, in dem der Beklagte seinen Wohnsitz (bzw. Sitz; Art. 53 EuGVÜ), hilfsweise eine Niederlassung hat. Andernfalls sind die Gemeinschaftsmarkengerichte des Mitgliedstaats zuständig, in dem der Kläger seinen (Wohn-)Sitz bzw. hilfsweise Niederlassung hat. In allen verbleibenden Fällen greift die Auffangzuständigkeit der Gerichte Spaniens ein. Zuständigkeitsvereinbarungen und rügelose Einlassung können die Zuständigkeit eines anderen Gemeinschaftsmar- 15 kengerichts – nicht aber anderer nationaler Gerichte – unter den Voraussetzungen der Art. 17, 18 EuGVÜ begründen, im Falle der Zuständigkeitsvereinbarung auch mit ausschließlicher Wirkung (Art. 93 Abs. 4 GMVO).

2. Beschränkte internationale Tatortzuständigkeit

16 Zusätzlich sind für alle Arten gemeinschaftsmarkengerichtlicher Klagen mit Ausnahme der Nichtverletzungs-Feststellungsklage die Gemeinschaftsmarkengerichte desjenigen Mitgliedstaats zuständig, in dem eine Verletzungshandlung begangen worden ist oder droht oder eine zur Entschädigung verpflichtende Benutzungshandlung begangen worden ist (Art. 93 Abs. 5 GMVO). Dadurch stehen dem Kläger bei gemeinschaftsweiten Verletzungen zusätzliche taktische Wahlmöglichkeiten zur Verfügung, vor allem hinsichtlich des zuerst befaßten Gerichts. Jedoch ist diese Zuständigkeit beschränkt auf die in dem jeweiligen Mitgliedstaat begangenen oder drohenden Handlungen (Art. 94 Abs. 2 GMVO). Insbesondere darf das Gemeinschaftsmarkengericht nur aus seiner Sicht inländische Benutzungshandlungen untersagen oder zur Berechnung von Schadensersatz oder Entschädigung heranziehen.

V. Örtliche Zuständigkeit

17 Der örtliche Zuständigkeitsbezirk mehrerer Gemeinschaftsmarkengerichte eines Mitgliedstaates ist in der Gemeinschaftsmarkenverordnung nicht geregelt und richtet sich daher nach innerstaatlichem Recht. Für die deutschen Gemeinschaftsmarkengerichte findet sich die Regelung in § 125 g.

VI. Bindung an Entscheidungen des Harmonisierungsamts

18 Eine Zuständigkeitsregelung im weiteren Sinne stellen auch die gemeinschaftsrechtlichen Vorschriften über die Kompetenzabgrenzung zwischen Gemeinschaftsmarkengerichten einerseits und Harmonisierungsamt andererseits dar. Hier geht es in erster Linie darum, sich widersprechende Entscheidungen über die Rechtsgültigkeit von Gemeinschaftsmarken zu vermeiden. Zur Aussetzung unten Rdn. 23 ff.

Gemeinschaftsmarkenstreitsachen § 125 e

1. Eintragung

Die Gemeinschaftsmarkengerichte sind nach Art. 95 GMVO an 19
die Eintragung der Gemeinschaftsmarke gebunden und haben von
deren Rechtsgültigkeit auszugehen, soweit nicht einer der ausdrücklich zugelassenen Ausnahmefälle vorliegt, in denen die Gemeinschaftsmarkengerichte unmittelbar (Widerklagen wegen Verfalls oder Nichtigkeit, Art. 95 Abs. 1, 96 GMVO) oder inzident (Einwand des Verfalls wegen Nichtbenutzung im Verletzungs- oder Entschädigungsprozeß; Art. 95 Abs. 3 1. Alt. GMVO; Einwand der Nichtigkeit wegen älteren Rechts eines Dritten, Art. 95 Abs. 3 2. Alt. GMVO) auch über die Rechtsgültigkeit von Gemeinschaftsmarken zu entscheiden haben.

2. Verfalls- und Nichtigkeitsentscheidungen

An unanfechtbare Verfalls- und Nichtigkeitsentscheidungen des 20
Harmonisierungsamts sind die Gemeinschaftsmarkengerichte gebunden, wenn sie zwischen denselben Parteien ergangen sind (Art. 96 Abs. 2 GMVO). Die rechtskräftige Verfalls- oder Nichtigerklärung ist natürlich in allen dieselbe Gemeinschaftsmarke betreffenden Verfahren materiellrechtlich zu beachten.

VII. Besondere Verfahrensvorschriften

Für das Verfahren vor den deutschen Gemeinschaftsmarkenge- 21
richten gelten im übrigen dieselben Vorschriften wie in den nationale Kennzeichenrechte betreffenden Streitsachen, soweit sich nicht aus der GMVO oder der Rechtsnatur der Gemeinschaftsmarke zwingende Abweichungen ergeben. Es war daher nicht erforderlich, im Rahmen der §§ 125 a ff. eine eigenständige Verfahrensordnung für die deutschen Gemeinschaftsmarkengerichte vorzusehen.

1. Vertretung vor den Gemeinschaftsmarkengerichten

Auch die Vertretung der Parteien vor den Gemeinschaftsmar- 22
kengerichten richtet sich nach den allgemeinen deutschen Vorschriften der ZPO. Eine besondere Regelung für die Mitwirkung von Anwälten aus anderen Mitgliedstaaten ist weder durch die GMVO vorgegeben noch im MarkenG vorgesehen. § 125 e Abs. 5 beschränkt sich darauf, die Vertretungs- und Kostenregelungen des § 140 Abs. 3–5, also auch das Verfahren vor den deutschen Ge-

§ 125 e Gemeinschaftsmarkenstreitsachen

meinschaftsmarkengerichten, entsprechend anwendbar zu erklären. Die Regelungen über die Erstattungsfähigkeit der Kosten und Auslagen eines mitwirkenden Patentanwalts (§ 140 Abs. 5) gelten in Gemeinschaftsmarkenstreitsachen auch für ausländische Patentanwälte (§ 140 Rdn. 62).

2. Aussetzung von Verfahren

23 Im Interesse der Verfahrensökonomie, aber auch zur Vermeidung sich widersprechender Entscheidungen über die Rechtsgültigkeit von Gemeinschaftsmarken statuiert die GMVO mehrere Aussetzungsregeln.

24 **Verletzungs- und Entschädigungsklagen** sind im Regelfall auszusetzen, wenn eine Widerklage wegen Verfalls oder Nichtigkeit der Klagemarke bereits im Rahmen eines anderen Verfahrens bei einem Gemeinschaftsmarkengericht oder ein entsprechender Antrag beim Harmonisierungsamt anhängig ist (Art. 100 Abs. 1 GMVO). Entgegen dem Wortlaut sollte diese Möglichkeit auch bei Anhängigkeit der früher erhobenen Widerklage bei demselben Gemeinschaftsmarkengericht gelten, insbesondere wenn diese Widerklage früher entscheidungsreif ist.

25 Auf Antrag des Klägers kann das Gemeinschaftsmarkengericht den Widerkläger, der Verfall oder Nichtigkeit geltend macht, unter Aussetzung des Verfahrens und Fristsetzung auffordern, die Erklärung des Verfalls bzw. der Nichtigkeit beim Harmonisierungsamt zu beantragen. Bei nicht fristgerechter Antragstellung beim Harmonisierungsamt gilt die Widerklage als zurückgenommen (Art. 96 Abs. 7 S. 2 GMVO).

26 Umgekehrt sind **Verfalls- und Nichtigkeitsverfahren beim Harmonisierungsamt** im Regelfall auszusetzen, wenn bereits eine Widerklage wegen Verfalls oder Nichtigkeit derselben Gemeinschaftsmarke bei einem Gemeinschaftsmarkengericht anhängig ist, es sei denn, das Gemeinschaftsmarkengericht setzt seinerseits auf Antrag das Verfahren aus, worauf das Verfahren beim Harmonisierungsamt fortzusetzen ist (Art. 100 Abs. 2 GMVO).

27 Für die Zeit der Aussetzung soll das Gemeinschaftsmarkengericht nach Art. 100 Abs. 3, 96 Abs. 7 S. 3 GMVO geeignete **einstweilige Maßnahmen** treffen können. Der Erlaß solcher einstweiliger Maßnahmen während der Zeit der Aussetzung eines Prozesses ist in der ZPO nicht vorgesehen. In Betracht käme allenfalls die Einleitung eines Verfügungsverfahrens durch den Kläger anläßlich der Aussetzung. Für den Erlaß einer einstweiligen Verfügung wird aber aus der Sicht des deutschen Prozeßrechts bei Anhängigkeit eines sodann ausgesetzten Hauptsacheverfahrens regelmäßig die Dringlichkeit fehlen.

3. Information des Harmonisierungsamts über Widerklagen

Das Gemeinschaftsmarkengericht teilt dem Harmonisierungsamt 28 den Tag der Erhebung einer Widerklage wegen Verfalls oder Nichtigkeit zur Eintragung in das Gemeinschaftsmarkenregister mit (Art. 96 Abs. 4 GMVO) und stellt dem Harmonisierungsamt die rechtskräftige Entscheidung zur Eintragung eines Hinweises in das Gemeinschaftsmarkenregister zu (Art. 96 Abs. 6 GMVO).

4. Beitritt des Markeninhabers wegen Widerklage

Die Widerklage wegen Verfalls oder Nichtigkeit kann auch in 29 Verfahren erhoben werden, in denen der Markeninhaber nicht Klagepartei ist, zB bei Verletzungsklagen des Lizenznehmers. Art. 96 Abs. 3 GMVO ermöglicht hier dem Markeninhaber den Beitritt zur Wahrung seiner Rechte hinsichtlich der bei Erfolg gegenüber jedermann wirkenden Widerklage. Aus der Sicht des deutschen Prozeßrechts handelt es sich um einen besonderen Fall der Nebenintervention (§§ 66 ff. ZPO).

5. Verletzungsklagen aus nationalen Marken und Gemeinschaftsmarken

Die Koexistenz nationaler Marken und Gemeinschaftsmarken 30 kann dazu führen, daß dieselbe Handlung zum Gegenstand sowohl einer Klage wegen Gemeinschaftsmarkenverletzung als auch einer Klage wegen Verletzung einer identischen nationalen Marke wird. Sind die Marken hinsichtlich Zeichen und geschützter Waren/ Dienstleistungen identisch, schließt die rechtskräftige Entscheidung des einen Gerichts eine weitere Entscheidung „in der Sache", also über dieselben Ansprüche aus und wird die andere Klage abgewiesen, ohne daß es auf die Reihenfolge der Klageerhebung ankommt (Art. 105 Abs. 2 und 3 GMVO). Sind die im obigen Sinne identische Marken betreffenden Klagen bei Gerichten verschiedener Mitgliedstaaten erhoben worden, so muß sich das später angerufene Gericht für unzuständig erklären oder aussetzen (Art. 105 Abs. 1 lit. a GMVO). Das später angerufene Gericht kann aussetzen, wenn die Marken nicht im obigen Sinne identisch, jedoch entweder hinsichtlich der Zeichen identisch und bezüglich der Waren/Dienst-

§ 125 e

leistungen ähnlich oder hinsichtlich der Zeichen nur ähnlich, bezüglich der Waren/Dienstleistungen identisch oder ähnlich sind (Art. 105 Abs. 1 lit. b GMVO).

VIII. Sonstige Streitigkeiten über Gemeinschaftsmarken

31   Bei nicht den Gemeinschaftsmarkengerichten zugewiesenen Streitigkeiten über Gemeinschaftsmarken richtet sich die internationale Zuständigkeit nach dem EuGVÜ und die sachliche und örtliche Zuständigkeit nach den Regeln für entsprechende Streitigkeiten um eingetragene nationale Marken (Art. 90 Abs. 1, 102 Abs. 1 GMVO), mit Auffangzuständigkeit der spanischen Gerichte gem. Art. 102 Abs. 2 GMVO. In Deutschland wird dies über den weit auszulegenden § 140 Abs. 1 häufig zur Zuständigkeit der Kennzeichenstreitgerichte führen. Beispiele sind insbesondere Klagen in Zusammenhang mit Übertragungen oder Lizenzen, soweit sie nicht zugleich Verletzungsklagen im Sinne von Art. 92 GMVO sind. Das deutsche Gericht ist an die Rechtsgültigkeit der Gemeinschaftsmarke gebunden (Art. 103 GMVO).

32   Der Systematik der GMVO kann nicht eindeutig entnommen werden, ob unter die „sonstigen Streitigkeiten über Gemeinschaftsmarken" im Sinne der Art. 102, 103 GMVO auch die Klagen auf Untersagung der Benutzung von Gemeinschaftsmarken aufgrund älterer nationaler Rechte iSv Art. 8, 52 Abs. 2 GMVO (Art. 107 Abs. 1 GMVO), außerkennzeichenrechtlicher Bestimmungen (Art. 107 Abs. 2 GMVO) oder älterer nationaler Rechte von nur örtlicher Bedeutung (Art. 108 GMVO) fallen sollen, hinsichtlich derer Art. 106 und 107 GMVO fast uneingeschränkt auf das nationale Recht verweisen. Dafür könnte sprechen, daß die Bindung des nationalen Gerichts an die Rechtsgültigkeit der Gemeinschaftsmarke nach Art. 103 GMVO auch in Verfahren dieser Art geboten ist, soweit sich dies nicht ohnehin ohne weiteres aus den allgemeinen Regeln des Verhältnisses der einzelstaatlichen Rechtsordnungen zum Gemeinschaftsrecht ergibt. In Bezug auf die Anwendbarkeit der Zuständigkeitsregelung des Art. 102 Abs. 2 GMVO ist diese Frage ohne besondere Bedeutung, nachdem auch in den jeweiligen nationalen Zuständigkeitsordnungen für solche Klagen diejenigen Gerichte zuständig sein werden, die über die Untersagung der Handlungen dann zu entscheiden hätten, wenn es sich nicht um die Verletzung durch Benutzung einer Gemeinschaftsmarke, sondern einer nationalen Marke handeln würde.

Örtliche Zuständigkeit der Gemeinschaftsmarkengerichte **§ 125 g**

Die Anwendung des Art. 102 Abs. 2 GMVO auf solche Klagen 33
kommt ohnehin nicht in Betracht, da in den Fällen der §§ 107, 108
GMVO stets eine Gerichtszuständigkeit in dem Mitgliedstaat bestehen wird, in dem die anzugreifende Benutzung einer Gemeinschaftsmarke stattgefunden hat oder droht.

§ 125 f Unterrichtung der Kommission

Das Bundesministerium der Justiz teilt der Kommission der Europäischen Gemeinschaften die Gemeinschaftsmarkengerichte erster und zweiter Instanz sowie jede Änderung der Anzahl, der Bezeichnung oder der örtlichen Zuständigkeit der Gemeinschaftsmarkengerichte erster und zweiter Instanz mit.

Art. 91 Abs. 2 GMVO verpflichtet die Mitgliedstaaten, der Kommission eine Aufstellung der Gemeinschaftsmarkengerichte mit Angabe ihrer Bezeichnung und örtlichen Zuständigkeit spätestens drei Jahre nach Inkrafttreten der GMVO zu übermitteln. Nach Art. 91 Abs. 5 GMVO die Gemeinschaftsmarkengerichte des jeweiligen Mitgliedstaats erst durch diese Übermittlung die Zuständigkeit für die Klage gemäß Art. 92 GMVO, während zuvor als Übergangsregelung die nach Art. 93 GMVO international zuständigen Gerichte für die Klagen nach Art. 92 GMVO zuständig sind, die für ein entsprechendes Verfahren aufgrund einer in diesem Staat eingetragenen nationalen Marke zuständig wären. § 125 f. regelt die Zuständigkeit des Bundesministeriums der Justiz für diese Übermittlung. Gleichzeitig wird dem Bundesministerium der Justiz auch die Zuständigkeit für die den Mitgliedstaaten in Art. 91 Abs. 3 GMVO auferlegte laufende Mitteilungspflicht zugewiesen, die Änderungen der Anzahl, Bezeichnung oder örtlichen Zuständigkeit der Gemeinschaftsmarkengerichte betrifft.

§ 125 g Örtliche Zuständigkeit der Gemeinschaftsmarkengerichte

Sind nach Artikel 93 der Verordnung über die Gemeinschaftsmarke deutsche Gemeinschaftsmarkengerichte international zuständig, so gelten für die örtliche Zuständigkeit dieser Gerichte die Vorschriften entsprechend, die anzuwenden wären, wenn es sich um eine beim Patentamt eingereichte Anmeldung einer Marke oder um eine im Register des Patentamts eingetragene Marke handelte. Ist eine Zuständigkeit danach nicht begründet, so ist das

§ 125 h Insolvenzverfahren

Gericht örtlich zuständig, bei dem der Kläger seinen allgemeinen Gerichtsstand hat.

Der örtliche Zuständigkeitsbezirk mehrerer Gemeinschaftsmarkengerichte eines Mitgliedstaates ist in der GMVO nicht geregelt. § 125 g S. 1 verweist hierzu auf die im Falle deutscher Marken(anmeldungen) geltenden Zuständigkeitsvorschriften, so daß vor allem der Tatortgerichtsstand des § 32 ZPO und die auf den Beklagten abstellenden allgemeinen Gerichtsstände der §§ 12 ff. ZPO zur Anwendung kommen (vgl. § 140 Rdn. 43 ff.). Für den Fall, daß sich daraus keine örtliche Zuständigkeit ergibt, sieht § 125 g S. 2 hilfsweise den allgemeinen Gerichtsstand des Klägeris als zuständigkeitsbegründend an. Erforderlich ist diese Auffangregelung deshalb, weil gem Art. 93 Abs. 2 GMVO eine internationale Zuständigkeit der deutschen Gemeinschaftsmarkengerichte auch in Fällen möglich ist, in denen nach den allgemeinen Zuständigkeitsvorschriften des deutschen Rechts keine inländische örtliche Zuständigkeit gegeben wäre.

§ 125 h Insolvenzverfahren

(1) **Ist dem Insolvenzgericht bekannt, daß zur Insolvenzmasse eine angemeldete oder eingetragene Gemeinschaftsmarke gehört, so ersucht es das Harmonisierungsamt für den Binnenmarkt (Marken, Muster und Modelle) im unmittelbaren Verkehr,**
1. **die Eröffnung des Verfahrens und, soweit nicht bereits darin enthalten, die Anordnung einer Verfügungsbeschränkung,**
2. **die Freigabe oder die Veräußerung der Gemeinschaftsmarke oder der Anmeldung der Gemeinschaftsmarke,**
3. **die rechtskräftige Einstellung des Verfahrens und**
4. **die rechtskräftige Aufhebung des Verfahrens, im Falle einer Überwachung des Schuldners jedoch erst nach Beendigung dieser Überwachung, und einer Verfügungsbeschränkung**
in das Register für Gemeinschaftsmarken oder, wenn es sich um eine Anmeldung handelt, in die Akten der Anmeldung einzutragen.

(2) **Die Eintragung in das Register für Gemeinschaftsmarken oder in die Akten der Anmeldung kann auch vom Insolvenzverwalter beantragt werden. In Falle der Eigenverwaltung (§ 270 der Insolvenzordnung) tritt der Sachwalter an die Stelle des Insolvenzverwalters.**

Da die Gemeinschaftsmarke als einheitliches Schutzrecht für das ganze Gebiet der EU gilt, kann zweifelhaft sein, inwieweit sie von einem Konkursverfahren in einem Mitgliedsland erfaßt wird. Diesen Fall regelt § 21 GMVO zugunsten des Vorrangs des zuerst eröffneten Verfahrens zur Eintragung und Veröffentlichungen der Insolvenzbetroffenheit. § 125 h begründet die Zuständigkeit des Insolvenzgerichtes für die Mitteilung der Insolvenzbefangenheit an das Harmonisierungsamt. § 125 h Abs. 2 stellt klar, daß die Eintragung in das Register auch vom Insolvenzverwalter beantragt werden kann.

Teil 6. Geographische Herkunftsangaben

Vorbemerkung zu §§ 126–139

Inhaltsübersicht

Rdn.
1. Begriff und Rechtsnatur der geographischen Herkunftsangaben 1
2. Stellung im Schutzsystem 2
3. Früheres Recht 3
4. MRRL 4
5. Gemeinschaftsmarkenrecht 5
6. MarkenV 6

Literatur: *Berg*, Die geographische Herkunftsangabe – ein Konkurrent für die Marke?, GRUR Int. 1996, 425; *Brandner*, Bedeutungsgehalt und Bedeutungswandel bei Bezeichnungen im geschäftlichen Wettbewerb, FS für Piper, 1996, 95; *v. Gamm*, Der Schutz geographischer Herkunftsangaben nach mehr- und zweiseitigen Staatsverträgen in der Bundesrepublik Deutschland, FS für Brandner, 1996, 375; *Gloy*, Geographische Herkunftsangaben, wettbewerbsrechtliche Relevanz und klarstellende Zusätze, FS für Piper, 1996, 543; *Goebel*, Schutz geographischer Herkunftsangaben nach dem neuen Markengrecht, GRUR 1995, 98; *Gorny*, Markenrecht und geographische Herkunftsangaben bei Lebensmitteln, GRUR 1996, 447; *Helm*, Der Schutz geographischer Herkunftsangaben nach dem Markengesetz, FS für Vieregge, 1995, 335; *Hohmann/Leible*, Probleme der Verwendung geographischer und betrieblicher Herkunftsangaben bei Lebensmitteln, ZLR 1995, 265; *Honig*, Ortsnamen in Warenzeichnungen, WRP 1996, 399; *Knaak/Tilmann*, Marken und geographische Herkunftsangaben, GRUR Int. 1994, 161; *Knaak*, Der Schutz geographischer Herkunftsangaben im neuen Markengesetz, GRUR 1995, 103; *ders.*, Der Schutz geographischer Herkunftsangaben nach dem TRIPS-Abkommen, GRUR Int. 1995, 642.

1. Begriff und Rechtsnatur der geographischen Herkunftsangaben

1   Die geographischen Herkunftsangaben sind Teil des vom MarkenG errichteten umfassenden Schutzsystems, § 1 Nr. 3. Sie sind aber scharf zu trennen von Marken (§ 1 Nr. 1, §§ 3 f.) und geschäftlichen Bezeichnungen (§ 1 Nr. 2, § 5). Anders als die Marken und geschäftlichen Bezeichnungen verkörpern **sie keine Indivi-**

dualrechte, soweit sie nicht im Einzelfall (dazu Rdn. 2) als Marke für ein Unternehmen eingetragen werden können. Auch dann ist die geographische Herkunftsangabe selbst aber keine Individualkennzeichnung, sie fällt nur mit einer Individualkennzeichnung (Marke) zusammen. Die Amtl. Begr. (Abs. 1 zu Teil 6) hebt diese Besonderheit hervor, wenn sie davon spricht, es handele sich um „einen **kollektiven Goodwill**, der allen berechtigten Unternehmen zusteht". Gegenüber einem Individualrecht unterscheiden sich die geographischen Herkunftsangaben in entscheidenden Aspekten: Die geographische Herkunftsangabe hat keinen „Inhaber", der über sie verfügen könnte, etwa sie veräußern oder Lizenzen an ihr erteilen könnte. Die Berechtigung zur Nutzung der geographischen Herkunftsangabe ist unabhängig von rechtsgeschäftlichen Erklärungen, Handlungen der Behörden oder Gerichte usw., sondern knüpft ausschließlich an rein tatsächliche Verhältnisse an, nämlich die geographische Herkunft der Produkte einerseits und die Verkehrsauffassung andererseits. Verlegt ein Unternehmen seinen Sitz aus dem geographischen Gebiet heraus, darf es die Herkunftsangabe nicht mehr benutzen. Umgekehrt darf jeder Neuankömmling ohne ausdrückliche Gestattung die Angabe nutzen, selbst dann, wenn es sich um eine Kollektivmarke handelt (§ 100 Abs. 1). Da es keinen „Inhaber" im Sinne eines an der geographischen Herkunftsangabe dinglich Berechtigten geben kann, sind auch klagebefugt hinsichtlich der Verwendung der geographischen Herkunftsangaben nicht nur der berechtigte Benutzer, sondern auch Wettbewerber des unberechtigten Verwenders und auch die Verbände des § 13 Abs. 2 Nr. 2–4 UWG (§ 128 Abs. 1). Damit ist der Schutz der geographischen Herkunftsangaben als **wettbewerbsrechtlicher Schutz** ausgestaltet. Er bildet im Markenrecht einen Fremdkörper. Die Regelung der § 126 ff. soll allerdings nach der Absicht des Gesetzgebers im wesentlichen die bisherige Rechtsprechung zu § 3 UWG in das MarkenG überführen, ohne daß eine inhaltliche Änderung in irgendeiner Weise geplant war (Amtl. Begr. A IV). Die konkrete gesetzliche Ausgestaltung ebenso wie diese Kontinuität sprechen entscheidend dagegen, eine Änderung der Rechtsnatur der geographischen Herkunftsangabe in ein subjektives Kennzeichenrecht und – weitergehend – in eine eigentumsähnliche Rechtsposition anzunehmen (so aber *Fezer* § 126 Rdn. 4; *Knaack* GRUR 1995, 103, 105). Vielmehr verbleibt es auch hinsichtlich der verfassungsrechtlichen Beurteilung bei der bisherigen Rechtslage (BVerfG GRUR 1979, 773, 777 – *Weinbergsrolle*). Der Schutz der geographischen Herkunftsangaben über die wettbewerbsrechtlich ausgestalteten

Normen – früher § 3, heute in erster Linie §§ 126 ff. – führt bei den zur Benutzung Berechtigten lediglich zu einem mittelbaren Schutz. Primär dient die rechtliche Regelung dem Irreführungsschutz der Allgemeinheit. Aus der Entscheidung EuGH GRUR Int. 1993, 76 – *Turron* ergibt sich nichts anderes. Dort befaßt sich der EuGH mit der Rechtfertigung einer Einfuhrbeschränkung aus Gründen des „gewerblichen und kommerziellen Eigentums". Unter diesem Begriff fällt aber – anders als unter Artikel 14 GG – auch das nationale Wettbewerbsrecht (EuGH GRUR Int. 1997, 76, 79, Erwägungsgrund 37). Für den Eigentumsschutz nach Artikel 14 GG kann daraus nichts gewonnen werden.

2. Stellung im Schutzsystem

2   Das MarkenG gewährt in §§ 126–129 **einen unmittelbaren Schutz für geographische Herkunftsangaben**, der von formellen Enstehungstatbeständen unabhängig ist. Daneben transformiert das MarkenG in §§ 130–136 den Schutz geographischer Angaben und Ursprungsbezeichnungen nach **der VO (EWG) Nr. 2081/92** (siehe Anhang 6). Voraussetzung für diesen Schutz ist die Eintragung in das von der Kommission geführte Verzeichnis. Die Verordungsermächtigungen der §§ 137–139 begründen zwar keine eigenen Schutztatbestände, ermöglichen aber eine nähere Ausgestaltung der Schutzvoraussetzungen. Eine geographische Herkunftsangabe kann parallel auch als **Marke** geschützt sein, insbesondere als Kollektivmarke, §§ 97–106. Auch die Eintragung als Individualmarke, wenn entweder eine Umwandlung der früheren geographischen Herkunftsangabe in eine betriebliche Herkunftskennzeichnung stattgefunden hat (§ 126 Rdn. 12., dazu BPatGRuR Int. 1992, 62 – *Vittel*) oder zusätzlich zu der geographische Herkunftsangabe die Marke weitere kennzeichnende Bestandteile enthält (vgl. § 8 Abs. 1 Nr. 2) und die in der Marke enthaltende geographische Herkunftsangabe nicht irreführend ist (§ 8 Abs. 1 Nr. 4). Geographische Herkunftsangaben können Schutz genießen auch auf der Basis von nationalen **Spezialgesetzen** sowie vom **bilateralen und multilateralen Abkommen**. Auf multilateraler Ebene ist dabei insbesondere das **Madrider Herkunftsabkommen** (MHA) zu nennen, das allerdings Schutz nur auf der Basis des Schutzlandes (nicht des Herkunftslandes) gewährt. Über den in §§ 126 ff. gewährten Schutz geht es also nicht hinaus. **Zweiseitige Abkommen** bestehen mit Frankreich, Italien, Griechenland, der Schweiz und Spanien. In den Abkommen werden jedenfalls dort

im einzelnen aufgeführte Bezeichnungen für Produkte aus den jeweiligen Herkunftsstaaten reserviert. Ein differenziertes Sonderrecht besteht darüber hinaus für die Lagebezeichnungen von Weinen. Die unterschiedlichen Schutztatbestände sind voneinander unabhängig und können kumulativ vorliegen. Unklar ist, inwieweit § 3 UWG neben §§ 126 ff. weiter zur Anwendung kommen kann. Für die uneingeschränkte Anwendbarkeit spricht zwar schon der Wortlaut von § 2, und auch die amtliche Begründung (Abs. 9 zu Teil VI). An anderer Stelle (A III 3) sieht die amtliche Begründung als maßgebliches Motiv für die Einbeziehung der geographischen Herkunftsangaben in das MarkenG aber gerade das Ende der Rechtszersplitterung, insbesondere in §§ 26 WZG und 3 UWG, an. Dem würde es widersprechen, § 3 UWG uneingeschränkt neben §§ 126 ff. zur Anwendung zu bringen. Ein praktisches Bedürfnis dafür besteht aber hinsichtlich solcher Irreführungstatbestände, die zwar von § 3 UWG, nicht aber von §§ 126 ff. erfaßt werden. Dafür kommen insbesondere Fälle der mittelbaren Herkunftsangaben in Frage, die sich nicht unter den Wortlaut von § 126 subsumieren lassen (§ 126 Rdn. 6). Denkbar ist weiter der Fall der „fiktiven" geographischen Herkunftsangabe, d. h. eine Angabe, die vom Verkehr fälschlich als geographische Herkunftsangabe verstanden wird (*Helm* FS Vieregge 335, 340 f.). Es ist aber zweifelhaft, ob dieser Fall praktisch relevant ist, da meistens entweder eine mittelbare geographische Herkunftsangabe vorliegen oder die Irreführung irrelevant sein wird. Im Rahmen dieser Kommentierung wird – der Intention des Gesetzgebers entsprechend – die bisherige Rechtsprechung zu § 3 UWG in die Kommentierung des MarkenG integriert (ebenso *Köhler/Piper*, § 3 Rdn. 188 e).

3. Früheres Recht

Das WZG enthielt zum Schutz der geographischen Herkunftsangabe nur in § 26 eine Strafvorschrift, auf die allerdings in Verbindung mit § 823 Abs. 2 BGB zivilrechtliche Ansprüche gestützt werden konnten. In der Praxis kam der Vorschrift neben § 3 UWG keine Bedeutung zu. 3

4. MRRL

Die MRRL enthält in Art. 15 Abs. 2 eine Option, Angaben, die zur Bezeichnung der geographischen Herkunft dienen, als Kollektivmarken zuzulassen, wobei einem Dritten, der zur Be- 4

§ 126　　　　　　　Geschützte Namen, Angaben oder Zeichen

nutzung der geographischen Bezeichnug berechtigt ist, die Marke nicht entgegenhalten werden kann. Von dieser Option hat das MarkenG in §§ 99, 100 Gebrauch gemacht. Die darüber hinausgehenden Regelungen der §§ 126 ff. sind von der MRRL unabhängig. Die bisher zu § 3 UWG entwickelten Grundsätze können deshalb unverändert übernommen werden. Die Auslegung der §§ 126–129 erfolgt nach den Grundsätzen des nationalen deutschen Rechts. Bei §§ 130–136 sind die Vorgaben der VO (EWG) Nr. 2081/92 bindend, die Auslegung muß daher Europarecht berücksichtigen und ist vom EuGH auf Vorlage gem. Art. 177 EUV überprüfbar.

5. Gemeinschaftsmarkenrecht

5　Die GMVO sieht keinen orginären Schutz der geographischen Herkunftsangabe vor. Nach Art. 64 Abs. 2 GMVO können geographische Herkunftsangabe aber als Gemeinschaftskollektivmarken geschützt werden. Wie bei § 100 MarkenG kann damit die Bezeichnung aber nicht gegenüber anderen berechtigten Benutzern monopolisiert werden. Da die GMVO keine eigenen Regelungen vorsieht, wird auf den Hinweis bei den Einzelvorschriften verzichtet.

6. MarkenV

6　Die MarkenV enthält in §§ 54–62 Ausführungsvorschriften für das Verfahren bei Anträgen nach der VO (EWG) Nr. 2281/92.

Abschnitt 1. Schutzgeographischer Herkunftsangaben

§ 126 Als geographische Herkunftsangaben geschützte Namen, Angaben oder Zeichen

(1) **Geographische Herkunftsangaben im Sinne dieses Gesetzes sind die Namen von Orten, Gegenden, Gebieten oder Ländern sowie sonstige Angaben oder Zeichen, die im geschäftlichen Verkehr zur Kennzeichnung der geographischen Herkunft von Waren oder Dienstleistungen benutzt werden.**

(2) **Dem Schutz als geographische Herkunftsangaben sind solche Namen, Angaben oder Zeichen im Sinne des Absatzes 1 nicht zugänglich, bei denen es sich um Gattungsbezeichnungen handelt. Als Gattungsbezeichnungen sind solche Bezeichnungen anzusehen,**

Geschützte Namen, Angaben oder Zeichen § 126

die zwar eine Angabe über die geographische Herkunft im Sinne des Absatzes 1 enthalten oder von einer solchen Angabe abgeleitet sind, die jedoch ihre ursprüngliche Bedeutung verloren haben und als Namen von Waren oder Dienstleistungen oder als Bezeichnungen oder Angaben der Art, der Beschaffenheit, der Sorte oder sonstigen Eigenschaften oder Markmale von Waren oder Dienstleistungen dienen.

Inhaltsübersicht

	Rdn.
I. Allgemeines	1
II. Geschützte geographische Herkunftsangaben (Abs. 1)	2–11
1. Verkehrsauffassung als Maßstab	2
2. Arten geographischer Herkunftsangaben	3–8
a) Bedeutung der teminologischen Unterscheidung	3
b) Unmittelbare geographische Herkunftsangaben	4, 5
c) Mittelbare geographische Herkunftsangaben	6
d) Qualifizierte Herkunftsangaben	7
e) Abzugrenzende Bezeichnungen	8
3. Benutzung im geschäftlichen Verkehr	9, 10
a) Bezug auf Herkunftsangabe	9
b) Objektives Erfordernis	10
4. Ausländische geographische Herkunftsangabe	11
III. Gattungsbezeichnungen (Abs. 2)	12–15
1. Regelungszusammenhang	12
2. Begriff der Gattungsbezeichnung	13
3. Umwandlung einer geographischen Herkunftsangabe in eine Gattungsbezeichnung	14
4. Rückentwicklung zu einer geographischen Herkunftsangabe	15

I. Allgemeines

§ 126 enthält in Abs. 1 die Definition des Regelfalles, Abs. 2 **1** nimmt Gattungsbezeichnungen vom Schutz aus. Die Rechtsfolgen sind in § 127 (Schutzinhalt) und § 128 (Ansprüche) näher geregelt. Die Gesetzessystematik gibt damit folgende Prüfungsschritte vor: Zunächst muß eine unmittelbare oder mittelbare geographische Herkunftsangabe vorliegen (§ 126 Abs. 1), die keine Gattungsbezeichnung sein darf (§ 126 Abs. 2). Liegt eine Benutzung für Waren oder Dienstleistungen anderer Herkunft vor, ist diese untersagt, wenn die Gefahr der Irreführung besteht (§ 127 Abs. 1) oder ein besonderer Ruf der Herkunftsangabe besteht und die Benutzung

§ 126 Geschützte Namen, Angaben oder Zeichen

geeignet ist, diesen unlauter zu beeinträchtigen oder auszunutzen (§ 127 Abs. 3). Ein Schutz kann aber auch gegen die Verwendung der Angabe für Waren und Dienstleistungen gleicher Herkunft bestehen, wenn diese nicht die Eigenschaften der sonst so bezeichneten Waren oder Dienstleistungen haben (§ 127 Abs. 2). Im übrigen sind insbesondere die Schutzschranken der §§ 23 und 100 zu beachten.

II. Geschützte geographische Herkunftsangaben (Abs. 1)

1. Verkehrsauffassung als Maßstab

2 Die §§ 126 ff. sind im Kern Irreführungsschutz, nämlich die Kodifizierung der bisherigen Rechtsprechung zu § 3 UWG (Vor §§ 126 – 139 Rdn. 1). Entscheidende Bedeutung kommt damit der Verkehrsauffassung zu. Sie entscheidet zunächst darüber, ob in einer Angabe eine geographische Herkunftsangabe liegt, was nicht nur bei mittelbaren Herkunftsangaben (unten Rdn. 6) zweifelhaft sein kann, sondern auch bei unmittelbaren Herkunftsangaben, wenn der Verkehr ihnen im konkreten Fall keine Aussage zur geographischen Herkunft des Produktes entnimmt (zB BGH GRUR 1971, 255, 257 – *Plym-Gin*; BGH GRUR 1971, 313, 315 – *Bocksbeutelflasche*; BGH GRUR 1982, 564, 566 – *Elsässer Nudeln.*, KG GRUR 1984, 134 – *Suhler Tradition*). Darüber hinaus ist die Verkehrsauffassung auch für die Frage entscheidend, wie das geographische Gebiet abgegrenzt wird, was nicht immer mit den politischen Grenzen übereinstimmen muß (BGH GRUR 1970, 517, 519 – *Kölsch-Bier*; OLG Hamburg WRP 1977, 499). Die Verkehrsauffassung entscheidet auch darüber, welcher Ort bei Produkten, die aus mehreren Komponenten bestehen oder in mehreren Verarbeitungsschritten hergestellt, als maßgebend angesehen wird, zB im Hinblick auf die Herkunft des Rohmaterials für ein mit „Made in Germany" gekennzeichnetes Produkt (dazu GK-*Lindacher* § 3 Rz. 575). Daraus folgt gleichzeitig, daß die Verkehrsauffassung auch für die Frage der Irreführung entscheidend ist, wenn auch hier zusätzlich die Relevanz der Irreführung und – im Einzelfall – eine sonstige Interessenabwägung zu prüfen ist (dazu § 127 Rdn. 3).

2. Arten geographischer Herkunftsangaben

3 **a) Bedeutung der terminologischen Unterscheidungen.** Schon die Rechtsprechung zu § 3 UWG unterschied zwischen „unmittelbaren" geographischen Herkunftsangaben, die den geographischen Begriff direkt verwendeten, einerseits und den „mittel-

baren" geographischen Herkunftsangaben andererseits, bei denen nur in indirekter Weise durch ein fremdsprachiges Wort, eine bestimmte Aufmachung usw. auf die Herkunft aus einem bestimmten geographischen Gebiet hingewiesen wurde. Diese Unterscheidung hatte zwar keine Bedeutung für die Rechtsfolgen, da mittelbare geographische Herkunftsangaben ebenso geschützt sind wie unmittelbare (GK-*Lindacher* § 3 Rz. 557). Allerdings ist es bei mittelbaren Herkunftsangaben notwendig, die entsprechende Verkehrsvorstellung besonders konkret darzulegen. Darüber hinaus sind sie auch eher der Entlokalisierung durch aufklärende Zusätze zugänglich (dazu unten § 127 Rdn. 4) GRUR 1994, 310, 311 – *Mozzarella II*). § 126 Abs. 1 schützt beide Arten geographischer Herkunftsangaben, wie sich insbesondere aus dem Hinweis auf „sonstige Angaben oder Zeichen" mit der Funktion, auf geographische Herkunft hinzuweisen, zeigt. Daneben können „einfache" von „qualifizierten" Herkunftsangaben unterschieden werden, wobei der Verkehr hinsichtlich letzterer vermutet, daß Waren dieser Herkunft besondere qualitative Eigenschaften aufweisen. Das hat zunächst Einfluß auf die Relevanz der Irreführung (§ 127 Rdn. 3). Sind diese qualifizierenden Eigenschaften typisch für Produkte dieser geographischen Herkunft, besteht darüber hinaus Schutz nach § 127 Abs. 2 (§ 127 Rdn. 6 ff.).

b) Unmittelbare geographische Herkunftsangaben. Unmittelbare geographische Herkunftsangaben sind zunächst die im Gesetz genannten „Namen von Orten, Gegenden, Gebieten oder Ländern". Damit werden Hinweise auf geographische Gebiete beliebiger Größe erfaßt, von einem Dorf oder Ortsteil bis zu ganzen Ländern, ggf. Erdteilen. Es muß sich nicht um eine amtliche Bezeichnung handeln, es kommen auch herkömmliche Bezeichnungen in Betracht. Auch eine veraltete oder unpräzise Bezeichnung kann ausreichen (OLG Hamm WRP 1983, 573 – *Orient*). Die Bezeichnung kann adjektivisch (zB BGH GRUR 1981, 71, 73 – *Lübecker Marzipan*) oder substantivisch (BGH GRUR 1963, 482, 484 – *Hollywood-Duftschaumbad*) verwendet werden. 4

Beispiele: „*Made in Germany*", „*Germany*" (BGH GRUR 1974, 665, 666), „*de Paris*" (BGH GRUR 1965, 681, 682); „*Deutscher Sekt*" (BGH GRUR 1971, 29, 32); „*Kölsch-Bier*" (BGH GRUR 1970, 517, 518); „*Lübecker Marzipan*" (BGH GRUR 1981, 71, 73); „*Elsässer Nudeln*" (BGH GRUR 1982, 564, 566); „*Orientteppich*" (OLG Hamm WRP 1983, 573); „*Vom Nürnberger Christkindelsmarkt*" (OLG Nürnberg GRUR 1987, 538); „*Serie Westerwald*" 5

(OLG Koblenz WRP 1985, 173) *„Original Oettinger Bier"* (OLG Naumburg WRP 1995, 749).

6 **c) Mittelbare geographische Herkunftsangaben.** Mittelbare geographische Herkunftsangaben können alle Kennzeichnungen, Aufmachungen usw. sein, aus denen der Verkehr auf die geographische Herkunft der so gekennzeichneten Waren schließt. **Beispiele: Flaggen** oder Landesfarben (schon RG GRUR 1930, 326, 327 – *USA-Flagge*; BGH GRUR 1981, 666, 667 – *Ungarische Salami I*; BGH GRUR 1982, 685 – *Ungarische Salami II.*, BGH GRUR 1984, 467 – *Das unmögliche Möbelhaus*), Landes- und **Ortswappen** (LG Berlin 1952, 253 – *Berliner Bär*), aber auch **Wahrzeichen,** zB der Kölner Dom für Köln (LG Köln GRUR 1954, 211), der Frankfurter Römer für Frankfurt (BGHZ 14,15), sogar eine Landschaft mit Windmühlen als Hinweis auf Holland (RG GRUR 1932, 810), Hinweis auf Ereignisse der **Lokalgeschichte** (BGH GRUR 1964, 376 – *Nürnberger Eppeleinsprung*), typische **Warenaufmachungen** (BGH GRUR 1971, 313, 314 – *Bocksbeutelflasche*; BGH GRUR 1979, 415, 416 – *Cantilflasche*). Nicht mehr unter § 126 fallen allerdings solche Fälle, in denen lediglich aufgrund Assoziationen allgemeinerer Art die Verbindung zu der geographischen Herkunft hergestellt wird. Es fehlt dann nämlich an der Benutzung der Angabe im geschäftlichen Verkehr zur Herkunftskennzeichnung (dazu unten Rdn. 9 f.). Dabei handelt es sich insbesondere um allgemeine **fremdsprachige Bezeichnungen,** aus denen der Verkehr uU die Herkunft aus einem bestimmten Land ableitet (zB BGH GRUR 1963, 589, 591 – *Lady Rose*, heute überholt da der Verkehr internationale Bezeichnungen gewohnt ist, BGH GRUR 1980, 119, 120 – *Ginseng-Werbung*), ggf. auch umgekehrt die Verwendung einer deutschsprachigen Bezeichnung für ein ausländisches Produkt (OLG Köln GRUR 1989, 694 – *Frischgeflügel*). Diese Fälle werden von § 126 nicht erfaßt, sondern sind nur am Maßstab des allgemeinen des Irreführungstatbestandes des § 3 UWG zu messen. Dasselbe gilt für Irreführungen durch eine Gesamtaufmachung aus mehreren Komponenten, die erst im Zusammenwirken die Irreführung begründen (zB BGH GRUR 1987, 535 – *Wodka Woronoff*).

7 **d) Qualifizierte Herkunftsangabe.** Bei der qualifizierten Herkunftsangabe geht der Verkehr davon aus, daß zugleich eine Angabe über die Beschaffenheit der Ware gemacht wird. Das kommt vorallem bei Produkten in Frage, die auf ortsgebundenen Naturstoffe aufbauen, zB Lebensmittel oder Tabakwaren (BGH GRUR 1957, 430, 432 – *Havanna*).

e) **Abzugrenzende Bezeichnungen.** Keine geschützten geographischen Herkunftsangaben sind zunächst die **Gattungsbezeichnungen** (Abs. 2) (unten Rdn. 12 ff.). Eine geographische Herkunftsangabe kann sich auch in eine **betriebliche Herkunftsangabe** umwandeln (BGH GRUR 1958, 39, 40 – *Rosenheimer Gummimäntel*). Schließlich ist es denkbar, daß der Verkehr erkennt, daß die Angabe nur als **Phantasiebezeichnung** dienen soll, ohne eine Aussage über die geographische Herkunft zu enthalten (zB „Mont Blanc" für Füllfederhalter (GK-*Lindacher* Rz. 562)). Der Verkehr ist gewöhnt, daß geographische Herkunftsangaben häufig markenmäßig zur Kennzeichnung von Produkten eingesetzt werden, ohne daß damit eine Aussage über die geographische Herkunft verbunden ist. In vielen Fällen wird der Ort als Produktionsstätte für Waren nicht ernsthaft in Betracht kommen („Capri" für Autos, *Köhler/Piper* § 3 Rdn. 196), oder es liegt auf der Hand, daß die Ortsangabe nur allgemein werblich verwendet wird. Allerdings besteht in der Regel die Vermutung, daß der Verkehr die verwendete Ortsangabe als Hinweis auf die Produktherkunft versteht (BGH GRUR 1963, 482, 484 – *Hollywood-Duftschaumbad*). Außerdem kann in der Verwendung einer Bezeichnung die irreführenderweise den Eindruck einer geographischen Herkunftsangabe erweckt, ggf. ein Verstoß gegen § 3 UWG liegen, zB bei scheinbaren Lagenamen für Weine (BGH GRUR 1980, 173, 174 – *Fürstenthaler*). In vielen Fällen wird der Zusammenhang nicht so klar sein, sondern eine konkrete Feststellung der Verkehrsauffassung erforderlich sein. Die Verkehrsauffassung kann sich im Laufe der Zeit wandeln (dazu unten Rdn. 14 f.).

3. Benutzung im geschäftlichen Verkehr

a) **Bezug auf mittelbare Herkunftsangabe.** Anders als § 3 UWG fordert § 126 Abs. 1, daß die geographische Herkunftsangabe im geschäftlichen Verkehr zur Kennzeichnung der geographischen Herkunft benutzt werden muß. Dabei ist nach dem Wortlaut des Gesetzes nicht ganz klar, ob dieses Erfordernis sich nur auf die „sonstigen" Angaben (also die mittelbaren Herkunftsangaben) bezieht, oder auch auf die unmittelbaren. Für einen Gleichlauf spricht zwar, daß der Gesetzgeber im übrigen keine Unterscheidung zwischen den beiden Arten von Herkunftsangaben macht (*Helm*, FS Vieregge, 335, 341). Würde man auch bei unmittelbaren geographischen Herkunftsangaben die Benutzung im Verkehr zur Bezeichnung der Herkunft von Waren und Dienstleistungen fordern,

§ 126 Geschützte Namen, Angaben oder Zeichen

würde dies aber nicht nur den Anwendungsbereich von § 126 erheblich einschränken, sondern auch in ungerechtfertigter Weise die Rechtsverfolgung erschweren. Bei geographischen Herkunftsangaben, die auf kleinere Orte oder fernere Länder hinweisen, müßte dann nämlich immer zunächst mindestens eine einmalige Benutzung als Herkunftsangabe im geschäftlichen Verkehr nachgewiesen werden. Das wird keinesfalls immer möglich sein. Es ist aber nicht zu erkennen, warum etwa ein ausländischer Bierbrauer, der den Namen einer kleinen bayerischen Gemeinde ohne eigene Industrie auf seinem Produkt anbringt, nicht den Ansprüchen aus § 127 unterworfen sein soll. Sinnvoll ist die Einschränkung nur im Hinblick auf die „sonstigen" Kennzeichen, da auf diese Weise eine klarere Konturierung des sehr unscharfen Begriffs der mittelbaren Herkunftsangabe gelingen kann. Es ist angemessen, den markengesetzlichen Schutz der geographischen Herkunftsangaben auf solche mittelbaren Herkunftsangaben zu beschränken, die den unmittelbaren Angaben soweit angenähert sind, daß sie schon in mindestens einem anderen Fall zur Herkunftskennzeichnung gedient haben. Die Benutzung im geschäftlichen Verkehr ist somit nur hinsichtlich der mittelbaren Herkunftsangaben erforderlich. Demgegenüber sind unmittelbare Herkunftsangaben immer nach §§ 126 ff. geschützt, wobei allerdings nur die irreführende Verwendung untersagt ist (§ 127).

10 **b) Objektives Erfordernis.** Zwar ist immer erforderlich, daß der Verkehr die Bezeichnung als geographische Herkunftsangabe versteht (oben Rz. 2). Zusätzlich ist aber erforderlich, daß die Angabe im geschäftlichen Verkehr auch tatsächlich als Herkunftshinweis eingesetzt wird. Nicht erforderlich ist, daß dies in der Vergangenheit bereits für die gleichen Waren und Dienstleistungen erfolgt ist, wie sich nicht nur aus dem klaren Wortlaut des Gesetzes ergibt, sondern auch daraus, daß die Verkehrsauffassung im Hinblick auf den geographischen Hinweischarakter nicht produktbezogen ist (wenn die Windmühle bei Butter auf Holland hinweist, wird sie dies in der Regel auch bei Schokolade tun). Eine Benutzung im Verkehr in größerem Umfang oder durch zahlreiche Benutzer ist nicht erforderlich. Allerdings wird bei nur isolierten Benutzungshandlungen besonders sorgfältig zu prüfen sein, ob der Verkehr aus der Angabe tatsächlich auf die geographische Herkunft schließt. Weil die konkrete Angabe im Verkehr bereits als Herkunftsangabe benutzt werden muß, ergibt sich daraus auch, daß eine Kombination verschiedener Einzelmerkmale, die nur in ihrem Zusammen-

wirken eine Vorstellung von einer bestimmten geographischen Herkunft hervorrufen, nur dann als geographische Herkunftsangabe nach § 126 geschützt sein kann, wenn auch schon bisher gerade diese Kombination von Dritten zur Herkunftskennzeichnung verwendet wurde was die Ausnahme sein wird.

4. Ausländische geographische Herkunftsangabe

Ob es sich um eine in- oder ausländische geographische Herkunftsangabe handelt, spielt grundsätzlich keine Rolle, da gerade auch das Vertrauen des Verkehrs auf die Richtigkeit von Hinweisen auf ausländische Herkunft geschützt ist. Häufig wird gerade die Herkunft aus bestimmten anderen Ländern als besonderes Qualitätsmerkmal angesehen. Ob die ausländische Herkunftsangabe in ihrem Heimatland Schutz genießt, spielt für § 126 grundsätzlich keine Rolle (zu § 3 UWG st. Rspr., zB BGH GRUR 1982, 564 – *Elsässer Nudeln*). Handelt es sich allerdings um eine Angabe aus einem EU-Mitgliedsstaat, kann sich eine andere Beurteilung aus Art. 30, 36 EUV ergeben. Genießt diese Angabe nämlich im Heimatland keinen Schutz mehr, fehlt es an einem rechtfertigenden Grund für das Vertriebsverbot (EuGH GRUR Int. 1993, 76, 79 – *Turron*; BGH GRUR 1994, 307, 309 – *Mozzarella I*), wobei es nicht darauf ankommt, ob der Beklagte des jeweiligen Verfahrens die Ware tatsächlich aus dem europäischen Ausland einführt (BGH GRUR 1997, 307, 309 – *Mozarella I*). 11

III. Gattungsbezeichnungen (Abs. 2)

1. Regelungszusammenhang

§ 126 Abs. 2 trifft eine ausdrückliche Regelung nur für den Fall der Umwandlung einer geographischen Herkunftsangabe in eine Gattungsbezeichnung. Eine entsprechende Regelung für **betriebliche Herkunftsangaben** fehlt, doch ist der Rechtsgedanke des § 126 Abs. 2 insoweit analog anwendbar. Auch dann, wenn sich eine geographische Herkunftsangabe in eine betriebliche umgewandelt hat, entfallen also die Schutzwirkungen der §§ 126 ff. (zur früheren Rechtslage BGH GRUR 1958, 39, 40 – *Rosenheimer Gummimäntel*). Ebenfalls nicht geregelt ist der Fall der Phantasiebezeichnungen oder für den Verkehr erkennbaren bloßen Werbebezeichnungen (oben Rdn. 8). In diesen Fällen wird es in der Regel schon an der erforderlichen Verkehrsauffassung, daß eine geogra- 12 phische Herkunftsangabe vorliegt, fehlen. Jedenfalls ist aber die Irreführung (§ 127) ausgeschlossen. Lag nie eine geographische Herkunftsangabe vor, kommt § 126 ohnehin nicht zur Anwendung.

2. Begriff der Gattungsbezeichnung

13 Die Gattungsbezeichnung kann entweder mit einer (früheren) geographischen Herkunftsangabe identisch sein („Kassler"), oder von ihr abgeleitet sein oder die Angabe enthalten („Wiener Würstchen"). Die Verwendungsform im einzelnen ist unerheblich. Die Gattungsbezeichnung kann sich auf jede Eigenschaft der Ware oder Dienstleistung beziehen, außer auf die geographische Herkunft. Maßgebend ist wieder die Verkehrsauffassung, wie sich schon daraus ergibt, daß die Angabe ihre „ursprüngliche Bedeutung verloren haben" muß. Die Bedeutung verlieren kann sie nur im Bewußtsein des Verkehrs. Hinzutreten muß, daß sie auch tatsächlich als Beschaffenheitsangabe benutzt wird, nicht etwa einfach in Vergessenheit geraten ist.

3. Umwandlung einer geographischen Herkunftsangabe in eine Gattungsbezeichnung

14 Die **Anforderungen** an die Umwandlung einer geographischen Herkunftsangabe in eine Beschaffenheitsangabe sind hoch. Es ist nicht ausreichend, daß lediglich die Mehrheit in der Angabe eine Beschaffenheitsangabe sieht, sondern im Hinblick auf die Maßstäbe des Irreführungsschutzes nach § 3 UWG, der in § 126 integriert worden ist (Vor §§ 126–139 Rdn. 1) kann eine derartige Umwandlung erst bejaht werden, wenn nur noch ein vernachlässigbarer Teil der angesprochenen Verkehrskreise von einer geographischen Herkunftsangabe ausgeht. Dabei können hinsichtlich des erforderlichen Prozentsatzes der dann noch irregeführten Teile des Verkehrs die allgemeinen Grundsätze zu § 3 UWG herangezogen werden. Damit ist die relevante **Irreführungsquote** in der Regel bei ca. 10–15% anzusetzen (zB BGH GRUR 1981, 71, 74 – *Lübecker Marzipan*: 13,7% ausreichend, um Umwandlungen zu verhindern, siehe auch BGH GRUR 1956, 270, 272 – *Rügenwalder Teewurst I*, dort aber keine Verkehrsbefragung; BGH GRUR 1981, 57, 59 – *Jena*: keine Entlokalisierung, wenn noch 32% die urspüngliche Herkunft annahmen). Eine Konfusionsrate von unter 10% reicht keinesfalls aus (*Köhler/Piper* § 3 Rdn. 99). Nicht erforderlich ist, daß der Verkehr eine einheitliche Vorstellung hat, die an die Stelle der geographischen Herkunftsangabe treten würde, etwa im

Geschützte Namen, Angaben oder Zeichen § 126

Hinblick auf eine bestimmte Rezeptur. Der Schutz als geographische Herkunftsangabe entfällt vielmehr auch dann, wenn die sonstigen Vorstellungen divergieren, aber jedenfalls derjenige Teil des Verkehrs, der darin noch eine geographische Herkunftsangabe sieht, nur noch unerheblich ist (vgl. BGH GRUR 1995, 354, 357 – *Rügenwalder Teewurst II*). Solange eine derartige abweichende Verkehrsauffassung nicht festgestellt ist, gilt die Vermutung, daß die geographische Herkunftsangabe weiterhin als solche verstanden wird (BGH GRUR 1963, 482, 484 – *Hollywood Duftschaumbad*; BGH GRUR 1965, 681, 682 – *de Paris*; BGH GRUR 1973, 381 – *san remo*). Die geographische Beschaffenheitsangabe kann mit einer Beschaffenheitsangabe zusammenfallen, d. h. der Verkehr kann im Einzelfall erwarten, daß die Ware sowhl aus einem bestimmten geographischen Gebiet stammt, als auch bestimmte Merkmale aufweist (vgl. auch § 127 Abs. 2). So liegt es zB bei „Madeira" (vgl. BGH GRUR 1996, 270 – *MADEIRA*) und bei „Kölsch" (BGH GRUR 1970, 517, 518 *Kölsch-Bier*; OLG Köln WRP 1981, 160, 162). **Beispiele** für die Umwandlung einer geographischen Herkunftsangabe in eine reine Beschaffenheitsangabe: „*Steinhäger*" (BGH GRUR 1957, 128, 129), „*Stonsdorfer*" (BGH GRUR 1974, 337, 338), „*Kölnisch Wasser*" (BGH GRUR 1965, 317, 318), bis zur Änderung der Rechtslage durch die Erstreckung der als Kollektivmarke geschützten DDR-Herkunftsbezeichnung auch „*Dresdner Stollen*" (BGH GRUR 1989, 440, 441 – *Dresdner Stollen I*; BGH GRUR 1990, 461, 462 – *Dresdner Stollen II*; siehe auch Einl. Rdn. 30).

4. Rückentwicklung zu einer geographischen Herkunftsangabe

Ebenso, wie sich die betriebliche Herkunftsangabe in eine Gattungsbezeichnung umwandeln kann, kann sie sich auch wieder zurückentwickeln. Dafür ist es aber nicht ausreichend, daß nunmehr erneut ein nicht ganz unerheblicher Teil des Verkehrskreises eine geographische Herkunft annimmt (also zB 15%), vielmehr ist erforderlich, daß der überwiegende Teil des angesprochenen Verkehrs dieser Auffassung ist (also mehr als 50%). Unter Anlegung dieser Maßstäbe ist bisher eine Rückentwicklung noch nie bejaht worden (vgl. BGH GRUR 1986, 469, 470 – *Stangenglas II* und BGH GRUR 1986, 822 – *Lakritz-Konfekt;* dort jeweils zur Umwandlung einer originären Beschaffenheitsangabe; BGH GRUR 1989, 440, 441 – *Dresdner Stollen I*; BGH GRUR 1990, 461, 462 – *Dresdner*

Stollen II). Noch strengere Maßstäbe gelten, wenn die Umwandlung einer Beschaffenheitsangabe in eine betriebliche Herkunftsangabe aufgrund von Verkehrsgeltung oder Verkehrsdurchsetzung behauptet wird. Eine entsprechende Verkehrsauffassung muß dann praktisch einhellig sein (BGH GRUR 1974, 337, 338 – *Stonsdorfer*; siehe auch § 8 Rdn. 146 f.). Hat sich eine geographische Herkunftsangabe in eine Beschaffenheitsangabe verwandelt, ist aber dem Verkehr zumindest noch bewußt, daß das Produkt ursprünglich aus einem bestimmten Gebiet stammte, zB das „Originalrezept" dort entwickelt wurde, kann durch Zusätze eine **Relokalisierung** eintreten, die dem Verkehr deutlich machen, daß das nachfolgende Kennzeichen gerade als Hinweis auf die geographische Herkunft gemeint ist. Dafür sind typisch Zusätze wie „original", „echt", „Ur-" usw. (zB BGH GRUR 1957, 128, 130 – *Echter Steinhäger*; BGH GRUR 1982, 111, 114 – *Original Maraschino*; BGH GRUR 1986, 316, 317 – *Urselters I*; Köhler/Piper § 3 Rdn. 207).

§ 127 Schutzinhalt

(1) **Geographische Herkunftsangaben dürfen im geschäftlichen Verkehr nicht für Waren oder Dienstleistungen benutzt werden, die nicht aus dem Ort, der Gegend, dem Gebiet oder dem Land stammen, das durch die geographische Herkunftsangabe bezeichnet wird, wenn bei der Benutzung solcher Namen, Angaben oder Zeichen für Waren oder Dienstleistungen anderer Herkunft eine Gefahr der Irreführung über die geographische Herkunft besteht.**

(2) **Haben die durch eine geographische Herkunftsangabe gekennzeichneten Waren oder Dienstleistungen besondere Eigenschaften oder eine besondere Qualität, so darf die geographische Herkunftsangabe im geschäftlichen Verkehr für die entsprechenden Waren oder Dienstleistungen dieser Herkunft nur benutzt werden, wenn die Waren oder Dienstleistungen diese Eigenschaften oder diese Qualität aufweisen.**

(3) **Genießt eine geographische Herkunftsangabe einen besonderen Ruf, so darf sie im geschäftlichen Verkehr für Waren oder Dienstleistungen anderer Herkunft auch dann nicht benutzt werden, wenn eine Gefahr der Irreführung über die geographische Herkunft nicht besteht, sofern die Benutzung für Waren oder Dienstleistungen anderer Herkunft geeignet ist, den Ruf der geographischen Herkunftsangabe oder ihre Unterscheidungskraft ohne rechtfertigenden Grund in unlauterer Weise auszunutzen oder zu beeinträchtigen.**

(4) **Die vorstehenden Absätze finden auch dann Anwendung, wenn Namen, Angaben oder Zeichen benutzt werden, die der ge-**

Schutzinhalt § 127

schützten geographischen Herkunftsangabe ähnlich sind oder wenn die geographische Herkunftsangabe mit Zusätzen benutzt wird, sofern
1. in den Fällen des Absatzes 1 trotz der Abweichung oder der Zusätze eine Gefahr der Irreführung über die geographische Herkunft besteht oder
2. in den Fällen des Absatzes 3 trotz der Abweichung oder der Zusätze die Eignung zur unlauteren Ausnutzung oder Beeinträchtigung des Rufs oder der Unterscheidungskraft der geographischen Herkunftsangabe besteht.

Inhaltsübersicht

	Rdn.
I. Allgemeines	1
II. Einfache Herkunftsangaben (Abs. 1)	2–5
1. Grundsaatz	2
2. Irreführende Benutzung	3
3. Aufklärende Zusätze	4
4. Sonderfälle	5
III. Produkte mit besonderen Eigenschaften (Abs. 2)	6–8
1. Objektiv vorliegende Eigenschaften	6
2. Keine Erstreckung auf bestimmte Herstellmethoden	7
3. Aufweisen der Eigenschaft	8
IV. Besonderer Ruf der Herkunftsangabe (Abs. 3)	9–14
1. Grundsatz	9
2. Besonderer Ruf	10
3. Benutzung im geschäftlichen Verkehr	11
4. Rufausbeutung	12
5. Rufbeeinträchtigung	13
6. Rechtfertigender Grund	14
V. Ähnliche Angaben (Abs. 4)	15

I. Allgemeines

§ 127 definiert den Schutzbereich der geographischen Herkunftsangabe in vier Absätzen. Abs. 1 enthält den Grundfall, nämlich den Schutz gegen die irreführende Verwendung der geographischen Herkunftsangabe für Waren oder Dienstleistungen anderer Herkunft. Abs. 3 erweitert diesen Schutz für solche Angaben, die einen besonderen Ruf genießen, auf Fälle der Ausbeutung oder Verwässerung. Abs. 4 stellt klar, daß hinsichtlich beider Fälle nicht nur identische Benutzungsformen tatbestandlich sein können, sondern auch solche, die nur ähnlich sind. Abs. 2 betrifft demgegen- 1 über einen Sonderfall, nämlich die mißbräuchliche Benutzung für qualitätsmindere Ware gleicher Herkunft.

II. Einfache Herkunftsangaben (Abs. 1)

1. Grundsatz

2   § 127 Abs. 1 schützt die Verkehrsvorstellung hinsichtlich der Herkunft aus einem bestimmten geographischen Gebiet unabhängig davon, ob der Verkehr damit bestimmte weitergehende Qualitätsvorstellungen hinsichtlich der Beschaffenheit der Waren oder Dienstleistungen verbindet. Damit unterscheidet sich § 127 Abs. 1 insbesondere von den Voraussetzungen des Schutzes nach der für Agrarerzeugnisse geltenden VO (EWG) Nr. 2081/92 iVm §§ 130, 135. Sieht man in der EWG-VO für ihren Anwendungsbereich eine abschließende Regelung (dazu Vor §§ 130–136 Rdn. 2) kann § 127 daneben nicht angewendet werden. Der BGH hat bisher die gegenteilige Auffassung jedenfalls für den Fall vertreten, daß Schutz nach der EG-VO im konkreten Fall nicht besteht (BGH GRUR 1994, 308 f. – *Mozzarella I*, obiter dictum).

2. Irreführende Benutzung

3   Ob eine Irreführung vorliegt, ist am **Maßstab der Verkehrsauffassung** zu beurteilen. Nach ihr bestimmt sich, welche Bedeutung die geographischen Herkunftsangabe hat, insbesondere auf welchen geographischen Bereich sie genau hinweist (BGH GRUR 1971, 313, 315 – *Bocksbeutelflasche*; BGH GRUR 1970, 517, 520 – *Kölsch-Bier*; OLG Hamburg WRP 1977, 499). Nach der Verkehrsauffassung bestimmt sich auch, ob etwa bei mehrgliedrigen Produktionsprozessen alle oder nur einzelne dieser Schritte in dem genannten Herkunftsort stattfinden müssen (GK/*Lindacher* § 3 Rdn. 575). Eine Irreführung liegt immer dann vor, wenn ein **hinreichender Teil** der relevanten Verkehrskreise (nämlich 10–15% (oben Rdn. 14)) über die geographische Herkunft getäuscht werden, also zB annehmen, „Kölsch-Bier" könne nur aus dem Stadtgebiet Kölns stammen, während das Produkt tatsächlich aus einem Kölner Vorort stammt. Es gelten die allgemeinen Regeln von § 3 UWG. Die Irreführung muß **relevant** sein. Dafür ist es ausreichend, wenn die unrichtige Angabe geeignet ist, den Kaufentschluß zumindest mit zu beeinflussen (BGH GRUR 1981, 71, 72 – *Lübecker Marzipan*; BGH GRUR 1982, 564, 566 – *Elsässer Nudeln*; BGH GRUR 1995, 65, 66 – *Produktionsstätte*). Erfahrungsgemäß

legt der Verkehr auf die geographische Herkunft häufig erheblichen Wert, nicht nur bei Lebensmitteln, sondern auch bei industriell hergestellten Produkten. Liegen solche Gütevorstellungen vor (also eine „qualifizierte" Herkunftsangabe § 126 Rdn. 7) ist die Relevanz zu bejahen, selbst wenn die Qualitätsvorstellungen nicht zutreffend sind (BGH GRUR 1981, 71, 74 – *Lübecker Marzipan*). Bei einfachen Herkunftsangaben ist dagegen auch eine Irrelevanz der Herkunft denkbar, die sich zB auch durch entsprechende Nachfrage in einer Meinungsumfrage belegen läßt (zB BGH GRUR 1995, 354, 357 – *Rügenwalder Teewurst II*). Liegen solche Erkenntnisse nicht vor, spricht aber eine Vermutung dafür, daß die geographische Herkunft für den Verkehr relevant ist (BGH GRUR 1981, 71, 73 – *Lübecker Marzipan*; BGH GRUR 1982, 564, 566 – *Elsässer Nudeln*; BGH GRUR 1987, 535, 537 – *Wodka Woronoff*). Für § 127 gilt nicht anderes als für 43 UWG (OLG Stuttgart WRP 1996, 453, 459 – *Warsteiner*). **Zur abgewandelten Verwendung** siehe § 127 Abs. 4 (unten Rdn. 15).

3. Aufklärende Zusätze

Der Tatbestand des § 127 Abs. 1 ist nicht schon immer dann verwirklicht, wenn die geographische Herkunftsangabe für Produkte anderer Herkunft verwendet wird. Die Gefahr der Irreführung ist vielmehr nach den Umständen des Einzelfalles zu beurteilen, insbesondere auch im Hinblick auf evtl. aufklärende Zusätze oder sonstige Merkmale, die einer geographischen Zuordnung entgegenwirken. Wann das der Fall ist, ist eine Frage des Einzelfalles und kann auch davon abhängen, ob der Verkehr mit der Herkunftsangabe gerade Qualitätsvorstellungen verbindet. Eine deutsche Firmenbezeichnung allein reicht meist nicht aus, um die Wirkung der ausländischen geographischen Herkunftsangabe zu neutralisieren (BGH GRUR 1982, 564, 569 – *Elsässer Nudeln*). Die Maßstäbe sind weniger streng, wenn es sich nicht um eine unmittelbare, sondern nur eine mittelbare Herkunftsangabe handelt (BGH GRUR 1965, 681, 683 – *de Paris*). Bei blickfangmäßig herausgehobenen mittelbaren Herkunftsangaben sind erheblich kleinere und unauffälligere Hinweise nicht ausreichend, um entlokalisierend zu wirken (BGH GRUR 1971, 29, 33 – *Deutscher Sekt*). Ob Zusätze wie „nach Art von" entlokalisierend wirken können, ist wiederum Frage des Einzelfalles und liegt dann näher, wenn dem Verkehr bekannt ist, daß inländische Hersteller nach der ausländischen Rezeptur produzieren („Pasta nach italienischer Art").

§ 127

4. Sonderfälle

5 Die Herkunftsangabe kann mehrdeutig sein, zB kann eine bestimmte Flaschenform in unterschiedlichen Gebieten verwendet werden (BGH GRUR 1971, 313, 315 – *Bocksbeutelflasche*; BGH GRUR 1979, 415, 416 – *Cantil-Flasche*). Die dadurch möglicherweise entstehende Irreführung ist aber hinzunehmen. Ein Schutz gegen Dritte, die aus keiner der ursprünglichen Erzeugerregionen kommen, bleibt davon unberührt. Denkbar ist auch die Gleichnamigkeit der Herkunftsorte. Ebenso wie bei § 23 ist es grundsätzlich niemandem verwehrt, auf seinen Herkunftsort hinzuweisen, dabei ist allerdings durch geeignete Hinweise einer Verwechslung mit einem besonders bekannten gleichnamigen Ort entgegenzuwirken (OLG Frankfurt WRP 1986, 297, 280 – *Rüdesheimer Sektkellerei GmbH*).

III. Produkte mit besonderen Eigenschaften (Abs. 2)

1. Objektiv vorliegende Eigenschaften

6 Die „qualifizierte" Herkunftsangabe von § 3 UWG setzt lediglich voraus, daß der Verkehr, ggf. zu Unrecht, subjektiv eine besondere Qualität der aus dem geographischen Gebiet stammenden Produkte annimmt (BGH GRUR 1981, 71, 74 – *Lübecker Marzipan*; LG Hamburg GRUR 1988, 632, 633 – *LeCremot*; GK-*Lindacher* § 3 UWG Rdn. 572). Demgegenüber ist bei § 127 Abs. 2 nach dem eindeutigen Wortlaut erforderlich, daß es sich um objektive Eigenschaften handelt. Die aA von *Knaack* (GRUR 1995, 103, 106) kann sich zwar auf die Absicht des Gesetzgebers berufen, bei § 126 ff. weitgehend die bisherige Rechtsprechung zu § 3 UWG zu kodifizieren (dazu Vor §§ 126–139 Rdn. 2). Dagegen spricht aber entscheidend, daß der Tatbestand von § 127 Abs. 2 ja gerade voraussetzt, daß feststellbar ist, ob die erwarteten Eigenschaften tatsächlich vorliegen. Würde der Verkehr etwa erwarten, daß Käse aus einer bestimmten Region bestimmte Qualitätsmerkmale aufweise, wären diese aber nicht objektiv definierbar, könnte auch nie festgestellt werden, ob das Produkt den Erwartungen entspricht. Nicht ausreichend als Grundlage für den Tatbestand von § 127 Abs. 2 ist daher eine unbestimmte Qualitätsvorstellung etwa dergestalt, daß Ware dieser Herkunft „besonders gut" sei. Vielmehr muß die Vorstellung auf bestimmte konkrete Merkmale gerichtet sein, die ob-

jektiv nachvollziehbar sind. Ist die Verkehrsauffassung insoweit unzutreffend (das „Original"-Rezept enthält die fragliche Zutat gar nicht), fehlt es an einer Schutzwürdigkeit dieser unzutreffenden Verkehrsauffassung, § 127 Abs. 2 liegt schon tatbestandlich nicht vor (für § 3 UWG vgl. BGH GRUR 1991, 852, 855 – *Aquavit*).

2. Keine Erstreckung auf bestimmte Herstellmethoden

Schon nach dem Wortlaut von § 127 Abs. 2 kommt es nur auf Eigenschaften der Produkte an. Herstellverfahren sind dafür nur insoweit relevant, als sie Auswirkungen auf die Produkteigenschaften zeigen. Ein Festhalten an früheren Herstellmethoden, auch im Sinne von „ortsüblichen Herstellungsgrundsätzen" (so *Knaack* GRUR 1995 103, 107) würde jeder wirtschaftlichen Weiterentwicklung den Boden entziehen und die Einführung neuer Herstellungsmethoden selbst dann unmöglich machen, wenn die resultierenden Produkteigenschaften sich nicht verändern würden. Ein so weitgehendes Schutzbedürfnis des Verkehrs besteht aber nicht, jedenfalls muß dieser Schutz nicht durch die Monopolisierung einer geographischen Angabe für bestimmte Verfahren erreicht werden. Im Bedarfsfall kann auf die Eigenschaften des Produktionsverfahrens auch gesondert hingewiesen werden („Glas aus Murano" muß nicht in jedem Fall „mundgeblasen" sein).

7

3. Aufweisen der Eigenschaft

Produkte aus einem geographischen Gebiet werden kaum je in völlig gleicher Art beschaffen sein. Sie werden die „gebietstypischen Merkmale" häufig in unterschiedlicher Intensität oder Ausprägung aufweisen. Hier ist ein großzügiger Maßstab angebracht, da es nicht Ziel des Markenrechts sein kann, zu einer allgemeinen Normung von Produktmerkmalen zu kommen. Vielmehr müssen die Abweichungen von der „gebietstypischen" Charakteristik gravierend sein, um im Rahmen von § 127 Abs. 2 relevant zu sein.

8

V. Besonderer Ruf der Herkunftsangabe (Abs. 3)

1. Grundsatz

Genießt eine geographische Herkunftsangabe einen besonderen Ruf, darf sie unabhängig von der Irreführungsgefahr für Waren oder Dienstleistungen anderer Herkunft nicht verwendet werden,

9

sofern darin die Gefahr einer Ausbeutung oder Beeinträchtigung des Rufes liegt. Damit sind insbesondere die bisher von § 1 UWG geregelten Fälle der Rufausbeutung gemeint (dazu BGH GRUR 1983, 247 – *Rolls-Royce*; BGH GRUR 1985, 550 – *Dimple*; B/H UWG § 1 Rdn. 552 ff.; *Köhler/Piper* § 1 Rdn. 307 ff.). Im Fall der Ausbeutung steht die Assoziation der eigenen Waren und Dienstleistungen mit der geschützten geographischen Herkunftsangabe im Vordergrund. Typisch dafür war etwa der Werbeslogan „Ein Champagner unter den Mineralwässern" mit dem der besondere Ruf der geographischen Herkunftsangabe „Champagner" in der Werbung für ein Mineralwasser ausgenutzt wurde (BGH GRUR 1988, 453). Näher zur Rufausbeutung § 14 Rdn. 493 ff.

2. Besonderer Ruf

10   Der Begriff des „besonderen Rufs" ist nicht gleichzusetzen mit dem der Bekanntheit bei § 14 Abs. 2 Nr. 3 (so aber *Fezer* § 127, Rdn. 13; wie hier *Helm* FS Vieregge 335, 355). Bei § 14 Abs. 3 Nr. 2 kommt es in erster Linie auf den Bekanntheitsgrad im Sinne eines durch Umfrage feststellbaren Prozentsatzes an, auch wenn diese Bekanntheit den Ruf indizieren mag (im einzelnen § 14 Rdn. 498). Demgegenüber ist bei § 127 der (positiv festzustellende) Ruf das Entscheidende, der Bekanntheitsgrad kann diesen Ruf nicht ohne weiteres indizieren. Bei einer Individualkennzeichnung wird ein hoher Bekanntheitsgrad eher einen Ruf kennzeichnen, als bei einer geographischen Herkunftsangabe, da bei einer Marke der Bekanntheitsgrad in der Regel einen gewissen Markterfolg des Inhabers und somit eine gewisse Zufriedenheit seines Kunden demonstriert. Demgegenüber ist bei der geographischen Herkunftsangabe die bloße Bekanntheit zunächst ohne Belang (jeder kennt das Elsaß, deswegen müssen „Elsässer Nudeln" noch keinen besonderen Ruf genießen. Andererseits ist die Stadt Parma den meisten Deutschen wegen ihres Schinkens bekannt). Der Ruf muß sich allerdings nicht auf bestimmte konkrete Produktmerkmale beziehen, § 127 Abs. 3 ist also kein Unterfall von § 127 Abs. 2. Vielmehr genügt es in diesem Zusammenhang auch, daß eine unbestimmte Vorstellung, Produkte aus diesem Gebiet seien „besonders gut", besteht.

3. Benutzung im geschäftlichen Verkehr

11   Die Benutzung muß nicht in Form einer Marke oder eines Herkunftshinweises erfolgen. Ausreichend ist jede Benutzung im ge-

Schutzinhalt **§ 127**

schäftlichen Verkehr, also insbesondere in der Werbung, etwa durch den Vergleich „schmeckt wie ...". Die Benutzung kann zB auch in Abbildungen erfolgen, etwa wenn die geographische Herkunftsangabe in einer Bildmarke oder einer besonderen Ausstattung (zB Flaschenform) verkörpert ist. Keine Benutzung im geschäftlichen Verkehr liegt bei der Berichterstattung in den Medien oder bei wissenschaftlichen Äußerungen vor (zum Begriff des „geschäftlichen Verkehrs" im einzelnen § 14 Rdn. 34 ff.).

4. Rufausbeutung

Wann die Benutzung einer geographischen Herkunftsangabe 12 durch den Nichtberechtigten die Gefahr einer Rufausbeutung begründet, ist Frage des Einzelfalles. Anders als beim Tatbestandsmerkmal des besonderen Rufes, liegt hier eine Parallele zu § 14 Abs. 3 Nr. 2 nahe, auf die dortige Kommentierung (§ 14 Rdn. 498 ff.) wird verwiesen. Auf folgendes sei nur kurz hingewiesen: Zunächst muß feststehen, daß eine Übertragung des Rufes der geographische Herkunftsangabe auf die Waren oder Leistungen des nicht berechtigten Benutzers überhaupt denkbar ist. Damit kommt es auf die Eigenart der Kennzeichnung und das Verhältnis der Waren oder Dienstleistungen zueinander an. Je berühmter und „sprichwörtlicher" eine geographische Herkunftsangabe ist („Champagner"), desto eher kommt eine Rufübertragung auch auf weit entfernt liegende Produktgruppen in Frage (zu der Wechselwirkung vgl. BGH GRUR 1985, 550, 552 – *Dimple*; BGH GRUR 1991, 465, 466 – *Salomon*). Die prominente Verwendung der Bezeichnung in der Werbung für Waren oder Leistungen eines Dritten ist ein Indiz dafür, daß jedenfalls der Werbende von der Übertragbarkeit des Rufes ausgeht.

5. Rufbeeinträchtigung

Die Rufbeeinträchtigung kann zum einen durch negative 13 (gegebenenfalls vergleichende) Äußerungen im Hinblick auf die geographische Herkunftsangabe begründet sein („unser Stollen schmeckt besser als der aus Dresden"). Die Rufbeeinträchtigung kann sich auch aus der Natur der Waren oder Leistungen ergeben, mit denen die Herkunftsangabe im Zusammenhang gebracht wird (zB Kondome, vgl. BGH GRUR 1994, 808 und 1995, 57 – *Markenverunglimpfung I* und *II;* jeweils zu § 1 UWG). Im übrigen ist auch hinsichtlich dieses Tatbestandsmerkmals auf § 14 Rdn. 504 zu verweisen.

6. Rechtfertigender Grund

14 Die Benutzung der geographischen Herkunftsangabe für andere Waren oder Leistungen kann im Einzelfall gerechtfertigt sein. So kann es zulässig sein, im Wege des Systemvergleiches darauf hinzuweisen, daß die eigenen Produkte mit den gleichen Verfahren hergestellt werden wie diejenigen einer bestimmten geographischen Herkunft. Insoweit sind strenge Maßstäbe angebracht, insbesondere muß ein hinreichender Anlaß für den Vergleich bestehen. Dabei wird es besonders darauf ankommen, ob ein besonderes Informationsinteresse der Allgemeinheit gerade den Hinweis auf die geographische Herkunftsangabe erfordert, oder ob insoweit das Bestreben des Werbenden nach Anlehnung an den Ruf der bekannten Herkunftsangabe im Vordergrund steht (vgl. BGH GRUR 1992, 625, 626 – *Therapeutische Äquivalenz*). In jedem Fall muß der Vergleich sachlich richtig sein, wofür der Werbende die Beweislast trägt (vgl. BGH GRUR 1969, 283, 286 – *Schornsteinauskleidung*). Im Bereich der VO (EWG) 2081/92 ist auch dieser „Systemvergleich" untersagt, Art. 13 Abs. 1 lit. b EG-VO. Ob die Benutzung die Eignung zur Rufausbeutung oder -beeinträchtigung aufweist, ist Tatfrage, die vom Gericht jedenfalls dann aus eigener Sachkunde beurteilt werden kann, wenn seine Mitglieder zu den angesprochenen Verkehrskreisen gehören. Verbleiben Unsicherheiten, gehen sie zu Lasten des Klägers, der insoweit die Beweislast trägt. Hinsichtlich der Rechtfertigung und den sie begründenden Tatsachen, zB eines Informationsinteresses der Öffentlichkeit, trägt der Beklagte die Beweislast.

7. Ähnliche Angaben (Abs. 4)

15 Schon beim wettbewerbsrechtlichen Schutz ist anerkannt, daß eine Irreführung über die geographische Herkunft auch durch Phantasieangaben hervorgerufen werden kann, die eine bestimmte Herkunft nur assoziieren, zB durch den Gebrauch fremdsprachiger Namen oder Schriftzeichen (siehe § 126 Rdn. 6). Der Annäherung der geographische Herkunftsangabe an den sonstigen markenrechtlichen Schutz entspricht es, daß § 127 Abs. 4 Schutz gegen die Beeinträchtigung der geographischen Herkunftsangabe durch die Verwendung ähnlicher Angaben vorsieht, wenn auch damit nicht jede Phantasieangabe, die lediglich die Herkunft aus einem bestimmten Gebiet suggeriert, erfaßt wird. Vom Schutz erfaßt werden insbesondere solche Angaben, die vom Verkehr als sinngleich mit

der geographischen Herkunftsangabe verstanden werden (zur parallelen Frage beim Deutsch-Französichen Herkunftsabkommen BGH GRUR 1969, 615 – *Champi-Krone* und zur EG-VO OLG Frankfurt GRUR Int. 1997, 751 – *Gorgonzola/Cambozola*). Die Verwendung von Angaben, die der geographischen Herkunftsangabe nur ähnlich sind, ist nicht generell, sondern nur bei gleichzeitigem Vorliegen der weiteren Voraussetzungen von Nr. 1 und Nr. 2 unzulässig. Wann eine **Gefahr der Irreführung** (Abs. 4 Nr. 1) vorliegt, ist Tatfrage. Es gelten die oben (Rdn. 3f.) dargestellten Grundsätze. Alle Umstände des Einzelfalls sind zu berücksichtigen, zB die graphische Gestaltung, Dominanz einzelner Bestandteile der Kennzeichnung, Kennzeichnungskraft der Zusätze, insbesondere auch entlokalisierende Bestandteile. Eine **Gefahr der Ausbeutung oder Beeinträchtigung des Rufes** (Abs. 4 Nr. 2) kann auch bei abweichender Gestaltung vorliegen. Auch im Hinblick auf die Verletzungshandlungen des Absatz 3 stellt Absatz 4 klar, daß Abweichungen oder Zusätze die Gefahr der Ausbeutung oder Rufbeeinträchtigung nicht von vornherein ausschließen. Damit werden vom Wortlaut des Gesetzes auch Fälle erfaßt, bei denen die Veränderung eine Verwechslungsgefahr ausschließt, also für den Verkehr klar erkennbar ist, daß nicht die Herkunftsangabe selbst verwendet wird. Ob eine solche Beeinträchtigungsgefahr vorliegt, ist nach gleichen Grundsätzen wie bei § 14 zu beurteilen (§ 14 Rdn. 504).

§ 128 Unterlassungsanspruch; Schadensersatzanspruch

(1) **Wer im geschäftlichen Verkehr Namen, Angaben oder Zeichen entgegen § 127 benutzt, kann von den nach § 13 Abs. 2 des Gesetzes gegen den unlauteren Wettbewerb zur Geltendmachung von Ansprüchen Berechtigten auf Unterlassung in Anspruch genommen werden.**

(2) **Wer dem § 127 vorsätzlich oder fahrlässig zuwiderhandelt, ist zum Ersatz des durch die Zuwiderhandlung entstandenen Schadens verpflichtet.**

(3) **Wird die Zuwiderhandlung in einem geschäftlichen Betrieb von einem Angestellten oder Beauftragten begangen, so kann die Unterlassungsanspruch, und, soweit der Angestellte oder Beauftragte vorsätzlich oder fahrlässig gehandelt hat, der Schadensersatzanspruch auch gegen den Inhaber des Betriebs geltend gemacht werden.**

§ 128

Inhaltsübersicht

	Rdn.
I. Allgemeines	1, 2
1. Überblick	1
2. Früheres Recht	2
II. Unterlassungsanspruch	3
III. Aktivlegitimation	4–9
1. Unmittelbar Verletzter	5
2. Mitbewerber (§ 413 Abs. 2 Nr. 1 UWG)	6
3. Verbände zur Förderung gewerblicher Interessen (§ 13 Abs. 2 Nr. 2 UWG)	7
4. Verbraucherverbände (§ 13 Abs. 2 Nr. 3 UWG)	8
5. Industrie- und Handelskammern (§ 13 Abs. 2 Nr. 4 UWG)	9
III. Schadenersatzanspruch	10–13
1. Allgemeines	10
2. Aktivlegitimation	11
3. Schadenshöhe	12
4. Haftungsmaßstab	13
IV. Haftung des Betriebsinhabers für Dritte	14

I. Allgemeines

1. Überblick

1 § 128 enthält die zivilrechtlichen Sanktionen bei Verstößen gegen § 127 in Form von **Unterlassungs- und Schadenersatzansprüchen,** die den wettbewerbsrechtlichen Ansprüchen der §§ 1, 3, 13 UWG nachgebildet sind, ohne ihnen in jedem Detail zu entsprechen. Singulär im Kennzeichenrecht ist die Ausgestaltung der Klagebefugnis für die Unterlassungsklage auch als Verbandsklage unter Bezugnahme auf § 13 UWG (Abs. 1). Abs. 2 enthält die Anspruchsgrundlage für den Schadenersatzanspruch und definiert den Haftungsmaßstab. Abs. 3 regelt die Haftung des Betriebsinhabers für das Verhalten Dritter. **Strafrechtliche Sanktionen** sind in § 144 vorgesehen, § 151 eröffnet die Möglichkeit der Beschlagnahme. Dagegen ist bei den geographischen Herkunftsangaben **kein Vernichtungsanspruch** und **kein Auskunftsanspruch** analog §§ 18, 19 vorgesehen. Im Hinblick auf den eindeutigen Wortlaut kommt auch ein **Beseitigungsanspruch** aus § 1004 BGB nicht in Betracht. Gegen eine solche Ausdehnung spricht gerade, daß die geographischen Herkunftsangaben nicht eigentums-

ähnlich ausgestaltet sind. (aA *Fezer* § 128 Rdn. 6). Davon unberührt bleiben Auskunftsansprüche auf der Basis von § 242 BGB zur Vorbereitung der Bezifferung des Schadenersatzanspruches nach § 128 Abs. 2. Diese erstrecken sich aber regelmäßig nur auf den Umfang der Benutzung, nicht auf die Angabe von Lieferanten oder Abnehmern, soweit nicht zur Durchsetzung eines Beseitigungsanspruches durch Richtigstellung die Angabe der Empfänger der wettbewerbswidrigen Werbung erforderlich ist (BGH GRUR 1972, 558, 560 – *Teerspritzmaschinen*; BGH GRUR 1994, 630, 633 – *Cartier-Amreif*). Ob **Bereicherungsansprüche** bestehen können, ist hinsichtlich geographischer Herkunftsangaben noch nicht geklärt. Die Frage ist aber zu verneinen, da die geographische Herkunftsangabe keinen eindeutigen Zuweisungsgehalt zugunsten einzelner bestimmter Berechtigter hat, vielmehr grundsätzlich jeder zur Benutzung berechtigt ist, der in dem fraglichem Gebiet ansässig ist. Das gilt auch dann, wenn sie gleichzeitig als Kollektiv- oder Individualmarke geschützt ist, da auch dann eine Benutzung durch Dritte möglich bleibt, vgl. § 100.

2. Früheres Recht

Durch die Bezugnahme auf das UWG besteht eine starke Parallele zum bisherigem Recht. Unterschiede liegen bei § 128 zum einen darin, daß auf § 13 Abs. 2 UWG nur hinsichtlich der dort aufgeführten Klageberechtigten verwiesen wird, nicht aber die dort enthaltenden handlungsbezogenen Einschränkungen übernommen werden (§ 13 Abs. 2 Nr. 2 UWG: Eignung, den Wettbewerb auf dem Markt wesentlich zu beeinträchtigen; § 13 Abs. 2 Nr. 3 UWG: Handlung, durch die wesentliche Belange der Verbraucher berührt werden). Zum anderen übernimmt § 128 Abs. 2 nicht die verschärften Anforderungen an den subjektiven Tatbestand bei Schadensersatzansprüchen, die in § 13 Abs. 6 Nr. 1 UWG enthalten sind (Wissen oder Wissenmüssen, daß eine Angabe irreführend ist; bei Mitgliedern der Presse Erfordernis positiven Wissens). 2

II. Unterlassungsanspruch

Mit dem Unterlassungsanspruch aus § 128 Abs. 1 kann gegen die unbefugte Benutzung der geographischen Herkunftsangaben im geschäftlichen Verkehr vorgegangen werden. Ob die Benut- 3

§ 128   Schutzinhalt

zung unbefugt ist, ergibt sich aus § 127. Der Begriff der „Benutzung" hat die gleiche Bedeutung wie in § 14, womit insbesondere die in § 14 Abs. 3 beispielhaft aufgeführten Verletzungshandlungen umfaßt sind (Anbringen auf Waren, Aufmachungen oder Verpackungen; Anbieten, Inverkehrbringen oder Besitzen zu diesem Zweck; Anbieten oder Erbringen von Dienstleistungen unter diesem Zeichen; Einfuhr und Ausfuhr; Benutzung in Geschäftspapieren oder in der Werbung). Wegen der Einzelheiten s. § 14 Rdn. 45 ff. Für die prozessuale Durchsetzung des Unterlassungsanspruches gelten – mit Ausnahme der Aktivlegitimation – keine Besonderheiten.

III. Aktivlegitimation

4   Es liegt im Allgemeininteresse, daß geographische Herkunftsangaben nicht unbefugterweise benutzt werden. Betroffen sind nicht nur die Interessen der Berechtigten, sondern auch der Verbraucher. Wie im UWG hat der Gesetzgeber deshalb die Aktivlegitimation erweitert. Diese Erweiterung betrifft sowohl die Aktivlegitimation im engeren Sinne, nämlich die materielle Anspruchsberechtigung, als auch die formelle Klagebefugnis, also das Recht, die Ansprüche gerichtlich geltend zu machen (*Köhler/Piper* § 13 Rdn. 4). Die Prüfung der Klagebefugnis erfolgt von Amts wegen, da es sich (auch) um eine Prozeßvoraussetzung handelt.

1. Unmittelbar Verletzter

5   § 128 Abs. 1 regelt ebensowenig wie § 13 UWG die Aktivlegitimation des unmittelbar Verletzten, in diesem Fall des berechtigten Nutzers der Herkunftsangabe. Dieser wird nicht immer Mitbewerber im Sinne von § 13 Abs. 2 Nr. 1 UWG sein, zB nicht in allen Fällen der Rufbeeinträchtigung des § 127 Abs. 3. Die nach dem Wortlaut des Gesetzes bestehende Lücke ist aber in Analogie zu § 1 UWG zu Gunsten der Klagebefugnis des **unmittelbar Verletzten** zu schließen. Dafür spricht vor allem die Absicht des Gesetzgebers, den bisherigen wettbewerbsrechtlichen Schutz ohne Abstriche in das MarkenG zu transformieren. Unmittelbar Verletzter ist jeder, der selbst die geographische Herkunftsangabe in berechtigter Weise nutzt, unabhängig davon, ob er über weitere formelle Rechtspositionen, zB die Nutzungsberechtigung an einer Kollektivmarke, verfügt.

2. Mitbewerber

Nach § 13 Abs. 2 Nr. 1 UWG sind klagebefugt die **Mitbewerber,** nämlich die „Gewerbetreibenden, die Waren oder gewerbliche Leistungen gleicher oder verwandter Art auf demselben Markt" vertreiben. Das weitere Tatbestandserfordernis des § 13 Abs. 2 UWG, daß die Handlung geeignet sein muß, „den Wettbewerb auf dem Markt erheblich zu beeinträchtigen", gehört nicht zur Definition der Mitbewerber (vgl. BGH GRUR 1995, 122, 123 – *Laienwerbung für Augenoptiker*) und ist deshalb für § 128 Abs. 1 unbeachtlich. Gewerbetreibender ist jeder, der eine auf Dauer angelegte wirtschaftliche Tätigkeit ausübt, auf eine Gewinnerzielungsabsicht kommt es nicht an. Klagen können deshalb auch Idealvereine (BGH GRUR 1976, 370 – *Lohnsteuerhilfeverein*) und Freiberufler (BGH GRUR 1993, 675 – *Kooperationspartner*). Mit *Köhler/Piper* (§ 13 Rdn. 11) ist die Klagebefugnis des bloßen (einzelnen) Gesellschafters oder des Lizenzgebers nicht als ausreichend anzusehen (aA *B/H* UWG § 13 Rdn. 12). Die Tätigkeit muß **gegenwärtig** ausgeübt werden (*B/H* aaO). Anders kann es beim unmittelbar Verletzten liegen, bei dem die Vorbereitung zur Nutzungsaufnahme ausreichend sein kann, da insoweit die Individualrechtsposition im Vordergrund steht, was eine Analogie zur Vorverlagerung des Schutzzeitpunktes bei § 5 MarkenG rechtfertigt (vgl. § 5 Rdn. 48 ff.). Der Gewerbetreibende muß **Waren oder Leistungen gleicher oder verwandter Art** anbieten. Der Begriff ist weit auszulegen. Hinreichend ist ein abstraktes Wettbewerbsverhältnis, es kommt also nur darauf an, ob sich die Waren des Verletzers und des Klägers im Absatz behindern können, nicht ob diese Behinderung konkret eingetreten ist (BGH GRUR 1966, 445, 446 – *Glutamal*). Die Waren oder Leistungen können entgegen dem Wortlaut unterschiedlicher Art sein, es reicht aus, wenn zumindest durch die Werbung ein wettbewerblicher Bezug geschaffen wird (zB für Geschenke: BGH GRUR 1972, 553 – *Statt Blumen Onko-Kaffee*). Es kann ausreichen, daß die Parteien nur potentielle Wettbewerber sind (BGHZ 13, 244, 249 – *Cupresa-Kunstseide*), eventuell sogar die irrige Annahme des Verkehrs, die Produkte seien substituierbar, sofern eine Beeinträchtigung praktisch noch in Betracht kommt und wirtschaftlich nicht ganz unbedeutend ist (BGH GRUR 1990, 611, 612 – *Werbung im Programm*). Es kommt auf die Gleichartigkeit der Waren oder Leistungen des Klägers mit denen des Verletzers an, nicht darauf, wofür die geographische Herkunftsangaben sonst berechtigterweise verwendet wird. Die Waren oder Dienstleistungen müssen **auf dem selben Markt** angeboten werden. Dieses Markmal ist räumlich zu verstehen. Es ist nur erfüllt, wenn Auswirkungen auf den Kundenkreis des Klägers denkbar sind (OLG Frankfurt WRP 1995, 333). Je nach Art der Waren und Leistungen kann der Markt eine sehr unterschiedliche Größe haben, zB rein lokaler Markt für Restaurants, bundesweiter Markt für die meisten Fertigprodukte.

3. Verbände zur Förderung gewerblicher Interessen (§ 13 Abs. 2 Nr. 2 UWG)

7   Es liegt im öffentlichen Interesse, daß geographische Herkunftsangaben nicht entgegen § 127 verwendet werden, wie bei § 3 UWG ist deshalb die Möglichkeit der Verbandsklage vorgesehen, wenn dem Verband Gewerbetreibende angehören, die die Voraussetzungen von § 13 Abs. 2 Nr. 1 UWG erfüllen, also Waren oder Leistungen gleicher oder verwandter Art auf dem selben Markt anbieten (oben Rdn. 6). Der Verband muß mit der Verfolgung von Wettbewerbsverstößen die gewerblichen Interessen seiner Mitglieder fördern, also nicht nur auf die Erzielung von Einnahmen durch Abmahngebühren abzielen. Der Verein muß in seiner **Satzung** deutlich machen, daß gewerbliche Interessen gefördert werden (BGH GRUR 1965, 485 – *Versehrtenbetrieb*). Die Verfolgung von Wettbewerbsverstößen muß in der Satzung nicht notwendigerweise aufgeführt sein, ihre Nennung stellt aber einen ausreichenden Zweck dar (BGH GRUR 1986, 320, 321 – *Wettbewerbsverein I*). Der Verein muß **rechtsfähig** sein. Nicht rechtsfähig ist zB eine Arbeitsgemeinschaft in Form einer GbR. Die Rechtsfähigkeit nach ausländischem Recht genügt für ausländische Verbände (BGH GRUR 1969, 611 – *Champagner-Weizenbier*). Der Verein muß eine erhebliche Zahl von **Mitgliedern** haben, die selbst nach § 13 Abs. 2 Nr. 1 UWG klagebefugt sind, also „Waren oder gewerbliche Leistungen gleicher oder verwandter Art auf demselben Markt vertreiben". Diese sind durch Vorlage von Mitgliederlisten nachzuweisen, die nicht anonymisiert sein dürfen (BGH GRUR 1996, 217 – *Anonymisierte Mitgliederliste*). Wann eine erhebliche Anzahl gegeben ist, ist Frage des Einzelfalles. Die Klagebefugnis ist jedenfalls zu bejahen, wenn die Verbandsangehörigen entweder nach ihren Marktanteilen oder nach ihrer Zahl eine gewisse Bedeutung besitzen (Quotenbetrachtung, *Köhler/Piper* § 13 Rdn. 18). Das Erfordernis einer gewissen Mindestzahl von Branchenangehörigen soll

sicherstellen, daß der Verband nicht primär Individualinteressen wahrnimmt (funktionale Betrachtung, vgl. KG GRUR 1995, 135, 137). Dieses Kriterium ist selbst allerdings kaum praktikabel, da die Tätigkeit des Verbandes nicht von der Zahl der Mitglieder in der Branche abhängen muß. Eine mittelbare Zugehörigkeit von Mitbewerbern zu dem Verband ist ausreichend, etwa wenn Branchenvereinigungen der Mitwettbewerber ihrerseits Mitglieder des Verbandes sind. Der Verband ist immer dann klagebefugt, wenn zu seinen Mitgliedern die Industrie- und Handelskammern gehören, die ihrerseits nach § 13 Abs. 2 Nr. 4 UWG selbst klagebefugt sind (BGH GRUR 1995, 122 – *Laienwerbung für Augenoptiker*). Neben gewerblichen Mitgliedern können auch Verbraucher Mitglieder des Verbandes sein (sog. **Mischverband**). Erforderlich ist aber, daß durch die interne Struktur des Verbandes sichergestellt ist, daß eventuelle Interessenkollisionen ausgeschlossen sind (BGH GRUR 1983, 129 und 1985, 58 – *Mischverband I und II*). Der Verband muß in der Lage sein, seine satzungsgemäße Tätigkeit auch auszuüben. Dafür bedarf es einer hinreichenden **personellen und sachlichen Ausstattung**, in der Regel durch einen festen Mitarbeiterstab und eine Geschäftsstelle (BGH GRUR 1991, 684 – *Verbandsausstattung I*; BGH WRP 1994, 737 – *Verbandsausstattung II*). Mit dieser personellen Ausstattung muß der Verband in der Lage sein, jedenfalls den Kernbereich seiner Tätigkeiten, auch der Routineabmahnungen, selbst zu bewältigen. Bei schwierigeren Fällen kann er sich der Hilfe außenstehender Anwälte bedienen (BGH GRUR 1984, 691, 692 – *Anwaltsabmahnung*; BGH GRUR 1986, 676, 677 – *Bekleidungswerk*). Der Verein bedarf auch einer ausreichenden finanziellen Ausstattung. Dafür ist erforderlich, daß er die laufenden Kosten aus eigenen Mitteln, insbesondere aus Mitgliedsbeiträgen, bestreiten kann, ohne auf Abmahngebühren angewiesen zu sein (BGH GRUR 1988, 918 und 1990, 282, 285 – *Wettbewerbsverein III und IV*). Erforderlich ist weiter, daß über einen hinreichenden Prozeßkostenfonds die Erstattungsansprüche obsiegender Gegner getragen werden können (KG WRP 1982, 650, 651), und zwar bei Verfahren mit einem Streitwert bis zur Revisionssumme auch ohne Streitwertherabsetzung (BGH GRUR 1994, 385 – *Streitwertherabsetzung*). Der Verein muß auch – jedenfalls nach einer gewissen Anlaufphase – seine satzungsgemäße Tätigkeit **tatsächlich ausüben** (BGH GRUR 1990, 282, 284 – *Wettbewerbsverein IV*), dafür ist auch erforderlich, daß er gerichtlich gegen Verletzer vorgeht, die außergerichtlichen Abmahnungen keine Folge leisten (KG WRP 1982, 651, 652).

§ 128 Schutzinhalt

4. Verbraucherverbände (§ 13 Abs. 2 Nr. 3 UWG)

8 Unter bestimmten Voraussetzungen sind auch Vereinigungen der Verbraucher zur Geltendmachung der Unterlassungsansprüche befugt. Erforderlich ist zunächst, daß die Förderung der Belange der Verbraucher in der **Satzung** verankert ist (BGH GRUR 1983, 130 – *Lohnsteuerhilfe-Bundesverband*). Notwendig ist, daß nicht nur die Interessen der Mitglieder gefördert werden, sondern der Verbraucher allgemein (BGH GRUR 1973, 78 – *Verbraucherverband*). Die Förderung der Interessen von Teilen der Verbraucher kann ausreichend sein (zB Belange der Pauschalreisenden). Die Klagebefugnis ist dann auch auf diesen Bereich beschränkt, erstreckt sich also nur auf Fälle, die auch die Belange dieses Teils der Verbraucherschaft berühren können. Nicht ausreichend ist die Förderung eines einzelnen Anliegens, zB Gesundheitsförderung nur durch Bekämpfung des Rauchens (vgl. BGH GRUR 1983, 775, 776 – *Ärztlicher Arbeitskreis*). Der Satzungszweck muß sich auf Aufkärung **und** Beratung beziehen (kumulativ, *B/H* UWG § 13 Rdn. 36). Der Verbraucherverband muß **rechtsfähig** sein (vgl. oben Rdn. 7). Eine bestimmte Zahl von **Mitgliedern** ist nicht erforderlich, bei sehr geringer Mitgliederzahl stellt sich aber die Frage, ob die angeblichen Satzungsziele tatsächlich verfolgt werden. Hinsichtlich der sachlichen, personellen und finanziellen **Ausstattung** gelten die gleichen Voraussetzungen wie bei den Verbänden der Gewerbetreibenden (oben Rdn. 7). Die **Tätigkeit** des Verbandes muß sich tatsächlich auf Aufklärung und Beratung der Verbraucher beziehen. Eine Tätigkeit, die sich auf die Verfolgung von Wettbewerbsverstößen beschränkt, ist dafür nicht ausreichend (*B/H* UWG § 13 Rdn. 39). Vielmehr muß sich die Beratung auf die Marktlage, den Vergleich unterschiedlicher Waren und Leistungen usw. beziehen (BGH GRUR 1983, 775, 776 – *Ärztlicher Arbeitskreis*; BGH GRUR 1992, 450, 451 – *Beitragsrechnung*).

5. Industrie- und Handelskammern (§ 13 Abs. 2 Nr. 4 UWG)

9 Die IHK sind klagebefugt, ohne daß es der weiteren Voraussetzungen von §§ 13 Abs. 2 Nr. 2 und Nr. 3 UWG bedarf. Andere öffentlich-rechtlich verfaßte Berufskammern sind nicht nach § 13 Abs. 2 Nr. 4 UWG klagebefugt (OLG Koblenz GRUR 1995, 144 – *Beratende Ingenieure*), sondern nach § 13 Abs. 2 Nr. 2 (BGH GRUR 1989, 758, 759 – *Gruppenprofile*).

Unterlassungsanspruch; Schadensersatzanspruch **§ 128**

III. Schadenersatzanspruch

1. Allgemeines

§ 128 Abs. 2 ist Grundlage für Schadensersatzansprüche wegen 10 unbefugter Benutzung (§ 127) der geographischen Herkunftsangaben. Eine nähere Ausgestaltung des Schadensersatzanspruches wird nur hinsichtlich des Haftungsmaßstabes vorgenommen. Im übrigen gelten die Grundsätze, die im Hinblick auf den kennzeichenrechtlichen Schadensersatzanspruch entwickelt wurden (Vor §§ 14–19 Rdn. 59 ff.), soweit sich nicht aus der Natur der geographischen Herkunftsangabe etwas anderes ergibt.

2. Aktivlegitimation

§ 128 Abs. 2 enthält keine Regelung der Aktivlegitimation. Eine 11 Analogie zu § 128 Abs. 1 ist nicht angebracht. Zum einen beschränkt § 128 Abs. 1 die Verbandsklagebefugnis ausdrücklich auf den Unterlassungsanspruch, zum anderen ist auch bei § 13 Abs. 2 UWG keine Erweiterung der Klagebefugnis auf den Schadensersatzanspruch vorgesehen (BGH GRUR 1962, 315, 319 – *Deutsche Miederwoche*; BGH GRUR 1968, 95, 98 – *Büchereinachlaß*). Klagebefugt für den Schadensersatzanspruch ist also nur der unmittelbar Verletzte, bei der geographischen Herkunftsangabe also nur ein berechtigter Benutzer. Unmittelbar Verletzter ist insbesondere nicht jeder Mitbewerber im Sinne von § 13 Abs. 2 Nr. 1 UWG, also zB nicht der Vertreiber eines spanischen Schaumweines, dessen Absatz durch die unberechtigte Verwendung des Begriffes „Champagner" durch einen italienischen Schaumweinhersteller beeinträchtigt sein könnte, sondern in diesem Fall nur der in der Champagne ansässige Mitbewerber.

3. Schadenshöhe

Im Gesetz nicht geregelt ist die Frage, ob bei § 128 Abs. 2 die 12 bei sonstigen Kennzeichenverletzungen zulässige dreifache Schadensberechnung möglich ist (Vor §§ 14–19 Rdn. 63 ff.). Diese setzt gedanklich voraus, daß das verletzte Recht einen klaren Zuweisungsgehalt hat, der Berechtigte also zur Lizenzerteilung in der Lage wäre (Lizenzanalogie) oder die Vermutung nahe liegt, daß Gewinne des Verletzers anderenfalls von dem (alleinberechtigten) Kläger erzielt worden wären (Gewinnabschöpfung). An diesen Voraussetzungen fehlt es bei der geographischen Herkunftsangabe, bei der es regelmäßig eine Vielzahl von Berechtigten gibt, andererseits aber eine Lizenzerteilung an Nutzer außerhalb des bezeichneten Gebietes ohnehin unzulässig wäre. Es bleibt somit bei der konkreten Schadensberechnung, Vor §§ 14–19, 64).

4. Haftungsmaßstab

13   Schadensersatzansprüche setzen voraus, daß der Störer (auch der Angestellte oder Beauftragte, Abs. 4) vorsätzlich oder fahrlässig gehandelt hat. Es gelten dieselben Maßstäbe wie bei § 14 Abs. 6 (Vor §§ 14–19 Rdn. 59 ff.). Anders als bei § 13 Abs. 6 UWG enthält die Vorschrift kein Presseprivileg.

IV. Haftung des Betriebsinhabers für Dritte (Abs. 3)

14   Findet eine Zuwiderhandlung gegen § 127 in einem geschäftlichen Betrieb statt, sind in jedem Fall Ansprüche gegen den selbst handelnden Störer gegeben, unabhängig von seiner Rechtsstellung im Betrieb. Daneben sind unter den Voraussetzungen des § 128 Abs. 3 Ansprüche gegen den Betriebsinhaber, sei er eine natürliche oder juristische Person, möglich. § 128 Abs. 3 entspricht wörtlich der Regelung in § 14 Abs. 7 (dazu Vor §§ 14–19 Rdn. 10 ff.).

§ 129 Verjährung

Ansprüche nach § 128 verjähren gemäß § 20.

§ 129 enthält eine Rechtsgrundverweisung auf § 20. Auf die dortige Kommentierung wird verwiesen.

Abschnitt 2. Schutz von geographischen Angaben und Ursprungsbezeichnungen gemäß der Verordnung (EWG) Nr. 2081/92

Vorbemerkung zu §§ 130–136

Literatur: *Goebel*, Schutz geographischer Herkunftsangaben nach dem neuen Markenrecht, GRUR 1995, 98; *Harte-Bavendamm*, Ende der geographischen Herkunftsbezeichnungen? – „Brüsseler Spitzen" gegen den ergänzenden nationalen Rechtsschutz, GRUR 1996, 717; *Helm*, Der Schutz geographischer Herkunftsangaben nach dem Markengesetz, FS für Vieregge, 1995, S. 335; *Hohmann/Leible*, Probleme der Verwendung geographischer und betrieblicher Herkunftsangaben bei Lebensmitteln, ZLR 1995, 265; *Knaak*, Der Schutz geographischer Herkunftsangaben im neuen Markengesetz, GRUR 1995, 103; *ders.*, Der Schutz geographischer Herkunftsangaben nach dem TRIPS-Abkommen, GRUR Int. 1995, 642; *Meyer*, Verordnung (EWG) Nr. 2081/92 zum Schutz von geographischen Angaben und Ursprungsbezeichnungen, WRP 1995, 783; *ders.*, Anmeldung von Herkunftsangaben nach der VO (EWG) Nr. 2081/92 des Rates – ein Leitfaden, GRUR 1997, 91; *Steeger*, Die neue VO der EU zum Schutz von geographischen Herkunftsangaben und „Dresdner Stollen", WRP 1994, 584; *Tilmann*, Grundlage und Reichweite des Schutzes geographischer Herkunftsangaben nach der VO/EWG 2081/92, GRUR Int. 1993, 610., *von Danwitz*, Ende des Schutzes der geographischen Herkunftsangabe – Verfassungsrechtliche Perspektiven, GRUR 1997, 81.

1. Regelungszusammenhang

Die Verordnung (EWG) Nr. 2081/92 des Rates vom 14. Juli 1992 (ABl. Nr. L 208) (EG-VO) hat ein gemeinschaftsweites Schutzsystem für einen Teilbereich der geographischen Herkunftsangabe errichtet. Um Schutz nach der EG-VO zu erlangen, muß die geographische Herkunftsangabe in einem komplizierten mehrstufigen Verfahren registriert werden. Ein Teil der Verfahrensschritte ist den nationalen Fachbehörden übertragen, in Deutschland also dem DPA. §§ 130–136 enthalten die Vorschriften über den in Deutschland durchzuführenden Teil des Verfahrens (§§ 130–133), die öffentlich-rechtliche Überwachung in Deutschland (§ 134) und die zivilrechtlichen Sanktionen bei Verstößen gegen die EG-VO (§§ 135, 136).

2. Verhältnis der EG-VO zu §§ 126 ff.

Es ist umstritten, ob die EG-VO für ihren Anwendungsbereich (also Lebensmittel und bestimmte agrarische Erzeugnisse) die Anwendung der Vorschriften des nationalen deutschen Rechts, insbesondere der § 126 ff., ggf. auch von § 3 UWG, ausschließt. Die Frage ist in mehrfacher Hinsicht von beträchtlicher Bedeutung. Zunächst spielen geographische Herkunftsangaben besonders im Bereich der Lebensmittel eine Rolle, so daß potentiell ein erheblicher Teil der ursprünglich nach nationalem deutschem Recht geschützten Herkunftsangaben betroffen ist. Darüber hinaus sind die Schutzvoraussetzungen der EG-VO wesentlich restriktiver, nämlich nicht nur von der Registrierung abhängig, sondern vorallem davon, daß sich objektiv besondere Eigenschaften des Produkts mit der Herkunft aus dem geographischen Gebiet verbinden (vgl. § 127 Abs. 2), was nach deutschem Recht in der Regel nicht erforderlich ist (§ 127 Abs. 1, 3). Die amtl. Begr. (Abschnitt 2 Abs. 1 zu Teil 6) geht davon aus, daß die nationalen und gemeinschaftsrechtlichen Schutzsysteme nebeneinander bestehen; auch die Rspr. geht davon aus, daß – jedenfalls **bei Nichtbestehen von Schutz nach der EG-VO** – **nationaler Schutz** in Betracht kommt (BGH GRUR 1994, 307, 308 – *Mozzarella I*). Dem hat sich der überwiegende Teil des deutschen Schrifttums angeschlossen (*Tilmann* GRUR Int. 1993, 610, 612; *Harte-Bavendamm* GRUR 1996, 717, 722; *Fezer* Vor § 130 Rdn. 21 mwN). Diese Auffassung ist zwar rechtspolitisch verständlich, weil anderenfalls erhebliche Abstriche am innerhalb Deutschlands erreichten Schutzniveau gemacht werden müßten. Gemeinschaftsrechtlich ist sie allerdings kaum haltbar, da die EG-VO von einer abschließenden Regelung ausgeht und Vorrang gegenüber dem nationalen Recht der Mitgliedsstaaten beansprucht (im einzelnen *von Danwitz* GRUR 1997, 81). Die mit diesem Befund verbundene erhebliche Verschlechterung der Rechtsposition der Nutzungsberechtigten an geographischen Herkunftsangaben wird auch nicht über die Eigentumsgarantie des Art. 14 GG korrigiert werden können, da ihre Position gerade nicht mit grundrechtlich garantierem Eigentum vergleichbar (Vor §§ 126–139 Rdn. 1) ist (abweichend *von Danwitz* GRUR 1997, 81, 89 für den Sonderfall, daß an der geographischen Herkunftsangabe ein „Ausstattungsrecht im Sinne von § 25 WZG bzw. §§ 126, 127 MarkenG" besteht. §§ 126, 127 stellen aber gerade keine Entsprechung zum Ausstattungsschutz des § 25 WZG dar, der jetzt vielmehr in § 4 Nr. 2 verankert ist, weshalb auch die herangezogene Entscheidung BVerfGE 78, 58 – *Esslinger Neckerhalde* nicht einschlägig ist). Somit bleibt nur noch die Frage, ob der EuGH seine Bereitschaft, nationalem Wettbewerbsschutz geographischer Herkunftsangaben gegenüber dem Gebot des freien Warenverkehrs der Art. 30, 36 EUV den Vorrang zu verleihen (EuGH GRUR Int. 1993, 76 – *Turron*) soweit fortsetzen wird, daß er nationale Regelungen von der EG-VO unberührt läßt (diese Frage war im *Turron*-Urteil nicht zu entscheiden). Ob sich der EuGH zu einer so weitgehenden Korrektur des Willens des Verordnungsgebers entschließt, scheint eher zweifelhaft. In der Entscheidung *Pistre* (EuGH GRUR Int. 1997, 737) konnte der EuGH diese Frage noch offenlassen, da er die streitige Bezeichnung nicht als geographische Herkunftsangabe wertete. Einige Formulierungen des Urteils deuten aber darauf hin, daß der EuGH die EG-VO für abschließend hält (insb. Erwgrd. 37). **Besteht ohnehin Schutz nach der EG-VO, ist diese Regelung abschließend** (OLG Frankfurt GRUR Int. 1997, 751, 752 – *Gorgonzola/Cambozola* m. abl. Anm. *Knaak*).

3. Überblick über die EG-VO

Die Verordnung bezieht sich nur auf **Agrarerzeugnisse** und **Lebensmittel,** die im einzelnen in den Anhängen zur EG-VO aufgeführt sind. Sie gilt nicht für Weinbauerzeugnisse und alkoholische Getränke, für die ein umfangreiches Sonderrecht der EG besteht (insbesondere VO (EWG) Nr. 823/87 (ABl. Nr. 1184 vom 27. 3. 1987, 59); VO (EWG) Nr. 2392/89 (ABl. Nr. L 232 vom 9. 8. 1989, 13); VO (EWG) Nr. 997/89 (ABl. Nr. L 106 vom 16. 4. 1989, 1; VO (EWG) Nr. 1567/89 (ABl. Nr. L 160 vom 12. 6. 1989, 1)). Nach Art. 2 EG-VO schützt sie **Ursprungsbezeichnungen** und **geographische Angaben.** Beide Begriffe bezeichnen den Namen einer Gegend, eines bestimmten Ortes oder in Ausnahmefällen eines Landes, der zur Bezeichnung eines Agrarerzeugnisses oder eines Lebensmittels dient. Bei der Ursprungsbezeichnung muß das Lebensmittel nicht nur aus dieser Gegend stammen, sondern auch seine Güte oder Eigenschaften überwiegend oder ausschließlich den geographischen Verhältnissen einschließlich der natürlichen und menschlichen Einflüsse verdanken und in dem begrenzten geographischen Gebiet erzeugt, verarbeitet und hergestellt werden (Art. 2 Abs. 2 lit. a EG-VO). Bei der geographischen Angabe ist neben der Herkunft aus dem Gebiet nur erforderlich, daß sich eine bestimmte Qualität, das Ansehen oder eine andere Eigenschaft aus diesem geographischen Ursprung ergibt und das Erzeugnis in dem Gebiet erzeugt oder verarbeitet oder hergestellt wird (Art. 2 Abs. 2 lit. b EG-VO). Die Herkunftsangabe weist also strengere Voraussetzungen dadurch auf, daß nicht nur einzelne Eigenschaften auf der Herkunft beruhen müssen und daß das Erzeugnis in allen Produktionsschritten in dieser Gegend hergestellt sein muß. Dieser enge Kreis in Frage kommender Angaben wird in Art. 2 Abs. 3–7 EG-VO für bestimmte traditionelle oder national geschützte Herkunftsangaben erweitert. Keinen Schutz genießen **Gattungsbezeichnungen** (Art. 3 EG-VO). Da die EG-VO auf einen Zusammenhang bestimmter Eigenschaften mit der geographischen Herkunft abstellt, muß eine **Spezifikation** erstellt werden, in der neben dem Namen des Produktes und der Abgrenzung des geographischen Gebietes detaillierte Angaben zu den Eigenschaften des Produktes und eventuellen Ausgangsmaterialien, des Herstellungsverfahrens usw. ersichtlich sind (im einzelnen Art. 4 EG-VO). Die Eintragung in die Liste erfolgt auf **Antrag** (Art. 5), der zunächst bei der Behörde des betreffenden Mitgliedsstaates zu stellen ist (s. Kommentierung zu §§ 130–133 MarkenG; ausführlich *Meyer*, GRUR 1997, 91). Die Kommission nimmt ihrerseits eine weitere **Prüfung** beschränkten Umfanges vor (Art. 6, dazu *Heine*, GRUR 1993, 96, 102 ff.) Wird die Eintragung veröffentlicht, sieht Art. 7 EG-VO eine **Einspruchsmöglichkeit** der Mitgliedsstaaten vor. Art. 8 und 13 EG-VO bestimmen den **Schutzumfang** der eingetragenen Bezeichnung sowie der Angabe „gU" und „ggA". Diese Vorschriften werden durch § 135 in deutsches Recht transformiert. Art. 14 EG-VO regelt die Kollision der Ursprungsbezeichnung oder geographischen Angabe mit Marken, wobei ein Vorrang der geographischen Herkunftsangaben gegenüber später angemeldeten oder früher angemeldeten, aber noch nicht eingetragenen Marken besteht, in gutem Glauben eingetragende ältere Marken aber von der späteren Registrierung der Ursprungsbezeichnung oder Herkunftsangabe nicht berührt werden.

§ 130 Antrag auf Eintragung einer geographischen Angabe oder Ursprungsbezeichnung

(1) **Anträge auf Eintragung einer geographischen Angabe oder einer Ursprungsbezeichnung in das Verzeichnis der geschützten Ursprungsbezeichnungen und der geschützten geographischen Angaben, das von der Kommission der Europäischen Gemeinschaften gemäß der Verordnung (EWG) Nr. 2081/92 des Rates vom 14. Juli 1992 zum Schutz von geographischen Angaben und Ursprungsbezeichnungen für Agrarerzeugnisse und Lebensmittel (ABl. EG Nr. L 208 S. 1) in ihrer jeweils geltenden Fassung geführt wird, sind beim Patentamt einzureichen.**

(2) **Mit dem Antrag ist eine Gebühr nach dem Tarif zu zahlen. Wird die Gebühr nicht gezahlt, so gilt der Antrag als nicht gestellt.**

(3) **Ergibt die Prüfung des Antrages, daß die zur Eintragung angemeldete geographische Angabe oder Ursprungsbezeichnung den Voraussetzungen der Verordnung (EWG) Nr. 2081/92 und der zu ihrer Durchführung erlassenen Vorschriften entspricht, so unterrichtet das Patentamt den Antragsteller hierüber und übermittelt den Antrag dem Bundesministerium der Justiz.**

(4) **Das Bundesministerium der Justiz übermittelt den Antrag mit den erforderlichen Unterlagen an die Kommission der Europäischen Gemeinschaften.**

Antrag auf Eintragung § 130

(5) Ergibt die Prüfung, daß die Voraussetzungen für die Eintragung der angemeldeten geographischen Angabe oder Ursprungsbezeichnung nicht gegeben sind, so wird der Antrag zurückgewiesen.

Inhaltsübersicht

	Rdn.
I. Allgemeines	1
II. Antragsstellung (Abs. 1)	2, 3
1. Antragsteller	2
2. Form	3
III. Gebühr (Abs. 2)	4
IV. Prüfung durch das DPA (Abs. 3)	5
V. Übermittlung an die Kommission (Abs. 4)	6
VI. Zurückweisung (Abs. 5)	7
VII. Akteneinsicht	8

I. Allgemeines

§ 130 regelt den deutschen Teil des Eintragungsverfahrens. Er 1 setzt Art. 5 EG-VO um und wird von § 54 bis 59 MarkenV näher ausgestaltet.

II. Antragstellung (Abs. 1)

1. Antragsteller

Antragsteller können zunächst nur Vereinigungen sein (Art. 5 2 EG-VO). Die Bedingungen, unter denen eine natürliche oder juristische Person zur Antragsstellung berechtigt ist, sind in dem Verfahren nach Art. 15 EG-VO festzulegen, was durch die VO (EG) Nr. 1107/96 vom 12. Juni 1996 (ABl. EG Nr. L 148 vom 21. Juni 1996) geschehen ist. Denkbar ist die Antragstellung etwa durch ein einzelnes Unternehmen, daß als einziges eine Weinlage oder Mineralwasserquelle nutzt, zB Vittel in Frankreich (vgl. BPatG GRUR Int. 1992, GZ – *Vittel*). Gemäß Art. 5 Abs. 1 EG-VO muß die „Vereinigung" nicht rechtsfähig sein, vielmehr genügt „jede Art des Zusammenschlusses von Erzeugern und/oder Verarbeitern des gleichen Agrarerzeugnisses oder Lebensmittels". Besondere Anforderungen an die Binnenstruktur der Vereinigung stellt die EG-VO nicht auf. Ebensowenig ist erforderlich, daß außer der Antragstellung noch weitere Zwecke der Vereinigung bestehen oder tatsächlich verfolgt werden. Die Vereinigung kann den Antrag nur für Agrarerzeugnisse oder Lebensmittel stellen, die sie selbst herstellt oder gewinnt (Art. 5 Abs. 2 EG-VO).

2. Form

3 Der Antrag soll (muß aber nicht) unter Verwendung des vom DPA herausgegebenen Formblattes eingereicht werden, § 54 Abs. 1 MarkenV. Er muß zwingend die in § 54 Abs. 2 MarkenV aufgezählten Angaben enthalten, nämlich (1) Name und Anschrift des Antragstellers, (2) Name und Anschrift eines eventuellen Vertreters, (3) die geographische Angabe oder die Ursprungsbezeichnung, deren Eintragung beantragt wird und (4) die Spezifikation mit den nach Art. 4 EG-VO erforderlichen Angaben. Im übrigen gelten die Formvorschriften der §§ 64 ff. MarkenV, insbesondere das Erfordernis der Unterschrift (§ 64 Abs. 1 MarkenV), das allerdings auch durch die Einreichung durch Telefax gewahrt ist (§ 65 MarkenV). Das Unterschriftserfordernis entfällt bei der Übermittlung durch Telegramm oder Telefax (§ 66 MarkenV).

Der Antrag ist an die Behörde desjenigen Landes zu richten, in dem sich das Gebiet befindet, auf das sich die zu schützende Angabe bezieht (Art. 5 Abs. 4 EG-VO), wobei es zulässig ist, daß mit der gleichen Bezeichnung auch ein geographisches Gebiet in einem anderem Mitgliedsstaat bezeichnet wird. In diesem Fall ist der andere Mitgliedsstaat vor der Entscheidung zu hören (Art. 5 Abs. 5 EG-VO).

III. Gebühr (Abs. 2)

4 Mit dem Antrag ist eine Gebühr zu bezahlen, die gegenwärtig DM 1500 beträgt (Nr. 136 100 der Anlage zu § 1 PatentgebührenG). Der Antrag gilt als nicht gestellt, solange die Gebühr nicht entrichtet ist. Damit ist insbesondere auch für die Frage der Priorität (vgl. Art. 14 EG-VO) der Zeitpunkt der Gebührenzahlung maßgebend.

IV. Prüfung durch das DPA (Abs. 3)

5 Im ersten Prüfungsschritt holt das DPA die **Stellungnahmen** der interessierten öffentlichen Körperschaften einschließlich der

Antrag auf Eintragung **§ 130**

Bundesministerien für Ernährung, Landwirtschaft und Forsten sowie für Gesundheit sowie der interessierten Verbände, Organisationen und Institutionen der Wirtschaft ein (§ 55 Abs. 1 MarkenV). Welche Organisationen das im einzelnen sind, ist Frage des Einzelfalles. In der Regel wird auch das Bundeswirtschaftsministerium zu unterrichten sein (*Goebel*, GRUR 1995, 98, 99). Neben Spitzenverbänden der Wirtschaft kommen insbesondere auch Einzelverbände derjenigen Branchen in Frage, die an dem jeweiligen Produkt Interesse haben. Handelt es sich um eine Angabe, die auch als Bezeichnung eines Gebietes verwendet wird, das in einem anderen Mitgliedsstaat gelegen ist, wird die dort zuständige Behörde angehört (§ 55 Abs. 2 MarkenV). Zuständig ist diejenige Behörde, die nach dem einzelstaatlichen Recht des jeweiligen anderen Mitgliedslandes für die Umsetzung der EG-VO benannt ist, in der Regel das nationale Patentamt. Unter Berücksichtigung der Stellungnahmen führt das DPA dann eine **Sachprüfung** durch. Diese bezieht sich auf alle Voraussetzungen der EG-VO (§ 56 Abs. 1 MarkenV). Die Prüfung bezieht sich damit insbesondere darauf, ob die mit der Bezeichnung versehenen Produkte die in der Spezifikation genannten Eigenschaften aufweisen und ob diese Eigenschaften in der erforderlichen Weise auf der geographischen Herkunft aus einem bestimmten Gebiet beruhen. Weiter hat das DPA insbesondere zu prüfen, ob es sich bei der Bezeichnung nicht um eine Gattungsbezeichnung handelt (Art. 4 EG-VO). Hinsichtlich des Verfahrens gelten dabei die allgemeinen Grundsätze, insbesondere hinsichtlich der Amtsermittlung (§ 59 Abs. 1 MarkenG). Soweit Zweifel bestehen, kann das DPA dem Anmelder aufgeben, Unterlagen beizubringen, aus denen das Vorliegen der Eintragungsvoraussetzungen ersichtlich ist. Verbleiben Zweifel, gehen diese zu Lasten des Anmelders. Die Prüfung kann entweder mit einem negativen Ergebnis abgeschlossen werden, dann kommt es zur **Zurückweisung** (§ 130 Abs. 5), oder zu einem positiven Ergebnis, dann folgt die **Veröffentlichung** des Antrags im Markenblatt durch das DPA, das auch beteiligte interessierte Kreise unterrichtet (§ 56 Abs. 1 MarkenV). Der Inhalt der Veröffentlichung ergibt sich aus § 56 Abs. 2 MarkenV. In der Veröffentlichung wird darauf hingewiesen, daß jeder Dritte innerhalb von drei Monaten nach der Veröffentlichung eine Stellungnahme zur Schutzfähigkeit einreichen kann (§ 56 Abs. 3, § 58 MarkenV). Gehen Stellungnahmen ein, tritt das DPA in eine **erneute Sachprüfung** ein. Dabei sind naturgemäß vor allem die nach der Veröffentlichung erstmals geltend gemachten Gesichtspunkte zu überprüfen. Dem Anmelder ist

1351

§ 130   Antrag auf Eintragung

insoweit erneut rechtliches Gehör zu gewähren (§ 59 Abs. 2 MarkenV). Gehen die Stellungnahmen verspätet ein, liegt es im Ermessen des Patentamtes, ob es diese noch zum Anlaß einer erneuten Sachprüfung nehmen will. Eine sachgemäße Ermessensausübung wird dabei in der Regel für den erneuten Eintritt in die Sachprüfung sprechen, da eine Berücksichtigung aller Gesichtspunkte im öffentlichen Interesse liegt. Ist die Anmeldung bereits an das BMJ weitergeleitet (§ 130 Abs. 4) scheidet diese Möglichkeit allerdings aus. Gehen keine zusätzlichen Stellungnahmen gemäß § 58 MarkenV ein oder ergibt auch die neue Sachprüfung, daß der Antrag gerechtfertigt ist, beschließt das DPA die **Vorlage** an das BMJ (§ 130 Abs. 3), anderenfalls wird der Antrag zurückgewiesen (§ 130 Abs. 5).

V. Übermittlung an die Kommission (Abs. 4)

6   Das BMJ übermittelt den Antrag, der ihm vom DPA nach Abs. 3 übermittelt worden ist, „mit den erforderlichen Unterlagen" an die Kommission. Erforderliche Unterlagen sind die gesamten Verfahrensakten, da die Kommission für den denkbaren Fall eines Einspruchs eine eigene Sachentscheidung treffen können muß (Art. 7 Abs. 5 lit. b EG-VO). Eine eigene Prüfungskompetenz kommt dem BMJ nicht zu, wie sich aus dem klaren Gesetzeswortlaut ergibt (aA *Goebel*, GRUR 1995, 98, 101). Sie wäre im Hinblick auf die intensive Sachprüfung durch das DPA auch überflüssig. Außerdem wäre nicht geregelt, welcher Rechtsweg gegen eine eventuelle ablehnende Entscheidung des BMJ zur Verfügung stände. Für die (erneute) Herstellung eines Einvernehmens mit anderen Bundesministerien gibt es in diesem Abschnitt des Verfahrens keinen Anlaß, da diese bereits Gelegenheit zur Abgabe von Stellungnahmen hatten. Nach der Übermittlung an die Kommission wird das Verfahren auf der Grundlage der EG-VO fortgesetzt. Dabei findet zunächst nur eine Formalprüfung statt, ob der Antrag vollständig ist (Art. 6 EG-VO), nach der Veröffentlichung des Antrages im Amtsblatt der Europäischen Gemeinschaft kann es aber erneut zu einem Widerspruchsverfahren nach Art. 7 EG-VO kommen. Natürliche oder juristische Personen mit gewöhnlichem Aufenthalt oder Niederlassung in Deutschland haben den Einspruch beim DPA einzulegen (Art. 7 Abs. 3 EG-VO). Das beim DPA stattfindende Einspruchsverfahren ist in § 132 iVm § 60 MarkenV geregelt.

Antrag auf Änderung der Spezifikation § 131

VI. Zurückweisung (Abs. 5)

Wenn das DPA bei seiner Sachprüfung zu dem Schluß kommt, 7
daß die Voraussetzungen für eine Registrierung nicht vorliegen,
leitet es den Antrag nicht an das BMJ weiter, sondern weist ihn
durch Beschluß (§ 61) zurück. Der Beschluß muß insbesondere eine Rechtsmittelbelehrung enthalten (§ 61 Abs. 2). Gegen den Beschluß findet die Beschwerde zum Bundespatentgericht und die
Rechtsbeschwerde zum Bundesgerichtshof statt (§ 133 Abs. 2).

VII. Akteneinsicht

Während des gesamten Verfahrens ist nach § 57 MarkenV Akteneinsicht möglich. Solange die Bezeichnungen erst angemeldet 8
sind, ist zur Akteneinsicht ein berechtigtes Interesse glaubhaft zu
machen (§ 57 Abs. 1 MarkenV). Nach der Veröffentlichung wird
auch ohne diese Glaubhaftmachung auf Antrag Einsicht gewährt
(§ 57 Abs. 2). Die Regelung entspricht damit § 62 Abs. 1 und 2,
auf die Erläuterungen zu dieser Vorschrift wird verwiesen.

§ 131 Antrag auf Änderung der Spezifikation

Für Anträge auf Änderung der Spezifikation einer geographischen Angabe oder einer Ursprungsbezeichnung gemäß Artikel 9 der Verordnung (EWG) Nr. 2081/92 gilt § 130 entsprechend. Eine Gebühr ist nicht zu zahlen.

I. Allgemeines

Der Inhalt des Schutzes nach der EG-VO bestimmt sich im we- 1
sentlichen aus dem Inhalt der Spezifikation, die nicht nur die Produktbezeichnung und das geographische Gebiet, sondern auch die
Eigenschaften festlegt, die die so bezeichneten Produkte aufweisen
müssen. Das Gesetz sieht daher vor, daß das gesamte komplizierte
Verfahren erneut durchlaufen wird, falls die Spezifikationen geändert werden sollen.

§ 132   Einspruchsverfahren

II. Antragsteller

2   Art. 9 der EG-VO sieht eine Änderung der Spezifikation nur durch den „betroffenen Mitgliedsstaat" vor. Damit wird aber nicht ausgeschlossen, daß auch die antragsberechtigten Vereinigungen im Sinne von Art. 5 EG-VO bei den nationalen Behörden analog § 130 solche Anträge stellen. Das liegt schon deshalb nahe, weil bereits die ursprüngliche Spezifikation von diesen Vereinigungen aufgestellt wurde. Außerdem haben sie die größte Sachkunde im Hinblick auf eventuell eingetretene Veränderungen (so auch Amtl. Begr. Abs. 2 zu § 131). Dem Erfordernis von Art. 9 EG-VO, daß der Antrag durch einen Mitgliedsstaat gestellt werden müsse, kann durch eine entsprechende Handhabung durch das BMJ (analog § 130 Abs. 4) sichergestellt werden.

§ 132 Einspruchsverfahren

(1) **Einsprüche nach Artikel 7 Abs. 3 der Verordnung (EWG) Nr. 2081/92 gegen die Eintragung von geographischen Angaben und Ursprungsbezeichnungen in das von der Kommission der Europäischen Gemeinschaften geführte Verzeichnis der geschützten Ursprungsbezeichnungen und der geschützten geographischen Angaben oder gegen die Änderung der Spezifikation einer geographischen Angabe oder einer Ursprungsbezeichnung sind beim Patentamt einzulegen.**

(2) **Für den Einspruch ist eine Gebühr nach dem Tarif zu zahlen. Wird die Gebühr nicht rechtzeitig gezahlt, so gilt der Einspruch als nicht erhoben.**

I. Allgemeines

1   Art. 7 der EG-VO sieht ein Einspruchsverfahren nach der Veröffentlichung im Amtsblatt vor, das also von der Möglichkeit der Stellungnahme (§ 58 MarkenV) zu unterscheiden ist, die nach der Veröffentlichung im Markenblatt besteht. Jeder Mitgliedsstaat kann den Einspruch direkt bei der Kommission einlegen (§ 7 Abs. 1 EG-VO). Natürliche oder juristische Personen, die in einem berechtigtem Interesse betroffen sind, können nach Art. 7 Abs. 3 EG-VO bei der zuständigen Behörde des Mitgliedsstaates (in Deutschland das DPA) Einspruch einlegen. In §§ 60, 61 MarkenV sind die Voraussetzungen des Einspruchs näher geregelt.

II. Inhalt des Einspruchs

Der Einspruch hat zunächst die **Mindestangaben** von § 60 2
Abs. 2 MarkenV zu enthalten, nämlich (1) Namen und Anschrift
des Einsprechenden, (2) die geographische Angabe oder Ursprungsbezeichnung, gegen deren Eintragung der Einspruch sich
richtet, (3) Umstände, aus denen sich das berechtigte Interesse ergibt, in dem der Einsprechende betroffen ist. Ein berechtigtes Interesse kann sich insbesondere daraus ergeben, daß der Einsprechende der Auffassung ist, zur Verwendung der Bezeichnung
berechtigt zu sein, obwohl er nicht in dem in der Spezifikation genannten Gebiet ansässig ist, zB weil die Bezeichnung eine Gattungsangabe sei. Das Interesse kann sich aber auch aus anderen Gesichtspunkten ergeben, zB daraus, daß der Einsprechende andere
Qualitätsmerkmale in die Spezifikation aufgenommen sehen will,
die von seinen Produkten erfüllt werden, nicht aber von denen der
Mitbewerber. Da eine möglichst umfassende Berücksichtigung aller
relevanten Gesichtspunkte auch im öffentlichen Interesse liegt,
sollte die Einspruchsberechtigung großzügig gehandhabt werden.
Der Einspruch ist zu **begründen** (§ 60 Abs. 3 MarkenV) und kann
nur auf die dort abschließend aufgezählten Gründe gestützt werden,
nämlich, daß (1) die Schutzvoraussetzungen von Art. 2 EG-VO
nicht gegeben sind, (2) sich die Eintragung nachteilig auf das Bestehen einer ganz oder teilweise gleichlautenden Bezeichnung oder
einer Marke oder auf das Bestehen von Erzeugnissen auswirken
würde, die sich am 24. Juli 1992 rechtmäßig im Verkehr befanden,
oder (3) die Bezeichnung, deren Eintragung beantragt wurde, eine
Gattungsbezeichnung ist. Damit dem Begründungserfordernis genügt ist, muß ersichtlich sein, auf welchen dieser drei Gründe der
Einspruch gestützt ist. Außerdem müssen hinreichend substantiierte
Angaben zu den Tatsachen gemacht werden, die nach Auffassung
des Einsprechenden den Einspruch begründen. Dadurch muß der
prüfenden Stelle ermöglicht werden, allein an Hand der mitgeteilten Umstände zu prüfen, ob überhaupt ein Einspruchsgrund gegeben ist (vgl. für die entsprechenden Anforderungen an die Einspruchsbegründung nach § 59 PatG zB BGH GRUR 1988, 113,
114 – *Alkyldiarylphosphien*; *Benkart/Schäfers* § 59 PatG Rdn. 17
mwN). Die vorgebrachten Tatsachen müssen aber nicht schlüssig
sein, darin liegt eine Frage der Begründetheit des Einspruchs, nicht
der Zulässigkeit (vgl. zu § 59 PatG BGH GRUR 1978, 99, 100 –
Gleichstromfernspeisung). Der Einspruch ist innerhalb einer **Frist** von

§ 132 Einspruchsverfahren

vier Monaten nach der Veröffentlichung im Amtsblatt der Europäischen Gemeinschaften beim DPA zu erheben (§ 60 Abs. 1 S. 1 MarkenV). Innerhalb dieser Frist ist auch die **Einspruchsgebühr** zu bezahlen (§ 60 Abs. 1 S. 2 MarkenVO, Nr. 136 200 Anl. zu § 1 PatentgebührenG). Die Gebühr beträgt gegenwärtig DM 200,00. Eine Wiedereinsetzung in die Frist zum Einreichen des Einspruchs zur Gebührenzahlung (§ 91 MarkenG) findet nicht statt (§ 60 Abs. 1 Satz 3 MarkenV).

III. Verfahren vor dem DPA

3   Eine erneute Sachprüfung durch das DPA ist weder in der EG-VO noch im MarkenG vorgesehen. Auch die Prüfung der Zulässigkeit des Einspruches obliegt nicht dem DPA. Das DPA hat vielmehr nur die erforderlichen Maßnahmen zu treffen, damit der Einspruch fristgerecht (von der Kommission) berücksichtigt werden (Art. 7 Abs. 2 S. 3 EG-VO). Das ergibt sich auch daraus, daß die Kommission die Mitgliedsstaaten zur Stellungnahme nach Art. 7 EG-VO nur auffordert, wenn der Einspruch zulässig ist. Die Kommission hat also die Zulässigkeit erneut zu prüfen. Die beim DPA eingegangenen Einsprüche werden von diesem an das BMJ übersandt (§ 61 Abs. 1 MarkenV). Nicht ausdrücklich geregelt ist, wie die Unterrichtung der Kommission zu erfolgen hat. Analog § 130 Abs. 4 MarkenG ist aber anzunehmen, daß das BMJ den Antrag unverzüglich (fristwahrend) an die Kommission weiterzuleiten hat.

IV. Einvernehmliche Regelung

4   Ist ein Einspruch zulässig, so ersucht die Kommission die betroffenden Mitgliedsstaaten innerhalb von drei Monaten entsprechend ihrem internen Verfahren zu einer einvernehmlichen Regelung zu gelangen (EG-VO Art. 7 Abs. 5). Zum deutschen Verfahren bestimmt § 61 Abs. 2 MarkenV insoweit lediglich, daß das DPA Einsprechendem und Antragsteller Gelegenheit zur Stellungnahme gibt. Ungeregelt ist dagegen, welches „interne Verfahren" im übrigen angewendet werden soll. Da das Patentamt keine Befugnis zur Beschlußfassung hat (vgl. § 58 Abs. 2), stehen ihm auch die Kompetenzen der §§ 59, 60 nicht zur Verfügung. Das DPA kann aber Vorschläge zu einer gütlichen Einigung machen. Das Ergebnis des Verfahrens hat das DPA dem BMJ mitzuteilen (§ 60 Abs. 3 Mar-

Zuständigkeiten im Patentamt; Rechtsmittel § 133

kenV). Kommt eine einvernehmliche Regelung zustande, wird diese von der Kommission nach Art. 6 Abs. 4 EG-VO veröffentlicht, soweit keine Veränderungen stattgefunden haben. Gab es Veränderungen, wird erneut das gesamte Verfahren des Art. 6 EG-VO durchlaufen (Art. 7 Abs. 5 lit. a EG-VO). Wird eine einvernehmliche Regelung nicht erzielt, entscheidet die Kommission im Verfahren des Art. 15 EG-VO. Diese Entscheidung wird ihrerseits nach Art. 6 Abs. 4 EG-VO veröffentlicht (Art. 7 Abs. 5 lit. b EG-VO).

§ 133 Zuständigkeiten im Patentamt; Rechtsmittel

(1) **Für die Bearbeitung von Anträgen nach den §§ 130 und 131 und von Einsprüchen nach § 132 sind die im Patentamt errichteten Markenabteilungen zuständig.**

(2) **Gegen Entscheidungen, die das Patentamt nach den Vorschriften dieses Abschnitts trifft, finden die Beschwerde zum Bundespatentgericht und die Rechtsbeschwerde zum Bundesgerichtshof statt. Die Vorschriften des Teils 3 dieses Gesetzes über das Beschwerdeverfahren vor dem Patentgericht und über das Rechtsbeschwerdeverfahren vor dem Bundesgerichtshof sind entsprechend anzuwenden.**

1. Zuständigkeiten im Patentamt (Abs. 1)

Zuständig sind die Markenabteilungen (§ 56 Abs. 3). Es gelten ergänzend die allgemeinen Verfahrensvorschriften. 1

2. Rechtsmittel (Abs. 2)

Beschlüsse, gegen die Rechtsmittel nach § 133 Abs. 2 zulässig sind, 2 treffen die Markenabteilungen nicht nur bei der Zurückweisung (§ 130 Abs. 5), sondern auch vor der Weiterleitung der Akten an das BMJ (§ 130 Abs. 3), wie sich aus § 59 Abs. 1 MarkenV ergibt. Auch gegen diesen Beschluß ist also die Beschwerde zulässig. Über die Beschwerdeberechtigung in diesen Fällen enthält weder das MarkenG noch die MarkenV Regelungen. Es ist aber auch hier zu fordern, daß der Beschwerdeführer in eigenen Rechten berührt ist. Dies wird bei Wettbewerbern der Antragsteller regelmäßig zu bejahen sein, nicht dagegen bei den Verbänden, Organisationen und Institutionen der Wirtschaft im Sinne von § 56 Abs. 1 MarkenV. Im übrigen gelten die allgemeinen Vorschriften der §§ 66 ff. (Verfahren vor dem BPatG) und §§ 83 ff. (Verfahren vor dem BGH). Auf die Kommentierung bei diesen Vorschriften wird verwiesen.

§ 134 Überwachung

(1) Die nach der Verordnung (EWG) Nr. 2081/92 und den zu ihrer Durchführung erlassenen Vorschriften erforderliche Überwachung und Kontrolle obliegt den nach Landesrecht zuständigen Stellen.

(2) Soweit es zur Überwachung und Kontrolle im Sinne des Absatzes 1 erforderlich ist, können die Beauftragten der zuständigen Stellen bei Betrieben, die Agrarerzeugnisse oder Lebensmittel herstellen oder in den Verkehr bringen (§ 7 Abs. 1 des Lebensmittel- und Bedarfsgegenständegesetzes) oder innergemeinschaftlich verbringen, einführen oder ausführen, während der Geschäfts- oder Betriebszeit
1. Geschäftsräume und Grundstücke, Verkaufseinrichtungen und Transportmittel betreten und dort Besichtigungen vornehmen,
2. Proben gegen Empfangsbescheinigung entnehmen; auf Verlangen des Betroffenen ist ein Teil der Probe oder, falls diese unteilbar ist, eine zweite Probe amtlich verschlossen und versiegelt zurückzulassen,
3. Geschäftsunterlagen einsehen und prüfen,
4. Auskunft verlangen.

Diese Befugnisse erstrecken sich auch auf Agrarerzeugnisse oder Lebensmittel, die an öffentlichen Orten, insbesondere auf Märkten, Plätzen, Straßen oder im Umherziehen in den Verkehr gebracht werden.

(3) Inhaber oder Leiter der Betriebe sind verpflichtet, das Betreten der Geschäftsräume und Grundstücke, Verkaufseinrichtungen und Transportmittel sowie die dort vorzunehmenden Besichtigungen zu gestatten, die zu besichtigenden Agrarerzeugnisse oder Lebensmittel selbst oder durch andere so darzulegen, daß die Besichtigung ordnungsgemäß vorgenommen werden kann, selbst oder durch andere die erforderliche Hilfe bei Besichtigungen zu leisten, die Proben entnehmen zu lassen, die geschäftlichen Unterlagen vorzulegen, prüfen zu lassen und Auskünfte zu erteilen.

(4) Erfolgt die Überwachung bei der Einfuhr oder bei der Ausfuhr, so gelten die Absätze 2 und 3 entsprechend auch für denjenigen, der die Agrarerzeugnisse oder Lebensmittel für den Betriebsinhaber innergemeinschaftlich verbringt, einführt oder ausführt.

(5) Der zur Erteilung einer Auskunft Verpflichtete kann die Auskunft auf solche Fragen verweigern, deren Beantwortung ihn selbst oder einen der in § 383 Abs. 1 Nr. 1 bis 3 der Zivilprozeßordnung bezeichneten Angehörigen der Gefahr strafrechtlicher Verfolgung oder eines Verfahrens nach dem Gesetz über Ordnungswidrigkeiten aussetzen würde.

Überwachung **§ 134**

(6) **Für Amtshandlungen, die nach Artikel 10 der Verordnung (EWG) Nr. 2081/92 zu Kontrollzwecken vorzunehmen sind, werden kostendeckende Gebühren und Auslagen erhoben. Die kostenpflichtigen Tatbestände werden durch das Landesrecht bestimmt.**

Inhaltsübersicht

	Rdn.
I. Allgemeines	1
II. Kompetenzzuweisung (Abs. 1)	2–4
1. Gegenstand der Überwachung	2
2. Überwachung und Kontrolle	3
3. Nach Landesrecht zuständige Stellen	4
III. Befugnisnorm (Abs. 2)	5–7
1. Allgemeines	5
2. Der Überwachung unterworfene Betriebe	6
3. Einzelbefugnisse	7
IV. Duldungspflicht (Abs. 3)	8
V. Überwachung bei Ein- und Ausfuhr (Abs. 4)	9
VI. Auskunftsverweigerungsrecht (Abs. 5)	10
VII. Kosten und Gebühren (Abs. 6)	11

I. Allgemeines

Mit § 134 wird die in Art. 10 Abs. 1 EG-VO enthaltene Verpflichtung der Mitgliedsstaaten umgesetzt, Kontrolleinrichtungen zu schaffen, die gewährleisten, daß die Agrarerzeugnisse und Lebensmittel, die mit einer geschützten Bezeichnung versehen sind, die Anforderungen der Spezifikation erfüllen. Die Vorschrift geht aber darüber hinaus und bildet die Rechtsgrundlage für alle aufsichtsbehördlichen Maßnahmen zur Umsetzung der EG-VO. Bei der Vorschrift handelt es sich primär um die Ermächtigungsgrundlage für die Tätigkeit der Aufsichtsbehörden. Sie ergänzt somit auf dem Gebiet des Verwaltungsrechts die zivilrechtliche Sanktion des § 135 und die strafrechtliche Sanktion des § 144. Sie ist sowohl vom Regelungsgegenstand als auch von ihrem Inhalt her lebensmittelrechtlichen Vorschriften, insbesondere den §§ 41 ff. LMBG, stark angenähert. Abs. 1 enthält die Zuweisung der Verwaltungskompetenz an die Länder, Abs. 2 die Ermächtigungsgrundlage für Eingriffe der Kontrollbehörden, Abs. 3 Mitwirkungs- und Duldungspflichten der Betroffenen, Abs. 4 die Erstreckung des Geltungsbereiches auf mit dem Transport Beauftragte, Abs. 5 ein

1

Zeugnisverweigerungsrecht und Abs. 6 die Ermächtigungsgrundlage für die Gebührenfestsetzung

II. Kompetenzzuweisung (Abs. 1)

1. Gegenstand der Überwachung

2   Zu Überwachen ist die Einhaltung der Vorschriften der EG-VO im Hinblick auf die Verwendung der dort geschützten Angaben, nämlich **(1) Art. 8 EG-VO:** Verwendung der Angaben „gU" und „ggA" nur für Agrarerzeugnisse und Lebensmittel, die dieser Verordnung entsprechen. Die Verwendung der genannten Abkürzungen ist also sowohl hinsichtlich solcher Herkunftsangaben unzulässig, die nicht nach der EG-VO geschützt sind, als auch im Zusammenhang mit geschützten Angaben für solche Produkte, die die geschützten Angaben unberechtigter Weise führen. Da die geschützten Abkürzungen nur für solche Angaben verwendet werden dürfen, die nach der EG-VO geschützt sind, dürfen sie auch nicht im Zusammenhang mit nationalen geographischen Herkunftsangaben verwendet werden, die nach §§ 126 f. Schutz genießen. Das gilt auch für die in Art. 8 EG-VO weiter genannten „entsprechenden traditionellen einzelstaatlichen Angaben", die es allerdings in Deutschland nicht gibt. Ob ausländische Abkürzungen wie „A.C." und „D.O.C." darunter fallen, ist eine Frage, die nach dem Recht des jeweiligen Heimatstaates zu entscheiden ist. **(2) Art. 10 Abs. 1 EG-VO:** Argrarerzeugnisse, die mit einer geschützten Bezeichnung versehen sind, müssen „die Anforderungen der Spezifikation" erfüllen. Zu den Anforderungen der Spezifikation gehört auch die Herkunft aus einem bestimmten geographischen Gebiet (Art. 4 Abs. 2 lit. c EG-VO). Gegen Art. 10 Abs. 1 EG-VO verstoßen somit alle Produkte, die nicht aus dem in der Spezifikation genannten Gebiet stammen, aber die geschützte Bezeichnung verwenden. Darüber hinaus verstoßen aber auch solche Produkte gegen diese Vorschrift, die zwar aus dem fraglichen Gebiet stammen, aber nicht die anderen Anforderungen der Spezifikation erfüllen, insbesondere hinsichtlich der Eigenschaften des Produktes. Die Aufsichtsbehörde hat somit auch zu überprüfen, ob die Produkte der Gebietsansässigen in Konformität mit der Spezifikation hergestellt werden. **(3) Art. 10 Abs. 4 EG-VO:** Nach dieser Vorschrift sind die Behörden des Mitgliedstaates gehalten, bei Verstößen gegen die Spezifikation die erforderlichen Maßnahmen zu ergreifen, um die Ein-

Überwachung § 134

haltung der Verordnung zu gewährleisten. Über die bloße Kontrolle hinaus sind hier also allgemeine ordnungspolizeiliche Maßnahmen erforderlich, zB Untersagungsverfügungen. Für diese Maßnahmen enthält § 134 keine ausdrückliche Ermächtigung, insoweit muß auf Befugnisse aus anderen Gesetzen zurückgegriffen werden, die sich aus dem Verwaltungsrecht der Länder ergeben. **(4) Art. 13 EG-VO:** Nach dieser Vorschrift sind die eingetragenen Bezeichnungen nicht nur gegen die Verwendung für andere Produkte geschützt, sondern es wird auch die Verwendung der Bezeichnung in „Anspielungen" untersagt, zB durch die Verbindung mit Ausdrücken wie „Art", „Typ", „Verfahren" usw. (Art. 13 Abs. 1 lit. b) sowie die Verwendung sonstiger Angaben oder Aufmachungen, die „einen falschen Eindruck hinsichtlich des Ursprunges" machen können (Art. 13 Abs. 1 lit. c und d EG-VO).

2. Überwachung und Kontrolle

Die Verwendung dieser beiden Synonyma soll deutlich machen 3 (Amtl. Begr. Abs. 2 zu § 134), daß es einmal um die Einhaltung der Spezifikation bei der Verwendung durch die berechtigten Gebietsansässigen geht („Kontrolle"), zum anderen um die Verhinderung des Mißbrauchs der geschützten Bezeichnung durch Nichtberechtigte („Überwachung"). Diese begriffliche Unterscheidung führt zu keiner unterschiedlichen Behandlung auf der Rechtsfolgenseite. Soweit § 134 Abs. 4 nach seinem Wortlaut nur auf die „Überwachung" abstellt, handelt es sich offensichtlich um ein Redaktionsversehen. Das zeigt auch der Wortlaut der amtlichen Begründung, die die „Absätze 2 bis 5" als behördliche Befugnisse für die „Durchführung der Überwachung und Kontrolle" nennen. „Überwachung und Kontrolle" schließt nach Sinn und Zweck der Vorschrift auch die für die **Gefahrenabwehr** nötigen Maßnahmen ein, zumal die Schaffung dieser Befugnisse schon durch Art. 10 Abs. 4 EG-VO vorgeschrieben ist. Da § 134 insoweit keine ausdrückliche Regelung enthält, ist auf die Verwaltungsgesetze der Länder zurückzugreifen (unten Rdn. 5).

3. Nach Landesrecht zuständige Stellen

Zum gegenwärtigen Zeitpunkt haben erst wenige Länder eine 4 zuständige Stelle für die Überwachungsaufgaben nach § 134 MarkenG bzw. Art. 10 EG-VO bestimmt. Einige Bundesländer beabsichtigen, die Zuständigkeit auf schon bestehende Landesämter zu übertragen (Nordrhein-Westfalen: Landesamt für Ernährungswirt-

§ 134 Überwachung

schaft und Jagd in Düsseldorf; Hessen: Landesamt für Regionalentwicklung, Außenstelle Wetzlar). Bei anderen sind Ministerien (Schleswig-Holstein: Ministerium für Ernährung, Landwirtschaft, Forsten und Fischerei) oder andere Behörden (Baden-Württemberg: Regierungspräsidium Karlsruhe) zuständig.

III. Befugnisnorm (Abs. 2)

1. Allgemeines

5 Abs. 2 enthält ausdrückliche Befugnisse nur für die dort aufgeführten Ermittlungsmaßnahmen. Demgegenüber ist keine Untersagungsbefugnis vorgesehen. Andererseits ist nach Art. 10 Abs. 4 EG-VO jeder Mitgliedsstaat gehalten, Behörden zu schaffen, die die Einhaltung der Spezifikation gewährleisten, was auch Untersagungsbefugnisse erfordert. Im Hinblick darauf, daß Untersagungen stärker eingreifen als die in § 134 genannten Ermittlungsmaßnahmen, kann aus § 134 eine entsprechende Kompetenz nicht abgeleitet werden. Die Kompetenz für Untersagungsverfügungen muß daher aus anderen Normen abgeleitet werden, wofür lebensmittelrechtliche Befugnisnormen sowie das allgemeine Gefahrenabwehrrecht in Frage kommen. Zweifelhaft ist dagegen, ob sich aus den Vorschriften der EG-VO selbst, insbesondere aus Art. 10 Abs. 4 EG-VO, direkt eine Untersagungsbefugnis ergibt. Zwar kann eine Verordnung der Europäischen Gemeinschaften grundsätzlich – auch gegenüber Privaten – unmittelbar wirken, es erscheint jedoch zweifelhaft, ob die EG-VO vom Wortlaut her hinreichend bestimmt ist. Das gilt insbesondere, weil sie eindeutig vorsieht, daß die Mitgliedsstaaten entsprechende Maßnahmen zur Umsetzung selbst zu ergreifen haben. Werden diese Maßnahmen nicht ergriffen, widerspräche es der Rechtssicherheit, eine Befugnis für Eingriffe in die Rechte Privater aus der EG-VO herzuleiten. § 134 Abs. 2 stellt eine bundesrechtliche Befugnisnorm dar, die gemäß Abs. 1 von den Länderbehörden zu vollziehen ist. Sie folgt damit dem Grundmodell von Art. 83 GG. Beauftragte der zuständigen Stellen: Diese werden nach Landesrecht festgelegt. Dabei kann es sich auch um private Kontrollstellen handeln (Art. 10 Abs. 2 EG-VO).

2. Der Überwachung unterworfene Betriebe

6 Unter den Begriff des **Betriebs** fallen alle natürlichen oder juristischen Personen, die gewerbsmäßig tätig werden, also im Wirt-

Überwachung **§ 134**

schaftsleben nach außen auftreten, unabhängig davon, ob sie eine Gewinnerzielungsabsicht haben. Ein Betrieb liegt nicht vor bei einer Tätigkeit nur für den privaten Bereich. Abs. 2 Satz 2 stellt klar, daß der Betrieb keine feste Betriebsstätte haben muß. Ein Marktstand oder ein Transportmittel genügen, wenn von diesem aus eine wirtschaftliche Tätigkeit entfaltet wird. Die Betriebe müssen im Sinne von § 7 Abs. 1 LMBG Agrarerzeugnisse oder Lebensmittel herstellen oder in Verkehr bringen. Danach ist das **Herstellen** das „Gewinnen, Herstellen, Zubereiten, Be- und Verarbeiten". „Gewinnen" umfaßt die Urproduktion pflanzlicher und tierischer Erzeugnisse (*Zipfel,* Lebensmittelrecht, C 100 § 7 Rdn. 4). Herstellen" ist jedes Einwirken auf die Substanz eines Erzeugnisses, insbesondere das Hervorbringen eines neuen Erzeugnisses aus einem anderen, zB von Wurst aus Fleisch. Eine stoffliche Veränderung ist vorausgesetzt. Demgegenüber ist es nicht erforderlich, daß der Adressat alle Herstellungsschritte selbst vornimmt (*Zipfel* aaO Rdn. 5). „Zubereiten" ist die Bearbeitung, die das Lebensmittel für den Verzehr geeignet macht und damit in der Regel gleichzeitig „Herstellen" (*Zipfel* aaO Rdn. 6). „Bearbeiten" ist jedes Behandeln eines Erzeugnisses in irgend einer Form um die Beschaffenheit zu beeinflussen, zB um es haltbar zu machen (*Zipfel* aaO Rdn. 7). „Verarbeiten" hat die gleiche Bedeutung wie „Herstellen" (*Zipfel* aaO Rdn. 8). **In Verkehr bringen:** Gemäß § 7 Abs. 1 LMBG wird davon das Anbieten, Vorrätighalten zum Verkauf oder zu sonstiger Abgabe, Feilhalten und jedes Abgeben an andere erfaßt. Die Terminologie weicht damit von derjenigen des § 14 MarkenG ab, da das „Inverkehrbringen" als Oberbegriff der nach außen gerichteten Benutzungshandlungen auch das Anbieten und Vorrätighalten umfaßt. (Zum Begriff des Anbietens siehe § 14 Rdn. 110ff.). Das „Abgeben" entspricht im wesentlichen dem Begriff des „Inverkehrbringens" in § 14 Abs. 3 (vgl. § 14 Rdn. 114ff.). Es erfaßt jedes körperliche Überlassen an andere zur eigenen Verfügungsgewalt. Dabei ist der Übergang der tatsächlichen Verfügungsgewalt ausreichend (BGH LRE 6, 81, 85; ausführlich *Zipfel* aaO Rdn. 21–28). **Innergemeinschaftlich Verbringen, Einführen oder Ausführen** kann auch ohne Wechsel der Verfügungsmacht durch bloße räumliche Änderungen erfolgen, zB beim Transport mit eigenem LKW. Die **Einfuhr oder Ausfuhr** ist nach richtiger Auffassung bereits vom Begriff des „Inverkehrbringens" umfaßt (vgl. *Sack* RIW 1995, 178 zu § 14).

3. Einzelbefugnisse

7 Die Überwachungsbehörde darf die Geschäftsräume **betreten und besichtigen**. Vom Eintrittsrecht muß zwar während der Geschäfts- oder Betriebszeit Gebrauch gemacht werden, doch ist keine vorherige Ankündigung erforderlich (OLG Düsseldorf LRE 13, 49). „**Geschäftsräume**" sind alle, in denen die Handlungen des § 134 stattfinden, zB auch Lager. Sie umfassen auch alle Räume, die sachlich mit dem Herstellen, Behandeln oder Inverkehrbringen verbunden sind (vgl. OLG Düsseldorf ZLR 91, 70; ausführlich *Zipfel* C 100 § 41 Rdn. 31–34). „**Besichtigen**" umfaßt auch die Suche nach verborgenen Gegenständen (*Zipfel* aaO Rdn. 38), auch das Anfassen und Verrücken von Gegenständen sowie Wahrnehmung mit anderen Sinnesorganen (riechen, schmecken), auch die Inbetriebnahme von Maschinen ggf. auch deren Zerlegung (*Zipfel* aaO Rdn. 39)). **Probeentnahme** kann bei den Erzeugnissen erfolgen, hinsichtlich derer ein Verdacht des Verstoßes gegen die EG-VO besteht. Sie können an den Orten entnommen werden, die nach Nr. 1 betreten werden dürfen. Der Umfang der Probenahme muß (ebenso wie die ganze Maßnahme) erforderlich sein, er bestimmt sich insbesondere nach der jeweils statistisch hinreichend signifikanten Stichprobengröße. Ein Empfangsbekenntnis ist zu erstellen, dessen Form zwar nicht vorgeschrieben ist, das aber, um seinen Zweck zu erfüllen, die Art der entnommenen Probe ebenso wie Ort und Datum enthalten sollte. Auf Verlangen ist eine Gegenprobe zurückzulassen, nach der amtlichen Versiegelung unterliegt sie dem amtlichen Gewahrsam im Sinne von § 136 StGB. Daß die als Gegenprobe dienende zweite Probe von „der gleichen Art und demselben Hersteller wie das als Probe entnommende" Stück sein sollte (§ 42 Abs. 1 Satz 2 LMBG), versteht sich auch ohne ausdrückliche Erwähnung im Gesetz. Mit der hM im Lebensmittelrecht ist neben der förmlichen Probenentnahme auch der unauffällige Ankauf einer Probe im freien Handel zulässig (Nachweise bei *Zipfel* C 100 § 42 Rdn. 36 mwN). **Einsicht und Prüfung von Geschäftsunterlagen** ist hinsichtlich aller Dokumente möglich, gleich ob in schriftlicher, graphischer oder sonstiger Form, auch als elektronische Datenträger. Um von der Befugnis Gebrauch machen zu können, die Unterlagen zu „prüfen", kann es erforderlich sein, Fotokopien anzufertigen. Nicht erfaßt wird davon aber die Beschlagnahme der Originalunterlagen. Diese ist nur unter den Voraussetzungen der §§ 94 ff. StPO möglich. **Auskünfte** sind Angaben über Tatsachen, die sich auf den Zweck der Überwa-

Überwachung **§ 134**

chung beziehen, nicht über andere Tatsachen, zB Preise (*Zipfel* C 100 § 41 Rdn. 53). Alle Maßnahmen stehen unter dem Vorbehalt der **Erforderlichkeit.** Dies entspricht allgemein rechtsstaatlichen Grundsätzen. Die Erforderlichkeit muß sich nicht nur auf die Überwachungsmaßnahme als solche beziehen, sondern auch auf ihre Intensität, also zB die Zahl der entnommenden Proben, Intensität der Betriebsstörung, Umfang der verlangten Auskünfte usw.

IV. Duldungspflicht (Abs. 3)

Abs. 3 ergänzt Abs. 2 durch die Begründung von Duldungs- und 8 Mitwirkungspflichten der Betroffenen. Diese sind nicht nur zur passiven Hinnahme der Kontrollmaßnahmen verpflichtet, sondern darüber hinausgehend zur aktiven Unterstützung bei der Kontrolle. Die Vorschrift entspricht weitgehend § 43 LMBG. Sie richtet sich an **Inhaber und Leiter.** Nicht verpflichtet sind die Mitarbeiter ohne Leitungsfunktion. Die verpflichteten Personen müssen aber ihre Untergebenen anweisen, die notwendige Unterstützung zu leisten. Es geht zu weit, eine allgemeine Verpflichtung anzunehmen, auch für den Fall der Abwesenheit von Inhabern und Leitern generelle Anweisungen zur Unterstützung zu hinterlassen (so aber *Zipfel* C 100 § 43 Rdn. 7). „Leiter der Betriebe" sind nicht alle leitenden Angestellten, sondern nur diejenigen Personen, die vom Inhaber mit der Gesamtverantwortung für den jeweiligen Betrieb (nicht notwendigerweise des ganzen Unternehmens) betraut sind. Ein Verstoß gegen die Mitwirkungsverpflichtung ist eine Ordnungswidrigkeit nach § 145 Abs. 2 Nr. 1. Aktiver Widerstand kann strafbar sein nach § 113 StGB.

V. Überwachung bei Ein- und Ausfuhr (Abs. 4)

Diese Regelung erweitert den Anwendungsbereich auf alle Be- 9 auftragten, die ohne selbst eine Handlung nach § 134 Abs. 2 vorzunehmen, mit dem Transport betraut sind, insbesondere also Spediteure und Lagerhalter. Ob diese im eigenem Namen tätig werden oder als Mitarbeiter des Betriebsinhabers, ist unerheblich. Auf die rechtliche Gestaltung des Verhältnisses zwischen dem Beauftragtem und dem Betriebsinhaber kommt es nicht an. Ebenso ist unerheblich, ob die Beauftragten selbst rechtliche Verfügungsmacht über die Produkte erlangen.

§ 134

VI. Auskunftsverweigerungsrecht (Abs. 5)

10 Die Maßnahmen nach § 134 werden in vielen Fällen außerhalb des strafrechtlichen Ermittlungsverfahrens stattfinden, auch wenn das Ergebnis der Kontrolle möglicherweise zur Einleitung eines solchen Verfahrens führt. §§ 52 und 136 StPO sind in diesem Vorstadium nicht anwendbar, trotzdem besteht die gleiche Gefahrenlage für den Betroffenen. Dem trägt Abs. 5 Rechnung. Wenn Gefahr der Selbstbezichtigung besteht, kann die Auskunft verweigert werden. Niemand muß gegen sich selbst aussagen (BGHSt 14, 358, 364; BGHSt 25, 331). Familienmitglieder können die Aussage verweigern, weil sie nicht in einen Konflikt zwischen den Forderungen des Strafrechts einerseits und der Loyalität gegenüber ihren Angehörigen andererseits gestürzt werden sollen. **Angehörige** iSv § 383 ZPO sind (1) der Verlobte (§ 1257 BGB), (2) der Ehegatte, auch nach dem Ende der Ehe, aber nicht der Partner einer nichtehelichen Lebensgemeinschaft (*Zöller-Greger*, ZPO § 383 Rdn. 9) und (3) derjenige, der mit einer Partei in gerader Linie verwandt (§ 1589 BGB) oder verschwägert (§ 1590 BGB), in der Seitenlinie bis zum dritten Grad verwandt oder in der Seitenlinie bis zum zweiten Grad verschwägert ist. Das Gesetz enthält keine ausdrückliche Pflicht, den Berechtigten über das Aussageverweigerungsrecht zu **belehren**. Wie bei § 41 LMBG ergibt sich das aber aus allgemeinen rechtsstaatlichen Grundsätzen, zumal das Zeugnisverweigerungsrecht anderenfalls häufig leerliefe (ebenso *Zipfel* C 100 § 55). Wird über das Zeugnisverweigerungsrecht nicht belehrt, ist die Aussage unverwertbar (so jetzt auch für § 136 Abs. 1 Satz 2 StPO BGHSt 38, 214). **Gefahr strafrechtlicher Verfolgung** oder eines Verfahrens nach dem Gesetz über Ordnungswidrigkeiten kann insbesondere hinsichtlich der Straftatbestände von § 144 und die Bußgeldvorschriften von § 145 in Betracht kommen, das Aussageverweigerungsrecht besteht aber auch im Hinblick auf alle anderen Straftaten oder Ordnungswidrigkeiten, zB § 17 Abs. 1 Nr. 2 und 5 LMBG in Verbindung mit § 52 Abs. 1 Nr. 9 und 10 LMBG.

VII. Kosten und Gebühren (Abs. 7)

11 Nach Art. 10 Abs. 7 EG-VO sind die Kosten der Kontrolle von den Herstellern zu erheben, die geschützte Bezeichnungen verwenden. Ob die Bezeichnung berechtigter Weise verwendet wird,

spielt keine Rolle. Die Umsetzung dieser Vorschrift im einzelnen ist Sache der Länder.

§ 135 Unterlassungsanspruch; Schadensersatzanspruch

(1) **Wer im geschäftlichen Verkehr Handlungen vornimmt, die gegen Artikel 8 oder 13 der Verordnung (EWG) Nr. 2081/92 verstoßen, kann von den nach § 13 Abs. 2 des Gesetzes gegen den unlauteren Wettbewerb zur Geltendmachung von Ansprüchen Berechtigten auf Unterlassung in Anspruch genommen werden.**
(2) **§ 128 Abs. 2 und 3 ist entsprechend anzuwenden.**

Inhaltsübersicht
I. Allgemeines	1
II. Handlungen, die gegen Art. 8 oder 13 der EG-VO verstoßen	2–5
1. Unzulässiger Schutzhinweis	2
2. Unzulässige Verwendung der Herkunftsangabe	3
3. Gattungsbezeichnungen	4
4. Kollision mit eingetragenen Marken	5
III. Klagebefugnis	6
IV. Schadensersatzanspruch; Haftung für Beauftragte	7

I. Allgemeines

Die zivilrechtlichen Sanktionen von § 135 ergänzen die öffentlich-rechtlich ausgestaltete Überwachung durch die Aufsichtsbehörden (§ 134) und die strafrechtlichen (§ 144 Abs. 2) und ordnungswidrigkeitenrechtlichen (§ 145 Abs. 2) Vorschriften. Die Struktur der Norm entspricht § 128, insbesondere auch im Hinblick auf die Erweiterung der Klagebefugnis hinsichtlich des Unterlassungsanspruchs. 1

II. Handlungen, die gegen Art. 8 oder 13 der EG-VO verstoßen

1. Unzulässiger Schutzhinweis

Ein Verstoß gegen **Art. 8 EG-VO** liegt vor, wenn die Angaben „gU", „ggA" oder entsprechenden traditionellen einzelstaatlichen Angaben für Agrarerzeugnisse oder Lebensmittel verwendet wer- 2 den, die der EG-VO nicht entsprechen. Bei diesem Verbotstatbestand geht es also nicht um die Verwendung der geschützten Herkunftsangabe selbst, sondern um den Hinweis auf den Schutz durch die EG-VO, sozusagen das Gütesiegel. Abgesehen von den beiden deutschen Abkürzungen sind solche Hinweise geschützt, die sich nach dem jeweiligen ausländischen Recht als Bezeichnung für geschützte Herkunftsangaben etabliert haben, zB „A.C.". Ein **Verstoß** kann in verschiedener Weise begangen werden: (1) Die geschützten Angaben können in Verbindung mit Herkunftsangaben verwendet werden, für die **kein Schutz nach der EG-VO** besteht. Der Verkehr wird also nicht über die Herkunft der Ware irregeführt, sondern über ihren Schutz und damit implizit über das Vorliegen der Schutzvoraussetzungen, zB hinsichtlich einer besonderen Qualität, die nur in Verbindung mit einer bestimmten geographischen Qualität bestehen kann. Die Angabe suggeriert dann eine nicht vorhandene "Besonderheit" der Herkunft aus diesem Gebiet. Ein Verstoß gegen Art. 8 liegt auch dann vor, wenn es sich bei der so qualifizierten Herkunftsangabe um eine zutreffende Angabe handelt, sogar dann, wenn diese Schutz nach § 126 ff. geniessen sollte. (2) Ein Verstoß liegt weiter vor, wenn die geschützten Angaben zwar im Zusammenhang mit einer tatsächlich von der EG-VO geschützten Herkunftsangabe verwendet werden, die so bezeichneten Lebensmittel aber nicht den **Spezifikationen** für diese Herkunftsangabe entsprechen. Das kann dann der Fall sein, wenn es sich um eine ganz andere Art von Lebensmittel handelt (Mineralwasser statt Schaumwein), vor allem aber auch dann, wenn das Lebensmittel in irgendeiner sonstigen Weise der Spezifikation nicht entspricht, sei es weil es die qualitativen Anforderungen nicht erfüllt, sei es, weil es nicht aus dem definierten geographischen Gebiet stammt, oder aus anderen Gründen. Kein Verstoß gegen Art. 8 liegt vor, wenn die geschützten Angaben für andere Produkte als Lebensmittel und Agrarerzeugnisse verwendet werden. Dieser Begriff ist entsprechend der Definition des Geltungsbereiches in Art. 1 EG-VO auszulegen, erfaßt also insbesondere auch nicht Weinerzeugnisse, bei denen geschützte Angaben wie zB D.O.C. und A.C. eine erhebliche Rolle spielen.

2. Unzulässige Verwendung der Herkunftsangabe

3   **Art. 13 EG-VO** schützt die eingetragene Bezeichnung selbst gegen Mißbrauch. Die Verbotstatbestände sind in Art. 13 EG-VO im einzelnen aufgeführt. (1) Nach **Art. 13 Abs. 1 lit. a** ist die

„direkte oder indirekte kommerzielle Verwendung" einer eingetragenen Bezeichnung für Erzeugnisse, die nicht unter die Eintragung fallen, verboten sofern diese Erzeugnisse mit den unter dieser Bezeichnung eingetragenen Erzeugnissen vergleichbar sind oder sofern durch diese Verwendung das Ansehen der geschützten Bezeichnung ausgenutzt wird. Dabei ist unter der „direkten Verwendung" die **kennzeichenmäßige Benutzung** zu verstehen, also die Anbringung auf dem Produkt selbst, oder die Verwendung in Werbematerialien usw. als Bezeichnung für das Produkt. Die „indirekte" kommerzielle Verwendung liegt dann vor, wenn zwar keine kennzeichenmäßige Verwendung erfolgt, wohl aber eine **Bezugnahme**, zB die Verwendung der eingetragenen Bezeichnung in der Werbung für ein anderes Produkt („Der Champagner unter der Mineralwässern"). Der Schutz setzt weiter voraus, daß die Erzeugnisse, für die Verwendung erfolgt, mit den in der Spezifikation beschriebenen Erzeugnissen „vergleichbar" sind. Dieser Begriff ist in gleicher Weise auszulegen wie derjenige der „Ähnlichkeit" in § 14 Abs. 2 Nr. 2 (vgl. § 14 Rdn. 235 ff.). Sind die Waren nicht in diesem Sinne vergleichbar, kommt ein Schutz nur dann in Betracht, wenn das **Ansehen** der geschützten Bezeichnung **ausgenutzt** wird. Vorausgesetzt ist dann also zum einen, daß die geschützte Bezeichnung tatsächlich ein bestimmtes Ansehen genießt. Das wird bei geographischen Herkunftsangaben allerdings in der Regel zu vermuten sein (vgl. EuGH GRUR Int. 1993, 76, 78 – *Turron*). Ob eine Ausnutzung des Ansehens vorliegt, kann nach den Kriterien des § 127 Abs. 3 beurteilt werden (vgl. § 127 Rdn. 12). Zwar enthält Art. 13 EG-VO keinen Hinweis auf das Erfordernis, daß die Ausnutzung „ohne rechtfertigenden Grund in unlauterer Weise" erfolgen muß, doch ist dieses Tatbestandsmerkmal implizit zu prüfen, da bei einer gerechtfertigten Benutzung keine Ausnutzung des Ansehens vorliegt. (2) Nach **Art. 13 Abs. 1 lit. b** verboten ist die „**widerrechtliche Aneignung, Nachahmung oder Anspielung**", selbst wenn der wahre Ursprung des Erzeugnisses angegeben ist, oder wenn die geschützte Bezeichnung in Übersetzung oder zusammen mit Ausdrücken wie „Art", „Typ", „Verfahren", „Fasson", „Nachahmung" oder dergleichen verwendet wird. Mit diesem Verbotstatbestand geht Art. 13 EG-VO jedenfalls insoweit über § 127 Abs. 3 hinaus, als jegliche Verwendung der geographischen Herkunftsangabe untersagt wird, auch ohne daß eine Ausnutzung des Ansehens vorliegen muß. Dabei betrifft der Tatbestand der **Nachahmung** solche Abwandlungen, die ihrem Sinn nach die gleiche Bedeutung haben wie die geschützte Bezeichnung (OLG Frankfurt GRUR Int. 1997, 751, 752 – *Gorgonzola/Cambozola*). Insbesondere das Tatbestandsmerkmal der „Anspielung" geht sehr weit und umfaßt auch beschreibende Hinweise, die sonst im Einzelfall zulässig sein könnten. Die Vorschrift will damit insbesondere verhindern, daß eingetragene Herkunftsangaben Gefahr laufen, in Gattungsbezeichnungen umgewandelt zu werden, wenn in erheblichem Umfang Produkte angeboten werden, die angeblich nach „Art" der Originalprodukte hergestellt seinen. Obwohl rechtlich betrachtet eine Umwandlung in eine Gattungseingabe für eingetragene Herkunftsangaben ohnehin ausgeschlossen ist (Art. 13 Abs. 3 EG-VO), ist die Schutzausdehnung dadurch gerechtfertigt, daß eine Eintragung nur erfolgen darf, wenn bestimmte Eigenschaften vorliegen, die an die geographische Herkunft geknüpft sind. Dann ist aber auch ausgeschlossen, daß ein Produkt anderer Herkunft wirklich eine so weitgehende Übereinstimmung zu den Originalprodukten aufweist, daß der Hinweis auf die angeblich gleiche „Art" gerechtfertigt wäre. Nicht jedes Hervorrufen einer Assoziation zu der geographischen Herkunftsangabe fällt aber unter diesen Tatbestand, viel mehr müssen zusätzliche Umstände vorliegen, die auf eine Ausbeutungsabsicht hindeuten (OLG Frankfurt GRUR Int. 1997 751, 753 – *Gorgonzola/Cambozola*). (3) Nach Art. 13 Abs. 1 lit. c verboten ist die Verwendung **„aller sonstigen falschen und irreführenden Angaben,** die sich auf Herkunft, Ursprung, Natur oder wesentliche Eigenschaften der Erzeugnisse beziehen und auf der Aufmachung oder äußeren Verpackung, in der Werbung oder in Unterlagen zu dem betreffenden Erzeugnissen erscheinen sowie die Verwendung von Behältnissen, die geeignet sind, einen falschen Eindruck hinsichtlich des Ursprunges zu erwecken". Der Schutz der EG-VO bezieht sich damit auch auf alle mittelbaren Herkunftsangaben und geht damit weiter als §§ 126 ff. Bei der Auslegung dieser Vorschrift kann die zu § 3 UWG ergangene Rechtsprechung über die Irreführung durch mittelbare Herkunftsangaben herangezogen werden (oben § 126 Rdn. 6 ff.). (4) Nach **Art. 13 Abs. 1 lit. d** sind untersagt „alle **sonstigen Praktiken, die geeignet sind, das Publikum über den wahren Ursprung des Erzeugnisses irrezuführen"**. Im Hinblick auf den sehr weit reichenden Schutz von Art. 13 Abs. 1 lit. b und lit. c bleibt für diesen Auffangtatbestand kaum noch ein denkbarer Anwendungsfall. Bei den „Praktiken" müßte es sich um solche handeln, die nicht „auf der Aufmachung oder der äußeren Verpackung, in der Werbung oder in Unterlagen zu den betreffenden Erzeugnissen erscheinen" (vgl. lit. c). Der Begriff der

"Werbung" dürfte aber bereits alle Maßnahmen erfassen, die an ein Publikum gerichtet sind. Bloß interne Aussagen werden aber auch von lit. d nicht erfaßt.

3. Gattungsbezeichnungen

Ein eingetragener Name wird in vielen Fällen eine Gattungsbe- 4 zeichnung enthalten, zB „Käse" oder „Schinken". Die Verwendung dieses gattungsbezeichnenden Bestandteils (aber nur dieses!) bleibt auch dann erlaubt, wenn er Bestandteil einer eingetragenen Bezeichnung geworden ist. Er nimmt an ihrem Schutz nicht teil.

4. Kollision mit eingetragenen Marken

Art. 14 der EG-VO enthält eine Regelung für den Fall der Kol- 5 lision eingetragener Bezeichnungen mit Marken, wobei insbesondere Abs. 2 ein **Weiterbenutzungsrecht** hinsichtlich solcher Marken enthält, die vor Eintragung der geschützten Bezeichnung gutgläubig erworben wurden. Diese Vorschrift schränkt Art. 13 EG-VO ein. Sie ist auch im Rahmen von § 135 zu berücksichtigen, da bei Vorliegen des Weiterbenutzungsrechtes nach Art. 14 Abs. 2 EG-VO tatbestandlich kein Verstoß gegen Art. 13 EG-VO vorliegt.

III. Klagebefugnis

Die Unterlassungsansprüche aus § 135 bei Verstößen gegen 6 Art. 8 oder 13 EG-VO können von den klagebefugten Verbänden des § 13 Abs. 2 UWG geltend gemacht werden. Es gelten die bei § 128 Rdn. 7 ff. dargestellten Grundsätze. Klagebefugt sind auch die Antragsteller des Art. 5 EG-VO. Soweit ihnen die Partei- oder Prozeßfähigkeit fehlen sollte, sind die Mitglieder klagebefugt. Ihre Klagebefugnis ergibt sich unabhängig von § 13 Abs. 2 UWG daraus, daß sie unmittelbar Verletzte sind. (vgl. § 128 Rdn. 5).

IV. Schadensersatzanspruch; Haftung für Beauftragte

§ 135 Abs. 2 erklärt § 128 Abs. 2 und 3 für entsprechend an- 7 wendbar. Auf die dortige Kommentierung (§ 128 Rdn. 10 ff.) wird verwiesen.

§ 136 Verjährung

Die Ansprüche nach § 135 verjähren gemäß § 20.

Hinsichtlich der Verjährung wird verwiesen auf die Kommentierung zu § 20.

Abschnitt 3. Ermächtigungen zum Erlaß von Rechtsverordnungen

Vorbemerkung zu §§ 137–139

In Abschnitt 3 sind Rechtsverordnungsermächtigungen enthalten, auf deren Grundlage der Schutz geographischer Herkunftsangaben weiter ausgestaltet werden kann. Dabei betrifft § 137 die auf Grundlage der §§ 126 bis 129 geschützten Herkunftsangaben des Abschnittes 1, § 138 die nähere Ausgestaltung des Verfahrens für die Herkunftsangaben der EG-VO (§§ 130–136) und § 139 den Erlaß von Verordnungen, die die EG-VO näher ausgestalten (also nicht nur das nationale Verfahren betreffen).

§ 137 Nähere Bestimmungen zum Schutz einzelner geographischer Herkunftsangaben

(1) Das Bundesministerium der Justiz wird ermächtigt, im Einvernehmen mit den Bundesministerien für Wirtschaft, für Ernährung, Landwirtschaft und Forsten und für Gesundheit durch Rechtsverordnung mit Zustimmung des Bundesrates nähere Bestimmungen über einzelne geographische Herkunftsangaben zu treffen.

(2) In der Rechtsverordnung können
1. durch Bezugnahme auf politische oder geographische Grenzen das Herkunftsgebiet,
2. die Qualität oder sonstige Eigenschaften im Sinne des § 127 Abs. 2 sowie die dafür maßgeblichen Umstände, wie insbesondere Verfahren oder Art und Weise der Erzeugung oder Herstellung der Waren oder der Erbringung der Dienstleistungen oder Qualität oder sonstige Eigenschaften der verwendeten Ausgangsmaterialien wie deren Herkunft, und
3. die Art und Weise der Verwendung der geographischen Herkunftsangabe

geregelt werden. Bei der Regelung sind die bisherigen lauteren Praktiken, Gewohnheiten und Gebräuche bei der Verwendung der geographischen Herkunftsangabe zu berücksichtigen.

Nähere Schutzbestimmungen **§ 136**

I. Allgemeines

§ 137 enthält eine allgemeine Verordnungsermächtigung für 1
„nähere Bestimmungen über einzelne geographische Herkunftsangaben". Damit ist eine Basis für alle gegebenenfalls erforderlichen normativen Regelungen geschaffen. Es ist nicht mehr notwendig, solche Regelungen durch Einzelgesetze zu treffen, wie dies in der Vergangenheit zB durch das SolingenG (aufgehoben durch Art. 48 MarkenrechtsreformG v. 25. Oktober 1994, BGBl. I S. 3082 siehe unten Rdn. 4 zur SolingenVO) geschehen ist. Dadurch soll eine einheitliche gesetzliche Grundlage für alle in Zukunft notwendig werdenden normativen Regelungen für solche geographischen Herkunftsangaben geschaffen werden, die nicht auf der EG-VO beruhen.

II. Adressat

Adressat der Ermächtigung ist das Bundesministerium der Justiz 2
(BMJ). Es ist, anders als in § 138 Abs. 2, nicht befugt, diese Ermächtigung an den Präsidenten des DPA zu übertragen. Das BMJ hat das Einvernehmen mit den Bundesministerien für Wirtschaft, für Ernährung, Landwirtschaft und Forsten und für Gesundheit herzustellen. In welcher Form dieses geschieht, ist dem BMJ überlassen. In jedem Fall müssen die genannten Ministerien zu der beabsichtigten Verordnung gehört werden. Bei Widerspruch eines dieser Ministerien ist das Einvernehmen nicht hergestellt und die Rechtsverordnung kann nicht erlassen werden. Nicht genannt ist das Bundesministerium für Wirtschaft. Bei dem formellen Charakter der Ermächtigungsgrundlage scheidet es aber aus, ein (möglicherweise vorliegendes) Redaktionsversehen dadurch zu korrigieren, daß auch die Herstellung des Einvernehmens mit diesem Ministerium gefordert wird.

III. Inhalt der Rechtsverordnung

Die Rechtsverordnung kann nähere Bestimmungen über die 3
geographische Herkunftsangabe nur hinsichtlich der in Abs. 2 genannten Regelungsgegenstände treffen. Unter diese sind aber praktisch alle Merkmale subsumierbar, die für den **Tatbestand** Bedeu-

§ 136　　　　　　　　　　　　　　　　　Nähere Schutzbestimmungen

tung haben. Nicht Gegenstand der Verordnung werden kann dagegen die Rechtsfolgenseite, die in § 128 abschließend geregelt ist. Die Rechtsverordnung hat die **„bisherigen lauteren Praktiken,** Gewohnheiten und Gebräuche bei der Verwendung geographischer Herkunftsangaben zu berücksichtigen" (§ 137 Abs. 2 S. 2). Bei der normativen Festlegung von Tatbestandsmerkmalen ist somit insbesondere die bestehende Verkehrsauffassung zu berücksichtigen. Mit der Verordnung kann also kein Gebrauch der Bezeichnung für unzulässig erklärt werden, der bisher zulässig war oder umgekehrt. Vielmehr muß die Verordnung im Einklang mit der Verkehrsauffassung stehen. Ob das der Fall ist, können die Gerichte im Verletzungsprozeß oder Strafverfahren inzident prüfen. An den Wortlaut der Rechtsverordnung sind sie nicht gebunden. Die Festlegung kann „durch **Bezugnahme auf politische oder geographische Grenzen**" erfolgen. Politische Grenzen sind auch diejenigen von Gemeinden, Kreisen oder Bundesländern. Geographische Grenzen sind nicht nur natürliche Grenzen (Flüsse, Bergkämme), sondern können beliebig bestimmt werden, zB durch zeichnerische Festlegung auf der Landkarte. Ist durch Rechtsverordnung ein bestimmtes Gebiet festgelegt worden, kann dieses zu einem späteren Zeitpunkt nicht ohne weiteres verkleinert werden, da die Verkehrsauffassung durch die einmal erfolgte Festlegung in der Rechtsverordnung mit geprägt wird. Das gilt insbesondere dann, wenn eine lediglich politische Veränderung der Grenzen eintritt, zB bei einer Kreisreform. Ob bei einer Vergrößerung des politisch maßgebenden Gebietes auch die neu hinzutretenden Gebiete zur Verwendung der Herkunftsangabe berechtigt werden, ist Frage des Einzelfalles. Sobald sich die Verkehrsauffassung so weit verändert hat, daß die geographische Herkunftsangabe als Hinweis auf das vergrößerte Gebiet verstanden wird, ist sie anzupassen (Argument Abs. 2 S. 2). Grundsätzlich erfordert der Schutz einer geographischen Herkunftsangabe nicht, daß die so bezeichneten Produkte bestimmte, definierte **Eigenschaften** aufweisen. Darin unterscheidet sich der Schutz nach §§ 126–129 vom Schutzsystem der EG-VO. Es sind aber Fälle denkbar, wo der Verkehr mit der geographischen Herkunftsangabe bestimmte Eigenschaften der Produkte assoziiert. Dieser Fall ist in § 127 Abs. 2 geregelt. Durch Verordnung können Festlegungen über die Produkteigenschaften getroffen werden, wobei das Gesetz „Verfahren der Herstellung" (also eine bestimmte Bearbeitungsweise) aber auch „Art und Weise der Erzeugung" (also bestimmte Bedingungen der Urproduktion) nennt. Als besonderer Fall wird weiter eine besondere Qualität der Ausgangsprodukte, insbesondere deren Herkunft, genannt. Die ebenfalls im Gesetz genannte „Erbringung von Dienstleistungen" dürfte eher theoretische Bedeutung haben. Denkbar erscheint die markenmäßige Benutzung einer geographischen Herkunftsangabe für Dienstleistungen aber im Bereich des Tourismus. Auch dort wird aber nur in den seltensten Fällen mit der geographischen Herkunft eine bestimmte Art und Weise der Erbringung der Dienstleistung verbunden sein. Die **„Art und Weise der Verwendung"** umfaßt zunächst Wortlaut und Schreibweise der Herkunftsangabe, weiter ihre Kombination mit anderen Bestandteilen. In vielen Fällen wird die geographische Herkunftsangabe nur für eine bestimmte Produktgruppe Schutz genießen. Die Verordnung kann dann regeln, daß die geographische Herkunftsangabe in Verbindung mit der Sachbezeichnung dieser Produktgruppe verwendet wird. Es kann weiter geregelt werden, daß die geographische Herkunftsangabe nur bei gleichzeitiger Verwendung einer Unternehmenskennzeichnung benutzt werden darf, daß sie an bestimmten Stellen des Produktes und in bestimmten Größenverhältnissen zu sonstigen Angaben zu erscheinen hat usw. Durch entsprechende Festlegungen kann zB verhindert werden, daß eine geographische Herkunftsangabe in einer Weise verwendet wird, die beim Verkehr den Eindruck erweckt, es handele sich um eine betriebliche Herkunftsangabe und so die Gefahr einer Umwandlung entstehen kann (§ 126 Rdn. 14).

IV. Verordnungen

Bisher ist von der Ermächtigung erst in einem Fall Gebrauch gemacht worden, nämlich bei der SolingenVO (vom 16. Dezember 1994, BGBl. I 2833) die mit dem früheren SolingenG weitgehend übereinstimmt. 4

§ 138 Sonstige Vorschriften für das Verfahren bei Anträgen und Einsprüchen nach der Verordnung (EWG) Nr. 2081/92

(1) **Das Bundesministerium der Justiz wird ermächtigt, durch Rechtsverordnung ohne Zustimmung des Bundesrates nähere Bestimmungen über das Antrags- und Einspruchsverfahren (§§ 130 bis 133) zu treffen.**

(2) **Das Bundesministerium der Justiz kann die Ermächtigung zum Erlaß von Rechtsverordnungen nach Absatz 1 durch Rechts-**

§ 138 Sonstige Vorschriften

verordnung ohne Zustimmung des Bundesrates ganz oder teilweise auf den Präsidenten des Patentamts übertragen.

I. Allgemeines

1   Der nationale Teil des Verfahrens nach der EG-VO ist in §§ 130–133 nur in den Grundzügen geregelt. Nach § 138 können die Einzelheiten in einer Rechtsverordnung festgelegt werden. Von dieser Verordnungsermächtigung hat der Präsident des DPA (vgl. § 138 Abs. 2) mit der MarkenV Gebrauch gemacht, die in §§ 54–62 MarkenV eine nähere Ausgestaltung des nationalen Verfahrens enthält. Der Gesetzgeber hat neben § 65 eine eigene Verordnungsermächtigung für erforderlich gehalten, da es sich nicht um die Ausgestaltung des markenrechtlichen Verfahrens handelt.

II. Adressat

2   Das Bundesjustizministerium kann die Rechtsverordnung ohne Einschaltung anderer Ministerien erlassen. Da es sich um die Ausgestaltung des Verfahrens vor dem DPA und dem BPatG handelt, ist eine Länderzuständigkeit nicht begründet, deswegen ist auch die Mitwirkung des Bundesrates nicht erforderlich. Das Bundesjustizministerium kann die Verordnungsermächtigung weiterdelegieren an den Präsidenten des DPA (Abs. 2). Die Mitwirkung anderer Stellen an einem Verfahren nach der EG-VO (aber nicht beim Verfahren des Verordnungserlasses) ist insbesondere in § 55 Abs. 1 MarkenV vorgesehen.

III. Inhalt

3   Die Ermächtigung ist inhaltlich nur dadurch beschränkt, daß sich die Regelung auf das Antrags- und Einspruchsverfahren beziehen muß. Damit kann in der Verordnung insbesondere keine nähere Ausgestaltung hinsichtlich der materiellen Anforderungen erfolgen. Diese ergeben sich abschließend aus der EG-VO. Die Verordnungsermächtigung ist hinreichend bestimmt, zumal Grundzüge des Verfahrens bereits in §§ 130–133 festgelegt sind. Dieser gesetzlichen Regelung muß die Verordnung entsprechen.

§ 139 Durchführungsbestimmungen zur Verordnung (EWG) Nr. 2081/92

(1) Das Bundesministerium der Justiz wird ermächtigt, im Einvernehmen mit den Bundesministerien für Wirtschaft, für Ernährung, Landwirtschaft und Forsten und für Gesundheit durch Rechtsverordnung mit Zustimmung des Bundesrates weitere Einzelheiten des Schutzes von Ursprungsbezeichnungen und geographischen Angaben nach der Verordnung (EWG) Nr. 2081/92 zu regeln, soweit sich das Erfordernis hierfür aus der Verordnung (EWG) Nr. 2081/92 oder den zu ihrer Durchführung erlassenen Vorschriften des Rates oder der Kommission der Europäischen Gemeinschaften ergibt. In Rechtsverordnungen nach Satz 1 können insbesondere Vorschriften über
1. die Kennzeichnung der Agrarerzeugnisse oder Lebensmittel,
2. die Berechtigung zum Verwenden der geschützten Bezeichnungen oder
3. die Voraussetzungen und das Verfahren bei der Überwachung oder Kontrolle beim innergemeinschaftlichen Verbringen oder bei der Einfuhr oder Ausfuhr
erlassen werden. Rechtsverordnungen nach Satz 1 können auch erlassen werden, wenn die Mitgliedstaaten nach den dort genannten gemeinschaftsrechtlichen Vorschriften befugt sind, ergänzende Vorschriften zu erlassen.

(2) Die Landesregierungen werden ermächtigt, durch Rechtsverordnung die Durchführung der nach Artikel 10 der Verordnung (EWG) Nr. 2081/92 erforderlichen Kontrollen zugelassenen privaten Kontrollstellen zu übertragen oder solche an der Durchführung dieser Kontrollen zu beteiligen. Die Landesregierungen können auch die Voraussetzungen und das Verfahren der Zulassung privater Kontrollstellen durch Rechtsverordnung regeln. Sie sind befugt, die Ermächtigung nach den Sätzen 1 und 2 durch Rechtsverordnung ganz oder teilweise auf andere Behörden zu übertragen.

I. Allgemeines

Die EG-VO regelt den gemeinschaftsrechtlichen Schutz der geographischen Herkunftsangaben nur in den Grundzügen. Nach Art. 16 der EG-VO können in dem in Art. 15 geregelten Verfahren noch Durchführungsbestimmungen erlassen werden. Der Gegenstand dieser Durchführungsbestimmungen ist nicht abschließend geregelt, die EG-VO erwähnt sie in Art. 2 Abs. 5 (Erstreckung des Schutzes auf gewisse Grunderzeugnisse) und in Art. 5 Abs. 1 (Er-

§ 139

weiterung des Kreises der Antragsteller). Mittlerweile ist die VO (EWG) Nr. 2037/93 vom 27. Juli 1993 (Abl. EG Nr. L 185 vom 28. Juli 1993, S. 5; Anh. 7) in Kraft getreten. § 139 Abs. 1 enthält die Ermächtigungsgrundlage für den Erlaß von Rechtsverordnungen, mit denen die Durchführungsvorschriften **in nationales Recht umgesetzt** werden können, soweit dies erforderlich ist. Bisher hat der deutsche Gesetzgeber von dieser Ermächtigung keinen Gebrauch gemacht. § 139 Abs. 2 enthält eine Ermächtigung für den Erlaß von Rechtsverordnungen zur Durchführung des in Art. 10 EG-VO vorgesehenen Systems privater Kontrollstellen.

II. Durchführungsbestimmungen (Abs. 1)

2   **Adressat** der Ermächtigung ist wie bei § 137 Abs. 1 das BMJ, das aber hier nur im Einvernehmen mit den Bundesministerien für Wirtschaft, für Ernährung, Landwirtschaft und Forsten und für Gesundheit und mit Zustimmung des Bundesrates zum Erlaß der Verordnungen berechtigt ist. § 139 Abs. 1 S. 1 setzt voraus, daß sich für den Erlaß der Rechtsverordnung ein **„Erfordernis"** aus der EG-VO oder den Durchführungsvorschriften ergibt. Ein Erfordernis ist dann zu bejahen, wenn die Regelung der EG-VO oder der Durchführungsbestimmungen nicht so bestimmt sind, daß sie ohne weitere Erläuterung anwendbar sind. § 139 Abs. 1 S. 2 erweitert die Ermächtigung auf die Fälle, in denen die EG-VO oder ihre Durchführungsverordnungen ausdrücklich eine Ermächtigung der Mitgliedstaaten zum Erlaß von ergänzenden Vorschriften vorsehen.

3   In Ziff. 1–3 sind nur beispielhaft („insbesondere") mögliche **Regelungsgegenstände** aufgeführt. Diese beziehen sich auf die Kennzeichnung selbst, die Regelung der Berechtigung zur Verwendung sowie die Überwachung beim innergemeinschaftlichen Verbringen oder bei der Einfuhr oder Ausfuhr.

III. Private Kontrollstellen (Abs. 2)

4   Nach Art. 10 EG-VO steht es im Ermessen der Mitgliedstaaten, ob sie die erforderlichen Kontrollen ausschließlich durch staatliche Einrichtungen oder (auch) durch private Kontrollstellen durchführen lassen wollen. § 139 Abs. 2 ermächtigt die nach Art. 83 GG für die Überwachung zuständigen Landesbehörden (§ 134 Rdn. 4)

durch Rechtsverordnung, diese Übertragung oder Beteiligung privater Kontrollstellen vorzunehmen. **Adressaten** sind zunächst die Landesregierungen, die die Ermächtigung auf andere Behörden weiterübertragen können, wobei zum einen unabhängige oder nachgeordnete Landesbehörden in Betracht kommen, zum anderen aber auch die Übertragung auf eine (erforderlichenfalls neu zu schaffende) gemeinsame Behörde für mehrere Bundesländer. Neben der **Übertragung von Befugnissen**, die in der Verordnung im einzelnen festzulegen sind, können auch die **Voraussetzungen der Zulassung und das Verfahren der Zulassung** geregelt werden. Dabei sind insbesondere die Vorgaben von Art. 10 Abs. 3 EG-VO zu beachten. Es muß also hinreichend sichergestellt sein, daß die privaten Kontrollstellen „ausreichende Gewähr für Objektivität und Unparteilichkeit gegenüber jedem zu kontrollierenden Erzeuger oder Verarbeiter bieten und jederzeit über die Sachverständigen und die Mittel verfügen, die zur Durchführung der Kontrollen der mit einer geschützten Bezeichnung versehenen Agrarerzeugnisse und Lebensmittel notwendig sind".

Teil 7. Verfahren in Kennzeichenstreitsachen

§ 140 Kennzeichenstreitsachen

(1) Für alle Klagen, durch die ein Anspruch aus einem der in diesem Gesetz geregelten Rechtsverhältnisse geltend gemacht wird (Kennzeichenstreitsachen), sind die Landgerichte ohne Rücksicht auf den Streitwert ausschließlich zuständig.

(2) Die Landesregierungen werden ermächtigt, durch Rechtsverordnung die Kennzeichenstreitsachen insgesamt oder teilweise für die Bezirke mehrerer Landgerichte einem von ihnen zuzuweisen, sofern dies der sachlichen Förderung oder schnelleren Erledigung der Verfahren dient. Die Landesregierungen können diese Ermächtigung auf die Landesjustizverwaltungen übertragen. Die Länder können außerdem durch Vereinbarung den Gerichten eines Landes obliegende Aufgaben insgesamt oder teilweise dem zuständigen Gericht eines anderen Landes übertragen.

(3) Vor dem Gericht für Kennzeichenstreitsachen können sich die Parteien auch durch Rechtsanwälte vertreten lassen, die bei dem Landgericht zugelassen sind, vor das die Klage ohne eine Zuweisung nach Absatz 2 gehören würde. Satz 1 gilt entsprechend für die Vertretung vor dem Berufungsgericht.

(4) Die Mehrkosten, die einer Partei dadurch erwachsen, daß sie sich nach Absatz 3 durch einen nicht beim Prozeßgericht zugelassenen Rechtsanwalt vertreten läßt, sind nicht zu erstatten.

(5) Von den Kosten, die durch die Mitwirkung eines Patentanwalts in einer Kennzeichenstreitsache entstehen, sind die Gebühren bis zur Höhe einer vollen Gebühr nach § 11 der Bundesgebührenordnung für Rechtsanwälte und außerdem die notwendigen Auslagen des Patentanwalts zu erstatten.

Inhaltsübersicht

	Rdn.
A. Allgemeines	1–5
1. Überblick	1, 2
2. Früheres Recht	3
3. MRRL	4
4. Gemeinschaftsmarkenrecht	5
B. Begriff der Kennzeichenstreitsache	6–14

	Rdn.
C. Zuständigkeit in Kennzeichenstreitsachen	15–55
I. Internationale Zuständigkeit	15
II. Sachliche Zuständigkeit	16–42
1. Zuständigkeit der Landgerichte (Abs. 1)	16, 17
2. Zuständigkeitskonzentration (Abs. 2, 3)	18–36
a) Normzweck	18
b) Landesrechtliche Regelungen	19–36
3. Ausschließliche Zuständigkeit	37
4. Rechtsfolgen bei sachlicher Unzuständigkeit	38
5. Verhältnis zur Zuständigkeit der Kartellgerichte	39
6. Vertretung, Mehrkosten (Abs. 3, 4)	40–42
III. Örtliche Zuständigkeit	43–52
1. Grundlagen	43
2. Begehungsort	44–48
3. Örtliche Zuständigkeit aufgrund Erstbegehungsgefahr	49, 50
4. Keine Gerichtsstandsbeschränkung durch negative Feststellungsklage	51
5. Zuständigkeitsbegründung durch Testkauf	52
IV. Kammern für Handelssachen	53
V. Zuständigkeit im Verfügungsverfahren	54, 55
D. Mitwirkung von Patentanwälten	56–77
I. Mitwirkungsbefugnis	56
II. Patentanwaltsvergütung	57
III. Erstattung der Patentanwaltskosten (Abs. 5)	58–77
1. Anwendungsbereich	60–65
a) Kennzeichenstreitsache	60, 61
b) Patentanwalt	62–65
2. Mitwirkung	66, 67
3. Gebühren	68–72
4. Auslagen	73–76
5. Ausschluß auch anderweitiger Erstattung	77

Literatur: *Engel,* Zu den prozeßrechtlichen Regelungen des MarkenG, FS Piper 1996, 513; *Engels,* Kennzeichengerichte und Kennzeichenstreitkammern, WRP 1997, 77; *Neuhaus,* Das EuGVÜ und das LugÜ, soweit hiervon Streitigkeiten des gewerblichen Rechtsschutzes betroffen werden, Mitt. 1996, 257.

§ 140 Kennzeichenstreitsachen

A. Allgemeines

1. Überblick

1 Für die kennzeichenrechtlichen Streitigkeiten vor den ordentlichen Gerichten normiert das MarkenG anders als für die markenrechtlichen Verfahren vor DPA und BPatG (und BGH in Rechtsbeschwerdeverfahren) kein umfassendes eigenes Verfahrensrecht. Teil 7 beschränkt sich mit den §§ 140–142 vielmehr auf einige besondere Zuständigkeits- und Verfahrensregeln. Daneben enthalten einige Bestimmungen aus den materiellrechtlichen Teilen des MarkenG auch verfahrensrechtlich relevante Regelungen, wie insbesondere § 44 zur Eintragungsbewilligungsklage und § 55 zur Löschungsklage sowie ferner die Vor §§ 14–19 Rdn. 5 genannten Einzelvorschriften für Verletzungsprozesse. Im übrigen gelten die allgemeinen Bestimmungen für das streitige Verfahren vor den Zivilgerichten, insbesondere ZPO und GVG.

2 § 140 definiert den Begriff der Kennzeichenstreitsache und knüpft daran einige von ZPO und GVG abweichende Zuständigkeits-, Vertretungs- und Kostenregelungen. § 140 Abs. 1 ordnet die ausschließliche sachliche Zuständigkeit der Landgerichte für Kennzeichenstreitsachen in erster Instanz an. § 140 Abs. 2 ermächtigt die Länderregierungen zu Zuständigkeitskonzentrationen für mehrere LG-Bezirke, ein ganzes Bundesland oder auch länderübergreifend. In diesem Falle soll der Rechtsanwalt, der an dem ohne Konzentration zuständigen Gericht zugelassen ist, auch vor dem Gericht für Kennzeichenstreitsachen vertreten können (§ 140 Abs. 3). Dadurch entstehende Mehrkosten seiner Partei sind aber vom Gegner nicht zu erstatten (§ 140 Abs. 4). § 140 Abs. 5 befreit die Erstattungsfähigkeit von Patentanwaltsgebühren von der Notwendigkeitsprüfung nach § 91 Abs. 1 ZPO, beschränkt sie aber andererseits unabhängig von dem nach patentanwaltlichem Gebührenrecht angefallenen Umfang auf eine volle Gebühr iSd BRAGO zuzüglich Auslagen. Mit § 140 **vergleichbare Regelungen für andere Bereiche des gewerblichen Rechtsschutzes** finden sich in §§ 143 PatG, 27 GebrMG, 15 GeschmMG, 38 SortSchG (vgl. ferner §§ 27 UWG, 105 UrhG).

2. Früheres Recht

3 § 140 entspricht dem bislang auf Warenzeichenstreitsachen beschränkten § 32 WZG in der Fassung des PrPG von 1990 mit Aus-

1382

nahme der nun auch länderübergreifend eröffneten Konzentration und der erstmaligen Zulassung auch nur teilweiser Konzentration. Für nicht unter § 32 WZG fallende Kennzeichenstreitigkeiten waren früher auch die Amtsgerichte zuständig. Dem kam jedoch in der Praxis wegen der Einbeziehung von Name und Firma in den Begriff der Warenzeichenstreitsache (§ 24 WZG) und der regelmäßig die Streitwertgrenze übersteigenden Streitwerte nur sehr geringe Bedeutung zu.

3. MRRL

Die MRRL enthält keine Vorschriften über die Verfahren in Markensachen vor den Gerichten der Mitgliedstaaten, sondern läßt die nationalen Verfahrensregeln ausdrücklich unberührt (ErwGr. 5 zu Löschungsverfahren, ErwGr. 10 aE zum Verletzungsprozeß). 4

4. Gemeinschaftsmarkenrecht

Art. 91 GMVO sieht für die wichtigsten vier Klagearten in Zusammenhang mit einer Gemeinschaftsmarke (Art. 92 GMVO) die Benennung einer möglichst geringen Anzahl nationaler Gerichte erster und zweiter Instanz als „Gemeinschaftsmarkengerichte" des jeweiligen Mitgliedstaats vor (Zuständigkeit und Verfahren: Art. 92 ff. GMVO). § 125 e regelt hierzu die Zuständigkeit der deutschen Landgerichte und Oberlandesgerichte als Gemeinschaftsmarkengerichte parallel zu § 140 und erklärt § 140 Abs. 3 bis 5 für entsprechend anwendbar. Für alle nicht unter diese Klagearten fallenden Streitigkeiten in Zusammenhang mit einer Gemeinschaftsmarke sind nach Art. 102 GMVO diejenigen nationalen Gerichte zuständig, die zur Entscheidung solcher Streitigkeiten im Falle eingetragener nationaler Marken berufen wären. In Deutschland führt dies wiederum zu den Kennzeichenstreitgerichten nach § 140 Abs. 1 und 2. 5

B. Begriff der Kennzeichenstreitsache

Nach der Legaldefinition des § 140 Abs. 1 sind „Kennzeichenstreitsachen" alle Klagen, durch die ein Anspruch aus einem der im MarkenG geregelten Rechtsverhältnisse geltend gemacht wird. Der Normzweck verlangt eine **weite Auslegung** dieses Begriffs (vgl. zu § 32 Abs. 5 WZG: KG WRP 1997, 37; OLG München 6

GRUR 1984, 161, 162; OLG Frankfurt aM WRP 1979, 211; OLG Köln Mitt. 1973, 76), wie dies auch zu § 143 Abs. 1 PatG anerkannt ist (*Benkard/Rogge* § 143 PatG Rdn. 1). Die ausschließliche Zuständigkeit eines kennzeichenrechtlich besonders erfahrenen Landgerichts wäre an sich schon immer dann sinnvoll, wenn die Streitigkeit irgendeinen Bezug zu einem der im MarkenG geregelten Kennzeichen aufweist. Im Interesse der Rechtssicherheit bleibt die Legaldefinition des § 140 Abs. 1 dahinter jedoch zurück. Der Bezug zum MarkenG muß sich daraus ergeben, daß **gerade der geltend gemachte Klageanspruch** aus einem Rechtsverhältnis abgeleitet wird, das Bestimmungen des MarkenG unterliegt. Neben unmittelbar aus Bestimmungen des MarkenG abgeleiteten **gesetzlichen Ansprüchen** (§§ 14–19, 44, 55 (49, 51), 101, 128, 135) gehören dazu auch alle Ansprüche aus rechtsgeschäftlichen Erklärungen und Vereinbarungen, die im MarkenG – sei es auch nur teilweise – geregelt sind, zB Streitigkeiten aus Übertragungen, Belastungen oder Lizenzen nach §§ 27–31. Für Ansprüche aus den im MarkenG nicht ausdrücklich geregelten Rechtsgeschäften über geschäftliche Bezeichnungen gilt dies ebenfalls, da sie an Entstehung und Inhalt des Kennzeichenrechts nach den Regelungen des MarkenG anknüpfen (zB Abgrenzungsvereinbarungen, Vergleichsverträge zur Beilegung von Verletzungsprozessen etc.). Aus diesem Grunde sind alle Streitigkeiten aus **vertraglichen Vereinbarungen**, deren Gegenstand die Inhaberschaft an oder die Rechte aus einem Kennzeichenrecht sind, Kennzeichenstreitsachen iSd MarkenG. § 140 Abs. 1 läßt es dabei genügen, daß der geltend gemachte Anspruch aus einem kennzeichenrechtlich geregelten Rechtsverhältnis stammt, ohne daß es darauf ankommt, ob der konkrete Streitpunkt der Parteien gerade kennzeichenrechtlicher Art ist. Daher fallen auch **wettbewerbsrechtliche** oder **deliktsrechtliche** Klagen gegen Kennzeichenberühmungen oder Anspruchsberühmungen unter § 140 Abs. 1 (unten Rdn. 14).

7   Maßgeblich ist der **Sachvortrag des Klägers** (Widerklägers) und die objektive rechtliche Einordnung seines Klagebegehrens. Die ausdrückliche Nennung markengesetzlicher Bestimmungen seitens des Klägers ist nicht erforderlich (zB OLG Dresden GRUR 1997, 468; KG WRP 1997, 37; OLG Hamm Mitt. 1985, 177). Für die Einordnung als Kennzeichenstreitsache sind die tatsächlichen Behauptungen des Klägers als zutreffend zu unterstellen. **Eine Schlüssigkeits- oder gar Begründetheitsprüfung findet nicht statt.** Ohne Bedeutung ist insbesondere auch, ob sich kennzeichenrechtliche Fragen letztendlich als für die gerichtliche Entschei-

Kennzeichenstreitsachen **§ 140**

dung erheblich erweisen (OLG Düsseldorf Mitt. 1987, 36; OLG Karlsruhe Mitt. 1984, 196). Beruft sich der Kläger ausdrücklich auf kennzeichenrechtliche Anspruchsgrundlagen, so liegt eine Kennzeichenstreitsache nur dann nicht vor, wenn dem streitgegenständlichen Sachverhalt jeglicher Bezug zu den angeführten Normen des MarkenG fehlt und zweifelsfrei feststeht, daß ihre Erwähnung in der Klage nur der **Zuständigkeitserschleichung** dienen kann (vgl. OLG Düsseldorf, Mitt. 1982, 179).

Ob das Klagebegehren zusätzlich auch noch auf **anderweitige** 8 **Anspruchsgrundlagen** (zB UWG, UrhG, GeschmMG, nicht kennzeichenrechtlichen Vertrag, allgemeines Deliktsrecht etc.) gestützt und/oder danach begründet ist, spielt für die Qualifikation als Kennzeichenstreitsache keine Rolle, sondern führt dazu, daß das Kennzeichenstreitgericht auch zur Entscheidung über die nichtkennzeichenrechtlichen Anspruchsgrundlagen berufen ist, soweit keine vorrangige ausschließliche Zuständigkeit besteht (KG WRP 1997, 37; OLG Düsseldorf Mitt. 1987, 36; OLG Köln Mitt. 1973, 76; OLG Düsseldorf GRUR 1964, 388).

Die Rechtsnatur der vom Beklagten erhobenen **Einwände** al- 9 lein kann nach dem insoweit eindeutigen Wortlaut des § 140 Abs. 1 **nicht** zur Qualifikation als Kennzeichenstreitsache führen (ebenso *Benkard/Rogge*, § 143 PatG Rdn. 3 mwN). Dies gilt auch für den Fall der Aufrechnung des Beklagten auch bei selbständiger Geltendmachung unter § 140 Abs. 1 fallenden Forderung (offengl. zum PatG in BGH GRUR 1962, 305, 306; wie hier *Benkard/Rogge* § 143 PatG Rdn. 3 mwN auch zur Gegenaufassung im Patentrecht).

§ 140 gilt nicht nur für Klageverfahren, sondern entsprechend 10 auch für **Verfügungsverfahren** (OLG Karlsruhe Mitt. 1977, 74 – *Velemint*; vgl. zum PatG: OLG Düsseldorf GRUR 1960, 123), **Arreste** (vgl. zum PatG: OLG Karlsruhe GRUR 1973, 26) und nach richtiger Auffassung auch für die **Vollstreckungsverfahren** vor dem Prozeßgericht nach §§ 887–890 ZPO (OLG Düsseldorf GRUR 1983, 512; OLG Frankfurt aM GRUR 1979, 340; OLG München GRUR 1978, 499), Vollstreckungsgegenklagen nach § 767 ZPO (OLG Düsseldorf GRUR 1985, 220 zum PatG), einschließlich Auskunftsvollstreckung (aA OLG Hamburg JB 1986, 1906; JB 1980, 1728; wie hier *Fezer* § 140 Rdn. 5 und auch *Benkard/Rogge* § 143 PatG Rdn. 6).

Die Beschränkung des Streits auf die **Kostenentscheidung**, zB 11 nach Anerkenntnis oder Erledigung, läßt den ursprünglich gegebenen Kennzeichenstreitcharakter nicht entfallen, und zwar nach richtiger Auffassung auch nicht in einem diesbezüglichen Beschwerdeverfahren (vgl. zum PatG OLG Düsseldorf Mitt. 1982, 175; *Benkard/Rogge*, § 143 PatG Rdn. 1; aA für Beschwerdeverfahren, in denen nur die Anwendung von § 93 ZPO zu prüfen ist OLG München v. 4. Juli 1997 11 W 1854/97, auch bei Anwendung des § 93 ZPO im Rahmen von § 91 a ZPO OLG München v. 4. August 1997 11 W 2126/97).

12 Keine Kennzeichenstreitsache ist das **Kostenfestsetzungsverfahren** (OLG Karlsruhe Mitt. 1977, 218; vgl. zum PatG OLG Düsseldorf JB 1982, 576). Auch **Honorarklagen** eines Rechtsanwalts oder Patentanwalts aus kennzeichenrechtlicher Beratungs- oder Vertretungstätigkeit sowie entsprechende Haftungsprozesse gegen den Anwalt sind keine Kennzeichenstreitsachen. Zwar kann auch in solchen Verfahren besondere kennzeichenrechtliche Sachkunde und Erfahrung wünschenswert sein. Das derartigen Ansprüchen zugrundeliegende Rechtsverhältnis ist jedoch der anwaltliche Dienstvertrag, der nicht im MarkenG geregelt ist, sondern in BGB und Berufsrecht. Auch die in MarkenG und MarkenV enthaltenen Vertretungsregelungen ermöglichen kein anderes Ergebnis, nachdem sie auf die Regelung des Außenverhältnisses beschränkt sind (aA OLG Karlsruhe GRUR 1997, 359; OLG Karlsruhe Mitt. 1980, 177; wie hier zum PatG OLG Frankfurt aM Mitt. 1975, 140; zurückhaltender OLG Frankfurt aM Mitt. 1977, 98, 100; wie hier *Benkard/Rogge*, § 143 PatG Rdn. 5). Von der Honorarklage zu unterscheiden ist die **Kostenerstattungsklage** gegen den Kennzeichenverletzer, die stets Kennzeichenstreitsache ist (zB OLG München Mitt. 1982, 199).

13 Auf Klagen, mit denen ein Anspruch geltend gemacht wird, der aus einem durch **ausländisches Kennzeichenrecht** geregeltes Rechtsverhältnis stammt, ist § 140 analog anzuwenden. Kennzeichenrechtliche Sachkunde und Erfahrung sind bei einem derartigen Fall mit Auslandsbezug idR noch dringender notwendig als bei einer Klage, die inländische Kennzeichenrechte betrifft (ebenso hM zum PatG, vgl. OLG Frankfurt GRUR 1983, 435; LG Mannheim GRUR 1980, 935, 937; OLG Düsseldorf GRUR Int. 1968, 100, 101; LG Düsseldorf GRUR Int. 1968, 101, 102; *Benkard/Rogge*, § 143 PatG Rdn. 2).

14 **Weitere Beispiele** für Kennzeichenstreitsachen: **Vertragsstrafenklage** (vgl. OLG Düsseldorf GRUR 1984, 650 zum PatG aA OLG München v. 4. April 1990 11 w 758/90); Klage auf Unterlassung kennzeichenrechtlicher **Schutzrechtsberühmung** (OLG Nürnberg Mitt. 1985, 97); Streitigkeiten über die Berechtigung

kennzeichenrechtlicher Abmahnungen, **Anspruchsberühmungen** (LG Mannheim Mitt. 1983, 158); **Schuldanerkenntnis**, das in Zusammenhang mit einem kennzeichenrechtlichen Anspruch abgegeben wird (BGH GRUR 1968, 307, 310 – *Haftbinde* zum PatG).

C. Zuständigkeit in Kennzeichenstreitsachen

I. Internationale Zuständigkeit

Die internationale Zuständigkeit der deutschen Gerichte für kennzeichenrechtliche Klagen, insbesondere wegen Verletzung von im Inland geschützten Kennzeichenrechten, richtet sich im Anwendungsbereich des EuGVÜ oder des Lugano-Abkommens (LGVÜ) vorrangig nach deren Bestimmungen (zu den Anwendungskonstellationen s. *Neuhaus* Mitt. 1996, 258 f.). Nur im Verfügungsverfahren verdrängen die Zuständigkeiten nach EuGVÜ die nationalen Zuständigkeiten nicht (Art. 24 EuGVÜ/LGVÜ; *Neuhaus* Mitt. 1996, 268 f.). Neben dem Gerichtsstand des Wohnsitzes bzw. Sitzes (Art. 2, Art. 53 EuGVÜ/LGVÜ) und der Niederlassung (Art. 5 Nr. 5 EuGVÜ) des Beklagten ist für Verletzungsklagen vor allem der Gerichtsstand des **Begehungsorts einer unerlaubten Handlung** von Bedeutung (Art. 5 Nr. 3 EuGVÜ/LGVÜ), und zwar auch für die vorbeugende Unterlassungsklage (str., BGH GRUR 1994, 530 – *Beta*, Vorlagebeschluß, aber zurückgezogen NJW 1994, 3248; *Schlosser* Art. 5 Rdn. 16; *Thomas/Putzo* Art. 5 Rdn. 10 mwN). Der Begriff des Handlungsorts im Sinne der Abkommen entspricht weitgehend dem unten Rdn. 44 ff. zu § 32 ZPO erläuterten (*Neuhaus* Mitt. 1996, 262 ff.; *Schlosser* Art. 5 Rdn. 18 ff.; EuGH NJW 1991, 632; auch Erfolgsort EuGH NJW 1977, 493; nicht aber bloße Schadensfolgen BGHZ 98, 275). Zur negativen Feststellungsklage s. Vor §§ 14–19 Rdn. 117. Außerhalb der Abkommen ist die internationale Zuständigkeit gegeben, wenn nach den Vorschriften über die örtliche Zuständigkeit (unten Rdn. 43 ff.) ein Gerichtsstand im Inland besteht. Zur Frage der inländischen Kennzeichenverletzung durch grenzüberschreitend verbreitete oder zugängliche Medien s. § 14 Rdn. 30 ff.

§ 140 Kennzeichenstreitsachen

II. Sachliche Zuständigkeit

1. Zuständigkeit der Landgerichte (Abs. 1)

16 § 140 Abs. 1 begründet die ausschließliche sachliche Zuständigkeit der Landgerichte für Kennzeichenstreitsachen, schließt also die Zuständigkeit der Amtsgerichte streitwertunabhängig aus. Zur Zuständigkeit für einstweilige Verfügungen bei Kennzeichenverletzungen s. unten Rdn. 54.

17 Durch Geschäftsverteilungsplan (§ 21 e GVG) werden die Kennzeichenstreitsachen idR bestimmten Zivilkammern und Kammern für Handelssachen (unten Rdn. 53) zugewiesen, die oft zugleich für UWG-Sachen, Geschmacksmustersachen und bei Zivilkammern auch für Patent- und Gebrauchsmusterstreitsachen sowie ggf. Urheberrechtsstreitigkeiten zuständig sein können (vgl. dazu die Auflistung bei *Engels* WRP 1997, 77).

2. Zuständigkeitskonzentration (Abs. 2, 3)

18 a) **Normzweck.** § 140 liegt ähnlich wie den bei Rdn. 2 genannten Parallelvorschriften für andere gewerbliche Schutzrechte die Erkenntnis zugrunde, daß es sich beim Kennzeichenrecht um eine schwierige Spezialmaterie handelt, zu deren sachgerechter Bewältigung **besondere Sachkunde und Erfahrung** des Gerichts erforderlich sind. Die streitwertunabhängige Zuständigkeit der Landgerichte trägt hierzu schon dadurch bei, daß die andernfalls idR gegebene Zuständigkeit mehrerer Amtsgerichte auf das Landgericht konzentriert wird. Dies fördert die Spezialisierung der dort zuständigen Spruchkörper und gewährleistet darüber hinaus eine **einheitliche Rechtsprechung** im LG-Bezirk sowie die Verlagerung der Berufungsverfahren auf das übergeordnete OLG, dem damit seinerseits die Spezialisierung erleichtert wird. Gleichzeitig eröffnet § 140 Abs. 1 bei entsprechend eingerichteten Landgerichten die Zuständigkeit der Kammern für Handelssachen nach § 95 Abs. 1 Nr. 4c GVG auch für Kennzeichenstreitsachen mit niedrigeren Streitwerten. § 140 Abs. 2 gestattet eine weitere Steigerung dieser Konzentration und erlaubt über die häufigere Befassung der aufgrund Konzentration zuständigen Spruchkörper die Ansammlung von Erfahrungen in dieser Spezialmaterie. Zugleich fördert auch die auf Landesrecht beruhende Konzentration die Einheitlichkeit der Rechtsprechung in dem zusammengefaßten Zuständigkeitsbereich.

Kennzeichenstreitsachen **§ 140**

b) **Landesrechtliche Regelungen.** Von der Konzentrations- 19
ermächtigung nach § 140 Abs. 2 ist in großem Umfang Gebrauch
gemacht worden, und zwar überwiegend durch Zuweisung **sämtlicher** Kennzeichenstreitsachen durch Verordnung an ein bestimmtes Landgericht. Kein Gebrauch gemacht worden ist bislang
von der durch § 140 Abs. 2 S. 1 neu eingeräumten Möglichkeit der
nur **teilweisen** Konzentration von Kennzeichenstreitsachen (Amtl.
Begr. 3. Abs. zu § 140), wobei jedoch sowohl in Brandenburg als
auch in Mecklenburg-Vorpommern noch auf der Grundlage des
Einigungsvertrags eine auf Warenzeichenstreitsachen iSd früheren
§ 32 Abs. 1 WZG begrenzte Konzentration gilt (vgl. *Engels* WRP
1997, 78). Von der länderübergreifenden Konzentration durch
Staatsvertrag gemäß § 140 Abs. 2 S. 2 haben bislang nur die Länder Berlin und Brandenburg Gebrauch gemacht (Staatsvertrag vom
20. 11. 1995). Damit sind für Kennzeichenstreitsachen zum Zeitpunkt des Redaktionsschlusses folgende Landgerichte zuständig,
wobei auf den ständigen Aktualisierungsbedarf hinzuweisen ist:

Baden-Württemberg: LG Stuttgart für Bezirk des OLG Stutt- 20
gart, LG Mannheim für Bezirk des OLG Karlsruhe (VO vom 6. 4.
1995, GVBl. 1995, 309).

Bayern: LG München I für den Bezirk des OLG München, LG 21
Nürnberg-Fürth für die Bezirke der OLG Nürnberg und Bamberg
(VO vom 2. 2. 1988 GVBl. 1988, 6, geändert durch VO vom 6. 7.
1995, GVBl. 1995, 343).

Berlin: Keine Konzentration, da nur LG Berlin. 22

Brandenburg: LG Berlin für ganz Brandenburg, jedoch nur für 23
„Warenzeichenstreitigkeiten"; für dennoch weite Anwendung auf
alle Kennzeichenstreitsachen *Fezer* § 140 Rdn. 9; aA *Engels* WRP
1997, 78 (StaatsV vom 20. 11. 1995 GVBl. I. 1995, 288; Gesetz
vom 8. 3. 1996, GVBl. 1996, 106).

Bremen: Keine Konzentration, da nur LG Bremen. 24

Hamburg: Keine Konzentration, da nur LG Hamburg. 25

Hessen: LG Frankfurt aM für ganz Hessen (VO vom 8. 5. 1995, 26
GVBl. 1995, 216).

Mecklenburg-Vorpommern: VO in Vorb. ab 1. 1. 1998; für 27
Warenzeichenstreitsachen bisher LG Rostock für ganz Mecklenburg-Vorpommern (VO vom 28. 3. 1994, GVBl. 1994, 514, geändert durch VO vom 7. 4. 1995, GVBl. 1995, 226); diese Konzentration soll nicht für Marken fortgelten, so *Fezer* § 140 Rdn. 9, aA
Engels WRP 1997, 78.

Niedersachsen: LG Braunschweig für ganz Niedersachsen (VO 28
vom 18. 3. 1988, GVBl. 1988, 39, geändert durch VO vom 21. 6.

§ 140 Kennzeichenstreitsachen

1991, GVBl. 1991, 217, sowie durch VO vom 10. 3. 1995, GVBl. 1995, 53).

29 **Nordrhein-Westfalen**: LG Düsseldorf für den Bezirk des OLG Düsseldorf; LG Köln für den Bezirk des OLG Köln; LG Bielefeld für die LG-Bezirke Bielefeld, Detmold, Münster und Paderborn; LG Bochum für die LG-Bezirke Arnsberg, Bochum, Dortmund, Essen, Hagen, Siegen (VO vom 12. 8. 1996, GV 1996, 348).

30 **Rheinland-Pfalz**: LG Koblenz für den Bezirk des OLG Koblenz; LG Frankenthal für den Bezirk des OLG Zweibrücken (VO 22. 11. 1985 GVBl. 1985, 267, geändert durch VO vom 28. 6. 1995, GVBl. 1995, 192).

31 **Saarland**: Keine Konzentration, da nur LG Saarbrücken.

32 **Sachsen**: LG Leipzig für ganz Sachsen (VO vom 14. 7. 1994, GVBl. 1994, 1313, geändert durch VO vom 8. 3. 1995, GVBl. 1995, 105).

33 **Sachsen-Anhalt**: LG Magdeburg für ganz Sachsen-Anhalt (VO vom 1. 9. 1992 GVBl. 1992, 664, geändert durch VO vom 5. 12. 1995 GVBl. 1995, 360).

34 **Schleswig-Holstein**: Noch keine Konzentration.

35 **Thüringen**: LG Erfurt für ganz Thüringen (VO vom 12. 8. 1993, GVBl. 1993, 563 geändert durch VO vom 1. 12. 1995, GVBl. 1995, 404).

3. Ausschließliche Zuständigkeit

37 Sowohl § 140 Abs. 1 als auch die landesrechtlichen Zuständigkeitskonzentrationen gemäß § 140 Abs. 2 sind ausschließlich, so daß **Gerichtsstandsvereinbarungen** bzw. **rügeloses Einlassen** nach § 40 Abs. 2 S. 1 bzw. S. 2 ZPO nur dann wirksam sind, wenn sie zur Zuständigkeit eines der obigen Kennzeichenstreitgerichte führen (unzutr. OLG Dresden WRP 1997, 577, 579 – *awa-Banderolen* aufgrund Verwechslung mit der schon seit 1. 7. 1990 überholten Regelung des § 32 Abs. 1 S. 2 WZG aF; ebenso unrichtig OLG Dresden GRUR 1997, 468). Unproblematisch sind Gerichtsstandsvereinbarungen, die nicht ein bestimmtes Landgericht, sondern einen Ort nennen, da die Vereinbarung dann das für diesen Ort als Kennzeichenstreitgericht zuständige Landgericht prorogiert, soweit die allgemeinen Voraussetzungen nach §§ 38, 40 Abs. 1 ZPO gegeben sind.

4. Rechtsfolgen bei sachlicher Unzuständigkeit

38 Wird eine Kennzeichenstreitsache bei einem nach § 140 Abs. 1, 2 nicht zuständigen Landgericht anhängig gemacht, muß der Kläger

Verweisung an das zuständige Gericht beantragen (§ 281 ZPO), da die Klage andernfalls als unzulässig abzuweisen ist. Die Verweisung ist unanfechtbar und für das neu befaßte Gericht bindend (§ 281 Abs. 2 S. 3, 5 ZPO; BGH GRUR 1978, 527, 528 – *Zeitplaner* zum PatG), soweit nicht ausnahmsweise wegen Willkür oder Versagung des rechtlichen Gehörs anfechtbar (*Thomas/Putzo*, § 281 ZPO Rdn. 12 mwN). Die Unzuständigkeit nach § 140 Abs. 1, 2 kann vorbehaltlich der Beschränkung nach § 529 Abs. 2 ZPO mit der Berufung gerügt werden. Kennzeichenstreitsachen sind schiedsfähig (§§ 1025 ff. ZPO).

5. Verhältnis zur Zuständigkeit der Kartellgerichte

Die Zuständigkeit für Kennzeichenstreitsachen kann sich mit der ebenfalls ausschließlichen sachlichen Zuständigkeit für Kartellsachen überschneiden und mit ihr kollidieren, es sei denn, das Kennzeichenstreitgericht ist zugleich Kartellgericht. Beschränkt sich der kartellrechtliche Bezug auf eine Vorfrage des kennzeichenrechtlichen Anspruchs oder Einwände des Beklagten, so ist nach § 96 Abs. 2 GWB auszusetzen und die Entscheidung des Kartellgerichts einzuholen. Ist dagegen die Klage selbst zugleich Kennzeichenstreitsache und auf kartellrechtliche Vorschriften gestützt, so geht die Zuständigkeit der Kartellgerichte vor (vgl. BGHZ 49, 33 – *Kugelschreiber*; BGH GRUR 1960, 350 – *Malzflocken*; Benkard/ Rogge, § 143 PatG Rdn. 10). 39

6. Vertretung, Mehrkosten (Abs. 3, 4)

§ 140 Abs. 3 S. 1 gestattet als Sonderregelung zu § 78 Abs. 1 ZPO (in der bis 1.1.2000/2005 geltenden Fassung) auch denjenigen Rechtsanwälten die Vertretung bei dem aufgrund Konzentration nach § 140 Abs. 2 zuständigen Landgericht, die bei einem Landgericht zugelassen sind, dessen Zuständigkeit im konkreten Fall durch die Konzentrationsregelung verdrängt worden ist. Die Regelung gilt auch dann, wenn das Kennzeichenstreitgericht auch ohne Konzentration selbst aufgrund eines entsprechenden Gerichtsstandes zuständig wäre. Beispiel: Begeht ein Münchener Unternehmen eine Kennzeichenverletzung in Traunstein und Passau, so sind in dem Verfahren vor dem für alle drei Orte als Kennzeichenstreitgericht zuständigen Landgericht München I auch alle bei den Landgerichten Traunstein oder Passau zugelassenen Anwälte postulationsfähig. Für die Berufungsinstanz gilt dies nach § 140 Abs. 3 Satz 2 entsprechend, wenn dem kraft Konzentration zustän- 40

§ 140 Kennzeichenstreitsachen

digen Landgericht ein anderes Oberlandesgericht übergeordnet ist, als dem Landgericht, dessen Zuständigkeit im konkreten Fall durch die Konzentration verdrängt wird. Die Vertretungsberechtigung besteht auch dann, wenn dieses OLG deshalb eigentlich zu Unrecht mit der Sache befaßt wird, weil es sich in Wirklichkeit nicht um eine Kennzeichenstreitsache handelt (BGH GRUR 1978, 527, 528 – *Zeitplaner* zum PatG).

41 § 140 Abs. 4 schließt die Erstattung derjenigen **Mehrkosten** durch die Gegenpartei aus, die dadurch entstehen, daß sich eine Partei von dem nach § 140 Abs. 3 vertretungsberechtigten auswärtigen Anwalt vertreten läßt. IdR werden dies nur die Kosten der Reisen zum Kennzeichenstreitgericht sein. § 140 Abs. 4 schließt nicht aus, daß die Mehrkosten bis zur Höhe (fiktiver) Kosten eines notwendigen Verkehrsanwalts oder notwendiger Informationsreisen der Partei als erstattungsfähig anerkannt werden (vgl. *Benkard/Rogge* § 143 PatG Rdn. 18; OLG Frankfurt aM WRP 1980, 337 für UWG-Sache).

42 Wird der auswärtige Anwalt nur als **Verkehrsanwalt** tätig, obwohl er nach § 140 Abs. 3 selbst vertretungsberechtigt wäre, sind seine Kosten nach § 91 ZPO nur bis zu der Höhe zu erstatten, in der sie auch bei Vertretung durch den auswärtigen Anwalt (OLG Hamburg Mitt. 1940, 23 zum PatG) oder bei direkter Unterrichtung des Prozeßbevollmächtigten durch die Partei entstanden wären (OLG Karlsruhe WRP 1979, 569; OLG Karlsruhe Mitt. 1973, 119 für Eilverfahren; aA OLG Frankfurt AnwBl. 1985, 531).

III. Örtliche Zuständigkeit

1. Grundlagen

43 Das MarkenG regelt zur örtlichen Zuständigkeit nur zwei Einzelfragen. § 141 hebt die Ausschließlichkeit der wettbewerbsrechtlichen Gerichtsstände nach § 24 UWG für Kennzeichenstreitsachen auf. § 96 Abs. 3 begründet iVm § 23 ZPO eine besondere Auffangzuständigkeit am Sitz des Inlandsvertreters. Hiervon abgesehen richtet sich die örtliche Zuständigkeit nach den **allgemeinen Vorschriften** der §§ 12 ff. ZPO. Neben dem allgemeinen Gerichtsstand an Wohnsitz bzw. Sitz des Beklagten (§§ 12, 13, 17 ZPO) und ferner dem besonderen Gerichtsstand der Niederlassung des Beklagten (§ 21) spielt bei Kennzeichenverletzungen vor allem der Gerichtsstand der unerlaubten Handlung am Begehungsort

(§ 32 ZPO) eine sehr große Rolle, da er dem Inhaber eines bundesweit geschützten Kennzeichenrechts die Wahl zwischen sämtlichen als Kennzeichenstreitgerichten zuständigen Landgerichten eröffnet, in deren – ggf. durch Konzentration nach § 140 Abs. 2 erweiterten – Zuständigkeitsbezirk die kennzeichenverletzende Handlung begangen wurde oder greifbar droht.

2. Begehungsort

Begehungsort in diesem Sinne ist zunächst der „**Handlungs-** 44 **ort**", an dem die tatbestandsmäßige Handlung insgesamt oder auch nur ein Teil davon begangen worden ist, der nicht nur eine noch nicht tatbestandsmäßige Vorbereitung darstellt. Tatort ist auch der „**Erfolgsort**", an dem die tatbestandsmäßige Rechtsverletzung bewirkt worden ist (BGH GRUR 1994, 530, 532 – *Beta*; BGH GRUR 1964, 316, 318 – *Stahlexport*). Orte, an denen sich bloße Schadensfolgen aus unabhängig hiervon vollendeten Eingriffen realisieren, begründen keine Zuständigkeit (BGH GRUR 1978, 194, 195 – *profil* zu Persönlichkeitsrechtsverletzung). Dazu allg. *B/H* § 24 UWG Rdn. 6; *Köhler/Piper* § 24 UWG Rdn. 13 ff.

Beim Versand kennzeichenverletzender **Schreiben** sind Absen- 45 de- und Empfangsort maßgeblich (vgl. BGH GRUR 1964, 316, 318 – *Stahlexport*).

Bei **Druckschriften**, insbes Presseerzeugnissen beschränkt die 46 Rspr. den sog. „fliegenden Gerichtsstand" demgegenüber auf das bestimmungsgemäße, dh nicht nur zufällige Verbreitungsgebiet (BGH GRUR 1978, 194, 195 – *profil*) und verlangt zum UWG darüber hinaus teilweise auch noch, daß am Verbreitungsort eine Beeinträchtigung wettbewerblicher Interessen des Klägers möglich ist (Nachw zur OLG-Rspr. bei *Köhler/Piper* § 24 Rdn. 15, 16). Diese zur Verfolgung von Wettbewerbsverstößen (und persönlichkeitsrechtsverletzenden Pressedelikten) aufgestellten Beschränkungen sind nicht auf das Kennzeichenrecht zu übertragen. Der Tatbestand der Verletzung eines bundesweit geschützten Kennzeichens setzt keine lokal dem Handlungsort zuordenbare Kollision wettbewerblicher Interessen voraus. Auch die Verletzungstatbestände des erweiterten Schutzes bekannter Kennzeichen (§§ 14 Abs. 2 Nr. 3, 15 Abs. 3) können ohne weiteres durch Versendung an Orte begangen werden, die nicht zum „regelmäßigen Verbreitungsgebiet" gehören. Der verletzende Kennzeichengebrauch wirkt im Erinnerungsbild der Empfänger fort und kann Verwechslung, Verwässerung, Rufübertragung und Rufschädigung mit Auswirkungen auf spätere Kaufentscheidungen unabhängig davon bewirken, ob die Kenntnis gerade an einem Ort mit besonderem Bezug zu den Verbreitungsabsichten des Verletzers oder den geschäftlichen Tätigkeiten einer der Parteien erlangt wurde. Damit fehlt aber für eine Beschränkung des Gerichtsstandes jede Rechtfertigung. Dagegen kann nicht die Gefahr mißbräuchlicher Gerichtsstandswahl durch die Kläger eingewendet werden. Daß überhaupt Mißbrauch in relevantem Umfang droht, darf ohne empirischen Nachweis nicht einfach unterstellt werden. Zu beobachten ist allerdings eine häufige Nutzung der Wahlmöglichkeiten zugunsten der mit Kennzeichenstreitsachen ständig befaßten Großstadt-Landgerichte. Angesichts der im Gesetz selbst anerkannten Nützlichkeit von Zuständigkeitskonzentrationen (§§ 140 Abs. 2, 125e Abs. 2) kann dieser Effekt zugunsten der besonders erfahrenen Spruchkörper schlechterdings kein Grund für eine restriktive Anwendung der Zuständigkeitsvorschriften sein. Soweit „Rechtsprechungsgefälle" zB bzgl. der Dringlichkeitsfristen die Gerichtsstandswahl beeinflussen, wären die eigentlichen Ursachen solcher in der Tat bedenklichen und für die Parteien willkürlich wirkenden Unterschiede zu beseitigen. Die Beschneidung der Gerichtsstandswahl ist dafür nicht der richtige Weg.

47 Bei grenzüberschreitender Verbreitung **ausländischer Druckschriften** mit kennzeichenverletzendem Inhalt ist jedoch zu prüfen, ob nicht ausnahmsweise eine Kennzeichenverletzung im Inland aus normativen Gründen materiellrechtlich zu verneinen ist (dazu § 14 Rdn. 30). Ist aber eine Kennzeichenverletzung im Inland zu bejahen, so ist auch die internationale Zuständigkeit und der Gerichtsstand an jedem inländischen Verbreitungsort gegeben.

48 Entsprechend ist bei kennzeichenverletzenden Wiedergaben im **Internet** die Zuständigkeit nach § 32 ZPO bei jedem als Kennzeichenstreitgericht zuständigen deutschen Landgericht gegeben, da die Abrufbarkeit jedenfalls bundesweite Erstbegehungsgefahr begründet (unten Rdn. 49; s. § 14 Rdn. 31; LG Düsseldorf Mitt. 1997, 225, 226 – epson.de; vgl. LG München I CR 1997, 155 zum UWG).

3. Örtliche Zuständigkeit aufgrund Erstbegehungsgefahr

49 Auf die vorbeugende Unterlassungsklage (Vor §§ 14–19 Rdn. 25 ff.) ist § 32 ZPO entsprechend anzuwenden. Maßgeblich ist, ob entweder die Erstbegehungsgefahr zumindest auch im Bezirk des angerufenen Gerichts besteht oder das geschützte Rechtsgut dort belegen ist (zB BGH GRUR 1994, 530, 531/532 – *Beta* betr. internationale Zuständigkeit; OLG Düsseldorf WRP 1994, 877, 879 zum UWG; OLG Hamburg GRUR 1987, 403 zum UWG betr. internationale Zuständigkeit; *Köhler/Piper* § 24 UWG Rdn. 14). Ist Erstbegehungsgefahr für das Inland generell gegeben, wie zB aufgrund einer Markenanmeldung (Vor §§ 14–19 Rdn. 26) muß die Zuständigkeit aller als Kennzeichenstreitgerichte zuständigen Landgerichte bejaht werden. Nicht verlangt werden sollte, daß der Verletzer im Gerichtsbezirk ansässig oder dort geschäftlich bereits aktuell tätig ist. Andernfalls könnte bei bundesweiter Begehungsgefahr durch ein ausländisches Unternehmen überhaupt kein Verletzungsgerichtsstand festgestellt werden. Bei Begehungsgefahr aufgrund Markenanmeldung beim DPA ist außerdem stets das LG München I zuständig, da in seinem Gerichtsbezirk die den Störungszustand auslösende Handlung durch Einreichung der Anmeldung (Empfangsart) begangen wurde.

Aufgrund Erstbegehungsgefahr begründete Gerichtsstände werden nicht etwa dadurch hinfällig, daß die Verletzungshandlung sodann in einem der zuständigen Gerichtsbezirke auch tatsächlich aufgenommen wird (zB Beginn einer Werbekampagne) und **aus der Erstbegehungsgefahr nunmehr eine Wiederholungsgefahr geworden ist** (OLG Düsseldorf WRP 1991, 728; *Teplitzky* 45. Kap Rdn. 13; aA aber differenzierend OLG München WRP 1986, 172: „allgemeine" Wiederholungsgefahr soll nicht genügen, „gerade im Bezirk drohende" schon, wofür aber Angebot bundesweiter Versendung genügt). Es wäre abwegig, eine Beschränkung der Rechtsverfolgungsmöglichkeiten ausgerechnet daran zu knüpfen, daß sich die drohende Gefahr an einem der möglichen Orte bereits realisiert hat. Darin ist vielmehr richtiger sogar eine Bestätigung der Begehungsgefahr gerade auch an den anderen Orten zu sehen. Außerdem hätte es andernfalls der Verletzer in der Hand, die zunächst begründeten Erstbegehungsgerichtsstände dadurch zu beseitigen, daß er die Verletzungshandlung begeht. Keinesfalls darf der Kläger, dem nur Erstbegehungsgefahr begründende Informationen vorliegen, nicht auf den Gerichtsstand einer ihm zunächst unbekannt gebliebenen Verletzungshandlung verwiesen werden.

4. Keine Gerichtsstandsbeschränkung durch negative Feststellungsklage

Das Wahlrecht des Unterlassungsklägers zwischen verschiedenen Gerichtsständen (§ 35 ZPO) verengt sich nicht dadurch, daß eine negative Feststellungsklage des Beklagten anhängig ist (BGH GRUR 1994, 846, 848 – *Parallelverfahren II*). Zur Zuständigkeit im Verfügungsverfahren unten Rdn. 55.

5. Zuständigkeitsbegründung durch Testkauf

52 Die Begründung örtlicher Zuständigkeit durch Testanfragen oder Testkäufe ist nicht rechtsmißbräuchlich (OLG Düsseldorf GRUR 1951, 516; LG Düsseldorf GRUR 1950, 381; s. aber zu den allg wettbewerbsrechtlichen Grenzen BGH WRP 1996, 1099 – *Testfotos II* mwN).

IV. Kammern für Handelssachen

53 Kennzeichenverletzungsklagen sind unabhängig von der Kaufmannseigenschaft der Parteien generell Handelssachen (§ 95 Abs. 1 Nr. 4c GVG). Dies ist auch zweckmäßig, da die besondere kaufmännische Sachkunde der Kammern für Handelssachen bei allen Kennzeichenstreitsachen nutzbringend sein kann. Die Kammern für Handelssachen sind allerdings nicht zuständig, wenn sich der Kläger auch auf Anspruchsgrundlagen beruft, die nicht unter die Handelssachen fallen, also zB §§ 12 oder 823 Abs. 1 BGB. UWG-Verletzungsansprüche sind dagegen ebenfalls unabhängig von der Kaufmannseigenschaft Handelssachen (§ 95 Abs. 1 Nr. 5 GVG). Im übrigen gelten die allgemeinen Regeln der §§ 96 ff. GVG, insbesondere muß die Verhandlung vor der KfH vom Kläger in der Klage (§ 96 Abs. 1 GVG) oder vom Beklagten rechtzeitig vor Verhandlung zur Sache (§ 101 Abs. 1 GVG) beantragt sein.

V. Zuständigkeit im Verfügungsverfahren

54 Für den Erlaß einstweiliger Verfügungen in Kennzeichenstreitsachen ist gem §§ 937 Abs. 1, 943 Abs. 1 ZPO sachlich und örtlich das Hauptsachegericht ausschließlich (§ 802 ZPO) zuständig, wenn die Hauptsacheklage bereits anhängig ist, andernfalls jedes für die Verletzungsklage nach den obigen Regeln zuständige Gericht. Keine praktische Bedeutung hat in Kennzeichenstreitsachen die Amtsgerichtszuständigkeit nach § 942 ZPO. Zwar wird sie als Notzuständigkeit nicht durch § 140 Abs. 1 verdrängt. Jedoch ist von ei-

nem sonst nie mit Kennzeichensachen befaßten Gericht keine schnellere Entscheidung zu erwarten als vom zuständigen Landgericht.

Die Anhängigkeit einer **negativen Feststellungsklage des** 55 **Verletzers** soll dazu führen, daß nur noch das hiermit befaßte Gericht als **Hauptsachegericht** iSv § 937 ZPO anzusehen ist (OLG Frankfurt aM WRP 1996, 27; *Teplitzky* 54. Kap. Rdn. 3; *Köhler/ Piper* § 25 UWG Rdn. 3). Dem ist nicht zu folgen (abl. auch *Fritze* GRUR 1996, 571; *Borck* WRP 1997, 265, 267f.), da sich der Verletzer hierdurch im Verfügungsverfahren genau diejenigen Vorteile verschaffen könnte, die der BGH in GRUR 1984, 846, 848 – *Parallelverfahren II* zutr mißbilligt hat. Verschärfend kommt noch hinzu, daß der Abgemahnte den Verletzten stets darüber im Unklaren lassen wird, ob und wo er negative Feststellungsklage erhoben hat, so daß bei gutgläubiger Einreichung des Verfügungsantrags bei einem anderen Gericht nicht nur völlig ungerechtfertigte Kostennachteile (§ 281 Abs. 3 S. 2 ZPO), sondern auch eine beträchtliche Verzögerung durch die Verweisung eintreten würde.

D. Mitwirkung von Patentanwälten

I. Mitwirkungsbefugnis

Die Mitwirkungsbefugnis der Patentanwälte in Kennzeichen- 56 streitsachen vor den ordentlichen Gerichten ist nicht im MarkenG geregelt, sondern beruht auf der **PatAnwO**. Nach § 3 Abs. 2 Nr. 1 PatAnwO hat der Patentanwalt u. a. die berufliche Aufgabe, andere in Angelegenheiten der Erlangung, Aufrechterhaltung, Verteidigung und Anfechtung einer Marke oder eines anderen nach dem MarkenG geschützten Kennzeichens zu beraten und Dritten gegenüber zu vertreten. In Rechtsstreitigkeiten, in denen ein Anspruch aus einem der im MarkenG geregelten Rechtsverhältnisse geltend gemacht wird, ist auf Antrag einer Partei ihrem Patentanwalt das Wort zu gestatten (§ 4 Abs. 1 PatAnwO). Dies gilt auch in sonstigen Rechtsstreitigkeiten, soweit für die Entscheidung eine Frage von Bedeutung ist, die ein nach dem MarkenG geschütztes Kennzeichen betrifft, oder soweit für die Entscheidung eine mit einer solchen Frage unmittelbar zusammenhängende Rechtsfrage von Bedeutung ist (§ 4 Abs. 2 PatAnwO). Letzteres geht über die Kennzeichenstreitsachen iSv § 140 Abs. 1 hinaus.

II. Patentanwaltsvergütung

57 Soweit keine Honorarvereinbarung getroffen ist, kann der Patentanwalt für seine Mitwirkung in Kennzeichenstreitsachen streitwertabhängige Gebühren entsprechend der BRAGO verlangen (§ 632 Abs. 2 BGB; vgl. *Benkard/Rogge* § 143 PatG Rdn. 19). Wegen der Streitwertabhängigkeit ist der Patentanwalt selbständig antrags- und beschwerdeberechtigt analog **§ 9 BRAGO** (OLG München Mitt. 1971, 159, 160; OLG Karlsruhe Mitt. 1972, 166; OLG Düsseldorf Mitt. 1959, 78; *Benkard/Rogge* § 143 PatG Rdn. 19). Er kann aber nicht das Festsetzungsverfahren nach § 19 **BRAGO** betreiben (BPatG MDR 1976, 963; OLG München GRUR 1978, 450; *Gerold/Schmidt/von Eicken/Madert*, 13. Aufl. 1997, § 19 Rdn. 9; aA LG München I GRUR 1957, 239; LG Berlin GRUR 1954, 418; jeweils zu Patentsache; *Benkard/Rogge* § 143 PatG Rdn. 19). Es fehlt hierfür an einer „gesetzlichen" Vergütung für den Patentanwalt.

III. Erstattung der Patentanwaltskosten (Abs. 5)

58 § 140 Abs. 5 regelt nur die Erstattung von Patentanwaltskosten durch die unterlegene **Gegenpartei**. Einerseits erleichtert § 140 Abs. 5 die Durchsetzung des Erstattungsanspruchs durch **Entbindung vom konkreten Notwendigkeitsnachweis**. Andererseits beschränkt § 140 Abs. 5 die Kostenerstattung der Höhe nach. Die Regelung ist eine wenig überzeugende Mittellösung. Verfehlt ist insbesondere, daß nicht auch die Kosten der Mitwirkung eines Patentanwalts in der mündlichen Verhandlung in Höhe einer Verhandlungsgebühr nach BRAGO erstattungsfähig sind.

59 Den Vergütungsanspruch des Patentanwalts gegen seine **eigene Partei** beschränkt § 140 Abs. 5 nicht. Der Patentanwalt hat seinen Mandanten erforderlichenfalls darüber aufzuklären, daß die Kosten seiner Mitwirkung auch bei Obsiegen nur beschränkt erstattungsfähig sind.

Parallelvorschriften enthalten § 143 Abs. 5 PatG, § 27 Abs. 5 GebrMG, § 15 Abs. 5 GeschmMG, § 38 Abs. 4 SortschG.

1. Anwendungsbereich

60 **a) Kennzeichenstreitsache.** § 140 Abs. 5 knüpft an den in § 140 Abs. 1 legaldefinierten Begriff der Kennzeichenstreitsache an

Kennzeichenstreitsachen **§ 140**

(oben Rdn. 6 ff.) und gilt für alle Instanzen. Damit sind auch alle Streitigkeiten über Ansprüche aus geschäftlichen Beziehungen iSd § 5 erfaßt (zB OLG Stuttgart Mitt. 1997, 134; OLG Dresden GRUR 1997, 468). § 140 Abs. 5 gilt entsprechend auch für **vorprozessuale Abmahnkosten**, die bis zur Höhe einer vollen Geschäftsgebühr (§ 118 Abs. 1 Nr. 1 BRAGO) ohne Nachweis der Notwendigkeit der Mitwirkung zu erstatten sind, sofern ein materiellrechtlicher Kostenerstattungsanspruch dem Grunde nach gegeben ist, insbesondere als Schadensersatzanspruch oder aus Geschäftsführung ohne Auftrag (OLG München Mitt. 1994, 24; OLG München Mitt. 1982, 218 – *Ciao*; OLG München Mitt. 1982, 199 – *Adico*). Dies gilt auch für die Mitwirkung bei der **Abschlußkorrespondenz** nach Erlaß einer einstweiligen Verfügung (OLG München Mitt. 1982, 218 – *Ciao*). Zur Kostenhöhe in diesen Fällen s. Vor §§ 14–19 Rdn. 95.

In **anderen** Verfahren vor den ordentlichen Gerichten setzt die 61 Erstattung von Patentanwaltskosten nach § 91 Abs. 1 ZPO voraus, daß die Mitwirkung zur zweckentsprechenden Rechtsverfolgung oder Rechtsverteidigung **notwendig** war. Anders als bei Zivilprozessen mit technischem Bezug wird dies in Verfahren, die zwar Kennzeichen betreffen, aber trotz der weiten Auslegung des Begriffs der Kennzeichenstreitsache nicht unter § 140 fallen, nur ausnahmsweise der Fall sein. Der Notwendigkeitsnachweis wird häufig daran scheitern, daß die Partei für solche Verfahren einen kennzeichenrechtlich spezialisierten Rechtsanwalt als Prozeßbevollmächtigten wählen hätte können, so daß die Betroffenheit kennzeichenrechtlicher Fragen außerhalb der Kennzeichenstreitsachen" die Mitwirkung eines Patentanwalts noch nicht notwendig macht. Etwas anderes kann dann gelten, wenn die patentanwaltliche Mitwirkung Recherchetätigkeiten umfaßt, die andernfalls zu erstattungsfähigen Parteikosten geführt hätten. Übernimmt der Patentanwalt in einem solchen, nicht unter § 140 fallenden Verfahren die Information des Prozeßbevollmächtigten, kommt eine Kostenerstattung in Höhe fiktiver Informationsreisekosten in Betracht (zurückhaltend OLG Frankfurt Mitt. 1988, 157 bei Vorlage eines Auszugs aus der Zeichenrolle zur Entkräftung eines wettbewerbsrechtlichen Irreführungsvorwurfs). Sind Patentanwaltskosten in nicht von § 140 erfaßten Verfahren ausnahmsweise erstattungsfähig, gilt auch für diese die Beschränkung des § 140 Abs. 5 auf eine volle Gebühr nicht. Der insbesondere zu Wettbewerbssachen vertretenen Gegenauffassung (zB OLG Frankfurt aM Mitt. 1988, 37; OLG Celle GRUR 1970, 152; OLG München NJW 1958,

1690) ist nicht zu folgen. Sie übersieht, daß die betragsmäßige Beschränkung das Gegengewicht zur Freistellung vom Notwendigkeitsnachweis ist und diese Regelung nur einheitlich entsprechend angewendet werden kann, nicht aber einseitig zu Lasten des Erstattungsberechtigten, mag dies auch dazu führen, daß eine umfangreichere Kostenerstattung erlangt werden kann, als in einer Kennzeichenstreitsache (wie hier OLG Nürnberg GRUR 1976, 389).

62   **b) Patentanwalt.** § 140 Abs. 5 ist unmittelbar nur auf **deutsche** Patentanwälte anwendbar. Für Patentstreitsachen wird eine analoge Anwendung der Parallelvorschrift § 143 Abs. 5 PatG auf **ausländische**, nach Ausbildung und Funktion deutschen Patentanwälten entsprechende Personen jedenfalls aus den Mitgliedstaaten der Europäischen Union befürwortet (OLG Düsseldorf GRUR 1988, 761 – *Irischer Patentanwalt*; *Fezer* § 140 Rdn. 20; *Benkard/Rogge* § 143 PatG Rdn. 22; aA OLG Karlsruhe GRUR 1980, 331). Dies kann für Kennzeichenstreitsachen nicht generell übernommen werden. In Patentstreitsachen kann ein ausländischer Patentanwalt hinsichtlich der technischen Fachkenntnisse einem deutschen Patentanwalt auch in Verfahren vergleichbar sein, in denen ausschließlich deutsches Patentrecht zur Anwendung kommt, erst recht natürlich in Verfahren mit EPÜ-Bezug. Demgegenüber kann einem ausländischen Patentanwalt in einer ausschließlich nach deutschem Recht zu beurteilenden Kennzeichenstreitsache keine einem deutschen Patentanwalt vergleichbare Funktion zugeschrieben werden. Eine analoge Anwendung des § 140 Abs. 5 auf ausländische Patentanwälte kommt daher nur dann in Betracht, wenn Verfahrensgegenstand ein ausländisches Kennzeichenrecht ist oder eine Gemeinschaftsmarkenstreitsache (§ 125 e Abs. 5) vorliegt (aA OLG Frankfurt aM GRUR 1994, 852 Ls.: generell auch auf ausländische Patentanwälte anwendbar).

63   Der Erstattungsanspruch nach § 140 Abs. 5 besteht auch dann ohne Notwendigkeitsprüfung, wenn der **Patentanwalt gleichzeitig als Rechtsanwalt zugelassen** ist (*Fezer* § 140 Rdn. 19; *Benkard/Rogge*, § 133 PatG Rdn. 22) oder **derselben Sozietät** angehört, wie der Prozeßbevollmächtigte (OLG Nürnberg GRUR 1990, 130; vgl. BPatG GRUR 1991, 205 zum Patentnichtigkeitsverfahren; *Benkard/Rogge* § 143 PatG Rdn. 22).

64   § 140 Abs. 5 gilt auch für den **doppelqualifizierten** Patentanwalt, der zugleich als Prozeßbevollmächtigter seiner Partei tätig wird (OLG Karlsruhe AnwBl. 1989, 106, 107; OLG München JB

1983, 815; *Benkard/Rogge* § 143 PatG Rdn. 24; aA *Fezer* § 140 Rdn. 19).

Bei Mitwirkung des Patentanwalts **in eigener Sache** soll § 140 Abs. 5 nicht gelten (OLG München Mitt. 1991, 175; OLG Karlsruhe GRUR 1985, 127; OLG Frankfurt aM Mitt. 1980, 18; OLG Frankfurt aM RPfl. 1974, 31; *Benkard/Rogge* § 143 PatG Rdn. 23; vgl. BPatGE 24, 165 zum Patentnichtigkeitsverfahren und § 71 Rdn. 24). Dem ist nicht zu folgen, sondern § 91 Abs. 2 S. 4 ZPO analog anzuwenden, da es für eine Schlechterstellung des Patentanwalts gegenüber einem Rechtsanwalt keinen Grund gibt. 65

2. Mitwirkung

Einzige Voraussetzung für die Erstattungsfähigkeit ist die **tatsächliche Mitwirkung** des Patentanwalts, ohne daß Umfang, Erforderlichkeit oder gar Entscheidungserheblichkeit der Mitwirkungshandlungen zu prüfen wären (unzutr. *Fezer* § 140 Rdn. 15 „für die Förderung ursächlich"). Es genügt vielmehr, daß nach Auftragserteilung durch die Partei **irgendeine streitbezogene Tätigkeit** vorgenommen wird, die zur Entstehung der Gebührenschuld gegenüber dem Patentanwalt führt (zB OLG Frankfurt aM GRUR 1965, 505, 506; grds. auch OLG Düsseldorf Mitt. 1984, 99; vgl. auch die bei *Benkard/Rogge* § 143 PatG Rdn. 23 nachgewiesene Rspr. zu Patentstreitsachen). Zwar genügt die bloße Mitwirkungsanzeige durch den Prozeßbevollmächtigten gegenüber dem Gericht noch nicht (insoweit zutr. OLG Düsseldorf Mitt. 1984, 99; aA *Benkard/Rogge* § 143 PatG Rdn. 23), jedoch ist bereits die Kenntnisnahme von den Informationen zu der Streitsache genügend, da sie die Gebührenschuld unabhängig davon begründet, in welchem Umfang im weiteren Verlauf telefonische oder schriftliche Stellungnahmen des Patentanwalts erfolgen (aA OLG Düsseldorf Mitt. 1984, 99, wonach die Informationsverarbeitung als solche mangels Außenwirkung noch nicht genügen soll). In jedem Falle genügt eine Mitwirkung etwa dergestalt, daß der Patentanwalt die ihm vom Prozeßbevollmächtigten übersandten Schriftsätze oder Schriftsatzentwürfe zustimmend zur Kenntnis nimmt, wenn Änderungen oder Ergänzungen aus seiner Sicht nicht veranlaßt sind (zB OLG München Mitt. 1994, 24, 25: Kenntnisnahme von Abmahnung). Umgekehrt genügt erst recht Information des Prozeßbevollmächtigten durch den Patentanwalt vor Prozeßbeginn. Generell ist eine Mitwirkungstätigkeit **im vorprozessualen Stadium** aus- 66

§ 140   Kennzeichenstreitsachen

reichend und setzt die Kostenerstattung weder die – allerdings übliche – Mitwirkungsanzeige gegenüber dem Gericht (vgl. *Benkard/Rogge* § 143 PatG Rdn. 23) noch eine Teilnahme an der mündlichen Verhandlung voraus (OLG Frankfurt GRUR 1965, 505, 506). Auch nur **telefonische** Besprechung mit der Partei oder dem Prozeßbevollmächtigten genügt (OLG Düsseldorf Mitt. 1984, 99). **Beratende** Mitwirkung genügt in jedem Falle (KG WRP 1997, 37). Es genügen Mitwirkungshandlungen gegenüber der **Partei** (unzutr. BPatGE 34, 85 zum PatG: Zusammenwirken mit dem Prozeßbevollmächtigten erforderlich). Erstreckt sich die Mandatierung auf **mehrere Verfahren**, so führt eine vorprozessuale allgemeine Tätigkeit in der Streitsache zur Anwendbarkeit des § 140 Abs. 5 in allen sich sodann daraus ergebenden Verfahren, ohne daß es einer späteren gesonderten Mitwirkung in Bezug auf jedes einzelne Verfahren bedürfte (OLG Düsseldorf Mitt. 1984, 99; OLG Hamm GRUR 1984, 820 – *Prince* mwN; unzutr. OLG Koblenz GRUR 1984, 536). Wird die Berufung vor ihrer Begründung zurückgenommen und hatte sich der Patentanwalt des Berufungsgegners nach Berufungseinlegung mit dem Verfahren befaßt, ist eine 5/10 Gebühr entsprechend § 32 Abs. 1 BRAGO erstattungsfähig. Nicht gefolgt werden kann insoweit OLG München Mitt. 1994, 249, wo die durch § 140 Abs. 5 gerade ausgeschlossene Notwendigkeitsprüfung vorgenommen (,, Es bedarf keines Tätigwerdens des Patentanwalts ... ,,) und wohl auch verkannt wird, daß die gesetzlich anerkannte Mitwirkungsbefugnis des Patentanwalts (§ 4 PatAnwO) in jeder Verfahrensphase besteht, nicht erst dann, wenn materiellrechtliche Fragen zu erörtern sind. Soweit dort trotz Mitwirkungsanzeige in der Bestellungsanzeige des Berufungsanwalts eine eigene Mitwirkungsanzeige des Patentanwalts gegenüber dem Berufungsgericht vermißt wird, ist dies nicht nur unüblich, sondern dem § 140 Abs. 5 vor allem deshalb fremd, weil es auf eine Mitwirkung gerade dem Gericht gegenüber oder auf eine bestimmte Form der Kundgabe nach außen auch sonst in keinem Verfahrensstadium ankommt.

67   Die Mitwirkung des Patentanwalts muß nach § 104 Abs. 2 S. 1 ZPO lediglich **glaubhaft** gemacht werden. Hierfür genügt eine entsprechende Erklärung des Patentanwalts (KG WRP 1997, 37), die Vorlage einer auf die Streitsache bezogenen Rechnung des Patentanwalts (OLG München Mitt. 1982, 199) oder eine Erklärung des Prozeßbevollmächtigten, wenn ihm die Mitwirkung aufgrund der Zusammenarbeit mit dem Patentanwalt selbst bekannt ist.

3. Gebühren

Die Höhe der erstattungsfähigen Patentanwaltsgebühren ist 68
durch § 140 Abs. 5 auf eine volle Gebühr nach § 11 BRAGO begrenzt. Die Höchstgrenze spielt dann keine Rolle, wenn die Gebührenschuld der erstattungsberechtigten Partei gegenüber ihrem Patentanwalt deshalb niedriger ist, weil keine volle Gebühr angefallen ist (Beispiele: Mitwirkung in einfach gelagerter Abmahnsache, die zur sofortigen Abgabe einer Unterlassungserklärung führt, begründet nur eine Gebührenschuld in Höhe der Mittelgebühr von 7,5/10 der Gebühr nach § 118 Abs. 1 Nr. 1 BRAGO; Mitwirkung in einem zivilprozessualen Beschwerdeverfahren führt nur zu 5/10 Gebühr nach § 61 Abs. 1 Nr. 1 BRAGO).

Die Höchstgrenze gilt **für jede Instanz gesondert**, wobei in 69
der **Berufungs**instanz die Erhöhung nach § 11 Abs. 1 S. 4 BRAGO auf eine 13/10-Gebühr gilt (zB OLG Düsseldorf Mitt. 1988, 38; zur Rspr. in Patentstreitsachen vgl. *Benkard/Rogge* § 143 PatG Rdn. 24). In der **Revisions**instanz ist die Erhöhung nach § 11 Abs. 1 S. 5 BRAGO auf eine 20/10-Gebühr geboten (OLG Nürnberg Mitt. 1994, 222; OLG Nürnberg Mitt. 1992, 29; OLG Düsseldorf GRUR 1988, 761; OLG Düsseldorf Mitt. 1980, 40; OLG Düsseldorf GRUR 1978, 199; OLG Karlsruhe GRUR 1980, 331; OLG Frankfurt aM GRUR 1988, 530; B/S § 32 WZG Rdn. 9; *Benkard/Rogge* § 143 Rdn. 24; **aA** OLG München Mitt. 1989, 202; OLG München GRUR 1979, 339 m. abl. Anm. *von Falck*; OLG Hamburg MDR 1988, 684). § 140 Abs. 5 läßt eine Differenzierung danach, daß der Prozeßbevollmächtigte im Revisionsverfahren die erhöhte Gebühr als nur vom BGH zugelassener Rechtsanwalt erhält, nicht zu. Vielmehr knüpft § 140 Abs. 5 an die volle Gebühr des in der jeweiligen Instanz typischerweise vertretenden Rechtsanwalts an. Das ist im Revisionsverfahren über Kennzeichenstreitsachen die 20/10-Gebühr des BGH-Anwalts. Auch in den Rechtsmittelinstanzen findet keinerlei Prüfung statt, ob die Mitwirkung notwendig ist, solange noch eine Kennzeichenstreitsache vorliegt (zB OLG München GRUR 1961, 375 zum PatG).

Bei **Vertretung mehrerer Parteien** erhöht sich die Obergrenze 70
nach der Erhöhungsvorschrift des § 6 Abs. 1 S. 2 BRAGO (BPatGE 34, 67; OLG Frankfurt WRP 1981, 152; OLG München JB 1981, 216; OLG Düsseldorf GRUR 1979, 191). Keine Einbeziehung der Differenzgebühr nach § 32 Abs. 2 BRAGO bei Mitwirkung an Vergleich (OLG Frankfurt GRUR 1983, 22). Keine Verkehrsanwaltsgebühr nach § 52 BRAGO (OLG München Mitt. 1991, 174).

71 Über die volle Gebühr der jeweiligen Instanz hinausgehende Patentanwaltsgebühren sind unabhängig davon ausgeschlossen, ob sie notwendig waren und dem Patentanwalt im Innenverhältnis geschuldet werden. Dies gilt auch für die Vergütung des Zeitaufwands eines Patentanwalts für Akteneinsicht und solche **Recherchetätigkeiten**, die typischerweise zur eigentlichen patentanwaltlichen Tätigkeit gehören und nicht an Dritte vergeben werden. Erstattungsfähig sind jedoch darüber hinausgehende Recherchetätigkeiten im Falle der Notwendigkeit nach § 91 Abs. 1 ZPO, deren Kosten auch bei Vergabe an Drittunternehmen zu erstatten wären (OLG Frankfurt GRUR 1996, 967 mwN zur Abwehr drohender Patentverletzungsklage; OLG München Mitt. 1989, 93; OLG Karlsruhe GRUR 1983, 507; OLG Düsseldorf GRUR 1969, 104, alle zum PatG; *Benkard/Rogge* § 143 PatG Rdn. 24). Ist die Recherche nach Umfang, Methode und Zeitaufwand als notwendig anzuerkennen, darf die Erstattung nicht auf die Sätze des ZuSEG beschränkt werden (so aber OLG Frankfurt GRUR 1996, 967; vgl. auch BPatGE 16, 229), sondern sind die tatsächlich angefallenen Vergütungen zu erstatten, sofern sie sich im branchenüblichen Rahmen vergleichbarer Rechercheunternehmen bzw. der üblichen Vergütung derartiger Patentanwaltstätigkeit halten, worüber im Streitfall eine Auskunft der Patentanwaltskammer eingeholt werden kann. Für die Heranziehung der untersetzten Stundensätze des ZuSEG konnte auch in OLG Frankfurt aaO (DM 70,–) keine Begründung gegeben werden.

72 Muß wegen **Todes** des Patentanwalts während der Instanz ein zweiter Patentanwalt eingeschaltet werden, sind dessen Gebühren ebenfalls bis zur Höhe einer vollen Gebühr, insgesamt somit zwei solche Gebühren erstattungsfähig (OLG München GRUR 1961, 375; § 91 Abs. 2 S. 3 ZPO).

4. Auslagen

73 Auslagen des Patentanwalts sind nur im Rahmen der Notwendigkeit (iSv § 91 Abs. 1 ZPO) erstattungsfähig. Dazu gehören nach richtiger Auffassung immer die **Kosten der Reisen zu einem Verhandlungstermin**, soweit nicht ausnahmsweise bereits vorher verläßlich feststeht, daß in dem Termin keine Erörterung der Streitsache stattfindet, zu der der Patentanwalt etwas beitragen könnte (zB Antrag auf Versäumnisurteil bei verläßlicher Ankündigung des Nichterscheinens; unstreitige Erledigung). Ein vom Gerichtsort weit entfernter Sitz des Patentanwalts schließt die Reisekostenerstattung nur dann aus, wenn für die Wahl dieses Patentanwalts kein vernünftiger Grund bestand (vgl. OLG Nürnberg Mitt. 1986, 55; *B/S* § 32 WZG Rdn. 10 unter Hinweis auf die Amtl. Begr. von 1936; *Benkard/Rogge* § 144 PatG Rdn. 26). Denn die bundesweite „Zuständigkeit" der Patentanwälte zur Mitwirkung schließt eine generelle Obliegenheit zur Wahl eines Patentanwalts am Gerichtsort von vornherein aus (OLG München OLG-Report 1993, 35; OLG Frankfurt aM GRUR 1979, 76; OLG Köln Mitt. 1980, 138, 139; auf besondere Kenntnisse abstellend OLG Karlsruhe Mitt. 1984, 196, 197; für Einzelfallprüfung dagegen OLG München Mitt. 1994, 220; KG JB 1975, 376). Ein vernünftiger Grund liegt schon dann vor, wenn der Patentanwalt früher mit der Anmeldung einer streitgegenständlichen Marke oder mit der Führung eines parallelen Widerspruchsverfahrens betraut war oder die Abmahnkorrespondenz geführt hat. Bei überörtlichen Patentanwaltssozietäten mit Kanzlei am oder in nächster Nähe des Gerichtsorts sind die Reisekosten des auswärtigen Sozius allerdings nur erstattungsfähig, wenn die Terminswahrnehmung wegen besonderer tatsächlicher oder rechtlicher Komplexität einem Patentanwalt aus der Kanzlei vor Ort nicht übertragen werden konnte (OLG München Mitt. 1994, 249; OLG München Mitt. 1971, 79 bei besonderer Sachkunde des sachbearbeitenden Patentanwalts).

Die Erstattungsfähigkeit der Kosten einer **Reise des Patent-** 74
anwalts zum Prozeßbevollmächtigten oder zur Partei setzt die Notwendigkeit persönlicher Informationsübermittlung voraus, wie sie in Kennzeichensachen anders als in Patentsachen (vgl. die Nachw. zum PatG bei *Benkard/Rogge*, § 143 PatG Rdn. 22) die Ausnahme ist, da schriftliche Übermittlung und telefonische Erläuterung nur in ganz besonderen Fällen unzureichend sein werden (zB nur vor Ort mögliche Sichtung eines Unternehmensarchivs mit Benutzungsnachweisen).

Hinsichtlich Art und Höhe der erstattungsfähigen Reisekosten 75
gilt **§ 28 BRAGO** einschließlich der Regelung über das Abwesenheitsgeld entsprechend (vgl. zum PatG OLG Braunschweig Mitt. 1982, 39; OLG Düsseldorf Mitt. 1973, 195; *Benkard/Rogge* § 144 PatG Rdn. 26). Notwendige Kommunikationskosten des Patentanwalts sind konkret nach Anfall, mindestens jedoch in der Pauschalhöhe nach § 26 BRAGO erstattungsfähig (vgl. OLG Frankfurt GRUR 1978, 450).

Soweit § 140 auf ausländische Patentanwälte nach oben Rdn. 62 76
entsprechende Anwendung findet, gelten die obigen Grundsätze entsprechend mit der Einschränkung, daß höhere Reisekosten als

bei Einschaltung eines deutschen Patentanwalts nur erstattungsfähig sind, wenn gerade die Mitwirkung des ausländischen Patentanwalts notwendig war (vgl. zum PatG OLG Nürnberg Mitt. 1986, 55 für auswärtigen deutschen Patentanwalt).

5. Ausschluß auch anderweitiger Erstattung

77 Die Höchstgrenze des § 140 Abs. 5 schließt die Geltendmachung weitergehender Patentanwaltskosten auch außerhalb des Kostenfestsetzungsverfahrens aufgrund eines materiellrechtlichen (Schadens-)Ersatzanspruchs aus (vgl. LG Düsseldorf GRUR 1975, 328; *Kirchner* GRUR 1970, 54; B/S § 32 WZG Rdn. 9; *Benkard/Rogge* § 143 PatG Rdn. 20 aA *Fezer* § 140 Rdn. 21). Vertraglichen Ansprüchen auf Kostenübernahme steht § 140 Abs. 5 nicht entgegen, wenn die Auslegung ergibt, daß alle angefallenen Patentanwaltskosten übernommen wurden. Übernimmt eine Partei in einem Prozeßvergleich alle angefallenen Kosten und ist ihr die Mitwirkung eines Patentanwalts auf der Gegenseite bekannt, so rechtfertigt § 140 Abs. 5 keine Vermutung dahingehend, daß die Patentanwaltsgebühren nur bis zu einer vollen Gebühr übernommen werden sollten, es sei denn, die erstattungspflichtige Partei hat deutlich gemacht, daß sie nur erstattungsfähige Kosten übernehme (OLG Düsseldorf Mitt. 1990, 40; vgl. OLG Nürnberg GRUR 1954, 179).

§ 141 Gerichtsstand bei Ansprüchen nach diesem Gesetz und dem Gesetz gegen den unlauteren Wettbewerb

Ansprüche, welche die in diesem Gesetz geregelten Rechtsverhältnisse betreffen und auf Vorschriften des Gesetzes gegen den unlauteren Wettbewerb gegründet werden, brauchen nicht im Gerichtsstand des § 24 des Gesetzes gegen den unlauteren Wettbewerb geltend gemacht zu werden.

I. Allgemeines

1 Das MarkenG regelt die örtliche Zuständigkeit in Kennzeichenstreitsachen mit Ausnahme des § 96 Abs. 3 (Inlandsvertreter) grundsätzlich nicht, so daß zunächst die allgemeinen Vorschriften über den Gerichtsstand, insbesondere auch § 32 ZPO zur Anwendung kommen (dazu § 140 Rdn. 43 ff.). Auch § 140 Abs. 1–3 regeln den Gerichtsstand nicht, sondern wirken sich auf die örtli-

che Zuständigkeit nur mittelbar dadurch aus, daß auf den Zuständigkeitsbezirk der Kennzeichenstreitgerichte, nicht aber anderer Landgerichte abzustellen ist (unzutr. *Fezer* § 141 Rdn. 2, wonach § 140 einen „ausschließlichen Gerichtsstand" regeln soll). § 141 beschränkt sich seinerseits darauf, die Ausschließlichkeit der Gerichtsstände des § 24 UWG für Ansprüche aufzuheben, die zwar auf Bestimmungen des UWG gestützt werden, jedoch (auch) die im MarkenG geregelten Rechtsverhältnisse betreffen. § 141 ist § 33 WZG nachgebildet.

II. Normzweck

§ 141 trägt den vielfältigen Überschneidungen von Kennzeichenrecht und UWG Rechnung. Andernfalls wäre ein Kläger, der sowohl markenrechtliche als auch wettbewerbsrechtliche Bestimmungen geltend macht, entweder auf die Gerichtsstände des § 24 UWG beschränkt oder müßte neben einer markenrechtlichen Klage zB am Verletzungsgerichtsstand nach § 32 ZPO eine zweite Klage zur Geltendmachung der UWG-Anspruchsgrundlagen am Gerichtsstand des § 24 UWG erheben. Gleichzeitig eröffnet § 141 den Weg zu den aufgrund Zuständigkeitskonzentration nach § 140 Abs. 2 für mehrere Landgerichtsbezirke zuständigen Kennzeichenstreitgerichten für wettbewerbsrechtliche Ansprüche mit kennzeichenrechtlichem Bezug. Dadurch kann deren besondere Sachkunde auch für Fälle genutzt werden, für die ohne § 141 ein Landgericht nach § 24 UWG ausschließlich zuständig wäre, dem die Zuständigkeit in Kennzeichenstreitsachen durch Konzentration entzogen ist. Ganz erheblich relativiert wird die Bedeutung des § 141 allerdings dadurch, daß gerade in Streitigkeiten mit kennzeichenrechtlichem Bezug die Gerichtsstandsbeschränkung des § 24 Abs. 2 Satz 2 UWG idR deshalb bedeutungslos ist, weil der Kläger unmittelbar in seinen Rechten verletzt ist und daher die UWG-Ansprüche unabhängig von § 141 im Gerichtsstand des Begehungsorts nach §§ 24 Abs. 2 S. 1 UWG, 32 ZPO geltend machen kann (vgl. *B/H* § 24 UWG Rdn. 1 b mwN).

2

III. Voraussetzungen

§ 141 gilt für alle Ansprüche, die im MarkenG geregelte Rechtsverhältnisse auch nur „betreffen". Es genügt jeder objektiv nach-

3

vollziehbare Zusammenhang des Anspruchs mit Marken, geschäftlichen Bezeichnungen oder geographischen Herkunftsangaben. Es genügt, wenn sich der kennzeichenrechtliche Bezug aus dem Sachvortrag der Parteien objektiv ergibt, insbesondere aus den schlüssigen Darlegungen des Klägers, der sich auf § 141 zur Begründung der Zuständigkeit des angerufenen Gerichts beruft. Ausdrückliche Nennung markengesetzlicher Vorschriften ist ebensowenig erforderlich wie bei § 140. Ob der kennzeichenrechtliche Bezug bei der Entscheidung des Gerichts schließlich eine Rolle spielt, ist für die Anwendung des § 141 ohne jede Bedeutung. Es genügt, wenn überhaupt kennzeichenrechtliche Verhältnisse betroffen sind, mögen sie sich auch letztlich als nicht entscheidungserheblich erweisen. (vgl. § 140 Rdn. 7).

§ 142 Streitwertbegünstigung

(1) **Macht in bürgerlichen Rechtsstreitigkeiten, in denen durch Klage ein Anspruch aus einem der in diesem Gesetz geregelten Rechtsverhältnisse geltend gemacht wird, eine Partei glaubhaft, daß die Belastung mit den Prozeßkosten nach dem vollen Streitwert ihre wirtschaftliche Lage erheblich gefährden würde, so kann das Gericht auf ihren Antrag anordnen, daß die Verpflichtung dieser Partei zur Zahlung von Gerichtskosten sich nach einem ihrer Wirtschaftslage angepaßten Teil des Streitwerts bemißt.**

(2) **Die Anordnung nach Absatz 1 hat zur Folge, daß die begünstigte Partei die Gebühren ihres Rechtsanwalts ebenfalls nur nach diesem Teil des Streitwerts zu entrichten hat. Soweit ihr Kosten des Rechtsstreits auferlegt werden oder soweit sie diese übernimmt, hat sie die von dem Gegner entrichteten Gerichtsgebühren und die Gebühren seines Rechtsanwalts nur nach dem Teil des Streitwerts zu erstatten. Soweit die außergerichtlichen Kosten dem Gegner auferlegt oder von ihm übernommen werden, kann der Rechtsanwalt der begünstigten Partei seine Gebühren von dem Gegner nach dem für diesen geltenden Streitwert beitreiben.**

(3) **Der Antrag nach Absatz 1 kann vor der Geschäftsstelle des Gerichts zur Niederschrift erklärt werden. Er ist vor der Verhandlung zur Hauptsache zu stellen. Danach ist er nur zulässig, wenn der angenommene oder festgesetzte Streitwert später durch das Gericht heraufgesetzt wird. Vor der Entscheidung über den Antrag ist der Gegner zu hören.**

Streitwertbegünstigung **§ 142**

Inhaltsübersicht

	Rdn.
I. Allgemeines	1–3
II. Streitwert in Kennzeichenstreitsachen	4–13
1. Grundregel	4
2. Streitwertangaben der Parteien	5
3. Bemessungsfaktoren	6–13
a) Unterlassungsklagen	6–10
b) Schadensersatzklagen	11
c) Sonstige Verletzungsklagen	12
d) Andere Kennzeichenstreitsachen	13
III. Streitwertbegünstigung	14
1. Normzweck	14
2. Anwendungsbereich	15, 16
3. Voraussetzungen	17–22
4. Antrag	23–25
5. Anordnung	26–28
6. Rechtsfolgen	29–34
a) Vollständiges Unterliegen des Begünstigten	29
b) Kostenquotelung	30
c) Vollständiges Obsiegen des Begünstigten	31
d) Auslagen	32
e) Zusammentreffen mit Prozeßkostenhilfe	33
f) Patentanwaltsgebühren	34
7. Rechtsmittel	35, 36
8. Abänderung	37

I. Allgemeines

§ 142 regelt den Ausnahmefall der einseitigen Herabsetzung 1 des (Gebühren-)Streitwerts in Kennzeichenstreitsachen zugunsten einer Partei, deren wirtschaftliche Lage durch eine Belastung mit den nach dem vollen Streitwert berechneten Prozeßkosten erheblich gefährdet würde. Über § 85 Abs. 3 gilt § 142 entsprechend in markengesetzlichen Rechtsbeschwerdeverfahren vor dem BGH. Andere Streitwertregelungen enthält das MarkenG nicht, so daß für Zuständigkeitsstreitwert und Rechtsmittelstreitwert die allgemeinen Bestimmungen der §§ 3 ff. ZPO und für den Gebührenstreitwert zusätzlich die §§ 12 ff. GKG gelten. Dazu können hier nur einige Besonderheiten in Kennzeichenstreitchen dargestellt werden (unten Rdn. 4 ff.), während im übrigen verwiesen werden muß auf die Kommentierungen der §§ 3 ff. ZPO und die einschlägigen wettbewerbsrechtlichen Darstellungen (*Köhler/Piper*

§ 142   Streitwertbegünstigung

Vor §§ 23a, 23b UWG Rdn. 1 ff.; *GK/Jestaedt* Vor §§ 23a, 23b; *Teplitzky* 49. Kap.).

2 Parallelregelungen zu § 142 finden sich in § 23b UWG, § 144 PatG, § 26 GebrMG (vgl. ferner § 247 Abs. 2 AktG), so daß die dazu vorliegende Rspr. und Lit. auch zur Auslegung des § 142 herangezogen werden kann, soweit sie nicht im Falle des § 23b UWG durch Besonderheiten der Verbandsklage geprägt sind.

3 Nicht in das MarkenG aufgenommen wurde die Streitwertherabsetzung gem. § 23a UWG bei einfach gelagerten Sachen oder untragbarer Belastung einer Partei. Begründet wurde dies im Gesetzgebungsverfahren damit, daß § 23a UWG schon bisher bei Kennzeichenstreitigkeiten nach § 16 UWG oder über geographische Herkunftsangaben in der Praxis nicht angewendet worden sei (Amtl. Begr. 2. Abs. zu § 142). Ein wesentlicher Grund hierfür dürfte sein, daß wirklich „einfach gelagerte" Sachen im Kennzeichenrecht sehr selten sind.

II. Streitwert in Kennzeichenstreitsachen

1. Grundregel

4 Abgesehen von den in Kennzeichenstreitsachen seltenen bezifferten Zahlungsklagen ist der Streitwert vom Gericht nach freiem Ermessen gemäß § 3 ZPO festzusetzen. Maßgeblich ist das **wirtschaftliche Interesse des Klägers** (vgl. BGH GRUR 1990, 1052, 1053 – *Streitwertbemessung*; BGH GRUR 1977, 748 – *Kaffeeverlosung II*; BGH GRUR 1968, 106, 107 – *ratio-Markt I*; alle zum UWG). Das Interesse des Beklagten an der Abwehr des Klageanspruchs findet demgegenüber keine eigenständige Berücksichtigung und zwar auch nicht durch Einbeziehung der Höhe möglicher Schadensersatzansprüche bei vorläufiger Vollstreckung nach §§ 717, 945 ZPO (zB OLG Koblenz GRUR 1996, 139, 140). Maßgeblicher Zeitpunkt für die Bewertung ist die **Klageeinreichung** (bzw. Antragstellung im Verfügungsverfahren) nach § 4 ZPO, wobei spätere Werterhöhungen für den Gebührenstreitwert nach § 15 Abs. 1 GKG bis zum Schluß der mündlichen Verhandlung zu berücksichtigen sind.

2. Streitwertangaben der Parteien

5 Streitwertangaben der Parteien zu Beginn des Verfahrens (insbesondere in Klage- oder Antragsschrift), haben **indizielle Bedeu-**

tung (BGH GRUR 1986, 93, 94 – *Berufungssumme*), sind aber vom Gericht anhand der objektiven Gegebenheiten zu überprüfen und mit üblichen Wertfestsetzungen in gleichgelagerten Fällen zu vergleichen (BGH GRUR 1977, 748, 749 – *Kaffee-Verlosung II*). In der Praxis bestimmt die Streitwertangabe des Klägers auch in Kennzeichenstreitsachen in sehr vielen Fällen die Streitwertfestsetzung, sofern sie nicht offensichtlich aus prozeßtaktischen Gründen übersetzt oder untersetzt ist. Inbesondere entfaltet die eigene Streitwertangabe zu Beginn des Verfahrens eine **faktische Bindung** auch dahingehend, daß die Gerichte an die Begründung späterer abweichender Streitwertanträge derselben Partei zu Recht sehr hohe Anforderungen stellen, da durch den zwischenzeitlichen Prozeßverlauf und Veränderungen der Erfolgsaussichten bestimmte, sachfremde Motive naheliegen können (BGH GRUR 1992, 562, 563 – *Handelsvertreter-Provision*; OLG Hamburg WRP 1976, 254 – *Creative*).

3. Bemessungsfaktoren

a) **Unterlassungsklagen.** Das wirtschaftliche Interesse an der Durchsetzung von Unterlassungsansprüchen wegen Kennzeichenverletzungen wird durch zwei Faktoren bestimmt, nämlich erstens durch den wirtschaftlichen Wert des verletzten Kennzeichenrechts und zweitens durch das Ausmaß und die Gefährlichkeit der Verletzung (sog. „Angriffsfaktor"). 6

Für den **Marktwert des verletzten Kennzeichenrechts** können viele Faktoren maßgeblich sein, insbesondere Dauer und Umfang der bisherigen Benutzung, unter dem Kennzeichen erzielte Umsätze, Bekanntheitsgrad und Ruf des Kennzeichens bei den Abnehmern aber auch in der allgemeinen Öffentlichkeit, Grad der originären Kennzeichnungskraft, allgemeine Bedeutung von Kennzeichen für den Absatz nach Art des Produkts und der Branche. Einzubeziehen sind auch bevorstehende oder zumindest angelegte Ausweitungsmöglichkeiten der Benutzung und entsprechende Wertsteigerungen in absehbarer Zukunft. Erheblich wertsteigernd wird häufig die Verwendung des verletzten Kennzeichens nicht nur als Marke, sondern auch als Firmen- oder Geschäftsbezeichnung sein. 7

Auch der **Angriffsfaktor** kann durch eine Vielzahl von Faktoren des Einzelfalls beeinflußt werden. Im Vordergrund steht der Verletzungsumfang, bei Unterlassungsklagen allerdings nicht nur vergangenheitsbezogen sondern zukunftsgerichtet. Schnelles Eingreifen des Verletzten im Wege einstweiligen Rechtsschutzes ver- 8 ringert den Angriffsfaktor nicht etwa deshalb, weil der tatsächliche Verletzungsumfang frühzeitig begrenzt werden kann. Maßgeblich ist insoweit vielmehr der drohende Verletzungsumfang, wie er sich nach den Vorbereitungen bzw. ersten Verletzungshandlungen des Verletzers und gegebenenfalls nach dessen eigenen Ankündigungen vor Unterbindung abzeichnete. Von Gewicht ist auch die Intensität der Kennzeichenverletzung selbst also insbesondere der Grad der Verwechslungsgefahr bzw. Rufausbeutung, Aufmerksamkeitsausbeutung, Rufschädigung oder Verwässerung. Erzielte oder zukünftig erzielbare Umsätze des Verletzers können den Verletzungsumfang veranschaulichen, schließen jedoch eine höhere Streitwertfestsetzung nicht aus, da die beeinträchtigende, insbesondere rufschädigende und marktverwirrende Wirkung weit über dem Verletzerinteresse liegen kann. Entsprechendes gilt für die Unternehmensgröße auf Verletzerseite. Auch die subjektive Qualität des Verletzerhandelns beeinflußt den Angriffsfaktor. Vorsätzliches oder systematisches Handeln ist streitwerterhöhend zu berücksichtigen. Besondere Gefährlichkeit wird belegt durch Verschleierungsmaßnahmen, Verschiebung von Verletzungsgegenständen an Dritte zur Erschwerung der Unterbindung, Fortsetzung oder sogar Steigerung der Verletzung nach Abmahnung zur Vereitelung des Zugriffs und der Unterbindung.

9 Insbesondere wenn die Parteien Wettbewerber sind, können praktisch alle von der Kennzeichenverletzung betroffenen wettbewerblichen Aspekte für die Bestimmung des Werts des verletzten Rechts und des Angriffsfaktors mitbestimmend sein.

10 **Regelstreitwerte** sind auch in Kennzeichenstreitsachen unvereinbar mit § 3 ZPO (vgl. *Köhler/Piper* Vor §§ 23a, 23b UWG Rdn. 8; *Teplitzky* 49. Kap. Rdn. 17). Auch Erfahrungswerte taugen daher nur als grober Orientierungspunkt. Danach kommen bei kennzeichenrechtlichen Unterlassungsklagen Streitwerte unter DM 100 000,- idR nur bei Verletzung von völlig unbenutzten eingetragenen Marken oder von geschäftlichen Bezeichnungen geringster wirtschaftlicher Bedeutung in Betracht. Bei unterdurchschnittlich benutzten eingetragenen Marken und geschäftlichen Bezeichnungen sind Streitwerte ab DM 100 000,- bis DM 250 000,- angemessen. Bei langjährig oder intensiv benutzten Kennzeichenrechten erscheint eine deutlich höhere Streitwertfestsetzung auf bis zu DM 500 000,- gerechtfertigt, während höhere Streitwerte bei Markenverletzungen nur bei massiverer Verletzung überdurchschnittlich wertvoller Kennzeichenrechte, insbesondere bekannter Kennzeichen festzusetzen sein dürften.

Streitwertbegünstigung **§ 142**

b) Schadensersatzklagen. Der regelmäßig weit hinter dem 11 Wert des Unterlassungsanspruchs zurückbleibende Streitwert für den Schadensersatzanspruch bestimmt sich nach dem voraussichtlichen Umfang der in die Schadensersatzberechnung einzubeziehenden Verletzungshandlungen, wobei hier in der Praxis häufig eine allenfalls sehr grobe Schätzung vorgenommen werden kann, die ihrerseits wiederum vom Streitwert eines parallel geltend gemachten Unterlassungsanspruchs beeinflußt sein kann, bis hin zur Praxis mancher Gerichte, die den Wert des Schadensersatzanspruchs nach einem Bruchteil des Unterlassungsanspruchs (zB 20 bis 25%) ansetzen.

c) Sonstige Verletzungsklagen. Zum Streitwert von Ver- 12 nichtungsansprüchen s. § 18 Rdn. 26 sowie von Auskunftsansprüchen s. § 19 Rdn. 31, 32 und § 14 Rdn. 90.

d) Andere Kennzeichenstreitsachen. Zum Streitwert von 13 Eintragungsbewilligungsklagen s. § 44 Rdn. 24 und zu den verschiedenen Löschungsklagen s. § 55 Rdn. 16, 38.

III. Streitwertbegünstigung

1. Normzweck

Die Streitwertbegünstigung betrifft nur den für die Berech- 14 nung der Gerichtsgebühren (§§ 12 ff. GKG) und Anwaltsgebühren (§§ 7 ff. BRAGO) maßgeblichen **Gebührenstreitwert**. In Kennzeichenstreitsachen sind aufgrund der wirtschaftlichen Bedeutung der betroffenen Rechte häufig hohe Streitwerte festzusetzen, insbesondere bei den auf zeitlich unbegrenzte Unterlassung gerichteten Verletzungsklagen. Die Streitwertbegünstigung soll wirtschaftlich schwachen Parteien die Durchsetzung ihrer Rechte bzw. die Rechtsverteidigung bei verringertem Kostenrisiko ermöglichen. Während für die Parallelvorschriften jeweils auch typischerweise schutzbedürftige Personengruppen benannt werden können (PatG, GebrMG: Einzelpersonen als Erfinder und Arbeitnehmererfinder; UWG: im öffentlichen Interesse tätige Wettbewerbs- und Verbraucherverbände), ist die Schutzbedürftigkeit im Kennzeichenrecht weniger naheliegend, bzw. ganz allgemein auf Kleinunternehmen bezogen. Eine Verbandsklage kommt nur bzgl. einer geographischen Herkunftsangabe in Betracht (§ 128 Abs. 1). Seit dem Wegfall des Geschäftsbetriebserfordernisses droht ein **Mißbrauch** durch

§ 142   Streitwertbegünstigung

vermögenslose Privatpersonen, die Marken oder andere Kennzeichen (zB Internet-Domain-Namen) zu Behinderungszwecken anmelden. Die Regelung ist **bedenklich**, da zum Ausgleich persönlicher wirtschaftlicher Schwäche die staatlich finanzierte Prozeßkostenhilfe das richtige Instrumentarium ist. Demgegenüber erzwingt die Streitwertbegünstigung eine sehr fragwürdige Finanzierung eines Teils der Prozeßkosten durch den gerade obsiegenden Prozeßgegner, der nicht einmal Veranlasser des Verfahrens gewesen sein muß. Noch bedenklicher ist die Regelung insoweit, als sie einen Erfolgshonorarmechanismus beinhaltet, da der die begünstigte Partei vertretende Rechtsanwalt nur dann sein Honorar aus dem vollem Streitwert erhält, wenn seine Partei in vollem Umfang obsiegt. Andererseits sind dem Kennzeichenrecht Durchbrechungen der Kostenbelastung nach dem Prozeßerfolg ausweislich §§ 63, 71, 90 für die markenrechtlichen Register- und Beschwerdeverfahren durchaus geläufig. Die früher in Frage gestellte Verfassungsmäßigkeit der Streitwertherabsetzungsvorschriften ist in BVerfG NJW-RR 1991, 1134 zu § 23b UWG bejaht worden.

2. Anwendungsbereich

15   § 142 gilt nach seinem die Legaldefinition des § 140 Abs. 1 wiederholenden Abs. 1 für alle **Kennzeichenstreitsachen** (dazu § 140 Rdn. 6 ff.). Auf die markenrechtlichen Verfahren vor DPA und BPatG findet § 142 keine Anwendung („in bürgerlichen Rechtsstreitigkeiten", „durch Klage"), sondern gelten die Billigkeitsregelungen der §§ 63 und 71. Für das markenrechtliche Rechtsbeschwerdeverfahren vor dem BGH ist § 142 durch § 85 Abs. 2 S. 3 für entsprechend anwendbar erklärt.

16   Auf Verfügungsverfahren ist § 142 analog anwendbar (OLG Koblenz GRUR 1996, 139; vgl. *Köhler/Piper* § 23b UWG Rdn. 2).

3. Voraussetzungen

17   Die antragstellende Partei muß glaubhaft machen (§ 294 ZPO), daß die Belastung mit den nach dem vollen Streitwert berechneten Kosten ihre wirtschaftliche Lage erheblich gefährden würde. Allgemeine wirtschaftliche Schwierigkeiten der Partei genügen nicht und es sind auch zumutbare Kreditaufnahmemöglichkeiten zu berücksichtigen (*B/H* § 23b UWG Rdn. 3; *Benkard/Rogge* § 144 PatG Rdn. 6). Anders als § 23b Abs. 1 S. 2 UWG sieht § 144 PatG die Erstreckung der Glaubhaftmachung darauf, daß die Kosten nicht von einem Dritten übernommen werden, nicht ausdrücklich vor. Jedoch ist die Streitwertbegünstigung bei Prozeßfinanzierung durch Dritte oder Prozeßführung durch eine mittellose Partei im Interesse Dritter wegen Rechtsmißbrauchs zu versagen (vgl. OLG Düsseldorf Mitt. 1973, 177, 180 zum PatG). Das Erfordernis der Gefährdung setzt voraus, daß die Partei nicht bereits endgültig vermögenslos ist, wie zB bei einer juristischen Person, die den Geschäftsbetrieb eingestellt hat (vgl. BGH GRUR 1953, 284 zum PatG). Es ist nicht darauf abzustellen, ob es dem Antragsteller unmöglich wäre, die Prozeßkosten zu tragen, sondern zwischen der wirtschaftlichen Lage der Partei einerseits und der Höhe der Kostenbelastung andererseits abzuwägen (BGH GRUR 1994, 385 – *Streitwertherabsetzung* zu § 23 b UWG).

Anders als die Prozeßkostenhilfe (§ 114 Abs. 1 ZPO) setzt die Streitwertbegünstigung nach dem Gesetzeswortlaut nicht voraus, daß die Rechtsverfolgung des Antragstellers aussichtsreich ist. Die Rspr. insbesondere zu den Parallelvorschriften läßt jedoch seit jeher eine Versagung der Streitwertbegünstigung im Rahmen des richterlichen Ermessens zu, wenn verläßliche Anhaltspunkte für eine **mißbräuchliche Prozeßführung** vorliegen (*Benkard/Rogge* § 144 PatG Rdn. 7 mwN; *B/H* § 23 b UWG Rdn. 7 mwN). Dabei darf auch vorprozessuales Verhalten berücksichtigt werden, insbesondere unterlassene Reaktion auf eine Abmahnung bei eindeutiger Rechtslage (vgl. OLG Hamburg WRP 1985, 281 zum UWG) oder mangelnder vorprozessualer Aufklärung (KG GRUR 1983, 673, 674 – *Falscher Inserent*). Auch widersprüchliches Verhalten kann der Streitwertbegünstigung entgegenstehen, so zB wenn der Antragsteller früher noch eine Streitwerterhöhung angestrebt hat (OLG Hamburg GRUR 1957, 146 zum PatG). 18

Die Streitwertbegünstigung soll allein deshalb abgelehnt werden können, weil der Antrag nur eine durch Klagerücknahme oder Versäumnisurteil entstehende Kostenlast ermäßigen soll (so zB LG Berlin WRP 1981, 292 zum UWG; KG GRUR 1939, 346 zum PatG) oder bereits feststeht, daß der Antragsteller das Verfahren nicht weiterführen wird (so OLG München WRP 1982, 430; LG Berlin aaO; RG Bl. 1941, 72). Dem ist nicht zu folgen. Für eine derart generelle Einschränkung gibt es weder eine gesetzliche Grundlage noch eine Rechtfertigung aus dem Normzweck (wie hier zutr. OLG Hamburg WRP 1985, 281; KG WRP 1982, 530). 19

Als für die Beurteilung der wirtschaftlichen Gefährdung maßgebliche Belastung sind nur die Kosten **einer Instanz** nach dem vollen Streitwert anzusetzen, nicht auch Rechtsmittelkosten. 20

§ 142 Streitwertbegünstigung

21 Die Streitwertbegünstigung ist grundsätzlich unabhängig von der Gewährung von **Prozeßkostenhilfe**. Jedoch versagt die Rspr. die Streitwertbegünstigung, wenn Prozeßkostenhilfe wegen Aussichtslosigkeit abgelehnt wurde (*Benkard/Rogge* § 144 PatG Rdn. 7; *B/H* § 23 b UWG Rdn. 7).

22 Bei der Überprüfung der wirtschaftlichen Lage der antragstellenden Partei können auch Kostenrisiken aus **Parallelverfahren** Berücksichtigung finden (zB OLG Koblenz GRUR 1996, 139, 140; OLG Karlsruhe GRUR 1962, 586 zum PatG). Voraussetzung ist jedoch, daß auch die Führung dieser Parallelverfahren und gegebenenfalls ihre Aufspaltung in Einzelprozesse nicht im Sinne der obigen Grundsätze rechtsmißbräuchlich ist.

Zu den Besonderheiten bei Verbänden muß auf die Kommentierungen zu § 23 b UWG verwiesen werden.

4. Antrag

23 Die Streitwertbegünstigung setzt einen iSv § 142 Abs. 3 S. 2, 3 **rechtzeitig** gestellten Antrag voraus. Er ist vor der Verhandlung zur Hauptsache (Stellung der Sachanträge nach § 137 Abs. 1 ZPO) zu stellen. Wird der Streitwert jedoch erst später festgesetzt oder angenommen, muß der Antrag erst vor der nächsten Verhandlung zur Hauptsache bzw. bei Festsetzung erst nach der letzten Verhandlung innerhalb angemessener Frist gestellt werden (OLG Koblenz GRUR 1996, 139, 140; vgl. BGH GRUR 1965, 562 – *Teilstreitwert* zum PatG; KG WRP 1983, 561 zum UWG). Der Antrag nach § 142 Abs. 3 S. 1 kann auch zu Protokoll der Geschäftsstelle erklärt werden und unterliegt daher nicht dem Anwaltszwang (§ 78 Abs. 3 ZPO), kann also auch schriftsätzlich durch die Partei selbst gestellt werden. Wie die Streitwertfestsetzung selbst, bezieht sich auch die Anordnung der Streitwertbegünstigung stets nur auf eine Instanz, so daß in jeder Instanz ein gesonderter Antrag zu stellen ist (RG GRUR 1941, 94 zum PatG; OLG Karlsruhe GRUR 1962, 586 zum PatG; *B/H* § 23 b UWG Rdn. 4). Bei Heraufsetzung des Streitwerts eröffnet § 142 Abs. 3 S. 3 diesbezüglich die Antragstellung, auch wenn sie zuvor versäumt worden ist. Durch bloße Parteiangaben ist ein Streitwert noch nicht „angenommen" iSv § 140 Abs. 3, sondern erst dann, wenn ein bestimmter Streitwert einer Maßnahme des Gerichts oder der Geschäftsstelle zugrundegelegt wird (OLG Stuttgart WRP 1982, 489, 490 zum UWG; *B/H* § 23 b UWG Rdn. 5; *Köhler/Piper* § 27 b UWG Rdn. 8; aA *Benkard/Rogge* § 144 PatG Rdn. 9).

Im **Verfügungsverfahren** kann der Antrag bis zur Verhandlung 24
über den Widerspruch gestellt werden, bzw. bei Abschluß ohne
mündliche Verhandlung innerhalb angemessener Frist nach der
Streitwertfestsetzung (OLG Koblenz GRUR 1996, 139, 140; vgl.
OLG Hamburg WRP 1985, 281 zum UWG; KG WRP 1982, 530
zum UWG).

Treten die Anordnungsvoraussetzungen erst **während des Ver-** 25
fahrens durch grundlegende Verschlechterung der wirtschaftlichen
Lage einer Partei ein, so kann der Antrag entsprechend § 142 Abs. 3
S. 3 auch noch nach Verhandlung zur Hauptsache innerhalb angemessener Frist seit der Verschlechterung gestellt werden (vgl. *Benkard/Rogge* § 144 PatG Rdn. 11).

5. Anordnung

Die Anordnung ergeht nach Anhörung des Gegners (§ 142 26
Abs. 3 S. 4) für jede Instanz gesondert durch Beschluß (zB: „Die
Verpflichtung des ... zur Zahlung von Gerichtskosten bemißt sich
nach einem Teilstreitwert von DM ... (§ 142 MarkenG)"). Die
Entscheidung steht im pflichtgemäßen Ermessen des Gerichts
(„kann").

Festzusetzen ist ein der Wirtschaftslage des Antragstellers ange- 27
paßter Teil des vollen Streitwerts. Maßgeblich ist die sich aus den
in Betracht kommenden Teilstreitwerten ergebende (voraussichtliche) Kostenbelastung. Pauschale Kürzungen um bestimmte Prozentbeträge des einen bestimmten Sockelbetrages übersteigenden
Streitwerts (zB 90% des DM 10000,– übersteigenden Streitwerts
bei UWG-Verbandsklagen: KG WRP 1982, 468; KG WRP 1977,
717; OLG Koblenz GRUR 1984, 746) oder Herabsetzungen auf
Mindeststreitwerte als reduzierte Regelstreitwerte widersprechen
dem Normzweck der auf eine einzelfallbezogene Ausnahmeregelung gerichteten Schutzvorschrift. Die Rspr. neigt demgegenüber
dazu, nicht die sich ergebenden Kostenbelastungen gegenüberzustellen, sondern die Streitwertbeträge als solche. Das verstellt schon
wegen der degressiven Kostenstrukturen den Blick auf die bewirkte
Kostenreduzierung. Nur sie ist das Ziel der Streitwertbegünstigung,
während der Teilstreitwert als solcher einer eigenständigen Rechtfertigung nicht zugänglich ist, nachdem er der wirtschaftlichen
Bedeutung der Streitsache gerade nicht mehr entspricht und daher nur über die zu erreichende Kostenreduzierung legitimiert
werden kann. Jedenfalls im Kennzeichenrecht verfehlt wäre eine
Begrenzung des Anwendungsbereichs durch nicht zu unterschrei-

§ 142 Streitwertbegünstigung

tende Regelstreitwerte (vgl. OLG Saarbrücken WRP 1996, 145, 146; *B/H* § 23 b UWG Rdn. 6).

28 Obwohl im Gesetzeswortlaut nicht vorgesehen, muß im Rahmen des richterlichen Ermessens auch die Zumutbarkeit der Abwälzung der Kosten auf die Gegenpartei nach deren wirtschaftlichen Verhältnissen berücksichtigt werden.

6. Rechtsfolgen

29 Die Wirkung der Streitwertbegünstigung hängt vom Ausgang des Verfahrens hinsichtlich der Pflicht zur Kostentragung ab.

a) Vollständiges Unterliegen des Begünstigten. Unterliegt der Begünstigte ganz, muß er Gerichtskosten (§ 142 Abs. 1), vom Gegner verauslagte Gerichtskosten (§ 142 Abs. 2 S. 2), Gebühren des gegnerischen Rechtsanwalts (§ 142 Abs. 2 S. 2) und die Gebühren des eigenen Rechtsanwalts (§ 142 Abs. 2 S. 1) nur nach dem Teilstreitwert bezahlen. Der Rechtsanwalt der Gegenpartei behält aber seinen Gebührenanspruch nach vollem Streitwert gegenüber seinem Mandanten.

30 **b) Kostenquotelung.** Bei Kostenquotelung berechnet sich der Kostenausgleich zunächst nach dem Teilstreitwert, jedoch kann der Rechtsanwalt des Begünstigten seine Gebühren aus dem vollen Streitwert von dem Gegner erstattet verlangen (§ 142 Abs. 2 S. 3), obwohl der Gegner selbst seinen quotalen Erstattungsanspruch nur nach dem Teilstreitwert berechnen kann. Den nicht zu erstattenden Teil der Gerichtskosten aus dem vollem Streitwert hat die Gegenpartei im Rahmen der Haftungsvorschriften des GKG zu tragen (zB OLG Düsseldorf Mitt. 1985, 213 zum PatG). Der Zahlungsanspruch nach § 142 Abs. 2 S. 3 ist von dem Rechtsanwalt des Begünstigten durch Kostenfestsetzungantrag im eigenen Namen geltend zu machen (vgl. *Benkard/Rogge* § 144 PatG Rdn. 12).

31 **c) Vollständiges Obsiegen des Begünstigten.** Die Streitwertbegünstigung entfaltet auch bei vollständigem Obsiegen des Begünstigten Wirkung (unzutr. daher *Köhler/Piper* § 23 b UWG Rdn. 16). Praktische Bedeutung kommt ihr zu, wenn der Gegner des Begünstigten insolvent ist. Den Begünstigten trifft die Kostenhaftung im Rahmen des GKG nur aus dem niedrigen Teilstreitwert. Dem Rechtsanwalt des Begünstigten hilft sein Anspruch gegen den Gegner nach § 142 Abs. 2 S. 3 in diesem Falle nichts, so daß er wegen der aufgezwungenen Gebührenverringerung nach

Streitwertbegünstigung § 142

§ 142 Abs. 2 S. 1 trotz erfolgreicher Tätigkeit die Prozeßführung seines Mandanten gewissermaßen mitfinanzieren muß. Gegen diese unbillige Wirkung kann sich der Rechtsanwalt bei Absehbarkeit der möglichen Anwendung des § 142 durch eine streitwertunabhängige Honorarvereinbarung schützen, da § 142 Abs. 2 S. 1 dann unabhängig vom Prozeßausgang ins Leere geht.

d) **Auslagen.** Trotz der mißverständlichen Wortwahl „Gerichtskosten" des § 142 Abs. 1 im Gegensatz zu § 142 Abs. 2 S. 2 betrifft die Streitwertbegünstigung nie Auslagen, sondern immer nur die streitwertabhängigen Gerichtsgebühren (OLG München GRUR 1960, 79 zum PatG) und alle streitwertabhängigen Rechtsanwaltsgebühren einschließlich derjenigen eines Verkehrsanwalts. 32

e) **Zusammentreffen mit Prozeßkostenhilfe.** Ist der Anwalt des Begünstigten im Rahmen der Prozeßkostenhilfe beigeordnet, so gilt für seinen Vergütungsanspruch gegen die Staatskasse § 142 Abs. 2 S. 1 nicht, sondern nur die Ermäßigung nach § 123 BRAGO (BGH GRUR 1953, 250). 33

f) **Patentanwaltsgebühren.** Nach RG GRUR 1940, 152 sollen Streitwertbegünstigungsvorschriften auf Patentanwaltskosten analog anwendbar sein (ebenso *B/S* § 31 a WZG Rdn. 4; *B/H* § 31 a WZG Rdn. 8; *Benkard/Rogge* § 144 PatG Rdn. 12). Dies gilt aber nur, soweit die Patentanwaltsvergütung oder Patentanwaltskostenerstattung an die streitwertabhängige Berechnung nach BRAGO anknüpft (§ 140 Rdn. 57, 68). 34

7. Rechtsmittel

Gegen die Entscheidung über einen in erster Instanz beim Landgericht gestellten Antrag nach § 142 ist die **Streitwertbeschwerde** nach § 25 Abs. 2 GKG gegeben. Beschwerdeberechtigt sind neben den jeweils beschwerten Parteien im Falle der Anordnung eines Teilstreitwerts aus eigenem Recht gemäß § 9 Abs. 2 BRAGO der Anwalt der begünstigten Partei (vgl. OLG München NJW 1959, 52) und auch der Anwalt der Gegenpartei (str., wie hier KG WRP 1978, 134; KG WRP 1978, 300; *B/H* § 23b UWG Rdn. 8; *Köhler/Piper* § 23b UWG Rdn. 15; aA *Benkard/Rogge* § 144 PatG Rdn. 10; *Pastor* S. 978). Zwar kann dieser Anwalt von seiner Partei Gebühren aus dem vollen Streitwert fordern, verliert jedoch die zB im Falle der Insolvenz wichtige Möglichkeit der Befriedigung aus dem Kostenerstattungsanspruch gegen die nur nach den Teilstreitwert erstattungspflichtige begünstigte Partei. Die Beschwerde ist 35

§ 142

eine einfache Beschwerde, jedoch innerhalb der (zu) großräumigen Fristen des § 25 Abs. 2 S. 3, Abs. 3 S. 3 GKG einzulegen.

36   Gegen Entscheidungen eines Oberlandesgerichts über Anträge nach § 142 ist die Beschwerde gemäß § 25 Abs. 2 GKG nicht statthaft, so daß nur Gegenvorstellung verbleibt.

8. Abänderung

37   Verbessert sich die wirtschaftliche Lage des Begünstigten während der Instanz dahingehend, daß die erhebliche Gefährdung nach § 142 Abs. 1 entfällt, ist das anordnende Gericht zu einer Änderung oder Aufhebung der Entscheidung auf Antrag der Gegenpartei oder eines der Prozeßbevollmächtigten (§ 9 Abs. 2 BRAGO entsprechend) verpflichtet (OLG Düsseldorf Mitt. 1973, 177, 178; *Benkard/Rogge* § 144 PatG Rdn. 11; *Köhler/Piper* § 23b UWG Rdn. 15; *B/H* § 23b UWG Rdn. 8). Bei grundlegender Verschlechterung der wirtschaftlichen Lage während des Verfahrens ist auch bei früherer Ablehnung ein neuer Antrag für dieselbe Instanz zuzulassen (vgl. *Benkard/Rogge* § 144 PatG Rdn. 11).

Teil 8. Straf- und Bußgeldvorschriften; Beschlagnahme bei der Einfuhr und Ausfuhr

Abschnitt 1. Straf- und Bußgeldvorschriften

§ 143 Strafbare Kennzeichenverletzung

(1) Wer im geschäftlichen Verkehr widerrechtlich
1. entgegen § 14 Abs. 2 Nr. 1 oder 2 ein Zeichen benutzt,
2. entgegen § 14 Abs. 2 Nr. 3 ein Zeichen in der Absicht benutzt, die Unterscheidungskraft oder die Wertschätzung einer bekannten Marke auszunutzen oder zu beeinträchtigen,
3. entgegen § 14 Abs. 4 Nr. 1 ein Zeichen anbringt oder entgegen § 14 Abs. 4 Nr. 2 oder 3 eine Aufmachung oder Verpackung oder ein Kennzeichnungsmittel anbietet, in den Verkehr bringt, besitzt, einführt oder ausführt, soweit Dritten die Benutzung des Zeichens
   a) nach § 14 Abs. 2 Nr. 1 oder 2 untersagt wäre oder
   b) nach § 14 Abs. 2 Nr. 3 untersagt wäre und die Handlung in der Absicht vorgenommen wird, die Ausnutzung oder Beeinträchtigung der Unterscheidungskraft oder der Wertschätzung einer bekannten Marke zu ermöglichen,
4. entgegen § 15 Abs. 2 eine Bezeichnung oder ein Zeichen benutzt oder
5. entgegen § 15 Abs. 3 eine Bezeichnung oder ein Zeichen in der Absicht benutzt, die Unterscheidungskraft oder die Wertschätzung einer bekannten geschäftlichen Bezeichnung auszunutzen oder zu beeinträchtigen,

wird mit Freiheitsstrafe bis zu drei Jahren oder mit Geldstrafe bestraft.

(1 a) Ebenso wird bestraft, wer die Rechte des Inhabers einer nach Rechtsvorschriften der Europäischen Gemeinschaft geschützten Marke verletzt, soweit eine Rechtsverordnung nach Absatz 7 für einen bestimmten Tatbestand auf diese Strafvorschrift verweist.

(2) Handelt der Täter gewerbsmäßig, so ist die Strafe Freiheitsstrafe bis zu fünf Jahren oder Geldstrafe.

(3) Der Versuch ist strafbar.

§ 143 Strafbare Kennzeichenverletzung

(4) In den Fällen der Absätze 1 und 1a wird die Tat nur auf Antrag verfolgt, es sei denn, daß die Strafverfolgungsbehörde wegen des besonderen öffentlichen Interesses an der Strafverfolgung ein Einschreiten von Amts wegen für geboten hält.

(5) Gegenstände, auf die sich die Straftat bezieht, können eingezogen werden. § 74a des Strafgesetzbuchs ist anzuwenden. Soweit den in § 18 bezeichneten Ansprüchen auf Vernichtung im Verfahren nach den Vorschriften der Strafprozeßordnung über die Entschädigung des Verletzten (§§ 403 bis 406c der Strafprozeßordnung) stattgegeben wird, sind die Vorschriften über die Einziehung nicht anzuwenden.

(6) Wird auf Strafe erkannt, so ist, wenn der Verletzte es beantragt und ein berechtigtes Interesse daran dartut, anzuordnen, daß die Verurteilung auf Verlangen öffentlich bekanntgemacht wird. Die Art der Bekanntmachung ist im Urteil zu bestimmen.

(7) Das Bundesministerium der Justiz wird ermächtigt, durch Rechtsverordnung ohne Zustimmung des Bundesrates die Tatbestände zu bezeichnen, die als Straftaten nach Absatz 1a geahndet werden können, soweit dies zur Durchsetzung des in Rechtsvorschriften der Europäischen Gemeinschaft vorgesehenen Schutzes von Marken erforderlich ist.

Inhaltsübersicht

	Rdn.
I. Allgemeines	1–3
1. Überblick	1
2. Früheres Recht	2
3. Gemeinschaftsmarkenrecht	3
II. Tatbestandsvoraussetzungen	4–7
III. Irrtum	8
IV. Antragsdelikt	9
V. Strafe, Nebenstrafen	10
VI. Verjährung	11
VII. Praktische Bedeutung	12
VIII. Zivilrechtliche Auswirkungen	13

I. Allgemeines

1. Überblick

1 Die Straf- und Bußgeldvorschriften der §§ 143–145 vervollständigen den umfassenden Schutz der Kennzeichenrechte durch das MarkenG. § 143 stellt die vorsätzliche Verletzung von deutschen

Marken (§ 4) und geschäftlichen Bezeichnungen (§ 5) als Vergehen (§ 12 Abs. 2 StGB) unter Strafe, wobei schon der Versuch strafbar ist (Abs. 3). Für IR-Marken mit Schutz in Deutschland gilt § 143 Abs. 1 Nr. 1 bis Nr. 3 über §§ 107, 112 bzw. 119, 124. Als Parallelvorschriften zu anderen Schutzrechten vgl. § 142 PatG, § 25 GebrMG, § 14 GeschmMG, § 39 SortSchG; ferner § 106 ff. UrhG.

2. Früheres Recht

Über den bisherigen strafrechtlichen Schutz geht § 143 zum einen durch die konsequente Einbeziehung aller geschäftlichen Kennzeichen hinaus (Abs. 1 Nr. 4 und 5). Der Straftatbestand des § 25 d Abs. 1 WZG erfaßte demgegenüber neben Marken- und Ausstattungsverletzungen nur Namens- und Firmenverletzungen und auch nur solche durch warenzeichenmäßigen Gebrauch. Zu § 16 UWG gab es überhaupt keinen korrespondierenden Straftatbestand. Strafbarkeit konnte daher allenfalls aufgrund § 263 StGB und § 4 UWG bestehen, spielte aber bei Kennzeichenverletzungen keine Rolle. Eine zweite wesentliche Ausdehnung ist die Einbeziehung des erweiterten Schutzes bekannter Kennzeichen in die Strafbarkeit (§ 143 Abs. 1 Nr. 2, 3 b, 5). Schließlich geht auch die in § 143 Abs. 1 Nr. 3 angeordnete Strafbarkeit bereits der vorbereitenden Verletzungshandlungen des § 14 Abs. 4 über § 25 d WZG hinaus. § 143 Abs. 2–6 ist wortgleich mit den entsprechenden Absätzen des § 25 d WZG.

3. Gemeinschaftsmarkenrecht

Die Verletzung von Gemeinschaftsmarken ist nach der durch das MRÄndG 1996 geänderten Fassung des § 143 nach Maßgabe der in Abs. 1 Nr. 1 a in bezug genommenen Rechtsverordnung (Abs. 7) unter Strafe gestellt, da die GMVO selbst schon mangels gemeinschaftsrechtlicher Strafrechtsordnung keine strafrechtlichen Sanktionen für Verletzungen von Gemeinschaftsmarken enthält.

II. Tatbestandsvoraussetzungen

Hinsichtlich der objektiven Tatbestandsmerkmale knüpft § 143 – abgesehen vom Sonderfall der Gemeinschaftsmarke – direkt an die zivilrechtlichen Verletzungstatbestände der §§ 14 Abs. 2 und 4, 15

§ 143

Abs. 2 und 3 an. Nur „widerrechtliche" Handlungen erfüllen den Straftatbestand. Dadurch werden neben dem Handeln mit Zustimmung des Kennzeicheninhabers auch solche Kennzeichenbenutzungen der Strafbarkeit entzogen, gegen die wegen einer geschriebenen (zB §§ 21 ff.) oder ungeschriebenen **Schutzschranke** keine zivilrechtlichen Verletzungsansprüche gegeben sind (Amtl. Begr. 4. Abs. zu § 143). Die Tat ist vollendet, wenn bereits eine einzige Benutzungshandlung vorgenommen wurde, im Falle der Markenverletzung also insbesondere durch die in § 14 Abs. 3 und 4 beispielhaft aufgezählten und deswegen in § 143 nicht wiederholten (Amtl. Begr. 6. Abs. zu § 143) Verletzungshandlungen.

5   Die **Qualifikation** der Gewerbsmäßigkeiten nach § 143 Abs. 2 ist nicht schon durch jegliches geschäftliches Handeln erfüllt, sondern setzt voraus, daß sich der Täter gerade durch wiederholte Kennzeichenverletzungen eine fortlaufende Einnahmequelle von einigem Umfang und einiger Dauer verschaffen will (vgl. *Schönke/ Schröder*, 25. Auflage, Vorbem. §§ 52 ff. StGB Rdn. 95 mwN; Amtl. Begr. zum Produktpirateriegesetz Bl. 1990, 173, 179; *Benkard/Rogge* § 142 PatG Rdn. 7).

6   Nur **vorsätzliche**, nicht auch fahrlässige Kennzeichenverletzungen sind strafbar (§ 15 StGB). In den Fällen des erweiterten Schutzes bekannter Kennzeichen nach § 143 Abs. 1 Nr. 2, 3b, 5 muß über den einfachen Vorsatz hinaus eine Ausnutzungs- oder Beeinträchtigungsabsicht gegeben sein. Dadurch soll dem Bestimmtheitsgebot für Strafnormen Rechnung getragen werden (Amtl. Begr. 4. Abs. zu § 143). Eine tatsächliche Schädigung ist dagegen in keinem Falle Voraussetzung der Strafbarkeit.

7   Die **Löschung** einer Marke mit Rückwirkung auf den Tatzeitpunkt (vgl. § 52) beseitigt die Strafbarkeit, wobei diese wegen Löschungsreife mangels Widerrechtlichkeit eigentlich gar nicht vorlag. Will der Angeklagte Löschungsklage erheben, ist das Strafverfahren entsprechend § 262 StPO auszusetzen (*Benkard/Rogge* § 142 PatG Rdn. 3). Die Löschung der Marke mit Rückwirkung ist nach rechtskräftiger Verurteilung ein Wiederaufnahmegrund (§ 359 Nr. 4 und 5 StPO).

III. Irrtum

8   Ein die Strafbarkeit nach § 16 StGB ausschließender **Tatsachenirrtum** liegt zB vor, solange der Verletzer das verletzte Kennzeichenrecht nicht kennt, irrig von einer Gestattung ausgeht oder tat-

Strafbare Kennzeichenverletzung **§ 143**

sächliche Voraussetzungen der Verwechslungsgefahr nicht kennt. Ein **Rechtsirrtum** schließt den Vorsatz dagegen nur dann aus, wenn der Täter den Irrtum nicht vermeiden konnte (§ 17 StGB). Vermeidbarkeit ist auch dann gegeben, wenn Beratung durch einen in Kennzeichensachen erfahrenen Rechtsanwalt oder Patentanwalt geboten gewesen wäre (vgl. *Schönke/Schröder* § 17 StGB Rdn. 18). Soweit die Verkehrsanschauung maßgeblich ist, handelt es sich bei einer Fehleinschätzung um einen Tatsachenirrtum. Ein Rechtsirrtum wäre gegeben zB bei Fehlvorstellungen über die Reichweite des Benutzungsbegriffes, über die Strafbarkeit auch bei mittelbarer Verwechslungsgefahr oder Verwechslungsgefahr im weiteren Sinne, die Unlauterkeit nach §§ 14 Abs. 2 Nr. 3, 15 Abs. 3, 23, die Berechtigung von Gründen nach § 24 Abs. 2 oder die rechtliche Beurteilung der in tatsächlicher Hinsicht bekannten Benutzung der verletzten Marke im Rahmen des Benutzungszwangs. Im übrigen ist die Irrtumslehre für Kennzeichenstrafsachen weitgehend unerforscht (vgl. *B/S* § 24 Rdn. 55).

IV. Antragsdelikt

Sofern nicht gewerbsmäßig begangen (§ 143 Abs. 2), setzt die 9 Strafverfolgung einen Strafantrag (§§ 77 ff. StGB) voraus, soweit nicht das besondere öffentliche Interesse eine Strafverfolgung von Amts wegen geboten erscheinen läßt (§ 143 Abs. 4). Zu beachten ist die **Frist** von drei Monaten seit Kenntnis von Tat und Täter (§ 77 b StGB). Antragsberechtigt ist der Verletzte, also jedenfalls der Kennzeicheninhaber. Unklar ist das Antragsrecht eines **Lizenznehmers**. Im Patentrecht wird die Antragsbefugnis eines ausschließlichen Lizenznehmers bejaht (RGSt 11, 266; *Benkard/Rogge* § 142 PatG Rdn. 10). Da jedoch § 30 Abs. 3 schon die zivilrechtliche Klagebefugnis von Lizenznehmern jeder Art von der Zustimmung des Inhabers abhängig macht, kann für die schwerwiegendere Maßnahme des Strafantrags gegen einen Verletzer kein von der Zustimmung des Markeninhabers unabhängiges Antragsrecht angenommen werden. Der **Inlandsvertreter** eines im Ausland ansässigen Markeninhabers ist nach § 96 Abs. 2 S. 2 befugt, Strafanträge im Namen des Rechtsinhabers zu stellen. Bei nicht gewerbsmäßiger Kennzeichenverletzung ist Verfolgung durch Privatklage des Verletzten möglich (§ 374 Abs. 1 Nr. 8 StPO). Die Nebenklagebefugnis des Verletzten folgt aus §§ 395 Abs. 2 Nr. 3 iVm 374 Abs. 1 Nr. 8 StPO).

V. Strafe, Nebenstrafen

10 Als Strafrahmen sieht § 143 Geldstrafe (§ 40 StGB) oder Freiheitsstrafe bis zu drei Jahren, bei gewerbsmäßigem Handeln bis zu fünf Jahren vor. Als Nebenstrafen sieht § 143 Abs. 5 die Einziehung (vgl. *Cremer* Mitt 1992, 154, 163; *Fezer* § 143 Rdn. 32 ff.) und § 143 Abs. 6 die öffentliche Bekanntmachung des Strafurteils vor.

VI. Verjährung

11 Vergehen nach § 143 verjähren gem §§ 78 Abs. 3 Nr. 5, 78 a StGB nach fünf Jahren seit Beendigung der Verletzungshandlung. Demgegenüber spielt die zivilrechtliche Verjährung nach § 20 für die Strafverfolgung keine Rolle (unrichtig daher die Bezugnahme auf § 20 in der Amtl. Begr. 7. Abs. zu § 143).

VII. Praktische Bedeutung

12 Bei den im Vergleich zur Zahl der zivilrechtlichen Verletzungsprozesse wenigen Ermittlungsverfahren und noch weniger Verurteilungen wegen Kennzeichenverletzungen handelt es sich fast ausnahmslos um Fälle offensichtlicher Produktpiraterie durch Verwendung identischer Kennzeichen. Hier können die strafrechtlichen Ermittlungsmaßnahmen, insbesondere Durchsuchungen und Beschlagnahmen, die Weiterverbreitung von Pirateriewaare bisweilen effektiver stoppen und Informationen über die Verletzer ergeben, als zivilgerichtliche Maßnahmen nach §§ 14, 15, 18, 19, bei denen häufig schon die genaue Identifizierung und Zustellung Schwierigkeiten bereiten kann. Der theoretische Anwendungsbereich des § 143 geht darüber weit hinaus und umfaßt viele bislang stets nur zivilrechtlich geahndete Kennzeichenverletzungen. Selbst bei ursprünglicher Unkenntnis des verletzten Rechts wird spätestens durch die Abmahnung die für den Vorsatz genügende Kenntnis der tatsächlichen Umstände erlangt und dennoch in den allerwenigsten Fällen die Benutzung sofort eingestellt. Trotzdem wird die Strafbarkeit außerhalb der Produktpiraterie kaum ernst genommen. Sehr bedenklich ist der weite Anwendungsbereich vor allem wegen der erheblichen Bestimmtheitsprobleme nicht nur im Rahmen des erweiterten Schutzes bekannter Kennzeichen (vgl. dazu schon § 14

Rdn. 463; *von Gamm* FS Piper 1996, 537, 539), sondern auch im Hinblick auf das Tatbestandsmerkmal der Verwechslungsgefahr und der Unlauterkeit iSv § 23.

VIII. Zivilrechtliche Auswirkungen

Rechtsgeschäfte über die Belieferung mit kennzeichenverletzender Ware sind dann nicht gem § 134 BGB iVm § 143 nichtig, wenn eine der Vertragsparteien nicht vorsätzlich handelte (BGH WRP 1996, 744, 746 – *Akkreditiv-Übertragung* zu § 25 d WZG). Die Annahme von Nichtigkeit verbietet sich hier vor allem auch deshalb, weil den vertraglichen Rechtsmangel-, Gewährleistungs- und Schadensersatzansprüchen eines gutgläubigen Erwerbers von kennzeichenverletzender Ware nicht die Grundlage entzogen werden darf. 13

§ 144 Strafbare Benutzung geographischer Herkunftsangaben

(1) Wer im geschäftlichen Verkehr widerrechtlich eine geographische Herkunftsangabe, einen Namen, eine Angabe oder ein Zeichen

1. entgegen § 127 Abs. 1 oder 2, jeweils auch in Verbindung mit Abs. 4 oder einer Rechtsverordnung nach § 137 Abs. 1, benutzt oder

2. entgegen § 127 Abs. 3, auch in Verbindung mit Abs. 4 oder einer Rechtsverordnung nach § 137 Abs. 1, in der Absicht benutzt, den Ruf oder die Unterscheidungskraft einer geographischen Herkunftsangabe auszunutzen oder zu beeinträchtigen,

wird mit Freiheitsstrafe bis zu zwei Jahren oder mit Geldstrafe bestraft.

(2) Ebenso wird bestraft, wer im geschäftlichen Verkehr widerrechtlich eine nach Rechtsvorschriften der Europäischen Gemeinschaft geschützte geographische Angabe oder Ursprungsbezeichnung benutzt, soweit eine Rechtsverordnung nach Absatz 6 für einen bestimmten Tatbestand auf diese Strafvorschrift verweist.

(3) **Der Versuch ist strafbar.**

(4) **Bei einer Verurteilung** bestimmt das Gericht, daß die widerrechtliche Kennzeichnung der im Besitz des Verurteilten befindlichen Gegenstände beseitigt wird oder, wenn dies nicht möglich ist, die Gegenstände vernichtet werden.

§ 144 Strafbare Benutzung geographischer Herkunftsangaben

(5) **Wird auf Strafe erkannt, so ist, wenn das öffentliche Interesse dies erfordert, anzuordnen, daß die Verurteilung öffentlich bekanntgemacht wird.** Die Art der Bekanntmachung ist im Urteil zu bestimmen.

(6) **Das Bundesministerium der Justiz wird ermächtigt, durch Rechtsverordnung ohne Zustimmung des Bundesrates die Tatbestände zu bezeichnen, die als Straftaten nach Absatz 2 geahndet werden können, soweit dies zur Durchsetzung des in Rechtsvorschriften der Europäischen Gemeinschaft vorgesehenen Schutzes von geographischen Angaben und Ursprungsbezeichnungen erforderlich ist.**

1   Der zweite Straftatbestand des MarkenG ergänzt den zivilrechtlichen Schutz geographischer Herkunftsangaben. §§ 126–139 und löst § 26 WZG ab, der die vorsätzliche Verwendung irreführender Angaben über den Ursprung von Waren unter Strafe stellte. Soweit § 26 WZG auch die Verwendung irreführender Angaben über die Beschaffenheit oder den Wert der Waren erfaßte, ist eine Übernahme dieses systematisch dem UWG zuzuordnenden Straftatbestandes in das MarkenG unterblieben, da die hierfür geltenden §§ 3, 4 UWG als ausreichend angesehen wurden (Amtl. Begr. zu Teil 6, 7. Abs.).

2   § 144 erfaßt in Abs. 1 Nr. 1 Verstöße gegen die Irreführungs-, Ausnutzungs- und Beeinträchtigungsverbote des § 127 zum Schutze geographischer Herkunftsangaben iSv § 126 unter Einbeziehung des § 127 Abs. 4 (Ähnliche Angaben, Zusätze) und der Verordnungen gem. § 137 Abs. 1. Dagegen ist § 144 Abs. 2 eine Blankettvorschrift zur Strafbewehrung des gemeinschaftsrechtlichen Schutzes von geographischen Angaben oder Ursprungsbezeichnungen und bedarf der Konkretisierung durch Rechtsverordnungen gem. § 144 Abs. 6. Nur vorsätzliche Verletzungshandlungen einschließlich des Versuches sind strafbar, wobei in den Fällen des § 144 Abs. 1 Nr. 2 zusätzlich eine bestimmte Ausnutzungs- oder Beeinträchtigungsabsicht gegeben sein muß. Als Nebensanktionen sind Beseitigung der Kennzeichnung oder Vernichtung der gekennzeichneten Gegenstände und öffentliche Bekanntmachung des Strafurteils möglich (§ 144 Abs. 4, 5). Neben § 144 können auch die Straftatbestände nach § 4 UWG (irreführende Werbung) und § 263 StGB (Betrug) verwirklicht sein.

Bußgeldvorschriften § 145

§ 145 Bußgeldvorschriften

(1) Ordnungswidrig handelt, wer im geschäftlichen Verkehr widerrechtlich in identischer oder nachgeahmter Form
1. ein Wappen, eine Flagge oder ein anderes staatliches Hoheitszeichen oder ein Wappen eines inländischen Ortes oder eines inländischen Gemeinde- oder weiteren Kommunalverbandes im Sinne des § 8 Abs. 2 Nr. 6,
2. ein amtliches Prüf- oder Gewährzeichen im Sinne des § 8 Abs. 2 Nr. 7 oder
3. ein Kennzeichen, ein Siegel oder eine Bezeichnung im Sinne des § 8 Abs. 2 Nr. 8
zur Kennzeichnung von Waren oder Dienstleistungen benutzt.

(2) Ordnungswidrig handelt, wer vorsätzlich oder fahrlässig
1. entgegen § 134 Abs. 3, auch in Verbindung mit Abs. 4,
   a) das Betreten von Geschäftsräumen, Grundstücken, Verkaufseinrichtungen oder Transportmitteln oder deren Besichtigung nicht gestattet,
   b) die zu besichtigenden Agrarerzeugnisse oder Lebensmittel nicht so darlegt, daß die Besichtigung ordnungsgemäß vorgenommen werden kann,
   c) die erforderliche Hilfe bei der Besichtigung nicht leistet,
   d) Proben nicht entnehmen läßt,
   e) geschäftliche Unterlagen nicht oder nicht vollständig vorlegt oder nicht prüfen läßt oder
   f) eine Auskunft nicht, nicht richtig oder nicht vollständig erteilt oder
2. einer nach § 139 Abs. 1 erlassenen Rechtsverordnung zuwiderhandelt, soweit sie für einen bestimmten Tatbestand auf diese Bußgeldvorschrift verweist.

(3) Die Ordnungswidrigkeit kann in den Fällen des Absatzes 1 mit einer Geldbuße bis zu fünftausend Deutsche Mark und in den Fällen des Absatzes 2 mit einer Geldbuße bis zu zwanzigtausend Deutsche Mark geahndet werden.

(4) In den Fällen des Absatzes 1 ist § 144 Abs. 4 entsprechend anzuwenden.

§ 145 enthält zwei voneinander unabhängige Ordnungswidrigkeitentatbestände. Abs. 1 sanktioniert im Allgemeininteresse die identische oder nachahmende Benutzung bestimmter staatlicher oder amtlicher Zeichen und Bezeichnungen, die nach § 8 Abs. 2 Nr. 6, 7, 8 bereits von der Eintragung als Marken ausgeschlos- 1 sen sind. Die Benutzungshandlungen müssen vorsätzlich begangen (§ 10 OWiG) und zur Kennzeichnung von Waren und Dienstleistungen erfolgt sein. Neben § 145 Abs. 1 kann der nicht auf den geschäftlichen Verkehr beschränkte Bußgeldtatbestand des § 124 OWiG anwendbar sein. Abs. 1 tritt an die Stelle von § 27 WZG, geht darüber aber erheblich hinaus, da jetzt auch die Verwendung „in nachgeahmter Form" bußgeldbewehrt ist. Der bisherige Bußgeldrahmen von bis zu DM 1000. – (§ 17 Abs. 1 OWiG) wurde mit DM 5000. – deutlich erhöht. Als weitere Sanktionen sind Beseitigung der Kennzeichnung oder Vernichtung der gekennzeichneten Gegenstände möglich (§ 145 Abs. 4 iVm § 144 Abs. 4). § 145 Abs. 2 hatte keine Entsprechung im bisherigen Recht.

2   § 145 Abs. 2 Nr. 1 bewehrt die Mitwirkungs- und Duldungspflichten der Betriebsinhaber und -leiter, die nach § 134 der Überwachung und Kontrolle nach der Verordnung (EWG) Nr. 2081/92 zum Schutz von geographischen Angaben und Ursprungsbezeichnungen für Agrarerzeugnisse und Lebensmittel unterliegen und enthält in Nr. 2 eine Blankettvorschrift zur Bußgeldbewehrung von deutschen Durchführungsbestimmungen zu dieser Verordnung gem § 139 Abs. 1.

Abschnitt 2. Beschlagnahme von Waren bei der Einfuhr und Ausfuhr

Vorbemerkung zu §§ 146–151

Literatur: *Ahrens*, Die europarechtlichen Möglichkeiten der Beschlagnahme von Produktpiraterieware an der Grenze unter Berücksichtigung des TRIPS-Abkommens, RIW 1996, 727; *Fritze*, Die Verordnung (EG) Nr. 3295/94 des Rates der Europäischen Union vom 22. Dezember 1994 über die Zollbeschlagnahme nachgeahmter Waren und unerlaubt hergestellter Vervielfältigungsstücke oder Nachbildungen und ihre Aussichten auf Erfolg, FS für Piper, 1996, 221; *Meister*, Die Verteidigung von Marken. Eine Skizze zum neuen Recht, WRP 1995, 366; *Scheja*, Bekämpfung der grenzüberschreitenden Produktpiraterie durch die Zollbehörden, CR 1995, 714.

1   §§ 146–151 regeln das Grenzbeschlagnahmeverfahren, das in ähnlicher Weise, aber auf weniger Vorschriften verteilt, auch in § 142a PatG, § 111a UrhG, § 25a GebrMG und § 40a SortSG enthalten ist. Die Kommentierungen zu diesen Vorschriften können ergänzend herangezogen werden. Diese Regelungen gehen zu-

Beschlagnahme bei der Verletzung von Kennzeichenrechten **§ 146**

rück auf das Produktpirateriegesetz (PrPG vom 7. März 1990, BGBl. I, 422), während in § 28 WZG schon vorher eine Grenzbeschlagnahmeregelung enthalten war. §§ 146–151 regeln einen selbständigen Anspruch des Markeninhabers, der unabhängig von den vor den ordentlichen Gerichten geltend zu machenden Ansprüchen ist. Gegen inländische Verletzer kann vor den ordentlichen Gerichten die Beschlagnahme von Verletzungsgegenständen im Wege der einstweiligen Verfügung zur Sicherung zB des Vernichtungsanspruches (§ 18) in Frage kommen. Daneben kann eine strafrechtliche Beschlagnahme (§ 143 iVm §§ 94ff. StPO) treten.

§ 146 enthält zunächst die Anspruchsgrundlage für die Beschlagnahme und die Abgrenzung des Anwendungsbereiches von der Verordnung (EG) Nr. 3295/94 (abgedruckt in Anhang 8). § 147 regelt die Folgen der Reaktionen des Antragsgegners, je nachdem, ob ein Widerspruch erfolgt oder nicht, § 148 die Zuständigkeiten und Rechtsmittel, § 149 die Schadenersatzpflicht, § 150 enthält die Umsetzungsvorschrift für die Verordnung (EG) 3295/94 und § 151 die entsprechende Vorschrift für die Verletzung geographischer Herkunftsangaben (siehe § 146 Rdn. 2). 2

Die praktische Bedeutung der Grenzbeschlagnahme im Markenrecht war bisher gering (dazu *Fritze*, FS *Piper* 1996, 221 und ausführlich *Cremer* Mitt. 1992, 143, 165 ff.), doch gibt es Anzeichen für ein verstärktes Interesse der Markeninhaber an diesem Verfahren. 3

§ 146 Beschlagnahme bei der Verletzung von Kennzeichenrechten

(1) **Waren, die widerrechtlich mit einer nach diesem Gesetz geschützten Marke oder geschäftlichen Bezeichnung versehen sind, unterliegen, soweit nicht die Verordnung (EG) Nr. 3295/94 des Rates vom 22. Dezember 1994 über Maßnahmen zum Verbot der Überführung nachgeahmter Waren und unerlaubt hergestellter Vervielfältigungsstücke oder Nachbildungen in den zollrechtlich freien Verkehr oder in ein Nichterhebungsverfahren sowie zum Verbot ihrer Ausfuhr und Wiederausfuhr (ABl. EG Nr. L 341 S. 8) in ihrer jeweils geltenden Fassung anzuwenden ist, auf Antrag und gegen Sicherheitsleistung des Rechtsinhabers bei ihrer Einfuhr oder Ausfuhr der Beschlagnahme durch die Zollbehörde, sofern die Rechtsverletzung offensichtlich ist. Dies gilt für den Verkehr mit anderen Mitgliedstaaten der Europäischen Union sowie mit den anderen Vertragsstaaten des Abkommens über den Europäischen Wirtschaftsraum nur, soweit Kontrollen durch die Zollbehörden stattfinden.**

§ 146 Beschlagnahme bei der Verletzung von Kennzeichenrechten

(2) **Ordnet die Zollbehörde die Beschlagnahme an, unterrichtet sie unverzüglich den Verfügungsberechtigten sowie den Antragsteller. Dem Antragsteller sind Herkunft, Menge und Lagerort der Waren sowie Namen und Anschrift des Verfügungsberechtigten mitzuteilen. Das Brief- und Postgeheimnis (Artikel 10 des Grundgesetzes) wird insoweit eingeschränkt. Dem Antragsteller wird Gelegenheit gegeben, die Waren zu besichtigen, soweit hierdurch nicht in Geschäfts- oder Betriebsgeheimnisse eingegriffen wird.**

I. Allgemeines

1 § 146 enthält in Abs. 1 die Voraussetzungen der Beschlagnahme, in Absatz 2 die weiteren Maßnahmen der Zollbehörde in Vollzug der Beschlagnahme. Die Vorschrift entspricht im wesentlichen § 28 WZG. Allerdings gilt sie auch für die geschäftlichen Bezeichnungen des § 5 MarkenG, für die nach altem Recht (§ 16 UWG aF) eine entsprechende Norm fehlte.

II. Beschlagnahme (Abs. 1)

1. Anwendungsbereich

2 Ausgenommen vom Anwendungsbereich der §§ 146 ff. ist der Anwendungsbereich der Verordnung (EG) Nr. 3295/94. Von dieser Verordnung nicht erfaßt und deshalb nach § 146 zu behandeln sind zunächst alle Einfuhren aus oder Ausfuhren nach anderen Mitgliedstaaten der EU, da die VO nur im Verkehr mit Drittstaaten gilt, wobei in der Praxis aufgrund des Schengener Abkommens an diesen Grenzen allerdings die Kontrollen seit dem 1. Januar 1993 nicht mehr stattfinden. Weiter erfaßt die VO nur eingetragene Marken, also nicht die ohne Eintragung geschützten Marken des § 4 Nr. 2 und 3 sowie die geschäftlichen Bezeichnungen des § 5 und die geographischen Herkunftsangaben, für die § 151 gilt. §§ 146 ff. sind über die Verweisungsvorschrift von § 150 aber auch auf Beschlagnahmen nach der VO anwendbar, soweit diese keine eigenen Vorschriften für die Beschlagnahme enthalten.

2. Widerrechtlich gekennzeichnete Waren

3 Die Waren müssen widerrechtlich mit einer nach dem MarkenG geschützten Marke, geschäftlichen Bezeichnung oder geographi-

schen Herkunftsangabe (§ 151) versehen sein. Damit werden die **Verletzungstatbestände** des MarkenG in Bezug genommen. Der Tatbestand des widerrechtlichen Versehens ist also anhand der §§ 14, 15 MarkenG zu prüfen. Dementsprechend reicht die Anbringung der verletzenden Marke auf der Umhüllung aus. Nicht unmittelbar aus dem Gesetzeswortlaut ergibt sich, ob auch die (isolierten) **Kennzeichnungsmittel** des § 14 Abs. 4 und die zur widerrechtlichen Kennzeichnung benutzten und bestimmten **Vorrichtungen** (vgl. § 18 Abs. 2 für den Verrichtungsanspruch) der Beschlagnahme unterliegen (bejahend *Fezer* Rdn. 13 und 14). Dafür spricht ein praktisches Bedürfnis und der Umstand, daß die EG-VO in diesen Fällen die Beschlagnahme vorsieht. Dagegen spricht allerdings der Wortlaut des Gesetzes. Die von *Fezer* vorgeschlagene analoge Anwendung widerspricht dem Erfordernis der „offensichtlichen" Rechtsverletzung (dazu unten 4). Im Ergebnis ist damit die ausdehnende Interpretation abzulehnen. Die markenrechtlichen Ansprüche der §§ 14–19 setzen Handeln im geschäftlichen Verkehr voraus. Die Einfuhr zum eigenen privaten Bedarf begründet daher nicht die Beschlagnahme (s. a. OLG Düsseldorf Mitt. 1996, 22 – *Windsurfing*)

3. Offensichtliche Rechtsverletzung

§ 146 Abs. 1 stellt das zusätzliche Erfordernis auf, daß die Rechtsverletzung offensichtlich sein muß. Damit wird erstrebt, die Gefahr von rechtsfehlerhaften Beschlagnahmen möglichst auszuschließen (Begründung zum PrPG BT-Drucks. 11/4792 vom 15. Juni 1989, 41; relativierend *Eichmann* GRUR 1990, 575, 585). „Offensichtlich" ist die Rechtsverletzung nur, wenn an ihr kein Zweifel möglich ist. Damit scheiden alle Fälle aus, bei denen zwischen den sich gegenüberstehenden Marken mehr als nur ganz minimale Unterschiede bestehen. Das Erfordernis der Offensichtlichkeit ist vor dem Hintergrund der Zuständigkeit der Zollbehörden zu sehen, die – anders als die Spezialkammern der Verletzungsgerichte – nur begrenzte Erfahrung bei der Beurteilung von Ähnlichkeit und Verwechslungsgefahr haben. 4

4. Bei Einfuhr oder Ausfuhr

Die beiden Tatbestände entsprechen § 14 Abs. 3 Nr. 4. Nicht erwähnt ist der Fall des Transits (Durchfuhr). Entgegen *Fezer* (Rdn. 9) ist eine analoge Anwendung auf reine Transitfälle nicht 5 gerechtfertigt. Anders kann es liegen, wenn aufgrund der besonderen Umstände des Einzelfalles kein bloßer Transit vorliegt, sondern ein Inverkehrbringen im Inland, so daß im Ergebnis wieder eine Einfuhr bzw. Ausfuhr vorliegt. Das kann zB bei einem Wechsel der Verfügungsbefugnis während sich die Ware im Inland befindet, anzunehmen sein. Da dann aber auch kein Transit mehr vorliegt, besteht für eine Analogie keine Veranlassung.

5. Antrag

6   Der Antrag ist vom **Rechtsinhaber** oder seinem Vertreter bei der zuständigen Oberfinanzdirektion zu stellen (vgl. § 148 Abs. 1), anders Art. 1 Abs. 2 lit. c der VO, nach dem jeder Benutzungsberechtigte aktivlegitimiert ist. Bundesweit zuständig ist die **OFD München** (Erlaß des BMF v. 10. Februar 1995, Az. II B 7 – SV 1204 – 143/94). Besondere Formvorschriften bestehen nicht, die OFD München stellt aber Auftragsformulare zur Verfügung. Aus dem **Inhalt** des Antrags muß sich insbesondere die Rechtsinhaberschaft des Antragstellers (zB durch Vorlage eines Registerauszugs) ergeben. Erkennungsmerkmale für echte und gefälschte Ware sind möglichst anzugeben.

6. Sicherheitsleistung

7   Die Oberfinanzdirektion setzt nach pflichtgemäßem Ermessen die erforderliche Sicherheitsleistung fest. Sie soll die voraussichtlich entstehenden Auslagen sowie die Höhe des Schadens berücksichtigen, für den der von der Grenzbeschlagnahme Betroffene den Antragsteller ersatzpflichtig machen könnte (§ 149). Eine nachträgliche Erhöhung der Sicherheitsleistung ist möglich, wenn sich herausstellt, daß die ursprünglichen Annahmen zu niedrig waren. Im übrigen gelten die Vorschriften über die Sicherheitsleistungen im Besteuerungsverfahren (§§ 141–148 AO). Typische Sicherheitsleistungen liegen bei DM 20 000,– bis DM 50 000.

III. Benachrichtigung von der Beschlagnahme (Abs. 2)

8   Antragsteller und Antragsgegner sind unverzüglich zu benachrichtigen, wobei der Antragsgegner von der Rechtsfolge eines unterbliebenen Widerspruchs (§ 147 Abs. 1) zu unterrichten ist. Die weiteren Informationen über die beschlagnahmte Ware und den Antragsgegner, die dem Antragsteller nach § 146 Abs. 2 von

der Zollbehörde mitzuteilen sind, benötigt dieser, um die gerichtliche Entscheidung nach § 147 Abs. 3 herbeizuführen. Die Besichtigung der Ware (§ 146 Abs. 2 Nr. 3) soll dem Antragsteller Gelegenheit geben, sich selbst ein Bild davon zu machen, ob eine Rechtsverletzung vorliegt. Erkennt er, daß die Beschlagnahme zu Unrecht erfolgt ist, muß er den Antrag zurücknehmen, um zu verhindern, daß für die Verzögerung (weiterer) Schadenersatz gefordert wird.

§ 147 Einziehung; Widerspruch; Aufhebung der Beschlagnahme

(1) **Wird der Beschlagnahme nicht spätestens nach Ablauf von zwei Wochen nach Zustellung der Mitteilung nach § 146 Abs. 2 Satz 1 widersprochen, ordnet die Zollbehörde die Einziehung der beschlagnahmten Waren an.**

(2) **Widerspricht der Verfügungsberechtigte der Beschlagnahme, unterrichtet die Zollbehörde hiervon unverzüglich den Antragsteller. Dieser hat gegenüber der Zollbehörde unverzüglich zu erklären, ob er den Antrag nach § 146 Abs. 1 in bezug auf die beschlagnahmten Waren aufrechterhält.**

(3) **Nimmt der Antragsteller den Antrag zurück, hebt die Zollbehörde die Beschlagnahme unverzüglich auf. Hält der Antragsteller den Antrag aufrecht und legt er eine vollziehbare gerichtliche Entscheidung vor, die die Verwahrung der beschlagnahmten Waren oder eine Verfügungsbeschränkung anordnen, trifft die Zollbehörde die erforderlichen Maßnahmen.**

(4) **Liegen die Fälle des Absatzes 3 nicht vor, hebt die Zollbehörde die Beschlagnahme nach Ablauf von zwei Wochen nach Zustellung der Mitteilung an den Antragsteller nach Absatz 2 auf. Weist der Antragsteller nach, daß die gerichtliche Entscheidung nach Absatz 3 Satz 2 beantragt, ihm aber noch nicht zugegangen ist, wird die Beschlagnahme für längstens zwei weitere Wochen aufrechterhalten.**

I. Allgemeines

§ 147 regelt das weitere Verfahren nach der Benachrichtigung 1 durch die Zollbehörde. Dabei kommt in Betracht, daß der Verfügungsberechtigte nicht widerspricht (Abs. 1), oder daß er widerspricht (Abs. 2–4).

II. Verfahrensablauf

2 Nach der Zustellung der Mitteilung nach § 146 Abs. 2 Satz 1 hat der Verfügungsberechtigte die **Wahl**, ob er widerspricht und damit das weitere Verfahren durchführen will, oder ob er die Einziehung akzeptieren will. Widerspricht er nicht, wird eine weitere Verfügung ausgesprochen, die die Einziehung anordnet. Dagegen ist Antrag auf gerichtliche Entscheidung nach § 148 Abs. 3 Satz 1 iVm § 62 OWiG möglich. Wird auch dieses Rechtsmittel nicht ergriffen, kann die Behörde die eingezogenen Waren vernichten.

3 Im Fall des **Widerspruchs** wird der Antragsteller unterrichtet und kann der Behörde mitteilen, ob er das Verfahren weiterführen will (§ 147 Abs. 2). Diese weitere Entscheidungsmöglichkeit des Antragstellers ist deshalb vorgesehen, weil er bejahenfalls nun selbst aktiv werden muß, um eine vollziehbare gerichtliche Entscheidung, die die Verwahrung der beschlagnahmten Waren oder eine Verfügungsbeschränkung anordnet, zu erwirken (§ 147 Abs. 3 Satz 2). Wird der Antrag nicht aufrechterhalten, wird die Beschlagnahme unverzüglich aufgehoben (§ 147 Abs. 3 Satz 1). Die gerichtliche Entscheidung, die die Verwahrung der beschlagnahmten Waren oder eine Verfügungsbeschränkung anordnet, wird in der Regel eine einstweilige Verfügung eines Zivilgerichts sein, die etwa zur Sicherung des Vernichtungsanspruches nach § 18 MarkenG die Sequestration anordnen kann. Das Zivilgericht kann auch ein Einfuhrverbot anordnen (LG Düsseldorf GRUR 1996, 66 – *adidas Import*). Daneben kommt wiederum eine strafrechtliche Beschlagnahme nach §§ 94 ff. StPO in Betracht (*Cremer* Mitt. 1992, 153, 168). Zur Erlangung der gerichtlichen Entscheidung hat der Antragsteller zunächst zwei Wochen Zeit (§ 147 Abs. 4 Satz 1), allerdings gewährt ihm die Zollbehörde eine Nachfrist, wenn er innerhalb der Zwei-Wochen-Frist die Entscheidung beantragt, aber noch nicht erhalten hat. Nach spätestens vier Wochen wird die Beschlagnahme aber in jedem Fall aufgehoben, § 147 Abs. 4 Satz 2. Die Frist beginnt bereits mit der Unterrichtung des Antragstellers vom Widerspruch (§ 147 Abs. 2 Satz 2) zu laufen.

§ 148 Zuständigkeiten; Rechtsmittel

(1) **Der Antrag nach § 146 Abs. 1 ist bei der Oberfinanzdirektion zu stellen und hat Wirkung für zwei Jahre, sofern keine kürzere Geltungsdauer beantragt wird. Der Antrag kann wiederholt werden.**

Zuständigkeiten; Rechtsmittel **§ 148**

(2) **Für die mit dem Antrag verbundenen Amtshandlungen werden vom Antragsteller Kosten nach Maßgabe des § 178 der Abgabenordnung erhoben.**

(3) **Die Beschlagnahme und die Einziehung können mit den Rechtsmitteln angefochten werden, die im Bußgeldverfahren nach dem Gesetz über Ordnungswidrigkeiten gegen die Beschlagnahme und Einziehung zulässig sind. Im Rechtsmittelverfahren ist der Antragsteller zu hören. Gegen die Entscheidung des Amtsgerichts ist die sofortige Beschwerde zulässig. Über die sofortige Beschwerde entscheidet das Oberlandesgericht.**

I. Antrag

Zuständig ist die Oberfinanzdirektion, und zwar ausschließlich die OFD München (§ 146 Rdn. 6). Der Antrag gilt zunächst für zwei Jahre und kann wiederholt werden. Der Antrag ist nicht an eine bestimmte Form gebunden, doch muß er eindeutig erkennen lassen, daß eine Grenzbeschlagnahme beantragt wird und welche Schutzrechte auf diesem Weg geltend gemacht werden. Dabei wird in der Regel ein Schutzrechtsnachweis, zB durch einen beglaubigten Registerauszug, erforderlich sein. Die **Kosten** (§ 148 Abs. 2) bewegen sich nach § 178 AO iVm § 12 Abs. 1 ZKostV in einem Rahmen von DM 50,00 bis DM 500,00. Im Verhältnis zur Sicherheitsleistung (§ 146 Abs. 1 Satz 1), die nicht selten im fünfstelligen Bereich liegt, ist dieser Betrag vernachlässigbar.

1

II. Rechtsmittel

Die Rechtsmittel zu den ordentlichen Gerichten bestimmen sich nach dem OWiG. Gegen die Einziehung ist mit einer Frist von einer Woche der Einspruch gegeben, § 67 OWiG, gegen die Beschlagnahme kann die gerichtliche Entscheidung beantragt werden, § 62 OWiG. Zuständig für die Entscheidung ist jeweils das AG, §§ 62 Abs. 2 Satz 1, 68 Abs. 1 Satz 1 OWiG. Im OWiG-Verfahren wäre dem Antragsteller, der daran nicht förmlich beteiligt ist, kein rechtliches Gehör zu gewähren, wenn dies nicht durch § 148 Abs. 3 Satz 4 ausdrücklich angeordnet würde. Gegen die Entscheidung des AG kann innerhalb einer Woche sofortige Beschwerde eingelegt werden. Gesetzlich nicht geregelt ist, ob der Antragsteller

2

1437

selbst Beschwerde einlegen kann, wenn das Rechtsmittel des Verfügungsberechtigten erfolgreich ist. Das ist zu verneinen, da er nicht Partei des Verfahrens ist. Erforderlichenfalls muß er seine Ansprüche auf dem Zivilrechtsweg durchsetzen.

§ 149 Schadensersatz bei ungerechtfertigter Beschlagnahme

Erweist sich die Beschlagnahme als von Anfang an ungerechtfertigt und hat der Antragsteller den Antrag nach § 146 Abs. 1 in bezug auf die beschlagnahmten Waren aufrechterhalten oder sich nicht unverzüglich erklärt (§ 147 Abs. 2 Satz 2), so ist er verpflichtet, den dem Verfügungsberechtigten durch die Beschlagnahme entstandenen Schaden zu ersetzen.

1 § 149 regelt den Schadenersatzanspruch des Verfügungsberechtigten, wenn sich die Beschlagnahme als ungerechtfertigt erweist und der Antragsteller den Antrag aufrechterhalten oder sich nicht unverzüglich erklärt hat. Die Vorschrift weist gewisse Ähnlichkeiten mit § 945 ZPO auf, der ebenfalls verschuldensunabhängig eine Risikohaftung des Antragstellers in einem Eilverfahren regelt. Allerdings kommt § 149 nur dann in Betracht, wenn der Antragsteller nach der Mitteilung vom Widerspruch nicht unverzüglich reagiert. Er kann das Haftungsrisiko nach § 149 also dadurch wesentlich mindern, daß er sich nach der Mitteilung von der Beschlagnahme unverzüglich ein Bild davon macht, ob eine (offensichtliche) Rechtsverletzung, tatsächlich vorliegt und verneinendenfalls die Freigabe erklärt. Soweit er bei der rechtlichen Beurteilung allerdings einen Fehler begeht und es ihm später − entgegen seiner Erwartung − nicht gelingt, die gerichtliche Entscheidung des § 147 Abs. 3 Satz 2 zu erwirken, haftet er in vollem Umfang. Die Höhe des Schadenersatzes richtet sich auf das negative Interesse, d. h. der Verfügungsberechtigte kann verlangen, so gestellt zu werden, als wäre die Beschlagnahme nicht erfolgt. Neben evtl. Gewinneinbußen durch die Beschlagnahme gehören auch die Kosten der notwendigen Rechtsverfolgen zu dem ersatzfähigen Schaden. Mit § 149 können andere Anspruchsgrundlagen konkurrieren, etwa aus § 823 Abs. 1, § 826 BGB. Diese reichen jedoch in der Rechtsfolge nicht weiter und enthalten zusätzliche tatbestandliche Voraussetzungen, insbesondere Verschulden. Praktische Bedeutung wird ihnen deshalb nicht zukommen.

§ 150 Beschlagnahme nach der Verordnung (EG) Nr. 3295/94

In Verfahren nach der in § 146 Abs. 1 genannten Verordnung sind die §§ 146 bis 149 entsprechend anzuwenden, soweit in der Verordnung nichts anderes bestimmt ist.

Die Verordnung (EG) Nr. 3295/94 enthält in Art. 3 nähere Vorschriften über den Mindestinhalt des Antrages, sowie dazu, daß diesem Antrag stattzugeben oder er zurückzuweisen ist (diese verfahrensrechtliche Möglichkeit sehen §§ 146 ff. ZPO nicht vor). Im übrigen vgl. die Durchführungsvorschriften in VO EG Nr. 1367/95 der Kommission vom 16. Juli 1995, Abl. EG Nr. L 133 vom 17. Juni 1995 S. 2.

§ 151 Beschlagnahme bei widerrechtlicher Kennzeichnung mit geographischen Herkunftsangaben

(1) Waren, die widerrechtlich mit einer nach diesem Gesetz oder nach Rechtsvorschriften der Europäischen Gemeinschaft geschützten geographischen Herkunftsangabe versehen sind, unterliegen bei ihrer Einfuhr, Ausfuhr oder Durchfuhr der Beschlagnahme zum Zwecke der Beseitigung der widerrechtlichen Kennzeichnung, sofern die Rechtsverletzung offensichtlich ist. Dies gilt für den Verkehr mit anderen Mitgliedstaaten der Europäischen Union sowie mit den anderen Vertragsstaaten des Abkommens über den Europäischen Wirtschaftsraum nur, soweit Kontrollen durch die Zollbehörden stattfinden.

(2) Die Beschlagnahme wird durch die Zollbehörde vorgenommen. Die Zollbehörde ordnet auch die zur Beseitigung der widerrechtlichen Kennzeichnung erforderlichen Maßnahmen an.

(3) Wird den Anordnungen der Zollbehörde nicht entsprochen oder ist die Beseitigung untunlich, ordnet die Zollbehörde die Einziehung der Waren an.

(4) Die Beschlagnahme und die Einziehung können mit den Rechtsmitteln angefochten werden, die im Bußgeldverfahren nach dem Gesetz über Ordnungswidrigkeiten gegen die Beschlagnahme und Einziehung zulässig sind. Gegen die Entscheidung des Amtsgerichts ist die sofortige Beschwerde zulässig. Über die sofortige Beschwerde entscheidet das Oberlandesgericht.

Für die geographischen Herkunftsangaben der §§ 126 ff. sowie den nach europäischem Gemeinschaftsrecht geschützten geogra-

§ 151 Beschlagnahme bei widerrechtlicher Kennzeichnung mit g. H.

phischen Herkunftsangaben, insbesondere nach der VO Nr. 2081/91 iVm §§ 130 ff., sieht § 151 eine Grenzbeschlagnahme von Amts wegen vor. Eine Antragstellung durch einen betroffenen Dritten wie bei § 146 ist nicht erforderlich, allerdings kann jeder Dritte bei der Zollbehörde anregen, daß diese von Amts wegen tätig werde. Dementsprechend ist auch die Beschlagnahme nicht abhängig von einer vollstreckbaren gerichtlichen Entscheidung, die ein Antragsteller beizubringen hätte. Vielmehr entscheidet die Zollbehörde selbst (Abs. 2 Satz 1) und ergreift die erforderlichen Maßnahmen zur Beendigung der Rechtsverletzung, insbesondere zur Beseitung der widerrechtlichen Kennzeichnung (Abs. 2 Satz 2, Abs. 3). Im übrigen ist § 151 im wesentlichen parallel zu den §§ 146 ff. ausgestaltet. Insbesondere ist wiederum erforderlich, daß die Rechtsverletzung offensichtlich ist. Auch die Rechtsmittel sind in § 151 Abs. 4 entsprechend denen in § 148 Abs. 3 ausgestaltet. Auf die Kommentierung zu den §§ 146 ff. wird verwiesen.

Teil 9. Übergangsvorschriften

§ 152 Anwendung dieses Gesetzes

Die Vorschriften dieses Gesetzes finden, soweit nachfolgend nichts anderes bestimmt ist, auch auf Marken, die vor dem 1. Januar 1995 angemeldet oder eingetragen oder durch Benutzung im geschäftlichen Verkehr oder durch notorische Bekanntheit erworben worden sind, und auf geschäftliche Bezeichnungen Anwendung, die vor dem 1. Januar 1995 nach den bis dahin geltenden Vorschriften geschützt waren.

Inhaltsübersicht

	Rdn.
I. Überblick zu §§ 152 ff.	1
II. Inkrafttreten	2–4
1. Inkrafttreten des MarkenG	2
2. Inkrafttreten des MRÄndG 1996	3
3. Inkrafttreten der Änderung des § 82 Abs. 1 S. 2	4
III. Übergangsregelungen der MRRL	5
IV. Grundfragen der Übergangsregelung	6–18
1. Grundsatz	6–8
2. Rückwirkung	9
3. Bedeutung des früheren Rechts	10
4. Schutzerweiterung für Altrechte	11–17
5. Prüfungsreihenfolge	18

I. Überblick zu §§ 152 ff.

§§ 152 bis 164 enthalten die Übergangsvorschriften zum Inkrafttreten des MarkenG am 1. Januar 1995. Die Grundsatznorm des § 152 ordnet die Anwendbarkeit des MarkenG auf die bei seinem Inkrafttreten geschützten Marken(anmeldungen) und geschäftlichen Bezeichnungen an. Für die geographischen Herkunftsangaben bedurfte es mangels vergleichbarer Altrechte keiner Übergangsregelung. Die besonderen Übergangsvorschriften der §§ 153–164 enthalten Ausnahmeregelungen zum Grundsatz des § 152, die sich in ihrer Systematik an der Abfolge derjenigen Paragraphen des MarkenG orientieren, auf die sie sich beziehen: § 153 zu §§ 14–26

§ 152 Anwendung des Markengesetzes

(Verletzungsansprüche und Schutzschranken), § 154 zu § 29 (dingliche Rechte, Zwangsvollstreckung, Konkursverfahren betreffend Marken); § 155 zu § 30 (Lizenzen an Marken), § 156 zu § 37 iVm §§ 3, 7, 8, 10 (absolute Eintragungshindernisse), § 157 zu § 41 (Eintragung), § 158 zu §§ 42, 43 (Widerspruch), § 159 zu § 40 (Teilung einer Anmeldung), § 160 zu § 47 (Schutzdauerverlängerung), § 161 zu §§ 49, 52, 53, 55 (Löschung wegen Verfalls), § 162 zu §§ 50, 54 (Löschung wegen absoluter Schutzhindernisse), § 163 zu §§ 51, 52, 55 (Löschung wegen älterer Rechte), § 164 zu § 66 (Durchgriffsbeschwerde). § 165 betrifft dagegen die Insolvenzrechtsreform zum 1. Januar 1999.

II. Inkrafttreten

1. Inkrafttreten des MarkenG

2   Das MarkenG ist in seiner ursprünglichen Fassung am **1. Januar 1995** in Kraft getreten (Art. 50 Abs. 3), abgesehen von folgenden Ausnahmen: Rechtsverordnungsermächtigung des § 65 und Vorschriften über geographische Angaben und Ursprungsbezeichnungen iSd VO (EWG) Nr. 2081/92 schon am 1. November 1994 (Art. 50 Abs. 1) und §§ 119–125 betreffend IR-Marken nach dem MMP erst mit dessen Inkrafttreten für Deutschland am 20. März 1996 (Art. 50 Abs. 2 S. 1; vgl. Bekanntmachung des BMJ gem. Art. 50 Abs. 2 S. 1, BGBl. I 1996, 682, abgedr in Bl. 1996, 229).

2. Inkrafttreten des MRÄndG 1996

3   Das MRÄndG 1996 ist am **25. Juli 1996** in Kraft getreten (Art. 6 Abs. 2 MRÄndG 1996; Verkündung im BGBl. I 1996, 1014 vom 24. Juli 1996), abgesehen von dem neu eingefügten § 29 Abs. 3, der erst am 1. Januar 1999 mit der Insolvenzrechtsreform in Kraft tritt (Art. 6 Abs. 1 MRÄndG 1996). Der durch das MRÄndG 1996 angefügte § 165 enthält eine bis zum 1. Januar 1999 geltende Übergangsvorschrift zu der bereits unter Berücksichtigung der bevorstehenden Insolvenzrechtsreform abgefaßten Insolvenzregelungen des § 125h.

3. Inkrafttreten der Änderung des § 82 Abs. 1 S. 2

4   Die Neufassung des § 82 Abs. 1 S. 2 durch das Gesetz zur Abschaffung der Gerichtsferien vom 28. Oktober 1996 (BGBl. I 1996, 1547) ist am **1. Januar 1997** in Kraft getreten.

Anwendung des Markengesetzes **§ 152**

III. Übergangsregelungen der MRRL

Die MRRL geht davon aus, daß die Transformationsnormen der Mitgliedstaaten grundsätzlich auch für Altrechte gelten sollen. Dies ergibt sich als Rückschluß aus den insgesamt vier Übergangsregelungen der MRRL. **Art. 3 Abs. 4 MRRL** erlaubt es den Mitgliedstaaten, die absoluten Eintragungshindernisse und Ungültigkeitsgründe des bisherigen Rechts für Marken, die vor Inkrafttreten der einzelstaatlichen Umsetzungsvorschriften angemeldet worden sind, an Stelle der richtlinienkonformen Neuregelung fortgelten zu lassen. Hiervon hat der deutsche Gesetzgeber in § 162 Abs. 2 nur für vor dem 1. Januar 1995 nicht nur angemeldete, sondern eingetragene Marken Gebrauch gemacht. Diese können wegen absoluter Schutzhindernisse nur gelöscht werden, wenn sie auch nach den bis dahin geltenden Bestimmungen des WZG nicht schutzfähig wären. Eine weitergehende Ausschöpfung dieser Option für noch nicht eingetragene Anmeldungen aus der Zeit vor dem 1. Januar 1995, insbesondere in Form einer Meistbegünstigungsregelung, wird von der Amtl. Begr. zu § 162 ausdrücklich abgelehnt, da sich die Eintragungsvoraussetzungen nach dem am Tage der Eintragung geltenden Recht richten müßten. Nachdem die absoluten Schutzhindernisse des MarkenG gegenüber dem WZG nicht höher, sondern allenfalls niedriger sind, käme einer solchen Regelung auch kaum wesentliche Bedeutung zu. **Art. 4 Abs. 6 MRRL** erlaubt es den Mitgliedstaaten, die relativen Eintragungshindernisse und Ungültigkeitsgründe des bisherigen Rechts für Marken, die vor Inkrafttreten der einzelstaatlichen Umsetzungsvorschriften angemeldet worden sind, an Stelle der richtlinienkonformen Neuregelung fortgelten zu lassen. Hiervon hat der deutsche Gesetzgeber in § 163 nur für vor dem 1. Januar 1995 bereits eingetragene Marken Gebrauch gemacht. Diese können wegen relativer Schutzhindernisse nur gelöscht werden, wenn sie auch nach den bis dahin geltenden Bestimmungen des WZG löschungsreif sind. Dagegen ist ein Bestandsschutz für am 1. Januar 1995 lediglich angemeldete, aber noch nicht eingetragene bzw. nur schnelleingetragene Marken gegenüber Schutzerweiterungen durch die Umsetzung der MRRL nicht vorgesehen. Dies bestätigt auch § 158 zum Widerspruch gegen solche Marken. **Art. 5 Abs. 4 MRRL** schließt die Untersagung der Weiterbenutzung eines bereits vor dem Inkrafttreten der einzelstaatlichen Umsetzungsvorschriften benutzten Zeichens nach neuem Recht aus, wenn die Benutzung nach altem Recht nicht

§ 152
Anwendung des Markengesetzes

verboten werden konnte. Der Umsetzung dieser zwingenden Vorgabe dient § 153 Abs. 1, der aber eine Reihe von Fragen aufwirft (§ 153 Rdn. 4 ff.). **Art. 10 Abs. 4 lit. a MRRL** ordnet für Mitgliedstaaten, in denen schon vor der Umsetzung ein Benutzungszwang galt, zwingend an, daß der maßgebliche Fünfjahreszeitraum auch bei schon vor der Umsetzung eingetragenen Marken nicht etwa nur bis zum Zeitpunkt des Inkrafttretens der einzelstaatlichen Umsetzungsvorschriften rückgerechnet werden darf, sondern durch diesen Zeitpunkt nicht begrenzt wird. Somit können Löschungsreife und Undurchsetzbarkeit nach neuem Recht bereits unmittelbar nach der Umsetzung gegeben sein. Dies ergibt sich im MarkenG schon aus der Grundregel des § 152 (vgl. auch § 158 Abs. 3 S. 1). § 161 Abs. 2 enthält dazu eine Einschränkung insoweit, als zusätzlich auch noch Löschungsreife wegen Nichtbenutzung nach altem Recht gegeben sein muß (näher § 161 Rdn. 3 ff.).

IV. Grundfragen der Übergangsregelung

1. Grundsatz

6   Nach der Grundsatznorm des § 152 ist das MarkenG auch auf alle bereits vor seinem Inkrafttreten am 1. Januar 1995 angemeldeten, eingetragenen oder sonst erworbenen Marken und geschützten geschäftlichen Bezeichnungen anzuwenden. §§ 153 bis 164 sind Ausnahmeregelungen hierzu, die darüber bestimmen, in welchen Fällen auch nach Inkrafttreten des MarkenG noch Regelungen des alten Rechts, also insbesondere des WZG oder § 16 aF UWG zur Anwendung kommen.

7   Unberührt lassen diese Übergangsvorschriften die allgemeine intertemporale Kollisionsregel, daß **vor Inkrafttreten des neuen Rechts abgeschlossene Sachverhalte** noch nach altem Recht zu beurteilen sind, soweit nichts anderes bestimmt ist. Das betrifft im Kennzeichenrecht vor allem Schadensersatz- und Auskunftsansprüche für bis zum 1. Januar 1995 begangene Verletzungshandlungen (BGH WRP 1997, 742, 745 – *Sermion II*; BGH GRUR 1997, 224, 225 – *Germed*; BGH GRUR 1996, 267, 268 – *AQUA*; BGH GRUR 1996, 271, 274 – *Gefärbte Jeans*).

8   Daraus folgt auch, daß die Zulässigkeitsanforderungen an von **vor dem 1. Januar 1995 vorgenommenen Verfahrenshandlungen** weiterhin nach dem zur Zeit ihrer Vornahme geltenden Recht zu beurteilen ist (zB BPatG GRUR 1996, 133 – *quickslide* zur Widerspruchsbefugnis bei Rechtsnachfolge; ebenso BPatGE 37,

143, 146 – *Umschreibungsgebühr*; Albert GRUR 1996, 174; vgl. allg. zB BGH Bl. 1979, 435, 437 – *elektrostatisches Ladungsbild*).

2. Rückwirkung

Eine Rückbewirkung von Rechtsfolgen der Bestimmungen des MarkenG iSd Rspr. des BVerfG (grdl. BVerfGE 72, 200, 241) ist nicht angeordnet worden. Insbesondere stellt die Anwendbarkeit des neuen Markenrechts auch auf vor seinem Inkrafttreten entstandene Kennzeichenrechte keine solche Rückwirkung dar, sondern treten alle Rechtsfolgen des MarkenG auch in Bezug auf solche Altrechte erst ab dem 1. Januar 1995 ein, so daß es sich nur um eine verfassungsrechtlich grdsl. unbedenkliche tatbestandliche Rückanknüpfung handelt (vgl. zur Anwendbarkeit des § 26 auch auf Benutzungszeiträume vor dem Inkrafttreten zB BPatG GRUR 1997, 301, 302 – *LORDS/LORD*; BPatG GRUR 1996, 356, 359 – *JOHN LORD/ JOHN LOBB*; BPatG GRUR 1995, 588 – *Jeannette/Annete*).

9

3. Bedeutung des früheren Rechts

Angesichts des am 1. Januar 1995 existierenden Bestandes an vielen Hunderttausenden eingetragener Marken mit Schutz in Deutschland und einer statistisch gar nicht erfaßbaren Zahl durch Benutzung entstandener Kennzeichenrechte kommt der Übergangsregelung große praktische Bedeutung zu. Während bei Reformen des deutschen Patentrechts die Fortgeltung des bisherigen Rechts für die bis zum Inkrafttreten des neuen Rechts eingereichten Anmeldungen vorgesehen werden konnte, kam diese Lösung bei den Kennzeichenrechten schon deshalb nicht in Betracht, weil sie wegen der grdsl. unbegrenzten Geltungsdauer dieser Schutzrechte zu einer ewigen Koexistenz alten und neuen Rechts geführt hätte. Das MarkenG beschreitet statt dessen einen Mittelweg: das frühere Recht hat grdsl. nur noch Bedeutung im Verhältnis der Altrechte zu bereits vor dem 1. Januar 1995 begonnenen Zeichenbenutzungen (§ 153) und gegenüber anderen Altrechten (§§ 163, 158) und für den Bestandsschutz gegenüber weitergehenden absoluten Schutzhindernissen (§ 162) oder Verfallsgründen (§ 161 Abs. 2). In diesem Rahmen werden WZG und § 16 UWG aF noch eine ganze Reihe von Jahren zu berücksichtigen sein.

10

4. Schutzerweiterung für Altrechte

Besondere Bedeutung haben die Übergangsregelungen im Hinblick auf Schutzerweiterungen des MarkenG gegenüber dem frü-

11

§ 152 Anwendung des Markengesetzes

heren Recht und die Erleichterungen beim Benutzungszwang für eingetragene Marken. Es ist insoweit behauptet worden, daß das MarkenG **keine Schutzerweiterung zugunsten der Inhaber alter Kennzeichenrechte** bewirkt habe (*Fezer* § 152 Rdn. 6; im Erg. auch *Albrecht* GRUR 1996, 251/250 zu 4.1./4.2. trotz zutr. Ausgangspunkt bei 3.1.). Diese Betrachtungsweise ist angesichts der in den §§ 152 ff. getroffenen Regelungen **nicht vertretbar**. Aus § 152 ergibt sich als Grundsatz, daß gerade auch die Inhaber von Altrechten in den Genuß der Schutzerweiterungen des MarkenG kommen. Dies gilt auch für Altmarken mit früher schutzunfähigen, jetzt aber durchaus schutzfähigen und damit kollisionsgeeigneten Bestandteilen wie zB Buchstaben und Zahlen (*Eisenführ* FS 100 Jahre Markenamt 1994, 79 f.). Nur soweit §§ 153 ff. hiervon eine Ausnahme anordnen, kann der Schutz des Altrechts auf den Umfang nach früherem Recht beschränkt sein. Daraus ergibt sich folgende Differenzierung:

12 – Gegenüber erst nach dem Inkrafttreten des MarkenG aufgenommenen Zeichenbenutzungen, denen kein eigenes Kennzeichenrecht des Dritten zugrundeliegt (ungeschützte Produktkennzeichnungen), wirken die Rechtsschutzerweiterungen uneingeschränkt, da die Meistbegünstigungsregel des § 153 nur für „Weiterbenutzungen" gilt (§ 153 Rdn. 5).

13 – Aber auch gegenüber der Art nach schon vor dem 1. Januar 1995 praktizierten Benutzungshandlungen können bestimmte Rechtsschutzerweiterungen Wirkung entfalten. Denn das Weiterbenutzungsrecht nach § 153 Abs. 1 kann nicht allen Arten von Schutzerweiterungen des MarkenG entgegengehalten werden; zB nicht der sich aus der geographischen Beschränkung der Erschöpfung auf EU/EWR ergebenden Schutzerweiterung (s. § 153 Rdn. 8).

14 – Gegenüber nach dem 1. Januar 1995 angemeldeten Marken bzw. nach diesem Tag entstandenen anderweitigen Kennzeichenrechten setzen sich die Schutzerweiterungen für Altrechte als Löschungsgrund uneingeschränkt durch, wie sich aus dem Fehlen jeglicher Privilegierung zugunsten solcher neuen Rechte in §§ 153, 158, 163 zweifelsfrei ergibt.

15 – Wirkungslos bleiben die Schutzerweiterungen für Altrechte nach § 163 allerdings gegenüber schon **vor dem 1. Januar 1995 eingetragenen Marken**. Daraus muß über den Gesetzeswortlaut hinaus gefolgert werden muß, daß auch deren Benutzung zulässig ist (näher § 153 Rdn. 16).

16 – Koexistenzberechtigt müssen auch die spätesten **bis einschließlich 1. Januar 1995 angemeldeten**, aber erst später eingetra-

Schranken f. die Geltendmachung von Verletzungsansprüchen **§ 153**

genen Marken gelten, soweit sie nur wegen einer Schutzerweiterung kollidieren (näher § 158 Rdn. 9). Auch sie müssen unabhängig von § 153 benutzt werden können. (§ 153 Rdn. 17).
– Wirkungslos bleiben müssen die Schutzerweiterungen für Altrechte auch gegenüber an sich prioritätsjüngeren, aber **spätestens am 1. Januar 1995 entstandenen nicht eingetragenen Kennzeichenrechten.** Kollidieren solche Rechte erst wegen der Erweiterung der Kollisionstatbestände, so ist das jüngere Recht koexistenzberechtigt und seine Benutzung über § 153 hinaus zulässig (§ 153 Rdn. 18).

17

5. Prüfungsreihenfolge

Nach *Fezer* § 152 Rdn. 6 soll eine Prüfung der §§ 14 ff. ausscheiden, solange nicht festgestellt ist, ob dem Inhaber eines Altrechts gegen eine vor dem 1. Januar 1995 begonnene Zeichenbenutzung Untersagungsansprüche nach dem WZG zugestanden haben. Daran ist schon nicht richtig, daß es allein auf Ansprüche nach dem WZG ankomme. Vielmehr können die markengesetzlichen Schutzerweiterungen auch dann durchgesetzt werden, wenn die Zeichenbenutzung vor dem 1. Januar 1995 außerkennzeichenrechtliche Verletzungsansprüche begründete (§ 153 Rdn. 7). Die Übergangsregelung gibt auch keine bestimmte Prüfungsreihenfolge vor. Kommt es auf Verletzungsansprüche oder Löschungsansprüche nach altem und neuem Recht an, kann die Prüfungsreihenfolge ohne weiteres nach prozeßökonomischen Gesichtspunkten gewählt werden. Auch der BGH dürfte die Prüfung nach altem Recht vor allem deshalb vorziehen, um einer bei Anwendung des MarkenG möglicherweise gegebenen Vorlagepflicht an den EuGH zu entgehen (zB BGH GRUR 1995, 808/809 – *P3-plastoclin*). Eine nähere Differenzierung der Prüfung kann sich allerdings dadurch erübrigen, daß altes und neues Recht in der streitigen Frage übereinstimmen (zB OLG Düsseldorf WRP 1997, 588, 591 – *McPaint* zur Verwechslungsgefahr bei Unternehmenskennzeichen).

18

§ 153 Schranken für die Geltendmachung von Verletzungsansprüchen

(1) **Standen dem Inhaber einer vor dem 1. Januar 1995 eingetragenen oder durch Benutzung oder notorische Bekanntheit erworbenen Marke oder einer geschäftlichen Bezeichnung nach den bis**

1447

§ 153   Schranken f. die Geltendmachung von Verletzungsansprüchen

dahin geltenden Vorschriften gegen die Benutzung der Marke, der geschäftlichen Bezeichnung oder eines übereinstimmenden Zeichens keine Ansprüche wegen Verletzung zu, so können die Rechte aus der Marke oder aus der geschäftlichen Bezeichnung nach diesem Gesetz nicht gegen die Weiterbenutzung dieser Marke, dieser geschäftlichen Bezeichnung oder dieses Zeichens geltend gemacht werden.

(2) **Auf Ansprüche des Inhabers einer vor dem 1. Januar 1995 eingetragenen oder durch Benutzung oder notorische Bekanntheit erworbenen Marke oder einer geschäftlichen Bezeichnung ist § 21 mit der Maßgabe anzuwenden, daß die in § 21 Abs. 1 und 2 vorgesehene Frist von fünf Jahren mit dem 1. Januar 1995 zu laufen beginnt.**

Inhaltsübersicht

	Rdn.
I. Überblick	1, 2
II. Weiterbenutzungsrecht (Abs. 1)	3–15
1. Normzweck	3
2. Voraussetzungen	4–13
a) Altrecht	4
b) Benutzung vor dem 1. Januar 1995	5, 6
c) Keine Ansprüche wegen Verletzung	7–9
d) Weiterbenutzung ab dem 1. Januar 1995	10–13
3. Rechtsfolgen	14, 15
III. Benutzungsrecht aufgrund Koexistenzberechtigung	16–18
IV. Verwirkung (Abs. 2)	19

I. Überblick

1   § 153 faßt zwei Übergangsregelungen unterschiedlicher Zielrichtung zusammen, die beide die Geltendmachung von Verletzungsansprüche aus Altrechten betreffen. § 153 **Abs. 1** schließt Verletzungsansprüche aus Altrechten gegen die Weiterbenutzung solcher Zeichen aus, deren Benutzung gegenüber dem Inhaber des Altkennzeichens nach der bis zum 1. Januar 1995 geltenden Rechtslage keine Verletzung darstellte. Für eingetragene Marken soll damit die zwingende Vorgabe des Art. 5 Abs. 4 MRRL umgesetzt werden (vgl. dazu § 152 Rdn. 5 und unten Rdn. 3). Die Regelung ist lückenhaft, da sie die generelle, vom Vorliegen einer „Weiterbenutzung" unabhängige Zulässigkeit der Benutzung solcher Kennzeichenrechte nicht berücksichtigt, die gegenüber Schutzumfangserweiterungen des neuen Rechts gem. § 163 und darüber hinaus koexistenzberechtigt sind (unten Rdn. 16 ff.).

Schranken f. die Geltendmachung von Verletzungsansprüchen **§ 153**

§ 153 **Abs. 2** enthält eine Übergangsvorschrift, die nichts mit den unter § 153 Abs. 1 fallenden Konstellationen zu tun hat, sondern den umgekehrten Fall der Fortsetzung von schon vor dem 1. Januar 1995 verletzenden Handlungen hinsichtlich des besonderen Verwirkungseinwands nach § 21 Abs. 1, 2 zugunsten des Inhabers von bereits vor dem 1. Januar 1995 entstandenen Kennzeichenrechten regelt. Die absolute Verwirkungsfrist von 5 Jahren kann danach frühestens ab dem 1. Januar 1995 zu laufen beginnen.

II. Weiterbenutzungsrecht (Abs. 1)

1. Normzweck

Nach der Grundregel des § 152 könnten Verletzungsansprüche aus vor dem 1. Januar 1995 entstandenen Kennzeichenrechten auch gegen Handlungen geltend gemacht werden, gegen die dem Kennzeicheninhaber bis dahin keine Untersagungsrechte zustanden, sondern erst durch Schutzerweiterungen des MarkenG begründet wurden. § 153 Abs. 1 regelt diese Übergangsproblematik durch **generelle Zulassung der Weiterbenutzung**, ohne dafür weitere Bedingungen oder Einschränkungsmöglichkeiten im Einzelfall vorzusehen. § 153 Abs. 1 soll nach der Amtl. Begr. in Umsetzung des Art. 5 Abs. 4 MRRL sicherstellen, daß „die mit der Umsetzung der Richtlinie entstehenden weitergehenden Ansprüche nicht zum Nachteil vorher rechtmäßiger Benutzung eingesetzt werden können" (Abs. 3 zu § 153). Dies geht über einen Besitzstandsschutz im eigentlichen Sinne insoweit hinaus, als an Umfang, Dauer und wirtschaftliche Bedeutung der Benutzung keine weiteren Anforderungen gestellt werden. Anders als bei dem Weiterbenutzungsrecht nach § 32 ErstrG (Erstreckung von nach dem WZG nicht eintragungsfähige DDR-Marken) findet sich in § 153 Abs. 1 nicht einmal ein einzelfallbezogener Billigkeitsvorbehalt. Daraus wird deutlich, daß § 153 Abs. 1 eine im Interesse der Rechtssicherheit bewußt **kategorisch ausgestaltete Regelung** ist, die den vor dem 1. Januar 1995 entstanden Kennzeichenrechten die Schutzerweiterungen des neuen Rechts nur gegenüber ab dem 1. Januar 1995 neu aufgenommene Benutzungshandlungen zukommen lassen will. Geschützt wird unabhängig von einem Besitzstand schlicht die Fortsetzbarkeit rechtmäßig aufgenommener Zeichenverwendungen (vgl. zB BGH WRP 1997, 742, 745 – *Sermion II*; WRP 1997, 310 – *Yellow Phone*).

§ **153** Schranken f. die Geltendmachung von Verletzungsansprüchen

2. Voraussetzungen

4   a) **Altrecht.** § 153 Abs. 1 wirkt nur gegenüber Ansprüchen aus einem vor dem 1. Januar 1995 erworbenen Kennzeichenrecht. Gegenüber Ansprüchen aus ab dem 1. Januar 1995 erworbenen Kennzeichenrechten kann die Übergangsregelung auch dann nicht eingewendet werden, wenn der Inhaber eines solchen neuen Rechts zugleich Inhaber von Altrechten ist, gegenüber denen die Weiterbenutzung nach § 153 Abs. 1 zulässig ist. Das bedeutet, daß der Inhaber eines Altrechts die Weiterbenutzung eines bis einschließlich 1. Januar 1995 für den Dritten nicht geschützten Zeichens dadurch vereiteln kann, daß er am 1. Januar 1995 oder ggf. auch noch später **zusätzlich ein Kennzeichenrecht nach neuem Recht erwirbt**. Diese Möglichkeit kommt allerdings nur dann in Betracht, wenn die rechtmäßigen Benutzungshandlungen des Dritten vor dem 1. Januar 1995 deshalb kein durch bloße Benutzungsaufnahme erwerbbares Kennzeichenrecht gem. § 5 entstehen ließen, weil die Verwendung nur als Produktbezeichnung erfolgte und die für Markenschutz ohne Eintragung gem. § 4 Nr. 2 erforderlich Verkehrsgeltung noch nicht erreicht werden konnte. Es ist auch keineswegs rechtsmißbräuchlich oder unlauter, wenn der Inhaber eines durch § 153 Abs. 1 betroffenen Altrechts den Erwerb eines solchen zusätzlichen Kennzeichenrechts nach neuem Recht betreibt. Denn der bis zum 1. Januar 1995 rechtmäßig handelnde Dritte hatte diese Möglichkeit entweder sogar schon vor dem 1. Januar 1995 oder – bei einem erst durch das MarkenG schutzfähig gewordenen Zeichen – jedenfalls ab dem 1. Januar 1995 solange ihm niemand zuvorkommt. § 153 Abs. 1 schützt nur vor den reformbedingten Schutzerweiterungen für Altrechte, nicht aber vor den Nachteilen aus der Vernachlässigung der eigenen Interessen bei der Verwendung einer Produktbezeichnung ohne Kennzeichenschutz. Die Inhaber von Altrechten dürfen hinsichtlich neu erworbener Kennzeichenrechte nicht anders behandelt werden als jeder Dritte, demgegenüber sich der vor dem 1. Januar 1995 rechtmäßig Handelnde in diesem Falle auch nicht mit der bloßen Vorbenutzung verteidigen könnte. Anlaß zum Erwerb eines eigenen Kennzeichenrechts bestand für ihn jedenfalls spätestens am 1. Januar 1995, wodurch er sich zumindest Koexistenz gegenüber dem Inhaber des Altrechts sichern hätte können (§ 6 Abs. 4). Gegenüber einem ab dem 1. Januar 1995 erworbenen Kennzeichenrecht kann der bis dahin rechtmäßig Benutzende auch den Verwirkungseinwand nicht erheben, da vor dem 1. Januar 1995 man-

gels Verletzung gar kein Duldungstatbestand vorlag. Auch der Einwand des Wiederholungszeichens (§ 25 Rdn. 31 ff.) versagt, da die neue Marke in diesem Falle nicht zur Umgehung des Benutzungszwangs, sondern zur Erlangung zusätzlichen Schutzes angemeldet wird.

b) Benutzung vor dem 1. Januar 1995. Dem Wortlaut des § 153 nach ergibt sich aus der Verwendung des Begriffs der „Weiterbenutzung" zweifelsfrei, daß § 153 Abs. 1 auf Benutzungshandlungen, die erst ab dem 1. Januar 1995 aufgenommen wurden, nicht unmittelbar anwendbar ist. Dies bestätigt auch die Formulierung „Standen dem Inhaber ..." anstelle von „Stünden dem Inhaber ..." (unbegründet daher die Auslegungszweifel von *Eisenführ* GRUR 1995, 811; zutr. *Starck* WRP 1996, 269). Dem Begriff der „Weiterbenutzung" kann auch entnommen werden, daß die Benutzung **vor dem 1. Januar 1995 nicht endgültig eingestellt** worden sein durfte. Zwar kommt es nicht darauf an, wann die Benutzung vor dem 1. Januar 1995 begonnen wurde und wie lange sie gedauert hat. Auch ist keine bestimmte Frequenz oder Intensität vorgeschrieben, so daß nicht jede Unterbrechung der Benutzung vor dem 1. Januar 1995 schon zur Nichtanwendbarkeit des § 153 Abs. 1 führen kann. Bei einer endgültigen Einstellung der Benutzung vor dem 1. Januar 1995 kann dagegen weder von einer „Weiterbenutzung" die Rede sein, noch wäre in diesem Falle eine Freistellung von Verletzungsansprüchen nach dem neuen Recht aus dem Normzweck des Vertrauensschutzes zu rechtfertigen. Zur näheren Abgrenzung der endgültigen Einstellung von lediglich vorübergehenden Unterbrechungen vor dem 1. Januar 1995 kann vorsichtig auf die Voraussetzungen des Untergangs von durch Benutzung erworbenen Kennzeichenrechten bei endgültiger Einstellung ihrer Benutzung (§ 4 Rdn. 20, § 5 Rdn. 37 f.) zurückgegriffen werden, ferner auf Lösungen zu § 32 ErstrG und zum Vorbenutzungsrecht nach § 12 PatG und § 28 ErstrG.

Die Anwendung des § 153 Abs. 1 setzt nicht voraus, daß der Anspruchsgegner durch die Benutzungshandlungen vor dem 1. Januar 1995 oder danach ein **eigenes prioritätsjüngeres Kennzeichenrecht** erlangt hat (Amtl. Begr. Abs. 3 zu § 153). Hat er jedoch ein solches Kennzeichenrecht schon vor dem 1. Januar 1995 nach altem Recht oder spätestens am 1. Januar 1995 nach neuem Recht erlangt, so resultiert daraus über den Wortlaut des § 153 hinaus eine auch die erstmalige Benutzungsaufnahme nach dem 1. Januar 1995 umfassende Koexistenzberechtigung gegenüber prio-

§ 153 Schranken f. die Geltendmachung von Verletzungsansprüchen

ritätsälteren Rechten, aus denen Verletzungsansprüche aufgrund Schutzumfangserweiterungen geltend gemacht werden (näher unten Rdn. 16 ff.).

7 c) **Keine Ansprüche wegen Verletzung.** § 153 Abs. 1 greift nur ein, wenn dem Inhaber des Altrechts vor dem 1. Januar 1995 keine „Ansprüche wegen Verletzung" zustanden. Aus der fehlenden Bezugnahme auf §§ 24, 25, 31 WZG und § 16 UWG folgt, daß § 153 Abs. 1 nur dann anwendbar ist, wenn den Handlungen vor dem 1. Januar 1995 **auch nach anderen als kennzeichenrechtlichen Bestimmungen keine Verletzungsansprüche** entgegenstanden. Ausgeschlossen ist die Berufung auf § 153 Abs. 1 daher vor allem auch dann, wenn die Handlungen vor dem 1. Januar 1995 Verletzungsansprüche nach § 1 UWG (BGH GRUR 1996, 267, 268 – *AQUA*) oder § 823 Abs. 1 BGB begründeten.

8 § 153 Abs. 1 ist seinem Wortlaut nach unabhängig davon anwendbar, aus welchem rechtlichen Grund die Benutzungshandlungen vor dem 1. Januar 1995 keinen Verletzungsansprüchen ausgesetzt waren. In Betracht käme daher jede Ausdehnung der Verletzungstatbestände oder Beschneidung von Schutzschranken. Der BGH will § 153 demgegenüber auf Fälle beschränken, in denen die Benutzung nach früherem Recht **„wegen fehlender Warengleichartigkeit oder wegen fehlender Verwechslungsgefahr"** (iSv § 31 WZG) rechtmäßig war (BGH GRUR 1996, 271, 274 – *Gefärbte Jeans*). Dies folge aus der Bezugnahme des Art. 5 Abs. 4 MRRL auf die Kollisionstatbestände des Art. 5 Abs. 1 lit. b, Abs. 2 MRRL. Der BGH sah sich zu dieser Interpretation in Zusammenhang mit § 24 gezwungen. Handlungen, die früher aufgrund des Grundsatzes internationaler Erschöpfung nicht angreifbar waren, sollten ab dem 1. Januar 1995 nicht fortgesetzt werden können (BGH aaO; LG München I WRP 1997, 123, 124 – *Maglite*; LG Düsseldorf WRP 1995, 979, 981 – *adidas-Import*). Dafür spricht auch, daß Art. 5 Abs. 4 MRRL auf den Kollisionsfall der Identität (Art. 5 Abs. 1 lit. a MRRL) nicht Bezug nimmt. Denn daraus wird deutlich, daß die Weiterbenutzung nicht gegenüber solche harmonisierungsbedingten Schutzerweiterungen freigestellt werden sollte, die unabhängig von den Kollisionstatbeständen der Verwechslungsgefahr oder des erweiterten Schutzes bekannter Marken eintreten, sondern allgemeinerer Art sind wie zB Schutzschranken, die auch für den Identitätsfall Geltung beanspruchen würden. Damit ist § 153 Abs. 1 auch nicht anzuwenden auf die **Fortsetzung von iSd WZG nicht zeichenmäßigen Handlungen**, die heute unter

Schranken f. die Geltendmachung von Verletzungsansprüchen **§ 153**

den weiteren Begriff der rechtsverletzenden Benutzung iSv §§ 14, 15 fallen (aA *Keller* GRUR 1996, 609/610), zB früher rechtmäßiger dekorativer Gebrauch (§ 14 Rdn. 91 ff.).

§ 153 Abs. 1 gilt auch dann, wenn die Ausdehnung des Schutzumfangs gem. § 152 darauf beruht, daß ein **ursprünglich schutzunfähiger Bestandteil** des Altkennzeichens nach neuem Recht als originär kennzeichnungskräftig gilt und sich dadurch der Schutzumfang nach dem Gesamteindruck verändert. Hierzu gehören auch **Buchstaben- oder Zahlenzeichen** (§ 14 Rdn. 205 ff.; § 15 Rdn. 46), die nach altem Recht nur wegen einer besonderen graphischen Ausgestaltung schutzfähig waren, während sie heute auch unabhängig davon kennzeichnungskräftig sein können (zur Kollision von Altrechten untereinander aus diesem Grunde s. unten Rdn. 17). Ein weiterer Anwendungsbereich ergibt sich aus der **Kodifizierung des erweiterten Schutzes bekannter Kennzeichen** (§§ 14 Abs. 2 Nr. 3, 15 Abs. 3), soweit dieser über den früher außerkennzeichenrechtlichen Schutz hinausgeht (§§ 14 Rdn. 453 ff., § 15 Rdn. 62 ff.) 9

d) Weiterbenutzung ab dem 1. Januar 1995. Aus der Beschränkung des Anspruchsausschlusses nach § 153 Abs. 1 auf eine „Weiterbenutzung" ergeben sich auch Anforderungen an die Handlungen nach dem 1. Januar 1995, damit auf sie § 153 Abs. 1 angewendet werden kann. Zeitlich liegt eine „Weiterbenutzung" nicht mehr vor, wenn die Benutzung nach dem 1. Januar 1995 iSv oben Rdn. 5 endgültig eingestellt und erst später wieder neu aufgenommen wurde. 10

Sowohl aus dem Begriff der „Weiterbenutzung" als auch aus der Formulierung „dieser Marke, dieser geschäftlichen Bezeichnung oder dieses Zeichens" folgt weiter, daß § 153 Abs. 1 nur die Verwendung des bereits vor dem 1. Januar 1995 verwendeten Zeichens deckt, **nicht aber die Aufnahme der Benutzung anderer, hierzu lediglich ähnlicher Zeichen**. Um die Weiterbenutzungsmöglichkeit wirtschaftlich nicht zu entwerten, ist jedoch ein – freilich enger – Gestaltungsspielraum einzuräumen, solange die Änderungen unwesentlich sind. Zur Abgrenzung könnte zurückgegriffen werden auf zu Koexistenzfällen entwickelte Regeln (§ 23 Rdn. 29) und den Abweichungsspielraum im Rahmen des Benutzungszwangs nach § 26 Abs. 3 S. 1. 11

Schließlich bedeutet „Weiterbenutzung" auch, daß § 153 Abs. 1 grds. nur solche Benutzungshandlungen nach dem 1. Januar 1995 deckt, die sich auf **Waren/Dienstleistungen derselben Art** bzw. 12

§ 153 Schranken f. die Geltendmachung von Verletzungsansprüchen

eine Unternehmenstätigkeit oder Werke derselben Art beziehen, wie die rechtmäßigen Handlungen vor dem 1. Januar 1995. Allerdings kann auch hier nicht vollständige Identität der Art nach verlangt werden, da andernfalls die Weiterbenutzungsmöglichkeit wirtschaftlich entwertet würde. Zur Abgrenzung zulässiger Fortentwicklung von unzulässigen Ausdehnungen kann mit Vorsicht auf die zum Gleichnamigenrecht und vergleichbaren Koexistenzfällen anerkannten Regelungen zurückgegriffen werden (vgl. § 23 Rdn. 30).

13 Zu beachten ist jedoch, daß diese zeitlichen und sachlichen Beschränkungen des Umfangs des Weiterbenutzungsrechts nur dann gelten, wenn der Weiterbenutzungsberechtigte nicht seinerseits eine Marke oder ein anderes Kennzeichenrecht mit gleichberechtigtem Zeitrang vom 1. Januar 1995 erworben hat (unten Rdn. 16 ff.). Denn dann richtet sich der zulässige Benutzungsumfang nicht nur nach der – im Falle der eingetragenen Marke gar nicht erforderlichen – tatsächlichen Vorbenutzung vor dem 1. Januar 1995, sondern nach dem koexistenzberechtigten Recht selbst.

3. Rechtsfolgen

14 § 153 Abs. 1 schließt die Geltendmachung aller „Rechte" aus dem Altkennzeichen gegenüber der Weiterbenutzung aus. Das sind die Ansprüche nach §§ 14, 15, 17 Abs. 2, 18, 19 sowie Verletzungsansprüche, die auf allgemeinen Vorschriften beruhen, jedoch an die Rechtsverletzung nach §§ 14, 15, 17 Abs. 2 anknüpfen, wie insbesondere Beseitigungsansprüche, Bereicherungsansprüche und Auskunftsansprüche. Es handelt sich um eine Einwendung, die auch dann zu beachten ist, wenn sie vom Beklagten im Verletzungsprozeß nicht ausdrücklich einredeweise erhoben wird, sich die Voraussetzungen aber aus den vorgetragenen Tatsachen ergeben. Für die tatsächlichen Voraussetzungen ist diejenige Partei darlegungs- und beweispflichtig, die sich zur Verteidigung auf diese Schutzschranke beruft. Soweit § 153 Abs. 1 eingreift, sind die Weiterbenutzungshandlungen im Verhältnis zum Inhaber des Altrechts uneingeschränkt rechtmäßig.

15 Für den Hinweisanspruch gegen Herausgeber von Nachschlagewerken gilt § 153 Abs. 1 nicht, denn § 16 verschafft kein Verbietungsrecht „gegen die Weiterbenutzung", sondern einen eigenständigen Anspruch, dessen immanente Übergangsregelung nach § 16 Abs. 2 darin besteht, daß bei einem vor dem 1. Januar 1995 erschienen Werk ohnehin erst eine nach dem 1. Januar 1995 erscheinende Neuauflage betroffen ist.

III. Benutzungrecht aufgrund Koexistenzberechtigung

Aufgrund der Meistbegünstigungsregelung des § 163 genießen **16** **vor dem 1. Januar 1995 eingetragene Marken** Bestandsschutz gegenüber Schutzumfangserweiterungen des neuen Rechts, auf die sich der Inhaber eines prioritätsälteren Altrechts als Löschungskläger berufen will. Die Benutzung dergestalt untereinander koexistenzberechtigter Altmarken ist im MarkenG insoweit nicht umfassend geregelt, als § 153 Abs. 1 nur „Weiterbenutzungen" erfaßt, nicht aber den Fall der erstmaligen Benutzung einer solchen Marke nach dem 1. Januar 1995. Der Bestandskraftregelung des § 163 muß aber ein vom Zeitpunkt der Benutzungsaufnahme vor oder nach dem 1. Januar 1995 unabhängiges Recht zur Benutzung korrespondieren (im Erg. ebenso OLG Düsseldorf WRP 1997, 588, 590 und 591 – *McPaint*). Andernfalls wäre die Meistbegünstigung wertlos und würde die Marke spätestens nach fünf Jahren wegen Nichtbenutzung löschungsreif werden.

Nach den allgemeinen Regeln des Prioritätsprinzips muß auch **17** die **Anmeldung** einer Marke **vor oder auch erst am 1. Januar 1995** zu Bestandsschutz gegenüber Schutzumfangserweiterungen des neuen Rechts führen, so daß die Benutzungsberechtigung auch in diesen Fällen unabhängig davon ist, ob eine „Weiterbenutzung" iSd § 153 Abs. 1 vorliegt oder die Benutzung erst nach dem 1. Januar 1995 erstmals aufgenommen wird (offengel. in OLG Köln MD 1997, 745, 750 – *ARD-1*). Daran könnten Zweifel bestehen, weil § 163 auf die Eintragung vor dem 1. Januar 1995 abstellt und § 158 seinem Wortlaut nach die uneingeschränkte Geltendmachung von Schutzumfangserweiterungen des neuen Rechts durch Widerspruch aus einer Altmarke auch gegenüber Marken ermöglicht, die vor oder am 1. Januar 1995 angemeldet wurden. Die Amtl. Begr. bejaht diese Folge ausdrücklich, lehnt eine Meistbegünstigungsregelung ab und bekräftigt, daß sich die nach der Anmeldung eingetretene Rechtsänderung „voll auf die Eintragbarkeit auswirken" solle, da sich die Eintragbarkeit einer Marke generell nach der Rechtslage zum Zeitpunkt ihrer Eintragung richte (Amtl. Begr. 5. Abs. zu § 158). Dem kann nicht gefolgt werden. Dem Anmelder ist in diesen Fällen vielmehr ein **bestandskräftiges Zwischenrecht** zuzubilligen, das in dem erst durch das MarkenG erweiterten Schutzbereich mit dem älteren Recht **koexistenzberechtigt** ist. Nur diese Lösung wird dem Prioritätsprinzip gerecht. Relative Schutzhindernisse stehen einer Eintragung nur entgegen,

§ 153 Schranken f. die Geltendmachung von Verletzungsansprüchen

wenn sie bereits am maßgeblichen Prioritätstag vorlagen (§ 9 Rdn. 7). Für den Fall der nachträglichen Ausdehnung des sachlichen Schutzumfangs eines älteren Rechts ist auf den für den Zeitrang der jüngeren Marke maßgeblichen Tag abzustellen, während später eintretende Schutzerweiterungen auch dann bedeutungslos sind, wenn die jüngere Marke erst danach eingetragen wird. Der Fall der nachträglichen Bekanntheit ist in §§ 22 Abs. 1 Nr. 1, 51 Abs. 3 exemplarisch in diesem Sinne geregelt. Die Veränderung des Schutzumfangs von Altmarken durch das Inkrafttreten des MarkenG stellt allerdings keine nachträgliche tatsächliche Änderung dar, sondern betrifft das anzuwendende Recht selbst. Die Interessenlage ist jedoch genau dieselbe. Würden die Schutzumfangserweiterungen auch gegenüber den bis einschließlich 1. Januar 1995 angemeldeten Marken durchgreifen, so würde diesen nachträglich ein Schutzhindernis entgegengehalten, das es im Zeitpunkt ihrer Anmeldung noch gar nicht gab. Dem für absolute Schutzhindernisse geltenden § 156 kann außerdem entnommen werden, daß beim Inkrafttreten des MarkenG dadurch Chancengleichheit gewahrt werden sollte, daß alle erst nach neuem Recht schutzfähigen Zeichen auch dann den 1. Januar 1995 als Zeitrang erhalten, wenn sie schon vorher angemeldet wurden. Lehnt man die Anerkennung eines Zwischenrechts in den Fällen der Schutzerweiterung ab, würde das Ziel des § 156 dadurch konterkariert, daß aus Alteintragungen mit nach früherem Recht schutzunfähigen Bestandteilen auch gegen die als zum 1. Januar 1995 angemeldet geltenden Marken vorgegangen werden könnte, obwohl beide Rechte erst ab 1. Januar 1995 wegen derselben Rechtsänderung kollidieren. Dementsprechend wendet auch die Rspr. in solchen Fällen das Prioritätsprinzip an und läßt den Schutzzuwachs nur gegenüber ab dem 2. Januar 1995 angemeldeten Marken durchgreifen (BPatG GRUR 1996, 413 – *ICPI/ICP*: früher schutzunfähiger Bestandteil einer älteren Marke wirkt nicht kollisionsbegründend gegenüber einer vor 1. Januar 1995 angemeldeter Marke; ebenso BPatG 30 W (pat) 231/94 – *ABOCA/Aok*, zit. nach *Pösentrup* u. a. GRUR 1996, 319: „ABOCA" verletzt Altmarke „Aok" nicht, weil „Aok" zur Zeit seiner Eintragung nicht als Buchstabenzeichen schutzfähig war, sondern nur als Phantasiewort in lautlicher Einheit; *Albert* GRUR 1996, 177; *Winkler* Mitt. 1995, 48). Eine Analogie zu § 153 ist dafür allerdings entgegen *Albert* GRUR 1996, 177 und BPatG GRUR 1996, 413 – *ICPI/ICP* nicht der richtige Ansatz, sondern die Ableitung aus dem Prioritätsprinzip und dem Gesamtzusammenhang der kollisionsbezogenen Normen des MarkenG.

Die Problematik betrifft die **nicht eingetragenen Marken** und **geschäftlichen Bezeichnungen** nur in geringerem Umfang. Bei Ausstattungen und Kennzeichenrechten nach § 16 UWG aF, die vor dem 1. Januar 1995 entstanden sind, stellt sich die Frage nach der Anwendung des neuen Rechts auf Kollisionen mit prioritätsälteren Altrechten ohnehin nur nach einer „Weiterbenutzung", da andernfalls das Kennzeichenrecht untergegangen wäre. Hierfür gilt § 153 Abs. 1 direkt. Ergänzungsbedarf besteht nur insoweit, als § 153 Abs. 1 den Fall eines Rechtserwerbs exakt am 1. Januar 1995 nicht regelt. Hierfür muß entsprechendes gelten wie bei den Marken (§ 158 Rdn. 17), d.h. Koexistenz (§ 6 Abs. 4) mit den erst durch das Inkrafttreten des MarkenG schutzfähig werdenden Kennzeichen. Dies folgt wie bei den Marken aus dem Prioritätsprinzip und gewährleistet die Chancengleichheit am ersten Prioritätstag des neuen Rechts.

IV. Verwirkung (Abs. 2)

§ 153 Abs. 2 ist die einzige Übergangsvorschrift des MarkenG, die sich unmittelbar auf eine der Schutzschranken gegenüber Verletzungsansprüchen bezieht. Die Bestimmung ist mißverständlich formuliert. Die in der neuen gesetzlichen Verwirkungsregelung des § 21 Abs. 1 und 2 vorgesehene Frist von fünf Jahren beginnt natürlich auch gegenüber bereits vor dem 1. Januar 1995 erworbenen Kennzeichenrechten nicht generell mit dem 1. Januar 1995 zu laufen. Vielmehr ist dies nur dann der Fall, wenn bereits am 1. Januar 1995 alle Voraussetzungen des gesetzlichen Verwirkungstatbestandes nach § 21 vorlagen, d.h. insbesondere die Benutzung bereits gegeben war und in ihrer Kenntnis geduldet wurde. § 153 Abs. 2 will lediglich sicherstellen, daß die absolute Verwirkungsfrist von 5 Jahren auch dann frühestens ab dem 1. Januar 1995 rechnet, wenn diese Duldung bereits vor dem Inkrafttreten des MarkenG begonnen hatte (vgl. Amtl. Begr. 5. Abs. zu § 153). Dadurch soll der Verletzte vor einem Rechtsverlust durch ein Verhalten geschützt werden, das im damaligen Zeitpunkt noch nicht zu den Rechtsfolgen des § 21 Abs. 1, 2 führen konnte, sondern nur den allgemeinen Verwirkungsregeln unterlag. Eine parallele Übergangsregelung für den Verwirkungseinwand gegenüber Löschungsansprüchen wegen älterer Rechte (§ 51 Abs. 2 S. 1, 2) enthält § 163 Abs. 2. Für die Verwirkung nach allgemeinen Regeln (§ 21 Rdn. 16ff.) gilt die besondere Übergangsvorschrift des § 153 Abs. 2

nicht (Amtl. Begr. 5. Abs. zu § 153). Das Inkrafttreten des MarkenG hat diese allgemeinen Verwirkungsgrundsätze nach § 21 Abs. 4 gerade unberührt gelassen, so daß auch ein Duldungszeitraum auch vor dem 1. Januar 1995 uneingeschränkt berücksichtigt werden kann, sofern die jetzt als Kennzeichenbenutzung iSv §§ 14, 15 einzustufenden Handlungen auch nach den Bestimmungen des WZG bzw. § 16 UWG Verletzungshandlungen darstellten, da andernfalls damals gar keine Duldung im Sinne des Verwirkungstatbestandes vorlag.

§ 154 Dingliche Rechte; Zwangsvollstreckung; Konkursverfahren

(1) **Ist vor dem 1. Januar 1995 an dem durch die Anmeldung oder Eintragung einer Marke begründeten Recht ein dingliches Recht begründet worden oder war das durch die Anmeldung oder Eintragung begründete Recht Gegenstand von Maßnahmen der Zwangsvollstreckung, so können diese Rechte oder Maßnahmen nach § 29 Abs. 2 in das Register eingetragen werden.**

(2) **Absatz 1 ist entsprechend anzuwenden, wenn das durch die Anmeldung oder Eintragung einer Marke begründete Recht durch ein Konkursverfahren erfaßt worden ist.**

I. Überblick

1   § 154 enthält die Übergangsvorschrift für die in § 29 geregelten dinglichen Rechte, die Zwangsvollstreckung und das Konkursverfahren. Er regelt dabei nur die Frage der Eintragbarkeit, setzt aber die Existenz dieser Rechte voraus. Jedenfalls mit Inkrafttreten des ErstG am 1. Mai 1992 war die Marke als vom Geschäftsbetrieb getrennter Teil des Vermögens auch Gegenstand sonstiger dinglicher Rechte oder von Zwangsvollstreckungsmaßnahmen.

II. Fakultative Registereintragung

2   Vor Inkrafttreten des Markengesetzes konnten dingliche Rechte an Warenzeichen oder Dienstleistungsmarken oder Maßnahmen der Zwangsvollstreckung nicht in die Warenzeichenrolle eingetragen werden. § 154 Abs. 1 schafft nun die Möglichkeit der fakultativen Eintragung auf Antrag des Inhabers des dinglichen Rechts bzw. des Zwangsvollstreckungsgläubigers. Ob das dingliche Recht begründet oder die Zwangsvollstreckungsmaßnahme zu Recht ergan-

Lizenzen **§ 155**

gen ist, beurteilt sich nach dem zum Zeitpunkt der Begründung des Rechtes geltenden Vorschriften. Es ist davon auszugehen, daß die Begründung solcher Rechte und solche Zwangsvollstreckungsmaßnahmen jedenfalls seit dem 1. Mai 1992 nach den gleichen Grundsätzen wie unter dem MarkenG zulässig waren.

III. Konkursverfahren

Nach Abs. 3 hat auch der Konkursverwalter hinsichtlich von Marken, die schon vor dem 1. Januar 1995 konkursbefangen waren, die Möglichkeit, nachträglich diese Tatsache in das Register eintragen zu lassen. Das Konkursverfahren umfaßt auch das Gesamtvollstreckungsverfahren der neuen Bundesländer (Begr. zu § 154). 3

§ 155 Lizenzen

Auf vor dem 1. Januar 1995 an dem durch die Anmeldung oder Eintragung, durch die Benutzung oder durch die notorische Bekanntheit einer Marke begründeten Recht erteilte Lizenzen ist § 30 mit der Maßgabe anzuwenden, daß diesen Lizenzen die Wirkung des § 30 Abs. 5 nur insoweit zugute kommt, als es sich um nach dem 1. Januar 1995 eingetretene Rechtsübergänge oder an Dritte erteilte Lizenzen handelt.

I. Überblick

§ 155 betrifft die Übergangsvorschrift für die Lizenzen des § 30 und trifft dabei eine differenzierende Regelung. Grundsätzlich ist § 30 auch auf Lizenzverträge anwendbar, die vor dem 1. Januar 1995 geschlossen wurden, hinsichtlich des Sukzessionsschutzes von § 30 Abs. 5 aber nur auf Rechtsübergänge nach dem 1. Januar 1995. 1

II. Anwendbarkeit von § 30 auf Altlizenzverträge

Mit Ausnahme der Sonderregelung für § 30 Abs. 5 ist § 30 auf alle Lizenzverträge anwendbar, die vor dem 1. Januar 1995 geschlossen wurde. Eine grundlegende Umwandlung einer „schuldrechtlichen" in eine „dingliche" Lizenz ist damit allerdings nicht verbunden, da auch die Regelung des § 30 nicht von dieser Un- 2

§ 155 Lizenzen

terscheidung ausgeht, sondern differenzierende Regelungen trifft. Insbesondere ist nach § 30 Abs. 3 auch ein Aktivprozeß des Inhabers einer ausschließlichen Lizenz nur mit Zustimmung des Inhabers möglich (§ 30 Rdn. 40). Die Anwendbarkeit von § 30 Abs. 1 auf Altrechte hat keine praktischen Auswirkungen, da schon nach früherem Recht die Zulässigkeit von Lizenzen allgemein und von den verschiedenen Einschränkungen des Lizenzrechtes, die § 30 Abs. 1 vorsieht, anerkannt war. Eine Stärkung der Position des Lizenzgebers bedeutet die Anwendbarkeit von § 30 Abs. 2, vor allem im Hinblick auf § 30 Abs. 2 Nr. 5. § 30 Abs. 2 Nr. 1–4 haben vor allem klarstellende Bedeutung. Schon nach bisherigem Recht waren solche Verstöße in der Regel von der Rechtseinräumung nicht gedeckt, so daß die Markenrechte durchgesetzt werden konnten. § 30 Abs. 3 bedeutet eine Verschlechterung der Stellung des Lizenzgebers für den Fall der ausschließlichen Lizenz, keine Änderung dagegen für die Fälle der einfachen Lizenz. Die Anwendbarkeit von § 30 Abs. 4 bedeutet eine Stärkung der Position des Lizenznehmers gegenüber den Verletzern.

III. Eingeschränkter Sukzessionsschutz

3 § 30 Abs. 5 ist zwar auch auf vor dem 1. Januar 1995 geschlossene Verträge anwendbar. Lediglich für Rechtsübergänge, die schon vor dem 1. Januar 1995 stattgefunden haben, gilt der Sukzessionsschutz nicht, d. h. die Lizenz erlischt bzw. wird durch die neu erteilte weitere Lizenz geschmälert, wenn im Lizenzvertrag nichts anderes vereinbart war. Der im Gesetz angegebene Stichtag „nach dem ersten Januar 1995", (also frühestens der 2. Januar 1995) beruht auf einem Redaktionsversehen. Rechtsübergänge am 1. Januar 1995 werden bereits von § 30 Abs. 5 erfaßt, da das Gesetz an diesem Tag in Kraft trat.

IV. Abdingbarkeit

4 § 30 Abs. 2–5 sind durch vertragliche Vereinbarung zwischen Lizenzgeber und Lizenznehmer abdingbar sind. Trifft der Altvertrag eine von § 30 Abs. 2–5 abweichende Regelung, bleibt diese unabhängig von § 155 bestehen.

§ 156 Prüfung angemeldeter Marken auf absolute Schutzhindernisse

(1) Ist vor dem 1. Januar 1995 ein Zeichen angemeldet worden, das nach den bis dahin geltenden Vorschriften aus vom Patentamt von Amts wegen zu berücksichtigenden Gründen von der Eintragung ausgeschlossen war, das aber nach §§ 3, 7, 8 oder 10 dieses Gesetzes nicht von der Eintragung ausgeschlossen ist, so sind die Vorschriften dieses Gesetzes mit der Maßgabe anzuwenden, daß die Anmeldung als am 1. Januar 1995 eingereicht gilt und daß, ungeachtet des ursprünglichen Anmeldetags und einer etwa in Anspruch genommenen Priorität, der 1. Januar 1995 für die Bestimmung des Zeitrangs im Sinne des § 6 Abs. 2 maßgeblich ist.

(2) Kommt das Patentamt bei der Prüfung des angemeldeten Zeichens zu dem Ergebnis, daß die Voraussetzungen des Absatzes 1 gegeben sind, so teilt es dies dem Anmelder mit.

(3) Teilt der Anmelder dem Patentamt innerhalb einer Frist von zwei Monaten nach Zustellung der Mitteilung nach Absatz 2 mit, daß er mit der Verschiebung des Zeitrangs im Sinne des Absatzes 1 einverstanden ist, wird die Anmeldung des Zeichens als Anmeldung einer Marke nach diesem Gesetz weiterbehandelt.

(4) Teilt der Anmelder dem Patentamt mit, daß er mit einer Verschiebung des Zeitrangs im Sinne des Absatzes 1 nicht einverstanden ist oder gibt er innerhalb der Frist des Absatzes 3 keine Erklärung ab, so weist das Patentamt die Anmeldung zurück.

(5) Der Anmelder kann die Erklärung nach Absatz 3 auch noch in einem Erinnerungsverfahren, einem Beschwerdeverfahren oder in einem Rechtsbeschwerdeverfahren über die Zurückweisung der Anmeldung abgeben, das am 1. Januar 1995 anhängig ist. Die Absätze 2 bis 4 sind entsprechend anzuwenden.

I. Überblick

§ 156 enthält die Übergangsvorschrift für die Prüfung der absoluten Schutzhindernisse nach §§ 3, 7, 8 und 10 und sieht dabei die Eintragbarkeit früher angemeldeter Zeichen nach Maßgabe des MarkenG vor, wenn sich der Anmelder mit einer Verschiebung des Prioritätstages auf den 1. Januar 1995 einverstanden erklärt. 1

II. Doppelter Prüfungsmaßstab

Marken, die vor dem 1. Januar 1995 angemeldet wurden, sich aber nach diesem Tag noch im Eintragungsverfahren befinden 2 (ggf. in der Erinnerungs-, Beschwerde- oder Rechtsbeschwerdeinstanz) sind zunächst am Maßstab des MarkenG zu messen, wie sich aus § 152 ergibt (zB BGH GRUR 1995, 408 – *PROTECH*). Ist das Zeichen schon nach dem MarkenG nicht schutzfähig, wird die Eintragung ohne weiteres versagt. Ob es nach dem WZG schutzfähig gewesen wäre, spielt dann keine Rolle. Praktische Bedeutung wird diese Konstellation nicht haben, da das MarkenG keine Verschärfung der Anforderungen gegenüber dem WZG gebracht hat. Ist die Eintragbarkeit nach dem MarkenG zu bejahen, ist im zweiten Prüfungsschritt festzustellen, ob die Marke auch nach dem WZG eintragungsfähig gewesen wäre. Wird das bejaht, wird sie mit der Priorität des Anmeldetages eingetragen. Verneinenfalls kommt die Verschiebung der Priorität nach § 156 in Betracht zur „Vorwirkung" des MRRL siehe Rdn. 4.

III. Verschiebung des Zeitranges

3   Stellt das DPA fest, daß das Zeichen nur nach der Rechtslage im MarkenG, nicht aber nach Rechtslage im WZG eintragungsfähig ist, teilt es dies dem Anmelder mit (Abs. 2) und weist ihn auf die Möglichkeit der Verschiebung des Zeitranges hin. Stimmt der Anmelder dem zu, wird das Zeichen mit diesem Prioritätsdatum eingetragen. Lehnt er dies ab, wird die Eintragung verweigert, hat aber der Anmelder die Möglichkeit, in weiteren Instanzen prüfen zu lassen, ob nicht auch nach der Rechtslage des WZG das angemeldete Zeichen eintragbar gewesen wäre und ihm deshalb die Priorität des Anmeldtages zustünde.

4   Nach BPatG Bl. 1997, 362 – *A 3* soll vom 1. 1. 1993 bis zum 1. 1. 1995 bereits eine **Vorwirkung** der MRRL anzunehmen sein, die zu einer größtmöglichen Ausnutzung des Auslegungsspielraums bei § 4 WZG führen soll und zB kombinationszeichen aus Buchstaben und Zahlen eintragbar machen soll (enger aber BGH GRUR 1993, 825 – *DOS* und BGH GRUR 1996, 202 – *UHQ*).

§ 157 Bekanntmachung und Eintragung

Ist vor dem 1. Januar 1995 die Bekanntmachung einer Anmeldung nach § 5 Abs. 1 des Warenzeichengesetzes beschlossen worden, ist die Anmeldung aber noch nicht nach § 5 Abs. 2 des Warenzeichengesetzes bekanntgemacht worden, so wird die Marke

Widerspruchsverfahren **§ 158**

ohne vorherige Bekanntmachung nach § 41 in das Register eingetragen. Ist für einen nach dem Beschluß der Bekanntmachung gestellten Antrag auf beschleunigte Eintragung die in § 6a Abs. 2 des Warenzeichengesetzes vorgesehene Gebühr bereits gezahlt worden, wird sie von Amts wegen erstattet.

I. Allgemeines

Nach dem WZG wurde zunächst die Anmeldung bekannt gemacht, worauf sich das Widerspruchsverfahren anschloß. Erst nach erfolgreichem Abschluß dieses Verfahrens, bzw. wenn innerhalb der Frist keine Widersprüche eingegangen waren, wurde das Zeichen eingetragen. Im MarkenG wird die Marke nach der Amtsprüfung des § 37 eingetragen (§ 41). Der Widerspruch kann innerhalb einer dreimonatigen Frist nach der Veröffentlichung der Eintragung eingelegt werden (§ 42 Abs. 1). Diesen Gegensatz regelt § 157 zugunsten des Anmelders. 1

II. Noch nicht bekanntgemachte Anmeldungen

Die Bekanntmachung der Anmeldung muß vor dem 1. Januar 1995 noch beschlossen worden sein, d. h. die Amtsprüfung muß abgeschlossen gewesen sein. Ist das nicht der Fall, wird die Prüfung nach § 155 nach den Maßstäben des MarkenG fortgesetzt. Ist die Bekanntmachung bereits beschlossen, wird nicht die Anmeldung bekanntgemacht, sondern statt dessen erfolgt sofort die Eintragung, der sich das Widerspruchsverfahren nach §§ 42, 43 anschließt. Damit tritt die Rechtsfolge automatisch ein, die nach der früheren Rechtslage nur bei der Schnelleintragung des § 6a WZG bei Zahlung einer zusätzlichen Gebühr bestand. Aus diesem Grund ist es angemessen, die Schnelleintragungsgebühr zurückzuerstatten (Satz 2). 2

§ 158 Widerspruchsverfahren

(1) **Ist vor dem 1. Januar 1995 die Anmeldung einer Marke nach § 5 Abs. 2 des Warenzeichengesetzes oder die Eintragung einer Marke nach § 6a Abs. 3 des Warenzeichengesetzes in Verbindung mit § 5 Abs. 2 des Warenzeichengesetzes bekanntgemacht worden, so können Widersprüche innerhalb der Frist des § 5 Abs. 4 des**

1463

§ 158 Widerspruchsverfahren

Warenzeichengesetzes sowohl auf die Widerspruchsgründe des § 5 Abs. 4 des Warenzeichengesetzes als auch auf die Widerspruchsgründe des § 42 Abs. 2 gestützt werden. Wird innerhalb der Frist des § 5 Abs. 4 des Warenzeichengesetzes Widerspruch nicht erhoben, so wird, soweit es sich nicht um eine nach § 6a Abs. 1 des Warenzeichengesetzes eingetragene Marke handelt, die Marke nach § 41 in das Register eingetragen. Ein Widerspruch nach § 42 findet gegen eine solche Eintragung nicht statt.

(2) Ist vor dem 1. Januar 1995 ein Widerspruch gemäß § 5 Abs. 4 des Warenzeichengesetzes gegen die Eintragung einer nach § 5 Abs. 2 des Warenzeichengesetzes bekanntgemachten oder einer nach § 6a Abs. 1 des Warenzeichengesetzes eingetragenen Marke erhoben worden oder wird nach dem 1. Januar 1995 ein Widerspruch nach Absatz 1 erhoben, so sind die Widerspruchsgründe des § 5 Abs. 4 Nr. 2 und 3 des Warenzeichengesetzes, soweit der Widerspruch darauf gestützt worden ist, weiterhin anzuwenden. Ist der Widerspruch auf § 5 Abs. 4 Nr. 1 des Warenzeichengesetzes gestützt worden, ist anstelle dieser Bestimmung die Bestimmung des § 42 Abs. 2 Nr. 1 anzuwenden.

(3) Ist in einem Verfahren über einen Widerspruch, der vor dem 1. Januar 1995 erhoben worden ist, die Benutzung der Marke, aufgrund deren Widerspruch erhoben worden ist, bestritten worden oder wird die Benutzung in einem solchen Widerspruchsverfahren bestritten, so ist anstelle des § 5 Abs. 7 des Warenzeichengesetzes § 43 Abs. 1 entsprechend anzuwenden. Satz 1 gilt für das Beschwerdeverfahren vor dem Patentgericht auch dann, wenn ein solches Verfahren am 1. Januar 1995 anhängig ist. Satz 1 gilt nicht für Rechtsbeschwerden, die am 1. Januar 1995 anhängig sind.

(4) Wird der Widerspruch zurückgewiesen, so wird, soweit es sich nicht um eine nach § 6a Abs. 1 des Warenzeichengesetzes eingetragene Marke handelt, die Marke nach § 41 in das Register eingetragen. Ein Widerspruch nach § 42 findet gegen eine solche Eintragung nicht statt.

(5) Wird dem Widerspruch gegen eine nach § 5 Abs. 2 des Warenzeichengesetzes bekanntgemachte Anmeldung stattgegeben, so wird die Eintragung versagt. Wird dem Widerspruch gegen eine nach § 6a Abs. 1 des Warenzeichengesetzes eingetragene Marke stattgegeben, so wird die Eintragung nach § 43 Abs. 2 Satz 1 gelöscht.

(6) In den Fällen des Absatzes 1 Satz 2 und des Absatzes 4 Satz 1 findet eine Zurückweisung der Anmeldung aus von Amts wegen zu berücksichtigenden Eintragungshindernissen nicht statt.

§ 158

Inhaltsübersicht

	Rdn.
I. Überblick	1
II. Gesetzlich geregelte Fallkonstellationen	2–8
1. Fristablauf ohne Widerspruch oder schon vor dem 1. Januar 1995 abgeschlossenes Widerspruchsverfahren	2
2. Am 1. Januar 1995 offene Widerspruchsfrist	3–6
3. Am 1. Januar 1995 abgelaufene Widerspruchsfrist und anhängiges Widerspruchsverfahren	7, 8
III. Koexistenzberechtigte Zwischenrechte	9
IV. Nichtbenutzungseinrede (Abs. 3)	10
V. Entscheidung über Widerspruch (Abs. 4, 5)	11–13
VI. Ausschluß der Nachbeanstandung (Abs. 1 S. 3, Abs. 6)	14

I. Überblick

Das Widerspruchsverfahren nach §§ 42, 43 weicht vom bisherigen Recht hinsichtlich der Widerspruchsgründe, Nichtbenutzungseinrede und Nachschaltung des Widerspruchsverfahrens teilweise ab (§ 42 Rdn. 2, § 43 Rdn. 3), so daß Übergangsregelungen erforderlich waren. Nach der Grundregel des § 152 würde das neue Recht ab 1. Januar 1995 auch für Widersprüche gegen vor Inkrafttreten des MarkenG angemeldete Marken und damit auch in am 1. Januar 1995 bereits anhängigen Widerspruchsverfahren uneingeschränkt Geltung beanspruchen. § 158 enthält hierzu Sonderregelungen für entweder bereits vor dem 1. Januar 1995 erhobene Widersprüche (§ 158 Abs. 2) oder zwar erst nach dem 1. Januar 1995 erhobene Widersprüche, die sich aber gegen vor dem 1. Januar 1995 bekanntgemachte Anmeldungen oder Schnelleintragungen richten, bei denen die Widerspruchsfrist am 1. Januar 1995 noch nicht abgelaufen war (§ 158 Abs. 1 S. 1 und Abs. 2). Keine Sonderregelung enthält § 158 für Widersprüche gegen schon vor dem 1. Januar 1995 angemeldete Marken, die bei Inkrafttreten des MarkenG noch nicht bekannt gemacht worden waren und erst nach dem 1. Januar 1995 eingetragen und sodann gem. § 41 S. 2 veröffentlicht werden. Auch solchen Marken ist als Zwischenrechten Bestandsschutz gegenüber Schutzumfangserweiterungen des neuen Rechts zu gewähren (unten Rdn. 9).

II. Gesetzlich geregelte Fallkonstellationen

1. Fristablauf ohne Widerspruch oder schon vor dem 1. Januar 1995 abgeschlossenes Widerspruchsverfahren

2   Für den Fall, daß gegen eine vor dem 1. Januar 1995 bekanntgemachte Anmeldung mit erst nach dem 1. Januar 1995 endender Widerspruchsfrist kein Widerspruch erhoben wurde, stellt § 158 Abs. 1 S. 2 und 3 klar, daß die Eintragung der Anmeldung nach neuem Recht erfolgt, diese jedoch keine weitere Widerspruchsmöglichkeit auslöst. Nachbeanstandung aus absoluten Gründen ist ausgeschlossen (§ 158 Abs. 6). Handelt es sich dagegen um eine Schnelleintragung, ist nichts weiter veranlaßt, da die Eintragung bereits vorliegt. § 158 Abs. 1 S. 2 und 3 (sowie Abs. 6) können **analog** in den in § 158 nicht ausdrücklich geregelten Fällen von Altanmeldungen angewendet werden, deren Eintragung am 1. Januar 1995 lediglich aus Zeitgründen noch nicht erfolgt war, entweder weil die Widerspruchsfrist erst kurz vor dem 1. Januar 1995 abgelaufen war, ohne daß Widerspruch erhoben wurde, oder weil ein schon früher begonnenes Widerspruchsverfahren erst kurz vor dem 1. Januar 1995 zugunsten des Anmelders abgeschlossen worden war.

2. Am 1. Januar 1995 offene Widerspruchsfrist

3   War die Widerspruchsfrist zu einer gem §§ 5 Abs. 2, 6a Abs. 3 WZG vor dem 1. Januar 1995 bekanntgemachten Anmeldung oder Schnelleintragung am 1. Januar 1995 noch nicht abgelaufen, so ermöglichte es § 158 Abs. 1 S. 1, den Widerspruch auf die Widerspruchsgründe des alten wie des neuen Rechts zu stützen. Hierzu mußte eine entsprechende Erklärung innerhalb der ab dem 1. Januar 1995 noch verbleibenden restlichen Widerspruchsfrist nach § 5 Abs. 4 WZG erfolgen. Ein späteres Nachschieben will § 158 Abs. 1 S. 1 erkennbar ausschließen (vgl. Amtl. Begr. Abs. 2 zu § 158).

4   Nach § 158 Abs. 2 S. 2 wurde aber in allen Fällen der weitaus häufigste Widerspruchsgrund der **älteren eingetragenen Marke** nach § 5 Abs. 4 Nr. 1 kraft Gesetzes durch § 42 Abs. 2 Nr. 1 und damit die Kollisionsregeln des neuen Rechts nach § 9 Abs. 1 Nr. 1 und 2 ersetzt. Damit kamen den Inhabern der älteren Rechte Schutzerweiterungen des neuen Rechts auch ohne rechtzeitige Berufung darauf zugute.

Widerspruchsverfahren **§ 158**

Für den sich mit § 42 Abs. 1 Nr. 3 weitgehend überschneiden- 5
den Widerspruchsgrund der **Agentenmarke** nach § 5 Abs. 4 Nr. 2
WZG dürfte § 158 Abs. 1 S. 1 dagegen kaum nennenswerte Bedeutung erlangt haben.

Die Wahlmöglichkeit nach § 158 Abs. 1 S. 1 war somit allenfalls 6
für die seltenen Widerspruchsgründe der älteren **Sortenbezeichnung** (nur nach § 5 Abs. 4 Nr. 3 WZG) bzw. der **notorisch bekannten Marke** (nur nach § 42 Abs. 2 Nr. 2) von Relevanz.

3. Am 1. Januar 1995 abgelaufene Widerspruchsfrist und anhängiges Widerspruchsverfahren

Auch in Widerspruchsverfahren gegen Anmeldungen bzw. 7
Schnelleintragungen, deren Widerspruchsfrist bereits vor dem
1. Januar 1995 endete, tritt der Widerspruchsgrund des § 42 Abs. 2
Nr. 1 an die Stelle des § 5 Abs. 4 Nr. 1 WZG. Ausgenommen hiervon sind allein die extrem seltenen Fälle eines auf § 5 Abs. 4 Nr. 2
und 3 WZG gestützten Widerspruchs. § 158 Abs. 2 S. 2 erweist sich
daher als die zentrale – in praktisch so gut wie allen am 1. Januar
1995 anhängigen Widerspruchsverfahren zu beachtende – Norm
der Übergangsregelung nach § 158. Sie führt dazu, daß **das neue
Recht auf alle Widerspruchsverfahren unabhängig vom Verfahrensstadium, einschließlich Beschwerde- und Rechtsbeschwerdeinstanz durchschlägt.** Da § 158 Abs. 2 S. 2 auch in
der oben Rdn. 3 ff. behandelten Fristkonstellation gilt, verdrängt
§ 42 Abs. 2 Nr. 1 den früheren Widerspruchsgrund des § 5 Abs. 4
Nr. 1 WZG unabhängig von dem Zeitpunkt der Erhebung des Widerspruchs (BGH GRUR 1996, 198, 199 – *Springende Raubkatze*).

Das MarkenG gewährt den noch nicht eingetragenen bzw. nur 8
schnelleingetragenen Anmeldungen aus der Zeit vor dem 1. Januar
1995 insoweit **keinen Bestandsschutz gegenüber Schutzerweiterungen durch das MarkenG.** Die Amtl. Begr. (5. Abs. zu
§ 158) rechtfertigt dies damit, daß sich die Eintragbarkeit einer
Marke nach der Rechtslage zum Zeitpunkt der Eintragung
richte und sich daher eine zwischen der Anmeldung und der Eintragung
eingetretene Rechtsänderung voll auf die Eintragbarkeit auswirken
müsse. Entscheidend ist, daß der Rechtserwerb bei den von § 158
erfaßten Marken am 1. Januar 1995 noch nicht abgeschlossen war,
wobei dies hinsichtlich der schnell eingetragenen Altanmeldungen
insoweit gilt, als die Schnelleintragung unter dem Vorbehalt späterer rückwirkender Löschung aufgrund Widerspruchs erfolgte. Vgl.
zu anderen Fällen der Maßgeblichkeit der Eintragung gegenüber

§ 158 Widerspruchsverfahren

Veränderungen seit dem Anmeldezeitpunkt § 22 Rdn. 10. Anders als in § 163 für die Löschung von am 1. Januar 1995 endgültig eingetragenen Altmarken hat sich der Gesetzgeber hier **gegen** eine Meistbegünstigungslösung zugunsten des Inhabers der älteren Marke bzw. Anmeldung entschieden (Amtl. Begr. Abs. 5 zu § 158).

III. Koexistenzberechtigte Zwischenrechte

9   Nach Wortlaut und Amtl. Begr. (5. Abs. zu § 158) soll § 158 die uneingeschränkte Geltendmachung von Schutzumfangserweiterungen des neuen Rechts durch Widerspruch aus einer Altmarke auch gegenüber Marken ermöglichen die vor oder am 1. Januar 1995 angemeldet wurden. Wie zu § 153 Rdn. 16 ff. näher dargelegt, ist dem nicht zu folgen, sondern dem Anmelder in diesen Fällen ein **bestandskräftiges Zwischenrecht** zuzubilligen, das in dem erst durch das MarkenG erweiterten Schutzbereich mit dem älteren Recht koexistenzberechtigt ist.

IV. Nichtbenutzungseinrede (Abs. 3)

10   In Verfahren über Widersprüche richtet sich die Nichtbenutzungseinrede nach § 158 Abs. 3 ausschließlich nach der Neuregelung in § 43 Abs. 1, unabhängig davon, ob sie vor oder nach dem 1. Januar 1995 erhoben wurde und unabhängig davon, ob bereits Benutzungsnachweise vorgelegt wurden. Ausgenommen sind lediglich die am 1. Januar 1995 anhängigen Rechtsbeschwerdeverfahren, da in ihnen das tatsächliche Vorbringen zur rechtserhaltenden Benutzung nicht geprüft werden könnte (vgl. § 89 Rdn. 4; Beispiel: BGH GRUR 1995, 347 – *TETRASIL*). Die Anforderungen an die rechtserhaltende Benutzung richten sich auch für die Benutzungszeiträume vor dem 1. Januar 1995 nach § 26 (zB BPatG GRUR 1997, 301, 302 – *LORDS/LORD*; BPatG GRUR 1996, 356, 359 – *JOHN LORD/JOHN LOBB*; BPatG GRUR 1995, 588 – *Jeannette/Annete*).

V. Entscheidung über Widerspruch (Abs. 4, 5)

11   § 153 Abs. 4 und 5 regeln die Folgen der Stattgabe oder Zurückweisung von Widersprüchen, die unter § 153 Abs. 1 oder 2

Widerspruchsverfahren **§ 158**

fallen, da §§ 41, 43 naturgemäß keine unmittelbar passenden Regelungen für die Behandlung bekanntgemachter Anmeldungen und Schnelleintragungen iSd WZG enthalten. Die deswegen an sich erforderlichen Verweisungen auf das alte Recht (§§ 6 Abs. 1, Abs. 2 S. 1, 6a Abs. 4 WZG) sollten im Interesse einer möglichst weitgehenden Regelung im MarkenG selbst vermieden werden (Begr. 9. Abs zu § 158).

Ist der Widerspruch **erfolgreich**, so wird die Eintragung versagt, **12** wenn sich der Widerspruch gegen eine Anmeldung richtete (§ 158 Abs. 5 S. 1), bzw die Löschung angeordnet, wenn sich der Widerspruch gegen eine Schnelleintragung nach § 6a Abs. 1 WZG richtete (§ 158 Abs. 5 S. 2).

Ist der Widerspruch **unzulässig** oder **unbegründet**, so wird er **13** zurückgewiesen und erfolgt die Eintragung, wenn sich der Widerspruch gegen eine Anmeldung richtete (§ 158 Abs. 4 S. 1). § 158 Abs. 4 S. 2 stellt ebenso wie die Parallelregelung in § 158 Abs. 1 S. 3 klar, daß diese Eintragung keine weitere Widerspruchsmöglichkeit eröffnet.

VI. Ausschluß der Nachbeanstandung (Abs. 1 S. 3, Abs. 6)

§ 158 Abs. 6 schützt Anmelder einer Marke, die am 1. Januar **14** 1995 wegen laufender Widerspruchsfrist oder anhängigem Widerspruch noch nicht eingetragen war, vor den nach früherem Recht auch nach Bekanntmachung der Anmeldung bis zur Eintragung noch möglichen Nachbeanstandungen durch das DPA wegen absoluter Schutzhindernisse. Die zuletzt allerdings zurückhaltend gehandhabte Nachbeanstandungspraxis des DPA ist bei den Anmeldern schon immer auf Unverständnis gestoßen, da die Mitteilung des Beschlusses über die Bekanntmachung als erfolgreicher Abschluß des absoluten Prüfungsverfahrens angesehen wurde (Amtl. Begr. 10. Abs. zu § 158). Nach Inkrafttreten des MarkenG wären Nachbeanstandungen auf noch geringere Akzeptanz gestoßen, da Beanstandungen nach der Eintragung gem § 41 auch bei laufendem Widerspruchsverfahren jetzt nicht mehr möglich sind (§ 42 Rdn. 15). Ohne ausdrückliche Regelung hätte bei bekanntgemachten, aber noch nicht eingetragenen Altanmeldungen die Gefahr bestanden, daß §§ 41 S. 1, 37 auf die von § 158 Abs. 6 erfaßten Altanmeldungen dahingehend angewendet worden wären, daß vor Eintragung noch Zurückweisungen wegen absoluter Schutzhindernisse ausgesprochen werden könnten. Dies verhindert § 158

§ 159　Teilung einer Anmeldung

Abs. 6, der analog in den oben Rdn. 2 behandelten Fällen von Altanmeldungen gilt, deren Eintragung am 1. Januar 1995 lediglich aus Zeitgründen noch nicht erfolgt war.

§ 159 Teilung einer Anmeldung

Auf die Teilung einer vor dem 1. Januar 1995 nach § 5 Abs. 2 des Warenzeichengesetzes bekanntgemachten Anmeldung ist § 40 mit der Maßgabe anzuwenden, daß die Teilung erst nach Ablauf der Widerspruchsfrist erklärt werden kann und daß die Erklärung nur zulässig ist, wenn ein im Zeitpunkt ihrer Abgabe anhängiger Widerspruch sich nach der Teilung nur gegen einen der Teile der ursprünglichen Anmeldung richten würde. Der Teil der ursprünglichen Anmeldung, gegen den sich kein Widerspruch richtet, wird nach § 41 in das Register eingetragen. Ein Widerspruch nach § 42 findet gegen eine solche Eintragung nicht statt.

I. Überblick

1　§ 159 ergänzt §§ 157 und 158 im Hinblick auf die Neuregelung des Widerspruchsverfahrens, insbesondere das Entfallen der Bekanntmachung der Anmeldung nach § 5 Abs. 2 WZG. Hinsichtlich der Teilung kennt das MarkenG in § 40 die Teilung von Anmeldungen (also vor der Veröffentlichung und somit vor der Einlegung eines Widerspruches), sowie in § 46 die Teilung von bereits eingetragenen Marken, gegen die allerdings ein Widerspruch anhängig sein kann, wofür § 46 Abs. 2 eine Sonderregelung trifft (vgl. § 46 Rdn. 9). Das Gesetz enthält aber keine Regelung für solche Fälle, in denen ein Widerspruch gegen eine bekanntgemachte Anmeldung, die noch nicht zu einem Markenrecht geführt hat, anhängig ist.

II. Teilungserklärung

2　Sprachlich ungenau scheint das Gesetz darauf abzustellen, daß (kumulativ) sowohl die Teilung erst nach Ablauf der Widerspruchsfrist erklärt werden kann, und außerdem nur zulässig sein kann, wenn ein im Zeitpunkt der Erklärung anhängiger Widerspruch sich nach der Teilung nur gegen einen Teil der ursprünglichen Anmeldung richten würde. Zutreffend ist dies so zu verstehen, daß in jedem Fall die Teilung erst nach Ablauf der Widerspruchsfrist zulässig ist. Ist ein Widerspruch eingegangen (aber nur in diesem Fall), kommt es darauf an, ob dieser Widerspruch sich gegen sämtliche Waren oder Dienstleistungen oder nur einen Teil richtet. Im ersteren Fall kann die Teilung nicht erklärt werden, bevor das Widerspruchsverfahren abgeschlossen ist, da es dem Widerspruchsführer nicht zuzumuten ist, mehrere Widerspruchsverfahren statt nur einem zu führen. Richtet sich der Widerspruch nur gegen einen Teil der Waren oder Dienstleistungen, ist die Teilung dann zulässig, wenn er sich auch nach der Teilung nur auf einen (der ggf. mehreren) Teile der Anmeldung bezieht.

III. Eintragung ohne nachgeschaltetes Widerspruchsverfahren

Diejenigen Teile, gegen die sich kein Widerspruch richtet, werden nach § 41 eingetragen. Da die Möglichkeit des Widerspruchs schon aufgrund der vorangegangenen Bekanntmachung der Anmeldung bestand, kann nun nicht erneut Widerspruch nach § 42 erhoben werden. Vielmehr bleibt es bei dem (vorgeschalteten) Widerspruchsverfahren nach altem Recht. 3

§ 160 Schutzdauer und Verlängerung

Die Vorschriften dieses Gesetzes über die Schutzdauer und die Verlängerung der Schutzdauer (§ 47) sind auch auf vor dem 1. Januar 1995 eingetragene Marken anzuwenden mit der Maßgabe, daß für die Berechnung der Frist, innerhalb derer die Gebühren für die Verlängerung der Schutzdauer einer eingetragenen Marke wirksam vor Fälligkeit gezahlt werden können, die Vorschriften des § 9 Abs. 2 des Warenzeichengesetzes weiterhin anzuwenden sind, wenn die Schutzdauer nach § 9 Abs. 2 des Warenzeichengesetzes vor dem 1. Januar 1995 abläuft.

I. Überblick

§ 160 trifft die Übergangsvorschrift für die Schutzdauer und die Verlängerung der Schutzdauer für § 47. Dieser unterscheidet sich von § 9 Abs. 1 WZG dadurch, daß er nicht genau auf den Anmeldetag, sondern nur auf den Ablauf des Monats, in der den Anmeldetag fällt, abstellt. 1

§ 161 Löschung einer eingetragenen Marke wegen Verfalls

II. Maßgeblichkeit des neuen Rechts

2 Nach § 160 sind auf die Schutzdauer und die Verlängerung die Vorschriften des § 47 anwendbar. Der Inhaber wird damit besser gestellt, da sich seine Schutzdauer bis zum Ende des Monats, in dem der Anmeldetag lag, verlängert. Lediglich im Hinblick auf die Möglichkeit der vorzeitigen Zahlung der Verlängerungsgebühr (§ 47 Abs. 3 Satz 2), nimmt § 160 insofern eine Modifikation vor, als er wiederum auf den Tag der Eintragung als Stichtag abstellt, also eine Einzahlung zu diesem Zeitpunkt nicht verfrüht ist, wie sie bei unmittelbarer Anwendung von § 47 Abs. 3 Satz 2 wäre. Dies gilt aber nicht für jede Verlängerung von Altmarken, sondern nur für solche Verlängerungen, bei denen die Frist des § 9 Abs. 2 WZG vor dem 1. Januar 1995 abläuft. Trotz der mißverständlichen Formulierung des Gesetzes ist damit nicht gemeint, daß die zehnjährige Schutzdauer selbst vor diesem Zeitpunkt abgelaufen sein muß (dann würde es sich um einen reinen Altfall handelt, auf den ohne weiteres die Regelung des WZG anwendbar wäre), sondern einen solchen Fall, bei dem die neun Jahre nach dem Anmeldetag beginnende Jahresfrist für die Zahlung der Verlängerungsgebühr vor dem 1. Januar 1995 begonnen hat, die Verlängerung also bis spätestens zum 31. Dezember 1995 tatsächlich beantragt werden mußte). Praktische Bedeutung hat das nur für solche Fälle, bei denen eine Zahlung der Verlängerungsgebühr mehr als ein Jahr vor Ende des Monats der Anmeldung, aber weniger als ein Jahr nach dem Anmeldetag, erfolgt ist. Für weitere Verlängerungen gilt diese Regel nicht. Die in § 47 Abs. 3 nicht mehr vorgesehene zuschlagsfreie Schonfrist von zwei Monaten (§ 9 Abs. 2 Satz 3 WZG) gilt nicht mehr.

§ 161 Löschung einer eingetragenen Marke wegen Verfalls

(1) Ist vor dem 1. Januar 1995 ein Antrag auf Löschung der Eintragung einer Marke nach § 11 Abs. 4 des Warenzeichengesetzes beim Patentamt gestellt worden und ist die Frist des § 11 Abs. 4 Satz 3 des Warenzeichengesetzes für den Widerspruch gegen die Löschung am 1. Januar 1995 noch nicht abgelaufen, so beträgt diese Frist zwei Monate.

(2) Ist vor dem 1. Januar 1995 eine Klage auf Löschung der Eintragung einer Marke nach § 11 Abs. 1 Nr. 3 oder 4 des Warenzeichengesetzes erhoben worden, so wird die Eintragung nur ge-

Löschung einer eingetragenen Marke wegen Verfalls **§ 161**

löscht, wenn der Klage sowohl nach den bis dahin geltenden Vorschriften als auch nach den Vorschriften dieses Gesetzes stattzugeben ist.

I. Überblick

§ 161 enthält die Übergangsregelungen für schon vor dem Inkrafttreten des MarkenG eingeleitete Löschungsverfahren wegen Nichtbenutzung oder Täuschungsgefahr. Nach dem Grundsatz des § 152 würde in diesen Verfahren an sich nur neues Recht Anwendung finden. Hiervon ordnet § 161 zugunsten der Inhaber von vor dem Inkrafttreten entstandenen Marken Abweichungen an, die jedoch nur von geringer Bedeutung sind. 1

II. Vor dem 1. Januar 1995 beim DPA gestellter Löschungsantrag

Einem beim DPA gestellten Löschungsantrag wegen Nichtbenutzung kann der Markeninhaber nach neuem Recht gem. § 53 Abs. 3 binnen zwei Monaten ab Zustellung widersprechen, während § 11 Abs. 4 S. 3 WZG hierfür nur eine Frist von einem Monat vorsah. § 161 Abs. 1 läßt die längere Frist des neuen Rechts auch für Löschungsanträge aus der Zeit vor dem 1. Januar 1995 gelten, bei denen die Frist nach § 11 Abs. 4 S. 3 WZG am 1. Januar 1995 noch nicht abgelaufen war. Dadurch konnte sich die Frist bis maximal Ende Februar 1996 verlängern. Die Vorschrift ist in ihrer praktischen Bedeutung durch Zeitablauf überholt. 2

III. Vor dem 1. Januar 1995 erhobene Löschungsklage

§ 161 Abs. 2 unterwirft vor dem 1. Januar 1995 erhobene, d. h. zugestellte (§ 253 Abs. 1 ZPO) Löschungsklagen wegen Nichtbenutzung (§ 11 Abs. 1 Nr. 4 WZG) oder Täuschungsgefahr aufgrund inhaltlicher Unrichtigkeit (§ 11 Abs. 1 Nr. 3 WZG) einer **Meistbegünstigungsregel** zugunsten des beklagten Markeninhabers im Interesse des Bestandsschutzes. Es muß sowohl nach altem als auch neuem Recht (§ 49 Abs. 1, Abs. 2 Nr. 2) ein Löschungsanspruch bestehen (Beispiel: BGH GRUR 1997, 747 – *Cirkulin*). Bei der Anwendung des neuen Rechts auf Löschungsklagen wegen Nichtbenutzung ist in diesem Falle zu beachten, daß die Neurege- 3

§ 161   Löschung einer eingetragenen Marke wegen Verfalls

lung der Heilung der Löschungsreife in § 49 Abs. 1 S. 2 ff. keine Rolle spielt, da die Klage im Zeitpunkt des Inkrafttretens dieser Vorschriften bereits erhoben war und daher auch nach neuem Recht die Heilung durch ab dem 1. Januar 1995 aufgenommene Benutzungshandlungen ausgeschlossen ist. Die Begünstigungswirkung für den Markeninhaber besteht somit vorrangig darin, daß er sich auf die partiellen Erleichterungen der rechtserhaltenden Benutzung nach § 26 auch schon hinsichtlich des notwendigerweise vor dem 1. Januar 1995 liegenden 5-Jahreszeitraums berufen kann.

4   Ist ein Löschungsgrund **nur nach neuem Recht** gegeben, kann die Meistbegünstigung dadurch umgangen werden, daß eine neue Klage erhoben oder ggf. eine entsprechende Klageerweiterung vorgenommen wird (vgl. zur verwandten Problematik bei § 25 Rdn. 14). Dieser Weg ist im Falle der Nichtbenutzung allerdings dann ausgeschlossen, wenn einer neuen Klage eine zwischenzeitlich eingetretene Heilung gemäß § 49 Abs. 1 S. 2 ff. entgegengehalten werden kann. Besteht ein Löschungsgrund **nur nach altem Recht**, muß der Kläger die Hauptsache für erledigt erklären, um Kostennachteile zu vermeiden. Das Scheitern des Löschungsbegehrens aus diesem Grunde hält die Amtl. Begr. 7. Abs. zu § 161 für billig, weil sich der Löschungskläger jedenfalls seit Erlaß der MRRL rechtzeitig auf die neue Rechtslage einstellen hätte können.

5   Für **nach dem 1. Januar 1995 erhobene Löschungsklagen** wegen Nichtbenutzung oder Täuschungseignung gegen vor dem 1. Januar 1995 eingetragene Marken gilt grdsl nur das neue Recht. § 161 ist nur insoweit von Bedeutung, als die Meistbegünstigungsregel der Festsetzung eines vor dem 1. Januar 1995 liegenden Zeitpunkts der Löschungsreife nach § 52 Abs. 1 S. 2 entgegensteht, wenn der Löschungsgrund in Bezug auf diesen Zeitpunkt nicht auch nach altem Recht bestand (Amtl. Begr. Abs. 10 zu § 161).

6   Für die im WZG nicht ausdrücklich geregelten, aber als Löschungsgründe anerkannten **weiteren Verfallsgründe** des § 49 Abs. 2 Nr. 1 (Entwicklung zur Gattungsbezeichnung) und § 49 Abs. 2 Nr. 3 (Wegfall der Inhabervoraussetzungen) gilt § 161 nicht. Auf vor dem 1. Januar 1995 erhobene Löschungsklagen dieser Art ist nur neues Recht anwendbar (Amtl. Begr. 8. Abs. zu § 161). Zu dem bereits durch das ErstrG aufgehobenen Löschungsgrund des Wegfalls des Geschäftsbetriebs (§ 11 Abs. 1 Nr. 2 WZG) s. § 7 Rdn. 11.

§ 162 Löschung einer eingetragenen Marke wegen absoluter Schutzhindernisse

(1) Ist der Inhaber einer Marke vor dem 1. Januar 1995 benachrichtigt worden, daß die Eintragung der Marke nach § 10 Abs. 2 Nr. 2 des Warenzeichengesetzes gelöscht werden soll, und ist die Frist des § 10 Abs. 3 Satz 2 des Warenzeichengesetzes für den Widerspruch gegen die Löschung am 1. Januar 1995 noch nicht abgelaufen, so beträgt diese Frist zwei Monate.

(2) Ist vor dem 1. Januar 1995 ein Verfahren von Amts wegen zur Lösung der Eintragung einer Marke wegen des Bestehens absoluter Schutzhindernisse nach § 10 Abs. 2 Nr. 2 des Warenzeichengesetzes eingeleitet worden oder ist vor diesem Zeitpunkt ein Antrag auf Löschung nach dieser Vorschrift gestellt worden, so wird die Eintragung nur gelöscht, wenn die Marke sowohl nach den bis dahin geltenden Vorschriften als auch nach den Vorschriften dieses Gesetzes nicht schutzfähig ist. Dies gilt auch dann, wenn nach dem 1. Januar 1995 ein Verfahren nach § 54 zur Löschung der Eintragung einer Marke eingeleitet wird, die vor dem 1. Januar 1995 eingetragen worden ist.

I. Allgemeines

§ 162 betrifft die Übergangsvorschrift für am 1. Januar 1995 anhängige Amtslöschungsverfahren wegen absoluter Schutzhindernisse nach § 10 Abs. 2 Nr. 2 WZG. Nach dieser Vorschrift konnte zwar auch schon nach der Rechtslage im WZG nur gelöscht werden, wenn auch zum Zeitpunkt der Entscheidung über den Löschungsantrag die Schutzhindernisse noch vorlagen (BGH GRUR 1975, 368, 369 – *Elzym*; das verkennt *Fezer* § 162 Rdn 3). Die Rechtslage entsprach damit der heutigen Regelung in § 50 Abs. 2. Eine ausdrückliche Übergangsregelung in § 162 Abs. 2 war aber erforderlich, um eine Meistbegünstigung auch für den Fall zu erreichen, daß die Marke nur nach dem WZG hätte eingetragen werden können, nicht aber nach dem MarkenG. Das dürfte in der Praxis aber kaum je in Betracht kommen.

II. Widerspruchsfrist

Nach § 162 Abs. 1 beträgt die Widerspruchsfrist gegen die Löschung dann zwei Monate, wenn sie am 1. Januar 1995 noch nicht abgelaufen war. Damit wird die Monatsfrist des § 10 Abs. 3 Satz 1 WZG durch die Zwei-Monats-Frist des § 54 Abs. 3 ersetzt. Die

§ 163 Löschung wegen älterer Rechte

Frist läuft allerdings nicht zwei Monate beginnend vom 1. Januar 1995 an, sondern zwei Monate vom Zugang der Mitteilung des DPA (§ 10 Abs. 2 Nr. 2). Da die Frist gem. § 10 Abs. 3 WZG zu diesem Zeitpunkt noch nicht abgelaufen sein darf, kann sie sich also maximal bis zum 28. Februar 1995 verlängert haben.

III. Meistbegünstigung

3   Ist ein Löschungsverfahren nach § 10 Abs. 2 Nr. 2 vor dem 1. Januar 1995 eingeleitet worden (entweder von Amts wegen oder durch Antrag eines Dritten), aber noch nicht rechtskräftig abgeschlossen, so kann die Löschung der Marke nur dann angeordnet werden, wenn sie sowohl nach dem WZG wie nach dem MarkenG zu löschen wäre. § 162 Abs. 2 Satz 3 erstreckt diese Meistbegünstigung ausdrücklich auch auf Löschungsverfahren, die erst nach dem 1. Januar 1995 eingeleitet wurden, aber Altzeichen betreffen, die schon vor diesem Stichtag eingetragen waren. Da dieses Löschungsverfahren ohne weiteres (§ 152) nach dem geltenden Recht (§ 54) zu führen ist, hätte es dieser Vorschrift eigentlich nicht bedurft, da sich schon aus §§ 50 Abs. 1 und 2 ergibt, daß das Schutzhindernis sowohl zum Zeitpunkt der Eintragung als auch zum Zeitpunkt der Entscheidung über den Löschungsantrag bestehen mußte.

§ 163 Löschung einer eingetragenen Marke wegen des Bestehens älterer Rechte

(1) **Ist vor dem 1. Januar 1995 eine Klage auf Löschung der Eintragung einer Marke aufgrund einer früher angemeldeten Marke nach § 11 Abs. 1 Nr. 1 des Warenzeichengesetzes oder aufgrund eines sonstigen älteren Rechts erhoben worden, so wird, soweit in Absatz 2 nichts anderes bestimmt ist, die Eintragung nur gelöscht, wenn der Klage sowohl nach den bis dahin geltenden Vorschriften als auch nach den Vorschriften dieses Gesetzes stattzugeben ist. Dies gilt auch dann, wenn nach dem 1. Januar 1995 eine Klage nach § 55 auf Löschung der Eintragung einer Marke erhoben wird, die vor dem 1. Januar 1995 eingetragen worden ist.**

(2) **In den Fällen des Absatzes 1 Satz 1 ist § 51 Abs. 2 Satz 1 und 2 nicht anzuwenden. In den Fällen des Absatzes 1 Satz 2 ist § 51 Abs. 2 Satz 1 und 2 mit der Maßgabe anzuwenden, daß die Frist von fünf Jahren mit dem 1. Januar 1995 zu laufen beginnt.**

Löschung wegen älterer Rechte § 163

I. Überblick

§ 163 enthält die besonderen Übergangsbestimmungen für 1
Löschungsklagen aufgrund älterer Rechte (§§ 51, 55) gegen vor
dem 1. Januar 1995 eingetragene Marken. Die Bestimmung relativiert die Grundregel des § 152 im Sinne einer „**Meistbegünstigung**" des Inhabers der prioritätsjüngeren Alteintragung im Interesse des Bestandsschutzes (Amtl. Begr. zu § 163), vergleichbar insbesondere mit § 153. Die Gliederung der Vorschrift differenziert danach, ob die Löschungsklage vor oder nach dem 1. Januar 1995 erhoben, d. h. dem Beklagten zugestellt (§ 253 Abs. 1 ZPO) worden ist, wobei sich ein Unterschied zwischen den beiden Fällen nur aus § 163 Abs. 2 ergibt.

II. Vor dem 1. Januar 1995 erhobene Löschungsklage (Abs. 1 S. 1, Abs. 2 S. 1)

Einer noch vor Inkrafttreten des MarkenG erhobenen Löschungs- 2
klage aufgrund älterer Rechte darf nur stattgegeben werden, wenn
sie sowohl nach der bis zum 1. Januar 1995 geltenden Rechtslage
als auch nach den Vorschriften des MarkenG begründet ist. Die
Übergangsvorschrift beansprucht unabhängig davon Geltung, in
welcher Instanz die Löschungsklage am 1. Januar 1995 anhängig
war. Durchbrochen ist die Meistbegünstigungsregel nur hinsichtlich
des neu eingeführten Verwirkungseinwands wegen fünfjähriger
Duldung (§ 51 Abs. 2 S. 1 und 2), dessen Anwendung in diesen
Altverfahren durch § 163 Abs. 2 S. 1 ausgeschlossen ist. Dadurch
soll eine unbillige Benachteiligung des Löschungsklägers vermieden
werden, der mit diesem Einwand bei Klageerhebung nicht rechnen
mußte, sondern nur mir den auch im neuen Recht fortgeltenden
ungeschriebenen Verwirkungsregeln (§ 21 Abs. 4).

III. Nach dem 1. Januar 1995 erhobene Löschungsklage (Abs. 1 S. 2, Abs. 2 S. 2)

§ 163 Abs. 1 S. 2 erstreckt die Meistbegünstigungsregel unab- 3
hängig vom Zeitpunkt der Geltendmachung dauerhaft auf Löschungsansprüche, die wegen älterer Rechte gegen eine prioritätsjüngere, aber **am 1. Januar 1995 bereits eingetragene** Marke

§ 163

geltend gemacht werden. Den Verwirkungseinwand wegen fünfjähriger Duldung nach § 51 Abs. 2 S. 1 und 2 kann der Inhaber einer solchen Alteintragung frühestens ab dem **1. Januar 2000** geltend machen (§ 163 Abs. 2 S. 2; ähnlich § 153 Abs. 2 zum gesetzlichen Verwirkungseinwand gegenüber Verletzungsansprüche gem. § 21).

IV. Löschungsklage gegen am 1. Januar 1995 noch nicht eingetragene Altmarken

4   § 163 Abs. 1 S. 2 gilt dem Wortlaut nach nicht für die Geltendmachung von Löschungsansprüchen aus Altrechten gegen zwar schon vor dem 1. Januar 1995 angemeldete, jedoch erst nach dem 1. Januar 1995 eingetragene Marken. Wie bei § 153 Rdn. 17 näher dargestellt, sind **auch erst nach dem 1. Januar 1995 zur Eintragung gelangende Marken**, die entweder einen Zeitrang vor dem 1. Januar 1995 oder des Tages des Inkrafttretens am 1. Januar 1995 haben (zB aufgrund Prioritätsverschiebung gem. § 156), gegenüber Schutzumfangserweiterungen des neuen Rechts als koexistenzberechtigte Zwischenrechte anzuerkennen. § 163 ist in diesen Fällen entsprechend anzuwenden.

V. Bedeutung

5   Die Hauptbedeutung des § 163 liegt darin, daß der Inhaber der an sich prioritätsjüngeren Alteintragung vor den durch das MarkenG gem. § 152 grdsl. auch zugunsten des Inhabers der prioritätsälteren Alteintragung wirkenden Schutzerweiterungen des MarkenG geschützt wird. § 163 ist insoweit nur eine weitere Ausprägung des allgemein anerkannten Grundsatzes, daß nachträglich eintretende Rechtszuwächse nicht auch gegenüber solchen Rechten geltend gemacht werden können, die auch ihrerseits bereits vor dem Rechtszuwachs entstanden sind (vgl. § 153 Rdn. 16 ff.). Als weiteren Anwendungsbereich nennt die Amtl. Begr. zu § 163 Fälle, in denen die ältere Eintragung nach den partiell strengeren Vorschriften des WZG über den Benutzungszwang löschungsreif und die Klage damit gem. § 11 Abs. 6 WZG erfolglos gewesen wäre, während diese Einrede im Rahmen des § 51 Abs. 4 Nr. 1 aufgrund der Neuregelung in § 26 nicht mehr erfolgreich sein würde. Auch insoweit sichert § 163 den Bestand der erst durch das MarkenG an-

greifbar gewordenen „Zwischenrechte" durch Fortwirkung ihrer während der Geltung des WZG erlangten Unangreifbarkeit.

§ 164 Erinnerung und Durchgriffsbeschwerde

Die Vorschriften dieses Gesetzes gelten auch für Erinnerungen, die vor dem 1. Januar 1995 eingelegt worden sind, mit der Maßgabe, daß die in § 66 Abs. 3 Satz 1 und 2 vorgesehenen Fristen von sechs Monaten und zehn Monaten am 1. Januar 1995 zu laufen beginnen.

§ 164 ermöglicht die Durchgriffsbeschwerde nach § 66 Abs. 3 auch in Erinnerungsverfahren, die am 1. Januar 1995 bereits anhängig waren, läßt die vor dem Antrag auf Entscheidung abzuwartende 6- bzw. 10-Monats-Frist aber erst ab 1. Januar 1995 zu laufen beginnen, um das BPatG vor einer Flut von Durchgriffsbeschwerden zu bewahren (Amtl. Begr. zu § 164).

§ 165 Übergangsvorschrift aus Anlaß der Insolvenzrechtsreform

Bis zum 1. Januar 1999 ist § 125 h mit der Maßgabe anzuwenden, daß an die Stelle des Insolvenzverfahrens das Konkursverfahren, an die Stelle des Insolvenzgerichts das Konkursgericht, an die Stelle der Insolvenzmasse die Konkursmasse und an die Stelle des Insolvenzverwalters der Konkursverwalter tritt.

§ 165 ergänzt § 125 h im Hinblick auf das geplante Inkrafttreten 1 der Insolvenzordnung am 1. Januar 1999 durch Ermächtigung des Konkursgerichtes bzw. des Konkursverwalters.

Anhang

A. Deutsche Rechtsvorschriften

1. Verordnung zur Ausführung des Markengesetzes (Markenverordnung – MarkenV)

Vom 30. November 1994

(BGBl. I S. 3555, geändert durch VO v. 3. 12. 1996, BGBl. I S. 1826)

Auf Grund des § 65 Abs. 1 Nr. 2 bis 10 und des § 138 Abs. 1 des Markengesetzes vom 25. Oktober 1994 (BGBl. I S. 3082) in Verbindung mit § 20 Abs. 2 der Verordnung über das Deutsche Patentamt vom 5. September 1968 (BGBl. I S. 997), der zuletzt durch Artikel 1 Nr. 5 der Verordnung vom 15 November 1994 (BGBl. I S. 3462) geändert worden ist, verordnet der Präsident des Deutschen Patentamts:

Inhaltsübersicht

§§

Teil 1. Anwendungsbereich

Verfahren in Markenangelegenheiten	1

Teil 2. Anmeldungen

Form der Anmeldung	2
Inhalt der Anmeldung	3
Anmeldung von Kollektivmarken	4
Angaben zum Anmelder und zu seinem Vertreter	5
Angaben zur Markenform	6
Wortmarken	7
Bildmarken	8
Dreidimensionale Marken	9
Kennfadenmarken	10
Hörmarken	11
Sonstige Markenformen	12
Muster und Modelle	13
Verzeichnis der Waren und Dienstleistungen	14

Teil 3. Klasseneinteilung von Waren und Dienstleistungen

Klasseneinteilung	15
Änderung der Klasseneinteilung	16

Anhang 1. Markenverordnung

§§

Teil 4. Register; Urkunde; Veröffentlichung

Ort und Form des Registers	17
Inhalt des Registers	18
Urkunde; Bescheinigungen	19
Ort und Form der Veröffentlichung	20
Inhalt der Veröffentlichung	21

Teil 5. Einzelne Verfahren

Abschnitt 1. Verfahren bis zur Eintragung

Aktenzeichen; Empfangsbescheinigung	22
Klassifizierung	23
Berufung eine im Ursprungsland eingetragene Marke	24
Verschiebung des Zeitrangs bei Verkehrsdurchsetzung	25

Abschnitt 2. Widerspruchsverfahren

Form des Widerspruchs	26
Inhalt des Widerspruchs	27
Gemeinsame Entscheidung über mehrere Widersprüche	28
Aussetzung	29
Veröffentlichung der Marke nach Abschluß des Widerspruchsverfahrens	30

Abschnitt 3. Rechtsübergang und sonstige Rechte

Eintragung eines Rechtsübergangs	31
Teilübergang	32
Eintragung von dinglichen Rechten	33
Maßnahmen der Zwangsvollstreckung; Konkursverfahren	34
Entsprechende Anwendung auf Anmeldungen	35

Abschnitt 4. Teilung von Anmeldungen und von Eintragungen

Teilung von Anmeldungen	36
Teilung von Eintragungen	37

Abschnitt 5. Verlängerung

Verlängerung durch Gebührenzahlung	38
Antrag auf Verlängerung	39
Berechnung der Fristen	40

Abschnitt 6. Verzicht

Verzicht	41
Zustimmung Dritter	42

Abschnitt 7. Löschung

Löschung wegen Verfalls	43
Löschung wegen absoluter Schutzhindernisse	44

Abschnitt 8. Berichtigungen; Änderungen

Berichtigungen	45
Änderungen von Namen oder Anschriften	46

Anhang 1. Markenverordnung **MarkenV**

§§

Abschnitt 9. Akteneinsicht
Zuständigkeit 47
Durchführung der Akteneinsicht 48

Abschnitt 10. Internationale Registrierungen
Antrag auf internationale Registrierung nach dem Madrider Markenabkommen..................... 49
Antrag auf internationale Registrierung nach dem Protokoll zum Madrider Markenabkommen 50
Antrag auf internationale Registrierung nach dem Madrider Markenabkommen und nach dem Protokoll zum Madrider Markenabkommen 51
Schutzverweigerung........................ 52
Unterrichtung über international registrierte Marken... 53

Teil 6. Verfahren nach der Verordnung (EWG) Nr. 2081/92 des Rates vom 14. Juli 1992 zum Schutz von geographischen Angaben und Ursprungsbezeichnungen für Agrarerzeugnisse und Lebensmittel

Eintragungsantrag 54
Prüfung des Antrags 55
Veröffentlichung des Antrags.................. 56
Akteneinsicht............................ 57
Stellungnahmen; erneute Prüfung............... 58
Entscheidung über den Antrag................. 59
Einspruch 60
Einspruchsverfahren 61
Änderungen der Spezifikation 62

Teil 7. Allgemeine Verfahrensvorschriften

Abschnitt 1. Formblätter
Formblätter 63

Abschnitt 2. Form der Anträge und Eingaben
Originale............................... 64
Übermittlung durch Telekopierer 65
Übermittlung durch Telegramm oder Telex 66
Fremdsprachige Formblätter................... 67
Fremdsprachige Anmeldungen 68
Schriftstücke in fremden Sprachen 69
Sonstige Erfordernisse für Anträge und Eingaben 70

Abschnitt 3. Beschlüsse, Bescheide und Mitteilungen des Patentamts
Form der Ausfertigungen 71
Zustellung und formlose Übersendung 72
Mehrere Beteiligte; mehrere Vertreter............ 73

1483

	§§
Abschnitt 4. Fristen; Entscheidungen nach Lage der Akten	
Fristen	74
Entscheidung nach Lage der Akten	75
Abschnitt 5. Vertretung; Vollmacht	
Vertretung	76
Vollmacht	77

Teil 8. Schlußvorschriften

Aufhebung von Rechtsvorschriften	78
Inkrafttreten	79

Teil 1. Anwendungsbereich

§ 1. Verfahren in Markenangelegenheiten. Für die im Markengesetz geregelten Verfahren vor dem Patentamt (Markenangelegenheiten) gelten ergänzend zu den Bestimmungen des Markengesetzes und der Verordnung über das Deutsche Patentamt die Bestimmungen dieser Verordnung.

Teil 2. Anmeldungen

§ 2. Form der Anmeldung. (1) Die Anmeldung zur Eintragung einer Marke soll unter Verwendung des vom Patentamt herausgegebenen Formblatts eingereicht werden.

(2) Marken können für Waren und für Dienstleistungen angemeldet werden.

(3) Für jede Marke ist eine gesonderte Anmeldung erforderlich.

§ 3. Inhalt der Anmeldung. (1) Die Anmeldung muß enthalten:
1. Angaben zum Anmelder und gegebenenfalls zu seinem Vertreter gemäß § 5,
2. eine Angabe zur Form der Marke gemäß § 6 sowie eine Wiedergabe der Marke gemäß den §§ 7 bis 12,
3. das Verzeichnis der Waren und Dienstleistungen, für die die Marke eingetragen werden soll, gemäß § 14.

Die Vorschriften über die Zuerkennung des Anmeldetags nach § 33 Abs. 1 und § 32 Abs. 2 des Markengesetzes bleiben unberührt.

(2) Wird in der Anmeldung
1. die Priorität einer früheren ausländischen Anmeldung in Anspruch genommen, so ist eine entsprechende Erklärung anzugeben sowie der Tag und der Staat dieser Anmeldung anzugeben,
2. eine Ausstellungspriorität in Anspruch genommen, so ist eine entsprechende Erklärung abzugeben sowie der Tag der erstmaligen Zurschaustellung und die Ausstellung anzugeben.

Anhang 1. Markenverordnung **MarkenV**

Die Möglichkeit, die Prioritätserklärung innerhalb von zwei Monaten abzugeben (§ 34 Abs. 3, § 35 Abs. 4 des Markengesetzes), bleibt unberührt.

§ 4. Anmeldung von Kollektivmarken. Falls die Eintragung als Kollektivmarke beantragt wird, muß eine entsprechende Erklärung abgegeben werden.

§ 5. Angaben zum Anmelder und zu seinem Vertreter. (1) Die Anmeldung muß zum Anmelder folgende Angaben enthalten:
1. ist der Anmelder eine natürliche Person, seinen Vornamen und Familiennamen oder, falls die Eintragung unter der Firma des Anmelders erfolgen soll, die Firma, wie sie im Handelsregister eingetragen ist,
2. ist der Anmelder ein juristische Person oder eine Personengesellschaft, den Namen dieser Person oder dieser Gesellschaft; die Bezeichnung der Rechtsform kann auf übliche Weise abgekürzt werden,
3. die Anschrift des Anmelders (Straße, Hausnummer, Postleitzahl, Ort).

(2) In der Anmeldung sollen eine von der Anschrift des Anmelders abweichende Postanschrift, wie eine Postfachanschrift, sowie Telefonnummern, vorhandene Anschlüsse zur elektronischen Datenübermittlung, wie zum Beispiel Telekopierer oder Telex, angegeben werden.

(3) Wird die Anmeldung von mehreren Personen eingereicht, so gelten die Absätze 1 und 2 für alle Personen. Satz 1 gilt auch für Gesellschaften bürgerlichen Rechts.

(4) Hat der Anmelder seinen Wohnsitz oder Sitz im Ausland, so sind die Absätze 1 bis 3 entsprechend anzuwenden. Bei der Angabe der Anschrift nach Absatz 1 Nr. 3 ist außer dem Ort auch der Staat anzugeben. Außerdem können gegebenenfalls Angaben zum Bezirk, zur Provinz oder zum Bundesstaat gemacht werden, in dem der Anmelder seinen Wohnsitz oder Sitz hat oder dessen Rechtsordnung er unterliegt.

(5) Hat das Patentamt dem Anmelder eine Anmeldernummer zugeteilt, so soll diese in der Anmeldung genannt werden.

(6) Falls ein Vertreter bestellt ist, so gelten die Absätze 1 und 2 hinsichtlich der Angabe des Namens und der Anschrift des Vertreters entsprechend. Hat das Patentamt dem Vertreter eine Vertreternummer oder die Nummer einer Allgemeinen Vollmacht zugeteilt, so soll diese angegeben werden.

§ 6. Angaben zur Markenform. In der Anmeldung ist anzugeben, ob die Marke als
1. Wortmarke (§ 7),
2. Bildmarke (§ 8),
3. dreidimensionale Marke (§ 9),
4. Kennfadenmarke (§ 10),
5. Hörmarke (§ 11) oder
6. sonstige Markenform (§ 12)
in das Register eingetragen werden soll.

§ 7. Wortmarken. Wenn der Anmelder angibt, daß die Marke in der vom Patentamt verwendeten üblichen Druckschrift eingetragen werden soll, so ist die Marke in der Anmeldung in üblichen Schriftzeichen (Buchstaben, Zahlen oder sonstige Zeichen) wiederzugeben.

§ 8. Bildmarken. (1) Wenn der Anmelder angibt, daß die Marke in der von ihm gewählten graphischen Wiedergabe einer Wortmarke im Sinne des § 7, als zweidimensionale Wort-Bild-Marke, Bildmarke oder in Farbe eingetragen werden soll, so sind der Anmeldung vier übereinstimmende zweidimensionale graphische Wiedergaben der Marke beizufügen. Wenn die Marke in Farbe eingetragen werden soll, so sind die Farben zusätzlich in der Anmeldung zu bezeichnen.

(2) Die Wiedergabe der Marke muß auf Papier dauerhaft dargestellt und in Farbtönen und Ausführung so beschaffen sein, daß sie die Bestandteile der Marke in allen Einzelheiten auch bei schwarz-weißer Wiedergabe in einem Format mit höchstens 9 cm Breite deutlich erkennen läßt. Überklebungen, Durchstreichungen und mit nicht dauerhafter Farbe hergestellte Überdeckungen sind unzulässig.

(3) Die Blattgröße der Wiedergabe darf das Format DIN A4 (29,7 cm Höhe, 21 cm Breite) nicht überschreiten. Die für die Darstellung benutzte Fläche (Satzspiegel) darf nicht größer als 26,2 cm × 17 cm sein. Das Blatt ist nur einseitig zu bedrucken. Vom linken Seitenrand ist ein Randabstand vom mindestens 5 cm einzuhalten.

(4) Die richtige Stellung der Marke ist durch den Vermerk „oben" auf jeder Wiedergabe zu kennzeichnen, soweit sich dies nicht von selbst ergibt.

(5) Die Anmeldung kann eine Beschreibung der Marke enthalten.

§ 9. Dreidimensionale Marken. (1) Wenn der Anmelder angibt, daß die Marke als dreidimensionale Marke eingetragen werden soll, so sind der Anmeldung vier übereinstimmende zweidimensionale graphische Wiedergaben der Marke beizufügen. Es können Darstellungen von bis zu sechs verschiedenen Ansichten eingereicht werden. Wenn die Marke in Farbe eingetragen werden soll, so sind die Farben in der Anmeldung zu bezeichnen.

(2) Für die Wiedergabe sind Lichtbilder als Positivabzüge oder graphische Strichzeichnungen zu verwenden, die die darzustellende Marke dauerhaft wiedergeben und als Vorlage für den Foto-Offsetdruck, die Mikroverfilmung einschließlich der Herstellung konturenscharfer Rückvergrößerungen und die elektronische Bildspeicherung geeignet sind.

(3) Wird die Marke durch eine graphische Strichzeichnung wiedergegeben, so muß die Darstellung in gleichmäßig schwarzen, nicht verwischbaren und scharf begrenzten Linien ausgeführt sein. Die Darstellung kann Schraffuren und Schattierungen zur Wiedergabe plastischer Einzelheiten enthalten.

(4) Für die Form der Wiedergabe gilt § 8 Abs. 2 bis 4 entsprechend.

(5) Die Anmeldung kann eine Beschreibung der Marke enthalten.

Anhang 1. Markenverordnung **MarkenV**

§ 10. Kennfadenmarken. (1) Wenn der Anmelder angibt, daß die Marke als Kennfadenmarke eingetragen werden soll, ist § 9 Abs. 1 bis 4 entsprechend anzuwenden.

(2) Die Anmeldung kann eine Beschreibung der Marke mit Angaben zur Art des Kennfadens enthalten.

§ 11. Hörmarken. (1) Wenn der Anmelder angibt, daß die Marke als Hörmarke eingetragen werden soll, so sind der Anmeldung vier übereinstimmende zweidimensionale graphische Wiedergaben der Marke beizufügen.

(2) Hörmarken sind in einer üblichen Notenschrift oder, falls dies wegen der Art der Marke nicht möglich ist, durch ein Sonagramm darzustellen. Für die Form der Wiedergabe gilt § 8 Abs. 2 bis 4 entsprechend.

(3) Der Anmelder muß eine klangliche Wiedergabe der Marke einreichen.

(4) Die Anmeldung kann eine Beschreibung der Marke enthalten.

(5) Der Präsident des Patentamts bestimmt die Form der Darstellung durch Sonagramm und die für die klangliche Wiedergabe zu verwendenden Datenträger sowie die Einzelheiten der klanglichen Wiedergabe wie Formatierung, Abtastfrequenz, Auflösung und Spieldauer.

§ 12. Sonstige Markenformen. (1) Wenn der Anmelder angibt, daß die Marke als sonstige Markenform eingetragen werden soll, so sind der Anmeldung vier übereinstimmende zweidimensionale graphische Wiedergaben der Marke beizufügen. Wenn die Marke in Farbe eingetragen werden soll, so sind die Farben in der Anmeldung zu bezeichnen.

(2) Für die Form der Wiedergabe gelten § 8 Abs. 2 bis 4, § 9 Abs. 1 bis 3 sowie § 11 Abs. 2 Satz 1, Abs. 3 und 5 entsprechend.
(3) Die Anmeldung kann eine Beschreibung der Marke enthalten.

§ 13. Muster und Modelle. Der Anmeldung dürfen keine Muster oder Modelle der mit der Marke versehenen Gegenstände oder in den Fällen der §§ 9, 10 und 12 der Marke selbst beigefügt werden. § 11 Abs. 3 bleibt unberührt.

§ 14. Verzeichnis der Waren und Dienstleistungen. (1) Die Waren und Dienstleistungen sind so zu bezeichnen, daß die Klassifizierung jeder einzelnen Ware oder Dienstleistung in eine Klasse der Klasseneinteilung (§ 15) möglich ist.

(2) Soweit möglich sollen die Bezeichnungen der Klasseneinteilung, falls diese nicht erläuterungsbedürftig sind, und die Begriffe der in § 15 Abs. 2 bezeichneten Alphabetischen Liste verwendet werden. Im übrigen sollen möglichst verkehrsübliche Begriffe verwendet werden.

(3) Die Waren und Dienstleistungen sollen in der Reihenfolge der Klasseneinteilung geordnet werden.

Teil 3. Klasseneinteilung von Waren und Dienstleistungen

§ 15. Klasseneinteilung. (1) Die Klassifizierung der Waren und Dienstleistungen richtet sich nach der in der Anlage zu dieser Verordnung enthaltenen Klasseneinteilung von Waren und Dienstleistungen.

(2) Ergänzend kann die „Alphabetische Liste der Waren und Dienstleistungen nach dem Nizzaer Abkommen über die internationale Klassifikation von Waren und Dienstleistungen für die Eintragung von Marken" zur Klassifizierung verwendet werden.

§ 16. Änderung der Klasseneinteilung. (1) Ändert sich die Klasseneinteilung zwischen dem Zeitpunkt der Eintragung einer Marke und dem Wirksamwerden der Verlängerung der Schutzdauer, so wird die Klassifizierung der Waren und Dienstleistungen bei der Verlängerung der Schutzdauer von Amts wegen geändert. Die Klassifizierung kann in diesem Fall auch auf Antrag des Inhabers jederzeit angepaßt werden.

(2) Soweit sich die Änderung der Klassifizierung auf die Höhe der für die Verlängerung der Schutzdauer zu zahlenden Gebühren auswirkt, sind die zusätzlichen Klassengebühren innerhalb der Fristen des § 47 Abs. 3 des Markengesetzes zu zahlen, ohne daß bei einer Zahlung erst nach Fälligkeit der in § 47 Abs. 3 Satz 4 des Markengesetzes genannte Zuschlag gezahlt werden muß.

Teil 4. Register; Urkunde; Veröffentlichung

§ 17. Ort und Form des Registers. (1) Das Register wird beim Patentamt geführt.

(2) Das Register kann in Form einer elektronischen Datenbank betrieben werden.

§ 18. Inhalt des Registers. In das Register werden eingetragen:
1. die Registernummer der Marke,
2. das Aktenzeichen der Anmeldung, sofern es nicht mit der Registernummer übereinstimmt,
3. die Wiedergabe der Marke,
4. die Angabe der Markenform, wenn es sich um eine dreidimensionale Marke, eine Kennfadenmarke, eine Hörmarke oder um eine sonstige Markenform handelt,
5. bei farbig eingetragenen Marken die entsprechende Angabe und die Bezeichnung der Farben,
6. ein Hinweis auf eine bei den Akten befindliche Beschreibung der Marke,
7. bei Marken, die wegen nachgewiesener Verkehrsdurchsetzung (§ 8 Abs. 3 des Markengesetzes) eingetragen sind, die entsprechende Angabe,

Anhang 1. Markenverordnung **MarkenV**

8. bei Marken, die aufgrund einer im Ursprungsland eingetragenen Marke gemäß Artikel 6 quinquies der Pariser Verbandsübereinkunft eingetragen sind, eine entsprechende Angabe,
9. gegebenenfalls die Angabe, daß es sich um eine Kollektivmarke handelt,
10. der Hinweis auf die mit einer Kollektivmarke eingereichten Markensatzung unter Angabe ihres Datums,
11. Hinweise über Nachträge und Änderungen der Markensatzung einer Kollektivmarke unter Angabe ihres Datums,
12. der Anmeldetag der Marke,
13. gegebenenfalls der Tag, der für die Bestimmung des Zeitrangs einer Marke nach § 37 Abs. 2 des Markengesetzes maßgeblich ist,
14. der Tag, der Staat und das Aktenzeichen einer vom Markeninhaber beanspruchten ausländischen Priorität (§ 34 des Markengesetzes),
15. Angaben zu einer vom Markeninhaber beanspruchten Ausstellungspriorität (§ 35 des Markengesetzes),
16. der Name des Inhabers der Marke,
17. die Anschrift des Inhabers der Marke sowie gegebenenfalls eine abweichende Zustellungsanschrift,
18. wenn ein Vertreter bestellt ist, der Name und die Anschrift des Vertreters,
19. das Verzeichnis der Waren und Dienstleistungen unter Angabe der Leitklasse und der weiteren Klassen.
20. der Tag der Eintragung in das Register,
21. der Tag der Veröffentlichung der Eintragung,
22. wenn nach Ablauf der Widerspruchsfrist kein Widerspruch gegen die Eintragung der Marke erhoben worden ist, eine entsprechende Angabe,
23. wenn Widerspruch erhoben worden ist,
    a) der Tag der Erhebung des Widerspruchs,
    b) der Name, die Anschrift und gegebenenfalls der Vertreter des Widersprechenden gemäß den Nummern 16, 17 und 18, jeweils nach dem Stand zum Zeitpunkt der Erhebung des Widerspruchs,
    c) Angaben zur Widerspruchsmarke,
    d) der Tag des Abschlusses des Widerspruchsverfahrens,
    e) bei vollständiger Löschung der Marke eine entsprechende Angabe,
    f) bei teilweiser Löschung der Marke das Verzeichnis der Waren und Dienstleistungen in der Fassung, wie es sich am Tag des Abschlusses des Widerspruchsverfahrens ergibt,
24. die Verlängerung der Schutzdauer,
25. wenn ein Dritter Antrag auf Löschung einer eingetragenen Marke gestellt hat,
    a) der Tag des Eingangs des Löschungsantrags,
    b) der Name, die Anschrift und gegebenenfalls der Vertreter des Antragstellers gemäß den Nummern 16, 17 und 18, jeweils nach dem Stand zum Zeitpunkt der Stellung des Löschungsantrags,
    c) Angaben zum Löschungsgrund,
    d) der Tag des Abschlusses des Löschungsverfahrens,
    e) bei vollständiger Löschung der Marke eine entsprechende Angabe,

f) bei teilweiser Löschung der Marke das Verzeichnis der Waren und Dienstleistungen in der Fassung, wie es sich am Tag des Abschlusses des Löschungsverfahrens ergibt,
26. wenn ein Löschungsverfahren von Amts wegen eingeleitet wird,
   a) der Tag der Einleitung des Löschungsverfahrens,
   b) Angaben zum Löschungsgrund,
   c) der Tag des Abschlusses des Löschungsverfahrens,
   d) bei vollständiger Löschung der Marke eine entsprechende Angabe,
   e) bei teilweiser Löschung der Marke das Verzeichnis der Waren und Dienstleistungen in der Fassung, wie es sich am Tag des Abschlusses des Löschungsverfahrens ergibt,
27. bei vollständiger oder teilweiser Löschung der Marke aufgrund einer entsprechenden Erklärung des Inhabers der Marke, wie insbesondere einer teilweisen Verlängerung der Schutzdauer oder einem Teilverzicht, die entsprechende Angabe unter Bezeichnung des Löschungsgrunds und, soweit es sich um eine teilweise Löschung handelt, die gelöschten Waren und Dienstleistungen,
28. Angaben über eine Eintragungsbewilligungsklage nach § 44 des Markengesetzes, soweit sie dem Patentamt mitgeteilt worden sind,
29. der Tag des Eingangs einer Teilungserklärung,
30. bei der Stammeintragung der Hinweis auf die Registernummer der infolge einer Teilungserklärung abgetrennten Eintragung,
31. bei der infolge einer Teilungserklärung abgetrennten Eintragung die entsprechende Angabe und die Registernummer der Stammeintragung,
32. der Tag und die Nummer der internationalen Registrierung (§§ 110, 122 Abs. 2 des Markengesetzes),
33. der Rechtsübergang einer Marke zusammen mit Angaben über den Rechtsnachfolger und gegebenenfalls seinen Vertreter gemäß den Nummern 16, 17 und 18,
34. bei einem Rechtsübergang der Marke für einen Teil der Waren und Dienstleistungen außerdem die Angaben nach den Nummern 30 und 31,
35. Angaben über dingliche Rechte (§ 29 des Markengesetzes),
36. Angaben über Maßnahmen der Zwangsvollstreckung (§ 29 Abs. 1 Nr. 2 des Markengesetzes) und ein Konkursverfahren (§ 29 Abs. 3 des Markengesetzes),
37. Änderungen der in den Nummern 16, 17 und 18 aufgeführten Angaben,
38. Berichtigungen von Eintragungen im Register (§ 45 Abs. 1 des Markengesetzes).

§ 19. Urkunde; Bescheinigungen. (1) Der Inhaber der Marke erhält eine Urkunde über die Eintragung einer Marke in das Register nach § 41 des Markengesetzes.

(2) Der Inhaber der Marke erhält außerdem eine Bescheinigung über die in das Register eingetragenen Angaben, soweit er hierauf nicht ausdrücklich verzichtet hat.

Anhang 1. Markenverordnung

§ 20. Ort und Form der Veröffentlichung. (1) Angaben über eingetragene Marken werden in dem vom Patentamt herausgegebenen Markenblatt veröffentlicht.

(2) Das Patentamt kann die Veröffentlichung zusätzlich auch in anderer Form, insbesondere auf Datenträgern, zur Verfügung stellen.

§ 21. Inhalt der Veröffentlichung. (1) Die Veröffentlichung nach § 20 umfaßt alle in das Register eingetragenen Angaben mit Ausnahme der in § 18 Nr. 11, 21 und 32 bezeichneten Angaben und der Änderungen der Anschrift des Inhabers der Marke oder seines Vertreters. Farbig eingetragene Marken werden in Farbe veröffentlicht.

(2) Der erstmaligen Veröffentlichung eingetragener Marken ist ein Hinweis auf die Möglichkeit des Widerspruchs (§ 42 des Markengesetzes) beizufügen. Die Wiederholung dieses Hinweises ist erforderlich, wenn die eingetragene Marke wegen erheblicher Mängel der Erstveröffentlichung erneut veröffentlicht wird. Der Hinweis kann für alle nach den Sätzen 1 und 2 veröffentlichten Marken gemeinsam erfolgen.

(3) Im Falle einer Teillöschung kann die Eintragung der Marke insgesamt neu veröffentlicht werden. § 30 bleibt unberührt.

Teil 5. Einzelne Verfahren.

Abschnitt 1. Verfahren bis zur Eintragung

§ 22. Aktenzeichen; Empfangsbescheinigung. (1) Das Patentamt vermerkt auf der Anmeldung den Tag des Eingangs und das Aktenzeichen der Anmeldung.

(2) Das Patentamt übermittelt dem Anmelder unverzüglich eine Empfangsbescheinigung, die die angemeldete Marke bezeichnet und das Aktenzeichen der Anmeldung sowie den Tag des Eingangs der Anmeldung angibt.

§ 23. Klassifizierung. (1) Sind die Waren und Dienstleistungen in der Anmeldung nicht zutreffend klassifiziert, so entscheidet das Patentamt über die Klassifizierung.

(2) Das Patentamt legt als Leitklasse die Klasse der Klasseneinteilung fest, auf der der Schwerpunkt der Anmeldung liegt. Es ist insoweit an die Angabe des Anmelders über die Leitklasse nicht gebunden. Das Patentamt berücksichtigt eine vom Anmelder angegebenen Leitklasse bei der Gebührenzahlung.

§ 24. Berufung auf eine im Ursprungsland eingetragene Marke. (1) Beruft sich der Anmelder auf eine im Ursprungsland eingetragene Marke nach Artikel 6 quinquies der Pariser Verbandsübereinkunft, so kann die entsprechende Erklärung auch noch nach der Anmeldung abgegeben werden.

(2) Der Anmelder hat eine von der zuständigen Behörde ausgestellte Bescheinigung über die Eintragung im Ursprungsland vorzulegen.

§ 25. Verschiebung des Zeitrangs bei Verkehrsdurchsetzung.
Ergibt sich bei der Prüfung, daß die Voraussetzungen für die Verschiebung des Zeitrangs im Sinne des § 37 Abs. 2 des Markengesetzes gegeben sind, so unterrichtet das Patentamt den Anmelder entsprechend. In den Akten der Anmeldung wird der Tag vermerkt, der für die Bestimmung des Zeitrangs maßgeblich ist. Der Anmeldetag im Sinne des § 33 Abs. 1 des Markengesetzes bleibt im übrigen unberührt.

Abschnitt 2. Widerspruchsverfahren

§ 26. Form des Widerspruchs.
(1) Für jede Marke, aufgrund der gegen die Eintragung einer Marke Widerspruch erhoben wird (Widerspruchsmarke), ist ein Widerspruch erforderlich. Auf mehrere Widerspruchsmarken desselben Widersprechenden gestützte Widersprüche können in einem Widerspruchsschriftsatz zusammengefaßt werden.

(2) Der Widerspruch soll unter Verwendung des vom Patentamt herausgegebenen Formblatts eingereicht werden.

§ 27. Inhalt des Widerspruchs.
(1) Der Widerspruch hat Angaben zu enthalten, die es erlauben, die Identität der angegriffenen Marke, der Widerspruchsmarke sowie des Widersprechenden festzustellen.

(2) In dem Widerspruch sollen angegeben werden:
1. die Registernummer der Marke, gegen deren Eintragung der Widerspruch sich richtet,
2. die Registernummer der eingetragenen Widerspruchsmarke oder das Aktenzeichen der angemeldeten Widerspruchsmarke,
3. in den Fällen des § 42 Abs. 2 Nr. 2 und 3 des Markengesetzes die Wiedergabe und die Bezeichnung der Art der Widerspruchsmarke,
4. falls es sich bei der Widerspruchsmarke um eine international registrierte Marke handelt, die Registernummer der Widerspruchsmarke sowie bei international registrierten Widerspruchsmarken, die vor dem 3..Oktober 1990 mit Wirkung sowohl für die Bundesrepublik Deutschland als auch für die Deutsche Demokratische Republik registriert worden sind, die Erklärung, auf welchen Länderteil der Widerspruch gestützt wird,
5. der Name und die Anschrift des Inhabers der Widerspruchsmarke,
6. falls der Widerspruch von einer Person erhoben wird, die nicht im Register eingetragen ist, der Name und die Anschrift des Widersprechenden sowie der Zeitpunkt, zu dem ein Antrag auf Eintragung des Rechtsübergangs gestellt worden ist,
7. falls der Widersprechende einen Vertreter bestellt hat, der Name und die Anschrift des Vertreters,
8. der Name des Inhabers der Marke, gegen deren Eintragung der Widerspruch sich richtet,

Anhang 1. Markenverordnung **MarkenV**

9. die Wiedergabe der Widerspruchsmarke in der Form, wie sie eingetragen oder angemeldet worden ist,
10. die Waren und Dienstleistungen, für die die Widerspruchsmarke eingetragen oder angemeldet worden ist; es müssen nur die Waren und Dienstleistungen angegeben werden, auf die der Widerspruch gestützt wird,
11. die Waren und Dienstleistungen, für die die Marke, gegen deren Eintragung der Widerspruch sich richtet, eingetragen worden ist; es müssen nur die Waren und Dienstleistungen angegeben werden, gegen die der Widerspruch sich richtet.

§ 28. Gemeinsame Entscheidung über mehrere Widersprüche.
(1) Über mehrere Widersprüche desselben Widersprechenden soll soweit sachdienlich gemeinsam entschieden werden.

(2) Auch in anderen als in den in Absatz 1 genannten Fällen kann über mehrere Widersprüche gemeinsam entschieden werden.

§ 29. Aussetzung. (1) Das Patentamt kann das Verfahren über einen Widerspruch außer in den in § 43 Abs. 3 des Markengesetzes genannten Fällen auch dann aussetzen, wenn dies sachdienlich ist.

(2) Eine Aussetzung kommt insbesondere dann in Betracht, wenn dem Widerspruch voraussichtlich stattzugeben wäre und der Widerspruch auf eine angemeldete Marke gestützt worden ist oder vor dem Patentamt ein Verfahren zur Löschung der Widerspruchsmarke anhängig ist.

§ 30. Veröffentlichung der Marke nach Abschluß des Widerspruchsverfahrens. Ergeben sich im Verlauf eines Widerspruchsverfahrens Änderungen im Verzeichnis der Waren und Dienstleistungen der angegriffenen Marke, so wird die Marke nach Abschluß des Widerspruchsverfahrens erneut mit allen nach § 21 erforderlichen Angaben und einem Hinweis darauf veröffentlicht, daß es sich um eine erneute Veröffentlichung handelt.

Abschnitt 3. Rechtsübergang und sonstige Rechte

§ 31. Eintragung eines Rechtsübergangs. (1) Der Antrag auf Eintragung des Übergangs des durch die Eintragung einer Marke begründeten Rechts nach § 27 Abs. 3 des Markengesetzes soll unter Verwendung des vom Patentamt herausgegebenen Formblatts gestellt werden.

(2) In dem Antrag sind anzugeben:
1. die Registernummer der Marke,
2. Angaben entsprechend § 5 über den Rechtsnachfolger,
3. falls der Rechtsnachfolger einen Vertreter bestellt hat, der Name und die Anschrift des Vertreters.

(3) Für den Nachweis des Rechtsübergangs reicht es aus,
1. daß der Antrag vom eingetragenen Inhaber oder seinem Vertreter und vom Rechtsnachfolger oder seinem Vertreter unterschrieben ist oder

2. daß dem Antrag, wenn er vom Rechtsnachfolger gestellt wird,
   a) eine vom eingetragenen Inhaber oder seinem Vertreter unterschriebene Erklärung beigefügt ist, daß er der Eintragung des Rechtsnachfolgers zustimmt, oder
   b) Unterlagen beigefügt sind, aus denen sich die Rechtsnachfolge ergibt, wie zum Beispiel ein Übetragungsvertrag oder eine Erklärung über die Übertragung, wenn die entsprechenden Unterlagen vom eingetragenen Inhaber oder seinem Vertreter und vom Rechtsnachfolger oder seinem Vertreter unterschrieben sind.

(4) Für die in Absatz 3 Nr. 2 genannten Erklärungen sollen die vom Patentamt herausgegebenen Formblätter verwendet werden. Für den in Absatz 3 Nr. 2 Buchstabe b genannten Übertragungsvertrag kann ebenfalls das vom Patentamt herausgegebene Formblatt verwendet werden.

(5) In den Fällen des Absatzes 3 ist eine Beglaubigung der Erklärung oder der Unterschriften nicht erforderlich.

(6) Das Patentamt kann in den Fällen des Absatzes 3 weitere Nachweise nur dann verlangen, wenn sich begründete Zweifel an dem Rechtsübergang ergeben.

(7) Der Nachweis des Rechtsübergangs auf andere Weise als nach Absatz.3 bleibt unberührt.

(8) Der Antrag auf Eintragung des Übergangs kann für mehrere Marken gemeinsam gestellt werden, wenn der eingetragene Inhaber und der Rechtsnachfolger bei allen Marken dieselben Personen sind.

§ 32. Teilübergang. (1) Betrifft der Übergang des durch die Eintragung einer Marke begründeten Rechts nur einen Teil der eingetragenen Waren und Dienstleistungen, so sind in dem Antrag auf Eintragung des Rechtsübergangs die Waren und Dienstleistungen anzugeben, auf die sich der Rechtsübergang bezieht.

(2) § 46 Abs. 2 des Markengesetzes ist nicht anzuwenden.

(3) Mit dem Antrag auf Eintragung eines Teilübergangs nach Absatz.1 ist eine Gebühr nach dem Tarif zu zahlen, die der Gebühr für eine Teilungserklärung nach § 46 Abs. 3 Satz 2 des Markengesetzes entspricht. Wird in einem gemeinsamen Antrag die Eintragung eines Teilübergangs für mehrere Marken beantragt, so ist die Gebühr nach Satz 1 für jeden einzelnen Teilübergang zu zahlen. Wird die Gebühr nicht gezahlt, so gilt der Antrag als nicht gestellt.

(4) Im übrigen ist § 37 entsprechend anzuwenden.

§ 33. Eintragung von dinglichen Rechten. (1) Der Antrag auf Eintragung einer Verpfändung oder eines sonstigen dinglichen Rechts an dem durch die Eintragung einer Marke begründeten Recht nach § 29 Abs. 2 des Markengesetzes soll unter Verwendung des vom Patentamt herausgegebenen Formblatts gestellt werden.

(2) § 31 Abs. 2 bis 8 ist entsprechend anzuwenden.

§ 34. **Maßnahmen der Zwangsvollstreckung; Konkursverfahren.**
(1) Der Antrag auf Eintragung einer Maßnahme der Zwangsvollstreckung nach § 29 Abs. 2 des Markengesetzes kann vom Inhaber der eingetragenen Marke oder von demjenigen, der die Zwangsvollstreckung betreibt, gestellt werden. Dem Antrag sind die erforderlichen Nachweise beizufügen.

(2) Dem Antrag auf Eintragung eines Konkursverfahrens nach § 29 Abs. 3 des Markengesetzes sind die erforderlichen Nachweise beizufügen.

§ 35. **Entsprechende Anwendung auf Anmeldungen.** (1) Die §§ 31 bis 34 gelten für angemeldete Marken entsprechend. Ein gemeinsamer Antrag nach § 31 Abs. 8 kann auch für angemeldete und eingetragene Marken gestellt werden.

(2) Der Rechtsübergang, das dingliche Recht, die Maßnahme der Zwangsvollstreckung oder das Konkursverfahren werden in den Akten der Anmeldung vermerkt.

(3) Im Falle von Rechtsübergängen wird nur diejenige Person in das Register eingetragen, die zum Zeitpunkt der Eintragung Inhaberin der Marke ist. Ein zum Zeitpunkt der Eintragung bestehendes dingliches Recht, eine zu diesem Zeitpunkt bestehende Maßnahme der Zwangsvollstreckung oder ein zu diesem Zeitpunkt anhängiges Konkursverfahren wird auch in das Register eingetragen.

(4) Betrifft der Übergang des durch die Anmeldung einer Marke begründeten Rechts nur einen Teil der Waren und Dienstleistungen, für die die Marke angemeldet worden ist, so sind in dem Antrag die Waren und Dienstleistungen anzugeben, auf die sich der Rechtsübergang bezieht. Mit dem Antrag ist eine Gebühr nach dem Tarif zu zahlen, die der Gebühr für eine Teilungserklärung nach § 40 Abs. 2 Satz 2 des Markengesetzes entspricht. Wird ein gemeinsamer Antrag auf Vermerk eines Teilübergangs für mehrere Marken gestellt, so ist die Gebühr nach Satz 2 für jeden einzelnen Teilübergang zu zahlen. Wird die Gebühr nicht gezahlt, so gilt der Antrag als nicht gestellt. Im übrigen ist § 36 entsprechend anzuwenden.

Abschnitt 4.
Teilung von Anmeldungen und von Eintragungen

§ 36. **Teilung von Anmeldungen.** (1) Eine angemeldete Marke kann nach § 40 Abs. 1 des Markengesetzes in zwei oder mehrere Anmeldungen geteilt werden. Für jeden abgetrennten Teil ist eine gesonderte Teilungserklärung erforderlich. Die Teilungserklärung soll unter Verwendung des vom Patentamt herausgegebenen Formblatts eingereicht werden.

(2) In der Teilungserklärung sind die Waren und Dienstleistungen anzugeben, die in die abgetrennte Anmeldung aufgenommen werden.

(3) Das Verzeichnis der Waren und Dienstleistungen der verbleibenden Stammanmeldung und das Verzeichnis der Waren und Dienstleistungen der abgetrennten Anmeldung müssen insgesamt mit dem im Zeitpunkt des Zu-

gangs der Teilungserklärung bestehenden Verzeichnis der Waren und Dienstleistungen der Ausgangsanmeldung deckungsgleich sein. Betrifft die Teilung Waren und Dienstleistungen, die unter einen Oberbegriff fallen, so ist der Oberbegriff sowohl in der Stammanmeldung als auch in der abgetrennten Anmeldung zu verwenden und durch entsprechende Zusätze so einzuschränken, daß sich keine Überschneidungen der Verzeichnisse der Waren und Dienstleistungen ergeben.

(4) Das Patentamt fertigt eine vollständige Kopie der Akten der Ausgangsanmeldung. Diese Kopie wird zusammen mit der Teilungserklärung Bestandteil der Akten der abgetrennten Anmeldung. Die abgetrennte Anmeldung erhält ein neues Aktenzeichen. Eine Kopie der Teilungserklärung wird zu den Akten der Stammanmeldung genommen.

(5) Enthält die Ausgangsanmeldung eine Wiedergabe der Marke nach den §§ 8 bis 12, so sind innerhalb der Dreimonatsfrist des § 40 Abs. 2 Satz 3 des Markengesetzes vier weitere übereinstimmende zweidimensionale graphische Wiedergaben der Marke einzureichen, bei Hörmarken zusätzlich eine klangliche Wiedergabe der Marke gemäß § 11 Abs. 3.

(6) Ein für die Ausgangsanmeldung benannter Vertreter des Anmelders gilt auch als Vertreter des Anmelders für die abgetrennte Anmeldung. Die Vorlage einer neuen Vollmacht ist nicht erforderlich.

(7) In bezug auf die ursprüngliche Anmeldung gestellte Anträge gelten auch für die abgetrennte Anmeldung fort.

§ 37. Teilung von Eintragungen. (1) Eine eingetragene Marke kann nach § 46 Abs. 1 des Markengesetzes in zwei oder mehrere Eintragungen geteilt werden. Für jeden abgetrennten Teil ist eine gesonderte Teilungserklärung einzureichen. Die Teilungserklärung soll unter Verwendung des vom Patentamt herausgegebenen Formblatts eingereicht werden.

(2) In der Teilungserklärung sind die Waren und Dienstleistungen anzugeben, die in die abgetrennte Eintragung aufgenommen werden.

(3) Das Verzeichnis der Waren und Dienstleistungen der verbleibenden Stammeintragung und das Verzeichnis der Waren und Dienstleistungen der abgetrennten Eintragung müssen insgesamt mit dem im Zeitpunkt des Zugangs der Teilungserklärung bestehenden Verzeichnis der Waren und Dienstleistungen der Ausgangseintragung deckungsgleich sein. Betrifft die Teilung Waren und Dienstleistungen, die unter einen Oberbegriff fallen, so ist der Oberbegriff sowohl in der Stammeintragung als auch in der abgetrennten Eintragung zu verwenden und durch entsprechende Zusätze so einzuschränken, daß sich keine Überschneidungen der Verzeichnisse der Waren und Dienstleistungen ergeben.

(4) Das Patentamt fertigt eine vollständige Kopie der Akten der Ausgangseintragung. Diese Kopie wird zusammen mit der Teilungserklärung Bestandteil der Akten der abgetrennten Eintragung. Die abgetrennte Eintragung erhält eine neue Registernummer. Eine Kopie der Teilungserklärung wird zu den Akten der Stammeintragung genommen.

Anhang 1. Markenverordnung

(5) Enthält die Ausgangseintragung eine Wiedergabe der Marke nach den §§ 8 bis 12, so sind innerhalb der Dreimonatsfrist des § 46 Abs. 3 Satz 3 des Markengesetzes vier weitere übereinstimmende zweidimensionale graphische Wiedergaben dieser Marke einzureichen, bei Hörmarken zusätzlich eine klangliche Wiedergabe der Marke gemäß § 11 Abs. 3.

(6) Ein für die Ausgangseintragung benannter Vertreter des Inhabers der Marke gilt auch als Vertreter des Inhabers der Marke für die abgetrennte Eintragung. Die Vorlage einer neuen Vollmacht ist nicht erforderlich.

(7) In bezug auf die ursprüngliche Eintragung gestellte Anträge gelten auch für die abgetrennte Eintragung fort.

(8) Ist gegen die Eintragung einer Marke, deren Teilung nach § 46 des Markengesetzes erklärt worden ist, Widerspruch erhoben worden, so fordert das Patentamt den Widersprechenden zu einer Erklärung darüber auf, gegen welche Teile der ursprünglichen Eintragung der Widerspruch sich richtet. Der Inhaber der eingetragenen Marke kann auch von sich aus eine entsprechende Erklärung des Widersprechenden beibringen. Wird eine solche Erklärung nicht abgegeben, so wird die Teilungserklärung als unzulässig zurückgewiesen.

Abschnitt 5. Verlängerung

§ 38. Verlängerung durch Gebührenzahlung. (1) Bei der Zahlung der Verlängerungsgebühren nach § 47 Abs. 3 des Markengesetzes sind die Registernummer und der Name des Inhabers der Marke sowie der Verwendungszweck anzugeben.

(2) Für die Bewirkung der Verlängerung durch Gebührenzahlung ist die Bestellung eines Inlandvertreters nach § 96 des Markengesetzes nicht erforderlich.

§ 39. Antrag auf Verlängerung. (1) Unbeschadet der Bewirkung der Verlängerung durch Zahlung der Gebühren nach § 47 Abs. 3 des Markengesetzes kann die Verlängerung der Schutzdauer einer eingetragenen Marke auch beantragt werden. Der Antrag soll unter Verwendung des vom Patentamt herausgegebenen Formblatts gestellt werden.

(2) In dem Antrag sind anzugeben:
1. die Registernummer der Marke, deren Schutzdauer verlängert werden soll,
2. der Name und die Anschrift des Inhabers der Marke,
3. falls ein Vertreter bestellt ist, der Name und die Anschrift des Vertreters,
4. falls die Schutzdauer nur für einen Teil der Waren und Dienstleistungen verlängert werden soll, für die die Marke eingetragen ist, entweder die Waren und Dienstleistungen, für die die Schutzdauer verlängert werden soll, oder die Waren und Dienstleistungen, für die die Schutzdauer nicht verlängert werden soll.

§ 40. Berechnung der Firsten. Für die Berechnung der Firsten des § 47 Abs. 1, 3, 4, 5 und 6 des Markengesetzes gilt, daß die Schutzdauer jeweils am letzten Tag eines Monats endet und daß die Sechsmonatsfrist des § 47 Abs. 3 Satz 4 des Markengesetzes ebenfalls jeweils am letzten Tag eines Monats endet.

Abschnitt 6. Verzicht

§ 41. Verzicht. (1) Der Antrag auf vollständige oder teilweise Löschung einer Marke nach § 48 Abs. 1 des Markengesetzes soll unter Verwendung des vom Patentamt herausgegebenen Formblatts gestellt werden.

(2) In dem Antrag sind anzugeben:
1. die Registernummer der Marke, die ganz oder teilweise gelöscht werden soll,
2. der Name und die Anschrift des Inhabers der Marke,
3. falls ein Vertreter bestellt ist, der Name und die Anschrift des Vertreters,
4. falls eine Teillöschung beantragt wird, entweder die Waren und Dienstleistungen, die gelöscht werden sollen, oder die Waren und Dienstleistungen, die nicht gelöscht werden sollen.

(3) Wird im Verlauf eines Widerspruchsverfahrens das Verzeichnis der Waren und Dienstleistungen einer Marke, gegen deren Eintragung der Widerspruch sich richtet, eingeschränkt, so wird die teilweise Löschung der Eintragung erst aufgrund einer entsprechenden Anordnung in der Entscheidung über den Widerspruch nach dem Abschluß des Widerspruchsverfahrens vollzogen, es sei denn, daß der Inhaber der Marke einen gesonderten Antrag auf teilweise Löschung nach § 48 Abs. 1 des Markengesetzes stellt. Satz 1 gilt entsprechend in Verfahren zur Löschung einer eingetragenen Marke, die auf Antrag eines Dritten oder von Amts wegen eingeleitet worden sind.

§ 42. Zustimmung Dritter. Für die nach § 48 Abs. 2 des Markengesetzes erforderliche Zustimmung eines im Register eingetragenen Inhabers eines Rechts an der Marke reicht die Abgabe einer von dieser Person oder ihrem Vertreter unterschriebenen Zustimmungserklärung aus. Eine Beglaubigung der Erklärung oder der Unterschrift ist nicht erforderlich. Der Nachweis der Zustimmung auf andere Weise als nach Satz 1 bleibt unberührt.

Abschnitt 7. Löschung

§ 43. Löschung wegen Verfalls. (1) Der Antrag auf Löschung einer Marke wegen Verfalls nach § 53 Abs. 1 des Markengesetzes soll unter Verwendung des vom Patentamt herausgegebenen Formblatts gestellt werden.

(2) In dem Antrag sind anzugeben:
1. die Registernummer der Marke, deren Löschung beantragt wird,
2. der Name und die Anschrift des Antragstellers,

Anhang 1. Markenverordnung

3. falls der Antragsteller einen Vertreter bestellt hat, der Name und die Anschrift des Vertreters,
4. falls die Löschung nur für einen Teil der Waren und Dienstleistungen beantragt wird, für die die Marke eingetragen ist, entweder die Waren und Dienstleistungen, für die die Löschung beantragt wird, oder die Waren und Dienstleistungen, für die die Löschung nicht beantragt wird,
5. der Löschungsgrund nach § 49 des Markengesetzes.

§ 44. Löschung wegen absoluter Schutzhindernisse. Für den Antrag auf Löschung wegen absoluter Schutzhindernisse nach § 54 Abs. 1 des Markengesetzes gilt § 43 entsprechend.

Abschnitt 8. Berichtigungen; Änderungen

§ 45. Berichtigungen. (1) Der Antrag auf Berichtigung von Fehlern nach § 45 Abs. 1 des Markengesetzes soll unter Verwendung des vom Patentamt herausgegebenen Formblatts gestellt werden.

(2) In dem Antrag sind anzugeben:
1. die Registernummer der Marke,
2. der Name und die Anschrift des Inhabers der Marke,
3. falls der Inhaber der Marke einen Vertreter bestellt hat, der Name und die Anschrift des Vertreters,
4. die Bezeichnung des Fehlers, der berichtigt werden soll,
5. die einzutragende Berichtigung.

(3) Enthalten mehrere Eintragungen von Marken desselben Inhabers denselben Fehler, so kann der Antrag auf Berichtigung dieses Fehlers für alle Eintragungen gemeinsam gestellt werden.

(4) Die Absätze 1 bis 3 sind auf Anträge zur Berichtigung von Fehlern in Veröffentlichungen nach § 45 Abs. 2 des Markengesetzes entsprechend anzuwenden.

(5) Die Absätze 1 bis 3 sind auf Anträge zur Berichtigung von Fehlern in Anmeldungen nach § 39 Abs. 2 des Markengesetzes entsprechend anzuwenden. Unter den Voraussetzungen des Absatzes 3 kann ein gemeinsamer Antrag auch für die Berichtigung von Fehlern in Eintragungen und in Anmeldungen gestellt werden.

§ 46. Änderungen von Namen oder Anschriften. (1) Der Antrag auf Eintragung einer Änderung des Namens oder der Anschrift des Inhabers einer eingetragenen Marke soll unter Verwendung des vom Patentamt herausgegebenen Formblatts gestellt werden.

(2) In dem Antrag sind anzugeben:
1. die Registernummer der Marke,
2. der Name und die Anschrift des Inhabers der Marke in der im Register eingetragenen Form,
3. der Name oder die Anschrift in der neu in das Register einzutragenden Form,

4. falls der Inhaber der Marke einen Vertreter bestellt hat, der Name und die Anschrift des Vertreters.

(3) Betrifft die Änderung des Namens oder der Anschrift mehrere Eintragungen von Marken desselben Inhabers, so kann der Antrag auf Eintragung der Änderung für alle Eintragungen gemeinsam gestellt werden.

(4) Die Absätze 1 bis 3 sind entsprechend auf Anträge zur Eintragung von Änderungen des Namens oder der Anschrift eines Vertreters oder des Inhabers eines nach § 29 des Markengesetzes eingetragenen Rechts anzuwenden.

(5) Die Absätze 1 bis 4 sind auf Anträge zur Änderung des Namens oder der Anschrift in den Akten angemeldeter Marken entsprechend anzuwenden. Unter den Voraussetzungen des Absatzes 3 kann ein gemeinsamer Antrag auch für die Änderung von Namen oder Anschriften hinsichtlich Eintragungen und Anmeldungen gestellt werden.

Abschnitt 9. Akteneinsicht

§ 47. Zuständigkeit. Über den Antrag auf Einsicht in die Akten von Anmeldungen entscheidet die Markenstelle, die für die Durchführung des Eintragungsverfahrens zuständig ist. Ist das Eintragungsverfahren abgeschlossen, entscheidet eine Markenabteilung.

§ 48. Durchführung der Akteneinsicht. (1) Die Einsicht in die Akten von Anmeldungen und von eingetragenen Marken wird in das Original oder in eine Kopie der Akten gewährt.

(2) Die Akteneinsicht in das Original der Akten wird nur im Dienstgebäude des Patentamts gewährt.

(3) Auf Antrag wird Akteneinsicht durch die Erteilung von Kopien der gesamten Akten oder von Teilen der Akten gewährt. Auf Antrag werden beglaubigte Kopien ausgefertigt.

Abschnitt 10. Internationale Registrierungen

§ 49. Antrag auf internationale Registrierung nach dem Madrider Markenabkommen. (1) Für den Antrag auf internationale Registrierung einer in das Register eingetragenen Marke nach Artikel 3 des Madrider Markenabkommens beim Patentamt soll das vom Internationalen Büro der Weltorganisation für geistiges Eigentum herausgegebene Formblatt verwendet werden.

(2) Die nach § 108 Abs. 3 des Markengesetzes erforderliche Übersetzung des Verzeichnisses der Waren und Dienstleistungen ist in französischer Sprache einzureichen.

§ 50. Antrag auf internationale Registrierung nach dem Protokoll zum Madrider Markenabkommen. (1) Für den Antrag auf internationale Registrierung einer beim Patentamt angemeldeten oder einer in das

Anhang 1. Markenverordnung

Register eingetragenen Marke nach Artikel 3 des Protokolls zum Madrider Markenabkommen gilt § 49 entsprechend.

(2) Die nach § 120 Abs. 3 und § 108 Abs. 3 des Markengesetzes erforderliche Übersetzung des Verzeichnisses der Waren und Dienstleistungen ist nach Wahl des Antragstellers entweder in französischer Sprache oder in englischer Sprache einzureichen.

§ 51. Antrag auf internationale Registrierung nach dem Madrider Markenabkommen und nach dem Protokoll zum Madrider Markenabkommen. (1) Für den Antrag auf internationale Registrierung einer in das Register eingetragenen Marke sowohl nach Artikel 3 des Madrider Markenabkommens als auch nach Artikel 3 des Protokolls zum Madrider Markenabkommen gilt § 49 entsprechend.

(2) Die nach § 120 Abs. 3 und § 108 Abs. 3 des Markengesetzes erforderliche Übersetzung des Verzeichnisses der Waren und Dienstleistungen ist nach Wahl des Antragstellers entweder in französischer Sprache oder in englischer Sprache einzureichen.

§ 52. Schutzverweigerung. (1) Wird einer international registrierten Marke, deren Schutz nach Artikel 3ter des Madrider Markenabkommens oder nach Artikel 3ter des Protokolls zum Madrider Markenabkommen auf das Gebiet der Bundesrepublik Deutschland erstreckt worden ist, der Schutz ganz oder teilweise verweigert und wird diese Schutzverweigerung dem Internationalen Büro der Weltorganisation für geistiges Eigentum zur Weiterleitung an den Inhaber der internationalen Registrierung übermittelt, so wird die Frist, innerhalb derer ein Inlandsvertreter bestellt werden muß, damit der Schutz nicht endgültig verweigert wird, auf vier Monate ab dem Tag der Absendung der Mitteilung der Schutzverweigerung durch das Internationale Büro der Weltorganisation für geistiges Eigentum festgesetzt.

(2) Wir der Schutzverweigerung endgültig, weil der Inhaber der international registrierten Marke keinen Inlandsvertreter bestellt hat, so ist eine gegen die Schutzverweigerung gegebene Erinnerung oder Beschwerde beim Patentamt innerhalb eines weiteren Monats nach der in Absatz 1 genannten Frist von vier Monaten ab dem Tag der Absendung der Mitteilung der Schutzverweigerung durch das Internationale Büro der Weltorganisation für geistiges Eigentum einzulegen. Der Schutzverweigerung muß eine entsprechende Rechtsmittelbelehrung beigefügt sein. § 61 Abs. 2 des Markengesetzes ist entsprechend anzuwenden.

§ 53. Unterrichtung über international registrierte Marken. (1) Ein Register über die international registrierten Marken, deren Schutz auf das Gebiet der Bundesrepublik Deutschland erstreckt worden ist, wird nicht geführt.

(2) Auskünfte über international registrierte Marken, deren Schutz auf das Gebiet der Bundesrepublik Deutschland erstreckt worden ist, werden aufgrund der im Patentamt geführten Datensammlung erteilt.

Teil 6. Verfahren nach der Verordnung (EWG) Nr. 2081/92 des Rates vom 14. Juli 1992 zum Schutz von geographischen Angaben und Ursprungsbezeichnungen für Agrarerzeugnisse und Lebensmittel

§ 54. Eintragungsantrag. (1) Der Antrag auf Eintragung einer geographischen Angabe oder einer Ursprungsbezeichnung nach der Verordnung (EWG) Nr. 2081/92 soll unter Verwendung des vom Patentamt herausgegebenen Formblatts eingereicht werden.

(2) In dem Antrag sind anzugeben:
1. der Name und die Anschrift des Antragstellers im Sinne des Artikels.5 Abs. 1 der Verordnung (EWG) Nr. 2081/92,
2. falls ein Vertreter bestellt worden ist, der Name und die Anschrift des Vertreters,
3. die geographische Angabe oder die Ursprungsbezeichnung, deren Eintragung beantragt wird,
4. die Spezifikation mit den nach Artikel 4 der Verordnung (EWG) Nr. 2081/92 erforderlichen Angaben.

§ 55. Prüfung des Antrags. (1) Bei der Prüfung des Antrags holt das Patentamt die Stellungnahmen der interessierten öffentlichen Körperschaften einschließlich der Bundesministerien für Ernährung, Landwirtschaft und Forsten und für Gesundheit sowie der interessierten Verbände, Organisationen und Institutionen der Wirtschaft ein.

(2) Ergibt sich aus dem Antrag oder aus der Prüfung, daß die geographische Angabe oder die Ursprungsbezeichnung mit einer Bezeichnung übereinstimmt, mit der auch ein in einem anderen Mitgliedstaat gelegenes geographisches Gebiet bezeichnet wird, so unterrichtet das Patentamt im unmittelbaren Verkehr die zuständige Stelle des anderen Mitgliedstaats und gibt ihr Gelegenheit zur Stellungnahme.

§ 56. Veröffentlichung des Antrags. (1) Ergibt die Prüfung des Antrags, daß die geographische Angabe oder die Ursprungsbezeichnung den Voraussetzungen der Verordnung (EWG) Nr. 2081/92 und den zu ihrer Durchführung erlassenen Vorschriften entspricht, so veröffentlicht das Patentamt den Antrag im Markenblatt und unterrichtet außerdem die beteiligten Verbände, Organisationen und Institutionen der Wirtschaft entsprechend.

(2) In der Veröffentlichung sind anzugeben:
1. der Name und die Anschrift des Antragstellers,
2. falls ein Vertreter bestellt worden ist, der Name und die Anschrift des Vertreters,
3. die geographische Angabe oder die Ursprungsbezeichnung,
4. der wesentliche Inhalt der Spezifikation.

(3) In der Veröffentlichung ist auf die Gelegenheit zur Stellungnahme nach § 58 hinzuweisen.

Anhang 1. Markenverordnung **Marken V**

§ 57. Akteneinsicht. (1) Das Patentamt gewährt auf Antrag Einsicht in die Akten von zur Eintragung angemeldeten geographischen Angaben und Ursprungsbezeichnungen, wenn ein berechtigtes Interesse glaubhaft gemacht wird.

(2) Nach der Veröffentlichung gemäß § 56 wird auf Antrag Einsicht in die Akten gewährt.

§ 58. Stellungnahmen; erneute Prüfung. (1) Innerhalb von drei Monaten ab der Veröffentlichung des Antrags gemäß § 56 kann von jeder Person beim Patentamt eine Stellungnahme zur Schutzfähigkeit der geographischen Angabe oder der Ursprungsbezeichnung, die Gegenstand des Antrags ist, eingereicht werden.

(2) Falls Stellungnahmen eingereicht werden, prüft das Patentamt den Antrag unter Berücksichtigung dieser Stellungnahmen erneut.

§ 59. Entscheidung über den Antrag. (1) Sind keine Stellungnahmen nach § 58 Abs. 1 eingegangen oder ergibt die erneute Prüfung nach § 58 Abs. 2, daß der Antrag den Voraussetzungen der Verordnung (EWG) Nr. 2081/92 und den zu ihrer Durchführung erlassenen Vorschriften entspricht, so faßt das Patentamt hierüber Beschluß und übermittelt das Original der Akten dem Bundesministerium der Justiz.

(2) Dem Antragsteller wird der nach Absatz 1 gefaßte Beschluß zugestellt.

§ 60. Einspruch. (1) Einsprüche nach Artikel 7 Abs. 3 der Verordnung (EWG) Nr. 2081/92 sind innerhalb von vier Monaten ab der Veröffentlichung im Amtsblatt der Europäischen Gemeinschaften gemäß Artikel 6 Abs. 2 der Verordnung (EWG) Nr. 2081/92 beim Patentamt zu erheben. Einsprüche gelten nur dann als rechtzeitig eingegangen, wenn vor Ablauf der Frist des Satzes 1 die Einspruchsgebühr gezahlt worden ist. Eine Wiedereinsetzung in die Frist zum Einreichen des Einspruchs und in die Frist zur Gebührenzahlung findet nicht statt.

(2) In dem Einspruch sind anzugeben:
1. der Name und die Anschrift des Einsprechenden,
2. die geographische Angabe oder Ursprungsbezeichnung, gegen deren Eintragung der Einspruch sich richtet,
3. Umstände, aus denen sich das berechtigte Interesse ergibt, in dem der Einsprechende betroffen ist.

(3) Der Einspruch ist innerhalb der Einspruchsfrist zu begründen. Er kann nur darauf gestützt werden, daß
1. die Voraussetzungen einer Ursprungsbezeichnung oder geographischen Angabe im Sinne des Artikels 2 der Verordnung (EWG) Nr. 2081/92 nicht gegeben sind,
2. sich die Eintragung der vorgeschlagenen Bezeichnung nachteilig auf das Bestehen einer ganz oder teilweise gleichlautenden Bezeichnung oder einer Marke oder auf das Bestehen von Erzeugnissen auswirken würde, die sich am 24. Juli 1992 rechtmäßig im Verkehr befanden, oder

3. die Bezeichnung, deren Eintragung beantragt wurde, eine Gattungsbezeichnung ist; hierzu sind ausreichende Angaben zu machen.

§ 61. Einspruchsverfahren. (1) Das Patentamt unterrichtet unverzüglich nach Ablauf der Frist des § 60 Abs. 1 das Bundesministerium der Justiz über die eingegangenen Einsprüche und übersendet diesem das Original des Einspruchs und des übrigen Akteninhalts.

(2) In dem Verfahren nach Artikel 7 Abs. 5 der Verordnung (EWG) Nr. 2081/92 gibt das Patentamt der zuständigen Stelle des Mitgliedstaats, der Einspruch nach Artikel 7 Abs. 1 der Verordnung (EWG) Nr. 2081/92 erhoben hat, und der Person, die nach Artikel 7 Abs. 3 der Verordnung (EWG) Nr. 2081/92 Einspruch erhoben hat, sowie dem Antragsteller Gelegenheit zur Stellungnahme.

(3) Das Patentamt unterrichtet das Bundesministerium der Justiz über das Ergebnis des Verfahrens nach Artikel 7 Abs. 5 der Verordnung (EWG) Nr. 2081/92 und übersendet diesem das Original der Akten.

§ 62. Änderungen der Spezifikation. Anträge auf Änderung der Spezifikation sind beim Patentamt zu stellen. Für das weitere Verfahren gelten § 54 Abs. 2 und die §§ 55 bis 61 entsprechend.

Teil 7. Allgemeine Verfahrensvorschriften

Abschnitt 1. Formblätter

§ 63. Formblätter. (1) Das Patentamt gibt die in dieser Verordnung vorgesehenen Formblätter heraus. Anstelle dieser Formblätter können Kopien dieser Formblätter oder Formblätter gleichen Inhalts und vergleichbaren Formats verwendet werden, wie zum Beispiel mittels elektronischer Datenverarbeitung erstellte oder bearbeitete Formblätter.

(2) Formblätter sollen so ausgefüllt sein, daß sie die maschinelle Erfassung und Bearbeitung gestatten.

Abschnitt 2. Form der Anträge und Eingaben

§ 64. Originale. (1) Originale von Anträgen und Eingaben sind unterschrieben einzureichen.

(2) Für die Schriftstücke ist dauerhaftes, nicht durchscheinendes Papier im Format DIN A4 zu verwenden. Die Schrift muß leicht lesbar und dokumentenecht sein. Vom linken Seitenrand jedes Blattes ist ein Randabstand von mindestens 2,5 cm einzuhalten. Die Blätter eines Schriftstücks sollen fortlaufend numeriert und zusammengeheftet sein.

§ 65. Übermittlung durch Telekopierer. (1) Das unterschriebene Original kann auch durch Telekopierer übermittelt werden.

Anhang 1. Markenverordnung   **Marken V**

(2) Das Patentamt kann die Wiederholung der Übermittlung durch Telekopierer oder das Einreichen des Originals verlangen, wenn es begründete Zweifel an der Vollständigkeit der Übermittlung oder der Übereinstimmung des Originals mit der übermittelten Telekopie hat oder wenn die Qualität der Wiedergabe den Bedürfnissen des Patentamts nicht entspricht.

(3) Aufforderungen des Patentamts nach Absatz 2 berühren einen infolge des Zugangs durch Telekopierer zuerkennbaren Anmeldetag oder die durch den Zugang gewahrten Fristen nicht.

§ 66. Übermittlung durch Telegramm oder Telex. (1) Anträge und Eingaben können auch durch Telegramm, Telex oder ähnliche Formen der Datenübermittlung übermittelt werden. In diesen Fällen tritt die Namensangabe an die Stelle der Unterschrift.

(2) Betrifft der Antrag oder die Eingabe in den Fällen des Absatzes 1 eine durch Telegramm, Telex oder ähnliche Formen der Datenübermittlung nicht wiedergebbare Mitteilung, wie zum Beispiel die Wiedergabe einer Marke oder von Anlagen, so sind diese Mitteilungen im Original oder durch Übermittlung durch Telekopierer nachzuholen.

(3) § 65 Abs. 2 ist entsprechend anzuwenden. Die Vorschriften über die Zuerkennung eines Anmeldetags bleiben unberührt.

§ 67. Fremdsprachige Formblätter. (1) Für das Einreichen von Anmeldungen können außer den vom Patentamt herausgegebenen Formblättern und damit übereinstimmenden Formblättern (§ 63 Abs. 1 Satz 2) auch in deutscher Sprache ausgefüllte fremdsprachige Formblätter verwendet werden, wenn sie international standardisiert sind und nach Form und Inhalt den deutschsprachigen Formblättern entsprechen. Das Patentamt kann nähere Erläuterungen verlangen, wenn Zweifel an dem Inhalt einzelner Angaben in dem fremdsprachigen Formblatt bestehen. Die Zuerkennung eines Anmeldetags nach § 33 Abs. 1 des Markengesetzes bleibt von solchen Nachforderungen unberührt.

(2) Absatz 1 gilt entsprechend für andere Verfahren, für die in dieser Verordnung vom Patentamt herausgegebene Formblätter vorgesehen sind.

§ 68. Fremdsprachige Anmeldungen. (1) Anmeldungen, die in fremden Sprachen eingereicht werden, wird, wenn die Voraussetzungen des § 32 Abs. 2 des Markengesetzes erfüllt sind, ein Anmeldetag nach § 33 Abs. 1 des Markengesetzes zuerkannt.

(2) Innerhalb eines Monats ab Eingang der Anmeldung beim Patentamt ist eine deutsche Übersetzung des fremdsprachigen Inhalts der Anmeldung, insbesondere des Verzeichnisses der Waren und Dienstleistungen, einzureichen. Die Übersetzung muß von einem Rechtsanwalt oder Patentanwalt beglaubigt oder von einem öffentlich bestellten Übersetzer angefertigt sein.

(3) Die Übersetzung des Verzeichnisses der Waren und Dienstleistungen gilt als an dem nach § 33 Abs. 1 des Markengesetzes zuerkannten Anmelde-

tag zugegangen. Wird die Übersetzung nach Absatz 2 nicht innerhalb der dort genannten Frist eingereicht, so gilt die Anmeldung als nicht eingereicht. Wird die Übersetzung nach Ablauf dieser Frist, jedoch vor einer Festsetzung nach Satz 2 eingereicht, so wird die Anmeldung weiterbehandelt. Betrifft die Übersetzung das Verzeichnis der Waren und Dienstleistungen, so wird der Anmeldung der Tag des Eingangs der Übersetzung als Anmeldetag zuerkannt.

(4) Die Prüfung der Anmeldung und alle weiteren Verfahren vor dem Patentamt finden auf der Grundlage der deutschen Übersetzung statt.

§ 69. Schriftstücke in fremden Sprachen. (1) Das Patentamt kann die folgenden fremdsprachigen Schriftstücke berücksichtigen:
1. Prioritätsbelege,
2. Belege über eine im Ursprungsland eingetragene Marke,
3. Unterlagen zur Glaubhaftmachung oder zum Nachweis von Tatsachen,
4. Stellungnahmen und Bescheinigungen Dritter,
5. Gutachten,
6. Nachweise aus Veröffentlichungen.

(2) Ist das fremdsprachige Schriftstück nicht in englischer, französischer, italienischer oder spanischer Sprache abgefaßt, so ist innerhalb eines Monats nach Eingang des Schriftstücks eine von einem Rechtsanwalt oder Patentanwalt beglaubigte oder von einem öffentlich bestellten Übersetzer angefertigte Übersetzung einzureichen. Wird die Übersetzung nicht innerhalb dieser Frist eingereicht, so gilt das Schriftstück als nicht zugegangen. Wird die Übersetzung nach Ablauf dieser Frist eingereicht, so gilt das Schriftstück als zum Zeitpunkt des Eingangs der Übersetzung zugegangen.

(3) Ist das fremdsprachige Schriftstück in englischer, französischer, italienischer oder spanischer Sprache abgefaßt, so kann das Patentamt verlangen, daß innerhalb einer von ihm bestimmten Frist eine Übersetzung eingereicht wird. Das Patentamt kann verlangen, daß die Übersetzung von einem Rechtsanwalt oder Patentanwalt beglaubigt oder von einem öffentlich bestellten Übersetzer angefertigt wird. Wird die Übersetzung nicht fristgerecht eingereicht, so gilt das Schriftstück als nicht zugegangen. Wird die Übersetzung nach Ablauf der Frist eingereicht, so gilt das Schriftstück als zum Zeitpunkt des Eingangs der Übersetzung zugegangen.

§ 70. Sonstige Erfordernisse für Anträge und Eingaben. (1) Nach Mitteilung des Aktenzeichens ist dieses auf allen Anträgen und Eingaben anzugeben. Auf allen Bestandteilen einer an das Patentamt gerichteten Sendung ist anzugeben, zu welchem Antrag oder zu welcher Eingabe sie gehören.

(2) Anträge und Eingaben, die mehrere Vorgänge betreffen, sind in der erforderlichen Stückzahl einzureichen. Die Anwendung der Bestimmungen über die Zusammenfassung mehrerer Widersprüche in einem Schriftsatz (§ 26 Abs. 1 Satz 2) und über gemeinsame Anträge für die Eintragung oder den Vermerk von Rechtsübergängen (§ 31 Abs. 8), von Berichtigungen

Anhang 1. Markenverordnung **Marken V**

(§ 45 Abs 3) und von Änderungen von Namen und Anschriften (§ 46 Abs. 3) bleibt unberührt.

(3) Sind beglaubigte Unterlagen einzureichen, kann anstelle einer öffentlichen Beglaubigung auch eine von einem Rechtsanwalt oder Patentanwalt beglaubigte Kopie eingereicht werden.

(4) Sind in dem Verfahren vor dem Patentamt mehrere Personen beteiligt, so sind allen Schriftstücken Abschriften für die übrigen Beteiligten beizufügen. Kommt ein Beteiligter dieser Verpflichtung nicht nach, so steht es im Ermessen des Patentamts, ob es die erforderliche Zahl von Abdrucken auf Kosten des Beteiligten anfertigt oder ihn dazu auffordert, sie nachzureichen.

**Abschnitt 3.
Beschlüsse, Bescheide und Mitteilungen des Patentamts**

§ 71. Form der Ausfertigungen. Die Ausfertigungen der Beschlüsse, der Bescheide und der sonstigen Mitteilungen erhalten in der Kopfzeile die Angabe „Deutsches Patentamt" und am Schluß die Bezeichnung der Markenstelle oder Markenabteilung sowie den Namen und die Dienstbezeichnung des Unterzeichnenden. Sie sind mit der Unterschrift des Ausfertigenden zu versehen; dem steht es gleich, wenn sie mit einem Abdruck des Namens des Ausfertigenden und einem Abdruck des Dienstsiegels des Patentamts versehen werden.

§ 72. Zustellung und formlose Übersendung. (1) Soweit eine Zustellung durch Rechtsvorschrift oder behördliche Anordnung bestimmt ist, richtet sich diese nach § 94 des Markengesetzes.

(2) Im übrigen werden Bescheide und sonstige Mitteilungen des Patentamts formlos übersandt.

(3) Als formlose Übermittlung gilt auch die Übersendung durch Telekopierer oder durch Telex oder ähnliche Formen der Datenübermittlung.

§ 73. Mehrere Beteiligte; mehrere Vertreter. (1) Falls mehrere Personen ohne gemeinsamen Vertreter gemeinschaftlich an einem Verfahren beteiligt sind, ist anzugeben, welche dieser Personen als Zustellungsbevollmächtigter und Empfangsbevollmächtigter für alle Beteiligten bestimmt ist. Fehlt eine solche Angabe, so gilt die Person als Zustellungsbevollmächtigter und Empfangsbevollmächtigter, die als erste genannt ist.

(2) Falls von einem Beteiligten mehrere Vertreter bestellt sind, ist anzugeben, welcher dieser Vertreter als Zustellungsbevollmächtigter und Empfangsbevollmächtigter bestimmt ist. Fehlt eine solche Bestimmung, so ist derjenige Vertreter Zustellungsbevollmächtigter und Empfangsbevollmächtigter, der als erster genannt ist.

(3) Absatz 2 gilt entsprechend, wenn mehrere gemeinschaftlich an einem Verfahren beteiligte Personen mehrere Vertreter als gemeinsame Vertreter bestimmt haben.

1507

Marken V

(4) Die Absätze 2 und 3 gelten nicht, wenn ein Zusammenschluß von Vertretern mit der Vertretung beauftragt worden ist. In diesem Fall reicht die Angabe des Namens des Zusammenschlusses aus. Hat ein solcher Zusammenschluß mehrere Anschriften, so ist anzugeben, welche Anschrift maßgebend ist. Fehlt eine solche Angabe, so ist diejenige Anschrift maßgebend, die als erste genannt ist.

Abschnitt 4. Fristen; Entscheidungen nach Lage der Akten

§ 74. Fristen. (1) Die vom Patentamt bestimmten oder auf Antrag gewährten Fristen betragen bei Beteiligten mit Wohnsitz, Sitz oder Niederlassung im Inland in der Regel einen Monat, bei Personen mit Wohnsitz, Sitz oder Niederlassung im Ausland in der Regel zwei Monate. Das Patentamt kann, wenn die Umstände dies rechtfertigen, eine kürzere oder längere Frist bestimmen oder gewähren.

(2) Bei Angabe von zureichenden Gründen können Fristverlängerungen bis zum Zweifachen der Regelfrist nach Absatz 1 gewährt werden.

(3) Weitere Fristverlängerungen werden nur gewährt, wenn ein berechtigtes Interesse glaubhaft gemacht wird. In Verfahren mit mehreren Beteiligten ist außerdem das Einverständnis der anderen Beteiligten glaubhaft zu machen.

§ 75. Entscheidung nach Lage der Akten. (1) Über Anträge oder Erinnerungen ohne Begründung kann im einseitigen Verfahren nach Ablauf von einem Monat nach Eingang nach Lage der Akten entschieden werden, wenn in dem Antrag oder der Erinnerung keine spätere Begründung oder eine spätere Begründung ohne Antrag auf Gewährung einer Frist nach § 74 angekündigt worden ist.

(2) Über Anträge, Widersprüche oder Erinnerungen ohne Begründung kann im mehrseitigen Verfahren nach Lage der Akten entschieden werden, wenn in dem Antrag, dem Widerspruch oder der Erinnerung keine spätere Begründung oder eine spätere Begründung ohne Antrag auf Gewährung einer Frist nach § 74 angekündigt ist und wenn der andere Beteiligte innerhalb der Fristen des § 74 Abs. 1 keine Stellungnahme abgibt oder eine spätere Stellungnahme ohne Antrag auf Gewährung einer Frist nach § 74 ankündigt. Wird der Antrag, der Widerspruch oder die Erinnerung zurückgewiesen, muß eine Stellungnahme der anderen Beteiligten nicht abgewartet werden.

Abschnitt 5. Vertretung; Vollmacht

§ 76. Vertretung. (1) Ein Beteiligter kann sich in jeder Lage des Verfahrens durch einen Bevollmächtigten vertreten lassen. Das Erfordernis der Bestellung eines Inlandvertreters nach § 96 des Markengesetzes bleibt unberührt.

Anhang 1. Markenverordnung   **Marken V**

(2) Die Bevollmächtigung eines Zusammenschlusses von Vertretern gilt, wenn nicht einzelne Personen, die in dem Zusammenschluß tätig sind, ausdrücklich als Vertreter bezeichnet sind, als Bevollmächtigung aller in dem Zusammenschluß tätigen Vertreter.

(3) Die Wahrnehmung der Interessen eines Beteiligten durch einen Arbeitnehmer dieses Beteiligten ist keine Bevollmächtigung im Sinne des Absatzes 1. Die Berechtigung des Arbeitnehmers, für den Beteiligten zu handeln, wird vom Patentamt nicht geprüft.

§ 77. Vollmacht. (1) Bevollmächtigte, soweit sie nicht nur zum Empfang von Zustellungen oder Mitteilungen ermächtigt sind, haben beim Patentamt eine vom Auftraggeber unterschriebene Vollmachtsurkunde einzureichen. Eine Beglaubigung der Vollmachtsurkunde oder der Unterschrift ist nicht erforderlich.

(2) Die Vollmacht kann sich auf mehrere Anmeldungen, auf mehrere eingetragene Marken oder auf mehrere Verfahren erstrecken. Die Vollmacht kann sich auch als „Allgemeine Vollmacht" auf die Bevollmächtigung zur Vertretung in allen Markenangelegenheiten erstrecken. In den in den Sätzen 1 und 2 genannten Fällen muß die Vollmachtsurkunde nur in einem Exemplar eingereicht werden.

(3) Vollmachtsurkunden müssen auf prozeßfähige, mit ihrem bürgerlichen Namen bezeichnete Personen lauten. Die Bevollmächtigung eines Zusammenschlusses von Vertretern unter Angabe des Namens dieses Zusammenschlusses ist zulässig.

(4) Der Mangel der Vollmacht kann in jeder Lage des Verfahrens geltend gemacht werden. Das Patentamt hat das Fehlen einer Vollmacht oder Mängel der Vollmacht von Amts wegen zu berücksichtigen, wenn nicht ein Mitglied einer Rechtsanwaltskammer, ein Patentanwalt, ein Erlaubnisscheininhaber oder in den Fällen des § 155 der Patentanwaltsordnung ein Patentassessor als Bevollmächtigter auftritt.

Teil 8. Schlußvorschriften

§ 78. Aufhebung von Rechtsvorschriften. Es werden aufgehoben:
1. die Verordnung über die Anmeldung von Warenzeichen und Dienstleistungsmarken vom 9. April 1979 (BGBl. I S. 570), zuletzt geändert durch die Verordnung vom 13. Oktober 1992 (BGBl. I S. 1764),
2. die Bestimmung über die Form des Widerspruchs im Warenzeicheneintragungsverfahren vom in der im Bundesgesetzblatt Teil III, Gliederungsnummer 423-1-2, veröffentlichten bereinigten Fassung, geändert durch die Verordnung vom 20. April 1967 (BAnz. Nr. 117 vom 28. Juni 1967),
3. die Bestimmungen über die Anmeldung von Kennfäden vom 5. Februar 1940 (Blatt für Patent-, Muster- und Zeichenwesen 1940, S. 32) sowie die Ergänzung der Bestimmung über die Anmeldung von Kennfäden vom 22. April 1942 (Blatt für Patent- Muster- und Zeichenwesen 1942, S. 68),

Marken V

4. die Bestimmung betreffend die Einrichtung der Rolle für die Verbandszeichen in der im Bundesgesetzblatt Teil III, Gliederungsnummer 423-1-4, veröffentlichten bereinigten Fassung.

§ 79. Inkrafttreten. Die §§ 54 bis 77 treten am 7. Dezember 1994 in Kraft. Im übrigen tritt diese Verordnung am 1. Januar 1995 in Kraft.

Anlage
(zu § 15 Abs. 1)

Klasseneinteilung von Waren und Dienstleistungen[1]

I. Waren

Klasse 1
Chemische Erzeugnisse für gewerbliche, wissenschaftliche, photographische, land-, garten- und forstwirtschaftliche Zwecke;
Kunstharze im Rohzustand, Kunststoffe im Rohzustand;
Düngemittel;
Feuerlöschmittel;
Mittel zum Härten und Löten von Metallen;
chemische Erzeugnisse zum Frischhalten und Haltbarmachen von Lebensmitteln;
Gerbmittel;
Klebstoffe für gewerbliche Zwecke.

Klasse 2
Farben, Firnisse, Lacke;
Rostschutzmittel, Holzkonservierungsmittel;
Färbemittel;
Beizen;
Naturharze im Rohzustand;
Blattmetalle und Metalle in Pulverform für Maler, Dekorateure, Drucker und Künstler.

Klasse 3
Wasch- und Bleichmittel;
Putz-, Polier-, Fettentfernungs- und Schleifmittel;
Seifen;
Parfümerien, ätherische Öle, Mittel zur Körper- und Schönheitspflege, Haarwässer;
Zahnputzmittel.

Klasse 4
Technische Öle und Fette;
Schmiermittel;
Staubabsorbierungs-, Staubbenetzungs- und Staubbindemittel;
Brennstoffe (einschließlich Motorentreibstoffe) und Leuchtstoffe;
Kerzen, Dochte.

Klasse 5
Pharmazeutische und veterinärmedizinische Erzeugnisse sowie Präparate für die Gesundheitspflege;
diätetische Erzeugnisse für medizinische Zwecke, Babykost;
Pflaster, Verbandmaterial;
Zahnfüllmittel und Abdruckmassen für zahnärztliche Zwecke;

---

[1] Klassen 7 und 29 geändert durch VO v. 3. 12. 1996 (BGBl. I S. 1826).

Anhang 1. Markenverordnung − Anlage   **Marken V**

Desinfektionsmittel;
Mittel zur Vertilgung von schädlichen Tieren;
Fungizide, Herbizide.

Klasse 6
Unedle Metalle und deren Legierungen;
Baumaterialien aus Metall;
transportable Bauten aus Metall;
Schienenbaumaterial aus Metall;
Kabel und Drähte aus Metall (nicht für elektrische Zwecke);
Schlosserwaren und Kleineisenwaren;
Metallrohre;
Geldschränke;
Waren aus Metall, soweit in Klasse 6 enthalten;
Erze.

Klasse 7
Maschinen und Werkzeugmaschinen;
Motoren (ausgenommen Motoren für Landfahrzeuge);
Kupplungen und Vorrichtungen zur Kraftübertragung (ausgenommen solche für Landfahrzeuge);
nicht handbetätigte landwirtschaftliche Geräte;
Brutapparate für Eier.

Klasse 8
Handbetätigte Werkzeuge und Geräte;
Messerschmiedewaren, Gabeln und Löffel;
Hieb- und Stichwaffen;
Rasierapparate.

Klasse 9
Wissenschaftliche, Schiffahrts-, Vermessungs-, elektrische, photographische, Film-, optische, Wäge-, Meß-, Signal-, Kontroll-, Rettungs- und Unterrichtsapparate und -instrumente;
Geräte zur Aufzeichnung, Übertragung und Wiedergabe von Ton und Bild;
Magnetaufzeichnungsträger, Schallplatten;
Verkaufsautomaten und Mechaniken für geldbetätigte Apparate;
Registrierkassen, Rechenmaschinen, Datenverarbeitungsgeräte und Computer;
Feuerlöschgeräte.

Klasse 10
Chirurgische, ärztliche, zahn- und tierärztliche Instrumente und Apparate, künstliche Gliedmaßen, Augen und Zähne;
orthopädische Artikel;
chirurgisches Nahtmaterial.

Klasse 11
Beleuchtungs-, Heizungs-, Dampferzeugungs-, Koch-, Kühl-, Trocken-, Lüftungs- und Wasserleitungsgeräte sowie sanitäre Anlagen.

Klasse 12
Fahrzeuge;
Apparate zur Beförderung auf dem Lande, in der Luft oder auf dem Wasser.

Klasse 13
Schußwaffen;
Munition und Geschosse;
Sprengstoffe;
Feuerwerkskörper.

Marken V Anhang 1. Markenverordnung – Anlage

Klasse 14
Edelmetalle und deren Legierungen sowie daraus hergestellte oder damit plattierte Waren, soweit in Klasse 14 enthalten;
Juwelierwaren, Schmuckwaren, Edelsteine;
Uhren und Zeitmeßinstrumente.

Klasse 15
Musikinstrumente.

Klasse 16
Papier, Pappe (Karton) und Waren aus diesen Materialien, soweit in Klasse 16 enthalten;
Druckereierzeugnisse;
Buchbinderartikel;
Photographien;
Schreibwaren;
Klebstoffe für Papier- und Schreibwaren oder für Haushaltszwecke;
Künstlerbedarfsartikel;
Pinsel;
Schreibmaschinen und Büroartikel (ausgenommen Möbel);
Lehr- und Unterrichtsmittel (ausgenommen Apparate);
Verpackungsmaterial aus Kunststoff, soweit in Klasse 16 enthalten;
Spielkarten;
Drucklettern;
Druckstöcke.

Klasse 17
Kautschuk, Guttapercha, Gummi, Asbest, Glimmer und Waren daraus, soweit in Klasse 17 enthalten;
Waren aus Kunststoffen (Halbfabrikate);
Dichtungs-, Packungs- und Isoliermaterial;
Schläuche (nicht aus Metall).

Klasse 18
Leder und Lederimitationen sowie Waren daraus, soweit in Klasse 18 enthalten;
Häute und Felle;
Reise- und Handkoffer;
Regenschirme, Sonnenschirme und Spazierstöcke;
Peitschen, Pferdegeschirre und Sattlerwaren.

Klasse 19
Baumaterialien (nicht aus Metall);
Rohre (nicht aus Metall) für Bauzwecke;
Asphalt, Pech und Bitumen;
transportable Bauten (nicht aus Metall);
Denkmäler (nicht aus Metall).

Klasse 20
Möbel, Spiegel, Rahmen;
Waren, soweit in Klasse 20 enthalten, aus Holz, Kork, Rohr, Binsen, Weide, Horn, Knochen, Elfenbein, Fischbein, Schildpatt, Bernstein, Perlmutter, Meerschaum und deren Ersatzstoffen oder aus Kunststoffen.

Klasse 21
Geräte und Behälter für Haushalt und Küche (nicht aus Edelmetall oder plattiert);
Kämme und Schwämme;
Bürsten (mit Ausnahme von Pinseln);
Bürstenmachermaterial;
Putzzeug;

Anhang 1. Markenverordnung – Anlage **MarkenV**

Stahlspäne;
rohes oder teilweise bearbeitetes Glas (mit Ausnahme von Bauglas);
Glaswaren, Porzellan und Steingut, soweit in Klasse 21 enthalten.

Klasse 22
Seile, Bindfaden, Netze, Zelte, Planen, Segel, Säcke, soweit in Klasse 22 enthalten;
Polsterfüllstoffe (außer aus Kautschuk und Kunststoffen);
rohe Gespinstfasern.

Klasse 23
Garne und Fäden für textile Zwecke.

Klasse 24
Webstoffe und Textilwaren, soweit in Klasse 24 enthalten;
Bett- und Tischdecken.

Klasse 25
Bekleidungsstücke, Schuhwaren, Kopfbedeckungen.

Klasse 26
Spitzen und Stickereien, Bänder und Schnürbänder;
Knöpfe, Haken und Ösen, Nadeln;
künstliche Blumen.

Klasse 27
Teppiche, Fußmatten, Matten, Linoleum und andere Bodenbeläge;
Tapeten (ausgenommen aus textilem Material).

Klasse 28
Spiele, Spielzeug;
Turn- und Sportartikel, soweit in Klasse 28 enthalten;
Christbaumschmuck.

Klasse 29
Fleisch, Fisch, Geflügel und Wild;
Fleischextrakte;
konserviertes, getrocknetes und gekochtes Obst und Gemüse;
Gallerten (Gelees), Konfitüren, Fruchtmuse;
Eier, Milch und Milchprodukte;
Speiseöle und -fette.

Klasse 30
Kaffee, Tee, Kakao, Zucker, Reis, Tapioka, Sago, Kaffee-Ersatzmittel;
Mehle und Getreidepräparate, Brot, feine Backwaren und Konditorwaren, Speiseeis;
Honig, Melassesirup;
Hefe, Backpulver;
Salz, Senf;
Essig, Saucen (Würzmittel);
Gewürze;
Kühleis.

Klasse 31
Land-, garten- und forstwirtschaftliche Erzeugnisse sowie Samenkörner, soweit in Klasse 31 enthalten;
lebende Tiere;
frisches Obst und Gemüse;
Sämereien, lebende Pflanzen und natürliche Blumen;
Futtermittel, Malz.

Marken V Anhang 1. Markenverordnung – Anlage

Klasse 32
Biere;
Mineralwässer, kohlensäurehaltige Wässer und andere alkoholfreie Getränke;
Fruchtgetränke und Fruchtsäfte;
Sirupe und andere Präparate für die Zubereitung von Getränken.

Klasse 33
Alkoholische Getränke (ausgenommen Biere).

Klasse 34
Tabak;
Raucherartikel;
Streichhölzer.

II. Dienstleistungen

Klasse 35
Werbung;
Geschäftsführung;
Unternehmensverwaltung;
Büroarbeiten.

Klasse 36
Versicherungswesen;
Finanzwesen;
Geldgeschäfte;
Immobilienwesen.

Klasse 37
Bauwesen;
Reparaturwesen;
Installationsarbeiten.

Klasse 38
Telekommunikation.

Klasse 39
Transportwesen;
Verpackung und Lagerung von Waren;
Veranstaltung von Reisen.

Klasse 40
Materialbearbeitung.

Klasse 41
Erziehung;
Ausbildung;
Unterhaltung;
sportliche und kulturelle Aktivitäten.

Klasse 42
Verpflegung;
Beherbergung von Gästen;
ärztliche Versorgung, Gesundheits- und Schönheitspflege;
Dienstleistungen auf dem Gebiet der Tiermedizin und der Landwirtschaft;
Rechtsberatung und -vertretung;
wissenschaftliche und industrielle Forschung;
Erstellen von Programmen für die Datenverarbeitung;
Dienstleistungen, die nicht in die Klassen 35 bis 41 fallen.

2. Verordnung über die Wahrnehmung einzelner den Prüfstellen, der Gebrauchsmusterstelle, den Markenstellen und den Abteilungen des Patentamts obliegender Geschäfte (Wahrnehmungsverordnung – WahrnV)

Vom 14. Dezember 1994
(BGBl. I S. 3812)

Auf Grund des § 27 Abs. 5 des Patentgesetzes in der Fassung der Bekanntmachung vom 16. Dezember 1980 (BGBl. 1981 I S. 1), der zuletzt durch Artikel 1 des Gesetzes vom 23. März 1993 (BGBl. I S. 366) geändert worden ist, des § 10 Abs. 2 des Gebrauchsmustergesetzes in der Fassung der Bekanntmachung vom 28. August 1986 (BGBl. I S. 1455), der zuletzt durch Artikel 3 des Gesetzes vom 23. März 1993 (BGBl. I S. 366) geändert worden ist, des § 4 Abs. 4 des Halbleiterschutzgesetzes vom 22. Oktober 1987 (BGBl. I S. 2294), des § 12a Abs. 1 des Geschmacksmustergesetzes in der im Bundesgesetzblatt Teil III, Gliederungsnummer 442-1, veröffentlichten bereinigten Fassung, der durch das Gesetz vom 18. Dezember 1986 (BGBl. I S. 2501) eingefügt und durch Artikel 4 des Gesetzes vom 23. März 1993 (BGBl. I S. 366) geändert worden ist, des Artikels 2 Abs. 2 Satz 1 des Schriftzeichengesetzes vom 6. Juli 1981 (BGBl. 1981 II S. 382) sowie des § 65 Abs. 1 Nr. 11 und 12 des Markengesetzes vom 25. Oktober 1994 (BGBl. I S. 3082), jeweils in Verbindung mit § 20 der Verordnung über das Deutsche Patentamt vom 5. September 1968 (BGBl. I S. 997), der zuletzt durch Verordnung vom 15. November 1994 (BGBl. I S. 3462) geändert worden ist, verordnet der Präsident des Deutschen Patentamts:

§ 1. Prüfungsstellen für Patente und Patentabteilungen. (1) Mit der Wahrnehmung folgender Geschäfte der Prüfungsstellen und Patentabteilungen werden auch Beamte des gehobenen Dienstes und vergleichbare Angestellte betraut:

1. Entscheidung über Anträge auf
   a) Hinausschiebung des Absendens der Nachricht nach § 17 Abs. 4 oder Stundung der Gebühr und des Zuschlags nach § 17 Abs. 5 des Patentgesetzes,
   b) Stundung oder Erlaß von Erteilungs- und Jahresgebühren nach § 18 Abs. 1 des Patentgesetzes,
   c) Erstattung von Auslagen gemäß § 18 Abs. 2 des Patentgesetzes,
   d) Stundung der Gebühr nach § 23 Abs. 4 Satz 5 des Patentgesetzes,

sofern dem Antrag entsprochen wird oder der zuständige Prüfer (§ 27 Abs. 2 und 4 des Patentgesetzes) der Entscheidung zugestimmt hat;

2. Entscheidung über Anträge auf Rückzahlung von nicht fällig gewordenen Gebühren nach § 19 des Patentgesetzes;
3. Feststellung, daß das Patent wegen nicht rechtzeitig erfolgter Abgabe der Erfinderbenennung oder wegen nicht rechtzeitiger Zahlung der Jahresgebühr mit dem Zuschlag erloschen ist;
4. Bearbeitung von Lizenzbereitschaftserklärungen und ihrer Rücknahme mit Ausnahme der Festsetzung oder Änderung der angemessenen Vergütung;
5. Entscheidung über Anträge auf
    a) Änderung einer Rolleneintragung, die die Person, den Namen oder Wohnort des Anmelders oder Patentinhabers oder des Vertreters betrifft,
    b) Eintragung oder Löschung eines Rollenvermerks über die Einräumung eines Rechts zur ausschließlichen Benutzung der Erfindung;
6. Bearbeitung von Verfahren der Akteneinsicht
    a) in vollem Umfang, soweit die Einsicht in die Akten jedermann freisteht oder der Anmelder dem Antrag zugestimmt hat,
    b) hinsichtlich formeller Erfordernisse, soweit die Einsicht in die Akten oder die Erfinderbenennung nur bei Glaubhaftmachung eines berechtigten Interesses gewährt wird;
7. formelle Bearbeitung von Patentanmeldungen, insbesondere
    a) Aufforderung zur Beseitigung formeller Mängel und zur Einreichung der Erfinderbenennung,
    b) Zurückweisung der Anmeldung, wenn der Anmelder auf eine Aufforderung nach Buchstabe a die Mängel nicht beseitigt hat, es sei denn aus Gründen, denen der Anmelder widersprochen hat;
    c) Aufforderung, die für die Inanspruchnahme einer Priorität erforderlichen Angaben zu machen und entsprechende Unterlagen einzureichen,
    d) Feststellung, daß die Anmeldung wegen Nichtzahlung der Anmeldegebühr, einer Jahresgebühr mit Zuschlag oder der Erteilungsgebühr, wegen nicht fristgerechter Stellung des Prüfungsantrags oder wegen Inanspruchnahme einer inländischen Priorität als zurückgenommen gilt,
    e) Feststellung, daß die Prioritätserklärung als nicht abgegeben gilt oder der Prioritätsanspruch verwirkt ist,
    f) Feststellung, daß die Teilungserklärung als nicht abgegeben gilt;
8. formelle Bearbeitung von Recherchen- und Prüfungsanträgen, einschließlich der Feststellung, daß der Antrag wegen Nichtzahlung der Gebühr oder wegen eines früher eingegangenen Antrags als nicht gestellt gilt;
9. formelle Bearbeitung des Einspruchsverfahrens;
10. formelle Bearbeitung des Beschränkungsverfahrens, einschließlich der Feststellung, daß der Antrag auf Beschränkung des Patents wegen Nichtzahlung der Gebühr als nicht gestellt gilt;
11. Bearbeitung internationaler Anmeldungen, soweit das Patentamt als Anmeldeamt nach dem Patentzusammenarbeitsvertrag tätig wird, ein-

Anhang 2. Wahrnehmungsverordnung **WahrnV**

schließlich der Feststellung, daß die internationale Anmeldung als zurückgenommen gilt, mit Ausnahme der Entscheidung über Anträge auf Wiedereinsetzung.

(2) Mit der Wahrnehmung folgender Geschäfte der Prüfungsstellen und Patentabteilungen werden auch Beamte des mittleren Dienstes und vergleichbare Angestellte betraut:

1. Gewährung der Akteneinsicht, einschließlich der Erteilung von Auskünften über den Akteninhalt und von Abschriften und Auszügen aus den Akten, soweit die Einsicht in die Akten jedermann freisteht oder der Anmelder dem Antrag zugestimmt hat;
2. Aufforderung, Mängel der Patentanmeldung zu beseitigen, soweit die Mängel nur formeller Art und ohne weitere technische oder rechtliche Beurteilung feststellbar sind, sowie Aufforderung, die Zusammenfassung, die Erfinderbenennung und die für geteilte oder ausgeschiedene Anmeldungen erforderlichen Anmeldungsunterlagen einzureichen;
3. Aufforderung, die für die Inanspruchnahme einer inländischen oder ausländischen Priorität erforderlichen Angaben zu machen und entsprechende Unterlagen einzureichen;
4. Aufforderung, einen Recherchen- oder Prüfungsantrag auch für die Anmeldung eines Hauptpatents zu stellen;
5. Bearbeitung von Anträgen auf Aussetzung des Erteilungsbeschlusses;
6. formelle Bearbeitung der Akten im Einspruchsverfahren, einschließlich der Aufforderung, formelle Mängel bei der Einreichung von Schriftsätzen zu beseitigen, soweit diese ohne weitere technische oder rechtliche Beurteilung feststellbar sind.

(3) Absatz 1 Nr. 1 bis 7 sowie Absatz 2 Nr. 1 und 2 sind in Verfahren über ergänzende Schutzzertifikate und Anmeldungen von ergänzenden Schutzzertifikaten entsprechend anzuwenden.

§ 2 Gebrauchsmusterstelle und Gebrauchsmusterabteilungen. (1) Mit der Wahrnehmung folgender Geschäfte der Gebrauchsmusterstelle und der Gebrauchsmusterabteilungen werden auch Beamte des gehobenen Dienstes und vergleichbare Angestellte betraut:

1. Bearbeitung von Gebrauchsmusteranmeldungen, insbesondere
    a) Aufforderung zur Beseitigung sachlicher und formeller Mängel;
    b) Aufforderung, die für die Inanspruchnahme einer Priorität oder des Anmeldetages einer Patentanmeldung erforderlichen Angaben zu machen und entsprechende Unterlagen einzureichen,
    c) Feststellung, daß die Erklärung der Inanspruchnahme des Anmeldetages einer Patentanmeldung oder die Prioritätserklärung als nicht abgegeben gilt oder daß der Prioritätsanspruch verwirkt ist,
    d) Feststellung, daß die Anmeldung wegen Nichtzahlung der Anmeldegebühr oder wegen Inanspruchnahme einer inländischen Priorität als zurückgenommen gilt,
    e) Gewährung von Anhörungen,
    f) Zurückweisung der Anmeldung aus formellen Gründen, denen der Anmelder nicht widersprochen hat,

g) Zurückweisung der Anmeldung aus sachlichen Gründen, denen der Anmelder nicht widersprochen hat, sofern der Leiter der Gebrauchsmusterstelle der Zurückweisung zugestimmt hat,

h) Verfügung der Eintragung des Gebrauchsmusters;

2. FormelleBearbeitung von Recherchenanträgen einschließlich der Feststellung, daß der Antrag wegen Nichtzahlung der Gebühr als nicht gestellt gilt;
3. Entscheidung über Anträge auf Änderung einer Rolleneintragung, die die Person des Anmelders oder Inhabers des Gebrauchsmusters oder seines Vertreters betrifft;
4. Bearbeitung von Verfahren der Akteneinsicht
   a) in vollem Umfang, soweit die Einsicht jedermann freisteht oder der Anmelder dem Antrag zugestimmt hat,
   b) hinsichtlich formeller Erfordernisse, soweit die Einsicht in die Akten nur bei Glaubhaftmachung eines berechtigten Interesses gewährt wird;
5. formelle Bearbeitung des Löschungsverfahrens, insbesondere
   a) Aufforderung, formelle Mängel des Löschungsantrags oder des Antrags auf Feststellung der Unwirksamkeit des Gebrauchsmusters zu beseitigen sowie im Feststellungsverfahren das besondere Rechtsschutzinteresse nachzuweisen,
   b) Feststellung, daß der Löschungsantrag wegen Nichtzahlung der Gebühr als nicht gestellt gilt,
   c) Festsetzung der Höhe der Sicherheitsleistung,
   d) Löschung, wenn der Inhaber des Gebrauchsmusters dem Löschungsantrag nicht widersprochen, den Widerspruch zurückgenommen oder in die Löschung eingewilligt hat;
6. Entscheidung über Anträge auf
   a) Hinausschiebung des Absendens der Nachricht nach § 23 Abs. 3 des Gebrauchsmustergesetzes,
   b) Stundung von Verlängerungsgebühren nach § 23 Abs. 4 des Gebrauchsmustergesetzes,

sofern dem Antrag entsprochen wird oder der Leiter der Gebrauchsmusterstelle der Ablehnung des Antrags zugestimmt hat.

(2) Mit der Wahrnehmung folgender Geschäfte der Gebrauchsmusterstelle und der Gebrauchsmusterabteilungen werden auch Beamte des mittleren Dienstes und vergleichbare Angestellte betraut:

1. Aufforderung, Mängel der Gebrauchsmusteranmeldung zu beseitigen, soweit die Mängel nur formeller Art und ohne weitere technische oder rechtliche Beurteilung feststellbar sind;
2. Aufforderung, im Falle der Inanspruchnahme einer Priorität oder des Anmeldetages einer Patentanmeldung die erforderlichen Angaben zu machen und entsprechende Unterlagen einzureichen;
3. formelle Bearbeitung von Recherchenanträgen einschließlich der Feststellung, daß der Antrag wegen Nichtzahlung der Gebühr als nicht gestellt gilt;
4. Bearbeitung von Anträgen auf Aussetzung der Eintragung des Gebrauchsmusters;
5. Gewährung von Akteneinsicht, einschließlich der Erteilung von Auskünften über den Akteninhalt und von Abschriften und Auszügen aus den

Akten, soweit die Einsicht jedermann freisteht oder der Anmelder dem Antrag zugestimmt hat;
6. formelle Bearbeitung der Akten im Löschungsverfahren, einschließlich der Aufforderung, formelle Mängel bei der Einreichung von Schriftsätzen zu beseitigen, soweit diese ohne weitere technische oder rechtliche Beurteilung feststellbar sind.

§ 3. Topographiestelle und Topographieabteilung. Auf die Wahrnehmung der Geschäfte der Topographiestelle und der Topographieabteilung durch Beamte des gehobenen und mittleren Dienstes sowie vergleichbare Angestellte ist § 2 entsprechend anzuwenden.

§ 4. Musterregister. (1) Mit der Wahrnehmung der Geschäfte des Musterregisters werden auch Beamte des gehobenen Dienstes und vergleichbare Angestellte betraut.

(2) Dies gilt nicht
1. für Geschäfte, die nach § 12a Abs. 1 Satz 2 Nr. 1 bis 5 des Geschmacksmustergesetzes dem rechtskundigen Mitglied (§ 10 Abs. 1 Satz 1 des Geschmacksmustergesetzes) vorbehalten sind;
2. für die Entscheidung über Anträge auf Hinausschiebung des Absendens der Nachricht nach § 9 Abs. 4 oder auf Stundung der Verlängerungsgebühr und des Zuschlags nach § 9 Abs. 5 des Geschmacksmustergesetzes, sofern dem Antrag nicht entsprochen wird oder das rechtskundige Mitglied der Ablehnung des Antrags nicht zugestimmt hat.

(3) Für die Bearbeitung von Anträgen auf Wiedereinsetzung in den vorigen Stand und auf Verfahrenskostenhilfe gilt § 7 Abs. 1 und 2.

§ 5. Markenabteilungen. (1) Mit der Wahrnehmung folgender Aufgaben der Markenabteilungen werden auch Beamte des gehobenen Dienstes und vergleichbare Angestellte betraut:
 1. Bearbeitung von Anträgen auf Eintragung des Übergangs des durch die Eintragung der Marke begründeten Rechts in das Register;
 2. Bearbeitung von Anträgen auf Eintragung einer Verpfändung, eines sonstigen dinglichen Rechts, von Maßnahmen der Zwangsvollstreckung oder eines Konkursverfahrens in das Register, soweit das durch die Eintragung begründete Recht betroffen ist;
 3. Bearbeitung von Anträgen auf Berichtigung von Eintragungen im Register oder von Veröffentlichungen;
 4. Bearbeitung von Anträgen auf Eintragung von Änderungen des Namens oder der Anschrift des Inhabers der Marke oder anderer Personen in das Register;
 5. Bearbeitung von Erklärungen auf Teilung einer eingetragenen Marke, einschließlich der Feststellung des Verzichts auf die abgetrennte Eintragung;
 6. Bearbeitung von Verfahren der Verlängerung der Schutzdauer, einschließlich der Löschung, wenn nach Ablauf der Schutzdauer die Verlängerung der Schutzdauer unterblieben ist;

7. formelle Bearbeitung von Löschungsverfahren, einschließlich der Feststellung, daß der Löschungsantrag wegen fehlender Zahlung der Antragsgebühr als nicht gestellt gilt;
8. Bearbeitung von Anträgen auf internationale Registrierung von Marken;
9. Bearbeitung von Verfahren, die international registrierte Marken betreffen, insbesondere von
    a) Anträgen auf nachträgliche territoriale Schutzerstreckung von international registrierten Marken inländischer Inhaber,
    b) Anträgen auf Ersatz der nationalen Eintragung durch die internationale Registrierung;
    c) Anträgen auf Löschung von international registrierten Marken wegen Wegfalls des Schutzes der Basismarke,
    d) Anträgen auf Eintragung von Änderungen bei international registrierten Marken inländischer Inhaber;
10. Bearbeitung von international registrierten Marken, deren Schutz auf das Gebiet der Bundesrepublik Deutschland erstreckt worden ist;
11. Bearbeitung von Anträgen auf Eintragung einer geographischen Angabe oder Ursprungsbezeichnung und von Einsprüchen nach der Verordnung (EWG) Nr. 2081/92, mit Ausnahme der in diesen Verfahren zu treffenden Entscheidungen, jedoch einschließlich der Feststellung, daß der Einspruch wegen fehlender Zahlung der Einspruchsgebühr als nicht eingegangen gilt, sowie der Weiterleitung von Anträgen und Einsprüchen an das Bundesministerium der Justiz;
12. Bearbeitung von Verfahren der Akteneinsicht;
13. formelle Bearbeitung von Anträgen auf Wiedereinsetzung in den vorigen Stand.

(2) Mit der Wahrnehmung folgender Aufgaben der Markenabteilungen werden auch Beamte des mittleren Dienstes und vergleichbare Angestellte betraut:
1. Aufforderung, formelle Mängel von Erklärungen auf Teilung einer eingetragenen Marke zu beseitigen;
2. formelle Bearbeitung der Akten in Löschungsverfahren, einschließlich der Aufforderung, formelle Mängel bei der Einreichung von Schriftsätzen zu beseitigen;
3. Gewährung von Einsicht in die Akten eingetragener Marken, einschließlich der Erteilung von Auskünften über den Akteninhalt und von Abschriften und Auszügen aus den Akten;
4. Sachbearbeitung bei Übertragungen von international registrierten Marken.

§ 6. Markenstellen. Mit der Wahrnehmung folgender Aufgaben der Markenstellen werden auch Beamte des mittleren Dienstes oder vergleichbare Angestellte betraut:
1. Aufforderung, formelle Mängel von Anmeldungen oder von Erklärungen auf Teilung angemeldeter Marken zu beseitigen;
2. Gewährung von Einsicht in die Akten von Anmeldungen von Marken einschließlich der Erteilung von Auskünften über den Akteninhalt und

von Abschriften und Auszügen aus den Akten, soweit der Anmelder dem Antrag zugestimmt hat;
3. Aufforderung, die für die Inanspruchnahme einer Priorität erforderlichen Angaben zu machen und entsprechende Unterlagen einzureichen;
4. Aufforderung, die für die Berufung auf eine im Ursprungsland eingetragene Marke erforderlichen Angaben zu machen und entsprechende Unterlagen einzureichen.

§ 7. Gemeinsame Vorschriften. (1) Zusätzlich zu den in den §§ 1 bis 4 aufgeführten Geschäften werden Beamte des gehobenen Dienstes und vergleichbare Angestellte mit der Wahrnehmung folgender Geschäfte betraut:
1. formelle Bearbeitung von Anträgen auf Wiedereinsetzung in den vorigen Stand;
2. formelle Bearbeitung von Anträgen auf Verfahrenskostenhilfe, insbesondere
   a) Zurückweisung des Antrags auf Verfahrenskostenhilfe, einschließlich des Antrags auf Beiordnung eines Vertreters, wenn der Antragsteller trotz Aufforderung keine oder eine offensichtlich unvollständige Erklärung über seine persönlichen und wirtschaftlichen Verhältnisse mit unzureichenden Belegen eingereicht hat oder einem sonstigen Auflagenbescheid nicht nachgekommen ist;
   b) Bestimmung des Zeitpunkts für die Einstellung und die Wiederaufnahme der Zahlung bei bewilligter Verfahrenskostenhilfe;
   c) Festsetzung der Kosten des beigeordneten Vertreters.

(2) Zusätzlich zu den in den §§ 1 bis 6 aufgeführten Geschäften werden Beamte des gehobenen Dienstes und vergleichbare Angestellte mit der Wahrnehmung folgender Geschäfte betraut:
1. Erlaß von Kostenfestsetzungsbeschlüssen;
2. Entscheidung über Einwendungen gegen den Kostenansatz oder gegen Maßnahmen nach den §§ 7 und 8 der Verordnung über Verwaltungskosten beim Deutschen Patentamt (§ 10 Abs. 2 der Verordnung über Verwaltungskosten beim Deutschen Patentamt);
3. Entscheidung nach § 9 der Verordnung über Verwaltungskosten beim Deutschen Patentamt (§ 10 Abs. 3 der Verordnung über Verwaltungskosten beim Deutschen Patentamt);
4. Bewilligung von Vorschüssen und Berechnung der Entschädigung für Zeugen und Sachverständige sowie Bewilligung von Reisekostenentschädigung für mittellose Beteiligte.

§ 8. Aufhebung der Verordnung vom 22. Mai 1970. Die Wahrnehmungsverordnung vom 22. Mai 1970 (BGBl. I S. 663), geändert durch Artikel 1 der Verordnung vom 3. Juni 1993 (BGBl. I S. 814), wird aufgehoben.

§ 9. Inkrafttreten. Diese Verordnung tritt am 1. Januar 1995 in Kraft.

3. Gesetz über die Gebühren des Patentamts und des Patentgerichts (Patentgebührengesetz – PatGebG)

Vom 18. August 1976

(BGBl. I S. 2188)

(BGBl. III 424–4–5)

Geändert durch Gesetz vom 29. 1. 1979 (BGBl. I S. 125), Gesetz vom 26. 7. 1979 (BGBl. I S. 1269), Gesetz vom 11. 12. 1985 (BGBl. I S. 2170), Gesetz vom 15. 8. 1986 (BGBl. I S. 1446), Gesetz vom 18. 12. 1986 (BGBl. I S. 2501), Gesetz vom 22. 10. 1987 (BGBl. I S. 2294), Gesetz vom 7. 3. 1990 (BGBl. I S. 422), Gesetz vom 20. 12. 1991, (BGBl. II, S. 1354), Gesetz vom 23. 4. 1992, (BGBl. I S. 938), Gesetz vom 23. 3. 1993 (BGBl. I S. 366), Gesetz vom 25. 7. 1994 (BGBl. I S. 1739, ber. in BGBl. I 1994 S. 2263), Gesetz vom 25. 10. 1994 (BGBl. I S. 3082), Gesetz vom 17. 7. 1996 (BGBl. I S. 1014)

Der Bundestag hat das folgende Gesetz beschlossen:

§ 1. Gebührenverzeichnis. Die Gebühren des Deutschen Patentamts und des Bundespatentgerichts bestimmen sich, soweit sie nicht anderweitig gesetzlich festgesetzt sind, nach dem anliegenden Gebührenverzeichnis.

§ 2. *(aufgehoben)*

§ 3. Ermächtigung. Das Bundesministerium der Justiz wird ermächtigt, durch Rechtsverordnung für die Gebühren des Patentamts und des Patentgerichts Bestimmungen darüber zu erlassen, welche Zahlungsformen der Barzahlung gleichgestellt werden.

§ 4. Anwendung der bisherigen Gebührensätze. (1) Geänderte Gebührensätze sind von dem Tage an anzuwenden, an dem sie in Kraft treten.

(2) Auch nach dem Inkrafttreten eines geänderten Gebührensatzes bleiben die vor diesem Zeitpunkt geltenden Gebührensätze anzuwenden,
1. wenn der für die Entrichtung einer Gebühr durch Gesetz festgelegte Zeitpunkt vor dem Inkrafttreten des geänderten Gebührensatzes liegt oder,
2. wenn für die Entrichtung einer Gebühr durch Gesetz eine Zahlungsfrist festgelegt ist und das für den Beginn der Frist maßgebliche Ereignis vor dem Inkrafttreten des geänderten Gebührensatzes liegt.

(3) Bei Prüfungsanträgen nach § 44 des Patentgesetzes und Rechercheanträgen nach § 43 des Patentgesetzes bleiben die bisherigen Gebührensätze nur anzuwenden, wenn der Antrag und die Gebührenzahlung bis zum Inkrafttreten eines geänderten Gebührensatzes eingegangen sind.

Anhang 3. Patentgebührengesetz **PatGebG**

§ 5. Vorauszahlung. Sind Jahresgebühren gemäß § 16a Abs. 1 Satz 2 und § 17 des Patentgesetzes und Gebühren für die Verlängerung der Schutzdauer gemäß § 23 Abs. 2 des Gebrauchsmustergesetzes und § 9 Abs. 2 des Warenzeichengesetzes, die nach dem 1. August 1994 fällig werden, vor dem 25. Juli 1994 vorausgezahlt worden, so gilt die Gebührenschuld als mit dieser Zahlung getilgt.

§ 6. Nach bisherigen Sätzen gezahlte Gebühren. (1) ¹Wird eine innerhalb von drei Monaten nach dem Inkrafttreten eines geänderten Gebührensatzes fällig werdende Gebühr, die mit einem Antrag oder Rechtsmittel zu entrichten ist, nach den bisherigen Gebührensätzen rechtzeitig entrichtet, so kann der Unterschiedsbetrag bis zum Ablauf einer vom Patentamt oder Patentgericht zu setzenden Frist von einem Monat nach Zustellung nachgezahlt werden. ²Wird der Unterschiedsbetrag innerhalb der gesetzten Frist nachgezahlt, so gilt die Gebühr als rechtzeitig entrichtet.

(2) ¹Wird eine innerhalb von drei Monaten nach dem Inkrafttreten eines geänderten Gebührensatzes fällig werdende Erteilungsgebühr, Jahresgebühr oder Gebühr für die Verlängerung der Schutzdauer eines Gebrauchsmusters oder einer Marke nach den bisherigen Gebührensätzen rechtzeitig entrichtet, so ergeht die nach § 17 Abs. 3 und § 57 des Patentgesetzes, § 23 Abs. 2 des Gebrauchsmustergesetzes und § 47 Abs. 3 des Markengesetzes vorgesehene Nachricht nur für den Unterschiedsbetrag. ²Ein Zuschlag für die Verspätung der Zahlung wird nicht erhoben.

§ 7. Ausnahmevorschriften für die neuen Bundesländer. (1) Für natürliche und juristische Personen sowie Personenhandelsgesellschaften, die ihren Wohnsitz oder Sitz oder ihre Hauptniederlassung im Zeitpunkt der Fälligkeit einer Gebühr in dem in Artikel 3 des Einigungsvertrages genannten Gebiet haben, bleiben die vor dem 1. Oktober 1994 geltenden Gebührensätze bis zum 1. Januar 1998 anwendbar. In den Fällen der Nummern 131100 bis 136200 (Abschnitt A., Unterabschnitt III.) der Anlage zu § 1 (Gebührenverzeichnis) treten die in der Zusatzspalte aufgeführten Gebühren an die Stelle der bisherigen Gebührensätze im Sinne des Satzes 1.

(2) Auf Verlangen sind die Voraussetzungen des Absatzes 1 glaubhaft zu machen. Geschieht dies nicht, ist der Differenzbetrag nachzuzahlen. Bei Handlungen, deren Wirksamkeit von der Zahlung einer Gebühr abhängig ist, läßt eine Nachzahlungspflicht nach Satz 2 die Wirksamkeit unberührt.

(3) Sind Jahresgebühren gemäß § 17 des Patentgesetzes und Gebühren für die Verlängerung der Schutzdauer gemäß § 23 des Gebrauchsmustergesetzes und § 47 Abs. 3 des Markengesetzes vorausgezahlt worden, verbleibt es bei einem nachträglichen Wechsel des Wohnsitzes oder Sitzes oder der Hauptniederlassung bei den vorausgezahlten Gebühren.

§ 8. Inkrafttreten. Dieses Gesetz tritt am 1. November 1976 in Kraft.

PatGebG Anhang 3. Patentgebührengesetz – Anlage –

Anlage zu § 1

Gebührenverzeichnis
– Auszug –

Nummer	Gebührentatbestand	Gebühr in Deutsche Mark	
			Zusatz-spalte
	III. Marken; geographische Angaben und Ursprungsbezeichnungen		
	1. Eintragungsverfahren		
131 100	Anmeldegebühr bei Marken einschließlich der Klassengebühr bis zu drei Klassen (§ 32 Abs. 4 MarkenG)	500	420
131 150	Klassengebühr bei Anmeldung einer Marke für jede Klasse ab der vierten Klasse (§ 32 Abs. 4 MarkenG)	150	120
131 200	Anmeldegebühr bei Kollektivmarken einschließlich der Klassengebühr bis zu drei Klassen (§ 97 Abs. 2, § 32 Abs. 4 MarkenG)	1500	1200
131 250	Klassengebühr bei Anmeldung einer Kollektivmarke für jede Klasse ab der vierten Klasse (§ 97 Abs. 2, § 32 Abs. 4 MarkenG)	250	210
131 300	Zuschlag für die verspätete Zahlung einer Gebühr der Nummern 131 100 bis 131 250 (§ 36 Abs. 3 MarkenG)	100	80
131 400	Für die Erhebung des Widerspruchs (§ 42 Abs. 3 MarkenG)	200	170
131 600	Für den Antrag auf beschleunigte Prüfung (§ 38 Abs 2 MarkenG)	420	350
131 700	Für den Antrag auf Teilung oder Teilübertragung einer Anmeldung (§ 40 Abs. 2, §§ 31, 27 Abs. 4 MarkenG)	500	420
	2. Verlängerung der Schutzdauer		
132 100	Verlängerungsgebühr bei Marken einschließlich der Klassengebühr bis zu drei Klassen (§ 47 Abs. 3 MarkenG)	1000	840
132 150	Klassengebühr bei Verlängerung der Schutzdauer einer Marke für jede Klasse ab der vierten Klasse (§ 47 Abs. 3 MarkenG)	450	380
132 200	Verlängerungsgebühr bei Kollektivmarken einschließlich der Klassengebühr bis zu drei Klassen (§ 97 Abs. 2, § 47 Abs. 3 MarkenG)	3000	2500
132 250	Klassengebühr bei Verlängerung der Schutzdauer einer Kollektivmarke für jede Klasse ab der vierten Klasse (§ 97 Abs. 2, § 47 Abs. 3 MarkenG)	450	380
132 300	Zuschlag für die verspätete Zahlung einer Gebühr der Nummern 132 100 bis 132 250 (§ 36 Abs. 3 MarkenG)	10% der Gebühren	10% der Gebühren

Anhang 3. Patentgebührengesetz – Anlage **PatGebG**

Nummer	Gebührentatbestand	Gebühr in Deutsche Mark	
			Zusatz-spalte
	3. Sonstige Anträge		
133 400	Für den Antrag auf Teilung oder Teilübertragung einer Eintragung (§ 46 Abs. 3, § 27 Abs. 4 MarkenG)	600	500
133 600	Für den Antrag auf Löschung (§ 54 Abs. 2 MarkenG)	600	500
	4. Internationale Registrierung		
134 100	Nationale Gebühr für den Antrag auf internationale Registrierung nach dem Madrider Markenabkommen (§ 109 Abs. 1 MarkenG) oder	300	250
134 200	Nationale Gebühr für den Antrag auf internationale Registrierung nach dem Protokoll zum Madrider Markenabkommen § 121 Abs. 1 MarkenG)	300	250
134 300	Gemeinsame nationale Gebühr für den Antrag auf internationale Registrierung sowohl nach dem Madrider Markenabkommen als auch nach dem Protokoll zum Madrider Markenabkommen (§ 121 Abs. 2 MarkenG)	300	250
134 400	Nationale Gebühr für den Antrag auf nachträgliche Schutzerstreckung nach dem Madrider Markenabkommen (§ 111 Abs. 1 MarkenG)	200	170
134 500	Nationale Gebühr für den Antrag auf nachträgliche Schutzerstreckung nach dem Protokoll zum Madrider Abkommen (§ 123 Abs. 1 Satz 2 MarkenG)	200	170
134 600	Gemeinsame nationale Gebühr für den Antrag auf nachträgliche Schutzerstreckung sowohl nach dem Madrider Markenabkommen als auch nach dem Protokoll zum Madrider Markenabkommen (§ 123 Abs. 2 Satz 2 MarkenG)	200	170
	5. Umwandlung einer international registrierten Marke oder einer Gemeinschaftsmarke		
135 100	Für den Antrag auf Umwandlung einer Marke einschließlich der Klassengebühr bis zu drei Klassen (§ 125 Abs. 2, § 125 d Abs. 1, § 32 Abs. 4 MarkenG)	500	420
135 150	Klassengebühr bei Umwandlung einer Marke für jede Klasse ab der vierten Klasse (§ 125 Abs. 2, § 125 d Abs. 1, § 32 Abs. 4 MarkenG)	150	120
135 200	Für den Antrag auf Umwandlung einer Kollektivmarke einschließlich der Klassengebühr bis zu drei Klassen (§ 125 Abs. 2, § 125 d Abs. 1, § 97 Abs. 2, § 32 Abs. 4 MarkenG)	1500	1200
135 250	Klassengebühr bei Umwandlung einer Kollektivmarke für jede Klasse ab der vierten Klasse (§ 125 Abs. 2, § 125 d Abs. 1, § 97 Abs. 2, § 32 Abs. 4 MarkenG)	250	210
135 300	Zuschlag für die verspätete Zahlung einer Gebühr der Nummern 135 100 bis 135 250 (§125 Abs. 2, § 125 d Abs. 1, § 36 Abs. 3 MarkenG)	100	80

PatGebG Anhang 3. Patentgebührengesetz – Anlage –

Nummer	Gebührentatbestand	Gebühr in Deutsche Mark	
			Zusatz-spalte
	6. Geographische Angaben und Ursprungsbezeichnungen		
136 100	Für den Antrag auf Eintragung einer geographischen Angabe oder Ursprungsbezeichnung (§ 130 Abs. 2 MarkenG)	1500	1200
136 200	Für den Einspruch gegen die Eintragung einer geographischen Angabe oder Ursprungsbezeichnung (§ 132 Abs. 2 MarkenG)	200	170

4. Klasseneinteilung der internationalen Klassifikation von Waren und Dienstleistungen für Fabrik- oder Handelsmarken gemäß dem Abkommen von Nizza vom 15. Juni 1957

Vom 14. November 1963

(In der Fassung der Bek. vom 20. 5. 1983, BGBl. II S. 358, geändert durch Beschl. vom 25. 10. 1985, Bek. vom 8. 12. 1986, BGBl. II S. 1139, geändert durch Beschl. vom 19. 10. 1990, Bek. vom 18. 5. 1992, BGBl. II S. 438, ber. BGBl. 1996 II S. 2660, geändert durch Beschl. vom 10. 11. 1995, Bek. vom 11. 12. 1996, BGBl. II S. 2771)

(Übersetzung)

Klasseneinteilung von Waren und Dienstleistungen mit erläuternden Anmerkungen

Allgemeine Hinweise

Die in der Klasseneinteilung aufgeführten Waren- und Dienstleistungsbegriffe stellen allgemein gebräuchliche Angaben dar, die sich auf die Sachgebiete beziehen, denen die Waren oder Dienstleistungen im allgemeinen zugeordnet werden. Die Alphabetische Liste sollte demnach herangezogen werden, um die Klassifizierung jeder einzelnen Ware oder Dienstleistung sicherzustellen.

Waren

1. Falls eine Ware mit Hilfe der Klasseneinteilung oder der Alphabetischen Liste nicht klassifiziert werden kann, gelten die Kriterien der nachfolgenden Hinweise:
a) Fertigwaren werden grundsätzlich nach ihrer Funktion oder Bestimmung klassifiziert; wenn dieses Kriterium in der Klasseneinteilung nicht vorgesehen ist, werden Fertigwaren in Analogie zu anderen vergleichbaren in der Alphabetischen Liste genannten Fertigwaren klassifiziert. Falls keine entsprechende Position gefunden werden kann, sind andere subsidiäre Kriterien heranzuziehen, wie z. B. das Material, aus dem die Waren hergestellt sind, oder ihre Wirkungsweise.
b) Die kombinierten Fertigprodukte mit Mehrzweckfunktion (wie z. B. Radio-Wecker) können in die Klassen eingeordnet werden, die ihren einzelnen Funktionen oder Bestimmungen entsprechen. Wenn diese Kriterien in der Klasseneinteilung nicht vorgesehen sind, sind die anderen Kriterien gemäß Absatz a) anzuwenden.
c) Rohstoffe, unbearbeitet oder teilweise bearbeitet, werden grundsätzlich nach dem Material, aus dem sie bestehen, klassifiziert.

NKA Anhang 4. Empfehlungsliste zur Klasseneinteilung

d) Waren, die dazu bestimmt sind, Teile eines anderen Erzeugnisses zu werden, werden grundsätzlich nur dann in dieselbe Klasse wie dieses Erzeugnis eingeordnet, wenn sie üblicherweise für keinen anderen Zweck verwendet werden können. In allen anderen Fällen sind die unter a) genannten Grundsätze anzuwenden.

e) Soweit Waren, unabhängig davon, ob es sich um Fertigwaren handelt oder nicht, nach dem Material, aus dem sie hergestellt sind, klassifiziert werden und aus verschiedenen Materialien bestehen, werden sie grundsätzlich nach dem Material klassifiziert, das überwiegt.

f) Behältnisse, die den Waren angepaßt sind, für deren Aufnahme sie bestimmt sind, werden grundsätzlich in dieselbe Klasse wie die betreffenden Waren eingeordnet.

Dienstleistungen

2. Falls eine Dienstleistung mit Hilfe der Alphabetischen Liste nicht klassifiziert werden kann, gelten die Kriterien der nachfolgenden Hinweise:

a) Dienstleistungen werden grundsätzlich nach den Dienstleistungsbereichen klassifiziert, die in der Klasseneinteilung und den erläuternden Anmerkungen enthalten sind oder hilfsweise in Analogie zu anderen vergleichbaren Dienstleistungen, die in der Alphabetischen Liste aufgeführt sind.

b) Dienstleistungen der Vermietung werden grundsätzlich den gleichen Klassen zugeordnet, die mit Hilfe der vermieteten Gegenstände erbrachten Dienstleistungen (z.B. Vermietung von Telefonen, Kl. 38).

c) Dienstleistungen, die nicht entsprechend Abs. a) klassifiziert werden können, werden grundsätzlich der Klasse 42 zugeordnet.

Waren

Klasse 1

Chemische Erzeugnisse für gewerbliche, wissenschaftliche, photographische, land-, garten- und forstwirtschaftliche Zwecke;

Kunstharz im Rohzustand, Kunststoffe im Rohzustand;
Düngemittel;
Feuerlöschmittel;
Mittel zum Härten und Löten von Metallen;
chemische Erzeugnisse zum Frischhalten und Haltbarmachen von Lebensmitteln;
Gerbmittel;
Klebstoffe für gewerbliche Zwecke.

Erläuternde Anmerkung

Diese Klasse enthält im wesentlichen chemische Erzeugnisse für gewerbliche, wissenschaftliche und landwirtschaftliche Zwecke, einschließlich solcher, die zur Herstellung von Erzeugnissen dienen, die in andere Klassen fallen.

Anhang 4. Empfehlungsliste zur Klasseneinteilung **NKA**

Enthält insbesondere:
- Kompost, Mulch (als Düngemittel);
- Salz zum Konservieren, nicht für Lebensmittel.

Enthält insbesondere nicht:
- chemische Erzeugnisse für die medizinische Wissenschaft (Kl. 5);
- Fungizide, Herbizide und Mittel zur Vertilgung von schädlichen Tieren (Kl. 5);
- Naturharze im Rohzustand (Kl. 2);
- Salz zum Frischhalten und Haltbarmachen von Lebensmitteln (Kl. 30);
- Klebstoffe für Papier- und Schreibwaren oder für Haushaltszwecke (Kl. 16);
- Mulch (Humusabdeckung) (Kl. 31).

Klasse 2

Farben, Firnisse, Lacke;
Rostschutzmittel, Holzkonservierungsmittel
Färbemittel;
Beizen;
Naturharze im Rohzustand;
Blattmetalle und Metalle in Pulverform für Maler, Dekorateure,
Drucker und Künstler.

Erläuternde Anmerkung

Diese Klasse enthält im wesentlichen Farbanstrichmittel, Färbemittel und Korrisionsschutzmittel.

Enhält insbesondere:
- Farben, Firnisse und Lacke für gewerbliche Zwecke, Handwerk und Künste;
- Färbemittel für Kleidungsstücke;
- Farben für Lebensmittel und Getränke.

Enthält insbesondere nicht:
- Farben für die Wäsche (Kl. 3);
- Färbemittel für die Schönheitspflege (Kl. 3);
- Isolierfarbanstrichmittel und Isolierlacke (Kl. 17);
- Farbkästen (Schulbedarf) (Kl. 16);
- Kunstharze im Rohzustand (Kl. 1);
- Beizen für Saatgut (Kl. 5).

Klasse 3

Wasch- und Bleichmittel;
Putz-, Polier-, Fettentfernungs- und Schleifmittel;
Seifen;
Parfümerien, ätherische Öle, Mittel zur Körper- und Schönheitspflege, Haarwässer;
Zahnputzmittel.

NKA Anhang 4. Empfehlungsliste zur Klasseneinteilung

Erläuternde Anmerkung

Diese Klasse enthält im wesentlichen Putzmittel und Mittel für die Körper- und Schönheitspflege.

Enthält insbesondere:
- Desodorierungsmittel für den persönlichen Gebrauch (Parfümeriewaren);
- Präparate für die Gesundheitspflege, soweit es sich um Mittel zur Körper- und Schönheitspflege handelt.

Enthält insbesondere nicht:
- chemische Mittel zum Reinigen von Schornsteinen (Kl. 1);
- Fettentfernungsmittel zur Verwendung bei Herstellungsverfahren (Kl. 1);
- Handschleifsteine oder -scheiben (Kl. 8);
- Desodorierungsmittel, außer für den persönlichen Gebrauch (Kl. 5).

Klasse 4

technische Öle und Fette;
Schmiermittel;
Staubabsorbierungs-, Staubbenetzungs- und Staubbindemittel;
Brennstoffe (einschließlich Motorentreibstoffe) und Leuchtstoffe;
Kerzen, Dochte.

Erläuternde Anmerkung

Diese Klasse enthält im wesentlichen technische Öle und Fette, Brennstoffe und Leuchtstoffe.

Enthält insbesondere nicht:
- bestimmte technische Spezialöle und -fette (siehe alphabetische Warenliste).

Klasse 5

Pharmazeutische und veterinärmedizinische Erzeugnisse sowie Präparate für die Gesundheitspflege;
diätetische Erzeugnisse für medizinische Zwecke, Babykost;
Pflaster, Verbandmaterial;
Zahnfüllmittel und Abdruckmassen für zahnärztliche Zwecke;
Desinfektionsmittel;
Mittel zur Vertilgung von schädlichen Tieren;
Fungizide, Herbizide.

Erläuternde Anmerkung

Diese Klasse enthält im wesentlichen pharmazeutische Erzeugnisse und andere Erzeugnisse für medizinische Zwecke.

Enthält insbesondere:
- Präparate für die Gesundheitspflege für medizinische Zwecke und für die Intimpflege;
- Desodorierungsmittel, außer für den persönlichen Gebrauch;
- tabakfreie Zigaretten für medizinische Zwecke.

Anhang 4. Empfehlungsliste zur Klasseneinteilung **NKA**

Enthält insbesondere nicht:
- Präparate für die Gesundheitspflege als Mittel zur Körper- und Schönheitspflege (Kl. 3);
- Desodorierungsmittel für den persönlichen Gebrauch (Parfümeriewaren) (Kl. 3);
- Orthopädische Bandagen (Kl. 10).

Klasse 6

Unedle Metalle und deren Legierungen;
Baumaterialien aus Metall;
transportable Bauten aus Metall;
Schienenbaumaterial aus Metall;
Kabel und Drähte aus Metall (nicht für elektrische Zwecke);
Schlosserwaren und Kleineisenwaren;
Metallrohre;
Geldschränke;
Waren aus Metall, soweit sie nicht in anderen Klassen enthalten sind;
Erze.

Erläuternde Anmerkung

Diese Klasse enthält im wesentlichen rohe und teilweise bearbeitete unedle Metalle sowie hieraus hergestellte einfache Erzeugnisse.

Enthält insbesondere nicht:
- Quecksilber, Antimon, Alkalimetalle und Erdalkalimetalle (Kl. 1);
- Blattmetalle und Metalle in Pulverform für Maler, Dekorateure, Drucker und Künstler (Kl. 2);
- Bauxit (Kl. 1).

Klasse 7

Maschinen und Werkzeugmaschinen;
Motoren (ausgenommen Motoren für Landfahrzeuge);
Kupplungen und Vorrichtungen zur Kraftübertragung (ausgenommen solche für Landfahrzeuge);
nicht handbetätigte landwirtschaftliche Geräte;
Brutapparate für Eier.

Erläuternde Anmerkung

Diese Klasse enthält im wesentlichen Maschinen, Werkzeugmaschinen und Motoren.

Enthält insbesondere:
- Teile von Motoren (aller Art);
- elektrische Reinigungsmaschinen und -geräte.

Enthält insbesondere nicht:
- bestimmte Spezialmaschinen und spezielle Werkzeugmaschinen (siehe alphabetische Warenliste);

- handbetätigte Werkzeuge und Geräte (Kl. 8);
- Motoren für Landfahrzeuge (Kl. 12).

Klasse 8

Handbetätigte Werkzeuge und Geräte;
Messerschmiedewaren, Gabeln und Löffel;
Hieb- und Stichwaffen;
Rasierapparate.

Erläuternde Anmerkung

Diese Klasse enthält im wesentlichen handbetätigte Werkzeuge und Geräte, die in verschiedenen Berufen als Werkzeuge verwendet werden.

Enthält insbesondere:
- Messerschmiedewaren, Gabeln und Löffel aus Edelmetallen;
- elektrische Rasierapparate, Haarschneide- und Schermaschinen (Handinstrumente) und Nagelschneidegeräte.

Enthält insbesondere nicht:
- bestimmte Spezialinstrumente (siehe alphabetische Warenliste);
- von einem Motor angetriebene Werkzeugmaschinen und Geräte (Kl. 7);
- chirurgische Messer (Kl. 10);
- Papiermesser (Kl. 16);
- Fechtwaffen (Kl. 28);

Klasse 9

Wissenschaftliche, Schiffahrts-, Vermessungs-, elektrische, photographische, Film-, optische, Wäge-, Meß-, Signal-, Kontroll-, Rettungs- und Unterrichtsapparate und -instrumente;
Geräte zur Aufzeichnung, Übertragung und Wiedergabe von Ton und Bild;
Magnetaufzeichnungsträger, Schallplatten;
Verkaufsautomaten und Mechaniken für geldbetätigte Apparate;
Registrierkassen, Rechenmaschinen, Datenverarbeitungsgeräte und Computer;
Feuerlöschgeräte.

Erläuternde Anmerkung

Enthält insbesondere:
- Apparate und Instrumente für die wissenschaftliche Forschung in Laboratorien;
- Apparate und Instrumente für die Steuerung von Schiffen, wie Apparate und Instrumente zum Messen und zur Übermittlung von Befehlen;
- folgende elektrische Apparate und Instrumente:
  a) bestimmte elektrothermische Werkzeuge und Apparate, wie elektrische Lötkolben, elektrische Bügeleisen, die, wenn sie nicht elektrisch wären, in Kl. 8 eingeordnet würden;

Anhang 4. Empfehlungsliste zur Klasseneinteilung **NKA**

  b) Apparate und Geräte, die, wenn sie nicht elektrisch wären, in verschiedene Klassen eingeordnet würden, wie elektrisch beheizte Bekleidungsstücke, Zigarrenanzünder für Kraftfahrzeuge;
- Winkelmesser (Meßinstrumente);
- Lochkarten-Büromaschinen;
- Unterhaltungsgeräte, die nur mit einem Fernsehempfänger zu verwenden sind.

  Enthält insbesondere nicht:
- folgende elektrische Apparate und Instrumente:
  a) elektromechanische Apparate für die Küche (Mahl- und Mischapparate für Nahrungsmittel, Fruchtpressen, elektrische Kaffeemühlen usw.) und bestimmte andere von einem elektrischen Motor angetriebenen Apparate und Instrumente, die in die Klasse 7 fallen;
  b) elektrische Rasierapparate, Haarschneide- und Schermaschinen (Handinstrumente) und Nagelschneidegeräte (Kl. 8);
  elektrische Zahnbürste und Kämme (Kl. 21);
- Uhren und andere Zeitmeßinstrumente (Kl. 14);
- Kontrolluhren (Kl. 14).

Klasse 10

Chirurgische, ärztliche, zahn- und tierärztliche Instrumente und Apparate, künstliche Gliedmaßen, Augen und Zähne;
orthopädische Artikel;
chirurgisches Nahtmaterial.

Erläuternde Anmerkung

Diese Klasse enthält im wesentlichen medizinische Apparate, Instrumente und Artikel.

Enthält insbesondere:
- Spezialmobiliar für medizinische Zwecke;
- bestimmte Hygieneartikel aus Gummi (siehe alphabetische Warenliste);
- orthopädische Bandagen.

Klasse 11

Beleuchtungs-, Heizungs-, Dampferzeugungs-, Koch-, Kühl-, Trocken-, Lüftungs- und Wasserleitungsgeräte sowie sanitäre Anlagen.

Erläuternde Anmerkung

Enthält insbesondere:
- Klimageräte;
- elektrische oder nicht elektrische Bettwärmer und Wärmflaschen;
- elektrische Heizkissen und Heizdecken, nicht für medizinische Zwecke;
- elektrische Wasserkessel;
- elektrische Kochgeräte.

NKA Anhang 4. Empfehlungsliste zur Klasseneinteilung

Enthält insbesondere nicht:
- Dampferzeugungsgeräte (Maschinenteile) (Kl. 7);
- elektrisch beheizte Bekleidungsstücke (Kl. 9).

Klasse 12

Fahrzeuge;
Apparate zur Beförderung auf dem Lande, in der Luft oder auf dem Wasser.

Erläuternde Anmerkung

Enthält insbesonders:
- Motoren für Landfahrzeuge;
- Kupplungen und Vorrichtungen zur Kraftübertragung für Landfahrzeuge;
- Luftkissenfahrzeuge.

Enthält insbesondere nicht:
- bestimmte Fahrzeugteile (siehe alphabetische Warenliste);
- Schienenbaumaterial aus Metall (Kl. 6);
- Motoren, Kupplungen und Vorrichtungen zur Kraftübertragung, ausgenommen solche für Landfahrzeuge (Kl. 7);
- Motorenteile aller Art (Kl. 7).

Klasse 13

Schußwaffen;
Munition und Geschosse;
Sprengstoffe;
Feuerwerkskörper.

Erläuternde Anmerkung

Diese Klasse enthält im wesentlichen Schußwaffen und pyrotechnische Erzeugnisse.

Enthält insbesondere nicht:
- Streichhölzer (Kl. 34).

Klasse 14

Edelmetalle und deren Legierungen sowie daraus hergestellte oder damit plattierte Waren, soweit sie nicht in anderen Klassen enthalten sind;
Juwelierwaren, Schmuckwaren, Edelsteine;
Uhren und Zeitmeßinstrumente.

Erläuternde Anmerkung

Diese Klasse enthält im wesentlichen Edelmetalle und daraus hergestellte Gegenstände sowie, allgemein, Juwelierwaren, Schmuckwaren und Uhren.

Enthält insbesondere:
- echte und unechte Schmuckwaren;
- Manschettenknöpfe, Krawattennadeln.

Anhang 4. Empfehlungsliste zur Klasseneinteilung **NKA**

Enthält insbesondere nicht:
- bestimmte Erzeugnisse aus Edelmetallen (die entsprechend ihrer Funktion oder Bestimmung klassifiziert sind). z. B.:
Blattmetalle oder Metalle in Pulverform für Maler, Dekorateure, Drucker und Künstler (Kl. 2);
Goldamalgame für Zahnärzte (Kl. 5);
Messerschmiedewaren, Gabeln und Löffel (Kl. 8);
elektrische Kontakte (Kl. 9);
Schreibfedern aus Gold (Kl. 16);
- Kunstgegenstände, soweit sie nicht aus Edelmetallen bestehen (diese werden entsprechend dem Material, aus dem sie bestehen, klassifiziert).

Klasse 15

Musikinstrumente.

Erläuternde Anmerkung

Enthält insbesondere:
- Mechanische Klaviere und deren Zubehör;
- Spieldosen;
- elektrische und elektronische Musikinstrumente.

Enthält insbesondere nicht:
- Apparate für die Tonaufzeichnung, -übertragung, -verstärkung und -wiedergabe (Kl. 9).

Klasse 16

Papier, Pappe (Karton) und Waren aus diesen Materialien, soweit sie nicht in anderen Klassen enthalten sind;
Druckereierzeugnisse;
Buchbinderartikel;
Photographien;
Schreibwaren;
Klebstoffe für Papier- und Schreibwaren oder für Haushaltszwecke;
Künstlerbedarfsartikel;
Pinsel;
Schreibmaschinen und Büroartikel (ausgenommen Möbel);
Lehr- und Unterrichtsmittel (ausgenommen Apparate);
Verpackungsmaterial aus Kunststoff, soweit es nicht in anderen Klassen enthalten ist;
Spielkarten;
Drucklettern;
Druckstöcke.

Erläuternde Anmerkung

Diese Klasse enthält im wesentlichen Papier, Papierwaren und Büroartikel.

Enthält insbesondere:
- Papiermesser;
- Vervielfältigungsgeräte;
- Folien, Taschen und Beutel aus Kunststoff für Verpackungszwecke.

Enthält insbesondere nicht:
- bestimmte Papier- oder Pappwaren (siehe alphabetische Warenliste);
- Farben (Kl. 2);
- Handwerkzeuge für Künstler (z. B. Spachtel, Bildhauermeißel) (Kl. 8).

Klasse 17

Kautschuk, Guttapercha, Gummi, Asbest, Glimmer und Waren daraus, soweit sie nicht in anderen Klassen enthalten sind;
Waren aus Kunststoffen (Halbfabrikate);
Dichtungs-, Packungs- und Isoliermaterial;
Schläuche (nicht aus Metall).

Erläuternde Anmerkung

Diese Klasse enthält im wesentlichen Material zur Isolierung von Elektrizität, Wärme oder Schall und teilweise bearbeitete Kunststoffe in Form von Folien, Platten oder Stangen.

Enthält insbesondere:
- Gummi für die Runderneuerung von Reifen;
- Polstermaterial aus Kautschuk oder Kunststoff;
- Schwimmsperren gegen Umweltverschmutzung.

Klasse 18

Leder und Lederimitationen sowie Waren daraus, soweit sie nicht in anderen Klassen enthalten sind;
Häute und Felle;
Reise- und Handkoffer;
Regenschirme, Sonnenschirme und Spazierstöcke;
Peitschen, Pferdegeschirre und Sattlerwaren.

Erläuternde Anmerkung

Diese Klasse enthält im wesentlichen Leder, Lederimitationen, Reisebedarfsartikel, soweit sie nicht in anderen Klassen enthalten sind, sowie Sattlerwaren.

Enthält insbesondere nicht:
- Bekleidungsstücke (siehe alphabetische Warenliste).

Klasse 19

Baumaterialien (nicht aus Metall);
Rohre (nicht aus Metall) für Bauzwecke;

Anhang 4. Empfehlungsliste zur Klasseneinteilung **NKA**

Asphalt, Pech und Bitumen;
transportable Bauten (nicht aus Metall);
Denkmäler (nicht aus Metall).

Erläuternde Anmerkung

Diese Klasse enthält im wesentlichen Baumaterialien (nicht aus Metall).

Enthält insbesondere:
- teilweise bearbeitetes Holz (z. B. Balken, Bretter, Platten);
- Sperrholz;
- Bauglas (z. B. Fliesen, Dachplatten aus Glas);
- Glasgranulat für die Straßenmarkierung;
- Briefkästen aus Mauerwerk.

Enthält insbesondere nicht:
- Mittel zum Haltbar- oder Wasserdichtmachen für Zement (Kl. 1);
- Feuerschutzmittel (Kl. 1);
- Schusterpech (Kl. 3).

Klasse 20

Möbel, Spiegel, Rahmen;
Waren, soweit sie nicht in anderen Klassen enthalten sind, aus Holz, Kork, Rohr, Binsen, Weide, Horn, Knochen, Elfenbein, Fischbein, Schildpatt, Bernstein, Perlmutter, Meerschaum und deren Ersatzstoffen oder aus Kunststoffen.

Erläuternde Anmerkung

Diese Klasse enthält im wesentlichen Möbel und Möbelteile sowie Kunststofferzeugnisse, soweit sie nicht in anderen Klassen enthalten sind.

Enthält insbesondere:
- Metallmöbel und Campingmöbel;
- Bettzeug (z. B. Matratzen, auch Auflagematratzen, Kopfkissen);
- Spiegel für die Innenausstattung und Toilettenspiegel;
- Kennzeichenschilder für Fahrzeuge (nicht aus Metall);
- Briefkästen, nicht aus Metall oder Mauerwerk.

Enthält insbesondere nicht:
- Bestimmte Spezialspiegel, die nach ihrer Funktion oder Bestimmung klassifiziert werden (siehe alphabetische Warenliste);
- Spezialmobiliar für Laboratorien (Kl. 9);
- Spezialmobiliar für den ärztlichen Gebrauch (Kl. 10);
- Bettwäsche (Kl. 24);
- Daunendecken (Federbetten) (Kl. 24).

Klasse 21

Geräte und Behälter für Haushalt und Küche (nicht aus Edelmetall oder plattiert);
Kämme und Schwämme;

NKA Anhang 4. Empfehlungsliste zur Klasseneinteilung

Bürsten (mit Ausnahme von Pinseln);
Bürstenmachermaterial;
Putzzeug;
Stahlspäne;
rohes oder teilweise bearbeitetes Glas (mit Ausnahme von Bauglas);
Glaswaren, Porzellan und Steingut, soweit sie nicht in anderen Klassen enthalten sind.

Erläuternde Anmerkung

Diese Klasse enthält im wesentlichen kleine, handbetätigte Haus- und Küchengeräte sowie Geräte für die Körper- und Schönheitspflege, Glas- und Porzellanwaren.

Enthält insbesondere:
- Geräte und Behälter für Haushalt und Küche, z. B. Kochgeschirr, Eimer, Becken aus Blech, Aluminium, Kunststoff oder aus anderen Materialien, handbetätigte kleine Geräte zum Hacken, Mahlen, Pressen usw.;
- Kerzenauslöscher, nicht aus Edelmetall;
- elektrische Kämme;
- elektrische Zahnbürsten;
- Untersetzer für Schüsseln und Karaffen (Geschirr).

Enthält insbesondere nicht:
- elektrisch angetriebene kleine Geräte zum Hacken, Mahlen, Pressen usw. (Kl. 7);
- elektrische Kochgeräte (Kl. 11);
- Rasiermesser und Rasierapparate, Haarschneidemaschinen, Instrumente aus Metall für die Hand- und Fußpflege (Kl. 8);
- Putzmittel, Seifen usw. (Kl. 3);
- bestimmte Waren aus Glas, Porzellan und Steingut (siehe alphabetische Warenliste);
- Toilettenspiegel (Kl. 20).

Klasse 22

Seile, Bindfaden, Netze, Zelte, Planen, Segel, Säcke (soweit sie nicht in anderen Klassen enthalten sind);
Polsterfüllstoffe (außer aus Kautschuk oder Kunststoffen);
rohe Gespinstfasern.

Erläuternde Anmerkung

Diese Klasse enthält im wesentlichen Seilerwaren und Waren einer Segelmacherei, Polsterfüllstoffe und rohe Gespinstfasern.

Enthält insbesondere:
- Seile und Bindfaden aus natürlichen und künstlichen Textilfasern, aus Papier oder aus Kunststoff.

Enthält insbesondere nicht:
- Saiten für Musikinstrumente (Kl. 15);

Anhang 4. Empfehlungsliste zur Klasseneinteilung **NKA**

- bestimmte Spezialnetze und -taschen (siehe alphabetische Warenliste);
- Schleier für Bekleidungszwecke (Kl. 25).

Klasse 23

Garne und Fäden für textile Zwecke.

Klasse 24

Webstoffe und Textilwaren, soweit sie nicht in anderen Klassen enthalten sind;
Bett- und Tischdecken.

Erläuternde Anmerkung

Diese Klasse enthält im wesentlichen Webstoffe und Decken.

Enthält insbesondere:
- Bettwäsche aus Papier.

Enthält insbesondere nicht:
- bestimmte Spezialwebstoffe (siehe alphabetische Warenliste);
- Heizdecken (Kl. 10);
- Tischwäsche aus Papier (Kl. 16);
- Pferdedecken (Kl. 18).

Klasse 25

Bekleidungsstücke, Schuhwaren, Kopfbedeckungen.

Erläuternde Anmerkung

Enthält insbesondere nicht:
- bestimmte Spezialbekleidungstücke und Spezialschuhe (siehe alphabetische Warenliste).

Klasse 26

Spitzen und Stickereien, Bänder und Schnürbänder;
Knöpfe, Haken und Ösen, Nadeln;
künstliche Blumen.

Erläuternde Anmerkung

Diese Klasse enthält im wesentlichen Kurzwaren und Posamenten.

Enthält insbesondere:
- Reißverschlüsse.

Enthält insbesondere nicht:
- bestimmte Spezialhaken (siehe alphabetische Warenliste);
- bestimmte Spezialnadeln (siehe alphabetische Warenliste);
- Textilgarne (Kl. 23).

NKA Anhang 4. Empfehlungsliste zur Klasseneinteilung

Klasse 27

Teppiche, Fußmatten, Matten, Linoleum und andere Bodenbeläge;
Tapeten (ausgenommen aus textilem Material).

Erläuternde Anmerkung

Diese Klasse enthält im wesentlichen Beläge und Verkleidungen für bereits fertige Fußböden und Wände (für Einrichtungszwecke).

Klasse 28

Spiele, Spielzeug;
Turn- und Sportartikel, soweit sie nicht in anderen Klassen enthalten sind;
Christbaumschmuck.

Erläuternde Anmerkung

Enthält insbesondere:
- Angelgeräte;
- Geräte für verschiedene Sportarten und Spiele.

Enthält insbesondere nicht:
- Spielkarten (Kl. 16);
- Taucherausrüstungen (Kl. 9);
- Gymnastik- und Sportbekleidung (Kl. 25);
- Fischereinetze (Kl. 22);
- Christbaumkerzen (Kl. 4);
- elektrische Christbaumbeleuchtungen (Ketten) (Kl. 11);
- Zucker- und Schokoladewaren als Christbaumschmuck (Kl. 30);
- Unterhaltungsgeräte, die nur mit einem Fernsehempfänger zu verwenden sind (Kl. 9).

Klasse 29

Fleisch, Fisch, Geflügel und Wild;
Fleischextrakte;
konserviertes, getrocknetes und gekochtes Obst und Gemüse;
Gallerten (Gelees), Konfitüren, Fruchtmuse;
Eier, Milch und Milchprodukte;
Speiseöle und -fette.

Erläuternde Anmerkung

Diese Klasse enthält im wesentlichen Nahrungsmittel tierischer Herkunft sowie Gemüse und andere eßbare, für den Verzehr oder die Konservierung zubereitete Gartenbauprodukte.

Enthält insbesondere:
- Milchgetränke mit überwiegendem Milchanteil.

Anhang 4. Empfehlungsliste zur Klasseneinteilung **NKA**

Enthält insbesondere nicht:
- bestimmte Nahrungsmittel pflanzlicher Herkunft (siehe alphabetische Warenliste);
- Babykost (Kl. 5);
- diätetische Erzeugnisse für medizinische Zwecke (Kl. 5);
- Salatsaucen (Kl. 30);
- Bruteier (Kl. 31);
- Tiernahrungsmittel (Kl. 31);
- lebende Tiere (Kl. 31).

Klasse 30

Kaffee, Tee, Kakao, Zucker, Reis, Tapioka, Sago, Kaffee-Ersatzmittel;
Mehle und Getreidepräparate, Brot, feine Backwaren und Konditorwaren, Speiseeis;
Honig, Melassesirup;
Hefe, Backpulver;
Salz, Senf;
Essig, Saucen (Würzmittel);
Gewürze;
Kühleis.

Erläuternde Anmerkung

Diese Klasse enthält im wesentlichen für den Verzehr oder die Konservierung zubereitete Nahrungsmittel pflanzlicher Herkunft sowie Zusätze für die Geschmacksverbesserung von Nahrungsmitteln.

Enthält insbesondere:
- Kaffee-, Kakao- oder Schokoladegetränke;
- für die menschliche Ernährung zubereitetes Getreide (z. B. Haferflocken oder andere Getreideflocken).

Enthält insbesondere nicht:
- bestimmte Nahrungsmittel pflanzlicher Herkunft (siehe alphabetische Warenliste);
- Salz zum Konservieren, nicht für Lebensmittel (Kl. 1);
- medizinische Tees und diätetische Erzeugnisse für medizinische Zwecke (Kl. 5);
- Babykost (Kl. 5);
- rohes Getreide (Kl. 31);
- Tiernahrungsmittel (Kl. 31).

Klasse 31

Land-, garten- und forstwirtschaftliche Erzeugnisse sowie Samenkörner, soweit sie nicht in anderen Klassen enthalten sind;
lebende Tiere;

NKA Anhang 4. Empfehlungsliste zur Klasseneinteilung

frisches Obst und Gemüse;
Sämereien, lebende Pflanzen und natürliche Blumen;
Futtermittel, Malz.

Erläuternde Anmerkung

Diese Klasse enthält im wesentlichen die nicht für den Verzehr zubereiteten Bodenprodukte, lebende Tiere und Pflanzen sowie Tiernahrungsmittel.

Enthält insbesondere:
- rohes Holz;
- rohes Getreide;
- Bruteier;
- Weich- und Schalentiere (lebend).

Enthält insbesondere nicht:
- Kulturen von Mikroorganismen und Blutegel für medizinische Zwecke (Kl. 5);
- halbverarbeitetes Holz (Kl. 19);
- Köder für den Fischfang (Kl. 28);
- Reis (Kl. 30);
- Tabak (Kl. 34).

Klasse 32

Biere;
Mineralwässer und kohlensäurehaltige Wässer und andere alkoholfreie Getränke;
Fruchtgetränke und Fruchtsäfte;
Sirupe und andere Präparate für die Zubereitung von Getränken.

Erläuternde Anmerkung

Diese Klasse enthält im wesentlichen alkoholfreie Getränke sowie Biere.

Enthält insbesondere:
- entalkoholisierte Getränke.

Enthält insbesondere nicht:
- Getränke für medizinische Zwecke (Kl. 5);
- Milchgetränke mit überwiegendem Milchanteil (Kl. 29);
- Kakao-, Kaffee- oder Schokoladegetränke (Kl. 30).

Klasse 33

Alkoholische Getränke (ausgenommen Biere).

Erläuternde Anmerkung

Enthält insbesondere nicht:
- medizinische Getränke (Kl. 5);
- entalkoholisierte Getränke (Kl. 32).

Anhang 4. Empfehlungsliste zur Klasseneinteilung **NKA**

Klasse 34

Tabak;
Raucherartikel;
Streichhölzer.

Erläuternde Anmerkung

Enthält insbesondere:
- Tabakersatzstoffe (nicht für medizinische Zwecke).

Enthält insbesondere nicht:
- bestimmte Raucherartikel aus Edelmetall (Kl. 14) (siehe alphabetische Warenliste);
- tabakfreie Zigaretten für medizinische Zwecke (Kl. 5).

Dienstleistungen

Klasse 35

Werbung; Geschäftsführung; Unternehmensverwaltung; Büroarbeiten.

Erläuternde Anmerkung

Diese Klasse umfaßt im wesentlichen Dienstleistungen, die von Personen oder Organisationen erbracht werden, deren Haupttätigkeit
1. die Hilfe beim Betrieb oder der Leitung eines Handelsunternehmens, oder
2. die Hilfe bei der Durchführung von Geschäften oder Handelsverrichtungen eines Industrie- oder Handelsunternehmens
ist,
sowie Dienstleistungen von Werbeunternehmen, die sich in bezug auf alle Arten von Waren oder Dienstleistungen hauptsächlich mit Mitteilungen an die Öffentlichkeit und mit Erklärungen und Anzeigen durch alle Mittel der Verbreitung befassen.

Enthält insbesondere:
- Das Zusammenstellen verschiedener Waren (ausgenommen deren Transport) für Dritte, um den Verbrauchern Ansicht und Erwerb dieser Waren zu erleichtern;
- Dienstleistungen, die sich auf das Registrieren, Abschreiben, Abfassen, Zusammenstellen oder das systematische Ordnen von schriftlichen Mitteilungen und Aufzeichnungen beziehen, ebenso wie auf die Auswertung oder Zusammenstellung von mathematischen oder statistischen Daten;
- Dienstleistungen von Werbeagenturen sowie Dienstleistungen, wie die Verteilung von Prospekten (direkt oder durch die Post) oder das Verteilen von Warenmustern (Warenproben). Diese Klasse kann die Werbung für andere Dienstleistungen, wie z.B. die Werbung für Bankdarlehen oder die Rundfunkwerbung, umfassen.

NKA Anhang 4. Empfehlungsliste zur Klasseneinteilung

Enthält insbesondere nicht:
- Tätigkeit eines Unternehmens, dessen Hauptaufgabe der Verkauf von Waren ist, d. h. eines sogenannten Handelsunternehmens;
- Dienstleistungen, wie Schätzungen und Gutachten von Ingenieuren, die in keinem direkten Zusammenhang mit dem Betrieb oder der Leitung der Geschäfte eines Handels- oder Industrieunternehmens stehen (siehe alphabetische Dienstleistungsliste);
- Fachberatungen und Planungen ohne Bezug zur Geschäftsführung (Kl. 42).

Klasse 36

Versicherungswesen; Finanzwesen; Geldgeschäfte; Immobilienwesen.

Erläuternde Anmerkung

Diese Klasse umfaßt im wesentlichen die Finanz- und Geldangelegenheiten geleisteten Dienste und die im Zusammenhang mit Versicherungsverträgen aller Art geleisteten Dienste.

Enthält insbesondere:
- Dienstleistungen im Zusammenhang mit Finanz- und Geldangelegenheiten nämlich:
    a) Dienstleistungen sämtlicher Bankinstitute oder damit zusammenhängende Institutionen, wie Wechselstuben oder Verrechnungsstellen (Clearing);
    b) Dienstleistungen anderer Kreditinstitute als Banken, wie Kreditgenossenschaften, Finanzgesellschaften, Geldverleiher usw.;
    c) Dienstleistungen der Investmentgesellschaften, der Holdinggesellschaften;
    d) Dienstleistungen der Wertpapiermakler und der Gütermakler;
    e) durch Treuhänder im Zusammenhang mit Geldangelegenheiten besorgte Dienstleistungen;
    f) Dienstleistungen im Zusammenhang mit der Ausgabe von Reiseschecks und Kreditbriefen;
- Dienstleistungen von Liegenschaftsverwaltern in bezug auf die Vermietung oder Schätzung oder von Kapitalgebern;
- Dienstleistungen für Versicherte sowie Dienstleistungen in bezug auf den Abschluß von Versicherungen.

Enthält insbesondere nicht:
- bestimmte Dienstleistungen eines Liegenschaftsverwalters, wie die Reparatur oder den Umbau eines Gebäudes (Kl. 37).

Klasse 37

Bauwesen; Reparaturwesen; Installationsarbeiten.

Erläuternde Anmerkung

Diese Klasse umfaßt im wesentlichen Dienstleistungen, die von Unternehmern oder Subunternehmern im Bauwesen oder bei der Errichtung

Anhang 4. Empfehlungsliste zur Klasseneinteilung **NKA**

ortsfester Bauten erbracht werden, sowie Dienstleistungen, die von Personen oder Organisationen erbracht werden, die sich mit der Wiederinstandsetzung oder der Erhaltung von Gegenständen befassen, ohne deren physikalische oder chemische Eigenschaften zu ändern.

Enthält insbesondere:
- Dienstleistungen, die sich auf die Errichtung von Bauten, Straßen, Brükken, Dämmen oder Leitungen beziehen, sowie Dienstleistungen von Unternehmern, die auf dem Gebiet des Bauwesens spezialisiert sind, wie Maler, Klempner (Spengler), Heizungsinstallateure oder Dachdecker;
- mit Dienstleistungen im Bauwesen in Verbindung stehende Dienstleistungen, wie Bauprojektprüfungen;
- Dienstleistungen betreffend die Vermietung von Bauwerkzeugen oder Baumaterial;
- Dienstleistungen im Reparaturwesen, nämlich Dienstleistungen, die sich damit befassen, Gegenstände beliebiger Art nach Abnutzung, Beschädigung, Zerfall oder teilweiser Zerstörung wieder in einen guten Zustand zu versetzen (Wiederherstellung des ursprünglichen Zustandes eines mangelhaft gewordenen Baues oder Gegenstandes);
- verschiedene Reparaturdienste, z. B. auf den Gebieten der Elektrizität, des Mobiliars, der Instrumente und Werkzeuge usw.;
- Dienstleistungen in bezug auf die Erhaltung eines Gegenstandes in seinem ursprünglichen Zustand, ohne irgendeine seiner Eigenschaften zu ändern (hinsichtlich des Unterschieds zwischen dieser Klasse und der Klasse 40 siehe erläuternde Anmerkung zu Klasse 40).
- Schiffsbau

Enthält insbesondere nicht:
- Dienstleistungen in bezug auf die Einlagerung von Waren, wie Bekleidungsstücke oder Fahrzeuge (Kl. 39);
- Dienstleistungen im Zusammenhang mit dem Färben von Webstoffen oder Bekleidungsstücken (Kl. 40).

Klasse 38

Telekommunikation.

Erläuternde Anmerkung

Diese Klasse umfaßt im wesentlichen Dienstleistungen, die es zumindest einer Person ermöglichen, mit einer anderen durch ein sinnesmäßig wahrnehmbares Mittel in Verbindung zu treten. Solche Dienstleistungen umfassen diejenigen,
1. welche es einer Person gestatten, mit einer anderen zu sprechen,
2. welche Botschaften von einer Person an eine andere übermitteln und
3. welche akustische oder visuelle Übermittlungen von einer Person an eine andere gestatten (Rundfunk und Fernsehen).

Enthält insbesondere:
- Dienstleistungen, die im wesentlichen in der Verbreitung von Rundfunk- oder Fernsehprogrammen bestehen.

NKA Anhang 4. Empfehlungsliste zur Klasseneinteilung

Enthält insbesondere nicht:
- Rundfunkwerbung (Kl. 35).

Klasse 39

Transportwesen; Verpackung und Lagerung von Waren; Veranstaltung von Reisen.

Erläuternde Anmerkung

Diese Klasse umfaßt im wesentlichen Dienstleistungen, die dadurch erbracht werden, daß Personen oder Waren von einem Ort an einen anderen transportiert werden (per Schiene oder Straße, zu Wasser oder in der Luft sowie Pipeline-Transporte) und Dienstleistungen, die notwendigerweise mit diesen Transporten in Beziehung stehen, sowie Dienstleistungen, die sich auf das Einlagern von Waren in einem Lagerhaus oder einem anderen Gebäude im Hinblick auf deren Erhaltung oder Aufbewahrung beziehen.

Enthält insbesondere:
- Dienstleistungen von Gesellschaften, die vom Transportunternehmer benutzte Stationen, Brücken, Eisenbahn-Fährschiffe usw. betreiben;
- Dienstleistungen im Zusammenhang mit der Vermietung von Transportfahrzeugen;
- Dienstleistungen im Zusammenhang mit dem Schleppen und Löschen von Schiffen, dem Betrieb von Häfen und Docks und der Bergung von Schiffen und ihrer Ladung aus Seenot;
- Dienstleistungen im Zusammenhang mit dem Betrieb von Flugplätzen;
- Dienstleistungen im Zusammenhang mit dem Verpacken von Waren vor dem Versand;
- Dienstleistungen, die im Erteilen von Auskünften durch Makler oder Reisebüros über Reisen oder die Beförderung von Waren bezüglich der Tarife, Fahrpläne und Beförderungsarten bestehen;
- Dienstleistungen in bezug auf die Kontrolle von Fahrzeugen oder Waren vor dem Transport.

Enthält insbesondere nicht:
- Dienstleistungen in bezug auf die Werbung der Transportunternehmen, wie das Verteilen von Prospekten oder die Rundfunkwerbung (Kl. 35);
- Dienstleistungen in bezug auf die Ausgabe von Reiseschecks oder von Kreditbriefen durch Makler oder Reisebüros (Kl. 36);
- Dienstleistungen in bezug auf Versicherungen (kommerzielle Versicherungen, Feuer- oder Lebensversicherungen) während der Beförderung von Personen oder Waren (Kl. 36);
- Dienstleistungen in bezug auf die Wartung und Reparatur von Fahrzeugen sowie Dienstleistungen in bezug auf die Pflege (den Unterhalt) oder die Reparatur von Gegenständen, die mit der Beförderung von Waren oder Personen im Zusammenhang stehen (Kl. 37);
- Dienstleistungen in bezug auf die Reservierung von Hotelzimmern durch Reisebüros oder Makler (Kl. 42).

Anhang 4. Empfehlungsliste zur Klasseneinteilung **NKA**

Klasse 40

Materialbearbeitung.

Erläuternde Anmerkung

Diese Klasse umfaßt im wesentlichen nicht in anderen Klassen aufgeführte Dienstleistungen, die in der mechanischen oder chemischen Verarbeitung oder Umwandlung anorganischer oder organischer Stoffe oder von Gegenständen bestehen.

Für die Zwecke der Klassifizierung wird ein Zeichen nur in den Fällen als Dienstleistungsmarke angesehen, in denen Bearbeitung oder Umwandlung auf Rechnung einer anderen Person erfolgt. Als Warenzeichen wird ein Zeichen angesehen in allen Fällen, in denen der Stoff oder Gegenstand durch denjenigen auf den Markt gebracht wird, der ihn verarbeitet oder umgewandelt hat.

Enthält insbesondere:
– Dienstleistungen in bezug auf die Umwandlung eines Gegenstandes oder Stoffes sowie jedes Verfahren, das eine Änderung seiner Grundeigenschaften zur Folge hat (z. B. das Färben eines Kleidungsstückes); die Dienstleistung der Pflege (des Unterhalts) wird, obwohl sie normalerweise in Klasse 37 enthalten ist, demzufolge in die Klasse 40 eingeordnet, wenn sie eine solche Änderung einschließt (z. B. die Verchromung von Stoßstangen eines Automobils);
– Dienstleistungen in bezug auf die Materialbearbeitung bei der Herstellung eines Stoffes oder Gegenstandes, ausgenommen Bauwerke; z. B. Dienstleistungen in bezug auf das Zuschneiden, Zurichten, Polieren durch Abschleifen oder Überziehen mit Metall.

Enthält insbesondere nicht:
– Dienstleistungen im Reparaturwesen (Kl. 37).

Klasse 41

Erziehung; Ausbildung; Unterhaltung; sportliche und kulturelle Aktivitäten.

Erläuternde Anmerkung

Diese Klasse umfaßt im wesentlichen Dienstleistungen von Personen oder Einrichtungen, die auf die Entwicklung der geistigen Fähigkeiten von Menschen oder Tieren gerichtet sind, sowie Dienstleistungen, die der Unterhaltung dienen oder die Aufmerksamkeit in Anspruch nehmen sollen.

Enthält insbesondere:
– alle Formen der Erziehung von Personen oder der Dressur von Tieren.
– Dienstleistungen, deren Hauptzweck die Zerstreuung, Belustigung oder Entspannung von Personen ist.

NKA Anhang 4. Empfehlungsliste zur Klasseneinteilung

Klasse 42

Verpflegung; Beherbergung von Gästen; ärztliche Versorgung, Gesundheits- und Schönheitspflege; Dienstleistungen auf dem Gebiet der Tiermedizin und der Landwirtschaft; Rechtsberatung und -vertretung; wissenschaftliche und industrielle Forschung; Erstellen von Programmen für die Datenverarbeitung; Dienstleistungen, die nicht in andere Klassen fallen.

Erläuternde Anmerkung

Diese Klasse umfaßt alle Dienstleistungen, die nicht in andere Klassen eingeordnet werden konnten.

Enthält insbesondere:
- Dienstleistungen bestehend in der Gewährung von Unterkunft oder von Unterkunft und Verpflegung durch Hotels, Pensionen, Campingplätze, Touristenheime, Bauernhöfe mit Gastbetrieb, Sanatorien, Rasthäuser und Erholungsheime;
- Dienstleistungen von Unternehmen, die hauptsächlich in der Lieferung von fertig zubereiteten Speisen oder Getränken zum sofortigen Verbrauch bestehen; solche Dienstleistungen können von Restaurants, von Restaurants mit Selbstbedienung, von Kantinen usw. erbracht werden;
- persönliche Dienstleistungen von Unternehmen, die individuelle Bedürfnisse betreffen; solche Dienstleistungen können die Gruppenbegleitung, die Leistungen von Schönheitssalons, Frisiersalons, Beerdigungsinstituten oder von Krematorien umfassen;
- einzeln oder gemeinsam erbrachte Dienstleistungen von Personen, die einer Organisation angehören und deren Dienstleistungen einen hohen Grad geistiger Tätigkeit erfordern und sich auf theoretische oder praktische Aspekte komplexer Gebiete des menschlichen Strebens beziehen. Die von diesen Personen erbrachten Dienstleistungen erfordern eine umfassende und gründliche Hochschulbildung oder eine gleichwertige Erfahrung; solche von Vertretern von Berufen, wie z. B. von Ingenieuren, Chemikern, Physikern usw., erbrachte Dienstleistungen sind in dieser Klasse enthalten;
- Dienstleistungen von Reisebüros und Maklern, die Hotelreservierungen für Reisende besorgen;
- Dienstleistungen von Ingenieuren, die sich mit Bewertungen, Schätzungen, Untersuchungen und Gutachten befassen;
- Dienstleistungen, soweit nicht in anderen Klassen enthalten, die von Vereinigungen ihren eigenen Mitgliedern erbracht werden.

Enthält insbesondere nicht:
- Berufsmäßige Dienstleistungen bestehend in der unmittelbaren Hilfe bei der Durchführung von Handelsgeschäften (Kl. 35);
- Dienstleistungen für Reisende, die von Reisebüros oder Reisemaklern erbracht werden (Kl. 39);
- Darbietungen von Sängern oder Tänzern, die mit Orchestern oder in Opern auftreten (Kl. 41).

B. Gemeinschaftsrecht

5. Erste Richtlinie des Rates zur Angleichung der Rechtsvorschriften der Mitgliedstaaten über die Marken 89/104/EG

Vom 21. Dezember 1988

(ABl. 1989 Nr. L 40/1)

DER RAT DER EUROPÄISCHEN GEMEINSCHAFTEN –
gestützt auf den Vertrag zur Gründung der Europäischen Wirtschaftsgemeinschaft, insbesondere auf Artikel 100a,
auf Vorschlag der Kommission,
in Zusammenarbeit mit dem Europäischen Parlament,
nach Stellungnahme des Wirtschafts- und Sozialausschusses,
in Erwägung nachstehender Gründe:

Das gegenwärtig in den Mitgliedstaaten geltende Markenrecht weist Unterschiede auf, durch die der freie Warenverkehr und der freie Dienstleistungsverkehr behindert und die Wettbewerbsbedingungen im Gemeinsamen Markt verfälscht werden können. Zur Errichtung und zum Funktionieren des Binnenmarktes ist folglich eine Angleichung der Rechtsvorschriften der Mitgliedstaaten erforderlich.

Die Möglichkeiten und Vorzüge, die das Markensystem der Gemeinschaft den Unternehmen bieten kann, die Marken erwerben möchten, dürfen nicht außer acht gelassen werden.

Es erscheint gegenwärtig nicht notwendig, die Markenrechte der Mitgliedstaaten vollständig anzugleichen. Es ist ausreichend, wenn sich die Angleichung auf diejenigen innerstaatlichen Rechtsvorschriften beschränkt, die sich am unmittelbarsten auf das Funktionieren des Binnenmarktes auswirken.

Die vorliegende Richtlinie beläßt den Mitgliedstaaten das Recht, die durch Benutzung erworbenen Marken weiterhin zu schützen; diese Marken werden lediglich in ihrer Beziehung zu den durch Eintragung erworbenen Marken berücksichtigt.

Den Mitgliedstaaten steht es weiterhin frei, Verfahrensbestimmungen für die Eintragung, den Verfall oder die Ungültigkeit der durch Eintragung erworbenen Marken zu erlassen. Es steht ihnen beispielsweise zu, die Form der Verfahren für die Eintragung und die Ungültigerklärung festzulegen, zu bestimmen, ob ältere Rechte im Eintragungsverfahren oder im Verfahren zur Ungültigerklärung oder in beiden Verfahren geltend gemacht werden müssen, und – wenn ältere Rechte im Eintragungsverfahren geltend gemacht werden dürfen – ein Widerspruchsverfahren oder eine Prüfung von Amts wegen oder beides vorzusehen. Die Mitgliedstaaten können weiterhin festlegen, welche Rechtswirkung dem Verfall oder der Ungültigerklärung einer Marke zukommt.

Diese Richtlinie schließt nicht aus, daß auf die Marken andere Rechtsvorschriften der Mitgliedstaaten als die des Markenrechts, wie die Vorschriften gegen den unlauteren Wettbewerb, über die zivilrechtliche Haftung oder den Verbraucherschutz, Anwendung finden.

Die Verwirklichung der mit der Angleichung verfolgten Ziele setzt voraus, daß für den Erwerb und die Aufrechterhaltung einer eingetragenen Marke in allen Mitgliedstaaten grundsätzlich gleiche Bedingungen gelten. Zu diesem Zweck sollte eine Beispielliste der Zeichen erstellt werden, die geeignet sind, Waren oder Dienstleistungen eines Unternehmens von denjenigen anderer Unternehmen zu unterscheiden, und die somit eine Marke darstellen können. Die Eintragungshindernisse und Ungültigkeitsgründe betreffend die Marke selbst, wie fehlende Unterscheidungskraft, oder betreffend Kollisionen der Marke mit älteren Rechten sind erschöpfend aufzuführen, selbst wenn einige dieser Gründe für die Mitgliedstaaten fakultativ aufgeführt sind und es diesen folglich freisteht, die betreffenden Gründe in ihren Rechtsvorschriften beizubehalten oder dort aufzunehmen. Die Mitgliedstaaten können in ihrem Recht Eintragungshindernisse oder Ungültigkeitsgründe beibehalten oder einführen, die an die Bedingungen des Erwerbs oder der Aufrechterhaltung der Marke gebunden sind, für die keine Angleichungsbestimmungen bestehen und die sich beispielsweise auf die Markeninhaberschaft, auf die Verlängerung der Marke, auf die Vorschriften über die Gebühren oder auf die Nichteinhaltung von Verfahrensvorschriften beziehen.

Um die Gesamtzahl der in der Gemeinschaft eingetragenen und geschützten Marken und damit die Anzahl der zwischen ihnen möglichen Konflikte zu verringern, muß verlangt werden, daß eingetragene Marken tatsächlich benutzt werden, um nicht zu verfallen. Außerdem muß vorgesehen werden, daß wegen des Bestehens einer älteren Marke, die nicht benutzt worden ist, eine Marke nicht für ungültig erklärt werden kann, wobei es den Mitgliedstaaten unbenommen bleibt, den gleichen Grundsatz hinsichtlich der Eintragung einer Marke anzuwenden oder vorzusehen, daß eine Marke in einem Verletzungsverfahren nicht wirksam geltend gemacht werden kann, wenn im Wege der Einwendung Nachweise erbracht werden, daß die Marke für verfallen erklärt werden könnte. In allen diesen Fällen sind die jeweiligen Verfahrensvorschriften von den Mitgliedstaaten festzulegen.

Zur Erleichterung des freien Waren- und Dienstleistungsverkehrs ist es von wesentlicher Bedeutung, zu erreichen, daß die eingetragenen Marken in Zukunft im Recht aller Mitgliedstaaten einen einheitlichen Schutz genießen. Hiervon bleibt jedoch die Möglichkeit der Mitgliedstaaten unberührt, bekannten Marken einen weitergehenden Schutz zu gewähren.

Zweck des durch die eingetragene Marke gewährten Schutzes ist es, insbesondere die Herkunftsfunktion der Marke zu gewährleisten; dieser Schutz ist absolut im Falle der Identität zwischen der Marke und dem Zeichen und

Anhang 5. Erste Markenrechtsrichtlinie **RL 89/104/EG**

zwischen den Waren oder Dienstleistungen. Der Schutz erstreckt sich ebenfalls auf Fälle der Ähnlichkeit von Zeichen und Marke und der jeweiligen Waren oder Dienstleistungen. Es ist unbedingt erforderlich, den Begriff der Ähnlichkeit im Hinblick auf die Verwechslungsgefahr auszulegen. Die Verwechslungsgefahr stellt die spezifische Voraussetzung für den Schutz dar; ob sie vorliegt, hängt von einer Vielzahl von Umständen ab, insbesondere dem Bekanntheitsgrad der Marke im Markt, der gedanklichen Verbindung, die das benutzte oder eingetragene Zeichen zu ihr hervorrufen kann, sowie dem Grad der Ähnlichkeit zwischen der Marke und dem Zeichen und zwischen den damit gekennzeichneten Waren oder Dienstleistungen. Bestimmungen, über die Art und Weise der Feststellung der Verwechslungsgefahr, insbesondere über die Beweislast, sind Sache nationaler Verfahrensregeln, die von der Richtlinie nicht berührt werden.

Aus Gründen der Rechtssicherheit und ohne in die Interessen der Inhaber älterer Marken in unangemessener Weise einzugreifen, muß vorgesehen werden, daß diese nicht mehr die Ungültigerklärung einer jüngeren Marke beantragen oder sich deren Benutzung widersetzen können, wenn sie deren Benutzung während einer längeren Zeit geduldet haben, es sei denn, daß die Anmeldung der jüngeren Marke bösgläubig vorgenommen worden ist.

Da alle Mitgliedstaaten der Gemeinschaft durch die Pariser Verbandsübereinkunft zum Schutz des gewerblichen Eigentums gebunden sind, ist es erforderlich, daß sich die Vorschriften dieser Richtlinie mit denen der erwähnten Pariser Verbandsübereinkunft in vollständiger Übereinstimmung befinden. Die Verpflichtungen der Mitgliedstaaten, die sich aus dieser Übereinkunft ergeben, werden durch diese Richtlinie nicht berührt. Gegebenenfalls findet Art. 234 Absatz 2 des Vertrages Anwendung –

HAT FOLGENDE RICHTLINIE ERLASSEN:

Art. 1. Anwendungsbereich. Diese Richtlinie findet auf Individual-, Kollektiv-, Garantie- und Gewährleistungsmarken für Waren und Dienstleistungen Anwendung, die in einem Mitgliedstaat oder beim Benelux-Markenamt eingetragen oder angemeldet oder mit Wirkung für einen Mitgliedstaat international registriert worden sind.

Art. 2. Markenformen. Marken können alle Zeichen sein, die sich graphisch darstellen lassen, insbesondere Wörter einschließlich Personennamen, Abbildungen, Buchstaben, Zahlen und die Form oder Aufmachung der Ware, soweit solche Zeichen geeignet sind, Waren oder Dienstleistungen eines Unternehmens von denjenigen anderer Unternehmen zu unterscheiden.

Art. 3. Eintragungshindernisse – Ungültigkeitsgründe. (1) Folgende Zeichen oder Marken sind von der Eintragung ausgeschlossen oder unterliegen im Falle der Eintragung der Ungültigerklärung:
a) Zeichen, die nicht als Marke eintragungsfähig sind,
b) Marken, die keine Unterscheidungskraft haben,

c) Marken, die ausschließlich aus Zeichen oder Angaben bestehen, welche im Verkehr, zur Bezeichnung der Art, der Beschaffenheit, der Menge, der Bestimmung, des Wertes, der geographischen Herkunft oder der Zeit der Herstellung der Ware oder der Erbringung der Dienstleistung, oder zur Bezeichnung sonstiger Merkmale der Ware oder Dienstleistung dienen können,
d) Marken, die ausschließlich aus Zeichen oder Angaben bestehen, die im allgemeinen Sprachgebrauch oder in den redlichen und ständigen Verkehrsgepflogenheiten üblich sind,
e) Zeichen, die ausschließlich bestehen
 – aus der Form, die durch die Art der Ware selbst bedingt ist, oder
 – aus der Form der Ware, die zur Herstellung einer technischen Wirkung erforderlich ist, oder
 – aus der Form, die der Ware einen wesentlichen Wert verleiht,
f) Marken, die gegen die öffentliche Ordnung oder gegen die guten Sitten verstoßen,
g) Marken, die geeignet sind, das Publikum zum Beispiel über die Art, die Beschaffenheit oder die geographische Herkunft der Ware oder Dienstleistung zu täuschen,
h) Marken, die mangels Genehmigung durch die zuständigen Stellen gemäß Artikel 6ter der Pariser Verbandsübereinkunft zum Schutz des gewerblichen Eigentums, nachstehend „Pariser Verbandsübereinkunft" genannt, zurückzuweisen sind.

(2) Jeder Mitgliedstaat kann vorsehen, daß eine Marke von der Eintragung ausgeschlossen ist oder im Falle der Eintragung der Ungültigerklärung unterliegt, wenn und soweit
a) die Benutzung dieser Marke nach anderen Rechtsvorschriften als des Markenrechts des jeweiligen Mitgliedstaats oder der Gemeinschaft untersagt werden kann;
b) die Marke ein Zeichen mit hoher Symbolkraft enthält, insbesondere ein religiöses Symbol;
c) die Marke nicht unter Artikel 6ter der Pariser Verbandsübereinkunft fallende Abzeichen, Embleme oder Wappen enthält, denen ein öffentliches Interesse zukommt, es sei denn, daß die zuständigen Stellen nach den Rechtsvorschriften des Mitgliedstaats ihrer Eintragung zugestimmt haben;
d) der Antragsteller die Eintragung der Marke bösgläubig beantragt hat.

(3) Eine Marke wird nicht gemäß Absatz 1 Buchstabe b) c) oder d) von der Eintragung ausgeschlossen oder für ungültig erklärt, wenn sie vor der Anmeldung infolge ihrer Benutzung Unterscheidungskraft erworben hat. Die Mitgliedstaaten können darüber hinaus vorsehen, daß die vorliegende Bestimmung auch dann gilt, wenn die Unterscheidungskraft erst nach der Anmeldung oder Eintragung erworben wurde.

(4) Jeder Mitgliedstaat kann vorsehen, daß abweichend von den Absätzen 1, 2 und 3 die Eintragungshindernisse oder Ungültigkeitsgründe, die in diesem Staat vor dem Zeitpunkt gegolten haben, zu dem die zur Durchführung dieser Richtlinie erforderlichen Bestimmungen in Kraft treten, auf

Marken Anwendung finden, die vor diesem Zeitpunkt angemeldet worden sind.

Art. 4. Weitere Eintragungshindernisse oder Ungültigkeitsgründe bei Kollision mit älteren Rechten. (1) Eine Marke ist von der Eintragung ausgeschlossen oder unterliegt im Falle der Eintragung der Ungültigerklärung,
a) wenn sie mit einer älteren Marke identisch ist und die Waren oder Dienstleistungen, für die die Marke angemeldet oder eingetragen worden ist, mit den Waren oder Dienstleistungen identisch sind, für die die ältere Marke Schutz genießt;
b) wenn wegen ihrer Identität oder Ähnlichkeit mit der älteren Marke und der Identität oder Ähnlichkeit der durch die beiden Marken erfaßten Waren oder Dienstleistungen für das Publikum die Gefahr von Verwechslungen besteht, die die Gefahr einschließt, daß die Marke mit der älteren Marke gedanklich in Verbindung gebracht wird.

(2) „Ältere Marken" im Sinne von Absatz 1 sind
a) Marken mit einem früheren Anmeldetag als dem Tag der Anmeldung der Marke, gegebenenfalls mit der für diese Marken in Anspruch genommenen Priorität, und die den nachstehenden Kategorien angehören:
   i) Gemeinschaftsmarken;
   ii) in dem Mitgliedstaat oder, soweit Belgien, Luxemburg und die Niederlande betroffen sind, beim Benelux-Markenamt eingetragene Marken;
   iii) mit Wirkung für den Mitgliedstaat international registrierte Marken;
b) Gemeinschaftsmarken, für die wirksam der Zeitrang gemäß der Verordnung über die Gemeinschaftsmarke aufgrund einer unter Buchstabe a) Ziffern ii) und iii) genannten Marke in Anspruch genommen wird, auch wenn letztere Marke Gegenstand eines Verzichts gewesen oder verfallen ist;
c) Anmeldungen von Marken nach Buchstaben a) und b), vorbehaltlich ihrer Eintragung;
d) Marken, die am Tag der Anmeldung der Marke, gegebenenfalls am Tag der für die Anmeldung der Marke in Anspruch genommenen Priorität, in dem Mitgliedstaat im Sinne des Artikels 6bis der Pariser Verbandsübereinkunft notorisch bekannt sind.

(3) Eine Marke ist auch dann von der Eintragung ausgeschlossen oder unterliegt im Falle der Eintragung der Ungültigerklärung, wenn sie mit einer älteren Gemeinschaftsmarke im Sinne des Absatzes 2 identisch ist oder dieser ähnlich ist und für Waren oder Dienstleistungen eingetragen werden soll oder eingetragen worden ist, die nicht denen ähnlich sind, für die die ältere Gemeinschaftsmarke eingetragen ist, falls diese ältere Gemeinschaftsmarke in der Gemeinschaft bekannt ist und die Benutzung der jüngeren Marke die Unterscheidungskraft oder die Wertschätzung der älteren Gemeinschaftsmarke ohne rechtfertigenden Grund in unlauterer Weise ausnutzen oder beeinträchtigen würde.

(4) Jeder Mitgliedstaat kann ferner vorsehen, daß eine Marke von der Eintragung ausgeschlossen ist oder im Falle der Eintragung der Ungültigerklärung unterliegt, wenn und soweit

a) sie mit einer älteren nationalen Marke im Sinne des Absatzes 2 identisch ist oder dieser ähnlich ist und für Waren oder Dienstleistungen eingetragen werden soll oder eingetragen worden ist, die nicht denen ähnlich sind, für die die ältere Marke eingetragen ist, falls diese ältere Marke in dem Mitgliedstaat bekannt ist und die Benutzung der jüngeren Marke die Unterscheidungskraft oder die Wertschätzung der älteren Marke ohne rechtfertigenden Grund in unlauterer Weise ausnutzen oder beeinträchtigen würde;
b) Rechte an einer nicht eingetragenen Marke oder einem sonstigen im geschäftlichen Verkehr benutzten Kennzeichenrecht vor dem Tag der Anmeldung der jüngeren Marke oder gegebenenfalls vor dem Tag der für die Anmeldung der jüngeren Marke in Anspruch genommenen Priorität erworben worden sind und diese nicht eingetragene Marke oder dieses sonstige Kennzeichenrecht dem Inhaber das Recht verleiht, die Benutzung einer jüngeren Marke zu untersagen;
c) die Benutzung der Marke aufgrund eines sonstigen, nicht in Absatz 2 oder in vorliegendem Absatz unter Buchstabe b) genannten älteren Rechts untersagt werden kann, insbesondere aufgrund eines
   i) Namensrechts,
   ii) Rechts an der eigenen Abbildung,
   iii) Urheberrechts,
   iv) gewerblichen Schutzrechts;
d) die Marke mit einer älteren Kollektivmarke identisch ist oder dieser ähnlich ist, die ein Recht verliehen hat, das längstens drei Jahre vor der Anmeldung erloschen ist;
e) die Marke mit einer älteren Garantie- oder Gewährleistungsmarke identisch ist oder dieser ähnlich ist, die ein Recht verliehen hat, das in einem vom Mitgliedstaat festzulegenden Zeitraum vor der Anmeldung erloschen ist;
f) die Marke mit einer älteren Marke identisch ist oder dieser ähnlich ist, die für identische oder ähnliche Waren oder Dienstleistungen eingetragen war und ein Recht verliehen hat, das innerhalb eines Zeitraums von höchstens zwei Jahren vor der Anmeldung wegen Nichtverlängerung erloschen ist, es sei denn, daß der Inhaber der älteren Marke der Eintragung der jüngeren Marke zugestimmt hat oder seine Marke nicht benutzt hat;
g) die Marke mit einer Marke verwechselt werden kann, die zum Zeitpunkt der Einreichung der Anmeldung im Ausland benutzt wurde und weiterhin dort benutzt wird, wenn der Anmelder die Anmeldung bösgläubig eingereicht hat.

(5) Die Mitgliedstaaten können zulassen, daß in geeigneten Umständen die Eintragung nicht versagt oder die Marke nicht für ungültig erklärt wird, wenn der Inhaber der älteren Marke oder des älteren Rechts der Eintragung der jüngeren Marke zustimmt.

(6) Jeder Mitgliedstaat kann vorsehen, daß abweichend von den Absätzen 1 bis 5 die Eintragungshindernisse oder Ungültigkeitsgründe, die in diesem Staat vor dem Zeitpunkt gegolten haben, zu dem die zur Durchführung dieser Richtlinie erforderlichen Bestimmungen in Kraft treten, auf Marken Anwendung finden, die vor diesem Zeitpunkt angemeldet worden sind.

Art. 5. Rechte aus der Marke. (1) Die eingetragene Marke gewährt ihrem Inhaber ein ausschließliches Recht. Dieses Recht gestattet es dem Inhaber, Dritten zu verbieten, ohne seine Zustimmung im geschäftlichen Verkehr
a) ein mit der Marke identisches Zeichen für Waren oder Dienstleistungen zu benutzen, die mit denjenigen identisch sind, für die sie eingetragen ist;
b) ein Zeichen zu benutzen, wenn wegen der Identität oder der Ähnlichkeit des Zeichens mit der Marke und der Identität oder Ähnlichkeit der durch die Marke und das Zeichen erfaßten Waren oder Dienstleistungen für das Publikum die Gefahr von Verwechslungen besteht, die die Gefahr einschließt, daß das Zeichen mit der Marke gedanklich in Verbindung gebracht wird.

(2) Die Mitgliedstaaten können ferner bestimmen, daß es dem Inhaber gestattet ist, Dritten zu verbieten, ohne seine Zustimmung im geschäftlichen Verkehr ein mit der Marke identisches oder ihr ähnliches Zeichen für Waren oder Dienstleistungen zu benutzen, die nicht denen ähnlich sind, für die die Marke eingetragen ist, wenn diese in dem betreffenden Mitgliedstaat bekannt ist und die Benutzung des Zeichens die Unterscheidungskraft oder die Wertschätzung der Marke ohne rechtfertigenden Grund in unlauterer Weise ausnutzt oder beeinträchtigt.

(3) Sind die Voraussetzungen der Absätze 1 und 2 erfüllt, so kann insbesondere verboten werden:
a) das Zeichen auf Waren oder deren Aufmachung anzubringen;
b) unter dem Zeichen Waren anzubieten, in den Verkehr zu bringen oder zu den genannten Zwecken zu besitzen oder unter dem Zeichen Dienstleistungen anzubieten oder zu erbringen;
c) Waren unter dem Zeichen einzuführen oder auszuführen;
d) das Zeichen in den Geschäfspapieren und in der Werbung zu benutzen.

(4) Konnte vor dem Zeitpunkt, zu dem die zur Durchführung dieser Richtlinie erforderlichen Vorschriften in einem Mitgliedstaat in Kraft treten, nach dem Recht dieses Mitgliedstaats die Benutzung eines Zeichens gemäß Absatz 1 Buchstabe b) und Absatz 2 nicht verboten werden, so kann das Recht aus der Marke der Weiterbenutzung dieses Zeichens nicht entgegengehalten werden.

(5) Die Absätze 1 bis 4 berühren nicht die in einem Mitgliedstaat geltenden Bestimmungen über den Schutz gegenüber der Verwendung eines Zeichens zu anderen Zwecken als der Unterscheidung von Waren oder Dienstleistungen, wenn die Benutzung dieses Zeichens die Unterscheidungskraft oder die Wertschätzung der Marke ohne rechtfertigenden Grund in unlauterer Weise ausnutzt oder beeinträchtigt.

Art. 6. Beschränkung der Wirkungen der Marke. (1) Die Marke gewährt ihrem Inhaber nicht das Recht, einem Dritten zu verbieten,
a) seinen Namen oder seine Anschrift,
b) Angaben über die Art, die Beschaffenheit, die Menge, die Bestimmung, den Wert, die geographische Herkunft oder die Zeit der Herstellung der Ware oder der Erbringung der Dienstleistung oder über andere Merkmale der Ware oder Dienstleistung,
c) die Marke, falls dies notwendig ist, die Hinweise auf die Bestimmung einer Ware, insbesondere als Zubehör oder Ersatzteil, oder einer Dienstleistung im geschäftlichen Verkehr zu benutzen, sofern die Benutzung den anständigen Gepflogenheiten in Gewerbe oder Handel entspricht.

(2) Ist in einem Mitgliedstaat nach dessen Rechtsvorschriften ein älteres Recht von örtlicher Bedeutung anerkannt, so gewährt die Marke ihrem Inhaber nicht das Recht, einem Dritten die Benutzung dieses Rechts im geschäftlichen Verkehr in dem Gebiet, in dem es anerkannt ist, zu verbieten.

Art. 7. Erschöpfung des Rechts aus der Marke. (1) Die Marke gewährt ihrem Inhaber nicht das Recht, einem Dritten zu verbieten, die Marke für Waren zu benutzen, die unter dieser Marke von ihm oder mit seiner Zustimmung in der Gemeinschaft in den Verkehr gebracht worden sind.

(2) Absatz 1 findet keine Anwendung, wenn berechtigte Gründe es rechtfertigen, daß der Inhaber sich dem weiteren Vertrieb der Waren widersetzt, insbesondere wenn der Zustand der Waren nach ihrem Inverkehrbringen verändert oder verschlechtert ist.

Art. 8. Lizenz. (1) Die Marke kann für alle oder einen Teil der Waren oder Dienstleistungen, für die sie eingetragen ist, und für das gesamte Gebiet oder einen Teil des Gebietes eines Mitgliedstaats Gegenstand von Lizenzen sein. Eine Lizenz kann ausschließlich oder nicht ausschließlich sein.

(2) Gegen einen Lizenznehmer, der hinsichtlich der Dauer der Lizenz, der von der Eintragung erfaßten Form, in der die Marke verwendet werden darf, der Art der Waren oder Dienstleistungen, für die die Lizenz erteilt wurde, des Gebietes, in dem die Marke angebracht werden darf, oder der Qualität der vom Lizenznehmer hergestellten Waren oder erbrachten Dienstleistungen gegen eine Bestimmung des Lizenzvertrags verstößt, kann der Inhaber einer Marke die Rechte aus der Marke geltend machen.

Art. 9. Verwirkung durch Duldung. (1) Hat in einem Mitgliedstaat der Inhaber einer älteren Marke im Sinne von Artikel 4 Absatz 2 die Benutzung einer jüngeren eingetragenen Marke in diesem Mitgliedstaat während eines Zeitraums von fünf aufeinanderfolgenden Jahren in Kenntnis dieser Benutzung geduldet, so kann er für die Waren oder Dienstleistungen, für die die jüngere Marke benutzt worden ist, aufgrund der älteren Marke weder die Ungültigerklärung der jüngeren Marke verlangen noch sich ihrer Benutzung widersetzen, es sei denn, daß die Anmeldung der jüngeren Marke bösgläubig vorgenommen worden ist.

Anhang 5. Erste Markenrechtsrichtlinie **RL 89/104/EG**

(2) Die Mitgliedstaaten können vorsehen, daß Absatz 1 auch für den Inhaber einer in Artikel 4 Absatz 4 Buchstabe a) genannten älteren Marke oder eines sonstigen in Artikel 4 Absatz 4 Buchstabe b) oder c) genannten älteren Rechts gilt.

(3) In den Fällen der Absätze 1 und 2 kann der Inhaber der jüngeren eingetragenen Marke sich der Benutzung des älteren Rechts nicht widersetzen, obwohl dieses Recht gegenüber der jüngeren Marke nicht mehr geltend gemacht werden kann.

Art. 10. Benutzung der Marke. (1) Hat der Inhaber der Marke diese für die Waren oder Dienstleistungen, für die sie eingetragen ist, innerhalb von fünf Jahren nach dem Tag des Abschlusses des Eintragungsverfahrens nicht ernsthaft in dem betreffenden Mitgliedstaat benutzt, oder wurde eine solche Benutzung während eines ununterbrochenen Zeitraums von fünf Jahren ausgesetzt, so unterliegt die Marke den in dieser Richtlinie vorgesehenen Sanktionen, es sei denn, daß berechtigte Gründe für die Nichtbenutzung vorliegen.

(2) Folgendes gilt ebenfalls als Benutzung im Sinne des Absatzes 1:
a) Benutzung der Marke in einer Form, die von der Eintragung nur in Bestandteilen abweicht, ohne daß dadurch die Unterscheidungskraft der Marke beeinflußt wird;
b) Anbringen der Marke auf Waren oder deren Aufmachung in dem betreffenden Mitgliedstaat ausschließlich für den Export.

(3) Die Benutzung der Marke mit Zustimmung des Inhabers oder durch eine zur Benutzung einer Kollektivmarke, Garantiemarke oder Gewährleistungsmarke befugte Person gilt als Benutzung durch den Inhaber.

(4) In bezug auf Marken, die vor dem Zeitpunkt eingetragen werden, zu dem die zur Durchführung dieser Richtlinie erforderlichen Vorschriften in dem betreffenden Mitgliedstaat in Kraft treten, gilt folgendes:
a) Ist vor dem genannten Zeitpunkt eine Vorschrift in Kraft, die für die Nichtbenutzung einer Marke während eines ununterbrochenen Zeitraums Sanktionen vorsieht, so gilt als Beginn des in Absatz 1 genannten fünfjährigen Zeitraums der Tag, an dem ein Zeitraum der Nichtbenutzung begonnen hat;
b) ist vor dem genannten Zeitpunkt keine Vorschrift über die Benutzung in Kraft, so gilt als Beginn der in Absatz 1 genannten fünfjährigen Zeiträume frühestens der genannte Zeitpunkt.

Art. 11. Sanktionen in Gerichts- oder Verwaltungsverfahren für die Nichtbenutzung einer Marke. (1) Eine Marke kann wegen des Bestehens einer kollidierenden älteren Marke nicht für ungültig erklärt werden, wenn die ältere Marke nicht den Benutzungsbedingungen des Artikels 10 Absätze 1, 2 und 3 oder gegebenenfalls des Artikels 10 Absatz 4 entspricht.

(2) Die Mitgliedstaaten können vorsehen, daß die Eintragung einer Marke aufgrund des Bestehens einer kollidierenden älteren Marke, die den Benutzungsbedingungen des Artikels 10 Absätze 1, 2 und 3 oder gegebenen-

1557

falls des Artikels 10 Absatz 4 nicht entspricht, nicht zurückgewiesen werden kann.

(3) Unbeschadet der Anwendung des Artikels 12 in den Fällen, in denen eine Widerklage auf Erklärung des Verfalls erhoben wird, können die Mitgliedstaaten vorsehen, daß eine Marke in einem Verletzungsverfahren nicht wirksam geltend gemacht werden kann, wenn im Wege der Einwendung Nachweise erbracht werden, daß die Marke gemäß Artikel 12 Absatz 1 für verfallen erklärt werden könnte.

(4) Wurde die ältere Marke lediglich für einen Teil der Waren oder Dienstleistungen, für die sie eingetragen ist, benutzt, so gilt sie im Sinne der Absätze 1, 2 und 3 lediglich für diesen Teil der Waren oder Dienstleistungen als eingetragen.

Art. 12. Verfallsgründe. (1) Eine Marke wird für verfallen erklärt, wenn sie innerhalb eines ununterbrochenen Zeitraums von fünf Jahren in dem betreffenden Mitgliedstaat für die Waren oder Dienstleistungen, für die sie eingetragen ist, nicht ernsthaft benutzt worden ist und keine berechtigten Gründe für die Nichtbenutzung vorliegen; der Verfall einer Marke kann jedoch nicht geltend gemacht werden, wenn nach Ende dieses Zeitraums und vor Stellung des Antrags auf Verfallserklärung die Benutzung der Marke ernsthaft begonnen oder wieder aufgenommen worden ist; wird die Benutzung jedoch innerhalb eines nicht vor Ablauf des ununterbrochenen Zeitraums von fünf Jahren der Nichtbenutzung beginnenden Zeitraums von drei Monaten vor Stellung des Antrags auf Verfallserklärung begonnen oder wieder aufgenommen, so bleibt sie unberücksichtigt, sofern die Vorbereitungen für die erstmalige oder die erneute Benutzung erst stattgefunden haben, nachdem der Inhaber Kenntnis davon erhalten hat, daß der Antrag auf Verfallserklärung gestellt werden könnte.

(2) Eine Marke wird ferner für verfallen erklärt, wenn sie nach dem Zeitpunkt ihrer Eintragung
a) infolge des Verhaltens oder der Untätigkeit ihres Inhabers im geschäftlichen Verkehr zur gebräuchlichen Beziehung einer Ware oder Dienstleistung, für die sie eingetragen ist, geworden ist;
b) infolge ihrer Benutzung durch den Inhaber oder mit seiner Zustimmung für Waren oder Dienstleistungen, für die sie eingetragen ist, geeignet ist, das Publikum insbesondere über die Art, die Beschaffenheit oder die geographische Herkunft dieser Waren oder Dienstleistungen irrezuführen.

Art. 13. Zurückweisung, Verfall oder Ungültigkeit nur für einen Teil der Waren oder Dienstleistungen. Liegt ein Grund für die Zurückweisung einer Marke von der Eintragung oder für ihre Verfalls- oder Ungültigerklärung nur für einen Teil der Waren oder Dienstleistungen vor, für die die Marke angemeldet oder eingetragen ist, so wird sie nur für diese Waren oder Dienstleistungen zurückgewiesen, für verfallen oder für ungültig erklärt.

Art. 14. Nachträgliche Feststellung der Ungültigkeit oder des Verfalls einer Marke. Wird bei einer Gemeinschaftsmarke der Zeitrang einer älteren Marke in Anspruch genommen, die Gegenstand eines Verzichts gewesen oder erloschen ist, so kann die Ungültigkeit oder der Verfall der Marke nachträglich festgestellt werden.

Art. 15. Besondere Bestimmungen für Kollektiv-, Garantie- und Gewährleistungsmarken. (1) Unbeschadet des Artikels 4 können die Mitgliedstaaten, nach deren Rechtsvorschriften die Eintragung von Kollektiv-, Garantie- oder Gewährleistungsmarken zulässig ist, vorsehen, daß diese Marken aus weiteren als den in den Artikeln 3 und 12 genannten Gründen von der Eintragung ausgeschlossen oder für verfallen oder ungültig erklärt werden, soweit es die Funktion dieser Marken erfordert.

(2) Abweichend von Artikel 3 Absatz 1 Buchstabe c) können die Mitgliedstaaten vorsehen, daß Zeichen oder Angaben, welche im Verkehr zur Bezeichnung der geographischen Herkunft der Ware oder Dienstleistung dienen können, Kollektiv-, Garantie- oder Gewährleistungsmarken darstellen können. Eine solche Marke berechtigt den Inhaber nicht dazu, einem Dritten die Benutzung solcher Zeichen oder Angaben im geschäftlichen Verkehr zu untersagen, sofern die Benutzung den anständigen Gepflogenheiten in Gewerbe oder Handel entspricht; insbesondere kann eine solche Marke einem Dritten, der zur Benutzung einer geographischen Bezeichnung berechtigt ist, nicht entgegengehalten werden.

Art. 16. Einzelstaatliche Durchführungsvorschriften aufgrund dieser Richtlinie. (1) Die Mitgliedstaaten erlassen die erforderlichen Rechts- und Verwaltungsvorschriften, um dieser Richtlinie spätestens am *28. Dezember 1991* nachzukommen. Sie setzen die Kommission unverzüglich davon in Kenntnis.

(2) Der Rat kann mit qualifizierter Mehrheit auf Vorschlag der Kommission den in Absatz 1 genannten Zeitpunkt bis spätestens zum 31. Dezember 1992 verschieben.

(3) Die Mitgliedstaaten teilen der Kommission den Wortlaut der wichtigsten innerstaatlichen Rechtsvorschriften mit, die sie auf dem unter diese Richtlinie fallenden Gebiet erlassen.

Art. 17. Adressaten. Diese Richtlinie ist an die Mitgliedstaaten gerichtet.

6. Verordnung (EWG) Nr. 2081/92 des Rates zum Schutz von geographischen Angaben und Ursprungsbezeichnungen für Agrarerzeugnisse und Lebensmittel

Vom 14. 7. 1992

(ABl. L 208/1, geändert durch Beitrittsakte i. d. F. des Beschl. vom 1. 1. 1995 (L 1/73) VO v. 17. 3. 1997 (ABl. L 83/3), VO v. 12. 6. 1997 (ABl. L 156/10))

DER RAT DER EUROPÄISCHEN GEMEINSCHAFTEN –

gestützt auf den Vertrag zur Gründung der Europäischen Wirtschaftsgemeinschaft, insbesondere auf Artikel 43,

auf Vorschlag der Kommission,

nach Stellungnahme des Europäischen Parlaments,

nach Stellungnahme des Wirtschafts- und Sozialausschusses,

in Erwägung nachstehender Gründe:

Herstellung, Verarbeitung und Vertrieb von Agrarerzeugnissen und Lebensmitteln spielen für die Wirtschaft der Gemeinschaft eine wichtige Rolle.

Bei der Neuausrichtung der gemeinsamen Agrarpolitik sollte der Schwerpunkt auf der Diversifizierung der Agrarproduktion liegen, damit das Angebot besser an die Nachfrage angepaßt wird. Die Förderung von Erzeugnissen mit bestimmten Merkmalen kann vor allem in den benachteiligten oder abgelegenen Gebieten von großem Vorteil für die ländliche Entwicklung sein, und zwar sowohl durch die Steigerung des Einkommens der Landwirte als auch durch die Verhinderung der Abwanderung der ländlichen Bevölkerung aus diesen Gebieten.

Darüber hinaus hat sich in den letzten Jahren gezeigt, daß die Verbraucher für ihre Ernährung die Qualität der Quantität vorziehen. Dieses Interesse an Erzeugnissen mit besonderen Merkmalen kommt insbesondere in der steigenden Nachfrage nach Agrarerzeugnissen oder Lebensmitteln mit bestimmbarer geographischer Herkunft zum Ausdruck.

Angesichts der Vielfalt der im Handel befindlichen Erzeugnisse und der Vielzahl der entsprechenden Informationen benötigt der Verbraucher eine klar und knapp formulierte Auskunft über die Herkunft des Erzeugnisses, um so besser seine Wahl treffen zu können.

Für die Etikettierung von Agrarerzeugnissen und Lebensmitteln gelten die in der Gemeinschaft aufgestellten allgemeinen Vorschriften, insbesondere die Richtlinie 79/112/EWG des Rates vom 18. Dezember 1978 zur Angleichung der Rechtsvorschriften der Mitgliedstaaten über die Etikettierung und Aufmachung von Lebensmitteln sowie die Werbung hierfür. Aufgrund der Spezifität von Agrarerzeugnissen und Lebensmitteln aus einem begrenzten geographischen Gebiet sollten für diese ergänzende Sonderbestimmungen erlassen werden.

Anh. 6. Geogr. Herkunftsangaben **VO (EWG) Nr. 2081/92**

In dem Bemühen um den Schutz von landwirtschaftlichen Erzeugnissen oder Lebensmitteln, die nach ihrer geographischen Herkunft identifizierbar sind, haben einige Mitgliedstaaten „kontrollierte Ursprungsbezeichnungen" eingeführt. Diese haben sich nicht nur zur Zufriedenheit der Erzeuger entwickelt, die als Gegenleistung für echte Qualitätsanstrengungen ein höheres Einkommen erzielen, sondern auch der Verbraucher, die so auf spezifische Erzeugnisse mit Garantien für Herstellungsmethode und Herkunft zurückgreifen können.

Allerdings gelten derzeit unterschiedliche einzelstaatliche Verfahren zum Schutz von Ursprungsbezeichnungen und geographischen Angaben. Es ist daher ein gemeinschaftliches Konzept erforderlich. Gemeinschaftliche Rahmenvorschriften über den Schutz geographischer Angaben und von Ursprungsbezeichnungen wären diesen förderlich, da sie über ein einheitlicheres Vorgehen gleiche Wettbewerbsbedingungen für die Hersteller derart gekennzeichneter Erzeugnisse sicherstellen und dazu führen, daß solche Erzeugnisse beim Verbraucher mehr Vertrauen genießen.

Die geplante Regelung beeinträchtigt nicht die bereits geltenden Gemeinschaftsbestimmungen für Weine und Spirituosen, die ein höheres Schutzniveau bieten.

Der Geltungsbereich dieser Verordnung ist begrenzt auf Agrarerzeugnisse und Lebensmittel, bei denen ein Zusammenhang zwischen den Eigenschaften der Produkte und ihrer geographischen Herkunft besteht. Dieser Geltungsbereich kann jedoch erforderlichenfalls auf andere Agrarerzeugnisse oder Lebensmittel ausgedehnt werden.

Aufgrund der bestehenden Gepflogenheiten empfiehlt es sich, zwei verschiedene Kategorien von geographischen Angaben festzulegen, und zwar die geschützten geographischen Angaben und die geschützten Ursprungsbezeichnungen.

Ein Agrarerzeugnis oder Lebensmittel, das mit einer solchen Angabe gekennzeichnet ist, muß bestimmte Bedingungen erfüllen, die in einer Spezifikation aufgeführt sind.

Um den Schutz geographischer Angaben und von Ursprungsbezeichnungen in allen Mitgliedstaaten zu gewährleisten, müssen diese auf Gemeinschaftsebene eingetragen sein. Diese Eintragung in ein Verzeichnis dient auch der Unterrichtung der Fachkreise und der Verbraucher.

Das Eintragungsverfahren muß jedem persönlich und unmittelbar Betroffenen die Möglichkeit geben, seine Rechte durch einen über den Mitgliedstaat geleiteten Einspruch bei der Kommission geltend zu machen.

Es sollten Verfahren bestehen, die es ermöglichen, nach der Eintragung die Spezifikation dem Stand der Technik anzupassen oder die geographische Angabe oder Ursprungsbezeichnung eines Agrarerzeugnisses oder Lebensmittels aus dem Verzeichnis zu streichen, wenn dieses Erzeugnis oder Lebensmittel die Bedingungen der Spezifikation nicht mehr erfüllt, aufgrund derer es mit der geographischen Angabe oder Ursprungsbezeichnung gekennzeichnet werden durfte.

VO (EWG) Nr. 2081/92 Anh. 6. Geogr. Herkunftsangaben

Der Handelsverkehr mit Drittländern, die gleichwertige Garantien für die Vergabe und Kontrolle der in ihrem Hoheitsgebiet erteilten geographischen Angaben oder Ursprungsbezeichnungen bieten, sollte ermöglicht werden.

Es ist ein Verfahren für eine enge Zusammenarbeit der Mitgliedstaaten und der Kommission vorzusehen. Zu diesem Zweck wird ein Regelungsausschuß eingesetzt –

HAT FOLGENDE VERORDNUNG ERLASSEN:

Art. 1. (1) Diese Verordnung regelt den Schutz der Ursprungsbezeichnungen und der geographischen Angaben der in Anhang II des Vertrages genannten, zum menschlichen Verzehr bestimmten Agrarerzeugnisse und der in Anhang I der vorliegenden Verordnung genannten Lebensmittel sowie der in Anhang II der vorliegenden Verordnung genannten Agrarerzeugnisse.

Diese Verordnung gilt jedoch nicht für Weinbauerzeugnisse und alkoholische Getränke.

Anhang I und II können nach dem Verfahren des Artikels 15 geändert werden.

(2) Diese Verordnung gilt unbeschadet sonstiger besonderer Gemeinschaftsvorschriften.

(3) Die Richtlinie 83/189/EWG des Rates vom 28. März 1983 über ein Informationsverfahren auf dem Gebiet der Normen und technischen Vorschriften gilt weder für Ursprungsbezeichnungen noch für geographische Angaben nach dieser Verordnung.

Art. 2. (1) Ursprungsbezeichnungen und geographische Angaben von Agrarerzeugnissen und Lebensmitteln werden nach Maßgabe dieser Verordnung auf Gemeinschaftsebene geschützt.

(2) Im Sinne dieser Verordnung bedeutet
a) „Ursprungsbezeichnung" der Name einer Gegend eines bestimmten Ortes oder in Ausnahmefällen eines Landes, der zur Bezeichnung eines Agrarerzeugnisses oder eines Lebensmittels dient,
  – das aus dieser Gegend, diesem bestimmten Ort oder diesem Land stammt und
  – das seine Güte oder Eigenschaften überwiegend oder ausschließlich den geographischen Verhältnissen einschließlich der natürlichen und menschlichen Einflüsse verdankt und das in dem begrenzten geographischen Gebiet erzeugt, verarbeitet und hergestellt wurde;
b) „geographische Angabe" der Name einer Gegend, eines bestimmten Ortes oder in Ausnahmefällen eines Landes, der zur Bezeichnung eines Agrarerzeugnisses oder eines Lebensmittels dient,
  – das aus dieser Gegend, diesem bestimmten Ort oder diesem Land stammt und
  – bei dem sich eine bestimmte Qualität, das Ansehen oder eine andere Eigenschaft aus diesem geographischen Ursprung ergibt und das in dem begrenzten geographischen Gebiet erzeugt und/oder verarbeitet und/oder hergestellt wurde.

(3) Als Ursprungsbezeichnungen gelten auch bestimmte traditionelle geographische oder nichtgeographische Bezeichnungen, wenn sie ein Agrarerzeugnis oder ein Lebensmittel bezeichnen, das aus einer bestimmten Gegend oder einem bestimmten Ort stammt und das die Anforderungen nach Absatz 2 Buchstabe a) zweiter Gedankenstrich erfüllt.

(4) Abweichend von Absatz 2 Buchstabe a) werden bestimmte geographische Bezeichnungen Ursprungsbezeichnungen gleichgestellt, wenn die Grunderzeugnisse der betreffenden Erzeugnisse aus einem anderen geographischen Gebiet oder aus einem Gebiet stammen, das größer als das Verarbeitungsgebiet ist, sofern
– das Gebiet, in dem das Grunderzeugnis hergestellt wird, begrenzt ist und
– besondere Bedingungen für die Erzeugung der Grunderzeugnisse bestehen und
– ein Kontrollsystem die Einhaltung dieser Bedingungen sicherstellt.

(5) Im Sinne des Absatzes 4 gelten als Grunderzeugnisse lediglich lebende Tiere, Fleisch und Milch. Die Verwendung anderer Grunderzeugnisse kann nach dem Verfahren des Artikels 15 zugelassen werden.

(6) Voraussetzung für die Abweichung nach Absatz 4 ist, daß die betreffende Bezeichnung von dem betreffenden Mitgliedstaat als geschützte Ursprungsbezeichnung anerkannt wird oder bereits anerkannt ist oder daß, wenn eine solche Regelung nicht besteht, ihre Tradition sowie die Außergewöhnlichkeit ihres Ansehens und ihrer Bekanntheit nachgewiesen sind.

(7) Voraussetzung für die Abweichung nach Absatz 4 ist, daß die Anträge auf Eintragung innerhalb einer Frist von zwei Jahren nach Inkrafttreten dieser Verordnung gestellt werden. Für Österreich, Finnland und Schweden läuft die vorstehend genannte Frist ab dem Zeitpunkt ihres Beitritts.

Art. 3. (1) Bezeichnungen, die zu Gattungsbezeichnungen geworden sind, dürfen nicht eingetragen werden.

Im Sinne dieser Verordnung gilt als „Bezeichnung, die zur Gattungsbezeichnung geworden ist", der Name eines Agrarerzeugnisses oder eines Lebensmittels, der sich zwar auf einen Ort oder ein Gebiet bezieht, wo das betreffende Agrarerzeugnis oder Lebensmittel ursprünglich hergestellt oder vermarktet wurde, der jedoch der gemeinhin übliche Name für ein Agrarerzeugnis oder ein Lebensmittel geworden ist.

Bei der Feststellung, ob ein Name zur Gattungsbezeichnung geworden ist, sind alle Faktoren und insbesondere folgendes zu berücksichtigen:
– die bestehende Situation in dem Mitgliedstaat, aus dem der Name stammt, und in den Verbrauchsgebieten;
– die Situation in anderen Mitgliedstaaten;
– die einschlägigen nationalen oder gemeinschaftlichen Rechtsvorschriften.

Wird ein Antrag auf Eintragung nach dem Verfahren der Artikel 6 und 7 abgelehnt, weil aus einer Bezeichnung eine Gattungsbezeichnung geworden ist, so veröffentlicht die Kommission diesen Beschluß im *Amtsblatt der Europäischen Gemeinschaften*.

VO (EWG) Nr. 2081/92 Anh. 6. Geogr. Herkunftsangaben

(2) Ein Name kann nicht als Ursprungsbezeichnung oder als geographische Angabe eingetragen werden, wenn er mit dem Namen einer Pflanzensorte oder einer Tierrasse kollidiert und deshalb geeignet ist, das Publikum in bezug auf den tatsächlichen Ursprung des Erzeugnisses irrezuführen.

(3) Vor dem Inkrafttreten dieser Verordnung erstellt der Rat auf Vorschlag der Kommission mit qualifizierter Mehrheit ein nicht erschöpfendes, informatives Verzeichnis der Namen von dieser Verordnung unterfallenden Agrarerzeugnissen und Lebensmitteln, die im Sinne von Absatz 1 als Gattungsbezeichnungen anzusehen und somit nicht nach dieser Verordnung eintragungsfähig sind; der Rat veröffentlicht dieses Verzeichnis im *Amtsblatt der Europäischen Gemeinschaften.*

Art. 4. (1) um eine geschützte Ursprungsbezeichnung (g. U.) oder eine geschützte geographische Angabe (g. g. A.) führen zu können, müssen die Agrarerzeugnisse oder Lebensmittel einer Spezifikation entsprechen.

(2) Die Spezifikation enthält mindestens folgende Angaben:
a) den Namen des Agrarerzeugnisses oder des Lebensmittels einschließlich der Ursprungsbezeichnung oder der geographischen Angabe;
b) die Beschreibung des Agrarerzeugnisses oder des Lebensmittels anhand der gegebenenfalls verarbeiteten Grunderzeugnisse, der wichtigsten physikalischen, chemischen, mikrobiologischen und/ oder organoleptischen Eigenschaften des Erzeugnisses oder des Lebensmittels;
c) die Abgrenzung des geographischen Gebiets und gegebenenfalls die Angaben über die Erfüllung der Bedingungen gemäß Artikel 2 Absatz 4;
d) Angaben, aus denen sich ergibt, daß das Agrarerzeugnis oder das Lebensmittel aus dem geographischen Gebiet im Sinne von Artikel 2 Absatz 2 Buchstabe a) oder Buchstabe b) stammt;
e) die Beschreibung des Verfahrens zur Gewinnung des Agrarerzeugnisses oder Lebensmittels und gegebenenfalls die redlichen und ständigen örtlichen Verfahren;
f) Angaben, aus denen sich der Zusammenhang mit den geographischen Verhältnissen oder dem geographischen Ursprung im Sinne von Artikel 2 Absatz 2 Buchstabe a) oder Buchstabe b) ergibt;
g) Angaben zu der Kontrolleinrichtung oder den Kontrolleinrichtungen nach Artikel 10;
h) besondere Angaben zur Etikettierung, die sich auf den Zusatz „g. U." oder „g. g. A." oder die entsprechenden traditionellen einzelstaatlichen Zusätze beziehen;
i) gegebenenfalls zu erfüllende Anforderungen, die aufgrund gemeinschaftlicher und/oder einzelstaatlicher Rechtsvorschriften bestehen.

Art. 5. (1) Ein Antrag auf Eintragung kann nur von einer Vereinigung oder – unter bestimmten Bedingungen, die nach dem Verfahren des Artikels 15 festzulegen sind – von einer natürlichen oder juristischen Person gestellt werden.

„Vereinigung" im Sinne dieses Artikels bedeutet ungeachtet der Rechtsform oder Zusammensetzung jede Art des Zusammenschlusses von Erzeugern und/oder Verarbeitern des gleichen Agrarerzeugnisses oder Lebensmittels. Andere Beteiligte können sich der Vereinigung anschließen.

(2) Eine Vereinigung oder eine natürliche oder juristische Person kann die Eintragung nur für die Agrarerzeugnisse oder Lebensmittel beantragen, die sie im Sinne von Artikel 2 Absatz 2 Buchstabe a) oder b) erzeugt oder gewinnt.

(3) Der Eintragungsantrag umfaßt insbesondere die Spezifikation gemäß Artikel 4.

(4) Dieser Antrag ist an den Mitgliedstaat zu richten, in dessen Hoheitsgebiet sich das geographische Gebiet befindet.

(5) Der Mitgliedstaat prüft, ob der Antrag gerechtfertigt ist, und übermittelt ihn zusammen mit der in Artikel 4 genannten Spezifikation und den übrigen Dokumenten, auf die er seine Entscheidung gestützt hat, der Kommission, wenn er der Auffassung ist, daß die Anforderungen dieser Verordnung erfüllt sind.

Der Mitgliedstaat kann auf nationaler Ebene einen Schutz im Sinne dieser Verordnung sowie gegebenenfalls eine Anpassungsfrist für die übermittelte Bezeichnung lediglich übergangsweise vom Zeitpunkt der Übermittlung an gewähren; entsprechend kann übergangsweise auch bei Anträgen auf Änderung der Spezifikation verfahren werden.

Der übergangsweise gewährte nationale Schutz endet mit dem Zeitpunkt, zu dem nach dieser Verordnung über die Eintragung beschlossen wird. Im Rahmen dieses Beschlusses kann gegebenenfalls eine Übergangsfrist von höchstens fünf Jahren vorgesehen werden, sofern die betreffenden Unternehmen die Erzeugnisse mindestens fünf Jahre lang vor der in Artikel 6 Absatz 2 genannten Veröffentlichung unter ständiger Verwendung der betreffenden Bezeichnungen rechtmäßig vertrieben haben.

Für den Fall, daß die Bezeichnung nicht nach dieser Verordnung eingetragen wird, trägt allein der betreffende Mitgliedstaat die Verantwortung für die Folgen eines solchen nationalen Schutzes.

Maßnahmen der Mitgliedstaaten nach Unterabsatz 2 sind nur auf nationaler Ebene wirksam und dürfen nicht den innergemeinschaftlichen Handel beeinträchtigen.

Bezieht sich der Antrag auf eine Bezeichnung, mit der auch ein in einem anderen Mitgliedstaat gelegenes geographisches Gebiet bezeichnet wird, so ist dieser Mitgliedstaat vor der Entscheidung zu hören.

(6) Die Mitgliedstaaten erlassen die erforderlichen Rechts- und Verwaltungsvorschriften, um diesem Artikel nachzukommen.

Art. 6. (1) Innerhalb von sechs Monaten prüft die Kommission förmlich, ob der Eintragungsantrag sämtliche in Artikel 4 vorgesehenen Angaben enthält.

Die Kommission teilt die Ergebnisse dem betroffenen Mitgliedstaat mit.

(2) Gelangt die Kommission in Anwendung des Absatzes 1 zu dem Ergebnis, daß die Bezeichnung schutzwürdig ist, so veröffentlicht sie den Namen und die Anschrift des Antragstellers, den Namen des Erzeugnisses, die wichtigsten Teile des Antrags, die Verweise auf die einzelstaatlichen Vorschriften für Erzeugung, Herstellung oder Verarbeitung des Erzeugnisses und, falls erforderlich, die Erwägungsgründe ihres Befundes im *Amtsblatt der Europäischen Gemeinschaften*.

(3) Sofern bei der Kommission kein Einspruch gemäß Artikel 7 eingelegt wird, wird die Bezeichnung in das von der Kommission geführte „Verzeichnis der geschützten Ursprungsbezeichnungen und der geschützten geographischen Angaben" eingetragen, das die Namen der Vereinigungen und der betroffenen Kontrolleinrichtungen enthält.

(4) Die Kommission veröffentlicht im *Amtsblatt der Europäischen Gemeinschaften* folgende Angaben:
- die in das Verzeichnis eingetragenen Bezeichnungen,
- die gemäß den Artikeln 9 und 11 vorgenommenen Änderungen des Verzeichnisses.

(5) Gelangt die Kommission aufgrund der Prüfung nach Absatz 1 zu der Ansicht, daß die Bezeichnung nicht schutzwürdig ist, so beschließt sie nach dem Verfahren des Artikels 15, die Veröffentlichung gemäß Absatz 2 des vorliegenden Artikels nicht vorzunehmen.

Vor den Veröffentlichungen nach den Absätzen 2 und 4 und der Eintragung nach Absatz 3 kann die Kommission den in Artikel 15 genannten Ausschuß anhören.

Art. 7. (1) Innerhalb von sechs Monaten ab der Veröffentlichung im *Amtsblatt der Europäischen Gemeinschaften* gemäß Artikel 6 Absatz 2 kann jeder Mitgliedstaat Einspruch gegen die beabsichtigte Eintragung einlegen.

(2) Die zuständigen Behörden der Mitgliedstaaten sorgen dafür, daß der Antrag von allen Personen, die ein berechtigtes wirtschaftliches Interesse geltend machen können, eingesehen werden darf. Darüber hinaus können die Mitgliedstaaten entsprechend ihren jeweiligen Gegebenheiten sonstigen Dritten mit einem berechtigten Interesse die Einsichtnahme gestatten.

(3) Jede in ihrem berechtigten Interesse betroffene natürliche oder juristische Person kann durch eine ordnungsgemäß begründete Erklärung bei der zuständigen Behörde des Mitgliedstaats, in dem sie ihren gewöhnlichen Aufenthalt oder ihren Hauptverwaltungssitz oder eine Niederlassung hat, Einspruch gegen die beabsichtigte Eintragung einlegen. Die zuständige Behörde trifft die erforderlichen Maßnahmen, damit diese Bemerkungen oder dieser Einspruch fristgerecht berücksichtigt werden.

(4) Ein Einspruch ist nur zulässig, wenn
- entweder dargelegt wird, daß die Bedingungen gemäß Artikel 2 nicht eingehalten werden,
- oder dargelegt wird, daß sich die Eintragung der vorgeschlagenen Bezeichnung nachteilig auf das Bestehen einer ganz oder teilweise gleichlautenden Bezeichnung oder einer Marke oder auf das Bestehen von

Erzeugnissen auswirken würde, die sich zum Zeitpunkt der in Artikel 6 Absatz 2 genannten Veröffentlichung bereits seit mindestens fünf Jahren rechtmäßig in Verkehr befinden,
– oder ausreichende Angaben darin enthalten sind, die den Schluß zulassen, daß die Bezeichnung, deren Eintragung beantragt wurde, eine Gattungsbezeichnung ist.

(5) Ist ein Einspruch im Sinne des Absatzes 4 zulässig, so ersucht die Kommission die betroffenen Mitgliedstaaten, innerhalb von drei Monaten entsprechend ihren internen Verfahren zu einer einvernehmlichen Regelung zu gelangen.

a) Wird eine solche einvernehmliche Regelung erzielt, so teilen die Mitgliedstaaten der Kommission alle Einzelheiten mit, die das Zustandekommen dieser Regelung ermöglicht haben, sowie die Stellungnahmen des Antragstellers und des Einspruchsführers. Bleiben die gemäß Artikel 5 erhaltenen Angaben unverändert, so verfährt die Kommission nach Artikel 6 Absatz 4. Im gegenteiligen Fall leitet sie erneut das Verfahren des Artikels 7 ein.

b) Wird keine einvernehmliche Regelung erzielt, so trifft die Kommission gemäß dem Verfahren des Artikels 15 eine Entscheidung, die den redlichen und traditionellen Gebräuchen und der tatsächlichen Verwechslungsgefahr Rechnung trägt. Wird die Eintragung beschlossen, so nimmt die Kommission die Veröffentlichung nach Artikel 6 Absatz 4 vor.

Art. 8. Die Angaben „g. U." und „g. g. A." oder die entsprechenden traditionellen einzelstaatlichen Angaben dürfen nur für Agrarerzeugnisse und Lebensmittel verwendet werden, die dieser Verordnung entsprechen.

Art. 9. Der betroffene Mitgliedstaat kann insbesondere zur Berücksichtigung des Stands von Wissenschaft und Technik oder im Hinblick auf eine neue Abgrenzung des geographischen Gebiets eine Änderung der Spezifikation beantragen.

Das Verfahren des Artikels 6 findet entsprechende Anwendung.

Die Kommission kann jedoch nach dem Verfahren des Artikels 15 entscheiden, das Verfahren des Artikels 6 nicht anzuwenden, wenn es sich um eine geringfügige Änderung handelt.

Art. 10. (1) Die Mitgliedstaaten stellen sicher, daß spätestens sechs Monate nach Inkrafttreten dieser Verordnung die Kontrolleinrichtungen geschaffen sind, die gewährleisten sollen, daß die Agrarerzeugnisse und Lebensmittel, die mit einer geschützten Bezeichnung versehen sind, die Anforderungen der Spezifikation erfüllen. Für Österreich, Finnland und Schweden läuft die vorstehend genannte Frist ab dem Zeitpunkt ihres Beitritts.

(2) Die Kontrolleinrichtung kann eine oder mehrere dafür benannte Kontrollbehörden und/oder zu diesem Zweck von dem Mitgliedstaat zugelassene private Kontrollstellen umfassen. Die Mitgliedstaaten teilen der Kommission die Liste der Behörden und/oder zugelassenen Stellen sowie

deren Zuständigkeit mit. Die Kommission veröffentlicht diese Angaben im *Amtsblatt der Europäischen Gemeinschaften*.

(3) Die benannten Kontrollbehörden und/oder die privaten Kontrollstellen müssen ausreichende Gewähr für Objektivität und Unparteilichkeit gegenüber jedem zu kontrollierenden Erzeuger oder Verarbeiter bieten und jederzeit über die Sachverständigen und die Mittel verfügen, die zur Durchführung der Kontrollen der mit einer geschützten Bezeichnung versehenen Agrarerzeugnisse und Lebensmittel notwendig sind.

Zieht die Kontrolleinrichtung für einen Teil der Kontrollen eine dritte Stelle hinzu, so muß diese die gleiche Gewähr bieten. In diesem Fall bleiben die benannten Kontrollbehörden und/oder die zugelassenen privaten Kontrollstellen jedoch gegenüber dem Mitgliedstaat für die Gesamtheit der Kontrollen verantwortlich. Vom 1. Januar 1998 an müssen die Kontrollstellen die in der Norm EN 45011 vom 26. Juni 1989 festgelegten Anforderungen erfüllen, um von den Mitgliedstaaten für die Zwecke dieser Verordnung zugelassen zu werden.

(4) Stellt eine benannte Kontrollbehörde und/oder eine private Kontrollstelle eines Mitgliedstaats fest, daß ein mit einer geschützten Bezeichnung versehenes Agrarerzeugnis oder Lebensmittel mit Ursprung in ihrem Mitgliedstaat die Anforderungen der Spezifikation nicht erfüllt, so trifft sie die erforderlichen Maßnahmen, um die Einhaltung dieser Verordnung zu gewährleisten. Die Kontrollbehörde oder die Kontrollstelle unterrichtet den Mitgliedstaat über die im Rahmen der Kontrollen getroffenen Maßnahmen. Die Betroffenen müssen über alle Entscheidungen unterrichtet werden.

(5) Ein Mitgliedstaat muß den Kontrollstellen die Zulassung entziehen, falls die in den Absätzen 2 und 3 genannten Voraussetzungen nicht mehr erfüllt sind. Er unterrichtet darüber die Kommission, die sodann eine geänderte Liste der zugelassenen Stellen im *Amtsblatt der Europäischen Gemeinschaften* veröffentlicht.

(6) Die Mitgliedstaaten erlassen die notwendigen Maßnahmen, um sicherzustellen, daß ein Erzeuger, der die Bestimmungen dieser Verordnung einhält, Zugang zum Kontrollsystem hat.

(7) Die Kosten der in dieser Verordnung vorgesehenen Kontrollen gehen zu Lasten der Hersteller, die die geschützte Bezeichnung verwenden.

Art. 11. (1) Jeder Mitgliedstaat kann geltend machen, daß eine Anforderung der Spezifikation für ein Agrarerzeugnis oder Lebensmittel mit einer geschützten Bezeichnung nicht erfüllt ist.

(2) Der in Absatz 1 genannte Mitgliedstaat richtet seine Beanstandung an den zuständigen Mitgliedstaat. Der zuständige Mitgliedstaat prüft die Beanstandung und unterrichtet den Mitgliedstaat von seinen Feststellungen und den von ihm getroffenen Maßnahmen.

(3) Treten wiederholt Unregelmäßigkeiten auf und können die betroffenen Mitgliedstaaten keine Einigung erzielen, so muß ein ordnungsgemäß begründeter Antrag an die Kommission gerichtet werden.

(4) Die Kommission prüft den Antrag, indem sie die Stellungnahme der betroffenen Mitgliedstaaten einholt. Gegebenenfalls trifft die Kommission nach Anhörung des in Artikel 15 genannten Ausschusses die erforderlichen Maßnahmen. Dazu kann auch die Löschung der Eintragung gehören.

Art. 12. (1) Unbeschadet internationaler Übereinkünfte ist diese Verordnung auch auf Agrarerzeugnisse oder Lebensmittel mit Ursprung in einem Drittland anzuwenden, sofern
– das Drittland imstande ist, den in Artikel 4 genannten Garantien entsprechende oder gleichwertige Garantien zu bieten;
– in dem betroffenen Drittland eine Kontrollregelung besteht, die der Regelung nach Artikel 10 gleichwertig ist;
– das betroffene Drittland bereit ist, für ein entsprechendes Agrarerzeugnis oder Lebensmittel, das aus der Gemeinschaft stammt, einen Schutz zu gewähren, der dem in der Gemeinschaft bestehenden Schutz gleichwertig ist.

(2) Bei einer geschützten Bezeichnung eines Drittlands, die mit einer geschützten Bezeichnung der Gemeinschaft gleichlautend ist, wird die Eintragung unter angemessener Berücksichtigung der örtlichen und traditionellen Gebräuche und der tatsächlichen Verwechslungsgefahr gewährt.

Die Verwendung dieser Bezeichnungen ist nur gestattet, wenn das Ursprungsland des Erzeugnisses deutlich erkennbar auf dem Etikett genannt wird.

Art. 13. (1) Eingetragene Bezeichnungen werden geschützt gegen
a) jede direkte oder indirekte kommerzielle Verwendung einer eingetragenen Bezeichnung für Erzeugnisse, die nicht unter die Eintragung fallen, sofern diese Erzeugnisse mit den unter dieser Bezeichnung eingetragenen Erzeugnissen vergleichbar sind oder sofern durch diese Verwendung das Ansehen der geschützten Bezeichnung ausgenutzt wird;
b) jede widerrechtliche Aneignung, Nachahmung oder Anspielung, selbst wenn der wahre Ursprung des Erzeugnisses angegeben ist oder wenn die geschützte Bezeichnung in Übersetzung oder zusammen mit Ausdrücken wie „Art", „Typ", „Verfahren", „Fasson", „Nachahmung" oder dergleichen verwendet wird;
c) alle sonstigen falschen oder irreführenden Angaben, die sich auf Herkunft, Ursprung, Natur oder wesentliche Eigenschaften der Erzeugnisse beziehen und auf der Aufmachung oder der äußeren Verpackung, in der Werbung oder in Unterlagen zu den betreffenden Erzeugnissen erscheinen, sowie die Verwendung von Behältnissen, die geeignet sind, einen falschen Eindruck hinsichtlich des Ursprungs zu erwecken;
d) alle sonstigen Praktiken, die geeignet sind, das Publikum über den wahren Ursprung des Erzeugnisses irrezuführen.

Enthält ein eingetragener Name den als Gattungsbezeichnung angesehenen Namen eines Agrarerzeugnisses oder Lebensmittels, so gilt die Verwendung dieser Gattungsbezeichnung für das betreffende Agrarerzeugnis oder Lebensmittel nicht als Verstoß gegen Unterabsatz 1 Buchstabe a) oder Buchstabe b).

VO (EWG) Nr. 2081/92 Anh. 6. Geogr. Herkunftsangaben

(2) Abweichend von Absatz 1 Buchstabe a) und b) können die Mitgliedstaaten einzelstaatliche Regelungen, die die Verwendung von gemäß Artikel 17 eingetragenen Bezeichnungen zulassen, während eines Zeitraums von höchstens fünf Jahren nach dem Zeitpunkt der Veröffentlichung der Eintragung beibehalten, sofern
- die Erzeugnisse mindestens fünf Jahre lang vor dem Zeitpunkt der Veröffentlichung dieser Verordnung rechtmäßig unter der Bezeichnung in den Verkehr gebracht worden sind;
- die Unternehmen die betreffenden Erzeugnisse rechtmäßig in den Verkehr gebracht haben und dabei die Bezeichnung während des unter dem ersten Gedankenstrich genannten Zeitraums ständig verwendet haben;
- aus der Etikettierung der tatsächliche Ursprung des Erzeugnisses deutlich hervorgeht.

Diese Ausnahme darf allerdings nicht dazu führen, daß die Erzeugnisse unbeschränkt im Hoheitsgebiet eines Mitgliedstaats in den Verkehr gebracht werden, in dem diese Ausdrücke untersagt waren.

(3) Geschützte Bezeichnungen können nicht zu Gattungsbezeichnungen werden.

(4) Für Bezeichnungen, deren Eintragung gemäß Artikel 5 beantragt wird, kann im Rahmen des Artikels 7 Absatz 5 Buchstabe b) eine Übergangszeit von höchstens fünf Jahren vorgesehen werden; dies gilt ausschließlich für den Fall eines Einspruchs, der für zulässig erklärt wurde, weil die Eintragung des vorgeschlagenen Namens sich nachteilig auf das Bestehen einer ganz oder teilweise gleichlautenden Bezeichnung oder auf das Bestehen von Erzeugnissen auswirken würde, die sich zum Zeitpunkt der in Artikel 6 Absatz 2 genannten Veröffentlichung bereits seit mindestens fünf Jahren rechtmäßig im Verkehr befinden.

Diese Übergangszeit kann nur dann vorgesehen werden, wenn die Unternehmen die betreffenden Erzeugnisse rechtmäßig in den Verkehr gebracht und dabei seit mindestens fünf Jahren vor der in Artikel 6 Absatz 2 genannten Veröffentlichung ständig die betreffenden Bezeichnungen verwendet haben.

Art. 14. (1) Ist eine Ursprungsbezeichnung oder eine geographische Angabe gemäß dieser Verordnung eingetragen, so wird der Antrag auf Eintragung einer Marke, auf den einer der in Artikel 13 aufgeführten Tatbestände zutrifft und der die gleiche Art von Erzeugnis betrifft, zurückgewiesen, sofern der Antrag auf Eintragung der Marke nach dem Zeitpunkt der in Artikel 6 Absatz 2 vorgesehenen Veröffentlichung eingereicht wird.

Entgegen Unterabsatz 1 eingetragene Marken werden für ungültig erklärt.

Dieser Absatz findet auch dann Anwendung, wenn der Antrag auf Eintragung einer Marke vor dem Zeitpunkt der in Artikel 6 Absatz 2 vorgesehenen Veröffentlichung des Antrags auf Eintragung eingereicht wird, sofern diese Veröffentlichung vor der Eintragung der Marke erfolgt.

(2) Unter Wahrung des Gemeinschaftsrechts darf eine Marke, die vor dem Zeitpunkt des Antrags auf Eintragung der Ursprungsbezeichnung oder

der geographischen Angabe in gutem Glauben eingetragen worden ist und auf die einer der in Artikel 13 aufgeführten Tatbestände zutrifft, ungeachtet der Eintragung der Ursprungsbezeichnung oder der geographischen Angabe weiter verwendet werden, wenn die Marke nicht einem der in Artikel 3 Absatz 1 Buchstaben c) und g) und Artikel 12 Absatz 2 Buchstabe b) der Richtlinie 89/104/EWG des Rates vom 21. Dezember 1988 zur Angleichung der Rechtsvorschriften der Mitgliedstaaten über die Marken genannten Gründe für die Ungültigkeit oder den Verfall unterliegt.

(3) Eine Ursprungsbezeichnung oder eine geographische Angabe wird nicht eingetragen, wenn in Anbetracht des Ansehens, das eine Marke genießt, ihres Bekanntheitsgrads und der Dauer ihrer Verwendung die Eintragung geeignet ist, die Verbraucher über die wirkliche Identität des Erzeugnisses irrezuführen.

Art. 15. Die Kommission wird von einem Ausschuß unterstützt, der sich aus Vertretern der Mitgliedstaaten zusammensetzt und in dem der Vertreter der Kommission den Vorsitz führt.

Der Vertreter der Kommission unterbreitet dem Ausschuß einen Entwurf der zu treffenden Maßnahmen. Der Ausschuß gibt seine Stellungnahme zu diesem Entwurf innerhalb einer Frist ab, die der Vorsitzende unter Berücksichtigung der Dringlichkeit der betreffenden Frage festsetzen kann. Die Stellungnahme wird mit der Mehrheit abgegeben, die in Artikel 148 Absatz 2 des Vertrages für die Annahme der vom Rat auf Vorschlag der Kommission zu fassenden Beschlüsse vorgesehen ist. Bei der Abstimmung im Ausschuß werden die Stimmen der Vertreter der Mitgliedstaaten gemäß dem vorgenannten Artikel gewogen. Der Vorsitzende nimmt an der Abstimmung nicht teil.

Die Kommission erläßt die beabsichtigten Maßnahmen, wenn sie mit der Stellungnahme des Ausschusses übereinstimmen.

Stimmen die beabsichtigten Maßnahmen mit der Stellungnahme des Ausschusses nicht überein oder liegt keine Stellungnahme vor, so unterbreitet die Kommission dem Rat unverzüglich einen Vorschlag für die zu treffenden Maßnahmen. Der Rat beschließt mit qualifizierter Mehrheit.

Hat der Rat innerhalb einer Frist von drei Monaten seit der Befassung des Rates keinen Beschluß gefaßt, so werden die vorgeschlagenen Maßnahmen von der Kommission erlassen.

Art. 16. Die Durchführungsvorschriften zu dieser Verordnung werden nach dem Verfahren des Artikels 15 erlassen.

Art. 17. (1) Innerhalb von sechs Monaten nach Inkrafttreten dieser Verordnung teilen die Mitgliedstaaten der Kommission mit, welche ihrer gesetzlich geschützten oder, falls in einem Mitgliedstaat ein Schutzsystem nicht besteht, durch Benutzung üblich gewordenen Bezeichnungen sie nach Maßgabe dieser Verordnung eintragen lassen wollen. Für Österreich, Finnland und Schweden läuft die vorstehend genannte Frist ab dem Zeitpunkt ihres Beitritts.

(2) Die Kommission trägt die Bezeichnungen im Sinne des Absatzes 1, die den Artikeln 2 und 4 entsprechen, nach dem Verfahren des Artikels 15 ein. Artikel 7 findet keine Anwendung. Gattungsbezeichnungen sind jedoch nicht eintragungsfähig.

(3) Die Mitgliedstaaten können den einzelstaatlichen Schutz der gemäß Absatz 1 mitgeteilten Bezeichnungen bis zu dem Zeitpunkt beibehalten, zu dem über die Eintragung entschieden worden ist.

Art. 18. Diese Verordnung tritt zwölf Monate nach ihrer Veröffentlichung im *Amtsblatt der Europäischen Gemeinschaften* in Kraft.

Anhang I

Lebensmittel im Sinne des Artikels 1 Absatz 1

- Bier,
- natürliches Mineralwasser und Quellwasser,
- Getränke auf der Grundlage von Pflanzenextrakten,
- Backwaren, feine Backwaren, Süßwaren oder Kleingebäck,
- natürliche Gummen und Harze.

Anhang II

Agrarerzeugnisse im Sinne des Artikels 1 Absatz 1

- Heu,
- ätherische Öle.

7. Verordnung (EWG) Nr. 2037/93 der Kommission mit Durchführungsbestimmungen zur Verordnung (EWG) Nr. 2081/92 zum Schutz von geographischen Angaben und Ursprungsbezeichnungen für Agrarerzeugnisse und Lebensmittel

Vom 27. Juli 1993

(ABl. EG Nr. L 185 v. 28. Juli 1993, S. 5; geändert durch VO (EG) Nr. 1428/97 der Kommission v. 23. Juli 1997, ABl. EG Nr. L 196, 39 f.)

DIE KOMMISSION DER EUROPÄISCHEN GEMEINSCHAFTEN –
gestützt auf den Vertrag zur Gründung der Europäischen Wirtschaftsgemeinschaft,
gestützt auf die Verordnung (EWG) Nr. 2081/92 des Rates vom 14. Juli 1992 zum Schutz von geographischen Angaben und Ursprungsbezeichnungen für Agrarerzeugnisse und Lebensmittel, insbesondere auf Artikel 16,
in Erwägung nachstehender Gründe:
Es sind die Bedingungen festzulegen, unter denen in Ausnahmefällen von einer natürlichen oder juristischen Person ein Antrag auf Eintragung in ein Register gestellt werden kann.
Um den verschiedenen Rechtslagen in den Mitgliedstaaten gerecht zu werden, kann von einer Gruppe von Personen, die ein gemeinsames Interesse miteinander verbindet, Einspruch im Sinne von Artikel 7 der Verordnung (EWG) Nr. 2081/92 erhoben werden.
Im Hinblick auf eine einheitliche Durchführung der Verordnung (EWG) Nr. 2081/92 ist genau festzulegen, welche Stichtage hinsichtlich des Einspruchs im Rahmen des Eintragungsverfahrens gelten sollen.
Zur Bestimmung der Fälle gemäß Artikel 3 Absatz 1 der Verordnung (EWG) Nr. 2081/92 sowie von den Verbraucher möglicherweise irreführenden Situationen in den Mitgliedstaaten im Sinne der genannten Verordnung kann die Kommission geeignete Maßnahmen treffen.
Zum Schutz von Ursprungsbezeichnungen und geographischen Angaben wurde ein neues gemeinschaftliches System eingeführt, das neue unterscheidungskräftige Angaben zur Verfügung stellt. Deren Bedeutung muß der Öffentlichkeit unbedingt erläutert werden, ohne jedoch die Erzeuger und Verarbeiter aus der Notwendigkeit zu entlassen, den Absatz ihrer jeweiligen Erzeugnisse selbst zu fördern.
Die in dieser Verordnung vorgesehenen Maßnahmen entsprechen der Stellungnahme des Ausschusses für geographische Angaben und Ursprungsbezeichnungen –
HAT FOLGENDE VERORDNUNG ERLASSEN:

Art. 1. In ordnungsgemäß begründeten Ausnahmefällen kann die Eintragung gemäß Artikel 5 der Verordnung (EWG) Nr. 2081/92 von einer an-

VO (EWG) Nr. 2037/93   Anhang 7. Durchführungsbest.

deren als der in Artikel 5 Absatz 1 zweiter Unterabsatz der Verordnung (EWG) Nr. 2081/92 genannten natürlichen oder juristischen Person beantragt werden, wenn sie zum Zeitpunkt der Beantragung in dem jeweiligen begrenzten Gebiet der einzige Erzeuger ist.

Ein Antrag ist nur gültig, wenn
a) redliche und ständige örtliche Verfahren von dieser Person allein befolgt werden; und
b) das begrenzte Gebiet Merkmale aufweist, die sich grundsätzlich von denen der angrenzenden Gebiete unterscheiden, und/oder wenn sich die Erzeugnismerkmale unterscheiden.

(2) In dem in Absatz 1 genannten Fall gilt die natürliche oder juristische Person, die die Eintragung beantragt, als Vereinigung im Sinne von Artikel 5 der Verordnung (EWG) Nr. 2081/92.

Art. 2. Wird eine Personengruppe, die keine juristische Person ist, nach einzelstaatlichem Recht einer juristischen Person gleichgestellt, darf diese Gruppe einen Antrag gemäß Artikel 1 stellen, den Antrag gemäß Artikel 7 Absatz 2 der Verordnung (EWG) Nr. 2081/92 einsehen und Einspruch gemäß Artikel 7 Absatz 3 der letztgenannten Verordnung erheben.

Art. 3. Im Zusammenhang mit dem in Artikel 7 Absatz 1 der Verordnung (EWG) Nr. 2081/92 vorgesehenen Zeitraum werden folgende Stichtage berücksichtigt:
– entweder das Versanddatum des Einspruchs, wobei das Datum des Poststempels maßgeblich ist,
– oder das Eingangsdatum, wenn der Einspruch der Kommission unmittelbar übergeben oder fernschriftlich übermittelt wird.

Art. 4. Zur Bestimmung der Fälle, in denen eine Bezeichnung zu einem Gattungsbegriff gemäß Artikel 3 Absatz 1 der Verordnung (EWG) Nr. 2081/92 geworden ist, sowie der Situationen, die den Verbraucher irreführen könnten, und über die gemäß Artikel 15 der genannten Verordnung zu entscheiden ist, kann die Kommission geeignete Maßnahmen treffen.

Art. 5. In den fünf Jahren nach dem Inkrafttreten dieser Verordnung trifft die Kommission die Maßnahmen – ausgenommen jeglicher Beihilfe für die Erzeuger und/oder Verarbeiter –, die unerläßlich sind, um der Öffentlichkeit die Bedeutung der Angaben „g. U.", „g. g. A.", „geschützte Ursprungsbezeichnung" und „geschützte geographische Angaben" in den Sprachen der Gemeinschaft bekanntzumachen.

Die im vorstehenden Unterabsatz genannte Frist von fünf Jahren wird um vier Jahre verlängert. Es wird eine Bewertung der Werbemaßnahmen durchgeführt.

Art. 5 a. (1) Die als geschützte Ursprungsbezeichnung (g. U.) bzw. geschützte geographische Angabe (g. g. A.) eingetragenen Bezeichnungen können durch ein Gemeinschaftszeichen ergänzt werden, das nach dem Verfahren des Artikels 15 der Verordnung (EWG Nr. 2081/92 festzulegen ist.

(2) Das Gemeinschaftszeichen darf nur auf Erzeugnissen angebracht werden, die der Verordnung (EWG Nr. 2081/92 entsprechen.

Anhang 7. Durchführungsbest. **VO (EWG) Nr. 2037/93**

(3) Die Angaben „geschützte Ursprungsbezeichnung" („g. U.") bzw. „geschützte geographische Angabe" („g. g. A.") oder die ihnen gleichgestellte in den Mitgliedstaaten traditionellerweise verwendeten Angaben dürfen auch ohne das Gemeinschaftszeichen verwendet werden.

Art. 6. Die in Artikel 7 Absatz 5 der Verordnung (EWG) Nr. 2081/92 vorgesehene Frist von drei Monaten läuft ab dem Tag, an dem die Kommission die Mitgliedstaaten zum Abschluß einer Vereinbarung auffordert.

Art. 7. Diese Verordnung tritt am 26. Juli 1993 in Kraft.

Diese Verordnung ist in allen ihren Teilen verbindlich und gilt unmittelbar in jedem Mitgliedstaat.

8. Verordnung (EG) Nr. 3295/94 des Rates über Maßnahmen zum Verbot der Überführung nachgeahmter Waren und unerlaubt hergestellter Vervielfältigungsstücke oder Nachbildungen in den zollrechtlich freien Verkehr oder in ein Nichterhebungsverfahren sowie zum Verbot ihrer Ausfuhr und Wiederausfuhr

Vom 22. Dezember 1994
(ABl. EG Nr. L 341 vom 30. Dezember 1994, S. 8)

DER RAT DER EUROPÄISCHEN UNION
gestützt auf den Vertrag zur Gründung der Europäischen Gemeinschaft, insbesondere auf Artikel 113,
auf Vorschlag der Kommission,
nach Stellungnahme des Europäischen Parlaments,
nach Stellungnahme des Wirtschafts- und Sozialausschusses,
in Erwägung nachstehender Gründe:

Die Verordnung (EWG) Nr. 3842/86 des Rates vom 1. Dezember 1986 über Maßnahmen zum Verbot der Überführung nachgeahmter Waren in den zollrechtlich freien Verkehr ist seit dem 1. Januar 1988 in Kraft. Es ist den Erfahrungen der ersten Jahre der Anwendung dieser Verordnung Rechnung zu tragen, um die Wirksamkeit des eingeführten Systems zu verbessern.

Durch das Inverkehrbringen nachgeahmter Waren und unerlaubt hergestellter Vervielfältigungsstücke oder Nachbildungen wird den gesetzestreuen Herstellern und Händlern sowie den Inhabern von Urheberrechten und verwandten Schutzrechten erheblicher Schaden zugefügt und der Verbraucher getäuscht. Es ist daher notwendig, so weit wie möglich zu verhindern, daß solche Waren auf den Markt gelangen; zu diesem Zweck sind Maßnahmen zur wirksamen Bekämpfung dieser illegalen Praktiken zu ergreifen, ohne jedoch dadurch den rechtmäßigen Handel in seiner Freiheit zu behindern. Diese Zielsetzung steht im übrigen im Einklang mit gleichgerichteten Anstrengungen auf internationaler Ebene.

Soweit die nachgeahmten Waren, die unerlaubt hergestellten Vervielfältigungsstücke oder Nachbildungen sowie ihnen gleichgestellte Waren aus Drittländern eingeführt werden, muß ihre Überführung in den zollrechtlich freien Verkehr oder in ein Nichterhebungsverfahren in der Gemeinschaft verboten und ein geeignetes Verfahren für das Tätigwerden der Zollbehörden eingeführt werden, um bestmögliche Voraussetzungen für die Beachtung dieses Verbots zu schaffen.

Das Tätigwerden der Zollbehörden im Hinblick auf das Verbot der Überführung nachgeahmter Waren und unerlaubt hergestellter Vervielfälti-

Anhang 8. VO (EG) Nr. 3295/94 **ProduktpiraterieVO**

gungsstücke oder Nachbildungen in den zollrechtlich freien Verkehr oder in ein Nichterhebungsverfahren muß sich auch auf die Ausfuhr und die Wiederausfuhr dieser Waren erstrecken.

Im Rahmen eines Nichterhebungsverfahrens oder bei einer Wiederausfuhr, für die die Mitteilung genügt, werden die Zollbehörden nur in den Fällen tätig, in denen mutmaßlich nachgeahmte Waren und unerlaubt hergestellte Vervielfältigungsstücke oder Nachbildungen im Rahmen einer zollamtlichen Prüfung entdeckt werden.

Die Gemeinschaft berücksichtigt die Bestimmungen des im Rahmen des GATT ausgehandelten Übereinkommens über die handelsrelevanten Aspekte der Rechte des geistigen Eigentums einschließlich des Handels mit nachgeahmten Waren und insbesondere die Maßnahmen beim Grenzübergang.

Es muß festgelegt werden, daß die Zollbehörden befugt sind, Anträge auf Tätigwerden entgegenzunehmen und darüber zu entscheiden.

Das Tätigwerden der Zollbehörden muß darin bestehen, im Falle von Waren, bei denen der Verdacht besteht, daß sie nachgeahmte Waren oder unerlaubt hergestellte Vervielfältigungsstücke oder Nachbildungen sind, für die Zeit, die für die Prüfung der Frage, ob es sich tatsächlich um solche Waren handelt, erforderlich ist, entweder die Überlassung dieser Waren im Rahmen der Überführung in den zollrechtlich freien Verkehr, der Ausfuhr oder der Wiederausfuhr auszusetzen oder diese Waren zurückzuhalten, wenn sie im Rahmen eines Nichterhebungsverfahrens oder bei einer Wiederausfuhr, für die die Mitteilung genügt, entdeckt werden.

Den Mitgliedstaaten ist die Möglichkeit einzuräumen, die betreffenden Waren vorübergehend zurückzuhalten, noch bevor ein Antrag vom Rechtsinhaber gestellt oder genehmigt worden ist, damit der Rechtsinhaber innerhalb einer bestimmten Frist einen Antrag auf Tätigwerden bei den Zollbehörden stellen kann.

Es ist angezeigt, daß die zuständige Stelle über die ihr vorgelegten Fälle nach denselben Kriterien entscheidet, die auch bei der Prüfung der Frage zugrunde gelegt werden, ob in dem betreffenden Mitgliedstaat hergestellte Waren Rechte des geistigen Eigentums verletzen. Die Rechtsvorschriften der Mitgliedstaaten über die Zuständigkeit der Justizbehörden und die gerichtlichen Verfahren bleiben unberührt.

Es muß festgelegt werden, welche Maßnahmen zu ergreifen sind, wenn festgestellt wird, daß es sich bei den betreffenden Waren um nachgeahmte Waren oder unerlaubt hergestellte Vervielfältigungsstücke oder Nachbildungen handelt. Diese Maßnahmen sollen nicht nur die für den Handel mit diesen Waren Verantwortlichen um den daraus erwachsenden wirtschaftlichen Gewinn bringen und ihr Handeln ahnden, sondern auch eine wirksame Abschreckung für künftige dieser Art darstellen.

Um eine ernstliche Beeinträchtigung der Zollabfertigung von im persönlichen Gepäck der Reisenden enthaltenen Waren zu vermeiden, sollen Waren, bei denen es sich möglicherweise um nachgeahmte Waren oder unerlaubt hergestellte Vervielfältigungsstücke oder Nachbildungen handelt und die innerhalb der in der Gemeinschaftsregelung für Zollbefreiungen vorge-

Produktpiraterie VO Anhang 8. VO (EG) Nr. 3295/94

sehenen Grenzen aus Drittländern eingeführt werden, aus dem Anwendungsbereich dieser Verordnung ausgeschlossen werden.

Die einheitliche Anwendung der in dieser Verordnung vorgesehenen gemeinsamen Regeln ist zu gewährleisten, und zu diesem Zweck muß ein Gemeinschaftsverfahren festgelegt werden, aufgrund dessen die Einzelheiten der Anwendung dieser Regeln innerhalb angemessener Fristen festgelegt werden können; außerdem ist die gegenseitige Amtshilfe zwischen den Mitgliedstaaten sowie zwischen den Mitgliedstaaten und der Kommission zu fördern, um deren größtmögliche Wirksamkeit zu gewährleisten.

Anhand der Erfahrungen mit der Durchführung dieser Verordnung wird die Möglichkeit zu prüfen sein, die Liste der unter diese Verordnung fallenden Rechte des geistigen Eigentums zu erweitern.

Die Verordnung (EWG) Nr. 3842/86 ist aufzuheben. –

HAT FOLGENDE VERORDNUNG ERLASSEN:

Kapitel I. Allgemeines

Art. 1. (1) Diese Verordnung regelt
a) die Voraussetzungen für ein Tätigwerden der Zollbehörden hinsichtlich der Waren, bei denen der Verdacht besteht, daß es sich um nachgeahmte Waren oder unerlaubt hergestellte Vervielfältigungsstücke oder Nachbildungen handelt,
  – wenn sie zur Überführung in den zollrechtlich freien Verkehr, zur Ausfuhr oder zur Wiederausfuhr angemeldet werden;
  – wenn sie im Zusammenhang mit ihrer Überführung in ein Nichterhebungsverfahren im Sinne des Artikels 84 Absatz 1 Buchstabe a) der Verordnung (EWG) Nr. 2913/92 des Rates vom 12. Oktober 1992 zur Festlegung des Zollkodex der Gemeinschaften oder anläßlich der Mitteilung ihrer Wiederausfuhr im Rahmen einer zollamtlichen Prüfung endeckt werden;
und
b) die von den zuständigen Stellen zu treffenden Maßnahmen, wenn festgestellt ist, daß die betreffenden Waren tatsächlich nachgeahmte Waren oder unerlaubt hergestellte Vervielfältigungsstücke oder Nachbildungen sind.

(2) Im Sinne dieser Verordnung bedeutet
a) nachgeahmte Waren:
  – die Waren einschließlich ihrer Verpackungen, auf denen ohne Zustimmung Marken oder Zeichen angebracht sind, die mit Marken identisch sind, die für derartige Waren rechtsgültig eingetragen sind oder die in ihren wesentlichen Merkmalen nicht von solchen Marken zu unterscheiden sind und damit nach den Rechtsvorschriften der Gemeinschaft oder denjenigen des Mitgliedstaats, bei dem der Antrag auf Tätigwerden der Zollbehörden gestellt wird, die Rechte des Inhabers der betreffenden Marken verletzen;

Anhang 8. VO (EG) Nr. 3295/94 **ProduktpiraterieVO**

- alle gegebenenfalls auch gesondert gestellten Kennzeichnungsmittel (wie Embleme, Anhänger, Aufkleber, Prospekte, Bedienungs- oder Gebrauchsanweisungen, Garantiedokumente), auf die die im ersten Gedankenstrich genannten Umstände zutreffen;
- die mit Marken oder Zeichen nachgeahmter Waren versehenen Verpackungen, die gesondert gestellt werden und auf die die im ersten Gedankenstrich genannten Umstände zutreffen;

b) unerlaubt hergestellte Vervielfältigungsstücke oder Nachbildungen: Waren, welche Vervielfältigungsstücke oder Nachbildungen sind oder solche enthalten und die ohne Zustimmung des Inhabers des Urheberrechts oder verwandter Schutzrechte oder ohne Zustimmung des Inhabers eines nach einzelstaatlichem Recht eingetragenen oder nicht eingetragenen Geschmacksmusterrechts oder ohne Zustimmung einer von dem Rechtsinhaber im Herstellungsland ordnungsgemäß ermächtigten Person angefertigt werden, sofern die Herstellung dieser Vervielfältigungsstücke oder Nachbildungen nach den Rechtsvorschriften der Gemeinschaft oder denjenigen des Mitgliedstaats, bei dem der Antrag auf Tätigwerden der Zollbehörden gestellt wird, die betroffenen Rechte verletzt;

c) Rechtsinhaber: der Inhaber einer Marke im Sinne des Buchstabens a) und/oder eines der Rechte im Sinne des Buchstabens b) sowie jede andere zur Benutzung dieser Marke und/oder Wahrnehmung dieser Rechte befugte Person oder deren Vertreter;

d) Anmeldungen zur Überführung in den zollrechtlich freien Verkehr, zur Ausfuhr oder zur Wiederausfuhr: gemäß Artikel 61 der Verordnung (EWG) Nr. 2913/92 abgegebene Anmeldungen.

(3) Nachgeahmten Waren oder unerlaubt hergestellten Vervielfältigungsstücken oder Nachbildungen gleichgestellt sind Formen oder Matrizen, die speziell zur Herstellung einer nachgeahmten Marke oder einer Ware, die eine derartige Marke trägt oder zur unerlaubten Herstellung von Vervielfältigungsstücken oder Nachbildungen bestimmte oder im Hinblick darauf angepaßt worden sind, sofern die Verwendung dieser Formen oder Matrizen nach den Rechtsvorschriften der Gemeinschaft oder denjenigen des Mitgliedstaats, bei dem der Antrag auf Tätigwerden der Zollbehörden gestellt wird, die Rechte des Rechtsinhabers verletzt.

(4) Diese Verordnung gilt nicht für Waren, die mit Zustimmung des Markeninhabers mit der Marke versehen sind oder die durch ein Urheberrecht oder ein verwandtes Schutzrecht oder ein Geschmacksmusterrecht geschützt und mit Zustimmung des Inhabers eines dieser Rechte hergestellt worden sind, für die jedoch ohne dessen Zustimmung einer der in Absatz 1 Buchstabe a) genannten Tatbestände vorliegt.

Gleiches gilt für die in Unterabsatz 1 genannten Waren, die unter anderen als den mit den Inhabern der betreffenden Rechte vereinbarten Bedingungen hergestellt oder mit der Marke versehen worden sind.

Produktpiraterie VO   Anhang 8. VO (EG) Nr. 3295/94

Kapitel II. Verbot der Überführung nachgeahmter Waren und unerlaubt hergestellter Vervielfältigungsstücke oder Nachbildungen in den zollrechtlich freien Verkehr oder in ein Nichterhebungsverfahren sowie Verbot ihrer Ausfuhr und Wiederausfuhr

Art. 2. Waren, die aufgrund des Verfahrens nach Artikel 6 als nachgeahmte Waren oder unerlaubt hergestellte Vervielfältigungsstücke oder Nachbildungen erkannt werden, dürfen nicht in den zollrechtlich freien Verkehr oder in ein Nichterhebungsverfahren überführt, ausgeführt oder wiederausgeführt werden.

Kapitel III. Antrag auf Tätigwerden der Zollbehörden

Art. 3. (1) In jedem Mitgliedstaat kann der Rechtsinhaber bei den zuständigen Zollbehörden einen schriftlichen Antrag auf Tätigwerden der Zollbehörden für den Fall stellen, daß für Waren einer der in Artikel 1 Absatz 1 Buchstabe a) genannten Tatbestände vorliegt.

(2) Der Antrag nach Absatz 1 muß folgendes enthalten:
– eine hinreichend genaue Beschreibung der Waren, die es den Zollbehörden ermöglicht, diese zu erkennen,
– einen Nachweis darüber, daß der Antragsteller der Inhaber des Schutzrechtes für die betreffenden Waren ist.

Außerdem hat der Rechtsinhaber alle sonstigen zweckdienlichen Informationen beizubringen, über die er verfügt, damit die zuständige Zollbehörde in voller Kenntnis der Sachlage entscheiden kann, wobei diese Informationen keine Bedingung für die Zulässigkeit des Antrags darstellen.

Bezüglich unerlaubt hergestellter Vervielfältigungsstücke oder Nachbildungen geben die Informationen so weit wie möglich Auskunft beispielsweise über
– den Ort, an dem sich die Waren befinden, oder den vorgesehenen Bestimmungsort;
– die Nämlichkeitszeichen der Sendung oder der Packstücke;
– das vorgesehene Ankunfts- oder Abgangsdatum der Waren;
– das benutzte Beförderungsmittel;
– die Person des Einführers, des Ausführers oder des Besitzers.

(3) In dem Antrag ist der Zeitraum anzugeben, für den das Tätigwerden der Zollbehörden beantragt wird.

(4) Von dem Antragsteller kann die Zahlung einer Gebühr zur Deckung der durch die Bearbeitung des Antrags verursachten Verwaltungskosten verlangt werden. Die Höhe dieser Gebühr muß in einem angemessenen Verhältnis zur erbrachten Leistung stehen.

Anhang 8. VO (EG) Nr. 3295/94 **ProduktpiraterieVO**

(5) Die mit einem Antrag nach Absatz 2 befaßte Zollbehörde bearbeitet diesen Antrag und unterrichtet den Antragsteller unverzüglich schriftlich über ihre Entscheidung.

Gibt sie dem Antrag statt, so legt sie den Zeitraum fest, innerhalb dessen die Zollbehörden tätig werden. Dieser Zeitraum kann auf Antrag des Rechtsinhabers von der Zollbehörde, die die erste Entscheidung getroffen hat, verlängert werden.

Die Zurückweisung eines Antrags ist angemessen zu begründen; gegen sie kann ein Rechtsbehelf eingelegt werden.

(6) Ist dem Antrag des Rechtsinhabers stattgegeben worden oder sind nach Maßgabe des Artikels 6 Absatz 1 Maßnahmen zum Tätigwerden gemäß Artikel 1 Absatz 1 Buchstabe a) ergriffen worden, so können die Mitgliedstaaten vom Rechtsinhaber die Leistung einer Sicherheit verlangen,
- um seine etwaige Haftung gegenüber den von einer Maßnahme nach Artikel 1 Absatz 1 Buchstabe a) betroffenen Personen zu decken, falls das nach Artikel 6 Absatz 1 eröffnete Verfahren aufgrund einer Handlung oder Unterlassung des Rechtsinhabers nicht fortgesetzt wird oder sich später herausstellt, daß die fraglichen Waren keine nachgeahmten Waren oder unerlaubt hergestellten Vervielfältigungsstücke oder Nachbildungen sind;
- um die Bezahlung der Kosten sicherzustellen, die gemäß dieser Verordnung im Falle des Verbleibens der Waren unter zollamtlicher Überwachung gemäß Artikel 6 entstehen.

(7) Der Rechtsinhaber ist verpflichtet, die in Absatz 1 bezeichnete Zollbehörde zu unterrichten, wenn sein Recht nicht mehr rechtsgültig eingetragen ist oder nicht mehr besteht.

(8) Die Mitgliedstaaten benennen die Zollbehörden, die befugt sind, den in diesem Artikel genannten Antrag entgegenzunehmen und zu bearbeiten.

Art. 4. Ist es für die Zollstelle bei einer Prüfung im Rahmen eines der Zollverfahren gemäß Artikel 1 Absatz 1 Buchstabe a) vor Einreichung eines Antrags durch den Rechtsinhaber oder vor einer positiven Entscheidung über diesen Antrag offensichtlich, daß es sich bei den Waren um nachgeahmte Waren oder unerlaubt hergestellte Vervielfältigungsstücke oder Nachbildungen handelt, so können die Zollbehörden den Rechtsinhaber, sofern er bekannt ist, gemäß den in dem betreffenden Mitgliedstaat geltenden Rechtsvorschriften darüber unterrichten, daß möglicherweise ein Verstoß vorliegt. In diesem Falle sind die Zollbehörden ermächtigt, die Überlassung drei Arbeitstage auszusetzen oder die betreffenden Waren während der gleichen Frist zurückzuhalten, damit der Rechtsinhaber einen Antrag auf Tätigwerden gemäß Artikel 3 stellen kann.

Art. 5. Eine positive Entscheidung über den Antrag des Rechtsinhabers wird den Zollstellen des Mitgliedstaats, bei denen die in dem Antrag beschriebenen mutmaßlich nachgeahmten Waren oder unerlaubt hergestellten Vervielfältigungsstücke oder Nachbildungen abgefertigt werden könnten, unverzüglich mitgeteilt.

Produktpiraterie VO Anhang 8. VO (EG) Nr. 3295/94

Kapitel IV. Voraussetzungen für ein Tätigwerden der Zollbehörden und der für Entscheidungen in der Sache zuständigen Stellen

Art. 6. (1) Stellt eine Zollstelle, der eine positive Entscheidung über den Antrag des Rechtsinhabers nach Maßgabe von Artikel 5 mitgeteilt worden ist, gegebenenfalls nach Konsultierung des Antragstellers fest, daß Waren, für die einer der in Artikel 1 Absatz 1 Buchstabe a) genannten Tatbestände vorliegt, den in der genannten Entscheidung beschriebenen nachgeahmten Waren oder unerlaubt hergestellten Vervielfältigungsstücken oder Nachbildungen entsprechen, so setzt sie die Überlassung dieser Waren aus oder hält sie zurück.

Die Zollstelle setzt unverzüglich die Zollbehörde, die den Antrag nach Artikel 3 bearbeitet hat, hiervon in Kenntnis. Diese Zollbehörde oder die Zollstelle setzt unverzüglich den Anmelder sowie den Antragsteller vom Tätigwerden in Kenntnis. Die Zollstelle oder die Zollbehörde, die den Antrag bearbeitet hat, teilt dem Rechtsinhaber nach Maßgabe der nationalen Rechtsvorschriften über den Schutz von personenbezogenen Daten, von Geschäfts- und Betriebsgeheimnissen sowie Berufs- und Amtsgeheimnissen auf Antrag Namen und Anschrift des Anmelders und, soweit bekannt, des Empfängers mit, damit der Rechtsinhaber die für Entscheidungen in der Sache zuständigen Stellen befassen kann. Die Zollstelle räumt dem Antragsteller und den von einer Maßnahme nach Artikel 1 Absatz 1 Buchstabe a) betroffenen Personen die Möglichkeit ein, die Waren, deren Überlassung ausgesetzt ist oder die zurückgehalten worden sind, zu beschauen.

Bei der Prüfung der Waren kann die Zollstelle Proben entnehmen, um das weitere Verfahren zu erleichtern.

(2) Die Rechtsvorschriften des Mitgliedstaats, in dessen Hoheitsgebiet für Waren einer der in Artikel 1 Absatz 1 Buchstabe a) genannten Tatbestände vorliegt, gelten für

a) die Befassung der für Entscheidungen in der Sache zuständigen Stellen und die unverzügliche Unterrichtung der in Absatz 1 genannten Zollbehörde oder Zollstelle über die Befassung, sofern diese Befassung nicht von der Zollbehörde oder der Zollstelle selbst vorgenommen wird;

b) die Entscheidungsfindung dieser Stellen; in Ermangelung einer gemeinschaftlichen Regelung sind der Entscheidung die gleichen Kriterien zugrunde zu legen, die auch für eine Entscheidung darüber gelten, ob in dem betreffenden Mitgliedstaat hergestellte Waren die Rechte des Rechtsinhabers verletzen. Die von der zuständigen Stelle getroffenen Entscheidungen sind zu begründen.

Art. 7. (1) Wenn die in Artikel 6 Absatz 1 genannte Zollstelle nicht innerhalb von zehn Arbeitstagen nach Mitteilung der Aussetzung der Überlassung oder der Zurückhaltung von der Befassung der gemäß Artikel 6 Absatz 2 für die Entscheidung in der Sache zuständigen Stelle oder über die von der

Anhang 8. VO (EG) Nr. 3295/94 **ProduktpiraterieVO**

hierzu befugten Stelle getroffenen einstweiligen Maßnahmen in Kenntnis gesetzt worden ist, erfolgt die Überlassung, sofern alle Zollformalitäten erfüllt sind, oder wird die Zurückhaltung aufgehoben.
Erforderlichenfalls kann diese Frist um höchstens zehn Arbeitstage verlängert werden.

(2) Bei Waren, die im Verdacht stehen, ein Geschmacksmusterrecht zu verletzen, können der Eigentümer, der Einführer oder der Empfänger der Waren die Überlassung der Waren oder die Aufhebung der Zurückhaltung derselben erwirken, sofern sie Sicherheit leisten und vorausgesetzt, daß
– die in Artikel 6 Absatz 1 bezeichnete Zollbehörde oder Zollstelle innerhalb oder in Absatz 1 genannten Frist von der Befassung der dort vorgesehenen, für die Entscheidung in der Sache zuständigen Stelle in Kenntnis gesetzt worden ist,
– bei Ablauf dieser Frist keine einstweiligen Maßnahmen von der hierzu befugten Stelle getroffen worden sind und
– sämtliche Zollformalitäten erfüllt sind.
Die Sicherheit muß so bemessen sein, daß die Interessen des Rechtsinhabers ausreichend geschützt sind. Die Leistung dieser Sicherheit steht der Möglichkeit des Rechtsinhabers, andere rechtliche Schritte einzuleiten, nicht entgegen. Wurde die für die Entscheidung in der Sache zuständige Stelle auf andere Weise als auf Betreiben des Inhabers des Geschmacksmusterrechts befaßt, so wird die Sicherheit freigegeben, falls der Rechtsinhaber von der Möglichkeit, den Rechtsweg zu beschreiten, innerhalb von zwanzig Arbeitstagen nach seiner Benachrichtigung von der Aussetzung der Überlassung oder der Zurückhaltung nicht Gebrauch macht. In Fällen, in denen Absatz 1 Unterabsatz 2 angewandt wird, kann diese Frist auf höchstens dreißig Arbeitstage verlängert werden.

(3) Die Bedingungen für die Lagerung der Waren während der Dauer der Aussetzung der Überlassung oder der Zurückhaltung werden von jedem Mitgliedstaat festgelegt.

Kapitel V. Bestimmungen über die als nachgeahmte Waren oder unerlaubt hergestellte Vervielfältigungsstücke oder Nachbildungen erkannten Waren

Art. 8. (1) Unbeschadet der sonstigen rechtlichen Schritte, die der Markeninhaber einleiten kann, wenn festgestellt worden ist, daß es sich um nachgeahmte Waren handelt, oder die die Inhaber des Urheberrechts, des verwandten Schutzrechts oder des Geschmacksmusterrechts einleiten können, wenn festgestellt worden ist, daß unerlaubt Vervielfältigungsstücke oder Nachbildungen hergestellt worden sind, treffen die Mitgliedstaaten die erforderlichen Maßnahmen damit die zuständigen Stellen
a) in der Regel die als nachgeahmte Waren oder unerlaubt hergestellte Vervielfältigungsstücke oder Nachbildungen erkannten Waren gemäß den einschlägigen innerstaatlichen Rechtsvorschriften ohne Entschädigung und

Produktpiraterie VO Anhang 8. VO (EG) Nr. 3295/94

ohne Kosten für die Staatskasse vernichten oder aus dem Marktkreislauf nehmen können, um eine Schädigung des Rechtsinhabers zu verhindern;
b) im Hinblick auf diese Waren jede andere Maßnahme treffen können, die zur Folge hat, daß die betreffenden Personen tatsächlich um den wirtschaftlichen Gewinn aus diesem Geschäft gebracht werden.

Als derartige Maßnahmen gelten insbesondere nicht:
- die Wiederausfuhr der nachgeahmten Waren oder unerlaubt hergestellten Vervielfältigungsstücke oder Nachbildungen in unverändertem Zustand;
- außer im Ausnahmefall das einfache Entfernen der Marken oder Zeichen, mit denen die nachgeahmten Waren rechtswidrig versehen sind;
- die Überführung der Waren in ein anderes Zollverfahren.

(2) Auf die nachgeahmten Waren und unerlaubt hergestellten Vervielfältigungsstücke oder Nachbildungen kann zugunsten der Staatskasse verzichtet werden. In diesem Fall gilt Absatz 1 Buchstabe a).

(3) Neben den Informationen, die gemäß Artikel 6 Absatz 1 Unterabsatz 2 unter den dort vorgesehenen Bedingungen übermittelt werden, teilt die betreffende Zollstelle oder die zuständige Zollbehörde dem Rechtsinhaber auf Antrag den Namen und die Anschrift des Versenders, des Einführers, des Ausführers und des Herstellers der als nachgeahmte Waren oder als unerlaubt hergestellte Vervielfältigungsstücke oder Nachbildungen erkannten Waren sowie die Warenmenge mit.

Kapitel VI. Schlußbestimmungen

Art. 9. (1) Die Annahme eines nach Artikel 3 Absatz 2 gestellten Antrags verleiht dem Rechtsinhaber für den Fall, daß nachgeahmte Waren oder unerlaubt hergestellte Vervielfältigungsstücke oder Nachbildungen der Kontrolle einer Zollstelle aufgrund der Überlassung oder mangels einer Zurückhaltung der Waren nach Artikel 6 Absatz 1 entgehen, nur unter den Voraussetzungen einen Anspruch auf Entschädigung, die in den Rechtsvorschriften des Mitgliedstaats, in dem der Antrag gestellt wurde, vorgesehen sind.

(2) Die Ausübung der jeweils übertragenen Zuständigkeiten für die Bekämpfung des Handels mit nachgeahmten Waren, unerlaubt hergestellten Vervielfältigungsstücken oder Nachbildungen durch eine Zollstelle oder eine andere hierzu befugte Stelle begründet nur unter den Voraussetzungen, die in den Rechtsvorschriften des Mitgliedstaats, in dem der Antrag gestellt wurde, vorgesehen sind, eine Haftung dieser Zollstelle oder Stelle für Schäden, die den von den Maßnahmen nach Artikel 1 Absatz 1 Buchstabe a) und Artikel 4 betroffenen Personen aus dem Tätigwerden der Zollstelle oder Stelle entstehen.

(3) Die etwaige zivilrechtliche Haftung des Rechtsinhabers bestimmt sich nach dem Recht desjenigen Mitgliedstaats, in dem für die betreffenden Waren einer der in Artikel 1 Absatz 1 Buchstabe a) genannten Tatbestände vorliegt.

Anhang 8. VO (EG) Nr. 3295/94 **ProduktpiraterieVO**

Art. 10. Vom Anwendungsbereich dieser Verordnung ausgenommen sind Waren ohne kommerziellen Charakter, die im persönlichen Gepäck der Reisenden enthalten sind, und zwar in den Grenzen, die für die Gewährung einer Zollbefreiung festgelegt sind.

Art. 11. Jeder Mitgliedstaat setzt Sanktionen für den Fall fest, daß gegen Artikel 2 verstoßen wird. Diese Sanktionen müssen so beschaffen sein, daß sie die Einhaltung der einschlägigen Rechtsvorschriften bewirken.

Art. 12. Die erforderlichen Durchführungsvorschriften zu dieser Verordnung werden nach dem in Artikel 13 Absätze 3 und 4 bestimmten Verfahren erlassen.

Art. 13. (1) Die Kommission wird durch den gemäß Artikel 247 der Verordnung (EWG) Nr. 2913/92 eingesetzten Ausschuß unterstützt.

(2) Der Ausschuß prüft alle Fragen im Zusammenhang mit der Anwendung dieser Verordnung, die dessen Vorsitzender von sich aus oder auf Antrag des Vertreters eines Mitgliedstaats zur Sprache bringen kann.

(3) Der Vertreter der Kommission unterbreitet dem Ausschuß einen Entwurf der zu treffenden Maßnahmen. Der Ausschuß gibt seine Stellungnahme zu diesem Entwurf innerhalb einer Frist ab, die der Vorsitzende unter Berücksichtigung der Dringlichkeit der betreffenden Fragen festsetzen kann. Die Stellungnahme wird mit der Mehrheit abgegeben, die in Artikel 148 Absatz 2 des Vertrags für die Annahme der vom Rat auf Vorschlag der Kommission zu fassenden Beschlüsse vorgesehen ist. Bei der Abstimmung im Ausschuß werden die Stimmen der Vertreter der Mitgliedstaaten gemäß dem vorgenannten Artikel gewogen. Der Vorsitzende nimmt an der Abstimmung nicht teil.

(4) Die Kommission erläßt Maßnahmen, die unmittelbar gelten. Stimmen sie jedoch mit der Stellungnahme des Ausschusses nicht überein, so werden sie sofort von der Kommission dem Rat mitgeteilt. In diesem Fall gilt folgendes:
– Die Kommission verschiebt die Durchführung der von ihr beschlossenen Maßnahmen um einen Zeitraum von höchstens drei Monaten von dieser Mitteilung an.
– Der Rat kann innerhalb des im ersten Gedankenstrich genannten Zeitraums mit qualifizierter Mehrheit einen anderslautenden Beschluß fassen.

Art. 14. Die Mitgliedstaaten übermitteln der Kommission alle zweckdienlichen Angaben im Zusammenhang mit der Anwendung dieser Verordnung.
Die Kommission übermittelt diese Angaben den übrigen Mitgliedstaaten.
Zur Durchführung dieser Verordnung gelten die Vorschriften der Verordnung (EWG) Nr. 1468/81 des Rates vom 19. Mai 1981 betreffend die gegenseitige Unterstützung der Verwaltungsbehörden der Mitgliedstaaten und die Zusammenarbeit dieser Behörden mit der Kommission, um die

ProduktpiraterieVO Anhang 8. VO (EG) Nr. 3295/94

ordnungsgemäße Anwendung der Zoll- und Agrarregelung zu gewährleisten, entsprechend.

Die Einzelheiten des Verfahrens für den Informationsaustausch werden im Rahmen der Durchführungsvorschriften gemäß Artikel 13 Absätze 2, 3 und 4 festgelegt.

Art. 15. Die Kommission erstattet dem Europäischen Parlament und dem Rat anhand der in Artikel 14 genannten Angaben regelmäßig Bericht über das Funktionieren des Systems, insbesondere über die wirtschaftlichen und sozialen Folgen der Nachahmung, und schlägt binnen 2 Jahren nach dem Beginn der Anwendung dieser Verordnung notwendige Änderungen und Ergänzungen vor.

Art. 16. Die Verordnung (EWG) Nr. 3842/86 des Rates wird mit Beginn der Anwendung dieser Verordnung aufgehoben.

Art. 17. Diese Verordnung tritt am dritten Tag nach ihrer Veröffentlichung im *Amtsblatt der Europäischen Gemeinschaften* in Kraft.

Sie gilt ab dem 1. Juli 1995.

Diese Verordnung ist in allen ihren Teilen verbindlich und gilt unmittelbar in jedem Mitgliedstaat.

C. *Mehrseitige Abkommen*

9. Pariser Verbandsübereinkunft zum Schutz des gewerblichen Eigentums

Vom 20. März 1883

Revidiert in BRÜSSEL am 14. Dezember 1900, in WASHINGTON am 2. Juni 1911, im HAAG am 6. November 1925, in LONDON am 2. Juni 1934, in LISSABON am 31. Oktober 1958 und in STOCKHOLM am 14. Juli 1967
(BGBl. 1970 II S. 391), zuletzt geändert am 20. August 1984
(BGBl. 1984 II S. 799)

– in Auszügen –

Art. 1. (1) Die Länder, auf die diese Übereinkunft Anwendung findet, bilden einen Verband zum Schutz des gewerblichen Eigentums.

(2) Der Schutz des gewerblichen Eigentums hat zum Gegenstand die Erfindungspatente, die Gebrauchsmuster, die gewerblichen Muster oder Modelle, die Fabrik- oder Handelsmarken, die Dienstleistungsmarken, den Handelsnamen und die Herkunftsangaben oder Ursprungsbezeichnungen sowie die Unterdrückung des unlauteren Wettbewerbs.

(3) Das gewerbliche Eigentum wird in der weitesten Bedeutung verstanden und bezieht sich nicht allein auf Gewerbe und Handel im eigentlichen Sinn des Wortes, sondern ebenso auf das Gebiet der Landwirtschaft und der Gewinnung der Bodenschätze und auf alle Fabrikate oder Naturerzeugnisse, zum Beispiel Wein, Getreide, Tabakblätter, Früchte, Vieh, Mineralien, Mineralwässer, Bier, Blumen, Mehl.

(4) Zu den Erfindungspatenten zählen die nach den Rechtsvorschriften der Verbandsländer zugelassenen verschiedenen Arten gewerblicher Patente, wie Einführungspatente, Verbesserungspatente, Zusatzpatente, Zusatzbescheinigungen usw.

Art. 2. (1) Die Angehörigen eines jeden der Verbandsländer genießen in allen übrigen Ländern des Verbandes in bezug auf den Schutz des gewerblichen Eigentums die Vorteile, welche die betreffenden Gesetze den eigenen Staatsangehörigen gegenwärtig gewähren oder in Zukunft gewähren werden, und zwar unbeschadet der durch diese Übereinkunft besonders vorgesehenen Rechte. Demgemäß haben sie den gleichen Schutz wie diese und die gleichen Rechtsbehelfe gegen jeden Eingriff in ihre Rechte, vorbehaltlich der Erfüllung der Bedingungen und Förmlichkeiten, die den eigenen Staatsangehörigen auferlegt werden.

(2) Jedoch darf der Genuß irgendeines Rechts des gewerblichen Eigentums für die Verbandsangehörigen keinesfalls von der Bedingung abhängig gemacht werden, daß sie einen Wohnsitz oder eine Niederlassung in dem Land haben, in dem der Schutz beansprucht wird.

PVÜ Anhang 9. Pariser Verbandsübereinkommen

(3) Ausdrücklich bleiben vorbehalten die Rechtsvorschriften jedes der Verbandsländer über das gerichtliche und das Verwaltungsverfahren und die Zuständigkeit sowie über die Wahl des Wohnsitzes oder die Bestellung eines Vertreters, die etwa nach den Gesetzen über das gewerbliche Eigentum erforderlich sind.

Art. 3. Den Angehörigen der Verbandsländer sind gleichgestellt die Angehörigen der dem Verband nicht angehörenden Länder, die im Hoheitsgebiet eines Verbandslandes ihren Wohnsitz oder tatsächliche und nicht nur zum Schein bestehende gewerbliche oder Handelsniederlassungen haben.

Art. 4. A. – (1) Wer in einem der Verbandsländer die Anmeldung für ein Erfindungspatent, ein Gebrauchsmuster, ein gewerbliches Muster oder Modell, eine Fabrik- oder Handelsmarke vorschriftsmäßig hinterlegt hat, oder sein Rechtsnachfolger genießt für die Hinterlegung in den anderen Ländern während der unten bestimmten Fristen ein Prioritätsrecht.

(2) Als prioritätsbegründend wird jede Hinterlegung anerkannt, der nach den innerstaatlichen Rechtsvorschriften jedes Verbandslandes oder nach den zwischen Verbandsländern abgeschlossenen zwei- oder mehrseitigen Verträgen die Bedeutung einer vorschriftsmäßigen nationalen Hinterlegung zukommt.

(3) Unter vorschriftsmäßiger nationaler Hinterlegung ist jede Hinterlegung zu verstehen, die zur Festlegung des Zeitpunkts ausreicht, an dem die Anmeldung in dem betreffenden Land hinterlegt worden ist, wobei das spätere Schicksal der Anmeldung ohne Bedeutung ist.

B. – Demgemäß kann die spätere, jedoch vor Ablauf dieser Fristen in einem der anderen Verbandsländer bewirkte Hinterlegung nicht unwirksam gemacht werden durch inzwischen eingetretene Tatsachen, insbesondere durch eine andere Hinterlegung, durch die Veröffentlichung der Erfindung oder deren Ausübung, durch das Feilbieten von Stücken des Musters oder Modells, durch den Gebrauch der Marke; diese Tatsachen können kein Recht Dritter und kein persönliches Besitzrecht begründen. Die Rechte, die von Dritten vor dem Tag der ersten, prioritätsbegründenden Anmeldung erworben worden sind, bleiben nach Maßgabe der innerstaatlichen Rechtsvorschriften eines jeden Verbandslandes gewahrt.

C. – (1) Die oben erwähnten Prioritätsfristen betragen zwölf Monate für die Erfindungspatente und die Gebrauchsmuster und sechs Monate für die gewerblichen Muster oder Modelle und für die Fabrik- oder Handelsmarken.

(2) Diese Fristen laufen vom Zeitpunkt der Hinterlegung der ersten Anmeldung an; der Tag der Hinterlegung wird nicht in die Frist eingerechnet.

(3) Ist der letzte Tag der Frist in dem Land, in dem der Schutz beansprucht wird, ein gesetzlicher Feiertag oder ein Tag, an dem das Amt zur Entgegennahme von Anmeldungen nicht geöffnet ist, so erstreckt sich die Frist auf den nächstfolgenden Werktag.

Anhang 9. Pariser Verbandsübereinkommen **PVÜ**

(4) Als erste Anmeldung, von deren Hinterlegungszeitpunkt an die Prioritätsfrist läuft, wird auch eine jüngere Anmeldung angesehen, die denselben Gegenstand betrifft wie eine erste ältere im Sinn des Absatzes 2 in demselben Verbandsland eingereichte Anmeldung, sofern diese ältere Anmeldung bis zum Zeitpunkt der Hinterlegung der jüngeren Anmeldung zurückgezogen, fallengelassen oder zurückgewiesen worden ist, und zwar bevor sie öffentlich ausgelegt worden ist und ohne daß Rechte bestehen geblieben sind; ebensowenig darf diese ältere Anmeldung schon Grundlage für die Inanspruchnahme des Prioritätsrechts gewesen sein. Die ältere Anmeldung kann in diesem Fall nicht mehr als Grundlage für die Inanspruchnahme des Prioritätsrechts dienen.

D. – (1) Wer die Priorität einer früheren Hinterlegung in Anspruch nehmen will, muß eine Erklärung über den Zeitpunkt und das Land dieser Hinterlegung abgeben. Jedes Land bestimmt, bis wann die Erklärung spätestens abgegeben werden muß.

(2) Diese Angaben sind in die Veröffentlichungen der zuständigen Behörde, insbesondere in die Patenturkunden und die zugehörigen Beschreibungen aufzunehmen.

(3) Die Verbandsländer können von demjenigen, der eine Prioritätserklärung abgibt, verlangen, daß er die frühere Anmeldung (Beschreibung, Zeichnungen usw.) in Abschrift vorlegt. Die Abschrift, die von der Behörde, die diese Anmeldung empfangen hat, als übereinstimmend bescheinigt ist, ist von jeder Beglaubigung befreit und kann auf alle Fälle zu beliebiger Zeit innerhalb einer Frist von drei Monaten nach der Hinterlegung der späteren Anmeldung gebührenfrei eingereicht werden. Es kann verlangt werden, daß ihr eine von dieser Behörde ausgestellte Bescheinigung über den Zeitpunkt der Hinterlegung und eine Übersetzung beigefügt werden.

(4) Andere Förmlichkeiten für die Prioritätserklärung dürfen bei der Hinterlegung der Anmeldung nicht verlangt werden. Jedes Verbandsland bestimmt die Folgen der Nichtbeachtung der in diesem Artikel vorgesehenen Förmlichkeiten; jedoch dürfen diese Folgen über den Verlust des Prioritätsrechts nicht hinausgehen.

(5) Später können weitere Nachweise verlangt werden.
Wer die Priorität einer früheren Anmeldung in Anspruch nimmt, ist verpflichtet, das Aktenzeichen dieser Anmeldung anzugeben; diese Angabe ist nach Maßgabe des Absatzes 2 zu veröffentlichen.

E. – (1) Wird in einem Land ein gewerbliches Muster oder Modell unter Inanspruchnahme eines auf die Anmeldung eines Gebrauchsmusters gegründeten Prioritätsrechts hinterlegt, so ist nur die für gewebliche Muster oder Modelle bestimmte Prioritätsfrist maßgebend.

(2) Im übrigen ist es zulässig, in einem Land ein Gebrauchsmuster unter Inanspruchnahme eines auf die Hinterlegung einer Patentanmeldung gegründeten Prioritätsrechts zu hinterlegen und umgekehrt.

F. – Kein Verbandsland darf deswegen die Anerkennung einer Priorität verweigern oder eine Patentanmeldung zurückweisen, weil der Anmelder mehrere Prioritäten in Anspruch nimmt, selbst wenn sie aus verschiedenen Ländern stammen, oder deswegen, weil eine Anmeldung, für die eine oder mehrere Prioritäten beansprucht werden, ein oder mehrere Merkmale enthält, die in der oder den Anmeldungen, deren Priorität beansprucht worden ist, nicht enthalten waren, sofern in beiden Fällen Erfindungseinheit im Sinn des Landesgesetzes vorliegt.

Hinsichtlich der Merkmale, die in der oder den Anmeldungen, deren Priorität in Anspruch genommen worden ist, nicht enthalten sind, läßt die jüngere Anmeldung ein Prioritätsrecht unter den allgemeinen Bedingungen entstehen.

G. – (1) Ergibt die Prüfung, daß eine Patentanmeldung nicht einheitlich ist, so kann der Anmelder die Anmeldung in eine Anzahl von Teilanmeldungen teilen, wobei ihm für jede Teilanmeldung als Anmeldezeitpunkt der Zeitpunkt der ursprünglichen Anmeldung und gegebenenfalls das Prioritätsvorrecht erhalten bleiben.

(2) Der Anmelder kann auch von sich aus die Patentanmeldung teilen, wobei ihm für jede Teilanmeldung als Anmeldezeitpunkt der Zeitpunkt der ursprünglichen Anmeldung und gegebenenfalls das Prioritätsvorrecht erhalten bleiben. Jedem Verbandsland steht es frei, die Bedingungen festzulegen, unter denen diese Teilung zugelassen wird.

H. – Die Priorität kann nicht deshalb verweigert werden, weil bestimmte Merkmale der Erfindung, für welche die Priorität beansprucht wird, nicht in den in der Patentanmeldung des Ursprungslandes aufgestellten Patentansprüchen enthalten sind, sofern nur die Gesamtheit der Anmeldungsunterlagen diese Merkmale deutlich offenbart.

I. – (1) Anmeldungen für Erfinderscheine, die in einem Land eingereicht werden, in dem die Anmelder das Recht haben, nach ihrer Wahl entweder ein Patent oder einen Erfinderschein zu verlangen, begründen das in diesem Artikel vorgesehene Prioritätsrecht unter den gleichen Voraussetzungen und mit den gleichen Wirkungen wie Patentanmeldungen.

(2) In einem Land, in dem die Anmelder das Recht haben, nach ihrer Wahl entweder ein Patent oder einen Erfinderschein zu verlangen, genießt der Anmelder eines Erfinderscheins das auf eine Patent-, Gebrauchsmuster- oder Erfinderscheinanmeldung gegründete Prioritätsrecht nach den für Patentanmeldungen geltenden Bestimmungen dieses Artikels.

Art. 4bis. (1) Die in den verschiedenen Verbandsländern von Verbandsangehörigen angemeldeten Patente sind unabhängig von den Patenten, die für dieselbe Erfindung in anderen Ländern erlangt worden sind, mögen diese Länder dem Verband angehören oder nicht.

(2) Diese Bestimmung ist ohne jede Einschränkung zu verstehen, insbesondere in dem Sinn, daß die während der Prioritätsfrist angemeldeten Patente sowohl hinsichtlich der Gründe der Nichtigkeit und des Verfalls als auch hinsichtlich der gesetzmäßigen Dauer unabhängig sind.

(3) Sie findet auf alle im Zeitpunkt ihres Inkrafttretens bestehenden Patente Anwendung.

Anhang 9. Pariser Verbandsübereinkommen **PVÜ**

(4) Für den Fall des Beitritts neuer Länder wird es mit den im Zeitpunkt des Beitritts auf beiden Seiten bestehenden Patenten ebenso gehalten.

(5) Die mit Prioritätsvorrecht erlangten Patente genießen in den einzelnen Verbandsländern die gleiche Schutzdauer, wie wenn sie ohne das Prioritätsvorrecht angemeldet oder erteilt worden wären.

Art. 4ter. Der Erfinder hat das Recht, als solcher im Patent genannt zu werden.

Art. 4quater. Die Erteilung eines Patents kann nicht deshalb verweigert und ein Patent kann nicht deshalb für ungültig erklärt werden, weil der Vertrieb des patentierten Erzeugnisses oder des Erzeugnisses, das das Ergebnis eines patentierten Verfahrens ist, Beschränkungen oder Begrenzungen durch die innerstaatlichen Rechtsvorschriften unterworfen ist.

Art. 5. A. – (1) Die durch den Patentinhaber bewirkte Einfuhr von Gegenständen, die in dem einen oder anderen Verbandsland hergestellt worden sind, in das Land, in dem das Patent erteilt worden ist, hat den Verfall des Patents nicht zur Folge.

(2) Jedem der Verbandsländer steht es frei, gesetzliche Maßnahmen zu treffen, welche die Gewährung von Zwangslizenzen vorsehen, um Mißbräuche zu verhüten, die sich aus der Ausübung des durch das Patent verliehenen ausschließlichen Rechts ergeben könnten, zum Beispiel infolge unterlassener Ausübung.

(3) Der Verfall des Patents kann nur dann vorgesehen werden, wenn die Gewährung von Zwangslizenzen zur Verhütung dieser Mißbräuche nicht ausreichen würde. Vor Ablauf von zwei Jahren seit Gewährung der ersten Zwangslizenz kann kein Verfahren auf Verfall oder Zurücknahme eines Patents eingeleitet werden.

(4) Wegen unterlassener oder ungenügender Ausübung darf eine Zwangslizenz nicht vor Ablauf einer Frist von vier Jahren nach der Hinterlegung der Patentanmeldung oder von drei Jahren nach der Patenterteilung verlangt werden, wobei die Frist, die zuletzt abläuft, maßgebend ist; sie wird versagt, wenn der Patentinhaber seine Untätigkeit mit berechtigten Gründen entschuldigt. Eine solche Zwangslizenz ist nicht ausschließlich und kann, auch in der Form der Gewährung einer Unterlizenz, nur mit dem Teil des Unternehmens oder des Geschäftsbetriebs übertragen werden, der mit ihrer Auswertung befaßt ist.

(5) Die vorstehenden Bestimmungen finden unter Vorbehalt der notwendigen Änderungen auch auf Gebrauchsmuster Anwendung.

B. – Der Schutz gewerblicher Muster und Modelle darf wegen unterlassener Ausübung oder wegen der Einfuhr von Gegenständen, die mit den geschützten übereinstimmen, in keiner Weise durch Verfall beeinträchtigt werden.

C. – (1) Ist in einem Land der Gebrauch der eingetragenen Marke vorgeschrieben, so darf die Eintragung erst nach Ablauf einer angemessenen

1591

Frist und nur dann für ungültig erklärt werden, wenn der Beteiligte seine Untätigkeit nicht rechtfertigt.

(2) Wird eine Fabrik- oder Handelsmarke vom Inhaber in einer Form gebraucht, die von der Eintragung in einem der Verbandsländer nur in Bestandteilen abweicht, ohne daß dadurch die Unterscheidungskraft der Marke beeinflußt wird, so soll dieser Gebrauch die Ungültigkeit der Eintragung nicht nach sich ziehen und den der Marke gewährten Schutz nicht schmälern.

(3) Der gleichzeitige Gebrauch derselben Marke auf gleichen oder gleichartigen Erzeugnissen durch gewerbliche oder Handelsniederlassungen, die nach den Bestimmungen des Gesetzes des Landes, in dem der Schutz beansprucht wird, als Mitinhaber der Marke angesehen werden, steht der Eintragung der Marke nicht entgegen und schmälert nicht den der genannten Marke in einem Verbandsland gewährten Schutz, sofern dieser Gebrauch nicht eine Irrführung des Publikums zur Folge hat und dem öffentlichen Interesse nicht zuwiderläuft.

D. – Für die Anerkennung des Rechts ist die Anbringung eines Zeichens oder Vermerk über das Patent, das Gebrauchsmuster, die Eintragung der Fabrik- oder Handelsmarke oder die Hinterlegung des gewerblichen Musters oder Modells auf dem Erzeugnis nicht erforderlich.

Art. 5bis. (1) Für die Zahlung der zur Aufrechterhaltung der gewerblichen Schutzrechte vorgesehenen Gebühren wird eine Nachfrist von mindestens sechs Monaten gewährt, und zwar gegen Entrichtung einer Zuschlagsgebühr, sofern die innerstaatlichen Rechtsvorschriften eine solche auferlegen.

(2) Den Verbandsländern steht es frei, die Wiederherstellung der mangels Zahlung von Gebühren verfallenene Patente vorzusehen.

Art. 5ter. In keinem der Verbandsländer wird als Eingriff in die Rechte des Patentinhabers angesehen:
1. der an Bord von Schiffen der anderen Verbandsländer stattfindende Gebrauch patentierter Einrichtungen im Schiffskörper, in den Maschinen, im Takelwerk, in den Geräten und sonstigem Zubehör, wenn die Schiffe vorübergehend oder zufällig in die Gewässer des Landes gelangen, vorausgesetzt, daß diese Einrichtungen dort ausschließlich für die Bedürfnisse des Schiffes verwendet werden;
2. der Gebrauch patentierter Einrichtungen in der Bauausführung oder für den Betrieb der Luft- oder Landfahrzeuge der anderen Verbandsländer oder des Zubehörs solcher Fahrzeuge, wenn diese vorübergehend oder zufällig in dieses Land gelangen.

Art. 5^{quater}. Wird ein Erzeugnis in ein Verbandsland eingeführt, in dem ein Patent zum Schutz eines Verfahrens zur Herstellung dieses Erzeugnisses besteht, so hat der Patentinhaber hinsichtlich des eingeführten Erzeugnisses alle Rechte, die ihm die Rechtsvorschriften des Einfuhrlandes auf Grund des Verfahrenspatents hinsichtlich der im Land selbst hergestellten Erzeugnisse gewähren.

Art. 5^{quinquies}. Die gewerblichen Muster und Modelle werden in allen Verbandsländern geschützt.

Art. 6. (1) Die Bedingungen für die Hinterlegung und Eintragung von Fabrik- oder Handelsmarken werden in jedem Land durch die innerstaatlichen Rechtsvorschriften bestimmt.

(2) Jedoch darf eine durch einen Angehörigen eines Verbandslandes in irgendeinem Verbandsland hinterlegte Marke nicht deshalb zurückgewiesen oder für ungültig erklärt werden, weil sie im Ursprungsland nicht hinterlegt, eingetragen oder erneuert worden ist.

(3) Eine in einem Verbandsland vorschriftsmäßig eingetragene Marke wird als unabhängig angesehen von den in anderen Verbandsländern einschließlich des Ursprungslandes eingetragenen Marken.

Art. 6bis. (1) Die Verbandsländer verpflichten sich, von Amts wegen, wenn dies die Rechtsvorschriften des Landes zulassen, oder auf Antrag des Beteiligten die Eintragung einer Fabrik- oder Handelsmarke zurückzuweisen oder für ungültig zu erklären und den Gebrauch der Marke zu untersagen, wenn sie eine verwechslungsfähige Abbildung, Nachahmung oder Übersetzung einer anderen Marke darstellt, von der es nach Ansicht der zuständigen Behörde des Landes der Eintragung oder des Gebrauchs dort notorisch feststeht, daß sie bereits einer zu den Vergünstigungen dieser Übereinkunft zugelassenen Person gehört und für gleiche oder gleichartige Erzeugnisse benutzt wird. Das gleiche gilt, wenn der wesentliche Bestandteil der Marke die Abbildung einer solchen notorisch bekannten Marke oder eine mit ihr verwechslungsfähige Nachahmung darstellt.

(2) Für den Antrag auf Löschung einer solchen Marke ist eine Frist von mindestens fünf Jahren vom Tag der Eintragung an zu gewähren. Den Verbandsländern steht es frei, eine Frist zu bestimmen, innerhalb welcher der Anspruch auf Untersagung des Gebrauchs geltend zu machen ist.

(3) Gegenüber bösgläubig erwirkten Eintragungen oder bösgläubig vorgenommenen Benutzungshandlungen ist der Antrag auf Löschung dieser Marken oder auf Untersagung ihres Gebrauchs an keine Frist gebunden.

Art. 6ter. (1) a) Die Verbandsländer kommen überein, die Eintragung der Wappen, Flaggen und anderen staatlichen Hoheitszeichen der Verbandsländer, der von ihnen eingeführten amtlichen Prüf- und Gewährzeichen und -stempel sowie jeder Nachahmung im heraldischen Sinn als Fabrik- oder Handelsmarken oder als Bestandteile solcher zurückzuweisen oder für ungültig zu erklären sowie den Gebrauch dieser Zeichen durch geeignete Maßnahmen zu verbieten, sofern die zuständigen Stellen den Gebrauch nicht erlaubt haben.

b) Die Bestimmungen unter Buchstabe a sind ebenso auf die Wappen, Flaggen und anderen Kennzeichen, Sigel oder Bezeichnungen der internationalen zwischenstaatlichen Organisationen anzuwenden, denen ein oder mehrere Verbandsländer angehören; ausgenommen sind die Wappen,

Flaggen und anderen Kennzeichen, Sigel oder Bezeichnungen, die bereits Gegenstand von in Kraft befindlichen internationalen Abkommen sind, die ihren Schutz gewährleisten.

c) Kein Verbandsland ist gehalten, die Bestimmungen unter Buchstabe b zum Nachteil der Inhaber von Rechten anzuwenden, die gutgläubig vor dem Inkrafttreten dieser Übereinkunft in diesem Land erworben worden sind. Die Verbandsländer sind nicht gehalten, diese Bestimmungen anzuwenden, falls die Benutzung oder Eintragung gemäß Buchstabe a nicht geeignet ist, beim Publikum den Eindruck einer Verbindung zwischen der betreffenden Organisation und den Wappen, Flaggen, Kennzeichen, Sigeln oder Bezeichnungen hervorzurufen, oder falls die Benutzung oder Eintragung offenbar nicht geeignet ist, das Publikum über das Bestehen einer Verbindung zwischen dem Benutzer und der Organisation irrezuführen.

(2) Das Verbot der amtlichen Prüf- und Gewährzeichen und -stempel findet nur dann Anwendung, wenn die Marken mit diesen Zeichen für gleiche oder gleichartige Waren bestimmt sind.

(3) a) Für die Anwendung dieser Bestimmungen kommen die Verbandsländer überein, durch Vermittlung des Internationalen Büros ein Verzeichnis der staatlichen Hoheitszeichen und amtlichen Prüf- und Gewährzeichen und -stempel auszutauschen, die sie jetzt oder in Zukunft unumschränkt oder in gewissen Grenzen unter den Schutz dieses Artikels zu stellen wünschen; dies gilt auch für alle späteren Änderungen dieses Verzeichnisses. Jedes Verbandsland soll die notifizierten Verzeichnisse rechtzeitig öffentlich zugänglich machen.

Diese Notifikation ist jedoch für Staatsflaggen nicht erforderlich.

b) Die Bestimmungen des Absatzes 1 Buchstabe b sind nur auf die Wappen, Flaggen und anderen Kennzeichen, Sigel und Bezeichnungen der internationalen zwischenstaatlichen Organisationen anwendbar, die diese durch Vermittlung des Internationalen Büros den Verbandsländern mitgeteilt haben.

(4) Jedes Verbandsland kann innerhalb einer Frist von zwölf Monaten nach dem Eingang der Notifikation seine etwaigen Einwendungen durch das Internationale Büro dem betreffenden Land oder der betreffenden internationalen zwischenstaatlichen Organisation übermitteln.

(5) Hinsichtlich der Staatsflaggen finden die in Absatz 1 vorgesehenen Maßnahmen nur auf Marken Anwendung, die nach dem 6. November 1925 eingetragen worden sind.

(6) Hinsichtlich der staatlichen Hoheitszeichen – mit Ausnahme der Flaggen – und der amtlichen Zeichen und Stempel der Verbandsländer und hinsichtlich der Wappen, Flaggen und anderen Kennzeichen, Sigel oder Bezeichnungen der internationalen zwischenstaatlichen Organisationen sind diese Bestimmungen nur auf Marken anwendbar, die später als zwei Monate nach dem Eingang der in Absatz 3 vorgesehenen Notifikation eingetragen worden sind.

Anhang 9. Pariser Verbandsübereinkommen **PVÜ**

(7) Den Ländern steht es frei, bei Bösgläubigkeit auch solche Marken zu löschen, die vor dem 6. November 1925 eingetragen worden sind und staatliche Hoheitszeichen, Zeichen und Stempel enthalten.

(8) Die Angehörigen eines jeden Landes, die zum Gebrauch der staatlichen Hoheitszeichen, Zeichen und Stempel ihres Landes ermächtigt sind, dürfen sie auch dann benutzen, wenn sie denen eines anderen Landes ähnlich sind.

(9) Die Verbandsländer verpflichten sich, den unbefugten Gebrauch der Staatswappen der anderen Verbandsländer im Handel zu verbieten, wenn dieser Gebrauch zur Irreführung über den Ursprung der Erzeugnisse geeignet ist.

(10) Die vorhergehenden Bestimmungen hindern die Länder nicht an der Ausübung der Befugnis, gemäß Artikel 6^{quinquies} Buchstabe B Nummer 3 Marken zurückzuweisen oder für ungültig zu erklären, die ohne Ermächtigung Wappen, Flaggen und andere staatliche Hoheitszeichen oder in einem Verbandsland eingeführte amtliche Zeichen und Stempel enthalten; dies gilt auch für die in Absatz 1 genannten unterscheidungskräftigen Zeichen der internationalen zwischenstaatlichen Organisationen.

Art. 6^{quater}. (1) Ist nach den Rechtsvorschriften eines Verbandslandes die Übertragung einer Marke nur rechtsgültig, wenn gleichzeitig das Unternehmen oder der Geschäftsbetrieb, zu dem die Marke gehört, mit übergeht, so genügt es zur Rechtsgültigkeit der Übertragung, daß der in diesem Land befindliche Teil des Unternehmens oder Geschäftsbetriebes mit dem ausschließlichen Recht, die mit der übertragenen Marke versehenen Erzeugnisse dort herzustellen oder zu verkaufen, auf den Erwerber übergeht.

(2) Diese Bestimmung verpflichtet die Verbandsländer nicht, die Übertragung einer Marke als rechtsgültig anzusehen, deren Gebrauch durch den Erwerber tatsächlich geeignet wäre, das Publikum irrezuführen, insbesondere was die Herkunft, die Beschaffenheit oder die wesentlichen Eigenschaften der Erzeugnisse betrifft, für welche die Marke verwendet wird.

Art. 6^{quinquies}. A. – (1) Jede im Ursprungsland vorschriftsmäßig eingetragene Fabrik- oder Handelsmarke soll so, wie sie ist, unter den Vorbehalten dieses Artikels in den anderen Verbandsländern zur Hinterlegung zugelassen und geschützt werden. Diese Länder können vor der endgültigen Eintragung die Vorlage einer von der zuständigen Behörde ausgestellten Bescheinigung über die Eintragung im Ursprungsland verlangen. Eine Beglaubigung dieser Bescheinigung ist nicht erforderlich.

(2) Als Ursprungsland wird das Verbandsland angesehen, in dem der Hinterleger eine tatsächliche und nicht nur zum Schein bestehende gewerbliche oder Handelsniederlassung hat, und, wenn er eine solche Niederlassung innerhalb des Verbandes nicht hat, das Verbandsland, in dem er seinen Wohnsitz hat, und, wenn er keinen Wohnsitz innerhalb des Verbandes hat, das Land seiner Staatsangehörigkeit, sofern er Angehöriger eines Verbandslandes ist.

B. – Die Eintragung von Fabrik- oder Handelsmarken, die unter diesen Artikel fallen, darf nur in folgenden Fällen verweigert oder für ungültig erklärt werden:
1. wenn die Marken geeignet sind, Rechte zu verletzen, die von Dritten in dem Land erworben sind, in dem der Schutz beansprucht wird;
2. wenn die Marken jeder Unterscheidungskraft entbehren oder ausschließlich aus Zeichen oder Angaben zusammengesetzt sind, die im Verkehr zur Bezeichnung der Art, der Beschaffenheit, der Menge, der Bestimmung, des Wertes, des Ursprungsortes der Erzeugnisse oder der Zeit der Erzeugung dienen können, oder die im allgemeinen Sprachgebrauch oder in den redlichen und ständigen Verkehrsgepflogenheiten des Landes, in dem der Schutz beansprucht wird, üblich sind;
3. wenn die Marken gegen die guten Sitten oder die öffentliche Ordnung verstoßen, insbesondere wenn sie geeignet sind, das Publikum zu täuschen. Es besteht Einverständnis darüber, daß eine Marke nicht schon deshalb als gegen die öffentliche Ordnung verstoßend angesehen werden kann, weil sie einer Vorschrift des Markenrechts nicht entspricht, es sei denn, daß diese Bestimmung selbst die öffentliche Ordnung betrifft.
Die Anwendung des Artikels 10bis bleibt jedoch vorbehalten.

C. – (1) Bei der Würdigung der Schutzfähigkeit der Marke sind alle Tatumstände zu berücksichtigen, insbesondere die Dauer des Gebrauchs der Marke.

(2) In den anderen Verbandsländern dürfen Fabrik- oder Handelsmarken nicht allein deshalb zurückgewiesen werden, weil sie von den im Ursprungsland geschützten Marken nur in Bestandteilen abweichen, die gegenüber der im Ursprungsland eingetragenen Form die Unterscheidungskraft der Marken nicht beeinflussen und ihre Identität nicht berühren.

D. – Niemand kann sich auf die Bestimmungen dieses Artikels berufen, wenn die Marke, für die er den Schutz beansprucht, im Ursprungsland nicht eingetragen ist.

E. – Jedoch bringt die Erneuerung der Eintragung einer Marke im Ursprungsland keinesfalls die Verpflichtung mit sich, die Eintragung auch in den anderen Verbandsländern zu erneuern, in denen die Marke eingetragen worden ist.

F. – Das Prioritätsvorrecht bleibt bei den innerhalb der Frist des Artikels 4 vorgenommenen Markenhinterlegungen gewahrt, selbst wenn die Marke im Ursprungsland erst nach Ablauf dieser Frist eingetragen wird.

Art. 6^{sexies}. Die Verbandsländer verpflichten sich, die Dienstleistungsmarken zu schützen. Sie sind nicht gehalten, die Eintragung dieser Marken vorzusehen.

Art. 6^{septies}. (1) Beantragt der Agent oder der Vertreter dessen, der in einem der Verbandsländer Inhaber einer Marke ist, ohne dessen Zustimmung die Eintragung dieser Marke auf seinen eigenen Namen in einem oder mehreren dieser Länder, so ist der Inhaber berechtigt, der beantragten Eintragung zu widersprechen oder die Löschung oder, wenn das Gesetz des Landes es zuläßt, die Übertragung dieser Eintragung zu seinen Gunsten zu verlangen, es sei denn, daß der Agent oder Vertreter seine Handlungsweise rechtfertigt.

(2) Der Inhaber der Marke ist unter den Voraussetzungen des Absatzes 1 berechtigt, sich dem Gebrauch seiner Marke durch seinen Agenten oder Vertreter zu widersetzen, wenn er diesen Gebrauch nicht gestattet hat.

(3) Den Landesgesetzgebungen steht es frei, eine angemessene Frist zu bestimmen, innerhalb welcher, der Inhaber einer Marke seine in diesem Artikel vorgesehenen Rechte geltend machen muß.

Art. 7. Die Beschaffenheit des Erzeugnisses, auf dem die Fabrik- oder Handelsmarke angebracht werden soll, darf keinesfalls die Eintragung der Marke hindern.

Art. 7bis. (1) Die Verbandsländer verpflichten sich, Verbandsmarken, die Verbänden gehören, deren Bestehen dem Gesetz des Ursprungslandes nicht zuwiderläuft, auch dann zur Hinterlegung zuzulassen und zu schützen, wenn diese Verbände eine gewerbliche oder Handelsniederlassung nicht besitzen.

(2) Es steht jedem Land zu, frei darüber zu bestimmen, unter welchen besonderen Bedingungen eine Verbandsmarke geschützt wird; es kann den Schutz verweigern, wenn diese Marke gegen das öffentliche Interesse verstößt.

(3) Jedoch darf der Schutz dieser Marken einem Verband, dessen Bestehen dem Gesetz des Ursprungslandes nicht zuwiderläuft, nicht deshalb verweigert werden, weil er in dem Land, in dem der Schutz nachgesucht wird, keine Niederlassung hat oder seine Gründung den Rechtsvorschriften dieses Landes nicht entspricht.

Art. 8. Der Handelsname wird in allen Verbandsländern, ohne Verpflichtung zur Hinterlegung oder Eintragung, geschützt, gleichgültig ob er einen Bestandteil einer Fabrik- oder Handelsmarke bildet oder nicht.

Art. 9. (1) Jedes widerrechtlich mit einer Fabrik- oder Handelsmarke oder mit einem Handelsnamen versehene Erzeugnis ist bei der Einfuhr in diejenigen Verbandsländer, in denen diese Marke oder dieser Handelsname Anspruch auf gesetzlichen Schutz hat, zu beschlagnahmen.

(2) Die Beschlagnahme ist auch in dem Land vorzunehmen, in dem die widerrechtliche Anbringung stattgefunden hat, oder in dem Land, in das das Erzeugnis eingeführt worden ist.

(3) Die Beschlagnahme erfolgt gemäß den innerstaatlichen Rechtsvorschriften jedes Landes auf Antrag entweder der Staatsanwaltschaft oder jeder anderen zuständigen Behörde oder einer beteiligten Partei, sei diese eine natürliche oder eine juristische Person.

(4) Die Behörden sind nicht gehalten, die Beschlagnahme im Fall der Durchfuhr zu bewirken.

PVÜ Anhang 9. Pariser Verbandsübereinkommen

(5) Lassen die Rechtsvorschriften eines Landes die Beschlagnahme bei der Einfuhr nicht zu, so tritt an die Stelle der Beschlagnahme das Einfuhrverbot oder die Beschlagnahme im Inland.

(6) Lassen die Rechtsvorschriften eines Landes weder die Beschlagnahme bei der Einfuhr noch das Einfuhrverbot noch die Beschlagnahme im Inland zu, so treten an die Stelle dieser Maßnahmen bis zu einer entsprechenden Änderung der Rechtsvorschriften diejenigen Klagen und Rechtsbehelfe, die das Gesetz dieses Landes im gleichen Fall den eigenen Staatsangehörigen gewährt.

Art. 10. (1) Die Bestimmungen des Artikels 9 sind im Fall des unmittelbaren oder mittelbaren Gebrauchs einer falschen Angabe über die Herkunft des Erzeugnisses oder über die Identität des Erzeugers, Herstellers oder Händlers anwendbar.

(2) Als beteiligte Partei, mag sie eine natürliche oder juristische Person sein, ist jedenfalls jeder Erzeuger, Hersteller oder Händler anzuerkennen, der sich mit der Erzeugung oder Herstellung des Erzeugnisses befaßt oder mit ihm handelt und in dem fälschlich als Herkunftsort bezeichneten Ort oder in der Gegend, in der dieser Ort liegt, oder in dem fälschlich bezeichneten Land oder in dem Land, in dem die falsche Herkunftsangabe verwendet wird, seine Niederlassung hat.

Art. 10bis**.** (1) Die Verbandsländer sind gehalten, den Verbandsangehörigen einen wirksamen Schutz gegen unlauteren Wettbewerb zu sichern.

(2) Unlauterer Wettbewerb ist jede Wettbewerbshandlung, die den anständigen Gepflogenheiten in Gewerbe oder Handel zuwiderläuft.

(3) Insbesondere sind zu untersagen:
1. alle Handlungen, die geeignet sind, auf irgendeine Weise eine Verwechslung mit der Niederlassung, den Erzeugnissen oder der gewerblichen oder kaufmännischen Tätigkeit eines Wettbewerbers hervorzurufen;
2. die falschen Behauptungen im geschäftlichen Verkehr, die geeignet sind, den Ruf der Niederlassung, der Erzeugnisse oder der gewerblichen oder kaufmännischen Tätigkeit eines Wettbewerbers herabzusetzen;
3. Angaben oder Behauptungen, deren Verwendung im geschäftlichen Verkehr geeignet ist, das Publikum über die Beschaffenheit, die Art der Herstellung, die wesentlichen Eigenschaften, die Brauchbarkeit oder die Menge der Waren irrezuführen.

Art. 10ter**.** (1) Um alle in den Artikeln 9, 10, und 10bis bezeichneten Handlungen wirksam zu unterdrücken, verpflichten sich die Verbandsländer, den Angehörigen der anderen Verbandsländer geeignete Rechtsbehelfe zu sichern.

(2) Sie verpflichten sich außerdem, Maßnahmen zu treffen, um den Verbänden und Vereinigungen, welche die beteiligten Gewerbetreibenden, Erzeuger oder Händler vertreten und deren Bestehen den Gesetzen ihres Landes nicht zuwiderläuft, das Auftreten vor Gericht oder vor den Verwal-

tungsbehörden zum Zweck der Unterdrückung der in den Artikeln 9, 10 und 10bis bezeichneten Handlungen in dem Maß zu ermöglichen, wie es das Gesetz des Landes, in dem der Schutz beansprucht wird, den Verbänden und Vereinigungen dieses Landes gestattet.

Art. 11. (1) Die Verbandsländer werden nach Maßgabe ihrer innerstaatlichen Rechtsvorschriften den patentfähigen Erfindungen, den Gebrauchsmustern, den gewerblichen Mustern oder Modellen sowie den Fabrik- oder Handelsmarken für Erzeugnisse, die in einem Verbandsland auf den amtlichen oder amtlich anerkannten internationalen Ausstellungen zur Schau gestellt werden, einen zeitweiligen Schutz gewähren.

(2) Dieser zeitweilige Schutz verlängert die Fristen des Artikels 4 nicht. Wird später das Prioritätsrecht beansprucht, so kann die Behörde eines jeden Landes die Frist mit dem Zeitpunkt beginnen lassen, zu dem das Erzeugnis in die Ausstellung eingebracht worden ist.

(3) Jedes Land kann zum Nachweis der Übereinstimmung des ausgestellten Gegenstandes und des Zeitpunkts der Einbringung die ihm notwendig erscheinenden Belege verlangen.

10. Madrider Abkommen über die internationale Registrierung von Marken

Vom 14. April 1891

Revidiert in BRÜSSEL am 14. Dezember 1900,
in WASHINGTON am 2. Juni 1911,
im HAAG am 6. November 1925,
in LONDON am 2. Juni 1934,
in NIZZA am 15. Juni 1957
und in STOCKHOLM am 14. Juli 1967

(BGBl. 1970 II S. 418)

(Übersetzung)

Art. 1. [Sicherung des Markenschutzes] (1) Die Länder, auf die dieses Abkommen Anwendung findet, bilden einen besonderen Verband für die internationale Registrierung von Marken.

(2) Die Angehörigen eines jeden der Vertragsländer können sich in allen übrigen Vertragsländern dieses Abkommens den Schutz ihrer im Ursprungsland für Waren oder Dienstleistungen eingetragenen Marken dadurch sichern, daß sie diese Marken durch Vermittlung der Behörde des Ursprungslandes bei dem im Übereinkommen zur Errichtung der Weltorganisation für geistiges Eigentum (im folgenden als „die Organisation" bezeichnet) vorgesehenen Internationalen Büro für geistiges Eigentum (im folgenden als „das Internationale Büro" bezeichnet) hinterlegen.

(3) Als Ursprungsland wird das Land des besonderen Verbandes angesehen, in dem der Hinterleger eine tatsächliche und nicht nur zum Schein bestehende gewerbliche oder Handelsniederlassung hat; wenn er eine solche Niederlassung in einem Land des besonderen Verbandes nicht hat, das Land des besonderen Verbandes, in dem er seinen Wohnsitz hat; wenn er keinen Wohnsitz innerhalb des besonderen Verbandes hat, das Land seiner Staatsangehörigkeit, sofern er Angehöriger eines Landes des besonderen Verbandes ist.

Art. 2. [Angehörige Dritter Länder] Den Angehörigen der Vertragsländer sind gleichgestellt die Angehörigen der diesem Abkommen nicht beigetretenen Länder, die im Gebiet des durch dieses Abkommen gebildeten besonderen Verbandes den durch Artikel 3 der Pariser Verbandsübereinkunft zum Schutz des gewerblichen Eigentums festgesetzten Bedingungen genügen.

Art. 3. [Internationale Registrierung] (1) Jedes Gesuch um internationale Registrierung ist auf dem von der Ausführungsordnung vorgeschriebenen Formular einzureichen; die Behörde des Ursprungslandes der Marke bescheinigt, daß die Angaben in diesem Gesuch denen des nationalen Registers entsprechen, und gibt die Daten und Nummern der Hinterlegung und der Eintragung der Marke im Ursprungsland sowie das Datum des Gesuchs um internationale Registrierung an.

(2) Der Hinterleger hat die Waren oder Dienstleistungen, für die der Schutz der Marke beansprucht wird, anzugeben sowie, wenn möglich, die Klasse oder die Klassen entsprechend der Klassifikation, die durch das Abkommen von Nizza über die Internationale Klassifikation von Waren und Dienstleistungen für die Eintragung von Marken festgelegt worden ist. Macht der Hinterleger diese Angabe nicht, so ordnet das Internationale Büro die Waren oder Dienstleistungen in die entsprechenden Klassen der erwähnten Klassifikation ein. Die vom Hinterleger angegebene Einordnung unterliegt der Prüfung durch das Internationale Büro, das hierbei im Einvernehmen mit der nationalen Behörde vorgeht. Im Fall einer Meinungsverschiedenheit zwischen der nationalen Behörde und dem Internationalen Büro ist die Ansicht des letzteren maßgebend.

(3) Beansprucht der Hinterleger die Farbe als unterscheidendes Merkmal seiner Marke, so ist er verpflichtet:
1. dies ausdrücklich zu erklären und seiner Hinterlegung einen Vermerk beizufügen, der die beanspruchte Farbe oder Farbenzusammenstellung angibt;
2. seinem Gesuch farbige Darstellungen der Marke beizulegen, die den Mitteilungen des Internationalen Büros beigefügt werden. Die Anzahl dieser Darstellungen wird durch die Ausführungsordnung bestimmt.

(4) Das Internationale Büro trägt die gemäß Artikel 1 hinterlegten Marken sogleich in ein Register ein. Die Registrierung erhält das Datum des Gesuchs um internationale Registrierung im Ursprungsland, sofern das Gesuch beim Internationalen Büro innerhalb von zwei Monaten nach diesem Zeitpunkt eingegangen ist. Ist das Gesuch nicht innerhalb dieser Frist eingegangen, so trägt das Internationale Büro es mit dem Datum ein, an dem es bei ihm eingegangen ist. Das Internationale Büro zeigt diese Registrierung unverzüglich den beteiligten Behörden an. Die registrierten Marken werden in einem regelmäßig erscheinenden, vom Internationalen Büro herausgegebenen Blatt unter Verwendung der in dem Registrierungsgesuch enthaltenen Angaben veröffentlicht. Hinsichtlich der Marken, die einen bildlichen Bestandteil oder eine besondere Schriftform enthalten, bestimmt die Ausführungsordnung, ob der Hinterleger einen Druckstock einzureichen hat.

(5) Um die registrierten Marken in den Vertragsländern zur allgemeinen Kenntnis zu bringen, erhält jede Behörde vom Internationalen Büro eine Anzahl von Stücken der genannten Veröffentlichung unentgeltlich sowie eine Anzahl von Stücken zu ermäßigtem Preis im Verhältnis zur Zahl der in Artikel 16 Absatz 4 Buchstabe a der Pariser Verbandsübereinkunft zum Schutz des gewerblichen Eigentums genannten Einheiten und zu den von der Ausführungsordnung festgelegten Bedingungen. Diese Bekanntgabe ist in allen Vertragsländern als vollkommen ausreichend anzusehen; eine weitere darf vom Hinterleger nicht gefordert werden.

Art. 3bis**. [Einschränkung des Schutzes aus internationaler Registrierung]** (1) Jedes Vertragsland kann jederzeit dem Generaldirektor der Organisation (im folgenden als „der Generaldirektor" bezeichnet) schriftlich notifizieren, daß sich der Schutz aus der internationalen Registrierung auf dieses Land nur dann erstreckt, wenn der Inhaber der Marke es ausdrücklich beantragt.

(2) Diese Notifikation wird erst sechs Monate nach dem Zeitpunkt ihrer Mitteilung durch den Generaldirektor an die anderen Vertragsländer wirksam.

Art. 3ter**. [Gesuch um Ausdehnung des Schutzes]** (1) Das Gesuch um Ausdehnung des Schutzes aus der internationalen Registrierung auf ein Land, das von der durch Artikel 3bis geschaffenen Befugnis Gebrauch gemacht hat, ist in dem in Artikel 3 Absatz 1 vorgesehenen Gesuch besonders zu erwähnen.

(2) Das erst nach der internationalen Registrierung gestellte Gesuch um Ausdehnung des Schutzes ist durch Vermittlung der Behörde des Ursprungslandes auf einem von der Ausführungsordnung vorgeschriebenen Formular einzureichen. Das Internationale Büro trägt es sogleich in das Register ein und teilt es unverzüglich der oder den beteiligten Behörden mit. Das Gesuch wird in dem regelmäßig erscheinenden, vom Internationalen Büro herausgegebenen Blatt veröffentlicht. Diese Ausdehnung des Schutzes wird zu dem Zeitpunkt wirksam, zu dem sie im internationalen Register eingetragen wird; sie verliert ihre Wirkung mit dem Erlöschen der internationalen Registrierung der Marke, auf die sie sich bezieht.

Art. 4. [Inhalt und Umfang des Markenschutzes] (1) Vom Zeitpunkt der im Internationalen Büro nach den Bestimmungen der Artikel 3 und 3ter vollzogenen Registrierung an ist die Marke in jedem der beteiligten Vertragsländer ebenso geschützt, wie wenn sie dort unmittelbar hinterlegt worden wäre. Die in Artikel 3 vorgesehene Einordnung der Waren oder Dienstleistungen bindet die Vertragsländer nicht hinsichtlich der Beurteilung des Schutzumfangs der Marke.

(2) Jede Marke, die Gegenstand einer internationalen Registrierung gewesen ist, genießt das durch Artikel 4 der Pariser Verbandsübereinkunft zum Schutz des gewerblichen Eigentums festgelegte Prioritätsrecht, ohne daß es erforderlich ist, die unter Buchstabe D jenes Artikels vorgesehenen Förmlichkeiten zu erfüllen.

Art. 4bis**. [Internationale Registrierung nach nationaler Eintragung]**
(1) Ist eine in einem oder mehreren der Vertragsländer bereits hinterlegte Marke später vom Internationalen Büro auf den Namen desselben Inhabers oder seines Rechtsnachfolgers registriert worden, so ist die internationale Registrierung als an die Stelle der früheren nationalen Eintragungen getreten anzusehen, unbeschadet der durch die letzteren erworbenen Rechte.

(2) Die nationale Behörde hat auf Antrag die internationale Registrierung in ihren Registern zu vermerken.

Anhang 10. Madrider Markenabkommen **MMA**

Art. 5. [Verweigerung des Markenschutzes] (1) Die Behörden, denen das Internationale Büro die Registrierung einer Marke oder das gemäß Artikel 3ter gestellte Gesuch um Ausdehnung des Schutzes mitteilt, sind in den Ländern, deren Rechtsvorschriften sie dazu ermächtigen, zu der Erklärung befugt, daß dieser Marke der Schutz in ihrem Hoheitsgebiet nicht gewährt werden kann. Eine solche Schutzverweigerung ist jedoch nur unter den Bedingungen zulässig, die nach der Pariser Verbandsübereinkunft zum Schutz des gewerblichen Eigentums auf eine zur nationalen Eintragung hinterlegte Marke anwendbar wären. Der Schutz darf jedoch weder ganz noch teilweise allein deshalb verweigert werden, weil die innerstaatlichen Rechtsvorschriften die Eintragung nur für eine beschränkte Anzahl von Klassen oder für eine beschränkte Anzahl von Waren oder Dienstleistungen zulassen.

(2) Die Behörden, die von dieser Befugnis Gebrauch machen wollen, haben ihre Schutzverweigerung unter Angabe aller Gründe dem Internationalen Büro innerhalb der von ihrem Landesgesetz vorgesehenen Frist, spätestens aber vor Ablauf eines Jahres nach der internationalen Registrierung der Marke oder nach dem gemäß Artikel 3ter gestellten Gesuch um Ausdehnung des Schutzes, mitzuteilen.

(3) Das Internationale Büro übermittelt unverzüglich eines der Stücke der in dieser Weise mitgeteilten Schutzverweigerungserklärung der Behörde des Ursprungslandes und dem Inhaber der Marke oder seinem Vertreter, falls dieser dem Büro von der genannten Behörde angegeben worden ist. Der Beteiligte hat dieselben Rechtsmittel, wie wenn er die Marke unmittelbar in dem Land hinterlegt hätte, in dem der Schutz verweigert wird.

(4) Das Internationale Büro hat den Beteiligten auf Antrag die Gründe der Schutzverweigerung mitzuteilen.

(5) Die Behörden, die innerhalb der genannten Höchstfrist von einem Jahr dem Internationalen Büro hinsichtlich der Registrierung einer Marke oder eines Gesuchs um Ausdehnung des Schutzes keine vorläufige oder endgültige Schutzverweigerung mitgeteilt haben, verlieren hinsichtlich der betreffenden Marke die Vergünstigung der in Absatz 1 vorgesehenen Befugnis.

(6) Die zuständigen Behörden dürfen eine internationale Marke nicht für ungültig erklären, ohne dem Inhaber der Marke Gelegenheit gegeben zu haben, seine Rechte rechtzeitig geltend zu machen. Die Ungültigerklärung ist dem Internationalen Büro mitzuteilen.

Art. 5bis. [Belege für Rechtmäßigkeit] Die Belege für die Rechtmäßigkeit des Gebrauchs gewisser Markenbestandteile – wie Wappen, Wappenschilde, Bildnisse, Auszeichnungen, Titel, Handels- oder Personennamen, die anders lauten als der des Hinterlegers, oder andere Inschriften ähnlicher Art –, die von den Behörden der Vertragsländer etwa angefordert werden, sind von jeder Beglaubigung sowie von jeder anderen Bestätigung als der der Behörde des Ursprungslandes befreit.

Art. 5ter**. [Abschrift vor Eintragung]** (1) Das Internationale Büro übermittelt auf Antrag jedermann gegen eine durch die Ausführungsordnung festgesetzte Gebühr eine Abschrift der im Register eingetragenen Angaben über eine bestimmte Marke.

(2) Das Internationale Büro kann gegen Entgelt auch Nachforschungen nach älteren Registrierungen internationaler Marken übernehmen.

(3) Die zur Vorlage in einem der Vertragsländer beantragten Auszüge aus dem internationalen Register sind von jeder Beglaubigung befreit.

Art. 6. [Schutzdauer] (1) Die Registrierung einer Marke beim Internationalen Büro erfolgt für zwanzig Jahre mit der Möglichkeit der Erneuerung unter den in Artikel 7 festgesetzten Bedingungen.

(2) Mit dem Ablauf einer Frist von fünf Jahren vom Zeitpunkt der internationalen Registrierung an wird diese, vorbehaltlich der folgenden Bestimmungen, von der vorher im Ursprungsland eingetragenen nationalen Marke unabhängig.

(3) Der durch die internationale Registrierung erlangte Schutz, gleichgültig ob die Registrierung Gegenstand einer Übertragung gewesen ist oder nicht, kann, ganz oder teilweise, nicht mehr in Anspruch genommen werden, wenn innerhalb von fünf Jahren vom Zeitpunkt der internationalen Registrierung an die vorher im Ursprungsland im Sinn des Artikels 1 eingetragene nationale Marke in diesem Land den gesetzlichen Schutz ganz oder teilweise nicht mehr genießt. Das gleiche gilt, wenn dieser gesetzliche Schutz später infolge einer vor Ablauf der Frist von fünf Jahren erhobenen Klage erlischt.

(4) Wird die Marke freiwillig oder von Amts wegen gelöscht, so ersucht die Behörde des Ursprungslandes das Internationale Büro um die Löschung der Marke, das daraufhin die Löschung vornimmt. Im Fall eines gerichtlichen Verfahrens übermittelt die genannte Behörde von Amts wegen oder auf Verlangen des Klägers dem Internationalen Büro eine Abschrift der Klageschrift oder einer anderen die Klageerhebung nachweisenden Urkunde, ebenso eine Abschrift des rechtskräftigen Urteils; das Büro vermerkt dies im internationalen Register.

Art. 7. [Erneuerung der Registrierung] (1) Die Registrierung kann immer wieder für einen Zeitabschnitt von zwanzig Jahren, gerechnet vom Ablauf des vorhergehenden Zeitabschnitts an, durch einfache Zahlung der in Artikel 8 Absatz 2 vorgesehenen Grundgebühr und gegebenenfalls der Zusatz- und Ergänzungsgebühren erneuert werden.

(2) Die Erneuerung darf gegenüber dem letzten Stand der vorhergehenden Registrierung keine Änderung enthalten.

(3) Bei der ersten nach den Bestimmungen der Nizzaer Fassung vom 15. Juni 1957 oder dieser Fassung des Abkommens vorgenommenen Erneuerung sind die Klassen der internationalen Klassifikation anzugeben, auf die sich die Registrierung bezieht.

Anhang 10. Madrider Markenabkommen **MMA**

(4) Sechs Monate vor Ablauf der Schutzfrist erinnert das Internationale Büro den Inhaber der Marke und seinen Verteter durch Zusendung einer offiziösen Mitteilung an den genauen Zeitpunkt dieses Ablaufs.

(5) Gegen Zahlung einer von der Ausführungsordnung festgesetzten Zuschlagsgebühr wird eine Nachfrist von sechs Monaten für die Erneuerung der internationalen Registrierung gewährt.

Art. 8. [Gebühren] (1) Die Behörde des Ursprungslandes ist befugt, nach ihrem Ermessen eine nationale Gebühr festzusetzen und zu ihren Gunsten vom Inhaber der Marke, deren internationale Registrierung oder Erneuerung beantragt wird, zu erheben.

(2) Vor der Registrierung einer Marke beim Internationalen Büro ist eine internationale Gebühr zu entrichten, die sich zusammensetzt aus:
a) einer Grundgebühr;
b) einer Zusatzgebühr für jede die dritte Klasse übersteigende Klasse der internationalen Klassifikation, in welche die Waren oder Dienstleistungen eingeordnet werden, auf die sich die Marke bezieht;
c) einer Ergänzungsgebühr für jedes Gesuch um Ausdehnung des Schutzes gemäß Artikel 3ter.

(3) Die in Absatz 2 Buchstabe b geregelte Zusatzgebühr kann jedoch, ohne daß sich dies auf den Zeitpunkt der Registrierung auswirkt, innerhalb einer von der Ausführungsordnung festzusetzenden Frist entrichtet werden, wenn die Zahl der Klassen der Waren oder Dienstleistungen vom Internationalen Büro festgesetzt oder bestritten worden ist. Ist bei Ablauf der genannten Frist die Zusatzgebühr nicht entrichtet oder das Verzeichnis der Waren oder Dienstleistungen vom Hinterleger nicht in dem erforderlichen Ausmaß eingeschränkt worden, so gilt das Gesuch um internationale Registrierung als zurückgenommen.

(4) Der jährliche Gesamtbetrag der verschiedenen Einnahmen aus der internationalen Registrierung wird mit Ausnahme der in Absatz 2 Buchstaben b und c vorgesehenen Einnahmen nach Abzug der durch die Ausführung dieser Fassung des Abkommens verursachten Kosten und Aufwendungen vom Internationalen Büro zu gleichen Teilen unter die Vertragsländer dieser Fassung des Abkommens verteilt. Wenn ein Land im Zeitpunkt des Inkrafttretens dieser Fassung des Abkommens diese noch nicht ratifiziert hat oder ihr noch nicht beigetreten ist, hat es bis zu dem Zeitpunkt, zu dem seine Ratifikation oder sein Beitritt wirksam wird, Anspruch auf eine Verteilung des Einnahmenüberschusses, der auf der Grundlage der früheren Fassung des Abkommens, die für das Land gilt, errechnet wird.

(5) Die sich aus den Zusatzgebühren gemäß Absatz 2 Buchstabe b ergebenden Beträge werden nach Ablauf jedes Jahres unter die Vertragsländer dieser Fassung des Abkommens oder der Nizzaer Fassung vom 15. Juni 1957 im Verhältnis zur Zahl der Marken verteilt, für die während des abgelaufenen Jahres in jedem dieser Länder der Schutz beantragt worden ist; soweit es sich um Länder mit Vorprüfung handelt, wird diese Zahl mit einem Koeffizienten vervielfacht, der in der Ausführungsordnung festgesetzt wird. Wenn

ein Land im Zeitpunkt des Inkrafttretens dieser Fassung des Abkommens diese noch nicht ratifiziert hat oder ihr noch nicht beigetreten ist, hat es bis zu dem Zeitpunkt, zu dem seine Ratifikation oder sein Beitritt wirksam wird, Anspruch auf eine Verteilung der auf der Grundlage der Nizzaer Fassung errechneten Beträge.

(6) Die sich aus den Ergänzungsgebühren gemäß Absatz 2 Buchstabe c ergebenden Beträge werden nach den Regeln des Absatzes 5 unter die Länder verteilt, die von der in Artikel 3bis vorgesehenen Befugnis Gebrauch gemacht haben. Wenn ein Land im Zeitpunkt des Inkrafttretens dieser Fassung des Abkommens diese noch nicht ratifiziert hat oder ihr noch nicht beigetreten ist, hat es bis zu dem Zeitpunkt, zu dem seine Ratifikation oder sein Beitritt wirksam wird, Anspruch auf eine Verteilung der auf der Grundlage der Nizzaer Fassung errechneten Beträge.

Art. 8bis. [Partieller Verzicht auf Markenschutz] Der Inhaber der internationalen Registrierung kann jederzeit durch eine an die Behörde seines Landes gerichtete Erklärung auf den Schutz in einem oder in mehreren der Vertragsländer verzichten; die Erklärung wird dem Internationalen Büro mitgeteilt und von diesem den Ländern, auf die sich der Verzicht bezieht, zur Kenntnis gebracht. Der Verzicht ist gebührenfrei.

Art. 9. [Mitteilung von Veränderungen] (1) Ebenso teilt die Behörde des Landes des Inhabers dem Internationalen Büro die bei der eingetragenen Marke im nationalen Register vermerkten Nichtigkeitserklärungen, Löschungen, Verzichte, Übertragungen und anderen Änderungen mit, wenn diese Änderungen auch die internationale Registrierung berühren.

(2) Das Büro trägt diese Änderungen in das internationale Register ein, teilt sie seinerseits den Behörden der Vertragsländer mit und veröffentlicht sie in seinem Blatt.

(3) Ebenso wird verfahren, wenn der Inhaber der internationalen Registrierung beantragt, das Verzeichnis der Waren oder Dienstleistungen einzuschränken, auf die sich die Registrierung bezieht.

(4) Für diese Amtshandlungen kann eine Gebühr erhoben werden, die durch die Ausführungsordnung festgesetzt wird.

(5) Die nachträgliche Erweiterung des Verzeichnisses um eine neue Ware oder Dienstleistung kann nur durch eine neue Hinterlegung nach den Bestimmungen des Artikels 3 vorgenommen werden.

(6) Der Erweiterung steht der Austausch einer Ware oder Dienstleistung durch eine andere gleich.

Art. 9bis. [Übertragung von Marken] (1) Wird eine im internationalen Register eingetragene Marke auf eine Person übertragen, die in einem anderen Vertragsland als dem Land des Inhabers der internationalen Registrierung ansässig ist, so ist die Übertragung durch die Behörde dieses Landes dem Internationalen Büro mitzuteilen. Das Internationale Büro trägt die

Anhang 10. Madrider Markenabkommen **MMA**

Übertragung in das Register ein, teilt sie den anderen Behörden mit und veröffentlicht sie in seinem Blatt. Wird die Übertragung vor Ablauf der Frist von fünf Jahren seit der internationalen Registrierung vorgenommen, so holt das Internationale Büro die Zustimmung der Behörde des Landes des neuen Inhabers ein und veröffentlicht, wenn möglich, das Datum und die Nummer der Registrierung der Marke in dem Land des neuen Inhabers.

(2) Die Übertragung einer im internationalen Register eingetragenen Marke auf eine Person, die zur Hinterlegung einer internationalen Marke nicht berechtigt ist, wird im Register nicht eingetragen.

(3) Konnte eine Übertragung im internationalen Register nicht eingetragen werden, weil das Land des neuen Inhabers seine Zustimmung versagt hat oder weil die Übertragung zugunsten einer Person vorgenommen worden ist, die zur Einreichung eines Gesuchs um internationale Registrierung nicht berechtigt ist, so hat die Behörde des Landes des früheren Inhabers das Recht, vom Internationalen Büro die Löschung der Marke in dessen Register zu verlangen.

Art. 9ter. [Teilübertragung] (1) Wird die Übertragung einer internationalen Marke nur für einen Teil der eingetragenen Waren oder Dienstleistungen dem Internationalen Büro mitgeteilt, so trägt dieses die Übertragung in sein Register ein. Jedes der Vertragsländer ist befugt, die Gültigkeit dieser Übertragung nicht anzuerkennen, wenn die Waren oder Dienstleistungen des auf diese Weise übertragenen Teils mit denen gleichartig sind, für welche die Marke zugunsten des Übertragenden eingetragen bleibt.

(2) Das Internationale Büro trägt auch Übertragungen der internationalen Marke ein, die sich nur auf eines oder auf mehrere der Vertragsländer beziehen.

(3) Tritt in den vorgenannten Fällen ein Wechsel des Landes des Inhabers ein, so hat die für den neuen Inhaber zuständige Behörde die nach Artikel 9bis erforderliche Zustimmung zu erteilen, wenn die internationale Marke vor Ablauf der Frist von fünf Jahren seit der internationalen Registrierung übertragen worden ist.

(4) Die Bestimmungen der vorhergehenden Absätze finden nur unter dem Vorbehalt des Artikels 6quater der Pariser Verbandsübereinkunft zum Schutz des gewerblichen Eigentums Anwendung.

Art. 9quater. [Vereinheitlichung der Landesgesetze] (1) Kommen mehrere Länder des besonderen Verbandes überein, ihre Landesgesetze auf dem Gebiet des Markenrechts zu vereinheitlichen, so können sie dem Generaldirektor notifizieren:
a) daß eine gemeinsame Behörde an die Stelle der nationalen Behörde jedes dieser Länder tritt und
b) daß die Gesamtheit ihrer Hoheitsgebiete für die vollständige oder teilweise Anwendung der diesem Artikel vorhergehenden Bestimmungen als ein Land anzusehen ist.

(2) Diese Notifikation wird erst wirksam sechs Monate nach dem Zeitpunkt der Mitteilung, welche der Generaldirektor den anderen Vertragsländern darüber zugehen läßt.

Art. 10. [Versammlung des besonderen Verbandes] (1) a) Der besondere Verband hat eine Versammlung, die sich aus den Ländern zusammensetzt, die diese Fassung des Abkommens ratifiziert haben oder ihr beigetreten sind.
b) Die Regierung jedes Landes wird durch einen Delegierten vertreten, der von Stellvertretern, Beratern und Sachverständigen unterstützt werden kann.
c) Die Kosten jeder Delegation werden von der Regierung getragen, die sie entsandt hat, mit Ausnahme der Reisekosten und der Aufenthaltsentschädigung für einen Delegierten jedes Mitgliedlandes, die zu Lasten des besonderen Verbandes gehen.

(2) a) Die Versammlung
i) behandelt alle Fragen betreffend die Erhaltung und die Entwicklung des besonderen Verbandes sowie die Anwendung dieses Abkommens;
ii) erteilt dem Internationalen Büro Weisungen für die Vorbereitung der Revisionskonferenzen unter gebührender Berücksichtigung der Stellungnahmen der Länder des besonderen Verbandes, die diese Fassung des Abkommens weder ratifiziert haben noch ihr beigetreten sind;
iii) ändert die Ausführungsordnung und setzt die Höhe der in Artikel 8 Absatz 2 genannten Gebühren und der anderen Gebühren für die internationale Registrierung fest;
iv) prüft und billigt die Berichte und die Tätigkeit des Generaldirektors betreffend den besonderen Verband und erteilt ihm alle zweckdienlichen Weisungen in Fragen, die in die Zuständigkeit des besonderen Verbandes fallen;
v) legt das Programm fest, beschließt den Zweijahres-Haushaltsplan des besonderen Verbandes und billigt seine Rechnungsbeschlüsse;
vi) beschließt die Finanzvorschriften des besonderen Verbandes;
vii) bildet die Sachverständigenausschüsse und Arbeitsgruppen, die sie zur Verwirklichung der Ziele des besonderen Verbandes für zweckdienlich hält;
viii) bestimmt, welche Nichtmitgliedländer des besonderen Verbandes, welche zwischenstaatlichen und welche internationalen nichtstaatlichen Organisationen zu ihren Sitzungen als Beobachter zugelassen werden;
ix) beschließt Änderungen 10 bis 13;
x) nimmt jede andere Handlung vor, die zur Erreichung der Ziele des besonderen Verbandes geeignet ist;
xi) nimmt alle anderen Aufgaben wahr, die sich aus diesem Abkommen ergeben.
b) Über Fragen, die auch für andere von der Organisation verwaltete Verbände von Interesse sind, entscheidet die Versammlung nach Anhörung des Koordinierungsausschusses der Organisation.

Anhang 10. Madrider Markenabkommen **MMA**

(3) a) Jedes Mitgliedland der Versammlung verfügt über eine Stimme.
b) Die Hälfte der Mitgliedländer der Versammlung bildet das Quorum (die für die Beschlußfähigkeit erforderliche Mindestzahl).
c) Ungeachtet des Buchstabens b kann die Versammlung Beschlüsse fassen, wenn während einer Tagung die Zahl der vertretenen Länder zwar weniger als die Hälfte, aber mindestens ein Drittel der Mitgliedländer der Versammlung beträgt; jedoch werden diese Beschlüsse mit Ausnahme der Beschlüsse über das Verfahren der Versammlung nur dann wirksam, wenn die folgenden Bedingungen erfüllt sind: Das Internationale Büro teilt diese Beschlüsse den Mitgliedländern der Versammlung mit, die nicht vertreten waren, und lädt sie ein, innerhalb einer Frist von drei Monaten vom Zeitpunkt der Mitteilung an schriftlich ihre Stimme oder Stimmenthaltung bekanntzugeben. Entspricht nach Ablauf der Frist die Zahl der Länder, die auf diese Weise ihre Stimme oder Stimmenthaltung bekanngegeben haben, mindestens der Zahl der Länder, die für die Erreichung des Quorums während der Tagung gefehlt hatte, so werden die Beschlüsse wirksam, sofern gleichzeitig die erforderliche Mehrheit noch vorhanden ist.
d) Vorbehaltlich des Artikels 13 Absatz 2 faßt die Versammlung ihre Beschlüsse mit einer Mehrheit von zwei Dritteln der abgegebenen Stimmen.
e) Stimmenthaltung gilt nicht als Stimmabgabe.
f) Ein Delegierter kann nur ein Land vertreten und nur in dessen Namen abstimmen.
g) Die Länder des besonderen Verbandes, die nicht Mitglied der Versammlung sind, werden zu den Sitzungen der Versammlung als Beobachter zugelassen.

(4) a) Die Versammlung tritt nach Einberufung durch den Generaldirektor alle zwei Jahre einmal zu einer ordentlichen Tagung zusammen, und zwar, abgesehen von außergewöhnlichen Fällen, zu derselben Zeit und an demselben Ort wie die Generalversammlung der Organisation.
b) Die Versammlung tritt nach Einberufung durch den Generaldirektor zu einer außerordentlichen Tagung zusammen, wenn ein Viertel der Mitgliedländer der Versammlung es verlangt.
c) Die Tagesordnung jeder Tagung wird vom Generaldirektor vorbereitet.

(5) Die Versammlung gibt sich eine Geschäftsordnung.

Art. 11. [Verwaltungsaufgaben] (1) a) Die Aufgaben hinsichtlich der internationalen Registrierung sowie die anderen Verwaltungsaufgaben des besonderen Verbandes werden vom Internationalen Büro wahrgenommen.
b) Das Internationale Büro bereitet insbesondere die Sitzungen der Versammlung sowie der etwa von ihr gebildeten Sachverständigenausschüsse und Arbeitsgruppen vor und besorgt das Sekretariat dieser Organe.
c) Der Generaldirektor ist der höchste Beamte des besonderen Verbandes und vertritt diesen Verband.

(2) Der Generaldirektor und die von ihm bestimmten Mitglieder des Personals nehmen ohne Stimmrecht an allen Sitzungen der Versammlung und

aller etwa von ihr gebildeten Sachverständigenausschüsse oder Arbeitsgruppen teil. Der Generaldirektor oder ein von ihm bestimmtes Mitglied des Personals ist von Amts wegen Sekretär dieser Organe.

(3) a) Das Internationale Büro bereitet nach den Weisungen der Versammlung die Konferenzen zur Revision der Bestimmungen des Abkommens mit Ausnahme der Artikel 10 bis 13 vor.

b) Das Internationale Büro kann bei der Vorbereitung der Revisionskonferenzen zwischenstaatliche sowie internationale nichtstaatliche Organisationen konsultieren.

c) Der Generaldirektor und die von ihm bestimmten Personen nehmen ohne Stimmrecht an den Beratungen dieser Konferenzen teil.

(4) Das Internationale Büro nimmt alle anderen Aufgaben wahr, die ihm übertragen werden.

Art. 12. [Haushaltsplan] (1) a) Der besondere Verband hat einen Haushaltsplan.

b) Der Haushaltsplan des besonderen Verbandes umfaßt die eigenen Einnahmen und Ausgaben des besonderen Verbandes, dessen Beitrag zum Haushaltsplan der gemeinsamen Ausgaben der Verbände sowie gegebenenfalls den dem Haushaltsplan der Konferenz der Organisation zur Verfügung gestellten Betrag.

c) Als gemeinsame Ausgaben der Verbände gelten die Ausgaben, die nicht ausschließlich dem besonderen Verband, sondern auch einem oder mehreren anderen von der Organisation verwalteten Verbände zuzurechnen sind. Der Anteil des besonderen Verbandes an diesen gemeinsamen Ausgaben entspricht dem Interesse, das der besondere Verband an ihnen hat.

(2) Der Haushaltsplan des besonderen Verbandes wird unter Berücksichtigung der Notwendigkeit seine Abstimmung mit den Haushaltsplänen der anderen von der Organisation verwalteten Verbände aufgestellt.

(3) Der Haushaltsplan des besonderen Verbandes umfaßt folgende Einnahmen:

i) Gebühren für die internationale Registrierung sowie Gebühren und Beträge für andere Dienstleistungen des Internationalen Büros im Rahmen des besonderen Verbandes;

ii) Verkaufserlöse und andere Einkünfte aus Veröffentlichungen des Internationalen Büros, die den besonderen Verband betreffen;

iii) Schenkungen, Vermächtnisse und Zuwendungen;

iv) Mieten, Zinsen und andere verschiedene Einkünfte.

(4) a) Die Höhe der in Artikel 8 Absatz 2 genannten Gebühren sowie der anderen Gebühren für die internationale Registrierung wird von der Versammlung auf Vorschlag des Generaldirektors festgesetzt.

b) Diese Höhe wird in der Weise festgesetzt, daß die Einnahmen des besonderen Verbandes aus den Gebühren, soweit es sich nicht um die in Artikel 8 Absatz 2 Buchstaben b und c bezeichneten Zusatz- und Ergänzungsgebühren handelt, sowie aus den anderen Einkünften mindestens zur Deckung der Ausgaben des Internationalen Büros für den besonderen Verband ausreichen.

c) Wird der Haushaltsplan nicht vor Beginn eines neuen Rechnungsjahres beschlossen, so wird der Haushaltsplan des Vorjahres nach Maßgabe der Finanzvorschriften übernommen.

(5) Vorbehaltlich des Absatzes 4 Buchstabe a wird die Höhe der Gebühren und Beträge für andere Dienstleistungen des Internationalen Büros im Rahmen des besonderen Verbandes vom Generaldirektor festgesetzt, der der Versammlung darüber berichtet.

(6) a) Der besondere Verband hat einen Betriebsmittelfonds, der durch eine einmalige Zahlung jedes Landes des besonderen Verbandes gebildet wird. Reicht der Fonds nicht mehr aus, so beschließt die Versammlung seine Erhöhung.

b) Die Höhe der erstmaligen Zahlung jedes Landes zu diesem Fonds oder sein Anteil an dessen Erhöhung ist proportional zu dem Beitrag, den dieses Land als Mitglied des Pariser Verbandes zum Schutz des gewerblichen Eigentums zum Haushaltsplan dieses Verbandes für das Jahr leistet, in dem der Fonds gebildet oder die Erhöhung beschlossen wird.

c) Dieses Verhältnis und die Zahlungsbedingungen werden von der Versammlung auf Vorschlag des Generaldirektors und nach Äußerung des Koordinierungsausschusses der Organisation festgesetzt.

d) Solange die Versammlung gestattet, daß der Reservefonds des besonderen Verbandes als Betriebsmittelfonds benutzt wird, kann die Versammlung die Anwendung der Bestimmungen der Buchstaben a, b und c aussetzen.

(7) a) Das Abkommen über den Sitz, das mit dem Land geschlossen wird, in dessen Hoheitsgebiet die Organisation ihren Sitz hat, sieht vor, daß dieses Land Vorschüsse gewährt, wenn der Betriebsmittelfonds nicht ausreicht. Die Höhe dieser Vorschüsse und die Bedingungen, unter denen sie gewährt werden, sind in jedem Fall Gegenstand besonderer Vereinbarungen zwischen diesem Land und der Organisation.

b) Das unter Buchstabe a bezeichnete Land und die Organisation sind berechtigt, die Verpflichtung zur Gewährung von Vorschüssen durch schriftliche Notifikation zu kündigen. Die Kündigung wird drei Jahre nach Ablauf des Jahres wirksam, in dem sie notifiziert worden ist.

(8) Die Rechnungsprüfung wird nach Maßgabe der Finanzvorschriften von einem oder mehreren Ländern des besonderen Verbandes oder von außenstehenden Rechnungsprüfern vorgenommen, die mit ihrer Zustimmung von der Versammlung bestimmt werden.

Art. 13. [Änderung der Art. 10 bis 13] (1) Vorschläge zur Änderung der Artikel 10, 11, 12 und dieses Artikels können von jedem Mitgliedland der Versammlung oder vom Generaldirektor vorgelegt werden. Diese Vorschläge werden vom Generaldirektor mindestens sechs Monate, bevor sie in der Versammlung beraten werden, den Mitgliedländern der Versammlung mitgeteilt.

(2) Jede Änderung der in Absatz 1 bezeichneten Artikel wird von der Versammlung beschlossen. Der Beschluß erfordert drei Viertel der abgegebenen Stimmen; jede Änderung des Artikels 10 und dieses Absatzes erfordert jedoch vier Fünftel der abgegebenen Stimmen.

(3) Jede Änderung der in Absatz 1 bezeichneten Artikel tritt einen Monat nach dem Zeitpunkt in Kraft, zu dem die schriftlichen Notifikationen der verfassungsmäßig zustandegekommenen Annahme des Änderungsvorschlags von drei Vierteln der Länder, die im Zeitpunkt der Beschlußfassung über die Änderung Mitglied der Versammlung waren, beim Generaldirektor eingegangen sind. Jede auf diese Weise angenommene Änderung der genannten Artikel bindet alle Länder, die im Zeitpunkt des Inkrafttretens der Änderung Mitglied der Versammlung sind oder später Mitglied werden.

Art. 14. [Ratifikation, Beitritt] (1) Jedes Land des besonderen Verbandes kann diese Fassung des Abkommens ratifizieren, wenn es sie unterzeichnet hat, oder ihr beitreten, wenn es sie nicht unterzeichnet hat.

(2) a) Jedes dem besonderen Verband nicht angehörende Vertragsland der Pariser Verbandsübereinkunft zum Schutz des gewerblichen Eigentums kann dieser Fassung des Abkommens beitreten und dadurch Mitglied des besonderen Verbandes werden.
b) Sobald das Internationale Büro davon in Kenntnis gesetzt worden ist, daß ein solches Land dieser Fassung des Abkommens beigetreten ist, übermittelt es der Behörde dieses Landes gemäß Artikel 3 eine Sammelanzeige aller Marken, die zu diesem Zeitpunkt den internationalen Schutz genießen.
c) Diese Anzeige sichert als solche den genannten Marken die Vorteile der vorhergehenden Bestimmungen im Hoheitsgebiet dieses Landes und setzt die Jahresfrist in Lauf, während der die beteiligte Behörde die in Artikel 5 vorgesehene Erklärung abgeben kann.
d) Jedoch kann ein solches Land bei seinem Beitritt zu dieser Fassung des Abkommens erklären, daß die Anwendung dieser Fassung auf diejenigen Marken beschränkt wird, die von dem Tag an registriert werden, an dem dieser Beitritt wirksam wird; dies gilt nicht für internationale Marken, die schon vorher in diesem Land Gegenstand einer gleichen, noch wirksamen nationalen Eintragung gewesen sind und die auf Antrag der Beteiligten ohne weiteres anzuerkennen sind.
e) Diese Erklärung entbindet das Internationale Büro von der obengenannten Übermittlung der Sammelanzeige. Es beschränkt seine Anzeige auf die Marken, derentwegen ihm der Antrag auf Anwendung der unter Buchstabe d vorgesehenen Ausnahme nebst den erforderlichen näheren Angaben innerhalb eines Jahres nach dem Beitritt des neuen Landes zugeht.
f) Das Internationale Büro übermittelt solchen Ländern keine Sammelanzeige, wenn sie bei ihrem Beitritt zu dieser Fassung des Abkommens erklären, daß sie von der in Artikel 3bis vorgesehenen Befugnis Gebrauch machen. Diese Länder können außerdem gleichzeitig erklären, daß die Anwendung dieser Fassung des Abkommens auf diejenigen Marken be-

Anhang 10. Madrider Markenabkommen **MMA**

schränkt wird, die von dem Tag an registriert werden, an dem ihr Beitritt wirksam wird; diese Einschränkung gilt jedoch nicht für die internationalen Marken, die in diesen Ländern schon vorher Gegenstand einer gleichen nationalen Eintragung waren und die Anlaß zu gemäß Artikel 3ter und Artikel 8 Absatz 2 Buchstabe c gestellten und mitgeteilten Gesuchen um Ausdehnung des Schutzes geben können.

g) Die Markenregistrierungen, die den Gegenstand einer der in diesem Absatz vorgesehenen Anzeige gebildet haben, gelten als an die Stelle der Eintragungen getreten, die in dem neuen Vertragsland vor dem Zeitpunkt des Wirksamwerdens seines Beitritts unmittelbar bewirkt worden sind.

(3) Die Ratifikations- und Beitrittsurkunden werden beim Generaldirektor hinterlegt.

(4) a) Für die ersten fünf Länder, die ihre Ratifikations- oder Beitrittsurkunden hinterlegt haben, tritt diese Fassung des Abkommens drei Monate nach Hinterlegung der fünften solchen Urkunde in Kraft.

b) Für jedes andere Land tritt diese Fassung des Abkommens drei Monate nach dem Zeitpunkt der Notifizierung seiner Ratifikation oder seines Beitritts durch den Generaldirektor in Kraft, sofern in der Ratifikations- oder Beitrittsurkunde nicht ein späterer Zeitpunkt angegeben ist. In diesem Fall tritt diese Fassung des Abkommens für dieses Land zu dem angegebenen Zeitpunkt in Kraft.

(5) Die Ratifikation oder der Beitritt bewirkt von Rechts wegen die Annahme aller Bestimmungen und die Zulassung zu allen Vorteilen dieser Fassung des Abkommens.

(6) Nach dem Inkrafttreten dieser Fassung des Abkommens kann ein Land der Nizzaer Fassung vom 15. Juni 1957 nur beitreten, wenn es gleichzeitig diese Fassung des Abkommens ratifiziert oder ihr beitritt. Der Beitritt zu Fassungen des Abkommens, die älter sind als die Nizzaer Fassung, ist auch gleichzeitig mit der Ratifikation dieser Fassung oder dem Beitritt zu ihr nicht zulässig.

(7) Artikel 24 der Pariser Verbandsübereinkunft zum Schutz des gewerblichen Eigentums ist auf dieses Abkommen anzuwenden.

Art. 15. [Geltungsdauer des Abkommens, Kündigung] (1) Dieses Abkommen bleibt ohne zeitliche Begrenzung in Kraft.

(2) Jedes Land kann diese Fassung des Abkommens durch eine an den Generaldirektor gerichtete Notifikation kündigen. Diese Kündigung bewirkt zugleich die Kündigung aller früheren Fassungen und hat nur Wirkung für das Land, das sie erklärt hat; für die übrigen Länder des besonderen Verbandes bleibt das Abkommen in Kraft und wirksam.

(3) Die Kündigung wird ein Jahr nach dem Tag wirksam, an dem die Notifikation beim Generaldirektor eingegangen ist.

(4) Das in diesem Artikel vorgesehene Kündigungsrecht kann von einem Land nicht vor Ablauf von fünf Jahren nach dem Zeitpunkt ausgeübt werden, zu dem es Mitglied des besonderen Verbandes geworden ist.

(5) Die vor dem Zeitpunkt, an dem die Kündigung wirksam wird, international registrierten Marken, denen innerhalb der in Artikel 5 vorgesehenen Jahresfrist der Schutz nicht verweigert worden ist, genießen während der Dauer des internationalen Schutzes weiter denselben Schutz, wie wenn sie unmittelbar in diesem Land hinterlegt worden wären.

Art. 16. [Frühere Fassungen dieses Abkommens] (1) a) Diese Fassung des Abkommens ersetzt in den Beziehungen zwischen den Ländern des besonderen Verbandes, die sie ratifiziert haben oder ihr beigetreten sind, von dem Tag an, an dem sie für sie in Kraft tritt, das Madrider Abkommen von 1891 in seinen früheren Fassungen.
b) Jedoch bleibt jedes Land des besonderen Verbandes, das diese Fassung des Abkommens ratifiziert hat oder ihr beigetreten ist, in seinen Beziehungen zu den Ländern, die diese Fassung weder ratifiziert haben noch ihr beigetreten sind, an die früheren Fassungen gebunden, sofern es diese nicht gemäß Artikel 12 Absatz 4 der Nizzaer Fassung vom 15. Juni 1957 vorher gekündigt hat.

(2) Die dem besonderen Verband nicht angehörenden Länder, die Vertragspartei dieser Fassung des Abkommens werden, wenden sie auch auf die internationalen Registrierungen an, die beim Internationalen Büro durch Vermittlung der nationalen Behörde eines Landes des besonderen Verbandes, das nicht Vertragspartei dieser Fassung ist, vorgenommen worden sind, vorausgesetzt, daß die Registrierungen hinsichtlich dieser Länder den Vorschriften dieser Fassung des Abkommens entsprechen. Die dem besonderen Verband nicht angehörenden Länder, die Vertragspartei dieser Fassung des Abkommens werden, lassen es zu, daß das vorgenannte Land hinsichtlich der durch Vermittlung ihrer nationalen Behörden beim Internationalen Büro vorgenommenen internationalen Registrierungen die Erfüllung der Vorschriften der jüngsten Fassung dieses Abkommens, der es angehört, verlangt.

Art. 17. [Unterzeichnung, Hinterlegung] (1) a) Diese Fassung des Abkommens wird in einer Urschrift in französischer Sprache unterzeichnet und bei der schwedischen Regierung hinterlegt.
b) Amtliche Texte werden vom Generaldirektor nach Konsultierung der beteiligten Regierungen in anderen Sprachen hergestellt, die die Versammlung bestimmen kann.

(2) Diese Fassung des Abkommens liegt bis zum 13. Januar 1968 in Stockholm zur Unterzeichnung auf.

(3) Der Generaldirektor übermittelt zwei von der schwedischen Regierung beglaubigte Abschriften des unterzeichneten Textes dieser Fassung des Abkommens den Regierungen aller Länder des besonderen Verbandes und der Regierung jedes anderen Landes, die es verlangt.

(4) Der Generaldirektor läßt diese Fassung des Abkommens beim Sekretariat der Vereinten Nationen registrieren.

(5) Der Generaldirektor notifiziert den Regierungen aller Länder des besonderen Verbandes die Unterzeichnungen, die Hinterlegungen von Ratifi-

kations- oder Beitrittsurkunden sowie die in diesen Urkunden enthaltenen Erklärungen, das Inkrafttreten aller Bestimmungen dieser Fassung des Abkommens, die Notifikationen von Kündigungen und die Notifikationen gemäß den Artikeln 3bis, 9^{quater}, 13, 14 Absatz 7 und Artikel 15 Absatz 2.

Art. 18. [Übergangsbestimmung] (1) Bis zur Amtsübernahme durch den ersten Generaldirektor gelten Bezugnahmen in dieser Fassung des Abkommens auf das Internationale Büro der Organisation oder den Generaldirektor als Bezugnahmen auf das Büro des durch die Pariser Verbandsübereinkunft zum Schutz des gewerblichen Eigentums errichteten Verbandes oder seinen Direktor.

(2) Die Länder des besonderen Verbandes, die diese Fassung des Abkommens weder ratifiziert haben noch ihr beigetreten sind, können, wenn sie dies wünschen, während eines Zeitraums von fünf Jahren, gerechnet vom Zeitpunkt des Inkrafttretens des Übereinkommens zur Errichtung der Organisation an, die in den Artikeln 10 bis 13 dieser Fassung des Abkommens vorgesehenen Rechte so ausüben, als wären sie durch diese Artikel gebunden. Jedes Land, das diese Rechte auszuüben wünscht, hinterlegt zu diesem Zweck beim Generaldirektor eine schriftliche Notifikation, die im Zeitpunkt ihres Eingangs wirksam wird. Solche Länder gelten bis zum Ablauf der genannten Frist als Mitglied der Versammlung.

ZU URKUND DESSEN haben die hierzu gehörig bevollmächtigten Unterzeichneten diese Fassung des Abkommens unterschrieben.

GESCHEHEN zu Stockholm am 14. Juli 1967.

11. Protokoll zum Madrider Abkommen über die internationale Registrierung von Marken, angenommen in Madrid am 27. Juni 1989

(BGBl. 1995 II S. 1016)

Verzeichnis der Artikel des Protokolls

	Art.
Mitgliedschaft im Madrider Verband.	1
Erwerb des Schutzes durch internationale Registrierung.	2
Internationales Gesuch	3
Territoriale Wirkung	3bis
Gesuch um „territoriale Ausdehnung".	3ter
Wirkungen der internationalen Registrierung	4
Ersetzung einer nationalen oder regionalen Eintragung durch eine internationale Registrierung	4bis
Schutzverweigerung und Ungültigerklärung der Wirkungen der internationalen Registrierung in bezug auf bestimmte Vertragsparteien	5
Belege für die Rechtmäßigkeit des Gebrauchs gewisser Markenbestandteile	5bis
Abschriften der im internationalen Register eingetragenen Angaben; Recherchen nach älteren Registrierungen; Auszüge aus dem internationalen Register	5ter
Dauer der Gültigkeit der internationalen Registrierung; Abhängigkeit und Unabhängigkeit der internationalen Registrierung.	6
Erneuerung der internationalen Registrierung	7
Gebühren für das internationale Gesuch und die internationale Registrierung	8
Eintragung einer Änderung des Inhabers einer internationalen Registrierung	9
Bestimmte Eintragungen bei einer internationalen Registrierung	9bis
Gebühren für bestimmte Eintragungen	9ter
Gemeinsame Behörde für mehrere Vertragsstaaten	9quater
Umwandlung einer internationalen Registrierung in nationale oder regionale Gesuche	9quinquies
Sicherung des Madrider Abkommens (Stockholmer Fassung).	9sexies
Versammlung.	10
Internationales Büro.	11
Finanzen.	12
Änderung bestimmter Artikel des Protokolls	13
Möglichkeiten, Vertragspartei des Protokolls zu werden; Inkrafttreten.	14
Kündigung	15
Unterzeichnung; Sprachen; Aufgaben des Verwahrers	16

Anhang 11. Protokoll zum MMA **MMP**

Art. 1. Mitgliedschaft im Madrider Verband. Die Staaten, die Vertragsparteien dieses Protokolls sind (im folgenden als „Vertragsstaaten" bezeichnet), auch wenn sie nicht Vertragsparteien des Madrider Abkommens über die internationale Registrierung von Marken in der Stockholmer Fassung von 1967 mit den Änderungen von 1979 (im folgenden als „Madrider Abkommen (Stockholmer Fassung)" bezeichnet) sind, und die in Artikel 14 Absatz 1 Buchstabe b bezeichneten Organisationen, die Vertragsparteien dieses Protokolls sind (im folgenden als „Vertragsorganisationen" bezeichnet), sind Mitglieder desselben Verbands, dem die Vertragsparteien des Madrider Abkommens (Stockholmer Fassung) als Mitglieder angehören. Jede Bezugnahme in diesem Protokoll auf „Vertragsparteien" ist als Bezugnahme sowohl auf die Vertragsstaaten als auch auf die Vertragsorganisationen auszulegen.

Art. 2. Erwerb des Schutzes durch internationale Registrierung.
(1) Wurde ein Gesuch um Eintragung einer Marke bei der Behörde einer Vertragspartei eingereicht oder eine Marke im Register der Behörde einer Vertragspartei eingetragen, so kann sich die Person, auf deren Namen das Gesuch (im folgenden als „Basisgesuch" bezeichnet) oder die Eintragung (im folgenden als „Basiseintragung" bezeichnet) lautet, nach diesem Protokoll den Schutz dieser Marke im Gebiet der Vertragsparteien dadurch sichern, daß sie die Eintragung der Marke im Register des Internationalen Büros der Weltorganisation für geistiges Eigentum (im folgenden als „Internationale Registrierung", „internationales Register", „Internationales Büro" und „Organisation" bezeichnet) herbeiführt, vorausgesetzt, daß
 i) wenn das Basisgesuch bei der Behörde eines Vertragsstaats eingereicht oder die Basiseintragung von einer solchen Behörde vorgenommen wurde, die Person, auf deren Namen das Gesuch oder die Eintragung lautet, Angehöriger des betreffenden Vertragsstaats ist oder in diesem Vertragsstaat ihren Wohnsitz oder eine tatsächliche und nicht nur zum Schein bestehende gewerbliche oder Handelsniederlassung hat;
 ii) wenn das Basisgesuch bei der Behörde einer Vertragsorganisation eingereicht oder die Basiseintragung von einer solchen Behörde vorgenommen wurde, die Person, auf deren Namen das Gesuch oder die Eintragung lautet, Angehöriger eines Mitgliedstaats dieser Vertragsorganisation ist oder im Gebiet dieser Vertragsorganisation ihren Wohnsitz oder eine tatsächliche und nicht nur zum Schein bestehende gewerbliche oder Handelsniederlassung hat.

(2) Das Gesuch um internationale Registrierung (im folgenden als „internationales Gesuch" bezeichnet) ist beim Internationalen Büro durch Vermittlung der Behörde einzureichen, bei der das Basisgesuch eingereicht beziehungsweise von der die Basiseintragung vorgenommen wurde (im folgenden als „Ursprungsbehörde" bezeichnet).

(3) Jede Bezugnahme in diesem Protokoll auf eine „Behörde" oder eine „Behörde einer Vertragspartei" ist als Bezugnahme auf die Behörde, die namens einer Vertragspartei für die Eintragung von Marken zuständig ist, und

jede Bezugnahme in diesem Protokoll auf „Marken" ist als Bezugnahme auf Warenmarken und Dienstleistungsmarken auszulegen.

(4) Für die Zwecke dieses Protokolls bedeutet „Gebiet einer Vertragspartei", wenn es sich bei der Vertragspartei um einen Staat handelt, das Hoheitsgebiet des betreffenden Staates, und wenn es sich bei der Vertragspartei um eine zwischenstaatliche Organisation handelt, das Gebiet, in dem der Gründungsvertrag der betreffenden zwischenstaatlichen Organisation Anwendung findet.

Art. 3. Internationales Gesuch. (1) Jedes internationales Gesuch aufgrund dieses Protokolls ist auf dem von der Ausführungsordnung vorgeschriebenen Formular einzureichen. Die Ursprungsbehörde bescheinigt, daß die Angaben im internationalen Gesuch den Angaben entsprechen, die zum Zeitpunkt der Bescheinigung im Basisgesuch beziehungsweise in der Basiseintragung enthalten sind. Die Behörde gibt außerdem folgendes an:
 i) bei einem Basisgesuch das Datum und die Nummer des Gesuchs,
 ii) bei einer Basiseintragung das Datum und die Nummer der Eintragung sowie das Datum und die Nummer des Gesuchs, aus dem die Basiseintragung hervorging.

Die Ursprungsbehörde gibt außerdem das Datum des internationalen Gesuchs an.

(2) Der Hinterleger hat die Waren und Dienstleistungen, für die der Schutz der Marke beansprucht wird, anzugeben sowie, wenn möglich, die Klasse oder die Klassen entsprechend der Klassifikation, die durch das Abkommen von Nizza über die Internationale Klassifikation von Waren und Dienstleistungen für die Eintragung von Marken festgelegt wurde. Macht der Hinterleger diese Angabe nicht, so ordnet das Internationale Büro die Waren und Dienstleistungen in die entsprechenden Klassen der erwähnten Klassifikation ein. Die vom Hinterleger angegebene Einordnung unterliegt der Prüfung durch das Internationale Büro, das hierbei im Zusammenwirken mit der Ursprungsbehörde vorgeht. Im Fall einer Meinungsverschiedenheit zwischen dieser Behörde und dem Internationalen Büro ist die Ansicht des letzteren maßgebend.

(3) Beansprucht der Hinterleger die Farbe als unterscheidendes Merkmal seiner Marke, so ist er verpflichtet,
 i) dies ausdrücklich zu erklären und seinem internationalen Gesuch einen Vermerk beizufügen, der die beanspruchte Farbe oder Farbenzusammenstellung angibt;
 ii) seinem internationalen Gesuch farbige Darstellungen der Marke beizulegen, die den Mitteilungen des Internationalen Büros beigefügt werden; die Anzahl dieser Darstellungen wird in der Ausführungsordnung bestimmt.

(4) Das Internationale Büro trägt die gemäß Artikel 2 hinterlegten Marken sogleich in ein Register ein. Die internationale Registrierung erhält das Datum, an dem das internationale Gesuch bei der Ursprungsbehörde eingegangen ist, sofern das internationale Gesuch innerhalb von zwei Monaten

Anhang 11. Protokoll zum MMA

nach diesem Zeitpunkt beim Internationalen Büro eingegangen ist. Ist das internationale Gesuch nicht innerhalb dieser Frist eingegangen, so erhält die internationale Registrierung das Datum, an dem das betreffende internationale Gesuch beim Internationalen Büro eingegangen ist. Das Internationale Büro teilt den beteiligten Behörden unverzüglich die internationale Registrierung mit. Die im internationalen Register eingetragenen Marken werden in einem regelmäßig erscheinenden, vom Internationalen Büro herausgegebenen Blatt auf der Grundlage der im internationalen Gesuch enthaltenen Angaben veröffentlicht.

(5) Um die im internationalen Register eingetragenen Marken zur allgemeinen Kenntnis zu bringen, erhält jede Behörde vom Internationalen Büro unentgeltlich eine Anzahl von Stücken des genannten Blattes sowie eine Anzahl von Stücken zu ermäßigtem Preis zu den Bedingungen, die von der in Artikel 10 genannten Versammlung (im folgenden als „Versammlung" bezeichnet) festgelegt werden. Diese Bekanntgabe gilt für die Zwecke aller Vertragsparteien als ausreichend; eine weitere Bekanntgabe darf vom Inhaber der internationalen Registrierung nicht verlangt werden.

Art. 3bis. Territoriale Wirkung. Der Schutz aus der internationalen Registrierung erstreckt sich auf eine Vertragspartei nur auf Antrag der Person, die das internationale Gesuch einreicht oder Inhaber der internationalen Registrierung ist. Ein solcher Antrag kann jedoch nicht für die Vertragspartei gestellt werden, deren Behörde die Ursprungsbehörde ist.

Art. 3ter. Gesuch um „territoriale Ausdehnung". (1) Jedes Gesuch um Ausdehnung des Schutzes aus der internationalen Registrierung auf eine Vertragspartei ist im internationalen Gesuch besonders zu erwähnen.

(2) Ein Gesuch um territoriale Ausdehnung kann auch nach der internationalen Registrierung gestellt werden. Ein solches Gesuch ist auf dem in der Ausführungsordnung vorgeschriebenen Formular einzureichen. Das Internationale Büro trägt es sogleich im Register ein und teilt diese Eintragung unverzüglich der oder den beteiligten Behörden mit. Die Eintragung wird in dem regelmäßig erscheinenden Blatt des Internationalen Büros veröffentlicht. Diese territoriale Ausdehnung wird von dem Datum an wirksam, an dem sie im internationalen Register eingetragen wird; sie verliert ihre Wirkung mit dem Erlöschen der internationalen Registrierung, auf die sie sich bezieht.

Art. 4. Wirkungen der internationalen Registrierung. (1) a) Von dem Datum der Registrierung oder der Eintragung nach den Bestimmungen des Artikels 3 und 3ter an ist die Marke in jeder der beteiligten Vertragsparteien ebenso geschützt, wie wenn sie unmittelbar bei der Behörde dieser Vertragspartei hinterlegt worden wäre. Wurde dem Internationalen Büro keine Schutzverweigerung nach Artikel 5 Absätze 1 und 2 mitgeteilt oder wurde eine nach jenem Artikel mitgeteilte Schutzverweigerung später zurückgenommen, so ist die Marke in der beteiligten Vertragspartei von dem genannten Datum an ebenso geschützt, wie wenn sie von der Behörde dieser Vertragspartei eingetragen worden wäre.

b) Die in Artikel 3 vorgesehene Angabe der Klassen der Waren und Dienstleistungen bindet die Vertragsparteien nicht hinsichtlich der Beurteilung des Schutzumfangs der Marke.

(2) Jede internationale Registrierung genießt das durch Artikel 4 der Pariser Verbandsübereinkunft zum Schutz des gewerblichen Eigentums festgelegte Prioritätsrecht, ohne daß es erforderlich ist, die unter Buchstabe D jenes Artikels vorgesehenen Förmlichkeiten zu erfüllen.

Art. 4bis. Ersetzung einer nationalen oder regionalen Eintragung durch eine internationale Registrierung.
(1) Ist eine Marke, die Gegenstand einer nationalen oder regionalen Eintragung bei der Behörde einer Vertragspartei ist, auch Gegenstand einer internationalen Registrierung und lauten sowohl die Eintragung als auch die Registrierung auf den Namen derselben Person, so gilt die internationale Registrierung als an die Stelle der nationalen oder regionalen Eintragung getreten, unbeschadet der durch die letzteren erworbenen Rechte, sofern

i) der Schutz aus der internationalen Registrierung sich nach Artikel 3ter Absatz 1 oder 2 auf die betreffende Vertragspartei erstreckt,
ii) alle in der nationalen oder regionalen Eintragung aufgeführten Waren und Dienstleistungen auch in der internationalen Registrierung in bezug auf die betreffende Vertragspartei aufgeführt sind,
iii) diese Ausdehnung nach dem Datum der nationalen oder regionalen Eintragung wirksam wird.

(2) Die in Absatz 1 bezeichnete Behörde hat auf Antrag die internationale Registrierung in ihrem Register zu vermerken.

Art. 5. Schutzverweigerung und Ungültigerklärung der Wirkungen der internationalen Registrierung in bezug auf bestimmte Vertragsparteien.
(1) Soweit die geltenden Rechtsvorschriften sie dazu ermächtigen, hat die Behörde einer Vertragspartei, der das Internationale Büro eine Ausdehnung des sich aus der internationalen Registrierung ergebenden Schutzes auf die Vertragspartei nach Artikel 3ter Absatz 1 oder 2 mitgeteilt hat, das Recht, in einer Mitteilung der Schutzverweigerung zu erklären, daß der Marke, die Gegenstand dieser Ausdehnung ist, der Schutz in der betreffenden Vertragspartei nicht gewährt werden kann. Eine solche Schutzverweigerung kann nur auf Gründe gestützt werden, die nach der Pariser Verbandsübereinkunft zum Schutz des gewerblichen Eigentums im Fall einer unmittelbar bei der Behörde, welche die Schutzverweigerung mitteilt, hinterlegten Marke anwendbar wären. Der Schutz darf jedoch weder ganz noch teilweise allein deshalb verweigert werden, weil die geltenden Rechtsvorschriften die Eintragung nur für eine beschränkte Anzahl von Klassen oder für eine beschränkte Anzahl von Waren oder Dienstleistungen zulassen.

(2) a) Die Behörden, die von diesem Recht Gebrauch machen wollen, teilen dem Internationalen Büro ihre Schutzverweigerung unter Angabe

aller Gründe innerhalb der Frist mit, die in den für diese Behörden geltenden Rechtsvorschriften vorgesehen ist, spätestens jedoch, vorbehaltlich der Buchstaben b und c, vor Ablauf eines Jahres nach dem Zeitpunkt, zu dem die in Absatz 1 genannte Mitteilung der Ausdehnung dieser Behörde vom Internationalen Büro übersandt worden ist.

b) Ungeachtet des Buchstabens a kann jede Vertragspartei erklären, daß für internationale Registrierungen aufgrund dieses Protokolls die unter Buchstabe a genannte Frist von einem Jahr durch 18 Monate ersetzt wird.

c) In dieser Erklärung kann außerdem festgelegt werden, daß eine Schutzverweigerung, die sich aus einem Widerspruch gegen die Schutzgewährung ergeben kann, von der Behörde der betreffenden Vertragspartei dem Internationalen Büro nach Ablauf der Frist von 18 Monaten mitgeteilt werden kann. Eine solche Behörde kann hinsichtlich einer vorgenommenen internationalen Registrierung eine Schutzverweigerung nach Ablauf der Frist von 18 Monaten nur dann mitteilen, wenn

i) sie vor Ablauf der Frist von 18 Monaten das Internationale Büro über die Möglichkeit unterrichtet hat, daß Widersprüche nach Ablauf der Frist von 18 Monaten eingelegt werden können, und

ii) die Mitteilung der auf einen Widerspruch gestützten Schutzverweigerung innerhalb einer Frist von nicht mehr als sieben Monaten nach dem Zeitpunkt gemacht wird, zu dem die Widerspruchsfrist beginnt; läuft die Widerspruchsfrist vor dieser Frist von sieben Monaten ab, so muß die Mitteilung innerhalb einer Frist von einem Monat nach Ablauf der Widerspruchsfrist erfolgen.

d) Eine Erklärung nach dem Buchstaben b oder c kann in den in Artikel 14 Absatz 2 genannten Urkunden abgegeben werden; der Zeitpunkt des Wirksamwerdens der Erklärung ist derselbe wie der Zeitpunkt des Inkrafttretens dieses Protokolls für den Staat oder die zwischenstaatliche Organisation, welche die Erklärung abgegeben haben. Eine solche Erklärung kann auch später abgegeben werden; in diesem Fall wird die Erklärung drei Monate nach ihrem Eingang beim Generaldirektor der Organisation (im folgenden als „Generaldirektor" bezeichnet) oder zu einem in der Erklärung angegebenen späteren Zeitpunkt in bezug auf jede internationale Registrierung wirksam, deren Datum mit dem Zeitpunkt des Wirksamwerdens der Erklärung übereinstimmt oder deren Datum nach diesem Zeitpunkt liegt.

e) Nach Ablauf von zehn Jahren nach Inkrafttreten dieses Protokolls prüft die Versammlung die Arbeitsweise des unter den Buchstaben a bis d errichteten Systems. Danach können die Bestimmungen dieser Buchstaben durch einstimmigen Beschluß der Versammlung geändert werden.

(3) Das Internationale Büro übermittelt dem Inhaber der internationalen Registrierung unverzüglich ein Exemplar der Mitteilung der Schutzverweigerung. Der betreffende Inhaber hat dieselben Rechtsmittel, wie wenn er die Marke unmittelbar bei der Behörde hinterlegt hätte, die ihre Schutzverweigerung mitgeteilt hat. Ist das Internationale Büro nach Absatz 2 Buchstabe c Ziffer i unterrichtet worden, so leitet es diese Information unverzüglich an den Inhaber der internationalen Registrierung weiter.

(4) Das Internationale Büro teilt jeder interessierten Person auf Antrag die Gründe für die Schutzverweigerung mit.

(5) Die Behörden, die hinsichtlich einer vorgenommenen internationalen Registrierung dem Internationalen Büro keine vorläufige oder endgültige Schutzverweigerung nach Absatz 1 oder 2 mitgeteilt haben, verlieren für diese internationale Registrierung die Vergünstigung des in Absatz 1 vorgesehenen Rechts.

(6) Die zuständigen Behörden einer Vertragspartei dürfen die Wirkung einer internationalen Registrierung im Gebiet einer Vertragspartei nicht für ungültig erklären, ohne dem Inhaber der internationalen Registrierung Gelegenheit gegeben zu haben, seine Rechte rechtzeitig geltend zu machen. Die Ungültigerklärung ist dem Internationalen Büro mitzuteilen.

Art. 5bis. Belege für die Rechtmäßigkeit des Gebrauchs gewisser Markenbestandteile. Die Belege für die Rechtmäßigkeit des Gebrauchs gewisser Markenbestandteile, wie Wappen, Wappenschilde, Bildnisse, Auszeichnungen, Titel, Handels- oder Personennamen, die anders lauten als der des Hinterlegers, oder andere Inschriften ähnlicher Art, die von den Behörden der Vertragsparteien etwa angefordert werden, sind von jeder Beglaubigung sowie von jeder anderen Bestätigung als der der Ursprungsbehörde befreit.

Art. 5ter. Abschriften der im internationalen Register eingetragenen Angaben; Recherchen nach älteren Registrierungen; Auszüge aus dem internationalen Register. (1) Das Internationale Büro übermittelt auf Antrag jedermann gegen Zahlung einer in der Ausführungsordnung festgesetzten Gebühr eine Abschrift der im Register eingetragenen Angaben über eine bestimmte Marke.

(2) Das Internationale Büro kann gegen Entgelt auch Recherchen nach älteren Marken vornehmen, die Gegenstand internationaler Registrierungen sind.

(3) Die zur Vorlage bei einer der Vertragsparteien beantragten Auszüge aus dem internationalen Register sind von jeder Beglaubigung befreit.

Art. 6. Dauer der Gültigkeit der internationalen Registrierung; Abhängigkeit und Unabhängigkeit der internationalen Registrierung. (1) Die Registrierung einer Marke beim Internationalen Büro erfolgt für zehn Jahre mit der Möglichkeit der Erneuerung unter den in Artikel 7 festgesetzten Bedingungen.

(2) Mit dem Ablauf einer Frist von fünf Jahren von dem Datum der internationalen Registrierung an wird diese, vorbehaltlich der folgenden Bestimmungen, vom Basisgesuch oder der sich aus ihr ergebenden Eintragung beziehungsweise von der Basiseintragung unabhängig.

(3) Der durch die internationale Registrierung erlangte Schutz, gleichgültig, ob die Registrierung Gegenstand einer Übertragung gewesen ist oder

Anhang 11. Protokoll zum MMA

nicht, kann nicht mehr in Anspruch genommen werden, wenn vor Ablauf von fünf Jahren von dem Datum der internationalen Registrierung an das Basisgesuch oder die sich aus ihr ergebende Eintragung beziehungsweise die Basiseintragung in bezug auf alle oder einige der in der internationalen Registrierung aufgeführten Waren und Dienstleistungen zurückgenommen wurde, verfallen ist, auf sie verzichtet wurde oder Gegenstand einer rechtskräftigen Zurückweisung, Nichtigerklärung, Löschung oder Ungültigerklärung gewesen ist. Dasselbe gilt, wenn
  i) ein Rechtsmittel gegen eine Entscheidung, welche die Wirkung des Basisgesuchs zurückweist,
 ii) ein Verfahren, in dem die Rücknahme des Basisgesuchs oder die Nichtigerklärung, Löschung oder Ungültigerklärung der sich aus dem Basisgesuch ergebenden Eintragung oder der Basiseintragung beantragt wird, oder
iii) ein Widerspruch gegen das Basisgesuch
nach Ablauf der Fünfjahresfrist zu einer rechtskräftigen Zurückweisung, Nichtigerklärung, Löschung oder Ungültigerklärung oder zu der Anordnung der Rücknahme des Basisgesuchs oder der sich aus ihr ergebenden Eintragung beziehungsweise der Basiseintragung führt, sofern ein solches Rechtsmittel, ein solches Verfahren oder ein solcher Widerspruch vor Ablauf der genannten Frist eingeleitet wurde. Dasselbe gilt auch, wenn nach Ablauf der Fünfjahresfrist das Basisgesuch zurückgenommen oder auf die sich aus dem Basisgesuch ergebende Eintragung oder auf die Basiseintragung verzichtet wird, sofern zum Zeitpunkt der Rücknahme oder des Verzichts das betreffende Gesuch oder die Eintragung Gegenstand eines unter der Ziffer i, ii oder iii genannten Verfahrens war und ein solches Verfahren vor Ablauf der genannten Frist eingeleitet worden war.

(4) Die Ursprungsbehörde teilt dem Internationalen Büro entsprechend der Ausführungsordnung die nach Absatz 3 maßgeblichen Tatsachen und Entscheidungen mit, und das Internationale Büro unterrichtet entsprechend der Ausführungsordnung die Beteiligten und veranlaßt entsprechende Veröffentlichungen. Die Ursprungsbehörde fordert gegebenenfalls das Internationale Büro auf, die internationale Registrierung im anwendbaren Umfang zu löschen, und das Internationale Büro verfährt demgemäß.

Art. 7. Erneuerung der internationalen Registrierung. (1) Die internationale Registrierung kann für einen Zeitraum von zehn Jahren nach Ablauf des vorangegangenen Zeitraums durch einfache Zahlung der Grundgebühr und, vorbehaltlich des Artikels 8 Absatz 7, der Zusatz- und Ergänzungsgebühren, die in Artikel 8 Absatz 2 vorgesehen sind, erneuert werden.

(2) Die Erneuerung darf nicht zu einer Änderung der internationalen Registrierung in ihrer letzten Fassung führen.

(3) Sechs Monate vor Ablauf der Schutzfrist erinnert das Internationale Büro den Inhaber der internationalen Registrierung und gegebenenfalls seinen Vertreter durch Zusendung einer offiziösen Mitteilung an den genauen Zeitpunkt dieses Ablaufs.

(4) Gegen Zahlung einer in der Ausführungsordnung festgesetzten Zuschlagsgebühr wird eine Nachfrist von sechs Monaten für die Erneuerung der internationalen Registrierung gewährt.

Art. 8. Gebühren für das internationale Gesuch und die internationale Registrierung. (1) Die Ursprungsbehörde kann nach eigenem Ermessen eine Gebühr festsetzen und zu ihren Gunsten vom Hinterleger oder dem Inhaber der internationalen Registrierung im Zusammenhang mit dem Einreichen des internationalen Gesuchs oder der Erneuerung der internationalen Registrierung erheben.

(2) Vor der Registrierung einer Marke beim Internationalen Büro ist eine internationale Gebühr zu entrichten, die sich, vorbehaltlich des Absatzes 7 Buchstabe a, zusammensetzt aus
i) einer Grundgebühr,
ii) einer Zusatzgebühr für jede die dritte Klasse übersteigende Klasse der internationalen Klassifikation, in welche die Waren oder Dienstleistungen eingeordnet werden, auf die sich die Marke bezieht,
iii) einer Ergänzungsgebühr für jedes Gesuch um Ausdehnung des Schutzes gemäß Artikel 3ter.

(3) Die in Absatz 2 Ziffer ii geregelte Zusatzgebühr kann jedoch, ohne daß sich dies auf das Datum der internationalen Registrierung auswirkt, innerhalb der in der Ausführungsordnung festgesetzten Frist entrichtet werden, wenn die Anzahl der Klassen der Waren oder Dienstleistungen vom Internationalen Büro festgesetzt oder bestritten worden ist. Ist bei Ablauf der genannten Frist die Zusatzgebühr nicht entrichtet oder das Verzeichnis der Waren oder Dienstleistungen vom Hinterleger nicht in dem erforderlichen Umfang eingeschränkt worden, so gilt das internationale Gesuch als zurückgenommen.

(4) Der jährliche Gesamtbetrag der verschiedenen Einnahmen aus der internationalen Registrierung, mit Ausnahme der Einnahmen aus den in Absatz 2 Ziffern ii und iii genannten Gebühren, wird nach Abzug der durch die Durchführung dieses Protokolls verursachten Kosten und Aufwendungen vom Internationalen Büro zu gleichen Teilen unter die Vertragsparteien verteilt.

(5) Die sich aus den Zusatzgebühren gemäß Absatz 2 Ziffer ii ergebenden Beträge werden nach Ablauf jedes Jahres unter die beteiligten Vertragsparteien im Verhältnis zur Anzahl der Marken verteilt, für die während des abgelaufenen Jahres in jeder dieser Vertragsparteien der Schutz beantragt worden ist; soweit es sich um Vertragsparteien mit einer Prüfung handelt, wird diese Anzahl mit einem Koeffizienten vervielfacht, der in der Ausführungsordnung festgesetzt wird.

(6) Die sich aus den Ergänzungsgebühren gemäß Absatz 2 Ziffer iii ergebenden Beträge werden nach den Regeln des Absatzes 5 verteilt.

(7) a) Jede Vertragspartei kann erklären, daß sie im Zusammenhang mit jeder internationalen Registrierung, in der sie nach Artikel 3ter genannt wird, und im

Zusammenhang mit jeder Erneuerung einer solchen internationalen Registrierung anstelle eines Anteils an den Einnahmen aus den Zusatz- und Ergänzungsgebühren eine Gebühr zu erhalten wünscht (im folgenden als „individuelle Gebühr" bezeichnet), deren Betrag in der Erklärung anzugeben ist und in weiteren Erklärungen geändert werden kann; dieser Betrag darf nicht höher sein als der Gegenwert des Betrags, den die Behörde der betreffenden Vertragspartei vom Hinterleger für eine zehnjährige Eintragung oder vom Inhaber einer Eintragung für eine zehnjährige Erneuerung der Eintragung der Marke im Register dieser Behörde zu erhalten berechtigt wäre, wobei der Betrag um die Einsparungen verringert wird, die sich aus dem internationalen Verfahren ergeben. Ist eine individuelle Gebühr zu zahlen, so sind

i) keine der in Absatz 2 Ziffer ii genannten Zusatzgebühren zu zahlen, falls nur solche Vertragsparteien nach Artikel 3ter genannt worden sind, die eine Erklärung nach diesem Buchstaben abgegeben haben, und

ii) keine der in Absatz 2 Ziffer iii genannten Ergänzungsgebühren in bezug auf eine Vertragspartei zu zahlen, die eine Erklärung nach diesem Buchstaben abgegeben hat.

b) Eine Erklärung nach Buchstabe a kann in den in Artikel 14 Absatz 2 genannten Urkunden abgegeben werden; der Zeitpunkt des Wirksamwerdens der Erklärung ist derselbe wie der Zeitpunkt des Inkrafttretens dieses Protokolls für den Staat oder die zwischenstaatliche Organisation, welche die Erklärung abgegeben haben. Eine solche Erklärung kann auch später abgegeben werden; in diesem Fall wird die Erklärung drei Monate nach ihrem Eingang beim Generaldirektor oder zu einem in der Erklärung angegebenen späteren Zeitpunkt in bezug auf jede internationale Registrierung wirksam, deren Datum mit dem Zeitpunkt des Wirksamwerdens der Erklärung übereinstimmt oder deren Datum nach diesem Zeitpunkt liegt.

Art. 9. Eintragung einer Änderung des Inhaber einer internationalen Registrierung. Auf Antrag der Person, auf deren Namen die internationale Registrierung lautet, oder auf Antrag einer beteiligten Behörde, der von Amts wegen oder auf Antrag eines Beteiligten gestellt wird, trägt das Internationale Büro im internationalen Register jede Änderung des Inhabers der betreffenden Registrierung in bezug auf alle oder einige der Vertragsparteien ein, in deren Gebiet die Registrierung wirksam ist, und in bezug auf alle oder einige der in der Registrierung aufgeführten Waren und Dienstleistungen, sofern der neue Inhaber eine Person ist, die nach Artikel 2 Absatz 1 berechtigt ist, internationale Gesuche einzureichen.

Art. 9bis. Bestimmte Eintragungen bei einer internationalen Registrierung. Das Internationale Büro trägt folgendes im internationalen Register ein:

i) jede Änderung des Namens oder der Anschrift des Inhabers der internationalen Registrierung,

ii) die Bestellung eines Vertreters des Inhabers der internationalen Registrierung und alle sonstigen maßgeblichen Angaben bezüglich des Vertreters,

iii) jede Einschränkung der in der internationalen Registrierung aufgeführten Waren und Dienstleistungen in bezug auf alle oder einige Vertragsparteien,
iv) jeden Verzicht, jede Löschung oder jede Ungültigerklärung der internationalen Registrierung in bezug auf alle oder einige Vertragsparteien,
v) alle sonstigen in der Ausführungsordnung festgelegten maßgeblichen Angaben über die Rechte an einer Marke, die Gegenstand einer internationalen Registrierung ist.

Art. 9ter. Gebühren für bestimmte Eintragungen. Jede Eintragung aufgrund des Artikels 9 oder 9bis kann von der Zahlung einer Gebühr abhängig gemacht werden.

Art. 9^{quater}. Gemeinsame Behörde für mehrere Vertragsstaaten. (1) Kommen mehrere Vertragsstaaten überein, ihre innerstaatlichen Gesetze auf dem Gebiet des Markenrechts zu vereinheitlichen, so können sie dem Generaldirektor notifizieren,
i) daß eine gemeinsame Behörde an die Stelle der nationalen Behörde jedes dieser Länder tritt und
ii) daß die Gesamtheit ihrer Hoheitsgebiete für die vollständige oder teilweise Anwendung der diesem Artikel vorhergehenden Bestimmungen sowie der Artikel 9^{quinquies} und 9^{sexies} als ein Staat gilt.

(2) Diese Notifikation wird erst drei Monate nach dem Zeitpunkt der Benachrichtigung wirksam, die der Generaldirektor den anderen Vertragsparteien darüber zugehen läßt.

Art. 9^{quinquies}. Umwandlung einer internationalen Registrierung in nationale oder regionale Gesuche. Wird eine internationale Registrierung auf Antrag der Ursprungsbehörde nach Artikel 6 Absatz 4 für alle oder einige der in der Registrierung aufgeführten Waren und Dienstleistungen gelöscht und reicht die Person, die Inhaber der internationalen Registrierung war, ein Gesuch um Eintragung derselben Marke bei der Behörde einer der Vertragsparteien ein, in deren Gebiet die internationale Registrierung wirksam war, so wird dieses Gesuch so behandelt, als sei es zum Datum der internationalen Registrierung nach Artikel 3 Absatz 4 oder zum Datum der Eintragung der territorialen Ausdehnung nach Artikel 3ter Absatz 2 eingereicht worden, und genießt, falls die internationale Registrierung Priorität genoß, dieselbe Priorität, sofern
i) das Gesuch innerhalb von drei Monaten nach dem Zeitpunkt eingereicht wird, zu dem die internationale Registrierung gelöscht wurde,
ii) die im Gesuch aufgeführten Waren und Dienstleistungen in bezug auf die betroffene Vertragspartei tatsächlich von der in der internationalen Registrierung enthaltenen Liste der Waren und Dienstleistungen erfaßt sind und
iii) dieses Gesuch allen Vorschriften des geltenden Rechts einschließlich der Gebührenvorschriften entspricht.

Anhang 11. Protokoll zum MMA **MMP**

Art. 9[sexies]**. Sicherung des Madrider Abkommens (Stockholmer Fassung).** (1) Ist in bezug auf ein bestimmtes internationales Gesuch oder eine bestimmte internationale Registrierung die Ursprungsbehörde die Behörde eines Staates, der Vertragspartei sowohl dieses Protokolls als auch des Madrider Abkommens (Stockholmer Fassung) ist, so hat dieses Protokoll keine Wirkung im Hoheitsgebiet eines anderen Staates, der ebenfalls Vertragspartei sowohl dieses Protokolls als auch des Madrider Abkommens (Stockholmer Fassung) ist.

(2) Die Versammlung kann nach Ablauf von zehn Jahren nach Inkrafttreten dieses Protokolls, jedoch nicht vor Ablauf von fünf Jahren nach dem Zeitpunkt, zu dem die Mehrheit der Länder, die Vertragspartein des Madrider Abkommens (Stockholmer Fassung) sind, Vertragsparteien dieses Protokolls geworden sind, mit Dreiviertelmehrheit Absatz 1 aufheben oder den Anwendungsbereich des Absatzes 1 einschränken. Bei der Abstimmung in der Versammlung haben nur solche Staaten das Recht auf Teilnahme an der Abstimmung, die Vertragsparteien sowohl des genannten Abkommens als auch dieses Protokolls sind.

Art. 10. Versammlung. (1) a) Die Vertragsparteien sind Mitglieder derselben Versammlung wie die Länder, die Vertragsparteien des Madrider Abkommens (Stockholmer Fassung) sind.

b) Jede Vertragspartei wird in dieser Versammlung durch einen Delegierten vertreten, der von Stellvertretern, Beratern und Sachverständigen unterstützt werden kann.

c) Die Kosten jeder Delegation werden von der Vertragspartei getragen, die sie entsandt hat, mit Ausnahme der Reisekosten und der Aufenthaltsentschädigung für einen Delegierten jeder Vertragspartei, die zu Lasten des Verbands gehen.

(2) Die Versammlung hat zusätzlich zu den Aufgaben, die sie nach dem Madrider Abkommen (Stockholmer Fassung) wahrnimmt, folgende Aufgaben:

i) Sie behandelt alle Angelegenheiten betreffend die Durchführung dieses Protokolls;
ii) sie erteilt dem Internationalen Büro Weisungen für die Vorbereitung von Konferenzen zur Revision dieses Protokolls unter gebührender Berücksichtigung der Stellungnahmen der Länder des Verbands, die nicht Vertragsparteien dieses Protokolls sind;
iii) sie beschließt und ändert die Bestimmungen der Ausführungsordnung über die Durchführung dieses Protokolls;
iv) sie nimmt sonstige Aufgaben wahr, die sich aus diesem Protokoll ergeben.

(3) a) Jede Vertragspartei hat in der Versammlung eine Stimme. In Angelegenheiten, die nur Länder betreffen, die Vertragsparteien des Madrider Abkommens (Stockholmer Fassung) sind, haben Vertragsparteien, die nicht Vertragsparteien jenes Abkommens sind, kein Stimmrecht, während in Angelegenheiten, die nur die Vertragsparteien betreffen, nur diese Stimmrecht haben.

b) Die Hälfte der Mitglieder der Versammlung, die in einer bestimmten Angelegenheit Stimmrecht haben, bildet das Quorum für die Zwecke der Abstimmung über diese Angelegenheit.

c) Ungeachtet des Buchstabens b kann die Versammlung Beschlüsse fassen, wenn während einer Tagung die Anzahl der in der Versammlung vertretenen Mitglieder, die in einer bestimmten Angelegenheit Stimmrecht haben, zwar weniger als die Hälfte, aber mindestens ein Drittel der in dieser Angelegenheit stimmberechtigten Mitglieder der Versammlung beträgt; jedoch werden diese Beschlüsse mit Ausnahme der Beschlüsse über das Verfahren der Versammlung nur dann wirksam, wenn die folgenden Bedingungen erfüllt sind. Das Internationale Büro benachrichtigt die Mitglieder der Versammlung, die in der genannten Angelegenheit Stimmrecht haben und nicht vertreten waren, über diese Beschlüsse und lädt sie ein, innerhalb einer Frist von drei Monaten vom Zeitpunkt der Benachrichtigung an ihre Stimme oder Stimmenthaltung schriftlich bekanntzugeben. Entspricht nach Ablauf der Frist die Anzahl dieser Mitglieder, die auf diese Weise ihre Stimme oder Stimmenthaltung bekanntgegeben haben, mindestens der Anzahl der Mitglieder, die für das Erreichen des Quorums während der Tagung gefehlt hatte, so werden diese Beschlüsse wirksam, sofern gleichzeitig die erforderliche Mehrheit noch vorhanden ist.

d) Vorbehaltlich des Artikels 5 Absatz 2 Buchstabe e, des Artikels 9[sexies] Absatz 2 sowie der Artikel 12 und 13 Absatz 2 faßt die Versammlung ihre Beschlüsse mit einer Mehrheit von zwei Dritteln der abgegebenen Stimmen.

e) Stimmenthaltung gilt nicht als Stimmabgabe.

f) Ein Delegierter kann nur ein Mitglied der Versammlung vertreten und in dessen Namen abstimmen.

(4) Zusätzlich zu dem Zusammentreten zu den im Madrider Abkommen (Stockholmer Fassung) vorgesehenen ordentlichen oder außerordentlichen Tagungen tritt die Versammlung nach Einberufung durch den Generaldirektor zu einer außerordentlichen Tagung zusammen, wenn ein Viertel der Mitglieder der Versammlung, die Stimmrecht in den Angelegenheiten haben, deren Aufnahme in die Tagesordnung der Tagung vorgeschlagen wird, dies verlangt. Die Tagesordnung einer solchen außerordentlichen Tagung wird vom Generaldirektor vorbereitet.

Art. 11. Internationales Büro. (1) Die Aufgaben hinsichtlich der internationalen Registrierung sowie die anderen Verwaltungsaufgaben aufgrund oder bezüglich dieses Protokolls werden vom Internationalen Büro wahrgenommen.

(2) a) Das Internationale Büro bereitet nach den Weisungen der Versammlung die Konferenzen zur Revision dieses Protokolls vor.

b) Das Internationale Büro kann bei der Vorbereitung solcher Revisionskonferenzen zwischenstaatliche sowie internationale nichtstaatliche Organisationen konsultieren.

c) Der Generaldirektor und die von ihm bestimmten Personen nehmen ohne Stimmrecht an den Beratungen dieser Revisionskonferenzen teil.

Anhang 11. Protokoll zum MMA **MMP**

(3) Das Internationale Büro nimmt alle anderen Aufgaben wahr, die ihm bezüglich dieses Protokolls übertragen werden.

Art. 12. Finanzen. Soweit die Vertragsparteien betroffen sind, werden die Finanzen des Verbands nach denselben Bestimmungen geregelt, die in Artikel 12 des Madrider Abkommens (Stockholmer Fassung) enthalten sind, wobei jede Bezugnahme auf Artikel 8 jenes Abkommens als Bezugnahme auf Artikel 8 dieses Protokolls gilt. Außerdem gelten, vorbehaltlich eines gegenteiligen einstimmigen Beschlusses der Versammlung, Vertragsorganisationen für die Zwecke des Artikels 12 Absatz 6 Buchstabe b jenes Abkommens als der Beitragsklasse I (eins) nach der Pariser Verbandsübereinkunft zum Schutz des gewerblichen Eigentums zugehörig.

Art. 13. Änderung bestimmter Artikel des Protokolls. (1) Vorschläge zur Änderung der Artikel 10, 11, 12 und dieses Artikels können von jeder Vertragspartei oder vom Generaldirektor vorgelegt werden. Die Vorschläge werden vom Generaldirektor mindestens sechs Monate, bevor sie in der Versammlung beraten werden, den Vertragsparteien mitgeteilt.

(2) Jede Änderung der in Absatz 1 bezeichneten Artikel wird von der Versammlung beschlossen. Der Beschluß erfordert drei Viertel der abgegebenen Stimmen; jede Änderung des Artikels 10 und dieses Absatzes erfordert jedoch vier Fünftel der abgegebenen Stimmen.

(3) Jede Änderung der in Absatz 1 bezeichneten Artikel tritt einen Monat nach dem Zeitpunkt in Kraft, zu dem die schriftlichen Notifikationen der verfassungsmäßig zustande gekommenen Annahme des Änderungsvorschlags von drei Vierteln der Staaten und zwischenstaatlichen Organisationen, die im Zeitpunkt der Beschlußfassung über die Änderung Mitglieder der Versammlung waren und das Recht zur Abstimmung über die Änderung hatten, beim Generaldirektor eingegangen sind. Jede auf diese Weise angenommene Änderung der genannten Artikel bindet alle Staaten und zwischenstaatlichen Organisationen, die im Zeitpunkt des Inkrafttretens der Änderung Vertragsparteien sind oder später werden.

Art. 14. Möglichkeiten, Vertragspartei des Protokolls zu werden; Inkrafttreten. (1) a) Jeder Staat, der Vertragspartei der Pariser Verbandsübereinkunft zum Schutz des gewerblichen Eigentums ist, kann Vertragspartei dieses Protokolls werden.

b) Ferner kann auch jede zwischenstaatliche Organisation Vertragspartei dieses Protokolls werden, wenn die folgenden Voraussetzungen erfüllt sind:
i) mindestens einer der Mitgliedstaaten der betreffenden Organisation ist Vertragspartei der Pariser Verbandsübereinkunft zum Schutz des gewerblichen Eigentums;
ii) die betreffende Organisation hat eine regionale Behörde für die Zwecke der Eintragung von Marken mit Wirkung im Gebiet der Organisation, soweit diese Behörde nicht Gegenstand einer Notifikation nach Artikel 9^{quater} ist.

(2) Jeder Staat oder jede Organisation nach Absatz 1 kann dieses Protokoll unterzeichnen. Jeder dieser Staaten oder jede dieser Organisationen kann, wenn sie das Protokoll unterzeichnet haben, eine Ratifikations-, Annahme- oder Genehmigungsurkunde zu dem Protokoll oder, falls sie dieses Protokoll nicht unterzeichnet haben, eine Beitrittsurkunde zu dem Protokoll hinterlegen.

(3) Die in Absatz 2 bezeichneten Urkunden werden beim Generaldirektor hinterlegt.

(4) a) Dieses Protokoll tritt drei Monate nach der Hinterlegung von vier Ratifikations-, Annahme-, Genehmigungs- oder Beitrittsurkunden in Kraft; jedoch muß mindestens eine dieser Urkunden von einem Land, das Vertragspartei des Madrider Abkommens (Stockholmer Fassung) ist, und mindestens eine weitere dieser Urkunden von einem Staat, der nicht Vertragspartei des Madrider Abkommens (Stockholmer Fassung) ist, oder von einer der in Absatz 1 Buchstabe b bezeichneten Organisationen hinterlegt worden sein.

b) Für jeden anderen Staat oder jede andere Organisation nach Absatz 1 tritt dieses Protokoll drei Monate nach dem Zeitpunkt in Kraft, zu dem seine Ratifikation, Annahme, Genehmigung oder der Beitritt dazu durch den Generaldirektor notifiziert worden ist.

(5) Die in Absatz 1 bezeichneten Staaten oder Organisationen können bei der Hinterlegung ihrer Ratifikations-, Annahme-, Genehmigungs- oder Beitrittsurkunde zu diesem Protokoll erklären, daß der Schutz aus einer internationalen Registrierung, die vor Inkrafttreten des Protokolls für sie aufgrund des Protokolls bewirkt wurde, auf sie nicht ausgedehnt werden kann.

Art. 15. Kündigung. (1) Dieses Protokoll bleibt ohne zeitliche Begrenzung in Kraft.

(2) Jede Vertragspartei kann dieses Protokoll durch eine an den Generaldirektor gerichtete Notifikation kündigen.

(3) Die Kündigung wird ein Jahr nach dem Tag wirksam, an dem die Notifikation beim Generaldirektor eingegangen ist.

(4) Das in diesem Artikel vorgesehene Kündigungsrecht kann von einer Vertragspartei nicht vor Ablauf von fünf Jahren nach dem Zeitpunkt ausgeübt werden, zu dem dieses Protokoll für sie in Kraft getreten ist.

(5) a) Ist eine Marke zum Zeitpunkt des Wirksamwerdens der Kündigung Gegenstand einer internationalen Registrierung mit Wirkung in dem kündigenden Staat oder der kündigenden zwischenstaatlichen Organisation, so kann der Inhaber dieser Registrierung bei der Behörde des kündigenden Staates oder der kündigenden zwischenstaatlichen Organisation ein Gesuch um Eintragung derselben Marke einreichen, das so behandelt wird, als sei es zum Datum der internationalen Registrierung nach Artikel 3 Absatz 4 oder zum Datum der Eintragung der territorialen Ausdehnung nach Artikel 3ter Absatz 2 eingereicht worden; es genießt, falls die internationale Registrierung Priorität genoß, dieselbe Priorität, sofern

i) dieses Gesuch innerhalb von zwei Jahren nach dem Zeitpunkt eingereicht wird, zu dem die Kündigung wirksam wurde,
ii) die im Gesuch aufgeführten Waren und Dienstleistungen in bezug auf den kündigenden Staat oder die kündigende zwischenstaatliche Organisation tatsächlich von der in der internationalen Registrierung enthaltenen Liste der Waren und Dienstleistungen erfaßt sind und
iii) dieses Gesuch allen Vorschriften des geltenden Rechts einschließlich der Gebührenvorschriften entspricht.

b) Die Bestimmungen des Buchstabens a finden ebenfalls in bezug auf Marken Anwendung, die im Zeitpunkt des Wirksamwerdens der Kündigung Gegenstand einer internationalen Registrierung mit Wirkung in anderen Vertragsparteien als dem kündigenden Staat oder der kündigenden zwischenstaatlichen Organisation sind und deren Inhaber wegen der Kündigung nicht mehr berechtigt sind, internationale Gesuche nach Artikel 2 Absatz 1 einzureichen.

Art. 16. Unterzeichnung; Sprachen; Aufgaben des Verwahrers.

(1) a) Dieses Protokoll wird in einer Urschrift in englischer, französischer und spanischer Sprache unterzeichnet und beim Generaldirektor hinterlegt, wenn es in Madrid nicht mehr zur Unterzeichnung aufliegt. Der Wortlaut ist in den drei Sprachen gleichermaßen verbindlich.

b) Amtliche Fassungen dieses Protokolls werden vom Generaldirektor nach Beratung mit den beteiligten Regierungen und Organisationen in arabischer, chinesischer, deutscher, italienischer, japanischer, portugiesischer und russischer Sprache sowie in anderen Sprachen hergestellt, welche die Versammlung bestimmen kann.

(2) Dieses Protokoll liegt bis zum 31. Dezember 1989 in Madrid zur Unterzeichnung auf.

(3) Der Generaldirektor übermittelt zwei von der spanischen Regierung beglaubigte Abschriften des unterzeichneten Wortlauts dieses Protokolls allen Staaten und zwischenstaatlichen Organisationen, die Vertragspartei des Protokolls werden können.

(4) Der Generaldirektor läßt dieses Protokoll beim Sekretariat der Vereinten Nationen registrieren.

(5) Der Generaldirektor notifiziert allen Staaten und internationalen Organisationen, die Vertragsparteien dieses Protokolls werden können oder sind, die Unterzeichnungen, Hinterlegungen von Ratifikations-, Annahme-, Genehmigungs- oder Beitrittsurkunden, das Inkrafttreten des Protokolls und etwaiger Änderungen desselben, jede Notifikation einer Kündigung und jede in dem Protokoll vorgesehene Erklärung.

Fälleverzeichnis

Benutzerhinweis: Die Fundstelle im Kommentar ist nach Paragraph und Randnummer angegeben. Beispiel: „**8** 53, 56; **50** 11" bedeutet §§ 8 Rdn 53 und 56 sowie § 50 Rdn 11. Als Veröffentlichungsstellen wurden vorzugsweise GRUR und GRUR Int sowie zum BPatG auch Mitt angegeben. Auf die Angabe von Parallelfundstellen wurde verzichtet (vgl dazu Fezer S. 2619ff).

Fallname	Gericht	GRUR	Andere	Fundstelle im Kommentar
á la carte	BGH	97, 627		**8** 53, 56, 57, 61
Aaloha	BPatG		Mitt 89, 119	**8** 95
Abacomp	OLG Frankfurt am Main	90, 697		**15** 61
Abbo/Abo	BGH	89, 350		**Vor 14–19** 8; **14** 296, 428, 429, 432, 445
Abenteuer heute	OLG Karlsruhe	86, 554		**5** 56; **15** 95
Abfangeinrichtung	BGH	77, 508		**66** 23
Abmahnkostenverjährung	BGH	92, 176		**20** 8
ABOCA/Aok	BPatG		E 37, 143	
Absolut	BPatG		Mitt 97, 29	
Absperrpoller	BPatG	95, 814		**8** 40, 96
Abtastverfahren	BGH	66, 583		**8** 46
ac-pharma	BGH	92, 550		**59** 1, 8
				5 18; **Vor 14–19** 40, 326, 328; **15** 36, 45, 48, 61

Fälleverzeichnis

Fallname	Gericht	GRUR	Andere	Fundstelle im Kommentar
Acafe	BPatG		Mitt 67, 10	**14** 321
ADA GRIMALDI	BPatG		Mitt 95, 387	**14** 180, 330, 410, 411
Adalbert Prinz von Bayern	BPatG	96, 282		**14** 411, 425, 444, 451
adato	BPatG			**8** 95
Adico	OLG München		Mitt 88, 55	**140** 60, 67
adidas	OLG München		Mitt 82, 199	**14** 186, 485; **140** 12
Adidas-Sportartikel	BGH	84, 593	Mitt 82, 198	**Vor 14–19** 36
adihash	OLG Hamburg	92, 58		**14** 97, 99, 460, 504
adp	OLG Düsseldorf			**14** 136
adriatic	BPatG		WRP 96, 559	**8** 95
After Eight	BPatG		Mitt 89, 154	**8** 96
Agyn	BGH	65, 672	Mitt 85, 155	**14** 246; **43** 34
Ahornblatt	BPatG			**8** 96
Aikido-Verband	BGH	86, 332	32 W (pat) 105/96	**102** 15
AjS-Schriftenreihe	BGH	92, 329		**5** 18; **15** 39, 43, 45, 61
Akkreditivübertragung	BGH		WRP 96, 744	**144** 13
Akteneinsicht durch Dritte	BPatG	93, 390		**68** 4; **71** 13; **82** 9
Akteneinsicht I	BGH	64, 548		**71** 13
Akteneinsicht III	BGH	66, 639		**82** 8
Akteneinsicht XIII	BGH	94, 104		**71** 13; **82** 11; **89** 4
Aktenzeichen	BGH	74, 210		**66** 23; **83** 26
Aktionsgemeinschaft Vierte Partei	BGH	79, 265		**5** 16; **Nach 15 A** 11
akustische Wand	BGH	72, 536		**96** 17
Albatrin/Aludrin	BPatG		Mitt 84, 236	**43** 20
Albiose	BPatG	65, 189		**14** 434
Alcacyl	BGH	69, 48		**26** 107, 119; **112** 1

1634

Fälleverzeichnis

Alcantara	OLG München	83, 322	**14** 300, 340
Alemite	BGH	70, 138	**Vor 14–19** 102
Alevita	BGH		42 34
ALISEO	OLG München		**14** 26; **26** 17, 36, 98, 101
Alkoholtest	BGH	78, 187	**Vor 14–19** 71
Alkyldiarylphosphin	BGH	88, 113	132 2
ALL	BPatG		8 96
Allpower	OLG München		**14** 250; **15** 61
allsport	BPatG		8 96
ALLSTAR	BGH	77, 491	**Vor 14–19** 75, 85; **14** 64, 440, 442
Almglocke	BGH	61, 347	4 13, 21; **5** 28; **14** 184, 198, 362, 430; **17** 22; **22** 2
Alpenflora/Alpenblüte	BPatG		14 350
Alpex	OLG Nürnberg	96, 206	**Vor 14–19** 10; **14** 418; **23** 34
Alpha	BGH	55, 487	**Nach 15 B** 37
ALPHA	BPatG		14 332
Alphaferon	BGH	94, 805	8 18, 25, 27, 32, 59, 61, 63; **14** 199
alpharma	BPatG		8 95
alpi/Alba Moda	BGH	90, 367	8 150; **14** 223, 233, 324, 325, 388, 390, 391, 399; **15** 48, 61
Alpurit/Aleurit	BPatG		14 346
Altenburger Spielkartenfabrik	BGH	95, 754	**Einl.** 25, 28, 29, 32; **5** 13; **15** 32, 35, 61; **23** 17, 29
Altura	BPatG		8 95
aluminiumdraht	BGH	77, 214	**83** 11

1635

Fälleverzeichnis

Fallname	Gericht	GRUR	Andere	Fundstelle im Kommentar
Amadeus geht durchs Land	OLG Hamburg		OLGZ 85, 8	5 43
amorteen/Amoorteen	BPatG		E 21, 128	14 345
Anginetten	BGH	73, 605		42 34
Anginfant	BPatG		E 17, 151	71 16; 73 3
ANGO/ANG	BPatG		Mitt 76, 121	14 329
Anker Export	BGH	69, 348		14 74, 81, 215
Ankerzeichen	BGH	58, 393		14 215, 252, 261, 297, 461, 507, 510, 516
Ankündigungsrecht I	BGH	87, 707		24 2, 6
Ankündigungsrecht II	BGH	87, 823		24 6
Anodenkorb	BGH	65, 237		83 11, 24
Anomysierte Mitgliederliste	BGH	96, 217		
Anwaltsabmahnung	BGH	84, 691		Vor 14–19 94; 128 7
Anwaltsverein	BGH		NJW 80, 186	102 15
Anzeigenrubrik I	BGH	91, 772		Vor 14–19 14, 42
Apache/Winnetou	BPatG		Mitt 70, 74	14 351
apetito/apitta	BGH		WRP 93, 694	8 150; 14 221, 361; 15 61
Apia	BPatG	75, 74		8 64, 81
APISERUM	BGH	95, 505		5 37; 6 15; Vor 14–19 18; 14 23; 15 39; 22 15
APISOL/Aspisol	BPatG	95, 488		14 250, 272, 293, 345; 25 25
APOLLO	BPatG	76, 588		8 90
Apple	OLG Hamburg	94, 71		14 199; 15 61
Appreturmittel	BGH	69, 562		66 9, 42
Apropos Film I	BGH	88, 377		5 6, 44, 52, 57, 63; 15 81, 82
Apropos Film II	BGH	90, 360		4 17; 8 25, 143

Fälleverzeichnis

AQUA	BGH		96, 267
			14 365, 404, 417, 428, 430; **26** 19, 34; **152** 7
AQUA KING	BGH		83, 177
Aquavit	BGH		91, 852
Arcel/Acella	BPatG	**127** 6	**102** 15
Arctos	BGH	Mitt 81, 126	**26** 115
			Vor 14–19 61
ARD-1	OLG Köln	MD 97, 745	**14** 206, 210, 348, 442; **153** 17
ARD-1/HH1	OLG Hamburg	MD 97, 514	**14** 205, 206, 210, 444
ARD-a/Kabel-1	OLG München	AfP 95, 676	**14** 206, 210, 225, 348
Areal	OLG Köln		**5** 24
Arens	OLG München	80, 1004	**5** 19, 34; **14** 296
arko	BGH	61, 535	**5** 13; **Vor 14–19** 70; **14** 160, 173, 324, 328; **15** 39
ARMOGLOSS/ARNO	BPatG		**14** 432
AROSTAR	BGH	72, 185	**Vor 14–19** 100, 101; **50** 2, 12
Arpo/Argo	BPatG	84, 210	**43** 46, 48; **66** 11, 21
Arran	BPatG	91, 212	**14** 169; **25** 25
ARS ELECTRONICA	BPatG	Mitt 87, 78	**8** 96
Arthrexforte	BGH	81, 53	**26** 82, 89; **43** 24, 26, 42; **44** 9, 10, 17, 21, 30, 31
Arthrodest	BPatG		**8** 95
Ärztliche Allgemeine	BGH	Mitt 87, 221	**Vor 14–19** 38; **15** 40, 80, 86, 93
Ärztliche Arbeitskreis ärztliches Reise & Kultur Journal	BGH	83, 775	**128** 8
	OLG Hamm	WRP 79, 881	**15** 94
Asbacher Landbrot	OLG Hamburg	73, 94	**14** 461
Asid Bonz/BONZO	BPatG	84, 819	**14** 329, 414
ASPARICOR/Aspirin	BPatG	70, 366	**14** 437

1637

Fälleverzeichnis

Fallname	Gericht	GRUR	Andere	Fundstelle im Kommentar
Asterix-Persiflagen	BGH	94, 191		**Vor 14–19** 38; **14** 66, 67, 98; 26 24
Asthma Brause	BPatG	97, 640		8 58, 77, 96
Astra	BGH	60, 137		5 38
Astrawolle	BGH	57, 228		14 356
ASTRO	BPatG		Bl 92, 111	14 432
ATLANTA	BPatG		E 23, 71	71 34
audio 1	BGH	79, 468		26 91
Aufgearbeitete Kupplung	OLG München		WRP 93, 47	24 11
Aufhebung der Geheimhaltung	BGH	72, 535		66 11
Aufmachung von Qualitätsseifen	BGH	82, 672		4 11, 15
Aufwendungsersatz	BGH	80, 1074		55 15
Aufzeichnungsmaterial	BGH	90, 346		89 6
Augusta	BPatG		E 27, 219	8 83, 95
Aus der Kurfürst-Quelle	BGH	81, 362		14 48, 74
Ausländischer Inserent	BGH	93, 53		**Vor 14–19** 32
Auslaufbremse	BGH	83, 114		83 20
Ausschlußerinnerung	BPatG	74, 107		64 3
Ausschreibungsunterlagen	BGH	76, 367		19 42
Außenleuchte	BGH	58, 30		18 7
Autodachzelt	BGH	59, 528		30 14, 34
Autofelge	BGH	97, 527		3 26, 29; **8** 43, 46, 69
AUTOHOBBY	BPatG	74, 154		3 19
AVANTI	BPatG	96, 411		8 92
avitron	BPatG	74, 95		14 245, 287

Fälleverzeichnis

Avon	BGH	91, 863	**14** 460, 461, 467, 471, 473, 483, 492, 507, 508, 510, 515, 516, 518, 519; **15** 43, 55, 56, 60
awa Banderolen	OLG Dresden		WRP 97, 577
			140 37
B.Z./Berliner Zeitung	BGH	97, 661	**14** 164; **15** 86, 94; **23** 17, 18, 29
Baader	BGH	73, 363	**5** 39; **Vor 27–31** 7, 8
babalu/BALUBA	BPatG	93, 673	E 36, 123
			14 330, 341
BACTRIM, Azubactrin	BPatG	67, 485	**14** 398
badedas	BGH	90, 364	**14** 187, 352, 430
BAECKER	BPatG		Mitt 82, 97
			8 95
Baelz	BGH		**23** 16, 26, 27; **26** 81, 82, 87, 115
Baggerparty	OLG Stuttgart	93, 688	**23** 34, 48
Bailey's	OLG Köln	87, 236	**Vor 14–19** 26; **14** 460
Balfast	BPatG	92, 130	**8** 32, 84
Bally/BALL	BGH		WRP 96, 634
			8 150; **Vor 14–19** 8; **14** 223, 339, 360, 362, 460, 461, 487; **15** 61; **43** 51
Bambi	BGH	60, 144	**13** 10; **14** 462; **15** 102
Banddüngerstreuer	BGH	78, 166	**30** 20, 21
Banesto	BPatG	97, 504	**14** 293, 305, 309, 394
Bärenfang	BGH	63, 270	**55** 10
BARTLES & JAYMES	BPatG		Mitt 90, 157
Basics	OLG Stuttgart		WRP 97, 118
			8 109
BAT/Segers (Toltecs/ Dorcet II)	EuGH		Slg 85, 363
			Vor 14–19 49, 104; **14** 418
			30 54
BATIDA	BPatG		Mitt 91, 80
			8 95, 96

1639

Fälleverzeichnis

Fallname	Gericht	GRUR	Andere	Fundstelle im Kommentar
BAURAL/RAL	BPatG	76, 595	E 23, 66	**14** 430
Bayer/Rohrer	OLG Düsseldorf	93, 382		**14** 347
Bayerisches Fernsehen	OLG München	82, 420		**15** 61
BBC/DDC	BGH			**Vor 14–19** 57, 75, 83, 109; **14** 169, 207, 221, 226, 334, 339, 341
Bedingte Unterwerfung	BGH	93, 677		**Vor 14–19** 22, 116
BEERENHEXE	BPatG		Mitt 81, 204	**14** 350, 366
Beitragsrechnung	BGH	92, 450		**128** 8
BEKA ROBUSTA	BGH	83, 243		**8** 136
Bekleidungswerk	BGH	86, 676		**128** 7
belair	BPatG		Mitt 88, 35	**8** 95
Bellamedosan	BPatG	62, 309		**42** 49; **44** 26
Bely/Pely	BPatG		E 17, 144	**66** 45
BENICIL-IBSA/MEXTIL	BPatG		Mitt 87, 116	**14** 394
Benner	BGH	90, 601		**5** 39; **14** 11; **Vor 27–31** 8
Benvenuto	BPatG	88, 832		**8** 20, 39, 56, 71, 92
Benzinwerbung	BGH	85, 425		**20** 15
Beo	OLG Hamburg	95, 144	29 W (pat) 11/93	**15** 61
Beratende Ingenieure	OLG Koblenz	96, 126		**128** 9
BERGER/BERGER LAHR	BPatG	96, 980		**14** 393, 418
Berliner Allgemeine	BPatG	63, 29		**8** 94,
Berliner Bär	BPatG	56, 376		**42** 15
Berliner Illustrierte	BGH	87, 125		**5** 43
Berühmung	BGH	86, 93		**Vor 14–19** 32; **20** 13, 14
Berufungssumme	BGH	55, 338		**142** 5
beschlagfreie Brillengläser	BGH			**30** 29

Fälleverzeichnis

Beschlußabschrift III	BPatG		92, 55
Beta	BGH		94, 530
			82 9, 12
			Vor 14–19 25, 9; **14** 33; **15** 29; **55** 36; **140** 15, 44, 49
BETASEAL	BPatG		92, 523
Betonsteinelemente	BGH	Mitt 90, 38	75, 312
Bi Ba	BGH		**8** 95
BiC	BPatG		81, 277
Biene Maja	BGH	Mitt 89, 240	**14** 428, 430
			8 95
			Vor 14–19 37, 38, 41; **14** 59, 82, 92
bierglashaltende Hand	BPatG	Mitt 92, 320	**8** 45, 95
Biermarke	OLG München	WRP 94, 326	**15** 20
BIG PACK	OLG München	WRP 96, 1052	**23** 35, 48
Bilax	BPatG	Mitt 85, 56	**8** 95
Billich	BGH		79, 642	**5** 18, 23
Billy the Kid	BPatG		94, 124	**14** 365
BINA	BGH		93, 912	**14** 291, 298, 300
BIO VERA	BPatG		96, 280	**14** 234; **43** 14
Bio-Tabletten	BGH		94, 862	**Vor 14–19** 36
Bioäquivalenzwerbung	BGH	WRP 89, 572	**Vor 14–19** 46
Biofix	BPatG		64, 505	**14** 362
BioMix	BPatG		79, 712	**26** 81, 89
Bion	BPatG	Bl 56, 378	**14** 345
BIONAPLUS	BPatG		94, 122	**14** 402
BIOTA/biotta	BPatG	Bl 85, 371	**14** 307
Biovital	BGH		76, 143	**14** 352; **42** 43
Biovital/Revital	OLG Köln		84, 874	**Vor 14–19** 109
Biozon	BPatG	Mitt 88, 54	**8** 95
Black John/Lord John	BPatG		84, 655	**14** 429
BLAZEMASTER	BPatG	Mitt 87, 114	**8** 95

1641

Fälleverzeichnis

Fallname	Gericht	GRUR	Andere	Fundstelle im Kommentar
Bleiarbeiter	BGH	63, 478		**14** 326; **21** 19, 23
Bleicherde	BGH	58, 149		**19** 18
Bleistiftabsätze	BGH	66, 92		
Blendax Pep	BGH	96, 404		**14** 386, 388, 395, 396, 398, 400
Blitz Blank	OLG Hamburg	86, 475		**5** 13, 25
BLITZCARD	BPatG	85, 52		**14** 307
BLUE LINE	BPatG	96, 883		**8** 61
Blumen in alle Welt	OLG Hamburg		WRP 58, 340	**5** 20
Blunazit	BGH	68, 581		**14** 160, 187, 193, 216
BMW	BGH	86, 759		**14** 99, 504; **Nach 15 A** 17
BMW–Carrera-Modelle	OLG München		OLG Report 97, 138	**14** 95
BMW-Niere	BGH	85, 383		**8** 46
BMW/Carrera	OLG München		OLG Report 94, 14	**14** 95
Bochumer Stadtbarren	OLG Hamm	91, 212		**14** 80
Bocksbeutelflasche	BGH	71, 313		**126** 2, 6; **127** 3, 5
Bodenbearbeitungsmaschine	BGH	87, 348		**66** 39
Bodencommerz	OLG Hamburg	90, 696		**15** 61
Bodenwalze	BGH	91, 307		**83** 15; **89** 4
Bohnergerät	BGH	58, 343		**14** 71; **23** 50
Bommi	BPatG		E 25, 50	**26** 75
Boney M	OLG München		WRP 96, 933	**25** 21
Bonjour	BPatG		27 W(pat) 36 /96	**26** 87
BONUS	BPatG	95, 737		**8** 5, 24, 92, 96
BORIS	BPatG		E 29, 89	**8** 109

Fälleverzeichnis

BOSS	OLG Frankfurt am Main	95, 154	**14** 223, 460, 461, 467, 495, 501, 511, 512, 518
BOSS!	OLG Köln	MD 97, 1014	**14** 475, 483, 501, 502, 521, 522
Botschafter/Ambassadeur	BPatG		**14** 351, 356
BOUCHET	BGH	Mitt 67, 237	**Vor 14–19** 70 ff.; **21** 24; **25** 33
Boxin	BGH	75, 434	**14** 328, 335, 338
BOY	BGH	76, 356	**83** 5, 25; **89** 4
Branchenverzeichnis	BGH	94, 215	**Vor 14–19** 14
Bratwursthäusele	BPatG	71, 119	**8** 25
Bree	OLG Hamburg	70, 509	**23** 34
Bremsrolle	BGH	74, 40	**30** 20
Brigitte	OLG Frankfurt am Main	WRP 94, 191	**15** 102
Brillant	BGH	69, 694	**21** 28
Brinckmann	OLG Hamburg	MD 97, 602	**Vor 14–19** 49; **15** 32, 58; **23** 29
Brisk/Brisa	BPatG	Mitt 70, 132	**14** 345
Bristol-Myers Squibb/Paranova	EuGH	WRP 96, 881	**14** 154; **24** 6, 16, 18, 20, 21, 22
Brückenlegepanzer I	BGH	77, 237	**30** 28
Brunova	BGH	74, 99	**Vor 14–19** 77; **20** 6, 10, 11, 12, 19
BTR	BGH	83, 342	**42** 34; **66** 42
BUBI	BPatG	Mitt 85, 73	**8** 95
Bücher für eine bessere Welt	BPatG	29 W (pat) 194/96	**8** 96
Bücherdienst	BGH	57, 428	**5** 24; **Vor 14–19** 105
Büchereinachlaß	BGH	68, 95	**128** 11
Buchgemeinschaft	BGH	55, 95	**Vor 14–19** 38; **14** 64; **15** 33, 39
Buchgemeinschaft II	BGH	59, 38	**5** 26

Fälleverzeichnis

Fallname	Gericht	GRUR	Andere	Fundstelle im Kommentar
Buddelei	BGH	75, 257		14 64
bulthaup-Systemküche	OLG München		MD 95, 478	14 100; **24** 13
Buntstreifensatin I	BGH	62, 144		3 6, 42; **14** 72
Burggraf Mory	OLG Hamburg	90, 53		**Vor 14–19** 103; **50** 12
Burkheimer Schloßberg	BGH	83, 441		8 86
Busengrapscher	BGH	95, 592		8 114
Buskomfort	OLG Celle	85, 547		97 6
BUSINESS WEEK	BPatG		Mitt 87, 200	8 96, 143
CA-SCHEDULER	BPatG		Mitt 86, 175	8 96; **70** 21
Calimbo/CALYPSO	BPatG	94, 291		14 358, 359
CALYPSOL BIOLUBE	BPatG	93, 48		14 398, 421
Camel Tours	BGH	87, 711		14 460, 461, 487, 502, 507, 509, 515, 522
Campari	EuGH	Int 78, 371		30 56
CAMPIONE del MONDO	BGH	89, 508		14 48, 74, 81
Candahar	BGH	69, 601		14 92, 373
Cannstadter Zeitung	OLG Stuttgart	Int 51, 517		5 54
Canon	BGH	97, 221		14 158, 167, 180, 184, 235, 249, 259, 293, 465, 488; **22** 5; **42** 5, 45
Cantil-Flasche	BGH	79, 415		21 27; **126** 6; **127** 5
Capital	OLG Köln	80, 247		5 55
Capital Service	BGH	80, 247		15 80, 93
Capri-Sonne	BGH	83, 768		8 4, 18, 60, 63, 82, 390
Capriole/Capitol	BPatG		Mitt 67, 235	14 363
Caren Pfleger	BGH	91, 475		5 18; **14** 409, 410; **15** 42; **23** 24
Carrera	BGH		Z 81, 75	5 36; **14** 95; **Nach 15 A** 17

1644

Fälleverzeichnis

Cartier-Armreif	BGH		94, 630	**Vor 14–19** 82; **19** 6, 16, 17, 18, 39, 40; **128** 1
Caterina Valente	BGH		59, 430	5 16; **Nach 15 A** 17
Cats	OLG Hamburg		88, 459	**14** 526
Cavallino/Pferdemarke	BPatG	Mitt 76, 29		**14** 332, 375
CDU	OLG Karlsruhe	NJW 72, 1810		5 16
Ceco	BGH		97, 223	43 15; **69** 5; **73** 3; **78** 3; **79** 3; **83** 22, 26; **89** 4
CELA	BPatG	E 30, 94		8 68, 75, 95
Centerline	OLG München	OLG Report 97, 197		
Centra	BGH		66, 38	5 33; **14** 363; **15** 47
centracolor	BPatG		74, 96	42 49
Centrafarm/American Home Products	EuGH		Int 79, 99	24 6, 19, 21
Centrafarm/Winthorp	EuGH		Int 74, 456	**14** 152; **24** 16
Ceramix	BGH		84, 352	**14** 48, 58, 61, 102; **24** 6
Certo	BGH		63, 572	**14** 239, 252, 281, 296
CFC	BPatG	E 17, 128		8 143, 144
Champagner unter den Mineralwässern	BGH		88, 453	**14** 492, 505, 522; **21** 28
Champion	BPatG	Mitt 84, 177		**71** 14
Champagner-Weizenbier	BGH		69, 611	**128** 7
Champi-Krone	BGH		69, 615	**127** 15
Championne du Monde	BGH		81, 592	**Vor 14–19** 85; **14** 48, 59, 61, 81, 82; **19** 9
Chanel	OLG Hamburg	MD 93, 126		**14** 89
Chanel No. 5	BGH		87, 520	**Vor 14–19** 73
Chanel No. 5 II	BGH		87, 524	**Vor 14–19** 71

Fälleverzeichnis

Fallname	Gericht	GRUR	Andere	Fundstelle im Kommentar
Charles of the Ritz	OLG Köln	87, 530		**26** 21, 51; **55** 10
Charlie	OLG Köln	77, 220		**Vor 14–19** 53; **25** 34
Charme & Chic	BGH	73, 265		**5** 25; **23** 2
Charrier/Carriere	BPatG		Bl 97, 65	**42** 44, 45, 19
CHATONDOR	BPatG		Mitt 74, 238	**14** 356
chemotechnik	OLG Hamm	79, 67		**5** 24
Chenillefäden	BGH	57, 428		**30** 23
Cheri	BGH	72, 180		**Vor 14–19** 70 ff., 461, 487; **26** 96
CHEVY	BPatG	93, 975		**14** 254, 285, 297
CHIN LEE	BPatG	97, 292		**14** 407, 410, 430, 444
Chinesische Schriftzeichen	BPatG	1997, 53		**Einl.** 22; **8** 15, 94
Choko-Flakes	BPatG			**63** 5
Chon/Cebion	BPatG	65, 94	Mitt 69, 171	**14** 296
Christophorus-Stiftung	BGH	88, 560		**5** 16, 19; **Nach 15 A** 11
CHURRASCO	BGH	77, 664		**50** 23; **54** 8; **66** 42
CIAO	BPatG	96, 978		**8** 20, 25, 39, 92
Ciao	OLG München		Mitt 82, 218	**140** 60
Cinzano	BGH	73, 468		**24** 5, 7
Cirkulin	BGH	97, 747		**26** 126; **161** 3
CITY HOTEL	BGH	95, 615		**5** 13, 19, 22, 24, 25; **14** 160, 166; **15** 32, 38, 41, 42, 44, 61; **Nach 15 A** 5
Clarissa	BGH	75, 83		**Vor 14–19** 66, 67
Claude Ferraud/Louis Féraud	BPatG		Mitt 80, 234	**14** 409; **43** 18
CLINICULT/CLINITEST, CLINISTIX	BPatG	75, 140		**14** 430

Fälleverzeichnis

Clinique	EuGH	94, 303	**14** 158
Club-Pilsener	BPatG	72, 654	4 13, 15
Club-Pilsener	BGH	74, 220	4 15; **8** 141; **14** 74, 198
Codi/Rodi	BPatG		Mitt 96, 169 26 40
CODIREN/Togirén, TOGIREN, Togiren	BPatG		Mitt 78, 134 26 118
coffeinfrei	BGH	63, 423	**14** 369
COKIES	BGH	77, 717	8 56; **14** 196; **43** 28
Colonia	BGH	58, 547	**14** 20
Color COLLECTION	BPatG	96, 303, 410	8 42, 57; **32** 10; **39** 2
Colours by Alexander Julian/Alexander	BPatG		E 28, 175 **14** 408
Columbus	BGH	93, 404	5 16, 17, 32, 37; **7** 8; **14** 164; **15** 55, 58, 60; **Nach 15 A** 5
COMBURTEST	BGH	86, 315	25 33; **26** 89, 101; **55** 5
Commerzbank	OLG München		MD 93, 85 **14** 483
Commerzbau	BGH	89, 856	5 25; **6** 4; **14** 162; **15** 45, 57; **22** 2
Compina	BPatG		Mitt 87, 157 **8** 95
Compucolor	BPatG		Mitt 87, 77 **8** 96
COMPUTER ASSOCIATES	BPatG		Mitt 94, 20 **8** 34, 77, 96
Comtes	OLG Bremen		WRP 97, 331 **Vor 14–19** 10, 23, 106; **14** 330, 394, **19** 16
Comtesse	BPatG	96, 283	**14** 418
COMTRADE	OLG München		MD 95, 475 **15** 61
Concentra	BGH	74, 657	**3** 17
Concordia	BGH	80, 114	**Einl.** 17; **5** 34,
Concordia Uhren	BGH	83, 182	5 13, 37
Conductor	BGH	89, 421	8 59, 61, 64 ff.

1647

Fälleverzeichnis

Fallname	Gericht	GRUR	Andere	Fundstelle im Kommentar
Conductor	BPatG		Mitt 90, 173	**8** 95
Condux	BGH	59, 484		**5** 23; **15** 54
confitures/Sassa	BPatG		Mitt 72, 215	**14** 244, 296
CONNOISSEUR	BPatG		Mitt 86, 235	**8** 56, 95
Conny	BGH	67, 253		**14** 227, 230; **42** 42
Conrad Johnson	OLG Hamburg	90, 694		**Vor 14–19** 103; **50** 14
Consilia	BGH	85, 72		**5** 13; **6** 13; **15** 58; **21** 17, 20, 22
Contiflex	BGH	80, 52		**26** 19, 34, 105, 119
contour	BPatG	80, 92		**8** 96
CORAN	BPatG		Mitt 88, 178	**8** 114, 116
CORELLA	BPatG		Mitt 80, 60	**14** 246; **26** 63
Correx/Carex	BPatG		Mitt 82, 156	**71** 14
Corrida	BGH	68, 367		**Vor 14–19** 70; **14** 80, 81; **Nach 15 A** 25; **20** 2, 6
corton/Horton	BPatG	95, 741		**14** 329
Corvaton/Corvasal	BGH	93, 118		**14** 164, 169, 252, 325, 326, 328, 393
COSA NOSTRA	BPatG	96, 408		**8** 112, 117; **107** 1
Cosy Issy	BPatG		E 19, 175	**25** 25; **26** 95
COTECNA/Correcta	BPatG		E 28, 227	**14** 265
Cotto	OLG Hamburg		WRP 97, 103	**Vor 14–19** 41; **19** 34; **23** 34, 48
Cotton Club	BPatG		Mitt 93, 369	**8** 34, 96
COTTON LINE	BGH	96, 68		**5** 3, 18, 23, 24; **8** 30; **14** 50, 61, 74, 387; **15** 26, 32, 37, 39
Cottonelle	EuGH		WRP 97, 546	**14** 159

Fälleverzeichnis

Coveri	BPatG	Mitt 97, 261	**14** 250, 330, 365, 409; **43** 45; **81** 5; **96** 9
Cowa/Covar	BPatG		**71** 37
Crackkatalysator II	BGH	Mitt 79, 14	**83** 26
Cranpool	BGH		**21** 19, 24, 28
CREATION GROSS	BPatG	E 32, 5	**8** 75
CREATIVE	OLG Hamburg	WRP 76, 254	**142** 5
Crenin/Kreon	BPatG	Mitt 71, 50	**14** 329
Crunchips/ran chips	OLG Hamburg	97, 375	**14** 322, 324, 331, 337, 342, 363, 394; **15** 104
Cuja Cuja/COCA-COLA	BPatG	Mitt 83, 176	**14** 223
Cupresa Kunstseide	BGH	BGHZ 13, 244	**128** 6
Cuypers	BGH		**5** 38
Cyclophamid	BPatG		**8** 59, 96
D-Tracetten	BGH		**42** 38; **83** 24
Dall' Opera/OPERA	BPatG	Mitt 94, 162	**14** 293, 327; **26** 115, 117
Damenschuhabsatz	BGH		**83** 11
Dampffrisierstab II	BGH		**19** 39
Darcy	BGH		**26** 110, 114, 116, 118, 119
Das Auto	OLG Stuttgart		**5** 55
Das bißchen Haushalt	OLG Frankfurt am Main	WRP 78, 892	**5** 43
Das unmögliche Möbelhaus	BGH	84, 467	**126** 6
Datacolor	BGH	90, 1042	**5** 25, 37; **14** 326; **15** 43, 49, 50, 60; **21** 20, 26
Datatel	BGH	93, 576	**Nach 15 B** 35; **21** 28
Datenträger	BPatG	Bl 84, 178	**26** 42
Datenzentrale	BGH	77, 503	**6** 4; **Nach 15 A** 5
DAV	BPatG	Bl 86, 182	**14** 310

Fälleverzeichnis

Fallname	Gericht	GRUR	Andere	Fundstelle im Kommentar
Davidoff	OLG Hamburg		WRP 92, 218	2 10
DBB Steuerberatungsgesellschaft	OLG Frankfurt am Main	88, 850		Nach 15 A 8, 10
Dead-Line	BPatG		Mitt 88, 30	8 95
Decker	BGH	93, 574		6 12; **Vor 14–19** 8; **14** 22, 26, 27; **Nach 15 B** 31; **Vor 27–31** 6; **30** 7
Deflex	BPatG	82, 231		14 299, 300
demoarchiv	BPatG		Mitt 83, 35	8 95
DENTACONTROL	BPatG		Mitt 90, 235	8 95
DENTAJET	BPatG		Mitt 83, 116	8 95
Denticovision/MEDICOVISION	BPatG		Mitt 81, 102	14 437;
de Paris	BGH	65, 681		126 5, 14; **127** 4
Der 7. Sinn	BGH	77, 543		5 42, 44, 64; **15** 85, 89, 90, 93
Der größte Biermarkt der Welt	BGH	81, 910		49 38
Der Mensch lebt nicht vom Lohn allein	OLG Köln	62, 534		5 64
Der Photo Porst	BPatG		E 27, 241	26 91
derma	BGH	65, 183		14 352, 399; **42** 43
DESIGNA	BPatG		Mitt 84, 195	8 95
Desinfektionsmittel	BPatG		E 31, 245	14 245, 296
DEUS	BPatG	85, 49		14 307
Deutsch im Alltag	OLG München	93, 991		5 56; **15** 95
Deutsche Direktbank/Deutsche Bank	OLG Frankfurt am Main		WRP 94, 118	**Vor 14–19** 110, 111; **15** 61

# Fälleverzeichnis

Deutsche Grammophon	EuGH	Int 71, 450	24 16
Deutsche Illustrierte	BGH	59, 45	5 38, 43, 55, 58 ff.
Deutsche Niederwoche	BGH	62, 315	128 11
Deutsche Telecom	OLG München		WRP 97, 116	**Vor 14–19** 26, 31; **30** 42
Deutsche Zeitung	BGH	63, 378	5 43, 54; **15** 86, 94
Deutscher Sekt	BGH	71, 29	8 107; **126** 5; **127** 4
Diamalz	BPatG	66, 210	14 296
DIBEN	BPatG	92, 609	42 11
Die blauen Seiten	OLG Frankfurt am Main		WRP 96, 1054	14 225, 227, 234, 293, 426, 428
Die da	OLG München	94, 346	5 50; **Vor 14–19** 52
Die Geschäftsidee	OLG Köln		NJW RR 94, 556	5 55
Die gute Idee	BGH		Mitt 83, 96	14 63, 76, 79
Die Killer-Akademie	OLG München		ZUM 86, 353	15 97
die-aktuelle-Woche aktuell	OLG Hamburg		WRP 81, 30	15 94
Digesta	BGH	63, 524		14 263; **89** 4
DIGIPHON	BPatG			8 96
DIMPLE	BGH	85, 550	Mitt 89, 94	**Vor 14–19** 26; **14** 460, 462, 471, 478, 492, 498, 501, 522, 531; **127** 9, 12
Dior/Evora	EuGH		C-337/95	24 18
Dinacor/DIN	BPatG		E 10, 273	97 6
DIN-GEPRÜFT	BGH	77, 488		97 6, 8
dipa/dib	BGH	92, 110		14 164, 166, 174, 180, 324
Diskothek	BGH	70, 482		30 17
DIVA	BPatG	93, 670		8 18, 24
Divan/Tiffany Diva	BPatG	96, 61		14 363, 418, 421
Dofino-Sub	BPatG		E 18, 125	34 16

Fälleverzeichnis

Fallname	Gericht	GRUR	Andere	Fundstelle im Kommentar
Doktorfirma	BGH	70, 320		8 109; **Nach 15 B** 29, 31, 33
Doktortitel	BGH	59, 375		8 109
Dolan	BGH	70, 80		14 248, 264, 291, 298, 300
Dolex	BGH	61, 413		**Vor 14–19** 101
Dolmyxin	BPatG		E 23, 199	14 430
Domgarten Brand	BGH	82, 495		14 121
Donnerlippchen	OLG München	90, 43		**Vor 14–19** 100, 103; **50** 13
Doppelkamp	BGH		NJW 77, 1453	26 13
Dortmund grüßt	BGH	64, 38		5 16; **Nach 15 A** 11, 15
DOS	BGH	93, 825		8 18; **14** 205; **156** 3 f.
Dosiervorrichtung	BGH	72, 196		66 37
DOSOPAK/DOSTRO	BPatG		Mitt 71, 71	14 321
DOTTI	BPatG		Mitt 89, 153	8 95
DR SCHOCK'S	BPatG	91, 144		8 109
Dr. S Arzneimittel	BGH	90, 604		21 27
Drachenblut	BPatG	91, 210		8 86, 95
Drahtbewehrter Gummischlauch	BGH	75, 550		3 6
DRANO/P3–drano	BGH	96, 977		14 205, 209, 386, 387, 388, 395, 417, 421
Drei-Punkt	BGH	56, 183		14 369
Dresdner Stollen I	BGH	89, 440		**126** 14, 15
Dresdner Stollen II	BGH	90, 461		Einl. 30; **126** 14, 15
Druckbalken	BGH	85, 512		**Vor 14–19** 93
Du darfst	BPatG	97, 167		8 31, 38, 39, 58, 95
DUC DE SANDRY	BPatG		Mitt 81, 204	8 109
Duft-Flacon	BGH	91, 139		**Vor 14–19** 36

Fälleverzeichnis

Dujardin	BPatG	91, 147	**14** 272, 296
Dulinda/Duolind	BPatG		**42** 19
Dun	BGH	54, 271	E 19, 72	**2** 10; **5** 29; **30** 19, 31, 59
Düngekalkhandel	BGH	64, 218		**20** 6, 15
DUOFILM	BPatG		Mitt 88, 51	**8** 96
duplothan/Durethan	BPatG	66, 442	E 21, 159	**14** 298, 300
Durchsetzungs-Glaubhaftmachung	BPatG			**59** 5
Düssel	BGH	64, 458		**8** 93; **49** 2, 29; **55** 43
DUZ	BGH	52, 418		**5** 7
E · 4/8 x 4	BPatG		Mitt 70, 194	**14** 209
ECCO	BGH	97, 744		Vor **14–19** 58
echt skai	BGH	63, 539		**15** 91, 94
Effecten-Spiegel	BGH	75, 604		Vor **14–19** 42
Effektivzins	BGH	96, 720		**8** 95
EGG McMUFFIN	BPatG		Mitt 83, 237	**8** 98, 102, 103, 130
EGGER NATURBRÄU	BPatG	92, 516		**14** 444, 452
Ei des Kolumbus	OLG München		OLG-Report 97, 233	
Einfache geometrische Form	BPatG	87, 826		**8** 44
Ein Tannen-Zeichen	BGH	70, 27		**22** 2
Einbrandflaschen	BGH	57, 84		**14** 109
EINIGEN/VINIGEN	BPatG			**14** 291
Einsteckschloß	BGH	82, 414	E 2, 141	**61** 8; **66** 37
Eisträumereien/Träumerei	BPatG		Mitt 96, 20	**14** 293, 426, 444, 452
ekko bleifrei	BPatG		Bl 96, 466	**14** 330
EKNALIN	BPatG		Mitt 79, 240	**14** 272
Elastic	OLG München		WRP 55, 223	**4** 21; **17** 23

Fälleverzeichnis

Fallname	Gericht	GRUR	Andere	Fundstelle im Kommentar
Elastolan	BPatG		E 12, 67	66 23
Elcedur	BPatG	73, 30		14 300
ELEGAN	BPatG		E 29, 181	14 296
Elektrode	BGH	81, 507		83 26
Elektrol	BGH	64, 28		14 402
Elektroschmelzverfahren	BGH	76, 719		83 20
Elektrostatisches Ladungsbild	BGH	79, 626		91 20; **152** 8
Elektrotechnik	BGH	59, 360		14 179, 188
Elfi Rauch	BPatG		E 36, 279	14 363, 409, 410
Elsässer Nudeln	BGH	82, 564		126 2, 5, 11; **127** 3, 4
Elzym	BGH	75, 368		8 62; **162** 1
Emil Nolde	BGH	95, 668		5 36
Emilio Adani II	BGH	93, 920		14 174, 178
en vogue	OLG München		OLG Report 95, 126	15 77
Energiekosten-Preisvergleich	BGH	96, 502		**Vor 14–19** 36, 42
ENFIELD	BPatG	93, 122		8 66, 83
Enrico Ferrari	OLG Frankfurt am Main			14 121, 186, 460, 485, 495, 498, 501; **15** 26, 59; **23** 23
Entfernung von Kontrollnummern III	BGH		WRP 89, 369	24 14
Entfernung von Kontrollnummern IV	BGH		WRP 89, 366	24 14
Entscheidungsformel	BGH	71, 484		79 5
Epigran I	BGH	66, 432		14 291; **43** 34
Epigran II	BGH	71, 355		26 41, 56; **44** 34
Eppeleinsprung	BGH	64, 376		14 213; **126** 6

1654

Fälleverzeichnis

ERBA	BGH		74, 279	42 29, 30; **43** 39; **91** 2
Erdener Treppchen	BGH		63, 430	**Vor 14–19** 36
Erdgassteuer	BGH		92, 707	**14** 177
Erffi	BPatG		66, 503	**14** 329
ErgoPanel	BPatG		97, 132	3 36; **8** 5, 33; **14** 158
Erinnerung	BPatG	Mitt 84, 195		71 34
Erneute Vernehmung	BGH		91, 401	**Vor 14–19** 38; **14** 186, 485
Erotex	BGH		74, 30	**14** 325, 339, 343, 346, 363
Ersatzzustellung	BGH		68, 615	83 25
Erstes Deutsches Fernsehen/ Deutsches Sportfernsehen	OLG München	ZUM RD 97, 359		**14** 228, 441, 483; **15** 61, 86
Erstes Kulmbacher	BGH		57, 286	**14** 185; **21** 27
ESDE	BGH		61, 294	5 37
ESPADA/SWORD	BPatG	E 22, 180		**14** 351, 356, 375
Espirito Santo	BPatG	Bl 88, 75		8 113, 116
ESTAVITAL	BPatG		96, 981	26 17, 35, 105; **43** 19, 20
etirex	BGH		74, 162	**Vor 14–19** 39; **14** 177; **15** 51, 59
Etobast	OLG München		93, 831	44 30, 31
Etop/Itrop	BPatG		97, 534	**43** 15, 16; **66** 9
Ettaler-Klosterliqueur	BGH		56, 179	3 28; **14** 72, 231, 373
Eucerin/Estarin	BGH		57, 435	**14** 328, 461
eurAuPair	BPatG	Mitt 94, 165		8 23, 32, 95
Eurim-Pharm/Beiersdorf	EuGH	WRP 96, 867		**14** 154; **24** 16, 19, 20, 21, 22
Euro-Spirituosen	BGH		70, 461	2 1; **8** 98
Eurobrandy	BPatG		70, 510	50 19
EUROCONSULT	BGH		94, 120	8 99
EURODIGNA	BGH		71, 86	83 25
Euromint	BGH	WRP 97, 731	97, 669	**14** 178; **Nach 15 B** 33

Fälleverzeichnis

Fallname	Gericht	GRUR	Andere	Fundstelle im Kommentar
Europharma	BGH	70, 141		**3** 6; **5** 52, 297; **15** 82
Euroyal	BPatG	65/253		14 430; **83** 12
evit/ELIT	BPatG		E 23, 176	14 329, 348
Ex-Press-Agentur	OLG Köln	84, 751		15 100
Expodiationsverfahren	BGH	88, 364		66 42
Exportmarken	BPatG	80, 922		26 28, 105, 107
Express	OLG Köln	84, 751		5 55
EXTRAVERAL/Verlag	BPatG	70, 92		14 402
f6/R6	BGH			**Einl.** 27; **14** 209; **51** 5
Faber	BGH	69, 690	WRP 95, 809	**Vor 14–19** 109; **14** 227; **55** 45
Fahrradgepäckträger II	BGH	78, 492		20 12, 23
Fair Play	OLG Frankfurt am Main		MDR 84, 148	5 24
fälke-run/LE RUN	BGH	96, 774		14 386, 388, 389, 395, 396, 406, 417
fälscher Adressat	BPatG	97, 663	E 17, 8	94 8, 14
Falscher Anmeldetag	BPatG	91, 216		70 15, 16
Faltenglätter	BGH	93, 565		**Vor 14–19** 36, 42
fälter	BPatG	84, 751	Mitt 84, 35	14 376
FAMARIT/Fama	BPatG		Mitt 83, 38	43 20
Familienname	BGH	85, 389		5 18; **14** 409; **21** 22; **23** 16, 29, 31
FAMILY	OLG Köln	97, 663		5 55; **15** 77, 88, 94
FAN	BGH	78, 170		14 223, 430, 440, 442, 510
Fan-Artikel	OLG München		Mitt 97, 123	30 40
Farbfernsehsignal II	BGH	85, 1039		72 5; **83** 21

Fälleverzeichnis

Farbmarke	BPatG	96, 881	**3** 32; **8** 6, 13, 48
Farina II	BGH	55, 42	**5** 7, 15, 17, 18; **Nach 15 A** 10, 11; **23** 28
Farina/Farnissima	BPatG	78, 50	**14** 442
FAT TIRE	OLG München		Mitt 96, 174	**14** 50, 53, 61; **23** 48
Favorit II	BGH	68, 382	**49** 38
Fe	BGH	68, 414	**14** 196, 198; **43** 28
Feerie/FEE	BPatG		Mitt 90, 237	**14** 430
FEGACO REN	BPatG	76, 362	**47** 7
fehlendes Rechtsschutzbedürfnis	BPatG		32 W (pat) 510/95	**80** 3
Fehlerortung	BGH	78, 420	**83** 14, 15
Feinschmecker/Gourmet	OLG Hamburg		ArchPR 76,98	**15** 88, 94
Felina-Britta	BGH	70, 552	**14** 80, 204, 265, 282, 296
FELOPIN	BPatG	91, 321	**8** 59
FENDOROL	BPatG		Mitt 92, 251	**42** 11
Fernettchen	BPatG	96, 131	**8** 25, 32, 54
Fernschreibkennung	BGH	86, 475	**5** 19, 20; **14** 65; **15** 48
Fernsprechnummer	BGH	53, 290	**5** 7, 20, 28
Ferrero Pampino/Campino	BPatG			**14** 397
Ferro Brause	BPatG	97, 639	**8** 58, 94
Fersenabstützvorrichtung	BGH	82, 286	**Vor 14–19** 68
Fertiglesebrillen	BGH	96, 793	**Vor 14–19** 42
Festival Europäischer Musik	BGH	89, 626		Bl 96, 190	**5** 46
Feststellungsinteresse	BGH	85, 571	**Vor 14–19** 114
feuerfest I	BGH	68, 419	**4** 17
feuerfest II	BGH	68, 425	**23** 47
Feuerzeug-Ausstattung	BGH	60, 232	**3** 41

Fälleverzeichnis

Fallname	Gericht	GRUR	Andere	Fundstelle im Kommentar
Fevarin/Eknalin	BPatG		Mitt 76, 215	26 118
Fideler Apfel Bauer	BPatG		26 W (pat) 244/93	14 451
Filac/dilab	BGH		Mitt 85, 97	42 34
Filigran	BPatG	72, 602		14 296
Filmtheater	OLG Köln	50, 238		5 38
Filofarm	OLG Köln	85, 151		15 61
Finest	BPatG		E 22, 240	8 100, 105
FINGER	BPatG		Mitt 85, 171	8 96
Finnischer Schmuck	BGH	91, 223		2 1
Fischer ISOTHERM/ Bisotherm-Stein	BPatG		Bl 96, 190	14 418
Fischereifahrzeug	BGH	62, 68		70 15
Fixident/Dentofixin	BPatG			14 341
Flächenentlüftung	BGH	89, 39	Mitt 80, 115	30 23
Flacon	BGH	91, 138		Vor 14–19 36; 14 48, 74
Fläkt	BPatG		Mitt 86, 111	8 61, 96
Fläminger/Fälinger	BPatG	96, 284		14 346, 418; 23 8, 34, 36, 48
Flammenüberwachung	BGH	96, 118		69 7; 83 20, 25, 26
Flaschenkasten	BGH	68, 447		71 26
Flash/Smash	OLG Karlsruhe	93, 674		14 361, 363
Flava-Erdgold	BGH	57, 215		Einl. 17; 113 1
Fleischer-Fachgeschäft	BGH	73, 523		3 11
FLEUR charme	BPatG	92, 607		8 31, 58, 95
Fleur d'Or	BPatG	97, 504		14 356
Flexiole	BGH	79, 856		26 81, 93, 94; 43 28
Flip-Top Box	BPatG			26 40, 56
Flocktechnik	OLG Hamm	79, 862	E 19, 66	5 24

Fälleverzeichnis

Flucil	BPatG		E 24, 241	26 121; **43** 21; **71** 35
FLUOSOL	BGH	85, 385		26 68; **43** 24
Flute/Zauberflöte	BPatG		Mitt 77, 71	14 350
Flutec/Fludex	BPatG		Mitt 82, 195	43 18, 19, 22; **73** 4
FOCUS LOGOS	BPatG		Bl 95, 326	14 332, 362
Fontana	BPatG	96, 419		14 194, 262, 285, 301, 305, 330, 452
Footvax	BPatG		Mitt 88, 217	8 95
Fopsecid/Fugacid	BPatG		E 24, 109	43 19
For you	BPatG	97, 279		8 39, 70, 71, 92
Forellenzeichen	BGH	57, 421		8 75
form-strip	BGH	62, 299		3 35, 40, 41; **8** 145
Formstein	BGH	86, 803		**Vor** 14–**19** 61
Forschungskosten	BGH	90, 221		20 10
Fotoleiter	BGH	64, 697		89 4
Fotorabatt	BGH	63, 438		**Vor** 14–**19** 15
Fotowettbewerb	BGH	70, 189		**Vor** 14–**19** 94
Franchise-Nehmer	BGH	95, 605		**Vor** 14–**19** 13, 14
Frankenberg	OLG München		WRP 96, 787	**Nach 15 A** 8, A 12; **23** 13
Frankfurter Römer	BGH	55, 91		14 213, 230
frei Öl	BGH	92, 48		3 32; 4 17; **5** 27; **8** 143, 145; 14 160, 161, 164, 166, 178, 187, 218, 365, 369, 399; **15** 33
Freunde für's Leben	BPatG	77, 260		8 96
Friedrich-Karl-Sprudel	BGH	89, 694		**Vor** 14–**19** 37
Frischgeflügel	OLG Köln	84, 907	29 W (pat)120/96	126 6
Frischzellenkosmetik	BGH	80, 1075		5 36
Frisium	BGH			26 19, 26
Friskis Wasserquelle/Quelle	BPatG		Mitt 80, 140	14 350, 430

1659

Fälleverzeichnis

Fallname	Gericht	GRUR	Andere	Fundstelle im Kommentar
FRITEX	BPatG		Mitt 94, 271	14 296
Frukina/FRUTERA	BPatG		Mitt 81, 107	14 345, 359
Frutopekta	BPatG		E 24, 112	44 26
FTOS	BGH		WRP Heft 12/97	5 47f., 50
Füllhalterclip	BGH	60, 124		14 216
Füllkörper	BGH	95, 732		**Einl.** 17; **3** 6, 26, 29; **8** 26, 46, 69; **14** 205; **89** 4; **113** 1
Fürstentaler	BGH	80, 173		**126** 8
Fundstellenangabe	BGH	91, 679		**Vor 14–19** 94
Fünfer	BPatG		32 W pat 67 / 96	8 76
Funny-Paper	BGH	95, 697		**Vor 14–19** 114; **14** 386, 471, 498, 499, 521
Für Kinder	OLG Hamburg	96, 982		**14** 489; **23** 34, 48
Furniergitter	BGH	62, 354		30 22
Fürstenberg	BGH	86, 402		**Vor 14–19** 36; **15** 39, 51, 55; 23 24; **32** 16, 17
Fürstenthaler	BGH	80, 72		8 108
Fußballstiefel	BGH	59, 423		3 41
Gabor/Caber	BGH	84, 471		**14** 339, 346; **15** 43, 55, 56, 60, 61
Gaby	BGH	88, 307		**Vor 14–19** 75, 77; **14** 80; **24** 15
Garant Möbel	BGH	95, 156		5 24; **14** 63, 80, 164, 166; **15** 25, 61
GARIBALDI	BPatG	95, 739		**14** 250, 253, 254, 266, 272, 277, 282, 284, 294, 426, 452; 71 12

Fälleverzeichnis

GARONOR	BGH	97, 1081	5 34; **Vor 14–19** 38; **14** 26; **17** 26
Gaselan	BGH	65, 502	**83** 11
Gastropirenz/Pirenzgast	BPatG		Mitt 88, 154 14 341
Gaucho	BGH	86, 892	26 81, 82, 93, 97
GdP	BGH	65, 377	5 16; **Nach 15 A** 10, 11, 19
GEBA/GEFA	BPatG		E 31, 64 14 310
Gebäudefassade	BGH	77, 615	5 20; **Vor 14–19** 110; **14** 92, 94
Gebührenmarken	BPatG		66 41; **91** 23
Gefa/Gewa	BGH	85, 461	5 18, 28; **15** 39, 61
Gefärbte Jeans	BGH	96, 271	**Vor 14–19** 62, 73, 77; **18** 7, 10, 19; **21** 3, 16; **24** 3, 8, 11, 15
Gefäßimplantat	BGH	90, 348	**83** 23; **152** 7; **153** 8
Gemini/Zwilling	BPatG		Mitt 71, 111 14 350, 356
Genießer trinken Doornkaat	BPatG		E 5, 88 8 37; **14** 79
Gennataler Sprudel	BGH	62, 456	43 42; **44** 10
Gentry	BGH	73, 314	8 25; **14** 339, 365, 395, 398
Germania	BGH	91, 472	14 226, 227
GERMED	BGH	97, 224	**Einl. 28; Vor 14–19** 43; **14** 50; **152** 7
GESCHÄFTS-VERTEILUNG	BGH	86, 47	67 2; **69** 6
Gesichtstücher	BPatG		E 9, 257 14 296
Getränke-Industrie	BGH	57, 426	5 24, 33; **6** 4; **15** 28
Getränkebezug	BGH	68, 219	30 17
GfK	BPatG	86, 671	8 144
GG	BPatG	95, 395	8 50

Fälleverzeichnis

Fallname	Gericht	GRUR	Andere	Fundstelle im Kommentar
Gigi-Modelle	BGH	81, 591		**22** 13, 14, 15
Gingomed	OLG Köln		Mitt 92, 34	**26** 121
Ginseng-Werbung	BGH	80, 119		**126** 6
GIRONDA	BPatG		E 32, 82	**8** 84
GLASBORD	BPatG		Mitt 84, 235	**8** 95
Gleichstromfernspeisung	BGH	78, 99		**59** 9, 11; **132** 2
Gleiten/Gleitgelen	BPatG		E 26, 252	**42** 15
Glutamal	BGH	66, 445		**128** 6
Gold Dust/Goldax	BPatG		Mitt 71, 51	**14** 362
gold-zack	BGH	53, 40		4 11; **14** 369
Goldbraun/Goldhähnchen	BPatG	71, 220		**14** 321
Golden Toast	BGH	68, 59		**83** 11
Goldene Armbänder	BGH	73, 384		**Vor 14–19** 94, 95
goldener Zimt	BPatG		26 W (pat) 70/96	**8** 94
Goldweizen–Toast	BPatG		Mitt 82, 215	**8** 96
Goldwell	BGH	54, 274		**14** 213
GOLDWELL-JET/Jet	BPatG		E 36, 262	**14** 396, 398
Gorgonzola/Cambozola	OLG Frankfurt		GRUR Int. 97, 751	**127** 15; **Vor 130–136** 2; **135** 3
GOURMET	BPatG		Mitt 97, 224	**5** 63, 96
Grand Hotel	OLG Celle		WRP 96, 109	5 19; **15** 39, 42
Grand Marnier	BGH	94, 519		**14** 167
grau/magenta	BGH	97, 754		2 1; **8** 145; **Vor 14–19** 36; **14** 218, 495, 529
GREEN POINT/Der Grüne Punkt	BPatG	97, 293		**14** 293, 320, 357, 361, 362, 365, 444, 445, 452; **71** 12
Greyhound	BPatG	95, 412		**26** 53, 56

Fälleverzeichnis

Greyline/Greyhound	BPatG	97, 507	14 452
Griffband	BGH	88, 213	24 11, 14
Größtes Teppichhaus der Welt	BGH	85, 140	21 27
Grundcommerz	BGH	88, 635	5 18; 15 33, 39, 43, 48; **Nach 15 A** 5
Gründerbildnis	BGH	62, 310	**Vor 14–19** 36
Grundig/Consten	EuGH	Slg 66, 321	30 54
Grüne Vierkantflasche	BGH	69, 541	3 41; 4 17; **8** 148
Gruppenprofile	BGH	89, 758	128 9
GT ALL TERRA	OLG München	96, 137	24 8
GT/GeTe	BPatG	74, 223	14 211, 334
Gucci	OLG Hamburg		**Vor 14–19** 41, 49; **14** 50, 62, 74, 118; **18** 28; **19** 34; **23** 11, 12, 34, 48
		WRP 97, 106	97 6
Gütezeichenverband	BPatG	93, 692	5 44, 52, 63; **Vor 14–19** 103; **14** 66, 174; **15** 81, 82, 93, 102, 106; **26** 24; **50** 13
Guldenburg	BGH		E 28, 139
GUY	BPatG	83, 509	26 40
Gyromat	BGH	73, 606	42 34
H. J. Müller-Collection	BPatG		92, 111	14 204, 412, 413
Hadef	BGH	57, 34	14 22, 27
Haftbinde	BGH	68, 307	E 32, 65	140 14
Haftungsbeschränkung bei Anwälten	BGH	93, 834	**Vor 14–19** 42
HAG II	EuGH	Int 90, 960	Einl. 36; **14** 152, 156; **24** 16, 18
Hähnel	BGH	58, 90	5 29; **6** 13; **23** 23, 29, 30

Fälleverzeichnis

Fallname	Gericht	GRUR	Andere	Fundstelle im Kommentar
HAKU/AKU	BPatG			14 300
Haller I	BGH	79, 707	Mitt 78, 213	26 13, 51, 87
Haller II	BGH	83, 764		6 14; **14** 20, 63; **15** 25; **22** 14, 15; **49** 21
Hamano/Humana	BPatG		Bl 96, 466	43 45
Hamburger Kinderstube	BGH	55, 481		5 22; **14** 185, 388, 401
Hamilton Beach	BPatG		Mitt 77, 50	8 80
Handelsvertreterprovision	BGH	92, 562		142 5
Handtuchspender	BGH	87, 438		**Vor 14–19** 113; **14** 35, 38, 43, 109; **30** 52
Hapol	BGH	61, 231		14 160, 265
Happy	BGH	76, 587		8 4, 18, 25, 33, 107
Häschenkopf	OLG Karlsruhe	86, 170		14 373
Hauers Autozeitung	BGH	88, 638		5 43; **15** 42, 83, 88, 94
Hauptverband für Traber-zucht und -rennen	OLG Hamburg		WuW/E OLG 2775	102 15
Hausbüchererei	BGH	57, 25		4 20; **5** 24, 31, 38; **Vor 14–19** 105; **21** 17, 26
Hautactiv	BPatG	96, 489		8 25, 34, 143
Havana	BGH	57, 430		**Vor 14–19** 61; **126** 7
HBV-Familien- und Woh-nungsrechtsschutz	BGH	90, 522		**Vor 14–19** 109; **14** 36
Heidejäger	OLG Celle	89, 270	Mitt 88, 57	**Vor 14–19** 26; **14** 83
Heinkel	OLG Karlsruhe	70, 31		26 62
Heinzelmännchen	BGH			23 6
Helios	BPatG		Mitt 74, 69	14 246
Hellige	BGH	68, 212		**Vor 14–19** 38; **23** 16

Fälleverzeichnis

Helopyrin	BGH	87, 825	6 14; **22** 15; **49** 21
Heparin Azuchemie	BPatG	92, 701	14 394, 397
Herba	BGH	70, 85	14 430; **42** 42
Herbasol	BPatG		14 344
Herlitz/Parker Pen	EuGH	Mitt 85, 172	30 54
Herrenwitz/Winzerwitz	BPatG	EuZW 94, 666	14 432
Herstellerkennzeichen auf Unfallwagen	BGH	Mitt 71, 110 90, 678	**Vor 14–19** 32; **24** 11
Hertie	BPatG		**26** 4, 101
Herzkaffee	BPatG	79, 244	**26** 45, 49, 115, 119
Herzsymbol	BGH	89, 425	Mitt 83, 36	8 45; **Vor 14–19** 37, 38; **14** 169, 213, 365, 387, 389, 392, 415, 416
Hessen-Report	OLG Frankfurt am Main		5 45; **Vor 14–19** 49; **14** 436; 15 96; **23** 32
High Tech	OLG Köln	WRP 92, 117	
Hinterachse	BGH	89, 690	5 50, 55; **15** 83, 94
hipp hipp/BIP, BiP	BPatG	66, 50	**66** 25, 27; **89** 4
Hobby	BGH	Mitt 78, 162	14 329
Hochbau–Tiefbau	BGH	61, 232	5 43, 55; **14** 66; **15** 94
Hoffmann's Katze	BGH	53, 252	23 32
		70, 302	**14** 63, 213, 223, 433, 461; **114** 6
Hoffmann La Roche/Centrafarm	EuGH	78, 599	**24** 16, 20
Hollywood Duft-schaumbad	BGH	63, 482	**126** 2, 8, 14
HOMBRE/HOM	BPatG		14 356, 430
Honka	BPatG	97, 507	14 197
Honorarvereinbarung	BGH	81, 196	Mitt 79, 13	30 12

Fälleverzeichnis

Fallname	Gericht	GRUR	Andere	Fundstelle im Kommentar
Hören und Spielen	OLG Köln		WRP 95, 133	15 95
HORTIVER/HORTIPLUS	BPatG		28 W (pat) 4/95	14 430
Hotel am Stadtpark	OLG Nürnberg		WRP 96, 242	5 19; **15** 39, 61; **Nach 15** B 31; 23 11, 34
Hotel Krone	BGH	84, 378		5 13; **23** 32
HP	BPatG		E 23, 78	8 141
Hubert Gröner	BPatG		Mitt 71, 173	14 213
Hubertus	BGH	57, 433		14 49, 64
Hubroller	BGH	61, 494		30 16
Hückel	BGH	55, 575		**Einl.** 18; **114** 6
Hudson	BGH	65, 540		15 59
Hufeisenuhr	OLG Karlsruhe	86, 313		13 13; **14** 373
Hummel-Figuren I	BGH	52, 516		3 42
Hummel-Figuren II	BGH	61, 581		3 42
HURRICANE	BGH	91, 319		14 390
Hydair	BGH	85, 566		5 38; **14** 22; **Vor 27–31** 6
Hydrojoint	BPatG		Mitt 88, 19	8 95
HYGOLAN	BPatG	73, 268		14 300
I-STAT	BPatG	93, 828		8 31, 95
ICPI/ICP	BPatG	96, 413		153 17
Ideal Standard	OLG Düsseldorf		WRP 95, 330	**Vor 14–19** 109
Ideal Standard II	EuGH	Int 94, 614		Einl. 10, 24; **14** 152, 156, 157, 235, 239; **24** 16; **30** 58
IDEE-Kaffee	BGH	85, 46		26 41, 42, 81, 93, 94
IENA/IBENA	BPatG		Mitt 79, 114	14 300
IFA	BGH	75, 606		15 43, 47, 60
IG-Bergbau	BGH	61, 203		**83** 10

Fälleverzeichnis

Ihr Funkberater	BGH	57, 88	4 11, 18; **5** 24, 28, 30; **14** 198; 17 22; **97** 5 f., 13
IHZ	OLG Hamburg		WRP 89, 734	**15** 61
Im Garten zu Hause	OLG München	80, 320		**15** 94
Immencron1964	BPatG		E 6, 66	**25** 36
Immo-Data	BGH			**Vor 14–19** 38; **15** 39
IMMUNINE	BPatG	97, 652	WRP 97, 1091	**5** 24; **14** 333; **22** 10; **25** 25; **26** 121; 42 45; **43** 35
Importvermerk	BGH	75, 258		**26** 63; **32** 16
Impressumspflicht	BGH	89, 830		8 141
India	BPatG			**5** 22; **14** 200
India-Gewürze	BGH	86, 245	Mitt 83, 39	**14** 359
indojeans/Jeandigo	BPatG	84, 815	Mitt 80, 57	**5** 25; **8** 4, 32, 53, 59; **14** 75, 197; **59** 5
Indorektal	BGH			**54** 8; **83** 15
Indorektal II	BGH	93, 969		**Vor 14–19** 62, 75, 84 ff.; **14** 166, 169, 182, 191, 199, 200, 252, 325, 326, 328, 330, 339, 340, 360, 363; **23** 33
Indorektal/Indohexal	BGH	95, 50		**5** 24
Informatik	OLG Stuttgart		DB 81, 2428	**25** 25; **26** 115
INGO/Cosy Ango	BPatG		Mitt 82, 158	**30** 51
Inlandstochter	BGH	92, 195		**96** 1, 8, 11
Inlandsvertreter	BGH	69, 473		**14** 402
Innovaaktiv	BPatG	93, 829		**14** 328, 386, 388, 393, 399, , 428, 430, 432, 444
Innovadiclophlont	BGH	96, 200		**14** 180, 325, 328, 418, 444, 451; **26** 87
INTECTA/tecta	BPatG	97, 287		

Fälleverzeichnis

Fallname	Gericht	GRUR	Andere	Fundstelle im Kommentar
Inter	BPatG		Mitt 80, 56	8 96
Interglas	BGH	76, 643		5 25
Interglas	BPatG			6 19
Intermarkt II	BGH	84, 820	Mitt 77, 53	**Nach 15 A** 25; **20** 6, 11, 19
International Flagship Service	BPatG		Mitt 90, 104	8 95
internes Aktenzeichen	BGH	74, 679		91 17
INTERQUARTZ	BPatG		Mitt 81, 197	8 96
Intershop	BPatG	97, 280		8 94
Intraurbane Sozietät	BGH	94, 736		
IR- Marke FE	BGH		Z 11, 34	8 26; **113** 1
Irene v. Felden	OLG Hamm	67, 260		5 16
Irischer Patentanwalt	OLG Düsseldorf	88, 761		140 62
IRONMAN TRIATHLON	BPatG		E 33, 12	8 77
Irus/Urus	BGH	54, 457		**Vor 14–19** 38, 70; **14** 160, 163; 15 59
ISKA	BPatG		E 23, 194	26 68, 89
Isoharnstoffäther	BGH	67, 435		69 5
Isolierte Hand	BGH	69, 683		4 15; **14** 62
ISOSIL/ICOSIT	BPatG		Mitt 93, 348	14 245, 246
J. C. Winter	BGH	96, 422		14 11; **Nach 15 A** 8, 9, 14, 18
Jackie	BPatG		Mitt 69, 118	43 48; **64** 2
Jackson	BPatG		Mitt 93, 349	8 41, 83, 95
JACOMO/Jac	BPatG		Mitt 95, 255	14 155, 326, 426
Jägerfürst	BGH		Mitt 68, 196	14 350
JAKOBS FIESTA COLOMBIA/Siesta	BPatG		Mitt 84, 216	14 361, 363, 398

Fälleverzeichnis

JEAN BARTHET/Jeanette MODELL	BPatG		Mitt 71, 132	14 408
Jeannette/Annette	BPatG	95, 588		**14** 180, 245, 333, 342; **26** 3, 70, 80, 82, 87; **43** 11; **152** 9; **158** 10
Jena	BGH	81, 57		8 146; **49** 34
Jenaer Glas	BGH	62, 91		**Vor 14–19** 38
Jenny	BPatG		Mitt 92, 17	14 355
Jetzt red'i	OLG München		ZUM 85, 218	15 90, 105
JIN SHIN DO	BPatG	88, 696		8 15, 33; **14** 407
JOBOL	BPatG		E 28, 65	14 246, 64
Johanniter-Bier	BGH	91, 157		**Nach 15 A** 8, 10, 11, 19, 23, 25
JOHN LORD/JOHN LOBB	BPatG	96, 356		**14** 250, 260, 272, 273, 274, 284, 287, 293, 330, 333, 362; **43** 15; 71 12; **152** 9; **158** 10
John Player	OLG München		GRUR Int. 81, 180	**14** 297, 520; **15** 51, 52, 59
Joker	BPatG		Mitt 87, 56	43 13
JOY	BGH	96, 777		14 165, 386, 390, 417, 428, 444
JOY	BPatG		Mitt 94, 214	8 95
Jubiläumsverkauf	BGH	92, 318		**Vor 14–19** 24
jura-mont	BPatG	65, 38		14 315
Juris Libri	BPatG		29 W (pat) 11/96	8 94
JuS-Steuerberatungsgesellschaft	BGH	85, 930		21 27
JUTLANDIA	BPatG		Mitt 93, 351	8 84, 95
JUWEL	BGH	96, 406		14 386, 388, 392, 395, 396, 397, 417, 444, 452
K + E	BPatG	65, 37		8 44
KABE	BGH	78, 591		84 2

Fälleverzeichnis

Fallname	Gericht	GRUR	Andere	Fundstelle im Kommentar
Kabelrap	BGH		Bl 77, 371	14 399, 429
Kaffeetafelrunde	BGH	64, 385		14 63
Kaffee-Verlosung II	BGH	77, 748		142 4, 5
Kamil	BPatG		E 33, 167	8 31
Kapitalsparbuch	BPatG		Mitt 82, 35	8 96
KARDIAKON	BPatG		Mitt 93, 58	8 105
Karex	BPatG		Mitt 88, 176	8 95
Karo-as	BGH	57, 281		5 20; **Vor 14–19** 42; **14** 163; **15** 39
Karolus Magnus	BPatG		Mitt 96, 214	26 82, 87, 90, 91
Kastanienmuster	BGH	91, 914		14 495
Katalin/Catalina	BPatG		Mitt 72, 110	14 300
Kessler Hochgewächs	BGH	97, 756		5 7, 15, 24; **15** 39
KfA	BGH	54, 195		14 306
kik	BPatG	87, 239		
Kilopreise III	BGH	93, 62		14 233
Kim II	BGH	69, 355		14 315; **22** 15; **26** 81, 85, 92
KIM-Mohr	BGH	75, 135		23 47
Kinder-Schoko-Bons	OLG Hamburg		WRP 96, 215	**Vor 14–19** 32
Kinderarbeit	BGH	95, 595		6 14
King	BGH	74, 276		14 350, 356
King's Club	BPatG	66, 614		22 10, 15
King I	BGH	74, 276		26 110, 115, 118, 122, 124
King II	BGH	86, 542		14 351, 356
King Size	BGH	66, 615		14 154, 180, 418, 451
KISS	BPatG		Mitt 96, 55	14 232
KKB	BGH	74, 349		

Fälleverzeichnis

KLARSICHTBECHER	BGH		83, 31	35 4
Klassentreffen	BPatG	29 W (pat) 122/96		8 96
Kleiderbügel	BGH		95, 338	18 13; **19** 5, 8, 13, 14
Kleinfilter	BGH		70, 547	30 16
Klemmbausteine I	BGH		64, 621	**Einl.** 6; **3** 41; **4** 13
Klettverschluß	BGH		90, 274	8 93; **14** 48, 59, 63, 74, 76, 81
Klinik	BGH		96, 802	
KLINT	BGH		87, 292	5 34; **Vor 14–19** 102; **50** 15
Klix/Klick	BGH		82, 229	14 82
Klosterpforte	BPatG	Bl 95, 197		8 101
Knipping	BPatG	Mitt 84, 77		14 306
Kochendwassergerät	BGH		69, 681	4 15, 16; **14** 429, 430
Kodak	BGH		60, 372	**Vor 14–19** 38, 44; **14** 43, 44; 15 29
Kölnisch Wasser	BGH		65, 317	126 14
Kölsch–Bier	BGH		70, 517	126 2, 5, 14; **127** 3
König-Stephan-Wein/STEPHANSKRONE	BPatG		96, 417	14 362, 445, 452; **71** 17
Kofferschaden	BGH		83, 654	49 38
Kollektion Holiday	BGH		93, 757	**Vor 14–19** 63, 64
Koma	BGH		55, 299	5 18; **14** 461, 510; **15** 39, 60
Konservenzeichen II	BGH		71, 305	4 15
Kontinent-Möbel	BGH		79, 716	2 1
Kooperationspartner	BGH		93, 675	128 6
Kopiergerät	BGH		55, 286	30 12
Korrekturflüssigkeit	BGH		82, 489	**Vor 14–19** 70
Kosaken-Kaffee	BGH		60, 183	21 24
KOWOG	BGH		93, 913	15 39, 40, 42, 48, 61; **21** 20, 22, 26

Fälleverzeichnis

Fallname	Gericht	GRUR	Andere	Fundstelle im Kommentar
Kraft's Lindenberger Schweizer	BGH	64, 136		8 111
Kraftfahrzeug-Leichtmetallfelge	BPatG		Bl 95, 373	8 46
Kraftfahrzeuggetriebe	BGH	86, 877		84 2
Krankenwagen II	BGH	61, 307		30 18
Kräutermeister	BGH	81, 142		14 445, 460, 488
Kreuzbodenventilsäcke I	BPatG	90, 423		**Vor 14–19** 30
Kroatzbeere	BGH	75, 67		4 17
Kronenbild	BGH	84, 434		14 215
Kronenmarke	BGH	58, 606		14 215, 296
Kronenthaler	BGH	90, 361		**Vor 14–19** 8, 26, 30; **14** 33, 115, 198, 261, 264, 266, 271, 272, 273, 279, 282, 287; **Vor 27–31** 6; **30** 40
Krusti	OLG München		MD 90, 201	23 47
KSB	BGH	76, 379		5 18; **14** 36; **15** 39; **Nach 15 A** 7, 10, 19
KSÜD	BGH	89, 420		8 42
Kühlvorrichtung	BGH	80, 848		83 20
Kugelschreiber	BGH		BGHZ 49, 33	140 39
Kunststoffhohlprofil II	BGH	82, 301		**Vor 14–19** 68
Kunststoffrad	BGH	79, 696; 73, 83		66 37; **82** 4
Kunststollkästchen	OLG Hamburg			4 13
Kupferberg	BGH	66, 623		5 7; **14** 461, 498, 507, 510, 516; **Nach 15 A** 22; **21** 22, 24; **23** 16, 17, 23
Kurant	BPatG	79, 709		26 87
Kyffhäuser	BGH	76, 644		5 15, 16; **Nach 15 A** 10

Fälleverzeichnis

			33 W (pat)	Einl. –
L	BPatG	97, 749		399, 400
L'Orange	BGH	90, 453		8 68, 95
L-Thyroxin	BGH			79 3
LA AMISTAD	BPatG	91, 141		8 90
LA PERLA	BGH	91, 521		89 4
La VALETTA/VINETA	BPatG		Mitt 76, 156	89 4
Lactame	BGH	72, 642		55 43; **126** 6
Ladegerät	BGH	68, 86		**128** 6, 7
Lady Rose	BGH	63, 589		
Laienwerbung für Augenoptiker	BGH	95, 122		
LAILIQUE/LALIQUE	BPatG		Mitt 97, 25	**14** 243; **25** 9; **43** 14, 15, 18; **66** 9; **82** 2
Lackritz-Konfekt	BGH	86, 822		**126** 15
lamod	BGH	79, 551		26 19, 21, 26, 30
La Navarre	BPatG		Mitt 85, 217	**114** 6
Landfrost	BPatG		Mitt 88, 17	8 96
Lange Kerls	OLG Düsseldorf	83, 772		**14** 351
Langnese/Iglo	EuGH		EuZW 96, 49	30 55
Langnese Honigglas	OLG Hamburg	88, 127		**14** 383
Laranja/Aranas	BPatG		Mitt 77, 92	**14** 296
Laternenflasche	BGH	66, 681		**13** 10, 13; **14** 72, 373
Leasing Partner	BGH	91, 556		**5** 18, 24; **15** 39
Leben mit Tradition	BPatG		Mitt 87, 241	8 96
LECO	BGH	85, 1052		42 35; **66** 42; **85** 2, 5
LEGALITER	BPatG		Mitt 83, 115	8 95
Leichte Linie	BPatG	89, 353		8 98, 105, 130
Leiter der Patentabteilung	BPatG		E 7, 230	**91** 19

1673

Fälleverzeichnis

Fallname	Gericht	GRUR	Andere	Fundstelle im Kommentar
LEMONSODA	BGH	74, 777		4 18; 8 26, 140; **113** 1
Leona	BGH	62, 419		5 21, 37
Les-Paul-Gitarren	OLG Hamburg		MD 96, 544	14 50, 96, 97
Lesering	BGH	64, 82		8 93; **23** 47; **49** 29
Lewapur	BGH	72, 600		64 3; **71** 12, 15
LIBERO	BPatG		E 36, 68	14 250, 253, 272, 274, 294
Lichtkuppeln	BGH	62, 459		3 41
Lidaprim Droste	OLG Frankfurt am Main		Mitt 78, 164	26 107
LIDO	BPatG			8 95
LILA	BGH	79, 853	Mitt 90, 177	8 150; **14** 221, 379, 381
Lili	BGH	66, 493		14 231, 328
Lindora/Linola	BPatG		24 W (pat) 255/95	14 184
LION DRIVER/LIONS	BPatG		Bl 97, 231	14 223, 365, 366; **66** 30
Lip Kiss	OLG Hamburg	88, 914		26 126
Liquiderma	BGH	65, 665		14 184
Lisabeth/Liz	BPatG		Mitt 78, 57	14 355
LITAFLEX	BGH	87, 525		**Einl.** 17; **8** 112; **113** 1
LITRONIC	BPatG	94, 377		14 288, 297
Lizenzmangel	BGH	91, 332		30 27
Lodenfrey	BPatG	85, 50		3 20
Loendersloot/Ballantine	EuGH		C-349/95	24 31
Logistik heute	OLG München		AfP 86, 250	5 55
Lohnsteuerhilfe-Bundesverband	BGH	83, 130		**128** 8
Lohnsteuerhilfeverein	BGH	76, 370		**128** 6
Lomapect	BGH	74, 465		42 34

Fälleverzeichnis

L	BPatG		33 W (pat) 180/96	8 96
L'Orange	BGH	97, 749		5 17, 38; **25** 9; **15** 32
L-Thyroxin	BGH	90, 453		**Einl.** 33; **4** 17; **14** 169, 397, 399, 400
LA AMISTAD	BPatG	91, 141		8 68, 95
LA PERLA	BGH	91, 521		79 3
La VALETTA/VINETA	BPatG		Mitt 76, 156	8 90
Lactame	BGH	72, 642		89 4
Ladegerät	BGH	68, 86		89 4
Lady Rose	BGH	63, 589		55 43; **126** 6
Laienwerbung für Augenoptiker	BGH	95, 122		128 6, 7
LAILIQUE/LALIQUE	BPatG		Mitt 97, 25	14 243; **25** 9; **43** 14, 15, 18; **66** 9; **82** 2
Lackritz-Konfekt	BGH	86, 822		126 15
lamod	BGH	79, 551		26 19, 21, 26, 30
La Navarre	BPatG		Mitt 85, 217	114 6
Landfrost	BPatG		Mitt 88, 17	8 96
Lange Kerls	OLG Düsseldorf	83, 772		14 351
Langnese/Iglo	EuGH		EuZW 96, 49	30 55
Langnese Honigglas	OLG Hamburg	88, 127		14 383
Laranja/Aranas	BPatG			14 296
Laternenflasche	BGH	66, 681		13 10, 13; **14** 72, 373
Leasing Partner	BGH	91, 556		5 18, 24; **15** 39
Leben mit Tradition	BPatG		Mitt 87, 241	8 96
LECO	BGH	85, 1052		42 35; **66** 42; **85** 2, 5
LEGALITER	BPatG		Mitt 83, 115	8 95
Leichte Linie	BPatG	89, 353		8 98, 105, 130
Leiter der Patentabteilung	BPatG		E 7, 230	91 19

Fälleverzeichnis

Fallname	Gericht	GRUR	Andere	Fundstelle im Kommentar
LEMONSODA	BGH	74, 777		4 18; **8** 26, 140; **113** 1
Leona	BGH	62, 419		5 21, 37
Les-Paul-Gitarren	OLG Hamburg		MD 96, 544	14 50, 96, 97
Lesering	BGH	64, 82		8 93; **23** 47; **49** 29
Lewapur	BGH	72, 600		64 3; **71** 12, 15
LIBERO	BPatG		E 36, 68	14 250, 253, 272, 274, 294
Lichtkuppeln	BGH	62, 459		3 41
Lidaprim Droste	OLG Frankfurt am Main		Mitt 78, 164	26 107
LIDO	BPatG		Mitt 90, 177	8 95
LILA	BGH	79, 853		8 150; **14** 221, 379, 381
Lili	BGH	66, 493		14 231, 328
Lindora/Linola	BPatG		24 W (pat) 255/95	14 184
LION DRIVER/LIONS	BPatG		Bl 97, 231	14 223, 365, 366; **66** 30
Lip Kiss	OLG Hamburg	88, 914		26 126
Liquiderma	BGH	65, 665		14 184
Lisabeth/Liz	BPatG		Mitt 78, 57	14 355
LITAFLEX	BGH	87, 525		**Einl.** 17; **8** 112; **113** 1
LITRONIC	BPatG	94, 377		14 288, 297
Lizenzmangel	BGH	91, 332		30 27
Lodenfrey	BPatG	85, 50		3 20
Loendersloot/Ballantine	EuGH		C-349/95	24 31
Logistik heute	OLG München		AfP 86, 250	5 55
Lohnsteuerhilfe-Bundesverband	BGH	83, 130		**128** 8
Lohnsteuerhilfeverein	BGH	76, 370		**128** 6
Lomapect	BGH	74, 465		42 34, 35; **83** 17; **85** 5

Fälleverzeichnis

Markenverunglimpfung II (Nivea)	BGH		**14** 48, 59 ff., 99, 460, **488**, 497, 504, 522; **127** 13
Märklin-Unitechnik	OLG Karlsruhe	95, 57	**Vor 14–19** 26
Marquis de Montesquiou	BPatG	WRP 76, 384	8 109
Mars	EuGH	E 36, 190	**14** 158
Martinsberg	BGH	Int 95, 804	**5** 19
Marvel	BPatG	60, 93	**8** 33; **14** 333
Mascasano	BPatG	90, 195	**8** 99, 103
MAST REDIPAC	BPatG	91, 145	**25** 25
Mastertube	BPatG	80, 54	**62** 3
Mauerkasten	BGH	83, 511	**72** 3
Max	OLG Hamburg	86, 731	**5** 55; **14** 347; **15** 93
Maximilian	OLG Nürnberg	NJW-RR 96, 1004	**5** 13
McChinese	OLG Karlsruhe	WRP 71, 334	**5** 34; **14** 186; **15** 61
McLaren	BGH		**14** 95, 460, 498, 503, 522; **Nach 15 A** 15, 16
McPaint	OLG Düsseldorf	WRP 97, 588	**14** 302, 305, 436, 441, 464, 487, 501, 511, 521, 530; **15** 60; **152** 18; **153** 16
McShirt	OLG München	Mitt 96, 92	**14** 302, 310, 460, 461, 483, 495, 501, 502
Mecki-Igel	BGH		**5** 63; **14** 66, 170, 461; **15** 102
Mecki-Igel III	BGH	WRP 97, 1079	**66** 20
MEDATA	BPatG	E 31, 227	**14** 430
Medi Sport	OLG Koblenz	84, 124	**14** 304, 306, 440, 442; **15** 35,
MEDICE	BGH	91, 317	52, 61
Medicon/Medico	OLG Hamburg		**15** 61
MEGA	BGH	WRP 93, 775	**8** 30, 40, 56, 70, 72, 92

Fälleverzeichnis

Fallname	Gericht	GRUR	Andere	Fundstelle im Kommentar
Megatoxin	BPatG		Mitt 87, 57	14 296; 32 16
Meine Masche	OLG Hamburg		AfP 89, 677	15 86, 94
MEISTER	BPatG		E 78, 187	14 430
Meister H.L./ MEISTERBRAND	BPatG		Bl 96, 190	14 293
Meister-Kaffee	BGH	90, 607		14 186
Meisterbrand	BGH	57, 87		5 18, 19; **14** 461, 507, 515
Melitta-Kaffee	BGH	70, 425		49 38
Mepiral	BGH	79, 549		113 2; **114** 10
Mercedes	OLG Frankfurt am Main	92, 445		14 186, 461, 485, 515, 516; **25** 34
Merck	BGH	84, 815		14 416
Merck	BGH	66, 499		14 365; **23** 16, 24, 29, **43** 33, 35; **89** 4
MERCOL	BGH	77, 218		14 395, 399
Merkmalklötze	BGH	76, 434		3 41
MESSIAS	BPatG	94, 377		8 113, 114, 116
Messinetta	BGH	72, 549		14 428, 430, 435
Meßmer Tee	BGH	61, 343		14 179, 285, 325, 347, 369
Meßmer-Tee II	BGH	66, 375		**Vor 14–19** 63, 66, 67; **27** 12; 30 2, 20
Metallabsatz	BGH	59, 616		30 16, 27, 30
Metalloxyd	BGH	77, 780		80 1
Metallrahmen	BGH	69, 409		30 23
Metallzeitung	BGH	79, 564		14 90; **15** 78; **Nach 15 A** 10, 17, 18
METOCAL/Togal	BPatG	70, 366		14 430

Fälleverzeichnis

Metrix	BGH	73, 661		**5** 31, 34, 37; **6** 15; **15** 59
Metroproloc	BGH	95, 48		**8** 59; **14** 199
MEVA/EVA	BPatG		Mitt 82, 115	26 42
Meyer	BPatG	89, 268		**14** 204, 412; **23** 24
MHZ	BGH	57, 488		**Vor 14–19** 109; **14** 163, 207
Micky-Maus-Orangen	BGH	63, 485		4 21; **13** 10; **17** 23; **30** 31
Micro Aire	BPatG		Mitt 89, 36	8 95
MICRO CHANNEL	BGH	93, 744		37 4; **59** 5
Micropat/Microstat	BPatG		Mitt 87, 159	14 306
MICROTONIC	BGH	89, 347		14 260, 261, 265, 302, 303, 304, 307
Microtrec Research/Microtek	BPatG	97, 649		14 84, 365, 400; **23** 8, 34; **42** 45
Migrol	BGH	70, 528		14 26; **Vor 27–31** 6; **27** 12
Mikrofilmanlage	BGH	72 559		**Vor 14–19** 71
Mikropor	BPatG		Mitt 88, 33	8 95
Milan	BPatG	97, 654		14 294, 444, 445, 451; **42** 15, 18
Milburan	BGH	64, 26		14 264, 271, 272, 273, 293; **89** 4
Milchquelle/Quelle	BPatG		Mitt 72, 234	14 430
Mineralwolle	BGH	79, 768		30 30
Minimag	BPatG		Mitt 88, 113	8 95
Minimax	BGH	52, 521		14 26, 38
Minimeto/Ermeto	BPatG	76, 96		14 429
Minu/Milupa	BPatG		E 19, 220	14 432
Miramil/Milram	BPatG		Mitt 75, 115	14 341
Mischverband I	BGH	83, 129		128 7
Mischverband II	BGH	85, 58		128 7
Miss Petite	BGH	73, 375		**Vor 14–19** 63, 66, 70, 74, 75, 85

1679

Fälleverzeichnis

Fallname	Gericht	GRUR	Andere	Fundstelle im Kommentar
MISTER X	BPatG	94, 939		8 24, 30, 95
Mitarbeiterurkunde	BGH	61, 470		30 21
MOD'elle	BPatG		Mitt 96, 215	8 58, 68, 95
Modeparade	BPatG	64, 313		42 10
Modess	BGH	67, 298		**Vor 14–19** 101, 102; **50** 12, 15; 55 5
MODULAN	BPatG	75, 374		42 13, 44
Mohrenbild	BPatG		Mitt 64, 170	14 376
Mohrenkopf	BPatG		Mitt 64, 172	14 296
Mohs	BPatG		E 27, 148	114 6
Mokka-Express	BGH	69, 274		14 74
Molino	BPatG	89, 593		8 4, 11, 99, 102 ff.; **26** 63; 32 16
Mon Chéri I	BGH	61, 181		14 9; **26** 63; **32** 16
Mon Chéri II	BGH	61, 283		**Vor 14–19** 109
mono	BPatG		Mitt 92, 321	8 95
Monsieur Michel/Michelle	BPatG		Mitt 96, 247	14 451; **26** 51, 71; **42** 44
MONTANA	BGH	95, 583		14 109, 326; **26** 12, 17, 41; 115 7
Monumenta Germaniae Historica	BGH	80, 227		5 43, 61, 63; **Vor 14–19** 75, 84, 85; **15** 78
Moosehead/Whitbread	EuGH	Int 90, 626		30 56
Mordoro	BGH	84, 684		14 98, 497; **Nach 15 A** 17
Morgenpost	BGH	92, 547		15 83, 86, 91, 106
Motorradmotor	BPatG	93, 392		8 46
Mouson	BGH	55, 91		14 230, 368
Mövennest/Mövenpick	BPatG		Mitt 89, 156	14 349, 350, 428, 432

Fälleverzeichnis

Mozarella I	BGH	94, 307	**126** 11; **127** 2; **Vor 130–136** 2
Mozart	BPatG		**8** 96
Mozart-Stäbchen	BPatG		**8** 96
MPA Pharma	EuGH		**14** 154; **24** 21, 22
MR. „COLA"	BPatG	73, 529	**62** 3
MSU	OLG Stuttgart	Int 89, 783	**8** 140; **26** 107
MUELLER/MÜLLER;V. MUELLER/Müller	BPatG	E 19, 214	**14** 412
Muktananda	BPatG	Bl 96, 505	**81** 7
Multicolor	OLG Frankfurt am Main	WRP 82, 420	**5** 25; **Vor 14–19** 38
multikord	BGH	66, 35	**Vor 14–19** 39; **14** 429; **Nach 15 B** 37; **48** 1
MULTIPLAN/multiland	BPatG		**14** 354
Multipneu	OLG Düsseldorf	66, 563	**14** 354
MULTISTADA	BPatG		**8** 95
Multistar	BPatG		**8** 23, 30, 32
Multistrong	BPatG	66, 562	**14** 354
Muschi-Blix	BGH	70, 87	**Vor 14–19** 61
Musikverleger	BGH	70, 40	**30** 21
Naher Osten	BGH	60, 346	**5** 43, 59, 64
Nährbier	BGH	60, 83	**4** 10, 13, 17; **8** 143, 149; **14** 221
Napoléon I	BGH	66, 259	**14** 185, 188, 196
Napoléon II	BGH	67, 199	**5** 34, 38; **15** 25
Napoléon III	BGH	70, 315	**21** 23, 28; **23** 24; **51** 7
Napoléon IV	BGH	95, 60	**14** 174
Napoléon Le Petit Caporal	OLG München	70, 137	**51** 5
NATUA	BPatG	Mitt 91, 83	**8** 32, 95

1681

Fälleverzeichnis

Fallname	Gericht	GRUR	Andere	Fundstelle im Kommentar
nautilus	BPatG		Bl 96, 189	14 398
Nelkenstecklinge	BGH	59, 240		14 39, 71
Nemasol/Penasol	BPatG		Mitt 79, 191	14 297
NetCom	BGH	97, 468		5 18, 22, 25; **Vor 14–19** 38, 72; 15 32, 43, 45, 49, 50
Neues aus der Medizin	BGH	73, 208		**Vor 14–19** 14, 23
NEUROHORM/Heparhorm	BPatG		Mitt 77, 174	14 430
NeutralRed	OLG Karlsruhe	97, 373		**Vor 14–19** 100, 103; **50** 14
NEUTREX	BGH	95, 117		Einl. 25, 27; **6** 12; **7** 11; **Vor 14–19** 104; **14** 22, 23; **25** 33, 45; **49** 2
Nevada-Skibindung	BGH	65, 676		2 10; **30** 59
NEW MAN	BGH	91, 136		3 22; **8** 17, 19, 21, 22, 26, 42, 54, 57, 66, 132; **14** 199; **113** 1
newtec	BPatG		Mitt 92, 250	8 95
Nicola	BGH	92, 612		**Vor 14–19** 86
Nicoline	BGH	95, 54		**Vor 14–19** 8; **15** 32, 60; **30** 40
Ninon	BPatG	93, 559		26 51
NISSKOSHER/Nissen	BPatG	96, 893		14 180, 317, 430, 444, 452
NOBLESSE	OLG Hamburg		MD 96, 1088	**Vor 14–19** 101; **14** 20, 293 282, 287
Nola	BGH	63, 469		8 4, 82
Nordbaer	BPatG	64, 686		14 376; **42** 15
Nordona	BGH	53, 486		14 160
Noris	BGH	82, 419		14 239, 288
Novafit	BPatG		Mitt 66, 149	14 430

Fälleverzeichnis

novoSol ratiopharm	BPatG		**14** 397; **43** 14
NSU-Fox/Auto-Fox	BGH	54, 123	**14** 64, 395, 398, 449
Nußknacker	BGH	59, 541	**5** 55, 59
NZ	BGH	68, 259	**15** 20, 77
Objektive Schadensbegrenzung	BGH	95, 349	**Vor 14–19** 63, 84
OCM	BGH	86, 894	**8** 141
Odol-Flasche	BGH	64, 140	**14** 433
Odorex	BGH	57, 224	**26** 55
Offenburger Zeitung	OLG Freiburg	51, 78	
Öffnungshinweis	BGH	82, 115	**24** 11; **30** 37
Oil of . . .	BGH	88, 820	**3** 11; **8** 136
OKAY/OKA	BPatG		Mitt 73, 160	**14** 211, 329; **43** 45
OKLAHOMA SOUND/ MISSISSIPPI SOUND	BPatG		Mitt 96, 133	**14** 250, 293, 451
Ola	BGH	86, 538		**14** 121; **26** 73, 105, 123
Ola	OLG Hamburg	84, 56		**26** 30
Oldtimer	BGH	71, 251		**Vor 14–19** 61; **14** 62, 376
Oldtimer Praxis/Oldtimer Magazin	OLG Frankfurt am Main		WRP 92, 185	**15** 94
Ole	BGH	92, 514		**8** 26, 33, 70, 71
ONY/ROMY	BPatG		Mitt 82, 233	**14** 265
Opium	BGH	92, 314		**Vor 14–19** 8
Opium	OLG Hamburg	90, 456		**8** 30
OPTICORTENOL/Optocor	BPatG	69, 413		**14** 430, 432
OPTIMUM/OPIUM	OLG München		WRP 87, 299	**14** 89
OPTItherm/SUPERTHERM	BPatG		E 22, 231	**14** 352
ORAMIX	BPatG		E 27, 118	**14** 296; **25** 25; **26** 115
Orbicin	BGH	78, 294		**26** 19, 121

E 37, 223 (novoSol ratiopharm)

Fälleverzeichnis

Fallname	Gericht	GRUR	Andere	Fundstelle im Kommentar
Orient	OLG Hamm		WRP 83, 573	**126** 4, 5
Original Allgäuzeller	BGH	88, 216		**8** 41
Original Alpha	OLG Hamburg		WRP 96, 1047	**19** 37
Original-Maraschino	BGH	82, 111		3 28; **14** 72, 325, 373; **126** 15
Orginal Oettinger Bier	OLG Naumburg		WRP 95, 749	**126** 5
Orion	BPatG	97, 133		**14** 245, 246
Osterkalender	OLG München	92, 327		**5** 43
Ostfriesische Tee-Gesellschaft	BGH	77, 159		**21** 27; **50** 22
OTHUNA Geraer Marina I	BPatG			**14** 424
Ott International	BGH	91, 393	Mitt 96, 137	**15** 61; **23** 16; **Vor 27–31** 7
OUI OU NON/JA	BPatG		Mitt 69, 95	**14** 351
Out of Court	OLG Stuttgart		WRP 92, 57	**30** 60
Ovalumrandung	BGH	70, 77		**8** 136
OXYDIVE	BPatG			**8** 95
Oxygenol	BGH	92, 108	Mitt 90, 175	Einl. 33; **Vor 14–19** 8; **14** 271, 273
Oxygenol II	BGH	95, 216		**14** 164, 180, 235, 249, 251, 266, 274, 275, 277, 278; **15** 32, 33, 43; **19** 8; **72** 5
P3-plastoclin	BGH	95, 808		**14** 164, 168, 205, 209, 243, 399, 400, 417, 421; **152** 18
PAGO	BPatG		Mitt 89, 35	**8** 95
Pajero	BGH	92, 627		**Vor 14–19** 32
Palettenbildzeichen	BGH	62, 195		**14** 196, 213
Pall./. Dahlhausen	EuGH	Int 91, 215		**2** 19
Palmolive	BGH	64, 454		3 2, 11, 13, 28, 30; **8** 46, 134; **89** 4

Fälleverzeichnis

Panda-Bär	BGH		87, 822	26 81, 82, 98

Panda-Bär BGH 87, 822 **26** 81, 82, 98
Paola BPatG 67, 428 8 83
Paper Star BPatG Mitt 87, 55 8 96
Paracelsus-Messe LG Düsseldorf WRP 96, 156 5 46
paracet von ct/PARACET BPatG 92, 105 14 397
   Woelm
Paradise BPatG 96, 499 8 30, 40, 60
Parallelurteil BGH 91, 403 83 25
Parallelverfahren I BGH 87, 402 Vor **14–19** 114
Parallelverfahren II BGH 94, 846 Vor **14–19** 114; **140** 51, 55
Paris Tours OLG München Vor **14–19** 41
PARK/Jean Barth BPatG 96, 496 WRP 96, 238 14 293, 328, 329, 342, 410; **26** 116, 118
Parkhotel BGH 77, 165 5 13, 24
Parkhotel Landenberg BPatG 92, 392 14 306; **26** 43, 94
Partek OLG Köln MD 97, 240 14 418; **15** 61
Partner with the best BPatG 97, 644 8 37, 96
Passion BGH 75, 441 14 362
PATRIC LION/LIONS BPatG 96, 879 14 180, 330, 333, 342, 410, 411, 430
Patrizier Leicht/Robert Leicht BPatG Mitt 83, 56 26 21
PATT BPatG 65, 154 14 346
PC Welt OLG Köln 97, 63 5 55, 59
Pehaplast BPatG Mitt 82, 194 8 95
Pei BPatG 65, 37 14 345
PENA SOL BPatG 88, 380 26 95
Penaten BPatG E 22, 70 26 33
Pentavenon BGH 69, 40 14 428, 429
Personifizierte Kaffeekanne BGH 64, 71 5 19; **8** 45; **14** 174, 368, 370

1685

Fälleverzeichnis

Fallname	Gericht	GRUR	Andere	Fundstelle im Kommentar
Peters	BGH	86, 325		5 39; **Vor 27–31** 7
Petersburger Schlittenfahrt	BGH	90, 276		14 174, 394; **26** 90
Pfeffer & Salz	BPatG		Mitt 83, 98	8 96, 140
Pharmamedan	BGH	74, 735		**Vor 14–19** 70, 109
Pharmazeutisches Präparat	BGH	91, 442		83 22, 25
Photokina	BGH	83, 467		14 90
Phyteron/Bourdon	EuGH	Int 97, 627		14 154
Pic Nic	BGH	93, 923		5 13, 24; **15** 58
Picador/Torero	BPatG		Mitt 70, 196	14 351
Picasso	OLG Köln		MD 96, 1114	**Vor 14–19** 29, 32; **14** 62, 81, 108, 409
Piek-Fein	BGH	51, 324		27 12; **30** 59; **55** 6
Piesporter Goldtröpfchen	BGH	93, 832		8 21; **98** 8; **99** 1
PINGO	BPatG	91, 761		14 297
Pirelli	OLG Hamburg	87, 400		14 460, 461, 467
Pizza & Pasta	BGH	91, 153		5 43, 55, 56; **Vor 14–19** 75, 85; 15 83, 88, 95
Plak Guard/GARD	BPatG	96, 128		14 199, 418, 426
Planex	OLG Hamm	94, 742		5 34
Plastikummännchen	BGH	57, 287		14 189; **15** 33
Plastipac	BPatG	65, 485		14 359; **44** 26
Plattoplast	BPatG		Mitt 84, 97	43 18
Playboy	BPatG		Mitt 87, 200	14 350
Pkelvorrichtung	BPatG			14 350
POINT	BGH	81, 185		59 7
Polinova/Polli	BPatG	82, 431	Mitt 72, 53	5 42, 45; **14** 177; **15** 81, 93
Polychrome	BPatG		E 22, 204	26 62

Fälleverzeichnis

Polyestra	BGH	68, 694	**8** 4, 59, 62
Polyflam/Monoflam	BPatG	97, 507	**14** 452
Polymar	BGH	63, 630	**14** 197; **42** 15; **43** 28
Poropan	BGH	68, 550	**14** 239, 243, 252, 254, 267, 282, 287
POSTAFENE	BPatG	77, 255	**26** 87, 115, 118
Postgebühren	BPatG	68, 110	**71** 9
Posthorn	BPatG	59, 384	Mitt 81, 122 **8** 119, 120
Postkalender	BGH		**30** 18
Power Point	BGH	88, 776	WRP Heft 12/97 **5** 47f, 50; **15** 97
PPC	BGH		**Vor 14–19** 36, 70; **14** 207; **21** 20, 22, 25, 26
Praemix	BGH	73, 467	**8** 10, 44; **14** 365; **43** 28
Praemix	BGH	73, 467	**14** 198
praliné	BGH	68, 365	**14** 74
Preisvergleichsliste	BGH	92, 61	**Vor 14–19** 86; **20** 8, 11, 19
Premiere	BGH	93, 746	**8** 66, 70
Premiere	OLG Hamburg		AfP 91, 448 **15** 94
PREMIERE I	BPatG	96, 490	**8** 137
PREMIERE II	BPatG	96, 492	**8** 132, 142
Prestige-/taf-Prestige	BPatG	65, 485	**44** 26
Preta	BPatG	84, 820	Mitt 64, 70 **14** 341
Prince	OLG Hamm		**140** 66
Prince Albert	BGH	66, 427	**51** 7
PRINCESS	BPatG		E 17, 134 **42** 44; **44** 14
Princesse D'ALBRET	BPatG	79, 711	**26** 96
PRISMAL	BPatG	80, 922	**43** 16
Pro	BPatG		Mitt 91, 165 **8** 95
Pro 7 – Tagesbilder	OLG Hamburg		WRP 92, 656 **15** 96

1687

Fälleverzeichnis

Fallname	Gericht	GRUR	Andere	Fundstelle im Kommentar
Proctavenon/Pentavenon	BPatG		E 17, 158	14 344
Procto Kaban	BPatG		E 32, 227	26 87
Prodont	BGH	82, 611		14 182, 222, 227, 362
product-contact	BGH	73, 539		15 49, 52
Produktionsstätte	BGH	95, 65		127 3
profil	BGH	78, 194		140 44, 46
Promonta	BGH	60, 550		5 17; **14** 35, 461, 510; **Nach 15** A 9, 18, 22
Propharma	BPatG		Mitt 82, 78	26 21
PROTECH	BGH	95, 408		8 5, 15, 16, 22 ff., 32, 33, 57, 60, 61, 64; **14** 327; **89** 6; **156** 1
Protesan	BGH	75, 370		14 184, 328; **22** 2, 15
Provocation	BPatG		Mitt 89, 217	8 96
Prozeßrechner	BGH	77, 539		**Vor 14–19** 69; **30** 2
Pudelzeichen	BGH	67, 490		**Vor 14–19** 101; **21** 23, 24; **50** 12
Pudelzeichen II	BGH	71, 221		**Vor 14–19** 66, 67
Pulloverbeschriftung	BGH	94, 635		14 92, 93, 492, 520; **19** 6
Pullovermuster	BGH	92, 488		14 495
pulp-wash	BGH	91, 112		30 29
Puma	BPatG		E 37, 246	14 278, 285, 293
Plym Gin	BGH	71, 255		126 2
quattro	BGH	92, 72		4 16
Quattro	OLG Hamburg		WRP 86, 211	14 297, 461, 483, 498, 501, 522, 531
quattro/Quadra	EuGH	94, 286		14 152, 439; **30** 58

Fälleverzeichnis

quattro II	BGH	97, 366	**3** 25; **4** 16, 17; **8** 7, 21, 24, 34, 50, 56, 57, 76, 144; **14** 205
QUEEN'S CLUB/QUEEN'S GARDEN	BPatG		**14** 154, 250, 293, 328, 358, 359, 451
Quelle	BGH	90, 37	E 35, 312
			8 137; **14** 223, 461, 507, 515; **15** 45, 55, 61; **Nach 15 A** 22
Quelle	BPatG	59, 183	Mitt 82, 178
Quick	BGH		**8** 96
			5 7; **14** 361, 362, 461, 487, 488, 507, 510; **15** 102; **Nach 15 A** 22
quickslide	BPatG	96, 133	**14** 418, 426; **28** 10; **42** 11; **66** 20; **152** 8
Rabe	BGH	67, 355	**Vor 14–19** 109; **14** 376, 378; **23** 24
RACOON/DRAGON	BPatG	96, 414	**14** 333, 342; **43** 11, 15; **73** 3, 4
Radio Stuttgart	BGH	93, 769	**5** 44, 45, 46, 57; **14** 14; **15** 96
Radio von hier, Radio wie wir	BPatG	97, 282	**8** 37, 96
Radkappe	BGH	62, 537	**23** 51
Rad- und Kraftfahrerbund	BGH	86, 332	**102** 15
Raiffeisensymbol	BGH	57, 350	**49** 34; **54** 5; **55** 5
Rakofix-Teppichkleber/ Tachofix	BPatG		**42** 47
ran	OLG Frankfurt am Main		
	BPatG		WRP 95, 231
Rancher	BPatG		**15** 92
Ranger	BGH	82, 417	**14** 351, 356
ratio Markt I	BGH	68, 106	**26** 19, 26
ratiopharm/RATIOTEST	BPatG		**142** 4
			E 21, 132
			14 317, 430, 431

1689

Fälleverzeichnis

Fallname	Gericht	GRUR	Andere	Fundstelle im Kommentar
Räuber	BGH	74, 93		14 428
Raumzellenfahrzeug II	BGH	86, 667		83 23
Raupentin	BGH	71, 577		14 227, 229; **42** 42
RBB/RBT	BGH	79, 470		4 18; **5** 18, 27, 28, 30; **14** 207, 210, 221; **15** 39, 46
RE POMODORO	BPatG		Mitt 74, 92	71 37; **114** 3
RE-WA-MAT	BGH	86, 380		14 260, 273, 301, 302, 303, 307
RE-WA-MAT II	BPatG		E 29, 137	14 307
REA/ZEA	BPatG		Mitt 70, 193	14 329
Rebenstolz	BPatG	95, 416		14 426, 430, 444, 452
Receiver	BPatG		Mitt 90, 195	8 95
Rechtliches Gehör	BGH	90, 110		83 22
Rechtsbeschwerdekosten	BGH	67, 553		90 3
Recrin	BGH	69, 607		4 23; **Vor 14–19** 101, 102; **50** 15
Reduzier-Schrägwalzwerk	BGH	79, 313		66 42
redwhite	BGH	69, 345		8 25, 148; **14** 218
reflex/DEFLEX	BPatG		Mitt 88, 76	14 302, 307, 308, 310
Regelbare Induktionsbremse	BPatG	83, 432		48 7
Regensburger Karmelitergeist	BGH	56, 558		21 22; **51** 7
REHAB	BGH	85, 41		**Vor 14–19** 114; **14** 74, 75, 119; 23 40; **26** 43
REI-Chemie	BGH	57, 561		5 25; **Vor 14–19** 38
Reiherstieg	BGH	60, 296		5 23; **Vor 14–19** 38, 39; **14** 160, 162; **15** 40

Fälleverzeichnis

Reiseverkäufer	BGH		63, 435	**Vor 14–19** 15
Reklamehand	BPatG		73, 527	14 217
RELAYS	BPatG	Mitt 85, 157		8 80
REMEI/REMEIR	OLG Hamm		91, 698	15 61
Reparaturversicherung	BGH		74, 666	**Vor 14–19** 58
Restitutionsantrag	BPatG	Mitt 90, 172		83 11
Retivetin	BPatG	E 12, 62		43 45; **44** 16; **66** 22
Revlon III	OLG Düsseldorf		64, 267	24 7
REYNOLDS R1/EREINTZ	BGH		89, 264	8 60; **14** 75, 197, 199, 211, 214, 334, 396, 424
Rheinische Post	OLG Düsseldorf		83, 783	5 54; **Nach 15 A** 7
Rheinmetall-Borsig	BGH		56, 265	91 35
Rheumalind	BGH		69, 538	14 429, 430
Rheumalind II	BGH		91, 848	21 27
RHINISAT/Ysat	BPatG	E 22, 193		14 432; **42** 42
Rialto	BGH		91, 155	5 13; **6** 13; **15** 20, 25
Rialto II	OLG München	OLG Report 94, 103		15 20
Ribana	BGH		62, 522	14 239, 430
RICE KRISPIES	BPatG	Mitt 88, 78		26 51
Richard Schwarzwälder/RICARD	BPatG	Mitt 76, 194		14 408
Richterwechsel I	BGH		71, 532	69 6; **78** 4
Richterwechsel II	BGH		74, 294	69 6; **78** 4
Richterwechsel III	BGH		87, 515	69 6, 7; **78** 4
Riffels/Ruffles	BPatG		97, 509	26 63
RIGIDITE	BGH		88, 379, 821	8 59, 64 ff.
RIGIDITE II	BGH		94, 366	8 66
rigidite III	BGH		94, 370	8 66

Fälleverzeichnis

Fallname	Gericht	GRUR	Andere	Fundstelle im Kommentar
Rippenstreckmetall II	BGH	65, 146		4 13; **50** 19, 21; **54** 5, 8
ROAL	BGH	85, 1053		8 4, 32, 53, 59, 60, 62, 94; **14** 197
Robomat	BPatG		E 36, 59	14 250, 293
ROCKET/RACKE	BPatG		Mitt 83, 217	14 296
ROCKPAN	BPatG		Mitt 90, 103	8 95
Rocky Limonaden/ROCKY	BPatG		E 25, 45	26 94
Rohrausformer	BGH	93, 655		70 6; **83** 26; **89** 4
Rohrbogen	BGH	54, 70		5 24; **Vor 14–19** 46
Rohrhalterung	BGH	67, 586		89 4
Rohrreiniger	BPatG	97, 530		8 17, 45, 96; **14** 214
Rolex	OLG Köln		NJW 95, 1759	14 36; **Nach 15 A** 7
Rolex	OLG Stuttgart		WRP 95, 248	24 11
Rolex-Uhren	OLG Karlsruhe	95, 417		14 39, 42; **24** 11
Rollinos/Rolo	BPatG		Mitt 83, 58	14 435
Rolls-Royce	BGH	83, 247		14 89, 460, 492, 498, 522; 127 9
Römer-GmbH	BGH	93, 579		**Vor 14–19** 21, 24, 37; **15** 61; 23 16, 23, 25, 26, 27
Römigberg	BGH	93, 43		8 18, 41, 86
Römigberg II	BGH	93, 395		8 86
Romy	OLG München	60, 394		5 16
Rosa-Weiß-Packung	BGH	57, 369		8 145
Rosalin	BPatG	63, 319		71 30, 38
Rose	BGH	67, 89		14 315, 350; **Vor 27–31** 8; **30** 59; **49** 34
Rosenheimer Gummimäntel	BGH	58, 39		126 8, 12

Fälleverzeichnis

Rosenmontag	BPatG		83 1
Rosenthal	OLG Düsseldorf	83, 389	14 461, 467, 483, 516
Rosenthal-Vase	BGH	59, 289	3 39, 42
Rossi/Rossini	BPatG		Mitt 71, 22
Rotationsbürstenwerkzeug	BGH	94, 602	14 435
rote Kreisfläche	BPatG	96, 895	14 25; **29** 6, 12
Rote-Punkt-Garantie	BGH	82, 51	14 365, 415, 430, 444, 452
Roter mit Genever	BGH	92, 203	4 11; **26** 82, 96
roter Punkt	BGH	65, 601	8 31, 392, 402
Rotes Kreuz	BGH	94, 844	14 216
			5 15, 16; **Vor 14–19** 24, 36, 45, 46; **Nach 15 A** 10, 11, 15, 21, 25; **21** 18, 27
Roth-Händle	BGH	69, 686	4 11; 5 31; **14** 160, 217
Roth-Händle – Kentucky/Cenduggy	BGH	89, 349	8 60; **14** 75, 197, 199, 214, 352, 396
Rothschild	OLG Frankfurt am Main	84, 891	5 19
Rothschild	OLG Köln		WRP 87, 128	**Nach 15 A** 11; **23** 23
Rovinex/Rovina	BPatG		Mitt 83, 14	26 22
Royal Stuart	BPatG		Mitt 72, 214	14 279, 296
ROYALE	BGH	88, 542		14 84
Royals	BPatG	92, 704		8 110
RUB	BPatG	82, 71		14 304; **42** 17
Rüben-Verladeeinrichtung	BGH	69, 677	83, 56	30 28
Rüdesheimer Sektkellerei	OLG Frankfurt		WRP 86, 297	127 5
Rügenwalder Teewurst I	BGH	56, 270		126 14
Rügenwalder Teewurst II	BGH	95, 354		14 50, 63, 68, 177, 178; **126** 14; 127 3
Rundstuhlwirkware	BGH	58, 231		30 27, 28

Fälleverzeichnis

Fallname	Gericht	GRUR	Andere	Fundstelle im Kommentar
S. Oliver	BPatG	97, 54		14 204, 272, 293, 413; **43** 15, 36; **66** 44, 47; **73** 4
Sabèl/Puma	EuGH		C-251/95	14 150, 153, 158, 160, 167, 175, 177, 180, 217, 324, 327, 368, 372, 385 ff., 415, 425, 443, 449, 452, 489
Sachsengold	BPatG	92, 336		26 122
Sachsenspiegel	OLG Hamburg	64, 506		15 94
Safta/Softi	BPatG			14 352
Salabert	OLG München			**Nach 15 A** 8
Sali Toft	BGH	96, 775	WRP 91, 632	14 317, 386, 387, 388, 390, 400, 417, 428; **42** 15
Salomon	BGH	91, 464		14 460, 471, 473, 475, 495, 498, 501, 502, 522; **127** 12
Salzige Heringe	OLG Köln		MD 96, 1114	**Vor 14–19** 30; **14** 317, 418, 451; **26** 87, 91
Samos	BGH	70, 311		8 82; **79** 3
Sana/Schosana	BGH	93, 972		14 81, 164, 166, 325; **26** 45, 46, 49, 51, 93, 97; **51** 11
SANFTE FEE	BPatG		E 34, 254	14 202, 336, 353
SANGRITA	BPatG	80, 58		**50** 19
san remo	BGH	72, 558		126 14
Santiago	BPatG		Mitt 91, 98	8 41, 95
Schablonen	BGH	72, 122		3 38, 41; **8** 46
Schaltuhr	BGH	79, 219	Mitt 79, 198	70 6; **77** 1
Schaltungschassis	BGH	84, 545		76 2; **83** 25
Schamotte-Einsätze	BGH			24 7

1694

Fälleverzeichnis

Schlafmond	BPatG		**14** 352, 430
Schlangenzeichen	BGH	81, 656	8 97; **49** 38
Schlemmen à la carte	OLG München		**15** 95
Schlemmerfrost	BPatG		**8** 95
Schloß Caestrich	BPatG	92, 170	**8** 108
Schloß Wachenheim	BPatG	96, 885	**8** 98, 101, 108
Schlüpferstürmer	BPatG		**8** 113 ff.
Schlüssel-Bild	BPatG	96, 878	**14** 180, 375, 376, 445, 451
Schlüsselmühle	BGH	90, 33	**83** 26
Schlußverkaufswerbung	BGH	87, 171	**14** 174
SCHMIDT'S CORONA/ Schmidt-Zigarre	BPatG	80, 56	**26** 97
Schneidhaspel	BGH	83, 171	**70** 6
Schnick-Schnack	BPatG	83, 117	**14** 301, 302, 306
Schoasdreiber	BPatG		**8** 115
Schornsteinauskleidung	BGH	69, 283	**127** 14
Schrägliegeeinrichtung	BGH	89, 494	
Schriankbett	BGH	65, 50	**72** 4
Schulte	BPatG	82, 293	63 4; **71** 24
Schürmann	BPatG		**14** 424
Schwarze Liste	BGH	95, 427	**Vor 14–19** 16; **19** 6
Schwarzer Kater	BGH	65, 86	**14** 297
Schwarzer Krauser	BGH	90, 681	4 17; **5** 28; **14** 163, 199, 261, 400
Schwarzwald-Sprudel	BGH	94, 905	5 28; **8** 54, 86, 146; **14** 62, 68, 74, 198, 203, 315, 402, 529; **23** 47
Schweißelektrode II	BGH	67, 548	**70** 19; **83** 14
Schweißpistolenstromdüse II	BGH	84, 870	**70** 6

1695

Fälleverzeichnis

Fallname	Gericht	GRUR	Andere	Fundstelle im Kommentar
Schweißring	BPatG		Mitt 94, 245	8 96
Sedresin/Sekrezym	BPatG		E 32, 98	43 11
Seifen	BPatG		E 9, 259	14 296
SEIT 1895	BPatG	95, 411		8 99, 105
Sektwerbung	BGH	60, 563		**Vor 14–19** 109
Sekurit	BPatG	66, 441		26 87
SELA	BPatG		Mitt 87, 78	8 95
Select mit Wappen	BPatG		Mitt 91, 101	8 96
Selecta	BPatG		E 27, 246	14 307
Selective Control System	BPatG		Mitt 95, 288	8 34, 96
Sensostick	BPatG		Mitt 90, 22	8 95
SERAPHARM	BPatG		Mitt 88, 50	8 95
SERIEFORM	BPatG		Mitt 90, 122	8 95
Serie Westerwald	OLG Koblenz		WRP 85, 173	126 5
Sermion II	BGH	97, 629		14 47, 102, 169; **24** 3, 6, 12, 16, 21; **30** 37, 38; **152** 7; **153** 3
Servisa	BPatG		Mitt 86, 150	14 296
Servomotor	BGH		Bl 85, 141	66 27
Setpreis	BGH	96, 796		**Vor 14–19** 36, 45
Sex Press	OLG Köln		AfP 91, 440	**Vor 14–19** 12; **15** 79, 94
SHAMROCK	BPatG	93, 47		8 118
Shamrock I	BGH	85, 970		14 48, 62, 177, 323
Shamrock II	BGH	85, 978		23 47
Shamrock III	BGH	86, 74		**Vor 14–19** 100, 101; **14** 62, 68; 50 12, 14
Sheriff/Chéri	BPatG		Mitt 73, 167	14 363

Fälleverzeichnis

Sherlock Holmes	BGH		58, 354
			5 6, 42, 44, 46, 64; **15** 81, 90; **21** 23, 25
shop-in-the-shop I	BGH		84, 129
			Vor 14–19 94
Shortening	BGH		66, 676
			14 197, 399; **43** 28
Sicherheit u. Technik	OLG Hamburg		87, 184
			5 24
SID	BPatG		64, 313
			14 346
Siegel/SIGL	BPatG	GRUR Int. 97, 532	**5** 33, 34; **14** 160, 429
Sihl	BGH		69, 357
			2 10; **8** 97; **49** 38
Silberal	BGH		55, 251
			14 121; **26** 73, 105, 123
Silenta	BGH		91, 459
			6 14; **22** 15; **25** 3; **26** 94, 114;
SILVA	BGH		78, 642
			44 13, 15
Silver Horse	BPatG	Mitt 82, 89	**8** 95, 102
Simmenthal	BGH		94, 512
			25 25; **26** 121, 122, 128; **49** 23
Simply red	BPatG	30 W (pat) 2/94	**8** 94
Sirax	BGH		67, 660
			42 42
Sirocco/Rococo	BPatG	Mitt 75, 214	**14** 362
Siroset	BGH		67, 304
			Vor 14–19 100, 101, 103
Sitex	BGH		81, 60
			Vor 14–19 36, 38, 39; **21** 17, 24, 26
Sitzungsschild	BGH		70, 621
			83 24
skai-cubana	BGH		67, 315
			3 42
Ski-Delhal	BGH		84, 813
			25 3; **26** 41, 93, 96
Skiralette / Spiralette	BPatG	E 17, 154	**43** 45, 48
Skyliner/Ski	BPatG	Mitt 71, 27	**14** 430
SL	BGH		91, 609
			8 143, 150; **14** 48, 58, 60 ff., 75, 81, 180, 182, 193, 208, 221, 460, 471, 473, 488, 495, 496; **23** 47

Fälleverzeichnis

Fallname	Gericht	GRUR	Andere	Fundstelle im Kommentar
Sleepover	BGH	89, 666		**8** 23, 26, 32, 33, 58, 59, 64, 67
Sletten	BPatG		Mitt 65, 211	**14** 434
Slip	BGH	69, 604		**25** 3
SMART	BPatG	97, 602		**8** 96
SMART STORE	BPatG		CR 97, 602	**8** 95
SMARTWARE	BGH	90, 517		**8** 55, 62, 66
Smarty	BGH	73, 316		**14** 240, 298, 300
Snakers	BPatG			**8** 95
Snowboard Magazin	OLG Hamburg		Mitt 89, 242	**8** 95
SNUGGLEDOWN	BPatG		AfP 89, 680	**5** 50, 55; **15** 94
SOFT MATE	BPatG		Mitt 90, 194	**8** 95
Solent	BPatG		Mitt 88, 34	**8** 95
Something special in the air	BPatG	81, 136		**91** 15
SONETT	BPatG	97, 643		**8** 37, 96
	BPatG	95, 584		**14** 235, 250, 253, 254, 293; **32** 16; **83** 22
Sonnenhof	BGH	75, 658		**8** 101
Sonnenquell/Capri-Sonne	BPatG		Mitt 79, 91	**14** 223
Sortiergerät	BGH	72, 592		**70** 6
Spar	OLG Hamburg		WRP 78, 304	**5** 13
SPD	OLG Frankfurt am Main		NJW 52, 794	**5** 16
Spectacle	BPatG			**8** 96
Spektralapparat	BGH	91, 37	Bl 90, 36	**89** 4; **94** 7, 8
Spiegel	BGH	57, 29		**5** 43, 55; **6** 4; **14** 194; **15** 33, 94
Spiegel der Woche	BGH	58, 141		**5** 43, 55
Spiegel-Fotos	OLG Hamburg	80, 912		**30** 29
Split Set	BPatG		Mitt 85, 72	**8** 95

Fälleverzeichnis

Sport Express	OLG München	87, 925	**15** 94
Sporthosen	BGH	86, 248	**Vor 14–19** 10, 23; **14** 72, 296, 373, 377, 379
Sportjournal	BPatG	95, 508	E 19, 225
SPORTS Life	OLG Köln	86, 252	42 40; **64** 3; **71** 34
Sportschuhe	BGH		5 55; **15** 86, 94
Sprengwirkungshemmende Bauteile	BGH	ZIP 97, 1979	3 38, 41 **30** 17
Spring Garden	BPatG	Mitt 86, 76	**14** 350, 356
Spring/Swing	OLG Köln	WRP 97, 872	**Vor 14–19** 26
Springende Raubkatze	BGH	96, 198	**14** 167, 180, 182, 217, 365, 371, 372, 385, 386, 387, 388, 389, 391, 392, 395, 404, 405, 415, 416, 417, 424, 449, 452; **158** 8
Spulenvorrichtung	BGH	88, 754	**66** 27
SR	BGH	68, 697	**14** 208
ß-Wollastonit	BGH	79, 220	**83** 25
St. Michael	OLG München	Mitt 96, 217	**26** 19, 110, 121; **49** 8
St. Pauli Nachrichten	BPatG	E 17, 12	**71** 34
St. Pauli-Nachrichten	BGH	74, 661	5 43, 52; **15** 82; **73** 3
St. Petersquelle	BGH	90, 450	**Vor 14–19** 37; **14** 166, 325, 366
Stadtapotheke	OLG Karlsruhe		**5** 13
Stahlexport	BGH	64, 316	**140** 44, 45
Stallmeister	BGH	71, 409	**14** 174; **22** 9, 15
Standopol/Stokopol	BPatG	80, 855	**14** 169
Stangenglas II	BGH	86, 469	**126** 15
Star-Revue	BGH	57, 275	5 43, 55; **15** 94
STAR/SPAR	BGH	Bl 78, 326	**14** 223, 362, 365

Fälleverzeichnis

Fallname	Gericht	GRUR	Andere	Fundstelle im Kommentar
Starfrost	BPatG		Mitt 86, 75	8 95
Starlight	BPatG		Mitt 67, 103	14 350
Starlight	OLG München	88, 927		15 93
Statt Blumen Onko-Kaffee	BGH	72, 553		128 6
Staufen Gold	BPatG		Mitt 84, 76	8 95
Staurodorm/Stadadorm	OLG Köln	95, 490		14 326, 418
STEAKER	BPatG		E 21, 140	55 16
Steinhäger	BGH	57, 128		126 14, 15
Stephanskreuz/ STEPHANSKRONE	BPatG	96, 417		14 445
Sternbild	BGH	60, 126		14 59, 61, 92, 94, 366; **23** 47
Sternhaus	BGH	76, 311		5 16; **Nach 15 A** 10
Stets mobil mit forbil	BPatG	69, 137		8 37; **14** 79
Stoll	BGH	87, 182		23 16, 28, 29
Stonsdorfer	BGH	74, 337		4 17; **8** 147; **126** 14, 15
Störche	BGH	51, 159		14 230, 325; **21** 17
Strahlenkranz	BGH	54, 346		**Vor 14–19** 114; **43** 42; **44** 33
Straßen- und Autolobby	BGH	80, 309		14 36
Streckenausbau	BGH	83, 640		83 17
Streifenmuster	BGH	70, 75		8 44, 136
Streitwertbemessung	BGH	90, 1052		142 4
Streitwertherabsetzung	BGH	94, 385		128 7; **142** 17
Stromrichter	BGH	66, 280		66 25, 27
Strumpf-Zentrale	BGH	62, 647		14 59, 64, 70, 174, 365; **26** 23
Stute	BGH	67, 94		42 49; **43** 40, 42; **55** 35; **66** 22, 48; **83** 9; **84** 2
Subverleger	BGH	64, 326		30 29

Fälleverzeichnis

Success	BGH		95, 50	80 4; **85** 2; **91** 14
Suchwort	BGH		94, 841	**Vor 14–19** 10; **15** 29
südwestbild	OLG Karlsruhe		93, 406	**15** 99
Südwestfunk	OLG Karlsruhe		88, 390	**14** 228; **15** 96
SULFA-PERLONGIT	BPatG	Mitt 87, 117		**14** 394
Sultan	BGH		57, 222	**Vor 14–19** 70
Sunkist	BGH		63, 622	4 17; **14** 168, 184
Sunpearl I	BGH		55, 579	**14** 189, 375
Sunpearl II	BGH		60, 130	4 15, 16, 17; **14** 160
Sunsweet	BGH		63, 626	**14** 184; **42** 15; **44** 10
SUPER–MEIER	BPatG		89, 266	**14** 362, 442
Superplanar	BGH		89, 425	**83** 25
Supracell	BPatG		65, 261	**42** 21
Swarovski-Schwan	OLG München	Mitt 94, 47		**25** 20
Swatt	BPatG	Mitt 65, 27		**14** 332
Sweater TOPS	BPatG	27 W (pat) 256/94		8 25, 31
Swensor	BPatG	Mitt 87, 220		8 95
SWF-3 Nachrichten	BPatG		97, 60	3 27; **8** 13, 14; **32** 1, 19; **33** 3; **36** 5; **71** 35
Swing	BPatG		96, 204	**14** 140, 141, 180, 250, 251, 254, 275, 278, 282, 293
SWOPS	BGH		71, 517	**Einl.** 17; **5** 34; **15** 25; **Nach 15** **A** 5, 11
Sympatol III	BGH	Z 2, 331		**30** 16
Synochem/Firmochem	BGH		56, 321	**14** 364
Szene Hamburg	OLG Hamburg	AfP 97, 761		5 55
T. Golf	OLG München	MD 96, 1027		**Vor 14–19** 49
Tabacco d'Harar	BGH		86, 72	**8** 31, 57, 150; **14** 221, 232, 387, 389, 392, 400

Fälleverzeichnis

Fallname	Gericht	GRUR	Andere	Fundstelle im Kommentar
tabu I	BGH	57, 547		**5** 13, 28; **23** 2
tabu II	BGH	57, 550		**5** 7, 13, 37
Taeschner-Pertussin I	BGH	57, 231		**14** 124
Taeschner-Pertussin II	BGH	57, 352		**14** 124
Tafelwasser	BPatG	66, 210		**14** 297
Tagesbild	OLG Hamburg	92, 73		**15** 102
Tambourette	BPatG		Mitt 86, 196	**8** 95
Tampon	BGH	77, 209		**70** 12
Tannen-Motiv	OLG Frankfurt am Main	89, 917		**14** 213
TAPA	BPatG		Mitt 88, 113	**8** 95
Taschenbuchlizenz	BGH	92, 310		**30** 10, 40
Taschenstreifen	BGH	57, 603		**3** 41
Taurus	BGH	90, 39		**25** 25; **49** 23
TAX FREE	BPatG	97, 283		**8** 17, 19, 43, 54, 57, 95; **14** 214, 368
Tchibo/Rolex	BGH	85, 876		**14** 498
Tchibo/Rolex II	BGH	93, 55		**Vor 14–19** 63, 65, 66; **30** 20
Technika	BGH	58, 339		**14** 288, 461, 482, 486, 507, 510
TECHNOLAW	BPatG		Mitt 83, 238	**8** 95
Teco	OLG Düsseldorf	96, 361		**15** 60; **Nach 15 B** 30, 31
TECO	BPatG		Mitt 79, 165	**26** 22
Teekanne	BGH	59, 599		**4** 11; **8** 69
Teekanne II	BGH	89, 510		**8** 54, 74, 75, 143; **14** 48, 63, 76, 82, 180, 188, 370, 376; **26** 87, 88

Fälleverzeichnis

Teerspritzmaschine	BGH		72, 558	2 8; **Vor 14–19** 77; **14** 100; **24** 13; **128** 1

Teerspritzmaschine	BGH		72, 558	2 8; **Vor 14–19** 77; **14** 100; **24** 13; **128** 1
Teilstreitwert	BGH		65, 562	**128** 7
Telefonnummer 4711	BGH		90, 711	**14** 60, 63, 461, 492, 509, 510, 519; **15** 29
Telekopie	BGH		81, 410	66 27
TEMANA/Penaten	BPatG	E 23, 183		**14** 223
Tepea	EuGH	Slg 78, 1391		30 54
Teppichbremse	OLG Frankfurt am Main		76, 663	18 28
terfen-basan/MERFEN	BPatG		92, 103	**14** 397
Terminsladung	BGH		66, 160	**83** 23
Terranova/Terrapin	EuGH		Int 76, 402	**14** 152; **24** 16, 18
Terranova/Terrapin	BGH		77, 719	**14** 323; **15** 35
Tesora	BPatG		94, 294	**66** 23
Tesoro/Tresor	BPatG	E 34, 79		**42** 11; **66** 20
Testfotos II	BGH	WRP 96, 1099		**140** 52
TETRA-CITRO/CITO	BPatG		72, 712	**43** 45
TETRASIL	BGH		95, 347	**26** 7, 34, 37, 75, 110
Tevinetten/Tussinetten	BPatG	Mitt 68, 9		**14** 344
Textilreiniger	BGH		76, 440	**72** 4
The Beatles	OLG Frankfurt am Main			**23** 45; **26** 49
The Beatles	OLG München	WRP 96, 128		**26** 17, 52; **55** 5
THE HOME DEPOT	BGH		96, 771	**8** 22, 33, 58, 60, 61, 64, 66
Therapeutische Äquivalenz	BGH		92, 625	**127** 14
Thermalquelle	BGH		76, 323	
Thermostatisch gesteuertes Regelventil	BPatG		88, 903	**70** 3; **83** 9

Fälleverzeichnis

Fallname	Gericht	GRUR	Andere	Fundstelle im Kommentar
Thymopect	BGH	58, 81		**14** 189, 326, 364
TIFFANY	BPatG	96, 501		**14** 249, 251, 285, 293; **71** 30, 33
TIGRESS	BGH	78, 647		**25** 25; **49** 23
Tina Farina	OLG Köln	83, 787		**23** 26, 28
Tina SpezialVersand I	BGH	77, 789		**14** 64
Tina-Spezialversand II	BGH	84, 354		**14** 48, 60, 64, 81; **26** 19
tintenkuli	BGH	66, 553		**14** 369
Tiny	BPatG		Mitt 90, 105	**8** 75, 95
TIOUM/Triumph	BPatG		E 20, 235	**44** 26, 27
Tireur/Tourneur	BPatG	81, 525		**26** 51
Titelschutzanzeige	BGH	89, 760		**5** 49, 50
Titelschutzanzeige	OLG Hamburg		WRP 96, 322	**5** 50
Tomograph	BGH	80, 984		**83** 25
Toni's Hüttenglühwein	BGH		Bl 81, 388	**14** 296, 362, 387
Top Selection	BGH	97, 637		**70** 6, 12; **78** 3; **83** 17, 22
TOP STEEL	BPatG		Mitt 97, 96	**8** 95
Topfgucker-Scheck	BGH	92, 116		Vor **14–19** 32, 33
Topfit-Boonekamp	BGH	80, 797		
topfitz/topfit	BGH	85, 926		**26** 51, 110, 114, 115, 117
Torch	BGH	80, 110		Vor **14–19** 101, 103; **50** 2, 12, 14
Torero	BPatG		Mitt 79, 116	**26** 40
Torres	BGH	95, 825		Vor **14–19** 37, 38, 61, 62; **14** 154, 361; **15** 6, 26, 32, 48, 61; **23** 17, 24
Tosca	BGH			**14** 60, 61, 80, 81, 461
Tough man	BPatG		Mitt 85, 35	**8** 95; **64** 5; **71** 34
TRAIL BLAZER	BPatG	61, 280	Mitt 88, 236	**8** 96

Fälleverzeichnis

Trainingsanzug	BGH		3 42
Trans Aktuell	OLG Frankfurt am Main	AfP 94, 238	5 55; **15** 92
TRANS-ATLANTISCHE	BGH		**14** 26, 166; **23** 32
Transcommerce	OLG Köln	WRP 77, 733	5 25
Transportbehälter	BGH		69 4; **83** 9, 10
TRAUM/Traumfeuer	BPatG	E 21, 192	14 430
Treibladung	BGH		69 5; **83** 26
Trend	BGH		26 26, 113, 114, 115, 117
Trennwand	BGH		48 12
Treppchen	BGH		5 13, 19
Treppenmeister	BPatG	Mitt 97, 197	8 94
Tresana/COMPO-SANA	BPatG	30 W (pat) 39/94	14 397
TRIANGLE	BGH		**Vor 14–19** 36, 55, 62; **14** 83; 55 32, 45
Tribol/Liebol	BGH		42 34, 35
Tricoline	BGH		14 240, 300
TRILOPIROX	BGH		8 25, 27, 54, 59; **14** 169, 199
TRIO	BPatG	Mitt 96, 250	8 76, 96
Triosorbin	BGH		14 341; **42** 12, 13
Triumph	BGH		**14** 35, 461, 507, 516, 517; **15** 33
Trockenrasierer	BGH		14 72, 373
Troika-Dreika	BGH		14 189
Trumpf	BGH		**Vor 14–19** 41, 70; **14** 61, 64, 80; **49** 23
TURBO	BGH		8 4, 5, 24, 30, 40, 56
Turbo II	BGH		**14** 201; **23** 33, 42, **80** 3; **84** 3; 89 6

Trainingsanzug	72, 546
Trans Aktuell	
Transcommerce	91, 780
Transportbehälter	86, 453
TRAUM/Traumfeuer	
Treibladung	82, 406
Trend	80, 289
Trennwand	97, 213
Treppchen	70, 479
Treppenmeister	
Tresana/COMPO-SANA	
TRIANGLE	93, 556
Tribol/Liebol	77, 789
Tricoline	58, 437
TRILOPIROX	94, 803
TRIO	
Triosorbin	67, 294
Triumph	59, 25
Trockenrasierer	77, 602
Troika-Dreika	57, 125
Trumpf	74, 84
TURBO	95, 410
Turbo II	97, 634

Fälleverzeichnis

Fallname	Gericht	GRUR	Andere	Fundstelle im Kommentar
Turpo	BGH	70, 416		14 362
Turron	EuGH		GRUR Int. 93, 76	**Vor 126–139** 1; **126** 11
				Vor 130–136 2; **135** 3
TV Spielfilm/TV Movie	OLG Hamburg		WRP 93, 115	15 86, 88, 94
U-KEY	BGH	95, 269		8 22, 26, 33, 57, 60, 61, 64
Übergang des Vertragsstrafe-	BGH	96, 995		**Vor 14–19** 17
versprechens				
UFAC/ULTRAFAC	BPatG		E 22, 173	14 434
UHF-Empfänger II	BGH	67, 477		69 6
UHQ	BGH	96, 202		3 24; **68** 4; **156** 3 f.
UHQ II	BPatG		Mitt 97, 70	8 6, 18, 21, 28, 95; **14** 205
Uhrenapplikation	BGH	96, 508		14 492, 498, 503
Uhrrohwerk	BGH	57, 37		4 13
ULTIMATE	BPatG	97, 467		8 5, 34, 67, 75, 96
ULTRA GLOW	BPatG		Mitt 97, 160	42 9, 45; **70** 12; **73** 3; **96** 11, 12
Umberto Rosso	BGH	61, 628		**Vor 14–19** 8; **14** 365, 409
Umgehungsprogramm	BGH	96, 78		19 33
Umsatzauskunft	BGH	65, 313		
Umschreibungsgebühr	BPatG		E 37, 143	70 12; **152** 8
Unbestimmter Unterlassungs-	BGH	92, 561		**Vor 14–19** 36, 45
antrag II				
UND	BPatG		E 26, 258	8 18, 35
Underberg	BGH	57, 342		**Vor 14–19** 32; **23** 16, 26, 29
Underberg	OLG Hamburg	86, 84		14 510
Ungarische Salami I	BGH	81, 666		49 38; **126** 6
Ungarische Salami II	BGH	82, 685		126 6

Fälleverzeichnis

Unionbau/UNIBAU	BPatG		14 354
UNIPLAST	BGH	66, 495	5 22, 24; **8** 150; **Vor 14–19** 109; **14** 160, 187, 198
Universität Freiburg	OLG Karlsruhe		**Nach 15 A** 17
Universitätsemblem	BGH	93, 151	5 15, 16; **Vor 14–19** 8, 9; **14** 27; **Nach 15 A** 10, 14, 15, 25
Unterkunde	BGH	64, 263	**Vor 14–19** 14
Unternehmensberatungsgesellschaft I	BGH	87, 172	**Vor 14–19** 46
Unterwerfung durch Fernschreiben	BGH	90, 535	**Vor 14–19** 21
Unvollständige Anmeldung	BPatG	87, 286	34 13
Unvorschriftsmäßige Besetzung	BPatG	79, 402	61 6
Uraton	BPatG	72, 425	14 296
Urkölsch	BGH	52, 511	23 16
Urselters	BGH	86, 316	**126** 15
Urstein Pils/Urstein Quelle	BPatG		Mitt 81, 198	14 296
Uwe	BGH	89, 262	5 15; **Nach 15 A** 14
Valium Roche	BGH	84, 530	24 6
VALUE	BGH	94, 730	8 22, 26, 33, 50, 61, 70, 72, 78; **83** 15
Vamos	BGH	92, 515	8 22, 25, 33, 54, 60, 61, 64, 70
van Linnen Primeur	BPatG		Mitt 84, 234	8 58, 96
VAPO/Vapor	BPatG		Mitt 82, 193	8 95
VARIETE	BPatG		Mitt 89, 217	8 96
Varimot	OLG Karlsruhe	79, 319		26 41
VARIO	BPatG		E 26, 176	8 96

1707

Fälleverzeichnis

Fallname	Gericht	GRUR	Andere	Fundstelle im Kommentar
Vegaton/Paton	BPatG		Mitt 78, 76	71 16
Velemint	OLG Karlsruhe		Mitt 77, 74	140 10
VENDET	BPatG		E 13, 263	71 38
Venostasin	BGH	57, 339		14 430
Verbandsausstattung I	BGH	91, 684		128 7
Verbandsausstattung II	BGH		WRP 94, 385	128 7
Verbandsmarke	OLG München	93, 915		14 213
Verbandszeichen	BGH		NJW 91, 3152	30 48; 97 6
Verbraucherverband	BGH	79, 78		128 8
Verbrauchsmaterialien	BGH	96, 781		**Vor 14–19** 20; **23** 51, 52, 53
Verein d. Steuerberater	BGH	53, 446		5 7, 24
Verjährungsunterbrechung	BGH	79, 121		20 14, 19
Verlängerungsgebühr	BPatG	97, 58		47 8; **56** 7; **68** 4
Verpackungsmaterial	BPatG	66, 562		14 296
Verschenktexte	BGH	90, 218		5 43, 44, 61, 62, 64; **13** 13 10; **15** 6; **Vor 27–31** 4
Verschenktexte II	BGH	93, 488		5 56
Verschiffungsmarkierung	OLG Hamburg	89, 916		**Vor 14–19** 62
Verschlußvorrichtung für Gießpfannen	BGH	89, 103		84 2
Versehrtenbetrieb	BGH	65, 485		5 29; **128** 7
Versicherungsvermittlung im öffentlichen Dienst	BGH	94, 443		**Vor 14–19** 21, 24
Vertrieb durch Hersteller	OLG Hamburg	97, 800		30 14
Verwandlungstisch	BGH	57, 595		30 16
VHS	BPatG		E 37, 44	8 96; **16** 12
VIA	BPatG		Mitt 96, 172	14 329, 342; **42** 45

Fälleverzeichnis

Vibramycin	EuGH		Int 80, 302
Video-Lizenzvertrag	BGH		87, 37
VIDEO-RENT	BGH		88, 319
Videoland	OLG Oldenburg	WRP 86, 508	
Videorekorder-Vernichtung	BGH		88, 301
Vier-Streifen-Schuh	BGH		87, 364
Virion	BGH		94, 652
Virugard	BPatG		97, 285
VISA-Streifenbild	BPatG		91, 607
VISPER	BGH	Mitt 88, 53	
Visuelles Gesamtbild	BPatG		79, 242
Vita Malz	BGH		66, 436
VITA MED badedas	BPatG	E 37, 179	
Vita Seltzer/Selzerbrunnen	BPatG		69, 137
VITA-MED/MEDIVITAN	OLG München		90, 685
Vitaminol-stoß	BPatG		65, 190
Vitapur	BGH		67, 246
Vitasulfal	BGH		61, 354
VITTEL	BPatG		Int. 92, 62
Vittorio Rossi	OLG München	Mitt 92, 40	
Vittorio Rossi/Vittorio	BPatG	Mitt 85, 174	
VODNI STAVBY	BPatG		97, 286
Vogeler	BGH		60, 490
Vogue-Ski	BGH		90, 68
Volks-Feuerbestattung	BGH		60, 434

24 21
30 11
5 18, 24; **Nach 15 B** 31
5 25
18 12
Vor 14–19 63, 70, 75, 84, 85
5 34; **Vor 14–19** 99; **14** 22, 26, 27; **15** 32; **17** 22, 26; **Vor 27–**
31 6
8 95
8 48, 54, 69; **14** 214, 368, 369
14 38, 44, 110, 114
8 69; **14** 368
8 59; **14** 198
14 391, 404, 428, 432, 443, 444, 445
14 429
34 341
50 19
14 226, 230, 233, 363; **42** 42; **44** 10, 30
Vor 14–19 63, 65
8 86; **Vor 126–139** 2; **130** 2
14 409, 412
14 408
8 33, 61, 65
14 10, 11; **Vor 27–31** 8
2 1; **15** 51; **70** 15
5 25, 29

Fälleverzeichnis

Fallname	Gericht	GRUR	Andere	Fundstelle im Kommentar
Volksbank	BGH	92, 865		5 24; **15** 39, 48, 61
Vom Nürnberger Christkin-	OLG Nürnberg	87, 538		126 5
delsmarkt				
Vorentwurf II	BGH	88, 533		**Vor 14–19** 77
Vorrasur-Nachrasur	BGH	59, 130		14 74
Vorsicht Elch!	BPatG		E 37, 16	14 168, 250, 273, 293, 330, 366,
				392, 421, 428, 452
VP	BPatG	93, 48	Bl 83, 22	26 101
Vreneli	BPatG	93, 584		8 78
VUBI/UDI	OLG Köln	56, 219		15 61
W5	BGH	77, 226		4 16, 17; **8** 144; **14** 198, 209
Wach und Schließ	BGH			5 13, 25, 26
Wagner computer/	BPatG		Mitt 76, 196	14 246
Gunther Wagner				
Waldes-Koh-i-noor				**Einl.** 18
Wandsteckdose	BGH	63, 527		3 41
Wappenerklärung	BGH	62, 409		59 5; **73** 3
Warenkredit	BPatG	55, 48	E 18, 108	5 24
Warenzeichenerwerb	OLG Hamburg	92, 877;		**Vor 27–31** 1; **30** 51
Wärme fürs Leben	BGH		WRP 97, 306	8 37
Wärmetriebwerk	BPatG		Mitt 90, 66	8 95
Wärmpressen	BGH	63, 645		61 4; **83** 17, 25, 26
Warsteiner	OLG Stuttgart		WRP 96, 453	127 3
Wäschepresse	BGH	52, 565		91 35
Waschmittel	BGH	69, 433		70 19
Wasserventil	BGH	90, 434		72 5; **83** 21
WAZ/WAS	OLG Hamm	88, 477		5 54; **15** 94

Fälleverzeichnis

Weidepumpe	BGH		63, 279
Weihnachtsbrief	BGH		90, 109
Wekroma/Feprona	BPatG	Bl 89, 223	
WELASTIC	BPatG	WRP 72, 433	
Wella/Welo	OLG Stuttgart	Mitt 91, 295	
Wella-Perla	BGH		58, 604
Wellcare	BPatG	Mitt 88, 92	
Wellplatten	BGH		65, 591
Wendemanschette	BGH		88, 175
Werbung im Programm	BGH		90, 611
Wer ist wer	OLG Hamm		93, 978
Wera/Verena	BPatG	Mitt 88, 218	
Weserklause	BGH		70, 481
Western Horse Journal	OLG Köln		94, 322
Westward	BPatG	Mitt 89, 241	
Wettbewerbsverein I	BGH		86, 320
Wettbewerbsverein III	BGH		88, 918
Wettbewerbsverein IV	BGH		90, 282
While You Wait	BPatG		95, 734
Whisky-Flasche	BPatG		65, 94
White Horse	BGH		66, 267
White Lion	BPatG	26 W (pat) 190/95	
Wickelsterne	BGH		55, 406
Widerspruchsunterzeichnung	BGH		89, 506
Widia/Ardia	BGH		52, 35
Wie hammas denn	BGH		88, 211
Wiedereinsetzung	BPatG		69, 103
Wiesenausschnitt	OLG München		91, 218
Wild Bitter/Wild	BPatG	Mitt 83, 218	

69 2
70 6; **89** 6
26 68
14 296, 297
14 461, 487
14 395; **15** 37
8 96
30 26
30 29
128 6
14 429
14 204, 355
5 16; **Nach 15 A** 8, 19
15 94
8 95
128 7
128 7
128 7
8 25, 33
8 47, 140
2 8; **5** 34; **14** 174; **15** 43, 59
14 301, 305
4 21; **14** 188; **21** 28
42 19, 23
14 128, 163, 166, 182, 325
5 63; **8** 38; **59** 4; **73** 3
66 32; **80** 4
14 92
14 297

1711

Fälleverzeichnis

Fallname	Gericht	GRUR	Andere	Fundstelle im Kommentar
WINCAD	OLG München		MD 95, 1284	15 88, 98
Windward	BPatG		Mitt 89, 242	8 95
Wipp	BGH	57, 499		Vor 14–19 109; 14 183, 329, 332; 21 20; 43 42; 44 30
WIR IM SÜDWESTEN	BGH	94, 908		14 66; 15 76, 81
WKS-Möbel	BGH	64, 381		8 150; 14 207, 221, 232; 97 5 f., 8
WKS-Möbel II	BGH	67, 482		4 18
WM! 94	OLG Hamburg	97, 297		14 163, 444, 445, 452
WMF-Mondmännchen	BGH	75, 487		3 11; 14 375
Wodka Woronoff	BGH	87, 535		49 34; 14 126 6; 127 3
Wort-Bild-Zeichen „extreme"	BPatG		Mitt 93, 367	8 95
Wurstmühle	BGH	84, 872		8 45; 14 217, 372; 26 82, 93, 97
Wyeth	BGH	58, 185		5 29; 23 16, 23, 24; 48 1
xpert	BPatG		E 17, 261	8 32
Xtensions	OLG Hamburg	95, 816		Vor 14–19 100, 101, 103; 23 48; 50 12
Yellow Phone	BGH	97, 311		14 221, 356, 440, 489, 495, 496, 503, 521, 153 3
Yes	BPatG	97, 642		8 39, 92, 96
Z-TECH	BGH	91, 839		Einl. 17
Zählkassetten	BGH	54, 121		3 41; 14 72
Zahnbürsten	BGH	61, 288		19 17, 19
Zahnrad	BGH	58, 610		14 315, 368
Zamek	BGH	60, 33		14 128; 23 16, 30
Zamek II	BGH	71, 309		23 32; 25 34

Fälleverzeichnis

Zappel-Fisch	BGH		93, 767	5 42, 44, 47
Zaunlasur	BGH		91, 550	**Vor 14–19** 94
Zeiss	BGH		58, 189	**Vor 14–19** 38; **14** 124
Zeitplaner	BGH		78, 527	**140** 38, 40
Zentis	BGH		86, 253	5 23; **14** 174, 361; **15** 43, 49, 50, 53, 57, 59, 61
Zentralschloßanlagen	BGH		68, 49	23 50
Ziegelfertigstütze	BGH		84, 737	8 97; **49** 38; **66** 44; **97** 7
Ziegelsteinformling	BGH		83, 721	83 6, 15, 27
Zigarettenwerbung in Jugendzeitschriften	BGH		94, 304	**Vor 14–19** 21, 36
Zimcofot	BGH		66, 576	30 14
Zinkenkreisel	BGH		84, 797	83 15; **84** 2; **89** 4
Zinnia	BPatG	Mitt 88, 234		8 95
Zinnlot	BGH		64, 276	89 4
Zonenbericht	BGH		65, 547	14 44
ZOOM AWAY	BPatG	Mitt 87, 94		8 95
Zur feurigen Bratwurst	OLG Hamm		90, 634	5 13
Zur Laterne	BGH	NJW 82, 2872		30 17
Zürich	BPatG	27 W (pat) 30/83		6 19; **8** 142
Zurückverweisung	BGH		72, 472	70 19, 20
Zustellungsadressat	BGH		91, 814	**Vor 56–65** 2; **94** 3, 7, 8
Zwillinge	BGH		52, 577	**Vor 14–19** 46; **51** 7; **55** 11
Zwillingsfrischbeutel	BGH		68, 148	**14** 63, 82; **42** 42
Zwillingskaffee	BGH		68, 256	14 376
Zwillingspackung	BGH		67, 292	**14** 802; **42** 15

Sachverzeichnis

Ablehnung
- beim BPatG **72** 5; **83** 21
- beim DPA **57** 1 ff.

Abgrenzungsvereinbarung 30 60

Abmahnung
- Kosten **Vor 14–19** 95; **140** 60
- vor Löschungsklage **55** 15, 37
- vor Sequestration **18** 30

Abschlußschreiben
- Kosten **Vor 14–19** 95

absolute Schutzhindernisse
- amtliche Prüf- und Gewährzeichen **8** 124
- Bindungswirkung **8** 10 f.
- Einfluß der früheren Rechtsprechung **8** 4 ff.
- als Einwand ggü. Verletzungsansprüchen **14** 15 f.; **15** 10; **22** 12
- als Einwand ggü. Widerspruch **43** 28 f.
- fehlende Unterscheidungskraft **8** 15
- gemeinschaftskonforme Auslegung **8** 7
- graphisch nicht darstellbare Zeichen **8** 12 ff.
- Hoheitszeichen **8** 118 ff.
- IR-Marke **113**
- Kennzeichen zwischenstaatlicher Organisationen **8** 125 ff., 129 ff.
- Prüfungsverfahren **37**
- täuschende Zeichen **8** 97 ff.
- Übergangsvorschrift **156**
- Überwindung durch Verkehrsdurchsetzung **8** 132 ff.
- üblich gewordene Bezeichnungen **8** 89 ff.
- Verhältnis zu relativen Schutzhindernissen **8** 1
- Verkehrsgeltungshindernisse **8** 9
- Verletzung religiöser Gefühle **8** 116
- Verstoß gegen die öffentliche Ordnung **8** 111 ff.
- kein Widerspruchsgrund **42** 15

Abtretung
- Marke **27** 7
- Verletzungsansprüche **Vor 14–19** 9

Agentenmarke 11; 17
- Begriff **11** 7
- geschäftliche Bezeichnung **17** 24 ff.
- Löschungsgrund **11** 22
- nicht eingetragene **17** 21 ff.
- Rechtsnachfolge **11** 23, 24; **17** 12
- relatives Schutzhindernis **11**
- Schadensersatzanspruch **17** 18
- Strohmann **11** 7
- Übertragungsanspruch **17** 9 ff.
- Unterlassungsanspruch **17** 15, 16
- Widerspruchsgrund **11** 22; **42** 9

Akteneinsicht
- beim BPatG **82** 5 ff.
- beim DPA **62** 2 ff.

Aktivlegitimation
- Eintragungsbewilligungsklage **44** 19
- bei der Kollektivmarke **101** 5
- des Lizenznehmers **30** 40
- Löschungsklage **55** 5 f., 20 f.
- bei Verletzung geographischer Herkunftsangaben **128** 4 ff.
- Verletzungsansprüche **Vor 14–19** 7

ältere Rechte
s. relative Schutzhindernisse

1715

Sachverzeichnis

Amtsermittlung
- durch BPatG **73** 2 ff.
- durch DPA **59** 2 ff.

Amtslöschung
- bei absoluten Schutzhindernissen **50** 23 ff.
- Verfahren **54** 5 ff.

Amtssprache 93

Anmeldung der Marke 4 5, **32** 4 ff.
- Mindesterfordernisse **32** 7 ff.
- Prüfung **36**
- Wiedergabe der Marke **32** 10
- weitere Voraussetzungen **32** 18 ff.

Anmeldetag 33 3

Anhörung
- im patentamtlichen Verfahren **60** 4 f.

s. auch rechtliches Gehör

Anstifter Vor 14–19 10

Anspruchskonkurrenz 2

Antrag
- Auskunftsklage **19** 30; **Vor 14–19** 89
- Eintragungsbewilligungsklage **44** 21
- Löschungsklage **55** 8, 23
- Unterlassungsklage **Vor 14–19** 35 ff.
- Vernichtungsklage **18** 25

Anwartschaftsschutz 14 529

Assoziationsgefahr

s. gedankliche Verbindung

Aufbrauchsfrist Vor 14–19 109 ff.; **18** 20

Aufmachung 14 107

Aufnahmeanspruch
- in Kollektivmarkenverband **102** 15

Ausfuhr

s. Export

Auskunftsanspruch Vor 14–19 74 ff.; **19**
- Auskunftserteilung **Vor 14–19** 82; **19** 16 ff.
- einstweilige Verfügung **Vor 14–19** 92; **19** 34 ff.

- Klageantrag **Vor 14–19** 89; **19** 30
- Mängel der Auskunft **19** 38 ff.
- Rechnungslegung **Vor 14–19** 85
- Streitwert **Vor 14–19** 90; **19** 31 f.
- Umfang, Inhalt der Auskunft **Vor 14–19** 83 ff.; **19** 23 ff.
- Verwertungsverbot **Vor 14–19** 81; **19** 42
- Zeitraum **Vor 14–19** 86; **19**, 28
- Zwangsvollstreckung **Vor 14–19** 91; **19** 33

ausländische Priorität 34

Ausschließlichkeitsrecht
- geschäftliche Bezeichnung **15** 5 f.
- Marke **14** 8 ff.

Ausschließung
- beim BPatG **72** 2 ff.
- beim DPA **57**

Aussetzung
- des Löschungsklageverfahrens **9** 13; **55** 32, 34
- wegen noch nicht eingetragener älterer Marke **9** 13
- des Verletzungsprozesses **14** 15
- des Widerspruchsverfahrens **9** 13; **42** 50; **43** 44 ff., 48

Ausstellungspriorität 35

Ausübungspflicht des Lizenznehmers 30 21

Befangenheit

s. Ablehnung

Begehungsgefahr
- s. Erstbegehungsgefahr
- s. Wiederholungsgefahr

begleitende Marke 14 298 ff.

Beihilfe Vor 14–19 10

Behinderung
- durch Markenanmeldung **50** 12 ff.

Beitritt
- des Lizenznehmers zum Prozeß des Lizenzgebers **30** 41

bekannte Kennzeichen
- s. bekannte Marke

Sachverzeichnis

- s. bekannter Titel
- s. bekanntes Unternehmenskennzeichen
- s. notorisch bekannte Marke

bekannte Marke (erweiterter Schutz) **14** 453 ff.
- Abgrenzung zur berühmten Marke **14** 467
- Abgrenzung zur notorischen Marke **14** 468
- Abgrenzung zur Verkehrsdurchsetzung **14** 469
- Abgrenzung zur Verkehrsgeltung **14** 470
- Anwartschaftsschutz **14** 529
- außerkennzeichenrechtl. Schutz **14** 521 ff.
- Ausnutzung **14** 499 ff., 520
- Beeinträchtigung **14** 504 f., 509 ff.
- Begriff **14** 466 ff., 498, 506 ff.
- Feststellung **14** 483 ff.
- maßgeblicher Zeitpunkt **14** 482
- maßgebliches Gebiet **14** 474 ff.
- qualitative Anforderungen **14** 479 f.
- quantitative Anforderungen **14** 474 f
- rechtsverletzende Benutzung **14** 490 f.
- Unlauterkeit **14** 496, 503
- Waren-/Dienstleistungsähnlichkeit **14** 488 f.
- Wertschätzung
- Verwässerung **14** 509 ff.
- Zeichenähnlichkeit **14** 487

bekanntes Unternehmenskennzeichen (erweiterter Schutz) **15** 62 ff.

bekannter Werktitel (erweiterter Schutz) **15** 100 ff.

Benutzung, rechtserhaltende (eingetragene Marken) **26**
- abweichende Form **26** 76 ff.
- Begriff **26** 10 ff.
- berechtigte Gründe für Nichtbenutzung **26** 120 ff.

- beschreibende Angabe **26** 45 ff.
- als Bestellzeichen **26** 50
- Beweis im Prozeß **25** 20 ff.
- Dauer **26** 117 f.
- dekorative Verwendung **26** 52
- für Dienstleistung **26** 42, 43
- dreidimensionale Marke **26** 57
- durch Dritten **26** 68 ff.
- Ernsthaftigkeit **26** 108 ff.
- farbige Marke **26** 59
- Gemeinschaftsmarke **26** 6; **125 b** 10
- als geographische Herkunftsangabe **26** 25 ff.
- im geschäftlichen Verkehr **26** 26 ff.
- Glaubhaftmachung im Widerspruchsverfahren **43** 18 ff.
- Hörmarke **26** 58
- Inlandsbenutzung **26** 104 ff.
- IR-Marke **115** 6 f.
- kennzeichenmäßiger Gebrauch **26** 17 ff.
- bei der Kollektivmarke **100** 8
- Markennennung **26** 54
- Markttests **26** 114
- mehrerer Marken **26** 101 ff.
- für Modelle **26** 53
- mündlich **26** 38
- räumlicher Umfang **26** 119
- für Sachgesamtheit **26** 41
- Schweiz **26** 107
- als Sortenbezeichnung **26** 50
- Teilbenutzung **25** 23 ff.; **26** 65 ff.; **43** 25
- Umfang **26** 115 f.
- als Unternehmenskennzeichen **26** 20 ff.
- Verbindung zur Ware **26** 34 ff.
- als Verpackungskennzeichen **26** 40
- durch Vorbereitungsmaßnahmen **26** 39
- als Werktitel **26** 24 ff.
- als Zweitmarke **26** 51

1717

Sachverzeichnis

**Benutzung, rechtsverletzende
14** 48 ff.; **15** 25 ff., 75 ff.
- Begriff **14**, 48 ff.
- als beschreibende Angabe **14** 74 ff.; **23** 33 ff.
- als Domain-Name **14** 65
- dreidimensionale Marken **14** 73
- durch dreidimensionale Wiedergabe **14** 72
- bei freihaltebedürftigen Angaben **14** 75
- als geographische Herkunftsangabe **14** 68
- mündlich **14** 71
- als Titel **14** 66 f.; **15** 75 ff.
- als Unternehmenskennzeichen **14** 64; **15** 25 ff.
- Verkehrsauffassung **14** 59 f.
- bei Verkehrsgeltung **14** 63
- von Werktiteln **15** 75 ff.

Benutzungszwang
s. Benutzung, rechtserhaltende
- Einrede ggü. einstweiliger Verfügung **25** 29
- Einrede im Löschungsklageverfahren **55** 27 ff.
- Einrede im Verletzungsprozeß **25** 6 ff.
- Einrede im Widerspruchsverfahren **43** 6 ff.
- IR-Marke **115** 6 f.
- Normzweck **26** 7 ff.
- Schonfrist **25** 6 ff.; **26** 130 ff.
- Verfall **49** 6 ff.; **22** 12
- Wiederholungseintragungen **25** 31 ff.

**Bereicherungsanspruch
Vor 14–19** 73

Berichtigung
- Anmeldung **39** 4 ff.
- Beschwerdeentscheidung **80**
- Register **45**
- Veröffentlichungen **45**

berüchtigte Marke 14 479, 508

Berührung
s. Erstbegehungsgefahr

Beschlagnahme 146
- Rechtsmittel **148** 2
- Sicherheitsleistung **146** 7
- Widerspruch **147** 3

beschleunigte Prüfung 38

Beschlüsse
- des BPatG **70**
- des DPA **61**

beschreibende Angabe
- freie Benutzung **23** 33 ff.
- Kennzeichnungskraft **14** 199 ff., 213
- verletzende Benutzung **14** 74 ff.

Beschwerde (BPatG) **66**
- Anschlußbeschwerde **66** 44 ff.
- Begründung **66** 23 ff.; **84** 3 f.; **85** 3 f.
- Berechtigung **66** 19; **84** 2
- Beschwer **66** 21 f.
- Beschwerdegebühr **66** 35; **71** 30 ff.
- Form **66** 26 f.; **85** 2
- Frist **66** 30 ff.; **85** 2
- Rücknahme **66** 42
- Statthaftigkeit **66** 11 ff.
- Verzicht **66** 43

Beschwerdeverfahren (BPatG) **66–82**
- Abhilfe **66** 51 f.
- Amtsermittlung **73** 2 ff.
- Begründung der Entscheidung **79** 6; **83** 25 f.
- Beweis **74; 78** 2
- Durchgriffsbeschwerde **66** 12 ff.
- Entscheidung **70**
- Kosten **71**
- Ladung **75**
- mündliche Verhandlung **69; 76; 89** 2
- Öffentlichkeit **67** 3; **83** 24
- Protokoll **77**
- Rechtsnatur **66** 9 f.
- Verkündung **79** 2 ff.
- Zurückverweisung **70** 12 ff.
- Zustellung **79** 2 ff.

**Beseitigungsanspruch
Vor 14–19** 55 ff.; **18**

Sachverzeichnis

Besetzung
- Beschwerdesenat **67** 2; **83** 20
- Markenabteilungen **56** 7
- Markenstellen **56** 5

Besichtigungsanspruch Vor 14–19 93

Besitz
- als rechtsverletzende Benutzung **14** 117 f.

Bestandskraft jüngerer Marke 22; **51**, 9 f.; **55** 28

Bestellzeichen
- rechtserhaltende Benutzung **26** 50
- rechtsverletzende Benutzung **14** 80

Bestimmungsangaben 23 49 ff.

Betriebsinhaber-Haftung Vor 14–19 13 ff.; **17** 19

Beweiserhebung
- durch BPatG **74**
- durch DPA **59** 6 ff.

Bewertung von Marken Vor 27–31 2

Bildzeichen
- Ähnlichkeit **14** 367 ff.
- Freihaltebedürfnis **8** 69
- Kennzeichnungskraft **14** 213 ff.
- Unterscheidungskraft **8** 43 ff.
- Zeichenfähigkeit **3** 26

Bösgläubigkeit bei der Anmeldung
- als Nichtigkeitsgrund **50** 8 ff.
- als Einwand ggü Verletzungsansprüchen **Vor 14–19** 99 ff.

Branchennähe
- Unternehmenskennzeichen **15** 49 ff.
- Werktitel **15** 89 ff.

Buchstabenzeichen
- Kennzeichnungskraft **14** 205 ff.; **15** 46
- Unterscheidungskraft **8** 50
- Zeichenfähigkeit **3** 24

Bundespatentgericht 66 8
- Beschwerdesenat **67** 2

Computerprogramme
- Titelschutz **5** 47; **15** 98
- Warenähnlichkeit **14** 293, 309

Datenbank
- Hinweis auf Markeneintragung **16**

DDR-Kennzeichen Einl. 25 ff.

Defensivzeichen 3 13

dekorative Verwendung
- als rechtserhaltende Benutzung **26** 52 f.
- als rechtsverletzende Benutzung **14** 92 ff.

Demoskopie 14 178, 467

Domain-Name
- Anspruch auf Verzicht **Vor 14–19** 57; **Nach 15** 24
- Erstbegehungsgefahr **Vor 14–19** 28
- freier Adressengebrauch **23** 14
- als geschäftliche Bezeichnung **5** 19
- geschäftlicher Verkehr **14** 37
- Inlandsbezug **14** 31
- kennzeichenmäßiger Gebrauch **14** 65
- Passivlegitimation **Vor 14–19** 11, 12
- Übertragung **Vor 14–19** 97
- Waren/Dienstleistungsähnlichkeit **14** 242
- Zeichenähnlichkeit **15** 48

dreidimensionale Zeichen
- funktionale Gestaltung **3** 39 ff.
- rechtserhaltende Benutzung **26** 57
- rechtsverletzende Benutzung dreidimensionaler Marken **14** 73
- Kennzeichnungskraft **14** 219
- Wiedergabe von Bildzeichen **14** 72
- Schutzhindernis **3** 34 ff.
- Zeichenähnlichkeit **14** 383
- Zeichenfähigkeit **3** 28 ff.

Drittzeichen
- Schwächung der Kennzeichnungskraft **14** 226 ff.

1719

Sachverzeichnis

Durchfuhr
s. Transit
Durchgriffsbeschwerde 66 12 ff.

eidesstattliche Versicherung
- Glaubhaftmachung im Verfügungsverfahren **Vor 14–19** 54
- Glaubhaftmachung im Widerspruchsverfahren **43** 19

Einfuhr
s. Import
Einigungsvertrag Einl. 25
Einspruch
- gegen die Eintragung von geographischen Angaben und Ursprungsbezeichnungen **132**

einstweilige Verfügung
- Auskunftsanspruch **Vor 14–19** 92; **19** 34 ff.
- bei Kennzeichenverletzung **Vor 14–19** 48 ff.
- Dringlichkeit **Vor 14–19** 49 ff.; **19** 36
- Vernichtungsanspruch **18** 28
- Zuständigkeit **140** 54

Eintragung
- Entstehung der Marke **4** 6
- der Marke in das Register **41**
- Legitimationswirkung **28** 8 ff.

Eintragungsbewilligungsklage 44

Eintragungsanspruch 33 4
Einziehung
- bei der Beschlagnahme **147**

Erinnerung 64
- Form und Frist **64** 3
- Zuständigkeit **64** 5
- Zulässigkeit **64** 2

Ermächtigung
s. Rechtsverordnungsermächtigung
Ermittlungen
- des DPA **60** 2 f.

Erschöpfung 24
- Anwendungsbereich **24** 6
- Änderung des Produkts **24** 11
- Änderung des Kennzeichens **24** 13

- Änderung der Verpackung **24** 12
- Ausschluß **24** 9 ff.
- Begründung **24** 5
- Beweislast **24** 15
- im Gemeinschaftsrecht **24** 16 ff.
- Rechtsmißbrauch **24** 14
- territorialer Geltungsbereich **24** 8
- Umverpacken von Arzneimitteln **24** 19
- Zustimmung des Markeninhabers **24** 7

Erstbegehungsgefahr Vor 14–19 25 ff.
- durch Berühmung **Vor 14–19** 32
- durch exterritoriale Handlungen **14** 33
- durch Markenanmeldung **Vor 14–19** 26 ff.
- durch Messeangebot **Vor 14–19** 30
- durch Titelschutzanzeige **15** 79
- durch Vorbereitungshandlungen **Vor 14–19** 33
- Wegfall **Vor 14–19** 32 f.

Erstreckungsgesetz Einl. 25 ff.
- geographische Herkunftsangaben **Einl.** 30
- geschäftliche Bezeichnungen **Einl.** 29
- Kollisionsregeln **Einl.** 31 f.
- Marken **Einl.** 28

Export
- als rechtserhaltende Benutzung **26** 105
- als rechtsverletzende Benutzung **14** 121

Exportvermerk
(Warenverzeichnis) **26** 63; **32** 6

Farbmarken
- Kennzeichnungskraft **14**, 218
- Markenfähigkeit **3** 32
- Unterscheidungskraft **8** 48
- Zeichenähnlichkeit **14** 382

Feststellungsklage
s. negative, s. Schadensersatz

Sachverzeichnis

Filmtitelregister
- Erstbegehungsgefahr durch Eintragung **15** 79
- Passivlegitimation **Vor 14–19** 12

Firma
s. Unternehmenskennzeichen
- handelsrechtlicher Schutz **Nach 15** 26 ff.
- Löschung im Handelsregister **Vor 14–19** 39

Firmenschlagwort 5 18; **15** 37 ff.
freier Warenverkehr 30 58
Freihaltebedürfnis 8 52 ff.
- ausländische Paralleleintragungen **8** 66
- Begriff **8** 52
- beschreibende Angaben **8** 70 ff.
- Bestimmung **8** 61
- Funktionen **8** 54
- und Kennzeichnungskraft **14** 197, 199 ff., 205 ff., **2** 3 ff.
- und Unterscheidungskraft **8** 18 f.
- Verhältnis zu § 23 Nr. 2, **8** 53

Fortwirkung von Verletzung 14 179

Gattungsbezeichnung
- Abgrenzung zur geographischen Herkunftsangabe **126** 12 ff.

Gebietsbeschränkung
- markenrechtliche Wirkung **30** 37

Gebräuchliche Bezeichnung 49 28 ff.

Gebrauchsmuster
- relatives Schutzhindernis **13** 13

gedankliche Verbindung 14 425 ff.

Gegenstandsloserklärung 66 22; **70** 5

Gegenstandswert
s. Streitwert

Gehilfe Vor 14–19 10
geistige Produkte
s. Werktitel

Gemeinschaftsmarke Einl 24; 125 a–125 g
- als älteres Recht **125 b** 2 ff.
- Anmeldung beim DPA **125 a**
- Begehungsgefahr durch Anmeldung **Vor 14–19** 27
- Grenzbeschlagnahme **125 b** 13;
- im Insolvenzverfahren **125 h**
- seniority **125 c** 3
- Umwandlung **125 d**
- Ungültigkeitsfeststellung **125 c** 8 ff.
- Verletzungsansprüche **125 b** 5 f.
- Verwirkungseinwand **125 b** 7 ff.
- Zeitrang-Inanspruchnahme **125 c**

Gemeinschaftsmarkengerichte 125 e–125 g

Gemeinschaftsrecht
- Überblick **Einl.** 24

Geographische Herkunftsangabe Vor §§ 126–139 1; s. a. **Anl. 6, 7**
- Abgrenzung zur Gattungsbezeichnung **126** 12 ff.
- Antragstellung nach der VO (EWG) Nr. 2081/92 **130** 2 ff.
- ausländische **126** 11
- Begriff **Vor §§ 126–139** 1
- Beschlagnahme **151**
- irreführende Benutzung **127** 3 f.
- als Kollektivmarke **99**
- Lizenz **30** 5
- Löschungsgrund **13** 12, 15; **55**, 41
- mit besonderem Ruf **127** 9 ff.
- mittelbare **6**
- qualifizierte **126** 7
- relatives Schutzhindernis **13** 12
- Schadenersatzanspruch **128** 10 ff.
- Schutz **127** 2 ff.
- Schutz besonderer Produkteigenschaften **127** 6 ff.
- Schutz nach der Verordnung (EWG) Nr. 2081/92 **Vor 130–136**
- Stellung im Schutzsystem **Einl.** 10 **Vor 126–139** 2
- Umwandlung in Gattungsbezeichnung **126** 14
- Unterlassungsanspruch **128** 2
- unmittelbare **126** 4 f.

1721

Sachverzeichnis

Gerichtssprache 93
Gerichtsstand
s. Zuständigkeit, örtliche
geschäftliche Bezeichnung 5; 15
- Begriff **Einl.** 9, **5** 2
- Domain-Name **5** 19
- s. Unternehmenskennzeichen
- s. Werktitel
geschäftlicher Verkehr 14 34 ff.; **15** 21; **26** 28 ff.
- amtlich-hoheitliche Handlungen **14** 36
- betriebsinterne Handlungen **14** 38 ff.; **26** 28 ff.
- Klageantrag **Vor 14–19** 44
- privates Handeln **14** 36; **26** 31
Geschäftsabzeichen 5 20
Geschäftsbetrieb
- Fehlen **3** 10, **7** 11, **50** 9
- Wirkung des Übergangs **27** 15 ff.
Geschmacksmuster
- Erstbegehungsgefahr **Vor 14–19** 29
- kennzeichenmäßiger Gebrauch **14** 69
- Löschungsgrund **13** 13, 15
- relatives Schutzhindernis **13** 13
Gewährleistung
- im Lizenzvertrag **30** 27 ff.
Gewinn, entgangener
Vor 14–19 64
Glaubhaftmachung
s. eidesstattliche Versicherung
Gleichartigkeit
(Waren/Dienstleistungen)
14 248 ff.
Gleichnamigenrecht 23 15 ff; **43** 33
Grenzbeschlagnahme
- s. Beschlagnahme
Gruppenfreistellungsverordnung
- und Markenlizenz **30** 55
Gutachten
- des DPA **58**

gutgläubiger Erwerb
- der Marke **27** 10
Gütezeichen 97 6

Hörmarken
- Darstellung **8** 13 f., 32
- Kennzeichnungskraft **14** 220
- Unterscheidungskraft **8** 51
- Zeichenähnlichkeit **14** 384

Identität
- identische Verletzung **14** 137 ff.; **15** 31
- Waren/Dienstleistungsidentität **14** 144 ff.
- Zeichenidentität **14** 141 ff.
Immaterialgüterrecht 14 10; **15** 6
Import
- rechtsverletzende Benutzung **14** 20
Importvermerk
(Warenverzeichnis) **26** 63; **32** 16
Inlandsvertreter 96; 114 7
insbesondere-Zusatz
- Klageantrag **Vor 14–19** 42
internationale Abkommen
- Überblick **Einl.** 15
Internationale Klassifikationsabkommen Einl. 19
international registrierte Marken
- Anwendung des MarkenG **107** 1
- Löschung aufgrund älterer IR-Marke **116**
- deutsche Marke **108**
- nach dem MMP **120**
- Nichtbenutzungseinrede ggü. älterer IR-Marke **117**
- Schutzentziehung **115**
- absolute Schutzhindernisse **113**
- Schutzverweigerung wegen Widerspruchs **114** 5 ff.
- Umwandlung in nationale Marke **125**
- Veröffentlichung **114** 2
- Widerspruch aus IR-Marke **116**

Sachverzeichnis

- Widerspruch gegen IR-Marke **114** 3 ff.
- Wirkung **112**

Internet
s. Domain-Name
- Inlandsbezug **14** 31
- titelmäßige Verwendung **15** 77

Inverkehrbringen
- Erschöpfung **24** 7
- rechtsverletzende Benutzung **14** 114

IR-Marke
s. international registrierte Marken

Irreführung
- durch Marke **2** 10; **8** 97 ff.; **49** 34

Kartellrecht
- und Markenlizenzvertrag **30** 46 ff.

Kennzeichen
- Begriff **Einl. 7, 1** 4

kennzeichenmäßiger Gebrauch
- s. Benutzung, rechtsverletzende
- s. Benutzung, rechtshaltende

Kennzeichenstreitsachen
- Begriff **140** 6 ff.
- Zuständigkeit **140** 15 ff.

Kennzeichnungskraft
- Begriff **14** 181
- Beweislast **14** 189
- Feststellung **14** 185 ff.
- Marke **14** 181 ff.
- originäre **14** 195 ff.
- Schwächung durch Drittzeichen **14** 226 ff.
- Stärkung **14** 221 ff.
- Unternehmenskennzeichen **15** 44 ff., **5** 22 ff
- Werktitel **15** 84 ff.
- Zeitpunkt **14** 184

Kennzeichnungsmittel 14 133
Kennzeichnungsvorrichtungen
- Vernichtung **18** 11 ff.

Kerntheorie Vor 14–19 46

Kinder
Verkehrsverständnis **14** 170

Klageantrag
s. Antrag

Klagebefugnis
s. Aktivlegitimation

Klassifikation, s. a. **Anh. 4**
- bei der Anmeldung **32** 14
- Bedeutung für Waren-/Dienstleistungsähnlichkeit **14** 287

Koexistenz 6 28 f.; **14** 24; **15** 14; **22** 15; **23** 25 ff.
- bei der Verwirkung **21** 15

Kollektivmarke 97 ff,
- abweichende Regelungen **97** 10 ff.
- Begriff **97** 5
- Inhaber **98** 5 f.
- mißbräuchliche Nutzung **105** 4
- täuschende Benutzung **105** 6
- Verfallsgründe **105** 2 ff.

konkrete Verletzungsform
s. Verletzungsform, konkrete

Konkurs 29 14 ff.

Kosten
- Beschwerdeverfahren **71**
- DPA-Verfahren **63**
- Kennzeichenstreitsachen **40** 58 ff.
- Rechtsbeschwerdeverfahren **85** 7; **90**

Kostenerstattungsanspruch Vor 14–19 94 ff.

Kostenfestsetzung
- Beschwerdeverfahren **71** 28
- DPA-Verfahren **163** 8
- Rechtsbeschwerdeverfahren **90** 5

Kündigung
- des Lizenzvertrages **30** 29 ff.

Lizenz 30
s. auch Lizenzvertrag
- ausschließliche **30** 10
- Beschränkungen **30** 12 ff.
- Lizenzanalogie **Vor 14–19** 66 ff.
- Lizenzsätze **Vor 14–19** 67; **30** 29
- Rechtsbestand **30** 43
- Unterlizenz **30** 11

Lizenzvertrag
- Auslegung **30** 18
- Ausübungspflicht **30** 21
- Beendigung **30** 28 ff.

1723

Sachverzeichnis

- Beschränkungen mit markenrechtlicher Wirkung **30** 33 ff.
- Form **30** 17
- Gewährleistung **30** 27
- Irreführungsverbot **30** 59
- kartellrechtliche Schranken **30** 46 ff.
- Lizenzgebühr **30** 29
- Pflichten des Lizenzgebers **30** 26 ff.
- Pflichten des Lizenznehmers **30** 20 ff.
- Prozeßführungsbefugnis **30** 40
- Qualitätsvorgabe **30** 24
- Rechnungslegung **30** 22
- Unwirksamkeitsgründe **30** 19

Löschungsantrag
- wegen absoluter Schutzhindernisse **54** 5
- wegen Bösgläubigkeit des Anmelders **50** 8
- Gebühr **54** 6
- wegen Nichtigkeit **50** 5 ff.

Löschungsanspruch
s. Löschungsgründe
s. Löschungsklage

Löschungsgründe
- s. Nichtigkeit
- bei Nichtzahlung der Verlängerungsgebühr **47** 11
- s. Verfall
- s. Verzicht

Löschungsklage 55
s. Löschungsklage wegen älterer Rechte
s. Löschungsklage wegen Verfalls
- außerkennzeichenrechtliche **55** 43
- wegen geographischer Herkunftsangabe **55** 41

Löschungsklage wegen älterer Rechte **19** ff.
- Abmahnung **55** 37
- Aktivlegitimation **55** 22 f.
- Beweislast **55** 25
- Einwände **55** 26 ff.
- Klageantrag **55** 23

- Kosten **55** 37
- Passivlegitimation **55** 22
- Streitwert **55** 38
- Zuständigkeit **55** 36

Löschungsklage wegen Verfalls 55 5 ff
- Abmahnung **55** 15
- Aktivlegitimation **55** 5 f.
- Beweislast **55** 10
- Einwände **55** 11
- Klageantrag **55** 8
- Kosten **55** 14
- Passivlegitimation **55** 7
- Rechtskraft **55** 18
- Streitwert **55**, 16
- Vollstreckung **55** 17
- Zuständigkeit **55** 14

Madrider Abkommen über die int. Registrierung von Marken Einl. 18, 107 ff.
s. a. **Anl. 10, 11**

Madrider Herkunftsabkommen Einl. 21

Marke
- Arten **3** 6 ff., 21 ff., **4**
- Ausschließlichkeitsrecht **Einl. 1**
- Begriff **Einl. 1** 4, **1** 5
- Bewertung **Vor 27–31** 2
- als Wirtschaftsgut **Vor 24–31** 1 ff.
- Rechtsübergang **27**

Markenabteilung 56 6 f.
- Besetzung **56** 7
- Zuständigkeit **56** 6

Markenbildungsprinzip
- Verwechslungsgefahr **14** 436 f., 530

Markenfähigkeit 3 6 ff.
- unternehmensinterne Marken **3** 19
- Unterscheidungseignung **3** 16

Markenfunktionen Einl. 33 f.

Markennennung 14 85 ff.
- redaktionelle Nennung **14** 90
- vergleichende Werbung **14** 89

Markenrechtsfähigkeit 7 5 ff.

Sachverzeichnis

Markensatzung
- Änderung **104**
- der Kollektivmarke **102**
- Mindestinhalt **102** 7 ff.

Markenstellen 56 4
- Besetzung **56** 5
- Zuständigkeit **56** 4

Markenverletzung 14 12 ff.
Markenverordnung Anh. 1
mittelbare Markenverletzung 14 132 ff.
Modelle 14 95
- rechtserhaltende Benutzung **14** 53
- rechtsverletzende Benutzung **14** 95

Mittäter Vor 14–19 10
mittelbare Verwechslungsgefahr 14 428 ff.; **15** 35
- Modernisierung **14** 433
- Serienzeichen **14** 428 ff.
- Verkleinerung **14** 435
- Verkürzung **14** 434

Mitwirkung der Parteien
- bei der Aufklärung des Sachverhaltes **59** 4

mündliche Verwendung
- rechtserhaltend **26** 38
- rechtsverletzend **14** 71

Nachname
- Zeichenähnlichkeit **14** 408 ff.

Nachbeanstandung 42 15; **158** 14
Nachschlagewerke
- Hinweis auf Markeneintragung **16**

Namensgleiche
s. Gleichnamigenrecht

Namensrechtlicher Schutz Nach 15 1 ff., **5** 7
- außergeschäftlicher Schutz **Nach 15** 7 f.
- freier Gebrauch **23** 10 ff.
- Gleichnamigenrecht **23** 15 ff.
- Interessenverletzung **Nach 15** 19 ff.
- Löschungsgrund **13** 8, 15
- Namensanmaßung **Nach 15** 13 ff.

- Namensbegriff **514** ff.; **Nach 15** 10
- Namensleugnung **Nach 15** 12
- Namensnennung **Nach 15** 17
- Verjährung **Nach 15** 25
- Verletzungsansprüche **Nach 15** 24
- Verwirkung **Nach 15** 25

negative Feststellungsklage Vor 14–19 114 ff.
Nießbrauch
- an der Marke **29** 10

Nichtangriffsabrede 55 12, 30, **30** 23

Nichtbenutzungseinrede
- im Löschungsprozeß **55** 27 ff.
- im Verletzungsprozeß **25**
- im Widerspruchsverfahren **43** 6 ff.

Nichtigkeit
- wegen älterer Rechte **51**; **55** 19 ff.
- wegen absoluter Schutzhindernisse **50**; **54**
- Kollektivmarke **106**
- Löschungsantrag **54**
- Löschungsklage **55** 19 ff.
- Löschungswirkungen **52** 12

Niederschrift
s. Protokoll

notorisch bekannte Marke
- Abgrenzung zur bekannten Marke **14** 468
- Begriff **4** 23
- Eintragungshindernis **10** 5; **37** 9
- Löschungsgrund **10** 6
- notwendiger Bekanntheitsgrad **4** 24
- im Prüfungsverfahren **37** 8
- relatives Schutzhindernis **10**
- als Schutzgrund **4** 23
- Widerspruchsgrund **10** 6; **42** 8

Öffentlichkeit
- Beschwerdeverfahren **67** 3; **83** 24
Ordnungswidrigkeiten 145
Organhaftung Vor 14–19 10

1725

Sachverzeichnis

Pariser Verbandsübereinkunft
Einl. 16 f.; s. a. **Anl. 9**
Parodie 14 98 f.
Passivlegitimation
– Eintragungsbewilligungsklage **44** 19
– Löschungsklage **55** 7, 21
– Rechtsnachfolge **Vor 14–19** 17
– Verletzungsansprüche **Vor 14–19** 10 ff.
Patent
– relatives Schutzhindernis **13** 13
Patentanwalt
– Honorar **140** 57
– als Inlandsvertreter **96**
– Kosten im Beschwerdeverfahren **71** 25 f.
– Kosten im Rechtsbeschwerdeverfahren **90** 4
– Kostenerstattung in Kennzeichenstreitsachen **140** 58 ff.
– Mitwirkung bei Kennzeichenstreitsachen **140** 56
– Streitwertbegünstigung **142** 34
– Vertretung vor BPatG **81** 3, 7
– Vertretung vor DPA **32** 21
Patentgebührengesetz Anh. 3
Persönlichkeitsrecht 14 11; **15** 6
Pfändung der Marke 29 11
positives Benutzungsrecht 14 9; **15** 5
Prägetheorie 14 385 ff.
– Bildbestandteil **14** 415 ff.
– fremdsprachige Bestandteile **14** 405 ff.
– Firmenname **14** 395 ff.
– Gesamteindruck **14** 368 f.
– gesteigerte Kennzeichnungskraft **14** 404
– Kritik **14** 420 ff.
– Prägung durch Bestandteil **14** 388 ff.
– prozessuales **14** 417 ff.
– schutzunfähige Bestandteile **14** 399 ff.
– Serienzeichen **14** 395 ff.
– Vorname/Nachname **14** 408 ff.

Präsident des DPA
– Beteiligung am Beschwerdeverfahren **68**
– Rechtsbeschwerdeverfahren **87** 3 f.
Priorität 6 28 f.; **9** 7 f.
– Änderung des Kennzeichens **6** 15
– Bedeutung **6** 1 ff.
– eingetragene Marken **6** 16 ff.
– nicht eingetragene Kennzeichen **6** 21 ff.
– Inhaber **6** 12
– Koexistenz **6** 28 f.
– Rechtsfolgen **6** 11
– Veränderung des Schutzumfanges **6** 13, **22** 5 ff., **51** 9
– Verschiebung bei Wegfall von Schutzhindernissen **36** 5 ff.
– Voraussetzung für Verletzungsansprüche **14** 19 ff.; **15** 11
Produktveränderung
– Auswirkungen auf die Erschöpfung **24** 11
Protokoll
– Beschwerdeverfahren **77**
– beim DPA **60** 6
Protokoll zum MMA Einl. 19; 119 ff.
Prozeßkostenhilfe 82 2; **142** 21, 33
Prozeßstandschaft Vor 14–19 8
– passive **Vor 14–19** 18; **14** 23
– Widerspruchsverfahren **42** 12
Publikum 14 168

Qualitätsvorgaben
– im Lizenzvertrag **30** 24, 28

„R" im Kreis 29; 26 14, 56
Rechnungslegung
– Auskunftsanspruch **Vor 14–19** 85
– beim Lizenzvertrag **30** 22
Recht an der eigenen Abbildung
– relatives Schutzhindernis **13** 2, 15
rechtliches Gehör
– vor dem BPatG **78** 3; **83** 22

Sachverzeichnis

- vor dem DPA **59** 8 ff.
- im Widerspruchsverfahren **42** 40 f.

Rechtsanwalt
- s. Kosten
- s. Vertretung

Rechtsbeschwerde 83
- Anschlußrechtsbeschwerde **83** 27
- Rechtsnatur **83** 5 f.
- Zulassung **83** 11 ff.
- Zulassungsfreie **83** 17 ff.

Rechtsbeschwerdeverfahren 83–90
- Beteiligte **87**
- Entscheidung **89** 5 f.
- Kostenentscheidung **90**
- mündliche Verhandlung **89** 2
- Prüfungsumfang **89** 3 f.,

Rechtshilfe 95

Rechtsmißbrauch
- Einwand ggü. Löschungsklage **55** 11, 32 f.
- Einwand ggü. Verletzungsansprüchen **Vor 14–19** 99 ff.
- Einwand ggü. Widerspruch **43** 35
- Löschung wegen Rechtsmißbrauchs **Vor 14–19** 100; **50** 8 ff.
- mißbräuchlicher Rechtserwerb **Vor 14–19** 100 ff.; **50** 12 ff.
- widersprüchliches Verhalten **Vor 14–19** 105

Rechtsnachfolge 27
- im Löschungsklageverfahren **55** 17, 39
- Unwirksamkeitsgründe **27** 12
- bei Verletzungsansprüchen **Vor 14–19** 17
- im Widerspruchsverfahren **42** 46

Rechtsverordnungsermächtigung 65
- zur Durchführung der VO (EWG) Nr. 2081/92 **139**
- bei geographischen Herkunftsangaben **137**

Registereinsicht 62 6

relative Schutzhindernisse Vor 9–13; 9–13
- Löschungsklage **55** 19 ff.
- Nichtigkeit **51**

Replika 14 96 f.

Richterwechsel 78 4

Rückentwicklung
- zu einer geographischen Herkunftsangabe **126** 15

Rücknahme
- Beschwerde **66** 42
- Klage auf Rücknahme der Markenanmeldung **55** 45
- Markenanmeldung **39** 1

Rückruf Vor 14–19 58

Rufausbeutung
- bei berühmten Kennzeichen **14** 499 ff.
- bei geographischen Herkunftsangaben **127** 9 ff.

Schadensersatzanspruch Vor 14–19 59 ff.
- entgangener Gewinn **Vor 14–19** 64
- Feststellungsklage **Vor 14–19** 71 f.
- bei geographischen Herkunftsangaben **128** 10, **135** 7
- Lizenzanalogie **Vor 14–19** 66 ff.
- des Lizenznehmers **30** 41
- Marktverwirrungsschaden **Vor 14–19** 70
- Rechtsirrtum **Vor 14–19** 62
- Schadensberechnung **Vor 14–19** 63 ff.
- Schadensminderungspflicht **Vor 14–19** 62
- bei ungerechtfertigter Beschlagnahme **149**
- Verletzergewinn **Vor 14–19** 65
- Verschulden **Vor 14–19** 60 ff.
- Wahlrecht **Vor 14–19** 63

Schutzdauer 47 5
- Übergangsvorschrift **160**
- Verlängerung **47** 8

Sachverzeichnis

Schutzentziehung
s. international registrierte Marken
Schutzerstreckung, nachträgliche
– bei der IR-Marke **111**, **123**
Schutzgebiet
– geschäftliche Bezeichnung **5** 13, **15** 19 f.
– Marke **14** 28 ff.
Schutzhindernisse
– s. absolute Schutzhindernisse
– s. relative Schutzhindernisse
Schutzschranken
– bei der Kollektivmarke **100** 5 ff.
– Marken **20** ff.
Schutzverweigerung
s. international registrierte Marken
– bei der IR-Marke **113** 2
Serienzeichen 14 428 ff.
Sicherheitsleistung
– bei der Beschlagnahme **146** 7
Sicherungsübereignung
– der Marke **27** 8, **29** 9
Software
s. Computerprogramme
Sortenbezeichnungen
– rechtserhaltende Benutzung **26** 50
– rechtsverletzende Benutzung **14** 80
– relatives Schutzhindernis **13** 4
Spezifikation
– bei geographischen Herkunftsangaben **131**
Stammbestandteil 14 429 ff.
Störer Vor 14–19 10
Straftaten
– Benutzung geogr. HerkAng **144**
– Kennzeichenverletzung **143**
Streitwert
– Auskunftsklage **19** 31 f.; **Vor 14–19** 90
– Beschwerdeverfahren **71** 25
– Eintragungsbewilligungsklage **44** 24
– Kennzeichenstreitsachen **142**

– Löschungsklage **55** 16, 38
– Streitwertbegünstigung **142** 14 ff.
– Vernichtungsklage **18** 26
subjektives Recht
s. Ausschließlichkeitsrecht
Sukzessionsschutz
– des Lizenznehmers **30** 43 ff.
– Übergangsvorschrift **155** 3

Täuschung
– des DPA bei der Anmeldung **50** 11
Täuschungseignung
– geographische Herkunft **8** 106
– Prüfung im Eintragungsverfahren **8** 98 f.
– Prüfung im Löschungsverfahren **8** 100; **49** 33 ff.
– Verfall **49** 32 ff.
Teilung
– der Anmeldung **40**
– Begriff **40** 7, **46** 5 f.
– Beschränkung im Widerspruchsverfahren **46** 9
– der Eintragung **46**
– Erklärung **40** 8, **46** 5 f.
– Übergangsvorschrift **159**
– Wirkung **40** 9
– Verfahren **40** 10 f., **46** 7 f.
Teilübertragung
– der Marke **27** 20 ff.
Teilzurückweisung
– der Anmeldung **37** 10
territorialer Geltungsbereich
– exterritoriale Benutzung **14** 32 f.
– geschäftl. Bez. **15** 19 f.
– grenzüberschreitende Medien **14** 30
– Grundsatz **Einl** 14
– Internet **14** 31
– Markenschutz **14** 28 ff.
– Verletzungsort **14** 29
Titel
s. Werktitel
titelmäßiger Gebrauch 15 76 ff.

Sachverzeichnis

Titelschutzanzeige
- Erstbegehungsgefahr **15** 79, **Vor 14–19** 29
- Passivlegitimation **Vor 14–19** 12
- Schutzbegründung **5** 50 ff.
- Widerrufsanspruch **Vor 14–19** 57

Titelverletzung 15 73 ff.

Transit
- Beschlagnahme **146** 5
- rechtserhaltende Benutzung **26** 106
- rechtsverletzende Benutzung **14** 122 ff.

TRIPS-Abkommen Einl. 22

Übergangsvorschriften
- dingliche Rechte **154**
- Durchgriffsbeschwerde **164**
- Erinnerung **164**
- Grundsatz **152** 6 ff.
- Inkrafttreten **152** 2 ff.
- Insolvenz **165**
- Konkurs **154**
- Lizenzen **155**
- Löschung wegen älterer Rechte **163**
- Löschung wegen Verfalls **161**
- Schutzerweiterung **152** 11 ff.; **153** 8 f., 16 ff.; **158** 9; **163** 5
- Verletzungsansprüche **153** 3 ff.
- Verwirkung **153** 19
- Widerspruchsverfahren **158**
- Zwangsvollstreckung **154**

Übertragung
s. Rechtsnachfolge

Übertragungsanspruch
- Agentenmarke **17** 9 ff.
- Kennzeichenvindikation allg. **Vor 14–19** 96 f.

Überwachung
- der Verwendung von geographischen Herkunftsangaben nach der VO (EWG) Nr. 2081/92 **134**

Umverpacken
- Auswirkung auf die Erschöpfung **24** 19 ff.

Umschreibung 27 18 f.

Umwandlung
- eine Marke in eine übliche Bezeichnung **49** 28 fff.
- einer IR-Marke und einer nationalen Marke **125**
- einer Gemeinschaftsmarke in eine nationale Marke **125 d**
- einer geographischen Herkunftsangabe in eine Gattungsbezeichnung **126** 14

unbefugte Benutzung 15 16 ff.; **Nach 15** 18, 31

Unlauterkeit 14 496, 503; **23** 9, 46 f., 53

Unterlassungsanspruch Vor 14–19 19 ff.
- bei geographischen Herkunftsangaben **128** 3
- ggü. Markenanmeldung **55** 46
- bei Verstößen gegen die VO (EWG) Nr. 2081/92 **135** 2 ff.

Unterlassungserklärung Vor 14–19 21 ff.

Unternehmenskennzeichen
- ausländische Inhaber **5** 34
- Benutzung im geschäftlichen Verkehr **5** 12
- besondere Bezeichnung **5** 19
- Entstehung des Schutzes **5** 21 ff.
- Gestattung **Vor 27–31** 6
- handelsrechtlicher Schutz **Nach 15** 26 ff.
- Ingebrauchnahme im geschäftlichen Verkehr **5** 32 ff.
- Kennzeichnungskraft **5** 22
- Erlöschen des Schutzes **5** 35 ff.
- Name und Firma **5** 14 ff.
- namensrechtlicher Schutz **Nach 15** 1 ff.
- als relatives Schutzhindernis für Marken **12**
- Schutz von Bestandteilen **5** 18
- territorial beschränkter Schutz **5** 13; **5** 30
- Übertragung ohne Geschäftsbetrieb **Vor 27–31** 4 ff.

1729

Sachverzeichnis

- Verkehrsgeltung **5** 27 ff.
- Verletzung **15** 30 ff.

Unterscheidungskraft 8 15 ff.
- Begriff **8** 15
- fremdsprachige Angaben **8** 33
- Hörmarken **8** 51
- Kollektivmarken **97** 8
- Prüfungsmaßstab **8** 21 ff.
- Verhältnis zum Freihaltebedürfnis **8** 18 f.
- Verkehrsauffassung **8** 25 ff.
- Werbeslogan **8** 34
- Wort-Bild-Marken **8** 42
- Wortmarken **8** 29 ff.
- Zahlen und Buchstaben **8** 50

Unverhältnismäßigkeit
s. Verhältnismäßigkeit

Urheberrechte
- relatives Schutzhindernis **13** 10

Ursprungsbezeichnungen Vor §§ 130–136 3

Verbände
- als Kollektivmarkeninhaber **98** 6

Verbandszeichen
s. Kollektivmarke

Vereinsembleme 5 15; **15** 10

Verfall
- Einwand ggü. Verletzungsansprüchen **14** 17; **22** 12
- der Kollektivmarke **105**
- Löschungsantrag bei DPA **53**
- Löschungsklage **55** 5 ff.
- Löschungswirkungen **52** 6 ff.
- wegen Entwicklung zur gebräuchlichen Bezeichnung **49** 28 ff.
- wegen Nichtbenutzung **49** 6 ff.
- wegen Täuschungseignung **49** 33 ff.
- wegen Verlustes der Inhabervorausetzungen **49** 39 ff.

Verfassungsrecht Einl 1 14 10; **15** 6

Verfahrensgrundsätze
- des patentamtlichen Verfahrens **Vor §§ 32–44** 6

vergleichende Werbung 14 89, 130

Verhältnismäßigkeit Vor 14–19 108 ff.; **18** 16 ff.; **19** 11 ff.

Verjährung 20
- Beginn **20** 9 ff.
- Beweislast **20** 25
- Dauerhandlung **20** 12
- Ende **20** 19
- firmenrechtliche Ansprüche **Nach 15** 36
- bei geographischen Herkunftsangaben **129**
- Hemmung **20** 20 ff.
- Kenntnis des Verletzten **20** 15 ff.
- konkurrierende Ansprüche **20** 6
- Löschungsansprüche **55** 13, 31
- namensrechtliche Ansprüche **Nach 15** 25
- Unterwerfungserklärung **20** 8

Verkehrsauffassung
- Freihaltebedürfnis **8** 61 ff.
- rechtserhaltende Benutzung **26** 12
- Unterscheidungskraft **8** 25 ff.
- Verwechslungsgefahr **14** 168 ff.
- Waren/Dienstleistungsähnlichkeit **14** 263 ff.

Verkehrsdurchsetzung
- Dauer **8** 142
- Einfluß auf den Schutzumfang **8** 149
- erforderliche Prozentsätze **8** 143 ff.
- Gebiet **8** 140
- Verfahren **8** 149
- Verhältnis zur Verkehrsgeltung **8** 133
- Verkehrskreise **8** 141

Verkehrsgeltung
- Begriff **4** 9
- durch Benutzung erworbene Marke **4** 7 ff.
- Entstehung und Beendigung **4** 19 ff., **5** 27 ff.

Sachverzeichnis

- erforderliche Prozentsätze **4** 16
- Feststellung im Prozess **4** 22
- Gebiet **4** 18, **5** 30
- Gegenstand **4** 11 ff.
- geschäftliche Bezeichnungen **5** 27 ff.
- geographisch beschränkte **12** 8; **15** 20
- Inhaberschaft **4** 21
- und Kennzeichnungskraft **14** 221, 404
- Marke kraft Verkehrsgeltung als relatives Schutzhindernis **12**
- Verhältnis zur Verkehrsdurchsetzung **4** 10
- Verkehrskreise **4** 14
- Werktitel **5** 58
- Zuordnung **4** 13

Verlängerung
- der Schutzdauer **47** 6 ff.

Verletzergewinn Vor 14–19 65

Verletzungsansprüche Vor 14–19; Nach 15 24

Verletzungsform, konkrete
- Erstbegehungsgefahr **Vor 14–19** 25 ff.
- Klageantrag **Vor 14–19** 37 ff.
- Wiederholungsgefahr **Vor 14–19** 24

Vernichtungsanspruch 18

Verpackung
- Erschöpfung **24** 12
- Zeichenfähigkeit **3** 30
- Schutzausschluß **3** 38
- Unterscheidungskraft **8** 47
- verletzendes Anbringen **14** 107 ff., 133

Verpfändung
- der Marke **29** 7

Vertragsstrafeversprechen Vor 14–19 21 ff.

Vertretung
- Beschwerdeeinlegung **66** 29
- vor BGH **85** 5 f.
- vor BPatG **81; 96; 83** 23
- vor DPA **32** 21
- Kennzeichenstreitsachen **140** 40 ff.
- Widerspruchseinlegung **42** 25

Verwarnung
s. Abmahnung

Verwechslungsgefahr
s. Verwechslungsgefahr (Marke und allg.; Unternehmen; Werktitel)

Verwechslungsgefahr (Marke und allg.) **14** 148 ff.
s. Prägetheorie **14** 385 ff.
- Begriff **14** 148 ff.
- gedankl. Verbindung **14** 425
- Kennzeichnungskraft **14** 181 ff.
- mittelbare **14** 428 ff.
- Rechtsnatur **14** 160 ff.
- Normzweck **14**, 149
- Verkehrsauffassung **14** 168 ff.
- Waren-/Dienstleistungsähnlichkeit **14** 235 ff.
- im weiteren Sinne **14** 438 ff.
- Zeichenähnlichkeit **14** 311 ff.

Verwechslungsgefahr (Unternehmenskennzeichen) **15** 30 ff.
- Branchennähe **15** 49 ff.
- Firmenabkürzungen **15** 37 ff.
- Firmenschlagworte **15** 37 ff.
- Kennzeichnungskraft **15** 44 ff.
- Zeichenähnlichkeit **15** 48

Verwechslungsgefahr (Werktitel) **15** 81 ff.
- Kennzeichnungskraft **15** 84 ff.
- Titelabkürzungen **15** 83
- Untertitel **15** 83
- Werk- oder Produktähnlichkeit **15** 89 ff.
- Zeichenähnlichkeit **15** 88

Verwirkung 21
- aufgrund allgemeiner Grundsätze **21** 16 ff.
- Besitzstand **21** 25 f.
- Dauer bei außermarkengesetzlicher Verwirkung **21** 20 ff.
- eingetragene Marken **21** 5 ff.

1731

Sachverzeichnis

- firmenrechtliche Ansprüche **Nach 15** 35
- gegen Inhaber sonstiger Rechte **21** 14
- Grenzen **21** 27
- Kenntnis und Duldung **21** 9 f.
- namensrechtliche Ansprüche **Nach 15** 25
- Löschungsansprüche **51** 7
- Verhalten des Verletzers **21** 23
- Vertrauen **21** 24

Verzeichnis der Waren oder Dienstleistungen s. Waren/Dienstleistungsverzeichnis

Verzicht
- auf Beschwerde **66** 43
- auf Marke **48**
- Teilverzicht im Widerspruchsverfahren **42** 47

Verzinsung (Verletzerlizenz) **Vor 14–19** 68

Vindikation Vor 14–19 96 f; **17** 9 ff.

Vollmacht
- für BPatG-Verfahren **81** 7; **96** 14 f.
- für DPA-Verfahren **32** 21

Vorbenutzung 4
- als Einwand ggü. Verletzungsansprüchen **Vor 14–19** 101 ff.

Vorname
- Schutz **5** 16
- Zeichenähnlichkeit **14** 408 ff.

Vorrang
- s. Priorität

Vorratszeichen 3 14

Wahrnehmungsverordnung Anh. 2

Wappen 5 15; **8** 118 ff.; **Nach 15** 10

Waren oder Dienstleistungen 3 17

Waren/Dienstleistungsähnlichkeit 14 235 ff.
- begleitende Marke **14** 298 ff.
- Dienstleistungen u. Waren **14** 301 ff.
- Dienstleistungsähnlichkeit **14** 308 ff.
- Handelsmarken **14** 262
- maßgebliche Waren/Dienstleistungen **14** 241 ff.
- Rechtsnatur **14** 239
- Rohstoffe **14** 291
- Sachgesamtheiten **14** 288
- Unternehmensverbindungen **14** 261
- Verpackung **14** 289
- Vorprodukte **14** 291
- Wandel **14** 272
- Zeitpunkt **14** 240
- Zubehör **14** 290

Waren/Dienstleistungsverzeichnis
- Anmeldeerfordernis **32** 11 ff.
- Auslegung **14** 244 ff.
- Bedeutung für Markenverletzung **14** 241 ff.
- Beschränkungen **14** 247
- Einschränkungen **32** 16, **39** 2
- technische Fortentwicklung **14** 246
- Übersetzung bei internationaler Registrierung **108** 4
- Verkehrsauffassung **14** 263 ff.

Warengleichartigkeit s. Gleichartigkeit

Werbekosten
- Auskunftsanspruch **Vor 14–19** 85
- Schadensersatz **Vor 14–19** 70

Werbeslogan
- rechtsverletzende Benutzung **14** 79
- Schutzfähigkeit **8** 34
- Urheberrecht **13** 10

Werktitel
- Akzessorität **5** 61
- Begriff **5** 41
- Entstehung des Titelschutzes **5** 48 ff.
- geschützte Werke **5** 42 ff.

Sachverzeichnis

- Kennzeichnungskraft 5 52 ff.
- Markenschutz 5 63
  als relatives Schutzhindernis für
  Marken 12
- Schutzende 5 59 ff.
- Urheberrechtsschutz 5 64
- Verletzungstatbestand 15 73 ff.

Wettbewerbsrecht
- Verhältnis zum Kennzeichenrecht 2 7 ff.

Widerspruch gg. Löschungsantrag
- bei absoluten Schutzhindernissen 54 8
- bei Verfall 53 9

Widerspruch gg. Markeneintragung 42
- Beschränkung 42 16 ff.
- Form 42 23
- Frist 42 26 ff.
- Inhalt, Begründung 42 19 ff.
- gegen IR-Marken 114
- Klage auf Rücknahme 44 30 ff.
- Rücknahme 42 33 ff.
- Verzicht 42 36
- Widerspruchsbefugnis 42 11 ff.
- Widerspruchsgebühr 42 29 ff.
- Zulässigkeit 42 6 ff.

Widerspruchsverfahren 42, 43
- Aussetzung 42 50; 43 44 ff.
- Beteiligte 42 38
- Bindungswirkung 43 50
- Entscheidung 43 37 ff.
- Kosten 43 47; 44 34
- Nichtbenutzungseinrede 43 6 ff.
- Prüfungsumfang 42 42 ff.; 43 24
- Rechtsbehelfe 43 48
- Verfahrensverlauf 42 39 ff.

Wiedereinsetzung 91

Wiederholungseintragungen 25 31 ff.

Wiederholungsgefahr Vor 14–19 20 ff.

Wortzeichen
- Ähnlichkeit 14 328 ff.
- Aussprache 14 322
- Schriftbild 14 343 ff.

- Unterscheidungskraft 8 29 ff.
- Zeichenfähigkeit 3 22

Wort-/Bildzeichen
- Ähnlichkeit 14 365 f.
- Unterscheidungskraft 8 43 ff.

Zahlen
- Kennzeichnungskraft 14 205 ff.
- Unterscheidungskraft 8 50
- Zeichenfähigkeit 3 25

Zeichen
- Begriff 3 6

Zeichenähnlichkeit 14 311 ff.
- Begriff 14 311
- begriffliche Ähnlichkeit bei Bildzeichen 14 370 ff.
- begriffliche Ähnlk. bei Wortzeichen 14 349 ff.
- Bildzeichen 14 367 ff.
- dreidimensional 14 373 f., 376 ff., 383
- Erfahrungsregeln 14 325 ff.; 15 48
- Farbe 14 369, 382
- Gesamteindruck 15 386
- Klang 14 330 ff.
- komplexe Ähnlk. 14 359
- maßgebliche Zeichen 14 315 ff.
- Motivschutz 14 370 ff.
- Prägetheorie 14 385 ff.
- schriftbildliche Ähnlk. 14 343 ff.
- Schriftbildunterschiede 14 364
- Sinnunterschied 14 361 ff.
- bei Unternehmenskennzeichen 15 48
- bei Werktiteln 15 88
- Wort-/Bildzeichen 14 365 f.
- Wortzeichen 14 328 ff.

Zeichenfähigkeit
- Benutzungsabsicht 3 11
- Einheitlichkeit 3 7
- Nichtakzessorität 3 10
- Selbständigkeit 3 6

Zeichenformen 3 8, 28 ff.

zeichenmäßiger Gebrauch
s. kennzeichenmäßiger Gebrauch

Zeitrang
- s. Priorität

1733

Sachverzeichnis

Zollbeschlagnahmeverordnung Anl. 8
Zurücknahme
s. Rücknahme
Zusammenschluß (GWB)
- durch Markenerwerb **30** 51

Zuständigkeit
- zur Beschlagnahme **148** 1
- Eintragungsbewilligungsklage **44** 20
- Gemeinschaftsmarkengerichte **125 e** 6 ff.; **125 g**
- internationale **140** 15
- Kammern für Handelssachen **140** 53
- Kartellgerichte **140** 139
- Konzentration **140** 18 ff.
- Löschungsklage **55** 14, 36
- örtliche **140** 43 ff.; **141**
- für Prüfung absoluter Schutzhindernisse **37** 4
- sachliche **140** 16 ff.
- Verfügungsverfahren **140** 54 f.

- Verteilung im DPA **56**
Zustellung (DPA, BPatG) 94
- an den eingetragenen Markeninhaber **28** 11
- Beschwerdeentscheidungen **79** 2 ff.
- Schriftsätze durch BPatG **66** 50

Zustimmung
- zur Benutzung geschäftl. Bez. **15** 16 ff.
- zur Markenbenutzung **14** 26; **26** 68 ff.

Zwangsvollstreckung
- Eintragung in das Register **29** 13
- in die Marke **29** 11 ff.

Zweiseitige Abkommen Einl. 23

Zweitmarke
- rechtserhaltende Benutzung **26** 51
- rechtsverletzende Benutzung **14** 81

Zwischenrechte 6 14, 22 9 ff.; **51**, 9; **49** 11, 21; **51** 10, **50** 2

Buchanzeigen

Mes
Patentgesetz – Geschmacksmustergesetz
Erläutert von Dr. Peter Mes, Rechtsanwalt in Düsseldorf
1998. XXVI, 899 Seiten. In Leinen DM 154,–
ISBN 3-406-42742-1

Der Schutz von Patenten und Gebrauchsmustern – einfach kompliziert

Für den verläßlichen Schutz gewerblich-geistiger Leistungen sind das Patent- und das Gebrauchsmustergesetz nach wie vor Rechtsquellen ersten Ranges. Realisierbar ist dieser Schutz aber nur noch mit Blick auf das Europäische Patentübereinkommen, auf die Rechtsprechung der Gerichte der Mitgliedstaaten der EU und auf das TRIPS (Agreement on Trade-Related Aspects of Intellectual Property Rights). Fazit: Die Materie ist selbst vom versierten Praktiker nur noch schwer zu durchschauen.

Ein Griff – und die tägliche Arbeit wird leichter

Dieser preisgünstige Handkommentar ist ganz auf den Praktiker zugeschnitten und
- erläutert das Patent- und Gebrauchsmusterrecht so, wie es sich aus der Praxis des deutschen und europäischen Patentamtes und aus der Rechtsprechung des Bundespatentgerichts sowie des für Patentstreitigkeiten zuständigen Bundesgerichtshofes ergibt. Mit diesen Informationen können Sie jedes Verfahren bestreiten;
- berücksichtigt die neuesten und künftigen Entwicklungen, z. B. den Referentenentwurf eines „Zweiten Gesetzes zur Änderung des Patentgesetzes und anderer Gesetze" mit den Hauptzielen: Umbenennung des Deutschen Patentamts, Erleichterung bei der Anmeldung von Patenten, Änderungen des Berufungsverfahrens;
- erleichtert den Zugriff durch verständliche Sprache und übersichtlichen Druck;
- empfiehlt sich durch das handliche Format als ständiger Begleiter.

Besonders praxisfreundlich

Der Anhang enthält die Texte aller wichtigen Gesetze und Verordnungen, darunter die Gesetzlichen Grundlagen wegen Patentverletzung in europäischen Ländern.

Von der Praxisnähe profitieren

Rechts- und Patentanwälte, Patentinhaber, Unternehmen, Richter, Referendare, Assessoren und Auszubildende in Rechts-/Patentanwaltskanzleien sowie Behörden.

Der Autor

Dr. Peter Mes, ist Rechtsanwalt in Düsseldorf und Mitherausgeber des *Beck'schen Prozeßformularbuchs*. Das garantiert einen wirklich praxisorientierten Patentgesetz-Kommentar.

Verlag C. H. Beck · 80791 München

Eichmann / von Falckenstein
Geschmacksmustergesetz
Gesetz betreffend das Urheberrecht an Mustern und Modellen

Von Dr. Helmut Eichmann, Rechtsanwalt, und Dr. Roland von Falckenstein, Richter am Bundespatentgericht

2. Auflage. 1997. Stand: September 1996
XX, 393 Seiten. In Leinen DM 98,–
ISBN 3-406-41182-7
(Beck'sche Kurz-Kommentare, Band 45)

Wir leben im Zeitalter des Produktdesigns
Gewerbliche Muster oder Modelle, die mit neuem und überdurchschnittlichem Design das geschmackliche Empfinden ansprechen, sind durch das Geschmacksmustergesetz zwar vor unbefugter Nachahmung durch Dritte geschützt. Diese spezielle Materie ist jedoch nicht leicht zu durchschauen.

Dieser verläßliche Kurzkommentar verschafft den Durchblick
Eine Einführung gibt eine gründliche Übersicht über Entwicklung und Systematik des schwierigen Rechtsgebietes. Es folgen umfassende und klare Erläuterungen aller relevanten Vorschriften: Geschmacksmustergesetz, Schriftzeichengesetz sowie Musteranmelde- und Musterregisterverordnung. Mitkommentiert sind der wettbewerbsrechtliche Nachahmungsschutz, das Recht der angewandten Kunst und der Mode, das Recht der typographischen Schriftzeichen. Ein ausführliches Verzeichnis mit Rechtsprechung und Fällen und ein detailliertes Sachregister erleichtern die Arbeit.

Die Neuauflage: Geschmacksmusterrecht auf neuestem Stand
Das Gesetz zur Bekämpfung der Produktpiraterie 1990, das Gesetz zur Änderung des Patentgesetzes und anderer Gesetze 1993, das Gesetz zur Neuordnung des Berufsrechts 1994 und das Markenrechtsreformgesetz 1994 haben das Geschmacksmustergesetz grundlegend verändert. Diese Änderungen sind ebenso berücksichtigt wie die Rechtsfolgen der Wiedervereinigung und wie die Vorschläge der Kommission der Europäischen Gemeinschaften für eine Richtlinie zur Angleichung des Rechtsschutzes von Mustern.

Zugeschnitten
für alle mit dem gewerblichen Rechtsschutz befaßten Rechtsanwälte und juristischen Berater von Unternehmen, für alle in der Musterverwaltung und -rechtsprechung Tätigen, für Designer, Modeschöpfer und Kunstgewerbler.

Zu diesem Werk
„Wegen der wissenschaftlichen Durchdringung und der in jeder Hinsicht praxisgerechten und gut verständlichen Darstellung des Stoffes kann die Anschaffung des Werkes wärmstens empfohlen werden."
(Dr. Helmut Haberstumpf, Nürnberg, in: ZUM – Zeitschrift für
Urheber- und Medienrecht 5/1997)

Verlag C. H. Beck · 80791 München